ENCYCLOPÉDIE
MÉTHODIQUE,
OU
PAR ORDRE DE MATIÈRES;

PAR UNE SOCIÉTÉ DE GENS DE LETTRES, DE SAVANS ET D'ARTISTES;

Précédée d'un Vocabulaire universel *, servant de Table pour tout l'Ouvrage, ornée des Portraits de* MM. DIDEROT & D'ALEMBERT, *premiers Éditeurs de* l'Encyclopédie.

ENCYCLOPÉDIE MÉTHODIQUE.

ÉCONOMIE POLITIQUE ET DIPLOMATIQUE,

PARTIE DÉDIÉE ET PRÉSENTÉE

*A Monseigneur le Baron DE BRETEUIL,
Ministre et Secrétaire d'État, &c.*

Par M. DÉMEUNIER, Secrétaire ordinaire de MONSIEUR Frere du Roi, & Censeur royal.

TOME TROISIEME.

A PARIS,

Chez PANCKOUCKE, Libraire, hôtel de Thou, rue des Poitevins.

A LIÈGE,

Chez PLOMPTEUX, Imprimeur des États.

M. DCC. LXXXVIII.

AVEC APPROBATION, & PRIVILEGE DU ROI.

IMPÔTS. On donne le nom d'*impôts* aux contributions qu'exige le gouvernement pour la défense & le maintien de l'état. Cette partie de l'administration qui devroit être bien perfectionnée, puisqu'il n'y a jamais eu d'association politique sans contributions, est encore dans l'enfance : par-tout on a mis des *impôts* nuisibles à la prospérité nationale, & leur multiplicité a fait par-tout moins de tort que le vice de leur assiète : depuis qu'on s'occupe de la science de l'économie politique, on a écrit des ouvrages sans nombre sur la théorie des *impôts* ; la plupart des auteurs ont montré clairement que les *impôts* d'usage sont mal assis ; mais ils n'ont pas été si heureux, lorsqu'ils ont voulu dire quelle étoit la manière la plus convenable de les asseoir.

Ce sujet est si important que nous ne craindrons pas d'étendre beaucoup cet article : nous examinerons les divers *impôts* établis en Europe : nous indiquerons les critiques dont ils paroissent susceptibles, & nous démontrerons presque toujours, d'après M. Smith qui a déployé une sagacité merveilleuse, les principes généraux qu'il est à propos de suivre, & la nécessité de quelques exceptions selon les circonstances particulières.

Sans doute il faut simplifier les *impôts*, sans doute il seroit utile d'en réduire le nombre, mais dans les grandes nations accablées de dépenses & de dettes, le fisc est réduit à user d'adresse, & à choisir les *impôts* dont les contribuables s'apperçoivent le moins : nous n'examinerons point ces deux articles qu'on a discutés mille fois : nous n'examinerons pas non plus s'il seroit possible ou utile de convertir tous les impôts dans un seul impôt territorial, comme le voudroient les économistes : M. Necker a traité cette matière, & il paroît avoir résolu la question.

Le revenu particulier d'un individu vient en dernière analyse, de trois différentes sources, de ses rentes, de ses profits & de son salaire. Toute taxe doit être payée finalement par quelqu'une de ces trois différentes sortes de revenu, ou par toutes les trois indifféremment. Nous parlerons 1°. des taxes qu'on se propose de faire tomber sur les rentes : 2°. de celles qu'on se propose de faire tomber sur les profits des capitalistes : 3°. de celles qu'on se propose de faire tomber sur le salaire : 4°. de celles qu'on se propose de faire tomber indifféremment sur ces trois différentes sources du revenu des particuliers.

Avant d'entrer dans l'examen des taxes particulières, il est nécessaire de poser quatre maximes touchant les *impôts* en général.

Œcon. polit. & diplomatique. Tom. III.

I. Les sujets de chaque état doivent contribuer à maintenir le gouvernement, chacun dans la proportion la plus exacte possible avec ses facultés, c'est-à-dire, en proportion du revenu dont ils jouissent respectivement sous la protection de l'état. L'observation ou la violation de cette maxime entraînent ce qu'on appelle l'*égalité ou l'inégalité de l'impôt*.

II. La taxe que chaque individu est obligé de payer, doit être certaine & non arbitraire. Le temps du paiement, la manière de payer, la quantité à payer, tout doit être clair & précis pour le contribuable & pour toute autre personne ; sans quoi la personne sujette à l'*impôt* est plus ou moins à la merci du collecteur, qui peut ou aggraver l'*impôt* sur un contribuable, ou lui extorquer quelque présent ou gratification par la crainte d'une pareille vexation. La certitude de ce que chaque individu doit payer, est une chose si importante, qu'il paroît, je crois, par l'expérience de toutes les nations, qu'un degré considérable d'inégalité n'est pas un si grand mal que le plus petit degré d'incertitude.

III. Chaque *impôt* doit être levé au temps ou de la manière qui doit être la plus commode pour le contribuable.

IV. Chaque *impôt* doit être calculé de manière qu'il sorte & qu'il ne reste, hors de la poche du peuple, que le moins possible au-delà de ce qu'il fait entrer dans le trésor de l'état. Le contraire peut arriver de quatre façons différentes : 1°. la levée de l'*impôt* peut exiger un grand nombre d'officiers, dont les gages emportent la plus grande partie du produit de la taxe, & dont la cupidité peut imposer à leur profit une nouvelle taxe sur le peuple : 2°. elle peut arrêter l'industrie du peuple, & l'empêcher de s'adonner à certaines branches de travail, capables de donner de la subsistance & de l'emploi à un nombre d'hommes ; 3°. par les confiscations & les amendes qu'encourent les malheureux individus qui tâchent de se soustraire à l'*impôt* : 4°. en soumettant le peuple à de fréquentes visites & à un examen odieux de la part des collecteurs, on l'expose inutilement à être troublé, vexé & opprimé ; & quoique, strictement parlant, la vexation ne soit pas une dépense, elle est l'équivalent de ce que chacun donneroit volontiers pour s'en racheter.

L'utilité & la justice de ces maximes les ont rendues plus ou moins l'objet de l'attention de toutes les nations. Mais on verra bientôt qu'elles n'ont pas toutes également réussi.

A

Impôts sur les rentes. Taxes sur la rente des terres.

On peut imposer une taxe sur la rente des terres, qui soit invariable, d'après une estimation qui ne change point, & qui impose chaque canton à une certaine contribution ; ou l'on peut l'établir de manière qu'elle varie, & que l'*impôt* hausse ou baisse avec la rente des terres, avec l'amélioration ou la décadence de leur culture.

Une taxe invariable sur les terres, comme celle de la Grande-Bretagne, peut être égale au tems de son premier établissement ; mais, par succession de tems, elle devient inégale, selon les divers degrés d'amélioration ou de détérioration dans la culture de différentes parties du pays. En Angleterre, l'évaluation selon laquelle les différens comtés ou paroisses ont été imposés par le quatrième acte de Guillaume & de Marie, étoit fort inégale dès le premier établissement. A cet égard, cette taxe pêche donc contre la première de nos quatre maximes. Du reste, elle s'accorde parfaitement avec les trois autres. Elle est très-certaine. Le temps de la payer étant le même que celui où l'on reçoit la rente, est aussi commode qu'il peut l'être pour le contribuable. Il y a beaucoup moins d'officiers pour la lever, que pour en lever toute autre d'un rapport à-peu-près égal. Comme elle ne monte pas avec la rente, le souverain ne participe point aux profits des ameliorations faites par les propriétaires. Elle n'arrête point l'industrie du peuple.

Les propriétaires ont presque tous gagné la différence entre la taxe qu'ils auroient payée selon la rente actuelle de leurs biens-fonds, & celle qu'ils payent d'après l'ancienne évaluation. Le revenu de tous les biens-fonds ayant augmenté, la taxe a été avantageuse aux propriétaires, & préjudiciable au souverain. Dans un autre état, elle eût été avantageuse au souverain, & préjudiciable aux propriétaires.

Comme la taxe est payable en argent, l'évaluation s'est faite de même en argent. Depuis le premier établissement de cette évaluation, la valeur de l'argent a été constamment uniforme, & il n'est arrivé aucune altération dans le titre de la monnoie, quant au poids & à la pureté des métaux. Si l'argent étoit considérablement monté en valeur, comme il semble avoir fait dans le cours des deux siècles qui ont précédé la découverte des mines de l'Amérique, l'évaluation fixe auroit pu devenir fatale aux propriétaires. Si l'argent, au contraire, avoit baissé, comme il a fait environ un siècle après la découverte de ces mines, cette branche du revenu du souverain auroit beaucoup souffert. Si l'on eût fait quelque grand changement dans le titre de la monnoie, soit en donnant à la même quantité d'argent une moindre dénomination, soit en lui en donnant une plus haute ; dans le premier cas, le revenu du propriétaire en auroit souffert, & dans le second celui du souverain.

Une taxe sur le revenu des terres, qui change avec le revenu, ou qui hausse & baisse d'après les progrès ou la décadence de la culture, est la plus équitable de toutes les taxes, selon les économistes. Toutes les taxes, disent-ils, tombent finalement sur le revenu des terres, & doivent par conséquent être imposées également sur le fonds qui les supporte en dernière analyse. Il est certain que les taxes doivent tomber sur le fonds qui finalement doit les payer. Mais, sans entrer dans la discussion désagréable des argumens métaphysiques par lesquels ils appuient leur ingénieuse théorie, les détails suivans feront connoître quelles sont les taxes qui tombent finalement sur le revenu des terres, & quelles sont celles qui tombent finalement sur quelqu'autre fonds.

Dans le territoire de Venise, toutes les terres labourables qui sont données à ferme, sont taxées au dixième de la rente. Les baux sont enregistrés au greffe dans chaque province ou district. Lorsque le propriétaire fait valoir ses terres par lui-même, on les apprécie d'après une estimation équitable, & on lui accorde une déduction du cinquième de la taxe, ensorte qu'au lieu de dix, il ne paye que huit pour cent de la rente supposée.

Cette taxe sur les terres est certainement plus égale que celle qui est établie en Angleterre. Elle n'est peut-être pas si certaine. L'assiette peut en être souvent plus incommode pour le propriétaire, & la perception plus dispendieuse.

Peut-être pourroit-on imaginer une combinaison qui remédieroit en grande partie à cette incertitude, & qui modéreroit la dépense.

Le propriétaire & le fermier pourroient être obligés solidairement à faire inscrire leur bail dans un régistre public. On pourroit décerner des amendes convenables contre ceux qui en cacheroient ou déguiseroient les conditions ; & si une partie de ces amendes tournoit au profit de celui des deux contractans, qui accuseroit & convaincroit l'autre de l'avoir fait, ils ne se ligueroient pas ensemble pour frauder le revenu public. Ce régistre public feroit assez connoître les conditions du bail.

Quelques propriétaires, au lieu d'augmenter la rente, prennent un pot de vin au renouvellement du bail. Cette pratique est communément celle d'un dissipateur, qui vend pour une somme d'argent comptant un revenu d'une plus grande valeur. Elle est donc communément préjudiciable au propriétaire : elle l'est souvent au fermier, & toujours à la communauté. En mettant sur les pots de vin un *impôt* plus fort que sur la rente ordinaire, on pourroit décourager cette mauvaise pratique à l'avantage commun de toutes les parties intéressées, du propriétaire, du fermier, du souverain & de la communauté.

Quelques baux prescrivent au fermier une certaine manière de culture, & une certaine succession de récoltes pendant le cours du bail. Cette condition est dictée en général par la bonne opinion que le propriétaire a de la supériorité de ses connoissances en agriculture, opinion presque toujours mal fondée. C'est une rente additionnelle de plus, stipulée dans le bail, non pas une rente en argent, mais une rente en service. Pour décourager cette folle pratique, on pourroit évaluer & taxer cette espèce de rente plus haut que la rente ordinaire en argent.

Quelques propriétaires, au lieu d'une rente en argent, demandent une rente en nature, en bled, en bétail, volaille, vin, huile, &c; d'autres exigent encore une rente en service. Ces sortes de rentes font toujours plus de tort au fermier que de bien au propriétaire. Elles tirent plus de la poche de l'un qu'elles ne mettent dans celle de l'autre, ou ce qu'elles en tirent reste plus long-temps dehors. Plus elles sont en usage dans un pays, plus le fermier est pauvre. En évaluant & en taxant de même ces sortes de rentes plus haut que celle en argent, on pourroit dégoûter d'une pratique nuisible à toute la communauté.

Lorsque le propriétaire prend le parti de faire valoir par lui-même, la rente peut être évaluée selon l'arbitrage équitable des fermiers & des propriétaires des environs, & on peut lui allouer une diminution de la taxe, comme dans le territoire de Venise, pourvu que le revenu des terres qu'il occupe, n'excède pas une certaine somme. Il est important d'encourager le propriétaire à cultiver une partie de ses terres. Son capital est généralement plus considérable que celui du fermier, & avec moins d'habileté il peut avoir un plus grand produit. Le propriétaire a le moyen de tenter des expériences, & il est généralement disposé à le faire. Mais la modération de la taxe ne doit pas l'encourager à ne cultiver qu'une certaine étendue de terres. S'il étoit tenté de faire valoir tout ce qu'il en peut avoir, au lieu de fermiers industrieux & économes que leur intérêt oblige de cultiver autant que leur capital & leur expérience le permettent, le pays seroit rempli de propriétaires paresseux & débauchés, dont l'administration abusive dégraderoit bientôt la culture, & réduiroit le produit de la terre à une diminution qui n'affecteroit pas seulement le revenu de leur maître, mais encore la partie la plus essentielle de celui de la société.

La dépense pour lever une taxe sur les terres, qui varieroit avec la rente, seroit sans doute un peu plus forte que celle qu'il faut pour en lever une invariable & fondée sur une évaluation fixe. Il faudroit nécessairement quelques frais de plus pour les bureaux d'enrégistrement à établir dans différens cantons du pays, & pour les différentes évaluations qu'occasionneroient de temps en temps les propriétaires qui se mettroient à faire valoir par eux-mêmes. Toute cette dépense pourroit cependant être fort modérée, & fort au-dessous de ce qu'il en coûte pour lever plusieurs autres taxes d'un mince rapport, en comparaison de celle-là.

La plus grande objection contre une taxe variable sur les terres est, ce semble, le découragement qu'elle pourroit mettre dans l'agriculture. Le propriétaire seroit certainement moins disposé à améliorer, lorsque le souverain qui ne contribueroit en rien à la dépense, en partageroit le profit. Je crois pourtant qu'on pourroit obvier à cet inconvénient, en permettant au propriétaire, avant qu'il commençât ses améliorations, de constater, conjointement avec les officiers du fisc, la valeur actuelle de ses terres, & en l'imposant, selon cette évaluation, pour tel nombre d'années qui suffiroit pour l'indemniser complettement. Un des principaux avantages de cette espèce de taxe sur les terres, est d'attirer l'attention du souverain vers l'amélioration de l'agriculture, par l'intérêt de voir augmenter son revenu. Ainsi ce nombre d'années ne devroit être ni trop long ni trop court. Il vaudroit cependant mieux qu'il fût trop long que trop court. Il est beaucoup moins essentiel d'exciter l'attention du souverain, que de ne pas décourager celle du propriétaire. L'attention du souverain ne peut être au plus qu'une considération vague & générale de ce qui est expédient, pour que les terres de la plus grande partie de ses domaines soient mieux cultivées. L'attention du propriétaire est une considération particulière & détaillée de la manière dont il peut faire l'application la plus avantageuse de chaque pièce de terre qui lui appartient.

Une taxe de cette espèce se prêteroit d'elle-même, & sans l'intervention du gouvernement, à tout état des choses; elle seroit également juste & équitable dans toutes les variations par où passe la société, dans les progrès comme dans la décadence de l'agriculture, dans tous les changemens qui arriveroient à la valeur de l'or & de l'argent & au titre de la monnoie. Par conséquent, elle vaudroit mieux pour en faire un réglement perpétuel & inaltérable, ou pour être ce qu'on appelle une loi fondamentale de l'état ou de la communauté.

Au lieu de l'expédient simple & facile de l'enrégistrement ou insinuation des baux, quelques états ont eu recours à la voie pénible & dispendieuse d'un arpentage & d'une évaluation actuelle de toutes les terres du pays. Ils ont probablement soupçonné que le bailleur & le preneur pouvoient complotter ensemble de ne pas déclarer les vraies conditions du bail, afin de frauder le revenu public. Le grand cadastre d'Angleterre paroît avoir été le résultat d'un arpentage fort exact.

La taxe sur les terres est assise, dans l'ancien

domaine du roi de Prusse, suivant un arpentage & une évaluation qu'on revoit & qu'on change de temps en temps. Les propriétaires séculiers y payent depuis vingt jusqu'à vingt-cinq pour cent de leur revenu, & les ecclésiastiques depuis quarante jusqu'à quarante-cinq. L'arpentage & l'évaluation de la Silésie ont été faits par ordre du roi actuel, &, à ce qu'on dit, fort exactement. Selon cette évaluation, les terres qui appartiennent à l'évêque de Breslau, sont taxées à vingt-cinq pour cent de leur rente; les autres revenus des ecclésiastiques des deux religions, à cinquante pour cent; les commanderies de l'ordre teutonique & de l'ordre de Malthe, à quarante pour cent; les terres en fief noble, à trente-huit & un tiers pour cent; & les terres en roture, à trente-cinq & un tiers.

On dit que l'arpentage & l'évaluation de la Bohême a été l'ouvrage de plus de cent ans. Ce travail n'a été achevé qu'en 1748 par ordre de l'impératrice-reine. L'arpentage du duché de Milan, commencé sous Charles VI, n'est fini que depuis 1760. On le regarde comme le plus exact qu'on ait jamais fait. Celui de la Savoie & du Piémont a été exécuté sous les ordres du feu roi de Sardaigne.

Dans les domaines du roi de Prusse, le revenu de l'église est taxé beaucoup plus haut que celui des propriétaires laïcs. Le revenu de l'église est communément un *impôt* sur le revenu des terres. Il n'arrive guère qu'on l'applique à leur amélioration, & que ce qu'on y emploie tourne à l'augmentation du grand corps du peuple. C'est probablement par cette raison que sa majesté prussienne a cru qu'il étoit raisonnable de le faire contribuer davantage aux besoins de l'état.

En Silésie, les terres nobles sont taxées à trois pour cent plus haut que celles en roture. Sa majesté prussienne a sans doute imaginé que les privilèges & les différentes sortes d'honneurs attachés aux premières, compenseroient assez cette petite charge de plus; tandis qu'une légère charge de moins dédommageroit les autres de l'humiliation où elles sont par rapport aux premières. En d'autres pays, le système d'imposition ne fait qu'aggraver cette inégalité. Dans les états du roi de Sardaigne & dans les provinces de France, sujettes à ce qu'on appelle *taille réelle*, la taxe tombe entièrement sur les terres en roture, & c'est un abus.

Quelqu'égale que puisse être d'abord une taxe sur les terres, assise suivant un arpentage & une évaluation générale, elle ne peut l'être long-tems. Pour en prévenir l'inégalité, il faut que le gouvernement donne une attention pénible & continuelle à toutes les variations dans l'état & le produit de chaque différente ferme du pays. Les gouvernemens de Prusse, de Bohême, de Sardaigne & du duché de Milan sont actuellement dans cet embarras, qui convient si peu à la nature du gouvernement, qu'il n'est pas vraisemblable que les choses restent long-temps sur le même pied; & que si elles y restent, cette attention occasionnera probablement à la longue plus de peine & de vexation aux contribuables, qu'elle ne les soulagera. Enfin, si jamais on établit des cadastres dans les grands royaumes, il est difficile qu'on s'y livre, d'une manière exacte, aux travaux sans nombre qu'exige leur renouvellement : lorsqu'il sera question de les renouveller, on fera presque toujours ce qu'on a fait dans la généralité de Montauban.

En 1666 la taille réelle y fut assise, suivant un arpentage & une évaluation qu'on dit fort exacts. En 1727, l'assiette étoit devenue absolument vicieuse. Le gouvernement n'y trouva pas de meilleur remède que d'imposer sur toute la généralité une taxe additionnelle de cent vingt mille livres. Cette taxe est mise sur les différens districts soumis à la taille par l'ancienne assiette : mais on ne la lève que sur ceux qui, dans l'état des choses, sont moins chargés par l'ancienne répartition qu'ils ne doivent l'être, & on l'applique au soulagement de ceux qui sont surchargés. Deux districts, par exemple, dont l'un doit être annuellement taxé à 900 liv. & l'autre à 1100 livres, sont taxés à 1000 liv. chacun par l'ancienne assiette. Par la nouvelle taxe additionnelle, ils sont imposés chacun à 1100 liv.; mais on ne la lève que sur celui qui n'est point assez chargé, & on l'applique entièrement au soulagement de celui qui l'est trop, & qui par conséquent ne paye que 900 liv.; le gouvernement n'y gagne & n'y perd rien. Il remédie simplement aux inégalités provenant de l'ancienne répartition. L'application se fait à la discrétion de l'intendant de la généralité, & par conséquent doit être arbitraire. Les administrations provinciales vont changer ce même régime, & elles produiront sur cet article toute sorte de biens.

Taxes qui sont proportionnées non à la rente, mais au produit des terres.

Les *impôts* sur le produit des terres sont dans la réalité des *impôts* sur la rente; & quoiqu'ils puissent être d'abord avancés par le fermier, ils sont payés finalement par le propriétaire. Il n'y a point de fermier qui, avant de s'engager, ne calcule à quoi peut se monter la dixme ecclésiastique, qui est une taxe de cette espèce.

La dixme & toutes les autres taxes semblables sont souvent des taxes fort inégales sous l'apparence d'une parfaite égalité, parce qu'une certaine portion du produit, dans différentes situations, équivaut à une portion de rente fort différente. Il y a des terres riches d'un si grand produit, que la moitié de ce produit suffit pleinement pour faire rentrer au fermier le capital qu'il a mis à la culture, & pour lui rendre les profits ordinaires des fonds de ferme, tels qu'on les retire dans les environs. S'il n'y avoit point de dixme, il seroit en état de payer comme rente au propriétaire l'autre moitié, ou, ce qui revient au même, la valeur de l'autre moitié. Mais si la dixme lui enleve un dixieme du produit, il faut qu'il demande un rabais du cinquieme sur la rente, sans quoi il ne pourroit plus retrouver son capital & le profit ordinaire. Dans ce cas, au lieu de se monter à la moitié du produit ou à cinq dixiemes, la rente ne se montera plus qu'à quatre dixiemes. Dans les terres pauvres, au contraire, le produit est quelquefois si petit & les frais de culture si confidérables, qu'il ne faut pas moins que les quatre cinquiemes du produit pour remplacer le capital du fermier avec les profits ordinaires. Dans ce cas, quand il n'y auroit point de dixme, la rente du propriétaire ne pourroit excéder un cinquieme ou deux dixiemes de tout le produit. Mais si le fermier paye en dixme un dixieme du produit, il faut qu'il le paye de moins sur la rente du propriétaire, qui, par conséquent, se trouvera réduite à un dixieme de tout le produit.

Si la dixme est souvent une taxe fort inégale sur la rente, elle est aussi toujours un grand découragement aux améliorations que pourroit faire le propriétaire & à la culture du fermier. La dixme a rélégué long-temps la culture de la garance aux Provinces-Unies, qui étant habitées par des presbytériens, & par conséquent affranchies de cet *impôt* destructif, faisoient une sorte de monopole de cette plante utile pour la teinture contre tout le reste de l'Europe. Les dernieres tentatives pour en introduire la culture en Angleterre, n'ont été faites que d'après un statut qui a ordonné qu'en place de toute espece de dixme, on ne prendroit que cinq schelings par acre sur la garance.

Une taxe sur les terres proportionnées non à la rente, mais au produit, est le principal revenu de divers états de l'Asie, comme il est le principal revenu de l'église dans la plus grande partie de l'Europe. L'empereur de la Chine perçoit la dixieme partie du produit de toutes les terres de l'Empire. L'estimation de cette dixieme partie est cependant si modérée, que dans plusieurs provinces elle n'excede pas, dit-on, le treizieme du produit ordinaire. On dit que la taxe sur les terres ou sur la rente des terres, qu'on étoit dans l'usage de payer au gouvernement mahométan du Bengale, avant que ce pays tombât au pouvoir de la compagnie angloise, se montoit environ au cinquieme du produit. C'est à quoi l'on prétend que se montoit aussi la taxe sur les terres de l'ancienne Egypte.

On dit qu'en Asie cette sorte de taxe intéresse le souverain à l'amélioration & à la culture des terres. On ajoute que les souverains de la Chine, ceux du Bengale, tandis qu'il étoit soumis au gouvernement mahométan, & ceux de l'ancienne Egypte, ont eu la plus grande attention à faire & entretenir de bons chemins & des canaux navigables, afin de favoriser le plus qu'ils pouvoient l'accroissement de la quantité & de la valeur de chaque partie du produit, en ouvrant à chacune le marché le plus étendu que comportassent leurs domaines. Mais la dixme de l'église est divisée en tant de petites portions, qu'aucun de ses propriétaires ne sauroit avoir un intérêt de cette nature. Le curé d'une paroisse ne trouveroit jamais son compte à faire un chemin ou un canal pour donner au loin un débouché au produit de sa paroisse. Ces *impôts*, quand ils sont destinés à l'entretien de l'état, peuvent avoir quelques avantages qui en contrebalancent l'inconvénient. Destinés à entretenir l'église, ils n'ont que leurs inconvéniens qui ne sont compensés par rien.

Les taxes sur le produit des terres peuvent être levées ou en nature, ou en argent.

Le curé d'une paroisse ou un homme d'une petite fortune, qui vit de son bien, peuvent trouver quelquefois de l'avantage à recevoir en nature, l'un sa dixme, & l'autre sa rente. L'espace où il faut recueillir & la quantité à recueillir, sont si peu de chose, qu'ils peuvent avoir l'œil sur la perception de chaque partie de ce qui leur est dû. Si les rentes d'un homme fort riche étoient en nature dans une province éloignée, il seroit en grand danger de perdre beaucoup par sa négligence, & encore plus par la faute de ses facteurs & de ses agens. La perte du souverain, par la mauvaise conduite & la déprédation de ses collecteurs, seroit nécessairement encore plus grande. On dit cependant qu'une partie du revenu public se touche en nature à la Chine. Les mandarins & les autres receveurs sont fort intéressés à continuer une pratique sujette à bien plus d'abus & de malversations que le paiement en argent.

Une taxe sur le produit des terres, levée en argent, peut se lever ou suivant une appréciation qui suive les variations du prix courant, ou suivant une évaluation fixe, c'est-à-dire, toujours à tant le boisseau de bled, par exemple, quel qu'en soit le prix courant. Le produit d'une taxe levée de la premiere façon changera, selon toutes les variations qui arriveront dans le produit réel des terres, selon les progrès ou la décadence de la culture. Le produit d'une taxe levée de la seconde maniere variera non-seulement suivant les variations dans le produit de la terre, mais suivant celles qui arriveront & dans la valeur des métaux précieux, & dans la quantité de ces métaux contenus en différens temps sous une même denomination de la monnoie.

Si au lieu d'une certaine portion du produit de la terre, ou du prix de cette portion, l'on doit payer une certaine somme d'argent, en compensation de toute taxe ou dixme, l'*impôt* est pour lors exactement de la même nature que la taxe angloise sur les terres. Il ne hausse & ne baisse point avec le revenu des terres. Il n'encourage ni ne décourage l'amélioration. La dixme est une taxe de ce genre, dans la plus grande partie des paroisses où l'on paye ce qu'on appelle un *abonnement* en place de toute autre dixme. Durant le gouvernement mahométan du Bengale, au lieu du paiement en nature d'un cinquième du produit, on établit dans la plupart des zemindarats un abonnement qu'on assure avoir été fort modéré. Quelques personnes au service de la compagnie angloise, sous prétexte de remettre le revenu public à sa véritable valeur, ont substitué à l'abonnement un paiement en nature. Sous leur administration, ce changement doit décourager la culture & donner de nouvelles occasions de voler dans la perception du revenu public, qu'on dit être fort déchu de ce qu'il étoit lorsqu'il a passé entre les mains de la compagnie.

Taxes sur la rente des maisons.

La rente d'une maison peut être distinguée en deux parties, dont une peut s'appeller proprement *revenu du bâtiment*, & l'autre s'appelle communément *revenu du terrein*.

La rente du bâtiment est l'intérêt du capital employé à le faire. Pour que cet emploi soit de niveau avec les autres, il faut que cette rente suffise, 1°. pour payer à celui qui bâtit, le même intérêt qu'il auroit eu pour son capital, s'il l'avoit prêté sous bonne caution, & 2°. pour tenir toujours la maison en bon état. Le revenu du bâtiment ou le profit ordinaire de celui qui bâtit, est donc réglé par-tout par l'intérêt ordinaire de l'argent. Lorsque le taux courant de l'intérêt est à quatre pour cent, la rente d'une maison qui, en sus du paiement de la rente foncière, rapporte six ou six & demi pour cent sur toute la dépense du bâtiment, donne peut-être un profit suffisant à celui qui a fait bâtir.

Tout ce qui excède ce profit raisonnable dans la rente, va naturellement au revenu du terrein, & se paye ordinairement par le propriétaire du bâtiment au propriétaire du sol, quand ce sont deux personnes différentes. Ce surplus de la rente est le prix que paye l'habitant de la maison pour quelque avantage réel ou supposé de la situation. Dans les maisons éloignées des grandes villes & situées dans des endroits où il y a beaucoup de terreins à employer, la rente foncière n'est presque rien, ou n'est que ce que rapporteroit le sol s'il étoit cultivé. Elle est quelquefois bien plus forte dans les maisons de campagne voisines des grandes villes, & on y paye souvent la commodité ou la beauté de la situation. Les revenus du terrein sont généralement plus hauts dans la capitale, & dans quartiers de la capitale où l'on veut avoir plus de maisons, quelle que soit la raison qui en fait demander davantage.

Une taxe sur la rente d'une maison, payable par celui qui l'occupe, & proportionnée à toute la rente de la maison, ne peut affecter, au moins pendant long-temps, la rente du bâtiment. Si celui qui bâtit n'y trouve pas un profit raisonnable, il sera obligé d'y renoncer; la demande des maisons augmentera, & en fort peu de tems le profit de bâtir reprendra le niveau avec les autres emplois. Une pareille taxe ne peut pas tomber non plus entièrement sur la rente foncière; elle se partagera donc de manière à tomber en partie sur celui qui habite la maison, & en partie sur le propriétaire du sol.

Supposons, par exemple, qu'un particulier juge qu'il peut mettre au loyer d'une maison 60 liv. sterlings par an, & supposons encore qu'il y ait quatre schelings par livre ou un cinquième, de taxe à payer sur ce loyer par celui qui occupe la maison; dans ce cas, une maison de 60 liv. de rente lui en coûtera 72, c'est-à-dire, 12 liv. de plus qu'il ne croit pouvoir y mettre. Il se contentera donc d'une maison inférieure ou d'une maison de 50 l. de rente, qui, avec les 10 liv. à payer pour la taxe, complettera la somme de 60 liv. par an, qui est justement tout ce qu'il se croit en état d'y mettre; & pour payer la rente, il se privera de certaines commodités qu'il auroit trouvées de plus dans une maison de 60 liv. de loyer. Il sera pourtant mieux logé dans une maison de 50 liv. de rente, en conséquence de la taxe, que s'il n'y avoit point de taxe.

La proportion de la dépense pour se loger, à tout le reste de la dépense d'une personne, est différente, selon les différens degrés de fortune. Cette proportion est peut-être au plus haut degré dans le plus haut degré de fortune, & diminue graduellement dans les degrés inférieurs, de manière qu'en général elle est au plus bas dans le plus bas degré. Les nécessités de la vie font la grande dépense des pauvres. Il leur est difficile de se procurer leur subsistance, & ils y mettent la plus grande partie de leur petit revenu. Le luxe & la vanité occasionnent la principale dépense du riche, & une maison magnifique embellit & fait ressortir avantageusement toutes les richesses de luxe & de vanité qu'il possède. Une taxe sur les rentes des maisons tomberoit donc sur le riche, & il n'y auroit rien de déraisonnable dans cette inégalité; car il paroît assez juste que le riche contribue à la dépense publique, non-seulement en proportion de son revenu, mais un peu au-delà de cette proportion.

En général, il n'y a peut-être pas un seul article de dépense ou de consommation, par lequel on puisse mieux juger de l'état que tient un homme, que par ce que lui coûte son logement. Une taxe proportionnée sur cet article, produiroit peut-être en Angleterre un revenu plus considérable que celui qu'on en a tiré jusqu'à présent dans quelle partie de l'Europe que ce soit. Mais si la taxe étoit bien forte, la plupart des gens tâcheroient de s'y fouftraire autant qu'ils pourroient, en fe contentant de maifons plus petites, & en tournant d'un autre côté la plus grande partie de leur dépenfe.

Les maifons inhabitées ne doivent point payer de taxes. Une taxe fur elles tomberoit entiérement fur le propriétaire, qui par-là fe trouveroit impofé pour une chofe qui ne lui procureroit ni commodité, ni revenu. Les maifons habitées par le propriétaire doivent être impofées, non felon la dépenfe qu'il en a coûté pour les bâtir, mais felon la rente qu'une eftimation équitable fait juger qu'il en tireroit s'il la louoit. Si on l'impofoit en Angleterre, felon la dépenfe qu'elle pourroit avoir coûté à bâtir, un *impôt* de trois ou quatre fchelings par livre, joint aux autres *impôts*, ruineroit prefque toutes les grandes & riches familles de ce pays, &, je crois, de tout autre pays civilifé. Quiconque examinera avec attention les différentes maifons de ville & de campagne de quelques-unes des plus riches & des plus grandes familles angloifes, verra que fi on les mettoit feulement à fix ou fix & demi pour cent de toute la dépenfe qu'elles ont coûté, la rente feroit à-peu-près égale à la rente totale & quitte de tous leurs biens.

Les revenus des terreins & la rente ordinaire des terres font une efpèce de revenu, dont le propriétaire jouit la plupart du temps fans aucune peine ou attention de fa part. Quand on lui prendroit une partie de ce revenu pour défrayer la dépenfe de l'état, on ne décourageroit par-là aucune forte d'induftrie. Le produit annuel des terres & du travail de la fociété, la richeffe réelle & le revenu du grand corps du peuple, pourroient être les mêmes après la taxe qu'auparavant. Les revenus des terreins & la rente ordinaire des terres font donc peut-être l'efpèce de revenu qui peut le mieux fupporter un *impôt* particulier.

A cet égard, les revenus du terrein paroiffent être encore un objet d'impofition plus propre que la rente ordinaire des terres. Celle-ci eft, en plufieurs cas, dûe en partie à l'attention & à la bonne adminiftration du propriétaire. Un *impôt* trop lourd pourroit décourager cette attention & cette bonne adminiftration. Les revenus du terrein, en ce qu'ils rapportent de plus que la rente ordinaire des terres, font entiérement dus au bon gouvernement du fouverain qui, en protégeant l'induftrie, foit de tout le peuple, foit des habitans d'un lieu particulier, les met en état de payer le fol fur lequel ils bâtiffent fort au-delà de fa valeur, ou de donner au propriétaire bien plus qu'il ne faut pour compenfer la perte qu'il pourroit effuyer par l'ufage de ce terrein. Qu'y a-t-il de plus raifonnable que de mettre un *impôt* particulier fur un fonds qui doit fon exiftence au bon gouvernement de l'état, & de le faire contribuer un peu plus que les autres fonds, au foutien de ce gouvernement?

Quoiqu'on ait mis des *impôts* fur les rentes des maifons dans plufieurs pays de l'Europe, je n'en connois aucun où les revenus du terrein aient été confidérés comme devant être taxés féparément. Les inventeurs des taxes ou *impôts* ont trouvé probablement quelque difficulté à démêler quelle eft la partie de rente qu'on doit regarder comme revenu du terrein, & quelle eft celle qu'on doit regarder comme la rente du bâtiment. Cependant il ne paroît pas fort mal aifé de diftinguer ces deux parties de rente l'une de l'autre.

On fuppofe que, par la taxe annuelle fur les terres, la rente des maifons eft impofée, dans la Grande-Bretagne, dans la même proportion que la rente ordinaire des terres, l'évaluation fuivant laquelle chaque paroiffe ou diftrict eft impofé, eft toujours la même. Dans l'origine, elle étoit extrêmement inégale, & elle continue de l'être. Dans la plus grande partie du royaume, cette taxe tombe plus légérement fur la rente des maifons que fur celle des terres. Il n'y a que quelques cantons originairement taxés fort haut, & dans lefquels la rente des maifons a beaucoup diminué; où la taxe de trois ou quatre fchelings par livre fe monte, à ce qu'on dit, à une proportion exacte avec la rente réelle des maifons. Quoique la loi foumette à la taxe les maifons qui ne font pas louées, elles en font exemptes dans plufieurs cantons par la faveur des affeffeurs; & cette exemption occafionne quelquefois un peu de variation dans la taxe des maifons particulières, quoique celle du canton foit la même.

Dans la province de Hollande, chaque maifon eft impofée à deux & demi pour cent de fa valeur, fans aucun égard à la rente qu'elle paye annuellement, & qu'elle foit louée ou qu'elle ne le foit pas. Il y a de la dureté à obliger le propriétaire à payer une taxe pour une maifon qui n'eft pas louée, & dont il ne tire aucun revenu, fur-tout à payer une taxe fi lourde. En Hollande où le taux courant de l'intérêt n'excède pas trois pour cent, deux & demi pour cent fur toute la valeur de la maifon doivent ordinairement fe monter à un tiers de la rente du bâtiment, peut-être au tout. A la vérité, l'évaluation fuivant laquelle on impofe les maifons, quoique fort inégale, eft, à ce qu'on dit, toujours au-deffous de leur valeur réelle. Quand on rebâtit une maifon, qu'on l'améliore ou qu'on l'agrandit, il fe fait une nouvelle évaluation, & on y conforme la taxe.

Les inventeurs des diverfes taxes impofées en Angleterre fur les maifons, à différentes époques, femblent avoir imaginé qu'il étoit fort difficile de connoître la valeur réelle de chaque maifon. Ils ont donc réglé leurs taxes fur quelque circonftance plus frappante, & telle qu'elle auroit, felon eux, la plupart du tems quelque proportion avec la rente.

Le premier *impôt* de cette efpèce fut celui du fouage. Pour s'affurer combien il y avoit d'âtres ou de foyers de cheminée dans une maison, il falloit que les collecteurs de l'*impôt* entrassent dans toutes les chambres. Cette visite odieuse fit haïr la taxe ; & elle fut abolie, immédiatement après la révolution, comme une marque d'esclavage.

La seconde taxe de cette espèce fut un *impôt* de deux schelings sur toutes les maisons habitées. Une maison percée de dix croisées payoit quatre schelings de plus. Celle qui en avoit vingt & au-delà, payoit huit schelings. Cet impôt fut ensuite tellement changé, que les maisons qui avoient vingt croisées & moins de trente, furent obligées de payer dix schelings ; & celles qui en avoient trente & au-delà, d'en payer vingt. Dans plusieurs cas, on peut compter du dehors le nombre des fenêtres d'une maison, & dans tous les cas on peut le savoir sans entrer dans les chambres. La visite des collecteurs de la taxe étoit donc moins choquante.

L'*impôt* fut ensuite révoqué, & l'on établit à sa place l'*impôt* sur les fenêtres, qui a subi de même divers changemens & augmentations. Telle qu'elle existoit au mois de janvier 1775, outre le droit de trois schelings sur chaque maison d'Angleterre, & d'un scheling sur chaque maison d'Ecosse, elle porte encore un droit sur chaque fenêtre, qui, en Angleterre, augmente graduellement depuis deux pences, qui sont le taux le plus bas sur les maisons qui n'ont que sept croisées, jusqu'à deux schelings, qui sont le taux le plus haut sur les maisons de vingt-cinq croisées & au-delà.

La principale objection contre ces sortes de taxes est leur inégalité ; elles pèsent souvent plus sur les pauvres que sur les riches. Une maison de dix liv. sterl. de rente, dans une ville de province, peut avoir quelquefois plus de fenêtres qu'une de cinq cents liv. sterl. de rente à Londres ; & quoique l'habitant de la première doive être naturellement plus pauvre que celui de la dernière ; sa contribution étant réglée sur ce point par le nombre des fenêtres, il contribue davantage au soutien de l'état. Ces sortes d'*impôts* sont par conséquent directement contraires à la première des quatre maximes que nous avons posées d'abord. Du reste, elles ne paroissent pas fort opposées aux trois autres.

L'*impôt* sur les fenêtres & tous les autres *impôts* sur les maisons, tendent naturellement à en faire baisser les rentes. Il est évident que plus un homme paye pour la taxe, moins il est en état de payer pour la rente. Cependant, depuis l'imposition de la taxe sur les fenêtres, les rentes des maisons, à tout prendre, sont augmentées plus ou moins dans presque toutes les villes & villages que je connois dans la Grande-Bretagne. La demande ou le besoin de maisons est tellement augmentée presque par-tout, qu'elle a fait monter les rentes, plus que la taxe sur les fenêtres n'a pu les faire baisser ; ce qui est une des meilleures preuves de la grande prospérité du pays, & de l'accroissement du revenu de ses habitans. Sans l'*impôt*, les rentes auroient probablement monté plus haut.

Taxes sur les profits des capitalistes, ou le revenu provenant des fonds d'argent.

Le revenu ou profit venant des fonds se divise naturellement en deux parties ; celle qui paye l'intérêt & qui appartient au propriétaire des fonds, & ce qui reste, l'intérêt déduit.

Il est évident que la partie qui reste, l'intérêt déduit, ne peut être imposée directement. Elle est une compensation, & la plupart du tems une compensation fort modérée, pour le risque & la peine d'employer ses capitaux. Si celui qui emploie ses fonds n'avoit pas cette compensation, il ne pourroit continuer de le faire, sans blesser son intérêt. S'il étoit donc imposé directement en proportion de tout le profit, il seroit obligé ou de hausser le taux du profit, ou de rejetter la taxe sur l'intérêt de l'argent, c'est-à-dire, de payer moins d'intérêt. S'il plaçoit ses capitaux dans la culture des terres, il ne pourroit faire monter le taux de son profit qu'en se réservant une plus grande portion, ou, ce qui revient au même, le prix d'une plus grande portion du produit de la terre ; & comme il ne pourroit le faire que par une réduction de la rente, le paiement final de l'*impôt* tomberoit sur le propriétaire. S'il les plaçoit comme fonds mercantiles ou manufacturiers, il ne pourroit hausser le taux de son profit qu'en augmentant le prix de ses marchandises, & alors le paiement final de la taxe tomberoit entièrement sur ceux qui consommeroient ces marchandises. S'il ne haussoit pas le taux de son profit, il seroit obligé de faire porter toute la taxe sur la partie du profit qui doit payer l'intérêt de l'argent ; il n'auroit pas le moyen de payer le même intérêt pour le fonds qu'il emprunteroit, & alors ce seroit l'intérêt de l'argent qui porteroit en dernière analyse, tout le poids de l'*impôt*. Ne pouvant s'en délivrer d'un côté, il faudroit qu'il s'en délivrât de l'autre.

Au premier coup-d'œil, l'intérêt de l'argent paroît un objet aussi capable d'être imposé directement que la rente des terres. Comme elles, il est le produit net, après que le risque & la peine d'employer les fonds ont été pleinement compensés. Comme un *impôt* sur la rente des terres ne peut faire monter la rente, parce que le produit net, déduction faite du remplacement des fonds du fermier & de son profit raisonnable, ne peut être plus grand après la taxe qu'auparavant ; ainsi, par la même raison, un *impôt* sur l'intérêt de l'argent, ne pourroit faire hausser le taux de l'intérêt, la quantité de fonds pécuniaires dans le pays, ainsi que la quantité des terres, étant supposée demeurer la même après comme avant l'*impôt*,

pôt. Le taux ordinaire du profit se règle par-tout sur la quantité de fonds à employer, en proportion de la quantité des emplois ou des affaires qui en demandent. Or la quantité des emplois ou des affaires qui demandent des fonds, ne peut être ni augmentée, ni diminuée par un *impôt* sur l'intérêt de l'argent. Le taux ordinaire du profit resteroit donc nécessairement le même; mais la portion de ce profit nécessaire, pour dédommager du risque & de la peine d'employer les fonds, resteroit également la même, puisqu'il n'y auroit rien de changé dans le risque & la peine. L'autre portion du profit, celle qui appartient au propriétaire des capitaux, resteroit donc aussi nécessairement la même. Il est donc vrai qu'au premier coup-d'œil l'intérêt de l'argent paroît aussi propre à supporter un *impôt* direct, que la rente des terres.

Il y a cependant deux circonstances qui l'y rendent moins propre. 1°. La quantité & la valeur des terres qu'un homme possède, ne peut jamais être un secret, & on peut s'en assurer avec une grande exactitude. Mais à quoi se monte le total des capitaux qu'il a? C'est presque toujours un secret qu'il est difficile de savoir un peu exactement. Son capital est d'ailleurs dans des variations continuelles. Il se passe rarement un an, souvent pas un mois, quelquefois pas un jour, où il n'augmente ou ne diminue plus ou moins. Une inquisition dans l'état de la fortune de chaque particulier, & une inquisition qui, pour proportionner un *impôt* à leurs facultés, voudroit suivre de l'œil toutes les vicissitudes de leur fortune, seroit une source de vexations continuelles que personne ne pourroit supporter.

2°. La terre ne peut s'emporter, au lieu qu'il est facile d'emporter un capital. Le propriétaire d'une terre est nécessairement un citoyen du pays où elle est située. Le propriétaire d'un capital est un citoyen du monde; il n'est pas nécessairement attaché à un pays en particulier. Il est tout prêt à abandonner celui où il seroit exposé à une inquisition vexatoire, dont l'objet seroit de le charger d'un *impôt* lourd à porter, & il feroit passer ses capitaux dans quelqu'autre pays où il pourroit faire ses affaires & jouir de sa fortune avec plus de tranquillité. En emportant ses capitaux d'un pays, il feroit cesser toute l'industrie qu'ils y entretenoient. Les capitaux cultivent la terre, les capitaux emploient le travail. Un *impôt* qui tendroit à leur faire déserter un pays, tendroit par-là même à tarir toutes les sources du revenu, tant du souverain que de la société.

Aussi, au lieu d'une inquisition sévère, les nations qui ont voulu taxer le revenu provenant des capitaux, ont été obligées de se contenter d'une estimation fort inexacte, & par conséquent plus ou moins arbitraire. L'extrême inégalité & l'incertitude d'un *impôt* assis de cette manière ne peuvent être compensées que par son extrême modération, d'après laquelle chacun se trouve imposé si fort au-dessous de son revenu, qu'il ne s'embarrasse pas que son voisin le soit encore moins que lui.

L'intention de ce qu'on appelle la taxe sur les terres en Angleterre, étoit que les capitaux fussent imposés dans la même proportion que les terres. Lorsque cette taxe étoit de quatre schelings par livre ou d'un cinquième de la rente supposée, on entendoit que les capitaux seroient taxés à un cinquième de l'intérêt. Lors du premier établissement de ce te taxe, le taux légal de l'intérêt étoit à six pour cent. Cent liv. sterl. étoient donc taxés vingt-quatre schelings, la cinquième partie de six liv. sterl. Le taux légal de l'intérêt ayant été réduit depuis à cinq pour cent, cent liv. sterl. ne sont plus supposés taxés qu'à vingt schelings. La somme à lever par ce qu'on appelle la taxe sur les terres, étoit partagée entre la campagne & les principales villes; & la plus grande partie de ce qu'on en imposoit sur les villes, étoit assise sur les maisons. Ce qui restoit à asseoir sur les capitaux ou le commerce des villes (car on ne vouloit pas taxer les capitaux employés sur les terres), étoit fort au-dessous de la valeur réelle de ces capitaux ou de ce commerce. Quelques inégalités qu'il pût y avoir dans la répartition originaire, on ne s'en mit donc pas fort en peine. Chaque paroisse & chaque district continuent d'être imposés pour ses terres, pour ses maisons & ses capitaux, selon la première assiette, & la prospérité presque universelle du pays, qui en a augmenté la valeur presque par-tout, a rendu ces inégalités encore moins importantes. Chaque district étant toujours imposé de même, l'incertitude de la taxe, en tant qu'on pouvoit l'asseoir sur les capitaux d'un individu, est devenue moins sensible & de moindre conséquence. Si la plus grande partie des terres de l'Angleterre ne sont pas imposées à la moitié de leur valeur actuelle, la plupart de ses capitaux ne le sont peut-être pas à un cinquantième de la leur. Dans quelques villes, toute la taxe est assise sur les maisons, comme à Westminster où les capitaux & le commerce sont libres. Il n'en est pas de même à Londres.

Par ce moyen, on a évité une inquisition sévère dans la fortune des particuliers.

A Hambourg, (1) chaque habitant est obligé de payer à l'état quatre pour cent de tout ce qu'il possède; & comme le peuple de Hambourg est principalement riche par ses capitaux, cette taxe peut être considérée comme un *impôt* sur les capitaux. Chacun s'impose lui-même, & met annuellement, en présence du magistrat, une cer-

---

(1) Mémoire concernant les droits, tom. 1, pag. 74.
Œcon. polit. & diplomatique, Tome III.

taine somme d'argent dans la caisse publique, déclarant sous serment que c'est le quatre pour cent de tout ce qu'il possède, sans déclarer à quoi se monte son bien, ni être exposé à aucune recherche sur ce sujet. On croit que cet *impôt* est généralement payé avec une grande fidélité. On peut quelquefois s'attendre à ce paiement volontaire & scrupuleux, dans une petite république où le peuple a une pleine confiance dans ses magistrats, & où, convaincu de la nécessité de soutenir l'état, il est bien persuadé que ce qu'il donne sera fidélement appliqué aux besoins de l'état. Cette méthode n'est point particuliére au peuple de Hambourg.

Le canton d'Underwald en Suisse est souvent ravagé par des ouragans & des inondations, qui l'exposent à des dépenses extraordinaires. Dans ces occasions, le peuple s'assemble, & on dit que chacun déclare avec la plus grande franchise la valeur de ses biens, afin d'être taxé en conséquence. A Zurich la loi veut que, dans les cas de nécessité, chacun soit taxé au prorata de son revenu, qu'il est obligé de déclarer sous serment. On ne soupçonne pas, dit-on, qu'aucun citoyen s'avise de tromper. A Bâle, le principal revenu de l'état vient d'un petit droit sur les marchandises exportées. On s'en rapporte aux marchands, & même aux aubergistes, pour l'état de ce qu'ils vendent au dedans & au-dehors du territoire. Tous les trois mois, ils envoient cet état au trésorier avec la taxe comptée au bas du mémoire. On ne croit pas que le revenu souffre de cette confiance.

Il paroît que, dans ces cantons suisses, on ne regarde pas comme une rigueur d'obliger chaque citoyen à déclarer publiquement sous serment le montant de sa fortune. A Hambourg, on le regarderoit comme la plus grande oppression. Des marchands engagés dans les projets hasardeux du commerce, tremblent tous à l'idée d'être forcés de publier l'état réel de leurs affaires. Ils prévoient que la ruine de leur crédit & le mauvais succès de leurs entreprises en seroient bientôt la suite. Des gens simples, vivans de peu, & à qui ces sortes de projets sont fort étrangers, ne sentent aucune nécessité de cacher ce qu'ils ont.

En Hollande, aussi-tôt après l'élévation du dernier prince d'Orange au stathouderat, il fut imposé sur tous les biens de chaque citoyen une taxe de deux pour cent, ou d'un cinquantiéme denier. Chaque citoyen s'imposa lui-même & paya comme à Hambourg, & on suppose qu'il le fit généralement avec la même fidélité. Le peuple avoit alors la plus grande affection pour le nouveau gouvernement qu'il venoit d'établir par une insurrection générale. La taxe ne devoit être payée qu'une fois pour le besoin de l'état dans une occasion particulière. Permanente, elle eût été trop lourde. Dans un pays où le taux courant de l'intérêt excéde rarement trois pour cent, elle se monte à treize schelings quatre pences par livre sur le plus grand revenu net qu'on tire communément des capitaux; & peu de gens pourroient la payer, sans écorner plus ou moins leurs capitaux. Dans une nécessité extraordinaire, un zèle ardent pour le bien public peut engager le peuple à faire un grand effort, & à sacrifier même une partie de son capital pour secourir l'état; mais il est impossible qu'il continue de le faire long tems; & s'il continuoit, l'*impôt* le ruineroit bientôt de manière que l'état ne pourroit plus tirer de lui aucun secours.

Quoique la contribution imposée en Angleterre par le bill de la taxe sur les terres, soit proportionnée au capital, elle n'entend ni diminuer, ni ôter aucune partie de ce capital. Elle ne porte que sur l'intérêt de l'argent, qu'elle impose en proportion de ce qu'est imposée la rente des terres; de manière que quand la derniere taxe est à quatre schelings par livre, la première y est aussi. La taxe à Hambourg & les taxes encore plus modérées d'Underwald & de Zurich ne portent pas non plus sur le capital, mais sur l'intérêt du revenu net des capitaux. Celle de Hollande étoit une taxe sur le capital.

Taxes sur le profit de quelques emplois particuliers de capitaux.

On met, en certains pays, des impôts extraordinaires sur les profits des capitaux employés dans des branches particulières de commerce, ou dans l'agriculture.

Il faut rapporter à la première espèce les taxes mises en Angleterre sur les colporteurs & petits merciers, sur les carrosses & les chaises de louage, & sur ce que paient les cabaretiers pour la permission de vendre de la bierre & des liqueurs spiritueuses en détail. Durant la guerre de 1756, on proposa de mettre un pareil *impôt* sur les boutiques. La guerre ayant été entreprise, disoit-on, pour la défense du commerce, il étoit juste que les marchands qui devoient en profiter, contribuassent à la soutenir.

Cependant un *impôt* sur les profits des capitaux employés dans une branche particulière de commerce, ne peut retomber sur les marchands, il retombe sur les consommateurs.

Une taxe de cette espèce, quand elle est proportionnée au commerce du marchand, n'est point oppressive pour lui. Quand elle n'est pas proportionnée, & qu'elle est la même sur tous les marchands, quoique ce soit le consommateur qui la paye finalement, elle ne laisse pas de favoriser les gros marchands & de nuire aux petits. La taxe de cinq schelings par semaine sur chaque carrosse de place, & celle de dix schelings par an sur chaque chaise de louage, devant être avancées par les maîtres de ces voitures, sont, à cet égard, assez exactement proportionnées à l'étendue du commerce qu'ils font. La taxe de vingt schelings par an pour la permission de vendre de la petite bierre, de quarante, pour celle de vendre des liqueurs spiritueuses, & de cent pour vendre du vin, étant la même sur tous les détailleurs, doit nécessairement donner quelque avantage à ceux qui vendent beaucoup, & accabler quelques petits vendeurs. Il est plus facile aux premiers qu'aux autres de rejetter la taxe sur le prix de leurs marchandises. Cependant la modicité de la taxe rend cette inégalité moins sensible. M. Pitt a établi la même taxe sur toutes les boutiques, & l'on sait quelles réclamations il a excité: il y a lieu de croire que cette taxe va être abolie. Il est impossible de la proportionner avec quelque exactitude à l'étendue du commerce de chaque boutique, sans une inquisition qui ne seroit pas supportable dans un pays libre. On dit que cet *impôt* opprime tous les petits marchands, & qu'il met entre les mains des gros tout le commerce de détail. Il avoit été question autrefois de cette taxe; mais on sentit que la concurrence des petits marchands écartée, les gros auroient joui d'une espèce de monopole; & qu'à l'exemple de tous les autres monopoleurs, ils se seroient bientôt ligués pour faire monter leurs profits bien au-delà de ce qu'il auroit fallu pour payer l'*impôt*. Le paiement final, au lieu de tomber sur les gens tenant boutique, seroit tombé sur le consommateur avec une surcharge considérable à leur profit. Ces raisons firent abandonner alors le projet d'un impôt sur les boutiques, & on lui substitua le subside de 1759.

Ce qu'on appelle en France la *taille personnelle*, est peut-être l'*impôt* le plus considérable qui se lève en Europe sur les profits des capitaux employés à l'agriculture.

Dans le désordre du gouvernement féodal, le souverain étoit réduit à imposer ceux qui se trouvoient trop foibles pour refuser de payer l'*impôt*. Les grands seigneurs, quoique disposés à assister dans des occasions particulières, ne vouloient se soumettre à aucun *impôt* constant, & il n'étoit pas assez fort pour les y contraindre. Ceux qui cultivoient la terre, étoient presque tous originairement des serfs. Ils furent affranchis par degrés, dans la plus grande partie de l'Europe. Quelques-uns acquirent en propriété des terres qu'ils tenoient en roture, & qui relevoient quelquefois du roi, quelquefois d'un grand seigneur, comme les anciens vassaux qui, en Angleterre, n'avoient d'autre titre à produire de leur tenure, que la copie des rôles faits par les maîtres-d'hôtel de la cour de leur seigneur, & qu'on appelloit par cette raison *copy holders*. D'autres, sans acquérir de propriété, obtenoient pour tant d'années le bail des terres qu'ils faisoient valoir, & devenoient ainsi moins dépendans de leur seigneur. Il paroît que les grands barons virent avec un œil d'envie & d'indignation méprisante le degré de prospérité & de liberté, dont cette classe d'hommes, commençoit à jouir, & qu'ils consentirent volontiers à ce qu'ils fussent imposés par le souverain. Dans quelques pays, cet *impôt* ne regardoit que les terres possédées en roture; &, dans ce cas, on disoit que la taille étoit réelle. La taxe établie sur les terres par le dernier roi de Sardaigne, & dans les provinces du Languedoc, de la Provence, du Dauphiné & de la Bretagne, dans la généralité de Montauban, dans les élections d'Agen & de Condom, aussi-bien que dans quelques autres cantons de la France, sont des taxes sur les terres possédées en propriété & en roture. Ailleurs, la taxe fut mise sur les profits supposés de ceux qui tenoient à ferme ou à bail les terres appartenant à d'autres, soit en roture, soit en fiefs nobles; & c'est ce qu'on appelle *la taille personnelle*. La taille est de ce genre dans la plupart des provinces de France, qu'on nomme *pays d'élections*. Comme la taille réelle n'est imposée que sur une partie des terres du pays, elle est nécessairement inégale, mais elle n'est pas toujours arbitraire, quoiqu'elle le soit quelquefois. La taille personnelle devant être, par l'esprit de son institution, proportionnée aux profits d'une certaine classe d'hommes, qu'on ne peut connoître exactement & qu'il faut deviner, est nécessairement inégale & arbitraire.

La taille personnelle annuellement imposée en France sur les vingt généralités, appellées *pays d'élection*, se montoient en 1775 à 40,107,239 liv. 16 s. (1) La proportion dans laquelle cette taxe est assise sur les différentes provinces, varie d'une année à l'autre, selon les rapports faits au conseil du roi de la récolte bonne ou mauvaise, & selon les circonstances qui augmentent ou diminuent la faculté qu'elles ont de payer. Chaque généralité est divisée en un certain nombre d'élections, & la proportion selon laquelle la somme imposée sur toute la généralité est répartie sur ces élections, varie pareillement d'une année à l'autre, selon le rapport fait au conseil, de leurs facultés respectives. Il paroît impossible que le conseil, avec les meilleures intentions, proportionne jamais avec quelque exactitude la répartition de ces deux tailles aux facultés réelles des provinces ou cantons imposés. L'ignorance & des informations fausses doivent l'égarer, quand il auroit les vues les plus droites. La proportion dans laquelle chaque paroisse doit contribuer à la somme imposée sur toute l'élection, & ce que

---

(1) M. Necker a évalué depuis, le produit de la taille réelle & de la taille personnelle à 91 millions; mais il n'indique pas le produit particulier de la taille personnelle.

chaque individu doit payer de celle qu'on demande à chaque paroisse, varient de même tous les ans, selon qu'on suppose que les circonstances l'exigent. Dans le premier cas, ce sont les officiers de l'élection qui jugent de ces circonstances; dans le second, ce sont ceux de la paroisse, & les uns & les autres sont plus ou moins sous la direction de l'intendant. Dans les districts où il n'y a point encore d'administrations provinciales, on dit que ces assesseurs font souvent des injustices, non-seulement parce qu'ils sont ignorans & mal informés, mais parce qu'ils écoutent l'amitié, l'animosité de parti & leur ressentiment particulier. Il est évident qu'un homme sujet à un pareil *impôt*, ne peut jamais être certain de ce qu'il aura à payer, qu'après qu'il est imposé. Si quelqu'un a été taxé lorsqu'il devoit être exempt, ou si quelqu'un a été surtaxé, & qu'il ait le bonheur de faire goûter ses plaintes, il faut qu'il commence toujours par payer; mais l'année d'ensuite on réimpose toute la paroisse pour le rembourser. Si quelqu'un des contribuables fait banqueroute ou devient insolvable, le collecteur est obligé d'avancer cette taxe, & l'année suivante on réimpose toute la paroisse pour rembourser le collecteur. Si le collecteur fait lui-même banqueroute, la paroisse qui le choisit, répond de sa conduite au receveur général de l'élection. Mais comme il pourroit être embarrassant pour le receveur de persécuter toute la paroisse, il prend à son choix cinq ou six des plus contribuables, & les oblige à faire bon des deniers perdus par l'insolvabilité du collecteur. La paroisse est ensuite réimposée pour le remboursement de ces cinq ou six. Ces réimpositions sont toujours par-delà la taille annuelle.

Lorsqu'on impose une taxe sur les profits des capitaux dans quelque branche de commerce, les marchands ont presque tous soin de ne mettre en vente que ce qu'ils peuvent vendre à un prix suffisant pour se rembourser de la taxe qu'ils ont avancée. Quelques-uns retirent une partie de leurs fonds du commerce, & le marché se trouve moins fourni qu'auparavant. Le prix de la marchandise hausse, & le paiement final de la taxe tombe sur le consommateur. Mais quand une taxe est imposée sur les profits des capitaux employés dans l'agriculture, il n'est pas de l'intérêt des fermiers de retirer de cet emploi aucune partie de leurs fonds. Chaque fermier occupe une certaine quantité de terres, dont il paye la rente. Pour cultiver convenablement ces terres, il faut une certaine quantité de capitaux, & s'il en retire une partie, il n'en sera pas plus en état de payer la rente & la taxe. Pour payer la taxe, il ne peut jamais être de son intérêt de diminuer la quantité de son produit, ni de fournir le marché moins abondamment. La taxe ne lui donnera donc jamais le moyen de faire monter le prix de son produit, ni de se rembourser lui-même, en faisant payer finalement la taxe au consommateur. Cependant il est nécessaire que le fermier ait un profit raisonnable, comme tout autre qui emploie ses capitaux, sans quoi il faut qu'il abandonne le métier. Avec une pareille taxe, il ne peut faire ce profit qu'en payant moins de rente au propriétaire. Plus il paye en rente, moins il a de quoi payer en *impôt*. Une taxe de cette espèce, imposée dans le courant d'un bail, peut sans doute gêner ou ruiner le fermier. Au renouvellement du bail, elle tombe sur le propriétaire.

Dans les pays où la taille personnelle a lieu, le fermier est communément imposé en proportion des capitaux qu'il paroît employer dans la culture. Il craint souvent, par cette raison, d'avoir un bon attelage de chevaux ou de bœufs, & il affecte de montrer de mauvais instrumens de labourage. Il a une telle méfiance de la justice des assesseurs, qu'il contrefait le pauvre & tâche de paroître presque hors d'état de rien payer, de peur d'être obligé de payer trop. Il ne consulte peut-être pas toujours son propre intérêt, & peut-être qu'il perd plus par la diminution de son produit, qu'il n'épargne par celle de l'*impôt*. D'après sa mauvaise culture, le marché n'est pas approvisionné; mais la petite augmentation du prix qu'elle peut occasionner, ne l'indemnise pas de la diminution de ses récoltes; elle peut encore moins le mettre en état de payer plus de rente au propriétaire. Le public, le fermier, le propriétaire, tous souffrent plus ou moins de cette mauvaise culture. Ainsi la taille personnelle tend à décourager de plus d'une manière la culture, & à tarir la principale source de la richesse d'un grand pays.

Ce qu'on appelle *capitation* dans les provinces méridionales de l'Amérique septentrionale & dans les îsles des Indes occidentales, ou la taxe annuelle de tant par tête de nègre, est proprement un *impôt* sur les profits d'une certaine espèce de capitaux employés à l'agriculture. Comme les colons sont la plupart fermiers & propriétaires, le paiement final de la taxe tombe sur eux, en leur qualité de propriétaires, sans aucun dédommagement.

Les *impôts* de tant par tête sur les esclaves employés à la culture, semblent avoir été communs autrefois dans toute l'Europe. Il y a aujourd'hui un *impôt* de cette espèce dans l'empire de Russie. C'est probablement sur cela qu'on a représenté toutes les sortes de capitations comme des marques d'esclavage. Mais tout impôt est pour celui qui le paye, une marque non de servitude, mais de liberté. Il dénote, il est vrai, sa soumission à un gouvernement; mais il dénote aussi qu'ayant quelque propriété, on ne peut être soi-même la propriété d'un autre. Une capitation sur des esclaves est très-différente d'une capitation sur des hommes libres. La seconde est payée par les personnes sur qui elle est imposée, & non pas la première. La seconde est ou absolument arbitraire, ou absolument inégale, & la plupart du temps arbitraire & inégale. La première, quoiqu'inégale à certains égards, la valeur de tous les esclaves n'étant pas la même, n'est point arbitraire. Chaque maître qui sait exactement le nombre de ses esclaves, sait exactement ce qu'il doit payer. Ces diverses taxes portant le même nom, on a cru qu'elles étoient de même nature.

Les taxes sur les profits des capitaux, appliqués à telles branches d'industrie, ne peuvent jamais affecter l'intérêt de l'argent. On ne prête pas à plus bas intérêt à ceux qui exercent une branche d'industrie chargée d'une taxe, qu'à ceux qui en exercent une qui ne l'est pas. Il n'en est pas de même des taxes sur le revenu provenant de tous les capitaux, quelle que soit la manière dont ils sont employés. Si le gouvernement essaye de les lever avec un peu d'exactitude, elles tomberont, dans plusieurs cas, sur l'intérêt de l'argent. Le vingtième denier, en France, est une taxe de la même espèce que celle qu'on appelle en Angleterre *taxe sur les terres*, & il est assis de même sur les revenus des terres, des maisons & des capitaux. Quoiqu'on ne le perçoive pas avec une grande rigueur sur les capitaux, on le perçoit avec beaucoup plus d'exactitude que cette partie de la taxe sur les terres, qui est imposée en Angleterre sur le même fonds. Dans plusieurs cas, il tombe entièrement sur l'intérêt de l'argent. Le vingtième ne paroît pas avoir fait monter le taux des contrats de rente, (c'est-à-dire, des annuités perpétuelles, rachetables en tout temps par le débiteur, moyennant le remboursement de la somme originairement avancée, mais dont le rachat n'est point exigible par le prêteur, si ce n'est dans des cas particuliers) quoiqu'il se lève exactement sur toutes.

Tant qu'une propriété reste entre les mains d'une même personne, quelques taxes qu'on impose sur cette propriété, on ne prétend rien diminuer ou ôter de sa valeur foncière, mais percevoir quelque chose sur son revenu. Quand la propriété change de mains, quand elle passe du mort au vivant, ou du vivant au vivant, elle est souvent imposée par des taxes qui ôtent une partie de sa valeur foncière.

Le transport de toutes sortes de propriétés du mort au vivant, & celui des propriétés immobilières des terres & des maisons entre-vifs, sont des faits publics & notoires de leur nature, & tels qu'il n'est pas possible de les cacher longtems. On peut les imposer d'une manière directe. Le transport d'un capital ou des propriétés mobilières entre-vifs par un prêt, est souvent & peut toujours être une affaire secrette, & il n'est pas aisé de le taxer d'une manière directe. On l'a taxé indirectement : 1°. en exigeant, que l'acte contenant l'obligation de rembourser, soit écrit sur du papier ou du parchemin qui paye un certain droit de timbre, sous peine de nullité de l'acte : 2°. en exigeant, sous la même peine de nullité, qu'il soit consigné dans un registre public ou secret, & en mettant certains droits sur cet enrégistrement. Les droits de papier timbré & les droits d'insinuation ont été souvent placés sur les actes qui transfèrent des propriétés de toute espèce du mort au vif, & sur ceux qui transfèrent des propriétés immobilières du vivant au vivant, quoiqu'il fût aisé de les taxer d'une manière directe.

La *vigesima hæreditatum*, le vingtième denier des successions, imposé par Auguste sur les anciens romains, étoit un impôt sur le transport de propriété du mort au vivant. Dion Cassius, qui en parle le moins confusément, dit qu'on le percevoit sur toutes les successions, legs & donations en cas de mort, excepté sur les actes en faveur des plus proches parens, ou des pauvres.

La taxe sur les successions, en Hollande (1), est de la même espèce. Les successions collatérales sont taxées, selon le degré de parenté, depuis cinq jusqu'à trente pour cent de la valeur de la succession. Les donations testamentaires ou les legs à des collatéraux sont sujets aux mêmes droits. Celles du mari à la femme, ou de la femme au mari, sont taxées au cinquantième denier ; la *luctuosa hæreditas*, la succession triste des ascendans aux descendans, n'est taxée qu'au vingtième denier. Les successions directes ou celles des descendans aux ascendans, ne paient rien. La mort d'un père est rarement suivie pour ceux de ses enfans qui vivoient avec lui d'aucun accroissement, & souvent elle est suivie d'une diminution considérable de revenu, par la perte de son industrie, de son emploi, ou de quelque bien viager dont il étoit en possession. Il y auroit de la cruauté dans une taxe qui leur enleveroit une partie de sa succession. Mais tout ce qui revient aux enfans qui, dans le langage des loix romaines, sont appellés *emancipés*, & dans celui des loix d'Ecosse *foris-familiated*, établis hors de la famille, c'est-à-dire, qui ont reçu leur portion, qui font une famille à part, & qui vivent sur des fonds séparés & indépendans de ceux de leur père, est un accroissement de leur fortune, & peut-être pourroit-on le taxer sans autre inconvénient que les inconvéniens attachés à toutes ces sortes de droits.

Le casuel, dans les loix féodales, étoit une taxe sur le transport des terres, tant du mort au vif que du vivant au vivant. Il faisoit jadis, dans toute l'Europe, une des principales branches du revenu de la couronne.

---

(1) Mémoires concernant les droits, &c. tom. 1, pag. 225.

L'héritier de chaque vassal immédiat de la couronne payoit un certain droit; il payoit en général une année du revenu, lorsqu'il recevoit l'investiture des possessions. S'il étoit mineur, tant que duroit la minorité, le revenu des biens passoit au supérieur, sans autre charge que l'entretien du mineur & le paiement du douaire, s'il y en avoit un d'hypothéqué sur les terres. Quand le mineur atteignoit l'âge de majorité, il devoit encore une autre taxe au supérieur. Elle s'appelloit *droit de relief*, & se montoit encore à une année de revenu. Ainsi une longue minorité, qui libère aujourd'hui de grands biens, & qui remet une famille dans son ancienne splendeur, ne faisoit alors que la grever & l'embarrasser.

Par les loix féodales, un vassal ne pouvoit aliéner sans le consentement de son supérieur qui, en général, ne l'accordoit qu'en extorquant de lui un pot de vin, ou une composition. Ce pot de vin, qui étoit d'abord arbitraire, fut fixé dans certains pays, à une certaine portion du prix de la terre. Dans des pays même où la plupart des coutumes féodales sont tombées en désuétude, cet impôt sur l'aliénation des terres continue d'être encore une branche considérable du revenu du souverain. Dans le canton de Berne, il va jusqu'au sixième du prix d'un fief noble, & au dixième d'un bien en roture (1). Dans le canton de Lucerne, la taxe sur la vente des terres n'est pas universelle, mais particulière à certains districts. Mais si une personne vend sa terre pour quitter le territoire, elle paye dix pour cent sur tout le prix de la vente (2). Il y a, dans plusieurs autres contrées, des taxes de cette espèce, ou sur la vente de toutes les terres, ou sur la vente de celles qui sont possédées à une certaine tenure, & le souverain en tire plus ou moins de revenu.

Ces ventes peuvent être taxées indirectement, par le droit du timbre ou par les droits sur l'enrégistrement, & ces droits peuvent être où n'être pas proportionnés à la valeur de l'objet aliéné.

Dans la Grande Bretagne, les droits du timbre sont plus hauts ou plus bas, moins selon la valeur de la propriété (dix-huit pences ou un demi écu de droit de timbre suffisant pour une obligation de la plus grande somme d'argent), que selon la nature de l'acte. Les plus hauts n'excédent pas six liv. sterl. pour chaque feuille de papier ou chaque morceau de parchemin, & ces gros droits tombent principalement sur les concessions de la couronne & sur certains actes, sans aucun égard à la valeur de l'objet. Il n'y a point de droits en Angleterre sur l'insinuation des actes ou écrits; on paye seulement les honoraires des officiers qui tiennent les registres, & ces honoraires sont assez proportionnés à leur travail; la couronne n'en tire rien.

En Hollande, il y a des droits de timbre & des droits sur l'enrégistrement, qui, en certains cas, sont & en d'autres ne sont pas proportionnés à la valeur de la propriété qu'on transfère. Il faut que tous les testamens y soient écrits sur du papier timbré, dont le prix est proportionné à la propriété dont on dispose. Le papier timbré coûte, depuis trois sous (*stivers*, *stœuvres*) la feuille, jusqu'à trois cents flor., qui équivalent à environ vingt-sept liv. sterling. Si le papier est d'un prix inférieur à celui dont le testateur devoit se servir, sa succession est confisquée. Cette taxe est indépendante de toutes les autres qu'on y a établies sur les successions. Excepté les lettres de change & quelques billets de marchands, tous les actes, obligations & contrats sont sujets au droit de timbre. Ce droit cependant n'augmente pas en proportion de la valeur de l'objet. Toutes les ventes de terres & de maisons, & toutes les hypothèques sur ces immeubles doivent être enrégistrées, & payer à l'état un droit d'enrégistrement de deux & demi pour cent sur le montant du prix ou de l'hypothèque. Ce droit se perçoit sur la vente de tous les navires & bâtimens de mer de la charge de plus de deux tonneaux, pontés ou non pontés. Il semble qu'on les ait regardés comme des maisons sur l'eau. La vente des biens-meubles est sujette à un pareil droit, quand elle se fait par autorité de justice.

En France, il y a de même des droits de timbre & des droits d'enrégistrement. Les premiers sont considérés comme une branche des aides, & sont levés par les commis aux aides dans les provinces qui les paient. Les derniers sont regardés comme une branche des domaines de la couronne, & sont levés par une autre classe d'employés.

Ces manières de taxer par des droits de timbre & d'enrégistrement, sont d'une invention très-moderne. Mais, en moins de cent ans, le droit de timbre est devenu presque universel en Europe, & le droit d'insinuation très-commun. L'art de fouiller dans les poches du peuple, est ce que les gouvernemens apprennent le plutôt.

Les *impôts* sur la mutation des propriétés qui passent des morts aux vivans, retombent finalement & immédiatement sur les personnes à qui elles passent. Les taxes sur la vente des terres retombent sur le vendeur. Il est presque toujours dans la nécessité de vendre, & par conséquent de prendre le prix qu'il trouve. L'acheteur n'est presque jamais forcé d'acheter, & il ne donne que ce qu'il veut. Plus il est obligé de payer pour la taxe, moins il voudra donner pour le prix de

---

(1) Mémoires, &c. tom. 1, pag. 154.
(2) Ibid, pag. 157.

l'acquisition. Ces sortes de taxes tombent donc presque toujours sur une personne qui est dans le besoin, & par-là deviennent souvent cruelles & oppressives. Les taxes sur la vente des maisons nouvellement bâties, dont on vend le bâtiment sans le sol, retombent en général sur l'acheteur, parce qu'il faut que celui qui bâtit, trouve son bénéfice, sans quoi il abandonneroit cette branche d'industrie. Si donc il avance la taxe, ce sera communément l'acheteur qui la lui remboursera. Les taxes sur la vente des vieilles maisons retombent en général sur le vendeur, par la même raison que celles sur la vente des terres : car, en général, c'est la convenance ou la nécessité qui les fait vendre. Le nombre des maisons neuves qui sont à vendre, est réglé plus ou moins par la demande qu'on en fait. A moins que la demande ne soit telle, que l'entrepreneur y trouve son profit, toutes les dépenses payées, il ne bâtira plus. Le nombre des vieilles maisons qui sont à vendre, est réglé par des accidens qui n'ont aucun rapport avec la demande. Deux ou trois banqueroutes dans une ville commerçante, feront vendre plusieurs maisons, dont il faut se défaire au prix qu'on en peut avoir. Les taxes sur la vente des revenus du terrein retombent entiérement sur le vendeur, par la raison que nous indiquions tout-à-l'heure à l'occasion de la vente des terres. Les droits de timbre & les droits d'enrégistrement des obligations & contrats d'emprunt retombent sur l'emprunteur ; &, dans le fait, c'est toujours lui qui les paye. Les droits de la même espèce sur les procédures, retombent sur les plaideurs. Ils diminuent pour les deux parties la valeur foncière de l'objet en litige. Plus il en coûte pour acquérir une propriété, moins elle a de valeur quand elle est acquise.

Comme toutes les taxes sur les mutations de propriété diminuent la valeur foncière de cette propriété, elles tendent par-là à diminuer les capitaux destinés au travail productif. Elles sont toutes, plus ou moins, des *impôts* en faveur de la prodigalité ; elles augmentent le revenu du souverain, qui n'entretient guère que des gens qui ne produisent rien, & elles diminuent le capital de ceux qui n'entretiennent que des gens, dont le travail est productif.

Ces sortes de taxes, lors même qu'elles sont proportionnées à la valeur de la propriété transférée, sont encore inégales, parce que les choses d'une valeur égale n'éprouvent pas toujours le même nombre de mutations. Elles le sont encore davantage, quand elles ne sont pas proportionnées à cette valeur ; ce qui arrive dans la plupart des droits de timbre & d'enrégistrement. Elles ne sont nullement arbitraires, puisque, dans tous les cas, elles peuvent être parfaitement claires & certaines. Quoiqu'elles tombent quelquefois sur des personnes qui ne sont pas fort en état de payer, le tems du paiement est en général assez convenable, parce que, quand il vient, on a ordinairement de quoi payer. On les lève à peu de frais, & en général elles ne font d'autre mal aux contribuables que celui que leur fait toujours l'inconvénient inévitable de payer la taxe.

On ne se plaint pas beaucoup en France des droits de timbre, mais beaucoup de ceux d'enrégistrement qu'on appelle *contrôle* ; ils donnent matière à bien des exactions de la part des employés des fermiers généraux ; & cette taxe qui devroit être incertaine & fixe, est devenue en grande partie, arbitraire & incertaine.

Comme l'enrégistrement des hypothèques, & en général de tous les droits sur des propriétés immobilières, donne une grande sûreté aux créanciers & aux acheteurs, il est avantageux au public. Celui de la plupart des actes d'un autre genre est souvent à charge & même dangereux pour les individus, sans être d'aucun avantage pour le public. Tous les registres qu'on reconnoît devoir être tenus secrets, ne devroient pas exister. Il ne convient pas que le crédit ou la réputation des individus dépende d'une chose aussi peu solide que la probité & la religion des commis inférieurs, employés à la perception du revenu. Les droits de l'enrégistrement ou insinuation étant devenus pour le souverain une source de revenu, les bureaux de contrôle se sont multipliés sans fin. En France, il y a différentes sortes de registres secrets. Si cet abus n'est pas une suite nécessaire de l'*impôt*, il faut avouer qu'il en est du moins une suite naturelle.

Les droits de timbre, tels que les droits établis en Angleterre sur les cartes, les dez, les gazettes, les pamphlets périodiques, &c. sont proprement des *impôts* sur la consommation, dont le paiement retombe sur les personnes qui en font usage. Les droits de timbre, tels que ceux sur les permissions de vendre de la bierre, du vin & des liqueurs spiritueuses, quoique peut-être établis avec l'intention de les faire retomber sur les profits des détailleurs, sont de même payés finalement par les consommateurs. Ces *impôts*, quoiqu'appellés du même nom, & levés par les mêmes officiers & de la même manière que les droits de timbre sur les mutations de propriété, sont cependant d'une toute autre nature, & retombent sur des fonds très-différens.

Impôts sur le salaire du travail.

Les salaires des classes inférieures d'ouvriers sont par tout réglés par ce qu'on demande de travail & par le prix ordinaire ou moyen des vivres. Selon que la demande de travail croît, reste la même ou décroît, ou selon qu'elle exige une population croissante, stationnaire ou décroissante, elle règle la subsistance de l'ouvrier, & détermine à quel point elle doit être aisée, médiocre ou pauvre. Le prix moyen ou ordinaire des vivres détermine la quantité d'argent qu'il doit gagner pour se procurer cette subsistance aisée, médiocre ou pauvre. Ainsi, tant que la demande du travail & le prix des vivres ne changent pas, un impôt direct sur le salaire du travail ne peut avoir d'autre effet que de le faire monter un peu plus haut que la taxe ou l'*impôt*. Supposons, par exemple, que dans un lieu particulier la demande du travail & le prix des vivres mettent à dix schelings par semaine le salaire d'un ouvrier, & qu'on impose ce salaire à un cinquième ou quatre schelings par livre, la demande du travail & le prix des vivres demeurent les mêmes, il faudra toujours que l'ouvrier gagne dans cet endroit une subsistance qu'il ne peut se procurer à moins de dix schelings par semaine, ou qu'après avoir payé la taxe, il lui reste par semaine un salaire de dix schelings. Or, pour qu'il ait ce salaire, il faut que le prix du travail augmente en cet endroit, non-seulement de deux schelings par semaine, mais de deux schelings & six pences, c'est-à-dire, que pour le mettre en état de payer l'*impôt*, il faut que son salaire augmente non-seulement d'un cinquième, mais d'un quart. Quelle que fût la proportion de l'*impôt*, le salaire du travail augmenteroit toujours, non-seulement dans cette proportion, mais au-delà. Si, par exemple, l'*impôt* étoit d'un dixième, le salaire du travail augmenteroit aussi-tôt, non pas simplement d'un dixième, mais d'un douzième.

Quand l'ouvrier pourroit donc payer par lui-même un *impôt* direct sur le salaire du travail, on ne pourroit dire qu'il l'avance, si on suppose du moins que la demande du travail & le prix moyen des vivres restent les mêmes après l'*impôt* qu'auparavant. Dans ces cas-là, celui qui emploie l'ouvrier, avanceroit non-seulement l'*impôt*, mais quelque chose en sus. Le paiement tomberoit, en différens cas, sur différentes personnes. D'abord sur l'entrepreneur d'une manufacture, ensuite sur le marchand, & enfin sur le consommateur. D'autrefois, l'augmentation qu'un tel *impôt* occasionneroit dans le salaire du travail de la campagne, seroit avancée par le fermier, qui, pour entretenir le même nombre d'ouvriers qu'auparavant, seroit obligé d'employer un plus grand capital. Pour faire rentrer ce plus grand capital avec les profits ordinaires des capitaux, il seroit forcé de retenir une plus grande portion, ou, ce qui revient au même, le prix d'une plus grande portion du produit de la terre, & par conséquent de payer moins de rente au propriétaire. Le paiement de cette augmentation de salaire retomberoit donc en ce cas sur le propriétaire, aussi-bien que le profit additionnel du fermier qui l'auroit avancée. Ainsi un *impôt* direct sur le salaire du travail, doit occasionner à la longue plus de réduction dans la rente des terres & plus de cherté dans les marchandises manufacturées, qu'il n'y en auroit eu, si on avoit assis convenablement une somme égale au produit de l'*impôt* sur la rente des terres & sur les marchandises de consommation.

Les *impôts* directs sur le salaire du travail n'ont pas toujours fait monter le salaire en proportion, mais ils ont généralement fait baisser la demande du travail; & la décadence de l'industrie, la diminution des moyens d'employer les pauvres, & celle du produit annuel des terres & du travail du pays, sont donc les suites de ces *impôts*.

Un *impôt* sur le salaire du travail rustique n'augmente pas le produit brut de la terre, par la même raison qu'une taxe sur les profits des fermiers ne l'augmente point.

Malgré le vice & les funestes effets de ces *impôts*, ils ne laissent pas d'avoir lieu dans plusieurs pays. En France, la partie de la taille dont on charge l'industrie des ouvriers & des journaliers dans les villages, est proprement une taxe de cette espèce. On estime leur salaire par ce qu'ils gagnent ordinairement dans le canton qu'ils habitent; & afin qu'ils soient surchargés le moins possible, on ne compte que deux cents jours de travail par année (1). La taxe de chaque individu varie d'une année à l'autre selon diverses circonstances, dont le collecteur ou le commissaire nommé par l'intendant pour l'aider, sont juges. En Bohême, d'après le changement introduit dans le système des finances en 1748, on a mis un *impôt* fort lourd sur l'industrie des artisans. Ils sont divisés en quatre classes. La plus haute paye cent florins par an; la seconde classe est taxée à soixante & dix; la troisième à cinquante, & la dernière de celles qui sont dans les villages, à vingt-cinq. Le salaire des artistes ingénieux & de ceux qui exercent une profession libérale, garde une certaine proportion avec les émolumens des professions inférieures. Un *impôt* sur ce salaire n'auroit d'autre effet que de le faire monter un peu plus haut que la proportion de l'*impôt*, sans quoi les arts ingénieux & les professions libérales ne seroient plus de niveau avec les autres, & seroient bientôt abandonnés.

Les émolumens des emplois ne sont pas réglés, comme ceux des métiers & des professions, par la libre concurrence du marché, & par conséquent ne gardent pas toujours une juste proportion à ce qu'exige la nature de l'emploi. Ils sont peut-être trop hauts dans beaucoup de pays; les personnes chargées de l'administration d'un pays sont disposées en général à se favoriser eux-mêmes, & ceux qui dépendent immédiatement d'eux. Les émolumens des emplois sont donc en général susceptibles d'un *impôt*. D'ailleurs les

---

(1) *Voyez* les Mémoires concernant les droits & les impositions, tom. 2.

personnes

personnes qui jouissent des emplois publics, spécialement des plus lucratifs, sont par-tout les objets de l'envie; & un *impôt* sur leurs émolumens seroit toujours populaire, quand même il seroit un peu plus fort que sur toute autre espèce de revenu. En supposant, par exemple, qu'en Angleterre toute autre espèce de revenu fût taxée à quatre schelings par livre, ce seroit une taxe fort populaire que celle de cinq schelings par livre sur le salaire des emplois qui passeroient cent liv. sterl. par an ; il faut en excepter toutefois les offices des juges & quelques autres moins exposés à l'envie.

Taxes qu'on a voulu faire tomber indifféremment sur les trois espèces de revenu.

Les taxes qu'on a voulu faire tomber sur toutes les espèces de revenu, sont la capitation & les *impôts* sur les marchandises de consommation; car un contribuable les paye également, soit qu'il tire ses revenus de la rente de ses terres, des profits de ses capitaux & du salaire de son travail.

Capitation. Si on veut proportionner cet *impôt* à la fortune ou au revenu du contribuable, il devient arbitraire. L'état de la fortune d'un homme varie d'un jour à l'autre, & on ne peut la deviner sans une inquisition qui est plus intolérable qu'aucun *impôt*, & qui se renouvelle au moins une fois tous les ans. Sa répartition dépend donc en général de la bonne ou de la mauvaise humeur de ses asseseurs, & doit par conséquent être arbitraire & incertaine.

Si on proportionne la capitation non à la fortune supposée, mais au rang du contribuable, elle devient absolument incertaine, les degrés de fortune étant souvent inégaux au même degré de rang.

Si on veut la rendre égale, elle devient absolument arbitraire & incertaine; & si on veut la rendre certaine & non arbitraire, elle devient entiérement inégale. Que la taxe soit légère ou pesante, l'incertitude est toujours un grand mal. Une grande inégalité peut se supporter dans une taxe légère ; elle est insupportable dans une taxe lourde.

Les différentes capitations, imposées en Angleterre sous Guillaume III, taxoient la plupart des contribuables selon leur rang. Ils étoient taxés comme ducs, marquis, comtes, vicomtes, barons, écuyers, gentilshommes, comme enfans aînés ou cadets des pairs, &c. Tous les marchands tenant boutique & autres qui avoient plus de trois cents liv. sterlings de fortune, c'est-à-dire, ceux de la classe la plus distinguée dans le commerce, étoient taxés de même, quelque différence qu'il y eût dans leur fortune. Plusieurs de ceux qui, dans la première capitation, étoient imposés selon la fortune qu'on leur supposoit, se furent ensuite selon leur rang. Les avocats,

Œcon. polit. & diplomatique. Tom. III.

les procureureurs & les gens d'affaires, qui avoient été imposés d'abord à trois schelings par livre de leur revenu, le furent ensuite comme *gentlemen* : on crut que, dans la répartition d'une taxe qui n'étoit pas fort lourde, une grande inégalité seroit plus supportable que la moindre incertitude.

La capitation levée en France depuis le commencement de ce siècle, taxe les rangs supérieurs d'après un tarif invariable ; & les classes inférieures du peuple, selon la fortune qu'on leur attribue, de manière qu'elles sont taxées différemment d'une année à l'autre La capitation des officiers de la cour du roi, des juges & des officiers des cours de justice, des officiers des troupes, &c. ne varie point. Celle du peuple dans les provinces varie continuellement. Les grands se soumettent volontiers, en France, à un degré considérable d'inégalité dans une taxe qui ne pèse pas beaucoup sur eux ; mais ils ne pourroient souffrir d'être imposés d'une manière arbitraire par un intendant. A l'égard du peuple, il faut qu'il souffre le traitement que ses supérieurs jugent à propos de lui faire. En Angleterre, la capitation n'a jamais produit les sommes qu'on en attendoit, ou qu'elles auroient pu produire, si elles eussent été levées exactement. En France, elle les produit toujours. La douceur du gouvernement d'Angleterre, en établissant la capitation sur les divers rangs du peuple, se contente de ce qu'elle peut produire ; & n'exige point de compensation pour la perte que l'état souffre de la part de ceux qui ne peuvent payer ou qui ne le veulent pas ; car il y en a plusieurs qui ne payent pas, faute de bonne volonté, & que l'indulgence dans l'exécution des loix ne force pas de payer. Le gouvernement de France plus rigoureux répartit sur chaque généralité une certaine somme que l'intendant doit trouver. Si une province se plaint d'être imposée excessivement, elle obtient l'année suivante une diminution proportionnée à la surcharge ; mais en attendant, il faut qu'elle paye. L'intendant, pour être sûr de trouver la somme imposée sur la généralité, étoit autrefois le maître de demander une somme plus considérable, afin que les non-valeurs occasionnées par ceux qui n'auroient pas le moyen de payer, fussent compensées par la surcharge des autres contribuables. La fixation de ce surplus de la somme demandée par le gouvernement, fut laissée à la discrétion des intendans jusqu'en 1765, où le conseil se la réserva. L'auteur, parfaitement bien informé des Mémoires sur les droits & impositions de France, observe que la portion de capitation qui tombe sur la noblesse & sur ceux que leurs privilèges exemptent de la taille, est la moins considérable. La plus forte portion tombe sur les taillables qui sont imposés au marc la livre de la taille.

La capitation sur les rangs inférieurs du peuple

est une taxe directe sur le salaire du travail, & en a tous les inconvéniens.

Cet *impôt* se lève à peu de frais; & quand on l'exige à la rigueur, il rapporte un revenu sûr à l'état. C'est par cette raison qu'il est très-commun dans les pays où l'on fait peu d'attention au bien-être, au soulagement & à la sûreté des rangs inférieurs du peuple. Ce n'est pourtant en général qu'une petite partie du revenu public dans un grand Empire, & on pourroit toujours tirer ce qu'il fournit par quelque autre voie beaucoup moins onéreuse au peuple.

Taxes sur les consommations.

L'impossibilité de taxer les sujets par aucune capitation en proportion de leur revenu, paroît avoir donné lieu à l'invention des *impôts* sur les consommations. L'état qui ne sait comment taxer directement & proportionnellement le revenu de ses sujets, tâche de le taxer en taxant leur dépense, qui est communément proportionnée à leur revenu. Or, on la taxe en mettant des droits sur les articles de consommation qui en sont l'objet.

Les articles de consommation sont ou de nécessité, ou de luxe.

J'entends par choses de nécessité ce qui est nécessaire pour vivre, mais pour vivre décemment selon son état, ou tout ce dont les honnêtes gens des états même les plus bas, ne peuvent se passer décemment selon la coutume des pays. Une chemise de toile, par exemple, n'est pas, à parler strictement, une chose nécessaire à la vie. Quoique les grecs & les romains n'en portassent pas, ils ne laissoient pas de vivre, je suppose, avec plus d'aisance. Mais à présent, dans la plus grande partie de l'Europe, un honnête journalier seroit honteux de paroître en public sans une chemise de toile, faute de laquelle on ne manqueroit pas de le regarder comme tombé dans cette pauvreté ignominieuse que l'on présume être toujours l'effet de la plus mauvaise conduite. Des souliers sont de même une chose nécessaire en Angleterre, parce que la coutume les a rendus tels; les plus pauvres de l'un & de l'autre sexe qui ont quelque sentiment, rougiroient de n'en avoir pas quand ils se montrent en public. En Ecosse, la coutume veut aussi que tous les hommes en portent, même ceux de la dernière classe; mais elle ne l'exige pas des femmes de cette même classe. Elles peuvent aller nuds pieds, sans qu'on ait plus mauvaise idée d'elles. En France, ils ne sont nécessaires ni aux hommes ni aux femmes; ailleurs les gens du peuple des deux sexes y vont en sabots ou nuds pieds, sans être méestimés. J'appelle choses de luxe toutes les choses que la nature, la coutume ou les règles de décence établies n'ont pas rendues nécessaires aux derniers rangs du peuple. J'appelle, par exemple, *choses de luxe* la bierre & l'aile dans la Grande-Bretagne, & le vin dans les pays de vignobles. De quelque rang que soit un homme, il peut, sans reproche, s'abstenir de ces liqueurs. La nature ne les rend pas nécessaires à la vie, & on peut sans rougir s'en passer.

Comme le salaire du travail est toujours réglé en partie par la demande qu'on en fait, & en partie par le prix moyen des articles nécessaires de subsistance, tout ce qui fait hausser ce prix moyen, fait nécessairement hausser le salaire; car il faut que l'ouvrier puisse encore se pourvoir de ces articles. Un *impôt* sur ces articles nécessaires fera monter infailliblement leur prix un peu plus haut que la taxe, parce que le marchand qui avance le droit, vendra en général à un prix qui lui fasse rentrer ses avances avec un profit. Un pareil *impôt* fait donc monter le salaire du travail en proportion de ce prix.

Ainsi un *impôt* sur les choses nécessaires à la vie produit les effets d'un *impôt* direct sur le salaire du travail. Si un ouvrier peut le payer d'abord, il ne pourra l'avancer long-tems. Il faut qu'à la longue il lui soit avancé par celui qui l'emploie immédiatement, & qui lui paye son salaire. Si celui qui le fait travailler est un manufacturier, il reprendra sur le prix de ses marchandises cette augmentation de salaire avec un bénéfice, & le paiement de l'*impôt* & la surcharge du profit retomberont sur le consommateur. Si celui qui l'emploie est un fermier, le paiement & la surcharge retomberont sur la rente du propriétaire.

Il n'en est pas de même des *impôts* sur ce que j'appelle *choses de luxe.* L'augmentation du prix des marchandises par l'*impôt*, n'occasionnera pas nécessairement une augmentation dans le salaire du travail. Par exemple, un *impôt* sur le tabac, quoiqu'objet de luxe pour les pauvres comme pour les riches, ne fera pas augmenter le salaire. Quoiqu'il soit imposé en Angleterre à trois fois, & en France à quinze fois sa valeur intrinsèque, il semble que ces gros droits n'aient eu aucun effet sur le salaire du travail. On peut dire la même chose des *impôts* sur le thé & le sucre, qui, en Angleterre & en Hollande, sont devenus le luxe des derniers rangs du peuple; & de ceux sur le chocolat, qui, en Espagne, est également le luxe de tous les gens du peuple. On peut le dire encore des différens *impôts* qu'on a mis en Angleterre pendant ce siècle sur les liqueurs spiritueuses. L'augmentation dans le prix du *porter* ou de la bierre forte, occasionnée par la taxe additionnelle de trois schelings sur le baril de bierre forte, n'a pas fait hausser à Londres le salaire des gens de peine. Leurs journées étoient à dix-huit ou vingt pences, & elles y sont encore.

Le haut prix de ces sortes de denrées ne diminue pas nécessairement la faculté qu'ont les rangs inférieurs du peuple d'élever leurs familles. Ces fortes de taxes font fur le pauvre induftrieux & rangé, l'effet des loix fomptuaires, & le difpofent à ufer fort fobrement ou à fe priver des fuperfluités qu'il n'a plus le moyen de fe procurer.

L'*impôt*, au lieu de diminuer fes facultés pour élever une famille, ne fera peut-être fouvent que les augmenter par cette abftinence forcée. Ce font les pauvres, économes & induftrieux, qui en général élèvent les familles les plus nombreufes, & qui fourniffent le plus à la demande du travail utile. Tous les pauvres, à la vérité, ne font pas économes & induftrieux; & ceux qui font déréglés & diffolus, peuvent continuer de fe fatisfaire fur ces articles de fuperflu, après l'augmentation de prix, fans fonger à la détreffe où cette inconduite peut jetter leurs familles : mais il eft rare que des gens du peuple de ce caractère élèvent beaucoup d'enfans. Ceux qu'ils ont, périffent communément par la négligence de leurs pères, & parce qu'ils font mal foignés & mal nourris. Si la force de leur conftitution les fauve des rigueurs & des dangers auxquels ils font expofés par la mauvaife conduite de leurs parens, l'exemple de cette mauvaife conduite corrompt leurs mœurs; & bien loin d'être utiles à la fociété par leur induftrie, ils lui deviennent pernicieux ou à charge par leurs vices & leurs maladies. Ainfi, quand le haut prix des fuperfluités du pauvre pourroit aggraver un peu la détreffe de ces familles déréglées, & diminuer par là leur faculté d'élever des enfans, il eft probable que la population utile du pays n'en fouffriroit guères.

Toute augmentation dans le prix moyen des chofes néceffaires, qui ne feroit pas compenfée par une augmentation proportionnelle dans le falaire du travail, diminueroit plus ou moins chez les pauvres gens la faculté d'élever des familles nombreufes, & par conféquent de fournir à la demande du travail utile, quel que foit la demande du travail, c'eft-à-dire, croiffante, ftationnaire ou décroiffante.

Les *impôts* fur les chofes de luxe ne tendent pas à faire hauffer le prix d'aucune autre marchandife que celles qui font impofées. Les *impôts* fur les chofes néceffaires, en élevant le falaire du travail, tendent à hauffer le prix de toutes les manufactures, & par conféquent à en diminuer la vente & la confommation. Les *impôts* fur les chofes de luxe font payés finalement par les confommateurs des marchandifes impofées, fans qu'il leur en revienne rien. Ils tombent indifféremment fur toutes les efpèces de revenu, fur le falaire du travail, les profits des capitaux & la rente des terres. Les *impôts* fur les néceffaires de la vie tombant fur le pauvre, font payés finalement par les propriétaires des terres dont ils diminuent les rentes, & par les riches confommateurs, propriétaires ou autres, & toujours avec une furcharge confidérable pour le bénéfice de ceux qui l'avancent. Si les rangs moyens & fupérieurs du peuple entendoient leurs intérêts, ils s'oppoferoient à tout *impôt* fur les néceffités de la vie, auffi-bien qu'à tout *impôt* direct fur le falaire du travail. Le paiement de ces deux efpèces d'*impôt* retombe fur eux, & toujours avec une furcharge confidérable. Il tombe plus pefamment fur les propriétaires des terres, qui payent toujours à double titre, & comme propriétaires, par la diminution de leurs rentes; & comme riches confommateurs, par l'augmentation de leur dépenfe. L'obfervation du chevalier Decker, que certains *impôts* font répétés & accumulés trois ou quatre fois dans le prix de certaines marchandifes, fe trouve parfaitement jufte par rapport aux *impôts* fur les chofes néceffaires à la vie. Dans le prix du cuir, par exemple, il faut que vous payiez le droit fur le cuir de vos propres fouliers, & une partie du droit fur celui des fouliers du cordonnier & du tanneur. Il faut que vous payiez auffi pour le droit fur le fel, le favon & les chandelles que ces ouvriers confomment pendant qu'ils travaillent pour vous, & pour le droit fur le cuir que confomment ceux qui font le fel, le favon & la chandelle, tandis qu'ils font employés à votre fervice.

Dans la Grande-Bretagne, les principaux *impôts* fur les chofes néceffaires à la vie portent fur le fel, le cuir, le favon & la chandelle.

Le fel eft un objet d'impôt bien ancien & bien univerfel; il l'étoit chez les romains, & il l'eft, je crois, actuellement dans toute l'Europe. Chaque individu en confomme fi peu, & la quantité qu'il en achète à la fois peut être fi petite, qu'on eft parti de-là, ce femble, pour imaginer qu'un gros *impôt* fur cette denrée ne feroit pas fort fenfible. En Angleterre, il eft impofé à trois fchelings le boiffeau, c'eft-à-dire, environ le triple de fon prix originaire. Dans quelques autres pays, la taxe eft encore plus forte. Le cuir eft d'une néceffité réelle. Le favon l'eft auffi par rapport à l'ufage du linge. Dans les pays où les nuits d'hiver font longues, les chandelles font néceffaires pour travailler, & doivent être regardées comme des inftrumens de métier. Le cuir & le favon font taxés dans la Grande-Bretagne à trois demi-pences par livre, les chandelles & le favon à un penny; taxes qui peuvent fe monter à huit ou dix pour cent du prix originaire du cuir, à quatorze ou quinze pour cent de celui des chandelles, & à vingt ou vingt-cinq pour cent du celui du favon. Quoique ces impôts ne foient pas fi forts que fur le fel, ils font encore fort lourds. Comme ces quatre articles font d'une néceffité réelle, la pefanteur de ces impôts doit augmenter un peu la dépenfe des pauvres gens économes & induftrieux, & par conféquent faire monter plus ou moins le falaire du travail.

Dans un pays où les hivers font auffi froids que dans la Grande Bretagne, le chauffage eft une chose nécessaire à la vie durant cette saison, non-seulement pour préparer les mêts, mais pour rendre l'existence supportable à plusieurs classes d'ouvriers qui travaillent dans l'intérieur des maisons. Le charbon de terre est le chauffage qui coûte le moins. Le prix du chauffage influe tellement sur celui du travail, que, dans toute la Grande-Bretagne, les manufactures se sont réfugiées où il y a du charbon de terre, les autres parties du pays ne pouvant travailler à aussi bon marché, à cause du haut prix de cet article nécessaire. D'ailleurs, c'est un instrument nécessaire du métier dans certaines manufactures, dans les verreries, les forges de fer & d'autres métaux. Si une gratification pouvoit jamais être raisonnable, on devroit peut-être l'accorder au transport de cette marchandise des parties du pays où elle abonde, dans ceux où elle manque. Mais la législation, au lieu d'une gratification, a mis un droit de trois schelings & trois pences par tonneau sur le charbon transporté par les côtes de la mer; ce qui, sur la plupart des espèces de charbon, se monte à plus de soixante pour cent du prix qu'il coûte à la mine. Les charbons voiturés par terre ou par la navigation intérieure, ne payent point de droit. Dans les lieux où ils sont à bon marché, on les consomme sans payer de droit, & on les a chargés d'un droit fort lourd dans les lieux où ils sont fort chers.

Quoique ces sortes d'impôts fassent monter le prix de la subsistance, & par conséquent le salaire du travail, ils procurent néanmoins au gouvernement un revenu considérable qu'il ne lui seroit peut-être pas aisé de tirer d'ailleurs. Il peut donc y avoir de bonnes raisons pour les continuer. La gratification sur l'exportation des grains, envisagée comme tendante, dans l'état actuel du labourage, à faire hausser le prix de cet article nécessaire, produit de mauvais effets tout semblables; & au lieu de rapporter quelque chose au gouvernement, elle lui occasionne souvent une grande dépense. Les gros droits sur l'importation des grains étrangers, droits qui, dans les années médiocrement abondantes, équivalent à une prohibition, & la défense absolue d'importer du bétail en vie & des provisions salées, défense qui existe dans l'état ordinaire, & que les disettes font suspendre pour un tems limité par rapport à l'Irlande & aux plantations britanniques, ont les mauvais effets des impôts sur les choses nécessaires à la vie, & ne produisent aucun revenu au gouvernement. Pour faire révoquer ces sortes de réglemens, il ne s'agit que de convaincre le public de la futilité du système en conséquence duquel ils sont établis.

Les impôts sur les choses nécessaires à la vie sont beaucoup plus forts en d'autres pays que dans la Grande-Bretagne. Quelques gouvernemens ont mis des droits sur la fleur & la farine du bled qui se moud au moulin, & sur le pain qu'on cuit au four. On suppose qu'en Hollande le prix pécuniaire du pain qu'on mange dans les villes, est doublé par ces sortes d'impôts. Le peuple qui vit à la campagne, paye chaque année tant par tête, selon la sorte de pain qu'on suppose qu'il consomme. Ceux qui mangent le pain le plus blanc, paient trois flor. quinze sols, ou environ six schelings neuf pences & demies. On dit que ces impôts & quelques autres de la même espèce ont ruiné la plus grande partie des manufactures de Hollande (1): on en voit de semblables, quoique moins lourds, dans le Milanez, dans les états de Gênes, dans le duché de Modène, dans les duchés de Parme, de Plaisance & de Guastalle, & dans l'état ecclésiastique. Un auteur françois (2) a proposé de réformer les finances de son pays, en substituant cet impôt, le plus ruineux de tous, à la plupart des autres. Il n'y a rien de si absurde, dit Cicéron, qui n'ait été avancé par quelques philosophes.

Les impôts sur la viande de boucherie sont encore plus communs que ceux sur le pain. Il est vrai qu'on peut douter si la viande de boucherie est nulle part une chose nécessaire à la vie. On sait par expérience que le grain & d'autres végétaux, avec le secours du lait, du fromage & du beurre, ou de l'huile quand on n'a pas de beurre, peuvent, sans aucune viande de boucherie, fournir le régime le plus abondant, le plus sain, le plus nourrissant & le plus propre à donner de la vigueur. La décence n'exige nulle part qu'un homme mange de la viande; mais elle exige, dans beaucoup de pays, qu'il porte du linge & des souliers.

Les articles de consommation, soit de nécessité, soit de luxe, peuvent être imposés de deux différentes manières. Le consommateur peut payer une somme annuelle pour l'usage & la consommation qu'il fait de certaines choses, ou les choses peuvent être imposées tandis qu'elles sont entre les mains du marchand; & avant qu'elles passent dans celles du consommateur. La première méthode convient mieux aux choses qui sont long-tems à se consommer; la seconde à celles dont la consommation est immédiate ou plus prompte. Les impôts sur les carrosses & l'argenterie sont un exemple de la première; & la plus grande partie des droits de douane & d'accise, des exemples de la seconde.

Un carrosse dont on a bien soin, dure dix ou douze ans. Il peut être imposé une fois pour toutes, avant de sortir des mains du sellier. Mais il est certainement plus commode à l'acheteur de

---

(1) Mémoires concernant les droits, &c. pag. 210, 211.
(2) Le Réformateur.

payer quatre liv. sterl. par an pour le privilège de tenir un carrosse, que de payer tout-à-la-fois 48 liv. sterl. de surplus au sellier, c'est-à-dire, une somme équivalente à ce que la voiture lui coûtera pendant tout le tems qu'il s'en servira. Un service d'argenterie peut durer de même plus d'un siècle. Il est certainement plus facile au consommateur de payer cinq schelings par an pour cent onces de vaisselle d'argent, c'est à-dire, environ un pour cent de la valeur, que de racheter cette longue annuité au denier quatre ou au denier trois ; ce qui augmenteroit le prix de sa vaisselle de vingt-cinq à trente pour cent. Les différens *impôts* sur les maisons sont payés plus commodément par une somme annuelle modérée, que par une taxe d'une valeur égale sur la première construction ou vente de la maison.

On sait que le projet du chevalier Decker étoit que toutes les marchandises, même celles qui se consomment tout de suite ou en fort peu de tems, fussent imposées de cette manière, le marchand n'avançant rien, & le consommateur payant une certaine somme annuelle pour la permission de les consommer. Il vouloit favoriser les diverses branches du commerce étranger, particulierement du commerce de transport, en ôtant tous les droits sur l'importation & l'exportation, & en mettant ainsi le marchand en état d'employer tout son capital & son crédit à acheter des marchandises & à freter des vaisseaux, sans en détourner aucune partie à faire les avances de l'*impôt*. Ce projet, par rapport aux choses d'une consommation prompte ou immédiate, est cependant exposé à quatre objections importantes que voici. 1°. La taxe seroit plus inégale ou moins proportionnée de cette manière à la dépense & à la consommation des différens contribuables, qu'elle ne l'est aujourd'hui. Les droits sur le rum, le vin, les liqueurs spiritueuses, avancés par le marchand, sont payés par les consommateurs en proportion de leur consommation respective. Mais s'il falloit les payer en achetant la permission de boire ces liqueurs, l'homme tempérant seroit beaucoup plus foulé que l'ivrogne, en proportion de sa consommation. Une famille qui exerceroit une grande hospitalité, le seroit beaucoup moins que celle qui recevroit peu de monde. 2°. Cette manière d'imposer, en faisant payer tous les ans, tous les six mois, tous les trois mois la permission de consommer certaines denrées, ôte aux contribuables une des plus grandes commodités du paiement, celle de payer à mesure qu'ils consomment. Les différens droits sur la dreche, le houblon & la bierre, compris dans les trois pences & demi qu'on paye à présent pour un pot de bierre forte, en y joignant le profit extraordinaire que prend le brasseur pour les avoir avancés, doivent se monter à environ trois demi-pences. Si un ouvrier peut épargner ces trois demi-pences, il achete un pot de bierre forte. S'il ne le peut pas, il se contente d'en acheter un demi-pot ; & comme un sol épargné est un sol gagné, il gagne un *farthing* par sa tempérance. Il paye l'*impôt* peu à peu, à mesure qu'il est & quand il est en état de le payer ; & chaque paiement qu'il en fait, est parfaitement volontaire, puisqu'il ne tient qu'à lui de l'éviter. 3°. Ces *impôts* auroient moins de vertu comme loix somptuaires. La permission une fois achetée, qu'un homme bût peu ou largement, sa taxe seroit toujours la même. 4°. S'il falloit qu'un ouvrier payât tout-à-la-fois par an, par semestre ou par quartier, une taxe égale à ce qu'il paye à présent, sans se gêner, sur tous les pots ou pintes de bierre forte qu'il boit dans un an, dans six ou trois mois, il seroit souvent fort embarrassé. Il est donc évident que cette forme d'imposition ne pourroit jamais produire, sans opprimer le peuple, un revenu à peu près égal à celui que fournit la méthode actuelle sans aucune espèce d'oppression. Il y a pourtant divers pays où les choses d'une consommation prompte ou immédiate sont ainsi taxées. En Hollande, on paye tant par tête pour la permission de prendre du thé. J'ai déjà parlé d'un pareil *impôt* sur le pain, qu'on y lève dans les fermes & les villages.

On met les droits d'accise principalement sur les denrées du pays qui sont destinées à sa consommation. Ils n'affectent qu'un petit nombre d'articles d'un usage général. Il ne peut jamais y avoir aucun doute ni sur les articles qui sont sont chargés, ni sur les droits imposés à chacun. Ces *impôts* tombent entièrement sur ce que j'appelle *choses de luxe*, excepté peut-être ceux dont j'ai déjà parlé sur le sel, le savon, le cuir & les chandelles, & peut-être encore sur le verre commun.

Les droits de douane sont beaucoup plus anciens que ceux de l'accise. A en juger par le nom qu'on leur donne en Angleterre, *customs* (coutumes), ce sont des droits qu'on payoit de tems immémorial. Il semble que, dans l'origine, on les ait regardés comme des taxes sur les profits des marchands. Dans les tems barbares de l'anarchie féodale, les marchands, ainsi que les autres habitans des bourgs, n'obtenoient guères plus d'estime que des esclaves émancipés. On les méprisoit & on envioit leurs gains. La haute noblesse, qui avoit consenti que le roi mît la taille sur ses vassaux, n'eut aucune répugnance à la laisser mettre sur un ordre d'hommes qu'elle étoit moins intéressée à protéger. Dans ces tems d'ignorance, on étoit loin de penser que les profits des marchands ne pouvoient être le sujet d'un *impôt* direct, ou que le paiement de ces sortes d'*impôts* retomboit avec une surcharge considérable sur les consommateurs.

Le bénéfice des marchands étrangers étoit regardé encore de plus mauvais œil que celui des marchands anglois, & on le taxoit plus fortement

Cette distinction entre les droits sur les marchands étrangers & les marchands nationaux, introduite par l'ignorance, a continué depuis par l'esprit du monopole ou par l'envie de donner un avantage aux marchands anglois, tant dans le marché du dedans que dans celui du dehors.

Avec cette distinction, les anciens droits de douane étoient imposés également sur toutes sortes de marchandises de nécessité ou de luxe exportées ou importées. Pourquoi, disoit-on probablement, favoriser ceux qui vendent une espèce de marchandise plutôt que ceux qui en vendent une autre, ou le marchand exportateur plutôt que l'importateur ?

Les anciens droits de douane étoient divisés, dans la Grande=Bretagne, en trois branches. La première, & peut-être la plus ancienne de ces taxes, étoit sur la laine & le cuir. C'étoit, ce semble, principalement & même entierement, un droit d'exportation. Lorsque les manufactures de laine vinrent à s'établir en Angleterre, on le mit sur les étoffes de laine exportées, afin que le roi ne perdît rien de ce qu'il retiroit de l'*impôt* sur la laine. Les deux autres branches étoient un droit sur le vin, qui étoit imposé à tant le tonneau, & fut appellé *droit de tonnage* ; & un droit sur les autres marchandises, qui, étant fixé à tant par livre, à la valeur qu'on leur supposoit, fut appellé *droit de poundage*. Dans la quarante-septième année du règne d'Edouard III, on mit un droit de six pences par livre sur toutes les marchandises exportées, excepté les laines, les peaux d'agneaux & de moutons, les cuirs & les vins soumis à des droits particuliers. Dans la quatorzième année du règne de Richard II, ce droit fut porté jusqu'à un scheling par livre ; mais trois ans après, il fut réduit à l'ancien taux. On le fit monter à huit pences, la seconde année du règne de Henri IV ; & la quatrième, à un scheling où il est resté depuis ce tems jusqu'à la neuvième année du règne de Guillaume III. Les droits de tonnage & de poundage étoient généralement accordés au roi par quelqu'acte du parlement, & furent appellés *le subside du tonnage & du poundage*. Le subside du poundage ayant été fixé si long-tems à un scheling par livre ou à cinq pour cent, ce qu'on appelloit un subside dans le langage des douanes, vint à marquer un pareil droit général de cinq pour cent. Ce subside, qu'on nomme encore aujourd'hui *l'ancien subside*, continue de se lever suivant le tarif établi la douzième année du règne de Charles II. On dit que la méthode de constater par le tarif la valeur des marchandises sujettes à ce droit, remonte au-delà du règne de Jacques I.

Le nouveau subside, établi par le neuvième & le dixième acte du règne de Guillaume III, fut un nouvel *impôt* additionnel de cinq pour cent sur la plupart des marchandises. Le tiers & les deux tiers du subside font entr'eux un autre cinq pour cent. Le subside de 1749 en a mis un quatrième sur la plupart des marchandises, & celui de 1759 un cinquième sur quelques-unes. Outre ces cinq subsides, on a imposé beaucoup d'autres droits sur des espèces particulières de marchandises, soit pour les besoins de l'état, soit, comme il est arrivé quelquefois, pour régler le commerce du pays, suivant les principes du système mercantile.

Ce système a pris plus de faveur de jour en jour. L'ancien subside étoit imposé indifféremment sur l'exportation & sur l'importation. A quelques exceptions près, les quatre autres subsides, aussi-bien que les droits imposés dans l'occasion sur diverses sortes de marchandises, n'ont affecté que l'importation. La plupart des anciens droits imposés sur l'exportation des marchandises du pays, ont été ou modérés ou supprimés. Non-seulement on en a supprimé une partie, mais on a mis des gratifications sur l'exportation de quelques-unes. On a encore accordé sur l'exportation des marchandises étrangères la restitution quelquefois du tout, & plus communément d'une partie des droits payés à leur importation. L'on ne rend sur leur exportation que la moitié du droit de l'ancien subside sur l'importation ; mais on rend sur la plupart des marchandises tous les droits des subsides postérieurs & autres *impôts*. La faveur qu'a prise de plus en plus l'exportation, & la défaveur où est tombée l'importation, n'ont souffert que très-peu d'exceptions, qui regardent surtout les matières de quelques manufactures. Les marchands & les manufacturiers anglois voudroient que ce qu'elles fabriquent leur revînt au meilleur marché possible, & au plus haut prix pour leurs rivaux & compétiteurs dans leurs pays. C'est pour cela que les matières étrangères arrivent quelquefois en Angleterre franches de droit, comme, par exemple, les laines d'Espagne, le lin & le fil écru. L'exportation des matières du pays & de celles que produisoient les colonies angloises, a été quelquefois prohibée & quelquefois soumise à de gros droits : celle des laines angloises a été défendue. Celle des peaux & de la laine de castor & de la gomme du Sénégal a été assujettie à de gros droits jusqu'en 1783, la Grande-Bretagne en ayant presque le monopole depuis qu'elle avoit conquis le Canada & le Sénégal.

Il est démontré que le système mercantile n'a pas été favorable au revenu du grand corps du peuple, ni au produit annuel des terres & du travail du pays. Il ne paroît pas que le revenu du souverain s'en soit mieux trouvé, du moins par rapport à la partie qui dépend des droits de douane.

D'après ce système, l'exportation de plusieurs sortes de marchandises a été absolument prohibée. Cette prohibition a empêché dans certains cas, & beaucoup diminué dans d'autres, l'importation de ces marchandises, en réduisant les importateurs à la nécessité de faire la contrebande. Elle a empêché l'importation des laines étrangères, & a beaucoup diminué celles des soies & velours étrangers. Elle a donc absolument anéanti, dans les deux cas, le revenu des douanes qui pouvoit être levé sur cette importation.

Les gros droits imposés sur l'importation de diverses sortes de marchandises étrangères pour en décourager la consommation dans la Grande-Bretagne, n'ont guères servi qu'à encourager la contrebande, & ont constamment réduit le revenu des douanes au-dessous de ce que des droits plus modiques auroient rapporté ; M. Pitt l'a bien prouvé en diminuant les droits sur le thé. Le mot du docteur Swift, que dans l'arithmétique des douanes deux & deux, au lieu de faire quatre, ne font souvent qu'un, se trouve parfaitement vrai par rapport à ces gros droits qu'on ne se feroit jamais avisé de mettre, si le système mercantile ne nous avoit appris à employer souvent l'*impôt* comme instrument, non du revenu, mais du monopole.

Les gratifications accordées quelquefois sur le produit brut & manufacturé du pays, & les restitutions faites, à la réexportation de la plupart des marchandises étrangères, ont donné occasion à beaucoup de fraude & à une espèce de contrebande plus destructive du revenu public qu'aucune autre. Pour obtenir la gratification ou les restitutions, on charge un vaisseau qu'on met en mer, & bientôt après il revient aborder à quelqu'autre partie du pays. Ce que les gratifications & les restitutions (1), dont une grande partie est obtenue frauduleusement, défalquent du revenu des douanes, est fort considérable. Le produit total des douanes au bout de l'année, qui finissoit le 5 janvier 1775, se montoit à 5,068,000 l. sterl. Les gratifications prises sur ce revenu, quoiqu'il n'y en eût pas cette année sur le bled, se montoient à 167,800 liv. sterl. Les restitutions acquittées sur des billets & des certificats, à 2,156,800 liv. sterl. Les gratifications & les restitutions prises ensemble, à 2,324,600 liv. sterl. Ces déductions faites, le revenu des douanes montoit seulement à 2,743,400 liv. sterl., dont il faut déduire encore 287,903 liv. sterl. pour les frais de l'administration. Ainsi le revenu net des douanes fut cette année-là de 2,455,500 liv. sterl. De cette manière, les frais d'administration se montent de cinq à six pour cent sur le revenu total des douanes, & passent dix pour cent sur le revenu net.

Depuis les gros droits imposés en Angleterre sur presque toutes les marchandises importées, les négocians importateurs en font entrer le plus qu'ils peuvent en fraude, & ils en déclarent le moins qu'ils peuvent. Les négocians exportateurs, au contraire, déclarent plus de marchandises qu'ils n'en exportent, quelquefois par vanité & dans la vue de passer pour de grands trafiquans de marchandises qui ne paient point de droits, & quelquefois pour obtenir une gratification ou des restitutions. En conséquence de ces diverses fraudes, les exportations, dans les livres de la douane, paroissent l'emporter de beaucoup sur les importations, à la grande satisfaction de ces politiques qui mesurent la prospérité nationale par ce qu'ils appellent *la balance du commerce*.

Toutes les marchandises importées, à moins qu'elles ne soient particuliérement exceptées, ne sont pas en grand nombre, & celles-ci payent quelques droits de douane. Si l'on importe des marchandises qui ne sont pas indiquées dans le tarif ou livre des taxes, elles sont taxées à 4 s. 9 den. un dixième pour chaque valeur de vingt schelings, d'après le serment de l'importateur, c'est-à-dire, à-peu-près à cinq subsides ou cinq droits de poundage. Le tarif ou livre des taxes est fort étendu, & contient le dénombrement d'une grande variété d'articles, dont plusieurs sont de peu d'usage, & par conséquent peu connus. C'est pourquoi il est souvent incertain sous quel article telle marchandise doit être classée, & par conséquent de quel droit elle est susceptible. Les méprises que cette incertitude occasionne, ruinent quelquefois un officier de la douane, & causent bien de la peine, de la dépense & des vexations à l'importateur. En fait de clarté, de précision & de netteté, les droits de douane sont par conséquent inférieurs à ceux de l'accise.

Pour que la plupart des membres d'une société contribuent au revenu public en proportion de leur dépense respective, il ne paroît pas nécessaire qu'un seul article de cette dépense soit taxé. On suppose que le revenu qu'on lève pour les droits de l'accise, tombe aussi également sur les contribuables que celui qui est levé par les droits de douane, & les droits de l'accise sont imposés seulement sur quelques articles d'un usage & d'une consommation générale. Plusieurs personnes ont pensé qu'on pourroit également réduire à peu d'articles les droits de douane ; & qu'avec une bonne administration, non-seulement le revenu public n'y perdroit rien, mais que le commerce étranger y gagneroit beaucoup.

Il paroît qu'aujourd'hui les articles étrangers d'un usage & d'une consommation générale en Angleterre, consistent principalement dans les vins étrangers & les eaux-de-vie ; dans quelques-unes des productions de l'Amérique & des Indes occidentales, le sucre, le rum, le tabac, les noix de cacao, &c ; & dans quelques-unes de celles

---

(1) Nous rendons ici par restitutions de droits ce que les anglois appellent *draw-backs*.

des Indes orientales, le thé, le café, la porcelaine, les épiceries de toutes les fortes, diverſes eſpèces de marchandiſes en pièce, &c. Ces différens articles donnent peut-être à préſent la plus grande partie du revenu qu'on tire des droits de douanes. Si vous en exceptez ce peu d'articles dont je viens de parler, les *impôts* qui ſubſiſtent ſur les manufactures étrangères, n'ont pas été mis, du moins pour la plupart, pour le revenu, mais pour le monopole, ou pour donner aux marchands nationaux un avantage dans le marché intérieur. En révoquant toutes les prohibitions, & en ſoumettant toutes les manufactures étrangères à des droits modiques, tels que l'expérience ſur chaque article lui feroit trouver propres à produire plus de revenu au public, les ouvriers anglois pourroient avoir encore un avantage conſidérable ; & pluſieurs articles qui aujourd'hui ne rapportent rien ou que fort peu de choſe au gouvernement, lui rapporteroient beaucoup.

De gros droits, en diminuant quelquefois la conſommation des marchandiſes taxées, & en encourageant quelquefois la fraude, rapportent ſouvent moins de revenu au gouvernement que ne feroient des droits modiques.

Lorſque la diminution du revenu eſt l'effet de la diminution de la conſommation, il n'y a qu'un ſeul remède, celui de modérer l'*impôt*.

Quand la diminution du revenu eſt l'effet de l'encouragement donné à la fraude, peut-être y peut-on remédier en deux manières ; ſavoir, en diminuant la tentation de frauder, ou en augmentant la difficulté de le faire. Le ſeul moyen d'affoiblir l'envie de frauder eſt de baiſſer le droit ; & on ne peut augmenter la difficulté de faire la contrebande, qu'en établiſſant le ſyſtême d'adminiſtration le plus propre à la prévenir.

Il paroît, je crois, par l'expérience, que les loix de l'acciſe ſont beaucoup plus efficaces que celles des douanes, pour embarraſſer & traverſer les opérations d'un contrebandier. En introduiſant dans les douanes, un ſyſtême d'adminiſtration auſſi ſemblable à celui de l'acciſe que le comporteroit la nature des différens droits, on rendroit la contrebande beaucoup plus difficile. Bien des gens ont ſuppoſé que ce changement étoit très-praticable.

On a dit qu'on pouvoit laiſſer au choix de l'importateur de marchandiſes ſujettes aux droits de douane, ou de les faire porter dans ſon magaſin particulier, ou de les faire porter dans un magaſin dont il ſeroit pourvu à ſes frais ou aux frais du public, mais dont un officier de la douane auroit la clef, & qui ne pourroit être ouvert qu'en préſence de cet officier : que ſi le marchand les mettoit dans ſon magaſin particulier, il paieroit ſur-le-champ les droits, ſans aucune eſpérance d'obtenir des reſtitutions, & que ſon magaſin ſeroit en tout tems ſujet à la viſite & à l'examen de l'officier de la douane, afin de conſtater à quel point la quantité qu'il contiendroit, correſpondroit à ce qu'il auroit payé de droits ; que, s'il les mettoit dans le magaſin public, il ne paieroit point de droits, juſqu'à ce qu'il les en tirât pour la conſommation intérieure ; que, s'il en tiroit pour les exporter, il n'en paieroit aucun, pourvu qu'il donnât les ſûretés convenables qu'elles ſeroient exportées ; que les marchands qui vendroient ces ſortes de marchandiſes en gros ou en détail, ſeroient en tout tems ſujets à la viſite & à l'examen de l'officier de la douane, & obligés de juſtifier par de bons certificats le paiement des droits ſur tout ce qui ſeroit contenu dans leur boutique ou leur magaſin. On lève actuellement de cette manière les droits d'acciſe ſur le rum importé en Angleterre ; & peut-être le même ſyſtême d'adminiſtration pourroit-il s'étendre à tous les droits ſur les marchandiſes importées, pourvu cependant que ces droits, à l'inſtar de ceux de l'acciſe, fuſſent toujours bornés à un petit nombre de marchandiſes, dont l'uſage & la conſommation ſont plus généraux. S'ils ſe percevoient, comme à préſent, ſur preſque toutes les eſpèces de marchandiſes, il ne ſeroit pas aiſé de trouver d'aſſez grands magaſins, & un marchand ne pourroit mettre en ſûreté que dans le ſien les marchandiſes d'une nature délicate, ou dont la conſervation exige beaucoup de ſoin & d'attention.

Si, avec un pareil ſyſtême d'adminiſtration, on pouvoit déconcerter la contrebande des articles même ſujets à gros droits, & ſi on hauſſoit ou baiſſoit les droits dans l'occaſion, ſelon qu'on s'appercevroit qu'ils doivent être d'un plus grand revenu pour l'état, l'*impôt* étant toujours employé comme inſtrument du revenu & non du monopole, il ne paroît pas improbable qu'on pût tirer des droits ſur l'importation d'un petit nombre de marchandiſes d'une conſommation générale, au moins autant de revenu qu'on en tire actuellement des douanes, & qu'on pût amener ainſi ces droits au même degré de ſimplicité, de certitude & de préciſion que ceux de l'acciſe. Ce que le gouvernement perd actuellement par les reſtitutions ſur la réexportation des marchandiſes étrangères qui reviennent & ſont conſommées dans le pays, ſeroit épargné dans ce ſyſtême, ſi, à cette épargne qui ſe trouveroit conſidérable, on ajoutoit l'abolition de toutes les gratifications ſur l'exportation du produit du pays, dans tous les cas où elles ne ſeroient pas de véritables reſtitutions de certains droits d'acciſe qui auroient été avancés auparavant : on ne pourra guères douter que le revenu net des douanes ne fût égal, après ce changement, à ce qu'il auroit été auparavant.

Si le revenu public ne ſouffroit en rien de ce changement de ſyſtême, le commerce & les manufactures du pays en tireroient un avantage conſidérable. Le commerce de toutes les marchandiſes difes franches de droit, qui feroient fans comparaifon le plus grand nombre, fe feroit de partout & à toutes les parties du monde avec tout le fuccès imaginable. Parmi ces marchandifes, feroient comprifes toutes les chofes néceffaires à la vie & toutes les matières des manufactures. L'importation libre des chofes néceffaires à la vie, en réduifant leur prix moyen en argent dans le marché intérieur, réduiroit le prix pécuniaire du travail, fans diminuer en rien fa récompenfe réelle. La valeur de l'argent eft en proportion de la quantité des chofes néceffaires à la vie qu'il achète. Celle des chofes néceffaires à la vie eft entiérement indépendante de la quantité d'argent qu'elles peuvent procurer. La réduction dans le prix du travail en argent, feroit néceffairement fuivie d'une réduction proportionnelle dans celui des manufactures du pays, qui par-là auroient quelque avantage dans tous les marchés étrangers. Le prix de certaines manufactures feroit encore plus réduit par l'importation libre des matières crues. Si on importoit librement en Angleterre la foie crue de la Chine & de l'Indoftan, les ouvrages anglois en foie pourroient fe donner à beaucoup meilleur marché que les foieries de France & d'Italie. L'Angleterre n'auroit pas befoin de prohiber l'importation des foies & des velours étrangers. Par le bon marché de fes marchandifes, fes ouvriers s'affureroient non-feulement la poffeffion du marché intérieur, mais une grande fupériorité dans les marchés étrangers. Le commerce même des marchandifes impofées fe feroit bien plus avantageufement qu'il ne fe fait à préfent. Si on tiroit d'un magafin public pour les exporter chez l'étranger, comme dans ce cas elles ne paieroient aucun droit, le commerce en feroit parfaitement libre. Toutes les efpèces de commerce de tranfport fleuriroient fous ce fyftême. Si on tiroit ces marchandifes du magafin pour la confommation du pays, l'importateur n'étant pas obligé d'avancer l'impôt jufqu'à ce qu'il eût une occafion de vendre à quelqu'autre marchand ou à quelque confommateur, pourroit vendre moins cher que s'il avoit payé le droit au moment de l'importation. Avec les mêmes droits, le commerce étranger de confommation pourroit fe faire, même pour les marchandifes impofées, beaucoup plus avantageufement qu'il ne fe fait à préfent.

L'objet du fameux plan d'accife du chevalier Robert Walpole étoit d'établir pour le vin & le tabac un fyftême affez femblable à celui qu'on propofe ici. Mais, quoiqu'il ne fût queftion que de ces deux articles dans le bill préfenté au parlement, on fuppofa généralement que c'étoit un effai qui devoit fervir d'introduction à un plan beaucoup plus étendu. La faction liguée avec l'intérêt des marchands contrebandiers excita contre ce bill une clameur fi violente, quoique fi injufte, que le miniftre trouva bon de le retirer, & qu'aucun de fes fucceffeurs n'a ofé reprendre le projet.

Quoique les droits fur les marchandifes de luxe importées pour la confommation intérieure, tombent quelquefois fur le pauvre, ils tombent principalement fur les gens de la moyenne claffe, & de la claffe fupérieure. Tels font, par exemple, les droits fur les vins étrangers, le café, le chocolat, le thé, le fucre, &c.

Les droits fur les chofes de luxe les moins chères que produit le pays, tombent très-également fur les perfonnes de tout rang, en proportion de leur dépenfe. Le peuple paye les droits fur la dreche, le houblon & la bierre qu'il confomme ; le riche les paye & pour fa confommation & pour celle de fes domeftiques.

Il faut obferver que par-tout la confommation des claffes inférieures du peuple ou des gens au-deffous du moyen état, eft beaucoup plus grande, non-feulement en quantité, mais en valeur, que celle des perfonnes des claffes moyenne & fupérieure. En premier lieu, prefque tout le capital du pays fe diftribue annuellement parmi les rangs inférieurs du peuple en falaires du travail productif. Secondement, une grande partie du revenu provenant de la rente des terres & des profits des fonds, s'y diftribue auffi annuellement en falaires & en fubfiftances des domeftiques & autres ouvriers qui ne produifent rien. Troifiémement, une partie des profits des capitaux leur appartient, comme revenu provenant de l'emploi de leurs petits capitaux. Le montant des profits que font annuellement les petits marchands tenant boutique, les trafiquans & les détailleurs de toute efpèce, eft par-tout fort confidérable, & forme une bonne partie du produit annuel. Quatriémement, une partie même de la rente des terres leur appartient. Ainfi, quoique la dépenfe de ces rangs inférieurs foit fort peu de chofe, à la prendre dans chaque individu, fi on la prend en maffe ou collectivement, elle forme toujours la portion de toute la dépenfe de la fociété, la plus confidérable de beaucoup. Par conféquent, les *impôts* qui tombent principalement fur la dépenfe des rangs fupérieurs, doivent rapporter un bien moindre revenu que ceux qui tombent fur celle de tous les rangs, ou même que ceux qui tombent principalement fur celle des rangs inférieurs, les *impôts* tombant, dans ces deux derniers cas, ou fur tout le produit annuel, ou fur la portion de ce produit, qui eft de beaucoup la plus forte. Auffi l'accife fur les matières & les manufactures des liqueurs fermentées & fpiritueufes qui fe font en Angleterre, produit-elle fans comparaifon plus que les autres *impôts* fur la dépenfe, & cette branche de l'accife tombe beaucoup, & peut-être principalement fur la dépenfe du bas peuple. Dans l'année finiffant au 5 juillet 1775, le produit total de cette branche de l'accife fe monta à 3,341,837 liv. fterl.

Il ne faut cependant jamais oublier que c'eft

sur la dépense de luxe des classes inférieures du peuple, & non sur celle de nécessité, qu'on doit mettre des impôts. Le paiement final d'un *impôt* sur les choses nécessaires à la vie tomberoit entiérement sur les classes supérieures, sur la plus petite portion du produit annuel, & non sur la plus grande.

Les liqueurs fermentées brassées & les liqueurs spiritueuses, distillées pour l'usage privé, ne sont sujettes à aucun droit d'accise dans la Grande-Bretagne. Cette exemption, dont le motif est de ne pas exposer les familles particulières à la visite & à la recherche odieuse du collecteur d'*impôt*, est cause que le riche porte souvent moins que le pauvre le fardeau de ces droits. Il est vrai qu'on ne distille pas communément pour son usage, quoiqu'il y ait des gens qui le fassent. Mais, dans la province, bien des personnes du moyen étage & presque toutes les riches & grandes familles brassent leur bierre. Leur bierre forte leur coûte ainsi huit schelings de moins par baril qu'elle ne coûte aux brasseurs, qui doivent avoir leurs profits sur l'*impôt* aussi-bien que sur tout le reste de leurs avances. Ces familles boivent donc leur bierre forte au moins neuf à dix schelings meilleur marché par baril, que le peuple ne peut boire celle qu'on lui vend de même qualité, & qu'il achète peu-à-peu pour sa commodité, soit chez le brasseur, soit au cabaret. La dreche faite pour l'usage privé d'une famille, n'est pas sujette non plus à la visite & à l'examen du collecteur de l'*impôt* ; mais, en ce cas, la famille est obligée de donner sept schelings & demi par tête, pour tenir lieu de l'*impôt*. Sept schelings & demi sont égaux à l'accise sur dix boisseaux de dreche, qui sont précisément la quantité qu'une famille bien rangée peut consommer, année commune. Mais, dans les riches & grandes familles de la province qui reçoivent beaucoup de monde, ce que les membres d'une famille consomment de dreche en liqueur, n'est qu'une petite partie de la consommation qui se fait dans la maison. Cependant, soit à cause de cette composition, soit par quelqu'autre raison, il est bien plus rare de faire de la dreche que de brasser pour son usage particulier. Il est difficile d'imaginer une raison équitable qui dispense ceux qui brassent ou qui distillent pour leur usage particulier, d'être assujettis à une composition de cette espèce.

On a dit souvent qu'en mettant un *impôt* plus léger sur la dreche, on retireroit un revenu plus considérable que celui qu'on retire aujourd'hui de tous les gros droits sur la dreche & la bierre, parce que les occasions de frauder les droits sont beaucoup plus grandes dans une brasserie que dans un endroit où l'on fait de la dreche, & parce que ceux qui brassent pour leur usage particulier, sont exempts de tous droits ou composition pour les droits, exemptions que n'ont pas ceux qui font de la dreche pour leur usage.

Depuis quelque temps la politique de l'Angleterre a été de décourager la consommation des liqueurs spiritueuses, comme tendantes à ruiner la santé & à corrompre les mœurs du bas peuple. Selon cette idée, il ne faudroit pas que les droits sur la distillation fussent réduits de manière à faire tomber le prix de ces liqueurs. Elles pourroient rester aussi chères, tandis qu'on feroit une réduction considérable dans le prix de la grosse & de la petite bierre, qui sont des boissons saines & fortifiantes. Le peuple pourroit être ainsi soulagé en partie d'un des fardeaux dont il se plaint davantage, & le revenu en seroit beaucoup plus considérable.

Les objections du docteur Davenant, contre ce changement dans le système actuel des droits d'accise, ne paroissent pas fondées. Ces objections sont que l'*impôt*, au lieu de se répartir également comme il fait à présent, sur le profit du marchand de dreche, sur celui du brasseur & sur celui du détailleur, affecteroit uniquement le profit du marchand de dreche ; que celui-ci ne pourroit pas recouvrer si facilement le montant de l'*impôt* dans le prix avancé de sa dreche, que le brasseur & le détailleur le recouvreroient dans le prix avancé de leur liqueur, & qu'une charge si pesante sur la dreche pourroit réduire la rente & le profit des terres où l'on recueille de l'orge.

Outre les droits de douane & d'accise, il y en a divers autres qui affectent plus inégalement & plus indirectement le prix des marchandises. Tels sont les droits qu'on appelle en France *droits de péage*, qu'on appelloit dans l'ancien saxon *droits de passage*, & qui semblent avoir été mis, dans l'origine, pour le même objet que nos droits établis en Angleterre sur les barrières des grandes-routes, & qu'on appelle *turnpikes*, ou ceux sur nos canaux & nos rivières navigables, c'est-à-dire, pour l'entretien des grands chemins & de la navigation. Appliqués à ce but, leur imposition, suivant le volume & le poids des marchandises, est celle qui convient le mieux. Comme ils étoient originairement des droits locaux, applicables à l'usage de tel lieu ou de telle province, on en confioit la plupart du tems l'administration à la ville, la paroisse où la seigneurie particulière où ils étoient levés ; ces communautés étant toujours supposées, comptables de l'application des deniers. Le souverain, qui n'est point du tout comptable, s'est réservé dans plusieurs pays l'administration de ces droits, & quoiqu'il les ait souvent augmentés, souvent il en a négligé l'application. Si les turnpikes de la Grande-Bretagne deviennent jamais une ressource du gouvernement, l'exemple de plusieurs autres nations peut lui apprendre quels en seront les effets. Il n'est pas douteux que ces sortes de péages ne soient finalement payés par les consommateurs ; mais le consommateur n'est pas taxé en proportion de sa dépense, quand il paye, non selon la valeur, mais felon le volume & le poids de ce qu'il confomme. Quand ces fortes de droits font impofés, non fuivant le volume & le poids, mais fuivant la valeur des marchandifes, ils rentrent proprement dans ceux de la douane ou de l'accife, & nuifent beaucoup à la branche la plus importante du commerce, qui eft celle du commerce intérieur; & dans l'un & l'autre cas la gêne qu'ils mettent au commerce, eft nuifible.

Il y a des endroits où l'on impofe des droits femblables fur les marchandifes qui paffent par un territoire pour aller, foit par terre, foit par eau, d'un pays étranger dans un autre. Quelques petits états d'Italie, fitués fur le Pô & les rivières qui s'y jettent, tirent un revenu de ces droits appellés *droits de paffage*, qui ne font payés que par les étrangers, & qui font les feuls qu'un état puiffe impofer fur les fujets d'un autre état, fans faire tort à l'induftrie & au commerce de fes propres fujets. Le plus important droit de paffage qui foit dans le monde, eft celui que lève le roi de Danemarck fur tous les vaiffeaux marchands qui paffent le détroit du Sund.

Quoique les droits fur le luxe, tels que la plupart des droits de douane & d'accife, tombent indifféremment fur toute efpèce de revenu, & qu'ils foient payés finalement ou fans reftriction par les confommateurs, ils ne tombent pas toujours également ou proportionnellement fur le revenu de chaque individu. Comme c'eft l'humeur ou la difpofition d'efprit de chaque particulier qui règle le degré de fa confommation, chacun contribue plutôt felon fa fantaifie qu'au *prorata* de fon revenu. Durant fa minorité, un jeune homme d'une grande fortune contribue d'ordinaire fort peu au foutien de l'état, à la protection duquel il doit un gros revenu. Ceux qui vivent en pays étranger, ne contribuent en rien par leur confommation à foutenir le gouvernement du pays où fe trouve leur bien. Si, dans l'état où leurs biens font fitués, il n'y a ni taxes fur les terres, ni aucun droit confidérable fur le tranfport des propriétés mobilières & immobilières, ce qu'on voit en Irlande, ces abfens peuvent tirer un gros revenu de la protection d'un gouvernement auquel ils ne donnent pas un fol. Cette inégalité ne doit jamais être plus grande que dans un pays à certains égards fubordonné à un autre pays. Ceux qui poffèdent les propriétés les plus étendues dans le pays dépendant, préféreront en général de vivre dans celui qui gouverne. L'Irlande eft précifément dans cette fituation, & nous ne devons par conféquent pas être furpris que la propofition d'y mettre un impôt fur les abfens y foit fi goûtée. Peut-être feroit-il un peu difficile de déterminer dans quel cas ou après quel tems un abfent commenceroit ou cefferoit d'être fujet à l'impôt. Mais fi vous exceptez cette fituation qui eft extraordinaire, toute l'inégalité dans la contribution des individus que peuvent occafionner ces fortes d'*impôts*, eft bien plus que compenfée par la circonftance même qui l'occafionne, je veux dire, par l'avantage qu'a cette contribution d'être volontaire; car chacun eft abfolument le maître de confommer ou de ne pas confommer la marchandife impofée. C'eft pourquoi, par-tout, où ces *impôts* font affis convenablement & mis fur des marchandifes qui en font fufceptibles, on les paye avec moins de chagrin & de murmure qu'aucun autre. Lorfqu'ils font avancés par le marchand & le manufacturier, le confommateur qui les paye finalement, les confond avec le prix de la chofe, & oublie qu'il paye un *impôt*.

Ces fortes d'*impôts* font ou peuvent être parfaitement certains, ou on peut les affeoir de manière à ne laiffer aucun doute fur ce qu'on doit payer & fur le temps du paiement. L'incertitude qui fe trouve quelquefois dans les droits de douane de la Grande Bretagne, ou ailleurs dans d'autres droits de même efpèce, ne peut venir de la nature de l'*impôt*, mais de la manière peu exacte ou mal-adroite dont la loi s'exprime.

Les *impôts* fur les chofes de luxe font généralement & peuvent être toujours payés à mefure que les contribuables ont befoin d'acheter les marchandifes impofées. Ils font les plus commodes de tous pour le tems & la manière du paiement. A tout prendre, ils s'accordent peut-être auffi-bien qu'aucun autre avec les trois premières maximes générales concernant les impofitions. Ils choquent abfolument la quatrième.

En proportion de ce qu'elles verfent dans le tréfor de l'état, ces taxes font plus fortir & tiennent plus d'argent hors de la poche du peuple, que prefque toutes les autres : car 1°. la levée de ces fortes d'*impôts*, lors même qu'ils font établis de la manière la plus judicieufe, demande un plus grand nombre d'officiers de douane ou d'accife, dont les gages & les revenans bons chargent le peuple d'un impôt réel qui ne va point dans le tréfor de l'état.

2°. Ces fortes d'*impôts* embarraffent ou découragent néceffairement certaines branches d'induftrie. Comme ils font toujours monter le prix de la marchandife impofée, par-là ils en découragent la confommation, & conféquemment la production. Si c'eft une marchandife du crû du pays ou de la fabrique de fes manufactures, il y a moins de travail employé à la produire ou à la fabriquer. Si c'eft une marchandife étrangère dont le prix augmente ainfi par l'*impôt*, celles du pays qui font du même genre, peuvent gagner par là quelqu'avantage dans le marché intérieur, & cet avantage déterminera une plus grande quantité de l'induftrie domeftique à fe porter de ce côté-là. Mais quoique l'augmentation du prix d'une marchandife étrangère puiffe encourager l'induftrie domeftique dans une branche particulière de commerce, elle la décourage néceffairement dans presque toutes les autres. Plus le manufacturier de Birmingham paye son vin étranger, moins il vend cette partie de ses quincailleries, avec le prix desquelles il l'achete. Cette partie de ses quincailleries devient donc pour lui d'une moindre valeur, & il a moins d'encouragement pour y travailler. Plus les consommateurs d'un pays paient cher le surabondant de produit d'un autre pays, moins ils vendent nécessairement cette partie de leur surabondant, avec le prix de laquelle ils l'achetent. Cette partie de leur surabondant devient d'une moindre valeur pour eux, & ils sont moins encouragés à en augmenter la quantité. Tous les *impôts* sur les objets de consommation, tendent donc à réduire la quantité du travail productif au-dessous de ce qui en seroit employé sans eux, ou à préparer les marchandises imposées si elles sont du pays, ou à préparer celles avec lesquelles on les achete si elles sont étrangères. Ces sortes d'*impôts* changent aussi toujours plus ou moins la direction naturelle de l'industrie nationale, & la poussent dans un canal toujours différent de celui où elle se porteroit d'elle-même, & ce calcul est en général moins avantageux.

3°. L'espoir de se soustraire à ces *impôts* par la fraude, occasionne une multitude de confiscations & d'amendes, esquelles ruinent absolument le contrebandier, qui est sans doute très-blâmable de violer les loix de son pays, mais qui souvent est incapable de violer celles de la justice naturelle, & qui, à tous égards, auroit été un excellent citoyen, si les loix de son pays n'avoient pas fait un crime d'une chose où la nature n'en met point. Dans ces gouvernemens corrompus où il y a tout au moins un apperçu général d'une grande déprédation & d'une folle dépense du revenu public, les loix faites pour en être les gardiennes sont peu respectées. On n'y voit guères de gens scrupuleux de faire la contrebande, quand ils peuvent trouver une occasion facile & sûre de la faire sans parjure. Quoique ceux qui achetent sciemment des marchandises de contrebande, encouragent manifestement la violation des loix du revenu & le parjure qui l'accompagne, presque toujours, si quelqu'un s'avisoit de montrer du scrupule d'en acheter, cette délicatesse passeroit dans la plupart des pays pour un de ces traits pédantesques d'hypocrisie, qui, au lieu de gagner la confiance, servent uniquement à rendre celui qui les affecte, suspect d'être un plus mauvais sujet ou un plus grand fourbe que la plupart de ses voisins. Cette indulgence du public anime souvent le contrebandier à continuer un métier qu'il apprend ainsi à regarder comme innocent ; & quand la sévérité des loix est prête à fondre sur lui, on le trouve quelquefois disposé à défendre avec violence ce qu'il s'est accoutumé à envisager comme sa propriété légitime. D'imprudent qu'il étoit d'abord, plutôt que criminel, il devient à la fin un des plus hardis & des plus déterminés infracteurs des loix de la société.

4°. Ces sortes d'*impôts*, en soumettant au moins ceux qui vendent les marchandises imposées aux visites & aux recherches odieuses des collecteurs des taxes, les exposent sans doute quelquefois à un certain degré d'oppression, & toujours à beaucoup d'embarras & de vexation ; & quoique la vexation, comme on l'a déja dit, ne soit pas, strictement parlant, une dépense, elle équivaut certainement à celle qu'un homme feroit volontiers pour s'en racheter. Les loix de l'accise, quoique plus efficaces pour leur but, sont à cet égard plus vexatoires que celles des douanes. Lorsqu'on a payé les droits de douane, on n'est plus guère exposé à être troublé ou vexé par les officiers du fisc. Il en est autrement des marchandises sujettes aux droits d'accise ; les commis de cette partie ne donnent aucun répit au marchand, qu'ils tourmentent sans cesse par leurs visites & leurs examens. Par cette raison, les droits d'accise sont plus anti-populaires que ceux des douanes, & les officiers de l'accise plus haïs du peuple.

D'après la fausse idée que les droits sur les objets de consommation sont des *impôts* sur les profits des marchands, ces droits ont été répétés dans quelques pays sur chaque vente successive des marchandises. Si on imposoit les bénéfices du marchand importateur ou du marchand manufacturier, l'égalité sembleroit demander que ceux de tous les acheteurs intermédiaires, qui surviennent entre ces marchands & le consommateur, fussent assujettis au même *impôt*. Le fameux alcavala d'Espagne paroit établi sur ce principe. C'étoit d'abord un impôt de dix pour cent, ensuite de quatorze pour cent ; & il n'étoit en 1786, époque où on l'a aboli que de six pour cent sur la vente de toutes sortes de propriétés mobilières ou immobilières, & on le percevoit de nouveau chaque fois que la propriété se vendoit (1). La levée de cet impôt exigeoit une multitude de commis, pour veiller sur le transport des marchandises, non-seulement d'une province à l'autre, mais d'une boutique à une autre boutique. Elle assujettissoit non-seulement ceux qui vendent certaines choses, mais ceux qui vendent quelque chose que ce soit, c'est-à-dire, qui en font commerce, tout fermier, tout manufacturier, tout négociant, tout marchand tenant boutique, à des visites & des recherches continuelles de la part des collecteurs. Dans les lieux où l'on a la mal-adresse de percevoir un impôt de cette sorte,

---

(1) Mémoires concernant les droits, &c. tom. 1, pag. 455.

chaque canton ne produit qu'en proportion de la consommation du voisinage. Aussi est-ce à l'alcavala qu'Ustaritz impute la ruine des manufactures d'Espagne. Il pouvoit l'imputer pareillement à la décadence de l'agriculture, puisque l'*impôt* tombe non-seulement sur les manufactures, mais encore sur le produit brut de la terre ; & on ne peut trop féliciter l'Espagne d'avoir enfin aboli un *impôt* aussi destructeur.

Il y a dans le royaume de Naples un semblable *impôt* de trois pour cent sur la valeur de tous les contrats, & cette taxe affecte ainsi tous les contrats de vente. Non-seulement il est plus léger qu'il ne l'étoit en Espagne, mais on permet à la plupart des villes & des paroisses de payer un abonnement qui en tient lieu. Elles lèvent cet abonnement comme il leur plaît, & généralement d'une manière qui n'interrompt point le commerce intérieur du pays. Aussi la taxe napolitaine est-elle infiniment moins ruineuse que l'espagnole. Le cabinet de Naples sentira peut-être, d'après l'exemple de celui de Madrid, que cet *impôt*, malgré ses modifications, a encore des suites très-funestes.

A quelques exceptions près, qui ne sont pas de grande conséquence, le système uniforme d'imposition, qui règne dans les différentes parties des royaumes unis de la Grande-Bretagne, laisse une liberté presqu'entière au commerce intérieur du pays & à celui des côtes. La plupart des marchandises peuvent être transportées d'un bout du royaume à l'autre, sans *permis* ni *laissez-passer*, sans être exposées à aucune question, visite ou examen de la part des officiers du revenu. Si cela arrive quelquefois, il n'en résulte pas d'interruption dans aucune branche importante du commerce intérieur. Il faut, à la vérité, des certificats de la douane pour transporter des marchandises par mer le long des côtes ; mais il n'y a guère que le charbon qui ne soit pas franc de droits : cette liberté du commerce intérieur, fruit de l'uniformité du système d'imposition, est peut-être une des principales causes de la prospérité de la Grande-Bretagne ; car un grand pays est nécessairement le marché le plus avantageux & le plus étendu pour la plupart de ses productions. Si, d'après cette uniformité, la liberté pouvoit s'étendre jusqu'à l'Irlande & aux colonies angloises, elle augmenteroit probablement la grandeur de l'état & la prospérité de chaque partie de l'empire. Les gênes mises à la liberté du commerce dans la Grande-Bretagne, ont produit de si heureux effets pour sa prospérité, que l'adoption de ce grand principe y est peut-être encore bien reculée.

En France, les loix concernant le revenu, établies dans chaque province, exigent qu'une multitude d'employés bordent non-seulement les frontières du royaume, mais encore celles de quelques provinces particulières, ou pour empêcher l'importation de certaines marchandises, ou pour l'assujettir à certains droits au détriment du commerce intérieur, qui en souffre une interruption assez considérable. On y permet à quelques provinces de composer pour la gabelle ou l'*impôt* sur le sel. D'autres en sont entièrement exemptes. Quelques-unes sont exemptes de la vente exclusive du tabac, qui appartient aux fermiers généraux dans la plus grande partie du royaume. Les aides, qui correspondent à l'accise en Angleterre, sont très-différentes dans les diverses provinces. Il y en a qui en sont exemptes, & qui payent une composition ou un équivalent. Dans celles où elles sont établies en ferme, il y a plusieurs droits locaux qui ne s'étendent pas au-delà d'une ville ou d'un district particulier. Les traites, qui correspondent aux douanes angloises, partagent le royaume en trois grandes parties. La première, celle des provinces sujettes au tarif de 1664, qu'on appelle *provinces des cinq grosses fermes*, où sont comprises la Picardie, la Normandie & la plupart des provinces intérieures du royaume : la seconde, celle des provinces sujettes au tarif de 1667, qu'on appelle *provinces réputées étrangères*, & où sont comprises la plupart des provinces frontières ; & la troisième, celle des provinces traitées comme étrangères, ou qui, jouissant d'un commerce libre avec les pays étrangers, sont sujettes aux mêmes droits qu'eux dans leur commerce avec les autres provinces de France. Telles sont l'Alsace, les trois évêchés de Metz, Toul & Verdun, & les trois villes de Dunkerque, Bayonne & Marseille. Dans les provinces dites cinq grosses fermes (ainsi nommées à cause d'une ancienne division des droits de douane en cinq grandes branches, dont chacune étoit affermée particulièrement, quoiqu'elles soient toutes réunies aujourd'hui dans une seule ferme), & dans celles qu'on appelle *réputées étrangères*, il y a plusieurs droits locaux qui ne s'étendent pas au-delà d'une ville ou d'un district particulier. Il y en a même dans celles traitées comme étrangères, nommément dans la ville de Marseille. Il est inutile d'observer combien ces différens systèmes d'imposition mettent d'entraves au commerce intérieur du pays, & combien ils multiplient le nombre des commis qu'il faut pour garder les frontières de ces diverses provinces : le gouvernement s'occupe des moyens de réformer ces abus, & l'on songeoit à proposer un autre régime à l'assemblée des notables, qui vient de se tenir.

Outre l'obstruction générale qui résulte de cette complication de système pour le commerce intérieur, celui des vins qui, après le bled, sont peut-être la plus importante production de la France, étoit sujet, dans la plupart des provinces, à des entraves particulières, parce qu'il y a des vignobles moins favorisés que d'autres ; mais on vient de supprimer une partie de ces gênes.

La variété & la complication des loix du revenu ne sont point particulières à la France. Le petit duché de Milan étoit, avant les dernières réformes de l'empereur, divisé en six provinces, dans chacune desquelles il y avoit un systême d'imposition différent par rapport à diverses espèces de marchandises de consommation. Les états encore plus petits du duc de Parme sont divisés en trois ou quatre, dont chacune a de même un systême d'*impôts* particulier. Sous une administration aussi défectueuse, il n'y a que la grande fertilité du sol & le bonheur du climat qui puissent empêcher ces pays de retomber dans le dernier état de pauvreté & de barbarie.

On peut lever les *impôts* sur les objets de consommation, par une administration dont les officiers soient gagés par le gouvernement, & lui soient immédiatement comptables, & dont le revenu varie par conséquent d'une année à l'autre, selon les variations dans le produit des *impôts*; ou le gouvernement peut les donner à ferme pour une rente certaine & déterminée, en laissant au fermier le soin de nommer ses officiers qui, quoiqu'obligés de lever l'*impôt* de la manière prescrite par la loi, sont sous son inspection & lui rendent compte immédiatement. La voie la plus économique & la meilleure de lever l'*impôt*, ne peut être celle de l'affermer. Outre ce qu'il faut pour payer la rente stipulée, les gages des officiers de la ferme & toute la dépense de l'administration, il faut que le fermier tire toujours du produit de l'*impôt* un certain bénéfice, qui soit au moins proportionné aux avances qu'il fait, au risque qu'il court, à la peine qu'il a, aux connoissances & à l'habileté nécessaires pour manier une affaire si compliquée. Le gouvernement, en établissant sous son inspection immédiate une administration comme celle qu'établit le fermier, pourroit du moins sauver ce profit qui est presque toujours exorbitant. Pour prendre à ferme une branche considérable du revenu public, il faut avoir un grand capital ou un grand crédit, circonstances qui, seules, réduisent à un fort petit nombre les concurrens pour une pareille entreprise. Ce petit nombre de gens qui pourroient devenir compétiteurs, trouvent qu'il est plutôt de leur intérêt de se liguer ensemble que d'aller sur les brisées les uns des autres; & quand la ferme est mise à l'enchère, ils ne font guères des offres fort au-dessous de sa valeur réelle. On est parvenu avec assez d'incertitude à connoître le produit & le bénéfice de la ferme de ce genre la plus considérable; mais c'est après cent ans, durant lesquels on avoit vu les traitans faire des fortunes scandaleuses.

Les fermiers du revenu public ne trouvent jamais trop de rigueur dans les loix qui punissent les entreprises pour éviter de payer l'*impôt*. Ils n'ont point d'entrailles pour les contribuables qui ne sont pas leurs sujets, & qui, le lendemain de l'expiration du bail, pourroient faire une banqueroute universelle, sans les intéresser. Ils manquent rarement de se plaindre & d'alléguer que,

sans des loix plus sévères que les loix ordinaires, il leur sera impossible de payer même la rente stipulée. La détresse où se trouve le gouvernement, ne lui permet pas de contester leurs demandes. Les loix concernant les *impôts*, deviennent ainsi de jour en jour plus dures. Les plus sanguinaires existent toujours dans les pays où la plus grande partie du revenu est en ferme, & les plus douces dans ceux où la levée des *impôts* est sous l'inspection immédiate du souverain. Un mauvais prince sentira plus de compassion pour son peuple, qu'on ne peut en attendre des fermiers de son revenu. Il sait que la grandeur permanente de sa famille dépend de la prospérité de ses sujets, & il ne détruira pas volontairement cette prospérité pour un intérêt momentané. Il en est tout autrement des fermiers, dont la grandeur peut être souvent l'effet de la ruine, & non de la prospérité du peuple.

Quelquefois un *impôt* n'est pas seulement affermé, c'est encore le fermier qui a le monopole de la marchandise imposée. C'est ainsi que se lèvent en France les *impôts* sur le tabac & le sel. Alors le fermier fait sur le peuple deux bénéfices exorbitans au lieu d'un, le profit du fermier & le profit encore plus exorbitant du monopoleur. Le tabac étant une chose de luxe, il est libre à chacun d'en acheter ou de n'en pas acheter; mais le sel étant une chose de nécessité, chacun est obligé d'en acheter du fermier une certaine quantité. Les *impôts* sur ces deux articles sont très-considérables. La tentation de frauder est par conséquent irrésistible pour bien des hommes, tandis que d'un autre côté, la rigueur des loix & la vigilance des commis du fermier exposent celui qui cède à la tentation, à une ruine presque certaine. La contrebande du sel & du tabac envoie tous les ans plus de cent personnes aux galères, sans compter ceux qu'elle envoie au gibet. Ces *impôts* ainsi levés rapportent un gros revenu. On peut en voir le détail dans les ouvrages de M. Necker. Des droits & des monopoles semblables ont été établis, à l'égard du sel & du tabac, dans les domaines autrichiens & prussiens, & dans la plupart des états d'Italie.

En France, la plus grande partie des revenus de la couronne est tirée de huit espèces de contributions; savoir, la taille, la capitation, les deux vingtièmes, les gabelles, les aides, les traites, le domaine & la ferme du tabac. Les cinq dernières sont en ferme ou en régie. La levée des trois premières se fait par-tout sous l'inspection & la direction immédiate du gouvernement, & il paroît qu'en proportion de ce qu'elles font sortir de la bourse du peuple, elles mettent plus dans le trésor du prince que les cinq autres, dont l'administration est plus funeste & plus coûteuse.

M. Smith, qui nous a fourni la plupart des détails dans lesquels nous venons d'entrer, dit qu'il semble que les finances de France sont susceptibles, dans leur état actuel, de trois sortes de réformes qui se présentent naturellement. 1°. qu'en abolissant la taille & la capitation, & en augmentant le nombre des vingtièmes jusqu'à la concurrence du produit de ces deux *impôts*, on pourroit conserver le revenu de la couronne, diminuer beaucoup les frais de perception, délivrer le peuple de toutes les vexations qu'occasionnent la taille & la capitation, & ne pas charger les rangs supérieurs plus que la plupart ne le sont à présent. J'ai déja observé que le vingtième est un impôt à-peu-près de la même espèce que la taxe sur les terres en Angleterre. On avoue que le fardeau de la taille retombe sur les propriétaires des terres; & comme la plus grande partie de la capitation est assise sur les taillables au marc la livre de la taille, il faut que le paiement retombe également, pour la plus grande partie, sur la même classe d'hommes. Ainsi, quand le nombre des vingtièmes augmenteroit jusqu'à la concurrence d'un revenu additionnel égal à celui que rapportent ces *impôts*, les rangs supérieurs du peuple ne seroient pas plus chargés. Plusieurs individus le seroient sans doute, à raison des grandes inégalités qu'il y a dans la répartition des tailles sur les biens, & les fermiers des différens particuliers. L'intérêt & l'opposition de ceux qui sont actuellement favorisés par cette répartition, seront probablement le plus grand obstacle à une pareille réforme. 2°. En rendant les gabelles, les aides, les impôts sur le tabac, & tous les droits de douane & d'accise, uniformes dans tout le royaume, la perception pourroit s'en faire à bien moins de frais, & le commerce du royaume devenir aussi libre qu'il l'est en Angleterre. 3°. En mettant tous ces *impôts* sous la direction & l'inspection immédiate du gouvernement, on pourroit ajouter au revenu de l'état les bénéfices des fermiers généraux. Mais on s'occupe de la plupart de ces réformes, & il en est quelques-unes, dont on voit mieux les inconvéniens que ne peut les voir, un auteur étranger.

Le système d'imposition adopté en France, paroît à tous égards inférieur à celui de l'Angleterre. On lève annuellement dans la Grande-Bretagne onze ou douze millions sterlings sur moins de huit millions d'ames, sans qu'on puisse dire qu'aucun ordre particulier y soit opprimé. Il paroît que la France, y compris les provinces de Lorraine & de Bar, contient environ vingt-trois ou vingt-quatre millions d'habitans, c'est-à-dire, peut-être trois fois plus que n'en contient la Grande-Bretagne. Le sol & le climat de la France valent mieux que celui de l'Angleterre. Il y a plus long-tems qu'elle est dans un état de progrès & de culture; & par cette raison, elle doit être mieux fournie de toutes les choses qui ne peuvent se former & s'accumuler qu'à la longue, comme de grandes villes, des maisons commodes & bien bâties, tant à la ville qu'à la campagne. Avec ces avantages, on devroit peut-être lever en France un revenu de trente millions sterl. pour le soutien de l'état, avec aussi peu d'inconvéniens qu'un revenu de dix millions en Angleterre. Le revenu de la France n'est pas encore arrivé à ce point. Cependant, si on l'examine bien, on verra que le peuple est beaucoup plus opprimé en France par les *impôts* qu'il ne l'est en Angleterre. L'opinion contraire est générale; mais on ne fait pas attention que les *impôts* plus multipliés de l'Angleterre foulent moins le peuple.

On dit qu'en Hollande la pesanteur des *impôts* sur les choses nécessaires à la vie, a ruiné les principales manufactures du pays, & elle doit y décourager peu à peu les pêcheries & le commerce des bâtimens de mer. Les *impôts* sur les nécessités de la vie sont fort peu de chose dans la Grande-Bretagne, & on ne voit pas qu'ils aient ruiné aucune manufacture. Ceux qui pèsent le plus sur quelques manufactures, sont certains droits sur les importations des matieres crues, particuliérement sur celles de la soie. On dit que le revenu des Etats-Généraux & des différentes villes se monte à plus de six millions sterlings; & comme on ne peut pas supposer que le nombre des habitans des Provinces-Unies surpasse le tiers de ceux de la Grande-Bretagne, il est clair qu'ils doivent être beaucoup plus soulés, en proportion du nombre.

Quand on a épuisé tous les sujets de taxes, si les besoins de l'état exigent de nouveaux *impôts*, on est bien forcé d'en mettre sur des articles qui n'en sont pas susceptibles. Les *impôts* sur les choses nécessaires à la vie ne sont donc pas un reproche à la sagesse de cette république, qui, pour acquérir ou maintenir son indépendance, s'est vue forcée à des guerres si dispendieuses, que, malgré son extrême économie, elle n'a pu s'empêcher de contracter de grandes dettes. D'ailleurs la position des provinces de Hollande & de Zélande exige des frais considérables pour empêcher qu'elles ne soient englouties par la mer, ce qui doit beaucoup augmenter les charges & par conséquent les *impôts* de ces deux provinces. La forme du gouvernement républicain paroît être le principal soutien de la prospérité actuelle de la Hollande. Les propriétaires de grands capitaux, les grandes familles commerçantes ont, en général, une part directe ou quelque influence indirecte dans l'administration. La considération & l'autorité dont ils jouissent à ce titre, les retiennent dans un pays où ils tirent moins de profit de leur capital s'ils l'emploient eux-mêmes, & moins d'intérêt s'ils le prêtent à d'autres, & où ils ne peuvent se procurer, avec le modique revenu qu'ils en retirent, autant de choses nécessaires & commodes qu'ils en pourroient avoir dans tout autre pays de l'Europe. La résidence de ces citoyens puissans tient en activité, malgré tous les désavantages, une certaine quantité d'uduſtrie. Une calamité publique qui détruiroit la forme républicaine du gouvernement, qui feroit paſſer toute l'adminiſtration dans les mains des nobles & des ſoldats, qui anéantiroit l'importance de ces riches négocians, leur rendroit déſagréable le ſéjour d'un pays où ils ne ſeroient plus reſpectés; ils ſe tranſporteroient eux & leur capital dans quelqu'autre contrée, où l'induſtrie & le commerce de la Hollande ſuivroient les capitaux qui les ſoutiennent. *Voyez* les articles CHARGES PUBLIQUES & CONTRIBUTIONS du dictionnaire de Finances.

INALIÉNABILITÉ des domaines de la couronne. Ce mot n'a pas beſoin de définition: nous avons déja traité cette queſtion à l'article ALIÉNATION. Les circonſtances nous déterminent à ajouter ici d'autres remarques; les raiſons qu'on a eu d'établir l'*inaliénabilité* du domaine ſubſiſtent-elles encore?

Si ces domaines qui ſemblent rapporter quelque choſe, coûtent une ſomme conſidérable pour les réparations, les dédommagemens, &c. que les hommes en faveur ne manquent jamais d'obtenir, eſt-il raiſonnable de dire toujours qu'il n'eſt pas permis de les aliéner? & parmi ceux qui ſoutiennent la vieille maxime, en eſt-il un ſeul qui ſe ſoit donné la peine d'examiner ce petit fait?

Eſt-il poſſible dans une monarchie, telle que la monarchie françoiſe, d'empêcher ce déſordre? & quand on a de l'expérience, peut-on compter ſur les remèdes qu'on propoſeroit là-deſſus?

Les domaines paroiſſent encore rapporter 13 ou 14 cents mille livres; mais il faut en ôter toutes les réparations qui abſorbent quelquefois le produit; & ne coûtent-ils pas des ſommes beaucoup plus fortes, lorſqu'on veut les racheter? Les familles qui obtiennent gratuitement quelques-uns de ces domaines, ne viennent-elles pas à bout de les faire reprendre au roi, ſous un autre prince? & quel eſt le prix exorbitant de ces rachats? Lors même que les familles ne font aucune démarche pour tranſiger ſur le rachat, ne ſurvient-il pas des circonſtances où le miniſtère croit qu'il eſt utile de racheter ces domaines? & quelle charge ne tombe pas alors ſur le tréſor royal pour prix de ces dédommagemens?

Si on vendoit les domaines de la couronne dans un moment de détreſſe, il n'en réſulteroit-il pas deux avantages? N'affranchiroit-on pas le tréſor de la charge des rachats toujours onéreux, & le prix de la vente ne lui procureroit-il pas un autre ſoulagement?

Les finances d'une grande nation gouvernée par un monarque qui a une cour magnifique & une nobleſſe très-nombreuſe, peuvent-elles être adminiſtrées avec ſageſſe & avec économie? Les périodes de détreſſe ne doivent-ils pas revenir avec une régularité effrayante? Pour contribuer à l'eſprit d'ordre & d'économie, qui ne peut jamais être permanent, n'eſt-il pas à déſirer que les revenus du ſouverain ſe bornent aux contributions de ſes ſujets? Le prince alors ne ſera-t-il pas mieux averti de ſes devoirs? Si cet arrangement doit produire peu d'effet, faut-il négliger les petits moyens qui peuvent empêcher les déſaſtres & les calamités publiques?

Les tribunaux & les juriſconſultes, qui rappellent les vieilles maximes avec tant de confiance & de ſécurité, ont-ils fait ces réflexions?

Si on diſoit aux étrangers: la nation la plus éclairée de l'Europe avoit pour principe de ne pas permettre l'*aliénation* du domaine de la couronne, à une époque où le ſouverain n'avoit pas d'autres revenus: elle avoit raiſon; elle vouloit prévenir les impôts & le gaſpillage des finances: mais les choſes ſont bien changées: on a établi des impôts de tous les genres: cependant la nation eſt accablée de dépenſes & de dettes: le tréſor royal eſt gêné: ces domaines ne rapportent preſque rien; & à des intervalles qui reviennent ſouvent, ils coûtent des ſommes bien plus fortes pour les rachats: la vente de ces domaines ſeroit d'une grande reſſource; & on s'en tient aux vieux principes: que penſeroient-ils de nous?

Afin qu'il ne reſte pas aux lecteurs de doutes ſur cette queſtion, nous allons répondre à ce qu'on a dit pour prouver que *le domaine de l'état eſt inaliénable par le droit public*.

« Les loix faites pour l'intérêt du repos public, diſent les vieux publiciſtes, ne veulent pas que les murs des villes, les poſſeſſions des ſouverains puiſſent être aliénés, ni que les domaines de l'état, qui, ſelon les vues du légiſlateur de chaque nation, doivent être éternels, ſoient moins inébranlables que l'état même; les biens de la république ſont ſacrés, & le prince n'a pas la liberté d'en diſpoſer comme un particulier diſpoſe de ſa maiſon, de ſa vigne, de ſon champ ». Ces raiſons étoient bonnes lorſque le domaine formoit le ſeul revenu du ſouverain; mais font-elles bonnes aujourd'hui? & s'il eſt de l'intérêt de l'état d'aliéner ces domaines, ne ſont-elles pas en notre faveur?

« Pluſieurs écrivains, continuent-ils, en établiſſant que les loix de leur pays rendent le domaine public impreſcriptible, parlent de ces loix comme ſi elles étoient particulières à leur nation, & comme ſi elles pouvoient les oppoſer aux autres peuples ». Mais ne s'abuſent-ils pas ſur l'un & ſur l'autre point? Chaque état prétend être majeur pour acquérir, & mineur pour aliéner; & on tient dans toute ſociété civile que la couronne & tout ce qui en dépend, eſt *inaliénable*; mais ce principe, tout certain qu'il eſt en ſoi, eſt renfermé dans les lieux où il eſt établi; aucune ſociété, ce ſemble, ne peut l'oppoſer à une ſociété étrangère.

« Ce retrait perpétuel du domaine des ſouverains a quelque ſorte de rapport avec la cinquantième année des juifs, qui étoit leur jubilé; c'eſt-
à

à dire, une révision générale de toutes les terres dont on conservoit le premier partage ».

Sans doute, la maxime de l'*inaliénabilité* du domaine de l'état est à-peu-près universelle, parce qu'elle fut établie par-tout, à l'époque où il importoit de ne pas laisser au prince le droit de dissiper ce domaine : le fond de cette maxime est encore vrai ; car le domaine de l'état, qui fournit au maintien & à la dépense de l'état, provient des contributions publiques ; & si les contributions publiques des années à venir étoient aliénables, le prince ne pourroit les aliéner. Ce qu'on dit des juifs ne mérite pas de réponse ; car le cas est très-différent. Les autres citations, tirées des peuples anciens, ne prouvent rien non plus ; & nous observerons seulement que chez les nations de l'antiquité, où les sujets payoient peu d'impôts, & où l'état faisoit peu de dépense, l'inaliénabilité du domaine étoit fort sage ; & qu'en général la même maxime est utile par-tout, lorsque ce domaine est bien administré, lorsqu'il produit au lieu de coûter, & lorsqu'enfin il n'offre pas une grande ressource à un gouvernement obéré qui ne sait comment rétablir ses affaires. Ainsi il est inutile de nous rappeller les grecs de nous dire : « que Thémistocle incorporoit au domaine de l'état tout ce qui avoit une fois appartenu à la république d'Athènes, de quelque manière & par quelque voie qu'elle l'eût perdu : qu'il disoit que la prescription n'a lieu, ni contre les choses sacrées, ni contre le domaine souverain de la république ; & que les mortels ne peuvent prescrire contre Dieu qui est immmortel, ni les hommes privés contre la chose publique ».

« Que Caton imita chez les romains la conduite de Thémistocle, & que les jurisconsultes de Rome mettent tout ce qui regarde la puissance publique au nombre des choses sacrées que les loix doivent particulièrement protéger ». Nous avons prouvé d'ailleurs à l'article ALIÉNATION que le domaine des empereurs romains se vendoit à perpétuité comme celui des particuliers, parce que sans doute le gouvernement étoit arrivé à l'époque où l'aliénation des domaines se trouvoit utile.

Alexandre Sévère n'a-t-il pas dit dans une loi : *je rougirois que le fisc inquiétât un acquéreur du domaine, après que l'adjudication lui en a été faite de bonne-foi, & qu'il en a payé le prix ?*

Les paroles d'Honorius & de Théodose sur ce sujet ne sont pas moins remarquables : « ni la justice ni l'honneur, disent-ils, ne permettent point que le fisc retire ce qu'il a une fois vendu ».

Théodose & Valentinien l'ont décidé encore plus expressément ; & Constantin le grand en a fait un édit général, dont voici les propres termes : « nous faisons savoir à tous, que quiconque acquiert ou a acquis des héritages de notre fisc, en est fait, lui, ses héritiers & successeurs, seigneurs perpétuels & incommutables, sans que nous puissions avoir aucun droit de les retirer ».

Gratien, Valère & Théodose étendirent ces réglemens jusqu'aux donations pures & gratuites : « quiconque, disent-ils, possède par notre libéralité impériale, ou par celle de nos prédécesseurs, quelques biens domaniaux, situés en la province Asiatique & en celle de Pont, en sera propriétaire absolu, avec pouvoir de les transmettre à ses descendans, même de les aliéner hors de sa famille, par quelque sorte de contrat que ce soit ».

Ensuite les françois qui tiennent pour maxime que le domaine de la couronne est inaliénable, savent-ils bien qu'il ne l'a pas toujours été ? Nous avons prouvé à l'article ALIÉNATION que Louis XIV s'écarta de cette maxime, & que Colbert la jugea fausse : nous ajoûterons ici d'autres preuves.

Avant Hugues Capet, les fiefs n'ayant été en France que de simples bienfaits de nos rois, ceux qui les possédoient ne pouvoient les aliéner, les abolir ou les détruire. Cet usage de l'*inaliénabilité* subsista, après que les fiefs furent devenus héréditaires sous la troisième race. Or, les fiefs que cette troisième race possédoit sous les premiers rois qu'elle nous a donnés, n'étoient pas des biens de la royauté, mais le patrimoine de la famille adapté à la royauté en la personne de Hugues Capet, & par conséquent originairement sujets à l'usage des fiefs, qui se pratiquoit dans tout le royaume.

Cependant nos rois qui les premiers ont, par des conquêtes ou d'une autre manière, formé le domaine de leur couronne, ont eu pendant long-temps le pouvoir de l'aliéner comme bon leur sembloit ; & ils en ont tellement usé, que des domaines qui leur appartenoient sous la première & la seconde race, & fort avant sous la troisième, ne sont plus aujourd'hui des domaines royaux. Ce n'est que par l'ordonnance de Moulins, du mois de février 1566, que l'aliénation à perpétuité du domaine de la couronne a été défendue.

Philippe le Bel est le premier roi de France qui ait défendu, par un édit exprès, l'aliénation du domaine royal. Plusieurs de ses successeurs ont renouvellé cette défense.

Aux états de Blois, dont je viens de citer l'ordonnance, Henri III déclara qu'il étoit résolu de vendre des biens de son domaine pour trois cents mille livres de rente ; mais qu'il desiroit les vendre de l'avis des députés de cette assemblée. Le tiers-état résolut de ne consentir à cette aliénation du domaine à perpétuité, ni pour le tout, ni pour une partie. Le roi & d'autres personnes des états envoyèrent consulter Bodin, député de Vermandois, ce jurisconsulte si connu par sa république ; & Bodin répondit « que, suivant l'avis

» commun, le roi n'étoit qu'un simple usufruitier
» du domaine, & que lui & les officiers payés,
» le surplus des revenus devoit se garder pour les
» affaires de la république ; que le fonds & la pro-
» priété du domaine appartenoient au peuple ;
» qu'ainsi les députés des provinces pourroient
» bien consentir à l'aliénation perpétuelle du do-
» maine, si les provinces les y autorisoient ; mais que
» si les provinces y consentoient, l'intérêt du peu-
» ple devroit en détourner, parce que le peuple
» s'obligeroit par-là, lui & toute sa postérité, à
» nourrir & entretenir le roi & le royaume, &
» seroit une ouverture inévitable à mille imposi-
» tions, dépouillant le roi de tout ce qu'il peut
» avoir pour l'entretien de son état ; & qu'enfin
» ce consentement devoit encore moins être don-
» né par les députés, dont plusieurs étoient ab-
» sens & déja congédiés, & qui tous manquoient
» de pouvoir ». Ainsi Bodin étoit de notre avis ;
le peuple peut consentir à l'aliénation du domaine ; les impôts que craignoit cet auteur, sont
établis ; & l'aliénation du domaine devant aujour-
d'hui prévenir les impôts, que le produit de ces
domaines remplaceroit, Bodin conseilleroit de les
aliéner, s'il vivoit encore. Mais pour revenir à
la négociation entamée par Henri III, Bellie-
vre, commissaire envoyé par le roi à l'assemblée du tiers état, dit que, quoique par les loix
du royaume le domaine fût inaliénable, ces loix
n'avoient point lieu en temps de nécessité ; qu'il
y alloit du salut du peuple ; que les loix qui
avoient été établies pour la manutention de l'état,
devoient être favorablement interprétées, & non
pas tourner à la ruine du peuple ; qu'il étoit plus
convenable de vendre une partie du domaine pour
conserver l'autre, que d'exposer le tout si on ne
vendoit rien, & qu'une telle vente se devoit plutôt appeller conservation qu'aliénation du domaine. Le tiers-état répliqua que, par la loi fondamentale du royaume, cette aliénation étoit défendue, & que les députés n'avoient aucun pouvoir des provinces d'y consentir ; que le domaine
du roi peut se comparer aux biens d'une femme
que le mari ne peut aliéner ; que le domaine de
l'église n'est pas aussi privilégié que le domaine
du roi ; que le domaine de l'église se peut aliéner, suivans les canons, en certains cas, & en
observant les formalités nécessaires ; mais que le
domaine du roi est une colonne qui soutient l'é-
tat, & qu'il faut plutôt la fortifier que la détruire ; que le domaine du roi étant aliéné, *tout
moyen seroit ôté au roi d'entretenir son état, &
assigner à l'avenir dots, douaires & apanages ;*
que c'étoit une chose inouie que le domaine fût
vendu à perpétuité sans rachat ; que cela ne s'é-
toit jamais pratiqué, quoique le royaume se fût
trouvé en plus grand danger qu'il n'étoit alors ;
que cela ne s'étoit pas même fait du temps du
roi Jean ; que le domaine étant aliéné, il seroit
nécessaire, pour l'entretien de l'état du roi, d'en

remplacer autant qu'il en seroit ôté ; & que cette
nouvelle acquisition retomberoit sur le tiers-état,
& non sur la noblesse & le clergé, qui y donneroient aisément leur consentement. Le tiers-
état prit donc la résolution de ne point toucher
au domaine, & proposa au roi d'autres expédiens
pour soutenir la guerre. Nous ne nous permettrons
pas d'attaquer ces raisons ; les protecteurs du peuple avoient peut-être raison alors ; mais il est clair
que les protecteurs du peuple doivent demander
l'aliénation du domaine ; car si on ne l'aliéne pas,
de nouveaux impôts sont indispensables ; & l'on
sait bien que ces impôts tomberont sur le peuple.
Au reste, cette fermeté du tiers-état produisit
l'ordonnance de Blois, que j'ai indiquée plus
haut.

Tous les rois de France, depuis Charles V
jusqu'à Charles VIII, ont juré à leur sacre de
conserver la souveraineté, les droits & la dignité
de la couronne de France, & de ne les aliéner
ni transporter à personne. Mais depuis Charles
VIII, cette clause n'a été insérée dans le serment
d'aucun de nos rois. C'est ce qu'a remarqué l'auteur du Cérémonial françois. « Il semble, dit
» cet auteur, qu'il ait été jugé superflu & inu-
» tile de stipuler de nos rois, qu'ils n'aliéneront
» les droits de la couronne ; d'autant que pro-
» mettant de défendre & de protéger leurs su-
» jets, de les maintenir en paix, de leur admi-
» nistrer bonne justice, & user de clémence, &
» miséricorde envers eux, ils ne le pourront
» faire, s'ils consentoient jamais ou permettoient
» qu'ils tombassent sous la domination, & seigneu-
» rie d'un prince étranger ». Cette raison n'est
point satisfaisante du tout : le ministère a senti
depuis le sacre de Charles VIII, que les besoins
de l'état obligeroient peut-être à l'aliénation du domaine, dont le produit se trouveroit avantageusement remplacé par des impôts considérables.

Les jurisconsultes expliquent les motifs qui ont
déterminé nos rois à rendre leur domaine inaliénable : mais on vient de voir que le domaine n'a pas
toujours été regardé comme inaliénable : voici
les motifs de cette prétendue inaliénabilité.

I°. « C'est la naissance qui élève nos rois sur
le trône, & non le hasard de l'élection, ou la
voix des soldats toujours vénale ».

II°. « Il faut que l'état ait des fonds fixes &
certains. C'est de-là que dépend sa sûreté & son
repos ». *Les domaines ne rapportent presque plus rien.*

III°. « En France l'avidité des courtisans est
bornée par la sagesse du prince ; au lieu que,
sous certains empereurs romains, elle tarissoit
toutes les sources des finances » : *on ne peut répondre ici comme on le voudroit, ou plutôt nous
avons prouvé combien le trésor royal souffre de ces
concessions de domaines qu'on obtient sous un prince,
& qu'on rend sous un autre avec des dédommagemens
excessifs.*

IV°. « Le retrait ne fait aucun tort aux particuliers; ils n'achètent qu'à cette condition ».

V°. « Il est fort avantageux à l'état, parce qu'il est une ressource assurée contre l'aliénation ». *Ce retrait a pu être utile; mais l'est-il à présent?*

VI°. « Les particuliers insèrent souvent cette faculté de rachat, dans les contrats de vente qu'ils passent entr'eux. Pourquoi ne seroit-elle pas de droit pour le roi » ? *Elle sera de droit, quand elle sera à l'avantage de l'état.*

VII°. « Les terres du domaine consistent ordinairement en duchés & autres apanages, distingués par des titres éclatans qui étoient inconnus à l'Empire romain ». *Cela n'est point du tout exact; & si les empereurs romains n'aliénèrent le domaine que pour l'avantage de l'état, il faut les imiter. Mais s'ils les aliénèrent pour enrichir des courtisans, il ne faut pas suivre leur exemple: nous ne disons pas que le domaine de la couronne est ainsi aliénable: nous voulons que le produit de l'aliénation soit appliqué aux besoins de l'état.*

VIII°. « Si en France on a reçu ou introduit le droit d'aînesse, le retrait féodal & le lignager pour la conservation des familles, pourquoi ne garderoit-on pas le retrait perpétuel pour la conservation de la couronne, sous la grandeur de laquelle toutes les familles du royaume se reposent & sont à couvert? Ce principe incontestable doit empêcher l'aliénation des domaines particuliers des couronnes ». *Il doit empêcher cette aliénation, tant qu'elle est avantageuse à l'état.*

« Les jurisconsultes flamands, disent encore quelques publicistes, prétendent que leurs princes ne peuvent faire le moindre préjudice aux droits de leur souveraineté ».

« Un chancelier du duché de Brabant a écrit que le duc ne peut aliéner le moindre domaine, ne fût-ce qu'un simple & léger droit de péage; & que de même que, suivant les loix civiles, la dot ne peut être aliénée par le mari, le patrimoine de la couronne ducale est comme une dot indivisible que la république a apportée au prince pour lui servir à en soutenir les charges ». *L'ignorance ou la légèreté de ces publicistes est curieuse. Le peuple du Brabant a conservé ses états & ses privilèges; on ne l'accable pas d'impôts sans son aveu; il veille à l'administration des domaines, & nous n'ajouterons rien de plus.*

« Les jurisconsultes allemands, ajoute-t-on, supposent que le souverain domaine d'un état, qui a été une fois incorporé à l'Empire, ne peut plus se perdre, ni expressément en vertu d'un acte positif, ni tacitement par la voie du délaissement, ni absolument par la force de la prescription. Les empereurs d'Allemagne, à leur couronnement, jurent de réunir à l'Empire tout ce qui en a été séparé sans limitation de temps; & quelques consentemens que leurs prédécesseurs y puissent avoir donné ». *C'est encore un exemple bien choisi. L'Empire est soumis à des capitulations & à des loix qu'on exécute: la conservation du domaine y est utile, du moins dans le système adopté par le corps germanique; & il ne faut pas faire de pareils rapprochemens.*

« Les loix de Brandebourg ne permettent point à l'électeur, ayant des états en propre, d'aliéner pour toujours & sans retour ses états, ses sujets, ni même les nouvelles acquisitions qu'il peut faire. Ces loix veulent qu'en cas de contravention, l'électeur ou son successeur soit en droit de revendiquer ce qui a été ainsi aliéné, & de s'en remettre en possession ». *C'est ce que disent les vieilles capitulations.*

« Selon les espagnols, c'est un principe fondamental, & l'une des plus anciennes constitutions de leur monarchie, que le royaume d'Espagne est inaliénable; que les espagnols vivent toujours sous leurs propres rois, & que la couronne d'Espagne ne peut être ni annexée, ni incorporée à aucune autre ». *Voilà comment les jurisconsultes & les publicistes traitent la plupart des questions: après quelques phrases, ils sont bien loin de la matière qu'ils paroissent discuter: ils nous parlent ici, ainsi que dans le paragraphe précédent, de l'aliénation de la couronne & de l'état, & il s'agit du domaine.*

« Les italiens citent un serment de *non infeudando*, que les papes font en prenant possession du souverain pontificat. Ils disent qu'aucun pape n'a le pouvoir d'aliéner ce qui a été donné à S. Pierre & au Saint-Siège, & que, par les bulles de Pie V & de Clément VIII, un état incaméré est inaliénable pour toujours ». *Eh qu'importe! on connoît les bonnes raisons qui veillent au maintien de l'état précaire de l'église, & les féodistes, les canonistes & les jurisconsultes ultramontains pensent néanmoins que le pape peut aliéner, à titre d'inféodation, des seigneuries souveraines, du consentement des cardinaux.*

« Les turcs, ajoute-t-on, ne peuvent aliéner aucune partie de leur domaine; ils allèguent aussi les constitutions de leur Empire & les loix de l'alcoran, & savent se faire non-seulement une loi politique, mais aussi une religion, de l'intérêt de l'état, contre tout démembrement de l'Empire ». *C'est donner une dernière preuve de justesse; & c'est très-bien fait aux jurisconsultes de parler de la constitution de l'empire ottoman; car ils l'ont beaucoup étudié.*

« Tous les princes chrétiens, assemblés solemnellement dans le treizième siècle, convinrent, par eux ou par leurs ambassadeurs, que le domaine de leurs couronnes seroit inaliénable, & que les portions qui en auroient été démembrées, y seroient réunies ». *Où se tint cette belle assemblée?*

Enfin, en admettant le principe & les faits sur lesquels nous nous sommes permis quelques remarques, ce principe devroit être borné à l'usage du droit public qu'il suppose ; il n'a de force qu'autant que le droit public d'un état a d'étendue ; & c'est confondre les notions de tous les droits que de le porter au-delà du cas dans lequel il doit avoir lieu.

Tous les princes savent obéir à la loi de la nécessité quand il le faut ; ils aliènent le domaine sacré de leur couronne, sans craindre de passer pour des infracteurs & des sacrilèges. Il n'y a jamais eu de souverain qui n'ait reçu ou fait des cessions, étendu ou resserré, par des traités, les frontières de ses états.

L'aliénation d'un domaine faite par un état en faveur d'un autre état ; l'aliénation des domaines particuliers faite à des particuliers ; la cession d'un pays faite par un souverain à un autre souverain ; la prescription & toutes les autres manières d'acquérir ou d'aliéner, ont leur origine dans le droit des gens & le droit sacré de l'utilité publique, qui fait cesser les loix particulières de chaque état. Mais, dans le cas dont il est ici question, le droit d'aliéner les domaines particuliers de l'état n'appartient pas exclusivement au prince, ainsi que nous l'avons observé : on a besoin d'une sorte de consentement de la nation. *Voyez* l'article ALIÉNATION.

INCAS (royaume des) : il seroit assez inutile de donner ici des détails sur l'administration du royaume des *Incas*, & nous renvoyons le lecteur à l'histoire de M. Robertson.

INDOLENCE DES PRINCES. C'est un des défauts les plus ordinaires de leurs conditions, & nous tâcherons d'en montrer ici les tristes effets.

Lorsqu'un prince tombe dans l'*indolence*, & qu'il se néglige au point de n'avoir plus aucun soin de sa réputation, les gens les plus indignes ne manquent pas de l'obséder, & alors les hommes de mérite ne peuvent le servir. Schah Hussein avoit été servi par des ministres habiles, par de bons généraux ; mais les eunuques faisoient échouer tous leurs efforts, & souvent les privoient de leurs biens & de la vie. Les princes foibles ou indolens ont trop ou trop peu de confiance, & il convient à un prince d'être circonspect sur le choix des personnes qu'il tient auprès de lui, puisque ceux qui sont dans les postes les plus subalternes, ont toujours assez d'influence dans les affaires pour nuire au bonheur de l'état & à la gloire du souverain. S'ils ne peuvent venir à bout de le conduire selon leurs fausses vues, ils ne manqueront pas de ternir sa réputation, soit en le décriant, soit en montrant une corruption qui sera une tache à son règne.

Un prince souffre toujours de la mauvaise conduite & de la méchanceté de ses domestiques, sur-tout s'il leur permet de se mêler de la distribution des récompenses & des châtimens.

Les simples domestiques de Galba, & même ses esclaves, avoient assez de crédit pour déshonorer l'empire de leur maître : on savoit qu'ils vendoient tous les emplois & toutes les graces du prince. L'empereur qui auroit dû examiner le mérite, la capacité & les prétentions des particuliers, oublioit qu'il étoit de son honneur de placer dignement ses bienfaits ; il en abandonna le soin à ses domestiques. Ces mercenaires perfides ne daignoient pas considérer combien ils hâtoient le déshonneur & par conséquent la perte de leur vieux maître, dès que leur scélératesse leur procuroit de l'argent. Leurs démarches, dans ces vues honteuses, hâtoient la ruine de l'empereur, puisqu'en souillant ainsi sa réputation, ils minoient le plus fort soutien de son autorité.

On voit toujours avec indignation de misérables subalternes inconnus, si ce n'est par leurs vices, s'élever à une fortune éclatante par la protection & l'*indolence* du prince. La honte de leur acquisition illégitime retombe sur le souverain, & ils excitent le ressentiment de ceux qui voient échouer leurs justes prétentions. Galba se perdit autant par la corruption de ses domestiques, que par la corruption & la violence de la soldatesque.

On ne pouvoit aborder l'empereur Schah Hussein que par la médiation des eunuques, qui ne connoissoient d'autre mérite que celui de l'argent. Ces vils esclaves vendoient la protection du souverain, prostituoient ses graces au plus offrant, & faisoient un marché public des emplois & de la justice. Il ne pouvoit y avoir ainsi aucune émulation dans une cour où l'on n'avoit aucun égard pour la capacité ou pour la vertu. C'étoit une source d'oppressions & de rapines. Ceux qui s'étoient épuisés pour avoir des charges, étoient réduits à se permettre toutes sortes de lâchetés & d'injustices pour se dédommager, & pour satisfaire à la cupidité de leurs insatiables protecteurs, les eunuques, dont il falloit chaque jour acheter les bonnes graces par de nouveaux présens. On ne connoissoit auparavant parmi les perses, ni larcins, ni vols, parce que les gouverneurs des villes & des provinces étoient responsables de ces désordres, & avoient un soin particulier de les prévenir.

Mais, sous le règne de Schah Hussein, le vol étoit devenu commun, & même encouragé ; les gouverneurs en partageoient le produit, ou, pour s'exprimer plus exactement, ils l'avoient assujetti à un impôt. Ils n'avoient rien à craindre des tribunaux de justice. Dès qu'ils avoient la précaution de fournir de l'argent aux eunuques, ils pouvoient exercer leurs brigandages sans crainte.

Ces eunuques, si corrompus par la cupidité, étoient si éloignés de répandre le sang, qu'ils enseignèrent au roi ce trait de clémence mal entendu, de ne jamais faire mourir un homme pour quelque crime que ce fût. Ainsi ces pieux imposteurs travailloient à leur propre sûreté. Le prince convertit, d'après leur avis, toutes les punitions en amendes pécuniaires: mais sa conscience ne lui permettoit pas de recevoir le prix de ces crimes, ceux qui lui avoient inspiré ce scrupule, se chargèrent du maniement des amendes.

Les impositions publiques en Perse étoient fixées, & chaque ville payoit tous les ans une somme invariable: les gouverneurs ne pouvoient la changer. Mais les amendes pour les contraventions étant plus ou moins arbitraires, ils découvroient à chaque instant de nouveaux délits, & ils levoient des amendes sans fin. Ils tiroient ainsi des peuples, de très-grosses sommes qui n'étoient point limitées. Certaines villes payèrent en amendes pécuniaires dans un jour, plus qu'elles ne payoient dans un an au trésor royal. Le gouverneur même d'Ispahan, capitale de l'Empire, rançonnoit les voleurs & les filoux. Il retenoit en prison ceux qui n'avoient pas assez volé pour acquérir ses bonnes graces; il les laissoit sortir de nuit pour voler de nouveau, & leurs derniers larcins les garantissoient de la peine des précédens.

D'où venoient tant d'injustices? d'où venoit la dépravation de l'ordre public? Pourquoi les sujets n'étoient-ils plus protégés par les loix? D'où venoient l'anarchie & ces concussions que les grands exerçoient sur les petits? Pourquoi l'iniquité n'avoit-elle pas de bornes? Pourquoi l'innocence étoit-elle opprimée & sacrifiée? Ces désordres venoient de la lâcheté & de la corruption de ceux qui obsédoient le trône, & de la molle *indolence* de celui qui l'occupoit. Schah Hussein avoit un très-bon naturel; il étoit plein de générosité, de douceur & de compassion: il avoit l'ame compatissante. Il tua un jour un canard qu'il vouloit effrayer, il se crut souillé par ce sang; & pour expier son meurtre, il eut recours à des actes de dévotion & à des aumônes. Il étoit si religieux, que le feu ayant pris à la grand'salle du palais, remplie de riches meubles, il ne voulut pas permettre qu'on travaillât à l'éteindre, de peur de s'opposer aux décrets de la providence. Il fit des charités immenses, fonda des monastères, dota des hôpitaux; il entreprit de longs pélérinages, un entr'autres de deux cens lieues.

Mais à quoi servoient son bon cœur, sa compassion & sa religion? Il étoit fâché d'avoir tué un canard, & il souffroit que ses sujets fussent rançonnés & livrés au désespoir; il attira la guerre & la dévastation dans le sein de son Empire.

Ce prince indolent & foible s'occupoit de bagatelles, & il ne voyoit point les oppressions que ses peuples souffroient; il n'entendoit pas leurs cris. Il sembloit n'avoir d'autres soins & d'autres royaumes à gouverner que son serrail. C'étoient ses maîtresses & non ses sujets, qui étoient l'objet de ses occupations & de sa bienveillance; le gouverneur d'une ville ou d'une province étoit sûr de se mettre dans ses bonnes graces, s'il lui envoyoit une belle femme. Il s'embarrassoit peu que les gouverneurs traitassent bien ou mal le peuple. Quand il auroit montré cette inquiétude, ses fideles conseillers, les eunuques, avoient été gagnés d'avance pour en avoir une réponse favorable. On le berçoit si mollement dans son repos, on l'éloignoit avec tant de soins de toutes les fatigues du gouvernement, qu'il paroissoit ne prendre aucune part aux intérêts ou à la destinée de son Empire. Lorsqu'on lui dit que l'ennemi approchoit d'Ispahan, il répondit que « c'étoit aux » ministres à y pourvoir; qu'ils avoient des armées sur pied pour cela; qu'à son égard il » seroit content, pourvu qu'on lui laissât seulement son palais de Farabath ».

Dans quelle *indolence*, dans quelle insensibilité, dans quel mépris ce pauvre prince n'étoit-il pas tombé, en s'abandonnant à des séducteurs qui ne songeoient qu'à leurs propres intérêts?

Il n'y a rien de plus méprisable, rien de plus exposé qu'un prince, un état ou un grand, tombés dans le mépris; c'est, je crois, une réflexion de Tite-Live. L'esprit de religion, qui peut inspirer à un prince tant de choses utiles pour son peuple, fut très-désavantageux aux perses. Schah Hussein fit un long pélérinage pour aller visiter le tombeau d'un saint; & comme il voyageoit accompagné de tout son serrail & d'une garde de 60 mille hommes, il ruina toutes les provinces qu'il traversa, & dissipa plus d'argent qu'il n'en auroit fallu pour soutenir une longue guerre contre ceux qui envahirent la Perse.

Dès qu'un prince néglige ses affaires & tombe dans le mépris, il cesse d'être en sûreté. Les peuples tournent alors les yeux vers son successeur; ils souhaitent une révolution; ils sont disposés peut-être à y concourir. Et qu'est-ce qu'un prince mésestimé de ses sujets? Quelle estime pouvoit avoir le public pour Philippe IV, roi d'Espagne, lorsqu'on le voyoit aller à la défense de son royaume contre les françois, suivi, non d'un cortège d'officiers, mais d'une troupe de comédiens? Le duc d'Olivarès vouloit ainsi le tenir dans l'*indolence*, l'empêcher de s'occuper des affaires, & de voir les malversations publiques. Faut-il s'étonner si les affaires de ce monarque furent conduites avec tant de mollesse, si ses desseins échouoient, & si cette grande monarchie jouoit un si triste rôle, tandis que ses favoris seuls régnoient? La réputation d'une nation au dehors est bien peu de chose, lorsque le gouvernement intérieur est sans vigueur & sans intelligence, lorsque l'on y a perdu le respect pour le prince.

INDOSTAN. Nous parlerons, dans des articles particuliers, des divers pays de l'Inde où les européens ont des établissemens, & avec lesquels ils ont des rapports: nous ferons ici le tableau général de l'*Indostan*, de ses révolutions politiques & de son gouvernement.

Cette belle & riche contrée tenta, si l'on veut s'en rapporter à des traditions incertaines, l'avidité des premiers conquérans du monde. Mais soit que Bacchus, Hercule, Sésostris, Darius aient ou n'aient pas parcouru, les armes à la main, cette grande partie du globe, il est certain qu'elle fut pour les premiers grecs un champ inépuisable de fictions & de merveilles. Ces chimères enchantoient tellement un peuple toujours crédule, parce qu'il fut toujours dominé par son imagination, qu'on ne s'en désabusa pas même dans les siècles les plus éclairés de la république.

En réduisant les choses à la vérité, l'on trouvera qu'un air pur, des alimens sains, une grande frugalité, avoient de bonne heure, prodigieusement multiplié les hommes dans l'*Indostan*. Ils connurent les loix, la police, les arts, lorsque le reste de la terre étoit désert ou sauvage. Des institutions sages & heureuses préservèrent de la corruption ces peuples, qui paroissoient n'avoir qu'à jouir des bienfaits du sol & du climat. Si de temps en temps les bonnes mœurs s'altéroient dans quelques cours, les trônes étoient aussi-tôt renversés ; & lorsqu'Alexandre se montra dans ces régions, il y restoit fort peu de rois, il y avoit beaucoup de villes libres.

Un pays partagé en une infinité de petits états, populaires ou asservis, ne pouvoit pas opposer un front bien redoutable au héros de la Macédoine. Aussi ses progrès furent-ils rapides. Il auroit tout asservi, si la mort ne l'eût surpris au milieu de ses triomphes.

En suivant le conquérant dans ses expéditions, l'indien Sandrocotus avoit appris la guerre. Cet homme, auquel ses talens tenoient lieu de droits & de naissance, rassembla une armée nombreuse, & chassa les macédoniens des provinces qu'ils avoient envahies. Libérateur de sa patrie, il s'en rendit le maître, & réunit sous ses loix l'*Indostan* entier. On ignore quelle fut la durée de son règne, quelle fut la durée de l'empire qu'il avoit fondé.

Au commencement du huitième siècle, les arabes se répandirent aux Indes, comme dans plusieurs autres contrées de l'univers. Ils soumirent à leur domination quelques isles. Mais, contens de négocier paisiblement sur le continent, ils n'y formèrent que peu d'établissemens.

Trois siècles après, des barbares de leur religion, sortis du Khorassan & conduits par Mahmoud, attaquent l'Inde par le nord, & poussent leurs brigandages jusqu'au Guzarate. Ils emportent de ces opulentes contrées, d'immenses dépouilles qu'ils vont enfouir dans leurs incultes & misérables déserts.

Le souvenir de ces calamités n'étoit pas encore effacé, lorsque Gengiskan, qui avec ses tartares avoit subjugué la plus grande partie de l'Asie, porta, vers l'an 1200, ses armes victorieuses sur les rives occidentales de l'Indus. On ignore quelle part ce conquérant & ses descendans prirent aux affaires de l'*Indostan*: Il est vraisemblable qu'elles ne les occupèrent pas beaucoup, puisqu'on voit, peu de tems après, les patanes régner dans ce beau pays.

C'étoient des hommes agrestes & féroces qui, sortis par bandes des montagnes du Kandahar, se répandirent dans les plus belles provinces de l'*Indostan*, & y formèrent successivement plusieurs dominations indépendantes les unes des autres.

Les indiens avoient eu à peine le temps de se façonner à ce nouveau joug, qu'il leur fallut encore changer de maître. Tamerlan, sorti de la grande Tartarie, & déja célèbre par ses cruautés & ses victoires, se montre à la fin du quatorzième siècle au nord de l'*Indostan*, avec une armée aguerrie, triomphante & infatigable. Il s'assure lui-même des provinces septentrionales, & abandonne à ses lieutenans le pillage des terres méridionales. On le croyoit déterminé à subjuguer l'Inde entière, lorsque tout-à-coup il tourna ses armes contre Bajazet, le vainquit, le détrôna, & se trouva, par la réunion de toutes ses conquêtes, le maître de l'espace immense qui s'étend depuis Smirne jusqu'aux bords du Gange. Des guerres sanglantes suivirent sa mort. Ses riches dépouilles échappèrent à sa postérité. Babar, sixième descendant d'un de ses enfans, conserva seul son nom.

Ce jeune prince, élevé dans la mollesse, régnoit à Samarcande, où son aïeul avoit fini ses jours. Les tartares Usbecks le précipitèrent du trône, & le forcèrent de se refugier dans le Cabulistan. Ranguildas, gouverneur de la province, l'accueillit & lui donna une armée.

On traça, sans perdre de temps, un plan d'usurpation, qui fut suivi avec beaucoup de vivacité & d'intelligence. Le succès le couronna. Les provinces septentrionales, Delhy même, se soumirent après quelque résistance. Un monarque fugitif eut l'honneur de fonder la puissance des tartares mogols, qui existe encore.

La conservation de la conquête exigeoit un gouvernement. Celui que Babar trouva établi dans l'Inde, étoit un despotisme purement civil, tempéré par les usages, par les formes, par l'opinion ; en un mot, absolument conforme au caractère de douceur que ces peuples doivent à l'influence du climat, & à l'influence plus puissante encore, des opinions religieuses. A cette constitution paisible, Babar fit succéder un despotisme violent & militaire, tel qu'on devoit l'attendre d'une nation conquérante & barbare.

Cependant, en appesantissant le despotisme, Babar avoit voulu l'enchaîner lui-même, & donner à ses institutions une telle force, que ses successeurs, quoiqu'absolus, fussent obligés d'être justes. Le prince devoit être le juge du peuple & l'arbitre de l'état ; mais son tribunal & son conseil étoient dans la place publique. L'injustice & la tyrannie aiment à se renfermer dans l'ombre ; elles se cachent à ceux qu'elles oppriment. Mais quand le monarque ne veut agir que sous les yeux de ses sujets, c'est qu'il n'a que du bien à leur faire. Insulter en face à des hommes rassemblés, est une injure dont les tyrans même peuvent rougir.

Le principal appui de l'autorité étoit un corps de quatre mille hommes, qui s'appelloient les premiers esclaves du prince. C'est dans ce corps que l'on choisissoit les omrahs, c'est-à-dire, ceux qui entroient dans les conseils de l'empereur, & à qui il donnoit des terres honorées de grands privilèges. Ces sortes de fiefs étoient toujours amovibles, & le prince héritoit de ceux qu'il en avoit rendu possesseurs. C'est à cette condition qu'étoient données toutes les grandes places : tant il paroît de la nature du despotisme, de n'enrichir des esclaves que pour les dépouiller.

Les places d'omrahs n'en étoient pas moins briguées. C'étoit l'objet de l'ambition de quiconque aspiroit à l'administration d'une province. Pour prévenir les projets d'élévation & d'indépendance que pouvoient former ces commandans, on mettoit auprès d'eux des surveillans qui ne leur étoient soumis en rien, & qui étoient chargés d'examiner l'emploi qu'ils faisoient des forces militaires qu'on étoit obligé de leur confier pour tenir dans le respect les indiens assujettis. Les places fortes étoient souvent entre les mains d'officiers qui ne rendoient compte qu'à la cour. Cette cour soupçonneuse mandoit souvent son délégué, le retenoit ou le déplaçoit, selon les vues d'une politique changeante. Ces vicissitudes étoient devenues si communes, qu'un nouveau gouverneur sortant de Delhy, resta sur son éléphant, le visage tourné vers la ville, *pour voir*, disoit-il, *arriver son successeur*.

Cependant la forme de l'administration n'étoit pas la même dans tout l'Empire. Les mogols avoient laissé plusieurs princes indiens en possession de leurs souverainetés, & même avec pouvoir de les transmettre à leurs descendans. Ils gouvernoient selon les loix du pays, quoique relevant du nabab nommé par la cour. On ne leur imposoit qu'un tribut & l'obligation de rester soumis aux conditions accordées à leurs ancêtres, au temps de la conquête.

Il faut que la nation conquérante n'ait pas exercé de grands ravages, puisqu'elle ne fait encore que le dixième de la population de l'Inde. On dit qu'il y a cent millions d'indiens sur dix millions de tartares. Les deux peuples ne se sont point mélangés. Les indiens seuls sont cultivateurs & ouvriers. Eux seuls remplissent les campagnes & les manufactures. Les mahométans sont dans la capitale, à la cour, dans les grandes villes, dans les camps & dans les armées.

Il paroît qu'à l'époque où les mogols entrèrent dans l'*Indostan*, cette région n'étoit plus ce qu'elle avoit été. Les propriétés foncières, qui dans les temps reculés avoient eu tant de stabilité dans les mains des particuliers, étoient devenues généralement la proie des dépositaires de l'autorité. Tous les champs étoient dans les mains des souverains indiens ou patanes ; & l'on peut bien croire que des conquérans féroces, livrés à l'ignorance & à la cupidité, consacrèrent cet abus, qui est le dernier excès du pouvoir arbitraire. La portion des terres de l'Empire, que les nouveaux souverains s'attribuèrent, fut divisée en grands gouvernemens qu'on appella *soubabies*. Les soubas, chargés de l'administration militaire & civile, le furent aussi de la perception des revenus. Ils en confioient le soin aux nababs qu'ils établirent dans l'étendue de leurs soubabies, & ceux-ci à des fermiers particuliers, qui furent chargés immédiatement de la culture des terres.

Au commencement de l'année, qui est fixé au mois de juin, les officiers du nabab convenoient avec leurs fermiers d'un prix de bail. Il se faisoit une espèce de contrat, appellé *jamabandi*, qui étoit déposé dans la chancellerie de la province ; & ces fermiers alloient ensuite, chacun dans leur district, chercher des cultivateurs, auxquels ils faisoient des avances assez considérables pour les mettre en état d'ensemencer les terres. Après la récolte, les fermiers remettoient le produit de leur bail aux officiers du nabab. Le nabab le faisoit passer entre les mains du souba, & le souba le versoit dans les trésors de l'empereur. Les baux étoient ordinairement portés à la moitié du produit des terres ; l'autre moitié servoit à couvrir les frais de culture, à enrichir les fermiers & à nourrir les cultivateurs. Indépendamment des grains, qui sont les récoltes principales, les autres productions de la terre se trouvoient enveloppées dans le même système. Le bétel, le sel, le tabac étoient autant d'objets de ferme.

Il y avoit aussi quelques douanes, quelques droits sur les marchés publics, mais aucune imposition personnelle, aucune taxe sur l'industrie. Il n'étoit pas venu dans la tête des despotes, de demander quelque chose à des hommes à qui on ne laissoit rien. Le tisserand renfermé dans son aldée travailloit sans inquiétude, & disposoit librement du fruit de son travail.

Cette facilité s'étendoit à toute espèce de mobilier. C'étoit véritablement la propriété des particuliers. Ils n'en devoient compte à personne. Ils pouvoient en disposer de leur vivant, &, après leur mort il passoit à leurs descendans. Les maisons des aldées, celles des villes, les jardins toujours peu considérables dont elles sont ornées, formoient encore un objet de propriété particulière. On en héritoit, & on pouvoit les vendre.

Dans le dernier cas, le vendeur & l'acheteur se rendoient devant le cothoal. Les conditions du marché étoient rédigées par écrit, & le cothoal apposoit son sceau au pied de l'acte, pour lui donner de l'authenticité.

La même formalité s'observoit à l'égard des esclaves, c'est-à-dire, de ces hommes infortunés qui, pressés par la misère, préféroient une servitude particulière qui les faisoit subsister, à l'état d'une servitude générale, dans laquelle ils n'avoient aucun moyen de vivre. Ils se vendoient alors à prix d'argent, & l'acte de vente se passoit en présence du cothoal, afin que la propriété du maître fût connue & inattaquable.

Le cothoal étoit une espèce d'officier public, établi dans chaque aldée pour y faire les fonctions de notaire. C'étoit devant lui que se passoit le petit nombre d'actes, auxquels la nature d'un pareil gouvernement pouvoit donner lieu. Un autre officier, du nom générique de *gémidar*, prononçoit sur les contestations qui s'élevoient entre particuliers. Ses jugemens étoient presque toujours définitifs, à moins qu'il ne s'agît de quelqu'objet important, & que la partie condamnée n'eût assez de fortune pour aller acheter un jugement différent à la cour du nabab. Le gémidar étoit aussi chargé de la police. Il avoit le pouvoir d'infliger des peines légères; mais lorsqu'il s'agissoit de quelque crime capital, le jugement en étoit réservé au nabab, parce qu'à lui seul appartenoit le droit de prononcer la peine de mort.

Un tel gouvernement, qui n'étoit rien autre chose qu'un despotisme qui alloit en se subdivisant depuis le trône jusqu'au dernier officier, ne pouvoit avoir d'autre ressort qu'une force coactive toujours en action. Aussi, dès que la saison des pluies étoit passée, le monarque quittoit sa capitale & se rendoit dans son camp. Les nababs, les rajahs, les principaux officiers étoient appellés autour de lui, & il parcouroit ainsi successivement les provinces de l'Empire, dans un appareil de guerre qui pourtant n'excluoit pas les ruses de la politique. Souvent on se servoit d'un grand pour en opprimer un autre. Le raffinement le plus odieux du despotisme est de diviser ses esclaves. Des délateurs, publiquement entretenus par le prince, fomentoient ces divisions & répandoient des alarmes continuelles. Ces espions étoient toujours choisis parmi les personnes du rang le plus distingué. La corruption est au comble, quand le pouvoir anoblit ce qui est vil.

Chaque année le mogol recommençoit ses courses, plutôt en conquérant qu'en souverain, allant rendre la justice dans les provinces comme on y va pour les piller, & maintenant son autorité par les voies & l'appareil de la force, qui font que le gouvernement despotique n'est qu'une continuation de la guerre. Cette manière de gouverner, quoiqu'avec des formes légales, est bien dangereuse pour un despote. Tant que les peuples n'éprouvent ses injustices que par le canal des dépositaires de son autorité, ils se contentent de murmurer, en présumant que le souverain les ignore & ne les souffriroit pas: mais lorsqu'il vient les consacrer par sa présence & par ses propres décisions, il perd la confiance. L'illusion cesse. C'étoit un dieu, c'est un méchant.

Cependant les empereurs mogols ont joui longtemps de l'idée superstitieuse que la nation s'étoit formée de leur caractère sacré. La magnificence extérieure, qui en impose au peuple plus que la justice, parce que les hommes ont une plus grande opinion de ce qui les accable que de ce qui les sert, la richesse fastueuse de la cour du prince, & la pompe qui l'environnoit dans ses voyages, nourrissoient dans l'esprit des peuples ces préjugés de l'ignorance servile, qui tremble devant les idoles qu'elle a faites. Ce qu'on raconte du luxe des plus brillantes cours de l'univers, n'approche pas de l'ostentation du mogol, lorsqu'il se montroit à ses sujets. Les éléphans, autrefois si terribles à la guerre, & qui n'y seroient plus que des masses incommodes depuis que l'on combat avec la foudre, ces colosses de l'Orient, inconnus à nos climats, donnent aux despotes de l'Asie un air de grandeur dont nous n'avons pas l'idée. Les peuples se prosternent devant le monarque élevé majestueusement sur un trône d'or, resplendissant de pierreries, porté par le superbe animal, qui s'avance à pas lents, fier de présenter au respect de tant d'esclaves le maître d'un grand Empire. C'est ainsi qu'en éblouissant les hommes ou en les effrayant, les mogols conservèrent & même étendirent leurs conquêtes. Aurengzeb les acheva, en se rendant maître de toute la péninsule. Tout l'*Indostan*, si l'on excepte une petite langue de terre sur la côte de Malabar, se soumit à ce tyran superstitieux & barbare, teint du sang de son père, de ses frères & de ses neveux.

Ce despote exécrable avoit fait détester la puissance mogole; mais il la soutint, & à sa mort elle tomba pour ne plus se relever. L'incertitude du droit de succession fut la première cause des troubles que l'on vit naître après lui au commencement du dix-huitième siècle. Il n'y avoit qu'une seule loi généralement reconnue, celle qui ordonnoit que le trône ne sortiroit point de la famille de Tamerlan. D'ailleurs chaque empereur pouvoit choisir son successeur, n'importe à quel degré de parenté. Ce droit indéfini étoit une source de discorde. De jeunes princes que leur naissance appelloit à régner, & qui se trouvoient souvent à la tête d'une province & d'une armée, soutenoient leurs prétentions les armes à la main, & ne respectoient guère les dispositions d'un despote qui n'étoit plus. C'est ce qui arriva à la mort d'Aurengzeb. Sa magnifique dépouille fut ensanglantée. Dans ces convulsions du corps politique, les ressorts qui contenoient une milice de douze

cents

cents mille hommes, se relâchèrent. Chaque nabab ne songea plus qu'à se rendre indépendant, à étendre les contributions qu'on levoit sur le peuple, & à diminuer les tributs qu'on envoyoit au trésor de l'empereur. Rien ne fut plus réglé par la loi, & tout fut conduit par le caprice ou troublé par la violence.

L'éducation des jeunes princes ne promettoit aucun remède à tant de maux. Abandonnés aux femmes jusqu'à l'âge de sept ans, imbus pendant leur adolescence de quelques préceptes religieux, ils alloient ensuite consommer dans la molle oisiveté d'un serrail, ces années de jeunesse & d'activité, qui doivent former l'homme & l'instruire dans la science de la vie. On les amollissoit pour n'avoir pas à les craindre. Les conspirations des enfans contre leurs pères étoient fréquentes. Une politique soupçonneuse affoiblissoit le caractère de ces jeunes gens, afin qu'ils ne fussent pas capables d'un crime. De là cette pensée atroce d'un poëte oriental, *que les pères, pendant la vie de leurs fils, donnent toute leur tendresse à leurs petits-fils, parce qu'ils aiment en eux les ennemis de leurs ennemis.*

Les mogols n'avoient plus rien de ces mœurs fortes qu'ils avoient apportées de leurs montagnes. Ceux d'entr'eux qui parvenoient à quelque place importante ou à de grandes richesses, changeoient de domicile suivant les saisons. Dans ces retraites plus ou moins délicieuses, ils n'occupoient que des maisons bâties d'argille & de terre, mais dont l'intérieur respiroit toute la mollesse asiatique, tout le faste des cours les plus corrompues. Par-tout où les hommes ne peuvent élever une fortune stable, ni la transmettre à leurs descendans, ils se hâtent de rassembler toutes leurs jouissances dans le seul moment dont ils soient sûrs. Ils épuisent au milieu des parfums & des femmes, & tous les plaisirs, & tout leur être.

L'empire Mogol étoit dans cet état de foiblesse, lorsqu'il fut envahi en 1738 par le fameux Nadersha, plus connu parmi nous sous le nom de *Thamas Kouli-kan*. Les innombrables milices de l'Inde se dispersèrent sans résistance devant cent mille persans, comme ces mêmes persans avoient été autrefois dissipés devant trente mille grecs instruits par Alexandre. Thamas entra victorieux dans Delhy, reçut les soumissions de Muhammet, permit à cet imbécille monarque de vivre & de régner, réunit à la Perse les provinces qui étoient à sa bienséance, & se retira chargé d'un butin immense & des dépouilles de l'*Indostan*.

Muhammet, méprisé par son vainqueur, le fut encore plus par ses sujets. Les grands ne voulurent plus relever du vassal d'un roi de Perse. Les nababies devinrent indépendantes, & ne furent plus soumises qu'à un léger tribut. Inutilement l'empereur exigea qu'elles continuassent d'être amovibles. Chaque nabab employoit la force pour rendre sa place héréditaire, & le fer décidoit de tout. La guerre se faisoit continuellement entre le maître & les sujets, sans être traitée de rebellion. Quiconque put payer un corps de troupes, prétendit à une souveraineté. La seule formalité qu'on observoit, c'étoit de contrefaire le seing de l'empereur dans un *firman* ou brevet d'investiture. L'usurpateur se le faisoit apporter & le recevoit à genoux. Cette comédie étoit nécessaire pour en imposer au peuple, qui respectoit encore assez la famille de Tamerlan pour vouloir que toute espèce d'autorité parût au moins émaner d'elle.

Ainsi la discorde, l'ambition & l'anarchie désoloient cette belle contrée de l'*Indostan*. Les crimes étoient d'autant plus aisés à cacher, que les grands de l'Empire étoient accoutumés à n'écrire jamais qu'en termes équivoques, & n'employoient que des agens obscurs qu'ils désavouoient quand il le falloit. L'assassinat & le poison devinrent des forfaits communs, qu'on ensevelissoit dans l'ombre de ces palais impénétrables, remplis de satellites prêts à tout oser au moindre signal de leur maître.

Les troupes étrangères, appellées par les différens partis, mirent le comble au désastre de ce malheureux pays. Elles en emportoient les richesses, ou forçoient les peuples à les enfouir. Ainsi disparurent peu à peu ces trésors amassés pendant tant de siècles. Le découragement devint général. La terre ne fut plus cultivée, & les manufactures languirent. Les peuples ne vouloient plus travailler pour des étrangers déprédateurs, ni pour des oppresseurs domestiques. La misère & la famine se firent sentir. Ces calamités qui depuis dix ans ravageoient les provinces de l'Empire, alloient s'étendre jusqu'à la côte de Coromandel. Le sage Nizam-Elmoulouk, souba du Décan, n'étoit plus. Sa prudence & ses talens avoient fait fleurir la partie de l'Inde où il commandoit. Les négocians d'Europe craignirent que leur commerce ne tombât, lorsqu'il n'auroit plus cet abri. Contre ce danger, ils ne voyoient de ressource que la propriété d'un terroir assez vaste pour contenir un nombre de manufacturiers suffisant pour former leurs cargaisons.

Dupleix fut le premier qui vit la possibilité de réaliser ce souhait. La guerre avoit amené à Pondichery des troupes nombreuses, avec lesquelles il espéra se procurer par des conquêtes rapides, des avantages plus considérables que les nations rivales n'en avoient obtenu par une conduite suivie & réfléchie.

Depuis long-temps il étudioit le caractère des mogols, leurs intrigues, leurs intérêts politiques. Il avoit acquis sur ces objets, des lumières qui auroient pu étonner dans un homme élevé à la cour de Delhi. Ces connoissances profondément combinées l'avoient convaincu qu'il pouvoit se donner une influence principale dans les affaires de l'*Indostan*, peut-être en devenir l'arbitre. La

Œcon. polit. & diplomatique. Tom. III. F

trempe de son ame, qui le portoit à vouloir audelà même de ce qu'il pouvoit, donnoit une nouvelle force à ces réflexions. Rien ne l'effrayoit dans le grand rôle qu'il se disposoit à jouer à six mille lieues de sa patrie. Inutilement voulut-on lui en faire craindre les dangers. Il n'étoit frappé que de l'avantage glorieux d'assurer à la France une domination nouvelle au milieu de l'Asie, de la mettre en état, par les revenus qui y seroient attachés, de couvrir les frais de commerce & les dépenses de souveraineté, de l'affranchir même du tribut que notre luxe paye à l'industrie des indiens, en procurant au royaume des cargaisons riches & nombreuses, qui ne seroient achetées par aucune exportation d'argent, mais dont le fonds seroit fait par la surabondance des nouveaux revenus. Plein de ce grand projet, Dupleix saisit avec empressement la première occasion qui se présenta de l'exécuter; & bientôt il osa disposer de la soubabie du Decan, de la nababie du Carnate, en faveur de deux hommes prêts à tous les sacrifices qu'il exigeroit. *Voyez* l'article DECAN.

La soubabie de Décan étant devenue vacante en 1748, Dupleix, après une suite d'événemens & de révolutions, où la corruption des mogols, la foiblesse des indiens, l'audace des françois, se firent également remarquer, en mit en possession au commencement de 1751 Salabetzingue, l'un des fils du dernier vice-roi. Ce succès assuroit de grands avantages aux établissemens françois répandus sur la côte de Coromandel : mais l'importance de Pondichery parut exiger des soins plus particuliers. Cette ville située dans le Carnate, a des rapports si suivis & si immédiats avec le nabab de cette riche contrée, qu'on crut nécessaire de procurer le gouvernement de la province à un homme, sur l'affection & la dépendance duquel on pût compter. Le choix tomba sur Chandasaeb, connu par ses intrigues, par ses malheurs, par ses faits de guerre, par un caractère ferme, & parent du dernier nabab.

Pour prix de leurs services, les françois firent céder un territoire immense. A la tête de leurs acquisitions étoit l'isle de Scheringham, formée par deux branches du Caveri. Cette isle longue & fertile doit son nom & sa célébrité à une pagode qui est fortifiée, comme la plupart des grands édifices destinés au culte public.

Indépendamment des autres avantages que Scheringham offroit aux françois, ils y trouvoient une position qui devoit leur donner une grande influence dans les pays voisins, & un empire absolu sur le Tanjaour, qu'ils étoient les maîtres de priver quand ils le voudroient, des eaux nécessaires pour la culture de ses riz.

Karical & Pondichery virent augmenter chacune leur territoire d'un espace de dix lieues & de quatre-vingt aldées. Si ces acquisitions n'étoient pas aussi considérables que celle de Scheringham pour l'influence dans les affaires générales, elles étoient bien plus avantageuses au commerce.

Mais c'étoit encore peu de chose, au prix du territoire qu'on gagnoit au nord. Il embrassoit le Condavir, Mazulipatnam, l'isle de Divy, & les quatre provinces de Moutafaganar, d'Elour, de Ragimendry & de Chicakol. Des concessions de cette importance rendoient les françois maîtres de la côte dans une étendue de six cents milles, & devoient leur donner des toiles supérieures à celles qui sortent de l'*Indostan*. Il est vrai qu'ils ne devoient jouir des quatre provinces, qu'autant qu'ils entretiendroient au service du souba le nombre de troupes dont on étoit convenu ; mais cet engagement qui ne lioit que leur probité, ne les inquiétoit guère. Leur ambition dévoroit d'avance les trésors accumulés dans ces vastes contrées depuis tant de siècles.

L'ambition des françois & leurs projets de conquête alloient bien plus loin encore. Ils se proposoient de se faire céder la capitale des colonies portugaises, & de s'emparer du triangle qui est entre Mazulipatnam, Goa, & le cap Comorin.

En attendant que le temps fût venu réaliser ces brillantes chimères, ils regardoient les honneurs qu'on prodiguoit personnellement à Dupleix, comme le présage des plus grandes prospérités. On n'ignore pas que toute colonie étrangère est plus ou moins odieuse aux indigènes ; qu'il est dans les principes d'une conduite judicieuse de chercher à diminuer cette aversion, & que le plus puissant moyen pour arriver à ce but, est d'adopter, autant qu'il est possible, les usages du pays où l'on veut vivre. Cette maxime généralement vraie, l'est sur-tout dans les contrées où l'on pense peu, & par conséquent aux Indes.

Le penchant que le chef des françois avoit pour le faste asiatique, l'affermissoit encore plus dans ces principes. Aussi fut-il comblé de joie, lorsqu'il se vit revêtu de la dignité de nabab. Ce titre le rendoit l'égal de ceux dont on avoit été réduit jusqu'alors à briguer la protection, & lui donnoit une grande facilité pour préparer les révolutions qu'il jugeroit convenables aux grands intérêts qui lui étoient confiés. Il espéra encore davantage du gouvernement qu'il obtint de toutes les possessions mogoles, dans un espace presque aussi étendu que la France entière. Tous les revenus de ces riches contrées devoient être déposés dans ses mains, sans qu'il fût obligé d'en rendre compte qu'au souba même.

Quoique ces arrangemens faits par des marchands, ne dussent pas être agréables à la cour de Delhy, on craignit peu son ressentiment. Privée des secours d'hommes & d'argent, que les soubas, les nababs, les rajas, ses moindres préposés, se permettoient de lui refuser, elle se voyoit assaillie de tous les côtés.

Les rajeputes, descendans de ces indiens que

combattit Alexandre, chassés de leurs terres par les mogols, se sont refugiés dans des montagnes presqu'inaccessibles. Des troubles continuels les mettent hors d'état de former des projets de conquête : mais, dans les momens de repos que leur laissent leurs dissensions, ils font des incursions qui fatiguent un Empire épuisé.

Les patanes sont des ennemis encore plus redoutables. Chassés par les mogols de la plupart des trônes de l'*Indostan*, ils se sont refugiés au pied du mont Imaüs, qui est une branche du Caucase. Ce séjour a singuliérement changé leurs mœurs, & leur a donné une férocité de caractère qu'ils n'avoient pas sous un ciel plus doux. La guerre est leur occupation la plus ordinaire. On les voit se ranger indifféremment sous les étendards des princes indiens ou mahométans ; mais leur docilité n'égale pas leur valeur. De quelque crime qu'ils se soient rendu coupables, il est dangereux de les en punir, parce que l'esprit de vengeance les porte à l'assassinat quand ils sont foibles, & à la révolte lorsque leur nombre peut les enhardir à des démarches audacieuses. Depuis que la puissance dominante a perdu sa force, la nation a secoué le joug. Ses généraux ont même, il y a peu d'années, poussé leurs ravages jusqu'à Delhy, qu'ils n'ont abandonné qu'après un affreux pillage.

Au nord de l'*Indostan* est une nation qui, quoique nouvelle, inspire encore plus de terreur. Ces peuples, connus sous le nom de *Seiks*, ont su se tirer des fers du despotisme & de la superstition, quoiqu'entourés de nations esclaves. Mais de tous les ennemis du Mogol, il n'y en a pas d'aussi dangereux que les marattes. *Voyez* l'article MARATTES.

Tandis que la cour de Delhy luttoit avec des avantages contre tant d'ennemis acharnés à sa ruine, M. de Bussy, qui avec un foible corps de françois & une armée indienne avoit conduit Salabetzingue à Aurengabad sa capitale, s'occupoit avec succès du soin de l'affermir sur le trône où il l'avoit placé. L'imbécillité du prince, les conspirations dont elle fut la cause, l'inquiétude des marattes, les firmans qu'on avoit accordés à des rivaux, d'autres obstacles traversèrent ses vues sans y rien changer. Il fit régner le protégé des françois plus paisiblement que les circonstances ne permettoient de l'espérer, & il le maintint dans une indépendance absolue du chef de l'Empire.

La situation de Chandasaeb, nommé à la nababie du Carnate, n'étoit pas si heureuse. Les anglois, toujours opposés aux françois, lui avoient suscité un rival, nommé *Mahmet-Ali-kan*. Le nom de ces deux princes servoit de voile aux deux nations pour se faire une guerre vive. Elles combattoient pour la gloire, pour la richesse, pour servir les passions de leurs chefs, Dupleix & Saunders. La victoire passa souvent de l'un à l'autre camp. Les succès auroient été moins variés, si le gouverneur de Madras eût eu plus de troupes, ou celui de Pondichery de meilleurs officiers. Tout portoit à douter lequel de ces deux hommes, à qui la nature avoit donné le même caractère d'inflexibilité, finiroit par donner la loi ; mais on étoit bien assuré qu'aucun ne la recevroit, tout le temps qu'il lui resteroit un soldat ou une roupie pour le soutenir. Cet épuisement même, malgré leurs efforts excessifs, paroissoit fort éloigné, parce qu'ils trouvoient l'un & l'autre dans leur génie, des ressources que les plus habiles ne soupçonnoient pas. Il étoit manifeste que les troubles ne cesseroient point dans le Carnate, à moins que la paix n'y arrivât d'Europe ; & l'on pouvoit craindre que le feu concentré depuis six ans dans l'Inde, ne se communiquât au loin. Les ministres de France & d'Angleterre dissipèrent ce danger, en ordonnant aux deux compagnies de se rapprocher. Elles firent un traité conditionnel, qui commença par suspendre les hostilités dans les premiers jours de 1755, & qui devoit finir par établir entr'elles une égalité entière de territoire, de force & de commerce à la côte de Coromandel & à celle d'Orixa. Cet arrangement n'avoit pas encore obtenu la sanction des cours de Londres & de Versailles, lorsque de plus grands intérêts rallumèrent le flambeau de la guerre entre les deux nations.

La nouvelle de ce grand incendie, qui de l'Amérique septentrionale se communiqua à tout l'univers, arriva aux Indes dans un temps où les anglois avoient à soutenir contre le souba du Bengale une guerre très-embarrassante. Si les françois avoient été alors ce qu'ils étoient quelques années auparavant, ils auroient joint leurs intérêts aux intérêts des naturels du pays. Des vues étroites & une politique mal combinée leur firent desirer d'assurer, par une convention formelle, une neutralité qui, dans les dernières dissensions, avoit eu lieu sur les bords du Gange. Leur rival leur fit espérer cet arrangement, tant qu'il eut besoin de leur inaction. Mais aussi-tôt que ses succès l'eurent mis en état de donner la loi, il attaqua Chandernagor. La prise de cette place entraîna la ruine de tous les comptoirs qui lui étoient subordonnés, & elle mit les anglois en état de faire passer des hommes, de l'argent, des vivres, des vaisseaux à la côte de Coromandel, où les françois venoient d'arriver avec des forces considérables de terre & de mer.

Avant le commencement des hostilités, la compagnie françoise possédoit aux côtes d'Orixa & de Coromandel, Mazulipatnam avec cinq provinces, un grand arrondissement autour de Pondichery qui n'avoit eu long-temps qu'une langue de sable, un domaine à peu près égal près de Karical, & enfin l'île de Scheringham. Ces possessions formoient quatre masses, trop éloignées les unes des autres pour s'étayer mutuellement. On y voyoit l'empreinte de l'esprit un peu décousu, & de l'imagination souvent gigantesque de Dupleix, qui les avoit acquises.

Le vice de cette politique avoit pu être corrigé. Dupleix qui rachetoit ses défauts par de grandes qualités, avoit amené les affaires au point de se faire offrir le gouvernement du Carnate. C'étoit la province de l'empire Mogol la plus florissante. Des circonstances singulières & heureuses lui avoient donné de suite trois nababs de la même famille, qui avoient fixé un œil également vigilant sur la culture & sur l'industrie. La félicité générale avoit été le fruit d'une conduite si douce & si généreuse, & les revenus publics étoient montés à douze millions. On en auroit donné la sixième partie à Salabetzingue, & le surplus seroit resté à la compagnie.

M. Dupleix fut rappellé, & les suites de ce rappel sont connues. Les anglois obtinrent dans l'Inde l'ascendant que les françois y avoient eu : ils conquirent le Bengale avec une rapidité qui étonnera toujours : ils dictèrent des loix sur la côte de Coromandel. Cet Empire est devenu d'une grande utilité entre leurs mains; il a acquis de la consistance : il les dédommagera peut-être un jour de la perte des colonies d'Amérique. *Voyez* les articles BENGALE, MADRASS, PONDICHERY, & les articles ARCATE, CARNATE, DECAN, MAISSOUR, TANJAOUR, &c. *Voyez* aussi l'article GENTOUX, où nous parlons des anciennes loix des gentoux ; dont plusieurs sont tombées en désuétude, mais qui donnent une idée très-exacte de la législation des peuples de l'Inde.

INDUSTRIE. Nous n'examinerons ici l'*industrie* que dans ses rapports avec l'économie politique; & même sous ce point de vue borné, nous n'examinerons que les avantages plus ou moins grands, qui résultent de certains emplois du travail & des capitaux ; nous parlerons ensuite des mauvais effets qu'ont produit les entraves mises par l'établissement des jurandes, des corps de metiers & des corporations.

Les bénéfices de l'industrie, dans les différens arts & les diverses professions, varient par toute l'Europe, selon les diverses applications du travail & des capitaux. Cette différence vient en partie, de la police de l'Europe qui ne laisse nulle part les choses dans un état de parfaite liberté.

Mais elle vient aussi de la nature même des ouvrages : cinq choses principales tiennent lieu d'un petit gain dans quelques emplois du travail & des capitaux, & dans d'autres contrebalancent un gain considérable. La première est l'agrément ou le désagrément des emplois même : la seconde est la facilité ou la difficulté de l'apprentissage qu'ils exigent, & le peu de frais ou la grande dépense qu'ils entraînent : la troisième est la constance ou l'interruption de l'occupation qu'ils donnent : la quatrième est le degré de confiance qu'il faut mettre dans ceux qui les exercent ; & la cinquième est la probabilité ou l'improbabilité d'y réussir.

1°. Le salaire du travail varie selon qu'il est aisé ou mal-aisé, propre ou sale, honorable ou déshonorant. Ainsi presque par-tout un tailleur (1) gagne moins dans une année qu'un tisserand. Son ouvrage est beaucoup plus aisé. Un tisserand gagne moins qu'un serrurier ; son ouvrage n'est pas toujours plus aisé, mais il est plus propre. Un serrurier gagne rarement en douze heures ce que gagne en huit un charbonnier qui travaille aux mines de charbon de terre, & qui n'est qu'un manœuvre : son ouvrage n'est pas tout-à-fait si sale ; il est moins dangereux ; il se fait à la lumière du jour, & non sous terre. L'honneur fait une grande partie de la récompense des professions honorables; & tout considéré, elles sont en général mal payées, comme on le verra bientôt. Le métier d'un boucher est un emploi brutal & odieux ; mais en beaucoup d'endroits, il est plus lucratif que la plupart des métiers communs. Le plus détestable de tous les emplois, celui de bourreau, est mieux payé en proportion de l'ouvrage fait, qu'aucun des métiers ordinaires.

La chasse & la pêche, les plus importantes occupations des hommes dans l'état agreste de la société, deviennent dans ses progrès leurs plus agréables amusemens. Ils font par plaisir ce qu'ils faisoient autrefois par nécessité ; & ceux qui s'y livrent encore comme à un métier, sont tous fort pauvres. Tels ont été les pêcheurs depuis le tems de Théocrite. Un braconier est par-tout un homme fort pauvre. Le goût naturel entraîne vers cette occupation beaucoup plus de monde qu'elle ne peut en faire vivre avec quelque aisance ; & le produit de leur travail est toujours trop bon marché en proportion de sa quantité, pour qu'ils en retirent au-delà d'une étroite subsistance. Le désagrément & le déshonneur affectent les profits du travail, de la même manière qu'ils affectent le salaire du travail. La profession d'un aubergiste ou d'un cabaretier qui jamais n'est maître chez lui, & qui est exposé à la brutalité de tous les ivrognes, n'est ni fort agréable ni fort honorable ; mais il n'y a guères de métiers où un petit capital rapporte un si grand profit.

2°. Le salaire du travail varie selon la facilité ou la difficulté de l'apprendre, & selon les frais de l'apprentissage.

Quand on élève une machine dispendieuse, on compte que l'ouvrage qu'elle doit faire avant d'être usée, remplacera le capital qu'on y a mis, &

---

(1) Nous ne parlons ici que des ouvriers & non pas des maîtres, dont les bénéfices sont déterminés par des circonstances particulières.

que ce capital rentrera au moins avec ses profits ordinaires. Un homme auquel il en a coûté beaucoup de peine & de temps pour s'instruire dans une profession qui demande beaucoup d'adresse & de science, peut être comparé à une machine de cette espèce. Il faut qu'outre le salaire ordinaire du travail vulgaire, l'ouvrage qu'il s'est mis en état de faire, lui remplace toute la dépense de son éducation, & en outre au moins les profits ordinaires d'un capital de valeur égale. Il faut même que cela soit ainsi, au bout d'un tems raisonnable, eu égard à la durée incertaine de la vie humaine; car la durée de la machine est bien plus sûre.

La différence, entre le salaire du travail savant & celui du travail vulgaire, est fondée sur ce principe.

La police de l'Europe considère le travail des arts méchaniques, des artisans & des manufacturiers comme un travail savant, & celui des ouvriers de la campagne comme un travail vulgaire. Il semble qu'elle suppose que le premier est d'une nature plus fine & plus délicate que le second. Cela peut être vrai dans certains cas; mais nous tâcherons de montrer tout-à-l'heure que le principe est souvent faux. Pour qu'un homme soit en droit d'exercer la première espèce de travail, les loix & les coutumes de l'Europe lui imposent la nécessité d'un apprentissage plus ou moins rigoureux selon les lieux. Elles laissent l'autre espèce de travail libre & ouverte à tout le monde. Pendant la durée de l'apprentissage, tout le travail de l'apprentif appartient à son maître. Son père & sa mère ou ses parens sont souvent réduits à fournir à sa subsistance, & presque toujours à l'habiller. Il donne aussi communément quelqu'argent au maître. Ceux qui n'en peuvent pas donner, donnent du temps, ou s'engagent à travailler par-delà le terme que prescrit l'usage. Dans le travail de la campagne, au contraire, l'ouvrier apprend ce qu'il y a de plus difficiles de la besogne, tandis qu'on le met aux plus faciles, & il gagne sa subsistance dès le moment qu'il est employé. Il est donc raisonnable qu'en Europe, le salaire des artisans & des manufacturiers soit un peu plus haut que celui des ouvriers de la campagne. Aussi l'est-il; & c'est par cette supériorité de gain qu'on les regarde en bien des endroits, comme d'un rang supérieur. Cette supériorité de gain se réduit cependant à fort peu de chose. Ce que gagnent les journaliers par jour ou par semaine dans les manufactures de l'espèce la plus commune, comme celle de toile & de draps, n'est guère plus, année commune, que ce que gagnent les manœuvres. Il est vrai que leur occupation, plus constante & plus uniforme, doit leur procurer quelque chose de plus dans le cours d'une année; mais il paroît que ce surplus n'excède pas ce qui suffit pour compenser la dépense supérieure de leur éducation.

L'éducation, dans les arts ingénieux & les professions libérales, est encore plus ennuyeuse & plus coûteuse; par conséquent la récompense pécuniaire des peintres, des sculpteurs, d'un homme de robe, d'un médecin, doit être plus ample. Elle l'est en effet.

Il paroît que la facilité ou la difficulté d'apprendre le commerce où on employe les capitaux, affectent peu les bénéfices de ces corps. Les diverses manières dont on les employe communément dans les grandes villes, sont, dans le fait, aussi faciles ou aussi difficiles à apprendre. Une branche du commerce étranger ou domestique ne peut être une affaire beaucoup plus compliquée qu'une autre branche.

3°. Le salaire du travail varie selon que l'occupation qu'il donne, est constante ou interrompue.

Dans la plus grande partie des manufactures, un journalier peut compter qu'on l'employera presque tous les jours de l'année où il sera en état de travailler. Un maçon, au contraire, ne peut rien faire dans les grandes gelées & dans les temps pluvieux; & en tout autre temps, il dépend des occasions. Il est donc exposé à rester souvent oisif. Ce qu'il gagne quand il est employé, doit non-seulement le faire subsister quand il ne l'est pas, mais le dédommager de ces momens d'inquiétude & d'abbattement qu'entraîne une situation si précaire. Aussi, dans les endroits où le gain de la plupart des manufacturiers est à-peu-près de niveau avec le salaire journalier des simples manœuvres, celui des maçons est en général plus fort de la moitié ou du double. Si les simples manœuvres gagnent quatre & cinq schelings par semaine, les maçons en gagnent souvent sept ou huit: si les uns en gagnent six, les autres en gagnent souvent neuf ou dix; & où les premiers en gagnent neuf & dix comme à Londres, les derniers en gagnent communément quinze & dix-huit. De tous les genres de travail savant, il n'y en a pourtant pas qui s'apprenne plus aisément que celui de maçon. On dit qu'à Londres les porteurs de chaise sont quelquefois employés à la maçonnerie pendant l'été. Le haut salaire de ces ouvriers est donc moins la récompense de leur savoir, qu'une compensation des intervalles où cesse leur travail.

Il semble qu'un charpentier en bâtiment exerce un métier plus délicat, & qui demande plus d'esprit que le métier de maçon; mais il gagne moins à la journée dans la plupart des endroits. Quoiqu'il dépende des occasions pour la continuité de son travail, il n'en dépend pas si absolument, & le mauvais temps ne l'empêche pas de travailler.

S'il arrive que les métiers dont l'exercice est constant, souffrent une interruption dans un endroit particulier, le salaire des ouvriers s'y élève toujours assez au-dessus de la proportion ordinaire.

A Londres, presque tous les compagnons artisans sont exposés à être renvoyés par leurs maîtres d'une semaine & d'un jour à l'autre, comme ceux qui travaillent à la journée dans d'autres endroits. En conséquence, les tailleurs qui font la dernière classe des artisans, gagnent par jour un demi-écu (deux schelings & demi ou trente pences), quoique prix du bas travail s'élève quelquefois regardées comme le salaire du plus bas travail. Dans les petites villes & les villages, à peine les journées d'un garçon tailleur valent-elles celles des manœuvres. Mais à Londres ils restent souvent oisifs, spécialement en été.

Lorsqu'à l'interruption du travail se joignent la dureté, le désagrément & la mal-propreté de l'ouvrage, le prix du bas travail s'élève quelquefois au-dessus du salaire des artisans les plus savans. On suppose qu'un homme qui tire du charbon des mines de Newcastle, & qui travaille à la piece, gagne environ le double, & en plusieurs endroits de l'Ecosse environ le triple du salaire du bas travail; cela vient de la dureté, du désagrément & de la mal-propreté de son ouvrage. Son occupation peut être en général aussi constante qu'il le voudra. Les portefaix-charbonniers exercent un métier qui n'est guère moins pénible, guère moins désagréable & mal-propre. Mais la plupart ne peuvent l'exercer constamment, à cause de l'irrégularité inévitable dans l'arrivée des vaisseaux de charbon. Si ceux qui tirent le charbon des mines, gagnent le double & le triple, il ne paroît pas déraisonnable que ces portefaix gagnent le quadruple & le quintuple du salaire du bas travail. Il y a quelques années qu'on voulut savoir en Angleterre quel étoit leur bénéfice. On trouva qu'aux taux où on les payoit, ils pouvoient gagner de six à dix schelings par jour. Six schelings font environ le quadruple du salaire du bas travail à Londres, & dans chaque métier le moindre gain ordinaire peut toujours être regardé comme celui que fait la très-grande partie de ceux qui l'exercent. Quelqu'exorbitant que paroisse un tel salaire, s'il étoit plus que suffisant pour compenser tout ce qu'il y a de désagréable dans la besogne, il seroit bientôt réduit à un moindre taux par la multitude de compétiteurs qu'on verroit dans un métier qui n'a point de privilège exclusif.

La constance ou l'interruption du travail ne peut affecter les profits ordinaires des capitaux dans aucun commerce particulier; il dépend du commerçant & non du commerce, que les fonds soient ou ne soient pas toujours employés.

4°. Le salaire du travail varie selon la confiance qu'il faut mettre dans les ouvriers.

Le salaire des orfèvres & des jouailliers est partout supérieur à celui de la plupart des ouvriers, dont le métier demande autant ou plus de talent. C'est qu'on leur confie des matières précieuses. Nous mettons notre santé entre les mains du médecin; notre fortune & quelquefois notre vie & notre réputation entre les mains d'un avocat & d'un procureur; on ne pourroit avoir cette confiance en des gens d'une vile & basse condition. Il faut donc que nous les récompensions de manière à leur donner dans la société le rang qu'exige un pareil dépôt. Le temps & les frais de leur éducation, combinés avec cette circonstance, renchérissent encore le prix de leur travail.

La confiance n'a pas lieu, quand une personne se borne à employer ses propres capitaux dans un commerce; & le crédit qu'elle peut trouver, dépend non de la nature de ce commerce, mais de l'opinion qu'on a de sa fortune, de sa probité & de sa prudence. Les différens taux du profit, dans les diverses branches du commerce, ne viennent donc point des degrés de la confiance qu'on met dans les commerçans.

5°. Le salaire varie, dans les divers emplois du travail, selon la probabilité ou l'improbabilité d'y réussir.

La probabilité du succès n'est pas à beaucoup près la même dans les diverses professions. Il est presque sûr dans la plus grande partie des arts méchaniques, & très-incertain dans les arts libéraux. Mettez votre fils en apprentissage chez un cordonnier, il y a toute apparence qu'il apprendra à faire des souliers. Envoyez-le dans un collège de droit, il y a pour le moins vingt à parier contre un, qu'il ne fera point assez de progrès pour gagner sa vie dans cette profession. Dans une loterie parfaitement avantageuse, c'est-à-dire, où le total des lots est égal à celui des mises, ceux qui ont des lots, doivent gagner tout ce qui est perdu par ceux qui n'en ont point. Dans une profession où vingt personnes échouent pour une qui réussit, celui qui a du succès doit gagner ce que les vingt autres ne gagnent pas. L'avocat qui commence, peut-être à l'âge de quarante ans, à tirer parti de sa profession, doit recevoir la rétribution, non-seulement de son éducation qui a été si pénible & si dispendieuse, mais de celle de plus de vingt autres à qui vraisemblablement elle ne rapportera jamais rien. En général, quelqu'excessifs que puissent paroître les honoraires d'un avocat, sa rétribution réelle ne va jamais là. Qu'on suppute, en tel endroit qu'on voudra, ce que peuvent gagner & ce que peuvent dépenser annuellement les cordonniers ou les tisserands; on trouvera que la première somme excède la dernière. Qu'on fasse le même calcul, par rapport aux avocats & aux jurisconsultes, on trouvera peu de proportion entre leurs gains & leur dépense annuelle, quand on porteroit les premiers aussi haut, & la dernière aussi bas qu'il est possible. Il s'en faut donc beaucoup que la loterie de cette profession soit tout-à-fait avantageuse. En fait de gains pécuniaires, elle est donc mal récompensée, ainsi que plusieurs autres professions libérales & honorables.

Il y a cependant une espèce d'équilibre entre les professions libérales & celles qui ne le sont pas; &, malgré ces découragemens, les esprits qui sont les plus généreux & qui ont le plus de sentimens, s'empressent d'y entrer. Deux causes les y déterminent: la première est le désir de la réputation qu'on acquiert quand on y excelle: la seconde est la confiance naturelle que chacun a plus ou moins dans ses talens, & dans sa bonne fortune. Il est agréable d'exceller dans une profession où fort peu de gens parviennent à la médiocrité. L'admiration que le public a pour eux, fut toujours une partie de leur récompense; partie plus ou moins considérable, selon le degré plus fort ou plus foible de cette admiration qu'il faut compter pour beaucoup dans la médecine, peut-être pour davantage dans le barreau, & presque pour tout dans la littérature.

Il y a des talens qui inspirent une sorte d'admiration, mais dont l'exercice en vue du gain est regardé, par raison ou par préjugé, comme une espèce de prostitution publique. Ainsi la récompense pécuniaire de ceux qui les exercent par ce motif, doit non-seulement payer le temps, la peine, & la dépense qu'il a fallu pour les acquérir, mais encore les dédommager du décri dans lequel tombent ceux qui les emploient comme des moyens de subsistance. Le gain exorbitant que font les comédiens, les chanteurs, les danseurs d'opéra, &c. est fondé sur ces deux principes; la rareté & la beauté de leurs talens, & le peu de considération dont ils jouissent. Au premier coup-d'œil, il paroît absurde qu'on méprise leurs personnes & qu'on récompense leurs talens avec tant de profusion. L'un est pourtant une suite nécessaire de l'autre. Si l'opinion publique ou le préjugé changeoit à l'égard de ces occupations, elles deviendroient aussi-tôt moins lucratives. Plus de gens s'y adonneroient, & la concurrence réduiroit le prix de leur travail. Ces sortes de talens, quoique loin d'être communs, ne sont pas aussi rares qu'on l'imagine. S'il est peu de gens qui les possèdent dans une grande perfection, & qui dédaignent d'en faire cet usage, il en est beaucoup qui seroient capables de les acquérir, si l'on pouvoit s'y livrer avec honneur.

L'opinion présomptueuse que la plupart des hommes ont de leur capacité, est un mal ancien, remarqué par les philosophes & les moralistes de tous les siècles. On a moins parlé de l'absurde vanité qui les porte à présumer de leur bonne fortune. Elle est cependant, s'il est possible, encore plus universelle. Il n'y a point d'homme qui n'en ait sa part, quand il se porte bien & qu'il est bien disposé. Chacun grossit plus ou moins la chance du gain; la multitude exténue celle du mal, & à peine trouvera-t-on quelqu'un qui, n'étant ni malade ni chagrin, l'estime plus qu'elle ne vaut.

Qu'on surpasse la chance du gain, le succès universel des loteries le démontre. Le monde n'en a jamais vu & n'en verra jamais où la probabilité du gain soit égale à celle de la perte, & où le total de l'un compense le total de l'autre, parce qu'il n'y auroit pas de bénéfice pour l'entrepreneur. Dans les loteries d'état, les billets ne valent réellement pas le prix qu'en donnent les premiers souscripteurs, & cependant ils gagnent sur la place vingt, trente & quelquefois quarante pour cent de prime. Par la vaine espérance de gagner un bon lot, on en veut avoir à ce prix. Les plus sages regardent à peine comme une folie de payer une petite somme pour la chance de gagner dix ou vingt mille liv. sterlings, quoiqu'ils sachent que cette petite somme est peut-être de vingt ou trente pour cent supérieure à ce que vaut la chance. On ne marqueroit pas le même empressement pour avoir des billets dans une loterie où aucun lot n'excéderoit vingt liv. sterlings, quoiqu'à d'autres égards elle approchât plus d'une loterie égale que n'en approchent les loteries ordinaires. Pour augmenter la chance de quelque lot considérable, certaines gens prennent plusieurs billets, & d'autres de petites parts dans un nombre de billets encore plus grand. Cependant plus on prend de billets, plus on doit perdre. Il n'y a point de proposition plus certaine dans les mathématiques. Qu'on les prenne tous, on sera certain d'y perdre; & plus on en prend, plus on approche de cette certitude.

Qu'on évalue la chance de la perte, souvent moins & presque jamais plus qu'elle ne vaut, le profit très-modéré que font les assureurs en est une preuve. La prime ordinaire pour l'assurance contre les dangers du feu & de la mer, (les seuls que les assureurs prennent sur eux), doit suffire pour compenser les pertes qui arrivent communément, pour payer la dépense de l'administration de l'assurance, & pour rapporter un profit tel qu'on auroit pu le tirer du même capital employé dans un commerce ordinaire. La personne qui ne donne pas plus, ne paye manifestement pas au-delà de la véritable valeur du risque, ou au-delà du plus bas prix auquel elle peut raisonnablement souhaiter d'en être affranchie. Mais quoique bien des gens aient gagné par l'assurance, il y en a fort peu qui y aient fait une grande fortune; ce qui démontre assez que la balance ordinaire du profit & de la perte n'est pas plus avantageuse dans le métier d'assureur, que dans beaucoup d'autres où tant de monde s'enrichit. Tout modéré qu'est le prix ordinaire de l'assurance, un nombre infini de propriétaires ne se soucient pas de le payer, tant ils sont peu touchés du risque. Prenez tout le royaume d'Angleterre, il y a dix-neuf maisons sur vingt, ou peut-être quatre-vingt dix-neuf sur cent, qui ne font point affurées contre le feu. Le rifque de la mer alarme plus de monde, & la proportion des vaiffeaux affurés à ceux qui ne le font pas, eft beaucoup plus confidérable. On en voit pourtant grand nombre fe mettre en mer dans toutes les faifons, & même en temps de guerre, fans être affurés. Peut-être n'y a-t-il quelquefois aucune imprudence à le faire. Lorfqu'une compagnie ou un gros négociant a vingt ou trente vaiffeaux en mer, ils s'affurent, pour ainfi dire, l'un l'autre. La prime épargnée fur tous, peut être plus que fuffifante pour indemnifer des pertes que doit amener le cours ordinaire des chances. Mais la plupart de ceux qui négligent de faire affurer les vaiffeaux comme les maifons, ne font pas un calcul fi délié ; leur négligence eft la fuite de la fécurité que donne le mépris téméraire & préfomptueux du rifque à courir.

Le mépris du rifque & l'efpérance préfomptueufe du fuccès ne font jamais plus actifs que dans ce période de la vie, où les jeunes gens font choix de leurs profeffions. Que la crainte du malheur foit bien foible à cet âge, en comparaifon de l'efpoir du bonheur, c'eft ce qu'on voit fur-tout dans la facilité avec laquelle le bas peuple s'enrôle pour être foldat, ou aller fur mer.

On fent affez ce que peut perdre un fimple foldat. Sans avoir aucun égard au danger, les jeunes volontaires ne s'enrôlent jamais fi gaiement qu'au commencement d'une nouvelle guerre ; & quoiqu'ils n'aient pas une moindre probabilité de s'avancer, leur imagination vive fe repaît de mille occafions d'acquérir de l'honneur & de la diftinction, qui ne fe préfentent jamais. Ces illufions romanefques font tout le prix de leur fang. Leur paie eft moindre que celle des bas ouvriers, & la fatigue de leur fervice beaucoup plus grande.

La loterie de la mer n'eft pas tout-à-fait fi défavantageufe que celle de l'armée. Le fils d'un honnête artifan peut s'embarquer avec le confentement de fon père ; il ne l'aura pas pour fe faire foldat. Les autres voient quelqu'apparence qu'il ne perdra pas fon tems dans le fervice de mer, & il eft le feul qui en foie à réuffir dans celui de terre. Par les règles de la préféance, un capitaine de vaiffeau a le rang d'un colonel ; mais il ne l'a pas dans l'opinion publique. Moins il y a de lots confidérables dans une loterie, plus il y en a de petits. Quoique la fcience & l'adreffe de ceux qui s'adonnent à la marine, foient fort fupérieures à celles de prefque tous les artifans, & quoique leur vie foit une fuite continuelle de fatigues & de dangers, cependant, tant qu'ils reftent dans la condition de fimples matelots, ils reçoivent à peine d'autre récompenfe que celle d'endurer les unes & de furmonter les autres. Ils ne gagnent pas plus que les manœuvres au port, où le falaire de ceux-ci règle le leur. Comme ils vont continuellement d'un port à l'autre, ce qu'on paye par mois à ceux qui font voile de tous les différens ports de la Grande-Bretagne, eft plus uniforme que ce qu'on paye à toute autre claffe d'ouvriers en des lieux différens ; & le taux du port d'où s'embarquent & auquel abordent le plus grand nombre, c'eft-à-dire, le taux du port de Londres, eft celui qui règle tout le refte. A Londres, le falaire de la plus grande partie des diverfes claffes d'ouvriers, eft d'environ le double de ce qu'il eft pour les mêmes claffes à Edimbourg. Mais les marins qui font voile du port de Londres, gagnent rarement par mois trois ou quatre fchelings de plus que ceux qui font voile du port de Leith, & fouvent la différence de leur falaire ne va pas jufques-là. Dans les temps de paix & dans le fervice de la marine marchande, le prix de Londres eft depuis une guinée jufqu'à environ vingt-fept fchelings par mois, tandis qu'un fimple manœuvre peut y gagner de quarante à quarante-cinq fchelings, fur le pied de neuf ou dix fchelings par femaine. Il eft vrai que le marin eft fourni de vivres outre fa paie ; mais la valeur de fa nourriture n'excède peut-être pas cette différence de fa paie à celle du manœuvre ; & quand elle le feroit quelquefois, cet excédant ne feroit pas un gain clair pour lui, parce qu'il ne peut le partager avec fa femme & fa famille qu'il eft obligé de faire vivre de fa paye.

Il femble que les périls & les hafards d'une vie aventurière, bien loin de décourager la jeuneffe, ne fervent fouvent qu'à lui donner de l'ardeur pour une profeffion. Une tendre mère craint d'envoyer fon fils à l'école dans une ville où il y a un port. Elle craint que la vue des vaiffeaux & le récit des aventures des gens de mer, ne le féduifent. La perfpective éloignée des hafards, dont on peut fe tirer par le courage & l'adreffe, n'eft point défagréable pour nous : elle ne fait point hauffer le falaire dans aucun genre de travail. Il n'en eft pas de même de ceux où le courage & l'adreffe ne peuvent être d'aucun fecours. Dans les métiers connus pour être mal fains, le falaire du travail eft toujours fort. Leur mauvaife influence fur la fanté eft une efpèce de défagrément, & leurs effets à cet égard doivent être rangés fous ce chef.

Dans tous les emplois des capitaux, le taux ordinaire du profit varie plus ou moins, fuivant la certitude ou l'incertitude des retours. Ils font en général moins incertains dans le commerce intérieur que dans le commerce étranger, & moins dans certaines branches de celui-ci que dans d'autres ; par exemple, moins pour les anglois dans le commerce avec l'Amérique feptentrionale, que dans celui qui fe fait à la Jamaïque. Le taux ordinaire du profit s'élève toujours plus ou moins avec le rifque. Il ne paroît pourtant pas s'élever en proportion fuffifante, pour que l'un compenfe l'autre. Les commerces les plus hafardeux font ceux où les banqueroutes font les plus fréquentes. Il n'en eft point où l'on court tant de rifques que

dans

dans celui qui se fait par fraude; & quoiqu'il n'y en ait pas de plus lucratif, quand on a le bonheur d'y échapper, il conduit infailliblement à la banqueroute. La confiance dans le succès semble encore soutenir ce métier-là. Elle y attire tant d'aventuriers, que leur concurrence réduit le profit au-dessous de ce qu'il faut pour compenser le risque. Pour que cette compensation fût complette, les profits ordinaires des capitaux, les retours devroient donner non-seulement l'indemnité de toutes les pertes accidentelles, mais encore un surplus de bénéfice, de la même nature que celui des assureurs. Or, si les retours ordinaires dans le commerce par fraude remplissoient tous ces objets, les banqueroutes n'y seroient pas plus fréquentes que dans les autres commerces.

De cinq choses qui affectent le prix du travail, il n'y en a que deux qui affectent les bénéfices des capitaux; savoir, l'agrément ou le désagrément du métier, & le risque ou la sûreté qui l'accompagnent. L'agrément ou le désagrément ne mettent que peu ou point de différence dans l'emploi de la plupart des capitaux; mais ils en mettent beaucoup dans ceux du travail; & quoique le profit ordinaire augmente avec le risque, il ne paroît pas toujours augmenter en proportion. Il doit résulter de là que, dans la même société ou le même arrondissement, les taux ordinaires & communs du profit dans les divers emplois des capitaux, seront plus près du niveau que les taux du salaire en argent dans les différentes sortes de travail. Ils le sont en effet. La différence du salaire d'un simple ouvrier, & celui d'un médecin ou d'un homme de loi employés, est beaucoup plus grande que celle qui se trouve entre les profits ordinaires de deux branches de commerce quelconque. Ajoutez que la différence apparente, dans les profits de différens commerces, est généralement une illusion provenant de ce que nous ne distinguons pas toujours ce qui doit être considéré comme salaire, & ce qui doit être considéré comme profit.

Les mémoires d'apothicaire sont passés en proverbe, pour désigner un profit énorme. Mais ce grand profit apparent des apothicaires n'est souvent que le raisonnable salaire de leur travail. La science qu'exige leur profession, est d'un genre beaucoup plus fin & plus délicat que celle de tous les artisans, & la confiance qu'on leur donne est beaucoup plus importante. Un apothicaire est le médecin des pauvres dans tous les cas, & des riches quand le mal ou le danger n'effrayent point. Sa récompense doit donc être proportionnée à ses talens & à la confiance qu'on lui donne. Cette récompense vient en général du prix auquel il vend ses drogues. Mais toutes les drogues qu'un apothicaire le plus en vogue vendra par an dans une grande ville, ne lui coûtent peut-être pas au-delà de cent livres sterlings. S'il les vend à trois ou quatre cents ou à mille pour cent de profit, il peut se faire que ce bénéfice n'excède point ce qu'il doit raisonnablement gagner par son travail.

Dans un port, un petit épicier gagnera quarante ou cinquante pour cent sur un capital de cent livres sterlings, tandis qu'un marchand en gros y gagnera à peine huit ou dix pour cent sur un capital de dix mille liv. sterlings. Le commerce de l'épicier peut être nécessaire à la commodité des habitans, & il est possible que les bornes étroites du marché ne comportent pas l'emploi d'un capital plus considérable en ce genre. Il faut cependant qu'un homme vive de son commerce, & qu'il en vive proportionnellement aux qualités qui l'y rendent propre. Outre la possession d'un petit capital, il est nécessaire que ce petit épicier sache lire, écrire & compter; qu'il juge aussi peut-être d'une cinquantaine ou d'une soixantaine de différentes sortes de marchandises, de leurs prix, de leurs qualités, & des marchés où il peut les avoir à meilleur compte. Il faut, en un mot, qu'il ait toutes les connoissances d'un gros marchand tel qu'il le deviendroit, s'il jouissoit d'un capital suffisant. Trente ou quarante liv. sterlings par an ne peuvent être regardées comme une récompense trop considérable pour un homme de ce mérite. Otez cela des profits de son capital qui vous paroissent énormes, & il ne restera guères que les profits ordinaires des capitaux.

La différence entre le profit apparent du commerce en détail & celui du commerce en gros, est beaucoup moindre dans la capitale que dans les petites villes & les villages. Là où dix mille livres sterlings peuvent être employées dans le commerce de l'épicerie, ce que l'épicier retire de son travail, n'est qu'une légère addition aux profits d'un fonds si considérable. Les profits du riche détailleur s'y mettent donc plus de niveau avec ceux du marchand en gros. C'est par cette raison qu'on a les marchandises en détail à aussi bon & souvent à meilleur marché dans la capitale que dans les petites villes & les villages. Les épiceries, par exemple, y sont en général beaucoup moins chères, & souvent le pain & la viande ne le sont pas davantage. Il n'en coûte pas plus pour amener les épiceries dans une grande ville, que pour les amener dans un village; mais il en coûte beaucoup plus pour y amener du bled & des bestiaux, parce que la plus grande partie de ces denrées vient de plus loin. Le premier prix des épiceries étant donc le même dans une grande ville & dans un village, elles sont à meilleur compte où on fait un moindre profit sur elles. Le premier prix du pain & de la viande de boucherie, est plus grand dans l'une que dans l'autre; & conséquemment, quoique le profit soit moindre, ils n'y sont pas toujours à meilleur marché; & ils s'y vendent souvent au même prix. Dans des articles tels que le pain & la viande, la même cause qui diminue le profit apparent, augmente le premier prix. L'étendue du marché, en permettant d'employer de plus gros capitaux, diminue le profit apparent. Mais comme elle met dans la nécessité de se fournir à une plus grande distance, elle augmente ainsi le premier prix de la diminution de l'un ; & de l'augmentation de l'autre il résulte, la plupart du temps, qu'ils se contre-balancent ou à-peu-près. C'est pour cela que les prix du pain & de la viande sont à peu de chose près, les mêmes dans la plus grande partie du royaume, quoique les prix du bled & du bétail soient fort différens.

Quoique les profits des capitaux du commerce en gros & en détail, soient en général moindres dans la capitale que dans les petites villes & les villages, on y voit souvent de petits commencemens mener à une grande fortune, ce qui n'arrive presque jamais dans les petits endroits. Dans ceux-ci les bornes du marché sont trop étroites, pour que le commerce puisse s'étendre à mesure que les capitaux s'étendent. Quoique le taux des bénéfices d'une personne particulière puisse y être fort haut, la somme ou le montant de ces bénéfices, & par conséquent celle de leur accumulation annuelle, ne peut être fort grande. Dans les grandes villes, au contraire, le commerce peut s'étendre à mesure que les capitaux croissent, & le crédit d'un homme économe & qui fait bien ses affaires, croît encore plus vite que son capital. Son commerce s'aggrandit en proportion de l'un & de l'autre. La somme de ses bénéfices est en proportion de l'étendue de ce commerce, & l'accumulation annuelle en proportion de ses bénéfices. Il est rare toutefois qu'on ny fasse des fortunes considérables par aucune branche d'industrie régulière, établie & bien connue, si ce n'est après une longue vie laborieuse, économe & appliquée. Les fortunes s'y font par ce qu'on nomme le commerce de spéculation. Le marchand qui spécule, n'exerce point une branche régulière, établie & bien connue de commerce. Il est marchand de bled cette année, il sera marchand de vin l'année prochaine, & celle d'ensuite il sera marchand de sucre, de tabac ou de thé. Il entre dans toutes les affaires où il prévoit un grand bénéfice, & il les quitte dès qu'il prévoit que le gain retombera au niveau des autres commerces. Ses bénéfices & ses pertes n'ont donc point de proportion régulière avec ceux des branches établies & bien connues. Deux ou trois spéculations heureuses peuvent enrichir un homme entreprenant ; mais il n'en faut de même que deux ou trois malheureuses pour le ruiner. Ce commerce est particulier aux grandes villes ; il demande une sagacité qu'on ne peut avoir que dans les places, où il y a le plus d'affaires & de correspondance.

Quoique les cinq choses dont on vient de parler, occasionnent de grandes inégalités dans le salaire du travail & les profits des fonds, elles n'en occasionnent point dans le total des avantages & des désavantages, réels ou imaginaires, des différens emplois, tant de l'un que des autres. La nature de ces choses est telle, que, dans quelques-uns de ces emplois, elles tiennent lieu d'un petit gain pécuniaire, & que dans d'autres elles font le contre-poids d'un gain considérable.

Cependant, pour que l'égalité subsiste dans le total de ces avantages ou désavantages, il faut le concours de trois choses, dans les endroits même où il règne la plus parfaite liberté ; 1°. les applications du travail & des capitaux doivent être bien connues & établies depuis long-temps dans le pays ou l'arrondissement ; 2°. elles doivent être dans leur état ordinaire & naturel ; & 3°. elles doivent faire la seule ou la principale occupation de ceux qui s'y livrent.

Le lecteur trouvera le développement de ces trois remarques dans les *Recherches sur la nature & les Causes de la richesse des nations*, tom. 1, pag. 233 de la traduction.

La police de l'Europe, en gênant la liberté, occasionne d'autres inégalités bien plus importantes.

Elle les occasionne sur-tout de trois manières : 1°. en restreignant la concurrence, dans certaines professions, à un nombre plus petit qu'il ne seroit sans les entraves qu'elle met à ceux qui veulent y entrer : 2°. en l'augmentant dans d'autres au-delà de ce qu'elle seroit naturellement : 3°. en empêchant le travail & les fonds de circuler librement d'un emploi à l'autre, & d'une place à une autre.

1°. La police de l'Europe occasionne une inégalité dans le total des avantages & des désavantages des divers emplois du travail & des capitaux, en resserrant la concurrence dans des bornes plus étroites qu'elles ne seroient naturellement.

Les privilèges exclusifs de corporations sont le moyen dont elle se sert pour cet effet.

Le privilège exclusif d'un corps de métier borne la concurrence, dans une ville où il est établi, à ceux qui y sont agrégés. Pour acquérir le droit d'en être, il faut communément servir en qualité d'apprentif, dans une ville sous un maître. Les statuts de la corporation règlent quelquefois le nombre d'apprentifs qu'un maître peut avoir, & presque toujours le nombre d'années que doit durer l'apprentissage. L'intention de ces règles est de restreindre la concurrence à un plus petit nombre qu'il n'en entreroit sans cela dans le métier. La limitation du nombre des apprentifs le fait d'une manière directe ; la longue durée de l'apprentissage le fait d'une manière plus indirecte, mais aussi efficace, en augmentant les frais de l'éducation.

Par un statut de la communauté de Sheffield,

un maître ne peut avoir qu'un apprentif à la fois. A Norfolk & à Norwich, un maître tisserand ne peut en avoir que deux, sous peine d'une amende de cinq liv. sterl. par mois, payable au roi. Il n'est permis à aucun maître chapelier, nulle part en Angleterre ni dans les colonies Angloises, d'en avoir davantage, sous peine de pareille amende, moitié au profit du roi, moitié au profit du dénonciateur. Mais, quoique ces réglemens aient été confirmés par une loi publique du royaume, ils sont dictés par le même esprit de corporation qui a fait les statuts de Sheffield. Il y avoit à peine un an que les ouvriers en soie formoient une communauté à Londres, lorsqu'ils défendirent par un statut, à tous les maîtres de leur corps, de prendre plus de deux apprentifs à la fois. Il a fallu un acte du parlement pour annuller cette disposition.

Il paroît qu'anciennement la durée de l'apprentissage, dans toute l'Europe, étoit de sept ans pour la plupart des corps de métier. On appelloit autrefois ces communautés, des *universités*. L'université des forgerons, l'université des tailleurs, &c. sont des expressions qu'on rencontre dans les vieilles chartes des anciennes villes. Lors du premier établissement des corporations, qu'on appelle aujourd'hui *universités*, le nombre d'années d'étude qu'on exigea pour devenir maître-ès-arts, fut emprunté de la durée de l'apprentissage dans les professions méchaniques, dont les corporations étoient bien antérieures. Comme il falloit avoir travaillé sept ans sous un maître, pour obtenir la maîtrise & le droit d'avoir soi-même des apprentifs, il fut réglé qu'on étudieroit sept ans sous un maître, avant de devenir maître, professeur ou docteur (mots anciennement synonymes), & pour avoir des écoliers & des apprentifs, mots également synonymes dans l'origine.

L'acte cinquième du règne d'Elisabeth, appellé communément le *statut d'apprentissage*, déclare que personne à l'avenir n'exercera aucun métier, profession ou art méchanique, exercé alors en Angleterre, à moins qu'il n'ait servi au moins sept ans comme apprenti; & ce qui n'avoit été qu'un statut de plusieurs corporations particulières, devint une loi générale & publique pour tous les métiers pratiqués dans les villes de marché ; car quoique les mots du statut soient généraux, & qu'ils paroissent comprendre tout le royaume, son effet a été limité par interprétation aux villes de marché, parce qu'on a jugé que pour la commodité des habitans de la campagne, & vu la difficulté d'y avoir assez d'ouvriers de chaque espèce, il falloit qu'une seule personne pût exercer dans un village plusieurs métiers différens, quoiqu'elle n'eût pas fait sept ans d'apprentissage dans chacun d'eux.

Par une interprétation littérale des termes de l'acte, on en a aussi borné l'effet aux métiers établis en Angleterre avant qu'il parût, & on ne l'a jamais étendu à ceux qui s'y sont introduits depuis. Cette limitation a donné lieu à diverses distinctions qui, considérées comme règles de police, sont extravagantes. Par exemple, on a condamné les carrossiers à ne faire ni par eux-mêmes, ni par les compagnons qu'ils emploient, les roues de leurs carrosses. Il faut qu'ils les achètent des maîtres faiseurs de roues, parce que ce métier existoit en Angleterre avant l'époque du statut d'Elisabeth. Mais un faiseur de roues, qui n'a jamais fait d'apprentissage chez un carrossier, peut faire des carrosses par lui-même ou par les ouvriers qu'il emploie, le métier de carrossier n'étant point compris dans le statut, parce qu'il n'existoit pas en Angleterre avant que la loi fût portée. La plupart des manufactures de Birmingham, de Manchester & Wolverampton n'y sont pas comprises par la même raison.

En France, la durée de l'apprentissage varie selon les villes & les métiers. Cinq ans sont le terme prescrit à Paris pour un grand nombre ; mais avant qu'une personne puisse exercer un métier comme maître, il faut dans la plupart qu'elle serve cinq ans de plus comme journalier. Durant ce dernier terme, il est appellé compagnon de son maître.

En Ecosse, il n'y a point de loi qui fixe universellement la durée de l'apprentissage. Le terme varie selon les corporations. Quand il est long, on peut en général en racheter une partie avec de l'argent. Dans la plupart des villes, on achète aussi pour peu de chose la maîtrise dans une corporation. Les tisserands de toile de lin & de chanvre, qui sont les principales manufactures du pays, & les autres artisans qui travaillent pour eux, comme ceux qui font les rouets, les dévidoirs, &c. peuvent y exercer leurs métiers sans rien payer. Dans toutes les villes de corporations, chacun peut vendre de la viande de boucherie tous les jours de la semaine où cette vente est permise. Trois ans sont le terme ordinaire de l'apprentissage en Ecosse, même pour certains métiers qui demandent plus de connoissances ; & il n'y a peut-être pas de pays en Europe, où les loix des corporations soient si peu oppressives.

Comme la propriété qu'un homme a sur son travail, est le fondement de toute autre propriété, elle est aussi la plus sacrée & la plus inviolable. Le patrimoine d'un homme pauvre est dans la force & l'adresse de ses mains ; & l'empêcher d'user de cette force & de cette adresse, comme il croit devoir le faire sans porter aucun préjudice à ses semblables, c'est une violation manifeste de cette propriété de toutes la plus sacrée; c'est un attentat visible à la juste liberté de l'ouvrier & de ceux qui voudroient l'employer. Car l'ouvrier n'étant pas le maître alors de travailler à ce qu'il lui plaît, les autres ne sont pas les maîtres de faire travailler qui bon leur semble : on peut s'en rapporter sur le choix d'un ouvrier, à la discrétion de ceux qui l'emploient. Ils sont trop intéressés à ne pas s'y méprendre. L'inquiétude du législateur, qui craint qu'on n'emploie des gens incapables, est aussi déplacée qu'oppressive.

Les longs apprentissages ne peuvent garantir qu'on ne mettra pas en vente de l'ouvrage mal fait. Lorsqu'on en expose de mauvais, c'est en général l'effet de l'envie de tromper, & non de l'incapacité ; & les longs apprentissages ne mettent point à l'abri de l'envie de tromper. Il faut d'autres réglemens pour prévenir cet abus. L'empreinte qui est sur la vaisselle d'argent, & celles qu'on met sur les draps & les toiles, garantissent mieux l'acheteur, (quoiqu'elles aient peut-être d'autres abus) qu'aucun statut de l'apprentissage. Celui qui achète, regarde à ces marques, & il ne croit pas que ce soit la peine de s'informer si celui qui a fait l'ouvrage, a servi ses sept ans comme apprentif.

Cette institution n'est nullement propre à rendre les hommes industrieux. Un ouvrier qui travaille à la piece, doit être plus laborieux qu'un autre, parce que son ardeur & son application lui sont utiles. Un apprentif doit être paresseux, & il l'est presque toujours, parce qu'il n'a point d'intérêt immédiat à ne pas l'être. Dans les métiers inférieurs, la récompense est l'unique aiguillon du travail. Ceux qui sont plutôt dans le cas d'en jouir, doivent prendre aussi plutôt du goût pour le travail qui les leur procure, & acquérir plutôt l'habitude de l'industrie. Il est tout simple qu'un jeune homme conçoive de l'aversion pour le travail, quand il n'en retire aucun bénéfice pendant long-temps. Les petits garçons qu'on met en apprentissage avec les fonds des charités publiques, sont obligés de servir au-delà du nombre d'années ordinaire ; & quand ils en sortent, ce sont en général des fainéans & de mauvais sujets.

Les anciens ne connoissoient point du tout les apprentissages ; les devoirs réciproques de maître & d'apprentif font un article considérable dans chaque code moderne ; la loi romaine garde un profond silence à leur égard. Nous ne connoissons pas de mot grec ou latin, (& nous croyons pouvoir assurer qu'il n'y en a point), qui exprime l'idée que nous attachons au mot *apprentif*, celle d'un serviteur qui s'engage à travailler d'un métier particulier pour le bénéfice d'un maître, durant un certain nombre d'années, à condition que le maître lui montrera ce métier.

Les longs apprentissages sont absolument inutiles. Les arts méchaniques les plus difficiles, tels que celui d'horloger, ne contiennent pas des mystères qui exigent un si long cours d'instructions. La première invention des horloges & des montres, l'invention même de certains instrumens de l'horlogerie, sont sans doute le fruit de beaucoup d'idées profondes & d'un temps considérable, & on peut les regarder, à juste titre, comme les plus heureux efforts de l'esprit humain ; mais une fois trouvées & bien conçues, l'explication la plus complette sur l'usage des instrumens & la construction de ces belles machines, est une affaire qui ne demande que quelques semaines ; peut-être même seroit-ce assez de quelques jours. Il n'en faut certainement pas davantage dans les métiers inférieurs. Il est vrai qu'on n'y acquiert la dextérité de la main qu'avec beaucoup de pratique & d'expérience. Mais un jeune homme apportera plus de soin & d'attention dans la pratique, si dès les commencemens il travaille comme un ouvrier à la journée, s'il est payé à proportion du peu d'ouvrage qu'il peut faire, & s'il paye à son tour ce qu'il peut gâter par maladresse ou par inexpérience. Une pareille éducation auroit en général plus d'effet, & seroit toujours moins ennuyeuse & moins coûteuse ; mais le maître y perdroit le salaire de l'apprentif, qu'il épargne aujourd'hui sept années de suite. Peut-être qu'à la fin l'apprentif y perdroit aussi : car il auroit plus de concurrens dans un métier qui s'apprendroit aisément ; & quand il seroit un ouvrier consommé, son salaire seroit moindre qu'il ne l'est. La même augmentation de concurrence réduiroit les profits des maîtres aussi-bien que les journées des ouvriers. Tous les arts, métiers & professions méchaniques y perdroient ; mais le public y gagneroit, parce que tous les artisans vendroient leurs ouvrages moins chers.

Les corporations & la plupart de leurs loix ont été établies pour prévenir cette réduction de prix, & par conséquent celle du salaire & du profit, en arrêtant la concurrence libre qui l'occasionneroit. Pour ériger une corporation, il ne falloit anciennement, dans la plus grande partie de l'Europe, que l'autorité de la ville corporée où elle se formoit. En Angleterre, il falloit encore une charte du roi : mais cette prérogative de la couronne sembla avoir été réservée, plutôt pour extorquer l'argent du sujet, que pour défendre la liberté commune contre l'oppression du monopole. En payant une somme au roi, la charge s'obtenoit sans difficulté ; & quand une classe particulière d'artisans ou de marchands s'avisoit d'agir comme corporation sans avoir de charte, le roi ne perdoit pas toujours pour cela ces tributs bâtards (comme on les appelloit) : car elle étoit obligée de payer tous les ans une taxe au roi pour l'exercice de ses priviléges usurpés. L'inspection immédiate sur toutes les corporations & les statuts qu'elles jugeoient à propos de faire pour se gouverner, appartenoit à la ville corporée où elles étoient ; & la discipline à laquelle elles étoient soumises, regardoit non le roi, mais la grande corporation dont ces communautés subordonnées étoient membres.

Le gouvernement des villes corporées se trouvoit tout entier dans les mains des marchands & des artisans, & il étoit de l'intérêt de chaque classe de ces citoyens d'empêcher que le marché ne fût trop garni (comme ils s'expriment) des productions particulières de son industrie, c'est-à-dire, de le tenir dégarni. Chaque classe s'empressoit de faire des réglemens dans cette vue ; & pourvu qu'on la laissât faire, elle consentoit volontiers que les autres classes en fissent autant. Il est vrai que, d'après ces réglemens, chaque classe étoit obligée d'acheter un peu plus cher dans la ville les marchandises des autres classes ; mais elle leur vendoit les siennes plus cher aussi ; de manière que tout revenoit au même, & qu'aucune ne perdoit au commerce qu'elles faisoient ensemble dans les villes. Mais elles gagnoient toutes beaucoup dans leur commerce avec la campagne, qui est celui qui soutient & enrichit les villes.

Chaque ville tire de la campagne ses subsistances & les matières de son industrie : elle les paye sur-tout de deux manières ; 1°. en y renvoyant une partie de ces matières travaillées & manufacturées, dont le prix s'accroît alors du salaire des ouvriers & des bénéfices de leurs maîtres, ou de ceux qui les emploient immédiatement ; 2°. en y envoyant une partie des productions brutes ou manufacturées, qui lui viennent des autres pays ou des parties éloignées du même pays, & dont le prix s'accroît, en ce cas, du salaire des voituriers ou des mariniers, & des bénéfices des marchands qui les emploient. L'avantage que les villes tirent de leurs manufactures, résulte du gain qu'elles font sur la première de ces deux branches de commerce ; & l'avantage du trafic intérieur & extérieur résulte du gain qu'elles font sur la seconde. Tout ce qu'elles gagnent par ces deux voies, se réduit en salaire & en profits. Par conséquent, tous les réglemens qui tendent à faire monter le salaire & les profits plus haut qu'ils n'iroient autrement, tendent aussi à donner aux villes le moyen d'acheter une plus grande quantité du produit du travail de la campagne avec une moindre quantité de leur propre travail. Ils donnent aux marchands & aux artisans des villes un avantage sur les propriétaires, les fermiers & les ouvriers de la campagne, & ils rompent l'égalité naturelle qu'il y auroit sans cela dans le commerce qu'ils font entr'eux. Le produit annuel du travail de la société se partage annuellement entre ces deux classes d'hommes. Par le moyen de ces réglemens, il en revient aux habitans des villes une part plus grosse qu'il ne leur en reviendroit, si ces réglemens n'existoient pas ; & celle qui passe aux habitans de la campagne, est moindre qu'elle ne devroit être naturellement.

Que l'industrie exercée dans les villes soit plus avantageuse par-tout en Europe que celle qu'on exerce à la campagne, c'est une chose dont on peut se convaincre sans beaucoup de calculs. Une observation fort simple & à la portée de tout le monde, le démontrera. Nous voyons, dans tous les pays de l'Europe, que pour une personne qui fait fortune par l'industrie de la campagne, c'est-à-dire, par la culture & l'amélioration de la terre, il y en a cent qui parviennent à de grandes richesses par le commerce & les manufactures, ou par l'industrie propre aux villes. L'industrie est donc mieux récompensée, & le salaire & les bénéfices des capitaux sont donc plus considérables dans une situation que dans l'autre : mais les capitaux & le travail cherchent naturellement l'emploi le plus avantageux. De là vient qu'ils se rendent dans les villes, & désertent les campagnes autant qu'ils peuvent.

Les habitans d'une ville sont rassemblés dans le même lieu, & ils peuvent aisément se liguer. Aussi voit-on que les métiers dont on fait le moins de cas, sont devenus des corporations. Si ce n'est pas dans une ville, c'est dans une autre, & dans celles où ils n'ont jamais fait corps, l'esprit de corporation, la jalousie contre les étrangers, & la répugnance à prendre des apprentifs ou à communiquer le secret de leur art, ne laissent pas de dominer parmi eux, au point qu'ils savent bien empêcher, par des associations & des conventions volontaires, cette liberté de concurrence qu'ils ne peuvent prévenir par des statuts. Ces sortes de complots se font plus aisément dans les métiers qui n'exigent qu'un petit nombre de bras. Il faut peut-être une demi-douzaine de cardeurs de laine pour donner de l'occupation à un millier de fileuses & de tisserands. S'ils conviennent de ne pas prendre d'apprentifs, ils peuvent s'emparer de tout l'ouvrage en se faisant employer seuls, & réduire toute la manufacture dans une sorte d'esclavage par rapport à eux, & hausser le prix de leur travail bien au-delà de ce qu'il vaut.

Les habitans de la campagne vivent dispersés, & il ne leur est pas facile de se concerter. Non-seulement ils n'ont jamais fait corps, mais l'esprit de corporation n'a jamais régné parmi eux. On n'a pas cru qu'il fût besoin d'apprentissage pour mettre au fait de l'agriculture, qui est le travail de la campagne. Cependant, après qu'on nomme les beaux arts & les professions libérales, il n'est peut-être pas un métier qui demande une aussi grande variété de connoissances & autant d'expérience. La multitude innombrable de livres écrits sur ce sujet, dans toutes les langues, font bien voir que les nations les plus sages & les plus savantes ne l'ont jamais regardé comme fort aisé. Or, nous tenterions vainement de puiser dans tous ces livres une connoissance des opérations variées & compliquées du fermier, telle que la possèdent les fermiers ordinaires, quoiqu'en puissent dire certains auteurs qui affectent quelquefois de parler des fermiers avec dédain. A peine y a-t-il, au contraire, un seul art méchanique dont on ne puisse développer tous les procédés dans un pamphlet de quelques pages, aussi complettement & aussi distinctement qu'il est possible de le faire avec des mots & des figures. Dans l'histoire des arts que l'académie des sciences de Paris publie, plusieurs d'entr'eux se trouvent expliqués de cette manière. D'ailleurs la direction d'opérations qui doivent varier selon le tems qu'il fait, & selon bien d'autres circonstances, exige beaucoup plus de jugement & de circonspection que celle d'opérations qui sont toujours les mêmes ou à-peu-près les mêmes.

Aussi à la Chine & dans l'Indostan, le rang & le salaire des ouvriers de la campagne sont-ils, à ce qu'on dit, supérieurs à ceux de la plupart des artisans & des manufacturiers, & il en seroit vraisemblablement de même par-tout, sans l'esprit & les loix de corporations.

L'avantage que l'industrie des villes a sur celle de la campagne dans toute l'Europe, n'est pas uniquement l'effet de leurs corporations & de leurs loix. Il est soutenu par plusieurs autres réglemens. Les gros droits sur les manufactures étrangères & sur les marchandises importées par les marchands étrangers, tendent au même but. Les loix des corps de métiers mettent les habitans des villes dans le cas de hausser leur prix, sans craindre que la concurrence de leurs concitoyens les force à les diminuer. Les autres réglemens écartent la concurrence des étrangers. Le surhaussement du prix occasionné par ces doubles entraves, retombe sur les propriétaires, les fermiers & les ouvriers de la campagne, qui rarement se sont opposés à ces sortes de monopole. Ils n'ont donc en général ni la volonté, ni la fermeté nécessaires pour former une contreligue, & les clameurs & les sophismes des marchands & des manufacturiers leur persuadent aisément que l'intérêt d'une partie, & d'une partie subordonnée, est l'intérêt du tout.

Les gens du même métier ne se rassemblent guères, même pour se divertir, sans que leur entretien aboutisse à une conspiration contre le public, ou à quelqu'invention pour renchérir leur travail. Il est impossible d'empêcher ces assemblées par aucune loi compatible avec la liberté & la justice. Mais si les loix ne peuvent les empêcher, elles ne doivent rien faire pour les faciliter, ni à plus forte raison pour les rendre nécessaires.

Un réglement qui oblige les gens d'un même métier à consigner leurs noms & leurs domiciles dans un registre public, facilite ces assemblées. Il lie ensemble les individus qui, sans cela, ne se seroient jamais connus, & donne à chacun d'eux le moyen de trouver tous les autres.

Un réglement qui les autorise à se taxer eux-mêmes pour le soulagement de leurs pauvres, de leurs malades, de leurs veuves & de leurs orphelins, rend ces assemblées nécessaires, parce qu'il leur donne un intérêt commun à diriger.

Une corporation n'entraîne pas seulement la nécessité des assemblées ; la pluralité des voix lie tous les membres. Dans un métier libre, il ne peut se former de ligue efficace que de l'aveu unanime de tous ceux qui l'exercent, & elle ne peut durer qu'autant que chacun d'eux persiste dans son avis. Dans un corps de métier, la majorité fera passer un statut accompagné d'une sanction pénale, qui limitera la concurrence d'une manière plus efficace & plus durable que ne le feront jamais toutes les conventions volontaires.

Ce qu'on dit de la nécessité des corporations pour maintenir le bon ordre & la police dans les métiers, est dénué de fondement. La véritable discipline & la plus efficace sur les ouvriers n'est pas celle de leur communauté, mais celle qu'exercent leurs pratiques. C'est la crainte de les perdre qui empêche un ouvrier de tromper, & qui le corrige de sa négligence. Or, le privilège exclusif des corps de métiers affoiblit cette discipline, puisqu'on est obligé de se servir des membres de ces corps, qu'ils travaillent bien ou mal. C'est pour cela que plusieurs grandes villes à corporations ne fournissent pas un ouvrier passable dans quelques métiers, même des plus nécessaires. Si on veut que l'ouvrage ne soit pas mauvais, il faut le commander dans les fauxbourgs où chez les ouvriers qui, n'ayant point de privilège exclusif, ne peuvent rien attendre que de leur réputation ; & quand cet ouvrage est fait, il faut chercher des expédiens pour le faire entrer en fraude dans la ville.

C'est ainsi que la police de l'Europe, en limitant la concurrence de certaines professions, à un plus petit nombre d'ouvriers, occasionne une inégalité importante dans la répartition du total des avantages & des désavantages des différens emplois du travail & des fonds.

2°. En augmentant dans certaines professions la concurrence au-delà de ce qu'elle seroit, elle produit une autre inégalité d'un genre opposé dans cette même répartition.

L'idée de l'importance de certaines professions & la crainte de les voir manquer de sujets, ont engagé le public, & quelquefois des particuliers, à fonder des pensions, des écoles, des collèges, des bourses, &c. pour l'éducation des jeunes gens qu'on y destine ; ce qui attire dans ces professions bien plus de monde qu'il n'y en auroit autrement. C'est ainsi, je crois, qu'un grand nombre d'ecclésiastiques sont élevés. Fort peu le sont entièrement à leurs frais. Le tems, l'ennui & la dépense qu'il en coûte à ceux-ci, n'ont pas toujours une récompense proportionnée, parce que l'église regorge de sujets qui, pour subsister, sont obligés de se contenter d'honoraires fort au-dessous de ceux qui conviendroient à la décence de leur état & à la nature de leur éducation ;

d'où il arrive que la concurrence des pauvres eccléfiaftiques diminue la récompenfe à laquelle ils auroient droit de prétendre. Sans doute, il ne feroit pas décent de comparer un curé ou un chapelain avec un fimple artifan. On peut toutefois affimiler les honoraires des premiers avec le falaire du dernier. Tous les trois font payés de leur ouvrage, felon le contrat qui fe fait entr'eux & leurs fupérieurs refpectifs. Cinq marcs, équivalant à-peu-près à dix liv. fterl. actuels, étoient en Angleterre, après le milieu du quatorzième fiècle, les appointemens ordinaires des vicaires ou des prêtres gagés des paroiffes, comme nous le voyons par divers décrets des conciles nationaux. A cette époque, on fixa le falaire d'un maître maçon à quatre pences par jour, c'eft-à-dire, à un fcheling de la monnoie actuelle, & la journée d'un garçon maçon à trois pences, qui reviennent à neuf pences d'aujourd'hui. Le falaire de ces deux ouvriers, employés conftamment, étoit de beaucoup fupérieur à celui d'un vicaire; & un maitre maçon, employé feulement les deux tiers de l'année, gagnoit autant qu'un vicaire. Le douzième acte parlementaire de la reine Anne, chap. 12, déclare que, « faute de fubfiftance & » d'encouragement pour les vicaires (1), les vi- » cariats ayant été affez mal pourvûs en différens » endroits, l'évêque eft autorifé à leur affigner, » par un écrit de fa main & fcellé de fon fceau, » des appointemens ou une penfion qui n'excède » pas cinquante livres fterlings par an, & qui » n'aille pas au-deffous de vingt ». On compte que quarante liv. par an font un revenu fort honnête pour un vicaire ; &, malgré cet acte du parlement, il y a même en Angleterre plufieurs vicariats, dont la portion ne monte pas à 20 liv. Il y a des garçons cordonniers à Londres, qui gagnent quarante liv. par an, & à peine y a-t-il dans cette métropole un artifan, de quelque efpèce qu'il foit, qui n'en gagne plus de vingt.

Les gros bénéfices & les grandes dignités eccléfiaftiques foutiennent l'honneur de l'églife, malgré la pauvreté d'une partie du clergé inférieur. Le refpect qu'on a pour cette profeffion, compenfe auffi la modicité de la récompenfe pécuniaire.

Si on élevoit aux dépens du public une égale proportion de jeunes gens dans les profeffions où il n'y a point de bénéfices, telles que celles du droit & de la médecine, la concurrence y feroit bientôt fi grande, que le métier n'en vaudroit plus rien. Ce ne feroit plus la peine qu'un homme y élevât fon fils à fes propres frais. Elles feroient abandonnées aux enfans entretenus par les charités publiques, que leur multitude & leurs befoins forceroient à fe contenter d'une médiocre rétribution.

L'état où elles feroient réduites dans cette hypothèfe, eft juftement celui des gens de lettres.

Les honoraires des favans profeffeurs étoient beaucoup plus confidérables dans l'antiquité, où il n'y avoit point de ces charitables établiffemens pour l'éducation gratuite des jeunes gens qui fe deftinent aux fciences. Ifocrate, dans ce qu'on appelle fon difcours contre les fophiftes, parle ainfi de ceux qui enfeignoient de fon tems. « Ils » font, dit-il, les plus magnifiques promeffes à » leurs écoliers, & ils entreprennent de leur ap- » prendre à être fages, à être heureux, à être » juftes ; & en échangent d'un fi important fer- » vice, ils ne demandent que la miférable ré- » compenfe de quatre à cinq mines. Ceux qui » montrent la fageffe, continue-t il, doivent cer- » tainement être fages eux-mêmes ; mais fi quel- » qu'un vendoit une telle marchandife à ce » prix, il feroit convaincu de la plus évidente » folie ». Cet orateur n'avoit fûrement pas envie d'exagérer la récompenfe, & on ne peut fuppofer qu'elle ait été moindre qu'il ne la repréfente. Quatre mines étoient égales à treize livres fix fchelings & huit pences (299 liv. 12 fols de France), cinq mines à feize livres treize fchel. & quatre pences (374 liv. 18 f.) La rétribution ordinaire des habiles fophiftes d'Athènes étoit donc alors de cinq mines & pas moins. Ifocrate en prenoit dix ; on dit qu'il avoit cent écoliers lorfqu'il enfeignoit à Athènes, & ce nombre ne paroit point extraordinaire pour une fi grande ville & un profeffeur fi fameux, qui donnoit des leçons de rhétorique, celle de toutes les fciences qui étoit la plus à la mode en ce tems-là. Un cours de rhétorique d'un an lui valoit donc mille mines, ou 3333 liv. 6 f. 8 den. fterl. (environ 75,000 liv. de France); auffi Plutarque dit-il dans un autre endroit, qu'il fixoit annuellement mille mines de fes leçons. Plufieurs autres grands maîtres paroiffent avoir fait de groffes fortunes, par la même voie, dans le même tems. Gorgias fit préfent au temple de Delphes de fa ftatue en or maffif. Je préfume qu'il ne faut pas le fuppofer de grandeur naturelle. Platon le repréfente, ainfi qu'Hippias & Protagoras, comme vivant avec magnificence. On dit la même chofe de Platon. Ariftote, après avoir été précepteur d'Alexandre, & très-bien récompenfé par ce prince & par fon père Philippe, crut néanmoins devoir retourner à Athènes, pour y reprendre fes fonctions dans fon école. Il paroît que les maîtres des fciences étoient plus rares alors qu'ils ne le furent un ou deux fiècles après, lorfque la concurrence augmentant, diminua quelque chofe

---

(1) Les vicariats d'Angleterre répondent aux cures de France : ces vicaires ont des colloborateurs fubordonnés, qu'on appelle *parfons*.

du prix de leur travail & de l'admiration pour leurs personnes. Mais les plus éminens d'entr'eux paroissent avoir encore joui d'une considération très-supérieure à celles dont jouissent aujourd'hui nos plus habiles professeurs des sciences. Les athéniens chargèrent l'académicien Carnéade & le stoïcien Diogène d'une ambassade solemnelle à Rome ; & quoiqu'Athènes fût déchue de son ancienne grandeur, elle étoit encore indépendante, & formoit une république considérable. Comme Carnéade étoit babylonien de naissance, & que jamais peuple ne fut plus jaloux que les athéniens d'exclure les étrangers des emplois publics, on peut conclure de là qu'ils faisoient de ce philosophe un cas extraordinaire.

3°. La police de l'Europe, nuisant à la libre circulation du travail & des capitaux d'un emploi à l'autre & d'un lieu à l'autre, occasionne quelquefois une inégalité fâcheuse dans le total des avantages, &c.

Le statut d'apprentissage nuit à la libre circulation du travail d'un emploi à l'autre, dans le même lieu. Les privilèges exclusifs des corporations l'empêchent d'un lieu à l'autre jusques dans le même emploi.

En Angleterre, tandis que les ouvriers d'une manufacture ont de gros salaires, ceux d'une autre sont souvent obligés de se contenter du salaire le plus modique. C'est que l'une faisant des progrès, demande continuellement plus de bras ; & que l'autre déclinant, en a toujours trop. Là, c'est la disette, & ici c'est la surabondance de bras qui augmente. Ces deux manufactures peuvent être dans la même ville ou dans le même voisinage, sans se prêter le moindre secours. Le statut d'apprentissage s'y oppose dans un cas ; & il s'y oppose encore dans l'autre, conjointement avec la corporation exclusive. Les opérations de plusieurs manufactures différentes se ressemblent tellement, que les ouvriers pourroient néanmoins aisément changer de métier les uns avec les autres, si ces loix absurdes ne leur lioient pas les mains. Par exemple, l'art de faire de la toile unie & celui de faire des étoffes de soie unie, sont presque les mêmes. Celui de faire du drap uni est un peu différent ; mais la différence est si peu de chose, que quelques jours suffiroient pour mettre au fait de la besogne un ouvrier en toile ou en soie. Si une de ces trois manufactures capitales venoit donc à déchoir, les ouvriers pourroient trouver une ressource dans une des deux autres, & leur salaire ne seroit ni si haut dans celle qui prospéreroit, ni si bas dans celle qui tomberoit. Il est vrai qu'un statut particulier permet à tout le monde de fabriquer de la toile ; mais comme on fait peu de toile dans la plus grande partie du pays, cette fabrique ne peut être une ressource générale pour les ouvriers des autres manufactures qui tombent, & il ne leur en reste pas d'autre que celle de profiter des aumônes de la paroisse, ou de travailler comme les gens de peine ; travail pour lequel leurs habitudes les rendent beaucoup plus ineptes qu'ils ne le sont pour toute autre sorte de manufactures qui a quelque analogie avec la leur. Aussi prennent-ils généralement le parti de vivre à la charge de la paroisse.

INQUISITEURS D'ÉTAT, magistrats de Venise. Le tribunal qu'on appelle des *inquisiteurs d'état* est le plus formidable qu'on ait jamais établi dans aucune république. Il est composé de trois membres, deux sénateurs du conseil des dix, & un des conseillers du doge. Ces trois hommes sont revêtus d'un pouvoir absolu sur la vie de tous les sujets, & même sur celle des nobles, après avoir oui leur justification ; ils ne doivent rendre compte à personne de leur conduite, ni en instruire les conseils, s'ils se trouvent tous trois de même avis.

Les deux avogadors ou procureurs généraux ont seuls droit de suspendre trois jours les jugemens de ce tribunal, lorsqu'il ne s'agit pas d'un crime que le tribunal regarde comme bien avéré.

Ses exécutions sont très-secrètes ; & on l'a vu, après la simple confrontation de l'accusé & de deux témoins ou espions, faire noyer un misérable pour quelques propos échappés contre le gouvernement. Venise se sert de ce terrible moyen pour maintenir son aristocratie.

Cette magistrature est permanente, parce que les desseins ambitieux peuvent être commencés, suivis, suspendus, repris ; elle est cachée, parce que les crimes qu'elle est censée punir, se forment dans le secret. Elle a une inquisition générale, parce qu'elle doit connoître de tout.

On ne peut faire l'apologie de cette terrible magistrature ; mais il y a tout lieu de croire qu'elle a contribué au maintien de la république.

Les *inquisiteurs d'état* étoient autrefois beaucoup plus sévères : son ancienne sévérité est si connue, que les étrangers ont des idées très-fausses sur l'esprit actuel de leur administration. Nous nous sommes assurés nous-mêmes que les exécutions secrètes sont devenues rares ; & en 1779 on étoit convaincu à Venise qu'il n'y en avoit pas eu depuis plus de dix ans. Ils ont fait exécuter depuis deux rebelles qui avoient excité une sédition dans la Dalmatie, & qui méritoient la mort selon les loix du pays. Ces deux rebelles furent étranglés la nuit en prison ; mais le lendemain ils furent exposés sur la place Saint-Marc avec un écriteau qui annonçoit leur rebellion.

On choisit les *inquisiteurs d'état* avec beaucoup de soin, & cette précaution est bien nécessaire. On croit que cette effrayante magistrature s'est rarement trompée dans ses décrets, & cela n'est guères vraisemblable pour les époques de trouble ; & si Venise a été moins agitée que les autres gouvernemens, elle a eu ses époques de trouble.

Il paroît qu'on conserve les *inquisiteurs d'état*, d'abord

d'abord comme un épouventail, & ensuite comme un frein pour arrêter les séditions. Nous reviendrons sur cette matière à l'article VENISE.

INQUISITION. *Voyez* le dictionnaire de Jurisprudence.

INSTRUCTIONS DU MINISTRE PUBLIC OU AMBASSADEUR. On donne ce nom au développement des objets qui doivent faire la matière ou la règle de ses négociations.

Parmi les anciens, les ordres dont on chargeoit les ambassadeurs, étoient contenus dans le décret ou du prince ou du peuple, ou du sénat qui les députoit. Ce décret leur tenoit lieu de ce que nous appellons *instruction*, *lettre de créance*, *plein pouvoir*.

La coutume des athéniens étoit d'ajouter toujours une clause générale : « qu'au surplus les » ambassadeurs fassent tout ce qu'ils croiront être » le meilleur pour le bien de l'état ».

Quelquefois aussi les autres peuples donnoient un plein pouvoir spécial à leurs ambassadeurs, de traiter aux conditions que leur prudence leur suggereroit.

Parmi nous, l'*instruction* est un écrit qui contient les choses principales qu'un souverain attend de son ministre. Cet écrit est nécessaire pour le prince qui donne des ordres, & pour le ministre qui doit les exécuter : pour le prince, parce qu'il lui importe de pouvoir juger si ses ordres ont été suivis : pour le ministre, parce qu'il a intérêt de savoir les intentions de son maître, & la manière dont il veut qu'elles soient remplies.

Les lettres que, dans le cours de la négociation, l'ambassadeur reçoit du souverain & des secrétaires d'état ne sont que des instructions.

S'il se conforme aux ordres contenus dans l'*instruction* & dans les dépêches, on n'a rien à lui reprocher.

L'une des loix de la confédération des achéens portoit que les ambassadeurs étrangers n'auroient une audience des villes confédérées, qu'après avoir montré leurs *instructions* & les avoir données par écrit. Ce fut par cette unique raison que les achéens s'excusèrent de n'avoir pas admis dans leur conseil, des ambassadeurs que le sénat romain avoit envoyés, pour examiner si les villes qui, pendant les divisions d'Eumenès & de Philippes, avoient été enlevé à différens peuples de la Grèce, leur avoient été rendues. Nous observions tout-à-l'heure que, parmi les anciens, le décret dont les ambassadeurs étoient chargés, leur tenoit lieu d'*instruction*, de lettre de créance & de plein pouvoir : ainsi la règle des achéens ne peut avoir aucune application à nos mœurs. Dans l'usage des nations modernes, les ministres publics sont obligés de représenter leur lettre de créance & leur plein pouvoir, mais non leur instruction.

Œcon. polit. & diplomatique. Tom. III.

Un prince ne peut, sans violer le droit des gens, forcer un ambassadeur à représenter son *instruction*. C'est une pièce secrète qui n'est faite que pour celui à qui elle est remise. Afin de garantir les paroles qu'il porte, un ministre public n'a besoin que de la lettre de créance ou du plein pouvoir qu'il a communiqué.

Quelquefois le prince ordonne à son ministre de montrer, dans certaines circonstances, son *instruction*, ou d'en faire voir quelques articles, comme par épanchement de cœur. Quelquefois il lui donne deux sortes d'*instructions*; une, qu'on appelle ostensible, parce qu'elle est faite pour être montrée, & une secrète qui ne doit point être vue, & qui contient les vraies intentions du prince. Quelquefois aussi, quoique l'ambassadeur n'ait qu'une seule *instruction*, sans ordre de la montrer, il la fait voir : c'est lorsqu'il est sûr qu'elle peut se montrer sans inconvéniens, & qu'elle convaincra de sa bonne-foi le prince avec qui il traite, & qu'il obtiendra ce qu'il demande. Ce doit être l'ouvrage de sa raison, l'effet de son choix, un acte purement volontaire de sa part. En toute autre circonstance, l'ambassadeur qui montreroit son *instruction* n'en ayant point l'ordre de son maître, passeroit pour infidele ; il violeroit le secret de sa négociation, & il porteroit lui-même atteinte à l'indépendance de son caractère. *Voyez* l'article AMBASSADE, AMBASSADEUR, MINISTRE PUBLIC.

INTÉRÊT DE L'ARGENT. Nous avons indiqué à l'article INDUSTRIE les différentes causes qui influent sur la diversité de ce qu'on appelle, dans l'économie politique, les profits des avances ou des capitaux : nous y avons donné une explication sensible d'une multitude de petits phénomènes auxquels on fait peu d'attention : nous allons examiner ici les usages & les loix qui ont rapport à l'*intérêt* de l'argent dans la plupart des pays, & nous espérons offrir aux hommes d'état & aux lecteurs indifférens, à-peu-près tout ce qu'il leur importe de savoir sur cette matière : cet article est presque une suite de l'article INDUSTRIE.

On peut établir comme une maxime que, par-tout où l'on fait beaucoup de choses avec de l'argent, on donnera communément beaucoup pour avoir, & qu'on donnera peu si on en fait peu ; ainsi, selon que l'*intérêt* ordinaire de l'argent au taux du marché, varie dans un pays, selon qu'il hausse ou qu'il baisse, nous pouvons être assurés que les bénéfices des capitaux varient également, ils haussent ou ils baissent avec lui. Les progrès de l'un peuvent donc nous mener à former quelqu'idée du progrès des autres.

En Angleterre, sous Henri VIII, tout *intérêt* au-dessus de dix pour cent fût déclaré illégal. Il semble qu'avant cette époque, les capitalistes percevoient un *intérêt* plus considérable. Sous le règne d'Edouard VI, on eut des vues religieuses, & on défendit tout *intérêt*. Mais on dit que cette prohibition, ainsi que toutes les autres de la même espèce, ne produisit aucun effet, & probablement elle accrut plutôt le mal de l'usure qu'elle ne le modéra. Le statut d'Henri VIII fut renouvellé par Elisabeth, & dix pour cent fut le taux légal jusqu'au moment où Jacques I le restreignit à huit. Il fut réduit à six aussi-tôt après la restauration, & à cinq, sous la reine Anne. Tous ces statuts ou réglemens paroissent avoir été faits d'après le taux courant de l'*intérêt*, ou d'après le denier auquel empruntoient les gens qui avoient un bon crédit. Il paroit encore que depuis la reine Anne, cinq pour cent ont été en Angleterre plutôt au-dessus qu'au-dessous du taux du marché. Avant la guerre de 1756, le gouvernement anglois empruntoit à trois pour cent; & ceux qui avoient un bon crédit dans la capitale & dans plusieurs autres parties du royaume, empruntoient à trois & demi, à quatre & à quatre & demi pour cent.

Depuis le règne d'Henri VIII, la richesse & le revenu d'Angleterre ont augmenté considérablement. Non-seulement ce progrès a été constant, mais il semble avoir constamment augmenté de vitesse. Le salaire du travail s'est élevé sans cesse durant cette même période; &, dans la plupart des branches de commerce & de manufactures, les profits des capitaux ont diminué.

Il faut en général de plus gros capitaux pour faire un commerce dans une grande ville, que dans un village. Les gros capitaux employés à chaque branche de commerce & le nombre des riches compétiteurs font en général baisser le taux des bénéfices. Il est donc plus haut dans les villages. Mais le salaire du travail y est généralement plus bas que dans les grandes villes. Dans celles-ci les gens qui ont des capitaux considérables, manquent souvent d'ouvriers pour les employer. C'est à qui donnera davantage pour en avoir. De là le haussement du salaire & la baisse des profits des capitaux. Dans ceux-là, au contraire, il n'y a pas assez de capitaux pour employer tout le monde; & la concurrence qui s'établit parmi ceux qui manquent d'ouvrage, fait baisser le salaire & augmenter les bénéfices.

Quoique le taux légal de l'*intérêt* soit le même en Écosse qu'en Angleterre, le taux du marché y est ordinairement plus haut. Les gens bien solvables n'y empruntent guères à moins de cinq pour cent. Les banquiers particuliers d'Edimbourg donnent même quatre pour cent d'intérêt sur leurs billets, dont le paiement, en tout ou en partie, peut être demandé quand on le veut. Les banquiers particuliers de Londres ne donnent aucun *intérêt* pour l'argent qui est déposé chez eux. Il y a peu de commerce qu'on ne puisse faire en Ecosse avec moins de capitaux qu'il n'en faut en Angleterre. Le taux commun du profit doit donc y être un peu plus haut. On a déja remarqué que le salaire du travail y est plus bas. Le pays est non-seulement beaucoup plus pauvre, mais ses progrès sont beaucoup plus lents & plus tardifs.

Le taux légal de l'*intérêt* en France n'a pas toujours été réglé, durant le cours de ce siècle, sur le taux du marché. En 1720, il fut réduit du vingtième au cinquantième denier, ou de cinq à deux & demi pour cent. En 1724, il remonta au trentième denier, ou à trois & un tiers pour cent. En 1725, il alla au vingtième denier, ou à cinq pour cent. En 1766 il fut réduit, sous l'administration de M. de l'Averdy, au vingt-cinquième denier, ou à quatre pour cent. L'abbé Terray le remit ensuite à l'ancien taux de cinq pour cent. Le but de plusieurs de ces violentes réductions d'*intérêt* semble avoir été de préparer la voie à la réduction de celui des dettes publiques. Quoique le taux légal de l'*intérêt* ait été souvent plus bas en France qu'en Angleterre, le taux du marché a été généralement plus haut; car là comme ailleurs, il y a plusieurs méthodes sûres & faciles d'éluder la loi. Le salaire du travail est plus bas en France qu'en Angleterre. Lorsque vous allez d'Ecosse en Angleterre, la différence que vous appercevez dans l'air & l'habillement du peuple de l'un & de l'autre pays, est un indice qui marque assez la différence de leur condition. Le contraste est encore plus grand lorsque vous revenez de France.

D'un autre côté, la province de Hollande, en proportion de son territoire & de sa population, est un pays plus riche que l'Angleterre; le gouvernement y emprunte à deux pour cent, & les particuliers qui ont un bon crédit, à trois. On dit que le salaire du travail y est plus haut qu'en Angleterre, & on sait que les hollandois sont de tous les peuples d'Europe celui qui tire les moindres profits du commerce. Quelques personnes ont prétendu que celui de la Hollande est tombé; ce qui peut être vrai de certaines branches, mais la décadence n'est pas générale. Quand les bénéfices diminuent, les marchands ne manquent pas de se plaindre que le commerce tombe, quoique la diminution du bénéfice soit l'effet naturel de sa prospérité, ou de ce qu'on y met plus de capitaux qu'on n'en mettoit auparavant. Pendant la guerre de 1756, les hollandois ont eu tout le commerce de transport que faisoit la France, & ils en conservent encore une grande partie. Ce qui leur appartient dans les fonds de France & d'Angleterre, & qui est fort considérable, puisqu'on dit que la dernière leur doit quarante millions sterlings (en quoi je soupçonne cependant qu'il y a beaucoup d'exagération), & les grandes sommes qu'ils prêtent aux particuliers dans les pays où le taux de l'*intérêt* est plus haut que dans le leur, démontrent clairement la surabondance de leurs capitaux; mais elles ne démontrent pas qu'ils en emploient moins chez eux qu'ils ne faisoient autrefois. Le capital qu'acquiert un particulier dans son commerce, peut devenir trop considérable pour y entrer tout entier, & cependant il peut se faire que son commerce ne laisse pas d'augmenter. Il en est de même du capital d'une grande nation.

Dans les colonies angloises de l'Amérique septentrionale & des Indes occidentales, le salaire du travail & l'intérêt de l'argent, & conséquemment les bénéfices des capitaux, sont plus hauts qu'en Angleterre. L'*intérêt* légal & l'*intérêt* au taux du marché y sont de six à huit pour cent; mais le fort salaire du travail & les grands profits des capitaux sont des choses qui ne vont guères ensemble, excepté dans les nouvelles colonies. Une nouvelle colonie a nécessairement moins de capitaux en proportion de l'étendue de son territoire, & elle est moins peuplée en proportion de l'étendue de ses capitaux que la plupart des autres pays. Elle a plus de terre à cultiver qu'elle n'a de capitaux. Aussi ne cultive-t-elle que les plus fertiles & les mieux situées, celles qui bordent la mer & les rivières navigables. Ces terres s'achètent souvent à un prix inférieur à la valeur naturelle de leur produit. Le capital avec lequel on les achete & on les améliore, doit donc rapporter un gros bénéfice, & par conséquent de quoi payer un gros intérêt. Les capitaux s'accumulent si rapidement dans un emploi si avantageux, que le colon a besoin de plus de bras qu'il ne peut en trouver dans un établissement nouveau, & qu'il est obligé de récompenser libéralement ceux qu'il met en œuvre. A mesure que la colonie augmente, les profits des capitaux diminuent par degrés. Lorsque les meilleures terres sont occupées, la culture de celles qui sont moins bonnes, ne rapportent pas autant, & il n'est plus possible d'en tirer de quoi payer le même *intérêt* pour les fonds qu'on y emploie. Aussi l'*intérêt* légal & l'*intérêt* au taux du marché ont-ils baissé considérablement, ce siècle-ci, dans la plus grande partie des colonies angloises. A mesure qu'elles sont devenues plus riches & plus peuplées, l'*intérêt* est tombé. Le salaire du travail ne baisse point avec les profits des capitaux. On demande d'autant plus de travail que ces capitaux croissent davantage, quels que soient leurs profits; & après que ces profits sont diminués, non-seulement les capitaux peuvent continuer d'augmenter, mais augmenter plus vîte qu'auparavant. Il en est des nations industrieuses qui font des progrès dans l'acquisition des richesses, comme des individus industrieux. Un gros capital avec de petits profits s'accroît généralement plus vîte qu'un petit capital avec de gros profits. L'argent fait l'argent, dit le proverbe. A-t-on gagné quelque chose, il est souvent aisé de gagner davantage. La grande difficulté est de faire le premier gain.

L'acquisition d'un nouveau territoire ou d'une nouvelle branche de commerce peut quelquefois hausser les profits des capitaux, & avec eux l'*intérêt* de l'argent, dans un pays même qui avance à grands pas dans l'acquisition des richesses. Les capitaux du pays ne suffisant pas pour les nouvelles affaires qui se présentent, on ne les applique plus qu'aux branches qui rendent le plus de profit. On retire une partie de ce qui avoit été employé dans d'autres commerces, pour la mettre dans des branches nouvelles qui sont plus lucratives. Il y a par conséquent moins de concurrence dans ces anciens commerces; le marché est moins fourni de plusieurs sortes de marchandises. Leur prix monte plus ou moins, & comme elles rendent un plus grand profit à ceux qui les vendent, elles les mettent en état d'emprunter à plus gros intérêt. Un peu avant la fin de la guerre de 1756, non-seulement les particuliers qui avoient le plus de crédit, mais quelques-unes des plus grandes compagnies de Londres empruntoient communément à cinq pour cent, & auparavant elles ne payoient que quatre ou quatre & demi. Pour rendre raison de cette différence, l'aggrandissement du territoire & du commerce des anglois, par leurs acquisitions dans l'Amérique septentrionale & dans les Indes orientales, suffit, & il est inutile de supposer aucune diminution dans les capitaux de la société. Un surcroît si considérable d'entreprises à faire avec les anciens capitaux, doit avoir diminué la quantité de ceux qu'on employoit dans beaucoup de branches particulières, où la concurrence étant moindre, les profits ont dû être plus grands.

La diminution des capitaux de la société, ou des fonds destinés à entretenir l'industrie, fait cependant monter les profits des fonds, & par conséquent l'*intérêt* de l'argent, en même-tems qu'elle fait baisser le salaire du travail. Par la diminution du salaire, les propriétaires des capitaux qui restent dans la société, peuvent garnir à meilleur compte le marché; & comme ils emploient moins de capitaux qu'auparavant à le fournir, ils peuvent vendre leurs marchandises plus cher. Elles leur coûtent moins, & ils en retirent davantage. Leurs profits ainsi doublement augmentés, ils peuvent en tirer de quoi payer un plus gros *intérêt*. Les grandes fortunes, faites si subitement & si aisément dans le Bengale & dans d'autres établissemens anglois des Indes orientales, prouvent bien que, comme le salaire est fort bas dans ces pays ruinés, les profits des capitaux y sont de même très-hauts. L'intérêt de l'argent est fort en proportion. Dans le Bengale, on prête souvent de l'argent aux fermiers à quarante, cinquante & soixante pour cent; & le paiement est hypothéqué sur la récolte suivante. Comme les profits qui peuvent payer un *intérêt* si excessif, doivent absorber presque toute la rente du propriétaire de la terre, l'énormité d'une pareille usure doit absorber une grande partie de ces profits. Il semble qu'avant la chûte de la république romaine, les provinces étoient ravagées par une usure de cette espèce, sous l'administration ruineuse de leurs proconsuls. Les lettres de Cicéron nous apprennent que le vertueux Brutus prêta de l'argent en Chypre à quarante-cinq pour cent.

Dans un pays qui auroit acquis toute la richesse dont il est susceptible par la nature de son sol, de son climat & de sa situation, relativement aux autres pays, qui par conséquent ne pourroit plus faire de progrès & qui ne reculeroit pas, le salaire du travail & les bénéfices des capitaux seroient probablement fort bas. Dans un pays qui auroit acquis toute la population que son territoire & ses capitaux pourroient nourrir & employer, la concurrence pour trouver de l'emploi seroit si grande, qu'elle réduiroit le salaire du travail à ce qui suffiroit pour y entretenir le nombre d'ouvriers qu'il auroit; & comme il seroit assez peuplé, ce nombre ne pourroit jamais augmenter. Dans un pays où les capitaux pour toutes les entreprises à faire, seroient aussi abondans qu'ils pourroient l'être, on en employeroit dans chaque branche particulière autant que la nature & l'étendue du commerce en comporteroient; ainsi la concurrence seroit par-tout la plus grande, & le bénéfice le plus bas possible.

Mais il n'est peut-être aucun pays qui soit jamais parvenu à ce degré d'opulence. La Chine paroît avoir été long-tems stationnaire, & c'est probablement depuis des siècles qu'elle est aussi riche que la nature de ses loix & de ses institutions lui permet de l'être. Mais sa richesse peut être fort inférieure à ce que comportent son sol, son climat & sa situation, si elle avoit eu d'autres loix & d'autres institutions. Un pays qui néglige ou qui dédaigne le commerce étranger, & qui n'admet que dans un ou deux de ses ports les vaisseaux des autres nations, n'a pas toute l'industrie qu'il pourroit avoir, ne fait pas tout ce qu'il pourroit faire avec des loix & des institutions différentes. D'ailleurs, quoique les gens riches ou les propriétaires de grands capitaux jouissent à la Chine d'une assez grande sûreté, il n'y en a presqu'aucune pour les pauvres & les petits propriétaires, qui en tout tems sont pillés & volés par les mandarins inférieurs. La quantité de capitaux employée dans les diverses branches des affaires qui s'y font, ne peut être égale à ce que la nature & l'étendue de ces affaires comporteroient. L'oppression des pauvres doit établir dans chaque branche le monopole des riches, qui, en s'emparant de tout le commerce, y feront de gros bénéfices. Aussi dit-on qu'à la Chine l'*intérêt* commun de l'argent est à douze pour cent, & il faut bien que les profits ordinaires des fonds suffisent pour les donner. Cette réflexion est applicable aux pays de l'Inde, où l'*intérêt* légal de l'argent est encore plus considérable.

Un vice dans les loix peut quelquefois hausser le taux de l'*intérêt* bien au-delà de ce qu'exigeroit l'état du pays considéré par rapport à sa richesse ou à sa pauvreté. Lorsque la loi ne prête pas son autorité aux contrats, elle met tous les emprunteurs à-peu-près sur le pied où sont, dans les pays mieux réglés, les banqueroutiers & les gens d'un crédit douteux. L'incertitude de recouvrer son argent, fait que le prêteur exige le même *intérêt* usuraire qu'on exige communément des banqueroutiers. Parmi les nations barbares qui ont inondé les provinces occidentales de l'Empire romain, les contrats furent laissés pendant plusieurs siècles à la bonne foi des parties contractantes. Les cours de justice de leurs rois s'en mêloient rarement. Peut-être que le haut *intérêt* qu'on payoit dans ces anciens tems, vient en partie de cette cause.

Lorsque la loi défend toute espèce d'*intérêt*, elle ne l'empêche pas. Il faut que bien des gens empruntent; & ceux qui prêteront, exigeront quelque chose pour le danger & la difficulté d'éluder la loi. M. de Montesquieu rend raison de l'*intérêt* exorbitant qu'on prend chez les peuples mahométans, non par leur pauvreté, mais par le péril de la contravention, & par le péril de l'insolvabilité.

Le taux ordinaire le plus bas du bénéfice doit toujours être un peu au-dessus de ce qui suffit pour compenser les pertes accidentelles, auxquelles est exposé tout emploi des capitaux. Ce surplus est uniquement ce qui forme le profit net ou clair; & l'intérêt que l'emprunteur peut payer, est en proportion de ce profit seulement.

Le taux ordinaire le plus bas de l'*intérêt* doit être de même un peu plus que suffisant pour compenser les pertes accidentelles auxquelles est exposé le prêt, même celui qu'on fait avec sagesse; autrement il n'y auroit que la charité où l'amitié qui pourroient engager quelqu'un à prêter.

Si on suppose un pays qui a acquis toutes les richesses dont il est susceptible, & qui a pour chaque branche d'industrie, la plus grande quantité de capitaux dont elle est susceptible: comme le taux ordinaire du profit net seroit fort petit, ce qu'on pourra en tirer pour payer l'*intérêt* au taux du marché, sera si peu de chose que les personnes les plus opulentes pourront seules vivre de l'*intérêt* de leur argent. Tous les gens d'une petite ou d'une médiocre fortune seront obligés de diriger eux mêmes l'emploi de leurs capitaux. Il faudra que presque tout le monde se mette dans les affaires, ou embrasse quelque profession. La province de Hollande paroît fort près de cet état. Il n'y est point à la mode de ne rien faire. La nécessité oblige presque tous les individus à travailler, & par-tout c'est la coutume qui règle la mode. Comme il est ridicule de s'habiller autrement que les autres, il l'est aussi, en quelque manière d'être désoeuvré lorsque tout le monde est occupé.

Le taux ordinaire le plus haut du bénéfice peut être tel que, dans le prix de la plupart des marchandises, il abſorbe tout ce qui devroit aller à la rente de la terre, & qu'il ne laiſſe que ce qu'il faut pour payer le travail néceſſaire à leur préparation & à leur tranſport au marché, ſelon le taux le plus bas poſſible du ſalaire, c'eſt-à-dire, la ſtricte ſubſiſtance de l'ouvrier. Il faut toujours que l'ouvrier ſoit nourri tandis qu'il travaille; mais il n'y a pas la même néceſſité que le maître ou le propriétaire de la terre ſoit payé. Ce taux des bénéfices n'eſt peut-être pas fort éloigné de ceux du commerce que les facteurs de la compagnie des Indes orientales font aujourd'hui dans le Bengale.

La proportion qui doit ſe trouver entre l'*intérêt* au taux ordinaire du marché, & le taux ordinaire du profit net, varie néceſſairement ſelon que le profit hauſſe ou baiſſe. Dans la Grande-Bretagne, on évalue au double de l'*intérêt* de l'argent ce que les négocians appellent un bénéfice honnête, modéré, raiſonnable. Si le taux ordinaire du profit net eſt de huit ou dix pour cent, il peut être raiſonnable qu'on en défalque la moitié pour le paiement de l'*intérêt*, lorſque les affaires ſe font avec de l'argent prêté. Le capital eſt aux riſques de celui qui emprunte, & qui l'aſſure, pour ainſi dire, à celui qui prête; & quatre ou cinq pour cent dans la plupart des branches de commerce, peuvent être un profit ſuffiſant ſur les riſques de cette aſſurance, & en même-temps une récompenſe proportionnée à la peine d'employer le capital. Mais la proportion entre l'*intérêt* & le profit net, peut n'être pas la même dans les pays où le taux ordinaire du profit ſeroit bien au-deſſous ou bien au-deſſus. S'il étoit bien au-deſſous, l'on ne pourroit pas en prendre la moitié; & s'il étoit bien au-deſſus, on pourroit en prendre plus de la moitié pour payer l'*intérêt*.

Dans les pays qui font de grands progrès, ou qui s'enrichiſſent rapidement, le taux bas du bénéfice, dans le prix de pluſieurs marchandiſes, compenſe le haut ſalaire du travail, & met en état de les vendre auſſi bon marché que les vendent les pays voiſins, qui vont moins vîte dans l'acquiſition des richeſſes, & où le ſalaire peut être plus bas.

Nous avons indiqué pluſieurs pays où l'*intérêt* de l'argent a été défendu par les loix. Mais comme on peut faire par-tout quelque choſe avec de l'argent, on doit payer par-tout quelque choſe pour l'uſage qu'on en fait. L'expérience a montré que ce réglement ne fait qu'aggraver le mal de l'uſure au lieu de le prévenir, ainſi que nous l'avons déja dit.

Dans les pays où l'*intérêt* eſt permis, la loi, pour prévenir les extorſions de l'uſure, fixe en général le plus haut taux qu'on puiſſe prendre ſans encourir une peine. Ce taux doit toujours être un peu au-deſſus du plus bas prix courant, ou du prix que payent communément pour l'uſage de l'argent ceux qui peuvent donner les meilleures ſûretés. Si ce taux légal étoit fixé au-deſſous du plus bas prix courant, les effets de cette fixation ſeroient à peu-près les mêmes que ceux d'une prohibition totale de l'intérêt. Le créancier ne prêtera point ſon argent à un taux plus bas que ne le détermine l'uſage. Si on fixe le taux préciſément au plus bas prix courant, on ruine, parmi les honnêtes gens qui reſpectent les loix du pays, le crédit de tous ceux qui ne peuvent donner les meilleures ſûretés, & on les oblige d'avoir recours à des uſuriers. Dans un pays tel que la Grande-Bretagne, où l'on prête à trois pour cent au gouvernement, & aux particuliers qui ſont ſolvables, à quatre & à quatre & demi pour cent, le taux actuel de cinq pour cent eſt peut-être auſſi convenable qu'aucun autre.

Il faut encore que le taux légal ne ſoit pas fort au-deſſus du prix courant. Si, par exemple, il étoit fixé en Angleterre à huit ou dix pour cent, la plus grande partie de l'argent à prêter ſeroit prêtée à des prodigues ou à des faiſeurs de projets, qui ſeuls voudroient le prendre à ſi gros intérêt. Les gens ſages qui ne veulent donner pour l'uſage de l'argent qu'une partie du bénéfice qu'ils peuvent faire, ne ſe mettroient pas ſur les rangs pour emprunter. Ainſi une grande partie du capital du pays n'iroit pas dans les mains capables d'en tirer un bon parti, & il ſeroit jetté dans celles qui ſeroient les plus propres à le conſumer & à le détruire. Si au contraire le taux légal de l'intérêt eſt ſimplement fixé un peu au-deſſus du taux courant le plus bas, on donne univerſellement la préférence aux gens ſages, & on leur prête plutôt qu'aux prodigues & aux hommes portés à de folles entrepriſes. Le prêteur tire preſqu'autant d'intérêt des premiers qu'il oſeroit en prendre des derniers; & ſon argent eſt placé bien plus ſûrement dans les mains des uns que dans celles des autres. Une grande partie du capital du pays tombe ainſi entre les mains les plus capables de le faire valoir avec avantage.

Il n'y a point de loi qui puiſſe réduire le taux de l'intérêt au-deſſous du taux courant le plus bas qui exiſte dans le temps qu'elle eſt portée. En 1766, le roi de France a tenté de mettre à quatre pour cent le taux de l'intérêt qui étoit à cinq. Malgré ſon édit, l'on continua d'y prêter à cinq pour cent, la loi ſe trouvant éludée en bien des manières. Ceux qui ont cru régler l'intérêt avec des loix ont montré bien peu de connoiſſances ſur l'économie politique.

Il faut obſerver que le prix courant ordinaire des terres dépend par-tout du taux courant ordinaire de l'intérêt. Celui qui poſſède un capital, dont il veut tirer un revenu, ſans ſe donner la peine de l'employer lui-même, délibère s'il en achetera une terre, ou s'il le placera à intérêt. Le placement des terres est plus sûr ; d'autres avantages qui accompagnent toujours cette espèce de propriété, le disposent souvent à préférer un moindre revenu qu'il tirera d'une terre, à celui qu'il pourroit avoir en prêtant son argent à intérêt. Ces avantages compensent la diminution de son revenu, mais ils n'en peuvent compenser qu'une certaine différence ; car si elle étoit plus grande, & que la rente d'une terre fût trop au-dessous de l'intérêt de l'argent, personne n'acheteroit plus de terres, & leur prix ordinaire seroit bientôt réduit. Si ces avantages, au contraire, faisoient plus que compenser cette différence, chacun acheteroit des terres, & aussi-tôt elles hausseroient de prix. Lorsque l'intérêt étoit en Angleterre à dix pour cent, les terres se vendoient communément pour dix ou douze années du revenu. A mesure qu'il est tombé à six, à cinq & à quatre pour cent, le prix des terres s'est élevé au denier vingt, au denier vingt-cinq & au denier trente. *Voyez* l'article INDUSTRIE.

INTÉRÊTS POLITIQUES. On donne ce nom aux choses qui intéressent une nation envisagée comme gouvernement, & dans ses rapports avec les autres peuples : en parlant ici des *intérêts politiques* des différens peuples, nous parlerons de ceux que suivent les divers gouvernemens, sans examiner s'ils ne se trompent pas : c'est par les autres morceaux de cet ouvrage qu'on pourra en juger.

L'intérêt général de toutes les nations est de conserver leur repos & la liberté plus ou moins grande qu'on leur a laissé. Tous les soins de ceux qui gouvernent, doivent se rapporter à ce double objet, & il n'est point de peuple sur la terre qui n'ait cet intérêt général.

Dans un sens plus limité, l'intérêt général d'un gouvernement n'est pas le même que l'intérêt général d'un autre gouvernement, parce qu'un état, quel qu'il soit, ne peut se maintenir que par des moyens analogues aux principes qui l'ont formé, ou aux circonstances ; mais, dans ce choix de moyens analogues aux principes d'un gouvernement ou aux circonstances, on se méprend quelquefois sur ceux qui mènent à la prospérité ; & on confond trop souvent une prospérité illusoire avec une prospérité réelle.

Pour quelques états, c'est le commerce qui forme un intérêt capital. Les nations qui, par la situation du pays, le défaut de rivières, le défaut de matières propres au commerce, la nonchalance du peuple, ne peuvent se livrer au trafic, se bornent à cultiver & fertiliser la terre, à recueillir tous les fruits qu'elle produit, à s'en procurer le débit, à fortifier le travail, à animer l'industrie de ses habitans.

Pour quelques autres nations, cet objet capital est l'intérêt de la paix ou celui de la guerre. Il en est qui jouissent d'une paix à-peu-près constante ; tel est le corps helvétique ; il n'a point de prétentions sur ses voisins, & ses voisins n'en ont point sur lui, ou ils ne sont point en état de les faire valoir. Il en est que leurs puissances & leur situation obligèrent autrefois à se mêler de toutes les guerres. Tels étoient, il n'y a pas long-tems, les peuples soumis aux maisons de France & d'Autriche. Il ne se passoit rien de considérable en Europe, que ces deux premières maisons n'y prissent part. Chacune d'elles cherchoit sa propre grandeur & l'abaissement de sa rivale. La maison d'Autriche est éteinte ; mais elle est représentée par celle de Lorraine, qui s'occupe des mêmes intérêts que celle d'Autriche. Il étoit difficile que la maison de Savoie, placée entre les états de l'une & de l'autre, évitât d'entrer dans leurs querelles, & l'Angleterre & la Hollande ont rarement manqué aussi d'y prendre part, pour maintenir cet équilibre qui semble devoir assurer leur liberté & leur repos. Il seroit aisé d'écrire des volumes sur cet équilibre de l'Europe, qui a excité tant de guerres désastreuses, & qui en excitera tant d'autres : nous ne ferons ici qu'une remarque ; il y a des nations assez puissantes par elles-mêmes, pour ne pas redouter l'ambitieux voisin qui cherche à aggrandir ses domaines : il est vrai qu'elles ne peuvent développer leurs forces, si elles ne sont bas bien gouvernées ; mais le prince qui voudra les administrer avec soin, dédaignera, s'il le veut, l'équilibre de l'Europe : au reste en attendant, il est raisonnable de contenir l'essor ambitieux des puissances qui veulent trop envahir.

Il est des nations à qui la paix convient dans un temps, & ne convient pas dans un autre. L'*intérêt politique*, bien ou mal entendu, conserve tout dans le repos, ou met tout en mouvement : il n'y a presque point de démêlés qui, d'un côté, ne soient assez graves pour donner lieu à la guerre, lorsque les souverains la trouvent convenable à l'intérêt général de leurs états, & qui de l'autre ne soient susceptibles de conciliation ; si le maintien de la paix entre dans leurs vues. Ce que je dis de la paix & de la guerre, est applicable à la neutralité qu'on garde, ou qu'on rompt par les mêmes principes.

Toutes les nations ont aussi un intérêt particulier. L'intérêt général d'une nation, pris dans un sens limité, donne nécessairement des vues différentes ; & ces vues, plus ou moins étendues, forment les intérêts particuliers de chaque état. Or, l'intérêt particulier d'une nation, dans ses rapports avec les autres nations, résulte de sa puissance, de sa religion, de ses alliances, de sa situation, & des prétentions qu'elle a sur d'autres états, ou que d'autres états ont sur elle.

1. Le degré de puissance fait la destinée d'un état. Selon qu'un prince est puissant ou foible, il peut conserver sa liberté sans les autres princes, ou il a besoin de leur alliance pour ne pas la perdre,

II. On connoît l'empire de la religion sur les peuples; elle réunit ou divise les états. Lorsqu'elle est la même, elle lie d'un même intérêt deux états qui la professent. Lorsqu'elle est différente, elle les rend souvent irréconciliables; elle éloigne ou approche du trône ceux qui y aspirent, & favorise des prétentions mal fondées, ou empêche d'exercer de justes droits. Mais cette cause est aujourd'hui plus foible qu'elle ne l'étoit jadis.

III. Les alliances des peuples, les liaisons des familles, & les traités de nation à nation produisent aussi d'autres intérêts, suivant que ces alliances sont égales ou inégales; qu'elles se font entre des états plus ou moins voisins, & qu'elles sont bien ou mal observées.

IV. La situation des états, selon qu'ils sont plus ou moins voisins ou plus ou moins utiles, détermine les espérances ou les craintes qu'ils peuvent donner.

V. Les prétentions qu'un état a sur un autre tiennent dans l'inaction ou mettent en mouvement, suivant qu'elles sont plus ou moins fondées, plus anciennes ou plus récentes, & à proportion des moyens qu'on a de les faire valoir. Les uns sont occupés du soin de saisir des occasions favorables, les autres sont dans une juste défiance.

C'est d'après ces cinq objets principaux, qu'il faut examiner les intérêts particuliers de chaque prince & de chaque nation.

L'esprit, les vues & l'intérêt du gouvernement se conservent mieux dans une république que dans le cabinet d'un prince. Les nouveaux magistrats qui entrent dans un sénat, forment leur politique sur celle des anciens; le tems consacre tout dans une république, & l'on y a pour règle une certaine tradition qui rend sa conduite uniforme. En général, cela n'est pas ainsi dans un gouvernement monarchique; à chaque nouveau règne, & même à chaque nouveau ministre, les monarchies ont une nouvelle politique, ou du moins une manière différente d'envisager les intérêts de la nation; & cette différence vient de la différence même du caractère des hommes. Il seroit à souhaiter que les princes & les ministres laissassent à leurs successeurs, des mémoires sur les intérêts du royaume qu'ils ont gouverné; & qu'en hasardant leurs conjectures sur l'avenir, ils indiquassent à la fois les espérances qu'on peut avoir, les maux qu'on peut craindre, les remèdes qu'on pourra y apporter, & un plan sur la conduite qu'il faudra tenir. Ces ouvrages deviendroient les archives les plus précieuses d'une nation, & ses oracles dans les tems difficiles; mais les princes & les ministres ne portent guères leur vues sur l'avenir.

Les anciens voyoient, sinon avec plaisir, au moins avec indifférence & sans crainte, la ruine de leurs voisins; mais depuis quelques siècles, l'Europe s'inquiète au moindre mouvement d'ambition qu'elle apperçoit dans une puissance. Chaque nation, alors même qu'elle tâche de s'élever au-dessus des autres, tâche de maintenir un certain équilibre, qui communique aux plus petits états les forces d'une grande partie de l'Europe & les soutient, malgré la foiblesse de leurs armées ou les défauts de leur gouvernement. L'équilibre de puissance a pour fondement ce principe : que la grandeur d'un prince n'est, à proprement parler, que la ruine ou la diminution de celle de ses voisins, & que sa force n'est que la foiblesse d'autrui. Mais ce principe a besoin de modifications, & il seroit facile de montrer qu'on lui donne une application trop étendue, & qu'en lui-même il n'est pas exact.

Autrefois ce système de politique ne fut connu que des seules républiques de la Grèce. Elles étoient à-peu-près, les unes à l'égard des autres, dans la situation où nous voyons les états de la chrétienté. Elles connoissoient les mêmes arts, avoient les mêmes principes dans la guerre, un gouvernement à-peu-près semblable, & un égal intérêt d'entretenir un équilibre qui empêchât que l'une ne parvînt à dominer les autres. Sparte, Athènes & Thèbes se disputèrent l'empire; elles dominèrent alternativement : la Grèce attentive se partagea; & ceux qui avoient le plus contribué au triomphe du vainqueur, ne souffroient pas qu'il poussât trop loin ses avantages, de sorte que le vaincu trouvoit une ressource infaillible dans sa foiblesse.

Aujourd'hui l'Europe entière est un corps formé par la liaison des intérêts des différens princes. Les princes, à parler en général, regardent l'Europe comme une balance, dont le côté plus chargé enlève l'autre, & croit qu'afin que le tout soit dans une assiette solide & tranquille, il doit y avoir entre ses parties principales ce point d'équilibre, qui, empêchant qu'un des deux côtés de la balance ne penche, le maintient au niveau. Les publicistes justifient cet équilibre à leur manière, c'est-à-dire, par des raisons vagues & de vieux préjugés. « Il est, disent-ils, dans les choses morales, un ordre aussi certain & aussi inévitable que dans les choses physiques. Ce qui arrive à une extrémité de la partie du monde que nous habitons, selon les loix du mouvement moral, gagne presque aussi-tôt les parties voisines, & ne tarde guères à se communiquer aux plus éloignées. Il faut, en conséquence, qu'il y ait une sorte d'égalité entre les potentats, laquelle, ôtant la jalousie d'une trop grande puissance de la part des uns, maintienne la paix entre tous. ». Quoi qu'il en soit, depuis deux cents ans la crainte de voir renverser l'équilibre, a donné naissance aux plus grandes guerres; & l'idée d'en avoir assuré le maintien, les a presque toujours terminées.

On a vu le temps où une grande partie de l'Europe conspiroit contre la maison de France; l'autre partie presque entière étoit souvent spectatrice oisive, & on lui a reproché de n'avoir pas vu qu'elle périroit si la France périssoit. Il semble qu'il soit facile d'assujettir l'Europe à la même monarchie. Cette monarchie universelle est impossible ; & c'est un cri de ralliement qu'on a employé, sans bien examiner ce qu'on disoit. Après l'avoir répété sans cesse contre Charles-Quint, on le fit valoir contre Louis XIV avec le même soin. Quel que soit l'orgueil ou le vertige des conseils d'un grand monarque, il y a lieu de croire que jamais le cabinet de Charles-Quint ou celui de Louis XIV ne songea à la monarchie universelle. La maison de France, qui est redoutable depuis près de huit cents ans, a profité dans le dernier siècle, & dans celui où nous vivons, des débris de celle d'Autriche qui étoit plus nouvelle, & qui n'avoit jetté les premiers fondemens de sa grandeur que dans le treizième siècle. Mais quel est son Empire en comparaison du reste de l'Europe ? Elle forme quatre branches ; l'aînée règne en France ; la puînée en Espagne, & deux cadettes de la puînée sur les Deux-Siciles & à Parme : & comment réunir sur tous les points les cabinets de Versailles, de Madrid & de Naples ? L'empereur réunit presque tous les états de la maison d'Autriche : mais ses domaines sont séparés : ses revenus sont peu considérables, & doit-il faire craindre une grande révolution ?

Après ces deux maisons, qui ont partagé l'attention de l'Europe jusqu'à présent, l'Angleterre & la Hollande ont été les deux puissances qui ont le plus influé dans les affaires de la partie du monde que nous habitons. La maison de France & la maison d'Autriche ont été, disent les publicistes, regardées comme les bassins de la balance de l'Europe. L'un & l'autre de ces bassins ont reçu leur mouvement de l'Angleterre & de la Hollande, qui en étoient comme le balancier. Ce n'est que par le seul motif de maintenir cet équilibre que la Hollande, l'Angleterre & plusieurs autres puissances avoient garanti la pragmatique-sanction de Vienne. La France elle-même, désarmée par ses victoires, & contente de quelques avantages qu'on lui avoit faits, avoit garanti cette même pragmatique-sanction que la seule crainte de sa puissance avoit enfantée ; & le sort de cette pragmatique n'a pas été heureux, quoiqu'elle eût été confirmée par le dernier traité de paix d'Aix-la-Chapelle.

Les princes, qui n'ont aucune vue particulière qui les écarte de l'intérêt commun de l'Europe, pensent que, pour la conservation de sa liberté, il est nécessaire que la maison de France & celle de Lorraine subsistent toutes deux & subsistent florissantes ; non qu'il soit à craindre de voir la monarchie universelle établie par l'une ou par l'autre, mais afin que leur ambition contenue respecte les gouvernemens établis, ou du moins soit plus modérée dans leurs réclamations ou dans leurs entreprises. Il est inutile d'ajouter avec les publicistes : « tant que Rome & Carthage conservèrent leur puissance entière, la terre fut libre ; aussi-tôt qu'on eut permis que Rome triomphât de Carthage, les républiques & les royaumes devinrent des provinces de l'Empire romain. Ces deux maisons sont Rome & Carthage pour l'Europe. Sa liberté est attachée à leur conservation, comme la liberté de l'univers le fut au sort de ces deux fameuses républiques. De même que la liberté de l'Europe dépend de la conservation de ces deux maisons, son repos dépend d'une certaine proportion & d'une égalité de forces qu'on doit mettre entr'elles, afin que l'une n'espérant guères de pouvoir rien emporter sur l'autre, elles ne se portent pas aisément à s'attaquer, & qu'elles servent ainsi réciproquement, l'une contre l'autre, de rempart & de défense aux états inférieurs ». Il n'est pas ici question de Rome ou de Carthage, & les tems sont bien changés.

Au reste, l'Europe offroit jadis un bien plus grand nombre de souverainetés. Comme elles étoient moins considérables, leurs mouvemens ou leurs déterminations ne portoient pas de si grands coups ; mais aujourd'hui il est plusieurs états dont les déterminations ne sont pas indifférentes à l'ordre général, ou pour lesquels, à le bien prendre, rien de ce qui se passe dans l'Europe n'est indifférent.

Les résolutions des maisons de France & de Lorraine ; celles de la Russie qui, malgré ses forces précaires, a obtenu une influence si marquée ; celles de l'Angleterre dont la marine est si redoutable, entraîneront vraisemblablement tout ce qui se trouvera dans la sphère de leur mouvement. La destinée des états moins considérables doit suivre la fortune de l'une de ces quatre puissances, selon qu'elles entreront dans son alliance, ou qu'elles se mettront sous sa protection. La puissance de ces quatre états n'est pas égale à beaucoup près ; mais on peut dire des plus foibles ce qu'Henri VIII, roi d'Angleterre, avoit voulu exprimer par sa devise : *celui pour qui je me déclare, l'emporte*. Il se fit peindre tenant la main droite une balance, dans les bassins de laquelle étoient les monarchies de France & d'Espagne avec un si juste équilibre, qu'il dépendoit absolument de lui de faire pencher celle où il laissoit tomber le poids qu'il avoit à la main gauche.

Pour revenir à cet équilibre, que de flots de sang il a fait répandre ! cette nouvelle idole, cette espèce de divinité des politiques ne se contente pas de la fumée de l'encens, ni de l'odeur des parfums, il lui faut des victimes humaines, & on lui en a déja sacrifié plus qu'on n'en immola jamais aux divinités les plus meurtrieres du paganisme. Il y a long-temps que, pour détourner des maux éloignés & incertains, les princes s'en causent de réels, & qu'ils se font la guerre pour tâcher de l'éviter. On n'a pas encore

core trouvé cet équilibre qui doit maintenir la paix, & qu'on cherche d'une manière si dangereuse. Si on l'avoit trouvé, il seroit impossible de le maintenir. Les passions des princes, les inclinations des peuples, les maximes des états, les changemens de règne, de petites circonstances que bien peu de personnes remarquent, & les révolutions intérieures ne dérangeroient-elles pas de si belles combinaisons ? L'équilibre peut-il être assez parfait, pour que la balance ne penche jamais plus d'un côté que de l'autre ? Pour qu'il y eût une parfaite égalité, il faudroit non-seulement une parfaite égalité de puissance, mais une parfaite égalité de génie entre les souverains & leurs ministres, & on comprend que c'est une espérance chimérique. Si on l'avoit atteint ce parfait équilibre, subsisteroit-il long-temps ? Des troubles intestins, un administrateur prodigue affoibliront une de ces deux monarchies qu'on regarde comme les bassins de la balance, pendant qu'un droit de succession, des acquisitions graduelles & une administration économe accroîtront la force de l'autre, & l'équilibre sera renversé. Le maintien de cet équilibre dépendroit d'ailleurs de la conservation des alliés des deux monarchies. Que l'un de ces alliés devienne ou plus puissant ou plus foible, la balance sera encore renversée : que s'il n'arrive aucun changement dans la puissance des alliés, n'en arrivera-t-il point dans leur volonté ? Le maintien de l'équilibre de l'Europe ne sera-t-il jamais sacrifié à leur ambition, à leur jalousie, à des desirs de haine & de vengeance, à des espérances de quelqu'avantage présent & particulier ? Quelle que soit la puissance de la maison d'Autriche, sous les règnes de Charles-Quint & de Philippe II, quarante ans d'un mauvais gouvernement suffirent pour l'affoiblir au point qu'elle devint aussi inférieure en forces à sa rivale, qu'elle lui étoit supérieure auparavant. Quel ne fut point l'agrandissement de la France sous le règne de Louis XIV, & l'abaissement de l'Espagne sous celui de Charles II ?

De la balance des différens intérêts politiques, quand ils sont mixtes.

Toute combinaison est plus ou moins difficile à faire en proportion du nombre d'objets, sur lesquels elle doit porter, & de la complication de ces mêmes objets, pris en eux-mêmes ou dans les rapports des uns aux autres.

Il ne suffit pas d'étudier séparément les divers *intérêts politiques*; il faut en approfondir l'ensemble, puisqu'il n'est presque point d'états où ils ne se mêlent & ne produisent une réaction. Chaque état dépend tout-à-la-fois des circonstances de sa position, de la nature de son gouvernement, de ses besoins, de l'étendue de ses forces & de ses ressources, de la possibilité de les mettre en usage ; & l'état n'est bien gouverné, qu'autant que ces divers intérêts sont ménagés avec sagesse & suivis avec discernement. Chacun

Œcon. polit. & diplomatique. Tome III.

de ces intérêts doit être apprécié ; & les sacrifices ou l'abandon de ceux qui sont le moins importans, demandent à être pesés mûrement.

Il est presque impossible, quand même on les pourroit tous approfondir, de faire tout ce que chacun sembleroit exiger. Quand on le pourroit, peut-être même seroit-ce mal faire, parce qu'en tout état il est plusieurs sortes d'intérêts ; quelques-uns méritent plus ou moins d'attention de la part d'un homme public ; & une attention égale à des objets dont l'importance n'est pas la même, mettant de niveau ce qui n'est pas fait pour l'être, seroit un vice dans l'administration.

On doit toujours distinguer les intérêts généraux & ceux de détail. Dans l'un & l'autre genre, il y en a d'essentiels, de simple utilité & de simple convenance.

Il est moins difficile de se méprendre dans la façon de juger des intérêts généraux, que dans l'examen des intérêts de détail ; ceux-ci demandent plus de connoissances particulières que les premiers, auxquels suffit quelquefois l'opération simple du bon sens ou du raisonnement, parce qu'ils sont si palpables qu'on les pourroit mettre au rang des vérités géométriques qui portent leur démonstration avec elles.

Un intérêt général, par exemple, & nécessaire à chaque état, est celui de sa conservation ; elle dépend de la sûreté de ses frontières, & cet intérêt est commun à tous les états.

Pour un état commerçant il faut y ajouter ce qui peut intéresser son commerce, parce qu'il en tire sa richesse ; & que s'il diminue, le corps de l'état s'affoiblit dans la même proportion. Nous parlons ici d'après les principes ou les préjugés reçus ; & nous ajouterons, d'après les mêmes principes & les mêmes préjugés, que cette considération entrera encore dans les objets de la conservation, parce que tout affoiblissement continué conduit à l'impuissance ou à la destruction.

Un état républicain comptera entre ses intérêts généraux essentiels, ceux de sa liberté. La sûreté de ses frontières sera un moyen de détail. Il exige une attention plus particulière à éloigner le théâtre de la guerre, & à prévenir les querelles entre les puissances voisines qui pourroient l'entraîner dans les engagemens ruineux ou même hasardeux. Son vrai système sera de se tenir toujours en état d'employer les bons offices de médiation, soit pour concilier les différends avant qu'ils éclatent, ou pour ramener à des sentimens de paix. Rien n'est plus propre à procurer une grande considération, quand on soutient le caractère d'impartialité qu'exige toute médiation en matière publique comme dans l'ordre civil. On s'exposeroit sans cela à recevoir, par la récusation de quelqu'une des parties, un affront qu'on ne pourroit imputer qu'à soi.

Pour un état maritime, ce sera un intérêt général & essentiel que d'assurer ses ports & ses côtes, d'avoir des forces considérables de mer pour les défendre. Les vaisseaux sont pour les uns ce que les forteresses sont pour les autres. La protection du commerce entrera encore dans les moyens de détail, parce qu'un état maritime ne peut subsister & prospérer que par le commerce, qui n'est jamais florissant qu'autant qu'il peut compter sur une protection efficace de la part du gouvernement, & elle ne peut être telle qu'autant que ses forces maritimes sont supérieures.

Une puissance majeure aura un intérêt général & nécessaire à veiller à ce qui pourroit agrandir celles qui sont avec elle à-peu-près en rapport d'égalité. Un moyen de détail pour elle sera d'empêcher que les puissances moyennes ou du troisième ordre ne soient opprimées ou envahies, parce que le contre-coup d'un pareil événement compromettroit sa propre considération.

Pour une puissance moyenne, ce sera un intérêt général & nécessaire de ne point entrer dans les querelles des grandes, parce que si son concours donnoit de la prépondérance à l'une, l'équilibre en pourroit souffrir, & que le salut des moyennes est dans le maintien de cet équilibre.

Une puissance du troisième ordre aura pour intérêt général & nécessaire de ne se brouiller avec personne, & en particulier de ménager autour d'elle des protecteurs & des défenseurs contre l'avidité des conquérans.

On ne sauroit donc prendre d'engagemens qui blessent ces intérêts généraux & nécessaires, sans commettre des fautes politiques très-funestes.

Les intérêts de simple utilité dépendent un peu plus de l'opinion, & sont par conséquent plus sujets à erreur ; mais les erreurs y sont moins dangereuses, pourvu qu'elles ne fassent point sacrifier ou compromettre ses intérêts généraux ou essentiels, ou ceux des autres. C'est dans ce dernier cas qu'on excite contre soi la défiance & la haine publique.

Il peut, par exemple, y avoir une utilité de détail à se lier avec une puissance, à prendre & à soutenir ses intérêts ; mais s'il doit en résulter vraisemblablement quelque suite contraire aux intérêts généraux & nécessaires, ce sera un faux plan de politique.

Dans l'ordre particulier, on regarderoit comme un fou quiconque, pour augmenter son bien, se mettroit dans le risque vraisemblable de le perdre tout entier. Quoiqu'en matière politique on ne puisse pas établir une proportion exactement géométrique entre les résolutions & les événemens, parce qu'ils sont incertains, il faut du moins, pour excuser & justifier les résolutions, qu'elles aient pour elle plus de probabilité.

Il est rare que l'on puisse se livrer impunément aux intérêts de pure convenance ; cela suppose des objets foibles en eux-mêmes, & qui ne méritent pas qu'on s'expose à des hasards.

Cette considération devient encore bien plus grave, s'il s'agit de droit de convenance qui, sans respect pour la justice & pour le droit d'autrui, arme un conquérant & le porte à entreprendre de dépouiller ses voisins, parce que ses dépouilles sont à sa bienséance. Le concours des moyens qui se réunissent contre de pareilles entreprises, fait tomber ordinairement toutes les proportions entre les risques & les avantages.

En général, tout ce qui est de pure convenance est trop arbitraire, & l'arbitraire est le poison de la politique sensée. Si nous suivons des intérêts essentiels, personne ne nous blâmera ; & les gouvernemens, ainsi que les individus, exercent sur ces objets une censure assez raisonnable.

Il est donc peu de partis à prendre, qui ne soient sujets à quelque inconvénient. Il est bien difficile de calculer le pour & le contre, & c'est ce que doit faire un homme d'état dans tous les momens : il doit sans cesse combiner ce qu'il y a à gagner, le rapprocher de ce qu'il peut perdre, évaluer la valeur de l'un & de l'autre ; dans le nombre des objets de perte, calculer ceux qui influent le moins sur les intérêts généraux & essentiels, & ceux qui en pourroient être destructifs ; prévoir les ressources pour être dédommagé par quelque chose, des risques que l'on court ; juger si ce que l'on peut perdre est susceptible d'être réparé ; examiner si ce que l'on prévoit qu'on perdra, ne sera pas par lui-même un obstacle au succès de l'objet qui nous détermine : la combinaison de tous ces élémens est presqu'infinie.

Quels peuvent être les guides sûrs dans un pareil labyrinthe, où il est si facile de s'égarer ? Une parfaite connoissance de l'intérieur & des moyens de l'état ; une égale connoissance, autant qu'il est possible, de l'intérieur & des moyens des autres, afin de calculer les proportions d'une manière exacte ; une grande netteté d'idées pour voir chaque chose dans son juste point de vue ; une droiture d'esprit, qui les compare l'une à l'autre selon leur valeur réciproque ; de la suite & de la prévoyance, pour ne point laisser confondre les diverses sortes d'intérêts ; une attention continuelle & suivie sur les évenemens pour en tirer des avantages, ou pour réparer les désordres qu'ils peuvent occasionner dans les premiers plans & dans les intérêts essentiels ; une sagesse, prompte à céder ou aux obstacles invincibles, ou à ceux contre lesquels on ne pourroit lutter qu'avec trop de pertes. Et cette dernière qualité est peut-être une des plus essentielles dans l'ordre politique, puisqu'elle intéresse le bonheur général ; & que souvent une persévérance déraisonnable, dans les vues d'un seul homme, qu'on peut nommer entêtement, force tous les ressorts politiques, & produit un ébranlement général.

Exiger d'un seul homme tant de qualités, c'est

peut-être rappeller la république de Platon, pour laquelle il auroit fallu créer des hommes exprès; mais est permis de peindre ce que les administrateurs, en certaines occasions, devroient être, & ce qu'il seroit à souhaiter qu'ils fussent. Ce tableau peut exciter l'émulation, & leur donner le desir d'approcher de la perfection.

Voyez les articles DÉMOCRATIE, ARISTOCRATIE, MONARCHIE, GOUVERNEMENT, LOI, & tous les autres articles qui ont rapport à l'administration.

INTERNONCES, ministres du second ordre, qu'envoie le pape dans les cours; ils font ce que les envoyés y font de la part des autres puissances. Le pape n'a ordinairement qu'un *internonce* à Cologne auprès de l'électeur de ce nom; à Bruxelles, auprès du gouverneur des Pays-Bas autrichiens; auprès des cantons suisses catholiques, &c.

La Pologne envoie aussi à la Porte, des ministres sous le titre d'*internonces*, comme elle appelle *nonces* les députés qui font aux diètes. On donne encore à Vienne le titre d'*internonces* à certains ministres du grand-seigneur.

Enfin les auditeurs de nonciature envoyés par le pape avec un nonce, & qui exercent à-peu-près les fonctions de nos secrétaires d'ambassade, prennent souvent le titre d'*internonces*, dans l'intervalle du départ d'un nonce à l'arrivée de son successeur, & alors cette qualité signifie un chargé d'affaires pendant l'absence du nonce.

La France ne reconnoît point d'*internonces*, quoiqu'elle reconnoisse des auditeurs de nonciature. *Voyez* AUDITEUR DE NONCIATURE & NONCE.

INTRODUCTEUR DES AMBASSADEURS. On nomme ainsi celui qui, entr'autres fonctions de sa charge reçoit & conduit les ministres étrangers dans la chambre de leurs majestés & des enfans de France, & auquel on s'adresse pour les particularités qu'il convient de savoir au sujet du cérémonial.

Cette charge n'a été établie en France qu'à la fin du dernier siècle; &, dans la plupart des autres cours, elle est confondue avec celle de maître des cérémonies.

Les admissionales, employés par les romains dans le troisième siècle, répondent à nos *introducteurs des ambassadeurs*. Lampride dit d'Alexandre, qui monta sur le trône en 208 : *quid salutaretur quasi unus de senatoribus, patente velo admissionalibus remotis.* Il en est fait mention dans le code théodosien, ainsi que dans Ammien Marcellin, lib. XV, cap. 5, où l'on voit que cet emploi étoit très-honorable. Corippus, *lib. III de laudib. Justini,* qui fut élu empereur en 518, donne à cet officier le titre de *magister.*

INVALIDES MILITAIRES. Ce mot n'a pas besoin de définition : nous ne ferons ici que la description de l'hôtel des *Invalides,* fondé par Louis XIV : plusieurs écrivains en ont examiné des avantages & des inconvéniens; & les principes & les faits qu'ils établissent, mettront le lecteur en état de juger les autres établissemens de cette espèce : nous ne nous permettrons pas cette discussion.

« Outre les différens établissemens que nous
» avons faits dans le cours de notre règne, il
» n'y en a pas, dit Louis XIV dans son testa-
» ment, qui soit plus utile à l'état que celui
» de l'hôtel royal des *Invalides.* Il est bien
» juste que les soldats qui, par les blessures qu'ils
» ont reçues à la guerre, ou par leurs longs ser-
» vices & leur âge sont hors d'état de travailler
» & de gagner leur vie, aient une subsistance
» assurée pour le reste de leurs jours. Plusieurs
» officiers y trouvent aussi une retraite honora-
» ble. Toutes sortes de motifs doivent engager
» le dauphin & tous les rois nos successeurs, à
» soutenir cet établissement & à lui accorder une
» protection particulière. Nous les y exhortons
» autant qu'il est en notre pouvoir ».

Toute la majesté du siècle de Louis XIV & du caractère de ce prince respire encore dans les bâtimens de l'hôtel des *Invalides.* On ne peut le parcourir sans une admiration mêlée de respect. Cette émotion nous a accompagné dans la recherche des titres & de la législation qui le gouvernent.

Il est le plus ancien des asyles consacrés dans l'Europe aux soldats. Il a fourni le modèle de tous les autres; & quelque cas qu'on veuille faire de ceux de Chelsea & de Greenwich, je crois celui de Paris le premier du monde entier. C'est ce qui m'a déterminé à en faire entrer la description dans un ouvrage de la nature de celui-ci.

On appelloit *oblats* ceux qui, dans le dixième siècle & dans les suivans, se donnoient aux abbayes avec leurs biens, & même quelquefois avec leurs familles, au point d'entrer dans la servitude des abbayes, eux & leurs enfans. Il subsiste encore de ces *oblats* dans la Flandre & dans les ordres de Cîteaux & des Chartreux.

L'église a depuis ouvert l'entrée des monastères à une autre espèce d'*oblats.* C'étoient des soldats estropiés & *invalides* que le roi mettoit dans les abbayes ou prieurés conventuels, & qui étoient de fondation royale, ducale ou comtale. Les religieux chez lesquels ils étoient placés, étoient obligés de leur donner une portion monacale. Le soldat *invalide,* de son côté, étoit chargé de sonner les cloches & de balayer l'église & les cours.

Cette institution, dont la singularité tient aux siècles qui l'ont vue naître, n'avoit, en 1670, presque plus lieu pour ceux auxquels la religion & l'état l'avoient consacrée. La plupart des places de religieux lais se trouvoient remplies par les domestiques de différentes personnes (1), & presque toutes possédées par des gens qui n'avoient jamais porté les armes, ou qui avoient très-peu servi dans les troupes.

Pour remédier à cet abus, le roi ordonna (2) que ceux qui se trouveroient pourvus de ces places, rapporteroient ès mains du secrètaire d'état ayant le département de la guerre, les provisions, certificats & autres titres en vertu desquels ils en jouissoient. Déja elles avoient été converties, dans la plupart des monastères, en pensions qui venoient, par une déclaration du roi, d'être fixées à la somme de 150 liv. Par la nouvelle ordonnance (3), toutes les places furent commuées en pensions de cette valeur; & les abbayes & prieurés qui y étoient sujets, furent obligés de les payer entre les mains du receveur général du clergé.

Les fonds furent alors divisés en deux parties égales; l'une destinée à l'entretien des soldats qui véritablement avoient été blessés ou estropiés à la guerre, ou qui, par leur grand âge ou pour avoir vieilli dans le service, se trouvoient incapables de le continuer; l'autre consacrée à des pensions pour des officiers des troupes d'infanterie, lesquels ont reçu des blessures en servant.

En conséquence, tous les sergens & soldats qui n'étoient plus en état ni en âge de servir, reçurent ordre de se rendre à Paris (4), pour y justifier pardevant le secrétaire de la guerre & par bons certificats, tant des colonels ou commandans des corps dans lesquels ils avoient été enrôlés, que des commissaires des guerres à la suite de ces corps, le temps de leur service, leurs blessures & les occasions dans lesquelles ils les avoient reçues. Ceux qui, en conséquence de cet examen, se trouvèrent effectivement avoir été estropiés dans le service, & ceux qui, pour y avoir vieilli & y avoir été au moins dix ans, ne pouvoient le continuer, furent nommés pour habiter un hôtel déja commencé, & y être vêtus & nourris le reste de leurs jours. Mais, pour commencer un si bel établissement, on jugea à propos de louer une grande maison dans le fauxbourg Saint-Germain, & d'y fixer les soldats *invalides* jusqu'au moment où on pourroit les loger dans l'hôtel même qui leur étoit destiné (5).

Ce magnifique hôtel fut construit sur les desseins de Libéral Bruant. Il étoit presqu'achevé au mois d'avril 1674 que parut l'édit du roi pour l'établissement de l'hôtel royal des *Invalides*. C'est avec plaisir que nous avons reconnu que les vues exposées dans cet édit, gouvernent encore en grande partie cet établissement, & que les dispositions législatives qui sont depuis survenues, n'ont tendu réellement qu'à le perfectionner. L'ordonnance de 1776 n'en a point altéré la constitution, comme quelques-uns l'ont cru; elle n'a fait que donner à un corps aussi vaste un mouvement plus simple & plus régulier, une forme plus nette & plus libre.

Nous n'entrerons pas dans le détail historique des accroissemens de l'hôtel des *Invalides*. Mais nous fondrons toutes les loix qui le régissent, & nous présenterons l'état actuel de toutes les parties qui le composent.

La première intention du fondateur avoit été de n'y admettre que les soldats. Une partie des *oblats* étoit destinée à faire des pensions pour les officiers ou estropiés, ou devenus incapables de servir par leur âge; des pensions de deux cents livres aux capitaines, de cent cinquante livres aux lieutenans, de cinquante livres aux sergens; mais il paroît que, dès l'année 1674, l'hôtel fut ouvert aux officiers, en conservant leurs pensions.

L'ordonnance du 3 décembre 1730 est la première qui ait déterminé bien positivement les classes des anciens militaires reçus à l'hôtel; & elle a servi depuis à graduer d'une manière assez certaine les postes différens qu'ils occupent dans les régimens.

La première classe est composée des officiers des troupes du roi, des gardes du corps, gendarmes, chevau-légers, sergens des gardes françoises & suisses après dix ans de service en ladite qualité, des officiers de la connétablie & des maréchaussées, y compris les exempts.

La seconde classe est composée des maréchaux des logis de la cavalerie, des dragons & des sergens d'infanterie lorsqu'ils ont servi dix ans en ces qualités, des gardes-magasins, capitaines & conducteurs d'artillerie.

La troisième classe réunit les soldats, cavaliers & dragons, archers de la connétablie & des maréchaussées, maîtres ou simples ouvriers & charretiers d'artillerie.

L'hôtel a quelquefois reçu dans ses bâtimens près de trois mille hommes, officiers & soldats. Le nombre de ceux qu'on y admet actuellement, se monte au plus à quinze cents; savoir, six lieutenans-colonels, douze commandans de bataillon ou majors, soixante capitaines de la première & seconde classe, deux cents lieutenans, soixante maréchaux des logis, deux cents douze bas-offi-

---

(1) Ordonnance du 24 février 1670.
(2) Ordonnance du 24 février 1670.
(3) Déclaration de janvier 1670.
(4) Ordonnance du 24 février 1670.
(5) Ordonnance du 15 avril 1670.

ciers, & neuf cents cinquante soldats (1). Sur ce nombre de places, il y en a cent qui, proportionnellement aux grades, restent vacantes & sont uniquement destinées, pendant le cours de l'année, aux militaires dont l'admission à l'hôtel ne peut être différée, par le genre de leurs infirmités ou de leurs blessures.

Les blessures & les infirmités ont toujours été un titre sûr pour être admis ; mais on a beaucoup varié sur l'âge & le temps de service nécessaires pour être reçus. Comme le nombre de ceux qui peuvent y demeurer, a été fort restreint par l'ordonnance de 1776, on n'y reçoit plus, après les blessés & les infirmes, que ceux qui ont soixante & dix ans révolus (2).

Le directeur dresse chaque année, à l'époque du 1er décembre, un état des remplacemens à faire indépendamment des cent places réservées, le fait approuver du gouverneur, & le remet au secrétaire d'état de la guerre. Aussi-tôt que cet état est revêtu de la sanction du ministre, le gouverneur propose à chacun des intendans des provinces le nombre des officiers, bas officiers & soldats *invalides* qui peuvent être admis dans l'hôtel, proportionnellement à celui des *invalides* retirés dans leurs généralités. Ce sont les commissaires des guerres, qui sont chargés par les intendans de leur rendre compte des hommes qu'ils croient les plus susceptibles de cette grace. Lorsque le résultat de ce travail est approuvé par le gouverneur & par le ministre, on adresse aux intendans les routes sur lesquelles les *invalides* se rendent à l'hôtel.

Les deux cents soixante-dix-huit officiers conservés à l'hôtel sont distribués en trois divisions, dont chacune est commandée par deux officiers que nomme le gouverneur.

Leur uniforme est habit, veste & culotte de drap de Châteauroux, bleu de roi, 4 quarts entre les deux lisières, paremens de drap écarlate, doublure de refoulé rouge-garence pour l'habit & blanc écru pour la veste, quatre plis de chaque côté, vingt-huit boutonnières d'argent-cordonnet, dix-huit à la veste, boutons argentés sur bois aux armes du roi surmontées de la couronne royale, culotte doublée de toile de garence, boutons, poches & bourssons.

Depuis le premier octobre 1701, l'habit de l'officier a toujours été distingué de celui des bas-officiers & soldats par une tresse d'argent de trois lignes de large sur toutes les tailles, & a double rang sur les paremens & poches. Ce n'est qu'en 1752 que le ministre ordonna la suppression de la tresse d'argent, pour y substituer des boutonnières d'argent qui ont eu lieu le premier janvier 1753, jusqu'à l'époque du réglement arrêté par le roi le 2 septembre 1775 qu'elles ont cessé d'avoir lieu. On a donné alors à l'officier l'habit tout uni, boutonnières de la couleur de l'étoffe & une épaulette d'argent. Le 30 septembre 1778, sur les représentations faites par le gouverneur que des soldats mal intentionnés mettoient dans Paris des épaulettes sur leurs habits, on a rétabli les boutonnières d'argent.

Le roi ayant reconnu, par le compte qui lui avoit été rendu des logemens des officiers retirés à l'hôtel des *Invalides* (3), que plusieurs de ceux qui étoient dans le cas, soit par l'ancienneté de leurs services, soit par leurs blessures, d'y obtenir des places, particulièrement les officiers parvenus à la tête des corps, se privoient de cet avantage par l'incommodité qu'ils trouvoient à être logés dans des chambres communes à quatre officiers, lesquelles d'ailleurs étoient sans cheminée, ordonna en 1749 la construction d'un nouveau bâtiment, où les officiers sont logés séparément, ou deux à deux suivant la supériorité des grades dans lesquels ils ont servi.

On donne à chaque officier, dans une chambre à un lit, deux voies de bois, cent cotterets & vingt-quatre livres de chandelles ; & dans chaque chambre à deux lits trois voies de bois, cent cinquante cotterets & trente livres de chandelles. Ce secours a été accordé par l'ordonnance du 9 septembre 1749.

La cuisine & le réfectoire des officiers furent séparés en 1766, de la cuisine & du réfectoire des soldats. On délivre chaque jour au cuisinier une ration pour chacun des officiers présens & effectifs. Elle est composée d'une livre un quart de pain blanc, de cinq demi-septiers de vin & d'une livre & demie de viande. On a converti en légumes la demi-livre de viande qu'ils avoient de plus précédemment.

Les gratifications n'étoient que de trois livres indistinctement pour chaque officier par mois avant l'ordonnance de 1749. Elles furent alors portées à trente liv. pour ceux qui auroient commandé en qualité de lieutenans-colonels ; à vingt-quatre liv. pour ceux qui n'en auroient eu que le titre, ou pour les lieutenans-colonels de la milice, pour chaque commandant de bataillons des troupes réglées ; dix-huit livres à ceux de la milice ; douze livres pour les capitaines des troupes réglées & les aides-majors pourvus du titre de capitaine ; à six livres pour les officiers de milice, qui auroient commandé une compagnie comme capitaines ; les officiers des autres troupes qui auroient commission de capitaine, pour les capitaines en second des troupes françoises ou étrangères qui n'auroient

---

(1) Ordonnance du 17 juin 1776, art. 4, tit. 1.
(2) Art. 6.
(3) Préambule de l'ordonnance du 9 septembre 1749.

point eu de compagnie, & pour les capitaines-lieutenans des régimens suisses. Les officiers reçus en qualité de lieutenans à l'hôtel, continuèrent de recevoir trois liv. par mois.

Mais ces gratifications ont été fixées par l'ordonnance de 1776 (1) à douze liv. par mois pour les lieutenans-colonels des première & seconde classes ; à neuf livres pour les commandans de bataillon ou major ; à six liv. pour les capitaines de première & seconde classe ; à trois livres pour les lieutenans.

Depuis la fondation de l'hôtel, les officiers de tout grade étoient reçus aux infirmeries indistinctement avec les bas officiers & soldats. Il a paru honnête & convenable à l'administration de prendre, en 1778, deux salles donnant sur la cour de la boulangerie, de les faire approprier, d'y mettre quarante lits neufs, & d'intituler ces salles : *salles de messieurs les officiers.*

Une lettre de M. le comte d'Argenson, en forme de réglement, a fixé les honneurs funèbres. En conséquence, on commande pour le lieutenant-colonel, un capitaine de la compagnie des fusiliers, un lieutenant, deux sergens, un tambour & cinquante bas-officiers ; pour un commandant de bataillon, un pareil détachement, excepté qu'il n'est que de quarante bas-officiers ; pour un capitaine, un capitaine, un lieutenant, deux sergens, un tambour & quarante soldats ; pour un lieutenant, un lieutenant, un sergent, un tambour & vingt soldats.

Quatre officiers du même grade soutienenent les quatre coins du poële ; & à leur défaut, ceux du grade suivant. Les bas-officiers & soldats commandés portent les armes traînantes.

Le nombre des bas-officiers résidans dans l'hôtel, a été réduit à deux cents douze, & celui des soldats à neuf cents cinquante. Ces douze cents vingt-deux maréchaux des logis, bas-officiers & soldats sont distribués en douze divisions. Chacune est commandée par un capitaine, deux lieutenans, quatre maréchaux des logis & huit bas-officiers ; de manière que chaque bas-officier puisse avoir douze hommes environ sous son inspection, le maréchal des logis vingt-cinq, le lieutenant cinquante.

On fournit tous les jours aux bas-officiers chargés du détail de chaque division, une ration pour chacun des hommes présens & effectifs ; laquelle est composée d'une livre six onces de pain bis-blanc, d'une demi-livre de viande, d'une portion de légumes, d'une chopine de vin pour les soldats, & d'une chopine & demie pour les maréchaux des logis & bas-officiers.

On a établi en 1773, par économie, & pour éviter la dépense de la consommation du linge de table & du blanchissage, des tables de marbre dans les quatre grands réfectoires des soldats.

Les règles qui maintiennent la discipline admirable de cette maison, sont :

Pour la résidence à l'hôtel : les bas-officiers & soldats ne peuvent sortir, sans montrer aux portiers un billet signé du gouverneur, & sur lequel les trois jours de sortie par semaine sont indiqués. Il y a même des peines graves prononcées contre celui qui diroit avoir perdu son billet, pour en obtenir un autre chargé de trois autres jours de sortie, afin de pouvoir s'absenter pendant la semaine. Aucun officier ou soldat ne peut découcher sans en avoir obtenu la permission du gouverneur, sur la demande qui en est faite par le commandant de leur division. Tous les commandans de divisions sont tenus de faire trois appels par jour, lesquels sont signés d'eux, afin qu'ils puissent répondre personnellement de leur exactitude ; le premier à l'heure du lever, le second au dîner, & le troisième au souper. Il n'est permis aux bas-officiers & soldats de découcher que trois jours de la semaine au plus, les lundi, mercredi & vendredi.

Pour la conduite dans l'hôtel, les officiers ne peuvent en sortir pendant les quinze premiers jours de leur admission ; les soldats, pendant les quarante premiers jours. Tout bas-officier & soldat est obligé de remettre au portier son épée, toutes les fois qu'il y rentre. Il est expressément défendu d'avoir dans les chambres, des armes à feu, poignards ou bayonnettes. Les repas se prennent en commun. Je desirerois seulement qu'il y eût plus d'ordre, moins de tumulte, plus de propreté, & moins de hâte. Il n'est jamais permis de porter des alimens dans les chambres, d'y avoir du vin ou d'autres liqueurs ; de jouer à quelque jeu que ce puisse être, dans les corridors, chambres, poëles & autres lieux de l'hôtel, les fêtes & dimanches ; & dans les corridors, à quelque jour & à quelque heure que ce soit : aucun étranger ne doit coucher dans la maison.

L'ame générale de cet établissement est la plus sévère subordination. Les peines ordinaires y sont sévères. Les arrêts, la privation du vin, la prison, la confiscation, la défense de sortir, quelquefois le cheval de bois (je n'ai vu cette dernière indiquée que dans le cas où on feroit coucher un étranger dans son lit), & enfin le renvoi. Autrefois on envoyoit à l'hôpital de Bicêtre.

Ceux qui jureront & blasphêmeront le saint nom de Dieu pour la première fois, seront mis en prison pendant deux mois ; & s'ils ne se corrigent pas, seront chassés de l'hôtel sans espérance d'y pouvoir rentrer.

Les officiers qui se prennent de vin une première fois, sont mis aux arrêts, & leur vin retranché pendant huit jours. Les bas-officiers & soldats

(1) Tit. 2, art. 25.

qui auront été huit fois en prison pour cette faute, & ne s'en feront pas corrigés, feront chaffés abfolument.

Il eft féverement défendu à tous ceux qui font dans cet hôtel, tant fergens que foldats, de fuivre, de quelque manière & fous quelque prétexte que ce puiffe être, même d'amitié ou d'alliance, ceux qui font attirés par leur curiofité dans l'hôtel, pour le voir & s'y promener, ni de leur rien demander, à peine d'un mois de prifon; & pour l'obfervation de ce réglement, les aides-majors doivent aller de temps en temps dans tous les lieux de l'hôtel, & remarquer ceux qui y contreviennent, pour les faire conduire & mettre au cachot au même inftant.

Il eft auffi défendu aux invalides qui ont la liberté de fortir, de mendier dans la ville ou dans les maifons, d'acofter des filles de joie, de jouer fur les places publiques, & de fréquenter les tabagies & autres lieux de défordre, & ce fous les peines les plus rigoureufes. Ceux qui vendent ou qui débitent aucune forte de tabac, font chaffés de l'hôtel.

Tous les officiers, bas-officiers & foldats qui ont pris le mal vénérien, étant réfidens dans l'hôtel, font condamnés pour la première fois à demeurer un an fans fortir de la maifon; & pour la feconde fois, après être guéris, font chaffés pour toujours.

Pour leur donner lieu de s'appliquer à des chofes qui leur foient avantageufes, il leur eft permis de travailler dans leurs chambres ou dans les lieux deftinés pour cela, aux jours ouvrables; & on leur fournit des outils & tout ce qui eft néceffaire, pour leur donner les moyens d'apprendre & d'exercer les métiers dont ils font capables; & le travail qu'ils font, tourne entiérement à leur profit.

On ne doit avoir ni feu ni chandelle allumés dans les chambres, après la dernière retraite battue, à peine aux officiers d'être mis aux arrêts pendant huit jours, & aux autres de pareil tems de prifon, au pain & à l'eau pour la première fois, & d'un plus grand châtiment pour la feconde.

Il eft défendu à tous officiers, bas-officiers & foldats *invalides*, tant ceux qui demeurent dans l'hôtel que ceux qui font dans les compagnies de détachement, de fe marier fans permiffion; & ceux qui contreviennent à cette défenfe, font chaffés du corps fans efpérance d'y rentrer.

Ceux qui réfident dans l'hôtel au temps de Pâques, font obligés de faire leur devoir pafchal dans la paroiffe de S. Louis de l'hôtel, fous peine aux officiers d'être mis aux arrêts pendant trois mois; & aux foldats, de prifon pour pareil tems. A cet effet, on ceffe de leur accorder un congé pour aller dans leur pays vaquer à leurs affaires ou autrement, à commencer depuis la mi-carême jufqu'à pâques, fous quelque prétexte que ce foit; après quoi, pour l'obtenir, ils font obligés jufqu'à la Pentecôte de chaque année, de préfenter au gouverneur un billet, figné des prêtres de la miffion établis dans l'hôtel, pour connoître qu'ils ont fait leur devoir, fans quoi leur congé ne peut être expédié. Il n'eft donné aucune permiffion de découcher les famedis, devant tous affifter les dimanches au fervice divin dans la paroiffe de l'hôtel.

Il n'eft perfonne qui, en entrant dans le magnifique temple des *Invalides*, n'ait été frappé de la manière dont on y fert le Dieu des armées, & n'ait, à différentes reprifes, quitté les fuperbes morceaux de fculpture, de peinture & d'architecture qu'il réunit, pour admirer l'attitude refpectueufe, la piété franche d'un grand nombre de militaires qui viennent y adreffer leurs prières au roi des rois. Il n'eft aucun inftant de la journée où Dieu n'y reçoive les vœux de ces refpectables victimes de la patrie. Combien eft augufte le cortège de ces braves foldats dans les cérémonies publiques de religion! Nous ne craignons point d'être démentis, en difant qu'il n'eft point de temple ni de monaftère qui produife la même impreffion. Avec quelle fenfibilité nous jettons les yeux fur ces précieux reftes de la piété de nos armées, lorfque nous penfons aux principes irreligieux qui défolent actuellement la nation & nos troupes. Hélas! la bravoure eft-elle accrue? en fert-on mieux le prince que la religion nous oblige de regarder comme l'image de Dieu?

Nous rendons ici avec un fenfible plaifir hommage au zèle plein de lumière & de charité de meffieurs les prêtres de la miffion, auxquels l'adminiftration fpirituelle de la maifon eft confiée, & aux fages règles qui y font en vigueur.

Les prêtres de la miffion gouvernent le fpirituel de l'hôtel, fous la conduite de l'un d'entre eux qui a le nom & fait les fonctions de curé depuis fa fondation.

L'ordonnance du 17 juin 1766 réduit le clergé de l'hôtel à un curé, quatre prêtres, un ferpent & quatre enfans de chœur, auxquels, y compris le luminaire de l'églife & l'entretien des ornemens, elle affigne la fomme de dix mille liv.

Les différens contrats, paffés entre le roi & les prêtres de la maifon, portent que ceux-ci feront fous la protection fpéciale du roi, fans que le gouverneur & autre officier de l'hôtel aient aucune vue ni autorité fur eux; qu'on leur fournira toutes les clefs néceffaires pour aller & venir, tant dans les infirmeries que dans les autres appartemens où leur miniftère fera néceffaire; que le gouverneur & les autres officiers les appuyeront dans l'exercice de leurs fonctions, particuliérement quand il s'agira d'empêcher les juremens, blafphêmes, ivrogneries, querelles & fcandales.

Les loix religieufes qui font en vigueur dans cette maifon, font peu nombreufes, mais trèsfévères. J'en ai déja cité quelques-unes, & il me paroît fuperflu d'entrer dans un plus grand détail

Il y a dans l'hôtel deux espèces d'infirmes, dont l'adminiftration s'eft toujours occupée. On les appelle *manieros* & *moines lais*.

Les *manieros* font des foldats qui, ayant eu le malheur de perdre l'ufage de leurs membres, ont befoin d'être aidés & fervis. Il faut payer ceux qui font en état de les aider. On accorda à cet effet, en 1689, quatre francs par mois. Cette gratification fut réduite, en 1713, à quarante fols.

La table des foldats appellés, je ne fais pourquoi, *moines lais*, a été établie pour ceux qui, par des coups de feu qui leur ont brifé les mâchoires, n'ont plus de dents, & ne peuvent broyer les alimens ordinaires. Leur cuifine eft faite par les fœurs de la charité, & ils font fervis par elles. On ne donne aux moines lais que des viandes en hachis & des alimens faciles à mâcher. Ils ont du pain blanc. On conçoit que ces tables font plus difpendieufes à l'hôtel que les tables ordinaires.

Ces deux inftitutions de *manieros* & de *moines lais* ont donc eu pour principes, des vues très-humaines & très-juftes. Mais comme les meilleures loix deviennent prefque toujours abufives à la fuite des temps ; que les protections forcent fouvent les hommes qui difpofent des graces, à s'écarter des règles, la paye des *manieros* & la table des *moines lais* avoient été accordées à nombre de gens qui n'en étoient pas fufceptibles, & qui fouvent laiffoient derrière eux ceux qui les méritoient davantage. Ces abus donnèrent lieu à deux réglemens, en date du 4 décembre 1766, qui fixent la manière dont ces deux efpèces d'infirmes feront reçus.

En 1771, fur les repréfentations que le nombre des *manieros* & des *moines lais* qui fe préfentoient journellement, & qui pour la plupart cherchoient encore à obtenir ces graces par faveur, augmenteroit beaucoup & deviendroit très-onéreux à l'état, M. de Monteynard ordonna, conformément aux intentions du roi, qu'il ne feroit plus donné de ces places que par extinction.

L'ordonnance de 1776 avoit de beaucoup diminué le nombre des hommes qui habitoient l'hôtel. Il fe trouvoit alors quatre-vingt-feize *manieros* & cent trois *moines lais*. Il fut décidé, le 28 juillet même année, que ces deux claffes feroient fixées à cent hommes pour chacune, parce que ce qui reftoit d'hommes à l'hôtel, étoit la partie la plus âgée, la plus caduque, & qui avoit le plus befoin de ce fecours. Depuis cette décifion, on y tient exactement la main.

L'une des parties de l'adminiftration la plus intéreffante & la mieux furveillée eft celle des infirmeries. On ne paroît avoir rien négligé pour régler l'ordre qui doit y régner.

Le médecin demeure dans l'hôtel. C'eft le miniftre de la guerre qui le nomme. Il jouit des mêmes privilèges que les médecins du roi, & a le droit de *committimus*. Il doit faire deux vifites par jour. Le règlement de 1712 l'aftreignoit à ne fortir que trois fois la femaine & encore pour fix heures feulement ; & après en avoir obtenu l'agrément du gouverneur ; fon traitement a été réduit par l'ordonnance de 1776 à 3000 liv.

Le chirurgien-major a le même traitement & les mêmes obligations. Ce fut le célèbre M. Morand qui, en 1759, propofa au miniftre de ne plus admettre à cette place que celui qui auroit le mieux répondu dans une affemblée de chirurgiens tenue à cet effet dans l'hôtel. Ce plan eft exécuté. Le nombre des chirurgiens employés fous fes ordres avoit été fixé par M. de Crémille, & enfuite par M. de Choifeul, à huit. Il n'eft plus actuellement que du chirurgien gagnant maîtrife & de deux élèves.

L'un de ces chirurgiens doit toujours être de garde la nuit comme le jour. Ils font chargés des détails de l'appareil, dans lequel il ne leur eft jamais permis de jouer, qui doit être fermé pendant les heures des repas, & dans lequel un d'entr'eux doit coucher. Ils ne doivent emporter hors des infirmeries, ni médicamens, ni rien de ce qui leur eft confié pour le fervice de l'hôtel.

L'adminiftration a bien voulu ouvrir pour leur inftruction une école d'anatomie, à laquelle aucun étranger n'eft admis. Elle commence au mois de novembre, & finit à pâques. On ne fe fert jamais des corps des officiers, ni de ceux des foldats pour lefquels il y a un fervice. Ils ont un corps chaque femaine, & l'enlèvent après la retraite des malades ou pendant la meffe ; & ce, avec la permiffion du curé & l'ordre du chirurgien-major. Ils ne peuvent le garder que quatre jours. Les fœurs de la Charité donnent de quoi enfevelir les fujets dont on s'eft fervi, & qui font rendus entiers en préfence d'une des fœurs défignée par la fupérieure.

Il y a eu jufqu'en 1774 un apothicaire major, dont les fœurs de la Charité obtinrent la fuppreffion. L'apothicaire gagnant maîtrife en fait les fonctions. Il eft nommé après un concours qui fe fait dans l'hôtel, & où fe trouvent les maîtres apothicaires de Paris.

Les infirmeries font gouvernées par des fœurs de la Charité. Le premier contrat que l'hôtel paffa avec leur communauté, eft du 7 mars 1676. Elles furent alors établies au nombre de douze. Le fecond qui fut paffé par M. le duc de Choifeul, le 16 février 1769, porte leur nombre à trente. Par le premier, l'hôtel leur donnoit trente-fix liv. à chacune par an, & trente liv. à la grande communauté par forme de fubvention. Par le fecond, il leur donne à chacune la fomme de foixante & dix livres, & à la communauté générale il conferve celle de trente liv.

Les conditions de ces deux contrats font abfolument les mêmes. Les principales font : dépendance du feul miniftre de la guerre, & de fa part protection ;

protection; n'être destinées qu'aux malades réunis dans leurs infirmeries; être chargées de les recevoir & de les congédier; avoir seules l'administration de l'apothicairerie; être maîtresses de choisir & renvoyer les domestiques attachés au service des infirmeries; être dispensées de saigner, de donner des lavemens, de faire les lessives; faire l'approvisionnement des malades pour les jours maigres; prendre, sur les récépissés de la supérieure, les denrées, subsistances & effets pour lesquels il y a des marchés faits & des fournisseurs à l'hôtel; faire faire les réparations aux lits, linge & hardes, & en être remboursées sur des états certifiés véritables par elles; être traitées en maladie comme les *invalides*, & en tout être regardées comme filles de la maison, & non comme mercénaires. La supérieure générale conserve le droit de les changer.

La distribution des malades dans les salles est faite de manière qu'il y a deux salles consacrées aux malades, qui exigent un traitement & des remèdes particuliers & suivis (1). Ainsi, ceux qui se trouvent aux infirmeries pour raison de caducité, de paralysie, ou autres accidens qui n'intéressent pas la vie d'une manière prochaine, & qui enfin ne demandent pas de traitemens & de remèdes, ne peuvent contracter des maladies accidentelles & étrangères à leur état par le voisinage des autres.

Les heures du service sont ainsi divisées: avant la visite du médecin & chirurgien-major, les bouillons: à six heures du matin, les visites de ces officiers de santé; ensuite on fait les lits, à l'exception de ceux qui sont salis par les malades, & qu'on fait avant la visite: distribution de la portion à ceux qui doivent manger la portion & demi-portion, &c. Ceux qui ont été purgés & ont la permission de manger, dînent à midi & demi. Le souper est servi à cinq heures du soir pour ceux auxquels il a été permis. Après le souper, on distribue les remèdes du soir: A six heures, seconde visite des médecin & chirurgien-major. Dans les intervalles de ces différentes heures, on distribue des bouillons dans la proportion des portions; c'est-à-dire, que ceux qui sont à la portion entière, en ont moins que ceux à la demi-portion, & ceux-ci moins que ceux qui sont à la diète: les tisannes & boissons, dans le cours de la journée, suivant le besoin. La portion de vin pour les convalescens est fixée à une chopine. On la réduit en proportion des autres alimens, de sorte que ceux à la demi-portion n'en ont qu'un demi-septier, & ceux à la diète n'en ont point. On donne une livre de pain blanc aux officiers & soldats. Les premiers ont cinq quarterons de viande, & les autres une livre. Les quantités de viande sont toujours mises à la marmite sur ce pied, à cause du bouillon nécessaire; mais elles ne sont distribuées que suivant les feuilles de visites. Il y a des rechauffoirs pour les bouillons à l'instar de la Charité. Il y a des reverbères, dont des tuyaux de fer blanc conduisent la fumée au dehors. On a eu raison de supprimer les roulettes pour le transport des portions.

Il est défendu, sous peine de prison, d'apporter du dehors aux malades aucuns médicamens, drogues, viandes, alimens, boissons & liqueurs. La même peine est prononcée contre ceux qui emporteront les mêmes objets hors de l'infirmerie. Les *invalides* & autres personnes attachées à l'administration peuvent cependant prendre aux infirmeries les remèdes dont ils ont besoin, sur des billets signés du médecin & du chirurgien-major.

Les personnes du dehors ne peuvent entrer aux infirmeries qu'une fois la semaine, & le jour indiqué à cet effet. Elles ne peuvent y rester que depuis une heure après-midi jusqu'à deux. A l'effet de quoi, on commande pour ce jour & cette heure une garde aux ordres d'un officier de confiance.

Les personnes du dehors ne peuvent boire ni manger avec les malades & convalescens, sous quelque prétexte que ce soit. Tout trafic réciproque des subsistances & médicamens est expressément défendu, non-seulement entre les *invalides* qui sont aux infirmeries & les personnes du dehors, mais encore entre les *invalides* & ceux de l'hôtel, les infirmiers domestiques & autres.

Une décision de l'administration a supprimé avec raison les médecines de précaution, qui se prenoient hors des infirmeries. La salle des bains est fermée depuis 1775, à tous ceux à qui les officiers de santé ne l'ont pas ordonnée.

Les ouvriers & domestiques, ou blessés, ou malades, ou devenus infirmes au service de l'hôtel, sont reçus aux infirmeries.

On a jugé nécessaire, en 1780, de commettre un employé pour informer les chefs, de l'entrée, de la sortie, ou de la mort de ceux qui se rendent aux infirmeries.

Toutes les dispositions testamentaires qui se font dans l'hôtel, ne peuvent être reçues que par les notaires du Châtelet, ou par le curé, son vicaire, ou par un ecclésiastique de la maison en l'absence de l'un & de l'autre (2). En observant, de la part du curé, de signer & de faire signer les testateurs & trois témoins, conformément à l'article 289 de la coutume de Paris, tit. 14 des testamens. Il n'est pas permis d'y mettre quelque chose pour les prêtres de la mission, ou pour les sœurs de la Charité établies à l'hôtel.

---

(1) Règlement du 18 novembre 1766.
(2) Règlement du 29 juin 1716.

Écon. polit. & diplomatique, Tom. III.

Il étoit d'usage, lorsqu'un officier ou soldat mouroit aux infirmeries avec quelqu'argent sur lui qu'il n'avoit pas déposé, de l'enrégistrer sur un livre particulier que la sœur supérieure tient à cet effet, & qui est arrêté tous les trois mois par le directeur de l'hôtel, pour en être le montant remis au curé & distribué aux pauvres femmes & enfans des *invalides*. Mais il arrive que, parmi ces sommes, il s'en trouve quelquefois d'assez considérables pour faire le bien des héritiers de ceux qui les laissent; & il a été décidé, le 24 avril 1749, que toute somme excédant 12 liv. seroit portée au bureau du major, pour être conservée aux héritiers; & que les sommes au-dessous de 12 livres, continueroient à être délivrées au curé pour être employées en charités.

Dans le cas de décès d'officiers ou soldats, sans testament, on fait l'inventaire de tout ce qui se trouve pouvoir leur appartenir. On en fait ensuite une vente publique; & l'argent qui en provient, reste entre les mains du major pendant un an; & si, après ce temps fini, il ne se présente aucun parent ou héritier de la succession du défunt, il en est disposé selon ce qu'en ordonne l'administration (1). Quant à ceux qui, par testament, ont disposé de leurs effets, on exécute fidélement leur dernière intention.

L'administration générale de la maison fut donnée, dès son origine, au secrétaire d'état ayant le département de la guerre. Telle est la disposition de l'ordonnance du mois d'avril 1674. C'est lui qui nomme aux places des officiers employés.

La direction des affaires se fait sous ses ordres, par le gouverneur & par l'intendant ou directeur.

Celui-ci a été placé plus immédiatement sous les ordres du gouverneur, par l'ordonnance de 1776. Les premiers directeurs furent conjointement, MM. Camus-Destouches, Camus-Duclos & Camus de Beaulieu, nommés le 15 avril 1670. On ne peut trop apprécier les services que ces trois respectables frères rendirent à cet établissement naissant. Le directeur doit toujours résider dans l'hôtel.

L'édit de création porte que chaque mois il sera tenu une assemblée dans l'hôtel, à laquelle pourront assister le colonel, le lieutenant-colonel & le sergent-major des gardes-françoises, les colonels des six vieux corps d'infanterie, le colonel général, le mestre-de-camp général & le commissaire général de la cavalerie légère, le colonel général des dragons, pour y tenir le conseil relatif à toutes les assemblées de la maison. Les colonels, mestres-de-camp & lieutenans-colonels qui se trouvoient à Paris, avoient droit d'assister aux comptes des receveurs ou trésoriers.

L'ordonnance de 1776 a réuni tous les emplois sous la dénomination de grand état-major & de petit état-major, & a fixé leur traitement.

Grand état-major.

	liv.
Le gouverneur toujours choisi parmi les officiers généraux	24,000
Le directeur choisi parmi les commissaires des guerres	10,000
Le major choisi parmi les lieutenans-colonels	7000
Les aide-majors choisis parmi les capitaines, [non compris leur nourriture comme capitaines, 500 liv. chacun].	2000
Le trésorier	8000
Le secrétaire-garde des archives	4000

Petit état-major.

Le curé, quatre prêtres, un serpent & quatre enfans de chœur, y compris le luminaire de l'église & l'entretien des ornemens	10,000
Un organiste	700
Un médecin	3000
Un architecte	2000
Un chirurgien-major	3000
Un second gagnant maîtrise	350
Deux élèves gagnant maîtrise, à chacun 100 liv.	200
Un apothicaire gagnant maîtrise	300
Un piqueur nourri à l'hôtel	400
Garde-magasin nourri à l'hôtel	600
Quatre suisses nourris à l'hôtel, à chacun 200 liv.	800
Un facteur	300
Un économe nourri à l'hôtel	1200
Un chef de cuisine nourri à l'hôtel	800
Quatre aides nourris à l'hôtel, à chacun 200 liv.	800
Douze garçons nourris à l'hôtel, à chacun 150 liv.	1800
Douze valets nourris à l'hôtel, à chacun 100 liv.	1200
Deux balayeurs nourris à l'hôtel, à chacun 100 liv.	200

Total des employés	66
Total des traitemens	82,650

Nous ne connoissons que deux branches des revenus de l'hôtel, les pensions d'oblats & les trois deniers pour livres sur l'achat des fournitures

---

(1) Du 30 août 1687.

des troupes. Car l'édit de fondation porte qu'il ne sera reçu ni accepté par l'hôtel aucunes fondations, dons & gratifications qui pourroient lui être faits par quelques personnes, pour quelque cause & sous quelque prétexte que ce soit; comme aussi qu'il ne pourra faire aucune acquisition d'héritages ni d'autres biens immeubles quelconques, sinon les héritages des environs & qui y sont contigus, lesquels seront jugés nécessaires pour la plus grande commodité, utilité, embellissement, & pour conserver les vues; défend très-expressément toutes autres acquisitions, gratifications ou donations qui pourroient lui être faites, & déclare nuls & de nuls effet & valeur tous les contrats & autres actes qui seroient faits & passés au préjudice de cette disposition. C'est sur ces principes que l'administration refusa, en 1710, le legs universel qu'avoit fait en sa faveur Victor de Frétats de Vabres, chevalier de Beaufort.

Les pensions d'oblats ont généralement été substituées, en 1670, à la subsistance que les moines donnoient dans leurs monastères aux anciens militaires. Elles furent dès-lors toutes portées à 150 l. pour bénéfices au-dessus de 1000 livres, & à 75 pour ceux au-dessous. Tous les bénéfices à nomination royale y furent assujettis. Le roi a depuis rendu différentes déclarations, qui comprennent dans cette imposition les bénéfices à sa nomination dans les provinces réunies successivement à la monarchie. La différente valeur du marc d'argent, la cherté des vivres déterminèrent le roi à porter, par sa déclaration du 2 avril 1768, la pension d'oblat à 300 liv. Il a, par l'arrêt de son conseil d'état du 13 octobre 1769, modéré la pension à 150 liv. pour les bénéfices au-dessous de 1000 livres, & à 75 liv. pour ceux au-dessous de mille. Le receveur général du clergé fait cette recette, & en compte avec le trésorier de l'hôtel. On a même attribué une somme de 1200 liv. pour les honoraires du commis chargé de ce département. L'arrêt du 16 novembre 1716 attribue au grand conseil la connoissance de toutes les contestations qui naîtront sur cet article.

Le roi affecta, par son arrêt du 12 mars 1670 pour la construction de l'hôtel, la retenue de deux deniers par livres sur toutes les dépenses payées par les différens trésoriers de l'ordinaire & de l'extraordinaire des guerres; & il choisit ce moyen comme n'étant point à charge ni à ses finances, ni à ses sujets. L'édit de création de 1674 en fait au profit de l'hôtel une branche de revenu perpétuel. Ce fonds ne tarda pas à être regardé comme insuffisant, & l'arrêt du conseil du 17 février 1682 ordonna la retenue des trois deniers par livres sur les mêmes trésoriers. Il a fallu depuis, plusieurs arrêts du conseil pour les obliger de payer.

Tels sont les revenus dont rend compte le receveur ou le trésorier de l'hôtel, substitué, par l'édit d'octobre 1763, aux trois offices héréditaires des trésoriers généraux des *Invalides*.

L'hôtel jouit encore de différentes exemptions qu'on pourroit encore regarder comme l'une des branches les plus considérables de ses revenus.

La première est l'exemption de tous droits de péage & d'entrée sur les vins nécessaires à la consommation de l'hôtel. L'arrêt du conseil du 10 décembre 1672 accorde l'exemption pour trois cents muids. Cette quantité a successivement été augmentée. En voici le tableau.

Par augmentation
{
Par l'édit d'établissement au mois d'avril 1774	300
Par un autre édit de mars 1676	300
Par arrêt du conseil du 26 juin 1677	200
Par arrêt du 30 juillet 1678	350
Par arrêt du 10 juin 1679	350
Par arrêt du 11 juillet 1684	200
Par arrêt du 14 juillet 1685	300
Par arrêt du 14 juillet 1703	500
Par arrêt du 26 juillet 1705	500
	3000
} Muids.

La seconde exemption est celle des droits sur le sel. Elle a été accordée suivant cette progression.

Par augmentation
{
Par l'édit d'établissement	30
Par autre édit de mars 1676	45
Par arrêt du conseil du 26 juin 1677	25
Par arrêt du 30 juillet 1678	34
Par arrêt du 10 juin 1679	46
Par arrêt du 11 juillet 1684	50
Par arrêt du 14 juillet 1685	50
Par arrêt du 27 avril 1745	60
	340
} Minots de sel.

L'édit de mars 1676 accorde à l'hôtel l'exemption de tous droits d'entrée sur les bois à brûler & de charpente qui lui sont nécessaires, sur le charbon, eau-de-vie, étain, foin, plâtre, viandes & tous les vivres nécessaires à la consommation d'une maison aussi considérable.

On ne tarda pas à reconnoître que, quelque immense que fût le bâtiment des *Invalides*, il ne l'étoit pas assez pour la quantité de ceux qui ont le droit d'y entrer. On prit alors le parti de détacher des compagnies pour la garde des forts, châteaux & quelques maisons royales, trop éloignés de la résidence des régimens. Ainsi, ces braves soldats ne font pas encore inutiles à l'état. La première compagnie fut détachée le 13 avril 1690. C'est même de ce jour que les compagnies prennent rang dans l'infanterie.

Le nombre de ces compagnies est de seize de bas-officiers, huit de canoniers & soixante-cinq de fusiliers.

On a affecté onze compagnies de bas-officiers à la garde des Thuileries, du Louvre, de l'Arsenal, de la Bastille, du château de Vincennes, de l'Ecole militaire & de l'hôtel des *Invalides*. Une décision du 9 août passe cinquante liv. par an à chaque officier des compagnies détachées à la garde de la Bastille, de l'Arsenal, du Louvre & des Thuileries, pour lui tenir lieu de la franchise du vin.

Les huit compagnies de canoniers sont détachées sur les côtes. Chaque compagnie de fusiliers est composée de deux sergens, deux caporaux, deux appointés, quarante-trois fusiliers & un tambour, & est commandée par un capitaine & trois lieutenans.

La solde a été fixée selon le tableau qui suit.

SAVOIR:

	par jour.	par mois.	par an.
	liv. s. d.	liv. s. d.	liv. s. d.
A chaque capitaine, deux livres seize sols.............	2 16	84	1008
A chaque lieutenant, une livre deux sols sept deniers......	1 2 7	33 17 6	406 10
A chaque sergent, onze sols deux deniers.............	11 2	16 15	201
A chaque caporal, huit sols deux deniers.............	8 2	12 5	147
A chaque appointé, sept sols deux deniers............	7 2	10 15	129
A chaque fusilier & au tambour, six sols deux deniers.....	6 2	9 5	111

Les appointemens des capitaines sont sujets à la retenue des quatre deniers pour livres.

Les bas-officiers & soldats s'entretiennent de linge & chaussure, au moyen des huit deniers par jour qu'on retient sur leur solde, & dont on leur fait le décompte tous les six mois.

Les officiers, bas-officiers & soldats continuent de recevoir tous les trois ans un habillement qui leur est délivré sur les états que les capitaines envoient tous les six mois au secrétaire d'état de la guerre.

Les troisièmes lieutenans lui sont proposés par le gouverneur de l'hôtel. Les capitaines & les lieutenans sont des officiers pensionnés qui cessent de jouir de leurs pensions à l'époque de leur remplacement.

Les officiers ou soldats *invalides*, qui veulent se retirer dans leurs provinces & obtenir ce qu'on appelle grands congés, y jouissent d'une récompense militaire, solde ou demi-solde. On peut consulter, sur les gradations de cette pension selon les rangs, le réglement très-détaillé du 10 novembre 1773.

Ces grands congés étoient autrefois obligés de se présenter six fois par an à la résidence du subdélégué pour y recevoir leurs paiemens. Il suffit actuellement qu'ils s'adressent à l'échevin, syndic ou collecteur de leurs paroisses ; mais le paiement des deux mois de chaque semestre ne peut être fait que par le subdélégué. Ils ne peuvent changer de subdélégation que le jour de leur présentation. Les commissaires des guerres peuvent néanmoins faire expédier des certificats de cessation de paiement, quand le besoin de changer est urgent. La revue de ces pensionnés se fait par le commissaire chez le subdélégué, dans les quinze premiers jours de chaque mois de juillet.

Le régiment est tenu de leur donner le premier habillement au sortir du corps. Ils sont ensuite habillés tous les six ans.

Ils jouissent de l'exemption de la taille industrielle & autres impositions personnelles pour raison de trafic, commerce, industrie & exploitation, auxquels ils peuvent se livrer. Ils peuvent rentrer dans l'hôtel, ou à raison de leurs infirmités, ou lorsqu'ils ont atteint l'âge de soixante & quinze ans : mais alors leur pension cesse.

Il est enjoint aux curés, dans les paroisses desquels sont retirés les officiers & autres militaires pensionnés, d'adresser exactement au secrétaire de la guerre une expédition de l'acte mortuaire de chaque homme, à l'inſtant de ſon décès viſé *gratis* des juges, maire, échevins-ſyndics des lieux. Ils doivent encore en envoyer une ſemblable expédition au ſubdélégué.

Le ſuiſſes proteſtans au ſervice de la France, ne pouvant, à raiſon de leur religion, entrer à l'hôtel des *Invalides*, le roi, par ſes deux ordonnances du 17 janvier 1710 & 24 août 1711, a voulu qu'il ſeroit pris & fait fonds chaque année ſur les revenus de l'hôtel, d'une ſomme de ſix mille livres, pour être partagée & employée; ſavoir, cinq mille liv. en penſion de ſoixante & douze livres neuf ſols chacune, & les autres mille livres en dix penſions de cent livres chacune.

Telles ſont les conſtitutions françoiſes du régime des *invalides* militaires. La première idée en a été jettée par le plus grand génie qui ait adminiſtré les affaires de la guerre, & ſous le prince le plus propre à féconder & à conſolider une inſtitution nationale. Celle des *Invalides* durera autant que la nation, dont elle acquitte une dette ſacrée & malheureuſement trop durable.

(*Cet article eſt de M.* DES BOIS DE ROCHEFORT, *docteur de la maiſon & ſociété de Sorbonne, vicaire-général de la Rochelle, curé de S. André-des-Arcs, &c.*)

IRLANDE, iſle de la mer Atlantique, qui appartient à l'Angleterre.

Sa conſtitution politique eſt à-peu-près celle de l'Angleterre. Le vice-roi y repréſente le roi; il y a une chambre des communes & une chambre des pairs, & nous renvoyons le lecteur à l'article ANGLETERRE.

Nous nous bornerons à faire ici quelques remarques ſur les troubles & l'état du royaume d'*Irlande*.

Depuis ſix cents ans, l'*Irlande* eſt aſſujettie à l'Angleterre. L'un des tyrans auxquels elle étoit livrée, appella Henri II à ſon ſecours, en lui promettant foi & hommage: cinq cents hommes en firent la conquête. Le peuple, à cette époque, étoit un ramas de ſauvages aſſervis à des chefs de tribus, vaſſaux eux-mêmes de petits ſouverains tous diviſés, tous belligérans, tous oppreſſeurs. Bien loin d'avoir aucune part, ou aucune influence directe ou indirecte dans la légiſlation, le peuple n'en avoit pas même à la propriété; il vivoit dans la miſère & dans la ſervitude: on ne peut dire leſquels étoient les plus barbares des maîtres ou des ſujets.

L'incertaine domination de l'Angleterre ſur cette contrée ne ceſſa d'être troublée par les révoltes des grands feudataires. Juſqu'au règne de Jacques I, l'hiſtoire de l'*Irlande* n'offre qu'une anarchie enſanglantée, que des brigandages, des aſſaſſinats, des mœurs belliqueuſes, mais atroces; pas une idée juſte dans le gouvernement anglois pour remédier à cette barbarie, pas une trace de légiſlation raiſonnée, ni de liberté ou d'induſtrie dans la nation.

Jacques I entreprit de la civiliſer, & réuſſit du moins à adoucir la condition des habitans. On ſubſtitua les loix angloiſes aux coutumes ſous leſquelles l'*Irlande* gémiſſoit. Juſqu'alors, la nobleſſe avoit joui du droit d'aſſaſſiner impunément, moyennant une foible amende pécuniaire. On peut juger de l'eſprit qui gouvernoit cette contrée, par la réponſe de lord Maguire, l'un des ſeigneurs les plus turbulens & les plus accrédités. Le vice-roi Fitz-Williams lui manda qu'il envoyoit un ſhérif dans ſon comté pour y adminiſtrer la juſtice. « Votre ſhérif ſera bien reçu, lui répondit » Maguire; mais commencez par l'évaluer, afin » que ſi l'un de mes gens lui coupe la tête, je » puiſſe impoſer ſur le comté la ſomme qu'elle » vaut ».

Jacques I ne ſe borna point à tirer l'*Irlande* de cette ſauvage groſſièreté; il améliora encore le ſort du peuple; il limita les redevances exigées par les ſeigneurs, & réprima leurs exactions; il introduiſit la connoiſſance des arts, de la police & de l'agriculture, &c.

Mais, à chaque occaſion, les mœurs primitives ont repris leur aſcendant : pas un règne où les révoltes particulières n'aient recommencé; & ne perdons pas de vue qu'aucune de ces inſurrections n'eut le peuple pour agent, ni la liberté pour objet. Cromwel, après avoir dompté les rébelles d'*Irlande*, en fit ſortir quarante mille de ce royaume, & il vouloit en réformer la génération entière. Celle qui venoit d'égorger cinquante mille proteſtans par haine de religion, n'étoit pas en effet fort à regretter.

Sous les Stuarts, l'Irlande fut un champ de carnage: la guerre civile y avoit choiſi ſon domicile, & ne l'abandonna qu'à la dernière extrémité. Les Wighs & le presbytérianiſme l'ayant emporté à force de combats & de proſcription, l'*Irlande* fut paiſible ſous les règnes de George I & de ſon ſucceſſeur. Le parlement s'occupa de l'intérêt national, des manufactures, du commerce, de l'agriculture: il fut ſecondé par la ſage adminiſtration du lord Carteret & du duc de Dorſet, vice-rois ſucceſſivement.

A la rupture de l'Angleterre avec ſes colonies, on vit fermenter en *Irlande*, dans quelques têtes, les idées politiques que la Grande-Bretagne & l'Europe entière diſcutoient. Le même parti qui ne ceſſoit de vanter ſon patriotiſme, en cenſurant celui du miniſtère, échauffa les eſprits en *Irlande* comme il les avoit échauffés en Amérique: les liaiſons, les intrigues, les pamphlets, les promeſſes commencèrent. On avoit mis alors, à la tête des inſurgens irlandois, l'un des ſeigneurs les plus puiſſans dans la contrée par ſes alliances & par ſa fortune. Aucun but d'ailleurs déterminé, ſauf celui d'embarrasser le ministère anglois. Celui-ci ne se méprit point sur ces manœuvres ; il se tira d'embarras par des concessions successives, au-delà desquelles on ne voyoit plus qu'un pas à faire, celui de former des deux isles deux états absolument distincts.

Le parlement d'*Irlande* fut affranchi de toute subordination à celui de la Grande-Bretagne, & son pouvoir législatif déclaré indépendant, ainsi que les tribunaux du royaume : tous les statuts contraires furent révoqués : des privilèges de commerce contre lesquels tous les fabricans anglois se récrièrent, furent accordés ; l'union cimentée par ces largesses, parut devenir inaltérable.

M. Grattan qui s'est montré un moment le plus zélé & le plus éloquent des défenseurs de sa nation, tous les citoyens sages qui pensoient comme lui, ne virent, au-delà de ces demandes obtenues, que des chicanes inutiles, des prétentions illusoires, mille dangers pour un avantage ; mais les mains qui avoient allumé le premier incendie, prirent soin d'en entretenir les étincelles. Les volontaires furent conservés ; les pétitions recommencèrent, tantôt pour un objet, tantôt pour un autre, & quelquefois contradictoirement. Le parlement d'*Irlande* s'étant refusé à toutes ces nouveautés indiscrettes, les mécontens enveloppèrent dans leur animadversion le gouvernement, le parlement & tous les patriotes satisfaits des précédentes concessions.

La fermentation est encore assez vive. Quelques ambitieux, quelques déclamateurs hardis, aidés de l'opposition britannique, sont les ressorts de ce mouvement : mais les trois quarts de la nation n'y attachent, ne peuvent y attacher le moindre intérêt. En effet, que signifient leurs griefs ? Les volontaires se disent esclaves si la représentation au parlement n'est pas changée, & si ce parlement ne devient pas annuel : les anglois seroient donc aussi esclaves par la même raison.

Ils voudroient qu'on laissât un plein essor à leur industrie ; mais le moment n'est pas encore venu : il est difficile, d'après les préjugés & la morgue nationale qui subsiste encore en Angleterre, qu'un pays conquis qui se trouve sans marine & sans force, qui n'est pas accablé d'impôts comme l'Angleterre, partage tous les privilèges de la nation conquérante, redoutable par son énergie & par sa marine, & bien instruite que la liberté absolue des manufactures & du commerce des irlandois, nuiroit aux manufactures & au commerce de l'Angleterre : nous reviendrons sur cet objet à la fin de l'article.

Autrefois les habitans s'occupoient presqu'uniquement de l'éducation du bétail ; ils donnent aujourd'hui une partie de leurs soins à l'agriculture. Les pommes de terre sont devenues une nourriture commune, & on les mange au lieu de pain. La culture du lin & du chanvre prospère de jour en jour. La pêche pourroit être plus considérable. On exploite des mines de plomb & de cuivre.

Une société, qui se nomme *corporation for promoting and carrying on an inland navigation in Irland*, est chargée de veiller à l'amélioration du pays. Elle est composée du lord-lieutenant, de l'archevêque d'Armagh, du lord-chancelier, de trois autres évêques, & de vingt députés des quatre provinces. Elle encourage par des récompenses les entreprises utiles à l'agriculture ; elle fait dessécher les marais & défricher les landes ; elle travaille à rendre les rivières navigables ; elle creuse des canaux ; l'objet de ces soins est l'accroissement du commerce. Pour être en état de subvenir aux dépenses, elle lève les impositions mises sur les dez, les cartes à jouer, les carosses & l'argenterie. L'*Irlande* tire de l'Angleterre toutes les marchandises dont elle a besoin ; mais elle commerce aussi immédiatement avec la Hollande, la Flandre, le Portugal & l'Espagne ; elle leur livre ses peaux, son talc, ses bœufs, son beurre, de la viande salée & de la toile ; elle en reçoit pour paiement de l'argent comptant, qu'elle donne aux anglois pour leurs marchandises. Les irlandois envoyoient autrefois leurs étoffes de laine en Hollande & en Espagne ; mais comme ils pouvoient les donner à meilleur marché que les anglois, le parlement en défendit bientôt l'exportation chez l'étranger.

L'Angleterre avoit mis bien d'autres entraves au commerce de l'*Irlande*. Ce dernier pays ayant fait des progrès, s'est agité au milieu de ses chaînes durant la guerre de la métropole contre les colonies, ainsi que nous le disions tout-à-l'heure. Des orateurs véhémens ont entraîné l'opinion publique, des corps nombreux de volontaires se sont armés pour recouvrer la liberté du commerce & la liberté politique : l'Europe s'attendoit à une grande révolution ; mais on est venu à bout de gagner les principaux chefs, & l'*Irlande* n'a obtenu que l'abolition & la modification de quelques loix de commerce qui lui étoient désavantageuses : la fermentation semble continuer ; mais l'Angleterre ne paroît pas inquiète. Si un observateur étranger peut hasarder ici son opinion, nous nous permettrons de dire que l'*Irlande* parviendra vraisemblablement un jour à être traitée comme l'Écosse ; mais que cette époque que diverses circonstances peuvent accélérer, n'est pas encore venue. L'administration angloise s'appercevra que, s'il est de l'intérêt de quelques négocians ou de quelques manufacturiers de conserver l'ancien régime, il est assez indifférent à l'Angleterre, comme état, que l'*Irlande* obtienne tous les privilèges de l'Écosse ; mais ce qui arrêtera l'administration, c'est que le nombre des catholiques est plus considérable que celui des protestans, comme on le verra plus bas, & que l'Angleterre craindra long-tems d'incorporer une nation presque toute catholique à une nation de protestans.

Quoi qu'il en soit de ces remarques, voici des détails sur le commerce actuel de l'*Irlande*, dont nous ne garantissons pas l'exactitude, où nous entrevoyons même plusieurs erreurs.

Dans les bonnes années, comme le fut celle de 1782, l'exportation des toiles d'*Irlande* monta à 25 millions de verges. En 1782, l'Angleterre en reçut 24,692,072 qui valoient 1,646,138 liv. sterl. Cet article seul balance presqu'entiérement l'importation des marchandises angloises en *Irlande*. — Les étoffes de laine de cette derniere isle n'ont pas encore atteint la perfection de celles d'Angleterre, quoique depuis 1780 l'*Irlande* employe la plus grande partie de ses laines. — La pêche du hareng sur les côtes du nord-ouest augmente considérablement d'année en année ; mais jusqu'ici les écossois ont su tirer le meilleur parti de cette pêche. Cependant depuis que les irlandois s'en mêlent, l'importation du hareng suédois est diminuée de la moitié, & l'*Irlande* a pu exporter 24,000 tonneaux de ses harengs. — Les manufactures de soieries font aussi des progrès. La ville de Dublin occupe 1500 ouvriers à cette branche d'industrie. L'importation de la soie crue & filée venant d'Angleterre, a été jusqu'ici de 80 à 100,000 livres pesant : en 1783, cette importation s'éleva jusqu'à 114,798 livres pesant ; mais, malgré l'industrie nationale des irlandois, ils ne peuvent encore fabriquer assez d'étoffes de soie pour se passer de celles d'Angleterre. — Les manufactures de coton deviennent très-importantes ; elles occupent près de 30,000 individus : le chef-lieu de ces manufactures est la ville de Prosperous dans le comté de Kildare. — Les fabriques de fer sont améliorées dans ce royaume ; mais elles ne s'éleveront jamais à l'état florissant des fabriques angloises, parce que les irlandois n'ont pas les mêmes moyens de les faire fleurir. En 1783, il a été importé en *Irlande* 144,187 quintaux de fer brut, dont 83,489 de la Suède, & 61,943 de l'Angleterre. — Les verreries de l'*Irlande* sont en bon état, & elles envoient beaucoup de marchandises en Amérique & en Portugal. — L'*Irlande* ne fabrique pas encore assez de bas pour sa consommation. En 1783, elle reçut de l'Angleterre 23,744 paires de bas de coton, 60,570 de fil, & 7944 de laine. — « On croit communément, (ajoute le papier qui nous fournit ces détails, & qui paroît encore suspect sur cette remarque) , que l'*Irlande* perd dans son commerce avec l'Angleterre, mais c'est une erreur ; au contraire, elle gagne sur l'Angleterre de 4 à 800,000 liv. sterlings par année. Voici la source de cette erreur ; aux douanes d'Angleterre, les toiles irlandoises sont évaluées fort au-dessous de leur véritable valeur ; la verge n'y est portée qu'à la valeur de 8 pences, tandis qu'elle en vaut réellement 15 à 17 ». L'*Irlande* achete de l'Angleterre beaucoup de marchandises des Indes orientales. Depuis 1781 jusqu'en 1783, elle en avoit fait venir pour 1,056,050 l.

sterl. Le seul thé faisoit un objet de 815,399 liv. sterl. — L'*Irlande* paye avec son beurre presque toutes les marchandises qu'elle reçoit du Portugal ; en 1782, elle y en a envoyé 46,000 quintaux, & pour 37,000 liv. sterl. de marchandises d'étoffes de laine. La France reçoit de l'*Irlande*, année commune, de 70 à 80,000 tonneaux de viande salée, & plus de 20,000 quintaux de beurre. L'importation des eaux-de-vie, du papier, &c. de France en *Irlande*, est diminuée : en 1765, l'importation des eaux-de-vie de France monta à 739,864 galons, & seulement à 386,000 en 1777 — Le commerce de l'*Irlande* avec les états du nord est à son désavantage. — En 1783, les besoins de ce royaume exigerent un subside de 1,098,184 liv. sterl. ; les revenus montoient alors à 1,329,880 liv. sterlings ; mais dans cette somme étoit comprise celle de 145,000 l. de dettes arriérées. — La dette nationale forme un objet de 2,131,625 liv. sterl.

Nous trouvons dans un autre papier un état des revenus & des dépenses de l'*Irlande*, qui ne paroît guéres plus exact.

« Le revenu ordinaire, dit ce papier, monte à 1,300,000 liv. sterl. ; les anciens impôts additionnels à 380,000 ; les nouveaux à 140,000 ; les impôts du timbre, les amendes, &c. à 80,000 ; ce qui, en défalquant 500,000 liv. sterlings que coûtent les perceptions & autres objets, forme un total net de 1,300,000 livres sterlings. Voici l'état des dépenses. Liste civile, 330,000 liv. sterl. ; établissement militaire, 938,000 ; dépenses extraordinaires, 432,000. Total, 1,700,000 liv. sterl. de maniere que la dépense surpasse la recette de 400,000 liv. sterl. ».

Enfin un autre papier fait à l'*Irlande* ce reproche, dont nous ne pouvons apprécier la justesse.

« Il est extraordinaire que le parlement d'*Irlande* n'ait jamais porté son attention sur la constitution pécuniaire de la trésorerie de ce royaume. En Angleterre, pour administrer un revenu annuel de 15 millions sterl. par des officiers constamment attachés à leurs bureaux, & occupés sans relâche, l'état paye 14,400 liv. sterl. de salaires ; savoir, au premier lord de la trésorerie, 4000 liv. sterl. ; aux quatre autres lords adjoints, 6400 liv. sterl. ; au chancelier de l'échiquier, 2000 liv. sterlings ; & aux deux secrétaires, 2000 liv. Mais en *Irlande*, pour négliger la gestion d'un revenu de 1,200,000 liv. sterl. par année, on paye au grand-trésorier 2000 liv. sterl. ; à trois vice-trésoriers toujours absens, 8500 liv. sterl. ; au chancelier de l'échiquier, 2000 liv. sterl. ; & aux autres officiers, 2000 liv. sterlings ».

L'*Irlande* contient 11,042,642 arpens, 32 comtés, 2293 cures, 260 baronies, & 118 boroughs (bourgs) qui envoient des députés au parlement. En 1754, on y comptoit 395,439 maisons ; & en

1766 il y en avoit 424,046. Le nombre des habitans se montoit en 1776 :

	protest.	cathol.
Dans la province de Leinster, à	214,173	474,863
Dans celle d'Ulster, à	379,217	194,602
Dans celle de Connaught, à	23,718	246,142
Dans celle de Munster, à	134,061	494,738
	751,169	1,410,445

Ainsi la population totale est de 2,161,514 habitans.

L'*Irlande* est obligée d'entretenir à ses frais un corps de troupes qui est ordinairement de douze mille hommes, de donner tous les ans 12,000 liv. sterl. au vice-roi que le roi d'Angleterre y envoie, & de payer toutes les charges qui la concernent. L'Angleterre est obligée de la secourir & de la défendre par mer. L'*Irlande* est un pays conquis, & elle est traitée sur ce pied : il falloit toutefois, même à l'époque des derniers changemens, que les loix du parlement d'Angleterre fissent mention de l'*Irlande*, sans quoi elle n'étoit pas tenue de s'y conformer.

Le tribunal suprême de ce royaume est le parlement. Le vice-roi le convoque selon le bon plaisir de sa majesté, & il a aussi le droit de le dissoudre : en 1768, le roi a consenti que chaque parlement durât huit ans. Les autres collèges sont : *the court of castle chambre, the chancery, king's bench, common—pleas & l'exchequer.*

Voyez les articles ANGLETERRE & ECOSSE.

ISENBOURG, états des comtes d'*Isenbourg*. Le haut-comté d'*Isenbourg* (Ober-Isenbourg) est distingué du bas-comté (Nieder-Isenbourg), & situé en grande partie dans la Wetteravie : on trouvera à la fin de cet article ce qui regarde le bas-comté d'*Isenbourg*. Le haut-comté d'*Isenbourg* est composé, en partie de la seigneurie de Budingen, érigée en comté par l'empereur Frédéric III en 1442, & qui s'étend depuis le bailliage de Bucherthal au comté de Hanau, jusqu'au Vogelsberg ; il comprend une partie du district de Dreyeich, qui provient de la succession de Munzenberg & Falkenstein, situé sur la rive gauche du Mein, & incorporé au grand bailliage d'Offenbach. Son sol est parsemé de champs fertiles, de prairies excellentes, & de pâturages sur lesquels on nourrit beaucoup de bestiaux : il offre quelques vignobles & de belles forêts, telles que la forêt impériale de Dreyeich ou des trois-Chênes, dont une grande partie a passé, dans le dernier siècle, au landgrave de Darmstadt avec le bailliage de Kelsterbach ; celle de Budingen, qui, avec le droit de chasse & de gruerie, fait un des principaux domaines, dont les comtes d'*Isenbourg* reçoivent l'investiture de l'empereur & de l'Empire, outre la sous maîtrise qui y est attachée, & qui consiste en certains droits que le comte Louis acheta en 1484 de Balthasar, maître des forêts de Gelnhausen.

Précis de l'histoire politique. Les comtes d'*Isenbourg*, qui avoient leur siège & leurs terres sur le moyen Rhin, sont connus dès le milieu de l'onzième siècle. Le premier que citent les documens authentiques, fut Reinhold ou Renaud, dont le fils Gerlac premier laissa deux enfans, Gerlac II & Henri, qui, vers le milieu du douzième siècle, formèrent deux branches séparées. Celle de Gerlac II en possession du bas-*Isenbourg*, dont elle portoit le titre, subsista jusqu'en 1664, & finit à la mort du comte Erneste. Gerlac, l'un des fils de Henri, fonda la branche d'*Isenbourg*-Grensau, qui s'éteignit en 1349 à la mort de Jean I, dont la succession passa en grande partie à ses deux sœurs Louise & Adélaïde, femmes de Guillaume, comte de Wied, & de Salentin, comte d'*Isenbourg*. Louis, chef de la ligne de haut-*Isenbourg*, partagea la succession paternelle avec son frère, & épousa Heilwigie, fille aînée de Gerlac, dernier seigneur de Budingen, qui lui apporta une partie de cette seigneurie. Ses successeurs en acquirent encore plusieurs lambeaux, par des pactes d'alliance ou par des achats ; lorsque la tige mâle de Budingen s'éteignit au commencement du treizième siècle, sa succession fut partagée entre les maisons d'*Isenbourg*, de Brauneck, de Brenberg & de Trimberg, d'où sortoient les quatre gendres de Gerlac, dernier seigneur de Budingen : mais celle de Brauneck ayant fini vers l'an 1390, sa part échut aux trois autres en vertu du pacte conclu entr'elles ; & la tige mâle de Brenberg ayant également fini sans laisser d'autres héritiers que deux filles, comtesses de Wertheim, sa portion leur échut, & elles la portèrent par moitié à leurs époux ; l'une à un seigneur d'*Isenbourg*, l'autre à un seigneur d'Epstein, du chef duquel la maison de Stolberg la possède encore aujourd'hui. La branche de Trimberg s'éteignit dans la suite, & sa part passa aux maisons d'*Isenbourg*, de Rodenstein & de Hanau, partie par achat, partie à titre de succession ganerbinale ; & la maison de Hesse-Darmstadt tient aujourd'hui, par droit de conquête, ce qui en appartenoit à Rodenstein. Lothaire, fils de Louis d'*Isenbourg*, avoit deux fils, dont le second, nommé Philippe, eut Grensau & d'autres domaines ; son petit-fils Philippe mourut sans enfans en 1439, & ses deux sœurs Mechtilde, épouse du comte de Nassau-Beilstein, & Adélaïde, femme du comte de Nieder-*Isenbourg*, s'emparèrent de la plus grande partie de sa succession, tandis que Thierry, comte de haut-*Isenbourg*, quoique plus proche parent, fut obligé de se contenter d'une partie de Vilmar. Le comte Louis, son successeur, fut néanmoins augmenter ses états de plusieurs domaines ; & ses deux fils, Philippe & Jean, fondèrent en 1516 les branches de Ronnenbourg & de Birstein : la première s'éteignit

teignit en 1606 ; l'autre exifte encore & elle eft partagée en plufieurs rameaux.

Aujourd'hui cette maifon d'*Ifenbourg* forme deux lignes principales : 1°. celle d'Offenbach-Birftein, élevée à la dignité de prince de l'Empire dès 1744 ; la branche de Philippfeich eft appanagée & au rang des comtes : 2°. la ligne de Budingen, partagée d'abord en quatre branches régnantes ; mais qui depuis l'extinction de celle de Marienborn, arrivée en 1724 à la mort du comte Charles-Augufte, n'en conferve plus que trois ; favoir, celles de Budingen, de Vœchtersbach & de Meerholz.

Le titre actuel des feigneurs de cette maifon eft : *princes & comtes d'Ifenbourg & de Budingen*.

Ces quatre lignes régnantes ont voix & féance au collège des comtes de la Wetteravie & aux affemblées du cercle du haut-Rhin : leur taxe matriculaire eft répartie de cette manière ; celle de Birftein paye 69 flor. 57 kr. ; celle de Budingen 23 flor. 42 & demi kr. ; celle de Wœchterbach 22 flor. 16 kr. ; celle de Meerholz 14 flor. 19 trois quarts kr. ; & le landgrave de Heffe-Darmftadt pour ce qu'il y poffède, 28 flor. Leur contingent militaire eft de deux compagnies d'infanterie ; ils payent à la chambre impériale 47 écus 35 & demi kr. pour Birftein ; 16 écus 5 & demi kr. pour Budingen ; 15 écus 8 kreut. pour Wœchtersbach ; 9 écus 64 kr. pour Meerholz, & 25 écus 33 trois quarts kr. pour Darmftadt.

Les poffeffions refpectives de differentes branches dans ce comté font :

Pour Ifenbourg - Birftein.

1°. La jurifdiction de Reichenbach.
2°. La jurifdiction de Wenings.
3°. La jurifdiction de Wolfenborn, fief d'Empire, qui en 1687 fut partagé entre les deux branches d'*Ifenbourg* ; celle de Birftein y poffède Hitzkirchen, Keffenrothe & Binfachfen.
4°. La jurifdiction de Selbold, mouvante de l'empereur, de l'Empire & de l'électeur de Mayence, & dont le fol produit de très-bon vin, fur-tout près d'Eifenberg.
5°. La jurifdiction de Laugen-Diebach, limitrophe du bailliage de Bücherthal, & relevant de l'électeur de Mayence.
6°. Le grand bailliage d'Offenbach.

Pour Ifenbourg - Budingen.

1°. La jurifdiction de Budingen, fief impérial.
2°. La jurifdiction de Düdelsheim ou Dilsheim, qui eft un démembrement de celle d'Ortenberg.
3°. La jurifdiction de Mockftatt, qui fait proprement un quart du Ganerbinat de Staden, dont la maifon d'*Ifenbourg*-Budingen obtint en 1662 la feigneurie & le domaine utile fous la directe de l'archevêché de Mayence.

Œcon. polit. & diplomatique. Tom. III.

Pour Ifenbourg-Wœchtersbach.

1°. La jurifdiction de Wœchtersbach.
2°. La jurifdiction de Spielberg, mouvante de l'empereur & de l'Empire, & qui s'étend fur onze villages & plufieurs fermes.
3°. La jurifdiction de Wolfenborn.
4°. Ronnenbourg, ancien château.
5°. La jurifdiction d'Affenheim, qui comprend la part de la famille de Wœchtersbach à la petite ville d'Affenheim, & les villages de Bœnftatt & de Bruchenbrücken.

Pour Ifenbourg - Meerholz.

1°. La jurifdiction de Meerholz.
2°. La jurifdiction de Gründau ou de Lieblos, fief d'Empire, dont le fol produit du bon vin.
3°. La jurifdiction d'Eckardshaufen.

Le bas-comté d'*Ifenbourg* eft fitué près du cercle de Wied, dans le cercle de Weftphalie ; il avoit autrefois fes comtes particuliers, qui le poffédoient à titre de fief mouvant, partie de Trèves & partie de Cologne. Ernefte, le dernier de fes comtes, étant mort en 1664 fans poftérité, l'électeur de Trèves en retira les terres de fa directe ; & comme elles faifoient la majeure partie du comté, il prit le rang & la voix qui lui appartenoient dans les diètes du bas-Rhin. Les comtes de Wied avoient fait des démarches pour s'emparer de cette fucceffion en qualité de plus proches héritiers ; mais leurs commiffaires & leurs troupes en furent chaffés par l'électeur de Trèves : il en réfulta un procès qui eft encore pendant au confeil aulique de l'Empire. Le bourg & le château d'*Ifenbourg* avec la paroiffe de Meyfcheid relèvent de l'évêché de Fulde, qui en avoit accordé l'expectative aux barons de Walderdorff avant la mort du comte Ernefte. Après fon décès, ceux de Wied leur difputèrent la validité de cette expectative ; mais, par un accommodement conclu en 1665, les deux parties réfolurent de tenir en commun l'objet conteflé, comme relevant de l'abbaye de Fulde ; & ils déclarèrent qu'au défaut d'héritiers mâles dans l'une des deux familles, ceux de l'autre fuccéderoient fans oppofition.

La taxe matriculaire de ce comté eft de deux cavaliers & huit fantaffins ou de 56 florins. Sa contribution pour l'entretien de la chambre impériale eft par terme, de 40 écus 54 kr., dont l'électeur de Trèves paye 30 écus 40 & demi kr. Le comte de Wiedrunkel 7 écus 54 & demi kr., & le baron de Walderdorf 2 écus 48 & demi kreutfers.

ISLANDE, ifle de la mer Atlantique, qui appartient au Danemarck.

L'*Iflande* eft fituée dans la partie fupérieure de

L

la mer Atlantique, à 120 milles à-peu-près de Drontheim, & à 60 milles du Groenland.

Sa longueur est d'environ 120 milles suédois, & sa plus grande largeur de 50 milles ; sa largeur est réduite au quart de cette quantité dans les parties les plus étroites.

Elle n'offre, à proprement parler, qu'une chaîne immense de montagnes, qui s'étendent du levant au couchant, & dont le penchant & les vallées servent de retraite aux habitans. Plusieurs de ces montagnes sont toujours couvertes de neige & de glaces.

Industrie. On se servoit autrefois de chariots & de charettes dans ce pays ; mais aujourd'hui le transport s'y fait communément sur des chevaux qui passent chaque année par-dessus les montagnes du septentrion au midi, chargés de beurre, d'étoffes de laine & d'autres marchandises ; les mêmes chevaux ramènent celles que le pays ne fournit point. Les chevaux sont petits, ainsi que dans tous les autres pays septentrionaux ; mais ils sont vigoureux & assez vifs : on les tient hiver & été en plein air, & ils sont obligés de chercher leur nourriture sous la neige & sous la glace ; on ne met à l'écurie que les chevaux de monture : on les traite de la même manière dans les *Etats-Unis.* Les islandois laissent courir librement sur les montagnes les chevaux dont ils ne se servent pas ; & lorsqu'ils en ont besoin, ils les reconnoissent à leurs marques. L'entretien des moutons est considérable ; une seule personne, dans les cantons où l'on se livre le plus à ce genre d'industrie, en nourrit trois, quatre jusqu'à cinq cents : on les enferme dans des étables pendant la nuit en hiver, & souvent même pendant le jour, lorsque le temps est mauvais. Ceux qui demeurent au sud de l'isle, sont adonnés à la pêche, & laissent l'hiver & l'été leurs brebis errer dans la campagne ; mais ils les retirent dans des souterrains lorsque la saison est mauvaise. Lorsqu'il y a peu de neige & qu'on espère du beau temps, on fait sortir les moutons, pour qu'ils fouillent leur nourriture sous la neige ; & si une grande quantité de neige les surprend, ils se forment en peloton, joignent leurs têtes & se laissent enneiger ; souvent même ils sont tellement pris par la glace, qu'ils ne peuvent plus se détacher, & que les habitans, après les avoir cherchés avec beaucoup de fatigue & de peine, les viennent délivrer : souvent ils sont écrasés par le poids de la neige. Quand ils ont passé ainsi quelques jours sous un tas de neige, ils se rongent la laine les uns les autres ; mais ils en deviennent malades. La partie extérieure de leur laine est grossière, l'intérieure est un peu meilleure.

Population. On peut évaluer le nombre des habitans de l'*Islande* à 50,000. A proprement parler, on ne trouve pas de ville dans toute l'étendue de l'isle ; cependant on donne ce nom aux maisons bâties, autour des vingt-deux ports qu'on y rencontre. Le pays n'offre pas non plus de villages, chaque ferme est bâtie séparément : mais comme ces fermes sont composées de vingt, trente jusqu'à cinquante édifices, elles ressemblent beaucoup à des villages.

Les islandois sont naturellement robustes ; mais les travaux pénibles auxquels la mer & la pêche les assujettit, les affoiblissent au point qu'à l'âge de cinquante ans ils sont accablés d'infirmités ; ils éprouvent sur-tout des maladies de poitrine, & ils parviennent rarement à un âge avancé.

Manufactures. Comme ils sont obligés d'acheter leur bois de la manufacture danoise, ils bâtissent leurs maisons avec toute l'économie possible, & elles sont bien chétives. Lorsque la pêche & la nourriture du bétail leur laissent du loisir, sur-tout en hiver, les hommes, les femmes & les enfans travaillent en laine, tricottent des chemisettes de laine, des gants, des bas, &c. du wadmal ; mais leurs métiers sont mal construits ; cependant ils en ont été fournis peu-à-peu par les danois.

Commerce. Dans les temps antérieurs, les hollandois, les hambourgeois & la ville de Bremen firent le commerce de cette isle. Christian IV l'enleva en 1602 aux étrangers, & établit à Copenhague une compagnie à laquelle il accorda des privilèges considérables, mais qu'il révoqua en 1662. Dans la suite, on partagea le pays en quatre districts, & on afferma son commerce & ses revenus. En 1684, le commerce d'*Islande* fut mis publiquement à l'enchère ; & en 1733 la compagnie d'*Islande* & de Finmarck, établie à Copenhague, se chargea de cette ferme, & envoya annuellement vingt vaisseaux aux quatorze ports appellés *ports au poisson*, & à ceux appppelés *ports à la viande*. Le roi Frédéric V donna aux islandois deux grands vaisseaux & plus de 50,000 rixdallers pour l'établissement de leur commerce & de quelques pêcheries, & pour le soutien de leurs manufactures ; il supprima aussi, en 1759, la compagnie d'*Islande* & de Finmarck, afin que les habitans de cette isle pussent, par leur propre commerce, exporter avec plus d'avantage leurs denrées & marchandises, & se procurer celles dont ils auroient besoin. Les marchandises qu'ils vendent aux étrangers, sont du poisson sec, du mouton salé, quelque peu de bœuf, du beurre, de l'huile de baleine, beaucoup de suif, des gilets ou chemisettes de wadmal, de diverses qualités ; des bas & des gants de laine ; de la laine écrue, des peaux de moutons, d'agneaux, de renards de différentes couleurs, du duvet & des plumes. Les marchandises qu'ils reçoivent, sont : du fer en barre, des fers de cheval, des bois de charpente, de la farine, de l'eau-de-vie, du vin, du tabac, du sel, de la grosse toile, quelques étoffes de soie, &c. &c.

Religion. L'exercice de la religion protestante

est seule permise en *Islande*. Les églises situées dans les quartiers du levant, de l'occident & du midi, sont sous l'inspection de l'évêque de Skalholt, & celles du quartier septentrional dépendent de celui de Hoolum.

Précis de l'histoire politique de l'Islande. Le gouvernement tyrannique de Harald, roi de Danemarck, surnommé *Pulchricomus*, ayant forcé beaucoup de danois distingués à se réfugier dans la Norwège, ils se retirèrent dans cette isle, & en devinrent les premiers habitans. Ingulf & Hiozleif y abordèrent en 870, & quatre années après ils s'y établirent avec leurs familles. Les deux endroits où ils se fixèrent, portent encore aujourd'hui leur nom. Ingulf trouva le pays inculte, désert & couvert d'épaisses forêts; mais il découvrit des indices, d'après lesquelles il jugea que le pays avoit été peuplé. Vers le milieu du dixième siècle ou peu après, les islandois eurent quelques connoissances de la religion chrétienne ; mais ce ne fut qu'un demi-siècle après qu'elle fut publiquement adoptée, c'est-à-dire, en l'année 1000. L'église cathédrale de Skalholt, ainsi que l'école qui en dépend, fut élevée en 1057 par le premier évêque Islef. L'évêché, la cathédrale & l'école de Holum furent érigés en 1106. Le gouvernement des islandois fut aristocratique pendant environ 387 ans, & nous entrerons tout-à-l'heure dans quelques détails sur sa constitution. Ils se soumirent volontairement en 1261 à Haquin, roi de Norwège, & obéirent à ses successeurs jusqu'en 1387, époque où ils passèrent avec les norwégiens sous la domination danoise, qu'ils reconnoissent encore aujourd'hui. La réformation ne fut établie qu'en 1551, après avoir causé beaucoup de troubles. Les corsaires algériens surprirent cette isle en 1627 ; ils s'y permirent des cruautés & des assassinats sans nombre, & ils enlevèrent 242 personnes. En 1687, des corsaires turcs vinrent de nouveau enlever beaucoup d'hommes & de marchandises.

Administration actuelle. L'administration civile de cette isle est confiée à un gouverneur, bailli diocésain, qui fait sa résidence ordinaire à Copenhague, & dont la jurisdiction s'étend sur les isles de Faroër ; il a sous lui un bailli qui demeure à la ferme royale de Bessestader. Il y a de plus en *Islande* un landvogt ou sénéchal, qui est chargé de la perception des revenus de la couronne, & qui en rend compte à la chambre des finances : il demeuroit autrefois à Bessestader, & aujourd'hui à Widoë-Kloster.

Revenus. Ces revenus comprennent : 1°. le produit des fermes de tous les ports de l'isle, qui monte annuellement à environ 16,000 rix-dallers : 2°. celui des impôts & de la dixme : les habitans sont dans l'usage de l'acquitter en poissons, & il est affermé à des particuliers : 3°. la rente des couvens sécularisés & des biens royaux : 4°. le produit des barques royales : 5°. le prix de 138 aunes & demie de wadmal, que chaque syssel ou district est obligé de livrer ; celui de 892 paires de bas que tous les districts ensemble fournissent, & celui de 344 quintaux de poisson, contribution de quelques districts.

Administration de la justice.

Il y a de plus deux langmanns ou juges supérieurs, dont l'un a dans son ressort les quartiers situés vers le midi & l'occident, & l'autre ceux qui sont vers le couchant & le nord : chacun d'eux a un lieutenant ou juge inférieur. Enfin on y compte vingt-un syffelmanners ou juges de districts, dont les fonctions sont les mêmes que celles des prévôts en Danemarck, & qui, outre cela, perçoivent les impôts des districts affermés. L'*Islande* contient dix-huit de ces syssels ou districts ; ceux qui sont vers l'orient, ont, à cause de leur étendue, deux juges chacun : il y en a un particulier pour les isles de Westmann. L'appel de leurs jugemens est porté aux assises, appelées *lang-gericht*, lesquelles se tiennent tous les ans à Oexeraë le 18 juillet : chaque langmann a huit assesseurs. La troisième & dernière instance est portée au tribunal supérieur, qui siège à la même époque & au même lieu que les assises : le bailli y préside au nom du gouverneur ou bailli diocésain, & est assisté d'un langmann & de onze assesseurs. L'appel de quelques causes est porté au conseil suprême de Copenhague.

Division. Suivant la division commune, l'*Islande* est partagée en quatre quartiers, fixés par les montagnes & nommés d'après les quatre points cardinaux. Le quartier septentrional comprend le diocèse de Hoolum, composé de cent églises ; les trois autres appartiennent au diocèse de Skaalholt, sous lequel sont 163 églises.

Remarques sur l'ancienne administration. de l'Islande. La colonie des norwégiens, chassée par la tyrannie d'un de leurs rois qui alla s'établir en *Islande*, s'y occupa de la rédaction d'un code, & prit toutes les mesures nécessaires, afin de donner à cette isle une forme de gouvernement assez régulière pour assurer l'indépendance & le repos de la peuplade.

L'administration des islandois fut remarquable à plusieurs égards ; ils se distinguèrent par leur esprit, par leur bon sens & leur amour de la liberté. Rien ne les empêcha de suivre leurs mouvemens naturels ; séparés de toutes les autres parties du monde par une vaste étendue de mer, leurs institutions furent moins corrompues que celles des autres peuples, & il ne paroît pas qu'ils aient tiré des autres états la forme de gouvernement, sous laquelle ils vécurent plusieurs siècles.

Suivant une division que semble indiquer la nature, ils partagèrent cette isle en quatre différentes provinces ; ils établirent dans chacune un magistrat, avec le titre de *juge provincial*. Les provinces furent divisées ensuite en deux districts, qui avoient chacun leurs juges, & chaque diftrict comprenoit un certain nombre de bailliages, qui tous avoient cinq juges inférieurs chargés d'adminiftrer la juftice en première inftance, de veiller à la tranquillité publique & au bon ordre, de convoquer les affemblées ordinaires & extraordinaires du bailliage, auxquelles affiftoient tous les tenanciers qui avoient un bien libre d'une certaine valeur. Ces affemblées choififfoient les cinq juges ou baillifs, qui devoient être recommandables par leur fageffe & leur expérience, & poffeder en outre un revenu affez confidérable, afin que la pauvreté ne les expofât pas au mépris & à la corruption. Dans les affaires très importantes, toute l'affemblée motivoit fon avis en détail. On ne permettoit pas de recevoir un nouveau membre dans la communauté fans le confentement général : ceux qui defiroient y être admis, s'adreffoient d'abord au canton, qui examinoit leur demande, & la rejettoit s'ils avoient manqué à l'honneur en quelques occafions, ou s'ils étoient pauvres ; car la communauté pourvoyant à la fubfiftance de ceux des citoyens qu'un accident réduifoit à la mifère, il étoit de l'intérêt public d'en écarter ceux qui n'apportoient pas des richeffes en fe préfentant. Le fonds deftiné à ceux qui étoient dans le befoin, fe formoit des contributions des particuliers & du produit des amendes, qui étoient d'autant plus confidérables alors que l'on n'infligeoit guère d'autres peines.

De plus, cette même affemblée du bailliage jouiffoit du droit d'examiner la conduite des baillifs, d'entendre les plaintes qu'on portoit contre eux, & de les punir quand ils abufoient de leur autorité. Les membres ou députés de dix de ces bailliages, formoient un des diftricts dont on a parlé plus haut. Le chef d'un diftrict jouiffoit d'un pouvoir fort étendu. Il avoit le droit de convoquer les dix communautés lorfqu'elles en demandoient du fecours, & il préfidoit à toutes les affemblées ordinaires ou extraordinaires ; il ordonnoit auffi les facrifices & les cérémonies religieufes, qui s'accompliffoient dans le même lieu où on régloit toutes les affaires politiques & civiles.

On appelloit des fentences des baillifs des différentes communautés à cette affemblée, qui régloit d'ailleurs tous les différends entre les juges. Le préfident de l'affemblée recevoit le tribut que chaque citoyen devoit payer pour les dépenfes des cérémonies religieufes ; & en fa qualité de grand-prêtre, il jugeoit ceux qu'on accufoit d'avoir profané les temples, d'avoir manqué de refpect aux dieux, ou d'avoir donné d'autres preuves d'irreligion : il impofoit ordinairement à ces coupables, des amendes que l'affemblée lui accordoit enfuite, en l'obligeant à pourvoir à l'entretien des temples.

Quand il falloit délibérer fur des affaires d'une grande importance pour la nation, ou qui intéreffoient toute la province, tous les membres ou les députés des trois diftricts fe réuniffoient & compofoient les états de la province. Ces affemblées provinciales ne fe tenoient pas régulièrement comme celles des bailliages dont on vient de parler, qu'on convoquoit au moins une fois par an. On ne fait pas précifément quel étoit l'objet de leurs délibérations : on peut fuppofer feulement qu'elles arrangeoient les différends entre les diftricts d'une province, & qu'elles s'occupoient des moyens d'écarter les dangers qui menaçoient toute la peuplade.

Ces diverfes affemblées des bailliages & de la province relevoient des états-généraux de l'ifle, qui fe tenoient une fois chaque année : tous les bons citoyens fe croyoient obligés, par l'honneur & le devoir, d'y affifter. Le préfident étoit le juge fouverain : il exerçoit cette charge jufqu'à fa mort, mais il la recevoit des états : fes principales fonctions étoient de convoquer la diète générale, & de faire exécuter les loix ; de revoir examiner en préfence des états, & caffer toutes les fentences des juges inférieurs dans toute l'étendue de l'ifle, annuller leurs ordonnances & les punir, s'il les trouvoit coupables ; il propofoit les nouvelles loix & l'abolition ou le changement des anciennes. Lorfque les loix des iflandois furent écrites, & que toute l'ifle eut adopté la même jurifprudence, il fut dépofitaire de l'original du code de la nation ; les baillifs ou les juges des diftricts, dont le préfident des états-généraux revoyoit la fentence, étoient obligés d'examiner l'affaire une feconde fois avec lui ; & en fa qualité de juge fupérieur, il prononçoit entre les parties & les juges. La crainte d'être condamné & puni devant une affemblée fi nombreufe, intimidoit tous les juges fubalternes & les contenoit dans les bornes de leur devoir.

L'affemblée des états-généraux ne duroit guères que feize jours ; elle commençoit & fe terminoit par des facrifices & des cérémonies religieufes. C'eft fur-tout durant cet intervalle que le juge fuprême exerçoit fon autorité : il ne paroît pas qu'après la diffolution de la diète, fes fonctions fuffent bien étendues ; on le traitoit cependant toujours avec refpect, & on lui rendoit beaucoup d'honneurs, comme à l'organe des loix & au protecteur du peuple.

Telle fut l'ancienne conftitution de la république d'Iflande, qui a fubfifté pendant plufieurs fiècles, mais qui eft totalement oubliée aujourd'hui, même dans le nord. Il eft aifé de découvrir ici l'efprit des nations celtiques, & leurs idées fur le gouvernement. Cette diftribution du peuple en différentes communautés, fubordonnées les unes aux autres ; le droit de n'être jugés que par un certain nombre de ces communautés ; ces affemblées générales de la nation, revêtues de toute la puiffance légiflative, exiftoient chez les germains au fiècle de Tacite, & peut-être long-temps avant lui : on les retrouvoit auffi en Danemarck, en

Suède & dans le Holstein, où il y en a encore des traces, malgré le despotisme des rois de Danemarck.

Il paroît que cette ancienne forme de gouvernement produisit les effets les plus heureux ; & la constitution dont nous venons de parler, n'est pas le seul phénomène qu'offrent les anciennes annales de l'Islande. Sa littérature, à cette époque, n'est pas moins extraordinaire : on en trouve des vestiges par-tout, & nous n'en dirons rien ici : il y a lieu de croire qu'à cette époque, les islandois vivoient dans l'aisance, & que, malgré les rigueurs du climat & les désavantages de leur position, ils étoient assez heureux. *Voyez* les articles DANEMARCK & NORWEGE.

ISLE INCONNUE ou MÉMOIRES DU CHEVALIER DE GASTINES. C'est le titre d'un roman politique de M. Grivel, des académies de Dijon & de la Rochelle : la première édition à 4 vol. & la seconde en contient 6.

Le chevalier de Gastines est jetté dans une isle déserte comme Robinson Crusoë ; mais il y est jetté avec une femme ; & au lieu des petites vues, des petits moyens & des petits effets de l'auteur anglois, M. Grivel a tiré de cette circonstance, de grandes vues sur la formation & le développement des sociétés, sur l'utilité des principes de l'économie politique, sur l'agriculture, & sur les moyens de ramener les nations & les administrateurs à la raison & à la nature : ce qui donne bonne opinion de l'auteur françois, on voit que la félicité des hommes l'intéresse vivement : il fait des tableaux intéressans de la vie agricole ; il montre le bonheur dans des mœurs simples & honnêtes ; dans les travaux qu'imposent les premiers besoins, & les affections que produit une famille.

Le chevalier de Gastines & Léonore sa compagne donnent le jour à plusieurs enfans, qui eux-mêmes se marient & forment de nouvelles familles : au moment où ces diverses familles séparent leurs habitations, M. Grivel trace un précis des loix politiques, des loix fondamentales & des loix positives de cette petite société ; & il y développe les principes qu'ont établis sur la politique, la propriété, les finances, les impôts, l'industrie & le commerce, ces respectables citoyens qu'on appelle *économistes* : il y ajoute d'autres principes sur l'administration de la justice & le régime des états, dictés par une saine philosophie.

ISTRIE, presqu'isle d'Italie, qui appartient à l'état de Venise & à la maison d'Autriche.

La partie autrichienne de l'*Istrie* fait partie de la Carniole : nous avons oublié d'en parler à l'article CARNIOLE : nous allons réparer cette omission, & nous renvoyons à l'article VENISE ce qui regarde l'*Istrie* vénitienne.

La partie autrichienne de l'*Istrie* est très-fertile en vins, en huiles, en grains & autres denrées. Elle comprend :

1°. Le comté de Mitterbourg, ancien domaine des comtes de Gœrtz, qui, après leur mort, passa à la maison d'Autriche. En 1644, l'empereur Ferdinand III l'engagea aux comtes Flangini, qui, dans la suite, le donnèrent à la maison princière de Portia, & par-là le démembrèrent entièrement de la Carniole. Allarmés de cette séparation, les états du duché firent des remontrances à l'empereur en 1664 ; & de son consentement, ils achetèrent ce comté des princes de Portia, pour 550,000 florins. Ils le revendirent ensuite au prince d'Aversberg, en stipulant qu'il ne dépendroit point & qu'il ne seroit point justiciable de la Carniole ; ce qui prévint le démembrement redouté. Les princes d'Aversberg le cédèrent à l'empereur Ferdinand III, en échange de Theugen en Suabe ; il parvint ensuite au marquis de Prié, qui le revendit en 1667 au comte Montecuccoli, envoyé de Modène à Vienne, pour la somme de 240 mille florins. Il a un évêque résidant à Biben, & il contient vingt-huit paroisses, dont cinq églises collégiales.

Il comprend en outre la seigneurie de Castna, qui échut en 1400 à la maison d'Autriche, & fut incorporée à la Carniole : elle appartenoit dernièrement aux jésuites de Fiume ; mais nous ignorons si elle est rentrée dans le domaine de la maison d'Autriche.

Voyez l'article CARNIOLE & les autres articles des divers états que possède la maison d'Autriche.

ITALIE, grande péninsule de l'Europe : elle contient divers états, dont nous parlerons dans des articles particuliers. *Voyez* les articles GÊNES, PIÉMONT, VENISE, PARME, MODENE, TOSCANE, ETAT DE L'ÉGLISE, NAPLES, &c. nous nous bornerons ici à quelques remarques sur les intérêts politiques des divers gouvernemens d'*Italie*.

Les princes d'*Italie* ont deux sortes d'intérêts, l'intérêt général de leur nation par rapport aux étrangers, & l'intérêt particulier de leurs états, les uns à l'égard des autres. Il ne s'agit ici que de cet intérêt général : nous indiquerons les intérêts particuliers dans les articles des divers états.

Après avoir dissipé les nations barbares qui avoient si long temps ravagé l'*Italie*, les princes entre lesquels cette belle partie de l'Europe se trouva partagée, n'avoient rien à desirer, sinon d'être séparés des autres nations par leurs intérêts, comme ils le sont, par la situation de leur pays, entre les Alpes & la Méditerranée ; ils devoient écarter les puissances étrangères de leurs différends. L'*Italie* n'avoit jamais été si florissante ni si paisible qu'elle le fut sur la fin du quinzième siècle. Une paix profonde régnoit dans toutes ses provinces ; mais l'incursion de Charles VIII, roi de France, attiré par Louis Sforce, duc de Milan, les prétentions des angevins & des arragonois, la part qu'y prirent Louis XII & François premier, les empereurs Maximilien & Charles-Quint, & celle qu'y eurent les princes du pays, ramenèrent les troubles & les ravages de la guerre. La maison de France & celle d'Autriche parurent se disputer le droit de l'attaquer ou de la défendre. La querelle de ces deux maisons a encore embrasé l'Italie de nos jours. Si une paix prompte éteignit l'incendie, la mort de l'empereur Charles VI y ranima le feu de la guerre.

Si les vues particulières pouvoient céder à l'intérêt général, rien ne seroit si aisé que d'établir le repos de l'Italie sur des fondemens solides. Les princes qui en partagent la domination, n'auroient qu'à s'unir intimément & former une ligue défensive, à la tête de laquelle seroit le pape, en conservant à chaque prince sa souveraineté, & rejettant toute alliance étrangère; mais ce projet si simple ne sera jamais exécuté.

Le nombre des souverainetés de l'Italie, les diverses formes de gouvernement qui y sont reçues, les divers événemens dont cette belle partie de l'Europe a été le théâtre, & sur-tout le séjour de la cour de Rome, qui étoit, il n'y a pas long-temps, le centre des négociations des princes catholiques, ont éclairé les italiens sur leurs intérêts. Mais chaque prince, peu touché de l'intérêt général du pays, ne s'occupe que du soin de faire réussir ses desseins particuliers; & quel est le prince qui n'en a point? Le roi d'Espagne & le roi de France veulent maintenir l'état de l'infant, duc de Parme; le roi de Naples veut augmenter le sien; le roi de Sardaigne ne se croit point en sûreté, s'il n'augmente sa puissance; son ambition & les ressources qu'il tire de son économie, lui inspirent des projets d'agrandissement qu'il suit avec succès, ainsi qu'on le verra dans l'article PIÉMONT; il y a mille sujets de différends entre les princes d'Italie; & les seules difficultés du cérémonial empêcheroient qu'on ne prît des mesures utiles à cette contrée, si des motifs supérieurs n'y mettoient obstacle. Chaque état se livre à des espérances frivoles, une défiance mutuelle les désunit tous; & à force de subtiliser & de raffiner sur leurs intérêts, ils s'éloignent du point auquel ils devroient tous s'attacher. Rien n'est plus difficile que d'apprendre aux hommes à négliger des fortunes ruineuses, & à perdre à propos, dans certaines conjonctures, pour acquérir plus sûrement dans d'autres. Une vérité démontrée & une illusion vraisemblable opèrent les mêmes effets sur les gouvernemens,

Au milieu de cette division de leurs intérêts, & tant qu'on suivra le système actuel, il est de l'intérêt de tous les princes d'Italie d'empêcher l'accroissement de la puissance du pape, de celle du roi des Deux-Siciles, & de celle du roi de Sardaigne.

Lorsque les rois d'Espagne de la maison d'Autriche avoient un établissement en Italie, c'étoit un axiome reçu que tout agrandissement de la puissance des espagnols affoiblissoit les forces de l'Italie. Ce que les italiens disoient alors du roi d'Espagne, ils ont dû le dire depuis la paix d'Utrecht, de l'empereur d'Allemagne. L'empereur Charles-Quint avoit réuni à ses états d'Allemagne ceux que le roi Charles II possédoit en Italie, à l'exception du royaume de Sardaigne; & la puissance de cet empereur en Italie n'auroit pu augmenter, sans qu'il fût en état de soumettre toute l'Italie. Elle n'étoit déja que trop grande; & sans la considération de la France, ce prince eût été le maître absolu du sort des italiens. Tout a changé de face depuis la mort de Charles VI; une partie du Milanez a été démembrée en faveur du roi de Sardaigne, dont la force est devenue plus considérable, & les duchés de Parme, de Plaisance & de Guastalla sont passés sous la domination d'un infant d'Espagne.

Les forces temporelles du pape n'ont rien de redoutable, au moins pour l'Italie considérée en général, & ses armes spirituelles sont beaucoup moins puissantes qu'elles ne l'étoient jadis: mais on doit toujours le surveiller, afin que celles-ci ne reprennent point l'efficacité qu'elles ont perdue. Les autres princes d'Italie doivent craindre sans cesse que l'influence qu'a encore le pape dans quelques cours, & sur-tout en Italie, n'augmente. On ne doutera point de cette vérité, si l'on fait attention aux excès auxquels la religion malentendue a porté les peuples, & à l'usage que divers papes ont fait de leur autorité.

L'attention doit se porter aussi sur le roi des Deux-Siciles & celui de Sardaigne. Les sujets de crainte que les petits princes d'Italie avoient de la puissance de la maison d'Autriche, n'ont fait que changer d'objet; c'est la puissance du roi des Deux-Siciles, c'est celle de l'infant d'Espagne, c'est celle du roi de Sardaigne qu'ils doivent aujourd'hui appréhender. Les petits princes sont environnés de dangers; & ce qu'ils gagnent d'une part pour leur sûreté, ils le perdent de l'autre. Leur indépendance n'est jamais sûre.

Les princes d'Italie doivent donc se servir alternativement du pape, du roi des Deux-Siciles, du duc de Parme, du roi de Sardaigne, pour éviter qu'aucune de ces puissances ne les accable. Ils doivent aussi se ménager l'alliance du roi très-chrétien, pour les occasions où ce monarque aura quelque intérêt à les protéger. La France ne formera désormais aucune prétention sur l'Italie; elle n'y a aucun établissement; mais le voisinage de ses états lui donne des moyens faciles d'aller au secours des princes opprimés.

Les secours de cette puissance peuvent être utiles aux princes d'Italie; mais ces princes doivent craindre que ces secours ne soient dangereux. S'ils ont un intérêt capital de se ménager une ressource du côté de la France, ils en ont un plus grand d'écarter les occasions d'en avoir besoin. Ils ne sauroient jamais prendre part aux querelles des maisons de France, & de Savoie, sans partager avec ces maisons les dépenses & les périls d'une guerre, dont ils ne peuvent tirer aucun avantage.

C'est principalement de la bonne intelligence entre les papes & la république de Venise, dont les états sont limitrophes par mer & par terre, que dépend le repos de l'*Italie*. Une crainte commune doit unir ces deux puissances. La cour de Rome a eu souvent à se plaindre des vénitiens; la république s'est élevée la première avec succès contre les prétentions des souverains pontifes. Elle a toujours subordonné les prétentions des papes à la raison d'état; & nous ne citerons pour exemple que la querelle de l'interdit, où saint Pierre fut contraint de céder à S. Marc; l'affaire de la *Sala regia*; le différend avec Urbain au sujet de l'évêché de Padoue, auquel le sénat ne voulut jamais admettre le cardinal Cornaro, parce que son père étoit doge lorsque le pape lui conféra cet évêché; la résistance que le sénat fit toujours au nonce Altoviti, qui ne voulait aller à l'audience sans la mantelletta; enfin le différend que les vénitiens ont eu avec le pape, au sujet du patriarchat d'Aquilée. Et ce qui paroîtra bien extraordinaire, c'est que la cour de Rome n'a pas de meilleurs amis que les vénitiens.

En effet, la république de Venise a pris ordinairement l'intérêt général de l'*Italie* pour la régle de son intérêt particulier. Je dis, ordinairement; car elle a eu quelquefois l'ambition des conquêtes, dont les républiques ne sont pas agitées avec moins de violence que les monarchies. Les vénitiens ont quelquefois substitué à la résolution de veiller pour la liberté de l'*Italie*, celle de l'assujettir; car la guerre de Ferrare en est une preuve.

De ce que l'union de la cour de Rome & de la république de Venise peut être utile à la liberté de l'*Italie*, les autres princes doivent désirer cette union. Ils doivent s'attacher, selon les occasions, à la maison de France ou à la maison de Savoie, aux intérêts du roi de Sardaigne, ou à ceux du roi des Deux-Siciles & de l'infant, & essayer de mettre entre les dominateurs de l'*Italie*, l'équilibre que l'Angleterre & la Hollande tâchent depuis si long-temps d'établir en Europe, entre la maison de France & celle d'Autriche; celui que les princes du nord doivent s'efforcer d'établir chez eux, & celui qu'il seroit convenable d'amener entre les puissances maritimes.

JUDICATURE, JUGES. Nous établissons ailleurs les principes sur la puissance judiciaire. *Voyez* les articles DÉMOCRATIE, ARISTOCRATIE, MONARCHIE & PUISSANCE JUDICIAIRE:

nous voulons examiner ici quelle est l'administration de la justice, aux diverses époques de la société; pourquoi elle commence d'abord par former l'un des revenus du souverain, & comment elle devient ensuite une dépense: nous parlerons de quelques abus de chacune de ces combinaisons, & nous ne manquerons pas d'indiquer les principes qui pourroient servir de remèdes.

Ce qui regarde la venalité des charges de *judicature*, sera traité dans un autre endroit. *Voyez* l'article VÉNALITÉ.

Si l'on suit les sociétés dans leurs développemens & leurs progrès, on voit qu'à la première époque de la vie pastorale, au moment où il s'établit un chef parmi les bergers, ceux-ci forment une espèce de petite noblesse, intéressée à défendre la propriété & à maintenir l'autorité de leur petit souverain, afin qu'il soit en état de défendre & de maintenir les leurs.

L'autorité judiciaire d'un pareil souverain, loin d'être pour lui une occasion de dépense, a été long-temps une source de revenu. Les personnes qui s'adressoient à lui pour demander justice, étoient toujours disposées à la payer, & un présent ne manquoit jamais d'accompagner leur requête. Lorsque l'autorité du souverain eut jetté de profondes racines, le coupable étoit obligé de lui payer une amende pécuniaire, indépendamment de la satisfaction qu'il faisoit à l'offensé. Il avoit embarrassé, troublé, rompu la paix du roi son seigneur, & l'on croyoit que pour cela il devoit payer une amende pécuniaire. Dans les gouvernemens tartares de l'Asie, dans les gouvernemens d'Europe fondés par les scythes & les germains sur les ruines de l'Empire romain, l'administration de la justice étoit d'un grand rapport, tant pour le souverain, que pour les chefs inférieurs ou barons, qui exerçoient sous lui une jurisdiction sur une certaine horde ou tribu, ou sur un territoire ou canton particulier. Le souverain & ces chefs inférieurs commencèrent par exercer cette jurisdiction en personne. Ils trouvèrent ensuite plus commode pour eux de la déléguer à un substitut, bailli ou juge. Ce substitut étoit cependant obligé de rendre compte au souverain constituant, des profits de la jurisdiction. Quiconque lit les instructions données aux juges anglois de tournée sous le règne d'Henri II, verra que les juges étoient une espèce de facteurs ambulans, préposés pour aller dans le pays lever certaines branches du revenu du roi. Non-seulement l'administration de la justice rapportoit alors un revenu au souverain, mais il semble que ce revenu étoit un des principaux avantages qu'on se proposoit dans l'administration de la justice.

Cette intention de faire servir la justice à des vues fiscales, ne pouvoit guère manquer de produire des abus crians. La personne qui venoit demander justice avec un présent considérable, devoit naturellement obtenir quelque chose de plus que l. justice; & celle qui, en la demandant, n'avoit qu'un petit préfent à offrir, devoit obtenir quelque chofe de moins. D'ailleurs on pouvoit différer de la rendre, afin que le préfent fe renouvellât. Enfuite l'amende pécuniaire, infligée à la perfonne dont on fe plaignoit, pouvoit devenir fouvent une forte raifon de la trouver coupable, quoiqu'elle ne le fût pas. L'hiftoire de chaque pays de l'Europe attefte que ces abus n'étoient point rares.

Lorfque le fouverain ou chef exerçoit fon autorité judiciaire en perfonne, quelqu'abus qu'il en fît, il n'y avoit pas moyen d'obtenir de réparation, parce qu'il y avoit rarement quelqu'un d'affez puiffant pour lui demander compte de fa conduite. Lorfqu'il l'exerçoit par un bailli, un accufé pouvoit quelquefois avoir fatisfaction, s'il étoit condamné injuftement; mais il falloit pour cela que le bailli eût prévariqué pour fon intérêt particulier; & dans ce cas le fouverain devoit avoit moins de répugnance à le punir. Mais s'il avoit fait un acte d'oppreffion au profit du fouverain; s'il l'avoit fait pour faire fa cour à celui qui le gageoit & fouveroit l'avancer, la réparation étoit auffi difficile que fi le fouverain avoit commis l'injuftice lui-même. Il paroît, en effet, que dans tous les gouvernemens barbares, & en particulier dans tous ces gouvernemens de l'Europe fondés fur les ruines de l'Empire romain, l'adminiftration de la juftice a été long-tems extrêmement corrompue. Elle fe trouvoit loin d'une égalité & d'une impartialité parfaites fous les meilleurs monarques. Sous les plus mauvais, c'étoit un vrai brigandage.

Parmi les peuples bergers où le fouverain ou chef n'eft que le plus grand berger ou propriétaire de troupeaux de la horde ou tribu, le fouverain fournit à fes dépenfes de la même manière que fes vaffaux ou fujets, par la multiplication de fes beftiaux. Chez ces nations agricoles qui ne font que fortir de l'état de berger, & qui ne font pas encore fort avancées au-delà de cet état, (condition dans laquelle paroiffent avoir été les tribus grecques dans le temps de la guerre de Troye, auffi-bien que nos ancêtres les germains & fcythes qui s'établirent fur les ruines de l'Empire d'occident), le fouverain ou chef n'eft de même que le plus grand terrien du pays, & il fournit à fon entretien, uniquement par le revenu qu'il tire de fes terres, comme fes vaffaux les autres propriétaires. Il n'a pour fubvenir à fa dépenfe, que ce qu'on appelle dans l'Europe moderne *le domaine de la couronne*. Ses fujets n'y contribuent en rien, excepté lorfqu'ils ont befoin de l'interpofition de fon autorité contre l'oppreffion de quelques-uns de leurs co-fujets. Les préfens qu'ils lui font dans ces occafions, forment tout le revenu ordinaire, tous les émolumens qu'il retire de fa domination fur eux, excepté peut-être certains cas extraordinaires. Dans Homere, lorfqu'Agamemnon offre à Achille, pour prix de fon amitié, fept villes grecques, le feul avantage qu'il lui en promet, eft que le peuple l'honorera de fes préfens. Tant que ces préfens, tant que les émolumens de juftice, ou ce qu'on peut appeler *les honoraires de la cour*, ont conftitué le revenu ordinaire que le fouverain tiroit de fa fouveraineté, on ne pouvoit guère efpérer ou même propofer décemment, qu'ils fuffent abolis ou abandonnés. On a pu feulement propofer, & on l'a fait fouvent, qu'ils fuffent réglés & fixés. Quand on les eut réglés, il fut encore bien difficile, pour ne pas dire impoffible, d'empêcher un homme qui étoit tout puiffant, de fortir des bornes prefcrites. Ainfi, pendant toute la durée de cet état des chofes, la corruption de la juftice fut prefque fans remède, parce qu'elle venoit de la nature arbitraire & incertaine de ces préfens.

Mais lorfque par différentes caufes, & fur-tout par l'augmentation continuelle de la dépenfe qu'il falloit pour défendre la nation des invafions étrangères, le domaine du fouverain ne fuffit plus pour les frais de la fouveraineté, lorfqu'il devint néceffaire que le peuple contribuât pour fa propre fûreté à ces frais, & payât diverfes fortes de taxes, il paroît qu'on ftipula communément qu'aucun préfent ne feroit accepté, fous quelque prétexte que ce fût, pour l'adminiftration de la juftice, foit par le fouverain, foit par fes baillis & fubftituts, les juges. On fuppofa probablement qu'il étoit plus aifé de les abolir que de les régler & de les fixer avec fuccès. On affigna aux juges, des appointemens qu'on fuppofa devoir compenfer la part qu'ils perdoient dans les émolumens fupprimés, comme les taxes compenfoient & au-delà ce qu'y perdoit le fouverain. On dit pour lors que la juftice étoit adminiftrée gratuitement.

Dans la réalité néanmoins, il n'y a jamais eu nulle part d'adminiftration gratuite de la juftice. Il faut au moins que les parties payent les avocats & les procureurs; & fi elles ne les payoient pas, ils s'acquitteroient de leur devoir encore plus mal qu'ils ne font. Dans toutes les cours de *judicature*, les honoraires des avocats & des procureurs montent à une fomme plus forte que les gages des juges. Quoique ces gages foient payés par la couronne, ils ne diminuent pas beaucoup la dépenfe d'un procès. Mais c'étoit moins pour diminuer la dépenfe que pour prévenir la corruption de la juftice, qu'on a interdit aux juges de recevoir des préfens ou des honoraires.

L'office de juge eft fi honorable en lui-même, qu'on l'accepte volontiers, quoiqu'il n'ait que de petits émolumens. L'office inférieur de juge de paix, quoiqu'affez pénible & la plupart du tems nullement lucratif, ne laiffe pas d'être un objet d'ambition pour la plus grande partie des anglois aifés. Dans un pays civilisé, les gages des différens juges, ajoutés à toute la dépense de l'administration & de l'exécution de la justice, lors même qu'elle n'est pas dirigée par une bonne économie, ne fait qu'une bien petite partie de toute la dépense du gouvernement.

Mais les dépenses qu'entraîne pour le souverain l'administration de la justice, pourroient être aisément défrayées par les honoraires de la cour ; & sans exposer l'administration de la justice à aucun danger réel de corruption, le revenu public pourroit être entièrement soulagé de cette charge (1). Il est difficile de régler efficacement les honoraires des juges, quand une personne aussi puissante que le souverain, doit les partager & en tirer une partie considérable de son revenu ; mais la chose est fort aisée, quand le principal bénéfice en revient aux juges. La loi peut sans peine obliger le juge à respecter le réglement, quoiqu'elle ne soit pas toujours capable de le faire respecter par le souverain. Si les honoraires des cours sont réglés & fixés avec précision ; si on les paye tout-à-la-fois, à une certaine époque du procès, entre les mains d'un caissier ou receveur qui les distribue, d'après des proportions connues, parmi les juges lorsque le procès est décidé, & non avant qu'il le soit, il paroît qu'il n'y a pas plus de danger pour la corruption que quand on les défend absolument. En ne les payant qu'à la fin du procès, on engageroit les juges à mettre plus de diligence dans l'examen & la décision de l'affaire. Si, dans les cours où il y a une multitude de juges, on payoit chacun d'eux selon le nombre d'heures & de jours qu'il auroit employés à examiner le procès, ou dans la cour ou dans un comité par ordre de la cour, ces honoraires pourroient encourager le zèle des juges. Le public n'est jamais mieux servi que quand la récompense vient après le service, & qu'elle est proportionnée au zèle avec lequel on s'en est acquitté. Dans les divers parlemens de France, les droits de vacations font la plus grande partie des émolumens des juges. Toute déduction faite, ce que la couronne donne de gages à chaque conseiller du parlement de Toulouse, le second du royaume pour le rang & la dignité, ne monte qu'à cent cinquante liv. de France, environ six liv. onze schelings sterl. par an. Il y a sept ans qu'un laquais ordinaire y avoit les mêmes gages. La distribution des épices s'y fait selon le travail des juges. Celui qui s'applique, tire de son office un revenu honnête, quoique modique.

Les droits de vacations paroissent avoir été originairement le principal revenu des différentes cours de justice en Angleterre. Chaque tribunal tâchoit d'attirer à lui le plus d'affaires qu'il pouvoit, & ne demandoit pas mieux que de prendre connoissance de celles même qui ne tomboient pas sous sa jurisdiction. La cour du banc du roi, instituée pour le jugement des causes criminelles, connut des procès civils ; le demandeur prétendoit que le défendeur, en ne lui faisant pas justice, s'étoit rendu coupable de quelque faute grave ou malversation. La cour de l'échiquier, préposée pour la levée des deniers royaux & pour contraindre à les payer, connut aussi des autres engagemens pour dettes ; le plaignant alléguoit que si on ne le payoit pas, il ne pouvoit payer le roi. Avec ces fictions, il dépendoit souvent des parties de se faire juger par le tribunal qu'elles vouloient ; & chaque cour s'efforçoit d'attirer un plus grand nombre de causes, par la diligence & l'impartialité qu'elle mettoit dans l'expédition des procès. La constitution actuelle des cours de justice de l'Angleterre, qui est si digne d'éloges, est peut-être, en grande partie, le fruit de cette émulation qui animoit autrefois les différens juges, chacun d'eux s'efforçant à l'envi d'appliquer à chaque sorte d'injustice le remède le plus prompt & le plus efficace que comportoit la loi. Dans l'origine, les cours de la commune loi (*the courts of law*) n'accordoient des dommages que pour la rupture des contrats. La cour de la chancellerie, comme cour de conscience, prit sur elle de faire exécuter formellement les conventions. Lorsque la rupture ou l'inexécution du contrat consistoit dans le défaut du paiement, le dommage souffert ne pouvoit se compenser qu'en ordonnant le paiement qui équivaloit à l'exécution spécifique de la convention. Le remède suffisoit dans ces cas-là ; mais il n'en étoit pas de même dans d'autres. Lorsque le tenancier attaquoit son seigneur pour l'avoir injustement dépossédé de son bail, les dommages qu'on lui adjugeoit n'équivaloient point à la possession de la terre. Ces sortes de causes furent donc toutes portées pendant quelque temps à la cour de chancellerie, au grand détriment des cours de la commune loi. On dit que c'est pour rappeler ces causes à leur tribunal, que ces cours ont inventé le *writ* artificiel & fictif d'*ejectment* (de dépossession), le remède le plus efficace contre l'injuste expulsion d'un fermier.

On a dit qu'un droit de timbre sur les procédures légales de chaque cour particulière, qui seroit levé par elle & appliqué au paiement des juges & autres officiers, pourroit fournir aussi un revenu suffisant pour défrayer la dépense de l'administration de la justice, sans mettre aucune charge sur le revenu de la société : mais le juge

---

(1) Nous établissons ici une théorie générale ; il seroit difficile de la mettre en pratique, dans ces pays où l'on a multiplié les juges outre mesure, où l'on a reçu pour leurs charges une finance dont la totalité offre un remboursement bien lourd pour le trésor royal. On a calculé, par exemple, qu'il faudroit en France 300 millions pour rembourser la finance de tous les offices de judicature.

seroit alors tenté de multiplier les procédures sans nécessité, pour augmenter le produit de ce droit de timbre. Il est assez généralement d'usage de régler, dans l'Europe moderne, le paiement des procureurs & des greffiers par le nombre des pages : la cour exige que la page contienne tant de lignes, & la ligne tant de mots. Mais, pour éluder ce réglement, les procureurs & les greffiers ont imaginé de multiplier les mots sans aucune nécessité; & c'est là une des causes de la corruption de la langue des tribunaux. La forme des procédures légales se corromproit également si on avoit la tentation de multiplier les droits du timbre. D'ailleurs il n'y a rien de si contradictoire que la pureté de la justice, & les vexations & la cupidité des inventions fiscales.

Mais soit que l'administration de la justice se défraie elle-même, soit que les juges tirent leurs salaires de quelqu'autre fonds, il ne paroît pas nécessaire que la personne ou les personnes à qui l'on confie le pouvoir exécutif, soient chargées de la dispensation de ce fonds ou du paiement de ces salaires. Ce fonds pourroit venir d'un revenu territorial, dont l'administration seroit confiée à chaque cour particulière, à laquelle on l'attacheroit. Ce fonds pourroit venir également de l'intérêt d'une somme d'argent, dont le prêt seroit au profit du tribunal. Une partie, quoique petite, du salaire des juges de la cour de session en Ecosse, vient de l'intérêt d'une somme d'argent. Mais l'instabilité de ce fonds paroît le rendre peu propre au maintien d'une institution qui doit toujours durer.

La raison veut que la puissance judiciaire soit séparée de la puissance exécutrice; mais ce n'est pas la raison qui a établi cette division. Il paroît que la multiplication des affaires de la société, en conséquence de ses progrès, y a donné lieu. L'administration de la justice devint si laborieuse & si compliquée, qu'elle revendiqua toute l'attention des personnes qui en étoient chargées. Celui qui avoit en main la puissance exécutrice n'ayant pas le loisir de vaquer par lui-même à la décision des causes particulières, on nomma quelqu'un pour tenir sa place. Dans les progrès de la grandeur romaine, le consul fut trop occupé des affaires politiques de l'état, pour se mêler de l'administration de la justice : on nomma un préteur pour l'administrer à sa place. Dans le progrès des monarchies européennes, fondées sur les ruines de l'Empire romain, le souverain & les grands barons en vinrent jusqu'à regarder l'administration de la justice comme un emploi trop pénible & trop ignoble pour le remplir en personne. Ils le renvoyèrent tous à un substitut, à un bailli ou juge qu'ils nommèrent.

Lorsque la puissance judiciaire est unie à la puissance exécutrice, il est difficile que la justice ne soit pas sacrifiée à ce qu'on appelle *la politique*.

Les personnes chargées des grands intérêts de l'état, sans avoir même de mauvaises vues, peuvent imaginer souvent qu'il est nécessaire de leur sacrifier les droits d'un particulier : mais la liberté civile de chaque individu, le sentiment qu'il a de sa propre sûreté, dépendent de l'administration impartiale de la justice. Pour qu'il sente bien qu'on ne le troublera pas dans la possession de ses droits, il n'est pas seulement nécessaire que la puissance judiciaire soit séparée de l'exécutrice, mais qu'elle soit indépendante le plus qu'il est possible; que le juge ne soit point amovible au caprice de cette dernière puissance, & que le paiement de ses gages ne dépende ni de sa bonne volonté, ni de sa bonne économie. *Voyez* PUISSANCE JUDICIAIRE.

JUGE, gouverneur du peuple juif avant l'établissement des rois.

On donna le nom de *juges* à ceux qui gouvernèrent les israélites, depuis Moïse inclusivement jusqu'à Saül. Ils sont appellés en hébreu *sophetim* au pluriel, & *jophet* au singulier. Tertulien n'a point exprimé la valeur du mot *sophetim*, lorsque citant le livre des *juges*, il l'appelle *le livre des censeurs*. Leur dignité ne répondoit point à celle des censeurs romains; elle répondoit plutôt à celle des suffetes de Carthage, ou des archontes perpétuels d'Athènes.

Les hébreux n'ont pas seuls donné le titre de *suffetes* ou de *juges* à leurs souverains; les tyriens & les carthaginois employèrent cette dénomination. De plus, les goths n'accordèrent, dans le quatrième siècle, à leurs chefs que le même titre; & Athanaric, qui monta sur le trône vers l'an 369, ne voulut point prendre la qualité de *roi*, mais celle de *juge*, parce qu'au rapport de Thémistius, il regardoit le nom de *roi* comme un titre d'autorité & de puissance; & celui de *juge*, comme un symbole de sagesse & de justice.

Grotius compare le gouvernement des hébreux sous les *juges*, à celui qu'on voyoit dans les Gaules & dans la Germanie, avant que les romains l'eussent changé.

Les fonctions des *juges* étoient à vie, mais non pas héréditaires; il y eut des tems d'anarchie & de longs intervalles, durant lesquels les hébreux n'avoient ni *juges*, ni gouverneurs suprêmes. Quelquefois cependant ils nommèrent un chef pour se tirer de l'oppression : c'est ainsi qu'ils choisirent Jephté avec un pouvoir limité, pour les conduire dans la guerre contre les ammonites; car nous ne voyons pas que Jephté ni Barac aient exercé leur autorité au-delà du Jourdain.

La puissance de leurs *juges*, en général, ne s'étendoit que sur les affaires de la guerre; les traités de paix & les procès civils; tout le reste étoit du ressort du sanhédrin : les *juges* n'étoient donc, à proprement parler, que les chefs de la république.

Ils n'avoient pas le pouvoir de faire de nouvelles loix, ou d'imposer de nouveaux tributs. Ils étoient protecteurs des loix établies, défenseurs de la religion & vengeurs de l'idolâtrie; d'ailleurs sans éclat, sans pompe, sans gardes & sans suite, à moins que leurs richesses personnelles ne les missent en état de se donner un train conforme à leur rang.

On dit que le revenu de leur charge se bornoit aux présens qu'on leur faisoit; qu'on ne leur assignoit aucune somme, & qu'ils ne levoient aucune contribution sur le peuple; ce qu'il est difficile de croire.

On peut voir maintenant quelle étoit la borne du pouvoir des *juges* des israélites: 1°. ils n'étoient point héréditaires: 2°. ils n'avoient droit de vie & de mort que selon les loix: 3°. ils n'entreprenoient point la guerre à leur gré, mais seulement quand le peuple les appelloit à leur tête: 4°. ils ne levoient point d'impôts; 5°. ils ne se succédoient point immédiatement. À la mort d'un *juge*, la nation pouvoit lui donner un successeur sur-le-champ ou attendre; c'est pourquoi on a vu souvent plusieurs années d'inter-*juges*, si je puis parler ainsi: 6°. ils n'avoient aucune marque de souveraineté; ils ne portoient ni sceptre ni diadême: 7°. enfin, ils n'avoient point d'autorité pour créer de nouvelles loix, mais seulement pour faire observer celles de Moïse & de leurs prédécesseurs. Ce n'est donc qu'improprement que les *juges* sont appellés *rois* dans deux endroits de la Bible. *Juges*, chap. 9 & chap. 18.

Quant à la durée du gouvernement des *juges*, depuis la mort de Josué jusqu'au règne de Saül, les savans ne sont point d'accord sur ce point de chronologie, & il importe peu de le discuter ici.

JUGE PÉDANÉE. C'étoit le nom que l'on donnoit chez les romains aux *juges* des petites villes. Quelques auteurs croient qu'ils furent ainsi appellés, parce qu'ils se rendoient à pied au lieu où l'on administroit la justice, tandis que les magistrats alloient dans un chariot; mais il seroit aisé de prouver que cette explication est mauvaise: d'autres croient qu'on les appella juges pédanées, *quasi stantes pedibus*, parce qu'ils rendoient la justice debout; les savans disent que c'est encore une erreur, car ils étoient assis; seulement ils n'étoient point sur des sièges élevés comme les magistrats, mais *in subselliis*, c'est-à-dire, sur des bas sièges; de manière qu'ils rendoient la justice *de plano*, *seu de plano pede*, c'est-à-dire, que leurs pieds touchoient à terre; c'est pourquoi on les appella *pedanei*, *quasi humi judicantes*.

On ne doit pas confondre avec les *juges pédanées* les sénateurs pédaniens: on donnoit ce nom aux sénateurs qui n'opinoient que *pedibus*; c'est-à-dire, en se rangeant du côté de celui dont ils adoptoient l'avis.

Les empereurs ayant défendu aux magistrats de renvoyer aux *juges* délégués autre chose que la connoissance des affaires légères, ces *juges* délégués furent nommés *juges pédanés*.

L'empereur Zenon établit des *juges pédanés* dans chaque siège de province, comme il est dit en la *novelle* 82, chap. 1; & Justinien, à son imitation, érigea, par cette même novelle en titre d'office dans Constantinople, sept *juges pédanés*, à l'instar des défenseurs des cités qui étoient dans les autres villes. Jusqu'alors ils n'avoient pas instruit les procès où il s'agissoit de plus de 50 sols (1); cet empereur leur attribua la connoissance des procès, où il ne s'agiroit pas de plus de 300 sols.

L'appel de leurs jugemens ressortissoit au magistrat qui les avoit délégués.

JULIERS, (Duché de) appartenant à l'électeur Palatin; il est borné à l'ouest par le duché de Gueldres, l'évêché de Liège, le duché de Limbourg, le territoire de la ville d'Aix-la-Chapelle & l'abbaye de Cornelii-Munster; vers le sud, par les seigneuries de Schleiden & de Blankenheim, & une partie de l'archevêché de Cologne; vers le levant, par le même archevêché, & vers le nord, par le duché de Gueldres. Sa plus grande longueur est de 20 milles, sa largeur est dans quelques endroits de neuf milles; mais elle est beaucoup moindre dans d'autres. Il contient trente bailliages ou seigneuries.

Précis de l'histoire politique du duché de Juliers.
Le premier comte de *Juliers* dont on puisse parler avec certitude, est Gérard; il vivoit au commencement du dixième siècle. Le comte Guillaume VII fut élevé à la dignité de marggrave par l'empereur Louis de Bavière, & à celle de duc, par l'empereur Charles IV, en 1356. Son fils, Guillaume VII, acquit, du chef de sa femme, le duché de Gueldres & le comté de Zutphen; & son fils & successeur Reinhold, étant mort en 1433 sans héritiers, les duchés de *Juliers* & de Gueldres passèrent au duc Adolphe VIII de Berg; mais Adolphe VIII fut obligé de céder la Gueldres à Louis d'Egmont. Adolphe mourut en 1437 sans postérité, & il eut pour successeur dans les duchés de *Juliers* & de Berg, son neveu Gerard, fils de son frère Guillaume, lequel fut en même-temps comte de Ravensberg, du chef de son père. Son fils Guillaume XI mourut en 1511, & ses états de *Juliers*, Berg & Ravensberg, échurent à l'époux de sa fille Marie, Jean III, duc de Clèves, comte de la Mark, & seigneur de Ravenstein. Nous avons indiqué à l'article CLÈVES, les révolutions que subirent successivement ces pays ainsi réunis. Nous avons également dit que les duchés de *Juliers* & de Berg, les seigneuries de Ravenstein, Winnenthal & Breskesand, échurent en partage à Philippe-Guil-

---

(1) On dit que cette somme équivaloit à 50 écus; mais toutes ces évaluations sont bien incertaines.

laume de Neubourg, qui devint électeur Palatin en 1685. Son second fils & successeur Charles Philippe n'ayant laissé ni fils ni frères, la maison électorale de Brandebourg réclama la succession des trois provinces, au préjudice de Charles Théodore, comte Palatin du Rhin, de la branche de Soultzbach, & électeur Palatin. Cette affaire causa des rumeurs ; mais elle fut enfin terminée par un traité conclu en 1742. Il fut stipulé par ce traité, qu'après la mort du dernier électeur Palatin du Rhin, la maison de Soultzbach hériteroit des pays de *Juliers*, Berg & Ravenstein. Les sujets prêtèrent hommage à Charles-Théodore, qui succéda bientôt après au vieil électeur Charles Philippe.

Nous avons dit à l'article BERG que nous donnerions ici un précis de l'histoire politique de ce duché. Berg étoit originairement gouverné par les comtes d'Altena : son premier comte particulier fut Engelberg, frère du comte d'Altena Eyerard I ; il vécut vers le milieu du douzième siècle. L'ancienne souche des comtes de Berg s'éteignit en 1348, à la mort d'Adolphe VII, qui étoit le onzième comte. Sa fille Marguerite doit avoir été mariée à Gérard, duc de *Juliers* ; au reste ce même Gérard fut comte de Berg, quoiqu'on ignore comment il obtint cette dignité, & s'il a été le douzième ou le treizième comte. Son fils Guillaume fut créé duc de Berg en 1380, par l'empereur Wenceslas ; & Adolphe, fils de Guillaume, devint aussi duc de *Juliers* & de Gueldres.

Le suffrage appartenant au duché de *Juliers*, dans le collège des princes, n'est pas exercé. La taxe matriculaire de ce duché, pour les impôts de l'Empire, est de 639 florins 45 kr. & celle de Berg, de 284 quatre quinzièmes de florins ; & les deux duchés ensemble payent pour l'entretien de la chambre impériale, 676 rixdales 26 trois quarts kr. par quartier. Les ducs de *Juliers* & de Cleves font alternativement les fonctions de princes convoquants du cercle de Westphalie, & exercent le directoire.

Les collèges supérieurs des duchés de *Juliers* & de Berg., savoir, le conseil privé, la chambre des appels, le conseil aulique, la chancellerie & la chambre des finances, ont leur siège à Dusseldorp. Les baillifs des deux duchés sont choisis parmi la noblesse indigène. Les villes qui ont leurs magistrats particuliers ne ressortissent point des bailliages dans lesquels elles sont enclavées ; les appels vont directement au conseil aulique à Dusseldorp. Les états accordent au prince tous les ans une certaine somme ; elle étoit en 1755, pour les dépenses ordinaires, de 580,000 rixdales ; on y ajouta un don gratuit de 50,000 florins.

Productions. commerce. Le sol est fertile, & produit beaucoup de bled ; on y trouve aussi de bonnes prairies, des pâturages & des forêts. L'entretien du bétail est un objet considérable ; on élève surtout de bons chevaux, que l'on envoie dans les provinces limitrophes & en France. On y cultive de la garance & en particulier du lin, qui fait avec le bled le principal objet du commerce des habitans. La toile fine qu'on fabrique dans le pays, est blanchie à Haerlem, & se vend alors pour de la toile d'Hollande.

Etats. Les états de *Juliers*, pour mieux conserver leurs privilèges, se sont réunis en 1628 & 1636, à ceux de Berg ; ces états, ainsi réunis, sont composés de la noblesse des deux duchés, & de ce qu'on appelle les *quatre grandes villes de chaque duché* ; savoir, dans le duché de *Juliers*, de la ville de *Juliers*, Deuren, Munster-Eyffel, Enskirchen, & dans le duché de Berg, de Lennep, Rattingen, Dusseldorp & Wipperfurt. Ces états ont la prétention de ne point dépendre de la volonté du seigneur territorial ; ils soutiennent qu'ils doivent être gouvernés selon les franchises, privilèges, droits, usages & coutumes du pays ; que non-seulement ils ont voix décisive aux assemblées provinciales, mais aussi qu'ils doivent être consultés dans toutes les affaires importantes. Les assemblées se tiennent à Dusseldorp.

Religion. Les habitans suivent en partie la religion catholique, & en partie la religion protestante. Le traité conclu à Cologne sur la Sprée, en 1672, & à Dusseldorp le 20 juillet 1673, entre l'électeur de Brandebourg, Frédéric Guillaume, & le comte Palatin, Philippe Guillaume, contient diverses dispositions en faveur des luthériens & des réformés, relativement à l'exercice public de leur culte ; & de tous les objets qui en dépendent. Le synode provincial des réformés de ce duché est uni à ceux de Clèves, de Berg & de la Mark, comme nous l'avons dit à l'article de CLEVES. Il est divisé en trois classes, dont la première comprend deux, la seconde neuf, & la troisième dix ministres. Le jour de l'assemblée de chacune de ces classes est le dixième avant la fête de l'Ascension. *Voyez* les articles CLÈVES, BERG, RAVENSBERG & PALATINAT.

JURANDE, *voyez* INDUSTRIE.

JURISDICTION ECCLÉSIASTIQUE. On trouve dans le *dictionnaire de jurisprudence*, un article *jurisdiction ecclésiastique*, auquel nous renvoyons le lecteur. Nous nous bornerons à établir ici quelques principes politiques sur la nature & les bornes de cette *jurisdiction*.

On distingue deux puissances dans les états : la puissance temporelle & l'autorité ecclésiastique : l'empire & le sacerdoce.

La puissance temporelle regarde la terre, agit sur le corps, & commande à tout ce qui est temporel. Elle a été instituée pour le gouvernement des hommes, en qualité de citoyens, de sujets & de membres de l'état. Comme elle a pour objet l'ordre extérieur des sociétés civiles, qui seul est au pouvoir des hommes, elle emploie des moyens humains, la force coactive, la sévérité des peines temporelles, & tout ce qui compose l'appareil d'une puissance séculière. Elle donne des loix, elle prononce des jugemens, elle impose des peines, elle domine sur tous les ordres de l'état; & tandis qu'elle en maintient le corps par l'empire légitime qu'elle exerce au dedans, elle le garantit au dehors des entreprises de l'étranger.

L'autorité spirituelle regarde le ciel, & agit sur les ames. Elle a été instituée pour le gouvernement des hommes, envisagés comme chrétiens. Elle a pour objet l'ordre surnaturel des choses spirituelles, d'où lui vient le nom qu'elle porte quelquefois. Elle explique les vérités de la religion, destinées à soumettre les esprits & à changer les cœurs : elle prononce sur les affaires de cette nature; elle a reçu le pouvoir de lier & de délier, d'établir des règles pour la conduite des fidèles & d'en dispenser, de condamner & d'absoudre en matières spirituelles, mais sans employer la force coactive par elle-même. Si elle décide les matières spirituelles, impose des peines spirituelles; si elle prive de sa communion ceux qui refusent de s'y soumettre, si elle assujétit les consciences, c'est sans pouvoir agir ni sur les corps ni sur les biens, ni sur rien de ce qui est temporel: on la laisse exercer son pouvoir spirituel chez les catholiques dans le tribunal secret de la pénitence; chez les réformés, dans les consistoires, ou dans des tribunaux qui ressemblent aux consistoires; mais il ne lui est pas permis d'entreprendre sur l'ordre public, ni d'employer les voies extérieures & l'empire réservé à la puissance temporelle.

Si l'on réfléchit sur les différens objets de l'institution de l'une & de l'autre puissance, on sera étonné que les bornes de *la jurisdiction ecclésiastique* soient devenues souvent un problème abandonné à la dispute des hommes.

Le droit naturel & inné de toutes les sociétés civiles, est de se gouverner comme elles le veulent. Chaque nation pourvoit à ses besoins par les voies que sa sagesse lui inspire. Elle peut faire les établissemens qu'elle juge à propos; & comme elle les peut faire, elle peut ne les pas faire & empêcher qu'on ne les fasse. Ce droit est aussi ancien que les sociétés civiles, & il remonte même jusqu'à la création du monde, parce que le droit que les nations ont toujours eu de se gouverner de la manière qu'elles jugent à propos, les familles, d'où les sociétés civiles sont sorties, l'avoient avant que ces sociétés civiles fussent formées.

Le pouvoir coactif appartient à la puissance temporelle. Les loix extérieures de discipline qui intéressent la société, n'ont d'exécution qu'autant que le prince leur appuie de son autorité.

L'Eglise peut bien, par sa seule autorité dans les matières purement spirituelles, nous imposer, comme fidèles, des devoirs, & déclarer coupables ceux qui ne les rempliroient pas. Elle peut, dans l'ordre de son ministère spirituel, punir les réfractaires à ses réglemens; mais quelque coupable

qu'on soit en se révoltant contre une autorité à laquelle la religion nous a soumis, il n'est pas moins certain que l'autorité de l'Eglise se borne aux censures ecclésiastiques, & que ces censures ayant plus ou moins de rapport à l'autorité temporelle, celle-ci peut les contenir ou les modifier.

Le droit de prononcer des censures est tout spirituel; il se réduit au refus ou à la suspension de la communion ecclésiastique; il n'a rien de commun avec le pouvoir que l'Eglise emprunte quelquefois du prince pour nous forcer d'obéir à ses ordres. C'est à la jurisdiction pénitentielle & non à la jurisdiction contentieuse, appellée proprement *jurisdiction*, que se rapporte le pouvoir des censures. Tout ce qui emporte une coaction précise & formelle est du ressort de la puissance temporelle; il n'appartient point aux évêques. Comme évêques, ils n'ont ni territoires, ni officiers, ni droit du glaive : le souverain seul joint à l'autorité de la loi l'autorité de la force, qui détermine l'obéissance des sujets.

On ne dit rien ici qui n'ait été démontré par mille & mille auteurs. Cependant la faculté de Théologie de Paris accusa jadis d'hérésie Marsile de Padoue, qui l'a solidement établie dans un ouvrage composé au quatorzième siècle, pour la défense de Louis de Bavière, empereur, contre les entreprises du pape Jean XXII. Mais outre que les décisions d'aucune faculté n'ont force de loi dans l'Eglise, outre que la décision de l'Eglise elle-même seroit impuissante sur un point qui n'intéresse pas la foi, outre que nulle puissance sur la terre ne peut limiter les droits des princes, l'historien de l'Eglise a combattu cette censure de la Sorbonne. « Il faut observer, dit ce savant & judicieux écrivain, qu'entre les erreurs de Marsile, on comptoit une proposition véritable, & la faculté de Théologie de Paris donna dans cette méprise. La proposition qu'elle condamna est, *que le pape ou toute l'Eglise ensemble, ne peut pas de peine coactive un homme, quelque méchant qu'il soit, si l'empereur ne lui en donne le pouvoir*. Toutefois la puissance que l'Eglise a reçue de J. C. est purement spirituelle & toujours la même, le reste vient de la concession des princes, & est différent selon les temps & les lieux ».

Juger, c'est, selon le langage des jurisconsultes, *dire droit*. C'est ainsi qu'ont toujours parlé les jurisconsultes; mais il faut ajouter à dire droit, avec l'autorité de se faire obéir. Aussi les constitutions ecclésiastiques ne portoient-elles pas anciennement le nom de *droit*, parce qu'il paroissoit aux saints pères que ce nom indique la contrainte, & que la contrainte ne convient pas à l'Eglise. Le mot latin qui signifie *droit*, est dérivé d'un autre mot latin qui signifie *commandement*; & comme c'est le propre de l'Eglise de persuader, & non de contraindre, ses loix furent appellées *canons*, c'est-à-dire *règles*, & non pas *commandemens*.

Mais lorsque les princes eurent accordé à l'Eglise

une jurifdiction extérieure, on appliqua infenfiblement le nom de *droit* & même celui de *loi* aux canons, qu'on n'avoit d'abord appellés que *règles* ou *réglemens eccléfiaftiques*. On s'accoutuma peu à peu à dire le *droit canonique*, les *loix canoniques*, comme on a toujours dit le *droit civil*, les *loix civiles*.

Les eccléfiaftiques n'ont ni territoire, ni jurifdiction, ni aucune portion d'empire pure ou mixte, telle qu'eft la jurifdiction. De là vient, ce qu'obfervent les auteurs, que dans les loix des premiers empereurs chrétiens, le titre qui traite des jugemens eccléfiaftiques eft intitulé, non de la *jurifdiction épifcopale*, mais de l'*audience épifcopale*, du *jugement épifcopal*; expreffion dont le fens diffère beaucoup de celui du terme propre de *jurifdiction* dans le droit romain. De là vient la différence des titres des conftitutions des premiers empereurs romains.

L'un des plus grands jurifconfultes de l'Europe (Cujas), dit affirmativement que les évêques n'ont ni jurifdiction, ni rien de ce qui appartient à la jurifdiction.

L'hiftorien de l'Eglife, cet écrivain célèbre, dont le nom feul eft un éloge, employant dans fon inftitution au droit canonique, le terme de *jurifdiction* fuivant l'ufage reçu, explique les mêmes principes qu'on vient de pofer. " Il faut revenir,
» dit-il, à la diftinction de la *jurifdiction* propre &
» effentielle à l'Eglife, & de celle qui lui eft étran-
» gère. L'Eglife a par elle-même le droit de dé-
» cider toutes les queftions de doctrine, foit fur
» la foi, foit fur la règle des mœurs. Elle a droit
» d'établir des canons ou règles de difcipline pour
» fa conduite intérieure, d'en difpenfer en quel-
» ques occafions particulières, & de les abroger
» quand le bien de la religion le demande. Elle a
» droit d'établir des pafteurs & des miniftres, pour
» continuer l'œuvre de Dieu jufqu'à la fin des
» fiècles, & pour exercer cette *jurifdiction*; elle
» peut les deftituer s'il eft néceffaire. Elle a le
» droit de corriger tous fes enfans, leur impofant
» des peines falutaires, foit pour les péchés fecrets
» qu'ils confeffent, foit pour les péchés publics
» dont ils font convaincus. Enfin, l'Eglife a droit
» de retrancher de fon corps les membres corrom-
» pus, c'eft-à-dire les pécheurs incorrigibles, qui
» pourroient corrompre les autres. Voilà les droits
» effentiels à l'Eglife, dont elle a joui fous les em-
» pereurs payens, & qui ne peuvent lui être ôtés
» par aucune puiffance humaine... Tous les autres
» pouvoirs dont les eccléfiaftiques ont été en pof-
» feffion & le font encore en quelques lieux, ne
» laiffent pas de leur être légitimement acquis par
» la conceffion expreffe ou tacite des fouverains,
» & l'Eglife a autant de raifon de conferver fes
» droits que fes autres biens temporels ».

JUSTINGEN, feigneurie d'Allemagne dans le cercle de Suabe; elle eft prefque entièrement enclavée dans les bailliages de Blanbeuren, Munfingen & Steusflingen, du duché de Wurtemberg. C'étoit le patrimoine des anciens feigneurs de *Juftingen*, dont il eft déjà fait mention dans des titres du douzième fiècle. Au feizième fiècle elle paffa à l'ancienne maifon de Freyberg, & nommément à la branche d'Apfingen. Cette famille étoit furchargée de dettes; un de fes créanciers, connu fous le nom de colonel Keller, prit poffeffion de la feigneurie de *Juftingen* durant la guerre de trente ans. Enfin, Jean-Chriftophe de Freyberg, de la branche d'Eifenberg, qui fut d'abord prévôt d'Ellwangen, & enfuite évêque d'Augsbourg, la dégagea, & l'abandonna à fon frère Ferdinand-Chriftophe de Freyberg, dont les defcendans la vendirent au duc de Wurtemberg en 1751, pour la fomme de 300,000 florins. Elle donne à fon titulaire voix & féance à la diète de l'Empire fur le banc des comtes de Suabe, ainfi qu'aux affemblées du cercle. Son contingent eft de cinq fantaffins ou vingt florins par mois, & fa contribution pour l'entretien de la chambre imperiale, eft fixée à 15 rixdales onze & demi kr. par terme. Elle eft fous l'adminiftration du bailif ducal établi à Steusflingen. Ses habitans profeffent la religion catholique. *Voyez* l'article WURTEMBERG.

K

KAMTCHATKA, péninsule qui se trouve à l'extrémité orientale du continent de l'Asie, & qui appartient aux russes. Cette péninsule se prolonge à-peu-près au nord & au sud depuis le 52.ᵉ jusqu'au 61.ᵉ degré de latitude. On évalue à 236 milles sa plus grande largeur, qui est entre l'embouchure de la rivière Tigil & celle de la *Kamtchatka*. De-là elle se rétrécit peu-à-peu vers chacune des extrémités.

On y distingue aujourd'hui trois sortes d'habitans, les naturels du pays, les russes & les cosaques, & les individus qu'a produit le mélange de ces trois races.

M. Steller qui y a résidé quelque temps, & qui semble avoir étudié avec beaucoup de soin l'origine des kamtchadales, croit qu'ils habitent cette péninsule depuis un grand nombre de siècles, & qu'ils descendent originairement des mungales, & non pas des tartares tungusés, comme quelques auteurs l'ont dit, ou des japonois, ainsi que d'autres l'ont imaginé.

Les russes ayant étendu leurs conquêtes & établi des postes & des colonies, le long de la vaste côte de la mer Glaciale, depuis le Jenissei jusqu'à l'Anadir, leurs commissaires allèrent reconnoître & subjuguer les pays situés plus loin à l'est. Ils ne tardèrent pas à arriver parmi les hordes errantes des koriaques, qui habitent la côte septentrionale & la côte nord-est de la mer d'Okotsk, & ils les assujettirent sans peine à des tributs. Les koriaques se trouvoient les voisins immédiats des kamtchadales, avec lesquels ils faisoient une sorte de commerce; ils acquirent cette connoissance vers le milieu du dix-septième siècle, & à la fin du même siècle les russes commencèrent leurs premiers établissemens au *Kamtchatka*.

Cet établissement fut troublé par la révolte des cosaques qu'on y avoit laissé, & par la haine des naturels du pays; & depuis 1706 jusqu'à 1731, époque de la grande rébellion des kamtchadales, on vit, d'une extrémité de la péninsule à l'autre, une suite de massacres, de révoltes & de rixes cruelles & sanguinaires.

Il fallut détruire un grand nombre d'habitans pour étouffer la rebellion de 1731. Un petit nombre de russes périrent en 1740 dans une émeute qui n'eut pas d'autre suite; &, exceptée l'insurrection arrivée en 1770 à Bolcheretsk, la colonie a été tranquille depuis cette époque.

La petite-vérole y fut apportée en 1767 par un soldat, & elle enleva vingt mille habitans: il paroît qu'on n'y compte pas aujourd'hui plus de trois mille tributaires, & qu'en moins d'un demi-siècle la race des indigènes sera anéantie.

La Russie y entretient quatre ou cinq cens soldats russes ou cosaques. L'administration est très-douce & très-modérée pour une administration militaire : on permet aux naturels du pays de choisir leurs magistrats parmi eux; ces magistrats ont toute l'autorité dont ils jouissoient avant la conquête. L'un d'eux préside à chaque ostrog: il est l'arbitre des différends : il impose des amendes, il inflige des peines; mais il renvoie au gouverneur la connoissance des délits compliqués & atroces qu'il ne veut pas juger lui-même.

Le tribut qu'exige la Russie, ne paroît être qu'une reconnoissance de la souveraineté de la czarine; c'est en quelques districts une peau de renard, en d'autres une zibeline, & aux isles Kouriles, dont quelques-unes dépendent du *Kamtchatka*, une loutre du mer.

Le commerce d'exportation est borné à des fourrures, & il se fait sur-tout par une compagnie de négocians que l'impératrice actuelle a établie.

Les articles d'importation arrivent en grande quantité de l'Europe; mais ils ne se bornent pas aux ouvrages des manufactures, ou aux productions de la Russie; il y en a qui viennent d'Angleterre, de Hollande, de la Sibérie, de la Bucharie, du pays des calmouques & de la Chine.

Toutes les fourrures qu'on exporte du *Kamtchatka* par la mer d'Okotsk, payent dix pour cent à la douane, & le droit sur les zibelines est de douze. Les marchandises, de quelque espèce qu'elles soient, exportées d'Okotsk, acquittent à la douane un droit d'une demi-roule par poude.

Les droits sur les exportations & les importations sont évalués annuellement à dix mille roubles.

Si le lecteur desire de plus grands détails sur la colonie du *Kamtchatka*, sur son commerce & son rapport, il peut consulter le troisième voyage de Cook. *Voyez* aussi l'article RUSSIE.

KARIKAL. *Voyez* PONDICHERY.

KATZENELNBOGEN. *Voyez* RHINFELS-HESSE ou HESSE-RHINFELS.

KAUFFBEUREN, ville impériale d'Allemagne au cercle de Suabe: son territoire est situé dans l'Algau sur la rivière de Werthac, dans la vallée qui en prend son nom, entre l'évêché d'Augsbourg & les abbayes de Kempten & d'Yrsée. En 1336 elle se nommoit encore *Buren* ou *Burin*. La bourgeoisie est partie luthérienne, partie catholique, & le magistrat est composé de douze membres, dont quatre catholiques. La cour de juſtice & le grand conſeil ont de même deux aſſeſſeurs catholiques, & les autres ſont de la confeſſion d'Augsbourg. C'eſt dans la ville ou dans ſon voiſinage, qu'il y avoit autrefois un château de même nom, qui, ſelon quelques auteurs, a donné le ſurnom à Frédéric de Buren, père de Frédéric de Stauffen, premier duc de Suabe; mais Sattler, dans ſon hiſtoire du duché de Wurtemberg, prouve que Waſchaubeuren eſt l'endroit d'où Frédéric de Buren ou Beuren prit ſon nom. A l'extinction des ducs de Suabe de la maiſon d'Hohenſtauffen, la ville fut dévolue à l'Empire, & les empereurs Charles IV & Wenceſlas lui ont promis la conſervation de ſon immédiateté. Son rang à la diète eſt le vingt-deuxième parmi les villes impériales de Suabe, & elle remplit le dix-ſeptième dans les aſſemblées du cercle. Sa taxe matriculaire, autrefois de 160 florins, a été réduite en 1683 à 53 & demi florins, outre 44 rixdales 65 kr. qu'elle paye pour l'entretien de la chambre impériale. *Voyez* l'article SUABE.

KAYSERSHEIM, abbaye princière d'Allemagne, dans le cercle de Suabe.

Cette abbaye eſt de l'ordre de Cîteaux; elle porte indifféremment le nom de *Kayſersheim* ou *Keyſsheim*; elle eſt ſituée près de la ville de Donawerth, dans le comté de Graiſpach, incorporé au duché de Neubourg. Le comte Henri de Lechſgemund, fondateur de ce couvent en 1135, déclara qu'il n'auroit d'autre vidame & protecteur que le fils de la ſainte Vierge. Néanmoins l'abbaie rechercha & obtint en 1274 la protection du roi Rodolphe; en 1346, celle de l'empereur Louis de Bavière, & en 1349 celle d'Etienne, comte palatin du Rhin & duc de Bavière; mais les ducs ayant uſurpé la ſupériorité territoriale ſur l'abbaye, l'empereur Charles l'en affranchit en 1370, & lui permit de ſe choiſir, indépendamment du chef de l'Empire, le gouverneur qu'elle voudroit. Cette exemption ayant été confirmée par l'empereur Wenceſlas & Sigiſmond, l'abbaye, dès-lors cenſée membre immédiat du corps germanique, fut miſe ſur le tableau en 1445, 1459, 1460 & 1475; appellée à la diète de Worms en 1521, & inſérée dans la matricule auſſi-bien que dans le recès de l'Empire, pour un contingent de 4 cavaliers & 67 fantaſſins. Ce monaſtère conclut avec Frédéric, comte palatin du Rhin & duc de Bavière, alors tuteur des princes mineurs de cette maiſon, un traité d'accommodement, par lequel l'abbaye s'engagea à payer 750 florins en place de la contribution exigée par le duc, qui de ſon côté promit, tant pour lui que pour ſes deſcendans, pupilles & leurs héritiers, de ne jamais impoſer aucune taxe ſur l'abbaye ni ſur ſes ſujets, & de n'attenter en rien à ſes anciens privilèges, droits, juriſdictions, coutumes, &c. Elle accorda en 1527 cent autres florins payables annuellement aux comtes palatins, qui derechef s'engagèrent à la protéger, ſans toutefois s'arroger aucune juriſdiction, ni la charger d'aucune taxe; ſauf aux deux parties de renoncer à la protection quand bon leur ſembleroit. Un nouveau traité, conclu en 1534 & confirmé par l'empereur Charles-Quint en 1541, ſtipula que l'abbaye, en qualité de ſeigneur du comté de Grayſpach, reconnoîtroit les comtes palatins pour ſes protecteurs perpétuels, & qu'en reconnoiſſance de cette protection elle leur paieroit annuellement 600 florins; qu'en outre les comtes palatins exerceroient la juſtice criminelle dans les terres de l'abbaye; mais qu'au reſte ils n'établiroient aucune taxe, & qu'ils ne s'attribueroient aucune juriſdiction, ni ſur elle, ni ſur ſes ſujets. Tous ces traités n'ont pas empêché les comtes palatins d'attaquer dans la ſuite, & à pluſieurs repriſes, l'immédiateté de cette abbaye; & d'ailleurs les cercles de Suabe & de Bavière vouloient ſe l'attacher, l'abbaye s'étant jointe tantôt à l'un, tantôt à l'autre de ces cercles, & n'ayant ſouvent ſuivi aucun d'eux. Enfin le cercle de Suabe la reçut en 1557 dans le collège de ſes prélats, malgré les proteſtations de celui de Bavière, & lui aſſigna ſon rang entre les abbés d'Urſperg & de Roggenbourg, place qu'elle occupe de même à la diète de l'Empire. Sa taxe matriculaire étoit autrefois de 282 florins. En 1701, elle promit volontairement une contribution annuelle de 300 florins, payables à la caiſſe: elle promit de la porter juſqu'à 400, ſi l'état des impoſitions étoit augmenté. Dans la guerre de 1757, le cercle de Bavière lui ayant demandé un contingent de 216 hommes, elle jugea à propos de ſe déclarer membre du cercle de Suabe. Sa contribution pour l'entretien de la chambre impériale eſt de 338 rixdales 23 kr. L'abbé prend le titre de très-révérend prélat du ſaint Empire romain, ſeigneur-abbé régnant de la fondation immédiate & libre de *Kayſersheim* & Pillenhofen, conſeiller-né & chapelain héréditaire de ſa majeſté impériale, vicaire & viſiteur du ſaint ordre de Cîteaux dans le Tyrol & la Suabe. L'abbaye de Pillenhofen, incorporée à celle de *Kayſersheim* eſt ſituée dans la principauté de Neubourg.

KEMPTEN, ville impériale d'Allemagne, au cercle de Suabe, en latin *Campidona*; elle eſt ſituée dans l'Algau-ſur-l'Iller, qui ſépare la ville de ſon fauxbourg: on la croit bâtie ſur l'emplacement de l'ancien *Campadunum* ou *Campidunum*. La ville, ainſi que le magiſtrat, profeſſent la religion luthérienne. Elle prétend être plus ancienne que l'abbaye impériale qui en eſt voiſine. Celle-ci ſoutient au contraire que ce ſont les abbés qui ont fermé la ville de murailles, & lui ont donné ſa conſtitution municipale; que la ville leur avoit été ſoumiſe dans ſon origine, & elle la défie de donner des preuves de ſon immédiateté avant le treizième ſiècle. La ville, de ſon côté, avoue que les anciens abbés y ont acquis peu-à-peu différens droits

droits régaliens & diverses prérogatives; mais elle nie qu'ils aient jamais acquis sur elle la supériorité territoriale, attendu qu'elle avoit toujours été une ville impériale de l'Empire. Quoi qu'il en soit, il est incontestable que l'empereur Rodolphe I, dans une charte de 1289, se qualifia de *legitimus advocatus* de la ville; il ordonna que les bourgeois ne seroient ni troublés, ni molestés en aucune façon de la part de l'abbaye. Cette charte fut renouvellée & confirmée par l'empereur Albert I en 1304, & par Charles IV en 1354. Ce dernier confirma de nouveau son immédiateté en 1348, 1355 & 1361; ce que fit aussi Wenceslas en 1370 & 1377; enfin l'empereur Frédéric III la reçut encore sous sa protection & celle de l'Empire, déclarant qu'elle en avoit toujours dépendu, & il confirma ses anciens droits & privilèges. Au reste, la ville acheta pour 30,000 florins d'or tous les droits, prérogatives, rentes & revenus, nommément tous les péages que l'abbaye avoit possédés, tant au-dehors qu'au-dedans de ses murs; & ce contrat de vente fut ratifié par l'empereur Charles-Quint & tous ses successeurs, & par la cour de Rome. En vertu du même contrat, l'abbaye ne pourra faire élever sur son propre territoire qu'autant d'édifices qu'il lui en faudra pour son usage nécessaire, sans fortifier son couvent de manière quelconque: elle s'abstiendra de même de tenir ou faire tenir des marchés publics ou clandestins, un mille à la ronde de la ville de *Kempten*. En 1633, la ville fut prise d'assaut par les impériaux, qui massacrèrent les deux tiers de la bourgeoisie. Elle a la vingtième place parmi les villes impériales de Suabe assemblées à la diète générale, & la seizième dans celle du cercle. Sa taxe matriculaire qui étoit autrefois de 156 florins, fut réduite en 1683 à 52. Sa contribution pour l'entretien de la chambre impériale, est de 40 rixdales 54 kr. Elle ne possède point de villages; mais en revanche beaucoup de biens-fonds, rentes, cens, dixmes & autres revenus.

KEMPTEN, abbaye princière d'Allemagne, au cercle de Suabe. Le territoire de cette abbaye est situé sur les deux rives de l'Iler, à l'endroit où cette rivière cesse de borner l'évêché d'Augsbourg & le comté de Kœnigseck-Rothenfels, pour traverser ensuite le comté de Waldbourg. Ses domaines consistent principalement dans le comté princier de *Kempten*, auquel ont été ajoutés quelques districts. Il fait partie de l'Algau, de l'Ilergau, & de quelques autres arrondissemens connus sous le nom de *Gau*.

Ce fut vers l'an 773 qu'Hildegard, épouse de l'empereur Charlemagne, fonda ou du moins renouvella le monastère de *Kempten*, ordre de saint Benoît. Elle lui fit donation de son héritage maternel; ce qui engagea le couvent à prendre le portrait de cette princesse pour ses armes. L'abbaye prétend aussi que cette donation de Hildegard comprenoit son territoire actuel, dont elle prouve qu'elle étoit en possession dès le neuvième ou dixième siècle. Quoiqu'elle ait acquis dans la suite plusieurs terres & seigneuries, elle soutient que ces acquisitions n'ont regardé que le domaine & la basse juridiction, attendu qu'à l'exception de la seigneurie de Teisselberg, ces terres avoient déjà fait partie des domaines de l'abbaye, & étoient soumises à sa haute juridiction & supériorité territoriale. On ne sauroit déterminer l'époque où cette abbaye fut déclarée princière. Quelques auteurs prétendent que Charlemagne lui-même revêtit de la dignité de prince le premier abbé, nommé *Andegaire*; d'autres soutiennent que l'empereur Charles IV la conféra, en 1360, à l'abbé Henri de Mittelberg. Mais on trouve, dans les annales de Schaten, un acte de l'empereur Conrad III de l'année 1150, dans lequel l'abbé de *Kempten* est compté parmi les princes ecclésiastiques.

Le prince-abbé de *Kempten* est archi-maréchal de l'impératrice romaine; &, dans cette qualité, il assiste à son couronnement pour recevoir de ses mains le sceptre qu'on présente à cette princesse, & pour le lui rendre selon l'étiquette de cette cérémonie. Il occupe dans le conseil des princes de l'Empire, & nommément sur le banc ecclésiastique, une place entre l'évêque de Fulde & le prévôt d'Elwangen: mais, dans les diètes du cercle de Suabe, il observe avec ce dernier une alternative journalière pour le rang. Sa taxe matriculaire est de six cavaliers & vingt fantassins ou 152 florins, & sa contribution pour l'entretien de la chambre impériale est fixée à 182 rixdales 56 kr.; quant au spirituel, elle est immédiatement soumise au saint-siège.

Cette abbaye princière a ses grands officiers héréditaires; l'électeur de Bavière s'en reconnoît le grand-maître; l'électeur de Saxe le grand-échanson; le comte de Montfort le grand-maréchal, & le landgrave de Nellenbourg le grand-chambellan: mais ces grands officiers ont leurs vicaires chargés de leurs fonctions: ainsi les nobles de Roth ont l'emploi de vice-grand-maîtres; ceux de Bodmann sont vice-échansons; ceux de Prasperg vice-maréchaux, & ceux de Werdenstein vice-chambellans. Au reste, ces grands offices sont plutôt une alliance de protection que des engagemens de service.

Les dicastères du prince-abbé sont la régence, le consistoire & la chambre des finances. Il y a une espèce de corps des états, composé d'une députation du pays, en présence de laquelle les administrateurs des deniers publics rendent compte de leur gestion.

Le présidial libre & impérial du comté de *Kempten*, cédé à l'abbaye, a subsisté depuis nombre de siècles, sans que sa juridiction se soit étendue au-delà des bornes du comté. D'après une convention faite en 1522, entre ce tribunal & celui de la Leutkircher-heyde & de la Purse, les sujets

Œcon. polit. & diplomatique. Tom. III.

de l'abbaye, cités devant ce tribunal & réclamés par leur juge naturel, doivent être renvoyés devant celui-ci à sa première requisition. Mais par un nouveau traité conclu en 1545, & qui s'observe encore aujourd'hui, on a accordé au présidial de Leutkircher-heyde & de la Purse dix exceptions ou cas réservés, dans lesquels la réclamation du juge provincial de *Kempten* ne doit pas avoir lieu.

KERPEN & LOMMERSUM, comté d'Allemagne, au cercle de Westphalie. Il est composé des deux seigneuries dont il porte le nom, situées toutes deux dans l'enceinte du duché de Juliers : celle de *Kerpen-sur-l'Erft* & celle de Lommersum ou Lommersheim entre les villes d'Enskirchen & Bonn, sur les confins de l'archevêché de Cologne. Après avoir appartenu à plusieurs seigneurs différens, l'empereur Charles VI, en sa qualité de duc de Brabant, les donna enfin en 1711 avec toute jurisdiction & supériorité territoriale à Guillaume, électeur palatin, qui les céda peu de temps après à Jean-Frédéric, comte de Schœsberg, en faveur duquel le même empereur les érigea, dès 1712, en comté de l'Empire. Celui qui les possède, a rang parmi les comtes de la Westphalie, avec voix & séance aux diètes du cercle. Sa taxe est de 12 florins, & il n'est pas dans l'usage de contribuer aux frais de la chambre impériale. L'immediateté de ce comté fut attaquée, il y a quelque temps, par le duché de Brabant; &, malgré les griefs détaillés en 1757 & portés à la diète du cercle par le comte de Schœsberg, la maison d'Autriche mit cette terre en séquestre, où elle la tenoit encore en 1764 sur le refus que faisoit le comte de reconnoître sa supériorité territoriale.

KLETTENBERG. *Voyez* HOHNSTEIN.

KLETTGAU, principauté ou landgraviat d'Allemagne, au cercle de Suabe. Le *Klettgau* ou *Klettgow*, en latin *pagus latobrigicus*, est un district borné au midi par le Rhin; à l'est & au nord par les cantons suisses de Schaffhouse & de Zurich; au nord-ouest par le landgraviat de Stuhlingen, & à l'ouest par les quatre villes forestières. Il doit le nom de pays & même de comté de Soulz aux comtes de Zoulz, ses anciens maîtres; mais c'est mal-à-propos qu'il le porte, son vrai nom ayant toujours été landgraviat de *Klettgau*, auquel l'empereur Léopold ajouta le titre de principauté. Il abonde en bled, en gibier & en vin; le vin rouge est sur-tout estimé.

Les comtes de Soulz, anciens possesseurs de ce landgraviat, tenoient ce nom de la ville de Soulz, qui leur appartenoit & qui est située sur le Necker dans le duché de Wurtemberg. Dès l'année 1085, il est fait mention d'un comte de Soulz, nommé *Alwig*, lequel apparemment est aussi celui qui concourut à la fondation du couvent d'Alpirspach. Cette famille, déchue de sa splendeur, se releva par le mariage du comte Rodolphe, fils du comte Hermann, avec Ursule, fille de Jean, dernier comte de Habsbourg de la branche de Lauffenbourg : cette héritière eut pour dot le landgraviat de *Klettgau* avec les seigneuries de Rothenbourg & de Krenkingen; & en 1408, sa mère Agnès passa en faveur de ce mariage un acte, par lequel tous ses biens provenant de la succession de son époux Jean, ou acquis à d'autres titres quelconques, tombèrent au comte Rodolphe & à son père. L'empereur Sigismond confirma cet acte en 1430, à condition que le landgraviat du *Klettgau* releveroit de la maison archiducale d'Autriche. Cette maison s'agrandit encore davantage par les seigneuries de Schellenberg, de Vaduz & de Blumeneck que Verene, fille d'Ulric, baron de Brandis, y apporta par son mariage avec Alwig, fils du comte Rodolphe. Son petit-fils Charles-Louis eut par son épouse Dorothée-Catherine, fille d'Adolphe, comte de Sayn, les seigneuries de Monklar & de Mainzbourg ou Mauzenberg, lesquelles passèrent ensuite à d'autres maisons. La tige mâle des comtes de Soulz s'éteignit en 1687 en la personne de Jean-Louis; & l'empereur Léopold ayant déclaré Marie-Anne, fille aînée du défunt, épouse de Ferdinand-Guillaume Eusebe, prince de Schwarzenberg, habile à succéder aux états, biens, droits & prérogatives de son père, & à les transmettre à ses enfans, son fils Adam-François-Charles eut le landgraviat de *Klettgau*.

Le prince de Schwarzenberg prend le titre de prince & landgrave du *Klettgau*, comte de Soulz & prévôt héréditaire de l'hôtel impérial à Rothweil. Pour exercer cette dernière charge, il nomme un vice-prévôt, qui cependant doit être né comte ou baron. Ce fut en 1360 que l'empereur conféra cette prévôté au comte Rodolphe de Soulz.

Depuis 1696, les princes de Schwarzenberg ont obtenu, du chef de la principauté de *Klettgau*, voix & séance parmi les princes séculiers du cercle de Suabe. Il n'en est pas de même des diètes de l'Empire, où ils sont encore exclus du conseil des princes & demeurent agrégés aux comtes de Suabe. Leur contingent pour le *Klettgau* est de deux cavaliers & de neuf fantassins, évalués à 60 florins par mois, avec 37 rixdales 79 kr. qu'ils payent par quartier pour l'entretien de la chambre impériale. *Voyez* SCHWARZENBERG.

On trouve dans ce landgraviat un présidial de l'Empire, qui siège ordinairement à Rhinow-sur-l'Halder ou au Langestein.

KIRCHBERG. *Voyez* l'article SAYN.

KNIPHAUSEN, seigneurie d'Allemagne. La seigneurie de Jever la borde du côté de la terre ferme, & la Jahde au nord-est. On n'a pas encore décidé de quel cercle la seigneurie de Jever fait partie, & le même doute a lieu pour celle de *Kniphausen*. Le cercle de Westphalie, vu sa situation, paroît avoir le droit le plus apparent de la réclamer; le directoire de ce cercle a fait valoir cette raison en 1749, & même encore postérieurement. Le terrein y est en général fertile; il est propre à l'éducation des bêtes à cornes & des chevaux. On en exporte annuellement une quantité considérable de bled pour la Hollande, pour Breme & pour Hambourg. On en exporte du porc salé, du fromage & du beurre; car l'on y compte communément 4000 vaches, lorsqu'il ne règne point de maladie contagieuse dans la ferme. On croit qu'il en sort aussi chaque année plus de 400 chevaux. Cette seigneurie étoit autrefois possédée par des barons qui, ainsi que les nobles d'Inhausen, dépendoient du canton d'Ostringen, & faisoient par conséquent partie de celle de Jever. Les uns & les autres s'en détachèrent pendant quelque temps; mais cette séparation cessa d'avoir lieu, lorsque le baron Frédéric-Guillaume céda en 1623 tous les droits qu'il avoit sur cette seigneurie, à Antoine Gunther, seigneur de Jever & comte d'Oldenbourg & de Delmenhorst, cession que la cour impériale agréa & ratifia ensuite. Antoine Gunther disposa de cette seigneurie en faveur d'Antoine, comte d'Aldenbourg, son fils naturel, duquel elle passa à Antoine II. Celui-ci n'eut qu'une fille, nommée *Charlotte-Sophie*, comtesse de Bentink, qui la posséda jusqu'en 1757, époque où cette même seigneurie fut abandonnée au comte de Bentink son époux, pour la transmettre aux enfans mâles qu'ils avoient procréés. Elle forme une seigneurie libre, à laquelle est attachée l'immédiateté & la supériorité territoriale; elle forme aussi un fief de Bourgogne, dont la reprise se fait à Bruxelles. On s'est chargé de payer pour elle les taxes matriculaires & la contribution pour l'entretien de la chambre impériale. Cette seigneurie contient trois paroisses.

KŒNIGSEGG, terres que les comtes de *Kœnigsegg* possèdent dans le cercle de Suabe.

La famille des seigneurs de *Kœnigsegg* est une des plus anciennes de l'Empire. Elle obtint la dignité de comte sous l'empereur Ferdinand II; & les deux fils de George, seigneur de *Kœnigsegg*, appellés *Hugues* & *Jean-George*, en prirent le titre. Le premier fonda la branche de Rothenfels, le second celle d'Aulendorf, l'un & l'autre ont le titre de comtes du saint-Empire à *Kœnigsegg* & Rothenbourg, barons d'Aulendorf & de Tauffen; celle d'Aulendorf se qualifie en outre de seigneur d'Ebenweiler & de Walde en Suabe. Ils n'ont ensemble qu'une voix dans le collège des comtes de Suabe à la diète de l'Empire; mais chaque branche en a une à celle du cercle : ils alternent pour la préséance entre eux, & avec les diverses branches des Truchsess de Waldbourg. Leur taxe matriculaire est de 20 florins pour la montagne de *Kœnigsegg*, de 24 pour Aulendorf, & de 40 pour Rothenfels & Stauffen; ils payent d'ailleurs 28 rixdales 38 & demi kr. pour Aulendorf, & 30 rixdales 59 & demi kr. pour Rothenfels & Stauffen à la caisse de la chambre impériale.

Les comtes de *Kœnigsegg*-Rothenfels possèdent le comté de Rothenfels avec la seigneurie de Stauffen, située dans l'Algau, entre l'évêché d'Ausbourg, l'abbaye de Kempten, le comté de Tranchebourg, & les terres autrichiennes endeçà l'Alberg : son étendue est d'environ cinq milles de longueur sur deux à trois de largeur. Elle appartenoit ci-devant aux comtes de Montfort, qui, au seizième siècle, la vendirent aux comtes de *Kœnigsegg*.

La branche des comtes de *Kœnigsegg*-Aulendorf possède le comté de *Kœnigsegg*, situé entre celui de Heiligenberg, la seigneurie de Scheer, la commanderie d'Alschhausen, & la préfecture d'Altorf.

La baronie d'Aulendorf, située entre la commanderie d'Alschhausen, la préfecture d'Altorf & l'abbaye de Schussenried.

KŒNIGSTEIN, comté d'Allemagne; il est situé dans la Wettéravie le long d'une chaîne de montagne, appellée *die Hœhe* : c'est une ancienne dépendance du comté de Nuringes, qui passa aux seigneurs de Munzenberg. Les mâles de cette famille s'éteignirent au treizième siècle, & il en resta cinq sœurs mariées aux maisons de Hanau, Falkenstein, Weinsberg, Schœnberg & Pappenheim, qui héritèrent de toutes les terres de Munzenberg, & les gouvernèrent d'abord en commun; puis les cédèrent par accommodement au comte de Falkenstein, à l'exception d'un sixième que la maison de Hanau se réserva. A l'extinction de cette maison de Falkenstein, la succession échut à cinq sœurs mariées dans les maisons de Solms, Sayn, Virnebourg, Isenbourg & Epstein, entre lesquelles elle fut partagée de façon que cette dernière en eut le tiers; & en particulier le château de *Kœnigstein* où un seigneur d'Epstein fixa sa résidence en ajoutant à ses titres celui de comte de *Kœnigstein*. Everard, dernier comte d'Epstein, mort en 1535 sans postérité, fit, du consentement de sa sœur Anne, épouse de Bothon, comte de Stolberg, un testament confirmé par l'empereur Charles-Quint, & institua pour son héritier universel Louis, troisième fils de cette sœur; & en cas de mort, le cinquième nommé *Philippe*, ou à son défaut, le huitième appelé *Christophe* : mais sans préjudice du droit de succession que la mère se réserva pour elle & ses autres enfans, si le testateur venoit à changer ses dispositions en faveur de quelque étranger, ou si ses trois fils désignés héritiers mouroient sans successeurs mâles. A l'échéance de cette hérédité, Louis en prit possession, & il en jouit jusqu'en 1574, époque où il mourut sans postérité mâle; il la laissa à son frère Christophe, qui ne lui survécut que sept ans environ, & mourut aussi sans enfans en 1581. Son septième frère Albert George, comte de Stolberg, comptoit lui succéder dans le comté de *Kœnigstein*

N 2

avec Christophe le jeune, fils de son frère Henri; mais, à la réserve d'un petit nombre de domaines qu'ils obtinrent, Daniel, électeur de Mayence, s'empara de toute la succession, en vertu d'un acte qu'il s'étoit procuré de Rodolphe II, & qui l'autorisoit à occuper, au nom de l'empereur, les château & états de *Kœnigstein*, ainsi que les portions des seigneurs d'Epstein & de Munzenberg, dont les comtes de *Kœnigstein*, & après eux les comtes Louis & Christophe avoient été investis par l'empereur & l'Empire : ces fiefs étoient déclarés ouverts & dévolus à l'Empire par la mort du comte Christophe ; Daniel étoit chargé d'y recevoir les hommages accoutumés & d'en prendre l'administration jusqu'à nouvel ordre. Les comtes de Stolberg se virent forcés par-là de conclure en 1590 avec l'archevêque de Mayence un accommodement, & de renoncer à la majeure partie de la succession d'Epstein, appellée communément le *comté de Kœnigstein*, quoique les comtes de Stolberg soutiennent que ce soit mal-à-propos. Ce prince s'engagea, de son côté, à leur payer à des époques fixes la somme de 300 mille florins ; mais peu après ces comtes revinrent contre la convention : ils se plaignirent que l'électeur ne la remplissoit point, & il en résulta un procès qui est encore pendant au conseil aulique de l'Empire.

En attendant l'arrêt, l'électeur prend voix & séance aux diètes du cercle du haut Rhin pour le comté de *Kœnigstein*, quoique la maison de Stolberg y assiste également pour le petit district qu'elle y a conservé. Les deux parties sont aussi membres du collège des comtes de la Wetteravie, bien que l'électeur s'en soit séparé. Ils contribuent aux charges de l'Empire en conformité de la taxe matriculaire de ce pays ; l'électeur paye 80 florins outre son contingent pour l'entretien de la chambre impériale, compris dans son contingent général ; la maison de Stolberg ne fournit que vingt florins seulement, & elle ne paye rien pour la chambre.

La portion de l'électeur de Mayence forme le grand bailliage de *Kœnigstein*.

La portion du comté de *Kœnigstein*, possédée par la maison de Stolberg, est partagée entre deux branches ; celle de Stolberg Gendern, & celle de Stolberg-Rosla.

KRICHINGEN, comté de Créange-*Krichingen*. Nous avons oublié cet article à la lettre C, & nous le plaçons ici.

Les seigneuries qui dépendent du comté de Créange-*Krichingen* sont situées dans la Westrie ; une partie est enclavée dans la Lorraine & le Luxembourg, sous la supériorité territoriale des possesseurs de ces deux duchés.

Ce n'étoit anciennement qu'une baronie ; l'empereur Matthias l'érigea en comté en 1617. Jean V, l'un de ses comtes, laissa deux fils, Georges & Wyrich, qui fondèrent deux lignes distinctes ; celle de Putelange & celle de Créange, & dont les tiges mâles s'éteignirent ; savoir, celle du premier en 1681, & celle de l'autre en 1697. Alors Christine-Louise, fille unique de Ferdinand Ulric, qu'Anne-Dorothée, fille du comte Albert-Louis de Créange, avoit eu du comte Ezard-Ferdinand d'Ost-Frise, transmit ce domaine à la maison de Wiedrunkel par son mariage avec le comte Jean-Louis-Adolphe, malgré les prétentions des princes de Solms-Soraunfels & des comtes d'Ortenbourg, qui en prennent encore le titre.

Les comtes de Créange ont voix & séance aux diètes du cercle du haut-Rhin ; & depuis 1765, à celle de l'Empire où ils siègent parmi les comtes immédiats de la Wetterave. La matricule de l'Empire les taxe à deux cavaliers & quatre fantassins, ou à 40 florins par mois ; somme qui, dit-on, a été réduite à la moitié. Leur contingent pour l'entretien de la chambre impériale est de 13 rixdales 46 & demi kr. ; mais il paroît que cette contribution a varié.

La seigneurie de Saar-Wellingen sur la Saar, celle de Créange-Putelange & celle de Rollingue sont toutes trois unies à ce comté & soumises, partie à la supériorité immédiate de l'Empire, partie à celle de Nassau-Saarbrück, partie à celle du duché de Luxembourg.

KYRBOURG. *Voyez* SALM.

L

LABRADOR, contrée de l'Amérique septentrionale, qui dépend du Canada, & qui appartient aux anglois.

Lorsque l'Angleterre eut conquis le Canada en 1760, pendant quatre années cette colonie fut divisée en trois gouvernemens militaires. C'étoient les officiers des troupes qui jugeoient les causes civiles & criminelles à Quebec & aux Trois-Rivières, tandis qu'à Montréal ces fonctions augustes étoient confiées à des citoyens. Les uns & les autres ignoroient également les loix. Le commandant de chaque district auquel on pouvoit appeller de leurs sentences, ne les connoissoit pas davantage.

L'année 1764 vit éclore un nouveau système. On démembra du Canada la côte de *Labrador*, qui fut jointe à Terre-Neuve ; le lac Champlain & tout l'espace au sud du quarante-cinquième degré de latitude, dont la Nouvelle-Yorck fut accrue ; l'immense territoire à l'est du fort de la Golette & du lac Nissiping qui fut laissé sans gouvernement. Le reste, sous le nom de *province de Quebec*, fut soumis à un chef unique.

Cet ordre de choses ne pouvoit pas durer. Le parlement le sentit. Il régla qu'au premier mai 1775, le Canada recouvreroit ses premières limites : qu'il seroit régi par son ancienne jurisprudence & par les loix criminelles & maritimes de l'Angleterre : qu'il auroit l'exercice libre de la religion romaine, sans que ce culte pût jamais être un obstacle à aucun des droits du citoyen : que la dîme ecclésiastique, que les obligations féodales si heureusement tombées en désuétude depuis la conquête, recouvreroient leur première force. Un conseil, formé par le roi, pouvoit annuller ces arrangemens, exercer tous les pouvoirs, excepté celui d'imposer des taxes. Il devoit être composé de vingt-trois personnes choisies indifféremment dans les deux nations, & assujetties seulement à un serment de fidélité.

Cette aristocratie très-variable, & d'un genre tout-à-fait nouveau, déplut généralement. Les anciens sujets de la Grande-Bretagne, établis depuis peu dans cette nouvelle possession, furent fort mécontens de se voir ravir une partie de leurs premiers droits. Les canadiens qui commençoient à connoître le prix de la liberté, & auxquels on avoit promis ou fait espérer le gouvernement anglois, se virent avec douleur déchus de leurs espérances.

La seule entreprise, dit le *Voyageur américain*, qu'on ait formée jusqu'ici pour établir quelque commerce à la côte de *Labrador*, c'est la pêche, dont l'exportation annuelle pour la Grande-Bretagne, le Portugal, l'Espagne & l'Italie consiste en

	liv. sterl.
1500 tonnes d'huile de baleine, à 15 liv.	22,500—0 0
310 *ditto* huile de veau marin, à 15 liv.	4,650 0 0
72 *ditto* fanons de baleine, à 300 l.	21,600 0 0
12,000 peaux de veau marin, à 6 d.	300 0 0
	49,050

Voyez les articles CANADA & TERRE-NEUVE.

LACÉDÉMONE. *Voyez* SPARTE.

LA LIPPE, comté d'Allemagne, au cercle de Westphalie. Il est situé entre l'évêché de Paderborn, les comtés de Rietberg, Ravensberg, Schavembourg & Pyrmont, la principauté de Calenberg & l'abbaye de Corvey.

Son sol est en général très-montueux, & parsemé de champs labourables & de bruyères. Ce comté renferme cinq villes, quatre bourgs & cent cinquante-deux communautés, formées en grande partie de métairies isolées.

Etats. Il a ses états particuliers, composés de deux classes, la noblesse & les villes ; ils sont convoqués par la maison régnante de *la Lippe*, qui en notifie la tenue à ses branches paragères ; elle prend leur avis sur les matières à proposer ; les observations des états relatives au bien du pays, sont toujours écoutées.

Religion. La moindre partie de ses habitans professent la religion luthérienne : les autres sont réformés, & leur gouvernement ecclésiastique est confié à trois surintendans.

Précis historique de la maison, des comtes de la Lippe. La maison des comtes de la Lippe est très-ancienne. Son histoire est assez connue depuis le comte Bernard I, contemporain de l'empereur Lothaire. Sans nous arrêter à ces premiers tems, nous passerons tout de suite au règne de Simon VI, tige commune de tous les comtes de *la Lippe* d'aujourd'hui. Par son testament de 1597, il institua son fils aîné comte régnant, avec attribution de la supériorité territoriale & de toutes ses dépendances, tant civiles qu'ecclésiastiques ; il légua à ses fils cadets plusieurs terres & bailliages à titre de parage & d'entretien ; il régla, au surplus, qu'en cas de mort de l'aîné sans héritiers mâles, le puîné lui succéderoit, & que les autres succéderoient au puîné ; que si l'un des cadets ou sa branche venoit à s'éteindre, ses possessions pasferoient, moitié au comte régnant ; moitié aux autres frères & à leurs descendans mâles par portions égales. A l'époque de sa mort, arrivée en 1613, il avoit quatre fils qui signèrent en 1616 un pacte, par lequel les frères parageaux ne devoient point être soumis à la maison régnante, mais censés comtes immédiats de l'Empire. Le troisième de ces frères, nommé *Hermann*, mourut en 1620, & son domaine fut partagé entre ses deux aînés, par une convention de 1621 qui assura au cadet, des rentes annuelles en dédommagement de sa portion : ces trois frères sont les chefs de trois branches principales, divisées ensuite en plusieurs rameaux. 1°. L'aîné Simon VII fonda celle de Detmold ; Juste Hermann, son fils cadet, fut chef de la ligne collatérale de Bisterfeld, qui se soudivisa en Bisterfeld propre & Wittenfeld, dans les personnes de Frédéric-Charles-Auguste & Ferdinand-Louis, fils de Rodolphe-Ferdinand : 2°. le comte Otton fonda la ligne paragère de Brak, qui s'éteignit en 1709 à la mort de Louis-Ferdinand, dont la succession composée des bailliages de Brak, Blomberg, Schieder, Bahrendorf ou Barrentropp & des dépendances, fit naître un long procès entre la maison de Detmold ; & 3°. la branche de Schaumbourg-Lippe, fondée par le comte Philippe, qui avoit en apanage les bailliages de Lipperode & Alverdissen, avec quelques autres rentes & revenus, auxquels il joignit par acquêt la moitié du comté de Schaumbourg : Philippe laissa deux fils ; Frédéric-Christian, qui lui succéda à la régence, & Philippe-Erneste, d'où est venue la ligne collatérale d'Alverdissen. En 1734, il intervint un arrêt de l'empereur, qui en adjugeant la moitié de cette succession à la maison régnante de Schaumbourg-Lippe avec la moitié des fruits perçus depuis son ouverture, sembloit devoir terminer le procès : mais l'accommodement entier n'eut lieu qu'en 1748 entre les parties principales ; la branche d'Alverdissen s'étant mise sur les rangs, plaide encore à cet égard contre celle de Detmold. Le pacte de confraternité de 1616 donne d'ailleurs aux comtes apanagés le titre de seigneurs héréditaires : ils prennent ordinairement celui de seigneurs territoriaux ; & le testament de Simon VI, outre les prérogatives dont on vient de parler, réserve au comte régnant la collation des fiefs & leur dévolution, le droit de succession, l'hommage des villes, l'administration de la justice criminelle, le droit de paroître aux diètes de l'Empire & du cercle, la convocation de la noblesse & les services à en recevoir ; mais il laisse à chacun des cadets le pouvoir de se faire prêter serment de fidélité chacun pour ses sujets, habitans des bourgs, fermes & villages qui composent son apanage. On demande encore aujourd'hui si ce testament établit les apanages ou non ; car quelques savans publicistes ont soutenu que, dans les branches fondées par les fils de Simon VI, le droit de primogéniture à l'égard des aînés, & par conséquent celui d'apanage vis-à-vis des puînés ne sauroient avoir lieu. La branche de Schaumbourg-Lippe adopte cette maxime, & prétend que ce qu'on appelle *apanage*, doit plutôt porter le nom de *parage*, & elle en compte sept dans le comté en général.

Remarques sur la contestation qui vient de s'élever entre le landgrave de Hesse-Cassel & la comtesse douairière de la Lippe-Schaumbourg, au sujet du comté de Schaumbourg.

Le comte de *Lalippe*-Schaumbourg étant mort le 13 février de cette année 1787, le landgrave de Hesse-Cassel a pris possession, à main armée, du comté de Schaumbourg, & la comtesse douairière a fait des réclamations.

Le comté de Schaumbourg fut possédé, dès le dixième siècle, par des comtes qui, étant devenus très-puissans par des alliances, furent élevés en 1619 à la dignité de prince. Le duché de Holstein leur appartenoit. Adolphe, comte de Schaumbourg, si connu dans l'histoire de Henri le Lion, duc de Saxe, étoit en même-temps comte de Holstein, de Stormarie & de Wagrie. La maison de Holstein-Schaumbourg se partagea en plusieurs lignes, dont chacune possédoit une portion de l'ancien patrimoine. Enfin le comte Otton II céda, dans une convention conclue en 1650, le duché de Schleswig & le comté de Holstein à Christian I, roi de Danemarck. Après cette transaction, il ne resta plus à cette maison que le comté de Schaumbourg, dont les possesseurs furent par la suite élevés à la dignité de prince. Cette ancienne maison des comtes de Schaumbourg s'éteignit en 1640 par la mort d'Otton VI, le dernier mâle. La mère de cet Otton étoit Elisabeth, fille du comte Simon de *la Lippe*, & sœur du comte Philippe. A l'extinction de la maison régnante de Schaumbourg, ses possessions furent partagées de la manière suivante : 1°. le duc de Brunswick-Lunebourg s'appropria, en vertu d'un pacte, trois bailliages qui composent aujourd'hui le quartier de Lavenau, dans la principauté de Calenberg : 2°. le landgrave de Hesse-Cassel prit, en vertu d'un autre pacte, & en qualité de suzérain de plusieurs fiefs, une partie du comté de Schaumbourg ; savoir, 5 villes, 1 bourg & 89 villages ; dans sa part étoit l'ancien château de Schaumbourg & la ville de Rinteln ; 3°. le comte Philippe de *la Lippe*, oncle maternel du dernier comte de Schaumbourg, obtint sous la suzéraineté de Hesse-Cassel le reste du comté de Schaumbourg, consistant en 4 bailliages, 2 villes, 2 bourgs & 78 villages. Ce partage fut confirmé en 1648 par le traité de Westphalie. — C'est de cette manière qu'une partie du comté de Schaumbourg, dans laquelle sont situés le bailliage & la ville de Buckebourg échut à une branche de l'ancienne maison des comtes de *la Lippe*. Depuis cette acquisition, cette branche, pour se distinguer de celle de *la Lippe*-Detmold, a pris, tantôt le titre de comte de Schaumbourg, tantôt de Buckebourg, tantôt de *la Lippe*-Schaumbourg, & tantôt de *la Lippe* Buckebourg. On vient de voir que la maison de *la Lippe* n'a plus que deux branches principales ; celle de *la Lippe*-Detmold possède dans le cercle de Westphalie, la majeure partie du comté de *la Lippe* ; celle de Schaumbourg-*Lippe*, ou de *la Lippe*-Buckebourg se soudivisoit en l'aînée & celle d'Alverdissen. La branche aînée s'éteignit avec Guillaume-Frédéric Erneste, feld-maréchal général des armées du roi de Portugal, qui mourut sans enfans. La branche d'Alverdissen, dont étoit le comte de *la Lippe*-Schaumbourg, mort le 13 février de cette année, lui succéda dans les possessions de la de la branche aînée. —. La partie du comté de Schaumbourg, appartenante à la famille de *la Lippe* - Schaumbourg, comprend 4 bailliages ; savoir, ceux de Stadthagen, de Buckebourg, d'Arensbourg & d'Hagenbourg ; deux villes, savoir ; Stradthagen & Buckebourg ; deux bourgs, savoir ; Hagenbourg & Steinhude, la forteresse de Wilhelmstein, sur le lac de Steinhude, & 78 villages. — Dans la contestation, entre le landgrave de Hesse-Cassel & la maison de *la Lippe*-Schaumbourg, il s'agissoit de savoir si, à l'extinction de la branche aînée de *la Lippe*-Schaumbourg, celle d'Alverdissen pouvoit succéder aux droits & possessions de l'aînée, sous la suzeraineté de Hesse-Cassel. Le landgrave de Hesse contestoit à cette branche la capacité de succéder, parce que le comte Frédéric-Erneste d'Alverdissen n'avoit épousé qu'une demoiselle noble qui, en 1751, fut créée par l'empereur comtesse de Friesenhausen. —Le conseil aulique de Vienne avoit donné, dans les années 1753 & 1754, des arrêts favorables au comte d'Alverdissen contre le landgrave de Hesse, & cette cour souveraine avoit jugé en 1756, que la lettre d'investiture que le landgrave feroit expédier au comte d'Alverdissen, seroit conforme aux investitures précédentes, sauf cependant les droits & réclamations que le landgrave prétendoit avoir, relativement à la descendance du comte.

Le conseil aulique vient de prononcer contre le landgrave de Hesse-Cassel ; & l'empereur ayant donné des ordres sur l'exécution du jugement, le landgrave, d'après l'avis du roi de Prusse, a retiré ses troupes, & les habitans de Schaumbourg sont relevés du serment qu'ils lui avoient prêté.

Le titre des seigneurs de cette maison est : *comtes & seigneurs de la Lippe*.

Séance à la diète. Les comtes de *la Lippe* ont voix & séance au collège des comtes de la Westphalie, à la diète de l'Empire & aux assemblées du cercle, où ils siègent immédiatement après le roi de Danemarck, comme comte de Delmenhorst. La matricule les taxe à quatre cavaliers & huit fantassins, ou à 120 florins par mois ; & à 67 écus 56 & demi kr. par terme pour l'entretien de la chambre impériale.

Tribunaux. Les tribunaux de ce comté sont une régence ou chancellerie, une justice aulique ordinaire, composée d'un juge (à la nomination duquel les comtes parageaux ont une voix) & en son absence, de son lieutenant, de deux assesseurs, (sur le choix desquels le comte régnant prévient aussi ses cadets, pour savoir s'ils n'ont rien à dire contre eux,) & de quelques secrétaires ; une justice aulique générale, à laquelle le comte régnant nomme deux conseillers, chacune des branches cadettes, un ; la noblesse un député ; les villes un autre : les comtes parageaux y président alternativement avec leur chef. C'est à la justice aulique & non à la chancellerie, que les habitans des bailliages & autres sujets des parages portent leurs appellations en vertu de la convention de 1616 ; & le comte régnant n'a pas même le droit, en fût-il requis par les demandeurs, de les citer directement à cette justice, en déclinant la juridiction des seigneurs parageaux, à laquelle les demandeurs doivent toujours être renvoyés, quoique leurs propres sujets jouissent du droit de décliner. Le comte régnant nomme au consistoire ordinaire, deux commissaires, l'un séculier, l'autre ecclésiastique, qui est toujours le surintendant de la cour. Le consistoire général est formé de la même façon que la justice aulique générale, si ce n'est que les villes y envoient deux députés au lieu d'un. Il connoît des affaires de mariage, des mœurs des ecclésiastiques, de leurs prévarications, &c. Le reste des affaires cléricales se termine au consistoire ordinaire. En matières criminelles, les seigneurs parageaux instruisent les procès dans leurs bailliages ; mais les comtes régnans concourent à la nomination des juges. Enfin ces branches cadettes ont dans leurs partages haute & basse jurisdiction, & le comte régnant n'y exerce que la supériorité territoriale. Encore les lignes de Philippe & d'Otton soutiennent-elles qu'elles ont droit d'ordonner privativement chez elles de tout ce qui ne fait point partie de l'administration commune, comme de la police du pays, de la justice aulique, des affaires consistoriales, &c. Elles s'attribuent sur-tout le pouvoir d'armer (*jus armorum*), & elles ont toujours leurs propres troupes dans leurs domaines : une contribution particulière sur les sujets fournit à l'entretien de ces troupes. La ligne de Detmold prétend seule représenter la maison régnante ; elle dit qu'elle n'envisage que comme branches apanagées ces mêmes branches cadettes qui, à leur tour, ne regardent leur chef que comme le premier entre des égaux, le co-seigneur leur plénipotentiaire à la preftation de l'hommage des villes & des habitans convoqués en diètes.

C'eft dans ces affemblées que fe règlent les impôts; & le comte régnant, de concert avec les états, jouit du droit d'en établir (*jus collectandi*). Les charges ordinaires font les contributions militaires; ce qu'il faut verfer dans les caiffes de l'empire & du cercle, & ce qui doit s'appliquer aux befoins généraux du pays.

LANDAMMANN, c'eft affez communément le nom des chefs des cantons démocratiques de la Suiffe, qui font élus par l'affemblée générale du canton; mais comme il y a d'autres officiers qu'on appelle *landammanns*, nous allons entrer dans quelque détail.

A Uri, le *landammann* eft obligé de réfigner fa charge après un an de fervice; mais on la lui laiffe une feconde année. Il eft le préfident de l'affemblée générale, des confeils, &c.

Il en eft à-peu-près de même à Schwitz.

A Underwalden, il ne refte qu'un an en place; il a d'ailleurs les mêmes prérogatives.

A Zug, il a proprement le nom d'*amman*. Cette place alterne entre la ville & chacune des trois communautés. Celui qui eft tiré de la ville, refte trois ans en charge, les autres ne le font que pendant deux ans.

A Glaris, il refte auffi deux ans en charge; mais il y a plufieurs réglemens à ce fujet, qu'il feroit trop long de détailler.

Il en eft à-peu-près de même à Appenzell. Celui qui n'eft pas en exercice, occupe la charge de banneret.

Celui de Gerfau refte auffi deux ans en place, & il eft pareillement le chef de cette petite république.

La plupart des chefs des hochgerichts & des demi-hochgerichts des grifons portent le même nom.

Le *landammann* de Thourgovie eft un autre officier, & il n'a de commun que le nom avec ceux dont on vient de parler. Il eft toujours de la religion réformée. Zuric, Berne & Glaris le fourniffent à leur tour, & il eft en place pendant dix ans. Il exerce un emploi très-important; il doit veiller à l'exécution du traité de paix conclu en 1712, connu fous le nom de *landsfrieden*, & s'oppofer à ce qu'on voudroit entreprendre de contraire à ce traité. Il doit maintenir la religion proteftante, & empêcher qu'on ne gêne l'exercice libre du culte; qu'on n'oblige perfonne à changer de religion, &c. Il eft le feul juge dans tout ce qui concerne les églifes proteftantes, leur conftruction, leurs réparations, &c. Il eft le tuteur général de toutes les veuves & orphelins dans les hautes jurifdictions de la Thourgovie, & cela fans égard à la religion. Il eft auffi un des confeillers du bailli de Thourgovie. *Voyez* l'article CORPS HELVÉTIQUE.

LANDRATH, c'eft le nom du confeil ordinaire dans les cantons démocratiques; fouvent on double & triple le *landrath*, felon que les circonftances & l'importance des matières l'exigent. On donne auffi ce nom aux affemblées des députés des dizains du Vallais, au confeil de Gerfau, aux affemblées des confeils populaires au Toggenbourg, à Uznach, Gafter, &c. Nous donnons d'autres détails à l'article de chacun des cantons démocratiques & du Vallais. C'eft ce confeil qui a le pouvoir exécutif, & qui peut convoquer extraordinairement les affemblées générales, felon qu'il le juge néceffaire. Il décide des caufes civiles, criminelles, &c. *Voyez* l'article CORPS HELVÉTIQUE.

LANDSGEMEIND. C'eft ainfi qu'on nomme en Suiffe les affemblées générales des cantons démocratiques: elles forment le fouverain. Tous les citoyens du canton, âgés de feize ans, ont le droit d'y affifter; à Uri & Underwalden, il n'en faut que quatorze. Chacun d'eux eft armé d'une épée, & ils font obligés de s'y trouver fous des peines févères. On y décide les affaires les plus importantes du canton: on y délibère fur les loix, les impôts, la paix, la guerre, les alliances, les traités, l'élection des magiftrats, des députés ou ambaffadeurs, la réception des nouveaux citoyens, les recrues, &c. A Uri, on s'affemble à Bezlingen. Ibach eft la place d'affemblée du canton de Schwitz. L'affemblée du canton d'Underwalden-ob-dem-Wald fe fait au Landenberg, prairie près de Sarnen, ou à l'hôtel-de-ville à Sarnen, Underwalden-nid-dem-Wald, à Veil fur l'Aa près de Stanz. A Zug, l'affemblée fe tient dans la capitale: il y a en outre des affemblées particulières de la ville & des trois communes: dans ce dernier cas, la ville feule balance les décifions des trois communes; & fi une d'elles fe joint à la ville, alors elle a la pluralité en fa faveur. La partie proteftante du canton de Glaris s'affemble à Glaris, & la partie catholique à Naefels. Le canton d'Appenzell catholique s'affemble à Appenzell, & la partie proteftante alternativement à Trogen & à Hundweil.

On donne le même nom aux affemblées générales qui fe tiennent à Gerfau, à celles des hochgerichts des grifons, à celles du Toggenbourg, &c. ce qu'il feroit trop long de détailler. *Voyez* l'article CORPS HELVÉTIQUE.

LANDSHAUPTMANN. Dans les cantons démocratiques de la Suiffe, c'eft le premier officier militaire, & un des chefs du gouvernement; il eft affeffeur né de tous les confeils, & il prend foin de tout ce qui concerne le militaire.

A Saint-Gall, c'eft une charge particulière qui alterne entre les cantons de Zuric, Lucerne, Schwitz, & Glaris, de deux en deux ans. C'eft une fuite du traité conclu entre ces cantons & l'abbé en 1490. Il réfide à Wyl. Il eft repréfentant des quatre cantons, & il a le rang immédiat après l'abbé, dont il eft auffi le confeiller fecret. Il peut affifter à la cour palatine & aux cours de

judicature

judicature pour les amendes dans toute l'Alte-Landschafft, & il retire aussi une portion des amendes qu'on y impose.

Dans le Vallais, c'est le chef de la république qui porte ce titre. Ses fonctions sont à-peu-près les mêmes que celles des landammans.

Il y a encore d'autres places de ce nom en Suisse ; mais elles sont peu considérables : nous les passons sous silence. *Voyez* l'article CORPS HELVÉTIQUE & les articles particuliers des treize cantons, & des alliés du corps Helvétique.

LANDGRAVE. Ce mot est composé de deux mots allemands, *land*, terre, & de *graff* ou *grave*, juge ou comte. On donnoit anciennement ce titre à ceux qui rendoient la justice, au nom de l'empereur, dans l'intérieur du pays. Quelquefois on les trouve désignés sous le titre de *comites patriæ* & de *comites provinciales*. Le mot *landgrave* ne paroît point avoir été usité avant l'onzième siècle. Ces juges, dans l'origine, n'étoient chargés que de rendre la justice à un certain district, ou à une province intérieure d'Allemagne, en quoi ils différoient des margraves qui étoient juges des provinces de limites : peu-à-peu ces offices sont devenus héréditaires ; & ceux qui les possédoient, se sont rendus souverains des pays dont ils n'étoient originairement que les juges. Aujourd'hui on donne le titre de landgraves par excellence à des princes souverains de l'Empire, qui possèdent héréditairement des états qu'on nomme *landgraviats*, & dont ils reçoivent l'investiture de l'empereur. On compte quatre princes dans l'Empire, qui ont le titre de *landgraves* ; ceux de Thuringe, de Hesse, d'Alsace & de Leuchtenberg. Il y a en Allemagne d'autres landgraves : ces derniers ne sont point au rang des princes ; ils sont seulement parmi les comtes de l'Empire ; tels sont les *landgraves* de Baar, de Brisgau, de Burgend, de Kletgow, de Nellenbourg, de Sauffemberg, de Sisgow, de Steveningen, de Stulingen, de Suntgau, de Torgow, de Walgow. *Voyez* les articles RHIN-GRAVES & WILD-GRAVES.

LANGUEDOC, province de France. *Voyez* dans le Dictionnaire géographique l'époque de sa réunion à la couronne.

LAVENBOURG (SAXE) ou SAXE-LAVENBOURG, duché d'Allemagne, qui appartient au roi d'Angleterre, électeur de Hanovre. Il est environné de celui de Holstein, de l'évêché de Lubeck & de son territoire, de la principauté de Ratzebourg, des duchés de Mecklenbourg, le Lunebourg & de quelques domaines des villes impériales de Hambourg & de Lubeck.

Culture, productions, commerce. La majeure partie du pays forme une plaine que, selon le plus ou moins de bonté du terrein, les habitans divisent en canton à froment, en canton à orge, en cantons de sable & de bruyères. En général, exige une culture laborieuse & suivie, pour produire cinq ou six fois autant de grains qu'on y en sème. La récolte la plus abondante est celle du lin.

Les hollandois y louent, ainsi que dans le Holstein & dans le Mecklenbourg, les terres nobles, & y élèvent une grande quantité de bestiaux ; ils payent cinq jusqu'à six rixdales pour chaque vache.

L'Elbe communique à la Trave par le moyen de la Steckenitz, que des écluses, placées de distance en distance ont rendue navigable. La Wackenitz tire sa source du lac de Ratzebourg ; elle porte bâteaux, & se précipite à Lubeck dans la Trave.

Etendue, population, états. Ce duché contient trois villes, un bourg & environ 36,000 ames. La noblesse & les villes y composent les états. On y compte 27 domaines nobles ; mais quatre d'entr'eux n'ayant point été admis à l'union contractée par la province, ceux qui les possèdent, n'ont ni voix, ni séance aux états ; les vingt-trois autres appartiennent à treize familles de gentilshommes, & donnent vingt-cinq suffrages, parce que les propriétaires de deux de ces biens nobles y ont deux voix. Buchen est le lieu où s'assemblent les états ; les assemblées particulières se tiennent communément à Ratzebourg dans un appartement de la chancellerie de la régence. La charge de maréchal de la province est attachée au fief de Gudow, que possèdent les nobles de Bulow. Celui de la famille qui est revêtu de cette qualité, est en même-tems le premier des quatre conseillers provinciaux qui devroient être en exercice, mais dont le nombre se trouve réduit à deux depuis plusieurs années. La noblesse & la province ont un syndic particulier ; ils jouissent l'un & l'autre des privilèges énoncés dans le recès provincial de 1702, & que les rois George I & George II ont généralement confirmés.

La religion luthérienne est la seule de ce duché. Il contient 35 paroisses soumises à l'inspection d'un surintendant que nomme le souverain du pays.

Le pays est dépourvu de fabriques & de manufactures. Ses exportations se bornent, suivant le calcul qu'en a fait un homme expérimenté en ce genre, à 1000 charges environ de seigle, 200 tonnes de beurre, du poids de 224 livres chacune ; à 450 quintaux de fromages, 70 milliers de laine, à la valeur de 20 mille rixdales en bois de construction ou de chauffage, & enfin à quelques quintaux de poisson.

Précis de l'histoire politique. Ce pays formoit anciennement une partie de la Slavonie transalbine, & ses habitans, mis au nombre des slaves ou venedes occidentaux, étoient appellés *polabres*, eu égard à l'Elbe qui confinoit leur territoire. Henri le Lion, duc de Saxe & de Bavière, les assujettit & agit en maître dans cette province Il fut mis au ban de l'Empire, injustement à la vérité; mais cette forte de proscription ne put lui faire perdre le duché de Saxe-*Lavenbourg*, qui n'étoit point fief de l'Empire. Bernard, nouveau duc de Saxe, chercha néanmoins à le foumettre; il bâtit à cet effet en 1182, temps auquel le duc Henri étoit en Angleterre, le château de *Lavenbourg*, qu'il fortifia, & auquel il employa les pierres de celui d'Ertenebourg que Henri avoit démoli. Soit que ce nouveau fort nuisît aux comtes de Holstein, de Schwerin & de Ratzebourg, ou qu'ils eussent lieu d'en prendre de l'ombrage, ils le détruisirent; mais ils le reconstruisirent ensuite sur les ordres qu'ils en reçurent de l'empereur. Henri le Lion en prit possession en 1189, & le défendit, de même tout le pays, contre les efforts du duc Bernard. Lorsque ses fils partagèrent ses états héréditaires, cette province échut à Guillaume de Lunebourg, qui ne paroît pas en avoir joui, puisque le comte Adolphe de Holstein s'en rendit maître peu de temps après, & qu'il en obtint l'investiture du duc Henri, comte palatin, en 1197. Le comte, fait prisonnier de guerre par Waldemar II, roi de Danemarck, fut obligé de le céder à son vainqueur, pour prix de sa rançon. Celui-ci nomma le brave comte Albert d'Orlamunde, son neveu, gouverneur de *Lavenbourg*; mais ce même Albert ayant été aussi fait prisonnier à la bataille de Bornhœvet, il fut obligé d'abandonner *Lavenbourg* en 1227, pour se racheter des mains du comte de Schwerin, qui, de son côté, le donna au duc Albert de Saxe, en récompense des secours qu'il lui avoit fournis pendant la guerre. Ce fut ainsi que ce duc acquit à sa postérité le château & le territoire de *Lavenbourg*; ni l'un ni l'autre ne pouvoit par conséquent former une dépendance du duché de Saxe, dont le père d'Albert venoit de recevoir l'investiture. Les princes d'Anhalt, qui ne font pas les descendans de ce même Albert, mais du comte Henri son frère, dit *le gros*, peuvent d'autant moins prétendre succéder, à titre de parenté, à ce pays conquis, qu'ils sont hors d'état de prouver qu'ils en ont reçu la co-investiture.

Le duché de Saxe-*Lavenbourg* forme une principauté particulière depuis que le duc Albert en a eu la propriété; ceux qui le possédèrent après lui, se qualifièrent & furent appellés *ducs de la basse-Saxe*. La maison de Brunswick & de Lunebourg a toujours fait valoir ses droits sur cet ancien domaine de Henri le Lion; les ducs Guillaume & Magne stipulèrent même en 1369, dans une convention avec Eric, duc de Saxe-*Lavenbourg*, que si la branche de Saxe-*Lavenbourg* s'éteignoit, ce duché passeroit à la maison de Brunswick & de Lunebourg; & à cette époque, ils reçurent l'hommage éventuel du pays de *Lavenbourg*. Le cas prévu arriva en 1689, par la mort du duc Jules-François. George-Guillaume, duc de Zell, se mit en possession du duché de *Lavenbourg*, & entra en accommodement en 1697 avec l'électeur de Saxe, qui le premier s'étoit emparé de ce duché, en vertu de l'expectative que l'empereur Maximilien avoit accordée à ses prédécesseurs. Les prétentions des ducs de Saxe de la branche Ernestine, sur ce duché, celles des princes d'Anhalt, des ducs de Mecklenbourg, de la maison de Brandebourg & des héritiers allodiaux de *Lavenbourg*, sont savamment discutés *in vindiciis juris Brunsvicensis & Luneburgensis in ducatum Saxo-Lavenburgicum*; thèse que Frédéric-Philippe Strube a soutenue à Goëttingue, sous la présidence du professeur Ayrer. George-Guillaume de Zell étant mort, ce duché passa à l'électeur Erneste-Auguste de Brunswick & de Lunebourg, au profit duquel la branche princière de Brunswick-Wolfenbuttel se démit de sa co-propriété en 1706. Le roi George I en obtint de l'empereur les premières investitures en 1716, de même que le droit de pouvoir siéger & opiner aux diètes dans le collège des princes. George II, son successeur, parvint en 1738 & 39 à faire incorporer à ce duché le bailliage de Steinhorst.

Droits. Le roi de la Grande-Bretagne a, comme possesseur de ce duché, les mêmes rang & suffrage aux diètes & aux assemblées circulaires de la basse-Saxe, qu'avoient anciennement les princes de Saxe-*Lavenbourg*. Sa taxe matriculaire est de huit cavaliers montés & équipés & de trente fantassins, ou de 116 florins en argent. Son contingent pour l'entretien de la chambre, se monte à 243 rixdales 43 & demi kr.

Administration, tribunaux. Ce duché dépend du conseil-privé royal & électoral de Hanovre; mais il a une régence particulière, composée du drossard ou gouverneur du pays & de deux conseillers. On y trouve de plus un tribunal de la cour, composé d'un juge de la cour, de deux conseillers de la régence dont nous venons de parler, & de deux assesseurs, auxquels on en ajoute d'autres quelquefois. Le souverain nomme seul le conseil de la cour, & il a promis qu'en le nommant il se souviendroit de la noblesse du pays, & notamment du maréchal provincial; il nomme aussi les conseillers & l'un des assesseurs: le reste est au choix de la noblesse & de la province; mais ces officiers ne peuvent entrer en fonction, à moins que leur élection n'ait été approuvée par le souverain. L'on appelle de ce tribunal à la cour supérieure des appellations, qui juge en dernier ressort les causes de ce duché, en vertu du privilège illimité *de non appellando*, que l'empereur a accordé à l'électeur de Brunswick en 1747. Ce même duché a un consistoire que préside le drossard, & auquel assiste un assesseur de la noblesse que celle-ci nomme, un conseiller aulique, le sur-intendant, un prédicateur que tout le consistoire choisit, un assesseur que les villes députent tour-à-tour, & qui n'y est de service que pendant l'espace d'un an. Tous ces tribunaux sont établis dans la ville de Ratzebourg.

La noblesse & les magistrats de ville ont droit de haute & basse-justice dans l'étendue de leurs districts. L'appel des jugemens rendus par les magistrats, & celui des sentences émanées des bailliages du souverain sont portés en matière civile à la régence, & ceux des justices nobles relèvent du tribunal de la cour.

Impôts, revenus. Les revenus immédiats du souverain proviennent des biens domaniaux & des droits régaliens. Les nobles & la province, mais non point les domestiques des premiers, ni les bourgeois des villes, sont exempts de péages & de pontenages; il n'en est pas de même du droit de naulage, établi à Artelnbourg & à Dargau, ni celui de pontenage qui se perçoit à Ratzebourg; tout le monde l'acquitte sans aucune distinction. La quotité des impôts est déterminée par la noblesse & la province, qui en fait la répartition: voici la proportion qu'on observe pour les bailliages, la noblesse & la province: lorsque le bailliage de *Lavenbourg* est imposé à une somme

	rixd.	sch.	pf.
de	92	18	5
Celui de Ratzebourg paye	60	32	
Celui de Neuhauss	58	34	
Et celui de Schwarzenbeck	52	8	
TOTAL	263	44	5

	rixd.	sch.	pf.
Si la noblesse est tenue de payer	109	19	7
La part de la ville de Ratzebourg est de	12		
Celle de la ville de *Lavenbourg* de	8	42	8
Et celle de Mœllen de	20		
TOTAL	150	14	3

Le contingent du bailliage de Steinhorst, qui a été ajouté nouvellement à ce duché, n'est point compris dans cette évaluation. Quant aux subsides de l'Empire & du cercle, & aux dépenses dans l'étendue de ce même duché, les unes & les autres sont à la charge du souverain qui, pour y faire face, se sert des impôts qu'on lui accorde.

LAUTERN, principauté d'Allemagne. Elle formoit avec la principauté de Simmern & un cinquième du haut comté de Sponheim l'apanage que Frédéric IV, électeur palatin, légua à Louis-Philippe son second fils, par une disposition confirmée & expliquée en 1613. Mais, d'après la convention faite en 1653 entre l'électeur Charles-Louis & ce même Louis-Philippe, ce dernier ne retint en toute supériorité & jurisdiction le château, ville & bailliage de *Lautern* avec la plupart des biens ecclésiastiques de sa dépendance, que pour en jouir lui & sa femme pendant leur vie; il se réserva, au reste, les sous-bailliages de Wolfstein & de Rockenhausen, avec la ville d'Otterberg & les haute & basse jurisdiction sur le tout, à titre de bien propre transmissible à ses héritiers. Mais après sa mort, celle de sa femme & de son fils Henri, tout le domaine échut à la branche électorale qui, par le même traité, s'étoit déja mise en possession de la mense & collecture de *Lautern*, du couvent & de la prévôté d'Engenbach, de la cense de Bockenheim, de la recette de Callstadt & du droit de séance que cette principauté donne immédiatement avant celle de Simmern aux diètes de l'Empire & du cercle. *Lautern* n'a aucune taxe particulière pour les charges de l'Empire & l'entretien de la chambre impériale. L'électeur en a formé un grand bailliage de même nom. *Voyez* l'article PALATINAT.

LÉGAT, vicaire du pape. Un *légat* du pape ou du Saint-Siège est un prélat qui fait les fonctions de vicaire du pape, & qui exerce sa jurisdiction dans les lieux où le pape ne peut se trouver.

Le pape donne quelquefois le pouvoir de *légat*, sans en conférer le titre ni la dignité.

Le titre de *légat* paroît emprunté du droit romain, suivant lequel on appelloit *légats légati*, les personnes que l'empereur ou les premiers magistrats envoyoient dans les provinces, pour y exercer en leur nom la jurisdiction. Quand ces *légats* ou vicaires étoient tirés de la cour de l'empereur, on les nommoit *missi de latere*, d'où il paroît que l'on a aussi emprunté le titre de *légats à latere*.

Les premiers *légats* du pape, dont l'histoire ecclésiastique fasse mention, sont ceux que les papes envoyèrent, dès le quatrième siècle, aux conciles généraux; Vitus & Vincent, prêtres, assistèrent au concile de Nicée comme *légats* du pape Sylvestre. Le pape Jules ne pouvant se trouver au concile de Sardique, y envoya deux prêtres & un diacre. Le pape Tibère envoya trois *légats* au concile de Milan; Lucifer, évêque de Cagliari; Pancrace, prêtre; & Hilaire, diacre.

Les papes envoyoient quelquefois des évêques, & même de simples prêtres, dans les provinces éloignées, pour y examiner ce qui s'y passoit de contraire à la discipline ecclésiastique. Ce fut ainsi que Zozime envoya l'évêque Faustin en Afrique, pour y faire recevoir le décret du concile de Sardique, sur la révision du procès des évêques jugés par le concile provincial. Les africains dirent qu'ils n'avoient vu aucun canon qui permît au pape d'envoyer des légats *à sanctitatis suæ latere*; mais l'évêque Potentius fut encore délégué en Afrique pour examiner la discipline de cette église & la réformer.

On trouve, dès l'an 683, des *légats* ordinaires; le pape Léon envoya cette année à Constantinople Constantin, sous-diacre régionnaire du saint-siège, pour y résider en qualité de *légat*.

Les *légats* extraordinaires, dont la mission se bornoit à un seul objet particulier, n'avoient aussi qu'un pouvoir très-limité.

Ceux qui avoient des légations ordinaires ou vicariats apostoliques, avoient un pouvoir beaucoup plus étendu; l'évêque de Thessalonique, en qualité de légat ou vicaire du saint-siège, gouvernoit onze provinces, confirmoit les métropolitains, assembloit les conciles, & décidoit toutes les causes majeures. Le ressort de ce *légat* fut fort circonscrit, lorsque Justinien obtint du pape Vigile un vicariat du saint-siège pour l'évêque d'Acride: ce vicariat fut ensuite supprimé à l'époque ou Léon l'Isaurien soumit l'Illyrie au patriarche d'Antioche.

Les premiers *légats* n'exigeoient aucun droit dans les provinces de leur légation; mais leurs successeurs ne furent pas si modérés. Grégoire VII fit promettre à tous les métropolitains, en leur donnant le *pallium*, qu'ils recevroient honorablement les *légats* du saint siège; ce qui s'étendit sur toutes les églises, & les *légats* en tirèrent des sommes immenses. Malgré le respect de S. Bernard pour tout ce qui avoit quelque rapport au saint-siège, il se récria, ainsi que les autres auteurs de son temps, contre les exactions des *légats*. Ces plaintes déterminèrent les papes à rendre les légations moins fréquentes, & ils ne voulurent point les avilir; néanmoins ces derniers *légats* ont eu plus d'autorité par rapport aux bénéfices, que ceux qui les avoient précédés; car les papes qui s'en étoient attribués la disposition de plusieurs manières, au préjudice des collateurs ordinaires, donnèrent aux *légats* le pouvoir d'en disposer comme ils le faisoient eux-mêmes.

Au douzième siècle, on distinguoit deux sortes de *légats*; les uns étoient des évêques ou abbés du pays; d'autres étoient envoyés de Rome: les *légats* pris sur les lieux étoient aussi de deux sortes; les uns établis par commission particulière du pape; les autres par la prérogative de leur siège, & ceux-ci se disoient *légats nés*, tels que les archevêques de Mayence & de Cantorbery, &c.

Les *légats* envoyés de Rome se nommoient *légats à latere*, pour marquer que le pape les avoit envoyés d'auprès de sa personne. Cette expression étoit tirée du conseil de Sardique en 347.

Les *légats à latere* tiennent le premier rang entre ceux qui sont honorés de la légation du saint-siège; suivant l'usage des derniers siècles, ce sont des cardinaux que le pape tire du sacré collège, qui est regardé comme son conseil ordinaire, pour les envoyer dans différens états avec la plénitude du pouvoir apostolique. Comme ils sont supérieurs aux autres en dignité, ils ont aussi un pouvoir beaucoup plus étendu, & sur-tout pour la collation des bénéfices.

Ceux qui sont honorés de la légation sans être cardinaux, sont les nonces & les internonces qui exercent dans quelques pays une jurisdiction qui diminue d'un jour à l'autre, ainsi que nous l'avons dit à l'article EGLISE (ÉTAT DE L'). Leurs pouvoirs sont moins étendus que ceux des *légats-cardinaux*: on met dans leurs lettres qu'ils sont envoyés avec une puissance pareille à celle des *légats à latere*, lorsqu'avant de partir ils ont touché le bout de la robe du pape, ou qu'ils ont reçu eux-mêmes leur ordre de la bouche de sa sainteté.

Quoique le pape donne aux *légats à latere* une plénitude de puissance, ils sont néanmoins toujours regardés comme des vicaires du saint-siège, & ne peuvent rien décider sur certaines affaires importantes, sans un pouvoir spécial exprimé dans les bulles de leur légation : telles sont les translations des évêques, les suppressions, les érections, les unions des évêchés, & les bulles des bénéfices consistoriaux, dont la collation est expressément réservée à la personne du pape par le concordat.

Lorsqu'une affaire, qui étoit de la compétence du *légat* est portée au pape, soit que le *légat* l'ait lui-même envoyée, ou que les parties se soient directement adressées au saint-siège, le *légat* ne peut plus en connoître, à peine de nullité.

Le pouvoir général que le pape donne à ses *légats*, dans un pays, n'empêche pas qu'il ne puisse ensuite adresser à quelqu'autre personne une commission particulière pour une certaine affaire.

Des légats considérés comme ministres publics.

Nous observerons, après ces remarques générales, qu'on peut distinguer trois sortes de *légats*.

1°. On appelle de ce nom les gouverneurs des cinq principales provinces de la domination du pape. Ce sont les *légats* d'Avignon, de Bologne, de Ferrare, de la Romagne & d'Urbin; car les autres provinces de l'état ecclésiastique ne sont régies que par de simples gouverneurs. Ces cinq *légats* ne sont ni ambassadeurs, ni ministres étrangers.

2°. Quelques archevêques s'appellent *légats-nés*. Ce sont des titres honorifiques, attachés à certains sièges, mais sans fonctions. Tels sont en France les archevêques de Rheims & d'Arles. De simples abbés ont même cette qualité. Ces bénéficiers ne sont pas non plus ministres étrangers.

3°. Les ministres publics que le pape envoie dans les états catholiques, pour y représenter & y exercer son autorité en tout ce qui a rapport au sujet de la légation, sont aussi appellés *légats* à la cour de Rome. Nous allons parler des droits de cette sorte de *légats*. Il ne faut pas confondre les *légats* avec les nonces, dont nous parlerons à l'article NONCES.

Toutes les cours de la communion romaine rendent de grands honneurs aux *légats* ou nonces, & à quelques égards elles les traitent mieux que les ambassadeurs des plus grands monarques.

En France, nous ne regardons les *légats* que comme des ambassadeurs extraordinaires ou des plénipotentiaires ; mais des ambassadeurs & des plénipotentiaires dont la dignité est encore plus relevée, & dont les fonctions sont plus étendues que celles des autres ministres publics. L'assemblée des notables tenue à Rouen, ayant défendu à ses membres tout commerce avec les ambassadeurs & ministres étrangers, le cardinal du Perron prétendit qu'un *légat*, envoyé par le pere commun des chrétiens, ne pouvoit être regardé comme ambassadeur d'un prince étranger. La question fut remise sur le tapis dans une autre assemblée de notables tenue à Paris. Le cardinal de la Valette entreprit de faire valoir dans celle-ci les motifs que du Perron avoit employés à Rouen ; mais il fut décidé que le réglement de Rouen seroit observé pour le nonce, comme pour les autres ministres étrangers.

On avoit autrefois des idées bien exagérées sur la puissance des *légats*. Leur autorité sembloit approcher de celle du pape ; alors on croyoit en France qu'ils ne pouvoient l'être qu'à temps, de crainte qu'il ne parût y avoir plusieurs chefs dans l'église. C'est pour cette raison que l'université de Paris s'opposa aux bulles de prorogation du cardinal d'Amboise, & que le parlement de cette ville refusa si long-temps de les vérifier, parce qu'elles étoient accordées pour tout le tems qu'il conviendroit au pape.

Il y a cependant un *légat* perpétuel ; & ce qui est plus digne de remarque, ce *légat* étoit autrefois laïque. C'est le juge de la monarchie de Sicile.

Le pape appelle ses *légats à latere* ou *de latere* : nous avons expliqué d'où vient cette dénomination. Il appelle *légat à latere* ceux qui sont cardinaux, & *de latere* ceux qui ne le sont pas : c'est une petite subtilité de canoniste. La cour de Rome en a imaginé un si grand nombre. Du temps des derniers empereurs, de qui les papes ont emprunté le mot *latere*, tous ceux qui alloient dans les provinces avec autorité, étoient appellés *laterales* ou *de latere missi*.

Le collège des cardinaux accompagne processionnellement, hors de la porte de Rome, le *légat* qu'on vient de déclarer dans le consistoire. Ce *légat* rentre dans Rome, & y demeure *incognito* : il est censé parti ; & c'est pour cela que lorsqu'il part effectivement, il ne fait porter devant lui la croix & les autres marques de sa légation, que lorsqu'il est à 40 milles de Rome. La légation finie, il rentre en cérémonie dans cette capitale du monde catholique, & il reçoit plusieurs marques d'honneurs de la part du collège des cardinaux.

En Portugal & dans toutes les autres cours de l'Europe, à la réserve de celle de France, les *légats* exerçoient, il n'y a pas long-temps, une grande autorité dans les affaires ecclésiastiques. Ils faisoient des protonotaires apostoliques, des chevaliers, des docteurs dans toutes les facultés ; ils légitimoient les bâtards ; ils donnoient des dispenses, & nommoient aux bénéfices vacans. Ils jugeoient du crime d'hérésie, disposoient des fruits, des bénéfices, évoquoient à eux toutes les matières bénéficiales, & s'attribuoient enfin, dans tous les lieux de leur légation, la même autorité qu'y auroit eue le pape, s'il s'y étoit trouvé. Ils étoient reçus avec le poële ; & les rois qui alloient au-devant d'eux, leur donnoient la main à leur entrée, dans les visites qu'ils en recevoient & dans les repas où ils les admettoient : mais on sait que les choses ont bien changé.

La France a mis plus de réserve dans ses honneurs. Ce royaume a toujours assujetti le pouvoir des *légats* à des restrictions qui ont maintenu nos précieuses libertés.

Les *légats* furent inconnus vers la première & la seconde race de nos rois, & nous ne trouvons dans notre histoire que de légers vestiges des légations que Rome a envoyées en France avant Louis XI.

Le premier cardinal-*légat* qui soit venu en France, fut celui que Foulques, comte d'Anjou, y amena sous le règne de notre roi Robert, & pendant le pontificat de Jean VIII, pour faire la dédicace d'une église, au refus de l'archevêque de Tours. Un historien contemporain donne le nom de *Pierre* à ce *légat*, & remarque que le sujet de sa mission révolta tous les évêques.

Le second *légat* que la France ait vu, lui fut envoyé sous le règne d'Henri II, par Victor II. Ce fut Hildebrand, cardinal-sous-diacre, depuis pape sous le nom de *Grégoire VII*.

Depuis cette époque jusqu'au règne de Louis XI, vingt *légats* furent envoyés en France. L'histoire ne nous apprend pas qu'on leur ait rendus des honneurs aussi grands que ceux qu'ils obtinrent dans la suite ; mais elle a conservé de tristes preuves des maux qu'ils firent à cette monarchie. Dans le cahier que les états-généraux du royaume, assemblés à Tours, présentèrent à Charles VIII en 1483, on trouve des plaintes amères sur les différentes voies par lesquelles la cour de Rome épuisoit ce royaume d'argent. On y lit entr'autres cet article :

« Semblablement depuis ledit temps sont venus
» trois ou quatre *légats*, qui en ont donné de mer-
» veilleuses évacuations à ce pauvre royaume,
» & voit l'en mener des mulets chargés d'or &
» d'argent. Et pour ce, semble auxdits trois états
» que le roi ne doit recevoir le cardinal d'An-
» giers, ne permettre que lui ou autre *légat* entre
» en ce royaume : car dieu merci ce royaume est

» en si bon état, union & disposition, qu'il n'a
» besoin de *légat* pour le présent, & pour aucu-
» nes autres causes justes & raisonnables que l'on
» pourroit alléguer en cette partie ».

Louis XI marqua peu de considération pour les *légats*. La légation du cardinal de Modène est demeurée fort obscure. Celle du cardinal de Saint-Pierre aux liens eut plus d'éclat, parce qu'il étoit neveu du pape, qui l'envoyoit pour négocier la paix entre le roi & ses ennemis. Ce prince lui fit rendre de grands honneurs dans les villes de son passage, & l'envoya recevoir fort loin; mais dans la permission qu'il lui donna d'user de ses pouvoirs, il mit cette clause expresse : que le *légat* ne pourroit faire porter la croix dans les lieux où seroit le roi; & il exigea du *légat* un acte qu'il n'abuseroit point de l'étendue de ses pouvoirs, & que les honneurs qu'on lui rendroit ne tireroient point à conséquence pour les *légats* qui viendroient ensuite dans le royaume. Le parlement de Paris lui rendit tous ceux qui s'accordoient avec les maximes de l'église gallicane; dès le lendemain de l'entrée du *légat*, les gens du roi s'opposèrent à la lecture de la bulle, par laquelle le pape lui donnoit pouvoir de contraindre, par censure ou excommunication, le roi & Maximilien d'Autriche à faire la paix. On déclara que le *légat* se borneroit à donner ce conseil. Le cardinal Bessarion, qui n'étoit point agréable à Louis XI, parce que, dans le procès de Balue, il avoit été un des commissaires dont le roi se plaignoit, & avoit osé depuis demander la grace du coupable, fut trois mois à solliciter son audience, & obligé à la fin de se retirer sans avoir rien fait, & après avoir parlé une seule fois à Louis XI qui le maltraita de paroles.

Sous Charles VIII, les *légats* ne réussirent pas mieux. Le cardinal Balue, ce ministre perfide de Louis XI, ayant fait une entrée dans le royaume en qualité de *légat*, sans avoir la permission du roi, le parlement de Paris lui défendit d'user de ses pouvoirs, & aux sujets du roi de le reconnoître. La seule grace qu'il obtint, fut de faire porter la croix devant lui lorsqu'il s'en retourneroit. Alexandre VI, à la vérité, le titre de *légat* à son fils César Borgia, cardinal de Valence; mais ce fut en exécution du traité d'amitié perpétuelle & de ligue offensive, conclu entre Charles VIII & Alexandre VI, lequel renfermoit plusieurs conditions; & entr'autres que César Borgia suivroit l'armée du roi l'espace de trois mois comme *légat* apostolique. Le cardinal de Valence ne devoit servir en effet que de garant des paroles de son père, & le titre de sa légation ne fut qu'un prétexte pour sauver l'honneur du pape, afin qu'il ne parût pas que sa foi fût si suspecte, qu'il eût été obligé de donner des ôtages pour la garantir. Elle l'étoit à juste titre, & l'ôtage prit la fuite.

Ce ne fut que sous Louis XII que les *légats* devinrent importans. La cour de Rome voyant que les légations ne contribuoient pas à sa grandeur en France, comme elles le faisoient ailleurs, nomma *légat* le cardinal d'Amboise, premier ministre de Louis XII; & cet homme puissant, qui d'ailleurs usa de sa légation en homme de bien, se servit de sa faveur pour se faire rendre des honneurs extraordinaires à son entrée à Paris. L'université demanda, par une requête au parlement, qu'il fût ordonné que, quoique les bulles du *légat* lui donnassent le pouvoir de prévenir les ordinaires & de dispenser les résignans de la règle de vingt jours, dont ils doivent, suivant les canons, survivre à leur résignation, il n'useroit point de cette faculté au préjudice des gradués, à qui le tiers des bénéfices avoit été affecté par le concile de Bâle; mais le parlement de Paris débouta l'université de sa demande. Le cardinal d'Amboise fut *légat* presque toute sa vie. Le pape attribua les distinctions singulières qu'il avoit obtenues, non pas à la personne de d'Amboise, mais à sa qualité de *légat*. Ce qu'il y avoit eu d'excessif, & ce qu'on avoit accordé à un homme qui étoit tout-à-la-fois premier ministre & principal favori du roi, fut retranché sous les règnes suivans.

La cour de Rome, occupée du soin de maintenir & de renforcer ce qu'elle venoit d'obtenir, fit successivement *légats* les cardinaux de Boissy & Duprat. Ces ministres, qui avoient tous deux beaucoup de part aux bonnes graces de François premier, conservèrent à la légation une partie de l'éclat que d'Amboise lui avoit procuré. Alors les papes, n'espérant pas de porter plus loin les honneurs de la légation, & estimant que ceux qu'ils venoient d'acquérir étoient solidement établis, ne songèrent qu'à éviter les pertes qu'ils faisoient par des légations accordées à des françois, parce que l'argent produit par la légation demeuroit en France, & n'étoit point envoyé à Rome. Ce royaume n'a plus eu de *légat* françois, excepté pour quelque commission particulière; c'est ainsi que le cardinal de Joyeuse fut honoré de cet emploi, uniquement pour tenir Louis XIII sur les fonts-baptismaux, au nom de Paul V.

Sous le règne de Henri II, Jérôme Cap Ferri, cardinal du titre de S. George, vint en France en qualité de *légat* de Paul III. Le parlement de Paris vérifia ses pouvoirs, & y mit les modifications qu'on avoit mises autrefois à ceux des cardinaux Alexandre Farnèse & Jacques Sadolet.

On mit les mêmes restrictions aux pouvoirs du cardinal Jerôme Verallo, & on y en ajouta d'autres.

Le cardinal Caraffe, qui vint ensuite en la même qualité de la part de Paul IV son oncle, tâcha de porter les honneurs de la légation au-delà même de l'étendue que lui avoient donnée ceux qui l'avoient précédé. Il demanda que le parlement de Paris allât au-devant de lui, & il pouffa si vivement le roi sur cet objet, qu'il fallut plus d'une très-humble remontrance pour persuader à ce prince que les parlemens de France ne marchent en corps que pour le souverain. On envoya au-devant de ce *légat* un grand nombre de députés, qui l'accompagnèrent pour obéir au roi, mais qui ne le saluèrent pas même à l'abordant. De Thou rapporte qu'on disoit de ce *légat* qu'il étoit impie ; qu'il se moquoit librement de la religion, & répétoit tout bas ces paroles : *trompons ce peuple puisqu'il veut être trompé*, au lieu de celles qu'il devoit prononcer en donnant la bénédiction au peuple, qui se jettoit en foule à ses genoux pour la recevoir.

Sous Charles IX, Hippolyte d'Est, cardinal de Ferrare, quoique prince & parent du roi, eut beaucoup de peine à faire agréer sa légation. Le chancelier de l'Hôpital refusa de signer les lettres que les *légats* doivent obtenir du roi, avant de présenter leurs pouvoirs au parlement. Il fallut un commandement exprès de les sceller ; & le chancelier ne le fit qu'en déclarant, au deffous du sceau, qu'*il ne le mettoit que par l'exprès commandement du roi & contre son propre sentiment*. Ce *légat* ne trouva pas moins de résistance dans le parlement. On vouloit lui ôter le pouvoir de conférer les bénéfices, au préjudice des ordinaires, & l'obliger à faire le serment de fidélité, parce que le roi étant souverain & absolu dans son royaume, nul n'y doit exercer de jurisdiction sans avoir prêté ce serment. Toutes les difficultés furent enfin levées par les importunités du *légat*, & par la promesse expresse qu'il donna de ne pas user de ses pouvoirs. Il n'eut que le nom de *légat* ; mais il faut avouer que, s'il n'en fit pas les fonctions, ce fut par la crainte qu'eut la cour de France d'augmenter les allarmes des protestans ; car le *légat* étoit arrivé dans ce royaume peu de temps après le massacre de la S. Barthelemi.

Du temps d'Henri III, le cardinal Morosini vint en France ; mais pour exercer sa légation, il fut obligé de prêter serment de fidélité au roi, & de promettre de n'user de ses pouvoirs qu'aussi long-temps & de la manière qu'il plairoit à Henri III : les *légats* qui l'avoient précédé, & ceux qui l'ont suivi, n'ont donné que de simples lettres. Les légations alloient tomber dans le décri, lorsque la ligue qui troubloit ce royaume, les releva. La cour de Rome dépêcha en France le cardinal Caïetan. En des temps moins orageux, elle n'eût osé choisir pour *légat* un homme de la famille de Boniface VIII, si justement odieux à la France. Ce *légat* dont les bulles furent enregistrées, fit publier ses pouvoirs qui lui attribuoient une jurisdiction que les factieux restés à Paris reconnurent, après la réquisition du magistrat qui remplissoit les fonctions de procureur général. Le *légat*, arrivant au parlement de Paris, alloit se placer sous le dais qui est réservé pour le roi, lorsque le président Brisson qui étoit à la tête de la compagnie, le retint par le bras, l'avertit que cette place étoit celle du roi, & que personne ne pouvoit l'occuper sans se rendre coupable. Le *légat* fut obligé de se placer au-deffous du premier président. Le cardinal de Plaisance vint ensuite : il profita, tant qu'il put, des désordres de l'état. Oublions ce qui se passa durant la ligue, & ne rapportons pas ici des exemples qu'on ne doit plus citer, depuis que la guerre civile a cessé, & que la majesté du trône a repris toute sa splendeur.

Lorsque la ligue fut abattue, la cour de Rome toujours redoutable à Henri IV, par l'autorité qu'elle conservoit sur les factieux de France, voulut profiter de l'intérêt qu'avoit ce prince de montrer du respect pour le pape. Elle destina le cardinal de Florence à la légation de France, pour achever le grand ouvrage de la réconciliation du roi avec le saint-siège ; il y vint, & fut reçu du roi avec de grandes démonstrations de joie & de très-grands honneurs. La cour envoya Henri de Bourbon, prince de Condé, au-devant du *légat*. Le roi lui-même lui fit l'honneur de l'aller voir à Chartres, pour marquer sa reconnoissance à un homme qui, dans toutes les occasions, avoit embrassé les intérêts de ce prince contre la faction d'Espagne ; mais il n'y alla que sur des chevaux de poste, & n'y fut pas suivi de l'éclat extérieur qui accompagne la majesté royale dans les cérémonies publiques : on imagina cet expédient, afin que la visite parût personnelle, & ne pût jamais tirer à conséquence.

Le pape, satisfait du succès de cette légation, ainsi que les françois durent l'être du *légat*, qui se conduisit (dit l'historien) avec beaucoup de sagesse & de modération, envoya, quelque tems après, le cardinal Aldobrandin en France, en qualité de *légat*, pour la célébration du mariage de Henri IV & de Marie de Médicis, & pour la négociation de l'affaire du marquisat de Saluces. Ce *légat* ne vint point à Paris, parce que le roi étoit occupé de la conquête de la Bresse & de la Savoye ; il s'arrêta à Lyon où il fit son entrée, le prince de Conti & le duc de Montpensier marchant à ses côtés. La France crut en avoir fait assez, mais Rome ne fut pas contente. Les pouvoirs du *légat* étoient, presque dans tous les points, contraires aux libertés de la France, & ils ne furent point enregistrés. Aldobrandin, quoique neveu du pape, ne reçut point la visite du roi ; & la cour de Rome apprit que, pour donner de la considération aux *légats*, il ne falloit pas rendre les légations si communes.

Il n'y eut qu'une seule légation sous Louis XIII, & ce fut le cardinal Barberin qui l'exerça. Elle avoit pour objet l'affaire de la Valteline, & la paix d'Italie entre les françois & les espagnols. Ce prélat avoit peu d'expérience ; mais il étoit neveu du pape, ferme, cérémonieux selon l'esprit de sa nation. Instruit de l'ambition du cardinal de Richelieu & du crédit de ce ministre sur l'esprit de son maître, il voulut le gagner. D'abord il le flatta de l'espérance de devenir lui-même *légat*, afin de l'engager à agir comme pour ses propres intérêts ; mais s'appercevant bientôt que le cardinal de Richelieu mettoit peu de prix à des espérances si incertaines & si éloignées, il offrit de lui donner la main dans la visite qu'il en devoit recevoir, ce qu'il avoit refusé en Italie au cardinal de Médicis. Ce misérable honneur flatta Richelieu, qui persuada à son maître d'ordonner aux évêques d'assister à son entrée avec le chapeau & la mantelette ; ce qui fut une nouveauté sans exemple. Richelieu persuada aussi au roi d'envoyer son propre frère le duc d'Orléans au-devant du *légat*, avec ordre de l'accompagner à son entrée, & de lui donner la main. A juger ici d'après les vaines prétentions des corps diplomatiques, il est étrange que le frère d'un roi de France ait cédé le pas à un *légat* qui le cède aux cardinaux, lesquels le cèdent eux-mêmes, non-seulement aux fils & petits-fils de France, mais à tous les princes du sang & même aux princes légitimés. Toutes les cours supérieures allèrent saluer le *légat*. Il avoit sollicité pour que le roi lui fît une visite ; mais Richelieu qui n'étoit pas alors aussi absolu qu'il le fut depuis, ne put déterminer son maître à cette démarche ; & les honneurs qu'on rendit au *légat* & qui étoient excessifs, ne firent pas réussir la légation. Il prit son audience de congé, & partit subitement pour l'Espagne, sans attendre qu'on lui fît le présent ordinaire, ni qu'on lui rendît les honneurs accoutumés en pareille occasion. Le roi assembla là-dessus un conseil, dont le résultat fut que, puisque le *légat* s'en alloit, il falloit le laisser partir.

Sous le règne de Louis XIV, le cardinal de Chigi, neveu d'Alexandre VII, vint en qualité de *légat*, pour un sujet qui n'avoit jamais donné lieu à aucune légation. Ce fut pour apporter au roi les soumissions & les satisfactions réglées pour l'affaire des Corses, par le traité de Pise. Le roi envoya au-devant du *légat* un prince de son sang, afin de ne pas ôter au neveu du pape un honneur, dont Henri le grand a le premier établi l'usage.

Pour envoyer un *légat* en France, le pape doit, avant toutes choses, savoir si le roi approuve la légation, & si la personne qu'il y destine lui est agréable. Il est vrai que Boniface VIII s'éleva contre cette coutume : mais son aversion pour la France & ses emportemens sont si connus, qu'il n'est pas nécessaire de dire que son suffrage n'est d'aucune autorité dans les affaires qui regardent cette couronne. Il suffit que tous les autres papes l'aient observé. L'on ne peut ni l'on ne doit entrer dans un état, malgré le souverain qui y commande ; & quand ce ne seroit qu'un usage de bienséance, il conviendroit qu'on s'y conformât. Si cette chose se pratique à l'égard des nonces qui sont envoyés en France, combien n'est-elle pas plus indispensable pour les *légats* qui viennent ériger un tribunal & remplir une fonction extraordinaire dans le royaume ! Ils ne la peuvent remplir que de l'autorité du roi ; car la jurisdiction qui s'exerce dans un état, émane du souverain. C'est pour cela que les *légats*, lorsqu'ils arrivent sur la frontière de France, cessent de faire porter la croix devant eux, parce qu'elle est la marque d'une jurisdiction qui ne leur appartient qu'après qu'ils ont obtenu, par des lettres-patentes du roi, la permission d'user de leurs pouvoirs.

Lorsque les *légats* ont obtenu le consentement du roi, ils sont obligés d'envoyer leurs bulles au parlement de Paris ; là elles sont examinées & modifiées, d'après les maximes du royaume, les droits de la couronne & les libertés de l'église gallicane. Le pape voit avec regret les pouvoirs de ses *légats* soumis à la censure du parlement de Paris. Aussi a-t-il fait tous ses efforts pour l'éviter ; mais ce parlement a toujours contraint les *légats* à se soumettre à un usage qui conserve à l'église de France ses libertés. Tout ce que les papes ont enfin pu obtenir, c'est que les modifications ne se mettroient pas sur le repli des bulles, mais seroient enrégistrées à part. Le parlement de Paris a eu bien de la peine à y consentir, mais nos rois l'ont voulu.

L'une de ses modifications, c'est que le *légat* est obligé de donner au roi des lettres, par lesquelles il promet de n'user de son pouvoir qu'aussi long-temps & de la manière qu'il plaira au roi. Jusqu'à ce qu'il ait satisfait à cette formalité essentielle, le *légat* reste sans fonctions ; & tout ce qu'il feroit, seroit déclaré nul & abusif.

Lorsque ces formalités ont été remplies, si les *légats* vont au parlement, ils prennent, non pas la place du roi, mais la première place du côté gauche. On ne souffre jamais qu'ils fassent porter la croix devant eux, ni dans les lieux où le roi se trouve, ni en présence des parlemens, quoique le roi n'y soit pas. La croix est une marque de jurisdiction ; & les *légats* n'en ont en France, ni en présence du roi, ni en présence des parlemens. Les *légats* ont cela de commun avec tous les officiers du royaume, qu'ils ne conservent de jurisdiction en présence du roi, qu'autant qu'il le trouve bon. C'est ce qui a fait dire à un premier président du parlement de Paris, que le *légat* est officier du roi aussi bien que du pape.

Le roi envoie au-devant des *légats* un prince de son sang, & nous venons de voir comment cet usage s'est établi ; il ne leur fait point de visite ; & lorsqu'il leur fait l'honneur de les admettre à sa table, ce qui n'arrive guère qu'une fois pendant leur légation, il ne leur donne pas la main.

Si les *légats* ont des dégoûts à leur arrivée en France, & pendant le séjour qu'ils y font, ils ont encore, à leur sortie du royaume, le désagrément d'y laisser les registres de leurs expéditions & le cachet de leur légation. C'est une des conditions de l'enregistrement de leurs bulles, sans quoi l'on n'auroit aucun égard à tout ce qu'ils auroient fait : la condition est juste; car si le pape est tenu lui-même de donner aux sujets du roi, des juges en France, à plus forte raison ses *légats* doivent-ils remplir cette formalité, afin que les françois ne soient pas obligés d'aller à Rome compulser des registres, & former des contestations sur ce qui se seroit passé en France. Telle est la vraie raison de cet usage (1). Quelques auteurs disent qu'il n'a été introduit que pour empêcher que les *légats* n'emportent les actes qu'ils pourroient avoir fait au préjudice de l'état ; mais cette raison n'est pas bonne. Outre que les *légats* pourroient avoir facilement des doubles de ces actes contraires à nos libertés, on les auroit bien plutôt obligés à laisser en France leurs bulles qu'on vérifie purement & simplement, & qui feroient plus propres à leurs vues que des actes dont ils sont eux-mêmes les auteurs ; car il est vraisemblable que les *légats*, en retournant à Rome, n'y portent pas les arrêts du parlement, qui contiennent les modifications de leurs bulles.

LÈSE-MAJESTÉ : c'est le nom qu'on donne aux attentats contre le souverain : si le peuple compose le souverain, il faut attenter aux intérêts de la patrie pour commettre un crime de *lèse-majesté* ; mais si le gouvernement est monarchique, un attentat contre le prince est un crime de *lèse-majesté*. Le crime de *lèse-majesté* est le plus grand de tous les crimes qu'on puisse commettre dans une société : on doit le punir sévérement ; mais il n'est pas de principe dont on ait plus abusé ; & ce qu'il y a de plus triste, on en a fait un étrange abus, même dans les démocraties.

Nous nous bornerons à indiquer ici quelques-uns des abus qu'on en a fait dans les monarchies ou dans les gouvernemens despotiques ; & nous établirons, à la suite de ces faits, les principes qui doivent guider les législateurs & les juges sur cette matière.

Les loix de la Chine décident que quiconque manque de respect à l'empereur, doit être puni de mort. Comme elles ne définissent pas ce que c'est que ce manquement de respect, tout peut fournir un prétexte pour ôter la vie à qui l'on veut, & exterminer la famille que l'on veut.

Deux personnes chargées de faire la gazette de la cour ayant mis dans quelque fait, des circonstances qui ne se trouvèrent pas vraies, on dit que, mentir dans une gazette de la cour, c'étoit manquer de respect à la cour, & on les fit mourir (2). Un prince du sang ayant mis quelque note par mégarde sur un mémorial, signé du pinceau rouge par l'empereur, on décida qu'il avoit manqué de respect à l'empereur ; ce qui causa contre cette famille une des plus terribles persécutions dont l'histoire ait jamais parlé (3).

C'est assez que le crime de *lèse-majesté* soit vague, pour que le gouvernement dégénere en despotisme.

C'est encore un violent abus de donner le nom de crime de *lèse-majesté* à une action qui ne l'est pas. Une loi des empereurs romains (4) poursuivoit comme sacrilèges ceux qui mettoient en question le jugement du prince, & doutoient du mérite de ceux qu'il avoit choisis pour quelque emploi (5). Ce furent bien le cabinet & les favoris qui établirent ce crime. Une autre loi avoit déclaré que ceux qui attentent contre les ministres & les officiers du prince, sont criminels de *lèse-majesté*, comme s'ils attentoient contre le prince même (6). Nous devons cette loi à deux princes (7), dont la foiblesse est célèbre dans l'histoire ; deux princes qui furent menés par leurs ministres, comme les troupeaux sont conduits par les pasteurs ; deux princes esclaves dans le palais, enfans dans le conseil, étrangers aux armées, qui ne conservèrent que pour en parce qu'ils le donnèrent tous les jours. Quelques-uns de ces favoris conspirèrent contre leurs empereurs. Ils firent plus : ils conspirèrent contre l'empire, ils y appellèrent les barbares ; & quand on voulut les arrêter, l'état étoit si foible, qu'il fallut violer leur loi, & s'exposer au crime de *lèse-majesté* pour les punir.

C'est pourtant sur cette loi que se fondoit le rapporteur de Cinq-Mars (8), lorsqu'il voulut prouver qu'il étoit coupable du crime de *lèse-majesté* pour avoir voulu chasser le cardinal de Richelieu des affaires.

Ce rapporteur de M. de Cinq-Mars dit : « le
» crime qui touche la personne des ministres des
» princes, est réputé par les constitutions des em-
» pereurs, de pareil poids que celui qui touche
» leur personne. Un ministre sert bien son prince
» & son état, on l'ôte à tous les deux ; c'est com-

---

(1) Dupleix en la vie de Henri IV, *ad ann.* 1596.
(2) Le père du Halde, tom 1, pag. 43.
(3) Lettres du père Parennin, dans les Lettres édifiantes.
(4) Gratien, Valentinien & Théodose. C'est la troisième au code *de crim. sacril.*
(5) *Sacrilegii instar est dubitare an is dignus sit quem elegerit imperator*, ibid. Cette loi a servi de modèle à celle de Roger, dans les constitutions de Naples, tit. 4.
(6) La loi cinquième, au code *ad leg. Jul. maj.*
(7) Arcadius & Honorius.
(8) Mémoires de Montrésor, tom. 1.

» me fi l'on privoit le premier d'un bras, & le
» fecond d'une partie de fa puiffance ». Quand
la fervitude elle-même viendroit fur la terre, elle
ne parleroit pas autrement.

Une autre loi de Valentinien, Théodofe &
Arcadius, déclare les faux monnoyeurs coupables
du crime de *lèfe-majefté*. Mais n'étoit-ce pas confondre les idées des chofes ? Porter fur un autre
crime le nom de *lèfe-majefté*, n'eft-ce pas diminuer l'horreur du crime de *lèfe-majefté* ?

Paulin ayant mandé à l'empereur Alexandre
« qu'il fe préparoit à pourfuivre comme criminel
» de *lèfe-majefté* un juge qui avoit prononcé con-
» tre fes ordonnances, l'empereur lui répondit
» que, dans un fiècle comme le fien, les cri-
» mes de *lèfe-majefté* indirects n'avoient point de
» lieu ».

Fauftinien ayant écrit au même empereur
qu'ayant juré, par la vie du prince, qu'il ne pardonneroit jamais à fon efclave, il fe voyoit obligé
de perpétuer fa colère, pour ne pas fe rendre
coupable du crime de *lèfe-majefté* : « vous avez
» pris de vaines terreurs, lui répondit l'empe-
» reur, & vous ne connoiffez pas mes maxi-
» mes ».

Un fénatus-confulte ordonna que celui qui avoit
fondu des ftatues de l'empereur, qui auroient été
reprouvées, ne feroit point coupable de *lèfe-majefté*. Les empereurs Sévère & Antonin écrivirent à Pontius que celui qui vendroit des ftatues de
l'empereur non confacrées, ne tomberoit point
dans le crime de *lèfe-majefté*. Les mêmes empereurs écrivirent à Julius Caffianus, que celui qui
jetteroit par hafard une pierre contre la ftatue de
l'empereur, ne devoit point être pourfuivi comme criminel de *lèfe-majefté*. La loi Julie demandoit des fortes de modifications : car elle avoit
rendu coupables de *lèfe-majefté*, non-feulement
ceux qui fondoient les ftatues des empereurs,
mais ceux qui commettoient quelque action femblable ; ce qui rendoit le crime arbitraire. Quand
on eut établi bien des crimes de *lèfe-majefté*, il
fallut néceffairement diftinguer ces crimes. Auffi
le jurifconfulte Ulpien, après avoir dit que l'accufation du crime de *lèfe-majefté* ne s'éteignoit
point par la mort du coupable, ajoute-t-il que
cela ne regarde point les crimes de *lèfe-majefté*
établis par la loi Julie, mais feulement celui qui
contient un attentat contre l'Empire, ou contre
la vie de l'empereur.

Une loi d'Angleterre, paffée fous Henri VIII,
déclaroit coupables de haute-trahifon tous ceux
qui prédiroient la mort du roi. Cette loi étoit
bien vague. Le defpotifme eft fi terrible, qu'il
fe tourne même contre ceux qui l'exercent.
Dans la dernière maladie de ce roi, les médecins
n'oferent jamais dire qu'il fût en danger, & ils
agirent fans doute en conféquence.

Un Marfias fongea qu'il coupoit la gorge à Denis (1) : celui-ci le fit mourir, difant qu'il n'y auroit pas fongé la nuit, s'il n'y eût pas penfé le
jour. C'étoit une grande tyrannie (2). Les loix
ne fe chargent de punir que les actions extérieures.

Rien ne rend encore le crime de *lèfe-majefté*
plus arbitraire, que quand des paroles indifcrètes
en deviennent la matière. Les difcours font fi fujets à interprétation ; il y a tant de différence
entre l'indifcretion & la malice, & il y en a fi
peu dans les expreffions qu'elles employent, que
la loi ne peut guère foumettre les paroles à une
peine capitale, à moins qu'elle ne déclare expreffément ce qu'elle y foumet (3).

Les paroles, la plupart du temps, ne fignifient
point par elles-mêmes, mais par le ton dont on
les dit. Souvent, en redifant les mêmes paroles,
on ne rend pas le même fens : ce fens dépend de
la liaifon qu'elles ont avec d'autres chofes. Quelquefois le filence exprime plus que tous les difcours. Il n'y a rien de fi équivoque que tout cela.
Il eft donc très-difficile d'affeoir fur des paroles
un crime de *lèfe-majefté*.

Dans le manifefte d'Elifabeth, impératrice de
Ruffie, donné contre la famille d'Olgourouki (4),
un de ces princes eft condamné à mort, pour
avoir proféré des paroles indécentes qui avoient
rapport à fa perfonne ; un autre, pour avoir
malignement interprété fes fages difpofitions pour
l'Empire, & offenfé fa perfonne facrée par des
paroles peu refpectueufes.

Je ne prétends point diminuer l'indignation que
l'on doit avoir contre ceux qui veulent flétrir la
gloire de leur prince : mais je penfe qu'une fimple
punition correctionnelle conviendra mieux dans ces
occafions, qu'une accufation de *lèfe-majefté*, toujours terrible à l'innocence même (5).

Les actions ne font pas de tous les jours ; bien
des gens peuvent les remarquer. Une fauffe accufation fur des faits peut être aifément éclaircie.

---

(1) Plutarque, vie de Denys.
(2) Il faut que la penfée foit jointe à quelque forte d'action.
(3) Si non tale fit delictum, in quod vel fcriptura legis defcendit, vel ad exemplum legis vindicandum eft, dit Modeftinus dans la loi 7, §. 3. in fine ff. ad leg. jul. maj.
(4) En 1740.
(5) Nec lubricum linguæ ad pœnam facilè trahendum eft. Modeftinus, dans la loi 7, §. 3. ff. ad leg. Jul. maj.

Les paroles qui font jointes à une action, prennent la nature de cette action. Ainsi, un homme qui va dans la place publique exhorter les sujets à la révolte, devient coupable de *lèse-majesté*, parce que les paroles font jointes à l'action & y participent. Ce ne font point les paroles que l'on punit ; mais une action commise, dans laquelle on emploie les paroles. Elles deviennent des crimes lorsqu'elles préparent, qu'elles accompagnent, ou qu'elles suivent une action criminelle.

Les empereurs Théodose, Arcadius & Honorius écrivirent à Ruffin, préfet du prétoire : « si » quelqu'un parle mal de notre personne ou de » notre gouvernement, nous ne voulons point le » punir (1) : s'il a parlé avec légéreté, il faut » le méprifer : si c'est par folie, il faut le plain-» dre : si c'est une injure, il faut lui pardonner. » Ainsi, laissant les choses dans leur entier, » vous nous en donnerez connoissance, afin que » nous jugions des paroles par les personnes, & » que nous pensions bien, si nous devons les sou-» mettre au jugement, ou les négliger ».

Les écrits contiennent quelque chose de plus permanent que les paroles : mais lorsqu'ils ne préparent pas au crime de *lèse-majesté*, ils ne paroissent pas devoir être une matière du crime de *lèse-majesté*.

Auguste & Tibère y attachèrent pourtant la peine de ce crime (2) ; Auguste, à l'occasion de certains écrits faits contre des hommes & des femmes illustres ; Tibère, à cause de ceux qu'il crut faits contre lui. Rien ne fut plus fatal à la liberté romaine. Cremutius Cordus fut accusé, parce que, dans ses annales, il avoit appellé Cassius le dernier des romains (3).

Les écrits satyriques ne font guère connus dans les états despotiques, où l'abattement d'un côté & l'ignorance de l'autre ne donnent ni le talent, ni la volonté d'en faire. Dans la démocratie, on ne les empêche pas, par la raison même qui, dans le gouvernement d'un feul, les fait défendre. Comme ils font ordinairement composés contre des gens puissans, ils flattent dans la démocratie la malignité du peuple qui gouverne. Dans la monarchie, on les défend ; mais on en fait plutôt un sujet de police que de crime.

L'aristocratie est le gouvernement qui proscrit le plus les ouvrages satyriques. Les magistrats y font de petits souverains, qui ne font pas assez grands pour méprifer les injures. Si, dans la monarchie, quelque trait va contre le monarque, il est si haut que le trait n'arrive point jusqu'à lui. Un seigneur aristocratique en est percé de part en part. Aussi les décemvirs, qui composoient une aristocratie, punirent-ils de mort les écrits satyriques (4).

Auguste établit que les esclaves de ceux qui avoient conspiré contre lui, seroient vendus au public, afin qu'ils pussent déposer contre leur maître (5). On ne doit rien négliger de ce qui mène à la découverte d'un grand crime. Ainsi, dans un état où il y a des esclaves, il est naturel qu'ils puissent être indicateurs, mais ils ne sauroient être témoins.

Vindex indiqua la conspiration faite en faveur de Tarquin, mais il ne fut pas témoin contre les enfans de Brutus. Il étoit juste de donner la liberté à celui qui avoit rendu un si grand service à sa patrie ; mais on ne la lui donna pas, afin qu'il rendît ce service à sa patrie.

Aussi l'empereur Tacite ordonna-t-il que les esclaves ne seroient pas témoins contre leurs maîtres, dans le crime même de *lèse-majesté* (6) : loi qui n'a pas été mise dans la compilation de Justinien.

Il faut rendre justice aux Césars, ils n'imaginèrent pas les premiers les tristes loix qu'ils firent. C'est Sylla (7) qui leur apprit qu'il ne falloit point punir les calomniateurs. Bientôt on alla jusqu'à les récompenser (8).

« Quand ton frère, ou ton fils, ou ta fille, » ou ta femme bien-aimée, ou ton ami qui est » comme ton ame, te diront en secret : *allons* » *à d'autres dieux*, *tu les lapideras* : d'abord ta » main sera pour lui, ensuite celle de tout le » peuple ». Cette loi du Deuteronome (9) étoit particulière aux juifs ; chez la plupart des peuples que nous connoissons, elle ouvriroit la porte aux crimes.

La loi qui ordonne dans plusieurs états, sous peine de la vie, de révéler les conspirations aux-

---

(1) *Si id ex levitate processerit contemnendum est ; si ex insaniâ, miserationis dignissimum ; si ab injuriâ remittendum.* Lege unicâ, cod. *Si quis imperat. maled.*
(2) Tacite, annales, liv. I. Cela continua sous les règnes suivans. Voyez la loi première au code *de famosis libellis*.
(3) Tacite, annales, liv. IV.
(4) La loi des douze Tables.
(5) Dion, dans Xiphilin.
(6) Flavius Vopiscus, dans sa vie.
(7) Sylla fit une loi de majesté ; dont il est parlé dans les Oraisons de Cicéron, *pro Cluentio*, art. 3 ; *in Pisonem*, art. 21 ; 1°. contre Verres, art. 5 ; épîtres familières, liv. III, lettre II. César & Auguste les insérèrent dans les loix Julies ; d'autres y ajoutèrent.
(8) *Et quò quis distinctior accusator, eo magis honores assequebatur, ac veluti sacrosanctus erat.* Tacite.
(9) Chap. 13, vers. 6, 7, 8 & 9.

quelles même on n'a pas trempé, paroît bien dure dans le gouvernement monarchique.

Elle ne doit être appliquée, dans toute sa sévérité, qu'au crime de *lèse-majesté* au premier chef. Dans ces états, il est très-important de ne point confondre les différens chefs de ce crime.

Au Japon où les loix renversent toutes les idées de la raison humaine, le crime de non-révélation s'applique aux cas les plus ordinaires.

Une relation (1) nous parle de deux demoiselles qui furent enfermées jusqu'à la mort dans un coffre hérissé de pointes ; l'une pour avoir eu quelqu'intrigue de galanterie ; l'autre pour ne l'avoir pas révélée.

Il est dangereux dans les républiques de trop punir les crimes de *lèse-majesté*.

Quand une république est parvenue à détruire ceux qui vouloient la renverser, il faut se hâter de mettre fin aux vengeances, aux peines & aux récompenses même.

On ne peut faire de grandes punitions, & par conséquent de grands changemens, sans mettre dans les mains de quelques citoyens, un grand pouvoir. Il vaut donc mieux, dans ce cas, pardonner beaucoup que punir beaucoup ; exiler peu qu'exiler beaucoup ; laisser les biens que multiplier les confiscations. Sous prétexte de la vengeance de la république, on établiroit la tyrannie des vengeurs. Il n'est pas question de détruire celui qui domine, mais la domination. Il faut rentrer, le plutôt que l'on peut, dans ce train ordinaire du gouvernement, où les loix protègent tout & ne s'arment contre personne.

Les grecs ne mirent point de bornes aux vengeances qu'ils prirent des tyrans, ou de ceux qu'ils soupçonnèrent de l'être. Ils firent mourir les enfans (2), quelquefois cinq des plus proches parens (3). Ils chassèrent une infinité de familles. Leurs républiques en furent ébranlées ; l'exil ou le retour des exilés furent toujours des époques qui marquèrent le changement de la constitution.

Les romains furent plus sages. Lorsque Cassius fut condamné pour avoir aspiré à la tyrannie, l'on mit en question si l'on feroit mourir ses enfans : ils ne furent condamnés à aucune peine. « Ceux qui ont voulu, dit Denys d'Halicarnasse (4), changer cette loi à la fin de la guerre des marses & de la guerre civile, & » exclure des charges les enfans des proscrits par » Sylla, sont bien criminels ».

On voit, dans la guerre de Marius & de Sylla, jusqu'à quel point les ames, chez les romains, s'étoient peu-à-peu dépravées. Des choses si funestes firent croire qu'on ne les reverroit plus. Mais, sous les triumvirs, on voulut être plus cruel & le paroître moins : on est désolé de voir les sophismes qu'employa la cruauté. On trouve dans Appien (5) la formule des proscriptions. Vous diriez qu'on n'y a d'autre objet que le bien de la république, tant on y parle de sang-froid, tant ou y montre d'avantages, tant les moyens que l'on prend sont préférables à d'autres, tant les riches sont en sûreté, tant le bas peuple sera tranquille, tant on craint de mettre en danger la vie des citoyens, tant on veut appaiser les soldats, tant enfin on sera heureux (6).

Rome étoit inondée de sang, quand Lépidus triompha de l'Espagne ; & par une absurdité sans exemple, il ordonna de se réjouir, sous peine d'être proscrit (7). *De l'Esprit des loix*, liv. XII, chap. 7 *& suiv.* Voyez l'article LOI.

LETTRES DE CRÉANCE. Ce sont des *lettres* émanées du souverain, ou de quelqu'autre personne constituée en dignité, portant que l'on peut ajouter foi à ce que dira celui qui est muni de ces *lettres*. Les ambassadeurs, plénipotentiaires, envoyés & autres ministres qui vont dans une cour étrangère, ne partent point sans avoir des *lettres de créance* ; & la première chose qu'ils font lorsqu'ils sont arrivés, est de présenter leurs *lettres de créance*.

Les *lettres de créance* sont l'instrument qui autorise & constitue le ministre dans son caractère auprès du prince à qui elles sont adressées. Si ce prince reçoit le ministre, il ne peut le recevoir que dans la qualité que lui donnent ses *lettres de créance* ; elles sont comme sa procuration générale, son mandement ouvert, *mandatum manifestum*. Voyez les articles AMBASSADEUR, MINISTRES PUBLICS, &c.

LEUCHTENBERG, landgraviat princier d'Allemagne, au cercle de Bavière. Il est situé dans le Nordgow, entre la principauté de Soulzbach & Nabbourg, Tenesberg & Treswitz, bailliages de Bavière dans le haut Palatinat. Il obéissoit jadis à des landgraves, dont le dernier, appellé

---

(1) Recueil des voyages qui ont servi à l'établissement de la compagnie des Indes, pag. 423, liv. V, art. II.
(2) Denys d'Halicarnasse, antiquités romaines, liv. VIII.
(3) *Tyranno occiso, quinque ejus proximos cognatione magistratus necato.* Ciceron, de inventione, lib. II.
(4) Liv. VIII, pag. 547.
(5) Des guerres civiles, liv. IV.
(6) *Quod felix faustumque sit.*
(7) *Sacris & epulis dent hunc diem ; qui secùs faxit, inter proscriptos esto.*

Maximilien Adam, mourut sans successeur en 1646. Albert son beau-frère, duc de Bavière, époux de Mathilde sa sœur, reçut l'investiture de ce landgraviat, malgré la survivance donnée à Henri de Mecklenbourg, en 1502, par l'empereur Maximilien I. Il l'échangea contre d'autres terres avec son frère Maximilien, électeur de Bavière, qui le céda à son second fils Maximilien-Philippe. Celui-ci étant mort en 1707 sans héritiers, & l'électeur de Bavière ayant été mis au ban de l'Empire, le landgraviat de *Leuchtenberg* fut donné en fief par l'empereur au prince de Lamberg, & revendiqué par la maison électorale de Bavière en 1714.

Le dernier électeur de Bavière en prenoit le titre sans les armes. Il avoit, à raison de cette principauté, voix & séance au collège des princes & au cercle de Bavière. Son contingent matriculaire est de six cavaliers & quatorze fantassins ou 128 florins. Sa contribution pour l'entretien de la chambre impériale est de 135 rixdales 26 & demi kr.

Le landgraviat étoit régi par un magistrat commis pour l'exécution des réglemens civils & de police (*director in civilibus & politicis*); par un prévôt féodal, par un juge & un capitaine provinciaux, & par d'autres officiers princiers. Il relevoit pour le spirituel du diocèse de Ratisbonne, & reconnoissoit la justice de quatre tribunaux, qui étoient : 1°. le tribunal provincial de *Leuchtenberg* : 2°. la justice municipale de Pfreimbdt : 3°. le bailliage de Wernberg : 4°. la juridiction de Misbrunet, située à l'est hors de l'enceinte des terres mentionnées : nous ignorons si son administration a éprouvé des changemens depuis la mort du dernier électeur de Bavière *Voyez* les articles BAVIERE & PALATINAT.

LEUTKIRCHEN, ville impériale d'Allemagne, au cercle de Suabe : réclame située dans l'Argau & arrosée par l'Eschach, qui s'y jette dans l'Aitrach ; elle occupe une plaine ou une bruyère qui porte son nom. On y compte deux paroisses, l'une luthérienne, l'autre catholique. La majeure partie du magistrat & des habitans suit la confession d'Augsbourg. Les preuves certaines de son immédiateté, dans laquelle Charles IV & Wenceslas se sont engagés de la maintenir, ne remontent qu'à Rodolphe premier. Elle a la vingt-huitième voix à la diète parmi les villes impériales de Suabe, & la vingt-unième dans les assemblées du cercle. Sa taxe matriculaire, qui avoit été de 40 florins & réduite à 14 en 1683, est depuis 1728 de 21 florins, outre 33 rixdales 69 & demi kr. qu'elle paye par quartier pour l'entretien de la chambre impériale. C'étoit autrefois un des sièges du présidial établi dans la bruyère de son nom & dans la Purs. Elle est enclavée dans la juridiction de la préfecture avec laquelle elle conclut en 1545 un traité relatif à cet objet.

LICHTENBERG, HANAU-LICHTENBERG, seigneurie de la basse-Alsace, dont une partie est membre du corps germanique. Cette seigneurie avoit anciennement ses seigneurs particuliers, qui s'éteignirent en 1480 à la mort de Jacques, seigneur de *Lichtenberg* : elle échut alors à Anne & Élisabeth, filles de Louis son frère. La première fut mariée à Philippe l'aîné, comte de Hanau, qui en obtint la moitié, & dont l'arrière petit-fils, Philippe V, acquit le reste en 1560 par son mariage avec Marguerite-Louise, fille de Jacques premier, comte d'Ochsenstein & Bitche, descendante d'Élisabeth. La tige mâle de Hanau-Munzenberg s'éteignit en 1642 à la mort du comte Jean-Erneste ; & ce domaine, en vertu du pacte de succession de 1610 & du secours que prêta la maison de Hesse-Cassel, passa à la branche de *Lichtenberg*, qui y réunit le tiers cédé jadis au comte Philippe premier de la seigneurie de *Lichtenberg* proprement dite. Mais le comte Frédéric Casimir de Hanau détacha de nouveau cette dernière en 1680, pour la donner à Philippe-René son cousin, & à ses héritiers mâles, à la réserve du bailliage de Babenhausen, qu'il garda comme une ancienne dépendance du comté de Hanau-Munzenberg. Casimir étant mort sans enfans mâles, toute sa succession passa à Philippe René ; Philippe-René céda à son tour la seigneurie de Hanau-Lichtenberg à Jean-René son frère, qui lui succéda également dans le comté de Munzenberg, & mit fin en 1736 à la tige mâle des comtes de Hanau. Sa fille unique avoit épousé Louis VIII, landgrave de Hesse-Darmstadt ; & Louis, l'aîné des princes issus de ce mariage, hérita de la seigneurie de *Lichtenberg*. Le roi de Pologne Auguste III, électeur de Saxe, y forma des oppositions en 1749, faisant valoir l'expectative accordée à sa maison, (*voyez* l'article HANAU) il réclama devant le conseil souverain d'Alsace le bailliage de cette seigneurie, dépendant de son ressort ; mais il fut débouté par arrêt de 1750, & le prince héréditaire, aujourd'hui landgrave régnant de Hesse-Darmstadt, maintenu dans sa possession.

La plus grande partie de cette belle seigneurie située en Alsace, a été séparée de l'Empire germanique, en passant avec cette province, sous la souveraineté de la France. Ce qui en reste à l'Allemagne forme quelques bailliages, pour lesquels la maison de Darmstadt est taxée annuellement à 500 florins, qu'elle verse dans la caisse du cercle du haut-Rhin, outre 14 écus 38 & demi kr. pour l'entretien de la chambre impériale. Toutes les affaires judiciaires de la seigneurie vont à la régence de Bouxviller. La religion luthérienne y est dominante ; mais on y trouve beaucoup de catholiques & quelques réformés dans les bailliages françois & dans celui de Lemberg.

Ce qui dépend de l'Empire, consiste dans
1°. Le bailliage de Lichtenau.

2°. Le bailliage de Wilftœdt, situé sur la rivière de Kinfig, à côté du précédent, d'un sol à-peu-près égal, & dont les productions se débitent la plupart à Strasbourg.

3°. Le bailliage de Lemberg, situé dans les Vosges, entre l'Alsace, le comté de Bitche, la principauté de Deux-Ponts, le comté de Sponheim, &c.

4°. Le bailliage de Schaf-heim, démembrement de celui de Babenhausen, peut être envisagé comme une dépendance de la seigneurie de Lichtenberg. *Voyez* l'article HANOVRE.

LIBERTÉ SOCIALE. C'est le droit de jouir & d'accroître nos propriétés.

Le droit de propriété, considéré par rapport au propriétaire, n'est autre chose que le droit de jouir ; or, il est évident que le droit de jouir ne peut exister sans la liberté de jouir, comme la liberté de jouir ne peut avoir lieu sans le droit de jouir. Sans le droit, la liberté n'auroit aucun objet, à moins d'admettre dans un homme la liberté de jouir des droits d'un autre homme. Mais cette idée renfermeroit une contradiction ; elle supposeroit dans le second, des droits qu'il n'auroit point ; puisqu'il ne sauroit les exercer ; ils appartiendroient au contraire à celui qui auroit la liberté d'en jouir.

Par la raison que le droit de jouir & la liberté de jouir ne peuvent exister l'un sans l'autre, on doit les regarder comme ne formant qu'une seule & même prérogative, qui change de nom selon la façon de l'envisager. Ainsi, on ne peut blesser la liberté sans altérer le droit de propriété, & on ne peut altérer le droit de propriété sans blesser la liberté.

La *liberté sociale* peut être définie une indépendance des volontés étrangères, qui nous permet de faire valoir, le plus qu'il nous est possible, nos droits de propriété, & d'en retirer toutes les jouissances qui peuvent en résulter, sans préjudicier aux droits de propriété des autres hommes. Cette définition nous fait connoître combien est simple l'ordre essentiel des sociétés : nous ne sommes plus embarassés pour déterminer la portion de liberté dont chaque homme doit jouir ; la mesure de cette portion est toujours évidente ; elle nous est naturellement donnée par le droit de propriété : telle est l'étendue du droit de propriété, telle est l'étendue de la liberté.

Les préjugés dans lesquels les hommes ont vieilli, ne manqueront pas de s'élever contre ce que je dis, pour prouver la nécessité physique que les hommes jouissent en société de la plus grande liberté possible. Mais, quels que soient les sophismes qu'ils aient à m'objecter, je peux y répondre d'avance, en établissant ici deux vérités : la première est que de la liberté il ne peut résulter que du bien ; la seconde, que de la diminution de la liberté il ne peut résulter que du mal.

La façon dont nous sommes organisés, nous montre donc que, dans le système de la nature, chaque homme tend perpétuellement vers son meilleur état possible, & qu'en cela même il travaille & concourt nécessairement à former le meilleur état possible du corps entier de la société. Or, il est évident qu'il ne peut conserver cette direction si précieuse à l'humanité, qu'autant qu'il jouit de la plus grande liberté ; ainsi la liberté d'un seul est avantageuse à tous : on ne peut l'en dépouiller sans lui occasionner des privations qui de proche en proche viennent, comme un mal contagieux, affecter tous les autres membres de la société.

On s'est imaginé cependant que l'intérêt général demandoit qu'on mît des bornes factices à la liberté ; qu'on ne permît pas aux hommes de mettre à profit toutes les jouissances que leur droit de propriété pouvoit leur procurer. Cette idée est d'autant plus mal combinée, qu'elle met en opposition l'intérêt général avec les intérêts particuliers. Et qu'est-ce donc que l'intérêt général d'un corps, si ce n'est ce qui convient le mieux aux divers intérêts particuliers des membres qui le composent ? Comment peut-il se faire qu'un corps gagne, quand ses membres perdent. Mais, me dira-t-on, peut-être, la valeur des bénéfices que les uns procurent à la société par ce moyen, ne peut-elle pas surpasser la valeur des pertes que les autres éprouvent ? Non, cela est impossible ; car ces prétendus bénéfices pour la société sont imaginaires, & les pertes très-réelles ; pertes même d'autant plus considérables, qu'elles se multiplient par leurs contre-coups, qui se font sentir jusques dans les parties qu'on a cru favoriser. Tels seront toujours & nécessairement les effets cruels de tout système qui, en blessant le droit de propriété, attaquera l'essence de la société.

Voulez-vous qu'une société parvienne à son plus haut degré possible de richesses, de population, & conséquemment de puissance ? Confiez ses intérêts à la liberté ; faites que celle-ci soit générale : au moyen de cette liberté, qui est le véritable élément de l'industrie, le désir de jouir, irrité par la concurrence, éclairé par l'expérience & l'exemple, vous est garant que chacun agira toujours pour son plus grand avantage possible, & par conséquent concourra de tout son pouvoir au plus grand accroissement possible de cette somme d'intérêts particuliers, dont la réunion forme ce qu'on peut appeler l'intérêt général du corps social, ou l'intérêt commun du chef & de chacun des membres dont ce corps est composé.

LIBERTÉ CIVILE. La *liberté civile* n'est que la liberté naturelle, dégagée de ses inconvéniens & perfectionnée par la législation. La liberté naturelle, dans l'état de nature, étoit sujette à bien des inconvéniens, qui souvent auroient pu la rendre dangereuse à ceux qui vouloient la faire valoir. L'homme isolé & hors de la société civile, entraîné presque toujours par les passions, auroit souvent pris pour un droit naturel un écart de la saine raison ; & il auroit tiré vengeance d'un prétendu tort, au grand désavantage de la tranquillité publique.

Voici les avantages de la *liberté civile* sur la liberté naturelle : 1°. le souverain n'ayant pas les mêmes passions que les particuliers, est en état de connoître la personne lésée & de lui rendre justice. En général, nous pouvons même nous tranquilliser sur la droiture de ses jugemens : 2°. la *liberté civile* met à l'abri un honnête homme d'être accablé par un scélérat ; ce qui seroit arrivé très-souvent dans l'état de nature & de la liberté naturelle, où le plus fort l'auroit toujours emporté sur le plus foible. Le souverain ayant en main toutes les forces unies de la nation, nous sommes assurés que l'offenseur sera châtié conformément à la grandeur de l'offense, quelle que soit sa force particulière.

Par le renoncement à la liberté naturelle, & jouissant à sa place de la *liberté civile*, les hommes vivent dans la plus grande sûreté de leur vie, de leur honneur, de leurs biens & de leurs véritables droits naturels.

Nous n'entrerons pas ici dans le détail des devoirs sacrés du souverain pour garantir à ses sujets cette excellente prérogative de la *liberté civile*, parce que nous en traiterons ailleurs.

LIBERTÉ POLITIQUE. C'est la conservation des droits que la nation s'est réservé dans l'établissement de la société civile. Lorsque les nations se sont donné un souverain, elles ont conservé tous les droits naturels, parce que ces droits étant une suite des devoirs à remplir, il n'étoit pas en leur pouvoir d'y renoncer, sans se mettre hors d'état de remplir des devoirs d'autant plus inviolables, que les institutions de la nature sont plus respectables que les institutions humaines.

Mais, outre ces droits naturels, la plupart des nations ont réservé certains droits, qu'elles ont cru nécessaires à leur bonheur : ce sont les droits stipulés par les nations avec leurs souverains, dans la constitution fondamentale des états. *Voyez* l'article CONSTITUTION POLITIQUE. C'est donc la conservation de tous ces droits qui procure à la nation la *liberté politique*.

Suivant qu'un pays est plus ou moins libre, on y a des idées de la *liberté politique* plus ou moins étendues : les uns la prennent pour la facilité de déposer celui à qui ils avoient donné un pouvoir absolu ; les autres pour le privilège de n'être gouverné que par un homme de leur nation, pour le pouvoir d'élire celui à qui ils doivent obéir ; ceux-ci ont pris ce mot pour le droit d'être armés, ceux-là pour le privilège de n'être gouvernés que par leurs propres loix.

Plusieurs ont attaché ce nom à une forme particulière de gouvernement. Ceux qui ont vécu sous un gouvernement républicain, ont mis la *liberté politique* dans ce gouvernement, & ils ont pris pour des expressions synonimes *gouvernement républicain & gouvernement libre* ; tandis que ceux qui ont vécu sous un gouvernement monarchique, l'ont placé dans la monarchie ; enfin chacun ne remontant pas aux vrais principes, a appellé *liberté politique*, le gouvernement qui étoit conforme à ses coutumes, à ses inclinations. Tout gouvernement, de quelque nature, de quelque forme qu'il soit, peut également conserver religieusement à la nation la *liberté politique* & la lui ôter. Rien n'empêche que le souverain le plus absolu ne soit le véritable père de ses sujets, & que la république la plus modérée ne s'érige en tyran de sa nation. L'histoire ancienne & moderne nous en fournit assez d'exemples pour ne pouvoir pas douter de cete grande vérité ; & la question sur la meilleure forme de gouvernement n'est si difficile à résoudre, que parce qu'elle est inexacte. *Voyez* GOUVERNEMENT. La *liberté politique*, en général, consiste dans la jouissance des droits naturels, & de ceux qu'on a stipulés par la constitution dans les pays où il y en a une. Voilà le grand principe d'où le souverain & les sujets doivent partir également ; le premier, pour voir s'il s'acquitte des devoirs sacrés de la souveraineté, & les sujets, pour examiner si c'est à tort ou avec raison qu'ils se plaignent de la violation de la *liberté politique*.

Il faut néanmoins faire une différence entre les droits naturels & les droits stipulés par la convention sociale. Les droits naturels, fondés sur la nature humaine, ne sauroient être sujets à aucun changement ; ils sont immuables, ils sont éternels, ils sont généraux. Mais les droits stipulés entre le souverain & les sujets, n'étant pas tous de la même nature ; plusieurs ayant des rapports aux circonstances de la nation, il est évident que ces circonstances venant à changer, ces mêmes droits changent aussi de nature ; & d'avantageux qu'ils étoient, ils deviennent onéreux. C'est alors à la prudence du souverain d'y apporter les changemens nécessaires ; bien entendu qu'il en obtienne préalablement le consentement de la nation, sans lequel il ne peut point toucher à la constitution essentielle.

Il n'est pas moins vrai que sans des principes fondamentaux & un systême de législation qui règle la constitution de l'état, il ne peut exister de véritable liberté. Ne donnons point ce nom à la sauvage indépendance de quelques hommes barbares réunis en société par la voix de l'instinct & la nécessité de pourvoir mutuellement à leurs besoins ; tant qu'ils ne se sont point soumis au joug nécessaire des loix, ils vivent encore sous l'empire de la nature ; s'ils jouissent des avantages de cet état, ils en éprouvent aussi les inconvéniens ; leur association n'a point de consistance, & est toujours prête à se dissoudre, faute de fondemens assurés ; leurs mœurs sont innocentes, mais non incorruptibles ; ils aiment leur indépendance, mais ils ne savent point la conserver.

Pour faire mieux sentir la différence qui se trouve entre deux peuples, dont l'un devra sa gloire & sa félicité à une sage législation, & l'autre, au contraire, composé d'individus fiers de leurs forces naturelles, se refusera à toute espèce de règle; ouvrons l'histoire, & comparons entr'elles deux nations célèbres dans l'antiquité. Je parle des romains & des germains; tant que ces derniers se contentèrent des fruits de leur chasse & des grossières productions d'un climat froid, ils vécurent dans leurs forêts, simples, libres & heureux, & l'éloge de leurs mœurs mérita d'occuper la plume rapide & éloquente d'un écrivain célèbre, qui a fait contraster le tableau de leurs vertus avec celui de l'effrayante corruption de ses compatriotes; mais, dès que, s'abandonnant à leur inquiétude naturelle, ils se furent transportés dans des contrées plus fertiles & sous un ciel plus favorable, ces vertus qui n'avoient point de base politique, ne purent résister aux attaques de l'avarice & de la volupté; elles disparurent tout-à-coup; & au lieu de l'honorable liberté dont ils avoient été si jaloux, ils se virent en proie tour-à-tour aux rigueurs d'un affreux despotisme & à la confusion de l'anarchie. Si nous jettons les yeux sur la république romaine; elle nous offrira une scène toute différente; nous verrons un peuple fier abattre le colosse de la tyrannie qui menaçoit de l'écraser; nous le verrons épris du plus ardent amour pour cette liberté précieuse qu'on avoit voulu lui ravir, chercher aussi-tôt à l'asseoir sur des fondemens inébranlables: convaincu de la nécessité d'une législation certaine, & du danger des coutumes arbitraires, il presse ses magistrats de lui dresser un code de loix, il les y oblige à force de clameurs; le code se compose, & le peuple y met le sceau législatif. Dès-lors la constitution ébauchée par un prince républicain, prend une assiette plus solide; les troubles & les débats de la place publique l'affermissent, au lieu de l'ébranler; semblables à ces exercices violens qui mettent toutes les parties du corps dans un état de tension, & augmentent par-là leur jeu & leur force naturelle. Ces loix sages, & l'établissement du tribunat, furent comme la base de l'édifice, & dans la suite les pièces qui pouvoient manquer vinrent se ranger, pour ainsi dire d'elles-mêmes, à leur place. Des mœurs austères, des vertus héroïques, durent leur naissance à ce systême de législation, & Rome devint l'admiration de l'univers. Cette austérité, cette pureté de mœurs honora long-temps la république; & si par un destin inévitable & commun à tous les empires, la corruption parvint à y répandre son funeste poison, ce ne fut que par degrés, & presque insensiblement. Les vices nés d'une trop grande fortune, furent obligés de disputer le terrein pas à pas aux vertus qui leur opposoient la plus grande résistance; au milieu des fureurs de l'ambition, l'amour de la patrie & de la liberté parut avec le plus grand éclat; le plus sublime héroïsme força la cabale & la calomnie à se cacher dans l'ombre du silence, & le plus austère désintéressement fit souvent trembler la vénalité. Rome finit parce que tel est le sort de tous les établissemens humains; mais en tombant écrasée sous le poids de sa prospérité, elle laissa aux siècles futurs l'exemple à jamais mémorable de cinq cens ans de vertu.

Les loix & la liberté ayant un rapport essentiel, & leur existence se trouvant liée par la nature des choses, l'instituteur d'une république doit, en traçant le plan de son édifice, porter la vue sur la liaison qui est entre ces deux objets, afin que ce rapport ne se trouve point altéré dans son systême. Il est aisé de sentir que si ces réflexions lui échappoient, son institution ne pourroit avoir de base solide, & ne tarderoit pas à tomber en ruines: c'est faute d'avoir fait attention à cette connexion essentielle, que la plupart des législateurs modernes ont en dans leurs établissemens si peu d'égards pour la liberté; ils n'ont pas vu qu'attaquer ce droit sacré de la nation, c'étoit ôter aux loix le caractère qui les rend respectables; que mettre la violence à la place de la volonté générale, c'étoit détruire les fondemens de la société civile, & se replacer dans l'état de confusion dont elle a été le remède. L'homme d'état doit toujours être persuadé de cette vérité, que l'homme est libre par nature, & que par conséquent aucun des états adventifs n'a pu détruire en lui un droit qu'il tient du créateur; que quand même, & contre toute apparence, il eût voulu s'en dépouiller, il ne le pouvoit légitimement, cette faculté faisant, ainsi que la raison, partie de son être, & qu'enfin la société civile ne devant son origine qu'à la liberté, ne peut subsister que par elle, & que sans cela elle seroit un état violent & totalement opposé à la nature de l'homme.

Nous n'avons traité ici de la liberté civile & de la *liberté politique*, que d'une manière générale & presque abstraite: nous avons appliqué ces principes d'une manière détaillée, aux diverses formes de gouvernement; c'est ce qu'on peut voir dans le cours entier de l'ouvrage, & sur-tout aux articles ABSOLU, (POUVOIR) ARISTOCRATIE, DÉMOCRATIE, GOUVERNEMENT, MONARCHIE, &c.

LICHTENSTEIN, principauté & maison princière de *Lichtenstein*.

Hartmann, baron de *Lichtenstein*, laissa deux fils, Charles & Gundacker, fondateurs des branches qui portent leurs noms: la dignité princière fut conférée à la première par l'empereur Matthias en 1618; l'autre fut élevée au même rang par Ferdinand II. Nous nous bornerons, touchant cette maison, à rapporter l'origine du droit de suffrage & de séance qu'elle a aux diètes du cercle de Suabe parmi les princes séculiers. Le prince Jean-Adam-André de la branche Caroline en fut revêtu en 1707, en reconnoissance d'une somme de 250,000 florins qu'il venoit de prêter au cercle, sans intérêt. Il mourut en 1712, & il ne laissa point d'héritiers; il donna par son testament à son cousin Joseph-Wenceslas-Laurent de la branche de Gundacker cette somme avec une partie de ses états, entr'autres le comté de Vadutz & la seigneurie de Schellenberg. Le vieux prince les avoit obtenus en 1699, en échange de la seigneurie de Bistritz en Moravie, qui étoit de bien plus grand rapport. Ces deux terres furent vendues par leur nouveau possesseur en 1712 à son oncle paternel, Antoine Florian, qui en 1713 avoit été reçu au collège des princes. En 1719, l'empereur érigea, en faveur de ce dernier, le comté de Vadutz & la seigneurie de Schellenberg en principauté immédiate de l'Empire, & leur donna le nom de *Lichtenstein.* C'est du chef de cette principauté que le fils d'Antoine Florian, nommé *Joseph-Jean Adam*, obtint en 1723, pour lui & pour ses descendans, l'entrée au collège des princes. Il mourut en 1732, & laissa un fils appellé *Jean-Charles*, qui mourut en 1748 sans postérité mâle ; après quoi ses droits & prérogatives passèrent au prince Joseph-Wenceslas-Laurent, dont nous venons de parler. La diète de l'Empire lui disputa quelque temps le droit de siéger au collège des princes ; mais il exerçoit ce droit sans difficulté aux assemblées du cercle de Suabe, d'après la convention faite en 1707 entre ce cercle & le prince Jean-André de *Lichtenstein* : on disputa ensuite sur les domaines qui devoient fonder son droit de suffrage ; car, après l'érection des terres de Vadutz & de Schellenberg en principauté immédiate, le prince demanda le remboursement de la somme prêtée au cercle ; il prétendit que son droit de suffrage se trouvoit fondé sur la dignité princière qui venoit d'être attachée à ses terres, ce que le cercle refusa de reconnoître : la médiation de l'empereur arrangea la querelle ; le cercle garda une partie de la somme prêtée, & le droit en litige fut affecté, tant au reste des prêts qu'à la nouvelle principauté.

La principauté de *Lichtenstein* consiste donc, comme nous venons de dire, dans les anciens comté & seigneurie immédiats de Vaduz & de Schellenberg, situés sur le Rhin de l'autre côté du lac de Constance, entre les comtés de Pludenz, de Feldkirch & la Suisse. Les barons de Schellenberg les vendirent au quinzième siècle à ceux de Brandis, qui en 1507 les transmirent par mariage aux comtes de Soulz. En 1614, Gaspard de Hohenembs les acheta 200,000 florins, & ses successeurs les cédèrent, en 1699, au prince Jean-Adam de *Lichtenstein.* Cette principauté étoit jadis taxée dans la matricule de l'Empire à 19 flor. par mois ; mais nous ignorons sa taxe actuelle. Elle contribue à l'entretien de la chambre impériale de 18 rixd. 60 kr. par terme, & forme un grand bailliage.

LIEGE (évêché & principauté de). Cet évêché est situé dans les Pays-Bas. Il est borné au nord par le duché de Brabant ; au couchant par le Brabant, le comté de Namur & le Hainaut ; au midi par la Champagne & le duché de Luxembourg ; au levant par les duchés de Limbourg & de Juliers. Sa longueur du midi au nord est de vingt & quelques milles ; mais il se courbe vers le midi ; & sa largeur est fort inégale. Quelques districts de sa dépendance sont enclavés dans les duchés de Brabant & de Luxembourg.

Outre l'évêché de *Liège* proprement dit, le prince-évêque possède le comté de Looz ou Loon ou Borchloen, le comté immédiat de Horn, le marquisat de Franchimont, le pays de Condroz & le pays entre la Sambre & la Meuse, qu'on appelle *Interamnensis provincia.*

Productions. La partie qui est au nord de la Demer, ne consiste qu'en bruyères ; mais celle qui se trouve au sud de cette rivière, vers le comté de Namur, est fertile en bled & en vins ; vers les duchés de Luxembourg & de Limbourg, le pays est couvert de montagnes & de broussailles. Le vin qu'il produit, ressemble aux petits vins de Bourgogne & de Champagne.

Population. L'évêché de *Liège* renferme vingt-six villes : on y compte 1400 villages. Presque toutes les terres appartiennent à la noblesse & au clergé ; le pays est pauvre. On y parle le dialecte de Brabant ou le patois de *Liège*, qui est un françois corrompu : ceux qui parlent patois, sont appellés *luiker-waalen.*

Etats. Les états provinciaux sont composés du haut clergé ou du chapitre cathédral, de la noblesse & des bourg-mestres des principales villes. Ils ont deux trésoriers généraux & six receveurs. Chacun des deux premiers ordres élit annuellement quatre députés ; les bourg-mestres de *Liège*, sont députés nés du troisième ordre ; ils sont assistés de quatre autres députés des petites villes. Tous ces députés s'assemblent dans le palais épiscopal à Liège.

Commerce. Ce pays exporte de la bierre, du tabac, des armes, des cloux, des serges, des cuirs, des marbres & pierres bleues, de la chaux, du charbon de terre & de l'alun. On fabrique dans cette principauté, des montres, de la bijouterie, de l'orfèvrerie, des armes, des canons, vases & poêles de fer, des draps, des serges, du papier, de la fayence, de la gaze, de la dentelle noire, de l'eau-forte, du savon noir, de la couperose, du vert-de-gris & de la calamine. On y importe des vins, de l'eau-de-vie, de l'huile, des draps de France, d'Angleterre & de Hollande, des soieries, des indiennes, des mousselines, des épiceries, des drogues, des peaux, &c.

L'exportation est très-considérable. Elle se faisoit autrefois par les Pays-Bas sur la Meuse ; mais depuis qu'on a haussé & multiplié les péages le long de ce fleuve, elle se fait sur de grands chariots par Bois-le-Duc & Breda pour la Hollande.

Précis de son histoire. L'évêché de *Liège* fut d'abord fondé dans la ville de Tongres ; & Servatius, l'un des premiers évêques, quitta Tongres pour se retirer à Maëstricht, où ses successeurs fixèrent leur siège jusqu'à ce que S. Hubert le transféra à Liège. Cette translation se fit au commencement du huitième siècle. Cependant les évêques se nommèrent encore quelque tems *évêques de Tongres* : Héraclius ou Everard prit le premier le nom d'*évêque de Liège*, ce qui est constaté par un document de 961.

Titre & prérogatives. Le titre de l'évêque de *Liège* est : par la grace de Dieu, évêque de *Liège*, duc de Bouillon, marquis de Franchimont, comte de Looz, Horn, &c.

L'évêque de *Liège* siège à la diète de l'Empire dans le collège des princes ; il alterne avec Munster, de manière cependant qu'Osnabruck se trouve toujours entre deux. La taxe matriculaire de *Liège* est de 50 cavaliers & de 170 fantassins, ou de 1280 florins par mois. Mais l'évêque s'étant plaint de l'énormité de cette taxe, & ayant demandé la diminution du tiers à cause des pertes qu'il a essuyées (parmi lesquelles il faut compter le duché de Bouillon & le comté d'Agimont), on l'a réduit à 826 florins. Sa contribution pour l'entretien de la chambre impériale est, suivant la matricule usuelle, de 360 écus d'empire 62 & demi kr. pour chaque terme ; mais on a diminué aussi cette dernière somme. L'évêché de *Liège* est au troisième rang dans le cercle de Westphalie. Il s'en détacha au commencement de ce siècle, & refusa de payer sa part des contributions circulaires ; mais il y rentra en 1716, & envoya à la diète en 1718.

L'évêque de *Liège* est suffragant de Cologne.

Tribunaux. Le conseil privé d'état, qui est composé de conseillers ecclésiastiques & séculiers, est le tribunal suprême de tout l'évêché ; il connoît & juge de ce qui concerne la supériorité territoriale, ainsi que des affaires de justice ordinaires. La chambre des comptes connoît de toutes les affaires qui ont rapport aux revenus du du prince. L'officialité exerce la jurisdiction ecclésiastique. Le tribunal des échevins & la cour de justice prononcent dans les affaires criminelles. Le conseil ordinaire juge toutes les affaires qui viennent par appel de la cour féodale & de la cour allodiale, ainsi que de toutes celles qui sont contraires aux privilèges impériaux. La première de ces cours connoît de toutes les affaires féodales, & la seconde de celles qui concernent les allodiaux. Le tribunal des vingt-deux juge les employés qui abusent de leur autorité, &c.

LIEUTENANT, magistrat de Genève. *Voyez* GENÈVE.

LIGUES GRISES. *Voyez* GRISONS.

LIGNITZ, principauté d'Allemagne. *Voyez* SILÉSIE.

LIGUE, union ou confédération de plusieurs puissances politiques, ou même de quelques particuliers, pour attaquer un ennemi commun, ou pour se protéger & se défendre mutuellement en cas d'attaque.

Des grandes ligues. Ce que nous avons dit des grandes alliances, regarde sur-tout les grandes *ligues* où plusieurs puissances formidables s'unissent offensivement contre une ou plusieurs autres. Ces grandes *ligues*, où des intérêts naturels, invariables & différens cèdent pour un moment à un intérêt accidentel, passager & unique, méritent peu de confiance, & tout le monde sait qu'elles ont rarement le succès qu'on en espère. Dans une pareille union de forces, il est absolument nécessaire de combiner un plan d'opérations pour l'attaque, dans lequel on distribue, pour ainsi dire, les rôles que chaque acteur doit jouer. Le succès, le dénouement est à la merci d'un heureux accord. Dès que la puissance ennemie trouve un moyen de détacher un seul des alliés, de le faire agir foiblement ou à contresens, de semer la discorde ou la défiance parmi les membres de la *ligue*, l'objet est manqué & tout est perdu. C'est une machine trop composée ; l'immobilité d'une seule roue, ou le dérangement d'un seul ressort en interrompt tout le mouvement. L'histoire entière atteste cette vérité. Nous ne rappellerons point ici les mauvais succès qu'eurent la fameuse ligue de Smalkade, & celle de Cambrai contre la république de Venise. La première devint funeste à la plupart de ses membres, & la seconde disparut comme la fumée : mais un exemple qu'on ne sauroit oublier, c'est la grande alliance que les principaux états de l'Europe conclurent contre la France, au commencement de ce siècle, après la mort de Charles II, dernier roi d'Espagne de la maison d'Autriche. Elle produisit une guerre qui auroit pu devenir très-funeste à la France ; mais cette guerre n'aboutit à rien. Louis XIV disoit tout haut à Versailles : *depuis tant d'années que j'ai l'Europe sur les bras, perds-je un pouce de terrein ?* Et enfin la paix signée en 1713, à Utrecht, termina cette guerre, & fut en tout sens avantageuse à la France.

Lorsqu'en 1740 la mort enleva l'empereur Charles VI, le dernier descendant mâle de cette fameuse maison d'Autriche, qui depuis le treizième siècle avoit rassemblé sous sa domination tant de royaumes & de provinces ; il étoit naturel qu'une aussi riche succession fût disputée & en effet, malgré les dispositions de ce monarque, ou malgré la sanction pragmatique, tous les princes qui croyoient y avoir quelques droits, se liguèrent contre la teine de Hongrie, fille aînée & héritière de l'empereur, & firent entrer dans leur alliance les rois de France, de Prusse, d'Espagne, de Suède, de Naples, & plusieurs autres souverains. La guerre commença de tous les côtés; & l'on a calculé qu'au commencement de l'année 1742, il y avait près de cinq cens mille hommes armés contre cette princesse. De si formidables apprêts n'eurent que de foibles succès. Le roi de Prusse qui agissoit, pour ainsi dire, seul, & qui avec raison compta plus sur son génie & son armée que sur ses alliances, fut aussi le seul qui conquit une grande & belle province, & s'en assura la possession par une paix séparée.

En 1744, les conjonctures amenèrent la fameuse union de Francfort. Tant qu'elle subsista, les affaires allèrent mal pour tous les alliés, en Bohème, en Bavière, sur le Rhin, en Italie & presque par-tout: mais après que tant de mauvais succès l'eurent rompue; que la plupart des confédérés eurent fait leur paix particulière, les armes de la France prospérèrent, & cette puissance conclut une paix glorieuse à Aix-la-Chapelle. Tant de raisons & tant d'exemples suffisent pour prouver le cas qu'on doit faire de ces grandes ligues. *Voyez* l'article ALLIANCE.

LIMBOURG, l'une des dix-sept provinces des Pays-Bas: ce pays est environné de l'évêché de Liège & du duché de Juliers; il touche également à celui de Luxembourg. On l'appelle autrement le pays au-delà de la Meuse, dénomination qu'on donne en particulier à la partie du duché de Limbourg, possédée par les états-généraux. Tout le duché comprend six villes & cent vingt-trois villages.

Précis de l'histoire politique. L'origine des anciens comtes de *Limbourg* est fort incertaine. Il est vraisemblable que cette maison a commencé vers le milieu du dixième siècle. Henri I, comte de *Limbourg*, qui vécut en 1071, épousa Judith, fille unique de Frédéric de Luxembourg, duc de la basse Lorraine, & reçut en dot des biens considérables au bord des rivières d'Ourt & d'Ambleve. Son fils Henri II, ayant été élu duc de la basse Lorraine, quitta le titre de comte pour prendre celui de duc; & c'est depuis ce temps que ses descendans ont été nommés *ducs de Limbourg*. La race masculine de Henri II s'éteignit en 1280, en la personne du duc Woleran: sa succession donna lieu à une guerre sanglante. Adolphe, comte de Bergue, le plus proche héritier, céda, en 1282 & 1283, ses droits sur le duché de *Limbourg* à Jean I, duc de Brabant; & comme Rainald ou Reinhold, duc de Gueldre, en avoit déjà pris possession, il s'éleva entre les deux compétiteurs une guerre sanglante, qui fut terminée par la bataille de Woringen, où le duc de Brabant eut l'avantage. Cette province, ainsi que le reste des Pays-Bas, passa dans la suite aux ducs de Bourgogne; & après eux à la maison d'Autriche.

Cette province appartient en entier à l'empereur, excepté le pays de Fauquemont, de Daëlem & de Rolduc, qui a été partagé entre Philippe IV, roi d'Espagne, & les états généraux des Provinces-Unies, suivant le traité conclu à la Haie le 29 décembre 1661.

Elle est divisée en quatre contrées; savoir, la seigneurie de Fauquemont, le comté de Daëlem, la seigneurie de Rolduc, & le duché propre de *Limbourg*. Les hollandois possèdent les deux premières; les deux dernières sont sous la domination de la maison d'Autriche: elles comprennent les bans de Baëlen, de Herve, de Montzen, de Walhorn, de Sprimont & d'Onsbeeck.

On trouve peu de provinces, eu égard à son étendue, qui soit aussi peuplée que celle-ci; les moindres villages, & ils sont en grand nombre, ont plus de mille habitans.

Le pays est parsemé de rochers; mais les habitans, laborieux & actifs, tirent le parti le plus avantageux possible de ce qui est susceptible de productions. Les vallons sont très-fertiles; les pâturages y sont abondans.

Il y a, dans le voisinage de Maëstricht, des villages connus sous le nom de *terres de Rédemption*, & onze autres qu'on nomme *les bans de S. Servais*, dont on a beaucoup parlé dans les dernières querelles de l'empereur avec les hollandois, & sur lesquelles il est bon de donner quelques détails.

Les terres de Rédemption sont Falais, qui est la plus éloignée de Maëstricht, Foulogne ou Veulen, Hermal, Hoppertinghen, Moppertinghen, Nederen ou Nedhehen, Peef ou Paive, Rutten ou Russon.

La souveraineté de tous ces villages est contestée à l'empereur par les hollandois. Ils paient annuellement une contribution à chacune de ces deux puissances; mais le voisinage de Maëstricht donne aux hollandois, de grandes facilités pour soutenir leurs prétentions, ainsi qu'ils ont fait souvent, par des détachemens de la garnison de cette place. Cependant Falais & Hermal sont complettement assujettis à la jurisdiction du conseil de Brabant.

Les hollandois prétendent que ces terres doivent leur appartenir comme dépendances de Maëstricht; mais la maison d'Autriche soutient que cette ville n'a aucunes dépendances.

Quoi qu'il en soit, les hollandois ont cédé à la maison d'Autriche, par l'article 18 du traité de 1673, leurs prétentions sur les villages de Rédemption, sans aucune réserve: ce qui auroit dû terminer la difficulté.

Les onze villages, nommés *les bans de Saint-Servais*, sont Berg, Berneau, Groot, Loon, Hees, Heer & Reer, qui ne font qu'un ban,

Koningstheim, Mechelen, Sepperen, Sluyfen, Tweebergen & Vleittinghen.

L'empereur réclame la souveraineté d'une partie de ces villages ; savoir, de Berneau, de Groot, de Loon, de Heer, de Reer, de Koningstheim & de Sluifen, qui tous, à la réferve de Berneau, lui paient des contributions annuelles.

Les liégeois forment auffi des prétentions fur la terre d'Argenteau & fur le village d'Hermal qui en dépend, fous prétexte que l'empereur Henri IV, en faifant dans un diplome de 1070, l'énumération des dons obtenus par l'églife de Liège & en les confirmant, y compris le château d'Argenteau ; mais, outre que cette pièce n'eft pas authentique, il paroît qu'elle n'a cédé aux liégeois que le droit de pouvoir entrer dans le château d'Argenteau, & celui d'en fortir. Les liégeois fe prévalent de ce que, dans les temps anciens, les procès des habitans de ces terres ont été jugés quelquefois à Liège ; mais il faut remarquer que plufieurs autres villages du Brabant & des pays d'Outre-Meufe étoient également dans ce cas.

Les contrées de *Limbourg*, de Daëlem & de Rolduc font fous la jurifdiction eccléfiaftique de l'évêché de Liège ; les autres font en partie fous celle de l'évêché de Trèves & de l'archevêché de Cologne.

Chacun des quatre diftricts a un corps d'états féparé, & il y a dans chacun un officier principal de fa majefté, qualifié de haut droffard.

On convoque fouvent enfemble ces différens corps d'états, fur-tout lorfqu'il s'agit de la démande des aides & fubfides, & on s'adreffe à tous comme s'ils ne formoient qu'un même corps ; mais la réfolution de chacun de ces quatre corps fe prend féparément ; & quand ils confentent tous à la même fomme, ils ont entr'eux une règle de répartition.

Les états font compofés d'eccléfiaftiques, de nobles & de députés des bans.

Le clergé, ayant entrée aux états du duché, confifte dans les abbés de Rolduc & de Val-Dieu, dans le prieur de Daëlem de l'ordre du Saint-Sepulcre, & dans un député du chapitre de Notre-Dame d'Aix-la-Chapelle. Ces deux abbés conftituent auffi l'état eccléfiaftique de Daëlem, & celui de Rolduc repréfente le clergé des états de Rolduc.

Pour être reçu à l'état noble, il faut être iffu d'ancienne nobleffe & poffeder, dans celui des diftricts où l'on fouhaite d'être admis, un bien noble ayant haute, moyenne & baffe-juftice.

Les états ont neuf commiffaires ou députés ordinaires ; favoir, un eccléfiaftique, deux nobles & deux du tiers-état pour le duché, un eccléfiaftique & un noble de la part des trois pays d'Outre-Meufe, & un du tiers-état de chacun de ces trois pays.

Il y a un greffier pour l'état primaire du duché ; compofé de la chambre du clergé & de celle de la nobleffe, & le tiers-état a fon greffier à part ; mais, dans les trois pays d'Outre-Meufe, il n'y a qu'un feul greffier pour les différentes chambres de ces trois corps d'état.

Ces greffiers rempliffent les mêmes fonctions que les confeillers-penfionnaires dans les états des autres provinces.

Dans le duché de *Limbourg*, les états eccléfiaftiques & nobles ont un receveur général particulier ; le tiers-état n'en a pas. Chaque communauté paye fa contribution au receveur général des fubfides, établi par l'empereur dans cette province.

Il y a d'ailleurs un receveur des états pour chacun des trois pays de Fauquemont, de Daëlem & de Rolduc, qui fait la recette des charges qu'on y impofe.

Administration. Feue l'impératrice reine établit pour cette province, le 29 janvier 1778, une commiffion qui porte le titre de *commiffion des charges publiques.* Elle eft compofée d'un chef, de cinq affeffeurs ou membres & d'un greffier. Son objet eft de connoître en première inftance, à l'exclufion de tout autre juge, de toutes les matières & difficultés concernant les charges publiques, nommément les plaintes en furcharge, tant des communautés que des particuliers, lefquelles devront être inftruites fommairement ; & fi ceux qui fe croiront grevés par les jugemens de cette commiffion, veulent en appeller, ils le peuvent ; mais dans les fix femaines feulement, à dater du jour de l'infinuation, pardevant trois confeillers du confeil de Brabant, nommés par le chancelier.

Cette commiffion s'affemble fur la convocation du chef, ou en fon abfence de l'ancien, dans le lieu ordinaire de l'affemblée des états, afin de fe trouver toujours à portée de fe concerter avec ceux-ci fur tout ce qui peut concerner le maintien de la nouvelle forme de répartition, établie par l'ordonnance de 1778.

Les fujets de l'empereur au duché de *Limbourg* jouiffent non-feulement de leurs propres privilèges, mais auffi de ceux des brabançons. Avant la réunion du *Limbourg* au Brabant, ils avoient leurs joyeufes entrées comme le Brabant : ce ne fut que fous le règne de Jean IV, pour faire ceffer la charge des logemens & pour en compenfer la dépenfe, que l'on commença, l'an 1674, à impofer à chacune des terres franches une certaine quantité de rations de fourage par jour, payables en argent ; chaque ration eft évaluée à 15 f.

Ces impofitions, qu'on continue de nommer *rations*, font devenues permanentes, & le gouverneur les augmente dans une certaine proportion toutes les fois que le fouverain demande des fubfides extraordinaires aux états de la province. Ces impofitions fe payent à un receveur particulier, nommé *le receveur des terres franches*, qui, comme les autres receveurs de sa majesté, est comptable à la chambre des comptes.

Commerce. Le commerce des limbourgeois est assez considérable ; les mines, les carrières & les bois sont d'un grand produit & contribuent à l'aisance de ce pays.

Les fabriques de drap, répandues dans ce duché, occupent trente mille personnes des deux sexes ; Néau, Hodimont & le ban de Herve sont les lieux où il se fabrique le plus grand nombre de ces draps, connus sous le nom de *draps de Limbourg.*

Le pays fournit très-peu de laine pour ces fabriques ; la meilleure vient de l'Espagne & du Portugal. Celle qui entre par le port d'Ostende, est libre de droits ; mais celle qui vient par la voie de la Hollande, paye deux pour cent de la valeur.

Cet impôt, créé depuis quelques années, a occasionné beaucoup de mécontentement parmi les fabricans; aureste cette taxe qui n'a point le fisc, mais l'intérêt public pour objet, se réduira insensiblement à rien, & il en résultera que deux millions de capital, employés annuellement par les hollandois pour fournir les fabriques de *Limbourg*, seront mis dans ce commerce par les regnicoles ; & le fret, ainsi que la main-d'œuvre & le transport, seront gagnés par les sujets internes : cet impôt est d'autant plus avantageux pour le bien de l'état en général, qu'on gagne cinq à six pour cent en tirant des laines par la voie d'Ostende ; & afin d'encourager la traite de ce côté, le gouvernement exempte du même droit de deux pour cent les négocians d'Aix-la-Chapelle & de Vervier, qui l'adoptent de préférence à celle de la Hollande.

Les draps se débitent aux foires de Francfort, de Leipsick, de Brunswick, de Kœnigsberg & de Breslau ; il en passe une grande quantité sur Lubeck pour la Russie ; & par l'Allemagne & le Danube, en Pologne & les pays héréditaires de sa majesté l'empereur. Une autre partie est envoyée dans le Brabant & en Flandre, ainsi que sur les ports d'Ostende & de Dunkerque pour l'Amérique & le Levant.

Feue sa majesté l'impératrice-reine excepta les draps, demi-draps & ratines des fabriques de la province de *Limbourg*, de l'imposition des droits d'entrée, établis sur les mêmes draps venant de l'étranger dans les provinces héréditaires allemandes, en accordant une modération des droits d'entrée de 12 kr. par livre, de manière qu'ils ne sont assujettis qu'à 48 kr. par livre de droit d'entrée, aux conditions que l'expédition en seroit faite par les bureaux d'Hodimont, de Herve & d'Eupen. Sa majesté exigea aussi que les fabricans feroient mettre, dans le tissu & au commencement de chaque pièce de drap, leur nom & le lieu de la fabrique ; & que chaque pièce seroit munie d'un plomb, désignant également le nom & le lieu de la fabrication ; que l'expédition de ces mêmes draps & lainages ne pourroit être faite qu'à la destination de l'une ou de l'autre des villes suivantes : Prague & Pilsen, en Bohême, Brunn & Olmutz, en Moravie, Troppau, en Silésie, Lintz, dans la haute-Autriche, Vienne ou Crems, dans la basse-Autriche, Gratz, en Styrie, Laybach, en Carniole, Klagenfurt, en Carinthie ; & Gorice, pour les comtés de Gorice & de Gradisca.

LIMBOURG, comté ou seigneurie princière d'Allemagne ; elle est bornée par le duché de Wurtemberg, par la prévôté d'Elwangen, par la principauté d'Onolzbach & par le territoire de la ville impériale de Schwœbisch-hall ; sa plus grande étendue, du nord au midi, est d'environ cinq milles; on en compte quatre & demi du levant au couchant. La seigneurie de Speckfeld, qui en dépend, est dans la Franconie ; elle avoisine le comté princier de Schwarzenberg, & la seigneurie de Seinlhem, le comté de Castell & l'évêché de Wurzbourg. Sa longueur est de deux milles, & sa largeur d'un mille & un quart.

Les anciens seigneurs & ensuite comtes de *Limbourg*, échansons héréditaires de l'empire, toujours libres, formoient deux lignes ; savoir, celle de Speckfeld, dont les mâles s'éteignirent en 1690, & celle de Gaildorf, dont le dernier mâle, Volrath, mourut en 1713. La maison électorale de Brandebourg ayant obtenu en 1693, de l'empereur Léopold, l'expectative des fiefs de l'empire, possédés par la maison de *Limbourg* ; & cette expectative ayant été confirmée par les empereurs Joseph, en 1706, & Charles VI, en 1712, le roi de Prusse s'empara, à l'extinction des ducs de *Limbourg*, de tous leurs domaines ; mais il finit par les restituer aux héritiers allodiaux : l'empereur séquestra les fiefs de l'empire, & il en investit, en 1728, le roi Frédéric-Guillaume. Le roi Frédéric II transféra ces fiefs en 1742, dans la maison de Brandebourg-Onolzbach, comme arrière-fief de l'empire, & cette disposition fut confirmée par l'empereur Charles VII, en 1744. Le marggrave Charles-Guillaume-Frédéric mit fin, par une transaction signée en 1746, aux réclamations que formoient depuis bien des années les héritiers allodiaux. Cette transaction fut ratifiée tant par le roi de Prusse que par le Marggrave de Brandebourg-Culmbach, & fut échangée & exécutée en 1748. En vertu de cet acte les héritiers allodiaux de *Limbourg* cédèrent à Brandebourg-Onolzbach, 1°. trois quarts du suffrage circulaire appartenant à *Limbourg*-Gaildorf-Schmidelfeld ; & la maison d'Onolzbach se chargea de payer sept florins de la taxe matriculaire & circulaire. 2°. Tous les tenanciers & vassaux relevant de la maison de *Limbourg*, avec leurs droits & dépendances, & sans en excepter autre chose que les droits des descendans de Juliane Dorothée, comtesse de Wurmbrand, née Comtesse de *Limbourg*-Gaildorf; ces descendans sont les Solms de Rædelheim & de Saxe-Gotha-Roda. 3°. Tous les sujets, tenanciers & terres éparses d'Ober-Speltack, Golobach, Ingersheim, Gollach-Ostheim, Pfahlenheim, Herren-Bergtheim & Seyderzell, situées aux environs des deux bailliages de Creilsheim & d'Uffenheim, appartenant à Onolzbach, ainsi que le village entier de Markertshofen, & tous les sujets appartenans à *Limbourg* dans les deux villages d'Unter-Sontheim & Ummenhofen. Brandebourg-Onolzbach abandonna de son côté aux héritiers allodiaux, à titre d'arriere-fiefs masculins & féminins de l'empire, tous les droits & régales de *Limbourg*, relevant de l'empire, tels qu'ils sont spécifiés dans le *conclusum* du conseil aulique impérial, de l'année 1710, avec les seules réserves du péage féodal, qui se perçoit sous les portes de Schwœbisch-hall & de Geisslingen, & du droit de conduite de Mankheim & de Geisslingen; on stipula que tout ce qui appartiendroit auxdits héritiers allodiaux passeroit librement & sans acquitter aucun droit.

Les héritiers allodiaux, dont il est ici question, étoient, 1°. Guillelmine-Christine, comtesse douairière de Solms-Assenheim, née comtesse de *Limbourg*-Gondolf; 2°. Marie-Sophie-Charlotte-Guillelmine-Dorothée-Frédérique, Princesse de Hohenlohe-Bartenstein, du chef de sa mere Christine-Magdeleine, landgrave-douairiere de Hesse-Hombourg, née comtesse de *Limbourg*; 3°. les enfans & héritiers d'Amœne-Sophie-Frédérique, comtesse douairière de Lœwenstein-Wertheim, née comtesse de *Limbourg*-Schmidelfeld, Sontheim & Speckfeld; 4°. les enfans & héritiers de Frédérique-Auguste, comtesse de Schœnbourg-Waldembourg, née comtesse de *Limbourg*-Schmidelfeld, Sontheim & Speckfeld; 5°. Juliane-Françoise Wild & Rhingrave de Grumbach, née comtesse de Prœssing & *Limbourg*; 6°. Jean-Louis Vollrath, comte de Lœwenstein-Wertheim, au nom de son épouse Frédérique-Guillelmine-Auguste, comtesse d'Erbach & *Limbourg*; 7°. Frédéric-Louis, comte de Lowenstein-Wertheim, en qualité de comte de *Limbourg*; &c. 8°. Amélie-Alexandrine-Frédérique, comtesse douairière de Rechtern, née comtesse de *Limbourg*, &c. 9°. Christine-Caroline-Henriette, comtesse de Grœvenitz, née comtesse de *Limbourg*, &c. 10°. les deux filles de Frédéric-Erneste, comte de Welz & de *Limbourg*; savoir, Marie-Frédérique-Amœne-Christine, Elisabeth-Eléonore, & Guillelmine-Caroline-Françoise. Ensuite les descendans de Juliane-Dorothée, comtesse de *Limbourg*-Gaildorf, savoir, la famille de Solms-Rœdelheim, & celle de Saxe-Gotha-Rhoda, ont aussi part aux terres appartenantes à la maison de *Limbourg*. Depuis la transaction, dont il s'agit, il est survenu beaucoup de changemens relativement à ces allodiaux.

Les héritiers allodiaux de *Limbourg* ont, par rapport à ce comté, deux suffrages à la diete, dans le college des comtes de Franconie. La maison de *Limbourg* en obtint aussi deux en 1589, dans les assemblées circulaires; mais à condition que dans le cas où les deux lignes de Speckfeld & de Gaildorf viendroient à se confondre; il n'y auroit plus qu'un suffrage pour *Limbourg*; cependant le cercle consentit en 1721 d'en admettre toujours deux sous les noms de Speckfeld & de Gaildorf. Ce dernier suffrage qui précede l'autre, est partagé de maniere que les trois quarts appartiennent à Brandebourg-Onolzbach, & le quart aux maisons de Solms-Rœdlheim & de Saxe-Gotha-Rhoda, comme descendantes de Juliane-Dorothée, comtesse de *Limbourg*-Gaildorf. Le comté paie, pour un mois romain, 64 florins; savoir, *Limbourg*-Gaildorf, 20 fl. 20 kr. *Limbourg*-Speckfeld, 18 fl. 48 kr. & *Limbourg*-Southeim, 24 fl. 52 kr... Brandebourg-Onolzbach s'est chargé de payer 7 fl. La contribution pour l'entretien de la chambre impériale (Onolzbach n'y contribue pas) est de 21 rixdales 59 & demi kr. pour Speckfeld, & de la même somme pour Gaildorf.

Je ne sache pas que les héritiers allodiaux aient encore fait de partage; on y travaille depuis quelques années. Leurs possessions comprennent:

I. La seigneurie de *Limbourg* proprement dite.

II. La seigneurie de Speckfeld.

LIMBOURG (comté de) différent de la seigneurie de ce nom. Le comté de *Limbourg* est enclavé dans le comté de la Mark; il confine au Duché de Westphalie, & il a environ cinq lieues de long sur quatre large. La plus grande partie consiste en montagnes fertiles & couvertes de beaux bois; on rencontre aussi de belles prairies, de bons pâturages & de bonne terres labourables. Ce comté est un fief de la Marck, dont voici l'origine. Après l'exécution du comte Frédéric d'Isembourg, son château d'Isembourg fut démoli, & son beau-frere, Henri duc de *Limbourg*, construisit pour ses deux fils Frédéric II & Thierry II, au bord de la Lenne, sur une haute montagne, un château qu'il nomma *Limbourg*, dont les descendans du comte d'Isembourg prirent le nom. Ce château donna aussi le nom au comté, & en devint le chef-lieu. La généalogie des premiers comtes de *Limbourg* n'est pas encore bien éclaircie. On sait cependant, par un diplome de 1242, qu'en cette année Thierry, comte d'Isembourg, offrit en fief son château de *Limbourg* à Henri, duc de Berg, & le reprit de lui sous ce titre. On sait aussi que le comte Guillaume de *Limbourg* céda en 1442, en toute propriété, le comté de *Limbourg* à son gendre Gumpert de Nüwenaer, & que l'empereur Frédéric III confirma cette cession, & y ajouta l'investiture de tout ce qui relevoit immédiatement de l'empire. Mais les deux freres Guillaume-Henri & Thierry de *Lim-*

bourg ayant dépoffédé leur beau-frère à main armée, ils convinrent entr'eux qu'ils partageroient le château & le comté de *Limbourg* ; mais ce traité ne subfifta pas long-temps. Il fut fuivi d'un autre, en vertu duquel il fut ftipulé que Jean comte de *Limbourg* époufèroit Elifabeth de Nüwenaer, & qu'il recevroit le comté de *Limbourg* à titre de dot ; & qu'en cas de mort fans enfans, le comté retourneroit pour toujours au comte de Nüwenaer. Le comte Gumpert de Nüwenaer fut invefti en 1546, du comté de *Limbourg* par Guillaume duc de *Limbourg*, &c. ; & il fut convenu en même-temps que ce comté pourroit tomber à fes filles ; c'eft de cette manière qu'il paffa à Armand comte de Tecklenbourg, de Bentheim & de Steinfurt, qui avoit époufé Magdelaine, fille du comte Gumpert. Le comte Maurice de Bentheim, Tecklenbourg, *Limbourg*, &c. affranchit du lien féodal, en 1669, le comté de *Limbourg*, moyennant une fomme de 10,000 rixdales, qu'il paya au comte Palatin Philippe Guillaume, feigneur direct en fa qualité de comte de Berg. Aujourd'hui *Limbourg* eft fous la protection de Clèves & de la Mark, & paie annuellement au roi de Pruffe une fomme de 3056 rixdales. Le titre du poffeffeur actuel eft N. N., comte du S. empire romain, de Tecklenbourg, Bentheim, Steinfurt & *Limbourg*, feigneur de Rheda, Wevelinkhoven, Hoja, Bedbur & Helfonftein, baron de Leunep, prévôt héréditaire de Cologne. *Voyez* les articles TECKLENBOURG & LA MARK.

LIMOSIN, province de France. *Voyez* dans le dictionnaire de géographie, l'époque de fa réunion à la couronne.

LINANGE, comté fouverain d'Allemagne : il eft fitué fur la rive du Rhin, dans l'ancien Worfmgau ; il eft enclavé prefque tout entier dans les terres du Palatinat ; il touche d'un côté à la feigneurie de Kirchheim & de Stauff, appartenant aux princes de Naffau-Weilbourg, & aux territoires de Worms & de Spire. Son fol eft très-fertile, &c.

Le premier comte de *Linange* dont on ait quelques notions fûres, eft un Emic, qui vivoit au douzième fiècle ; fon fucceffeur du même nom, probablement fon fils, prit dans une charte le titre de comte par la grace de Dieu : formule dont toute cette maifon ne s'eft plus fervi jufqu'à ce jour. Au commencement du treizième fiècle le comte Frédéric de *Linange* acquit par l'héritage de fon frère Sigifmond, feigneur d'Altorf, le comté de Dabo : Sigifmond en étoit devenu poffeffeur par fon mariage avec Gertrude, fille d'Albert, le dernier de fes comtes. Mais Frédéric IV & fon frère Godefroi firent entr'eux en 1317 & 1318, un partage des terres de *Linange*, qui donna naiffance à deux maifons diftinctes ; favoir :

La branche ainée des comtes de *Linange*, à laquelle a fuccédé la maifon de Wefterbourg.

Cette branche tire fon origine de Frédéric IV, qui fut fait landgrave : cette dignité donnoit alors rang de prince, & l'empereur Frédéric III la confirma au comte Heffan, qui termina cette tige en 1467. Sa fœur Marguerite, époufe de René II, feigneur de Wefterbourg, fuccéda en qualité de plus proche héritière à fes domaines, la plupart allodiaux. Mais l'électeur Palatin & l'évêché de Worms en retirèrent les fiefs mâles, dont ils étoient Seigneurs directs, & le refte lui fut difputé par le comte Emic VII de la branche cadette d'Hartenbourg ; ne pouvant fe défendre contre cet adverfaire, elle réclama la protection de l'électeur palatin qui la fecourut, & à qui elle céda par reconnoiffance une partie affez confidérable de fes allodiaux. Les prétentions des comtes d'Hartembourg reftèrent affoupies de 1468 à 1608, époque où elles fe renouvellèrent & occafionnèrent un procès que les deux parties fuivirent avec une égale vivacité, de 1618 à 1627, & qui fut repris en 1705.

La maifon de Wefterbourg, héritière des biens & titres des anciens comtes de *Linange*, defcend de Siffroid, feigneur de Runkel. Ses deux fils formèrent deux branches, l'une de Runkel, l'autre de Wefterbourg, mais en confervant leurs biens indivis : cette communauté ayant bientôt produit des conteftations, les deux branches fe féparerent en 1288. La cadette eut pour fa part les terres de Runkel, & l'aînée Wefterbourg & Schadeck, auxquelles elle ajouta par un mariage, en 1290, la feigneurie de Schavenbourg fur la Lahn, avec une partie de Kleeberg & de Huttenberg ; & en 1467, les feigneuries appartenantes à la branche aînée de *Linange*, du chef de Marguerite, époufe de René II. Ses trois fils Philippes, George & René IV, partagèrent le tout, enforte que l'aîné eut *Linange*, le fecond Schavenbourg & Kleeberg, le troifième Wefterbourg & Schadeck, & les filles furent exclues de la fucceffion par un traité folemnel figné en 1557. Les deux branches aînées s'éteignirent fucceffivement, & la cadette réunit de nouveau toute la maffe : mais elle fe divifa, dès 1694, en deux lignes encore exiftantes & diftinguées par les noms de Chriftophe de-George, leurs auteurs, & du comte George-Guillaume. La première a fa réfidence ordinaire à Grumftadt & l'autre à Wefterbourg, quoique ces deux villes foient indivifes entr'elles, & que chacune y ait un fiege.

Leur titre eft : comte de *Linange*, Seigneur de Wefterbourg, de Grumftadt, d'Oberbroun & de Forbach, état immédiat & libre (Semperfreye) du faint empire.

Ils ont enfemble une voix au college des comtes immédiats de la Wétéravie, & aux dietes du cercle du haut Rhin. Leur taxe matriculaire eft de deux cavaliers & quatre fantaffins, ou de 40 florins par mois, felon quelques-uns ; felon d'autres de 36 florins 26 kr. feulement ; outre 40 rixdales

34 trois quarts kr. par quartier pour l'entretien de la chambre impériale. Ils possèdent une partie du comté de *Linange*, & la seigneurie de Westerbourg.

La maison cadette des comtes de *Linange*-Hartenbourg descend, comme nous l'avons dit, du comte Geoffroi ou Godefroi, dont l'arrière-petit-fils Emic VII forma des prétentions sur l'héritage de la branche aînée à l'extinction de ses mâles, & s'en attribua dès-lors, comme tous les descendans, le titre de *Linange*-Dabo (Dachsbourg.). Ses arrières-petits-fils Jean-Philippe & Emic X furent les chefs des deux nouvelles branches; celle de *Linange*-Dabo-Hartenbourg & celle de *Linange*-Dabo-Heidesheim ou Falkenbourg. La première se divisa par les deux fils du comte Jean-Frédéric (Frédéric magnus & Charles-Louis) en deux rameaux qui portent les noms de Durkeim & de Bockenheim, & la seconde en trois par les trois fils du comte Emic XI, issus de deux mariages : savoir, George-Guillaume, qui forma celui de *Linange*-Dabo-Heydesheim, éteint en 1766, Emic-Christian celui de *Linange*-Dabo-Dabo, qui finit en 1708, dans la personne de son fils Charles-Frédéric; & Jean-Louis celui de *Linange*-Guntersblum, qui existe encore. Le droit de primogéniture introduit dans cette maison, fut confirmé en 1728 par l'empereur Charles VI.

Son titre actuel est : comte de *Linange* & de Dabo, seigneur d'Aspremont, d'Oberstein, de Bruch, de Burgel, de Reipoltskirchem, &c.

Cette maison a une voix au college des comtes immédiats de la Wétéravie & aux diètes du cercle du haut-Rhin. Sa taxe matriculaire est de trois cavaliers & six fantassins ou de 72 florins par mois, selon quelques-uns; selon d'autres de 59 florins 12 kr. seulement, répartis de façon que Hartenbourg en paye 30, Heydesheim 12, & Guntersblum 17 & les 12 kr. : son contingent pour l'entretien de la chambre impériale est de 12 rixdales 7 & demi kr.

LINDAU, ville impériale d'Allemagne au cercle de Suabe : d'anciennes chartes la nomment Lintonna, Lindaugia, Lindowe; d'autres Phylyræa, d'un nom grec, qui signifie un tilleul, en allemand *Linde*. Elle est bâtie sur une isle du lac de Constance, qui est jointe au continent par un pont. Un bras du lac coupe l'emplacement de la cité du reste de cette isle, & en forme ainsi une autre isle entourée de murailles & chargée de vignobles & de jardins. Cette situation a fait donner à la ville de *Lindau* le nom de *Venise de la Suabe*. La magistrature composée du conseil secret & du grand sénat, professe la religion luthérienne, ainsi que la plupart des bourgeois. Il est fait mention de cette ville sous le nom de *Curtis-Lintowa* dans deux chartes datées du temps des Carlovingiens. En 948 elle fut réduite en cendres par Hermann, duc de Suabe, & un grand nombre de ses habitans retournèrent sur la terre ferme, à Eschach, qui par cette nouvelle colonie, prit la face d'une ville : mais ayant été dévastée par le feu, dans le onzième siècle, les émigrans firent une convention avec leur seigneur, le comte Hugues de Bregenz; & étant rentrés dans l'isle, ils y rebâtirent la ville de *Lindau*, qui, en 1264 & 1347, essuya de nouveaux incendies. Il paroît par les privilèges que lui accorda le roi Rodolphe, en 1275, que cette ville étoit libre & immédiate assez long-temps avant cette époque. Les empereurs Charles IV & Wenceslas se sont engagés à la maintenir dans sa dépendance immédiate de l'empire. Elle se racheta pour toujours en 1396, de l'office de la prévôté impériale, & elle acquit le droit de l'exercer elle-même. Elle occupe à la diète la quinzième place parmi les villes impériales de Suabe, & la douzième dans les assemblées du cercle. Sa taxe matriculaire, jadis de 196 fl. fut réduite en 1683, à 90 fl. qui en 1728, furent portés à 130. Cette ville a été jusqu'à la fin du quinzième siècle, un des sieges du présidial de Suabe, lequel fut transféré à Altorf, qui lui paye annuellement une redevance de deux muids de vin. En 1496, il se tint à *Lindau* une diète, qui établit le règlement de la chambre impériale de justice.

LINDAU, abbaye princière d'Allemagne au cercle de Suabe; elle est située dans la ville de Lindau, dont nous avons parlé à l'article précédent : c'est un chapitre séculier & immédiat de l'empire; le nombre des chanoinesses, qui toutes doivent être nobles, est fixé à douze : elles ont la permission de se marier. Leur abbesse a depuis le règne de Frédéric III, le rang de princesse. Son titre est : N. par la grace de Dieu, abbesse du chapitre princier, immédiat & séculier de Notre-Dame à *Lindau*. L'abbaye n'entre pas à la diète de l'empire; mais, depuis l'année 1642, elle siege aux assemblées des états du cercle de Suabe, sur le banc des princes séculiers, entre Hohenzollern Sigmaringen, & l'abbaye de Buchau, avec laquelle, depuis la convention de 1697, elle observe l'alternative du rang. L'abbaye de Salmanswailer dispute, en son propre nom & en celui des autres prélats, le pas à ces abbayes, dans les diètes & les autres assemblées : toutes trois protestent contre ces oppositions. La taxe de cette abbaye étoit autrefois de cinq fantassins ou 20 florins par mois; on l'a diminuée de treize florins depuis 1682, & aujourd'hui elle ne paye plus que 7 florins d'empire, outre 50 rixdales 64 k. pour l'entretien de la chambre impériale.

L'origine précise de cette abbaye n'est pas encore bien constatée. On dit que dès le neuvième siècle on bâtit un couvent à la même place, & dans la même isle du lac de Constance, où se trouvent aujourd'hui la ville & l'abbaye de *Lindau*;

mais

mais cette affertion n'eſt pas prouvée : l'opinion qui a prévalu & qui eſt la plus vraiſemblable, eſt celle de Conring ; il aſſure que l'abbaye de Lindau a commencé d'abord par le couvent de Waſſerbourg, d'où, pour plus de ſureté, elle a été transférée dans l'îſle, au commencement du dixième ſiècle ; & qu'alors ce monaſtère fut joint à la ville. Au commencement du dix-ſeptième ſiècle l'abbaye a voulu produire une charte de l'empereur Louis, de l'année 866, de laquelle il réſulte que le comte Adelberg de Rohrbach, ſon fondateur, lui avoit fait donation de tous les environs du diſtrict, où la ville de Lindau eſt ſituée, & que cet empereur avoit confirmé la donation à l'abbaye, avec la dignité princière ; mais la fauſſeté de ce titre, a été prouvée par un grand nombre de ſavans, catholiques & proteſtans.

Cette abbaye n'a point de territoire propre. Ses poſſeſſions ſont des domaines iſolés, qui ſe trouvent en grande partie ſous la juriſdiction de la ville impériale de Lindau, & ſes ſujets étant contribuables de pluſieurs autres ſeigneurs, elle ne peut mettre aucun impôt ſur eux. Elle tire des rentes de beaucoup de maiſons & biens-fonds, dont le terrain lui appartient dans la ville de Lindau & ſes environs ; chaque nouvelle abbeſſe peut faire grace au premier criminel condamné à mort par les juges de Lindau ; mais elle n'exerce ce droit qu'une fois en ſa vie ; & elle eſt obligée de ſe faire recevoir bourgeoiſe de la ville & d'accorder au magiſtrat le droit de tocſin (Sturmſchllag) ſur le clocher de ſon abbaye. La maiſon d'Autriche s'attribue le droit de protection ſur cette abbaye, qui annuellement livre à la préfecture un muid de vin, par forme de redevance, & on l'appelle le vin de protection.

LINGEN, comté libre d'Allemagne, mais qui n'eſt aſſujetti à aucune des charges de l'empire. Ce comté eſt aſſez bien repréſenté ſur les cartes de l'évêché de Munſter, qui lui ſert de limites avec celui d'Oſnabruck & une partie du comté de Tecklenburg. Son ſol eſt médiocre preſque par-tout ; on y trouve des mines de charbon de terre.

La religion réformée eſt la dominante, mais la plupart des habitans de la campagne ſont catholiques, parce qu'au temps de la réformation le comte Conrad, qui l'avoit embraſſée, fut obligé d'abandonner cette partie de ſes états à des ſeigneurs catholiques & même aux Eſpagnols. Les égliſes furent rendues aux réformés ſous le gouvernement de la maiſon de Naſſau-Orange, & les catholiques obligés d'aller à la meſſe chez leurs voiſins ; le roi de Pruſſe, Frédéric-Guillaume, leur accorda, en 1717, une ſorte de liberté de culte dans le pays même, à charge par eux de payer les droits d'étole aux eccléſiaſtiques réformés. Il n'y a que très-peu de Luthériens.

Le comté de Lingen, tel qu'il eſt aujourd'hui, formoit jadis un bailliage dépendant du comté de Tecklenburg, dont les comtes le ſéparoient ſouvent pour le donner à leurs freres cadets à titre de ſeigneurie. C'eſt ainſi que Nicolas IV, comte appanagé de Tecklenburg, l'avoit obtenu & le poſſédoit en 1541, lorſqu'il mourut ſans poſtérité ; il le tranſmit au fils de ſon frère aîné, le comte Conrad. Celui-ci ayant accédé à la ligue de Smalkalden, fut mis au ban de l'empire, par l'empereur Charles V, & l'exécution de la ſentence confiée au comte Maximilien de Buren, qui, ayant ſurpris deux fois le malheureux Conrad, l'obligea de payer une ſomme de 25 mille rixdales, & d'abandonner quatre paroiſſes du comté de Tecklenburg, avec ſes prétentions ſur l'évêché de Munſter, jointes à la terre de *Lingen* : l'empereur inveſtit, en 1548, le comte de Buren du comté de *Lingen*, ſous le titre de comté libre & dégagé de toute eſpèce de charge de l'empire. Le comte de Buren mourut peu de temps après, & il ne laiſſa pour héritière qu'une fille nommée Anne, qui épouſa dans la ſuite Guillaume Ier, prince de Naſſau-Orange, & dont les tuteurs rendirent le comté de *Lingen* à Charles V, qui le tranſmit, en 1555, avec ſes états de Bourgogne à ſon fils Philippe II, roi d'Eſpagne. Ce prince, malgré les remontrances & les plaintes de la maiſon de Tecklenburg, le garda juſqu'en 1597, que Maurice, prince d'Orange, s'en empara, d'après la donation que le roi Philippe en avoit faite à ſon père Guillaume Ier, dès l'an 1578. Les eſpagnols y rentrèrent de nouveau ; ils le gardèrent depuis 1605 à 1632, & à cette dernière époque, ils le rendirent enfin à la maiſon de Naſſau-Orange, qui le conſerva juſqu'à la mort de Guillaume III. Le roi de Pruſſe en prit alors poſſeſſion & le réincorpora au comté de Tecklenburg, les françois s'y établirent en 1757, mais ce ne fut que pour peu de temps.

L'empereur Charles V l'exempta de toutes les impoſitions de l'empire & de ſa juriſdiction ; & il jouit encore de cette exemption. Ce comté & celui de Tecklenburg ont une régence commune, qui connoît des affaires ſerritoriales & eccléſiaſtiques de tous deux, & des cauſes civiles de celui de *Lingen* en particulier ; celui-ci reſſortit d'ailleurs, en matière de police, de guerre & de finances, à la chambre des guerres du duché de Minden, dont il y a une ſubdélégation à *Lingen*.

Les revenus royaux provenans des biens domaniaux, contributions & aſſiſes du pays, ſont évalués à environ 80 mille florins.

LITTORALE. *Voyez* FRIOUL AUTRICHIEN.

LITHUANIE ; (grand duché de) il eſt réuni à la Pologne. La *Lithuanie* (nommée *Litwa* dans la langue du pays) fut peu cultivée & pleine de forêts juſqu'au règne de Sigiſmond premier. Sous ſes prince & ſes ſucceſſeurs, les forêts s'éclaircirent inſenſiblement, & la terre fut cultivée avec plus de ſoin.

Productions. Le pays offre beaucoup de potaffe & de bled, & en particulier du bled farrafin. Avec la grande quantité de miel qu'il produit, on y fait diverfes boiffons fort agréables, entre autres de l'hydromel. Il offre de plus d'excellens pâturages, ce qui rend l'entretien du bétail utile, ainfi que celui des brebis dont la laine eft très-fine. L'activité des habitans ne répond pas à la bonté du terroir. Les meilleures terres reftent en friche, le foin fe gâte fur fes belles prairies, & les forêts font gardées avec fi peu de foin, qu'elles fe confument par les flammes. Toutes les denrées font à fort bon marché; mais les habitans manquent d'argent, & l'intérêt y eft à 10 pour cent.

La religion dominante eft la catholique romaine; mais on y trouve beaucoup de luthériens, de réformés, de juifs, de turcs, de fociniens: de tous les diffidens, les grecs jouiffent des plus grands avantages.

Précis de l'hiftoire politique. L'hiftoire ancienne de *Lithuanie* eft obfcure, incertaine & fabuleufe. Elle a eu fes ducs particuliers qui ont eu de fréquentes guerres à foutenir contre leurs voifins les polonois & les ruffes. Ruigold, qui vivoit dans le treizième fiècle, prit le premier le titre de grand duc; cette ancienne race ducale s'éteignit à la mort de Volftinik. Vers la fin du treizième fiècle, Viténès, originaire de Samogitie, fut revêtu de la dignité de grand-duc; Jagellon fon petit-fils, offrit fa main à Hedwige, fille unique de Louis, roi de Pologne & de Hongrie, qui étoit déjà couronnée reine, & il s'engagea en même-temps à embraffer le chriftianifme avec tout fon peuple, à réunir la *Lithuanie* à la Pologne, & à reconquérir les provinces démembrées de la couronne. Cette offre plut aux polonois, qui envoyèrent une ambaffade folemnelle au grand-duc. Jagellon vint effectivement à Cracovie en 1386, fut baptifé & nommé *Uladiflas*; & après la célébration de fon mariage avec Hedwige, il fut également couronné roi. L'année fuivante, ce prince retourna en *Lithuanie*, y abolit les anciennes fuperftitions, convertit plufieurs milliers de fes fujets à la religion chrétienne, fonda l'évêché de Vilna, & introduifit les cérémonies eccléfiaftiques. En 1392, il nomma grand-duc de *Lithuanie* fon coufin Alexandre ou Vitold; mais il confirma la réunion de cette province à la Pologne; & il s'en réferva la fouveraineté. En 1401, cette réunion fut ratifiée par un acte formel, dreffé dans une diète provinciale à Vilna. En 1408, le grand-duc enleva la Samogitie à l'ordre teutonique. Une autre diète provinciale tenue en 1417, dans la petite ville de Hrodlo, déclare les Lithuaniens égaux aux Polonois à l'égard des charges & des loix; une multitude de familles lithuaniennes fe mêlèrent aux familles polonoifes; enfin les armes des deux nations furent réunies: elle déclara de plus que les lithuaniens recevroient leur grand-duc de la main du roi de Pologne, & que ce dernier venant à mourir fans enfans ni defcendans habiles à lui fuccéder, les polonois éliroient un nouveau roi conjointement avec les lithuaniens. La Samogitie ayant embraffé le Chriftianifme, on y fonda une évêché & quelques autres dignités eccléfiaftiques. L'alliance conclue en 1413 fut renouvellée en 1499, & on y ajouta, par forme d'éclairciffement, que les lithuaniens n'éliroient point leur grand duc fans l'agrément des polonois, ni les polonois leur roi fans le concours des lithuaniens. En 1561, les chevaliers Porte-glaives fe foumirent, eux & la partie de la Livonie qu'ils conservoient, à la domination du roi de Pologne, comme grand-duc de *Lithuanie*, & le nouveau duc de Courlande devint feudataire de la *Lithuanie*. En 1569, les polonois & les lithuaniens tinrent à Lublin une diète, où le grand-duché fut réuni au royaume de Pologne, de manière qu'ils ne firent plus enfemble qu'un même corps, foumis à un feul prince éligible par les deux nations. On y convint auffi qu'une diète feroit toujours tenue à Varfovie; que les deux peuples auroient le même confeil, la même chambre pour leurs nonces ou députés; que leurs monnoies feroient au même titre; qu'enfin les alliances, les troupes auxiliaires, &c. feroient communes entre eux. On affigna aux fénateurs & aux nonces de *Lithuanie* leurs places parmi les états de Pologne; & la Livonie, regardée jufqu'alors par les lithuaniens comme un domaine qui leur appartenoit exclufivement, fut réunie au nouveau royaume. Dans les loix de 1673, 1677 & 1685, il fut réglé que la troifième diète fe tiendroit toujours à Grodno: on excepta cependant de cette règle les diètes de convocation, d'élection & de couronnement. On a tenu en effet des diètes à Grodno jufqu'au règne actuel, fous lequel elles fe font conftamment affemblées à Varfovie. Les lithuaniens ont donné un confentement tacite à cette innovation, à caufe de l'éloignement où eft Grodno de la réfidence du roi, & des troubles dont le royaume a été prefque toujours agité. En 1697, les loix polonoifes & lithuaniennes reçurent une force & une autorité égale.

Avant le partage de la Pologne, la *Lithuanie* moderne étoit divifée en neuf Palatinats. Les voici felon leur ordre: Wilna, Trotzki, Polotzk, Nowogrodek, Witepsk, Brfesk, Mftfchiflawsk, Minsk & Livonie. Les deux premiers compofoient la *Lithuanie* proprement dite (*Litwa fama*), & les fix autres la Ruffie lithuanienne (*Rus litwska*). Celle-ci fe fubdivifoit en trois parties; favoir, en Ruffie blanche (*Rus biala*), qui comprenoit les Palatinats de Polotzk, de Witebsk, de Mftfchiflawsk & de Minsk; 2°. en Ruffie noire (*Rutfcharna*) qui comprenoit le Palatinat de Nowogrodetfchik & les diftricts de Rfetfch & de Mofirski; & 3°. la Polérie, qui comprenoit le Palatinat de Brfeski. On pouvoit joindre à ces Palatinats la principauté de Samogitie (en polonois *Smuids* ou *Kfieftwo Smudeski*); &

le duché de Courlande, fief relevant de la Pologne. Chaque Palatinat étoit divisé en districts (*powiaty*); outre une certaine portion de pays qui compose le Palatinat proprement dit, & qui est ordinairement situé aux environs de la ville principale, il y a en *Lithuanie* des principautés particulières, qui sont gouvernées par leurs propres princes: telles sont Sluck, Niewitsch, &c.

Le Palatinat de la Livonie (*Woiewodstwo Inflantskie*) est une partie de la Livonie. Il est aussi appellé le *Palatinat de Wenden*; & dans le discours ordinaire, *la Livonie polonoise*. La Pologne, en cédant la Livonie à la Suède par la paix d'Oliva, se réserva ce Palatinat qu'elle possédoit déja en 1655. Il y avoit avant la dernière révolution un évêque, un palatin & un castellan, & il appartenoit en même-temps à la Pologne & à la Lithuanie. Il envoyoit à la diète six nonces; savoir, deux polonois, deux lithuaniens & deux livoniens. Il consistoit dans les districts de Dunebourg, Rositten, Lutzen & Plusin. Ses principaux endroits sont Marienhans, Lutzen, Rositten, Dunabourg & Kreuzbourg. C'est à Dunabourg que se tenoit la diètine & le tribunal provincial, dont on n'appelloit qu'au grand tribunal de la couronne. Mais la Russie a acquis ce Palatinat de Livonie, lors du démembrement de la Pologne, ainsi que nous le dirons à l'article POLOGNE.

La Samogitie (*Samogitia*), en polonois *Smuids* ou *Ksiestwo Smudskie*, est un duché qui appartient depuis long-temps à la *Lithuanie*; il avoit autrefois son duc particulier. On l'abandonna à l'ordre teutonique en 1404; quatre années après on le reprit à cet ordre, & on lui promit, en 1411, qu'il lui reviendroit après la mort du roi Uladislas Jagellon & du grand-duc Alexandre. La religion chretienne fut introduite en Samogitie vers l'année 1431, & on y fonda un évêché. Quoique le pays soit couvert de forêts, il offre cependant beaucoup de terres fertiles, & produit une quantité considérable de miel. On trouve en Samogitie un évêque, un grand-staroste qui a l'autorité d'un palatin, & un castellan; tous les trois ont séance au sénat de la république, & peuvent à leur gré convoquer les diétines. La Samogitie est divisée en vingt-cinq districts. Ces vingt-cinq districts dépendent tous ensemble de la Starostie ou Grod de Rosien. C'est aussi dans cette dernière ville que se tiennent les diétines pour l'élection de deux nonces.

Voyez l'article POLOGNE qui est fort étendu.

LIVONIE & ESTHONIE (duchés de). Ce pays est situé entre la Courlande, la mer Baltique, le golfe de Finlande, l'Ingermanie, la Russie & la Pologne. Sa grandeur du nord au sud est de 45 à 50 milles, & de l'ouest à l'est de 35 à 40 milles, non compris les isles.

Précis de l'histoire politique de ces duchés. L'histoire ancienne d'*Esthonie* & de *Livonie* est aussi obscure qu'incertaine. Le paganisme y régnoit au douzième siècle. Voici comment la religion chrétienne pénétra dans ces contrées. Quelques marchands de Breme navigeoient, en 1158, vers Wisby dans l'isle de Gothland: une tempête les jetta sur les côtes de *Livonie*; ils abordèrent à l'endroit où la Duna se jette dans la mer Baltique, & où les habitans portoient le nom de *livoniens*. Ces marchands furent d'abord attaqués, mais ils finirent par se lier avec les naturels; ce qui attira successivement un plus grand nombre de bremois, auxquels les indigènes permirent d'avancer sur la Duna jusqu'à une distance de six milles, & d'y dresser des baraques. Dans la suite, les bremois bâtirent sur une montagne une maison pour l'entrepôt de leurs marchandises: les livoniens appellèrent cette maison *Yheskola*, c'est-à-dire, école ou couvent, & son nom moderne est *Uxkül*.

Le nombre des allemands s'accrut; ils amenèrent avec eux en 1186 un prédicateur, nommé *Meinhard*, de l'ordre de S. Augustin & du couvent de Segebert en Wagrie: ce moine apprit la langue du pays, & engagea quelques habitans à recevoir le baptême. Uxkül devint peu à peu un bourg, & on bâtit ensuite le château de Dalen. Meinhard établit dans le premier endroit une église & un couvent d'Augustins, devint évêque & transféra son siège à Kerkholm ou Kirchholm. Depuis ce temps, une multitude de familles allemandes s'y fixèrent. Ce fut à la même époque, c'est-à-dire en 1196, que le roi de Danemarck Canut VI fit une expédition en Esthonie, s'empara de cette province, y introduisit la religion chrétienne, & y établit des églises & des prêtres. Pour conquérir la *Livonie* & pour s'y maintenir, l'évêque Albert fonda les chevaliers de Christ, auxquels le pape Innocent III donna la règle des Templiers, & une marque qui étoit une épée & une croix attachée sur leur habit; il leur enjoignit l'obéissance envers l'évêque de Riga. En 1206, Albert céda à ces chevaliers la troisième partie de la *Livonie*, avec tous les droits de supériorité; le pape confirma cette cession en 1210, & exempta les chevaliers de la dixme & de toute autre espèce de contributions. Le premier maître de l'ordre fut Winno, lequel ordonna qu'à l'avenir tous ceux qui y entreroient, seroient obligés de prendre le nom de *chevaliers porte-glaives*. Ils furent réunis solemnellement à l'ordre teutonique en 1237; ils portoient des manteaux blancs avec des croix noires; & c'est-là ce qui les fit appeller *frères de la croix*, nom qu'ils changèrent en 1381 en celui de chevaliers de la croix.

En 1346, le roi de Danemarck Waldemar III abandonna à perpétuité l'Esthonie à l'ordre; pour une somme de 80,000 marcs d'argent pur. En 1521, le grand-maître Walther de Plettenberg acheta du grand-maître de l'ordre teutonique en Prusse la jurisdiction souveraine en *Livonie*, & fut par-là délié, ainsi que les états de *Livonie*, du serment qu'il avoit prêté au grand-maître de l'ordre teutonique ; & peu de temps après, l'empereur Charles-Quint l'admit au nombre des princes de l'Empire, ce qui procura aux livoniens la liberté d'appeller des jugemens prononcés par leurs tribunaux à la chambre impériale qui siégeoit alors à Spire. Ce fut vers cette époque que le luthéranisme commença à s'introduire dans le pays.

Le czar Yvan Wasiliewicz y fit une invasion, & tâcha de le soumettre vers le milieu du seizième siècle ; les troubles que ce prince causa, engagèrent la ville de Revel & l'Esthonie à se mettre sous la protection des suédois : c'est-là l'origine des prétentions que cette couronne forme sur la *Livonie* & des prérogatives de l'Esthonie, préfréablement à la *Livonie*. Le grand-maître Gotthard Kettler céda la *Livonie* au roi de Pologne comme grand-duc de Lithuanie, résigna solemnellement son titre de grand-maître, & devint en 1561 premier duc de Courlande, après avoir prêté foi & hommage à la Pologne. Les polonois prirent possession de Riga & de la tonie. De tels événemens firent de ce pays une pomme de discorde, pour laquelle la Russie, la Pologne & la Suède versèrent beaucoup de sang l'espace d'environ un siècle, c'est-à-dire, depuis 1561 jusqu'en 1660, époque du traité d'Oliva. Par ce traité, la *Livonie* fut abandonnée à la couronne de Suède, & la Düna fut assignée comme limite entre les possessions suédoises & polonoises. La paix de Nystadt, conclue en 1721, fit passer ce pays sous la domination russe. Voici le contenu de l'article quatrième : « la Suède abandonne pour toujours à l'empire de Russie les provinces de *Livonie*, d'Esthonie, d'Ingermannie & une partie de la Carélie, outre le district du fief de Wibourg, avec les villes & forteresses de Riga, Dünamünde, Pernau, Revel, Dorpat, Narva, Wibourg, Kexholm & autres villes, forteresses, ports, places fortes, districts & rivages appartenants auxdites provinces, ainsi que les isles d'Oesel, de Dagoë & de Mon, & toutes autres situées depuis les frontières de la Courlande, le long des rivages de la *Livonie*, de l'Esthonie & de l'Ingermannie, au bord oriental de Revel, dans le passage de Wibourg, ainsi & de même qu'elles étoient possédées par la couronne de Suède. » Par les articles 9 & 10, sa majesté czarienne promet de maintenir tous les habitans des provinces de *Livonie*, d'Esthonie & de l'isle d'Oesel, tant les nobles que les bourgeois, ainsi que les villes, magistrats, communes, tribus, &c. dans les droits, privilèges, us & coutumes, dont ils jouissoient sous la domination suédoise ; d'y conserver la liberté de conscience, & de laisser la religion protestante & ce qui en dépend, sur l'ancien pied ; avec cette réserve seulement que les grecs auront également l'exercice libre de leur religion. La Suède tâcha, à la vérité, en 1741 de recouvrer

quelques parties de ces provinces ; mais loin d'y réussir, elle perdit encore une portion de la Finlande ; & par le traité d'Abo, en 1743, la Russie fut maintenue dans la possession de toutes ces conquêtes, & de quelques districts de la Finlande.

Culture, productions. Le sol y est d'une bonté médiocre. Il seroit facile de dessécher les marais qui sont en grand nombre, & de les convertir en terres labourables ; mais comme on néglige presque entièrement cette ressource ; ils occupent, pour ainsi dire, la moitié des deux duchés. On peut dire la même chose des prés, qui ne produisent que du mauvais foin & en petite quantité. Sur le peu de prairies d'un terroir sec, on laisse croître du bois ou des broussailles, du bois d'aulne & de bouleau que l'on coupe ensuite. On conduit sur celles qu'on laboure, du bois de pin ou de sapin, ou bien même des broussailles, dont on fait des tas par rangées ; on les couvre de tourbes & on les réduit en cendres. Les terres ainsi brûlées rapportent, la première année, du froment ou de l'excellente orge ; la seconde année, du seigle assez bon, & la troisième de la bonne avoine.

Il y a des districts qui sont encore fertiles à la quatrième année, & les meilleurs produisent jusqu'à la cinquième ; mais il faut avoir soin d'y semer des grains de moindre qualité : cette préparation ruine la terre pour quinze ou vingt ans. Lorsqu'on ne la brûle pas, & que l'on se contente d'y mettre du fumier, ils rapportent davantage, & si on y remue simplement. Le sol avec la charrue & la herse, on en fait d'excellentes prairies. On y plante peu de légumes. L'agriculture pourroit être améliorée & devenir plus utile ; les mauvaises années & les temps de guerre ont toujours été suivis de la famine. Dans les années fertiles, on exporte beaucoup d'orge & de seigle. On commence d'abord par sécher ces deux espèces de grains ; ce qui change l'orge en malt, & rend le seigle plus propre à être conservé ; car on peut alors le garder vingt années & même au-delà. On s'applique peu à la culture du houblon, ensorte qu'on est obligé de s'en pourvoir chez l'étranger. Les habitans de l'Esthonie ne cultivent que la quantité de lin & de chanvre nécessaire à leur consommation.

En hiver, les traîneaux facilitent singulièrement le commerce intérieur & le commerce extérieur avec la Russie, la Lithuanie & la Pologne.

Population. Autrefois on rencontroit beaucoup de villes & de bourgs en *Livonie* ; mais la plupart ont été détruits par les fréquentes guerres que ce pays a essuyées, & l'on en voit à peine encore quelques traces. On n'en compte aujourd'hui que neuf dans les deux duchés. Le plat pays offre à peine une maison noble médiocrement bâtie. Les villages sont composés de maisons isolées, à une certaine distance les unes des autres.

Le pays pourroit nourrir beaucoup plus de

monde; la guerre, la peste & la famine y ont causé des ravages effrayans. Le nombre des habitans peut être calculé d'après les exemples suivans. La valeur des biens est estimée suivant le nombre de ce qu'on appelle *hake* (certaine portion de terre); c'est-à-dire, suivant le nombre des mâles propres au travail, depuis l'âge de quinze ans jusqu'à cinquante. D'après les calculs que nous avons sous les yeux, il doit y avoir dans les deux duchés 16,000 hakes. En *Livonie*, on compte dix paysans pour un hake; & comme il y a environ 5000 hakes, le total des paysans peut monter à 50,000; ce qui fait une population bien foible, eu égard à la grandeur du pays. Outre les allemands & un petit nombre de suédois, ces deux duchés sont habités par des lettoniens & des esthoniens; & malgré la différence de leur origine, ces peuples ont à-peu-près les mêmes mœurs & les mêmes usages.

Paysans & nobles. Tous les sujets sont serfs, & leur servitude approche de celle des esclaves romains. Leurs maîtres ne leur doivent, & en général ne leur laissent rien au-delà de ce qui est absolument nécessaire pour leur subsistance; ils peuvent les vendre ou les échanger suivant leur bon plaisir, les séparer de leurs enfans, & exercer sur eux les droits les plus tyranniques; mais ils n'ont pas celui de les punir de mort, parce que la noblesse a cessé, sous la domination suédoise, d'exercer la jurisdiction criminelle. La misère des paysans est extrême, & ils souffrent beaucoup de la faim depuis le printemps jusqu'à la récolte. Les paysans lettoniens sont un peu moins malheureux que les paysans esthoniens. On trouve beaucoup de russes dans ces duchés.

La noblesse qui est nombreuse, est presque toute originaire d'Allemagne, & particulièrement de la Thuringe, de la Westphalie, de la Poméranie, de Mecklenbourg, & d'autres contrées du cercle de la basse-Saxe. On y rencontre aussi des familles danoises, suédoises & polonoises. On distingue les familles qui se sont établies lors de l'arrivée des chevaliers porte-glaive, de celles qui sont venues après eux. La matricule de *Livonie*, dressée en 1747, en compte cinquante-deux. En général, cette matricule renferme cent soixante-onze familles.

Dans le temps que ces duchés appartenoient à la Pologne, l'indigénat ne fut accordé qu'à très-peu de familles étrangères : on l'accorda plus facilement sous la domination suédoise, & on est devenu plus facile encore sous le gouvernement russe. On trouve peu de barons & de comtes, & le surplus de la noblesse jouit des mêmes droits qu'eux. L'Esthonie & l'isle d'Oësel ont leur noblesse particulière, ainsi que leurs états & leur banc de noblesse. Mais, d'après un arrangement fait entre la noblesse des deux duchés, les familles de l'un jouissent de l'indigénat dans l'autre, sans avoir besoin d'une concession particulière. Les nobles se sont presque toujours voués au métier des armes; ceux qui n'ont aucun penchant pour cet état, vivent à la campagne, d'autres font leurs études pour se rendre propres à exercer les emplois civils du pays : ces emplois ne sont donnés qu'aux indigènes. Les privilèges & les capitulations stipulent aussi que la noblesse des deux duchés aura toujours un droit de préférence sur les charges dépendantes de la cour impériale.

Etats de la noblesse. Les privilèges de la noblesse ne se sont pas affoiblis sous la domination russe, ils ont au contraire été confirmés, & les domaines que le gouvernement suédois lui a enlevés, lui aont été rendus. La noblesse d'Esthonie forme une diète tous les trois ans à Revel, après en avoir averti le gouverneur général, & à son défaut le gouverneur en second, lequel en annonce la tenue par des lettres. L'assemblée est ouverte par l'élection d'un capitaine de la noblesse, qui répond au maréchal provincial, & qui, à la fin de son exercice, doit obtenir de la première charge de conseiller provincial. On délibère à cette diète sur tous les objets qui concernent l'avantage du pays & les prérogatives & libertés de la noblesse : on y nomme une députation, à laquelle sont joints les conseillers provinciaux, convoqués par le capitaine de la noblesse; il les convoque toutes les fois qu'il survient des matières importantes, & qui exigent une délibération commune. Les diètes de *Livonie* ressemblent en tout à celles d'Esthonie, ce n'est que dans celles-là le capitaine de la noblesse est appelé *maréchal provincial*.

Entr'autres objets, on y est occupé du maintien des privilèges & de l'administration de la caisse de la noblesse. Après l'élection du maréchal provincial, qui a rang de colonel, on procède à celle des conseillers provinciaux, s'il y a des places vacantes. Ceux-ci ont rang de lieutenant colonel; & les deux candidats, à qui la noblesse a donné le plus de suffrages, sont présentés au gouverneur général pour être confirmés, & cette confirmation se fait en faveur de celui qui réunit le plus de voix. Le magistrat de Riga a le droit d'envoyer deux députés à la diète de Riga, pour y opiner sur les biens patrimoniaux de la ville, ou lorsqu'il s'agit de concessions pécuniaires : cet usage existe depuis le temps des chevaliers porte-glaives.

Outre la diète, on trouve à Riga un conseil provincial qui change tous les mois, & délibère avec le gouvernement impérial sur les moyens les plus faciles d'exécuter les ordres de la Russie. Ce tribunal, ainsi que le maréchal provincial, est particulièrement chargé de veiller au maintien des privilèges du pays, & il a en même temps l'inspection des postes.

Les ports établis le long de la mer Baltique, les fleuves navigables & le lac de Peipus sont auſſi avantageux pour le commerce en été que les traîneaux le font en hiver. Les villes de Riga, de Revel & de Narwa font un commerce conſidérable, & celui de Pernau eſt bon ; mais il pourroit être d'un plus grand produit, & enrichir davantage le pays.

Commerce. Le petit nombre de villes cauſe beaucoup de préjudice au commerce intérieur. Lorſque le payſan eſt obligé de conduire ſes denrées à dix, vingt & même trente milles d'Allemagne juſqu'à une ville maritime, les frais du charoi en abſorbent le produit. A l'égard du commerce extérieur, ſi l'année eſt bonne & ſi l'exportation des bleds n'eſt point défendue, les habitans vendent au dehors pluſieurs milliers de laſts d'orge & de ſeigle, ainſi que de l'eau-de-vie & du gros bétail, objets principaux de leur exportation : celle du lin, du chanvre, de la graine de lin & de chanvre, de la cire, du miel & des planches eſt moins importante. La ville de Riga exporte auſſi des marchandiſes qui lui viennent par la Düna, de la province de Welikoluk, dans le gouvernement de Nowogorod, d'une partie du grand-duché de Lithuanie, de la *Livonie* polonoiſe & de la Courlande ; elle exporte en particulier trois fois plus de bled qu'il n'en croît en *Livonie*. L'exportation des productions du pays & l'importation des marchandiſes & denrées étrangères ſe font par les ſeuls vaiſſeaux étrangers.

Religion & régime eccléſiaſtique. Les habitans profeſſent preſque tous la religion évangélique-luthérienne ; les réformés & les ruſſes exercent auſſi librement la leur.

En Eſthonie, les curés & la cathédrale de Revel, dépendent de la nobleſſe. Il n'y en a que quarante dans tout ce duché, d'où l'on peut juger de l'étendue des paroiſſes. Elles ſont diſtribuées en prévôtés, & cette diſtribution eſt la même que celle des cercles. Le conſiſtoire de la nobleſſe eſt compoſé d'un préſident (qui eſt conſeiller provincial), des prévôts, des miniſtres de la cathédrale de Revel, & de quelques autres aſſeſſeurs. Outre ce tribunal, il y a pour les affaires eccléſiaſtiques le conſeil ſuprême des appels, dans lequel ſiègent, ſous la préſidence du gouverneur, quelques eccléſiaſtiques & quelques conſeillers provinciaux & autres membres de la nobleſſe. En *Livonie*, où dans le gouvernement général de Riga, on compte cent vingt curés ou paſteurs, qui dépendent auſſi de la nobleſſe. Ils ſont tous ſous la direction d'un ſurintendant qui ſiège à Riga, que la nobleſſe préſente, & que le ſouverain confirme ; il n'a l'adminiſtration particulière d'aucune communauté. Le conſiſtoire ſuprême, dont le préſident eſt conſeiller provincial, ſiège également à Riga. Dans les affaires mixtes, on peut appeller de ce tribunal au conſeil aulique de l'empereur ; & dans les affaires purement eccléſiaſtiques, l'appel doit être porté au collège de juſtice de Saint-Péterſbourg. Chaque cercle a un conſeiller provincial, comme inſpecteur eccléſiaſtique. Les paſteurs de Pernau, de Dorpat & d'autres petites villes de *Livonie*, ſont ſoumis au ſurintendant général : mais les villes de Riga, de Revel & de Narwa ont leurs conſiſtoires particuliers, & leurs magiſtrats ne dépendent point du corps de la nobleſſe.

Adminiſtration, collège, tribunaux. En Eſthonie, le pouvoir exécutif & les affaires de police appartiennent au gouvernement, lequel eſt compoſé du gouverneur & d'un conſeiller. Le tribunal ſupérieur du pays, qui ſiège tous les ans depuis la mi-janvier juſqu'à Pâques, ne connoît que des affaires de juſtice, & remplit d'ailleurs les mêmes fonctions que le conſeil aulique de Riga. Ses membres ſont le gouverneur (qui en eſt le préſident) & douze conſeillers provinciaux, pris dans le corps de la nobleſſe & ayant rang de généraux-majors. Les conſeillers provinciaux ont le droit de remplir les places vacantes par une libre élection, ſans avoir beſoin de la confirmation du ſouverain ; & le plus ancien parmi eux adminiſtre quelquefois le gouvernement, en cas d'abſence du gouverneur ; mais il faut pour cet effet un ordre du ſénat de Péterſbourg. Ce tribunal a dans ſon reſſort, des juſtices inférieures, appellées *maungerichte*, & il commande aux hakenrichters.

Le hakenrichter de chaque cercle d'Eſthonie a deux adjoints ; ſes fonctions ſont de veiller à l'entretien des ponts & chauſſées, de faire rentrer les ſommes accordées par l'aſſemblée de la nobleſſe ; & dans les diſcuſſions de limites & autres cas, il forme un tribunal de première inſtance. Le maungerichte eſt compoſé d'un juge, de deux aſſeſſeurs & d'un ſecrétaire. Il connoît des affaires de limites & de liquidation, & il a le droit d'informer & de juger les cauſes criminelles : mais ſes jugemens doivent être confirmés par le tribunal provincial. Les hakenrichters & les maunrichters ſont nommés par le collège du conſeil provincial, choiſis parmi la nobleſſe, & ils changent tous les trois ans. Dans la règle, les adjoints paſſent à la place d'aſſeſſeurs ; les aſſeſſeurs à celle des hakenrichters, & ceux-ci deviennent maunrichters. Comme toutes ces juſtices ne ſiègent qu'à certaines époques, les parties ſont obligées préalablement de s'adreſſer au gouverneur général.

Le premier collège en *Livonie* eſt la chancellerie du gouvernement, autrement la régence, compoſée du gouverneur & de deux conſeillers, outre un fiſcal & deux ſecrétaires du gouvernement. Le directeur général d'économie a une chancellerie particulière. Le conſeil aulique eſt compoſé de quatre conſeillers provinciaux (c'eſt-à-dire un par cercle), dont l'un eſt vice-préſident, la place de préſident n'étant preſque jamais remplie : il y a d'ailleurs ſept aſſeſſeurs, tirés du corps de la noblesse. Mais, comme pour remplir la place de vice-président on fait plus attention aux connoissances du sujet qu'à la qualité de conseiller provincial, il arrive souvent qu'il n'y a dans le conseil aulique que trois conseillers provinciaux, lesquels, dans ce cas, ont le rang sur le vice-président. Les tribunaux inférieurs sont appelés *land-gerichte* & *ordnungs-gerichte*: leur jurisdiction est la même que celle des justices d'Esthonie. De tous ces sièges, l'appel est porté au collège de justice d'Esthonie & de Livonie, qui siège à Pétersbourg, & dont les jugemens peuvent être réformés en dernier ressort par le sénat dirigeant.

Revenus. Les revenus du souverain viennent : 1°. des biens domaniaux, auxquels appartiennent beaucoup de hakes, dont une partie a été aliénée à titre de don, & l'autre donnée à ferme à des employés du duché & à des officiers, moyennant un canon ou cens annuel de 40, 50 à 60 patagons, & même quelquefois au-delà, selon la différence des terres.

2°. Des droits régaliens. Ils comprennent principalement les péages, & en particulier les péages qui se paient dans les ports de mer.

3°. Des contributions des sujets. Chaque hake paye, sous le nom de service de cheval & d'argent de station, onze patagons & trois gros. Les sujets livrent d'ailleurs aux troupes, moyennant un prix fixe, du bled, du gruau & d'autres denrées. Il y a des droits d'accise sur la bière, l'eau-de-vie, la farine & le vinaigre : le papier timbré a été introduit dès l'année 1693. On dit que la *Livonie*, l'Esthonie & la partie russe de la Finlande rapportent annuellement environ 7 ou 800,000 roubles.

Depuis que ce pays est sous la puissance de la Russie, il est divisé en deux gouvernemens & une ville. *Voyez* l'article RUSSIE.

LODOMERIE, partie de la Pologne qu'a obtenu la maison d'Autriche, lors du partage de cette contrée. *Voyez* l'article POLOGNE.

LOCARNO, en allemand *Luggarus*, un des quatre bailliages que douze cantons suisses possèdent en commun en Italie. Appenzell est exclu de cette domination commune, parce qu'il n'a été reçu dans la confédération helvétique qu'après leur conquête. Louis Sforze que les suisses avoient rétabli dans son duché de Milan, leur céda ces bailliages par reconnoissance en 1512. François Ier, roi de France, confirma cette cession en 1516 comme duc de Milan, & les suisses les possèdent depuis ce temps-là. Ils les font gouverner par des baillifs pris tour-à-tour dans les divers cantons, & dont la préfecture dure deux ans.

Le bailliage de *Locarno* a six lieues de longueur sur une de largeur. Les parties montueuses sont riches en pâturages. Les vallons produisent un peu de froment, des châtaignes & beaucoup de fruits. Les environs du lac Majeur sont très-fertiles en vin, en grains, en fruits & en mûriers blancs. Les paysans élèvent beaucoup de vers à soie.

La population est d'environ 30,000 ames. Les habitans sont soumis à l'évêque de Côme pour les affaires ecclésiastiques, à l'exception de Brisago qui dépend de l'archevêque de Milan.

La réformation s'introduisit dans ce pays, surtout à *Locarno*; mais en 1555 les réformés furent chassés par les cantons catholiques, qui avoient la pluralité des voix pour eux. Un grand nombre de familles furent forcées de quitter leur patrie au milieu de l'hiver, & de s'établir chez les grisons, à Zuric, à Berne, à Bâle, &c. Plusieurs de ces familles subsistent encore dans ces villes, sur-tout les Muralti, les Orelli & les Pestalozzi, &c.

Le baillif a le titre de *commissaire*. Son pouvoir est très-étendu. Il l'est trop, ainsi que nous le dirons à l'article LUGANE. Il décide seul des causes civiles & criminelles. Les adjoints, peut-être par abus, n'ont que la voix consultative, excepté dans le cas de crimes dignes de mort : alors le baillif n'a que le droit de grace ; mais on appelle de ses sentences devant les députés que chaque canton envoie chaque année dans le pays ; il y a encore appel de ce syndicat pardevant les cantons mêmes.

Toutes les causes civiles se jugent en allemand, quoique l'italien soit la langue du pays.

Le bailliage a un conseil de vingt-une personnes. Ce conseil règle les affaires du pays, le prix des denrées, les poids & mesures, ce qui a rapport à la santé, aux chemins & à d'autres dépenses publiques. Le bourg de Brisago, la Riviera di Gambarogno & le val Vetzasca n'y envoient de députés que lorsqu'il s'agit du pays en général. Ils ont leur propre justice, dont on appelle devant le baillif. Ils payent aussi les impôts séparément.

Locarno est un bourg très-grand, bien bâti & dans une situation riante. Au huitième siècle, il appartenoit à l'évêché de Côme. Il passa successivement entre les mains des Muralti, des Visconti & des Rusca. Les fortifications ont été rasées par les suisses. Les habitans sont partagés en *nobili*, en *terrieri* & en *cittadini*. Brisago a des privilèges particuliers. Ses habitans furent si bien se conduire que, dans le partage de ces bailliages, ils furent tout-à-fait oubliés, & ne furent adjugés à personne. En 1520, ils se soumirent volontairement aux douze cantons, qui leur accordèrent plusieurs franchises. Ils ont leur propre justice, dont on appelle, il est vrai, devant le baillif ; mais celui-ci est tenu d'aller à Brisago même pour y juger les procès.

Ils choisissent leur podesta, qu'ils sont obligés de prendre dans la famille des Orelli. Celui-ci avec trois *consoli*, nommés pareillement par la communauté, forme la justice. La Riviera di Gambarogno a aussi sa propre justice.

LŒWENSTEIN, comté & maison princière d'Allemagne. Les princes de Lœwenstein-Wertheim viennent de Frédéric le Victorieux, comte palatin du Rhin, qui, à la mort de son frère Louis IV, en 1449, prit la tutelle de son neveu Philippe ; il obtint ensuite l'électorat du Rhin pour sa vie, en promettant de ne point se marier ; il épousa cependant Claire de Tettingen où Dettingen, & il eut d'elle deux fils légitimes ; savoir, Frédéric & Louis, à qui il assura, du consentement de son neveu, les seigneuries de Scharfeneck, Weinsberg, Neustad près du Kocher, Meckmuhl, Utzberg & Umstadt : il désigna en même-temps son neveu pour successeur dans l'électorat ; & l'aîné de ses fils, Frédéric, étant mort en 1474, son frère cadet, fut institué héritier de toutes les seigneuries dont on vient de parler. Le comte palatin Philippe étant parvenu à l'électorat après la mort de son oncle, enleva ces mêmes seigneuries à Louis, excepté Scharfeneck ; & lui donna en échange le comté de *Lœwenstein*, dont il reçut l'investiture du duc de Wurtemberg, Ulric, en l'année 1510 : cette terre est encore aujourd'hui sous la mouvance de Wurtemberg. L'empereur Maximilien éleva de même Louis à la dignité de comte ; il est la souche commune des princes & comtes de *Lœwenstein*-Wertheim, qui existent aujourdhui. Il mourut en 1524. Son petit-fils épousa Anne, troisième fille du comte Louis de Stolberg, Kœnigstein & Wertheim ; & par ce mariage la maison de *Lœwenstein* acquit les comtés de Wertheim, Rochefort & Montaigu, & les seigneuries de Brenberg, Herbemont & Chasse-pierre. Louis mourut en 1611. Son fils Christophe-Louis épousa Elisabeth, fille du comte Joachim de Manderscheidt, & obtint par-là le comté de Virnenbourg, avec d'autres terres. Il est l'auteur de la ligne aînée protestante, nommée la ligne de *Lœwenstein*-Wertheim-Virnenbourg, laquelle continue le titre de comte. Son frère Jean Thierry fonda la ligne catholique de Lœwenstein-Wertheim-Rochefort, laquelle fut élevée à la dignité princière en 1711, & de laquelle il est proprement ici question. Elle fut admise sur le banc des princes aux assemblées du cercle de Franconie, après avoir promis de payer une taxe matriculaire de 16 florins, jusqu'à ce qu'elle eût acquis une terre immédiate, sur laquelle la taxe ordinaire & usitée des princes pût être assise. Elle n'a pas encore de voix à la diète de l'Empire dans le collège des princes. Comme le suffrage que cette ligne a aux assemblées circulaires, n'est point attaché à la part qu'elle a dans le comté de Wertheim, nous parlerons de ce comté à l'article WERTHEIM. *Voyez* cet article.

LOI : sa définition est assez connue. Chaque ligne de cet ouvrage tend à procurer aux hommes de bonnes *loix* : il embrasse le droit naturel, le droit civil, le droit politique, le droit des gens, & même le droit fiscal : en racontant ce qui se passe, nous avons soin d'indiquer les vices & les abus de ce qui se passe : nos idées, qui ont toutes pour objet la prospérité & le bonheur des nations, se montrent avec plus ou moins de vigueur ou de développement selon les circonstances : quelquefois nous indiquons les faits, en laissant au lecteur le soin d'établir les principes ; d'autrefois nous établissons les principes, en lui laissant le soin de les appliquer aux faits. Nous profitons souvent du travail des autres ; mais ce n'est jamais sans le revoir, & sans le corriger lorsqu'il est susceptible de correction. Notre plan ne sera pas saisi par un lecteur frivole, qui parcoura quelques articles qu'il critiquera plus ou moins, selon que le hasard lui offrira des morceaux plus ou moins intéressans : mais si les hommes d'état, si les lecteurs laborieux se donnent la peine d'étudier l'ensemble de cet ouvrage, ils trouveront que, malgré sa forme de dictionnaire, son plan est assez vaste ; que l'exécution pouvoit être meilleure, mais qu'elle est encore utile ; & que le citoyen que son zèle seul porte à de si grands travaux, mérite de l'indulgence.

Il y a peu de pays où l'on fasse les *loix* sans légéreté ; il y en a peu où le code ne présente des contradictions, des bisarreries, des vues fausses ou puériles : on sait quelle est leur influence sur le bonheur des peuples. Les principes qui doivent guider le législateur, se trouvent épars ici dans un grand nombre d'articles. Nous avons dit, sur-tout aux articles *Démocratie*, *Aristocratie* & *Monarchie*, les loix qui conviennent ou qui ne conviennent pas aux gouvernemens démocratiques, aristocratiques & monarchiques : nous nous bornerons dans celui-ci à présenter quelques vues générales sur les bonnes & les mauvaises *loix*, tirées de Montesquieu, & nous y ajouterons des remarques sur les *loix* qui ont gouverné le peuple le plus célèbre de l'antiquité & la plupart des peuples modernes.

L'esprit de modération doit être celui du législateur ; le bien politique, comme le bien moral, se trouve toujours entre deux limites. En voici un exemple.

Les formalités de la justice sont nécessaires à la liberté. Mais le nombre en pourroit être si grand, qu'il choqueroit le but des *loix* mêmes qui les auroient établies ; les affaires n'auroient point de fin ; la propriété des biens resteroit incertaine ; on pourroit à l'une des parties le bien de l'autre sans examen, ou on les ruineroit toutes les deux à force d'examiner.

Les citoyens perdroient leur liberté & leur sûreté ; les accusateurs n'auroient plus les moyens de convaincre, ni les accusés les moyens de se justifier.

Choses

LOI

Choses à observer dans la composition des loix.

Ceux qui ont un génie assez étendu pour donner des *loix* à leur nation ou à une autre, doivent faire de certaines attentions sur la manière de les former.

Le style en doit être concis. Les *loix* des douze Tables sont un modèle de précision : les enfans les apprenoient par cœur (1). Les *Novelles* de Justinien sont si diffuses, qu'il fallut les abréger (2).

Le style des *loix* doit être simple ; l'expression directe s'entend toujours mieux que l'expression réfléchie. Il n'y a point de majesté dans les *loix* du bas-Empire : on y fait parler les princes comme des rhéteurs. Quand le style des *loix* est enflé, on ne les regarde que comme un ouvrage d'ostentation.

Il est essentiel que les paroles des *loix* réveillent chez tous les hommes les mêmes idées. Le cardinal de Richelieu (3), ou du moins l'auteur de son testament, convenoit que l'on pouvoit accuser un ministre devant le roi ; mais il vouloit que l'on fût puni, si les choses qu'on prouvoit n'étoient pas considérables : ce devoit empêcher tout le monde de dire quelque vérité que ce fût contre lui, puisqu'une chose considérable est entiérement relative ; & que ce qui est considérable pour quelqu'un, ne l'est pas pour un autre.

La *loi* d'Honorius punissoit de mort celui qui achetoit comme serf un affranchi, ou qui auroit voulu l'inquiéter (4). Il ne falloit point se servir d'une expression si vague : l'inquiétude que l'on cause à un homme, dépend entiérement du degré de sa sensibilité.

Lorsque la *loi* doit faire quelque évaluation, il faut, autant qu'on le peut, éviter de la faire à prix d'argent. Mille causes changent la valeur de la monnoie ; & avec la même dénomination, on n'a plus la même chose. On sait l'histoire de cet impertinent (5) de Rome, qui donnoit des soufflets à tous ceux qu'il rencontroit, & leur faisoit présenter les vingt-cinq sous de la loi des douze Tables.

Lorsque, dans une loi, l'on a bien fixé les idées des choses, il ne faut point revenir à des expressions vagues. Dans l'ordonnance criminelle de Louis XIV (6), après qu'on a fait l'énumération exacte des cas royaux, on ajoute ces mots : « & ceux dont de tout temps les juges » royaux ont jugé » ; ce qui fait rentrer dans l'arbitraire dont on venoit de sortir.

Charles VII (7) dit qu'il apprend que des parties font appel trois, quatre & six mois après le jugement, contre la coutume du royaume en pays coutumier : il ordonne qu'on appellera incontinent, à moins qu'il n'y ait fraude ou dol du procureur (8), ou qu'il n'y ait grande & évidente cause de relever l'appellant. La fin de cette *loi* détruit le commencement ; & elle le détruisit si bien, que dans la suite on a appellé pendant trente ans (9).

La loi des lombards (10) ne veut pas qu'une femme qui a pris un habit de religieuse, quoiqu'elle ne soit pas consacrée, puisse se marier : « car, dit-elle, si un époux qui a engagé à lui » une femme seulement par un anneau, ne peut » pas sans crime en épouser une autre, à plus » forte raison l'épouse de Dieu ou de la sainte » Vierge . . . ». Je dis que, dans les *loix*, il faut raisonner de la réalité à la réalité ; & non pas de la réalité à la figure, ou de la figure à la réalité.

Une *loi* de Constantin (11) veut que le témoignage seul de l'évêque suffise, sans ouïr d'autres témoins. Ce prince prenoit un chemin bien court ; il jugeoit des affaires par les personnes, & des personnes par les dignités.

Les *loix* ne doivent point être subtiles ; elles sont faites pour des gens de médiocre entendement : elles ne sont point un art de logique, mais la raison simple d'un père de famille.

Lorsque dans une *loi* les exceptions, limitations, modifications ne sont point nécessaires, il vaut beaucoup mieux n'en point mettre ; de pareils détails jettent dans de nouveaux détails.

Il ne faut point faire de changement dans une *loi*, sans une raison suffisante. Justinien ordonna qu'un mari pourroit être répudié, sans que la femme perdît sa dot, si pendant deux ans il n'avoit pu consommer le mariage (12). Il changea sa *loi* & donna trois ans au pauvre malheureux (13).

---

(1) *Ut carmen necessarium.* Cicéron, *de legibus*, liv. II.
(2) C'est l'ouvrage d'Irnerius.
(3) Testament politique.
(4) *Aut qualibet manumissione donatum inquietare voluerit.* Appendice au code Théodosien, dans le premier tome des œuvres du père Sirmond, pag. 737.
(5) Aulugelle, liv. X, chap. 1.
(6) On trouve, dans le procès-verbal de cette ordonnance, les motifs que l'on eut pour cela.
(7) Dans son ordonnance de Montel-les-Tours, l'an 1453.
(8) On pouvoit punir le procureur, sans qu'il fût nécessaire de troubler l'ordre public.
(9) L'ordonnance de 1667 a fait des réglemens là-dessus.
(10) Liv. II, tit. 37.
(11) Dans l'appendice du père Sirmond au code Théodosien, tom. I.
(12) *Leg. 1. cod. de repudiis.*
(13) Voyez l'authentique, *sed hodiè* au code *de repudiis.*

Mais, dans un cas pareil, deux ans en valent trois, & trois n'en valent pas plus que deux.

Lorsqu'on fait tant que de rendre raison d'une *loi*, il faut que cette raison soit digne d'elle. Une *loi* (1) romaine décide qu'un aveugle-né ne peut pas plaider, parce qu'il ne voit pas les ornemens de la magistrature. Il faut l'avoir fait exprès, pour donner une si mauvaise raison, quand il s'en présentoit tant de bonnes.

Le jurisconsulte Paul (2) dit que l'enfant naît parfait au septième mois, & que la raison des nombres de Pythagore semble le prouver. Il est singulier qu'on juge ces choses sur la raison des nombres de Pythagore.

Quelques jurisconsultes françois ont dit que lorsque le roi acquéroit quelque pays, les églises y devenoient sujettes au droit de régale, parce que la couronne du roi est ronde. Je ne discuterai point ici les droits du roi ; & si, dans ce cas, la raison de la *loi* civile ou ecclésiastique doit céder à la raison de la *loi* politique : mais je dirai que des droits si respectables doivent être défendus par des maximes graves. Qui a jamais vu fonder, sur la figure d'un signe d'une dignité, les droits réels de cette dignité ?

Davila (3) dit que Charles IX fut déclaré majeur à quatorze ans commencés, parce que les *loix* veulent qu'on compte le temps du moment au moment, lorsqu'il s'agit de la restitution & de l'administration des biens du pupile : au lieu qu'elle regarde l'année commencée comme une année complette, lorsqu'il s'agit d'acquérir des honneurs. Je n'ai garde de censurer une disposition qui ne paroît pas avoir eu jusqu'ici d'inconvénient ; je dirai seulement que la raison alléguée par le chancelier de l'Hôpital n'étoit pas la vraie : il s'en faut bien que le gouvernement des peuples ne soit qu'un honneur.

En fait de présomption, celle de la *loi* vaut mieux que celle de l'homme. La loi françoise regarde (4) comme frauduleux tous les actes faits par un marchand dans les dix jours qui ont précédé sa banqueroute : c'est la présomption de la *loi*. La *loi* romaine infligeoit des peines au mari qui gardoit sa femme après l'adultère, à moins qu'il n'y fût déterminé par la crainte de l'événement d'un procès, ou par la négligence de sa propre honte ; & c'est la présomption de l'homme. Il falloit que le juge présumât les motifs de la conduite du mari, & qu'il se déterminât sur une manière de penser très-obscure. Lorsque le juge présume, les jugemens deviennent arbitraires ; lorsque la loi présume, elle donne au juge une règle fixe.

La *loi* de Platon (5) vouloit qu'on punît celui qui se tueroit, non pas pour éviter l'ignominie, mais par foiblesse. Cette *loi* étoit vicieuse, en ce que, dans le seul cas où l'on ne pouvoit pas tirer du criminel l'aveu du motif qui l'avoit fait agir, elle vouloit que le juge se déterminât sur ce motif.

Comme les *loix* inutiles affoiblissent les *loix* nécessaires, celles qu'on peut éluder affoiblissent la législation. Une *loi* doit avoir son effet, & il ne faut pas permettre d'y déroger par une convention particulière.

La *loi* Falcidie ordonnoit, chez les romains, que l'héritier eût toujours la quatrième partie de l'hérédité : une autre *loi* (6) permit au testateur de défendre à l'héritier de retenir cette quatrième partie : c'est se jouer des *loix*. La *loi* Falcidie devenoit inutile : car, si le testateur vouloit favoriser son héritier, celui ci n'avoit pas besoin de la *loi* Falcidie ; & s'il ne vouloit pas le favoriser, il lui défendoit de se servir de la *loi* Falcidie.

Il faut prendre garde que les *loix* soient conçues de manière qu'elles ne choquent point la nature des choses. Dans la proscription du prince d'Orange, Philippe II promet à celui qui le tuera de donner, à lui ou à ses héritiers, vingt-cinq mille écus & la noblesse ; & cela en parole de roi, & comme serviteur de Dieu. La noblesse promise pour une telle action ! Une telle action ordonnée en qualité de serviteur de Dieu ! Tout cela renverse également les idées de l'honneur, celles de la morale & celles de la religion.

Il est rare qu'il faille défendre une chose qui n'est pas mauvaise, sous prétexte de quelque perfection qu'on imagine.

Il faut dans les *loix* une certaine candeur. Faites pour punir la méchanceté des hommes, elles doivent avoir elles mêmes la plus grande innocence. On peut voir dans la loi des wisigoths (7) cette requête ridicule, par laquelle on fit obliger les juifs à manger toutes les choses apprêtées avec du cochon, pourvu qu'ils ne mangeassent point du cochon même. C'étoit une grande cruauté : on les soumettoit à une *loi* contraire à la leur : on ne leur laissoit garder de la leur que ce qui pouvoit être un signe pour les reconnoître.

Mauvaise manière de donner des loix. Les empereurs romains manifestoient comme nos princes leurs volontés par des décrets & des édits : mais ce que nos princes ne font pas, ils permirent que les juges ou les particuliers, dans leurs différends,

---

(1) *Leg.* 1. ff. *de postulando.*
(2) Dans ses *sentences*, liv. IV, tit. 9.
(3) *Della guerra civile di Francia*, pag. 96.
(4) Elle est du mois de novembre 1702.
(5) Liv. IX des *loix*.
(6) C'est l'authentique, *sed cùm testator.*
(7) Liv. XII, tit. 2, §. 16.

les interrogeassent par lettres ; & leurs réponses étoient appellées des *rescrits*. On sent que c'est une mauvaise sorte de législation. Ceux qui demandent ainsi des *loix*, sont de mauvais guides pour le législateur ; les faits sont toujours mal exposés. Trajan, dit Jules Capitolin (1), refusa souvent de donner de ces sortes de rescrits, afin qu'on n'étendît pas à tous les cas une décision & souvent une faveur particulière. Macrin (2) avoit résolu d'abolir tous ces rescrits ; il ne pouvoit souffrir qu'on regardât comme des *loix* les réponses de Commode, de Caracalla, & de tous ces autres princes pleins d'impéritie ou de cruauté : Justinien pensa autrement, & il en remplit sa compilation.

Je voudrois que ceux qui lisent les *loix* romaines, distinguassent bien ces sortes d'hypothèses d'avec les sénatus-consultes, les plébiscites, les constitutions générales des empereurs, & toutes les *loix* fondées sur la nature des choses, sur la fragilité des femmes, la foiblesse des mineurs, & l'utilité publique.

Combien les idées d'uniformité sont dangereuses en matière de législation. Il y a de certaines idées d'uniformité, qui saisissent quelquefois les grands esprits (car elles ont touché Charlemagne), mais qui frappent infailliblement les petits. Ils y trouvent un genre de perfection qu'ils reconnoissent, parce qu'il est impossible de ne le pas découvrir : sans doute, les principes ne varient pas dans les mêmes circonstances, & il n'y a pas sur une même chose deux principes différens : mais trouve-t-on si aisément les mêmes circonstances & la même chose ? & cette uniformité n'admet-elle pas d'exception ? Le mal de changer est-il toujours moins grand que le mal de souffrir ? Et la grandeur du génie ne consisteroit-elle pas mieux à savoir dans quel cas il faut l'uniformité, & dans quel cas il faut des différences ? A la Chine, les chinois sont gouvernés par le cérémonial chinois, & les tartares par le cérémonial tartare : c'est pourtant le peuple du monde qui a le plus la tranquillité pour objet. Lorsque les citoyens suivent les *loix*, qu'importe qu'ils suivent la même.

Il ne faut point régler, par les principes du droit politique, les choses qui dépendent des principes du droit civil.

Comme les hommes ont renoncé à leur indépendance naturelle pour vivre sous des loix politiques, ils ont renoncé à la communauté naturelle des biens, pour vivre sous des loix civiles.

Ces premières *loix* leur acquierent la liberté ; les secondes la propriété. Il ne faut pas décider par les *loix* de la liberté, qui n'est que l'empire de la cité, ce qui ne doit être décidé que par les *loix* qui concernent la propriété. C'est un paralogisme de dire que le bien particulier doit céder au bien public : cela n'a lieu que dans les cas où il s'agit de l'empire de la cité, c'est-à-dire, de la liberté du citoyen : cela n'a pas lieu dans ceux où il est question de la propriété des biens, parce que le bien public est toujours que chacun conserve invariablement la propriété que lui donnent les *loix* civiles.

Cicéron soutenoit que les *loix* agraires étoient funestes, parce que la cité n'étoit établie que pour que chacun conservât ses biens.

Prenons donc pour maxime que lorsqu'il s'agit du bien public, le bien public n'est jamais que l'on prive un particulier de son bien, ou même qu'on lui en retranche la moindre partie par une loi ou un réglement politique. Dans ce cas, il faut suivre à la rigueur la *loi* civile, qui est le *palladium* de la propriété.

Ainsi, lorsque le public a besoin du fonds d'un particulier, il ne faut jamais agir par la rigueur de la *loi* politique : mais c'est-là que doit triompher la *loi* civile, qui, avec des yeux de mère, regarde chaque particulier comme toute la cité même.

Si le magistrat politique veut faire quelque édifice public, quelque nouveau chemin, il faut qu'il indemnise ; le public est à cet égard comme un particulier qui traite avec un particulier. C'est bien assez qu'il puisse contraindre un citoyen de lui vendre son héritage, & qu'il lui ôte ce grand privilège qu'il tient de la *loi* civile, de ne pouvoir être forcé d'aliéner son bien.

Après que les peuples qui détruisirent les romains, eurent abusé de leurs conquêtes même, l'esprit de liberté les rappella à celui d'équité ; les droits les plus barbares, ils les exercèrent avec modération ; & si l'on en doutoit, il n'y auroit qu'à lire l'admirable ouvrage de Beaumanoir, qui écrivoit sur la jurisprudence dans le douzième siècle.

On raccommodoit de son temps les grands chemins, comme l'on fait aujourd'hui. Il dit que, quand un grand chemin ne pouvoit être rétabli, on en faisoit un autre le plus près de l'ancien qu'il étoit possible ; mais qu'on dédommageoit les propriétaires (3) aux frais de ceux qui tiroient quelque avantage du chemin. On se déterminoit pour lors par la *loi* civile ; on s'est déterminé de nos jours par la *loi* politique.

Il ne faut point décider par les regles du droit

---

(1) Voyez Jules Capitolin, *in Macrino*.
(2) Ibid.
(3) Le seigneur nommoit des prud'hommes pour faire la levée sur le paysan ; les gentilshommes étoient contraints à la contribution par le comte ; l'homme d'église par l'évêque. *Beaumanoir*, chap. 22.

civil, quand il s'agit de décider par celles du droit politique.

On verra le fond de toutes les questions, si l'on ne confond point les règles qui dérivent de la propriété de la cité, avec celles qui naissent de la liberté de la cité.

Le domaine d'un état est-il inaliénable ou ne l'est-il pas ? Cette question doit être décidée par la *loi* politique, & non pas par la *loi* civile (1). Elle ne doit pas être décidée par la *loi* civile, parce que le domaine d'un état est soumis à la *loi* politique.

L'ordre de succession est fondé, dans les monarchies, sur le bien de l'état, qui demande que cet ordre soit fixé, pour éviter les malheurs qui doivent arriver dans le despotisme où tout est incertain, parce que tout y est arbitraire.

Ce n'est pas pour la famille régnante que l'ordre de succession est établi, mais parce qu'il est de l'intérêt de l'état qu'il y ait une famille régnante. La *loi* qui règle la succession des particuliers, est une *loi* civile qui a pour objet l'intérêt des particuliers ; celle qui règle la succession à la monarchie, est une *loi* politique qui a pour objet le bien & la conservation de l'état.

Il suit de là que, lorsque la *loi* politique a établi dans un état un ordre de succession, & que cet ordre vient à finir, il est absurde de réclamer la succession en vertu de la *loi* civile de quelque peuple que ce soit. Une société particulière ne fait point de *loix* pour une autre société. Les *loix* civiles des romains ne sont pas plus applicables que toutes autres *loix* civiles ; ils ne les ont point employées eux-mêmes lorsqu'ils ont jugé les rois ; & les maximes pour lesquelles ils ont jugé les rois, nous sont si étrangères qu'il ne faut point les faire revivre.

Il suit encore de là que, lorsque la *loi* politique a fait renoncer quelque famille à la succession, il est absurde de vouloir employer les restitutions tirées de la *loi* civile. Les restitutions sont dans la *loi*, & peuvent être bonnes contre ceux qui vivent dans la *loi* : mais elles ne sont pas bonnes pour ceux qui ont été établis pour la *loi*, & qui vivent pour la *loi*.

Il est ridicule de prétendre décider des droits des royaumes, des nations & de l'univers, par les mêmes maximes sur lesquelles on décide entre particuliers d'un droit pour une gouttière, pour me servir de l'expression de Ciceron (2).

Il ne faut pas décider par les loix civiles les choses qui doivent l'être par les loix domestiques.

La *loi* des wisigoths vouloit que les esclaves (3) fussent obligés de lier l'homme & la femme qu'ils surprenoient en adultère, & de les présenter au mari & au juge : *loi* terrible qui mettoit, entre les mains de ces personnes viles, le soin de la vengeance publique, domestique & particulière !

Cette *loi* ne seroit bonne que dans les serrails d'orient, où l'esclave qui est chargé de la clôture, a prévariqué sitôt qu'on prévarique. Il arrête les criminels, moins pour les faire juger que pour se faire juger lui-même, & obtenir que l'on cherche, dans les circonstances de l'action, si l'on peut perdre le soupçon de sa négligence.

Mais, dans les pays où les femmes ne sont point gardées, il est insensé que la *loi* civile les soumette, elles qui gouvernent la maison, à l'inquisition de leurs esclaves.

Cette inquisition pourroit être tout au plus, dans de certains cas, une *loi* particulière domestique, & jamais une *loi* civile.

Il ne faut pas décider, par le principe des loix civiles, les choses qui appartiennent au droit des gens.

La liberté consiste principalement à ne pouvoir être forcé à faire une chose que la *loi* n'ordonne pas, & on n'est dans cet état que parce qu'on est gouverné par des *loix* civiles : nous sommes donc libres, parce que nous vivons sous des *loix* civiles.

Il suit de là que les princes qui ne vivent point entr'eux sous des *loix* civiles, ne sont point libres, ils sont gouvernés par la force ; ils peuvent continuellement forcer ou être forcés. De là il suit peut-être que les traités qu'ils ont faits par force, sont aussi obligatoires que ceux qu'ils auroient faits de bon gré. Quand nous, qui vivons sous des *loix* civiles, sommes contraints à faire quelques contrats que la *loi* n'exige pas, nous pouvons, à la faveur de la *loi*, revenir contre la violence ; mais un prince, qui est toujours dans cet état dans lequel il force ou il est forcé, ne peut pas se plaindre d'un traité qu'on lui a fait faire par violence. C'est comme s'il se plaignoit de son état naturel : c'est comme s'il vouloit être prince à l'égard des autres princes, & que les autres princes fussent citoyens à son égard, c'est-à-dire, choquer la nature des choses.

Il ne faut pas décider par les loix politiques, les choses qui appartiennent au droit des gens.

Les *loix* politiques demandent que tout homme soit soumis aux tribunaux criminels & civils du pays où il est, & à l'animadversion du souverain.

Le droit des gens a voulu que les princes s'envoyassent des ambassadeurs ; & la raison tirée de la nature de la chose, n'a pas permis que ces ambassadeurs dépendissent du souverain chez qui

---

(1) *Voyez* les articles ALIÉNATION & INALIÉNABILITÉ.
(2) Liv. I. des *loix*.
(3) *Loi* des wisigoths, liv. III, tit. 4, §. 6.

ils font envoyés, ni de fes tribunaux. Ils font la parole du prince qui les envoie, & cette parole doit être libre : aucun obstacle ne doit les empêcher d'agir : ils peuvent souvent déplaire, parce qu'ils parlent pour un homme indépendant : on pourroit leur imputer des crimes, s'ils pouvoient être punis pour des crimes : on pourroit leur supposer des dettes, s'ils pouvoient être arrêtés pour dettes : un prince qui a une fierté naturelle, parleroit par la bouche d'un homme qui auroit tout à craindre. Il faut donc suivre, à l'égard des ambassadeurs, les raisons tirées du droit des gens, & non pas celles qui dérivent du droit politique. Que s'ils abusent de leur être représentatif, on les fait cesser en les renvoyant chez eux : on peut même les accuser devant leur maître, qui devient par là leur juge ou leur complice.

Lorsque, par quelque circonstance, la loi politique détruit l'état, il faut décider par la loi politique qui le conserve, qui devient quelquefois un droit des gens.

Quand la loi politique, qui a établi dans l'état un certain ordre de succession, devient destructrice du corps politique pour lequel elle a été faite, il ne faut pas douter qu'une autre loi politique ne puisse changer cet ordre ; & bien loin que cette même loi soit opposée à la première, elle y sera dans le fond entièrement conforme, puisqu'elles dépendront toutes deux de ce principe : le salut du peuple est la suprême loi.

Un grand état devenu accessoire d'un autre, s'affoiblit & même affoiblit le principal. On sait que l'état a intérêt d'avoir son chef chez lui, que les revenus publics soient bien administrés, & il est important que celui qui doit gouverner ne soit point imbu de maximes étrangères ; elles conviennent moins que celles qui sont déja établies: d'ailleurs les hommes tiennent prodigieusement à leurs loix & à leurs coutumes ; elles font la félicité de chaque nation ; il est rare qu'on les change sans de grandes secousses & une grande effusion de sang, comme les histoires de tous les pays le font voir.

Il suit de là que si un grand état a pour héritier le possesseur d'un grand état, le premier peut fort bien l'exclure, parce qu'il est utile à tous les deux états que l'ordre de la succession soit changé. Ainsi la loi de Russie, faite au commencement du règne d'Élisabeth, exclut très prudemment tout héritier qui posséderoit une autre monarchie : ainsi la loi de Portugal rejette tout étranger qui seroit appellé à la couronne par le droit du sang.

Que si une nation peut exclure, elle a à plus forte raison le droit de faire renoncer. Si elle craint qu'un certain mariage n'ait des suites qui puissent lui faire perdre son indépendance ou la jetter dans un partage, elle pourra fort bien faire renoncer les contractans, & ceux qui naîtront d'eux, à tous les droits qu'ils auroient sur elle ; & celui qui renonce, & ceux contre qui on renonce, pourront d'autant moins se plaindre, que l'état auroit pu faire une loi pour les exclure.

Il ne faut pas suivre les dispositions générales du droit civil, lorsqu'il s'agit de choses qui doivent être soumises à des regles particulieres tirées de leur propre nature.

Est-ce une bonne *loi* que toutes les obligations civiles, passées dans le cours d'un voyage entre les matelots dans un navire, soient nulles ? François Pyrard (1) nous a dit que de son tems elle n'étoit pas observée par les portugais, mais qu'elle l'étoit par les françois. Des gens qui ne sont ensemble que pour peu de temps, qui n'ont aucun besoin puisque le prince y pourvoit, qui ne peuvent avoir qu'un objet qui est celui de leur voyage, qui ne sont plus dans la société, mais citoyens du navire, ne doivent point contracter de ces obligations qui n'ont été introduites que pour soutenir les charges de la société civile.

C'est dans ce même esprit que la *loi* des rhodiens, faite pour un temps où l'on suivoit toujours les côtes, vouloit que ceux qui, pendant la tempête, restoient dans le vaisseau, eussent le navire & la charge ; & que ceux qui l'avoient quitté, n'eussent rien.

Il ne faut point décider par les préceptes de la religion, lorsqu'il s'agit de ceux de la loi naturelle.

Les abyssins ont un carême de cinquante jours très-rude, & qui les affoiblit tellement que de long-temps ils ne peuvent agir : les turcs (2) ne manquent pas de les attaquer après leur carême. La religion devroit, en faveur de la défense naturelle, mettre des bornes à ces pratiques.

Le sabbat fut ordonné aux juifs : mais ce fut une stupidité à cette nation de ne point se défendre (3), lorsque ses ennemis choisirent ce jour pour l'attaquer.

Cambyse, assiégeant Peluse, mit au premier rang un grand nombre d'animaux que les égyptiens tenoient pour sacrés : les soldats de la garnison n'oserent tirer. Qui ne voit que la défense naturelle est d'un ordre supérieur à tous les préceptes ?

Il ne faut pas régler par les principes du droit, appellé canonique, les choses réglées par les principes du droit civil.

---

(1) Chap. 14, part. XII.
(2) Recueil des ouvrages qui ont servi à l'établissement de la compagnie des Indes, tom. 4, part. I, pag. 35 & 103.
(3) Comme ils firent lorsque Pompée assiégea le temple. *Voyez* Dion, liv. XXXVII.

Par le droit (1) civil des romains, celui qui enlève d'un lieu sacré une chose privée, n'est puni que du crime de vol : par le droit canonique (2), il est puni du crime de sacrilège. Le droit canonique fait attention au lieu, le droit civil à la chose. Mais n'avoir attention qu'au lieu, c'est ne réfléchir ni sur la nature & la définition du vol, ni sur la nature & la définition du sacrilège.

Comme le mari peut demander la séparation à cause de l'infidélité de sa femme, la femme la demandoit autrefois (3) à cause de l'infidélité du mari. Cet usage, contraire à la disposition des *loix* romaines (4), s'étoit introduit dans les cours d'église (5), où l'on ne voyoit que les maximes du droit canonique ; & effectivement, à ne regarder le mariage que dans des idées purement spirituelles & dans le rapport aux choses de l'autre vie, la violation est la même : mais les *loix* politiques & civiles de presque tous les peuples, ont avec raison distingué ces deux choses. Elles ont demandé des femmes, un degré de retenue & de continence qu'elles n'exigent point des hommes, parce que la violation de la pudeur suppose dans les femmes un renoncement à toutes les vertus ; parce que la femme, en violant les *loix* du mariage, sort de l'état de sa dépendance naturelle ; parce que la nature a marqué l'infidélité des femmes par des signes certains ; outre que les enfans adultérins de la femme sont nécessairement au mari & à la charge du mari, au lieu que les enfans adultérins du mari ne sont pas à la femme, ni à la charge de la femme.

Les choses qui doivent être réglées par les principes du droit civil, peuvent rarement l'être par les principes des loix de la religion.

Les *loix* religieuses ont plus de sublimité, les *loix* civiles ont plus d'étendue.

Les *loix* de perfection, tirées de la religion, ont plus pour objet la bonté de l'homme qui les observe, que celle de la société dans laquelle elles sont observées : les *loix* civiles, au contraire, ont plus pour objet la bonté morale des hommes en général, que celle des individus.

Ainsi, quelque respectables que soient les idées qui naissent immédiatement de la religion, elles ne doivent pas toujours servir de principe aux loix civiles, parce que celles-ci en ont un autre, qui est le bien général de la société.

Les romains firent des réglemens pour conserver dans la république les mœurs des femmes ; c'étoient des institutions politiques. Lorsque la monarchie s'établit, ils firent là-dessus des *loix* civiles, & ils les firent sur les principes du gouvernement civil. Lorsque la religion chrétienne eut pris naissance, les *loix* nouvelles que l'on fit eurent moins de rapport à la bonté générale des mœurs, qu'à la sainteté du mariage : on considéra moins l'union des deux sexes dans l'état civil, que dans un état spirituel.

D'abord, par la *loi* romaine (6), un mari qui ramenoit sa femme dans sa maison après la condamnation d'adultère, fut puni comme complice de ses débauches. Justinien (7), dans un autre esprit, ordonna qu'il pourroit pendant deux ans l'aller reprendre dans le monastère.

Lorsqu'une femme qui avoit son mari à la guerre, n'entendoit plus parler de lui, elle pouvoit, dans les premiers temps, aisément se remarier, parce qu'elle avoit entre ses mains le pouvoir de faire divorce. La *loi* de Constantin (8) voulut qu'elle attendît quatre ans, après quoi elle pouvoit envoyer le libelle de divorce au chef ; & si son mari revenoit, il ne pouvoit plus l'accuser d'adultère. Mais Justinien (9) établit que, quelque temps qui se fût écoulé depuis le départ du mari, elle ne pouvoit se remarier, à moins que, par la déposition & le serment du chef, elle ne prouvât la mort de son mari : Justinien avoit en vue l'indissolubilité du mariage ; mais on peut dire qu'il l'avoit trop en vue. Il demandoit une preuve positive, lorsqu'une preuve négative suffisoit ; il exigeoit une chose très-difficile, de rendre compte de la destinée d'un homme éloigné & exposé à tant d'accidens ; il présumoit un crime, c'est-à-dire, la désertion du mari, lorsqu'il étoit si naturel de présumer sa mort. Il choquoit le bien public, en laissant une femme sans mariage ; il choquoit l'intérêt particulier, en l'exposant à mille dangers.

La *loi* de Justinien (10), qui mit parmi les causes de divorce le consentement du mari & de la femme d'entrer dans le monastère, s'éloignoit entièrement des principes des *loix* civiles. Il est naturel que les causes de divorce tirent leur origine de certains empêchemens qu'on ne devoit pas prévoir avant le mariage : mais ce désir de garder la chasteté pouvoit être prévu, puisqu'il

---

(1) Leg. V. ff. ad leg. Juliam peculatus.
(2) Cap. quisquis XVII. quæstione 4 ; Cujas, observat. liv. XIII, chap. 19, tom. 3.
(3) Beaumanoir : ancienne coutume de Beauvoisis, chap. 18.
(4) Leg. I. cod. ad leg. Jul. de adult.
(5) Aujourd'hui, en France, elles ne connoissent point de ces choses.
(6) Leg. XI. §. ult. ff. ad leg. Jul. de adult.
(7) Nov. 134, coll. 9, ch. 10, tit. 170.
(8) Leg. VII, cod. de repudiis & judicio de moribus sublato.
(9) Auth. hodie quantifcumque, cod. de repudiis.
(10) Auth. quod hodie, cod. de repudiis.

eſt en nous. Cette *loi* favoriſe l'inconſtance dans un état qui, de ſa nature, eſt perpétuel; elle choque le principe fondamental du divorce, qui ne ſouffre la diſſolution d'un mariage que dans l'eſpérance d'un autre; enfin, à ſuivre même les idées religieuſes, elle ne fait que donner des victimes à Dieu ſans ſacrifice.

Il ne faut point régler les tribunaux humains, par les maximes des tribunaux qui regardent l'autre vie.

Le tribunal de l'inquiſition, formé par les moines chrétiens ſur l'idée du tribunal de la pénitence, eſt contraire à toute bonne police. Il a trouvé par-tout un ſoulevement général; & il auroit cédé aux contradictions, ſi ceux qui vouloient l'établir n'avoient tiré avantage de ces contradictions mêmes.

Ce tribunal eſt inſupportable dans tous les gouvernemens. Dans la monarchie, il ne peut que faire des délateurs & des traitres; dans les républiques, il ne peut former que des mal-honnêtes gens; dans l'état deſpotique, il eſt deſtructeur comme lui.

Au reſte, il faut juger les *loix* avec circonſpection; il faut examiner les circonſtances avec plus de ſoin que les légiſlateurs eux-mêmes ne les ont examinées: car l'intérêt avertit quelquefois ceux qui gouvernent, & ils font quelquefois d'heureuſes diſpoſitions ſans avoir de bons principes: d'autrefois ils ſe déterminent d'après des données inconnues du vulgaire; &, dans tous les cas, il faut étudier ces données, ou deviner tous les rapports.

Les loix qui paroiſſent s'éloigner des vues du légiſlateur, y ſont ſouvent conformes.

La *loi* de Solon, qui déclaroit infâmes tous ceux qui, dans une ſédition, ne prendroient aucun parti, a paru bien extraordinaire: mais nous avons montré ailleurs combien elle étoit ſage. Il faut faire attention aux circonſtances dans leſquelles la Grèce ſe trouvoit pour lors. Elle étoit partagée en de très-petits états: il étoit à craindre que, dans une république travaillée par des diſſenſions civiles, les gens les plus prudens ne ſe miſſent à couvert, & que par-là les choſes ne fuſſent portées à l'extrémité.

Dans les ſéditions qui arrivoient dans ces petits états, le gros de la cité entroit dans la querelle, ou la faiſoit. Dans nos grandes monarchies, les partis ſont formés par une poignée de gens, & le peuple voudroit vivre dans l'inaction. Dans ce cas, il eſt naturel de rappeller les ſéditieux au gros des citoyens, non pas le gros des citoyens aux ſéditieux: dans l'autre, il faut faire rentrer le petit nombre de gens ſages & tranquilles parmi les ſéditieux: c'eſt ainſi que la fermentation d'une liqueur peut être arrêtée par une ſeule goutte d'une autre.

De quelle manière deux loix diverſes peuvent être comparées.

En France, la peine contre les faux témoins eſt capitale; en Angleterre, elle ne l'eſt point. Pour juger laquelle de ces deux *loix* eſt la meilleure, il faut ajouter: en France, la queſtion préparatoire contre les criminels a été d'uſage juſqu'à nos jours: en Angleterre, elle ne l'eſt point; & dire encore: en France, l'accuſé ne produit point ſes témoins, & il eſt très-rare qu'on y admette ce qu'on appelle *les faits juſtificatifs*: en Angleterre, l'on reçoit les témoignages de part & d'autre. Les trois *loix* françoiſes forment un ſyſtême très-lié & très-ſuivi; les trois *loix* angloiſes en forment un qui ne l'eſt pas moins. La *loi* d'Angleterre, qui ne connoît point la queſtion contre les criminels, n'a que peu d'eſpérance de tirer de l'accuſé la confeſſion de ſon crime; elle appelle donc de tous côtés les témoignages étrangers, & elle n'oſe les décourager par la crainte d'une peine capitale. La *loi* françoiſe qui a une reſſource de plus, ne craint pas tant d'intimider les témoins; au contraire, la raiſon demande qu'elle les intimide: elle n'écoute que les témoins d'une part (1); ce ſont ceux que produit la partie publique, & le deſtin de l'accuſé dépend de leur ſeul témoignage. Mais en Angleterre, on reçoit les témoins des deux parts, & l'affaire eſt pour ainſi dire diſcutée entr'eux: le faux témoignage y peut donc être moins dangereux; l'accuſé a une reſſource contre le faux témoignage, au lieu que la *loi* françoiſe n'en donne point. Ainſi, pour juger leſquelles de ces deux *loix* les plus conformes à la raiſon, il ne faut pas comparer chacune de ces *loix* à chacune; il faut les prendre toutes enſemble, & les comparer toutes enſemble.

Loix, uſages & droits chez toutes les nations, qui ont gouverné les peuples les plus célèbres de l'antiquité, & la plupart des peuples modernes.

Les *loix* les plus célèbres de l'antiquité ſont celles de Lycurgue, de Dracon, de Solon, des douze Tables.

Dans les temps moins éloignés, les *loix* fameuſes ſont les *loix* des angliens, wermes ou thuringiens, la *loi* des allemands, les *loix* angloiſes, la *loi* des boyens ou bavarois, les *loix* bourguignones, la *loi* des danois ou norwégiens, les *loix* des francs, celles des friſons, les *loix* gothiques, celles des lombards, la *loi* Mariane ou des murciens, la *loi* Molſolitine, la *loi* d'Oleron, les *loix* Ripuaires, la *loi* Salique, la *loi* des ſaxons,

---

(1) Par l'ancienne juriſprudence françoiſe, les témoins étoient ouïs des deux parts. Auſſi voit-on, dans les établiſſemens de S. Louis, liv. I, chap. 7, que la peine contre les faux témoins en juſtice étoit pécuniaire.

des scots ou des écossois, des siciliens, des visigoths, la *loi* Gombette.

La *loi* Gombette étoit dans l'ancien royaume de Bourgogne ce qu'étoit la *loi* Salique parmi les francs : elle fut ainsi appellée de *Gombaut*, mot abrégé de Gondebaut, roi de Bourgogne. C'est en effet Gondebaut qui la porta au commencement du sixième siècle ; elle fut exécutée dans la Bourgogne, devenue province de France, & maintenue par les rois françois qui y commandèrent, comme les *loix* romaines subsistèrent dans le pays où les rois visigots avoient régné, & dont ils furent chassés.

Les loix Ripuaires dûrent leur origine, comme plusieurs le pensent, à Théodoric, fils de Clovis ; le nom de *Ripuaires* a été donné à ces peuples qui habitoient entre le Rhin, la Moselle & la Meuse, & sur les bords de ces fleuves. Quelques auteurs croient que les ripuaires sont les anciens francs, ainsi nommés, parce qu'ils habitoient les rivages du Sol & de Main. D'autres disent enfin qu'on appelloit ainsi les peuples qui habitoient en-deçà du Rhin, de l'Escaut & de la Meuse.

Aucun peuple n'a été aussi renommé par ses *loix* que les lombards, qui fondèrent en Italie une puissante monarchie que Charlemagne détruisit. Les *loix* lombardes étoient équitables, claires & précises, & elles furent fidelement exécutées par les rois & par les sujets. C'est Rotheric, roi des lombards, Arien, prince juste, d'une prudence consommée & d'une valeur extraordinaire, qui le premier donna des *loix* écrites aux lombards. Ses successeurs l'imitèrent, & de leurs édits se forma insensiblement un volume, qu'on appella les *loix lombardes*. Les droits des fiefs en Italie prirent naissance dans ces *loix* que quelques villes de cette belle région, & principalement le royaume de Naples, suivent encore aujourd'hui préférablement aux *loix* romaines : on en a même inséré quelques-unes dans le droit canonique. C'est à la fin du quinzième siècle que le droit féodal des lombards s'introduisit en Allemagne ; & depuis ce temps-là il a été regardé, dans le corps germanique, comme un droit coutumier pour les fiefs.

A proprement parler, il n'y avoit plus de *loix* en France : on ne suivoit que des usages établis par l'anarchie, sur la fin de la seconde race de nos rois & au commencement de la troisième, lorsqu'on recommença à étudier le droit romain ; mais ce ne fut pas le droit contenu dans le code Théodosien, qui, avant les temps des désordres, étoit appellé *le droit romain* dans les Gaules & dans les Espagnes. Il n'étoit déja plus connu que de quelques savans, & il demeura dans l'oubli jusqu'au commencement du seizième siècle. On l'imprima sur trois manuscrits trouvés en Allemagne. Cette édition est celle de Charlemagne, ou, pour mieux dire, celle d'Alaric. On a trouvé depuis une partie de ce code, tel que Théodose l'avoit fait.

Le droit romain qu'on commença à étudier au temps dont je parle, que l'on étudie encore aujourd'hui en France, & sur lequel on prend des degrés dans les universités pour entrer au barreau, ou pour être reçu dans les offices de judicature, est le droit de Justinien, qui jusques-là avoit été peu connu en occident : car, dans le temps que cet empereur le fit publier, il n'étoit observé que dans les deux provinces de l'Europe qui lui obéissoient paisiblement, la Grèce & la plus grande partie de l'Illyrie, & dans la partie de l'Italie où les romains se maintenoient encore par les armes. Cette partie est ce qu'on appelle aujourd'hui la Romagne, avec le reste des terres de l'église, le royaume de Naples & la Sicile.

Voyez les articles ARISTOCRATIE, DÉMOCRATIE, MONARCHIE, LÈSE-MAJESTÉ, & tous les articles qui ont rapport aux défenses & aux prohibitions usitées dans les états.

LOMBARDIE. *Voyez* les articles PIÉMONT, MILANEZ & VENISE.

LOMMERSUM, état d'Allemagne. *Voyez* l'article KERPEN.

LORE. *Voyez* l'article HOHNSTEIN.

LORRAINE, province de France. *Voyez* dans le dictionnaire de Géographie, l'époque de sa réunion à la couronne.

LOTERIE. *Voyez* le dictionnaire de Finances.

LOUISIANE, contrée de l'Amérique septentrionale, entre la Floride & le nouveau Mexique : sa position n'a jamais été déterminée d'une manière bien fixe : on verra dans le cours de cet article, que d'après l'étendue qu'on lui assignoit, il y a cinquante ans, une partie de ce pays se trouve compris aujourd'hui dans l'espace assigné aux Etats-Unis, par le traité de paix avec l'Angleterre : cette remarque générale suffit ici, & le lecteur peut faire les rapprochemens en comparant l'ancienne carte de la *Louisiane*, & la carte actuelle des républiques américaines.

Nous donnerons quelque étendue à cet article : il a un rapport immédiat avec ce déplorable *système* qui a produit en France des effets si extraordinaires & si fâcheux.

La *Louisiane*, que les espagnols comprenoient autrefois dans la Floride, resta long-temps inconnue aux habitans du Canada. Ce ne fut qu'en 1660 qu'ils en soupçonnèrent l'existence. Avertis à cette époque, par les sauvages, qu'il y avoit à l'occident de la colonie un grand fleuve qui ne couloit ni à l'est, ni au nord, ils en conclurent qu'il devoit se rendre au golfe du Mexique, s'il couloit au sud ; ou dans l'océan pacifique, s'il se déchargeoit à l'ouest. Le soin d'éclaircir ces faits importans fut confié, en 1673, à Joliet, habitant de Québec, homme très-intelligent, & au jésuite Marquette, dont les mœurs douces & compatissantes étoient généralement chéries.

Aussi-tôt

Auſſi-tôt ces deux hommes, également déſintéreſſés, également actifs, également paſſionnés pour leur patrie, partent enſemble du lac Michigan, entrent dans la rivière des Renards qui s'y décharge, la remontent juſques vers ſa ſource, malgré les courans qui s'en rendent la navigation difficile. Après quelques jours de marche, ils ſe rembarquent ſur le Ouiſconſing, & navigant toujours à l'oueſt, il ſe trouvent ſur le Miſſiſſipi, qu'ils deſcendent juſqu'aux Akanſas, vers les trois degrés de latitude. L'eur zèle les pouſſoit plus loin; mais ils manquoient de ſubſiſtances; mais ils ſe trouvoient dans des régions inconnues; mais ils n'avoient que trois ou quatre hommes avec eux; mais l'objet de leur voyage étoit rempli, puiſqu'ils avoient découvert le fleuve qu'on cherchoit, & qu'ils étoient aſſurés de ſa direction. Ces conſidérations les déterminèrent à reprendre la route du Canada à travers le pays des illinois, peuplade aſſez nombreuſe & très-diſpoſée à s'allier avec leur nation. Sans rien cacher, ſans rien exagérer, ils communiquèrent au chef de la colonie les lumières acquiſes.

La Nouvelle-France comptoit alors au nombre de ſes habitans, un normand nommé Laſale, poſſédé de la double paſſion de faire une grande fortune, & de parvenir à une réputation brillante. Ce perſonnage avoit acquis dans la ſociété des jéſuites, où il avoit paſſé ſa jeuneſſe, l'activité, l'enthouſiaſme, le courage d'eſprit & de cœur, que ce corps célèbre ſavoit ſi bien inſpirer aux ames ardentes dont il aimoit à ſe recruter. Laſale, prêt à ſaiſir toutes les occaſions de ſe ſignaler, impatient de les faire naître, audacieux & entreprenant, voit enfin dans la découverte qui vient d'être faite, une vaſte carrière ouverte à ſon ambition & à ſon génie. De concert avec Frontenac, gouverneur du Canada, il s'embarque pour l'Europe, ſe préſente à la cour de Verſailles, s'y fait écouter, preſque admirer dans un temps où la paſſion des grandes choſes échauffoit à la fois le monarque & la nation. Il en revient comblé de faveurs, & avec l'ordre d'achever ce qu'on avoit ſi heureuſement commencé.

C'étoit un beau projet. Pour en rendre l'exécution utile & ſolide, il falloit, par des forts placés de diſtance en diſtance, s'aſſurer des contrées qui ſéparoient le Miſſiſſipi des établiſſemens françois; il falloit gagner l'affection des peuplades errantes ou ſédentaires dans ce vaſte eſpace. Ces opérations, lentes de leur nature, furent encore retardées par des accidens inattendus, par la malveillance des iroquois, par les émeutes répétées des ſoldats, que le deſpotiſme & l'inquiétude de leur chef aigriſſoient continuellement. Auſſi Laſale, qui avoit commencé ſes préparatifs au mois de ſeptembre 1678, ne put-il naviguer que le 2 février 1682 ſur le grand fleuve qui fixoit ſes vœux & ſes eſpérances. Le 9 avril, il en reconnut l'embouchure qui, comme on l'avoit prévu, ſe trouva dans le golfe du Méxique; & il étoit de retour à Québec au printemps de l'année ſuivante.

Il part auſſi-tôt pour aller propoſer en France la découverte du Miſſiſſipi par mer, & l'établiſſement d'une grande colonie ſur les fertiles rives qu'arroſe ce fleuve. La cour ſe rend à ſon éloquence ou à ſes raiſons. On lui donne quatre petits bâtimens, avec leſquels il vogue vers le golfe du Méxique. Pour avoir trop pris à l'oueſt, la petite flotte manque ſon terme, & ſe trouve au mois de février 1685 dans la baie Saint-Bernard, à cent lieues de l'embouchure où l'on s'étoit propoſé d'entrer. La haine irréconciliable qui s'eſt formée entre le chef de l'entrepriſe & Beaujeu, commandant des vaiſſeaux, rend cette erreur infiniment plus funeſte qu'elle ne devoit l'être. Impatiens de ſe ſéparer, ces deux hommes altiers ſe décident à tout débarquer ſur la côte même où le haſard les a conduits. Après cette opération déſeſpérée, les navires s'éloignent; & il ne reſte ſur ces plages inconnues que cent ſoixante-dix hommes, la plupart très-corrompus, & tous mécontens avec raiſon de leur ſituation. Ils n'ont que peu d'outils, peu de vivres, peu de munitions. Le reſte de ce qui devroit ſervir à la fondation du nouvel état, a été englouti dans les flots par la perfidie ou la maladreſſe des officiers de mer, chargés de le mettre à terre.

Cependant l'ame fière & inébranlable de Laſale n'eſt pas abattue par ces revers. Soupçonnant que les rivières qui ſe déchargent dans la baie où l'on eſt entré, peuvent être des branches du Miſſiſſipi, il emploie pluſieurs mois à éclaircir ſes doutes. Déſabuſé de ces eſpérances, il perd ſa miſſion de vue. Au lieu de chercher parmi les ſauvages des guides qui le conduiroient à ſa deſtination, il veut pénétrer dans l'intérieur des terres, & prendre connoiſſance des fabuleuſes mines de Sainte-Barbe. Cette idée folle l'occupoit uniquement, lorſqu'au commencement de 1687 il eſt maſſacré par quelques-uns de ſes compagnons, irrités de ſes hauteurs & de ſes violences.

La mort du chef diſperſe la troupe. Les ſcélérats qui l'ont aſſaſſiné périſſent par les mains les uns des autres. Pluſieurs s'incorporent aux tribus indiennes. La faim & les fatigues en conſument un aſſez grand nombre. Les eſpagnols voiſins chargent de fers quelques-uns de ces aventuriers, qui finiſſent leurs jours dans les mines. Les ſauvages ſurprennent le fort qu'on avoit conſtruit, & immolent à leur rage ce qui s'y trouve. Il n'échappe à tant de déſaſtre que ſept hommes qui, ayant erré juſqu'au Miſſiſſipi, ſe rendent au Canada par le pays des illinois Ces malheurs font oublier en France une région encore peu connue.

D'Iberville, gentilhomme canadien, qui avoit fait à la baie d'Hudſon, en Acadie & à Terre-Neuve des coups de main très-hardis & non moins heureux, réveille, en 1697, l'attention du ministère. On le fait partir de Rochefort avec deux vaisseaux. Il découvre le Mississipi en 1699, le remonte jusqu'aux Natchez ; & après s'être assuré par lui-même de tout ce qu'on avoit publié d'avantageux, il construit à son embouchure un petit fort qui ne subsiste que quatre ou cinq ans. Cependant il va établir ailleurs sa colonie.

Entre le fleuve & Pensacole, que les espagnols venoient d'élever dans la Floride, est une côte d'environ quarante lieues d'étendue, où aucun bâtiment ne peut aborder. Le sol en est sablonneux & le climat brûlant. On n'y voit que quelques cèdres, quelques pins épars. Dans ce grand espace est un canton, nommé *Biloxi*. Cette position, la plus triste, la plus stérile de ces contrées, est celle qu'on choisit pour fixer le petit nombre d'hommes qu'Iberville avoit amenés sous l'appas des plus grandes espérances.

Deux ans après arrive une nouvelle peuplade. On retire la première des sables arides où elle avoit été jettée, & toutes deux sont réunies sur les bords de la Mobile. Cette rivière n'est navigable que pour des pirogues ; les terres qu'elle arrose ne sont pas fertiles. C'étoient des motifs suffisans pour abandonner l'idée d'un pareil établissement. Il n'en fut pas ainsi. On décida que ces désavantages seroient compensés par la facilité des communications avec les sauvages voisins, avec les espagnols, avec les isles françoises & avec l'Europe. Le port qui devoit former ces liaisons, ne tenoit pas au continent. Un hasard heureux ou malheureux l'avoit placé à quelques lieues de la côte, dans une isle déserte, ingrate & sauvage, qu'on décora du grand nom d'*Isle-Dauphine*.

Une colonie, fondée sur de si mauvaises bases, ne pouvoit prospérer. La mort d'Iberville, qui en 1706 termina sa carrière devant la Havane, en servant glorieusement sa patrie dans la marine, acheva d'éteindre le peu d'espoir qui restoit aux plus crédules. On voyoit la France trop occupée d'une guerre désastreuse, pour en pouvoir attendre des secours. Les habitans se croyoient à la veille d'un abandon total ; & ceux qui se flattoient de pouvoir trouver ailleurs un asyle, s'empressoient de l'aller chercher. Il ne restoit que vingt-huit familles, plus misérables les unes que les autres, lorsqu'on vit avec surprise Crozat demander en 1712 & obtenir pour quinze ans le commerce exclusif de la *Louisiane*.

C'étoit un négociant célèbre, qui, par de vastes entreprises, sagement combinées, avoit élevé l'édifice d'une fortune immense. Il n'avoit pas renoncé à augmenter ses richesses ; mais il vouloit que ses nouveaux projets contribuassent à la prospérité de la monarchie. Une ambition si noble tourna ses regards vers le Mississipi. Le soin d'en défricher le sol fertile, ne l'occupa pas. Son but étoit d'ouvrir, par terre & par mer, des communications avec l'ancien & le nouveau Mexique, d'y verser des marchandises de toutes les espèces, & d'en tirer le plus qu'il pourroit de métaux. La concession qu'il avoit desirée lui paroissoit l'entrepôt naturel & nécessaire de ses vastes opérations, & les démarches de ses agens furent dirigées sur ce plan magnifique. Mais, diverses tentatives, toutes infructueuses, l'ayant désabusé de ses espérances, il se dégoûta de son privilège, & le remit en 1717 à une compagnie, dont le succès étonna toutes les nations.

Cette compagnie fut formée par Law, ce célèbre écossois, sur lequel on n'eut pas, dans le temps, des idées bien arrêtées, & dont le nom paroit aujourd'hui placé entre la foule des simples aventuriers & le petit nombre des grands hommes. L'occupation de ce génie hardi étoit, depuis son enfance, de porter un œil curieux & réfléchi sur toutes les puissances de l'Europe, d'en approfondir les ressorts, d'en calculer les forces. L'état où l'ambition désordonnée de Louis XIV avoit plongé la France, fixa singuliérement ses regards. Ils s'arrêtèrent sur ces ruines. Un empire qui, durant quarante ans, avoit causé tant de jalousie, tant d'inquiétude à tous ses voisins, ne montroit plus ni vigueur ni vie. La nation étoit écrasée par les besoins du fisc, & le fisc par l'énormité de ses engagemens. En vain avoit-on réduit la dette publique, dans l'espoir de redonner du prix aux créances respectées. Cette banqueroute n'avoit produit que très-imparfaitement l'espèce de bien qu'on en attendoit. Les papiers royaux étoient encore infiniment au-dessous de leur valeur originaire.

Il falloit ouvrir un débouché aux effets pour prévenir leur discrédit total. La voie du remboursement étoit impraticable, puisque les intérêts pour les sommes dues absorboient presqu'entièrement les revenus du gouvernement. Law imagina un autre expédient. Au mois d'août 1717 il fit créer, sous le nom de *compagnie d'occident*, une association, dont les fonds devoient être faits avec des billets d'état. Ce papier étoit reçu pour sa valeur entière, quoiqu'il perdit cinquante pour cent dans le commerce. Aussi le capital, qui n'étoit que de cent millions, fut-il rempli dans peu de jours. Il est vrai qu'avec ces singuliers moyens on ne pouvoit pas fonder une puissante colonie dans la *Louisiane*, comme le privilège exclusif sembloit l'exiger : mais un espoir d'un autre genre soutenoit l'auteur de ces nouveautés.

Ponce de Léon n'eut pas plutôt abordé à la Floride, en 1512, qu'il se répandit dans l'ancien & le nouveau-Monde, que cette région étoit remplie de métaux. Ils ne furent découverts, ni par François de Cordoue, ni par Velasquez de Aylon, ni par Philippe de Narvaez, ni par Ferdinand de Soto, quoique ces hommes entreprenans les eussent cherchés pendant trente ans avec des fatigues incroyables. L'Espagne avoit enfin renoncé à ses espérances ; elle n'avoit même laissé aucun monument de ses entreprises, & cependant il étoit resté vaguement dans l'opinion des peuples que ces contrées renfermoient des trésors immenses. Personne ne désignoit le lieu précis où ces richesses pouvoient être : mais cette ignorance même servoit d'encouragement à l'exagération. Si l'enthousiasme se refroidissoit par intervalles, ce n'étoit que pour occuper plus vivement les esprits quelque temps après. Cette disposition générale à une crédulité avide pouvoit devenir un merveilleux instrument dans des mains habiles.

Dans les temps malheureux, il en est des espérances du peuple comme de ses terreurs, comme de ses fureurs. Dans ses fureurs, en un clin-d'œil les places sont remplies d'une multitude qui s'agite & qui menace. La nuit vient ; le tumulte cesse, & la tranquillité renaît. Dans ses terreurs, en un clin-d'œil la consternation se répand d'une ville dans une autre ville, & plonge dans l'abattement toute une nation. Dans ses espérances, le fantôme du bonheur, non moins rapide, se présente par-tout. Par-tout il relève les esprits, & les bruyans transports de l'allégresse succèdent au morne silence de l'infortune. La veille, tout étoit perdu ; le jour suivant, tout est sauvé.

De toutes les passions qui s'allument dans le cœur de l'homme, il n'y en a point dont l'ivresse soit aussi violente que celle de l'or. On connoît le pays des belles femmes, & l'on n'est point tenté d'y voyager. L'ambition sédentaire s'agite dans une enceinte assez étroite. La fureur des conquêtes est la maladie d'un seul homme qui en entraîne une multitude d'autres à sa suite. Mais supposez tous les peuples de la terre également policés, & l'avidité de l'or déplacera les habitans de l'un & l'autre hémisphère. Partis des deux extrémités du diamètre de l'équateur, ils se croiseront sur la route de l'un pole à l'autre.

Law, auquel ce grand ressort étoit bien connu, persuada aisément aux françois, la plupart ruinés, que les mines de la *Louisiane*, dont on avoit si long-temps parlé, étoient enfin trouvées ; qu'elles étoient même plus abondantes que la renommée ne l'avoit publié. Pour donner plus de poids à cette fausseté, déjà trop accréditée, on fit partir les ouvriers destinés à mettre en valeur une découverte si précieuse, avec les troupes nécessaires pour la soutenir.

L'impression que fit ce stratagème sur un peuple singuliérement passionné pour les nouveautés, est inexprimable. Chacun s'agitoit pour acquérir le droit de puiser dans cette source regardée comme inépuisable. Le Mississipi devint un centre où tous les vœux, toutes les espérances, toutes les combinaisons se réunissoient. Bientôt des hommes riches, puissans, & qui la plupart passoient pour éclairés, ne se contentèrent pas de participer au gain général du monopole ; ils voulurent avoir des propriétés particulières dans une région qui passoit pour le meilleur pays du monde. Pour l'exploitation de ces domaines, il falloit des bras. La France, la Suisse & l'Allemagne fournirent avec abondance des cultivateurs qui, après avoir travaillé trois ans gratuitement pour celui qui auroit fait les frais de leur transplantation, devoient devenir citoyens, posséder eux-mêmes des terres, & les défricher.

Durant les accès de cette fièvre ardente, ou dans les années 1718 & 1719, on entassoit sans soin & sans choix, dans des navires, tous ces malheureux. Ils n'étoient pas déposés à l'Isle-Dauphine, dont des monceaux de sable venoient de combler la rade. Ils n'étoient pas jettés à la Mobile, à laquelle il ne restoit plus rien depuis qu'elle avoit perdu son port. C'étoit le Biloxi, cet affreux Biloxi, qui recevoit tous les nationaux, tous les étrangers qu'on avoit séduits. Ils périssoient par milliers, de faim, d'ennui & de chagrin. Pour les conserver, il n'auroit fallu que les faire entrer dans le Mississipi, que les placer sur les terreins qu'ils devoient mettre en valeur. Mais telle étoit l'impéritie ou la négligence de ceux qui dirigeoient l'entreprise, qu'ils ne firent jamais construire les bateaux nécessaires pour une opération si simple. Après même qu'on se fut assuré que les navires qui arrivoient d'Europe, pouvoient la plupart remonter le fleuve, le Biloxi continua à être le tombeau des tristes victimes d'une imposture politique. On ne transféra le quartier général de la Nouvelle-Orléans qu'au bout de cinq ans, c'est-à-dire, lorsqu'il ne restoit presqu'aucun des infortunés qui s'étoient si légèrement expatriés.

Mais, à cette époque trop tardive, le charme étoit rompu. Les mines avoient disparu. Il ne restoit que la confusion d'avoir embrassé des chimères. La *Louisiane* éprouvoit le sort de ces hommes singuliers, dont on s'est fait d'abord une idée trop avantageuse, & qu'on punit de cette renommée en les rabaissant au-dessous de leur valeur réelle. On cherche par l'excès du blâme à persuader qu'on n'a pas donné dans l'erreur commune. Comment en effet imaginer qu'on s'acharnât à dire du mal de soi ? Ce pays d'enchantement fut en exécration. Son nom devint un nom d'opprobre. Le Mississipi fut la terreur des hommes libres. On ne lui trouva plus de colons que dans les prisons, que dans les lieux de débauche. Ce fut un cloaque où aboutirent toutes les immondices du royaume.

Que pouvoit-on espérer d'un édifice élevé avec ces matériaux ? Le vice ne peuple point, ne travaille point, ne se fixe point. Plusieurs des misérables qui avoient été transplantés dans ces climats sauvages, allèrent étaler dans les établissemens anglois ou espagnols le dégoûtant spectacle de leur nudité. D'autres périrent très-rapidement du poison dont ils avoient apporté le germe. Le plus grand nombre erra dans les forêts, jusqu'à ce que la faim & les fatigues eussent terminé son sort. Rien n'étoit commencé dans la colonie, & cependant on y avoit enterré vingt-cinq millions. Les administrateurs de la compagnie qui faisoit ces énormes avances, avoient la folle prétention de former, dans la capitale de la France, le plan des entreprises qui convenoient à ce nouveau-Monde. Paris, qui ne connoît pas même les provinces qu'il dédaigne & qu'il épuise ; Paris vouloit tout soumettre aux opérations de ses frivoles & rapides calculateurs. De l'hôtel de la compagnie, on arrangeoit, on façonnoit, on dirigeoit chaque habitant de la *Louisiane*, avec les gênes & les entraves qu'on jugeoit bien ou mal favorables au monopole. De légers encouragemens, accordés à des citoyens qu'on auroit appellés dans la colonie, en leur assurant cette liberté que tout homme désire, la propriété qu'il a droit d'attendre de son travail, & la protection que toute société doit à ses membres : ces encouragemens donnés à des propriétaires guidés par les circonstances locales, éclairés par l'intérêt personnel, auroient produit des effets infiniment plus grands & plus durables, des établissemens plus étendus, plus solides & plus utiles que tous ceux qu'un privilège exclusif avoit pu faire avec ses trésors, administrés & distribués par des agens qui ne pouvoient avoir, ni toutes les connoissances nécessaires à tant d'opérations différentes, ni même un intérêt immédiat au succès.

Cependant le ministère croyoit important au bien de l'état de laisser la *Louisiane* entre les mains de la compagnie. Ce corps eut besoin de tout son crédit pour obtenir la permission d'aliéner cette portion de son privilège. On lui fit même acheter en 1731 cette faveur par le sacrifice d'une somme de 1,450,000 liv.

Tout le temps que le privilège exclusif avoit tenu la *Louisiane* dans les fers, il avoit exigé, selon les distances, cinquante, soixante, quatre-vingt, cent pour cent de bénéfice sur les marchandises qu'il y faisoit passer ; il avoit réglé, par un tarif plus oppresseur encore, le prix des denrées que la colonie lui livroit. Comment un établissement naissant auroit-il pu faire des progrès sous le joug d'une pareille tyrannie ? Aussi le découragement étoit-il universel. Pour redonner du ressort & de l'énergie aux esprits, le gouvernement voulut qu'une possession, devenue vraiment nationale, éprouvât de plus heureuses influences. Dans cette vue, il régla que tout ce que le commerce de France porteroit dans cette contrée, que tout ce qu'il en rapporteroit, seroit exempt pendant dix ans de tous les droits d'entrée & de sortie. Voyons à quel degré de prospérité une disposition si sage éleva cette région célèbre.

On donnoit alors le nom de *Louisiane* à une vaste contrée, bornée au midi par la mer, au levant par la Floride & la Caroline, au couchant par le Nouveau-Mexique, au nord par le Canada & par les terres inconnues, qui se trouvent jusqu'à la baie de Hudson. Sa longueur n'étoit pas fixée avec précision ; mais sa largeur commune passoit pour être de deux cents lieues.

En supposant une ligne tirée à quelques lieues de l'embouchure du Mississipi, tout ce qui est à l'est de ce fleuve jusqu'aux lacs, fait aujourd'hui partie des Etats-Unis : nous ignorons si, à l'époque du traité de paix entre l'Angleterre & les républiques d'Amérique, l'Espagne a réclamé ces terres comme dépendantes de la *Louisiane* : & en effet, l'étendue de la *Louisiane*, telle qu'on la voit sur les anciennes cartes, n'étoit fondée que sur la fantaisie des géographes ou des faiseurs de projets. Peut-être le ministère britannique a-t-il cédé la Floride orientale aux espagnols pour les dédommager ? Mais les défenseurs du traité n'ont fait cette réponse ni à la chambre des pairs, ni à celles des communes.

Climat, sol. Le climat varie beaucoup dans un si grand espace. A la basse-*Louisiane*, les brouillards sont trop communs au printemps & durant l'automne ; l'hiver est pluvieux, & accompagné de loin en loin de foibles gelées ; la plupart des jours d'été sont gâtés par de violens orages. Sur ce vaste espace, les chaleurs ne sont nulle part telles qu'on devroit les attendre de sa latitude. Les épaisses forêts qui empêchent les rayons du soleil d'échauffer ce sol ; des rivières innombrables qui y entretiennent une humidité habituelle ; les vents qui, par une longue continuité de terres, arrivent du nord : toutes ces raisons expliquent aux yeux des physiciens ce phénomène étonnant pour le vulgaire.

Quoique les maladies ne soient pas communes dans la haute-*Louisiane*, elles sont peut-être plus rares dans la basse. Ce n'est toutefois qu'une langue de terre de deux ou trois lieues de largeur, remplie d'insectes, d'eaux stagnantes, de matières végétales qui croupissent dans une athmosphère humide & chaude, principe constant de la dissolution des corps. Sous ce ciel, où tous les êtres morts subissent généralement une putréfaction rapide, l'homme jouit d'une santé plus affermie que dans les régions que tout porteroit à croire plus salubres.

Antérieurement à tous les essais, on devoit croire cette région susceptible d'une grande fécondité. Elle étoit remplie de fruits sauvages. Une multitude prodigieuse d'oiseaux & de bêtes fauves y trouvoient une subsistance abondante. Ses prairies, formées par la nature seule, étoient couvertes de chevreuils & de bisons. Les arbres étoient remarquables par leur grosseur, par leur élévation ; & il n'y manquoit que les bois de teinture, qui ne croissent qu'entre les tropiques. D'heureuses expériences ont depuis confirmé ces augures favorables.

Mississipi, sa navigation. On n'a pas encore découvert la source du fleuve qui coupe du nord au sud ce pays immense. Les voyageurs les plus déterminés ne l'ont guère remonté que deux cents lieues au-dessus du saut Saint-Antoine, qui en barre le cours par une cascade assez haute, vers les quarante-six degrés de latitude. De là jusqu'à la mer, c'est-à-dire, dans un circuit de sept cens lieues, la navigation n'est pas interrompue. Le Missisipi arrive sans obstacle à l'Océan, après avoir été grossi par la rivière des Illinois, par le Missouri, par l'Ohio, par cent rivières moins considérables.

Quand on ne considère que la largeur & la profondeur du Missisipi, on est porté à croire que la navigation y est très-facile. Cependant elle est lente, même en descendant, parce qu'il y auroit du danger à la continuer pendant la nuit dans des temps obscurs; & qu'au lieu de ces légers canots d'écorce, qui sont d'un usage si commode dans le reste de l'Amérique, il faut employer des pirogues plus solides, & par conséquent plus lourdes, plus difficiles à manier. Sans ces précautions, on seroit sans cesse exposé à heurter contre les branches ou contre les racines des arbres entraînés en foule par le fleuve, & souvent arrêtés sous l'eau. Les difficultés augmentent encore, quand il s'agit de remonter.

A une assez grande distance des terres, il faut, avant que d'entrer dans le Missisipi, se débarrasser des bois flottans qui sont descendus de la *Louisiane*. La côte est si plate, qu'on l'apperçoit à peine de deux lieues, & qu'il n'est pas facile d'y aborder. Les embouchures du fleuve sont multipliées: elles changent d'un moment à l'autre, & la plupart n'ont que fort peu d'eau. Lorsque les navires ont heureusement franchi tant d'obstacles, ils naviguent assez paisiblement dix ou douze lieues, à travers un pays noyé, où l'œil n'apperçoit que des joncs & quelques arbustes. Ils trouvent alors sur les deux rives, des forêts épaisses qu'ils franchissent en deux ou trois jours, à moins que des calmes, assez ordinaires durant l'été, n'arrêtent leur marche. Il faut ensuite se faire touer, ou attendre un nouveau vent pour passer le détroit à l'Anglois, & arriver à la Nouvelle-Orléans. Le reste de la navigation, sur un fleuve si rapide, si rempli de courans, se fait avec des bateaux à rame & à voile, qui sont forcés d'aller de pointe en pointe, & qui, partis dès l'aurore, ont beaucoup avancé, quand, à l'entrée de la nuit, ils se trouvent avoir fait cinq ou six lieues. Les européens qui y sont embarqués, se font suivre par terre de chasseurs sauvages, qui fournissent à leur subsistance, pendant un espace d'environ trois mois & demi que dure la navigation, d'une extrémité de la colonie à l'autre.

Ces difficultés locales sont les plus grandes que la France ait eu à surmonter dans la formation de ses établissemens à la *Louisiane*.

Les anglois fixés à l'est ont toujours été si occupés de leurs cultures, qu'ils n'ont jamais songé qu'à les étendre, qu'à les perfectionner. L'esprit de conquête ou de ravage ne les a pas détournés de leurs travaux. Eussent-ils eu du penchant à la jalousie, les françois ne se conduisoient pas de manière à la provoquer.

Entreprises des espagnols pour écarter du nouveau-Mexique les colonies angloises de l'Amérique septentrionale. Les espagnols, pour leur malheur, furent plus entreprenans du côté de l'ouest. L'envie d'éloigner du nouveau-Mexique un voisin actif, leur fit former, en 1720, le projet de pousser une peuplade considérable fort au-delà des limites dans lesquelles ils s'étoient jusqu'alors renfermés. La nombreuse caravane qui devoit la composer, partit de Santa-Fé. Elle dirigea sa marche vers les osages, qu'on vouloit armer contre leurs ennemis, les missouris, dont on avoit résolu d'occuper la place. Les espagnols s'égarèrent : ils arrivèrent précisément chez la nation dont ils méditoient la perte; & se croyant où ils avoient voulu se rendre, ils expliquèrent sans détour le sujet qui les amenoit.

Le chef des missouris, instruit par cette méprise singulière du danger que lui & les siens avoient couru, dissimula son ressentiment. Il promit de concourir avec joie au succès de l'entreprise qui lui étoit proposée, & ne demanda que quarante-huit heures pour rassembler ses guerriers. Lorsqu'ils se virent armés, au nombre de deux mille, ils fondirent sur les espagnols qu'on avoit amusés par des jeux, & les égorgèrent dans le sommeil. Tout fut massacré, hommes, femmes, enfans. L'aumônier seul échappa au carnage, & encore ne dut-il sa conservation qu'à la singularité de ses vêtemens. Cette catastrophe ayant rassuré la *Louisiane* du côté qui paroissoit le plus menacé, la colonie ne pouvoit plus être troublée que par les naturels du pays.

Progrès de la colonie de la Louisiane entre les mains des françois, & obstacles qu'elle éprouve. Les naturels du pays, quoique plus nombreux alors que de nos jours, n'étoient pas fort redoutables.

Ces sauvages se trouvoient divisés en plusieurs nations, toutes très-foibles, toutes ennemies, quoique séparées par des déserts immenses. Quelques-unes avoient une demeure fixe. Des feuillages entrelacés, étendus sur des pieux, formoient leurs habitations. Des peaux de bêtes fauves couvroient les tribus qui n'alloient pas tout-à-fait nues. La chasse, la pêche, le maïs, quelques fruits fournissoient à leur nourriture. On leur trouvoit les mêmes habitudes qu'aux peuples du Canada, mais avec moins de force & de courage, moins d'énergie & d'intelligence, moins de caractère. Nous avons donné à l'article ETATS-UNIS un état des diverses tribus de sauvages, qui se trouvent dans l'enceinte ou à la portée des nouvelles républiques américaines, & nous y renvoyons le lecteur. Mais lorsque les françois parurent à la *Louisiane*, ce peuple ne comptoit que deux mille guerriers, ne formoit que quelques bourgades placées à une grande distance les unes des autres, mais toutes rapprochées du Mississipi.

Ce défaut de population n'empêchoit pas que le pays des Natchez ne fût excellent. Le climat en est sain & tempéré ; le sol se prête à des cultures riches & variées : le terrein est assez élevé pour n'avoir rien à craindre des inondations du fleuve. Cette contrée est généralement ouverte, étendue, arrosée, couverte de jolis côteaux, d'agréables prairies, de bois délicieux, jusqu'aux Apalaches. Aussi les premiers françois qui la reconnurent, jugèrent-ils que, malgré l'éloignement où elle étoit de la mer, ce seroit avec le temps le centre de la colonie. Cette opinion les y attira en foule. Ils furent accueillis favorablement, & soulagés par les sauvages dans l'établissement des plantations qu'ils vouloient former. Des échanges réciproquement utiles commencèrent entre les deux nations une amitié qui paroissoit sincère. Elle seroit devenue solide, si les liens n'en avoient été chaque jour affoiblis par l'avidité des européens. Ces étrangers n'avoient d'abord demandé les productions du pays qu'en négocians honnêtes. Ils dictèrent depuis impérieusement les conditions du commerce. A la fin, ils ravirent ce qu'ils étoient las de payer, même à vil prix. Leur audace s'accrut au point de chasser le cultivateur indigène des champs qu'il avoit défrichés.

Cette tyrannie étoit atroce. Pour en arrêter le cours, les natchez employèrent, mais sans succès, les plus humiliantes supplications. Dans leur désespoir, ils tentèrent d'associer à leur ressentiment les peuples de l'est, dont les dispositions leur étoient connues ; & ils réussirent à former, sur la fin de 1729, une ligue presque universelle, dont le but étoit d'exterminer en un seul jour la race entière de leurs oppresseurs. La négociation fut si heureusement conduite, que le secret n'en fut pénétré ni par les sauvages, amis des françois, ni par les françois eux-mêmes. Ce qui est sûr, c'est que, sur deux cents vingt françois qui étoient alors dans cet établissement, il y en eut deux cents de massacrés : les femmes enceintes, ou qui avoient des enfans en bas âge, n'eurent pas une destinée plus heureuse ; & les autres, restées prisonnières, furent exposées à la brutalité des assassins de leurs fils & de leurs époux.

Au bruit de cet événement, la colonie entière se crut perdue. Elle ne pouvoit opposer à la foule d'ennemis, qui la menaçoient de toutes parts, que quelques palissades à demi-pourries, qu'un petit nombre de vagabonds mal armés & sans discipline. Perrier, en qui résidoit l'autorité, n'avoit pas une meilleure opinion de la situation des choses. Cependant il montra de l'assurance, & cette audace lui tint lieu de forces. Les sauvages ne le crurent pas seulement en état de se défendre, mais encore de les attaquer. Pour écarter les soupçons qu'on pouvoit avoir conçus contr'eux, ou dans l'espoir d'obtenir leur grace, plusieurs de ces nations joignirent leurs guerriers aux siens, pour assurer sa vengeance.

Il eût fallu, pour réussir, d'autres troupes que des alliés mal intentionnés & des soldats qui servoient par force. Cette milice marcha vers le pays des natchez avec une lenteur qui n'étoit pas d'un fort bon augure ; elle attaqua leurs forts avec une mollesse qui ne promettoit aucun succès. Heureusement les assiégés offrirent de relâcher tous les prisonniers qu'ils avoient en leur puissance, si l'on consentoit à se retirer ; & cette proposition fut acceptée avec une joie extrême.

Mais Perrier, ayant reçu quelques secours d'Europe, recommença les hostilités dans les premiers jours de l'an 1731. A la vue de ce nouveau péril, la division se mit parmi les natchez, & cette mésintelligence entraîna la ruine de la nation entière. Quelques foibles corps de ces sauvages furent passés au fil de l'épée ; un grand nombre furent envoyés esclaves à Saint Domingue. Ce qui avoit échappé à la servitude & à la mort, se réfugia chez les chicachas.

C'étoit le peuple le plus intrépide de ces contrées. On connoissoit ses liaisons intimes avec les anglois. Sa vertu chérie étoit l'hospitalité. Pour toutes ces raisons, on craignit de lui proposer d'abord de livrer ceux des natchez, auxquels il avoit accordé asyle. Mais le successeur de Perrier, Bienville, se crut autorisé à les demander. La réponse des chicachas fut celle de l'indignation & du courage. Des deux côtés, on courut aux armes en 1736. Les françois furent battus en rase campagne, & repoussés avec perte sous les palissades de leur ennemi. Encouragés quatre ans après par les secours qu'ils avoient reçus du Canada, ils voulurent tenter de nouveau la fortune. Ils succomboient encore, lorsque des circonstances favorables les réconcilièrent avec ces sauvages. Depuis cette époque, la tranquillité de la *Louisiane* ne fut plus troublée. On va voir à quel degré de prospérité cette longue paix avoit élevé la colonie.

Ce qu'étoit devenue la colonie de la Louisiane, *le traité de paix de 1763 l'a cédée à l'Espagne, & ce qu'elle est aujourd'hui.* Les côtes de la *Louisiane*, toutes situées sur le golfe du Mexique, sont généralement basses & couvertes d'un sable aride. Elles sont inhabitées & inhabitables. On n'a jamais songé à y élever aucune fortification.

Quoique les françois dussent souhaiter de s'approcher du Mexique, ils n'avoient formé aucun établissement sur la côte qui est à l'ouest du Mississipi. On craignoit sans doute d'offenser l'Espagne, qui n'auroit pas souffert patiemment ce voisinage.

A l'est du fleuve, on voit le fort la Mobile, élevé sur les bords d'une rivière qui prend sa source dans les Apalaches. Il servoit à contenir dans l'alliance des françois, les chactas, les alimabous, d'autres peuplades moins nombreuses, & à s'assurer de leurs pelleteries. Les espagnols de Penfacole tiroient de cet établiſſement quelques denrées, quelques marchandiſes.

L'embouchure du Miſſiſſipi offre un grand nombre de paſſes qui n'ont point de ſtabilité. Pluſieurs ſont quelquefois à ſec. Il y en a qui ne peuvent recevoir que des canots ou des chaloupes. Celle de l'eſt, la ſeule aujourd'hui fréquentée par des navires, eſt très-tortueuſe, n'offre qu'une voie infiniment étroite, & n'a qu'onze ou douze pieds d'eau dans les plus hautes marées. Le petit fort, nommé *la Baliſe*, qui défendoit autrefois l'embouchure de la rivière, a perdu toute ſon utilité, depuis que ſon canal s'eſt comblé, & que les bâtimens naviguent hors de la portée du canon.

La Nouvelle-Orléans, ſituée à trente lieues de l'Océan, eſt le premier établiſſement qui ſe préſente. Cette ville, deſtinée à être l'entrepôt de toutes les liaiſons que la métropole & la colonie formeroient entr'elles, fut bâtie ſur le bord oriental du fleuve, autour d'un croiſſant acceſſible à tous les navires, & où ils jouiſſent d'une ſûreté entière.. On en jeta les fondemens en 1717; mais ce ne fut qu'en 1722 qu'elle prit quelque conſiſtance, qu'elle devint la capitale de la *Louiſiane*. Jamais elle n'a compté plus de ſeize cents habitans, partie libres, & partie eſclaves. Les cabanes qui couvroient originairement, ont été ſucceſſivement remplacées par des maiſons commodes, mais bâties de bois ſur brique, parce que le ſol n'avoit pas aſſez de ſolidité pour ſoutenir des édifices plus peſans.

La ville s'élève dans une iſle qui a ſoixante lieues de long ſur une largeur médiocre. Cette iſle, dont la plus grande partie n'eſt pas ſuſceptible de culture, eſt formée par l'Océan, par le Miſſiſſipi, par le lac Pontchartrain & par le Manchac, ou la rivière d'Iberville, canal que le Miſſiſſipi s'eſt creuſé pour y verſer le ſuperflu de ſes eaux dans la ſaiſon de ſa trop grande abondance. Il peut y avoir ſur ce territoire une centaine de poſſeſſions, où l'on trouve quatre ou cinq cents blancs & quatre mille noirs, que des indigoteries occupent principalement. Quelques propriétaires entreprenans ont tenté d'y naturaliſer le ſucre; mais de petites gelées, deſtructives de cette riche production, ont rendu ces eſſais infructueux. Les plantations ſont rarement contiguës. Des eaux ſtagnantes & marécageuſes les ſéparent le plus ſouvent, ſur-tout dans la partie inférieure de l'iſle.

Vis-à-vis l'iſle de la Nouvelle-Orléans, & ſur la rivière occidentale du Miſſiſſipi, furent établis, en 1722, trois cents allemands, reſtes infortunés de pluſieurs mille qu'on avoit arrachés à leur patrie. Leur nombre a triplé depuis cette époque peu éloignée, parce qu'ils ont toujours été les hommes les plus laborieux de la colonie. Aidés par environ deux mille eſclaves, ils cultivent du maïs pour leur nourriture, du riz & de l'indigo pour l'exportation. Ils s'occupoient autrefois du coton: mais ils l'ont abandonné, depuis que l'Europe l'a trouvé trop court pour ſes fabriques.

Un peu plus haut, ſur la même côte, furent placés huit cents acadiens, arrivés à la *Louiſiane* immédiatement après la paix de 1763. Leurs travaux ſe ſont bornés juſqu'ici à l'éducation des beſtiaux, à la culture des denrées les plus néceſſaires. Si leurs facultés augmentent, ils demanderont à leur ſol des productions vénales.

Toutes celles qui enrichiſſent le bas de la colonie, ſe terminent à l'établiſſement de la Pointe-Coupée, formé à quarante cinq lieues de la Nouvelle-Orléans. Il fournit de plus, la majeure partie du tabac qui ſe conſomme dans le pays, & beaucoup de bois pour le commerce extérieur. Ces travaux occupent cinq ou ſix cens blancs & douze cens noirs.

Sur toute la longueur des terres cultivées dans ces divers établiſſemens qui appartiennent à la baſſe-*Louiſiane*, règne une chauſſée deſtinée à les garantir des inondations du fleuve. De larges & profonds foſſés, dont chaque champ eſt entouré, aſſurent une iſſue aux fluides qui auroient percé ou ſurmonté la digue. Ce ſol eſt entièrement vaſeux. Lorſqu'il doit être mis en valeur, on coupe par le pied les groſſes cannes dont il eſt couvert. Dès qu'elles ſont ſèches, on y met le feu. Alors, pour peu qu'on fouille la terre, elle ouvre un ſein fécond à toutes les productions qui demandent un terrein humide. Le bled n'y proſpère pas, & il ne pouſſe que des épis ſans grain.

La plupart des arbres fruitiers ne réuſſiſſent pas davantage. Ils croiſſent fort vîte; ils fleuriſſent deux fois chaque année: mais le fruit, piqué de vers, ſèche & tombe généralement avant d'avoir atteint ſa maturité. Il n'y a que le pêcher, l'oranger & le figuier, dont on ne peut aſſez vanter la fertilité.

On trouve une nature différente dans la haute *Louiſiane*. A l'eſt du Miſſiſſipi, cette région commence un peu au-deſſus de la rivière d'Iberville. Son terrein, anciennement formé, aſſez élevé pour être à l'abri des inondations, & qui n'a que le degré d'humidité convenable, exige moins de ſoins, & promet une plus grande variété de productions. Ainſi le penſèrent les premiers françois qui parurent dans ces contrées. Ils s'établirent aux Natchez, y eſſayèrent pluſieurs cultures qui réuſſirent toutes, & ſe fixèrent enfin à celle du tabac, qui ne tarda pas à avoir dans la métropole la réputation dont il étoit digne. Le gouvernement s'attendoit à voir arriver bientôt de cet établiſſement l'approviſionnement entier de la monarchie, lorſque la tyrannie de ſes agens en cauſa la ruine. Depuis cette funeſte époque, ce ſol inépuiſable eſt reſté en friche, juſqu'à ce que la Grande-Bretagne en ayant acquis la propriété par les traités, y ait fait paſſer une population ſuffiſante pour le féconder.

Un peu plus haut, mais ſur la rive occidentale, ſe décharge dans le Miſſiſſipi la rivière Rouge. C'eſt à trente lieues de ſon embouchure, & ſur les terres des nachitoches que les françois, à leur arrivée dans la *Louiſiane*, élevèrent quelques paliſſades. Ce poſte avoit pour objet de tirer du Nouveau-Mexique des bêtes à poil & à cornes, dont une colonie naiſſante a toujours beſoin, & celui d'ouvrir un commerce interlope avec le fort eſpagnol des Adayes, qui n'en eſt éloigné que de ſept lieues. Il y a long-temps que la multiplication des troupeaux, dans les campagnes où il falloit les naturaliſer, a fait ceſſer la première liaiſon : on avoit encore plutôt compris que la ſeconde, avec un des plus pauvres établiſſemens du monde, n'auroit jamais d'utilité réelle. Auſſi les nachitoches ne tardèrent-ils pas à être abandonnés par ceux que l'eſpoir d'une grande fortune y avoit attirés. On n'y voit plus que les deſcendans de quelques ſoldats qui s'y ſont fixés à la fin de leur engagement. Leur nombre ne paſſe pas deux cents. Ils vivent du maïs ou des légumes qu'ils cultivent, & vendent le ſuperflu de ces productions à leur indolent voiſin. L'argent qu'ils reçoivent de cette foible garniſon, leur ſert à payer les boiſſons & les vêtemens qu'ils ſont obligés de tirer d'ailleurs.

L'établiſſement formé aux Akanſas eſt plus miſérable encore. Infailliblement il ſeroit devenu très-floriſſant, ſi les troupes, les armes, les engagés, les vivres & les marchandiſes que Law y faiſoit paſſer pour compte particulier, n'euſſent été confiſqués après la diſgrace de cet homme entreprenant. Il ne s'eſt depuis fixé dans cet excellent pays que quelques canadiens qui ont pris pour compagnes des femmes indigènes. De ces liaiſons eſt bientôt ſortie une race preſque ſauvage. Les familles en ſont très-peu nombreuſes ; elles vivent diſperſées, & ne s'occupent guère que de la chaſſe.

Pour arriver des Akanſas aux illinois, il faut faire trois cents lieues ; car les peuples ne ſe touchent pas en Amérique comme en Europe, & n'en ſont que plus indépendans. « Les illinois, dit l'auteur de l'Hiſtoire philoſophique & politique des établiſſemens européens dans les deux Indes, placés dans la partie la plus ſeptentrionale de la *Louiſiane*, étoient continuellement battus, & toujours à la veille d'être détruits par les iroquois ou par d'autres nations belliqueuſes. Il leur falloit un défenſeur, & le françois le devint, en occupant une partie de leur territoire à l'embouchure de leur rivière & ſur les rives plus riantes, plus fécondes du Miſſiſſipi. Raſſemblés autour de lui, ils ont évité la deſtinée de la plupart des peuplades de ce nouveau-Monde, dont il reſte à peine quelque ſouvenir. Cependant leur nombre a diminué à meſure que celui de leurs protecteurs s'eſt accru. Ces étrangers ont formé peu-à-peu une population de deux mille trois cents quatre-vingt perſonnes libres & de huit cents eſclaves, diſtribués dans ſix bourgades, dont cinq ſont ſituées ſur le bord oriental du fleuve ».

« Malheureuſement la plupart d'entr'eux ont eu la paſſion de courir les bois pour y acheter des pelleteries, ou d'attendre dans leurs magaſins que les ſauvages leur apportaſſent le produit de leurs chaſſes. Ils auroient travaillé plus utilement pour eux, pour la colonie & pour la France, s'ils euſſent fouillé le ſol excellent où la fortune les avoit placés ; s'ils lui avoient demandé les grains de l'ancien monde, que la *Louiſiane* a toujours été obligée de tirer de l'Europe ou de l'Amérique ſeptentrionale. Mais combien l'établiſſement formé par les françois du pays des illinois, combien leurs autres établiſſemens ſont reſtés loin de cette proſpérité » ! Ces détails manquent d'exactitude, ou il faut les appliquer ſeulement à la partie de la *Louiſiane* qui eſt à l'oueſt du Miſſiſſipi, en face de la rivière des illinois ; car à l'eſt du Miſſiſſipi & dans le pays proprement dit des illinois, on trouve le fort de Kaskakias, qui appartenoit, ainſi que tous les environs, aux anglois, & qui appartient aujourd'hui aux colonies américaines.

Commerce de la Louiſiane. Jamais, dans ſon plus grand éclat, la *Louiſiane* n'eut plus de ſept mille blancs, ſans y comprendre les troupes qui varièrent depuis trois cents juſqu'à deux mille hommes. Cette foible population étoit diſperſée ſur les bords du Miſſiſſipi, dans un eſpace de cinq cents lieues, & ſoutenue par quelques mauvais forts ſitués à une diſtance immenſe l'un de l'autre. Cependant elle n'étoit point engendrée de cette écume de l'Europe que la France avoit comme vomie dans le nouveau-Monde au temps du ſyſtême. Tous ces miſérables avoient péri ſans ſe reproduire. Les colons étoient des hommes forts & robuſtes, ſortis du Canada, ou des ſoldats congédiés qui avoient ſu préférer les travaux de l'agriculture à la fainéantiſe, où le préjugé les laiſſoit orgueilleuſement croupir. Les uns & les autres recevoient du gouvernement un terrein convenable & de quoi l'enſemencer, un fuſil, une hache, une pioche, une vache & ſon veau, un coq & ſix poules, avec une nourriture ſaine & abondante durant trois ans. Quelques officiers, quelques hommes riches avoient formé des plantations aſſez conſidérables, qui occupoient huit mille eſclaves.

Cette peuplade envoyoit à la France quatre-vingt milliers d'indigo, quelques cuirs & beaucoup de pelleteries. Elle envoyoit aux iſles, du ſuif, des viandes fumées, des légumes, du riz, du maïs, du brai, du goudron, du merrain & des bois de charpente. Tant d'objets réunis pouvoient valoir 2,000,000 de livres. Cette ſomme lui étoit payée en marchandises d'Europe, & en productions des Indes occidentales. La colonie recevoit même beaucoup plus qu'elle ne donnoit; & c'étoient les frais de souveraineté qui lui procuroient ce singulier avantage.

Les dépenses publiques furent toujours trop considérables à la *Louisiane*. Elles surpassèrent, même en pleine paix, le produit entier de cet établissement. Peut-être les agens du gouvernement auroient-ils été plus circonspects, si les opérations eussent été faites avec des métaux. La malheureuse facilité de tout payer avec du papier, qui ne devoit être acquitté que dans la métropole, les rendit généralement prodigues. Plusieurs furent même infideles. Pour leur intérêt particulier, ils ordonnèrent la construction des forts, qui n'étoient d'aucune utilité, & qui coûtoient vingt fois plus qu'il ne falloit. Ils multiplièrent, sans motif comme sans mesure, les présens annuels que la cour de Versailles étoit dans l'habitude de faire aux tribus sauvages.

Les exportations & les importations de la *Louisiane* ne se faisoient pas sur des navires qui lui fussent propres. Jamais elle ne s'avisa d'en avoir un seul. Il lui arrivoit quelquefois de foibles embarcations des ports de France. Quelquefois des isles à sucre lui envoyoient de gros bateaux. Mais le plus souvent des vaisseaux, partis de la métropole pour Saint-Domingue, déposoient dans ce riche établissement une partie de leur cargaison, alloient vendre le reste au Mississipi, & s'y chargeoient en retour de ce qui pouvoit convenir à Saint-Domingue, de ce qui pouvoit convenir à la métropole.

La *Louisiane* seroit arrivée à la prospérité des colonies angloises de l'Amérique septentrionale; elle auroit fait les progrès que fait aujourd'hui la colonie de *Kentucke*, qui occupe une partie du terrein qu'on comprenoit autrefois sous le nom de *Louisiane*; elle auroit eu les succès qu'auront les habitans des Etats-Unis, qui iront s'établir sur les terres situées à l'est du Mississipi, en remontant ce fleuve jusqu'à la hauteur des lacs, si l'on eût écouté les vœux des protestans françois, refugiés dans les colonies établies par les anglois au nouveau-Monde.

Les trois cents mille familles, établies en France à l'époque de la révocation de l'édit de Nantes, furent dispersées dans les différentes parties du globe; & elles tournoient par-tout de tristes regards vers leur ancienne patrie. Ceux qui avoient trouvé un asyle au nord de l'Amérique, désespérant de revoir jamais leurs premiers foyers, vouloient du moins être réunis à la nation aimable dont on les avoit séparés. Ils offroient de porter leur industrie & leurs capitaux à la *Louisiane*, pourvu qu'il leur fût permis d'y professer leur culte. Mais Louis XIV & le régent firent rejetter ces propositions.

Peut-être encore la *Louisiane* n'auroit-elle pas

Œcon. polit. & diplomatique. Tom. III.

langui si long-temps, sans la faute qu'on fit, dès l'origine, d'accorder des terres au hasard & selon le caprice de ceux qui les demandoient. Des déserts immenses n'auroient pas séparé les colons les uns des autres. Rapprochés d'un centre commun, ils se seroient prêté des secours mutuels, & auroient heureusement joui de tous les avantages d'une société régulière & bien ordonnée. A mesure que la population auroit augmenté, le cercle des défrichemens se seroit étendu. Au lieu de quelques hordes de sauvages, on eût vu s'élever une riche colonie, qui seroit peut-être devenue avec le temps une nation puissante. Que d'avantages il en eût résulté pour la France même!

Ce royaume, qui a acheté chaque année dix-huit à vingt millions pesant de tabac, & qui l'a tiré de l'Angleterre jusqu'à la révolution d'Amérique, auroit pu le faire cultiver dans la *Louisiane*. Ainsi le pensoit & l'espéroit le gouvernement, quand il fit arracher cette plante en France. Convaincu que les terres de ses provinces étoient propres à des cultures plus riches & plus importantes, il crut servir à la fois la métropole & la colonie, en assurant à cet établissement naissant le débouché de la production qui demandoit le moins d'avances, le moins de temps & le moins d'expérience. Le discrédit où tomba Law, auteur du projet, fit tomber dans l'oubli cette vue, dont les avantages étoient si sensibles, avec celles qui n'avoient pour base qu'une imagination déréglée. Les intérêts particuliers des agens du fisc empêchèrent ensuite le ministère de renouveller ce plan.

Ces détails sont inutiles aujourd'hui pour la France qui ne possède plus la *Louisiane*; mais ils peuvent servir à l'Espagne, & nous allons les continuer.

Les richesses que le tabac eût fait entrer dans la colonie, lui auroient ouvert les yeux sur l'utilité des vastes & belles prairies dont elle est remplie. Bientôt elles se fussent couvertes de nombreux troupeaux, dont les cuirs auroient dispensé la métropole d'en acheter de plusieurs nations, & dont la chair préparée & salée auroit remplacé le bœuf étranger dans les isles. Les chevaux & les mulets, qui s'y seroient multipliés dans la même proportion, eussent tiré les colonies françoises de la dépendance où elles ont toujours été, où elles sont encore, des anglois & des espagnols, pour cet objet indispensable.

Une fois mis en action, les esprits seroient montés d'une branche d'industrie à l'autre. Auroient-ils pu se refuser à la construction des vaisseaux? Le pays étoit couvert des bois propres pour le corps du navire. La mâture & le goudron se trouvoient dans les pins qui remplissoient les côtes. Le chêne ne manquoit pas pour le bordage, & il pouvoit être remplacé par le cyprès, moins sujet à se fendre, à se courber, à se rompre, & rachetant par un peu d'épaisseur ce que la nature

V

lui refusoit de force & de dureté. Il étoit facile de faire croître du chanvre pour les voiles & pour les cordages. On n'eût été réduit qu'à tirer du fer des autres contrées; & encore paroît-il prouvé qu'il en existe dans les mines de la *Louisiane*.

Les forêts, ainsi défrichées sans frais & même avec profit, auroient laissé le sol libre aux grains, à l'indigo, même à la soie, lorsqu'une population abondante auroit permis de se livrer à une occupation à laquelle la douceur du climat, la multitude des mûriers, quelques expériences heureuses ne cessoient d'inviter. Que n'eût-on pas fait d'une possession où le ciel est tempéré, où le terrein est uni, vierge, fertile, & qui avoit été moins habité que parcouru par quelques vagabonds aussi inappliqués que mal-habiles?

Si la *Louisiane* fût parvenue à la fécondité que la nature y sembloit attendre de la main des hommes, on n'auroit pas tardé à s'occuper du soin de rendre son entrée plus accessible. Peut-être y eût-on réussi, en bouchant les petites passes avec les arbres flottans que les eaux entraînent, & en réunissant toute la force du courant dans un seul canal. Si la mollesse du terrein, si la rapidité du fleuve, si le refoulement de la mer eussent opposé à ce projet des obstacles insurmontables, le génie eût trouvé des ressources. Tous les arts, tous les biens seroient nés les uns des autres, pour former dans cette plaine de l'Amérique une colonie florissante & vigoureuse. Nous allons consigner ici une remarque, dont la postérité pourra reconnoître toute la justesse. Les françois ont possédé la *Louisiane* cent ans, & on vient de voir ce qu'elle étoit après un siècle de travaux. Les Etats-Unis vont s'établir dans une partie de la *Louisiane*, & on verra, à la fin du dix-neuvième siècle, ce qu'elle sera devenue entre les mains de leurs citoyens: sans attendre cette époque, on peut comparer ses progrès avec ceux des colonies angloises.

A la paix de 1763, les habitans auxquels le fisc devoit sept millions, acquis pour la plupart par des manœuvres criminelles, désespérant d'être jamais payés de cette dette impure, ou ne pouvant se flatter que de l'être tard & imparfaitement, tournoient heureusement leurs travaux vers des cultures importantes. Ils voyoient grossir leur commerce d'une partie des pelleteries qu'attiroit autrefois le Canada. Les isles françoises, dont les besoins augmentoient continuellement & dont les ressources venoient de diminuer, leur demandoient plus de bois & de subsistances. Les liaisons frauduleuses avec le Mexique, interrompues par la guerre, reprenoient leur cours. Les navigateurs de la métropole, exclus d'une partie des marchés qu'ils avoient fréquentés, tournoient leurs voiles vers le Mississipi, dont les bords trop long-temps déserts alloient enfin être habités. Déja deux cents familles acadiennes s'y étoient fixées; & les restes infortunés de cette nation, dispersés dans les établissemens anglois, faisoient leurs arrangemens pour les suivre. Les mêmes dispositions se remarquoient dans plusieurs colons de Saint-Vincent & de la Grenade, mécontens de leurs nouveaux maîtres. Douze ou quinze cents canadiens s'étoient mis en marche pour la *Louisiane*, & ils devoient être suivis pas beaucoup d'autres. On a même de fortes raisons pour croire qu'un assez grand nombre de catholiques alloient passer, des possessions britanniques dans cette vaste & belle contrée.

Cession de la Louisiane à l'Espagne, effets de cette cession. Tel étoit l'état des choses, lorsque la cour de Versailles annonça, le 21 avril 1764, aux habitans de la *Louisiane* que, par une convention secrète du 3 novembre 1762, on avoit abandonné à celle de Madrid la propriété de leur territoire.

L'aversion que montrèrent les habitans de la *Louisiane* pour la domination espagnole, ne fit rien changer aux arrangemens des cours de Madrid & de Versailles. Le 28 février 1766, M. Ulloa arriva dans la colonie avec quatre-vingt hommes de sa nation. La prise de possession devoit, dans les règles ordinaires, suivre son débarquement. Il n'en fut pas ainsi. Les ordres continuèrent à être donnés au nom du roi de France; la justice fut rendue par ses magistrats, & les troupes ne cessèrent point de faire le service sous ses enseignes. C'étoit le représentant de Louis XV qui avoit toujours le commandement. Toutes ces raisons persuadèrent aux habitans que Charles III faisoit étudier le pays, & qu'il se détermineroit à l'accepter ou à le rejetter, selon qu'il le croiroit utile ou nuisible à sa puissance. Cet examen étoit fait par un agent qui paroissoit prendre une idée peu favorable de la région qu'il étoit venu reconnoître, & il étoit raisonnable d'espérer qu'il en dégoûteroit son maître.

On étoit assez généralement dans cette illusion, lorsqu'une loi arrivée d'Espagne défendit à la *Louisiane* toute liaison de commerce avec les marchés qui avoient servi jusqu'alors au débouché de ses productions. Les habitans disent que ce décret fut suivi d'une hauteur intolérable, d'odieux monopoles, d'actes répétés par autorité arbitraire.

Ils étoient mécontens du moins; car ils se livrèrent au désespoir. Ils n'avoient que le fleuve à traverser pour trouver le gouvernement anglois qui les pressoit d'accepter un excellent territoire, des encouragemens à la culture, toutes les prérogatives de la liberté: mais un lien cher & sacré les attachoit à leur patrie. Ils aimèrent mieux demander au conseil qu'Ulloa fût obligé de se retirer, & que la prise de possession qu'il avoit différée jusqu'alors, ne lui fût pas permise avant que la cour de Versailles eût écouté les représentations de la colonie. Le tribunal prononça, le 28 octobre 1768, l'arrêt qu'on lui demandoit, & les espagnols s'embarquèrent paisiblement sur la frégate qui les avoit amenés. Durant trois jours que dura cette grande crise, il n'y eut pas le plus léger tumulte à la Nouvelle-Orléans. Lorsqu'elle fut finie, les habitans de la ville & ceux de la basse-*Louisiane*, qui avoient uni leurs ressentimens pour opérer la révolution, reprirent leurs travaux avec l'espoir que la conduite qu'ils avoient tenue, seroit approuvée par la cour de France.

Le succès ne répondit pas à leur attente. Les députés de la colonie n'arrivèrent en Europe que six semaines après Ulloa, & ils trouvèrent le ministère de Versailles très-mécontent de ce qui s'étoit passé. La cour de Madrid fit partir rapidement M. Orelly pour l'isle de Cuba. Ce général y prit trois mille hommes de troupes réglées ou de milices, qu'il embarqua sur vingt-cinq bâtimens de transport; & le 25 juillet 1769, il fit voir son pavillon à l'embouchure du Mississipi.

Il arriva devant la Nouvelle-Orléans le 17 août. Le lendemain, tous les citoyens furent déchargés de l'obéissance qu'ils devoient à leur première patrie. Malgré les cris des habitans, on prit possession de la colonie au nom de son nouveau maître; & les jours suivans, ceux des habitans qui consentoient à obéir à l'Espagne, prêtèrent leur serment. *Voyez* l'article ESPAGNE.

LUBECK, évêché souverain d'Allemagne. Cet évêché occupe la partie du Holstein que les anciens appelloient la *Wagrie*. La première résidence des évêques fut Oldenbourg, ville du Holstein; l'empereur Otton I les y établit pour la conversion des venèdes, qui habitoient alors cette contrée. On ignore quelle fut l'année de sa fondation; Gerhardi la fixe, avec assez de vraisemblance, à l'année 948. Il ne garda pas long-temps sa constitution primitive; Adalberg, archevêque de Hambourg, osa diviser le diocèse de son autorité privée; & sans en obtenir le consentement de Henri III, il y créa en 1058 trois différens évêchés; savoir, celui d'Oldenbourg, celui de Ratzebourg & celui de Mecklenbourg. Le premier cessa d'exister en 1066; les venèdes payens exterminèrent dans ces cantons la religion chrétienne encore à son berceau. Vicelin, prêtre zélé & ambitieux, la rétablit en 1149, & fut sacré évêque par Hartwige, archevêque de Breme; il sollicita Henri le Lion, duc de Saxe, de lui donner l'investiture de cet épiscopat; mais il ne parvint à l'obtenir qu'après une réprimande sur ce qu'il avoit accepté la qualité d'évêque d'Oldenbourg, sans que le duc y eût donné son consentement. Oldenbourg ne fut bientôt plus le siège de cet évêché; il fut transféré à Lubeck, où la cathédrale fut consacrée en 1164, sur la résolution que le duc en avoit prise six années auparavant. L'évêque ne jouissoit point alors de l'immédiateté de l'Empire; le ban, prononcé contre le duc, lui parut une occasion trop favorable à ses vues pour la négliger; il sollicita cette prérogative avec succès, & par ce moyen se dégagea du duc, auquel il étoit redevable de sa dignité. La réformation s'introduisit dans l'évêché, dès le temps où Henri de Bocholt en occupa le siège. Detlev de Reventlav, son successeur en 1535, l'adopta & en favorisa l'établissement; ceux qui le remplacèrent, suivirent son exemple, & en 1561 il n'existoit plus dans le diocèse aucune trace de la religion catholique romaine. En 1586, le grand chapitre conféra pour la première fois la qualité d'évêque à un prince de la maison de Holstein-Gottrop. Cette maison resta en possession de l'évêché, & ne négligea ni peine ni soins pour en empêcher la sécularisation: elle sut tellement captiver le grand chapitre, que celui-ci s'obligea par reconnoissance, en 1647, d'élire ou de postuler encore six évêques de cette même maison après la mort du duc Jean, évêque alors régnant, & après celle du duc Jean-George son coadjuteur. Le traité de paix de Westphalie de 1648 confirma l'église luthérienne dans la possession de cet évêché. Christian Albert, duc de Holstein & coadjuteur postulé, fit une convention à Gluckstadt, en 1667, avec Frédéric III, roi de Danemarck; il promit de porter le chapitre à s'engager envers la maison royale & princière de Holstein, lors de la première élection, que lorsque le traité conclu avec la maison de Holstein-Gottrop, en 1647, auroit eu son entière exécution, il éliroit alternativement un des descendans de sa majesté danoise. L'exécution de ce traité de 1647 eut lieu effectivement par l'élection d'Adolphe-Frédéric, devenu ensuite roi de Suède, ou au moins par la postulation du duc Frédéric-Auguste son frere, évêque actuel de *Lubeck*: le grand chapitre lui a désigné pour successeur, par un choix libre du 4 octobre 1756, Frédéric, prince de Danemarck, fils du second lit du roi Frédéric V.

L'évêque de *Lubeck* est prince d'Empire; mais à la diète il ne prend séance ni sur le banc des princes ecclésiastiques, ni sur celui des séculiers; il se place sur un banc de travers qui lui est destiné, ainsi qu'à l'évêque d'Osnabruck, lorsque celui-ci est de la religion évangélique. Il jouit aussi d'un suffrage de prince dans les assemblées circulaires de la basse-Saxe. Sa taxe matriculaire est fixée à trois cavaliers montés ou à 36 florins en argent. Il fournit de plus 40 rixdales 52 un quart kr. pour l'entretien de la chambre impériale.

L'église cathédrale est dans la ville impériale de *Lubeck*, où l'évêque ne donne aucun ordre. On choisit toujours le grand doyen parmi les trente personnes dont le chapitre est composé, qui, à l'exception de quatre catholiques, professent toutes la religion luthérienne. Le grand prévôt est nommé alternativement par ce même chapitre & par la ville de *Lubeck.*

Les évêques résident à Eutin, où sont établis aussi la chancellerie de la régence, la chambre des finances & le consistoire. On évalue les revenus de l'évêque à 16,000 rixdales, somme à laquelle on porte aussi ceux que perçoivent de leurs propres fonds les évêques de la maison ducale de Holstein-Gottrop. Ceux du grand-prévôt n'excédent point 5000 rixdales.

LUBECK, ville libre & impériale d'Allemagne : elle est située sur le territoire du Holstein, & arrosée par la Trave qui porte bateaux. Cette rivière reçoit au-dessus de la ville celle de Steckenitz également navigable, & par le moyen de laquelle la première communique à l'Elbe. Elle reçoit de plus, dans la ville même, celle de Wackenitz, qui y arrive du lac de Ratzebourg, & va se perdre dans la mer Baltique, après avoir grossi ses eaux de celles de la Schwartau. On peut ainsi naviguer de la mer Baltique avec de longs bateaux plats sur la Trave, la Steckenitz & l'Elbe jusques dans la mer du nord. *Lubeck* est environné de fortes murailles, de tours & de fausses braies, mais de fossés & de bons remparts plantés d'arbres, qui forment une jolie promenade. C'est en 1530 que le luthéranisme commença à s'y introduire.

Le sénat est composé de quatre bourgue-maîtres & de seize conseillers ; de ce nombre, sont des gradués, des patriciens & des particuliers adonnés au commerce. Si l'on excepte les graduées, les employés aux églises, ceux des écoles & quelques autres, toute la bourgeoisie est divisée en douze classes, dont chacune a voix dans les délibérations.

Lubeck étoit anciennement à la tête des villes anséatiques ; les députés s'y assembloient à la maison-de-ville dans la grand'salle qui leur étoit commune. Elle est encore aujourd'hui confédérée des villes de Breme & de Hambourg ; toutes trois font des traités de négociation avec des puissances étrangères sous le nom des villes anséatiques, & elles ont figuré avec ce titre dans le traité de paix d'Utrecht, conclu en 1713 entre la France & la Grande-Bretagne. *Voyez* l'article ANSÉATIQUES (VILLES).

L'empereur François I promit, lors de son élection & conformément au traité de paix dont il vient d'être parlé, de protéger & de maintenir dans leurs droits & privilèges toutes les villes commerçantes ; mais principalement celles qui, à l'exemple de Lubeck, de Breme & de Hambourg, entretiennent le négoce sur mer pour l'intérêt & les avantages communs de l'Allemagne. *Lubeck* n'a pas cessé de profiter de sa position relativement au commerce maritime. On y trouve des manufactures de toutes espèces. L'emplacement qu'elle occupe, est le même sur lequel étoit bâtie anciennement une ville, nommée *Buën,* détruite vers 1144 & remplacée par celle de *Lubeck,* qu'Adolphe II, comte de Holstein & de Schavenbourg, y fit construire. Elle ne tarda pas à se peupler ; les marchands de Bardewick s'y établirent en foule, au point que Henri le Lion, duc de Saxe, en prit de l'humeur & de la jalousie, & qu'il défendit de vendre autre chose dans *Lubeck* que des comestibles. Cette ville devint la proie des flammes en 1156, événement qui donna lieu à des négociations entre le duc Henri & le comte Adolphe : le premier les conduisit si adroitement, qu'Adolphe lui céda enfin *Lubeck*, & mit fin à la rivalité qui jusqu'alors avoit régné entr'eux. Henri la fit rebâtir ; il y appella des habitans du nord ; il leur promit une liberté entière de commerce, & y établit ces fameux statuts qui eurent pour base ceux de la ville de Soest : statuts que confirmèrent les empereurs Frédéric I en 1188, Frédéric II en 1226, & que confirmèrent également plusieurs autres empereurs leurs successeurs ; statuts aussi que toutes les villes des provinces voisines de la mer Baltique s'empressèrent d'obtenir, dès l'année 1254. Ce même duc y transféra l'évêché, qui avoit eu jusqu'alors la ville d'Oldenbourg pour siège. Henri le Lion avoit à peine été mis au ban de l'Empire, que cette ville tomba en 1182 au pouvoir de l'empereur Frédéric I, qui jetta les premiers fondemens de son immédiateté. Elle passa néanmoins sous la domination de Henri en 1189 ; il ne la garda que jusqu'en 1192, temps auquel le comte Adolphe de Holstein s'en mit en possession : Waldemar, duc de Sleswig, & postérieurement roi de Danemarck, l'enleva en 1202. La domination de Waldemar ne fut pas de longue durée ; *Lubeck* secoua le joug en 1226, pour recouvrer sa liberté qu'elle n'a pas perdu depuis. On voit néanmoins, par les lettres de franchise que lui accorda Henri, roi d'Angleterre, qu'Albert le grand, duc de Brunswick, conservoit des droits sur cette ville, puisque les lettres déclarent que les privilèges auroient lieu pendant tout le tems que les bourgeois & les marchands de *Lubeck* seroient sous la puissance & la protection de ce duc (*sub dominio & protectione*). La ville entière, exceptées cinq maisons, fut brûlée en 1276. Ses députés occupent aux diètes de l'Empire la troisième place sur le banc du Rhin dans le collège des villes impériales, & la première entre celles de l'Empire dans l'assemblée des cercles de la basse-Saxe. Sa taxe matriculaire est de 480 florins, & son contingent pour l'entretien de la chambre de 557 rixdales 88 kr.

LUCAYES, isles d'Amérique : on en compte environ deux cents, toutes situées au nord de Cuba. La plupart ne sont que des rochers à fleur d'eau. Colomb qui les découvrit en arrivant dans le nouveau-Monde, & qui donna le nom de *San-Salvador* à celle où il aborda, n'y fit point d'établissement. Les castillans ne s'y fixèrent pas non-plus dans la suite : mais en 1507 ils enlevèrent tous les habitans qui périrent bientôt dans les travaux des mines, ou par la pêche des perles. Ce petit archipel étoit entièrement désert, lorsqu'en 1672 quelques anglois s'avisèrent d'aller occuper l'île de la Providence. Chassés sept ou huit ans après par les ordres de la cour de Madrid, ils y retournèrent en 1690, pour en être expulsés de nouveau en 1703 par les espagnols & les françois réunis. Un événement particulier la repeupla.

En 1714, des vaisseaux richement chargés furent engloutis par la tempête sur les côtes de la Floride. Les trésors qu'ils portoient appartenoient à l'Espagne, qui les fit pêcher. Une si riche proie tenta quelques habitans de la Jamaïque. On refusa de les admettre au partage ; & Jennings, le plus hardi d'entr'eux, eut recours aux armes pour soutenir ce qu'il appelloit un droit naturel & imprescriptible. La crainte d'être sévèrement puni pour avoir troublé une paix après laquelle l'Europe avoit long-temps soupiré, & dont on ne commençoit qu'à jouir, le fit pirate. Ses compagnons furent bientôt en assez grand nombre, pour qu'il fallût multiplier les armemens. Les *Lucayes* devinrent leur repaire. C'est de là que ces brigands s'élançoient pour attaquer tous les navigateurs indistinctement, les anglois ainsi que les autres. Les nations craignoient de voir se renouveller dans le nouveau-Monde les scènes d'horreurs qu'y avoient données les anciens flibustiers ; lorsque George I, réveillé par les cris de son peuple & par le vœu de son parlement, fit partir en 1719 des forces suffisantes pour réduire ces forbans. Les plus déterminés refusèrent l'amnistie qui leur étoit offerte, & allèrent infester l'Asie & l'Afrique de leurs brigandages. Les autres grossirent la colonie que Vooder Roger amenoit d'Europe.

Elle peut être aujourd'hui composée de trois ou quatre mille ames. La moitié est établie à la Providence, où l'on a construit le fort Nassau, & qui a un port suffisant pour de petits bâtimens : le reste est réparti dans les autres îles. Ils envoient annuellement à l'Angleterre pour quarante ou cinquante mille écus en coton, en bois de teinture, en tortues vivantes ; & avec leur sel, ils paient les vivres que leur fournit l'Amérique septentrionale.

Quoique le sol des *Lucayes* ne puisse pas être comparé à celui de plusieurs colonies, il seroit suffisant pour faire vivre dans une assez grande abondance par le travail, une population beaucoup plus considérable que celle qui s'y trouve actuellement en hommes libres ou esclaves. Si la culture y est si négligée, c'est aux premières mœurs, c'est aux inclinations actuelles qu'il faut l'attribuer. Ces îles, séparées d'un côté de la Floride par le canal de Bahama, forment de l'autre une longue chaîne qui se termine à la pointe de Cuba. Là commencent d'autres îles, nommées *Turques* ou *Caïques*, qui se prolongent jus-

ques vers le milieu de la côte septentrionale de Saint-Domingue. Une position si favorable à la piraterie, a tourné les vues des habitans vers la course. Sans cesse ils soupirent après des hostilités, qui puissent faire tomber dans leurs mains les productions espagnoles ou françoises.

LUCERNE, nom d'un des treize cantons ou républiques confédérées de la Suisse, & de la ville capitale de ce canton. La situation de la ville de *Lucerne*, dans un lieu où une rivière navigable sort d'un lac assez étendu, fait présumer qu'il dut s'y former un établissement de pêcheurs, de bateliers & de cultivateurs, dès que la population des pays voisins put fournir la matière de quelques échanges. Cette rivière s'appelle la *Reuss*. Le lac d'où elle débouche, est nommé le *lac des quatre Waldstett* ou cantons forestiers, qu'il ne faut pas confondre avec les quatre Waldstætt ou villes forestières sur le Rhin ; il s'étend, sous une forme très-irrégulière, entre les confins des cantons de *Lucerne*, de Schwitz d'Uri & d'Underwalden. On fait dériver le nom de *Lucerne* d'un phare, qu'on suppose avoir été établi au haut d'une tour très-ancienne, fondée au milieu des eaux.

Précis de l'histoire politique de Lucerne. Lucerne doit ses premiers progrès à l'établissement d'un monastère de Bénédictins, fondé dans le sixième siècle, soumis à l'abbaye de Murbach en Alsace, & converti en un chapitre de chanoines réguliers vers 1455. A mesure que la ville s'étendit sur les deux rives de la Reuss, on établit des ponts pour réunir les différens quartiers. Afin de montrer le soin qu'on prend dans les petits états du peuple & des citoyens, nous dirons que malgré le peu d'étendue de la ville de *Lucerne*, on y trouve trois ponts couverts pour l'usage des gens à pied ; l'un de 500, un autre de 316, & le troisième de 176 pas géométriques.

Le sort de cette ville, dans le moyen âge, a été semblable à celui de la plupart des villes de l'Europe. Son conseil municipal n'exerçoit qu'une police très-circonscrite ; ses corps de métiers eurent un établissement des privilèges, & le corps général de la bourgeoisie obtint successivement des immunités. Mais toute espèce de jurisdiction & la haute police s'exerçoient dans la ville, au nom de l'abbé de Murbach, par des officiers ou juges de son choix, & la plupart des nobles des environs étoient ses vassaux.

Le monastère s'étoit engagé envers les bourgeois de *Lucerne* à ne point aliéner leurs droits sans leur consentement. Cependant l'empereur Rodolphe I, occupé du projet de former à ses fils un patrimoine digne du rang où il venoit d'être élevé, détermina l'abbaye de Murbach à lui vendre sa jurisdiction sur *Lucerne* & sur d'autres fiefs circonvoisins. Les petits pays d'Uri, Schwitz & Underwalden, voisins de *Lucerne*, jouissoient de la prérogative du relief direct de l'Empire, & ils résistèrent avec fermeté au duc d'Autriche qui les preſſoit de ſe reconnoître ſes ſujets. Albert, fils de Rodolphe I, parvenu à ſon tour à la dignité impériale, voulut forcer ces pays à ſe ſoumettre ; les procédés tyranniques de ſes officiers révoltèrent les peuples ; leur union & l'expulſion des baillifs autrichiens commencèrent la ligue helvétique. La victoire de Morgarten qui, en 1315, mit le ſceau à la nouvelle confédération, ne pouvoit manquer d'augmenter la défiance des gouverneurs autrichiens ſur le compte de leurs nouveaux ſujets de *Lucerne* : il y a lieu de croire que l'exemple & les premiers ſuccès des confédérés invitoient les peuples voiſins à tourner leurs regards ſur les avantages d'une indépendance toujours flatteuſe. Las des hoſtilités, auxquelles les expoſoit la rupture ouverte entre les pays ligués & le parti autrichien, ils conclurent avec les premiers une trève contre le gré de leurs maîtres. Les autrichiens cherchèrent à prévenir les progrès de cette révolte ; les meſures qu'ils prirent fourdement, furent découvertes ; les citoyens, après s'être ſaiſis des poſtes, congédièrent le gouverneur, chaſſèrent les partiſans des ducs, & entrèrent dans la ligue perpétuelle des trois pays. Depuis 1332, époque de cette alliance, ils vécuſent en inimitié ouverte avec le parti autrichien, quoique les droits des ducs euſſent été réſervés dans le traité. Dans l'eſpace de vingt ans, la ligue réunit huit cantons, parmi leſquels *Lucerne* eſt le quatrième en date, & devint le troiſième en rang.

Cette ville avoit fait quelques conquêtes ſur les vaſſaux de la maiſon d'Autriche. En 1386, les ducs réſolurent de frapper un coup déciſif. Il y eut une bataille ſanglante près de la petite ville de Sempach. Les confédérés remportèrent la victoire. Léopold d'Autriche fut tué avec la fleur de la nobleſſe de ſon parti. La paix de 1389 procura à *Lucerne* l'affranchiſſement entier de la domination autrichienne : ſa liberté fut confirmée & même étendue par l'empereur Sigiſmond, lors du concile de Conſtance.

Nous ne rapporterons pas ici les divers événemens communs à toute la nation helvétique, auxquels la république de *Lucerne* a eu part. Ses citoyens & ſujets ont partagé les dangers & les ſuccès des diverſes guerres ſoutenues par les ſuiſſes ; ils en ont partagé la gloire & les conquêtes. *Voyez* les articles CORPS HELVÉTIQUE, SUISSE & les articles particuliers des douze autres cantons.

Le ſchiſme politique, occaſionné par le ſchiſme religieux, a donné à l'état de *Lucerne*, comme au plus ancien des cantons qui ſont demeurés attachés à l'égliſe de Rome, le premier rang dans les diètes particulières des ſuiſſes catholiques. Les recès, les actes & diplômes publics, la correſpondance avec les puiſſances étrangères, dont ce parti a recherché l'appui ou accepté l'union, ſont dépoſés à *Lucerne* : nous avons dit ailleurs que la chancellerie générale du corps helvétique eſt fixée à Zuric. Durant les brouilleries qu'occaſionnèrent entre les huit cantons le progrès de la réformation dans les bailliages indivis entre ces cantons, & les querelles entre les abbés de Saint-Gall & les peuples de Toggenbourg, qui éclatèrent en 1529, 1531, 1656 & 1712, l'état de *Lucerne*, uni aux trois cantons ſes plus anciens alliés & à celui de Zug, contre les cantons de Zuric & de Berne, fut obligé de fournir preſque ſeul les munitions, & de ſupporter les plus grands frais.

On a lieu d'eſpérer que ces querelles ne ſe réveilleront plus. Les objets douteux qui en furent le prétexte, ſont fixés par des traités ; les préjugés de partis & de ſectes s'affoibliſſent chaque jour ; d'ailleurs la politique doit déterminer *Lucerne* à vivre en paix avec les ariſtocraties voiſines. Les divers mouvemens intérieurs qu'a éprouvé la république, doivent inſpirer de la modération à ſes adminiſtrateurs ; dans ces momens de criſe, l'attrait d'une indépendance égale à celle des peuples des états démocratiques voiſins, préſenté aux communes par des citoyens mécontens, peut augmenter les embarras du gouvernement & la fermentation des eſprits. En 1477, & depuis dans la mutinerie aſſez générale des payſans en 1652, quelques ſujets de l'état de *Lucerne* ſe révoltèrent : ils furent déſarmés ; & des bourgeois, convaincus d'avoir encouragé la rébellion, furent punis. On découvrit, en 1764, un complot de quelques citoyens ; le gouvernement, inquiet ſur les ſuites, avertit les états de Zuric, Berne, Fribourg & Soleure, de ſe diſpoſer à protéger ſa conſtitution, en vertu de la garantie réciproque énoncée dans les traités d'alliance. Les préparatifs de ces états ariſtocratiques pour ſecourir au beſoin le gouvernement de *Lucerne*, mirent celui-ci à même de ſévir ſans crainte contre les coupables. Depuis cette époque, le gouvernement entretient une garde de 150 hommes dans la ville.

Remarques générales ſur le canton de Lucerne. Le canton ou le pays ſujet à la ville de *Lucerne*, peut avoir, dans ſa plus grande longueur ou largeur, dix à onze lieues communes. Sa population eſt évaluée à cent mille ames, & on aſſure qu'elle n'alloit qu'à la moitié de ce nombre il y a trois ſiècles. Nous ne ſavons ſi ces faits ſont bien conſtatés.

La partie méridionale du pays eſt montueuſe ; mais elle renferme peu de glaciers ou de rochers : elle eſt abondante en bois & en pâturages, & fournit au commerce d'exportation, des fromages & des beſtiaux.

Le ſol de la partie ſeptentrionale du canton de *Lucerne* eſt fertile en grains, en fruits & en fourages. Ses récoltes, année commune, ſuffiſent à la conſommation des habitans ; mais les montagnards de divers cantons voiſins venant ſe pourvoir de bled au marché de *Lucerne*, il faut que la ville tire des autres parties de la Suiſſe, &

même le plus souvent de l'Alsace ou de la Suabe, cet excédent de grains. C'est aussi du marquisat de Baden & de l'Alsace que les lucernois tirent les vins qui manquent à leur pays. On évalue à 200,000 livres ce seul objet d'importation annuelle. La France & la Bavière leur fournissent des sels, ainsi qu'à la majeure partie de la Suisse. Les manufactures du pays se réduisent à quelques filatures de soie ou de coton.

Le gouvernement de Lucerne a tant de rapport avec ceux des autres cantons aristocratiques, que nous pouvons nous borner ici à une notice générale. Un conseil de cent personnes, choisies dans le corps de la bourgeoisie, est revêtu du pouvoir souverain. M. de la Borde dit que M. Coxe s'est trompé en assurant qu'à *Lucerne*, il n'y a que cinq cens personnes, parmi lesquelles on puisse choisir les cent. Trente-six conseillers, pris du nombre des cent, forment le sénat ou petit conseil: il est partagé en deux divisions égales, qui se remettent l'une à l'autre l'administration tous les six mois: on les appelle *la division ou le côté de l'été*, & *la division ou côté de l'hiver*, parce que l'une relève l'autre aux deux fêtes de S. Jean, après le solstice de l'été & celui de l'hiver. La division qui sort, n'est pas exclue des assemblées pendant le semestre suivant; mais celle qui rentre, y est obligée par serment. La division qui sort, fait le grabeau ou la réélection de celle qui succède; elle complette aussi les places vacantes par mort, en choisissant les nouveaux sujets, ou dans le grand conseil, ou dans le corps de la bourgeoisie. La réélection, ou la confirmation des membres du grand conseil, a lieu aussi chaque semestre dans le conseil des cent. Après ces opérations, la nouvelle division du sénat prête serment dans la chapelle d'une église, & le grand conseil sur l'hôtel-de-ville. La bourgeoisie est appellée chaque fois à renouveller le serment de fidélité au gouvernement.

Il faut, pour aspirer aux charges, être citoyen né dans le canton ou au service de la république. Une loi expresse défend au père & au fils, ou à deux frères, de siéger, en même temps, dans un même corps de conseil; l'un cependant peut être du grand conseil pendant que l'autre siège au sénat; il est assez ordinaire qu'après la mort d'un sénateur, son fils ou son frère lui succède; il suffit d'avoir vingt ans accomplis pour être éligible. L'entrée dans le sénat donne le patriciat à la personne & à ses descendans, & ce titre de noblesse est reconnu par l'ordre de Malthe.

Le gouvernement de *Lucerne* seroit susceptible de plusieurs remarques. Quoique le grand conseil soit le souverain titulaire, le sénat ou le petit conseil s'est emparé de presque toute l'autorité. Il ne faut pas s'en étonner: c'est la marche naturelle des passions, & de tous les gouvernemens. Ce sénat a la puissance exécutrice; il a seul l'administration des affaires courantes, celle des finances & le soin de la police; & le conseil, qu'on appelle *souverain*, ne s'assemble que dans certaines occasions, soit pour des questions relatives à la législation, soit pour d'autres affaires de cette nature. Au milieu de ces usurpations de la puissance exécutrice, le conseil général a pourtant gardé un beau privilège. Le sénat juge les affaires criminelles; & lorsqu'un arrêt inflige la peine de mort, on convoque l'assemblée générale pour le prononcer. C'est une sage coutume dans une petite république: elle prouve que les mœurs y sont moins corrompues qu'ailleurs, & qu'on n'y est pas obligé souvent de prononcer la peine de mort. Dans les causes civiles, on appelle au conseil souverain, des arrêts du sénat: mais on dit que c'est une simple formalité; ou alors on appelle seulement de l'opinion des sénateurs dans un tribunal, aux mêmes sénateurs dans un autre tribunal. L'influence du sénat doit être en effet trop forte sur un corps, dont il forme plus du tiers, & dans lequel il choisit à son gré ses membres; qui d'ailleurs est revêtu des principaux emplois de l'état; qui les confère presque tous, & qui compte au nombre de ses droits, celui de nommer à tous les bénéfices ecclésiastiques; prérogative qui lui donne un grand nombre de créatures, puisque les deux tiers des revenus du canton appartiennent au clergé.

Les parens du candidat jusqu'au troisième degré ne peuvent voter à l'élection: on a fait d'autres réglemens pour circonscrire le pouvoir des patriciens ou des nobles: mais on élude tous ces réglemens; & ce qu'on peut dire, c'est qu'ils n'osent pas encore déclarer la guerre ou faire la paix, former de nouvelles alliances, ou imposer de nouvelles taxes, sans le consentement général de l'assemblée des citoyens; mais qu'ils gouvernent d'ailleurs la république à leur gré.

Nous avons parlé à l'article *Etats Unis* des vices de l'acte de la confédération des suisses: nous avons dit que celui de l'union américaine, malgré quelques défauts, est mieux calculé: nous observerons ici que la constitution des diverses républiques de la Suisse n'approche pas non plus de celles des républiques du nouveau-Monde; & pour n'en citer qu'un exemple, en Amérique on a adopté pour principe fondamental la division ou la séparation des trois pouvoirs législatif, exécutif & judiciaire: quelques états n'ont pas trop bien appliqué ce principe; mais on l'a méconnu dans tous les gouvernemens de la Suisse, & on ne doit pas en être surpris: ils se sont formés, avant que les philosophes & les politiques eussent développé cette maxime fondamentale de la liberté publique: ils ont tous confondu la puissance exécutrice & la puissance judiciaire: ceux qui en sont revêtus, ont encore une grande part à la puissance législative; & par une influence secrette, ils l'entraînent presque toujours. Au rete, la position de la Suisse & l'heureux caractère de ses habitans diminuent les funestes effets qu'entraîneroit le vice des constitutions.

Les premières dignités de l'état sont celles des deux avoyers; elles sont à vie. Chaque avoyer préside pendant six mois la division du sénat qui est en exercice, & pendant le même temps les assemblées du grand conseil. Le conseiller le plus âgé de chaque division porte le titre de *statthalter* ou *lieutenant de l'avoyer*. Après ces magistrats, le trésorier, les deux *panner-herren* ou porte-bannières, le *venner* ou banneret sont les officiers les plus distingués de l'état.

Le grand conseil est juge criminel en dernier ressort. La justice civile, la régie des biens des pupilles, l'administration de l'économie publique & des différens départemens de police civile & militaire, &c. sont confiés à divers comités subordonnés aux conseils. La bourgeoisie est divisée en quartiers & en tribus; mais cette division n'a point de rapport à la constitution & à la forme du gouvernement. La bourgeoisie n'est pas nombreuse; & le nombre des familles qui participent aux charges & aux honneurs de l'état, est assez limité. On ne compte pas plus de trois mille ames dans la ville de *Lucerne*; les religieux & autres ecclésiastiques y sont trop nombreux en proportion.

Tout le canton est divisé en quinze bailliages. Les baillifs sont tirés en partie du sénat, en partie du grand conseil. Trois seulement de ces baillifs résident sur les lieux; les autres habitent la capitale.

Milice. Toute la milice du canton est partagée en cinq brigades d'infanterie, & chaque brigade en cinq bataillons de six cents hommes. Chaque brigade a son état-major, & chaque bataillon un capitaine & plusieurs officiers subalternes. La première division d'un bataillon, commandée pour marcher au premier ordre, est de 225 hommes; les augmentations se font par piquets de cinquante hommes par bataillon. La cavalerie ne consiste qu'en trois compagnies de dragons, & le corps d'artillerie est composé de cinq compagnies. L'arsenal de *Lucerne* est, en proportion de cette milice, assez bien fourni; la plupart des canons sont de nouvelle fonte.

Nonce du pape. C'est à *Lucerne* que réside le nonce du pape. Sa présence a souvent fait naître des embarras; lorsque des nonces, fatigués de leur inaction, ont voulu se mêler avec trop de chaleur de la police ecclésiastique du pays, le gouvernement a toujours soutenu ses droits avec fermeté.

L'état de *Lucerne* a part, non seulement à tous les gouvernemens indivis des anciens cantons, à toutes les alliances de la nation suisse avec d'autres puissances, & aux privilèges qui en sont le fruit, mais particulièrement aux traités & engagemens des états catholiques de la Suisse avec les états voisins.

Les revenus de cette république sont peu considérables. Les plus grandes ressources même des maisons patriciennes consistent dans des fidéicommis, dans le service militaire étranger, dans l'état ecclésiastique pour les cadets de famille, & dans les charges publiques. En général, l'industrie a fait beaucoup moins de progrès chez les suisses catholiques que chez les suisses protestans: mais on doit s'attendre à voir diminuer de jour en jour les obstacles qu'un faux zèle opposoit aux progrès des lumières. Les sciences, les arts & l'activité qu'elles traînent à leur suite, se répandront par-tout où de meilleures institutions auront perfectionné l'éducation de la jeunesse. Au reste, la preuve la plus sûre d'un gouvernement sage & modéré, c'est l'accroissement de la population réunie à l'aisance du peuple; & cette preuve existe dans les états de la république de Lucerne.

LUCIE (SAINTE), île des Antilles, appartenant à la France.

Histoire de l'établissement de cette colonie. Les anglois occupèrent sans opposition cette île, dans les premiers jours de l'an 1639. Ils y vivoient paisiblement depuis dix-huit mois, lorsqu'un navire de leur nation, qui avoit été pris par un calme devant la Dominique, enleva quelques caraïbes accourus sur leurs pirogues avec des fruits. Cette violence décida les sauvages de Saint-Vincent, de la Martinique, à se réunir aux sauvages offensés; & ils fondirent tous ensemble, au mois d'août 1640, sur la nouvelle colonie. Dans leur fureur, ils massacrèrent tout ce qui se présenta. Le peu qui échappa à cette vengeance, abandonna pour toujours un établissement qui étoit encore au berceau.

Les françois songèrent ensuite à faire un établissement à *Sainte-Lucie*. Ils y firent passer, en 1650, quarante habitans sous la conduite de Rousselan, homme brave, actif, prudent, & singulièrement aimé des sauvages, pour avoir épousé une femme de leur nation. Sa mort, arrivée quatre ans après, ruina tout le bien qu'il avoit commencé à faire. Trois de ses successeurs furent massacrés par les caraïbes, mécontens de la conduite qu'on tenoit avec eux; & la colonie ne faisoit que languir, lorsqu'elle fut prise en 1664 par les anglois, qui l'évacuèrent en 1666.

A peine étoient-ils partis, que les françois reparurent dans l'île. Ils ne s'y étoient pas encore beaucoup multipliés, quelle qu'en fût la cause, lorsque l'ennemi qui les avoit chassés la première fois, les força de nouveau, vingt ans après, à quitter leurs habitations. Quelques-uns, au lieu d'évacuer l'île, se réfugièrent dans les bois. Dès que le vainqueur, qui n'avoit fait qu'une invasion passagère, se fut retiré, ils reprirent leurs occupations. Ce ne fut pas pour long-tems. La guerre,

qui

qui bientôt après déchira l'Europe, leur fit craindre de devenir la proie du premier corsaire qui auroit envie de le piller ; & ils allèrent chercher de la tranquillité dans les établissemens de leur nation qui avoient plus de force, ou qui pouvoient se promettre plus de protection. Il n'y eut plus alors de culture suivie ni de colonie régulière à *Sainte-Lucie*. Elle étoit seulement fréquentée par des habitans de la Martinique, qui y coupoient du bois, qui y faisoient des canots, & y entretenoient des chantiers assez considérables.

Des soldats & des matelots déserteurs s'y étant réfugiés après la paix d'Utrecht, il vint en pensée au maréchal d'Estrées d'en demander la propriété. Elle ne lui eut pas été plutôt accordée en 1718, qu'il y fit passer un commandant, des troupes, du canon, des cultivateurs. Cet éclat blessa la cour de Londres qui avoit des prétentions sur l'isle, à raison de la priorité d'établissement ; comme celle de Versailles, en vertu d'une possession rarement interrompue. Ses plaintes déterminèrent le ministère de France à ordonner que les choses seroient remises dans l'état où elles étoient avant la concession qui venoit d'être faite. Soit que cette complaisance ne parût pas suffisante aux anglois, soit qu'elle leur persuadât qu'ils pouvoient tout oser, ils donnèrent eux-mêmes, en 1722, *Sainte-Lucie* au duc de Montaigu, qui en envoya prendre possession. Cette opposition d'intérêts donna de l'embarras aux deux couronnes. Elles en sortirent en 1731, en convenant que, jusqu'à ce que les droits respectifs eussent été éclaircis, l'isle seroit évacuée par les deux nations ; mais qu'elles auroient la liberté d'y faire de l'eau & du bois.

Cet arrangement n'empêcha pas les françois d'y établir de nouveau, en 1744, un commandant, une garnison, des batteries. Ou la cour de Londres n'en fut pas avertie, ou elle feignit de ne rien voir, parce que ses navigateurs se servoient utilement de ce canal pour entretenir avec des colonies plus riches, des liaisons interlopes que les sujets des deux gouvernemens croyoient leur être également avantageuses. Elles durèrent avec plus ou moins de vivacité jusqu'au traité de 1763, qui assura à la France la propriété si long-temps & si opiniâtrement disputée de *Sainte-Lucie*.

Ce qu'est devenue cette colonie. Un entrepôt fut le premier usage que la cour de Versailles se proposa de faire de son acquisition. Depuis que ces isles du vent avoient abattu leurs forêts, étendu leurs cultures, & perdu la ressource du Canada & de la Louisiane, il étoit devenu impossible de s'y passer des bois & des bestiaux de l'Amérique septentrionale. On avoit cru voir de grands inconvéniens à l'admission directe de ces secours étrangers, & *Sainte-Lucie* fut choisie pour les échanger contre les sirops de la Martinique, de la Guadeloupe. L'expérience ne tarda pas à démontrer que c'étoit un plan chimérique.

Pour que cet arrangement pût avoir son exécution, il faudroit que les américains déposassent leurs cargaisons, qu'ils les gardassent sur leurs navires, ou qu'ils les vendissent à des négocians établis dans l'isle : trois combinaisons, dont aucune n'est praticable.

Jamais les navigateurs ne se détermineront à mettre à terre leur bétail, dont la garde, la nourriture, les accidens les ruineroient infailliblement ; ni à déposer dans des magasins, des bois d'un trop mince prix, d'un trop gros volume, pour soutenir les frais d'un loyer. Jamais ils n'attendront sur leur bord des acheteurs éloignés qui pourroient ne pas arriver. Jamas ils ne trouveront des acheteurs intermédiaires, dont le ministère seroit nécessairement si cher qu'on ne pourroit pas l'employer.

Le propriétaire des sirops a les mêmes raisons d'éloignement pour ce marché. Les voitures, le coulage & la commission réduiroient à rien sa denrée. Si l'anglois se déterminoit à acheter les sirops plus cher qu'il ne les payoit, il se verroit forcé d'augmenter dans la proportion ses marchandises, dont le consommateur ne voudroit plus après ce surhaussement. L'expérience a montré depuis, que cette disposition étoit mal calculée ; & l'arrêt du conseil du mois d'août 1784, qui a excité & qui excite tant de réclamations, en conservant l'entrepôt établi à *Sainte-Lucie*, en établit beaucoup d'autres. *Voyez* les articles DOMINGUE (SAINT) & FRANCE.

Détaché de la première idée qu'il avoit eue, sans y renoncer formellement, le ministère de France s'occupa, dès 1763, du soin de former des cultures à *Sainte-Lucie*. Le projet étoit sage, mais l'exécution fut mal concertée. Si le gouverneur & l'intendant de la Martinique, dont cette isle n'est éloignée que de sept lieues, avoient été chargés de l'opération, les colons qu'on y auroit fait passer auroient obtenu les secours que peut aisément fournir un établissement qui remonte à plus d'un siècle. La précipitation, la passion des nouveautés, le désir de placer des parens ou des protégés, d'autres motifs, peut-être encore plus blâmables firent préférer l'envoi d'une administration indépendante, qui ne devoit avoir des liaisons qu'avec la métropole. Cette mauvaise combinaison coûta 7,000,000 au fisc, & à l'état huit ou neuf cents hommes, dont la fatale destinée inspire plus de pitié que de surprise. Sous les tropiques, les colonies les mieux établies coûtent habituellement la vie au tiers des soldats qui y sont envoyés, quoique ce soient des hommes sains, robustes & bien soignés : est-il étonnant que des misérables, ramassés dans les boues de l'Europe & livrés à tous les fléaux de l'indigence, à toutes les horreurs du désespoir, aient misérablement péri dans une isle inculte & déserte,

& dont le climat, soit parce qu'elle n'est pas encore assez défrichée, soit par la nature particulière de son sol, est plus meurtrier que celui du reste des Antilles (1) ?

L'avantage de la peupler étoit réservé aux établissemens voisins. Des françois qui avoient vendu très-avantageusement leurs plantations de la Grenade aux anglois, ont porté à *Sainte-Lucie* une partie de leurs capitaux. Un grand nombre des cultivateurs de Saint-Vincent, indignés de se voir réduits à acheter un sol qu'ils avoient défriché avec des fatigues incroyables, ont pris la même route. La Martinique a fourni des habitans dont les possessions étoient peu fécondes ou bornées, & des négocians qui ont retiré quelques fonds de leur commerce pour les confier à l'agriculture. On leur a distribué à tous gratuitement des terres.

C'eût été un présent funeste, si le préjugé établi contre *Sainte-Lucie* avoit eu quelque fondement. La nature, disoit-on, lui avoit refusé tout ce qui peut constituer une colonie de quelque importance. Dans l'opinion publique, son terroir inégal n'étoit qu'un tuf aride & pierreux, qui ne paieroit jamais les dépenses qu'on feroit pour le défricher. L'intempérie du son climat devoit dévorer tous les audacieux que l'avidité de s'enrichir ou le désespoir y feroient passer. Ces idées étoient généralement reçues.

Dans la vérité, le sol de *Sainte-Lucie* n'est pas mauvais sur les bords de la mer, & il devient meilleur à mesure qu'on avance dans les terres. Tout peut être défriché, à l'exception de quelques montagnes hautes & escarpées, sur lesquelles on remarque aisément des traces d'anciens volcans. Il reste encore dans une profonde vallée huit ou dix excavations de quelques pieds de diamètre, où l'eau bout de la manière la plus effrayante. On ne trouve pas, à la vérité, dans l'isle, de grandes plaines, mais beaucoup de petites, où le sucre peut être heureusement cultivé. La forme étroite & allongée de cette possession en rendra le transport aisé, dans quelques lieux que les cannes soient plantées.

L'air, dans l'intérieur de *Sainte-Lucie*, n'est peut-être que ce qu'il étoit dans les autres isles avant qu'on les eût habitées: d'abord impur & mal sain; mais à mesure que les bois sont abattus, que la terre se découvre, il devient moins dangereux. Celui qu'on respire sur une partie des côtes, est plus meurtrier. Sous le vent, elles reçoivent quelques foibles rivières qui, partant des pieds des montagnes, n'ont pas assez de pente pour entraîner les sables dont le flux de l'Océan embarrasse leur embouchure. Cette barrière insurmontable fait qu'elles forment, au milieu des terres, des marais infects. Une raison si sensible avoit suffi pour éloigner de ces cantons le peu de caraïbes qu'on trouva dans l'isle en y abordant la première fois. Les françois, poussés dans le nouveau-Monde par une passion plus violente que l'amour de la conservation, ont été moins difficiles que des sauvages. C'est dans cette étendue qu'ils ont principalement établi les cultures. Plusieurs ont été punis de leur aveugle avidité. D'autres le seront un jour, à moins qu'ils ne construisent des digues, ou ne creusent des canaux pour procurer de l'écoulement aux eaux. Le gouvernement en a donné l'exemple dans le port principal de l'isle; quelques citoyens l'ont suivi, & il est à croire qu'avec le tems une pratique si utile deviendra générale.

Déja se sont formées dans la colonie onze paroisses, presque toutes sous le vent. Cette préférence, donnée à une partie de l'isle sur l'autre, ne vient pas de la supériorité du sol; mais du plus ou du moins de facilité à recevoir, à expédier des navires. Avec le tems, l'espace qu'on a d'abord négligé sera occupé à son tour, parce qu'on découvre tous les jours des anses où il sera possible d'embarquer sur des canots toutes sortes de productions.

Un chemin qui fait le tour de l'isle, & deux chemins qui la traversent de l'est à l'ouest, donnent les facilités qu'on pouvoit desirer pour porter les denrées des plantations aux embarcadaires. Avec du tems & des richesses, ces routes parviendront à un degré de solidité qu'on ne pouvoit leur donner d'abord sans des dépenses trop considérables pour un établissement naissant. Les corvées, dont ces chemins sont l'ouvrage, ont retardé les cultures & excité bien des murmures: mais les colons commencent à bénir la main sage & ferme qui a ordonné, qui a conduit cette opération pour leur utilité. Leur fardeau a été un peu allégé dans les derniers tems, par l'attention qu'ont eue les administrateurs, d'appliquer à ces travaux les taxes exigées pour les affranchissemens.

Au premier janvier 1777, la population blanche de *Sainte-Lucie* s'élevoit à deux mille trois cents personnes de tout âge & de tout sexe. Il y avoit mille cinquante noirs ou mulâtres libres & seize mille esclaves. La colonie comptoit parmi ses troupeaux onze cents trente mulets ou chevaux, deux mille cinquante-trois bêtes à cornes, trois mille sept cents dix-neuf moutons ou chèvres.

Cinquante-trois sucreries qui occupoient quinze cents quarante-un quarrés de terre, cinq millions

---

(1) Les anglois se sont emparés de Sainte-Lucie pendant la dernière guerre; & le nombre des soldats qu'ils ont perdu, est très-considérable. Un de leurs chirurgiens en a fait le détail; & son livre renferme, sur l'insalubrité du climat de cette isle, des remarques qu'il est bon d'annoncer ici.

quarante mille neuf cents soixante-deux pieds de café, un million neuf cents quarante-cinq mille sept cents douze pieds de cacao, cinq cents quatre-vingt-dix-sept quarrés de coton formoient ses cultures.

Ces produits réunis étoient vendus, dans l'isle même, un peu plus de 3,000,000 de liv. Les deux tiers étoient livrés aux américains, aux anglois & aux hollandois, en possession de fournir librement aux besoins de la colonie. Le reste étoit porté à la Martinique, dont on dépendoit, & d'où l'on tiroit quelques marchandises, quelques boissons arrivées de la métropole.

Lorsque Sainte-Lucie, qui a quarante lieues de circuit, sera parvenue à toute sa culture, elle pourra occuper cinquante à soixante mille esclaves, & donner pour neuf ou dix millions de denrées : tous ceux qui connoissent l'isle, l'avouent. Par quelle fatalité cet établissement a-t-il donc fait si peu de progrès, malgré tous les encouragemens qu'il a reçus ?

C'est que, dès l'origine, on donna précipitamment des propriétés à des vagabonds, qui n'avoient ni l'habitude du travail, ni aucun moyen d'exploitation : c'est qu'on accorda un sol immense à des spéculateurs avides qui n'étoient en état de mettre en valeur que quelques arpens : c'est que les terres intérieures furent distribuées avant que les bords eussent été défrichés : c'est que les fourmis qui désoloient si cruellement la Martinique, ont porté le même ravage dans les sucreries naissantes de Sainte-Lucie : c'est que le café y a éprouvé la même diminution que par-tout ailleurs : c'est enfin que l'administration n'y a été ni assez régulière, ni assez suivie, ni assez éclairée. Quels remèdes employer contre tant d'erreurs, contre tant de calamités!

Il faudroit établir un gouvernement plus ferme, une police plus exacte. Il faudroit dépouiller de leur territoire ceux qui n'auront pas au moins rempli en partie l'engagement qu'ils avoient contracté de le rendre utile. Il faudroit par des réunions sagement réglées, rapprocher, le plus qu'on pourra, des plantations séparées par des distances qui leur ôtent la volonté & la facilité de s'entr'aider. Il faudroit contraindre légalement tous les débiteurs à respecter des créances dont ils se sont habituellement joués. Il faudroit assurer, pour une longue suite d'années & par des actes authentiques, aux navigateurs de toutes les nations la liberté de leurs liaisons avec cette isle. L'arrêt du conseil du mois d'août 1784 l'a entrepris ; mais on ne sait encore si le ministère ne se verra point forcé de se rendre aux criailleries déraisonnables des négocians. On devroit aller plus loin.

Les françois de la métropole ne veulent pas, & ceux des isles ne peuvent pas mettre en valeur Sainte-Lucie. Beaucoup d'étrangers, au contraire, ont offert d'y porter leur industrie & leurs capitaux, si l'on vouloit supprimer le barbare droit d'aubaine : droit qui s'oppose au commerce réciproque des nations ; qui repousse le vivant & dépouille le mort ; qui déshérite l'enfant de l'étranger ; qui condamne celui-ci à laisser son opulence dans sa patrie, & lui interdit ailleurs toute acquisition, soit mobilière, soit foncière : droit qu'un peuple qui aura de saines notions sur la politique, abolira chez lui, & dont il se gardera bien de solliciter l'extinction dans les autres contrées.

Lorsqu'on aura pris les mesures convenables pour rendre Sainte-Lucie florissante, le ministère de France pourra se livrer au système qu'il paroît avoir adopté de défendre ses colonies par des forteresses. Pour garder cette isle, il suffira de garantir de toute insulte le port du Carenage.

Ce port, le meilleur des Antilles, réunit plusieurs avantages. On y trouve par-tout beaucoup d'eau ; la qualité de son fond est excellente ; la nature y a formé trois carenages parfaits : l'un pour les plus grands bâtimens, les deux autres pour des frégates. Trente vaisseaux de ligne y seroient à l'abri des ouragans les plus terribles. Les vers ne l'infectent pas encore. Les vents sont toujours bons pour en sortir, & l'escadre la plus nombreuse seroit au large en moins d'une heure.

Une position si favorable peut non-seulement défendre toutes les possessions nationales, mais menacer encore celles de l'ennemi dans toute l'étendue de l'Amérique. Les forces maritimes de l'Angleterre ne sauroient couvrir tous les lieux. La plus foible escadre, partie de Sainte-Lucie, porteroit en peu de jours la désolation dans les colonies qui, paroissant les moins exposées, seroient dans la plus grande sécurité. Pour empêcher de nuire, il faudroit bloquer le port du Carenage ; & cette croisière, aussi dispendieuse que fatigante, pourroit encore être bravée impunément par un homme hardi, qui oseroit tout ce qu'on peut oser en mer.

Le Carenage, qui a l'inconvénient d'exposer au danger d'être pris, les vaisseaux qui sont à sa vue, n'a jamais paru digne d'attention à la Grande-Bretagne, assez puissante, assez éclairée, pour penser que c'est aux vaisseaux à protéger les rades, & non aux rades à protéger les vaisseaux. Pour la France, ce port possède la plus grande défense maritime, c'est-à-dire, une position qui empêche les vaisseaux d'y entrer sous voile. Il faut alonger plusieurs touées pour y pénétrer. On ne peut louvoyer entre ses deux points. Le fond augmentant tout d'un coup, & passant près de terre de vingt-cinq à cent brasses, ne permettroit pas aux attaquans de s'y embosser. Il ne peut y entrer qu'un navire à la fois, & il seroit battu en même tems de l'avant & des deux bords par des feux masqués.

Si l'ennemi vouloit insulter le port, il seroit

réduit à faire sa descente à l'anse du Choc; plage d'une lieue, qui n'est séparée du Carenage que par la pointe de la Vigie qui forme cette anse. Maître de la Vigie, il couleroit bas ou forceroit d'amener tous les vaisseaux qui se trouveroient dans la rade; & ce seroit sans perte de son côté, parce que cette péninsule, quoique dominée par un citadelle bâtie de l'autre côté du port, couvriroit l'assaillant par son revers. Celui-ci n'auroit besoin que de mortiers : il ne tireroit pas un coup de canon; il ne hasarderoit pas la vie d'un homme.

S'il suffisoit de fermer à l'ennemi l'entrée du port, il seroit inutile de fortifier la Vigie. Sans cette précaution, on l'empêcheroit bien d'y pénétrer : mais il faut protéger les vaisseaux de la nation. Il faut qu'une petite escadre puisse braver les forces ennemies, les réduire à la bloquer, profiter de leur absence ou d'une faute : ce qui ne se peut faire sans fortifier le sommet de la péninsule. On ne doit pas se dissimuler qu'en multipliant ainsi les points de défense, on augmentera le besoin d'hommes : mais s'il y a des vaisseaux dans le port, leurs matelots & leurs canonniers seront chargés de la défense de la Vigie, & ils s'y porteront avec d'autant plus de vigueur, que le salut de l'escadre en dépendra. Si le port est sans bâtimens, la Vigie sera abandonnée, ou peu défendue. On s'occupe du soin de défendre le Morne fortifié, où l'on projette de construire une citadelle.

Les anglois s'étoient emparés de *Sainte-Lucie* durant la dernière guerre; mais ils l'ont rendue à la France par le traité de paix de 1783.

LUCQUES (république de). Cette république d'Italie est située au bord de la partie de la Méditerranée, qu'on appelle mer de Toscane, *mare Tuscum* ou *Tyrrhenum*; & du côté de la terre, elle touche aux états du grand-duc de Toscane & du duc de Modène. Sa longueur est d'environ 40 milles d'Italie, & sa largeur de 15.

Productions, culture, population. Ce pays est très-fertile. Il est si peuplé que, dans une ville & 150 villages, on compte plus de 120 mille hommes, dont 20 ou 30 mille peuvent porter les armes. On ne sauroit trop louer, ni trop admirer l'industrie avec laquelle les habitans cultivent le moindre lambeau de terre & savent en tirer parti. Le pays est montueux, mais la fertilité de ses vallées est admirable. Les montagnes sont couvertes de vignes, d'oliviers, de châtaigniers & de mûriers. La partie de la côte offre des prairies qui nourrissent une grande quantité de bestiaux. L'huile & la soie sont d'un très-grand rapport, & forment les deux objets les plus importans du commerce.

Précis de son histoire politique. La ville de *Lucques* étoit jadis une des principales villes des Etrusques, & fut ensuite une colonie romaine. Sous les goths & les lombards, elle éprouva les mêmes vicissitudes que le reste de la Toscane. Après la mort de la comtesse Mathilde en 1115, le gouvernement de *Lucques* devint républicain, sans se soustraire à l'obéissance des empereurs. En 1316, elle fut soumise à Castruccio, *Castracani*. En 1328, l'empereur Louis de Bavière l'enleva aux fils de Castruccio : il changea à son gré la forme du gouvernement ; il relégua les Castracani à Pontremoli, & imposa aux lucquois un subside de 150,000 florins. En 1355, Charles IV les assujettit à la jurisdiction civile & criminelle des pisans, chargés de l'exercer au nom de l'empereur. En 1369, le cardinal-légat de Bologne, établi vicaire de *Lucques* par l'empereur Charles IV, vendit aux lucquois la liberté pour cent mille florins d'or. En 1400 un simple citoyen, Paul Guinisi, se fit souverain de *Lucques* qu'il gouverna jusqu'en 1430. Depuis cette époque, *Lucques* a toujours été une république aristocratique; & les lucquois étant plus jaloux de leur liberté qu'en état de la défendre, ils ont de tout temps recherché la protection de quelqu'état plus considérable.

Forme de gouvernement. La puissance législative appartient à un sénat composé de 150 patriciens : ce sénat a pour chef un gonfalonier & neuf conseillers, nommés *anziani*, qu'on change tous les deux mois ; pendant leur régence, ils sont entretenus dans le palais aux dépens de l'état. Le grand conseil se change tous les deux ans. L'autorité du gonfalonier se réduit à faire le premier les propositions au sénat.

Il a le titre de *prince de la république*, & jouit des honneurs d'un souverain. La justice est administrée par cinq auditeurs, dont l'un a le titre de *podestat* & décide les causes criminelles ; mais ses jugemens doivent être confirmés par le sénat, sur-tout quand ce sont des arrêts de mort.

Cet état a le titre de *sérénissime république de Lucques*. Ses armes sont deux bandes entre lesquelles est écrit en caractères d'or le mot *libertas*, sur un fond d'azur de lapis-lazzuli. On évalue les revenus ordinaires de la république à quatre cents mille écus. Elle a cinq cents hommes de troupes réglées & environ soixante & dix suisses, qui servent de garde au gonfalonier & aux neuf anziani.

Remarques générales. Si l'on forme un parallélogramme du territoire de *Lucques*, ce parallélogramme n'aura que huit lieues de longueur sur une largeur égale : il est presque par-tout entrecoupé de montagnes & circonscrit dans son agriculture, dans son commerce, dans son industrie, & on y trouve au moins cent vingt mille habitans. La population totale de l'état est donc d'environ 1900 personnes par lieue quarrée. C'est le double de ce qu'on en trouve en France, dit M. de la Lande. Si l'on sépare la partie montueuse de la république, pour comparer l'étendue de la seule plaine de *Lucques* avec le nombre de ses habitans, on en comptera 5,274 par lieue quarrée. Nulle part en Europe, excepté dans les cantons suisses de Zurich, de Soleure & d'Appenzell, on ne trouvera une population aussi forte.

A quelles causes est-elle due? Pourquoi ne voit-on dans l'état de *Lucques*, ni mendians, ni pauvres, ni oisifs? Pourquoi chacun y est-il bien vêtu, bien nourri, bien logé? Pourquoi enfin ce territoire, dont la fertilité ne surpasse pas celle d'une infinité de lieux parsemés de quelques rares habitans, offre-t-il par-tout une culture admirable & très-variée? C'est que le gouvernement de *Lucques* offre un modèle de sagesse; c'est que la petitesse de la république lui permet de tout voir, de tout prévenir, de tout corriger; c'est que chaque abus est à la portée de sa vigilance; c'est que chaque sujet ne paye que cinq livres par tête pour toute espèce d'impositions; c'est que, malgré la modicité de ses revenus, l'état pourvoit à tous les détails de bien public, à tous les besoins accidentels; c'est qu'on n'y connoît pas celui des armées, des guerres, des classes éminentes, oisives & onéreuses de citoyens; c'est que les propriétés foncières y sont très-subdivisées; c'est que les distinctions y sont bannies autant que la simplicité des mœurs y est respectée; c'est qu'on n'y éprouva jamais de disette; c'est que le sénat aime son peuple, & le peuple le sénat, qui ne s'écarte point de cette modération tutélaire, principe conservateur des aristocraties; modération non-seulement de sentiment, mais encore de réflexion, & devenue une maxime d'état fondamentale. Depuis deux siècles, cette prospérité & ces principes n'ont pas varié. Tant il est vrai que l'aristocratie, peut-être mauvaise dans une ville, règne avec succès sur un territoire, lorsqu'elle a su réprimer sa puissance par des loix qu'elle ne pourroit enfreindre sans danger.

LUGANO, l'un des quatre bailliages ultramontains que possède le corps helvétique. En allemand, on le nomme *Lauis*. C'est le plus grand, le plus riche & le plus important: il a huit lieues de longueur sur cinq de largeur. Le pays est fertile; il offre des vignes, des fruits, des oliviers, & des mûriers. Les orangers & les citroniers même y sont assez communs. On y trouve différentes espèces de marbre, desquels on tire grand parti, de même que des vers à soie. Il y a des lapidaires qui polissent les cristaux apportés de la Suisse. On y compte plus de 70 paroisses & environ dix mille habitans. Le lac de *Lugano* lui est aussi très-utile: il est assez considérable, car il a huit lieues de longueur.

Les tusques paroissent avoir été les premiers habitans de cette contrée, & on y vit ensuite les gaulois. Les romains s'en emparèrent: ceux-ci furent chassés à leur tour. Enfin, après bien des révolutions, les ducs de Milan en furent les maîtres. Nous avons dit à l'article LOCARNO comment elle fut soumise aux cantons suisses. Ceux-ci envoient, chacun à leur tour, un bailli qui y gouverne pendant deux ans. Son titre est *capitaneo*, & en temps de guerre il commande les troupes des quatre bailliages. Son pouvoir est trop absolu; il est presqu'illimité: il juge seul toutes les affaires civiles & criminelles; il y a cependant appel devant le syndicat. Le secrétaire baillival, le lieutenant baillival, les fiscaux, &c. n'ont que la voix consultative; c'est toujours un abus dangereux. Le lieutenant baillival a une jurisdiction particulière en affaires civiles, indépendante du bailli. On peut le changer tous les deux ans; les autres places sont à vie & à la nomination des cantons.

Le bailliage est partagé en quatre pièves, *Lugano*, Agno, Riva & Capriasca. Il jouit de beaux privilèges; il a le droit d'établir des loix civiles sous l'approbation cependant du syndicat, de taxer les denrées, de fixer la valeur des monnoies, de déterminer les précautions de santé, &c. Il a une magistrature qui s'étend sur tout le bailliage, & chaque piève en a une particulière. On tient annuellement une assemblée générale à *Lugano*, Loretto ou Sorengo; chaque commune y envoie son console, & *Lugano* en envoie deux. Cette assemblée générale règle les affaires du pays, & sur-tout les dépenses publiques. Il y a quelques communautés qui ont leur propre jurisdiction, qui fournissent un contingent fixe, & qui n'envoient point de députés à l'assemblée. On nomme celles-ci *terre separate*. Les communes de Vescia & Montechio sont nommées *terre privilegiate*, en ce qu'elles ne contribuent qu'aux dépenses militaires & de santé.

Les habitans sont tous de la religion catholique romaine. La piève de Capriasca est du diocèse de Milan; les trois autres de celui de Côme: l'évêque de Milan entretient dans chacune un vicaire forain.

Le bourg de *Lugano* est assez étendu; on y fait un commerce assez grand, sur-tout en soie: le passage des marchandises de Suisse en Italie lui procure aussi différens avantages. La foire de bétail qui s'y tient le 13 octobre, est importante par la quantité extraordinaire de bétail qui s'y vend & qu'on tire de la Suisse. On y a établi une imprimerie qui a déja fourni d'excellens ouvrages à l'Italie; elle est sous la protection immédiate des cantons. *Voyez* les articles CORPS HELVÉTIQUE, LOCARNO, MENDRISIO & VAL-MAGIO.

LUNEBOURG, principauté d'Allemagne, appartenant à la maison de Brunswick.

Nous avons indiqué à l'article BRUNSWICK les divers états que possède en Allemagne la maison électorale de Brunswick-Lunebourg, leur population totale & ses revenus: nous y avons donné un précis historique de la maison de Brunswick: nous y avons parlé de ses titres, de ses prérogatives & de ses charges.

Nous avons fait des articles particuliers de chacun des états de la maison électorale de Brunſwick ; & le lecteur trouvera aux articles HANOVRE, HOYA, WOLFENBUTTEL, &c. ce qui regarde les principautés de Calenberg, de Hoya, de Wolfenbuttel, &c.

Nous parlerons ici de la principauté de Lunebourg & de Zell : mais nous ajouterons à la fin de l'article quelques remarques générales ſur les productions, les manufactures & le commerce des états de la maiſon de Brunſwick que nous nous ſommes procurés depuis l'impreſſion de l'article BRUNSWICK.

La principauté de *Lunebourg* ou de Zell eſt bornée à l'oueſt par les duchés de Breme & de Verden, le comté de Hoya & la principauté de Calenberg ; au midi par cette même principauté, le dioceſe de Hildesheim & le duché de Brunſwick ; au levant par ce dernier duché, par celui de Mecklenbourg & par la vieille Marche ; & vers le nord par le duché de Lavenbourg & l'Elbe, qui la ſépare du territoire de la ville impériale de Hambourg.

Productions, ſol. Le ſol y eſt fertile le long de l'Elbe, de l'Aller & de la Jetze ; il eſt ſec & ſablonneux dans les autres endroits. L'Elbe traverſe les parties orientale & ſeptentrionale de cette principauté. Les avantages qu'elle retire de ce fleuve, ſont importans ; il fertiliſe les terres voiſines ; il ajoute à la ſubſiſtance des habitans par le grand nombre de poiſſons qu'on y prend ; il facilite la navigation ; & les péages qui y ſont établis d'après un mauvais régime, ſont utiles au fiſc.

Population. La principauté contient trois grandes villes ; ſavoir, *Lunebourg*, Ulzen & Zell, onze petites & treize bourgs.

Etats. Cette province a conſervé ſes états, ainſi que les ont conſervés la plus grande partie des pays d'Allemagne, & un grand nombre de provinces que le ſouverain ménage, parce qu'il en eſt éloigné. Il faut diſtinguer d'abord le collège entier de la province ; il eſt compoſé, 1°. du directeur provincial qui eſt l'abbé du couvent de Saint-Michel de *Lunebourg*, & qui, pour entrer en charge, doit être confirmé par le roi, ſur les préſentations des conſeillers provinciaux. Ce directeur, à qui l'on donne le titre d'*excellence*, a rang après les conſeillers intimes en exercice, & il a le pas ſur le préſident du tribunal ſupérieur des appellations, à moins que celui-ci ne ſoit lui-même conſeiller intime : 2°. de huit conſeillers qui, avec le directeur dont il vient d'être parlé, forment le conſeil provincial : 3°. de deux conſeillers du tréſor : 4°. de quatre députés ordinaires de la nobleſſe. Une ordonnance du roi du 2 novembre 1752 a réglé la manière dont on doit procéder à l'élection de ces officiers : elle a partagé tous les biens nobles en quatre quartiers ou cantons, qui ſont celui de *Lunebourg*, celui de Luchau, celui de Zell & celui de Giffhorn ; le premier contient 48 biens nobles ; le ſecond 49 ; le troiſième 50, & le dernier 48. On a donné droit de ſuffrage aux différens poſſeſſeurs. On a aggrégé à chaque canton un député perpétuel de la nobleſſe & deux conſeillers du conſeil de la province, dont l'un élu par le corps entier de la nobleſſe de la principauté, & l'autre par celle du canton, où il faut qu'il poſſede un des biens nobles dont on vient de parler. L'ancienneté ſeule règle entr'eux les privilèges. Lorſqu'il s'agit de choiſir un nouveau membre, le député ordinaire perpétuel notifie aux propriétaires nobles de chaque canton le jour fixé par le directeur de la province ; il leur ordonne de s'aſſembler dans les villes, dont leurs quartiers portent le nom ; & là ſous la préſidence ils éliſent, à la pluralité des voix, deux autres députés qu'on appelle d'*élection*, qui doivent être de l'ancienne nobleſſe du même canton, & poſſéder un de ces biens auxquels eſt attaché le droit de ſuffrage. Ces nouveaux députés ſe rendent, au jour fixé par le même directeur, dans la maiſon des états à Zell, où ſe rendent auſſi les huit conſeillers provinciaux qui, préſidés par le même directeur, font avec les députés l'élection dont il s'agit. Celui ſur lequel eſt tombé le choix, eſt enſuite préſenté au ſouverain qui, s'il le juge à propos, accorde ſa ratification. La nobleſſe concourt de la même manière lorſqu'il eſt queſtion d'élire un conſeiller du tréſor : on le choiſit dans le corps de la nobleſſe ; mais attendu que les députés ne ſont qu'au nombre de huit, tandis que le collège qui forme le conſeil de la province, n'a que neuf membres ſur le pied complet, le conſeiller ſurvivant du tréſor ſe joint aux huit députés pour donner la neuvième voix. A la mort d'un député ordinaire de la nobleſſe, il eſt remplacé par un autre noble du canton, dans lequel vaque la place. Les corps qui compoſent le collège provincial, font alors choix de deux ſujets capables, & le canton en adopte un qui eſt enſuite préſenté au roi. Le conſeil provincial choiſit, concurremment avec les deux conſeillers du tréſor, le ſecrétaire du tréſor & le receveur général ; mais la première de ces deux compagnies nomme ſeule le ſyndic de la province & tous les employés ſubalternes, dont les fonctions intéreſſent le public.

Les états s'aſſemblent deux fois par année, & ils ſont convoqués par le ſouverain. Ils ſe ſont aſſemblés à Hæfering, bailliage de Bodenteiche, juſqu'en 1652 ; mais ils furent transférés à cette époque, dans la maiſon-de-ville de Zell. Ceux qui ont droit d'y aſſiſter, ſont : les conſeillers de la province & ceux du tréſor ; les quatre députés perpétuels de la nobleſſe, dont les deux plus anciens ſeuls ont droit de ſuffrage ; ceux des évêchés de Bardewick & Ramelſloh & ceux des villes de *Lunebourg*, d'Ulzen & de Zell. Les volontés du roi y ſont indiquées par un de ſes miniftres, auquel les états ne répondent que par l'organe de leur syndic.

Religion. On compte dans cette principauté environ deux cens paroisses luthériennes, divisées en quinze surintendances, & celles-ci en deux autres générales.

Manufactures, commerce. Les manufactures & les fabriques qui ont le plus de réputation, sont celles de toiles, de rubans, de bas & de chapeaux. La ville de Zell a acquis quelque célébrité par ses ouvrages d'or & d'argent que l'étranger recherche, & celle de Haarbourg par sa blanchisserie de cire, & par ses fabriques d'amidon & de sucre. Le pays exporte sur-tout du bled, du sarrasin, des légumes, du houblon, du lin, des chevaux, des bêtes à cornes, & principalement des veaux gras, dont le seul bailliage de Winsen sur la Luhe fait un commerce avec la ville de Hambourg d'environ 6000 écus par an. Il exporte aussi des mâts, du bois à différents usages, des bateaux, de la volaille, de la laine, de la cire crue ou blanchie, du miel, du sel, du sucre, du fil, des toiles de toutes qualités, des bas, des draps, des ouvrages d'or & d'argent, &c. La multitude de voitures chargées de marchandises, qui dirigent leurs routes vers Hambourg, Lubeck & Altona occupent aussi les habitans de cette principauté.

Origine & privilèges de cette principauté. La principauté de *Lunebourg* vient des biens héréditaires que possédoit le comte de Billung, dont le fils, nommé *Hermann*, fut créé duc de Saxe par l'empereur Otton I. Le duc Magnus, dernier de sa race, étant mort sans laisser d'héritier mâle, Wulfhild sa fille porta ses domaines au duc Henri de Bavière qu'elle épousa; ils passèrent ensuite à sa postérité, ainsi que nous l'avons dit à l'article BRUNSWICK.

Cette principauté donne au roi de la Grande-Bretagne droit de séance & suffrage dans le collège des princes de l'Empire & dans les assemblées circulaires de la basse-Saxe. Sa taxe matriculaire en cette qualité est de vingt cavaliers & cent vingt fantassins, ou de 720 florins en argent.

Charges héréditaires. Les ducs de *Lunebourg* établirent à leur cour diverses charges héréditaires, dont ils investirent des familles nobles du pays; celle de grand-maréchal fut donnée à la maison de Meding; celle d'intendant des cuisines & d'échanson à la famille de Vehren, & celle de grand-trésorier aux nobles de Knesebeck. Ces mêmes ducs établirent aussi une grande charge, appellée *Erbpœtkerant*, qu'ils conférèrent à la maison de Spœrken, charge qui probablement est celle de dégustateur (*officium prægustatoris*).

Tribunaux. La ville de Zell est le siège de la justice, de la chancellerie, & celui du tribunal de la cour de toute la principauté. Le pays a le droit de présenter deux assesseurs à ce tribunal, dont le choix dépend du conseil provincial; elle a le droit aussi de présenter deux membres du siège supérieur des appellations; l'un noble, & l'autre de condition bourgeoise. Leur élection se fait ensuite à la pluralité des voix, lors de la tenue des diètes, auxquelles les conseillers de la province & ceux du trésor ont chacun une voix; les députés de la noblesse, ainsi que ceux des abbayes & des villes, y ont une voix par chaque classe.

Revenus. Les revenus que tire le prince des trente-neuf bailliages & prévôtés bailliagères qui lui appartiennent, joints au produit des droits régaliens, doivent former des sommes considérables, puisque dans le nombre des bailliages, il en est qui rapportent 14,000, 15,000 & même 27,000 rixdales. Les péages établis sur l'Elbe sont aussi lucratifs que les objets de recette dont on vient de parler; peut-être même le sont-ils davantage. La province est chargée du recouvrement, 1°. des contributions qui se payent tous les mois : elles sont accordées au souverain dans les diètes qui se tiennent deux fois l'année, & se montent par chaque mois à plus de vingt mille rixdales. La ville de *Lunebourg* en paye seule la seizième partie. 2°. D'un impôt, nommé *licent* : on ne le perçoit que sur ceux qui habitent les villes, & la concession s'en fait également de six mois en six mois; les prélats & le corps de la noblesse en sont exempts. 3°. D'un autre impôt, appellé *schatz*, auquel les dettes nationales ont donné lieu : on le lève sur le bétail, sur la bierre, sur le vin & sur l'eau-de-vie, & il produit par an 40 à 50,000 rixdales. Les frais de légation sont un objet de dépense, auquel la province est obligée de contribuer. La recette de ces divers impôts se fait par des receveurs sous l'inspection de commissaires, qui les uns & les autres sont nommés par le conseil provincial.

Remarques générales sur les états de la maison de Brunswick-Lunebourg. Les états de la maison électorale de Brunswick-Lunebourg produisent en général tout ce qui peut être nécessaire aux besoins des habitans.

Les manufactures & les fabriques, quoique nombreuses, pourroient se multiplier davantage, & elles sont susceptibles de perfection. On y fait de l'amidon blanc qu'on tire du froment & de la pomme de terre. On y fait de la poudre : on y file beaucoup de lin qu'on travaille dans le pays : on y fabrique aussi beaucoup de rubans, & les galons de cette principauté ne le cèdent guère à ceux du Brabant. Les tapisseries de toile cirée, qui sortent de ces manufactures, offrent de très-belles couleurs. On est parvenu à y peindre les toiles de lin avec tant de succès, que les indiennes y sont défendues. On y file du coton, dont on fait des bas, des bonnets, des gants, des toiles & des futaines. On y apprête du tabac à fumer & en poudre ; la garence y croît, & on en tire le parti convenable. Les tanneries font en grand nombre, & le pays exporte une quantité confidérable de fouliers. On y fabrique des draps de plufieurs qualités ; il y en a de fins, de moyens & de plus gros : la fabrique des premiers eft établie à Gœrtingue ; ils approchent de ceux de Hollande pour la fineffe & la folidité des couleurs. Les manufactures fourniffent auffi des demi-draps, des frifes, des flanelles, &c. des étoffes en forme de draps, du raz & des ferges drapées, de la ratine, du moleton, du drap de roi, de dames, auxquelles il faut ajouter les camelots d'une feule couleur ou de couleurs mêlées, des callemandes, des moires, des étamines, des chalons, de la pluche, &c. Il s'y fait auffi des chapeaux de poil & de laine, des bas & des étoffes de foie, des galons d'or & d'argent des broderies. On y trouve des blanchifferies de cire & des raffineries de fucre, des verreries, des fabriques de fer, de cuivre, de laiton, des manufactures d'armes blanches, des moulins à poudre, à papier, &c.

L'exportation annuelle de ces états en grains ; en lin, en chanvre & en bois de conftruction ; celle des tourbes, du bétail, du fel & des minéraux de différentes efpèces ; celle du fil, des groffes toiles, & autres ouvrages des fabriques & manufactures produifent des fommes d'argent très-confidérables. D'un autre côté, ces pays manquent de plufieurs productions naturelles & de différens ouvrages de manufactures qu'ils tirent de l'étranger.

Religion. La religion luthérienne eft la dominante dans ces états en général. Il y a à-peu-près 750 églifes paroiffiales, divifées en quarante-trois furintendances particulières, qui elles-mêmes font partagées en fept furintendances générales. Les réformés ont fept églifes dans les états électoraux proprement dits, & autant de communautés dans le duché de Brême. Si les catholiques romains ont une églife & une école dans la ville de Hanovre, c'eft en vertu d'une convention particulière, faite en 1692 entre l'empereur & l'électeur, qui de fon côté régla, par l'ordonnance de 1713, l'exercice de cette religion ; les prêtres féculiers catholiques ne peuvent faire aucune fonction de leur état, fans avoir été précédemment confirmés par l'électeur. L'exercice de cette même religion eft libre auffi dans la ville de Gœttingue & dans celle de Hameln. Les juifs font tolérés & même protégés dans les états électoraux ; des privilèges obtenus en 1687, confirmés & augmentés en 1697, 1716 & 1737, leur permettent de choifir un rabin provincial, qui dirige leurs fynagogues, & qui veille fur leurs loix & leurs cérémonies.

Adminiftration. Nous avons indiqué à l'art. BRUNSWICK l'étendue de la jurifdiction du confeil privé royal & électoral de Hanovre, qui tient lieu de régence provinciale. Ce confeil eft compofé de confeillers-privés royaux & électoraux, qui fe partagent entr'eux les affaires d'état & celles de la régence, enforte que chacun a un département particulier ; mais pour prononcer fur un cas important, il faut l'avis de tout le collège. Les fecrétaires privés, qui font au nombre de quatre, font chargés de la partie des impôts, des tailles, des fubfides ; ceux des chancelleries délivrent les expéditions des affaires réglées, tant en matière gracieufe que contentieufe. Il y a auffi un régiftrateur privé.

Les ducs de Brunfwick & de Lunebourg ont toujours traité les états avec bienveillance & avec eftime ; ils ont fouvent demandé l'avis des provinces en matières qui intéreffent la régence ; ils leur ont accordé des privilèges & des prérogatives, ou confirmé ceux qu'ils avoient ; les états, de leur côté, ont toujours donné des preuves de zèle & de fidélité. Les droits dont jouiffent les pays électoraux & conquis, font les mêmes fur les points principaux ; mais chacun en a de particuliers, & eft régi par des conftitutions & des coutumes différentes.

Il y a quatre confiftoires dans les états de la maifon électorale ; un à Hanovre, auquel reffortiffent les états électoraux, & auquel préfide un membre du confeil privé ; un à Stade, qui connoît des affaires des duchés de Breme & de Verden ; un à Ratzebourg, où font portées celles du duché de Lavenbourg ; & un à Otterndorf, qui décide celles du pays de Hadeln. Il y a de plus à Hanovre une chancellerie de juftice & une cour de juftice ; de la première relèvent les principautés de Calenberg & de Grubenhagen, & les comtés de Hoya & de Diepholz ; de la feconde, les mêmes pays, la principauté de Grubenhagen feule exceptée. On trouve les mêmes tribunaux dans la ville de Zell pour la principauté de *Lunebourg*, & d'autres pareils à Stade pour les duchés de Breme & de Verden. Le duché de *Lunebourg* relève de la régence & de la cour de juftice établies à Ratzebourg, où font auffi portés les appels des jugemens rendus au fiège fupérieur de juftice d'Ottendorf dans le pays de Hadeln. Les appellations de tous ces collèges de juftice inftitués dans les états de la maifon électorale, vont à la cour fupérieure des appellations établie à Zell en 1711 ; un confeiller du confeil-privé y préfide & eft à la tête de deux vice-préfidens, dont l'un fiège fur le banc réfervé aux nobles, l'autre fur celui des docteurs ; quatre d'entr'eux font nommés par le roi-électeur ; le refte eft préfenté par les provinces : favoir, deux par celle de Calenberg, un par celle de Grubenhagen, un par celle de Hoya & de Diepholz, deux par celle de *Lunebourg*, & trois par celle de Breme & de Verden. La dernière place, créée en 1733, eft occupée par un confeiller que les provinces préfentent tour-à-tour. Le tribunal dont on vient de parler, a un protonotaire, différens secrétaires & quelques employés de chancellerie. Ses jugemens font en dernier reffort : on ne peut en appeller à aucun autre tribunal de l'Empire : le droit d'appeller qu'avoient les duchés de Breme & de Verden, fut annullé par le traité de paix de Weftphalie : on les dédommagea par le droit d'appeller à la cour fupérieure des appellations de Zell, lorfque ces deux duchés parvinrent à la maifon électorale de Brunfwick & de *Lunebourg*. Le privilège de *non appellando* a été rendu ftable depuis par les ordonnances de l'empereur Charles VI en 1716, quant aux pays électoraux, & de l'empereur François I en 1747, quant au duché de Lavenbourg.

Voyez l'article BRUNSWICK & les articles des autres états de la maifon électorale de Brunfwick-Lunebourg.

LUSACE, marquifat ou margraviat de la haute & baffe - *Luface*, appartenant à l'électeur de Saxe.

La *Luface*, qui fe prolonge du nord-oueft vers le fud-eft, eft bornée au levant par la Siléfie, au midi par la Bohême, au couchant par la Mifnie, & au nord par la marche de Brandebourg. Son étendue eft d'environ 180 lieues géographiques quarrées, fans y comprendre toutefois la partie qui dépend du marquifat de Brandebourg, & qui contient environ vingt lieues géographiques quarrées. Suivant l'opinion d'Abraham Frentzel, le nom efclavon *Lufice* ou *Laufitz* fignifie un pays rempli de forêts & d'eau. Le bas marquifat porta le premier ce nom, qui lui fut particulier pendant trois cents cinquante ans, c'eft-à-dire, jufqu'au milieu du quinzième fiècle ; le haut marquifat obtint alors la même dénomination : jufques-là on l'avoit appellé la Marche ou le pays de Budiffin & de Goerlitz, & quelquefois le pays des neuf cantons & villes. Le premier diplome qui offre le nom de *haute-Luface*, eft de 1466 ; mais à cette époque on lui donnoit auffi les deux autres dénominations, comme on peut s'en convaincre par d'autres chartes. Sous le règne du roi Matthias, un noble de Stein, préfet du pays, prenoit, dans les actes publics, le titre de *préfet des deux Lufaces*, & les autres fuivirent fon exemple.

Sol, productions. La haute-*Luface* eft plus montueufe & plus faine que la baffe, où il y a beaucoup de marais ; mais celle-ci a de meilleures forêts & en plus grand nombre que la première. L'agriculture a fait peu de progrès dans les diftricts montueux de la haute - *Luface*, aux confins de la Bohême & de la Siléfie. Les landes fur les frontières de la baffe-*Luface* & fur ceux de la Siléfie offrent un terrein ingrat & ftérile. La baffe - *Luface* l'emporte fur la haute en tabac, houblon, fruits, légumes & en vignobles, qui donnent des vins rouges & blancs, quoiqu'en petite quantité ; celui de Guben eft le meilleur. Mais ces productions ne fuffifent pas à la fubfiftance des habitans. Il s'eft établi dans la haute-*Luface* une fociété économique, dont l'objet principal eft l'éducation des abeilles. On y nourrit beaucoup de beftiaux.

Population. On compte dans la haute-*Luface* fix villes, appellées *villes par excellence* ou *les fix villes*, feize petites & fept bourgs : il n'y a dans la baffe-*Luface* que quatre villes qui aient féance aux diètes provinciales, treize petites & quatre bourgs.

L'origine des habitans de ce pays ne remonte pas aujourd'hui au delà des femnons ou fenons, nation fuève, qui habita la haute-*Luface*, & qui, par l'émigration qu'elle entreprit, fit place aux vandales, qui à leur tour quittèrent la *Luface* au feptième fiècle, & l'abandonnèrent aux forabes, tribu efclavone. Dans le douzième fiècle, il y arriva des colons des Pays - Bas & du côté du Rhin. Les villes actuelles font prefque toutes peuplées d'allemands ; mais, dans les villages, on trouve plus de venèdes que d'allemands. Les demeures des venèdes commencent près de Læbau, & s'étendent par la haute & baffe -*Luface* jufques dans la Marche de Brandebourg. Ils confervent toujours l'habillement venède & leur ancienne langue. Leur dialecte diffère des autres dialectes efclavons : le dialecte de la haute-*Luface* a peu de reffemblance à celui de la baffe. Les deux dialectes diffèrent confidérablement de la langue efclavone-venède, en ufage dans la Carniole, la Dalmatie, la Croatie, la Hongrie & les contrées voifines. On compte environ 449 villages venèdes dans la haute-*Luface*. L'idiome des allemands n'eft pas plus uniforme.

Nobleffe. Chaque marquifat a des états. Nous en parlerons ci-deffous dans la defcription particulière de ces deux provinces. Nous ne ferons ici qu'une obfervation générale fur la nobleffe du pays. Quelques familles nobles defcendent, à ce qu'il paroit, des anciens efclavons. On compte ordinairement dans ce nombre toutes celles dont les noms fe terminent en itz & zin. Quelques autres font fi anciennes qu'il eft très-difficile, pour ne pas dire impoffible, d'en découvrir l'origine : telle eft, par exemple, celle de Gersdorf ; mais la plupart font arrivées, à des époques plus ou moins reculées, de la Bohême, de la Siléfie, de la Pologne, de la Saxe & de différens autres pays allemands & étrangers. Un noble de la haute-*Luface*, qui achète un fief dans la baffe, n'eft point réputé étranger, & un noble de la baffe-*Luface* eft noble auffi dans la haute. Les états des deux marquifats ont établi ou renouvellé cette difpofition en 1689 & 1690.

Religion. En 1521, la doctrine de Luther eut des sectateurs dans la haute & la basse-*Lusace*, & s'étendit peu à peu au point que cette religion devint la dominante, & l'est encore aujourd'hui. On croit qu'il y a dans la haute-*Lusace* 40 à 50 mille venèdes protestans qui possèdent soixante-deux églises, où le service divin se fait en langue venède. L'autre partie des venèdes, au nombre d'environ 8000 ames, suit la religion catholique romaine, & elle possède dix églises, chapelles & oratoires. En 1722, une colonie des frères de l'unité vint de la Bohême & de la Moravie s'établir dans la haute-*Lusace*, & elle bâtit le bourg appellé *Herrenhuth*. Depuis ce temps ils s'y sont multipliés, & ils ont même acquis une autorité qui a excité l'attention de la communion luthérienne de cette province.

Le grand-sénéchal de *Budissin*, qui étoit alors un comte de Gersdorff, reçut en 1750 des lettres du souverain, qui ordonnoit de tolérer & de protéger les frères de l'unité, établis dans la haute-*Lusace* en qualité de chrétiens de la confession d'Augsbourg & de fidèles sujets; de les faire jouir des privilèges & des droits à eux accordés, dans l'espérance qu'ils se conduiroient à l'avenir avec la tranquillité & la décence qu'ils avoient montré jusques-là.

Plusieurs membres de cette communion possèdent dans la haute-*Lusace* des terres nobles très-considérables, & jouissent, à l'instar des autres propriétaires du pays, de la jurisdiction civile & du droit de patronage.

Manufactures. Sans ses manufactures, la *Lusace* ne pourroit jamais nourrir ses habitans; mais elle a de nombreuses & belles fabriques de laine & de toiles; elles fleurissent sur-tout dans la haute-*Lusace*. Les manufactures de draps sont les plus anciennes; elles sont établies, dès le treizième siècle, dans plusieurs villes. La seule ville de Gœrlitz tiroit autrefois de son commerce plus d'une tonne d'or par année de ses voisins; mais l'importation de ces draps dans le pays de Brandebourg & d'Autriche ayant été défendue, les manufactures sont déchues: les draps de ce pays sont de différentes qualités, & les meilleurs ne le cèdent guère à ceux de Hollande. A Budissin & dans ses environs, on fabrique beaucoup de bas, de guêtres, de bonnets & de gants. Les manufactures de toiles sont aussi importantes; les plus considérables se trouvent dans la haute-*Lusace*.

La conduite que les empereurs Ferdinand II, Ferdinand III & Léopold tinrent vis-à-vis les protestans de la Bohême & de la Silésie, détermina un grand nombre d'entr'eux à se retirer vers la haute *Lusace*. Ils aggrandirent les villages situés sur les frontières de ces marquisats, principalement ceux des montagnes, & y exercèrent pour la plupart le métier de tisserand. Depuis cette époque, c'est-à-dire depuis 1623, le pays a pris une face nouvelle; il est devenu plus peuplé & plus riche, & ses nouveaux habitans qui se multiplièrent beaucoup à cette époque, occasionnèrent le progrès des manufactures de toile & du commerce dans la haute-*Lusace*: ces progrès se font remarquer sur-tout entre les années 1660 & 1690. On fabrique en *Lusace* des toiles blanches, grises, communes ou fines; du damassé blanc & très-beau à l'usage de la table & des lits, & du treillis blanc. Mais le débit des différentes espèces de toiles grises & blanches ayant diminué depuis plusieurs années, & celui des toiles teintes, nappées, modelées & imprimées, étant devenu plus commun, il en est résulté une nouvelle branche de commerce qui est poussée très-loin. Les teintures en noir & en couleurs fines font subsister aussi une grande quantité de personnes. De plus, il y a dans ce pays de bonnes fabriques de chapeaux, de cuir, de papier, de poudre, des forges & des verreries, des blanchisseries de cire & quantité d'autres.

Ces manufactures, & sur-tout celles de draps & de toiles, produisent un commerce important. Quoiqu'il ne soit plus aujourd'hui si considérable qu'autrefois, il est très-utile à la *Lusace*; sa valeur excède celle de l'importation des laines, fils & soie dont on a besoin pour les fabriques, & celle des marchandises étrangères de soie, laine, galons d'or & d'argent, des dentelles, vins, épiceries, bled, fruits frais & secs, légumes & houblon. Le commerce des toiles a commencé en 1684.

L'établissement des métiers & le trafic des toiles dans les villages ont fait naître, entre les états & les villes, de longues contestations: on nomma des commissions sur cet objet, en 1712 & 1714. Les six villes de la haute-*Lusace* allèguent, pour défendre leur cause, les rescrits du souverain de 1682, 83, 84, 1704, 1706 & 1708, qui interdisent le commerce en gros, sous peine de confiscation, aux gens de la campagne, & à tous ceux qui n'ont pas fait leur apprentissage: mais les états soutiennent que la plupart de ces rescrits ont été expédiés sur les représentations seules des négocians des six villes; & que celui de 1682, sur lequel ils s'appuient le plus, n'a jamais été publié dans le pays. Ils réclament un décret rendu en 1674, par la chambre des appellations, à Dresde, & devenue obligatoire, par lequel le commerce libre des toiles fut assuré à cette province: ils font valoir d'autres preuves & d'autres argumens; ils soutiennent que le trafic en toile est un moyen de subsistance pour tous les habitans, & que les villages étant, ainsi que les villes, membres du même corps politique, ont droit d'y participer.

Précis de l'histoire politique. L'histoire de ces

deux marquifats ne doit pas être confondue. Le territoire actuel de la haute-Luface appartenoit autrefois à la Bohême, & étoit gouverné par les ducs & rois de Bohême : cependant la ville de Budiffin avec le diftrict de Niffin (qui s'étendoit alors de Noffen en Mifnie jufqu'à Budiffin) appartenoit au comte de Groitfch entre le onzième & douzième fiècle. Le roi Wenceflas Ottocar donna à fa fille Béatrice les villes de Budiffin, de Gœrlitz, de Lauban & de Lœbau avec les diftricts qui en dépendent, lorfqu'elle époufa en 1231 le margrave de Brandebourg Otton le pieux. Ce même margrave acquit Camentz & Ruhland à la mort de Mechtilde, époufe d'Albert II, électeur de Brandebourg, qui avoit apporté ces domaines à fon mari. La ville de Zittau avec fon territoire, refta unie à la couronne de Bohême. Le premier margrave de la baffe-Luface, Gera, fut nommé en 931 par Henri, premier roi de Germanie, & confirmé par Otton le grand. Jean III, margrave de Brandebourg, réunit à fes états une partie de la baffe-Luface ; & fon frère Waldemar I, électeur & margrave, fe mit en poffeffion du refte & régna fur la haute & baffe-Luface : mais après fa mort, en 1319, la haute-Luface fe rangea volontairement fous la protection de la Bohême, & le roi Jean de Luttzelbourg en fut invefti, dans la même année, par l'empereur Louis de Bavière. Ce ne fut qu'en 1355 qu'elle fut pleinement incorporée au royaume de Bohême par l'empereur Charles IV, qui, en 1370, y incorpora la baffe Luface qu'il avoit achetée : mais, en 1461 & 1550, on en céda quelques villes & villages à l'électeur de Brandebourg. En 1623, les marquifats de la haute & baffe-Luface, comme fiefs de la Bohême, furent engagés à Jean-George, électeur de Saxe, pour les 72 tonnes d'or qu'il avoit employées à fecourir l'empereur contre les bohémiens. La paix de Prague de 1635 lui en fit la ceffion plénière & tranfmiffible à fes héritiers, quoiqu'à titre de fiefs ; & en 1636 il en prit poffeffion. L'empereur fe réferva pour lui & fes fucceffeurs, dans le royaume de Bohême, le titre avec les armes de la Luface, fans néanmoins préjudicier à cette ceffion. L'électeur Jean-George, par fon teftament, légua en 1652 la haute-Luface à fon fucceffeur dans l'électorat, & la baffe au duc Chrétien I, adminiftrateur de l'évêché fécularifé de Merfebourg. Le roi & électeur Frédéric-Augufte III ayant pris en 1738 cette adminiftration, la baffe Luface retourna à la maifon électorale, qui depuis ce temps gouverne les deux marquifats, fans qu'ils foient incorporés aux anciens pays héréditaires de l'électorat, dont ils font & demeurent féparés.

Defcription des deux marquifats. Ces marquifats différent entr'eux, quant à leur conftitution, quant au gouvernement & aux impôts. Ils fe font oppofés à une taxe proportionnelle pour le prince territorial, & les états de chaque marquifat fe font réfervés un confentement libre. Il paroît que le rang des deux marquifats étoit douteux autrefois ; mais la haute-Luface a depuis long-tems le pas fur la baffe.

On diftingue dans la haute-Luface l'ordre des feigneurs & celui des villes.

I°. Les feigneurs fe divifent :

1°. en barons (ftaudesherren, *proceres, domini, majores* ; en langue bohémienne, *korauſeway, pani, wettsy* ; ils ont leurs arrière-vaffaux & leur propre jurifdiction.

2°. en prélats, qui font le doyen de Budiffin, les abbeffes de Marienftern & de Marienthal, & le prieuré de Lauban. Lorfqu'en 1635 ces marquifats furent cédés à l'électeur de Saxe, celui-ci promit, par la convention de Prague, de maintenir les droits & privilèges des chapitres & couvens, & nommément de conferver l'exemption dont ils jouiffent pour le fpirituel de tout tribunal féculier, & de laiffer aux vifiteurs ordinaires & généraux pleine & entière liberté. En vertu du même traité, chaque roi de Bohême eft le protecteur des chapitres, des couvens & du clergé catholique dans les deux marquifats ; mais cette protection ne s'étend que fur les objets qui concernent le culte ; car, pour le refte, ils dépendent de l'électeur.

3°. En nobleffe & bourgeoifie. Cet ordre eft compofé de comtes, barons, gentilshommes & de bourgeois, poffeffeurs des biens nobles & féodaux. En 1769, on comptoit vingt-une maifons de comtes, quatorze de barons & quatre-vingt fept familles nobles. Le droit d'indigénat n'a jamais eû lieu dans la haute-Luface : quand un étranger ou un gentilhomme de la baffe veut y acheter un bien noble, il n'eft pas obligé d'obtenir un confentement fpécial, encore moins de payer une fomme d'argent ; mais depuis un temps immémorial, il eft tenu de fe légitimer par-devant l'ordre des feigneurs, en leur préfentant fon arbre généalogique, & de fe faire recevoir publiquement dans leur corps avant de pouvoir paroître aux diètes ; car il a été arrêté, en 1503 & 1541, qu'ils n'admettroient qu'un chevalier en état de faire preuve de quatre quartiers : ce qui regarde la réception publique, fe trouve indiqué dans le contrat féodal de 1619. Un roturier qui achete un bien noble, eft obligé de paroître à la diète, & de promettre que, s'il veut le revendre, il en donnera la préférence à l'ordre des feigneurs.

II°. Les villes-états font les villes municipales, qu'on appelle villes par excellence ou les fix villes, & quelquefois même villes royales & électorales. Voici leur rang : Budiffin, Gœrlitz, Zittau, Lauban, Camenz & Lœbau. Les trois premières font appellées *les villes préfeantes*. Ces six villes tiennent immédiatement du prince territorial leurs privilèges & libertés, qui sont partie de pures faveurs ; partie achetées, & partie mixtes. Leur autorité remonte au treizième siècle ; elles commencèrent alors à se liguer, & la noblesse se ligua contr'elles. Sous les empereurs Charles IV, Wenceslas (de qui elles achetèrent plusieurs privilèges) & Sigismond, leur autorité s'étendit au point que, dans les expéditions militaires, elles avoient leurs bannières particulières. Elles ont encouru deux fois la disgrace du prince territorial ; savoir, dans la guerre de Smalcalde en 1547, & dans celle de trente ans en 1620. La première leur coûta cher, & elles se tirèrent de la seconde par l'intercession de l'électeur de Saxe. Voici les plus essentiels de leurs privilèges. Elles forment le second ordre des états de ce marquisat ; elles jouissent du libre exercice de la religion & des droits qui y sont attachés ; elles ont la libre administration de leurs biens patrimoniaux, si les bourgue-maîtres & échevins l'exercent de bonne-foi ; elles jugent en première instance ; elles ont le droit de glaive & perçoivent le produit des amendes fiscales : les bourgeois & sujets ne dépendent que de leurs magistrats municipaux ; elles ont la libre élection pour la magistrature ; le préfet & le sénéchal ont toutefois ordre de surveiller ; les caves municipales ont droit de bouchon pour le vin ; & sous quelque restriction pour la bierre étrangère ; elles ont le droit de gabelle, &c. Budissin a le droit de faire des statuts & ordonnances, de les changer & d'appeller immédiatement au prince territorial. Les autres villes s'arrogent le même privilège. Outre ces privilèges qu'on ne leur conteste pas, elles en réclament qui leur sont disputés. Ces villes sont depuis long-temps en dispute avec l'ordre des seigneurs, sur le droit de brasserie, le commerce, les arts & métiers, &c. Malgré les prérogatives dont nous venons de faire mention, les six villes ne sont pas villes libres, mais municipales & princières ; ce qui est prouvé par la formule du serment de fidélité. Elles tiennent leurs assemblées dans la ville de Lœbau, sur la convocation faite par celle de Budissin.

En vertu du traité de Prague de 1534 & de la déclaration de l'empereur Ferdinand de 1544, ces deux ordres dans les délibérations relatives aux affaires publiques forment deux suffrages, dont le premier appartient à l'ordre des seigneurs ; le second aux six villes unies. Ils participent à toutes les délibérations & décisions relatives au bien général ; & sans leurs avis & consentement, on ne peut établir aucun impôt, ni faire ou permettre aucune disposition contraire à la constitution du pays.

La haute-*Lusace* est divisée dans les cercles de Budissin & de Gœrlitz, qui ont encore leurs districts particuliers. Chacun de ces cercles a les deux ordres, dont nous venons de parler. Les états des seigneurs s'y divisent en grand & petit comité ; ils élisent les officiers provinciaux de leur cercle, sans la participation des états de l'autre. L'ordre des villes est formé par les magistrats des trois villes municipales incorporées à chacun des deux cercles, & elles envoient aux diètes leurs députés.

Les assemblées des états ou diètes sont 1°. ordinaires : celles-ci se tiennent trois fois par an dans la ville de Budissin au nom de tout le marquisat, & sans convocation préalable. L'ouverture s'en fait le lendemain du dimanche *oculi*, le 24 août & le 19 de novembre. Ces assemblées portent aussi le nom de *diètes volontaires*. Il y en a une autre, celle du lendemain des rois, qui se tient à Gœrlitz, & pour laquelle le bureau du cercle convoque l'ordre des seigneurs par lettres-patentes circulaires. 2°. Les états s'assemblent extraordinairement par ordre du prince, pour délibérer sur les demandes que proposent des commissaires, pour assister à l'installation d'un nouveau préfet, ou lorsque les anciens, pour affaires graves & urgentes, demandent une diète au directeur de Budissin & de Gœrlitz. La convocation de ces assemblées extraordinaires se fait par des lettres particulières adressées aux possesseurs des baronies, & par des lettres-patentes pour les autres nobles possessionnés. Les comités des deux états sont convoqués, en cas de besoin, par les anciens du cercle de Budissin.

Offices. Les dignitaires & officiers du marquisat sont élus & brevetés, en partie par le prince, en partie par les états. Le préfet (landvogt), qui est le premier magistrat du pays, est nommé par le prince & réside ordinairement à Budissin. Il est installé dans une diète convoquée pour cet effet, après avoir donné aux états une reversale scellée, dans laquelle il promet de maintenir fidelement & sans exception les droits, patentes, privilèges, possessions, juridictions, immunités & coutumes, anciennement accordés par les empereurs, rois, princes & seigneurs, ou par eux acquis & exercés en tems & lieux ; de veiller à la sûreté du pays, des villes & des grands chemins, & de pourvoir les états de bons sénéchaux, conformément aux avis qu'il en recevra. Ces réserves sont en usage depuis l'année 1420. Le préfet reçoit du prince une instruction : cette instruction fut donnée pour la première fois, en 1561, par l'empereur Ferdinand I : elle enjoint sur-tout au préfet de tenir au nom du seigneur les grands tribunaux, ainsi que les justices auliques & provinciales, & de présider à toutes les affaires litigieuses ; de donner en présence du sénéchal l'investiture des fiefs ; d'assister celui-ci dans l'exécution de ses ordres, sans empiéter toutefois sur ses fonctions. Le préfet, sur l'avis des états, revêtus du droit d'élection, établit les sénéchaux pour les deux directoires de Budissin & de Goerlitz, & il nomme le juge aulique & le chancelier. Il intervient lorsque les juges abusent de leur jurisdiction. Il est de plus, chargé du logement des troupes, &c. Depuis 1737 le prince électoral est revêtu de la préfecture; mais, à la mort du roi Auguste III, cette place a été conférée en 1764 à un ministre de l'électeur. Le sénéchal (landeshauptmann) est choisi par le prince sur six sujets de l'ordre des barons & des nobles que les états lui proposent, en vertu d'un privilège par eux acquis en 1603 de l'empereur Rodolphe II pour la somme de sept mille écus d'Allemagne. Il est chargé de lever & d'administrer tous les revenus qui appartiennent au prince dans l'étendue du marquisat : ce dernier lui donne un adjoint (gegenhœndler) de la classe des nobles. Conjointement avec le préfet, il régit les six villes, ainsi que les biens domaniaux du prince & les châtellenies ecclésiastiques & séculières. Il veille aussi à ce qu'on observe dans les villes les statuts & réglemens du prince, & qu'on y rende la justice d'après ces réglemens. Il tient avec le préfet la main à ce que les emplois de bourgue-maîtres & échevins soient conférés à des sujets capables. Le procureur de la chambre (cammer procurator) est également à la nomination du prince.

Par un décret de la diète de 1675, le grand baillif d'épée (ober-amtshauptmann) du cercle de Budissin est, suivant un usage immémorial, choisi par le petit comité. Cette élection se fait de la manière suivante : on nomme d'abord, à la pluralité des voix, cinq personnes, qui ensuite sont réduites à trois; & de ce dernier nombre l'ordre des seigneurs tire le grand baillif, dont l'élection est tout de suite notifiée aux députés des trois villes incorporées. Si celles-ci confirment la nomination du nouvel élu, on l'en avertit par une députation composée du grand & du petit comité de la classe des nobles & des députés de villes, avec prière d'accepter cet emploi en attendant l'agrément du prince. L'élection du baillif d'épée (amtshauptmann) du cercle de Goerlitz se fait avec les mêmes formalités. Les deux anciens de chaque cercle sont choisis par la classe des nobles, dans les diètes convoquées pour cet objet, & confirmés par le préfet. Ils sont réputés pères & chefs du pays, & leurs fonctions dans les diètes, ainsi qu'aux directoires & aux grands tribunaux, &c. sont importantes & d'une grande étendue. L'officier, nommé *landesbestallter*, est aussi pris dans la classe des nobles par les deux cercles conjointement : (on observe l'alternative arrêtée par la convention de Budissin de l'année 1665) : il est chargé de porter la parole aux diètes générales & de la garde des registres. Le syndic de la province, qui est le consultant des états, est un jurisconsulte d'extraction roturière.

A Budissin comme à Goerlitz, il y a un directoire du cercle, qui connoît en première instance de toutes les affaires civiles & féodales de chaque cercle. Le premier, indépendamment du grand baillif d'épée, est composé de deux anciens du cercle de Budissin & des députés des trois villes municipales, qui en font partie ; l'autre est formé par le baillif d'épée, les deux anciens du cercle de Goerlitz, & les députés de ces trois villes municipales. En vertu d'un usage très-ancien, il y a dans ce marquisat une justice aulique, dont le ressort s'étend sur les actes de dernière volonté, les renonciations, les bans, &c. Dans le cercle de Budissin, le préfet constitue un juge aulique particulier, tiré du corps de la noblesse, & qui siège trois fois dans l'année. Dans celui de Goerlitz, c'est le baillif d'épée qui en fait les fonctions toutes les fois que les circonstances l'exigent ; mais l'un & l'autre sont assistés de trois assesseurs élus par les états. Le juge aulique est chargé de veiller, lors de l'engagement ou de la vente de quelques terres, à ce qu'elles soient offertes & abandonnées à celui qui a le droit de préférence. De plus, il est chargé de connoître des affaires criminelles qui surviennent parmi la noblesse. Les assises du grand tribunal se tiennent trois fois l'année à Budissin dans le château d'Ortenburg, à l'issue des diètes ordinaires, & l'on dit que cet usage remonte à l'an 1505. Le préfet y préside, & c'est en son nom que les sentences & arrêts sont prononcés & expédiés, sauf l'appel au prince. Après lui, le sénéchal occupe le premier rang. Les assesseurs sont le grand baillif & le baillif d'épée, les quatre anciens des deux cercles, quatre gentilshommes de chacun, & les neuf députés des six villes. Ce tribunal exerce sa jurisdiction sur toute la noblesse propriétaire & leurs sujets, ainsi que sur les bourgeois des villes. Les matières qui s'y portent, sont : les appels des sentences du préfet, des sénéchaux, de la justice aulique, de celle du clergé en matières civiles, de celle des nobles & des magistrats municipaux ; les affaires litigieuses entre le préfet & les particuliers du corps des états ; celles qui sont relatives à la liberté publique & à l'administration de la justice, ainsi que tous les objets qui, par leur importance, ne peuvent ni ne doivent se juger sans la participation de cette cour; comme, par exemple, les procès de limites & de cours d'eau & d'autres matières semblables, enfin les affaires criminelles d'une nature grave, & les procès pour cause d'injures. Ce grand tribunal a un chancelier, un vice chancelier, qui partagent entr'eux les expéditions, & un protonotaire ; la justice féodale de ce marquisat lui est annexée, & il est soumis au conseil d'état de l'électeur, de même que tout le marquisat de la haute-Lusace.

Revenus. Les revenus que le prince tire de la

haute-*Lusace*, sont les impositions accordées par les états, parmi lesquelles il faut compter aujourd'hui la capitation & la taille, & les gabelles sur la bierre, l'accise, les péages, &c. Les états perçoivent eux-mêmes les contributions, suivant le cadastre arrêté entre l'ordre des seigneurs & celui des villes, par la convention de 1581, à l'occasion des subsides pour la guerre contre les turcs. Parmi les villes, celle de Gœrlitz fournit la plus forte contribution ; car si les six villes sont taxées à quatre cents écus, elle en paye 149. Les villes & leurs bourgeois ont des terres comprises dans les tarifs municipaux, & d'autres qui appartenoient jadis à la noblesse, de qui elles les ont acheté : celles-ci entrent dans le tarif de la province, c'est-à-dire, qu'elles payent leur quote-part dans les charges publiques, non à la ville, mais à la recette des cercles de Budissin ou de Gœrlitz. Le prince peut ordonner la révision des rôles, & il reçoit souvent des plaintes sur l'excédant que les seigneurs respectifs veulent s'arroger.

Détails sur le marquisat de la basse-Lusace.

États. Les états de la basse-*Lusace* se divisent aussi en deux classes, qui sont les seigneurs & les villes.

La classe des seigneurs est composée :

1°. De l'ordre des prélats, qui comprend l'abbé de Neu-Zelle, ordre de Citeaux, & les commanderies de Sonnenbourg, Friedland & Schenkendorf, ordre de Malthe. Le grand-prieur de Sonnenbourg nomme un bailif d'épée du corps des nobles, qui remplit en son nom les devoirs vassallitiques, & qui est membre du grand comité.

2°. De l'ordre des barons ou des possesseurs des baronies de Dobrilugk, Torsta, Pfœrten, Sorau, Leuthel, Drehna, Straupitz, Lieberose, Lubbenau & Amtitz.

3°. De l'ordre équestre, qui comprend les comtes, barons, gentilshommes, & autres possesseurs des biens nobles & féodaux. Les fiefs de la basse-*Lusace* peuvent être aliénés, échangés & engagés selon le bon plaisir des propriétaires; & au défaut d'hoirs naturels ils passent, sans nouvelle investiture, aux frères, neveux, nièces & proches. La coutume exigeoit autrefois que celui qui vouloit obtenir l'indigénat, ou qui vouloit participer aux privilèges, payât certains frais d'immatricule, & qu'il achetât, pour ainsi dire, l'entrée dans cette classe ; mais depuis plusieurs années cet usage est aboli, de sorte que la concession de l'indigénat ne dépend aujourd'hui que du prince.

L'ordre des villes est formé des députés des quatre villes de Lukau, Guben, Lubben & Kalau.

Le marquisat de la basse-*Lusace* est divisé en cinq cercles ; savoir, celui de Lukau, de Guben, de Lubben, de Kalau & de Spremberg. Chaque cercle tient dans sa capitale, des dietes ou des états sous la présidence de l'ancien. L'ordre des seigneurs forme le grand & petit comité, qui s'assemblent pour des affaires importantes & pressées, & le dernier rend compte des résolutions à la cour électorale. Pour les assemblées ordinaires ou volontaires, on demande l'agrément de la régence, qui en fixe le jour & commet son président. Elle convoque les baronies par des lettrés particulières, & le reste des états par des patentes. Ces dietes se tiennent communément à Lubben vers l'Epiphanie & la S. Jean. On donne le nom de *grande diète* à celle que le prince convoque à son gré, & où il leur fait des propositions par l'organe de ses commissaires.

Offices du marquisat de la basse-Lusace. Les dignitaires & officiers du marquisat sont, partie à la nomination du prince, partie à celle des états. Le premier président de la régence fait les fonctions du préfet. Le prince constitue de même un sénéchal pour l'administration de ses revenus, & son adjoint, appellé *gegenhœndler*, avec le procureur de la chambre : ces deux derniers sont pris dans la classe des roturiers. Le juge provincial est aussi nommé par le prince, qui le choisit parmi les sujets que les états lui proposent alternativement de la classe des barons & de l'ordre équestre. Chaque cercle a un noble pour ancien. Quand cette place est vacante, les états réunis proposent plusieurs sujets, & on en choisit un à la pluralité des voix. Il faut y ajouter deux anciens de la rote, honneur que les états assemblés en diète confèrent à deux bourgue-maîtres ; l'un de Lukau, l'autre de Guben. Les anciens nobles des cercles de Lukau, Guben & Kalau sont, en cas de besoin, représentés par trois députés de l'ordre équestre. Le receveur en chef est choisi par les états dans le même ordre, & on lui adjoint un caissier d'extraction bourgeoise. L'officier, appellé *landerbestallter*, dont nous avons parlé plus haut, est toujours roturier ; mais le syndic provincial est pris dans la noblesse.

Juridictions, tribunaux. L'abbaye, les commanderies de Malthe, les baronies, seigneuries & villes ont leurs juridictions particulières, dont on peut appeller à la justice provinciale, qui se tient deux fois par an à Lubben, & qui, outre le grand juge, est composée de deux assesseurs nobles & de six roturiers. Les premiers sont élus par le corps des états ; deux des autres sont nommés par le prince ; deux par l'ordre des barons, un par la ville de Luckau, & un autre par celle de Guben : ils sont tous confirmés par l'électeur. Il est des causes qui, sans être portées à la justice provinciale, passent directement à la régence, qui reçoit aussi les appels de cette même justice. Elle a été substituée, en 1666, au tribunal de la préfecture, & elle tient son siège à Lubben. Elle connoît, soit directement, soit par voie d'appel, de toutes les affaires de justice, féodales & de police, qui surviennent dans les cercles. Elle est composée d'un président, d'un vice-président, de quatre conseillers actuels, dont deux sont tirés du corps des barons ou de l'ordre équestre, deux de la roture, & de plusieurs autres officiers. On peut appeler de ce tribunal, suivant l'exigence des cas, au conseil d'état du prince. La régence est aussi la cour féodale ordinaire de la basse-Lusace.

Contributions. Chaque cercle a sa caisse particulière qui reçoit les contributions, & les verse dans la caisse générale, régie par le receveur en chef, & dont les comptes sont examinés tous les ans, & quittancés par une commission des états. *Voyez* l'article SAXE.

LUXEMBOURG, (duché de) petit pays, qui appartient, partie à la France, & partie à l'Autriche. Le duché de *Luxembourg* est borné au levant par l'électorat de Trèves, au midi par le duché de Lorraine, au couchant par la Champagne, & vers le nord par les duchés de Limbourg, de Juliers & l'évêché de Liège. Il a dans sa plus grande étendue vingt milles d'Allemagne du septentrion au midi, & à-peu-près autant du levant au couchant.

Productions. Il est situé vers le centre de la forêt des Ardennes, si fameuse dès les tems les plus reculés : la partie de cette forêt, qui appartient au duché de *Luxembourg*, est partagée en quatre cantons, savoir : celui d'Eiffel aux environs de *Luxembourg* ; celui de Famenne, vers le nord près de la Marche ; celui de la Meuse & celui de la Moselle. Le terrein, particulièrement dans la partie méridionale, est montueux, rempli de sable & peu fertile ; mais il produit un peu de bled : le pays est d'ailleurs dédommagé par le produit de l'entretien du bétail. On cultive aussi des vignes, sur-tout vers la Moselle ; les mines de fer sont la plus grande richesse du pays.

Population. Dans tout le duché il y a, outre la capitale, vingt-trois petites villes, quelques bourgs, onze cents soixante & dix villages.

Etats. Les états provinciaux sont composés du clergé, de la noblesse & des députés des villes de *Luxembourg*, Arlon, Bastogne, Riedbourg, Chiny, Diekrich, Durbuy, Epternach, Grevenmachern, Houffalize, Marche, Neu-château, Remich, la Roche & Virton. L'abbé de Saint-Maximin, qui possède de grands biens dans le duché de *Luxembourg*, est primat des états, quoique son abbaye soit située dans l'évêché de Trèves. La noblesse a à sa tête un maréchal, dignité qui appartient depuis 1674 aux barons de Metternich, qui jouissent à ce titre de la seigneurie de Deusborn ou Deusbourg.

Religion. Tous les habitans suivent la religion catholique romaine. La plus grande partie du duché est sous la jurisdiction de l'archevêque de Trèves ; l'autre reconnoît celle des évêques de Rheims, Liège, Toul, Verdun, Metz & Namur.

Précis de l'histoire politique de ce duché. Il seroit inutile ici de remonter au-delà du comte Sigefroi, qui possédoit des biens héréditaires considérables dans l'ancien comté d'Ardenne, (lequel comprenoit tout le *Luxembourg* moderne) & acquit, à titre d'échange, le château de Luzelinburhut (*Luxembourg*). Le dernier de sa race, Conrad II, comte de *Luxembourg*, mourut en 1136 ; & le comté passa à Henri I, comte de Namur, comme au plus proche héritier : la fille de Henri, Harmesinde, le transmit à son premier mari, Théobald, comte de Bar ; &, après la mort de celui-ci, à son second mari, Waleran, duc de Limbourg, dont le fils aîné, Henri, fonda la seconde branche des comtes de *Luxembourg*, laquelle a donné des empereurs, des rois & des ducs. Son petit-fils, Henri IV, fut élu empereur d'Allemagne, & est connu sous le nom de *Henri VII.* Jean, fils de ce dernier, fut élu roi de Bohème ; & Wenceslas I, fils de Jean, fut le premier duc de *Luxembourg*, en vertu d'un diplôme de 1354 de son frère l'empereur Charles IV. Wenceslas étant mort sans enfans, il transmit son duché, par testament, à son neveu Wenceslas, roi de Bohème & élu roi des romains ; lequel abandonna le duché de *Luxembourg* à la princesse Elisabeth, fille de Jean de *Luxembourg*, duc de Gœrlitz son frère, (mariée d'abord à Antoine, duc de Bourgogne, & ensuite à Jean de Bavière), à titre d'hypothèque, pour la dot de 120,000 flor. qu'il avoit promis de lui payer. Cette princesse céda, en 1444, tous ses droits sur le duché de *Luxembourg* au duc de Bourgogne, Philippe le Bon, avec réserve néanmoins du droit de retrait appartenant au roi de Hongrie, Uladislas, & à ses descendans. Dans la suite, le *Luxembourg* subit le même sort que les autres provinces unies. La France en obtint une portion par le traité des Pyrénées de 1659.

Tribunaux. Ce duché est administré par un gouverneur. Il y a à *Luxembourg* un tribunal, appellé *le siège des nobles*, composé de personnes d'ancienne extraction noble. Le président est appellé *justicier*. Le conseil provincial fut érigé par Charles V en 1531. Les membres de ce tribunal sont un président, trois conseillers nobles & trois jurisconsultes, un procureur-général, un secrétaire, &c.

Quelques écrivains divisent le duché de *Luxembourg* en trois parties, suivant les trois langues qu'on y parle; savoir, l'allemande, la vallonne & la françoise.

LYONNOIS, province de France. *Voyez* dans le dictionnaire géographique l'époque de sa réunion à la couronne.

MACASSAR

M

MACASSAR, isle. *Voyez* l'article CELEBES.

MADAGASCAR, isle de l'Océan indien, où la compagnie françoise des Indes orientales forma autrefois un établissement qui a été bouleversé par les naturels, mais qui subsiste encore en partie.

L'isle de *Madagascar*, séparée du continent de l'Afrique par le canal de Mozambique, est située à l'entrée de l'Océan indien, entre le douzième & le vingt-cinquième degrés de latitude, & le soixante-deuxième & le soixante-dixième de longitude. Elle a trois cents trente-six lieues de long, cent vingt dans sa plus grande largeur, & environ huit cents de circonférence.

Climat & sol. Les côtes de cette grande isle sont généralement mal-saines. Ce malheur tient à des causes physiques qu'on pourroit changer. La terre que nous habitons n'est devenue salubre que par les travaux de l'homme. Dans son origine, elle étoit couverte de forêts & de marécages qui corrompoient l'air. C'est l'état actuel de *Madagascar*. Les pluies, comme dans les autres pays situés entre les Tropiques, y ont des temps marqués. Elles forment des rivières qui, cherchant à se décharger dans l'Océan, trouvent leur embouchure fermée par des sables que le mouvement de la mer y a poussés durant la saison sèche, c'est-à-dire, lorsque les eaux n'avoient pas assez de volume & de vîtesse pour se faire jour. Arrêtées par cette barrière, elles refluent dans la plaine, y sont quelque tems stagnantes, & remplissent l'horison d'exhalaisons meurtrières, jusqu'à ce que, surmontant l'obstacle qui les retenoient, elles se ménagent enfin une issue. Ce système paroîtra d'une vérité sensible, si l'on fait attention que les côtes ne sont mal-saines que dans la mousson pluvieuse; que la colonne d'air corrompu ne s'étend jamais bien loin; que le ciel est toujours pur dans l'intérieur des terres, & que le rivage est constamment salubre dans tous les lieux où, par des circonstances locales, le cours des rivières est libre sans interruption.

Productions. Par quelque vent que le navigateur arrive à *Madagascar*, il n'apperçoit qu'un sable aride. Cette stérilité finit à une ou deux lieues. Dans le reste de l'isle, la nature toujours en végétation produit seule, au milieu des forêts ou sur les terres découvertes, le coton, l'indigo, le chanvre, le miel, le poivre blanc, le sagou, les bananes, le chou caraïbe, le ravensara, épicerie trop peu connue, mille plantes nutritives étrangères à nos climats. Tout est rempli de palmiers, de cocotiers, d'orangers, d'arbres gommiers, de bois propres à la construction & à tous les arts. Il n'y a proprement de culture à *Madagascar* que celle du riz. On arrache le jonc qui croît dans les marais. La semence y est jettée à la volée. Des troupeaux les traversent ensuite, & par leur piétinement enfoncent le grain dans la terre. Le reste est abandonné au hasard. Une autre espèce de riz est cultivée dans la saison des pluies, sur les montagnes avec la même négligence. Ces contrées ne sont pas fécondées par les sueurs de l'homme. La fertilité du sol & des eaux bienfaisantes y doivent tenir lieu de tous les travaux.

Des bœufs, des moutons, des porcs, des chèvres paissent jour & nuit dans les prairies sans cesse renaissantes que la nature a formées à *Madagascar*. On n'y voit ni chevaux, ni buffles, ni chameaux, ni aucune espèce de bêtes de charge ou de monture, quoique tout annonce qu'elles y prospéreroient.

On a cru trop légèrement que l'or & l'argent étoient des productions de l'isle. Mais il est prouvé que, non loin de la baie d'Antongil, il se trouve des mines de cuivre assez abondantes, & des mines d'un fer très-pur dans l'intérieur des terres.

Habitans. L'origine des madecasses se perd, comme celle de la plupart des peuples, dans des fables extravagantes. Sont-ils indigènes? ont-ils été transplantés? C'est vraisemblablement ce qui ne sera jamais éclairci. Cependant on ne peut s'empêcher de penser qu'ils ne sont pas tous sortis d'une souche commune, quand on réfléchit aux différentes formes qui les distinguent.

Cette variété tient sans doute à la formation générale des isles. Toutes ont été liées à quelque continent, dans des tems antérieurs à l'origine de la navigation, & en ont été séparées par ces bouleversemens qui ne se renouvellent que trop souvent. Si la rupture a été subite, l'isle ne vous offrira qu'une seule race d'hommes. Si les contrées adjacentes ont été menacées long-tems avant le déchirement, alors le péril mit les différens peuples en mouvement. Chacun courut en tumulte vers le lieu où il se promettoit quelque sécurité. Cependant le terrible phénomène s'exécuta, & l'espace entouré d'eaux renferma des races qui n'avoient ni la même couleur, ni la même stature, ni la même langue.

Tout porte à croire qu'il en a été ainsi à *Madagascar*. A l'ouest de l'isle, on trouve un peuple, appellé *Quimosse*, qui n'a communément que quatre pieds, & qui ne s'élève jamais à plus de quatre pieds quatre pouces. On le croit réduit à quinze mille ames. Il devoit être plus nombreux

Œcon. polit. & diplomatique. Tome III.   Z

avant la guerre meurtrière & malheureuse qui lui fit quitter ses premiers foyers. Forcé de s'expatrier, il se refugia dans une vallée très-fertile & entourée de hauteurs escarpées, où il vit sans communication avec ses voisins. Lorsque ses anciens vainqueurs se réunissent pour l'attaquer dans cette position heureuse, il lâche un grand nombre de bœufs sur la croupe de ses montagnes. Les assaillans qui n'ont que ce butin en vue, s'emparent des troupeaux & quittent les armes, pour les reprendre lorsqu'ils peuvent encore réussir à former une confédération assez puissante pour déterminer les quimosses à acheter de nouveau la paix.

Du gouvernement des naturels. Madagascar est divisé en plusieurs peuplades, plus ou moins nombreuses, mais indépendantes les unes des autres. Chacune de ces foibles associations habite un canton qui lui est propre, & se gouverne elle-même par ses usages. Un chef, tantôt électif, tantôt héréditaire, & quelquefois usurpateur, y jouit d'une assez grande autorité. Cependant il ne peut entreprendre la guerre que de l'aveu des principaux membres de l'état, ni la soutenir qu'avec les contributions & les efforts volontaires de ses peuples.

Le dépouillement des champs ensemencés, le vol des troupeaux, l'enlèvement des femmes & des enfans, telles sont les sources ordinaires de leurs divisions. Ces peuples agrestes sont tourmentés de la rage de jouir par l'injustice & la violence, aussi vivement que les nations les plus policées. Leurs hostilités ne sont pas meurtrières, mais les prisonniers deviennent toujours esclaves.

On n'a pas à *Madagascar* une idée fort étendue de ce droit de propriété, d'où dérivent le goût du travail, le motif de la défense & la soumission au gouvernement. Aussi les peuples y montrent-ils peu d'attachement pour les lieux qui les ont vu naître. Des raisons de mécontentement, de convenance ou de nécessité, leur font aisément quitter leur demeure pour une autre contrée plus abondante ou plus éloignée de leurs ennemis. Souvent même, par pure inconstance, un madecasse se choisit une autre patrie, pour en changer encore lorsqu'il aura de nouveau caprice, ou qu'il craindra quelque châtiment pour un acte de fureur ou pour un larcin. Il est assuré de trouver par-tout des terres à cultiver. Jamais elles ne sont partagées. C'est ordinairement la commune qui les ensemence & qui en partage ensuite les productions. Ainsi le droit civil est peu de chose dans ces régions ; mais le droit politique y est encore moins étendu.

Industrie & arts. On apperçoit un commencement de lumière & d'industrie chez ces peuples. Avec de la soie, du coton, du fil d'écorce d'arbre, ils fabriquent quelques étoffes. L'art de fondre & de forger le fer ne leur est pas entièrement inconnu. Leurs poteries sont agréables. Dans plusieurs cantons, ils pratiquent la manière de peindre la parole par le moyen de l'écriture. Ils ont même des livres d'histoire, de médecine, d'astrologie, sous la garde de leurs ombis, qu'on a pris mal-à-propos pour des prêtres, & qui ne sont réellement que des imposteurs, qui se disent & peut-être se croient sorciers. Ces connoissances, plus répandues à l'ouest que dans le reste de l'isle, y ont été portées par les arabes, qui de temps immémorial y viennent trafiquer.

Vingt-quatre familles arabes, qui très-anciennement avoient usurpé l'empire dans la province d'Anossi, en ont long-temps joui sans trouble, & l'ont perdu en 1771, sans être ni chassées, ni massacrées, ni opprimées.

Détails sur l'établissement qu'y avoit formé notre compagnie des Indes. Tel étoit *Madagascar*, lorsqu'en 1665 il y arriva quatre vaisseaux françois. La compagnie des Indes qui les avoit expédiés, étoit résolue à former un établissement solide dans cette isle. Ce projet étoit sage, & l'exécution n'en devoit pas être fort coûteuse.

Toutes les colonies que les européens ont établies en Amérique pour en obtenir des productions, ou au cap de Bonne-Espérance, dans les isles de France, de Bourbon, de Sainte-Hélene, pour l'exploitation de leur commerce aux Indes, ont exigé des dépenses énormes, un très-long-temps & des travaux considérables. Plusieurs de ces régions étoient entièrement désertes, & l'on ne voyoit dans les autres que des habitans qu'il n'étoit pas possible de rendre utiles. *Madagascar* offroit au contraire un sol naturellement fertile, & un peuple nombreux, docile, intelligent, qui n'avoit besoin que d'instruction pour seconder efficacement les vues qu'on se proposoit.

Ces insulaires étoient fatigués de l'état de guerre & d'anarchie, où ils vivoient continuellement. Ils soupiroient après une police qui pût les faire jouir de la paix, de la liberté. Des dispositions si favorables ne permettoient pas de douter qu'ils se prêtassent facilement aux efforts qu'on voudroit faire pour leur civilisation.

Rien n'étoit plus aisé que de la rendre très-avantageuse. Avec des soins suivis, *Madagascar* devoit produire beaucoup de denrées convenables pour les Indes, pour la Perse, pour l'Arabie & pour le continent de l'Afrique. En y attirant quelques indiens & quelques chinois, on y auroit naturalisé tous les arts, toutes les cultures de l'Asie. Il étoit facile d'y construire des navires, parce que les matériaux s'y trouvoient de bonne qualité & en abondance, de les armer même, parce que les hommes s'y montroient propres à la navigation. Toutes ces innovations auroient eu une solidité que les conquêtes des européens n'auront peut-être pas aux Indes, où les naturels du pays ne prendront jamais nos loix, nos mœurs, notre culte, ni par conséquent cette disposition favorable qui attache les peuples à une domination nouvelle.

Une si heureuse révolution ne devoit pas être l'ouvrage de la violence. Un peuple brute, nombreux & brave n'auroit pas présenté ses mains aux fers, dont une poignée d'étrangers auroient voulu le charger. C'étoit par la voie douce de la persuasion, c'étoit par l'appas si séduisant du bonheur, c'étoit par l'attrait d'une vie tranquille, c'étoit par les avantages de notre police, par les jouissances de notre industrie, par la supériorité de notre génie, qu'il falloit amener l'isle entière à un but également utile aux deux nations.

La législation qu'il convenoit de donner à ces peuples, devoit être assortie à leurs mœurs, à leur caractère, à leur climat. Elle devoit s'éloigner en tout de celle de l'Europe, corrompue & compliquée par la barbarie des coutumes féodales. Quelque simple qu'elle fût, les points divers n'en pouvoient être proposés que successivement, & à mesure que l'esprit de la nation se feroit éclairé, qu'il se feroit étendu. Peut-être même n'auroit-il pas fallu songer à y amener les hommes dont l'âge auroit fortifié les habitudes; peut-être auroit-il fallu s'attacher uniquement aux jeunes gens qui, formés par nos institutions, seroient devenus avec le temps, des missionnaires politiques, qui auroient multiplié les prosélytes du gouvernement.

Le mariage des filles madécasses avec les colons françois, auroit encore plus avancé le grand système de la civilisation. Ce lien si cher & si sensible auroit éteint ces distinctions odieuses qui nourrissent des haines éternelles, & qui séparent à jamais des peuples habitant la même région, vivant sous les mêmes loix.

Il eût été contre toute justice, contre toute politique, de prendre arbitrairement des terres pour y placer les nouvelles familles. On auroit demandé à la nation assemblée celles qui n'auroient pas été occupées; & pour assurer plus de consistance à l'acquisition, le gouvernement en auroit donné un prix qui pût plaire à ces insulaires. Ces champs légitimement acquis auroient eu, pour la première fois, des maîtres. Le droit de propriété se seroit établi de proche en proche. Avec le temps, tous les peuples de *Madagascar* auroient librement adopté une innovation, dont aucun préjugé ne peut obscurcir les avantages.

Plus les colonies qu'il s'agissoit de fonder à *Madagascar*, pouvoient réunir de genres d'utilité, mieux il falloit choisir les situations propres à les faire éclore, à les multiplier, à les vivifier, à les conserver. Indépendamment d'un établissement qu'il étoit peut-être convenable de placer dans l'intérieur de l'isle, pour obtenir de bonne heure la confiance des madécasses, il étoit indispensable d'en former quatre sur les côtes. L'un à la baie de Saint-Augustin, qui auroit ouvert une communication facile au continent d'Afrique; le second à Louquez, où une chaleur vive & continue devoit faire prospérer toutes les plantes de l'Inde; le troisième au fort Dauphin, qu'une température douce & saine rendoit propre au bled & à la plupart des productions de l'Europe; le quatrième enfin à Tametave, le canton le plus fertile, le plus peuplé, le plus cultivé du pays. Cette dernière position méritoit même d'être choisie pour être le chef-lieu de la colonie, & voici pourquoi.

Il n'y a point de port connu à *Madagascar*. C'est une erreur de croire qu'il seroit possible d'en former un au fort Dauphin, en élevant un môle sur des recifs qui s'avancent dans la mer. Les travaux d'une si grande entreprise ne seroient pas seulement immenses, la dépense en seroit encore inutile. Jamais un môle ne mettroit à l'abri des ouragans que les vaisseaux elles-mêmes n'en garantissent pas. D'ailleurs ce port factice, ouvert en partie à la fureur des vagues, auroit nécessairement peu d'étendue. Les navires n'y auroient point de chasse. Un seul démarré les feroit tous échouer, & ils périroient sans ressource sur une côte où la mer est toujours agitée, où les sables sont mouvans par-tout.

Il n'en est pas ainsi à Tametave. La baie, débarrassée de cette incommode barre qui s'étend sur toute la côte de l'est de *Madagascar*, est très-spacieuse. Le mouillage y est bon. Les vaisseaux y sont à l'abri des plus fortes brises. Le débarquement y est facile. Il suffiroit de faire creuser l'espace d'une lieue & demie la grande rivière qui s'y jette, pour faire arriver les plus gros bâtimens à l'étang de Nosse-Bé, où la nature a formé un excellent port. Au milieu est une isle, dont l'air est très-pur, & dont la défense seroit aisée. Cette position a cela d'heureux, qu'avec quelques précautions on en pourroit fermer l'entrée aux escadres ennemies.

Tels étoient les avantages que la compagnie de France pouvoit retirer de *Madagascar*. La conduite de ses agens ruina malheureusement ces brillantes espérances. Ils détournèrent sans pudeur une partie des fonds dont ils avoient l'administration; ils consumèrent en dépenses folles ou inutiles des sommes plus considérables; ils se rendirent également odieux, & aux européens dont ils devoient encourager les travaux, & aux naturels du pays qu'il falloit gagner par la douceur & par les bienfaits. Les crimes & les malheurs se multiplièrent à un tel excès, qu'en 1670 les associés crurent devoir remettre au gouvernement une possession qu'ils tenoient de lui. Le changement de domination n'amena pas un meilleur esprit. La plupart des françois qui étoient restés dans l'isle, furent massacrés deux ans après. Ceux qui avoient échappé à cette mémorable

Z 2

boucherie, s'éloignèrent pour toujours de *Madagascar*.

Remarques sur les établissemens qu'on a essayé d'y former depuis. La cour de Versailles a jetté de loin en loin quelques regards sur *Madagascar*, mais sans en sentir vivement le prix. Après avoir perdu, par la guerre de 1756, tout son commerce, elle a senti l'importance d'une isle, dont la possession lui auroit vraisemblablement épargné ces calamités. Depuis on l'a vue occupée du desir de s'y établir. Les deux tentatives de 1770 & 1773 ne doivent pas l'avoir découragée, parce qu'elles ont été faites sans plan, sans moyens; & qu'au lieu d'y employer le superflu des habitans de Bourbon, hommes pacifiques, sages & acclimatés, on n'y a envoyé que des vagabonds ramassés dans les boues de l'Europe. Des mesures plus sages & mieux combinées la conduiront sûrement au but qu'elle se propose. Ce n'est pas seulement la politique qui veut qu'on se roidisse contre les difficultés inséparables de cette entreprise. L'humanité doit parler plus haut, plus énergiquement encore que l'intérêt.

Il seroit glorieux pour la France de retirer un peuple nombreux des horreurs de la barbarie; de lui donner des mœurs honnêtes, une police exacte, des loix sages, une religion bienfaisante, des arts utiles & agréables; de l'élever au rang des nations instruites & civilisées.

MADERE, isle de la mer Atlantique, appartenant au Portugal.

Lorsque les monarques portugais formèrent, au commencement du quinzième siècle, le projet d'étendre leur navigation & leur empire, c'étoit une opinion généralement établie que la mer Atlantique étoit impraticable; que les côtes occidentales de l'Afrique, brûlées par la zone torride, ne pouvoient pas être habitées. Ce préjugé auroit pu être dissipé par quelques ouvrages de l'antiquité, qui avoient échappé aux injures du temps & de l'ignorance: mais on n'étoit pas assez familier avec ces savans écrits, pour y découvrir des vérités qui n'étoient que confusément énoncées. Il falloit que les maures & les arabes, de qui l'Europe avoit déja reçu tant de lumières, nous éclairassent sur ces grands objets. A travers un océan qui passoit pour indomptable, ces peuples tiroient des richesses immenses d'un pays qu'on croyoit embrasé. Dans des expéditions, dont la Barbarie fut le théâtre, l'on fut instruit des sources de leur fortune, & l'on résolut d'y aller puiser. Des aventuriers de toutes les nations formèrent ce projet. Henri, fils de Jean I, roi de Portugal, fut le seul qui prit des mesures sages.

Ce prince mit à profit le peu d'astronomie que les arabes avoient conservé. Un observatoire, où furent instruits les jeunes gentilshommes qui composoient sa cour, s'éleva par ses ordres à Sagres, ville des Algarves. Il eut beaucoup de part à l'invention de l'astrolabe, & sentit le premier l'utilité qu'on pouvoit tirer de la boussole, qui étoit déja connue en Europe, mais dont on n'avoit pas encore appliqué l'usage à la navigation.

Les pilotes qui se formèrent sous ses yeux, découvrirent en 1419 *Madere*, que quelques savans ont voulu regarder comme un foible débris de l'Atlantide.

Quoi qu'il en soit de cette contrée réelle ou imaginaire, c'est une tradition fort accréditée qu'à l'arrivée des portugais *Madere* étoit couverte de forêts; qu'on y mit le feu; que l'incendie dura sept ans entiers, & qu'ensuite la terre se trouva d'une fertilité extraordinaire.

Etat de la culture. Sur ce sol qui a vingt-cinq milles de long & dix de large, les portugais ont, selon le dénombrement de 1768, formé une population de soixante-trois mille neuf cent treize personnes de tout âge & de tout sexe, distribuées dans quarante-trois paroisses, sept bourgades, & la ville de Funchal, bâtie sans beaucoup de goût sur la côte méridionale, dans un vallon fertile, au pied de quelques montagnes dont la pente douce est couverte de jardins & de maisons de campagne très-agréables. Sept ou huit ruisseaux, plus ou moins considérables, la traversent. Sa rade, la seule où il soit permis de charger ou décharger les bâtimens, & la seule par conséquent où l'on ait établi des douanes, est très-sûre durant presque toute l'année. Quand, ce qui est infiniment rare, les vents viennent d'entre le sud-est & l'ouest-nord-ouest, en passant par le sud, il faut appareiller; mais heureusement on peut prévoir le mauvais tems vingt-quatre heures avant de l'éprouver.

Les crevasses des montagnes, la couleur noirâtre des pierres, la lave mêlée avec la terre: tout porte l'empreinte des anciens volcans. Aussi ne récolte-t-on que très-peu de grain, & les habitans sont réduits à tirer de l'étranger les trois quarts de celui qu'ils consomment.

Les vignes sont toute leur ressource. Elles occupent la croupe de plusieurs montagnes, dont le sommet est couronné par des châtaigners. Des haies de grenadiers, d'orangers, de citronniers, de myrtes, de rosiers sauvages les séparent. Le raisin croît généralement sous des berceaux, & mûrit à l'ombre. Les seps qui le produisent, sont baignés par de nombreux ruisseaux qui, sortis des hauteurs, ne se perdent dans la plaine qu'après avoir fait cent & cent détours dans les plantations. Quelques propriétaires ont acquis ou usurpé le droit de tourner habituellement ces eaux à leur avantage; d'autres n'en ont la jouissance qu'une, deux, trois fois la semaine. Ceux même qui veulent former un nouveau vignoble sous un climat ardent, dans un terrein sec où l'arrosement est indispensable, n'en peuvent partager le privilège qu'en l'achetant fort cher.

Le produit des vignes se partage toujours en dix parts. Il y en a une pour le roi, une pour le clergé, quatre pour le propriétaire, & autant pour le cultivateur.

L'isle produit plusieurs espèces de vin. Le meilleur & le plus rare sort d'un plant tiré originairement de Candie. Il a une douceur délicieuse, est connu sous le nom de *malvoisie de Madere*, & se vend cent pistoles la pipe. Celui qui est sec ne coûte que six ou sept cents francs, & trouve son principal débouché en Angleterre. Les qualités inférieures & qui ne passent pas quatre ou cinq cents livres, sont destinés pour les Indes orientales, pour quelques isles & le continent septentrional de l'Amérique.

Les récoltes s'élèvent communément à trente mille pipes. Treize ou quatorze des meilleures vont abreuver une grande partie du globe : le reste est bu dans le pays même, ou converti en vinaigre & en eau-de-vie pour la consommation du Brésil.

Revenus. Le revenu public est formé par les dixmes généralement perçues sur toutes les productions ; par un impôt de dix pour cent sur ce qui entre dans l'isle, & de douze pour cent sur ce qui en sort. Ces objets réunis rendent environ 2,700,000 liv. Tels sont cependant les dépenses ou les vices de l'administration, que d'une somme si considérable il ne revient presque rien à la métropole.

Gouvernement. La colonie est gouvernée par un chef qui domine aussi sur Porto-Santo, qui n'a que sept cents habitans & quelques vignes ; sur les sauvages encore moins utiles ; sur quelques autres petites isles entièrement désertes hors le tems des pêches. On ne lui donne, pour la défense d'un si bel établissement, que cent hommes de troupes régulières ; mais il dispose de trois mille hommes de milice qu'on assemble & qu'on exerce un mois chaque année. Officiers & soldats, tout dans ce corps sert sans solde, sans que les places en soient moins recherchées. Elles procurent quelques distinctions, dont on est plus avide dans cette isle que dans aucun lieu du monde. *Voyez* l'article PORTUGAL & l'article AFRIQUE.

MADELAINE, (isles de la), situées en Amérique, dépendantes de l'isle de Saint-Jean, & appartenant à l'Angleterre. *Voyez* l'article JEAN (S.).

MADRASS, établissement des anglois sur la côte de Coromandel. Les anglois ont dans l'Inde trois établissemens généraux : celui de Bombay, de *Madrass* & de Calcutta ou du Bengale, lequel, par les derniers réglemens, a obtenu la supériorité sur les autres.

Nous avons parlé de l'établissement de Bombay à l'art. BOMBAY : nous avons parlé en général des productions & du commerce de la côte de Coromandel à l'article COROMANDEL : nous donnerons des détails généraux semblables à l'article MALABAR : nous avons dit à l'article INDOSTAN comment & à quelle époque les françois & les anglois se sont mêlés des révolutions politiques de l'Indostan, & nous avons fait sur cette vaste contrée de l'Inde les observations qui nous ont paru analogues à la nature de cet ouvrage : nous avons donné à l'article BENGALE le précis de l'hist. politique du Bengale, & de la conquête qu'en ont fait les anglois ; nous avons parlé de l'état actuel du Bengale & des revenus qu'il produit : nous avons fait des observations sur l'administration tyrannique de la compagnie angloise, & sur les moyens qu'on vient d'imaginer en Angleterre pour la réformer : nous avons parlé des tribunaux, de la navigation & du commerce du Bengale : & le lecteur trouvera des articles particuliers sur les diverses souverainetés de l'Inde, & sur les établissemens qu'y ont formé les françois, les hollandois & les danois.

Nous nous bornerons ici, 1°. à un précis des progrès de la compagnie angloise dans l'Inde, & à des remarques sur l'état actuel de cette compagnie : 2°. nous rapporterons le nouvel acte du parlement sur l'administration angloise dans l'Inde, acte qui n'avoit pas encore passé à l'époque où on a imprimé l'article BENGALE, & nous ferons quelques remarques sur cet acte : 3°. nous donnerons des détails sur l'établissement de *Madrass*.

SECTION PREMIERE.

Précis des progrès de la compagnie angloise dans l'Inde, & remarques sur l'état actuel de cette compagnie.

En 1600, une société de négocians de Londres obtint un privilège exclusif pour le commerce de l'Inde. L'acte en fixoit la durée à quinze ans. Il y étoit dit que si ce privilège paroissoit nuisible au bien de l'état, il seroit aboli & la compagnie supprimée, en avertissant les associés deux ans d'avance.

Cette réserve dut son origine au chagrin que les communes avoient récemment témoigné d'une concession qui pouvoit les blesser par sa nouveauté.

Les fonds de la compagnie furent d'abord peu considérables. L'armement de quatre vaisseaux qui partirent dans les premiers jours de 1601, en absorba une partie. On embarqua le reste en argent & en marchandises.

Nous n'indiquerons pas ici les premiers pas de cette compagnie, & les établissemens qu'elle forma dans les diverses contrées de l'Inde : nous renvoyons le lecteur à l'Histoire philosophique & politique des établissemens européens dans les deux Indes, & aux divers articles que nous avons fait dans cet ouvrage sur ces établissemens.

La compagnie angloise établit bientôt des comptoirs à Mazulipatam, à Calicut, en plusieurs autres ports, & même à Delhy. Surate, le plus riche entrepôt de ces contrées, tenta leur ambition en 1611. On étoit disposé à les y recevoir; mais les portugais déclarèrent que, si l'on souffroit l'établissement de cette nation, ils brûleroient toutes les villes de la côte, & se saisiroient de tous les bâtimens indiens; & ce n'est qu'après plusieurs victoires que les anglois triomphèrent de la résistance du Portugal.

Les intérêts de cette compagnie firent bientôt déclarer la guerre aux hollandois. De toutes les guerres maritimes dont l'histoire a conservé le souvenir, c'est la plus savante, la plus illustre, par la capacité des chefs & le courage des matelots, la plus féconde en combats opiniâtres & meurtiers. Les anglois eurent l'avantage, & ils le durent à la grandeur de leurs vaisseaux que l'Europe a imitée depuis.

Le protecteur qui donna la loi, ne fit pas pour les Indes tout ce qu'il pouvoit. Il se contenta d'y assurer le commerce anglois, de faire désavouer le massacre d'Amboine, & de prescrire les dédommagemens pour les descendans des malheureuses victimes de cette action horrible. On ne fit nulle mention, dans le traité, des forts que les hollandois avoient enlevés à la nation dans l'isle de Java, & dans plusieurs des Moluques. A la vérité, la restitution de l'isle de Pouleron fut stipulée; mais les arbres à épiceries y furent tous arrachés, avant qu'elle repassât sous les loix de ses anciens maîtres. Comme son sol lui restoit cependant toujours, & qu'avec le tems il pouvoit mettre obstacle au monopole que la Hollande vouloit exercer, on la conquit de nouveau en 1666, & les instances de la France ne réussirent pas à en arracher le sacrifice à la république.

Malgré ces négligences, dès que la compagnie eut obtenu, en 1657, du protecteur le renouvellement de son privilège, & qu'elle se vit solidement appuyée par l'autorité publique, elle montra une vigueur que les malheurs passés lui avoient fait perdre. Son courage s'accrut avec ses droits.

Le bonheur qu'elle avoit en Europe, la suivit en Asie. L'Arabie, la Perse, l'Indostan, l'est de l'Inde, la Chine, tous les marchés que les anglois avoient anciennement pratiqués, leur furent ouverts. On les y reçut même avec plus de franchise & de confiance, qu'ils n'en avoient éprouvé autrefois. Les affaires y furent fort vives, & les bénéfices très-considérables. Il ne manquoit à leur fortune que de pénétrer au Japon : ils le tentèrent. Mais les japonois, instruits par les hollandois que le roi d'Angleterre avoit épousé une fille du roi de Portugal, ne voulurent pas recevoir les anglois dans leurs ports.

Malgré cette contrariété, les prospérités de la compagnie furent très-brillantes. L'espoir de donner encore plus d'étendue & de solidité à ses affaires, la flattoit agréablement, lorsqu'elle se vit arrêtée dans sa carrière par une rivalité que ses propres succès avoient fait naître.

Des négocians, échauffés par la connoissance des gains qu'on faisoit dans l'Inde, résolurent d'y naviguer. Charles II, qui n'étoit sur le trône qu'un particulier voluptueux & dissipateur, leur en vendit la permission, tandis que d'un autre côté il tiroit des sommes considérables de la compagnie, pour l'autoriser à poursuivre ceux qui entreprenoient sur son privilège. Une concurrence de cette nature devoit dégénérer en brigandages. Les anglois, devenus ennemis, couroient les uns sur les autres avec un acharnement, une animosité qui les décrièrent dans les mers d'Asie.

Les hollandois voulurent mettre à profit cette singulière crise. Ces républicains s'étoient trouvés assez long-temps les seuls maîtres du commerce des Indes. Ils en avoient vu avec chagrin sortir une partie de leurs mains, à la fin des troubles civils d'Angleterre. La supériorité de leurs forces leur fit espérer de le recouvrer, lorsque les deux nations commencèrent, en 1664, la guerre dans toutes les parties du monde : mais les hostilités ne durèrent pas assez long-tems pour réaliser ces vastes espérances. La paix leur interdisant la force ouverte, ils se déterminèrent à attaquer les souverains du pays, pour les obliger de fermer leurs ports à leur rival. La conduite folle & méprisable des anglois accrut l'audace hollandoise; elle alla jusqu'à les chasser ignominieusement de Bantam en 1680.

Une insulte aussi grave & aussi publique ranima la compagnie angloise. La passion de rétablir sa réputation, de satisfaire sa vengeance, de maintenir ses intérêts; la détermina aux plus grands efforts. Elle arma une flotte de vingt-trois vaisseaux, où furent embarqués huit mille hommes de troupes réglées. On mettoit à la voile, lorsque les ordres du monarque suspendirent le départ. Charles, dont les besoins & la corruption ne connoissoient point de bornes, avoit espéré que, pour faire révoquer cette défense, on lui donneroit un argent immense. N'en pouvant obtenir de ses sujets, il se détermina à en recevoir de ses ennemis. Il sacrifia l'honneur & le commerce de sa nation à 2,250,000 livres que lui firent compter les hollandois, que de si grands préparatifs avoient effrayés. L'expédition projettée n'eut point lieu.

La compagnie, épuisée par les frais d'un armement que la vénalité de la cour avoit rendu inutile, envoya ses bâtimens aux Indes, sans les fonds nécessaires pour former des cargaisons, mais avec ordre à ses facteurs de les rassembler sur son crédit, si la chose étoit possible. La fidélité qu'elle avoit montrée jusqu'alors dans ses engagemens, fit trouver 6,750,000 liv. Rien n'est plus extraordinaire que la manière dont on s'y prit pour les payer.

Josias Child, qui de directeur de la compagnie en étoit devenu le tyran, fit passer, dit-on, à l'insu de ses collègues, des ordres aux Indes, pour qu'on imaginât des prétextes, quels qu'ils pussent être, de frustrer les prêteurs de leur créance. C'est à son frère Jean Child, gouverneur de Bombay, que l'exécution de ce système d'iniquité fut plus particulièrement confiée. Aussi-tôt cet homme avide, inquiet & féroce, annonce au gouverneur de Surate des prétentions plus folles les unes que les autres. Ces demandes ayant été accueillies comme elles le méritoient, il fond sur tous les vaisseaux qui appartenoient aux sujets de Delhy, & de préférence sur les navires expédiés de Surate, comme les plus riches. Il ne respecte pas même les bâtimens qui naviguoient munis de ses passe-ports, & il pousse l'audace jusqu'à s'emparer d'une flotte chargée de vivres pour une armée mogole. Cet horrible brigandage, qui dura toute l'année 1688, causa dans tout l'Indostan des dommages inestimables.

Aurengzeb, qui tenoit les rênes de l'empire d'une main ferme, ne différa pas d'un moment la punition d'un si grand outrage. Un de ses lieutenans débarque, au commencement de 1689, avec vingt mille hommes à Bombay, isle importante du Malabar, qu'une princesse du Portugal avoit apportée en dot à Charles II, & que ce monarque avoit cédée à la compagnie en 1668. A l'approche de l'ennemi, l'on abandonne le fort de Magazan avec tant de précipitation, qu'on y oublie de l'argent, des vivres, plusieurs caisses remplies d'armes, & quatorze pièces de gros canon. Le général indien, enhardi par ce premier avantage, attaque les anglois dans la plaine, les bat & les réduit à se renfermer tous dans la principale forteresse, où il les investit, & où il espère bientôt les forcer de se rendre.

Child, aussi lâche dans le danger qu'il avoit paru audacieux dans ses pirateries, envoie sur-le-champ des députés à la cour pour y demander grace. Après bien des supplications, bien des bassesses, les anglois sont admis devant l'empereur, les mains liées & la face prosternée contre terre. Aurengzeb, qui vouloit conserver une liaison qu'il croyoit utile à ses états, ne fut pas inflexible. Après avoir parlé en souverain irrité, en souverain qui pouvoit & devoit peut-être se venger, il céda au repentir & aux soumissions. L'éloignement de l'auteur des troubles ; un dédommagement convenable pour ceux de ses sujets qu'on avoit pillés : tels furent les actes de justice auxquels le despote, le plus absolu qui fût jamais, réduisit ses volontés suprêmes. A ces conditions si modérées, il fut permis aux anglois de continuer à jouir des priviléges qu'ils avoient obtenus dans les rades mogoles, à des époques différentes.

Ainsi finit cette malheureuse affaire, qui interrompit le commerce de la compagnie pendant plusieurs années ; qui occasionna une dépense de neuf à dix millions ; qui causa la perte de cinq gros vaisseaux, & d'un plus grand nombre de moindre grandeur ; qui coûta la vie à plusieurs milliers d'excellens matelots, & qui se termina par la ruine du crédit & de l'honneur de la nation : deux choses dont la valeur est au-dessus de tous les calculs, & dont les deux Child auroient dû payer la perte, de leur tête.

En changeant de maximes & de conduite, la compagnie pouvoit se flatter de sortir du précipice affreux où elle s'étoit jettée elle-même. Une révolution qui lui étoit étrangère, ruina bientôt ces douces espérances. Jacques II fut précipité du trône. Cet événement arma l'Europe entière. Les suites de ces sanglantes divisions sont assez connues. L'on ignore peut-être que les armateurs françois enlevèrent à la Grande-Bretagne quatre mille deux cents bâtimens marchands, qui furent évalués six cents soixante-quinze millions de livres, & que la plupart des vaisseaux qui revenoient des Indes, se trouvèrent compris dans cette fatale liste.

Ces déprédations furent suivies d'une disposition économique, qui devoit accélérer la ruine de la compagnie. Les refugiés françois avoient porté en Irlande & en Ecosse la culture du lin & du chanvre. Pour encourager cette branche d'industrie, on crut devoir proscrire l'usage des toiles des Indes, excepté les mousselines, & celles qui étoient nécessaires au commerce d'Afrique. Un corps déja épuisé pouvoit-il résister à un coup si imprévu, si accablant ?

La paix qui devoit finir tant de malheurs, y mit le comble. Il s'éleva dans les trois royaumes un cri général contre la compagnie. Ce n'étoit pas sa décadence qui lui suscitoit des ennemis ; elle ne faisoit que les enhardir. Ses premiers avoient été contrariés. Dès 1615, quelques politiques avoient déclamé contre le commerce des Indes orientales. Ils l'accusoient d'affoiblir les forces navales, par une grande consommation d'hommes, & de diminuer sans dédommagement les expéditions pour le Levant & pour la Russie. Ces clameurs, quoique contredites par des hommes éclairés, devinrent si violentes vers l'an 1628, que la compagnie se voyant exposée à l'animosité de la nation, s'adressa au gouvernement. Elle le supplioit d'examiner la nature de son commerce, de le prohiber, s'il étoit contraire aux intérêts de l'état ; & s'il lui étoit favorable, de l'autoriser par une déclaration publique. Le tems n'avoit qu'assoupi cette opposition nationale, & elle se renouvella plus furieuse que jamais au tems dont nous parlons. Ceux qui étoient moins rigides dans leurs spéculations, consentoient qu'on fît le commerce des Indes ; mais ils soutenoient qu'il devoit être ouvert à toute la nation. Un privilège exclusif leur paroissoit un attentat manifeste contre la liberté. Selon eux, les peuples n'avoient établi un gouvernement qu'en vue de procurer le bien général ; & l'on y portoit atteinte en immolant, par d'odieux monopoles, l'intérêt public à des intérêts privés. Ils fortifioient ce principe fécond & incontestable, par une expérience assez récente. Durant la rébellion, disoient-ils, les marchands particuliers, qui s'étoient emparés des mers d'Asie, y portèrent le double des marchandises nationales qu'on demandoit auparavant, & ils se trouvèrent en état de donner les marchandises en retour, à un prix assez bas pour supplanter les Hollandois dans tous les marchés de l'Europe. Mais ces républicains habiles, certains de leur perte si les Anglois conduisoient plus long-temps les affaires sur les principes d'une liberté entière, firent insinuer à Cromwel, par quelques personnes qu'ils avoient gagnées, de former une compagnie exclusive. Ils furent secondés dans leurs menées par les négocians Anglois qui faisoient alors ce commerce, & qui se promettoient pour l'avenir des gains plus considérables, lorsque devenus seuls vendeurs ils donneroient la loi aux consommateurs. Le protecteur, trompé par les insinuations artificieuses des uns & des autres, renouvella le monopole, mais pour sept ans seulement, afin de pouvoir revenir sur ses pas, s'il se trouvoit qu'il eût pris un mauvais parti.

Ce parti ne paroissoit pas mauvais à tout le monde. Assez de gens pensoient que le commerce des Indes ne pouvoit réussir qu'à l'aide d'un privilège exclusif : mais plusieurs d'entr'eux soutenoient que la charte du privilège actuel n'en étoit pas moins nulle, parce qu'elle avoit été accordée par les rois, qui n'en avoient pas le droit. Ils rappelloient plusieurs actes de cette nature, cassés par le parlement, sous Edouard III, sous Henri IV, sous Jacques Ier, sous d'autres règnes. Charles II avoit à la vérité gagné un procès de cette nature à la cour des plaidoyers communs, mais sur une raison puérile. Ce tribunal avoit osé dire, *que le prince devoit avoir l'autorité d'empêcher que tous les sujets pussent commercer avec les infidèles, dans la crainte que la pureté de leur foi ne s'altérât.*

Quoique les partis dont on a parlé eussent des vues particulières, & même opposées, ils se réunirent tous sur le projet de rendre le commerce libre, ou de faire annuller du moins le privilège de la compagnie. La nation, en général, se déclaroit pour eux : mais le corps attaqué leur opposoit ses partisans, les ministres, tout ce qui tenoit à la cour, qui faisoit elle-même cause commune avec lui. Des deux côtés, on employa la voie des libelles, de l'intrigue, de la corruption. Du choc de ces passions, il sortit un de ces orages, dont la violence ne se fait guère sentir qu'en Angleterre. Les factions, les sectes, les intérêts se heurtèrent avec impétuosité. Tout, sans distinction de rang, d'âge, de sexe, se partagea. Les plus grands évènemens n'avoient pas excité plus d'enthousiasme. La compagnie, pour appuyer la chaleur de ses défenseurs, offrit de prêter de grandes sommes, à condition qu'on lui laisseroit son privilège. Ses adversaires en offrirent de plus considérables pour le faire révoquer.

Les deux chambres, devant qui s'instruisoit ce grand procès, se déclarèrent pour les particuliers. Il leur fut permis de faire, ensemble ou séparément, le commerce de l'Inde. Ils s'associèrent & formèrent une nouvelle compagnie. L'ancienne obtint la permission de continuer ses armemens jusqu'à l'expiration très-prochaine de sa charte. Ainsi l'Angleterre eut à la fois deux compagnies des Indes Orientales, autorisées par le parlement, au lieu d'une seule établie par l'autorité royale.

On vit alors ces deux corps aussi ardens à se détruire réciproquement, qu'ils l'avoient été à s'établir. L'un & l'autre avoient goûté les avantages qu'un procuroit le commerce, & se regardoient avec cette jalousie, cette haine, que l'ambition & l'avarice ne manquent jamais d'inspirer. Leur division se manifesta par de grands éclats en Europe, & sur-tout aux Indes. Les deux sociétés se rapprochèrent enfin, & finirent par unir leurs fonds en 1702. Depuis cette époque, les affaires de la compagnie furent conduites avec plus de lumières, de sagesse & de dignité. Les principes du commerce, qui se développoient de plus en plus en Angleterre, influèrent sur son administration, autant que le permettoient les intérêts de son monopole. Elle améliora ses anciens établissemens ; elle en forma de nouveaux. Ce qu'une plus grande concurrence lui ôtoit de bénéfice, elle cherchoit à se le procurer par des ventes plus considérables. Son privilège étoit attaqué avec moins de violence, depuis qu'il avoit reçu la sanction des loix, & obtenu la protection du parlement.

Quelques disgraces passagères troublèrent ses prospérités. Les Anglois avoient formé en 1702 un établissement dans l'isle de Pulocondor, dépendante de la Cochinchine. Leur but étoit de prendre part au commerce de ce riche royaume, jusqu'alors trop négligé. Une sévérité outrée révolta seize soldats Macassars, qui faisoient partie de la garnison. Dans la nuit du 3 mars 1705, ils mirent le feu aux maisons du fort, & massacrèrent les Européens à mesure qu'ils sortoient pour l'éteindre. De quarante-cinq qu'ils étoient, trente périrent de cette manière ; le reste tomba sous les coups des naturels du pays, mécontens de l'insolence de ces étrangers. La compagnie perdit par cet événement les dépenses que lui avoit coûté son entreprise, les fonds qui étoient dans son comptoir, & les espérances qu'elle avoit conçues.

D'autres nuages s'élevèrent sur plusieurs de ses comptoirs. C'étoit l'inquiétude, c'étoit l'avarice de ses agens, qui les avoient assemblés. Une politique plus modérée fit abandonner d'odieuses prétentions,

prétentions, & la tranquillité se trouva bientôt rétablie. De plus grands intérêts ne tardèrent pas à fixer son attention.

L'Angleterre & la France entrèrent en guerre en 1744. Toutes les parties de l'univers devinrent le théatre de leurs divisions. Dans l'Inde, comme ailleurs, chaque nation soutint son caractère. Les anglois, toujours animés de l'esprit de commerce, attaquèrent celui de leurs ennemis, & le détruisirent. Les françois fidèles à leur passion pour les conquêtes, s'emparèrent du principal établissement de leur concurrent. Les évènemens firent voir lequel des deux peuples avoit agi avec plus de sagesse. Celui qui ne s'étoit occupé que de son agrandissement, tomba dans une inaction entière, tandis que l'autre, privé du centre de sa puissance, donnoit plus d'étendue à ses entreprises.

A peine les deux nations avoient mis fin aux hostilités qui les divisoient, qu'elles entrèrent comme auxiliaires dans les démêlés des princes de l'Inde. Peu après, elles reprirent les armes pour leurs propres intérêts. Avant la fin des troubles, les françois se trouvèrent chassés du continent & des mers d'Asie. A la paix de 1763, la compagnie Angloise dominoit en Arabie, dans le golfe Persique, sur les côtes de Malabar & de Coromandel, & dans le Bengale.

Il faut en convenir ; la corruption à laquelle les anglois se livrèrent dès les premiers momens de leur puissance dans l'Inde, l'oppression qui en fut la suite, les abus qui se multiplioient de jour en jour, l'oubli profond de tous les principes, tout cela forme un contraste révoltant avec leur conduite passée dans l'Inde, avec la constitution actuelle de leur gouvernement en Europe. Mais cette espèce de problème moral se résoudra facilement, si l'on considère avec attention l'effet des évènemens & des circonstances.

Dominateurs sans contradiction dans un empire où ils n'étoient que négocians, il étoit bien difficile que les anglois n'abusassent pas de leur pouvoir. Dans l'éloignement de sa patrie, l'on n'est plus retenu par la crainte de rougir aux yeux de ses concitoyens. Dans un climat chaud, où le corps perd de sa vigueur, l'ame doit perdre de sa force. Dans un pays où la nature & les usages conduisent à la molesse, on s'y laisse entraîner. Dans des contrées où l'on est venu s'enrichir, on oublie aisément d'être juste.

Peut-être cependant qu'au milieu d'une position si périlleuse, les anglois auroient conservé du moins quelqu'apparence de modération & de vertu, s'ils eussent été retenus par le frein des loix : mais il n'en existoit aucune qui pût les diriger ou les contraindre. Les réglemens faits par la compagnie, pour l'explication de son commerce, ne s'appliquoient point à ce nouvel ordre de choses ; & le gouvernement anglois ne considérant la conquête du Bengale que comme un moyen d'augmenter numérairement les revenus de la Grande-Bretagne, pour 9,000,000 de liv. par an, la destinée de douze, quinze ou vingt millions d'hommes.

Ces malheureuses victimes d'une insatiable cupidité furent accablées de tous les fléaux que la tyrannie peut rassembler ; & le corps qui ordonnoit ou qui souffroit tant de forfaits, n'en fut pas moins menacé d'une ruine totale. Elle alloit être consommée, lorsqu'en 1773 l'autorité vint à son secours, & le mit en état de faire face aux engagemens téméraires qu'il avoit contractés. Mais le parlement ordonna que tous les détails d'une administration si corrompue seroient mis sous ses yeux ; que les abus multipliés & crians qu'on avoit commis seroient publiquement dévoilés ; que les droits d'un peuple entier seroient pesés dans la balance de la liberté & de la justice.

Ces espérances, fondées sur la haute opinion que devoit inspirer la législation britannique, ont-elles été réalisées ? On en jugera.

D'abord, pour prévenir une banqueroute inévitable, & dont le contre-coup se seroit étendu au loin, le gouvernement permit que la compagnie empruntât 31,500,000 liv. à un intérêt de quatre pour cent. Cette somme a été successivement remboursée, & le dernier paiement a été fait au mois de décembre 1776.

Le parlement déchargea ensuite la compagnie du tribut annuel de 9,000,000 de liv. que depuis 1769 elle payoit au fisc. L'époque du renouvellement de cette contribution ne fut pas fixée. On arrêta seulement que les intéressés ne pourroient pas toucher une dividende de plus de huit pour cent, sans partager le surplus avec le gouvernement.

Le sort des intéressés occupa aussi l'autorité. Le commerce des Indes étoit mal connu, & conduit sur des principes très-variables dans le dernier siecle. Il arrivoit de là que, dans quelques circonstances, on y faisoit d'énormes bénéfices, & d'autres fois d'assez grandes pertes. Les répartitions que recevoient les actionnaires, suivoient le cours de ces irrégularités. Avec le temps, elles se rapprochèrent davantage, mais sans être jamais égales. En 1708, le dividende n'étoit que de cinq pour cent. On le porta à huit en 1709, & à neuf en 1710. Il fut de dix les onze années suivantes, & de huit seulement depuis 1721 jusqu'en 1731. De 1731 à 1743, il ne passa pas sept pour cent. De 1743 à 1756, il s'éleva à huit, mais pour retomber à six depuis 1756 jusqu'en 1766. En 1767, il monta à dix, & augmenta de deux successivement les années suivantes. En 1771, on le poussa jusqu'à douze & demi : mais dix-huit mois après, le parlement le réduisit à six, pied sur lequel il devoit rester jusqu'au paiement de l'emprunt, de 31,500,000 liv.

La compagnie ayant rempli cet engagement, hauſſa ſon dividende à ſept, & enſuite à huit, lorſqu'elle eut éteint la moitié de ſa dette, connüe ſous le titre de billets d'engagement, & qui étoit de 67,500,000 liv.

Depuis l'origine de la compagnie, les intéreſſés avoient toujours choiſi chaque année vingt-quatre d'entre eux, pour conduire leurs affaires. Quoique ces agens puſſent être réélus juſqu'à trois fois de ſuite, & que les plus accrédités réuſſiſſent aſſez ſouvent à ſe procurer cet avantage, ils étoient dans une trop grande dépendance de leurs commettans pour former des plans bien ſuivis, & avoir une conduite courageuſe. Le parlement ordonna que dans la ſuite tout directeur ne ſeroit quatre ans, & que le quart de la direction ſeroit renouvellé chaque année.

La confuſion qui régnoit dans les délibérations, donna l'idée d'un autre réglement. Juſqu'alors les aſſemblées publiques avoient été tumultueuſes, parce que le droit d'opiner appartenoit à tout poſſeſſeur de 11,250 liv. On arrêta que dans la ſuite le ſuffrage ne ſeroit accordé qu'à ceux qui auroient le double de cette ſomme. Ils furent même aſtreints à affirmer, ſous ſerment, qu'ils étoient véritablement propriétaires de ce capital, & qu'ils l'étoient depuis un an entier.

Indépendamment des changemens ordonnés par le parlement, la compagnie fit elle-même un arrangement d'une utilité ſenſible.

Ce grand corps conçut dès ſon origine l'ambition d'avoir une marine. Elle n'exiſtoit plus lorſqu'il reprit ſon commerce au temps du protectorat. Preſſé alors de jouir, il ſe détermina à ſe ſervir des bâtimens particuliers; & ce qu'il avoit fait par néceſſité, il le continua depuis par économie. Des négocians lui frétoient des vaiſſeaux tout équipés, tout avitaillés, pour porter dans l'Inde, & pour en rapporter le nombre de tonneaux dont on étoit convenu. Le temps qu'ils devoient s'arrêter dans le lieu de leur deſtination étoit toujours fixé. Ceux auxquels on n'y pouvoit pas donner de cargaiſon, étoient communément occupés par quelque marchand libre, qui ſe chargeoit volontiers du dédommagement dû à l'armateur. Ils devoient être expédiés les premiers l'année ſuivante, afin que leurs agrès ne s'uſaſſent pas trop. Dans un cas de néceſſité, la compagnie leur en fourniſſoit de ſes magaſins, mais elle ſe les faiſoit payer au prix ſtipulé de cinquante pour cent de bénéfice.

Les bâtimens employés à cette navigation, portoient depuis ſix cents juſqu'à huit cents tonneaux. La compagnie n'y prenoit, à leur départ, que la place dont elle avoit beſoin pour ſon fer, ſon plomb, ſon cuivre, ſes étoffes de laine, & des vins de Madere, les ſeules marchandiſes qu'elle envoyât aux Indes. Les propriétaires pouvoient remplir ce qui reſtoit d'eſpace dans le navire, des vivres néceſſaires pour un ſi grand voyage, & de tous les objets dont le corps qu'ils ſervoient ne faiſoit pas commerce. Au retour, ils avoient auſſi le droit de diſpoſer de l'eſpace de trente tonneaux, que par leur contrat ils n'avoient pas cédé. Ils étoient même autoriſés à y placer les mêmes choſes que recevoit la compagnie, mais avec l'obligation de lui payer trente pour cent de la valeur de ces marchandiſes.

Ce droit, en 1773, fut réduit à la moitié, dans l'eſpérance que cette faveur engageroit les armateurs & leurs agens à mieux remplir leurs obligations, & qu'elle feroit ceſſer les importations frauduleuſes. Le nouvel arrangement n'ayant pas produit l'effet qu'on en attendoit, la compagnie a pris enfin le parti de s'approprier toute la capacité des bâtimens. Depuis cette réſolution, elle importe la même quantité des marchandiſes ſur un plus petit nombre de vaiſſeaux, & fait annuellement une économie de 2,250,000 liv. En 1777, elle n'a expédié que quarante-cinq navires, formant trente-trois mille cent ſoixante & un tonneaux, & montés par quatre mille cinq cents hommes d'équipage.

Le chirurgien de chaque bâtiment arrivé des Indes, reçoit, outre ſes appointemens, vingt-quatre livres de gratification pour chacun des individus qu'il ramène en Europe. On a penſé avec raiſon que ce chirurgien, mieux récompenſé, prendroit plus de ſoin de ceux qu'on lui confioit, & que la vie d'un matelot valoit mieux qu'une guinée. Si le même uſage ne s'eſt pas établi ailleurs, c'eſt qu'on y eſtime plus le chirurgien, ou qu'on y fait moins de cas de l'homme.

La réforme introduite en Europe dans le régime de la compagnie étoit ſage & néceſſaire: mais c'étoit ſur-tout aux Indes que l'humanité, que la juſtice, que la politique étoient outragées. Ces terribles vérités n'échappèrent pas au gouvernement, & l'on va voir quels moyens il imagina pour rétablir l'ordre.

Les membres les plus hardis ou les plus ambitieux de l'adminiſtration penſoient qu'il falloit engager le corps légiſlatif à décider que les acquiſitions territoriales faites en Aſie n'appartenoient pas à la compagnie, mais à la nation, qui s'en mettroit en poſſeſſion ſans retardement. Ce ſyſtême, de quelque raiſonnement qu'on l'eût étayé, auroit été ſûrement rejeté. Les citoyens les moins éclairés auroient vu que cet ordre de choſes devoit donner trop d'influence à la couronne; il auroit alarmé juſqu'à ces ames vénales, qui juſqu'alors avoient été les plus favorables à l'autorité royale.

Le parlement crut devoir ſe borner à établir pour le Bengale un conſeil ſuprême compoſé de cinq membres, dont les places, à meſure qu'elles deviendroient vacantes, ſeroient remplies par la compagnie, mais avec l'approbation du monarque. L'adminiſtration abſolue de toutes les provinces conquiſes dans cette région, fut déférée à ce conseil. Sa jurisdiction s'étendoit même sur toutes les autres contrées de l'Inde où les anglois ont des possessions. Ceux qui exerçoient l'autorité ne pouvoient faire, sans son aveu, ni la guerre, ni la paix, ni aucun traité avec les princes du pays. Il devoit obéir aux ordres qui lui venoient de la direction, qui de son côté étoit obligée de remettre au ministère toutes les informations qu'elle recevoit. Quoique les opérations du commerce ne fussent pas assujeties à son inspection, il en étoit réellement l'arbitre, parce qu'ayant seul la disposition des revenus publics, il pouvoit à son gré accorder ou refuser des avances.

Après avoir mis les rives du Gange sous une forme de gouvernement plus supportable, il fallut s'occuper du soin de punir ou même de prévenir les atrocités qui souilloient de plus en plus cette riche partie de l'Asie. On permit que dans les autres établissemens la justice civile & criminelle continuât à être rendue par les principaux agens de la compagnie; mais il fut créé par le parlement, pour le Bengale, un tribunal composé de quatre magistrats, dont la nomination appartient au trône, & dont les arrêts ne peuvent être cassés par le roi en son conseil privé. Tout commerce est interdit à ses juges, ainsi qu'aux membres du conseil suprême. Pour les consoler de cette privation, on leur a assigné des honoraires, trop considérables au gré des actionnaires, obligés de les payer sans les avoir ni réglés ni accordés.

Un abus & un grand abus s'étoit introduit aux Indes. On y élevoit de tous côtés des fortifications sans nécessité, quelquefois même sans une utilité apparente. C'étoit la cupidité seule des agens de la compagnie qui décidoit de ces constructions. Elles avoient coûté plus de cent millions en très-peu d'années. La direction arrêta ce désordre affreux, en réglant sagement la somme qu'on pourroit employer dans la suite à ce genre de dépense.

L'esprit d'ordre s'étendit au recouvrement des revenus publics, à la solde des troupes, à la marine militaire, aux opérations du commerce, à tous les objets d'administration.

Le Grand-Mogol s'étoit réfugié dans le Bengale. On lui avoit assigné une pension de 6,240,000 liv. pour sa subsistance. Il fut replacé sur le trône par les Marattes, & les Anglois se virent déchargés d'une espèce de tribut qu'ils ne supportoient pas sans impatience, depuis qu'ils n'avoient plus besoin de ce foible appui. Le hasard ne les servit pas si heureusement pour dépouiller le Souba de cette contrée; & cependant ils réduisirent à 7,680,000 liv. le revenu de 12,720,060 liv., que par le traité de 1765, ils s'étoient obligés de lui faire. Son successeur fut même borné en 1771, à 3,840,000 liv., sous prétexte qu'il étoit mineur. Il a essuyé depuis une nouvelle diminution, parce qu'on n'emploie plus son nom, dont jusqu'en 1772 on avoit cru devoir se servir dans tous les actes de souveraineté.

Il étoit impossible que toutes ces réformes ne comblassent le précipice que la présomption, la négligence, les factions, le brigandage, les délires de tous les genres avoient creusé à la compagnie. On jugera à quel point sa situation s'est améliorée.

Au 31 Janvier 1774, ce corps, dont les prospérités apparentes étonnoient l'univers entier, n'avoit que 255,240,742 livres 10 sols. Il devoit 250,847,842 liv. 10 s. La balance n'étoit donc en sa faveur que de 4,392,900 liv.

Son capital, au 31 janvier 1776, étoit de 256,518,067 liv. & sa dette de 195,248,655 liv. Sa richesse étoit par conséquent augmentée en deux ans de 46,876,512 livres 10 sols.

Il a depuis remboursé 11,506,680 liv. Il a retiré pour 11,250,000 liv. de ses billets d'engagement. Il a éteint plusieurs dettes anciennement contractées aux Indes; de sorte qu'au 31 janvier 1778, la compagnie avoit la disposition entièrement libre de 102,708,112 liv. 10 s. sans compter ses magasins, ses navires, ses fortifications, tout ce qui servoit à l'exploitation de ses divers établissemens.

Cette prospérité augmentera à mesure que l'immense territoire acquis par les anglois aux Indes sera mieux régi. En 1773, ces possessions rendoient 113,791,252 liv. 10 sols : mais les frais de perception en absorboient 81,153,652 liv. 10 sols. A cette époque, le produit net se réduisoit à 32,660,100 liv. Il s'est accru graduellement, parce que quelques désordres ont été attaqués avec succès; il augmentera encore, parce qu'il reste beaucoup de désordres à détruire.

L'extension qu'a pris le commerce sera une nouvelle source de fortune. La vente de 1772 fut de 79,214,872 liv. 10 sols. Celle de 1773, de 71,992,552 liv. 10 sols. Celle de 1774, de 82,665,405 liv. Celle de 1775, de 78,627,712 liv. 10 sols. Celle de 1776, de 74,400,457 liv. 10 s.

Nous indiquerons à la fin de la section seconde, l'actif & le passif de la compagnie, telle qu'on a énoncé au parlement dans les derniers débats sur cet objet : le lecteur sent qu'il ne doit pas compter ici sur une exactitude bien rigoureuse, & que l'esprit de parti, le ministère ou les vues politiques de l'administration altèrent souvent la vérité.

Ajoutez à ces grandes opérations de la compagnie, la somme de 11,250,000 liv. à laquelle on évalue les marchandises qui arrivent tous les ans clandestinement des Indes. Ajoutez-y 4,500,000 l. pour les diamans. Ajoutez-y les fonds plus ou moins étendus, mais toujours très-considérables, dont les anglois répandus dans les différens comptoirs d'Asie ont fourni la valeur aux nations étrangères. Ajoutez-y les richesses que ces négocians emportent eux-mêmes à la fin de leur carrière, pour en jouir dans le sein de leur patrie. Observez que ces vastes spéculations, qui rendent tributaires de la Grande-Bretagne tous les peuples de l'Afrique, de l'Europe & de l'Amérique, ne font sortir annuellement de cet empire pour les Indes que 2,250,000 liv., tout au plus 3,375,000 liv. & vous aurez une idée des avantages immenses que des colonies si éloignées procurent à leurs heureux possesseurs.

En 1780, le privilège exclusif de la compagnie a été renouvellé? Depuis cette époque, la nation anglaise s'est beaucoup occupée de ses établissemens de l'Inde, & le nouveau bill de M. Pitt a changé leur régime : nous avons parlé à l'article BENGALE de celui de M. Fox, qui après avoir passé à la chambre des communes, fut rejetté par la chambre des pairs. La chambre des communes va former de plus une accusation criminelle devant la chambre haute, sur les vexations de M. Hastings; & quelle qu'en soit l'issue, elle intimidera du moins les gouverneurs & les employés.

SECTION IIᵉ.

Acte passé au parlement d'Angleterre, en 1784, sur l'administration de la compagnie dans l'Inde, & remarques sur cet acte.

Article premier. Il est arrêté que, pour le meilleur gouvernement & la plus grande sûreté de l'Inde, sa majesté & ses descendans, de l'avis & du consentement des lords spirituels & temporels, & de ses communes, assemblés en parlement, pourront désormais nommer, en vertu d'une commission scellée du grand sceau, telles personnes qu'ils jugeront à propos de choisir dans le conseil privé, n'excédant pas le nombre de six, pour commissaires des affaires de l'Inde, dont un des principaux secrétaires d'état de sa majesté & le chancelier de l'échiquier seront toujours deux membres nés.

II. Il ne faudra pas moins de trois desdits commissaires pour former un conseil pour exécuter, ordonner, &c.

III. Le secrétaire d'état susdit, en son absence le chancelier de l'échiquier, & en l'absence de celui-ci, le plus ancien commissaire siégera comme président de ce nouveau conseil, & aura le maniement & la surintendance des affaires de l'Inde, tant en ce qui regarde les possessions territoriales, que les affaires mercantiles de la compagnie.

IV. En cas de division dans les opinions, le président aura la voix prépondérante.

V. Le roi cassera, révoquera & réformera, toutes les fois qu'il le jugera à propos, la susdite commission, dont l'un des principaux secrétaires d'état & le chancelier de l'échiquier seront toujours deux membres, & dont les commissaires n'excéderont jamais le nombre de six dans aucun cas.

VI. Le conseil de l'Inde sera autorisé à connoître de tous les actes, opérations, &c. relatifs au gouvernement civil & militaire de la compagnie.

VII. Le secrétaire d'état choisira un secrétaire particulier, & tel nombre de commis & autres personnes qu'il jugera nécessaires pour faire le service du bureau; & lesdites personnes pourront être renvoyées à la volonté desdits commissaires: tout ce qui se passera dans leurs assemblées, sera enrégistré dans des livres à ce destinés par lesdits secrétaires employés, &c. qui recevront tel salaire qu'il plaira à sa majesté d'ordonner par un ordre de sa main.

VIII. Avant de procéder à aucune affaire, les membres du bureau feront le serment suivant:

« Je ... promets fidèlement & affirme avec
» serment; qu'en ma qualité de commissaire ou
» membre du bureau établi pour les affaires de
» l'Inde, je donnerai de mon mieux mes avis &
» mon assistance pour le gouvernement des pos-
» sessions de la compagnie; que j'exercerai les
» pouvoirs qui m'ont été délégués le mieux qu'il
» me sera possible, selon mon jugement, sans
» faveur ni affection, préjugé ou malice contre
» qui que ce soit ».

Lequel serment pourra être administré par deux membres du susdit conseil, & sera enrégistré par le secrétaire, comme tous autres actes dudit bureau; & sera duement signé & attesté par les membres, lorsqu'ils prêteront & s'administreront respectivement ledit serment.

IX. Il est également observé que les divers secrétaires, commis & autres personnes attachés au bureau, prêteront également, pardevant lesdits commissaires, le serment de garder les secrets qui leur seront confiés, ou tel autre serment qu'il plaira au bureau d'exiger.

X. Tous les papiers de la compagnie, comptes, lettres, ordres, réponses, &c. &c. seront dans tous les temps accessibles aux commissaires; il leur en sera fourni des copies, extraits, &c. toutes les fois qu'ils le requerront; & la cour des directeurs sera obligée de remettre sous les yeux des commissaires les minutes de tout ce qui se passera dans les assemblées des propriétaires, ainsi que toutes les dépêches qu'ils recevront de l'Inde, ou qu'ils y enverront, soit relativement au gouvernement civil & militaire de l'Inde, soit relativement aux possessions territoriales de la Grande-Bretagne dans l'Indostan.

XI. Et dans l'espace de quatorze jours, après avoir reçu ces copies de lettres, instructions, &c. elles seront renvoyées avec l'approbation souscrite par trois commissaires, ou les raisons qui les empêchent de les approuver, avec des instructions de la part desdits commissaires aux directeurs. Après quoi les directeurs seront obligés d'envoyer ces lettres, ordres & instructions ainsi approuvés ou corrigés, à leurs serviteurs dans l'Inde, sans aucun délai, à moins que sur les représentations des directeurs, le bureau n'ordonnât des changemens dans lesdites lettres, ordres & instructions : aucune lettre, ordre, &c. ne seront, sous aucun prétexte, envoyés dans l'Inde sans une communication préliminaire.

XII. Pour plus grande célérité, il est ordonné que, dans le cas où les directeurs négligeroient de transmettre dans l'espace de quatorze jours, après en avoir été requis, les dépêches qu'ils devoient envoyer dans l'Inde, alors lesdits commissaires pourroient expédier quels ordres il leur plairoit, pour les présidences de l'Inde concernant le gouvernement civil & militaire ; & lesdits directeurs seroient obligés de les transmettre, à moins que sur leurs représentations, les commissaires ne jugeassent à propos d'y faire des changemens.

XIII. En cas que le bureau envoyât des ordres que les directeurs ne trouvassent point relatifs au gouvernement civil & militaire de la compagnie, dans ce cas ils auront le droit de présenter une requête à sa majesté dans son conseil, qui décideroit cette question, & la susdite décision seroit finale.

XIV. Si le bureau des commissaires croyoit essentiel de garder le secret d'une opération, il seroit permis d'envoyer des ordres directs dans l'Inde, soit pour faire la paix ou la guerre, soit pour négocier & traiter avec aucun des Souverains de l'Inde ; alors & dans ce cas il sera légal que ledit bureau envoye ses ordres secrets & ses instructions au comité secret de la cour des directeurs, qui, sans le révéler aux autres directeurs, transmettroit lesdits avis dans l'Inde : les différens gouverneurs des présidences de l'Inde obéiront fidèlement à ces ordres, & y répondront sous une enveloppe particulière, scellée de leur sceau, & adressée au comité secret, qui communiquera leurs réponses au bureau.

XV. Il est ordonné, en vertu de l'autorité royale & de celle des lords & communes assemblés en Parlement, que les directeurs auront le droit de choisir, parmi eux, certains directeurs n'excédant pas le nombre de trois, pour former un comité secret, — lequel comité secret, après avoir reçu les dépêches & instructions relatives à une déclaration de guerre, ou un traité de paix, communiquera ces dépêches au bureau des commissaires établis pour le gouvernement de l'Inde, & répondra aux diverses présidences qui seront tenues de se conformer à leurs ordres, comme s'ils procédoient immédiatement de l'assemblée générale des directeurs.

XVI. Il est expressément stipulé que ses pouvoirs ne s'étendent pas jusqu'à donner aux commissaires le droit de nommer aux emplois, ou révoquer les nominations faites par les directeurs de la compagnie.

XVII. Si, par mort, révocation ou résignation, aucune des places de conseiller du fort William, dans le Bengale, venoit à vaquer, excepté celle de commandant en chef, les directeurs n'y nommeront point, & le nombre desdits conseillers se trouvera réduit à trois, outre le gouverneur général, & le commandant en chef des forces de la compagnie, qui aura, par la suite, voix dans le conseil, après le gouverneur général.

XVIII. Le gouvernement du fort William, celui du fort S. George & celui de Bombay, consisteront, en vertu de cet acte, en un président & trois conseillers, dont le commandant en chef sera toujours un membre : il aura la préséance dans le conseil, comme dans la présidence du fort William dans le Bengale, à moins que le commandant en chef des forces de l'Inde, ne se trouvât dans cette présidence : auquel cas le commandant général sera un desdits conseillers, à la place du commandant particulier de cette présidence ; & pendant ce temps le commandant particulier aura droit de séance seulement, mais n'aura pas voix dans le conseil.

XIX. La cour des directeurs de la compagnie choisira, dans l'espace d'un mois, une personne en état de présider à l'établissement du fort S. George de Madras, & deux autres personnes pour former le conseil de ladite présidence : ladite cour fera de même pour l'établissement du conseil de Bombay, sous les mêmes conditions que pour le fort S. George de Madras.

XX. Si les membres présens dans aucun des conseils, soit au fort William, soit à Bombay ou Madrass, étoient également divisés d'opinion ; alors le gouverneur général, ou président dudit conseil, auroit la voix prépondérante.

XXI. Il sera permis à sa majesté & à ses hoirs, par un écrit signé de sa main, & contresigné par le secrétaire d'état, chargé du département de l'Inde, ou à la cour des directeurs, en vertu d'un écrit signé par eux, de révoquer, rappeller, &c. le présent gouverneur du fort William dans le Bengale, du fort S. George de Madrass ou de Bombay, ou tous autres employés au service de la compagnie, pourvu toutefois que, quand cette révocation viendra de la part de S. M., un *duplicata*, signé de sa main, & contresigné par le secrétaire d'état, soit remis dans la huitaine à la cour des directeurs.

XXII. Quand il viendra à vaquer quelque emploi, par mort, démission, expulsion ou rappel, dans une des présidences ; dans ce cas, la cour des directeurs de la compagnie procédera à la nomination d'une personne propre à remplir cette place parmi ses serviteurs, excepté la place de gouverneur-général, celles de gouverneurs-particuliers des deux présidences, & celle de commandant en chef d'aucun des établissemens, pour lesquelles places les commissaires pourront nommer qui ils jugeront à propos.

XXIII. Si après avoir envain cherché, pendant l'espace de deux mois, à désigner à sa majesté des personnes propres & habiles à gouverner l'Inde, les directeurs de la compagnie échouoient dans leurs recherches, il seroit alors permis à S. M. de nommer & d'investir des pouvoirs de gouverneur ou de membres du conseil, les personnes qu'elle jugeroit à propos de choisir, qui alors ne seroient plus révocables par les directeurs.

XXIV. On n'acceptera aucune résignation, soit de l'office du gouverneur-général, gouverneur ou commandant en chef des diverses présidences, à moins qu'elle ne soit donnée par écrit, qu'elle ne soit de la main de celui qui résigne, signée par lui, & scellée de ses armes.

XXV. Aucun ordre de la cour générale des propriétaires de la compagnie, n'infirmera les ordres des directeurs, quand ils seront une fois revêtus de la sanction du nouveau bureau, donnée de la manière spécifiée ci-dessus.

XXVI. L'acte passé dans la vingt-unième année de S. M., qui enjoint aux directeurs de la compagnie des Indes de communiquer les dépêches, lettres & ordres relatifs au gouvernement civil & militaire de l'Inde, aux lords de la tréforerie, premier lord d'icelle, & à un des principaux secrétaires d'état, & regle les pouvoirs des directeurs des propriétaires, est annullé dans tout ce qui pourra être contraire au présent acte, pendant qu'il sera en force.

XXVII. Le gouverneur-général, & le conseil du fort William auront le pouvoir & l'autorité d'ordonner, contrôler & diriger en tout, les diverses présidences de l'Inde, dans ce qui aura rapport à la paix & à la guerre, au revenu & aux forces desdites présidences, qui seront tenues d'obéir auxdits gouverneur-général & conseil; à moins qu'elles n'eussent reçu des ordres directs & récens des directeurs, contradictoires à ceux dudit gouverneur-général; dans lequel cas ces ordres avec leur date devroient être envoyés au conseil siégeant au fort William, & au gouverneur-général, qui, à la vue desdits ordres, seront tenus de s'y conformer eux-mêmes, & de ne se servir de l'autorité qui leur est déléguée, que pour les faire exécuter.

XXVIII. Le gouverneur-général & le conseil du Bengale & les gouverneurs particuliers & conseils de chaque présidence, seront les maîtres, quand une proposition aura été faite & débattue en conseil, d'ajourner l'assemblée s'ils le jugent à propos, pourvu que cet ajournement ne soit pas de plus de 48 heures. On ne pourra s'ajourner deux fois sans le consentement de celui qui aura fait la proposition discutée.

XXIX. Comme il répugne aux désirs, à l'honneur & à la politique de l'Angleterre, de porter l'esprit de conquête, & d'étendre ses possessions dans l'Inde, il est défendu au gouverneur-général, & au conseil-suprême, siégeant audit fort William, de commencer la guerre avec aucune puissance, sans en avoir reçu l'ordre exprès du bureau établi pour gouverner les affaires de l'Inde; ou des directeurs de la compagnie, avec la sanction du bureau; lesdits ordres étant signés & scellés par le secrétaire d'état pour le département intérieur; à moins que les princes Indiens n'eussent commencé des hostilités, formé quelque alliance hostile aux intérêts de la G. B., ou n'eussent le projet de lui faire la guerre, ou aux princes & possesseurs de territoire, sous la protection ou garantie de la Grande-Bretagne; comme aussi de ne former aucun traité pour faire la guerre à aucun prince indien, à moins qu'il n'eût commencé des hostilités lui-même, ou ne se fût préparé à en commencer, ainsi qu'il a été dit: dans le cas où lesdits gouverneur-général, conseillers, présidens, &c. se détermineront à faire la guerre, ils seront obligés d'en donner avis, le plus promptement possible, au bureau d'administration, avec les plus amples informations sur l'état des affaires, les causes de cette guerre, & les motifs qu'ils ont eu de la faire, &c.

XXX. Il ne sera pas permis aux gouverneurs-particuliers du fort S. George & de Bombay, de faire la guerre, non plus qu'à aucun des établissemens subalternes de la compagnie dans l'Inde. Ils ne pourront pas davantage faire la paix, ou négocier aucun traité d'alliance avec les princes indiens, excepté dans le cas où le danger leur paroîtroit imminent, en insérant toujours une clause conditionnelle, que lesdits traités, négociations, &c. &c. seroient confirmés par le gouverneur-général, à qui les autres présidences obéiront en tout; & en cas de refus, les gouverneurs-particuliers pourront être suspendus. Chaque présidence rendra un compte habituel & exact de tout ce qui se passera dans son district, & fera remettre le duplicata de ses minutes au greffier du conseil-suprême de Bengale.

XXXI. Toute personne employée au service de S. M., tant dans le civil que dans le militaire, désobéissant aux ordres qu'elle recevroit du gouvernement général, pourra être interdite de ses fonctions par ledit gouverneur-général & le conseil souverain de Bengale. Chacun desdits employés est requis, par les présentes, de transmettre diligemment & fidèlement au fort William des copies vraies & exactes de tous ordres, résolutions & actes du conseil de leurs présidences & gouvernemens respectifs, ainsi que de communiquer tout ce qu'ils pourront découvrir d'important au gouverneur-général & au conseil du fort William.

XXXII. Et comme il paroît qu'il est dû des sommes considérables par le Nabab d'Arcate, à des particuliers sujets de la Grande-Bretagne,

& qu'il eſt à propos que l'aſſiſtance de la compagnie ſoit accordée aux créanciers de ce prince pour la ſûreté de leurs créances, en ménageant toutefois l'honneur & la dignité du Nabab; il eſt ordonné par le préſent acte que les directeurs de la compagnie des Indes entreront dans l'examen le plus attentif, de la nature & de la juſtice de ces dettes, autant qu'il leur ſera poſſible de les vérifier par les documens, qu'ils ont en main; donnant en outre pour ſe mettre au fait de la vérité, des ordres précis à leurs diverſes préſidences pour completter les informations néceſſaires, & pour établir, de concert avec le Nabab, des fonds pour acquitter les obligations qui leur paroîtront être juſtement dues; ſelon leur droit de préſidence reſpective, & d'une maniere compatible avec les droits de la compagnie, la ſûreté des créanciers du Nabab, ainſi que l'honneur & la dignité de ce prince.

XXXIII. Et pour ajuſter & terminer ſur une baſe permanente les droits indéterminés des Nabab d'Arcate & Rajah de Tanjaour, l'un envers l'autre —. Il eſt ordonné que la cour des directeurs prendra immédiatement en conſidération leſdits droits & prétentions, & cherchera les moyens les plus ſimples & les plus propres pour juger de leurs différends, & les faire terminer ſelon les principes & les termes ſtipulés & convenus entre leſdits Nabab & le Rajah dans le traité de 1762.

XXXIV. Comme il y a eu des plaintes portées, que divers Rajahs, Zemindars, Polygars, Talookdars & autres natifs, propriétaires des terres de l'Inde, ont été dépouillés injuſtement de leurs domaines, droits, privilèges & juriſdictions; que les tributs, loyers, &c. exigés & payés par eux à la compagnie des Indes ſont devenus très-oppreſſifs; & comme les principes de juſtice & l'honneur du pays requierent que ces ſujets de plaintes ſoient examinés, & s'ils ſe trouvent fondés, que l'on y rémédie inceſſamment; il eſt ordonné par les préſentes, que la cour des directeurs de ladite compagnie prenne ſérieuſement leſdites meſures en conſidération, & adopte les moyens néceſſaires pour connoître les cauſes & la vérité de ces plaintes, & donner en conſéquence des ordres & inſtructions aux diverſes préſidences, pour réparer les injuſtices faites auxdits Rajahs, Zemindars, &c. ſelon les loix de leurs pays: pour établir en outre ſur des principes de modération & de juſtice, d'après la conſtitution de l'Inde, des règles permanentes par leſquelles ils ſeront déſormais obligés de payer leurs tributs; de louer, affermer, prendre à bail, &c. les terres dont ils ſont en poſſeſſion.

XXXV. Afin de mieux régler le gouvernement civil & militaire de l'Inde, pour l'avantage de la compagnie, il eſt ordonné que les directeurs ſe feront rendre compte immédiatement de leurs établiſſemens reſpectifs, tant civils que militaires, dans les différentes préſidences & établiſſemens de l'Inde, & donneront les ordres néceſſaires pour que les retranchemens & réductions, qui pourront être praticables dans chacun d'eux, y ſoient introduits. Il eſt également ordonné que les principaux employés dans leſdits établiſſemens, ſeront tenus de donner des liſtes exactes de tous les emplois de l'établiſſement civil de ladite compagnie, ainſi que de toutes les forces militaires qui ſe trouvent dans les diverſes poſtes & comptoirs de la compagnie & à ſa ſolde; diſtinguant les corps, les nations, ou le peuple dont elles ſont tirées, ainſi que la paye & les émolumens des officiers brevetés ou bas-officiers, comme auſſi la méthode qui peut être adoptée pour introduire un ſyſtême de plus grande économie. La cour des directeurs examinera auſſi-tôt qu'elle pourra le faire, le nombre des places & emplois, tant civils que militaires, qui ſont néceſſaires à la ſûreté & au meilleur gouvernement de l'Inde; les ſalaires & appointemens qui doivent leur être alloués, tant en temps de paix qu'en temps de guerre: & chaque année, dans l'eſpace de quinze jours après la rentrée du Parlement, ces états ſeront préſentés à la chambre des communes par les directeurs.

XXXVI. Il eſt défendu expreſſément, en attendant que ces liſtes ſoient fournies, que les directeurs envoyent aucun employé civil ou militaire dans l'Inde; & quand elles l'auront été, qu'il ſoit jamais envoyé un plus grand nombre de perſonnes que celui qui ſe trouvera néceſſaire pour agir en qualité de ſurnuméraire, & remplir les places qui viendroient à vaquer, dont l'on donneroit avis de temps à autre à la cour des directeurs.

XXXVII. Il eſt ordonné par cet acte, que du moment où il commencera d'être en force, les promotions & l'avancement des ſerviteurs de la compagnie ſe feront par rang d'ancienneté, tant dans le civil que dans le militaire, dans leurs ſituations reſpectives, à moins que les commandans des divers gouvernemens & préſidences n'aient des raiſons valables & ſuffiſantes pour ſe conduire autrement, & en vertu d'une réſolution du conſeil, & que tous les cas de cette nature ſoient fidèlement enregiſtrés, & les minutes qu'ils en auront gardées, envoyées aux directeurs, en expliquant les raiſons qu'ils ont pu avoir d'en agir ainſi: faute de quoi faire, leſdits appointemens, nominations, &c. ſeront déclarés vacans, & les meſures priſes par la préſidence annullées.

XXXVIII. Il eſt défendu expreſſément par les préſentes, qu'aucun cadet ou écrivain ſoit envoyé dans l'Inde au-deſſous de 15 ans, & au-deſſus de 22; leſdits cadets ſeront tenus de fournir un certificat de leur âge, ſigné du curé de leur paroiſſe, & de prêter eux-mêmes ſerment qu'ils se trouvent dans les termes spécifiés par l'acte, & n'ont que l'âge requis : lequel acte de prestation de serment ou affidavit, demeurera entre les mains du secrétaire de la compagnie, si elle le juge à propos.

Pourvu toutefois que cet acte ne change rien à l'usage reçu, & que tout officier breveté, dont l'âge n'excède pas 25 ans, puisse être reçu, à l'avenir, cadet dans la compagnie comme par le passé.

XXXIX. Toutes les oppressions, injures, injustices, offenses, crimes, &c. &c. qui auront été commis dans l'Inde par des sujets de S. M. ou des serviteurs de la compagnie des Indes, seront & sont déclarés, par les présentes, justiciables de toutes les cours de justice, tant en Angleterre que dans l'Inde, dont la jurisdiction peut s'étendre sur ces délits, qui seront punis de la même manière que s'ils avoient été commis dans aucun des endroits soumis immédiatement au gouvernement de la Grande-Bretagne.

XL. Il est expressément stipulé que toute personne qui demandera ou recevra aucune somme d'argent, ou aucun effet de prix, soit que ce soit pour lui, ou sous prétexte de la donner, la compagnie des Indes sera déclarée coupable d'extorsion, & sera poursuivie en conséquence : en outre de quoi, celui qui aura reçu un présent, sera exposé à la confiscation d'icelui, au profit de S. M.

XLI. La cour, pardevant laquelle de pareils délits & offenses seront jugés, pourra, selon les circonstances, ordonner que le présent soit rendu à celui qui l'aura fait, ou ordonner que le tout, ou partie d'icelui, ou telle amende à laquelle il plaira à ladite cour de condamner le coupable, soit destiné au délateur, ou à celui qui a intenté le procès, ainsi qu'il plaira à la cour d'en disposer.

XLII. Il est entendu que les clauses d'un acte passé dans la treizième année du règne de sa majesté, qui condamne toute personne recevant des présens à certaines amendes & confiscations, se trouvent révoquées; & lesdites clauses sont annullées par le présent acte.

XLIII. Il doit être entendu toutefois que la clause qui précède, n'interdit pas à un avocat, médecin, chirurgien ou chapelain de recevoir des honoraires & émolumens, selon la forme usitée dans leurs professions.

XLIV. Il est ordonné que toutes désobéissances volontaires de la part des officiers de la compagnie, relativement aux instructions des directeurs, à moins que ce ne soit dans des cas absolument nécessaires (nécessité que seront obligés de démontrer ceux qui se seront rendus coupables de ces désobéissances) seront regardées comme des fautes graves (misdemeanours) & comme telles poursuivies extraordinairement en vertu du présent acte.

XLV. Il est déclaré, que toute personne au service de la compagnie, qui sera intéressée dans quelque marché ou contrat contraire aux intérêts de ladite compagnie, & sera accusée de corruption, sera également poursuivie pour ledit crime de misdemeanour, de la manière ci-dessus spécifiée.

XLVI. Il est expressément défendu, qu'après une sentence ou un jugement d'aucune cour compétente contre aucun des serviteurs civils ou militaires de la compagnie, pour extorsion, ou aucune autre faute, ladite compagnie, si les coupables sont condamnés à aucune amende, prenne sur elle de transiger, traiter, faire des remises, &c. &c. les emploie jamais à son service, dans quelle capacité que ce soit, après qu'ils en auront été renvoyés par le jugement d'un tribunal ayant droit de les juger.

XLVII. Pour rémédier aux abus qui ont prévalu jusqu'ici dans la perception des revenus de la compagnie des Indes, il est ordonné que tout homme, né sujet de la G. B., qui sera nommé pour faire cette recette, prêtera le serment, & souscrira la formule dont copie suit : lequel serment sera prêté pardevant le premier juge de la cour souveraine du Bengale, ou aucun des autres juges assistans de ladite cour, ou pardevant le maire, ou tout autre magistrat d'aucune autre présidence : ladite formule de serment sera enregistrée dans les minutes de la cour suprême du Bengale, ou dans celles desdites cours provinciales des présidences & établissemens particuliers.

» Je soussigné promets, sous serment, que je
» remplirai fidèlement, autant que cela dépen-
» dra de moi, l'office qui m'a été confié de
» collecteur des revenus de la compagnie des
» Indes, & que je ne demanderai, ni ne recevrai
» directement ou indirectement, aucun présent,
» ni par moi, ni par les mains de qui que ce
» soit, pour mon compte, ni de la part d'au-
» cun Rajah, Zémindar, Polygard, Talookdar,
» rentier ou autre personne payant des tributs,
» redevances ou impôts à la compagnie, m'en-
» gageant également à ne recevoir aucun effet
» de valeur en forme de don, présent ou autre-
» ment, au-dessus du tribut annuel, ou de la
» rente ou impôt que je suis autorisé de perce-
» voir pour le compte de ladite compagnie ; &
» que je veux justement, & avec vérité, en
» rendre compte à la susdite compagnie ». Ainsi que Dieu me soit en aide.

XLVIII. Il sera permis au gouverneur du fort William du Bengale, d'adresser un ordre signé de lui (Warrant), à tous les officiers de justice, pour faire arrêter toute personne ou personnes soupçonnées, médiatement ou immédiatement, d'entretenir aucune correspondance illicite, qui pût être dangereuse pour la paix ou la sûreté des établissemens & des possessions Britanniques dans l'Inde avec aucun des princes, Rajahs, ces, rajahs, zémindars ou autres personnes quelconques, ayant quelque influence dans l'Inde, ou avec les commandans, gouverneurs ou présidens d'aucunes factoreries établies dans les Indes par aucun pouvoir européen contre les règles & les usages de ladite compagnie : après l'examen assermenté, pris par écrit, des personnes ainsi arrêtées par ordre du gouverneur-général, ledit gouverneur est autorisé, par ces présentes, à les faire emprisonner, pourvu que dans l'espace de cinq jours après leur détention, il soit remis aux accusés une copie de l'accusation, à laquelle il leur sera permis de répondre par écrit, en donnant une liste des témoins qu'ils jugent à propos de faire examiner : si toutefois, après l'examen de cette défense, il paroissoit encore au gouverneur & au conseil, qu'il y eût des raisons suffisantes pour justifier la détention des accusés, jusqu'à ce que leur procès fût fait dans l'Inde, ou qu'ils fussent envoyés en Angleterre à cet effet; dans ce cas, copies des procédures devroient être envoyées aux directeurs par le gouverneur-général, ou ses représentans, qui profiteroient de la première occasion favorable de les faire partir pour l'Europe, à moins que la santé des accusés ne leur permît pas d'en faire le voyage.

XLIX. Il est ordonné par le présent acte, que les gouverneurs des diverses présidences de l'Inde seront revêtus des pouvoirs, dans leur présidence respective, qui sont conférés par les présentes au gouverneur-général du fort William du Bengale.

L. Pour mieux empêcher, ou faire plus aisément punir la mauvaise conduite des serviteurs de la compagnie des Indes, employés à faire les affaires de ladite compagnie, en leur faisant découvrir l'état de leur fortune, à leur retour en Angleterre, il est expressément ordonné par cet acte, que toute personne qui se trouve aujourd'hui, ou sera à l'avenir au service de ladite compagnie, remettra dans l'espace de deux mois, après son retour en Angleterre, un compte assermenté pardevant le premier baron de l'échiquier, ou deux autres barons de la même cour, (qui sont autorisés à recevoir ces états); le duplicata d'un état fidèle de ses possessions, tant en contrats, terres, billets, argent, que bijoux, meubles précieux, dettes actives, &c. spécifiant les objets de leur fortune, qui n'ont pas été acquis ou achetés en conséquence de leur résidence, & des gains qu'ils ont fait dans l'Inde. Comme aussi, s'ils ont disposé d'une partie de leurs possessions, de déclarer en faveur de qui, comment, pour quel prix, ou en raison de quoi ils ont fait ces dispositions.

LI. Le premier baron, ou les autres barons de la cour de l'échiquier, à qui on aura remis l'inventaire assermenté des possessions, effets, &c. appartenant aux personnes qui, en conformité au règlement prescrit par ce bill, l'auront déposé entre les mains desdits barons, auront soin, aussi-tôt qu'ils l'auront reçu, de remettre le duplicata dudit état au greffier de ladite cour de l'Echiquier, pour y être coté, liassé & conservé, comme un titre public; l'autre duplicata sera remis à la cour des directeurs de la compagnie des Indes, pour y être déposé & gardé parmi les archives & papiers de ladite compagnie, pour l'inspection des membres & propriétaires; & en cas que, dans l'espace de trois ans après la remise de cet inventaire, il soit fait des plaintes par les commissaires préposés pour diriger les affaires de l'Inde, ou par la cour des directeurs de la compagnie, ou par dix membres ou propriétaires de ladite compagnie, dont les intérêts, réunis dans ses fonds, se trouvent au moins portés au montant de 10,000 liv. sterl.; & qu'il soit présenté une requête à la cour de l'échiquier, ou fait une motion par un avocat dans ladite cour, qui établisse que cet inventaire est faux, incertain, équivoque ou insuffisant, & qu'il ne donne pas un détail exact de la fortune de celui qui l'a remis; ces plaintes paroissant fondées à la cour de l'échiquier, soit par l'inspection de cet inventaire, ou l'affidavit de quelques personnes faites pour être crues, démontrant que ledit inventaire ne donne pas un détail exact des possessions appartenant à la personne qui les aura remises, selon l'intention de cet acte : dans ce cas, il sera légal pour ladite cour de l'échiquier d'ordonner que l'accusé se rende pardevant son greffier, pour y être examiné sous serment sur tous les chefs sur lesquels il plaira au greffier de l'interroger; & la cour aura, si elle le juge nécessaire, le droit de faire arrêter cette personne par le shérif, & de la faire emprisonner jusqu'à ce qu'elle ait répondu aux interrogatoires d'une manière satisfaisante.

LII. Il est ordonné en outre, que toute personne qui aura été requise de remettre l'état de sa fortune, & qui aura négligé de le faire dans le temps limité, ou qui se sera rendue coupable d'aucun faux volontaire, aura caché ou soustrait de son avoir, ou donné de faux comptes, au montant de 2000 liv. sterl., ses terres, maisons, héritages, argent, contrats, dettes actives, mobilier & effets précieux, de toute espèce & de toute nature, seront confisqués de droit; la moitié de ladite confiscation sera au profit du roi, ses héritiers & successeurs, & l'autre moitié au profit de la compagnie des Indes; lesdits effets, terres, &c. étant sujets aux déductions qui seront ci-après spécifiées en faveur de ceux qui ont découvert le faux. En outre desdites confiscations, le délinquant sera emprisonné pour le temps que la cour jugera à propos de l'ordonner.

LIII. Pourvu toutefois (& cela est expressément déclaré par les présentes) que ce qui est ordonné par la clause précédente, n'ait aucun effet fur les perfonnes qui arriveront en Angleterre avant le premier de janvier 1787.

LIV. Il eſt ſpécifié, que ſi, par raiſon de maladie, les perfonnes revenant de l'Inde, ne pouvoient pas, dans l'eſpace de deux mois après leur arrivée en Angleterre, fournir l'inventaire de leurs effets; en ce cas, la cour des barons de l'échiquier pourroit leur accorder, de temps à autre, un delai, & le renouveller auffi fouvent qu'elle le jugeroit néceffaire.

LV. Et comme il peut arriver que des perfonnes faifant le commerce, & réfidant dans l'Inde, foient obligées par maladie d'en partir avant d'avoir pu mettre ordre à leurs affaires, & conféquemment ne puiffent pas donner un état de leur fortune deux mois après leur arrivée, il eſt entendu par cet acte, que, fur la preuve qui en fera adminiftrée aux barons de l'échiquier, ils feront les maîtres d'accorder le temps qu'ils jugeront néceffaire pour fournir ledit inventaire, ſelon la nature des circonftances.

LVI. Il eſt en outre ordonné par cet acte, que toute perfonne qui, dans l'eſpace de trois ans après la remife de l'inventaire, dont il eſt queſtion dans les articles précédens, viendra volontairement pardevant les premiers barons de l'échiquier, ou aucun des autres barons de ladite cour, & prêtera ferment qu'une partie des effets de la perfonne qui a remis cet inventaire, a été fouftraite à la connoiffance de la cour, & a été découvert dans un examen fubféquent: dans le cas de conviction, il fera payé dix pour cent de la valeur defdits effets, (ſoit qu'ils ſoient en terres, maifons, contrats, bijoux, &c.) au dénonciateur, lefquels lui feront payés d'après l'eftimation des effets qu'il aura découverts & fait découvrir.

LVII. Il eſt en outre ordonné que les terres, maifons, héritages, effets, contrats, &c. que l'on recouvreroit, & qui, en vertu de cet acte, pourroient être confifqués, ſoit par négligence, refus ou infidélité à remplir les conditions ci-deffus prefcrites, feront vendus par ordre & par autorité de ladite cour de l'échiquier, & que les fommes qui en proviendront, feront employées, fous l'autorité de ladite cour, pour l'ufage des perfonnes qui y auront droit, ſelon l'efprit & l'intention de cet acte.

LVIII. Il eſt ordonné par cet acte, que toute perfonne qui auroit pu ci-devant être nommée à aucun emploi dans l'Inde, par le ſeul choix des directeurs de la compagnie, feroit inhabile à être nommée de nouveau à aucun emploi, de quelque nature qu'il ſoit, après s'être abfentée de l'Inde, & avoir réfidé en Europe pendant l'eſpace de cinq ans; à moins qu'elle ne prouvât, à la fatisfaction des directeurs & des commiffaires prépofés pour gouverner conjointement avec eux, que cette réfidence en Europe a été occaſionnée par le mauvais état de fa fanté: dérogeant à cet égard à tous ufages & loix à ce contraires.

» Pourvu toutefois que la clauſe qui précède, » ne s'étende pas fur les perfonnes qui auroient » été choifies par la cour des directeurs, avec le » confentement de l'affemblée générale des pro- » priétaires ».

LIX. Comme il feroit effentiel, pour mieux gouverner l'Inde, ainfi que le territoire, les revenus & le commerce de la compagnie, de trouver un moyen plus ſimple que ceux adoptés par la loi ordinaire, pour la punition des crimes, fautes, &c. &c. qui s'y commettent par les ſujets de fa majefté britannique employés au fervice de la compagnie, il eſt ordonné que fur la réquifitoire du procureur-général de la cour du *king's bench*, après une motion faite par quelque perfonne que ce ſoit, demandant un ordre d'inftruire le procès d'un délinquant, la cour autorifera ledit procureur-général, ou la cour des directeurs des Indes, au nom des propriétaires, d'informer contre lefdits délinquans pour toutes les offenſes commifes après le premier janvier 1785; &, en vertu de ladite information, la cour pourra ordonner, ſi elle le juge à propos, que l'accufé ſoit conftitué prifonnier dans les prifons de la Tour, de Newgate ou de la Marshalfea, pour y être détenu jufqu'à ce que ſon procès ſoit jugé, ou qu'il ait fourni fuffifante caution, qu'il comparoîtra & plaidera fur les chefs d'accufation exhibés: auffi-tôt que le défendant aura répondu pardevant la cour du *king's bench*, le lors grand-juſticier délivrera les minutes du procès au chancelier de la Grande-Bretagne, ou aux commiffaires prépofés à la garde des fceaux, qui en conféquence ordonneront qu'il ſoit nommé une commiffion de la manière qui ſera ci-après indiquée.

LX. Il eſt ordonné par les préfentes, que ſi les perfonnes contre lefquelles une information auroit été commencée, négligeoient à comparoître dans les délais qui leur auroient été accordés à cet effet; dans ce cas, il feroit reconnu légal que le procureur-général comparût au nom de la partie défaillante, & plaidât en ſon nom comme ſi elle étoit préfente, autorifant la cour à procéder dans ce cas par contumace.

LXI. Il eſt ordonné de plus, que dans l'eſpace de trente jours après la rentrée du parlement, tant dans la prochaine feffion que dans chaque feffion future, les lords ſpirituels & temporels procéderont à choifir, nommer & appointer vingt-ſix membres, ou, s'ils le jugent à propos, un plus grand nombre d'entr'eux, lequel choix ſe fera à la balotte, & la chambre des communes procédera de la même manière à choifir quarante membres, ou un plus grand nombre ſi elle le veut.

Les préfidens de chacune des deux chambres auront ſoin de tranfmettre la liſte des perfonnes qui auront été choifies, fcellée refpectivement de leurs fceaux, au greffier de la cour de la chancellerie, ou à fon député; & quand une commiſſion fera inſtituée en vertu de cet acte, leſdites liſtes feront remiſes aux trois juges déſignés par la cour du banc du roi des plaids-communs & de l'échiquier, pour les recevoir; & ſi leſdites liſtes renferment les noms de plus de 26 pairs, & de plus de 40 membres des communes, leſdits juges, trois jours après les avoir reçues, feront mettre les noms dans une boîte, & en feront tirer ceux de 26 pairs & de 40 membres des communes; après quoi ils feront favoir la déciſion du fort à ceux defdits pairs & membres des communes, dont les noms auront été tirés, ainſi qu'au procureur-général, ou à la partie pourſuivante, ainſi que le cas y échera; il fixera en outre le temps & le lieu, dans l'eſpace de vingt jours après la remiſe defdites liſtes, pour procéder ultérieurement à l'exécution de cet acte. Les noms defdits membres de chaque chambre du parlement feront tranſmis au préſident de chacune defdites chambres, dans l'eſpace de trois jours, ſi le parlement ſiège; ou, s'il ne ſiège pas, trois jours après celui de ſa réunion: toute perſonne choiſie ainſi pour commiſſaire, en vertu de cet acte, qui ne paroîtroit pas, après avoir reçu l'information qu'il eſt nommé pour l'inſtruction du procès, paieroit une amende de 500 livres ſterling, à moins que les membres défaillans ne puſſent donner des raiſons valides & ſuffiſantes pour s'excuſer reſpectivement envers leurs chambres.

LXII. Le plus ancien des trois juges préſens aux aſſemblées des commiſſaires, nommés de la manière qui précède, fera préſident de l'aſſemblée defdits commiſſaires, où tout le décidera à la pluralité des voix; &, dans le cas où elles ſe trouveroient égales parmi leſdits commiſſaires, le préſident aura la voix prépondérante.

LXIII. Il eſt ordonné que les membres des communes, qui doivent être nommés pour commiſſaires, feront choiſis de la manière ſuivante: dans l'eſpace de trente jours après la réunion du prochain parlement & de chaque ſeſſion future, il fera permis à la chambre, quel jour il lui plaira procéder à ce choix, d'ordonner que les portes ſoient fermées dès que le nombre de deux cents membres fera complet, que l'orateur aura pris ſa place, & qu'il fera cinq heures de l'après-midi; il fera alors préſenté différentes liſtes, qui feront priſes en conſidération par un comité, qui fera rapport à la chambre, du nombre qu'elle aura choiſi; & ſi, après ce rapport, le nombre deſdits membres ſe trouvoit au-deſſous de quarante, les autres membres préſens feroient requis de compléter ces liſtes, & de répéter cette opération juſqu'à ce que le nombre fût complet, & auſſi ſouvent que le cas deviendroit néceſſaire.

LXIV. Il eſt entendu que ſi quelqu'un des membres déſignés paroiſſoit au comité, pourvu d'aucune place qui le rendît dépendant de la couronne, ou qu'il eût été membre du bureau établi pour gouverner l'Inde, ou directeur de la compagnie, tous ceux qui ſe trouveroient dans ce cas, feroient effacés des liſtes, & ne pourroient être élus par le comité.

LXV. Il eſt ſtatué & ordonné, en vertu de l'acte paſſé, &c. que les noms de quels membres que ce ſoit des deux chambres qui formeront les liſtes, feront remis dans une boîte pour en être tirés au haſard, en préſence du juge, ainſi que des parties ou de leurs avocats agens: alors leſdites parties, contre leſquelles ſe fera l'information, auront la liberté de récuſer treize pairs & vingt membres des communes, ſur le nombre qui aura été reſpectivement choiſi par les deux chambres; le procureur-général de ſa majeſté ou la partie pourſuivante, ainſi que le cas y échera, auront également le droit de récuſer de leur côté autant de membres déſignés qu'ils le jugeront à propos, en expliquant aux juges les cauſes de ces récuſations; ce qui étant fait, les quatre premiers noms des pairs, & les ſix premiers noms des membres des communes, qui feront tirés ſans être récuſés, feront remis au chancelier qui aura ſoin de les inférer avec ceux des trois juges nommés dans la commiſſion ſpéciale, qui doit être expédiée en vertu de cet acte; & les perſonnes dont le nom ſera inféré dans ladite commiſſion, comparoîtront, dans l'eſpace de dix jours, pour prêter le ſerment ſuivant pardevant le chancelier ou le garde des ſceaux, ou les commiſſaires prépoſés à la garde d'iceux, en cas qu'il n'y ait pas de chancelier, &c. &c.

« Je ſouſſigné N. certifie avec ſerment que je
» jugerai & déterminerai, le mieux qu'il me ſera
» poſſible, l'objet qui eſt à diſcuter pardevant
» moi, & que je prononcerai d'après les témoi-
» gnages qui me feront fournis. Ainſi que Dieu
» me ſoit en aide ».

LXVI. Dans le cas où les récuſations réduiroient les noms choiſis à un nombre moindre que celui ci-deſſus ſpécifié, c'eſt-à-dire, de quatre pairs & de ſix membres des communes, leſdits trois juges en informeroient les deux chambres, qui procéderoient avec toute la célérité poſſible à un nouveau choix, pour être tranſmis au greffier de la cour ou à ſon député, & enſuite inféré dans une nouvelle commiſſion, de la manière qu'il a été dit ci-deſſus. Leſdits commiſſaires auront le droit, le pouvoir & l'autorité d'entendre, de déterminer & de prononcer le jugement ſur les objets de l'information portée pardevant eux, ſelon la loi commune du pays, tant contre l'extorſion, le péculat, que contre tout crime de cette nature, ou autre commis dans l'Inde par les accuſés; comme auſſi de déclarer la partie convaincue de l'avoir commis, incapable de ſervir la compagnie des Indes dans aucun emploi. Lequel jugement prononcé par leſdits commiſſaires, après une information de la manière ci-deſſus expliquée, sortira son plein & entier effet, sans qu'aucun appel en vertu d'un *certiorari*, puisse être accordé par aucune autre cour, pour retirer la connoissance déléguée aux commissaires pour en déterminer l'objet; & leur décision ne sera, à aucun égard, mise en question dans aucun procès subséquent, soit dans les tribunaux qui décident selon la loi du pays, ou ceux appellés *cours d'équité*.

LXVII. Il est ordonné en outre qu'il sera légal pour lesdits commissaires, ou pour sept d'entr'eux au moins, dont un des trois juges ci-dessus nommés en sera toujours un, d'entendre & de déterminer toute information, & de s'ajourner de temps à autre, ainsi qu'ils le jugeront à propos; & en cas que le nombre des commissaires choisis vînt à diminuer par la mort de quelques-uns d'entr'eux, ou par des infirmités qui les rendissent incapables de procéder avant que l'objet de la commission fût rempli, & que les trois juges vinssent à mourir, ou à manquer par des accidens quelconques; dans ce cas, ladite commission seroit dissoute de droit, & une nouvelle seroit instituée pour connoître de l'information portée pardevant la première; & toutes les procédures recommenceroient de nouveau, excepté celles qui pourroient avoir rapport aux témoignages fournis pardevant ladite commission, qui seroient reçus & admis en preuve comme par la nouvelle.

LXVIII. Les commissaires choisis & préposés à l'instruction des délits ci-dessus spécifiés, auront droit de choisir telle personne qu'ils jugeront à propos, pour leur servir de greffier dans tout ce qui aura rapport à ladite commission; & aussi tôt qu'elle aura terminé ses recherches & prononcé son jugement, l'information, les plaidoyers respectifs, les dépositions & les confrontations de témoins, le jugement qui s'en sera suivi; & toutes les procédures y relatives seront remis par ledit greffier à celui de la cour du banc du roi, pour y être gardés & conservés.

LXIX. Il est ordonné en vertu de cet acte, que les assignations nécessaires pour faire venir les témoins qui doivent déposer pour ou contre les personnes poursuivies par la commission, pourront être expédiées au bureau, appellé *de la couronne*, du ressort de la cour du banc du roi; & en cas qu'aucun des témoins à qui lesdites assignations auroient été signifiées, ne comparût pas en conséquence, ce défaut de comparoître seroit puni comme *misdemeanor*, & pourroit être suivi par *indictement*; & dans le cas où lesdits témoins comparans refuseroient de répondre, il seroit au pouvoir des commissaires de les punir par amende ou emprisonnement, ainsi qu'ils le jugeroient à propos.

LXX. Il est ordonné en outre, que les commissaires, en vertu de cet acte, pourront envoyer chercher toutes les personnes dont ils auront besoin, ainsi que tous les papiers, registres, minutes, &c., &c.; qu'ils pourront en outre examiner les témoins qu'ils jugeront à propos d'interroger, en leur faisant prêter serment, prenant par écrit les déclarations desdits témoins souscrites respectivement par chacun d'eux. S'il arrivoit qu'aucun des témoins, amenés pardevant des commissaires, prévariquât dans sa déposition, ou se conduisit d'une manière qui ne fût convenable, lesdits commissaires pourront l'envoyer dans les prisons de Newgate ou celles de la Fleet, pour y demeurer tant qu'il leur plaira; & si lesdits témoins étoient convaincus d'avoir fait un faux témoignage, ils seroient regardés comme parjures, & pourroient être poursuivis en conséquence.

LXXI. De plus, il est spécifié qu'en donnant caution aux commissaires, & se soumettant à hypothéquer ses terres, effets, dettes, contrats, &c. &c. lesdites terres & effets ainsi hypothéqués, seront bien & réellement saisis de droit, tant entre les mains de la personne contre laquelle sera dirigée l'information, qu'en celles de ses chargés de pouvoirs, employés, banquiers, agens, &c. qui ne pourront se défaisir d'aucun effet à lui appartenant, avant la définition du procès qui auroit été intenté à l'accusé.

LXXII. Il est ordonné que si les parties contre lesquelles on a fait l'information ci-dessus spécifiée, sont démontrées capables du crime dont elles sont accusées, elles pourront être condamnées à payer une amende envers sa majesté ou ses successeurs. Il sera permis au procureur-général ou à ladite compagnie, de rédiger un interrogatoire, & de le présenter à la cour de l'échiquier, pour l'examen des personnes condamnées à payer cette amende, afin d'établir, si elles ont des effets suffisans pour payer les amendes encourues; que si lesdites personnes refusoient de comparoître & de répondre auxdits interrogatoires, tout ce qui pourroit leur appartenir, tant en terres que meubles, effets précieux, &c. seroit confisqué au profit de sa majesté, ses héritiers ou ses successeurs: indépendamment de quoi, les coupables pourroient être envoyés à Newgate ou à la Tour de Londres, & garderoient prison aussi long-tems que ladite cour de l'échiquier le jugeroit à propos.

LXXIII. Comme les anciennes loix, relatives aux crimes commis dans l'Inde, ont été jusqu'ici sans efficacité, par la difficulté d'obtenir les preuves de délits, il est ordonné, par les présentes, que toutes les fois qu'une information aura été instruite de la manière dont on l'a établi par cet acte, il sera permis aux juges de la cour souveraine du Bengale, ou à ceux des différentes présidences, d'ouvrir leurs tribunaux, le plus promptement que faire se pourra, & d'examiner tous les témoins qui pourront leur aider à jetter du jour sur l'objet de l'information, en donnant publiquement connoissance de cette information, soit pour avertir les témoins ou les agens des parties intéressées, s'ajournant de tems à autre, ainsi qu'ils le jugeront nécessaire, & recueillant en public les témoignages qui se présenteront, en administrant la prestation du serment, selon les formes de la religion des témoins examinés, ainsi que ceux d'interprètes intelligens, en état de rendre les dépositions sans ambiguité : après quoi, lesdites preuves seront envoyées sous le sceau de deux des juges de la cour qui aura procédé à cet examen, aux officiers de celle du *king's bench* à Londres, qui, de leur côté, prêteront serment que l'information qui leur est adressée, s'est faite dans l'Inde, & de quelle manière ils en ont reçu les preuves, sans qu'il y ait rien eu de changé depuis la réception d'icelle : au moyen de quoi, lesdites dépositions seront regardées comme des témoignages suffisans, lues pardevant les commissaires, & reconnues valides, comme si l'examen s'étoit fait de vive voix devant eux, malgré toutes les loix à ce contraires : toutes les parties concernées pourront en avoir copie à leurs frais, & le lord président de la cour du *king's bench*, ou un des juges de ladite cour, aura soin de remettre lesdites informations au lord chancelier, ou au garde des sceaux, ou aux commissaires préposés à sa place, qui, en conséquence, procéderont à nommer la commission instituée par cet acte, ainsi que cela a été ci-dessus expliqué, & de la manière dont il a été ordonné qu'elle sera choisie.

LXXIV. Afin d'ajouter aux moyens par lesquels on peut obtenir justice, en s'assurant des faits qui se sont passés à une distance aussi considérable du pays, & en se procurant l'espèce de preuves que la nature des circonstances peut rendre praticables ; il est en outre ordonné que, dans toutes les procédures qui se feront en vertu des informations spécifiées ci-dessus, les dépositions faites par ordre de la commission, ainsi que tous écrits, minutes, lettres, &c. &c. &c. qui auront été envoyés dans l'Inde à la cour des directeurs, ou par un commissaire d'iceux aux officiers & serviteurs de la compagnie, résidant dans l'Inde, seront, pour tout ce qui aura rapport à l'information commencée, regardés comme preuves suffisantes par les commissaires, à moins qu'il ne résultât des objections de la nature même de ces preuves, qui alors pourroient être mises en question, & telles observations faites sur icelles que la nature des circonstances pût admettre, nonobstant toutes loix à ce contraires.

LXXV. La cour du banc du roi aura le droit, à la requête du procureur-général, ou du poursuivant, ou de la personne contre laquelle l'information est faite, d'ordonner un examen de l'état & de la situation des témoins résidans dans les royaumes de la Grande-Bretagne ou d'Irlande, & de les examiner sur des interrogatoires préparés à cet effet ; les réponses desdits témoins, ainsi que leurs dépositions, seront rendues publiques, si cela est nécessaire ; & leurs témoignages seront lus pardevant les commissaires, & seront regardés comme des preuves suffisantes en loi ; sauf les exceptions que l'on pourroit faire lorsqu'elles seroient lues, comme cela a été dit ci-dessus.

LXXVI. Il est ordonné, par l'autorité qui constitue celle de cet acte, qu'aucune poursuite ne sera commencée en conséquence d'icelui, quand l'espace de trois ans après le retour des parties poursuivies en Angleterre, ou celui de trois ans après la remise de l'inventaire requis par cet acte, sera écoulé.

LXXVII. Pour éviter les doutes qui pourroient s'élever, « si les places des commissaires du bu-
» reau pour gouverner l'Inde, & de secrétaire
» d'icelui, sont censées faire partie de celles désignées dans un acte passé dans la sixième année
» du règne de la reine Anne, intitulé : *acte pour*
» *la sécurité de la personne de sa majesté & de son*
» *gouvernement, & de la succession de la couronne de*
» *la Grande-Bretagne dans la ligne protestante*, ou
» si la nomination desdits commissaires ou secré-
» taires rend vacantes leurs places dans la cham-
» bre des communes, s'ils en sont membres ». Il est ordonné par les présentes, que lesdites places ne sont pas du nombre de celles comprises dans ledit acte de la reine Anne ; & que les membres du parlement, en les acceptant, ne sont point obligés de se faire élire de nouveau, malgré tout ce qui peut se trouver de contraire dans le susdit acte, ou dans tel autre acte que ce soit.

LXXVIII. Il est entendu qu'aucune des clauses de ce bill ne doit être regardée comme affectant les droits du public ou de la compagnie, relativement aux revenus, acquisitions & droits territoriaux dans les Indes.

LXXIX. Cet acte entrera en force dans le royaume de la Grande-Bretagne, & aura également force de loi dans les différentes présidences & établissemens de l'Inde, ainsi que les terres & domaines qui en dépendent, à compter du premier janvier 1785.

LXXX. Il est ordonné en outre, que cet acte sera regardé pour, & sera en effet un acte public.

Le ministre, qui avoit fait passer cet acte, proposa bientôt après, un bill correctif ou explicatif du précédent.

Ce bill correctif contient 7 articles principaux.

Le premier & le second sont relatifs aux règles que doit observer le conseil de l'Inde.

Le troisième a pour objet de déterminer si le gouverneur-général du Bengale doit être membre du conseil.

La quatrième clause du bill donne au gouverneur général un pouvoir supérieur à celui du conseil dont il peut contrôler, suspendre & révoquer toutes les déterminations, sans que les membres puissent, en aucune manière, s'opposer à l'exécution de ses volontés, n'ayant d'autre privilège que celui de protester contre les mesures adoptées par lui, & le droit de faire entrer leur protêt dans les registres du conseil.

Le cinquième chef porte sur la promotion des officiers, à tour de rôle, de sorte qu'il ne sera plus possible d'envoyer d'Angleterre des gens qui, à leur arrivée dans l'Inde, passent sur la tête d'officiers de mérite, qui ont servi avec honneur & fidélité.

La sixième clause altère considérablement les dispositions du premier bill, par lesquelles les officiers & employés de la compagnie, revenant de l'Inde, étoient obligés de déclarer le montant de leur fortune, & de spécifier les moyens par lesquels ils l'avoient annullée; on abolit à quelques égards le principe de la publicité de cet examen.

Septièmement & en dernier lieu, il change la balote pour procéder au choix des membres du parlement, qui doivent composer la cour suprême de l'Inde, tant de la chambre des pairs que de celle des communes.

Remarques sur l'acte qu'on vient de lire. 1°. Les six commissaires nommés par le roi, seront utiles; on ne peut en douter: ils dirigeront, ils surveilleront les directeurs, & ils porteront dans l'administration les vues politiques & le véritable esprit du gouvernement, qu'on ne pouvoit attendre de l'ancien régime.

2°. Ces six commissaires avanceront l'époque où la nation enlevera les possessions territoriales à la compagnie, & ils prépareront les esprits à cette révolution qui exciteroit des murmures, si elle avoit lieu tout de suite.

3°. L'article 29, qui annonce la modération de l'Angleterre avec une franchise si suspecte, paroît défendre au gouverneur général & au conseil de Calcutta de commencer la guerre avec aucune puissance de l'Inde, sans en avoir reçu l'ordre exprès de l'Europe; mais la fin de cet article rend cette défense bien illusoire, & le commencement paroît n'avoir été imaginé que pour séduire les autres nations de l'Europe, & tromper les peuples de l'Inde.

4°. L'acte emploie la même supercherie dans l'article 37. Pour exciter l'émulation parmi les employés de la compagnie, il paroît ordonner que les promotions se feront selon le rang d'ancienneté; mais cette disposition générale devient illusoire par les exceptions qu'on y met.

5°. Il est impossible de faire exécuter l'art. 40, qui défend de recevoir des présens.

6°. L'article 50, qui ordonne aux employés de la compagnie de déclarer par serment ce qu'ils rapportent de l'Inde, ne fera que des parjures.

7°. On ne peut refuser des éloges à l'acte qu'on vient de lire; mais on doit le regarder plutôt comme un de ces réglemens usités dans les diverses administrations, qui, dans les réformes, se bornent à des détails, au lieu de réformer l'ensemble & le fond. Sans doute, l'Inde sera mieux gouvernée par le nouveau conseil que par les directeurs; mais l'acte n'a pas détruit les vices essentiels & inhérens au gouvernement de la compagnie, ainsi que nous allons le prouver.

Le système du gouvernement de la compagnie hollandoise est barbare & destructif: on sait que, pour s'approprier le commerce exclusif des épiceries, elle fait arracher les plants de celles des Moluques où elle n'a point d'établissemens; qu'elle se permet des cruautés & des violences pour arrêter la population de ces isles.

La compagnie angloise n'a pas encore eu le temps d'établir dans le Bengale un système aussi parfaitement destructif. Mais le plan de son gouvernement, malgré ce dernier acte, aura encore la même tendance. Le chef ou le premier commis d'une factorerie a souvent ordonné à un paysan de labourer un riche champ de pavots, & d'y semer du riz ou quelqu'autre grain. Le prétexte étoit de prévenir une disette; mais la véritable raison étoit pour vendre plus cher une grande quantité d'opium qui lui restoit. Dans d'autres occasions, quand le maître facteur comptoit sur un profit extraordinaire par le débit de l'opium; il faisoit labourer un champ de riz ou d'autre grain, pour y mettre des pavots. Les serviteurs de la compagnie ont tenté plus d'une fois d'établir en leur faveur le monopole de quelques branches très-importantes, non-seulement du commerce étranger, mais du commerce intérieur du pays. Si on les eût laissé faire, il étoit impossible que dans un temps ou dans un autre, ils n'eussent entrepris de réduire la production dont ils auroient fait le monopole; je ne dis pas à la quantité qu'ils pouvoient en acheter, mais à celle qu'ils comptoient pouvoir vendre avec le profit qu'ils espéroient; & par ce moyen, dans le cours d'un siècle ou deux, la compagnie angloise seroit devenue aussi complettement destructive que la compagnie hollandoise.

Ce plan destructif est pourtant ce qu'il y a de plus contraire à l'intérêt de ces compagnies, envisagées comme souveraines des pays qu'elles ont conquis. Presque par-tout le revenu du souverain vient de celui du peuple; & plus le peuple a de revenu, plus le produit des terres & du travail est grand, plus il peut payer au souverain. Mais si tel est l'intérêt de chaque souverain, c'est particulièrement celui du souverain dont tout le revenu résulte presque entièrement de la rente des terres. Cette rente est toujours en proportion de la quantité & de la valeur du produit, & l'un & l'autre dépend de l'étendue du marché. La quantité répondra plus ou moins exactement à la consommation de ceux qui ont de quoi l'acheter, & le prix qu'ils en donneront sera toujours en proportion du nombre & de l'ardeur des concurrens qui veulent en avoir. En ce cas, il est donc de l'intérêt du souverain d'ouvrir au produit de son pays le marché le plus étendu, d'accorder la plus parfaite liberté au commerce, pour augmenter, autant qu'il est possible, le nombre & la concurrence des acheteurs, & par conséquent d'abolir tout monopole, & d'ôter toutes les entraves qui gênent le transport du produit domestique, d'une partie du pays à l'autre & son exportation dans les pays étrangers, ou l'importation des marchandises de toute espèce contre lesquelles il peut être échangé. C'est ainsi qu'il doit naturellement augmenter la quantité & la valeur de ce produit, & conséquemment la part qui lui en revient, ou son propre revenu.

Mais il paroît que des marchands ne sont pas capables de se regarder & d'agir comme souverains, lors même qu'ils le sont devenus. Ils regardent encore alors comme leur plus grande affaire le commerce ou le soin d'acheter pour revendre; &, par une étrange absurdité, ils considèrent le personnage ou le caractère de souverain comme un simple accessoire à celui de marchand, comme quelque chose qui doit lui être subordonné, & qui doit servir à leur faire acheter dans l'Inde à meilleur marché, & à vendre en Europe avec plus de profit. Ils tâchent, pour cet effet, d'écarter autant qu'ils peuvent tous les compétiteurs du marché des pays soumis à leur gouvernement, & de réduire ainsi au moins quelque partie du surabondant de ces mêmes pays à ce qu'il faut précisément pour fournir ce qu'ils en demandent, ou ce qu'ils espèrent en vendre en Europe avec le profit qu'ils jugent raisonnable. Leurs habitudes mercantiles les mènent ainsi presque nécessairement, quoique peut-être insensiblement, à préférer dans toutes les occasions ordinaires le petit gain passager de monopoleur au grand & stable revenu de souverain, & les conduiroient par degrés à traiter les pays sujets à leur domination comme les Hollandois traitent les Moluques.

Mais si le génie de cette espèce de gouvernement est vicieux en ce qui concerne sa direction, même en Europe, celui de son administration dans l'Inde l'est encore davantage. Cette administration est nécessairement composée d'un conseil de négocians, profession sans doute extrêmement respectable, mais qui ne porte avec elle dans aucun endroit du monde cette sorte d'autorité qui en impose naturellement au peuple, & qui sait se faire obéir sans faire aucune violence. Un conseil ainsi composé ne peut commander la soumission que par la force qui l'accompagne, & son gouvernement est dès-lors militaire & despotique. Leur affaire propre est néanmoins d'agir en marchands, de vendre pour le compte de leurs maîtres les marchandises d'Europe qui leur sont confiées, & d'acheter en retour des marchandises de l'Inde pour être vendues en Europe; de vendre les unes le plus cher, & d'acheter les autres le meilleur marché possible, & d'exclure, autant qu'ils le peuvent, tous les rivaux du marché particulier où ils tiennent leur boutique. Le génie de l'administration, en ce qui concerne le commerce de la compagnie, est donc le même que celui de la direction. Il tend à faire servir le gouvernement à l'intérêt du monopole, & à réduire au moins certaines parties du surabondant du pays à ce qu'il faut pour satisfaire à la demande de la compagnie.

D'ailleurs tous les membres de l'administration commercent plus ou moins pour leur propre compte, & on leur défend en vain de le faire. Il n'est pas raisonnable d'espérer que les commis d'un grand comptoir à trois ou quatre mille lieues de distance, & presque hors de la vue de leurs commettans, aillent renoncer, sur un simple ordre de leurs maîtres, à toute affaire pour leur propre compte, & à toute espérance d'une fortune dont les moyens sont entre leurs mains, ni qu'ils se contentent des appointemens modérés qu'on leur donne, &, qui, tout modérés qu'ils sont, ne peuvent guère augmenter, parce qu'ils sont aussi forts que le permettent les profits réels de la compagnie. Leur interdire cette liberté, c'est porter une loi qui ne peut guère avoir d'autre effet que celui de fournir aux employés supérieurs un prétexte pour opprimer ceux de leurs inférieurs qui ont le malheur de leur déplaire. Ceux qui servent la compagnie tâchent naturellement d'établir en faveur de leur commerce particulier le même monopole qui existe pour le commerce de leurs commettans. Si on les laissoit faire à leur gré, ils l'établiroient ouvertement & directement, en défendant à tout le monde de faire le commerce des articles qu'ils ont choisis pour le leur; & cette méthode franche seroit peut-être la meilleure & la moins oppressive. Mais s'ils reçoivent des ordres contraires de l'Europe, ils chercheront à l'établir secrettement & indirectement, c'est-à-dire, de la manière la plus ruineuse pour le pays. Ils employeront l'autorité du gouvernement, & pervertiront l'administration de la justice, pour tourmenter & ruiner ceux qu'ils trouveront sur leur chemin dans quelque branche de commerce qu'ils se seront appropriée, & qu'ils feront par des agens cachés, ou du moins qui ne seront pas avoués. Or, le commerce particulier des commis s'étendra à une plus grande variété d'articles que le commerce public de la compagnie. Celui-ci n'embrasse que le commerce avec l'Europe, & une partie du commerce étranger du pays; mais celui des commis s'étend à toutes les branches du commerce intérieur & extérieur. Le monopole de la compagnie peut tendre uniquement à empêcher la production de cette partie du furabondant qu'on exporteroit en Europe, si le commerce étoit libre; celui de ses agens, tend à mettre des bornes à la production naturelle de tous les objets dont ils trafiquent, de ce qui est destiné pour la consommation intérieure, aussi bien que de ce qui est destiné pour l'exportation ; à dégrader la culture de tout le pays, & à le dépeupler : il tend à réduire la quantité de toutes sortes de produit, même celle des choses nécessaires à la vie; s'il plait aux commis d'en faire commerce ; il tend à la réduire à ce qu'ils peuvent en acheter, & à ce qu'ils comptent en vendre avec les bénéfices qu'ils veulent en tirer.

Par la nature de leur situation, les commis doivent être aussi plus disposés à soutenir, avec une sévérité rigoureuse, leur propre intérêt contre celui du pays qu'ils gouvernent, que leurs maîtres ne peuvent l'être à soutenir les leurs. Le pays appartient à leurs maîtres, & des maîtres ne peuvent guère s'empêcher d'avoir quelqu'égard à l'intérêt de ce qui leur appartient. Mais il n'appartient pas aux commis. L'intérêt réel de leurs maîtres, s'ils étoient capables de l'entendre, est le même que celui du pays, & c'est seulement par ignorance & par la bassesse des préjugés mercantiles qu'ils viennent à l'opprimer. Mais l'intérêt réel des commis n'est point du tout le même que celui du pays, & quand ils seroient parfaitement instruits, ils n'en seroient pas moins oppresseurs. Aussi les réglemens d'Europe, quoique souvent foibles, ont été en général dictés par de bonnes intentions. Il a paru quelquefois plus d'intelligence, & peut-être moins de bonne volonté, dans ceux qu'ont établi les commis. C'est un gouvernement bien singulier que celui où il tarde à chaque membre de l'administration de quitter le pays, & de n'avoir plus rien à faire avec le gouvernement, & où chaque membre, du moment qu'il en est dehors avec toute sa fortune, devient aussi indifférent à tout ce qui s'y passe, que si le pays avoit été englouti par un tremblement de terre.

Nous blâmons ici le système du gouvernement, la situation des employés, & non leur caractère. Ils ont agi selon la direction naturelle de leur position, & ceux qui ont crié le plus haut n'auroient peut-être pas mieux fait qu'eux. Dans la guerre & les négociations, les conseils de *Madras* & de Calcuta se sont conduits en plusieurs occasions avec une fermeté & une sagesse qui auroient fait honneur au sénat de Rome dans les plus beaux temps de la république. Cependant les membres de ces conseils ont été élevés dans des professions bien différentes de celles de la guerre & de la politique. Leur position seule, sans éducation, sans expérience, ou même sans exemple, semble avoir formé tout-à-coup en eux les grandes qualités qu'elle exigeoit, & leur avoir inspiré les talens & les vertus, dont le germe leur étoit caché à eux-mêmes. Si donc elle les a élevés, dans certaines occasions, à des actions de magnanimité qu'on ne pouvoit guère en attendre, il ne faut pas s'étonner que, dans d'autres, elle les ait poussés à des exploits d'une nature un peu différente.

Ces sortes de compagnies sont préjudiciables à tous égards. Elles nuisent plus ou moins aux pays où elles sont établies, & sont destructives pour ceux qui ont le malheur de tomber sous leur gouvernement.

La nation angloise s'appropriera tôt ou tard les possessions territoriales de la compagnie : il est sûr qu'alors les peuples de l'Inde seront mieux gouvernés, & que la Grande-Bretagne tirera plus de fruit de ses domaines asiatiques.

Si on examine, en effet, l'état actuel de la compagnie angloise, on sera étonné du peu de bénéfices de ses immenses domaines.

Les calculs sur la population de ces domaines varient, & nous n'avons pu nous former encore un résultat fixe. On l'évalue à 15 & 20 millions ; & dans des pamphlets ou des discours prononcés au parlement, on l'a porté quelquefois à trente millions : cette dernière quantité est sans doute exagérée, lors même qu'on y comprendroit la population de la nababie d'Arcate, du pays de Tanjaour, de la nababie d'Oude, & de toutes les contrées de l'Inde où les anglois dominent par leurs troupes ou par leur influence. Son gouvernement est vexatoire & tyrannique : il a jusqu'ici imposé des tributs trop considérables, sans se souvenir qu'avec ce système on augmente le produit de l'année actuelle pour diminuer celui de l'année suivante : mais les guerres sont utiles aux employés & à l'administration qui se trouve dans l'Inde : il est de leur intérêt d'exciter des troubles, des révoltes, des révolutions & des détrônemens ; & ces opérations funestes & odieuses à tant d'autres égards, sont funestes au trésor de la compagnie.

La compagnie des Indes fit remettre en 1786 l'état suivant sur le bureau de la chambre des communes.

L'état de la dette de la compagnie des Indes orientales, pour laquelle cette compagnie a pris des engagemens aux présidences respectives du fort William, du fort Saint-George & de Bombay. Le voici :

Au fort William, le 30 juin 1785.

Principal de la dette en roupies courantes	16,150,025	
Intérêt d'icelui jusqu'à ce jour	976,168	
Roupies courantes valant 2 s. 3 d.	17,126,293	1,926,707

Au

De l'autre part....

Au fort Saint-George, le
30 décembre 1784.

Principal en pagodes...	1,377,960	
Intérêt............	76,742	
La pagode valant environ 8 shellings..........	1,454,702	font 581,882

A Bombay, le premier
novembre 1784.

Principal & intérêts en roupies valant 2 f. 6 d.	21,211,158	2,651,395
TOTAL............		5,159,991

Nous ne dirons pas avec le parti de l'opposition que les revenus de la compagnie, loin d'excéder sa dépense, étoient insuffisans; & qu'au lieu d'avoir, ainsi qu'elle l'avoit fait espérer, un surplus d'un million sterling pour payer sa dette, alors de 9,000,000 liv. sterling, il se trouvoit dans sa balance un déficit de plus d'un million. M. Hastings assure que le revenu des possessions territoriales de la compagnie est d'environ six millions sterling.

M. Smith, l'un des directeurs de cette compagnie, donna des détails très-circonstanciés sur la situation des affaires de la compagnie. Il dit que le produit de ses ventes s'étoit élevé en 1784 à 3,300,000 liv. sterling, & qu'il avoit tout lieu de présumer que le produit moyen de plusieurs ventes consécutives ne tomberoit jamais au-dessous de cette proportion; que la compagnie, loin de se trouver dans une situation désastreuse en Angleterre, seroit non-seulement en état d'acquitter, sans délai, les arrérages dus à la douane depuis le mois de septembre, & qui se montoient à 600,000 liv., mais aussi d'acquitter les arrérages précédens, évalués à 500,000 liv.

Il dit que la présidence de Bombay avoit besoin alors d'un secours annuel de 140,000 liv.; car il s'en falloit de cette somme que ses revenus fussent proportionnés à ses dépenses; que si de plus on faisoit entrer en ligne de compte l'intérêt de ses dettes & les arrérages dûs à l'armée du sud, le déficit de ses revenus se monteroit en tout à 380,000 liv. Les revenus du fort Saint-George, y comprise la somme payée annuellement par le nabab d'Arcate, s'élevoient à un million. Cette somme suffisoit à cet établissement, non-seulement pour faire face à ses dépenses, mais aussi pour payer l'intérêt d'une dette de 400,000 liv. Cette présidence n'avoit donc besoin d'aucun secours. Il peignit ensuite la situation de la province de Bengale, d'après les documens les plus authentiques.

Ses revenus s'élevoient à...	5,450,000 liv.
Ses dépenses annuelles à...	4,300,000
Surplus............	1,150,000

Mais il ajouta qu'il falloit soustraire de cette dernière somme l'intérêt de la dette fondée du Bengale & le montant des secours pécuniaires que cet établissement fournissoit tous les ans à celui de Bombay. Ces deux objets réduisoient le surplus à environ 530,000 livres, lesquelles étoient employées à l'achat des cargaisons de retour. Il fit mention des diverses économies projettées à l'égard du Bengale. La cour des directeurs avoit envoyé des ordres positifs, par l'effet desquels les dépenses de l'administration civile seroient diminuées de 27 lacques, & celles des autres départemens de 25 lacques de roupies. Ces dépenses de l'établissement militaire devoient également subir une réduction évaluée à 90,000 liv. Tous ces objets ajoutés au surplus énoncé ci-dessus, formoient un total de 1,300,000 liv.

Ainsi, selon les hommes les plus portés à exagérer la valeur des domaines de la compagnie, l'établissement de Bombay coûtoit quelque chose en 1785; celui de *Madrass* ne rapportoit rien, & les revenus de celui du Bengale étoient assez modiques.

M. Dundas a donné à la chambre des communes, au mois de mai 1787, un état des dettes & des revenus de la compagnie des Indes dans le Bengale, qui annonce une situation favorable; mais quoique ce ministre ait voté, ainsi que M. Pitt, pour l'accusation de M. Hastings; on est persuadé qu'ils le trouvent peu coupable, & que ne craignant pas de le voir condamné, ils ont voulu effrayer par un grand exemple, & suivre ici l'opposition : d'après ce stratagème, il paroît qu'après s'être déclarés en apparence contre l'ancien gouverneur du Bengale, ils ont voulu le servir d'une manière décisive; & en offrant au public la prospérité de la compagnie au Bengale, montrer les importans services de M. Hastings, & faire tomber son procès à la chambre des pairs. Il y a lieu de croire qu'on n'a communiqué des dépêches du lord Cornwalis; que la partie favorable à ce plan, & qu'on ne dit rien des dettes & des revenus des établissemens de Bombay & de *Madrass*, soumis au gouvernement de M. Hastings, & dont la position n'est pas aussi heureuse : quoi qu'il en soit, M. Dundas a dit au parlement, au mois de mai 1787 :

« Les dettes de la compagnie des Indes dans
» le Bengale, montent en tout à 9 millions sterl.
» sur lesquels il se trouve un million de déduc-

» tions effectuées ou très-prochaines. Total de la dette effective dans l'Inde, 8 millions sterl. »

« En prenant, ajouta M. Dundas, le terme moyen des comptes des années 1781, 82 & 83, les revenus annuels du Bengale sont de 5 millions sterlings. Mais les années 1784, 85 & 86, dont nous n'avons pas encore les états, ont été un peu plus foibles, au rapport du lord Cornwallis; ainsi je ne porte ce revenu annuel du Bengale qu'à 4 millions sterl. »

M. Dundas détailla ensuite les dépenses générales & particulières du Bengale, de l'armée, de la marine, des frais de perception, de l'établissement civil, &c. &c. d'où il résulte que la recette excédoit la dépense de 185 lacks de roupies, ou d'un million huit cents cinquante mille livres sterlings (1). Bombay & *Madrass* exigent une remise annuelle qu'on peut évaluer à 35 lacks; ce qui réduit le revenu libre à 150 lack, soit.................... 1,500,000 l. st.

M. Dundas évaluant ensuite la dette de la compagnie en Angleterre, la porte à 8 millions sterl., y compris son fonds capital. Il estime les produits de ses ventes de 1787, 1788 & 1789, sur lesquels, en déduisant 2,102,100 liv. sterl. pour le fret, droits de douane, &c. il doit rester pour ces trois ans le montant de 5,451,900 liv. sterl.

Et résumant ces différents tableaux, il estime les bénéfices annuels & nets de la compagnie aux sommes suivantes:
Commerce des Indes........ 1,712,000 l. st.
Dit de la Chine............ 1,800,000
Surplus dans le revenu du Bengale, 150 lacks, soit...... 1,500,000

Total............... 5,012,000

« Ce commerce, quoiqu'avantageux, ajoutoit M. Dundas, peut le devenir bien davantage. Le surplus de 150 lacks de roupies que l'on aura dans le Bengale, procurera un commerce immense sur les lieux. La compagnie ne sera plus obligée de faire sortir de l'Angleterre, tous les ans, la somme de 300,000 liv. sterl. pour ce commerce. Cet avantage est inappréciable, & personne n'avoit auparavant le droit de s'y attendre. »

Il dit de plus « que la compagnie pouvoit s'ouvrir une nouvelle source de revenu, en améliorant le commerce de la côte, c'est-à-dire, en exportant des marchandises de l'Angleterre dans les parties occidentales de l'Inde. Le lord Cornwallis paroissoit douter que cette branche de commerce pût devenir d'une importance assez grande pour la nation, pour mériter d'être entamée. Quant à lui, il étoit d'autant plus convaincu des avantages qu'elle procureroit, que M. Scott, négociant respectable, qui avoit amassé une très-grande fortune, en commerçant sur la côte occidentale de l'Inde, lui avoit assuré que la première année on pouvoit faire un profit de 300 mille livres sterlings; la seconde de 500,000, & la troisième de 700,000; & pour prouver que ce projet n'étoit point chimérique, il avoit voulu s'engager à payer la somme de 500,000 liv. sterl. à la compagnie, si elle vouloit lui accorder le monopole de ce commerce. La compagnie avoit refusé d'accéder à cette offre, & en cela elle avoit agi sagement. Il étoit possible qu'elle réalisât par là 700,000 l. st. de plus annuellement, sans compter les profits qu'elle pourroit faire sur les cotons, &c. qu'elle importeroit. La côte occidentale de l'Inde deviendroit alors une mine précieuse pour la compagnie: M. Dundas laissa même entrevoir qu'on avoit signé des instructions pour mettre une partie de ce projet en exécution.

M. Dundas exposa diverses réductions sur les dépenses qui avoient été arrêtées, & il conclut que le revenu net du Bengale s'éleveroit à deux crores, ou deux millions sterlings. On pense bien que l'opposition contesta ces calculs; mais elle est si inexacte & si peu véridique; entraînée par l'esprit de parti, elle dit hardiment un si grand nombre de faussetés & de sottises, que, sans croire tout-à-fait à l'exposé de M. Dundas, nous ne pouvons la prendre pour garant.

Au reste, tout ce qui regarde les revenus territoriaux du Bengale, est encore bien incertain. Les revenus de la compagnie des Indes sont dit-on, de 5 à 6 millions sterlings, & cette évaluation mérite quelques remarques: on a assuré en Angleterre que le revenu territorial du Bengale n'a pas encore rendu un million: ce million, dit un écrivain, se triple par le commerce, il est vrai; & comme c'est le Bengale qui est la source des avantages que retire la compagnie de ses échanges, on le regarde avec raison comme la source des richesses de la compagnie: le riz & les salines du Bengale fournissent un revenu qui augmente tous les jours: la côte de Coromandel est nourrie par les vaisseaux que ce gouvernement expédie; l'isle de Sumatra est dans le même cas, & prend en échange, de ses poivres, cafés, &c. non-seulement du riz, mais des toiles bleues que la compagnie tire du Coromandel pour les riz qu'elle y envoie. La plus grande

---

(1) Nous suivons ici l'estimation de M. Dundas, qui évalue le lack de roupies à 10,000 liv. sterl. Il vaut souvent davantage, suivant le change de la roupie. Cent lacks font un crore, ou un million sterling.

partie du poivre de Sumatra va & reste à la Chine, & sert à payer presque tous les thés, porcélaines & soies crues que rapportent les vaisseaux anglois. Il est probable, de cette manière, qu'y compris les pillages particuliers, les revenus du Bengale & les profits qu'ils occasionnent aux commerçans, approchent de cinq millions sterlings; mais c'est le produit du commerce, & non celui des possessions territoriales: nous rapportons ces critiques sans les adopter.

Section IIIe.

Détails sur l'établissement de Madrass.

L'établissement de *Madrass* comprend plusieurs établissemens formés par les anglois sur la côte de Coromandel: il comprend aussi les pays, tels que le Tanjaour & la partie de la nababie d'Arcate, où, sans avoir d'établissemens proprement dits, ils ont des troupes & de l'influence.

Les détails dans lesquels nous allons entrer, ne peuvent être d'une exactitude rigoureuse. Les révolutions continuelles de ces gouvernemens de l'Inde se succèdent d'un jour à l'autre: les sommes qu'y dépensent ou qu'en tirent les anglois, varient également, d'après des conventions ou des traités dont la mobilité est perpétuelle.

Dans un ouvrage de la nature de celui-ci, on ne peut demander que des principes fixes & invariables; quant aux faits, & sur-tout aux états de finances, toujours si suspects, nous croyons devoir les présenter tels que nous les recueillons; c'est aux administrateurs & aux politiques à calculer l'erreur plus ou moins grande qui s'y trouve: il est bon même de les rapporter différemment, selon les diverses époques, & selon les informations plus ou moins sûres de ceux qui les publient.

Si on examine les établissemens des anglois sur la côte de Coromandel, Divicoté se présente le premier. Ce fut le colonel Lawrence qui s'en empara en 1749. Des confédérations politiques déterminèrent le rajah de Tanjaour à céder ce qu'on lui avoit pris, & à y ajouter un territoire de trois milles de circonférence. La place passa en 1758 sous la domination françoise; mais pour rentrer bientôt après, sans fortifications, sous le joug des premiers conquérans. Ils se flattoient d'en faire un poste important. C'étoit une opinion assez généralement reçue que le Colram, qui baigne ses murs, pouvoit être mis en état de recevoir de grands vaisseaux. La côte de Coromandel n'auroit plus été sans port; & la puissance en possession de la seule rade qui s'y seroit trouvée, auroit eu un puissant moyen de guerre & de commerce dont auroient été privées les nations rivales. Il faut que des obstacles imprévus aient rendu le projet impraticable, puisque le poste fut abandonné & remis, ces années dernières, à un fermier pour une redevance de 45 à 50,000 liv. *Voyez* aussi l'article Tanjaour.

Les anglois achetèrent en 1686 Goudelour, avec un territoire de huit milles le long de la côte, & de quatre milles dans l'intérieur des terres. Cette acquisition, qu'ils avoient obtenue d'un prince indien pour la somme de 741,500 liv., leur fut assurée par les mogols, qui s'emparèrent du Carnate peu de temps après. Faisant bientôt réflexion que la place qu'ils avoient trouvée toute établie, étoit à plus d'un mille de la mer, & qu'on pouvoit lui couper les secours qui lui seroient destinés, ils bâtirent à une portée de canon la forteresse de Saint-David, à l'entrée d'une rivière & sur le bord de l'Océan indien. Il s'éleva dans la suite trois aldées, qui avec la ville & la forteresse forment une population de soixante mille ames. Nous ignorons si le nombre des aldées a augmenté depuis. Leur occupation est de teindre en bleu, ou de peindre les toiles qui viennent de l'intérieur des terres, & de fabriquer pour quinze cents mille francs des plus beaux basins de l'univers. Le ravage que les françois portèrent en 1758 dans cet établissement, & la destruction de ses fortifications, ne lui firent qu'un mal-passager. Son activité paroît même augmentée, quoiqu'on n'ait pas rebâti Saint-David, & qu'on se soit contenté de mettre Goudelour en état de faire une médiocre résistance. Un revenu de 144,000 liv. couvre, il n'y a pas long-temps, tous les frais que pouvoit occasionner cette colonie. Mazulipatam présente des utilités d'un autre genre.

Cette ville, située à l'embouchure du Kisna, sert de port aux provinces qui formoient autrefois le royaume de Golconde; & à d'autres contrées avec qui elle entretient un commerce facile par de très-beaux chemins & par la rivière. C'étoit anciennement le marché le plus actif, le plus peuplé, le plus riche de l'Indostan. Les grands établissemens que formèrent successivement les européens sur la côte de Coromandel, lui firent beaucoup perdre de son importance. Il parut possible aux françois de lui redonner quelque chose de son premier éclat, & ils s'en rendirent les maîtres en 1750. Neuf ans après, elle passa de leurs mains dans celles de l'Angleterre, qui en est encore en possession.

Ces derniers souverains n'ont pas réussi & ne réussiront jamais à rendre Mazulipatam ce qu'il étoit très-anciennement; mais leurs efforts n'ont pas été tout-à-fait perdus. Comme les plantes qui servent à la teinture des toiles, sont plus abondantes & de meilleure qualité sur son territoire que par-tout ailleurs, on est parvenu à ressusciter quelques manufactures & à en étendre d'autres. Cependant cette acquisition sera toujours moins utile aux anglois par les marchandises qu'ils y acheteront, que par celles qu'ils y pourront vendre. De temps immémorial, les peuples de l'intérieur venoient en caravanes se pourvoir de sel sur cette côte. Ils y accourent aujourd'hui de plus loin & en plus grand nombre que jamais, & emportent avec cette denrée d'absolue nécessité, beaucoup de lainages, beaucoup d'autres ouvrages de l'industrie européenne. Ce mouvement qui a procuré aux douanes une augmentation considérable, croîtra nécessairement, à moins qu'il ne soit arrêté par quelqu'une de ces révolutions qui changent si souvent & si cruellement la face de cette riche partie du globe.

Durant les négociations du traité de paix de 1783, on demandoit à l'Angleterre de céder Negapatnam à la Hollande : elle n'a pas voulu y consentir. Cette place, par sa position avantageuse, coupe toute communication entre les hollandois & les indiens, & met les employés de la compagnie à portée d'épier toutes les négociations & les mesures qui pourroient être contraires aux intérêts de la Grande-Bretagne. Negapatnam fait d'ailleurs un commerce intérieur très-riche sur les deux rivières qui baignent ses murs, & cette place commande le pays de Tanjaour, ainsi que les possessions du nabab d'Arcate, qui doivent être surveillées de près, tant que l'Angleterre voudra avoir des possessions territoriales dans l'Inde.

La Grande-Bretagne possède de plus sur la côte de Coromandel les provinces de Condavir, de Moutafanagar, d'Elour, de Ragimendri & de Chicakol, qui s'étendent six cents milles sur la mer, & qui s'enfoncent depuis trente jusqu'à quatre-vingt dix milles dans les terres. Les françois qui se les étoient fait céder durant leur courte prospérité, les perdirent à l'époque de leurs imprudences & de leurs malheurs. Elles redevinrent, mais pour peu de temps, une portion de la soubabie du Décan, dont on les avoit comme arrachées. En 1766, il fallut les céder aux anglois, dont l'insatiable ambition étoit soutenue par des intrigues adroitement conduites & par des forces redoutables. On respecta les colonies que les nations rivales avoient formées dans ce grand espace : mais Wizagapatam & les autres comptoirs du peuple dominateur reçurent une activité nouvelle, & on en augmenta le nombre. Le pays sortit un peu de l'état d'anarchie où une foule de petits tyrans le tenoient plongé. Il donnoit, il n'y a pas long-temps, 9,000,000 de livres de revenu, dont on ne rendoit que deux millions 25,000 liv. au prince indien qui en a été dépouillé. Ses exportations avoient pris beaucoup d'accroissemens.

La masse du travail y augmente à mesure que les zémindars, qui n'étoient originairement que des fermiers, sont dépouillés de l'autorité absolue qu'ils avoient usurpée durant les troubles de leur patrie ; à mesure qu'on les réduit à l'impossibilité de se faire mutuellement la guerre ; à mesure que les districts soumis à leur jurisdiction souffrent moins de leurs vexations. Les prospérités seroient plus rapides & plus éclatantes, si le gouvernement anglois vouloit préserver des inondations du Krisna & du Guadaveri un territoire immense qu'ils couvrent six mois de l'année, si ces eaux étoient sagement distribuées pour l'arrosement des campagnes, si ces deux fleuves étoient joints par un canal de navigation. Les anciens indiens eurent l'idée de ces travaux. Peut-être même furent-ils commencés. Les gens éclairés les jugent au moins peu dispendieux & très-praticables.

Mais combien seroit vain l'espoir de cette amélioration ! On ne craindra pas d'être accusé d'injustice en soupçonnant que la compagnie s'occupe bien davantage de l'acquisition de l'Orixa, province qui s'étend sur les bords de la mer, depuis ses possessions de Golconde jusqu'aux rives du Gange, qui lui sont également soumises.

Avant 1736, cette contrée faisoit partie du Bengale. A cette époque, les marattes s'en emparèrent, & ils en sont encore les maîtres. Ils respectèrent les comptoirs européens, & s'établirent dans l'intérieur des terres. C'est Naagapour qui est leur capitale. Quarante mille chevaux composent leurs forces militaires. Leurs peuples s'occupent spécialement à filer du coton qu'ils vont vendre sur la côte. Un si grand démembrement du riche empire qu'ils ont conquis dans cette partie du globe, déplaît aux anglois, & leur ambition est de l'y rejoindre.

Quoi qu'il en soit, les marchandises achetées ou fabriquées dans les établissemens formés par cette nation entre le cap Comorin & le Gange, furent réunis à *Madrass*. Mais on sçait que la côte d'Orixa a été réunie dernièrement à l'établissement du Bengale.

Madrass fût bâti, il y a plus d'un siècle, par Guillaume Langhorne, dans le pays d'Arcate & sur le bord de la mer. Comme il la plaça dans un terrein sablonneux, tout-à-fait aride & entièrement privé d'eau potable, qu'il faut aller puiser à plus d'un mille, on chercha les raisons qui pouvoient l'avoir déterminé à ce mauvais choix. Ses amis prétendirent qu'il avoit espéré, ce qui est en effet arrivé, d'attirer à lui tout le commerce de Saint-Thomé ; & ses ennemis l'accusèrent de n'avoir pas voulu s'éloigner d'une maîtresse qu'il avoit dans cette colonie portugaise.

Madrass est divisé en ville blanche & en ville noire. La première, plus connue en Europe sous le nom de *fort Saint-George*, n'est habitée que par les anglois. Elle n'eut pendant long-temps que peu & de mauvaises fortifications : mais on y a ajouté depuis peu des ouvrages considérables. La ville noire, autrefois entièrement ouverte, a été après 1767 entourée d'une bonne muraille & d'un large fossé rempli d'eau. Cette précaution & la ruine de Pondichéri y ont réuni trois cents mille hommes, juifs, arméniens, maures ou indiens.

A un mille de ce grand établissement est Chepauk, où la cour du nabab d'Arcate a été fixée depuis 1769.

Le territoire de *Madrafs* n'étoit rien anciennement. Il s'étend actuellement cinquante milles à l'ouest, cinquante milles au nord, & cinquante milles au sud. On voit sur ce vaste espace, des manufactures considérables qui augmentent chaque jour, des cultures assez variées qui deviennent de jour en jour plus florissantes. Ces travaux occupent cent mille ames.

Ces concessions furent le prix du plan que les anglois avoient formé de donner le Carnate à Mehmet-Ali-Kan, des combats qu'ils avoient livrés pour le maintenir dans le poste où ils l'avoient élevé, du bonheur qu'ils avoient eu de détruire la puissance françoise, toujours disposée à renverser leur ouvrage.

L'heureux nabab ne tarda pas à recueillir le fruit de sa reconnoissance. Pour leur intérêt & pour le sien, ses protecteurs entreprirent de reculer les bornes de son autorité & de ses états. Avant que le gouvernement mogol eût dégénéré en anarchie, plusieurs princes indiens, plusieurs princes maures devoient faire passer leurs tributs au Carnate, qui lui-même devoit les verser dans le tréfor de l'empire. Depuis que tous les ressorts s'étoient relâchés, cette double obligation n'étoit plus remplie. Les anglois affermirent l'indépendance du pays qu'ils regardoient comme leur appanage : mais ils voulurent que les provinces qui lui avoient été subordonnées, rentrassent dans leurs premiers liens. Les plus foibles obéirent. D'autres plus puissantes osèrent résister. Elles furent asservies.

Ces moyens réunis ont formé à Mehmet-Ali-Kan une domination très étendue & puissante qu'on évaluoit les années dernières à 31,500,000 l. Il ne cédoit de cette somme que 9,000,000 liv. aux anglois, chargés de la défense de ses forteresses & de ses états ; de sorte qu'il lui restoit 22,500,000 l. pour ses dépenses personnelles & pour son gouvernement civil. Mais la dernière invasion d'Ayder-Aly a pu diminuer le revenu & augmenter la redevance aux anglois.

Après la paix de 1763, la compagnie angloise avoit sur la côte de Coromandel des possessions précieuses, dix-huit mille cipayes bien disciplinés & trois mille cinq cents hommes de troupes blanches. Elle disposoit librement de toutes les forces du Carnate. La seule nation européenne qui auroit pu lui donner de l'ombrage, étoit écrasée. La jouissance paisible de tant d'avantages lui paroissoit assurée, lorsqu'en 1767 elle se vit attaquée par Hyder-Ali-Kan, soldat de fortune, qui, après avoir appris de nous l'art militaire, avoit fait de grandes conquêtes, & s'étoit rendu maître du Maissour. Cet aventurier hardi & actif, à la tête de la meilleure armée qui eût jamais commandée un général indien, entra fièrement dans les contrées que la valeur britannique étoit chargée de défendre. La guerre se tourna en ruses, comme le vouloit ce génie artificieux. L'expérience lui ayant appris à redouter l'infanterie & l'artillerie destinées à le combattre, il se refusa le plus qu'il lui fut possible à des actions régulières, & se contenta de roder autour de son ennemi, de le harceler, d'enlever ses fourrageurs, de lui couper les vivres, tandis que sa cavalerie ravageoit les campagnes, pilloit les provinces, portoit la désolation jusqu'aux portes de *Madrafs*. Ces calamités firent desirer aux anglois un accommodement, & ils réussirent à l'obtenir après deux ans d'une guerre destructive & peu honorable. Nous en avons parlé à l'article ARCATE.

Depuis cette époque, la compagnie a eu pour principe d'empêcher qu'Hyder-Aly-Kan, les marates & le souba du Décan, les trois principales puissances de la péninsule, ne fissent des conquêtes ou ne formassent entr'elles une union étroite. Elle n'a pu empêcher Ayder-Aly d'augmenter ses possessions pendant la dernière guerre ; mais Ayder-Aly est mort, & elle réussira peut-être mieux à contenir Tippo-Saib, son fils & son successeur. Tant que cette politique lui réussira, elle conservera sa prépondérance sur la côte de Coromandel.

Voyez les articles ARCATE, TANJAOUR, MAISSOUR, BOMBAY, BENGALE, INDOSTAN, PONDICHERY, &c. &c.

MADURE, petite royaume ou petite contrée de l'Inde, qui dépendoit jadis de la nababie d'Arcate. *Voyez* l'article ARCATE & l'article MAISSOUR.

MAGDEBOURG, duché de l'Allemagne, appartenant au roi de Prusse, mais dans lequel la maison de Hesse-Hombourg possède deux bailliages. Ce duché est entouré de la marche de Brandebourg, des principautés de Lunebourg, de Wolfenbüttel, de Halberstadt & d'Anhalt, du comté de Mansfeld, & de l'électorat de Saxe. Les cercles de la Saale & de Luckenvalde, sont bornés par les pays circulaires de la haute Saxe, & entièrement séparés des autres cercles de ce duché.

Sol. La plus grande partie du territoire forme une plaine. Le district Holzkreis, qu'on nomme aussi Boerde, & le cercle de la Saale sont extrêmement fertiles en grains, & l'on y élève une grande quantité de bestiaux. Tous les autres sont sablonneux ou marécageux, & chargés de bois.

Population. En 1703, on trouva dans ce duché 29 villes, 6 bourgs, & 431 villages, non compris les lieux situés dans le comté de Mansfeld ; d'après le dénombrement de 1765, il contient 238,000 habitans, 110,000 demeurant dans les villes.

En 1785, on y comptoit 863 villes, bourgs & villages, 45,145 feux, & une population de

249,595 ames. Le prince Ferdinand de Prusse y possède 33 villages qui renferment 6083 habitans, & les comtes de Schulembourg y sont seigneurs de 31 villages, dont la population monte à 8205 personnes.

Sa surface est de 84 milles carrés, ce qui donne un peu plus de 2,971 personnes sur un mille.

Etats. Les états sont composés de prélats, parmi lesquels le grand chapitre tient le premier rang; de la noblesse & des villes. Leurs députés se divisoient autrefois en petit & grand comités, qui s'assembloient souvent, de même que les états en général, lorsqu'il s'agissoit d'affaires importantes qui intéressoient tout le pays; mais l'assemblée des états a cessé depuis que ce pays a passé sous la puissance de la maison électorale de Brandebourg, comme duché séculier. Ces états avoient la caisse des revenus publics, & ils ne l'ont plus.

Religion & régime ecclésiastique. Le duché de Magdebourg embrassa la doctrine de Luther, au seizième siècle, sur-tout après que l'archevêque Sigismond & le grand chapitre se seroient déterminés à la professer. Il n'y eut que cinq couvents qui demeurèrent attachés à la religion catholique : celui d'Ammensleben, celui d'Alten-Haldensleben, celui de Mayendorf, celui de Marienstahl, près d'Egeln, & celui de Sainte-Agnès, situé dans la nouvelle ville de *Magdebourg* : à l'exception des membres de ces couvents, on ne permit à qui que ce soit de professer une religion différente de la luthérienne; mais vers le milieu du dix-septième siècle, lorsque ce pays eut subi le joug de la maison électorale de Brandebourg, on y admit une multitude de réformés & de réfugiés françois & palatins; on y admit aussi des catholiques romains, auxquels le roi Frédéric Guillaume permit l'exercice privé de leur religion. Il y a dans la vieille ville de *Magdebourg*, six églises paroissiales, dont les prédicateurs sont soumis à l'inspection d'un préposé, qu'on nomme *senior.* Les 300 autres paroisses de ce duché, dont quelques-unes sont composées de deux, & même de trois églises, relèvent du diocèse de Wolfsbourg, & de 17 autres inspections, qui toutes sont subordonnées à un surintendant général. Les réformés allemands y possèdent sept églises, dirigées par onze prédicateurs; les françois, de leur côté, forment six différentes communautés, cinq d'entre elles ont dix prédicateurs, & la sixième, établie à Galbe, est desservie par celui qui préside à l'église des réformés de la langue allemande. Tous ces prédicateurs en général, n'ont ni casuel, ni droits d'étoles. Les juifs, établis à Halle, y ont une synagogue.

Manufacture. Les fabriques & les manufactures, qui ont le plus de réputation dans ce duché, sont celles de draps, d'étoffes de laine, de bas, de toiles, de cuir & de parchemin. On y fait une grande quantité d'empois qu'on exporte; il en sort aussi beaucoup de farines & d'autres denrées du pays.

L'archevêché qui y étoit anciennement, venoit d'un couvent de bénédictins, que l'empereur Otton fonda à Magdebourg en 937, & qu'il érigea en archevêché en 967. Ce diocèse fut formé de cette portion du pays située entre l'Elbe, la rivière d'Ohra & celle de Bode, que Hilvard, évêque de Halberstadt, démembra du sien : on y ajouta ensuite le canton nommé *Fridérichstrasse,* ainsi que toutes les cures ou paroisses qui se trouvent entre le lac de salé Mansfeld, les rivières de Saal, de l'Unstrat, de Helme, & le fossé que l'on voit près de Walhausen : on lui donna pour suffragants l'évêque de Mersbourg, celui de Nambourg, ceux de Havelberg, de Brandebourg, de Cammin & de Lébas. Un des archevêques de *Magdebourg* fut revêtu de la dignité de *primas in germania magna*; il jouit en cette qualité de privilèges considérables; de ceux de porter le *pallium,* de siéger entre les évêques-cardinaux, d'attacher à son église, à l'instar de celle de Rome, 12 cardinaux-prêtres, 7 diacres & 24 sous-diacres, & enfin de faire porter la croix devant lui. Adelbert fut le premier archevêque; mais ayant été sécularisé lors du traité de paix de Westphalie, la maison électorale de Brandebourg en obtint l'expectative pour en jouir à titre de fief perpétuel, après le décès du duc Auguste de Saxe, qui pour lors en étoit l'administrateur; d'après cette cession qui tient lieu d'indemnité de la Poméranie antérieure, que cette même maison avoit abandonnée, elle se fit rendre foi & hommage, mais éventuellement; elle parvint à la jouissance effective de ce nouveau duché en 1680, époque de la mort du duc Auguste.

Priviléges du duché de Magdebourg. Le roi de Prusse, comme duc de Magdebourg, a droit de séance & de suffrage dans le collège des princes entre l'électeur de Bavière & l'électeur palatin, sous le titre de palatin de Lautern. Le duc de *Magdebourg* est prince convoquant, & il a le directoire; il est aussi le premier état de la basse Saxe. La taxe matriculaire de ce duché est de 1300 florins par mois romain, ou, il fournit 43 cavaliers, montés & équipés, & 196 fantassins. Sa contribution pour l'entretien de la chambre impériale est de 343 rixdales, 40 kreutzers.

Forme d'administration. Le duché est gouverné par une régence provinciale particulière, qui, établie d'abord dans la ville de Halla fut transférée, en 1714, à *Magdebourg*, ville capitale de tout le pays. Le haut chapitre n'a aucune part à l'administration publique. La chambre des domaines & de la guerre, substituée en 1723 à la caisse supérieure du subside & du commissariat des guerres, se mêle de tout ce qui intéresse la finance, le domaine, &c. quelques-uns des conseillers de cette chambre, résident à Halla, en qualité de conseillers de députation. La ville de *Magdebourg* est en même-temps le siège de la direction des péages & de l'accise provincial. Le consistoire est composé d'un président, de plusieurs conseillers de la régence de la province, du surintendant général, & de quelques conseillers consistoriaux ecclésiastiques. Son pouvoir ne s'étend que sur les communautés luthériennes ; car les allemands, qui professent la religion réformée, dépendent du directoire supérieur ecclésiastique de la même communion ; & les françois, du consistoire supérieur de cette langue, établie à Berlin. Les autres collèges de la province, sont celui des pupilles, le criminel, & celui des médecins. La colonie des palatins qui se trouve à Magdebourg, est gouvernée par une commission particulière.

Impôts, revenus. Les deniers royaux se versent en partie dans la caisse des revenus domaniaux, & en partie dans celle de la guerre & des subsides. Ceux de la première espèce proviennent du prix du quart du muire, qui appartient au roi, dans les salines de Halle, & de quelques biens qui dépendent de cette sorte de fabrique ; des subsides perçus sur le sel, des impôts, des mines, des dîmes, des amendes, des droits imposés sur la navigation, de ceux sur les écluses, sur les péages par terre & par eau, & autres de cette espèce. Le produit de ces diverses contributions paye les appointemens des emplois dans le duché, il sert à la construction ou réparation des bâtimens royaux, des chemins publics, & à d'autres dépenses de pareille nature ; l'excédant, s'il y en a, passe à la caisse royale & générale du domaine. Les impôts qui entrent dans la caisse des subsides & de la guerre, sont les contributions & les subsides du plat pays ; les deniers perçus sous la domination des fourages, ceux qu'on paye pour l'entretien de la cavalerie, l'accise sur les denrées de consommation établie dans les villes, celle sur les gens de campagne, & les autres impôts de ce genre, dont le produit est employé à l'entretien des régimens qui se trouvent dans le pays. Des receveurs établis dans chaque cercle, auxquels ceux des petites villes & des villages sont tenus de remettre à l'échéance de chaque mois les deniers qu'ils ont touchés, font la perception ; ils sont soumis à l'inspection de sept conseillers de régence, non comprise celle du comté de Mansfeld, qui président chacun dans le cercle qui lui est confié. M. Busching a vu un état des contributions en général, qu'a reçu le souverain pendant plusieurs années ; la recette excédoit la dépense de 80,000 rixdales, année commune. La chambre des finances a touché en 1755, une somme de 74,700 rixdales.

Division. Le duché est divisé en quatre cercles, dont chacun contient des villes, des bailliages royaux, des biens appartenans à des abbayes ou prélatures, & des nobles immédiats qui ont droit de justice, & ne dépendent immédiatement que de la régence. Il y a aussi des francs-fiefs qui ne sont que médiats, & qui, sujets en partie aux subsides, n'ont ni villages qui en fassent partie, ni droit de justice. *Voyez* l'article BRANDEBOURG, PRUSSE, & les autres articles des pays soumis à la domination du roi de Prusse.

MAHÉ, établissement françois à la côte du Malabar. *Voyez* les articles MALABAR & PONDICHERY.

MAIN-MORTE, MAIN-MORTABLES. Voyez la définition de ces deux mots dans le dictionnaire de Jurisprudence, qui a fait un long article sur cette matière.

Nous nous bornerons ici à quelques remarques utiles, qui ne se trouvent pas dans l'article dont nous venons de parler.

La *main-morte* affecte encore plus du tiers des villages de la Franche-Comté ; & même elle en affecte la moitié, si l'on compte d'autres paroisses soumises à une *main-morte* un peu adoucie. On sait que le nombre des *main-mortables* est considérable dans les autres provinces.

La servitude est abolie dans les domaines du roi depuis 1779. L'édit engage les seigneurs à imiter un si noble exemple ; mais la voix de l'intérêt est, dans cette occasion, plus puissante qu'on ne l'auroit cru.

Le même édit abolit le droit de suite, dans tout le royaume ; mais on élude cette loi.

Quelle est l'origine de la *main-morte* ? quelle a été son étendue ? quel est son état actuel ? L'affranchissement des *main-mortables* nuiroit-il aux intérêts des seigneurs ?

Les *main-mortables* ne sont que des taillables dégénérés, & les anciens taillables n'étoient en général que des lètes ou des colons assujettis à un service militaire & à un cens.

La *main-morte* a commencé sous le gouvernement féodal ; & si le clergé acquit alors, s'il conserve plus de *main-mortables* que les seigneurs laïcs, il est aisé de dire pourquoi.

Lorsqu'elle commença, le clergé avoit des privilèges sans nombre. Le tribunal des évêques étoit le tribunal universel ; il n'étoit pas permis d'en appeler ; les juges se trouvoient obligés de conformer leurs décisions au témoignage d'un évêque ; les évêques avoient le droit de punir les autres juges, & de réformer leurs jugemens : aux fêtes de Pâques, de Noël & de la Pentecôte, ils étoient maîtres de vuider toutes les prisons ; ils n'étoient justiciables des laïcs ni au civil, ni au criminel ; le souverain lui-même n'avoit pas le droit d'instruire leur procès, & le magistrat qui osoit connoître de leurs différends, étoit excommunié : il falloit soixante & douze témoins pour condamner un évêque, dont le témoignage seul déterminoit l'arrêt des juges laïcs : il falloit quarante-quatre témoins pour condamner un prêtre, & trente-six pour condamner un diacre. Les loix du souverain étoient confirmées par le clergé, & revêtues de la sanction des évêques. Ils ne tardèrent pas à citer un de nos rois à leur tribunal : ils le condamnèrent solemnellement, & ils prononcèrent ensuite avec la même solemnité sa sentence d'absolution. L'édit de Charles le Chauve avoit permis comme une grace de se mettre dans la servitude : on vit des hommes libres se précipiter volontairement dans la servitude, & sur-tout dans celle du clergé. M. Perreciot, qui a compulsé plus de six mille chartres, cite ces formules curieuses, par lesquelles des esprits foibles se mettoient dans la servitude d'un couvent, relevoient avec emphase la générosité & la noblesse de cette servitude, & parloient de la liberté avec mépris. Ceux qui se croyoient redevables de quelque chose à la protection d'un saint, s'empressoient de se déclarer *letes*, censables ou main-mortables des ecclésiastiques qui le servoient. Une foule de nobles & une reine de Pologne suivirent ce bel exemple. Le saint qui eut le plus de succès fut S. Martin, & des villes entières se qualifièrent du titre honorable d'esclaves de S. Martin.

A la mort d'un serf, on lui coupoit la main droite, & on la présentoit à son seigneur, lorsque le serf ne laissoit rien qu'on pût lui offrir. Quelques auteurs tirent de là l'étymologie de la *main-morte*; M. Perreciot qui a écrit sur cette matière, croit qu'ils se trompent, & il dit avec plus de raison que *main-morte* vient de *manus mortua*, main qui ne peut transférer.

Dans ces temps de désordre & d'anarchie, les seigneurs accordoient leur protection ; ils donnoient le droit d'asyle dans leurs châteaux, à condition qu'on seroit *main-mortable*.

La Gaule qui avoit été ravagée par les barbares, offroit de tous côtés des terres en friche ; des étrangers, & en particulier des habitans des forêts de la Germanie, des espagnols chassés par les maures, vinrent s'y établir : on leur imposa diverses conditions, & M. Perreciot fait voir les diverses métamorphoses de ces redevances, dont plusieurs ont fini par la *main-morte*.

Il y a en France des forêts, & des montagnes qui ont été peuplées ou défrichées assez tard : un seigneur y appelloit des colons ; il leur livroit des instrumens de labourage, du bétail, & il imposoit à eux & à leur postérité les charges de la *main-morte*. Il paroît que la *main-morte* s'est établie ainsi aux environs du Mont-Jura.

Les seigneurs perfectionnèrent alors la théorie de la servitude : ils créèrent cette maxime : *toutes choses que villain a, sont à son seigneur*, maxime que le despotisme oriental n'oseroit établir.

Ils imaginèrent celle-ci qui n'est pas moins curieuse : *entre toi, seigneur, & ton villain, il n'y a d'autre juge fors Dieu*.

Ils déclarèrent les villains *taillables & corvéables à merci & volonté du seigneur*.

On doutoit si, en lui donnant la liberté, les seigneurs pouvoient couper les racines qui attachoient le serf & le *main-mortable* à la glebe. Une loi du souverain lui-même semble déclarer qu'ils ne pouvoient lui donner la liberté qu'en lui donnant la terre ; & il y a lieu de croire que peu de seigneurs s'avisoient de donner la terre.

Malgré ces beaux principes, les *main-mortes* couvroient autrefois la plus grande partie de la France : elles étoient si générales en Dauphiné, qu'elles y affectoient même la plus haute noblesse ; on les trouvoit jusque dans la ville de Paris. Au douzième siecle, la plupart des françois, gentilshommes ou roturiers, étoient *main-mortables*; cela est fâcheux pour les seigneurs actuels, mais il paroît que les possesseurs des fiefs furent soumis à la *main-morte* personnelle & réelle, au droit de poursuite, aux redevances, aux corvées ; que la prohibition d'aliéner fut commune, aux fiefs & aux *main-mortes* ; que les vassaux nobles furent souvent qualifiés de *servi* ; qu'ils furent vendus ou donnés par les suzerains, comme les letes par leurs seigneurs ; & qu'à parler exactement, les fiefs ne sont que des *main-mortes* nobles, & les *main-mortes* que des fiefs roturiers.

Ce qu'il y a de singulier, la *taille arbitraire* exceptée, les *main-mortes* de la Franche-Comté étoient moins rigoureuses au treizième siecle qu'elles ne le sont aujourd'hui : les coutumes introduites au quatorzième & quinzième siecle en ont aggravé le joug.

Les loix de la *main-morte* y sont beaucoup plus dures qu'en Bourgogne : c'est une suite des ordonnances accordées au clergé & aux nobles, par la cour de Madrid, qui vouloit ménager les hommes puissans de cette province éloignée.

Au milieu d'un oubli si général des principes du droit naturel & du droit civil, plusieurs seigneurs reconnurent, dès le douzième & treizième siecle, l'injustice de la *main-morte* : sur le point de mourir, ils affranchirent leurs serfs ; ils firent des restitutions ; ils demandèrent pardon de leur attentat, & M. Perreciot que nous citions tout à l'heure, rapporte plusieurs de ces testamens.

Le roi ne pouvant affoiblir les seigneurs qu'en rendant aux communes une partie de leur liberté, Louis-le-Gros commença les affranchissemens ; Louis XI. & Louis XII. suivirent ce travail. Quelques seigneurs, entraînés par l'exemple du monarque, donnèrent de leur plein gré une multitude de chartes d'affranchissement ; la *main-morte* fut reléguée dans des cantons peu connus ; mais on se plaignit de la réforme : l'abbé de Nogent, & beaucoup d'autres, soutinrent que *cette nouveauté étoit préjudiciable à la nation*. La Franche-Comté n'étoit pas réunie à la couronne, & elle ne participa que foiblement & indirectement à la révolution générale.

L'administration s'est reposée, après avoir aboli les droits de la féodalité qui gênoient son pouvoir,

voir : mais ceux qui gênent l'induſtrie & le bonheur des ſujets ſubſiſtent. La ſoumiſſion eſt établie par-tout. Les lumières ſe montrent de toutes parts : elles éclairent juſqu'aux hommes qui les calomnient. On voit dans le préambule de l'édit de 1779, qu'un juſte reſpect pour les propriétés a circonſcrit les diſpoſitions du roi : mais n'eſt-il pas de l'intérêt des ſeigneurs eux-mêmes d'abolir la *main-morte* ? L'agriculture, au lieu d'avoir fait des progrès en Franche-Comté, ainſi que par-tout ailleurs, a dégénéré depuis deux ou trois ſiècles ; jamais les ſeigneurs ne furent plus pauvres que lorſque tout fut mainmortable. Mandure, qui au huitième ſiècle étoit plus conſidérable que Beſançon, n'eſt plus, ſous le joug de la *main-morte*, qu'un chetif village ; & dans un village de la Franche-Comté, affranchi il y a quelques années, la valeur des biens a doublé & triplé depuis l'affranchiſſement ; l'expérience a juſtifié les calculs d'un archevêque de Beſançon, qui en 1347 affranchit les terres de Gy & de Bucey : ce reſpectable prélat voulant éclairer les autres ſeigneurs, ſe donna la peine de prouver dans la charte, qu'il eſt de l'intérêt des ſeigneurs d'affranchir leurs ſerfs ; que leurs villages ſe peupleront & s'enrichiront ; qu'il y aura des mutations ; que *la juſtice & les menus droits vaudront mieux que les gros* : & en effet, Gy eſt devenue une ville importante, & Bucey le plus gros village de la Franche-Comté ; & les archevêques actuels recueillent les fruits de cette opération de bienfaiſance.

Les *main-mortables* de Franche-Comté ne peuvent rien aliéner, ſans l'aveu du ſeigneur, & il faut acheter cet aveu. Le droit de mutation eſt du douzième, du ſixième, du quart, du tiers, & de la moitié de la ſomme ; on ſent que les mutations doivent être rares.

Mais ſi ces droits n'étoient pas vrais par-tout, la néceſſité d'affranchir, en dédommageant les ſeigneurs, ne reſteroit-elle pas toujours ? Les charges actuelles de la *main-morte* ſont en général les droits de pourſuite, de taille, de formariage & de la défenſe d'aliéner & de teſter : le droit de taille réſervé aux ſeigneurs, varie. Il eſt des cantons où les *main-mortables* doivent deux corvées par ſemaine avec leurs voitures, & trois avec leurs bras, ils doivent deux cens : l'un eſt la douzième gerbe des récoltes, & l'autre arbitraire n'a de bornes que la généroſité du ſeigneur. Il eſt impoſſible, ſans doute, que ces droits ſe perçoivent à la rigueur. A l'époque où les ſerfs ne payoient d'impôts qu'à leurs ſeigneurs, ils étoient ſurchargés ; aujourd'hui que le ſouverain les aſſujettit à d'autres impôts très-conſidérables, comment ſupporteront-ils ce double fardeau ? N'offre-t-il pas une contradiction ? N'apperçoit-on pas ici l'utilité des adminiſtrations provinciales, qui dans ſa répartition de l'impôt, pourroient du moins ſoulager les communautés *main-mortables* ; & après la ſuppreſſion de la *main-morte*, ſi elle eſt poſſible, celles qui demeureroient aſſujetties à des droits féodaux trop pénibles ?

MAIRES DU PALAIS. *Voyez* dictionnaire de juriſprudence.

MAISSOUR, que les anglois écrivent *Myſore*, pays de la preſqu'iſle de l'Inde, qui forme le principal domaine de Typo-Saïb, fils du célèbre Ayder-Aly-Khan, ce dernier prince ayant conquis les pays de Calicut, de Canara, de Scirré, &c. nous croyons devoir entrer dans quelques détails ſur le petit empire qu'il a laiſſé à ſa mort. Il eſt ſi difficile d'avoir des renſeignemens exacts & précis ſur des contrées ſi éloignées, que nous réclamons l'indulgence du lecteur.

Ces détails montreront du moins de quelle manière s'eſt formé l'état d'Ayder-Aly, comment le ſort des contrées de l'Inde dépend d'un jour, d'un moment, d'une bataille, & ils éclaireront ſur la politique l'adminiſtration & le gouvernement des ſouverains de l'Inde.

Le royaume de Maiſſour eſt borné à l'oueſt par le Canara, & au ſud par le Maduré ; il ſe trouve dans l'intérieur de la preſqu'iſle.

Nous comptions beaucoup ſur la deſcription hiſtorique & géographique de l'Inde, & nous eſpérions y trouver l'étendue & la poſition exacte des différentes ſouverainetés de l'Inde ; mais nos eſpérances ſont trompées. Cet ouvrage ſe borne à donner ſur le Maiſſour les deux lignes que nous venons de tranſcrire, on n'y trouve que ceci ſur le Carnate : » le Carnate fait partie de la côte » orientale de la principauté de l'Inde ; il s'étend » à 150 mille de longueur, ſur 30 ſeulement de » largeur. Il contient un grand nombre de bonnes » fortereſſes, & de mines de diamans ». Les livraiſons qui ont paru ne diſent rien de ſatisfaiſant ſur le royaume de Tanjaour, ſur celui de Canara, non plus que ſur le pays de Calicut.

Avant la conquête d'Ayder-Aly, les rois de Maiſſour étoient bramines, ils réuniſſoient les droits du ſceptre & de l'encenſoir ; & pour être plus vénérés de leurs peuples, ils affectoient de ne ſe faire voir que deux fois par an, dans les jours où ils préſidoient aux cérémonies ſolemnelles de la religion : afin de paroître uniquement occupés des myſtères ſacrés, ils abandonnoient le gouvernement au dayva ou régent, qui, juſqu'à Nand-Raja, avoit toujours été un des plus proches parens du roi. Mais un bramine, nommé Canero, favori de ce prince, lui perſuada de gouverner lui-même, d'abolir la dignité de dayva, & de deſtituer ſon frère Nand-Raja : celui-ci qui n'avoit ni les talens ni l'application, ni la fermeté néceſſaires pour ſe maintenir dans cette dignité, ne fit aucune réſiſtance, & aima mieux être exilé ſur la frontière, que de ſe permettre la moindre repréſentation.

Canero s'empara de l'eſprit du roi ; il devint ſon miniſtre, & il fut chargé de l'adminiſtration

Œcon. polit. & diplomatique. Tome III.

du royaume. Ayder Aly avoit à cette époque le commandement des armées, & il le garda. Il étoit général de dix mille chevaux, & il est bon de donner ici une idée précise de ce rang.

Dans les gouvernemens de l'Inde, le rang de général de dix mille chevaux, équivaut à-peu-près à celui de lieutenant-général en France. Dans la milice des mogols, les derniers grades se confèrent par des patentes qui donnent le pouvoir & la commission de lever dix mille hommes pour le service de l'Empire, avec la prérogative de nommer tous les emplois subalternes, & le droit de les tenir dans la discipline, & de leur rendre justice. Comme la cavalerie est le service le plus estimé, le grade de général de dix mille chevaux est le plus haut grade ; ce général peut faire porter devant lui de petites banderoles, sans nombre, & faire planter devant sa tente un grand pavillon quarré, symbole de sa juridiction ; lorsque la grande armée d'une soubabie est rassemblée, on arbore un grand pavillon à trois pointes à la tête du camp.

Les projets de Canero, qui vouloit attenter à la vie d'Ayder-Aly, furent découverts : le peuple s'attroupa & murmura hautement contre Canero ; on détermina le roi à livrer le favori à l'armée, & à déclarer Ayder régent du royaume, au lieu de Nand-Raja, qui s'attendoit à l'être, & qui croyoit qu'Ayder se contenteroit de la qualité de général en chef.

En acceptant la régence, Ayder fit à Nand-Raja toutes les soumissions qu'il crut propres à l'appaiser. Il lui donna un appanage considérable ; il lui fit promesse, sur la foi de son serment, que jamais il n'attenteroit, ni à sa vie, ni à sa liberté, ni à ses biens, & qu'il le regarderoit toujours comme son père.

Ayder fit ensuite assembler les docteurs bramines, ils jugèrent Canero, & ils le condamnèrent à la mort, pour avoir appellé dans le royaume les ennemis de l'état, & fait la guerre aux plus fidèles serviteurs du roi. Ayder, en qualité de régent, substitua à la peine de mort celle d'être enfermé dans une cage de fer qu'on suspendit au milieu de la place publique de Benguelour, où on la voit encore, avec les ossemens de ce malheureux favori, qui a vécu environ deux ans exposé aux insultes d'une populace idolâtre d'Ayder.

Au moment où Ayder commença l'exercice de sa régence, il se fit rendre un compte exact de l'état du trésor, des joyaux de la couronne, & des revenus du royaume. Il trouva que la plupart des joyaux étoient en gage chez le banquier (1) de la cour, qui avoit prêté de l'argent, lorsque Salabetzing, souba du Decan, accompagné de M. de Bussi, étoient venus aux portes de Syringpatnam, & avoient forcé le roi de Maissour, à lui payer des contributions.

Ayder, instruit que ce banquier avoit fait fortune au service du roi, fut indigné qu'il eût exigé des gages pour prêter à l'état. Il ordonna de retirer les joyaux ; mais en même temps il ordonna au banquier de rendre ses comptes : il fut jugé coupable d'avoir volé & rançonné l'état, & on le condamna à une prison perpétuelle : on confisqua ses biens. Le luxe de ce banquier passoit toute mesure ; on dit que ses enfans étoient sur des berceaux d'or ou suspendus au plafond par des chaînes de même métal. Ayder fit exécuter l'arrêt, mais il accorda une pension alimentaire au banquier, & il prit soin de ses fils.

Après avoir mis de l'ordre dans les finances, Ayder obligea *les Palleagars* qui s'étoient emparés de quelques forteresses, à les évacuer : il fut obligé d'employer la force contre quelques-uns. Il contraignit de même plusieurs rajas, vassaux & tributaires du royaume de Maissour, à payer exactement les tributs, & à reconnoître leur dépendance. Il contraignit aussi plusieurs princes voisins, tels que le roi de Canara, les marattes & les nababs patanes de Canour, de Carpet & Sanour, à restituer les terres qu'ils avoient usurpé sur le royaume de Maissour ; mais il n'en vint à bout qu'en leur déclarant la guerre, en les combattant, & en remportant sur eux des victoires. Les patanes étant redoutables à tous les Indiens par leur valeur & leur perfidie, la bataille signalée qu'Ayder gagna sur les trois nababs, près de Sanour, & qu'il

---

(1) Il y a dans toutes les grandes villes de l'Indostan, & principalement dans les cours, de riches banquiers, nommés *sancars* ; ils sont tous guzerates ou originaires de ce pays. Ils prêtent & empruntent ; ils fournissent ou prennent des lettres-de-change sur tous les pays, même sur les lieux où ils n'ont pas de correspondans ; & pour faire les fonds des lettres qu'ils fournissent sur les pays où ils n'ont point de correspondans, ils employent des porteurs d'argent, auxquels on donne tant par lieue. Il faut que la fidélité des commissionnaires soit bien reconnue. On dit en effet qu'un d'eux ayant emporté une somme considérable à un banquier de Madrass, les gens de son état s'assemblèrent, remboursèrent au banquier, sans y être obligés, la somme qui lui avoit été volée, & que deux d'entr'eux allèrent à Goa où s'étoit refugié le voleur ; qu'ils lui coupèrent la tête, la portèrent à Madrass, & la montrèrent de maison en maison à tous les banquiers & négocians. Les lettres-de-change sont beaucoup plus anciennes dans l'Inde qu'en Europe : mais on ne tire point à ordre ; ce qui forme une difficulté, en cas de mort ou d'absence : pour remédier à cet inconvénient, la lettre désigne plusieurs personnes qui ont le droit d'en demander le paiement. Elle dit : payez à Jean ; en son absence à Pierre ; en son absence à Jacques, &c.

Outre le commerce d'argent, ces banquiers ou sancars font le commerce de pierreries, de perles, de corail & de matières d'or & d'argent. Il y en a de très-riches, & ils forment des compagnies d'assurance qui ont un grand crédit à Surate, à Madrass & à Calcuta.

dût à la bonne manœuvre d'un corps de cavalerie françoise, donna beaucoup d'éclat à sa réputation.

Cette victoire de Sanour détermina Bazaletzing, roi d'Adonis, & frère de Nizam-Ali-Khan, souba du Decan, à lui envoyer une ambassade.

Ces princes étoient en guerre avec les marattes qui avoient perdu depuis peu sur les bords du Krisna une bataille contre les armées réunies du grand visir, de l'Empire & d'Abdalla, roi des patanes, & où 60 mille marattes étoient restés sur la place.

Bazaletzing avoit entrepris le siège de Scirra, forte place située entre ses états & le royaume de Maissour, il crut qu'en profitant de la défaite des marattes, il s'empareroit aisément de Scirra, qui lui donneroit le titre de Souba, & l'égaleroit à son frère. Mais son armée trop foible éprouva une résistance qui l'eût réduit à lever honteusement le siège, si on ne lui avoit conseillé l'alliance d'Ayder, qui fut bien aise de se voir recherché par un prince de ce rang. Il y eut un traité par lequel Ayder consentoit à se rendre devant Scirra avec son armée, & une nombreuse artillerie : il fut stipulé que Bazaletzing & lui feroient conjointement le siège jusqu'à ce que la place fût prise ; qu'aussitôt qu'elle se rendroit, les deux armées en prendroient possession, chacune du côté de son attaque ; que l'artillerie, les armes, les munitions, & en général tout ce qu'on pourroit emporter, appartiendroit à Bazaletzing, & que ce dernier resteroit maître de la place.

Ayder arriva devant Scirra avec une belle armée & une nombreuse artillerie servie par des Européens : il l'attaqua sur un autre plan que Bazaletzing ; & ayant employé la mine, il fit sauter deux bastions & la courtine ; les assiégés se rendirent à discrétion, & Ayder augmenta la terreur qu'inspiroient ses armes.

En exécution de ce traité fait entre les deux princes, Bazaletzing, que depuis cette époque Ayder ne nomma plus que le *marchand*, aima mieux recevoir en argent ce qui lui revenoit de la prise de Scirra ; il promit de solliciter auprès de ses frères le grand-visir & le souba du Decan, pour qu'Ayder fût reconnu en qualité de souba de Scirra. Le grand-visir (1) ne tarda pas à lui envoyer une ambassade, & le pervana, qui le déclaroit soubah de Scira, avec tous les honneurs attachés à ce titre ; ainsi, Ayder fut élevé au rang des plus grands princes de l'Inde (2) : il étoit sujet du roi de Maissour, en qualité de régent ; mais il devint son supérieur, car le royaume de Maissour relève de l'Empire mogol, ayant été compris dans la soubabie de Scirra. En recevant le titre & les honneurs de souba de Scirra, Ayder s'engagea à faire la guerre aux marattes.

Il leur fit en effet la guerre ; il s'empara de Marckscira & Maggheri, place forte dans le district de Scirra, de même que du royaume de Bisnagar ou Bassapatnam ; mais les marattes ayant rassemblés leurs forces contre lui, il reçut un coup de sabre à la tête, dans une bataille, dont le succès fut indécis. Peu de jours après, il conclut une trêve pour trois ans, & il garda ses conquêtes, en payant une somme d'argent au général de cette nation.

Cette guerre fut à peine terminée, que la fortune procura à Ayder une nouvelle occasion d'étendre sa gloire & sa puissance. Le fils de la reine de Canara s'évada de Rana-Biddeluru, capitale de ce royaume, & vint trouver Ayder à Bisnagar ; il implora son secours, il redemandoit à sa mère le royaume de ses ancêtres, dont elle avoit eu la régence à la mort de son mari, père du jeune prince, & qu'elle retenoit, quoique son fils eût l'âge prescrit par la loi pour gouverner lui-même.

Comme le royaume de Canara dépendoit de la soubabie de Scirra, le prince ne pouvoit s'adresser qu'à Ayder ; aussi celui-ci l'accueillit il favorablement, & il ordonna à la mère de venir répondre aux accusations de son fils.

Cette femme, qui avoit un courage au-dessus de son sexe, & que l'anarchie de l'Empire mogol avoit habituée à méconnoître les ordres de l'empereur & de ses officiers, répondit à l'ambassadeur d'Ayder, qu'elle étoit reine, & qu'elle ne connoissoit aucun supérieur. Ayder s'attendoit à cette réponse : il déclara la guerre à la reine ; la nature du pays où il falloit en porter le théatre, rendoit les hostilités très-difficiles.

Rana-Biddeluru, capitale du royaume de Canara, est une des plus grandes & des plus belles villes de l'Inde ; on n'y compte pas moins de 150 mille ames, parmi lesquelles il y a environ 30 mille chrétiens, qui jouissent de grands privilèges. Cette population considérable est cependant peu proportionnée à l'étendue de la ville, dont le circuit est de plus de six lieues.

Elle est située auprès d'une petite montagne, au sommet de laquelle se trouve une forteresse considérable, dont Ayder augmenta les fortifications. La montagne est dans une plaine d'environ cinq

---

(1) L'empire mogol étoit alors dans l'anarchie ; l'empereur n'étoit qu'un vain nom. Allumscha, un des princes du sang mogol, étoit retiré à Ilha-Hadabad, où il prenoit le titre de grand-mogol ; mais Souja-Daulla, grand-visir, reconnoissoit un autre prince qui étoit très-jeune. Ses oncles Nizam-Daulla, souba du Décan, Bazaletzing, roi d'Adonis, & Ayder par complaisance pour Souja-Daulla, reconnoissoient le même prince, mais de nom seulement.

(2) Les soubas sont aujourd'hui les plus grands souverains de l'Inde ; ils se regardent comme les représentans de l'empereur ; ils sont au-dessus des rois tributaires de l'empire.

à six lieues de diametre, entourée de montagnes & de bois qui s'étendent de tous côtés à plus de vingt lieues à la ronde, & qu'on ne peut passer qu'à travers des défilés & des gorges défendus par des forts de distance en distance; ainsi, une armée qui veut approcher de Biddeluru, peut être arrêté à chaque pas par une poignée d'hommes, & elle est réduite à camper le long d'un chemin très-étroit & rempli de pierres, & exposée aux attaques des gens du pays qui connoissent tous les passages & les détours, & qui sont les maîtres de tendre des embûches capables de vous faire périr de mille manières : les bois & les montagnes sont remplis de tigres, d'ours, d'éléphans, & de toutes sortes de reptiles d'autant plus dangereux qu'ils sont vénimeux.

Tant d'obstacles auroient arrêté Ayder, s'il n'avoit eu avec lui le jeune prince, qui s'étoit acquis l'amitié du peuple & des grands de son pays, depuis que la reine sa mère, dont ils détestoient la fierté, s'étoit remariée à un bramine, la loi du pays interdisant *aux veuves de secondes noces*.

Ayder partit de Bisnagar, avec le prince de Canara, environ six mille hommes de sa meilleure cavalerie, & quelques caléros, gens habitués à courir les montagnes & les forêts. Il étoit suivi de bœufs chargés de riz; &, sans autre bagage, il marcha à grandes journées vers la capitale du Canara, arriva dans la plaine de Biddeluru, avant que la reine fût instruite de l'invasion. Sa cavalerie jetta la terreur parmi les canarins. La bonne discipline de sa troupe, & la vue du prince légitime, le firent recevoir par-tout comme un dieu tutélaire.

Une partie de sa cavalerie renversa, sans peine, l'armée de la reine qui voulut l'arrêter; & cette princesse, réduite à prendre la fuite, fut poursuivie, arrêtée, & conduite devant son vainqueur.

Ayder usa de sa victoire avec la plus grande modération. Il accueillit la reine de la manière la plus gracieuse, & la reconcilia avec son fils, qui lui accorda une pension considérable, en lui permettant de vivre avec son mari. Pour satisfaire le peuple qui le désiroit ardemment, le jeune prince fut proclamé roi, & il fit hommage de son royaume à l'Empire.

Sur ces entrefaites, l'armée d'Ayder s'avançoit dans le pays, & son infanterie s'emparoit, sans résistance, de tous les postes nécessaires pour assurer son retour & le succès de ce qu'il voudroit entreprendre.

Avant de commencer cette guerre, il avoit obtenu du jeune prince la cession du port de Mangalor, & une lisière de terres, pour communiquer de ce port aux frontières de *Maïssour*. Ayder, après avoir fait couronner le nouveau roi, alla prendre possession de Mangalor, & laissa jusqu'à son retour une partie de son armée, campée aux portes de Rana-Biddeluru.

La reine de Canara, indignée de sa chûte, méditoit des vengeances, & cherchoit l'occasion de perdre Ayder; elle s'efforça de gagner la confiance de son fils, dont elle connoissoit l'esprit foible & pusillanime; elle lui dit, avec une tendresse simulée, que pour avoir voulu régner trop tôt, il avoit livré inconsidérément son royaume à des barbares, ennemis de sa religion, qui ne lui laissoient que le vain nom de roi, lui enlevoient la partie la plus précieuse de ses états, & finiroient peut-être par le détrôner. Elle parvint à lui donner des regrets sur son traité avec Ayder; elle acquit un tel empire sur l'esprit du jeune prince, qu'elle le fit consentir à l'assassinat d'Ayder; assassinat qu'elle avoit bien concerté.

Pendant son séjour à Rana-Biddeluru, Ayder avoit habité le palais des rois de Canara, & il devoit l'habiter de nouveau à son retour de Mangalor. Des chemins souterreins, connus de la reine & de peu de monde, alloient du palais à une fameuse pagode. La reine résolut de ruiner le palais, & de faire sauter Ayder, au moment où il seroit à table avec ses principaux officiers; elle espéra qu'au milieu de cette catastrophe, le peuple & les soldats canarins, animés par son fils, massacreroient aisément les troupes d'Ayder.

Il étoit facile d'exécuter ce projet, au moyen du mari de la reine, chef des bramines, qui desservoient la pagode. Ayder étoit de retour, & le moment où il devoit périr ce souba, & sa suite approchoit, lorsqu'un autre chef des bramines qui habitoient une pagode, éloignée de quelques lieues de la ville, apprit la conspiration; soit horreur du crime, comme le prétendent les bramines, soit haine pour la reine & pour son mari dont le mariage étoit défendu par la loi; ce bramine se rendit en secret à Rana-Biddeluru, il se présenta devant Ayder pour le féliciter sur son heureux retour dans les états du jeune prince; il l'avertit tout haut, en présence du roi & de la reine, de la conspiration; avis qui pénétra l'assemblée de frayeur, & parut ne faire aucune impression sur Ayder; il envisagea ceux qui l'environnoient, & il reconnut sans peine les coupables. Il ordonna à les arrêter. Les témoins entendus, & la vérification faite sur le champ, il condamna à la mort la reine, son mari & tous leurs complices, à l'exception du roi de Canara qu'il envoya prisonnier à Maggerhi, près de Seirra, & il confisqua son royaume.

La découverte de cette conspiration valut à Ayder un beau royaume; le Canara produit d'immenses quantités de riz, de poivre, canelle, de cardamomum, du corail, du bois de sandal & de l'ivoire; on l'appelle le grenier de l'Inde: ses montagnes offrent des mines d'or, de diamans, de rubis & autres pierreries. Il y a dans la forteresse même de Rana-Biddeluru, une riche mine d'or. On y trouva, lorsqu'Ayder s'en empara, un trésor immense, en espèces, en lingots, en bijoux, en perles & en pierreries. Les françois qui étoient pour lors avec Ayder, disent que ce prince fit en leur présence mesurer les perles & les pierreries avec la mesure du bazard; & qu'ayant fait faire deux tas de l'or & des bijoux, ils surpassoient la hauteur d'un homme à cheval.

Ayder prit tout de suite le titre de roi des canarins & des courgues, petit royaume situé à l'extrémité du Canara, du côté du sud, & séparé de ce royaume de celui de *Maissour*, & de la côte de Malabar, par des montagnes; il est depuis long-temps sous la puissance des rois de Canara.

Ayder parcourut ses nouveaux états. Tous les peuples le reconnurent pour souverain, sans presque aucune résistance: voulant réunir quelques cantons de ce royaume, dont les portugais s'étoient rendus maîtres, il ne trouva pas le vice-roi de Goa disposé à lui faire cette restitution; & comme il étoit très-supérieur en force aux portugais, il les attaqua sur le champ; il s'empara d'abord, avec assez d'aisance, du pays de Carvar & de la forteresse d'Opir (1), située dans le pays de Sunda, qui a été démembré du royaume de Canara. Il se préparoit à faire le siège du fort de Rama, forteresse sur la pointe du cap de ce nom, la seule barrière qui pût l'arrêter jusqu'à Goa; mais les françois qui étoient dans son armée refusèrent de lui donner le moindre secours; ils aimèrent mieux se retirer dans le fort de Rama, que de se battre contre les portugais.

Ayder ne pouvant s'emparer de ce fort avec ses seules troupes, n'hésita point à faire la paix avec les portugais, qui lui cédèrent le pays de Carvar. Il apprit enfin qu'il soutiendroit mal une guerre contre une nation européenne, & qu'il ne pouvoit compter sur les européens qui étoient à son service qu'autant qu'ils seroient eux-mêmes en guerre avec ses ennemis.

Tous les peuples & tous les petits souverains de l'Inde, redoutoient ce brave & terrible Ayder, qui étoit devenu souba de Scirra, & roi de Canara: ils s'adressoient à lui dans toutes leurs querelles, & son ambition le déterminoit toujours à s'en mêler.

Les mapelets, espèces de banquiers & d'usuriers établis dans le Calicut, étoient en dispute avec les nayres ou les souverains de ce pays; ils recoururent à Ayder qui les écouta.

Les mapelets paroissent être des arabes de Mascate & de Sahar, que le commerce a attirés dans l'Inde. Cette nation ne s'allie point avec les autres tribus; elle a conservé son air national, & une physionomie particulière, très-ressemblante à celle des arabes de Mascate.

Les habitans de la côte de Malabar ayant laissé les mapelets s'emparer de tout le commerce de leur pays, par mer & par terre, cette nation étrangère est devenue riche & nombreuse.

Les mapelets, fiers de la protection de ce guerrier, cessèrent d'avoir pour les rajas, & les autres nayres, la condescendance qu'ils avoient eu jusqu'alors; ils menacèrent de se faire justice par les armes, si on ne tenoit pas les engagemens qu'on avoit pris & qu'on prendroit avec eux. Les nayres, obligés par leurs dépenses de faire emprunter sans cesse de l'argent des mapelets, se trouvoient hors d'état de payer, même les intérêts des sommes qu'ils avoient reçus. Indignés de l'arrogance & des mauvais traitemens d'une tribu qu'ils étoient dans l'habitude de mépriser, ils résolurent de rompre, à quelque prix que ce fût, toutes leurs liaisons avec eux; il y eut à Calicut, où réside le samorin, chef de tous les princes nayres, espèce de petit empereur, diverses assemblées où il fut résolu d'une commune voix, de faire, à certain jour, un massacre général des mapelets dans tous les pays des nayres; plus de six mille mapelets furent massacrés, mais un plus grand nombre se sauva. Leurs vaisseaux répandus sur la côte favorisèrent leur fuite; ils se réunirent & ils se trouvèrent assez nombreux pour résister à leurs ennemis. La plupart se réfugièrent à Cananor, où ils furent en sûreté par le voisinage des états d'Ayder, & par les deux petites forteresses de Cananor, dont l'une appartenoit aux hollandois (2), & l'autre à Ali-Raja; les mapelets, dans leur désastre, s'empressèrent d'envoyer des députés vers leur protecteur, pour l'instruire de leurs malheurs, &

---

(1) Cette forteresse d'Opir est très-renommée pour sa force; Ayder en a fait augmenter les fortifications. Les portugais & les marattes qui l'ont assiégée, n'ont pu la prendre; elle défend le pays de Carvar du côté des portugais, & l'entrée de la rivière de Sangheri, nom d'une ville à trois lieues de son embouchure, capitale du pays de Carvar & résidence d'un évêque catholique.

(2) Les hollandois ont vendu depuis, leur forteresse & leur territoire à Ali-Raja: ce qui a donné à Ayder occasion de faire un acte de justice envers les chrétiens, habitans de Cananor, presque tous portugais d'origine. Lorsque les hollandois eurent conquis Cananor sur les portugais, ils trouvèrent autour de cette forteresse, des chrétiens, à qui ils permirent de demeurer dans le pays. Un grand nombre d'autres sont venus dans la suite habiter Cananor, où ils ont bâti des maisons, défriché du terrein, & cultivé des jardins & des terres. Les portugais & les hollandois avoient accordé ces terreins sans aucune formalité, & la possession faisoit tous les titres de ces pauvres gens. Lorsque les hollandois vendirent la forteresse & leur territoire à Ali-Raja, ils ne stipulèrent rien pour les chrétiens. Ali-Raja leur ayant demandé les titres de leur propriété, voulut les forcer à acheter le territoire dont ils se croyoient propriétaires. Les chrétiens de Cananor eurent recours à Ayder, qui condamna Ali-Raja sur ce passage de l'alcoran, qui dit: tu n'ôteras pas à l'infidele sa maison, son champ, &c. parce que c'est Dieu qui le lui a donné; tu te contenteras de lui faire payer un tribut, qu'Ayder fixa à une roupie ou cinquante sous de France par tête.

réclamer ses secours. Les mapelets sont des mahométans très-fanatiques, & leurs députés représentèrent à Ayder, dans leur harangue, que dieu & le prophète dont il étoit l'allié, ne lui avoient donné de pouvoir que pour le mettre en état de protéger les croyans, & que le crime des infidèles nayres lui donneroit l'occasion de faire de nouvelles conquêtes.

Ayder, qui n'avoit pas attendu ce moment pour s'instruire des forces des nayres, & des difficultés qui pourroient s'opposer à la conquête du Calicut, promit justice, & protection aux mapelets. Il rassembla une armée de douze mille hommes de ses meilleures troupes, dont quatre mille étoient de cavalerie, & huit mille d'infanterie, & il dirigea sa route par Mangalor & Cañanor. Il n'avoit que douze pièces de canon, & il fit cingler sa flotte le long de la côte, pour en tirer tous les secours qu'elle seroit en état de lui fournir.

En arrivant à Cañanor, il trouva plus de douze mille mapelets sous les armes, mal armés, il est vrai, de fusils, de lances & de sabres, mais supérieurs en courage aux nayres, & animés par le desir le plus ardent de se venger, & par l'espérance de se dédommager aux dépens de leurs ennemis, des pertes qu'ils avoient faites.

Ayder établit son camp sur le bord de la rivière de Cañanor; il envoya à Calicut une ambassade composée des bramines les plus distingués de la cour, avec ordre de représenter au samorin & à tous les princes nayres, l'injustice des cruautés qu'ils s'étoient permises envers les mapelets, & de dire qu'il étoit venu en demander justice; mais qu'avant d'employer la force de ses armes, il leur offroit sa médiation, que si on vouloit punir les principaux coupables, & donner une satisfaction juste & raisonnable aux mapelets, son armée ne pénétreroit pas dans le pays, & qu'il rendroit à chacun la justice qui lui seroit due. Les princes nayres s'étoient promis une assistance mutuelle; & sur le bruit qu'Ayder venoit contre eux au secours des mapelets, ils avoient rassemblé plus de 100 mille hommes. Les députés d'Ayder ayant fini leur harangue, les nayres répondirent qu'ils étoient étonnés de la démarche d'Ayder, avec lequel ils n'avoient jamais rien eu de commun, & que si ses troupes faisoient autre chose que de boire de l'eau de la rivière de Cañanor, si elles mettoient seulement le pied dans cette rivière, elles seroient punies de leur témérité. Sur cette réponse, les ambassadeurs d'Ayder retournèrent auprès de leur maître, & l'armée des nayres s'avança, dans la ferme résolution d'empêcher Ayder de passer la rivière.

L'arrivée d'Ayder & de son armée, à la côte Malabare, attira dans son camp des députés de toutes les nations européennes qui ont des établissemens & des factoreries sur cette côte.

On ne douta point qu'il ne fît la conquête de tout le pays. Les députés s'empressèrent de traiter avec lui pour la sûreté de leurs comptoirs & de leur commerce; ils croyoient trouver ce grand conquérant à la tête d'une nombreuse armée, & ils furent étonnés de lui voir si peu de troupes; plusieurs en témoignèrent leur surprise aux officiers européens de l'armée: ils la comparoient aux forces des princes nayres qu'ils évaluoient à plus de cent vingt mille hommes. Ces officiers leur répondirent qu'Ayder auroit pu former une armée beaucoup plus nombreuse; que s'il n'avoit amené que douze mille hommes, il croyoit en avoir assez pour battre ses ennemis; leur réponse fit peu d'impression sur des députés qui n'avoient aucune notion de l'art militaire, & encore moins de la tactique. Ils se hâtèrent de retourner dans leurs comptoirs, bien persuadés que la petite armée d'Ayder seroit écrasée par celle des nayres qui avoient une nombreuse artillerie dont ils avoient garni les bords de la rivière, & qui ne cessoient de tirailler. Ayder qui connoissoit parfaitement le génie de tous les peuples de l'Inde, se tenoit assuré de la victoire, & il fondoit son espérance sur sa cavalerie, corps de troupes absolument inconnu aux nayres; aucune armée étrangère n'ayant pénétré jusqu'ici sur la côte Malabare, on n'y avoit vu que quelques chevaux appartenans aux chefs des comptoirs qui les avoient achetés pour leur plaisir plutôt que pour leur usage; car ce pays, coupé de ruisseaux, de montagnes, de bois, & sujet à des pluies continuelles pendant sept mois de l'année, est peu propre aux chevaux.

Pour passer la rivière en dépit de cette nombreuse armée & son artillerie, Ayder fit entrer sa flotte dans la rivière; ses vaisseaux la remontèrent, autant qu'il fut possible; il rangea son infanterie en bataille sur une seule ligne, ses douze pièces de canons en avant, & il attendit le moment où l'eau seroit très-basse, & il s'avança alors au grand galop, à la tête de toute sa cavalerie qu'il avoit tenue cachée, hors de la vue de l'armée des nayres; il pénétra dans la rivière, précédé d'une compagnie de cinquante hussards, reste de la cavalerie venue de Pondicheri. La rapidité du courant étoit arrêtée par ses vaisseaux échoués qui tiroient à toute volée sur la terre, & il traversa sans peine la rivière dans une largeur de près d'une lieue, tantôt à gué & tantôt à la nage. Il gagna l'autre rive, où les nayres, occupés des moyens d'arrêter l'infanterie qui faisoit mine de vouloir passer la rivière; & effrayés par l'apparition subite de cette cavalerie, s'enfuirent à toutes jambes, sans regarder derrière eux. Ayder qui s'y attendoit, avoit ordonné de poursuivre les fuyards à toute bride, en sabrant tout ceux qu'on pourroit atteindre; il avoit défendu de s'amuser à faire des prisonniers, ou à butiner. Son ordre fut exécuté à la lettre, & sur un espace de plus de quatre lieues, parmi des chemins divers, on ne voyoit que des membres épars

& des hommes mutilés. La consternation fut générale dans tout le pays des nayres; les cruautés des mapelets, qui à la suite de la cavalerie massacroient tout ce qui avoit échappé, sans épargner les femmes & les enfans, l'augmenterent encore. L'armée d'Ayder s'avançant sous la conduite de ces furieux, trouvoit les bourgs, les villages, les forteresses, les temples, & généralement tous les lieux habités, abandonnés & déserts. Ce ne fut guère qu'aux environs de Telicheri & Mahé, établissement françois & anglois, qu'elle vit les fuyards réfugiés auprès de ces comptoirs.

L'armée ne manquoit de rien; elle eut par-tout des vaches, des bœufs, des poules, du riz, & toutes les provisions qu'on peut désirer dans un pays fertile; les fuyards ayant tout abandonné, n'auroient osé se charger de rien de ce qui pouvoit ralentir leur fuite.

Ayder fit séjourner son armée auprès de ces comptoirs, & il envoya de là offrir la paix au samorin & aux autres princes. Le samorin, qui étoit vieux, demeura tranquille dans son palais, & dit qu'il attendoit son vainqueur, & se remettoit à sa discrétion.

Cette halte de l'armée, l'envoi de plusieurs bramines, & sur-tout la tranquillité du samorin, rassurèrent les cultivateurs & les artisans, qui retournèrent pour la plupart dans leurs maisons; les mapelets qui n'en vouloient qu'aux nayres, les y engagèrent: les nayres se tenoient cachés dans les bois & sur les montagnes, d'où ils continuoient la petite guerre.

Ayder se mit en marche pour Calicut; il ne trouva sur sa route de résistance que dans une pagode fortifiée & élevée sur une montagne, où un prince, neveu du samorin, & son héritier présomptif, s'étoit réfugié, & d'où il eut l'adresse de se sauver, quoique la place fût bien investie: les bramines en ouvrirent les portes après le départ du prince. Ayder continua sa route pour Calicut, où sa flotte l'avoit devancé; il se logea dans la factorie angloise. Il apprit que le samorin étoit tranquille dans son palais, sans aucune garde, qu'il attendoit les ordres du vainqueur, & qu'il espéroit un bon traitement, parce qu'il s'étoit toujours opposé à la résolution de massacrer les mapelets, & qu'il avoit prédit à ses neveux les suites de cet attentat.

Ayder se rendit sur le champ au palais du samorin qu'il envoya prévenir de sa visite; il trouva ce prince qui venoit au-devant de lui, & qui, au moment qu'il le vit, se prosterna à ses pieds. Ayder s'empressa de le relever: le samorin lui offrit deux bassins d'or, l'un plein de pierreries, & l'autre de pièces d'or, deux petits canons d'or avec leurs affuts de même métal. Les deux princes entrèrent au palais; Ayder eut pour le samorin les plus grands égards, & il lui promit que, moyennant un tribut annuel, il lui rendroit ses états, aussitôt que tout le pays auroit mis bas les armes, & qu'on auroit arrangé à l'amiable les intérêts des mapelets. Ces deux princes se quittèrent ensuite, très satisfaits l'un de l'autre en apparence. On fut très étonné le lendemain au point du jour de voir le palais du samorin en feu; & quoique les secours fussent prompts, & qu'Ayder s'y transportât lui-même, comme l'édifice étoit presque tout en bois, il fut impossible de rien sauver, & le samorin périt au milieu des flammes avec sa famille, & à ce qu'on présume, beaucoup de richesses.

Le samorin avoit fait mettre le feu à son palais, & il termina ainsi sa vie; des lettres qu'il avoit reçues de ses neveux & des rois de Travancour & de Cochin qui lui faisoient les reproches les plus amers, & le chargeoient d'imprécations, le traitant de lâche, de traitre à sa patrie & à sa religion qu'il abandonnoit aux mahométans, lui inspirèrent cet acte de désespoir: le bramine qui lui avoit apporté ces lettres, lui avoit signifié qu'il étoit chassé de sa caste, & tous les nayres & les bramines avoient juré de ne plus communiquer avec lui. La fin tragique du samorin toucha beaucoup Ayder; il fut si irrité contre les neveux de ce prince, qu'il jura publiquement de ne point leur rendre leurs états.

Les princes de Calicut, secourus par les rois de Travancour & de Cochin, avoient formé une armée assez considérable sur la rivière de Paniani, à douze lieues de Calicut, où ils paroissoient devoir faire plus de résistance que sur la rivière de Cananor: ils avoient même ramassé quelque canoniers européens & portugais métifs; mais Ayder alla les chercher, ils n'eurent pas le courage de l'attendre, & ils prirent la fuite avec leurs troupes. Ayder passa la rivière & emporta Paniani, la meilleure & presque la seule forteresse du pays, & poursuivit toujours ses ennemis; il arriva aux environs de Cochin, où, par la médiation des hollandois il donna la paix au roi de ce nom, qui s'engagea à lui payer tribut.

L'exemple du roi de Cochin entraîna tous les princes nayres, qui demandèrent la paix, rendirent hommage à Ayder, & s'engagèrent au même tribut; chacun d'eux promit, d'ailleurs, de rendre justice aux mapelets dans son district, & Ayder leur rendit leurs domaines. Les neveux du samorin furent les seuls princes qui ne furent point rétablis.

Ayder ayant mis garnison à Calicut & à Paniani, donna le gouvernement de cet état au raja de Coilmontour, bramine & prince d'un petit pays dépendant de *Maissour*, qui n'est séparé de celui des nayres que par les montagnes. Il espéroit que ce prince respectable pour les nayres, en sa qualité de bramine, seroit d'autant plus propre à les maintenir dans la paix & dans le devoir, qu'il étoit plus au fait de leurs mœurs & de leurs coutumes.

Quelques années après, Ayder sentit que la

côte Malabare ne seroit jamais tranquille, tant que les princes nayres seroient sur les frontières & dans le pays de Travancour, & il résolut de conquérir ce royaume; il n'avoit d'autre prétexte que les secours & l'asyle donnés à ses ennemis par le roi de cette contrée. Quoique ce royaume soit d'une petite étendue, il est très-peuplé; & Sam-Raja qui en étoit souverain, avoit acquis une réputation de sagesse & de valeur qui devoit faire craindre beaucoup de, résistance.

Ayder savoit que son ennemi travailloit depuis long-temps à discipliner son armée; qu'il avoit un corps nombreux de cipayes, & une artillerie servie par de bons canoniers fournis par les danois, les anglois & les hollandois. Il savoit aussi qu'on ne pouvoit pénétrer dans le Travancor que par des gorges & des montagnes où Ram-Raja avoit élevé des forteresses & des retranchemens, & il n'ignoroit pas que les anglois, jaloux de la puissance, avoient rassemblé des troupes dans le Maduré & le Marava, pays de la dépendance de Méhémet-Ali-Khan & frontière de Travancor. Mais, habitué à surmonter les obstacles qui s'opposoient à ses projets, Ayder étoit fermement déterminé à entreprendre la guerre de Travancor. Il se fioit aux promesses des députés anglois qui étoient venus le trouver sur la côte de Malabar, à qui même il avoit accordé la confirmation de tous leurs privilèges, & une permission d'établir une factorerie à Onor; il se persuadoit aussi que les troupes des anglois n'étoient rassemblées que pour garantir de toute insulte le pays de Méhémet-Ali, nabab d'Arcate.

Maffous-Khan étoit venu le voir de la part de Nizam-Ali-Khan qui lui avoit envoyé de magnifiques présens; il savoit que ce souba du décan s'occupoit à de petites guerres contre ses vassaux, aidé d'un corps de troupes angloises commandé par le général Schmidt, & il croyoit n'avoir rien à redouter de sa part.

Pour ne pas essuyer de diversion durant la guerre qu'il avoit projettée, Ayder écrivit au gouverneur de Scirra, son beau-frère, de renouveller avec les marattes la trève qui étoit sur le point d'expirer; ce qui lui paroissoit facile, au moyen de quelque argent donné à propos aux chefs de cette nation.

Le projet de la guerre de Travancour & la nécessité de garnir les pays conquis, obligèrent Ayder à faire des levées d'hommes considérables; & voulant mettre à profit le tems qui devoit s'écouler jusqu'au moment qu'il avoit fixé pour marcher contre Ram-Raja, il exerçoit ses troupes & son artillerie par les officiers européens; il assistoit tous les jours, avec son fils & ses généraux, aux exercices & aux évolutions.

Dès que les anglois eurent appris les préparatifs d'Ayder, que la renommée avoit beaucoup grossi, ils en conçurent de l'ombrage, ainsi que du long séjour de ce nabab à Coilmontour, ville capitale d'un petit pays, frontière du Maduré.

Dans l'incertitude où ils étoient des intentions secrettes d'Ayder, ils résolurent de faire partir de Madrass son Ouaquil bramine, appellé *Menagi-Baudec*. Une lettre du gouverneur & du conseil lui annonçoit une ambassade solemnelle, composée du colonel Call, ingénieur en chef, & du conseiller Boschier, frère du gouverneur. Ayder croyant qu'on vouloit lui faire des propositions relatives au Travancour & à la côte de Malabar, contraires à ses vues, éluda la proposition de cette ambassade.

Les suites ont peu de rapport à cet article: nous avons parlé ailleurs des guerres d'Ayder Aly depuis 1763. Nous ajouterons seulement que, peu après les événemens dont nous parlions tout-à-l'heure, il conquit le royaume de Bisnagar & de Travancor; & qu'ainsi ses états étoient composés de la soubabie de Scirra, du royaume de Maissour, de celui de Canara, de celui de Calicut, & de ceux de Bisnagar & de Travancor: nous ignorons si Tippo-Saïb est aujourd'hui le maître de tous ces domaines.

Ayder regardant avec juste raison son royaume de Canara comme le plus bel héritage qu'il pût laisser à ses enfans, désigna Ayder-Nagar pour sa capitale de tous ses états. Il y avoit fait venir toute sa famille, à la réserve de sa première femme, soeur de Moctum & mère de Tippo-Saïb son fils aîné, qui désira demeurer à Benguélour. Ayder vouloit établir dans ce royaume un gouvernement propre à le faire aimer de ses peuples; il y réussit au delà de ses espérances. Il partagea entre ses proches le gouvernement de ses autres états.

Il laissa le gouvernement de Benguelour & du pays qui en dépend à Ibrahim-Ali-Khan son oncle, qui en jouissoit depuis si long-tems. Il donna à Moctum-Ali-Khan le gouvernement du royaume de *Maissour*; à Mirza, celui de Scirra & de tout son district; & à un fils de son oncle, nommé *Amin-Saïb*, le gouvernement du royaume de Bisnagar.

Ali-Raja ayant formé, dès le commencement de la belle saison, une flottille, conquit les isles Maldives, sous le prétexte de quelque injustice qui auroit été faite à sa nation; & après avoir fait prisonnier le roi de ces isles, il eut la barbarie de lui crever les yeux. Cette conquête fut faite au nom d'Ayder, dont la flotte portoit les pavillons.

Ali-Raja ayant ramené sa flotte victorieuse à Mangalor, vint à Nagar faire hommage de sa conquête à Ayder; il lui présenta l'infortuné roi des Maldives. Ayder fut si irrité de la cruauté d'Ali-Raja, qu'il lui ôta sur le champ le commandement de sa flotte: il le donna ensuite à un anglois, nommé *Stanet*. Pénétré de la barbarie d'Ali-Raja, il pria le roi des Maldives de lui pardonner les excès auxquels s'étoit porté son

amiral

amiral en le privant de la vue; & après lui avoir témoigné combien il en étoit touché, & lui avoir dit tout ce qu'il crut pouvoir le consoler, il lui donna un de ses palais pour retraite, avec un revenu suffisant pour lui procurer l'aisance & les plaisirs que son état lui permettoit de goûter.

Les courtisans & les poëtes de la cour d'Ayder, peu au fait de la Géographie (1), ayant appris que leur roi étoit devenu maître de douze mille isles, ajoutèrent à tous ses titres celui des isles de la mer.

Ayder & les petits souverains de l'Inde ayant eu souvent des disputes avec les marattes, à l'occasion du chotaie, nous allons dire ici ce que c'est que le chotaie, & terminer l'article par quelques remarques sur la manière dont on fait la guerre dans l'Inde; & par une évaluation imparfaite des domaines d'Ayder-Aly. Le chotaie est le septième du revenu de la soubabie du Décan & des pays qui en dépendent, que Aurengzeb accorda aux marattes: il ne se paye pas exactement; les marattes lèvent des contributions plus ou moins fortes, suivant les circonstances & la foiblesse de celui qui les paye. Ayder possédoit beaucoup de pays, comme le *Maissour*, &c. qui devoient le chotaie; il ne voulut point se soumettre à ce paiement; il dit nettement que personne n'avoit le droit de forcer les peuples à à payer d'autres tributs ou impôts que pour le bien-être de l'état, ou par le droit du plus fort; que les marattes étant dans ce dernier cas, il ne leur devoit rien, parce que Dieu l'avoit fait assez puissant pour défendre ses sujets contre eux. Il ne faisoit jamais de paix avec les marattes, mais seulement des trèves de trois ans; il leur payoit alors une somme, & quelquefois il ne payoit rien, suivant ses différens succès.

Ayder, pour défendre ses états attaqués par les marattes, par le soubah de Décan & par les anglois, a été réduit plusieurs fois à dévaster trente lieues de son pays; il ordonnoit aux habitans d'emporter leurs denrées, leurs meubles, leur argent & leurs effets précieux, pour brûler les cabanes; & cet ordre a toujours été exécuté à la rigueur; les habitans se transportent gaiement aux lieux qu'on leur assigne.

On sera moins surpris que tout un peuple abandonne gaiement ses maisons, lorsqu'on saura que toutes les terres appartiennent au souverain; que le cultivateur n'est autre chose qu'un fermier annuel, & que les indiens de ce pays, même les habitans des villes, n'ont d'autres meubles qu'un bois de lit, dont le fond est une sangle; (les plus riches couchent sur un tapis piqué) quelques coffres de carton peints & vernis, qui renferment leur linge, quelques nates & ustensiles de terre, sans tables ni chaises, dont l'usage leur est inconnu, de même que les trois quarts des meubles qui servent aux européens; leurs maisons, bâties en terre ou brique, ont peu de boiserie, ensorte que le mal causé par l'ennemi le plus destructeur, est bientôt réparé.

L'empire d'Ayder comprenoit en 1767, lorsqu'il commença la guerre contre les anglois, le royaume de *Maissour*, le pays de Benguelour qui en faisoit autrefois partie, une portion du *Carnate* qu'on appelle aussi *pays de montagnes*, & qui comprend toutes les vallées & les montagnes, depuis Ambour jusqu'à Maduré, Travancor & les domaines des environs, la ville de Scirra, le pays de Ballapour, le petit royaume de Bisnagar, le royaume de Canara, qui se prolonge jusqu'au cap de Rama sur les bords de la mer, & jusqu'au Visapour dans les terres, & enfin une partie de la côte de Malabar & les isles Maldives. Tous ces états d'Ayder se trouvoient rassemblés, & défendus, du côté des anglois, par des montagnes & par des gorges. Ils contenoient, si l'on en croit le bruit populaire, plus de mille forteresses, grandes ou petites. L'auteur de la vie de ce prince atteste, après les avoir vu, que leur nombre en est considérable. Toutes les grandes forteresses sont défendues par des troupes de l'armée qu'on change de tems à autre, & par des troupes de garnison ou espèce de milices; les petites forteresses n'ont que des soldats de milices pour garnison; & lors d'une invasion de l'ennemi, les habitans des montagnes s'arment au moindre signal, se jettent dedans, & les défendent avec assez d'opiniâtreté pour exiger un siège. Ces forteresses, qui paroissent avoir été élevées pour se garantir des incursions des marattes, ont des fossés, des bastions ou des tours; les fortifications de plusieurs sont revêtues de pierres ou de briques; mais la plus grande partie des petites, sur-tout celles du plat pays, ont des remparts en terre rouge: cette terre rouge acquiert en peu de temps une consistance égale à celle des briques cuites au soleil.

Les états d'Ayder abondoient en riz & en toute sorte de denrées; ils étoient remplis de bœufs, de moutons, de chèvres & d'éléphans; la plupart des chevaux & des chameaux se tiroient de l'étranger; mais ce prince qui connoissoit l'utilité de ces animaux à la guerre, avoit toujours en réserve, dans des villages, deux ou trois cents éléphans & quinze ou vingt mille chevaux.

---

(1) Les poëtes sont en grand nombre dans l'Indostan. Il y en a sur-tout beaucoup dans les cours. Ayder avoit un poëte de la cour en titre: il lui donnoit deux mille cinq cens livres par mois, ou mille roupies d'appointemens, & le rang de chef ou général de mille hommes. Il composoit un poëme à chaque événement glorieux pour le prince.

Œcon. polit. & diplomatique. Tom. III.

On évaluoit les forces d'Ayder-Ali-Khan à cent quatre-vingt ou deux cents mille hommes environ, dont vingt-cinq mille de cavalerie; mais comme il falloit garnir toutes les forteresses, & laisser quelques troupes sur les frontières, l'armée qu'il faisoit marcher contre les anglois, étoit de cinquante à cinquante-cinq mille hommes, dont dix-huit mille de cavalerie; il avoit dix mille hommes d'excellente cavalerie, & environ huit mille marattes, pandaris & autres, qu'on ne peut mieux comparer qu'aux cosaques qui suivent l'armée russe; car ils ne sont propres qu'à ravager le pays & à piller les bagages. Il avoit en infanterie vingt mille cipaies ou topas, armés de seize mille bons fusils; le reste de l'infanterie étoit des péadars, carnates ou caleros, armés de fusils à mèche & de lances.

Le nombre des européens montoit à environ sept cents cinquante, divisés en deux compagnies de dragons ou hussards, en deux cents cinquante canoniers, & en officiers & sergens dispersés dans les régimens de grenadiers & de topas.

Il avoit environ mille hommes, dont les armes sont inconnues ou hors d'usage en Europe: ceux-ci étoient montés deux à deux sur des chameaux de course; ils portoient de longs mousquets à serpentins, du calibre d'une balle d'environ trois onces, qui ont une très-grande portée. Ces mousquets s'appuient sur une fourche de fer attachée au canon: ce corps, formé d'excellens tireurs, suivoit la cavalerie; il se jettoit sur les flancs dans des lieux fourrés.

Mille ou douze cents hommes portoient des fouguettes ou fusées de fer: ce sont des boëtes de tolle attachées à des baguettes & pleines d'artifice, que l'on peut jetter comme les fusées; il y en a qui contiennent plus d'une livre de poudre ou d'artifice, & qui ont une portée de cinq cens toises. Plusieurs de ces fusées éclatent, d'autres ont le bout du fer acéré, & produisent l'effet d'une arme perçante. D'autres ont le bout percé & mettent le feu; cette arme est dispendieuse & peu proportionnée à ses effets; mais elle met quelquefois le feu aux caissons de munitions. Ces fouguettes sont très-propres à incendier les villes & les villages où l'ennemi a des magasins. Une cavalerie qui n'y est point habituée, seroit bientôt mise en désordre; elles ont sur le fusil l'avantage de parcourir une ligne courbe, par conséquent de pouvoir être tirées par des gens qui sont derrière une ligne de combattans à pied ou à cheval; en tombant aux pieds des chevaux, elles y produisent une espèce de feu de forge qui les effraie; elles éclatent & blessent les chevaux aux jambes, & elles décrivent des zigzags qui les incommodent beaucoup. Les anglois se sont servis de cette arme contre la cavalerie d'Ayder.

Nous ne ferons point entrer au nombre des forces d'Ayder, sa flottille qui n'étoit alors composée que d'un vieux vaisseau acheté des danois, percé pour soixante pièces de canon, & qui en portoit cinquante; de trois autres de vingt-quatre à trente-deux canons; de sept à huit prames, bâtimens à voiles & à rames de douze & quatorze canons, & d'une vingtaines de galvètes ou grandes galiotes, portant quatre-vingts hommes & deux canons. Nous voudrions pouvoir indiquer la population, les revenus, &c. des états d'Ayder-Aly; mais nous n'avons pu obtenir sur ce point des détails précis. Le lecteur trouvera quelques détails sur l'étendue, la population, les revenus & les forces des différentes souverainetés de l'Inde, dans l'*Annual register*, ouvrage précieux dont on publie un volume chaque année. Il verra, par exemple, dans celui de 1782, des détails de ce genre sur le pays des marattes: nous les donnerons à l'article MARATTES. *Voyez* les articles ARCATE, MADRASS, BENGALE, BOMBAY, COROMANDEL, MALABAR, MARATTES, INDOSTAN, TANJAOUR, &c.

MAJORAT. *Voyez* NOBLESSE.

MALABAR (côte de), dans l'Inde. Le *Malabar* proprement dit n'est que le pays situé entre le cap Comorin & la rivière de Neliceram. Cependant, pour nous conformer aux idées généralement reçues en Europe, nous appellerons de ce nom tout l'espace qui s'étend depuis l'Indus jusqu'au cap Comorin. Nous y comprendrons même les îsles voisines, en commençant par les maldives.

Les maldives forment une longue chaîne d'îsles à l'ouest du cap Comorin, qui est la terre ferme la plus voisine. Elles sont partagées en treize provinces, qu'on nomme Atollons. Cette division est l'ouvrage de la nature, qui a entouré chaque Atollon d'un banc de pierre qui le défend mieux que les meilleures fortifications contre l'impétuosité des flots, ou les attaques de l'ennemi. Les naturels du pays font monter à douze mille le nombre de ces îsles, dont les plus petites n'offrent que des monceaux de sables submergés dans les hautes marées, & les plus grandes n'ont qu'une très-petite circonférence. De tous les canaux qui les séparent, il n'y en a que quatre qui puissent recevoir des navires. Les autres sont si peu profonds, qu'on y trouve rarement plus de trois pieds d'eau. On conjecture avec fondement, que toutes ces différentes îsles n'en faisoient autrefois qu'une, que l'effort des vagues & des courans, ou quelque grand accident de la nature, aura divisée en plusieurs portions.

Il est vraisemblable que cet archipel fut originairement peuplé par des hommes venus du *Malabar*. Dans la suite, les arabes y passèrent, en usurpèrent la souveraineté, & y établirent leur religion. Les deux nations n'en faisoient plus qu'une, lorsque les portugais, peu de temps après leur arrivée aux Indes, la mirent sous le joug. Cette tyrannie dura peu. La garnison qui en tenoit les chaînes fut exterminée, & les maldives recouvrèrent leur indépendance. Depuis cette époque, elles étoient soumises à un despote qui tenoit sa cour à Male, & qui avoit abandonné toute l'autorité aux prêtres. Il étoit le seul négociant de ses états. Nous avons dit à l'article MAYSSOUR, que l'un des généraux d'Ayder-Aly conquit les isles maldives, & fit crever les yeux de leur roi. Nous ignorons si les maldives ont recouvré leur indépandance depuis cette époque.

Une pareille administration, & la stérilité du pays qui ne produit que des cocotiers, empêchoient le commerce d'y être considérable. Les exportations se réduisoient à des cauris, du poisson & du kaire. Le kaire est l'écorce du cocotier, dont on fait des cables qui servent à la navigation dans l'Inde. Nulle part il n'est aussi bon, aussi abondant qu'aux maldives. On en porte une grande quantité avec des cauris, à Ceylan, où ces marchandises sont échangées contre les noix d'areque.

Achem recevoit tous les ans des cargaisons de poissons qu'il payoit avec de l'or & du benjoin. L'or restoit dans les maldives, & le benjoin étoit envoyé à Moka, où il servoit à acheter environ trois cents balles de cafés, nécessaires à la consommation de ces isles.

Les cauris sont des coquilles blanches & luisantes, qui servent de monnoie. On en fait des paquets de douze mille. Ce qui ne restoit pas dans la circulation du pays, ou n'étoit pas porté à Ceylan, passoit sur les bords du Gange. Il sortoit tous les ans de ce fleuve un grand nombre de bâtimens qui alloient vendre du sucre, du riz, des toiles, quelques autres objets moins considérables aux maldives, & qui se chargeoient en retour, de cauris pour sept ou huit mille livres. Une partie se dispersoit dans le Bengale, où il servoit de petite monnoie. Le reste étoit enlevé par les européens, qui l'employoient utilement dans leur commerce d'Afrique. Ils payoient la livre six sols, la vendoient depuis douze jusqu'à dix-huit dans leurs métropoles, & elle vaut en Guinée jusqu'à trente-cinq.

Le royaume de Travancor, qui s'étend du cap Comorin aux frontières de Cochin, n'étoit autrefois guère plus opulent que les maldives. Il est vraisemblable qu'il ne dut qu'à sa pauvreté la conservation de son indépendance, lorsque les mogols s'emparèrent du Maduré. Un monarque qui monta sur le trône vers 1730, & qui l'occupa près de quarante ans, donna à cette couronne une dignité qu'elle n'avoit jamais eue. C'étoit un homme d'un sens exquis & profond. Il recevoit d'un de ses voisins deux ambassadeurs, dont l'un avoit commencé une harangue prolixe que l'autre se disposoit à continuer. *Ne soyez pas long, la vie est courte*, lui dit ce prince avec un visage austère. Son règne ne fut entaché que par une foi-

blesse. Il étoit naïre, & se trouvoit humilié de ne pas appartenir à la première de ses castes. Dans la vue de s'y incorporer, autant qu'il étoit possible, il fit fondre en 1752 un veau d'or, y entra par le musle, & en sortit par la partie opposée. Ses édits furent datés depuis du jour d'une si glorieuse renaissance; & au grand scandale de tout l'Indostan, il fut reconnu pour brame par ceux de ses sujets qui jouissoient de cette grande prérogative.

Par les soins d'un françois nommé la Noye, ce monarque étoit parvenu à former l'armée la mieux disciplinée qu'on eût jamais vue dans ces contrées. Avec ces forces il comptoit, dit-on, conquérir le *Malabar* entier; & peut-être le succès auroit-il couronné son ambition, si les nations Européennes ne l'eussent traversée. Malgré ces obstacles, il réussit à reculer les frontières de ses états, & ce qui étoit infiniment plus difficile, à rendre ses usurpations utiles à ses peuples. Au milieu du tumulte des armes, l'agriculture fut encouragée, & il s'éleva des manufactures grossières de coton. Il paroît qu'Ayder-Aly avoit conquis le Travancor; mais nous ignorons si ce royaume fait partie de la succession laissée à Tippo-Saïb.

Il s'est formé deux établissemens européens dans le Travancor.

Celui que les Danois ont à Colefchey est sans activité: il est rare & très-rare que cette nation y fasse le plus petit achat ou la moindre vente.

Le comptoir anglois d'Anjinga est placé sur une langue de terre, à l'embouchure d'une petite rivière obstruée par des sables durant la plus grande partie de l'année. La ville est remplie de métiers, & fort peuplée. Quatre petits bastions sans fossé, & une garnison de cent cinquante hommes la défendoient. Cette dépense a été jugée inutile. Un seul agent conduit aujourd'hui les affaires avec moins d'éclat & plus d'utilité.

Cochin étoit fort considérable lorsque les portugais arrivèrent dans l'Inde. Ils s'emparèrent de cette place, dont ils furent chassés depuis par les hollandois. Le souverain en la perdant avoit conservé ses états, qui dans l'espace de vingt-cinq ans ont été envahis successivement par le Travancor. Avant l'invasion d'Ayder-Aly, ses malheurs l'avoient réduit à se réfugier sous les murs de son ancienne capitale, où il subsistoit d'environ 14,400 liv. qu'on s'étoit obligé, par d'anciennes capitulations, à lui donner sur le produit de ses douanes. On voyoit dans le même fauxbourg une colonie de juifs industrieux & blancs, qui avoient la folle prétention de s'y être établis du temps de la captivité de Babylone, mais qui certainement y sont depuis très-long-temps. Une ville entourée de campagnes très-fertile, bâtie sur une rivière qui reçoit des vaisseaux de cinq cents tonneaux, & qui forme dans l'intérieur du pays plusieurs branches navigables devroit être naturellement florissante. S'il n'en est pas ainsi, l'on ne peut en accufer que le génie oppreffeur du gouvernement.

Ce mauvais efprit eft pour le moins auffi fenfible à Calicut. Avant la conquête d'Ayder-Aly, toutes les nations y étoient reçues, mais aucune n'y dominoit. Le fouverain qui lui donnoit des loix étoit brame; tout le peuple étoit fous le gouvernement théocratique, qui devient avec le temps le plus mauvais des gouvernemens. Le trône de Calicut étoit prefque le feul de l'Inde occupé par cette première des caftes. On en voit régner ailleurs de moins diftinguées. Il y en a même de fi obfcures fur le trône, que leurs domeftiques feroient déshonorés & chaffés de leurs tribus, s'ils s'avilifoient jufqu'à manger avec leurs monarques.

Tout le Calicut étoit mal adminiftré, & fa capitale plus mal encore. Elle n'avoit ni police ni fortifications. Son commerce, embarraffé d'une infinité de droits, étoit prefqu'entièrement dans les mains de quelques maures, les plus corrompus, les plus infidèles de l'Afie. Un de fes plus grands avantages étoit de recevoir par la rivière de Beypour, qui n'en eft éloignée que de deux lieues, le bois de teck, qui fe trouve en abondance dans les plaines & fur les montagnes voifines. Nous avons dit à l'article MAYSSOUR, comment l'état de Calicut fut conquis par Ayder-Aly; mais nous ne favons pas l'effet qu'a produit cette révolution fur le commerce.

Les poffeffions de la maifon de Colaftry, voifines de Calicut, ne font guère connues que par la colonie françoife de Mahé, & par la colonie angloife de Tallichery. Cette dernière qui avoit, il y a quelques années, une population de quinze à feize mille ames, étoit défendue par trois cents blancs & cinq cents noirs. L'Angleterre a acquis dans l'Inde un afcendant qui ne laiffe plus craindre de voir fes loges infultées, & il paroît qu'elle ne fe donne plus la peine de les garder toutes; elle retiroit tous les ans, avec très-peu de frais de celle-là, quinze cents mille livres péfant de poivre, & quelques autres denrées de peu d'importance.

A la réferve de quelques principautés qui méritent à peine d'être nommées, les états dont on vient de parler, forment proprement tout le *Malabar*, contrée plus agréable que riche. On n'en exporte guère que des aromates, des épiceries. Les plus confidérables font le bois de fandal, le fafran d'Inde, le cardamome, le gingembre, la fauffe canelle & le poivre.

L'exportation du poivre, qui fut autrefois toute entière entre les mains des portugais, & que les hollandois, les anglois, les françois fe partagent actuellement, peut s'élever dans le *Malabar* à dix millions péfant. A dix fols la livre, c'eft un objet de cinq millions. Il fort du pays d'autres productions pour la moitié de cette fomme. Ces ventes le mettent en état de payer le riz qu'il tire du Gange & du Canara, les groffes toiles que lui fourniffent le Mayffour & le Bengale, & diverfes marchandifes que l'Europe lui envoye. La folde en argent n'eft rien, ou peu de chofe.

Le Canara, contrée limitrophe du *Malabar* proprement dit, s'eft fucceffivement accru des provinces d'Onor, de Baticala, de Bandel & de Cananor, ce qui lui a donné une affez grande étendue. Il eft très-fertile, & fur-tout en riz. C'étoit autrefois l'état le plus floriffant de ces contrées; mais il déclina, lorfque fon fouverain fe vit forcé de payer tous les ans un tribut aux marates fes voifins, pour garantir le royaume de leurs brigandages. Sa décadence a augmenté encore depuis que Hyder-Ali-kan en eft devenu le maître. Mangalor, qui lui fert de port, a déchu dans les mêmes proportions. Les navigateurs étrangers l'ont moins fréquenté, & parce que les denrées n'y étoient plus fi abondantes, & parce que la multiplicité des droits en augmentoit exceffivement le prix. Cependant les mœurs font reftées auffi corrompues qu'elles l'avoient été de temps immémorial. *Voyez* les articles COROMANDEL, BENGALE, MADRASS, PONDICHERY, ARCATE, MAYSSOUR, MARATTES, INDOSTAN.

MALDIVES. *Voyez* l'article précédent MALABAR.

MALACA, pays ou péninfule de l'Inde. Le *Malaca* eft une langue de terre fort étroite, qui peut avoir cent lieues de long. Il ne tient au continent que par la côte du nord, où il confine à l'état de Siam, ou plutôt au royaume de Johor, qui en a été démembré. Tout le refte eft baigné de la mer, qui le fépare de l'ifle de Sumatra, par un canal connu fous le nom de détroit de *Malaca*. La population de ce pays eft bien ancienne, & fes habitans ont beaucoup influé fur la population du refte du globe; & les derniers voyages de Cook ont révélé un fait bien extraordinaire. La langue, dans cette multitude d'ifles répandues fur la furface de la mer Pacifique, a beaucoup d'affinité avec la langue malaife.

La nature avoit pourvu au bonheur des malais. Un climat doux, fain & rafraîchi par les vents & les eaux fous le ciel de la zone torride; une terre prodigue de fruits délicieux qui pourroient fuffire à l'homme fauvage, ouverte à la culture de toutes les productions néceffaires à la fociété; des bois d'une verdure éternelle; des fleurs qui naiffent à côté des fleurs mourantes; un air parfumé des odeurs vives & fuaves qui, s'exhalant de tous les végétaux d'une terre aromatique, allument le feu de la volupté dans les êtres qui refpirent la vie: la nature avoit tout fait pour les malais; mais la fociété avoit tout fait contr'eux.

Le gouvernement le plus dur avoit formé le peuple le plus atroce dans le plus heureux pays du monde. Les loix féodales, nées parmi les rochers & les chênes du nord, avoient pouffé des racines jufques sous l'équateur, au mileu des forêts & des campagnes chéries du ciel, où tout invitoit à jouir en paix d'une vie voluptueuse. C'est là qu'un peuple esclave obéissoit à un despote que représentoient vingt tyrans. Le despotisme d'un sultan sembloit s'être appésanti sur la multitude, en se subdivisant entre les mains des grands vassaux.

Cet état de guerre & d'oppression avoit mis la férocité dans tous les cœurs. Les bienfaits de la terre & du ciel, versés à *Malaca*, n'y avoient fait que des ingrats & des malheureux. Des maîtres vendoient leur service, c'est-à-dire, celui de leurs esclaves, à qui pouvoit l'acheter. Ils arrachoient leurs serfs à l'agriculture. Une vie errante & périlleuse sur mer & sur terre leur convenoit mieux que le travail. Ce peuple avoit conquis un archipel immense, célèbre dans tout l'Orient sous le nom *d'isles malaises*. Il avoit porté dans ses nombreuses colonies, ses loix, ses mœurs, ses usages, &, ce qu'il y avoit de singulier, la langue la plus douce de l'Asie.

Cependant *Malaca* étoit devenu, par sa situation, le plus considérable marché de l'Inde. Son port étoit toujours rempli de vaisseaux : les uns y arrivoient du Japon, de la Chine, des Philippines, des Moluques, des côtes orientales moins éloignées : les autres s'y rendoient du Bengale, de Coromandel, du Malabar, de Perse, d'Arabie & d'Afrique. Tous ces navigateurs y traitoient entr'eux & les habitans, dans la plus grande sécurité. L'attrait des malais pour le brigandage avoit enfin cédé à un intérêt plus sûr que les succès toujours vagues, toujours douteux, de la piraterie.

Les portugais voulurent prendre part à ce commerce de toute l'Asie. Ils se montrèrent d'abord à *Malaca* comme simple négocians. Les usurpations dans l'Inde avoient rendu leur pavillon si suspect, & les arabes communiquèrent si rapidement leur animosité contre ces conquérans, qu'on s'occupa du soin de les détruire. On leur tendit des piéges où ils tombèrent. Plusieurs d'entr'eux furent massacrés, d'autres mis aux fers. Ce qui put échaper regagna les vaisseaux, qui se sauvèrent au Malabar.

Albuquerque n'avoit pas attendu cette violence, pour songer à s'emparer de *Malaca*. Cependant elle dut lui être agréable, parce qu'elle donnoit à son entreprise un air de justice, propre à diminuer la haine qu'elle devoit naturellement attirer au nom portugais. Le temps auroit affoibli une impression qu'il croyoit lui être avantageuse ; il ne différa pas d'un instant sa vengeance. Cette activité avoit été prévue ; & il trouva, en arrivant devant la place, au commencement de 1511, des dispositions faites pour le recevoir.

Un obstacle plus grand que cet appareil formidable enchaîna pendant quelques jours la valeur du général chrétien. Son ami Araûjo étoit du nombre des prisonniers d'une première expédition.

On menaçoit de le faire périr au moment où commençoit le siège. Albuquerque étoit sensible, & il étoit arrêté par le danger de son ami, lorsqu'il en reçut ce billet : *ne pensez qu'à la gloire & à l'avantage du Portugal ; si je ne puis être un instrument de votre victoire, que je n'y sois pas au moins un obstacle*. La place fut attaquée & prise, après bien des combats douteux, sanglans & opiniâtres. On y trouva des trésors immenses, de grands magasins, tout ce qui pouvoit rendre la vie délicieuse, & l'on y construisit une citadelle pour garantir la stabilité de la conquête.

Comme les portugais se bornèrent à la possession de la ville, ceux des habitans, tous sectateurs d'un mahométisme fort corrompu, qui ne voulurent pas subir le nouveau joug, s'enfoncèrent dans les terres, où se répandirent sur la côte. En perdant l'esprit de commerce, ils ont repris toute la violence de leur caractère. Ce peuple ne marche jamais sans un poignard, qu'il appelle *cri*. Il semble avoir épuisé toute l'invention de son génie sanguinaire à forger cette arme meurtrière. Rien de si dangereux que de tels hommes avec un tel instrument. Embarqués sur un vaisseau, ils poignardent tout l'équipage au moment de la plus profonde sécurité. Depuis qu'on a connu leur perfidie, tous les européens ont pris la précaution de ne pas se servir de malais pour matelots.

En 1641, les hollandois enlevèrent *Malaca* aux portugais ; mais le commerce y étoit tout-à-fait tombé, depuis que des exactions criminelles en avoient éloigné toutes les nations. La compagnie hollandoise ne l'y a pas fait revivre, soit qu'elle ait trouvé des difficultés insurmontables, soit qu'elle ait manqué de modération, soit qu'elle ait craint de nuire à Batavia. Ses opérations se réduisent à l'échange d'une petite quantité d'opium & de quelques toiles, avec un peu d'or, d'étain & d'ivoire.

Ses affaires seroient plus considérables, si les princes de cette région étoient plus fideles au traité exclusif qu'ils ont fait avec elle. Malheureusement pour ses intérêts, ils ont formé des liaisons avec les anglois qui fournissent à leurs besoins, à meilleur marché, & qui achètent plus cher leurs marchandises. Elle se dédommage un peu sur ses fermes & ses douanes qui lui donnent 220,000 liv. par an. Cependant ces revenus, joints aux bénéfices du commerce, ne suffisent pas pour l'entretien de la garnison & des facteurs. Il en coûte annuellement 44,000 liv. à la compagnie.

Il fut un temps où ce sacrifice auroit pu paroître léger. Avant que les européens eussent doublé le cap de Bonne-Espérance, les arabes & tous les autres navigateurs se rendoient à *Malaca*, où ils trouvoient les navigateurs des Moluques, du Japon & de la Chine. Lorsque les portugais se furent emparés de cette place, ils n'attendirent pas qu'on y portât les marchandifes de l'eft de l'Afie; ils les alloient chercher eux-mêmes, & faifoient leur retour par les ifles de la Sonde. Les hollandois, devenus poffeffeurs de *Malaca* & de Batavia, fe trouvèrent maîtres des deux feuls paffages connus, & en état d'intercepter les vaiffeaux de leurs ennemis dans des tems de trouble. On découvrit depuis, les détroits de Lombock & de Bali, & *Malaca* perdit alors l'unique avantage qui lui donnât de l'importance. Heureufement pour les hollandois, à cette époque, ils foumettoient Ceylan qui devoit leur donner de la canelle, comme les Moluques leur donnoient la mufcade & le girofle. *Voyez* les articles MOLUQUES & PROVINCES-UNIES.

MALOUINES ou ifles FALKLAND: les françois, les efpagnols & les anglois n'ont pas encore formé les établiffemens qu'on avoit projetté fur ces ifles: il eft même vraifemblable que la ftérilité du fol & la dureté du climat y feront renoncer, & nous nous contenterons de renvoyer au dictionnaire de Géographie.

MALMEDY & STABLO, abbayes princières d'Allemagne. Le territoire des abbayes de Stablo & de Malmedy, ou la principauté de ce nom, fe trouve fur les cartes de l'évêché de Liège. Il eft borné par cet évêché & par les duchés de Luxembourg & de Limbourg.

S. Remacle fonda ces abbayes de bénédictins vers le milieu du feptième fiècle: elles ont un feul & même abbé qu'elles élifent en commun: cette élection, ainfi que la préféance, ont été depuis long-temps le fujet de beaucoup de difputes entre les deux abbayes; celle de Stablo prétend non-feulement qu'elle eft la première, mais auffi que celle de *Malmedy* lui eft foumife comme une cellule l'eft à fon couvent: *Malmedy* foutient au contraire que Stablo n'a aucune fupériorité. On peut voir les écrits publiés fur cette matière par Edmond Martene & par Ignace Roderique. Quoi qu'il en foit, l'élection commune d'un nouvel abbé fe fait dans l'abbaye de Stablo; & quand l'abbé reçoit l'inveftiture impériale des droits régaliens, on ne parle communément que de l'abbaye de Stablo; d'ailleurs, dans la nomination de l'abbé, on omet ordinairement l'abbaye de Malmedy (ce qui peut-être ne fe fait que par abbréviation), & les moines de Malmedy prononcent leurs vœux dans l'abbaye de Stablo

L'abbé de Stablo eft prince de l'Empire & comte de Logue; il reçoit l'inveftiture impériale des droits régaliens & de la fupériorité territoriale, tant pour la principauté de Stablo que pour le comté de Logue. A la diète de l'Empire, il fiège entre les abbés princiers de Brünn & de Corvey. Sa taxe matriculaire eft de deux cavaliers & 22 fantaffins, ou 112 florins par mois, & fa contribution pour l'entretien de la chambre impériale eft par chaque terme de 81 rixdales 14 & demi kr. Dans les affemblées du cercle de Weftphalie, il fuit l'abbé de Corvey. Ses revenus annuels font d'environ 24 mille florins. L'abbaye de Stablo eft du diocèfe de Liège, & celle de *Malmedy* de celui de Cologne. L'abbé eft confacré par l'évêque de Liège.

MALTHE, ifle de la Méditerranée, qui appartient à l'ordre de *Malthe*: elle eft située à environ 15 milles géographiques de la côte de Sicile. Elle porta autrefois le nom d'*Iperia*, enfuite celui d'*Ogygya*. Dans des tems poftérieurs, les grecs l'appellèrent *Mélite*, nom qui fut changé par les farrafins en celui de *Malta* ou *Malthe*. Les Actes des apôtres, chap. 28, en parlent. On lui donne 20,000 pas de longueur, 12,000 dans fa plus grande largeur, & on évalue toute la circonférence à 60,000 pas, ou à foixante milles italiens.

Productions. Elle eft pleine de rochers. Le bled qu'elle produit, ne peut nourrir fes habitans que fix mois. On y a tranfporté de Sicile une grande quantité de terre, pour recouvrir fon fol pierreux & le fertilifer; mais comme il y pleut rarement, cette terre s'eft bientôt convertie en pouffiere. On n'y recueille pas affez de vin pour la confommation, & on y manque de bois. D'un autre côté, cette ifle produit des oranges, des figues, du coton, du miel, & elle a d'affez bons pâturages. On y fait du fel avec de l'eau de la mer, & on y pêche beaucoup de corail.

Revenus & population. Ses revenus annuels s'évaluent à la fomme de 76 mille écus. Le nombre de fes habitans eft d'environ 60 mille.

Précis de l'hiftoire politique de Malthe. Les phéaciens habitèrent autrefois cette ifle; ils furent chaffés enfuite par les phéniciens, qui firent place aux grecs. Il paroît elle fut foumife aux carthaginois, auxquels elle fut enlevée par les romains. Lors de la décadence de l'Empire romain, elle paffa fous la domination des goths, & fut depuis conquife par les farrafins, qui en furent dépouillés en 1090 par les normands. Depuis cette époque, elle eut toujours les mêmes maîtres que la Sicile. Enfin Charles-Quint la donna aux chevaliers de Saint-Jean de Jérufalem.

Ces chevaliers tirent leur origine de la Terre-Sainte: plufieurs marchands d'Amalfi, ville du royaume de Naples, s'étoient, à la faveur de leur trafic, concilié les bonnes graces du prince farrafin, & ils en obtinrent la permiffion de bâtir une églife à Jérufalem. Elle fut terminée en 1048, & nommée *fainte Marie des latins*. D'après le traité conclu entre l'empereur grec, Conftantin le moine & les califes farrafins, le faint fépulchre fut vifité par un grand nombre de pélérins, fur-tout par des chrétiens des pays occidentaux, & ces marchands conftruifirent un hôpital avec un oratoire pour la commodité des pélérins. Ils le confacrèrent à S. Jean-Baptifte, & y établirent des frères pour le fervir. Ces moines prirent le nom de *frères hospitaliers* ; & , selon le titre de leur église, celui de *frères de S. Jean*. D'abord on leur apporta d'Amalfi toutes les choses nécessaires à leur subsistance ; mais Jérusalem & la Terre-Sainte ayant été conquises par Godefroi de Bouillon, & les frères hospitaliers lui ayant rendu de grands services en cette occasion, il leur donna des domaines. Son successeur Baudouin confia à leur garde, des forteresses & des villes ; & dans un chapitre général, ils élurent pour leur grand-maître Raimond de Podio, qui en fit un ordre religieux, & les astreignit aux vœux de chasteté, de pauvreté & d'obéissance. Il leur fit porter la croix octogone & le manteau noir, & les divisa en trois classes ; savoir, les chevaliers, les chapelains & les servans d'armes. Leur institution eut lieu sur la fin de l'onzième siècle, & fut confirmée par le pape. La valeur & les actions glorieuses des chevaliers attirèrent à l'ordre de grandes richesses ; ils soutinrent deux cents ans les assauts continuels des turcs, & se maintinrent dans la Syrie & dans la Terre-Sainte. Mais ayant perdu en 1191 Acre, leur dernière ville, ils se tournèrent du côté de l'isle de Chypre, & en 1309 se rendirent maîtres de l'isle de Rhodes & des isles de Nicoria, Episcopia, Jolli, Limonia & Sirana. Le pape Clément V leur en assura la possession, & ils la conservèrent deux cents treize ans. A cette époque, ils commencèrent à prendre le nom de *chevaliers de Rhodes*. En 1522, après une longue & vigoureuse résistance, ils en furent dépossédés par Soliman II ; ils se retirèrent d'abord dans l'isle de Candie ; les uns passèrent ensuite à Venise, le reste à Virebre & en quelques autres endroits de l'Italie, & principalement à Nice en Savoie. Charles-Quint, craignant que l'empereur Soliman ne fît une irruption en Italie, les appella à Syracuse ; mais ils y demeurèrent peu de temps ; car cet empereur, après différens traités, leur céda en 1529 les isles de *Malthe* & de Gozo, & les chargea de la défense de Tripoli, dont il étoit alors en possession. On les obligea à faire une guerre continuelle aux turcs & aux corsaires, & à promettre par serment : 1°. que jamais ils n'abuseroient de la cession de ces isles au préjudice du royaume d'Espagne : 2°. que le droit de patronage sur l'évêché de *Malthe* appartiendroit toujours au roi d'Espagne, comme souverain de la Sicile ; qu'il choisiroit par évêque un des trois sujets qui lui seroient proposés par le grand-maître : 3°. que le capitaine des galères seroit un italien, & jamais un étranger suspect à la cour d'Espagne (cet article ne s'observe plus) : 4°. que si l'ordre rentroit quelque jour en possession de Rhodes ou fixoit son siège ailleurs, les isles cédées repasseroient sous la domination du roi d'Espagne, comme souverain de la Sicile ; & 5°. qu'en reconnoissance du lien vassalitique, l'ordre enverroit tous les ans un faucon au vice-roi de Naples. Depuis cette époque, ils ont toujours porté le nom de *chevaliers de Malthe*. Nous remarquerons, sur le second de ces articles, qu'en 1753 l'évêque de Syracuse, par ordre du roi, essaya à deux reprises de visiter les églises de *Malthe*, pour y exercer la jurisdiction temporelle aussi-bien que la spirituelle, mais que le grand-maître s'y opposa. Ce démêlé entre la cour de Naples & l'ordre de *Malthe* fut terminé au commencement de l'année 1755.

Remarques sur l'ordre de Malthe. L'ordre de *Malthe* est composé de huit langues ou nations, dont les plus considérables sont la françoise, l'italienne, l'espagnole, l'angloise & l'allemande. Il y a trois langues en France ; celle d'Auvergne, celle de Provence, & celle de France proprement dite. L'Espagne est divisée en deux autres ; celle d'Arragon & celle de Castille. Le prieuré de Danemarck, de Suède & de Hongrie étoit autrefois uni à la langue allemande. Ces pays ont beaucoup contribué aux progrès de l'ordre ; mais la France y a contribué particuliérement : il y a dans ce royaume trois cents commanderies ; & si l'on compte toutes celles que l'ordre possède ailleurs, on en trouvera assés pour faire vivre 3000 chevaliers. Les domaines de l'ordre ont cependant beaucoup diminué, sur-tout à l'extinction du prieuré d'Angleterre, de Danemarck, de Suède & de Hongrie ; & la réformation & les guerres lui en ont enlevé un grand nombre en Allemagne & dans les Pays-Bas.

L'ordre de *Malthe* observe la règle de saint Augustin ; & comme les chevaliers font solennellement les trois vœux, c'est un ordre religieux subordonné au pape. Les chevaliers, chapelains & servans s'appellent *frères* indistinctement, & le grand-maître lui-même ne rougit pas de ce titre. Celui-ci a des prérogatives considérables. Les autres puissances lui donnent le titre d'altesse éminentissime. Quoiqu'il ne soit jamais soumis à la jurisdiction d'aucune puissance séculière, on a porté plusieurs fois des accusations contre l'ordre & contre lui-même au tribunal du pape. En ce qui regarde le corps dont il est chef, le grand-maître est soumis au conseil & au chapitre de l'ordre ; mais il est maître absolu en tout ce qui concerne les isles & leurs habitans. Il est ordinairement vêtu d'une longue robe noire d'une coupe particulière : les clefs d'or du saint sépulchre sont suspendues à ses côtés ; mais à la campagne il est en habit séculier, & il porte l'épée. Ses sujets l'appellent *eminenza serenissima* ; mais les chevaliers & les étrangers lui donnent simplement le titre d'*eminenza*.

Les principales charges de l'ordre sont les baillifs conventuels, qui forment, pour ainsi dire, le conseil du grand-maître, & sont comme les chefs des huit langues. Les voici par ordre : 1°. le grand commandeur qui est choisi dans la nation provençale ; il est le président du trésor

& de la chambre : 2°. le maréchal qui est élu dans la langue d'Auvergne, a le commandement des troupes ; & il peut à son gré disposer des prisonniers de guerre : 3°. l'amiral, appellé proprement le *général des galères* : on le choisit dans toutes les langues. Aucun chevalier ne s'avise de garder cette dignité plus de trois ou quatre ans, à cause des grandes dépenses qu'elle exige, elles excédent 100,000 francs : on parvient par elle aux commanderies & prieurés les plus riches : 4°. le grand conservateur se tire de la langue arragonoise, & ses fonctions sont de signer les billets de la solde : 5°. le grand chancelier élu dans la langue castillane ; il a la surintendance des affaires de la chancellerie : 6°. le grand bailif qui est choisi dans la nation allemande, & qui a l'inspection sur les forteresses de Civita-Vecchia, & de l'isle de Gozo : 7°. le turcopelier qui étoit autrefois élu dans la nation angloise, présidoit à la cavalerie & aux gardes. C'est à présent le sénéchal qui en remplit les fonctions.

Viennent ensuite les prieurés, parmi lesquels le grand prieuré d'Allemagne tient la première place. Ce grand prieur fut déclaré prince de l'Empire en 1546 par Charles-Quint, qui lui donna voix & séance à la diète générale de l'Empire sur le banc des abbés-princes. Il réside à Heitersheim en Brisgau, *voyez* l'article HEITERSHEIM. Il est obligé d'envoyer tous les ans une certaine somme à titre de subside contre les turcs, & une autre au grand-maître de *Malthe*, dont il est, pour ainsi dire, le vicaire.

Suivent enfin les chevaliers, qui sont tous nobles & obligés de prouver un certain nombre de quartiers. Cette classe porte le nom de *chevaliers de justice*, pour les distinguer des chevaliers de grace, qui ne peuvent pas faire les preuves requises ; mais qui, d'après leur mérite personnel, sont déclarés chevaliers & peuvent avoir des commanderies. Les statuts défendent d'admettre dans l'ordre aucun enfant illégitime, (si ce n'est ceux des grands seigneurs), ni aucun sujet au-dessous de dix-huit ans ; mais le pape est le maître d'accorder à cet égard des dispenses, & d'ailleurs le grand-maître a le droit de faire des exceptions à cette règle en faveur de six personnes.

La principale loi de l'ordre, qui portoit que chaque chevalier devoit se trouver à trois expéditions au moins contre les turcs, ne s'observe plus exactement. La religion protestante a aussi adopté la charge de grand-maître de l'ordre de Saint-Jean, connue en Allemagne sous le nom d'*herren-Meisterthum*.

La petite isle de Comino, appellée anciennement *Hephæstia*, & qui dépend de *Malthe*, est située entre *Malthe* & Gozo. Elle a cinq mille pas de circonférence, & elle est fertile. Le fort qu'elle contient, domine le détroit qui sépare cette isle de celle de Malthe & fait face au fort Rosso.

L'isle de Gozo, anciennement *Gaulos*, est voisine de la précédente : elle a douze milles d'Italie de long sur six de large & trente de circonférence. Elle est très-fertile & contient 3000 habitans. Elle rapporte annuellement 25,000 écus, & a le titre de marquisat. On y trouve de bons ports, & trois forts servent à sa défense. L'un d'eux est au milieu de l'isle ; les deux autres sont sur la côte, & s'appellent ; l'un *forte di Garsa*, & l'autre *le Forno*. On y voit d'ailleurs une citadelle plus moderne, composée de six bastions, & qu'on nomme *la forteresse de Chambray*.

MAN, isle de la mer du nord, appartenant à l'Angleterre. Elle est si peu importante que nous renvoyons au dictionnaire de Géographie.

MANSFELD, comté d'Allemagne au cercle de la Haute-Saxe : il touche aux bailliages de Sangerhausen, de Sittichenbach & de Querfurt, de la Saxe électorale ; au bailliage d'Allstett, de la principauté d'Eisenach, à l'évêché de Mersebourg, au duché de Magdebourg, aux principautés d'Anhalt & de Halberstadt, & enfin au comté de Stolberg. Sa plus grande longueur est de sept mille, & sa largeur n'en excède pas quatre. Le pays est très-fertile, quoique montueux.

On tiroit autrefois chaque année 18 à 20,000 quintaux de cuivre, qui rendoient dix à douze onces d'argent par quintal ; mais les mines donnent aujourd'hui à peine 1500 quintaux de cuivre.

Population. Le comté de *Mansfeld* renferme sept villes, en ne comptant la vieille & la nouvelle ville d'Eisleben que pour une seule. On y professe la religion luthérienne, dont Albert VII, comte de *Mansfeld*, favorisa l'établissement. Le nombre des paroisses se monte à 58, & les prédicateurs de la campagne sont divisés en huit doyennés, non comprises les paroisses du bailliage d'Armstein ; elles sont séparées du comté pour la juridiction ecclésiastique, & elles dépendent du consistoire de Leipsic. Le surintendant général a l'inspection des huit doyennés, & des paroisses qui en relèvent ; il fait en même-temps les fonctions de premier prédicateur de la ville d'Eisleben.

Précis de l'histoire politique de ce comté. Le plus ancien comte de *Mansfeld* que l'on connoisse, fut Riddag, Marggrave de Misnie ; il fonda le couvent de Gerbstedt, & mourut en 985. Charles, comte de *Mansfeld*, son fils, eut pour successeur Sigefroi son fils aîné ; Bruno son second fils, fut évêque de Minden ; & Adolphe, seigneur de Sauderfleben son troisième fils, fut le premier comte de Schaumbourg. Sigefroi eut des descendans, & entr'autres le comte Hoier, qui se rendit célèbre, & mourut à la bataille donnée près de Welphesholz en 1115. Un comte du même nom fonda un couvent à *Mansfeld* en 1158. Bourcard, le dernier comte de cette race, mourut en 1230 ;
après

après avoir partagé ce comté entre Bourcard de Querfurt & Hermann d'Osterfeld, Bourggrave de Navenbourg, ses deux gendres. Les successeurs de celui-ci vendirent en 1264 leur part à ceux de Bourcard, chef des comtes de *Mansfeld*, qui parurent ensuite. Bourcard II fut le premier comte de *Mansfeld*, de la branche de Querfurt. Bourcard III son fils aîné, garda ce comté lors du partage, & abandonna la seigneurie de Querfurt à ses frères; il ajouta la seigneurie de Séebourg, qu'il acheta en 1287, à celle de Bornstedt, que Hermann II, petit-fils d'Ulric I, avoit détériorée. Bourcard IV, son fils, acquit la propriété du bailliage de Hederfleben, qu'il joignit pareillement au comté dont il s'agit; & son fils Gerard II acheta, durant sa régence, le château & le bailliage de Schraplau, & le village d'Alberstedt. Il eut pour successeur Basso IV, son fils, père de Günther II, qui aliéna Atzgerode; mais Henri d'Hohenstein lui engagea, en 1401, le château de Morungen, & il finit par le lui vendre en 1408. Wollrath II, son frère, recula les limites de ce comté, en y ajoutant Hetristedt & Wippra qu'il avoit acquis. Günther II eut pour fils Gebhard V, qui acquitta les dettes pour lesquelles le château d'Arnstein étoit hypothéqué. Il eut pour successeur son fils Gebhard VI, qui aggrandit ce même comté, en y réunissant les seigneuries de Friedbourg & de Heldrungen, & qui mourut sans postérité. Günther II & Wollrath II eurent un frère nommé Albert VI, dont le fils Günther III hérita de ce comté, & y ajouta la seigneurie d'Arten. Il mourut en 1475, laissant deux fils, qui fondèrent deux branches principales, & prirent des noms d'après le partage qui avoit été fait du château de *Mansfeld*; celle d'Albert V fut nommée la branche antérieure, & celle d'Ernest I, la branche postérieure.

Albert V laissa un fils, Ernest II, qui eut 21 enfans de deux mariages. Quelques-uns fondèrent des branches collatérales. Philippe II fut la souche de la branche de Bornstedt; Jean-George I le fut de celle d'Eisleben, qui s'éteignit en 1710, par la mort de Jean George III; Pierre Ernest fonda celle de Friedebourg ou de Niederland, qui finit avec ses enfans; Jean Albert celle d'Arnstein, que ses enfans terminèrent également; Jean Hoïer II fut l'auteur de celle d'Artern, qui ne s'étendit point non plus au-delà de ses propres enfans; & enfin Jean Ernest I fut la souche de celle de Heldrungen, qui s'éteignit pareillement à la mort de ses enfans. Quant à celle de Bornstedt, Philippe II eut pour fils Bruno II, & celui-ci Bruno III, qui perpétuèrent cette branche. Il faut dire un mot de François-Maximilien & Henri-François I, fils de ce dernier Bruno. Le second obtint en 1690, de Charles II, roi d'Espagne, la principauté de Fondi, située dans le royaume de Naples, & il fut décoré la même année du titre de prince d'Empire, qu'il prit publiquement en 1711, après qu'il lui eut été confirmé en 1696 & 1709. Il mourut, ne laissant que deux filles. Il eut pour successeur Charles-François-Adam Antoine, fils de François-Maximilien, qui parvint en 1716 à faire lever le séquestre mis sur la partie du comté de *Mansfeld*, située sous la supériorité territoriale de Magdebourg. Le prince Henri François II son fils, lui succéda.

Gebhart VII & Albert VIII, fils d'Ernest I, souche de la branche ultérieure de *Mansfeld*, formèrent deux autres branches; savoir, la moyenne & l'ultérieure. Christophe II, fils du premier, fixa sa demeure à Schraplau, & c'est pour cette raison que la branche moyenne fut appellée celle de Schraplau; mais elle ne s'étendit point au-delà de ses enfans. Jean I, fils d'Albert VIII, Frédéric-Christophe son petit-fils, & Christian-Frédéric son arrière petit-fils, perpétuèrent la branche ultérieure jusqu'à l'année 1666, époque à laquelle elle s'éteignit.

Le comté de *Mansfeld* est en partie fief de Magdebourg, & en partie de la Saxe électorale. Les électeurs de Saxe n'ont investi les comtes jusqu'à 1573, que des domaines qu'ils avoient acquis à titre d'achat, c'est-à-dire, de Heldrungen, Arnstein, Morungen, Leinungen & leurs dépendances. Les mines relevoient de l'empereur, ainsi que le prouvent les lettres d'investitures des années 1215, 1323, 1364, 1416 & 1444; mais Ernest, électeur, & Albert, duc de Saxe, persuadèrent aux comtes de *Mansfeld*, en 1484, de les recevoir d'eux en fief; l'empereur Frédéric III y consentit l'année suivante. L'électeur Auguste fit un échange en 1573, avec le grand chapitre de Halberstadt, & il entra en possession des parties de fiefs que les comtes de *Mansfeld* tenoient de cet évêché; il donna au chapitre, en dédommagement, la seigneurie de Lora, ainsi que les villes d'Elrich & de Bleicherode; les autres parties relevoient de l'archevêché de Magdebourg, & l'électeur de Saxe en obtint quelques-unes par le traité d'échange conclu à Eisleben en 1579. Les fiefs qui relèvent de l'électorat dont on vient de parler, forment depuis cette époque les trois cinquièmes du comté, & ceux qui relèvent du duché de Magdebourg, composent les deux derniers cinquièmes soumis à la supériorité territoriale des seigneurs suzerains. Les comtes de *Mansfeld*, de la branche principale antérieure, consentirent en 1570, que ces mêmes seigneurs séquestrassent les bailliages & les biens qui se trouvoient dans leur mouvance, pour acquitter les dettes dont ils pouvoient être chargés; chacun de ces princes établit un séquestre particulier. Les bailliages & biens séquestrés de cette manière, composoient les trois cinquièmes de tout le comté; les trois quarts dépendoient de la supériorité territoriale de l'électorat de Saxe, & un quart de celle de Magdebourg; mais les branches moyenne & ultérieure de la maison de *Mansfeld* s'étant éteintes, ces mêmes seigneurs suzerains firent comprendre dans le sequestre les deux cinquièmes que ces deux branches avoient possédés. Le sequestre, établi par l'électeur de Brandebourg, fut levé en 1716; mais celui de l'électeur de Saxe subsiste encore.

Titres & privileges. Les princes de *Mansfeld* prennent les titres de prince du Saint Empire romain, de *Mansfeld* & de Fondi, seigneurs de Heldrungen, de Séebourg & de Schraplau & des seigneuries de Dobrzisch, de Neuhaus & d'Arnstein.

Il paroît que les princes de *Mansfeld* n'ont pas actuellement voix & séance aux diètes de l'Empire; mais ce qu'il y a de sûr, on les y appelloit autrefois, & ils y ont envoyé des députés, comme le prouve leur signature, au recès de la diète tenue à Ratisbonne en 1654. Dans la matricule de l'Empire, le comté de *Mansfeld* est taxé par mois romain à dix cavaliers montés, & 45 fantassins, ou à 300 florins; les princes de *Mansfeld* payent de nos jours 120 florins, l'électorat de Saxe 135, & le duché de Magdebourg 45. Le même électorat de Saxe paye pour l'entretien de la chambre, par rapport à *Mansfeld*, 125 rixdales, 48 kr. & le duché de Magdebourg 83 rixdales, 62 kr. Les princes de *Mansfeld* ont voix & séance aux assemblées circulaires de la Haute-Saxe. *Voyez* l'article SAXE & l'article ALLEMAGNE.

MANTOUE, duché d'Italie, réuni aujourd'hui au Milanois.

Il est environné des duchés de Milan & de Modène, de l'état ecclésiastique & des états de la république de Venise. Il a 14 mille communs d'Allemagne de long, & 10 de large.

Les rivières & les canaux qui l'arrosent, rendent son sol fertile en bled & en fruits. Il produit un peu de vin.

En 1328, Louis de Gonzague triompha des Buonacolsi, qui s'étoient rendus maîtres de *Mantoue*, & s'en fit capitaine. Il étoit d'origine allemande. Il prit ensuite le titre de vicaire de l'Empire à *Mantoue*, & il paroît qu'il en obtint la permission de l'empereur Louis de Baviere; mais le pape ne voulut pas le reconnoître. Sa postérité lui succéda dans le gouvernement de *Mantoue*, & dans le vicariat de l'Empire. Jean François obtint en 1432, de l'empereur Sigismond, le titre de marquis; & Frédéric II, déclaré duc en 1530 par Charles-Quint, acquit par un mariage le Montferrat, qui ensuite fut pareillement érigé en duché. Louis son frère acquit par sa femme les duchés de Nevers & de Rhetel en France, & un de ses descendans nommé Charles, à l'extinction de la branche principale des ducs en 1627, devint duc de *Mantoue* & de Montferrat, à la réserve toutefois de 75 domaines de ce dernier duché, qui furent donnés au duc de Savoie. A la mort de Charles II, roi d'Espagne, Philippe, duc d'Anjou, étant monté sur le trône,

le duc de *Mantoue* reçut 60,000 pistoles d'or, & la promesse d'une solde de 36,000 écus par mois, qui devoient servir à l'entretien d'une garnison françoise de 4000 hommes; mais il s'engagea à recevoir les troupes françoises dans sa résidence. La France lui promit en outre qu'elle interposeroit sa médiation pour lui faire rendre les biens que la maison de Gonzague possédoit autrefois en Italie, & qu'elle tâcheroit de le dédommager des pertes que lui causeroit la guerre. Cette alliance avec la France fut la cause de sa disgrace; car elle fut mise au ban de l'Empire: l'empereur donna en 1703 au duc de Savoie cette partie du Montferrat, dont le duc de *Mantoue* avoit été investi pour lui; & en 1707 les troupes impériales s'emparèrent du duché de *Mantoue*. Le duc Charles IV mourut en 1708; il étoit encore au ban de l'Empire. Depuis cette époque la maison d'Autriche est en possession de ce duché, qui est administré par le gouverneur-général du Milanès.

L'empereur vient de changer la forme d'administration du duché de *Mantoue*. Voici le diplome.

1°. A compter du commencement de l'année 1785, le duché de *Mantoue* sera incorporé entièrement aux provinces Milanoises; ces pays ne feront qu'un seul état, & porteront le nom de Lombardie Autrichienne. Les impositions seront établies sur un pied égal, & versées dans une caisse commune & générale.

2°. Les terres du duché de *Mantoue*, étant de moindre valeur que celles du Milanois, les propriétaires des biens-fonds de ce duché seront imposés un quart de moins que ceux du Milanois.

3°. La province de *Mantoue* aura un commissaire & un syndic particuliers au comité général de Milan.

4°. Il n'y aura qu'un seul bureau de recette pour les impositions.

5°. Le gouvernement veillera à ce que les employés pour les impositions remplissent leur devoir avec exactitude.

6°. Les appointemens des employés pour les impositions, seront tirés de la caisse générale des impositions du pays.

7°. La taxe des maisons à la campagne cessera, & elle sera remplacée par une autre imposition.

8°. Il en sera de même de la taxe sur l'industrie.

9°. Le gouvernement fera ensorte que les lieux & communes séparés jusqu'à présent du Milanois y soient incorporés.

10°. Le gouvernement fera la même opération sur plusieurs petites provinces ou districts du pays, afin d'établir par-tout les mêmes principes d'égalité.

Voyez l'article MILANOIS.

MANUFACTURES: ce mot n'a pas besoin de définition. Nous pourrions placer dans cet article des détails que nous insérerons ailleurs;

nous nous bornerons à parler ici de l'effet des progrès de la société, sur le prix réel des *manufactures*, & nous traiterons ensuite de l'importance que le syftême mercantile a donné aux *manufactures*, & nous examinerons si cette importance est fondée.

L'effet naturel des progrès d'une société, est de diminuer graduellement le prix réel de presque toutes les *manufactures*. Celui de la main-d'œuvre diminue peut-être dans toutes, sans exception. De meilleures machines, une plus grande adresse, & une division & distribution plus convenable du travail, sont l'effet naturel des progrès de la société : il faut alors beaucoup moins de travail pour exécuter chaque morceau particulier de l'ouvrage ; & quoique l'accroissement du prix des salaires soit une suite de l'état florissant d'une nation, la grande diminution de la quantité nécessaire auparavant, fera plus que compenser ce qu'ils coûteront de plus.

Dans quelques *manufactures*, l'augmentation du prix réel des matières brutes excédera tous les avantages que les progrès de l'industrie ont apportés dans l'exécution du travail. Dans la charpenterie, la menuiserie & l'espece la plus grossière des ouvrages du tourneur, l'extension de l'agriculture accroît le prix des matières dans une proportion supérieure à tous les avantages qu'on peut tirer des meilleures machines, de la plus grande adresse, & de la division & distribution les plus convenables du travail.

Mais, dans tous les cas où le prix réel des matières brutes n'augmente pas ou augmente peu, celui des marchandises manufacturées baisse considérablement.

Il n'y a point de *manufactures* où cette diminution de prix ait été aussi remarquable, durant le cours de notre siècle & du précédent, que celles qui emploient les métaux grossiers. On auroit aujourd'hui en Angleterre pour vingt schel. un meilleur mouvement de montre qu'on ne l'auroit eu pour vingt livres sterlings vers le milieu du dernier siècle. Tous les ouvrages de coutellerie & de serrurerie, toutes les marchandises connues sous le nom de *quincailleries de Birmingham & de Sheffield*, ont éprouvé durant le même période une grande réduction de prix. Quoique moindre que celle des ouvrages d'horlogerie, elle n'a pas laissé d'étonner les autres ouvriers de l'Europe, qui, dans plusieurs occasions, avouent qu'ils ne pourroient rien faire d'aussi bon pour le double ou même le triple du prix. De toutes les manufactures, celles qui emploient des métaux grossiers, sont peut-être celles où la division du travail peut être poussée plus loin, & où les machines employées sont plus susceptibles de variétés dans les moyens qui les perfectionnent.

Les manufactures de draps n'ont pas éprouvé une réduction si sensible durant le même intervalle.

On assure au contraire que, depuis trente-cinq à 40 ans, le prix du drap superfin est monté en Angleterre en proportion de sa qualité ; ce qui vient, dit-on, de ce que le prix des laines d'Espagne est fort renchéri. On ajoute que celui des draps d'Yorck-Shire, entiérement fabriqués avec de la laine angloise, n'a pas peu baissé dans le cours de notre siècle en proportion de sa qualité : mais la qualité est une chose si contestée, qu'on doit peu compter sur toutes les observations de ce genre. Dans les *manufactures* de draps, la division du travail est à-peu-près la même qu'elle étoit il y a cent ans, & les machines qu'on y emploie ne sont pas fort différentes. Quelques améliorations sur ces deux points peuvent cependant avoir occasionné une réduction du prix.

La réduction paroîtra beaucoup plus sensible & plus incontestable, si nous comparons le prix de cette manufacture, tel qu'il est de nos jours en Angleterre, avec ce qu'il étoit vers la fin du quinzième siècle, où le travail étoit probablement beaucoup moins subdivisé, & où les machines employées étoient beaucoup plus imparfaites.

En 1487, c'est-à-dire, la quatrième année du règne d'Henri VII, il fut statué que « quiconque » vendroit en détail une verge de la plus fine » écarlate grainée, croisée, ou d'autre drap croisé » de la plus belle fabrication au-delà de seize » schelings, paieroit une amende de 40 sche- » lings pour chaque verge qu'il auroit aussi ven- » due ». Ainsi on regardoit alors 16 schelings, qui en feroient environ vingt-quatre d'aujourd'hui, comme un prix raisonnable pour une verge du drap le plus fin ; & comme cette loi étoit somptuaire, il est probable que ces sortes de draps se vendoient un peu plus cher. Une guinée est le plus haut prix qu'ils coûtent à présent. En supposant donc la même qualité dans ces anciens draps & dans les modernes, qui vraisemblablement sont fort supérieurs aux anciens, le prix des draps fins ne laisseroit pas de paroître bien diminué depuis la fin du quinzième siècle : mais leur prix réel est encore plus réduit. Six schelings & huit pences furent réputés alors, & long tems après, le prix commun d'un quartier de bled-froment. Ainsi seize schelings étoient le prix de deux quartiers ou de plus de trois boisseaux. En évaluant aujourd'hui un quartier de froment à vingt-huit schelings, le prix réel d'une verge de fin drap doit avoir été pour le moins égal alors à trois livres six schelings & six pences, monnoie d'Angleterre. Il falloit que l'homme qui en achetoit, renonçât à la disposition d'une quantité de subsistances & de travail égale à ce que cette somme en procureroit à présent.

Quoique la réduction dans le prix des *manufactures* grossières ait été considérable, elle l'a été moins que dans les autres.

En 1463, la troisième année du regne d'Edouard IV, il fut ordonné que « les domestiques » des fermes, les gens de peine & ceux au service des artisans qui demeuroient hors des villes ou bourgs, ne s'habilleroient point d'une étoffe qui coûtât plus de deux schel. la verge ». Deux schelings contenoient alors à-peu près la même quantité d'argent que quatre d'aujourd'hui. Mais le drap d'Yorck-Shire, qui se vend à présent quatre schelings la verge, est probablement fort supérieur à tous ceux qu'on faisoit dans ces temps-là pour l'usage des plus pauvres domestiques. Ainsi le drap que porte aujourd'hui cette classe d'hommes, peut être un peu moins cher en raison de sa qualité. Le prix réel en est certainement bien au-dessous; car le boisseau de froment valoit alors dix pences. C'étoit le prix raisonnable & modéré. Par conséquent, deux schel. étoient le prix de deux boisseaux & environ deux pecks, qui, à trois schelings & six pences le boisseau, vaudroient huit schelings & neuf pences. Pour avoir une verge de cette étoffe, il falloit donc que le pauvre domestique se privât de la faculté d'acheter une quantité de subsistance égale à celle que huit schelings neuf pences acheteroient aujourd'hui. D'ailleurs c'est une loi somptuaire faite pour arrêter le luxe & l'extravagance des pauvres. Ainsi communément il leur en coûtoit davantage pour s'habiller.

La même loi leur défend de porter des bas à plus de 14 pences la paire, c'est-à-dire, environ vingt-huit pences d'aujourd'hui. Mais 14 pences étoient alors le prix d'un boisseau & près de deux pecks de froment, qui, au prix actuel de trois schelings six pences le boisseau, reviendroit à cinq schelings trois pences. Des bas à ce prix pour un domestique de la plus pauvre & la dernière classe, nous paroîtroient fort chers. Il falloit néanmoins qu'il les payât l'équivalent de ce prix-là.

L'art de tricoter les bas étoit probablement inconnu dans toute l'Europe au tems d'Edouard IV. Ils étoient de drap ordinaire, ce qui peut avoir été une des causes de leur cherté. On dit que c'est la reine Elisabeth qui, en Angleterre, porta la première des bas tricotés, dont l'ambassadeur d'Espagne lui avoit fait présent.

Les machines employées dans les *manufactures* de gros & de fin drap, étoient beaucoup plus imparfaites à ces époques éloignées qu'elles ne le sont aujourd'hui. Elles ont été perfectionnées dans trois points essentiels, & vraisemblablement dans plusieurs autres moins capitaux, dont il ne seroit pas aisé de constater le nombre & l'importance. Les trois points essentiels sont, 1°. le rouet substitué à la quenouille & au fuseau, ce qui produit le double d'ouvrage avec la même quantité de travail : 2°. l'usage de diverses machines ingénieuses, qui facilitent & abrégent encore davantage l'opération de devider les laines filées, ou l'arrangement convenable de la chaîne & de la trame avant qu'elles soient mises au métier; opération qui, avant l'invention de ces machines, devoit être fort ennuyeuse & fort incommode : 3°. l'usage des moulins à foulon pour fouler le drap, au lieu de le fouler dans l'eau. Jusqu'au seizième siècle, on ne connut ni moulins à vent, ni moulins à eau en Angleterre, ni, que je sache, en aucune autre partie de l'Europe en-deçà des Alpes. Ils s'introduisirent en Italie quelque temps auparavant.

Ces détails peuvent expliquer en quelque manière pourquoi le prix réel des *manufactures* de gros & de fin drap étoit anciennement si supérieur à celui d'aujourd'hui. Comme il en coûtoit plus de travail pour fabriquer ces marchandises, il falloit qu'elles fussent vendues ou échangées à un prix plus considérable.

Les draps grossiers se fabriquoient dans ces anciens temps en Angleterre, comme ils se fabriquent toujours dans les pays où les arts & l'industrie sont dans leur enfance. L'ouvrage se faisoit dans la maison aux heures perdues : tous les membres de la famille y concouroient; & ce n'étoit pas leur principale occupation, ni celle d'où ils attendoient la plus grande partie de leur subsistance. L'ouvrage qui se fait ainsi, n'est jamais si cher que celui sur lequel un ouvrier compte pour vivre. D'un autre côté, les belles fabriques n'étoient point alors en Angleterre, mais dans le pays riche & commerçant de la Flandre, où elles étoient la principale ou presque la seule ressource de ceux qui y travailloient. D'ailleurs, en qualité de *manufactures* étrangères, elles devoient payer quelque droit au roi, & au moins celui de tonnage & de pondage qui est fort ancien. Ce droit, à la vérité, étoit modique. La politique de l'Europe n'étoit pas alors de mettre des entraves à l'importation des marchandises étrangères, mais plutôt de l'encourager, afin que les grands pussent se procurer au meilleur marché possible les objets de luxe & de commodité dont ils avoient besoin, & qu'ils ne trouvoient pas dans l'industrie de leur propre pays.

Nous dirons à l'article VILLES comment les *manufactures* obtinrent une sorte de prépondérance sur les travaux de la campagne, & l'effet que produisit cette révolution sur le commerce & les fabriques.

L'industrie appliquée aux manufactures, obtint une autre prépondérance, à l'époque où la découverte du cap de Bonne-Espérance conduisit les vaisseaux européens en Asie; & la découverte de l'Amérique & la fondation de nos colonies dans le nouveau-Monde ont donné lieu dans tous les états de l'Europe à une politique exagérée sur les avantages du commerce & des manufactures. A l'époque de ces découvertes, la supériorité de force du côté des européens étoit si grande, qu'ils pouvoient commettre impunément toutes sortes d'injustices dans ces contrées éloignées. Les naturels y deviendront peut-être plus forts dans la fuite, ou ceux de l'Europe plus foibles; & les habitans de toutes les parties du globe pourront arriver à cette égalité de force & de courage, qui, par la crainte mutuelle qu'elle inspire, est seule en état d'y contenir l'injustice des nations indépendantes dans une espèce de respect pour leurs droits réciproques : mais rien ne paroît plus propre à introduire une telle égalité que cette communication des connoissances & des améliorations de tout genre, que porte avec lui un commerce étendu entre toutes les parties du monde.

Un des principaux effets de ces découvertes, nous le répétons, a été d'élever le système mercantile à un degré de splendeur & de gloire, auquel il ne seroit jamais parvenu. L'objet de ce système est d'enrichir une grande nation, plutôt par le commerce & les manufactures que par le défrichement & la culture des terres, plutôt par l'industrie des villes que par celle de la campagne. D'après ces découvertes, les villes commerçantes de l'Europe, au lieu d'être manufacturières ou voiturières pour une petite partie du monde seulement (pour la partie de l'Europe que baigne l'Océan Atlantique, & les pays qui bordent la Baltique & la Méditerranée), sont devenues manufacturières pour les nombreux cultivateurs qui augmentent tous les jours en Amérique, & voiturières, & même aussi, à quelques égards, manufacturières de l'Asie & de l'Afrique. Deux nouveaux mondes se sont ouverts à leur industrie, chacun des deux beaucoup plus étendu que l'ancien, & l'un d'eux leur offrant un marché qui s'agrandit de jour en jour.

Les pays qui possèdent les colonies de l'Amérique, & qui commercent directement avec les Indes orientales, jouissent, à la vérité, de toute la pompe & de tout l'éclat de ce grand commerce; mais il y en a d'autres qui, malgré les moyens odieux dont on s'est servi pour les en exclure, ont souvent plus de part au bénéfice qu'il produit. Les colonies de l'Espagne & du Portugal, par exemple, donnent plus d'encouragement réel à l'industrie étrangère qu'à celle de leurs métropoles. La consommation de ces colonies pour le seul article des toiles, se monte, dit-on, à plus de trois millions sterlings par an. Et ce sont la France, la Flandre, la Hollande & l'Allemagne, qui les fournissent presqu'entiérement. Le capital qui procure aux colonies cette quantité de toiles, se distribue annuellement parmi les habitans des autres nations; il n'y a que les profits de ce capital qui restent à l'Espagne & au Portugal, où ils aident à soutenir la somptueuse profusion des marchands de Cadix & de Lisbonne.

Les réglemens même par lesquels chaque nation tâche de s'assurer le commerce exclusif de ses colonies, sont souvent plus préjudiciables aux pays en faveur desquels on les fait, qu'à ceux contre lesquels on les établit. L'injuste oppression des autres pays retombe, pour ainsi dire, sur la tête des oppresseurs, & écrase plus leur industrie que celle des étrangers. Avant la révolution des États-Unis, il falloit, par exemple, que le marchand de Hambourg envoyât la toile qu'il destinoit pour l'Amérique au marché de Londres, & qu'il en rapportât du tabac qu'il destinoit pour le marché de l'Allemagne, parce qu'il ne pouvoit envoyer l'une directement en Amérique, ni en rapporter l'autre directement. Cette contrainte l'obligeoit probablement à vendre sa toile un peu meilleur marché & à payer le tabac un peu plus cher qu'il n'eût fait, & par-là elle diminuoit probablement un peu ses profits. Dans le commerce entre Hambourg & Londres, le capital du marchand de Hambourg lui rentroit cependant beaucoup plus vite qu'il ne lui seroit rentré dans le commerce direct avec l'Amérique, en supposant même que les paiemens de l'Amérique eussent été aussi ponctuels que ceux de Londres; ce qui n'étoit pas. Ainsi, dans le commerce auquel il se trouvoit borné par ces réglemens, son capital pouvoit exercer constamment une plus grande quantité d'industrie allemande qu'il n'auroit fait dans celui d'où il étoit exclu. Son capital pouvoit donc être moins profitable pour lui de cette manière que de l'autre; mais certainement il ne pouvoit être moins avantageux à son pays. Il en étoit tout autrement du capital du négociant de Londres : l'emploi vers lequel le monopole attiroit ce capital, pouvoit être plus lucratif pour lui; mais, par la lenteur des retours, il ne paroissoit pas être plus avantageux à sa nation.

Ainsi, après toutes les injustes tentatives faites par chaque pays de l'Europe pour s'emparer de tout le commerce de ses colonies, il n'y en a point qui ait été capable de s'approprier autre chose que la dépense de maintenir en temps de paix & de défendre en temps de guerre l'autorité oppressive qu'il s'attribue sur elles. Chacun d'eux s'est réservé à lui seul complettement les inconveniens qui résultent de la possession de ses colonies. A l'égard des avantages qui résultent de leur commerce, il a fallu, malgré lui, qu'il les partageât avec d'autres pays.

Au premier coup-d'œil, sans doute, le monopole du grand commerce de l'Amérique paroît une acquisition de la plus grande valeur; mais l'éclat éblouissant & la grandeur immense de ce commerce sont ce qui en rend le monopole préjudiciable au pays qui le fait. C'est précisément pour cela qu'un emploi, qui de sa nature est nécessairement moins avantageux, attire à soi une plus grande proportion du capital qu'il n'en auroit attiré.

Le fonds mercantile de chaque pays cherche naturellement, pour ainsi dire, l'emploi le plus avantageux pour ce pays. S'il va au commerce de transport, le pays auquel il appartient devient l'entrepôt des marchandises de toutes les autres contrées dont il fait le commerce. Mais le propriétaire de ce fonds souhaite de vendre le plus qu'il peut, de ces marchandises dans son pays même. Il s'épargne ainsi l'embarras, le risque & la dépense de l'exportation, il sera bien-aise de s'en défaire chez lui, non-seulement à bien plus bas prix, mais avec un peu moins de profit qu'il n'en auroit chez l'étranger. Il cherche donc à convertir, autant qu'il peut, son commerce de transport en commerce étranger de consommation. Si son fonds est employé dans ce dernier commerce, il sera bien-aise, par la même raison, de vendre chez lui, le plus qu'il pourra, des marchandises du pays qu'il amasse pour les exporter, & il s'efforcera de convertir son commerce étranger de consommation en un commerce intérieur. Le fonds mercantile de chaque pays poursuit ainsi l'emploi le plus proche & fuit le plus éloigné ; il poursuit celui dont les retours sont plus fréquens, & fuit celui où ils sont plus tardifs ; il poursuit celui qui peut mettre en mouvement une plus grande quantité de travail dans le pays auquel il appartient, & il fuit celui qui ne peut en mettre autant ; il poursuit celui qui, dans les cas ordinaires, est le plus avantageux à ce pays, & il fuit celui qui l'est le moins.

Mais s'il arrive que, dans les emplois plus éloignés & moins avantageux au pays dans les cas ordinaires, le profit s'élève un peu au-dessus de ce qui suffit pour balancer la préférence qu'on donne aux emplois plus prochains, cette supériorité de bénéfices enlevera des fonds aux emplois plus prochains, jusqu'à ce que les bénéfices de tous reprennent leur niveau. Cette supériorité de bénéfices est cependant une preuve que, dans les circonstances actuelles où se trouve la société, ces emplois éloignés emportent moins de fonds, en proportion des autres, & que les fonds n'y sont pas distribués de la manière la plus convenable dans les divers usages qu'on en a faits. C'est une preuve qu'on achete une chose meilleur marché, ou qu'on la vend plus cher qu'elle ne devroit être vendue ou achetée, & que quelque classe de citoyens est plus ou moins foulée en payant plus ou en gagnant moins qu'il ne faudroit, pour qu'il y eût cette égalité qui doit s'établir & qui s'établit naturellement parmi leurs différentes classes. Quoique le même capital ne puisse jamais fournir la même quantité de travail productif, quand on l'emploie au loin que quand on l'emploie près de soi, cependant il peut être aussi nécessaire pour le bien de la société de l'employer loin que près, parce que les marchandises dont l'emploi éloigné fait le commerce, sont peut-être nécessaires elles-mêmes pour plusieurs des emplois plus prochains. Mais si les profits de ceux qui font le commerce de ces marchandises, sont au-dessus de leur niveau, elles seront vendues plus cher qu'elles ne doivent l'être, ou un peu au-dessus de leur prix naturel ; & dès-lors tous ceux qui mettent leurs capitaux dans des emplois plus proches, seront plus ou moins lésés par ce haut prix. Leur intérêt exige donc, dès ce moment-là, qu'il soit retiré quelques fonds des emplois plus proches, & qu'ils entrent dans l'emploi éloigné, pour réduire ses profits à leur niveau, & les marchandises qui sont l'objet de son commerce, à leur taux naturel. Dans ce cas extraordinaire, l'intérêt public demande qu'il soit pris quelque chose sur les emplois ordinairement les plus avantageux au public, pour le verser dans ceux qui ordinairement le sont moins, & pour lors les intérêts naturels & les inclinations des hommes s'accordent aussi exactement avec l'intérêt public que dans tous les cas extraordinaires, & ils tendent à retirer des fonds de l'emploi plus proche, pour les verser dans le plus éloigné.

C'est ainsi que les intérêts particuliers & les passions des individus les disposent à appliquer leurs fonds aux emplois qui, dans les cas ordinaires, sont les plus avantageux au public. Mais s'ils y en appliquoient trop, la diminution de leurs bénéfices & son accroissement dans tous les autres emplois les porteroient bientôt à changer cette distribution défectueuse. Ainsi, sans que la loi intervienne, les intérêts & les passions des hommes les conduisent naturellement à partager & à distribuer les fonds de chaque société à tous les emplois qu'on en peut faire, de manière qu'ils approchent le plus près possible de la proportion qui convient à l'intérêt de la société entière.

Les réglemens du système mercantile dérangent nécessairement plus ou moins cette répartition naturelle des fonds, qui est la plus avantageuse. Mais elle est peut-être plus dérangée par ceux qui concernent le commerce de l'Amérique & des Indes orientales que par tous les autres, parce qu'il n'y a pas deux autres branches de commerce qui emportent une quantité aussi considérable de fonds. *Voyez* les articles MONOPOLES & VILLES.

MARAIS. Moyens d'en rehausser certaines parties, avec les eaux mêmes qui les inondent.

Les terrains situés au milieu des montagnes voisines, sont assez ordinairement marécageux. Aux eaux qu'ils reçoivent naturellement des pluies, se réunissent encore toutes celles qui tombent sur le penchant de ces montagnes. Quand leur surface est considérable, le volume d'eau qui en découle est immense ; en leur supposant moins d'étendue, ce qui en provient est toujours une surabondance qui rend le sol inférieur humide & mal sain (1).

Ce sol, il faut pourtant l'avouer, forme généralement un pâturage abondant. Si on y laisse croître le foin, la récolte en est ample, mais sa qualité médiocre ; jamais il ne sera recherché. Quant aux grains de première classe, tels que le froment & le seigle, ils ne font qu'y languir. A peine le laboureur est-il rempli de ses avances & payé de ses fatigues.

Le plant qu'on y dépose ne remplit pas l'attente du cultivateur, à moins qu'il lui confie uniquement des arbres aquatiques, des aunes, des saules, & quelques autres de ces espèces dont il pourra tirer son chaufage ; mais il n'y coupera point un chêne, pas un de ces bois précieux dont la durée semble n'avoir point de terme.

Ces vérités sont connues, & je ne les reproduirois point, si le remède n'étoit pas au pouvoir de la plus grande partie des propriétaires de ces fonds ; & qu'on ne pense pas, par-tout où il sera applicable, qu'il faille l'acheter au poids de l'or. Une foible dépense suffira : je ne parle que d'après l'expérience & le succès.

La terre de Sept-Fontaines, située près d'Ardres en Picardie, terre que j'habite une partie de l'année, à la moitié de son manoir, dominée par deux petites montagnes en culture : l'une au levant, l'autre au couchant. Je dois ajouter que les labourés qui l'avoisinent au midi forment également une élévation relative, ensorte que toutes les eaux qui tombent sur ces trois points, affluent dans le manoir. Leur abondance est quelquefois considérable, & telle qu'en temps d'orage il en étoit autrefois couvert ; mais le côté du nord présentant une inclinaison légère, la submersion n'étoit jamais que momentanée.

Aussi long-temps que ces débordemens n'ont fait que rouler dans son enceinte, & l'abandonner aussi-tôt, le parti qu'on tiroit de plus de vingt arpens de terre étoit à-peu-près nul. Il y restoit trop d'eau pour que le sol se rafermît pleinement : il n'en restoit point assez pour que d'utiles dépôts le rehaussassent.

Que toutes ces eaux soient enchaînées à leur arrivée ; qu'un cordon de terre bien tassée, bien compacte les retienne prisonnières ; que cette barrière ne leur soit ouverte qu'après deux ou trois jours de captivité : la couche terreuse qu'elles laisseront sur toute l'étendue qu'elles auront occupée, dédommagera bientôt le propriétaire du travail peu coûteux de cette foible digue.

J'ose assurer que certains coups d'eau peuvent exhausser un tel terrain de dix-huit ou vingt lignes. Je m'en suis convaincu différentes fois par des mesures exactes ; mais ces progrès marquans n'avoient lieu qu'aux époques où mes petites montagnes avoient été nouvellement remuées par la charrue. La raison en est simple : leur surface alors offre plus de prise, s'élève bien plus aisément, & l'eau m'amenoit toutes les parties qu'elle en avoit détachées.

Cette observation fait assez sentir que les bas-fonds ne s'enrichiroient pas ainsi de la dépouille des hauteurs, si ces hauteurs étoient en pâturages, & revêtues d'un gazon serré, les pluies couleroient sur cette verdure sans pouvoir l'entamer, & ce n'est pas ce qu'il faut ici ; mais il est rare que les collines ne soient pas labourées ; du moins le sont-elles en grande partie dans la province que j'habite.

Quand les grains sont levés, leur touffu qui n'est point comparable à celui des herbes, forme même un obstacle à ce que l'eau parvienne à son but, chargée de toute la terre qu'elle voiture après la récolte. Son arrivée n'est cependant pas sans effet, mais cet effet est alors plus foible. (2).

On m'objectera peut-être qu'un tel moyen de relever son héritage, en fera pendant nombre d'années un séjour aquatique, un vaste étang qu'il sera impossible de fréquenter : qu'on se rappelle ce qui a été dit plus haut ; il n'est pas nécessaire, on doit même éviter que les eaux demeurent où elles ont été arrêtées. Aussi-tôt qu'elles sont redevenues claires, on leur rend la liberté ; la moindre ouverture à la digue favorisera leur fuite, & vous en aurez retiré le tribut que vous désiriez. Deux ou trois jours de sec consolideront tout ce qu'elles auront apporté, & le passage rebouché, vous en attendrez de nouvelles.

On peut s'épargner l'embarras de ces ruptures & de ces réparations ; que de distance en distance de la digue, dans les endroits les plus bas,

---

(1) Il n'est que trop aisé de s'en convaincre, en portant la vue sur ces fonds, particulièrement au lever & avant le coucher du soleil. Une vapeur épaisse s'élève alors de leur surface, & ne disparoît, sur-tout au matin, qu'après plusieurs heures. Si on en approche, si on s'y plonge, l'odorat avertit de son insalubrité. Que du même point on tourne les yeux sur les hauteurs, on ne découvre rien de ces émanations. Elles sont douces, locales & dépendantes de l'humidité du sol.

(2) Pour obtenir, en chaque saison, des résultats assez précis sur la quantité de terre qui m'étoit fournie par les eaux, je me suis procuré un vase bien cylindrique & transparent, long d'environ trois pieds. Je le remplissois de ces eaux, toutes troubles encore, mais seulement d'autant de pouces que ma digue en avoit elle-même en élévation. Je laissois reposer cette eau jusqu'à ce qu'elle fût clarifiée parfaitement ; en mesurant alors au fond du vase l'épaisseur du sédiment, je jugeois d'avance quel seroit pour mon local l'exhaussement de cette fois en particulier, & je n'étois jamais trompé. Par cette expérience bien simple, chacun peut voir la ressource qu'il tirera de pareilles eaux pour un terrein qu'il voudroit relever par leur moyen.

on établisse, avec quelques piquets, & des branchages entrelacés, deux treillis de sept à huit pieds de longueur, parallèles entr'eux & dans la direction de la digue; que ces treillis soient écartés l'un de l'autre de toute son épaisseur; & l'encaissement qu'ils formeront, rempli d'une douzaine de fagots bien pressés, l'eau ne franchira cette entrave qu'après s'être dépouillée de la majeure partie de son limon; je me suis servi des deux méthodes; il est incontestable que la première avance, plutôt l'ouvrage, puisque rien n'est perdu; mais les distractions de la vie, & les absences de son domaine peuvent la rendre moins praticable. Dans ces circonstances, on s'applaudira encore de la seconde.

La digue qu'il est question de construire, & à laquelle je reviens, est de la plus grande simplicité. Un fossé d'environ six pieds de largeur sur trois de profondeur, fournira tous les matériaux. Le fossé sera pris dans l'espace qu'on veut rehausser, & la terre rejetée du côté opposé. La fouille achevée, l'ouvrier, aidé de sa bêche, étendra la terre qui en sera sortie, en allongeant les talus; sur-tout celui de la partie où les eaux doivent séjourner; moins il aura de roideur, & moins les eaux le dégraderont; elles n'auront presqu'aucune prise sur lui, s'il leur présente un angle qui soit de 25 à 30 degrés : quant à l'élévation de la levée, on ne peut pas lui donner moins de deux pieds.

Tout ce travail n'exige qu'un poli grossier : mais pour qu'il reçoive toute la perfection, & j'ajouterai toute la solidité dont il est susceptible; il restera à le gazonner sur la partie intérieure (1).

Or, cet ouvrage, même avec le gazonnement, est d'une dépense infiniment modique. Le malheureux que vous y employerez, vous donnera son temps, son industrie & ses peines à raison de 18 sols par jour en été, & de 15 en automne; tel est du moins le taux auquel on paye, dans mon canton, le journalier; & cette somme, sur laquelle il a pris le pain dont il s'est nourri, est la plus forte rétribution que jamais il remporte dans sa chaumière.

Il creusera cependant durant les longs jours, cinq toises du fossé, dont j'indique ici les dimensions. Si on préfère une entreprise, chaque verge ou chaque longueur de 20 pieds coûtera 12 sols; quant au régalage & au gazonnement, on sent qu'ils doivent être évalués à part.

J'ai conseillé, en général pour la digue, une élévation de deux pieds : mais en sousentendant que le terrain à exhausser soit (dans la direction de la digue), d'une surface à-peu-près horisontale; autrement, cette élévation ne pourroit pas être uniforme. On conçoit facilement que pour arrêter un fluide dont la nature est de chercher le niveau, il est indispensable que l'obstacle soit de niveau lui-même. Il pourra donc se trouver des parties où plus d'exhaussement deviendra nécessaire, & ce sera dans les fonds; il pourra s'en rencontrer aussi où la digue n'aura besoin que d'un pied, & de moins encore, s'il se rencontre des monticules.

Au reste, cette différence d'élévation n'aura guère lieu qu'une fois, lors du premier travail. A mesure que le terrain s'exhaussera, les irrégularités disparoîtront : il adoptera insensiblement le parallélisme du haut de la ligne avec l'horison, & cet effet est tout simple. La colonne d'eau stagnante sur les fonds est plus longueur que la colonne qui repose sur les éminences; elle contient donc plus de parties terreuses; elle doit donc déposer davantage.

Si je me suis restreint à deux pieds pour l'élévation moyenne de la digue, c'est uniquement pour épargner la dépense. On sent assez qu'un obstacle de quatre pieds, en doublant le volume d'eau, accélèreroit bien plutôt la fin de l'ouvrage; mais il exigeroit une solidité toute différente.

Je n'insisterai pas sur les rehaussemens successifs qu'il faudra faire à la digue à mesure que le sol

---

(1) Il est un procédé aussi facile qu'expéditif pour enlever d'un pré, des gazons tout prêts à être transportés & appliqués ailleurs. On prend un bâton de cinq à six pieds de longueur, & tel qu'on puisse l'empoigner aisément. On attache solidement, vers son extrémité la plus grosse, une lame de couteau assez forte, qui en traverse le diamètre, & qui en sorte de trois ou quatre pouces. Le coutre d'une charrue, la manière dont il est implanté donnent une idée de ce que je veux faire entendre.

Ce bâton ainsi garni, on le pousse en avant de soi, à-peu-près comme les jardiniers conduisent une ratissoire. On a soin que le couteau se trouve dirigé vers le terrain, & qu'il s'y enfonce pleinement. Sa partie tranchante est placée pour marcher la première. Elle s'ouvre donc une trace qu'on prolonge aussi loin qu'on le juge à propos. A sept ou huit pouces de cette première trace, on en forme une seconde; & à pareilles distances, une troisième, une quatrième, &c. toujours parallèles entr'elles. On croise toutes ces traces par d'autres qui les coupent à angle droit, & qu'on espace de même : par ce moyen, on aura des gazons de sept à huit pouces quarrés & réguliers, si on n'oublie pas d'étendre un cordeau pour chaque ligne.

Mais le travail du couteau ne fait que circonscrire. Il reste à détacher les gazons de la terre, & c'est à l'aide d'un trousse-pas qu'on en rend l'opération très prompte. Pourquoi ne connoîtroit-on pas cet instrument ? Il ressemble beaucoup à la truelle des maçons : mais plus pointu, d'un bon acier, & bien tranchant sur deux côtés, il porte un manche de trois pieds. Chaque gazon sous lequel on l'insère, est enlevé dans l'instant, sur-tout si le couteau a fait sa double tranchée nette & suffisamment profonde.

On aura soin que le terrain qu'on dépouille ainsi de son gazon, soit auparavant fauché le plus près possible, ou même brouté par un troupeau. Il est clair que de longues herbes s'opposeroient à tout cet ouvrage.

gagnera

gagnera en élévation. Ce travail est d'une nécessité frappante ; & le lecteur qui n'en saisiroit point la raison, n'auroit pas compris ce qui précède.

C'est en accumulant ces dépôts qu'on est parvenu à rehausser de plus de cinq-pieds le terrain dont il est ici fait mention, & que de mauvais, on l'a rendu l'un des meilleurs & des plus fertiles du canton.

Comme il est maintenant autant asséché qu'on pouvoit le désirer, un fossé d'une toise de largeur, sur moitié de profondeur, reçoit, à leur arrivée, les eaux qui s'y rendent encore, & les conduit au-delà du manoir, & cet égout ne renfermant aucun obstacle, la partie terreuse ne s'y amasse point : il conserve tout son passage, & reste fossé. A l'aide de la moindre obstruction, on le combleroit dans une automne, jusqu'à en effacer la trace.

Sans doute que pour un terrain vaste, une pareille métamorphose ne s'opère pas aussi promptement. Ce grand changement ne peut être que le fruit de la persévérance & des années ; mais, en admettant même que celui qui commencera l'ouvrage ne jouira point de son entière perfection, n'est-ce pas déjà pour un père de famille, pour un philosophe, concitoyen de tous les âges, une jouissance réelle de s'occuper de la génération qui va le remplacer ? Le vieillard de la fable ne se faisoit point illusion ; il savoit, en plantant, que le peu de jours qui lui restoit à vivre ne lui permettroit pas de couper le bois dont il ornoit son domaine. Ses soins n'en étoient pas moins actifs, ni son plaisir moins pur :

« Mes arrière-neveux me devront cet ombrage ! »

(*Article de M. de SEPT-FONTAINES, gentilhomme de l'Ardrésis*)

MARATTES (empire des *marattes*). Le siège de cet empire est à Poonah, au nord de Goa ; mais ses possessions en général se trouvent dans l'arrondissement de Guzeratte, Malwa, Chander, Berar & Orissa. Ils possèdent en outre des districts considérables dans les provinces d'Agimere, d'Agra, d'Allahabad & dans le Décan ; leur territoire renferme, dit-on, environ 28,000 quarrés d'Allemagne ; & cette puissance est si peu connue que les lecteurs instruits auront peut-être quelque plaisir à trouver ici un précis de l'histoire politique de l'empire des *marattes*, des remarques sur la forme singulière de leur gouvernement actuel, sur leurs ressources & sur leurs dernières guerres avec la compagnie angloise. M. Sprengel a publié à Halle une histoire complette des *marattes*, depuis leur origine jusqu'à leur dernière paix avec l'Angleterre, le 17 mai 1782.

L'*Annual register* de 1782 donne d'autres détails sur les *marattes* : nous ajouterons aux remarques de ces auteurs, d'autres remarques qui nous ont été communiquées.

Les *marattes* sont un peuple originaire de l'Indostan ; ils descendent des rasbutes, dont la caste a été appellée celle des guerriers, & qui, avant la conquête de l'Indostan par les maures, ne connoissoient d'autre profession que celle des armes, précisément comme la noblesse d'Europe dans le moyen âge. Une partie de cette caste mène actuellement le genre de vie de ses ancêtres sur la côte de Malabar, où on leur donne le nom de *naïres* & de *chétries*. Les rasbutes habitèrent originairement les provinces d'Agimerre, de Guzaratte, de Malwa & d'Ullahabad. Ils étoient répartis en tribus, dont chacune avoit son rajah particulier. Celle des Rattor, dont les *marattes* descendent immédiatement, habitoit aux environs de Chilore & d'Udipur. Le nom de *marattes* ne paroît être connu que depuis 1673 : il est composé des mots *maha* (grand) & *rajah* ou *rajah*. Ce nom ne plaît pas à cette nation, qui se donne celui d'habitans du Décan.

Les *marattes* se vantent d'une très-haute antiquité ; & leur langue qui est un dialecte particulier de l'idiome des indous, & qui est reconnu pour un des plus anciens de l'Inde, justifie assez leur prétention. C'est donc à tort qu'on les a regardé comme des bandits sans loix, & un ramas de brigands que le hasard a réuni dans des vues de pillage.

Cette nation guerrière est la seule de l'Inde qui ait toujours refusé de se soumettre au joug des mahométans. Les forces immenses & la supériorité des tartares musulmans les contraignirent à se réfugier dans des lieux inaccessibles de cette vaste chaîne de montagnes qui couvrent une si grande partie de l'Indostan.

La fondation de l'empire des *marattes* date de 1660 ; ils doivent leur grandeur à Sewagi, descendant des princes Rasbutes de Chitore, qui naquit en 1629 & mourut en 1680. M. Sprengel dit qu'avant ce prince les *marattes*, répartis en tribus innombrables, ne faisoient point un corps de nation ; que les uns vivoient de brigandages & de pirateries, & les autres servoient comme soldats sous leurs rajahs dans les armées du mogol & d'autres princes : mais les anglois qui connoissent mieux l'histoire des *marattes*, semblent contredire ces faits. Les ancêtres de Sewagi s'étant engagés au service du roi de Décan, ils y obtinrent des territoires. Sewagi prit possession, en 1646, du territoire de son père dans le Concan ; & s'étant attaché ensuite diverses tribus des provinces de Concan & de Guzaratte, il soumit ses voisins en 1660, & devint si puissant qu'il usurpa en 1674 plusieurs grands districts sur les terres du grand-mogol. Cette même année il prit à Rairi le titre de *Maha-Raga*, & se fit déclarer souverain indépendant. Il continua ses conquêtes jusqu'en 1680, époque de sa mort. Le nouvel empire des *marattes* n'a duré que jusqu'en 1689, où le successeur de Sewagi, devenu prisonnier du

Œcon. polit. & diplomatique. Tom. III.

mogol Aurengzeb, fut mis à mort par ses ordres. Mais, au commencement de ce siècle, cette nation s'est relevée, ainsi qu'on va le voir.

La longue guerre qu'ils ont soutenue sous les ordres de Sewagi, leur ministre-chef, contre Aurengzeb dont ils déjouèrent la puissance, les talens & la perfidie, offriroit en d'autres parties du monde un morceau d'histoire très-brillant. Les pays de montagnes qu'ils occupoient, arrivés au dernier point de culture dont ils se trouvoient susceptibles, n'auroient pu fournir à leur subsistance, & ils étoient absolument dénués des ressources nécessaires pour la continuation de la guerre : mais la durée, l'opiniâtreté & l'inconstance des succès durant cette sanglante querelle, firent tout à la fois mépriser & négliger l'agriculture. Les riches contrées inférieures des environs, qui s'étoient soumises aux mogols, fournirent aux marattes chacune à leur tour, selon qu'elles étoient plus ou moins gardées, des subsistances & des moyens pour faire la guerre. Ils contractèrent aussi l'habitude du pillage, dit l'auteur de l'*Annual register*; & c'est de là que vient leur disposition pour le brigandage & la maraude, qui, dans le cours ordinaire des choses, se perpétue, quoique les causes qui l'ont produite, ne subsistent plus.

L'empire des *marattes* devint un des plus considérables de l'Inde, à l'époque de la décadence & de la chûte de celui du mogol. Leurs domaines étoient très étendus, leurs ressources très-grandes, & leurs armées braves & nombreuses. On évaluoit les revenus de leurs possessions à 17 millions sterlings, & leur cavalerie à trois ou quatre cents mille hommes. Mais cette masse de puissance se trouvoit affoiblie & rendue inactive, parce qu'elle étoit morcelée. Une foule de princes en avoient une portion : ils reconnoissoient tous, il est vrai, la suzéraineté de Ram-Rajah, (que l'auteur de l'*Annual register* suppose avoir été le successeur immédiat de Sewagi) : mais il paroit que le temps & les circonstances déterminoient le degré de leur soumission. La ligue & la dépendance de ces divers princes ressembloient au gouvernement féodal que nous avons vu en Europe. Quelques-uns des états devinrent puissans, & ils s'affranchirent des services qui ne convenoient pas à leurs intérêts : d'autres qui n'étoient pas en état de se maintenir après cette espèce de révolte, suivirent néanmoins cet exemple.

Une révolution qui survint dans la cour du Ram-Rajah, affoiblit la chaîne politique de ce gouvernement, & diminua le respect & la dépendance que les états avoient conservé jusqu'alors pour leur souverain. La foiblesse d'une minorité engagea un homme de talent, de la caste des brames, Nana Row qui étoit premier ministre, à saisir les rênes du gouvernement ; & l'influence du corps puissant dont il étoit membre, contribua à établir son autorité. De pareilles révolutions ont toujours été communes en orient, & elles excitent peu de surprise. Celle-ci, malgré l'usage contraire de la plupart des siècles & des nations, ne fut point souillée par le sang ; mais il ne faut pas oublier qu'elle fut conduite par des brames. L'usurpateur se contenta du pouvoir, & il ne prit point les emblèmes ou les titres de la royauté. L'enfant Ram-Rajah fut comme emprisonné dans sa cour : on l'environna de l'appareil fastueux des princes asiatiques ; mais on lui ôta toute espèce d'autorité, & on le tint dans une ignorance absolue des affaires. On abandonna l'ancienne résidence royale de Sitterah, & on transféra le siège du gouvernement à Poonah : Nana Row & ses successeurs paroissent avoir toujours agi en vertu de l'autorité du prince déposé ; car ils n'ont pas pris d'autre titre ou d'autre caractère que celui de Paishwa ou de premier ministre : mais depuis cette époque, l'empire de Ram-Rajah n'a plus été appellé que le gouvernement du Paishwa ou de Poonah.

Ce singulier gouvernement de ministres devint héréditaire, & il se conduisit d'abord avec tant d'habileté, que l'empire ne parut avoir rien perdu de sa puissance & de sa splendeur. Mais l'ambition ayant enfin pénétré dans la famille de ces ministres ; & malgré la rigueur des principes religieux de leurs castes, y ayant produit ses funestes effets, des discussions intérieures ont empêché le développement des forces & diminuer la gloire de l'état. Elles ont été la cause de l'aggrandissement extraordinaire de Ayder Aly, qui étoit devenu la terreur de cette partie de l'Inde.

Nana Row fut remplacé par Madaï son fils aîné, qui mourut sans enfans vers la fin de 1772. Le gouvernement passa à son frère cadet Narrain Row. Leur oncle Ragonaut Row, qu'on appella aussi *Ragaboy*, avoit été en prison quelques années, après divers complots pour s'emparer de l'administration. Madaï Row songeant à la jeunesse & à l'inexpérience de son frère, & redoutant les menées insidieuses & les intrigues que Ragonaut Row pouvoit former du fond de sa prison, pensa que la reconnoissance arrêteroit mieux que les murs d'un cachot les effets de cet esprit turbulent & factieux ; il avoit rendu la liberté à Ragonaut Row ; il lui avoit donné des places honorables, & joignant au lit de la mort les mains de l'oncle & du neveu, il avoit conjuré le premier d'aider de ses conseils, de sa protection & de ses secours, la jeunesse du second.

Ragonaut, loin de remplir ce devoir sacré, fit un an après assassiner son neveu : en éteignant la ligne de ce frère, dont les talens avoient usurpé le pouvoir, il espéroit assurer à sa propre famille l'autorité de Paishwa. Il ne pût recueillir les fruits de son crime. Les forces de l'état qui étoient dans ses mains ; son influence personnelle, & le poids de la faction dont il étoit le chef, se trouvèrent trop foibles pour résister à l'indignation qu'un forfait si odieux excita parmi les marattes: échappé avec peine à la vengeance publique, il abandonna son pays, & il se réfugia à Bombay: la protection criminelle que la compagnie angloise eut la bassesse de lui accorder; les intrigues & les complots qu'elle ne craignit pas de former pour lui rendre de force le gouvernement d'un peuple nombreux, qui ne vouloit point de ce scélérat, ont donné lieu à toutes les guerres qu'on a vu depuis entre les anglois & les marattes.

Quoique les dissensions intestines & les troubles domestiques aient fait perdre beaucoup de domaines à cet état, les *marattes* de Poonah forment encore une nation puissante: leurs domaines, y compris ceux des princes tributaires & féudataires, qui en dépendent immédiatement, sont d'une vaste étendue, & ils peuvent mettre en campagne des armées nombreuses & puissantes; mais étant presqu'entièrement composées de cavalerie, elles ont tous les défauts qu'a cette partie de la force militaire, lorsqu'on l'emploie seule; & étant formées sur les mêmes principes que les anciennes armées féodales de l'Europe, elles ont tous les désavantages de ce système. Dès qu'ils sont convoqués par leurs chefs respectifs, ils marchent avec ardeur; & semblables à l'ouragan, ils balayent d'abord tout ce qu'ils rencontrent; mais ils sont dans l'usage de retourner chez eux avec du butin, dès qu'ils ont rempli le premier objet de l'expédition: il faut en excepter seulement quelques corps qui sont sur-tout destinés à suivre la personne de leurs princes. Au reste, si on les rappelle peu de jours après leur retour, ils s'assemblent de nouveau avec le même empressement: il est aisé de voir que la constitution de leurs armées, & le défaut de leur infanterie offrent des avantages sans nombre aux efforts continuels des troupes régulières, mais que celles-ci doivent rarement espérer de mettre des pays ouverts à l'abri des incursions des *marattes*. Les guerres des anciens parthes achèveront d'éclairer le lecteur sur les avantages & les désavantages de ces deux manières de combattre: mais l'usage de l'artillerie incline fortement la balance du côté des troupes régulières.

Le Rajah de Berar est un prince *maratte*; & après les *marattes* de Poonah, c'est celui qui a le plus de forces, & les domaines les plus étendus. Il est devenu à-peu-près indépendant, & il n'a plus pour la cour de Poonach que les égards que lui inspirent ses intérêts immédiats, & les restes d'un ancien attachement. Comme il descend de la ligne de Ram Rajah, il a sur la succession du gouvernement de Poonah, des prétentions qui fortifient ces germes de haine.

Les deux princes Sindia & Holcar, qui passent pour les descendans de quelques rois indous très anciens, possèdent aussi des domaines très-considérables & très-précieux: ils ont embrassé depuis quelque temps le système de la cour de Poonah: ils trouvent plus flatteur pour leur ambition, & plus utile pour leur sûreté & pour leurs intérêts, de participer à la grandeur générale de l'Empire, & de se voir à la tête de cette aristocratie, qui depuis l'assassinat de Narrain Row, dirige tous les conseils, que de profiter de sa foiblesse passagère, & de travailler à une indépendance précaire de leurs domaines très-circonscrits.

Les *marattes* forment beaucoup d'autres états; mais nous avons déjà dit que ces états mesurent sur les tems & les circonstances, leur attachement ou leur dépendance à l'égard de la cour de Poonah; & tout considéré, il ne paroît pas qu'il y ait aujourd'hui parmi les divers états *marattes*, aucun principe général d'union, si ce n'est celui de se défendre chacun en particulier, & un danger commun à tous, pourroit seul diriger leurs forces réunies vers un même point. Il est heureux pour les puissances européennes & les puissances mahométanes qui jouent un rôle dans l'Inde, que la force de la vaste nation des belliqueux *marattes* soit divisée.

Lorsque la côte de Coromandel, pressée par Aurengzeb, avertit les marattes de leurs forces en implorant leurs secours, on les vit sortir de leurs rochers, sur des chevaux petits & mal faits, mais robustes & accoutumés à une mauvaise nourriture, à des chemins impraticables, à des fatigues excessives. Un turban, une ceinture, un manteau, c'étoit tout l'équipage du cavalier *maratte*. Ses provisions se réduisoient à un petit sac de riz, & à une bouteille de cuir remplie d'eau. Il n'avoit pour armes qu'un sabre d'une trempe excellente.

Malgré le secours de ces barbares, les princes indiens furent forcés de subir le joug d'Aurengzeb; mais ce conquérant lassé de lutter sans cesse contre des troupes irrégulières, qui portoient continuellement la destruction & le ravage dans les provinces nouvellement asservies, se détermina à un traité qui auroit été honteux, si la nécessité, plus forte que les préjugés, les sermens & les loix, ne l'avoit dicté. Il céda à perpétuité aux marattes le droit de chotaye, ou la quatrième partie des revenus du Décan, soubabie formée de toutes les usurpations qu'il avoit faites dans la péninsule.

Cette espèce de tribut fut régulièrement payé tant que vécut Aurengzeb. Après sa mort, on le donna, on le refusa, suivant qu'on étoit ou qu'on n'étoit pas en force. Le soin de le lever attira les *marattes* en corps d'armée jusque dans les lieux les plus éloignés de leurs montagnes. Leur audace s'est accrue dans l'anarchie de l'Indostan. Ils ont fait trembler l'empire; ils en ont déposé les chefs; ils ont étendu leurs frontières; ils ont accordé leur appui aux rajas, aux nababs, qui cherchoient à se rendre indépendans. Leur influence a été sans bornes.

Les *marattes*, maîtres de quelques postes sur

les rives de la mer, les infeſtoient de leurs brigandages ſur la fin du dernier ſiècle. Cette pirateric offenſa vivement le Mogol, qui venoit d'aſſervir les parties ſeptentrionales de la côte. Pour protéger la navigation de ſes ſujets, il créa une flotte principalement deſtinée à réprimer cet eſprit de rapine. A cette époque les deux puiſſances ſe heurtèrent dans ces combats journaliers & ſanglans. Le *maratte* Conagy Angria montra des talens ſi diſtingués, qu'on lui déféra la direction des forces maritimes de ſa nation, & bientôt après le gouvernement de l'importante forterefle de Swerndroog, bâtie ſur une petite iſle, à peu de diſtance du continent.

Cet homme extraordinaire n'avoit vaincu que pour lui. Il fit adopter ſon plan d'indépendance par les compagnons de ſes victoires, & avec leur ſecours s'empara des navires qu'il avoit ſi longtemps & ſi heureuſement commandés. Les efforts qu'on fit pour le faire rentrer dans la ſoumiſſion, furent impuiſſans. L'attrait du pillage & la réputation de ſa générofité attirèrent même un ſi grand nombre d'intrépides aventuriers autour de lui, qu'il lui fut facile de devenir conquérant. Son empire s'étendit ſur la côte, depuis Tamana juſqu'à Rajapour, ou quarante lieues, & dans les terres vingt ou trente milles, ſelon la diſpoſition des lieux & la facilité de la défenſe. Cependant il dut ſes plus grands ſuccès & toute ſa renommée à des opérations navales qui furent continuées avec la même activité, la même bravoure & la même intelligence, par les héritiers de ſon nom & de ſes états.

Ces corſaires n'attaquoient d'abord que les navires indiens, maures ou arabes, qui n'avoient pas acheté d'eux un paſſe-port. Avec le temps, ils inſultèrent le pavillon des européens, qui ſe virent réduits à ne plus naviguer que ſous convoi. Cette précaution étoit très-diſpendieuſe, & ſe trouva inſuffiſante. Les vaiſſeaux d'eſcorte furent ſouvent aſſaillis eux-mêmes, & pluſieurs fois enlevés à l'abordage.

Ces déprédations avoient duré cinquante ans, lorſqu'en 1722 les anglois joignirent leurs forces à celles des portugais contre ces pirates. On réſolut de concert de détruire leur repaire. L'expédition fut honteuſe & malheureuſe. Celle qui deux ans après fut entrepriſe par les hollandois avec ſept vaiſſeaux de guerre & deux galiotes à bombes, ne réuſſit pas mieux. Enfin, les *marattes*, à qui les angrias refuſoient un tribut qu'ils lui avoient long-temps payé, convinrent d'attaquer l'ennemi commun par terre, tandis que les anglois l'attaqueroient par mer. Cette combinaiſon eut un ſuccès complet. La plupart des forts & des forterefles furent enlevés dans la campagne de 1755. Geriah, capitale de l'état, ſuccomba l'année ſuivante; & dans ſon tombeau fut enſeveli un empire dont la proſpérité n'avoit jamais eu baſe que les calamités publiques. Malheureuſement, de ſes débris s'augmenta la puiſſance des *marattes*, qui n'étoit déja que trop redoutable.

Ce peuple eſt aujourd'hui célèbre à la côte de Coromandel, vers Delhy, & ſur le Gange, par ſes incurſions, par ſes brigandages. L'eſprit de rapine qu'il porte dans les contrées qu'il ne fait que parcourir, il le perd dans les provinces qu'il a conquiſes. Déja s'eſt amélioré le ſort des lieux qui furent ſi long-temps écraſés par la tyrannie des portugais, & qui ont ſucceſſivement groſſi ſon domaine. Sa conduite eſt bien différente ſur les mers voiſines. Non-ſeulement il y pille les bâtimens trop foibles pour lui réſiſter, mais il accorde encore des aſyles aux pirates étrangers qui conſentent à partager avec lui leurs priſes.

Surate fut long-temps le ſeul port par lequel l'empire Mogol exportoit ſes manufactures, & recevoit ce qui étoit néceſſaire à ſa conſomation. Pour le contenir & pour le défendre, on imagina de conſtruire une citadelle, dont le commandant n'avoit aucune autorité ſur celui de la ville: on avoit même l'attention de choiſir deux gouverneurs qui ne fuſſent pas de caractère à ſe réunir pour l'oppreſſion du commerce. Des circonſtances fâcheuſes donnèrent naiſſance à un troiſième pouvoir. Les mers des Indes étoient infeſtées de pirates qui interceptoient la navigation, & qui empêchoient les dévots muſulmans de faire le voyage de la Mecque. Le mogol crut que le chef d'une colonie de Cafres, qui s'étoit établie à Rajapour, ſeroit propre à arrêter le cours de ces brigandages, & il le choiſit pour ſon amiral. On lui aſſigna pour ſa ſolde annuelle, trois laks de roupies, ou 720,000 liv. Cette ſomme n'ayant pas été exactement payée, l'amiral s'empara du château, & de ce fort il opprimoit la ville. Tout alors tomba dans la confuſion; &, l'avarice des *marattes*, toujours inquiète, devint plus vive que jamais. Depuis long-temps ces barbares, qui avoient étendu leurs uſurpations juſqu'aux portes de la place, recevoient le tiers des impoſitions, à condition qu'ils ne troubleroient pas le commerce qui ſe faiſoit dans l'intérieur des terres. Ils s'étoient contentés de cette contribution, tout le temps que la fortune ne leur avoit pas préſenté des faveurs plus conſidérables. Lorſqu'ils virent la fermentation des eſprits, ils ne doutèrent pas que dans ſa fureur quelqu'un des partis ne leur ouvrît les portes, & ils s'approchèrent en force des murailles. Des négocians qui ſe voyoient tous les jours à la veille d'être dépouillés de leur fortune, appellèrent les anglois à leur ſecours en 1759, & les aidèrent à s'emparer de la citadelle. L'avantage de la tenir ſous leur garde, ainſi que l'exercice de l'amirauté, furent aſſurés aux conquérans par la cour de Delhy, avec le revenu attaché aux deux poſtes. Cette révolution rendit quelque calme à Surate & à ſon Nabab, mais en les mettant dans une dépendance absolue de la force qu'on avoit invoquée.

Ce succès étendit l'ambition des agens de la compagnie angloise. Ceux d'entr'eux qui conduisoient les affaires au Malabar, étoient rongés d'un dépit secret de n'avoir eu aucune part aux fortunes immenses qui s'étoient faites au Coromandel & dans le Bengale. Leurs avides regards, qui depuis long-temps se portoient de tous les côtés, s'arrêtèrent enfin en 1771 sur Barokia, grande ville située à trente-cinq milles de l'embouchure de la rivière de Nerbedals, qui se jette dans le golfe de Cambaie, & très-anciennement célèbre par la richesse de son sol & par l'abondance de ses manufactures. Les navires, même marchands, n'y peuvent monter qu'avec le secours de la marée, ni en descendre qu'au temps du reflux.

Cinq cents blancs & mille noirs partirent de Bombay, pour s'emparer de la place, sous les prétextes les plus frivoles. L'expédition échoua par l'incapacité du chef qui en étoit chargé. Elle fut reprise l'année suivante. Les assiégés enhardis par un premier succès, & peut-être encore plus par une ancienne tradition qui leur promettoit que leur ville ne seroit jamais prise, se défendirent assez long-temps; mais à la fin leurs murailles furent emportées d'assaut.

Durant tout le siège, la mer du Nabab n'avoit pas quitté son fils, bravant comme lui le ravage du canon & des bombes. Ils sortirent ensemble de la place, lorsqu'elle ne fut plus tenable. On les poursuivoit. *Allez*, dit cette héroïque femme au compagnon de sa fuite, *allez chercher un asyle & des secours chez vos alliés; je retarderai la marche de nos ennemis & leur échapperai peut-être.* Se voyant serrée de trop près, on lui vit prendre le parti si ordinaire dans l'Indostan aux personnes de son sexe qui ont conservé leur poignard: elle se perça le cœur pour éviter de porter des fers. Son fils ne lui survécut que peu.

Avant son désastre, ce prince étoit obligé de donner aux *marattes* les six dixièmes de son revenu qui ne passoit pas 1,680,000 liv. C'étoit comme possesseurs d'Amed-Abad, capitale du Guzurate, que ces barbares exigeoient un si grand tribut. Les anglois ne se refusèrent pas seulement à cette humiliation, ils voulurent aussi exercer des droits sur la province entière. Des prétentions si opposées furent une semence de discorde. Tout fut pacifié en 1776, par un traité qui régla que les anciens usurpateurs conserveroient leurs conquêtes, mais que les nouveaux auroient la jouissance libre de Barokia, & qu'on ajouteroit à son territoire un territoire dont les impositions rendroient 720,000 liv.

Les *marattes* paroissoient alors dans une situation qui ne leur permettoit pas d'espérer un arrangement si favorable. L'union de ces brigands n'avoit jamais été altérée. Cette concorde leur avoit assuré une supériorité décidée sur les autres puissances de l'Indostan, perpétuellement agitées par des troubles domestiques. Leurs premières divisions éclatèrent en 1773. Le frère & le fils de leur dernier chef se disputèrent l'empire, & les sujets divisés prirent tous parti suivant leurs inclinations ou leurs intérêts.

Durant le cours de cette guerre civile, le souba du Décan se remit en possession des provinces que le malheur des temps l'avoit forcé d'abandonner à ces barbares. Hyder-Ali-kan s'appropria la partie de leur territoire qui étoit le plus à sa bienséance. Les anglois jugèrent la circonstance favorable pour s'emparer de Salsette, dont les *marattes* avoient chassé les portugais en 1740.

Ce n'est pas ici le lieu d'entrer dans le détail des guerres des *marattes* contre Ayder-Aly, son fils Tippo-Saïb & la compagnie angloise. Nous dirons seulement qu'en 1770 une armée de *marattes*, forte de 200 mille hommes, commandée par Madurao, battit complettement une grande armée d'Ayder-Aly, & lui fit mettre bas les armes; mais comme il n'est pas dans l'usage dans l'Inde de faire prisonniers les simples soldats & même les officiers subalternes, presque toute son armée revint, la plus grande partie, il est vrai, sans armes & sans chevaux; Ayder rétablit en peu de temps son armée, en meilleur état qu'elle n'étoit; & ce qu'on aura peine à croire, & ce qu'il faut attribuer à la nature du gouvernement des *marattes* qui est purement féodal, Ayder racheta des *marattes* eux-mêmes la plus grande partie de ses chevaux & de ses armes; chacun des chefs pouvant faire l'emploi qu'il desire de la part qu'il a retirée du butin.

Ayder, durant son règne, n'a pas voulu reconnoître le droit de chotaye que réclamoient les marattes: il leur donnoit de l'argent, quand la nécessité de ses affaires ne lui permettoit pas d'en refuser; mais il ne faisoit jamais avec eux d'autre traité qu'une trève pour trois ans: les *marattes* y consentoient, parce qu'ils aimoient mieux cet arrangement que de faire la guerre ou abandonner leur droit de chotaye.

La nation des *marattes* ne pardonnera jamais aux anglois d'avoir accordé un asyle & leur protection à Ragoboy; mais la nation britannique connoît trop bien les divisions de cet état, qu'elle a soin d'entretenir, pour redouter la suite de cette haine; & ils la redoutent d'autant moins que, par un dernier traité, ils se sont vus contraints d'abandonner ce scélérat, ainsi que nous le dirons tout-à-l'heure. Des intérêts particuliers déterminent seuls les chefs du gouvernement de Poonah à faire la guerre à la compagnie. Le dernier traité qu'elle a conclu avec cette puissance, est de 1782. Le voici:

Traité de paix, conclu par la compagnie des Indes avec les marattes en 1782.

1°. Tous les pays, places, cités & forts, y compris Basseen, &c. pris sur le Paishwa pendant la guerre qui s'est allumée depuis le traité conclu par le colonel Upton, seront rendus aux *marattes* dans l'espace de deux mois après la conclusion de ce traité. 2°. Salzette & les isles d'Elephanta, Caranja & Hog resteront à perpétuité dans la possession des anglois. Si pendant la guerre il en a été pris quelques autres, elles seront rendues au Paishwa. Le Paishwa & les chefs des états *marattes* cèdent pour jamais à la compagnie tous droits & titres sur la ville de Baroach. 4°. Les anglois renoncent au paiement de trois lacks de roupies, que le Paishwa étoit convenu de leur céder dans le traité du colonel Upton. 5°. Pour prévenir toute dispute sur le pays donné aux anglois par Secagée & Fully - Sing - Gwickwar, dont il est fait mention dans l'article 7 du traité du colonel Upton, la compagnie le rendra au Gwickwar, s'il fait partie de son territoire, & au Paishwa s'il fait partie du sien. 6°. Les anglois ayant accordé à Ragonaut Row un terme de quatre mois pour fixer le lieu de sa résidence, après ce terme ne lui accorderont aucun appui, protection ou assistance, & ne lui fourniront point d'argent ; & le Paishwa promet que si Ragonaut Row veut se rendre volontairement près de Maha-Rajack-Madhoo-Row-Scindia, & résider paisiblement avec lui, il lui sera payé tous les mois 25 mille roupies pour son entretien, &c. Chaque partie tera la paix avec les alliés de l'autre, de la manière ci-après. 8°. Le territoire que Fully-Gwickwar possédoit au commencement de la guerre restera en sa possession sur le pied ordinaire ; il paiera au Paishwa le tribut d'usage avant la guerre. Le nabab Ayder - Aly - Cawn ayant conclu un traité avec le Paishwa, troublé & pris possession de territoires appartenans aux anglois & à leurs alliés, le Paishwa s'engage à l'obliger à les restituer. 9°. Les prisonniers faits de part & d'autre seront élargis, & l'on forcera Ayder-Aly-Cawn à évacuer ceux des territoires appartenans à la compagnie & à ses alliés, qu'il peut avoir pris depuis le 9 du mois de Ramzam, dans l'année 1180, date du traité avec le Paishwa ; ils seront en conséquence rendus six mois après le traité ; & les anglois, aussi long-tems qu'Ayder-Aly-Cawn s'abstiendra d'hostilités contr'eux & leurs alliés, & qu'il vivra en amitié avec le Paishwa, ne se conduiront point hostilement envers lui. 10° Le Paishwa promet, tant en son nom qu'en celui de ses alliés, de maintenir la paix envers les anglois & leurs alliés, qui font la même promesse. 11°. La navigation des navires respectifs ne sera point troublée. 12°. Les anglois jouiront du privilège du commerce comme ci-devant dans les territoires des *marattes*. Les sujets du Paishwa jouiront de la réciprocité dans ceux des anglois. 13°. Le Paishwa promet de ne souffrir qu'aucunes factoreries européennes s'établissent sur ses territoires, ou sur ceux des chefs qui dépendent de lui, à la seule exception de celles qui sont établies par les portugais ; qu'il n'aura aucun commerce d'amitié avec aucune autre nation européenne, & les anglois promettent de ne donner d'assistance à aucune nation du Décan & de l'Indostan en inimitié avec le Paishwa. 14°. Les anglois & le Paishwa conviennent mutuellement de ne donner aucune espèce d'assistance aux ennemis respectifs. 15°. Les sujets de part & d'autre n'agiront point d'une manière contraire à ce traité. 16° La compagnie & le Paishwa ayant la plus entière confiance dans Maha-Rajah-Subadar, Madoo-Row-Scindia Behader, l'ont requis d'être garant de ce traité ; en conséquence, il s'est chargé de la garantie mutuelle ; &, dans le cas où l'une des parties en enfreindroit les conditions, il se rangera du côté de l'autre partie. 17°. Tous territoires, forts ou cités du Guzzerate, cédés aux anglois par Ragonaut Row avant le traité du colonel Upton, & dont la restitution a été stipulée dans l'article 7 dudit traité, seront restitués. — Ce traité consistant en dix-sept articles, a été conclu à Salbey, dans le camp de Maha-Rajah-Subadar, Mahomed-Row-Scindia, le 4 du mois Jemmad & Saany, dans l'année 1187 de l'hégire, laquelle correspond au 11 mai 1782 de l'ère chrétienne, par ledit Maha-Rajah & M. David Anderson. *Voyez* les articles INDOSTAN, MALABAR, COROMANDEL, BENGALE, MADRASS, MAISSOUR, &c.

MARCHTAL, abbaye impériale d'Allemagne. L'abbaye de *Marchtal*, de l'ordre des Prémontrés & du diocèse de Constance, est situé sur un rocher près du Danube, & son territoire se prolonge jusqu'au Fédersée. C'étoit originairement un chapitre fondé, vers les années 1000 & 1006, par les deux ducs Hermann de Suabe, père & fils ; il fut érigé en prieuré en 1171, & en abbaye en 1418. L'empereur Maximilien II lui accorda en 1575 l'exemption des tribunaux étrangers, que l'empereur Léopold confirma en 1659, sauf les cas réservés. L'abbé porte le titre de très-révérend prélat & seigneur de l'abbaye impériale de *Marchtal*. La taxe matriculaire de l'abbaye, anciennement de 44 florins, n'est plus aujourd'hui que de 32 florins, outre 81 rixdales 14 & demi kr. qu'elle paye pour l'entretien de la chambre impériale. Elle tient de l'Empire, à titre de fief, la jurisdiction criminelle de *Marchtal*, village de son voisinage.

MARÉCHAL DE CAMP.
MARÉCHAL DE FRANCE.
MARÉCHAL DES LOGIS DE L'ARMÉE.
Voyez le dictionnaire de l'Art militaire.

MARGUERITE (Sainte), Isle d'Amérique, l'une des Antilles. *Voyez* l'article ANTILLES & l'article TRINITÉ.

MARIANES, isles de la mer du sud, où les espagnols ont des établissemens.

Les espagnols ne se sont établis sur ces isles que pour fournir des rafraîchissemens aux galions qui vont du Mexique aux Philippines, & nous renvoyons à l'article PHILIPPINES les détails relatifs aux isles MARIANES.

MARIN (Saint), république d'Italie. Ce petit état est renfermé entre la Romagne & le duché d'Urbin. Il est sous la protection du pape, & se soutient depuis environ treize siècles & demi. Voici l'origine qu'on lui attribue. Un maçon s'étant retiré sur une montagne solitaire, y menoit la vie d'un hermite. Il acquit une grande réputation de sainteté, & il fut connu d'une dame appellée *Félicité*, laquelle lui céda le terrein de cette montagne qui lui appartenoit. Dans la suite, plusieurs personnes y fixèrent leur demeure: il s'y forma avec le temps un état indépendant qu'on nomma *Saint-Marin*, du nom de l'hermite. En 1100, cette petite république acheta le château de Pennarosta, qui est dans son voisinage, & en 1170 celui de Casolo. Environ 290 ans après, elle donna des secours au pape Pie II contre Malatesta, seigneur de Rimini, & reçut en récompenses les quatre petits châteaux de Serravalle, Faetano, Montgiardino & Fiorentino, ainsi que le village de Piagge. Ce fut alors l'époque de sa plus grande splendeur: elle est à présent réduite à ses anciennes limites. En 1739, sur la demande de quelques-uns de ses sujets, le cardinal Alberoni, légat du saint-siège à Ravenne, la soumit au pape, d'après les plaintes de son sénat; le souverain pontife lui rendit sa première liberté. Mais les actes originaux, qui servent à prouver cette liberté, & qui avoient été enlevés par le cardinal Alberoni, furent déposés au Vatican; il est vrai que depuis cette époque, une femme, sujette de la république, en a rapporté différentes parties dans ses archives.

Le gouvernement réside dans un conseil de quarante personnes. La moitié de ces places est occupée par les familles nobles, l'autre par les bourgeoises. Mais lorsqu'il s'agit d'affaires de grande importance, on assemble l'*arengo* ou grand conseil, auquel assiste un individu de chaque famille. Les principaux officiers de *Saint-Marin* sont deux capitaines qu'on change tous les six mois. Il y a aussi un commissaire, qui juge toutes les causes civiles & criminelles. Il faut qu'il soit étranger & docteur en droit, & qu'il passe pour versé dans la jurisprudence. Il ne remplit ses fonctions que trois ans. Enfin la république a un médecin qui doit aussi être étranger: il est trois ans en place, & il est chargé de soigner les malades & de s'occuper de l'apothicairerie.

La ville de *Saint-Marin* est sur une montagne élevée & escarpée, que Strabon appelle *Acer Mons* ou *Titanus*, & qui n'est accessible que d'un seul côté. On recueille de l'excellent vin sur le penchant de cette montagne. La ville contient environ cinq mille ames, cinq églises, trois couvens, dont l'un est hors de son enceinte, & trois petits châteaux. La montagne dont nous parlons, avec quelques collines qui l'environnent, forme tout le territoire de la république. Il a environ dix milles de circuit: sa longueur est de trois milles, & il contient à-peu-près sept mille ames.

MARK (la), comté souverain d'Allemagne: il est borné au midi par le duché de Berg, au couchant par le même duché & celui de Clèves, (en considérant les abbayes immédiates de Werden & d'Essen, comme situées dans le comté de la *Mark*); vers le nord par le comté de Reklinghausen & l'évêché de Munster; vers le levant par le duché de Westphalie. C'est le plus grand comté du cercle de Westphalie.

Son sol est fertile, & il produit du froment, du seigle, de l'orge, de l'avoine, &c.

Le comté de la *Mark* renferme dix-sept villes (outre la moitié de la ville de Lippstadt) & sept franchises & bourgs. Busching dit qu'un grand nombre des anciennes familles nobles de ce pays sont éteintes; que beaucoup d'autres se sont retirées dans d'autres pays, comme en Courlande, en Livonie & en Prusse, mais qu'on y en compte encore plus de cent.

La plupart des habitans professent la religion luthérienne. Les juifs ont çà & là des synagogues. Tout le comté renferme 94 paroisses luthériennes, dont l'inspection est confiée à quelques subdélégués. Le synode provincial des réformés est divisé en quatre classes, qui sont celles de Hamm, qui a seize ministres; celle de Cam, qui en a dix; celle de Rhur, qui en a quatorze, & celle de Suder qui en a dix. Il se tient une fois l'année, à un jour indéterminé.

Le pays est rempli de fabriques qui fournissent le pays, & qui exportent: on travaille sur tout beaucoup en fer & en acier.

Précis de l'histoire politique. Les anciens comtes de la *Mark* tirent leur origine des comtes d'Altena, auxquels quelques auteurs donnent pour souche les comtes de Teisterbant & de Clèves. La généalogie des comtes d'Altena commence à Adolphe, qui, avec son frère Everard, fit construire le château d'Altena, & fut décoré par l'empereur Henri V du titre de *comte d'Altena & de Berg*. Ces deux frères partagèrent entre eux leurs possessions, de manière qu'Adolphe eut le château & le comté d'Altena, & Everard le château d'Aldembourg avec le comté de Berg. Adolphe III, comte d'Altena, mort en 1249, doit avoir le premier pris le nom de la *Mark*: on peut du moins juger, par des diplomes de 1203, 1229 & 1221, qu'à cette époque les comtes d'Altena prirent le nom de *comtes de la Mark*. Adolphe V, comte de la *Mark*, fut auſſi comte de Clèves. Nous avons donné à l'article CLEVES, la ſuite de l'hiſtoire du comté de la *Mark*, & indiqué de quelle manière il paſſa à la maiſon de Brandebourg. En 1757, il fut ſous la domination françoiſe.

Sa taxe matriculaire eſt compriſe dans celle de Clèves. Nous avons auſſi rendu compte à l'article de ce duché, de ce qui concerne les tribunaux de juſtice de la *Mark*. Au commencement de 1767, il fut établi dans ce comté une chambre particulière pour la guerre & le domaine à Ham.

Le roi de Pruſſe Frédéric II établit en 1753, pour l'adminiſtration de la juſtice, ſix tribunaux provinciaux, leſquels ont leur ſiège à Hamm, Unna, Altena, Lüdenſcheid, Haguen & Bockum ; ils ſont compoſés d'un juge provincial, d'aſſeſſeurs & d'un greffier. Les juſtices royales de Schwelm & de Plettenberg, ainſi que les juriſdictions nobles, ont conſervé leur ancien régime. Pour ce qui regarde la police, on diviſa auſſi le comté en quatre cercles, qui ſont ceux de Hamm, d'Altena, de Hærd & de Wotter, dont chacun eſt adminiſtré par un juge, un greffier & un huiſſier aux frais du cercle.

Le terrein du comté eſt diviſé en deux parties ; ſavoir, le pays méridional, ou, dans le langage du pays, le Saverland & le Hellweg. La première comprend tout ce qui eſt au ſud de la Ruhr, & la ſeconde tout ce qui eſt au nord de cette rivière.

Voyez les articles CLEVES, BRANDEBOURG, PRUSSE.

MAROC, empire d'Afrique : il a été auſſi ſouvent auſſi cruellement bouleverſé que le reſte de l'Afrique ſeptentrionale ; mais il n'a pas ſubi le joug des turcs. Celles même de ſes provinces qui en avoient été démembrées, ſous le nom de *royaumes de Fez, de Suz & de Tafilet*, ont été ſucceſſivement réunies au tronc de l'empire. Un ſeul deſpote gouverne aujourd'hui cette immenſe contrée, ſelon ſes caprices preſque toujours extravagans ou ſanguinaires.

Un homme qui a paſſé quatorze ans à *Maroc*, revêtu d'un caractère public, dit que le deſpotiſme du grand-ſeigneur n'eſt rien en comparaiſon de celui de l'empereur de *Maroc* ; que ce dernier n'a d'autre règle que ſon caprice & ſa fantaiſie qui changent à chaque moment ; que ſi on lui dit, votre majeſté avoit ordonné cela hier, il répond : eh bien j'ai changé d'avis, j'ordonne cela aujourd'hui ; & me prends-tu pour un chien de chrétien, en ſuppoſant que je dois être aſſujetti à un ſyſtême ſuivi & à des règles fixes ?

Ce deſpotiſme eſt ſi terrible que l'empereur n'a point de miniſtres ; il n'a que des ſecrétaires, dont il change à chaque moment. Aujourd'hui c'eſt un juif, demain un grec, & le lendemain un muſulman.

La ville de *Maroc* qui pourroit contenir 300 mille habitans, eſt réduite à quinze mille. L'autorité deſtructive qu'on a laiſſé uſurper à l'empereur, ſe perpétue ſans d'autres troupes régulières qu'une foible garde de timides nègres. C'eſt avec ceux de ſes eſclaves qu'il lui plaît d'appeller dans l'occaſion ſous le drapeau, qu'il fait uniquement la guerre. Ses forces maritimes ne ſont guère plus impoſantes. Elles ſe réduiſent à trois frégates, deux demi-galères, trois chebecks & quinze galiotes. La piraterie a été juſqu'ici leur occupation unique. On croiroit que ce brigandage va finir, s'il étoit raiſonnable de compter ſur la foi d'un tyran, ou d'eſpérer que ſes ſucceſſeurs prendront enfin quelques ſentimens humains. Dans une région ruinée ſans ceſſe par des vexations ou des maſſacres, le revenu public doit être peu de choſe. Cependant les dépenſes ſont encore moindres. Ce qu'on peut épargner va groſſir un tréſor immenſe, très-anciennement formé des dépouilles de l'Eſpagne, & toujours accru par une longue ſuite de ſouverains plus ou moins cruels, qui comptoient l'or pour tout, & pour rien le bonheur des peuples.

Cette ardente ſoif des richeſſes eſt deſcendue du trône aux conditions privées. Il part tous les ans de la ville de *Maroc* avant que ſes ſouverains lui euſſent préféré Mekinez, une caravane qui va chercher de l'or dans la haute-Guinée. Avant d'y arriver, elle doit avoir parcouru un eſpace de cinq cents lieues : deux cents dans l'empire même, deux cents dans le déſert de Sahara, & cent après en être ſortie. Au milieu de ce déſert, où il n'y a que des ſables ſtériles & accumulés, où l'on ne peut faire route que la nuit, où la marche eſt néceſſairement très-lente, où il faut ſe conduire par la bouſſole & par le cours des aſtres comme ſur l'Océan, la nature a placé un canton moins ſauvage, abondant en ſources & en mines de ſel. On charge les chameaux de ce foſſile ſi néceſſaire, & il eſt porté à Tombut, où l'on reçoit de l'or en échange.

Ce précieux métal, arrivé à *Maroc*, n'y circule que très-rarement. Il y eſt enterré, comme dans tous les gouvernemens où les fortunes ne ſont pas aſſurées. C'eſt encore la deſtinée de l'argent que les européens introduiſent dans l'empire par les neuf rades qui leur ſont ouvertes.

La plus voiſine de l'état d'Alger eſt Tétuan. Elle eſt ſûre, à moins que les vents d'eſt ne ſoufflent avec violence, ce qui arrive rarement. La rivière de Bouſfega qui s'y jette, ſert d'aſyle durant l'hiver à quelques corſaires. La garniſon de Gibraltar y faiſoit autrefois acheter les beſtiaux, les fruits & les légumes néceſſaires pour ſa conſommation : mais cette liaiſon eſt tombée, depuis que le ſouverain du pays a voulu que le conſul de la Grande-Bretagne allât réſider à Tanger.

Cette

Cette ville, conquise en 1471 par le Portugal, fut donnée en 1662 aux anglois, qui l'abandonnèrent après vingt-deux ans de possession. En se retirant, ils firent sauter un môle qu'ils avoient construit, & qui mettoit en sûreté les plus grands vaisseaux. Les ruines de ce bel ouvrage ont rendu l'approche de la baie très-difficile. Aussi ne seroit-elle d'aucune importance, si l'embouchure d'une rivière qu'on y voit au fond, ne servoit de refuge à la plupart des galiotes de l'empire. Tanger a remplacé Tétuan pour l'approvisionnement de Gibraltar. La communication de ces deux villes maures est interceptée par la forteresse de Ceuta, qui n'est séparée de l'Espagne, à qui elle appartient, que par un détroit de cinq lieues.

L'Arrache est le débouché naturel d'Asgar, une des plus grandes & des plus fertiles provinces de l'empire. Cet avantage, une position heureuse & la bonté de son port doivent lui donner un peu plus tôt, un peu plus tard, quelque activité. Actuellement, elle n'est habitée que par des soldats. Depuis l'expédition qu'y tentèrent les françois en 1765, on a rétabli les fortifications élevées par les espagnols lorsqu'ils étoient les maîtres de la place.

Salé étoit, il n'y a pas long-temps, une république presque indépendante, sous un chef qu'elle se donnoit. Sa situation, au milieu des pays soumis à Maroc, la mettoit à portée de rassembler beaucoup de denrées. Ses habitans étoient à la fois marchands & corsaires. Ils ont à-peu-près cessé d'exercer l'une & l'autre de ses professions, après avoir été subjugués & dépouillés de leurs richesses par le monarque actuel, dans le temps que son pére occupoit le trône. Un banc de sable, qui paroît augmenter continuellement, ne permet l'entrée de la rivière qu'aux bâtimens qui ne tirent pas au-delà de six ou sept pieds d'eau : mais la rade est sûre depuis la fin d'avril jusqu'à la fin de septembre.

Muley-Muhammet vouloit élever une ville de commerce dans la presqu'isle de Fedale, & la plupart des édifices étoient commencés. Une rade qui est sûre dans toutes les saisons, quoique la mer y soit constamment agitée, lui avoit donné l'idée de cette création. Il y a renoncé, lorsqu'on lui a fait comprendre que ce seroit une dépense perdue sur une côte presque par-tout accessible.

En 1769, les portugais abandonnèrent Mazagan, après en avoir ruiné tous les ouvrages. La place est presque déserte depuis cette époque. Sa rade est commode en été pour les petits bâtimens : mais les vaisseaux de guerre, même dans cette saison, sont obligés de se tenir au large.

Safy a une rade vaste & très-sûre une partie de l'année ; mais en hiver, trop exposée à la violence des vents du sud-sud-ouest. Sa position, au milieu d'une province abondante, riche & peuplée, avoit rendu cette grande ville le marché presque général des productions de l'empire. Elle s'est vue naguère dépouillée de cet avantage par Mogador, bâti à la pointe la plus occidentale de l'Afrique.

Le port de ce nouvel entrepôt n'est qu'un canal formé par une isle éloignée de la terre de cinq cents toises. On y entre, on en sort par tous les vents ; mais il n'est pas assez profond pour recevoir de gros navires, & l'ancrage n'y est pas sûr dans les mauvais temps. Les courans sont si rapides, qu'il est impossible aux vaisseaux de guerre de mouiller sur la côte. Quoique le territoire qui environne cette place, soit peu susceptible de culture, le caprice du despote qui gouverne encore le pays, en a fait le marché le plus important de ses états, plus considérable même que tous les autres ensemble.

Sainte-Croix, située dans le royaume de Sus, au trentième degré de latitude, est la dernière place maritime de l'empire. Sa rade est commode & très-sûre, même pour les vaisseaux de ligne, mais durant l'été seulement. Ce fut autrefois un assez grand marché, où les navigateurs trouvoient réunies les productions d'une vaste contrée assez cultivée, & où tout l'or que Tarudant tire de Tombut étoit apporté. La ville sortit des mains des portugais, pour repasser sous la domination des maures, sans perdre entièrement son importance. Un tremblement de terre, qui en détruisit une partie en 1731, lui fut plus funeste que cette révolution. Elle se seroit peut-être relevée de cette calamité, si, dans un accès de colère, dont on ignore le principe, Muley-Muhammet n'en eût chassé, quelques années après, les habitans, pour leur substituer une colonie de nègres.

Maroc ne reçoit que peu de bâtimens européens. Ses ports sont fermés à plusieurs nations ; & l'Angleterre, la Hollande, la Toscane, qui ont des traités avec cette puissance, n'en profitent guère. Pour donner quelque vigueur à ce commerce, trop négligé peut-être, il fut formé en 1755, à Copenhague, un fonds de 1,323,958 l. 6 s. 8 d. divisé en cent actions de 2,647 liv. 4 den. chacune. Cette association devoit continuer quarante ans ; mais, quelle qu'en soit la raison, elle n'a pas rempli la moitié de sa carrière. Quoique les liaisons de la France avec cet empire ne remontent pas au-delà de 1767, les opérations de cette couronne sont de beaucoup les plus importantes ; & cependant ses ventes annuelles ne passent pas quatre cent mille francs, ni ses achats douze cents mille.

Tout ce qui entre dans les états de Maroc, tout ce qui en sort paye dix pour cent. Chaque navire doit livrer encore cinq cents livres de poudre & dix boulets du calibre de dix à douze, ou 577 liv. 10 sols en argent. Les monnoies d'Espagne sont celles dont l'usage est le plus général ;

mais toutes les autres font reçues fuivant leur poids & leur titre.

Nous avons dit à l'article BARBARESQUES avec quelle facilité les puiffances européennes réprimeroient les odieufes pirateries des peuples de Maroc, d'Alger, de Tunis & de Tripoli, fi elles vouloient fe réunir, & combien il eft à regretter que des vues particulières d'intérêt les éloignent d'une ligue auffi jufte. Voyez l'article BARBARESQUES.

MARTIN (Saint-), ifle d'Amérique, l'une des Antilles : elle appartient à la Hollande & à la France.

L'ifle de Saint-Martin eft fituée entre l'ifle de l'Anguille & celle de Saint-Barthelemi : elle a dix-fept ou dix-huit lieues de circonférence, mais moins de terrein que cette dimenfion ne paroîtroit l'indiquer, parce que fes baies font multipliées & profondes. En pouffant des fables d'un cap à l'autre, l'océan a formé fur les côtes beaucoup d'étangs plus ou moins grands, la plupart très-poiffonneux. L'intérieur du pays eft rempli de hautes montagnes qui fe prolongent prefque par tout jufqu'à la mer. Elles étoient couvertes de bois précieux, avant qu'on les eût dépouillées de cet ornement pour y établir des cultures auxquelles elles fe trouvèrent plus propres que les plaines & les vallées. Le fol eft généralement léger, pierreux, trop expofé à de fréquentes fécherefles, & peu fertile ; mais le ciel eft pur & le climat d'une falubrité remarquable. Dans ces parages, on navigue fûrement, facilement ; & la multiplicité, l'excellence des mouillages qu'on y trouve empêchent de fentir bien vivement la privation des ports.

Les françois & les hollandois abordèrent, en 1638, à cette ifle déferte, les premiers au nord, & les feconds au fud. Ils y vivoient en paix & féparément, lorfque les efpagnols, qui étoient en guerre ouverte avec l'une & l'autre nation, les attaquèrent, les battirent, les firent prifonniers, & s'établirent à leur place. Le vainqueur ne tarda pas à fe dégoûter d'un établiffement dont la confervation lui coûtoit beaucoup, fans lui rapporter le moindre avantage ; & il l'abandonna en 1648, après avoir détruit tout ce qu'il ne lui étoit pas poffible d'emporter.

Ces dévaftations n'empêchèrent pas les deux puiffances qui avoient déjà fait occuper Saint-Martin, d'y envoyer quelques vagabonds, auffitôt qu'on le fut évacué. Ces colons fe jurèrent une fois mutuelle ; & leurs defcendans ont été fidèles à cet engagement, malgré les animofités qui ont fi fouvent divifé les deux métropoles. Seulement le partage, originairement trop inégal, du territoire s'eft peu-à-peu rapproché. De dix mille cent quatre-vingt quarrés de terres, chacun de deux mille cent toifes quarrées, que contient l'ifle, les françois n'en poffèdent plus que cinq mille neuf cent quatre, & les hollandois font parvenus à s'en approprier quatre mille cent foixante-feize.

La culture du tabac fut la première qu'entreprirent, à Saint-Martin, les fujets de la cour de Verfailles. Ils l'abandonnèrent pour l'indigo, qui fut remplacé par le coton, auquel on a ajouté le fucre, depuis qu'en 1769 il a été permis aux étrangers de s'établir dans cette partie de l'ifle. On y compte actuellement dix-neuf plantations qui donnent tous les ans un million péfant de fucre brut, d'un beau blanc, mais de peu de confiftance, & un plus grand nombre d'habitations qui produifent deux cents milliers de coton. Les travaux font dirigés par quatre-vingt familles, trente-deux françoifes, les autres angloifes, & dont la réunion forme une population blanche de trois cents cinquante-une perfonnes de tout âge & de tout fexe. Elles n'ont que douze cents efclaves. C'eft trop peu pour l'étendue des cultures ; mais les colons de la partie hollandoife, propriétaires des meilleurs terreins de la françoife, font dans l'ufage d'envoyer leurs noirs au fud, lorfque les travaux font finis au fud. Avant 1763, il n'y avoit point eu d'autorité régulière dans ce foible & miférable établiffement. A cette époque, on lui donna un chef qui n'a encore attiré aucun navigateur de la métropole. C'eft toujours chez leur voifin que les françois vont chercher ce qui leur eft néceffaire, c'eft à lui qu'ils livrent toujours leurs productions.

La colonie hollandoife eft habitée par fix cents trente-neuf blancs & trois mille cinq cents dix-huit noirs, occupés à exploiter trente-deux fucreries qui produifent ordinairement feize cents milliers de fucre, & à faire croître cent trente milliers de coton. Ce revenu trop modique eft groffi par celui que donne un étang falé, dans les années qui ne font pas exceffivement pluvieufes. Dès l'aurore, des efclaves s'embarquent fur des bateaux plats : ils ramaffent pendant la journée le fel qui eft fur la fuperficie de l'eau, & regagnent vers la nuit le rivage, pour y reprendre le lendemain une occupation qui ne peut être continuée que durant les mois de juin, de juillet & d'août. Les ifles voifines achètent quelques foibles parties de cette production, dont la valeur totale peut s'élever à cent mille écus : mais elle eft principalement livrée aux provinces de l'Amérique feptentrionale, qui enlèvent auffi le rum & le fucre de la colonie, tandis que le coton eft livré aux navigateurs de la Grande-Bretagne. Il ne refte rien ou prefque rien pour les négocians fi actifs de la république, & il faut en dire la raifon.

L'établiffement de Saint-Martin, quoiqu'Hollandois, n'eft pas habité par les Hollandois. A peine y voit-on cinq ou fix familles de cette nation, qui ont même une efpèce de honte d'en être. Tout le refte eft anglois : les hommes, la langue, les ufages. Le préjugé a été pouffé fi loin, que les femmes vont fouvent faire leurs couches à Anguille, iſle Britannique, qui n'eſt éloignée que de deux lieues, afin que leurs enfans ne ſoient pas privés d'une origine regardée dans le pays comme la ſeule illuſtre.

Saint Martin & Saint-Barthelemi dépendent de la Guadeloupe, quoiqu'elles en ſoient éloignées de 45 & 58 lieues. *Voyez* les articles GUADELOUPE & FRANCE.

MARTHE (Sainte-), province ou colonie de l'Amérique méridionale, appartenant à l'Eſpagne. Indépendamment des articles généraux, ESPAGNE, MEXIQUE & PEROU, nous avons cru devoir faire des articles particuliers ſur quelques-unes des provinces ou colonies de l'Amérique méridionale.

La province ou colonie de *Saint-Marthe*, qui a quatre-vingt lieues du levant au couchant, & cent trente du nord au midi, fut, comme les contrées de ſon voiſinage, découverte malheureuſement à l'époque déſaſtreuſe où les rois d'Eſpagne, uniquement occupés de leur agrandiſſement en Europe, ne demandoient à ceux de leurs ſujets qui paſſoient dans le nouveau-Monde, que le quint de l'or qu'ils ramaſſoient dans leurs pillages. A cette condition, des brigands que pouſſoient l'amour de la nouveauté, une paſſion déſordonnée pour des métaux, l'eſpoir même de mériter le ciel, étoient les arbitres & les ſeuls arbitres de leurs actions. Ils pouvoient, ſans qu'on les en punît ou qu'on les en blâmât, errer dans une région, ou dans une autre, conſerver une conquête ou l'abandonner, mettre une terre en valeur ou la détruire, maſſacrer des peuples ou les traiter avec humanité. Tout convenoit à la cour de Madrid, pourvu qu'on lui envoyât beaucoup de richeſſes. La ſource lui en paroiſſoit toujours honnête & toujours pure.

Des ravages, des cruautés qu'on ne peut exprimer, furent la ſuite néceſſaire de ces principes abominables. La déſolation fut univerſelle. On en voit encore par-tout les funeſtes traces, mais plus particuliérement à *Sainte-Marthe*. Après que ces deſtructeurs eurent dépouillé les peuplades de l'or qu'elles avoient ramaſſé dans leurs rivières, des perles qu'elles avoient pêchées ſur leurs côtes, ils diſparurent. Le peu d'entr'eux qui s'y fixèrent, élevèrent une ou deux villes & quelques bourgades qui ſont reſtées ſans communication, juſqu'à ce qu'elle ait été ouverte par l'activité infatigable de quelques miſſionnaires Capucins, qui ſont parvenus, de nos jours, à réunir dans huit hameaux trois mille cent quatre-vingt-onze Motilones ou Euagiras, les plus féroces des ſauvages indépendans qui la traverſoient. Là, végète leur mépriſable poſtérité, nourrie & ſervie par quelques indiens ou par quelques nègres. Jamais la métropole n'a envoyé un navire dans cette contrée, & jamais elle n'en a reçu la moindre production. L'induſtrie & l'activité s'y réduiſent à livrer en fraude des beſtiaux, ſurtout des mulets aux hollandois & aux autres cultivateurs des iſles voiſines, qui donnent en échange des vêtemens & quelques objets de peu de valeur. *Voyez* les articles indiqués au commencement de celui-ci.

MARTINIQUE, iſle d'Amérique, l'une des Antilles, appartenant à la France.

Cette iſle a ſeize lieues de longueur & quarante-cinq de circuit, ſans y comprendre les caps qui s'avancent quelquefois de deux & trois lieues dans la mer. Elle eſt extrêmement hachée, & par-tout entrecoupée de monticules qui ont le plus ſouvent la forme d'un cône. Trois montagnes dominent ſur ces petits ſommets. La plus élevée porte l'empreinte ineffaçable d'un ancien volcan. Les bois dont elle eſt couverte, y arrêtent ſans ceſſe les nuages, y entretiennent une humidité mal ſaine, qui achève de la rendre affreuſe, inacceſſible, tandis que les deux autres ſont preſque entièrement cultivées. De ces montagnes, mais ſur-tout de la première, ſortent les nombreuſes ſources dont l'iſle eſt arroſée. Leurs eaux qui coulent en foibles ruiſſeaux, ſe changent en torrens au moindre orage. Elles tirent leur qualité du terrein qu'elles traverſent : excellentes en quelques endroits, & ſi mauvaiſes en d'autres qu'il faut leur ſubſtituer pour la boiſſon, celles qu'on ramaſſe dans les ſaiſons pluvieuſes.

Hiſtoire politique de cette colonie. Denambuc, qui avoit fait connoître la *Martinique*, partit en 1635 de Saint-Chriſtophe, pour y établir ſa nation. Ce ne fut pas de l'Europe qu'il voulut tirer ſa population. Il prévoyoit que des hommes fatigués par une longue navigation, périroient la plupart en arrivant, ou par la miſère qui ſuit preſque toutes les émigrations. Cent hommes qui habitoient depuis long-temps dans ſon gouvernement de Saint-Chriſtophe, braves, actifs, accoutumés au travail & à la fatigue, habiles à défricher la terre, à former des habitations, abondamment pourvus de plants de patates & de toutes les graines convenables, furent les ſeuls fondateurs de la nouvelle colonie.

Leur premier établiſſement ſe fit ſans trouble. Les naturels du pays, intimidés par les armes à feu, ou ſéduits par des proteſtations, abandonnèrent aux françois la partie de l'iſle qui regarde le couchant & le midi, pour ſe retirer dans l'autre. Cette tranquillité fut courte. Le caraïbe, voyant ſe multiplier de jour en jour ces étrangers entreprenans, ſentit qu'il ne pouvoit éviter ſa ruine qu'en les exterminant eux-mêmes, & il aſſocia les ſauvages des iſles voiſines à ſa politique. Tous enſemble ils fondirent ſur un mauvais fort, qu'à tout événement on avoit conſtruit : mais ils furent reçus avec tant de vigueur, qu'ils ſe replièrent, en laiſſant ſept ou huit cents de leurs meilleurs guerriers ſur la place. Cet échec les fit diſparoître pour long-temps, & ils ne revinrent qu'avec des préſens & des diſcours pleins de repentir. On les accueillit amicalement, & la réconciliation fut confirmée par quelques pots d'eau-de-vie qu'on leur fit boire.

Les travaux avoient été difficiles jusqu'à cette époque. La crainte d'être surpris obligeoit les colons de trois habitations à se réunir toutes les nuits dans celle du milieu, qu'on tenoit toujours en état de défense. C'est-là qu'ils dormoient sans inquiétude, sous la garde de leurs chiens & d'une sentinelle. Durant le jour, aucun d'eux ne marchoit qu'avec son fusil & deux pistolets à sa ceinture. Ces précautions cessèrent, lorsque les deux nations se furent rapprochées; mais celle dont l'amitié & la bienveillance avoient été implorées, abusa si fort de sa supériorité pour étendre ses usurpations, qu'elle ne tarda pas à rallumer dans le cœur de l'autre une haine mal éteinte. Les sauvages, dont le genre de vie exige un territoire vaste, se trouvant chaque jour plus resserrés, eurent recours à la ruse, pour affoiblir un ennemi contre lequel ils n'osoient plus employer la force. Ils se partageoient en petites bandes; ils épioient les françois qui fréquentoient les bois; ils attendoient que le chasseur eût tiré son coup; &, sans lui donner le temps de recharger son fusil, ils fondoient sur lui brusquement & l'assommoient. Une vingtaine d'hommes avoient disparu avant qu'on eût su comment. Dès qu'on en fut instruit, on marcha contre les agresseurs; on les battit; on brûla leurs carbets; on massacra leurs femmes, leurs enfans; & ce qui avoit échappé à ce carnage, quitta la Martinique en 1658, pour n'y plus reparoître.

Progrès de ses cultures. Les françois, devenus par cette retraite seuls possesseurs de l'isle entière, occupèrent tranquillement les postes qui convenoient le mieux à leurs cultures. Ils formoient alors deux classes. La première étoit composée de ceux qui avoient payé leur passage en Amérique: on les appelloit *habitans*. Le gouvernement leur distribuoit des terres en toute propriété, sous la charge d'une redevance annuelle. Ils étoient obligés de faire la garde chacun à leur tour, & de contribuer, à proportion de leurs moyens, aux dépenses qu'exigeoient l'utilité & la sûreté communes. A leurs ordres étoient une foule de misérables qu'ils avoient amenés d'Europe à leurs frais, nommé *engagés*. C'étoit une espèce d'esclavage qui duroit trois ans. Ce terme expiré, les engagés devenoient, par le recouvrement de leur liberté, les égaux de ceux qu'ils avoient servis.

Les uns & les autres s'occupèrent d'abord uniquement du tabac & du coton. On y joignit bientôt le rocou & l'indigo. La culture du sucre ne commença que vers l'an 1650. Benjamin Dacosta, l'un de ces juifs qui puisent leur industrie dans l'oppression même où est tombée leur nation après l'avoir exercée, planta, dix ans après, des cacaotiers. Son exemple fut sans influence jusqu'en 1684, où le chocolat devint d'un usage assez commun dans la métropole. Alors le cacao fut la ressource de la plupart des colons, qui n'avoient pas des fonds suffisans pour entreprendre la culture du sucre. Une de ces calamités que les saisons apportent & versent, tantôt sur les hommes & tantôt sur les plantes, fit périr en 1727 tous les cacaotiers. La désolation fut générale parmi les habitans de la *Martinique*. On leur présenta le cafier, comme une planche après le naufrage.

Le ministère de France avoit reçu des hollandois en présent deux pieds de cet arbre, qui étoient conservés avec soin dans le Jardin royal des plantes. On en tira deux rejettons. M. Desclieux, chargé en 1726 de les porter à la *Martinique*, se trouva sur un vaisseau où l'eau devint rare. Il partagea avec ses arbustes le peu qu'il recevoit pour sa boisson; &, par ce généreux sacrifice, il parvint à sauver la moitié du précieux dépôt qui lui avoit été confié. Sa magnanimité fut récompensée. Le café se multiplia avec une rapidité, un succès extraordinaires; & ce vertueux citoyen a joui jusqu'à la fin de 1774, avec une douce satisfaction, du bonheur rare d'avoir sauvé, pour ainsi dire, une colonie si importante, & de l'avoir enrichie d'une nouvelle branche d'industrie. Indépendamment de cette ressource, la *Martinique* avoit des avantages naturels, qui sembloient devoir l'élever en peu de temps à une fortune considérable.

Remarques générales sur cette colonie. De tous les établissemens françois, elle a la plus heureuse situation, par rapport aux vents qui règnent dans ces mers. Ses ports ont l'inestimable commodité d'offrir un asyle sûr contre les ouragans qui désolent ces parages. Sa position l'ayant rendue le siège du gouvernement, elle a reçu plus de faveurs & joui d'une administration plus éclairée & moins infidelle. L'ennemi a constamment respecté la valeur de ses habitans, & l'a rarement provoquée sans avoir lieu de s'en repentir. Sa paix intérieure n'a jamais été troublée, même lorsqu'en 1717, excitée par un mécontentement général, elle s'avisa de renvoyer en Europe le gouverneur & l'intendant de la colonie. Les colons surent maintenir en ce temps d'anarchie, l'ordre, la tranquillité & l'union.

Malgré tant de moyens de prospérité, la *Martinique*, quoique plus avancée que les autres colonies françoises, l'étoit cependant fort peu à la fin du dernier siècle. En 1700, elle n'avoit en tout que six mille cinq cents quatre-vingt-dix-sept blancs. Le nombre des sauvages, des mulâtres, des nègres libres, hommes, femmes, enfans, n'étoit que de cinq cents sept. On ne comptoit que quatorze mille cinq cents soixante-six esclaves. Tous ces objets réunis ne formoient qu'une population de vingt-un mille six cens quarante personnes. Les troupeaux se réduisoient à trois mille six cents soixante-huit chevaux ou mulets, & neuf mille deux cents dix-sept bêtes à cornes. On cultivoit un grand nombre de pieds de cacao, de tabac, de coton, & l'on exploitoit neuf indigoteries & cent quatre-vingt-trois foibles sucreries.

Lorsque les guerres longues & cruelles, qui portoient la désolation sur tous les continens & sur toutes les mers du monde, furent assoupies, & que la France eut abandonné des projets de conquête & des principes d'administration qui l'avoient long-temps égarée, la *Martinique* sortit de l'espèce de langueur où tous ces maux l'avoient laissée. Bientôt ses prospérités furent éclatantes : elle devint le marché général des établissement nationaux du vent. C'étoit dans ses ports que les isles voisines vendoient leurs productions ; c'étoit dans ses ports qu'elles achetoient les marchandises de la métropole. Les navigateurs françois ne déposoient, ne formoient leurs cargaisons que dans ses ports. L'Europe ne connoissoit que la *Martinique*. Elle mérita d'occuper les spéculateurs, comme agricole, comme agente des autres colonies, comme commerçante avec l'Amérique espagnole & septentrionale.

Comme agricole, elle occupoit, en 1736, soixante-douze mille esclaves sur un sol nouvellement défriché en grande partie, & qui donnoit par conséquent des récoltes très-abondantes.

Ses rapports avec les autres isles lui valoient la commission & les frais de transport, parce qu'elle seule avoit les voitures. Le gain qu'elle faisoit, pouvoit s'élever au dixième de leurs productions, qui devenoient de jour en jour plus considérables. Ce fonds de dette, rarement perçu, leur étoit laissé pour l'accroissement de leurs cultures. Il étoit augmenté par des avances en argent, en esclaves, en autres objets de premier besoin, qui, rendant de plus en plus la *Martinique* créancière des colonies, les tenoit toujours dans sa dépendance ; sans que ce fût à leur préjudice. Elles s'enrichissoient toutes par son secours, & leur profit tournoit à son utilité.

Ses liaisons avec l'isle Royale, avec le Canada, avec la Louisiane, lui procuroient le débouché de son sucre commun, de son café inférieur, de ses sirops & taffias que la France rejettoit. On lui donnoit en échange, de la morue, des légumes secs, du bois de sapin & quelques farines.

Dans son commerce interlope aux côtes de l'Amérique espagnole, tout composé de marchandises de fabrique nationale, elle gagnoit le prix du risque auquel le marchand françois ne vouloit pas s'exposer. Ce trafic, moins utile que le premier dans son objet, étoit d'un bien plus grand rapport dans ses effets. Il lui rendoit un bénéfice de quatre-vingt ou quatre-vingt-dix pour cent, sur une valeur de trois à quatre millions qu'on portoit tous les ans à Caraque, ou dans les isles voisines.

Tant d'opérations heureuses avoient fait entrer dans la *Martinique* un argent immense. Douze millions y circuloient habituellement avec une extrême rapidité. C'est peut-être le seul pays de la terre où l'on ait vu le numéraire en telle proportion qu'il fût indifférent d'avoir des métaux ou des denrées.

L'étendue de ses affaires attiroit annuellement dans ses ports deux cents bâtimens de France, quatorze ou quinze expédiés par la métropole pour la Guinée, trente du Canada, dix ou douze de la Marguerite & de la Trinité, sans compter les navires anglois & hollandois qui s'y glissoient en fraude. La navigation particulière de l'isle aux colonies septentrionales, au continent espagnol, aux isles du vent, occupoit cent trente bateaux de vingt à soixante-dix tonneaux, montés par six cents matelots européens de toutes les nations, & par quinze cents esclaves formés de longue main à la marine.

Dans les premiers temps, les navigateurs qui fréquentoient la *Martinique*, abordoient dans les quartiers où se récoltoient les denrées. Cette pratique qui sembloit naturelle, étoit remplie de difficultés. Les vents du nord & du nord-est, qui règnent sur une partie des côtes, y tiennent habituellement la mer dans une agitation violente. Les bonnes rades, quoique multipliées, y sont assez éloignées, soit entr'elles, soit de la plupart des habitations. Les chaloupes, destinées à parcourir ces intervalles, étoient souvent retenues dans l'inaction par le gros tems, ou réduites à ne prendre que la moitié de ce qu'elles pouvoient porter. Ces contrariétés retardoient le déchargement du vaisseau, & prolongeoient le tems de son chargement. Il résultoit de ces lenteurs un grand dépérissement des équipages, & une augmentation de dépenses pour le vendeur & pour l'acheteur.

Le commerce, qui doit mettre au nombre de ses plus grands avantages celui d'accélérer ses opérations, perdoit de son activité par un nouvel inconvénient : c'étoit la nécessité où se trouvoit le marchand, même dans les parages les plus favorables, de vendre ses cargaisons par petites parties. Si quelque homme industrieux le déchargeoit de ces détails, son entreprise devenoit chère pour les colons. Le bénéfice du marchand se mesure sur la quantité des marchandises qu'il vend. Plus il vend, plus il peut s'écarter du bénéfice qu'un autre qui vend moins est obligé de faire.

Un inconvénient plus considérable encore, c'est que certaines marchandises d'Europe surabondoient en quelques endroits, tandis qu'elles manquoient en d'autres. L'armateur étoit lui-même dans l'impossibilité d'assortir convenablement ses cargaisons. La plupart des quartiers ne lui offroient pas toutes les denrées, ni toutes les sortes de la même denrée. Ce vuide l'obligeoit de faire plusieurs esclaves, ou d'emporter trop ou trop peu de productions convenables au port où il devoit faire son retour.

Les vaisseaux eux-mêmes éprouvoient de grands embarras. Plusieurs avoient besoin de se carener ; la plus grande partie exigeoit au moins quelque réparation. Ces secours manquoient dans les rades peu fréquentées, où les ouvriers ne s'établissoient point, dans la crainte de n'y pas trouver assez d'occupation. Il falloit donc aller se radouber dans certains ports, & revenir prendre son chargement dans celui où l'on avoit fait sa vente. Toutes ces courses emportoient au moins trois ou quatre mois.

Ces inconvéniens, & beaucoup d'autres, firent desirer à quelques habitans & à tous les navigateurs, qu'il se formât un entrepôt où les objets d'échange entre la colonie & la métropole fussent réunis. La nature paroissoit avoir préparé le Fort-Royal pour cette destination. Son port étoit un des meilleurs des isles du vent, & sa sûreté si généralement connue, que lorsqu'il étoit ouvert aux bâtimens hollandois, la république ordonnoit qu'ils s'y retirassent les mois de juin, de juillet & d'août, pour se mettre à l'abri des ouragans si fréquens & si furieux dans ces parages. Les terres du Lamentin, qui n'en sont éloignées que d'une lieue, étoient les plus fertiles, les plus riches de la colonie. Les nombreuses rivières qui arrosoient ce pays fécond, portoient des canots chargés jusqu'à une certaine distance de leur embouchure. La protection des fortifications assuroit la jouissance paisible de tant d'avantages : mais ils étoient contrebalancés par un territoire marécageux & mal-sain. D'ailleurs cette capitale de la *Martinique* étoit l'asyle de la marine militaire, qui dédaignoit alors, qui même opprimoit la marine marchande. Ainsi le Fort-Royal ne pouvant devenir le centre des affaires, elles se portèrent à Saint-Pierre.

Ce bourg qui, malgré les incendies qui l'ont quatre fois réduit en cendres, contient encore dix-huit cents maisons, est situé sur la côte occidentale de l'isle, dans une anse ou enfoncement à-peu-près circulaire. Une partie est bâtie le long de la mer sur le rivage même ; on l'appelle le *mouillage* ; c'est-là où sont les vaisseaux & les magasins. L'autre partie du bourg est bâtie sur une petite colline peu élevée : on l'appelle le *fort*, parce que c'est-là qu'est placée une petite fortification, qui fut construite en 1665 pour réprimer les séditions des habitans contre le monopole, mais qui sert aujourd'hui à protéger la rade contre les ennemis étrangers. Ces deux parties du bourg sont séparées par un ruisseau, ou par une rivière guéable.

Le mouillage est adossé à un côteau assez élevé & coupé à pic. Enfermé, pour ainsi dire, par cette colline qui lui intercepte les vents de l'est, les plus constans & les plus salutaires dans ces contrées ; exposé sans aucun souffle rafraîchissant aux rayons du soleil qui lui sont réfléchis par le côteau, par la mer & par le sable noir du rivage, ce séjour est brûlant & toujours mal-sain. D'ailleurs il n'a point de port ; & les bâtiments qui ne peuvent tenir sur ses côtes durant l'hivernage, sont forcés de se refugier au Fort-Royal. Mais ces désavantages sont compensés, soit par les facilités que présente la rade de Saint-Pierre pour le débarquement & l'embarquement des marchandises, soit par la liberté que donne sa position de partir par tous les vents, tous les jours & à toutes les heures.

Ce bourg fut le premier qu'on édifia dans l'isle, & le premier qui vit son territoire cultivé. Il dut moins cependant à son ancienneté qu'à ses commodités, l'avantage de devenir le point de communication entre la colonie & la métropole. Saint-Pierre reçut d'abord les denrées de certains cantons, dont les habitans situés sur des côtes orageuses & constamment impraticables, ne pouvoient faire commodément leurs achats & leurs ventes sans se déplacer. Les agens de ces colons n'étoient dans les premiers tems que des maîtres de bateau, qui, s'étant fait connoître par leur navigation continuelle autour de l'isle, furent déterminés par l'appas du gain à prendre une demeure fixe. La bonne-foi seule étoit l'ame de ces liaisons. La plupart de ces commissionnaires ne savoient point lire. Aucun d'eux n'avoit ni livres ni registres. Ils tenoient dans un coffre un sac pour chaque habitant, dont ils géroient les affaires. Ils y mettoient le produit des ventes ; ils en tiroient l'argent nécessaire pour les achats. Quand le sac étoit épuisé, le commissionnaire ne fournissoit plus, & le compte se trouvoit rendu. Cette confiance, qui doit paroître une fable dans nos mœurs & dans nos jours de fraude & de corruption, étoit encore en usage au commencement du siècle. Il existe des hommes qui ont pratiqué ce commerce, où la fidélité n'avoit pour garant que son utilité même.

Ces hommes simples furent remplacés successivement par des gens plus éclairés qui arrivoient d'Europe. On en avoit vu passer quelques-uns dans la colonie, lorsqu'elle étoit sortie des mains des compagnies exclusives. Leur nombre s'accrut à mesure que les denrées se multiplioient ; & ils contribuèrent eux-mêmes beaucoup à étendre la culture, par les avances qu'ils firent à l'habitant, dont les travaux avoient langui jusqu'alors faute de moyens. Cette conduite les rendit les agens nécessaires de leurs débiteurs dans la colonie, comme ils l'étoient déja de leurs commettans dans la métropole. Le colon même qui ne leur devoit rien, tomba, pour ainsi dire, dans leur dépendance, par le besoin qu'il pouvoit avoir de leur secours. Que le temps de la récolte soit retardé ; que le feu prenne à une pièce de cannes ; qu'un moulin foit démonté ; que des édifices croulent ; que la mortalité fe mette dans les beftiaux ou parmi les efclaves ; que les fécherefles ou les pluies ruinent tout, où trouver les moyens de foutenir l'habitation pendant ces ravages, & de remédier à la perte qu'ils caufent ? Ces moyens font en vingt mains différentes. Qu'une feule refufe du fecours, le cahos, loin de fe débrouiller, augmente. Ces confidératians déterminèrent ceux qui n'avoient pas encore demandé du crédit, à confier leurs intérêts aux commiffionnaires de Saint-Pierre, pour être, en cas de malheur, affurés d'une reffource.

Le petit nombre d'habitans riches qui fembloient, par leur fortune, être à l'abri de ces befoins, furent comme forcés de s'adreffer à ce comptoir. Les capitaines marchands trouvant un port où, fans fortir de leurs magafins & même de leurs vaiffeaux, ils pouvoient terminer avantageufement leurs affaires, défertèrent le FortRoyal, la Trinité, tous les autres lieux où le prix des productions leur étoit prefque arbitrairement impofé, où les paiemens étoient incertains & lents. Par cette révolution, les colons fixés dans leurs atteliers, qui exigent une préfence continuelle & des foins journaliers, ne pouvoient plus fuivre leurs denrées. Ils furent donc obligés de les confier à des hommes intelligens, qui, s'étant établis dans le feul port fréquenté, fe trouvoient à portée de faifir les occafions les plus favorables pour vendre & pour acheter : avantage inappréciable dans un pays où le commerce éprouve des viciffitudes continuelles. La Guadeloupe, la Grenade fuivirent l'exemple de la *Martinique*. Les mêmes befoins les y déterminèrent.

La guerre de 1744 arrêta le cours de ces profpérités. Ce n'eft pas que la *Martinique* fe manquât à elle-même. Sa marine continuellement exercée, accoutumée aux actions de vigueur qu'exigeoit le maintien d'un commerce interlope, fe trouva toute formée pour les combats. En moins de fix mois, quarante corfaires armés à Saint-Pierre, fe répandirent dans les parages des Antilles. Ils firent des exploits dignes des anciens flibuftiers. Chaque jour on les voyoit rentrer en triomphe, chargés d'un butin immenfe. Cependant, au milieu de ces avantages, la colonie vit fa navigation, foit au Canada, foit aux côtes efpagnoles, entièrement interrompue, & fon propre cabotage journellement inquiété. Le peu de vaiffeaux qui arrivoient de France, pour fe dédommager des pertes dont ils couroient les rifques, vendoient fort cher & achetoient à bas prix. Ainfi les productions tombèrent dans l'aviliffement. Les terres furent mal cultivées. On négligea l'entretien des atteliers. Les efclaves périffoient faute de nourriture. Tout languiffoit, tout s'écrouloit. Enfin la paix ramena, avec la liberté du commerce, l'efpoir de recouvrer l'an-

cienne profpérité. Les événemens trompèrent les premiers efforts que l'on fit.

Il n'y avoit pas deux ans que les hoftilités avoient ceffé, lorfque la colonie perdit le commerce frauduleux qu'elle faifoit avec les américains efpagnols. Cette révolution ne fut point l'effet de la vigilance des gardes-côtes. Comme on a toujours plus d'intérêt à les braver qu'eux à fe défendre, on méprife des gens foiblement payés pour protéger des droits ou des prohibitions peu refpectés. Ce fut la fubftitution des vaiffeaux de regiftre aux flottes, qui mit des bornes très-étroites aux entreprifes des interlopes. Dans le nouveau fyftême, le nombre des bâtimens étoit indéterminé, & le tems de leur arrivée incertain ; ce qui jetta dans le prix des marchandifes une variation qui n'y avoit pas été. Dèslors le contrebandier, qui n'étoit engagé dans fon opération que par la certitude d'un gain fixe & conftant, ceffa de fuivre une carrière qui ne lui affuroit plus le dédommagement du rifque où il s'expofoit.

Mais cette perte fut moins fenfible pour la colonie, que les traverfes qui lui vinrent de fa métropole. Une adminiftration peu éclairée embarrafla de tant de formalités la liaifon réciproque & néceffaire des ifles avec l'Amérique feptentrionale, que la *Martinique* n'envoyoit plus en 1755 que quatre bateaux au Canada.

Cependant le commerce de France ne s'appercevoit pas de la décadence de la *Martinique*. Il trouvoit à la rade de Saint-Pierre des négocians qui lui achetoient bien fes cargaifons, qui lui renvoyoient avec célérité fes vaiffeaux richement chargés ; & il ne s'informoit pas fi c'étoit cette colonie qui confommoit & qui produifoient. Les nègres même qu'il y portoit, étoient vendus à un fort bon prix : mais il y en reftoit peu. La plus grande partie paffoit à la Grenade, à la Guadeloupe, même aux ifles neutres, qui, malgré la liberté illimitée dont elles jouiffoient, préféroient les efclaves de traite françoife, à ceux que les anglois leur offroient à des conditions en apparence plus favorables. On s'étoit convaincu, par une affez longue expérience, que les nègres choifis qui coûtoient le plus cher, enrichiffoient les terres, tandis que les cultures dépériffoient dans les mains des nègres achetés à bas prix. Mais ces profits de la métropole étoient étrangers & prefque nuifibles à la *Martinique*.

Elle n'avoit pas encore réparé fes pertes durant la paix, ni comblé le vuide des dettes qu'une fuite de calamités l'avoit forcée à contracter, lorfqu'elle vit renaître le plus grand de tous les fléaux, la guerre. Ce fut pour la France une chaîne de malheurs, qui d'échec en échec, de perte en perte, fit tomber la *Martinique* fous le joug des anglois. Elle fut reftituée au mois de juillet 1763, feize mois après avoir été conquife : mais on la rendit dépouillée de tous les moyens accessoires de prospérité qui lui avoient donné tant d'éclat. Depuis quelques années, elle avoit perdu la plus grande partie de son commerce interlope aux côtes espagnoles. La cession du Canada & de la Louisiane lui ôtoit tout espoir de rouvrir une communication qui n'avoit langui que par des erreurs passagères. Elle ne pouvoit plus voir arriver dans ses ports les productions de la Grenade, de Saint-Vincent, de la Dominique, qui étoient devenues des possessions britanniques. Un nouvel arrangement de la métropole, qui lui interdisoit toute liaison avec la Guadeloupe, ne lui permettoit plus d'en rien espérer.

La colonie réduite à elle-même, ne devoit donc compter que sur ses cultures. Malheureusement, à l'époque où ses habitans pouvoient commencer à s'en occuper utilement, parut dans son sein une espèce de fourmi inconnue en Amérique avant qu'elle eût ravagé la Barbade, au point d'y faire délibérer s'il ne convenoit pas d'abandonner une colonie autrefois si florissante. On ignore si ce fut du continent ou de cette isle que l'insecte passa à la *Martinique*. Ce qui est sûr, c'est qu'il causa des ravages inexprimables dans toutes les plantations de sucre où il se montra. Cette calamité, trop mollement combattue, duroit depuis onze ans, lorsque les colons assemblés arrêtèrent, le 9 mars 1775, une récompense de 666,000 liv. pour celui qui trouveroit un remède contre un fléau si destructeur.

Ce secret important avoit déja été imaginé & mis en pratique par un officier, nommé *Desvoyves*, sur un des terreins les plus infestés de fourmis. Cet excellent cultivateur avoit obtenu d'abondantes récoltes, en multipliant les labours, les engrais & les sarclages, en brûlant les pailles où cet insecte se refugie, en replantant les cannes à chaque récolte, & en les disposant de manière à faciliter la circulation de l'air. Cet exemple a été enfin suivi par les colons riches. Les autres l'imiteront, selon leurs moyens ; & l'on peut espérer qu'avec le temps il ne restera que le souvenir de ce grand désastre.

Cette calamité étoit dans sa plus grande force, lorsque l'ouragan de 1766, le plus furieux de tous ceux qui ont ravagé la *Martinique*, vint y détruire les vivres, moissonner les récoltes, déraciner les arbres, renverser même les bâtimens. La destruction fut si générale, qu'à peine resta-t-il quelques habitans en état de consoler tant de malheureux, de soulager tant de misère.

Le haut prix où, depuis quelque temps, étoit monté le café, aidoit à supporter tant d'infortunes. Cette production trop multipliée tomba dans l'avilissement, & il ne resta à ses cultivateurs que le regret d'avoir consacré leurs terres à une denrée, dont la valeur ne suffisoit plus à leur subsistance.

Pour comble de malheur, la métropole laissoit manquer sa colonie des bras nécessaires à son exploitation ; depuis 1764 jusqu'en 1774, le commerce de France n'introduisit à la *Martinique* que trois cents quarante-cinq esclaves année commune. Les habitans étoient réduits à repeupler leurs atteliers du rebut des cargaisons angloises, introduit en fraude.

Il falloit adoucir le sort d'un grand établissement, si cruellement affligé. Il n'en fut pas ainsi. De nouvelles charges prirent dans la colonie la place des secours qu'elle avoit droit d'attendre.

Dans les établissemens françois du Nouveau-Monde, & dans ceux des autres nations sans doute, les africains se corrompoient beaucoup : c'est qu'ils étoient assurés de l'impunité. Leurs maîtres, séduits par un intérêt aveugle, ne déféroient jamais les criminels à la justice. Pour faire cesser un si grand désordre, le code noir régla que le prix de tout esclave qui seroit condamné à mort, après avoir été dénoncé au magistrat par le propriétaire, seroit payé par la colonie.

Des caisses furent aussi-tôt formées pour cet objet utile : mais on ne tarda pas à y puiser pour des dépenses étrangères à leur institution. Celle de la *Martinique* étoit encore plus grevée que les autres de ces injustices, lorsqu'en 1771 elle se vit chargée des frais que faisoit la chambre d'agriculture de la colonie, des honoraires d'un député que son conseil entretient inutilement dans la métropole.

Les charges augmentèrent encore. Les droits que le gouvernement faisoit percevoir à la *Martinique* étoient originairement très-légers, & se payoient en denrées. Elles furent converties en métaux, lorsque ces agens universels du commerce se furent multipliés dans l'isle. Cependant l'imposition fut modérée jusqu'en 1763. Elle fut alors portée à 800,000 liv. Trois ans après, il fallut la réduire : mais cette diminution, arrachée par le malheur des circonstances, finit en 1772. Le tribut fut de nouveau réduit, en 1778, à la somme de 666,000 livres, formant un million des isles. Il est payé avec une capitation sur les blancs & sur les noirs, avec un droit de cinq pour cent sur le prix du loyer des maisons, avec le droit d'un pour cent sur toutes les marchandises de poids qui entrent dans la colonie, & un droit égal sur toutes les denrées qui en sortent, à l'exception du café qui doit trois pour cent.

Détails, d'après lesquels on peut calculer les cultures, la population & le commerce actuels. Au premier janvier 1778, la *Martinique* comptoit douze mille blancs de tout âge & de tout sexe ; trois mille noirs ou mulâtres libres, plus de quatre-vingt mille esclaves, quoique ses dénombremens ne montassent qu'à soixante-douze mille.

Elle avoit pour ses troupeaux huit mille deux cents

cents mulets ou chevaux, neuf mille sept cents bêtes à cornes, treize mille cent porcs, moutons ou chèvres.

Ses sucreries étoient au nombre de deux cents cinquante-sept, qui occupoient dix mille trois cents quatre-vingt-dix-sept quarrés de terre. Elle cultivoit seize millions six cents deux mille huit cents soixante-dix pieds de café; un million quatre cents trente mille vingt pieds de cacao; un million six cents quarante-huit mille cinq cents cinquante pieds de coton.

En 1775, les navigateurs françois chargèrent sur cent vingt-deux bâtimens, à la *Martinique*, deux cents quarante-quatre mille quatre cents trente-huit quintaux cinquante-huit livres de sucre terré ou brut, qui furent vendus dans la métropole 9,971,155 liv. 3 s. 7 d.; quatre-vingt-seize mille huit cents quatre-vingt-neuf quintaux soixante-huit livres de café, qui furent vendus 4,577,259 liv. 16 sols; onze cents quarante-sept quintaux huit livres d'indigo, qui furent vendus 975,108 liv.; huit mille six cents cinquante-six quintaux soixante-trois livres de cacao, qui furent vendus 605,964 liv. 12 sols; onze mille douze quintaux de coton, qui furent vendus 2,753,100 liv.; neuf cents dix-neuf cuirs, qui furent vendus 8,271 liv.; vingt-neuf quintaux dix livres de carret, qui furent vendus 29,100 l.; dix-neuf cents soixante-six quintaux trente-cinq livres de caneficè, qui furent vendus 52,980 l. 10 s.; cent vingt-cinq quintaux de bois, qui furent vendus 3,125 l. Ce fut en tout 18,975,974 l. 1 s. 10 d. Mais la somme entière n'appartenoit pas à la colonie. Il en devoit revenir un peu plus du quart à Sainte-Lucie & à la Guadeloupe, qui y avoient versé une partie de leurs productions.

Tous ceux qui, par instinct ou par devoir, s'occupent des intérêts de leur patrie, desireroient voir les productions se multiplier à la *Martinique*. On sait, il est vrai, que l'intérieur de cette isle, rempli de rochers affreux, n'est point propre à la culture du sucre, du café, du coton; qu'une trop grande humidité nuiroit à ces productions; & que, si elles y réussiroient, les frais de transport, au travers des montagnes & des précipices, rendroient inutile le succès des récoltes. Mais on pourroit former, dans ce grand espace, d'excellentes prairies; & le sol n'attend que la faveur du gouvernement pour fournir aux habitans ce genre de fécondité reproductive de bestiaux, si nécessaire à la culture & à la subsistance. L'isle a d'autres quartiers d'une nature ingrate: des terreins escarpés que les torrens & les pluies ont dégradés; des terreins marécageux, qu'il est difficile & peut-être impossible de dessécher; des terreins pierreux, qui se refusent à tous les travaux. Cependant les observateurs qui connoissent le mieux la colonie, s'accordent tous à dire que ses cultures sont susceptibles d'augmentation, & que l'augmentation pourroit être de près d'un tiers. On arriveroit même, sans nouveaux défrichemens, à cette amélioration, par une culture meilleure & plus suivie. Mais, pour atteindre ce but, il faudroit un plus grand nombre d'esclaves. C'est beaucoup que les habitans aient pu jusqu'à nos jours maintenir leurs atteliers dans l'état où ils les avoient reçus de leurs pères. Nous ne croyons pas qu'il soit en leur pouvoir de les augmenter.

Division des propriétaires. A la *Martinique*, les propriétaires des terres peuvent être divisés en quatre classes. La première possède cent grandes sucreries, exploitées par douze mille noirs. La seconde, cent cinquante, exploitées par neuf mille noirs. La troisième, trente-six, exploitées par deux mille noirs. La quatrième, livrée à la culture du café, du coton, du cacao, du manioc, peut occuper vingt mille noirs. Ce que la colonie contient de plus en esclaves de deux sexes, employés pour le service domestique, pour la pêche, pour la navigation, est dans l'enfance ou dans un état de décrépitude.

La première classe, dit-on, est toute composée de gens riches. Leur culture est poussée aussi loin qu'elle puisse aller, & leurs facultés la maintiendront sans peine dans l'état florissant où ils l'ont portée. Les dépenses même qu'ils sont obligés de faire pour la reproduction, sont moins considérables que celles du colon moins opulent, parce que les esclaves qui naissent sur leurs habitations, doivent remplacer ceux que le tems & les travaux détruisent.

La seconde classe, qu'on peut appeler celle des gens aisés, n'a que la moitié des cultivateurs dont elle auroit besoin pour atteindre à la fortune des riches propriétaires. Eussent-ils les moyens d'acheter les esclaves qui leur manquent, ils en seroient détournés par une funeste expérience. Rien de si mal entendu que de placer un grand nombre de nègres à la fois sur une habitation. Les maladies que le changement de climat & de nourriture occasionne à ces malheureux; la peine de les former à un travail, dont ils n'ont ni l'habitude ni le goût, ne peuvent que rebuter un colon, par les soins fatigans & multipliés que demanderoit cette éducation des hommes pour la culture des terres. Le propriétaire le plus actif est celui qui peut augmenter son attelier d'un sixième d'esclaves tous les ans. Ainsi la seconde classe pourroit acquérir quinze cents noirs par an, si le produit net de sa culture le lui permettoit: mais elle ne doit pas compter sur des crédits. Les négocians de la métropole ne paroissent pas disposés à lui en accorder; & ceux qui faisoient travailler leurs fonds dans la colonie, ne les y ont pas plutôt vu oisifs ou hasardés, qu'ils les ont portés en Europe ou à Saint-Domingue.

La troisième classe, qui est à-peu-près indigente,

ne peut sortir de sa situation par aucun moyen pris dans l'ordre naturel du commerce. C'est beaucoup qu'elle puisse subsister par elle-même. Il n'y a que la main bienfaisante du gouvernement qui puisse lui donner une vie utile pour l'état, en lui prêtant sans intérêt l'argent nécessaire pour monter convenablement ses habitations. La recrue des noirs peut s'y éloigner sans inconvénient, des proportions que nous avons fixées pour la seconde classe, parce que chaque colon ayant moins d'esclaves à surveiller, sera en état de s'occuper davantage de ceux dont il fera l'acquisition.

La quatrième classe, livrée à des cultures moins importantes que les sucreries, n'a pas besoin de secours aussi puissans pour recouvrer l'état d'aisance, d'où la guerre, les ouragans & d'autres malheurs l'ont fait décheoir. Il suffiroit à ces deux dernières classes d'acquérir chaque année quinze cents esclaves, pour monter au niveau de la prospérité que la nature permet à leur industrie.

Ainsi la *Martinique* pourroit espérer de porter ses cultures languissantes jusqu'où elles peuvent aller, si, outre les remplacemens, elle recevoit chaque année une augmentation de deux ou trois mille nègres. Mais elle est hors d'état de payer ces recrues, & les raisons de son impuissance sont connues. On sait qu'elle doit à la métropole, comme dette de commerce, à-peu-près un million. Une suite d'infortunes l'a réduite à emprunter quatre aux négocians établis dans le bourg Saint-Pierre. Les engagemens qu'elle a contractés à l'occasion des partages de famille, ceux qu'elle a pris pour l'acquisition d'un grand nombre de plantations, l'ont rendue insolvable. Cette situation désespérée ne lui permet pas de remplir, du moins de long-temps, toute la carrière de fortune qui lui étoit ouverte. *Voyez* les articles FRANCE, SAINT-DOMINGUE, &c.

MARYLAND, l'une des treize républiques américaines, qui forment la confédération des Etats-Unis ; elle est située entre la Virginie, la Pensilvanie & la Delaware. Le lecteur trouvera à l'article ETATS-UNIS, un précis de l'histoire politique des Etats-Unis, jusqu'à l'époque de la révolution ; des remarques générales sur les constitutions des républiques américaines ; des remarques sur l'acte de confédération, sur le congrès & sur les nouveaux pouvoirs qu'il est à propos de lui confier ; un état de la dette & des finances des Etats-Unis ; des remarques sur l'état où se trouvent aujourd'hui les nouvelles républiques américaines, & sur les abus qu'elles doivent éviter dans la rédaction de leurs codes : nous y parlons en outre de l'association des *cincinnati*, & des dangers de cette institution ; de la marine ; de l'armée ; des nouveaux états qui se formeront sur le territoire de l'ouest, & des districts qui demandent déjà à être admis à la confédération ; des traités qu'ont signés les américains, avec quelques puissances de l'Europe : cet article ETATS-UNIS offre enfin des observations politiques, & des détails sur les sauvages qui se trouvent dans le voisinage ou dans l'enceinte des Etats-Unis. Nous nous bornerons ici, 1°. au précis de l'histoire politique de l'établissement & des progrès de la colonie du *Maryland*, & de l'état de cette colonie, lorsqu'elle s'est déclarée indépendante ; 2°. nous donnerons la constitution du *Maryland* ; 3°. nous ferons des remarques sur cette constitution ; 4°. nous ferons d'autres remarques sur la conduite du *Maryland* pendant la guerre & depuis la paix ; 5°. nous entrerons dans quelques détails sur son commerce & son état actuel.

SECTION PREMIÈRE.

Précis de l'histoire politique de l'établissement & des progrès de la colonie du Maryland, & de l'état où se trouvoit cette colonie lorsqu'elle s'est déclarée indépendante.

(La plupart des détails de cette section sont tirés d'un auteur connu).

Loin d'avoir de l'éloignement pour les catholiques, comme ses prédécesseurs, Charles Ier avoit trouvé des motifs de les chérir ; dans le zèle que l'espérance d'être tolérés par ce prince leur avoit inspiré pour ses intérêts. Mais, quand l'accusation de favoriser le papisme, eut aliéné les esprits contre ce roi foible, tout occupé du despotisme, il fut obligé d'abandonner cette communion à toute la sévérité des loix, où le schisme de Henri VIII l'avoit condamnée. Ces rigueurs déterminèrent le lord Baltimore à chercher dans la Virginie un asyle à la liberté de conscience. Comme il n'y trouvoit pas de tolérance pour une religion exclusive elle-même, il forma le projet de s'établir dans la partie inhabitée de cette région, qui est située entre la rivière de Potowmak & la Pensilvanie, & qu'on a depuis appelé le *Maryland*. Il se disposoit à peupler cette terre, en faveur des pouvoirs qu'il avoit obtenus, lorsque la mort termina ses jours.

Un fils digne de lui poursuivit une entreprise si consolante pour la religion de sa famille. Il partit en 1633 d'Angleterre avec deux cents catholiques, tous d'une naissance honnête. L'éducation qu'ils avoient reçue, le culte pour lequel ils s'expatrioient, la fortune que leur promettoit leur guide ; tous ces motifs prévinrent les désordres qui ne sont que trop ordinaires dans les états naissans. La nouvelle colonie vit les sauvages, gagnés par la douceur & par des bienfaits, s'empresser de concourir à sa formation. Avec ce secours inespéré, ces heureux membres, unis par les mêmes principes, & dirigés par les conseils d'un chef vigilant, se livrèrent de concert à des travaux utiles. Le spectacle de la paix & du bonheur dont ils jouissoient, attira chez eux une foule d'hommes qu'on persécutoit, ou pour la même croyance, ou pour d'autres opinions. Les catholiques du *Maryland*, désabusés enfin d'une intolérance dont ils avoient été la victime, après en avoir donné l'exemple, ouvrirent un asyle à toutes les sectes indistinctement. Toutes jouirent avec la même étendue des droits de cité. Le gouvernement fut modelé sur celui de la métropole.

Un esprit si conforme aux vues de la société, n'empêcha pas qu'après le renversement de la monarchie, on ne dépouillât Baltimore des concessions dont il avoit fait le meilleur usage. Destitué par Cromwel, il fut rétabli dans ses droits par Charles II, mais pour se les voir contester encore. Quoiqu'au-dessus de tout reproche de malversation, quoiqu'extrêmement zélé pour les dogmes ultramontains, quoique fort attaché aux intérêts des Stuart, il eut le chagrin de voir attaquer sa charte sous le règne arbitraire de Jacques, & d'avoir un procès en règle pour la jurisdiction d'une province que la couronne lui avoit cédée, & qu'il avoit établie à ses dépens. Ce prince, qui eut toujours le malheur de ne connoître ni ses amis, ni ses ennemis, & l'orgueil de croire que l'autorité royale suffisoit pour justifier tous les actes de violence, alloit ôter une seconde fois à Baltimore ce que les rois son père & son frère lui avoient donné, lorsqu'il fut précipité lui-même du trône. Son successeur termina d'une manière digne de son caractère politique, une contestation excitée avant son élévation. Il voulut que les Baltimore fussent privés de leur autorité, mais qu'ils continuassent à jouir de leurs revenus. Lorsque cette famille, plus indifférente sur la religion, rentra dans le sein de l'église anglicane, elle fut réintégrée dans le gouvernement héréditaire du *Maryland*; elle recommença à conduire la colonie avec un conseil & deux députés élus par chaque district.

De tous les établissemens formés dans le continent septentrional, le *Maryland* fut heureusement pour lui une des colonies les moins fécondes en évènemens. Son histoire se réduit à deux faits dignes d'être remarqués.

Berkley, follement zélé pour l'église anglicane, expulse de la Virginie ceux des habitans qui ne professent pas son culte. Les dissidens cherchent un asyle dans la province qui nous occupe. L'accueil qu'ils y reçoivent offense vivement les virginiens. Dans le premier accès d'un ressentiment injuste, ils persuadent aux sauvages que leurs nouveaux voisins sont espagnols. Ce nom odieux change toutes les idées des indiens. Ils ravagent sans délibérer, des champs qu'ils ont aidé à défricher; ils massacrent sans miséricorde des hommes qu'ils viennent de recevoir fraternellement. Combien il fallut de temps, de patience, de sacrifices, pour détromper ces esprits prévenus, pour ramener ces cœurs égarés!

Baltimore écoutant plutôt sa raison que les instructions de son enfance, avoit voulu que toutes les communions chrétiennes eussent une égale part au gouvernement. Les catholiques en furent exclus à l'époque mémorable où ce lord fut dépouillé de son autorité. Ou le ministere britannique ne voulut pas, ou il ne put pas arrêter cet acte de fanatisme. Son influence se réduisit à empêcher que les fondateurs de la colonie n'en fussent chassés, & qu'on ne mît en vigueur contr'eux des loix pénales qui étoient sans force en Angleterre.

Le *Maryland* est très-arrosé. On y voit couler de nombreuses sources, & cinq rivières navigables le traversent. L'air, qui est beaucoup trop humide sur les côtes, devient pur, léger & subtil à mesure que le terrein s'élève. Le printemps & l'automne sont de la plus heureuse température : mais l'hiver a des jours d'un froid très-vif, & l'été des jours de chaleur accablante. Ce que le pays a cependant de moins supportable, c'est une grande quantité d'insectes dégoûtans. D'après ces circonstances & la petitesse de cette province, tous ou presque tous les terreins y avoient été concédés, & dans la plaine, & au milieu des montagnes avant la révolution. Ils furent long-temps en friche ou mal exploités : mais les travaux s'étoient fort accrus lorsque l'Angleterre a voulu subjuguer les colonies américaines par la force. Quoique le plus grand nombre des colons fussent catholiques & allemands, quoique leurs mœurs eussent plus de douceur que d'énergie, ce qui pourroit venir de ce que les femmes n'y sont pas exclues de la société, comme dans la plupart des autres parties du continent; ils ont montré, durant la guerre, beaucoup de vigueur pour la cause commune. Les hommes libres & peu riches, fixés dans les lieux élevés, qui originairement ne coupoient de bois, n'élevoient de troupeaux, ne cultivoient de grains que pour les besoins de la colonie, fournissoient une grande quantité de ces objets aux Indes occidentales. Mais la prospérité de l'établissement paroissoit être l'ouvrage des esclaves, occupés à plus ou moins de distance de la mer, dans les plantations de tabac.

Digression sur le tabac. Les Indes orientales & l'Afrique cultivent du tabac pour leur usage. Elles n'en vendent ni n'en achetent.

Dans le levant, Salonique est le grand marché du tabac. La Syrie, la Morée ou le Péloponese, l'Egypte y versent tout leur superflu. De ce port, il est envoyé en Italie, où on le fume après que la causticité qui lui est naturel en a été adoucie par le mélange de ceux de Dalmatie & de Croatie.

Les tabacs de ces deux provinces sont de très-bonne qualité, mais si forts qu'on ne peut les prendre sans les tempérer par des tabacs plus doux.

Les tabacs de Hongrie seroient assez bons, s'ils n'avoient généralement une odeur de fumée qui en dégoûte.

L'Ukraine, la Livonie, la Prusse, la Poméranie récoltent une assez grande quantité de cette production. Sa feuille, plus large que longue, est mince, & n'a ni saveur ni consistance. Dans la vue de l'améliorer, la cour de Russie a fait semer dans ses colonies de Sarratow, sur le Volga, des graines apportées de Virginie & d'Hamessort. L'expérience n'a eu aucun succès, ou n'en a eu que peu.

Le tabac du Palatinat est très-médiocre en lui-même : mais il a la faculté de pouvoir s'amalgamer avec de meilleurs, & d'en prendre le goût.

La Hollande fournit aussi des tabacs. Celui que, dans la province d'Utrecht, produisent Hamessort, & quatre ou cinq districts voisins, est d'une qualité supérieure. Il a le rare avantage de communiquer son délicieux parfum aux tabacs inférieurs. On en voit beaucoup de ces dernières classes sur le territoire de la république. Cependant, l'espèce qui croît en Gueldre est la plus mauvaise de toutes.

La culture du tabac étoit autrefois établie en France, & avec plus de succès qu'ailleurs, près du Pont-de-l'Arche en Normandie, à Verton en Picardie, à Montauban, à Tonneins, à Clérac, dans la Guienne. On l'y défendit en 1721, excepté sur quelques frontières, dont on respecta les capitulations. Le Haynaut, l'Artois, la Franche-Comté profitèrent peu d'une liberté que la nature de leur sol repoussa opiniâtrément. Elle a été plus utile à la Flandre & à l'Alsace, dont les tabacs, quoique très-foibles, peuvent être mêlés sans inconvéniens avec des tabacs supérieurs.

Dans l'origine, les isles du nouveau-Monde s'occupèrent du tabac. Des productions plus riches les remplacèrent successivement dans toutes, excepté à Cuba, qui est restée en possession de fournir tout le tabac en poudre que consomment les espagnols des deux hémisphères. Son parfum est exquis, mais trop fort. La même couronne tire du Caraque le tabac que ses sujets fument en Europe. On l'emploie aussi dans le nord & en Hollande, parce qu'il n'en existe nulle part qui lui soit comparable pour cet usage.

Le Brésil adopta de bonne heure cette production, & ne l'a pas depuis dédaignée. Il a été encouragé par la faveur constante dont son tabac a joui sur les côtes occidentales de l'Afrique. Dans nos climats même, il est assez recherché par les gens qui fument. A raison de son âcreté, il seroit imprenable en poudre, sans les préparations qu'on lui donne.

Mais les meilleurs tabacs du globe croissent dans le nord de l'Amérique ; & dans cette partie du nouveau-Monde, il faut mettre au second rang ceux qu'on récolte dans le *Maryland*. Cependant ils n'ont pas le même degré de perfection dans toute l'étendue de la province. Les crûs de Chester & de Chouptant approchent pour la qualité de tabacs de la Virginie, & sont consommés en France. Les crûs de Patapsico & de Potuxant, très-propres à être fumés, trouvent leur débouché dans le nord & dans la Hollande. Sur les rives septentrionales du Potowmak, les tabacs sont excellens dans la partie haute, & médiocres dans la partie basse.

En 1775, lorsque les hostilités commencèrent entre les Etat-Unis & l'Angleterre, Sainte-Marie, autrefois la capitale de l'état, n'étoit rien ; & Annapolis, qui jouit maintenant de cette prérogative, n'étoit guère plus considérable. C'est à Baltimore, dont le port peut recevoir des navires tirant dix-sept pieds d'eau, que se traitoient presque toutes les affaires. Ces trois villes, les seules qu'on trouve dans la colonie, sont situées sur la baie de Chésapeak, qui s'enfonce deux cent cinquante mille dans les terres, & dont la largeur commune est de douze milles. Deux caps forment son entrée. Au milieu est un banc de sable. Le canal, voisin du cap Charles, n'ouvre un passage qu'à de très légers bâtimens : mais celui qui longe le cap Henri, admet, dans tous les temps, les plus grands vaisseaux.

Entre les apalaches & la mer, peu de terres sont aussi bonnes que celles du *Maryland*. Cependant elles sont trop généralement légères, sablonneuses & peu profondes, pour récompenser les travaux & les avances du cultivateur, le même espace de temps que dans nos climats. La fécondité, par-tout inséparable des défrichemens, étoit rapidement suivie d'une diminution extraordinaire dans la quantité, dans la qualité du bled : vraisemblablement, parce qu'on n'avoit pas le soin de la réparer avec ses engrais. Le sol étoit encore plutôt usé par le tabac. Lorsqu'on en demandoit, sans interruption, à un même lieu quelques récoltes, cette feuille perdoit beaucoup de sa force. Pour cette raison, l'on créa, en 1733, des inspecteurs autorisés à faire brûler tout ce qui n'auroit pas le parfum convenable. Cette institution fut sage : mais elle semble annoncer qu'il faudra renoncer un jour à la plus importante production de la province, ou qu'insensiblement elle se réduira à peu de chose. Nous avons dit à l'article ETATS-UNIS, que les colons de la Virginie se dégoûtent de la culture du tabac : elle dégoûte aussi ceux du *Maryland* ; mais ils trouveront les uns & les autres des moyens de la remplacer d'une manière avantageuse.

Les mines de fer sont très-abondantes dans la colonie. Ce moyen de prospérité n'avoit pas été poussé au-delà de dix-sept ou dix-huit fourneaux. Une liberté nouvelle, de nouveaux besoins communiqueront plus de force aux bras, aux esprits plus de mouvement.

Le *Maryland* n'avoit presque aucune manufacture. Il tiroit de la Grande-Bretagne ce qui servoit aux usages les plus ordinaires de la vie. C'étoit une des raisons qui le faisoient gémir sous le poids accablant des dettes. M. Stirenwith a pris enfin le parti de faire fabriquer des bas, des étoffes de soie & de laine, des toiles de coton, toutes les espèces de quincailleries, jusqu'à des armes à feu. Ces branches d'industrie, réunies dans un même attelier avec de grands frais & une intelligence rare, se disperseront plus ou moins rapidement dans la province, & passant la Patowmak, iront se naturaliser aussi dans la Virginie.

SECTION SECONDE.

Constitution de la république du Maryland.

DÉCLARATION *des droits arrêtée par les délégués du Maryland, assemblés en pleine & libre convention.*

Le parlement de la Grande-Bretagne s'étant, par un acte déclaratoire, arrogé le droit de faire des loix obligatoires pour les colonies dans tous les cas quelconques ; ayant, pour assurer cette prétention, entrepris de subjuguer par la force des armes les colonies unies, & de les réduire à une soumission entière, & sans aucune restriction à son pouvoir & à sa volonté ; & les ayant mises enfin dans la nécessité de se déclarer elles-mêmes *états indépendans*, & de se gouverner sous l'autorité du peuple de chaque colonie ; en conséquence, nous, délégués du *Maryland*, assemblés en pleine & libre convention, prenant dans la plus sérieuse & la plus mûre considération les meilleurs moyens d'établir dans cet état une bonne constitution, qui en soit le solide fondement, & lui procure la sécurité la plus permanente, nous déclarons que :

I. Tout gouvernement tire son droit du peuple, est uniquement fondé sur un contrat & institué pour l'avantage commun.

II. Le peuple de cet état doit avoir seul le droit exclusif de régler son gouvernement & sa police intérieure.

III. Les habitans du *Maryland* ont droit au maintien de la loi commune d'Angleterre, & à la procédure par jurés, telle qu'elle est établie par cette loi ; ils ont droit au bénéfice de ceux des statuts anglois qui existoient au tems de leur première émigration, & qui, par expérience, se sont trouvés applicables à leurs circonstances locales ou autres, & au bénéfice de ceux des autres statuts qui ont été faits depuis en Angleterre ou dans la Grande-Bretagne, & qui ont été introduits, usités & pratiqués par les cours de loi ou d'équité ; ils ont droit aussi au maintien de tous les actes de l'assemblée, qui étoient en vigueur le premier juin mil sept cent soixante-quatorze, à l'exception de ceux dont la durée a pu être limitée à des termes qui sont expirés depuis cette époque, & de ceux qui ont été ou qui pourront être dans la suite changés par des actes de la convention, ou par la présente déclaration des droits ; & en réservant toujours à la législature de cet état le droit de revoir ces loix, statuts & actes, de les changer & de les abroger : enfin les habitans du *Maryland* ont droit à toutes les propriétés à eux dévolues en conséquence & sous l'autorité de la charte accordée par sa majesté Charles premier à Cecil Calvert, baron de Baltimore.

IV. Toutes les personnes revêtues de la puissance législatrice ou de la puissance exécutrice du gouvernement, sont les mandataires du public, & comme tels responsables de leur conduite ; en conséquence, toutes les fois que le but du gouvernement n'est point, ou est mal rempli ; que la liberté publique est manifestement en danger, & que tous les autres moyens de redressement sont inefficaces, le peuple a le pouvoir & le droit de réformer l'ancien gouvernement, ou d'en établir un nouveau : la doctrine de non-résistance contre le pouvoir arbitraire & l'oppression est absurde, servile & destructive du bien & du bonheur du genre-humain.

V. La jouissance par le peuple du droit de participer activement à la législation, est le gage le plus assuré de la liberté, & le fondement de tout gouvernement libre : pour remplir ce but, les élections doivent être libres & fréquentes, & tout homme ayant une propriété dans la communauté, ayant un intérêt commun avec elle, & des motifs pour lui être attaché, y a droit de suffrage.

VI. La puissance législatrice, la puissance exécutrice & l'autorité judiciaire, doivent être toujours séparées & distinctes l'une de l'autre.

VII. Le pouvoir de suspendre les loix ou leur exécution, ne doit être exercé que par la législature, ou par une autorité émanée d'elle.

VIII. La liberté de parler, les débats ou délibérations dans la législature ne doivent être le fondement d'aucune accusation ou poursuite dans aucune autre cour ou tribunal quelconque.

IX. Il doit être fixé pour l'assemblée de la législature un lieu le plus commode à ses membres, & le plus convenable pour le dépôt des registres publics ; & la législature ne doit être convoquée & tenue dans aucun autre lieu, que dans le cas d'une nécessité évidente.

X. La législature doit être fréquemment assemblée, pour pourvoir au redressement des griefs, & pour corriger, fortifier & maintenir les loix.

XI. Tout homme a droit de s'adresser à la législature pour le redressement des griefs, pourvu que ce soit d'une manière paisible & conforme au bon ordre.

XII. Aucuns subside, charge, taxe, impôt, droit ou droits ne doivent être établis, fixés ou levés, sous aucun prétexte, sans le consentement de la législature.

XIII. La levée de taxes par nombre de têtes, est injuste & oppressive; elle doit être abolie: les pauvres ne doivent point être imposés pour le maintien du gouvernement; mais toutes autres personnes dans l'état doivent contribuer aux taxes publiques pour le maintien du gouvernement, chacune proportionnellement à sa richesse actuelle en propriétés réelles ou personnelles dans l'état: il peut être aussi convenablement & justement établi ou imposé des amendes, des douanes ou des taxes par des vues politiques pour le bon gouvernement & l'avantage de la communauté.

XIV. Il faut éviter les loix qui ordonnent l'effusion du sang, autant que la sûreté de l'état peut le permettre; & il ne doit être fait à l'avenir pour aucun cas, ni dans aucun tems, de loi pour infliger des peines ou amendes cruelles & inusitées.

XV. Des loix avec effet rétroactif, pour punir des crimes commis avant l'existence de ces loix, & qui n'ont été déclarés crimes que par elles, sont oppressives, injustes & incompatibles avec la liberté: ainsi il ne doit jamais être fait de loi *ex post facto*, après le cas arrivé.

XVI. Dans aucun cas ni dans aucun temps, il ne sera fait désormais aucun acte législatif pour déclarer qui que ce soit, coupable de trahison ou de félonie (1).

XVII. Tout homme libre doit, pour toute injure ou tort qu'il peut recevoir dans sa personne ou dans ses biens, trouver un remède dans le recours aux loix du pays: il doit obtenir droit & justice, librement & sans être obligé de les acheter, complettement & sans aucun refus, promptement & sans délai, le tout conformément aux loix du pays.

XVIII. La vérification des faits dans les lieux où ils se sont passés, est une des plus grandes sûretés de la vie, de la liberté & de la propriété des citoyens.

XIX. Dans tous les procès criminels, tout homme a le droit d'être informé de l'accusation qui lui est intentée, d'avoir une copie de la plainte ou des charges dans un tems suffisant, lorsqu'il le requiert, pour préparer sa défense; d'obtenir un conseil, d'être confronté aux témoins qui déposent à sa charge, de faire entendre ceux qui sont à sa décharge, de faire examiner les uns & les autres sous le serment; & il a droit à une procédure prompte par un juré impartial, sans le consentement unanime duquel il ne peut pas être déclaré coupable.

XX. Aucun homme ne doit être forcé d'administrer des preuves contre lui-même dans les cours de loi commune, ni dans aucunes autres cours, excepté pour les cas où la chose a été pratiquée ordinairement dans cet état, & pour ceux où elle sera ordonnée à l'avenir par la législature (2).

XXI. Aucun homme libre ne doit être arrêté, emprisonné, dépouillé de ses propriétés, immunités ou privilèges, mis hors de la protection de la loi, exilé, maltraité en aucune manière, privé de sa vie, de sa liberté ou de ses biens que par un jugement de ses pairs, en vertu de la loi du pays.

XXII. Il ne doit être exigé par aucune cour de loi de cautionnemens excessifs, ni imposé de trop fortes amendes, ni infligé de peines cruelles ou inusitées.

XXIII. Tout warrant, pour faire des recherches dans des lieux suspects, pour arrêter quelqu'un ou saisir ses biens, est injuste & vexatoire, s'il n'est décerné sur une accusation revêtue d'un serment ou d'une affirmation solemnelle; & tout général warrant, pour faire des recherches dans des lieux suspects, ou pour arrêter des personnes suspectes, sans que la personne ou le lieu y soient nommés & spécialement décrits, est illégal & ne doit point être accordé.

XXIV. Il ne doit y avoir confiscation d'aucune partie des biens d'un homme pour aucun crime, excepté pour meurtre ou pour trahison contre l'état; & alors seulement d'après conviction & jugement.

XXV. Une milice bien réglée est la défense convenable & naturelle d'un gouvernement libre.

XXVI. Des armées toujours sur pied sont dangereuses pour la liberté, & il ne doit en être ni levé ni entretenu sans le consentement de la législature.

XXVII. Dans tous les cas & dans tous les tems, le militaire doit être exactement subordonné à l'autorité civile, & gouverné par elle.

XXVIII. En tems de paix, il ne doit point être logé de soldat dans une maison sans le consente-

___

(1) Le but de cet article est d'empêcher la puissance législatrice de devenir dans aucun cas autorité judiciaire: abus sujet à beaucoup d'inconvéniens, & qui existe dans la constitution d'Angleterre.

(2) Dans les cours de chancellerie, selon la loi d'Angleterre, l'accusé est examiné sous le serment de dire la vérité: il est obligé de la dire, lors même que les réponses véridiques aux questions qui lui sont faites, formeroient preuve contre lui; & il peut être puni comme parjure, s'il fait des réponses fausses; ou comme contempteur de la justice, s'il refuse d'y répondre.

Il y a des cours de chancellerie dans le *Maryland*; mais il n'y en a point dans les quatre états de la nouvelle-Angleterre, ni en Pensylvanie.

ment du propriétaire ; & en temps de guerre, le logement ne doit être fait que de la manière ordonnée par la législature.

XXIX. Aucune personne, à l'exception de celles qui font partie des troupes de terre ou de mer, ou qui font dans la milice actuellement en service, ne peut, dans aucun cas, être assujettie à la loi martiale, ni soumise à des peines en vertu de cette loi.

XXX. L'indépendance & l'intégrité des juges font une chose essentielle pour l'administration impartiale de la justice, & forment un des grands fondemens de la sécurité des droits & de la liberté des citoyens ; c'est pourquoi le chancelier & tous les juges doivent conserver leurs charges tant qu'ils se conduiront bien ; & lesdits chancelier & juges doivent être destitués pour mauvaise conduite, après avoir été convaincus dans une cour de loi ; ils pourront être aussi destitués par le gouverneur sur la demande de l'assemblée générale, pourvu que les deux tiers de la totalité des membres de chaque chambre aient concouru à cette demande. Il doit être assigné au chancelier & aux juges des appointemens honnêtes, mais non pas trop considérables, pendant qu'ils exerceront leurs charges ; le tout de la manière & dans le temps ordonnés à l'avenir par la législature, d'après la considération des circonstances dans lesquelles cet état se trouvera. Aucuns chancelier ou juges ne doivent posséder aucun autre office civil ou militaire, ni recevoir de droits ou d'émolumens d'aucune espèce.

XXXI. Une longue stabilité dans les premiers départemens de la puissance exécutrice, ou dans les emplois de maniement, est dangereuse pour la liberté ; c'est pourquoi le changement périodique des membres de ces départemens, est un des meilleurs moyens d'assurer une liberté solide & durable.

XXXII. Aucune personne ne doit posséder à la fois plus d'un emploi lucratif, & aucune personne revêtue d'un emploi public ne doit recevoir de présens d'aucuns prince ou état étranger, ni des États-Unis, ni d'aucun d'eux, sans l'approbation de cet état.

XXXIII. Comme il est du devoir de tout homme d'adorer Dieu de la manière qu'il croit lui être la plus agréable, toutes personnes professant la religion chrétienne ont un droit égal à être protégées dans leur liberté religieuse : ainsi aucun homme ne doit être inquiété par aucune loi dans sa personne ou dans ses biens au sujet de sa croyance, de sa profession ou de sa pratique en fait de religion, à moins que, sous prétexte de religion, il ne troublât le bon ordre, la paix ou la sûreté de l'état, ou qu'il ne transgressât les loix de la morale, ou qu'il ne fît tort aux autres dans leurs droits naturels, civils ou religieux ; & aucun homme ne doit être forcé de fréquenter, d'entretenir ou de contribuer, à moins qu'il ne s'y soit obligé par un contrat, à entretenir aucun lieu particulier de culte, ni aucun ministre de religion en particulier. Cependant la législature pourra établir à sa volonté une taxe égale & générale pour le maintien de la religion chrétienne, en laissant à chaque individu le pouvoir de destiner l'argent qu'on aura perçu de lui, à l'entretien d'un lieu de culte, ou d'un ministre de religion en particulier, ou au bénéfice des pauvres de sa secte, ou en général à celui des pauvres d'un comté particulier ; mais les églises, chapelles, terres & tous autres biens actuellement appartenans à l'église anglicane, doivent lui demeurer pour toujours. Tous les actes de l'assemblée ci-devant faits pour bâtir ou réparer les églises particulières & des chapelles succursales, demeureront en vigueur, & seront exécutés, à moins que la législature ne les suspende ou ne les révoque par de nouveaux actes ; mais aucune cour de comté ne devra imposer à l'avenir, ni une quantité de tabac, ni une somme d'argent sur la demande d'aucun sacristain ou marguillier ; & tout bénéficier de l'église anglicane, qui a demeuré & exercé ses fonctions dans sa paroisse, aura droit à toucher la provision & l'entretien établis par l'acte intitulé, *acte pour l'entretien du clergé & l'église anglicane dans cette province*, jusqu'à la session de la cour, qui doit se tenir au mois de novembre de la présente année dans le comté où sa paroisse est située, en tout ou en partie, ou pour le temps qu'il aura demeuré & exercé les fonctions dans sa paroisse.

XXXIV. Tous dons, ventes ou legs de terres à un ministre enseignant publiquement, ou prêchant l'évangile en sa qualité de ministre, ou à quelque secte, ordre ou communion religieuse que ce soit; tous dons, ventes ou legs de terres à ou pour l'entretien, usage ou profit d'un ministre, pour lui être remis en tant que ministre, enseignant publiquement ou prêchant l'évangile, ou en faveur de quelque secte, ordre ou communion religieuse ; tous dons ou ventes de meubles & effets pour être recueillis éventuellement, ou pour avoir lieu après la mort du vendeur ou du donateur, à la destination de l'entretien, usage ou profit d'un ministre, en cette qualité de ministre enseignant publiquement ou prêchant l'évangile, ou de quelque secte, ordre ou communion, seront nuls, s'ils sont faits sans la permission de la législature, à l'exception toutefois des dons, ventes, baux & legs de terreins non excédant deux acres pour une église, lieu d'assemblée ou autre maison de culte, & aussi pour cimetière, lesquels terreins pourront être améliorés, possédés & employés uniquement à ces usages ; faute de quoi les dons, ventes, baux ou legs seront nuls.

XXXV. Il ne doit être exigé, pour être admis à quelque emploi, que ce soit de profit ou de maniement, d'autre épreuve ou qualité, qu'un serment de maintenir cet état & de lui garder fidélité, & un serment d'office, tels que la présente convention ou la législature de cet état les auront ordonnés, & aussi une déclaration de croyance à la religion chrétienne.

XXXVI. La manière de faire prêter serment à une personne doit être telle que ceux de la croyance, profession ou communion religieuse dont est cette personne, la regardent en général comme la confirmation la plus forte de ce qu'on avance par le témoignage invoqué de l'Etre divin. Les hommes appellés *quakers*, ceux appellés *dunkers*, & ceux appellés *memnonistes*, qui ne se croient pas permis de faire de serment dans aucune occasion, doivent être reçus à faire leur affirmation solemnelle de la même manière que les quakers ont été reçus jusqu'à présent à affirmer; & leur affirmation doit être de même valeur que le serment dans tous ces cas, ainsi que celle des quakers a été reçue & acceptée dans cet état pour tenir lieu du serment. On pourra même, sur cette affirmation, décerner des warrants pour la recherche des effets volés, ou pour la capture & l'emprisonnement des délinquants, comme aussi obliger à donner caution de ne point causer de dommage; & les quakers, dunkers ou memnonistes devront aussi, sur leur affirmation solemnelle comme il a été dit ci-devant, être admis en témoignage dans toutes les procédures criminelles non capitales.

XXXVII. La cité d'Anapolis conservera tous ses droits, privilèges & avantages, conformément à sa charte & aux actes d'assemblée qui les ont confirmés & réglés, sous la réserve néanmoins des changemens que la présente convention ou la législature pourront y faire à l'avenir.

XXXVIII. La liberté de la presse doit être inviolablement conservée.

XXXIX. Les privilèges exclusifs sont odieux, contraires à l'esprit d'un gouvernement libre & aux principes du commerce, & ne doivent point être soufferts.

XL. Il ne doit être accordé dans cet état, ni titres de noblesse, ni honneurs héréditaires.

XLI. Les résolutions actuellement subsistantes de la présente & de toutes les autres conventions tenues pour cette colonie, doivent avoir force de loix, à moins qu'elles ne soient changées par la présente convention, ou pour la législature de cet état.

XLII. La présente déclaration des droits, ni la forme de gouvernement qui sera établie par la présente convention, ni aucune partie de l'une des deux ne devront être corrigées, changées ou abrogées par la législature de cet état, que de la manière que la présente convention le prescrira & l'ordonnera.

La présente déclaration des droits a été consentie & arrêtée dans la convention des délégués des hommes libres du *Maryland*, commencée & tenue à Annapolis le quatorze d'août de l'an de grace mil sept cent soixante-seize.

Par ordre de la convention.

MATTHIEU TILGHMAN, président.

CONSTITUTION & *forme de gouvernement, arrêtée par les délégués du* Maryland, *assemblés en pleine & libre convention.*

Article premier. La législature sera composée de deux corps distincts, un sénat & une chambre des délégués, qui réunis s'appelleront l'*assemblée générale du Maryland.*

II. La chambre des délégués sera choisie de la manière suivante: tous les hommes libres au-dessus de l'age de 21 ans, ayant une franche-tenue de cinquante acres de terre dans le comté pour lequel ils prétendront voter, & y résidant; & tous les hommes libres, ayant du bien dans cet état pour une valeur au-dessus de trente livres argent courant, & ayant résidé dans le comté, pour lequel ils prétendront voter, une année entière immédiatement avant l'élection, auront droit de suffrage dans l'élection des délégués pour ce comté; & tous les hommes libres, ayant ces qualités, s'assembleront le premier lundi d'octobre mil sept cent soixante-dix-sept, & à pareil jour à l'avenir chaque année, dans la maison commune desdits comtés, ou dans tel autre lieu que la législature ordonnera; & lorsqu'ils seront assemblés, ils procéderont de vive voix à l'élection de quatre délégués pour leurs comtés respectifs, parmi les plus sages, les plus sensés & les plus prudens du peuple, ayant résidé dans le comté pour lequel ils seront choisis, une année entière immédiatement avant l'élection, ayant plus de vingt-un ans, & possédant dans l'état en biens immeubles ou mobiliers, une valeur au-dessus de cinq cents livres argent courant; & après que le compte définitif des voix sera terminé, les quatre personnes qui se trouveront avoir le plus grand nombre de suffrages légitimes, seront déclarées & dénommées dans le procès-verbal en forme, comme duement élues pour leurs comtés respectifs (1).

III. Le shérif de chaque comté, ou, en cas de maladie du shérif, son député (appellant deux

---

(1) En *Maryland*, les élections, hors celles au scrutin, ne se font point par le moyen des boules ou billets écrits; chaque électeur donne son suffrage de vive voix. Le greffier tient un état du nom des votans, & du nombre des voix pour chaque candidat; & la votation finie, on en fait le compte définitif.

jug

juges dudit comté, nécessaires pour veiller au maintien de la tranquillité) sera juge de l'élection, & pourra l'ajourner d'un jour à l'autre, s'il est nécessaire, jusqu'à ce qu'elle soit finie, de manière que toute l'élection soit terminée en quatre jours; & il en remettra le procès-verbal, signé de sa main, au chancelier de cet état alors en charge.

IV. Toutes les personnes ayant qualité, par la charte de la cité d'Annapolis, pour élire des bourgeois représentans, s'assembleront de même le premier lundi d'octobre mil sept cent soixante-dix-sept, & à pareil jour à l'avenir chaque année, & éliront à la pluralité des suffrages donnés de vive voix, deux délégués ayant qualité, conformément à ladite charte. Le maire, l'assesseur & les aldermen (échevins) de ladite ville, tous ensemble, ou au moins trois d'entr'eux seront juges de l'élection, & désigneront le lieu de la ville où elle devra se faire; ils pourront l'ajourner d'un jour à un autre, ainsi qu'il a été dit à l'article précédent, & en feront leur procès verbal pareillement comme ci-dessus; mais les habitans de ladite cité n'auront pas droit de suffrage à l'élection des délégués pour le comté d'Anne Arundel, à moins qu'ils n'aient une franche-tenue de cinquante acres de terre dans le comté & hors de la ville.

V. Toutes les personnes habitant la ville de Baltimore, & ayant toutes les qualités exigées pour les électeurs dans les comtés, s'assembleront aussi le premier lundi d'octobre de l'année mil sept cent soixante-dix-sept, & à pareil jour à l'avenir chaque année, dans le lieu de ladite ville que les juges désigneront, & éliront, à la pluralité des suffrages donnés de vive voix, deux délégués ayant qualité, comme il est dit ci-dessus. Mais si le nombre des habitans de ladite ville diminuoit, au point que le nombre de personnes y ayant droit de suffrage, fût pendant l'espace de sept années consécutives moindre que la moitié du nombre des votans dans quelqu'un des comtés de cet état, à compter de cette époque, cette ville cesseroit d'envoyer deux délégués ou représentans dans la chambre des délégués, jusqu'à ce que ladite ville se trouvât avoir un nombre de votans égal à la moitié de celui des votans de quelqu'un des comtés dudit état.

VI. Les commissaires de ladite ville, ou trois, ou un plus grand nombre d'entr'eux actuellement en charge, seront juges de ladite élection, pourront l'ajourner, & en feront leur procès-verbal, comme il a été dit ci-dessus; mais les habitans de ladite ville n'auront point titre pour élire ni pour être élus délégués pour le comté de Baltimore, & réciproquement les habitans du comté de Baltimore, hors les limites de ladite ville, n'auront point titre pour élire ni pour être élus délégués pour la ville de Baltimore.

VII. En cas de refus, mort, inaptitude, démission ou absence hors de l'état de quelque délégué, ainsi que dans le cas où il seroit fait gouverneur ou membre du conseil, l'orateur expédiera un ordre d'élire un autre délégué pour remplir la place vacante; & il sera donné connoissance de cette nouvelle élection à faire, dix jours à l'avance, non compris le jour de l'avertissement, ni celui de l'élection.

VIII. Il faudra toujours la présence de la pluralité du nombre total des délégués avec leur orateur (qu'ils choisiront au scrutin); pour établir l'activité de la chambre, & la mettre en état de traiter quelque affaire que ce soit, excepté de s'ajourner.

IX. La chambre des délégués jugera de la validité des élections & des qualités des délégués.

X. La chambre des délégués pourra faire en première instance tous les bills de levée d'argent, proposer des bills au sénat, ou recevoir ceux qui lui seront envoyés par ce corps, y donner son consentement, les rejetter ou y proposer des corrections; elle pourra informer, d'après le serment des témoins, sur toutes les plaintes, griefs ou délits, & fera toutes les fonctions de grand enquêteur de cet état; elle pourra faire conduire toutes personnes pour toute espèce de crimes dans les prisons publiques, où elles demeureront jusqu'à ce qu'elles aient été déchargées d'après une procédure régulière; elle pourra expulser qui que ce soit de ses membres pour malversation grave, mais jamais une seconde fois pour la même cause; elle pourra examiner & arrêter tous les comptes de l'état relatifs, soit à la perception, soit à la dépense des revenus, ou nommer des auditeurs pour les régler & les apurer; elle pourra se faire représenter tous les papiers ou registres publics, ou des différens offices, & mander les personnes qu'elle jugera nécessaires dans le cours des recherches concernant les affaires relatives à l'intérêt public; elle pourra, à l'égard de tous les engagemens contractés de remplir un service public sous le dédit de sommes payables au profit de l'état, faire poursuivre en justice pour le paiement; ceux qui n'auront point rempli le devoir auquel ils se seront engagés.

XI. Afin que le sénat puisse être pleinement & parfaitement en liberté de suivre son propre jugement en passant les loix, & afin qu'il ne puisse pas être forcé par la chambre des délégués, soit à rejetter un bill de levée d'argent, que les circonstances rendroient nécessaire, soit à consentir quelqu'autre acte de législation, qu'il regarderoit dans sa conscience & suivant son jugement comme nuisible à l'intérêt public, la chambre des délégués ne devra, dans aucune occasion ni sous aucun prétexte, annexer à aucun bill de levée d'argent, ni mêler dans sa teneur aucune matière, clause ou autre chose quelconque qui ne foit pas immédiatement relative & néceſſaire à l'impoſition, aſſiette, levée ou deſtination des taxes ou ſubſides qui doivent être levées pour le maintien du gouvernement, ou pour les dépenſes courantes de l'état. Et pour prévenir toutes altercations ſur ces bills, il eſt déclaré qu'aucuns bills qui impoſeront des droits ou des douanes purement pour réglement de commerce, ou qui infligeront des amendes pour la réforme des mœurs, ou pour fortifier l'exécution des loix, quoiqu'il doive provenir de leurs diſpoſitions un revenu accidentel, ne ſeront cependant pas cenſés bills de levée d'argent; mais tous bills pour aſſeoir, lever ou deſtiner des taxes pour le maintien du gouvernement, ou pour les dépenſes courantes de l'état, ou pour verſer des ſommes dans le tréſor public, ſeront véritablement regardés comme bills de levée d'argent.

XII. La chambre des délégués pourra punir de la priſon toute perſonne qui ſe ſera rendue coupable de manque de reſpect en ſa préſence, par quelque action de déſordre ou querelle, ou par des menaces, ou par de mauvais traitemens envers quelqu'un de ſes membres, ou enfin en apportant obſtacle à ſes délibérations : elle pourra auſſi punir de la même peine toute perſonne coupable d'infraction à ſes privilèges, en faiſant arrêter pour dettes (1), ou en attaquant quelqu'un de ſes membres durant la ſeſſion, ou dans ſa route, ſoit pour s'y rendre, ſoit pour retourner chez lui; en attaquant quelqu'un de ſes officiers, ou en les troublant dans l'exécution de quelque ordre, ou dans la pourſuite de quelque procédure; en attaquant ou troublant tout témoin ou toute autre perſonne mandée par la chambre, dans ſa route, ſoit pour s'y rendre, ſoit pour s'en retourner; ou enfin en délivrant quelque perſonne arrêtée par ordre de la chambre : & le ſénat aura les mêmes pouvoirs dans les cas ſemblables.

XIII. Les tréſoriers (un pour la côte de l'oueſt & un autre pour celle de l'eſt) & les commiſſaires de l'office du prêt public ſeront choiſis par la chambre des délégués pour remplir ces emplois tant qu'elle le jugera à propos; & en cas de refus, mort, démiſſion, défaut ou perte de qualités requiſes, ou abſence hors de l'état de quelqu'un deſdits commiſſaires ou tréſoriers, pendant la vacance de l'aſſemblée générale, le gouverneur, de l'avis du conſeil, pourra nommer & bréveter une perſonne convenable & propre à l'emploi vacant, pour l'exercer juſqu'à la prochaine ſeſſion de l'aſſemblée générale.

XIV. Le ſénat ſera choiſi de la manière ſuivante : toutes perſonnes ayant qualité, comme il a été dit ci-deſſus, pour voter à l'élection des délégués dans les comtés, éliront le premier lundi de ſeptembre mil ſept cent quatre-vingt-un, & à pareil jour à l'avenir tous les cinq ans, de vive voix & à la pluralité des ſuffrages, deux perſonnes pour leurs comtés reſpectifs, ayant qualité, comme il a été dit ci-deſſus, pour être élues délégués dans les comtés; & ces perſonnes ainſi choiſies ſeront électeurs du ſénat. Le ſhérif de chaque comté, ou en cas de maladie du ſhérif, ſon député (appellant deux juges du comté, néceſſaires pour veiller au maintien de la tranquilité) préſidera ladite élection, en ſera juge & en fera ſon procès-verbal, comme il a été dit ci-deſſus. Et toutes les perſonnes, ayant qualité pour voter à l'élection des délégués dans la cité d'Annapolis & dans la ville de Baltimore, le même premier lundi de ſeptembre mil ſept cent quatre-vingt-un, & à pareil jour à l'avenir tous les cinq ans, éliront de vive voix, à la pluralité des ſuffrages, un ſujet pour chacune deſdites cité & ville reſpectivement, ayant qualité, comme il a été dit ci-deſſus, pour être délégué deſdites cité & ville reſpectivement; ladite élection ſe tiendra de la même manière que celle pour les délégués deſdites cité & ville, & le droit de choiſir ledit électeur demeurera à la ville de Baltimore auſſi long-tems que le droit d'élire des délégués pour elle-même.

XV. Leſdits électeurs du ſénat s'aſſembleront dans la cité d'Annapolis ou dans tel autre lieu qui ſera déſigné pour l'aſſemblée de la légiſlature, le troiſième lundi de ſeptembre mil ſept cent quatre-vingt-ſept, & à pareil jour à l'avenir tous les cinq ans; & eux tous, ou vingt-quatre d'entr'eux ainſi aſſemblés procéderont à élire au ſcrutin, ſoit parmi eux, ſoit dans l'univerſalité du peuple, quinze ſénateurs (dont neuf réſidans à la côte de l'oueſt & ſix à celle de l'eſt), hommes les plus diſtingués par leur ſageſſe, expérience & vertu, au-deſſus de vingt-cinq ans, ayant réſidé dans l'état plus de trois années entières immédiatement avant l'élection, & y poſſédant en biens meubles ou immeubles une valeur de plus de mille livres argent courant.

XVI. Les ſénateurs ſeront ballotés dans un ſeul & même tour, & des ſujets réſidans à la côte de l'oueſt qui ſeront propoſés pour ſénateurs, les neuf qui, à l'ouverture des ſcrutins, ſe trouveront avoir le plus de ſuffrages en leur faveur, ſeront en conſéquence déclarés duement élus, & il en ſera dreſſé procès-verbal; & des ſujets réſidans à la côte de l'eſt, qui ſeront propoſés pour ſénateurs, les ſix qui, à l'ouverture des ſcrutins, ſe trouveront avoir le plus grand

---

(1) Les membres de la légiſlature ne peuvent pas être pourſuivis perſonnellement pour dettes, mais ils ne ſont point exempts de pourſuite pour matière criminelle.

nombre de suffrages en leur faveur, seront en conséquence déclarés duement élus, & il en sera dressé procès-verbal : si deux sujets, ou plus de la même côte, ont un égal nombre de suffrages, ce qui empêcheroit que le choix ne fût déterminé dans le premier ballotage, alors les électeurs feront, avant de se séparer, un nouveau tour dans lequel ils seront bornés aux personnes qui ont eu un nombre de suffrages égal ; & ceux qui en auront la plus grande quantité dans ce second ballotage, seront en conséquence déclarés duement élus, & il en sera dressé procès-verbal ; mais si le nombre total des sénateurs n'étoit pas fait de cette manière, parce que deux ou plus de deux sujets auroient encore en leur faveur une égale quantité de suffrages dans le second tour, alors l'élection se décideroit par le sort entre ceux qui auroient eu cette égalité : il sera dressé un procès verbal certifié & signé par les électeurs, de la manière dont ils auront procédé, & dont toute l'élection se sera passée, pour être ce procès-verbal remis au chancelier en charge.

XVII. Les électeurs des sénateurs jugeront des qualités & de la validité des élections des membres de leur corps ; & s'il y a contestation pour une élection, ils admettront à siéger comme électeur, le sujet ayant les qualités requises, qui leur paroîtra avoir en sa faveur le plus grand nombre de suffrages légitimes.

XVIII. Les électeurs, au moment même où ils s'assembleront, & avant de procéder à l'élection des sénateurs, feront le serment de maintenir cet état, & de lui garder fidélité, tel qu'il sera ordonné par la présente convention ou par la législature ; & en outre un serment d'élire sans faveur, partialité ni prévention, pour sénateurs, les personnes qu'ils croiront, d'après leur jugement & leur conscience, les plus capables de cet office.

XIX. En cas de refus, mort, démission, défaut des qualités requises, ou absence hors de cet état de quelque sénateur, ou, s'il devient gouverneur ou membre du conseil, le sénat élira sur le champ ou à sa prochaine séance, par la voie du scrutin & de la même manière qu'il est ordonné aux électeurs pour le choix des sénateurs, une autre personne à la place vacante, pour le reste dudit terme de cinq ans.

XX. Il faudra toujours la présence de la pluralité du nombre total des sénateurs, avec leur président (qui doit être élu par eux au scrutin) pour établir l'activité de la chambre, & la mettre en état de traiter quelque affaire que ce soit, excepté de s'ajourner.

XXI. Le sénat jugera des qualités & de la validité des élections des sénateurs.

XXII. Le sénat pourra faire en première instance toutes espèces de bills, excepté ceux de levée d'argent, qu'il devra consentir ou rejetter purement & simplement ; & il pourra recevoir tous autres bills de la chambre des délégués, & les consentir ou rejetter, ou y proposer des corrections.

XXIII. L'Assemblée générale s'assemblera chaque année le premier lundi de novembre, & plus souvent s'il est nécessaire.

XXIV. Chacune des deux chambres nommera ses propres officiers, & établira ses réglemens & ses manières de procéder.

XXV. Le second lundi de novembre mil sept cent soixante-dix-sept, & à pareil jour à l'avenir chaque année, il sera choisi par le scrutin réuni des deux chambres une personne de sagesse, expérience & vertu reconnues, pour être gouverneur : le scrutin se prendra dans chaque chambre respectivement ; il sera déposé dans la salle de conférence, où les boîtes seront examinées par un comité réuni de chacune des deux chambres ; & il sera fait à chacune un rapport séparé du nombre des voix, afin que la nomination puisse y être enregistrée : cette manière de prendre le scrutin réuni des deux chambres sera adoptée pour tous les cas. Mais si deux ou plusieurs sujets ont un égal nombre de suffrages en leur faveur, & qu'ainsi l'élection ne puisse être décidée par le premier ballotage, on procédera à un second qui sera restreint aux sujets qui, dans le premier, auront eu un nombre égal de suffrages ; & si ce second ballotage produisoit encore une égalité entre deux ou plusieurs sujets, alors l'élection du gouverneur se décideroit par le sort entre ceux qui auroient eu cette égalité : si le gouverneur vient à mourir, s'il se démet, s'il s'absente de l'état, ou s'il refuse d'agir (durant la session de l'assemblée générale) le sénat & la chambre des délégués procéderont sur le champ à une nouvelle élection en la manière ci-devant prescrite.

XXVI. Le second lundi de novembre mil sept cent soixante-dix-sept, & à pareil jour à l'avenir chaque année, les sénateurs & délégués éliront par leurs scrutins réunis ; & en la manière prescrite pour l'élection des sénateurs, cinq sujets les plus sages, les plus prudens & les plus expérimentés, ayant plus de vingt-cinq ans, résidans dans l'état depuis plus de trois ans immédiatement avant l'élection, & ayant une franche-tenue en terres & en biens-fonds d'une valeur de plus de mille livres argent courant ; ces cinq personnages seront le conseil du gouverneur. Tous les actes & délibérations de ce conseil seront couchés sur un registre, sur toutes parties duquel tout membre aura toujours le droit d'écrire son vœu contraire à celui qui aura passé ; & si le gouverneur ou quelqu'un des membres le requiert, les avis seront donnés par écrit, & signés respectivement par les membres qui les auront donnés. Le registre des délibérations du conseil sera représenté au sénat ou à la chambre des délégués, quand il sera demandé, soit par les deux chambres, soit par l'une des deux. Le conseil pourra nommer son greffier, qui devra prêter le ferment *de maintenir cet état & de lui garder fidélité*, tel qu'il fera ordonné par la préfente convention ou par la légiflature, & en outre le ferment du fecret dans les matières qu'il lui fera ordonné par le confeil de tenir cachées.

XXVII. Les délégués de cet état au congrès feront choifis annuellement, ou révoqués & remplacés dans l'intervalle, par le fcrutin réuni des deux chambres de l'affemblée, & il fera établi une rotation, de manière que tous les ans il y en ait au moins deux de changés fur la totalité ; perfonne ne pourra être délégué au congrès plus de trois années fur fix, & aucune perfonne revêtue de quelqu'emploi de profit à la nomination du congrès, ne fera éligible pour y être délégué : fi même un délégué eft nommé à quelqu'un de ces emplois, fa place au congrès vaquera par ce feul fait. Aucune perfonne ne fera éligible pour délégué au congrès, à moins d'avoir plus de vingt-un ans, d'avoir réfidé dans l'état plus de cinq années immédiatement avant l'élection, & de poffeder dans cet état, en biens réels ou perfonnels, une valeur de plus de mille liv. argent courant.

XXVIII. Les fénateurs & les délégués, en ouvrant leur feffion annuelle, & avant de procéder à aucune affaire, & toute perfonne élue dans la fuite fénateur ou délégué, avant d'exercer aucune fonction, prêteront le ferment de maintenir cet état & lui garder fidélité, comme il a été dit ci-deffus ; & avant l'élection du gouverneur ou des membres du confeil, ils en prêteront un autre d'élire fans faveur, affection, ni motif de parti, pour gouverneur ou membre du confeil, la perfonne qu'ils croiront en confcience & dans leur jugement la plus capable de remplir ces emplois.

XXIX. Le fénat & la chambre des délégués pourront s'ajourner refpectivement eux-mêmes ; mais fi les deux chambres ne s'accordent pas pour le même tems, & s'ajournent à des jours différens, alors le gouverneur indiquera & notifiera l'un de ces jours ou un jour intermédiaire, & l'affemblée fe tiendra en conféquence de fa décifion : le gouverneur, dans les cas de néceffité, pourra, de l'avis du confeil, convoquer l'affemblée pour un terme plus prochain que celui auquel elle fe feroit ajournée de quelque manière que ce fût, en donnant avis de fa convocation au moins dix jours à l'avance ; mais le gouverneur n'ajournera pas l'affemblée autrement qu'il ne vient d'être dit, & il ne pourra dans aucun tems la proroger ni la diffoudre.

XXX. Perfonne ne fera éligible pour la charge de gouverneur, à moins d'avoir plus de vingt-cinq ans, d'avoir réfidé dans cet état plus de cinq années immédiatement avant l'élection, & de poffeder dans l'état, en biens meubles ou immeubles, une valeur de plus de cinq mille livres argent courant, dont mille livres au moins en franche tenue.

XXXI. Le gouverneur ne pourra pas être continué dans fa charge plus de trois années confécutives, & il ne pourra être élu de nouveau comme gouverneur, qu'après quatre années révolues depuis fa fortie de cette charge.

XXXII. En cas de mort, de démiffion du gouverneur, ou en cas qu'il s'abfente hors de l'état, celui des membres compofant actuellement le confeil qui aura été nommé le premier, remplira les fonctions du gouverneur, après avoir prêté les fermens requis ; mais il convoquera fur-le-champ l'affemblée générale, en donnant avis de fa convocation quatorze jours au moins à l'avance ; & à cette feffion il fera nommé, en la manière ci-devant prefcrite, un gouverneur pour le refte de l'année.

XXXIII. Le gouverneur, avec & de l'avis & confentement du confeil, pourra affembler la milice ; & quand elle fera affemblée, il en aura feul la direction, & il aura auffi la direction de toutes les troupes réglées de terre & de mer, en fe conformant aux loix de l'état ; mais il ne commandera pas en perfonne, à moins d'y être autorifé par l'avis du confeil, & pas plus longtemps que le confeil ne l'approuvera ; il pourra faire feul tous les autres actes de la puiffance exécutrice du gouvernement, pour lefquels le concours du confeil n'eft pas requis, en fe conformant aux loix de l'état, & accorder répit ou grace pour quelque crime que ce foit, excepté dans les cas pour lefquels la loi en ordonnera autrement ; il pourra, dans la vacance de l'affemblée générale, mettre des embargo pour empêcher le départ de quelque navire, ou l'exportation de quelques denrées, pour un terme qui n'excédera pas trente jours dans une année, & à la charge de convoquer l'affemblée générale dans le temps de la durée de l'embargo ; il pourra auffi ordonner à un vaiffeau de faire quarantaine, & l'y contraindre, fi ce vaiffeau ou le port d'où il viendra font fufpects avec fondement d'être infectés de la pefte ; mais le gouverneur n'exercera, fous aucun prétexte, aucune autorité, ne s'arrogera aucune prérogative, en vertu d'aucune loi, ftatut ou coutume de l'Angleterre ou de la Grande-Bretagne.

XXXIV. Les membres du confeil affemblés au nombre de trois ou davantage, formeront un bureau compétent pour traiter les affaires : le gouverneur en charge préfidera le confeil ; il aura droit de donner fa voix fur toutes les queftions où il y aura partage d'opinions dans le confeil ; & en l'abfence du gouverneur, le membre du confeil, premier nommé, préfidera, & en cette qualité votera dans tous les cas où les opinions des autres membres feront partagées.

XXXV. En cas de refus, mort, démiffion, défaut de qualités requifes, ou abfence hors de l'état de quelqu'une des perfonnes élues membres du confeil, les autres membres éliront fur-le-champ ou à leur prochaine féance, par la voie du fcrutin, une autre perfonne ayant qualité, comme il a été prefcrit ci-deffus, pour remplir la place vacante pendant le refte de l'année.

XXXVI. Le confeil aura le pouvoir d'ordonner le grand fceau de cet état, qui fera fous la garde du chancelier en charge, & appofé à toutes les loix, commiffions, conceffions & autres expéditions publiques, comme il a été pratiqué jufqu'à préfent dans cet état.

XXXVII. Aucun fénateur, délégué de l'affemblée ou membre du confeil, s'il accepte & prête ferment en cette qualité, ne poffédera ni n'exercera aucun emploi lucratif, & ne recevra les profits d'aucun emploi exercé par toute autre perfonne, pendant le temps pour lequel il fera élu : aucun gouverneur, tant qu'il fera en charge, ne pourra poffèder aucun emploi lucratif dans cet état ; & aucune perfonne revêtue d'un emploi lucratif, ou en recevant une portion des profits, ou recevant en tout ou en partie les profits réfultans de quelque commiffion, marché ou entreprife quelconque, pour l'habillement ou autres fournitures de l'armée de terre ou de la marine, ou revêtue de quelque emploi fous l'autorité, foit des Etats-Unis, foit de quelqu'un d'entr'eux, ni aucun miniftre ou prédicateur de l'Evangile, de quelque fecte que ce foit, ni aucune perfonne employée, foit dans les troupes réglées de terre, foit dans la marine de cet état ou des Etats-Unis, ne pourront fiéger dans l'affemblée générale, ni dans le confeil de cet état.

XXXVIII. Tout gouverneur, fénateur, délégué au congrès ou à l'affemblée, & tout membre du confeil, avant de commencer l'exercice de leurs fonctions, prêteront ferment de ne recevoir directement ni indirectement, ni dans aucun temps, aucune partie des profits d'aucun emploi poffédé par quelqu'autre perfonne que ce foit, tant qu'ils exerceront les fonctions de leur office de gouverneur, fénateur, délégué au congrès ou à l'affemblée, ou de membre du confeil ; & de ne recevoir, ni en tout ni en partie les profits réfultans d'aucune commiffion, marché ou entreprife quelconque, pour l'habillement ou autres fournitures de l'armée de terre ou de la marine.

XXXIX. Si quelque fénateur, délégué au congrès ou à l'affemblée, ou membre du confeil poffede ou exerce quelque emploi lucratif, ou touche, foit directement, foit indirectement, en tout ou en partie, les profits d'un emploi exercé par une autre perfonne, pendant le tems qu'il exercera les fonctions de fénateur, délégué au congrès ou à l'affemblée, ou de membre du confeil, il fera, d'après la conviction dans une cour de loi fur le ferment de deux témoins dignes de foi, privé de fa place, puni comme coupable de corruption & de parjure volontaire, ou banni à perpétuité de cet état, ou déclaré à jamais incapable de poffèder aucun emploi de profit ou de confiance, fuivant que la cour en décidera.

XL. Le chancelier, tous les juges, le procureur-général, les greffiers de la cour générale, ceux des cours de comtés, les gardes des regiftres de conceffions de terre, & ceux des regiftres des teftamens, conferveront leurs charges tant qu'ils fe conduiront bien, & ne feront révocables que pour mauvaife conduite, & après conviction dans une cour de loix.

XLI. Il fera nommé pour chaque comté un garde des regiftres des teftamens, lequel recevra fa commiffion du gouverneur, fur la préfentation réunie du fénat & de la chambre des délégués ; & en cas de mort, démiffion, deftitution ou abfence hors du comté d'un garde des regiftres des teftamens pendant la vacance de l'affemblée générale, le gouverneur, de l'avis du confeil, pourra nommer & bréveter une perfonne convenable & propre à l'emploi vacant, pour l'exercer jufqu'à la feffion de l'affemblée générale.

XLII. Les Shériffs feront élus tous les trois ans au fcrutin dans chaque comté, c'eft-à-dire, qu'on élira pour l'office de fhériff, deux fujets pour chaque comté ; & celui des deux qui aura eu la pluralité des voix, ou fi tous deux en ont eu un nombre égal, l'un des deux, à la volonté du gouverneur, recevra de lui la commiffion dudit office : après l'avoir rempli pendant trois ans, il ne pourra pas être élu de nouveau pendant les quatre années enfuivantes. Le fujet élu fournira, fuivant l'ufage, fon obligation cautionnée de payer une fomme fixée, s'il manque à remplir fidèlement fon office, & nul ne pourra exercer les fonctions de fhériff avant d'avoir fourni cette obligation. En cas de mort, refus, démiffion, défaut des qualités requifes, ou abfence hors du comté, avant l'expiration des trois années, le fujet fecond élu recevra du gouverneur une commiffion pour exercer ledit office pendant le refte defdites trois années, en fourniffant fon obligation cautionnée, ainfi qu'il a été prefcrit plus haut ; & en cas de mort, refus & démiffion de ce dernier, défaut des qualités requifes, ou abfence hors du comté avant l'expiration defdites trois années, le gouverneur, de l'avis du confeil, pourra nommer & bréveter une perfonne convenable & propre à cet office, pour l'exercer pendant le refte des trois ans, à la charge par elle de fournir, comme il a été dit ci-deffus, fon obligation cautionnée. L'élection des fhériffs fe fera dans le même lieu, & au même temps indiqués pour celle des délégués, & les juges mandés pour veiller au maintien de la tranquillité, feront juges de cette élection & des qualités des candidats ; ceux-ci nommeront un greffier pour recueillir les bulletins. Tout homme libre ayant plus de vingt-un ans, possédant une franche-tenue de cinquante acres de terre dans le comté pour lequel il prétendra voter, & y résidant, & tout homme libre au-dessus de vingt-un ans, ayant dans l'état une propriété valant plus de trente livres argent courant, & ayant résidé dans le comté pour lequel il prétendra voter, une année entière immédiatement avant l'élection, y auront droit de suffrage. Personne ne pourra être élu shériff pour un comté, à moins d'être habitant dudit comté, d'avoir plus de vingt-un ans, & de posséder dans l'état des biens meubles ou immeubles valant plus de mille livres argent courant. Les juges, dont il a déjà été parlé, examineront les bulletins, & les deux candidats ayant les qualités requises, qui auront dans chaque comté la pluralité de voix légales, seront déclarés duement élus pour l'office de shériff de ce comté, & il en sera fait rapport au gouverneur & au conseil, à qui il sera envoyé en même-temps un certificat du nombre des suffrages qu'aura eu chacun d'eux.

XLIII. Toute personne qui se présentera pour voter à l'élection, soit des délégués, soit des électeurs du sénat, soit des shérifs, devra (si trois personnes ayant droit de suffrage l'exigent) faire, avant d'être admise à voter, le serment ou l'affirmation de maintenir cet état & de lui garder fidélité, tels que la présente convention ou la législature l'auront ordonné.

XLIV. Un juge de paix pourra être élu sénateur, délégué ou membre du conseil, & continuer d'exercer son office de juge de paix.

XLV. Aucun officier supérieur dans la milice ne pourra être élu sénateur, délégué, ni membre du conseil.

XLVI. Tous les officiers civils qui seront nommés à l'avenir pour les différens comtés de cet état, devront avoir résidé dans le comté respectif pour lequel ils seront nommés, pendant les six mois qui auront immédiatement précédé leur nomination, & devront continuer d'y résider tant qu'ils seront en place.

XLVII. Les juges de la cour générale & ceux des cours des comtés pourront nommer les greffiers de leurs cours respectives; & en cas de refus, mort, démission, défaut des qualités requises ou absence, soit hors de l'état, soit hors de leurs cours respectives, des greffiers de la cour générale ou de quelqu'un d'entr'eux, ladite cour étant en vacance; & en cas de refus, mort, démission, défaut des qualités requises, ou absence hors du comté, de quelqu'un desdits greffiers de comté, la cour à laquelle il est attaché étant en vacance, le gouverneur, de l'avis du conseil, pourra nommer & bréveter une personne convenable & propre à l'emploi vacant respectivement, pour l'exercer jusqu'à la session de la prochaine cour générale ou cour de comté, selon le cas.

XLVIII. Le gouverneur en charge, de l'avis & consentement du conseil, pourra nommer le chancelier & tous les juges de paix; le procureur général, les contrôleurs de port, les officiers des troupes réglées de terre & de mer, les commissaires-arpenteurs, & tous les autres officiers civils du gouvernement (à l'exception seulement des assesseurs, des connétables & des inspecteurs des chemins) : il pourra aussi interdire ou destituer tout officier civil, dont la commission ne portera pas qu'il conservera son emploi tant qu'il se conduira bien : il pourra interdire pour un mois tout officier de milice, & interdire ou destituer tout officier des troupes réglées de terre ou de mer; enfin le gouverneur pourra interdire ou destituer tout officier de milice, en exécution du jugement d'une cour martiale.

XLIX. Tous les officiers civils à la nomination du gouverneur & du conseil, dont la commission ne devra pas porter qu'ils conserveront leur emploi tant qu'ils se conduiront bien, seront nommés annuellement dans la troisième semaine de novembre; mais si quelqu'un d'eux est nommé une seconde fois, il pourra continuer ses fonctions sans avoir besoin, ni de recevoir une nouvelle commission, ni de prêter de nouveau le serment de règle; & tout officier, quoiqu'il n'ait pas été nommé de nouveau, continuera d'exercer, jusqu'à ce que la personne nommée à sa place & pourvue d'une commission, se soit mise en règle.

L. Le gouverneur, tout membre du conseil, & tout juge & juge de paix, avant d'exercer leurs fonctions, prêteront respectivement serment que jamais ils ne voteront, pour la nomination, à aucun emploi par faveur, affection, ni motif de parti; mais qu'ils donneront toujours leur suffrage à la personne que, dans leur conscience & d'après leur jugement, ils croiront la plus propre à l'emploi & la plus capable de le remplir; qu'ils n'ont point fait & ne feront aucune promesse; qu'ils n'ont point pris & ne prendront aucun engagement de donner leur voix, ou d'employer leur crédit en faveur de qui que ce soit.

LI. Il y aura deux gardes des registres des concessions de terres, l'un sur la côte de l'ouest, & l'autre sur celle de l'est; il sera fait, aux dépens du public, des brefs extraits des concessions, certificats de reconnoissance, & bornement des terreins sur les côtes de l'ouest & de l'est, respectivement dans des livres séparés; & ils seront déposés au greffe desdits gardes-registres, en la maniere qui sera prescrite à l'avenir par l'assemblée générale.

LII. Tout chancelier, juge, garde des registres des testamens, commissaire de l'office du prêt public, procureur-général, shérif, trésorier, contrôleur de port, garde des registres des concessions de terres, garde des registres de la cour de chancellerie, & tout greffier des cours de loi commune, commissaire-arpenteur, auditeur des comptes publics, avant de commencer l'exercice de ses fonctions, prêtera serment qu'il ne recevra directement ni indirectement aucuns autres droits ni récompenses pour remplir son emploi de . . . . . que ce qui lui est ou sera alloué par la loi; qu'il ne touchera directement ni indirectement les profits, ni aucune partie des profits d'aucun emploi possédé par quelqu'autre personne, & qu'il ne tient pas son propre emploi pour le compte, ni comme mandataire de personne.

LIII. Si quelque gouverneur, chancelier, juge, garde des registres des testamens, procureur général, garde des registres des concessions de terres, commissaire de l'office du prêt public, garde des registres de la cour de chancellerie, ou si quelque greffier des cours de loi commune, trésorier, contrôleur de port, shérif, commissaire-arpenteur ou auditeur des comptes publics, touche directement ou indirectement, dans quelque temps que ce soit, les profits ou partie des profits de quelque emploi possédé par une autre personne, pendant le tems qu'il exercera l'emploi auquel il a été nommé, son élection, sa nomination & commission seront annullées d'après conviction dans une cour de loi, sur le serment de deux témoins dignes de foi; & il sera puni comme coupable de corruption & de parjure volontaire, ou banni à perpétuité de cet état, ou déclaré à jamais incapable de posséder aucun emploi de profit ou de confiance, selon ce que la cour en décidera.

LIV. Si quelque personne donne quelque présent, salaire ou récompense, ou quelque promesse ou sûreté de payer ou délivrer de l'argent, ou quelqu'autre chose que ce soit, à l'effet d'obtenir ou de procurer à un autre un suffrage pour être élu gouverneur, sénateur, délégué au congrès ou à l'assemblée, membre du conseil ou juge, ou d'être nommé à quelqu'un desdits offices, ou à quelque emploi de profit ou de confiance, actuellement créé ou qui sera créé par la suite dans cet état, la personne qui aura donné & celle qui aura reçu, seront, d'après conviction dans une cour de loi, déclarées à jamais incapables de posséder aucun emploi, soit de profit, soit de confiance dans cet état.

LV. V. Toute personne nommée à quelque emploi de profit ou de confiance, avant d'entrer en fonction, fera le serment suivant.

« Je N. jure que je ne me tiens point obli-
» gé à l'obéissance envers le roi de la Grande-
» Bretagne; que je serai fidele & garderai une
» véritable obéissance à l'état du Maryland; &
» en outre signera une déclaration qu'il croit à la
» religion chrétienne ».

LVI. Il y aura une cour des appels, composée de personnes intègres & versées dans la connoissance des loix, dont les jugemens seront définitifs & en dernier ressort dans tous les cas d'appels, soit de la cour générale, soit de la cour de chancellerie, soit de celle de l'amirauté. Il sera nommé pour chancelier une personne intègre & versée dans la connoissance des loix. Enfin, trois personnes intègres & versées dans la connoissance des loix, seront nommées juges de la cour, maintenant appellée *cour provinciale*, & qui sera nommée à l'avenir & connue sous le nom de *cour générale* : cette cour tiendra ses sessions sur les côtes de l'ouest & de l'est, pour traiter & décider les affaires de chaque côte respectivement, dans les temps & dans les lieux qui seront fixés & désignés par la future législature de cet état.

LVII. L'intitulé de toutes les loix sera la formule suivante : *qu'il soit statué*, &c. *par l'assemblée générale du Maryland*. Toutes les commissions publiques & concessions commenceront ainsi, l'*état du Maryland*, & seront signées par le gouverneur, certifiées par le chancelier, & munies du sceau de l'état, excepté les commissions militaires qui ne seront ni certifiées par le chancelier, ni munies du sceau de l'état. On fera le même changement dans le style de tous les actes publics qui seront certifiés, scellés & signés suivant l'usage. Toutes les plaintes seront terminées par la formule suivante : *contre la paix*, *le gouvernement & la dignité de l'état*.

LVIII. Toutes les amendes & confiscations qui ont appartenu jusqu'à présent au roi ou au propriétaire, appartiendront dorénavant à l'état, à l'exception de celles que l'assemblée générale pourra abolir, ou bien auxquelles elle assignera une autre destination (1).

LIX. La présente forme de gouvernement, ni la déclaration des droits, ni aucune partie de l'une & de l'autre ne pourront être altérées, changées ou abrogées, à moins que l'assemblée générale n'ait passé un bill pour ces altérations,

---

(1) Le propriétaire étoit le lord Baltimore. La province avoit été concédée à l'un de ses ancêtres par Charles premier. Certaines amendes & confiscations pour désobéissance à certaines loix, devoient en vertu de ces mêmes loix, être payées au propriétaire qui étoit gouverneur héréditaire de la province. Par le changement de la constitution, le lord Baltimore n'est plus gouverneur, & ces amendes & confiscations appartiendront dorénavant à l'état; mais on lui a conservé la jouissance de ses propriétés & fonds de terres, cens, rentes, &c.

changemens ou abrogations, que ce bill n'ait été publié, au moins trois mois avant une nouvelle élection, & qu'il ne soit confirmé par l'assemblée générale après une nouvelle élection des délégués, dans sa première session après ladite nouvelle élection ; à la réserve que rien de ce qui, dans la présente forme de gouvernement, est relatif à la côte de l'est en particulier, ne pourra être changé ni altéré en aucune manière, que lorsque les deux tiers au moins de chacune des chambres de l'assemblée générale auront consenti au changement & à sa confirmation (1).

LX. Tout bill passé par l'assemblée générale sera, après avoir été mis au net, présenté dans le sénat par l'orateur de la chambre des délégués, au gouverneur en charge, qui le signera & y apposera le grand sceau en présence des membres des deux chambres. Toutes les loix seront enregistrées au greffe de la cour générale de la côte de l'ouest ; & dans un espace de temps convenable, elles seront imprimées, publiées, certifiées sous le grand sceau, & envoyées aux différentes cours de comté, comme il en a été usé jusqu'à présent dans cet état.

LXI. La présente forme de gouvernement a été consentie & passée dans la convention des délégués des hommes libres du *Maryland*, commencée & tenue en la cité d'Annapolis, le quatorzième jour d'août de l'an de Notre-Seigneur mil sept cent soixante-seize.

Par ordre de la convention.

Signé, MATTHIEU TILGHMAN, président.

SECTION TROISIEME.

Remarques sur la constitution du Maryland.

La constitution du *Maryland* est une des meilleures, & on doit la mettre sur la ligne de celles du Nouvel-Hampshire & de Massachusett, auxquelles nous avons donné de grands éloges : elle établit les principes sacrés du droit naturel, du droit civil & du droit politique avec beaucoup d'énergie : la déclaration des droits va même plus loin dans ses détails que les deux dont nous venons de parler. Elle dit expressément : « que la » doctrine de non résistance contre le pouvoir ar-» bitraire & l'oppression, est absurde, servile & » destructive du bien & du bonheur du genre » humain ».

Afin d'éviter les répétitions, nous renvoyons le lecteur à ce que nous avons dit des constitutions américaines aux articles ETATS-UNIS, NOU-VEL-HAMPSHIRE, MASSACHUSETT, &c. Nous nous bornerons à indiquer ici en bien ou en mal les articles qui nous ont le plus frappé.

Les grands principes qui ont dirigé les citoyens du *Maryland* ; cet enthousiasme de l'égalité parfaite & de la justice rigoureuse, qu'on éprouve au moment où un peuple opprimé veut être libre & indépendant, ont donné quelquefois de la sévérité à leurs maximes, & ils n'ont pas toujours fait l'analyse exacte des préjugés funestes aux hommes. Ils disent, par exemple, que la levée des taxes *par nombre de têtes est injuste & oppressive*. Une capitation répartie d'une manière équitable, ne seroit ni injuste ni oppressive : ce seroit peut-être un impôt vicieux ; mais ce n'est point une marque de servitude comme on l'a dit tant de fois : ils ajoutent que *les pauvres ne doivent point être imposés* : ce principe est noble & respectable ; mais il falloit dire que les pauvres ne doivent être imposés que selon leurs moyens, & même dans une proportion beaucoup plus foible que les riches.

La forme de gouvernement adoptée par la constitution du *Maryland*, est la même que dans le Nouvel-Hampshire, le Massachusett & la plupart des provinces américaines : mais on y trouve quelques dispositions très-sages, oubliées ou sous-entendues par les autres : par exemple, lorsqu'elle fixe l'étendue de pouvoir de la chambre des représentans & celle du sénateur, elle indique avec précision les bills qui ne seront pas censés *bills de levée d'argent*.

On ne demande qu'une propriété de mille livres sterl. en meubles ou immeubles, pour être élu membre du sénat, & cette disposition paroît fort sage. Les gouvernemens d'Amérique tendront vers l'aristocratie : il est nécessaire d'y faire entrer quelque chose d'un régime aristocratique ; mais comme les hommes députés au sénat ne manqueront pas dans quelques années de se croire une classe de patriciens, c'est un trait de prévoyance d'avoir établi un principe fondamental qui rendra cette classe très-nombreuse & peu riche. Cet arrangement est utile d'une autre manière : les républiques d'Amérique, qui, d'après la constitution d'Angleterre, ont composé de deux chambres l'assemblée législative, ont voulu soumettre les loix nouvelles à une discussion plus réfléchie & plus sûre : une seconde chambre est très-propre à remplir cet objet ; mais si la sagesse & la maturité des membres du sénat est nécessaire, leur plus ou moins de fortune est indifférente. C'est un nouveau trait de sagesse d'avoir assujetti l'é-

---

(2) Cette clause en faveur de la côte de l'Est, paroît extraordinaire. Elle provient vraisemblablement de ce que les habitans de cette côte, resserrée entre la grande mer & la baie de Chesapeak, & ne pouvant par conséquent étendre ses établissemens, ni accroître sa population, ont craint que la côte de l'Ouest, s'étendant & s'augmentant tous les jours, ne prît une trop grande influence dans le gouvernement ; qu'il ne s'y fît peut-être par la suite quelque changement à leur désavantage, & ils ont obtenu cette clause pour l'empêcher.

lection

lection des membres du fénat à plus de formalités que celle des repréfentans.

L'article 17 & l'article 21 ne font peut-être pas rédigés d'une maniere affez claire : au refte, nous fommes tentés de croire que les expreffions angloifes font peu équivoques pour les américains.

L'article 26 ordonne de changer tous les ans les cinq membres du confeil exécutif, & nous avons dit ailleurs que cette difpofition paroît vicieufe. Le *Maryland* doit, à l'exemple de la Penfylvanie, établir parmi eux une rotation, & n'en déplacer qu'un ou deux chaque année. C'eft le feul moyen d'établir dans l'adminiftration le même efprit, les mêmes vues & les mêmes principes. Au refte, en propofant fur cet objet l'article 15 de la conftitution de Penfylvanie, nous voudrions qu'on combinât la rotation d'une autre maniere : car la Penfylvanie a favorifé quelques comtés ; elle a eu des raifons qui lui ont paru bonnes : mais on fent qu'elles ne devoient pas déterminer à un article invariable dans la conftitution ; & il eft affez fingulier qu'après avoir adopté les principes les plus démocratiques, elle adopte cette inégalité, & qu'elle en faffe une règle générale pour l'avenir. *Voyez* l'article PENSYLVANIE.

Le *Maryland* a cru devoir établir la rotation parmi fes députés au congrès, & les mêmes vues devoient l'engager à l'établir auffi parmi les membres du confeil exécutif.

La conftitution du *Maryland* accorde au gouverneur le droit de faire grace, & nous avons fait ailleurs des remarques fur ce point : on entrevoit les motifs qu'ont eus les républiques américaines, de revêtir leur gouverneur de ce droit : après avoir établi de la douceur dans les peines, elles femblent avoir voulu rendre les exécutions plus rares : elles ont cru vraifemblablement qu'avec de bonnes loix & un fage gouvernement, il fuffiroit pour l'exemple de condamner les criminels, & qu'en fauvant la vie à quelques coupables, il n'en réfulteroit pas de mal. Cette idée eft intéreffante, mais elle n'eft peut-être pas jufte. Les graces trop fréquentes, accordées par le roi d'Angleterre, ont multiplié les crimes dans la Grande-Bretagne : fi le nombre des criminels eft devenu effrayant, la corruption, le luxe, le haut prix des denrées, le poids des impôts, & la rigueur des loix contre les débiteurs, n'en font pas les feules caufes. Enfuite la loi doit être inflexible & facrée dans les gouvernemens libres : c'eft un principe invariable ; il eft dur de la fuivre toujours : mais fon infraction eft peut-être la plus dangereufe de tous les abus pour les démocraties.

L'article 34 eft obfcur. S'il ôte au gouvernement le droit de donner fa voix dans le confeil exécutif, lorfque les opinions ne feront point partagées, cette difpofition eft-elle bien fage ? & s'il ne lui ôte pas ce droit, ne devoit-on pas le dire plus clairement ?

La conftitution du *Maryland* a oublié plufieurs points affez importans : elle ne défigne pas le nombre des repréfentans à la chambre baffe, & elle ne fixe point la proportion qu'il doit y avoir entre les habitans de la république & les députés à cette chambre.

D'après un citoyen de la Virginie très-éclairé, & dont rien n'égale le zèle pour la profpérité de fes compatriotes, nous avons à l'article *Etats-Unis* reproché à la conftitution de cette république, d'avoir oublié l'article de la tolérance dans la conftitution, après l'avoir établie d'une maniere formelle dans la déclaration des droits : le *Maryland* a fait la même faute, fi c'en eft une, & même elle eft bien plus grave ; car chacun des 42 articles que contient fa déclaration des droits, eft important. Ils donnent tous de quelque maniere, de la fûreté & de l'étendue aux droits civils & politiques des citoyens, & on n'a pas cru devoir les répéter dans la conftitution. Au refte, il eft difficile de ne pas regarder comme les loix fondamentales les articles de la *déclaration des droits* ; & c'eft pour prévenir les moindres abus & calmer les plus légères inquiétudes, que nous en avons fait la remarque.

SECTION QUATRIEME.

Remarques fur la conduite du Maryland pendant la guerre & depuis la paix.

Lorfque le congrès a propofé, durant la guerre & depuis la paix, des réglemens utiles à la confédération, le *Maryland* eft au nombre des provinces qui ont montré le plus de zèle pour ces nouvelles difpofitions. *Voyez* l'article ETATS-UNIS.

C'eft auffi une des cinq provinces qui ont payé avec le plus de zèle une partie des contingens demandés par le congrès durant la guerre. *Voyez* le même article.

Nous avons dit dans le même article, avec quel zèle les affemblées légiflatives de la Virginie & du *Maryland* fe font prêtées au projet conçu par M. Washington de perfectionner la navigation des rivières, Potawmack & James, & avec quel empreffement elles ont affuré les fonds néceffaires à cette belle entreprife : elle fera infiniment utile au *Maryland* ; & fi le congrès s'établit un jour à George-Town fur la Potawmack, comme on le croit, cette province, malgré fa petite étendue, fera des progrès rapides.

On travaille avec ardeur au canal du *Maryland*, qui doit faciliter la navigation de la Sufquehannah, & apporter à Baltimore les productions que fournira un jour l'immenfe & fertile région qu'arrofe cette rivière : il aura vingt-une lieues de longueur, & il y en a déjà plus d'un cinquième d'achevé.

L'assemblée législative du *Maryland* ordonna en octobre 1780, à ceux des citoyens qui devoient à des créanciers anglois, de verser au trésor de la république les sommes qu'ils voudroient payer. On fit le même sequestre dans la Virginie ; nous en avons expliqué les raisons à l'article ETATS-UNIS, & nous avons prouvé qu'il n'étoit pas injuste : le trésor de ces deux républiques ne s'est pas encore défait de ces sequestres, parce que l'Angleterre n'a pas encore exécuté le traité, en livrant tous les postes, & qu'elle refuse de payer de justes dédommagemens qu'on lui demande. Lorsque M. Adams, ministre des Etats-Unis en Angleterre, a réclamé, le 20 février 1786, les postes que garde la Grande-Bretagne sur le territoire cédé aux nouvelles républiques, milord Carmarthen a voulu justifier officiellement cette rétention par une énumération des griefs des négocians & des sujets britanniques contre les états d'Amérique. Nous avons prouvé ailleurs que cette réponse n'est pas de bonne foi ; que le cabinet de Saint-James n'a pas mis de loyauté dans la dernière négociation sur cet objet ; qu'il a pour maxime d'exiger telle chose, en disant ensuite qu'il verra ce qu'il doit faire ; qu'il est difficile de se soumettre à tant de fierté, & que dans les restitutions & les cessions de la politique, il est raisonnable d'imiter deux particuliers qui se défient l'un de l'autre, & demandent une cession simultanée.

SECTION CINQUIEME.

Quelques détails sur le commerce & l'état actuel du Maryland.

La liste présentée au congrès en 1775 portoit la population du *Maryland* à 250 mille habitans, & celle de 1783 la réduisoit à 220,900 : mais, dans ces évaluations, cinq esclaves ne furent comptés que pour trois hommes libres, & il faut ajouter aux deux listes l'excédant que donnera cette proportion : nous avons expliqué à l'article ETATS-UNIS combien ces évaluations, sur lesquelles le congrès a peu compté, étoient inexactes ; comment elles se firent, & comment ceux qui les présentèrent, étoient intéressés à diminuer le nombre des habitans. *Voyez* l'art. ETATS-UNIS.

Nous avons remarqué avec douleur que, dans le *Maryland* & la Caroline septentrionale, peu de personnes sont disposées à affranchir les nègres. Les citoyens du *Maryland* montreront plus de générosité, nous oserons le croire, s'ils diminuent leurs cultures du tabac : ils auront alors moins besoin du travail des noirs : la cupidité ne les aveuglera pas, & ils se montreront plus dignes de la liberté, en facilitant l'émancipation de leurs esclaves.

D'après la règle suivie jusqu'à présent pour la fixation des contingens des diverses provinces, règle qu'on veut changer avec raison, (*voyez* l'article ETATS-UNIS) le *Maryland* est taxé à 94 pour une contribution de mille piastres.

Il est impossible de donner un état fixe du commerce actuel du *Maryland* : cette province, ainsi que les autres, n'est pas encore remise des déprédations de la guerre : elle manque de numéraire : ses liaisons avec l'Angleterre sont encore interrompues. Elle ne peut encore faire usage de ses ressources, & nous ne pouvons donner ici que les détails publiés par le *Voyageur américain* : on sait que le ministère britannique envoya des émissaires dans les différentes colonies peu avant la révolte ; & comme cet état comprend la Virginie & le *Maryland*, nous le renvoyons à l'article VIRGINIE. *Voyez* l'article ETATS-UNIS & les articles particuliers des douze autres provinces.

MASSA & CARRARA, petites principautés d'Italie : elles appartiennent au duc de Modène, & elles passeront après sa mort à l'archiduc Ferdinand, gouverneur du Milanez, qui a épousé la fille de ce duc.

Elles ont souvent changé de maîtres. Sans remonter aux époques anciennes, il suffira de dire qu'elles ont été quelque tems sous la domination des génois ; qu'elles appartinrent ensuite plusieurs siècles à la maison Malaspina. En 1520, elles passèrent à titre de succession à Laurent, comte de Florentillo, d'une famille génoise, nommée *Cibo*. En 1568 Alberic, possesseur de ces deux seigneuries, fut déclaré prince de *Massa* & marquis de Carrara par l'empereur Maximilien II. En 1664, l'empereur Léopold créa le prince Alberic Cibo II, duc de *Massa* & prince de Carrara. Marie-Therese-Françoise, fille & héritière du dernier duc de la maison de Cibo, épousa en 1741 Hercule Raynald, prince héréditaire de Modène, qui possède à présent ces pays : ce sont des fiefs de l'Empire, & ils sont situés sur la mer de Gênes, entre les états de Toscane, de Gênes & de Lucques. Ils produisent beaucoup de limons, d'oranges & d'olives, & le beau marbre blanc connu sous le nom de *marbre de Carrare*.

MASSACHUSETT, l'un des Etats-Unis de l'Amérique, dont la position est assez connue. On lui donne souvent, & mal-à-propos, le nom de *Nouvelle Angleterre* : la Nouvelle Angleterre comprenoit, à l'époque de la révolution, quatre provinces différentes ; la colonie de *la baye de Massachusett*, le *nouvel Hampshire*, *Connecticut* & *Rhode-Island* : ces quatre provinces forment aujourd'hui quatre états différens qui n'ont pas adopté la même constitution. *Voyez* les articles CONNECTICUT, Nouvel-HAMPSHIRE & RHODE-ISLAND.

Le *district du Maine*, qui se trouve séparé par

le nouvel Hampshire du territoire actuel de l'état de *Massachusett*, proprement dit, commence aussi à demander à former un état indépendant ; & nous avons dit à l'article ETATS-UNIS, que des circonstances locales détermineront tôt ou tard le congrès à accueillir ses prétentions : il est en effet beaucoup plus étendu, quoique moins fertile & moins peuplé que le territoire de *Massachusett* proprement dit.

L'article ETATS-UNIS contient un précis de l'histoire politique des Etats-Unis, jusqu'à l'époque de la révolution ; des remarques générales sur les constitutions des treize Etats-Unis ; des remarques sur l'acte de confédération, sur le congrès & sur les nouveaux pouvoirs qu'il est à propos de lui confier ; un état de la dette & des finances des Etats-Unis ; des remarques sur l'état où se trouvent aujourd'hui les nouvelles républiques Américaines, sur les abus qu'elles doivent éviter dans la rédaction de leurs codes. Nous y traitons de l'association des cincinnati, & des dangers de cette institution, de la population, de la marine, des nouveaux états qui se formeront dans le territoire de l'ouest, & qui demandent déjà à être admis à la confédération américaine ; des traités qu'ont formé les Américains avec quelques puissances de l'Europe, & enfin des observations politiques, & des détails sur les sauvages, qui sont dans le voisinage ou dans l'enceinte des Etats-Unis : nous nous bornerons à faire ici, 1°. un précis de l'histoire politique de cette colonie : 2°. nous donnerons la constitution de la république actuelle de *Massachusett* : 3°. nous ferons des remarques sur cette constitution : 4°. nous parlerons de l'administration de la Nouvelle-Angleterre, avant la révolution ; de sa culture, de son commerce & de ses ressources ; & le lecteur pourra, d'après ces détails, juger des progrès qu'a fera cet état : 5°. nous ajouterons d'autres remarques sur les contributions, la population & l'administration actuelles de la république de *Massachusett*.

SECTION PREMIERE.

Précis de l'histoire politique de l'état de Massachusett.

« La Nouvelle-Angleterre s'est signalée, comme l'ancienne, par des fureurs sanglantes. La fille se ressentit de l'esprit de vertige qui tourmentoit la mere. Elle dut sa naissance à des temps orageux, & les convulsions les plus horribles affligèrent son enfance. Découverte au commencement du siècle dernier, sous le nom de *Virginie septentrionale*, elle ne reçut des européens qu'en 1608. Cette première peuplade, foible & mal dirigée, se perdit dans ses fondemens. On y vit ensuite arriver par intervalles quelques aventuriers qui, plantant des cabanes durant l'été, pour faire un commerce d'échange avec les sauvages, disparoissoient comme ceux-ci le reste de l'année.

Le fanatisme, qui avoit dépeuplé l'Amérique au midi, devoit la repeupler au nord. Les presbytériens anglois que la persécution avoit rassemblés en Hollande, ce port universel de la paix & de la liberté, lassés de n'être rien dans le monde, après avoir été martyrs dans leur patrie, résolurent d'aller fonder une église pour leur secte dans un nouvel hémisphere. Ils achetèrent donc, en 1621, les droits de la compagnie angloise de la Virginie septentrionale : car ils n'étoient pas assez pauvres pour attendre leur prospérité de leur patience & de leurs vertus ».

« Le 6 septembre 1621, ils s'embarquèrent à Plimouth, au nombre de cent vingt personnes, sous les drapeaux de l'enthousiasme qui, fondé sur l'erreur ou sur la vérité, fait toujours de grandes choses. Elles arrivèrent au commencement d'un hiver qui fut très-rigoureux. Le pays, entièrement couvert de bois, n'offroit aucune ressource à des hommes épuisés par la fatigue du voyage qu'ils venoient de faire. Il en périt près de la moitié de froid, de scorbut & de misere. Le reste se soutint par cette vigueur de caractere que la persécution religieuse excitoit dans des victimes échappées au glaive spirituel de l'épiscopat. Mais ce courage commençoit à s'affoiblir, lorsque la visite de soixante guerriers sauvages, qui vinrent au printems avec un chef à leur tête, ranima toutes les espérances. La liberté s'applaudit d'avoir rapproché des extrêmités du monde ces deux peuplades si différentes. Elles se lièrent par des promesses solemnelles de service & d'amitié. Les anciens habitans cédèrent aux nouveaux, à perpétuité, toutes les terres voisines de l'établissement que ceux-ci venoient de former sous le nom de Nouvelle-Plimouth. Un sauvage, qui savoit un peu la langue angloise, resta chez les européens, pour leur enseigner la culture du maïs, & la manière de pêcher sur la côte qu'ils habitoient ».

« Cette humanité mit les premiers colons en état d'attendre des compagnons, des animaux domestiques, des graines, tous les secours qui devoient leur venir d'Europe. Ces moyens d'établissement arrivèrent d'abord lentement, puisqu'au commencement de 1629, on ne comptoit encore que trois cents personnes : mais la persécution contre les puritains, hâta leur accroissement en Amérique. L'année suivante, il en arriva un si grand nombre, que ce fut une nécessité de les disperser. Les peuplades qu'ils établirent, formèrent la province de *Massachusett*. Bientôt sortirent de son sein les colonies du Nouvel-Hampshire, de Connecticut & de Rhode-Island, qui furent autant d'états séparés, & qui obtinrent chacune une charte particulière de la cour de Londres ».

« Le sang des martyrs fut, dans tous les lieux & dans tous les temps, une semence de prosélytisme. On n'avoit vu d'abord passer en Amérique que quelques ecclésiastiques privés de leurs bénéfices pour leurs opinions, que des sectaires obscurs, que les dogmes nouveaux s'attachent en foule parmi le peuple. Les émigrations devinrent peu à peu communes dans d'autres classes de citoyens. Avec le temps, même les plus grands seigneurs, que l'ambition, l'humeur ou la conscience avoient entraînés dans le puritanisme, imaginèrent de se ménager d'avance un asyle, dans ces climats éloignés. Ils y firent bâtir des maisons, défricher des terres, avec le dessein de s'y retirer, s'ils échouoient dans le projet d'établir la liberté civile, sous l'abri de la réformation. Le fanatisme, qui répandoit l'anarchie dans la métropole, introduisoit la subordination dans la colonie ; ou plutôt des mœurs austères tenoient lieu de loi dans un pays sauvage ».

« Les habitans de la Nouvelle-Angleterre vécurent quelque temps en paix, sans songer à donner une base solide à leur bonheur. Ce n'est pas que leur charte ne les autorisât à établir la forme de gouvernement qui leur conviendroit : mais ces enthousiastes ne s'en occupoient pas ; & la métropole ne prenoit pas assez d'intérêt à leur destinée, pour les presser d'assurer leur tranquillité. Ce ne fut qu'en 1630, qu'ils sentirent la nécessité de donner une forme à leur colonie ».

« On convint, à cette époque, d'avoir tous les ans une assemblée, dont les députés seroient nommés par le peuple, où ne pourroient siéger que les membres de l'église protestante, & qui seroit présidée par un chef sans autorité particulière. Il fut fait en même-temps deux réglemens remarquables. Le premier fixoit le prix du bled. Par le second, les sauvages devoient être dépouillés de toutes les terres qu'ils ne cultiveroient pas ; & il étoit défendu à tous les européens, sous peine d'une forte amende, de leur vendre des liqueurs fortes ou des munitions de guerre ».

« Le conseil national étoit chargé de régler les affaires publiques. C'étoit encore une de ses obligations, de juger tous les procès, mais avec les seules lumieres de la raison, & sans le secours ou l'embarras d'aucun code ».

« On n'imagina pas non plus des loix criminelles : mais celles des juifs furent adoptées. Le sortilège, le blasphème, l'adultère, le faux témoignage furent punis de mort. Les enfans, assez dénaturés pour frapper ou pour maudire les auteurs de leurs jours, attiroient sur eux le même châtiment. Ceux qui seroient surpris en mensonge, dans l'ivresse ou à la danse, devoient être fouettés publiquement ; & le plaisir étoit interdit comme le vice ou le crime. Le jurement & la violation du dimanche étoient expiés par une forte amende ».

« Cette conduite annonce un peuple très-superstitieux. Elle fut poussée si loin, qu'on changea le nom des jours & des mois, comme ayant une origine payenne. Le nom de SAINT fut également ôté aux apôtres, à leurs successeurs, à tous les lieux connus sous cette dénomination, afin de n'avoir pas cette apparence de communauté avec l'église de Rome. D'autres innovations aussi bizarres sont encore attestées par les monumens les plus authentiques ».

« Il est également prouvé que le gouvernement défendit, sous peine de mort, aux puritains, le culte des images, comme autrefois Moïse avoit défendu aux hébreux le culte des dieux étrangers ; que la même punition étoit décernée contre les prêtres catholiques qui reviendroient dans la colonie, après en avoir été bannis ».

Toute l'Europe fut étonnée d'une intolérance si révoltante. Nous avons dit à l'article Nouvelle-Hampshire, que nulle part on avoit vu l'intolérance établie en principe d'une manière aussi formelle & aussi terrible. Nous avons eu soin de remarquer que cent ans après, ces mêmes contrées établissent la tolérance en principe de la manière la plus explicite & la plus étendue, & que c'est une belle réponse à faire à ces détracteurs qui demandent l'effet du progrès des lumières.

Cent des infortunés habitans de la Nouvelle-Angleterre qui, moins furieux que leurs frères, osèrent dire que le magistrat n'avoit pas le droit de contrainte en matière de religion, furent regardés comme des blasphémateurs, par des théologiens qui avoient mieux aimé quitter leur patrie ; que de montrer quelque déférence pour l'épiscopat. Par cette pente du cœur humain, qui marche de l'indépendance à la domination, ils avoient changé de maxime en changeant de climat, & sembloient ne s'être arrogé la liberté de penser, que pour l'interdire aux autres. Ce système d'intolérance fut appuyé du glaive de la loi, qui voulut trancher sur les opinions, en frappant les dissidens de peines capitales. Les hommes convaincus ou soupçonnés de tolérantisme, furent exposés à de si cruelles vexations, qu'ils se virent obligés d'abandonner leur nouvel asyle, pour en chercher un autre exposé à moins d'orages.

Cette maladie de religion étendit sa sévérité jusqu'aux objets les plus indifférens de leur nature. On en a pour garant une délibération publique, copiée sur les registres même de la colonie.

» C'est une chose universellement reconnue,
» que l'usage de porter les cheveux longs à la ma-
» nière des personnes sans mœurs, & des bar-
» bares indiens, n'a pu s'introduire en Angle-
» terre, qu'au mépris sacrilège de l'ordre exprès
» de Dieu, qui dit qu'il est honteux à un homme
» qui a quelque soin de son ame, de porter des
» cheveux longs. Cette abomination excitant l'in-
» dignation de tous les gens pieux ; nous, ma-
» gistrats, zélés pour la pureté de la foi, décla-
» rons expressément & authentiquement que

» nous condamnons l'impie usage de laisser croître » sa chevelure ; usage que nous regardons comme » une chose évidemment indécente & mal-hon- » nête, qui défigure horriblement les hommes, » offense les ames sages & modestes, autant » qu'elle corrompt les bonnes mœurs. Justement » indignés contre ce scandaleux usage, nous prions, » exhortons, invitons instamment tous les an- » ciens de notre continent, de faire éclater leur » zèle contre cette odieuse coutume, de la pros- » crire par toutes sortes de moyens, & sur-tout » d'avoir soin que les membres de leurs églises » n'en soient point souillés ; afin que ceux qui, » malgré ces sévères défenses & les voies de » correction qui seront pratiquées à ce sujet, ne » se hâteront pas de s'interdire cet usage, aient » Dieu & les hommes en même temps contre » eux ».

Ce rigorisme, qui rend l'homme dur à lui-même, puis insociable, d'abord victime, ensuite tyran, se déchaîna contre les quakers. Ils furent emprisonnés, fouettés & bannis. La fière simplicité de ces nouveaux enthousiastes qui bénissoient le ciel & les hommes au milieu des tourmens & de l'ignominie, inspira de la vénération pour leurs personnes, fit aimer leurs sentimens, & multiplia leurs prosélytes. Ce succès aigrit leurs persécuteurs, & les porta aux extrémités les plus sanguinaires. Ils firent prendre cinq de ces malheureux, qui étoient furtivement revenus de leur exil. On eût dit que les anglois n'étoient allés en Amérique que pour exercer sur leurs compatriotes toutes les cruautés que les espagnols avoient exercées contre les indiens ; soit que le changement de climat rendît les Européens plus féroces ; soit que la fureur de religion ne puisse trouver de terme que dans l'extinction de ses apôtres ou de ses martyrs. La persécution fut enfin arrêtée par la métropole même, d'où elle avoit été portée.

Charles II, touché des supplices des quakers, en interrompit le cours en Amérique, par une ordonnance de 1661 : mais il ne put y étouffer entièrement l'esprit persécuteur.

La colonie avoit mis à sa tête Henri Vane, fils de ce Vane qui s'étoit fort signalé dans les troubles de sa patrie. Ce jeune homme, enthousiaste, entêté, digne en tout de son père, ne pouvant vivre en paix lui-même, ni y laisser les autres, ressuscita les disputes de la grace & du libre arbitre. On se passionna pour ces questions. Peut-être auroient-elles allumé une guerre civile, si des nations sauvages, réunies entr'elles, tombant sur les plantations des Anglois, n'en eussent massacré un grand nombre. Graces à leur querelles theologiques, les colons sentirent d'abord foiblement une si rude perte. Mais enfin, le danger universel devint si pressant, qu'on courut aux armes. L'ennemi repoussé, la colonie rentra dans son caractère de dissension. Cet esprit de vertige éclata même en 1692, par des atrocités dont l'histoire offre peu d'exemples.

Le calme vint après la fièvre ardente, & ce sombre accès d'enthousiasme ne reprit plus aux puritains de la Nouvelle-Angleterre.

En renonçant à l'esprit de persécution qui a marqué de sang toutes les sectes, les habitans de cette colonie conservèrent encore de trop fortes teintes du fanatisme & de la férocité, qui avoient signalé les tristes jours de sa naissance.

La petite-vérole, qui est moins ordinaire, mais plus meurtrière en Amérique qu'en Europe, causoit en 1721, des ravages inexprimables à *Massachusett* : cette calamité fait penser à l'inoculation. Pour prouver l'efficacité de cet heureux préservatif, un médecin habile & courageux inocule sa femme, ses enfans & ses domestiques ; il s'inocule lui-même. On l'insulte, on le regarde comme un monstre vomi par l'enfer ; on le menace de l'assassiner. Ces fureurs n'ayant pas empêché un jeune homme très-intéressant de recourir à cette pratique salutaire, un scélérat superstitieux monte à sa fenêtre durant la nuit, & jette dans la chambre une grenade remplie de matières combustibles.

Les citoyens les plus raisonnables ne sont pas révoltés de tant d'atrocités ; & leur indignation se porte sur les esprits hardis qui aiment mieux recourir au savoir des hommes, que de s'en rapporter aux vues de la providence. Le peuple est affermi, par ces discours insensés, dans la résolution de ne pas souffrir une nouveauté qui doit attirer sur l'état entier les infaillibles & terribles effets du courroux céleste. Le magistrat, qui craint une sédition, ordonne aux médecins de s'assembler. Par conviction, par foiblesse ou par politique, ils déclarent l'inoculation dangereuse. Un bill la défend ; & ce bill est reçu avec un applaudissement dont il n'y avoit point d'exemple.

Peu d'années après, s'ouvre une nouvelle scène encore plus atroce. Depuis long temps on accordoit dans ces provinces une odieuse prime à ceux des colons qui donnoient la mort à quelque Indien. Cette récompense fut portée en 1724 à 2,250 livres. John Lovewel, encouragé par un prix si considérable, forme une compagnie d'hommes féroces comme lui, pour aller à la chasse des sauvages. Un jour il en découvrit dix, paisiblement endormis autour d'un grand feu. Il les massacra, porta leur chevelure à Boston, & reçut la récompense promise.

Des loix trop sévères subsistent toujours dans ces contrées. On a pu juger de ce rigorisme par le discours que tint, il n'y a pas long-temps, devant les magistrats, une fille convaincue d'avoir produit, pour la cinquième fois, un fruit illégitime.

La suite de l'histoire politique de *Massachusett* se trouve à l'article *Etats-Unis* : le lecteur y verra que le parlement d'Angleterre ayant fermé le port de Boston, le 13 mars 1774, toutes les autres colonies prirent le parti des Bostoniens, que la révolte commença, & qu'elle n'a été terminée que par l'indépendance des treize Etats-Unis, mais nous ajouterons ici que ce premier acte du parlement fut suivi d'un second, dicté par la même politique : il étoit intitulé *acte*, pour mieux régler le gouvernement de *Massachusett* ; il alteroit, dans les points les plus essentiels, la chartre de la province ; il ôtoit au peuple le gouvernement exécutif, & il en revêtissoit des officiers nommés par le roi ou par son gouverneur ; un troisième acte du parlement britannique déclara, bientôt après, qu'en certains cas le gouverneur pourroit envoyer dans une autre colonie ou en Angleterre, une personne accusée d'assassinat, ou de toute autre offense capitale. Ces deux actes contraires à la constitution britannique, & aux chartres des colonies, montrèrent aux Américains que la métropole ne leur ôtoit pas seulement le droit de consentir aux impôts qu'elle vouloit, mais qu'elle s'arrogeoit une suprématie illimitée ; ils sentirent tous, depuis le nouvel Hampshire, jusqu'à la Géorgie, que le cabinet de Saint James avoit adopté un nouveau système de gouvernement à leur égard, & que leur dépendance envers la métropole alloit être beaucoup plus grande. Nous avons cru devoir parler ici de ces deux actes, parce qu'ils ajoutèrent à l'indignation des Américains, & qu'ils déterminèrent une résistance que la chartre du port de Boston seule n'auroit peut-être pas déterminée.

Section IIe.

Constitution ou plan de gouvernement arrêtée par les délégués du peuple de l'état de la baye de Massachusett, dans leur assemblée tenue & commencée à Cambridge le premier septembre 1779, & continuée par ajournement jusqu'au 2 de mars 1780.

PRÉAMBULE.

Le but de l'institution, du maintien & de l'administration d'un gouvernement, est d'assurer l'existence du corps politique, de le protéger, & de procurer aux individus qui le composent, la faculté de jouir en sûreté, & avec tranquillité de leurs droits naturels, & d'une vie heureuse ; & toutes les fois que ces grands objets ne sont pas remplis, le peuple a droit de changer le gouvernement, & de prendre les mesures nécessaires à sa sûreté, à sa prospérité, & à son bonheur.

Le corps politique est formé par une association volontaire d'individus. C'est un contrat social par lequel le peuple entier convient avec chaque citoyen, & chaque citoyen avec le peuple entier, que tous seront gouvernés par certaines loix pour l'avantage commun. Le peuple doit donc, en formant une constitution de gouvernement, pourvoir à une manière équitable de faire les loix, ainsi qu'aux précautions nécessaires, pour que ces loix soient interprétées avec impartialité, & fidèlement exécutées, afin que tout homme puisse dans tous les temps jouir par elles de sa sûreté.

D'après ces principes, *Nous, peuple de Massachusett*, nous reconnoissons, & nos cœurs sont pénétrés du sentiment de la plus vive gratitude, nous reconnoissons la bonté signalée du législateur suprême de l'univers, qui, par une suite des décrets de sa providence, nous procure l'occasion & la faculté de faire entre nous tous, avec le temps d'une mûre délibération, avec tranquillité, & sans fraude, violence ni surprise, un pacte, original, explicite & solemnel, & de former une constitution nouvelle de gouvernement civil, pour nous & pour notre postérité.

Et après l'avoir ardemment supplié de nous diriger dans l'accomplissement d'un dessein aussi important, nous arrêtons, nous ordonnons & nous établissons *la déclaration de droits, & le plan de gouvernement* suivans, pour être la constitution de la république de *Massachusett*.

PREMIERE PARTIE

Déclaration des droits des habitans de la république de Massachusett,

Art. I. Tous les hommes sont nés libres & égaux, ont certains droits naturels, essentiels & inaliénables, parmi lesquels on doit compter d'abord le droit de jouir de la vie & de la liberté, & celui de les défendre ; ensuite le droit d'acquérir des propriétés, de les posséder & de les protéger ; enfin le droit de chercher & d'obtenir leur sûreté & leur bonheur.

II. C'est un droit aussi bien qu'un devoir pour tous les hommes vivans en société, de rendre à des temps marqués un culte public au grand créateur & conservateur de l'univers. Et aucun sujet ne doit être troublé, molesté ni contraint dans sa personne, dans sa liberté, ni dans ses biens pour le culte qu'il rend à Dieu de la manière & dans le temps les plus convenables à ce que lui dicte sa conscience, ni pour ses sentimens en matière de religion, ni pour la religion qu'il professe, pourvu qu'il ne trouble point la tranquillité publique, & qu'il n'apporte aucun empêchement au culte religieux des autres.

III. Comme le bonheur d'un peuple, le bon ordre & la conservation du gouvernement civil dépendent essentiellement de la piété, de la religion & des bonnes mœurs, qui ne peuvent se répandre parmi tout un peuple, que par l'institution d'un culte public de la Divinité, & par des instructions publiques sur la piété, la religion & la morale, le peuple de cette république a donc le droit, pour se procurer le bonheur & pour assurer le bon ordre & la conservation de son gouvernement, de donner à sa législature le pouvoir d'autoriser & de requérir; & la législature doit par la suite, lorsqu'il sera nécessaire, autoriser les différentes villes, paroisses, districts & autres corps politiques ou sociétés religieuses, à faire à leurs propres dépens les fonds convenables pour l'institution du culte public de la Divinité, & pour le soutien & l'entretien des ministres protestans chargés d'enseigner la religion & la morale, & même les en requérir dans tous les cas où ces fonds ne seroient pas faits volontairement.

Le peuple de cette république a aussi le droit de revêtir la législature de l'autorité nécessaire pour enjoindre à tous les sujets d'assister aux instructions des susdits instituteurs publics, dans certains tems & dans certaines saisons, s'il y a quelqu'une de ces instructions qu'ils puissent suivre commodément & en conscience.

Pourvu néanmoins que les différentes villes, paroisses, districts & autres corps politiques ou sociétés religieuses aient dans tous les tems, le droit exclusif de choisir leurs instituteurs publics, & de contracter avec eux pour leur entretien.

Tout l'argent payé par chacun des sujets pour le maintien du culte public & pour l'entretien des susdits instituteurs publics, devra, si le contribuable l'exige, être uniformément appliqué à l'entretien de l'instituteur, ou des instituteurs publics de sa secte ou de sa communion, pourvu qu'il y en ait quelqu'un dont il suive les instructions, sinon cet argent devra être appliqué à l'entretien de l'instituteur ou des instituteurs de la paroisse ou du district dans lequel il aura été élevé.

Et tous chrétiens, de quelque communion qu'ils soient, qui se comporteront tranquillement, & comme bons sujets de la république, seront également sous la protection de la loi; & la loi n'établira jamais aucune subordination d'une secte ou d'une communion à une autre.

IV. Le peuple de cette république a seul & exclusivement le droit de se gouverner comme un état libre, souverain & indépendant; & dès-à-présent & à tout jamais il exerce & exercera tout pouvoir, toute juridiction, il jouit & jouira de tous les droits qu'il n'a pas expressément délégués, ou qu'il ne déléguera pas expressément par la suite aux Etats-Unis de l'Amérique assemblés en congrès.

V. Tout pouvoir résidant originairement dans le peuple, & étant émané de lui, les différens magistrats & officiers du gouvernement revêtus d'une autorité quelconque législatrice, exécutrice ou judiciaire, sont ses substituts, ses agens, & lui doivent compte dans tous les tems.

VI. Aucun homme, aucune corporation, aucune association d'hommes ne peuvent avoir, pour obtenir des avantages ou des privilèges particuliers & exclusifs distincts de ceux de la communauté, d'autres titres que ceux qui résultent de la considération de services rendus au public: or ces titres n'étant par leur nature ni héréditaires, ni transmissibles à des enfans, à des descendans ou à des parens, l'idée d'un homme né magistrat, législateur ou juge, est absurde & contre nature.

VII. Le gouvernement est institué pour le bien commun, pour la protection, la sûreté, la prospérité & le bonheur du peuple, & non pas pour le profit, l'honneur ou l'intérêt particulier d'un homme, d'une famille, d'une classe d'hommes. En conséquence, le peuple seul a le droit incontestable, inaliénable & imprescriptible d'instituer le gouvernement, & aussi de le réformer, le corriger ou le changer totalement, quand sa protection, sa sûreté, sa prospérité & son bonheur l'exigent.

VIII. Pour empêcher que ceux qui sont revêtus de l'autorité ne deviennent oppresseurs, le peuple a droit de faire rentrer ses officiers publics dans la vie privée, à certaines époques, & de la manière qui aura été établie par la forme de gouvernement, & de remplir les emplois vacans par des élections & des nominations régulières.

IX. Toutes les élections doivent être libres, & tous les habitans de cette république ayant les qualités qui seront requises par la forme de gouvernement, ont un droit égal à élire les officiers, & à être élus pour les emplois publics.

X. Chaque individu de la société a droit d'être protégé par elle dans la jouissance de sa vie, de sa liberté & de sa propriété, conformément aux loix établies. Il est en conséquence obligé de contribuer pour sa part aux frais de cette protection; de donner son service personnel ou un équivalent, lorsqu'il est nécessaire: mais aucune partie de la propriété d'un individu ne peut avec justice lui être enlevée, ou être appliquée à des usages publics, sans son consentement, ou sans celui du corps qui représente le peuple: enfin le peuple de cette république ne peut pas être soumis à d'autres loix qu'à celles auxquelles le corps constitutionnel qui le représente, a donné son consentement. Et toutes les fois que les besoins publics exigeront que la propriété d'un individu soit appliquée à des usages publics, il doit en recevoir une indemnité raisonnable.

XI. Tout sujet de la république doit trouver un remède certain dans le recours aux loix, pour tous les torts ou injures qu'il peut éprouver dans sa personne, dans sa propriété, dans sa réputation. Il doit obtenir droit & justice gratuitement, & sans être obligé de les acheter; complettement, & sans qu'on puisse les lui refuser; promptement & sans délai, & conformément aux loix.

XII. Aucun sujet ne peut être tenu de répondre pour une offense ou un crime quelconques, à moins qu'ils ne lui soient énoncés pleinement & clairement, substantiellement & formellement, & ne peut être contraint de s'accuser lui-même, ou de fournir des preuves contre lui-même. Tout sujet aura droit de produire toutes les preuves qui peuvent lui être favorables, d'être confronté face à face avec les témoins, & d'être entendu pleinement dans sa défense par lui-même ou par son conseil, à son choix; & aucun sujet ne doit être arrêté, emprisonné, dépouillé ou privé de sa propriété, de ses immunités ou de ses privilèges, mis hors de la protection de la loi (1), exilé ou privé de la vie, de la liberté ou de ses biens, que par le jugement de ses pairs en vertu de la loi du pays.

Et la législature ne fera point de loi pour infliger une punition capitale ou infamante sans une procédure par jurés, excepté pour la discipline de l'armée de terre ou de la marine.

XIII. Dans les poursuites criminelles, la vérification des faits dans le voisinage du lieu où ils se sont passés, est de la plus grande importance pour la sûreté de la vie, de la liberté & de la propriété des citoyens.

XIV. Tout sujet a droit d'être à l'abri de toutes recherches & de toutes saisies sans motifs raisonnables, de sa personne, de ses maisons, papiers & de toutes ses possessions. Tous warrants (2) sont donc contraires à ce droit, si la cause ou le motif pour lesquels on les décerne, ne sont pas au préalable certifiés par le serment ou l'affirmation, ou si l'ordre porté par le warrant à un officier civil, de faire des recherches dans tous les lieux suspects, d'arrêter une ou plusieurs personnes suspectes, ou de saisir leur propriété, n'est pas accompagné d'une désignation spéciale des personnes ou des objets que l'on doit chercher, arrêter ou saisir; & l'on ne doit décerner de warrants que dans les cas & avec les formalités prescrites par la loi.

XV. Dans toutes les discussions de propriété, & dans tous les procès entre deux ou plusieurs personnes, excepté pour les cas où il en a été usé autrement jusqu'à présent, les parties ont droit à une procédure par jurés (3); & cette espèce de procédure sera regardée comme sacrée, à moins que la législature ne trouve par la suite, nécessaire de la changer dans les causes résultantes de faits qui se sont passés en haute mer, ou dans celles qui concerneront les gages des matelots.

XVI. La liberté de la presse est essentielle

---

(1) On déclare en Angleterre *outlawed*, *hors de la protection de la loi*, tout criminel qui refuse de comparoître : c'est une forme imaginée pour l'y forcer, & ses effets sont la mort civile & la confiscation des biens ; autrefois même un homme *outlawed* étoit tellement hors de la protection des loix, que sa vie n'étoit plus sous leur sauve-garde, & que son meurtrier n'étoit point puni. Les anciennes loix angloises appeloient la tête d'un homme *outlawed*, *caput lupinum*, tête de loup, & l'on pouvoit le tuer aussi impunément que l'on tue un loup. Mais depuis que les mœurs se sont adoucies, le meurtre dans ce cas est puni comme dans tous les autres, excepté lorsqu'on tue l'homme *outlawed* en s'efforçant de l'arrêter. Cette prononciation a lieu pour les crimes poursuivis par une partie civile, comme pour ceux poursuivis par la partie publique; elle doit être précédée de trois formalités, qui sont le *capias*, ordre d'arrêter, le *exigi facias*, ou *ordre de rechercher*, & la *proclamation* ; lorsque ces décrets répétés plusieurs fois dans certains délais, n'ont pas produit la comparition du coupable, on le déclare *outlawed*. Quand c'est à la poursuite d'une partie civile, ou à celle de la partie publique pour crimes non capitaux, l'homme qui veut arrêter le criminel, doit être muni d'un *warrant de capias ut lagatum*, c'est-à-dire, *d'un ordre pour appréhender l'homme outlawed*; mais quand c'est pour trahison ou félonie, tout le monde a droit de lui courre sus, & de l'arrêter sur la simple notoriété. L'homme mis hors de la protection de la loi, est admis à purger la contumace.

On appelle *félonie* dans la jurisprudence angloise tous les crimes qui sont punis de mort, ou pour lesquels on prononce la confiscation des biens.

(2) Le *warrant* est un ordre donné par les officiers de justice, & même en Angleterre par les secretaires d'état, pour faire recherche de personnes ou de choses, & les saisir. Il est ainsi nommé, parce que celui qui les donne, en est responsable, *garant*. Il faut que la cause pour laquelle le *warrant* est donné, y soit exprimée, ainsi que la personne ou la chose qui en font l'objet. Tout général *warrant*, c'est-à-dire, tout *warrant* qui ordonneroit la recherche ou la saisie d'une personne ou d'une chose quelconques, sans désignation expresse, est contre les loix.

Le *warrant* se donne ordinairement à la requête d'une partie civile ou de la partie publique, qui doivent administrer des preuves suffisantes pour l'obtenir.

(3) La procédure par jurés tire son origine de l'ancien droit d'être jugé par ses pairs. En Angleterre, il n'y a que les francs-ténanciers qui puissent être jurés ; il en est de même en Amérique. Le shérif fait tous les ans une liste des francs-ténanciers du comté ; & lorsque les juges ordonnent qu'il soit procédé par un juré, ils choisissent sur la liste une certaine quantité de personnes enregistrées, & toujours beaucoup plus qu'il n'en faut pour composer le juré ; dans quelques provinces, comme dans celle de Massachusett's-Bay, c'est un enfant qui tire les noms d'une boëte où ils sont enfermés. Les parties, en matière civile & criminelle, ont, outre les cas de récusation portés par la loi, le droit d'en récuser un grand nombre, sans articuler aucune raison. Les jurés en matière civile sont appelés pour prononcer sur les points de fait, & même quelquefois sur ceux de droit ; leur prononciation s'appelle *verdict* du mot latin *vere dictum*, dire véritable, & est portée au juge qui décide d'après la loi.

pour

pour assurer la liberté d'un état; elle ne doit donc être gênée en aucune manière dans cette république.

XVII. Le peuple a droit d'avoir & de porter des armes pour la défense commune. Comme en tems de paix les armées sont dangereuses pour la liberté, on ne doit pas en conserver sur pied sans le consentement de la législature; & le pouvoir militaire doit toujours être tenu dans une subordination exacte à l'autorité civile, & gouverné par elle.

XVIII. Un recours fréquent aux principes fondamentaux de la constitution, & une adhésion constante à ceux de la piété, de la justice, de la modération, de la tempérance, de l'industrie & de la frugalité sont absolument nécessaires pour conserver les avantages de la liberté, & pour maintenir un gouvernement libre. Le peuple doit en conséquence faire une attention particulière à ces principes dans le choix de ses officiers & de ses représentans; & il a droit d'exiger de ses législateurs & de ses magistrats, qu'ils les observent exactement & constamment, dans la confection & l'exécution de toutes les loix nécessaires pour la bonne administration de la république.

XIX. Le peuple a droit de s'assembler d'une manière paisible & en bon ordre, pour consulter sur ce qui intéresse le bien commun. Il a droit de donner des instructions à ses représentans, & de requérir du corps législatif, par la voie d'adresses, de pétitions ou de remontrances, le redressement des torts qui lui ont été faits, & le soulagement des maux qu'il souffre.

XX. Le pouvoir de suspendre les loix, ou de surseoir à leur exécution, ne doit jamais être exercé que par la législature, ou par une autorité émanée d'elle, dans les cas particuliers seulement, pour lesquels la législature l'aura expressément prescrit.

XXI. La liberté des délibérations, de la parole & des débats dans l'une & l'autre chambre de la législature, est si essentielle pour les droits du peuple, que l'usage de cette liberté ne pourra jamais être le fondement d'aucune accusation ou poursuite, d'aucune action ou plainte dans aucune autre cour ou lieu quelconques.

XXII. La législature doit s'assembler fréquemment, pour redresser les torts, pour corriger, fortifier & confirmer les loix, & pour en faire de nouvelles, suivant que le bien commun l'exigera.

XXIII. Il ne doit être établi, fixé, imposé ni levé aucuns subside, charge, taxe, impôt ou droit, sous quelque prétexte que ce soit, sans le consentement du peuple ou de ses représentans dans la législature.

XXIV. Des loix faites pour punir des actions antérieures à l'existence de ces loix, & qui n'ont point été déclarées criminelles par des loix précédentes, sont injustes, oppressives & incompatibles avec les principes fondamentaux d'un gouvernement libre.

XXV. Aucun sujet ne doit, dans aucun cas ni dans aucun tems, être déclaré coupable de trahison ou de félonie par la législature.

XXVI. Aucun magistrat ni aucune cour de loi (1) ne doit demander des cautions ou des sûretés excessives, ni imposer des amendes trop fortes, ni infliger des punitions cruelles ou inusitées.

XXVII. En temps de paix aucun soldat ne doit être logé dans aucune maison sans le consentement du propriétaire; & en tems de guerre, ces logemens ne doivent être faits que par le magistrat civil, & en la manière prescrite par la législature.

XXVIII. Aucune personne ne peut, dans aucun cas, être assujettie à la loi martiale (2), ou à aucunes peines pécuniaires ou corporelles en vertu de cette loi, que par l'autorité de la législature, excepté les personnes employées dans l'armée de terre ou dans la marine, & celles employées dans la milice, en service actuel.

XXIX. Il est essentiel pour la conservation des droits de chaque individu, de sa vie, de sa liberté, de sa propriété & de sa réputation, qu'il y ait une interprétation des loix, & une administration de la justice impartiales. C'est un droit appartenant à tous les citoyens, d'être jugé par des juges aussi libres, impartiaux & indépendans, que le sort

---

(1) En Amérique, ainsi qu'en Angleterre, on distingue les cours de justice en deux espèces, *cours de loi* & *cours d'équité*. Les premières sont obligées de juger précisément suivant la lettre de la loi. Les autres en suivent plutôt l'esprit, & jugent selon l'équité, dans le cas où l'exécution rigoureuse de la loi seroit une injustice. La procédure y est différente de celle des autres cours, & il s'y forme, d'après la suite des décisions antérieures, une jurisprudence particulière qui répond à la jurisprudence des arrêts dans nos parlemens. Ces cours ne connoissent que d'affaires civiles.

(2) La loi martiale est, comme son nom l'indique, la loi qui régit le militaire; dans l'état ordinaire, les militaires seuls y sont sujets, & ne le sont même qu'en leur qualité militaire. Mais il y a des cas où la nécessité oblige pour le salut de l'état d'étendre l'activité de cette loi jusques sur les citoyens, & de suspendre pour un temps l'autorité civile; ces cas sont ceux d'invasion & de rébellion. Cet établissement momentané de la loi martiale a eu lieu plusieurs fois dans les colonies angloises en temps de guerre, & même quelquefois aussi dans quelques parties de la Grande-Bretagne. Il faut en Angleterre le concours du parlement & du roi pour publier la loi martiale, & les américains ont aussi avec raison réservé ce droit à leurs législatures.

Œcon. polit. & diplomatique. Tom. III.

de l'humanité le permet. Il est donc non-seulement de la meilleure politique, mais il est nécessaire pour la sûreté des droits du peuple en général, & de chaque citoyen en particulier, que les juges de la cour suprême de judicature soient maintenus dans leurs offices aussi long-tems qu'ils s'y conduiront bien, & qu'ils aient un salaire honorable, assuré & fixé par des loix constantes.

XXX. Dans le gouvernement de cette république, le département législatif n'exercera jamais le pouvoir exécutif ou judiciaire, ni aucun des deux : le département exécutif n'exercera jamais le pouvoir législatif ou judiciaire, ni aucun des deux ; le département judiciaire n'exercera jamais le pouvoir législatif ou exécutif, ni aucun des deux, afin que ce soit le gouvernement des loix, & non pas le gouvernement des hommes.

SECONDE PARTIE.

FORME DE GOUVERNEMENT.

Le peuple habitant le territoire, ci-devant appellé *la province de la baye de Massachusett*, convient ici solemnellement, & tous les individus qui le composent, conviennent mutuellement de se former en un corps politique ou état libre, souverain & indépendant, sous le nom de *république de Massachusett*.

CHAPITRE PREMIER.

De la puissance législatrice.

SECTION PREMIERE.

Cour générale.

ARTICLE PREMIER. Le département de la législation sera composé de deux chambres, un sénat & une chambre des représentans, dont chacune aura le droit négatif sur l'autre.

Le corps législatif s'assemblera chaque année le dernier mercredi du mois de mai, & dans tous les autres temps où il le jugera nécessaire ; & il se dissoudra & sera dissous le mardi veille dudit dernier mercredi de mai, & s'intitulera *la cour générale de Massachusett*.

II. Aucuns bill ou résolution du sénat ou de la chambre des représentans, ne deviendront loi, & n'auront force de loi, qu'après avoir été présentés au gouverneur pour sa révision ; & si d'après cette révision le gouverneur les approuve, il fera connoître son approbation en les signant. S'il a quelque objection à faire contre la passation d'un bill ou d'une résolution, il les renverra, en y joignant ses objections par écrit, au sénat ou à la chambre des représentans ; c'est-à-dire, à celles de ces deux chambres de la législature où l'acte aura pris naissance, & la chambre enregistrera tout au long dans ses registres les objections envoyées par le gouverneur, & procédera à examiner de nouveau ledit bill ou ladite résolution. Mais si d'après ce nouvel examen, les deux tiers du sénat ou de la chambre des représentans sont d'avis, nonobstant les objections, de passer lesdits actes, ils seront envoyés avec les objections à l'autre chambre de la législature, pour y être aussi examinés de nouveau ; & s'ils y sont approuvés par les deux tiers des membres présens, ils auront force de loi. Dans tous ces cas la votation dans les deux chambres se fera *par oui & par non* (1) ; & les noms des votans pour ou contre lesdits bill ou résolution, seront couchés sur les registres publics de la république.

Et pour prévenir tous délais inutiles, si quelques bill ou résolution ne sont pas renvoyés par le gouverneur cinq jours après qu'ils lui auront été présentés, ils auront force de loi.

III. La cour générale aura dorénavant plein pouvoir & autorité d'ériger & d'établir des tribunaux & cours *qui auront des registres* (2), & d'autres qui n'en auront pas. Toutes ces cours agiront au nom de la république ; elles informeront, procéderont & jugeront sur toutes espèces de crimes, délits, discussions, procès, plaintes, actions, causes & choses quelconques qui s'éleveront ou arriveront dans la république, entre ou concernant des personnes habitant, résidant, ou amenées dans son territoire ; soit que ces causes soient civiles ou criminelles, que les-

---

(1) La manière de prendre les voix par oui & par non, pratiquée dans la chambre des communes de la Grande-Bretagne, & adoptée par les américains, consiste à réduire la proposition dans une forme qui puisse être décidée par une simple affirmation ou négation ; c'est l'orateur de la chambre qui est chargé de ce soin, & cela s'appelle *sum up the motion*, *résumer la proposition*. Lorsque la proposition est ainsi résumée & présentée, les membres font connoître leur vœu en criant tous ensemble, les uns *oui*, les autres *non* : l'orateur qui a l'oreille exercée, proclame l'avis de la pluralité, d'après le son qui lui a paru réunir le plus grand nombre de voix ; mais s'il est en doute, ou si quelqu'un réclame contre la décision, il recueille les voix & les compte.

(2) On distingue en Angleterre les cours de justice en *courts of record*, *cours à registres*, & *courts of no records*, *cours qui n'ont pas de registres*. Les premières qui représentent les anciennes cours de la couronne, ont une jurisdiction supérieure & plus importante, & leurs décisions en conséquence sont conservées avec soin, & font autorité ; les autres qui représentent les cours des anciens vassaux de la couronne, n'ayant qu'une jurisdiction inférieure, leurs décisions sont de peu de conséquence, & on ne les conserve point.

dits crimes soient capitaux ou non capitaux, & soit que lesdites discussions soient réelles, personnelles ou mixtes; & elles feront exécuter leurs décisions, & pourront donner à cet effet les ordres nécessaires.

Il leur est aussi donné & accordé par la présente constitution pleins pouvoirs & autorité d'administrer dans l'occasion le serment ou l'affirmation, pour mieux découvrir la vérité dans toute matière en cause & pendante devant eux.

IV. Et en outre il est ici donné & accordé à ladite cour générale pleins pouvoirs & autorité d'ordonner & établir dans l'occasion toutes espèces d'ordres, loix, statuts & ordonnances, directions & instructions salutaires & raisonnables, & d'y attacher ou non des amendes, de manière pourtant que ces actes ne répugnent point, & ne soient point contraires à la présente constitution; & de faire tous actes qu'elle jugera convenables pour le bien & l'avantage de cette république, pour le gouvernement & le bon ordre de la république & de ses sujets, & pour le soutien nécessaire & la défense de son gouvernement. La cour générale aura aussi pleins pouvoirs & autorité de nommer & établir annuellement, ou de pourvoir par des loix fixes à la nomination & à l'établissement de tous les officiers civils de la république, à l'élection & à l'institution desquels il n'aura pas été pourvu autrement ci-après dans la présente forme de gouvernement; de fixer les différens devoirs & pouvoirs, & leurs bornes pour les différens officiers civils & militaires de la république; & de prescrire la forme des sermens ou affirmations que ces différens officiers devront prêter pour entrer en fonctions de leurs offices ou emplois; de manière que toutes ces choses ne répugnent point & ne soient point contraires à la présente constitution. Ladite cour générale aura encore pleins pouvoirs & autorité d'imposer & lever des taxes proportionnelles & raisonnables sur tous les habitans, les gens résidans, & sur les biens-fonds situés dans le territoire de la république, & aussi d'imposer & lever des droits raisonnables sur toutes les productions, biens, denrées, marchandises & effets quelconques importés, produits ou manufacturés, existant dans ledit territoire; pour être le revenu provenant desdites taxes, droits, &c. distribué & appliqué, en vertu d'ordonnances signées par le gouverneur actuel de la république, de l'avis & du consentement du conseil, aux différens services publics, tant pour la défense nécessaire & le maintien du gouvernement de ladite république, que pour la protection & la conservation de ses sujets, conformément aux actes qui y sont ou qui y seront en vigueur.

Et tant que les charges publiques du gouvernement seront en tout ou en partie imposées par têtes ou sur les biens-fonds, dans la manière pratiquée jusqu'à présent, l'estimation de tous les biens-fonds de la république sera renouvellée une fois au moins tous les dix ans, & plus souvent si la cour générale l'ordonne, afin que leur assiette puisse être faite avec égalité.

SECTION II°.

Le sénat.

ARTICLE PREMIER. Il sera élu annuellement par les francs-tenanciers & les autres habitans de cette république, ayant les qualités prescrites par la constitution, quarante personnes pour être conseillers ou sénateurs pendant l'année qui suivra leur élection; ces quarante sujets seront choisis par les habitans des districts dans lesquels la république pourra être divisée à cet effet, selon les temps, par la cour générale. Et la cour générale, en assignant le nombre des membres du sénat que les districts devront respectivement élire, se réglera sur la proportion des taxes payées par les susdits districts, & fera connoître à tems aux habitans de la république, les limites de chaque district, & le nombre de conseillers & de sénateurs qui devront être choisis dans chacun; mais le nombre des districts ne sera jamais au-dessous de treize, & aucun district ne sera assez grand pour devoir élire plus de six sénateurs.

Et jusqu'à ce que la cour générale juge à propos de changer la division actuellement existante, les différens comtés de cette république seront réputés districts pour le choix des conseillers & sénateurs, (excepté que les comtés du Duc & de Nantucket ne formeront à cet effet qu'un seul district.) Et ils éliront le nombre suivant de sujets pour conseillers & sénateurs; savoir:

Suffolk	six.
Essex	six.
Middlesex	cinq.
Hampshire	quatre.
Plymouth	trois.
Barnstable	un.
Bristol	trois.
Yorck	deux.
Le comté du Duc & de Nantucket,	un.
Worcester	cinq.
Cumberland	un.
Lincoln	un.
Berkshire	deux.

II. Le sénat sera la première chambre de la législature, & les sénateurs seront choisis de la manière suivante: il y aura toujours par la suite, le premier lundi du mois d'avril de chaque année, une assemblée des habitans de chaque ville, (1) dans les différens comtés de cette république : cette assemblée sera convoquée par les officiers municipaux (2) & annoncée selon les formes prescrites, sept jours au moins avant le premier lundi d'avril, à l'effet d'élire les sujets pour être sénateurs ou conseillers. Et dans ces assemblées, tout habitant mâle, âgé de vingt-un ans & au-dessus, & possédant un bien-fonds en franche-tenue dans cette république, de trois livres sterling de revenu, ou un bien quelconque de la valeur de soixante livres sterling, aura droit de donner son suffrage pour les sénateurs du district dont il sera habitant. Et pour écarter toute espèce de doute sur la signification du mot *habitant* dans la présente constitution, tout homme sera réputé habitant, à l'effet d'élire ou d'être élu pour quelque office ou place de l'état, dans la ville, le district ou la bourgade (3) où il demeurera, & où il aura sa maison.

Les officiers municipaux des différentes villes présideront à ces assemblées avec impartialité ; ils recevront les suffrages de tous les habitans de la ville présens, & qui auront qualité pour l'élection des sénateurs ; ils les trieront & les compteront en pleine assemblée, & en présence du greffier de la ville, qui enregistrera exactement en pleine assemblée & en présence des officiers municipaux le nom de chaque sujet pour lequel on aura voté, & le nombre des suffrages qui auront rapport à chaque nom ; il sera fait une expédition de ce registre, qui sera certifiée par les officiers municipaux & le greffier de la ville, scellée & adressée au secrétaire de la république actuellement en charge, avec une suscription qui indiquera les objets de son contenu, & délivrée par le greffier de la ville au shérif (4) du comté dans lequel elle est située, trente jours au moins avant le dernier mercredi du mois de mai de chaque année, ou bien elle sera délivrée dans le bureau du secrétaire, dix-sept jours au moins avant le susdit dernier mercredi de mai ; & le shérif de chaque comté délivrera dans le bureau du secrétaire les certificats qu'il aura reçus, dix-sept jours avant ce même dernier mercredi de mai.

Les habitans des bourgades qui n'ont pas encore de chartes d'incorporation, ayant les qualités requises par la loi, qui sont ou seront autorisés à s'imposer des taxes pour le maintien du gouvernement, & sur qui l'on percevra ces taxes, auront le même droit de suffrage pour l'élection des conseillers & sénateurs dans la bourgade où ils résident, que les habitans des villes ont dans leurs villes respectives. Les assemblées des bourgades pour cet objet se tiendront annuellement le même premier lundi d'avril, dans le lieu indiqué pour chacune par les assesseurs respectifs ; & ces assesseurs auront pour convoquer les électeurs, pour recueillir les suffrages & en rendre compte, la même autorité que les officiers municipaux & les greffiers des villes, en vertu de la présente constitution. Et toutes autres personnes qui ayant qualité, comme il est dit ci-dessus, & vivant dans des habitations qui ne tiennent encore à aucune corporation, seront imposées pour le maintien du gouvernement par les assesseurs d'une ville adjacente, auront le privilège de voter à l'élection des conseillers & sénateurs, dans la ville dans laquelle ils seront imposés, & seront en conséquence avertis à cet effet, du lieu de l'assemblée par les officiers municipaux de cette ville.

III. Afin qu'il puisse y avoir une assemblée complette des sénateurs le dernier mercredi de mai de chaque année, le gouverneur & cinq membres du conseil actuellement en charge, examineront le plutôt possible les expéditions des registres qui auront été envoyées ; &, quatorze jours avant ledit dernier mercredi de mai, le gouverneur expédiera ses lettres de convocation à ceux qui paroîtront avoir été choisis par la pluralité des suffrages, pour qu'ils se rendent & prennent leurs séances ce jour-là ; mais pour la première année, lesdites expéditions des registres seront examinées par le président & cinq membres du conseil de l'ancienne constitution de gouvernement ; & ledit président expédiera ses lettres de convocation aux sujets ainsi élus, pour qu'ils viennent prendre séance, comme il est dit ci-dessus.

IV. Le sénat sera juge souverain & en dernier ressort, des élections, des certificats & des qualités de ses membres, d'après les règles établies par la constitution ; & le susdit dernier mercredi de mai de chaque année, il décidera & déclarera qui sont les sujets élus pour sénateurs dans cha-

---

(1) Lorsque dans les constitutions des Etats-Unis, il est question des villes relativement à leurs assemblées & à leurs droits d'élection, &c. il faut toujours entendre *ville & banlieue*; les anglois rendent ces deux idées par le mot de *town*.

(2) On a rendu ici le mot anglois *selectmen*, *hommes choisis*, par *officiers municipaux*, parce qu'ils remplissent à-peu-près les mêmes fonctions.

(3) On a cru pouvoir rendre par le mot *bourgade* le nom de *plantation*, donné par les anglois aux premiers établissemens de leurs colons, qui n'ont pas encore pris une forme régulière de ville ou de village, & qui ne sont encore que des habitations éparses ; ce nom même est quelquefois resté à des établissemens devenus considérables & réguliers, comme celui de Providence, qui est toujours appelé dans les chartes angloises *colonie de Rhode-Island*, & *plantation de Providence*.

(4) Le shérif est le premier magistrat du comté : ce mot vient de *shire*, qui signifie en anglois *comté*. C'est le shérif qui préside aux assemblées du comté, qui fait la liste des jurés ; il est à la fois officier d'administration, & juge dans certains cas : c'est un emploi très-important.

que diſtrict à la pluralité des voix; & s'il arrive que, dans le nombre complet des ſénateurs portés ſur les expéditions des regiſtres, il paroiſſe que quelques-uns n'auront pas été élus dans leur diſtrict à la pluralité des ſuffrages, on ſuppléera au deficit de la manière ſuivante, ſavoir : les membres de la chambre des repréſentans, & ceux des ſénateurs qui auront été déclarés duement élus, prendront les noms des ſujets qui, dans ce diſtrict, auront réuni la plus grande quantité de ſuffrages, ſans avoir été élus, juſqu'à la concurrence du double des ſénateurs manquans, s'il y a ce nombre de ſujets qui aient reçu des ſuffrages, & ils éliront au ſcrutin parmi ces ſujets le nombre de ſénateurs néceſſaire pour remplir le vuide de ce diſtrict : de cette manière, toutes les places vacantes dans tous les diſtricts de la république ſe trouveront remplies ; & l'on ſuppléera de la même manière, auſſi promptement qu'il ſera poſſible, à toutes les vacances des places de ſénateurs, ſoit par mort, par éloignement de l'état, ſoit par toutes autres cauſes.

V. Mais aucun ſujet ne pourra être élu pour ſénateur, s'il n'eſt pas poſſeſſeur en ſon propre & privé nom d'une franche-tenue dans le territoire de la république, valant au moins trois cens livres ſterlings, ou d'un effet mobilier valant au moins ſix cents livres ſterlings, ou de deux montant enſemble à cette ſomme ; s'il n'a pas été habitant de cette république pendant les cinq années qui auront immédiatement précédé ſon élection, & s'il n'eſt pas, au temps de ſon élection, habitant du diſtrict pour lequel il aura été choiſi.

VI. Le ſénat aura le pouvoir de s'ajourner lui-même, pourvu que ce ne ſoit pas pour plus de deux jours à chaque fois.

VII. Le ſénat choiſira ſon préſident, nommera ſes officiers, & réglera ſes formes de procéder.

VIII. Le ſénat ſera cour de juſtice, avec pleine autorité pour entendre & décider toutes accuſations de crimes d'état (1) intentées par la chambre des repréſentans contre tout ou tous officiers de la république, pour mauvaiſe conduite ou malverſation dans leurs offices. Mais, avant de procéder ſur une accuſation de crime d'état, les membres du ſénat ſeront reſpectivement tenus de prêter ſerment, qu'ils procéderont & jugeront ſur la charge en queſtion, ſincèrement & impartialement d'après les preuves : leur jugement néanmoins ne pourra pas s'étendre plus loin qu'à la deſtitution de l'office & à l'incapacité de poſſéder aucune place d'honneur, de confiance ou de profit au ſervice de cette république ; mais la partie ainſi convaincue ſera néanmoins ſujette à être pourſuivie en vertu d'une plainte (2) devant les tribunaux ordinaires, & ſoumiſe à la procédure & à la punition conformes à la loi du pays.

IX. Il ne faudra pas moins que ſeize membres du ſénat pour former un *quorum* qui puiſſe agir légitimement.

Section IIIe.

Chambre des repréſentans.

Article premier. Il y aura dans la legiſlature de cette république, une repréſentation du peuple, élue annuellement & fondée ſur le principe de l'égalité.

II. Et afin de pourvoir à une repréſentation des citoyens de cette république, fondée ſur le principe de l'égalité, toute ville formant corporation qui contiendra cent cinquante têtes impoſables (3), pourra élire un repréſentant : toute ville formant corporation, & contenant trois cens ſoixante-cinq habitans impoſables, pourra élire deux repréſentans ; toute ville formant corporation & contenant ſix cents habitans impoſables, pourra élire trois repréſentans ; & en ſuivant cette progreſſion, deux cents vingt-cinq habitans impoſables donneront le droit d'élire un repréſentant de plus.

---

(1) On a rendu le mot anglois *impeachment* par *accuſation de crime d'état*. Ce terme s'applique à une procédure particulière aux procès pour malverſations dans les grands emplois : c'eſt en Angleterre la chambre des communes qui ſe rend accuſatrice devant celle des pairs, à qui ſeule la connoiſſance de ces cauſes eſt réſervée en ſa qualité de cour ſuprême de juſtice. En Amérique, c'eſt la chambre inférieure de la légiſlature qui ſera accuſatrice, & la chambre ſupérieure qui jugera, excepté en Penſylvanie où il n'y a qu'un ſeul corps de légiſlation, nommé *aſſemblée générale* ; c'eſt elle qui pourſuit les *impeachments*, & le conſeil d'état qui les juge.

(2) Le mot anglois *indictment*, qu'on a rendu ici par *plainte*, eſt effectivement le premier acte de la procédure criminelle. Le bill d'*indictment* eſt remis à un grand juré, c'eſt-à-dire, à un juré compoſé de quinze perſonnes au moins, qui met au dos du bill, *ignoramus*, s'il ne trouve pas de fondement à l'accuſation, ou *billa vera*, s'il la trouve fondée ; mais pour répondre de cette dernière manière & autoriſer l'accuſation, il faut les voix réunies de douze des membres du grand juré ; dans ce dernier cas, la plainte eſt reçue, & l'accuſé eſt *indicted*. On procède enſuite aux informations par un petit juré, compoſé de douze perſonnes ſeulement. Lorſque l'examen de l'affaire eſt fini, & que l'accuſé a été entendu par lui & par ſes conſeils, le petit juré prononce *guilty*, il eſt coupable, ou *not guilty*, il n'eſt pas coupable ; mais la première prononciation ne peut avoir lieu que par le ſuffrage unanime de douze jurés : le juge enſuite ouvre la loi, & prononce la peine qu'elle preſcrit.

(3) Un homme n'eſt impoſable qu'à vingt-un ans, âge fixé par les loix pour la majorité.

Cependant toute ville formant actuellement corporation, quoiqu'elle n'ait pas cent cinquante habitans fufceptibles d'être taxés, pourra élire un repréfentant; mais à l'avenir on ne donnera de charte de corporation, avec le privilège d'élire un repréfentant, à aucun lieu, à moins qu'il n'y ait cent cinquante habitans impofables.

La chambre des repréfentans pourra, fi le cas arrive, condamner à une amende les villes qui négligeront de choifir des repréfentans, & d'envoyer le procès-verbal de leur élection conformément à la préfente conftitution.

Les frais de voyage, pour fe rendre à l'affemblée & pour en revenir, feront payés une fois feulement dans chaque feffion, & jamais plus, par le gouvernement, des fonds du tréfor public, à chaque membre qui, au jugement de la chambre, fe fera rendu auffi exactement à temps qu'il l'aura pu, & qui ne fera pas parti fans la permiffion de la chambre.

III. Tout membre de la chambre des repréfentans fera choifi par des fuffrages écrits; il devra avoir été habitant de la ville pour laquelle il aura été élu, pendant l'année au moins qui aura précédé immédiatement fon élection, & poffeder dans fon territoire, en fon propre & privé nom, une franche tenue valant cent liv. fterl., ou un bien impofable quelconque valant deux cens liv. fterl.; & il ceffera de repréfenter ladite ville, auffi-tôt qu'il perdra quelqu'une des qualités ci-deffus.

IV. Tout habitant mâle, âgé de vingt-un ans, & réfidant depuis un an dans une ville de cette république, ayant dans le territoire de cette ville une franche-tenue de trois livres fterling de revenu, ou un bien quelconque valant foixante livres fterlings, aura droit de fuffrages à l'élection du repréfentant ou des repréfentans de cette ville.

V. Les membres de la chambre des repréfentans feront choifis chaque année dans le mois de mai, dix jours au moins avant le dernier mercredi de ce mois.

VI. La chambre des repréfentans fera la grande cour d'enquêtes (1) de cette république, & toutes les accufations de crimes d'état faites par elles, feront entendues & jugées par le fénat.

VII. Tous les bills d'argent prendront naiffance dans la chambre des repréfentans; mais le fénat pourra y propofer des changemens, ou y concourir avec des changemens, comme fur les autres bills.

VIII. La chambre des repréfentans aura le pouvoir de s'ajourner elle-même, mais jamais pour plus de deux jours à chaque fois.

IX. Il ne faudra pas moins de foixante membres de la chambre des repréfentans, pour conftituer un *quorum* qui puiffe traiter des affaires.

X. La chambre des repréfentans fera juge des certificats, des élections & des qualités de fes membres, d'après les règles établies par la conftitution; elle choifira fon orateur, nommera fes officiers & réglera fon ordre & fes formes de procéder. Elle aura l'autorité de punir de la prifon toute perfonne, même n'étant point de fes membres, qui fe rendra coupable de manque de refpect envers elle, foit en caufant du défordre, foit en tenant des propos injurieux ou méprifans en fa préfence, ou qui, dans la ville ou fiégera la cour générale, & durant le temps de fes feffions, menacera quelqu'un de fes membres dans fa perfonne ou dans fes biens, pour une chofe dite ou faite dans la chambre, ou qui les attaquera pour pareil fujet, ou qui attaquera ou arrêtera quelque témoin ou toute autre perfonne mandée par la chambre, foit en s'y rendant, foit en s'en retournant, ou bien qui délivrera quelque perfonne arrêtée par ordre de la chambre.

Et aucun membre de la chambre des repréfentans ne pourra être arrêté, ni tenu de donner caution pour une action civile durant fon voyage pour fe rendre à la chambre, ou fon retour, ou pendant qu'il fiégera.

XI. Le fénat aura les mêmes pouvoirs dans les mêmes cas; le gouverneur & le confeil auront auffi la même autorité pour punir en cas pareils, pourvu qu'aucun emprifonnement en vertu d'un warrant ou d'un ordre du gouverneur, du confeil, du fénat ou de la chambre des repréfentans pour quelqu'un des délits défignés ci-deffus, ne foit pas pour un terme au-delà de trente jours.

Le fénat & la chambre des repréfentans pourront examiner & décider par le miniftère de comités de leurs membres refpectifs, ou de toute autre manière qu'ils jugeront refpectivement convenable, tous les cas qui intéreffernt leurs droits & leurs privilèges, & tous ceux que, par la conftitution, ils ont le droit d'examiner & de décider.

CHAPITRE II.

Puiffance exécutrice.

SECTION PREMIERE.

Gouverneur.

ARTICLE PREMIER. Il y aura un premier magiftrat chargé fupérieurement de la puiffance

---

(1) Le grand enquêteur (c'eft le nom d'un office de judicature en Angleterre) étoit chargé d'inftruire tous les crimes contre l'état, comme le grand juré d'inftruire tous les crimes contre les loix dans fon diftrict.

exécutrice, dont le nom sera *gouverneur de la république de Maſſachuſett*, & qui ſera traité *d'excellence*.

II. Le gouverneur ſera choiſi tous les ans ; & aucun ſujet ne ſera éligible pour cet office, ſi au temps de ſon élection il n'a pas été habitant de cette république pendant les ſept années immédiatement précédentes ; s'il n'eſt pas au tems auſſi de ſon élection poſſeſſeur en ſon propre & privé nom d'une franche-tenue dans le territoire de la république, valant mille livres ſterlings, & s'il ne ſe déclare pour être de la religion chrétienne.

III. Les perſonnes ayant qualité pour voter aux élections des ſénateurs & des repréſentans dans les différentes villes de la république, donneront, dans une aſſemblée convoquée à cet effet le premier lundi du mois d'avril de chaque année, leur ſuffrage pour un gouverneur, aux officiers municipaux qui préſideront à cette aſſemblée ; & le greffier de la ville, en préſence & aſſiſté des officiers municipaux en pleine aſſemblée, triera & comptera les ſuffrages, & formera une liſte des perſonnes pour qui l'on aura voté, avec le nombre de ſuffrages pour chacune, accolé à ſon nom ; il enrégiſtrera cette liſte ſur les regiſtres de la ville, & en fera lecture à haute & intelligible voix dans l'aſſemblée ; il ſcellera en préſence des habitans, des expéditions de cette liſte certifiées par lui & les officiers municipaux, & les enverra au ſhérif du comté, trente jours au moins avant le dernier mercredi de mai ; le ſhérif les enverra dans les bureaux du ſecrétaire, dix-ſept jours au moins avant le ſuſdit dernier mercredi de mai, ou bien les officiers municipaux pourront y faire parvenir de pareilles expéditions, dix-ſept jours au moins de même avant ledit jour, & le ſecrétaire les préſentera le dernier mercredi de mai au ſénat & à la chambre des repréſentans, pour y être examinées. Dans le cas où l'un des ſujets balottés aura la pluralité ſur le nombre total des voix, le choix ſera déclaré & proclamé par les deux chambres ; mais ſi aucun n'a réuni cette pluralité en ſa faveur, la chambre des repréſentans élira deux ſujets parmi les quatre qui auront eu le plus grand nombre de ſuffrages, s'il y en a ce nombre pour qui l'on ait voté, ſinon elle en élira deux parmi les balottés, & préſentera au ſénat les deux ſujets ainſi élus, parmi leſquels le ſénat en élira un au ſcrutin, qui ſera déclaré gouverneur (1).

IV. Le gouverneur aura l'autorité, dans l'occaſion & à ſa volonté, d'aſſembler & convoquer les conſeillers de cette république actuellement en charge ; & le gouverneur avec ces conſeillers, ou au moins cinq d'entr'eux, devra & pourra dans l'occaſion tenir un conſeil, pour ordonner & diriger les affaires de cette république, conformément à la conſtitution & aux loix du pays.

V. Le gouverneur, avec l'avis du conſeil, aura plein pouvoir & autorité, durant la ſeſſion de la cour générale, de l'ajourner ou de la proroger pour le temps que les deux chambres deſireront, & auſſi de la diſſoudre la veille du dernier mercredi de mai ; &, dans les vacances de ladite cour, de la proroger d'une époque à une autre, mais jamais pour plus de quatre-vingt-dix jours dans une ſeule vacance ; & de la raſſembler avant l'époque à laquelle elle aura pu être ajournée ou prorogée, ſi le bien de la république l'exige ; & dans le cas où il ſe déclareroit quelque maladie contagieuſe dans le lieu où ladite cour devroit ſe raſſembler, ou pour toute autre cauſe qui mettroit en danger la ſanté ou la vie des membres de la cour, en faiſant leur ſervice, il pourra ordonner que la ſeſſion ſe tienne dans quelqu'autre lieu de l'état le plus commode & le plus convenable.

Le gouverneur diſſoudra ladite cour générale la veille du dernier mercredi de mai.

VI. Dans le cas d'avis différent entre les deux chambres, relativement à la néceſſité, la convenance ou le temps d'un ajournement ou d'une prorogation, le gouverneur, avec l'avis du conſeil, aura droit d'ajourner ou de proroger la cour générale, mais jamais au-delà de quatre-vingt-dix jours, ſelon qu'il trouvera que le bien public le demande.

VII. Le gouverneur de cette république, en exercice, ſera le commandant en chef de l'armée, de la marine, & de toutes les forces militaires de l'état ſur terre & ſur mer ; il aura plein pouvoir par lui-même, ou par un commandant, ou par tel ou tels autres officiers, de diſcipliner, inſtruire, exercer & gouverner la milice & la marine ; & lorſque la défenſe ſpéciale & la ſûreté de la république l'exigeront, il aura pouvoir d'aſſembler les habitans, de les mettre ſur le pied de guerre, de les commander & de les conduire ; & à leur tête, d'aller chercher, de repouſſer, chaſſer & pourſuivre par la force des armes, tant par mer que par terre, dans les limites de cette république & hors de ces limites, & auſſi tuer & détruire, s'il eſt néceſſaire, de vaincre & prendre par toutes voies, entrepriſes & moyens

---

(1) Cet article demande une courte explication que voici. S'il y a, par exemple, cent électeurs, il faudra qu'un ſujet ait au moins cinquante-une voix pour être proclamé gouverneur ſans autre formalité ; mais ſi aucun n'a réuni cinquante-une voix, & que ſur ſix ſujets balotés, par exemple, quatre aient eu de quarante à cinquante voix, & les deux autres n'en aient eu que trente à quarante la chambre des repréſentans élira deux ſujets ſur les quatre premiers, pour les préſenter au ſénat.

convenables quelconques, toutes & telles personnes qui, par la suite, pourroient tenter ou entreprendre d'une manière hostile, de détruire, d'envahir, de troubler cette république, ou de lui nuire en quelque manière que ce soit : il pourra établir & exercer sur l'armée, sur la marine & sur la milice en service actuel, la loi martiale, en temps de guerre ou d'invasion, & aussi en temps de rebellion déclarée telle par la législature, lorsque le cas l'exigera nécessairement; & il pourra prendre & surprendre par toutes voies & moyens quelconques, avec leurs vaisseaux, armes, munitions & autres effets, toutes & telles personnes qui attaqueront ou tenteront d'attaquer, de conquérir cette république, ou de lui nuire; & enfin le gouverneur sera revêtu de tous ces pouvoirs & de tous autres appartenans aux offices de capitaine général, commandant en chef & d'amiral, pour les exercer conformément aux règles & réglemens de la constitution, & aux loix du pays, & non autrement.

Mais ledit gouverneur, dans aucun temps, ni en vertu d'aucun pouvoir à lui accordé par la présente constitution, ou qui pourroit dans la suite lui être accordé par la législature, ne transportera aucun des habitans de cette république, ni ne les obligera de marcher hors de ses frontières, sans leur libre & volontaire consentement, ou sans le consentement de la cour générale, excepté dans le cas où il seroit nécessaire de les faire marcher, ou de les transporter par terre ou par eau hors de ses frontières, pour la défense d'une partie de l'état à laquelle on ne pourroit pas parvenir autrement.

VIII. Le gouverneur, par & avec l'avis du conseil, aura le pouvoir de faire grace, excepté pour les crimes dont les coupables auront été convaincus devant le sénat pour une accusation de crime d'état intentée par la chambre. Mais aucunes lettres de grace accordées par le gouverneur avec l'avis du conseil, avant conviction, ne pourront avoir d'effet pour la personne qui en demandera l'exécution, nonobstant toutes expressions générales ou particulières y contenues, spécifiant le crime ou les crimes qu'il auroit entendu pardonner.

IX. Tous les officiers de justice, le procureur général, le sollicitor général (1), tous les shérifs, coroners (2) & gardes-registres des vérifications, seront nommés & installés par le gouverneur, par & avec l'avis & le consentement du conseil, & toutes ces nominations seront faites par le gouverneur, & faites au moins sept jours avant l'installation.

X. Les capitaines & officiers subalternes de la milice seront élus par les suffrages écrits de la totalité de leurs compagnies respectives (3); & devront être âgés de vingt-un ans ou plus; les officiers supérieurs des régimens seront élus par les suffrages écrits des capitaines & officiers subalternes de leurs régimens respectifs; les brigadiers seront élus de la même manière par les officiers supérieurs de leurs brigades respectives; & tous ces officiers ainsi élus, seront brevetés par le gouverneur qui réglera leur rang.

La législature réglera par des loix fixes le temps & la manière d'assembler les électeurs, de recueillir les suffrages, & de présenter & certifier au gouvernement l'élection des officiers.

Les majors-généraux seront nommés par le sénat & la chambre des représentans, qui auront le droit négatif réciproquement l'un sur l'autre, & ils seront brevetés par le gouverneur.

Si les électeurs des brigadiers, officiers supérieurs, capitaines ou officiers subalternes, négligent ou refusent de faire ces élections lorsqu'elles leur auront été duement notifiées, conformément aux loix alors en vigueur, le gouverneur, avec l'avis du conseil, nommera des personnes convenables pour remplir ces emplois.

Et aucun officier, duement breveté pour commander dans la milice, ne pourra être privé de son emploi qu'en vertu d'une adresse des deux chambres au gouverneur; ou par une procédure dans une cour martiale, conformément aux loix de cette république alors en vigueur.

Les officiers commandant les régimens nommeront leurs adjudans & leurs quartiers maîtres; les brigadiers leurs majors de brigade, les majors-généraux, leurs aides, & le gouverneur nommera l'adjudant général.

Le gouverneur, avec avis du conseil, nom

___

(1) L'*attorney* (procureur) *général*, & le *sollicitor* (avocat) *général*, sont des officiers dont les fonctions correspondent à celles de nos avocats & procureurs-généraux; ils sont à la fois officiers du fisc, & parties publiques.

(2) Le *coroner* est un juge inférieur, qui fait les premières informations dans les cas de meurtre, ou de cadavres trouvés; il connoît aussi en Angleterre des naufrages & des trésors trouvés : mais ces droits barbares n'existant pas en Amérique, son office est restreint aux premiers articles; il supplée aussi le shérif dans toutes ses fonctions, soit en cas d'absence, soit en cas de récusation.

(3) Dans les états américains, tous les habitans depuis l'âge de seize ans jusqu'à celui de soixante, sont enrôlés & composent la milice, mais il y en a plusieurs qui, à raison de leurs occupations ou de leurs emplois, sont dispensés de suivre les exercices qui se font à certains jours marqués; & cette distinction a donné lieu à établir deux contrôles différens; l'un nommé *train-band*, bande prête à marcher, comprend seulement ceux qui sont tenus à ces exercices, & à marcher au premier coup de tambour; l'autre, nommé *alarm-list*, liste d'alarme, comprend la totalité des habitans enrôlés, parce que dans le cas d'alarme, tout le monde doit marcher. La totalité de la compagnie a droit de suffrage pour l'élection des officiers.

mera tous les officiers de l'armée continentale, qui, par la confédération des Etats-Unis, font à la nomination de cette république, & il nommera aussi tous les officiers des forteresses & des garnisons.

La division de la milice en brigades, régimens & compagnies, faite en conséquence des loix de la milice actuellement en vigueur, sera réputée la vraie & convenable division de la milice, jusqu'à ce qu'elle soit changée en conséquence de quelque loi future.

XI. Il ne sera tiré aucun argent du trésor de la république, ni fait aucune disposition d'argent (à l'exception des sommes destinées pour le rachat des bills de crédit, ou des rescriptions du trésorier, ou pour le paiement des intérêts résultans de ces bills ou rescriptions), qu'en vertu d'un warrant (ordonnance), signé par le gouverneur actuellement en charge, avec l'avis & le consentement du conseil, pour la défense nécessaire & le maintien de cette république, & pour la protection & la conservation de ses habitans, conformément aux actes & résolutions de la cour générale.

XII. Tous les bureaux publics, le commissaire général, tous les officiers surintendans de magasins & approvisionnemens appartenans à cette république, & tous les officiers commandans dans les forteresses & garnisons de l'état, une fois tous les trois mois, d'office & sans réquisition, & aussi dans tout autre temps, quand ils en seront requis par le gouverneur, devront lui donner un état de toutes les denrées, effets, provisions, munitions, des canons avec leurs équipages, des petites armes avec tout ce qui en dépend, & de tout ce qui est confié à leurs soins respectifs, comme propriété publique, en distinguant les qualités, nombres, qualités & espèces de chaque chose avec autant de détail qu'il se pourra, & aussi l'état de situation des forteresses & garnisons. Et ledit officier commandant montrera au gouverneur, lorsqu'il en sera requis par lui, les plans exacts & véritables des forteresses, du pays & de la mer, du havre ou des havres adjacens.

Et lesdits bureaux & tous les officiers publics communiqueront au gouverneur, aussi-tôt qu'ils les auront reçues, toutes les lettres, dépêches & nouvelles intéressant le public, qui pourront leur être respectivement adressées.

XIII. Comme le bien public exige que le gouverneur ne puisse dépendre en aucune façon pour son état d'aucun membre de la cour générale, ni éprouver aucune influence de la part d'aucun d'eux; qu'il doit agir dans tous les cas avec liberté & impartialité pour l'avantage public; que son attention ne doit pas être détournée de cet objet pour se porter sur ses intérêts particuliers, & qu'il doit soutenir la dignité de la république dans son caractère de premier magistrat : il est nécessaire qu'il ait un traitement honorable, d'une valeur fixe & permanente, qui suffise amplement aux besoins de son état, & qui soit établi par des loix constantes. Et ce sera un des premiers actes dont la cour générale devra s'occuper, après l'établissement de la présente constitution, que celui nécessaire pour établir ce traitement par une loi.

Il sera aussi établi par une loi, des traitemens honorables & permanens pour les juges de la cour suprême de justice.

Et s'il se trouve que quelques-uns des susdits traitemens ainsi établis soient insuffisans, ils seront dans l'occasion augmentés, comme la cour générale le jugera convenable.

SECTION IIe.

Lieutenant du gouverneur.

ART. I. On élira chaque année un lieutenant du gouverneur de la république de *Massachusett*, dont le titre sera, *votre honneur*, & de qui l'on exigera, pour la religion, les biens-fonds ou revenus, & la résidence, les mêmes qualités que du gouverneur. Le jour, la forme de son élection, & les qualités des électeurs seront les mêmes que pour l'élection du gouverneur. Le procès-verbal des suffrages pour cet officier, & la déclaration de son élection se feront aussi de la même manière. Et s'il ne se trouve, par le procès-verbal, aucun sujet qui réunisse la pluralité des suffrages, la vacance sera remplie par le sénat & la chambre des représentans, de la même manière que pour l'élection que ces deux corps doivent faire d'un gouverneur, lorsqu'aucun sujet n'a réuni la pluralité des suffrages du peuple pour cet office.

II. Le gouverneur, & en son absence, le lieutenant du gouverneur, sera le président du conseil, mais n'y aura pas de voix; & le lieutenant du gouverneur sera toujours membre du conseil, excepté lorsque la place de gouverneur sera vacante.

III. Toutes les fois que la place de gouverneur sera vacante, par mort, absence de l'état ou autrement, le lieutenant du gouverneur actuellement en charge, remplira, durant cette vacance, toutes les fonctions du gouverneur; & il aura & exercera tous les pouvoirs, & toute l'autorité dont le gouverneur est revêtu par cette constitution lorsqu'il est présent.

SECTION IIIe.

Conseil & manière de régler les élections par la législature.

ART. I. Il y aura un conseil pour conseiller le gouverneur dans la partie exécutrice du gouvernement : ce conseil sera composé de neuf personnes, outre le lieutenant du gouverneur; & le gouverneur, actuellement en charge, aura plein pouvoir & autorité de le convoquer & de l'assembler, dans l'occasion, & toutes les fois qu'il le voudra. Le gouverneur, assisté de ces conseillers, ou au moins de cinq d'entr'eux, pourra & devra, dans l'occasion, former & tenir conseil, pour ordonner & diriger les affaires de la république, conformément aux loix du pays.

II. Il sera choisi, le dernier mercredi du mois de mai de chaque année, par le scrutin réuni des sénateurs & des représentans assemblés dans une même chambre, neuf conseillers parmi les sujets qui auront été élus par les villes ou districts, pour conseillers ou sénateurs; & dans le cas où, par ce premier choix, on ne trouveroit pas le nombre complet de neuf sujets qui acceptassent la place dans le conseil, les susdits électeurs choisiront dans l'universalité du peuple le nombre de sujets nécessaire pour completter le conseil ; & le nombre de sénateurs qui resteront après ce choix, composeront le sénat pour l'année. Les places des sujets ainsi choisis dans le sénat, & qui auront accepté la place dans le conseil, resteront vacantes dans le sénat.

III. Dans les cérémonies de cette république, les conseillers auront rang immédiatement après le lieutenant du gouverneur.

IV. Il ne sera pas choisi plus de deux conseillers dans un même district de cette république.

V. Les résolutions & avis du conseil seront portés sur un registre & signés par les membres présens ; l'une & l'autre des deux chambres de la législature pourront se faire représenter ce registre toutes les fois qu'elles le jugeront à propos ; & tout membre du conseil pourra y insérer son avis, lorsqu'il sera contraire à celui de la pluralité.

VI. Toutes les fois que les charges de gouverneur ou de lieutenant du gouverneur seront vacantes, par mort, absence ou autrement, le conseil ou la pluralité du conseil aura, pendant cette vacance, plein pouvoir & autorité de faire & d'exécuter tous & chacun des actes, ou choses que le gouverneur ou le lieutenant du gouverneur pourroient, en vertu de cette constitution, faire & exécuter, s'ils étoient l'un ou l'autre présens en personne.

VII. Et attendu que les élections indiquées dans la présente constitution, pour être faites le dernier mercredi de mai par les deux chambres de la législature, ne peuvent pas être completement achevées ce jour-là, lesdites élections pourront être ajournées d'un jour à un autre, jusqu'à ce qu'elles soient terminées, & elles se feront dans l'ordre suivant : les places vacantes dans le sénat, s'il y en a, seront remplies en premier lieu ; le gouverneur & le lieutenant du gouverneur seront élus ensuite, dans le cas où le choix n'auroit pas été fait par le peuple ; & enfin les deux chambres procéderont à l'élection du conseil.

SECTION IV.

Secrétaire, trésorier, commissaire, &c.

ART. I. Le secrétaire, le trésorier & receveur-général, le commissaire général, les notaires publics & les contrôleurs de port (1) seront choisis chaque année par le scrutin réuni des sénateurs & des représentans assemblés dans une même chambre. Et afin que les citoyens de cette république puissent être assurés de temps en temps que l'argent demeurant dans le trésor public, d'après la reddition & la liquidation des comptes publics, est leur propriété, aucun homme ne sera éligible pour trésorier & receveur-général plus de cinq années de suite.

II. Les registres de la république seront gardés dans les bureaux du secrétaire, qui pourra nommer ses commis, de la conduite desquels il sera responsable, & il se rendra aux ordres du gouverneur & du conseil, du sénat & de la chambre des représentans personnellement ou par ses commis, quand il en sera requis.

CHAPITRE III.

Pouvoir judiciaire.

ART. I. Les droits & fonctions qui seront attribués par la loi à chaque officier, & le tems qu'il devra rester en charge, seront exprimés dans leurs commissions respectives. Tous les officiers de justice duement nommés, pourvus de commissions, & qui auront prêté serment, conserveront leurs offices tant qu'ils s'y conduiront bien, excepté ceux pour lesquels il aura été fait une disposition différente dans cette constitution ; mais le gouverneur, avec le consentement du conseil, pourra toutefois les destituer d'après une adresse des deux chambres de la législature.

II. L'une & l'autre des chambres de la législature, ainsi que le gouverneur & le conseil, auront le droit de demander l'avis des juges de la cour suprême de justice sur les questions de loi importantes, & dans les occasions solemnelles.

III. Afin que le peuple ne soit pas exposé à souffrir de la longue continuation en place d'un juge de paix qui ne rempliroit pas les importantes fonctions de sa charge avec habileté ou fidélité, toutes les commissions de juge de paix expireront & deviendront nulles dans le terme de sept

---

(a) Ce sont les officiers chargés de donner les certificats d'arrivée, de départ, de chargement, &c. pour assurer le paiement des droits.

ans de leurs dates respectives; & lorsqu'une de ces commissions expirera, on la renouvellera si on le juge nécessaire, ou bien l'on nommera une autre personne, selon que cela conviendra mieux au bien de la république.

IV. Les juges pour la vérification des testamens, & pour accorder les lettres d'administration (1), tiendront leurs cours à des jours fixes, & dans le lieu ou les lieux les plus commodes au public. Et la législature désignera par la suite, dans l'occasion, ces temps & ces lieux; mais jusques-là lesdites cours se tiendront aux temps & dans les lieux que les juges respectifs ordonneront.

V. Toutes les causes de mariages, de divorce & de provision alimentaire, & tous les appels des juges vérificateurs des testamens, seront entendues & décidées par le gouverneur & conseil, jusqu'à ce que la législature ait fait par une loi d'autres dispositions sur ces matières.

CHAPITRE IV.

Délégués au congrès.

Les délégués de cette république au congrès des Etats-Unis, seront élus dans le courant du mois de juin de chaque année, par le scrutin réuni du sénat & de la chambre des représentans assemblés dans une même chambre, pour servir dans le congrès pendant une année, à compter du premier lundi du mois de novembre suivant; ils auront des commissions signées du gouverneur, & scellées du grand sceau de cette république; mais ils pourront être révoqués dans quelque temps de l'année que ce soit, & il en pourra être choisi d'autres à leur place, de la même manière, & qui recevront de pareilles commissions.

CHAPITRE V.

Université de Cambridge, & encouragement des lettres, &c.

SECTION PREMIERE.

Université.

ART. I. Attendu que nos sages & pieux ancêtres, dès l'année mil six cent trente-six, ont jetté les fondemens du collège de Harvard, dans laquelle université beaucoup de personnages illustres & éminens ont été, par la bénédiction de Dieu, initiés aux arts & aux sciences, dont l'étude les a rendus propres aux emplois publics dans l'église & dans l'état; & attendu que l'encouragement des arts & des sciences, & de tous les genres de bonne littérature, tend à la gloire de Dieu, à l'avantage de la religion chrétienne, & au bonheur de cet état & des autres Etats-Unis de l'Amérique, il est déclaré que le président & les membres du collège de Harvard, en tant que corps, & leurs successeurs dans la même qualité, leurs officiers & domestiques seront continués & maintenus dans l'exercice & la jouissance de tous les pouvoirs, autorité, droits, libertés, privilèges, immunités & franchises qu'ils ont actuellement, ou qu'ils ont droit d'avoir, de tenir, d'user, d'exercer, & dont ils jouissent & ont droit de jouir. Et tous lesdits droits, pouvoirs, &c. sont ratifiés par la présente constitution, & confirmés pour toujours aux susdits président & membres du collège de Harvard, & à leurs officiers & domestiques respectivement.

II. Et attendu qu'il a été fait jusqu'à présent, par différentes personnes & en différens temps, des dons, concessions, legs de terres, de maisons, denrées, cheptels, des legs & transports de différentes espèces de biens, soit au collège de Harvard à Cambridge dans la Nouvelle Angleterre, soit aux président & membres du collège de Harvard, ou audit collège, sous quelqu'autre désignation, & ce successivement en vertu de différentes chartes; il est déclaré que tous lesdits dons, legs, transports & concessions sont, par la présente constitution, confirmés aux président & membres du collège de Harvard & à leurs successeurs dans la susdite qualité, conformément au véritable dessein & aux véritables intentions du ou des donateurs, testateurs ou concédans.

III. Attendu que par un acte de la cour générale de la colonie de la baye de *Massachusett*, passé dans l'année mil six cent quarante-deux, le gouverneur & le député-gouverneur en exercice, & tous les magistrats de cette jurisdiction, étoient conjointement avec le président, & un nombre d'ecclésiastiques désignés dans ledit acte, établis inspecteurs du collège de Harvard; & attendu qu'il est nécessaire de déterminer dans cette nouvelle constitution de gouvernement, qui

---

(1) Les lettres d'administration tirent leur origine du droit qu'avoient autrefois les rois d'Angleterre, droit transmis depuis par eux aux évêques, de s'emparer des successions *ab intestat*, & de disposer ainsi des biens dévolus. Le fond du droit n'existe plus; mais la forme des lettres d'administration est restée nécessaire pour autoriser les héritiers à se mettre en possession, & les obliger au paiement des dettes, &c. On donne aussi des lettres d'administration, quoiqu'il existe un testament, s'il y a des mineurs. L'office créé par cet article remplira toutes ces fonctions dans les constitutions américaines.

feront les perſonnages réputés ſucceſſeurs deſdits gouverneur, député, gouverneur & magiſtrats, il eſt déclaré que le gouverneur, le lieutenant du gouverneur, le conſeil & le ſénat de cette république ſont & ſeront réputés leurs ſucceſſeurs; & que, conjointement avec le préſident du collège de Harvard en exercice, & les miniſtres des égliſes congrégationnelles (1) de Cambridge, Watertown, Charles-Town, Boſton, Roxbury, & Dorcheſter, mentionnés dans ledit acte, ils ſeront & ſont par la préſente conſtitution, revêtus de tous les pouvoirs & autorité appartenants, ou devant, en quelque manière que ce ſoit appartenir aux inſpecteurs du collège de Harvard, pourvu que l'on ne puiſſe rien inférer de cette diſpoſition qui empêche la légiſlature de cette république de faire, dans l'adminiſtration de ladite univerſité, les changemens qui pourront tendre à ſon avantage, & à l'intérêt de la république des lettres; avec la même pleine autorité qu'ils auroient pu être faits par la légiſlature de la ci-devant province de la baye de Maſſachuſett.

SECTION II.

Encouragement des lettres.

Comme il eſt néceſſaire que la ſageſſe & les connoiſſances ſoient, ainſi que la vertu, généralement répandues parmi le peuple pour la conſervation de ſes droits & de ſa liberté; & comme il faut pour cela répandre les moyens & les avantages de l'éducation dans les différentes parties du pays, & parmi les différents ordres du peuple, il ſera du devoir de la légiſlature & des magiſtrats, dans tous les temps futurs de cette république, de chérir les intérêts des lettres, des ſciences, & de toutes les inſtitutions qui peuvent contribuer à leurs progrès, ſpécialement l'univerſité de Cambridge, les écoles publiques, & les écoles de Grammaire des différentes villes; d'encourager les ſociétés particulières & les inſtitutions publiques, les récompenſes & les immunités pour les progrès de l'agriculture, des arts, des ſciences, du commerce, du négoce, des manufactures & de l'hiſtoire naturelle du pays; de maintenir & d'inculquer parmi le peuple, les principes d'humanité & de bienveillance générales, de la charité publique & particulière, de l'induſtrie & de la frugalité, de l'honnêteté & de l'exactitude dans les procédés, de la ſincérité, de toutes les affections ſociales & de tous les ſentimens généreux.

CHAPITRE VI.

Sermens & ſignatures: incompatibilité & excluſion des offices; fixation des propriétés pour avoir droit à élire ou à être élu; commiſſions; actes; confirmation des loix; habeas corpus; ſtyle des ordonnances; continuation des officiers; règlement proviſoire pour une réviſion future de la conſtitution.

ART. I. Tout homme choiſi pour gouverneur ou lieutenant du gouverneur, conſeiller, ſénateur ou repréſentant, & qui acceptera la place, devra faire & ſigner la déclaration ſuivante, avant de commencer les fonctions de ſa charge ou de ſon emploi.

« Je N. déclare que je crois à la religion chré-
» tienne, que je ſuis fermement perſuadé de ſa
» vérité, que je ſuis poſſeſſeur & jouiſſant en mon
» propre & privé nom de la propriété que la
» conſtitution requiert comme condition néceſ-
» ſaire pour la charge ou l'emploi pour laquelle
» ou pour lequel j'ai été élu ».

Le gouverneur, le lieutenant du gouverneur & les conſeillers feront & ſigneront ladite déclaration en préſence des deux chambres de la légiſlature: les premiers ſénateurs & repréſentans, élus ſous la préſente conſtitution, feront & ſigneront la même déclaration devant le préſident & cinq conſeillers de l'ancienne conſtitution; & ceux qui le feront par la ſuite, rempliront cette formalité devant les gouverneur & conſeil alors en charge.

Et toute perſonne choiſie pour quelqu'une des charges ou quelqu'un des emplois ſuſdits, comme auſſi toute perſonne nommée ou ayant commiſſion pour un office de judicature, de puiſſance exécutrice, emploi militaire, ou autre place quelconque, ſous le gouvernement de ce pays, devra faire & ſigner la déclaration, & le ſerment ou l'affirmation dont la teneur ſuit, avant d'entrer en exercice de ſa charge ou de ſon emploi.

« Je N. reconnois, profeſſe, témoigne & dé-
» clare avec vérité & ſincérité, que la répu-
» blique de *Maſſachuſett* eſt & a droit d'être un
» état libre, ſouverain & indépendant; & je jure
» que je garderai véritable fidélité & obéiſſance
» à ladite république; que je la défendrai contre
» toutes conſpirations & trahiſons, & contre tou-
» tes tentatives hoſtiles quelconques; que je

---

* (1) Les anglois appellent *congregational* les égliſes qui ſont ſeules de leur eſpèce, & n'ont de communion avec aucune autre. On a traduit littéralement ce mot pour éviter une périphraſe.

» nonce & abjure toute soumission & obéissance
» au roi, à la reine ou au gouvernement de
» la Grande-Bretagne, quel qu'il soit, & à toute
» autre puissance étrangère quelconque; & qu'au-
» cun prince, aucune personne, aucun prélat,
» état ou potentat étrangers n'ont & ne doivent
» avoir aucune jurisdiction, supériorité, pré-
» minence, aucune autorité de dispenser, ni
» aucun autre pouvoir quelconque dans aucune
» matière civile, ecclésiastique ou spirituelle dans
» cette république, excepté l'autorité & le pou-
» voir dont le congrès des Etats-Unis est ou sera
» revêtu par ses constituans. Et je témoigne &
» déclare en outre qu'aucun homme ni aucun
» corps d'hommes n'a ni ne peut avoir aucun droit
» de m'absoudre ou de me décharger de l'obliga-
» tion de la présente déclaration, ni des pré-
» sens sermens ou affirmation & que je fais
» cette reconnoissance, profession & témoignage,
» cette déclaration, renonciation & abjuration de
» bon cœur & avec vérité, conformément à la
» signification & à l'acception commune des ter-
» mes ci-dessus, sans aucune équivoque, restric-
» tion mentale, ni réserve secrete quelconque :
» Dieu me soit en aide ».

« Je N. jure & affirme solemnellement que
« j'exécuterai & remplirai fidèlement & impar-
« tialement tous les devoirs qui me sont imposés
» en qualité de . . . autant que mes talens &
» mon intelligence me le permettront, confor-
» mément aux règles & réglemens de la consti-
» tution & aux loix de la république : Dieu me
» soit en aide ».

Mais lorsqu'une personne choisie ou nommée,
comme il a été dit ci-dessus, sera de la secte appellée *quakers*, & refusera de faire ledit serment ;
elle fera son affirmation dans la forme précédente,
& la signera en omettant les mots « je jure » &
« j'abjure » serment « & » abjuration, dans le premier serment ; & dans le second les mots : « je
jure » & dans les deux, les mots : « Dieu
me soit en aide » au lieu desquels elle ajoutera :
« je fais la présente affirmation sous les peines ou
amendes du parjure ».

Lesdits sermens ou affirmations seront faits &
signés par le gouverneur, le lieutenant du gouverneur & les conseillers, devant le président
du sénat, en présence des deux chambres de la
législature, & par les sénateurs & représentans ;
les premiers élus sous la présente constitution,
devant le président & cinq conseillers de la
constitution précédente ; par ceux qui seront élus
dans la suite, devant les gouverneur & conseil
alors en charge ; & par le reste des officiers sus-
mentionnés, devant les personnes & en la manière qui seront prescrites, selon les tems, par la
législature.

II. Aucuns gouverneur, lieutenant du gouverneur ou juge de la cour suprême de justice ne
possèderont aucune autre charge ou emploi sous
l'autorité de cette république, que ceux dont la
conservation ou la jouissance leur sont permises
par la présente constitution, à l'exception de
l'office de juge de paix dans l'état, que les juges
de ladite cour suprême pourront posséder ; & aucuns des susdits officiers ne pourront tenir ou
posséder aucune charge ou emploi, ni recevoir
aucune pension ou salaire d'aucuns autres états,
gouvernemens ou puissances quelconques.

Personne ne pourra posséder ou exercer en
même-tems plus d'un des offices suivans dans cet
état : savoir, juge-vérificateur des testamens,
shérif, garde des registres des testamens ou des
actes ; & jamais plus de deux des offices qui seront
à la nomination du gouverneur, ou des gouverneur & conseil, ou du sénat, ou de la chambre
des représentans, non plus que des offices élus
par l'universalité du peuple, ou par le peuple d'un
comté particulier, excepté les emplois militaires
& l'office de juge de paix, ne pourront être possédés par une même personne.

Aucunes personnes, pourvues d'un office de
juge de la cour suprême de justice, de secrétaire,
procureur-général, solliciteur-général, trésorier
ou receveur-général, juge-vérificateur des testamens, commissaire-général ; aucuns président,
professeur ou instituteur du collège de Harvard ;
shérif, greffier de la chambre des représentans,
garde des registres des testamens ou des actes ;
greffier de la cour suprême de justice, greffier de
la cour inférieure des plaids communs (1), ou
officiers des douanes, y compris les contrôleurs
de port, ne pourront avoir en même temps une
place dans le sénat ou dans la chambre des représentans ; mais lorsqu'ils auront été nommés ou
choisis pour quelqu'un de ces offices, leur acceptation emportera la démission de leur place dans
le sénat ou dans la chambre des représentans, &
il sera pourvu au remplacement de la place ainsi
vacante.

La même règle aura lieu dans le cas où quelque
juge de la cour suprême de justice, ou juge-vérificateur des testamens, acceptera une place dans
le conseil, ou bien où quelque conseiller acceptera quelqu'un des offices susdits.

Et aucune personne qui, d'après un procès

---

(1) La cour *of common pleas* en Angleterre, est une cour qui connoît de toutes les affaires civiles, soit en première instance, soit par appel des tribunaux qui lui sont encore inférieurs, mais elle l'est elle-même à la cour du banc du roi, à laquelle on peut se pourvoir en révision des sentences de la cour des plaids communs.

duement fait, aura été convaincue d'avoir employé la corruption par présens ou de toute autre manière, pour obtenir une élection ou une nomination, ne pourra jamais être admise à une place dans la législature, ni à aucun office de confiance ou d'importance de cette république.

III. Dans tous les cas où il est parlé de sommes d'argent, dans la présente constitution, sa valeur sera supputée en argent, à six schelings & huit sols par once (1), & la législature aura le pouvoir d'augmenter dans la suite des tems, quant à la quotité de la propriété, les qualités exigées des personnes qui doivent être élues pour les différens offices, selon que les circonstances de la république le requerront.

IV. Toutes les commissions seront au nom de la république de *Massachusett*, signées par le gouverneur, & certifiées par le secrétaire ou son commis, & seront scellées du grand sceau de la république.

V. Tous les actes expédiés dans les greffes de quelqu'une des cours de loi, le seront au nom de la république de *Massachusett*; ils seront scellés du sceau de la cour de laquelle ils émaneront. Ils seront certifiés par le premier juge de la cour à laquelle ils seront adressés, & qui ne sera pas partie, & signés par le greffier de cette cour.

VI. Toutes les loix qui ont été jusqu'à présent adoptées, usitées & approuvées dans la province, colonie ou état de la baie de *Massachusett*, & communément pratiquées dans les cours de justice, demeureront en pleine vigueur, jusqu'à ce qu'elles aient été changées ou révoquées par la législature, à l'exception seulement des parties qui répugnent aux droits & aux libertés contenues dans la présente constitution.

VII. La jouissance du privilège & du bénéfice de la loi d'*habeas corpus*, sera maintenue dans cette république, de la manière la plus libre, la plus facile, la moins dispendieuse, la plus expéditive & la plus ample; & ne pourra pas être suspendue par la législature, excepté dans les occasions les plus urgentes & les plus pressantes, & pour un temps limité, qui ne pourra pas excéder douze mois.

VIII. Le style d'ordonnances en faisant & passant tous les actes, statuts & loix, sera: « il est ordonné par le sénat & la chambre des représentans, assemblés en cour générale, & par leur autorité ».

IX. Afin que le cours de la justice ne soit pas interrompu, & que la république n'éprouve ni danger, ni dommage par le changement dans la forme du gouvernement, tous les officiers civils & militaires pourvus de commissions sous l'autorité du gouvernement & du peuple de la baie de *Massachusett* dans la Nouvelle-Angleterre, & tous les autres officiers desdits gouvernement & peuple, au temps où la présente constitution commencera d'avoir son effet, conserveront l'exercice & la jouissance de tous les pouvoirs & de toute l'autorité qui leur ont été accordés ou confiés, jusqu'à ce qu'il ait été nommé d'autres personnes à leurs places; toutes les cours de justice continueront d'expédier les affaires dans leur département respectif; & tous les officiers ou corps revêtus d'une autorité quelconque pour exercer la puissance législatrice ou exécutrice, demeureront en pleine vigueur & en pleine jouissance & exercice de tous leurs emplois, & de l'autorité qui leur a été confiée, jusqu'à ce que la cour générale & les officiers chargés de la puissance exécutrice soient désignés & revêtus de leurs emplois & leur autorité.

X. Pour adhérer d'une manière plus efficace aux principes de la constitution, & pour corriger les infractions qui peuvent y être faites par quelque moyen que ce soit, aussi-bien que pour y faire les changemens que l'expérience y fera trouver nécessaires, la cour générale qui se tiendra dans l'année de Notre-Seigneur mil sept cent quatre-vingt-quinze, expédiera des avertissemens aux officiers municipaux des différentes villes, & aux assesseurs des bourgades qui n'ont pas encore de chartes d'incorporation, avec ordre d'assembler tous les habitans ayant qualité pour voter dans leurs villes & habitations respectives, afin de recueillir leurs opinions sur la nécessité ou l'utilité de faire une révision de la constitution, à dessein d'y faire des corrections ou changemens.

Et s'il paroît, d'après les procès-verbaux qui seront dressés de ces assemblées, que les deux tiers des habitans de cet état ayant qualité pour voter, qui se seront assemblés, & auront donné leurs avis en conséquence des susdits avertissemens, soient pour la révision & correction, la cour générale ou donnera ordre qu'il soit expédié dans les bureaux du secrétaire des avertissemens aux différentes villes pour élire des délégués, qui s'assembleront & formeront une convention (2) pour vaquer à cette révision ou correction.

Lesdits délégués seront choisis de la même manière & dans la même proportion que leurs représentans dans la seconde chambre de la législature, doivent l'être par la présente constitution.

XI. La présente forme de gouvernement sera

---

(1) Une proclamation donnée sous le règne de la reine Anne en l'année 1709, a fixé le taux de l'argent des colonies à trente-trois un tiers pour cent plus haut que celui de la Grande-Bretagne; ainsi cent livres sterling d'Angleterre valent en Amérique cent trente-trois livres un tiers.

(2) *Voyez* une note de la constitution de New-Hampshire.

transcrite sur parchemin, & déposée dans les bureaux du secrétaire, & sera une partie des loix du pays ; & il en sera mis une copie imprimée à la tête du livre qui contient les loix de cette république, dans toutes les éditions desdites loix qui se feront à l'avenir.

JAMES BOWDOIN, président.

Certifié, SAMUEL BARRET, secrétaire.

SECTION IIIᵉ.

Remarques sur la constitution de Massachusett.

La constitution de *Massachusett* est une des plus belles que présentent les Etats-Unis. La déclaration des droits établit la liberté personnelle & la tolérance ; elle réserve aux citoyens le droit exclusif de choisir les instituteurs publics, & de contracter avec eux pour leur entretien : elle annonce que tous les magistrats de la république, revêtus de la puissance législative, exécutrice ou judiciaire, sont les agens du peuple ; qu'ils leur doivent rendre compte dans tous les temps, & que le peuple peut les déposer : elle fait, d'après le grand principe de Montesquieu, une division précise & fixe des trois pouvoirs : elle proscrit toutes les distinctions héréditaires, & toutes celles qui ne sont pas fondées sur des services rendus au public : elle défend d'assujettir le peuple à aucun impôt sans son aveu, ou sans celui de ses représentans : elle ordonne une administration gratuite de la justice ; elle adopte la jurisprudence criminelle de l'Angleterre, qu'elle perfectionne en plusieurs points : elle proscrit les warrants généraux ou indéfinis, & elle recommande la modération des peines : elle ne craint pas de dire que la liberté de la presse est essentielle pour assurer la liberté d'un état : elle subordonne le pouvoir militaire à l'autorité civile, & elle ne permet pas de tenir des armées sur pied en tems de paix : elle laisse au peuple le droit de s'assembler & de faire des pétitions ou des remontrances : enfin elle n'oublie rien de ce qui peut avoir rapport à la liberté politique & à la liberté civile : chacune de ces dispositions est précédée du principe qui les fonde ; & en travaillant à son bonheur, elle concourt ainsi à l'instruction de tous les peuples.

La plupart des remarques que nous avons faites sur la constitution du Nouvel-Hampshire, sont applicables à celles de *Massachusett*, & nous y renvoyons le lecteur. Nous le renvoyons aussi aux remarques générales que nous avons faites à l'article ETATS-UNIS, & à quelques observations particulières qu'on trouvera dans les articles des douze autres états. Nous indiquerons ici divers objets que la république de *Massachusett* a réglés d'une manière digne d'éloges, & nous nous permettrons ensuite des réflexions sur des détails qui nous paroissent susceptibles d'inconvéniens.

Massachusett est de tous les Etats-Unis celui qui s'est rapproché le plus de la forme du gouvernement de l'Angleterre. M. l'abbé de Mably le félicite de ce qu'il a mis des bornes plus étroites à la démocratie, & qu'il prépare mieux le passage inévitable de la démocratie à l'aristocratie. Sans adopter cette idée fausse, nous nous contenterons de dire que le gouvernement de Pensylvanie est plus démocratique, mais que ses troubles & ses divisions montrent bien la supériorité de celui de *Massachusett*.

Massachusett, ainsi que la Nouvelle-Yorck, a soumis les bills passés dans les deux chambres à la révision du gouverneur : elle a eu soin d'ôter à ce gouverneur le droit de les arrêter, mais elle lui laisse le droit de remontrances ; & pour que les bills acquièrent force de loi après ces remontrances, il faut que les deux tiers du sénat & de la chambre des représentans soient d'avis de passer les actes, malgré les objections du gouverneur : cette institution paroît heureuse, du moins relativement à la position de l'état de *Massachusett* ; car on ne peut trop méditer les bills qui doivent devenir des loix : cet arrangement produira des lenteurs ; mais ce n'est pas un mal, & ceux qui connoissent d'ailleurs la marche simple & rapide des affaires en Amérique, le penseront ainsi.

La forme adoptée pour l'élection du gouverneur, est une des meilleures qu'aient établi les républiques américaines. Si l'un des candidats obtient la pluralité des voix de tout le peuple, il est proclamé ; si aucun d'eux ne l'obtient, l'élection passe à la chambre des représentans & ensuite au sénat, mais avec des modifications qui sont fort sages.

L'élection des officiers de milice ne l'est pas moins. Les capitaines & les officiers subalternes sont nommés par les suffrages écrits de la totalité de leurs compagnies respectives ; les officiers supérieurs le sont par les suffrages des capitaines & des officiers subalternes : les brigadiers le sont par les officiers supérieurs de leurs brigades respectives ; mais on a remis, avec raison, le choix des majors-généraux au sénat & à la chambre des représentans, & il seroit peut-être à desirer que les autres états eussent pris les mêmes précautions.

Massachusett ordonne de renouveller tous les dix ans l'estimation des biens-fonds, afin de pourvoir à une répartition plus égale de l'impôt : le Nouvel-Hampshire a cru devoir ordonner depuis, la même évaluation tous les cinq ans ; mais le terme fixé par *Massachusett* n'est pas trop long, & il est à desirer que les embarras de cette opération n'en fassent pas différer l'époque. La constitution de *Massachusett* qui a porté ses vues sur tous les points essentiels, déclare que la présence de soixante députés à la chambre des représentans sera nécessaire pour y prendre des résolutions. c'est ce qu'on appelle en Angleterre & en Amérique un *quorum* : cette proportion est beaucoup plus sage que celle qu'on suit en Angleterre, où le nombre fixé pour le *quorum* paroit trop foible.

Nous remarquerons ici, après M. l'abbé de Mably, que le renouvellement annuel du conseil de *Massachuset* aura des inconvéniens, & que l'administration n'aura pas la stabilité nécessaire à une république, si elle manque d'un corps qui en maintienne l'esprit & les principes : on a eu raison d'établir une élection annuelle ; mais il étoit facile d'adopter la rotation qu'ont adoptée quelques provinces de l'union, c'est-à-dire, de ne faire sortir chaque année du conseil qu'un certain nombre de ses membres. Il y a lieu de croire que l'expérience déterminera à cette réforme. En effet, nous avons étudié l'administration d'un assez grand nombre d'états, où l'on avoit ordonné comme ici, l'élection annuelle de tous les membres du conseil, & l'on a senti peu à peu la nécessité de la rotation.

L'article 6 de la section 2e, chap. Ier, établit le sénat cour de justice sur les accusations des crimes d'état : cette disposition ne contredit-elle pas le règlement qui sépare les trois pouvoirs avec tant de soin ? Le même reproche paroit applicable à presque toutes les républiques américaines ; car dans la Pensylvanie, où il n'y a point de sénat, l'assemblée générale poursuit ces sortes d'accusations, & le conseil d'état les juge. Le sénat ou le conseil ne réunissent-ils pas alors la puissance législative, ou la puissance exécutrice & la puissance judiciaire ? Nous avons proposé à l'article NOUVEL-HAMPSHIRE un moyen de remédier à cet inconvénient. On peut dire, il est vrai, qu'alors le sénat de *Massachuset* prononce sur une affaire d'administration, & non pas qu'il rend un jugement : car il ne peut que destituer de l'office & déclarer incapable d'aucune place, & la partie convaincue est sujette à être poursuivie devant les tribunaux ordinaires, en vertu d'un *indîtment* ou d'une plainte. Sans doute, il seroit difficile de séparer les trois pouvoirs d'une manière très-exacte, & ce grand principe de Montesquieu si vrai en général auroit besoin de quelques explications : c'est la disette de la langue, jusqu'ici peu formée sur ces matières, qui fait qu'on emploie ainsi le mot de juger. Mais, dans le point de détail que nous discutons, ne vaudroit-il pas mieux créer pour le moment un tribunal particulier, qui prononceroit sur les accusations en crimes d'état ?

La représentation est une chose assez idéale en Angleterre, puisque de misérables bourgs & des hameaux de deux ou trois maisons ont des députés à la chambre des communes, tandis que de grandes villes n'en ont pas. Les Etats-Unis ont réformé ce vice de la constitution angloise.

Ils varient dans le nombre des contribuables nécessaire pour avoir un député à l'assemblée générale. Le Nouvel-Hampshire déclare que les 150 premières têtes imposables pourront fournir un député ; & après un certain nombre, il a établi trois cents contribuables pour un député. La dernière proportion qu'ait fixée *Massachuset*, est celle de 225 pour un député, & on ne sait pourquoi le Nouvel-Hampshire a cru devoir diminuer cette proportion ; car elle n'est pas trop forte, & nous avons dit à l'article *Nouvel-Hampshire*, combien il est essentiel de ne pas exiger trop de contribuables pour un représentant, sur-tout lorsque les républiques commencent à se former.

Il est bon d'ajouter ici d'autres objections faites par un homme éclairé à M. Adams, qui a eu la plus grande part à la constitution de *Massachusett* : les unes & les autres jetteront sur-tout les principes généraux de cette république & les vues de ses législateurs.

« Je témoignai à M. Adams, dit M. le marquis de Châtellux, quelque inquiétude sur les bases qu'on avoit prises en formant les nouvelles constitutions, & particulièrement celle de *Massachusett*. Chaque citoyen, lui dis-je, chaque homme qui paye les impositions, a droit de voter dans l'élection des représentans, lesquels forment le corps législatif, & ce qu'on peut appeler le *souverain*. C'est très-bien pour le moment présent, parce que chaque citoyen est à-peu-près également aisé, ou peut le devenir en peu de temps ; mais le succès du commerce, & même ceux de l'agriculture, introduiront parmi vous les richesses, & les richesses amèneront l'inégalité des fortunes & des propriétés. Or, par-tout où cette inégalité existera, la véritable force sera toujours du côté de la propriété ; de sorte que si l'influence dans le gouvernement n'est pas mesurée sur cette propriété, il y aura toujours une contradiction, un combat entre la forme du gouvernement & sa tendance naturelle ; & votre sera d'un côté, & la force de l'autre : alors la balance ne pourra plus exister qu'entre ces deux points également dangereux, l'aristocratie & l'anarchie. D'ailleurs la valeur idéale des hommes n'est jamais que comparative : un particulier sans biens est un citoyen mal-aisé, quand l'état est pauvre ; placez un riche auprès de lui, il devient un *manant*. Que deviendra donc un jour le droit d'élection dans cette classe de citoyens ? La source des troubles civils ou celle de la corruption, peut-être même toutes les deux à la fois ». Voici à-peu-près la réponse de M. Adams : « je sens très-bien la force de vos objections : nous ne sommes pas ce que nous devons être ; ainsi nous devons travailler plutôt pour l'avenir que pour le moment actuel. Je fais bâtir une maison de campagne, & j'ai des enfans en bas âge ; sans doute je dois disposer leurs logemens pour le tems où ils seront grands, & où ils se marieront : mais

nous

nous n'avons pas négligé cette précaution. Premiérement, je dois vous dire que cette nouvelle constitution a été proposée & acceptée de la manière la plus légale dont il y ait eu d'exemple depuis Lycurgue. Un comité choisi parmi les membres du corps législatif alors existant, & qu'on pouvoit regarder comme un gouvernement provisionnel, fut nommé pour travailler à la confection des nouvelles loix. Dès qu'il eut rédigé son plan, on demanda à chaque comté ou district de nommer un comité pour examiner ce plan; il leur étoit recommandé de le renvoyer au bout d'un certain temps avec leurs observations. Ces observations ayant été discutées par le comité, & les changemens jugés nécessaires ayant été faits, on renvoya le projet à chaque comité particulier. Lorsqu'ils l'eurent tous approuvé, ils reçurent ordre de le communiquer au peuple, & de lui demander son suffrage. Si les deux tiers des votans l'approuvoient, il devoit avoir force de loi, & être regardé comme l'ouvrage du peuple même. On compta jusqu'à vingt-deux mille suffrages; parmi lesquels une beaucoup plus grande proportion que les deux tiers fut en faveur de la nouvelle constitution. Or, voici sur quels principes elle a été établie: un état riche n'est libre que lorsque chaque citoyen n'est obligé par aucune loi quelconque, à moins qu'il ne l'ait approuvée, ou par lui-même, ou par ses représentans; mais pour représenter un autre homme, il faut avoir été élu par lui; donc tout citoyen doit avoir part aux élections. D'un autre côté, ce seroit inutilement que le peuple auroit le droit d'élire ses représentans, s'il étoit astreint à les choisir que dans une classe particulière. Il a donc fallu ne pas exiger une trop grande propriété, pour acquérir le droit d'être représentant du peuple. Ainsi la chambre des représentans, qui forme le corps législatif & le véritable souverain, est le peuple représenté par ses délégués. Jusqu'ici le gouvernement est purement démocratique; mais c'est la volonté du peuple permanente & éclairée qui doit faire loi, & non les passions, les saillies, auxquelles il n'est que trop sujet. Il est nécessaire de modérer ses premiers mouvemens, de le forcer à l'examen ou à la réflexion. C'est l'emploi important qui a été confié au gouverneur & à son conseil, lesquels représentent parmi nous le pouvoir négatif qui existe en Angleterre dans la chambre haute & dans la couronne même, à cette différence seulement que dans notre nouvelle constitution, le gouverneur & le conseil peuvent bien suspendre la publication d'une loi & en demander un nouvel examen; mais si ces formes sont remplies, si après ce nouvel examen le peuple persiste dans sa résolution, & qu'alors il n'y ait plus une simple majorité de suffrages, mais les deux tiers en faveur de la loi, le gouverneur & le conseil sont obligés de lui donner leur sanction. Ainsi ce pouvoir modère l'autorité du peuple sans la détruire, & l'organisation de notre république est telle, qu'elle empêche les ressorts de se briser par un mouvement trop vif, sans jamais arrêter tout-à-fait ce mouvement. Or c'est ici que nous avons rendu à la propriété tous ses priviléges Il faut avoir un fonds de terre assez considérable, pour élire un membre du conseil; il faut en avoir un encore plus considérable pour être élu. Ainsi la démocratie est pure & entière dans l'assemblée qui représente le souverain; & l'aristocratie, ou si l'on veut, l'optimatie, ne se trouve que dans le pouvoir modérateur, où elle est d'autant plus nécessaire, qu'on ne veille jamais mieux sur l'état que lorsqu'on a de grands intérêts liés à sa destinée. Quant au pouvoir de commander les armées, il ne doit résider ni dans un grand nombre, ni même dans un petit nombre d'hommes: le gouverneur seul peut donc employer les forces de terre & de mer suivant le besoin; mais les forces de terre consisteront uniquement dans la milice; & comme elle est le peuple même, elle ne peut agir contre le peuple ».

SECTION IVe.

De l'administration de la Nouvelle-Angleterre avant la révolution: détails sur sa culture, son commerce, & ses ressources, d'après lesquels on pourra juger des progrès futurs de cet état.

Le pays qu'on appelloit la Nouvelle-Angleterre avant la révolution, n'avoit pas moins de trois cents milles sur les bords de la mer, & s'étendoit à plus de cinquante milles dans les terres.

Les défrichemens ne s'y faisoient pas au hasard, comme dans les autres provinces. Dès les premiers temps, ils furent assujettis à des loix qui depuis ont été immuables. Un citoyen, quel qu'il fût, n'avoit pas la liberté de s'établir, même dans un terrein vague. Le gouvernement qui vouloit que tous ses membres fussent à l'abri des incursions des sauvages, qu'ils fussent à portée des secours d'une société bien ordonnée, régla que des villages entiers seroient formés dans le même temps. Dès que soixante familles offroient de bâtir une église, d'entretenir un pasteur, de payer un maître d'école, l'assemblée générale leur assignoit un emplacement, & leur donnoit le droit d'avoir deux représentans dans le corps législatif de la colonie. Le district qu'on leur assignoit, étoit toujours limitrophe des terres déjà défrichées, & contenoit le plus ordinairement six mille quarrés d'Angleterre. Ce nouveau peuple choisissoit une assiette convenable à l'habitation, dont la forme étoit généralement quarrée. Le temple étoit au milieu. Les colons partageoient le terrein entr'eux, & chacun enfermoit sa propriété d'une haie vive. On réservoit quelques bois pour une commune. Ainsi s'aggrandit continuellement la Nouvelle-Angleterre, sans cesser de faire un tout bien organisé.

Quoique placée au milieu de la zone tempérée, la colonie ne jouissoit pas d'un climat aussi doux que celui des provinces de l'Europe qui sont sous les mêmes parallèles. Elle a des hivers plus longs & plus froids, des étés plus courts & plus chauds. Le ciel y est communément serein, & les pluies y sont plus abondantes que durables. L'air y est devenu plus pur, à mesure qu'on a facilité sa circulation en abattant les bois. Personne ne se plaint plus de ces vapeurs malignes qui, dans les premiers temps, emportèrent quelques habitans.

Le pays étoit partagé en quatre provinces qui, dans l'origine, n'avoient presque rien de commun. La nécessité d'être en armes contre les sauvages, les décida à former en 1643 une confédération, où elles prirent le nom de *colonies unies*. En vertu de cette union, deux députés de chaque établissement devoient se trouver dans un lieu marqué, pour y décider les affaires de la Nouvelle Angleterre, suivant les instructions de l'assemblée particulière qu'ils représentoient. Cette association ne blessoit en rien le droit qu'avoit chacun de ses membres de se conduire en tout à sa volonté.

Leur indépendance de la métropole n'étoit guères moins entière. En consentant à ces établissemens, on avoit réglé que leur code ne contrarieroit en rien la législation de la mère patrie ; que le jugement de tous les grands crimes commis sur leur territoire, lui seroit réservé ; que leur commerce viendroit tout entier aboutir à ses rades. Aucun de ces devoirs ne fut rempli. D'autres obligations moins importantes étoient également négligées. L'esprit républicain avoit déjà fait de trop grands progrès, pour qu'on se tînt lié par ces arrangemens. La soumission des colons se bornoit à reconnoître vaguement le roi d'Angleterre pour leur souverain.

Massachusett, la plus florissante des quatre provinces, se permettoit encore plus de choses que les autres, & se les permettoit plus ouvertement. Une conduite si fière attira sur elle le ressentiment de Charles II. Ce prince annulla, en 1684, la charte que son père avoit accordée ; il établit une administration presqu'arbitraire, & ne craignit pas de faire lever des impôts pour son propre usage. Le despotisme ne diminua pas sous son successeur. Aussi, à la première nouvelle de sa destitution, son lieutenant fut-il arrêté, mis aux fers, & renvoyé en Europe.

Guillaume III, quoique très-satisfait de ce zèle ardent, ne rétablit pas *Massachusett* dans ses anciennes prérogatives, comme elle le désiroit, comme elle l'avoit espéré peut-être. Il lui rendit, à la vérité, un titre, mais un titre qui n'avoit presque rien de commun avec le premier.

Par la nouvelle charte, le gouverneur nommé par la cour, devoit avoir le droit exclusif de convoquer, de proroger, de dissoudre l'assemblée nationale. Seul, il pouvoit donner la sanction aux loix portées, aux impôts décidés par ce corps. La nomination de tous les emplois militaires appartenoit à ce commandant. Avec le conseil, il avoit le choix des magistrats. Les deux chambres n'avoient la disposition des autres places moins importantes que de son aveu. Le trésor public ne s'ouvroit que par son ordre, appuyé du suffrage de son conseil. Son autorité portoit encore sur quelques points qui gênoient beaucoup la liberté. Connecticut & Rhode-Island, qui avoient à propos conjuré l'orage par leur soumission, restoient en possession de leur contrat primitif. Pour le Nouvel-Hampshire, il avoit toujours été conduit sur des principes assez semblables à ceux qu'on adoptoit à Massachusett. Un même chef régissoit les quatre provinces, mais avec les maximes qui convenoient à la constitution de chaque colonie.

A l'époque de la révolution, on comptoit plus de huit cents mille ames dans les quatre provinces de la Nouvelle-Angleterre.

Une si grande multiplication d'hommes sembleroit annoncer un sol excellent. Il n'en est pas ainsi. A l'exception de quelques cantons du Connecticut, les autres terres étoient originairement couvertes de pins, & par conséquent stériles tout-à-fait ou très-peu fertiles. On dit qu'aucun des grains d'Europe n'y prospère, & que jamais leur produit n'a pu suffire à la nourriture de ses habitans ; qu'on les a toujours vu réduits à vivre de maïs, ou à tirer d'ailleurs une portion de leur subsistance. Ces détails sont très-exagérés ; mais quoique le pays soit assez généralement propre aux fruits, aux légumes, aux troupeaux, les campagnes ne sont pas la partie la plus intéressante de ces contrées. C'est sur des côtes hérissées de rochers, mais favorables à la pêche, que s'est portée la population, que l'activité s'est accrue, que l'aisance est devenue commune.

L'insuffisance des récoltes dut exceder plutôt & plus vivement l'industrie dans la Nouvelle-Angleterre, que sur le reste de ce continent. On y construisit même pour les navigateurs étrangers beaucoup de navires, dont les matériaux, aujourd'hui chers & rares, furent longtemps communs & à bon marché. La facilité de se procurer du poil de castor, donna naissance à une fabrique de chapeaux fort considérable. Des toiles de lin & de chanvre sortirent des ateliers. Avec la toison de ses moutons, la colonie fabriqua des étoffes d'un tissu grossier, mais serré.

A ces manufactures, qu'on pourroit appeller nationales, s'en joignit une autre, alimentée par des matières étrangères. Le sucre donne un résidu, connu sous le nom de *sirop* ou de *melasse*.

les nouveaux anglois l'allèrent chercher aux Indes occidentales, & le firent d'abord servir en nature à divers usages. L'idée leur vint de le distiller. Ils vendirent une quantité prodigieuse de cette eau-de-vie aux sauvages voisins, aux pêcheurs de morue, à toutes les provinces septentrionales ; ils la portèrent même aux côtes d'Afrique, où ils la livrèrent, avec un avantage marqué, aux anglois occupés de l'achat des esclaves.

Cette branche de commerce & d'autres circonstances, mirent les nouveaux anglois à portée de s'approprier une partie des denrées de l'Amérique, soit méridionale, soit septentrionale. Les échanges de ces deux régions si nécessaires l'une à l'autre, passèrent par leurs mains. Ils devinrent comme les courtiers, comme les hollandois du Nouveau-Monde.

Cependant la plus grande ressource de *Massachusett*, fut toujours la pêche. Sur ses côtes même, elle est très-considérable. Il n'y a point de rivière, de baie, de port, où l'on ne voie un nombre prodigieux de bateaux occupés à prendre le saumon, l'esturgeon, la morue, & d'autres poissons, qui trouvent tous un débouché avantageux.

La pêche du maquereau, faite principalement à l'embouchure du Pentagoet, qui se perd dans la baie de Fundi ou Françoise, à l'extrémité de la colonie, occupoit, durant le printemps & durant l'automne, quatorze ou quinze cents bateaux & deux mille cinq cents hommes.

La pêche de la morue étoit encore plus utile à la Nouvelle-Angleterre. De ses ports nombreux, sortoient tous les ans pour différens parages plus ou moins voisins, cinq cents bâtimens de cinquante tonneaux, avec quatre mille hommes d'équipage. Ils pêchoient au moins deux cents cinquante mille quintaux de morue.

La baleine occupoit aussi ces colonies. Avant 1763, la Nouvelle-Angleterre faisoit cette pêche en mars, avril & mai, dans le golfe de la Floride ; & en juin, juillet, août, à l'est du grand banc de Terre-Neuve. On n'y envoyoit alors que cent vingt chaloupes, de soixante-dix tonneaux chacune, & montées par seize cents hommes. En 1767, cette pêche occupa 7,290 matelots. Il faut dire les raisons d'une augmentation si considérable.

Le desir de partager la pêche de la baleine avec les hollandois, agita long-temps la Grande-Bretagne. Pour y réussir, on déchargea vers la fin du regne du Charles II, de tous les droits de douane, le produit que les habitans du royaume obtiendroient à cette pêche dans les mers du Nord : mais cette faveur ne s'étendit pas aux colonies, dont l'huile & les fanons de baleine devoient un droit de 56 liv. 5 sols par tonneau à leur entrée dans la métropole ; droit qui n'étoit réduit à la moitié que lorsqu'ils y étoient importés par ses propres navires.

A cet impôt, déjà trop onéreux, on en ajouta un autre en 1699, de 5 sols 7 deniers par livre pesant de fanons, qui portoit également sur l'Amérique & sur l'Europe. Cette nouvelle taxe eut des suites si funestes, qu'il fallut la supprimer en 1723 : mais elle ne fut éteinte que pour les baleines prises dans le Groenland, au détroit de Davis ou dans les mers voisines. La pêche du continent septentrional resta toujours asservie au droit nouveau comme au droit ancien.

Le ministere s'appercevant que l'exemption d'impôt n'étoit pas suffisante pour réveiller l'émulation angloise, eut recours aux encouragemens. On accorda, en 1732, une gratification de 22 l. 10 sols, & seize ans après une de 45 liv. pour chaque tonneau des vaisseaux employés à une pêche si intéressante. Cette générosité du gouvernement produisit une partie du bien qu'on en attendoit. Cependant, loin de pouvoir entrer en concurrence dans les marchés étrangers avec ses rivaux, la Grande-Bretagne se vit encore obligée d'acheter d'eux tous les ans, pour trois à quatre cents mille livres d'huile ou de fanons de baleine.

Tel étoit l'état des choses, lorsque les mers françoises de l'Amérique septentrionale devinrent à la paix dernière une possession britannique. Aussitôt les nouveaux anglois y naviguèrent en foule pour prendre la baleine qui y est très-commune. Le parlement les déchargea des tributs sous lesquels ils avoient gémi, & leur activité redoubla encore. Il est vraisemblable que les Provinces-Unies perdront avec le temps cette importante branche de leur commerce.

La pêche de la baleine se fait dans le golfe St. Laurent & dans les parages qui le joignent, sur des mers moins orageuses, moins embarrassées de glaces que le Groenland. Dès-lors elle commence plus tôt & finit plus tard. On y éprouve moins d'accidens fâcheux. Les navires qui y sont employés sont moins grands, moins chargés d'équipages. Ces raisons doivent donner au continent américain des avantages que l'économie hollandoise ne parviendra jamais à balancer. Les anglois d'Europe eux-mêmes se flattoient de partager avec leurs colons cette supériorité, parce qu'ils comptoient joindre au bénéfice de la pêche celui qu'ils devoient faire sur la vente de leurs cargaisons ; ressource refusée aux navigateurs qui fréquentent le détroit de Davis ou les mers du Groenland.

Les productions vénales de la Nouvelle-Angleterre sont la morue, l'huile de poisson, la baleine, le suif, le cidre, les viandes salées, le maïs, les porcs & les bœufs, la potasse, les légumes, les mâtures pour les navires marchands, pour les vaisseaux de guerre, & des bois de toutes les espèces. Les Açores, Madère, les Canaries, le Portugal, l'Espagne, l'Italie, la Grande-Bretagne, & principalement les Indes Occidentales ont consommé jusqu'ici ces denrées. En 1769, les exportations des quatre provinces réunies s'élevèrent à environ 13,844,000 liv. Mais cette colonie reçut habituellement plus qu'elle ne donna, puisqu'elle dut constamment à sa metropole vingt quatre ou vingt-cinq millions de livres.

Il partoit quelques bâtimens de toutes les rades, extrêmement multipliées sur ces côtes. Cependant les principales expéditions du Connecticut se faisoient à New-Hawen, celles de Rhode-Island à New-Port, celles de Hampshire à Portsmouth, & celles de Massachusett à Boston.

SECTION V^e.

Remarques sur l'état actuel, les contributions, la population, l'administration & le commerce de la république de Massachusett.

Massachusett est une des provinces qui a montré le plus de zèle & de fermeté dans ses principes, pendant la guerre & depuis la paix : elle s'est empressée de concourir aux réglemens utiles ; & quoique les hostilités des anglois aient nui beaucoup à son commerce & à sa fortune, elle a montré assez de bonne volonté dans ses contributions. Nous avons cité à l'article ETATS-UNIS, les faits particuliers qui fondent ces remarques générales.

On n'a pas encore fini d'une manière invariable la règle d'après laquelle on établira le contingent des diverses provinces : nous avons indiqué à l'article ETATS-UNIS, celle qu'on suit à présent. D'après cette règle, *Massachusett* doit payer cent quarante-huit sur une contribution de mille piastres, & il n'y a que la Virginie qui paye un contingent plus fort.

En 1784, la dette particulière de la province de Massachusett étoit d'environ cinq millions de piastres : il paroît qu'aujourd'hui elle est encore à-peu-près la même. On a établi des impôts qui en assurent l'intérêt ; la perception de ces impôts & le paiement des intérêts, n'ont pas été jusqu'ici d'une grande exactitude : mais on touche au moment de voir dans cette partie des affaires, l'exactitude & la précision sans lesquelles on manque de crédit, & il y a lieu de croire qu'on ne tardera pas à amortir une partie du capital.

Quant aux dettes particulières des citoyens de Massachusett, le paiement s'en fait avec lenteur : le cabinet de Saint-James, qui met trop souvent de la fierté & de la morgue dans les négociations, se sert de ce prétexte pour ne pas livrer les postes qu'il occupe encore sur les frontieres des Etats-Unis : il se refuse ainsi à l'exécution entière du traité ; & comme il faut bien donner des raisons bonnes ou mauvaises, milord Carmarthen a présenté au plénipotentiaire des Etats-Unis, une longue liste de griefs, dont il veut obtenir le redressement avant de livrer les postes, dont nous venons de parler. Il reproche à la république de Massachusett, l'acte passé le 3 novembre 1784, qui suspend le paiement de l'intérêt envers les créanciers anglois. Nous savons que les plénipotentiaires des Etats-Unis ont proposé sur cet objet, des moyens très-admissibles, mais que la cour de Londres, dont la politique ordinaire semble dire toujours aux autres puissances : *faites d'abord ce que nous exigeons, & nous verrons ensuite à faire ce qui conviendra*, épie les petites divisions inévitables dans les gouvernemens républicains qui commencent à se former ; des vues, qui pourront bien n'être que chimériques, la déterminent à traîner en longueur l'exécution du traité ; & il paroît qu'on peut craindre qu'elle ne livre pas les postes de sitôt.

D'après les évaluations imparfaites qu'on se procura en 1775 & 1783, sur le nombre des habitans des diverses républiques américaines, on comptoit 350,000 habitans noirs & blancs dans celle de Massachusett. Mais il faut observer que dans ces calculs on ne comptoit que les trois cinquièmes des esclaves. Nous avons indiqué à l'article ETATS-UNIS, les données & les motifs de ces évaluations ; nous avons dit qu'ils doivent inspirer peu de confiance, & nous avons expliqué les causes qui ont diminué le nombre total au lieu de l'enfler.

Massachusett vient de s'opposer à la création du papier-monnoie qu'on lui proposoit, ainsi qu'on le proposoit dans les autres républiques : elle a senti que ce moyen de suppléer à la rareté extrême des espèces & de se mettre en état de payer les impôts, étoit mauvais : nous avons observé à l'article ETATS-UNIS que l'anéantissement du papier-monnoie pendant la guerre n'avoit pas produit le plus léger murmure : mais cet anéantissement a toujours quelque chose de bien fâcheux ; &, ainsi que nous l'observerons ailleurs, la création d'un nouveau papier est l'opération la plus mal combinée & la plus dangereuse.

Cette création du papier-monnoie dans les colonies de l'Amérique septentrionale, produite d'abord par la nécessité des circonstances, est un mal bien invétéré. Il paroît que rien ne peut éclairer les citoyens sur cet objet ; & il y a des faits qu'on ne croiroit pas, s'ils n'étoient bien attestés.

Par exemple, la colonie de la baie de *Massachusett* avançoit, dans des besoins extraordinaires, du papier-monnoie pour défrayer la dépense publique, & elle le rachetoit ensuite, quand c'étoit l'avantage de la colonie, au bas prix où il tomboit par degrés. En 1747 (1) cette colonie paya ainsi la plus grande partie de ses dettes pu-

_____
(1) Histoire de la baye de Massachusett, par M. Hutchinson, vol. 2, pag. 456.

bliques, avec la dixième partie de l'argent pour lequel elle avoit donné ses billets.

La répartition des impôts s'est faite pendant la guerre de la manière la plus abusive : M. le marquis de Châtellux cite une vexation criante, exercée contre les négocians de Boston. « Outre les droits d'*excise* & de *licence*, les commerçans étoient soumis à une espèce de taxe d'*aisés*, & cette taxe étoit imposée arbitrairement par douze assesseurs nommés, à la vérité, par les habitans de la ville ; mais comme le plus gros négociant n'avoit pas plus de voix que le plus petit marchand, on peut imaginer comment les intérêts des gens riches étoient ménagés par ce comité. Ces douze assesseurs ayant donc un plein pouvoir d'imposer les gens suivant leur faculté, ils estimoient, à vue de pays, la quantité d'affaires qu'un négociant peut avoir & le produit qu'il en peut tirer ; par exemple, M. Brick étant agent de la marine françoise, & de plus intéressé dans plusieurs commerces, entr'autres dans celui des assurances, on calculoit combien il pourroit faire d'affaires, ce dont on jugeoit par les lettres de change qu'il endossoit & par ses souscriptions, & suivant des estimations, où l'on ne tenoit compte ni des frais, ni des pertes, on supposoit qu'il gagnoit tant par jour, & en conséquence on le taxoit à tant par jour. Pendant l'année 1781, M. Brick a payé jusqu'à trois guinées & demie par jour. On sent qu'il n'y a que le patriotisme, & sur-tout l'espérance d'une prompte conclusion, qui pût faire supporter un impôt si odieux & si arbitraire ; mais en même-temps on ne peut trop louer la patience avec laquelle le commerce, & M. Brick en particulier, s'y sont soumis ».

De pareilles vexations ne seroient susceptibles d'aucune excuse, aujourd'hui que la guerre est terminée.

Nous parlerons ici d'un autre abus que les détracteurs des nouvelles républiques américaines ont cité avec complaisance ; mais qui ne prouve rien, sinon des désordres passagers inséparables des démocraties ; & la nécessité de travailler au maintien de la tranquillité publique, autant qu'on peut y travailler dans les gouvernemens populaires.

Au commencement de septembre 1786, cent hommes de la populace armés de fusils & de bâtons, & un égal nombre armé de bâtons, environnèrent à Vorcester le lieu où la cour de justice tenoit ses séances : cette populace demandoit que le tribunal s'ajournât sans désigner l'époque où il reprendroit ses séances : le juge Ward montra le courage & l'intrépidité d'un romain ; il harangua plus de deux heures les séditieux, quoiqu'ils tinssent des bayonnettes sur sa poitrine, & que, durant cet intervalle, il courût le plus grand danger d'être massacré. Dans une situation aussi terrible, il eut la noble constance de résister à toutes leurs prétentions. Les rebelles ne purent rien obtenir ce jour-là ; ils reparurent le lendemain, au nombre d'environ trois cents : M. Ward consentoit à ajourner la cour des plaids-communs, c'est-à-dire, le tribunal qui prononce dans les causes civiles ; mais il refusoit d'ajourner la cour des assises, celle où l'on juge les causes criminelles : les cours de justice ayant réclamé l'aide de plusieurs régimens, & voyant qu'elles ne pouvoient pas compter sur la milice, il fallut ajourner *sine die* la cour des assises (1).

On a vu à l'article NOUVEL HAMPSHIRE, qu'en pareille occasion la milice de cet état a montré plus de patriotisme, & que les loix & le gouvernement y ont triomphé d'une semblable sédition.

Pour terminer cet article par quelques détails sur le commerce de *Massachusett*, nous ajouterons qu'il y a telle année où la ville seule de Boston a fait sortir 1500 voiles, tant pour l'Europe que pour les isles & le cabotage. Les habitans de cette province ont construit une multitude de moulins à scie ; & avant la révolution, il y avoit à six lieues de la capitale un moulin qui perforoit à froid des canons de 18.

Le froment n'y croît qu'en certains cantons, & il n'est abondant qu'à l'ouest de la rivière de Connecticut. Toutes les terres qui se trouvent à l'est de cette même rivière jusqu'aux limites de la Nouvelle-Ecosse, ne produisent que du seigle & du bled d'inde : on a fait des essais avec le bled de Chily, plus robuste & plus fort de tige, & on croit qu'il pourra s'y naturaliser. On dit que ce mal vient de la poudre de Bay-Berries, qui en empoisonne le germe, & empêche la formation du grain dans les épis ; mais le *Cultivateur américain* croit que ce défaut vient de l'humidité du sol.

Le même auteur nous apprend que *Massachusett* exporta en 1774 :

	liv. st.
10,000 tonneaux de morue	100,000
Mats, planches & bois	45,000
70 navires construits pour l'étranger	49,000
800 barils de maquer. & d'aloses salés	5,000
7000 tonn. d'huile de baleine & autres	105,000
28 tonneaux de fanons de baleine	8,400
1500 barils de poix, théréb. & goudr.	600
Chevaux & bétail	12,000
8000 bariques de potasse	20,000
9000 bar. de viande fumée & salaisons	13,500
Cire & autres articles	900
Total	362,400

---

(1) Cet acte de soulèvement a eu des suites ; mais les rebelles ont été bientôt dissipés. Les détails, les causes & le peu d'importance de ce soulèvement sont très-bien développés à la fin des *Recherches sur les Etats-Unis*. L'auteur a été envers nous d'une injustice révoltante & mal-honnête : nous n'imiterons point sa partialité ; mais nous ne prendrons pas la peine de relever ses grossières erreurs.

Mais jusqu'alors les importations avoient toujours été plus considérables que les exportations, & cette année 1774 Massachusett importa pour 395,000 liv. sterling.

Dans le territoire du Maine & de Sagadahock, qui, ainsi que nous l'avons observé plus haut, dépend de Massachusett, mais qui obtiendra un jour l'indépendance, le terrein, quoique moins fertile que celui du Nouvel-Hampshire, produit de bonnes récoltes de seigle & de maïs. Les pâturages y sont abondans, & on y trouve beaucoup de bétail : ce district est arrosé par les belles rivieres de Penobscot & de Kennebuk, qui sont remplies de poissons de toute espèce, & surtout de saumons. Les habitans exportent les plus belles planches & les plus beaux mats de l'Amérique : ils exportent aussi des vergues & du merrain ; c'est la Russie de l'Amérique. Le gouvernement anglois y avoit fait arpenter 600 mille acres qui contenoient des pins blancs très-beaux : on les abattoit sur la neige, & on les embarquoit sur de longs navires faits pour cela. La baie de Casco, au fond de laquelle est la ville de Falmouth, la capitale, est sûre, excellente & abordable dans toutes les saisons. Les habitans de ce district sont recommandables par leur simplicité & leur hospitalité.

L'isle de Nantucket, dont le *Cultivateur américain* a fait une description si intéressante, dépend de la république de *Massachusett*, & c'est un de ses comtés. Le sol y est stérile & d'une étendue très-bornée ; la position est incommode : on n'y trouve point de matériaux pour la bâtisse des vaisseaux, ni pour la construction des maisons : on n'y trouve ni pierre, ni carrière : cette isle semble n'avoir été créée que pour démontrer ce que les hommes peuvent faire, quand ils jouissent en paix de toute l'étendue de leurs ressources, & lorsqu'on les laisse livrés à toute leur industrie. Le lecteur y verra avec admiration un district sablonneux qui contient à peine 23 milles acres, qui possède plus de deux cents navires, & qui emploie, année commune, plus de 2500 matelots, dont les habitans vont au nord, sous la ligne, sur les côtes de Guinée, du Brésil, près du pôle austral, conquérir cet énorme poisson qui, par sa force & sa vitesse, semble être indomptable par l'homme : il y verra d'immenses troupeaux, de grandes richesses, &, ce qui vaut mieux, le bonheur & la tranquillité.

Les habitans de la Nouvelle-Angleterre ne vinrent s'établir dans le nouveau-Monde que pour se dérober au pouvoir arbitraire de leurs monarques qui, à la fois souverains de l'état & chefs de l'église, exerçoient alors la double tyrannie du despotisme & de l'intolérance. Ce n'étoient pas des aventuriers, c'étoient des hommes qui vouloient vivre en paix, & qui travailloient pour vivre. Leur doctrine enseignoit l'égalité & recommandoit le travail & l'industrie. Comme la terre, peu fertile par elle-même, ne fournissoit que de médiocres ressources, ils se livroient à la pêche & à la navigation ; &, au moment présent, ils sont encore amis de l'industrie & de l'égalité ; ils sont pêcheurs & navigateurs.

Voyez l'article ETATS-UNIS & les articles particuliers des douze autres provinces.

MATRICULE DE L'EMPIRE. C'est le livre où l'on écrit, sous l'autorité de l'empereur & de l'empire, le nom des états, & ce que chacun d'eux doit fournir pour les dépenses communes.

Ce livre doit son origine à l'empereur Sigismond, qui, dénué d'argent & ayant persuadé à l'Empire qu'il étoit de l'intérêt du corps germanique d'exterminer les hussites de Boheme, obtint des cottisations pour cette guerre. De-là naquit la première *matricule* dont on ait connoissance. S'il y en a eu d'autres auparavant, comme le prétendent quelques docteurs, il n'en reste aucun vestige.

La *matricule* de Sigismond fut dressée à Nuremberg en 1431. Elle se trouve dans les actes de Brunswick, sous le titre d'*anschlag auf gemeint stander des reichts, zu Nuremberg, zu hulfe wieder die Bœhmengemacht, unter dem rœmischen keiser Sigismundo*. Godalst en fait mention dans son traité du royaume de Boheme. Cette *matricule* ne contient pas à beaucoup près tous les états de l'Empire.

En 1521, la diète assemblée à Worms travailla à une *matricule* générale, où tous les états furent inscrits & taxés, chacun selon leurs forces. Mais depuis cette époque, plusieurs états ayant été eximés, & les uns ayant diminué & les autres augmenté, plusieurs enfin ayant été affranchis par les empereurs de toute contribution, on a tâché de remédier à cet inconvénient en corrigeant & modérant cette *matricule* ; les changemens n'ont pas satisfait tout le monde. Lors de la révision, chacun demanda que la *matricule* fût modérée à son égard, & soutint que sa quote-part étoit au dessus de ses moyens.

Comme on n'a pu s'accorder sur ce sujet, on a pris depuis long-temps le parti de taxer, non tous les états de l'Empire en général, mais chaque cercle en particulier. Si, par exemple, l'empereur demande 300 mois romains, & si la diète les accorde, une partie de ce secours doit être fournie en nature, c'est-à-dire en troupes, tant d'infanterie que de cavalerie, & le reste en argent. Mais lorsque les circonstances exigent qu'on double ou qu'on triple les secours de troupes, la taxe de la contribution pécuniaire est de deux florins par cavalier & de 40 kreutzers par fantassin ; ce qui fait par semaine, monnoie de France, cent sols pour chaque homme de cheval, & 37 pour chaque fantassin. Les choses furent ainsi réglées par le *placitum* de la diète en 1681. On divise ces contributions en autant de parties qu'il y à de cercles, & chaque cercle exige des états qui le composent, la portion qui lui est assignée.

Cette même année 1681, l'Empire ayant résolu de former une armée de 40 mille hommes, la répartition en fut faite de la manière suivante.

	cavaliers.	fantas.
Cercle électoral du Rhin...	600	2707
Cercles de haute-Saxe....	1321	5507
D'Autriche.............	2521	5507
De Bourgogne..........	321	2707
De Franconie...........	980	1901
De Bavière.............	800	1493
De Souabe.............	1321	2707
Du haut-Rhin..........	491	2853
De Westphalie..........	1321	2707
De Basse-Saxe..........	1321	2707
Total.............	11997	27996

Dans la guerre pour la succession d'Espagne, le contingent fut triplé & l'armée de l'Empire fut portée à 120 mille hommes ; mais ce nombre ne fut jamais complet, & il se trouva souvent réduit à la moitié : les uns ayant refusé de fournir leurs contingens, & les autres les ayant fait marcher très-tard, les loix de l'Empire ont tâché de prévenir ces refus & ces lenteurs ; mais c'est une affaire délicate que de procéder par voie d'exécution contre les états de l'Empire un peu considérables. Le recès de la diète d'Augsbourg de 1555, dans l'article qui a pour titre *réglement d'exécution*, & particuliérement aux paragraphes 82 & 97, veut qu'on procède contre les états qui négligent de fournir leurs contingens comme contre des réfractaires. Mais encore une fois, l'exécution de ces sortes de décrets est sujette à de grandes difficultés. Nous avons dit à l'article ALLEMAGNE pourquoi l'armée de l'Empire est si peu redoutable.

Les états fournissent leurs contingens de troupes, tout équipés, montés & armés. Ils pourvoient à leur nourriture, comme si elles servoient dans leur territoire, & continuent de les entretenir sur ce pied-là pendant la durée de la guerre.

Les contributions pécuniaires se lèvent sur les sujets des états & par manière de collecte. C'est de ces collectes qu'on forme la caisse militaire pour les dépenses extraordinaires.

Enfin quelquefois les états accordent à l'empereur une espèce de capitation dont ils font eux-mêmes les avances, sauf à obtenir le remboursement de leurs sujets, remboursement qu'ils ont soin de demander : mais ensuite il n'est pas permis à l'empereur d'exiger des contributions, des sujets des états, sous prétexte de mois romains.

Cette capitation s'appelle en allemand *reichs-stener*, capitation de l'Empire. L'empereur ne peut l'exiger que de l'avis & du consentement des électeurs, princes & autres états de l'Empire ; mais on n'a pas décidé si ce consentement s'établiroit à la pluralité des voix, ou s'il faudroit l'unanimité. A la diète même, les sentimens sont partagés à cet égard.

Dès que ces sommes sont rassemblées, les receveurs généraux doivent les faire déposer dans des villes de commerce, comme Francfort, Léipsick, Nuremberg, appellées à cause de ces dépôts, *leg-stœdt*.

L'empereur est tenu de n'employer ces sommes qu'à l'usage pour lequel elles ont été accordées par l'Empire. Divers états ont reproché aux empereurs d'avoir employé les secours d'argent, accordés pour faire la guerre aux ennemis du corps germanique, à des usages tout différens, & de les avoir requis, ou dans la vue d'appauvrir l'Empire & de l'affoiblir, ou pour payer des dettes & fournir à des dépenses absolument étrangères. Les états protestans se plaignirent qu'en 1605 l'empereur avoit livré aux espagnols les sommes levées dans l'Empire, sous le spécieux prétexte d'éloigner les turcs des frontières de l'Empire.

Le corps germanique s'est engagé à la défense de la Hongrie, qu'il regarde comme le boulevard de l'Allemagne contre la puissance des turcs ; & les empereurs de la maison d'Autriche ont souvent profité de cet engagement pour tirer des sommes subsidiaires de l'Empire, dans des tems où ils savoient bien qu'ils n'avoient rien à craindre de la part des ottomans, & qu'ils étoient sûrs de la paix.

Pour obtenir ces sommes, les empereurs avoient la politique de s'adresser aux diètes circulaires, persuadés qu'il étoit plus aisé de gagner chaque cercle particulier que de les gagner tous réunis dans une diète générale. Aujourd'hui cela n'arrive plus : il faut que l'empereur s'adresse à tous les états de l'Empire assemblés en diète, pour demander des subsides pécuniaires en temps de guerre ou en temps de paix. L'article 5 de la dernière capitulation l'ordonne : il paroît que cette clause a été mise dans la capitulation, pour obvier à l'inconvénient dont nous venons de parler.

Voyez les articles ALLEMAGNE & MOIS ROMAINS.

MAYENCE (électorat de) : la plus grande partie de cet électorat est entre le Palatinat & Trèves autour du Rhin : mais il possède des domaines dans le Palatinat, dans la Franconie, la Thuringe & la Hesse.

L'électeur de *Mayence* possède dans le cercle du Bas-Rhin plusieurs vidamies, quelques mairies & vingt-deux bailliages ; la ville d'Erfort avec son territoire, & l'Eischsfeld, district placé entre-la Hesse, la Thuringe & les principautés de Grubenhagen & de Calenberg.

L'Eischsfeld, ou plutôt Eichsfeld ou Eisfeld, est situé entre la Hesse, la Thuringe, la principauté de Grubenhagen & celle de Calenberg. Il a près de huit milles d'Allemagne, du septentrion au midi, & au-delà de cinq, de l'orient à l'occident. Les monts, appellés *Duhu*, le divisent en partie septentrionale & méridionale : celle-ci se nomme *le haut*, & celle-là *bas-Eischfeld*; la première a plus d'étendue que la seconde, mais elle a moins de fertilité ; son air est plus froid, & son sol plus pierreux : mais la population est considérable dans toutes deux.

On y compte quatre villes, trois bourgs & 150 villages. Les villes sont Heiligenstadt sa capitale, Duderstadt, Stat-Worbis & Treffurt. Il y a de plus des abbayes, des prieurés & des couvens de divers ordres. L'on y professe la religion catholique plus généralement que la protestante, & on y parle le Thuringien dans la partie méridionale, & le bas-Saxon dans la septentrionale. Les objets d'exportation que l'industrie des habitans y met en œuvre, sont des toiles & des étoffes de laine.

Les archevêques de *Mayence* qui font gouverner ce pays par un Statthalter, & qui en retirent annuellement 80 à 90,000 rixdalers, le possèdent depuis long-temps à divers titres : Heiligenstadt leur appartenoit déja dans le onzième siècle; vers la fin du treizième, ils achetèrent le haut-Eischfeld, & dans le quatorzième le reste leur fut remis en hypothèque par un duc de Brunswick, pour la somme prêtée & jamais rendue, de 600 marcs d'argent. Le siège de la régence est à Heiligenstadt, aussi-bien que celui du tribunal supérieur, & celui des chambres de finances & des forêts. Le collège ecclésiastique est à Duderstadt. Ainsi que la plupart des autres provinces de l'Empire, l'Eischsfeld a conservé ses états ; les députés du clergé, de la noblesse & des villes s'assemblent, quand il s'agit de déterminer la contribution de chacun sur les taxes. D'après une règle établie depuis 1688, sur 1000 rixdalers le clergé en paye 100, la noblesse 218, les villes de Heiligenstadt & de Duderstadt 182, & les bailliages du pays 500. Le statthalter & deux commissaires de *Mayence* assistent ordinairement à ces états, lesquels, suivant un ancien usage, & à moins que les vents, la pluie ou la neige ne s'y opposent, doivent se tenir en plein air dans un endroit appellé *Jagebank*, à trois quarts de lieues de Heiligenstadt : si le temps ne le permet pas, ils s'assemblent à l'hôtel-de-ville de cette capitale. L'armée de France & celle des alliés ont nui beaucoup à ce pays dans la dernière guerre d'Allemagne.

Nous avons parlé ailleurs des domaines de l'électeur de Trèves, dont quelques-uns ne méritent pas une description particulière, & nous passons à la description générale.

Productions. Les provinces de l'électorat de *Mayence* pourvoient à la subsistance de leurs habitans. L'archevêché proprement dit fournit du bled, de bons légumes, des vins exquis en abondance : on distingue ceux du Rhin, qui se font dans le canton de *Rhingau*, & celui des environs de Klingenberg : on y trouve des pâturages qui nourrissent beaucoup de bétail ; des salines à Orb, bailliage de Hausten ; dont le sel est d'une qualité supérieure ; des bois, dont les plus considérables font la portion, que l'électeur possède aux forêts de Spessart & d'Odenwald ; des mines de fer, &c. La partie de la Bergstrasse, appartenant à cet électorat, abonde en noix, amandes & châtaignes. Les cantons inférieurs de l'Eischfeld font assez pourvus de bled, & l'on y cultive beaucoup de lin & de tabac : sa partie supérieure manque de grains, & est obligée d'en tirer du voisinage.

Population. Les provinces que l'électeur de *Mayence* possède dans le cercle du bas-Rhin, renferment 41 villes & 21 bourgs. Il n'y a d'états provinciaux que dans l'Eischfeld, & les nobles de l'archevêché proprement dit ne relèvent point du prince ; ils sont tous membres du corps de la noblesse immédiate de l'Empire.

Religion. La religion catholique a toujours été exclusive dans les terres que l'électeur possède depuis la réformation, sur les bords du Rhin & du Mein. D'autres districts, tels que les bailliages de la Bergstrasse, engagés ci-devant à la cour palatine, avoient embrassé la réforme ; mais les électeurs de *Mayence* y ont rétabli par-tout la communion romaine. Il reste un grand nombre de protestans dans l'Eischfeld, à Erfort, Cronenberg & autres lieux ; mais Bœnighen est le seul lieu où le culte luthérien se soit maintenu. Les juifs sont tolérés dans toutes les provinces de l'électorat, à l'exception de l'Eischfeld & du territoire d'Erfort.

Régime ecclésiastique. Les affaires spirituelles de l'archevêché relèvent de différens dicastères ecclésiastiques, dont le plus éminent est le vicariat général, présidé par un grand-vicaire de l'électeur. Les conseillers de ces tribunaux sont tous clercs, à la réserve des assesseurs du vicariat général, qui sont en partie laïcs. Il y a de plus trois commissariats archiépiscopaux établis à Amœnebourg, à Aschaffenbourg & à Fritzlar.

Fabriques. Quoique les manufactures & fabriques n'y soient pas fort multipliées, il y en a de plusieurs espèces : on y travaille la laine, le coton, &c. On en voit une de glaces à Lohr, une autre de porcelaine à Hæchst, dont les ouvrages sont fort estimés ; & on fait beaucoup de serges & de toiles dans la partie supérieure de l'Eischfeld. On a parlé du tabac & du lin qui se cultivent avec succès dans sa partie inférieure.

Commerce.

Commerce. Le commerce de l'état de Mayence consiste sur-tout en vins. On exporte du district de la Bergstrasse des amandes, des châtaignes, des noix & du bois de noyer. Les habitans de l'Eischsfeld font un grand trafic de serges, de toiles & des productions de leur sol. Il se tient chaque année à *Mayence* deux foires privilégiées, établies par l'électeur de Saxe, Jean-Frédéric-Charles, dont les soins infatigables ont augmenté le commerce dans la capitale, & dans les diverses parties de ses états. Il joignit un bureau électoral de commerce à la chambre consulaire de Lohneck, qui connoît des matières de commerce, nommément de toutes les contestations relatives au change, au trafic des vins & à la navigation. La douane électorale a un président, quatre assesseurs & deux adjoints.

Election de l'archevêque & privilèges de l'électeur. Cet évêché fut élevé au rang de métropole dans le cours du huitième siècle. Sa constitution fut fixée en 751, & S. Boniface en fut le premier archevêque.

L'électeur de *Mayence* est nommé par le grand chapitre. On lui propose une capitulation qu'il s'oblige par serment d'observer. La bulle de confirmation qu'il doit obtenir de la cour de Rome, est très-coûteuse, ainsi que le *pallium*, dont la taxe est de 30 mille écus d'Empire. Pour subvenir à cette dépense, on lève une contribution extraordinaire de 70,000 écus, dont l'excédant est versé dans le trésor électoral. Les annates que le nouvel archevêque est tenu de payer au pape, se montent, dit-on, à 18,000 florins. Ce prélat est le premier métropolitain d'Allemagne, & la dignité électorale est affectée à son siège. Il tient même, en qualité d'électeur, le premier rang parmi ses collègues, tant ecclésiastiques que séculiers. Son titre est : N. N. par la grace de Dieu, archevêque du saint-siège de *Mayence*, archi-chancelier de Germanie & électeur du Saint-Empire. Sa taxe matriculaire pour Mayence, Reineck & Kœnigstein est pour le mois romain de 1927 flor. 5 & demi kr. & pour l'entretien de la chambre impériale de 900 rixdales par terme; il les paye avec beaucoup d'exactitude.

Officiers. Les landgraves de Hesse sont les grands maréchaux de l'archevêché de *Mayence*; les comtes palatins des Deux-Ponts en sont les grands maîtres : la dignité de maître-d'hôtel héréditaire appartient à la famille de Greifenklau de Vollraths; celle d'échanson héréditaire aux comtes de Schœnborn; les comtes de Stolberg ont la qualité de grands chambellans, & les comtes de Metternich de Winnenberg celle de chambellan héréditaire.

Ses fonctions à la diète, au couronnement de l'empereur, & aux assemblées du cercle du bas-Rhin. Les droits & prérogatives de l'électeur de Mayence, relativement à l'élection & au couronnement de l'empereur, ont été détaillés à l'article ALLEMAGNE.

On varie sur l'époque à laquelle cet électeur a obtenu la dignité d'archi-chancelier de Germanie; mais elle a été confirmée dès l'an 1292 par l'empereur Adolphe, en 1298, par l'empereur Albert I, & en 1314 par l'empereur Louis IV.

L'électeur de *Mayence* nomme le vice-chancelier de l'Empire, & il a sa chancellerie particulière à la cour impériale. Dans les assemblées de l'empereur & de l'Empire, non seulement il se présente comme premier état, il a rang immédiatement après l'empereur ou le roi des romains, mais il a de plus la direction exclusive de toutes les délibérations des états de l'Empire. *Voyez* l'article ALLEMAGNE. Il jouit d'ailleurs de grandes prérogatives à l'égard des tribunaux suprêmes de l'Empire. C'est à lui qu'appartient la nomination d'un vice-chancelier pour le conseil aulique, qui a rang immédiatement après le président de l'empereur; celle de tous les secrétaires; cette chancellerie aulique qu'il dirige, fait toutes les expéditions, perçoit les épices dont elle a le dépôt, ainsi que des actes, & elle a le droit d'inspecter le conseil aulique. Quand l'empereur nomme un juge à la chambre impériale, il en donne avis à l'électeur, qui notifie la nomination à ce tribunal, où ses assesseurs ont le pas sur tous les autres, & de la chancellerie duquel il a la direction, & nomme tous les officiers. Nous dirons à l'article RHIN (cercle du Bas-) quelles sont ses fonctions & ses prérogatives aux assemblées de ce cercle.

Métropole. La métropole de *Mayence*, comme tous les archevêchés & évêchés catholiques, est soumise au saint-siège. Sa province comprenoit autrefois la plus grande partie de l'Allemagne; mais elle a souffert des démembremens considérables, tels que les évêchés de Moravie, de Magdebourg, de Bamberg, de Prague, de Verden & d'Halberstadt. Il ne lui reste plus que ceux de Worms, de Spire, de Strasbourg, de Constance, d'Augsbourg, de Coire, de Wurzbourg, d'Eichstœdt, de Paderborn, de Hildesheim & de Fulde.

Administration. L'électeur de *Mayence* n'a point de conseil d'état proprement dit; les affaires politiques se traitent dans ce qu'on appelle la *conférence secrette*. La chancellerie privée est composée du chancelier de la cour, d'un secrétaire intime, de plusieurs secrétaires en second, de quelques archivaires, & d'un certain nombre de commis appellés *chancellistes privés*. Le conseil aulique ou la régence électorale a un président, un vice-président nommé *groshofmeister*, un chancelier, un directeur de chancellerie & plusieurs conseillers intimes & auliques, divisés en deux classes, l'une noble, l'autre roturière, &c. La chambre des révisions est composée d'un directeur & de plusieurs conseillers, tous roturiers,

& d'un secrétaire. On y peut obtenir, dans le délai de trente jours, la révision des jugemens du tribunal aulique, de celui des appellations, des commissions & des décrets du directoire général des bâtimens. Les autres dicastères sont le tribunal aulique, qui prononce ses jugemens dans quatre assises générales ; la chambre aulique, le bureau de la guerre, la chambre des finances & la cour municipale de *Mayence* ; la commission des pauvres & le directoire des bâtimens.

Revenus. Les revenus de l'électeur sont évalués à environ 1,200,000 flor. Son état militaire consiste en une garde à cheval, un corps de dragons, trois régimens d'infanterie & trois de milice réglée, dont l'un a ses quartiers dans l'Eischsfeld. *Voyez* les articles ALLEMAGNE & RHIN (Cercle du Bas-).

MECKLENBOURG-SCHWERIN & Mecklenbourg-Gustro (duchés de) principautés d'All.

Etendue. La partie septentrionale de ces duchés touche à la mer Baltique. La Poméranie les borne au levant, la Marche de Brandebourg au midi ; ils sont limitrophes vers le couchant des principautés de Lunebourg & de Lavenbourg, de celle de Ratzebourg & de l'évêché de Lubeck. Les géographes & les historiens ne sont point d'accord entr'eux sur leur étendue ; Becher, dans son livre *de reb. Mecklenb.*, leur donne 15 milles d'Allemagne de longueur & 12 de largeur. Frank évalue la première à 18 & la seconde à neuf, non comprise la seigneurie de Stargard. Klüver, au contraire, leur donne en longueur de 24 à trente milles, & en largeur de 9 & 10 à 18 milles. Cette dernière évaluation paroît plus vraisemblable ; mais il n'est guère possible de déterminer leur surface, jusqu'à ce qu'on les ait arpentés exactement, & qu'on en ait fait une bonne carte. Ces deux duchés comprennent dans leur enceinte la principauté de Schwerin ; ils comprennent aussi la ville de Wismar, qui, ainsi que son district, appartient à la couronne de Suède.

Précis de l'histoire politique de ces duchés. Lorsque, dans le cinquième siècle, la majeure partie des vandales eut quitté ce pays, les venèdes s'emparèrent successivement des habitations abandonnées, & vécurent parmi ceux des vandales qui s'y trouvoient encore. Les venèdes qui s'établirent dans ces deux duchés, formoient une peuplade considérable ; ils prirent le nom d'*abotrites*, & ils eurent leur prince particulier. Ils s'attachèrent à l'Empire germanique sous le règne de l'empereur Charlemagne ; mais à peine Louis, son petit-fils, fut-il mort, qu'ils en secouèrent le joug. Henri, surnommé le *Lion*, duc de Saxe & de Bavière, se rendit maître de leur pays en 1161, il le posséda non comme une province dépendante du duché de Saxe, ni comme un fief relevant de l'Empire, mais comme une propriété qu'il avoit conquise par ses armes : il le perdit par la suite, lorsqu'il fut mis au ban de l'Empire.

Il établit des comtes & des juges, tirés du corps de la noblesse de ses états héréditaires ; il partagea le *Mecklenbourg* en quatre parties : le seul comté de Schwerin, créé alors, garda sa constitution primitive. Henri rendit le surplus de la province des abotrites en 1165 à Pribislas, prince des venèdes, dont il étoit le patrimoine : celui-ci promit, de son côté, toute fidélité au duc ; il embrassa le christianisme. Henri Borwin, son fils, avoit épousé Mathilde, fille du duc Henri & de Mathilde, comtesse de Luxembourg & de Bliescastel. C'est à ce mariage que remonte l'établissement de la maison ducale de *Mecklenbourg*. Ils eurent pour fils Henri & Nikolot ; le premier fut le seul qui laissa des héritiers. Deux de ses fils furent nommés Jean & Nikolot : le premier devint la souche de la branche de *Mecklenbourg*, l'autre de celle des venèdes, qui s'éteignit en 1436. A cette époque, la principauté des venèdes fut réunie à celle de *Mecklenbourg*, dont la branche fut érigée en duché en 1348 par l'empereur Charles IV. Le duc Jean, mort en 1592, eut deux fils, Adolphe-Frédéric & Jean Albert II ; ils partagèrent les états de leur père en 1611 ; ils firent un autre partage où ils confirmèrent l'ancien en 1621 : Adolphe-Frédéric eut le duché de Schwerin, & son cadet celui de Gustro ; ils convinrent entr'eux que la ville de Rostock & son université, l'hôpital de la ville & les biens des couvens seroient possédés par indivis. La ville de Wismar, les bailliages de Poel & de Neuckloster échurent à la couronne de Suède, en vertu du traité de Westphalie de l'année 1648. Les ducs furent contraints de les lui abandonner ; mais ils obtinrent les évêchés de Schwerin & de Ratzebourg, à titre de principautés sécularisées. Pour les indemniser plus complettement, on y unit les commanderies de Miro & Nemero, l'une & l'autre de S. Jean. La branche de Gustro s'éteignit en 1695. Le duc Frédéric-Guillaume, l'un des descendans de la branche de Schwerin, prétendit qu'il devoit hériter seul de la principauté vacante ; mais le duc Adolphe-Frédéric de Strelitz, frère cadet de son père, fit valoir ses droits. Ce différend fut terminé par une convention signée à Hambourg en 1701 : on régla que le neveu joindroit à sa principauté de Schwerin celle de Gustro, & que le duc Adolphe-Frédéric de Strelitz auroit la principauté de Ratzebourg, la seigneurie de Stargard, les anciennes commanderies de Miro & de Nemero, & une pension annuelle de 9000 écus, à prendre sur le péage de Boitzenbourg. On introduisit en même-tems dans cette maison le droit de primogéniture, ainsi que la succession linéale : cette convention fut ensuite approuvée à tous égards par l'empereur Léopold.

Ainsi, les ducs de Mecklenbourg forment encore deux branches ; celle de Schwerin, dont le duc Frédéric-Guillaume est la souche, & celle de Strelitz qui a eu le duc Adolphe-Frédéric II.

pour auteur Frédéric-Guillaume, le premier des deux, eut pour successeur le duc Charles-Léopold son frère, que l'empereur Charles VI priva de la régence en 1728, & qui fut remplacé par le duc Christian Louis, son cadet, dans l'administration du pays. La régence échut à ce dernier par la mort de son frère, arrivée en 1747; il la transmit en 1756 au duc Frédéric, son fils aîné, après avoir fait les années précédentes une convention fondamentale & perpétuelle avec la noblesse & les différens ordres de ses pays héréditaires.

Sol. Les habitans du *Mecklenbourg* ne sont pas plus d'accord sur la qualité que sur l'étendue du terrein : les uns disent qu'il est bon, & les autres prétendent qu'il est mauvais.

On est convaincu qu'avec une administration sage, ce pays deviendroit infiniment plus fertile qu'il ne l'est effectivement. La Marche de Brandebourg qui en est voisine, & avec laquelle il a beaucoup d'analogie, prouve que des contrées incultes, celles même que les sables & les marais rendent, pour ainsi dire, impraticables, peuvent être fécondées par le travail. Les recherches que fit en 1730 M. de Luhe, gouverneur du pays, prouvent d'un autre côté, que la noblesse y a bonifié au double & même au triple, les biens qu'elle y possède, & que par sa vigilance elle a porté à 60 & même à 80,000 rixdales la valeur de certains domaines qui, au commencement du dix-huitième siècle, n'ont été payés que 12 à 20,000 rixdales. Les biens que possède cette noblesse, ayant été évalués, en 1632, à 10,329,317 florins, doivent valoir aujourd'hui, en observant cette proportion, 21 millions de rixdales.

Navigation, ports. On parla dans le dix-septième siècle de faire un canal navigable depuis Wismar jusqu'au lac de Schwerin, afin de communiquer par les rivières de Star & d'Elde à la mer Baltique, & de-là à l'Elbe, & faciliter le commerce de la mer Baltique à celle du nord, sans passer le sound d'Æré; mais ce projet a été abandonné, ou du moins on ne lui a donné jusqu'ici aucune suite. Les deux duchés, dont il est ici question, n'ont qu'un seul port sur la mer Baltique; c'est celui de Rostock : il seroit possible d'en construire un second près de New-Bucko, & un troisième près de Riebnitz, qui l'un & l'autre seroient avantageux au pays.

Population. Ces deux duchés contiennent 45 villes, grandes ou petites, non compris celle de Rostock, trois couvens appartenant à la noblesse & aux états de la province, & 594 domaines nobles. Les paysans y sont serfs, ce qui nuit de plus d'une façon à l'amélioration du sol & à une population proportionnée aux besoins des terres. On dénombra en 1628 les censes des paysans dans les deux duchés : on en trouva 1001 appartenant au souverain, 727 à la noblesse, & 768 aux couvens; ce qui forme un total de 2496; & suivant la déclaration faite par la noblesse, en 1669 & 1670, des hausens qui y étoient attachés, on en compta 12,545; le hufen estimé sur le pied de trente arpens.

Etats & privilèges de la noblesse & des villes. Les villes de Parchim, Gustro & nouveau-Brandebourg sont les capitales; savoir, Parchim du cercle de *Mecklenbourg*, Gustro de celui de Wenden, & nouveau-Brandebourg de celui de Stargard. Chacune de ces capitales convoque les villes situées dans son cercle; elle préside les assemblées par ses députés, & y négocie, au nom de toutes, les affaires qui y sont mises en délibération.

La noblesse forme un corps libre, & jouit de droits & de privilèges considérables. Une transaction du 18 avril 1755, signée entre le duc Christian Louis d'une part, la noblesse & la province de Rostock de l'autre, a déclaré que tous les biens de cette même noblesse, ceux des trois couvens provinciaux & du cercle de Rostock, comme aussi ceux des trésoreries des villes municipales & des économats, seroient arpentés & convertis en hausen, dont la moitié seroit affranchie à jamais d'impôts, à l'exception néanmoins des services d'hommes & de chevaux réservés par les titres féodaux & allodiaux; mais que la seconde moitié de ces biens seroit & demeureroit contribuable, ainsi qu'elle l'a été. Les états sont composés de la noblesse & des députés des villes. La noblesse & les villes des duchés de Schwerin & de Gustro formèrent en 1523 une union indissoluble, que les souverains ratifièrent par le traité de Hambourg, du 8 mars 1701, & par le pacte de famille conclu dans la ville de Rostock : c'est une alliance des provinces entr'elles, qui a lieu également entre les états réciproquement. Celle des provinces a pour objet d'assurer aux nobles & autres, domiciliés dans les deux duchés, de même qu'à ceux du cercle de Stargard, une égalité parfaite & inaltérable dans les droits & les privilèges attachés à leurs conditions : ces trois cercles sont régis par les mêmes loix, les mêmes statuts; & d'après cette égalité & cette association, elles n'ont que les mêmes intérêts aux diètes & dans l'administration des couvens de la province, conformément à la transaction de Hambourg; & enfin elles ont les mêmes droits, les mêmes immunités & franchises, & elles s'assistent de leurs conseils & de leurs forces dans toutes les affaires. L'alliance de la noblesse & des villes des deux provinces consiste en la participation immuable aux droits & immunités accordés à chacun de ces o res; elle comprend la ville de Rostock, ainsi que toutes les autres de ce cercle; elle leur donne les mêmes intérêts aux diètes, dans les petits comités & dans l'administration des couvens;

elle les engage à n'avoir aussi que la même cour supérieure de justice, sans qu'aucun membre de la noblesse ou aucune des villes puisse être privé de ses droits ou privilèges. Il fut convenu, lors de cette union, qu'aucun des deux ordres ne pourroit contrevenir à un droit commun, sans l'aveu de l'autre, à peine de nullité de tout ce qu'on pourroit faire au préjudice de cette stipulation particulière. L'alliance dit encore qu'on ne pourra se prévaloir de ce traité d'union, ni en justice, ni autrement, & qu'il ne préjudiciera pas aux intérêts du souverain : les détails dans lesquels nous venons d'entrer, rendent l'administration assez difficile.

Le prince convoque chaque année les états, pour déterminer à l'amiable les impôts, ou pour régler les subsides de ce cercle relativement à l'Empire, ainsi que les pensions annuelles des princesses, ou pour délibérer sur les ordonnances générales qu'il est nécessaire de promulguer, ou enfin pour terminer sous l'autorité du prince les affaires qui concernent la province, & prononcer sur les griefs publics. Les membres des trois cercles y sont invités par des universaux, qui leur sont adressés au nom du souverain. Ces états se tiennent alternativement à Malchim, à l'hôtel-de-ville, & à Sternberg dans un endroit nommé *Indenberg*, situé hors de la ville. Ils s'assemblent communément en automne ; il est libre toutefois au souverain de les indiquer en toute saison, si un pressant besoin semble l'exiger. On notifie un mois auparavant, par des lettres convocatoires, les objets principaux qui doivent y être traités. Les demandes du prince sont rédigées par écrit & présentées aux assemblées, munies d'un sceau de la chancellerie, qu'on appelle *sceau des états*; elles sont signées par un commissaire, auquel le souverain en a accordé le pouvoir. La noblesse & les autres membres des états donnent leur réponse le troisième jour après cette notification. Le duché de Schwerin fournit quatre conseillers provinciaux ; & celui de Gustro, y compris le cercle de Stargard, en fournit un pareil nombre, ensorte qu'il y en a toujours huit : pour parvenir à cette dignité, il faut être domicilié dans ces deux duchés & pourvu par le prince, de quelque emploi convenable à la noblesse, ou relatif aux intérêts de la province. S'il s'agit de nommer à un de ces emplois, la noblesse & le pays dans lequel cet emploi vaque, choisissent trois nobles nés ou naturalisés dans la province ; ils les présentent au souverain qui en nomme un : celui-ci prête serment d'après un ancien formulaire. Quatre des huit conseillers provinciaux font les fonctions d'assesseurs au tribunal souverain de la justice & à celui de la cour. Les avis & les remontrances qu'ils donnent, sont signés de chacun d'eux en particulier, & l'enveloppe qui les recouvre, est munie du cachet de celui qui préside ; ils ne forment tous qu'un seul & même collège. Chaque cercle a un maréchal provincial héréditaire, qui porte la parole dans les assemblées générales & aux jours de députations. Les conseillers provinciaux ont rang avec les conseillers actuels & intimes du duc selon l'ordre de leur ancienneté, ce qui s'observe aussi entre les maréchaux & les colonels.

Le petit comité de la noblesse & de la province est composé d'un conseiller provincial de chacun des deux duchés, d'un député de la noblesse de chacun des trois cercles, d'un autre de la ville de Rostock, & de trois des villes de Parchim, de Gustro & du nouveau-Brandebourg, ce qui forme neuf personnes : la noblesse & la province peuvent augmenter ce nombre, si elles le jugent à propos ; mais l'augmentation est à leurs frais. Ce comité jouit, en vertu de l'ordre du souverain, du droit de représenter le collège provincial de la noblesse & du pays.

Toutes les fois qu'il s'agit de faire des réglemens qui intéressent la noblesse & les villes, le suffrage des cercles & des villes se prend le premier : la noblesse peut s'assembler aussi souvent qu'elle le juge à propos, dans l'étendue du bailliage ; mais il n'en est pas de même des assemblées générales de toute la province : fussent-elles jugées nécessaires, elles ne peuvent en aucun cas avoir lieu sans que le prince en soit averti.

Religion, régime ecclésiastique. Les habitans de l'un & de l'autre duché professent presque généralement la religion évangélique luthérienne. Les églises & les écoles sont divisées en six surintendances provinciales, auxquelles sont subordonnés les prévôts ecclésiastiques. On y trouve aussi quelques communautés calvinistes ; les catholiques qu'on y rencontre, n'osent exercer le culte de leur religion qu'en particulier, & dans la ville de Schwerin.

Manufactures. Les manufactures de laine, les fabriques de tabac & autres y sont peu nombreuses. Les deux duchés exportent des grains, du lin, du chanvre, du houblon, de la cire, du miel, du bétail, du beurre, du fromage, de la laine & des bois de toutes espèces.

Titre des ducs Les ducs de *Mecklenbourg* prennent le titre de princes de Venède, de Schwerin, seigneurs des pays de Rostock & de Stargard.

Les électeurs & margraves de Brandebourg prennent le titre & les armes du *Mecklenbourg*, parce que, suivant une convention conclue à Wittstock en 1442, ils doivent succéder au dernier rejetton de la maison de *Mecklenbourg*. Les états du *Mecklenbourg* ont déjà prêté serment de fidélité à celle de Brandebourg, qui a renoncé à son droit de féodalité

Privileges de ces duchés. Le duc de *Mecklenbourg* de la branche de Schwerin a deux suffrages dans le collège des princes de l'Empire, & dans les assemblées circulaires de la basse-Saxe ; l'un pour le duché de Mecklenbourg-Schwerin, l'autre pour celui de Mecklenbourg-Guftro. Sa taxe matriculaire, à raison de ces duchés, eft de 40 cavaliers montés & équipés & de 67 fantaffins, ou de 748 florins par mois romain ; mais il convient de déduire, conformément au recès d'Empire du 6 mai 1696, la part qu'en doivent payer la ville de Wifmar & les bailliages de Poel & de Neuklofter, laquelle part eft à la charge de la couronne de Suède. Ces deux duchés font impofés pour l'entretien de la chambre à 243 rixd. 43 un quart kr. chacun.

Adminiftration, tribunaux. Le collège du confeil privé & celui de la régence forment les tribunaux fuprêmes du duché de Schwerin. Les revenus du fouverain font adminiftrés par la chambre du domaine & par celle des finances. Le duc de *Mecklenbourg*-Strelitz a un confeil privé, une chancellerie & une chambre des finances, qui lui font particulières. La régence & les diverfes chambres dont on vient de parler, ne connoiffent point des affaires contentieufes qui y font portées; elles les renvoient aux tribunaux des provinces. L'appel des jugemens rendus aux juftices de chancelleries établies à Schwerin, à Roftock & à Strelitz, de même que ceux du confiftoire de Roftock, font portés à la cour fupérieure de la province ; il eft des cas cependant où ces appels font en quelque façon rejettés ou inadmiffibles. La cour tient fes féances quatre fois par an, & s'affemble à Guftro depuis 1701 ; elle eft non-feulement commune aux ducs de *Mecklenbourg*, mais à la nobleffe & à la province, qui l'une & l'autre y ont part. Les ducs nomment le préfident, le vice-préfident & quatre affeffeurs ; la nobleffe à député quatre affeffeurs extraordinaires & un ordinaire ; les trois autres affeffeurs ne font pas tirés de l'ancien évêché & principauté actuelle de Schwerin, de l'univerfité & de la ville de Roftock. On appelle ce tribunal à celui de l'Empire, lorfque le privilège accordé aux ducs *de non appellando* le permet. Le duc de *Mecklenbousg*-Strelitz a un confiftoire qui lui eft propre. La nobleffe, ainfi que la province, font maintenues dans leur droit de jurifdiction attaché aux terres, qu'elles tiennent à titre de fiefs. Il en eft de même de celle que les magiftrats exercent en première inftance dans les villes.

Les revenus annuels que la branche ducale de Schwerin perçoit des bailliages domaniaux & des droits régaliens, font confidérables. Bufching dit que le duc Frédéric-Guillaume a avoué publiquement qu'ils fe montent par année à 300,000 rixdales. Mais voici ce qu'on trouve dans un journal politique imprimé en Allemagne : les revenus du duc de Mecklenbourg Schwerin montent environ à la fomme de 608,000 rixdales. La ferme des poftes lui rapporte à-peu-près 18,000 rixdales ; & les impofitions, les ancres, 500,000. Ceux du duc de Mecklenbourg-Strelitz font moins confidérables, & ne forment actuellement qu'un objet de 350,000 rixdales. La principauté de Razebourg y contribue pour environ 92,000 ; la feigneurie de Stargard rapporte 50,000, & le péage de l'Elbe 9000 rixdales : le refte eft le produit de fes nombreux domaines.

Dans la partie qui appartient au duc de Mecklenbourg-Schwerin, les impôts fe perçoivent fur la moitié des hufen (cantons de 30 arpens), qui, d'après le pacte de 1755, ont été mefurés avec l'exactitude la plus fcrupuleufe. Chaque hufen taillable eft taxé à 9 rixdales, fans qu'il foit au pouvoir du fouverain d'augmenter cet impôt, fous quelque prétexte que ce puiffe être. On a fixé pareillement les fubfides que doivent payer dans le diftrict de Roftock celles des perfonnes libres qui occupent des biens nobles, les hufen des couvens, ceux des villes & des villages, autres cependant que les hufen que le pacte dont nous parlions tout-à-l'heure, a affranchi de cette charge. Le fouverain a de l'économie & de la bienfaifance : ces impôts établis fur la nobleffe & fur la province lui fuffifent pour les dépenfes qu'entraînent les garnifons, les fortifications & les légations, ainfi que celles qu'il eft obligé de faire pour les députations aux diètes de l'Empire, aux affemblées circulaires, & pour l'entretien de la chambre impériale. Il foumet à ces impôts & traite, à l'inftar des hufen des particuliers, fes propres bailliages & fes biens domaniaux ; il cherche ainfi à foulager fes fujets, & il faut donner à un fi bel exemple l'éloge qu'il mérite. La répartition fe fait à une époque fixe : le prince invite les états à cette répartition par des lettres circulaires. Leur produit fe verfe dans la caiffe générale de la province, & on le remet enfuite à la chambre générale des finances. Les fommes qui viennent des bailliages domaniaux ou des villes, ne font point dépofées dans cette caiffe, mais portées directement à cette même chambre. Les impôts fe paient à noël & au carnaval. On peut fe former une idée de celui qui eft établi fur les hufen contribuables, d'après ce que nous avons dit plus haut. Le duc, en faifant arpenter les duchés de Schwerin & de Guftro, s'eft borné à déclarer 4700 hufen taillables, y compris les 535 trois quarts de hufen trouvés dans le cercle de Stargard. Il fut convenu à cette occafion, par le duc & par les parties intéreffées, que les 40,000 rixdales payées alors provifionnellement, continueroient d'être levées & payées annuellement pour cet objet. A l'exception de cet impôt, le fouverain ne peut en ordonner d'autres fur la nobleffe, fur fes vaffaux & fur les villes, finon les fubfides de l'Empire, ceux du cercle & les penfions des princeffes, qui fe répartiffent fur tout le monde fans exception. Il indique les deux premiers aux affemblées générales, où il communique à la nobleffe & aux députés de la province une copie de la réfolution prife à cet egard dans les diètes de l'Empire & du cercle, & il ne peut demander une plus forte fomme que celle exigée par les diètes. La nobleffe ne contribue pas à ces fubfides, à moins que l'empereur n'exige plus de 200 mois romains par année ; les villes municipales, de leur côté, n'y contribuent pas non plus, à moins que ces mois romains ne foient portés à 300 auffi par année. Si le nombre des mois romains est au-deffous de 200, ils font à la charge feule du fouverain ; s'ils l'excèdent, la nobleffe, les biens domaniaux du fouverain & les villes payent par tiers cet excédant. La penfion des princeffes eft fixée à 20,000 rixdales, monnoie courante ; les bailliages domaniaux, les biens nobles & ceux des villes y contribuent chacun pour un tiers. La fomme que fourniffent pour l'acquittement de ces fubfides & de ces penfions ceux qui ne font partie d'aucun des corps dont nous avons parlé, tels que les villages dépendans des couvens, la ville & le diftrict de Roftock, eft un bénéfice auquel participent les parties contribuables, chacune pour un tiers. Au refte, la penfion des princeffes n'eft payée que dans les années où il n'y a ni fubfides de l'Empire, ni des cercles à acquitter.

Les dons gratuits font accordés 1°. dans les affemblées de la nobleffe d'un bailliage, & dans les conférences des députés des villes municipales : 2°. dans les affemblées générales des députés de la nobleffe feule, ou réunis aux députés de toute la province : 3°. encore par les nobles entr'eux lors de la convocation des diètes, & par les nobles & la province conjointement. Le fouverain permet que les biens nobles incorporés à fes biens domaniaux contribuent à cet impôt, auquel font obligés de contribuer auffi les couvens, les biens fitués dans le diftrict de Roftock, les villages & biens de campagne appartenans aux villes, & finalement ceux des laboureurs qui cultivent des biens d'églife, avec cette différence toutefois que ces derniers n'y font pas affujettis, à moins qu'ils n'aient appartenu autrefois à la nobleffe. La ville de Roftock paye feule pour fa part la douzième partie de ce don gratuit, outre ce qu'elle eft tenue d'acquitter pour fes biens de campagne & fes villages.

Les frais communs, appellés *neceffarien*, font ou ordinaires, ou extraordinaires. Le prince a donné fa parole qu'il contribueroit aux premiers de 6000 rixdales pour fes biens domaniaux ; & d'une pareille fomme pour fes villes municipales en général. Ce qui eft à la charge de la nobleffe, fe proportionne au nombre des hufen taillables qu'elle poffède ; la ville de Roftock paye de fon côté 2000 rixdales annuellement. L'on fait face aux frais communs extraordinaires par un impôt particulier, dont la levée eft ordonnée de concert par le prince, par la nobleffe & par la province ; la répartition en eft faite par tiers fur les biens domaniaux, fur ceux de la nobleffe & fur les villes. S'il en eft au contraire qui aient été occafionnés pour l'avantage feul d'un de ces ordres, il les fupporte feul.

Nous avons donné plus haut l'évaluation des revenus de la branche ducale de Strelitz, telle qu'on la trouve dans un journal politique d'Allemagne, & M. Bufching ne les porte pas à une fomme fi confidérable : cette branche, dit-il, perçoit actuellement, des bailliages domaniaux & du cercle de Stargard, 70 à 80 mille rixdales. Ils ne furent portés qu'à 31 mille par le recès de Hambourg de l'année 1701 ; mais ils furent augmentés de 20,000 rixdales fous la régence du duc Adolphe-Frédéric. Cette branche tire en outre 46,000 rixdales de la principauté de Ratzebourg, y compris les 9000 qu'elle prélève du péage de Boitzenbourg, enforte qu'elle jouit d'un revenu annuel de 126,000 rixdales.

La nobleffe de la province, les couvens & les lieux dépendans du cercle de Roftock ne contribuent pas à l'entretien des troupes du fouverain : cette dépenfe eft à la charge feule du duc, au moyen des contributions & des impôts qu'on lui paye. La nobleffe, ainfi que fes vaffaux, font exempts auffi de logement & d'entretien de gens de guerre ; les villes municipales en revanche ne le font que du logement de la cavalerie. Une autre exemption dont jouiffent les gentilshommes & leurs fujets, de même que la province, eft celle de n'être point obligés à faire des livraifons dans les magafins, ni affujettis aux travaux de fortifications & de redoutes, ni tenus à voiturer des matériaux ou à fe rédimer de ces charges à prix d'argent, à moins qu'il ne fe préfente des cas preffans, tels que feroient la défenfe de l'Empire & celle du cercle. Les villes font tenues de loger l'infanterie, & de lui fournir le fel, le bois & la lumière, ou de lui payer tous ces objets en argent. Le lecteur jugera, d'après les détails précédens, que le Mecklenbourg eft un des pays de l'Allemagne les mieux gouvernés fur la partie des impôts, & il ne fe trompera pas.

Divifion. Les deux duchés forment trois cercles.

I°. Le cercle de Mecklenbourg : il eft compofé du duché de Mecklenbourg-Schwerin, & comprend l'ancien duché de Mecklenbourg, le comté de Schwerin, la partie occidentale de la principauté de Venède, & une petite partie de la feigneurie de Roftock.

II°. Le cercle de Venède : il eft compofé de la partie orientale & la plus étendue de la principauté de Venède, ainfi que de la feigneurie de Roftock ; il forme en même-temps la plus forte portion du duché de Mecklenbourg-Guftrow.

III°. Le cercle de Stargard : c'eft une partie du duché de Mecklenbourg Guftro, & il eft compofé de l'ancienne feigneurie de Stargard. Il contient neuf villes & plus de 150 villages. *Voyez* l'article ALLEMAGNE & SUEDE. *Voyez* aussi à l'article SCHWERIN ce qui regarde la petite principauté de Schwerin, qu'il ne faut pas confondre avec le duché de Mecklenbourg-Schwerin.

MÉDIATEUR, MÉDIATION. Lorsque des peuples font la guerre pour soutenir leurs prétentions réciproques, on donne le nom de *médiateur* à un souverain ou à un état neutre, qui offre ses bons offices pour terminer les différends des puissances belligérantes, pour régler à l'amiable leurs prétentions, & rapprocher des princes qui souvent trop aliénés par la fureur des combats, ne veulent ni écouter la raison, ni traiter de paix directement les uns avec les autres.

Le rôle de conciliateur est le plus beau qu'un souverain puisse jouer : aux yeux de l'homme sage, il est préférable à l'éclat odieux que donnent des victoires sanguinaires, toujours onéreuses à ceux mêmes qui les remportent, & qu'on achete toujours au prix du sang, des trésors & du repos des sujets.

La justice d'ailleurs de ce devoir est si sensible, que l'alcoran même le prescrit aux disciples de Mahomet : on y trouve que si deux nations ou deux provinces de musulmans sont en guerre, il faut que toutes les autres s'unissent pour les accommoder, & pour obliger celle qui a tort à satisfaire l'autre partie. C'est donc pour les chrétiens une obligation indispensable de travailler avec ardeur à réconcilier les esprits & à terminer les mêmes différends. Mais, quoi qu'en disent les publicistes, il est rare que des vues de religion déterminent les puissances chrétiennes à rétablir la paix.

La *médiation* semble avoir pour principe un motif si louable, qu'on a bonne grace à l'offrir lors même qu'on a des relations particulières avec l'ennemi, ou que des motifs de vanité ou de grandeur conduisent au rôle de *médiateur*. Les parties belligérantes demeurent maîtresses d'accepter ou de refuser les propositions. Au reste, les *médiations* ne sont plus guère désintéressées : on se charge de ce soin, pour ne pas être réduits à épouser la querelle de l'une ou de l'autre des parties. On sait que, dans l'état actuel de l'Europe, si une puissance est bien-aise de voir sa rivale hâter son épuisement par la guerre, d'autres calculs viennent déranger cette satisfaction. Si la guerre s'allume ou dure trop long-temps, l'incendie se communique de proche en proche, & on est entraîné malgré soi dans cette guerre ; & il est souvent dangereux pour nous de voir miner ou affoiblir les deux puissances, ou l'une des deux seulement, qui se préparent aux hostilités, ou qui les ont commencées. Il faut alors pour notre conservation travailler sérieusement à étouffer de bonne heure le feu qui commence chez nos voisins.

La *médiation* qui n'est accompagnée d'aucune menace & qui est vraiment généreuse, doit être acceptée par les parties intéressées ; le *médiateur* doit être étranger à la guerre que l'on veut terminer ; il ne doit point favoriser une des puissances aux dépens de l'autre. En un mot, dans ses fonctions de médiateur, il doit se montrer équitable, impartial & ami de la paix.

La médiation peut s'exercer par plusieurs personnes ou puissances à la fois, bien entendu néanmoins qu'aucune d'elles ne se trouve déja engagée par quelque traité particulier à secourir l'une des parties, au cas que l'on en vienne aux mains ; car une promesse ne sauroit être ni annullée, ni restreinte par une convention postérieure avec un tiers. Après avoir bien examiné les prétentions respectives de part & d'autre, les *médiateurs* dressent séparément ou de concert, des articles de paix, selon ce qui paroît le plus juste & le plus raisonnable ; ils les proposent aux parties qui sont en guerre, & ils leur déclarent souvent que si l'une d'elles refuse de faire la paix à ces conditions, on prendra le parti de l'autre qui les aura acceptées. Par-là on ne se rend nullement arbitre des deux parties malgré elles, & l'on ne s'attribue pas le droit de décider leur différend avec autorité ; ce qui seroit contraire à l'indépendance des divers états. On ne leur fait pas non plus cette proposition de manière à prétendre qu'elles soient absolument tenues d'y acquiescer ; car à la rigueur elles n'y sont pas tenues. Mais, par le droit naturel, chacun peut joindre ses armes à celles d'un autre, à qui il croit que l'on fait du tort, sur-tout lorsqu'il craint qu'il ne lui en revienne du mal à lui même.

L'histoire des médiations depuis un siècle seroit assez curieuse : nous en avons examiné plusieurs, & nous avons vu les *médiateurs* réussir lorsque les parties belligérantes étoient lasses de la guerre ; ou plus communément la médiation traînée en longueur par la partie la plus forte, jusqu'à ce qu'elle eût obtenu les avantages qu'elle desiroit. Quand les parties belligérantes sont arrivées à l'un ou l'autre de ces deux points, elles ne se soucient plus des *médiateurs* & de la lenteur de leurs négociations ; elles s'arrangent elles-mêmes, & elles ne craignent pas de donner un petit déplaisir aux puissances qui ont travaillé pendant la guerre à hâter la paix. C'est ainsi que le dernier traité de paix entre l'Angleterre & la France a été conclu sans l'intervention des médiateurs. *Voyez* l'article GUERRE.

MELINDE, royaume d'Afrique sur la côte de Zanguebar, où les portugais ont un comptoir. *Voyez* l'article PORTUGAL.

MEMMINGEN, ville impériale d'Allemagne au cercle de Suabe : elle est située dans une contrée riante & fertile sur le ruisseau d'Aach, qui se jette dans l'Iler. Ses magistrats, au nombre de dix-neuf, tant patriciens que plébéiens, professent le luthéranisme, ainsi que la plus grande partie de la bourgeoisie. On a dit qu'elle appartenoit anciennement au comté d'Altorf; mais cela est encore douteux. On sait toutefois que Guelphe VI, dont la famille possédoit ce comté, y résida & y finit ses jours. Dès le règne de Frédéric I, elle étoit ville libre & impériale; & après l'extinction de Guelphe d'Altorf, elle sut si bien affermir sa liberté, que le roi Rodolphe la reconnut & la confirma par une charte datée de 1286. Les empereurs Charles IV & Wenceslas lui assurèrent son immédiateté. Elle a le quatorzième suffrage à la diète de l'Empire sur le banc des villes libres de Suabe, & l'onzième dans les assemblées du cercle. Sa taxe matriculaire, autrefois de 248 florins, fut fixée en 1683 à 150 florins & réduite à 75 en 1706, outre 281 rixdales 32 & demi kr. qu'elle paye pour l'entretien de la chambre impériale. Elle paye au fisc de la préfecture de Suabe une redevance annuelle de 15 liv. hellers pour l'office de sa prévôté. Elle fait un commerce assez considérable dans ses environs, aussi-bien qu'en Suisse & en Italie, & les objets de ce trafic sont du sel de Bavière, de la toile de ses fabriques, du houblon, des grains & d'autres marchandises & denrées. En 1645, les troupes impériales & bavaroises s'en emparèrent après un siège opiniâtre de neuf semaines.

Le territoire de la ville appartient à la république & à ses hôpitaux, qui en possèdent la plus grande partie.

MENDRISIO; un des quatre bailliages que les Suisses possèdent en Italie. Il faisoit partie du duché de Milan. On l'oublia dans le traité conclu entre François premier, roi de France, & les suisses en 1516, & cet oubli causa bientôt des difficultés. Les suisses terminèrent le différend en le prenant de force en 1521. Jacques de Wippingen, baillif de Lugano, reçut le serment de ceux de Mendris & de Balerna, sous la réserve de leurs droits, privilèges, us & coutumes. Les suisses la gouvernent par un bailli qu'on prend alternativement dans les douze cantons, & qui est deux ans en charge. L'exclusion du canton d'Appenzell, reçu en 1513 dans la confédération helvétique, prouve que les suisses fondoient leurs droits sur la conquête qu'ils en firent en 1512.

Ce bailliage est le plus petit des quatre. Il a trois lieues de longueur sur une de largeur. Le terroir est très-fertile en vins & en grains.

Le baillif décide seul de toutes les affaires civiles & criminelles, avec droit d'appel au syndicat. Lorsqu'il s'agit d'un crime capital, il doit consulter son secrètaire bailliyal, son propre vicaire, le fiscal & le chancelier; mais ils n'ont tous que voix consultative. Le secrétaire bailliyal est élu par le pays même; il n'en a que le nom, le chancelier fait les fonctions. Le syndicat établit le fiscal & le chancelier, & le baillif son vice-baillif.

Le bailliage se partage en deux pièces; celle de *Mendrisio* & celle de Balerna. On lui a conservé quelques privilèges; chaque pièce a deux régens, & chaque commune un consul. Ceux-ci dirigent les affaires du pays, la police, les dépenses publiques, &c. & ils en rendent compte au baillif.

Les habitans sont tous du diocèse de Come. On croit que leur nombre est de 15 ou 16 mille. *Voyez* l'article CORPS HELVÉTIQUE.

MERSEBOURG, évêché d'Allemagne, qui fut autrefois souverain: il est borné par les bailliages de Leipsick & de Pegau du cercle de Leipsick; par ceux de Weissenfels & de Fribourg du cercle de la Thuringe; par celui de Querfurt de la principauté de ce nom, par celui de Schraplau, dépendant du comté de Mansfeld, & par la partie du duché de Magdebourg que l'on nomme *cercle de la Saale*.

Il contient 7 villes, un bourg, 212, & selon Hempel 225 villages & 78 biens nobles.

L'empereur Otton le grand conçut, dès l'année 955, le dessein de fonder un évêché dans sa ville de *Mersebourg*; il obtint à cet effet une bulle du pape en 962, qui fut confirmée en 967: mais cette fondation n'eut lieu qu'en 968, & ce nouvel évêché fut mis sous la dépendance de l'archevêché de Magdebourg. Il paroît que l'empereur céda pour toujours à l'évêque les droits seigneuriaux sur la ville de *Mersebourg*; & vers l'année 974, l'évêque obtint les droits régaliens dans l'intérieur de la ville. On ignore le temps auquel les évêques entrèrent en possession du château & du bailliage; mais ce ne fut point avant le treizième siècle. Gisiler ou Geisseler, deuxième évêque, parvenu ensuite à l'archevêché de Magdebourg, divisa les biens de l'évêché, & le convertit en abbaye en 982; mais l'empereur Henri II le rétablit en 1004, & plaça sur le siège Wigbert; il réunit une grande partie des biens qui en avoient été détachés. Les margraves de Misnie ne cessèrent point de s'arroger la souveraineté sur l'évêché de *Mersebourg*; & quoique le margrave Frédéric s'en soit départi en 1288, & que l'évêque Sigismond de Lindenau eût obtenu en 1541 un rescrit de l'empereur Charles-Quint, portant que la qualité de prince lui seroit conservée en tout temps, & qu'il ne seroit fait aucune innovation dans les immunités de l'Empire dont il jouissoit, ni dans la taxe matriculaire à laquelle il étoit imposé, les évêques ne furent cependant envisagés que comme nobles immédiats, soit par les margraves, soit par les électeurs, & ils furent même obligés de se reconnoître pour membres des états électoraux; de nos jours, l'évêché fait encore partie de la première classe des états dans le collège des prélats. Cet évêché quitta, dans le seizième siècle, la religion catholique romaine, pour embrasser la protestante; & depuis 1561 le

grand

grand chapitre a élu constamment un prince de la maison électorale. L'électeur Jean-George I, à qui le grand chapitre conféra cette dignité en 1592, & qui administra réellement cet évêché en 1603, le résigna en 1650 entre les mains du grand chapitre, pour en faire revêtir son troisième fils Christian qui, dès 1656, régit la majeure partie de cet évêché, & qui l'administra en entier après le décès de son père : il eut d'ailleurs, en vertu d'un testament de 1652, la basse-Lusace, les seigneuries de Dobrilug & de Finsterwalde, comme aussi les bailliages de Delitzsch, de Bitterfeld & de Zœrbig. Le prince Christian fut ainsi la souche de la branche collatérale de *Mersebourg*, qui s'éteignit en 1738 par la mort du duc Henri : à cette époque, le roi Auguste III se chargea de la direction de *Mersebourg*, qu'il attacha pour toujours à la maison électorale, en vertu d'une capitulation.

Sa taxe matriculaire consistoit anciennement en dix cavaliers montés & équipés & 30 fantassins, ou 240 florins en argent : mais la maison de Saxe l'a exempté depuis de cette charge.

Le grand chapitre est composé de seize grands chanoines, parmi lesquels se trouvent six prélats, & de quatre chanoines inférieurs, tous de la religion luthérienne & d'ancienne noblesse.

L'évêché a une régence qui lui est propre ; il a aussi une chambre domaniale & un consistoire.

Les bailliages qui lui appartiennent, sont :

I. Le bailliage, dit Kuchenamt-Mersebourg, qui comprend quarante-cinq villages & dix-neuf biens nobles.

II. Le bailliage de Lutzen, composé de 73 villages & de 24 biens nobles. Le bailliage de Zwenkay fut incorporé en 1655.

III. Le bailliage de Schkenditz, composé de quarante-huit villages & de vingt-quatre biens nobles.

IV. Le bailliage de Lauchstœdt, composé de 29 villages & de 11 biens nobles. *Voyez* l'article SAXE.

MEURS, principauté d'Allemagne, au cercle de Westphalie.

Cette principauté a environ deux milles en longueur & en largeur ; elle est bornée par les duchés de Clèves & de Berg, par l'archevêché de Cologne & le duché de Gueldres.

Quoiqu'un grand nombre de ses districts soient marécageux, cette principauté est cependant fertile en bled, & nourrit beaucoup de bétail & de gibier. Tous les habitans, à l'exception de ceux de la seigneurie de Creyfeld, professent la religion réformée.

Précis de l'histoire politique. La principauté de *Meurs* est un ancien fief de Clèves, dont les comtes de *Meurs* ont reçu l'investiture dès 1287. Après la mort de Herman, dernier comte de *Meurs*, Guillaume, duc de Clèves, voulut se

Œcon. polit. & diplomatique. Tome III.

mettre en possession de *Meurs*, comme d'un fief ouvert ; mais Waldpurge, sœur du dernier comte & femme d'Adolphe, comte de Nevenar, s'en empara, & en 1579 les parties transigèrent : il fut convenu qu'Adolphe de Nevenar recevroit l'investiture de *Meurs* des mains de Guillaume, duc de Clèves ; & qu'en cas de décès de la part de Waldpurge, sans laisser de postérité, le comté en question retourneroit aux ducs de Clèves. Waldpurge fit don du comté à Maurice, prince de Nassau-Orange ; & quoique le duc de Clèves s'en mît en possession en 1600 après la mort de la donatrice, Maurice le lui reprit. Les deux parties stipulèrent en 1606 que les bourgeois de *Meurs* seroient neutres, que le prince Maurice mettroit dans le château une garnison de deux cents six hommes, & qu'après sa mort le comté appartiendroit au duc. Mais Maurice étant mort en 1625, son successeur Frédéric-Henri s'empara de *Meurs*, & la maison d'Orange s'y maintint jusqu'à la mort de Guillaume III, roi de la Grande-Bretagne, après laquelle le roi de Prusse s'en saisit à titre d'héritier & à titre de seigneur direct. Après la mort du comte Herman, dont il a déja été fait mention, la seigneurie de Frimœrsheim retourna à l'abbaye de Werden comme fief ouvert ; mais cette abbaye en investit de nouveau, en 1579, le duc Guillaume de Clèves ; cependant on en conserva la jouissance à la comtesse Waldpurge : après sa mort, le prince Maurice de Nassau la prit également, & en obtint l'investiture de l'abbaye. La maison électorale de Brandebourg réincorpora en 1648 au duché de Clèves cette seigneurie & les autres fiefs de Werden, & en fit renouveller l'hommage en 1668 & 1681. Le roi de Prusse fit ériger *Meurs* en principauté par l'empereur Joseph en 1707 ; mais il n'a pu encore obtenir voix & séance au collège des princes, quoique le résultat que les deux collèges supérieurs rédigèrent en 1708, lui fût favorable.

Le prince d'Orange obtint en 1661, par rapport à cette principauté, voix & séance aux assemblées du cercle de Westphalie, après avoir promis de fournir pour la taxe matriculaire 4 cavaliers & 12 fantassins. Sa place est immédiatement après Witten. *Meurs* ayant été érigé en principauté en 1708, on lui assigna un nouveau rang aux assemblées circulaires, & son souverain prit place après Ost-Frise. Cette principauté doit payer 40 rixdales 54 & demi kr. pour l'entretien de la chambre impériale.

La principauté de *Meurs* a une régence particulière, qui administre toutes les affaires ecclésiastiques, civiles & féodales. Les affaires économiques appartiennent à la députation de la chambre de guerre & des domaines, & celles de guerre & de police sont dirigées par le conseil des accises de *Meurs* & de Crefeld, sous la direction de ce dernier collège : ce même conseil remplit les fonctions de conseil provincial. *Voyez* les articles BRANDEBOURG & PRUSSE.

MEXIQUE, vaste contrée de l'Amérique que possèdent les espagnols : on lui donne aussi le nom de *Nouvelle-Espagne*. On trouve au nord du *Mexique* une autre contrée qui appartient aussi aux espagnols, & qu'on appelle le *Nouveau-Mexique*. Ce qui regarde le *Nouveau Mexique*, se trouvera ici : nous n'avons pas cru devoir en faire un article à part.

Nous ferons dans celui-ci, 1°. un précis historique de la découverte, de la conquête & de l'établissement du *Mexique*, & des détails sur le gouvernement qu'y trouvèrent les espagnols : 2°. nous indiquerons le degré de prospérité auquel s'est élevé le *Mexique*, & nous parlerons des productions & du commerce de ce pays.

SECTION PREMIERE.

Précis historique de la découverte, de la conquête & de l'établissement du Mexique & de la Nouvelle-Espagne.

Velasquès, fondateur de l'établissement de Cuba, desiroit que sa colonie partageât, avec celle de Saint-Domingue, l'avantage de faire des découvertes dans le continent ; & il trouva très-disposés à seconder ses vues, la plupart de ceux qu'une avidité active & insatiable avoit conduits dans son isle. Cent dix s'embarquèrent, le 8 février 1517, sur trois petits bâtimens à Saint-Iago, cinglèrent à l'ouest, débarquèrent successivement à Yucatan, à Campèche, furent reçus en ennemis sur les deux côtes, périrent en grand nombre des coups qu'on leur porta, & regagnèrent dans le plus grand désordre le port d'où, quelques mois auparavant ils étoient partis avec de si flatteuses espérances. Leur retour fut marqué par la fin du chef de l'expédition, Cordova, qui mourut de ses blessures.

Jusqu'à cette époque, l'autre hémisphère n'avoit offert aux espagnols que des sauvages nuds, errans, sans industrie, sans gouvernement. Pour la première fois, on venoit de voir des peuples logés, vêtus, formés en corps de nations, assez avancés dans les arts pour convertir en vases des métaux précieux.

Cette découverte pouvoit faire craindre des dangers nouveaux ; mais elle présentoit aussi l'appas d'un butin plus riche, & deux cents quarante espagnols se précipitèrent dans quatre navires qu'armoit, à ses dépens, le chef de la colonie. Ils commencèrent par vérifier ce qu'avoient publié les aventuriers qui les avoient précédés, poussèrent ensuite leur navigation jusqu'à la rivière de Panuco, & crurent appercevoir par tout des traces encore plus décisives de civilisation. Souvent ils débarquèrent. Quelquefois on les attaqua très-vivement, & quelquefois on les reçut avec un respect qui tenoit de l'adoration. Dans une ou deux occasions, ils purent échanger contre l'or du nouvel hémisphère quelques bagatelles de l'ancien. Les plus entreprenans d'entr'eux opinoient à former un établissement sur ces belles plages ; leur commandant, Grijalva, qui, quoiqu'actif, quoiqu'intrépide, n'avoit pas l'ame d'un héros, ne trouva pas ses forces suffisantes pour une entreprise de cette importance. Il reprit la route de Cuba, où il rendit un compte plus ou moins exageré de tout ce qu'il avoit vu, de tout ce qu'il avoit pu apprendre de l'empire du *Mexique*.

La conquête de cette vaste & opulente région est aussi-tôt arrêtée par Velasquès. Le choix de l'instrument qu'il y employera, l'occupe plus long-temps. Il craint également de la confier à un homme qui manquera des qualités indispensables pour la faire réussir, ou qui aura trop d'ambition pour lui en rendre hommage. Ses confidens le décident enfin pour Fernand Cortès, celui de ses lieutenans que les talens appellent le plus impérieusement à l'exécution du projet, mais le moins propre à remplir ses vues personnelles. L'activité, l'élévation, l'audace que montre le nouveau chef dans les préparatifs d'une expédition dont il prévoit & veut écarter les difficultés, réveillent toutes les inquiétudes d'un gouverneur naturellement trop soupçonneux. On le voit occupé, d'abord en secret & publiquement ensuite du projet de retirer une commission importante qu'il se reproche d'avoir inconsidérément donnée. Repentir tardif. Avant qu'il soient achevés les arrangemens imaginés pour retenir la flotte composée de onze petits bâtimens, elle a mis à la voile, le 10 février 1519, avec cent neuf matelots, cinq cents huit soldats, seize chevaux, treize mousquets, trente-deux arbaletes, un grand nombre d'épées & de piques, quatre fauconneaux & dix pièces de campagne.

Ces moyens d'invasion, tout insuffisans qu'ils pourront paroître, n'avoient pas même été fournis par la couronne, qui ne contribuoit alors que de son nom aux découvertes, aux établissemens. C'étoient les particuliers qui formoient des plans d'agrandissement, qui les dirigeoient par des combinaisons bien ou mal réfléchies, qui les exécutoient à leurs dépens. La soif de l'or & l'esprit de chevalerie qui régnoit encore, excitoient principalement la fermentation. Ces deux aiguillons faisoient à la fois courir dans le nouveau-Monde, des hommes de la première & de la dernière classe de la société ; des brigands qui ne respiroient que le pillage, & des esprits exaltés qui croyoient aller à la gloire. C'est pourquoi la trace de ces premiers conquérans fut marquée par tant de forfaits & tant d'actions extraordinaires ; c'est pourquoi leur cupidité fut si atroce, & leur bravoure si gigantesque.

La double passion des richesses & de la renommée paroît animer Cortès. En se rendant à sa deftination, il attaque les indiens de Tabafco, bat plufieurs fois leurs troupes, les réduit à demander la paix, reçoit leur hommage, & fe fait donner des vivres, quelques toiles de coton, & vingt femmes qui le fuivent avec joie.

Le *Mexique* obéiffoit à Montezuma, lorfque les efpagnols y abordèrent. Le fouverain ne tarda pas à être averti de l'arrivée de ces étrangers. Dans cette vafte domination, des couriers placés de diftance en diftance, inftruifoient rapidement la cour de tout ce qui arrivoit dans les provinces les plus reculées. Leurs dépêches confiftoient en des toiles de coton, où étoient repréfentées les différentes circonftances des affaires qui méritoient l'attention du gouvernement. Les figures étoient entremêlées de caractères hiéroglyphiques, qui fuppléoient à ce que l'art du peintre n'avoit pu exprimer.

On devoit s'attendre qu'un prince que fa valeur avoit élevé au trône, dont les conquêtes avoient étendu l'empire, qui avoit des armées nombreufes & aguerries, feroit attaquer où attaqueroit lui-même une poignée d'aventuriers qui ofoient infefter fon domaine de leurs brigandages. Il n'en fut pas ainfi; & les efpagnols, toujours invinciblement pouffés vers le merveilleux, cherchèrent, dans un miracle, l'explication d'une conduite fi vifiblement oppofée au caractère du monarque, fi peu affortie aux circonftances où il fe trouvoit. Les écrivains de cette nation ne craignirent pas de publier à la face de l'univers, qu'un peu avant la découverte du nouveau-Monde, on avoit annoncé aux mexicains que bientôt il arriveroit du côté de l'orient un peuple invincible, qui vengeroit, d'une manière à jamais terrible, les dieux irrités par les plus horribles crimes, par celui en particulier que la nature repouffe avec plus de dégoût, & que cette prédiction fatale avoit feule enchaîné les talens de Montezuma. Ils crurent trouver dans cette impofture le double avantage de juftifier leurs ufurpations, & d'affocier le ciel à leurs cruautés. Une fable fi groffière trouva long-tems des partifans dans les deux hémifphères, & cet aveuglement n'eft pas auffi furprenant qu'on le pourroit croire.

Depuis que Montezuma étoit fur le trône, il ne montroit aucun des talens qui l'y avoient fait monter. Du fein de la molleffe, il méprifoit fes fujets, il opprimoit fes tributaires. L'arrivée des efpagnols ne rendit pas du reffort à cette ame avilie & corrompue. Il perdit en négociant, le temps qu'il falloit employer en combats, & voulut renvoyer avec des préfens, des ennemis qu'il falloit détruire. Cortès, à qui cet engourdiffement convenoit beaucoup, n'oublioit rien pour le perpétuer. Ses difcours étoient d'un ami. Sa miffion fe bornoit, difoit-il, à entretenir de la part du plus grand monarque de l'orient, le plus puiffant maître du *Mexique*. A toutes les inftances qu'on faifoit pour preffer fon rembarquement, il répondoit toujours qu'on n'avoit jamais renvoyé un ambaffadeur fans lui donner audience. Cette obftination ayant réduit les envoyés de Montezuma à recourir, felon leurs inftructions, aux menaces & à vanter les tréfors & les forces de leur patrie : *voilà*, dit le général efpagnol en fe tournant vers fes foldats, *voilà ce que nous cherchons, de grands périls & de grandes richeffes*. Il avoit alors fini tous fes préparatifs, & acquis toutes les connoiffances qui lui étoient néceffaires. Réfolu à vaincre ou à périr, il brûla fes vaiffeaux, & marcha vers la capitale de l'empire.

Sur fa route fe trouvoit la république de Tlafcala, de tout temps ennemie des mexicains, qui vouloient la foumettre à leur domination. Cortès ne doutant pas qu'elle ne dût favorifer fes projets, lui fit demander paffage, & propofer une alliance. Des peuples qui s'étoient interdit prefque toute communication avec leurs voifins, & que ce principe infociable avoit accoutumés à une défiance univerfelle, ne devoient pas être favorablement difpofés pour des étrangers dont le ton étoit impérieux, & qui avoient fignalé leur arrivée par des infultes faites aux dieux du pays. Auffi repouffèrent-ils fans ménagement les deux ouvertures. Les merveilles qu'on racontoit des efpagnols, étonnoient les tlafcalteques, mais ne les effrayoient pas. Ils livrèrent quatre ou cinq combats. Une fois les efpagnols furent rompus. Cortès fe crut obligé de fe retrancher, & les indiens fe firent tuer fur fes parapets. Que leur manquoit-il pour vaincre ? des armes.

Un point d'honneur qui tient à l'humanité, un point d'honneur qu'on trouva chez les grecs au fiège de Troye, qui fe fit remarquer chez quelques peuples des Gaules, & qui paroît établi chez plufieurs nations, contribua beaucoup à la défaite des tlafcalteques. C'étoit la crainte & la honte d'abandonner à l'ennemi leurs bleffés & leurs morts. A chaque moment, le foin de les enlever rompoit les rangs & ralentiffoit les attaques.

Une conftitution politique, qu'on ne fe feroit pas attendu à trouver dans le *nouveau-Monde*, s'étoit formée dans cette contrée. Le pays étoit partagé en plufieurs cantons, où régnoient des hommes qu'on appelloit *caciques*. Ils conduifoient leurs fujets à la guerre, levoient les impôts & rendoient la juftice : mais il falloit que leurs édits fuffent confirmés par le fénat de Tlafcala, qui étoit le véritable fouverain. Il étoit compofé de citoyens choifis dans chaque diftrict par les affemblées du peuple. M. Robertfon a décrit les mœurs & le gouvernement des tlafcalteques; & nous y renvoyons le lecteur.

Une des qualités que les efpagnols méprifoient le plus chez les tlafcalteques, c'étoit l'amour de la liberté. Ils ne trouvoient pas que ce peuple eût un gouvernement, parce qu'il n'avoit pas celui d'un seul, ni une police, parce qu'il n'avoit pas celle de Madrid ; ni des vertus, parce qu'il n'avoit pas leur culte ; ni de l'esprit, parce qu'il n'avoit pas leurs opinions.

Malgré cette manière de penser si hautaine & si dédaigneuse, les espagnols firent alliance avec les tlascalteques, qui leur donnèrent six mille soldats pour les conduire & les appuyer.

Avec ce secours, Cortès s'avançoit vers Mexico, à travers un pays abondant, arrosé, couvert de bois, de champs cultivés, de villages & de jardins. La campagne étoit féconde en plantes inconnues à l'Europe. On y voyoit une foule d'oiseaux d'un plumage éclatant, des animaux d'espèces nouvelles. La nature étoit différente d'elle-même, & n'en étoit que plus agréable & plus riche. Un air tempéré, des chaleurs continues, mais supportables, entretenoient la parure & la fécondité de la terre. On voyoit, dans le même canton, des arbres couverts de fleurs, des arbres chargés de fruits. On semoit dans un champ le grain qu'on moissonnoit dans l'autre.

Les espagnols ne parurent point sensibles à ce nouveau spectacle. Tant de beautés ne les touchoient pas. Ils voyoient l'or servir d'ornement dans les maisons & dans les temples, embellir les armes des mexicains, leurs meubles & leurs personnes ; ils ne voyoient que ce métal : semblables à Mammona dont parle Milton, qui dans le ciel oubliant la divinité même, avoit toujours les yeux fixés sur le parvis qui étoit d'or.

Montezuma que ses incertitudes, & peut-être la crainte de commettre son ancienne gloire, avoient empêché d'attaquer les espagnols à leur arrivée, de se joindre depuis aux tlascalteques plus hardis que lui, d'assaillir enfin des vainqueurs fatigués de leurs propres triomphes : Montezuma, dont les mouvemens s'étoient réduits à détourner Cortès de venir dans sa capitale, prit le parti de l'y introduire lui-même. Il commandoit à trente princes, dont plusieurs pouvoient mettre sur pied des armées. Ses richesses étoient considérables, & son pouvoir absolu. Il paroît que ses sujets avoient quelques connoissances & de l'industrie. Ce peuple étoit guerrier & rempli d'honneur.

L'empereur du *Mexique* oubliant ce qu'il se devoit, ce qu'il devoit à sa couronne, ne montra pas le moindre courage, la moindre intelligence. Tandis qu'il pouvoit accabler les espagnols de toute sa puissance, malgré l'avantage de leur discipline & de leurs armes, il voulut employer contre eux la perfidie.

Il les combloit à Mexico de présens, d'égards, de caresses, & il faisoit attaquer la Vera-Crux, colonie que les espagnols avoient fondée dans le lieu où ils avoient débarqué, pour s'assurer une retraite, où pour recevoir des secours. Il faut, dit Cortès à ses compagnons, en leur apprenant cette nouvelle, *il faut étonner ces barbares par une action d'éclat : j'ai résolu d'arrêter l'empereur, & de me rendre maître de sa personne.* Ce dessein fut approuvé. Aussi-tôt, accompagné de ses officiers, il marche au palais de Montezuma, & lui déclare qu'il faut le suivre, ou se résoudre à périr. Ce prince, par une bassesse égale à la témérité de ses rivaux, se met entre leurs mains. Il est obligé de livrer au supplice les généraux qui n'avoient agi que par ses ordres ; & il met le comble à son avilissement, en rendant hommage de sa couronne au roi d'Espagne.

Au milieu de ces succès, on apprend que Narvaès vient d'arriver de Cuba avec huit cents fantassins, avec quatre-vingts chevaux, avec douze pièces de canon, pour prendre le commandement de l'armée & pour exercer des vengeances. Ces forces étoient envoyées par Velasquès, mécontent que des aventuriers partis sous ses auspices eussent renoncé à toute liaison avec lui, qu'ils se fussent déclarés indépendans de son autorité, & qu'ils eussent envoyés des députés en Europe, pour obtenir la confirmation des pouvoirs qu'ils s'étoient arrogés eux-mêmes. Quoique Cortès n'ait que deux cents cinquante hommes, il marche à son rival ; il le combat ; le fait prisonnier, oblige les vaincus à mettre bas les armes, puis les rend en leur proposant de le suivre. Il gagne leur cœur par sa confiance & sa magnanimité. Ces soldats se rangent sous ses drapeaux ; & avec eux il reprend, sans perdre un moment, la route de Mexico, où il n'avoit pu laisser que cinquante espagnols qui, avec les tlascalteques, gardoient étroitement l'empereur.

Il y avoit des mouvemens dans la noblesse mexicaine, qui étoit indignée de la captivité de son prince ; & le zèle indiscret des espagnols qui, dans une fête publique en l'honneur des dieux du pays, renversèrent les autels & massacrèrent les adorateurs & les prêtres, avoit fait prendre les armes au peuple.

Cortès, à son retour à Mexico, trouva les siens assiégés dans le quartier où il les avoit laissés. C'étoit un espace assez vaste pour contenir les espagnols & leurs alliés, & entouré d'un mur épais, avec des tours placées de distance en distance. On y avoit disposé l'artillerie le mieux qu'il avoit été possible ; & le service s'y étoit toujours fait avec autant de régularité & de vigilance que dans une place assiégée ou dans le camp le plus exposé. Le général ne pénétra dans cette espèce de forteresse qu'après avoir surmonté beaucoup de difficultés ; & quand il y fut enfin parvenu, les dangers continuoient encore. L'acharnement des naturels du pays étoit tel qu'ils hasardoient de pénétrer par les embrasures du canon, dans l'asyle qu'ils vouloient forcer.

Pour se tirer d'une situation désespérée, les espagnols ont recours à des sorties. Elles sont heureuses, sans être décisives. Les mexicains montrent un courage extraordinaire. Ils fe dévouent gaiement à une mort certaine. On les voit fe précipiter nus & fans défenfe dans les rangs de leurs ennemis, pour rendre leurs armes inutiles ou pour les leur arracher. Tous veulent périr pour délivrer leur patrie de ces étrangers qui prétendent y régner.

Le combat le plus fanglant fe donne fur une élévation dont les américains s'étoient emparés, & d'où ils accabloient de traits plus ou moins meurtriers tout ce qui fe préfentoit. La troupe chargée de les déloger, eft trois fois repouffée. Cortès s'indigne de cette réfiftance ; & quoiqu'affez grièvement bleffé, il veut fe charger lui-même de l'attaque. A peine eft-il en poffeffion de ce pofte important, que deux jeunes mexicains jettent leurs armes & viennent à lui comme déferteurs. Ils mettent un genou à terre, dans la pofture de fuppliants, le faififfent & s'élancent avec une extrême vivacité dans l'efpérance de le faire périr, en l'entraînant avec eux. Sa force ou fon adreffe le débarraffent de leurs mains, & ils meurent victimes d'une entreprife généreufe & inutile.

Cette action, mille autres d'une vigueur pareille, font defirer aux Efpagnols qu'on puiffe trouver des moyens de conciliation. Montezuma, toujours prifonnier, confent à devenir l'inftrument de l'efclavage de fon peuple, & il fe montre avec tout l'appareil du trône fur la muraille, pour engager fes fujets à ceffer les hoftilités. Leur indignation lui apprend que fon règne eft fini ; & les traits qu'ils lui lancent le percent d'un coup mortel.

Un nouvel ordre de chofes fuit de près cet événement tragique. Les mexicains voient à la fin que leur plan de défenfe, que leur plan d'attaque font également mauvais ; & ils fe bornent à couper les vivres à un ennemi que la fupériorité de fa difcipline & de fes armes rend invincible. Cortès ne s'apperçoit pas plutôt de ce changement de fyftême, qu'il penfe à fe retirer chez les tlafcalteques.

L'exécution de ce projet exigeoit une grande célérité, un fecret impénétrable, des mefures bien combinées. On fe met en marche vers le milieu de la nuit. L'armée défiloit en filence & en ordre fur une digue, lorfque fon arrière-garde fut attaquée avec impétuofité par un corps nombreux, & fes flancs par des canots diftribués aux deux côtés de la chauffée. Si les mexicains, qui avoient plus de forces qu'ils n'en pouvoient faire agir, euffent eu la précaution de jetter des troupes à l'extrémité des ponts qu'ils avoient fagement rompus, les efpagnols & leurs alliés auroient tous péri dans cette action fanglante. Leur bonheur voulut que leur ennemi ne fût pas profiter de tous fes avantages ; & ils arrivèrent enfin fur les bords du lac, après des dangers & des fatigues incroyables. Le défordre où ils étoient, les expofoit encore à une défaite entière. Une nouvelle faute vint à leur fecours.

L'aurore permit à peine aux mexicains de découvrir le champ de bataille dont ils étoient reftés les maîtres, qu'ils apperçurent parmi les morts un fils & deux filles de Montezuma, que les efpagnols emmenoient avec quelques autres prifonniers. Ce fpectacle glaça d'effroi. L'idée d'avoir maffacré les enfans après avoir immolé le père, étoit trop forte pour que des ames foibles & énervées par l'habitude d'une obéiffance aveugle, puffent la foutenir. Ils craignirent de joindre l'impiété au régicide ; & ils donnèrent à de vaines cérémonies funebres un temps qu'ils devoient au falut de leur patrie.

Durant cet intervalle, l'armée battue qui avoit perdu fon artillerie, fes munitions, fes bagages, fon butin, cinq ou fix cents efpagnols, deux mille tlafcalteques, & à laquelle il ne reftoit prefque pas un foldat qui ne fût bleffé, fe remettoit en marche. On ne tarda pas à la pourfuivre, à la harceler, à l'envelopper enfin dans la vallée d'Otumba. Le feu du canon & de la moufqueterie, le fer des lances & des épées, n'empêchoient pas les Indiens, tous nus qu'ils étoient, d'approcher, & de fe jetter fur leurs ennemis avec une grande animofité. La valeur alloit céder au nombre, lorfque Cortès décida de la fortune de cette journée. Il avoit entendu dire que, dans une partie du Nouvau-Monde, le fort des batailles dépendoit de l'étendard royal. Ce drapeau, dont la forme étoit remarquable, & qu'on ne mettoit en campagne que dans les occafions les plus importantes, étoit affez près de lui. Il s'élance avec fes plus braves compagnons pour le prendre. L'un d'eux le faifit & l'emporte dans le rang des efpagnols. Les mexicains perdent courage ; ils prennent la fuite en jettant leurs armes. Cortès pourfuit fa marche, & arrive fans obftacles chez les tlafcalteques.

XI. Il n'avoit perdu ni le deffein, ni l'efpérance de foumettre l'empire du *Mexique* ; mais il avoit fait un nouveau plan. Il vouloit fe fervir d'une partie des peuples, pour affujettir l'autre. La forme du gouvernement, la difpofition des efprits, la fituation de Mexico, favorifoient ce projet, & les moyens de l'exécuter.

L'empire étoit électif, & quelques rois ou caciques étoient les électeurs. Ils choififfoient d'ordinaire un d'entr'eux. On lui faifoit jurer que, tout le temps qu'il feroit fur le trône, les pluies tomberoient à propos, les rivières ne cauferoient point de ravages, les campagnes n'éprouveroient point de ftérilité, les hommes ne périroient point par les influences malignes d'un air contagieux. Cet ufage pouvoit tenir au gouvernement théocratique, dont on trouve encore des traces dans prefque toutes les nations de l'univers. Peut-être auffi le but de ce ferment bizarre étoit-il de faire entendre au nouveau fouverain, que les malheurs d'un état venant prefque toujours des défordres de l'adminiftration, il devoit régner avec tant de modération & de fageffe, qu'on ne pût jamais regarder les calamités publiques comme l'effet de son imprudence, ou comme une juste punition de ses déréglemens.

On avoit fait les plus belles loix pour obliger à ne donner la couronne qu'au mérite; mais la superstition donnoit aux prêtres une grande influence dans les élections.

Dès que l'empereur étoit installé, il étoit obligé de faire la guerre, & d'amener des prisonniers aux dieux. Ce prince, quoiqu'électif, étoit fort absolu, parce qu'il n'y avoit point de loix écrites, & qu'il pouvoit changer les usages reçus.

Presque toutes les formes de la justice & les étiquettes de la cour étoient consacrées par la religion.

Les loix punissoient les crimes qui se punissent par-tout; mais les prêtres sauvoient souvent les criminels.

Il y avoit deux loix propres à faire périr bien des innocens, & qui devoient appesantir sur les mexicains le double joug du despotisme & de la superstition. Elles condamnoient à mort ceux qui auroient blessé la sainteté de la religion, & ceux qui auroient blessé la majesté du prince. On voit combien des loix si peu précises facilitoient les vengeances particulières, ou les vues intéressées des prêtres & des courtisans.

On ne parvenoit à la noblesse, & les nobles ne parvenoient aux dignités que par des preuves de courage, de piété & de patience. On faisoit dans les temples un noviciat plus pénible que dans les armées; & ensuite ces nobles, auxquels il en avoit tant coûté pour l'être, se dévouoient aux fonctions les plus viles dans le palais des empereurs.

Cortès pensa que, dans la multitude des vassaux du *Mexique*, il y en auroit qui secoueroient volontiers le joug, & s'associeroient aux espagnols.

Il avoit vu combien les mexicains étoient haïs des petites nations dépendantes de leur empire, & combien ces empereurs faisoient sentir durement leur puissance.

Il s'étoit apperçu que la plupart des provinces détestoient la religion de la capitale, & que dans Mexico même les grands, les hommes riches, dans qui l'esprit de société diminuoit la férocité des préjugés & des mœurs du peuple, n'avoient plus que de l'indifférence pour cette religion. Plusieurs d'entre les nobles étoient révoltés d'exercer les emplois les plus humilians auprès de leurs maîtres.

Depuis six mois, Cortès mûrissoit en silence ses grands projets, lorsqu'on le vit sortir de sa retraite, suivi de cinq cents quatre-vingt-dix espagnols, de dix mille tlascalteques, de quelques autres Indiens, amenant quarante chevaux & traînant huit ou neuf pièces de campagne. Sa marche vers le centre des états mexicains, fut facile & rapide. Les petites nations, qui auroient pu le retarder ou l'embarrasser, furent toutes aisément subjuguées, ou se donnèrent librement à lui. Plusieurs des peuplades qui occupoient les environs de la capitale de l'empire, furent aussi forcés de subir ses loix, ou s'y soumirent d'elles-mêmes.

Des succès propres à étonner même les plus présomptueux, auroient dû naturellement livrer tous les cœurs au chef intrépide & prévoyant dont ils étoient l'ouvrage. Il n'en fut pas ainsi. Parmi ses soldats espagnols, il s'en trouvoit un assez grand nombre qui avoient trop bien conservé le souvenir des dangers auxquels ils avoient si difficilement échappé. La crainte de ceux qu'il falloit courir encore, les rendit perfides. Ils convinrent entr'eux de massacrer leur général, & de faire passer le commandement à un officier qui, abandonnant des projets qui leur paroissoient extravagans, prendroit des mesures sages pour leur conservation. La trahison alloit s'exécuter, quand le remords conduisit un des conjurés aux pieds de Cortès. Aussitôt ce génie hardi, les événemens inattendus développoient de plus en plus les ressources, fait arrêter, juger & punir Villafagna, moteur principal d'un si noir complot; mais après lui avoir arraché une liste exacte de tous ses complices. Il s'agissoit de dissiper les inquiétudes que cette découverte pouvoit causer. On y réussit, en publiant que le scélérat a déchiré un papier qui contenoit sans doute le plan de la conspiration, ou le nom des associés, & qu'il a emporté son secret au tombeau, malgré la rigueur des supplices employés pour le lui arracher.

Cependant, pour ne pas donner aux troupes le temps de trop réfléchir sur ce qui venoit de se passer, le général se hâta d'attaquer Mexico, le grand objet de son ambition, & le terme des espérances de l'armée. Ce projet présentoit de grandes difficultés.

Tout étoit disposé de longue main pour une résistance opiniâtre. Les moyens de défense avoient été préparés par Quetlavaca, qui avoit remplacé Montezuma son frère: mais la petite vérole, portée dans ces contrées par un esclave de Narvaès, l'avoit fait périr; & lorsque le siège commença, c'étoit Guatimosin qui tenoit les rênes de l'empire.

Les actions de ce jeune prince furent toutes héroïques & toutes prudentes. Le feu de ses regards, l'élévation de ses discours, l'éclat de son courage, faisoient sur ses peuples l'impression qu'il désiroit. Il disputa le terrein pied à pied; & jamais il n'en abandonna un pouce qui ne fût jonché des cadavres de ses soldats & teint du sang de ses ennemis. Cinquante mille hommes accourus de toutes les parties de l'empire à la défense de leur maître & de leurs dieux, avoient péri par le fer ou par le feu; la famine faisoit tous les jours des progrès inexprimables; des maladies contagieuses s'étoient jointes à tant de calamités, sans que son ame eût été un instant, un seul instant, ébranlée. Les assaillans, après cent combats meurtriers & de grandes pertes, étoient parvenus au centre de la place, qu'il ne songeoit pas encore à céder. On le fit enfin consentir à s'éloigner des décombres qui ne pouvoient plus être défendus, pour aller continuer la guerre dans les provinces. Dans la vue de faciliter cette retraite, quelques ouvertures de paix furent faites à Cortès : mais cette noble ruse n'eut pas le succès qu'elle méritoit ; & un brigantin s'empara du canot où étoit le généreux & infortuné monarque. Un financier espagnol imagina que Guatimosin avoit des trésors cachés ; & pour le forcer à les déclarer, il le fit étendre sur des charbons ardens. Son favori, exposé à la même torture, lui adressoit de tristes plaintes : *Et moi, lui dit l'empereur, suis-je sur des roses ?* Mot comparable à tous ceux que l'histoire a transmis à l'admiration des hommes. Les Mexicains le rediroient à leurs enfans, si quelque jour ils pouvoient rendre aux espagnols supplice pour supplice. Guatimosin fut tiré demi-mort du gril ardent, & trois ans après, il fut pendu publiquement, sous prétexte d'avoir conspiré contre ses tyrans & ses bourreaux.

Si l'on en croit les espagnols, Mexico, dont après deux mois & demi d'une attaque vive & régulière ils s'étoient enfin emparés avec le secours de soixante ou de cent mille Indiens alliés, & par la supériorité de leur discipline, de leurs armes & de leurs navires ; ce Mexico étoit une ville superbe.

La fausseté de leur description pompeuse, tracée dans des monumens de vanité par un vainqueur naturellement porté à l'exagération, ou trompé par la grande supériorité qu'avoit un état régulièrement ordonné sur les contrées sauvages, dévastées jusqu'alors dans l'autre hémisphère : cette fausseté peut être mise aisément à la portée de tous les esprits.

Dépouillons le *Mexique* de tout ce que des récits fabuleux lui ont prêté, & nous trouverons que ce pays, fort supérieur aux contrées sauvages que les espagnols avoient jusqu'alors parcourues dans le Nouveau-Monde, n'étoit rien en comparaison des pays civilisés de l'ancien continent.

Plusieurs des provinces qu'on pouvoit regarder comme faisant partie de cette vaste domination, se gouvernoient par leurs premières loix & selon leurs maximes anciennes. Tributaires seulement de l'empire, elles continuoient à être régies par leurs caciques. Les obligations de ces grands vassaux se réduisoient à couvrir ou à reculer les frontieres de l'état lorsqu'ils en recevoient l'ordre ; à contribuer sans cesse aux charges publiques, originairement d'après un tarif réglé, & dans les derniers temps suivant les besoins, l'avidité ou les caprices du despote.

L'administration des contrées plus immédiatement dépendantes du trône, étoit confiée à des grands qui, dans leurs fonctions, étoient soulagés par des nobles d'un rang inférieur. Ces officiers eurent d'abord de la dignité & de l'importance ; mais ils n'étoient plus que les instrumens de la tyrannie, depuis que le pouvoir arbitraire s'étoit élevé sur les ruines d'un régime qu'on eût pu appeller féodal.

A chacune de ces places étoit attachée une portion de terre, plus ou moins étendue. Ceux qui dirigeoient les conseils, qui conduisoient les armées, que leurs postes fixoient à la cour, jouissoient du même avantage. On changeoit de domaine en changeant d'occupation, & on le perdoit dès qu'on rentroit dans la vie privée.

Il existoit des possessions plus entières, & qu'on pouvoit aliéner ou transmettre à ses descendans. Elles étoient en petit nombre, & devoient être occupées par les citoyens des classes les plus distinguées.

Le peuple n'avoit que des communes. Leur étendue étoit réglée sur le nombre des habitans. Dans quelques-unes, les travaux se faisoient en société, & les récoltes étoient déposées dans des greniers publics, pour être distribuées selon les besoins. Dans d'autres, les cultivateurs se partageoient les champs & les exploitoient pour leur utilité particulière. Dans aucune il n'étoit permis de disposer du territoire.

Plusieurs districts, plus ou moins étendus, étoient couverts d'espèces de serfs attachés à la glèbe, passant d'un propriétaire à l'autre, & ne pouvant prétendre qu'à la subsistance la plus grossière & la plus étroite.

Des hommes plus avilis encore, c'étoient les esclaves domestiques. Leur vie étoit censée si méprisable, qu'au rapport d'Herrera, on pouvoit les en priver, sans craindre d'être jamais recherché par la loi.

Tous les ordres de l'état contribuoient au maintien du gouvernement. Dans les sociétés un peu avancées, les tributs se paient avec des méraux. Cette mesure commune de toutes les valeurs étoit ignorée des mexicains, quoique l'or & l'argent fussent sous leurs mains. Ils avoient, à la vérité, commencé à soupçonner l'utilité d'un moyen universel d'échange, & déja ils employoient les grains de cacao dans quelques menus détails de commerce : mais leur emploi étoit très-borné & ne pouvoit s'étendre jusqu'à l'acquittement de l'impôt. Les redevances dues au fisc étoient donc toutes soldées en nature.

Comme tous les agens du service public recevoient leur salaire en denrées, on retenoit pour leur contribution une partie de ce qui leur étoit assigné.

Les terres attachées à des offices & celles qu'on possédoit en toute propriété, donnoient à l'etat une partie de leurs productions.

Outre l'obligation imposée à toutes les communautés de cultiver une certaine étendue de sol pour la couronne, elles lui devoient encore le tiers de leurs récoltes.

Les chasseurs, les pêcheurs, les potiers, les peintres, tous les ouvriers sans distinction rendoient chaque mois la même portion de leur industrie.

Les mendians même étoient taxés à des contributions fixes, que des travaux ou des aumônes devoient les mettre en état d'acquitter.

Au *Mexique*, l'agriculture étoit très-bornée, quoique le plus grand nombre de ses habitans en fissent leur occupation unique. Ses soins se bornoient au maïs & au cacao, & encore récoltoit-on fort peu de ces productions. S'il en eût été autrement, les premiers espagnols n'auroient pas manqué si souvent de subsistances. L'imperfection de ce premier des arts pouvoit avoir plusieurs causes. Ces peuples avoient un grand penchant à l'oisiveté. Les instrumens dont ils se servoient étoient défectueux. Ils n'avoient dompté aucun animal qui pût les soulager dans leurs travaux. Des peuples errans ou des bêtes sauvages ravageoient leurs champs. Le gouvernement les opprimoit sans relâche. Enfin leur constitution physique étoit singulièrement foible, ce qui venoit en partie d'une nourriture mauvaise & insuffisante.

On ignore jusqu'à l'époque de la fondation de l'empire du *Mexique*. A la vérité, les historiens castillans nous disent qu'avant le dixième siècle, ce vaste espace n'étoit habité que par des hordes errantes & tout-à-fait sauvages. Ils nous disent que vers cette époque, des tribus venues du nord & du nord-ouest occupèrent quelques parties du territoire, & y portèrent des mœurs plus douces. Ils nous disent que trois cents ans après, un peuple encore plus avancé dans la civilisation & sorti du voisinage de la Californie, s'établit sur les bords du lac & y bâtit Mexico. Ils nous disent que cette dernière nation, si supérieure aux autres, n'eut durant sa plus long période, que des chefs plus ou moins habiles, qu'elle élevoit, qu'elle destituoit selon qu'elle le jugeoit convenable à ses intérêts. Ils nous disent que l'autorité, jusqu'alors partagée & révocable, fut concentrée dans une seule main, & devint inamovible, cent trente ou cent quatre-vingt-dix-sept ans avant l'arrivée des espagnols. Ils nous disent que les neuf monarques qui portèrent successivement la couronne, donnèrent au domaine de l'état une extension qu'il n'avoit pas eue sous l'ancien gouvernement. Mais quelle foi peut on raisonnablement accorder à des annales confuses, contradictoires & remplies des plus absurdes fables qu'on ait jamais exposées à la crédulité humaine?

La population du *Mexique* étoit immense, ajoutent les conquérans. Des habitans couvroient les campagnes; les citoyens fourmilloient dans les villes; les armées étoient très-nombreuses: mais on a relevé l'exagération de tous ces détails.

Quelle que fût la population du *Mexique*, la prise de la capitale entraîna la soumission de l'état entier. Il n'étoit pas aussi étendu qu'on le croit communément. Sur la mer du Sud, l'empire ne commençoit qu'à Nicaragua & se terminoit à Acapulco; encore une partie des côtes qui baignent cet océan n'avoit-elle jamais été subjuguée. Sur la mer du Nord, rien presque ne le coupoit depuis la rivière de Tabasco jusqu'à celle de Panuco: mais dans l'intérieur des terres, Tlascala, Tepeaca, Mechoacan, Chiapa, quelques autres districts moins considérables, avoient conservé leur indépendance. La liberté leur fut ravie, en moins d'une année, par le conquérant, auquel il suffisoit d'envoyer dix, quinze, vingt chevaux, pour n'éprouver aucune résistance; & avant la fin de 1522, les provinces qui avoient repoussé les loix des mexicains & rendu la communication de leurs possessions difficile ou impraticable, firent toutes partie de la domination espagnole. Avec le temps, elle reçut encore des accroissemens immenses du côté du nord. Ils auroient même été plus considérables, sur-tout plus utiles, sans les barbaries incroyables qui les accompagnoient ou qui les suivoient.

A peine les castillans se virent-ils maîtres du *Mexique*, qu'ils s'en partagèrent les meilleures terres, qu'ils réduisirent en servitude le peuple qui les avoit défrichées, qu'ils le condamnèrent à des travaux que sa constitution physique, que ses habitudes ne comportoient pas. Cette oppression générale excita de grands soulèvemens. Il n'y eut point de concert, il n'y eut point de chef, il n'y eut point de plan, & ce fut le désespoir seul qui produisit cette grande explosion. Le sort voulut qu'elle tournât contre les trop malheureux indiens. Un conquérant irrité, le fer & la flamme à la main, se porta avec la rapidité de l'éclair d'une extrémité de l'empire à l'autre, & laissa par-tout des traces d'une vengeance éclatante, dont les détails feroient frémir les ames les plus sanguinaires. Il y eut une barbare émulation entre l'officier & le soldat, à qui immoleroit le plus de victimes; & le général lui-même surpassa peut-être en férocité ses troupes & ses lieutenans.

Cependant Cortès ne recueillit pas de tant d'inhumanités le fruit qu'il pouvoit s'en promettre. Il commençoit à entrer dans la politique de la cour de Madrid, de ne pas laisser à ceux de ses sujets qui s'étoient signalés par quelqu'importante découverte, le temps de s'affermir dans leur domination, dans la crainte bien ou mal fondée qu'ils ne songeassent à se rendre indépendans de la couronne. Si le conquérant du *Mexique* ne donna pas lieu à ce système, du moins en fut-il une des premières victimes. On diminuoit chaque jour les pouvoirs illimités dont il avoit joui d'abord; & avec le tems on les réduisit à si peu de chose, qu'il crut devoir préférer une condition privée aux vaines apparences d'une autorité qu'accompagnoient les plus grands dégoûts.

Depuis que le *Mexique* eut subi le joug des castillans, cette vaste contrée ne fut plus exposée à l'invasion. Aucun ennemi voisin ou éloigné ne ravagea ses provinces. La paix dont elle jouissoit ne fut extérieurement troublée que par des
pirates,

pirates. Dans la mer du sud, les entreprises de ces brigands se bornèrent à la prise d'un petit nombre de vaisseaux : mais au nord, ils pillèrent une fois Campêche, deux fois Vera-Crux, & souvent ils portèrent la désolation sur des côtes moins connues, moins riches & moins défendues.

Pendant que la navigation & les rivages de cette opulente région sont en proie aux corsaires & aux escadres des nations révoltées de l'ambition de l'Espagne, ou seulement jalouses de sa supériorité, les chichemecas troublent l'intérieur de l'empire. C'étoient, si l'on en croit Herrera & Torquemada, les peuples qui occupoient les meilleures plaines de la contrée avant l'arrivée des espagnols. Pour éviter les fers que leur préparoit le conquérant, ils se réfugièrent dans des cavernes & dans des montagnes, où s'accrut leur férocité naturelle, & où ils menoient une vie entiérement animale. La nouvelle révolution qui venoit de changer l'état de leur ancienne patrie, ne les disposa pas à des mœurs plus douces ; & ce qu'ils virent ou ce qu'ils apprirent du caractère espagnol, leur inspira une haine implacable contre une nation si fière & si oppressive. Cette passion, toujours terrible dans des sauvages, se manifesta par les ravages qu'ils portèrent dans tous les établissemens qu'on formoit à leur voisinage, par les cruautés qu'ils exerçoient sur ceux qui entreprenoient d'y ouvrir des mines. Inutilement pour les contenir ou les réprimer, il fut établi des forts & des garnisons sur la frontière ; leur rage ne discontinua pas jusqu'en l'an 1592. A cette époque, le capitaine Caldena leur persuada de mettre fin aux hostilités. Dans la vue de rendre durables ces sentimens pacifiques, le gouvernement leur fit bâtir des habitations, les rassembla dans plusieurs bourgades, & envoya au milieu d'eux quatre cents familles tlascalteques, dont l'emploi devoit être de former à quelques arts, à quelques cultures, un peuple qui jusqu'alors n'avoit été couvert que de peaux, n'avoit vécu que de chasse, ou des productions spontanées de la nature. Ces mesures, quoique sages, ne réussirent que tard. Les chichemecas se refusèrent long-temps à l'instruction qu'on leur entreprit de donner, repoussèrent même toute liaison avec des instituteurs bienfaisans & américains. Ce ne fut qu'en 1608 que l'Espagne fut déchargée du soin de les habiller & de les nourrir.

Dix-huit ans après, Mexico voit se heurter avec le plus grand éclat la puissance civile & la puissance ecclésiastique. Un homme convaincu de mille crimes, cherche au pied des autels l'impunité de tous ses forfaits. Le vice-roi Gelves l'en fait arracher. Cet acte de justice nécessaire passe pour un attentat contre la divinité même. La foudre de l'excommunication est lancée. Le peuple se soulève. Le clergé séculier & régulier prend les armes. On brûle le palais du commandant ; on enfonce le poignard dans le sein de ses gardes, de ses amis, de ses partisans. Lui-même est mis aux fers, & embarqué pour l'Europe avec soixante-dix gentilshommes qui n'ont pas craint d'embrasser ses intérêts. L'auteur de tant de calamités, & dont la vengeance n'est pas encore assouvie, suit sa victime avec le desir & l'espoir de l'immoler. Après avoir quelque tems balancé, la cour se décide contre le gouverneur.

Une calamité d'un autre genre affligea peu après le nouveau *Mexique*, limitrophe & dépendant de l'ancien. Cette vaste contrée, située pour la plus grande partie dans la zone tempérée, fut assez long-temps inconnue aux dévastateurs de l'Amérique. Le missionnaire Ruys y pénétra le premier en 1580. Il fut bientôt suivi par le capitaine Espajo, & enfin par Jean d'Onâte qui, par une suite de travaux commencés en 1599 & terminés en 1611, parvint à ouvrir des mines, à multiplier les troupeaux & les subsistances, à établir solidement la domination espagnole. Des troubles civils dérangent en 1652 l'ordre qu'il a établi. Dans le cours de ces animosités, le commandant Rosas est assassiné ; & ceux de ses amis qui tentent de venger sa mort, périssent après lui. Les atrocités continuent jusqu'à l'arrivée tardive de Pagnalosse. Ce chef intrépide & sévère avoit presque étouffé la rebellion, lorsque, dans l'accès d'une juste indignation, il donne un soufflet à un moine turbulent, qui lui parloit avec insolence, qui osoit même le menacer. Aussi-tôt les cordeliers, maîtres du pays, l'arrêtent. Il est excommunié, livré à l'inquisition, & condamné à des amendes considérables. Inutilement il presse la cour de venger l'autorité royale, violée en sa personne ; le crédit de ses ennemis l'emporte sur ses sollicitations. Leur colère lui fit même craindre un sort plus funeste ; & pour se soustraire à leurs intrigues, il se refugie en Angleterre, abandonnant les rênes du gouvernement à qui voudra ou pourra s'en saisir. Cette retraite plonge encore la province dans de nouveaux malheurs ; & ce n'est qu'après dix ans d'anarchie & de carnage, que tout rentre enfin dant l'ordre & la soumission.

La soumission, l'ordre y furent de nouveau & plus généralement troublés en 1693, par une loi qui interdisoit aux indiens l'usage des liqueurs fortes. La défense ne pouvoit pas avoir pour objet celles de l'Europe, d'un prix nécessairement trop haut, pour que ces infortunés en fissent jamais usage. C'étoit uniquement du pulque que le gouvernement cherchoit à les détacher.

C'est vers les maisons où l'on distribue le pulque que sont continuellement tournés les regards de tous les indiens. Ils y passent les jours, les semaines ; ils y laissent la subsistance de leur famille, très-souvent le peu qu'ils ont de vêtemens.

Le ministère espagnol, averti de ces excès, en voulut arrêter le cours. Le remede fut mal choisi. Au lieu de ramener les hommes aux bonnes mœurs par des soins paternels, par le moyen si efficace de l'enseignement, on eut recours à la funeste voie des interdictions. Les esprits s'échauffèrent, les séditions se multiplièrent, les actes de violence se répéterent d'une extrêmité de l'empire à l'autre. Il fallut céder. Le gouvernement retira ces actes prohibitifs : mais il voulut que l'argent le dédommageât du sacrifice qu'il faisoit de son autorité. Le pulque fut assujetti à des impositions qui rendent annuellement au fisc onze ou douze cents mille livres.

Une nouvelle scène, d'un genre particulier, s'ouvrit vingt-cinq ou trente ans plus tard au *Mexique*. Dans cette importante possession, la police étoit négligée au point qu'une nombreuse bande de voleurs parvint à s'emparer de toutes les routes. Sans un passe-port d'un des chefs de ces bandits, aucun citoyen ne pouvoit sortir de son domicile. Soit indifférence, soit foiblesse, soit corruption, le magistrat ne prenoit aucune mesure pour faire cesser une si grande calamité. Enfin la cour de Madrid, réveillée par les cris de tout un peuple, chargea Velasquès du salut du public. Cet homme juste, ferme, sévère, indépendant des tribunaux & du vice-roi, réussit enfin à rétablir l'ordre & à lui donner des fondemens qui depuis n'ont pas été ébranlés.

Une guerre entreprise contre les peuples de Cinaloa, de Sonora, de la Nouvelle-Navarre, a été le dernier événement remarquable qui ait agité l'empire. Ces provinces, situées entre l'ancien & le nouveau *Mexique*, ne faisoient point partie des états de Montezuma. Ce ne fut qu'en 1540 que les dévastateurs du nouveau-Monde y pénétrerent sous les ordres de Vasquès Coronado. Ils y trouvèrent de petites nations qui vivoient de pêche sur les bords de l'Océan, de chasse dans l'intérieur des terres, & qui, quand ces moyens de subsistance leur manquoient, n'avoient de ressource que les productions spontanées de la nature.

Ce pays, si pauvre en apparence, renfermoit des mines. Quelques espagnols entreprirent de les exploiter. Elles se trouvèrent abondantes, & cependant leurs avides propriétaires ne s'enrichissoient pas. Comme on étoit réduit à tirer de la Vera-Crux, à dos de mulet, par une route difficile & dangereuse de six à sept cents lieues, le vif-argent, les étoffes, la plupart des choses nécessaires pour la nourriture & pour les travaux, tous ces objets avoient à leur terme une valeur si considérable, que l'entreprise la plus heureuse rendoit à peine de quoi les payer.

Il falloit tout abandonner, ou faire d'autres arrangemens. On s'arrêta au dernier parti. Le Jésuite Ferdinand Consang fut chargé, en 1746, de reconnoître le golfe de la Californie, qui borde ces vastes contrées. Après cette navigation, conduite avec intelligence, la cour de Madrid connut les côtes de ce continent, les ports que la nature y a formés, les lieux sablonneux & arides qui ne sont pas susceptibles de culture, les rivières qui, par la fertilité qu'elles répandent sur leurs bords, invitent à y établir des peuplades. Rien, à l'avenir, ne devoit empêcher que les navires partis d'Acapulco n'entrassent dans la mer Vermeille, ne portassent facilement dans les provinces limitrophes, des missionnaires, des soldats, des mineurs, des vivres, des marchandises, tout ce qui est nécessaire aux colonies, & n'en revinssent chargés de métaux.

Cependant c'étoit un préliminaire indispensable de gagner les naturels du pays par des actes d'humanité, ou de les subjuguer par la force des armes. La guerre ne fut différée que par l'impossibilité où étoit le fisc d'en faire la dépense. On trouva enfin, en 1768, un crédit de douze cents mille livres, & les hostilités commencèrent. Quelques hordes de sauvages se soumirent après une légère résistance. Il n'en fut pas ainsi des apaches, la plus belliqueuse de ces nations, la plus passionnée pour l'indépendance. On les poursuivit sans relâche pendant trois ans, avec le projet de les exterminer.

L'éloignement où étoient les anciennes & les nouvelles conquêtes du centre de l'autorité, fit juger qu'elles languiroient jusqu'à ce qu'on leur eût accordé une administration indépendante. On leur donna donc un commandant particulier, qui, avec un titre moins imposant que celui de vice-roi de la Nouvelle-Espagne, jouit des mêmes prérogatives.

SECTION SECONDE.

Degré de prospérité auquel s'est élevé le Mexique ; Description, commerce & productions de ce pays.

La grande Cordeliere, après avoir traversé toute l'Amérique méridionale, s'abaisse & se rétrécit dans l'isthme de Panama, suit dans la même forme les provinces de Costa-Ricca, de Nicaragua, de Guatimala, s'élargit, s'élève de nouveau dans le reste du *Mexique*, mais sans approcher jamais de la hauteur prodigieuse qu'elle a dans le Pérou. Ce changement est sur-tout remarquable vers la mer du sud. Les rives y sont très-profondes, & n'offrent un fond que fort près de terre, tandis que dans la mer du nord on le trouve à une très-grande distance du continent. Aussi les rades sont-elles aussi bonnes, aussi multipliées dans la première de ces mers, qu'elles sont rares & mauvaises dans l'autre.

Le climat d'une région située presqu'entièrement dans la zone torride, est alternativement humide & chaud. Ces variations sont plus sensibles & plus communes dans les contrées basses, marécageuses, remplies de forêts & incultes de l'est, que dans les parties de l'empire qu'une nature bienfaisante a traitées plus favorablement.

La qualité du sol est aussi très-différente. Il est quelquefois ingrat, quelquefois fertile, selon qu'il est montueux, uni ou submergé.

Les espagnols ne se virent pas plutôt les maîtres de cette riche & vaste région, qu'ils s'empressèrent d'y édifier des villes dans les lieux qui leur paroissoient le plus favorables au maintien de leur autorité, dans ceux qui leur promettoient de plus grands avantages de leur conquête. Ceux des européens qui vouloient s'y fixer, obtenoient une possession assez étendue : mais ils étoient réduits à chercher des cultivateurs que la loi ne leur donnoit pas.

Un autre ordre des choses s'observoit dans les campagnes. Elles étoient la plupart distribuées aux conquérans pour prix de leur sang ou de leurs services. L'étendue de ces domaines, qui n'étoient accordés que pour deux ou trois générations, étoit proportionnée au grade & à la faveur. On y attacha, comme serfs, un nombre plus ou moins grand de mexicains. Cortès en eut vingt-trois mille dans les provinces de Mexico, de Tlascala, de Mechoacan & de Oaxaca, avec cette distinction qu'ils devoient être l'apanage de sa famille à perpétuité. Il faut que l'oppression ait été moindre dans ces possessions héréditaires que dans le reste de l'empire, puisqu'en 1746 on y comptoit encore quinze mille neuf cents quarante indiens, dix-huit cents espagnols, métis ou mulâtres, & seize cents esclaves noirs.

Le pays n'avoit aucun des animaux nécessaires pour la subsistance de ses nouveaux habitans, pour le labourage & pour les autres besoins inséparables d'une société un peu compliquée. On les fit venir des isles déja soumises à la Castille, qui elles-mêmes les avoient naguère reçus de notre hémisphère. Ils propagèrent avec une incroyable célérité. Tous dégénérèrent. La dégénération la plus marquée fut celle qu'éprouva la brebis. Mendoza fit venir des béliers d'Espagne pour renouveller des races abâtardies ; & depuis cette époque, les toisons se trouvèrent de qualité suffisante pour servir d'alimens à plusieurs manufactures assez importantes.

La multiplication des troupeaux amena une grande augmentation dans les cultures. Au maïs qui avoit toujours fait la principale nourriture des mexicains, on associa les grains de nos contrées. Dans l'origine, ils ne réussirent pas. Leurs semences jettées au hasard dans des ronces, ne donnèrent d'abord que des herbes épaisses & stériles. Une végétation trop rapide & trop vigoureuse ne leur laissoit pas le temps de mûrir, ni même de se former : mais cette surabondance de sucs diminua peu à peu, & l'on vit enfin prospérer la plupart de nos grains, de nos légumes, & de nos fruits. Si la vigne & l'olivier ne furent pas naturalisés dans cette partie du nouveau-Monde, ce fut le gouvernement qui l'empêcha, dans la vue de laisser des débouchés aux productions de la métropole. Peut-être le sol & le climat auroient-ils eux-mêmes repoussé ces précieuses plantes. Du moins est-on autorisé à le penser, quand on voit que les essais que vers 1706 il fut permis aux jésuites & aux héritiers de Cortès de tenter, ne furent pas heureux, & que les expériences qu'on a tentées depuis ne l'ont pas été beaucoup davantage.

Le coton, le tabac, le cacao, le sucre, quelques autres productions réussirent généralement : mais faute de bras ou d'activité, ces objets furent concentrés dans une circulation intérieure. Il n'y a que le jalap, la vanille, l'indigo & la cochenille qui entrent dans le commerce de la Nouvelle-Espagne avec les autres nations.

L'Europe consomme annuellement sept mille cinq cent quintaux de jalap, qu'elle paye 972 mille livres.

Il ne vient annuellement en Europe que cinquante quintaux de vanille, & elle n'y est pas vendue au-dessus de 431,568 liv.

Les blanchisseuses emploient l'indigo pour donner une couleur bleuâtre au linge. Les peintres s'en servent dans leurs détrempes. Les teinturiers ne sauroient faire du beau bleu sans indigo. Les anciens le tiroient de l'Inde orientale. Il a été transplanté, dans les temps modernes, en Amérique. Sa culture, essayée successivement en différens endroits, paroît fixée à la Caroline, à la Géorgie, à la Floride, à la Louisiane, à Saint-Domingue & au *Mexique*. Ce dernier, le plus recherché de tous, est connu sous le nom de *Guatimala*, parce qu'il croît sur le territoire de cette cité fameuse.

Au *Mexique*, où chaque propriété a quinze ou vingt lieues d'étendue, une portion de ce vaste espace est employée tous les ans à la culture de l'indigo. Pour l'obtenir, les travaux se réduisent à brûler les arbustes qui couvrent les campagnes, à donner aux terres un seul labour fait avec négligence. Ces opérations ont lieu dans le mois de mars, saison où il ne pleut que très-rarement dans ce délicieux climat. Un homme à cheval jette ensuite la graine de cette plante de la même manière qu'on seme le bled en Europe. Personne ne s'occupe plus de cette riche production jusqu'à la récolte.

Il arrive de là que l'indigo leve dans un endroit & qu'il ne lève point dans d'autres ; que celui qui est levé, est souvent étouffé par les plantes parasites, dont les sarclages faits à propos l'auroient débarrassé. Aussi les espagnols recueillent-ils moins d'indigo sur trois ou quatre lieues de terrein que les nations rivales dans quelques arpens bien travaillés. Aussi leur indigo, quoique fort supérieur à tous les autres, n'a-t-il pas toute la perfection dont il seroit susceptible. L'Europe

R r 2

en reçoit annuellement six mille quintaux, qu'elle paie 7,626,960 livres.

Cette prospérité augmenteroit infailliblement, si la cour de Madrid mettoit les naturels du pays en état de cultiver l'indigo pour leur propre compte. Cet intérêt personnel, substitué à un intérêt étranger, les rendroit plus actifs, plus intelligens; & il est vraisemblable que l'abondance & la bonté de l'indigo du *Mexique* banniroient avec le temps celui des autres colonies, de tous les marchés.

La cochenille, à laquelle nous devons nos belles couleurs de pourpre & d'écarlate, n'a existé jusqu'ici qu'au *Mexique*.

Cette riche production réussiroit vraisemblablement dans différentes parties du *Mexique*: mais jusqu'à nos jours, il n'y a eu guère que la province d'Oaxaca qui s'en soit sérieusement occupée. Les récoltes ont été plus abondantes sur un terrein aride, où le nopal, arbre sur lequel vivent ces insectes, se plaît, que sur un sol naturellement fécond; elles ont éprouvé moins d'accidens dans les expositions agréablement tempérées, que dans celles où le froid & le chaud se faisoient sentir davantage. Les mexicains connoissoient la cochenille avant la destruction de leur empire. Ils s'en servoient pour peindre leurs maisons & pour teindre leur coton. On voit dans Herrera que, dès 1523, le ministère ordonnoit à Cortès de la multiplier. Les conquérans repoussèrent ce travail comme ils méprisoient tous les autres, & il resta tout entier aux indiens. Eux seuls s'y livrent encore, mais trop souvent avec les fonds avancés par les espagnols à des conditions plus ou moins usuraires. Le fruit de leur industrie est porté dans la capitale de la province, qui se nomme aussi *Oaxaca*.

Cette ville où l'on arrive par de beaux chemins, & où l'on jouit d'un printemps continuel, a quelques manufactures de soie & de coton. Les marchandises d'Asie & celles d'Europe y sont d'un usage général. Les voyageurs que les circonstances ont conduits à Oaxaca, assurent que de tous les établissemens formés par les espagnols dans le nouveau-Monde, c'est celui où l'esprit de société a fait le plus de progrès. Tant d'avantages paroissent une suite du commerce de la cochenille.

Indépendamment de ce que consomment l'Amérique & les Philippines, l'Europe reçoit tous les ans, quatre mille quintaux de cochenille fine, deux cents quintaux de granille, cent quintaux de poussière de cochenille, & trois cent quintaux de cochenille sylvestre, qui, rendus dans ses ports, sont vendus 8,610,140 liv.

Cette production n'a crû jusqu'ici qu'au profit de l'Espagne. M. Thiery, botaniste françois, bravant plus de dangers qu'on n'en sauroit imaginer, l'a enlevée à Oaxaca même, & l'a transplantée à Saint-Domingue, où il la cultive avec une persévérance digne de son premier courage. Ses premiers succès ont surpassé son attente, & tout porte à espérer que la suite répondra à de si heureux commencemens. Puisse ce genre de culture, puissent les autres s'étendre plus loin encore & occuper de nouvelles nations!

Aux grandes exportations dont on a parlé, il faut ajouter l'envoi que fait le *Mexique* de dix mille trois cents cinquante quintaux de bois de campêche, qui produisent 112,428 livres; de trois cents dix quintaux de brésillet, qui produisent 4,266 livres; de quarante-sept quintaux de carmin, qui produisent 81,000 livres; de six quintaux d'écaille, qui produisent 24,300 livres; de quarante sept quintaux de rocou, qui produisent 21,600 livres; de trente quintaux de salsepareille, qui produisent 4147 livres; de quarante quintaux de baume, qui produisent 45,920 livres; de cinq quintaux de sang de dragon, qui produisent 270 l.; de cent cuirs en poil, qui produisent 1,620 liv.

Mais, comme si la nature n'avoit pas fait assez pour l'Espagne, en lui accordant presque gratuitement tous les trésors de la terre que les autres nations ne doivent qu'aux travaux les plus rudes, elle lui a encore prodigué, sur-tout au *Mexique*, l'or & l'argent qui sont le véhicule ou le signe de toutes les productions.

Avant l'arrivée des castillans, les mexicains n'avoient d'or que ce que les torrens en détachoient des montagnes; ils avoient moins d'argent encore, parce que les hasards qui pouvoient en faire tomber dans leurs mains, étoient infiniment plus rares. Ces métaux n'étoient pas pour eux un moyen d'échange, mais de pur ornement & de simple curiosité. Ils y étoient peu attachés. Aussi prodiguèrent-ils d'abord le peu qu'ils en avoient, à une nation étrangère qui en faisoit son idole; aussi en jettoient-ils aux pieds de ses chevaux qui, en mâchant leurs mords, devoient paroître s'en nourrir. Mais, lorsque les hostilités entre les deux peuples eurent commencé, & à mesure que l'animosité augmentoit, ces perfides trésors furent jettés en partie dans les lacs, & dans les rivières, pour en priver un ennemi implacable qui sembloit n'avoir passé tant de mers que pour en obtenir la possession. Ce fut sur-tout dans la capitale & à son voisinage qu'on prit ce parti. Après la soumission, le conquérant parcourut l'empire pour satisfaire sa passion dominante. Les temples, les palais, les maisons des particuliers, les moindres cabanes, tout fut visité, tout fut dépouillé. Cette source épuisée, il fallut recourir aux mines.

Celles qui pouvoient donner les plus grandes espérances, se trouvoient dans des contrées qui n'avoient jamais subi le joug mexicain. Nuno de Gusman fut chargé en 1530 de les asservir. Ce que ce capitaine devoit à un nom illustre, ne l'empêcha pas de surpasser en férocité tous les aventuriers qui jufqu'alors avoient inondé de fang les infortunées campagnes du nouveau-Monde. Sur des milliers de cadavres, il vint à bout, en moins de deux ans, d'établir une domination très-étendue, dont on forma l'audience de Guadalaxara. Ce fut toujours la partie de la Nouvelle-Efpagne la plus abondante en métaux. Ces richeffes font fur-tout communes dans la Nouvelle-Galice, dans la Nouvelle-Bifcaye, & principalement dans le pays de Zacatecas. Du fein de ces arides montagnes fort la plus grande partie des 80,000,000 livres qu'on fabrique annuellement dans les monnoies du *Mexique*. La circulation intérieure, les Indes orientales, les ifles nationales & la contrebande abforbent près de la moitié de ce numéraire. On a évalué à 44 millions ce qu'on porte dans la métropole, à quoi il faut ajouter cinq mille fix cents trente-quatre quintaux de cuivre, qui font vendus en Europe 453,600 livres.

Dans les premières années qui fuivirent la conquête, tous les paiemens fe faifoient avec des lingots d'argent, avec des morceaux d'or, dont le poids & la valeur avoient reçu la fanction du gouvernement. Le befoin d'une monnoie régulière ne tarda pas à fe faire fentir, & vers 1542 ces premiers métaux furent convertis en efpèces de différentes grandeurs. On en fabriqua même de cuivre; mais les indiens les dédaignèrent. Forcés d'en recevoir, ils les jettoient avec mépris dans les lacs & dans les rivières. En moins d'un an il en difparut pour plus d'un million; & ce fut une néceffité de renoncer à un moyen d'échange, qui révoltoit les dernières claffes du peuple.

L'abbé Raynal qui nous a fourni la plupart des détails de cet article, évalue les revenus des poffeffions efpagnoles du nouveau Monde, une année dans l'autre, à 17,719,448 liv. de France. On dit qu'aujourd'hui les revenus font beaucoup augmentés, tant par les nouveaux droits, que par le recouvrement exact des anciens; que les revenus du *Mexique*, peuvent être évalués actuellement à 54,000,000 liv. tournois; ceux du Pérou, à 27,000,000, & ceux de Guatimala, de Chili & de Paraguay, à 9,100,000; ce qui fait en tout 90,100,000 liv. La dépenfe, dans ces provinces, forme, de l'objet de 56,700,000 livres; il refte donc net au tréfor la fomme de 34,500,000 liv. à laquelle il faut ajouter 20,584,400 liv. pour les marchandifes qui paffent dans les colonies & qui en viennent. Ces fommes n'entrent pas en entier dans les caiffes royales de l'Efpagne; une partie confidérable eft employée dans les ifles pour l'adminiftration, pour la conftruction des vaiffeaux & pour l'achat du tabac. La nation efpagnole commence à fortir de fon engourdiffement, & fes colonies d'Amérique profiteront des lumières & des vues faines d'adminiftration qui commencent à s'y répandre.

Quoique l'éducation des troupeaux, les cultures & l'exploitation des mines foient reftées au *Mexique*, fort loin du terme où une nation active n'eût pas manqué de les porter, les manufactures y font dans un plus grand défordre encore. Celles de laine & de coton font affez généralement répandues; comme elles font entre les mains des indiens, des métis, des mulâtres, & qu'elles ne fervent qu'aux vêtemens des gens peu riches, leur imperfection furpaffe tout ce qu'on peut dire. Il ne s'en eft formé de moins défectueufes qu'à Quexetaco, où l'on fabrique d'affez beaux draps: mais c'eft fur-tout dans la province de Tlafcala que les travaux font animés. Sa pofition entre Vera-Crux & Mexico, la douceur du climat, la beauté du pays, la fertilité des terres y ont fixé la plupart des ouvriers qui paffoient de l'ancien dans le nouveau-Monde. On en a vu fortir fucceffivement des étoffes de foie, des rubans, des galons, des dentelles, des chapeaux qu'ont confommés ceux des métis, ceux des efpagnols qui n'étoient pas en état de payer les marchandifes apportées d'Europe. C'eft los-Angeles, ville étendue, riche & peuplée, qui eft le centre de cette induftrie. Toute la faïence, la plupart des verres & des cryftaux qui fe vendent dans l'empire, fortent de fes atteliers. Le gouvernement y fait même fabriquer des armes à feu.

L'indolence des peuples qui habitent la Nouvelle-Efpagne, doit être une des principales caufes qui ont retardé les profpérités de cette région fameufe; mais elle n'eft pas la feule, & la difficulté des communications doit avoir beaucoup ajouté à cette inertie. La circulation eft continuellement arrêtée par toutes les entraves qu'a pu imaginer une adminiftration fifcale. Il y a au plus deux rivières qui puiffent porter de foibles canots, & chacune n'a pas même ce genre d'utilité dans toutes les faifons. On ne voit quelques traces de chemin qu'auprès des grandes villes: partout ailleurs il faut voiturer les denrées ou les marchandifes à dos de mulet, & fur la tête des indiens tout ce qui eft fragile. Dans la plupart des provinces, la police fixe au voyageur ce qu'il doit payer pour le logement, les chevaux, les guides, pour la nourriture; & cet ufage, tout barbare qu'on le trouvera, eft encore préférable à ce qui fe pratique dans des lieux où la liberté paroît plus refpectée.

Ces obftacles à la profpérité publique ont été fortifiés par le joug rigoureux, fous lequel des maîtres oppreffeurs tenoient les indiens chargés de tous les travaux pénibles. Le mal eft devenu plus grand par la diminution des bras employés au fervice de la cupidité européenne.

Les premiers pas des caftillans au *Mexique* furent fanglans. Le carnage s'étendit durant le mémorable fiège de Mexico, & il fut pouffé au delà de tous les excès dans les expéditions entreprifes pour remettre dans les fers des peuples désespérés qui avoient tenté de briser leurs chaînes. L'introduction de la petite-vérole accrut la dépopulation, qui fut encore bientôt après augmentée par les épidémies de 1545 & de 1576, dont la première coûta huit cents mille habitans à l'empire; & la seconde deux millions, si l'on veut adopter les calculs du crédule, de l'exagérateur Torquemada. Il est même démontré que, sans aucune cause accidentelle, le nombre des indigènes s'est insensiblement réduit à très-peu de chose. Selon les registres de 1600, il y avoit cinq cents mille indiens tributaires dans le diocèse de Mexico; & il n'y en restoit plus que cent dix-neuf mille six cents onze en 1741. Il y en avoit deux cents cinquante-cinq mille dans le diocèse de los Angeles, & il n'en restoit que quatre-vingt-huit mille deux cents quarante. Il y en avoit cent cinquante mille dans le diocèse d'Oaxaca, & il n'en restoit plus que quarante-quatre mille deux cents vingt-deux. Nous ignorons les révolutions arrivées dans les 6 autres églises: mais il est vraisemblable qu'elles ont été partout les mêmes.

L'usage où étoient, où sont encore les espagnols, les métis, les mulâtres, les nègres, de prendre souvent leurs femmes parmi les indiennes, tandis qu'aucune de ces races n'y a jamais ou presque jamais choisi de maris, a contribué sans doute à l'affoiblissement de cette nation: mais cette influence a dû être assez bornée; & si nous ne nous trompons, une administration trop rigoureuse a produit des effets beaucoup plus étendus.

On ne dissimulera pas qu'à mesure que le peuple indigène voyoit diminuer sa population, celle des races étrangères augmentoit dans une progression très-remarquable. En 1600, le diocèse de Mexico ne comptoit que sept mille de ces familles, & leur nombre s'éleva en 1741 à cent dix-neuf mille cinq cents onze. Le diocèse de los-Angeles n'en comptoit que quatre mille, & il s'éleva à trente mille six cents. Le diocèse d'Oaxaca n'en comptoit que mille, & il s'éleva à sept mille deux cents quatre-vingt-seize. Cependant les anciens habitans n'ont été qu'imparfaitement remplacés par les nouveaux. La culture des terres, & l'exploitation des mines étoient l'occupation ordinaire des indiens. Les espagnols, les métis, les mulâtres, les noirs même ont dédaigné, la plupart, ces grands objets. Plusieurs vivent dans l'oisiveté. Un plus grand nombre donne quelques momens aux arts & au commerce. Le reste est employé au service des gens riches.

C'est sur-tout dans la capitale de l'empire qu'on est révolté de ce dernier spectacle. Mexico, qui peut quelque jour douter si les castillans étoient un essaim de brigands ou un peuple conquérant, se vit presque totalement détruit par les cruelles guerres dont il fut le théâtre. Cortès ne tarda pas à le rebâtir d'une manière fort supérieure à celle qu'il étoit avant son désastre.

La ville s'élève au milieu d'un grand lac, dont les rives offrent des sites heureux qui seroient charmans, si l'art y secondoit un peu la nature. Sur le lac même, l'œil contemple avec surprise & satisfaction des isles flottantes. Ce sont des radeaux formés avec des roseaux entrelacés & assez solides pour porter de fortes couches de terre, & même des habitations légèrement construites. Quelques indiens font là leur demeure, & y cultivent une assez grande abondance de légumes. Ces jardins singuliers n'occupent pas toujours le même espace. Ils changent de situation, lorsque ce changement convient à leurs possesseurs.

Des levées fort larges & bâties sur pilotis conduisent à la cité. Cinq ou six canaux portent à son centre & dans ses plus beaux quartiers toutes les productions de la campagne. Une eau salubre, qu'on tire d'une montagne éloignée seulement de cinq à six mille toises, est distribuée dans toutes les maisons, & même à leurs différens étages, par des aqueducs très-bien entendus.

L'air qu'on respire dans cette ville, est très-tempéré. On y peut porter toute l'année des vêtemens de laine. Les moindres précautions suffisent pour n'avoir rien à souffrir de la chaleur. Charles-Quint demandoit à un espagnol qui arrivoit de Mexico, combien il y avoit de temps entre l'hiver & l'été: *autant*, répondit-il avec vérité & avec esprit, *qu'il en faut pour passer du soleil à l'ombre*.

L'avantage qu'a cette cité d'être le chef-lieu de la Nouvelle-Espagne, en a successivement multiplié les habitans. En 1777, le nombre des naissances s'y éleva à cinq mille neuf cents quinze; & celui des morts à cinq mille onze, d'où l'on peut conclure que sa population ne s'éloigne guères de deux cents mille ames. Tous les citoyens ne sont pas opulens; mais plusieurs le sont plus peut-être qu'en aucun lieu du globe. Ces richesses accumulées très-rapidement eurent bientôt une influence remarquable. La plupart des choses qui sont ailleurs de fer ou de cuivre, furent d'argent ou d'or. On fit servir ces brillans métaux à l'ornement des valets, des chevaux, des meubles les plus communs, aux plus vils offices. Les mœurs qui suivent toujours le cours du luxe, se montèrent au ton de cette magnificence romanesque. Les femmes, dans leur intérieur, furent servies par des milliers d'esclaves, & ne parurent en public qu'avec un cortège réservé parmi nous à la majesté du trône. Les hommes ajoutoient à ces profusions, des profusions encore plus grandes pour des négresses qu'ils élevoient publiquement au rang de leurs maîtresses. Ce luxe effréné dans les actions ordinaires de la vie, passoit toutes les bornes à l'occasion de la moindre fête. L'orgueil général étoit alors en mouvement, &

chacun prodiguoit les millions pour justifier le sien.

Tout prit l'empreinte d'une oftentation inconnue jufqu'alors dans les deux hémifphères. Les citoyens ne fe contentèrent plus d'une habitation modefte, placée fur des rues larges & bien alignées. Il fallut, à la plupart, des hôtels qui eurent plus d'étendue que de commodités ou d'élégance. On multiplia les édifices publics, fans que prefqu'aucun rappellât à l'efprit les beaux jours de l'architecture, pas même les bons tems gothiques. Les places principales eurent toutes la même forme, la même régularité, une fontaine femblable avec des ornemens de mauvais goût. Des arbres mal choifis & d'un vilain feuillage ôtèrent aux promenades ce que des allées bien diftribuées & des eaux jailliffantes auroient pu leur donner d'agrément. Dans les cinquante-cinq couvens que l'efprit religieux avoit fondés, on en voyoit fort peu qui ne révoltaffent par les vices de leurs conftructions. Les innombrables temples où les tréfors du globe étaient entaffés, manquoient généralement de majefté, & n'infpiroient pas à ceux qui les fréquentoient, les idées & des fentimens dignes de l'Etre fuprême qu'on y venoit adorer. Dans cette multitude d'immenfes conftructions, il n'y a que deux monumens dignes de fixer l'attention d'un voyageur. L'un eft le palais du vice-roi, où s'affemblent auffi les tribunaux, où l'on fabrique la monnoie, où eft le dépôt du vif-argent. Un peuple que la famine pouffoit au défefpoir, le brûla en 1692. On l'a rebâti depuis fur un meilleur plan. C'eft un quarré qui a quatre tours & fept cents cinquante pieds de long fur fix cents quatre-vingt-dix de large. La cathédrale, commencée en 1573 & finie en 1667, feroit également honneur aux meilleurs artiftes. Sa longueur eft de quatre cens pieds, fa largeur de cent quatre-vingt-quinze, & elle a coûté 9,460,800 livres. Malheureufement ces édifices n'ont pas la folidité qu'on leur defireroit.

On a vu que Mexico eft fitué dans un lac confidérable qu'une langue de terre fort étroite divife en deux parties, l'une remplie d'eaux douces, & l'autre d'eaux falées. Ces eaux paroiffent également fortir d'une haute montagne fituée à peu de diftance de la ville, avec cette différence que les dernières doivent traverfer des mines qui leur communiquent leur qualité. Mais indépendamment de ces fources régulières, il exifte un peu plus loin quatre petits lacs qui, dans le tems des orages, fe déchargent quelquefois dans le grand avec une violence deftructive.

Les anciens habitans avoient toujours été expofés à des inondations qui leur faifoient payer fort cher les avantages que leur procuroit l'emplacement qu'ils avoient choifi pour en faire le centre de leur puiffance. Aux calamités inféparables de ces débordemens trop répétés fe joignit pour leur vainqueur le chagrin de voir fes bâtimens plus pefans s'enfoncer, quoiqu'élevés fur pilotis, en fort peu de temps, de quatre, de cinq, de fix pieds dans un terrein qui n'avoit pas affez de folidité pour les porter.

On effaya à plufieurs reprifes de détourner des torrens fi terribles: mais les directeurs de ces grands ouvrages n'avoient pas des connoiffances fuffifantes pour employer les méthodes les plus efficaces, ni les agens fubalternes affez de zèle pour fuppléer par leurs efforts à l'incapacité des chefs.

L'ingénieur Martinès eut en 1607 l'idée d'un grand canal, qui parut généralement préférable à tous les moyens mis en ufage jufqu'à cette époque. Pour fournir à cette dépenfe, on exigea le centième du prix des maifons, des terres, des marchandifes: impôt inconnu dans le Nouveau-Monde. Quatre cents foixante & onze mille cent cinquante-quatre indiens furent occupés pendant fix mois à ce travail, & l'entreprife fut jugée enfuite impraticable.

La cour, fatiguée de la diverfité des opinions & des troubles qu'elle occafionnoit, arrêta en 1631 que Mexico feroit abandonné, & qu'on conftruiroit ailleurs une nouvelle capitale. L'avarice qui ne vouloit rien facrifier; la volupté qui craignoit d'interrompre fes plaifirs; la pareffe qui redoutoit les foins: toutes les paffions fe réunirent pour faire changer les réfolutions du miniftère, & leur efpérance ne fut pas trompée.

Il fe paffa un fiècle & plus, fans que le gouvernement s'occupât de l'obligation de prévenir des malheurs dont les peuples avoient à gémir fans ceffe. A la fin, les efprits fe font réveillés. On s'eft determiné, en 1763, à couper une montagne où l'on s'étoit contenté jufqu'alors de faire quelques excavations; & depuis, les eaux ont eu tout l'écoulement que la fûreté publique pouvoit exiger. C'eft le commerce qui s'eft chargé de ce grand ouvrage pour 4,320,000 liv. Lui-même il a voulu fupporter tout ce que cette entreprife coûteroit de plus; & que fi l'on faifoit des économies, elles tournaffent du côté du fifc. Cette générofité n'a pu être une vertu d'oftentation. Il en a coûté 1,890,000 liv. aux négocians, pour avoir fervi leur patrie.

On médite d'autres travaux. Le projet de deffécher le grand lac qui entoure Mexico, paroît arrêté, & les gens de l'art demandent 8,100,000 l. pour conduire le nouveau plan à un heureux terme. C'eft beaucoup. Mais qu'eft-ce que l'argent, quand il s'agit de la falubrité de l'air, de la confervation des hommes, de la multiplication des denrées.

Nous renvoyons à l'article PHILIPPINES ce qui regarde la communication & le commerce du *Mexique* avec les Philippines.

Voyez l'article ESPAGNE, où nous avons fait

des remarques sur le gouvernement & le produit des possessions de l'Espagne hors de l'Europe : *voyez* aussi l'article PEROU.

MILANOIS ou DUCHÉ DE MILAN, pays d'Italie, appartenant à la maison d'Autriche : il est borné à l'ouest par le Piémont & le Montferrat ; au nord, par la Suisse ; à l'orient, par le territoire de la république de Venise & les duchés de Mantoue, de Parme & de Plaisance ; enfin, au sud, par les états de la république de Gênes. Sa plus grande largeur du sud au nord est d'environ vingt-cinq milles communs d'Allemagne, & sa plus grande longueur du couchant au levant d'environ 27 milles.

Précis de l'histoire politique du Milanois.

Dans le quatorzième siècle, un gentilhomme milanois, nommé Matthieu Visconti, s'en rendit maître, & sa souveraineté fut confirmée par l'empereur Henri VII. Vers la fin du même siècle, Jean Galeas obtint de l'empereur Venceslas le titre de duc, & Valentine, sa fille, épousa le duc d'Orléans, & les prétentions des rois de France sur ce duché ont été fondées sur ce mariage. A la mort du dernier duc de cette branche, François Sforce, qui avoit épousé sa fille naturelle, se concilia tellement l'amour des Milanois, qu'ils le choisirent pour duc en 1450. Sous le règne de ses descendans, la France chercha à leur enlever ce pays ; mais Charles-Quint le prit sous sa protection comme un fief impérial, & bientôt après, il en donna l'investiture à son fils Philippe II, roi d'Espagne. Les rois ses successeurs en conservèrent la possession jusqu'après la mort de Charles II. Dans la longue guerre que produisit la succession de ce prince, tout le *Milanès* fut conquis en 1706 par l'armée impériale, & l'empereur en prit possession comme d'un fief impérial. La paix de Bade de 1714, la quadruple alliance de 1718, & la paix d'Aix-la-Chapelle de 1748, ont confirmé la maison d'Autriche dans la possession de ce duché, à la réserve de la partie qu'elle-même a cédée à la maison de Savoie, c'est-à-dire, des provinces d'Alexandrie & de Valence, avec tout le district compris entre le Pô & le Tenaro, ainsi que la province de Lomelline, le Val de Sessia & leurs dépendances, qui furent abandonnées en 1703 par l'empereur Léopold au duc de Savoie, le tout à titre de fiefs de l'empire, comme l'avoient possédé les rois d'Espagne : ces provinces furent ainsi séparées à perpétuité du duché de Milan, sauf le domaine direct de l'empire romain. En 1736, l'empereur céda encore au duc, le Tortonois & le Novarrois comme fiefs de l'empire, avec les quatre seigneuries de S. Fedele, Torre di Forti, Gravedo & Campo Maggiore. En 1743, Marie-Thérèse, reine de Bohême & de Hongrie, en vertu du traité de Worms, abandonna pour elle & ses héritiers, au roi de Sardaigne, le Vigevanasc & cette partie du Pavesan qui est entre le Pô & le Tesin ; ensorte que ce dernier fleuve, depuis l'endroit où il sort du lac majeur jusqu'à sa réunion avec le Pô, forme la limite entre les deux états ; elle se réserva cependant les isles formées par le canal vis-à-vis la ville de Pavie : au reste, le roi de Sardaigne obtint la liberté de la navigation sur le Tezin ; ses bateaux ne sont soumis ni à la visite, ni à aucun péage ; & dans ce canton, le canal dont nous parlions tout-à-l'heure, n'est point regardé comme marquant la frontière. Le roi de Sardaigne obtint en outre de la reine de Hongrie cette partie du Pavesan qui est située sur le bord méridional du Pô, avec le district de Bobbio & la portion du duché de Plaisance qui est au couchant de la Nura, à commencer de la source de cette rivière jusqu'à son embouchure dans le Pô : mais en 1748, lors de la paix d'Aix-la-Chapelle, le roi de Sardaigne rendit cette partie à l'infant Dom Philippe. Enfin le roi d'Espagne obtint de plus la partie du comté d'Anghiera, qui est sur le bord occidental du lac majeur ; de manière que la ligne de démarcation entre les états de la reine d'Hongrie & ceux du roi de Sardaigne, commence aux frontières de la Suisse, traverse le milieu de ce lac dans toute sa longueur, & suivant le cours du Tesin, finit à l'endroit où cette rivière se jette dans le Pô ; mais avec les modifications que nous venons d'indiquer relativement à ces limites : les sujets des deux puissances ont la navigation libre sur ces deux fleuves ; & chacune peut sur sa rive faire les réparations qu'elle juge nécessaires, pourvu qu'elles ne tendent point à repousser l'eau sur la rive opposée, & que du côté du roi de Sardaigne on ne gêne point l'entrée de l'eau dans le canal qui conduit à Milan.

Sol, Productions.

Le *Milanès* est un des meilleurs pays de l'Europe ; & il en est peu qui soient d'un aussi grand rapport pour le souverain.

Il est arrosé de rivières, de ruisseaux, & plein de canaux ; il produit presque tous les grains de toutes les espèces. Après la première récolte, on y sème communément du bled de Turquie. On y cultive aussi beaucoup de riz ; mais cette culture est préjudiciable à la salubrité de l'air. Les pâturages y sont excellens, sur-tout dans le district de Lodi ; les bestiaux y sont dans le meilleur état, & le fromage, qu'on nomme mal-à-propos parmesan, se fait dans ce canton, & l'Italie entière en consomme. Le *Milanès* produit aussi de bon vin & diverses sortes de fruits. On y trouve une quantité considérable de mûriers. Suivant le travail fait en 1774 par ordre de l'impératrice reine, le duché de Milan seul comprenoit 192 milles quarrés, & une population de 1,110,000 habitans : c'est environ 1150 par lieue quarrée.

Commerce,

Commerce.

Le commerce du *Milanès* n'est plus aussi considérable qu'il étoit ; il se fait principalement dans l'intérieur du pays, & ses habitans, dit M. Busching, tirent encore plus de marchandises de l'étranger qu'ils n'en exportent : mais ce fait est très-douteux, ou plutôt il n'est pas vrai. Ils fabriquent beaucoup de draps & de toiles de lin. Ils ont de la soie en grande quantité ; mais elle n'approche pas de la beauté de celle du Piémont. On la transporte au dehors crue, filée & travaillée. Les étoffes de laine qu'on y fabrique, restent pour la plupart dans le pays ; mais on exporte des bas, des gants & des mouchoirs de soie. Les galons d'or & d'argent, les broderies, les franges communes, les ouvrages de cuir, soit en blanc, soit en sumac, sont les principales productions des manufactures. On y travaille aussi l'acier, le crystal, les agathes, les aventurines & autres pierres.

M. Roland de la Plâtrière dit que l'entrepôt, les commissions & toute espèce de commerce en gros à Milan, font un foible objet, vu la situation de cette ville ; que le pays est foulé, & qu'il offre une triste comparaison avec les bailliages suisses qui l'avoisinent, qui en font partie, dont le sol est moins fertile, mais cultivé par un peuple libre.

Il ajoute que les arts y languissent, & que cette langueur pourroit bien venir des impôts qui enchérissent les matières premières & la main-d'œuvre ; qu'il ne se fait dans tout le *Milanès* que quelques draperies communes ; que la fabrique des camelots tombe ; que toute la quincaillerie se tire du dehors ; que le *Milanès* tire des toiles de Suisse & de Silésie, & beaucoup de soieries de Lyon, quoiqu'elles paient des droits énormes. Il relève les exagérations des autres voyageurs sur le commerce du *Milanès* avec la France ; mais il convient que l'article des soies & du riz emporte la balance, & même en paiement, & que toutes les années nous soldons cette balance avec notre numéraire.

Au reste, les exportations du *Milanès* & du Mantouan consistent en riz, soie, pour environ trois millions de florins par an, fromages, fruits secs & confits, huile d'olives, bétail, bled, laine & lin.

Le premier objet dont s'occupent les négocians milanois, ce sont les soies crues & organsinées. Cette branche de commerce exige des fonds considérables, & les plus riches maisons de Milan s'en sont emparées exclusivement aux autres, en formant entr'elles une société clandestine. Ce monopole n'est pas moins nuisible à l'acheteur qu'au vendeur, & fait un tort considérable au commerce général. La société, dit M. Grosley, qui a traité à fond cet article, fait acheter les soies du *Milanès* de cassine en cassine, ou de village en village, dans le temps de la récolte, & souvent avant la récolte ; car elle ne se fait aucun scrupule d'accaparer. Lorsque les soies de Bergame, de Vérone & des autres villes de la Lombardie, sont rassemblées dans les magasins, la société écrit en France & en Angleterre que la récolte a manqué, ou qu'elle a été peu favorable, & fixe en conséquence le prix des soies. Ce prix n'est pas toujours suivi ni adopté par les autres marchands subalternes qui ne sont point de cette société. En conséquence, les facteurs de France & d'Angleterre arrêtent toutes les soies de ces marchands subalternes, tandis que la société est obligée de garder les siennes dans ses magasins. Mais que fait alors la société ? elle annonce en France & en Angleterre que la récolte prochaine donne les plus grandes espérances, & par cet appât empêche les facteurs de rien acheter ; ensorte que le prix des soies des marchands subalternes baisse tout-à-coup parce qu'il ne se présente plus d'acheteurs. C'est afin que les marchands subalternes se voient obligés de vendre à vil prix ces mêmes soies à la société, qui dans la suite les revend fort cher aux crédules étrangers ; car le temps de la récolte n'est pas sitôt arrivé, que la société écrit aux anglois que les françois, comme les plus voisins, les ont prévenus de vitesse ; qu'ils ont tout enlevé, & qu'il n'en reste plus à la société qu'une certaine quantité ; qu'elle sera obligée de leur vendre fort cher, &c. Elle donne aux françois le même avis & les trompe également. On voit par là que cette société exerce un monopole qui porte sur le cultivateur même, parce qu'en ne recevant de ses soies d'autre prix que celui qui est fixé par la société, il tourne vers d'autres objets une industrie que l'espoir seul du gain animoit & entretenoit ; & loin de faire de nouvelles plantations, il laisse les anciennes tomber en ruine. Dégoûté de ce monopole établi à Milan & à Venise, & ruiné par les droits de transit établis par le roi de Sardaigne & autres états adjacents, sur les soies qui ne font que passer sur leurs territoires, & par d'autres droits encore plus forts qu'il faut payer à Milan, il se voit, pour ainsi dire, forcé d'abandonner la culture des mûriers.

Le second objet de ce commerce consiste dans les galons, broderies d'or & d'argent, dentelles, gants, & autres marchandises semblables. Les manufactures de galons furent établies par les espagnols, sous Philippe II. Tant qu'ils répandirent dans le *Milanès* les pistoles du Pérou, les galons d'or & d'argent furent très à la mode. Mais depuis que le duché de Milan est retourné aux empereurs d'Allemagne, il ne s'en fait plus de consommation, que pour les ornemens d'église & les ameublemens de palais ; ensorte que ni les bourgeois ni les nobles, ne portent plus de galons fins.

Les armes à feu, fabriquées à Milan, étoient autrefois l'objet de l'admiration de toute l'Europe ; & il n'y avoit point de guerrier un peu célèbre qui ne voulût avoir des armes de Milan. On voit dans Brantome un long détail des obligations que la

France avoit à la ville de Milan pour la perfection des arquebuses & des mousquets, que le maréchal de Stozzi avoit fait connoître à la cour de Henri II. Ce commerce est à présent tombé dans la plus grande décadence.

On a calculé, dit M. Grosley, qui mettoit peu d'exactitude dans ses écrits, que les soies du *Milanès* rapportoient au pays 8 millions argent de France ; l'exportation du bled produit, à ce qu'on prétend, 1,500,000 livres ; les fromages 700,000 ; les vaches & les chevaux ; le lin, le chanvre & les laines non cardées, peuvent encore produire cinq millions ; ce qui forme un total de 15 millions argent de France, pour un pays où l'on ne compte qu'un million d'habitans.

Il ajoute que l'empereur, aujourd'hui maître du *Milanès*, levè un peu plus de sept millions par an sur ce duché. Mais on compte, dit M. de la Lande, qu'il n'en passe à Vienne tous les ans que 400,000 liv. tous frais faits, parce que le surplus de la somme est presque entièrement employé au paiement des troupes & à l'acquit des charges de l'état. Il est vrai, ajoute-t-il, que les sept millions en temps de guerre passent en entier en Allemagne. Il sembleroit cependant qu'en temps de guerre, le *Milanès* devroit plutôt retirer de l'argent que d'en laisser sortir. M. Grosley a vu cet objet de finance autrement que M. de la Lande, & nous allons citer ses paroles : « La cour de Vienne, dit-il, tire » chaque année huit à neuf millions de livres de » France en espèces : exportation dangereuse qui » causera dans la suite un épuisement total, dont » les funestes effets se font déjà sentir par la dimi- » nution du commerce & des habitans.... Une » maison à porte cochère, en 1758, au centre de » la ville, & dans un des plus beaux quartiers de » Milan, deux appartemens complets, avec écu- » ries, remises, caves & cuisines, ne se louoit » par an que 400 liv. argent de France ».

M. Roland de la Platrière, que nous citions tout-à-l'heure, observe que le *Milanès est vigoureusement exercé en finances* ; que tout calcul fait, les biens-fonds y payent la moitié de leur revenu, & bien plus encore, si l'on déduit les frais de culture ; puisque la taxe est le tiers du produit total, sur l'estimation de la valeur en capital de la terre, sans y comprendre les réparations & les non-valeurs ; que les taxes sur les denrées sont très-fortes ; qu'il y a des droits sur la farine, la viande, l'huile & le vin, aliénés par le prince, pour des sommes reçues & perçues sans la participation du peuple & qu'enfin les financiers font beaucoup de mal en cette contrée.

Le gouvernement du *Milanès* est entre les mains de l'archiduc Ferdinand depuis l'année 1771 ; mais c'est le ministre plénipotentiaire de l'empereur qui dirige la plupart des affaires de l'administration. Le sénat de Milan, composé d'un président & de dix sénateurs, est le tribunal suprême & sans appel dans toutes les causes civiles & criminelles. Les affaires qui concernent les finances, les monnoies & les impôts, &c. sont soumises au conseil suprême d'économie & de commerce. Le capitaine de justice veille à l'exécution des sentences & à la sûreté publique. Le vicaire de provision est le premier officier de la bourgeoisie. C'est à lui non-seulement à veiller à ce que les vivres ne manquent pas, mais à en fixer le prix. Les arts & métiers dépendent aussi de lui. Le conseil de guerre a l'inspection des affaires qui regardent le bien de la ville de Milan. Les membres de ce corps sont des nobles de Milan, & la dignité dont ils sont revêtus passe du père au fils, non par la loi, mais par l'usage. Le magistrat décide les affaires de justice. Le tribunal héraldique établi à Milan en 1770, reçoit les preuves de noblesse, & veille à l'observation des loix qui regardent l'ordre des nobles. La jurisdiction civile, qui étoit autrefois exercée sur les personnes ecclésiastiques & sur leurs biens par le pape & les évêques, a été conférée, en vertu d'un ordre émané du prince en 1767, à un magistrat établi à Milan. Dans le même temps, il fut ordonné à tous les ecclésiastiques de vendre tous les fonds dont ils avoient acquis le domaine depuis 1722, & on les assujettit aux mêmes impôts que les laïcs. Il fut aussi défendu à tous les sujets, ecclésiastiques ou laïcs, de demander quelque grâce à la cour de Rome sans la permission du magistrat ; on excepta seulement les brefs d'indulgence & les indults de la pénitencerie.

Telle a été jusqu'en 1786 la forme d'administration établie dans le *Milanès* ; mais l'empereur qui réforme toutes ses provinces, n'a pas oublié le *Milanès*. Une ordonnance de ce prince, publiée au milieu de l'année 1786, déclara, qu'à compter du premier novembre, l'ancien système d'administration cesseroit dans la Lombardie, & que toutes les affaires de cette province seroient traitées, conformément au régime établi dans les autres états de l'empereur : qu'il y auroit dans chacun des huit cercles une chambre supérieure qui, soumise immédiatement au gouvernement, seroit chargée des affaires d'administration, de politique & d'économie du cercle.

La ville de Milan se garde elle-même, & jouit du privilège de ne recevoir jamais de troupes. En temps de guerre seulement, la milice prend les armes. L'empereur ne peut avoir des troupes à Milan que dans la citadelle ; aussi a-t-il grand soin que la citadelle soit toujours bien garnie, afin de contenir des habitans fort jaloux de leur liberté.

Quant à la justice ecclésiastique, elle étoit administrée au civil & au criminel, par des clercs que choisissoit l'archevêque ; mais nous croyons que l'empereur a changé ce régime.

Le peuple de Milan ne jouit plus du droit qu'il avoit de nommer ses archevêques, droit dont tous les peuples chrétiens jouissoient autrefois en Europe, & qui depuis a été attribué aux rois, comme un apanage de la royauté.

Loix.

L'état de Milan a toujours été gouverné par les loix de son souverain. Charles-Quint fit rassembler dans un seul volume les décrets & les constitutions des précédens ducs, avec les droits & les coutumes des fiefs, par Philippe Saques, président du sénat de Milan, & par Lampugnanus & Gilles Bosius, sénateurs & jurisconsultes; c'est cette collection qui renferme le droit du *Milanès*. On a recours, dans les occasions, au droit romain comme au droit commun.

Nous avons parlé du Mantouan à l'article MAN-TOUE: nous allons dire ici quelques mots.

Des principautés de Castiglione & de Solferino, qui dépendent aussi du *Milanès*: elles sont situées entre le duché de Mantoue & le Bressan, & sont des fiefs de l'Empire. Les princes de Castiglione, à qui elles appartenoient, descendent de Rodolphe de Gonzague, fils cadet de Louis, marquis de Castiglione & prince du S. Empire. Le marquis Rodolphe laissa deux fils, François, prince de Castiglione; & Chrétien, comte de Solferino. Le fils de ce dernier réunit en 1675 Castiglione & Solferino. Il s'éleva une telle mésintelligence entre Ferdinand Gonzague son fils & ses sujets, que ce prince fut obligé d'abandonner son pays. Tant qu'il vécut, il ne put jamais y rentrer; & sa famille n'a pu jusqu'ici recouvrer ses états, quoiqu'on ait fait à ce sujet des instances très-vives non-seulement lors de la paix de Bade auprès de l'empereur, mais aussi auprès des couronnes de France & d'Espagne. *Voyez* les articles AUTRICHE, PAYS-BAS, HONGRIE, BOHÊME, & en général tous les articles sur les possessions de la maison d'Autriche.

MILICE, MILITAIRE. *Voyez* l'article TROUPES. *Voyez* aussi ces articles dans le dictionnaire de l'art militaire.

MILITSCH. *Voyez* SILÉSIE PRUSSIENNE.

MILLENDOK. *Voyez* MYLLENDOK.

MINDELHEIM & SCHWABECK. Seigneuries souveraines d'Allemagne au cercle de Suabe. La première est située dans l'Algau, entre la seigneurie de Schwabeck, l'abbaye d'Yrsée, le Marggraviat de Burgau, le territoire des comtes Fugger & quelques autres domaines. Son étendue est d'environ deux milles en tous sens. Elle appartenoit autrefois aux ducs de Teck, qui la conservèrent après avoir perdu le reste de leurs terres. Lors de leur extinction, elle passa à la maison de Rechberg, qui la transmit à celle de Frendsberg. Lorsque celle-ci s'éteignit, les familles de Fugger & de Maxelrain s'en disputèrent la possession. Enfin, cette dernière céda son droit en 1612 au duc Maximilien de Bavière, qui s'empara de la seigneurie de Mindelheim, & la transmit à sa postérité. L'é-lecteur de Bavière ayant été mis au ban de l'Empire en 1706, l'empereur érigea cette seigneurie en principauté, & en investit le duc de Marlboroug, général anglois, qu'il venoit de créer prince de l'Empire. Il engagea même le corps germanique à lui accorder, à titre de cette terre, voix & séance à la diète de l'Empire & à celle du cercle de Suabe sur le banc des princes. Mais à la paix de Rastadt & de Bade en 1714, Mindelheim fut rendue sous le titre de seigneurie à l'électeur de Bavière, auquel elle donna voix & séance dans le collège des comtes & barons du cercle de Suabe; il paroît qu'il ne jouit pas des mêmes droits à la diète de l'Empire. La taxe matriculaire de cette seigneurie est de trois cavaliers & de dix fantassins, évalués à 76 florins; elle paye 92 rixdales 2 un quart kr. pour l'entretien de la chambre impériale.

La seigneurie de *Schwabeck*, située entre celle de Mindelheim & l'évêché d'Augsbourg, qui commença, dit-on, par s'en emparer en 1208, l'acheta dans la suite: cet évêché l'a toujours réclamée depuis; & lorsque l'électeur de Bavière fut mis au ban de l'Empire en 1706, il en obtint la possession réelle; mais il n'en jouit que jusqu'à la paix de Bade, époque où cette seigneurie fut rendue à l'électeur. *Voyez* l'article ALLEMAGNE & PALATINAT.

MINDEN, principauté d'Allemagne au cercle de Westphalie. Elle est bornée vers le couchant par l'évêché d'Osnabruck; vers le nord par les comtés de Diepholz & de Hoya; vers l'orient par le comté de Schaumbourg; & vers le midi par le comté de Ravensberg. Son circuit est d'environ 24 milles. Ce pays offre en général de bonnes terres labourables; & comme elles sont très-bien cultivées, il peut fournir des grains, & surtout du froment & de l'orge aux provinces voisines. On cultive & exporte beaucoup de lin. Les prairies & les pâturages y rendent l'entretien du bétail très-utile. On y trouve en outre de très-bonnes salines, lesquelles fournissent de sel les provinces appartenantes au Brandebourg, ainsi que les provinces voisines. Le Weser traverse ce pays, & facilite son commerce.

Il y a dans cette principauté deux villes immédiates, deux médiates & un bourg; le bourg & les deux villes médiates dépendent des bailliages où ils sont situés. On y trouve 121 villages & hameaux, 46 biens & sièges nobles & une commanderie. On y a compté en 1783, une population de 57,117 ames, sans le militaire. La population dans les villes étoit de 7887 habitans, & celle de la campagne de 49230. Les états sont composés du grand chapitre de *Minden*, des prélats & de la noblesse des villes & des bourgs. Il y a ici, de même que dans les autres pays du cercle de Westphalie, des serfs qui, en cas de résistance & de désobéissance, peuvent être punis par leurs seigneurs.

Les catholiques n'ont l'exercice de leur religion

que dans la feule ville de *Minden*, & les réformés n'ont l'exercice de leur culte que tous les trois mois une fois au château de Petershagen ; le reste des églises du pays appartient aux luthériens. La ville de *Minden* a son ministère ecclésiastique particulier ; les autres personnes attachées au service de l'église sont soumises à l'inspection d'un surintendant, lequel a son siège à Petershagen ; elles sont partagées en quatre cercles, qui sont, 1°. Friedewald de 13 paroisses ; 2°. Lahde de 9 paroisses ; 3°. Ovenstedt de 5 paroisses, & Raden de 7 paroisses. Les juifs ont des synagogues à *Minden* & à Lübbecke.

Les habitans s'occupent principalement du labourage, de l'entretien du bétail & de la filature : ils fabriquent des toiles, du treillis, & une étoffe moitié fil & moitié laine. On exporte beaucoup de fil ; les grosses toiles sont enlevées par les anglois & par les espagnols. On fait aussi de la bière & de l'eau-de-vie, & le commerce des grains, des chevaux & d'autres bestiaux est assez considérable. Il y a des rafineries de sucre & des savonneries.

Anciennement ce pays faisoit partie de l'Angrie. L'évêché de *Minden* fut fondé par l'empereur Charlemagne ; mais l'époque de cette fondation est incertaine : parmi les diverses opinions qu'on a à cet égard, la plus vraisemblable est celle qui l'a fixée vers l'année 803. Le premier évêque s'appelloit Hérumbert ou Hercumbert. On compte 60 évêques jusqu'au traité de Westphalie. L'évêque Landoward obtint les droits régaliens de l'empereur Otton I. en 961. Ses successeurs les étendirent & les consolidèrent ainsi que les autres prélats de l'Empire. L'évêché ayant été sécularisé par le traité d'Osnabruck en 1648, & transféré à la maison électorale de Brandebourg, à titre de principauté, en échange de la Poméranie qu'elle céda à la Suède, l'électeur Frédéric Guillaume prit possession des châteaux du pays le 15 octobre 1649, & reçut l'hommage des habitans le 12 février de l'année suivante. L'armée françoise s'empara de cette principauté en 1757.

En vertu d'un décret impérial du 3 mai 1654, la principauté de *Minden* doit avoir séance à la diète de l'Empire après Saxe Lavenbourg & avant Holstein ; elle prit en effet possession de cette place ; cependant en 1663, elle consentit à alterner avec Holstein-Gluckstadt. Elle est taxée pour un mois romain à 10 cavaliers & 16 fantassins, ou à 121 rixdales 16 gros : mais elle se plaignoit dès 1662 de cette proportion : elle doit payer pour l'entretien de la chambre impériale 54 rixdales 3 gros par terme. Dans les assemblées du cercle de Westphalie, elle prend séance après l'évêché d'Osnabruck.

La principauté de *Minden* & le comté de Ravensberg sont administrés par une régence commune, qui, réunie aux deux surintendans & au prédicateur réformé de la cour à *Minden*, forme le consistoire ; il y a aussi une chambre de guerre & des domaines. Ces deux collèges dirigent conjointement les affaires qui regardent la supériorité territoriale ; mais la régence a en quelque sorte l'administration exclusive de la justice : elle juge la noblesse en première & les autres sujets en seconde instance ; les appels des magistrats des villes immédiates & des balliages sont portés devant elle. Les affaires criminelles ecclésiastiques, & les affaires de tutelle des sujets immédiats sont aussi de son ressort. Celles qui regardent la police, le commerce, les manufactures, la guerre & les finances, tant à l'égard des recettes royales, que des autres recettes publiques, sont du ressort de la chambre de guerre & des domaines. Deux conseillers provinciaux siègent dans cette chambre. Les deux collèges réunis établissent un collège de santé, lequel, en cas de maladies épidémiques, soit parmi les hommes ou parmi les troupeaux, est chargé de prendre les soins nécessaires à cet égard. Il y a de plus un collège provincial de médecine, présidé par un membre de la chambre de guerre & des domaines ; ce collège doit avoir attention que le pays soit pourvu d'habiles médecins, apothicaires, chirurgiens & sages-femmes. Dans les deux villes immédiates de *Minden* & Lübbecke, la justice est administrée par les magistrats, & dans le plat-pays par des baillis : mais le grand chapitre, le grand prévôt, l'abbaye de Ste. Marie, celle de Levern, les maisons nobles de Hollwinkel, de Beck, d'Uhlenbourg & d'Eisbergergen & la commanderie de Wietersheim l'exercent aussi à quelque égard.

La charge de maréchal héréditaire de la principauté de *Minden*, vacante par la mort de Frédéric Guillaume, seigneur de Kanneberg, fut donnée par le roi en 1764, aux petits-fils du défunt, ou aux deux frères Léopold-Guillaume Ferdinand, & Erneste-Frédéric-Guillaume-Alexandre de Kahlden, pour eux & leur postérité mâle avec tous les droits, prérogatives & émolumens y attachés ; l'aîné & sa postérité mâle demeureront en possession de cette charge, & en cas d'extinction de cette branche, elle sera dévolue à la branche cadette.

On estime le produit annuel des biens domaniaux à un peu plus d'une tonne & demie d'or ; la caisse militaire tire à-peu-près deux tonnes & demie d'or. de cette principauté & des comtés de Ravensberg, de Tecklenbourg & de Lingen.

Voyez les articles BRANDEBOURG & PRUSSE.

MINES. Le dictionnaire des Finances a fait un assez long article sur cette matière. Nous y renvoyons le lecteur ; il y trouvera la définition de ce mot : nous nous bornerons ici à des observations générales sur les *mines*, sur leur propriété, & sur le régime qu'on suit pour leur exploitation.

Principes de l'administration politique sur la propriété des mines & des carrières, & sur les règles de leur exploitation.

Deux points de vue doivent diriger l'administration dans l'établissement des loix qui règlent l'exploitation des *mines* & des carrières; savoir, par rapport à l'intérêt des particuliers, la considération du droit naturel; & par rapport à l'intérêt de l'état, le desir de procurer l'exploitation la plus abondante & la plus fructueuse de cette espèce de richesse.

De la jurisprudence des mines, considérée relativement aux principes du droit naturel.

Droit du propriétaire du sol, de creuser sur son terrain.

1°. Il est difficile de contester au propriétaire d'un champ le droit d'y fouiller. Avant l'établissement des propriétés foncières, il n'étoit pas moins libre au premier occupant de creuser la terre que d'en labourer une portion & de l'enclore, pour s'en assurer la possession exclusive : or, pourquoi un homme qui, en fermant un champ, en est devenu propriétaire, n'auroit-il pas sur cette terre une faculté qu'il partageoit auparavant avec tout le monde? N'eût-il d'autre titre pour pouvoir y creuser que celui de premier occupant, il n'y a certainement pas renoncé.

Droit d'empêcher les autres d'y faire aucune ouverture.

2°. Si le droit de fouiller la terre dans son champ est une suite inséparable de la propriété, le droit d'empêcher les autres d'y fouiller, est une conséquence immédiate de cette propriété.

Liberté générale de pousser des galeries sous le terrain d'autrui.

3°. Il suit de là que si l'on ne peut parvenir aux matières souterraines sans ouvrir la superficie du terrein sous lequel elles se trouvent, la propriété de la surface entraîne nécessairement celle des matières qu'elle couvre. Mais lorsqu'un homme a fait un puits dans son terrein, ou bien a ouvert une carrière sur la croupe d'un côteau, rien ne l'empêche de continuer la fouille & l'extraction des pierres, en poussant des galeries en tous sens sous le terrein d'autrui. C'est ici qu'on peut commencer à douter, & demander si le propriétaire de la surface supérieure peut, en vertu de son droit de propriété, s'opposer au travail de ces galeries poussées sur son terrein : je ne le pense pas; & à cet égard, je suis de l'avis du plus grand nombre des jurisconsultes.

Bornes de cette liberté.

4°. Cette faculté est cependant limitée par l'obligation de ne nuire en rien au propriétaire de la superficie; car le droit de celui-ci s'étend incontestablement sur tout ce qui peut intéresser la conservation de son terrein, la solidité des ouvrages qu'il y a faits, la jouissance tranquille des fruits; ainsi, un homme qui en ouvrant la terre dans son champ, creuseroit sous celui de son voisin, de façon à faire enfoncer le sol, à affoiblir les fondemens de sa maison, à faire écouler l'eau de son puits, donneroit certainement atteinte à sa propriété. Il n'est donc permis de fouiller sous le sol d'autrui qu'à deux conditions, l'une de ne fouiller qu'à une profondeur, telle qu'on ne puisse lui causer aucun dommage; l'autre, de laisser d'espace en espace des soutiens suffisans, pour que son terrein & ses bâtimens ne puissent s'écrouler : la possession résultante de l'occupation des matières souterreines est donc assujettie à une servitude naturelle en faveur du propriétaire de la superficie.

Droit d'occupation sur les matières souterreines. Quoiqu'avant l'occupation elles ne soient encore à personne, il n'en résulte pas qu'elles doivent appartenir au souverain.

5°. Les matières souterreines n'appartiennent à personne jusqu'à ce que le terrein soit fouillé; celui qui entreprend de les extraire, s'en empare à titre de travail, comme premier occupant, & le propriétaire du sol qui fouille dans son terrein n'a pas d'autre titre.

On a voulu en conclure que ces matières appartiennent à l'état, & font partie du domaine du souverain, de même que les terres vaines & vagues : mais il y a deux différences considérables. La première consiste en ce que pour s'approprier les terres vaines & vagues, il a suffi que le souverain en ait eu la volonté; au lieu qu'il ne peut parvenir aux matières souterreines, sans passer sur la superficie, ce qui ne peut se faire sans donner atteinte au droit de propriété. Une seconde différence consiste en ce que personne n'a aucune espèce de droit à réclamer les terres vaines & vagues; mais quoique le propriétaire du sol n'ait pas un droit exclusif sur les matières souterreines, on ne peut nier que le droit d'ouvrir la terre dans son champ, & de s'approprier par la voie de l'occupation des matières qu'il y trouve, ne soit un accessoire de son droit de propriété; cette faculté n'exclut pas la concurrence de celui qui pourroit le prévenir dans cette espèce d'occupation, mais elle est incompatible avec la propriété absolue du prince, puisque celle-ci priveroit le propriétaire du sol d'une liberté qui fait partie de sa propriété primitive.

Le *droit d'occupation sur les mines*, ne s'étend

qu'à la propriété des ouvrages faits sous terre, & des matières déja extraites, sans droit de suite sur les bancs ou filons découverts.

Je crois avoir prouvé que le droit de celui qui a ouvert une carriere ou une *mine*, est le droit du premier occupant; pour fixer la nature & l'étendue de la propriété qu'il acquiert à ce titre, il ne faut que considérer quelle est principalement la chose qu'il occupe.

Il n'est pas douteux qu'en creusant des puits & des galeries, il ne se mette véritablement en possession de tout son ouvrage; cette possession lui en donne une véritable propriété. L'ouverture en est faite dans son terrein ou dans celui d'un propriétaire qui lui a cédé son droit, le reste est le fruit de son travail, il a le droit d'en user; il peut en exclure tout autre, au même titre que le premier cultivateur d'un champ a pu l'enclore.

Le mineur a encore pris possession de la matiere même qu'il a arrachée par son travail, de la carriere ou de la *mine*; mais à cet égard sa possession, & par conséquent sa propriété, se bornent à ce qu'il a effectivement arraché; que cette matiere formé un banc continu, comme dans certaines carrieres, ou un filon prolongé comme dans la plupart des *mines*; celui qui a pris la matiere de ce filon sur dix toises de longueur, n'a pas plus de droit sur la matiere de ce filon jusqu'à cent, & jusqu'à mille toises plus loin que le propriétaire de la surface n'en avoit sur la totalité; il n'a que la faculté de s'en mettre en possession en continuant son travail; mais il ne peut empêcher qu'un autre, en ouvrant la terre ailleurs, n'attaque ce banc ou cette veine par un autre côté : sa possession ne s'étend donc que sur ce qu'il a pris, & ne lui donne aucun droit de suite sur ce qui reste à prendre. Ce principe est important.

Par quels principes les contestations entre les mineurs, dont les travaux se rencontrent, peuvent être décidées.

7°. Chaque propriétaire ayant droit d'ouvrir la terre dans son héritage, & de pousser en tous sens ses galeries, il est très-facile que deux mineurs se rencontrent en avançant sous terre chacun de leur côté. Par le principe que je viens d'établir, chacun restera le maître, 1°. de ses ouvrages souterreins; 2°. de la matiere qu'il en aura tirée jusque-là, & n'aura rien à demander à l'autre. S'ils veulent continuer de travailler, comme leur droit est égal, il faut qu'ils s'arangent ensemble, ou pour se détourner chacun de son côté, ou pour s'associer dans un travail commun : si l'un des deux se refusoit à l'accord, le juge en décideroit; mais il n'auroit besoin pour cela d'autre loi que des principes de l'équité naturelle.

La propriété d'une mine n'entraîne point le droit de forcer le propriétaire du sol à permettre les ouvertures nécessaires pour en continuer l'exploitation.

8°. Dans tout ceci, le propriétaire de la superficie n'a aucun intérêt; mais il n'est pas possible de pousser fort loin le travail des mines, ni même l'exploitation de certaines carrieres, en suivant des galeries qui n'auroient qu'une seule ouverture; on est obligé de les multiplier pour diminuer les frais de l'extraction des matieres, pour procurer de l'écoulement aux eaux qui noieroient les ouvrages, enfin, pour donner aux travailleurs les moyens de respirer, & pour dissiper par la circulation de l'air les exhalaisons nuisibles. Il y a des carrieres qui, comme une grande partie de celles de plâtre & d'ardoise, exigent, pour être exploitées de la maniere la plus avantageuse, que la superficie même du terrein soit détruite : dans tous ces cas, le mineur a besoin de recourir au propriétaire de la superficie, & de lui demander la permission de pratiquer des ouvertures dans son terrein.

Celui-ci étant maître absolu de son héritage, est libre par le droit naturel d'accorder ou de refuser son consentement, & c'est au mineur à lui proposer des avantages assez grands pour l'engager à le donner. S'il refuse obstinément, le mineur sera obligé d'interrompre ses travaux, c'est un malheur; mais il n'a point à s'en plaindre; c'étoit à lui à prévoir le besoin qu'il auroit du propriétaire, & à s'assurer d'avance de son consentement.

En vain prétendroit-on que le mineur étant obligé, par une servitude naturelle, à prendre toutes les précautions nécessaires pour garantir au propriétaire du sol la conservation & la jouissance tranquille de sa propriété, cette servitude devroit être réciproque, & que le propriétaire de la superficie devroit être pareillement obligé à se prêter, sauf un dédommagement convenable à tout ce qui est nécessaire au mineur pour jouir de sa propriété souterreine.

Cette réciprocité n'a aucun fondement. Il est faux que le propriétaire du sol, en s'opposant à l'ouverture dont le mineur a besoin, empêche celui-ci de jouir d'aucune propriété. Le mineur n'a d'autre propriété que celle de ses travaux déja faits, & des matieres qu'il en a tirées. C'est pour continuer ses travaux, c'est pour extraire de nouvelles matieres, c'est pour acquérir une nouvelle propriété, & non pour conserver l'ancienne, qu'il a besoin d'une nouvelle ouverture : or, une propriété qu'il n'a pas, ne peut lui donner aucune servitude. D'ailleurs, eut-il une vraie propriété, celle du possesseur de la superficie seroit antérieure, & c'est de cette antériorité que résulte la servitude; c'est cette antériorité qui restreint la faculté laissée à celui qui n'est pas propriétaire de creuser sous le sol; c'est elle qui met à cette liberté la condition de garantir le propriétaire de tout dommage. Mais celui-ci n'a fait de condition avec personne ; sa propriété étoit pleine & entière, & personne n'a pu la diminuer après coup, ni s'acquérir une servitude sur lui sans son consentement.

Résultat des principes de l'équité naturelle, & des conséquences immédiates du droit de propriété, relativement à la jurisprudence des mines.

Il résulte de cette analyse, que le code des mines, à ne le fonder que sur les principes de l'équité naturelle, & sur les conséquences immédiates des droits de propriété foncière, se réduit aux quatre articles suivans :

1°. Chacun a le droit d'ouvrir la terre dans son champ ;

2°. Personne n'a droit d'ouvrir la terre dans le champ d'autrui, sans son consentement.

3°. Il est libre à toute personne de pousser des galeries sous le terrein d'autrui, pourvu qu'elles prennent toutes les précautions nécessaires pour garantir le propriétaire de tout dommage.

4°. Celui qui, en usant de cette liberté, a creusé sous son terrein ou sous celui d'autrui, est devenu, à titre de premier occupant, propriétaire des ouvrages qu'il a faits sous terre, & des matières qu'il en a extraites, mais il n'a rien acquis de plus.

De la jurisprudence des mines, considérée par rapport à l'avantage de l'état.

Cet intérêt a pu être & a été envisagé de deux façons, ou relativement à l'avantage du fisc par le profit qu'il peut retirer des mines ; ou relativement à l'intérêt qu'a l'état en général, d'encourager l'extraction des richesses souterreines, si précieuses par leurs usages multipliés & par leur valeur dans le commerce.

Examen des motifs tirés de l'intérêt du fisc, pour restreindre la liberté naturelle d'exploiter les mines.

Examinons d'abord l'intérêt du fisc. Je conviens que les souverains ne pouvant se passer de revenus pour subvenir aux dépenses de l'état, l'intérêt fiscal peut être, à quelques égards, considéré comme une branche de l'intérêt public ; & je ne doute pas que l'idée de grossir le trésor du prince d'une richesse qui ne sembloit prise à personne, n'ait contribué plus que tout autre motif à faire établir par les jurisconsultes romains le principe que toutes les mines appartiennent à l'état ; mais les empereurs romains ne furent pas long-temps sans reconnoître combien cette idée est chimérique. Un entrepreneur particulier qui emploie tout son temps & son industrie à l'exploitation d'une *mine*, a souvent peine à retirer quelque profit de ses avances, & en général le produit n'égale pas les frais, puisqu'on se ruine même dans l'exploitation des *mines* du Mexique & du Pérou. Comment une administration surchargée d'affaires de tout genre pourroit-elle suivre les détails d'un travail très-difficile avec cette économie scrupuleuse, sans laquelle ces entreprises ruinent toujours leurs auteurs ? Les tentatives que le gouvernement a faites de temps en temps en France pour faire valoir les *mines* au profit du roi, n'ont servi qu'à en prouver l'impossibilité par de nouvelles expériences : on voit par l'édit de 1601, que M. de Sully avoit fondé de grandes espérances sur cette ressource ; mais il en fut bientôt désabusé.

S'il est possible de faire valoir les mines avec avantage au profit du souverain.

Pour que l'exploitation d'une mine, au profit du souverain, lui soit avantageuse, il faut deux conditions, l'une, que la *mine* soit excessivement riche, l'autre, que l'état soit très-petit : d'un côté, les produits d'une mine riche sont diminués, mais ne sont pas absorbés en totalité par quelques négligences dans la régie ; de l'autre, les négligences sont un peu moindres dans un petit état : l'objet est plus sous les yeux ; il est plus important, parce que la totalité des revenus est moindre, & le gouvernement est moins surchargé : c'est par ces raisons que plusieurs princes d'Allemagne gagnent à faire travailler leurs *mines* pour leur compte ; mais un grand état y perdroit. C'est sur le revenu territorial qu'il doit fonder les siens, & non sur les produits d'entreprises particulières dont l'administration ne pourroit s'occuper, sans dérober son attention à des objets qui doivent la fixer toute entière. En attribuant à l'état la propriété des *mines*, les jurisconsultes ne lui ont donc rien donné, puisque le souverain ne peut par lui-même les mettre en valeur, & qu'il est réduit à en céder l'usage à des particuliers, qui seuls peuvent les exploiter avec avantage. Il auroit autant valu abandonner les *mines* au sort des autres biens, que de se réserver un droit illusoire, dont le prince ne peut faire usage qu'en le cédant.

Le droit de dixième ou de quint sur les mines, quand il seroit utile de le conserver, pourroit être levé à titre d'impôt, sans que la propriété des mines appartînt au domaine.

Il est vrai que les empereurs romains, & plusieurs souverains après eux, en permettant aux particuliers d'exploiter des *mines*, se sont réservé le droit de prélever un dixième sur leur produit ; mais pour cela ils n'avoient nullement besoin de s'attribuer la propriété des *mines*. Ce dixième n'est autre chose qu'un impôt sur le produit des *mines*, & l'état lève des impôts aussi forts sur les autres espèces de biens, sans y prétendre aucun droit de propriété particulière. Or, que les souverains lèvent ce dixième à titre d'impôt ou à titre de droit domanial, la chose est fort indifférente. S'il est avantageux à l'état qu'une partie des impositions porte sur le produit des *mines*, (question très-susceptible de doute, & que j'examinerai plus bas) le prince n'a besoin que de son autorité pour établir cet impôt ; si au contraire l'état a plus d'intérêt à encourager l'exploitation des *mines* par une entière franchise, qu'à en tirer une branche de revenu, l'état fera très-sagement de remettre son droit domanial ; & c'est ce que le roi de France a fait en plusieurs occasions, notamment par l'édit de février 1722, en faveur d'une compagnie établie pour exploiter les mines du royaume. Dans l'un & l'autre cas, la parité est entière entre l'impôt & le droit domanial ; & puisque l'expérience a démontré que l'état ne peut trouver aucun avantage à faire travailler les *mines* pour son propre compte, il en résulte évidemment que le fisc n'a aucun intérêt direct au maintien du principe que la propriété des *mines* fait partie du domaine public ; c'est donc sans objet & sans intérêt que l'avidité fiscale a dérangé sur ce point l'ordre que la nature des choses avoit établi.

Examen des motifs qu'on allégua pour restreindre la liberté naturelle de l'exploitation des mines, & qu'on tire de l'intérêt qu'a l'état, à ce qu'elles soient exploitées de la manière la plus fructueuse.

Après avoir détruit le véritable motif qui a fait introduire la jurisprudence domaniale sur les *mines*, il me reste à discuter les prétextes dont on a cherché à l'appuyer.

On part d'un principe incontestable ; c'est l'intérêt qu'a l'état à ce que les *mines* soient mises en valeur & exploitées de la manière la plus avantageuse, soit pour épargner l'achat des matières qu'on seroit obligé de tirer de l'étranger pour fournir aux différens besoins de la société, soit pour mettre dans le commerce de nouvelles valeurs qui en augmentent l'activité.

Or, on prétend que la liberté laissée à tout propriétaire d'ouvrir sur son terrein, à l'exclusion de tout autre, est incompatible avec l'exploitation fructueuse des *mines*.

Première objection contre la liberté, fondée sur la nécessité de faire de grosses avances & de courir de très-gros risques pour mettre une mine en valeur : d'où l'on conclut qu'il est indispensable d'assurer à un seul entrepreneur le droit exclusif de faire travailler toutes les mines *qui se trouvent dans une certaine étendue de terrein.*

Il n'est pas possible, dit-on, de mettre une *mine* en valeur, sans commencer par faire les plus grandes dépenses ; il faut creuser des puits, percer des galeries dans le roc, soutenir les uns & les autres par de forts étais, établir des machines pour l'épuisement des eaux, bâtir les fourneaux, payer une foule d'ouvriers, acheter du bois, extraire la *mine*, la fondre, avant d'en retirer un sou. De pareilles avances, effrayantes par leur immensité, le sont encore plus par l'incertitude du succès. On sait que les plus habiles artistes ne peuvent former que des conjectures plus ou moins probables sur la richesse d'une *mine*, ni même sur la vraie direction des filons, dont la marche irrégulière déconcerte souvent les mineurs les plus expérimentés. Maintenant, quel est l'homme qui voudra faire des avances aussi fortes & risquer sa fortune ; s'il n'est pas assuré de recueillir, sans partage, le fruit de ses travaux ? Si lorsque ses recherches lui auront enfin découvert une *mine* suivie & abondante, les propriétaires de chacun des héritages sous lesquels elle passe, ou ceux à qui les propriétaires auroient cédé leurs droits, peuvent, en ouvrant la terre de leur côté, s'emparer des richesses qu'elle renferme, & s'approprier sans risque le fruit de tant de travaux & de dépenses, sur quelle assurance l'entrepreneur d'une *mine* pourra-t-il s'engager des gens riches à s'associer avec lui & à lui confier leur fonds ?

Il est donc nécessaire, pour qu'un homme puisse entreprendre la recherche & l'exploitation d'une *mine*, que l'état lui en assure la possession sans trouble ; ce qui ne peut se faire qu'en lui donnant la concession exclusivement à tout autre, de toutes les *mines* qui se trouvent aux environs du lieu où il se propose de fouiller, dans une étendue assez grande, pour qu'il puisse être indemnisé de ses frais, & trouver un profit suffisant. Or, l'état ne peut faire cette concession, s'il n'a pas, à l'exclusion des propriétaires de la superficie, la propriété des mines souterreines. La loi qui la lui donne est nécessaire, parce que sans elle, les *mines* les plus riches demeureront à jamais des trésors enfouis & perdus pour l'état. Cette loi n'a rien d'injuste ; car elle n'ôte au propriétaire de la superficie qu'un droit inutile, & qui ne peut lui servir qu'à empêcher un autre de mettre en valeur des richesses, dont lui-même ne profite pas.

Sacrifier à ces prétendus droits toutes les richesses que le travail des *mines* peut procurer au royaume, ce seroit sacrifier à un intérêt chimérique & de nulle valeur pour un particulier, un intérêt très-réel & très-considérable pour l'état. Quand il s'agiroit même de la valeur du fonds où l'on doit creuser, c'est-à-dire, de quelques arpens de terre, elle ne pourroit être comparée aux dépenses immenses de l'exploitation d'une *mine*, ni par conséquent aux produits qui, dans toute entreprise, doivent toujours faire rentrer les dépenses avec un profit proportionné. On ne devroit pas même craindre d'obliger le propriétaire à céder son fonds, s'il le falloit, en obligeant l'entrepreneur à lui en payer la valeur.

Seconde

Seconde objection contre la liberté. Nécessité d'obliger le propriétaire de la superficie de consentir, moyennant un dédommagement, aux ouvertures, dont les mineurs ont besoin pour continuer leur exploitation.

Ce seroit bien en vain que l'état donneroit à un entrepreneur de *mines* la concession de toutes celles qui se trouvent dans un certain arrondissement, si le propriétaire de la surface n'étoit pas forcé par une loi de permettre dans son terrain toutes les ouvertures nécessaires pour l'exploitation de ces *mines*. Il est indispensable de multiplier ces ouvertures pour chercher de nouvelles traces d'un filon interrompu, pour rendre l'extraction des matières moins dispendieuse, pour établir des pompes ou ménager des écoulemens aux eaux, enfin pour donner de l'air aux ouvriers. Or, si le propriétaire du terrain peut refuser son consentement à l'ouverture, il ne faudra qu'un homme de mauvaise humeur pour faire perdre le fruit d'une dépense immense, ruiner les entrepreneurs, & rendre impossible l'exploitation de la *mine* la plus riche & la plus avantageuse pour l'état. Quelqu'étendue qu'on puisse donner au droit du propriétaire du sol, il ne sauroit avoir celui de ruiner, sans intérêt, la fortune d'un autre citoyen. La loi doit les protéger tous également ; par conséquent elle doit ordonner au propriétaire de souffrir une ouverture dont le mineur ne peut se passer, & obliger le mineur à lui donner un dédommagement tel, qu'il demeure entièrement indemnisé. Le droit des particuliers a toujours cédé à l'intérêt public ; & pourvu que le particulier soit dédommagé, il n'a pas à se plaindre. Ce dédommagement peut être fixé par la loi même ; mais il paroît plus juste que le dédommagement soit plus ou moins fort, suivant le plus ou le moins de tort que souffre le propriétaire ; ce qui dépend des circonstances locales & variables. Il suffit donc que l'indemnité soit fixée à dire d'experts & par l'autorité du juge, lorsque les parties ne peuvent s'accorder.

Troisième objection contre la liberté, fondée sur le danger des petites exploitations irrégulières que chaque propriétaire pourroit faire sur son terrain.

Conséquences des trois objections ci-dessus, en faveur de l'utilité & de la nécessité des systèmes établis sur la jurisprudence & sur l'administration des mines.

En effet, des concessions accordées en connoissance de cause, sont l'unique moyen d'obvier aux petites exploitations irrégulières qui produisent peu pour le moment & nuisent pour l'avenir, en devenant un obstacle à des exploitations plus régulières. L'état, en donnant à ces concessions une certaine étendue, assure aux entrepreneurs, outre la rentrée de leurs frais, des profits suffisans pour les exciter à multiplier leurs entreprises, & à mettre en valeur toutes les richesses que le royaume possède en ce genre. En n'accordant ces concessions que pour un tems limité, & statuant que dans le cas où les concessionnaires négligeroient ou abandonneroient l'exploitation de la *mine* concédée, l'état y rentrera de plein droit, on n'a point à craindre qu'un privilège accordé à un concessionnaire qui n'en feroit point usage, devienne dans la suite un obstacle à ce qu'un autre entreprenne de mettre la même *mine* en valeur.

Tel est précisément le système actuel de l'administration sur la police des *mines* dans une partie de l'Europe, & c'est le seul dans lequel elles puissent être exploitées de la manière la plus avantageuse pour l'état. Ce système suppose que la propriété des matières souterraines soit distinguée de celle de la superficie, & qu'elle appartienne au prince : il est donc nécessaire que la loi lui donne irrévocablement cette propriété, non pour l'intérêt de son trésor, mais pour l'intérêt public.

On trouvera dans le dictionnaire de Robinet une réfutation des raisons qu'on allègue en faveur du système établi sur l'administration des *mines* : nous les indiquerons seulement, & nous ajouterons quelques modifications qui ramèneront au point de vérité, les assertions exagérées des deux partis sur cette matière.

Ces raisons ressemblent à celles qu'on allègue en faveur des monopoles de toute espèce.

Réponse à la première objection. Il n'est nullement nécessaire de donner aux entrepreneurs des mines le droit exclusif de travailler toutes celles d'un certain canton.

Réponse à la seconde objection. Il est inutile de forcer le propriétaire du sol à souffrir que les mineurs y fassent les ouvertures nécessaires pour continuer leur exploitation.

Réponse à la troisième objection, tirée du prétendu danger des exploitations irrégulières.

Exemples de plusieurs mines mises en valeur avec le plus grand succès, sans aucune concession exclusive.

Conclusion en faveur du système, qui, en réservant au propriétaire de la surface, la faculté exclusive de pratiquer des ouvertures dans son héritage, attribue la propriété des matières souterraines au premier occupant.

L'administration sans doute a le droit d'ordonner les sacrifices & les dédommagemens qui sont très-utiles au bien général, & il ne reste plus qu'à examiner si l'utilité générale de cette exploitation est bien constatée.

Les richesses des *mines* qui produisent des métaux & non des combustibles, ou des matières propres aux arts, sont des richesses factices, & les productions de la superficie du sol sont des richesses réelles; & il est rare qu'il convienne de sacrifier ces richesses réelles à des richesses factices.

Les entrepreneurs des mines, en général, sont des charlatans ou des hommes crédules : ils ne doutent de rien; ils comptent s'enrichir, & , ce qu'il ne faut pas oublier, ils s'appauvrissent presque tous; & pour en citer un bel exemple, aucun négociant bien accrédité ne voudroit qu'on crût qu'il est intéressé à l'exploitation des *mines* du Mexique & du Pérou.

Leurs sollicitations sont très-propres à égarer les administrateurs qui, en accordant un privilège exclusif, croient toujours y voir une opération importante pour le bien général.

Si une *mine* très-riche se trouve dans des montagnes, ou dans des districts en friche & mal cultivés; si le gouvernement n'a pas le droit domanial de forcer les propriétaires à permettre l'ouverture de leur terrain, & à recevoir un dédommagement, il a le droit d'administration sur cet objet; & lorsqu'il en use, personne n'a droit de s'en plaindre. Mais des enthousiastes, des charlatans ou des fous, sur de légers indices, demandent à ravager un sol fertile, pour y chercher des matières précieuses; & l'administration alors ne peut être trop circonspecte; elle doit se souvenir toujours du mauvais succès de ces sortes d'exploitations.

Ce seroit une histoire singulière que celle de l'exploitation des mines dans tous les pays du monde : j'ose dire que quatre-vingt-dix-neuf sur cent ont ruiné leurs entrepreneurs; à commencer par celles du Mexique & du Pérou, qui ont inondé d'argent l'Espagne, l'Europe, l'Asie & l'Amérique.

Il est rare qu'aucun motif d'utilité générale ou particulière puisse engager la législation à donner la propriété des matières souterraines au propriétaire de la superficie, mais lorsque l'exploitation doit se faire sur des terrains fertiles, ou qui n'appartiennent pas au gouvernement; il faut examiner avec attention s'il est avantageux d'ouvrir la *mine*.

Avantages du système de la liberté.

Cette législation, la plus simple & la plus juste, seroit en même-temps la plus propre à encourager l'exploitation des *mines* : sans donner aux propriétaires de la superficie plus que la justice n'exige, elle leur conserveroit tous leurs droits, & les mettroit à l'abri de toute contrainte : sans embarrasser l'administration du soin oiseux de donner des permissions; sans exclure personne du droit de travailler où il voudroit, elle assureroit aux entrepreneurs le fruit de leurs peines & de leurs avances, autant que la nature des choses le comporte : elle leur laisseroit un gage plus solide qu'ils ne peuvent l'avoir dans aucun autre système, & qui cependant ne nuiroit en rien aux nouvelles entreprises que d'autres pourroient former; enfin elle donneroit à cette branche d'industrie toute l'activité que la concurrence générale & la liberté donnent à tous les genres de commerce. Si l'on veut faire entrer en considération l'intérêt fiscal du prince, il seroit privé du droit exclusif de faire exploiter les *mines* pour son compte sur les terres qui ne lui appartiennent pas; c'est-à-dire, qu'il perdroit un droit dont il n'use jamais, & dont il est démontré que, du moins dans un grand état, il ne pourroit user qu'avec perte. Il ne leveroit plus le dixième du produit des *mines*, à titre de redevance domaniale; mais il n'y perdroit encore rien, puisqu'il pourroit toujours percevoir le même droit à titre d'impôt, s'il le jugeoit plus avantageux que nuisible.

Du droit de dixième sur les mines. Est-il de l'intérêt des souverains de le conserver ?

Nous avons déja annoncé des doutes sur cette question : c'est la seule qui reste encore à discuter pour épuiser entièrement cette matière.

L'auteur qui nous a fourni la plupart des remarques de cet article, dit : « on peut mettre » en principe que tout impôt qui nuit à l'aug» mentation de la richesse des sujets, est plus » nuisible qu'utile au prince, & doit être sup» primé. Ce seroit une grande erreur de préten» dre balancer l'intérêt pécuniaire du prince » avec l'intérêt qu'il a d'enrichir ses sujets. L'in» térêt pécuniaire du prince est toujours nul dans » ces sortes de questions : il ne s'agit pas de lui » donner plus ou moins d'argent; (il aura tou» jours, ou par son autorité, ou par les con» cessions de la nation, suivant la différente for» me du gouvernement, tout celui qu'exigent » les besoins de l'état;) il s'agit uniquement de » savoir dans quelle forme, & sur quelle espèce » de produit il lui est plus avantageux de lever l'ar» gent dont il a besoin : or, il est bien évident » que son revenu ne pouvant être qu'une portion » déterminée du revenu de ses sujets, toute di» minution sur celui-ci entraîne une diminution » proportionnée sur le sien. Il est donc démontré » que l'intérêt du prince est ici entièrement con» fondu avec celui des sujets; & que l'impôt le » plus utile, le seul qui ne soit pas nuisible au » souverain, est celui qui ne porte que sur un » produit entièrement disponible, dont le prince » peut prélever sa portion, sans rien déranger à » l'ordre des dépenses réproductives, sans inté» resser les travaux de l'agriculture & de l'indus» trie, sans entamer les profits du cultivateur,

» du manufacturier, ou du commerçant. Le re-
» venu net des biens-fonds, ou ce qui revient
» au propriétaire après que le cultivateur a pré-
» levé les frais, les intérêts de ses avances &
» ses profits, présente seul ce produit entière-
» ment disponible, sur lequel l'impôt peut être
» assis sans danger, c'est-à-dire, sans diminuer
» les richesses de la nation, & par contre-coup
» celles du souverain. Il a été prouvé, dans plu-
» sieurs ouvrages modernes, que tout impôt sur
» l'exploitation des terres, sur les travaux de l'in-
» dustrie ou sur les profits du commerce, retom-
» be toujours sur les propriétaires des terres,
» qui le paient directement par la diminution du
» prix des baux, par l'augmentation des salaires,
» par la moindre consommation des fruits de la
» terre, d'où résulte la diminution de leur re-
» venu : on en a conclu avec raison, que l'in-
» dustrie devoit être entièrement affranchie de
» toute imposition. Sans entrer dans des discus-
» sions trop étendues, & qui seroient ici dépla-
» cées, il est aisé de sentir que toute imposi-
» tion sur l'industrie est une diminution de profit
» pour l'homme industrieux : or, toute diminu-
» tion de profit tend à diminuer les motifs du
» travail, & par conséquent le travail lui-même.
» Si donc le travail, envisagé dans toutes ses
» branches, est l'unique cause qui sollicite la
» production de toute richesse, il s'ensuit qu'un
» impôt qui entame les profits de celui qui tra-
» vaille, & qui ne tombe pas uniquement sur
» le produit net réservé au propriétaire, tend à
» la diminution des richesses.

» Appliquons cette théorie au produit des *mi-
» nes*. D'après les principes que j'ai établis,
» l'entrepreneur n'a d'autre propriété que celle
» de ses ouvrages & des fruits de son travail ; il
» ne peut donc avoir, à proprement parler, de
» produit net : il est vrai que lorsque la *mine* est
» riche, il retire un profit au-delà du capital &
» de l'intérêt de ses avances ; mais ce profit n'est
» pas d'une autre nature que les profits de tous
» les autres genres d'industrie. Un commerçant
» en fait quelquefois d'aussi considérables sur un
» voyage heureux ; mais ce profit est toujours la
» récompense de son travail & du risque qu'il a
» couru de perdre ; il n'a rien de commun avec
» le revenu qu'un propriétaire retire de sa terre
» sans risque & sans travail.

» Si quelqu'un retiroit des *mines* un produit
» net, ce seroit le propriétaire de la surface qui
» vend à l'entrepreneur la permission de fouiller dans
» son héritage : mais le prix de cette permission
» est ordinairement un bien petit objet, & pres-
» que toujours il se réduit à l'indemnité des dé-
» gâts qu'entraînent ces sortes d'ouvertures.
» D'ailleurs ce foible profit accidentel, purement
» passager, ne peut jamais être considéré comme
» revenu.

» Quant à l'entrepreneur, ses profits sont dans

» la classe de tous les profits des autres genres
» d'industrie : quelque grands qu'ils soient, il
» s'en faut bien qu'on doive le lui envier ; il les
» achète par des risques au moins proportionnés.
» Obligé d'avancer des capitaux immenses lors-
» qu'il commence son exploitation, il n'est ja-
» mais certain de les retirer : il court le hasard
» de se ruiner ou de s'enrichir. Prélever une por-
» tion des profits qui lui reviendront si le succès
» est heureux, c'est dans le cas où la balance se-
» roit égale entre la crainte & l'espérance, la
» faire pencher du côté de la crainte ; c'est dimi-
» nuer un encouragement qu'il faut au contraire
» augmenter, si l'état a intérêt que les *mines*
» qu'il possède soient exploitées : or c'est ce dont
» personne ne doute. Les productions des *mines*
» sont certainement une richesse de plus pour la
» nation, & une dépense de moins, puisqu'il
» faudroit qu'elle achetât de l'étranger de quoi
» subvenir à tous ses besoins en ce genre. Il se-
» roit donc contraire aux vrais principes en ma-
» tière d'imposition, de charger l'exploitation des
» *mines* d'aucune taxe : l'intérêt de l'état, &
» par conséquent celui du roi, demande qu'elle
» en soit entièrement affranchie.

» J'ajouterai que, quand même on voudroit
» laisser subsister une imposition sur cet objet,
» celle du dixième du produit seroit très-inégale
» & souvent excessive. Les dépenses d'exploita-
» tion sont souvent si considérables, que le dixiè-
» me du produit emporteroit la totalité du profit :
» alors l'imposition équivaudroit à une défense
» d'exploiter la *mine*. En général, les dépenses
» d'exploitation sont si variables, si difficiles à
» prévoir, ont des proportions si différentes avec
» le produit réel des différentes *mines*, qu'une
» portion déterminée du produit, sans aucune
» déduction des dépenses, forme nécessairement
» une taxe très-inégale, & d'autant plus injuste
» qu'elle augmente à mesure que les profits dimi-
» nuent. Cette injustice existeroit déjà, si ce
» dixième se prélevoit sur la *mine* brute, sans
» avoir égard aux dépenses de l'extraction ; mais
» elle est encore bien augmentée par la disposi-
» tion de quelques anciennes loix, qui règlent
» que ce dixième sera pris sur les matières fon-
» dues & affinées, & qui par conséquent char-
» gent encore l'entrepreneur de la fonte & des
» risques de la fonte. J'en ai peut-être trop dit
» sur cette dernière question ; car, autant que
» je puis en juger, les personnes qui sont en
» France à la tête de l'administration, sont assez
» convaincues que le roi a plus d'intérêt à en-
» courager l'extraction des *mines*, qu'à la char-
» ger d'un impôt ».

Il conclud : « tout ce que les loix positives
» ont à faire sur la matière de l'exploitation des
» *mines*, pour assurer le plus grand avantage pos-
» sible de l'état, se réduit à ne rien retrancher

» & à ne rien ajouter à ce qu'établit la seule
» équité naturelle.

» On ose prédire que, sur quelque matière
» que ce soit, l'étude approfondie des vrais prin-
» cipes de la législation & de l'intérêt public bien
» entendu, conduira au même résultat ».

Mais l'auteur, pour avoir traité la question d'une manière trop générale, a forcé tous les principes, & a outrepassé les bornes de la vérité. Sans doute la plupart des *mines* ne font pas susceptibles d'impôts, & l'administration en France a raison de les en affranchir : mais des *mines* d'une richesse prodigieuse, telles que celles du Potose, du Bresil & du Pérou, peuvent-elles être taxées ? C'est une autre question, & ce n'est pas avec un principe général qu'on peut la résoudre ; & puisque toutes les nations ont adopté les impôts indirects, puisqu'il est difficile d'espérer de les assujettir jamais à un impôt unique ; pour être utile, il faut modifier les principes généraux qui sont si commodes, & raisonner d'après un ordre des choses nécessairement défectueux. Il paroît que l'Espagne & le Portugal peuvent asseoir un impôt ou un droit de douane sur les productions des riches *mines* du Pérou & du Bresil : mais quel doit être le taux de cet impôt ? C'est ce que les circonstances particulières peuvent seules déterminer. Il est clair que le quint ou le dixième sont trop forts ; & que les cabinets de Madrid & de Lisbonne, qui ont déjà été obligés à réduire ces droits, devroient les réduire encore : car enfin, puisqu'on se ruine dans l'exploitation de ces *mines*, c'est décourager que de ne pas diminuer l'impôt. Indépendamment de cette raison, l'impôt doit diminuer avec l'épuisement des *mines* ; & si des vues saines ne déterminent pas le Portugal & l'Espagne à le diminuer, la nécessité les y forcera, ainsi que nous l'avons dit ailleurs. *Voyez* les articles ESPAGNE, IMPÔTS.

MINISTERE : ce mot a deux acceptions différentes dans le droit public. Il signifie ou la gestion particulière d'un ministre d'état, comme lorsqu'on dit : le *ministère* du cardinal de Richelieu ; ou les ministres d'état collectivement, comme quand on dit : le *ministère* qui étoit Wigh, devint Torry dans les dernieres années du regne de la reine Anne, pour dire que les ministres attachés à la première de ces factions, furent remplacés par d'autres ministres du parti contraire.

MINISTRE D'ÉTAT. *Voyez* le dictionnaire de Jurisprudence.

MINISTRE PUBLIC : c'est une personne envoyée de la part du souverain dans une cour étrangère pour quelque négociation.

Dans les états de l'Europe, qui se formerent des débris de l'Empire romain, on ne connut d'abord & pendant long-temps qu'une sorte de ministres publics, qu'on appelloit *messagers*, *procureurs*, *ambassadeurs*, comme on le voit dans plusieurs diplomes de ce temps-là. Aujourd'hui toute l'Europe reconnoît trois classes de *ministres publics*. Cette différence de qualité s'est introduite par des vues d'économie que les petits princes ont consultées, & par des distinctions que les grands potentats ont voulu s'attribuer. Selon que ces qualités ont été plus ou moins relevées, on a déféré aux ministres qui en étoient revêtus, des honneurs plus ou moins considérables. Les souverains s'envoient actuellement des *ministres*, qu'ils appellent *ambassadeurs*, *bailes*, *nonces*, *internonces*, *légats*, *envoyés*, *plénipotentiaires*, *ministres*, *résidens*, *chargés d'affaires & autres*.

Le titre qu'ont les *ministres publics*, la dignité de l'état qui les envoie, & celle de l'état qui les reçoit, mettent de la différence dans le traitement, sans en mettre dans le caractère. Le droit est un droit commun à tous les souverains. Un prince qui n'a pas le titre de *roi*, & une république qui ne jouit pas du traitement royal, donneront, s'ils veulent à leur ministre la qualité d'*ambassadeur* ; mais pour savoir à quels honneurs ce ministre pourra prétendre, il faudra consulter l'usage observé dans de pareilles circonstances. Les ministres, soit du premier, soit du second, soit du troisieme ordre, sont indistinctement sous la protection du droit des gens, parce qu'ils sont également *ministres publics* ; que leur emploi est le même, & que toutes les distinctions qu'on met entr'eux pour le traitement, sont fondées sur la puissance de leurs maîtres, & sur le plus ou le moins d'éclat avec lequel ils paroissent en public. La dépense plus ou moins considérable & la différence des titres ne peuvent changer les droits essentiels d'un caractère qui leur est commun. Quelle que soit l'ambassade ordinaire ou extraordinaire, quel que soit le nom qu'on donne aux *ministres publics*, quels que soient les honneurs qu'on leur rend, ils sont également considérés comme des personnes privilégiées, & comme des hommes indépendans des cours où ils résident.

Les turcs eux-mêmes, dont la capitale est en Europe, admettent la différence de qualités dans les *ministres publics*. Le mot *elchi* est, à la vérité, un mot générique, par lequel les ottomans désignent tout ministre étranger, sans distinction de premier, de second, de troisieme ordre : mais la Porte, en traitant avec des ministres chrétiens, ne laisse pas de proportionner les honneurs, & aux titres dont ces ministres sont revêtus, & à la puissance du souverain qu'ils représentent.

Il n'en est pas de même en Orient. Les orientaux ne mettent point de différence entre un ambassadeur & un envoyé, & ils ne connoissent ni ambassadeurs ordinaires, ni envoyés ordinaires, ni résidens, parce qu'ils n'envoient personne pour résider dans une cour étrangère ; & que ceux qu'ils y députent, en reviennent dès qu'ils ont terminé l'affaire qui a été l'objet de leur mission. Dans tout l'orient, un ambassadeur n'est qu'un messager du roi : il ne représente point son maître. On l'honore peu en comparaison des respects qu'on rend à la lettre de créance dont il est le porteur ; & tout homme qui est le porteur d'une lettre de roi, est un ambassadeur, quoique ce ne soit pas lui qui ait été envoyé. Nous avons plusieurs preuves de ces usages des orientaux.

Louis XIV envoya au roi de Siam, sur la fin du dernier siècle, une ambassade dont l'objet étoit de convertir ce prince à la religion chrétienne, & d'établir un commerce entre la France & Siam. A l'audience qu'obtint notre ambassadeur, les mandarins se prosternèrent, les mains jointes sur le front, le visage contre terre, & saluèrent en cette posture la lettre du roi par trois fois.

Lorsque l'ambassadeur de Perse, que Chaumont, ambassadeur de France, trouva dans le royaume de Siam, mourut à Tenasserim, ses domestiques ayant choisi l'un d'entr'eux pour rendre la lettre du roi de Perse au roi de Siam, celui qui fut ainsi nommé, fut reçu comme l'eût été le véritable ambassadeur, & avec les mêmes honneurs que le roi de Perse avoit auparavant accordés à l'ambassadeur de Siam.

Tous les princes orientaux défraient les ambassadeurs, & se piquent d'en recevoir ou d'en envoyer le moins possible. C'est, à leur avis, une marque que les étrangers ne peuvent se passer d'eux, & qu'ils peuvent se passer des étrangers : ils regardent même les ambassades comme une espèce d'hommage ; & si la dépense ne les arrête pas, ils retiennent dans leurs cours les ministres étrangers, autant qu'ils peuvent, afin de jouir long-temps de l'honneur qu'ils reçoivent. Aussi le grand-mogol, l'empereur de la Chine & le roi du Japon n'envoient-ils jamais des ambassadeurs.

On dit que la différence des *ministres publics* n'est pas plus connue dans l'empire de Maroc qu'en orient. Un anglois, nommé *Jean Russel*, ayant été envoyé à Maroc, en qualité de consul général du roi de la Grande-Bretagne en Barbarie, les maures voulurent à toute force le traiter comme un ambassadeur, parce qu'il étoit porteur de lettres & de présens pour leur souverain ; & que, dans de pareilles rencontres, les maures ne connoissent que le caractère d'ambassadeur, sous lequel ils confondent toute autre qualification : mais il y a lieu de croire que les choses ont un peu changé, & que l'empereur de Maroc, par exemple, a pris quelque chose du cérémonial européen.

Des ministres du premier ordre.

L'ambassadeur est un *ministre public*, envoyé par un souverain, pour le représenter auprès d'un autre souverain, & pour exercer son ministère sous la foi du droit des gens, en vertu d'un écrit qui lui donne expressément le titre d'*ambassadeur*.

Je dis *en vertu d'un écrit* ; car nul n'est *ministre public*, s'il n'a un pouvoir, une procuration, un acte ou un écrit quelconque de son souverain, qui annonce sa mission au prince à qui il est envoyé, & si cet écrit n'est représenté & admis. Un écrit qui établit la qualité d'un *ministre public*, s'appelle, dans toutes les cours, *lettre de créance*. C'est cette lettre de créance qui fait le ministre, & c'est sa représentation & son admission qui l'établissent tel. Voyez l'article AMBASSADEUR.

Des souverains négocient quelquefois avec des personnes qui n'ont pas été autorisées par écrit ; mais c'est de la part de l'état qui les envoie, une circonspection nécessaire dans certaines conjectures ; & de la part de celui qui les reçoit, un acte volontaire qui ne peut tirer à conséquence, & qui ne peut jamais obliger un autre état à suivre cet exemple. Ces négociations obscures, qui se font sans aucun instrument qui marque la mission, ne mettent point sous la protection du droit des gens, les hommes qui en sont chargés.

Tout négociateur, publiquement autorisé par des lettres de créance, est *ministre public* ; mais tout *ministre public* n'est pas négociateur. Les ambassadeurs d'obédience, ceux qui vont assister à une élection, à un couronnement, peuvent n'avoir rien à négocier ; ils ne laissent pas d'être ambassadeurs, & ils ont même spécifiquement le caractère représentatif.

De tous les titres par lesquels on désigne les *ministres publics*, celui d'ambassadeur est le plus distingué, & celui qui concilie plus de respect, parce que l'ambassadeur représente la personne du prince & la majesté du trône. L'ambassade seule constitue le premier ordre des ministres. Ce n'est pas que les ministres du second & du troisième ordre n'aient aussi un caractère représentatif ; mais ils ne l'ont pas au même degré que ceux qu'on appelle *ambassadeurs*. Un usage moderne a restreint à ceux-ci le caractère représentatif proprement dit.

L'ambassadeur ordinaire & l'extraordinaire ont le même caractère. Si l'ambassadeur extraordinaire reçoit dans certains pays quelques honneurs & quelques distinctions dont l'ambassadeur ordinaire ne jouit pas, cela ne met aucune différence essentielle entr'eux.

Des ministres du second ordre.

Plusieurs raisons ont concouru à établir des *ministres publics* d'un ordre inférieur à celui des ambassadeurs.

De grandes puissances sont dans l'usage de ne point envoyer d'ambassadeurs à des puissances d'une moindre considération, ou avec lesquelles elles ont peu d'intérêts à négocier.

Quelquefois les grands princes n'envoient point de ministres du premier ordre, pour éviter les difficultés du cérémonial & de l'étiquette.

Une raison d'économie détermine aussi à envoyer des ministres du second ou du troisième ordre, dans des cours où il n'y a point de négociations à faire.

Les électeurs & les princes d'Allemagne donnent la main chez eux aux ambassadeurs de France, aussi-bien qu'aux ambassadeurs de l'empereur; mais ils n'envoient en France que des ministres du second ou du troisième ordre. Ils se sont mis dans cet usage, parce que le roi n'a pas voulu accorder à leurs ambassadeurs les honneurs qu'ils demandoient. Les capitulations des trois derniers empereurs d'Allemagne expliquent le traitement que les ambassadeurs des électeurs doivent recevoir à la cour impériale: « Et comme depuis long-temps, dit un article de ces capitulations, les ambassadeurs des puissances & républiques étrangères, & ceux particulièrement de celles-ci, sous prétexte que leurs républiques doivent être regardées comme égales en dignité aux têtes couronnées, prétendent la préséance sur les ambassadeurs des électeurs, à la cour & dans les chapelles de l'empereur & du roi des romains, l'empereur ne doit, ni ne veut plus souffrir telle chose à l'avenir. Les ambassadeurs des rois véritablement titrés, couronnés & régnans, ou des reines douairières & des rois mineurs étrangers, auxquels le gouvernement doit appartenir dès qu'ils auront atteint l'âge compétent, précéderont les ambassadeurs électoraux; & ceux-ci les ambassadeurs de toutes les républiques, même les princes présens en personne. Quand un électeur aura plusieurs ambassadeurs du premier ordre, soit dans l'Empire ou au-dehors, il ne sera plus fait aucune distinction entr'eux, & il sera rendu à tous & à chacun d'eux le même honneur qu'aux ambassadeurs des rois ». Mais quoique l'empereur d'Allemagne fasse jouir dans sa cour les électeurs d'un honneur qu'il leur a promis, le roi très-chrétien qui ne se trouve pas dans les mêmes circonstances que ce prince, a continué de traiter les ambassadeurs de Venise & d'Hollande, en ambassadeurs royaux, & de refuser cet honneur à ceux des électeurs. Il traite les ministres de ceux-ci comme les princes d'Italie non rois.

Les ambassadeurs des princes d'Italie qui ne sont pas couronnés, sont reconnus dans toutes les cours de l'Europe; mais ils n'y ont pas le traitement d'ambassadeurs: aussi n'y envoient ils en général que des ministres du second ou du troisième ordre. Le marquis Vitelli, ambassadeur extraordinaire de Toscane à Rome, fut reçu avec les cérémonies qui s'étoient observées sous le pontificat de Clément X, à la réception du marquis Riccardi; mais le comte de Martinitz, ambassadeur de l'empereur d'Allemagne, le traita en ambassadeur de tête couronnée; ce qu'on n'avoit jamais vu. Martinitz descendit quatre marches de son escalier pour recevoir Vitelli; il lui donna le titre d'excellence & la main: puis, au sortir, il l'accompagna jusqu'à son carosse, & ne se retira que lorsque le carosse du florentin fut en mouvement; nouveauté que l'ambassadeur d'Allemagne souhaitoit d'introduire pour quelque considération particulière, mais à laquelle aucun autre ambassadeur de tête couronnée ne voulut se conformer.

Les électeurs ont cessé d'envoyer des ambassadeurs à l'empereur: 1°. pour éviter les difficultés du cérémonial entre leurs ambassadeurs & ceux de Venise & de Hollande, & encore entre leurs ambassadeurs & les princes de l'Empire présens: 2°. par la raison générale d'économie: 3°. par une raison particulière aux ambassadeurs des électeurs protestans, lesquels, selon l'étiquette de Vienne, seroient obligés de se trouver aux chapelles que tient l'empereur; & ils ne veulent pas autoriser, par leur présence, les cérémonies de la religion catholique. La cour impériale elle-même a toujours fomenté avec soin la mésintelligence qui régnoit pour le cérémonial entre les électeurs & les princes du corps germanique, tant aux diètes générales de l'Empire qu'aux diètes particulières des cercles, pour avoir la facilité de rompre les délibérations, lorsqu'elles ne lui seroient pas agréables.

Les ambassadeurs doivent mesurer toutes leurs démarches, & ménager la dignité de leurs princes, aussi-bien que leurs intérêts. L'éclat de leurs démarches nuit souvent au succès de leurs négociations; au lieu que les ministres du second ou du troisième ordre, qui vont & qui viennent sans appareil, ont souvent achevé une négociation, avant qu'on sache qu'ils l'ont commencée.

Le second ordre des *ministres publics* est composé de trois ou quatre sortes de ministres, dont nous parlerons ici.

Le titre d'*envoyé* est plus récent que celui de *résident*. Les princes envoyoient, dans certaines occasions, des gentilshommes de leurs maisons pour faire des complimens, ou pour des affaires qui ne demandoient ni la présence, ni les soins d'un ambassadeur. Ces gentilshommes n'eurent d'abord, dans les cours étrangères, d'autre qualité que celle qu'ils possédoient dans leur propre pays, c'est-à-dire, la qualité de gentilshommes d'un tel prince. Leur mission étoit connue: on disoit, en parlant d'eux, c'est un gentilhomme envoyé par un tel souverain pour une telle affaire. On s'accoutuma insensiblement à joindre l'idée d'envoyé à celle de gentilhomme, & on les appella *gentilshommes envoyés*. On retrancha dans la suite le mot de *gentilhomme*, & ils furent simplement appellés *envoyés*.

Au mot d'*envoyé*, on joignit bientôt celui d'*extraordinaire*, pour désigner les envoyés dont la commission étoit bornée à quelques affaires, après l'expédition desquelles ils devoient retourner à leur cour, & les distinguer de ceux dont la mission étoit plus longue. Mais comme le titre d'*ambassadeur extraordinaire* sembloit encore plus honorable que celui d'ambassadeur ordinaire, & qu'on s'étoit mis dans l'usage de qualifier ainsi les ministres qui séjournoient long-tems dans les cours, on en est venu aussi à donner le titre d'*envoyé extraordinaire* à des ministres chargés des mêmes affaires que les envoyés ordinaires, & qui résident comme eux. On a cru donner plus de relief par là à ces ministres, & les envoyés extraordinaires ont en effet un traitement plus honorable que les ordinaires. A parler en général, le titre d'*envoyé extraordinaire* est aujourd'hui le premier de tous, après celui d'ambassadeur. Cela est arbitraire, & dépend des usages des cours, auxquels on doit toujours se conformer.

Nous avons parlé ailleurs des internonces ministres du pape; il faut remarquer ici que la Pologne donne aussi ce nom à son ministre à la Porte. Cette république n'est pas la seule puissance temporelle de l'Europe, dont les ministres soient ainsi qualifiés; mais c'est la seule qui appelle *nonces* les députés qui sont envoyés à ses diètes. A Vienne, on donne ce titre par imitation à certains ministres du grand-seigneur.

Le titre de *plénipotentiaire* donné sans celui d'ambassadeur, même à un grand seigneur, ne constitue qu'un ministre du second ordre. Une naissance illustre & une dignité personnelle relevent le caractère du ministre; mais c'est au caractère seul & non à la naissance, aux dignités, aux qualités personnelles, que les honneurs sont rendus. Le plein pouvoir honore, parce qu'il marque la confiance du maître; mais il ne désigne qu'un procureur dont la procuration est ample, & ne regarde que l'étendue des traités. La qualité représentative & les honneurs éclatans ne sont attachés qu'au titre d'ambassadeur; & nul ne l'est, nous l'avons déjà dit, si, dans sa lettre de créance ou dans ses pouvoirs, il n'a nommément le titre d'*ambassadeur*. Le plénipotentiaire ne doit pas prétendre aux honneurs réservés aux ambassadeurs, à cause du droit de représentation qui est attaché éminemment à ce seul titre d'ambassadeur.

Le prince Cantimir vint en France avec la qualité de ministre plénipotentiaire de la czarine. Il ne put d'abord avoir audience du roi, parce que le caractère de ministre plénipotentiaire n'avoit pas encore donné droit dans la cour de France à cette audience immédiate; mais, sur les instances de Cantimir, la cour changea son étiquette, & il eut audience du roi. Cet exemple est devenu une règle. Schmerling, ministre plénipotentiaire de l'empereur Charles VI en France, eut une audience de congé du roi, & il y fut conduit par l'introducteur. Du Theil, ministre plénipotentiaire du roi à Vienne, avoit reçu le même honneur à la cour de cet empereur.

Les Provinces-Unies des Pays-Bas, qui avoient en France un ambassadeur depuis plusieurs années, y envoyèrent dans le même tems deux ministres extraordinaires & plénipotentiaires. Ils furent, chacun à son arrivée, conduits par l'introducteur à l'audience particulière du roi.

Les envoyés & les autres ministres du second ordre ne font point d'entrée comme les ambassadeurs; mais ils ont des audiences du roi, sans que les gardes prennent les armes pour eux. Ils y sont menés dans les carosses du prince par l'introducteur des ministres étrangers: au lieu que le résident & les ministres du troisième ordre n'ont point de traitement, ne vont point à l'audience du roi, & ne voient ordinairement que le secrétaire d'état qui a le département des affaires étrangères. Le titre de résident & tous les titres des ministres, dont nous parlerons au paragraphe des ministres du troisième ordre, sont des titres inférieurs à ceux d'envoyés & de plénipotentiaires. Ces ministres ne sont pas de la même classe que les envoyés & les plénipotentiaires, puisqu'ils ne reçoivent pas les mêmes honneurs. C'est par ses lettres de créance, par son admission & par les honneurs qu'il reçoit, qu'il faut juger du caractère d'un *ministre public*.

Des ministres du troisième ordre.

On appelle de différens noms les ministres du troisième ordre; mais, sous des qualifications diverses, leur état est le même.

Du résident.

Cette qualité n'étoit point connue lorsque toutes les ambassades étoient extraordinaires. L'usage, en introduisant des ambassades ordinaires, introduisit aussi le nom de *résident*. On le donna alors aux ambassadeurs ordinaires, pour les distinguer des extraordinaires, dont la mission n'étoit que passagère. Ce même usage, qui prononce souverainement sur tout ce qui est arbitraire, a, depuis environ cent soixante ans, laissé le nom de *résidens* aux ministres qui n'ont aucun titre dans une cour, & qui sont censés y devoir toujours résider. La qualité de résident commença à perdre de son éclat, lorsqu'on vit la cour de France & la cour d'Autriche mettre de la différence entre les résidens & les envoyés, & traiter ceux-ci avec plus de considération que ceux-là. Presque tous les ministres qui portoient en France le nom de *résidens*, le quittèrent alors & reçurent de leurs maîtres la qualité d'*envoyés*. Ce titre de *résident* subsiste néanmoins encore à Rome, chez quelques princes & dans quelques républiques.

Commissaires.

Il faut mettre les commissaires qui ont un plein pouvoir, au même rang que les plénipotentiaires. Les souverains donnent ordinairement la qualité de commissaires à ceux de leurs sujets qui vont régler des limites, terminer des différends de jurisdiction, executer quelques articles d'un traité. Ces commissaires ne sont pas *ministres publics* sur les terres de leurs maîtres ; mais ils le deviennent, lorsqu'ils exercent leur commission dans les états du prince avec les commissaires duquel ils traitent ; & alors ils sont protégés par le droit des gens.

Le titre de *commissaire* caractérise aussi l'homme envoyé par le souverain à ses sujets. Si le prince qui envoie des commissaires, a la moindre prétention sur la souveraineté d'un état, le possesseur de cet autre état ne doit pas admettre cette qualité de *commissaire*, à moins qu'il ne veuille se reconnoître sujet, ou dans quelque dépendance. Le chef de la république germanique a ordinairement en Allemagne & en Italie des ministres, sous le titre de *commissaires* avec un plein pouvoir. Ces ministres sont, sa s difficulté, sous la protection du droit des gens, dans les états de l'Empire & dans les états feudataires, où ils sont envoyés & reconnus.

A Hambourg, à Lubeck & en d'autres villes de commerce, il y a des marchands qui obtiennent & qui prennent le titre de *commissaires* de certains princes. Ce ne sont que des facteurs & des commissionnaires qui font des achats pour ces princes, qui reçoivent leurs lettres, & qui leur envoient de l'argent. Ils ne sont pas *ministres publics*.

Procureurs.

Ceux qui sont porteurs d'une procuration spéciale, & qui n'ont d'autre qualité que celle de procureur, sont aussi ministres du troisième ordre, lorsque la procuration a été donnée par un grand prince. On ne peut douter que du Perron & Dossat, procureurs de Henri le grand à Rome, pour réconcilier ce prince au S. siège, ne fussent des *ministres publics*, & par une conséquence nécessaire sous la protection du droit des gens.

Si l'on entend par le mot *député*, un homme envoyé, sans aucune qualité, par une nation à une autre, à un congrès, à une assemblée de différentes nations, ce député est sous la protection du droit des gens ; il est *ministre public* sans aucun doute, pourvu que la souveraineté de celui qui l'envoie soit reconnue.

Les députés que les provinces, les villes, les corps envoient au souverain, lors de la tenue des états ou des diètes, ou qui sont membres de corps assemblés, sont de vrais sujets qui n'exercent leur emploi que dans leur patrie, qui sont sous la protection du droit public du pays, & qui ne tirent aucun privilège du droit des gens.

Les députés aux Etats-Généraux, représentant les sept Provinces-Unies des Pays-Bas, & ceux des cantons suisses aux diètes générales & particulières du corps helvétique, ne sont pas non plus sous la protection du droit des gens. Il est vrai que ni le député hollandois, ni le député suisse ne sont soumis à la jurisdiction du lieu où ils sont envoyés, parce que chaque province, chaque canton a la jurisdiction sur ses propres sujets. Mais les sept provinces sont unies, & leur souveraineté est subordonnée aux articles de l'union : les treize cantons le sont aussi, & leurs députés ne sont envoyés qu'à une assemblée perpétuelle, en qualité de membres d'un même corps. Comme il seroit absurde de donner à ces députés le titre d'ambassadeurs, puisque les ambassadeurs ne s'envoient qu'à l'étranger, il seroit aussi de les faire jouir des honneurs & des privilèges d'un emploi, dont eux-mêmes ne prennent pas le titre.

On dit que la qualité d'ambassadeur-député n'opère pas davantage que celle de député, & que la dernière qualification détruit la première. Quelques villes de la domination du pape ont conservé le droit d'envoyer à la cour de Rome des députés, avec le titre d'ambassadeurs : telles sont les villes d'Avignon, de Bologne & de Ferrare. Mais on ne doit pas regarder comme une chose bien sûre, que l'ambassadeur de Bologne à Rome se trouve hors de la protection du droit des gens. Il y en a aussi en Sicile ; les villes de Messine & de Catane, envoient des ambassadeurs à leur souverain & au parlement de Sicile, pendant que les autres villes de l'isle n'envoient que des députés. Avant le règne de Philippe V, quelques villes d'Espagne jouissoient du même droit à la cour du roi catholique ; mais ce prince les en priva. Ces titres d'ambassadeurs, vestiges des anciens privilèges, portent une image de la liberté, qui console les villes qui l'ont perdue ; mais en général ceux qui en sont revêtus, sont de vrais sujets, & ne peuvent par conséquent jouir des privilèges du droit des gens, qui n'appartiennent qu'aux vrais *ministres publics*.

Chargés des affaires.

Ceux à qui un souverain donne cette qualité, sont ministres du troisième ordre.

Il faut dire ici un mot des cardinaux chargés des affaires des princes auprès du saint-siège. Sous ce titre, ils sont ministres du premier ordre, à cause de l'éminence de leur rang ; car cela est ainsi établi à Rome : ils sont de vrais ambassadeurs. Pourquoi prennent ils donc simplement le titre de chargés des affaires du roi très-chrétien, du roi d'Espagne, de l'empereur d'Allemagne, &c. ?

Cette

Cette dernière qualité est-elle supérieure à l'autre, ou suppose-t-elle moins de dépendance ? Non, sans doute. Les siècles passés ont vu des cardinaux revêtus du titre d'ambassadeurs. Des hommes de maison souveraine & des cardinaux entrent tous les jours au service des couronnes ; quelques cardinaux n'ont pas dédaigné la qualité de ministres des électeurs d'Allemagne, & des papes même ont été ambassadeurs des rois. Mais les cardinaux prétendent avoir à Rome un rang supérieur à celui des ambassadeurs ; & ils n'ont pas jugé à propos de prendre, dans ces derniers tems, le titre d'ambassadeur, de crainte qu'à la faveur de l'égalité du titre, les autres ambassadeurs n'aspirassent à l'égalité du rang. Dès que l'archevêque de Bourges, ambassadeur de France à Rome, eut obtenu la pourpre, il déposa le titre d'ambassadeur, & prit celui de chargé des affaires du roi très-chrétien : mais ces petites idées n'ont pas fait fortune, & M. le cardinal de Bernis prend aujourd'hui le titre d'ambassadeur du roi de France.

Ministre sans caractère.

Un usage moderne a établi cette nouvelle espèce de *ministres publics*, qui n'ont aucun caractère particulier : on les appelle simplement *ministres*, pour marquer qu'ils sont revêtus de la qualité de mandataires d'un souverain, sans aucune attribution particulière de rang & de caractère, mais toujours sous la protection du droit des gens comme tous les autres *ministres publics*. C'est encore le pointilleux cérémonial qui a donné lieu à cette nouveauté. L'usage avoit établi des traitemens particuliers pour l'ambassadeur, pour l'envoyé & pour le résident ; il naissoit souvent des difficultés à ce sujet, & sur-tout pour le rang, entre les ministres des différens princes. Pour éviter un embarras en certaines occasions où on auroit lieu de le craindre, on s'est avisé d'envoyer des ministres, sans leur donner aucun des trois caractères connus. Dès-lors ils ne sont assujettis à aucun cérémonial réglé, & ils ne peuvent réclamer aucun traitement particulier. Le ministre représente son maître d'une manière vague & indéterminée, qui ne peut aller jusqu'au premier degré, & par conséquent il cède sans difficulté à l'ambassadeur. Il doit jouir en général de la considération que mérite une personne de confiance, à qui un souverain commet le soin de ses affaires, & il a tous les droits essentiels au caractère de *ministre public*. Cette qualité indéterminée est telle que le souverain peut la donner à celui de ses serviteurs, qu'il ne voudroit pas revêtir du caractère d'ambassadeur ; & que, d'un autre côté, elle peut être acceptée par un homme de condition, qui ne voudroit pas se contenter de l'état de résident, & du traitement destiné aujourd'hui à ce titre.

Œcon. polit. & diplomatique. Tome III.

Secrétaire d'ambassade.

Le cérémonial de Rome met le secrétaire d'ambassade au nombre des *ministres publics*. « La
» même puissance qui constitue l'ambassadeur,
» constitue le secrétaire d'ambassade, disent quel-
» ques publicistes : celui-ci peut aussi être re-
» gardé comme ministre du prince à sa manière
» comme l'autre. S'il reçoit des ordres de l'am-
» bassadeur, ce n'est pas que comme lui il ne soit
» ministre du prince ; c'est parce qu'il l'est dans
» un degré moins éminent, & que le prince lui
» donne ses ordres, par lui ou son ambassadeur,
» de la manière qu'il le juge à propos. Le se-
» crétaire d'ambassade doit donc, de son chef,
» jouir de la protection du droit des gens, soit
» qu'il fasse ses fonctions dans une cour, auprès
» d'un ou de plusieurs ambassadeurs, soit qu'il
» serve auprès des plénipotentiaires dans un con-
» grès, soit qu'il ait simplement le titre de se-
» crétaire d'un tel prince ou d'une telle républi-
» que, soit enfin qu'il ait la qualité de conseiller
» d'ambassade ou de cour ». Ces divers titres indiquent le même emploi, attribuent les mêmes fonctions, & donnent les mêmes privilèges.

M. de Wicquefort va plus loin encore ; il place les secrétaires d'ambassade dans la classe des ministres du second ordre ; mais il est réfuté par quelques écrivains : ceux-ci disent qu'on ne peut soutenir l'opinion de M. de Wicquefort : 1°. parce qu'un pareil secrétaire n'a point de lettres de créance : 2°. parce qu'il n'agit pas en chef, mais sous la direction du ministre ; ils font même une troisième réponse, & ils soutiennent que le secrétaire d'ambassade ne jouit de la prérogative du droit des gens, que sur le pied des autres personnes de la suite du ministre du second ordre.

On voit que l'étendue des privilèges des secrétaires d'ambassade n'est pas bien avérée : il paroît qu'ils varient un peu selon le cérémonial des cours.

Au reste, tout le monde convient que le secrétaire de l'ambassadeur n'est point *ministre public*, il n'est qu'attaché à l'ambassadeur. Le secrétaire d'ambassade est payé par le prince ; le secrétaire de l'ambassadeur est payé par l'ambassadeur. Le prince nomme le secrétaire d'ambassade ; l'ambassadeur choisit son secrétaire. Le secrétaire de l'ambassadeur n'écrit que ce que son maître lui ordonne ; mais le secrétaire d'ambassade avertit le prince de tout ce qu'il juge utile à son service, sans avoir besoin de l'ordre & de la permission de l'ambassadeur. Enfin l'ambassadeur renvoie son secrétaire, quand il le juge à propos, & le prince seul peut rappeller le secrétaire d'ambassade. Le secrétaire de l'ambassadeur ne jouit donc du droit des gens, que comme attaché à la maison de l'ambassadeur.

Il ne faut pas confondre le négociateur sans qualité ; avec le ministre sans caractère. Un négociateur qui seroit autorisé publiquement par son prince, qui auroit des lettres de créance sans aucun des titres dont nous avons donné l'explication, & qui auroit été admis publiquement, seroit un vrai ministre sans caractère. On entend par négociateur sans qualité, un négociateur qui n'a point de lettres de créance, ou qui ne les présente pas publiquement, dont le ministère est secret, qui n'assiste point aux chapelles, & qui ne jouit d'aucun des privilèges des *ministres publics*.

On ne connoissoit, il y a deux cents ans, d'autre *ministre public* après l'ambassadeur, que l'agent. Ce furent les italiens qui inventèrent ce titre. Les grands potentats donnèrent cette qualité aux *ministres publics* qu'ils députoient vers des princes, à qui ils se dédaignoient d'envoyer des ambassadeurs. Cette qualité d'agent fut d'abord assez importante ; mais elle dégénéra à mesure que celle de résident & celle d'envoyé s'établirent.

Les puissances qui ont quelque rang en Europe, n'ont à présent des agens nulle part. Les électeurs & les princes de l'Empire ont des agens à la cour de l'empereur, pour suivre les procès au conseil aulique ; ils les prennent ordinairement parmi les procureurs de ce tribunal. D'autres princes ont des agens chargés de leurs commissions particulières : ce ne sont que des facteurs.

Un agent n'est pas aujourd'hui un *ministre public* ; ce n'est plus qu'un procureur spécial, un faiseur d'affaires particulières, employé par des princes dont les ministres ne sont pas reconnus, ou par des *ministres publics*. Lorsque Chanut, ministre de France, prit son audience de congé de la reine Christine de Suède, il dit à cette princesse qu'il laissoit à Stockholm Piquet, qui feroit les affaires, en attendant que le roi y envoyât un ministre. Et quand, dans la suite, Piquet présenta à cette princesse les lettres par lesquelles le roi très chrétien lui donnoit la qualité de résident, cette princesse lui dit qu'elle voyoit avec plaisir que le roi vouloit bien entretenir un ministre auprès d'elle. L'agent n'est donc pas sous la protection du droit des gens, à moins qu'il n'ait des lettres de créance aussi étendues que celles des ministres du second ou du troisième ordre, auquel cas il doit jouir des mêmes privilèges ; ou qu'il ne soit attaché à quelque *ministre public*, & alors il participe aux privilèges de son maître.

Les puissances maritimes emploient des personnes pour le commerce en Afrique, en Asie, dans les échelles du levant, dans presque toutes les grandes villes commerçantes de l'Europe, situées sur les côtes de la mer ou sur les bords des fleuves. On les appelle *consuls*. Ce sont des hommes chargés de la protection du commerce des sujets de leur prince, & ils jugent les différends qui surviennent entr'eux au sujet de ce commerce. Le droit des gens ne semble leur accorder aucun privilège, disent les publicistes ; mais cela paroît injuste : leurs privilèges ne sont pas réglés d'une manière bien fixe ; ils ne sont pas envoyés pour représenter leur prince dans une cour ; ils ne résident pas auprès du souverain, & ils n'ont point d'affaires d'état à manier. Ils ne sont donc pas *ministres publics* ; ils sont les hommes d'affaires de leur nation pour le commerce, mais sont-ils soumis à la justice civile & criminelle des lieux où ils exercent leur emploi ? c'est encore un point qui n'est pas bien éclairci, & qui, dans l'occasion, souffriroit des difficultés.

Au reste, les conventions que les princes font avec les états où ils envoient ces consuls, peuvent leur communiquer les privilèges des *ministres publics* ; & en général, ces conventions ne vont pas si loin. Tout ce que les Hollandois, à la naissance de leur république, purent obtenir du grand-seigneur, ce fut que leurs consuls qui résideroient en Turquie, ne pourroient être arrêtés ; que leurs biens ne pourroient être saisis : il fut en même-tems réglé qu'ils auroient à répondre au tribunal du grand-seigneur. Cette convention que les Provinces-Unies ont faite avec la Porte, elles l'ont aussi faite avec les algériens. Voilà sans doute un privilège & un grand privilège ; mais un privilège moins étendu que celui des *ministres publics*, puisqu'il ne va pas à soustraire absolument les consuls à la jurisdiction du souverain du lieu. La Porte a changé en beaucoup de choses, ses usages au sujet des consuls. Ceux de la nation françoise, qui sont plus favorisés que les consuls d'aucune autre nation, parce que les ministres de cette couronne l'ont toujours été davantage, sont obligés de comparoître en justice par leurs drogmans, s'ils en ont, lorsqu'ils sont cités par les mahométans ; &, s'ils n'ont point de drogmans, ils sont obligés de comparoître eux-mêmes.

Les consuls des nations ont droit sans doute à la jouissance paisible des droits que l'usage ou les traités ont attribué à leurs emplois. Comme ils ont une commission du prince qui les dévoue particulièrement au service de sa nation, le prince est offensé lorsque le consul de sa nation essuie des outrages ou des injustices. Il peut se plaindre, & marquer son ressentiment de l'inexécution des traités de deux peuples, où la nation offensée devoit trouver la sûreté de son commerce, & celle des personnes qu'elle emploie ; mais le droit des gens n'a pas été violé, parce que jusqu'ici les consuls des nations n'ont pas été regardés comme étant sous la protection spéciale du droit des gens.

Rome payenne comptoit parmi ses citoyens, des protecteurs de particuliers, ou de villes & de nations; Rome chrétienne compte parmi ses cardinaux, des protecteurs des églises des nations catholiques. Les princes catholiques donnent dans Rome à des cardinaux le titre de protecteurs des églises de leurs royaumes; & ces cardinaux mettent sur la porte de leurs palais, les armes des couronnes qui leur ont conféré ce titre, pour marquer leur attachement aux intérêts de ces mêmes couronnes.

Ces cardinaux protecteurs n'ont point d'appointemens des princes, au service desquels cet emploi les met; mais ils en reçoivent des pensions & des bénéfices: ils n'ont pas le caractère représentatif, & leur rang ne permet pas qu'ils soient ministres du second ou du troisième ordre; ils ne sont pas par conséquent *ministres publics*. Leur attachement aux couronnes peut bien leur mériter, dans les occasions, l'intervention de ces mêmes couronnes auprès du pape; mais ils ne sont point sous la protection du droit des gens. Ils demeurent soumis à la jurisdiction du pape & du collège des cardinaux.

Tous les *ministres publics*, sur-tout ceux du premier & du second ordre, doivent être accompagnés d'un secrétaire d'ambassade ou de légation. C'est, après le ministre même, le premier personnage de l'ambassade; il est chargé de la plus grande partie du travail; il est dans le secret; il a le chifre, & il devient, pour ainsi dire, le conseiller du négociateur.

Plusieurs cours font accompagner leurs ministres par des secrétaires de légation ou gentilhommes, qui, se formant ainsi aux affaires sous d'habiles négociateurs, sont eux-mêmes employés dans la suite en qualité de ministres.

Les secrétaires d'ambassade qui accompagnent les légats du pape, sont nommés dataires, ou premiers officiers de la chancellerie. Ils ont sous eux des sous-dataires. Lorsque l'usage d'envoyer des légats *à latere* étoit plus fréquent à Rome, on donnoit l'emploi de dataire à des personnages considérables. En 1625, le pape envoya le cardinal Barberin comme légat en France, & ce prélat étoit accompagné par le dataire Pamfilio, qui fut depuis souverain pontife sous le nom d'*Innocent X*. Les secrétaires des nonces prennent aujourd'hui le titre de *dataires* ou plutôt de *sous-dataires*. Cette commission est utile à leur avancement dans l'église; mais ils ne jouissent d'aucune supériorité de prérogative sur les autres secrétaires de légation des couronnes, & ils n'ont pas d'autres fonctions que ceux-ci. Comme les intérêts de la cour de Rome varient dans les différens pays de l'Europe, & que les concordats des nations catholiques donnent à ses nonciatures divers degrés d'autorité & de privilèges, ces nonciatures ne sont pas établies par-tout sur le même pied, ni pourvues des mêmes espèces d'officiers. Celle de Lucerne, par exemple, qui s'étend sur tous les cantons catholiques de la Suisse,

est composée 1°. du noncé: 2°. de l'auditeur de la nonciature apostolique: 3°. du secrétaire de la nonciature: 4°. du chancelier, & 5°. du substitut de la chancellerie, &c.

Les résidens & autres ministres du troisième ordre n'ont point de secrétaires de légation; mais ils expédient eux-mêmes les affaires les plus importantes, & ils emploient pour les autres un secrétaire ou écrivain particulier. Les ambassadeurs, les plénipotentiaires, les envoyés extraordinaires, &c. ne peuvent en général confier à leurs secrétaires le chifre ni le secret.

Les ambassadeurs, & quelquefois aussi les ministres du second ordre, sont accompagnés par un ou plusieurs gentilshommes, qu'on nomme *cavaliers d'ambassade*. Le ministre les présente au souverain du lieu & à la cour, en prenant sa première audience; & dès ce moment, disent quelques publicistes, « ils jouissent des prérogatives » du droit des gens, non comme attachés au mi- » nistre, mais par leur propre qualité: cette qua- » lité est constatée par la présentation même, » & elle finit lorsqu'ils prennent congé comme » ils doivent le faire, soit qu'ils retournent dans » leur patrie pendant la durée de l'ambassade, » soit qu'ils demeurent jusqu'à la fin ». Mais ces points, ainsi que beaucoup d'autres relatifs à l'article qui nous occupe, ne paroissent pas bien avérés. On ajoute que si le ministre qui les a présentés, est rappellé à sa cour, ils perdent la qualité de cavaliers d'ambassade, & peuvent être arrêtés pour dettes ou autres raisons, à moins que le ministre qui lui succède au même poste, ne les présente de nouveau.

On donne aussi quelquefois aux ambassadeurs un ou plusieurs pages, &c. On en donne également aux ministres du second ordre, sur-tout s'ils sont obligés de faire des entrées publiques: ces pages montent ordinairement à cheval alors, & précèdent ou environnent le carosse du ministre. Leur livrée doit être riche & distinguée de celle des laquais ou valets de pied, quoique des mêmes couleurs. Comme ce sont des jeunes gens de bonne maison, le ministre doit les traiter d'une manière convenable à leur naissance, & avoir de justes égards pour leur état.

Dans les grandes occasions, telles que les ambassades solemnelles à un congrès, à une élection d'empereur ou de roi, &c. le souverain donne au premier plénipotentiaire un maréchal d'ambassade ou un écuyer gentilhomme; le premier dirige toute sa maison & en fait les honneurs, & le second a l'intendance de l'écurie, des chevaux, des équipages, & il paroît aux entrées & autres cérémonies publiques. Quelques publicistes disent que ces officiers jouissent non seulement de la protection du droit des gens, mais que l'ambassadeur qui ne doit les envisager que comme des officiers de son souverain, est obligé de les présenter à la cour; mais la remarque que nous faisions tout-à-l'heure, est encore applicable ici.

Comme tout *ministre public* doit jouir, en vertu du droit des gens, du libre exercice de sa religion, tant pour lui que pour ceux qui font partie de sa suite & de sa maison, cette prérogative incontestable suppose la nécessité d'un aumônier que le ministre doit entretenir pour desservir sa chapelle; & cet aumônier, disent quelques publicistes, « est également sous la protection du » droit des gens pris dans toute son étendue ». En général, les publicistes ont mal expliqué ce qu'ils entendent par la protection du droit des gens, & ils n'expliquent point du tout la nature & les bornes des privilèges qu'ils attribuent ou qu'ils refusent aux *ministres publics*, ou aux officiers qui se trouvent à la suite des ambassadeurs & des autres ministres.

Voyez l'article AMBASSADEUR.

MINORITÉ. L'état de celui qui n'a pas encore atteint l'âge de majorité.

Nous ne parlerons ici que de la *minorité* & de la majorité des rois, & nous renverrons au dictionnaire de jurisprudence ce qui regarde la *minorité* des autres hommes.

Tous les états monarchiques héréditaires ont adopté cette maxime de la coutume de Paris: *le mort saisit le vif.* Il n'y a jamais de vacance. L'autorité ne meurt point, & la puissance royale est toujours la même. Si le roi est mineur, il y a dans le royaume un régent dépositaire de son autorité, & des officiers pour remplir les diverses fonctions de l'administration publique.

C'est toujours au nom du roi que le royaume est gouverné dans ses différentes parties, parce que c'est sa puissance qui le régit alors; & ceux qui sont chargés de l'administration, ne font qu'exercer une autorité empruntée. Le parlement de Paris écrivoit à Charles IX: Sire, quand vous ne seriez âgé que d'un jour, vous seriez majeur quant à la justice, comme si vous aviez trente ans, parce qu'elle est administrée par la puissance que Dieu vous en a donnée & en votre nom. En effet, les magistrats qui se trouvent en place à la mort du souverain, ont reçu du roi mort un pouvoir qu'ils exercent au nom du roi qui lui a succédé. Il ne peut y avoir d'interruption dans cet exercice, parce qu'il ne doit pas y en avoir dans celui de la justice, qui est due aux peuples. Le roi a établi des corps de judicature, des magistrats & des officiers, non comme homme, mais comme roi; & ce qu'il a fait, le prince qui lui succède est présumé le confirmer, jusqu'à ce qu'il ait expressément déclaré sa volonté. « Ce que le parlement de Paris écrivoit à Charles IX, les gouverneurs & les commandans des villes & des provinces, & tous ceux qui ont quelqu'autorité dans l'état peuvent le dire dans le même sens.

Il n'y a point de *minorité* dans les rois à l'égard de la puissance & de l'autorité, point de foiblesse ni de déchéance, dit un grand chancelier. Cela est si vrai, que le roi mineur, dont l'autorité est confiée à un régent, tient son lit de justice comme s'il étoit majeur, & que tout s'y décide par son autorité; mais les officiers des parlemens du royaume n'ont-ils en sa présence que voix consultative? C'est une question sur laquelle nous ne prononcerons pas. Louis XIV étoit dans sa septième année lorsqu'il tint un premier lit de justice. Il en tint d'autres encore avant sa majorité. Louis XV en tint plusieurs aussi.

Tous les états ont des loix qui fixent la majorité des citoyens à un certain âge, & qui chargent les parens de la tutelle de leur personne & de leurs biens pendant leur *minorité*. Comme l'on a établi des règles sur la *minorité* des particuliers, on en a fait aussi dans les monarchies héréditaires & successives pour la *minorité* des souverains.

Les loix sur la *minorité* des princes sont diverses selon les différens états. Ces loix ont même souvent varié dans le même état, parce que toutes les loix arbitraires varient. Il n'est, à cet égard, qu'une seule règle qui ne varie point, c'est que le législateur à qui il appartient de porter la loi, doit l'accommoder au bien & au repos de l'état, la proportionner aux lieux, & prévoir les diverses situations où la monarchie peut se trouver. Ces circonstances particulières, qui font la règle du législateur, n'ont pas toujours été prévues, lorsque la loi a été faite. De-là les variations qu'on remarque dans une jurisprudence qui a pour objet l'un des plus grands intérêts de l'état.

Les germains (& personne n'ignore que les francs étoient originaires de la Germanie) ne faisoient aucune affaire publique ni particulière sans être armés. Ils donnoient leur avis par un signe qu'ils faisoient avec leurs armes. Dès qu'ils pouvoient les porter, on les présentoit à l'assemblée, on leur mettoit dans les mains un javelot; ils sortoient alors de l'enfance; ils n'avoient été qu'une partie de la famille, & ils en devenoient une de la république.

Childebert II avoit quinze ans, lorsque Gontran, son oncle, le déclara majeur & capable de gouverner par lui-même. « J'ai mis, lui dit-il, ce » javelot dans tes mains, comme un signe que je » t'ai donné tout mon royaume »; & se tournant vers l'assemblée: « Vous voyez, ajouta-t-il, que » mon fils Childebert est devenu un homme, » obéissez-lui ».

Dans la loi des ripuaires, cet âge de quinze ans, la capacité de porter les armes, & la majorité marchent ensemble. Si un ripuaire est mort ou a été tué, y est-il dit, & qu'il ait laissé un fils, il ne pourra poursuivre ni être poursuivi en jugement, s'il n'a pas quinze ans révolus, & pour lors il répondra lui-même, ou choisira un champion. Il falloit que l'esprit fût assez formé pour se défendre dans le jugement, & que le corps le fût assez pour se défendre dans le combat.

Chez les bourguignons qui avoient aussi l'usage du combat dans les actions judiciaires, la majorité étoit encore à quinze ans.

Les enfans de Clodomir, roi d'Orléans, & conquérant de la Bourgogne, ne furent point déclarés rois, parce que dans l'âge tendre où ils étoient, ils ne pouvoient pas être présentés à l'assemblée. Ils n'étoient pas rois encore, mais ils le devoient être, lorsqu'ils seroient capables de porter les armes, & cependant Clotilde, leur aieule, gouvernoit l'état.

La première race de nos rois, dont le gouvernement a été plein de discorde, & où la force & la violence ont souvent élevé leur voix au-dessus des loix, ne nous présente aucune règle à consulter. La seconde, qui s'est sentie des désordres de la première, ne nous en montre pas non plus. Mais la règle se fait voir avec évidence dans la troisième, où la justice & la puissance royale paroissent dans tout leur éclat.

Du Tillet a écrit que les régences sous Philippe I & sous Philippe II durèrent jusqu'à la quinzième année de leur âge, c'est-à-dire, que la minorité des rois finissoit à quinze ans; mais il ne rapporte aucune preuve de son sentiment; & il contredit les monumens que l'histoire nous fournit. Elle nous apprend que Philippe Auguste, l'un des rois qu'il nomme, étoit encore mineur en 1148, & il avoit alors dix-neuf ou vingt ans. Il paroît que l'usage commun de ce royaume avoit, dans ce temps-là, fixé la majorité des rois à vingt-un ans, & que c'est à cet usage que Louis VIII se conforma, lorsqu'il ordonna que ses enfans fussent sous la tutelle de Blanche de Castille, leur mère, jusqu'à ce qu'ils eussent atteint vingt-un ans. Saint Louis, son fils aîné, n'avoit que douze ans quand il parvint à la couronne, & il ne sortit de *minorité* qu'à vingt-un ans.

Charles V est le premier de nos souverains qui ait fixé la majorité des rois à quatorze ans. Il fit cette déclaration, fondé sur les exemples de Joas & de Josias, & appuyé de l'autorité de David, de Salomon & de Jérémie, & il la fit d'une manière solemnelle; car ce fut en tenant son lit de justice au parlement de Paris, où il voulut que le recteur de l'université, le prévôt des marchands & les écheyins assistassent. Il ordonna que les fils aînés des rois de France, présens & à venir, seroient âgés, & tenus pour âgés, dès qu'ils auroient atteint la quatorzième année de leur âge. Le chancelier de l'Hôpital expliqua depuis cette ordonnance, sous le règne de Charles IX; & il fut dit que l'esprit de la loi étoit, que les rois fussent majeurs à quatorze ans commencés & non pas accomplis, suivant la règle que dans les causes favorables l'année commencée étoit tenue pour révolue.

Ce prince étant mort au bout de six ans, Charles, dauphin de Viennois, son fils aîné, monta sur le trône sous le nom de Charles VI, & gouverna avant même l'âge de quatorze ans. Louis, duc d'Anjou & de Touraine, comte du Maine, régent du royaume, & les ducs de Berry, de Bourgogne & de Bourbon, tous oncles du nouveau roi, étant allés au parlement avec les prélats & les barons, le régent dit que: « Combien que le » roi nôtre sire, qui est à présent, mineur » par la coutume de France, & ne fût que de » l'âge de douze ans, néanmoins pour le bien de » la chose publique & pour le bon gouverne- » ment, & pour nourrir bonne paix & union » entre le roi nôtre sire & ses oncles dessus nom- » més, le dit monsieur le régent a voulu & con- » senti que le roi nôtre sire qui est à présent soit » sacré & couronné à Rheims en la manière ac- » coutumée; & qu'il ait le gouvernement » & administration du royaume, soit gouverné » en son nom par le conseil & avis des dits on- » cles messeigneurs, en tant que chacun touche, » & pour ce, & à cette fin, monsieur le régent » l'a âgé, & pour tel réputé ».

Sous les rois successeurs de Charles V, l'édit de ce prince a été confirmé ou exécuté. Charles IX, dont la majorité fut déclarée au parlement de Rouen, renouvella cette loi de Charles V.

Sous la seconde race de nos rois, les actes de la souveraineté ne se faisoient pas au nom du roi pupille. En effet, les régens du royaume touchoient autrefois, sans en rendre compte, les revenus de la couronne, recevoient les foi & hommage, donnoient les charges & les emplois, faisoient la paix & la guerre, publioient des ordonnances pour l'administration de la justice, & disposoient absolument des affaires sous leur propre nom. Toutes les lettres étoient expédiées sous le sceau du régent, sans y employer ni le sceau ni le nom du roi. C'est pour cette raison sans doute qu'on rompoit le sceau du roi défunt, & qu'on le jettoit dans son sépulchre. Lorsqu'on l'inhumoit ainsi, l'on supposoit par fiction une espèce d'interrègne entre la mort du roi & l'avénement de son successeur. On donnoit même, sous la seconde race de nos rois, le titre de rois aux régens, pour les autoriser davantage, & pour faire, pendant la *minorité*, plus respecter leurs ordres à des seigneurs qui commençoient à se faire, de leurs gouvernemens, des souverainetés féodales. Eudes, fils de Robert-le-Fort, eut le titre de roi, quoiqu'il ne fût que le tuteur du véritable roi.

C'étoit un abus manifeste, & un abus dont les conséquences pouvoient être dangereuses. Charles V, qui en sentit les inconvéniens, voulut du moins en abréger le temps, & ce fut ce qui l'engagea à abréger la *minorité* des rois, comme nous l'avons vu. Il diminua par là le grand pouvoir des régens ; & Charles VI le fapa enfuite par les fondemens.

L'ordonnance de Charles VI porte que, « lorfque le roi montera fur le trône, en quelque minorité qu'il foit, il fera réputé pour roi, & que le royaume fera gouverné par lui & en fon nom, par les plus prochains de fon fang & par les plus fages hommes de fon confeil ». L'adminiftration des affaires s'eft, depuis ce temps-là, faite exactement fous l'autorité des rois. Catherine de Médicis, Anne d'Autriche, & Philippe, duc d'Orléans, ont toujours fait expédier les lettres & les brevets fous le nom des rois pour qui ils gouvernoient, avec l'expreffion : « de l'avis de la reine régente ou du duc régent ».

En Allemagne, on en ufe différemment. L'adminiftrateur (c'eft ainfi qu'on appelle le tuteur que la loi donne, par exemple, à un électeur mineur de dix-huit ans), a droit de faire, pendant la minorité de l'électeur, tout ce qu'un électeur majeur pourroit faire ; & il le fait non comme procureur de l'électeur ou comme le repréfentant, mais de fon chef & en vertu des loix de l'empire, lefquelles transfèrent à l'adminiftrateur toute l'autorité & tous les droits que les électeurs mêmes poffedent. C'eft fous le nom d'adminiftrateur qu'il eft invité aux élections, & il y paroît, non en habit ordinaire & après tous les électeurs préfens, comme font les plénipotentiaires des abfens, mais en habit électoral & à la même place que l'électeur lui-même occuperoit s'il étoit majeur. Ce que je dis des électorats, a lieu également pour les principautés du corps germanique. Les lettres mêmes doivent être adreffés à l'adminiftrateur de l'électorat, ou de la principauté, & non pas à l'électeur ou au prince mineur. C'eft un fait attefté par un miniftre à un fecrétaire d'état qui ne s'étoit pas conformé à ce cérémonial dans les dépêches de fon maître.

Suivant la règle inconteftablement établie en France, nos rois font majeurs à treize ans & un jour, parce qu'en droit, dans les chofes favorables, l'année commencée eft tenue pour complette, & qu'on a regardé le gouvernement de l'état comme un de ces cas favorables, ainfi que je l'ai remarqué. C'eft conformément à cet ufage que Louis-le-Jufte, Louis-le-Grand & Louis XV ont été reconnus majeurs dans les lits de juftice qu'ils tinrent dans leurs parlemens le lendemain de leur quatorzième année commencée. Je dis reconnus & non pas déclarés, parce que nos rois font majeurs de droit à cet âge, & que c'eft la loi de l'état qui les fait tels, indépendamment de toute déclaration. Ce n'eft pas même pour déclarer leur majorité qui ne peut être ignorée, que nos rois vont tenir leur lit de juftice ; mais ils prennent occafion de quelqu'édit qu'ils portent dans leur parlement, pour parler de leur majorité ou pour l'énoncer dans le préambule. Louis XIV, majeur le 7 de feptembre 1651, tint ce jour-là fon lit de juftice au parlement de Paris, & fit publier plufieurs édits. L'avocat général lui parla ainfi : « Votre majefté ayant acquis la majorité royale, telle qu'elle a été établie par les loix de l'état, elle n'a pas befoin d'en faire une déclaration particulière, parce que fes fujets étant bien informés du moment de la naiffance de leur prince, ne manquent jamais de favoir la plénitude de fon âge.... La cérémonie en laquelle nous fommes employés aujourd'hui, n'eft pas une déclaration de majorité, mais plutôt une action publique faite par un roi majeur ». On parla à-peu-près de la même manière à Louis XV, lorfqu'il alla au parlement tenir fon lit de juftice le premier jour de fa majorité.

Cette cérémonie, les rois la font où ils veulent ; Charles IX en a donné un exemple : c'eft au parlement de Rouen qu'il fit la déclaration de fa majorité. Le parlement de Paris protefta, parce que les édits commencent toujours à être enregiftrés à ce tribunal.

Les loix anciennes de Suède fixoient la majorité des rois à quinze ans. Charles XI, par fon teftament, retarda celle de fon fils (depuis Charles XII) jufqu'à dix-huit. Après la mort de Charles XI, les états de Suède reconnurent fon fils majeur, quoique ce prince n'eût alors que quinze ans. Après le règne de Charles XII, les fuédois ayant repris le droit d'élire leur roi, fixèrent à vingt-un ans la majorité des enfans du monarque, pour lefquels feuls ils conferverent le droit héréditaire.

Les électeurs d'Allemagne & les autres princes de l'Empire ne font majeurs qu'à dix-huit ans commencés.

En Dannemarck, les rois ne font majeurs non plus qu'à dix-huit ans commencés, c'eft-à-dire, à dix-fept ans & un jour. Chriftiern II, roi de Dannemarck, ne fut reconnu majeur que dans le cinquième mois de fa dix-huitième année.

Lorfque Don Carlos, infant d'Efpagne, depuis roi d'Efpagne, fut parvenu à la fucceffion des duchés de Parme & de Plaifance, réputés fiefs de l'empire d'Allemagne, ce prince fut émancipé par le roi fon père. L'empereur nomma pour fes tuteurs le grand duc de Tofcane & la première ducheffe douairière de Parme, & il les chargea en fon nom de l'adminiftration de ces deux fiefs, jufqu'à ce que l'infant eût atteint l'âge de dix-huit ans, auquel l'empereur d'Allemagne avoit fixé la majorité de ce prince. Cependant les circonftances le portèrent quelque temps après à fe déclarer majeur, lorfqu'il eut quatorze ans : mais il y a lieu de douter que cette déclaration puiffe, dans aucun tems, être regardée à Parme comme une règle du droit public de ce duché. Le droit public des états ne fixe pas moins que le privé les tems de minorité & de majorité ; toute la différence qui s'y trouve, c'eft que, felon le droit privé, la majorité ne commence ordinairement qu'à vingt-cinq ans, au lieu que dans le droit public elle varie au gré des ufages établis pour chaque maison souveraine : mais quelle que soit le terme auquel la *minorité* finit, le mineur est censé, par la foiblesse de son âge, ne pouvoir juger lui-même s'il est en état de gouverner. Ne semble-t-il pas que c'étoit à l'empire d'Allemagne, comme seigneur suzerain de Parme, que l'infant auroit dû s'adresser pour obtenir une dispense d'âge : s'il l'avoit fait, l'empereur eût été le maître de l'accorder ou de la refuser ; mais on n'avoit garde de prendre cette voie, les cours de Vienne, de Madrid & de Parme étoient brouillées, elles s'offensoient réciproquement, & elles entrèrent en guerre fort peu de temps après.

En Turquie, la majorité des sultans commence à quinze ans. Ne pourroit-on pas regarder comme mineurs pendant toute leur vie des princes qui sont presque toujours oisifs, & qui laissent leur sceptre entre les mains d'un premier visir ?

Les loix d'Espagne & celles de Portugal fixent également la majorité du roi à treize ans & un jour.

Les rois de la Grande-Bretagne sont majeurs à douze ans. C'est la loi d'Angleterre, & c'étoit aussi celle d'Ecosse avant l'union de ces deux couronnes.

A douze ou à quatorze ans commencés, un prince n'est pas capable de gouverner ses états ; & les loix qui déclarent les rois majeurs à cet âge, en leur accordant l'exercice de la royauté, ne leur donnent point la maturité de jugement nécessaire aux fonctions de la royauté. Mais si les loix ont cet inconvénient, elles en préviennent d'autres qui ne sont pas moindres. Elles font cesser une *minorité* où la puissance royale n'est pas toujours respectée, un temps que des guerres civiles rendent souvent orageux, & une régence qui doit toujours faire craindre que l'autorité précaire du régent ne s'affermisse au préjudice de la puissance légitime du souverain ; & c'est ainsi que dans l'administration des états, on est réduit souvent à établir des règles qui sont mauvaises en elles-mêmes, & qu'on justifie en disant que de deux maux on choisit le moindre. Au reste, la Grande-Bretagne est la seule monarchie de l'Europe où la majorité des rois soit fixée à douze ans ; une pareille règle a moins d'inconvéniens dans ce pays-là où le gouvernement est partagé, qu'elle n'en auroit dans les gouvernemens purement monarchiques. *Voyez* les articles MONARCHIE, GOUVERNEMENT, &c.

MINORQUE. Isle de la Méditerranée, appartenante à l'Espagne.

Les bords de cette isle sont unis du côté du sud, & ils sont découpés vers le nord ; ce qui provient de la violence des vents du nord qui soufflent dans ces parages. La mer diminue près de cette isle, & forme aux environs des ports des espèces de petites isles où l'on cultive des jardins. Elle contient 236 milles quarrés d'Angleterre, & 151,040 arpens quarrés de terre.

La culture des vignes est considérable, & quelques-unes produisent un vin excellent, dont le rapport annuel est estimé à 27 mille livres sterling. Les habitans font une espèce de fromage qui se vend fort cher en Italie.

Busching dit que les exportations montent à environ 18 mille livres sterling par an ; mais qu'ils sont obligés de tirer de l'étranger la plus grande partie des choses dont ils ont besoin ; qu'ils en tirent un tiers du bled qu'ils consomment, toute leur huile, des bœufs, des brebis, de la volaille, du riz, du sucre, des épiceries, de l'eau-de-vie, du tabac, de la toile, des étoffes & beaucoup d'autres marchandises, des reliques, des agnus Dei, &c., & que tous ces objets leur coûtent par an environ 71,200 liv. sterl : si ce calcul étoit exact, les habitans n'auroient pu payer annuellement les 50 mille liv. sterl. de différence. Les habitans de *Minorque* manient la fronde avec beaucoup d'adresse, & ils s'en servent pour contenir leurs bestiaux. Ils ont peu de goût pour le travail, & ils négligent la culture de la terre : il y a peu d'industrie parmi eux. On compte dans cette isle 3089 maisons & environ 27 mille ames : la traduction françoise de Busching est inintelligible sur l'article des revenus ; elle dit que le roi d'Angleterre en retiroit ordinairement par an 27000 liv. ou 4050 l. sterling, dont 12000 étoient absorbées par des appointemens. C'est une faute d'impression ou une erreur bien grossière. Les anglois ont possédé *Minorque* depuis 1708 jusqu'en 1755, qu'elle fut conquise par la couronne de France, qui la céda en 1762 à l'Espagne pour trois millions de piastres. Le traité de paix de 1782 en assure la possession à cette puissance. Cette isle est partagée en quatre petites provinces, que l'on nomme *Terminos*. *Voyez* l'article ESPAGNE.

MICQUELON, isle d'Amérique. *Voyez* l'article TERRE-NEUVE.

MIROIR D'OR, (le) *ou les rois de Scheschian, roman politique & moral par M. Wieland.*

Cet ouvrage, écrit en allemand, & qui n'a point encore été traduit en françois, offre d'excellentes leçons aux princes, & des maximes de gouvernement propres à contribuer au bonheur des nations. L'auteur semble s'être proposé pour but principal, de faire sentir quel est sur le sort des peuples l'influence de l'administration politique, & du caractère & des principes des souverains.

Nous voyons d'abord les scheschianois ne former qu'une société mal constituée, se donner un roi pour mettre fin à leurs divisions éternelles ; mais ce roi, auquel obéissent mal des hommes peu accoutumés encore au gouvernement, ne parvient point, malgré de sages loix, à rendre ses sujets heureux. Ils sont tirés de cet état par un prince tartare nommé Ogul-Kan, qui fait la conquête du royaume, & profite des circonstances pour se rendre absolu. Le bonheur des peuples dépend ici entièrement des talens & du caractère du souverain. Ogul-Kan n'étoit pas un mauvais prince. Il eut plusieurs successeurs dont l'histoire ne parle point. Cette suite de rois sans nom fut enfin interrompue par une maîtresse de l'un d'eux, la belle Lilly.

Lilly aimoit les arts & les protégeoit ; elle rassembla d'habiles artistes de tous les pays ; les Schefchianois lui dûrent la connoissance des plaisirs & des agrémens de la vie ; elle fit circuler les trésors que les rois précédens avoient entassés ; tous les talens furent mis en activité. Le goût des belles choses naquit ; on devint plus spirituel & plus aimable. En devint-on meilleur ?

Azor, fils de la belle Lilly, succéda à son père ; c'étoit le plus beau prince de son temps, aimable, doux, cherchant à plaire à ceux qui l'entouroient ; les peuples attendoient tout de son gouvernement, & l'idolâtroient d'avance : ils eurent tort ; vingt ans après ils le détestèrent autant qu'ils l'avoient aimé ; & ils eurent tort encore. Azor tenoit de la nature toutes les dispositions qui pouvoient faire de lui un homme excellent & le meilleur prince. Mais sa mère crut que l'homme de tout l'Empire, qui faisoit le plus joliment de petits vers, étoit aussi le plus propre à former un prince. Elle lui donna un gouverneur qui l'éleva très-mal. Azor favoit déclamer des scènes de tragédie, donner en parlant aux choses les plus communes, des tours ingénieux ; il dansoit, il peignoit bien ; en un mot, il possédoit toutes ces qualités qui ne sont estimables qu'autant qu'elles servent d'ornement à des qualités plus essentielles. Azor qui savoit tout, hors l'art de gouverner, remit les rênes de l'empire à sa mère ; celle-ci à son favori ; le favori à son secrétaire ; le secrétaire à sa maîtresse, & cette dernière à un bonze qui dirigeoit sa conscience. Ce système changea très-souvent ; Azor donnoit sa confiance à tous ceux qui le servoient dans ses plaisirs ; toujours entouré d'hommes aussi heureux que lui, il ignoroit que ses sujets ne l'étoient point. Ils commencèrent à devenir très-malheureux : Alabanda, nouvelle maîtresse du sultan, acheva de les plonger dans l'infortune par son luxe & ses folies. On eut une guerre à soutenir ; on renvoya un vieux guerrier expérimenté, pour donner le commandement à un jeune courtisan qui savoit danser & faire des vers. La guerre fut malheureuse. Azor perdit une province, & s'apperçut à peine de cette perte. L'état fut épuisé par les dépenses excessives d'Alabanda, & le peuple chargé d'impôts. Des disputes de religion vinrent accroître les malheurs du peuple : les deux partis abusant de la superstition de la multitude, occasionnèrent les plus grands maux. Dans sa vieillesse, Azor devint superstitieux, & n'en valut pas mieux. Sa dernière maîtresse fut une danseuse qui gouverna l'état à sa manière.

Isfandiar, fils d'Azor & d'Alabanda, parvint au trône : son père n'avoit été que foible, il fut méchant. Son enfance fut confiée aux plus habiles précepteurs. Il savoit les mathématiques, au point qu'il distinguoit très-scientifiquement un triangle d'un quarré ; excellent géographe, il récitoit de suite le nom de tous les fleuves, des lacs, des provinces & des villes de Schefchian ; à treize ans il avoit donné des preuves de sa sagacité philosophique, en démontrant qu'une chose en tant qu'elle est ce qu'elle est ; ne peut pas en même-tems être autre chose que ce qu'elle est. Il avoit acquis une connoissance très-étendue des prérogatives de la souveraineté, & savoit tous les moyens imaginables de s'emparer des fortunes de ses sujets. On n'avoit eu garde de blesser ses oreilles encore tendres du désagréable mot de *devoirs*. On lui avoit peint en belles phrases la justice & la bonté comme les vertus des rois ; Isfandiar en conclut que l'exercice de ces vertus dépendoit uniquement de son bon plaisir. On lui avoit enseigné l'histoire, & on n'avoit pas manqué de lui représenter chaque conquérant comme un héros ; un prince qui donnoit beaucoup, comme un prince généreux ; un roi foible, comme un roi plein de bonté. Isfandiar, dont le cœur étoit mauvais, n'acquit des connoissances que pour devenir plus mauvais encore ; il n'avoit point une ame sensible, & l'éducation n'avoit pas suppléé à ce défaut. Son favori Eblis acheva de le perdre. Eblis étoit un sophiste qui s'honoroit du nom de philosophe qu'il avilissoit : il n'avoit garde de croire à la vertu ; il y avoit alors beaucoup de sophistes de cette espèce. « Les vertus, disoient ces habiles gens, font comme les pièces de monnoie, qui avec une certaine empreinte ont une valeur marquée dans le commerce ; la valeur réelle n'y fait rien : dans le fond, il n'y a pas plus de différence entre un coquin condamné à être pendu, le bourreau qui le pend & le juge qui le fait pendre, qu'il n'y en a entre l'européen civilisé, le persan orgueilleux, le dévot arménien, le chinois poli & le sauvage kamtschadale ; ils ne diffèrent que par l'empreinte ». Avec de tels principes, Eblis avoit toutes les qualités qui pouvoient le rendre séduisant ; Isfandiar se livra entièrement à lui. Pendant les dernières années d'Azor, Isfandiar, impatient de régner, avoit témoigné publiquement combien peu il étoit satisfait du gouvernement, & le peuple espéra qu'il éviteroit toutes les fautes de son père. Il n'eut pas les mêmes défauts ; il en eut d'autres qui furent plus dangereux. Il se croyoit fort sage de n'avoir point de maîtresse ; mais il nourrissoit une quantité énorme de chevaux & de faucons : Eblis lui avoit peint le peuple, des couleurs les plus désavantageuses. Isfandiar regardoit tous ses sujets comme faits pour lui, & ne voyoit dans l'art du gouvernement que l'art de tirer le meilleur parti de

ceux

ceux que le hasard lui avoit soumis; ne songeant qu'à ses intérêts particuliers, qu'à ses plaisirs, il ne se croyoit roi que pour y faire servir les autres, & fouloit le peuple par les impôts les plus accablans. Il voulut ôter aux malheureux qu'il opprimoit, jusqu'au sentiment de leurs maux, en les mettant hors d'état de s'éclairer sur les droits de l'humanité & sur les principes des sociétés: toute autre morale que celle d'Eblis fut proscrite. La vertu déja découragée s'éteignit insensiblement dans les cœurs; les mœurs se corrompirent tellement que les schefcianois ne sembloient plus être qu'une troupe de scélérats; les crimes les plus affreux devinrent communs, & Isfandiar trouva dans la scélératesse de ses sujets un nouveau moyen de s'emparer de leurs fortunes. On récompensoit les délateurs, ceux sur-tout qui dénonçoient le crime de lèse-majesté: on avoit eu l'art d'étendre l'idée de ce crime; tout passoit pour crime de lèse-majesté, & les biens des coupables entroient dans les trésors du souverain. Enfin le peuple, poussé à bout, se révolta. Isfandiar, abandonné de tout le monde, fut trahi & assassiné par Eblis lui-même, qui à son tour fut la victime des fureurs d'un peuple qu'il avoit rendu si malheureux.

Tifan, successeur d'Isfandiar, tira la nation de l'abîme où elle étoit plongée. Echappé dans son enfance à la cruauté de son oncle Isfandiar, qui avoit fait assassiner tous les princes de sa famille, il dut son salut au sage & vertueux Dschengis qui avoit livré son propre fils à la place de ce prince. Elevé loin de la cour par son libérateur, ignorant sa naissance, il se forma dans la retraite à toutes les vertus, & vécut obscur pendant trente ans. Dans la révolution qui ôta la couronne & la vie à Isfandiar, Tifan à qui Dschengis découvrit le mystère de sa naissance, alla servir sa patrie. Plusieurs villes avoient réuni leurs forces contre les tyrans qui profitoient de l'anarchie & déchiroient le royaume: Tifan servit dans l'armée des villes alliées, & se distingua par sa sagesse & par sa valeur; il fut nommé général en chef & remporta des victoires. Lorsque le calme fut rétabli, on songea à élire un roi; les cœurs de la nation appelloient Tifan au trône; il y fut placé, & le peuple s'applaudit d'autant plus de son choix, que Tifan en étoit l'héritier légitime.

Le nouveau roi établit le gouvernement monarchique; il donna les plus sages loix; il fit plus, il donna des mœurs à ses sujets.

Nous croyons en avoir dit assez, & nous terminerons ici cet extrait.

MISNIE, margraviat d'Allemagne: l'étendue du margraviat de *Misnie* a varié plusieurs fois; il n'est pas nécessaire de la donner ici selon la succession des temps, & de rapporter tous les changemens qu'elle a éprouvés au dixième siècle: ce margraviat n'étoit composé que du château & de la ville de ce nom, dont les limites ont été reculées successivement. Nous nous bornerons à faire voir ce qu'il est devenu depuis le quatorzième siècle, & ce qu'à cette époque on entendoit par margraviat de *Misnie*. En 1382, les margraves Frédéric, Balthasar & Guillaume, frères, divisèrent en trois portions leurs états héréditaires: l'un eut le pays de *Misnie*, l'autre l'Osterland, & le troisième la Thuringe. L'union d'hérédité que firent entr'eux en 1482 Uladislaus, roi de Bohême, Erneste, électeur, & Albert, duc de Saxe, indique en quoi consistoit alors, & même dans des temps postérieurs, le margraviat de *Misnie*: on y trouve Dresde, Pirna, Kœnigstein, Wehlen, Rathen, Hohenstein, Wildenstein, Stolpen, Liebenthal, Bischofswerda, Radeberg, Lavenstein, Bernstein, Freyberg, Wolkenstein, Scharfenstein, Schellenberg, Chemnitz, Œderen, Zschopau, Stolberg, Hayn, Ortrandt, Senftenberg, Finsterwalde, Skassa, Tharaudt, Mühlberg, Torgau, Dommitzsch, Schilda, Oschatz, Mügeln, Lomatzsch, Dœbeln, Mitweyda, Rochlitz, Grimma, Navenhof, Leisnig, Colditz, Wursen, Eilenbourg, Duben, Geithayn. Le margraviat de *Misnie* étoit ainsi borné vers le nord, le levant & le midi par le duché de Saxe ou cercle électoral, par la Lusace & la Bohême; vers le couchant, il s'étendoit non-seulement jusqu'à la Mulde, mais il la dépassoit. Les autres terres que possédoient les margraves de *Misnie* jusqu'à la Saale, étoient appellées *Osterland*. Cette dénomination ne comprend point cependant un territoire aussi considérable que la Thuringe, malgré la synonimie du mot: l'Osterland étoit cette portion de pays qu'occupoient les vieux saxons, & qui fut nommé jusqu'au treizième siècle *Oriens*, *Pars orientalis*, *Plaga orientalis*, que les saxons avoient conquise sur les thuringiens, & elle contenoit encore les districts que les saxons orientaux avoient enlevés aux venèdes. Lorsque la contrée dont on vient de parler, eut perdu le nom d'*Osterland*, elle ne resta pas moins attachée au pays que les saxons avoient conquis au levant de la Saale; les princes même & les comtes qui y faisoient leur demeure, furent appellés *princes de l'Osterland*. A en juger par le style de la chancellerie des margraves de *Misnie*, on appelloit *Osterland* tous les pays qu'ils possédoient, outre le margraviat, du côté oriental de la Saale; & comme leurs possessions varioient, qu'elles avoient tantôt plus, tantôt moins d'étendue, le pourtour de l'Osterland varioit également. La Lusace fut regardée comme une partie de ce pays depuis 1157 jusqu'en 1382. Le district, nommé *Pleisnerland*, situé entre la Pleiss & l'Elster blanche, appartenoit aux empereurs jusqu'au milieu du treizième siècle; & lorsque les margraves de *Misnie* en obtinrent la propriété, il ne fut point confondu avec l'Osterland, mais regardé comme un pays particulier. Tout le temps que ces margraves possédèrent le comté de Brême, il fut jugé partie de l'Osterland : il en est de même du landgraviat de Landsberg ; mais celui-ci ayant été aliéné quelque temps, & étant rentré en 1347 sous la domination des margraves, il en resta séparé plusieurs années, & ces mêmes margraves ajoutèrent la qualité de comtes de Brême aux autres titres qu'ils prenoient. L'union d'hérédité, dont nous parlons tout-à-l'heure, indique aussi quelles étoient les limites de l'Osterland en 1382, époque où cet état fut partagé : on y voit que la principauté d'Osterland comprenoit Leipsick, Delitzsh, Zœrbig, Pegau, Luckau, Bosna, Groitzsch, Altenbourg, Schmœlln, Krymitzschau, Werga, Ronnenberg : de plus, le Vogtland, les évêchés de *Misnie*, de Naumbourg & de Merfebourg, toutes les abbayes & prélatures avec leurs châteaux, villages, bourgs, &c ; & quoique toutes les villes de cette principauté n'y soient point désignées, celles dont on vient de faire mention, annoncent qu'elles étoient les bornes entre l'Osterland & la *Misnie*. Ainsi le pays d'Osterland ne s'étendoit pas tout-à-fait jusqu'à la Mulde ; mais il restoit une longue étendue de terrein depuis le rivage occidental, d'environ un mille de largeur, qui faisoit encore partie du pays de *Misnie* : (voyez *le traité sur l'Osterland de M. J. F. R.*, rapporté dans *les additions de Kreissig à l'histoire des pays électoraux & des ducs de Saxe*, tom. 3, pag. 69 & suiv.) En se rapprochant de nos jours, l'Osterland ainsi fixé a été compris dans le margraviat de *Misnie*, & selon l'étendue qui lui fut assignée, il touche à la Lusace, à la Bohème, à la Franconie, à la Thuringe, à la principauté d'Anhalt & au cercle électoral. La majeure partie de ce pays appartient aujourd'hui à l'électeur de Saxe ; le surplus appartient en partie à la branche Ernestine de Saxe, partie aux comtes de Reuss, & partie enfin aux margraves de Brandebourg-Culembach. (*Voyez* l'article SAXE.

Nous indiquerons au même art. le commerce des pays électoraux de Saxe, les marchandises de toute espèce qui s'y fabriquent, & les productions naturelles dont ils abondent : c'est de la *Misnie* principalement que nous parlerons ; car la plupart des manufactures & des fabriques des pays électoraux de la Saxe sont établies dans la *Misnie*.

Le plus ancien margrave de *Misnie* que l'on connoisse d'une manière certaine, est Rigdad qui vécut sous le règne de l'empereur Otton II, vers l'an 980. Eckard lui succéda, & à celui-ci Goncelin son frère, lequel fut remplacé par Hermann, fils d'Eckard, & celui-ci par Eckard II son frère. A la mort de ce dernier, arrivée en 1046, l'empereur Henri donna ce margraviat au comte Dedo II, fils de Dedo I, comte de Wettin, lequel le transmit à son fils Henri, auquel succéda Henri le jeune son fils. Celui-ci étant mort en 1127 sans laisser de postérité, l'empereur Lothaire disposa de nouveau du margraviat de *Misnie* en faveur de Conrad, parent du défunt, auquel il donna en outre le margraviat de la basse Lusace. Otton son fils aîné, surnommé *le riche*, fut son successeur au margraviat de *Misnie* : ce fut sous son règne qu'on découvrit les mines d'argent de Freyberg. Albert & Thierry, ses fils, parvinrent à le posséder successivement, & le dernier eut pour son successeur Henri, son fils cadet, qui ajouta à ses états le landgraviat de la Thuringe. Il eut trois fils, nommés *Albert*, *Thierry* & *Frédéric*. Le premier eut le landgraviat ; la *Misnie* tomba en partage au second, & le pays d'Osterland échut au troisième. Thierry mourut sans enfans, & il remit le margraviat dont nous parlons, à Frédéric, fils aîné d'Albert, qui mourut en 1326, & auquel succéda le margrave Frédéric, dit *le sérieux*, dont le fils, surnommé *le sévère*, régna après lui. Frédéric, dit *le belliqueux*, remplaça son père ; il parvint à la dignité d'électeur en 1422, ainsi que nous le dirons en décrivant les pays électoraux de Saxe.

Les électeurs ont réclamé le droit d'avoir des suffrages particuliers dans les diètes pour le bourgraviat & pour le margraviat de *Misnie*, mais ils n'ont pu l'obtenir jusqu'à présent.

Le margraviat, en tant qu'il concerne la maison électorale de Saxe, comprend le cercle de *Misnie*, celui de Leipsick outre l'évêché de Wurzen, celui d'Erzgebürg, celui de Vogtland, & enfin celui de Neustadt, auxquels il faut ajouter les évêchés de Mersebourg & de Naumbourg-Zeitz.

Le cercle de *Misnie* touche au cercle électoral, à la Lusace, à la Bohème, aux cercles de l'Erzebürg & de Leipsick ; il comprend aussi ce qui autrefois formoit l'évêché de *Misnie*. Ce cercle contient 40 villes, 4 bourgs, 1393 villages, nombre que Hempel réduit à 1049, 283 nobles immédiats, 189 médiats, & 20 châteaux électoraux. Les bailliages qui en dépendent, sont :

1°. Les 4 bailliages de *Misnie*. Il y avoit autrefois dans les villes, des sièges de justice de quatre sortes, savoir : celui du margrave, qui occupoit la partie du milieu du château ; celui de l'évêque, qui demeuroit dans celle de derrière ; celui du bourgrave, qui habitoit dans la partie antérieure, & celui du prévôt de Sainte-Afra. De toutes ces justices, sont provenus les 4 bailliages de *Misnie*, dont quelques-uns ne sont point confinés à de certains districts, & ne comprennent que des villages épars de côté & d'autre. Ces bailliages sont :

1°. Le bailliage circulaire de Meissen, qui contient 55 nobles immédiats, 25 nobles médiats & 324 villages.

2°. Le bailliage de recette de l'évêché contient 35 villages, dont le revenu est assigné à l'entretien de la table de l'évêque. Le grand châpitre de Meiſſen en retire quelque choſe : une partie eſt employée pour faciliter la ſubſiſtance de quelques étudians à Leipſick & à Wittemberg.

3°. Le bailliage de recette de la cathédrale de Meiſſen eſt compoſé de 22 villages.

4°. Le bailliage de recette de l'école électorale contient 42 villages, qui appartenoient autrefois au couvent de Sainte-Afra : l'école électorale, fondée à Meiſſen, jouit aujourd'hui de ces revenus.

II. Le grand bailliage de Dreſde eſt compoſé de 181 villages. On y trouve 40 nobles immédiats & 19 nobles médiats.

III. Le bailliage de Dippoldiſwalda contient 7 nobles immédiats, deux nobles médiats & 28 villages. La régence de la province eſtime que ce bailliage fait partie du cercle de la Montagne.

IV. Le bailliage de Pirna eſt compoſé de 159 villages, & contient 27 nobles immédiats & 22 nobles médiats. Il eſt formé de la réunion des trois petits bailliages de Pirna, de Kœnigſtein & de Rathen. La régence provinciale le regarde également comme faiſant partie du cercle de la Montagne.

V. Le bailliage de Hohenſtein & de Lohmen comprend 55 villages, 12 nobles immédiats & 11 nobles médiats. Il eſt compoſé des deux bailliages réunis, que le duc de Maurice a pris en échange des ſeigneurs de Penig & Zſchillen.

VI. Le bailliage de Stolpen contient dix-ſept nobles immédiats, 30 nobles médiats & 89 villages.

VII. Le bailliage de Radeberg avec Lanſnitz, dans lequel il y a 8 nobles immédiats, un médiat & 23 villages.

VIII. Le bailliage de Moritzbourg, dans lequel ſont trois nobles immédiats, 2 médiats & 13 villages.

IX. Le bailliage de Groſſenhayn contient 50 nobles immédiats, 11 nobles médiats & 173 villages.

X. Le bailliage de Seuftenberg contient trois nobles immédiats, trois médiats & 29 villages. Il faiſoit partie autrefois de la baſſe-Luſace : les ſeigneurs de Polenz en avoient la propriété qu'ils tranſportèrent à l'électeur Frédéric, par une vente ſignée en 1446 : ce bailliage fut réuni alors au margraviat de *Miſnie*.

XI. Le bailliage de Finſterwalda eſt compoſé de ſept villages. Il eſt ſitué dans la baſſe-Luſace ; mais, dès le quinzième ſiècle, il a fait partie du margraviat de *Miſnie*, étant échu aux princes de Saxe, lors des partages ſignés en 1436, 1445 & 1486. Les Minkwitz, & après eux les Dieſkan, l'ont poſſédé quelque temps ; mais ces derniers le revendirent, en 1625, à l'électeur Jean-George. Il forma enſuite l'appanage de la branche collatérale de Merſebourg ; mais il retourna à la branche principale après ſon extinction.

XII. Le bailliage de Mühlberg, qui comprend onze nobles immédiats, neuf médiats & 49 villages.

XIII. Le bailliage de Torgau, compoſé de 12 nobles immédiats, 45 médiats & de 68 villages.

XIV. Le bailliage d'Oſchatz contient 32 nobles immédiats, 9 médiats & 98 villages.

Voyez les articles SAXE, BRANDEBOURG, PRUSSE & REUSS.

MODENE (duché de), ETATS DU DUC DE MODENE : ils ſont ſitués en Italie.

Ils contiennent environ 90 milles géographiques quarrés.

Ce ſont 1°. *le duché de Modene*. Il eſt entouré des duchés de Parme & de Mantoue, de l'état de l'égliſe, du grand-duché de Toſcane & de la république de Lucques. Du midi au nord, ſa longueur eſt de 14 milles communs d'Allemagne, & il en a 6 à 9 de l'orient à l'occident. Il eſt très-fertile en vins, en bled, en fruits, &c.

Précis de l'hiſtoire politique.

La maiſon d'Eſt aujourd'hui régnante, ainſi que la maiſon de Brunſwick-Lunebourg, tire ſon origine d'un ſeigneur puiſſant, nommé Azo, qui étoit maître de Milan, de Gênes, & d'autres cantons de la Lombardie, mais qui ne prit point le titre de marquis d'Eſt : ce titre n'eſt connu que depuis le douzième ſiècle. Un de ſes deſcendans, Oppizo III, marquis d'Eſt & de Ferrare, obtint la ſouveraineté de la ville de *Modene*. Son neveu Nicolas III acquit celle de Reggio, de Forti, & d'autres diſtricts de la Romagne. Borſo, fils de ce dernier, fut déclaré en 1452 duc de *Modene* & de Reggio, par l'empereur Frédéric III ; & en 1470, le pape Paul II le fit duc de Ferrare. Le duc Adolphe I eut entr'autres enfans, Alphonſe-Hercule II, 4ᵉ duc de Ferrare & de *Modene*, & Alphonſe d'Eſt, fils naturel qu'il avoit eu d'une bourgeoiſe, ſa troiſième femme. Alphonſe II, cinquième duc de Ferrare & de *Modene*, fils d'Hercule II, mourut ſans enfans, & l'empereur Rodolphe II donna l'inveſtiture de *Modene*, de Reggio & de Carpi à Céſar, fils d'Alphonſe I ; mais, ſur ces entrefaites, le pape Clément VIII s'empara du duché de Ferrare, & le réunit à l'état de l'égliſe en qualité de fief du ſaint-ſiège. Le duc François I, neveu de Céſar, obtint de l'empereur Ferdinand II l'inveſtiture de la principauté de Correggio, comme d'un fief. François II, ſon neveu, étant mort ſans héritiers, Rinald, fils du quatrième lit de Ferdinand I, étoit cardinal; il renonça à la pourpre, & il succéda, dans le gouvernement de ces états, au fils de son frère. Il fit en 1710 l'acquisition du duché de la Mirandole, & l'empereur lui en donna l'investiture. Son fils & successeur François-Marie, ayant pris parti pour l'Espagne dans la guerre qui s'éleva à la mort de l'empereur Charles VI, fut dépouillé de ses états; mais il les recouvra en 1748 à la paix d'Aix-la-Chapelle. On lui promit aussi la restitution des biens féodaux qu'il avoit en Hongrie, & qui lui avoient été enlevés pendant la guerre, ou du moins on lui promit un équivalent. Quoique le duc soit un des vassaux de l'Empire romain, son pouvoir n'est point limité.

Les constitutions, émanées du duc en 1768, assujettissent tous les biens immeubles des ecclésiastiques, acquis depuis 1620, aux impôts ordinaires du pays. Elles supprimèrent en même-tems treize petits monastères.

Le duché est composé des provinces suivantes:
1°. Le duché de *Modene* proprement dit.
2°. La province de Frignano.
3°. La vallée & seigneurie de Carfagnana, qui étoit autrefois comprise dans le territoire de Bologne, & dont une partie appartient au grand-duc de Toscane, & l'autre à la république de Lucques.
4°. Le pays de Soraggio dans l'Apennin.
5°. Le duché de Reggio.
6°. La principauté de Correggio appartenoit à la maison Siro, en faveur de laquelle l'empereur Matthias érigea la ville de Correggio en principauté. Sous le gouvernement de l'empereur Ferdinand II, le nouveau prince Jean fut accusé de falsifier les monnoies; les troupes impériales saccagèrent son palais dans la guerre de Mantoue, & on lui imposa en 1633 une amende de 300 mille florins, qui fut réduite en 1634 à 230,000. L'Espagne la paya & reçut la principauté à titre d'hypothèque. Le duc de Mantoue s'en empara de la même manière en 1635, & la cour impériale lui en donna l'investiture.
7. La principauté de Carpi. Elle a appartenu à la maison Pico depuis 1319 jusqu'en 1530. A cette dernière époque, Alphonse I donna une somme de 100,000 ducats, & l'empereur Charles V publia une sentence, en vertu de laquelle la principauté fut enlevée à la maison Pico & adjugée à Alphonse.
8. Le comté de Rivolo ou Rollo. C'est un fief qui dépend immédiatement de l'Empire, & qui tire son nom d'un bourg.

II. Le duché de la Mirandole. Ce n'étoit d'abord qu'un comté, qui fut érigé en duché en 1619. Il appartenoit à la maison Pico, qui a produit deux hommes de lettres fort connus, Jean Pic & Jean-François Pic: c'étoit un fief de l'Empire romain. Le dernier duc François-Marie passa en Espagne dans la guerre de la succession; & ayant été mis par l'empereur au ban de l'Empire, son duché, comme fief impérial, fut donné en 1711 au duc de *Modene* pour un million de florins, qui lui fut ensuite rendu en 1748 par la paix d'Aix-la-Chapelle.

III. La principauté de Novellara a appartenu quelque temps à une branche de la maison de Gonzague. Cette branche s'éteignit en 1728; le duc de *Modene* en fut investi par l'empereur en 1737. Elle est située entre le duché de Reggio & la principauté de Correggio.

Le duc de *Modene* possède aussi les principautés de Massa & Carara. *Voyez* l'article MASSA.

MŒURS. *Voyez* l'article MEURS.

MOIS ROMAINS. On appelle ainsi en Allemagne une taxe que les empereurs lèvent dans les nécessités pressantes, & qui est la suite d'un ancien usage d'après lesquels ils faisoient payer la dépense de leur voyage aux sujets de l'empire, lorsqu'ils alloient se faire couronner à Rome.

Un *mois romain* pour tous les cercles ensemble, monte en argent à la somme de quatre-vingt-trois mille neuf cents soixante-quatre florins d'Allemagne; en troupes, à deux mille six cents quatre-vingt-un cavaliers, & à douze mille sept cents quatre-vingt-quinze fantassins.

Les états de l'Empire étoient autrefois obligés de lever & d'entretenir à leurs dépens vingt mille hommes de pied & quatre mille chevaux, pour accompagner l'empereur, quand il se rendoit à Rome pour s'y faire couronner: mais Ferdinand I n'ayant pas cru qu'il convînt à la dignité d'un chef de l'Empire d'aller mendier la confirmation du pape, abolit, l'an 1558, cette coutume inutile, onéreuse & odieuse à tout le corps germanique. La levée des milices continua toujours sous le nom de *mois romains*: & si quelqu'un d'entre les princes & états ne pouvoit fournir des troupes, il payoit une somme en argent. L'empereur Charles-Quint régla cet équivalent à douze florins par cavalier, & à quatre florins par fantassin; le florin au prix d'environ quarante sols monnoie de France: la valeur de chaque chose ayant augmenté depuis cette époque, l'entretien du cavalier a été fixé à soixante florins, & celui du fantassin à douze. Cependant pour ne point déroger à l'ancienne règle, on multiplie les mois jusqu'à ce qu'ils puissent atteindre à cette augmentation, ensorte qu'il faut maintenant cinq *mois romains* pour un cavalier & trois pour un fantassin.

Lorsque quelque province, état ou ville immédiate a souffert des pertes & dommages par la guerre, lorsqu'il lui est survenu d'autres événemens fâcheux, elle demande la modération de son contingent; mais elle ne peut l'obtenir, que d'une diète.

Outre les *mois romains*, il y a une autre imposition destinée au paiement des gages des officiers de la chambre impériale, qui est ordinaire & annuelle, tandis que les *mois romains* ne s'imposent que dans les occasions où l'intérêt commun & la conservation de l'Empire l'exigent : la diète en règle le nombre proportionnellement au besoin, & on les a quelquefois vus centuplés.

Quand la taxe est fixée par les directeurs des cercles, les princes & états immédiats, dont ils sont composés, la répartissent sur leurs sujets. *Voyez* l'article ALLEMAGNE, &c.

MOLDAVIE. Contrée d'Europe, l'une des provinces de la Turquie européenne. Nous dirons à l'article VALACHIE, que l'on comprend aussi sous ce nom la *Moldavie*, appellée *Valachie* en-deçà des montagnes. Son nom de *Moldavie* lui vient de la petite rivière de Moldav qui coule dans la partie supérieure, & se mêle avec les eaux du Sereth. Anciennement, ce pays se nommoit la Bogdiane. Son étendue du couchant au levant ou de la rivière de Sereth jusqu'au Niester, est de trente à quarante milles, & du midi au septentrion, de 70 milles dans sa plus grande largeur.

Ce pays seroit très-fertile, mais une grande partie est inculte : on trouve plusieurs déserts à l'orient, & aussi plusieurs montagnes à l'occident.

Les habitans, que les polonois & hongrois nomment *wloch*, sont, outre les moldaves proprement dits, grecs, albaniens, serviens, bulgares, polonois, cosaques, russes, hongrois, allemands, arméniens, juifs & zigennes : la plupart suivent le rit grec. Le tribut considérable qui se paie à la Porte ottomane, & les impôts que le prince est obligé en conséquence de lever sur ses sujets, produisent toutes les années une émigration considérable.

Peu avant la mort du roi Louis I, arrivée en 1382, une colonie de valaques partit du comté de Maramorosch en Hongrie, & vint s'établir dans la *Moldavie* que ses anciens habitans avoient abandonnée. Le prince Bogdan (Théodose) se soumit en 1529 à l'empereur Soliman I, & reconnut tenir la *Moldavie* à titre de fief de l'empire ottoman. Voilà pourquoi les turcs nomment ce pays Bogdan & ses habitans Bogdani. La puissance des rois de Hongrie ayant augmenté, ils attaquèrent une fois la *Moldavie*, & la rendirent tributaire dans le quatorzième siècle. Les turcs n'y portèrent la guerre qu'en 1280 pour la première fois.

La *Moldavie* a ses propres princes qu'on nomme *waywodes*, *hospodars*, despotes, & qui sont vassaux du turc, auquel ils paient à leur avènement à la régence une somme qui est quelquefois de 500,000 piastres turques, & quelquefois plus fortes : ils paient d'ailleurs un tribut annuel de 200,000 piastres, ou telle autre somme qu'exige la Porte. Son titre est : *Nous prince N. par la grace de Dieu, hospodar de la principauté de Moldavie*. La Porte dépose ou fait étrangler assez légèrement les hospodars de *Moldavie*, & ces révolutions ont été bien fréquentes dans ces derniers temps.

On divise la *Moldavie* en haute & basse.

1°. La basse *Moldavie*, appellée par les habitans *Tschara de Azios*, s'étend depuis Jassy jusqu'au Danube.

2°. La haute *Moldavie*, dite *Tschara de Sus*, par les habitans, est partagée en sept districts.

Commerce.

On sait que le miel & la cire sont un objet considérable du commerce de la *Moldavie*. Un Auteur très-estimé assure que la dixme des mouches à miel produit au prince environ 200,000 écus par an. Ce revenu ne paroît pas exagéré, s'il est vrai, comme on le dit, qu'il y a des boyars dans cette principauté qui ont jusqu'à 13,000 ruches.

Remarques sur la Moldavie & sur son gouvernement.

Régis depuis long-temps par leurs princes sur la foi des traités, les moldaves & les valaques ne devroient encore connoître le despotisme que par la mutation de leurs souverains, au gré de la Porte ottomane. La *Moldavie*, soumise dans l'origine à une très petite redevance, ainsi que la Valachie, jouissoit alors d'une ombre de liberté. Elle offroit dans la personne de ses princes, sinon des hommes de mérite, au moins des noms illustres, que le vainqueur consideroit, & dans ces mêmes princes la nation grecque aimoit à reconnoître encore ses anciens maîtres ; mais tout fut bientôt confondu. Les grecs assujettis ne se virent plus que comme des esclaves, ils n'admirent plus de distinction entre eux ; leur mépris mutuel accrut leur avilissement, & sous cet aspect, le grand-seigneur lui-même ne distingua plus rien dans ce vil troupeau. Le marchand fut élevé à la principauté, & tout intriguant s'y crut des droits ; & ces malheureuses provinces, mises fréquemment à l'enchère, gémirent bientôt sous la vexation la plus cruelle.

Une taxe annuelle, devenue immodérée par ces enchères, des sommes énormes empruntées par l'inféodé pour acheter l'inféodation, des intérêts à vingt-cinq pour cent, d'autres sommes journellement employées pour écarter l'intrigue des prétendans, le faste de ces nouveaux parvenus, & l'empressement avide de ces êtres éphémères, sont autant de causes qui concourent à la dévastation des deux plus belles provinces de l'empire ottoman. Si l'on considère actuellement que la *Moldavie* & la Valachie sont plus surchargées d'impôts, & plus cruellement vexées, qu'elle ne l'étoient dans leur état le plus florissant, on pourra se faire une idée juste du sort déplorable de ces contrées. Il semble que le despote, uniquement occupé de la destruction, croie devoir exiger davantage à mesure que les hommes diminuent en nombre & les terres en fertilité. « J'ai vu, dit M. le baron de Tott, qui nous fournit ces remarques, pendant que je traversois la *Moldavie*, percevoir sur le peuple la onzieme capitation de l'année, quoique nous ne fussions encore qu'au mois d'octobre ».

Les boyards représentent avec beaucoup de morgue les grands du pays; mais ils ne sont en effet que des propriétaires assez riches & des vexateurs très-cruels; rarement ils vivent dans une bonne intelligence avec leur prince, leurs intrigues se tournent presque toujours contre lui. Constantinople est le foyer de leurs manœuvres. C'est là que chaque parti porte ses plaintes & son argent, & le sultan Séraskier de Bessarabie est toujours le refuge des boyards que la Porte croit devoir sacrifier à sa tranquillité. La sauve-garde du prince tartare assure l'impunité du boyard; sa protection le rétablit souvent, mais il faut toujours que cette protection soit payée.

Ces différentes dépenses, dont les boyards se remboursent par des vexations particulières, jointes aux taxes que le prince leur impose pour acquitter la redevance annuelle & les autres objets de dépense dont on vient de parler, surchargent tellement la *Moldavie*, que la richesse du sol peut à peine y suffire. On peut aussi assurer que cette province, ainsi que la Valachie qui lui est contiguë, en se soumettant à Mahomet II, sous la clause d'être l'une & l'autre gouvernée par des princes grecs, & de n'être assujetties qu'à un impôt modéré, n'ont pas fait un aussi bon marché que les auteurs de ce traité s'en étoient flattés; ils n'avoient pas prévu sans doute que la vanité des grecs mettroit le gouvernement de ces provinces à l'enchère: ils se sont aussi dissimulé les suites funestes de la cause d'amovibilité réservée pour le grand-seigneur.

Voyez les articles OTTOMAN (EMPIRE) & VALACHIE.

MOLUQUES, isles de l'Océan indien: les hollandois en possèdent plusieurs; & ils exercent une sorte d'empire sur les autres.

Ces isles, situées près du cercle équinoxial dans l'Océan indien, sont, en y comprenant comme on le fait communément, celles de Banda, au nombre de dix. La plus grande n'a pas douze lieues de circuit, & les autres en ont beaucoup moins.

Cet archipel paroît avoir été vomi par la mer. On le croiroit avec fondement l'ouvrage de quelque feu souterrein. Des monts orgueilleux, dont la cime se perd dans les nues; des rochers énormes, entassés les uns sur les autres; des cavernes hideuses & profondes; des terreins qui se précipitent avec une violence extrême; des volcans annonçant sans cesse une destruction prochaine: un pareil chaos fait naître cette idée, ou lui prête de la force.

Précis de l'histoire politique de ces isles & des établissemens qu'y ont formé les européens.

On ignore comment ces isles furent d'abord peuplées: mais il paroît prouvé que les javanois & les malais leur ont donné successivement des loix. Les habitans étoient, au commencement du seizième siècle, des espèces de sauvages, dont les chefs, quoique décorés du nom de rois, n'avoient qu'une autorité bornée, & tout-à-fait dépendante des caprices de leurs sujets. Ils avoient ajouté depuis peu les superstitions du mahométisme à celles du paganisme, qu'ils avoient professé. Leur paresse étoit excessive. La chasse & la pêche étoient leur occupation unique, & ils ne connoissoient aucune espèce de culture. Cette inaction étoit favorisée par les ressources que leur fournissoient le cocotier & le sagou.

Un peuple sobre, indépendant, ennemi du travail, avoit vécu des siècles avec la farine du sagou & l'eau du cocotier, quand les chinois, ayant abordé par hasard aux *Moluques* dans le moyen âge, y découvrirent le girofle & la muscade, deux épiceries précieuses que les anciens n'avoient pas connues. Le goût en fut bientôt répandu aux Indes, d'où il passa en Perse & en Europe. Les arabes, qui tenoient alors dans leurs mains presque tout le commerce de l'univers, n'en négligèrent pas une si riche portion. Ils se jettèrent en foule vers ces isles devenues célèbres, & ils s'en étoient approprié les productions, lorsque les portugais qui les poursuivoient par-tout, vinrent leur arracher cette branche de leur industrie. Les intrigues imaginées pour faire échouer ces conquérans, n'empêchèrent pas qu'on ne consentît à leur laisser bâtir un fort. Dès ce moment, la cour de Lisbonne mit les *Moluques* au nombre de ses provinces, & elles ne tardèrent pas, en effet, à le devenir.

Les portugais, après avoir été long tems possesseurs des *Moluques*, s'étoient vu réduits à en partager les avantages avec les espagnols devenus leurs maîtres, & avec le temps, à leur céder ce commerce presqu'entièrement. Les deux nations, toujours divisées, toujours en guerre, parce que le gouvernement n'avoit eu ni le temps, ni l'adresse de détruire leur antipathie, se réunirent pour combattre aux *Moluques* les sujets des Provinces-Unies. Ceux-ci soutenus des naturels du pays, qui n'avoient pas encore appris à les craindre & à les haïr, acquirent peu à peu la supériorité. Les anciens conquérans furent chassés vers l'an 1621, & remplacés par d'autres aussi avides, mais moins inquiets & plus éclairés.

Ce que les hollandois tirent des Moluques.

Aussi-tôt que les hollandois se virent solidement établis aux *Moluques*, ils cherchèrent à s'approprier le commerce exclusif des épiceries : avantage que ceux qu'ils venoient de dépouiller, n'avoient jamais pu se procurer. Ils se servirent habilement des forts qu'ils avoient emportés l'épée à la main, & de ceux qu'on avoit eu l'imprudence de leur laisser bâtir, pour amener à leur plan les rois de Ternate & de Tidor, maîtres de cet archipel. Ces princes se virent réduits à consentir qu'on arrachât, des isles laissées sous leur domination, le muscadier & le giroflier. Le premier de ces esclaves couronnés reçoit, pour prix de ce grand sacrifice, une pension de 70,950 livres ; & le second, une d'environ 13,200 liv. Une garnison qui devroit être de sept cents hommes, est chargée d'assurer l'exécution du traité ; & tel est l'état d'anéantissement où les guerres, la tyrannie, la misere ont réduit ces rois, que ces forces seroient plus que suffisantes pour les tenir dans cette dépendance, s'il ne falloit surveiller les Philippines, dont le voisinage cause toujours quelques inquiétudes. Quoique toute navigation soit interdite aux habitans, & qu'aucune nation étrangere ne soit reçue chez eux, les hollandois n'y font qu'un commerce languissant, parce qu'ils n'y trouvent point de moyens d'échange, ni d'autre argent que celui qu'ils y envoient pour payer les troupes, les commis & les pensions. Ce gouvernement, les petits produits déduits, coûte par an à la compagnie 154,000 liv.

Elle se dédommage bien de cette perte à Amboine, où elle a concentré la culture du giroflier.

La compagnie a partagé aux habitans d'Amboine quatre mille terreins, sur chacun desquels elle a d'abord permis & s'est vu forcée vers l'an 1720, d'ordonner qu'on plantât cent vingt-cinq arbres : ce qui forme un nombre de cinq cents mille girofliers. Chacun donne, année commune, au delà de deux livres de girofle, & par conséquent leur produit réuni s'élève au-dessus d'un million pesant.

Le cultivateur est payé avec de l'argent, qui revient toujours à la compagnie, & avec quelques toiles bleues ou écrues, tirées du Coromandel. Ce foible commerce auroit reçu quelque accroissement, si les habitans d'Amboine & des petites isles qui en dépendent, avoient voulu se livrer à la culture du poivre & de l'indigo, dont les essais ont été heureux. Tout misérables que sont ces insulaires, on n'a pas réussi à les tirer de leur indolence, parce qu'on ne les a pas tentés par une récompense proportionnée à leurs travaux.

L'administration est un peu différente dans les isles de Banda, situées à trente lieues d'Amboine. Ces isles sont au nombre de cinq. Deux sont incultes & presqu'inhabitées ; les trois autres jouissent de l'avantage de produire la muscade exclusivement à tout l'univers.

Les isles de Banda fournissent aussi cinq ou six espèces de muscadiers sauvages que les hollandois ont négligé de détruire, parce que leur fruit, peu aromatique & de nulle valeur dans le commerce, est simplement un objet de curiosité.

A l'exception de cette précieuse épicerie, les isles de Banda, comme toutes les *Moluques*, sont d'une stérilité affreuse. On n'y trouve le superflu qu'aux dépens du nécessaire. La nature s'y refuse à la culture de tous les grains. La moelle du sagou y sert de pain aux naturels du pays.

Comme cette nourriture ne seroit pas suffisante pour les européens fixés dans les *Moluques*, on leur permet d'aller chercher des vivres à Java, à Macassar, ou dans l'isle extrêmement fertile de Bali. La compagnie porte elle-même à Banda quelques marchandises. *Voyez* l'article BANDA.

Pour s'assurer le produit exclusif des *Moluques*, qu'on appelle avec raison *les mines d'or* de la compagnie, les hollandois ont employé tous les moyens que pouvoit leur fournir une avarice éclairée. La nature est venue à leur secours.

Les tremblemens de terre, qui sont fréquens & terribles dans ces parages, en rendent la navigation périlleuse. Ils font disparoître tous les ans des bancs de sable dans ces mers ; tous les ans ils y en forment de nouveaux. Ces révolutions, dont la politique exagere encore le nombre & les effets, doivent écarter le navigateur étranger, qui manque des secours nécessaires pour se bien conduire.

Ce premier moyen d'un commerce exclusif est fortifié par un autre peut-être encore plus efficace. Durant une grande partie de l'année, les vaisseaux, repoussés par les vents & les courans contraires, ne peuvent aborder aux *Moluques*. Il faut donc attendre la mousson favorable qui suit ces temps orageux. Mais alors des gardes-côtes expérimentés & vigilans s'emparent de cet Océan devenu paisible, pour écarter ou pour saisir tous les bâtimens que l'appas du gain y auroit pu conduire.

Ce sont ces temps calmes que les gouverneurs d'Amboine & de Banda emploient à parcourir les isles, où, dès les premiers jours de sa puissance, la compagnie détruisit les épiceries. Leur odieux ministere se réduit à lutter contre la libéralité de la nature, & à couper les arbres partout où ils repoussent. Tous les ans, ils sont obligés de recommencer leurs courses, parce que la terre, rebelle aux mains qui la dévastent, semble s'obstiner contre la méchanceté des hommes ; & que la muscade & le girofle, renaissant sous le fer qui les extirpent, trompent une avidité cruelle, ennemie de tout ce qui ne croît pas pour elle seule. Ces abominables expéditions commencent & finissent par des fêtes, dont les détails feroient frémir l'ame la moins sensible, si la plume ne se refusoit à les retracer.

Pour s'assurer de plus en plus le commerce exclusif des épiceries, les hollandois ont formé deux établissemens à Timor & à Célebes.

La première de ces deux isles a 60 lieues de long sur 15 ou 18 de large : elle est partagée entre plusieurs souverainetés. Les portugais y sont en grand nombre. Ces conquérans qui, à leur arrivée dans les Indes, avoient pris un vol hardi & démésuré ; qui avoient parcouru une carrière immense & remplie de précipices, avec une rapidité que rien n'arrêtoit ; qui s'étoient si bien accoutumés aux actions héroïques, que les exploits les plus difficiles ne leur coûtoient plus d'efforts : ces conquérans attaqués par les hollandois, lorsque leur trop vaste empire, fatigué par son propre poids, étoit prêt à crouler de toutes parts, ne montrèrent aucune des vertus qui avoient fondé leur puissance. Forcés dans une citadelle, chassés d'un royaume, dispersés par une défaite, ils auroient dû chercher un asyle auprès de leurs frères, & se réunir sous des drapeaux jusqu'alors invincibles, pour arrêter les progrès de leur ennemi, ou pour recouvrer leurs établissemens. Loin de prendre une résolution si généreuse, on leur vit mendier un emploi, ou quelque solde, auprès des mêmes princes indiens qu'ils avoient si souvent outragés. Ceux qui avoient le plus contracté l'habitude de la mollesse & de la lâcheté, se réfugièrent à Timor, isle pauvre & sans industrie, où ils pensèrent qu'un ennemi occupé de conquêtes utiles ne les poursuivroit pas. Ils se trompèrent.

Ils furent chassés en 1613 de la ville du Kupan par les hollandois, qui y trouvèrent une forteresse qu'ils ont gardée depuis avec une garnison de cinquante hommes. La compagnie y envoie tous les ans quelques grosses toiles, & elle en retire de la cire, du caret, du bois de sandal & du cadiang, petite fève dont on se sert communément dans les vaisseaux hollandois, pour varier la nourriture des équipages. Ces objets réunis occupent une ou deux chaloupes expédiées de Batavia. Il n'y a ni à gagner ni à perdre dans cet établissement : la recette égale la dépense. Il y a long-temps que les hollandois auroient abandonné Timor, s'ils n'avoient craint de voir s'y fixer quelque nation active, qui de cette position favorable, troubleroit aisément le commerce des Moluques. Le même esprit de précaution les a attirés à Célebes. Nous avons fait un article CÉLEBES. *Voyez* cet article.

Nous parlerons à l'article PROVINCES-UNIES des projets que semblent former les anglois sur les *Moluques* : nous renvoyons à cet article ce qui regarde les vices de l'administration de la compagnie hollandoise, touchant ses établissemens d'Asie.

MONACO, petite principauté, située entre le comté de Nice & les états de Gênes, au bord de la mer : elle n'a pas plus de quatre à cinq milles de tour. Les princes de *Monaco* ont été deux cents ans sous la protection de l'Espagne. Honoré II, croyant trouver plus d'avantages sous celle de la France, s'y mit en 1641, & reçut garnison françoise dans la ville de *Monaco*. Mais cette démarche lui ayant causé la perte des fiefs qu'il avoit en Espagne, & qui lui rapportoient annuellement 25 mille écus, le roi de France, pour le dédommager, lui donna le duché de Valentinois & la baronie de Buis en Dauphiné, le marquisat de Beaux & la seigneurie de Saint-Remi en Provence, la baronie de Calvinet en Auvergne & le comté de Cardalez dans le gouvernement de Lyon, & de plus le créa duc & pair. La branche principale de Grimaldi, après avoir possédé la principauté l'espace de huit cens ans, s'éteignit en 1731 en la personne d'Antoine Grimaldi, dont la fille ainée avoit été depuis 1715 déclarée héritière de la principauté de *Monaco* & de toutes ses dépendances. Elle avoit épousé François Léonor, comte de Torrigny, fils du marquis de Matignon, maréchal de France, qui prit ensuite le nom de duc de Valentinois. De ce mariage naquit Honoré-Camille Léonor, qui prit le nom & les armes de Grimaldi. On dit que les revenus de cette principauté se montent à quatre à cinq cents mille liv. tournois ; mais, suivant Smolett, ils ne vont pas au-delà de 7000 liv. sterling. Le prince bat monnoie, & son pouvoir n'est pas limité.

MONARCHIE, gouvernement d'un seul, d'après quelques loix reconnues. Sans examiner quelle est la meilleure forme de gouvernement, question trop générale qu'on ne résoudra jamais avec précision, nous indiquerons ici 1°. les principes que devroient suivre les *monarchies*, & nous ferons 2°. des remarques générales sur la *monarchie*, sur les avantages & les inconvéniens de cette forme d'administration, & sur la corruption de ses principes.

SECTION PREMIERE.

Des principes que devroient suivre les monarchies.

Un état monarchique doit être d'une grandeur médiocre. S'il étoit petit, il tendroit vers le gouvernement républicain ; s'il étoit fort étendu, les principaux de l'état, grands par eux-mêmes, n'étant point sous les yeux du prince, ayant leur cour hors de sa cour, assurés d'ailleurs contre les exécutions promptes par les loix & par les mœurs, pourroient cesser d'obéir ; ils ne craindroient point une punition trop lente & trop éloignée.

Aussi Charlemagne eut-il à peine fondé son empire, qu'il fallut le diviser, soit que les gouverneurs des provinces n'obéissent pas, soit que pour

pour les faire obéir, il fût nécessaire de partager l'empire en plusieurs royaumes.

Après la mort d'Alexandre, son empire fut partagé. Comment ces grands de Grèce & de Macédoine, libres, ou du moins chefs des conquérans répandus dans cette vaste conquête, auroient-ils pu obéir ?

Après la mort d'Attila, son empire fut dissous: tant de rois qui n'étoient plus contenus, ne pouvoient point reprendre des chaînes.

Le prompt établissement du pouvoir sans bornes est le remède qui, dans ces cas, peut prévenir la dissolution ; nouveau malheur après celui de l'agrandissement !

Les fleuves courent se mêler dans la mer ; les *monarchies* vont se perdre dans le despotisme.

La monarchie d'Espagne étoit dans un cas particulier.

Qu'on ne cite point l'exemple de l'Espagne ; elle prouve plutôt ce que je dis. Pour garder l'Amérique, elle fit ce que le despotisme même ne fait pas ; elle en détruisit les habitans : il fallut, pour conserver sa colonie, qu'elle la tînt dans la dépendance de sa subsistance même.

Elle essaya le despotisme dans les Pays-Bas ; & si-tôt qu'elle l'eut abandonné, ses embarras augmentèrent. D'un côté, les wallons ne vouloient pas être gouvernés par les espagnols ; & de l'autre, les soldats espagnols ne vouloient pas obéir aux officiers wallons (1).

Elle ne se maintint dans l'Italie qu'à force de l'enrichir & de se ruiner : car ceux qui auroient voulu se défaire du roi d'Espagne, n'étoient pas pour cela d'humeur à renoncer à son argent.

Pour qu'un état monarchique soit dans sa force, il faut que sa grandeur soit telle, qu'il y ait un rapport de la vîtesse avec laquelle on peut exécuter contre lui quelqu'entreprise, & la promptitude qu'il peut employer pour la rendre vaine. Comme celui qui attaque, peut d'abord paroître par-tout, il faut que celui qui défend puisse se montrer par-tout aussi ; & par conséquent que l'étendue de l'état soit médiocre, afin qu'elle soit proportionnée au degré de vîtesse que la nature a donné aux hommes, pour se transporter d'un lieu à un autre.

La France & l'Espagne, non comprises ses possessions d'Amérique, sont précisément de la grandeur requise. Les forces se communiquent bien, qu'elles se portent d'abord là où l'on veut ; les armées s'y joignent & passent rapidement d'une frontière à l'autre, & l'on n'y craint aucune des choses qui ont besoin d'un certain tems pour être exécutées.

En France, malgré tout ce qu'on a dit, c'est un bonheur que la capitale se trouve plus près des différentes frontières justement à proportion de leur foiblesse ; le prince y voit mieux chaque partie de son pays, à mesure qu'elle est plus exposée.

Lorsqu'un vaste état, tel que la Perse, est attaqué, il faut plusieurs mois pour que les troupes dispersées puissent s'assembler ; & on ne force pas leur marche pendant tant de tems, comme on fait pendant quinze jours. Si l'armée qui est sur la frontière est battue, elle est sûrement dispersée, parce que ses retraites ne sont pas prochaines. L'armée victorieuse qui ne trouve pas de résistance, s'avance à grandes journées, paroît devant la capitale & en forme le siège, lorsqu'à peine les gouverneurs des provinces peuvent être avertis d'envoyer du secours. Ceux qui jugent la révolution prochaine, la hâtent en n'obéissant pas : car des gens fidèles, uniquement parce que la punition est proche, ne le sont plus dès qu'elle est éloignée ; ils travaillent à leurs intérêts particuliers. L'empire se dissout, la capitale est prise, & le conquérant dispute les provinces avec les gouverneurs.

La vraie puissance d'un prince ne consiste pas tant dans la facilité qu'il y a à conquérir, que dans la difficulté qu'il y a à l'attaquer ; &, si j'ose parler ainsi, dans l'immutabilité de sa condition. Mais l'agrandissement des *monarchies* leur fait montrer de nouveaux côtés par où on peut les prendre.

Ainsi, comme les monarques doivent avoir de la sagesse pour augmenter leur puissance, ils ne doivent pas avoir moins de prudence afin de la borner. En faisant cesser les inconvéniens de la petitesse, il faut qu'ils aient toujours l'œil sur les inconvéniens de la grandeur.

De la manière de gouverner dans la monarchie.

L'autorité royale est un grand ressort, qui doit se mouvoir aisément & sans bruit. Les chinois vantent un de leurs empereurs qui gouverna, disent-ils, comme le ciel, c'est-à-dire, par son exemple.

Il y a des cas où la puissance doit agir dans toute son étendue ; il y en a où elle doit agir par ses limites. Le sublime de l'administration est de bien connoître quelle est la partie du pouvoir que l'on doit employer dans les diverses circonstances.

Dans nos *monarchies*, toute la félicité consiste dans l'opinion que le peuple a de la douceur du gouvernement. Un ministre mal habile veut toujours vous avertir que vous êtes esclaves : mais si cela étoit, il devroit chercher à le faire ignorer. Il ne sait vous dire ou vous écrire, si ce n'est que le prince est fâché, qu'il est surpris, qu'il mettra ordre. Il y a une certaine facilité dans le commandement : il faut que le prince encourage, & que ce soient les loix qui menacent (2).

---

(1) *Voyez* l'histoire des Provinces-Unies, par M. le Clerc.
(2) Nerva, dit Tacite, augmenta la félicité de l'empire.

Œcon. polit. & diplomatique. Tome III.

Les mœurs du prince contribuent autant à l'administration que les loix; il peut, comme elles, faire des hommes des bêtes, & des bêtes faire des hommes. S'il aime les ames libres, il aura des sujets; s'il aime les ames basses, il aura des esclaves. Veut-il savoir le grand art de régner? qu'il approche de lui l'honneur & la vertu, qu'il appelle le mérite personnel. Il doit aussi jetter les yeux sur les talens. Qu'il ne craigne point ces rivaux qu'on appelle les hommes de mérite; il est leur égal dès qu'il les aime. Qu'il gagne le cœur, mais qu'il ne captive point l'esprit. Qu'il se rende populaire. Il doit être flatté de l'amour du moindre de ses sujets : ce sont toujours des hommes. Le peuple demande si peu d'égards, qu'il est juste de les lui accorder : l'infinie distance qui est entre le souverain & lui, empêche bien qu'il ne le gêne. Qu'exorable à la prière, il soit ferme contre les demandes; & qu'il sache que son peuple jouit de ses refus, & ses courtisans de ses graces.

Des égards que les monarques doivent à leurs sujets.

Il faut qu'ils soient extrêmement retenus sur la raillerie. Elle flatte lorsqu'elle est modérée, parce qu'elle donne les moyens d'entrer dans la familiarité; mais une raillerie piquante leur est bien moins permise qu'au dernier de leurs sujets, parce qu'ils sont les seuls qui blessent toujours mortellement.

Encore moins doivent-ils faire à un de leurs sujets une insulte marquée : ils sont établis pour pardonner, pour punir, jamais pour insulter.

Lorsqu'ils insultent leurs sujets, ils les traitent bien plus cruellement que ne traite les siens le turc ou le moscovite. Quand ces derniers insultent, ils humilient & ne déshonorent point; mais pour eux, ils humilient & déshonorent.

Tel est le préjugé des asiatiques qu'ils regardent un affront fait par le prince, comme l'effet d'une bonté paternelle; & telle est notre manière de penser, que nous joignons au cruel sentiment de l'affront, le désespoir de ne pouvoir nous en laver jamais.

Ils doivent être charmés d'avoir des sujets à qui l'honneur est plus cher que la vie, & n'est pas moins un motif de fidélité que de courage.

On peut se souvenir des malheurs arrivés aux princes pour avoir insulté leurs sujets, des vengeances de Chéréas, de l'eunuque Narsès & du comte Julien; enfin la duchesse de Montpensier, qui, outrée contre Henri III qui avoit révélé quelqu'un de ses défauts secrets, le troubla pendant toute sa vie.

Comment les loix sont relatives à leur principe dans la monarchie.

Une sorte d'honneur étant plus ou moins le principe de ce gouvernement, les loix doivent s'y rapporter.

Il faut qu'elles y travaillent à soutenir cette noblesse, dont l'honneur est, pour ainsi dire, l'enfant & le père. Mais jusqu'à quel point doivent-elles la soutenir? C'est ce qu'on n'a pas encore bien expliqué; & c'est un point sur lequel le grand homme dont nous empruntons quelques maximes, a eu quelques préjugés : plusieurs de ses assertions sont contestées, & plusieurs sont fausses. « Il faut, dit-il, qu'elles rendent la noblesse héréditaire, non pas pour être le terme entre le pouvoir du prince & la foiblesse du peuple, mais le lien de tous les deux ».

« Les substitutions qui conservent les biens dans les familles, seront très-utiles dans ce gouvernement, quoiqu'elles ne conviennent pas dans les autres ».

« Le retrait lignager rendra aux familles nobles les terres que la prodigalité de leurs parens aura aliénées ».

« Les terres nobles auront des privilèges comme les personnes. On ne peut pas séparer la dignité du monarque de celle du royaume; on ne peut guère séparer non plus la dignité du noble de celle de son fief ».

« Toutes ces prérogatives seront particulières à la noblesse, & ne passeront point au peuple, si l'on ne veut choquer le principe du gouvernement, si l'on ne veut diminuer la force de la noblesse & celle du peuple ».

« Les substitutions gênent le commerce; le retrait lignager fait une infinité de procès nécessaires, & tous les fonds du royaume vendus sont au moins en quelque façon sans maître pendant un an. Des prérogatives attachées à des fiefs donnent un pouvoir très à charge à ceux qui les souffrent. Ce sont des inconvéniens particuliers de la noblesse, qui disparoissent devant l'utilité générale qu'elle procure. Mais quand on les communique au peuple, on choque inutilement tous les principes ».

« On peut, dans les *monarchies*, permettre de laisser la plus grande partie de ses biens à un seul de ses enfans; cette permission n'est même bonne que là ». Nous croyons avoir établi des principes plus sains & plus exacts dans le cours de cet ouvrage, & nous y renvoyons les lecteurs.

Dans toutes les *monarchies* qui ne sont pas bien consolidées, il est de l'intérêt du monarque de favoriser, & de ne point avilir la noblesse; car elle est toujours portée à la défendre. La noblesse angloise s'ensevelit avec Charles Ier sous les débris du trône; & avant cela, lorsque Philippe second fit entendre aux oreilles des françois le mot de *liberté*, la couronne fut toujours soutenue par cette noblesse qui tient à honneur d'obéir à un roi, mais qui regarde comme la souveraine infamie de partager la puissance avec le peuple.

On a vu la maison d'Autriche, assez mal affermie, travailler sans relâche à opprimer la noblesse hongroise. Elle ignoroit de quel prix elle lui seroit quelque jour. Elle cherchoit chez ces peuples de l'argent qui n'y étoit pas ; elle ne voyoit pas des hommes qui y étoient. Lorsque tant de princes partageoient entr'eux ses états, toutes les pièces de sa *monarchie*, immobiles & sans action, tomboient, pour ainsi dire, les unes sur les autres. Il n'y avoit de vie que dans cette noblesse qui s'indigna, oublia tout pour combattre, & crut qu'il étoit de sa gloire de périr & de pardonner : mais lorsque la soumission règne par-tout ; lorsque la *monarchie* a pris de la stabilité, il n'est plus si nécessaire de ménager la noblesse ; elle doit cesser de jouir des privilèges onéreux au peuple, & on doit ne lui laisser que des distinctions honorifiques.

Il faut que dans la *monarchie*, les loix favorisent tout le commerce (1) que la constitution de ce gouvernement peut donner ; afin que les sujets puissent, sans périr, satisfaire au besoin toujours renaissant du prince & de sa cour.

Il faut qu'elles mettent de l'ordre dans la manière de lever les tributs, afin qu'elle ne soit pas plus pesante que les charges mêmes.

La pesanteur des charges produit d'abord le travail, le travail l'accablement, l'accablement, l'esprit de paresse.

D'une monarchie *qui conquiert autour d'elle.*

Si une *monarchie* peut agir long-temps avant que l'agrandissement l'ait affoiblie, elle deviendra redoutable ; & sa force durera tout autant qu'elle sera pressée par les *monarchies* voisines.

Elle ne doit donc conquérir que pendant qu'elle reste dans les limites naturelles à son gouvernement. La prudence veut qu'elle s'arrête, sitôt qu'elle passe ces limites.

Dans cette sorte de conquête, il faut d'abord laisser les choses comme on les a trouvées ; les mêmes tribunaux, les mêmes loix, les mêmes coutumes, les mêmes privilèges, rien ne doit être changé, que l'armée & le nom du souverain.

Lorsque la *monarchie* a étendu ses limites par la conquête de quelques provinces voisines, il faut qu'elle les traite avec une grande douceur.

Dans une *monarchie* qui a travaillé long-temps à conquérir, les provinces de son ancien domaine seront ordinairement très-foulées. Elles ont à souffrir les nouveaux abus & les anciens; & souvent une vaste capitale, qui engloutit tout, les a dépeuplées. Or, si après avoir conquis autour de ce domaine, on traitoit les peuples vaincus comme ont fait ses anciens sujets, l'état seroit perdu ; ce que les provinces conquises enverroient de tributs à la capitale, ne leur reviendroit plus ; les frontières seroient ruinées & par conséquent plus foibles ; les peuples en seroient mal affectionnés ; la subsistance des armées, qui doivent y rester & agir, seroit plus précaire.

Tel est l'état nécessaire d'une *monarchie* conquérante ; un luxe affreux dans la capitale, la misère dans les provinces qui s'en éloignent, l'abondance aux extrémités. Il en est comme de notre planète ; le feu est au centre, la verdure à la surface, une terre aride, froide & stérile, entre les deux.

Des loix somptuaires dans les monarchies.

« Les *suions*, nation germanique, rendent honneur aux richesses, dit Tacite (2) ; ce qui fait qu'ils vivent sous le gouvernement d'un seul ». Cela signifie bien que le luxe est singulièrement propre aux *monarchies* ; mais comporte-t-il des loix somptuaires, & où doivent-elles s'arrêter ? C'est une question qui n'est pas encore résolue.

Comme, par la constitution des *monarchies*, les richesses y sont inégalement partagées, il faut bien qu'il y ait du luxe. Si les riches n'y dépensent pas beaucoup, les pauvres mourront de faim. Il faut même que les riches y dépensent à proportion de l'inégalité des fortunes, & que le luxe y augmente dans cette proportion. Les richesses particulières n'ont augmenté, que parce qu'elles ont ôté à une partie des citoyens le nécessaire physique ; il faut donc qu'il leur soit rendu.

Ainsi, pour que l'état monarchique se soutienne, une sorte de luxe doit aller en croissant, du laboureur à l'artisan, au négociant, aux nobles, aux magistrats, aux grands seigneurs, aux traitans principaux, aux princes ; sans quoi tout seroit perdu.

Dans le sénat de Rome, composé de graves magistrats, de jurisconsultes & d'hommes pleins de l'idée des premiers tems, on proposa sous Auguste la correction des mœurs & du luxe des femmes. Il est curieux de voir dans *Dion* (3), avec quel art il éluda les demandes importunes de ces sénateurs. C'est qu'il fondoit une *monarchie*, & dissolvoit une république.

Sous Tibère, les édits proposèrent dans le sénat le rétablissement des anciennes loix somptuaires (4). Ce prince s'y opposa : » L'état ne » pourroit subsister, *disoit-il*, dans la situation

---

(1) Elle ne le permet qu'au peuple. *Voyez* la loi troisième au code *de Comm. & Mercatoribus*, qui est pleine de bon sens.
(2) *De Morib. german.*
(3) Dion Cassius, liv. LIV.
(4) Tacite, ann. liv. III.

» où sont les choses. Comment Rome pourroit-
» elle vivre ? Comment pourroient vivre les pro-
» vinces ? Nous avions de la frugalité, lorsque
» nous étions citoyens d'une seule ville ; aujour-
» d'hui, nous consommons les richesses de tout
» l'univers ; on fait travailler pour nous les maî-
» tres & les esclaves. Il croyoit qu'il ne falloit plus
» de loix somptuaires ».

Lorsque, sous le même empereur, on proposa au sénat de défendre aux gouverneurs de mener leurs femmes dans les provinces, à cause des déréglemens qu'elles y apportoient, cela fut rejetté. On dit, *que les exemples de la dureté des anciens avoient été changés en une façon de vivre plus agréable* (1). On sentit qu'il falloit d'autres mœurs.

Le luxe est donc nécessaire dans les états monarchiques. Il l'est encore dans les états despotiques. Dans les premiers, c'est un usage que l'on fait de ce qu'on possede de liberté : dans les autres, c'est un abus qu'on fait des avantages de sa servitude ; lorsqu'un esclave choisi par son maître pour tyranniser les autres esclaves, incertain pour le lendemain de la fortune de chaque jour, n'a d'autre félicité que celle d'assouvir l'orgueil, les désirs & les voluptés de chaque jour.

Les républiques finissent par le luxe ; les *monarchies* par la pauvreté (2) : mais malgré l'incertitude qui reste encore sur la question du luxe, on peut établir pour maxime, que même dans une *monarchie*, le luxe porté trop loin amollit les ames, corrompt l'esprit, & mène au despotisme.

Dans quel cas les loix somptuaires sont utiles dans une monarchie.

Ce fut dans l'esprit de la république, ou dans quelques cas particuliers, qu'au milieu du treizième siècle on fit en Aragon des loix somptuaires. Jacques I. ordonna que le roi ni aucun de ses sujets ne pourroient manger plus de deux sortes de viande à chaque repas, & que chacune ne seroit préparée que d'une seule manière, à moins que ce ne fût du gibier qu'on eût tué soi-même (3).

On a fait aussi de nos jours, en Suède, des loix somptuaires ; mais elles ont un objet différent de celles d'Aragon.

Un état peut faire des loix somptuaires dans l'objet d'une frugalité absolue ; c'est l'esprit des loix somptuaires des républiques ; & la nature de la chose fait voir que ce fut l'objet de celles d'Arragon.

Les loix somptuaires peuvent aussi avoir pour objet une frugalité relative ; lorsqu'un état, sentant que des marchandises étrangeres d'un trop haut prix demanderoient une telle exportation des siennes, qu'il se priveroit plus de ses besoins par celles-ci qu'il n'en satisferoit par celles-là, en défend absolument l'entrée : & c'est l'esprit des loix que l'on a faites de nos jours en Suède (4). Les loix somptuaires conviennent déjà aux *monarchies*. Montesquieu dit qu'en général, plus un état est pauvre, plus il est ruiné par son luxe relatif ; & plus par conséquent il lui faut de loix somptuaires relatives ; que plus un état est riche, plus son luxe relatif l'enrichit ; & qu'il faut bien se garder d'y faire des loix somptuaires relatives : mais la question du luxe est une de celles qui, par l'analyse très-détaillée dont elles ont besoin, ne convenoient point à la marche brillante & rapide de son génie.

De la communication du pouvoir.

Dans le gouvernement despotique, le *pouvoir* passe tout entier dans les mains de celui à qui on le confie. Le vizir est le despote lui-même ; & chaque officier particulier est le vizir. Dans le gouvernement monarchique, le pouvoir s'applique moins immédiatement ; le monarque, en le donnant, le tempère (5). Il fait une telle distribution de son autorité, qu'il n'en donne jamais une partie qu'il n'en retienne une plus grande.

Ainsi, dans les états monarchiques, les gouverneurs particuliers des villes ne relèvent pas tellement du gouverneur de la province, qu'ils ne relèvent du prince encore davantage ; & les officiers particuliers des corps militaires ne dépendent pas tellement du général, qu'ils ne dépendent du prince encore plus.

Montesquieu dit que dans la plupart des états monarchiques, on a sagement établi, que ceux qui ont un commandement un peu étendu, ne soient attachés à aucun corps de milice ; de sorte que n'ayant de commandement que par une volonté particulière du prince, pouvant être employés & ne l'être pas, ils sont en quelque façon dans le service, & en quelque façon dehors. Ce fait n'est pas exact : on sait qu'en Prusse & dans les états de la maison d'Autriche, des hommes qui ont des commandemens étendus sont attachés à des corps de milice, & que les cabinets de Berlin & de Vienne connoissent fort bien ce qui peut maintenir la *monarchie*.

C'est une règle générale, que les grandes ré-

---

(1) *Multa duritiei veterum melius & lœtius mutata.* Tacite, ann. liv. III.
(2) *Opulentia paritura mox egestatem.* Florus, liv. III.
(3) Constitution de Jacques I. de l'an 1234, art. 6, dans *Marca hispanica*, pag. 14-29.
(4) On y a défendu les vins exquis & autres marchandises précieuses.
(5) *Ut esse Phœbi dulcius lumen solet*
  Jam jam cadentis . . .

compenses, dans une *monarchie* & dans une république, sont un signe de leur décadence, parce qu'elles prouvent que leurs principes sont corrompus; que d'un côté, l'idée de l'honneur n'y a plus tant de force; que de l'autre, la qualité de citoyen s'est affoiblie.

Les plus mauvais empereurs romains ont été ceux qui ont le plus donné; par exemple, Caligula, Claude, Néron, Othon, Vitellius, Commode, Héliogabale & Caracalla. Les meilleurs, comme Auguste, Vespasien, Antonin-Pie, Marc-Aurèle & Pertinax, ont été économes. Sous les bons empereurs, l'état reprenoit ses principes; le trésor de l'honneur suppléoit aux autres trésors.

Les loix doivent-elles forcer un citoyen à accepter les emplois publics ?

Elles le doivent dans le gouvernement républicain, & non pas dans le monarchique. Dans le premier, les magistratures sont des témoignages de vertu, des dépôts que la patrie confie à un citoyen, qui ne doit vivre, agir & penser que pour elle; il ne peut donc pas les refuser (1). Dans le second, les magistratures sont des témoignages d'honneur : or, telle est la bizarrerie de l'honneur, qu'il se plaît à n'en accepter aucun que quand il veut & de la manière qu'il veut.

L'un des rois de Sardaigne (2) punissoit ceux qui refusoient les emplois & les emplois de son état; il suivoit, sans le savoir, des idées républicaines. Sa manière de gouverner d'ailleurs, prouve assez que ce n'étoit pas là son intention.

Est-ce une bonne maxime, qu'un citoyen puisse être obligé d'accepter dans l'armée une place inférieure à celle qu'il a occupée ?

On voyoit souvent chez les romains le capitaine servir l'année d'après sous son lieutenant (3). C'est que, dans les républiques, la vertu demande qu'on fasse à l'état un sacrifice continuel de soi-même & de ses répugnances. Mais dans les *monarchies*, l'honneur vrai ou faux ne peut souffrir ce qu'il appelle se dégrader.

Dans les gouvernemens despotiques, où l'on abuse également de l'honneur, des postes & des rangs, on fait indifféremment d'un prince un goujat, & d'un goujat un prince.

Mettra-t-on sur une même tête les emplois civils & militaires ?

On peut quelquefois les unir dans les républiques; mais il faut en général les séparer dans la *monarchie*. Dans les républiques, il seroit bien dangereux de faire de la profession des armes un état particulier, distingué de celui qui a les fonctions civiles; & dans les *monarchies*, il n'y auroit pas moins de péril à donner les deux fonctions à la même personne.

On ne prend les armes dans la république qu'en qualité de défenseur des loix & de la patrie; c'est parce que l'on est citoyen que l'on se fait pour un temps soldat. S'il y avoit deux états distingués, on feroit sentir à celui qui, sous les armes, se croit citoyen, qu'il n'est que soldat.

Dans les *monarchies*, les gens de guerre n'ont pour objet que la gloire, ou du moins l'honneur ou la fortune. On doit bien se garder de donner les emplois civils à des hommes pareils : il faut, au contraire, qu'ils soient contenus par les magistrats civils; & que les mêmes gens n'aient pas en même-temps la confiance du peuple, & la force pour en abuser (4).

Voyez dans une nation où la république se cache sous la forme de la *monarchie*, combien l'on craint un état particulier de gens de guerre; & comment le guerrier reste toujours citoyen, ou même magistrat, afin que ces qualités soient un gage pour la patrie, & qu'on ne l'oublie jamais.

Cette division de magistratures en civiles & militaires, faites par les romains après la perte de la république, ne fut pas une chose arbitraire. Elle fut une suite du changement de la constitution de Rome : elle étoit de la nature du gouvernement monarchique; & ce qui ne fut que commencé sous Auguste (5), les empereurs suivans (6) furent obligés de l'achever, pour tempérer le gouvernement militaire.

Ainsi Procope, concurrent de Valens à l'empire, n'y entendoit rien, lorsque donnant à Hormisdas, prince du sang royal de Perse, la dignité de proconsul, (7) il rendit à cette magistrature le commandement des armées qu'elle avoit

---

(1) Platon, dans sa République, liv. VIII, met ces refus au nombre des marques de la corruption de la république. Dans ses Loix, liv. VI, il veut qu'on les punisse par une amende. A Venise, on les punit par l'exil.
(2) Victor Amédée.
(3) Quelques centurions ayant appelé au peuple pour demander l'emploi qu'ils avoient eu. *Il est juste, mes compagnons*, dit un centurion, *que vous regardiez comme honorables tous les postes où vous défendrez la république*. Tite-Live, liv. XLII.
(4) *Ne imperium ad optimos nobilium transferretur, senatum militiâ vetuit Gallienus, etiam adire exercitum*. Aurelius Victor, *de vir. illustrib*.
(5) Auguste ôta aux sénateurs, proconsuls & gouverneurs, le droit de porter les armes. Dion, liv. XXXIII.
(6) Constantin. Voyez Zozime, liv. II.
(7) Ammien Marcellin, liv. XXVI. *More veterum & bella recturo*.

autrefois, à moins qu'il n'eût des raisons particulières. Un homme qui aspire à la souveraineté, cherche moins ce qui est utile à l'état que ce qui l'est à sa cause.

De la simplicité des loix civiles dans les divers gouvernemens.

Le gouvernement monarchique ne comporte pas des loix aussi simples que le despotique ; il y faut des tribunaux. Ces tribunaux donnent des décisions, elles doivent être conservées ; elles doivent être apprises, pour que l'on y juge aujourd'hui comme l'on y jugea hier, & que la propriété & la vie des citoyens y soient assurées & fixes comme la constitution même de l'état.

Dans une *monarchie*, l'administration d'une justice qui ne décide pas seulement de la vie & des biens, mais aussi de l'honneur, demande des recherches scrupuleuses. La délicatesse du juge augmente à mesure qu'il a un plus grand dépôt, & qu'il prononce sur les plus grands intérêts.

Il ne faut donc pas être étonné de trouver dans les loix de ces états tant de règles, de restrictions, d'extensions, qui multiplient les cas particuliers, & semblent faire un art de la raison même.

La différence de rang, d'origine, de condition, qui est établie dans le gouvernement monarchique, entraîne souvent des distinctions dans la nature des biens ; & des loix relatives à la constitution de cet état, peuvent augmenter le nombre de ces distinctions. Ainsi, parmi nous, les biens sont propres, acquêts ou conquêts ; dotaux, paraphernaux, paternels & maternels ; meubles de plusieurs espèces, libres, substitués ; du lignage ou non ; nobles, en franc-aleu ou roturiers ; rentes foncières ou constituées à prix d'argent. Chaque sorte de biens est soumise à des règles particulières ; il faut les suivre pour en disposer : ce qui ôte encore de la simplicité.

Dans nos gouvernemens, les fiefs sont devenus héréditaires. On a voulu donner à la noblesse une certaine consistance, afin que le propriétaire du fief fût en état de servir le prince. Cela a dû produire bien des variétés : par exemple, il y a des pays où l'on n'a pu partager les fiefs entre les frères ; dans d'autres, les cadets ont pu avoir leur subsistance avec plus d'étendue.

Le monarque, qui connoît chacune de ses provinces, peut établir diverses loix, ou souffrir diverses coutumes. Mais le despote ne connoît rien, & ne peut avoir d'attention sur rien ; il lui faut une allure générale ; il gouverne par une volonté rigide qui est par-tout la même ; tout s'applanit sous ses pieds.

A mesure que les jugemens des tribunaux se multiplient dans les *monarchies*, la jurisprudence se charge de décisions, qui quelquefois se contredisent ; ou parce que les juges qui se succèdent, pensent différemment, ou parce que les affaires sont tantôt bien, tantôt mal défendues, ou enfin par une infinité d'abus qui se glissent dans tout ce qui passe par la main des hommes. C'est un mal inévitable que le législateur doit corriger de temps en temps, comme contraire même à l'esprit des gouvernemens modérés. Car, quand on est obligé de recourir aux tribunaux, il faut que cela vienne de la nature de la constitution, & non pas des contradictions & de l'incertitude des loix.

Dans les gouvernemens où il y a nécessairement des distinctions dans les personnes, il faut qu'il y ait des privilèges. Cela diminue encore la simplicité, & fait mille exceptions.

Un des privilèges qui est devenu le plus commun, parce qu'il paroît le moins à charge à la société, & sur-tout à celui qui le donne, c'est de plaider devant un tribunal plutôt que devant un autre. Voilà de nouvelles affaires, c'est-à-dire, celles où il s'agit de savoir devant quel tribunal il faut plaider.

Dans les états despotiques, le prince peut juger lui-même. Il ne le peut dans les *monarchies* : la constitution seroit détruite ; les pouvoirs intermédiaires, dépendans, anéantis : on verroit cesser toutes les formalités des jugemens ; la crainte s'empareroit de tous les esprits : on verroit la pâleur sur tous les visages ; plus de confiance, plus d'honneur, plus d'amour, plus de sûreté, plus de *monarchie*.

Dans les états monarchiques, le prince est la partie qui poursuit les accusés, & les fait punir ou absoudre ; s'il jugeoit lui-même, il seroit le juge & la partie.

Dans ces mêmes états, le prince a souvent les confiscations. S'il jugeoit les crimes, il seroit encore le juge & la partie.

De plus, il perdroit le plus bel attribut de sa souveraineté, qui est celui de faire grace (1) : il seroit insensé qu'il fît & défît ses jugemens : il ne voudroit pas être en contradiction avec lui-même.

Outre que cela confondroit toutes les idées, on ne sauroit si un homme seroit absous, ou s'il recevroit sa grace.

Lorsque Louis XIII voulut être juge dans le procès du duc de la Valette (2), & qu'il ap-

---

(1) Platon ne pense pas que les rois qui sont, dit-il, prêtres, puissent assister au jugement où l'on condamne à la mort, à l'exil, à la prison.
(2) *Voyez* la relation du procès fait à M. le duc de la Valette. Elle est imprimée dans les Mémoires de Montrésor, tom. 1, pag. 62.

pella pour cela, dans son cabinet, quelques officiers du parlement & quelques conseillers d'état ; le roi les ayant forcés d'opiner sur le décret de prise-de-corps, le président de Belièvre dit : « qu'il voyoit dans cette affaire une chose étrange, un prince opiner au procès d'un de ses sujets ; que les rois ne s'étoient réservé que les graces, & qu'ils renvoyoient les condamnations vers leurs officiers. Et votre majesté voudroit-elle bien voir sur la sellette un homme devant elle, qui, par son jugement, iroit dans une heure à la mort ! Que la face du prince, qui porte les graces, ne peut soutenir cela ; que sa vue seule levoit les interdits des églises ; qu'on ne devoit sortir que content de devant le prince ». Lorsqu'on jugea le fond, le même président dit dans son avis : « cela est un jugement sans exemple, voire contre tous les exemples du passé jusqu'à huy, qu'un roi de France ait condamné en qualité de juge, par son avis, un gentilhomme à mort (1) ».

Les jugemens rendus par le prince, seroient une source intarissable d'injustice & d'abus ; les courtisans extorqueroient, par leur importunité, ses jugemens. Quelques empereurs romains eurent la fureur de juger ; nuls règnes n'étonnèrent plus l'univers par leurs injustices.

« Claude, dit Tacite (2), ayant attiré à lui le jugement des affaires & les fonctions des magistrats, donna occasion à toutes sortes de rapines ». Aussi Néron parvenant à l'empire après Claude, voulant se concilier les esprits, déclara-t-il « qu'il se garderoit bien d'être le juge de toutes les affaires, pour que les accusateurs & les accusés, dans les murs d'un palais, ne fussent pas exposés à l'unique pouvoir de quelques affranchis (3) ».

« Sous le règne d'Arcadius, dit Zozime (4), la nation des calomniateurs se répandit, entoura la cour & l'infecta. Lorsqu'un homme étoit mort, on supposoit qu'il n'avoit point laissé d'enfans (5) ; on donnoit ses biens par un rescrit. Car comme le prince étoit étrangement stupide, & l'impératrice entreprenante à l'excès, elle servoit l'insatiable avarice de ses domestiques & de ses confidentes ; de sorte que, pour les gens modérés, il n'y avoit rien de plus désirable que la mort ».

« Il y avoit autrefois, dit Procope (6), fort peu de gens à la cour : mais sous Justinien, comme les juges n'avoient plus la liberté de rendre justice, leurs tribunaux étoient déserts, tandis que le palais du prince retentissoit des clameurs des parties qui y sollicitoient leurs affaires ». Tout le monde sait comment on y vendoit les jugemens & même les loix.

Les loix sont les yeux du prince ; il voit par elles ce qu'il ne pourroit pas voir sans elles. Veut-il faire la fonction des tribunaux ? il travaille non pas pour lui, mais pour ses séducteurs contre lui.

Dans la monarchie, *les ministres ne doivent pas juger.*

C'est encore un grand inconvénient dans la *monarchie*, que les ministres du prince jugent eux-mêmes les affaires contentieuses. Nous voyons encore aujourd'hui des états où il y a des juges sans nombre pour décider les affaires fiscales, & où les ministres, qui le croiroit ! veulent encore les juger. Les réflexions viennent en foule ; je ne ferai que celle-ci.

Il y a, par la nature des choses, une espèce de contradiction entre le conseil du monarque & de ses tribunaux. Le conseil des rois doit être composé de peu de personnes, & les tribunaux de judicature en demandent beaucoup. La raison en est que, dans le premier, on doit prendre les affaires avec une certaine passion & les suivre de même ; ce qu'on ne peut guère espérer que de quatre ou cinq hommes qui en font leur affaire. Il faut, au contraire, des tribunaux de judicature de sang-froid, & à qui toutes les affaires soient en quelque façon indifférentes.

La chose du monde la plus inutile au prince, a souvent affoibli la liberté dans les *monarchies* ; les commissaires nommés quelquefois pour juger un particulier.

Le prince tire si peu d'utilité des commissaires, qu'il ne vaut pas la peine qu'il change l'ordre des choses pour cela. Il est moralement sûr qu'il a plus l'esprit de probité & de justice que ses commissaires, qui se croient toujours assez justifiés par ses ordres, par un obscur intérêt de l'état, par le choix qu'on a fait d'eux, & par leurs craintes mêmes.

Sous Henri VIII, lorsqu'on faisoit le procès à un pair, on le faisoit juger par des commissaires tirés de la chambre des pairs : avec cette méthode, on fit mourir tous les pairs qu'on voulut.

Le prince ne doit point faire le commerce.

Théophile (7) voyant un vaisseau où il y avoit

---

(1) Cela fut changé dans la suite. *Voyez* la même relation.
(2) Annal. liv. XI.
(3) Ibid. liv. XIII.
(4) Hist. liv. V.
(5) Même désordre sous Théodose le jeune.
(6) Histoire secrette.
(7) Zonare.

des marchandifes pour fa femme Théodora, le fit brûler. « Je fuis empereur, lui dit-il, & vous me faites patron de galere. En quoi les pauvres gens pourront-ils gagner leur vie, fi nous faifons encore leur métier ». Il auroit pu ajouter : qui pourra nous réprimer, fi nous faifons des monopoles ? Qui nous obligera de remplir nos engagemens ? Ce commerce que nous faifons, les courtifans voudront le faire ; ils feront plus avides & plus injuftes que nous. Le peuple a de la confiance en notre juftice ; il n'en a point à notre opulence : tant d'impôts qui font fa mifere, font des preuves certaines de la nôtre.

Lorfque les portugais & les caftillans dominoient dans les Indes orientales, le commerce avoit des branches fi riches, que leurs princes ne manquerent pas de s'en faifir. Cela ruina leurs établiffemens dans ces parties-là.

Le vice-roi de Goa accordoit à des particuliers des privilèges excluſifs. On n'a point de confiance en de pareils gens ; le commerce eft difcontinué par le changement perpétuel de ceux à qui on le confie ; perfonne ne ménage ce commerce & ne fe foucie de le laiffer perdu à fon fucceffeur ; le profit refte dans des mains particulières, & ne s'étend pas affez. Nous avons parlé à l'article MADRASS, des abus inféparables de l'adminiftration angloife, qui exerce dans l'Inde un empire & un commerce excluſif.

Faut-il des efpions dans la *monarchie* ? Ce n'eft pas la pratique ordinaire des bons princes. Quand un homme eft fidele aux loix, il a fatisfait à ce qu'il doit au prince. Il faut au moins qu'il ait fa maifon pour afyle, & le refte de fa conduite en fûreté. L'efpionnage feroit peut-être tolérable, s'il pouvoit être exercé par d'honnêtes gens ; mais l'infamie néceffaire de la perfonne peut faire juger de l'infamie de la chofe. Un prince doit agir envers fes fujets avec candeur, avec franchife, avec confiance. Celui qui a tant d'inquiétudes, de foupçons & de craintes, eft un acteur qui eft embarraffé à jouer fon rôle. Quand il voit qu'en général les loix font dans leur force, & qu'elles font refpectées, il peut fe juger en fûreté. L'allure générale lui répond de celle des particuliers. Qu'il n'ait aucune crainte, il ne fauroit croire combien on eft porté à l'aimer. Eh ! comment ne l'aimeroit-on pas ? Il eft la fource de prefque tout le bien qu'il fe fait, & prefque toutes les punitions font fur le compte des loix. Il ne fe montre jamais au peuple qu'avec un vifage ferein : fa gloire même fe communique à nous, & fa puiffance nous foutient. Une preuve qu'on l'aime, c'eft que l'on a de la confiance en lui ; & que lorfqu'un miniftre refufe, on s'imagine toujours que le prince auroit accordé. Même dans les calamités publiques, on n'accufe point fa perfonne ; on fe plaint de ce qu'il ignore, ou de ce qu'il eft obfédé par des gens corrompus : *fi le prince favoit !* dit le peuple. Ces paroles font une efpece d'invocation, & une preuve de la confiance qu'on a en lui.

SECTION IIe.

Remarques générales fur la monarchie, fur les avantages & les inconvéniens de cette forme d'adminiftration, & fur la corruption de fes principes.

Voici comment fe forma le premier plan des *monarchies* que nous connoiffons. Les nations germaniques qui conquirent l'Empire romain, étoient, comme l'on fait, très-libres. On n'a qu'à voir là-deffus Tacite fur les *Mœurs des germains.* Les conquérans fe répandirent dans les pays ; ils habitoient les campagnes, & peu les villes. Quand ils étoient en Germanie, toute la nation pouvoit s'affembler. Lorfqu'ils furent difperfés dans la conquête, ils ne le purent plus. Il falloit pourtant que la nation délibérât fur fes affaires, comme elle avoit fait avant la conquête ; elle le fit par des repréfentans. Voilà l'origine du gouvernement gothique parmi nous. Il fut d'abord mêlé de l'ariftocratie & de la *monarchie.* Il avoit cet inconvénient, que le bas peuple y étoit efclave : c'étoit un bon gouvernement, qui avoit en foi la capacité de devenir meilleur. La coutume vint d'accorder des lettres d'affranchiffement ; & bientôt la liberté civile du peuple, les prérogatives de la nobleffe & du clergé, la puiffance des rois, dit Montefquieu, fe trouverent dans un tel concert, que je ne crois pas qu'il y ait eu fur la terre de gouvernement fi bien tempéré que le fut celui de chaque partie de l'Europe dans le temps qu'il y fubfifta ; & il eft admirable que la corruption du gouvernement d'un peuple conquérant ait formé la meilleure efpece de gouvernement que les hommes aient pu imaginer. Cette remarque eft exagérée, & le lecteur verra de lui-même qu'elle manque d'exactitude.

L'embarras d'Ariftote paroît vifiblement, quand il parle de la *monarchie* (1). Il en établit cinq efpeces : il ne les diftingue pas par la forme de la conftitution ; mais par des chofes d'accident, comme les vertus ou les vices du prince ; ou par des chofes étrangeres, comme l'ufurpation de la tyrannie, ou la fucceffion à la tyrannie.

Ariftote met au rang des *monarchies*, & l'empire des perfes, & le royaume de Lacédémone. Mais qui ne voit que l'un étoit un état defpotique, & l'autre une république ?

Les anciens, qui ne connoiffoient pas la diftribution des trois pouvoirs dans le gouvernement

---

(1) Politique, liv. III, chap. 14.

d'un seul, ne pouvoient se faire une idée juste de la *monarchie*.

Nous avons indiqué, dans le cours de cet ouvrage, à quelles méprises a conduit la vieille division des gouvernemens en trois formes, & nous n'ajouterons rien de plus.

De la promptitude de l'exécution dans la monarchie.

Le gouvernement monarchique a un grand avantage sur les républicains : les affaires étant menées par un seul, il y a plus de promptitude dans l'exécution. Mais comme cette promptitude pourroit dégénérer en rapidité, les loix y mettront une certaine lenteur. Elles ne doivent pas seulement favoriser la nature de chaque constitution, mais encore remédier aux abus qui pourroient résulter de cette même nature.

Le cardinal de Richelieu (1) veut que l'on évite, dans les *monarchies*, les épines des compagnies qui forment des difficultés sur tout. Quand cet homme n'auroit pas eu le despotisme dans le cœur, il l'auroit eu dans la tête.

Les corps qui ont le dépôt des loix, n'obéissent jamais mieux que quand ils vont à pas tardifs, & qu'ils apportent dans les affaires du prince cette réflexion qu'on ne peut guère attendre des lumières qu'a ordinairement la cour sur les loix de l'état, ni de la précipitation de ses conseils (2).

Que seroit devenue la plus belle *monarchie* du monde, si les magistrats, par leurs lenteurs, par leurs plaintes, par leurs prières, n'avoient arrêté le cours des vertus mêmes de ses rois, lorsque ces monarques, ne consultant que leur grande ame, auroient voulu récompenser sans mesure des services rendus avec un courage & une fidélité aussi sans mesure ?

Qu'on n'aille point chercher de la magnanimité dans les états despotiques ; le prince n'y donneroit point une grandeur qu'il n'a pas lui-même : chez lui il n'y a pas de gloire.

C'est dans les *monarchies* que l'on verra autour du prince les sujets recevoir ses rayons : c'est-là que chacun tenant, pour ainsi dire, un plus grand espace, peut exercer des vertus qui donnent à l'ame, non pas de l'indépendance, mais de la grandeur.

Des loix dans leur rapport avec la nature du gouvernement monarchique.

Les pouvoirs intermédiaires, subordonnés & dépendans constituent la nature du gouvernement monarchique, c'est-à-dire, de celui où un seul gouverne par des loix fondamentales. J'ai dit les pouvoirs intermédiaires, subordonnés & dépendans : en effet, dans la *monarchie*, le prince est la source de tout pouvoir politique & civil. Ces loix fondamentales supposent nécessairement des canaux moyens par où coule la puissance : car, s'il n'y a dans l'état que la volonté momentanée & capricieuse d'un seul, rien ne peut être fixe, & par conséquent aucune loi fondamentale.

Le pouvoir intermédiaire subordonné le plus commun est celui de la noblesse. Elle paroît être de l'essence de la *monarchie*, dont la maxime fondamentale est, *point de monarque, point de noblesse ; point de noblesse, point de monarque* ; mais on a un despote.

M. de Montesquieu, en traitant ces sortes de questions, a presque toujours mêlé des erreurs à de grandes vérités. Il dit ici : « il y a des gens » qui avoient imaginé, dans quelques états en » Europe, d'abolir toutes les justices des sei- » gneurs. Ils ne voyoient pas qu'ils vouloient faire » ce que le parlement d'Angleterre a fait. Abo- » lissez dans une *monarchie* les prérogatives des » seigneurs, du clergé, de la noblesse & des » villes, vous aurez bientôt un état populaire, » ou bien un état despotique. Les tribunaux d'un » grand état en Europe frappent sans cesse, de- » puis plusieurs siècles, sur la jurisdiction patri- » moniale des seigneurs & sur l'ecclésiastique. » Nous ne voulons pas censurer les magistrats si » sages ; mais nous laissons à décider jusqu'à quel » point la constitution en peut être changée ». On pourroit abolir les justices des seigneurs ; on pourroit ôter à la noblesse & au clergé des privilèges onéreux au peuple, & lui laisser des distinctions honorifiques, sans que l'état devînt populaire ou despotique. Ce paragraphe élude deux grandes questions : les justices des seigneurs peuvent-elles être éclairées ? sont-elles utiles ? & dans la détresse où se trouve la nation, faut-il toujours accabler le peuple déjà trop foulé, pour maintenir aux nobles & aux prêtres des exemptions trop onéreuses au reste des citoyens ? On voit que ce génie admirable avoit encore des préjugés, & qu'il écrivit dans un temps où l'on ne connoissoit pas bien les vrais principes de l'économie politique.

« Montesquieu dit avec la même inexactitude : je ne suis point entêté des privilèges ecclésiastiques ; mais je voudrois qu'on fixât bien une fois leur jurisdiction. Il n'est point question de savoir si on a eu raison de l'établir : mais si elle est établie ; si elle fait une partie des loix du pays, & si elle y est par-tout relative ; si entre deux pouvoirs que l'on reconnoît indépendans, les conditions ne doivent pas être réciproques ; & s'il n'est pas égal à un bon sujet de défendre la jus-

---

(1) Testament politique.
(2) *Barbaris cunctatio servilis, statim exequi regium ridetur.* Tacite, annal. liv. V.
Œcon. polit. & diplomatique. Tom. III. Z z

tice du prince, ou les limites qu'elle s'est de tout temps prescrites ».

« Autant que le pouvoir du clergé est dangereux dans une république, autant est-il convenable dans une *monarchie*, sur-tout dans celles qui vont au despotisme ? Où en seroient l'Espagne & le Portugal depuis la perte de leurs loix, sans ce pouvoir qui arrête seul la puissance arbitraire ? Barrière toujours bonne lorsqu'il n'y en a point d'autre : car, comme le despotisme cause à la nature humaine des maux effroyables, le mal qui le limite est un bien ».

« Comme la mer qui semble vouloir couvrir toute la terre, est arrêtée par les herbes & les moindres graviers qui se trouvent sur le rivage, ainsi les monarques, dont le pouvoir paroît sans bornes, s'arrêtent par les plus petits obstacles, & soumettent leur fierté naturelle à la plainte & à la prière ».

M. Law, par une ignorance égale de la constitution républicaine & de la monarchique, fut un des plus grands promoteurs du despotisme que l'on eût encore vû en Europe. Outre les changemens qu'il fit si brusques, si inusités, il vouloit ôter les rangs intermédiaires, & anéantir les corps politiques : il dissolvoit (1) la *monarchie* par ses chimériques remboursemens, & sembloit vouloir racheter la constitution même.

Il ne suffit pas qu'il y ait dans une *monarchie* des rangs intermédiaires ; il faut encore un dépôt de loix. Ce dépôt ne peut être que dans les corps politiques, qui annoncent les loix lorsqu'elles sont faites, & les rappellent lorsqu'on les oublie. L'ignorance naturelle à la noblesse, son inattention, son mépris pour le gouvernement civil, exigent qu'il y ait un corps qui fasse sans cesse sortir les loix de la poussière où elles seroient ensevelies. Le conseil du prince n'est pas un dépôt convenable. Il est, par sa nature, le dépôt de la volonté momentanée du prince qui exécute, & non pas le dépôt des loix fondamentales. De plus, le conseil du monarque change sans cesse ; il n'est point permanent ; il ne sauroit être nombreux ; il n'a point à un assez haut degré la confiance du peuple ; il n'est donc pas en état de l'éclairer dans les temps difficiles, ni de le ramener à l'obéissance.

Dans les états despotiques, où il n'y a point de loix fondamentales, il n'y a pas non plus de dépôt de loix. De-là vient que, dans ce pays, la religion a ordinairement tant de force ; c'est qu'elle forme une espèce de dépôt & de permanence : & si ce n'est pas la religion, ce sont les coutumes qu'on y vénère au lieu des loix.

Que la vertu n'est point le principe du gouvernement monarchique.

Dans les *monarchies*, la politique fait faire les grandes choses avec le moins de vertu qu'elle peut ; comme, dans les plus belles machines, l'art emploie aussi peu de mouvemens, de forces & de roues qu'il est possible.

L'état subsiste indépendamment de l'amour pour la patrie, du desir de la vraie gloire, du renoncement à soi-même, du sacrifice de ses plus chers intérêts, & de toutes ces vertus héroïques que nous trouvons dans les anciens, & dont nous avons seulement entendu parler.

Les loix y tiennent la place de toutes ces vertus : une action qui se fait sans bruit, y est en quelque façon sans conséquence.

Quoique tous les crimes soient publics par leur nature, on distingue pourtant les crimes véritablement publics, d'avec les crimes privés, ainsi appellés, parce qu'ils offensent plus un particulier que la société entière.

Or, dans les républiques, les crimes privés sont publics ; c'est-à-dire, choquent plus la constitution de l'état que les particuliers ; &, dans les *monarchies*, les crimes publics sont plus privés, c'est-à-dire, choquent plus les fortunes particulières que la constitution de l'état même.

Je supplie qu'on ne s'offense pas de ce que j'ai dit ; je parle après toutes les histoires. Je sais très-bien qu'il n'est pas rare qu'il y ait des princes vertueux ; mais je dis que, dans une *monarchie*, il est très-difficile que le peuple le soit (2).

Qu'on lise ce que les historiens de tous les tems ont dit sur la cour des monarques ; qu'on se rappelle les conversations des hommes de tous les pays sur le misérable caractère des courtisans : ce ne sont point des choses de spéculation, mais d'une triste expérience.

L'ambition dans l'oisiveté, la bassesse dans l'orgueil, le desir de s'enrichir sans travail, l'aversion pour la vérité, la flatterie, la trahison, la perfidie, l'abandon de tous ses engagemens, le mépris des devoirs du citoyen, la crainte de la vertu du prince, l'espérance de ses foiblesses ; &, plus que tout cela, le ridicule perpétuel jetté sur la vertu, forment, je crois, le caractère du plus grand nombre des courtisans, marqué dans tous les lieux & dans tous les tems. Or, il est très-mal-aisé que la plupart des principaux d'un état soient mal-honnêtes gens, & que les inférieurs soient gens de bien ; que ceux-là soient trom-

---

(1) Ferdinand, roi d'Arragon, se fit grand-maître des ordres, & cela seul altéra la constitution.
(2) Je parle ici de la vertu politique, qui est la vertu morale dans le sens qu'elle se dirige au bien général, fort peu des vertus morales particulières, & point du tout de cette vertu qui a du rapport aux vérités révélées.

peurs, & que ceux-ci consentent à n'être que dupes.

Que si dans le peuple il se trouve quelqu'austere honnête homme (1), le Testament politique du cardinal de Richelieu insinue qu'un monarque doit se garder de s'en servir (2). Tant il est vrai que la vertu sévere n'est pas le ressort de ce gouvernement! Certainement elle n'en est point exclue; mais elle n'en est pas le ressort.

Comment on supplée à la vertu dans le gouvernement monarchique.

Je me hâte & je marche à grands pas, afin qu'on ne croie pas que je fasse une satyre du gouvernement monarchique. Non: s'il manque d'un ressort, il en a un autre. L'honneur, c'est-à-dire, le préjugé de chaque personne & de chaque condition, prend la place de la vertu politique dont j'ai parlé, & le représente par-tout.

Il peut inspirer les plus belles actions; il peut, joint à la force des loix, conduire au but du gouvernement comme la vertu même.

Ainsi, dans les *monarchies* bien réglées, tout le monde sera à-peu-près bon citoyen, & on trouvera rarement quelqu'un qui soit homme de bien; car, pour être homme de bien (3), il faut avoir intention de l'être, & aimer l'état moins pour soi que pour lui-même.

Du principe de la monarchie.

Le gouvernement monarchique suppose, comme nous avons dit, des prééminences, des rangs, & même une noblesse d'origine. La nature de l'*honneur* est de demander des préférences & des distinctions; il est donc, par la chose même, placé dans ce gouvernement.

L'ambition est pernicieuse dans une république. Elle a de bons effets dans la *monarchie*; elle donne la vie à ce gouvernement; & on y a cet avantage, qu'elle n'y est pas dangereuse, parce qu'elle y peut être sans cesse réprimée.

Vous diriez qu'il en est comme du système de l'univers, où il y a une force qui éloigne sans cesse du centre tous les corps, & une force de pesanteur qui les y ramène. L'honneur fait mouvoir toutes les parties du corps politique; il les lie par son action même, & il se trouve que chacun va au bien commun, croyant aller à ses intérêts particuliers.

Il est vrai que, philosophiquement parlant, c'est un honneur faux qui conduit toutes les parties de l'état : mais cet honneur faux est aussi utile au public, que le vrai le seroit aux particuliers qui pourroient l'avoir.

Et n'est-ce pas beaucoup d'obliger les hommes à faire toutes les actions difficiles, & qui demandent de la force, sans autre récompense que le bruit de ces actions?

De la corruption du principe de la monarchie.

« Comme les démocraties se perdent, dit Montesquieu, lorsque le peuple dépouille le sénat, les magistrats & les juges de leurs fonctions, les *monarchies* se corrompent lorsqu'on ôte peu-à-peu les prérogatives des corps, ou les priviléges des villes. Dans le premier cas, on va au despotisme de tous; dans l'autre, au despotisme d'un seul ». Cette assertion est trop générale; car il faut distinguer les prérogatives des corps, onéreuses au peuple, & les priviléges contraires à l'industrie & au bien général.

« Ce qui perdit les dynasties de Tsin & de Souï, dit un auteur chinois, c'est qu'au lieu de se borner comme les anciens à une inspection générale, seule digne du souverain, les princes voulurent gouverner tout immédiatement par eux-mêmes (4) ». L'auteur chinois nous donne ici la cause de la corruption de presque toutes les *monarchies*.

La *monarchie* se perd, lorsqu'un prince croit qu'il montre plus sa puissance, en changeant l'ordre des choses qu'en le suivant, lorsqu'il ôte les fonctions naturelles des uns, pour les donner arbitrairement à d'autres, & lorsqu'il est plus amoureux de ses fantaisies que de ses volontés.

La *monarchie* se perd, lorsque le prince rapportant tout uniquement à lui, appelle l'état à sa capitale, la capitale à sa cour, & la cour à sa seule personne.

Enfin elle se perd, lorsqu'un prince méconnoît son autorité, sa situation, l'amour de ses peuples, & lorsqu'il ne sent pas bien qu'un monarque doit se juger en sûreté comme un despote doit se croire en péril.

Le principe de la *monarchie* se corrompt, lorsque les premieres dignités sont les marques de la premiere servitude, lorsqu'on ôte aux grands le respect des peuples, & qu'on les rend de vils instrumens du pouvoir arbitraire.

Il se corrompt encore plus, lorsque l'honneur a été mis en contradiction avec les honneurs, & que l'on peut être à la fois couvert d'infamie (5) & de dignités.

Il se corrompt, lorsque le prince change sa

---

(1) Entendez ceci dans le sens de la note précédente.
(2) Il ne faut pas, y est-il dit, se servir des gens de bas lieu; ils sont trop austères & trop difficiles.
(3) Ce mot, *homme de bien*, ne s'entend ici que dans un sens politique.
(4) Compilation d'ouvrages faits sous les Ming, rapportés par le pere du Halde.
(5) Sous le regne de Tibere l'on éleva des statues, & l'on donna les ornemens triomphaux aux délateurs

justice en sévérité; lorsqu'il met, comme les empereurs romains, une tête de Méduse sur sa poitrine (1) ; lorsqu'il prend cet air menaçant & terrible que Commode faisoit donner à ses statues (2).

Le principe de la *monarchie* se corrompt, lorsque des ames singulièrement lâches, tirent vanité de la grandeur que pourroit avoir leur servitude, & qu'elles croient que ce qui fait que l'on doit tout au prince, fait que l'on ne doit rien à sa patrie.

Mais s'il est vrai (ce que l'on a vu dans tous les temps) qu'à mesure que le pouvoir du monarque devient immense, sa sûreté diminue, corrompre ce pouvoir, jusqu'à le faire changer de nature, n'est-ce pas un crime de lèze-majesté contre lui ?

Observations générales sur la monarchie.

La *monarchie* absolue est un poste trop éminent pour une créature humaine; elle ne convient qu'à Dieu qui est immuable, non sujet à l'orage des passions, exempt d'erreur & à qui tout est présent. Il y a peu d'exemples de princes que l'autorité arbitraire n'ait pas corrompus : plusieurs, dont on concevoit de grandes espérances, se sont perdus par là. Quand les hommes se sont mis au-dessus du châtiment, ils se mettent bientôt au-dessus de la honte. Leur esprit & leur vertu ont des bornes; leurs passions, leur vanité n'en ont point. Ainsi, peu d'entre eux peuvent être parfaitement bons, & plusieurs deviennent extrêmement mauvais. Ils prennent une grande fortune pour un grand mérite, & élèvent l'idée qu'ils ont d'eux-mêmes aussi haut que la fortune les a élevés. Tout le monde croyoit Galba digne de l'Empire : cette opinion auroit duré, si l'expérience ne l'avoit démentie. Avant Vespasien, on n'avoit point eu d'exemple d'un empereur que la souveraine puissance eût changé en mieux. *Solusque omnium ante se principum in melius mutatus est.*

L'excès de la puissance est donc plus capable d'allarmer que de rassurer celui qui en jouit. Sur quoi donc le prince doit-il s'appuyer pour la sûreté de sa personne & le repos de son esprit ? Marc-Antonin, ce grand & bon prince, nous l'apprend dans le discours admirable qu'il tint quelque temps avant sa mort, en présence de ses amis & de ceux de son conseil. « Il est certain, dit-il, que ce ne sont ni les grands revenus, ni l'extrême puissance, ni la multitude des gardes, qui font la grandeur d'un prince, & lui assurent l'obéissance de ses sujets, si le zèle & l'affection des peuples ne concourent avec l'obéissance qu'ils lui doivent. Celui-là certainement peut régner long-temps avec sûreté, qui excite dans les cœurs des impressions d'amour & de bienveillance, & non des sentimens de crainte & d'indignation. Un prince, ajouta-t-il, n'a rien à craindre de ses peuples tant que leur obéissance vient de leur inclination, & non d'une contrainte servile; ils obéiront gaiement, lorsqu'ils sentiront qu'en obéissant au prince, ils n'obéissent qu'à la justice, à la loi (3). »

Un prince qui ne veut faire aucun mal, ne recherche point la puissance d'en faire ; celui qui la recherche sera toujours soupçonné de vouloir faire aucun bien. Le seul moyen d'éloigner ce soupçon, est d'agir par les règles connues de la loi. Celui qui gouverne par la loi, gouverne avec le consentement des peuples, & ainsi n'en sauroit être blâmé.

Quelque part que se trouve la puissance souveraine, elle est absolue, dans les états monarchiques, comme dans les états populaires. Nous l'avons dit à l'article ABSOLU, & nous y avons fait d'autres remarques qui ont beaucoup de rapport avec cet article. Il est vrai que dans les premiers, le pouvoir du monarque est plus ou moins limité ; la nation y a mis des tempéramens tels qu'elle l'a jugé convenable, & chaque nation doit être gouvernée selon ses loix fondamentales. Ainsi le monarque n'a de pouvoir que celui qui lui vient par le canal même par où il lui est parvenu. Il ne peut exercer que le droit qu'il a reçu, & la justice exige encore qu'il respecte les privilèges qu'une longue possession a consacrés, autant que les libertés primitives que les peuples se sont réservées. Mais ce qu'on appelle communément souverain dans les états monarchiques, n'est pas la souveraineté; & le pouvoir plus ou moins grand du monarque n'est pas la puissance souveraine. Il y a même des *monarchies* où le prince n'a pas la puissance législative, qui est le principal attribut de la souveraineté. Il ne faut donc pas conclure de ce

---

ce qui avilit tellement ces honneurs, que ceux qui les avoient mérités les dédaignèrent. *Fragm. de Dion, liv. LVIII*, tiré de l'Extrait des vertus & des vices de Const. Porphirog. *Voyez* dans Tacite comment Néron, sur la découverte & la punition d'une prétendue conjuration, donna à Petronius-Turpilianus, à Nerva, à Tigellinus; les ornemens triomphaux. *Annal. liv. XIV*. Voyez aussi comment les généraux dédaignèrent de faire la guerre, parce qu'ils en méprisoient les honneurs, *pervulgatis triumphi insignibus*, Tacit. *Annal. liv. XIII*.

(1) Dans cet état, le prince savoit bien quel étoit le principe de son gouvernement.
(2) Herodien.
(3) *Voyez* Herodien, dans la vie de Marc-Antonin.

que le pouvoir de quelques souverains est limité, que cette limitation affecte la puissance souveraine. Celle-ci est absolue par sa nature : elle ne peut pas se limiter elle-même, & aucun autre pouvoir ne peut la limiter, puisqu'elle ne reconnoît point de pouvoir supérieur à elle.

Mais les partisans les plus zélés du pouvoir des rois, ne disconviennent pas qu'ils ne soient obligés d'observer les loix divines & les loix naturelles, les loix fondamentales de l'état, & même les loix civiles tant qu'elles subsistent.

Les loix divines, disent-ils, assujetissent également le monarque sur le trône, & le berger dans sa cabane. Les loix naturelles sont l'ouvrage de la providence divine; elles sont éternelles, immuables, imposées à tous les hommes sans exception, à toutes les nations & à leurs chefs : l'on est obligé de les observer en tout tems & en tout lieu. Le peuple n'a pas été fait pour le gouvernement, c'est le gouvernement qui a été fait pour le peuple. Si les hommes ordinaires doivent prendre la raison pour règle de leur conduite, les rois y sont plus fortement obligés que personne, à cause que leurs actions influent sur le sort des peuples. Plus le pouvoir d'un monarque est grand, plus il doit mettre de circonspection, de prudence & de sagesse dans sa conduite. La confiance de la nation en ses lumières, en la droiture de son cœur, ne lui impose-t-elle pas une nouvelle obligation de la gouverner selon la justice ?

Quelqu'auguste que soit le pouvoir des monarques, il n'est point au-dessus de la loi fondamentale de l'état. Leur élévation ne sauroit les affranchir de la loi primitive à laquelle ils sont redevables de leur couronne. Cette loi qui les fait ce qu'ils sont, conserve toujours sur eux son autorité inviolable. Comme elle a précédé la grandeur du prince, elle le maintient sur le trône, & doit lui survivre pour y maintenir ses successeurs. Il y a des loix fondamentales dans tous les états; il n'en est aucun où le droit de régner ne suppose l'obligation de gouverner justement. Cette obligation est exprimée dans les sermens que les rois, qui passent pour être les plus absolus, font à leur sacre, ou dans les cérémonies de leur couronnement. J'engage ma foi à mon souverain en vue de son équité, dans l'espérance qu'il me protégera, moi & tout ce qui m'appartient : c'est la condition expresse ou sous-entendue du serment de fidélité que je lui prête.

D'après ces principes, est-il une trahison plus criminelle & plus funeste à la patrie, que celle de ces instituteurs qui pervertissent les princes par leurs flatteries, ou qui négligent d'inspirer le goût de la vertu à des hommes, dont les volontés régleront un jour le sort des nations ? Est-il un forfait comparable à celui de ces empoisonneurs, qui, dès l'enfance, ne sèment dans les cœurs de leurs élèves que de l'orgueil, de la dureté, du mépris pour les hommes; dispositions cruelles dont les peuples recueilleront pendant des siècles les fruits abominables ? Quelle trahison plus infâme que de former à son pays un chef capable de le détruire? N'est-ce pas empoisonner un peuple entier, que de flatter un prince qui deviendra l'arbitre de son sort ?

Etat malheureux & plein de dangers des princes qui exercent un pouvoir arbitraire.

Les empereurs romains, qui avoient sacrifié leur patrie à leur autorité suprême, n'en furent ni mieux ni plus en sûreté pour s'y être rendus *monarques* absolus. Depuis Jules-César, qui avoit éteint la liberté publique, & qui fut immolé aux manes de cette liberté, jusqu'à Charlemagne, trente empereurs périrent de mort violente, & quatre d'entre eux se donnèrent la mort : la soldatesque disposoit d'eux à sa fantaisie, & les faisoit mourir pour le moindre mécontentement. Si le prince étoit choisi par le sénat, l'armée, qui s'attribuoit le droit de disposer de l'empire, s'en défaisoit comme d'un intrus. Il n'étoit pas encore à l'abri de l'inconstance cruelle des cohortes prétoriennes, lors même qu'elles l'avoient proclamé. Quelle fut la fin tragique de l'empereur Pertinax, qu'elles avoient forcé d'accepter l'empire ? Ces orgueilleux souverains, après avoir mis sous leurs pieds le sénat, le peuple & les loix, qui sont les meilleures colonnes d'un pouvoir légitime, tenoient leur sceptre & leur vie de la bonté des soldats qui s'étoient rendus leurs maîtres; & celui qui gouvernoit l'univers devenoit ainsi l'esclave de ceux qui étoient à sa solde.

Quoiqu'Auguste eût regné assez long-tems pour énerver ou pour éteindre toutes les maximes de la liberté, pour introduire & pour établir toutes celles de la monarchie absolue, Tibère qui lui succéda immédiatement, se croyoit si peu en sûreté, qu'il fut tout le reste de sa vie en proie à des frayeurs mortelles. En mettant tous les hommes dans les fers, il n'avoit pu se rendre libre, & l'or de ses chaînes faisoit la seule différence entre lui & les autres esclaves. Les princes qui ne se contentent pas de régner légitimement, & qui veulent se faire craindre de tous les hommes, sont réduits à les craindre tous. Ce fut le sort de Tibère : les fréquentes victimes qu'il immoloit à ses frayeurs, ne faisoient que les augmenter; ces sacrifices multipliant le nombre de ses ennemis, comme cela devoit nécessairement arriver.

Des devoirs du monarque.

Quelque distance qu'il y ait de ceux qui doivent obéir à celui qui doit commander ; croire que les princes ne doivent rien à leurs sujets, c'est une idée chimérique. Est-ce qu'il peut y avoir d'obligation entre eux qui ne soit réciproque, & que la lumière naturelle ne répugne pas à concevoir qu'un nombre infini d'hommes doive toutes choses à un seul homme, sans que cet homme leur en doive aucune ? Il y a un retour de devoirs du souverain aux sujets, & des sujets au souverain ; si les sujets doivent une entière obéissance à leurs princes ; s'ils sont obligés de prodiguer pour eux leur bien & leur sang, les princes doivent à leurs sujets, de l'amour, de la justice & des soins continuels pour leur défense.

Les rois croient, dit un ancien, que le privilège du sceptre c'est de faire comme légitime de leur part, ce qui est un crime de la part des autres. Telle est en effet la force de l'habitude dans quelques princes, que tout ce qu'on leur propose pour l'utilité des autres, leur est désagréable. Il est aussi difficile de leur persuader qu'ils ont des devoirs à remplir envers leurs peuples, qu'il est aisé d'empoisonner leurs cœurs par de lâches flatteries. Aussi Salomon conseille-t-il de ne pas chercher à paroître sages devant les rois de la terre. Un *monarque* à qui tout obéit, aime rarement qu'on veuille lui apprendre quelque chose. L'illusion que les princes se font, n'est pas néanmoins si générale ni si invincible, qu'on doive hésiter de leur présenter continuellement des vérités qui, si elles sont une fois reçues, doivent être salutaires à leurs peuples.

La domination n'est point la fin de l'établissement de la royauté ; c'est le soin, la défense, la protection du bien public. L'empereur Adrien, parlant au sénat romain, lui promit qu'il se gouverneroit en prince qui savoit que la chose publique n'étoit pas à lui ; & c'est en effet le salut commun des sujets, qui doit être l'objet de toutes les démarches du souverain : non plus qu'aucun art, aucune magistrature n'a sa fin en elle-même, c'est uniquement pour le bonheur des sociétés que toutes les supériorités ont été établies. C'est pour l'intérêt du justiciable que la jurisdiction a été accordée ; c'est pour l'intérêt du malade que le médecin a été établi. Le troupeau est-il fait pour le berger, ou le berger pour le troupeau ? La république n'est pas au souverain ; c'est le souverain qui est à la république. Quoi ! tous seroient pour eux ! Un ne seroit pas pour tous ? Les loix de Minos, disoit un illustre prélat à l'héritier présomptif d'une couronne, veulent qu'un homme serve, par sa sagesse & par sa modération, à la félicité de tant d'hommes ; & non pas que tant d'hommes servent, par leur misère & par leur servitude, à flatter la noblesse d'un seul homme.

D'où pourroit venir à un souverain le droit de rapporter tout à lui, & non à l'avantage de la société ? Seroit-ce sa qualité d'homme ? Elle lui est commune avec tous ses sujets : seroit-ce du goût de les dominer ? Peu d'hommes lui céderoient en ce point. Seroit-ce de la possession même où il se trouve de l'autorité ? Qu'il voie à quelle condition on s'y est soumis !

Les différens rapports du prince avec ceux qui sont soumis à son empire, & les conditions diverses des puissances dont il est le maître, sont la juste mesure de ses devoirs à l'égard de ses peuples.

S'il faut de l'adresse pour gouverner les animaux de toute espèce, il en faut encore davantage pour gouverner l'homme qui, de tous les animaux, est le plus difficile à manier.

Combien doit être plus difficile le gouvernement de tout un royaume ! Quels talens n'exige pas la conduite des affaires de la paix & de la guerre ! Il ne semble pas qu'un homme seul puisse suffire à tous les soins du gouvernement, ni par la quantité des choses dont il faut être instruit, ni par celle des vues qu'il faut suivre, ni par l'application qu'il faut apporter, ni par la variété des conduites qu'il faut tenir & des caractères qu'il faut prendre. Défendre l'état contre l'étranger, & en prendre soin au-dedans avec l'attention que le possesseur de quelques arpens de terre a pour la conservation de son domaine ; maintenir les loix pour apprendre à ses sujets à les respecter ; obliger les citoyens à bien vivre entr'eux, faire subsister les uns, protéger les autres contre l'oppression des grands ; ménager la fortune des sujets, même dans les besoins publics ; être avare du sang des peuples ; punir le crime, pardonner ; pardonner aux hommes qui n'ont péché ni par l'intention, ni par le cœur ; être accessible à tout le monde & populaire, autant que peut le permettre la dignité bien entendue ; proscrire le mensonge & éloigner la flatterie ; ne point prendre de résolutions précipitées, & savoir revenir sur ses pas lorsqu'on s'apperçoit qu'on a été trop loin ; se choisir de bons ministres ; établir des magistrats intègres pour rendre la justice ; des prélats pieux & de bon exemple pour faire fleurir la religion ; placer dans les provinces des gouverneurs qui maintiennent les loix, les coutumes générales du royaume, & celles de la province sur laquelle ils sont établis ; faire servir au bien commun de l'état ce fond de férocité secrette qui se trouve en tous les hommes ; tourner au profit de l'utilité publique les passions des hommes, & fournir même des objets à celles qu'il convient de mettre en mouvement : voilà quels sont en général les devoirs d'un roi.

De toutes les affaires humaines, dit un ancien, la plus difficile & celle qui demande le plus de soin, est, sans contredit, le gouvernement d'un royaume. « Le chef d'œuvre de l'esprit, c'est le parfait gouvernement ; & ce ne seroit peut-être pas une chose possible, dit un

» bel esprit de nos jours, si les peuples, par
» l'habitude où ils sont de la dépendance & de
» la soumission, ne faisoient la moitié de l'ou-
» vrage ».

Il est une instruction, celle que Gustave-Adolphe reçut de Charles, roi de Suède son père, qui est courte, qui contient autant d'excellentes choses que de mots, & que, par ces deux raisons, je transcrirai ici, afin que ce soit un roi qui parle à d'autres rois.

1. « Il faut premiérement savoir qu'une couronne est bien pesante, si les fideles serviteurs du prince qui la porte & l'amour de ses peuples n'en soutiennent une partie, & la vertu l'autre ».

2. « Qu'il ne fasse jamais faire par ses lieutenans ce qu'il pourra dignement faire par lui-même ».

3. « Qu'il voie par-tout, qu'il écoute tout, & que, par sa prudence & par sa bonté, il pourvoie à tout ».

4. « Qu'il n'ait pour confidens que des hommes sages & désintéressés, & qu'il connoîtra gens de bien ».

5. « Que d'habiles hommes fassent tous les ans le tour de l'Europe, pour attirer à son service les personnes les plus renommées en toutes sortes de profession ».

6. « Qu'il apprenne diverses langues pour aimer plusieurs nations & se faire aimer d'elles ».

7. « Qu'il forme son jugement dans les sciences & connoissances nécessaires, pour mieux faire la différence du juste avec l'injuste, du vrai d'avec le faux, & de l'apparent d'avec le véritable ».

8. « Qu'il tâche, par sa douceur & par son humanité de s'acquérir les cœurs de tout le monde ».

9. « Qu'il ait le visage ouvert & le cœur fermé, & que son procédé paroisse, en toutes ses actions, loyal & convenable à sa dignité ».

10. « Si le prédécesseur du prince ou lui-même s'est relâché pour l'observation des loix de son royaume, par la mauvaise conjoncture des tems, qu'il ne balance point de les rétablir dans leur premier lustre, aussi-tôt qu'il le pourra; personne ne pouvant avec justice trouver à redire qu'il assujettisse les personnes & les choses aux loix de son état ».

11. « Qu'il emploie toutes ses finesses & son industrie à n'être ni trompé, ni trompeur ».

12. « Que, pour se rendre capable de dompter & d'assujettir les tyrans, il commence à dompter ses passions ».

13. « Qu'il ne se rebute point du travail & de la peine dans les commencemens, & il s'y accoutumera insensiblement; & en partageant ses heures pour l'administration des affaires de son état, il aura du tems suffisamment pour y vaquer & prendre d'honnêtes divertissemens ».

14. « Que son royaume soit estimé le refuge & l'asyle des princes opprimés, & que son épée jointe à sa réputation ait l'avantage & la gloire de les rétablir en leur grandeur ».

15. « Qu'il tende la main à la veuve; qu'il secoure l'orphelin, qui attendent de sa bonté & de sa justice qu'il ne souffrira point qu'ils soient opprimés dans leur malheureuse condition ».

16. « Que le prince non-seulement considère, mais encore qu'il examine, lorsqu'on rend de bons ou de mauvais offices à quelqu'un, si c'est par principe de haine ou d'amitié, ou par attachement à son service, en l'avertissant pour qui il doit avoir de l'estime ou de la défiance; la cour & ceux qui la fréquentent, étant remplis d'ordinaire d'envies, de suppositions & d'artifices ».

17. « Qu'il sache que le sang innocent répandu & celui du méchant conservé crient également vengeance ».

18. « Qu'il abatte le sourcil de l'orgueilleux & de l'impudent, & qu'il fasse du bien aux humbles & aux timides ».

19. « Qu'il se souvienne qu'il n'est pas moins important de punir que de récompenser, pour la conservation & le maintien de son état ».

20. « Que sa libéralité ne tende jamais à la profusion, & que ses bienfaits soient toujours départis avec choix & mesure ».

21. « Qu'il regarde avec autant d'aversion & de mépris les flatteurs que les traitres. Qu'il considère les fainéans & les oisifs comme morts, & fasse aussi peu de cas des mutins & des menteurs ».

22. « Que la bienséance accompagnée d'une certaine familiarité mesurée, n'imprime que de l'amour & du respect; & que sa colère, quand il est contraint de la faire éclater, cause de la frayeur & de l'amendement ».

23. « Qu'il ne paroisse jamais inquiet ni chagrin, si ce n'est lorsqu'un de ses bons serviteurs sera mort ou tombé dans quelque grande faute ».

24. « Qu'il excuse & pardonne plutôt la faute que la flatterie ».

25. « Qu'il soit accessible, affable, porté à la clémence, sans ressentiment & sans fiel ».

26. « Que la vérité pénètre & soit reçue dans les lieux les plus secrets & les plus retirés de son palais, d'où la plupart des princes souffrent souvent qu'elle soit bannie ».

27. « Qu'en témoignant son déplaisir, il efface avec dextérité les cicatrices des plaies causées par les impôts dans le cœur de ses sujets, quoique donnés souvent au besoin de l'état & à la nécessité publique ».

28. « Que, dans sa cour & dans ses armées, l'étranger ne soit point rebuté, mais qu'il y soit considéré avec quelque sorte de différence des naturels sujets du prince ».

29. « Qu'une chaste couche soit l'adoucissement de l'amertume de sa vie ».

30. « Qu'il demande à Dieu des enfans vertueux, ou point ».

31. « Que, dans les provinces de nouvelle conquête, il mette des personnes qui aient les mains pures, & qui soient de facile accès ».

32. « Enfin, qu'en toutes ses actions il se conduise de telle sorte qu'il soit avoué de Dieu, en donnant à tout le monde des marques certaines de sa prud'hommie & de sa bonne conscience ». *Voyez* les articles DÉMOCRATIE & ARISTOCRATIE, ABSOLU, GOUVERNEMENT, &c.

MONNOIE, toute espèce fabriquée d'un métal quelconque. Nous renvoyons d'abord le lecteur au dictionnaire des finances, où l'on trouve un long article sur cette matière. Nous envisagerons ici les *monnoies* sous un autre rapport; & au lieu de revenir sur les principes du régime fiscal touchant les *monnoies*, nous nous bornerons à quelques principes d'économie politique, & au développement des faits qui leur servent de base; & nous examinerons ensuite si la nation angloise, qui paroît si éclairée sur ces matières, a raison de fabriquer ses *monnoies* aux frais du gouvernement.

Dans les premiers temps où la division du travail s'est introduite, les échanges ont dû rencontrer bien de l'embarras & de la difficulté. Un homme, je suppose, avoit plus d'une certaine marchandise qu'il ne lui en falloit pour son usage, un autre en avoit moins. Le premier désiroit de vendre cet excédent, & le second de l'acheter. Mais si celui-ci n'avoit rien dont l'autre eût besoin, l'échange ne pouvoit se faire entr'eux. Si le boucher, qui avoit plus de viande qu'il n'en pouvoit consommer, étoit déjà suffisamment pourvu de pain & de bierre; le boulanger & le brasseur, qui vouloient avoir de la viande, n'en pouvoient acheter de lui, parce qu'il n'avoit pas besoin des choses qu'ils pouvoient lui donner en retour. Ils ne pouvoient donc se rendre service les uns aux autres. Pour obvier à cet inconvénient, il a fallu que dans toutes les périodes qui ont suivi l'établissement de la division du travail, chaque particulier prudent ménageât ses affaires de manière à être toujours nanti de quelque marchandise qu'il estimoit convenir à tant de monde, & telle que vraisemblablement peu de gens la refuseroient en échange du produit de leur travail.

Il est probable qu'on a songé successivement à diverses denrées ou marchandises propres à cet usage, & qu'on les y a employé. On dit que dans les temps agrestes de la société, le bétail étoit l'instrument ordinaire du commerce; & quoiqu'il ait dû être fort incommode, nous ne laissons pas de voir les choses évaluées dans ces anciens temps par le nombre des pièces de bétail qu'on donnoit en échange. L'armure de Diomède, à ce que dit Homère, ne coûtoit que neuf bœufs, tandis que celle de Glaucus en coûtoit cent. On rapporte qu'en Abyssinie, le sel est le moyen commun des échanges; qu'en certains endroits de la côte de l'Inde, c'est une espèce de coquillages; que c'est une sorte de poisson salé à Terre-Neuve; le tabac en Virginie, le sucre dans quelques unes de nos colonies des Indes occidentales, des peaux ou du cuir tanné dans quelques autres pays : & on assure qu'aujourd'hui même, il y a encore un village en Ecosse où il n'est pas rare qu'un ouvrier porte des clous en place d'argent chez le boulanger ou dans un cabaret à bierre.

Mais il semble que par-tout les hommes se sont décidés à la fin à donner pour cet usage la préférence aux métaux. Non-seulement on peut les garder avec aussi peu de déchet que toute autre chose, n'y ayant presque rien qui dépérisse moins, mais on peut les diviser sans perte, en autant de parties qu'on veut, & ces parties peuvent être aisément réunies de nouveau par la fonte, qualité que n'ont pas les autres marchandises, & qui les rend plus propres à être les instrumens du commerce & de la circulation. Si, par exemple, celui qui vouloit acheter du sel, n'avoit que du bétail à donner en échange, il falloit qu'il en achetât tout-à-la-fois pour la valeur d'un bœuf ou d'un mouton. Rarement pouvoit il en acheter moins, parce qu'il ne pouvoit diviser sans perte ce qu'il avoit à donner en retour. Il étoit obligé, par la même raison, d'en acheter le double ou le triple, c'est-à-dire, la valeur de deux ou trois bœufs, ou de deux ou trois moutons. Si au contraire, au lieu de moutons ou de bœufs, il avoit eu des métaux à donner pour du sel, il lui auroit été facile de proportionner la quantité de métal, à la quantité précise de sel dont il avoit besoin.

Divers métaux ont été employés à cet effet par différentes nations. Le fer étoit l'agent ordinaire du commerce parmi les anciens spartiates, le cuivre parmi les anciens romains, & l'or & l'argent parmi les nations riches & commerçantes.

Il semble qu'originairement les échanges aient été faits avec ces métaux en barres non travaillées, sans empreinte & sans coin. Pline rapporte, d'après Timæus, auteur ancien, que jusqu'à Servius Tullius, les romains ne frappèrent point de *monnoie*, mais qu'ils se servirent de barres de cuivre sans empreinte, pour acheter tout ce dont ils avoient besoin. Ces morceaux de cuivre faisoient donc alors la fonction de *monnoie*.

L'usage des métaux, dans cet état d'imperfection, étoit sujet à deux grands inconvéniens, l'embarras l'embarras de les peser, & celui d'en faire l'essai. Il n'est pas fort aisé de peser des métaux précieux, où une petite différence dans le poids en fait une grande dans la valeur; car il faut des poids très-exacts & des balances très-justes. La pesée de l'or en particulier est une opération assez délicate. La même précision n'est sans doute pas nécessaire à l'égard des métaux plus grossiers, où une erreur légère est de peu de conséquence. Mais nous trouverions fort incommode, que chaque fois qu'un pauvre homme a besoin d'acheter une chose qui vaut un sol, il fût obligé de peser ce sol. L'opération de l'essai est encore plus difficile & plus ennuyeuse, & à moins de fondre soigneusement au creuset une partie du métal avec les dissolvans convenables, on ne peut en porter qu'un jugement très-incertain. Cependant avant qu'on battît monnoie, à moins d'en venir à cette épreuve fastidieuse & difficile, on étoit toujours exposé aux fraudes & aux tromperies les plus grossières, & au lieu d'une livre d'argent ou de cuivre pur, on pouvoit recevoir pour sa marchandise une composition qui renfermoit les matières les plus viles, & qui, à l'extérieur, ressembloit à ces métaux. Pour prévenir de tels abus, faciliter les échanges & encourager par-là toutes les espèces d'industrie, on a jugé dans tous les pays policés à un certain point, qu'il étoit nécessaire d'imprimer une marque publique sur certaines quantités de métaux qui servoient communément pour les achats. De-là l'origine de l'argent monnoyé, & des ces établissemens qu'on appelle *monnoies*.

Il paroît que le premier usage de ces marques publiques, imprimées sur les métaux qui avoient cours, a été, dans plusieurs pays, de constater ce qui étoit le plus important & le plus difficile à connoître, la qualité ou la pureté du métal, & qu'elles ressembloient à la marque sterling qu'on met à présent en Angleterre à la vaisselle & aux lingots d'argent, ou à celle que les espagnols mettent quelquefois aux lingots d'or, & qui n'étant imprimée que d'un côté de la pièce, sans en couvrir toute la surface, déclare le titre & non le poids du métal. Abraham pèse à Ephrom quatre cents sicles d'argent qu'il étoit convenu de lui payer pour le champ de Machpelah. Ainsi, quoiqu'ils fussent la *monnoie* courante du marchand, on les recevoit au poids & non par compte, comme on reçoit à présent les lingots d'or & d'argent. On dit que les revenus des anciens rois saxons en Angleterre, étoient payés non en argent, mais en nature, c'est-à-dire, en vivres & en provisions de toute espèce. Guillaume le Conquérant établit la coutume de les recevoir en argent; mais cet argent fut reçu long-temps au poids, non par compte, à l'échiquier.

L'incommodité & la difficulté de peser exactement ces métaux, donna lieu à l'institution des coins dont l'empreinte couvrant les deux surfaces, & quelquefois aussi les bords de la pièce, étoit supposée certifier le titre & le poids du métal. On reçut donc, comme aujourd'hui, les pièces par compte, & on fut débarrassé du soin de les peser.

La dénomination des pièces de *monnoie* semble avoir exprimé originairement le poids ou la quantité du métal qu'elles contenoient. Au temps de Servius Tullius, qui le premier battit *monnoie* à Rome, l'as romain contenoit une livre romaine de bon cuivre. Elle étoit divisée, comme notre livre de Troies, en douze onces, donc chacune contenoit réellement une once de bon cuivre. La livre sterling angloise contenoit, au temps d'Edouard I, une livre d'argent poids de la tour, & d'un titre connu. La livre de la tour paroît avoir eu quelque chose de plus que la livre romaine, & quelque chose de moins que la livre de Troies. On ne se servit point de cette dernière à la *monnoie* d'Angleterre jusqu'à la dix-huitième année du règne d'Henri VIII. La livre de France contenoit, au temps de Charlemagne, une livre d'argent poids de Troies, & d'un titre connu. La foire de Troies en Champagne étoit alors fréquentée par toutes les nations de l'Europe, & les poids & les mesures d'un marché si fameux étoient généralement connus & estimés. La livre monétaire d'Ecosse contenoit, depuis le temps d'Alexandre I jusqu'à celui de Robert Bruce, une livre d'argent des mêmes poids & titres que la livre sterling angloise. Les deniers anglois, françois & écossois contenoient tous originairement un denier de poids en argent, c'est-à-dire, la vingtième partie d'une once, & la deux cent quarantième d'une livre. Le scheling semble avoir été aussi dans son origine la dénomination d'un poids, témoin l'ancien statut d'Henri III : *Lorsque le froment est à douze schelings, la mesure de huit boisseaux, ce qu'on vendra au meilleur pain pour un liard, pésera onze schelings & quatre deniers*. Cependant la proportion entre le scheling & le denier d'un côté, ou la livre de l'autre, ne paroît pas avoir été si constante & si uniforme, qu'entre le denier & la livre. En France, durant la première race, le sol ou scheling françois paroît avoir contenu tantôt cinq, douze, vingt, tantôt quarante, & jusqu'à quarante-huit deniers. Il y eut un temps où il n'en contenoit que cinq parmi les anciens saxons; & il n'est pas hors de vraisemblance qu'il ait autant varié parmi eux, que parmi les anciens francs leurs voisins. Depuis Charlemagne en France, & depuis Guillaume le Conquérant en Angleterre, la proportion entre la livre, le scheling & le denier, semble avoir été toujours la même jusqu'à présent; quoique la valeur de chacun ait été fort différente. Car je crois que dans tous les pays du monde, la cupidité & l'injustice des princes & des états souverains, abufance de la confiance de leurs sujets, ont diminué par degrés la quantité de métal qui étoit d'abord contenue dans leurs *monnoies*. L'as romain, dans les derniers temps de la république, fut réduit à la vingt-quatrieme partie de sa valeur originaire; & au lieu de peser une livre, il ne pesa plus qu'une demi-once. La livre & le denier anglois contiennent aujourd'hui environ la troisieme partie, ceux d'Ecosse environ la trentesixieme, & ceux de France environ la soixantesixieme partie de leur valeur originaire. Par le moyen de ces réductions, les souverains se sont mis en état de payer leurs dettes, & de remplir en apparence leurs engagemens avec une moindre quantité d'argent qu'il n'en auroit fallu sans cela; mais ce n'étoit qu'en apparence; car leurs créanciers étoient véritablement frustrés d'une partie de ce qui leur étoit dû; tous les autres créanciers dans l'état usoient du même privilège, & pouvoient payer avec la même somme nominale de la nouvelle *monnoie* corrompue, ce qu'ils avoient emprunté en anciennes especes. Ces sortes d'opérations ont donc toujours été favorables au débiteur, & ruineuses pour le créancier, & quelquefois elles ont occasionné dans les fortunes des particuliers une révolution plus considérable & plus générale qu'il n'en fait une grande calamité publique. Les princes qui ont voulu falsifier les *monnoies* dans les derniers temps, l'ont bien senti; & le dernier roi de Prusse qui fit de la fausse *monnoie* en Saxe, tandis qu'il occupoit ce pays avec son armée, n'eut garde de donner beaucoup d'étendue à ce plan dans ses propres états. En général, il se contenta chez lui de diminuer les titres & les poids, afin d'augmenter les bénéfices de la fabrication.

C'est ainsi que l'argent est devenu chez toutes les nations civilisées l'agent universel du commerce, pour toutes les ventes & les achats, & pour toutes sortes d'échanges.

La proportion entre les valeurs respectives de l'or & de l'argent a essuyé des variations, & il est d'autant plus à propos d'indiquer les variations, que la nouvelle refonte des especes d'or, opérée en France, pour rétablir une sorte de proportion entre ces deux métaux, a déterminé plusieurs états à suivre cet exemple.

Avant la découverte des mines de l'Amérique, la valeur de l'or pur, par rapport à l'argent pur, étoit réglée dans les différentes *monnoies* entre les proportions d'un à dix & d'un à douze, c'est-à-dire, qu'une once d'or étoit supposée valoir de dix à douze onces d'argent. Vers le milieu du dernier siecle, il fut réglé entre les proportions d'un à quatorze & d'un à quinze, c'est-à-dire, qu'une once d'or pur étoit supposée valoir entre quatorze & quinze onces d'argent. L'or augmenta dans sa valeur nominale dans la quantité d'argent qu'on donnoit en échange. Les deux métaux perdirent de leur valeur réelle; ils ne pouvoient plus acheter la même quantité de travail; mais l'argent en perdit plus que l'or. Quoique les mines d'or & d'argent de l'Amérique surpassassent en fertilité toutes celles qui avoient jamais été connues, la fécondité dans celles d'argent paroît avoir été encore plus grande en proportion que dans celles de l'or.

Les grandes quantités d'argent, transportées annuellement de l'Europe dans l'Inde, ont réduit par degrés dans quelques établissemens anglois, la valeur de ce métal, en proportion à celle de l'or. A la *monnoie* de Calcuta, une once d'or est supposée valoir quinze onces d'argent, comme en Europe. Peut-être est-elle estimée trop haut à la *monnoie*, par rapport à la valeur qu'elle a dans le marché du Bengale. A la Chine, la proportion de l'or à l'argent continue d'être sur le pied d'un à dix. On dit qu'au Japon elle est d'un à huit.

La proportion entre les quantités d'or & d'argent importées annuellement en Europe, est, selon le calcul de M. Meggens, à-peu-près comme un à vingt-deux, c'est-à-dire, que pour une once d'or on n'y apporte guere moins de vingt-deux onces d'argent. Il suppose que la quantité d'argent, qui passe annuellement dans les Indes orientales, réduit ce qui reste de ces métaux en Europe, à la proportion de leur valeur. Il paroît croire qu'il doit y avoir nécessairement la même proportion entre leurs valeurs qu'entre leurs quantités, & qu'elle seroit par conséquent comme un à vingt-deux, sans cette exportation de l'argent dans l'Inde.

Mais la proportion ordinaire entre les valeurs respectives de deux marchandises, n'est pas nécessairement la même qu'entre les quantités qu'on en met en vente. Le prix d'un bœuf, estimé dix guinées, est environ soixante fois le prix d'un agneau estimé trois schelings six deniers sterlings. Cependant il seroit absurde d'inférer de là qu'il y a communément au marché soixante agneaux contre un bœuf; & de ce qu'une once d'or vaudra quatorze ou quinze onces d'argent, il seroit tout aussi absurde d'en conclure, qu'il n'y a communément au marché que quatorze ou quinze onces d'argent contre une once d'or.

Il est probable que la quantité d'argent, qui est communément au marché, est beaucoup plus grande en proportion de celle de l'or, que ne l'est la valeur d'une certaine quantité d'or en proportion de celle d'une égale quantité d'argent. La quantité totale d'une marchandise peu coûteuse qu'on met au marché, est en général non-seulement plus grande, mais d'une plus grande valeur que la quantité totale d'une autre plus chère. On ne vend pas seulement par an plus de pain que de viande de boucherie: mais le total de ce qu'on vend de l'un a plus de valeur que le total de ce qu'on vend de l'autre. On en peut dire autant de la viande de boucherie par rapport à la volaille, & de la volaille par rapport aux oiseaux sauvages. Le nombre des acheteurs d'une marchandise qui coûte peu, surpasse tellement le nombre de ceux qui achètent une marchandise chère, que non-seulement il se débite beaucoup plus de la première, mais qu'il s'en débite pour une plus grande valeur. Lorsque nous comparons les métaux précieux ensemble, l'argent est une marchandise qui coûte peu en comparaison de celle de l'or. Nous devons par conséquent nous attendre qu'il y aura plus d'argent que d'or au marché, & qu'il y en aura pour une plus grande valeur. Qu'un homme qui n'en manque pas en vaisselle ou meubles compare ce qu'il a de l'un avec ce qu'il a de l'autre, il trouvera probablement qu'il a non-seulement plus du premier, mais qu'il en a pour une bien plus grande valeur. Bien des gens d'ailleurs ont de la vaisselle d'argent & n'en ont point d'or. On se contente généralement d'une montre d'or, d'une tabatière d'or, & d'autres bijoux en or, qui rarement se montent à une grande somme. Il est vrai que le total de la *monnoie* d'or en Angleterre l'emporte beaucoup en valeur sur le total de la *monnoie* d'argent; mais il n'en est pas ainsi dans tous les pays. Il y en a où la valeur de ces deux métaux est à-peu-près égale dans la *monnoie*. En Ecosse, avant l'union, l'or n'étoit prépondérant sur l'argent que de fort peu, comme il paroît par les états de la *monnoie*. L'argent l'emporte dans la *monnoie* de plusieurs pays. En France, les plus grosses sommes sont communément payées en argent, & on y trouve difficilement plus d'or qu'on n'en a besoin pour sa poche. L'excès qu'on voit par-tout de la vaisselle d'argent sur la vaisselle d'or, fait, sans doute, plus que compenser la prépondérance de l'or sur l'argent qu'on y voit dans certains pays.

Quoiqu'en un sens l'argent ait été & doive être probablement toujours beaucoup moins cher que l'or, peut-être peut-on dire dans un autre sens, que dans l'état présent du marché de l'Europe, l'or est un peu moins coûteux que l'argent. On peut dire qu'une marchandise est chère ou n'est pas chère, non-seulement suivant la grandeur & la petitesse absolue de son prix ordinaire; mais suivant que ce prix est plus ou moins au-dessus du plus bas prix auquel il est impossible de la vendre long-temps de suite. Ce plus bas prix est celui qui ne fait que remplacer, avec un profit médiocre, le fonds qui a dû être employé pour la mettre en état de vente. C'est celui qui ne rapporte rien au propriétaire, celui dont la rente ne fait point partie, & qui se résout tout entier en salaire & en profit. Or dans l'état présent du marché de l'Europe, l'or approche certainement un peu plus de ce bas prix que l'argent. La taxe du roi d'Espagne sur l'or, n'est qu'un vingtième de ce métal au titre, ou cinq pour cent; au lieu que sa taxe sur l'argent se monte à un cinquième ou à vingt pour cent. Ajoutez que ces taxes font toute la rente de la plupart des mines d'or & d'argent de l'Amérique espagnole, & que celle qui est établie sur l'or est encore plus mal payée que l'autre. D'ailleurs, comme les entrepreneurs des mines d'or font plus rarement fortune que ceux des mines d'argent, il faut, en général, que leurs profits soient encore plus médiocres. Ainsi, l'or de l'Espagne rapportant moins de rente & de profits, il doit approcher davantage dans le marché de l'Europe, du plus bas prix auquel il peut y être importé. Véritablement la taxe du roi de Portugal sur l'or du Brésil, est la même que celle du roi d'Espagne sur l'argent du Mexique & du Pérou, c'est-à-dire, le cinquième de l'or au titre. Néanmoins il peut être encore vrai que l'or de l'Amérique revient au marché de l'Europe à un prix qui s'éloigne moins que l'argent du plus bas prix, c'est-à-dire, du prix auquel il est possible de l'y mettre en vente. Toutes les dépenses défalquées, il paroît qu'on y disposeroit plus avantageusement de toute la masse de cet argent que de toute celle de l'or.

Peut-être que le prix des diamans & des pierres précieuses approche encore plus de ce bas prix que celui de l'or.

Si le roi d'Espagne renonçoit à sa taxe sur l'argent, le prix de ce métal pourroit bien ne pas tomber tout de suite dans le marché de l'Europe. Tant qu'on y en apporteroit la même quantité, il continueroit d'y être vendu le même prix. L'effet premier & immédiat de ce changement, seroit d'augmenter les profits de l'exploitation, & de faire gagner à l'entrepreneur de la mine ce qui se payoit auparavant au roi. La grandeur des profits exciteroit bientôt un grand nombre d'hommes à entreprendre l'exploitation de nouvelles mines; on en exploiteroit plusieurs qui sont aujourd'hui abandonnées, parce qu'elles ne peuvent fournir de quoi payer cette taxe; & il viendroit probablement en peu d'années une si grande quantité d'argent au marché, que son prix baisseroit d'un cinquième environ au dessous de ce qu'il est à présent. Cette diminution dans sa valeur réduiroit de nouveau les profits de l'exportation au taux où ils sont aujourd'hui.

Il n'est nullement vraissemblable que le roi d'Espagne se relâche sur un impôt d'un revenu si important, & qui porte sur les objets qu'il est le plus raisonnable de taxer. Il le percevra sans doute aussi long-temps qu'on pourra le payer; mais l'impossibilité de le payer peut amener la nécessité de le modérer, comme on a déja été forcé de diminuer la taxe sur l'or. Tous ceux qui ont examiné l'état des mines d'argent de l'Amérique, conviennent que, de même que toutes les autres, elles deviennent de degrés plus dispendieuses, parce qu'il faut les fouiller à une plus grande profondeur, & qu'en consé-

A a a 2

quence, il en coûte davantage pour en tirer l'eau & y renouveller l'air. On sait d'ailleurs qu'aucun négociant bien accrédité n'ose entreprendre une exploitation de mines, même au Mexique & au Pérou.

Ces causes sont équivalentes à une disette d'argent qui se forme. Car on peut dire qu'une marchandise devient plus rare, quand il devient plus difficile & plus dispendieux d'en avoir une certaine quantité. Il doit arriver de là tôt ou tard, que l'augmentation de la dépense soit compensée ou par une augmentation proportionnée dans le prix de ce métal, ou par une diminution proportionnée de la taxe établie sur lui, ou par ces deux moyens réunis. Ce dernier événement est très-possible. Comme le prix de l'or s'est élevé en proportion de l'argent, malgré la grande diminution de la taxe sur l'or, de même le prix de l'argent peut s'élever par proportion au travail & aux marchandises, quand il y auroit une égale diminution de la taxe sur l'argent.

Les faits & les raisons que j'ai allégués me disposent à croire que pendant le cours de notre siècle, l'argent a commencé à hausser un peu de valeur dans le marché de l'Europe. Il est vrai que ce surhaussement est encore si peu de chose, qu'après tout ce que j'ai dit, bien des gens ne laisseront peut-être pas de douter non-seulement que sa valeur soit augmentée, mais qu'elle ne continue pas de baisser en Europe.

Il nous reste d'autres observations importantes à faire sur les *monnoies*, & sur le supplément qu'on a cru devoir y ajouter, par la création des banques & des papiers : mais nous les renvoyons à l'article PAPIER-MONNOIE.

Est-il raisonnable de mettre un droit de seigneuriage sur la fabrication des monnoies ? & la nation angloise a-t-elle tort de fabriquer les siennes aux frais du gouvernement ?

Dans tous pays, la plus grande partie des espèces courantes est toujours plus ou moins usée, ou affoiblie d'une autre manière. Elles l'étoient beaucoup dans la Grande-Bretagne avant la dernière réforme, puisque l'or étoit plus de deux, & l'argent plus de huit pour cent au-dessous de l'étalonage. Or, si quarante-quatre guinées & demie, contenant exactement une livre d'or, pouvoient acheter guère moins d'une livre d'or non monnoyé, quarante-quatre guinées & demie qui n'avoient pas tout leur poids, ne pouvoient acheter une livre pesant, & il falloit ajouter quelque chose pour compenser le déficit. Le prix courant de l'or en lingot au marché, au lieu d'être le même que celui qu'on en donnoit à la *monnoie*, ou de 46 livres sterling 14 sols 6 deniers, étoit en conséquence de 47 livres 14 sols, & quelquefois de 48 livres, ou environ : mais tandis que les espèces d'or étoient ainsi en grande partie affoiblies, quarante-quatre guinées qui venoient d'être frappées n'achetoient pas plus de marchandises au marché que des guinées plus vieilles, parce qu'allant dans les coffres du marchand, elles y étoient confondues avec d'autres dont on ne pouvoit les distinguer ensuite, sans prendre des peines qui excédoient la valeur de la différence. Comme les guinées plus vieilles, elles ne valoient dans le commerce que quarante-six livres quatorze sols six deniers. Cependant mises au creuset, elles produisoient sans perte sensible une livre d'or, qui en tout temps pouvoit être vendue 47 livres sterling 14 sols, & 48 livres en espèces qui étoient reçues comme celles qu'on venoit de fondre. Il y avoit donc un profit clair à fondre la *monnoie* nouvellement frappée, & c'est ce qu'on faisoit avec tant de diligence qu'aucune précaution du gouvernement ne pouvoit l'empêcher. Les opérations de la *monnoie* ressembloient à l'ouvrage de Pénélope. Ce qu'elle faisoit le jour, étoit défait la nuit. Elle étoit moins occupée à faire des additions journalières à la quantité d'espèces courantes, qu'à remplacer la partie qu'on fondoit tous les jours.

Dans les contrées où les particuliers qui portent leur or & leur argent à la *monnoie* payent eux-mêmes le monnoyage, cette dépense ajoute à la valeur de ces métaux, comme la façon ajoute à la valeur de la vaisselle. L'or & l'argent monnoyés valent plus que ceux qui ne le sont pas. Si le droit de seigneuriage n'est pas exorbitant, il y ajoute la valeur de ce droit, parce que le gouvernement ayant par-tout le privilège exclusif de battre *monnoie*, il n'en voit point dans le commerce à moindre prix que celui auquel il juge à propos de le fournir. A la vérité, si le droit est exorbitant, c'est-à-dire, s'il excède de beaucoup la valeur réelle du travail & de la dépense nécessaires au monnoyage, la grande différence entre la valeur de l'or en lingots & celle de l'or monnoyé, peut encourager les faux monnoyeurs, au-dedans & au-dehors, à répandre de la fausse *monnoie* en si grande quantité, qu'ils feront baisser la valeur de la réelle.

Le seigneuriage en France haussoit la valeur de la *monnoie* au-delà de la proportion convenable. Par l'édit de janvier 1726, le prix du marc d'or fin, à vingt-quatre karats, fut fixé à 740 livres 9 sols 1 denier un 11e. La *monnoie* d'or de France contenoit vingt-un karats & trois quarts d'or pur, & deux karats un quart d'alliage. Ainsi le marc d'or, conforme à l'étalonnage, ne valoit plus qu'environ 671 liv. 10 deniers. Mais en France, avec un marc d'or, on frappoit trente louis de 24 livres chacun, ce qui faisoit, 720 livres. Le monnoyage y augmentoit donc la valeur d'un marc d'or au titre en lingots, de la différence qu'il y a entre 671 liv. 10 deniers & 720 livres, c'est à-dire, de 48 liv. 19 fols 2 den. On a fait, en 1785, une refonte des *monnoies* d'or & une nouvelle loi sur la proportion de l'or & de l'argent. La refonte & la loi ont affoibli la valeur des louis qui font restés à 24 livres, & nous renvoyons le lecteur à l'article MONNOIE du dictionnaire des Finances.

Un droit de feigneuriage anéantit, dans plusieurs cas, & diminue dans tous les cas le profit des fondeurs de la *monnoie*. Ce profit vient toujours de la différence entre la quantité d'or que doit contenir la *monnoie* courante, & celle qu'elle contient en effet. Si cette différence est moindre que le feigneuriage, il y a de la perte à fondre. Si elle est égale au feigneuriage, il n'y a ni perte ni bénéfice. Si elle est plus grande que le feigneuriage, il y a bien quelque bénéfice, mais il est moindre que s'il n'y avoit pas de feigneuriage. Si avant la dernière réforme de la monnoie d'or il y avoit eu en Angleterre, par exemple, un feigneuriage de cinq pour cent sur le monnoyage, il y auroit eu une perte de trois pour cent à fondre de nouvelles pièces d'or. S'il eût été de deux pour cent, il n'y auroit eu qu'un pour cent de profit. Par-tout où l'on reçoit la *monnoie* par compte & non au poids, un feigneuriage est le plus sûr moyen de prévenir la fonte des pièces nouvelles, & par conséquent leur exportation. Ce font les meilleures pièces & les plus pesantes que l'on fond communément, ou que l'on exporte, parce que c'est sur elles qu'il y a le plus de profit à faire.

La loi faite pour encourager le monnoyage, en l'exemptant de tout droit, fut d'abord passée sous le règne de Charles II pour un temps limité; elle fut ensuite continuée à différentes reprises jusqu'en 1769, où elle fut rendue perpétuelle. La banque d'Angleterre, pour remplir ses caisses de *monnoie*, est souvent obligée de porter des lingots à la Monnoie. Probablement elle crut qu'il étoit de son intérêt que le monnoyage se fît aux frais du gouvernement plutôt qu'au sien, & il est vraisemblable que le gouvernement consentit à rendre cette loi perpétuelle, par complaisance pour cette grande compagnie. Cependant si la coutume de peser l'or venoit à se passer, comme il y a grande apparence qu'elle se passera par rapport à son incommodité; si on recevoit la *monnoie* par compte, ainsi qu'elle étoit reçue avant la dernière réforme, cette grande compagnie pourroit s'appercevoir que, dans cette occasion comme dans quelques autres, elle ne s'est pas peu trompée sur ses intérêts.

Avant la dernière réforme, lorsque les espèces d'or courantes étoient de deux pour cent au-dessous du poids d'étalonnage, elles étoient de deux pour cent au-dessous de la valeur de la quantité d'or qu'elles devoient contenir. Ainsi, quand cette grande compagnie portoit des lingots d'or pour les faire monnoyer, elle étoit obligée de payer pour cela deux pour cent de plus qu'ils ne valoient après le monnoyage. Mais s'il y avoit eu sur le monnoyage un droit de feigneuriage de deux pour cent, les espèces d'or courantes communes, quoique de deux pour cent au-dessous du poids d'étalonnage, auroient été néanmoins égales en valeur à la quantité d'or d'étalonnage qu'elles devoient contenir, la valeur de la façon compensant dans ce cas la diminution du poids.

Si le feigneuriage avoit été de cinq pour cent, & les espèces d'or courantes de deux pour cent au-dessous du poids d'étalonnage, la banque eût gagné, dans ce cas, trois pour cent sur le prix des lingots; mais, comme elle auroit eu à payer cinq pour cent de feigneuriage, sa perte, au bout du compte, seroit encore revenue exactement à deux pour cent.

Si le feigneuriage n'eût été que d'un pour cent, & les espèces d'or courantes de deux pour cent au-dessous du poids d'étalonnage, dans ce cas, la banque n'auroit perdu qu'un pour cent sur le prix de ses lingots; mais comme elle auroit eu également à payer un pour cent de feigneuriage, sa perte, au bout du compte, auroit encore été exactement de deux pour cent, comme dans tous les autres cas.

S'il y avoit en Angleterre un droit de feigneuriage raisonnable, & que la *monnoie* contînt son poids d'étalonnage, comme elle le contient à très-peu de chose près depuis la dernière reforme, quelle que fût la perte de la banque par le feigneuriage, elle feroit égale à ce qu'elle gagneroit sur le prix des lingots; & tout ce qu'elle gagneroit sur le prix des lingots, elle le perdroit par le feigneuriage. Ainsi, au bout du compte, elle ne gagneroit & ne perdroit rien, &, comme dans tous les cas précédens, elle se trouveroit exactement dans la même situation que s'il n'y avoit point de droit de feigneuriage.

Quand la taxe sur une marchandise est si modérée qu'elle n'encourage point la fraude, le marchand qui en fait trafic, avance la taxe; mais il ne la paye pas, à proprement parler, parce qu'il la rejette sur le prix de la marchandise. C'est sur le dernier acheteur ou consommateur que retombe la taxe. Or, l'argent est une marchandise dont chacun est marchand; personne ne l'achète que pour le revendre; & on ne peut dire, dans les cas ordinaires, que quelqu'un en soit le dernier acheteur ou consommateur. Ainsi, quand la taxe sur le monnoyage est si modérée qu'elle n'encourage point la contrefaction, quoique chacun avance la taxe, personne ne la paye finalement.

Un feigneuriage modéré n'augmenteroit donc jamais la dépense de la banque, ni d'aucun particulier qui porteroit ses lingots à la Monnoie pour en faire des espèces; & cette dépense n'est jamais moindre, parce qu'il n'y a point de feigneuriage. Qu'il y en ait ou non, si les espèce courantes sont au poids & au titre fixés, le monnoyage ne coûte rien à personne; & si elles n'y sont pas, il coûte toujours la différence entre la quantité qu'elles devroient contenir, & celle qu'elles contiennent en effet.

Lors donc que le gouvernement se charge des frais du monnoyage, non-seulement il fait une petite dépense, mais il perd un petit revenu qu'il pourroit gagner par un droit modéré, & ni la banque ni les particuliers ne profitent en rien de ce trait inutile de la générosité publique.

Toutefois les directeurs de la banque d'Angleterre auroient probablement de la peine à consentir à l'imposition d'un seigneuriage; ils s'en tiennent à une spéculation qui ne leur promet pas un gain, mais qui paroît les garantir d'une perte. Il n'y a certainement rien à gagner pour eux, tant que la *monnoie* d'or sera dans son état actuel, & tant qu'on continuera de la recevoir au poids. Mais si l'on cesse de la peser, comme il y a grande apparence qu'on cessera de le faire; & si la *monnoie* d'or retombe jamais dans l'état de dégradation où elle étoit avant la derniere reforme, il est probable que pour lors la banque gagneroit, ou plutôt ses frais seroient considérablement diminués en conséquence de l'imposition d'un seigneuriage. La banque est la seule compagnie qui envoie une grande quantité de lingots à la *Monnoie* de Londres, & les frais du monnoyage annuel tombent entièrement ou presqu'entièrement sur elle. Si ce monnoyage annuel n'avoit qu'à réparer la déperdition ou l'altération qui arrive nécessairement à la *monnoie* par succession de tems, il ne passeroit guère cinquante ou au plus cent mille livres sterlings. Mais quand les espèces sont dégradées au-dessous du poids d'étalonnage, il faut que le monnoyage annuel remplisse les grands vuides que font continuellement l'exportation & la fonte ou le creuset. C'est par cette raison que, durant les dix ou douze dernieres années qui ont précédé immédiatement la derniere réforme des espèces d'or, le monnoyage annuel s'est monté, année commune, à plus de huit cents cinquante mille livres sterlings. Mais s'il y avoit eu alors un seigneuriage de cinq pour cent sur la *monnoie* d'or, il auroit vraisemblablement arrêté l'exportation & la fonte, dans l'état même où étoient les choses. La banque, au lieu de perdre chaque année environ deux & demi pour cent sur les lingots, dont on tiroit plus de huit cents cinquante mille livres en espèces, ou au lieu d'essuyer une perte annuelle de plus de vingt un mille deux cents cinquante liv. sterl. en auroit été quitte pour moins du dixième de cette perte.

La somme d'argent accordée par le parlement pour défrayer la dépense du monnoyage, n'est que de quatorze mille liv. sterl. par an; & ce qu'il en coûte au gouvernement, ou les gages des officiers de la *Monnoie*, n'excèdent pas ordinairement, j'en suis sûr, la moitié de cette somme. On dira peut-être que l'épargne d'une aussi petite somme, ou même le gain d'une autre qui ne pourroit être beaucoup plus grande, sont des objets trop minces pour mériter une attention sérieuse de la part du gouvernement. Mais l'épargne de dix huit ou vingt mille liv. sterl. par an, dans un cas qui n'est pas improbable, qui est souvent arrivé, & qui doit vraisemblablement arriver encore, est un objet qui mérite une sérieuse attention de la part même d'une compagnie telle que la banque d'Angleterre.

MONOPOLE: ce terme vient de deux mots grecs qui signifient *vendre seul*: on donne ce nom à tous les commerces exclusifs.

La science de l'économie politique a été cultivée fort tard: quelques fussent les lumières d'une nation ou d'un gouvernement, chaque état autorisoit les *monopoles* entre les particuliers, ou d'un peuple à l'autre: chaque état croyoit suivre de cette manière, un régime favorable à l'industrie & à la prospérité générale. Les hommes qui ont écrit sur l'économie politique, ont éclairé les administrateurs; mais il reste encore beaucoup de préjugés sur cette matière: nous les avons combattus dans tout le cours de cet ouvrage; & nous allons établir ici des principes & des faits, d'après lesquels on pourra juger combien les préjugés sont dangereux.

Dans le commerce de l'Amérique, par exemple, chaque nation tâche de s'emparer, autant qu'elle peut, du marché entier de ses colonies, en excluant les autres nations de tout commerce direct avec elles. Durant la plus grande partie du seizième siècle, les portugais tâchèrent de s'approprier de même tout le commerce aux Indes orientales, en prétendant qu'ils avoient seuls le droit de naviguer sur la mer des Indes, par la raison qu'ils en avoient les premiers trouvé la route. Les hollandois continuent encore d'interdire aux peuples européens tout commerce direct avec leurs isles d'épiceries. Les *monopoles* de cette espèce sont établis contre toutes les nations de l'Europe, qui par-là sont privées d'un commerce où il pourroit leur être utile de placer une partie de leurs fonds, & obligées d'acheter certaines marchandises plus chères que si elles importoient elles-mêmes du pays qui les produit.

Mais, depuis la chûte de la puissance du Portugal, il n'y a point de nation en Europe qui ait prétendu au droit exclusif de faire voile sur la mer des Indes, dont les ports sont actuellement ouverts à tous les vaisseaux européens. Cependant, excepté en Portugal & depuis quelques années en France (1), le commerce aux Indes orientales a été soumis dans toute l'Europe à une

(1) Ce morceau a été écrit avant l'établissement de la nouvelle compagnie des Indes.

compagnie exclusive. Ces sortes de *monopoles* sont proprement établis contre la nation même qui les autorise. La plupart des sujets de cette nation se trouvent non-seulement exclus d'un commerce où il pouvoit leur convenir de placer une partie de leurs fonds, mais ils sont forcés d'acheter les marchandises, qui sont l'objet de ce commerce, un peu plus cher que s'il étoit ouvert & libre à tous leurs concitoyens. Par exemple, depuis l'établissement de la compagnie angloise des Indes orientales, outre l'exclusion de ce commerce donnée aux autres habitans de l'Angleterre, il leur a fallu payer dans le prix des marchandises de l'Inde qu'ils ont consommées, les profits extraordinaires que la compagnie a pu faire sur elles en conséquence de son *monopole*, & le dégât & la perte qu'ont nécessairement occasionnés la fraude & les abus inséparables de l'administration des affaires d'une si grande compagnie. Aussi l'absurdité de cette seconde espèce de *monopole* frappe-t-elle beaucoup plus les yeux que celle de la première.

Ces deux sortes de *monopoles* dérangent plus ou moins la distribution des fonds de la société; mais ils ne les dérangent pas toujours de la même manière.

Les *monopoles* de la première espèce attirent toujours dans le commerce où ils sont établis, une plus grande proportion des fonds de la société, qu'il n'y en seroit entré naturellement.

Les *monopoles* de la seconde espèce peuvent quelquefois attirer les fonds vers le commerce où ils sont établis, & quelquefois en repousser, selon les circonstances. Dans les pays pauvres ils les attirent, & dans les pays riches ils les repoussent. Dans les uns il y va plus, & dans les autres moins de fonds qu'il n'en iroit autrement.

Des pays pauvres, tels, par exemple, que la Suède & le Danemarck, n'auroient probablement jamais envoyé un seul vaisseau aux Indes orientales, si le commerce n'y avoit pas été soumis à une compagnie exclusive. L'établissement d'une pareille compagnie encourage infailliblement les aventuriers, c'est-à-dire, ceux qui veulent hasarder. Le *monopole* qu'ils exercent, les met à l'abri de tout compétiteur dans le marché intérieur; & quant aux marchés du dehors, ils ont la même chance que les marchands des autres nations. Le *monopole* leur offre la certitude d'un grand profit sur une quantité considérable de marchandises qu'ils débitent chez eux, & la chance d'un autre profit sur ce qu'ils en vendront à l'étranger. Sans cet encouragement extraordinaire, de pauvres négocians d'un pays pauvre n'auroient vraisemblablement jamais eu l'idée de risquer leurs petits capitaux dans une entreprise aussi éloignée & aussi peu certaine que leur auroit paru le commerce aux Indes orientales.

Il paroît au contraire qu'un pays riche, tel que la Hollande, enverroit aux Indes orientales un plus grand nombre de vaisseaux, si le commerce étoit libre, qu'il n'en envoie actuellement. Les fonds limités de la compagnie hollandoise des Indes orientales repoussent vraisemblablement de ce commerce plusieurs grands capitaux mercantiles, qui ne manqueroient pas d'y aller d'eux-mêmes. Le capital mercantile de la Hollande entière est si grand, qu'il se dégorge, pour ainsi dire, sans cesse, tantôt dans les fonds publics des nations étrangères, tantôt en prêts à des marchands & à des aventuriers particuliers des autres nations, quelquefois dans le commerce étranger de consommation le plus détourné, & quelquefois dans celui de transport. Tous les emplois qui sont près étant complettement remplis, le capital qu'on peut y mettre avec un profit passable s'y trouvant déjà placé, l'excédant reflue dans les emplois éloignés. Si le commerce aux Indes orientales étoit libre, il recevroit, selon toute apparence, une plus grande portion de ce capital surabondant. Les Indes orientales offrent, tant aux manufactures de l'Europe, qu'à l'or & à l'argent & à diverses autres productions de l'Amérique, un marché plus grand & plus étendu que l'Europe & l'Amérique prises ensemble.

Tout changement dans la distribution naturelle des capitaux, est nécessairement préjudiciable à la société où il s'introduit, soit qu'il attire dans un commerce particulier plus de fonds qu'il n'y en entreroit, soit qu'il repousse ceux qu'on y mettroit. S'il est vrai que le commerce de la Hollande seroit beaucoup plus étendu sans compagnie exclusive qu'il ne l'est aujourd'hui, ce pays doit souffrir une perte considérable de ce qu'une partie de son capital est exclue de l'emploi qui lui conviendroit le mieux. De même, s'il est vrai que le commerce de la Suède & du Danemarck seroit moindre, ou plutôt qu'il n'existeroit pas sans compagnie, ces deux royaumes doivent également souffrir de mettre une partie de leur capital à un usage qui s'accommode plus ou moins mal avec leur fortune présente. Ils se trouveroient peut-être mieux d'acheter des autres nations les marchandises de l'Inde, que de placer une si grande partie de leur capital dans un commerce si éloigné, où les retours sont si lents, où ce capital ne peut entretenir chez eux qu'une si petite quantité de travail productif, tandis qu'on y a si grand besoin de travail, & qu'il y a tant de choses à y faire & si peu de faites.

Quand même un pays particulier ne pourroit faire un commerce direct aux Indes orientales que par le moyen d'une compagnie, il ne s'ensuit donc pas qu'on doive y former une telle compagnie; mais il en faut conclure que ce pays-là ne doit pas se mêler de faire directement ce commerce, quoiqu'on puisse le faire sans ces sortes de compagnies: nous en avons une bonne preuve dans les portugais, qui l'ont fait un siècle presque seuls sans compagnie exclusive.

Il n'y a point de négociant particulier, dit-on, dont le capital suffise pour avoir, en différens ports de l'Inde, des facteurs & des agens qui amassent des marchandises, & qui les tiennent prêtes pour les vaisseaux qu'il peut y envoyer dans l'occasion ; & à moins qu'il n'en ait, il peut arriver souvent que, par la difficulté de trouver une cargaison, le vaisseau manque la saison du retour, & que les frais d'un si long retard emportent non-seulement tout le profit du voyage, mais occasionnent encore une perte considérable. Si cet argument prouvoit quelque chose, il prouveroit qu'on ne peut faire une grande branche de commerce sans compagnie exclusive ; ce qui est contraire à l'expérience de toutes les nations. Il n'y a point de grande branche de commerce, dont le capital d'un seul négociant particulier puisse embrasser les branches subordonnées qui doivent aller pour faire marcher la branche principale. Mais quand une nation peut entreprendre une branche de commerce, quelques marchands tournent naturellement leurs capitaux vers la principale branche, & quelques autres tournent les leurs vers les branches subordonnées ; & quoique de cette manière il arrive que toutes les branches soient exploitées, il arrive très-rarement qu'elles le soient par le capital d'un négociant particulier. Si donc une nation est à temps de faire le commerce des Indes orientales, une certaine portion de son capital se partagera entre toutes ses différentes branches. Quelques-uns de ses marchands trouveront qu'il est de leur intérêt de résider dans l'Inde, & d'y employer leurs capitaux à faire des provisions de marchandises pour les vaisseaux qu'y doivent envoyer d'autres marchands résidens en Europe. Si les différens établissemens que les nations européennes ont obtenus dans l'Inde, n'étoient plus des compagnies exclusives, & qu'ils fussent sous la protection immédiate du souverain, ils deviendroient une résidence sûre & commode, au moins pour les marchands des nations auxquelles ils appartiennent. Si, à une époque particulière, la portion du capital du pays, qui se porteroit d'elle-même à ce commerce, ne suffiroit pas pour toutes les branches, ce seroit une preuve que le pays se presse trop de le faire, & qu'il lui seroit plus avantageux d'acheter quelque temps des autres nations européennes les marchandises de l'Inde dont il a besoin, même à plus haut prix, que de les importer lui-même directement de l'Inde. Rarement perdroit-il par le haut prix de ces marchandises, autant qu'il perd par la distraction d'une grande portion de son capital enlevé à des emplois plus nécessaires ou plus convenables aux circonstances où il se trouve.

Quoique les européens possèdent des établissemens considérables sur la côte d'Afrique & aux Indes orientales, ils n'y ont pourtant pas encore des colonies aussi nombreuses & aussi florissantes que celles des îles & du continent de l'Amérique. Cependant l'Afrique & divers pays, compris sous le nom général d'*Indes orientales*, sont habités par des nations barbares. Mais ces nations n'étoient pas si foibles, ni si faciles à vaincre que l'étoient les pauvres américains sans défense & sans ressources ; & d'ailleurs elles étoient plus peuplées, en proportion de la fertilité naturelle du sol qu'elles habitoient. Les nations les plus barbares des Indes orientales & de l'Afrique étoient des peuples pasteurs, sans en excepter même les hottentots ; mais les naturels de toute l'Amérique, excepté le Mexique & le Pérou, étoient tous chasseurs ; & il y a une grande différence entre le nombre de bergers, & le nombre de chasseurs que peut faire subsister un territoire également étendu & fertile. Il étoit donc plus difficile de déplacer les naturels de l'Afrique & des Indes orientales, & d'étendre les plantations européennes sur la plus grande partie des terres occupées par les indigènes. Ajoutez que le génie des compagnies exclusives est défavorable aux progrès des nouvelles colonies, & qu'il a été probablement la principale cause de ce qu'elles en ont fait si peu dans les Indes orientales. Les portugais ont fait le commerce d'Afrique & des Indes orientales sans compagnies exclusives ; & leurs établissemens à Congo, à Angola & Benguela sur la côte d'Afrique, & à Goa dans les Indes orientales, quoiqu'arrêtés par la superstition & par tous les genres de mauvaise administration, ne laissent pas d'avoir quelque légère ressemblance avec les colonies de l'Amérique, & sont en partie occupés par des portugais depuis plusieurs générations. Les établissemens des hollandois au cap de Bonne-Espérance & à Batavia sont aujourd'hui les deux plus fortes colonies européennes qu'il y ait en Afrique & dans l'Inde, & leur situation est singulièrement heureuse. Le cap de Bonne-Espérance étoit habité par des peuples aussi barbares & aussi parfaitement incapables de se défendre que les naturels de l'Amérique. Il est d'ailleurs comme un lieu de repos, à moitié chemin de l'Europe aux Indes orientales, & presque tous les vaisseaux de l'Europe y faisant quelque séjour en allant & en revenant, la quantité de provisions fraîches de toute espèce, les fruits, & quelquefois le vin qu'ils y prennent en passant, en font un très-grand marché sur le surabondant du produit des colons. Batavia est pour les différentes contrées de l'Inde ce que le Cap de Bonne-Espérance est pour l'Inde & l'Europe. Il se trouve sur la route la plus fréquentée de l'Indostan à la Chine & au Japon, & presque à moitié chemin. Presque tous les vaisseaux d'Europe qui vont en Chine, touchent à Batavia, qui est encore le centre & la principale foire de tout ce qu'on appelle dans l'Inde le commerce du pays, non-seulement de celui qu'y font les européens, mais

mais auſſi de celui qu'y font les naturels entr'eux; & on voit ſouvent, dans ſon port, des vaiſſeaux montés par des habitans de la Chine & du Japon, du Tunquin, de Malaca, de la Cochinchine & des iſles Célebes. Des ſituations ſi favorables ont mis ces deux colonies en état de ſurmonter tous les obſtacles que le génie oppreſſif des compagnies excluſives a pu oppoſer à leur agrandiſſement. Ces avantages ont fait triompher Batavia du climat même, qui eſt peut-être le plus mal-ſain qu'il y ait au monde.

Cette grande queſtion de la liberté du commerce & de l'induſtrie eſt diſcutée ſouvent : les partiſans de la liberté ont, malgré leur exagération, un avantage ſur les partiſans des *monopoles* & des priviléges excluſifs : ils ſe trompent quelquefois; mais leurs erreurs ne ſeront jamais auſſi préjudiciables à l'induſtrie & à la proſpérité générale, que les erreurs de leurs adverſaires.

Nous avons traité ce qui regarde les *monopoles* particuliers à l'article INDUSTRIE, & nous avons indiqué, dans les articles des pays qui ont adopté les *monopoles* généraux, les funeſtes effets de ces *monopoles* généraux.

MONTBELLIARD, pays immédiat de l'Empire, ſans faire partie d'aucun des cercles.

Le comté de *Montbelliard* eſt ſitué entre l'évêché de Bâle, la Franche-Comté, le duché de Lorraine & le Sundgau. Le cercle du Rhin & celui de la Suabe refuſent également de le reconnoître pour co-état. Il eut, dans des temps reculés, des comtes particuliers; la race s'en éteignit en 1395 par la mort du comte Henri. Henriette, ſa fille, avoit épouſé Everard le jeune, comte de Wurtemberg, qui, hérita de ce pays du chef de ſa femme, en devint le propriétaire, & le tranſmit à ſa poſtérité. Il forma par la ſuite l'appanage de différens princes de cette maiſon, qui furent les ſouches d'autant de branches; la dernière ſe termina par la mort du duc Léopold-Frédéric, arrivée en 1631. Léopol-Frédéric & George, ſes deux fils, lui ſuccédèrent tour-à-tour dans la régence de ce comté. Ce dernier le tranſmit à Léopold Everard, ſon fils, qui mourut en 1723. Les débats que fit naître cette ſucceſſion, portèrent le roi de France à le mettre en ſequeſtre. Les barons & les baronnes de l'Eſpérance & formèrent des prétentions comme iſſus du ſang de Léopold Everard, dernier prince décédé; mais le conſeil aulique de l'Empire les ayant déclarés, en 1723 & 1739, inhabiles à ſuccéder, & à être revêtus de la qualité de prince; le roi de France, de ſon côté, les ayant reconnus pour illégitimes en 1747, incapables par conſéquent de poſſéder les ſeigneuries de ce comté, ſituées ſous ſa domination, ils ne parvinrent qu'à obtenir une penſion alimentaire, & le comté fut abandonné au duc de Wurtemberg en 1748. Ces jugemens furent ſuivis, en 1748, d'une tranſaction rédigée par une commiſſion aulique de l'Empire, entre Charles-Eugène, duc régnant de Wurtemberg, d'une part, & les barons de l'Eſpérance de l'autre : ces derniers renoncèrent par ſerment, tant au nom qu'aux armes de *Montbelliard*, ſous la promeſſe que fit le duc de leur payer annuellement une ſomme de 14,000 florins.

On nomme communément ce pays *comté princier*, non parce qu'il a été érigé en principauté, mais parce que depuis pluſieurs ſiècles il n'a eu d'autres poſſeſſeurs que des ducs de Wurtemberg, qu'on appelloit ducs de *Montbelliard*, au lieu de ducs de Wurtemberg-*Montbelliard*, qui, au fond, eſt leur véritable qualification. La maiſon de Wurtemberg jouit, à titre de ce comté, d'un droit de ſuffrage dans le collège des princes, & en eſt inveſtie comme d'un fief relevant de la couronne.

Le duc de Wurtemberg aujourd'hui régnant a établi, dans ce pays, un gouverneur qui préſide à la régence. Ce pays comprend :
I. Le comté de *Montbeillard* proprement dit.
II. Et ſept ſeigneuries attachées au comté de *Montbeillard*, qui ſont tenues en fief de la couronne de France. *Voyez* l'article WURTEMBERG.

MONTFORT (comtes de), ſouverains d'Allemagne, à cauſe des ſeigneuries de Tettuang & d'Argen, ſituées dans le cercle de Suabe.

Les comtes de *Monfort* tirent leur nom du château démoli de *Monfort*, ſitué ſur une montagne du comté de Feldkirch. Rodolphe, comte de *Montfort*, qui vivoit au treizième ſiècle, eut trois fils, Hugues, Rodolphe & Ulric, leſquels fondèrent trois branches : la première prit le nom de Tettuang; la ſeconde celui de Feldkirch, & la troiſième celui de Bregenz. Cette dernière s'éteignit dès l'an 1338; & la ſeconde en 1390, par la mort du comte Rodolphe qui, dès 1365, avoit vendu le comté de Feldkirch ou de *Montfort* à la maiſon d'Autriche. Il ne reſtoit donc que la branche aînée de Tettuang, qui, dans les fils du comte Hugues, appellés *Guillaume & Henri*, ſe ſoudiviſa en deux rameaux diſtingués par les noms de *Tettuang* & de *Bregenz*. Le premier ayant fini en 1474 à la mort du comte Ulric, l'empereur Maximilien s'empara des terres de *Montfort* par droit de dévolution, & les rendit l'année ſuivante à l'archiduc Ferdinand d'Autriche : celui-ci occupa toute la ſeigneurie de Tettuang, & n'obtint dans la ſeigneurie d'Argen que la haute & baſſe juriſdiction & quelques autres droits, tandis que le domaine utile de cette terre, ainſi que la ſeigneurie de Waſſerbourg, furent abandonnés aux héritiers allodiaux. Cependant la branche de Bregenz ayant fourni des preuves inconteſtables de ſa conſanguinité & de ſon droit de succession, elle obtint à la fin la possession de toutes ces seigneuries ; & elle aliéna dans la suite le comté de Bregenz & la seigneurie de Wasserbourg.

Les seigneuries de Tettuang & d'Argen, arrosées par les rivières de Schufs & d'Arg, se trouvent près du lac de Constance, entre la préfecture d'Altorf, le territoire des villes de Wangen & de Lindau, & la seigneurie de Wasserbourg, aujourd'hui appartenante aux comtes de Fugger.

Leurs possesseurs prennent le titre de comtes régnants de *Montfort*, seigneurs de Bregenz, de Tettuang & d'Argen. Ce pays est taxé sur la matricule de l'Empire à deux cavaliers & onze fantassins, évalués à 68 florins par mois ; & sa contribution pour l'entretien de la chambre impériale est de 61 rixdales 28 & demi kr. Le seigneur a voix & séance dans le collège des comtes de Suabe, aux diètes de l'Empire, & à celles du cercle.

MONTSERRAT. *Voyez* l'article NÉVIS.

MORALE POLITIQUE. *Voyez* l'article POLITIQUE & le Dictionnaire de Morale.

MORAVIE, marquisat ou margraviat de *Moravie*.

La *Moravie* a pour bornes la Bohême au couchant, Glatz & la Silésie au nord : cette même Silésie & la Hongrie au levant, & l'Autriche au midi. Son étendue est d'environ 360 milles quarrés. Il est probable que le nom de *Moravie*, en allemand *Mahren*, lui vient de la rivière de Morava ou March.

Sol, productions.

Elle produit ordinairement plus de bled qu'il n'en faut pour nourrir ses habitans. Le reste passe dans le pays de Glatz, de Silésie, de Bohême & d'Autriche. Les cercles d'Olmutz & de Prerau donnent du lin & du chanvre en abondance.

La multitude de forêts dont ce pays est rempli, est très-avantageuse, & elle favorise l'éducation des abeilles.

Le terrein des champs & prairies se divise en enclaves, appellés *lahnes*, qu'on partage en trois classes, suivant la différence du sol ; savoir, les bonnes, les moyennes & les qualités inférieures. Il faut pour chaque lahne de la première classe cent boisseaux de semaille ; celles de la seconde classe en exigent 125, & celles de la troisième 150, mesure de la basse-Autriche. Le clergé possède en fiefs 458 lahnes ; les autres fiefs se montent à 456, & les majorats & seigneuries à 4994.

Population.

On exagère ordinairement le nombre des villes, bourgs & villages de la *Moravie*, ainsi qu'on a exagéré la population de la Bohême. Les Mémoires que j'ai sous les yeux, dit Busching, indiquent 99 villes grandes ou petites, 159 bourgs & plus de 2478 villages. On y compte 87 mille 271 maisons.

Etats.

Les états de cette province sont composés du clergé, des seigneurs, des nobles & du tiers-état. L'ordre du clergé est formé par l'évêque d'Olmutz & les chanoines capitulaires de son église. Il faut y ajouter les ordres de chevalerie, qui ont des commanderies dans le pays. Il y a dans la classe des seigneurs, des princes, des marquis, des comtes & des barons : le reste des nobles forme la classe de la noblesse, & le tiers-état est composé des villes royales d'Olmutz, Brunn, Znaym, Iglaw, Ungarisch-Brod, Hradisch, Mahrisch-Neustadt & de Gaya. Les diètes sont convoquées par le souverain, & se tiennent à Brunn.

Religion & régime ecclésiastique.

Dès le huitième siècle, la doctrine chrétienne fut connue dans ce pays ; Charlemagne ayant forcé Samoslas, roi des moraves, de recevoir le baptême vers l'an 791.

La Moravie est soumise à la juridiction ecclés. de l'évêque d'Olmutz, qui prend le titre de duc, prince du Saint-Empire, & comte de la chapelle royale de Bohême : il avoit autrefois voix & séance aux diètes d'Allemagne, & il se trouve aujourd'hui sous la dépendance immédiate du saint-siège.

Manufactures.

Parmi les manufactures du pays on distingue celles de drap, établies à Iglau, Znaym, Fulneck, Trebisch, & principalement celle de Brunn, qui fournit un beau drap qui coûte de quatre à huit florins l'aune. Il y a aussi à Brunn une manufacture de velours & de velours sur coton ; Schœnberg, Langendorf & Brunn ont des fabriques de peluche. On trouve à Tulefchitsch une manufacture d'étoffes de laine : on fabrique des toiles à Lettowitz, & des chapeaux en plusieurs endroits. Les papéteries de Langendorf près de Schœnberg l'emportent sur toutes celles dont la province fourmille. On y rencontre aussi des forges & des verreries indépendamment de plusieurs autres fabriques, parmi lesquelles il y a des moulins de poudre à canon. On a créé à Brunn une chambre de commerce pareille à celle de Prague, pour veiller aux progrès des manufactures & du commerce.

Commerce.

On exporte par an plusieurs milliers de pièces de drap, qui parviennent à l'étranger par Trieste. Elle exporte aussi des grains, de la toile, des laineries, du chanvre, des cuirs, du safran, des noix de gale, des fruits, des fromages, des porcs, des chevaux, des bœufs, du salpêtre, du sel, du plomb & de petites marchandises en fer.

Précis de l'histoire politique de la Moravie.

Les anciens habitans de la *Moravie* furent les quades & les marcomans, qui chassèrent les slaves. Cette nation forma un royaume, qui s'étendoit beaucoup plus loin que la *Moravie* moderne; car il embrassoit une partie de la Hongrie jusqu'à la rivière de Gran. Au neuvième siècle, les rois de ce pays étoient encore puissants & absolus; Charlemagne soumit le roi Zamoslas, & Louis le débonnaire son fils & son successeur força le roi Megomir à devenir son vassal. Louis le germanique fit prisonnier un autre roi morave, nommé *Ratschko*, *Radislaw* ou *Rastilz*; & Arnould, roi de Germanie, secondé par les huns, subjugua le roi Snatopluck, vers la fin du neuvième siècle. Ce fut sous son fils Snatobog qu'en 908 arriva la destruction de l'empire de *Moravie*, qui devint la proie des allemands, des polonois & des hongrois. La partie la plus voisine de la Bohême se mit volontairement sous la protection de Wratislas I, duc de Bohême, qui repoussa les hongrois & conquit toute la partie orientale jusqu'à la rivière de Morave. Les bornes de la *Moravie* furent encore plus reculées par le duc Ulric de Bohême, & sur-tout par son fils Brzetislas qui, en 1026, en enleva une grande portion aux polonois. Peu après il traita les hongrois de la même manière, & il donna dès lors à la *Moravie* à peu près l'étendue qu'elle a de nos jours. Depuis cette époque, elle est demeurée réunie à la Bohême, quoique les ducs & les rois de ce pays l'aient souvent donnée à leurs fils, frères ou parents, & qu'ils l'aient partagée en différentes occasions. Le duc Brzetislas introduisit cet usage en abandonnant le district d'Olmutz à son second fils Wratislas; celui de Brunn au troisième, nommé *Otton*, & le territoire de Znaym à Conrad son quatrième fils. Wratislas étant devenu duc de Bohême après la mort de Spitignœns son frère aîné, il céda Olmutz à son frère Otton, & Brunn fut ajouté à l'héritage de Conrad. Le duc Wratislas secourut l'empereur Henri IV contre les saxons; & ce prince en 1085 l'éleva à la dignité royale dans une diète tenue à Mayence. En même-temps l'empereur donna le titre de marquisat à la province de *Moravie* annexée à la couronne de Bohême; & c'est de là que les rois de Bohême prennent le titre de *margraves de Moravie*. Lors de l'investiture de ce marquisat, donnée par Charles IV à son frère Jean, & par Sigismond à son gendre Albert, duc d'Autriche, on en excepta l'évêché d'Olmutz & la principauté d'Oppau ou Troppau, qui appartenoit autrefois à la *Moravie*: ces princes déclarèrent que l'une & l'autre de ces deux terres étoit immédiatement annexée & soumise à la couronne de Bohême. Depuis le règne du roi Matthias, la *Moravie* n'a plus eu de margraves particuliers, & elle est toujours restée incorporée au royaume de Bohême.

Les margraves particuliers que la *Moravie* a eus à différentes époques, quoique toujours vassaux de la Bohême, étoient princes & états de l'Empire. Ce marquisat garde encore sa constitution particulière. Nous avons parlé plus haut de ses états.

Grands officiers.

Le grand sénéchal, cinq capitaines de la milice, le grand chambellan, le grand juge provincial, le grand juge de la cour, le grand notaire, le sous chambellan, le vice-juge, le sous-notaire, le châtelain. De ces six officiers provinciaux, les six derniers sont toujours tirés de l'ordre des nobles, tandis que les premiers sont choisis dans celui des seigneurs. Chacun d'eux n'exerce ordinairement son office que pendant cinq années.

Tribunaux.

Le premier tribunal du pays est appellé *gubernium*, & dépend de la chancellerie aulique de Bohême & d'Autriche à Vienne. Il a remplacé la représentation & la chambre des comtes que l'on a abolies. Le tribunal de la sénéchaussée, auquel le fisc royal est annexé, & le conseil provincial divisé en grand & en petit, & qui se tient deux fois par an, décident des affaires qui regardent la justice. Le comité des états & le directoire de la noblesse ont une sorte de jurisdiction. L'évêque d'Olmutz à un tribunal vassalitique & une officialité.

Contributions.

La *Moravie* paye environ le tiers des contributions demandées à la Bohême. Elle verse annuellement dans la caisse militaire de l'Autriche la somme de 1,856,490 florins.

Administration.

Tout le marquisat est divisé en cinq cercles, dont chacun est gouverné par un capitaine, appellé *kreishauptmann*: c'est une espèce de commissaire ordonnateur, qui préside aux logemens, passages & entretien des gens de guerre. *Voyez* les articles BOHÊME, AUTRICHE, &c.

MORTALITÉ : le sens que nous donnons ici à ce mot, regarde le calcul des morts relativement aux naissances, d'où résulte une appréciation de la population totale d'un état : cette question d'arithmétique politique est intéressante, & nous croyons devoir la traiter.

M. Messance, dans ses *Recherches sur la population*, imprimées à Paris en 1766, croit que, dans les grandes villes, le nombre des enfans qui naissent chaque année, est la 24ᵉ partie du nombre total des habitans, & que dans les provinces il est seulement la vingt-troisième partie. Il trouve que les naissances sont aux morts comme 67 à 55 dans les provinces : ainsi il meurt, suivant lui, la trentième partie des habitans d'une province ; & il suffit de multiplier par 30 le nombre des sépultures, pour avoir le nombre des habitans des provinces, & par 35 pour les grandes villes.

La différence de *mortalité* est beaucoup plus considérable entre les villes & les campagnes, suivant M. Wargentin, qui pour avoir le nombre des habitans, multiplie les morts par 20 dans les villes, & par 35 dans les campagnes.

Dans les *Essais de calcul politique*, publiés à la Haye en 1748 par M. Guillaume Kerseboom, en hollandois, on multiplie par 35 pour les villes de Hollande. Suivant les calculs de Kerseboom, il y a dans la ville & le territoire de la Haye 41 mille 500 habitans, & on y compte chaque année 1170 morts & 1200 naissances : il y a à Harlem 50,500 habitans & 1450 naissances ; à Leyde, 63,000 habitans, 1800 naissances & 1920 morts ; à Rotterdam, 56,000 habitans & 1600 naissances. A Amsterdam, le nombre des naissances est de 7000, d'après un terme moyen pris sur plus de 40 années, non compris les juifs qui peuvent augmenter de cinq à six cents le nombre des naissances ; Kerseboom y compte 241,000 habitans, 43,000 mariages subsistans & 2300 mariages qui se forment chaque année.

M. Maitland, dans les *Transactions philosophiques*, n°. 450, a écrit contre M. Kerseboom ; M. Simpson, dans son *Traité sur les annuités*, a aussi donné des calculs fort différens. Il reproche, par exemple, à M. Kerseboom de supposer qu'il y a plus d'habitans à Paris qu'à Londres ; mais c'est ce qui résulte également de l'ouvrage du major Graunt, où il y a une comparaison de Londres & de Paris, qui donne le rapport de 25 à 32 entre ces deux villes. Le rapport de la population de ces deux capitales est une question incidente, & nous ne chercherons pas ici à l'établir d'une manière plus précise.

M. Kerseboom dit que, sur cent enfans qui naissent, il s'en trouve cinq de morts-nés ; & que, sur cent enfans nés vivans, il y en a environ vingt qui meurent dans la première année ; mais M. Simpson en compte trente deux, & le major Graunt trente-six.

Dans l'*abrégé des Mémoires de l'Académie de Stockholm*, qui forme le tome 11ᵉ de la *Collection académique*, on trouve des tables de *mortalité*, faites par M. Wargentin, d'après les états des naissances & des morts, qu'on dresse tous les ans. Les nombres varient d'une année à l'autre ; mais la même proportion se conserve dans chaque période. Il meurt annuellement un quart, ou un cinquième des enfans en bas âge. On retrouve tous les ans la même proportion dans les deux sexes, tant à Stockholm que dans toute la Suède. Quoique les femmes n'aient pas autant de force de corps que les hommes, elles vivent plus long-temps. On avoit cru qu'il en mouroit moins, parce qu'en général leur vie est plus réglée, & qu'elles sont assujetties à des travaux moins pénibles ; mais les tables de M. Wargentin attestent que c'est une loi naturelle qui agit depuis la plus tendre enfance jusqu'au terme de notre vie ; & que, sur un nombre égal d'hommes & de femmes, il meurt en hommes un dixième ou un onzième de plus.

La certitude de la vie augmente rapidement dans les dix premières années ; elle est à son plus haut point durant les dix années suivantes : elle diminue après la vingtième, d'abord avec rapidité, ensuite lentement. Si on prend les individus, tant mâles que femelles, morts dans neuf années, on trouve que, dans les années où il a régné beaucoup de maladies, il en est mort un sur vingt-neuf ; dans les années saines, un sur 39 ; & en adoptant un terme moyen, qu'il en meurt un sur trente-six. On voit aussi constamment, dans les registres de Suède, la population & la *mortalité* croître ou décroître, suivant que les années sont abondantes ou stériles.

	mariag.	naissan.	morts.
Années stér. { 1757.	18,799	81,878	68,054
1758.	19,484	83,299	74,370
Années abo. { 1759.	23,210	85,579	62,662
1760.	23,383	96,635	60,083

Dans les années aussi malheureuses que l'ont été 1756, 1757, 1762 & 1763, la *mortalité* étoit à Stockholm d'un sur vingt, tandis que dans les plus grandes villes, telles que Londres, Amsterdam, Rome, Berlin, il en meurt un sur vingt-quatre & vingt-six. Cette différence peut venir en partie de ce que les registres de Stockholm ne comptent pas au nombre des vivans les étrangers & les voyageurs, quoique l'on porte au nombre des morts ceux d'entr'eux qui meurent dans cette ville.

Suivant l'opinion commune, l'homme est également porté à la propagation dans toutes les saisons, & quelques auteurs ont pensé que la constance de ses desirs à cet égard est l'effet de l'égalité d'abondance & de bonté de sa nourriture. Mais les registres de toute la Suède présentent une grande différence dans le nombre des enfans nés à différentes époques de l'année.

Le mois de septembre y paroît le plus fertile; celui de juin le plus stérile; la différence dans ces deux mois est de près d'un quart. Il est né en janvier, février & mars 308,284 enfans; en mai, juin & juillet 250,581; ces deux nombres sont entr'eux comme 6 à 5. Le nombre des naissances a été plus grand en septembre, mars, février & janvier; médiocre en décembre, octobre, avril & novembre; foible en août, mai, juillet & juin. Cet ordre a été constant dans les treize années calculées par M. Wargentin, à quelques légères différences près, & il n'est pas vraisemblable que ce soit l'effet du hasard. Si nous remontons au temps de la conception, nous verrons que le mois le plus fécond est celui de décembre, ensuite avril, mai, juin; & que les plus stériles sont août, septembre & octobre.

Les années où l'on récolte le plus de fruits, sont aussi les plus fertiles en enfans; mais il ne paroît pas que cette richesse contribue à l'époque de leur naissance. La classe des paysans est la plus nombreuse: c'est en automne qu'ils ont la meilleure & la plus abondante nourriture; c'est alors qu'ils tuent des bestiaux, & donnent leurs repas de fêtes & de noces. Vers le printemps leurs celliers sont vuides; il y en a peu qui soient assez aisés ou assez économes pour faire une dépense toujours égale; cependant il y a beaucoup plus d'enfans conçus au printemps qu'en automne. On pourroit croire que les travaux, plus ou moins grands dans les différentes saisons, devroient diminuer ou augmenter la fécondité; mais les travaux du printems sont plus grands que ceux de l'automne. Il paroît donc que le printems, qui met en mouvement toute la nature, excite aussi l'homme à se reproduire; & qu'en automne au contraire, où le mouvement de la nature se ralentit, la fécondité diminue; la seule exception à cette loi est la fertilité de décembre, causée peut-être par le repos & les longues nuits de ce mois.

La *mortalité* des différens mois de l'année est représentée dans la table ci-dessous, tirée des registres de la Suède pour treize années, en prenant sur chaque mois le même nombre de jours. Le mois d'avril est le plus funeste, ensuite mai, mars, février & juin. Il en périt moins en janvier, juillet, août, novembre, encore moins en décembre, septembre & octobre. Le nombre des morts est moindre d'un tiers en octobre qu'en avril; il est aussi moindre d'un tiers dans les six derniers mois de l'année que dans les six premiers; il augmente depuis le commencement de l'hiver jusqu'à la fin de cette saison, & diminue ensuite jusqu'à la fin de l'automne; les accroissemens de *mortalité* paroissent venir des changemens subits de température, soit naturelle, soit artificielle. L'air intérieur des maisons est très-chaud, tandis que l'air extérieur est froid depuis la fin de mars jusqu'à celle de mai. On a des alternatives continuelles de froid & de chaud, & les vapeurs dont l'air est chargé lorsqu'il dégele, occasionnent beaucoup de maladies dans l'automne : en été, la température est plus égale. La même observation a donné en Angleterre le même résultat; quant à Stockholm en particulier, on y trouve quelque différence.

Avril	80,902.
Mai	78,417.
Mars	74,005.
Février	71,663.
Juin	68,417.
Janvier	66,646.
Juillet	61,839.
Août	58,877.
Novembre	57,073.
Décembre	56,650.
Septembre	56,355.
Octobre	54,886.

Le calcul des *mortalités* conduit à celui des probabilités de la vie ou de l'espérance qui reste pour chaque âge. Cette espérance est le nombre d'années, après lequel on trouve morts plus de la moitié des hommes qui avoient le même âge.

L'histoire naturelle de M. le comte de Buffon offre une table de calculs faits sur le relevé des registres de douze paroisses de la campagne, & de trois de Paris. Cette table, à laquelle nous renvoyons pour l'objet principal, est susceptible d'applications particulières que nous allons faire ici.

Il résulte de cette table qu'on peut espérer raisonnablement, c'est-à-dire, parier un contre un, qu'un enfant qui vient de naître, ou qui a zéro d'âge, vivra huit ans; qu'un enfant qui a vécu un an, vivra encore trente-trois ans; qu'un enfant de deux ans révolus vivra encore trente-huit ans; qu'un homme de vingt ans révolus vivra encore trente-trois ans cinq mois; qu'un homme de trente ans vivra encore vingt-huit ans, & ainsi de tous les autres âges. L'âge auquel on peut espérer une plus longue durée de vie, est l'âge de sept ans, puisqu'on peut parier un contre un, qu'un enfant de cet âge vivra encore 42 ans trois mois. A l'âge de 12 ou 13 ans on a déja vécu le quart de sa vie, puisqu'on ne peut légitimement espérer que 38 ou 39 ans de plus; de même qu'à l'âge de 28 ou 29 ans, on a vécu la moitié de sa vie, puisqu'on n'a plus que 28 ans à vivre. Enfin, ayant

50 ans, on a vécu les trois quarts de sa vie, puisqu'on n'a plus que 16 à 17 ans à espérer. Mais ces vérités physiques si mortifiantes en elles-mêmes, dit M. de Buffon, peuvent se compenser par des considérations morales : un homme doit regarder comme nulles les quinze premières années de sa vie; tout ce qui lui est arrivé, tout ce qui s'est passé dans ce long intervalle de temps, est effacé de sa mémoire, ou du moins a si peu de rapport avec les objets & les choses qui l'ont occupé depuis, qu'il ne s'y intéresse en aucune façon : ce n'est pas le même souvenir d'idées, ni même la même vie; nous ne commençons à vivre moralement que quand nous commençons à ordonner nos pensées, à les tourner vers un certain avenir, à prendre une certaine consistance, un état relatif à ce que nous devons être dans la suite. En considérant la durée de la vie sous ce point de vue, qui est le plus réel, nous trouverons dans la table qu'à l'âge de 25 ans on n'a vécu que le quart de sa vie; qu'à l'âge de 38 ans on n'a vécu que la moitié, & que ce n'est qu'à l'âge de 56 ans qu'on a vécu les trois quarts de sa vie.

M. de Parcieux, dans son *Essai sur les probabilités de la vie humaine*, & dans le supplément qu'il a publié quelques années après, a donné des tables pareilles. Mais ses tables & celles de messieurs Kersoboom, Halley, Graunt, Simpson ne suffisent pas pour résoudre la question, parce qu'on n'a point encore eu de dénombrement bien complet, &, tête par tête, des habitans d'une province ou d'une ville, ni de registres où l'âge des morts soit marqué avec exactitude. Ce travail seroit digne de l'attention & du zèle des curés intelligens, qui ont la facilité & le loisir nécessaires pour de semblables opérations. Ce sont les seuls qui soient point suspects aux peuples en faisant un dénombrement; tout autre calculateur l'inquiète, & on le trompe. Cependant ces tables de *mortalité* seroient bien utiles à la société, pour juger des progrès de l'espèce humaine, des influences du climat, des saisons, des alimens, enfin de tout ce qui est favorable ou nuisible à l'humanité.

On a reconnu en Angleterre, par des observations exactes, que de cent personnes nées le même jour ou la même semaine, il en meurt trente-six jusqu'à l'âge de six ans, & qu'ainsi il en reste seulement 64 à cette époque.

Des 64 jusqu'à 16 ans, il en meurt 24, & il n'en reste que 40.

Des 40 jusqu'à 26 ans, il en meurt 14, & il n'en reste que 26.

Des 26 jusqu'à 36 ans, il en meurt 10, & il n'en reste que 16.

Des 16 jusqu'à 46, il en meurt 6, & il n'en reste que dix.

Des dix jusqu'à 56 ans, il en meurt 4, & il n'en reste que 6.

Des 6 jusqu'à 66 ans, il en meurt 3, & il n'en reste que 3.

Des 3 jusqu'à 76 ans, il en meurt 2, & il n'en reste qu'un.

Et cette seule personne ne passe guère 80 ou cent ans. *Voyez* l'article POPULATION.

MULHAUSEN, ville impériale d'Allemagne, au cercle de basse-Saxe : elle est située dans la Thuringe & arrosée par la rivière d'*Unstrut*.

On ignore l'époque de sa fondation : on ne la connoît, non plus que son territoire, que depuis l'onzième siècle. Henri le lion, duc de Saxe & de Bavière, la réduisit en cendres en 1180. Conrad, empereur d'Allemagne, lui accorda des privilèges en 1251, & lui promit de ne jamais l'aliéner. L'empereur Guillaume lui donna de pareilles assurances en 1255, & cependant l'empereur Rodolphe l'engagea en 1278 à Albert, margrave de Misnie, quoique la ville soutienne de son côté, que cette aliénation n'ait jamais eu son entière exécution. Quoi qu'il en soit, cette ville fut mise au ban en 1334 par le tribunal provincial de la Thuringe; des incendies la dévastèrent en 1422 & 1487; elle souffrit beaucoup durant les brouilleries des empereurs avec les papes, & elle fut toujours fidelle aux empereurs. Ensuite elle se vit exposée à la tyrannie des landgraves, des avoués & des préfets d'Alsace. Enfin, craignant pour sa liberté, elle s'allia avec Berne & Soleure en 1466, & avec Bâle en 1506. En vertu de cette alliance avec le corps helvétique, a toujours joui de l'avantage de la neutralité & de la paix au milieu des guerres perpétuelles de l'Allemagne.

En 1733 l'empereur, mécontent de cette ville, envoya des troupes de l'électeur & du duc de Brunswick, qui y vécurent à discrétion. Ce fut l'empereur Louis qu'elle acquit, en 1332 & 37, la charge de prévôt impérial, qu'elle fait exercer dans la ville & dans l'étendue de son territoire. Elle occupe la neuvième place aux diètes sur le banc du Rhin parmi les villes d'Empire, & la troisième aux assemblées du cercle de la basse-Saxe dans le même collège. Sa taxe matriculaire, pour un mois romain, est fixée à 160 florins, & son contingent pour l'entretien de la chambre à 135 rixdales & 23 kr. Son territoire est de vingt villages.

MUNSTER, évêché souverain d'Allemagne, au cercle de Westphalie.

Il est borné au couchant par les Provinces-Unies, & notamment par le comté de Zutphen & les provinces d'Overyssel & Groningue, & par le comté de Bentheim ; au septentrion, par la principauté d'Ost-Frise, le comté d'Oldenbourg & le bailliage de Wildeshausen, qui dépend de l'électorat de Hanovre; au levant, par le comté de Diepholz, l'évêché d'Osnabruck, & les com tés de Teklenbourg, Lingen & Ravensberg ; au midi, par une petite partie du duché de Westphalie, le comté de la Marck, le comté de Recklinghausen qui appartient à Cologne, & le duché de Clèves. C'est le plus grand évêché compris dans le cercle de Westphalie.

Sol.

Le pays est généralement plat & uni, à l'exception de quelques hauteurs que l'on rencontre çà & là. On dit qu'il contient 200 milles, dont près des deux tiers sont des landes : ces landes servent aux pâturages. Il y a des districts très-fertiles.

Population.

Outre la capitale, cet évêché renferme douze villes, qui assistent aux assemblées provinciales, douze autres villes & douze bourgs appellés, suivant l'ancienne dénomination, *Weichbilde*, & dans le langage du pays, *Wigbolde*; ils n'ont point de jurisdiction mun cipale : on évalue la population à 350,000 ames. Les états provinciaux sont composés du clergé, de la noblesse, & des douze villes dont nous parlions tout-à-l'heure. Les états se tiennent ordinairement à Munster.

Religion.

Le luthéranisme eut dans ses commencemens beaucoup de sectateurs en Westphalie ; mais cette communion y fut opprimée, & l'exercice public qui avoit été accordé dans le district d'Embsland, fut aboli en 1613 & 1614. Plusieurs gentilshommes néanmoins suivent aujourd'hui la religion luthérienne ou la prétendue réformée, & l'une & l'autre ont des églises publiques à Weerdt. Du reste, tous les habitans professent la religion catholique romaine.

Précis de l'histoire politique.

Charlemagne nomma en 802 Ludgier, frison, premier évêque de Minicgernsford : ce nom fut dans la suite changé en celui de *Munster*. L'évêque Louis I affranchit cet évêché de l'avocatie des comtes de Tecklenbourg ; Herman II qui régna dans le douzième siècle, fut élevé à la dignité de prince de l'Empire par l'empereur Otton IV.

L'évêque Otton de la maison de Bentheim paroît avoir été le premier évêque nommé par son chapitre, & du consentement de l'empereur Frédéric II. L'évêque Louis II, landgrave de Hesse, est le premier qui ait été confirmé par le pape. Christophe-Bernard, baron de Galan, mort en 1678, fut remuant & guerrier. Clément Auguste, duc de Bavière & électeur de Cologne, fut le 62ᵉ évêque de *Munster*; il eut pour successeur Maximilien Frédéric, né comte de Kœnigseck-Rothenfels, élu en 1763.

Prérogatives de l'évêché.

L'évêque est prince de l'Empire, & a voix & séance à la diète ; il alterne avec l'évêque de Liège, de manière cependant que celui d'Osnabruck est toujours placé entre deux. Son contingent est de 30 hommes d'infanterie & 118 de cavalerie, ou de 832 florins par mois, & sa taxe matriculaire pour l'entretien de la chambre impériale est de 434 écus d'empire, 17 & demi kr. par terme. L'évêque est prince convoquant & directeur du cercle. Il est suffragant de l'archevêché de Cologne. Le chapitre est composé de 40 chanoines qui doivent faire preuve d'ancienne noblesse ; & l'on promène tous les ans une fois, au son du tambour, les armes du dernier chanoine, peintes sur une banière, afin que chacun puisse les examiner.

Les domaines de l'évêché de *Munster* sont plus considérables que ceux d'Osnabruck.

Anciennement on divisoit l'évêché en méridional ou évêché haut, & septentrional ou évêché bas. Aujourd'hui il est partagé en quatre quartiers.

Revenus, dettes, troupes.

On dit que les revenus annuels montent à 360,000 rixdales ; que les dettes du pays, pour lesquelles les états ont répondu, forment encore un objet de 2 millions. Le prince évêque entretient actuellement quatre régimens d'infanterie, un de cavalerie, une garde à cheval & quelques compagnies d'artillerie.

MUNSTER - S. CORNELYS ou S. CORNELYS-MUNSTER, abbaye princière d'Allemagne.

Le territoire de l'abbaye de *S. Cornelys* ou *Cornelii-Munster* est entouré par les duchés de Berg & de Limbourg, & par le territoire de la ville d'Aix-la-Chapelle.

La fondation de cette abbaye remonte au tems des empereurs Carlovingiens. A la diète de l'Empire, la place de l'abbé est sur le banc du Rhin entre les abbés de Saint-George & de Saint-Emmeran ; & aux assemblées du cercle de Westphalie, il se trouve sur le banc des princes, & a voix & séance entre Werden & Essen. La taxe matriculaire de l'abbaye est de 12 fantassins ou 48 florins par mois, & il paye pour l'entretien de la chambre impériale 126 rixdales 21 kr. par terme. Le pape adjugea en 1758 à l'archevêque de Cologne la jurisdiction spirituelle sur cette abbaye, laquelle d'ailleurs est sous la protection des ducs de Juliers.

MUNSTER (traité de) ; il se trouve à l'article TRAITÉ, & nous avons fait à l'article WESTPHALIE des observations générales sur ce traité.

MUNSTERBERG. *Voyez* l'article SILÉSIE PRUSSIENNE.

MUNZFELDEN, MINSFELDEN, ou MENSFELDEN, château & village immédiat d'Empire : il est situé entre Dietz & Kirchberg, & il appartient à l'électeur de Trèves pour deux tiers & au prince de Nassau-Usingue pour le reste. La portion de l'électeur faisoit ci-devant partie de la seigneurie de Schadeck, & dépendoit des comtes de Linange - Westerbourg, qui, sous la réserve du retrait lignager & du bénéfice de la contribution, la cédèrent aux nobles de Waldecker, d'où elle est passée à l'électorat de Trèves, sans que les comtes de Linange - Westerbourg en aient conservé la contribution. Ce domaine rend ses possesseurs membres du cercle du haut-Rhin, & les assujettit à une taxe de 54 kr. *Voyez* les articles TRÈVES & NASSAU.

MYLENDONK ou MILLENDONK, seigneurie princière d'Allemagne, au cercle de Westphalie : elle est voisine des seigneurie de Schwanenberg & de Wickerad. Gertrude, fille & héritière du dernier seigneur de *Mylendonk* & Drachenfels, l'apporta en dot au seixième siècle à Jacques de Bronkhorst & Batenbourg, baron d'Anholt, dont le fils Jean-Jacques ne laissa pour héritière qu'une fille, qui la transmit au comte Philippe de Croy son mari, créé duc par l'empereur. Son successeur la vendit en 1701 à la comtesse douairière de Berlepsch, qui obtint la même année voix & séance aux états du cercle de Westphalie à la suite de Wickerad : elle se chargea alors d'une taxe de 4 cavaliers ou de 16 florins. Marie Caroline, sa fille & héritière, l'apporta en mariage à Jean-François-Henri-Charles, comte d'Ostein, dont la maison fut également aggrégée en 1766 au collège des comtes & à l'assemblée de l'Empire, d'après la recommandation de l'empereur à la diète de Ratisbonne, & après que Maximilien d'Ostein eut promis de satisfaire aux charges accoutumées. En conséquence, cette seigneurie fut inférée en 1769 dans la matricule de l'Empire pour une taxe de 5 flor. 20 kr. qui lui fut remise au reste pour les quinze premières années, & son contingent à l'entretien de la chambre impériale est de 4 rixdales. Elle renferme le château de *Mylendonk*, le gros village de Corsenbroich, & quelques maisons isolées.

MYSORE : c'est ainsi que les anglois écrivent le nom du pays, dont nous avons parlé à l'article MAISSOUR.

N

NABABS, NABABIES: on donne ce nom dans l'Inde, ou plutôt en Europe, à de petits princes & à de petits pays qui sont devenus indépendans au milieu de l'anarchie de l'Empire mogol.

Parmi les titres de ces petits princes de l'Inde, on trouve souvent celui de *nabab-bahader*: l'auteur de la vie d'Ayder-Aly-Khan nous apprend que *nabab-bahader* signifie chevalier sans pareil, & que les bahaders sont dans l'Inde ce qu'étoient en Europe les chevaliers: il ajoute « un grand souverain ou un général chez les mogols, fait bahader après une bataille, un homme de distinction, ou un des principaux officiers qui se sera distingué. S'il y a eu autrefois quelque cérémonie pour la réception d'un bahader, il n'en est plus question aujourd'hui; le général le loue publiquement de ses actions, & dans son discours il le nomme toujours bahader: cette qualité lui est donnée ensuite en toute occasion par tout le monde indistinctement. Un bahader a de grands privilèges; il peut aller par-tout, armé de pied en cap, faire porter devant lui une masse d'arme dorée, & paroître ainsi devant tous les souverains. Lorsqu'un bahader arrive dans une cour, il fait demander une audience qui lui est toujours accordée; il se présente le casque en tête, & chargé d'armes offensives & défensives de toute espèce. Le souverain en le voyant entrer, se leve & lui donne l'accolade en l'embrassant des deux côtés, & se sert, en lui parlant, du mot de *amaré-bay*, qui signifie mon frère, parce que tous les souverains s'honorent de la qualité de bahader. Ayder fut surnommé le *bahader sans pareil*, vraie signification du mot de *nabab*, qui est un titre d'honneur, non de dignité. Cependant, par l'usage, *nabab* de Benguelour se dit pour seigneur ou prince de Benguelour; mais à la lettre il signifie seulement le sans-pareil dans Benguelour; ce titre est exclusif. On ne peut, en aucun cas, le donner à un inférieur en présence de son supérieur. Ayder, pour prouver que le titre de *bahader*, que nous disons signifier chevalier, & qui à la lettre veut dire *grand guerrier*, est au-dessus de tous les autres titres, au lieu de signer son nom, ne signoit que deux B. B. qui signifient *bahader, bahader* ».

Voyez les articles ARCATE, CARNATE, MAISSOUR, INDOSTAN, MADRASS, BENGALE, &c.

NAMUR (comté de), l'une des provinces des Pays-Bas autrichiens.

Le comté de *Namur* est environné de toutes parts par l'évêché de Liège & le duché de Brabant, si l'on en excepte une pointe qui touche vers l'ouest au comté de Hainaut. Sa plus grande étendue du couchant au levant est d'environ six milles & demi, & du septentrion au midi d'environ six milles.

Il est très-montueux & couvert de forêts. Sa principale richesse consiste en fer, qu'on y travaille de plusieurs manieres: on y prépare aussi de l'acier.

Le comté de *Namur*, y comprise la partie qui appartient à la France, renferme cinq villes & 158 villages. La langue qu'on y parle en général, est un françois corrompu. Les états provinciaux sont composés du clergé, de la noblesse & de la ville de *Namur* avec son district. La noblesse représente tous les gentilshommes du pays, & le pays lui-même, à l'exception des deux autres ordres. Elle choisit tous les six ans deux députés, qui s'assemblent dans l'ancien château de *Namur*. Le troisieme ordre ou classe est composé de vingt-cinq tribus ou corporations de la ville, lesquelles représentent la ville, & du magistrat qui représente son district: il contribue régulièrement pour un tiers aux subsides accordés par les états.

Le comté de *Namur* actuel faisoit au dixieme siecle partie du comté de Lomme & du comté d'Arnau. Le premier comte de *Namur* dont on ait une connoissance certaine, fut Robert, fils de Berenger, comte de Lomme, qui eut pour successeur son fils Albert mort en 998. L'empereur Henri déclara margrave de l'Empire en 1189 Baudoin, comte de Hainaut, neveu & héritier de Henri, comte de *Namur*. Le comte Jean III n'ayant point d'héritiers légitimes, vendit le comté en 1421 à Philippe le Bon, duc de Bourgogne, pour la somme de 132,000 écus: ce prince mourut en 1429.

La portion du comté de *Namur*, que le traité de Nimegue assura à la France, consiste dans la forteresse de Charlemont & quelques villages.

Le gouverneur de la ville & comté de *Namur*, nommé par le prince, est en même-tems capitaine général & bailli souverain. Les tribunaux supérieurs sont: 1°. le conseil provincial, composé d'un président, de six conseillers & de différens officiers. Les ordres de la cour sont ordinairement adressés au gouverneur, président & membres du conseil: le gouverneur les ouvre & les renvoie au président, qui les fait remettre au bailliage souverain pour la publication. 2°. Le bailliage souverain qui connoît des affaires féodales, juge les causes des nobles avec leurs domestiques, & publie les édits, déclarations, &c. *Voyez* l'article PAYS-BAS AUTRICHIENS.

NANTES (édit de), édit que le roi Henri IV signa à Nantes le 30 avril 1598, lorsqu'il étoit allé en Bretagne pour soumettre cette province, où le duc de Mercœur refusoit encore de reconnoître son roi légitime.

Le but de cet *édit* étoit de fixer en France l'état des protestans ou réformés, qui ayant abandonné la religion romaine, où ils appercevoient des abus dans le dogme ou le culte, dans le gouvernement écclésiastique, dans la discipline, dans les mœurs du clergé ou dans la morale, suivoient les opinions des réformateurs. Les réformés avoient fait des progrès considérables en Allemagne, en Angleterre & en France, sous les règnes de Henri VIII roi d'Angleterre, de Charles-Quint empereur d'Allemagne, & de François Ier roi de France. Le clergé les regardant comme des ennemis dangereux, mit tout en œuvre pour les perdre; il les peignit aux princes comme les ennemis des rois, & comme des hommes qui déclaroient la guerre à Dieu. Tous les princes qui se laissoient conduire par le clergé romain, crurent ne pouvoir mieux faire que d'employer leur puissance contre la nouvelle doctrine. François Ier, roi de France, ennemi de Charles-Quint, soutenoit en Allemagne les réformés à qui l'empereur faisoit la guerre; mais la foiblesse du gouvernement françois, les malheurs que le roi s'attira, ne permirent pas d'arrêter le progrès des réformés; le nombre de ceux qui embrassoient leur secte, devint très considérable, malgré la sévérité dont on usoit à leur égard. Ils demandèrent ouvertement la liberté de professer leur religion; des seigneurs ambitieux & remuans les excitèrent, & se mirent à leur tête pour résister à leurs persécuteurs. Ce fut sous les règnes de François II, de Charles IX, de Henri III que commencèrent les troubles civils, dont la religion fut le prétexte.

Tandis que le peuple réformé combattoit pour la liberté de conscience, les chefs avoient pour la plupart des vues d'ambition & de politique; & tandis que dans le parti opposé, le peuple suivoit la haine qu'on lui inspiroit contre les réformés, qu'on dénonçoit comme des hérétiques dignes de la haine de Dieu & des hommes, la cour & les chefs catholiques cherchoient à augmenter leur pouvoir. Ces guerres civiles furent tantôt favorables, tantôt funestes à chaque parti. On favorisoit les réformés, ou bien on les traitoit à la rigueur; s'ils avoient le dessus, on leur accordoit la paix; mais dès qu'on le pouvoit, on manquoit à la parole qu'on leur avoit donnée. En 1560 François II, dans un conseil tenu à Fontainebleau, promit sur une requête de l'amiral de Coligni, de laisser les calvinistes tranquilles. Sous Charles IX, au nom de qui Catherine de Médicis sa mère gouvernoit, la cour donna à Saint-Germain un édit daté du mois de juillet 1561, qui ordonnoit aux deux partis de vivre sans s'inquiéter réciproquement. Au mois de janvier de l'année suivante, un édit royal accorda pour la première fois aux réformés, d'une manière formelle, le libre exercice de leur religion. On exigea seulement d'eux, quant au dogme, qu'ils n'avanceroient rien de contraire au concile de Nicée, au symbole apostolique & aux livres de l'ancien & du nouveau Testament. Les réformés jouissoient ainsi de toutes les prérogatives de citoyens, & ils auroient été contens; mais de nouvelles violences, & en particulier le massacre qu'on fit de plusieurs d'entr'eux à Vassi, où ils étoient assemblés pour servir Dieu selon leur religion, rallumèrent la guerre. Le parti catholique fut encore obligé de faire la paix avec les réformés en 1563; ce qui valut à ceux-ci un nouvel édit plus favorable, daté du 19 mars; mais l'année suivante on dérogea à cet édit par un autre, qui diminuoit les privilèges accordés aux réformés. En 1565 la guerre recommença, parce que les réformés furent avertis qu'on tramoit leur perte. En 1568 on fit la paix, & on rappella l'édit de 1563; mais elle fut de peu de durée. La reine ayant voulu faire arrêter le prince de Condé & l'amiral de Coligni, chef des réformés, donna lieu à une nouvelle guerre qui dura assez longtemps. Ce fut l'année suivante que Jeanne d'Albret, reine de Navarre, amena à l'armée des réformés son fils Henri, prince de Béarn, connu sous le nom de *Henri IV*. Il fut alors déclaré chef du parti, & la guerre continua. La cour & les chefs du parti catholique voyant que la force ouverte ne réussiroit pas, jugèrent à propos d'employer la ruse, & d'endormir les réformés dans une fausse sécurité. On leur accorda en 1570 une paix avantageuse, qui fut signée au mois d'août à Saint-Germain : cette paix tranquillisa les uns, & donna aux autres de la défiance. On attira la reine de Navarre à Paris par le mariage projetté de son fils le prince de Béarn avec Marguerite, sœur de Charles IX. On y attira aussi l'amiral de Coligni, sous le prétexte d'une guerre contre l'Espagne, dans laquelle on vouloit, disoit-on, se servir de ses talens. On mit en œuvre la plus profonde dissimulation, pour faire croire aux réformés que la paix étoit sincère & la réconciliation entière; mais le massacre de la S. Barthelemi du 24 août 1572, leur fit voir combien peu ils devoient compter sur tout ce que les catholiques leur promettoient. On leur avoit donné des places de sûreté où ils étoient les maîtres; ils refusèrent de les rendre & de désarmer : on renouvella la guerre. Sous Henri III le sort des réformés ne fut pas meilleur; on continua à les attaquer, & ils continuèrent à se défendre : en 1576, on fit avec eux une paix la plus avantageuse qu'ils eussent encore obtenue; elle fut confirmée par un édit de pacification enrégistré au parlement : c'est le cinquième édit formel que les calvinistes eussent obtenu : on leur accorda l'exercice libre & public de leur religion, qui y est nommée *religion prétendue réformée*. On leur accorda des chambres mi-parties, c'est-à-dire, composées d'autant de réformés que de catholiques, dans les huit parlemens du royaume : on cassa les arrêts prononcés contre ceux qui avoient été mis à mort à la S. Barthelemi ; mais bientôt il se forma une ligue de catholiques contre l'exécution de cet édit ; elle prit le titre de *ligue sainte* : on insulta ouvertement, dans plusieurs villes, les huguenots. L'édit fut révoqué, & la ligue fut signée par le roi lui même. Ainsi commença cette fameuse ligue qui a causé tant de maux à la France. En 1577 Henri III accorda une nouvelle paix aux calvinistes, moins favorable que la précédente, qui ne fut pas plus observée : on n'exécutoit de la part des catholiques rien de ce qui avoit été conclu & promis. Le prince de Béarn, devenu roi de Navarre, reprit les armes. En 1580 il y eut une nouvelle paix entre le roi & les huguenots ; mais elle ne fit pas cesser la guerre qui duroit encore dans quelques provinces, & sur-tout en Guienne. La ligue devint si puissante que le roi Henri III n'avoit nulle autorité ; il s'adressa au roi de Navarre pour le soutenir, en lui proposant de changer de religion, ce que le roi de Navarre refusa. Henri III manquant de fermeté, se vit sans appui, fit la paix avec les calvinistes, & fournit à la ligue les moyens de se fortifier ; & comme elle vouloit sur-tout détruire les huguenots & fermer au roi de Navarre le chemin au trône, dont il étoit le plus proche héritier après le roi, les calvinistes reprirent les armes pour défendre les droits de leur chef. Enfin, en 1589, Henri III s'allia avec le roi de Navarre : il vint avec lui former le siège de Paris ; mais ce roi foible y fut tué par le jacobin Jacques-Clément. Henri qui fut le quatrième roi de France de ce nom, quoique reconnu par la plus grande partie des seigneurs catholiques & protestans, ne fut véritablement roi que lorsqu'en 1594 il eut embrassé la religion romaine : il avoit renouvellé avant ce tems-là les édits de pacification en faveur des réformés, & dès-lors il les auroit maintenus dans la jouissance des privilèges qu'il leur accordoit, si son trône eût été bien affermi.

Enfin la Bretagne ayant été soumise en 1598, Henri IV signa à Nantes en faveur des protestans, le fameux édit qui porte le nom de cette ville. Le président de Thou & Calignon, chancelier de Navarre, dressèrent les mémoires d'après lesquels on le rédigea. Les réformés fournirent des écrits où ils exposoient leurs plaintes, leurs droits, leurs demandes ; Daniel Chamier, habile ministre protestant, y travailla plus qu'un autre ; le président Jeannin & M. de Schomberg furent associés à cet ouvrage. L'édit accordoit aux protestans le libre exercice public de leur religion, par-tout où il avoit été établi dans les années 1596 & 1597 ; chaque gentilhomme pouvoit l'exercer dans son château. Les réformés pouvoient être élevés aux emplois & parvenir à toutes les charges & à tous les honneurs du royaume, dans l'état civil ou dans l'état militaire ; ils eurent des chambres mi parties, &c. Ainsi cet édit fut une confirmation des édits précédens, faits si souvent en faveur des huguenots & si souvent violés.

Le parlement refusa long-temps d'enrégistrer cet édit : une partie des membres de ce corps étoit encore attachée à la ligue, & s'opposoit à tout ce qui sembloit favorable aux réformés ; cependant le roi leur parla avec tant de force & de sagesse, qu'enfin le 15 février 1599 l'édit fut enrégistré comme loi fondamentale du royaume & comme édit perpétuel & irrévocable.

Si le gouvernement françois avoit eu quelque vigueur, les deux partis auroient pu vivre en paix, & rendre ce royaume, l'état le plus florissant de l'Europe. Mais, d'un côté, cet édit déplaisoit & devoit déplaire à la cour de Rome, qui ne négligea rien pour le prévenir & en empêcher l'exécution. Les catholiques en général, & le clergé en particulier, voyoient avec dépit les huguenots marcher de pair avec les partisans de la religion dominante ; & après la mort du roi Henri IV, on se permit contre cet édit une multitude d'infractions, pour lesquelles il fallut demander & donner bien des explications. D'un autre côté, les troubles du royaume sous Louis XIII, la foiblesse de l'administration, l'habitude qu'on contracta alors de se révolter, les mécontentemens des grands seigneurs catholiques, qui se joignirent souvent aux réformés, enhardirent ceux-ci à demander avec hauteur le redressement de leurs griefs, auxquels on donnoit lieu trop souvent. Ils poussèrent même leurs prétentions bien plus loin que sous Henri IV. Au-dedans & au-dehors on souffloit le feu de la discorde ; les divers partis se rendirent coupables : on prit fréquemment les armes, & on les posa sans avoir mis les choses sur un pied stable. Les réformés furent vaincus. Le cardinal de Richelieu leur porta, ainsi qu'aux grands du royaume, des coups qui les abattirent & rendirent le roi maître absolu dans ces états. Le cardinal, qui régnoit sous le nom de Louis XIII, ne voulut pas cependant ôter ouvertement aux réformés les privilèges qui leur avoient été accordés par le précédent roi ; il laissa subsister l'édit de Nantes, qui fut confirmé par beaucoup d'édits subséquens, & toujours envisagé comme une loi fondamentale, à laquelle on avoit donné, par toutes les formalités requises, le caractère de loi irrévocable ; mais il voulut que l'édit, par lequel il accordoit la paix aux calvinistes, fût un édit de grace. Il espéroit ramener les calviniſtes à la religion de Rome, par la perſuaſion ; mais il n'en put venir à bout. Il craignit auſſi d'exciter un parti puiſſant qui, réduit au déſeſpoir, auroit pu cauſer de plus grands embarras ; il aima mieux ſans doute chercher ſourdement à l'affoiblir & à le ruiner : dès-lors on vit tous les jours des dérogations à cet édit, des difficultés ſuſcitées aux calviniſtes, des plaintes & des réclamations inutiles de la part de ces derniers. Les choſes reſtèrent en cet état juſqu'à la mort de Louis XIII ; & ſous le règne de Louis XIV, pendant l'adminiſtration du cardinal Mazarin, on cherchoit des querelles aux réformés, on leur diſputoit des égliſes, des cimetières, des collèges, &c. Ils ſe plaignoient, ils faiſoient des repréſentations, ils demandoient l'exécution de l'édit de Nantes que le roi avoit juré ; mais ils n'obtenoient rien ou peu de choſe. Chaque jour on portoit des atteintes à leurs droits ; en 1669, au mois de janvier, on enfreignit l'édit d'une manière frappante : on ſupprima dans tous les parlemens les chambres mi-parties ; & dans celui de Paris, on ne laiſſa qu'un ſeul conſeiller réformé. Dès-lors on ne garda plus avec les calviniſtes aucune meſure. On anima contre eux Louis XIV. Le clergé en corps par ſes remontrances, les jéſuites par leurs inſinuations, le chancelier le Tellier & Louvois ſon fils, par un eſprit de dureté & en haine de Colbert qui employoit les réformés comme des ſujets utiles, ſe déclarèrent leurs ennemis, & les repréſentoient au roi comme des ſujets rebelles : on leur défendit d'épouſer des filles catholiques ; on cherchoit à enlever leurs enfans, pour les faire élever dans la religion romaine ; on défendit à Colbert d'employer des réformés dans les fermes ; on les éloigna des emplois ; on les exclut des corps d'arts & métiers ; on ne permettoit pourtant pas de leur faire violence, mais cette défenſe ne fut qu'illuſoire ; on en ſéduiſit pluſieurs avec de l'argent : on déclara en 1681 que les enfans ſeroient admis à changer de religion à l'âge de ſept ans : on enleva de force les enfans & on logea chez leurs parens, des gens de guerre pour les vexer. Un nombre conſidérable de familles ſe réfugièrent en pays étranger. Pour arrêter ces émigrations, on publia une déclaration qui confiſquoit tous les immeubles que les calviniſtes vendroient, ſi un an après la vente ils ſortoient du royaume. A chaque contravention, on interdiſoit quelque temple de réformés. Les maîtres d'école n'eurent plus la permiſſion de tenir des penſionnaires ni de les élever. Les proteſtans qui occupoient des charges, furent obligés de les vendre, & on n'admit plus aucun calviniſte aux emplois de notaire, d'avocat ou de procureur. On perſuada au roi qu'avec de la ſévérité on ſoumettroit tous les proteſtans à l'égliſe. Il envoya contr'eux en 1684 & 1685 les dragons, c'eſt-à-dire, celles de ſes troupes les moins diſciplinées ; ils étoient conduits par des prêtres ou des moines qui, aſſemblant les réformés, les ſommoient de changer de religion ; s'ils refuſoient, on logeoit chez eux des dragons avec la permiſſion de ſe livrer à toutes ſortes de violences, excepté à celles qui ſeroient ſuivies d'un meurtre. Il eſt aiſé de concevoir quelles furent, d'après un pareil arrangement, les ſuites des dragonades.

Tandis qu'on livroit au déſeſpoir les calviniſtes, la cour leur ôta toute reſſource en revoquant l'édit de Nantes, par un autre édit du mois d'octobre 1685. La religion réformée fut proſcrite ; & ſes ſectateurs dépouillés des droits de citoyens, s'ils ne l'abjuroient pas. Le vieux chancelier le Tellier en ſignant cet édit, s'écria plein de joie : *nunc dimittis ſervum tuum, Domine, quia viderunt oculi mei ſalutare tuum.* On bannit tous les miniſtres, qui pour la plupart ſortirent du royaume, mais qui furent ſuivis par la plus grande partie de leur troupeau. Louvois crut empêcher l'émigration en faiſant garder les frontières du royaume, & en rempliſſant les priſons de ceux des fugitifs qu'on ſaiſiſſoit. Ces précautions n'empêchèrent pas une multitude immenſe de familles de ſortir ; elles emportèrent avec elles leur argent, leur induſtrie & leurs arts. L'Allemagne, la Hollande, l'Angleterre, la Suiſſe ſe peuplèrent de françois induſtrieux, qui y établirent des fabriques & des manufactures, qui y portèrent des arts & du goût ; ce qu'ils gagnèrent en ſortant, la France le perdit. On croit qu'il ſortit alors de France plus d'un million d'habitans. On remplit les priſons & les galeres de ceux qu'on arrêta dans leur fuite ; mais ces galériens & ces priſonniers malheureux étoient également perdus pour l'état. On en envoya une foule d'autres en Amérique, pour s'en débarraſſer. Les catholiques perſécutèrent ceux qui demeurèrent chez eux ; on les traita en pluſieurs endroits comme des proſcrits. Le déſeſpoir fit prendre les armes dans la ſuite aux habitans des Cevennes. On renouvelloit & changeoit chaque jour contre eux les édits & les déclarations : les émigrations continuèrent pendant pluſieurs années ; il ſembloit que les calviniſtes devoient être détruits complettement en France ; mais il en reſtoit, vers la fin du ſiècle dernier, plus de cinq cens mille dans le royaume, & on compte aujourd'hui qu'ils font encore la douzième partie de ſes habitans.

Les hommes éclairés, les cours ſouveraines & les miniſtres ſentent aujourd'hui la néceſſité de changer la déclaration qui a révoqué l'édit de Nantes : graces aux lumières de notre ſiècle, il eſt bien reconnu qu'il eſt indiſpenſable de donner un état civil aux proteſtans, & le public attend avec impatience les ſuites des délibérations ſur cette matière.

NAPLES, royaume d'Europe, ſitué dans la péninſule de l'Italie.

Il eſt borné vers le nord-oueſt par l'état de

l'egfie, & la Méditerranée & la mer Adriatique l'environnent de tous les autres côtés. Sa surface peut être évaluée à environ 1260 milles géographiques quarrés.

Nous ferons 1°. un précis de l'histoire politique du royaume & du gouvernement de *Naples* : 2°. nous parlerons du sol, de la population, de la division des propriétés, des productions, du commerce & des monts-de-piété de *Naples* : 3°. nous dirons quelques mots sur ses tribunaux & sur son administration, sur la marine & les troupes de terre : 4°. nous terminerons ce morceau par des remarques sur les avantages du royaume de *Naples* & sur les réformes dont il paroît susceptible.

SECTION PREMIERE.

Précis de l'histoire politique du royaume & du gouvernement de Naples.

Les provinces qui composent le royaume de *Naples*, étoient autrefois soumises à la république romaine, & elles obéirent ensuite aux empereurs. Au cinquième siècle, elles furent inondées, comme tout le reste de l'Italie, par les visigoths, les hérules & les ostrogoths ; mais Bélisaire, l'un des généraux de l'empereur d'Orient, Justinien, fit la conquête de la Sicile & des provinces qui forment actuellement le royaume de *Naples*. Ces provinces ou duchés furent bientôt divisés : une partie resta sous la domination de l'empereur grec, & l'autre tomba au pouvoir des lombards. Les sarrasins envahirent enfin la Sicile, & firent de fréquentes incursions dans la Terre-ferme, qu'ils ravagèrent. Quoique les francs eussent chassé les lombards de l'Italie supérieure, ils ne purent cependant se rendre maîtres de l'inférieure. Vers l'an 1016 les premiers normands y abordèrent & y bâtirent la ville d'Aversa, qui fut soumise à Rainolphe, sous le titre de comté. Les fils de Tancrède, comte de Hauteville, invités par celui-ci, se joignirent en 1035 à leurs compatriotes, & en peu de temps les normands subjuguèrent la Pouille ; & Guillaume, l'un d'eux, en prit possession en 1043, sous le nom de comté. Le pape Léon IX donna au comte Hunfred l'investiture de la Pouille, de la Calabre, & de tout ce que les normands pourroient conquérir en Sicile. Ils asservirent à leur domination la Calabre ; & un de leurs chefs, Robert Guiscard, fut le premier duc de Pouille ; ils s'emparèrent de la principauté de Capoue, du duché de Bari, de toute la Sicile & des principautés de Salerne, d'Amalfi & de Bénévent. Le pape Urbain II déclara en 1098 le comte Roger II & tous ses descendants, légats-nés du saint-siège en Sicile, & Roger posséda toutes les terres qui composent actuellement le royaume de *Naples* : en 1130 il prit le titre de roi de Sicile, de duc de Pouille,

de prince de Capoue, ou en général de roi des Deux-Siciles ; il érigea Palerme en ville capitale, & il y fit sa résidence. Après la mort de Guillaume III, Constance, femme de l'empereur Henri VI, né duc de Suabe, se trouva le dernier rejetton & héritier de la succession du roi Roger. Cette princesse, avant de mourir, institua pour héritier de son royaume Frédéric II son fils, empereur romain, & la couronne passa dans la maison de Suabe ou de Hohenstauffen. Conrad IV, fils de Frédéric, étant mort, Mainfroi, fils naturel du même Frédéric, s'en rendit maître ; le pape Urbain IV & ensuite Clément IV, irrités contre la maison de Suabe, offrirent à Charles d'Anjou le royaume de Sicile & de *Naples*, & ils donnèrent en effet la couronne à ce prince. Mainfroi périt dans une bataille. Le gouvernement de Charles fut si rigoureux, que ses sujets indignés excitèrent le fils de Conrad IV, appellé *Conrad* par les allemands, & *Conradin* par les italiens, & l'unique héritier de ce royaume, à venir s'emparer de l'héritage de son père. Mais ce jeune prince n'essuya que des revers, & il mourut en 1268. Sa mort assura à Charles I la possession du royaume de *Naples* & de Sicile ; & Marie, fille du prince d'Antioche, lui ayant cédé tous ses droits sur celui de Jérusalem & d'Antioche, il prit en 1277 le titre de roi de Jérusalem ; il perdit la Sicile dans une révolte des siciliens conduits par un gentilhomme, nommé *Jean de Procida*. Tous les françois furent massacrés dans cette révolution arrivée le 3e jour de pâques de l'année 1282, au moment où la cloche sonnoit vêpres, & c'est ce qu'on appelle les *vêpres siciliennes*. Les bons siciliens élurent pour leur souverain Pierre, roi d'Arragon. Les descendans de Pierre regnèrent en Sicile, jusqu'à l'époque de la réunion de la Sicile au royaume de *Naples*. Charles I, roi de *Naples*, eut pour successeur Charles II, & ensuite Robert, fils de celui-ci, dont la célèbre reine Jeanne qui se maria quatre fois, fut la petite-fille. Elle déclara pour héritier de son royaume le duc Louis d'Anjou, frère de Charles V, roi de France ; ce qui n'empêcha pas le pape Urbain VI de donner la couronne à Charles de Durazzo, frère de Robert. Charles fit étouffer la reine Jeanne, & devint roi de Hongrie. Ladislas, son fils & successeur, laissa le royaume à sa sœur Jeanne II, qui déclara pour son héritier Alphonse, roi d'Arragon & de Sicile ; celui-ci se mit paisiblement en possession du royaume de *Naples*, & le réunit à celui de Sicile. Il eut pour successeurs immédiats au premier de ces deux royaumes, son fils naturel Ferdinand I & Alphonse II son fils légitimé : Alphonse II céda la couronne de *Naples* à son fils Ferdinand II. A la mort de ce prince, Frédéric d'Arragon, frère de son père, dernier rejetton de la postérité d'Alphonse I, & dernier roi de *Naples* de la maison d'Arragon, se mit en possession de la couronne; mais elle\ui fut bientôt enlevée par le roi d'Espagne, Ferdinand le catholique, & Louis XII, roi de France, qui partagèrent ses états. Ce partage ne subsista pas long-temps. Ferdinand disoit que tout le royaume lui appartenoit, comme au fils & successeur de Jean II, roi d'Arragon & de Sicile, frère d'Alphonse I, & il l'envahit effectivement en entier. Depuis cette époque, le royaume fut administré par des gouverneurs espagnols, jusqu'à la mort de Charles II, roi d'Espagne, au commencement de ce siècle. Durant la guerre longue & sanglante de la succession, l'armée impériale, sous la conduite du comte de Daun, rangea en 1707 le royaume de *Naples* sous la puissance du roi Charles III, (depuis empereur, connu sous le nom de *Charles VI*,) qui en 1720 devint de plus maître de la Sicile. En 1734, les espagnols s'emparèrent de ces deux états pour l'infant dom Carlos. Deux ans après, l'empereur y renonça par un acte formel, en faveur de dom Carlos, de sa postérité mâle & femelle; & à son défaut, en faveur de ses frères & sœurs à venir. Le roi Charles monta sur le trône d'Espagne en 1759; il déclara roi des Deux-Siciles Ferdinand son troisième fils, qui règne aujourd'hui, & il établit une loi de succession, en vertu de laquelle ces états ne doivent jamais être réunis à la monarchie d'Espagne.

Le roi prend le titre de roi des Deux-Siciles, de Jérusalem, &c. L'usage du premier de ces titres a été renouvellé par le roi Charles; mais son origine remonte jusqu'au douzième siècle. Ce fut à cette époque que Roger II, comte de Sicile, fut fait aussi roi de *Naples*, & prit le premier ce double titre. Le fils aîné du roi s'appelle *duc de Calabre*. L'investiture que les rois de *Naples* reçoivent du pape, a commencé vers le milieu du onzième siècle. Le pape Léon IX investit alors le comte Hunfred & ses héritiers, de la Pouille, de la Calabre, & de tout ce que les normands conquereroient dans la Sicile. Quoique cette investiture ne fût autre chose qu'une bénédiction donnée par le souverain pontife aux armes des normands, une cérémonie qui légitimoit leurs entreprises belliqueuses, & à laquelle ces dévots conquérans attachoient beaucoup de prix, elle est devenue le principe de cette véritable investiture introduite par les papes. Nicolas II lui donna en 1059 une forme encore plus régulière à Melfi, lorsqu'il y conféra au duc Robert Guiscard les duchés de Pouille, de Calabre & de Sicile. La même chose arriva à Richard, relativement à la principauté de Capoue. Les normands se soumirent à la cour de Rome en qualité de vassaux, pour se mettre en sûreté contre les empereurs d'orient & d'occident. Après la conquête des autres principautés qui composent aujourd'hui le royaume de *Naples*, les normands s'en firent aussi investir par les papes. Robert abandonna en outre au saint-siège la ville de Bénévent; & les papes, en donnant l'investiture du royaume, eurent soin de se réserver cette ville. Le roi se reconnoît vassal du pape, & il lui envoie chaque année une haquenée blanche avec une bourse de 6000 ducats.

SECTION SECONDE.

Du sol, de la population, de la division des propriétés, des productions, du commerce & des monts-de-piété de Naples.

L'Apennin s'étend dans toute la longueur du royaume, & aboutit au détroit de Sicile.

Si le royaume de *Naples* a des avantages sans nombre, il est sujet à des tremblemens de terre fréquens, & dont les ravages sont terribles. Ils sont sur-tout très-communs dans la partie inférieure, où l'on observe par-tout avec effroi les ruines d'un grand nombre de villes autrefois fameuses, & dont il est à peine resté le nom. Nous avons vu de nos jours une partie de la Calabre bouleversée par des accidens de cette espèce, & une si effroyable catastrophe a frappé de terreur l'Europe entière.

Ce royaume comprend 144 villes, & en 1766 on y comptoit 394,721 feux.

Des calculs faits en 1782 donnèrent le tableau suivant de la population du royaume de *Naples*. On y comptoit 2,187,086 hommes, 2,230,262 femmes, 850,203 garçons, 810,633 filles, 45,525 prêtres, 24,694 moines & 20,973 religieuses, non comprises les troupes.

Les juifs qui y furent reçus vers l'an 1200, & qui en furent chassés en 1540, obtinrent en 1740, dans ce royaume & dans celui de Sicile, des libertés & des privilèges plus considérables, qu'on ne leur en avoit accordé ailleurs depuis beaucoup de siècles. On leur permit d'y rester 50 ans, & l'on stipula qu'au bout de ce terme la permission, si on ne la révoquoit pas, seroit censée prolongée pour 50 autres années avec les mêmes privilèges, avantages, &c.: un grand nombre de familles juives s'y établirent; mais quelques années après, les privilèges furent révoqués. A présent un juif ne devroit y séjourner que trois jours; mais un grand nombre d'entr'eux enfreignent la loi, sans que le gouvernement paroisse inquiété. La noblesse du royaume de *Naples* est très-nombreuse; car, selon quelques auteurs, on y compte 935 vassaux du roi; savoir, 119 princes, 156 ducs, 173 marquis, 42 comtes & 445 barons, outre la noblesse ordinaire qui est fort considérable. Mais la terre à laquelle est attaché le titre de marquis, ne rapporte quelquefois pas plus de 200 livres par an.

Des personnes bien informées assurent que les deux tiers des biens sont entre les mains du clergé, sans que les laïcs puissent espérer d'en recouvrer la moindre partie, parce que l'aliénation de ces biens est défendue par des loix formelles. Si l'on en croit Giannone, qui s'est expliqué sans détour & même avec trop de franchise, sur les ministres de la religion dans le royaume de *Naples*, c'est l'opinion commune que, si l'on partageoit le royaume en cinq portions, on trouveroit que les ecclésiastiques en possèdent quatre, parce que près de la moitié des biens-fonds est entre leurs mains, & que, par les legs & autres donations, ils obtiennent encore un cinquième & demi du reste : on ajoute qu'il ne meurt personne qui, sous un de ces titres, ne paye quelque tribut à une église ou à un monastère. Les laïcs ont sollicité à plusieurs reprises les souverains de défendre aux ecclésiastiques d'acquérir de nouveaux biens-fonds ; ils ont observé qu'il n'en resteroit bientôt plus pour eux-mêmes.

La fertilité du sol est extrême : il produit en abondance différentes sortes de bleds, d'excellens fruits, des oranges & des légumes toute l'année, de l'huile, des vins qui pourroient être exquis, du riz & du lin. On recueille une quantité considérable de manne dans la Calabre, & on y cultive, ainsi que dans bien des cantons, du safran qui passe pour être de la première qualité.

Le bétail y réussit ; il y est fort abondant, & les chevaux napolitains ont de la réputation. La laine des moutons est fine & d'une bonne qualité, & on recueille assez de soie pour en exporter une très-grande quantité.

Ferdinand I d'Arragon est le premier qui ait établi & encouragé dans ce royaume les arts & les manufactures, & en particulier celles de soie & de laine ; mais on verra tout-à-l'heure qu'elles sont susceptibles de bien des progrès. Marie-Amelie-Christine, princesse royale & électorale de Cologne & de Saxe, employa des sommes considérables à établir dans toutes les provinces de nouveaux hôpitaux, & à pourvoir ces hôpitaux de manufactures de laine, qui devoient servir à habiller les troupes. Ces fabriques, jointes aux productions naturelles du pays, sont les objets du commerce des napolitains.

On ne trouve nulle part autant de monts-de-piété ou de banques que dans le royaume & la ville de *Naples*. Tous les monts-de-piété de *Naples* contiennent des banques. « Ces banques, dit » un voyageur, ont en dépôt l'argent de tous les » particuliers, de quelque état qu'ils soient. Elles » le placent à intérêt, ou ne le placent pas ; » mais elles n'en payent aucun à celui à qui il » appartient : ce n'est pas un prêt, ce n'est qu'un » dépôt ». Cet auteur pourroit bien se tromper, & nous croyons nous souvenir que quelques banques de *Naples* payent un intérêt sur ces dépôts. Le même voyageur ajoute : « ces banques délivrent un » récépissé du dépôt, qu'on nomme *polizza*. Cette » police est sur papier timbré, paraphé & difficile à contrefaire. Chaque banque a son sceau, » ses marques distinctives ; & elle ne paye, & » l'on ne peut payer, sous peine d'être exposé » à payer deux fois, qu'avec ces polices. La loi » est telle : une quittance, en quelque forme » qu'elle fût, n'en garantiroit pas. Si la somme » à payer est moindre, ou excède la valeur de » la police, on fait le décompte en argent comptant, on le spécifie au bas de la police, & l'on » enregistre le tout à la banque.

» Si l'on a besoin d'une partie de la somme » déposée, on vous la délivre en faisant note sur » les registres & sur la police qu'il faut représenter, de la quantité retranchée sur le dépôt » total.

» On prétend que cet établissement, dont toutes les fonctions s'exercent gratis, même à l'égard du papier des polices qu'on fournit, est » très-avantageux ; qu'il met à l'abri des vols, » des contestations, & qu'il est sans inconvénient. Je n'affirmerois pas qu'on pût regarder partout ces sortes de dépôts comme sans inconvénient pour personne. L'auteur d'une semblable » institution ne doit pas être regardé comme un » homme mal-adroit.

» L'avantage inappréciable de la banque est de » placer à intérêt. Il est vrai qu'on peut lui redemander son argent d'un moment à l'autre ; » mais, comme on lui en porte tous les jours, & » qu'elle a d'ailleurs un très-grand crédit, elle » n'est jamais embarrassée.

» Ces polices, quoique singulièrement difficiles » à contrefaire, comme les papiers-monnoies des » banques de Londres, ont été cependant contrefaites, & les banques elles-mêmes trompées » ont payé & perdu la somme ».

En 1786, un incendie désastreux a consumé le *monte-de-pegni*.

Les papiers publics dirent après cet accident, que les revenus annuels du *monte-de-pegni* étoient de 108,000 ducats, ou d'environ 470 mille liv. de France ; que ce lombard avoit un fonds de 720 mille ducats, destiné aux gages de drap, de toile, de cristal & verrerie, & d'or, qui ne passent pas 10 ducats, & lesquels ne paient aucun intérêt, afin de subvenir aux besoins de la portion indigente du peuple ; qu'une telle somme, renouvellée quatre fois l'an, formoit une circulation de presque trois millions de ducats, ou environ 13 millions de France ; qu'il avoit en outre un fonds de 280 mille ducats pour les gages qui passent la valeur de dix ducats, & paient un intérêt de six pour cent ; qu'une partie du revenu de ce lombard étoit employée au soutien de plusieurs familles indigentes, tant nobles que bourgeoises, & le reste à défrayer les dépenses de l'établissement ; que ce n'est pas une exagération de faire monter à un million deux cents mille ducats le dommage causé par cet incendie : &, comme c'est une règle que ce mont-de-piété ne donne que le quart de la valeur des effets engagés, il en résulte que le public fait une perte inestimable. On remarque que la populace napolitaine, quelque violentes & nombreuses qu'aient été les insurrections auxquelles elle s'est portée, a toujours respecté cet établissement comme un dépôt sacré.

SECTION TROISIEME.

Des tribunaux de l'administration, des forces de terre & de la marine du royaume de Naples.

La division du royaume en douze provinces, appellées *Giustizierati*, qui est encore usitée de nos jours, s'attribue ordinairement à l'empereur Frédéric II; mais elle ne vient pas de lui seul, puisque Charles I d'Anjou, Alphonse Ier d'Arragon & Ferdinand le catholique y ont aussi eu part.

Il n'y a que deux classes d'habitans dans ce royaume; celle de la noblesse & celle du peuple. Le clergé n'en forme pas une particulière. On ne confère des charges publiques qu'à des membres de l'une des deux classes. Au parlement le clergé n'a pas de place distinguée; & lorsque quelquefois on y invite des prélats, ce n'est qu'à titre de feudataires.

Les assemblées générales ou parlemens sont convoqués tous les deux ans dans la capitale. Elles se tiennent dans le couvent des Franciscains près de l'église saint Laurent : on y délibère sur le don gratuit qu'on accorde au roi, & qui a plusieurs fois passé la somme d'un million 500 mille écus.

Les collèges royaux, chargés du gouvernement, sont le conseil d'état, composé de neuf conseillers & de quatre secrétaires; le conseil de guerre & de marine; le conseil de la Sicile; le tribunal royal de sainte Claire; le magistrat royal du commerce; le tribunal de la grande cour de justice de la vicairerie; le tribunal des affaires ecclésiastiques.

Ce qui regarde les tribunaux de judicature doit se trouver dans le dictionnaire de Géographie : nous remarquerons seulement qu'en 1754 le roi Charles établit pour tout le royaume un nouveau code de loix, qu'on appelle *codex Carolinus*.

Il faut observer que les napolitains se sont toujours opposés à l'établissement de l'inquisition, sur-tout sous le règne de Charles-Quint, de Philippe II, de Philippe IV, de Charles II & de Charles VI, & qu'aucun bref ou décret du pape ne peut s'y publier & n'y a de valeur, qu'après avoir obtenu l'exequatur du roi.

L'ordre de chevalerie de S. Janvier fut fondé en 1738 par le roi dom Carlos, & a pour marque l'image de ce saint, attachée à un ruban ondé couleur de chair, placé en forme de baudrier de droite à gauche. Les chevaliers portent d'ailleurs sur le côté gauche de la poitrine une plaque brodée en argent. Le roi est le grand-maître de l'ordre.

Les troupes de terre consistent, selon M. Grosley, en temps de paix en 40 à 50 mille hommes environ, & il y a plusieurs régimens suisses. On dit qu'avant l'administration de M. le chevalier Acton, la marine étoit composée de deux vaisseaux de guerre de 60 canons, de 4 chebecs de 18 & 20 canons & de galeres; mais ce ministre s'est occupé de cette partie avec tant de zèle, & a fait un si grand nombre de constructions, que la marine de *Naples* est aujourd'hui beaucoup plus considérable. Ne pouvant pas compter sur l'état que nous avons, nous ne le donnons pas au public.

Il y a dans le dictionnaire de Finances un long article sur les revenus & les impositions du royaume de *Naples*, & nous y renvoyons le lecteur.

SECTION QUATRIEME.

Remarques sur les avantages du royaume de Naples, *& sur les réformes dont il paroit susceptible.*

S'il est en Europe un état qui puisse fournir les choses nécessaires à la vie & au luxe, c'est le royaume de *Naples* : la nature y a rassemblé toutes les productions des trois règnes, dont elle a favorisé ce continent, dont les hommes se sont fait un besoin, ou à la possession desquelles ils attachent du plaisir : elle y est aussi variée à tous égards, qu'elle l'est ailleurs dans une longue suite de pays.

De leurs ports excellens & nombreux les habitans peuvent gagner en peu de jours les contrées du levant, toucher à l'Afrique, aborder en Espagne & en France; &, s'ils le vouloient entreprendre avec le même avantage que les autres nations, le commerce des deux Indes.

Aucun pays, dans le monde, n'est plus fertile en toutes sortes de grains. Il y a des vins en abondance, & qui pourroient être délicieux comme ils le furent jadis; il abonde en excellens chevaux, en gros bétail & même en moutons, principalement en toutes sortes de gibier & de volailles; par conséquent en viandes, en laitage, en cuirs, en peaux, en poil, en laines. Riche en soie, en huile & en toutes sortes de fruits; il récolte des chanvres, du lin, du coton, de la manne, de la réglisse, & toutes les espèces de légumes. On n'a qu'à ouvrir la terre pour y trouver des métaux. Ses bois, ses marbres, son soufre, son alun, sa pouzzolane, &c. & jusqu'à ses laves, sont des branches de commerce : il exporte du miel, de la cire, les mouches cantarides, des oranges & des limons en nature, des essences & diverses pâtes parfumées. Et, comme si la nature eût pris plaisir à enrichir ce pays de tous ses dons, il n'est pas de mers

plus

plus poissonneuses que celle des Deux-Siciles, & l'on y peut faire du sel par-tout.

Le royaume de *Naples* devroit donc être un état-agricole, marin & commerçant; il pourroit être, sous ces trois aspects, un état des plus florissans de l'Europe. Il veut être militaire, & il n'est rien.

Le premier vice sans doute, dit M. Roland de la Plâtriere, est l'arbitraire de l'impôt, qui de plus est presque par-tout mal-assis.

« Le plus ancien, le plus constamment inégal, est le reste de la contribution des anciens feudataires du royaume. Assis sur les biens titrés, & presque tous les biens-fonds le sont, on l'appelle la taxe des barons, parce que les barons possédoient tout, comme la noblesse possède encore presque tout ».

M. Roland de la Plâtriere ajoute, selon un calcul qui s'éloigne peu de celui que nous avons donné plus haut : « le seul royaume de *Naples* contient environ 1000 terres titrées, plus de 100 principautés, plus de 150 duchés, près de 200 marquisats; une cinquantaine de comtés, & près de 500 baronnies, sans compter les titres que le roi crée, & beaucoup d'autres personnels qu'il donne, quand, comme & à qui il veut. Cet impôt féodal est très-inégal dans sa répartition, qui a plutôt été faite d'après le crédit & l'autorité, que sur l'étendue, la valeur ou le produit des fonds ».

« Indépendamment de la taxe des barons, il en est d'autres plus directement territoriales & établies sur les revenus des possessions, dont chacun doit faire une déclaration exacte, sous peine de confiscation : les moines mêmes qui, de tems immémorial, avoient joui de beaucoup d'exemptions, y ont été assujettis. Mais on fait des baux au-dessous de la valeur; on y supplée par des contre-lettres : on montre le bail, & la taxe s'assied d'après cette supercherie ».

« On se plaint aussi beaucoup de l'arbitraire dans la répartition. Sans doute on peut objecter aux plaintes contre cet arbitraire, même contre la nature des impôts, les conseils, les bureaux, les chambres établies à *Naples*, où l'on porte & discute l'un & l'autre; mais je sais que quand le ministre, son secrétaire ou son intendant ont décidé, le conseil, le bureau, la chambre agitent bien ou en ont l'air, pour se conserver celui de l'utilité & de la dignité; mais on tient à sa place, à sa dignité, à sa pension, à son crédit ».

« La commune se répartit d'autres impositions, dont le produit, suivant l'institution, ne doit être disponible par l'administration qu'en faveur des membres de cette commune ».

« On crie encore contre ces impositions, mais bien moins contre elles proprement, m'a-t-on dit, que contre les voies détournées qu'on fait prendre à l'argent qui en provient; comme celui destiné à la confection des chemins, dont la taxe est répartie sur les communautés, lorsque souvent les chemins ne se font pas ; car ces dernières impositions ne s'appellent pas royales, parce qu'elles ne sont point censées entrer dans les coffres du roi. Les ministres n'ont cependant pas besoin d'employer de grands moyens pour en changer la destination ».

« C'est la municipalité, sous la main du ministère, qui fournit à la ville de *Naples* le bled & toute l'huile nécessaires à sa consommation. Quand ces denrées renchérissent, on en défend l'exportation : il faut bien qu'elles refluent à *Naples*; elles diminuent de prix, souvent elles tombent au plus bas. L'administration les vend toujours au même prix : maitresse de fermer ou d'ouvrir la porte à son gré, il en résulte un moyen sûr de gagner beaucoup d'argent, & de décourager en même-temps beaucoup l'agriculture ».

« On ne peut rien extraire de ces objets qu'avec permission & en payant : on ne l'accorde que jusqu'à telle concurrence ; c'est au plus diligent, au mieux protégé, ou à celui qui finance davantage qu'appartient ce droit ».

« Si l'on n'excédoit pas de beaucoup ces permissions, & qu'on ne fît pas la contrebande d'ailleurs, en trompant la vigilance, ou soudoyant la bassesse des employés, ce pays que tant de gênes ont rendu misérable, le seroit bien davantage. On pousse plus loin le système des prohibitions, à l'égard des chevaux ; & c'est en outre plus encore au préjudice du fisc même. La Basilicate, l'Abruzze, la terre de labour en produisent d'une encolure particulière & belle, & d'une vigueur rare, à laquelle celle des chevaux de peu de pays est comparable. Il est beaucoup de personnes sans doute qui tireroient leurs attelages de *Naples*, parce que ces chevaux sont jolis ; mais l'extraction en est sévérement défendue ».

« La manne pourroit faire un objet de culture & de commerce considérable pour la Calabre, si le trafic étoit libre ; mais le roi se l'appropriant à un prix qu'il y met, tout moyen d'encouragement est détruit ; & sans l'espoir d'en escamoter quelques parties aux yeux de la maltôte, pour la faire passer furtivement sur les bâtimens qui voguent sur ses côtes, on en récolteroit beaucoup moins encore. Il en est de même de la soie, dont *Naples* accorde ou refuse à son gré l'extraction ; encore faut-il que ce soit toujours par *Naples* qu'elle se fasse, lors même qu'on le permet : il faut donc que cette soie, embarquée quelquefois sur le golfe de Venise ou celui de Tarente, fasse le tour de la Calabre, arrive à Naples, y soit déchargée & rechargée après les droits acquittés, pour être portée ensuite à Livourne, à Gênes ou en France ; il faut risquer les avaries, les échouemens, faire doubles frais, & perdre du temps fort inutilement ».

« Les laines, dont il seroit facile de décupler la quantité, dont on pourroit avec quelque soin,

Œcon. polit. & diplomatique. Tom. III.

Ddd

dans la Pouille sur-tout, singuliérement perfectionner la qualité, dont nous tirons beaucoup en France, principalement pour alimenter nos fabriques de draperies ordinaires du Languedoc, & qui passent ainsi à Rouen pour celles de Darnetal & des environs : ces laines, dis-je, sont assujetties à des droits de sortie, après que les animaux qui les donnent, ont été assujettis à un droit particulier de pâcage. Les légumes ne peuvent pas toujours sortir : on a besoin de permissions, & toujours on paye des droits ».

« Il y en a enfin sur tous les objets d'exportation, excepté pour les confitures, le chocolat, les bonbons, dont le commerce se fait en exemption de droits, attendu ceux qu'ont payés à l'entrée les matières premières, le sucre, le cacao, &c ».

« On a entrepris à *Naples* différens genres de fabrique qui y avoient très-bien réussi : des hollandois y en avoient monté une de draps, & ils en faisoient de très-beaux ; mais loin de les favoriser, on sembloit les regarder de mauvais œil, parce que, dirent les publicains, ces sortes d'établissemens qui arrêtoient l'importation, faisoient tort aux douanes du roi ».

« Il est vrai qu'il n'y a ici, ni taxes d'industrie proprement dite, ni imposition sur les maisons, ni capitation ; & c'est un grand point de ne pas fournir aux corps municipaux & de metier, les moyens de vexer ceux de leurs concitoyens ou de leurs confrères dont ils sont jaloux, ou contre lesquels ils ont quelque haine ou vengeance à exercer ; mais les taxes sur les denrées, sur l'entrée & la sortie des marchandises qui sont autant payer le pauvre que le riche, ont bien aussi leurs inconvéniens ».

« Les maccharoni, les semolella, les vermicelli & autres pâtes, dont *Naples* fournit l'Italie en grande partie, & dont la consommation ne peut se concevoir que par ceux qui y ont voyagé, sont dans le cas du bled : souvent l'extraction en est prohibée, & l'on veille a ce que les bâtimens n'en prennent que pour leur provision. Il ne sort guère de vin que par la voie de *Naples*, des environs & jusques par-delà Pouzzole. L'objet est de peu de valeur, parce que les droits sont trop forts ».

« Il y a des papeteries assez considérables dans les environs de Sorrento ; & quoiqu'on n'y fasse que du papier ordinaire, il paye cependant des droits pour entrer dans la ville, comme tous les objets qui se fabriquent dans la ville en paient, pour sortir dans les provinces. De l'habitude de tirer de l'étranger tous les papiers de qualité au-dessus de l'ordinaire, & des droits trop forts sur ceux du pays, il résulte qu'on ne cherche point à le perfectionner, non plus qu'à en étendre la consommation. La France fournit à *Naples* la plus grande partie du papier à lettres qui s'y consomme, non qu'on l'y juge meilleur que celui d'Hollande, que les françois même préfèrent au leur pour cet usage, mais parce qu'il est moins cher ».

« Les droits d'entrée à *Naples* sur la draperie sont si confus, si bizarres, si disproportionnés aux objets, par la manière de les percevoir & de les payer, qu'il seroit difficile ou trop long de les déterminer avec précision. En rapprochant leurs différences à l'égard des diverses espèces, on prétend que le taux commun se présente de 20 à 24 pour cent ; mais qu'au moyen des factures simulées, des bons aunages, &c. on en esquive une partie, & qu'on les réduit de 12 à 15 pour cent ; mais on prétend aussi que les anglois qui fournissent beaucoup des articles, & la nature de ceux qu'ils fournissent, ne paient guère que moitié des droits que nous payons. Ceci leur facilite tellement ce commerce, dans les parties sur-tout où leurs laines de bas prix & de bonne qualité peuvent entrer, que les françois mêmes établis à *Naples* leur donnent des commissions, sur lesquelles ces premiers gagnent encore autant que sur les marchandises de leur propre pays ».

« Il seroit important pour la nation françoise de faire régler ces droits d'une manière plus uniforme, ainsi qu'on l'a demandé en nombre de circonstances : s'il est quelqu'avantage à procurer, quelque faveur à accorder, ce doit plutôt être à l'égard de la famille qu'au profit des étrangers. Cette inégalité qui favorise aujourd'hui l'Angleterre, équivaut à un impôt égal sur la France ».

« Les napolitains ont bien des manufactures de draperies ; ils fabriquent les draps d'uniforme pour les soldats, ceux pour les gardes du roi qui n'en différent pas extraordinairement, & beaucoup de ceux employés en livrées, qui y font un luxe immense. Ils y emploient des laines du cru, qui sont bonnes & à bas prix, ainsi que la main-d'œuvre, & rien ne semble manquer à ces établissemens pour prospérer ; cependant, sans avoir atteint un haut degré de splendeur, ils sont déja déchus : une main étrangère les a élevés & soutenus. Abandonnés à l'industrie nationale, ils dépérissent : ils sont aujourd'hui dans le plus grand état de pauvreté, & la multiplicité de leurs pratiques, sans concourir à en perfectionner les productions, ne sert qu'à les enrichir davantage. Ils ne savent même pas dégraisser les laines ; ils n'entendent rien ni au foulage, ni à l'apprêt des draps, ni d'aucune étoffe ; & l'on vient de se voir forcé de donner des commissions à un fabricant d'Elbeuf, qui est ici, pour fournir à toute la livrée du roi, dans les différentes qualités ».

« On est neuf dans les opérations de la fabrique des étoffes de soie, à commencer par l'écruage des soies, & sur-tout par les teintures dans lesquelles on est fort ignorant, jusqu'à l'exécution des desseins, dont l'imitation reste grossière, & dont l'invention est à naître ».

« Les droits d'entrée, de 20 à 25 pour cent sur les soieries étrangères, seroient bien forts, si la ruse ne venoit de temps en temps au secours pour les diminuer sur quelques parties. Ceux sur les bas sont de 4 & demi carlins par paire, & l'on ne sauroit s'habiller qu'avec des bas de France; mais il en entre plus de la moitié, peut-être les trois quarts en contrebande. On m'a assuré, avec le ton de la persuasion, que si cette taxe étoit réduite à un carlin par paire, elle rapporteroit davantage au fisc ». On ne peut guères en douter, & l'accroissement des revenus de l'Angleterre par la diminution des droits sur le thé, en est une bonne preuve.

« Le peu de toile qui se fait dans le royaume de Naples, est commune, & grossière. Presque tout ce qu'on y en consomme, se tire de la Silésie ou de la Suisse, & toutes les toiles peintes de ce dernier pays, celles de France, en général, sont trop chères pour les italiens ».

« Il se fait quelque fer dans le royaume de Naples; mais la plus grande partie se tire de la Suède & de la Russie. Il est en ferme avec le sel & le tabac, comme ces deux derniers objets en France. Le sel coûte environ 2 sols 6 deniers la livre; & la culture du tabac est défendue à toute autre personne qu'aux religieux, qui peuvent en avoir tant de plantes par individu pour leur consommation ».

Un auteur napolitain, M. Michel Torcia, a présenté en 1784 à l'académie des sciences & belles-lettres, un *état de la navigation nationale sur toute la côte orientale de ce royaume*; & on trouve, dans cette dissertation qui est imprimée, des remarques curieuses.

La longue & fertile côte depuis Reggio jusqu'à Crotone, n'a pas un bâtiment marchand, pas même un bateau pêcheur.

L'oppression féodale y emporte à elle seule, en bien des endroits, le quart sur le produit de la pêche, & trente pour cent sur l'article du pain.

Ce pays n'est pas seulement soumis à l'oppression des barons, il est à celle des abbés commendataires, des évêques & archevêques, des couvens de religieux & de religieuses, des prieurés, bailliages & commanderies de Malthe, des villes & autres communautés qui jouissent des droits baronaux sur leurs villages.

Si le cultivateur récolte plus de bleds qu'il n'en faut pour la subsistance de sa famille & de ses ouvriers, il ne peut vendre le superflu à l'étranger, avant que le seigneur du village ait vendu le sien. Il ne peut même les voiturer chez lui, avant que le seigneur soit achevé de se servir de ses voitures, &, en plusieurs endroits, sans rien payer.

Sous Charles III on avoit réprimé quelques abus de la tyrannie des barons; mais nous venons de les voir repulluler de nos jours par la désuétude, & même le mépris où on a laissé tomber ses sages loix.

Des barons du premier ordre viennent de s'emparer de diverses forêts appartenant aux communautés; ils les ont coupées; ils en ont vendu les bois, & ils en ont converti le sol en terres labourables, en vignobles & châtaigneries pour leur unique profit.

Les mêmes causes ont produit des effets aussi funestes sur l'autre côte non moins longue & non moins fertile, qui se trouve depuis Cortone jusqu'à Tarente.

On peut voir, dans l'ouvrage indiqué tout-à-l'heure, la multitude de ports du royaume de *Naples* qui se sont comblés; les causes qui ont réduit à quelques rades les lieux où abordent les bâtimens; la misère des campagnes & du commerce; les moyens de revivifier l'un & l'autre. Ce tableau est affligeant.

On a fait sur l'administration du royaume de *Naples* un très-bon livre, intitulé NAPLES: il est à propos d'indiquer ce livre, & d'en donner un extrait.

L'auteur de cet écrit dit dans le 4ᵉ chapitre, en parlant de la nation napolitaine.

« Elle habiteroit un pays fertile, qui produiroit de tout, & ce seroit peut-être cette grande abondance qui feroit son malheur; elle se reposeroit trop sur la bonté de son climat. Si elle eût occupé un terrein plus ingrat, ses besoins l'auroient avertie d'être plus industrieuse; & sa stérilité, en la forçant au travail, lui eût donné une activité que sa fécondité lui auroit refusée. Ainsi il arriveroit qu'avec tous les avantages d'une nation du midi, elle éprouveroit tous les inconvéniens de celles du nord ».

« Quoique les sujets fussent pauvres, le roi seroit riche; & il le seroit bien davantage, si ses prédécesseurs n'avoient vendu l'état en détail, pour avoir de l'argent en gros. Ils auroient engagé les revenus de la couronne pour un temps, ou pour toujours, à des particuliers qui seroient aujourd'hui les souverains en second; & le peuple, qui auroit par-là un roi & plusieurs petits monarques, n'en seroit que plus mal ».

Cet auteur traite des avantages du royaume de *Naples* sur les autres états de l'Europe; il prétend que tout manque à plusieurs, beaucoup de choses à tous, & que ce royaume possède, ou peut tout posséder. La réforme du luxe, l'établissement des pragmatiques; des loix somptuaires, attendu que toutes les choses du luxe se tirent du dehors; des réglemens & des encouragemens, parce que la réforme du luxe ne suffit pas, lui paroissent nécessaires, ainsi que des chambres d'agriculture en faveur de cet art, dont il donne un état, & qu'il montre très-négligé. En parlant du bled, des laines, des soies, du safran, des huiles, &c. il avance qu'on pourroit augmenter & perfectionner toutes ces choses.

Le chapitre XXX offre l'histoire du commerce du levant. La Hollande en fut en possession, l'Angleterre ensuite ; enfin il passa à la France en plus grande partie. Que ne devroit pas faire l'Espagne, puisqu'elle fournit les matières qui y sont les plus propres ? Les souverains, remarque-t-on ici, ne doivent rien faire pour leur compte, mais tout encourager.

L'auteur prétend que Naples pourroit établir ce commerce à quarante pour cent meilleur marché que les états qui en sont en possession : mais cette assertion pourroit bien être exagérée.

Il est question, dans le chapitre 31, d'abolir les banques établies à Naples, comme préjudiciables au commerce. « Dans cette ville, dit-il, personne ne répond des fonds. Si l'on en enlevoit de considérables, ils seroient perdus pour les actionnaires : l'état n'est pas solidaire ; le roi n'est pas débiteur ; les gouverneurs des banques n'en font que les agens ; les régisseurs que les commis. Ces banques reçoivent l'argent pour rien & le prêtent à intérêt, moyen sûr de devenir les propriétaires de toutes les richesses de la nation : il faut à la fin que l'intérêt absorbe le capital. Elles se sont déja appropriées une grande partie de la somme publique. Cela peut se démontrer par les fonds en argent qui leur appartiennent en propre, les acquisitions qu'elles ont faites, & les revenus dont elles jouissent. On peut prédire le temps où toutes les finances du royaume appartiendront à ces banques ».

« Outre l'intérêt des sommes déposées, elles se rendent encore les héritières d'un bon nombre de ceux qui leur confient leur argent. Si un actionnaire meurt subitement, & qu'il n'ait pas le temps de déclarer où il a mis les effets qui représentent la somme qu'il a placée à la banque, elle en profite au préjudice des plus proches parens ».

« Cette seconde main-morte est plus dangereuse que celle de l'église : du moins celle du clergé régulier & séculier sert à l'entretien des individus, & par-là rentre en partie dans la circulation générale, au lieu que la seconde laisse croupir l'argent dans les caisses ».

« Un autre inconvénient particulier à Naples, c'est que les sommes prodigieuses de ces banques n'ont point de maître ; elles appartiennent aux banques, c'est-à-dire, à un nom. La facilité de ces dépôts fait qu'on ne s'industrie point, qu'on ne fait rien de ses fonds, & qu'ils restent morts ».

Dans les chapitres 32 & suivants, jusques & compris le 42e, il propose de détruire les emprunts à nantissement, qui ralentissent l'industrie relative au commerce ; d'établir une banque royale, où les capitaines de vaisseaux, & ceux qui font des spéculations de mer, puissent trouver de l'argent à la grosse ; de former une chambre royale d'assurance pour les risques de mer.

Il fait ensuite des observations sur les finances de Naples : sans trop se souvenir qu'il a dit plus haut que le roi est riche, il dit ici : « la monarchie est obérée ; les revenus de la couronne sont engagés ; les provinces n'ont point d'argent ; les villes se trouvent sans numéraire ; la noblesse est endettée ; les seigneurs ne sont pas riches ; le tiers-état est pauvre, & la dernière classe des citoyens demande l'aumône ».

Il ajoute qu'on devroit éloigner de la capitale les arts & les manufactures, pour étendre au loin la circulation des richesses qui viennent s'engloutir dans cette capitale, par les opulens qui l'inondent, & qu'il seroit bon de faire refluer dans les campagnes ; que la loterie de *beneficiata*, qui forme encore une circulation vicieuse, auroit besoin d'être réformée ».

Nous avons fait un article particulier de la Sicile, & nous y renvoyons le lecteur.

Le roi de Naples possède aussi les *présides*. Voyez l'article PRÉSIDES.

NASSAU (principauté de) & de la maison de *Nassau* en général.

La principauté de *Nassau* est située dans la Wetteravie. On évalue sa longueur à douze milles, & sa largeur à sept. Quoique le pays soit fort montueux & fort boisé, on y trouve cependant des prairies & des terres labourables, & le Westerwald offre de beaux pâturages qui rendent l'entretien du bétail très-utile.

Précis de l'histoire politique de la principauté de Nassau, *& remarques générales sur la maison de* Nassau.

Eccard, Reinhard, Gebhardi & Scheidt ont prouvé que la maison princière de *Nassau* descend d'Otton, frère de l'empereur Conrad Ier, qui vivoit dans le dixième siècle, & étoit seigneur de Laurenbourg. On voit encore dans le comté de Holzapfel, au bord de la Lahn, une tour qui est un reste du château, d'où la maison de Laurenbourg a tiré son origine. Walram ou Walrab I, fils d'Otton, continua cette branche. Son premier fils Otton devint comte de Gueldres & de Zutphen par son mariage avec Adelaïde, fille de Wichard, protecteur de Gueldres, & après la mort de celle-ci avec Sophie de Zutphen : son premier fils, Walram II, épousa la sœur de Louis d'Arnstein, & les fils de ce dernier, Rupert I & Arnold, prirent simplement le titre de comtes de Laurenbourg. Walram III, fils de Rupert, & Rupert II, fils d'Arnold, furent les premiers qui se qualifièrent de comtes de *Nassau* : ce fut après la construction du château du même nom, qui fut bâti en 1101. Ce château passa en 1158 à l'archevêché de Trèves par contrat d'échange ; mais les deux possesseurs que nous venons de nommer, l'obtinrent ensuite à titre de fief, suivant l'opinion des historiens. Henri I, fils de Walram III, eut pour fils Otton II, lequel, de son côté, est réputé père d'Henri II, surnommé *le riche*, qui mourut en 1253. Les fils de ce dernier, Walram & Otton, possédèrent d'abord l'héritage paternel en commun ; mais ils firent en 1255 un partage, par lequel le château de *Nassau*, la justice située dans le district d'Einrich (appellée aujourd'hui *la justice des quatre seigneurs*), & quelques autres terres demeurèrent indivises ; mais le comte Walram eut pour sa part Weilbourg, Wisbaden & Idstein ; & Otton eut pour la sienne, Siegen, Dillenbourg, Herborn, Beilstein, Hadamar & Ems.

Adolphe, fils de Walram, fut élu roi des romains ; & le fils de celui-ci, Gerlach, acquit la ville & le château de Weilnau, avec une partie de la seigneurie du même nom. Il laissa deux fils, Adolphe & Jean I. Adolphe posséda Wisbaden & Idstein, & sa branche finit en 1605 par la mort de Jean-Louis. Jean I obtint par sa première femme Mehrenberg, Gleiberg & Hut tenberg, & par la seconde le comté de Saarbrück ; il acquit aussi la moitié du bailliage de Kirberg. Son fils Philippe augmenta ses domaines par l'acquisition de Kirchheim, Stauff, Polanden & Reichelsheim. Il laissa deux fils, Philippe II & Jean II. Le premier eut pour sa part Mehrenberg & Gleiberg, le second le comté de Saarbrück ; Kirchheim, Stauff, Polanden & quelques autres domaines demeurèrent en commun. Jean-Louis, fils de Jean II, obtint par mariage le comté de Saarwerden & la seigneurie de Lahr ; mais sa ligne s'éteignit à la mort de son fils Jean IV. Philippe II continua la branche de Weilbourg ; son arrière-petit-fils Philippe III eut deux fils, Albert & Philippe IV, lesquels héritèrent en 1574, après la mort de Jean IV dont il vient d'être parlé, des comtés de Saarbrück & de Saarwerden, & de la moitié de la seigneurie de Kirchheim. Philippe IV mourut sans postérité ; mais Albert eut un fils, Louis II, qui succéda à Jean-Louis de la branche de Wisbaden. Louis laissa trois fils ; savoir : Guillaume-Louis, Jean & Ernest Casimir. Le premier eut en partage Ottweiler, Saarbrück & Usingen, le second Idstein, Wiesbaden & Lahr, (qui en 1721 après la mort de son fils George-Auguste, passèrent aux descendans du frère aîné) ; le troisième, Weilbourg, la seigneurie de Kirchheim, la partie de Mehrenberg appartenante à la maison de *Nassau*, un tiers du comté de Saarwerden & une partie de Hombourg. Guillaume-Louis de *Nassau*-Saarbrück laissa trois fils, Jean-Louis d'Ottweiler, Gustave-Adolphe de Saarbrück & Walrat d'Usingen. Les fils des deux premiers, Frédéric-Louis & Charles-Louis, moururent sans héritiers ; le premier en 1728, & le second en 1723. Le fils du troisième, Guillaume-Henri, prince de *Nassau*-Usingen, laissa deux fils, chefs de deux branches qui subsistent encore ; savoir, celle de *Nassau*-Saarbrück-Usingen, & celle de *Nassau*-Saarbrück. Ces deux branches firent, le 23 décembre 1735, un traité de partage, en vertu duquel tous les pays hérités & situés au-delà du Rhin passèrent à la branche aînée, & tous ceux qui se trouvèrent en-deçà de ce fleuve, demeurèrent à la branche cadette : on convint en même-temps que ces deux portions ne pourroient plus être divisées entre les descendans des deux branches, mais qu'elles demeureroient assujetties au droit de primogéniture, & que tous les héritages composés de terres appartenantes à la maison de *Nassau*, seroient partagés par portion égale entre les aînés des deux branches. La branche de Weilbourg, fondée par Ernest Casimir subsiste encore.

Otton II, petit-fils du comte Otton I, est le chef de la branche de *Nassau*-Dillenbourg, laquelle, depuis le comte Henri Guillaume, est appellée *la branche de Nassau-Katzenelnbogen*, & se divisa au commencement du dix-septième siècle, sous les fils de Jean IV, dans les branches de Siegen, Dillenbourg, Dietz & Hadamar. Jean, fils cadet de Jean le puîné de la branche de *Nassau*-Siegen, ayant embrassé la religion catholique, fonda la ligne catholique de Siegen, & son frère Henri la ligne réformée : cette dernière s'éteignit en 1734, par la mort du prince Guillaume-Hyacinthe, qui avoit hérité de la ligne catholique : par ce double décès, tous les domaines possédés par la branche de *Nassau*-Siegen passèrent à *Nassau*-Dietz, en la personne du prince Guillaume-Charles-Henri-Friso, prince d'Orange, stathouder des Provinces-Unies, lesquels les transmit à son fils unique Guillaume V. La branche de *Nassau*-Dillenbourg, qui avoit pour souche George, fils du comte Jean IV, s'éteignit en 1739 par la mort du prince Christian, & toutes ses possessions passèrent au prince d'Orange, & après lui à son fils Guillaume V. La branche de Hadamar s'éteignit en 1711, en la personne du prince François Alexandre, & ses biens furent partagés entre les autres branches cadettes. On voit que la branche de *Nassau*-Orange-Dietz est demeurée la seule de la seconde ligne, & qu'elle a réuni toutes ses possessions.

Quoique l'empereur Charles IV, en 1365, eût accordé à Jean I, de la ligne de Walram, le titre de comte princier, cependant ses successeurs se sont bornés au titre de comtes. L'empereur Léopold ayant confirmé en 1688 à cette ligne la dignité de prince, Walrath de *Nassau*-Usingen, George-Auguste de *Nassau*-Idstein, & enfin en 1737 Charles-Auguste de *Nassau*-Weilbourg, prirent ce titre, & ce dernier, ainsi que le premier, le transmirent à leur postérité. Jean-Louis de *Nassau*-Hadamar, Louis-Henri de *Nassau*-Dillenbourg, Guillaume-Frédéric de *Nassau*-Dietz, & Jean-François & Guillaume-Maurice de *Nassau*-

Siegen furent les premiers qui se qualifièrent de princes dans la ligne d'Otton.

Le titre des princes de la ligne aînée de Walram est : N. N. princes de *Nassau*, comtes de Saarbrück & de Saarwerden, seigneurs de Lahr, Wisbaden & Idstein.

La ligne Ottoniene ou la ligne cadette n'existe plus qu'en la personne de Guillaume V, prince d'Orange, stathouder-général des Provinces-Unies des Pays-Bas. Ses titres, comme prince de *Nassau*, sont : prince de *Nassau*, comte de Katzenelnbogen, de Vianen & de Dietz, seigneur de Beilstein.

Les représentans de la branche de Walram n'ont pas encore séance au collège des princes ; mais ils appartiennent au banc des comtes de Wetteravie, dont cependant ils se sont séparés. Leurs pays sont compris dans le cercle du haut-Rhin. Les princes de la ligne Ottoniene furent admis au collège des princes en 1659, & obtinrent deux suffrages, lesquels sont exercés aujourd'hui par le stathouder, dont les états, à l'exception de Beilstein, font partie du cercle de Westphalie. Ce prince n'a que deux voix aux assemblées du cercle.

Nous allons parler d'abord des états de la branche Ottoniene appartenants au cercle de Westphalie, & dont le produit annuel est, selon Busching, de 350,000 florins.

Du comté de Dietz.

Ce comté est situé au bord de la Lœhn, & la bonté de son terroir le faisoit appeler autrefois le *comté d'or*. Il avoit jadis ses comtes particuliers : le premier qu'on connoisse, fut Embreko, qui a vécu au onzième siècle. Leur race s'éteignit en 1388, en la personne du comte Gerard V, dont la fille aînée, Jutta, se maria à Adolphe, comte de *Nassau*-Dillenbourg, & lui transmit le comté de Dietz. Mais Adolphe étant mort en 1420 sans laisser de fils, sa fille unique, nommée *Jutta*, fut mariée à Godefroi VI, seigneur d'Epstein, & ce dernier réclama le comté de Dietz, dont s'étoit déja emparé Engelbert, frère du dernier possesseur. Les parties transigèrent la même année ; ils partagèrent le comté en deux portions égales, & ils en jouirent en commun. Ces deux propriétaires l'offrirent ensuite en fief à l'archevêché de Trèves. C'étoit auparavant un fief immédiat de l'Empire. Godefroi d'Epstein vendit en 1453 la moitié de sa portion au comte Philippe de Katzenelnbogen, & ne conserva que le quart de tout le comté, lequel quart passa au mari de sa fille Agnès, le comte Everard d'Epstein-Kœnigstein ; celui-ci le vendit à son tour, en 1530, au comte Guillaume de *Nassau*-Dillenbourg ; mais ce contrat ne fut point consenti par l'archevêché de Trèves. La dispute qui s'étoit élevée par rapport à Katzenelnbogen, entre les maisons de Hesse & de *Nassau*, ayant été terminée par une transaction en 1557, celle de *Nassau* obtint le quart du comté de Dietz, qui, du comte d'Epstein, avoit passé à celui de Katzenelnbogen. Mais, quoique de cette manière le comte Guillaume de *Nassau* se trouvât possesseur légitime des trois quarts du comté de Dietz, & que la discussion avec l'archevêché de Trèves ne regardât qu'un quart de ce comté, c'est-à-dire, celui qu'avoit possédé Everard, comte d'Epstein-Kœnigstein ; par une transaction de 1564, il fut convenu que des douze grandes paroisses qui composent tout le comté, le comte Guillaume ne conserveroit que Dietz, Flacht, Hanstetten, Danborn, Dern, Rennerode & Rotzenhayn, ce qui fait à peine la moitié du comté ; & l'archevêché obtint les paroisses de Salz, Menth, Hundshaugen, Neuterschausen & Lindenholzhausen, outre les deux villages de Dietkirchen & de Craich. La partie de *Nassau* relève du même archevêché. Cette partie est taxée dans la répartition de Lorraine de 1654, pour les contributions de l'Empire, à 63 sept quinzièmes de florins ; elle paye pour l'entretien de la chambre impériale 41 rixdales 79 & demi kreutzers.

Les landgraves de Hesse prennent le titre de comtes de Dietz ; cependant on dispute encore sur cette question : en possèdent-ils une partie ? & Ems, Reichenberg, Nahstede, Hoenstein & d'autres endroits en dépendent-ils ?

Ce comté est composé de six bailliages.

II. De *Nassau-Siegen*.

Cette partie des états de la maison de *Nassau* est située dans le Westerwald ; elle a trois milles de longueur sur un de largeur. Le terrain y est très-montueux & couvert de forêts ; mais on y trouve cependant de bonnes terres labourables, & sur-tout de bons pâturages. Il est rempli de fonderies de fer, où l'on coule des fourneaux & d'autres ouvrages : on prépare beaucoup d'acier à Freudenberg.

Cette partie renferme une ville, deux bourgs & jusqu'à 150 villages. En 1624, les réformés étoient en possession, non-seulement de l'exercice de la religion réformée, mais aussi de toutes les églises, écoles & revenus ecclésiastiques ; mais le comte Julien le jeune ayant embrassé la communion catholique en 1626, il chercha à introduire le même culte dans tout le pays. Cette innovation cependant n'eut pas son entier effet.

La maison de *Nassau* a pour Hadamar & Siegen un suffrage dans le collège des princes, ainsi qu'aux assemblées du cercle de Westphalie : elle est placée dans celles-ci après l'abbaye de Herford. Suivant la répartition de Lorraine de 1654, *Nassau*-Siegen est taxé à 77 & demi florins. Sa contribution pour l'entretien de la chambre impériale est de 50 rixdales 6 & demi kr. par terme. Le revenu annuel de ce pays est estimé à cent mille rixdales.

Il renferme sept bailliages.

III. Nassau-Dillenbourg.

Ce pays est situé dans le Westerwald, & il touche au précédent; sa longueur est de quatre milles, & sa largeur de trois. On y trouve beaucoup de forges & de martinets: son sol offre des mines de cuivre, du plomb, quelque peu d'argent, du vitriol, des forêts d'un grand produit. Les habitans tirent leur principale ressource de leur commerce en fer; car les terres labourables ne suffisent point à leur subsistance.

Il renferme cinq villes & deux bourgs; les habitans professent la religion réformée.

Nassau-Dillenbourg a un suffrage dans le collège des princes, ainsi qu'aux assemblées du cercle de Westphalie. Sa taxe pour les contributions de l'Empire est, suivant la répartition de Lorraine faite en 1654, de 102 florins pour chaque mois romain, & de 50 rixdales 6 & demi kr. par terme pour l'entretien de la chambre impériale.

Les revenus domaniaux ont été estimés en 1733 à 130,000 florins; cependant ils montoient en 1731 & 1732 à 161,000 florins.

IV. Nassau-Adhamar.

Cette partie des états de la maison de Nassau est également située dans le Westerward; sa longueur & sa largeur sont d'environ deux milles. Elle ne renferme que le bailliage de Hadamar.

Des possessions de la maison princière de Nassau dans le cercle du haut-Rhin.

Les deux branches de la ligne aînée de Walram n'ont point encore obtenu voix & séance au conseil des princes, quoiqu'elles aient sollicité ce privilège avec instance, dès les années 1653, 69, 72, 74, 1707, 13, 53 & 54, & qu'elles soient séparées du collège des comtes de l'Empire en Wetteravie. Elles ont cinq voix de princes aux diètes du cercle du haut-Rhin; savoir, trois pour Weilbourg, Usingue & Idstein, qui sont données par le prince régnant de Nassau-Saarbrück-Usingue, & deux pour Saarbrück & Ottweiler, exercées par le prince régnant de Nassau Saarbrück-Saarbrück. Quant aux contributions de l'Empire & du cercle, la maison de Nassau-Weilbourg paye 24 florins 40 kr. par mois romain; celle de Nassau-Saarbrück-Usingue 20 flor. 33 & demi kr. pour Idstein; ce qui forme un total de 103 florins 13 & demi kr., & celle de Nassau Saarbrück-Saarbrück 34 florins 33 & demi kr. pour Saarbrück, & 27 florins 33 & demi kr. pour Ottweiler, en tout 62 florins 6 deux tiers kreutsers.

Les domaines de Nassau-Weilbourg.

Ils ne sont ni contigus, ni également bons. Busching dit qu'ils ne rapportent pas au-delà de 5000 écus d'empire. Ils comprennent 1°. le comté de Nassau-Weilbourg, arrosé par la Loehn, & qui renferme une mine d'argent & de cuivre; on y trouve des mines de fer, de très-belles forêts: il est divisé en plusieurs bailliages; savoir:
1. Le bailliage de Weilbourg.
2. Le bailliage de Weilmünster.
3. Le bailliage de Loehnberg.
4. Le bailliage de Mehrenberg.
5. Le bailliage de Kleeberg, possédé en commun par les maisons de Hesse-Darmstadt & de Nassau-Weilbourg.
6. Le bailliage de Huttenberg, apporté en dot au comte Jean I par sa première femme, & ci-devant commun aux mêmes maisons que le précédent; mais elles le partagèrent dès 1703: celle de Nassau-Weilbourg eut pour sa part les villages de Lutzelinden, Hoernsheim, Hochelum, Nieder-Kleen, Dornholzhausen, Gros-Rechtenbach, Dudenhofen avec ceux de Vollenkirchen & Klein-Kechtenbach, qui n'en faisoient point partie.
7. Le bailliage de Gleiberg échut à Jean I de la même manière que le précédent.

Le comte de Nassau-Weilbourg possède d'autres domaines: nous n'indiquerons ici qu'une partie des terres des deux, des trois & des quatre seigneurs, dont nous donnerons le détail en parlant des états de Nassau-Usingue.

Et la seigneurie de Kirchheim & Stauff, située le long de la haute montagne de Donnersberg, plantée de chênes, de hêtres & de châtaigniers, entre les bailliages palatins d'Alzey & de Lautern, & les comtes de Linange & de Falkenstein. Le comte Philippe I l'obtint en dot de sa première femme Anne, fille unique de Crafton, comte de Hohenlohe, dont la mère Adelaïde l'avoit hérité de Henri II, comte de Sponheim de la branche Henricienne de Kirchheim son mari; le père de Henri II, Philippe, comte de Sponheim, surnommé de Bolanden, l'avoit acquise du chef de sa mère & de son épouse. Elle est composée de deux bailliages.

Le tiers du comté de Saarwerden & de la mairie de Herbitzheim (il en sera parlé plus au long ci-après); il échut au prince de Nassau-Weilbourg, lors du partage de ces terres en 1745. Il y a des sources salées très-abondantes; mais le prince Charles-Auguste est convenu de ne les point exploiter, moyennant une certaine somme annuelle que la France lui paye, & une quantité de sel fixée qu'elle lui fournit des salines voisines, & qu'il cède ensuite à ses sujets à un prix convenu.

Le bailliage d'Alfeuz ci-devant partagé entre la maison de Grumbach & celle des Deux-Ponts, qui l'acheta tout entier au commencement de 1756, & le donna ensuite, à l'exception du village de Hoehstetten, à la maison de *Nassau*-Weilbourg, en échange du bailliage de Hombourg.

Les terres de *Nassau-Saarbrück-Usingue*.

Elles sont la plupart contiguës : Busching dit que les revenus annuels sont de 120 ou 130 mille florins; leurs habitans suivent en grande partie la confession d'Augsbourg, les autres la religion réformée; les districts qui les composent; sont :

1. Le comté de *Nassau*-Usingue, dit aussi le bailliage d'Usingue, où l'on trouve plusieurs forges & fonderies de fer.

2. La seigneurie ou grand bailliage d'Idstein. La branche des princes de *Nassau*-Idstein s'éteignit en 1721 à la mort de George-Auguste : cette seigneurie échut avec les autres terres de Saarbrück-Usingue, dont il sera parlé tout-à-l'heure, au comte Louis de *Nassau*-Saarbrück & à Frédéric, qui les réunit toutes en 1723, & en jouit jusqu'en 1728 : il mourut cette année, & elles passèrent avec la seigneurie & comté d'Ottweiler & de Saarbrück à Charles & Guillaume-Henri, prince de *Nassau*-Usingue, qui, en 1736, convinrent d'un partage : le premier obtint la seigneurie d'Idstein avec toutes les autres terres de *Nassau*-Usingue, situées sur la rive droite du Rhin.

3. Le bailliage de Wehen.

4. Le bailliage de Bourg-Schwalbach.

5. Le bailliage de Kirchberg ou Kirberg, en commun avec la maison de *Nassau*-Dietz.

6. Le grand bailliage de Wisbad, situé sur le Rhin, & fertile en vins.

7. Kettenback & Haussen, petits villages, dont les barons de Gahlen sont co-seigneurs.

8. La moitié du territoire des deux seigneurs, possédé en commun par les princes de *Nassau*-Usingue & de *Nassau*-Weilbourg.

9. Le territoire des trois seigneurs, dont la moitié appartient aux maisons de *Nassau* Usingue & Weilbourg, l'autre à celle de *Nassau*-Orange, & dont le chef-lieu est le franc bourg de *Nassau*.

10. Le territoire des quatre seigneurs, dont les maisons de *Nassau*-Usingue & de *Nassau*-Weilbourg ont un quart, celle de *Nassau*-Orange un autre quart, & dont la moitié est réunie au bas-comté de Katzenelnbogen.

11. Le grand bailliage de Lahr ou Lohr, situé dans l'Ortenau & formé de la seigneurie de même nom : son propriétaire Henri de Geroldseck mourut sans postérité mâle vers l'an 1426, & il la laissa à sa fille Adélaïde, qui la transmit à Jean, comte de Mœrs & de Saarwerden, d'où elle passa par Catherine, fille & héritière du dernier de cette maison, à Jean-Louis, comte de *Nassau*, malgré les prétentions de Gangolf & Gonthier de la seconde branche de Geroldseck. Il en résulta un procès, dès 1532, qui ne fut terminé qu'en 1625 par accommodement : il fut stipulé alors que Louis de *Nassau* garderoit la seigneurie pour lui & ses successeurs, à la charge de payer un capital de 24,000 florins au margrave de Bade & Hochberg, & un autre de 100,000 florins, outre quelques compensations à Jacques Ernest de Hohengeroldseck & de Soulz; il laissa pour sûreté de l'engagement la moitié de la seigneurie en hypothèque. Mais la créance ayant passé à Frédéric V, margrave de Bade & Hochberg, à titre de bénéficier testamentaire de son épouse, dernière héritière de Geroldseck, & les intérêts ne se payant pas dès 1654, ce prince obtint de l'empereur, en 1659, que cette seigneurie lui seroit cédée pour en jouir jusqu'à l'extinction des arrérages; & sa maison en garda effectivement la possession jusqu'en 1726, que celle de *Nassau* la racheta, quoique Bade en prenne encore le titre. Elle échut en partage au comte Jean de *Nassau*-Usingue, & en 1736 elle rentra dans la portion du prince de *Nassau*-Saarbrück-Usingue.

Les terres de *Nassau-Saarbrück-Saarbruck*.

Elles renferment 1°. le comté de Saarbruck, situé dans la Westrie, & qui est borné au midi & au couchant par la Lorraine; à l'orient, par le grand bailliage de Deux-Ponts & les seigneuries de Bliescastel, d'Illingen & d'Ottweiler; au nord, par la jurisdiction de Lebach, le bailliage de Schavenbourg en Lorraine & d'autres petits territoires. Il est arrosé par la Saar, & traversé par le grand chemin d'Allemagne en France, & sa position est ainsi très-favorable au commerce. La communion luthérienne y fut reçue par tout sur la fin du seizième siècle, & elle y est demeurée dominante jusqu'à ce jour, quoique le catholicisme se soit rétabli en plusieurs endroits, lors de la réunion françoise. Il avoit autrefois ses comtes particuliers, qui s'éteignirent en 1380 : il passa alors à Jean de *Nassau*, mari de Jeannette, héritière de Saarbrück; & en 1722 & 1728, époque où finirent les branches de *Nassau*-Saarbrück & de *Nassau*-Ottweiler, il échut à celle de *Nassau*-Usingue : le prince Guillaume-Henri en fut mis en possession par le partage de 1735. C'est un franc-aleu de l'Empire, dont la maison de *Nassau* ne porte en fief que le droit de péage.

On y trouve la seigneurie d'Ottweiler, bornée au nord par les bailliages de S. Wendel, l'électorat de Trèves & le bailliage de Schavenbourg en Lorraine; à l'ouest par le bailliage de Schavenbourg & le comté de Saarbrück; au sud-ouest par la seigneurie de Bliescastel, & à l'est par le territoire de Deux-Ponts.

Le luthéranisme s'y introduisit sur la fin du seizième siècle, & il y est encore la religion dominante,

minante, quoique les françois y aient rétabli le culte catholique pendant la guerre de réunion. Elle est depuis un temps immémorial unie au comté de Saarbrück, avec lequel elle passa en 1380 aux comtes de *Nassau*, & dont elle a depuis toujours suivi le sort. C'est aujourd'hui un franc-aleu de l'Empire; le droit de péage seulement est fief.

Le comté de Saarwerden, situé dans la Westrie, est borné au nord & à l'ouest par la Lorraine; au sud par les seigneuries de Fenestranges & de la Petite-pierre; à l'est par celles de Bitche & de Diemeringen. Son sol est entremêlé de belles forêts, & de quelques vignobles; il est fertile d'ailleurs en grains, & est traversé dans son milieu par la Saar. Il avoit autrefois ses comtes particuliers qui s'éteignirent en 1527: il passa alors par mariage à Jean-Louis, comte de *Nassau*-Saarbrück. Peu de temps après, l'évêque de Metz s'avisa d'en investir son cousin, le duc de Lorraine, qui, d'après cette investiture, intenta un procès à la maison de *Nassau* pardevant la chambre impériale; la chambre impériale décida en 1629 que cette maison céderoit au duc de Lorraine les villes de Bockenheim & d'Alt Saarwerden comme fiefs de l'église de Metz, & qu'elle conserveroit tous les villages à titre de terres franches & allodiales. Mais la Lorraine s'empara bientôt du comté entier & de la prévôté de Herbitzheim, qu'elle conserva jusqu'en 1659: à cette époque, un accommodement ménagé par la diète déclara que le tout, excepté les villes dont on vient de parler, seroient rendues à la maison de *Nassau*, dont la portion actuelle dans ce comté rapporte annuellement 27,000 florins, si l'on en croit Busching. Le partage fait en 1745 en assigna un tiers à la branche de Weilbourg, dont nous avons déjà donné la description; & les deux autres à celle de Saarbrück.

La prévôté de Herbitzheim, située sur les deux rives de la Saar, au-dessous du comté de Saarwerden, est composée d'un certain nombre de villages, dont les revenus appartenoient jadis, partie aux religieuses de l'ancien couvent de Herbitzheim, partie aux comtes de *Nassau*-Saarbrück en qualité de vidames de ce couvent. Mais ceux-ci réunirent le tout au seizième siècle; & la branche de Saarbrück en possède les deux tiers.

Le bailliage de Hombourg, situé dans les Vosges, entre la seigneurie de Bliescastel & les terres de Deux-Ponts & du Palatinat. La maison de *Nassau*-Saarbrück-Saarbrück en possède cinq huitièmes; le reste appartient à l'électeur palatin, en vertu d'un échange conclu en 1756 avec la maison de Weilbourg.

La communauté de Woelstein ou Welstein indivise entre les maisons de *Nassau*-Saarbrück & *Nassau*-Weilbourg.

Le bailliage de Ingenheim.

Œcon. polit. & diplomatique Tom. III.

L'économat de Rosenthal, situé dans la seigneurie de Kirchheim, & dont les revenus sont évalués à 3000 florins.

Au moment où nous écrivons cet article, on annonce que les maisons de *Nassau*, des branches de Walram & d'Otton ont fait un nouveau pacte de famille, qui termine les différends qui avoient subsisté jusqu'à présent entr'elles. Ce pacte, confirmé dit-on par l'empereur, a réglé en mêmetems l'ordre de succession.

On prétend que les comtés de Weilbourg, d'Usingen & de Saarbrück sont érigés en principautés, & que les trois princes souverains, de ces comtés seront introduits au collège des princes à la diète de l'Empire. On assure aussi que le droit d'aînesse sera rétabli dans la maison de *Nassau*-Orange, dont les revenus annuels, dans ses états d'Allemagne, sont, dit-on, 400,000 florins; mais il ne nous est pas possible de vérifier cette nouvelle.

NAVARRE, royaume d'Europe situé entre la France & l'Espagne.

Ce royaume se divise en haute & basse-Navarre. La première appartient à l'Espagne, & la seconde à la France; & toutes les deux ensemble se divisent en plusieurs districts ou bailliages, qu'on appelle en Espagne *merindades*. La haute-Navarre en comprend cinq, qui ont pour leurs capitales Pampelune, Estella, Tudele, Olete & Sanguersa. La basse Navarre ne contient qu'un de ces bailliages, & a pour seule ville saint Jean-pied-de-port.

La haute-Navarre a au nord une partie des provinces de Guipuscoa & d'Alava, les Pyrénées, le Béarn & le pays de Labour, autrement dit le pays des basques; à l'orient une partie du royaume d'Arragon, les Pyrénées, & les vallées qui se jettent au-dedans de l'Espagne par Roncevaux, par le val de Salazar & par celui de Romal, jusqu'à Ysara. Ses rivières principales sont l'Ebre, l'Arragon, l'Alga, l'Elba, & ses principales vallées sont celles de Roncevaux, Salazar, Roncal, Thescoa & Bartau. Ce royaume avoit autrefois une étendue bien plus grande; il ne comprend guère aujourd'hui que 28 lieues de long, 23 de large, & quinze à vingt mille familles.

L'air y est plus doux & plus tempéré que dans les provinces de l'Espagne voisines; le sol est hérissé de montagnes, & abonde en mines de fer.

La Navarre a eu le sort de tous ces petits états dont est formé aujourd'hui le royaume d'Espagne; elle a eu divers maîtres, & a été, dans ces derniers siècles, tantôt sous la domination des mahométans, & tantôt sous celle des chrétiens. Pampelune, qui en est la capitale, se soumit à dom Pelage, presque immédiatement après l'invasion des sarrasins en Espagne. Les sarrasins la conquirent dans la suite : elle retourna en 750 sous la domination des rois des Asturies, & retomba en 759 sous celle des barbares. Les françois la leur enlevèrent en 778. Des infidèles s'en remirent en possession, & la perdirent pour toujours en 806. Cette place repassa la même année sous la puissance des françois, ses derniers maîtres chrétiens. En 831 une partie de la *Navarre* secoua le joug; mais une famille particulière y régna depuis le milieu du neuvième siècle.

Ignigo-Arista est le premier qui ait régné dans la haute-*Navarre*, & ses descendans occupèrent ce trône jusqu'en 1234. En 1316 Jeanne, en qualité de fille mineure de Louis Hutin, devint héritière de ce royaume qu'elle apporta à son mari Philippe, comte d'Evreux. En 1512, Ferdinand l'enleva à Jean Sire d'Albret, qui en étoit roi, du chef de Catherine de Foix sa femme, dernière héritière de Charles, comte d'Evreux. Le pape le seconda dans cette entreprise, & leur prétexte fut que ce prince étoit allié de Louis XII, fauteur du concile de Pise. Louis XII secourut Jean d'Albret; mais l'activité du duc d'Albe rendit cette entreprise inutile, & força le roi de Navarre & la Palisse à lever le siège de Pampelune. Catherine de Foix disoit au roi son mari, après la perte de ce royaume : « Dom Jean, si nous fussions nés, vous Catherine, & moi Jean, nous n'aurions jamais perdu la *Navarre* ».

La basse-*Navarre* est, comme nous l'avons dit, une des mérindades ou bailliages, dont le royaume entier de *Navarre* est composé. Elle est séparée de la *Navarre* espagnole par les Pyrénées. Ce pays fut occupé jadis par les vascons ou gascons, lorsqu'ils passèrent les monts pour s'établir dans la Novempopulanie sur la fin du sixième siècle : aussi tous les habitans sont-ils basques, & parlent-ils la langue qui est la même que celle des biscayens espagnols.

Tout ce que Jean d'Albret & Catherine, reine de *Navarre* sa femme, purent recouvrer des états que Ferdinand, roi d'Arragon & de Castille, leur enleva en 1512, se réduisit à la basse-*Navarre*, qui n'a que huit lieues de long sur cinq de large. On lui donne pourtant le nom de royaume, & les rois de France ajoutent ce titre au leur, d'après un usage qui semble bien au dessous de leur grandeur. *Voyez* les articles ESPAGNE & FRANCE.

NAVIGATION, l'art ou l'action de naviguer, c'est-à-dire, de conduire un navire d'un lieu à un autre par le chemin le plus sûr, le plus court & le plus commode. Nous n'envisagerons ici ce mot que sous ses rapports avec la politique; ses autres rapports appartiennent au dictionnaire de la Marine.

La *navigation* offre trois avantages politiques : 1°. l'occupation qu'elle donne aux gens de mer, dont elle est la meilleure pépinière; 2°. la construction des navires, qu'il faut considérer comme une fabrique; & 3°. l'utilité qu'elle procure au commerce par le transport des denrées & des manufactures, transport qui, outre la commodité, devient lucratif au peuple qui le fait. Ces trois objets méritent d'être développés plus clairement.

Un pays bien peuplé, dont les provinces sont situées le long de la mer, qui a des côtes d'une grande étendue, où les habitans naissent avec du goût pour la vie maritime, peut employer à la *navigation* un fort grand nombre d'hommes, qui tous gagnent beaucoup plus à ce métier qu'ils n'auroient fait en travaillant sur terre, ou en s'appliquant à une profession commune. Or, comme les gens de mer vivent presque toujours à bord de leurs vaisseaux, où ils ne sauroient faire de grandes dépenses, ils rapportent dans leur patrie, au sein de leur famille, l'épargne qu'ils ont pu faire sur leurs gages, ou le profit d'un petit trafic. Cet argent est un bénéfice pour l'état, & il augmente la masse de ses richesses. Il est impossible d'avoir une grande marine militaire, sans une grande marine marchande; & l'administration angloise a bien senti la vérité de ce principe : elle vient de s'occuper de la pêche du hareng, afin que la multiplication de ses navires marchands & de ses matelots ajoute à la force de ses escadres; & la Russie, qui depuis le czar Pierre a entrepris tant de choses sans avoir les moyens préliminaires, arme des vaisseaux de guerre dans ses rades; mais elle n'aura jamais une marine redoutable, tant qu'elle n'aura pas une marine marchande plus étendue.

L'utilité que le commerce tire de la *navigation* par le transport des marchandises, n'est pas moins sensible. Lorsqu'un état n'a pas une marine marchande, les négocians sont dans la nécessité d'attendre l'arrivée des navires étrangers, dont on n'est jamais le maître. Les marchandises qu'on veut envoyer au dehors, & celles qu'on fait venir de l'étranger, restent long-tems dans les magasins, s'y gâtent ou y reçoivent du dommage, consument des intérêts, & l'occasion, le moment du débit se perd quelquefois sans ressource. Mais ce n'est pas tout encore : la *navigation* est utile sous un autre point de vue; car les frais de transport faisant toujours partie de la valeur d'une marchandise, il est clair que les consommateurs étrangers, de toutes les marchandises exportées sont obligés de payer les frais de la *navigation* qu'ont fait nos sujets. Ensuite la valeur des marchandises importées sur nos propres vaisseaux diminue, dans la balance générale du commerce, de tout ce qu'a coûté le fret. Dans un pays qui fait un grand commerce, il est difficile de calculer ce double avantage.

De ces principes incontestables est résulté une maxime politique : tout état qui est à portée d'avoir une *navigation*, doit y encourager ses sujets par tous les moyens possibles; car un peuple qui laisse faire par d'autres une *navigation* qu'il pourroit entreprendre lui-même, diminue ses forces réelles & relatives en faveur des nations rivales.

La *navigation* sur les fleuves & rivières embrasse les mêmes objets que la *navigation* maritime, & est aussi utile au commerce. Les nations qui entendent bien leurs intérêts, cherchent à encourager cette *navigation* sur les rivières qui traversent leur pays par toutes sortes de facilités, & par une liberté raisonnable; celles qui les entendent mal, croient parvenir au même but par la gêne & par de petites chicanes. Il est assez rare, dans notre continent, que les deux bords d'un fleuve, depuis sa source jusqu'à son embouchure, appartiennent au même état; au contraire, les plus grands de ces fleuves, comme le Rhin, l'Elbe, &c. traversent plusieurs pays, avant de porter leurs eaux à la mer. C'est ce qui a donné lieu à beaucoup de contestations entre les puissances pour les limites du domaine & de la propriété de ces fleuves, que chacune à tâché d'étendre à son avantage. Le droit universel des gens, fondé sur les principes les plus clairs du droit naturel, a décidé 1°. qu'une rivière, entant que rivière, appartient au peuple dont elle arrose les terres; 2°. que cette propriété s'étend aussi loin que les limites de chaque souverain dont elle traverse le pays; & 3°. que si les deux rives opposées ne sont pas sous la même domination, le milieu de la rivière servira de limite, ensorte que le domaine de chaque moitié appartiendra au souverain qui est le maître du bord.

Cette disposition équitable du droit des gens, auquel tous les souverains ont acquiescé, a donné lieu à des établissemens sages & à diverses méprises. Chaque nation a tâché de rendre ses rivières navigables. On a fait des efforts pour les déblayer, pour enlever les bancs de sable; on a marqué les écueils, dressé des fanaux, & encouragé la construction des navires, bateaux, &c. Mais on a cherché en même-tems à rendre cette *navigation* profitable aux souverains, qui tous ont voulu établir sur les bords des fleuves, des péages, où les bateliers sont obligés de payer de certains droits, tant pour leurs bâtimens que pour les marchandises qu'ils transportent. Cet usage est susceptible de bien des critiques. Premièrement, si on ne se laisse pas dominer par des systèmes trop généraux, on ne sauroit condamner indistinctement tous les péages. C'est une espèce de droit de douane ou de taxe que l'on impose sur les marchandises d'entrée, taxe qui peut diminuer les autres charges qu'on seroit obligé de mettre sur le peuple sans ce secours; mais qui porte aussi sur les marchandises de transit, lesquelles ne font que passer simplement par notre pays, où elles ne sont ni achetées ni vendues, & par conséquent c'est une contribution qui est payée par les étrangers, & qui diminue les charges de nos sujets en même-tems qu'elle augmente nos richesses. Mais on a beaucoup abusé de ce moyen: on a porté trop haut le tarif de ces péages, & on les a trop multipliés. L'accroissement de ces droits renchérit les marchandises d'entrée, & par conséquent les choses nécessaires à la subsistance des citoyens: il renchérit la main-d'œuvre & nuit au bon marché de nos manufactures. Il nuit encore au commerce de réexportation, parce que d'autres peuples ne tirent plus de nous des marchandises que nous avons si fort renchéries. Enfin il fait un tort irréparable au commerce d'entrepôt & de transit, parce que les négocians étrangers, qui asservissent tout au calcul, cherchent & trouvent bientôt d'autres routes pour l'envoi de leurs marchandises, dès que nous rendons la nôtre trop dispendieuse. On pourroit donner des exemples bien frappans de cette assertion, & faire voir que l'ignorance de quelques financiers sur cet objet a causé plus d'une fois la perte du bénéfice que les navigateurs de leur pays auroient pu faire sur le transport des marchandises étrangères, & d'une branche fort lucrative de commerce. C'est donc une règle générale que si la détresse du fisc ne permet pas d'abolir les droits de péage, il faut se garder de les hausser sur les rivières, au point que le négociant étranger puisse faire voiturer au même prix, ou envoyer par mer, en faisant un grand détour: voici une autre règle constatée par l'expérience; la nation qui supprimeroit tous les péages, y gagneroit beaucoup après quelques années; & il est tems d'abolir tous ces péages particuliers, injustes ou mal fondés, qui appartiennent à des particuliers: ils gênent le commerce & l'industrie; & quand ils seroient justes, la prospérité générale exigeroit ce sacrifice ou l'échange de la propriété de quelques individus.

Secondement, si nous sommes les maîtres d'une rivière depuis sa source jusqu'à son embouchure, quelle est la nécessité de multiplier les péages, & d'en établir de distance en distance? Rien ne cause plus de gênes inutiles à la *navigation*, rien n'arrête si mal-à-propos le transport des marchandises, qui doit être très-prompt. Les bateliers sont mécontens & avec raison, lorsqu'ils sont obligés, à chaque moment, d'interrompre leur marche pour compter avec des douaniers, & faire visiter leurs navires. Pourquoi ne fait-on pas payer au premier péage, à un péage unique, à l'entrée du pays, tous les droits dont on veut charger la *navigation*? Pourquoi faut-il tant de fois revenir à la charge? Pourquoi les denrées & marchandises consommées par nos sujets domiciliés proche l'embouchure d'une rivière, doivent-elles payer moins que celles qui sont consommées par nos sujets qui demeurent près de la source, ou dans la capitale? Il faut que dix péages rendent annuellement la même somme que deux péages pourroient rendre,

Troisiémement, s'il se trouve plusieurs souverains dont les états aboutissent à un même fleuve, & qui ont des péages sur ses bords, il est encore plus dangereux & plus nuisible de hausser le tarif de nos droits, parce que les autres souverains hausseront le leur dans la même proportion. L'équité naturelle ne permet pas alors de se plaindre : nous ruinons notre *navigation*, nous renchérissons toutes les marchandises qui circulent dans notre pays, nous affoiblissons notre commerce, & nous perdons précisément ce que les princes voisins gagnent. Il faut conclure donc que si l'établissement des péages est quelquefois avantageux, le moindre abus qu'on en fait, devient très-nuisible.

Les canaux qui réunissent des mers, tels que le fameux canal du Languedoc, qui établit une communication entre la Méditerranée & l'Océan, par la Garonne, où ceux qui servent à combiner la *navigation* de deux rivieres, comme le canal que l'électeur Frédéric Guillaume de Brandebourg a fait creuser pour joindre l'Oder à la Sprée, ou ceux enfin qui réunissent des lacs & des fleuves, tels que le canal de Ladoga, qui conduit les eaux & la *navigation* du lac de ce nom vers la ville de Pétersbourg, tous ces canaux & beaucoup d'autres moins célebres sont des monumens de la grandeur & de la magnificence des monarques qui les ont fait construire. Le voyageur étonné en admire l'art, la structure, la dépense & la difficulté de l'entreprise ; l'homme d'état admire l'utilité du projet, la sagesse, la profonde politique, la bienfaisance des princes qui en ont conçu l'idée, & qui l'ont fait exécuter ; & la postérité doit de la reconnoissance aux rois, dont les travaux achevent l'ouvrage de la nature en faveur du genre humain. Ce sont-là de beaux exemples à suivre. Chacun devroit les imiter, à proportion de ses forces & de l'avantage qu'une pareille entreprise peut procurer à ses sujets. Il n'y a pas de pays en Europe où nos ancêtres n'en aient encore laissé de pareils à faire ; & plus les nations se poliront, plus elles tâcheront de faciliter, à l'exemple de la Hollande, les communications entre leurs villes & villages par l'entremise des canaux. Mais il faut avertir ici les ministres de ne pas gâter, par une économie mal-entendue, tout ce qu'il y a de beau & de grand dans une pareille entreprise de la part de leurs maîtres, en établissant sur de pareils canaux des péages excessifs, qui absorbent le profit que le public & le commerce pourroient en retirer. C'est convertir des remedes salutaires en poisons. Il semble alors qu'un prince n'ait fait que par avarice ce qu'il auroit dû faire par magnanimité. C'est un revenu de plus qu'il se procure aux dépens des voituriers qui chargeoient ci-devant les marchandises, & qui perdent par-là leur subsistance sans que les autres citoyens en profitent. Cet ouvrage renferme un article *Canaux*, auquel nous renvoyons le lecteur.

Il n'est guere de port ou de ville maritime, qui soit situé précisément sur le rivage de la mer. La plupart sont assises sur le bord d'un fleuve, à quelque distance de son embouchure, & il est rare qu'une riviere ne soit pas embarrassée par des bancs & des sables vers les lieux où elle termine son cours, ce qui incommode beaucoup la *navigation*, & réduit les gros navires qui tirent beaucoup d'eau, à ne pouvoir approcher du port que difficilement, ou par le moyen des alleges. Mais comme tous ces moyens sont lents, embarrassans & dispendieux, & qu'il y a même des villes maritimes où les vaisseaux ne peuvent pas aborder du tout, & qui ont été obligées d'établir leurs ports souvent à quelques lieues au-dessous de la ville, on a eu recours à toutes sortes d'expédiens pour enlever ces bancs, ou du moins pour prévenir leurs progrès. Une des machines les plus ingénieuses, inventées à cet usage, se trouve à Bremen sur la riviere de Weser. Le courant de l'eau, le vent & des chevaux attelés à un cabestan concourent à la mouvoir ; & ces forces réunies sont telles, qu'à chaque minute cinquante ou soixante pieds cubes de sable sont enlevés du lit de la riviere & jettés dans un bateau plat, lequel étant rempli se détache de la machine, pour être poussé vers la rive où on le décharge. Toutes les puissances qui sont intéressées à l'écurement des rivieres, devroient se servir de cette machine, & encourager par des récompenses les méchaniciens qui parviendroient à la perfectionner.

La plupart des puissances maritimes ont des pêches nationales, ou de certaines branches exclusives de commerce, qui leur servent d'écoles & de pepiniere pour la marine. Telles sont la pêche du hareng proche des isles Orcades, celle de la morue de Terre-Neuve, du grand banc, &c. celle du merlus, des merluches & barbues sur les côtes de Norwege, celle de la baleine au Groënland, ou des chiens de mer dans le détroit de Davis, & ainsi du reste. Le transport des charbons des mines d'Ecosse en Angleterre & ailleurs, le cabotage ou la petite *navigation* le long des côtes, sont très-propres à former des gens de mer, & les nations qui en sont en possession, sentent bien le prix de cet avantage. Elles ont fait plus d'une fois la guerre pour les conserver ; & à n'envisager que les maximes politiques, elles n'ont pas eu tort.

Si un pays n'a point encore de marine formée, ou qu'elle soit, pour ainsi dire, au berceau, il faut encourager les principaux négocians par des franchises, des gratifications & des priviléges, à mettre des vaisseaux en mer ; mais ces priviléges ne doivent jamais être exclusifs : car la concurrence est nécessaire ici comme dans les autres branches du commerce, & l'on n'encourage jamais bien une entreprise lorsque le public en général ne peut y participer. Le souverain même ne doit point s'en mêler directement. Il me semble que le czar Pierre premier n'a pas assez observé cette règle, lorsqu'il conçut l'idée de procurer à la monarchie russe une marine sur la mer Baltique. Il fit tout pour ses forces navales, & rien en faveur de sa *navigation*. S'il avoit employé le quart des sommes que lui coûtèrent ses galères, presque inutiles, & une flotte médiocre, à exciter la *navigation* des négocians dans les ports de Pétersbourg, de Riga, de Revel, &c. le commerce de Russie, d'importation & d'exportation, ne se feroit pas comme aujourd'hui par des navires étrangers : car on ne voit pas fréquemment des pavillons russes se déployer dans les mers & dans les autres ports de l'Europe; & les éloges des historiens & des panégyristes sur ce point, supposent l'ignorance des principes de la bonne politique.

NAUMBOURG - ZEITZ, évêché souverain d'Allemagne, appartenant à l'électorat de Saxe. Il est situé en partie sur la Saale & en partie sur l'Elster; le cercle de la Thuringe entoure la première division de toutes parts, & la seconde est bornée d'un côté par ce même cercle, & de l'autre par la principauté d'Altenbourg & la seigneurie de Gera, qui appartient aux comtes de Reuss.

Sol.

Le sol est fertile en grains & en vins.

Population.

Il y a dans toute l'étendue de l'évêché cinq villes & 140 bailliages, que Hempel réduit à 121 dans ses tables.

Précis de l'histoire politique.

L'empereur Otton I fonda cet évêché à Zeitz en 968. L'église cathédrale fut transférée à *Naumbourg* en 1029; mais tous les chanoines ne quittèrent point Zeitz : quelques-uns y restèrent, & s'attachèrent à l'église collégiale qui y demeura. Jules Pflug, fameux par son érudition & par sa rare prudence, mort en 1564, fut le dernier évêque de ce siège : l'administration en fut donnée postérieurement à Alexandre, duc de Saxe, qui mourut l'année d'après, & fut remplacé par l'électeur Auguste son père, lequel se chargea de cette même administration, qui a passé ensuite aux électeurs ses successeurs. L'électeur Jean-George I abdiqua en 1653 cette administration en faveur du duc Maurice son quatrième fils, mais sous certaines conditions qui ne furent point exécutées; le père qui mourut quelque temps après, donna par testament à ce même fils la seigneurie de Tautenbourg, Fravenpriefsnitz, Nieder-Trebra, les bailliages de Voigtsberg, de Plaven, de Plausa, de Triplitz, d'Arnshaug, de Weyda, & de Ziegenrück, avec la partie du comté princier de Henneberg, dont l'électeur étoit en droit de disposer : le même duc Maurice acheta de l'électeur Jean-George II, son frère, le bailliage de Pegau, & fut la souche de la branche collatérale de la maison de Saxe, nommée *Zeitz*. Il eut pour successeur, dans l'administration de l'évêché & dans tous ses autres pays héréditaires, le prince Maurice-Guillaume son fils, qui embrassa publiquement la religion catholique en 1715. Ce changement de religion le rendit inhabile à conserver l'évêché de *Naumbourg*, suivant le traité fait avec le chapitre protestant; il l'abandonna alors au roi & électeur Frédéric Auguste I, & il conserva ses pays héréditaires jusqu'à sa mort arrivée en 1718; il avoit auparavant abjuré la religion catholique pour retourner à la protestante. Ces mêmes pays héréditaires échurent pareillement à la maison électorale, parce que le frère & le neveu du défunt professoient la religion catholique, & qu'ils avoient embrassé l'état ecclésiastique. Une capitulation perpétuelle attacha l'évêché de *Naumbourg* & ceux de Misnie & de Mersebourg à la maison électorale de Saxe.

La taxe matriculaire de l'évêché de *Naumbourg* étoit autrefois de six cavaliers montés & équipés & vingt fantassins; mais la maison électorale de Saxe l'a exempté de cette charge.

L'évêché fait partie des états de la première classe des pays électoraux : il a une régence particulière, une chambre domaniale & un consistoire : les conseillers de la régence siègent dans ce dernier tribunal avec le surintendant de l'évêché. *Voyez* l'article SAXE.

NAYRES : on donne le nom de *nayres* à la noblesse de la côte Malabare : on peut dire que c'est la plus ancienne noblesse du monde, puisque les anciens en font mention, & qu'ils citent la loi qui permet aux dames *nayres* d'avoir plusieurs maris; chacune d'elles peut en prendre quatre : leurs maisons qui sont isolées, ont autant de portes que la dame a des maris. Lorsqu'un d'entr'eux vient la voir, il fait le tour de la maison, en frappant de son sabre sur son bouclier. Il ouvre ensuite sa porte, où il laisse sous une espèce d'auvent un domestique qui garde ses armes, & qui avertit ses collègues. On dit qu'un jour de la semaine la dame ouvre les quatre portes, & ses quatre maris viennent dîner chez elle & lui faire la cour. Chaque mari donne une dot en se mariant, & la femme a seule la charge des enfans. Les *nayres*, même le samorin & les autres princes, n'ont pas d'autres héritiers que les enfans de leurs sœurs. Cette loi a été établie, afin que les *Nayres* n'ayant aucune famille, fussent toujours prêts à marcher à l'ennemi. Lorsque les neveux sont en âge de porter les armes, ils suivent leurs oncles; le nom de père est inconnu à un enfant *nayre*. Il parle des maris de sa mère, de ses oncles, & jamais de son père.

Les *nayres*, s'étant révoltés ces années dernieres, Ayder-Aly-Khan les a soumis; & avant de quitter leur pays, il les a déclarés déchus de tous leurs priviléges : on dit que leur caste, qui étoit la premiere après celle des bramines, est devenue la derniere; qu'Ayder-Aly les a obligés à saluer les parias & autres gens des plus basses castes, à se ranger devant eux comme les autres malabares étoient obligés auparavant de le faire devant les *nayres*; qu'il a permis à toutes les castes de porter les armes, & qu'il les a défendues aux *nayres*, lesquels seuls avoient eu jusqu'alors le droit d'en porter; qu'il a permis & ordonné à tout le monde de tuer les *nayres* que l'on trouveroit armés. Par cette ordonnance, publiée dans un moment de colère, Ayder espéroit rendre toutes les autres castes ennemies des *nayres*, il croyoit qu'elles chercheroient à se venger de l'oppression tyrannique que cette noblesse avoit exercée contr'eux.

Elle rendoit impossible la succession des *nayres*, qui eussent trouvé la mort mille fois moins cruelle que cet avilissement; & Ayder en publia une nouvelle, qui rétablissoit dans tous leurs droits & prééminences les *nayres*, lorsqu'ils embrasseroient la religion de Mahomet. Plusieurs de ces nobles prirent à cette occasion le turban; mais la plus grande partie est restée errante; elle a mieux aimé se réfugier dans le royaume de Travancour que de se soumettre à cette derniere loi.

Nous ignorons ce qui est arrivé depuis la mort d'Ayder-Aly. *Voyez* les articles MAISSOUR, MALABAR, &c.

NÉGOCIATION, NÉGOCIATEURS, maniere de traiter les affaires politiques, & hommes qu'on y emploie.

Les *négociations* politiques sont beaucoup plus difficiles qu'elles ne l'étoient autrefois. Anciennement, les ambassades n'étoient que momentanées; il suffisoit à un ministre de bien connoître un objet unique, qui étoit celui de sa mission; il exposoit sa demande, on lui faisoit une réponse, & la *négociation* se terminoit en peu de jours. Aujourd'hui que les ministres publics résident continuellement, mille & mille objets doivent attirer leur attention. Les intérêts de tous les états, les vues de tous les princes, celles des autres ministres publics, les changemens qui peuvent arriver dans chaque cour, les mouvemens qui peuvent agiter l'Europe; un ministre public s'occupe de tout.

Les divers états de l'Europe ont entr'eux un commerce & des rapports si bien établis, qu'un changement dans l'un de ces états est presque toujours capable de troubler le repos des autres.

Les démêlés des moindres souverains mettent de la division entre les principales puissances; à cause des divers intérêts qu'elles y prennent. Les diverses puissances ne devroient se mêler que des choses essentielles; mais, par une foiblesse naturelle aux hommes, elles veulent se mêler de tout, & ces rapports obligent presque chaque souverain d'entretenir continuellement des ministres dans les cours étrangeres. Un prince veut être instruit de tout ce qui se passe hors de son royaume, qui a quelque rapport à lui, à ses alliés, à ses ennemis, aux puissances qui n'ont point encore pris de parti. Mais jusqu'à quel point ces instructions lui sont-elles nécessaires, & où commence la simple curiosité ? C'est ce que nous n'indiquerons pas ici. Quoi qu'il en soit, un ministre habile peut découvrir dans une cour ce qu'on cache à son maître dans une autre. La connoissance de tout ce qui se passe est importante ou utile au gouvernement; elle ne le seroit pas, si chaque état se bornoit à savoir les faits vraiment intéressans.

Un négociateur appliqué découvre & dissipe les projets qui se forment contre les intérêts de son prince, dans les pays où il négocie. Un souverain habile, du fond de son cabinet, sans faire de grandes dépenses, sans mettre sur pied des armées nombreuses, parvient souvent à affoiblir des états, dont la puissance lui donne de l'ombrage. C'est par ce moyen qu'un bon ministre entretient quelquefois dans les états de son maître une tranquillité profonde, pendant qu'il produit des révolutions ailleurs, & qu'il fait même agir des nations contre leurs propres intérêts. C'est par-là enfin que l'on rompt les liaisons les plus étroites, & que l'on conclut les traités les plus utiles.

Il est aisé de faire échouer les plus grandes entreprises, lorsqu'on les découvre au moment où elles se forment, parce qu'on a besoin de plusieurs ressorts pour les faire mouvoir, & qu'il n'est presque pas possible de les cacher à un *négociateur* habile qui se trouve sur les lieux. En général, on s'y prend trop tard, quand on attend pour envoyer dans les pays voisins, qu'il y survienne des affaires importantes. S'il s'agit, par exemple, d'empêcher la conclusion de quelque traité, soit avec une puissance ennemie, ou avec une puissance qui donne de la jalousie, ou de détourner une déclaration de guerre, qui étant faite contre notre allié, nous le rendroit inutile, en le mettant dans la nécessité de pourvoir à sa propre défense, les *négociateurs* qu'on envoie dans les cours au moment même, n'ont pas le temps d'établir des liaisons & de prendre des mesures propres à faire changer les résolutions prises, à moins qu'ils ne portent avec eux de grands moyens toujours à charge au prince qui les donne, & souvent inutiles, parce qu'on s'en sert trop tard.

On peut donc aujourd'hui établir en maxime

qu'il est d'une importance extrême de négocier continuellement en public & en secret. On ne jouit pas toujours sur-le-champ du fruit de ces *négociations* ; mais quoique l'avantage en soit reculé, & que celui qu'on en peut espérer, ne soit pas apparent, il paroît qu'il y en a un réel à négocier sans cesse, ou du moins qu'il y auroit du désavantage à ne pas le faire. Les grandes *négociations* ne peuvent être que l'effet d'une suite de desseins enchaînés l'un à l'autre. Le succès trompe quelquefois les meilleures mesures, & il est difficile dans ce genre de combat, aussi-bien que dans les combats ordinaires, de combattre souvent & d'être toujours vainqueur ; mais le mauvais événement ne doit jamais rebuter : l'homme qui négocie toujours, trouve enfin l'occasion de parvenir à son but. Quand on ne la trouveroit jamais, il est sûr qu'on gagne beaucoup, lors même qu'on ne gagne que du tems.

On a soin de négocier même avec l'ennemi à qui on fait la guerre. Les vénitiens ne font jamais plus de *négociations* pour la paix, que lorsqu'ils font la guerre avec plus de chaleur, & il paroît que les autres puissances les imitent aujourd'hui.

Si ces maximes conviennent à tous les états, on peut dire qu'elles regardent particulièrement ceux qui, supérieurs en forces, sont comme les premiers mobiles des états inférieurs. Si on ne peut avoir des ministres par tout, il est aisé d'entretenir dans tous les lieux des correspondances ou publiques, ou secrètes.

Le roi d'Angleterre Henri VII, qui avoit beaucoup de talent pour l'administration, envoyoit des ambassadeurs dans toutes les cours ; mais il ne leur donnoit presque rien à négocier, parce qu'il ne vouloit pas leur confier son secret. Il leur ordonnoit simplement de l'informer avec exactitude de tout ce que les ambassadeurs des autres princes traitoient dans les mêmes cours. Il croyoit apprendre les affaires & les intentions de ses voisins, amis ou ennemis, sans leur communiquer rien des siennes : mais cette politique raffinée auroit peu de succès maintenant, & on négocie aujourd'hui avec une sorte de franchise qui cache plus de ruse.

Les princes se glorifient d'avoir dans leur cour un grand nombre de ministres publics. Alexandre, averti que des ambassadeurs de tous les pays du monde l'attendoient à Babylone, se hâta d'y aller, quoique les astrologues chaldéens l'avertissent qu'il courroit grand risque de sa vie, s'il entroit dans la ville. Flatté de l'empressement des peuples à lui rendre leurs hommages, il ne voulut pas différer de donner audience à leurs ambassadeurs ; il se rendit à Babylone, pour y tenir comme les états-généraux de l'univers. Tamerlan, au faîte de l'empire, eut dans sa cour tous les princes asiatiques, ou par eux-mêmes, ou par leurs ambassadeurs. On ne voit point d'audiences ni d'assemblées plus dépourvues d'ambassadeurs & d'étrangers que les vôtres, disoit Démosthène aux athéniens : il vouloit leur prouver qu'ils étoient déchus de la considération dont ils avoient joui.

Les audiences sont une des plus difficiles fonctions des souverains. Ce n'est pas assez que le prince parle aux ministres étrangers, en de certaines occasions, avec une fermeté nécessaire, il faut que dans toutes il écoute avec attention, & qu'il se souvienne de ce qu'il est, & de ce qu'est le prince au ministre duquel il donne audience. Il faut de plus qu'il se concilie l'affection de tous les ministres. Il a intérêt de les bien traiter.

Comines dit que Louis XI dépêchoit les ambassadeurs avec de si bonnes paroles & de si beaux présens, qu'ils s'en alloient toujours contens de lui, & dissimuloient à leurs maîtres ce qu'ils savoient, à cause du grand profit qu'ils en retiroient.

« J'ai lu, dit Amelot de la Houssaye, que » la première cause qui porta le sénat de cette » république (Venise) à reconnoître tout d'abord » pour roi de France Henri IV, fut la relation » que donna par écrit le sénateur Jean Mocenigo, qui résidoit en qualité d'ambassadeur auprès de Henri III lorsqu'il fut tué ».

C'est une mauvaise politique, dans l'état actuel de l'Europe, de recevoir des ambassadeurs, & de n'en pas envoyer. C'est préférer une vaine gloire à de solides intérêts. Les princes qui n'entretiendroient pas des ministres chez les autres souverains, vivroient dans une ignorance qui leur deviendroit fatale. On peut éviter le danger dont on a été informé à tems ; mais comment se garantir de celui qu'on n'a pas prévu !

Plusieurs cours de l'Europe entretiennent des ministres à Constantinople, pour protéger le commerce de leur nation, & pour veiller aux intérêts de leurs états. Le grand-seigneur croit que c'est une espèce d'hommage qu'on lui rend, & il regarde les ministres publics comme des otages, auxquels il peut demander raison de l'infraction des traités que leurs maîtres font avec la Porte. Jaloux de cette chimérique dépendance des princes chrétiens, les turcs ne permettent pas à un ambassadeur de se retirer, à moins que son successeur ne soit arrivé, ou à moins qu'il ne promette qu'on lui en donnera un au premier jour ; & de leur part, ils ne font résider personne dans les autres cours de l'Europe. Ils envoient quelquefois des ambassadeurs extraordinaires en France, mais ces occasions sont rares. Ils ont aussi envoyé des ambassadeurs extraordinaires aux cours de Vienne & de Pétersbourg ; mais ce n'a été que lorsque ces cours en envoyoient à Constantinople. Alors l'échange des ambassadeurs respectifs s'est fait sur les frontières, par des commissaires chrétiens & mahométans ; & le cérémonial a été auffi folemnel que s'il eût été queftion, ou d'une négociation faite par des généraux à la vue de deux armées ennemies, ou de l'échange de deux fouverains. Les difficultés de cérémonial ne furent pas plus grandes dans la *négociation* des *Pyrénées*, entre la France & l'Efpagne, que l'ont été celles de l'échange fait de nos jours fur les bords du Bog, de l'ambaffadeur du grand-feigneur & de celui de la czarine.

Parce que les turcs reçoivent des ambaffadeurs qui réfident chez eux, & qu'ils n'en font pas réfider chez les chrétiens, les princes chrétiens pénètrent les réfolutions les plus fecrettes de la Porte, tandis que le grand-feigneur eft dans une profonde ignorance de ce qui fe paffe publiquement dans les cours chrétiennes. Le fultan, enfermé dans fon ferrail parmi fes femmes & fes eunuques, ne voit que par les yeux de fon vifir. Ce miniftre auffi inacceffible que fon maître, occupé des intrigues du ferrail & fans correfpondance au dehors, eft ordinairement trompé, ou il trompe le fultan, qui le dépofe & le fait étrangler à la première faute, pour en choifir un autre auffi ignorant ou auffi perfide, qui fe conduit comme fes prédéceffeurs, & qui tombe bientôt comme eux.

Les polonois, fans avoir les mêmes idées de fupériorité que les turcs, n'entretiennent point de miniftres dans les cours. Les polonois ont comme les turcs; ils ont d'autant plus de tort, qu'ils n'ont fait d'alliance que lorfqu'ils étoient fur le bord du précipice, où la guerre alloit les précipiter. Le feul danger les y forçoit, & les fecours de leurs alliés leur coûtoient ce qu'il leur en eût coûté par le pillage des ennemis dont ils cherchoient à fe défaire.

Nous ne dirons pas que la Pologne eft tombée dans l'état déplorable où elle fe trouve; qu'elle a vu de nos jours démembrer fes provinces, parce qu'elle n'entretenoit pas de miniftres dans les cours étrangères; fon aviliffement & fes malheurs ont des caufes plus immédiates, dont nous parlerons à l'article POLOGNE : mais il y a lieu de croire qu'en prenant plus de part aux opérations des autres cours de l'Europe, elle auroit prévenu quelques-uns des maux qui font venus fondre fur elles.

Les princes catholiques fe croyoient obligés jadis d'entretenir des négociateurs à Rome. C'étoit la cour de l'Europe où un prince devoit le plus chercher à établir fon crédit. La puiffance temporelle du pape en Italie, fa puiffance fpirituelle dans tous les états de la communion romaine, la religion des peuples qui influe fur les affaires temporelles, cette multitude d'eccléfiaftiques & de religieux qu'on trouve dans chacun de ces états, donnent beaucoup d'importance à la cour de Rome. Il étoit comme impoffible qu'un prince y eût du crédit, fans en avoir dans les autres cours de l'Europe. Les *négociateurs* qui réfidoient à Rome, jugeoient que les princes qui y dominoient, étoient en effet les plus puiffans, & ils avoient raifon d'en juger ainfi ; car la puiffance n'eft dans aucune cour fi refpectée qu'à Rome. Deux ambaffadeurs trouvoient deux vifages différens au même pape dans un feul jour, felon que le courier du foir apportoit des nouvelles différentes de celles du matin.

Le meilleur moyen qu'un prince pût employer pour fe rendre confidérable à Rome, étoit de bien établir fes affaires, tant au dedans qu'au dehors de l'état. *Gagnez des batailles par de-là, & vos affaires iront bien par-deçà*, écrivoit de Rome à fon maître un grand *négociateur* qui a fervi utilement la France.

Perez, miniftre efpagnol difgracié, qui avoit une connoiffance profonde des myftères politiques, voulant expliquer à Henri IV, fous la protection duquel il s'étoit mis, ce qui pouvoit élever la France au-deffus de tous les autres, ne lui dit que ces trois mots en fa langue, *Rome, un confeil, la mer*. Il comptoit la faveur de Rome comme le premier des moyens qui devoient produire cet effet.

Si le prince qui ordonne une négociation, eft en bonne intelligence avec la plupart de fes voifins, & s'il eft allié des puiffances les plus éloignées de fes états, fes propofitions feront reçues favorablement dans les lieux où il négocie. Un prince qui offenfe l'un de fes voifins, eft moins craint & moins honoré des autres. Il doit tâcher de bien vivre avec les princes & les républiques, qui, par leur voifinage, peuvent le fervir ou lui nuire. Nous avons dit à l'article ALLIANCE qu'un état puiffant par lui-même a encore befoin d'alliés pour réfifter aux forces des autres puiffances ennemies ou jaloufes de fa profpérité, lorfqu'elles s'uniffent contre lui. La prudence veut qu'un état fe fortifie du fecours de fes voifins ; de la même manière qu'on fortifie le dehors d'une place, afin que l'ennemi ne puiffe approcher de fes murailles. Les efprits médiocres s'en tiennent là ; mais les efprits fupérieurs n'oublient rien non plus pour fe fortifier au loin.

Il eft fouvent de l'intérêt d'un grand prince d'intervenir dans les démêlés des autres puiffances. Il fe tire par-là de la néceffité de prendre un parti ; il s'infinue dans la confiance des uns & des autres, & rien n'eft plus propre à étendre fa réputation, & le faire refpecter, & par conféquent à faire confidérer fes propofitions. Il y a pour la médiation quelques règles à obferver : quoique nous en ayions déjà parlé à l'article MÉDIATION, nous en ferons ici le réfumé.

Tout médiateur doit être exempt de paffion, ou maître de celles qu'il a. Il doit marquer une grande modération.

Un prince ne doit jamais offrir fa médiation à des puiffances qui ne font pas contentes de lui, parce

parce que ses offres ne serviroient qu'à lui faire essuyer le désagrément d'un refus.

Il ne doit pas non plus, dans les différends qu'il a lui-même, accepter légérement la médiation d'une autre puissance, s'il n'a lieu de croire qu'il aura sujet d'en être satisfait, parce qu'après avoir admis une médiation, on ne peut plus la rejetter sans offenser le *médiateur*.

Au reste, les *médiateurs* ne servent guère qu'à assembler les puissances qui doivent traiter. Les dispositions favorables que les conjonctures mettent dans les cœurs des princes, décident souvent sans que les *médiateurs* y aient aucune part.

Il est en général utile de faire toutes les négociations par des ministres. Les pourparlers entre les souverains sont sujets à de grands inconvéniens. Les comparaisons odieuses, l'émulation, les faux rapports, les soupçons qu'on prend de part & d'autre, le cérémonial dont on est rarement d'accord, tout devient un sujet de mécontentement. Il s'y mêle de l'animosité ; & bien loin d'appaiser les querelles, une entrevue de princes ne fait souvent que les envenimer, & est moins propre à maintenir la bonne intelligence qu'à l'altérer. Philippe de Comines rapporte plusieurs de ces entrevues qui ont eu une issue peu favorable. On ne peut néanmoins donner de cela de règle certaine ou générale ; car l'histoire prouve que d'autres princes se sont abouchés, sans qu'aucune inimitié en ait été la suite. Ces entrevues sont devenues très-communes de nos jours, & toutes celles que nous avons vues se sont terminées d'une manière heureuse. Les suites des entrevues dépendent plutôt de l'état des affaires, de la conformité ou de la diversité des humeurs, & de la manière de vivre des princes & de leurs peuples, que de ces entrevues mêmes. L'entrevue qui eut lieu à Paris en 1378, entre notre sage roi Charles V & l'empereur Charles IV, se passa avec une satisfaction réciproque. Un auteur récent l'a écrite dans un grand détail.

La prudence exige qu'avant d'en venir à des entrevues, on considère si rien ne peut exciter la jalousie, l'envie, le mépris.

On présume toujours que deux souverains s'abouchent pour traiter de grands intérêts, & les princes voisins prennent ombrage de ces entrevues. Ceux qui les font, en cachent ordinairement le sujet.

Le lieu de l'entrevue est digne d'attention, non-seulement pour la sûreté de ceux qui s'y rendent, mais encore pour l'honneur que reçoit celui qu'on va trouver.

Dans les guerres civiles, les négociations de paix ou de trêve en présence de deux armées, sont dangereuses. Elles entraînent souvent les esprits timides & irrésolus dans le parti le plus fort, & quelquefois le parti le plus fort y devient, par une résolution subite, le plus foible.

Œcon. polit. & diplomatique. Tom. III.

On suit le parti vers lequel on penche, quand on peut le faire avec sûreté.

Le souverain envoie à son gré un ou plusieurs ministres. Il y a des occasions où il est avantageux & même nécessaire d'envoyer, dans un même lieu ou dans un même pays, plusieurs ministres.

1°. Dans les conférences pour la paix, soit que les princes y envoient comme intéressés ou comme *médiateurs*, il seroit difficile à un seul ministre de suffire à toutes les conférences, à tous les mémoires, à toutes les réponses de vive voix & par écrit, & à toutes les démarches qu'il faut faire en de pareilles occasions, pour arranger des intérêts si divers & lutter contre des passions si variées. Plusieurs ministres y partagent ordinairement le travail, & prennent de concert les mesures qui peuvent conduire les affaires au but.

Les ministres qui servent le même maître, dont le service doit être pour eux un objet commun & invariable, sont obligés d'agir de concert & de se communiquer leurs découvertes. Quoiqu'ils ne pensent pas toujours de la même manière, & que d'accord sur le but, ils soient souvent opposés dans le choix des moyens, ils ne doivent faire qu'une seule dépêche commune à tous, puisqu'ils ne composent qu'un seul corps d'ambassade. C'est le seul moyen de conserver de l'uniformité dans le récit des faits, qui pourroient être marqués différemment si chacun d'eux écrivoit à part ; mais lorsque leurs opinions varient, ils peuvent l'énoncer dans leurs lettres.

2°. Il est aussi fort utile & souvent nécessaire d'employer plus d'un ministre dans les pays où le gouvernement est partagé entre plusieurs, & dans ceux qui sont agités de quelque guerre civile, & où l'on a des intérêts à ménager avec les divers partis.

3°. Il faut plus d'un *négociateur* dans un état électif, quand il s'agit d'y gagner des suffrages pour l'élection d'un nouveau prince.

Lorsqu'il n'y a qu'un seul *négociateur* dans un pays où l'autorité est divisée, il ne lui est pas possible de se transporter dans tous les lieux où sa présence est nécessaire, & de traiter avec tous ceux qui y sont en crédit.

Il arrive souvent qu'un même ministre ne réussit pas à plaire à tous ceux qui sont dans des intérêts opposés, & qu'il suffit qu'il soit ami du chef d'un des partis pour se rendre suspect aux autres. Un second ministre qui n'a pas les mêmes liaisons, prévient cet inconvénient. Il est bon, en ce cas, d'en choisir plusieurs pour le même pays, qui soient liés d'amitié ou qui puissent s'accorder, afin d'éviter les jalousies & les divisions qui nuiroient aux intérêts de leur maître.

La France n'avoit pourtant qu'un seul ambassadeur en Pologne, lorsqu'elle plaça par son crédit le roi Stanislas sur le trône des polonois ; & elle n'en eut aussi qu'un en Allemagne, dans une occasion où il s'agissoit de donner un chef à l'Empire.

Fff

4°. Un grand ministre ne se contentoit pas d'employer plusieurs *négociateurs* pour une même affaire ; il partageoit souvent entr'eux le secret de ses desseins, & il faisoit mouvoir divers ressorts pour les faire réussir. Outre les ministres publics qu'il envoyoit dans chaque pays, il y entretenoit encore des agens secrets & des pensionnaires du pays même, qui l'avertissoient de tout ce qui s'y passoit sans la participation des ambassadeurs de son maître, qui ignoroient souvent les commissions de ces émissaires. Rien n'échappoit à sa connoissance, & il étoit en état de redresser les ambassadeurs qui faisoient quelque faute, ou qui tomboient dans quelque erreur.

L'art de négocier avec les souverains est si important, que la fortune des plus grands états dépend quelquefois de la bonne ou mauvaise conduite du *négociateur*. Il demande une grande étendue de connoissances, & un discernement juste & délicat.

La personne du *négociateur* doit être agréable au prince à qui il est envoyé, sans quoi le succès de la négociation sera plus difficile.

Les gens dont l'esprit a été cultivé par les lettres, n'ont pas toujours été de bons ambassadeurs, parce que le savoir seul ne suffit pas pour soutenir le poids d'une ambassade, & qu'il ne supplée ni à ce qui manque du côté des qualités naturelles, ni à ce qui manque du côté de la capacité & du génie des affaires ; mais en général, un homme de lettres est plus propre aux négociations qu'un homme sans études & sans principes. L'art de négocier suppose la connoissance de l'homme en général & des hommes en particulier ; & toutes choses d'ailleurs égales, celui qui les connoît le mieux, le philosophe moral qui a le plus réfléchi sur leurs caractères, doit être le plus habile *négociateur*.

Les voies qu'on peut prendre étant problématiques, la plupart des hommes se conduisent par les exemples ; & bien que la diversité des tems, des lieux & des personnes mette souvent de la différence dans la manière de négocier, il est des règles pour tous ces cas, & les principes ne varient point. Or, un homme de lettres sait répondre juste sur tout ce qu'on lui dit, parle avec connoissance des droits des souverains, explique ceux de son prince, les appuie par des faits & par des exemples qu'il rapporte à propos, & persuade par des réflexions judicieuses. Au contraire, un *négociateur* sans étude ne sait alléguer pour toute raison que la volonté & la puissance de son maître, & il est sujet à tomber dans plusieurs inconvéniens par l'obscurité de ses discours & de ses dépêches. C'est pour faire entendre que les *négociateurs* doivent savoir bien parler & être éloquens, que les romains leur donnoient le nom d'*orateurs*. L'homme de lettres rend l'homme du monde plus agréable, & l'homme public plus utile.

En général, les ecclésiastiques ne doivent pas desirer les ambassades ou les négociations. L'on méconnoît les ministres de la religion dans la pompe des emplois publics. Il est peu convenable qu'un ecclésiastique mène une vie tumultueuse absolument contraire à celle de son état.

La résidence des pasteurs est de droit divin, & il convient peu que les princes tirent un évêque du sein de son église, pour l'employer aux affaires politiques.

Il est des occasions où il faut plus de courage & de fermeté que n'en peuvent avoir les ecclésiastiques ; ils sont d'ailleurs moins dépendans des princes que les laïcs, & ils peuvent n'avoir pas le même zèle. C'est pour cela que Numa Pompilius, ce roi religieux & politique, voulut que la députation, chargée de quelques fonctions relatives à la paix ou à la guerre, ne fût confiée qu'à des féciaux dont le père fût encore vivant, & qui fussent eux-mêmes pères de plusieurs enfans. Le cardinal de Richelieu, à cet égard, est un exemple de ce qu'il y auroit à craindre de l'union des titres qui imposent des obligations contradictoires, si celui qui les réunit étoit capable de sacrifier les devoirs de l'un aux intérêts de l'autre.

Le chapeau de cardinal, donné à Mazarin, l'adoucit infiniment sur les mauvais traitemens qu'éprouva le maréchal d'Estrées à Rome.

On a vu des évêques employés à la Porte, chose plus étrange que de voir des ministres protestans résider auprès du pape.

Pie II refusa de recevoir une ambassade de l'empereur, parce qu'elle étoit obscure. Ce n'est pas ici le lieu d'examiner le contraste de cette conduite du vicaire de Jesus-Christ avec celle de Jesus-Christ lui-même.

Maître Olivier, comme parlent les historiens, valet-de-chambre-barbier de Louis XI, envoyé par ce prince en ambassade auprès des gantois, après la mort de Charles, duc de Bourgogne, reçut mille affronts dans un pays où il avoit reçu le jour, & où par conséquent la bassesse de son extraction étoit connue. Il portoit en vain le titre de comte de Meulan. Son ambassade fut si désagréable aux gantois, que s'il ne fût sorti de leur ville, on l'eût infailliblement jetté dans la rivière.

A parler en général, on est par-tout moins disposé à respecter les hommes nouveaux que les personnes sorties de ces familles qui sont depuis long-temps en possession des honneurs. La naissance donne de l'éclat aux autres qualités, & il est de la grandeur de l'état de n'employer dans les ambassades que des personnes d'un rang distingué. Un prince qui en use autrement, avilit sa propre dignité, & marque peu d'égard à la cour où il envoie.

Comme il n'y a pas deux nations dans le monde, ni deux gouvernemens dont les caractères soient absolument les mêmes, de même aussi chaque affaire est différente d'une autre: le même homme ne pouvant convenir ni à tout, ni par-tout, quoique doué d'excellentes qualités, ceux à qui il appartient de choisir les instrumens de leur politique, doivent appliquer chaque homme au genre d'affaires, auxquelles il peut être le plus propre.

S'il faut suivre une longue négociation, on prendra un homme patient & tranquille.

S'il faut brusquer une affaire, on cherchera un homme décidé.

S'il faut conseiller des partis hardis, on ne se servira pas d'un esprit timide.

S'il faut discuter une affaire contentieuse, on choisira un homme d'étude, un homme profond. Il seroit aussi peu convenable d'envoyer un homme d'épée discuter une affaire de droit, que d'envoyer un homme de robe traiter des moyens de faire la guerre.

S'il est question d'un arrangement, il faut un homme capable de suivre des détails.

S'il ne s'agit que de représentation, un homme magnifique, généreux, aimant le luxe & la dépense, y est seul propre.

Il faut enfin envoyer un audacieux, si l'on veut faire des reproches; un homme doux, si l'on veut persuader; un homme fin, si l'on veut découvrir des secrets.

Parmi les personnes dont le caractère est proportionné à la nature de l'affaire, on doit employer par préférence ceux qui ont déjà réussi, parce qu'ils ont de l'expérience, & qu'ils feront tous leurs efforts pour soutenir leur réputation.

Il est bon, disent les publicistes, que le *négociateur* soit un homme de bonne mine: mais on sait que ce mérite extérieur se remplace avantageusement par le mérite personnel.

L'orateur Léon, ambassadeur de Byzance à Athènes, avoit une taille désagréable. Lorsqu'il parut à la tribune aux harangues, son ventre arrondi & ses jambes extrêmement courtes excitèrent de grands éclats de rire dans l'assemblée d'un peuple porté à saisir par-tout le ridicule. L'ambassadeur ne se déconcerta point: « Vous ririez bien davantage, dit-il aux athéniens, si vous voyiez » ma femme; elle est une fois plus petite que » moi. Cependant, quand nous sommes pas » d'accord, la ville de Byzance ne peut pas nous » contenir ». Cette réponse fit cesser les éclats de rire, & concilia une attention favorable à l'ambassadeur.

L'empereur Valentinien I, qui étoit fort sujet à la colère, s'offensa de l'air bas & pauvre des ambassadeurs des quades; il leur parla avec tant de violence, qu'il se rompit une veine ou une artère dont il mourut.

Cet Horace qui sauva, dit-on, la république romaine, pour avoir lui seul défendu contre l'armée victorieuse de Porsenna, roi de Clusium, le passage du pont qui séparoit Rome du Janicule, ce brave Horace fut l'admiration & les délices de sa patrie; il en reçut de grandes récompenses; mais il étoit borgne & boiteux, & cette difformité l'empêcha toujours de parvenir au consulat, tant on avoit soin alors que nulle perfection du corps & de l'esprit ne manquât à ceux qu'on mettoit à la tête de la république.

Nous lisons, dans l'histoire d'Espagne, que les ambassadeurs de l'un de nos rois étant allés à la cour d'Alphonse IX demander en mariage l'une de ses filles, choisirent la moins belle, qui s'appelloit *Blanche*, & laissèrent la plus belle, parce que son nom d'Urraca leur parut étrange.

Elisabeth, reine d'Angleterre, n'admettoit dans son conseil que des gens bien faits. Sans doute, cette délicatesse est celle d'une femme; & les auteurs qui concluent d'un pareil exemple, qu'il faut choisir les ministres qu'on envoie aux souverains étrangers, semblent égaler la petitesse de cette reine.

On ne sauroit traiter long-temps avec des négociateurs de mauvaise foi, parce qu'on ne sauroit le faire avec sûreté. Nous sommes ordinairement les dupes du premier essai qu'on fait contre nous; mais après cette épreuve, nous nous tenons sur nos gardes, parce que la mauvaise foi fait perdre aux politiques qui s'y sont une fois livrés, la confiance de ceux avec qui ils négocient.

Une grande réputation de probité dispose au contraire d'une manière favorable; elle fait écouter avec complaisance, & elle facilite le succès.

Il faut au *négociateur* un esprit attentif & appliqué, qui ne se laisse pas distraire par les plaisirs & par les amusemens frivoles; un sens droit qui conçoive nettement les choses telles qu'elles sont, & qui aille au but par les voies les plus courtes & les plus naturelles; de la pénétration pour découvrir ce qui se passe dans le cœur des hommes, & pour savoir profiter des moindres mouvemens de leurs visages & des autres effets de leurs passions; de l'habileté à profiter des fautes des autres & à réparer les siennes; de la dextérité à faire valoir les moindres choses, quand elles nous sont favorables, & à atténuer les plus grandes lorsqu'elles nous sont contraires; un esprit fécond en expédiens pour applanir les difficultés qui se rencontrent; de l'attention pour écouter, & pour ne jamais précipiter sa réponse; de la présence d'esprit pour répondre à propos sur les choses imprévues, & pour se tirer d'un mauvais pas par des réponses judicieuses; une humeur égale, un naturel tranquille & patient, toujours disposé à écouter sans distraction. Le *négociateur* doit être juste & modeste en toutes ses actions, respectueux envers les princes, complaisant avec ses égaux, caressant avec ses inférieurs, doux, civil & honnête avec tout le monde. Il doit, en un mot, employer tour-à-tour la fermeté, la souplesse, la vivacité, le flegme, la franchise & la dissimulation.

L'âge ne doit pas être un obstacle au choix d'un *négociateur*, lorsque d'ailleurs le sujet est capable de soutenir avec dignité le poids de sa mission. C'est une prérogative de la sagesse de dispenser des loix de l'âge ; mais à parler en général, si les talens naturels ébauchent un ambassadeur, c'est à l'expérience à l'achever. Le sang coule trop impétueusement dans les veines d'un jeune homme.

Les hommes d'un âge trop avancé ont aussi leurs défauts. Un vieillard est d'ordinaire peu propre à s'insinuer dans les bonnes graces du prince & de ses ministres, & hors d'état d'agir par la lenteur & les incommodités de la vieillesse.

Les jeunes gens sont trop hardis, les vieillards trop timides ; les uns ont trop de confiance, les autres n'en ont pas assez ; d'où il résulte qu'à parler en général, l'intervalle de trente à soixante ans est le plus propre aux négociations, parce qu'il est également éloigné des emportemens de la jeunesse & des foiblesses de la caducité, & qu'on y trouve avec l'expérience, la discrétion & la modération qui manquent à la première jeunesse, la vigueur, l'activité & l'agrément qui ont abandonné les vieillards.

On s'entend toujours mal quand ce n'est que par truchement ; & le *négociateur* doit savoir & même bien savoir la langue du pays où il négocie.

Il est sûr que plus un ministre public saura de langues, plus il tirera parti de ses liaisons avec les ministres étrangers, qu'il est obligé de voir par bienséance & par intérêt. Ces ministres s'ouvriront toujours plus franchement à ceux qui entendent & parlent leur propre langue. Il y a, en effet, dans la communication des idiomes, on ne sait quoi qui attire & lie les hommes les uns aux autres. C'est une vérité dont l'expérience nous convainc.

Le *négociateur* doit connoître le droit public, & il peut, disent quelques auteurs, parvenir à acquérir les connoissances de son état par quatre différentes voies.

« La première est celle des écoles publiques dans le pays où il y a des chaires de droit naturel, de droit public, de droit des gens ou de politique ».

« La seconde, est celle de la lecture des différens ouvrages composés sur la science du gouvernement ».

« La troisième, est celle de la méditation & des conversations qu'on peut avoir avec des gens versés dans la connoissance de toutes les parties de cette science. La réflexion donne sur cela des ouvertures comme sur toute autre chose, & sert à diriger & à étendre ce qu'on a appris. La conversation avec des gens habiles perfectionne ces connoissances ».

« La quatrième, celle de la pratique. L'expérience est une école infaillible, où les connoissances acquises par les trois autres voies reçoivent le sceau de la perfection ».

Mais nous observerons que les écoles & la conversation apprennent peu de chose, & que la lecture & les méditations sont indispensables.

Ce n'est pas tout, les auteurs qui ont écrit sur les négociations n'ont rien oublié : ils parlent de la table du ministre, de ses habits, de la livrée, ils entrent dans les plus grands détails sur sa maison ; sur le style des dépêches, sur la manière de parler aux princes ou aux ministres, sur ses études ; sur les honneurs qu'il doit avoir, sur les petits présens qu'il doit exiger, sur les combinaisons de l'adresse & de la ruse, sur la générosité avec laquelle il faut récompenser les espions, sur le choix des domestiques ; sur l'art de plaire : mais la plupart de ces préceptes ou de ces conseils étant des leçons de civilité, ou des choses si connues dans les cours & ailleurs, on peut s'en rapporter là-dessus au bon sens & à l'amour-propre ; & nous ne nous aviserons pas de nous occuper de pareilles bagatelles.

Lorsqu'un ministre parle devant un sénat ou à une république, il lui est permis d'être plus oratoire & plus étendu ; mais s'il est trop long, on peut lui appliquer la réponse que Cléomènes, Roi de Sparte, fit aux ambassadeurs de l'isle de Samos : ceux-ci essayèrent par une belle & longue oraison, de lui persuader de faire la guerre au tyran Polycrate. J'ai oublié le commencement de votre harangue, je n'en ai pas écouté la suite, & rien ne m'en a tant plu que la fin.

Le ministre public ne doit rien laisser ignorer à son maître de la nature du pays où il réside, de ses limites, de sa fertilité ou de sa stérilité, de l'industrie du peuple, de son commerce, de sa disposition pour les arts, de la guerre ou de la paix, de son affection plus ou moins grande pour le souverain, des places fortes, des chefs nationaux ou étrangers, des forces sur lesquelles il peut compter, des rapports d'amitié ou de haine qui se trouvent entre ses voisins, du revenu & de la dépense ordinaire de ce prince, de ses ministres, conseillers, ou favoris, & enfin de l'humeur & du génie du prince, de sa capacité, de ses exercices, des ses inclinations, de ses vertus, de ses vices.

Il doit informer sa cour, non-seulement des avis qu'il tient pour véritables, mais encore de ceux qu'il regarde comme incertains, & qui pourroient être vrais.

Le ministre du plus grand prince qui ait donné des loix à la Toscane, repris par son maître de ce qu'il ne l'avoit pas informé d'un événement de la cour de Madrid, où ce ministre résidoit, s'excusa sur ce que ce fait lui avoit paru peu important & étranger aux affaires de son maître : « sot que vous êtes (lui répondit Cosme de

» Médicis), cette affaire qui vous paroît de peu
» de conséquence, jointe à d'autres dont je ne
» veux pas vous rendre compte, produit des
» effets qui surpassent votre connoissance ».

La maxime de Louis XI, qui disoit que pour savoir régner il faut savoir dissimuler, est nécessaire sur-tout dans les *négociations*. Lorsque la nature des affaires & la nécessité des circonstances engagent à dissimuler, c'est de la politique ; mais si le goût du manège & le tour d'esprit y déterminent, c'est de la fourberie.

On ne doit pas oublier que la politique est définie par quelques personnes, l'art de tromper les hommes : on est disposé à croire que ce qui s'appelle fraude & infidélité dans le commerce de la vie civile, prend le beau nom de *politique* dans le cabinet des princes ; & il ne faut rien faire qui puisse donner du cours à cette idée dangereuse.

Les négociateurs semblent quelquefois remplis de si grandes idées, de si profondes réflexions, de si sublimes objets, qu'ils préviennent tout le monde contr'eux.

Comment aborder, recevoir, entretenir des hommes qui paroissent quitter le trépied ? Les gens du monde regardent cet air mystérieux comme de la pedanterie, & ce dehors magistral les blesse.

Cet air mystérieux est sur-tout préjudiciable de ministre à ministre. Le commerce que les ambassadeurs sont obligés d'avoir entr'eux, ne peut s'entretenir que par une communication de tout ce qu'ils peuvent se dire, sans nuire aux intérêts de leur cour. Ceux qui cachent tout, trouvent les autres toujours silencieux : on leur rend mystère pour mystère, & ils ignorent ce qui se passe.

Tout le monde le sait : on appelle un ambassadeur, un honorable espion, parce qu'une de ses principales fonctions est de découvrir le secret des cours. Il s'acquitte mal de son emploi, s'il ne sait pas faire les dépenses convenables pour mettre en mouvement ceux qui sont capables de l'instruire.

Lorsqu'on rappelle un ministre, il seroit à souhaiter qu'on envoyât d'avance son successeur sur les lieux, afin qu'il se formât par de bons exemples, qu'il vît lui-même le genre de conduite qui réussit le mieux, qu'il connût les amis que son prédécesseur a formés & cultivés, qu'il acquît leur confiance, & qu'il s'instruisît exactement des choses & des personnes. Un ministre, à son retour, donne en vain une bonne relation du pays où il a résidé, son successeur n'en saisit jamais si bien l'esprit que lorsqu'il se trouve sur les lieux ; l'intervalle entre le départ de l'un & l'arrivée de l'autre, fait quelquefois un grand vuide ; la scène change, sans qu'on en soit témoin ; des préventions s'établissent, sans qu'on soit à portée de les empêcher ; des amis se refroidissent, parce qu'on ne les a pas cultivés. Le temps que l'on emploie à connoître le successeur, s'il n'étoit pas connu avant d'être employé, est un temps perdu pour les affaires ; souvent même le successeur se fait un principe de suivre un système opposé à celui qu'a suivi son prédécesseur.

Chaque souverain devroit, ce semble, établir l'usage de Venise ; les ambassadeurs de la république sont obligés, à leur retour, de présenter au sénat une relation manuscrite de leurs ambassades. Quoiqu'ils aient rendu compte en détail de toutes leurs *négociations* particulières dans leurs dépêches, le sénat croit qu'il importe au service public d'avoir un abrégé qui en contienne la substance, parce que toutes les pièces étant rassemblées, mises en ordre & refondues par celui même qui en étoit l'auteur, on y voit mieux la suite des affaires & la capacité du ministre qui les a dirigées : c'est par ces relations toujours exactes que le sénat connoît les forces des princes, l'état de leurs armées, leurs provinces, de leurs revenus & de leurs dépenses ; c'est-là que les nobles qui vont en ambassade, puisent les connoissances qui leur sont nécessaires, & les leçons de politique qui doivent régler leur conduite.

Les observations que nous venons de faire, sont plus ou moins utiles : les *négociations* ont pris une forme plus simple ; elles réussissent quelquefois sans toutes les précautions que nous avons indiquées : la politesse, l'usage du monde, la finesse & l'astuce que donne l'expérience, apprennent plus que tout ce que nous pourrions dire. Mais on ne peut trop désirer que la dissimulation ne soit employée que dans les momens nécessaires ; qu'on y renonce lorsqu'on n'en a plus besoin ; que cette révolution ait lieu dans toutes les cours, & qu'on ne regarde plus un ambassadeur ou un ministre public comme un homme envoyé au loin, afin de mentir pour le bien de la république.

En finissant cet article, nous nous contenterons de dire que le secret est l'ame de la négociation. *Voyez* l'article CHIFRE.

NEGRES, malheureux africains qu'on retient en esclavage, & qu'on emploie à la culture des isles d'Amérique & de quelques parties du continent de l'Amérique.

Nous avons parlé à l'article GUINÉE des divers établissemens qu'ont formés les européens sur les côtes d'Afrique, & nous avons donné d'assez longs détails sur la traite des esclaves : nous nous bornerons à indiquer ici l'affreuse condition des *nègres* en Amérique : nous parlerons ensuite de l'esclavage en général, de l'esclavage des *nègres* en particulier, & des avantages qu'il y auroit à leur rendre la liberté.

On a traité de déclamations tout ce qu'on a écrit contre l'esclavage des *nègres* ; nous le savons : on répétera mille fois encore la même réponse; mais cette belle réponse ne changera rien à la vérité des faits : si ces faits sont exagérés, pourquoi la plupart des nouvelles républiques américaines montrent-elles tant de zèle pour l'affranchissement de leurs *nègres* ? & pourquoi tous les honnêtes citoyens des Etats-Unis gémissent-ils sur la cupidité des provinces du sud, qui mettent des obstacles à cet affranchissement.

Nous ne craindrons pas de le redire encore, rien n'est plus affreux que la condition du noir dans tout l'archipel américain. On commence par le flétrir du sceau ineffaçable de l'esclavage, en imprimant avec un fer chaud sur ses bras ou sur ses mammelles le nom ou la marque de son maître. Une cabane étroite, mal-saine, sans commodités, lui sert de demeure. Son lit est une claie plus propre à briser le corps qu'à le reposer. Quelques pots de terre, quelques plats de bois forment son ameublement. La toile grossière qui cache une partie de sa nudité, ne le garantit, ni des chaleurs insupportables du jour, ni des fraîcheurs dangereuses de la nuit. Ce qu'on lui donne de manioc, de bœuf salé, de morue, de fruits & de racines, ne soutient qu'à peine sa misérable existence. Privé de tout, il est condamné à un travail continuel, dans un climat brûlant, sous le fouet toujours agité de ses conducteurs.

L'Europe retentit depuis un siècle des plus saines, des plus sublimes maximes de la morale. La fraternité de tous les hommes est établie de la manière la plus touchante dans d'immortels écrits. On s'indigne des cruautés civiles ou religieuses de nos féroces ancêtres, & l'on détourne les regards de ces siècles d'horreur & de sang. Ceux de nos voisins que les barbaresques ont chargés de chaines, obtiennent nos secours & notre pitié. Des malheurs même imaginaires nous arrachent des larmes dans le silence du cabinet, & sur-tout au théatre. Il n'y a que la fatale destinée des malheureux *nègres* qui ne nous intéresse pas. On les tyrannise, on les mutile, on les brûle, on les poignarde, & nous l'entendons dire froidement & sans émotion. Les tourmens d'un peuple à qui nous devons nos délices, ne vont jamais jusqu'à notre cœur.

L'état de ces esclaves, quoique par tout déplorable, éprouve quelque variation dans les colonies. Celles qui jouissent d'un sol étendu, leur donnent communément une portion de terre qui doit fournir à tous leurs besoins. Ils peuvent employer à son exploitation une partie du dimanche, & le peu de momens qu'ils dérobent les autres jours au temps de leurs repas. Dans les isles plus rétrécies, le colon fournit lui-même la nourriture, dont la plus grande partie a passé les mers. L'ignorance, l'avarice ou la pauvreté ont introduit dans quelques-unes un moyen de pourvoir à la subsistance des *nègres*, également destructeur pour les hommes & pour la culture. On leur accorde le samedi ou un autre jour pour gagner, soit en travaillant dans les habitations voisines, soit en les pillant, de quoi vivre pendant la semaine.

Outre ces différences tirées de la situation locale des établissemens dans les isles de l'Amérique, chaque nation européenne a une manière de traiter ses esclaves, qui lui est propre. L'espagnol en fait les compagnons de son indolence; le portugais, les instrumens de ses débauches; le hollandois, les victimes de son avarice. Aux yeux de l'anglois, ce sont des êtres purement physiques, qu'il ne faut pas user ou détruire sans nécessité : mais jamais il ne se familiarise avec eux; jamais il ne leur sourit, jamais il ne leur parle. On diroit qu'il craint de leur laisser soupçonner que la nature ait pu mettre entr'eux & lui quelque trait de ressemblance. Aussi en est-il hai. Le françois, moins fier, moins dédaigneux, accorde aux africains une sorte de moralité; & ces malheureux, touchés de l'honneur de se voir traités comme des créatures presque intelligentes, paroissent oublier qu'un maître impatient de faire fortune, outre presque toujours la mesure de leurs travaux; & les laisse souvent manquer de subsistances.

Les opinions même des européens influent sur le sort des *nègres* de l'Amérique. Les protestans qui n'ont pas l'esprit de prosélytisme, les laissent vivre dans le mahométisme ou dans l'idolâtrie où ils sont nés, sous prétexte qu'il seroit indigne de tenir ses frères en Christ dans la servitude. Les catholiques leur donnent quelques instructions, les baptisent; mais leur charité ne s'étend pas plus loin que les cérémonies d'un baptême, presque toujours inutiles pour des hommes qui pour la plupart ne craignent pas les peines d'un enfer auquel ils sont, disent-ils, accoutumés dès cette vie.

Tout les rend insensibles à cette crainte, & les tourmens de leur servitude, & les maladies auxquelles ils sont sujets en Amérique. Deux leur sont particulières, c'est le pian & le mal d'estomac.

Le pian, qui est une maladie particulière aux *nègres*, & qui les suit d'Afrique en Amérique, se gagne par naissance, & se contracte par communication. Il est commun aux deux sexes. On en est atteint à tout âge, mais plus particulièrement dans l'enfance & dans la jeunesse. Les vieillards ont rarement des forces suffisantes pour résister aux longs & violens traitemens qu'il exige.

Tous les *nègres* venus de Guinée, ou nés aux isles, hommes & femmes, ont le pian une fois en leur vie.

Il est prouvé que quatorze ou quinze cens mille noirs, aujourd'hui épars dans les colonies européennes du nouveau-Monde, sont les restes infortunés de huit ou neuf millions d'esclaves qu'elles ont reçus. Cette destruction horrible ne peut pas être l'ouvrage du climat, qui se rapproche beaucoup de celui d'Afrique, & moins encore des maladies qui, de l'aveu de tous les observateurs, moissonnent peu de victimes. Sa source doit être dans le gouvernement des esclaves. Ne pourroit-on pas le corriger ?

Le premier pas dans cette réforme, seroit d'apprendre à connoître l'homme physique & moral. Ceux qui vont acheter des noirs sur des côtes barbares, ceux qui les mènent en Amérique, ceux sur-tout qui dirigent leur industrie, se croient obligés par état, souvent même pour leur propre sûreté, d'opprimer ces malheureux. L'ame des conducteurs, fermée à tout sentiment de compassion, ne connoît de ressorts que ceux de la crainte ou de la violence, & elle les emploie avec toute la férocité d'une autorité précaire. Si les propriétaires des habitations, cessant de dédaigner le soin de leurs esclaves, se livroient à une occupation dont tout leur fait un devoir, ils abjureroient bientôt ces erreurs cruelles. L'histoire de tous les peuples leur démontreroit que, pour rendre l'esclavage utile, il faut du moins le rendre doux ; que la force ne prévient point les révoltes de l'ame ; & qu'il est de l'intérêt du maître, que l'esclave aime à vivre ; & qu'il n'en faut plus rien attendre, dès qu'il ne craint plus de mourir.

Ce trait de lumière, puisé dans le sentiment, meneroit à beaucoup de réformes. On se rendroit à la nécessité de loger, de vêtir, de nourrir convenablement des êtres condamnés à la plus pénible servitude qui ait existé depuis l'origine de l'esclavage. On sentiroit qu'il n'est pas dans la nature, que ceux qui ne recueillent aucun fruit de leurs sueurs, qui n'agissent que par des impulsions étrangères, puissent avoir la même intelligence, la même économie, la même activité, la même force, que l'homme qui jouit du produit entier de ses peines, qui ne suit d'autre direction que celle de sa volonté. Par degrés, on arriveroit à cette modération politique, qui consiste à épargner les travaux, à mitiger les peines, à rendre à l'homme une partie de ses droits, pour en retirer plus sûrement le tribut des devoirs qu'on lui impose. Le résultat de cette sage économie seroit la conservation d'un grand nombre d'esclaves que les maladies, causées par le chagrin ou l'ennui, enlèvent à nos colonies. Loin d'aggraver le joug qui les accable, on chercheroit à en adoucir, à en dissiper même l'idée, en favorisant un goût naturel, qui semble particulier aux *nègres*.

Leurs organes sont singuliérement sensibles à la puissance de la musique. Leur oreille est si juste, que dans leurs danses, la mesure d'une chanson les fait sauter & retomber cent à la fois, frappant la terre d'un seul coup. Suspendus, pour ainsi dire, à la voix du chanteur, à la corde d'un instrument, une vibration de l'air est l'ame de tous ces corps ; un son les agite, les enlève & les précipite. Dans leurs travaux, le mouvement de leurs bras ou de leurs pieds est toujours en cadence. Ils ne font rien qu'en chantant, rien sans avoir l'air de danser. La musique chez eux anime le courage, éveille l'indolence. On voit sur tous les muscles de leurs corps toujours nuds l'expression de cette extrême sensibilité pour l'harmonie. Poëtes & musiciens, ils subordonnent toujours la parole au chant, par la liberté qu'ils se réservent d'alonger ou d'abréger les mots pour les appliquer à un air qui leur plaît. Un objet, un événement frappe un *nègre* ; il en fait aussi-tôt le sujet d'une chanson.

Un penchant si vif pourroit devenir un grand mobile entre des mains habiles. On s'en serviroit pour établir des fêtes, des jeux, des prix. Ces amusemens, économisés avec intelligence, empêcheroient la stupidité si ordinaire dans les esclaves, allégeroient leurs travaux, & les préserveroient de ce chagrin dévorant qui les consume & abrège leurs jours. Après avoir pourvu à la conservation des noirs apportés d'Afrique, on s'occuperoit de ceux qui sont nés dans les isles même.

Ce ne sont pas les *nègres* qui refusent de se multiplier dans les chaînes de leur esclavage. C'est la cruauté de leurs maîtres, qui a su rendre inutile le vœu de la nature. Nous exigeons des négresses, des travaux si durs avant & après leur grossesse, que leur fruit n'arrive pas à terme, ou survit peu à l'accouchement. Quelquefois même on voit des mères, désespérées par les châtimens que la foiblesse de leur état leur occasionne, arracher leurs enfans du berceau pour les étouffer dans leurs bras, & les immoler avec une fureur mêlée de vengeance & de pitié, pour en priver des maîtres barbares. Cette atrocité ouvrira peut-être les yeux des européens. Leur sensibilité sera réveillée par des intérêts mieux raisonnés. Ils connoîtront qu'ils perdent plus qu'ils ne gagnent à outrager perpétuellement l'humanité ; & s'ils ne deviennent pas les bienfaiteurs de leurs esclaves, du moins cesseront-ils d'en être les bourreaux.

On les verra peut-être se déterminer à rompre les fers des mères qui auront élevé un nombre considérable d'enfans jusqu'à l'âge de six ans. Rien n'égale l'appas de la liberté sur le cœur de l'homme. Les négresses animées par l'espoir d'un si grand avantage, auquel toutes aspireroient, & auquel peu parviendroient, feroient succéder à la négligence & au crime, la vertueuse émulation d'élever des enfans, dont le nombre & la conservation leur assureroient un état tranquille.

Après avoir pris des mesures sages pour ne pas priver leurs habitations des secours que leur offre une fécondité presqu'incroyable, ils songeront à nourrir, à étendre la culture par la population,

& sans moyens étrangers. Tout les invite à établir ce système, facile & naturel.

Il y a quelques puissances, dont les établissemens des isles de l'Amérique acquierent tous les jours de l'étendue, & il n'y en a aucune dont la masse de travail n'augmente continuellement. Ces terres exigent de jour en jour un plus grand nombre de bras pour leur exploitation. L'Afrique, où les européens vont recruter la population de leurs colonies, leur fournit graduellement moins d'hommes; & en les donnant plus foibles, elle les vend plus cher. Cette mine d'esclaves s'épuisera de plus en plus avec le tems. Mais cette révolution dans le commerce fût-elle aussi chimérique qu'elle paroît prochaine, il n'en reste pas moins démontré qu'un grand nombre d'esclaves tirés d'une région éloignée, périt dans la traversée ou dans un nouvel hémisphère; que rendus en Amérique, ils reviennent à un très-haut prix; qu'il y en a peu dont la vie ordinaire ne soit abrégée; & que la plupart de ceux qui parviennent à une vieillesse malheureuse, sont extrêmement bornés, accoutumés de l'enfance à l'oisiveté, souvent peu propres aux occupations qu'on leur destine, & continuellement désespérés d'être séparés pour toujours de leur patrie. Si le sentiment ne nous trompe pas, des cultivateurs, nés dans les isles même de l'Amérique, respirant toujours leur premier air, élevés sans autre dépense qu'une nourriture peu chere, formés de bonne heure au travail par leurs propres peres, doués d'une intelligence ou d'une aptitude singuliere pour tous les arts; ces cultivateurs devroient être préférables à des esclaves vendus, expatriés & toujours forcés.

Le moyen de substituer aux noirs étrangers ceux des colonies même, s'offre sans le chercher. Il se réduit à soigner les enfans noirs qui naissent dans les isles, à concentrer dans leurs atteliers cette foule d'esclaves qui promenent leur inutilité, leur libertinage, le luxe, & l'insolence de leurs maîtres dans toutes les villes & les ports de l'Europe; sur-tout à exiger des navigateurs qui fréquentent les côtes d'Afrique, qu'ils forment leur cargaison d'un nombre égal d'hommes & de femmes, ou même de quelques femmes de plus, durant quelques années, pour faire cesser plutôt la disproportion qui se trouve entre les deux sexes.

Cette derniere précaution, en mettant les plaisirs de l'amour à la portée de tous les noirs, les consoleroit & les multiplieroit. Ces malheureux, oubliant le poids de leurs chaînes, se sentiront renaître. Ils sont la plupart fideles jusqu'à la mort aux négresses que l'amour & l'esclavage leur ont données pour compagnes; ils les traitent avec cette compassion que les misérables puissent mutuellement les uns pour les autres dans la dureté même de leur sort; ils les soulagent sous le fardeau de leurs occupations; ils s'affligent du moins avec elles, lorsque, par l'excès du travail ou par le défaut de nourriture, la mere ne peut offrir à son enfant qu'une mamelle tarie ou baignée de larmes. De leur côté, les femmes, quoiqu'on ne leur fasse pas une obligation d'être chastes, sont inébranlables dans leurs engagemens, à moins que la vanité d'être aimées des blancs ne les rende volages. Malheureusement c'est une tentation d'inconstance, à laquelle elles n'ont que trop souvent occasion de succomber.

L'esclavage est l'état d'un homme qui, par la force ou par des conventions, a perdu la propriété de sa personne, & dont un maître peut disposer comme de sa chose.

Cet odieux état fut inconnu dans les premiers âges. Les hommes étoient tous égaux: mais cette égalité naturelle ne dura pas long tems. Comme il n'y avoit pas encore de gouvernement régulier établi pour maintenir l'ordre social, comme il n'existoit alors aucune des professions lucratives que le progrès de la civilisation a introduites depuis parmi les nations, les plus forts ou les plus adroits s'emparerent bientôt des meilleurs terreins, & les plus foibles ou les plus bornés furent réduits à se soumettre à ceux qui pouvoient les nourrir ou les défendre. Cette dépendance étoit tolérable. Dans la simplicité des anciennes mœurs, il y avoit peu de distinction entre un maître & ses serviteurs. Leur habillement, leur nourriture, leur logement n'étoient guere différens. Si quelquefois le supérieur impétueux & violent, comme le sont généralement les sauvages, s'abandonnoit à la férocité de son caractere, c'étoit un acte passager, qui ne changeoit pas l'état habituel des choses. Mais cet ordre ne tarda pas à s'altérer. Ceux qui commandoient, s'accoutumerent aisément à se croire d'une nature supérieure à ceux qui leur obéissoient. Ils les éloignerent d'eux & les avilirent. Ce mépris eut des suites funestes. On s'accoutuma à regarder ces malheureux comme des esclaves, & ils le devinrent. Chacun en disposa de la maniere la plus favorable à ses intérêts ou à ses passions. Un maître qui n'avoit plus besoin de leur travail, les vendoit ou les échangeoit. Celui qui en vouloit augmenter le nombre, les encourageoit à se multiplier.

Lorsque les sociétés, devenues plus fortes & plus nombreuses, connurent les arts & le commerce, le foible trouva un appui dans le magistrat, & le pauvre des ressources dans les différentes branches d'industrie. L'un & l'autre sortirent, par degrés, de l'espece de nécessité où ils s'étoient trouvés de prendre des fers pour obtenir des subsistances. L'usage de se mettre au pouvoir d'un autre devint de jour en jour plus rare, & la liberté fut enfin regardée comme un bien précieux & inaliénable.

Cependant les loix, encore imparfaites & cruelles, continuerent quelque tems à imposer la peine

peine de la servitude. Comme, dans les temps d'une ignorance profonde, la satisfaction de l'offensé est l'unique fin qu'une autorité mal conçue se propose, on livroit à l'accusateur ceux qui avoient blessé à son égard les principes de la justice. Les tribunaux se décidèrent dans la suite par des vues d'une utilité plus étendue. Tout crime leur parut, avec raison, un attentat contre la société; & le malfaiteur devint l'esclave de l'état, qui en disposoit de la manière la plus avantageuse au bien public. Alors il n'y eut plus de captifs que ceux que donnoit la guerre.

Avant qu'il y eût une puissance établie pour assurer l'ordre, les querelles entre les individus étoient fréquentes, & le vainqueur ne manquoit guère de réduire le vaincu en servitude. Cette coutume continua long-temps dans les démêlés de nation à nation, parce que chaque combattant se mettant en campagne à ses propres frais, il restoit le maître des prisonniers qu'il avoit faits lui-même, ou de ceux qui, dans le partage du butin, lui étoient donnés pour prix de ses actions. Mais lorsque les armées furent devenues mercenaires, les gouvernemens qui faisoient toutes les dépenses de la guerre, & qui couroient tous les hasards des événemens, s'approprièrent les dépouilles de l'ennemi, dont les prisonniers furent toujours la portion la plus importante. Il fallut alors acheter les esclaves à l'état, ou aux nations voisines & sauvages. Telle fut la pratique des grecs, des romains, de tous les peuples qui voulurent multiplier leurs jouissances par cet usage inhumain & barbare.

L'Europe retomba dans le cahos des premiers âges, lorsque les peuples du nord renversèrent le colosse qu'une république guerrière & politique avoit élevé avec tant de gloire. Ces barbares, qui avoient eu des esclaves dans leurs forêts, les multiplièrent prodigieusement dans les provinces qu'ils envahirent. On ne réduisoit pas seulement en servitude ceux qui étoient pris les armes à la main; cet état humiliant fut le partage de beaucoup de citoyens qui cultivoient dans leurs tranquilles foyers les arts de la paix. Cependant le nombre des hommes libres fut le plus considérable dans les contrées assujetties, tout le temps que les conquérans furent fidèles au gouvernement qu'ils avoient cru devoir établir pour contenir leurs nouveaux sujets, & pour les garantir des invasions étrangères. Mais aussi-tôt que cette institution singulière qui, d'une nation ordinairement dispersée, ne faisoit qu'une armée toujours sur pied, eut perdu de sa force; dès que les heureux rapports qui unissoient les moindres soldats de ce corps puissant à leur roi ou à leur général, eurent cessé d'exister: alors se forma le système d'une oppression universelle. Il n'y eut plus de différence bien marquée entre ceux qui avoient conservé leur indépendance, & ceux qui depuis long-temps gémissoient dans la servitude.

Œcon. polit. & diplomatique. Tom. III.

Les hommes libres, soit qu'ils habitassent les villes, soit qu'ils vécussent à la campagne, se trouvoient placés dans les domaines du roi, ou sur les terres de quelque baron. Tous les possesseurs de fiefs prétendirent, dans ces temps d'anarchie, qu'un roturier, quel qu'il fût, ne pouvoit avoir que des propriétés précaires, & qui venoient originairement de leur libéralité. Ce préjugé, le plus extravagant peut-être qui ait affligé l'espèce humaine, fit croire à la noblesse qu'elle ne pouvoit jamais être injuste, quelles que fussent les obligations qu'elle imposoit à ces êtres vils.

D'après ces principes, on vouloit qu'il ne leur fût pas permis de s'éloigner, sans congé, du sol qui les avoit vu naître. Ils ne pouvoient disposer de leurs biens, ni par testament, ni par aucun acte passé durant leur vie; & leur seigneur étoit leur héritier nécessaire, dès qu'ils ne laissoient point de postérité, ou que cette postérité étoit domiciliée sur un autre territoire. La liberté de donner des tuteurs à leurs enfans leur étoit ôtée, & celle de se marier n'étoit accordée qu'à ceux qui en pouvoient acheter la permission. On craignoit si fort que les peuples s'éclairassent sur leurs droits ou leurs intérêts, que la faveur d'apprendre à lire étoit une de celles qui s'accordoient le plus difficilement. On les obligea aux corvées les plus humiliantes. Les taxes qu'on leur imposoit étoient arbitraires, injustes, oppressives, ennemies de toute activité, de toute industrie. Ils étoient obligés de défrayer leur tyran lorsqu'il arrivoit: leurs vivres, leurs meubles, leurs troupeaux, tout étoit alors au pillage. Un procès étoit-il commencé, on ne pouvoit pas le terminer par les voies de la conciliation, parce que cet accommodement auroit privé le seigneur des droits que devoit lui valoir sa sentence. Tout échange entre particuliers étoit défendu, à l'époque où le possesseur du fief vouloit vendre lui-même les denrées qu'ils avoient recueillies ou même achetées. Telle étoit l'oppression sous laquelle gémissoit la classe du peuple la moins maltraitée. Si quelques-unes des vexations dont on vient de voir le détail, étoient inconnues dans certains lieux, elles étoient toujours remplacées par d'autres souvent plus intolérables.

Des villes d'Italie, que des hasards heureux avoient mises en possession de quelques branches de commerce, rougirent les premières des humiliations d'un pareil état, & elles trouvèrent dans leurs richesses le moyen de secouer le joug de leurs foibles despotes. D'autres achetèrent leur liberté des empereurs qui, durant les démêlés sanglans & interminables qu'ils avoient avec les papes & avec leurs vassaux, se trouvoient trop heureux de vendre des privilèges que leur position ne leur permettoit pas de refuser. Il y eut même des princes assez sages pour sacrifier la partie de leur autorité que la fermentation des esprits leur fit prévoir qu'ils ne tarderoient pas à perdre. Plusieurs de ces villes restèrent isolées. Un plus grand nombre unirent leurs intérêts. Toutes formèrent des sociétés politiques, gouvernées par des loix que les citoyens eux-mêmes avoient dictées.

Le succès dont cette révolution dans le gouvernement fut suivie, frappa les nations voisines. Cependant, comme les rois & les barons qui les opprimoient, n'étoient pas forcés par les circonstances de renoncer à leur souveraineté, ils se contentèrent d'accorder aux villes de leur dépendance des immunités précieuses & considérables. Elles furent autorisées à s'entourer de murs, à prendre les armes, à ne payer qu'un tribut régulier & modéré. La liberté étoit si essentielle à leur constitution, qu'un serf qui s'y refugioit devenoit citoyen, s'il n'étoit réclamé dans l'année. Ces communautés ou corps municipaux prospérèrent en raison de leur position, de leur population, de leur industrie.

Tandis que la condition des hommes réputés libres s'amélioroit si heureusement, celle des esclaves restoit toujours la même, c'est-à-dire, la plus déplorable qu'il fût possible d'imaginer. Ces malheureux appartenoient si entièrement à leur maître, qu'il les vendoit ou les échangeoit selon ses desirs. Toute propriété leur étoit refusée, même de ce qu'ils épargnoient lorsqu'on leur assignoit une somme fixe pour leur subsistance. On les mettoit à la torture pour la moindre faute. Ils pouvoient être punis de mort sans l'intervention du magistrat. Le mariage leur fut long-tems interdit : les liaisons entre les deux sexes étoient illégales ; on les souffroit, on les encourageoit même : mais elles n'étoient pas honorées de la bénédiction nuptiale. Les enfans n'avoient pas d'autre condition que celle de leur père : ils naissoient, ils vivoient, ils mouroient dans la servitude. Dans la plupart des cours de justice, leur témoignage n'étoit pas reçu contre un homme libre. Ils étoient asservis à un habillement particulier ; & cette distinction humiliante leur rappelloit à chaque moment l'opprobre de leur existence. Pour comble d'infortune, l'esprit du systême féodal contrarioit l'affranchissement de cette espèce d'hommes. Un maître généreux pouvoit, à la vérité, quand il le vouloit, briser les fers de ses esclaves domestiques : mais il falloit des formalités sans nombre pour changer la condition des serfs attachés à la glebe. Suivant une maxime généralement établie, un vassal ne pouvoit pas diminuer la valeur d'un fief qu'il avoit reçu ; & c'étoit la diminuer que de lui ôter ses cultivateurs. Cet obstacle devoit ralentir, mais ne pouvoit pas empêcher entièrement la révolution ; & voici pourquoi.

Les germains & les autres conquérans s'étoient appropriés d'immenses domaines, à l'époque de leur invasion. La nature de ces biens ne permit pas de les démembrer. Dès-lors le propriétaire ne pouvoit pas retenir sous ses yeux tous ses esclaves, & il fut forcé de les disperser sur le qu'ils devoient défricher. Leur éloignement empêchant de les surveiller, il fut jugé convenable de les encourager par des récompenses proportionnées à l'étendue & au succès de leur travail. Ainsi l'on ajouta à leur entretien ordinaire des gratifications, qui étoient communément une portion plus ou moins considérable du produit des terres.

Par cet arrangement, les villains formèrent une espèce d'association avec leurs maîtres. Les richesses qu'ils acquirent dans ce marché avantageux, les mirent en état d'offrir une rente fixe des terres qu'on leur confioit, à condition que le surplus leur appartiendroit. Comme les seigneurs retiroient alors, sans risque & sans inquiétude de leurs possessions, autant ou plus de revenu qu'ils n'en avoient anciennement obtenu, cette pratique s'accrédita & devint peu à peu universelle. Le propriétaire n'eut plus d'intérêt à s'occuper d'esclaves qui cultivoient à leurs propres frais, & qui étoient exacts dans leurs paiemens. Ainsi finit la servitude personnelle.

Il arrivoit quelquefois qu'un entrepreneur hardi, qui avoit jetté des fonds considérables dans sa ferme, en étoit chassé avant d'avoir recueilli le fruit de ses avances. Cet inconvénient fit qu'on exigea des baux de plusieurs années. Ils s'étendirent dans la suite à la vie entière du cultivateur, & souvent ils furent assurés à sa postérité la plus reculée. Alors finit la servitude réelle.

Ce grand changement qui se faisoit, pour ainsi dire, de lui-même, fut précipité par une cause qui mérite d'être remarquée. Tous les gouvernemens d'Europe étoient aristocratiques. Le chef de chaque république étoit perpétuellement en guerre avec ses barons. Hors d'état, le plus souvent, de leur résister par la force, il étoit obligé d'appeler les ruses à son secours. Celle que les souverains employèrent le plus utilement, fut de protéger les esclaves contre la tyrannie de leurs maîtres, & de sapper le pouvoir des nobles, en diminuant la dépendance de leurs sujets. Il n'est pas sans vraisemblance que quelques rois favorisèrent la liberté par le seul motif d'une utilité générale : mais la plupart furent visiblement conduits à cette heureuse politique, plutôt par leur intérêt personnel que par des principes d'humanité & de bienfaisance.

Quoi qu'il en soit, la révolution fut si entière, que la liberté devint plus générale, dans la plus grande partie de l'Europe, qu'elle ne l'avoit été sous aucun climat ni dans aucun siècle. Dans tous les gouvernemens anciens, dans ceux même qu'on nous propose toujours pour modèles, la plupart des hommes furent condamnés à une servitude honteuse & cruelle. Plus les sociétés acquéroient de lumières, de richesses & de puissance, plus le nombre des esclaves s'y multiplioit, plus leur sort étoit déplorable. Athènes eut vingt serfs pour un citoyen. La disproportion fut encore plus grande à Rome, devenue la maîtresse de l'univers. Dans les deux républiques, l'esclavage fut porté aux derniers excès de la fatigue, de la misère & de l'opprobre. Depuis qu'il est aboli parmi nous, le peuple est cent fois plus heureux, même dans les empires les plus despotiques, qu'il ne le fut autrefois dans les démocraties les mieux ordonnées.

Mais à peine la liberté domestique venoit de renaître en Europe, qu'elle alla s'ensevelir en Amérique. L'espagnol, que les vagues vomirent le premier sur les rivages de ce nouveau-Monde, ne crut rien devoir à des peuples qui n'avoient ni sa couleur, ni ses usages, ni sa religion. Il ne vit en eux que des instrumens de son avarice, & il les chargea de fers. Ces hommes foibles & qui n'avoient pas l'habitude du travail, expirèrent bientôt dans les vapeurs des mines, ou dans d'autres occupations presqu'aussi meurtrières. Alors on demanda des esclaves à l'Afrique. Leur nombre s'est accru à mesure que les cultures se sont étendues. Les portugais, les hollandois, les anglois, les françois, les danois, toutes ces nations, libres ou asservies, ont cherché sans remords une augmentation de fortune dans les sueurs, dans le sang, dans le désespoir de ces malheureux.

La liberté est la propriété de soi. On distingue trois sortes de liberté. La liberté naturelle, la liberté civile, la liberté politique, c'est-à-dire, la liberté de l'homme, celle du citoyen & celle du peuple. La liberté naturelle est le droit que la nature a donné à tout homme de disposer de soi à sa volonté. La liberté civile est le droit que la société doit garantir à chaque citoyen de pouvoir faire tout ce qui n'est pas contraire aux loix. La liberté politique est l'état d'un peuple qui n'a point aliéné sa souveraineté, & qui fait ses propres loix, ou est associé en partie à sa législation.

La première de ces libertés est, après la raison, le caractère distinctif de l'homme. On enchaîne & on assujettit la brute, parce qu'elle n'a aucune notion du juste & de l'injuste, nulle idée de grandeur ou de bassesse. Mais en moi la liberté est le principe de mes vices & de mes vertus. Il n'y a que l'homme libre qui puisse dire, *je veux ou je ne veux pas*, & qui puisse par conséquent être digne d'éloge ou de blâme.

Sans la liberté, ou la propriété de son corps & la jouissance de son esprit, on n'est ni époux, ni père, ni parent, ni ami. On n'a ni patrie, ni concitoyen, ni Dieu. Dans la main du méchant, l'esclave est au-dessous du chien que l'espagnol lâchoit contre l'américain : car la conscience qui manque au chien, reste à l'homme. Celui qui abdique sa liberté, se voue aux remords & à la plus grande misère qu'un être pensant & sensible puisse éprouver.

Mais, dit-on, dans toutes les régions & dans tous les siècles, l'esclavage s'est plus ou moins généralement établi.

Je le veux ; eh qu'importe ce que les autres peuples ont fait dans les autres âges ? Est-ce aux usages des temps ou à sa conscience qu'il en faut appeller ? Est-ce l'intérêt, l'aveuglement, la barbarie, ou la raison & la justice qu'il faut écouter ? Si l'universalité d'une pratique en prouvoit l'innocence, l'apologie des usurpations, des conquêtes, de toutes les sortes d'oppressions seroit achevée.

Mais les anciens peuples se croyoient, dit-on, maîtres de la vie de leurs esclaves ; & nous, devenus humains, nous ne disposons plus que de leur liberté, que de leur travail.

Il est vrai, le cours des lumières à éclairé sur ce point important les législateurs modernes. Tous les codes, sans exception, se sont armés pour la conservation de l'homme même qui languit dans la servitude. Ils ont voulu que son existence fût sous la protection du magistrat ; que les tribunaux seuls en pussent précipiter le terme. Mais cette loi, la plus sacrée des institutions sociales, a-t-elle jamais eu quelque force ? L'Amérique n'est-elle pas peuplée de colons qui, usurpant les droits souverains, font expier par le fer, ou dans la flamme, les infortunées victimes de leur avarice ? A la honte de l'Europe, cette sacrilège infraction ne reste-t-elle pas impunie ? Un seul de ces assassins a-t-il porté sa tête sur un échafaud ?

Supposons, je le veux bien, l'observation rigoureuse de ces réglemens. L'esclave sera-t-il beaucoup moins à plaindre ? Eh quoi ! le maître qui dispose de l'emploi de mes forces, ne dispose-t-il pas de mes jours, qui dépendent de l'usage volontaire & modéré de mes facultés ? Qu'est-ce que l'existence pour celui qui n'en a pas la propriété ? Je ne puis tuer mon esclave : mais je puis faire couler son sang goutte à goutte sous le fouet d'un bourreau ; je puis l'accabler de douleurs, de travaux, de privations ; je peux attaquer de toutes parts & miner sourdement les principes & les ressorts de sa vie ; je puis étouffer par des supplices lents, le germe malheureux qu'une négresse porte dans son sein. On diroit que les loix ne protègent l'esclave contre une mort prompte, que pour laisser à ma cruauté le droit de le faire mourir tous les jours. Dans la vérité, le droit d'esclavage est celui de commettre toutes sortes de crimes, ceux qui attaquent la propriété ; vous ne laissez pas à votre esclave celle de sa personne ; ceux qui détruisent la sûreté ; vous pouvez l'immoler à vos caprices : ceux qui font frémir la pudeur......

Mais les *nègres* font une espèce d'hommes nés pour l'esclavage. Ils sont bornés, fourbes, méchans ; ils conviennent eux-mêmes de la supériorité de notre intelligence, & reconnoissent presque la justice de notre empire.

Les *nègres* font bornés, parce que l'esclavage brise tous les ressorts de l'ame. Ils font méchans; comment seroient-ils bons? Ils font fourbes; qui les a rendu dissimulés? Ils reconnoissent la supériorité de notre esprit, parce que nous avons perpétué leur ignorance; la justice de notre empire, parce que nous avons abusé de leur foiblesse. Dans l'impossibilité de maintenir notre supériorité par la force, on s'est rejetté sur la ruse.

Mais ces *nègres* étoient nés esclaves.

A qui fera-t-on croire qu'un homme peut être la propriété d'un souverain; un fils, la propriété d'un père; une femme, la propriété d'un mari; un domestique, la propriété d'un maître; un *nègre*, la propriété d'un colon?

Mais c'est le gouvernement lui-même qui vend les esclaves.

D'où vient à l'état ce droit? Le magistrat, quelqu'absolu qu'il soit, est-il propriétaire des sujets soumis à son empire? A-t-il d'autre autorité que celle qu'il tient du citoyen? Et jamais un peuple a-t-il pu donner le privilège de disposer de sa liberté?

Mais l'esclave a voulu se vendre. S'il appartient à lui-même, il a le droit de disposer de lui. S'il est le maître de sa vie, pourquoi ne le seroit-il pas de sa liberté? C'est à lui à se bien apprécier. C'est à lui à stipuler ce qu'il croit valoir. Celui dont il aura reçu le prix convenu, l'aura légitimement acquis.

L'homme n'a pas le droit de se vendre, parce qu'il n'a pas celui d'accéder à tout ce qu'un maître injuste, violent, dépravé pourroit exiger de lui. Il appartient à son premier maître, Dieu, dont il n'est jamais affranchi. Celui qui se vend, fait avec son acquéreur un pacte illusoire : car il perd la valeur de lui-même. Au moment qu'il la touche, lui & son argent rentrent dans la possession de celui qui l'achète. Que possède celui qui a renoncé à toute possession? Que peut avoir à soi celui qui s'est soumis à ne rien avoir? Pas même de la vertu, pas même de l'honnêteté, pas même une volonté. Celui qui s'est réduit à la condition d'une arme meurtrière, est un fou, & non pas un esclave. L'homme peut vendre sa vie, comme le soldat; mais il n'en peut consentir l'abus comme l'esclave; & c'est la différence de ces deux états.

Mais ces esclaves avoient été pris à la guerre, & sans nous on les auroit égorgés.

Sans vous y auroit-il eu des combats? Les dissensions de ces peuples ne sont-elles pas votre ouvrage? Ne leur portez-vous pas des armes meurtrières? Ne leur inspirez-vous pas l'aveugle desir d'en faire usage? Vos vaisseaux abandonneront-ils ces déplorables plages, avant que la misérable race qui les occupe ait disparu du globe? Et que ne laissez-vous le vainqueur abuser comme il lui plaira de sa victoire? Pourquoi vous rendre son complice?

Mais c'étoient des criminels dignes de mort ou des plus grands supplices, & condamnés dans leur propre pays à l'esclavage.

Etes-vous donc les bourreaux des peuples de l'Afrique? D'ailleurs qui les avoit jugés? Ignorez-vous qu'on doit faire peu de cas des arrêts d'un état despotique?

Mais ils font plus heureux en Amérique qu'ils ne l'étoient en Afrique.

Pourquoi donc ces esclaves soupirent-ils sans cesse après leur patrie? Pourquoi reprennent-ils leur liberté dès qu'ils le peuvent? Pourquoi préfèrent-ils des déserts & la société des bêtes féroces à un état qui vous paroît si doux? Pourquoi le désespoir les porte-t-il à se défaire ou à vous empoisonner? Pourquoi les femmes se font-elles si souvent avorter, afin que leurs enfans ne partagent pas leur destinée? Lorsque vous nous parlez de la félicité de vos esclaves, vous vous mentez à vous-même, ou vous nous trompez. C'est le comble de l'extravagance de vouloir transformer en un acte d'humanité une si étrange barbarie.

Le dernier argument qu'on ait employé pour justifier l'esclavage, a été de dire que c'étoit le seul moyen qu'on eût pu trouver pour conduire les *nègres* à la béatitude éternelle par le grand bienfait du baptême. Et tous les hommes sensés pourront y répondre. Sans doute, il faudroit pour être justes briser les chaînes de tant de victimes de notre cupidité, dussions nous renoncer à un commerce qui n'a que l'injustice pour base, & que le luxe pour objet.

Mais non, il n'est pas nécessaire de faire le sacrifice de productions que l'habitude nous a rendu si chères. Vous pourriez les tirer de l'Afrique même. Les plus importantes y croissent naturellement, & il seroit facile d'y naturaliser les autres. Qui peut douter que des peuples qui vendent leurs enfans pour satisfaire quelques fantaisies passagères, ne se déterminassent à cultiver leurs terres pour jouir habituellement de tous les avantages d'une société vertueuse & bien ordonnée?

Il ne seroit pas même peut-être impossible d'obtenir ces productions de vos colonies, sans les peupler d'esclaves. Ces denrées pourroient être cueillies par des mains libres, & dès-lors consommées sans remords.

Pour atteindre à ce but, regardé si généralement comme chimérique, il ne faudroit pas, selon les idées d'un homme éclairé, faire tomber les fers des malheureux qui sont nés dans la servitude, ou qui y ont vieilli. Ces hommes stupides, qui n'auroient pas été préparés à un changement d'état, seroient incapables de se conduire eux-mêmes. Leur vie ne seroit qu'une indolence habituelle, ou un tissu de crimes. Le grand bienfait de la liberté doit être réservé pour leur postérité, & même avec quelques modifications. Jusqu'à leur vingtième année, ces enfans appartiendront au maître, dont l'attelier leur aura servi de berceau, afin qu'il puisse être payé des frais qu'il aura été obligé de faire pour leur conservation. Les cinq années suivantes, ils seront obligés de le servir encore, mais pour un salaire fixé par la loi. Après ce terme, ils seront indépendans, pourvu que leur conduite n'ait pas mérité de reproches graves. S'ils s'étoient rendus coupables d'un délit de quelque importance, le magistrat les condamneroit aux travaux publics pour un temps plus ou moins considérable. On donneroit aux nouveaux citoyens une cabane avec un terrein suffisant pour créer un petit jardin, & ce seroit le fisc qui feroit la dépense de cet établissement. Aucun réglement ne priveroit ces hommes devenus libres, de la faculté d'étendre la propriété qui leur auroit été gratuitement accordée. Mettre ces entraves injurieuses à leur activité, à leur intelligence, seroit vouloir perdre le fruit d'une institution louable.

Cet arrangement produiroit, selon les apparences, les meilleurs effets. La population des noirs actuellement arrêtée par le regret de ne donner le jour qu'à des êtres voués à l'infortune & à l'infamie, feroit des progrès rapides. Elle recevroit les soins les plus tendres de ces mêmes mères qui trouvent souvent des délices inexprimables à l'étouffer ou à la voir périr. Ces hommes accoutumés à l'occupation dans l'attente d'une liberté assurée, & qui n'auront pas une possession assez vaste pour leur subsistance, vendront leurs sueurs à qui voudra ou pourra les payer. Leurs journées seront plus chères que celles des esclaves, mais elles seront aussi plus fructueuses. Une plus grande masse de travail donnera une plus grande abondance de productions aux colonies, que leurs richesses mettront en état de demander plus de marchandises à la métropole.

Craindroit-on que la facilité de subsister, sans agir, sur un sol naturellement fertile, de se passer de vêtemens sous un ciel brûlant, plongeât les hommes dans l'oisiveté ? Pourquoi donc les habitans de l'Europe ne se bornent-ils pas aux travaux de première nécessité ? Pourquoi s'épuisent-ils dans des occupations laborieuses, qui ne satisfont que des fantaisies passagères ? Il est parmi nous mille professions plus pénibles les unes que les autres, qui font l'ouvrage de nos institutions. Les loix ont fait éclore sur la terre un essaim de besoins factices, qui n'auroient jamais existé sans elles. En distribuant toutes les propriétés au gré de leur caprice, elles ont assujetti une infinité d'hommes à la volonté impérieuse de leurs semblables, au point de les faire chanter & danser pour vivre. Vous avez parmi vous des êtres faits comme vous, qui ont consenti à s'enterrer sous des montagnes, pour vous fournir des métaux du cuivre qui vous empoisonne peut-être : pourquoi voulez-vous que des *nègres* soient moins dupes, moins fous que des européens ?

Nous ne disons rien de la possibilité de cultiver nos colonies d'Amérique par les blancs. Les observations publiées sur cette matière ont été contestées ; mais elles méritent le plus sérieux examen : il faudra bien qu'un jour la Géorgie & la Caroline méridionale affranchissent leurs esclaves, & alors peut-être on n'aura plus rien à répondre à ceux qui citeront la culture de ces deux provinces où la chaleur approche de la chaleur des Antilles.

Voyez l'article GUINÉE & l'article ÉTATS-UNIS, où nous avons fait plusieurs remarques sur l'esclavage des *nègres*.

NEIPPERG, comtes souverains d'Allemagne : ils sont issus d'une ancienne famille noble, mais nouvellement élevée au rang de comtes ; ils ont été reçus en 1766 dans une assemblée de comtes & barons de la Suabe, tenue à Ulm, sur le banc des comtes & barons de ce cercle. Ils ont assigné au cercle certains biens-fonds situés à Bebenhausen, & qui n'avoient été sujets ni à l'Empire, ni au cercle. Ils se sont engagés à payer une contribution simple de 10 florins, & ils ont ajouté à cette promesse une somme de 8000 florins, *in supplementum fundi ulterioris realis*. Voyez l'article SUABE (cercle de).

NERESHEIM, abbaye princière d'Allemagne, au cercle de Suabe.

C'est une abbaye d'hommes de l'ordre de saint Benoît ; elle est située sur le mont Saint-Ulric dans la prévôté impériale de Néresheim, à côté de la ville de même nom, qui appartient aux comtes d'Œttingen-Wallerstein. Elle fut fondée en 1095 par Hartmann III, comte de Dillingen & de Kybourg, dont la postérité s'éteignit en 1286 : elle passa alors sous la supériorité territoriale de la maison d'Œttingen, qui l'a conservé, ainsi que le droit de protection & de vidamie, malgré la bulle d'exemption que le pape a accordée à l'abbaye. Ce ne fut qu'en 1763 que les comtes d'Œttingen-Wallerstein conclurent avec elle une convention, par laquelle, renonçant à toute autorité sur l'abbaye, ils lui cédèrent en toute propriété & indépendance un district particulier avec haute, moyenne & basse jurisdiction, ainsi que le droit de chasse, &c. L'abbaye s'engagea, de son côté, à céder différentes terres & revenus aux comtes, à leur payer 40,000 florins, & à leur donner quittance de 42,000 autres flor. qui lui étoient dûs du chef de leur père. Les agnats des comtes d'Œttingen-Wallerstein protestèrent formellement contre ce traité, sur-tout le prince d'Œttingen-Spielberg, qui, en qualité d'aîné de la maison & d'administrateur des fiefs & des droits régaliens, porta ses plaintes au conseil aulique de l'Empire, & demanda que ce traité fût annullé comme préjudiciable aux droits & prérogatives de sa maison. Cette dernière difficulté fut également applanie, & l'abbaye admise au collège des prélats de l'Empire & du cercle de Suabe. Un décret de la commission impériale la recommanda même l'an 1768 à la diète générale, pour y avoir voix & séance. On remit à la maison d'Œttingen ce qu'elle avoit payé par rapport à cette abbaye, dont le contingent fut fixé à 8 fantassins, ou à 14 florins 6 kreutfers, & à neuf florins par quartier pour l'entretien de la chambre impériale. L'abbaye fournit au cercle de Suabe deux fantassins avec une taxe de 4 florins pour les contributions extraordinaires du cercle. *Voyez* les articles SUABE & ŒTTINGEN.

NEUBOURG & SOULZBACH, principautés d'Allemagne au cercle de Bavière : elles sont situées dans le haut-Palatinat, & voici leur origine. George, duc de Bavière, de la ligne de Landshut, étant mort en 1503 sans enfans mâles, & ayant institué son héritier Robert, comte palatin, époux de sa fille Elisabeth, & fils de l'électeur palatin Philippe le sincère, il s'éleva entre lui & le duc Albert de Bavière, de la dernière branche de Munich, une guerre qui réussit mal pour la maison palatine. En vertu d'une transaction faite en 1507, les enfans du palatin Robert obtinrent néanmoins de l'héritage du duc George, la ville, le château & le bailliage de *Neubourg*, Hoechstætt, Lavingen, Gundelfingen, Mounheim, Hilpolftein, Heydeck, Weiden, Burkheim, Reichertshofen, Lober, Allersberg, Floss, Vohenstrauss, Endorf, Kornbrunn, Hainsberg, Graysbach & Burgstein ; & des terres d'Albert, duc de Bavière : Soulzbach, Lengfeldt, Regenstaaf, Velburg, Veldorf, Kalmunz, Schweigendorf, Schmidmühl & Hombaver. Ces terres, appellées quelque tems le *petit-Palatinat*, demeurèrent dans la possession de la maison électorale palatine. Lorsque le partage s'en fit entre les palatins Wolfgang Guillaume & Auguste, fils de l'électeur Philippe, elles furent divisées en deux principautés, celle de *Neubourg* & celle de Soulzbach. Philippe-Guillaume, fils de Guillaume, fut élevé à la dignité électorale ; mais après la mort de ses fils & successeurs Jean-Guillaume & Charles-Philippe, décédés sans héritiers mâles, l'électorat palatin échut avec *Neubourg* à la ligne de Soulzbach, dont le palatin auguste descendoit, de sorte que les deux principautés reconnoissent à présent le même maître.

On a toujours appellé aux assemblées circulaires de Bavière la voix palatine de *Neubourg*. La maison de Bavière a disputé le rang à cette principauté, avant d'être revêtue de la dignité électorale ; & lorsqu'elle obtint cette dignité en 1623, *Neubourg* lui céda volontairement le pas. En 1697, les palatins de Soulzbach furent introduits par unanimité de suffrages, à l'exception de celui de *Neubourg*, à l'assemblée circulaire. La confirmation de l'empereur, en 1701, détermina *Neubourg* à s'en absenter quelque temps, & la maison de Leuchtenberg à refuser la préséance à celle de Soulzbach.

Lors de la diète, l'électeur palatin a voix & séance pour *Neubourg* au collège des princes. L'introduction à ce collège n'a pas encore été obtenue en faveur de Soulzbach, quoique la diète assemblée se soit déclarée favorablement à son égard en 1664 & en 1708, & lui ait donné l'espérance d'y être reçu, dès qu'il auroit été admis parmi les états du cercle.

Avant que ces terres eussent été érigées en principautés, leur mois romain étoit de 20 cavaliers & 100 fantassins, ou 640 florins. Chaque principauté fut ensuite comprise pour une taxe particulière. Les querelles qui en résultèrent, finirent par la réunion de ces pays sous un même maître. *Neubourg* fournit pour la seigneurie de Heydeck cinq cavaliers & sept fantassins ou 88 florins, & paye pour son propre compte à la chambre impériale un contingent de 340 rixdales 73 un huitième kr. ; celui de Soulzbach est de 48 rixdales 50 cinq huitièmes kr.

La principauté de *Neubourg*, en particulier, est administrée par une régence, un conseil ou une chambre des domaines, & par les états provinciaux. La religion catholique romaine domine dans le pays où se trouvent quelques sujets protestans. Les bailliages relevant de la principauté sont dispersés.

La sénéchaussée de *Neubourg*, qui a son siège dans la capitale de ce nom, est régie (outre les officiers de la cour, de la chambre & des états) par un sénéchal, un greffier provincial, un châtelain & un inspecteur des bâtimens.

La principauté de Soulzbach est de même administrée par une régence & une chambre des domaines ou des finances particulières. Les sujets sont aujourd'hui partie luthériens, partie catholiques romains, & les églises servent également au culte de ces deux religions. Les affaires ecclésiastiques des protestans se traitent à la régence, où siègent deux conseillers qui professent la religion luthérienne ; les ministres luthériens sont divisés en trois diocèses, savoir : celui de Soulzbach, celui de Weyden & celui de Vuhenstrauss. Les deux derniers relèvent immédiatement de la régence, & le premier de l'inspection de Soulzbach. *Voyez* l'article PALATINAT.

NEVIS ou (NIEVES) & MONTFERRAT, petites isles des Antilles appartenantes aux anglois.

Le conseil d'Antigoa n'étend pas sa jurisdiction sur les isles voisines, qui ont toutes leurs assemblées particulières : mais son chef l'est aussi des autres, excepté de la Barbade qui, à cause de sa position & de son importance, a mérité d'être distinguée. Ce commandant général doit faire tous les ans l'inspection des lieux soumis à son autorité; & c'est par Montserrat qu'il commence ordinairement sa tournée.

Cette isle, reconnue en 1493 par Colomb, & occupée en 1632 par les anglois, n'a que huit ou neuf lieues de circonférence. Les sauvages qui y vivoient paisiblement, en furent, selon l'usage, chassés par les usurpateurs. Cette injustice n'eut pas d'abord des suites fort heureuses. La marche du nouvel établissement fut long-temps si lente, que cinquante-six ans après sa fondation, on y comptoit à peine sept cents habitans. Ce ne fut que vers la fin du siècle que la population en blancs & en noirs devint ce qu'elle pouvoit être dans une possession si resserrée. Des cannes furent alors substituées aux denrées de peu de valeur, qui avoient fait languir leurs cultivateurs dans la misère. La guerre & les élémens renversèrent à plusieurs reprises les espérances les mieux fondées, & forcèrent les colons à contracter des dettes qui ne sont pas encore acquittées. A l'époque où nous écrivons, la vigilance de mille personnes libres & le travail de huit mille esclaves font naître 5 à 6 millions pesant de sucre brut, sur de petites plaines ou dans des vallons que fertilisent les eaux tombées des montagnes. Un des désavantages de cette isle, où la dépense publique ne passe pas annuellement 49,887 liv., c'est qu'elle n'a pas une seule rade où les chargemens ou les déchargemens soient faciles. Les navires même seroient en danger sur ces côtes, si ceux qui les conduisent n'avoient l'attention, lorsqu'ils voient approcher les gros temps, de prendre le large ou de se retirer dans les ports voisins. Nieves est exposée au même inconvénient.

L'opinion la plus généralement reçue est que cette isle fut occupée en 1628 par les anglois. Ce n'est proprement qu'une montagne très haute & d'une pente douce, couronnée par de grands arbres. Les plantations règnent tout autour; & commençant au bord de la mer, s'élèvent presque jusqu'au sommet. Mais à mesure qu'elles s'éloignent de la plaine, leur fertilité diminue, parce que leur sol devient plus pierreux. Cette isle est arrosée de nombreux ruisseaux. Ce seroient des sources d'abondance, si, dans les tems d'orages, ils ne se changeoient en torrens, n'entraînoient les terres, & ne détruisoient les trésors qu'ils ont fait naître.

La colonie de Nieves fut un modèle de vertu, d'ordre & de piété. Elle dut ses mœurs exemplaires aux soins paternels de son premier gouverneur. Cet homme unique excitoit, par sa propre conduite, tous les habitans à l'amour du travail, à une économie raisonnable, à des délassemens honnêtes. Celui qui commandoit, ceux qui obéissoient, tous n'avoient pour règle de leurs actions que la plus rigide équité. Les progrès de ce singulier établissement furent si considérables, que quelques relations n'ont pas craint d'y compter jusqu'à dix mille blancs, jusqu'à vingt mille noirs. Le calcul d'une pareille population sur un terrein de deux lieues de long & d'une de large, fût-il très-exagéré, n'en suppose pas moins un effet extraordinaire, mais infaillible, de la prospérité qui suit la vertu dans les sociétés bien policées.

Cependant la vertu même ne met ni l'homme isolé, ni les peuples à l'abri des fléaux de la nature, ou des injures de la fortune. En 1689, une affreuse mortalité moissonna la moitié de cette heureuse peuplade. Une escadre françoise y porta le ravage en 1706, & lui ravit trois ou quatre mille esclaves. L'année suivante, la ruine de cette isle fut consommée par le plus furieux ouragan dont on ait conservé le souvenir. Depuis cette suite de désastres, elle s'est un peu relevée. On y voit six cents hommes libres & cinq mille esclaves, dont les impositions ne passent pas 45,000 l. & qui envoient à l'Angleterre trois ou quatre millions pesant de sucre brut, que les navigateurs chargent en totalité sous les murs de la jolie ville de Charles Town. Peut-être ceux qui s'affligent le plus de la destruction des américains & de la servitude des africains, seroient-ils un peu consolés, si les européens étoient par-tout aussi humains que les anglois l'ont été à Nieves; si les isles du Nouveau-Monde étoient aussi bien cultivées à proportion : mais la nature & la société voient peu de ces prodiges.

Voyez les articles ANTIGOA, BARBADE & SAINT CHRISTOPHE.

NEUTRALITÉ, état dans lequel une puissance ne prend aucun parti entre celles qui sont en guerre. On distingue là *neutralité* générale & la *neutralité* particulière, ou celle qui résulte d'une convention expresse ou tacite, laquelle nous oblige particulièrement à demeurer neutres. Les souverains sont dans une parfaite *neutralité* les uns à l'égard des autres; mais des traités d'alliance, ou même la seule vue de leur intérêt présent, les font pencher vers l'une des puissances belligérantes. Les princes qui se font la guerre, forcent aussi souvent l'état voisin, moins puissant qu'eux, à prendre parti; & s'ils lui permettent de demeurer neutre, ils empêchent qu'il ne soit armé, de crainte qu'il ne se déclare dans les divers événemens de la guerre.

Il vaut mieux, selon la réflexion d'un grand historien, être spectateur tranquille des malheurs de nos voisins, que d'y prendre part sans des raisons très-importantes, parce que l'orage tombe quelquefois sur ceux qui ne sont pas intéressés à l'incendie, & qu'il épargne ceux qui en sont les auteurs. En général, le prince qui garde une *neutralité* parfaite à l'égard de ses voisins en guerre, est respecté par chaque puissance, on craint qu'il ne fasse pencher la balance du côté pour lequel il se déclarera.

Mais si la *neutralité* a ses avantages, elle a aussi ses inconvéniens. Il est dangereux de demeurer neutre entre deux ennemis, & il y a des conjonctures où l'on doit se déclarer pour l'un ou pour l'autre. Le parti mitoyen est quelquefois le pire dans les grands dangers, parce qu'il attire l'inimitié de deux puissances belligérantes. On devient leur proie, & on souffre tous les maux de la guerre, sans partager les fruits de la victoire. Le prince neutre indispose les combattans, toujours mal satisfaits d'un souverain qui les a abandonnés quand il peut les aider, & qui semble avoir épié les occasions de se déclarer avec avantage. Si la *neutralité* n'est bien ménagée, non-seulement elle ne fait point d'amis, mais elle n'ôte point d'ennemis, & elle expose de plus les souverains au mépris & à la haine des vainqueurs.

On peut dire des princes qui se conduisent ainsi, ce qu'un historien a dit autrefois de Marseille, que désirant la paix elle se précipitoit dans la guerre qu'elle appréhendoit. Le trop de prudence dégénère souvent en imprudence; & assez souvent, dans les affaires du monde, rien ne mène au péril comme le grand soin de s'en éloigner.

Pour résoudre ce problème politique, on peut établir cette première maxime: un prince puissant est, par sa puissance même, en sûreté contre celui des deux partis qui voudroit l'attaquer. D'où il résulte que la *neutralité* peut convenir à un prince qui n'a rien à craindre de la victoire de l'un des combattans, qui est en état de se faire respecter par l'une & par l'autre des puissances belligérantes, qui, en se déclarant, peut faire tomber la balance, & qui, s'il le veut, peut se rendre l'arbitre de leurs différends. Le plus haut point de gloire qu'un souverain puisse désirer, c'est d'être l'arbitre des autres souverains.

Voici une seconde maxime: un prince foible ne pouvant se soutenir par lui-même, doit se déclarer pour l'un des deux partis. Si l'on demande pour lequel, je répondrai ce que Phocion disoit aux athéniens: « qu'il faut être le plus puissant, » ou avoir le plus puissant pour ami »; mais j'en excepterai les guerres entreprises par une puissance qui menace la liberté de toutes les autres; car alors il faut embrasser la querelle du plus foible.

« Je crois, dit un auteur connu, pouvoir éta-
» blir une troisième maxime, qui est à l'usage
» de tous les états, ou puissans ou foibles. Lors-
» qu'on voit deux grands peuples se faire une
» guerre longue & opiniâtre, c'est souvent une
» mauvaise politique de penser qu'on peut en être
» le spectateur tranquille; car celui des deux
» peuples qui demeure vainqueur, entreprend d'a-
» bord de nouvelles guerres, & une nation de
» soldats va combattre contre une nation de ci-
» toyens. Les romains eurent à peine dompté les
» carthaginois, qu'ils attaquèrent de nouveaux
» peuples, & parurent dans toute la terre pour
» tout envahir ». Mais tout le monde apperçoit le défaut de justesse de cette maxime; on voit que les exemples tirés de Rome & de l'antiquité, ne sont plus applicables aujourd'hui. Toutes les guerres actuelles dérangent les finances de la nation qui les fait; & l'on sait qu'après de longues hostilités, les nations les plus puissantes de l'Europe ne sont pas en état d'en recommencer de nouvelles.

On cherche peu à s'assurer de la *neutralité* d'une puissance foible, ou du moins on la met à bas prix, parce que si on l'avoit contre soi, on auroit peu à craindre; parce que sa foiblesse l'exposant à être entraînée hors de son système de *neutralité*, on ne peut compter sur elle.

En général, il n'est de bonnes *neutralités* que celles qui sont armées; elles se font respecter pendant la guerre, & la terreur qu'elles peuvent inspirer à des puissances qui seroient capables d'abuser de leurs succès, hâte souvent le retour de la paix.

Il faut, par les raisons que nous avons dites en parlant des confédérations & des ligues, & qu'il ne sera pas difficile d'appliquer ici, compter beaucoup moins sur les *neutralités* composées, lors même qu'elles ont l'avantage d'être armées, parce que plus elles ont de parties, & plus il est à craindre qu'on ne parvienne à les dissoudre; l'expérience montre en effet que leur dissolution a toujours été prompte.

Il est une autre espèce de *neutralité* perpétuelle; elle ne consiste pas à n'aider personne, mais à se partager entre tout le monde. Telle est la constitution des suisses, qui, par l'utilité qu'on en retire, ont acquis le droit singulier de secourir tout le monde sans fâcher aucun de ceux contre lesquels ils fournissent des troupes, pourvu qu'elles n'excèdent pas les proportions anciennement établies. Le seul acte passif de *neutralité* qu'on leur demande, est de ne prêter leur territoire à personne; & c'est un système qu'ils sont bien en état de soutenir, parce que c'est un pays facile à défendre, & que la nation est belliqueuse & toujours bien armée: mais c'est la seule nation de l'Europe, & peut-être du monde entier, qui puisse adopter ce système. Tout autre peuple, en partageant ainsi ses secours, indisposeroit chacune des puissances en guerre; & s'il n'étoit pas défendu comme le suisse par des montagnes impénétrables, il ne tarderoit pas à en être puni.

Nul peuple n'a trouvé plus de facilités que le peuple romain sur l'article des *neutralités*, sur-tout dans ses guerres hors de l'Italie. C'étoit l'effet de sa grande puissance & de la terreur de son nom, qui faisoit craindre à chacun de devenir son ennemi. Mais l'état de l'Europe est si différent aujourd'hui jourd'hui, que, selon toute apparence, aucune nation n'y obtiendra les mêmes avantages.

Les anciens mettoient à un si haut prix les *neutralités* auxquelles on s'engageoit avec eux, qu'ils les regardoient comme des engagemens, pour ainsi dire, sacrés. Les grecs passant chez les perses neutres, payoient tout scrupuleusement; & Plutarque nous apprend que Pompée voulant s'assurer que ses soldats en Sicile n'exerçoient aucune violence contraire à la foi de la *neutralité*, faisoit cacheter leurs épées. Les goths, les huns, les alains eux-mêmes n'étoient pas moins scrupuleux en ce genre, du moins à en juger par ce qui nous reste des ordonnances militaires de Théodoric & d'Athalaric. On y remarque une attention singulière pour la conservation des biens de la terre dans les pays qui étoient sous la sauve-garde des *neutralités*.

Nous allons ajouter quelques remarques sur les puissances neutres & les pays neutres.

Il seroit doux de jouir des douceurs de la paix, au milieu des horreurs de la guerre. Mais les rapports réciproques des puissances de l'Europe, disons même des deux mondes, les obligent trop souvent à prendre part aux troubles qui s'élèvent dans leur voisinage. Elles ont rarement la volonté ou la liberté de demeurer neutres.

La puissance neutre ne doit favoriser, en quoi que ce soit, l'une des puissances belligérantes, au préjudice de l'autre; & c'est par cette raison que les loix des ports neutres ont établi que si deux navires ennemis y sont entrés, & que l'un en sorte, l'autre ne doit avoir qu'au bout de vingt-quatre heures la permission d'en sortir, pour aller à sa poursuite.

« Elle doit, dit un publiciste, tenir pour légi- » time tout ce que chacun des partis en guerre » fait à l'égard de l'autre, & aucun exploit mi- » litaire ne doit passer dans son esprit pour in- » juste. Ceux qui ne sont pas juges des parties, » & qui n'ont pris aucune part à la guerre, ne » sont en droit ni de connoître, ni de décider » de la justice de leur cause; ces parties n'ayant » point de juges, ne peuvent être ni convain- » cues ni condamnées : il faut donc que tout ce » que chacune d'elles a fait pendant la guerre, » soit regardé de toutes les puissances neutres » comme fait avec droit ». Mais la remarque n'est point exacte, & son inexactitude est si sensible qu'il n'est pas nécessaire de l'analyser.

Nous pourrions ajouter qu'une puissance neutre est obligée de pratiquer également, envers ceux qui se font la guerre, les loix naturelles; que la puissance neutre qui rend à l'un des ennemis quelque service, ne doit pas le refuser à l'autre, à moins qu'il n'y ait une raison bien précise de faire pour l'un une chose que l'autre n'a d'ailleurs aucun droit d'exiger; qu'elle n'est pas tenue à rendre à l'un des deux partis les devoirs de l'humanité, lorsqu'elle s'exposeroit à de grands dan-

Œcon. polit. & diplomatique. Tome III.

gers, en les refusant à l'autre qui a un pareil droit de les exiger : mais il seroit inutile de recommander la loi naturelle dans ces sortes d'occasions; & la convenance, les liaisons secrettes, les préventions favorables ou les ressentimens ne permettent guère cette justice rigoureuse.

Une puissance neutre ne doit fournir à aucun des deux partis, des soldats, des armes ou des munitions de guerre : mais quelle est la borne précise de ce devoir ? quels sont précisément les articles qu'il faut regarder comme des munitions de guerre ? Les diverses nations ne sont point encore d'accord sur cet objet : l'impératrice de Russie avoit établi, durant la guerre qui vient de se terminer, une *neutralité* armée & des principes détaillés là-dessus. La Hollande, la Suède, le Danemarck, la Prusse & l'Autriche y ont accédé d'une manière publique, & la France & l'Espagne secrettement : l'Angleterre seule a vu avec déplaisir ces principes. La *neutralité* armée dont nous parlons, n'a pas eu tout le succès & n'a pas produit tout l'effet qu'on en attendoit; mais elle a donné un bel exemple : ses manifestes & ses déclarations subsistent, & l'intérêt public des diverses nations les déterminera tôt ou tard à se réunir sur un objet si utile au commerce & à la navigation des puissances qui sont en paix.

Au reste, dans le système de *neutralité*, la puissance qui ouvre ses états pour le commerce à l'un des combattans, doit les ouvrir à l'autre. Si elle s'est engagée en particulier à quelque chose, il est de son devoir de l'exécuter ponctuellement; mais elle ne peut rien faire pour l'un des deux partis, qu'elle n'attribue à l'autre le droit d'exiger la même chose. Par exemple, si le peuple neutre donne ou laisse prendre un passage sur ses terres à l'une des puissances belligérantes, il n'a aucun sujet de se plaindre lorsque l'autre y entre, lorsqu'elle poursuit son ennemi par-tout où elle le trouve, lorsqu'elle s'assure l'avantage dont son ennemi vouloit profiter. Les turcs en guerre avec la Russie, eurent raison d'entrer dans le royaume de Pologne, qui jusqu'alors avoit été neutre ; mais qui ne le fut plus, dès que la Russie eut violé le territoire des polonois. Quand le roi des Deux-Siciles, qui jusques-là avoit observé une *neutralité* de convention, eut permis l'entrée de ses états à l'armée espagnole que l'armée autrichienne poursuivoit, les autrichiens furent en droit d'entrer dans le royaume de Naples.

En 1743, dans la guerre des espagnols & des anglois, une barque & quatorze chebecs partis des ports d'Espagne, chargés d'artillerie & de poudre pour le service des espagnols en Italie, furent poursuivis par les anglois; mais ils échappèrent à la faveur du calme; ils entrèrent dans le port de Gênes, & y débarquèrent leur poudre. Le vice-amiral anglois, nommé *Mathews*, qui commandoit dans la Méditerranée les forces navales de sa nation, prétendit que Gênes, en permettant à cette barque & à ces chebecs d'entrer dans son port, en les y gardant après leur avoir permis de mettre à terre une partie de leur cargaison, avoit porté atteinte à la *neutralité* que la république s'étoit engagée à observer avec toutes les puissances en guerre. Il envoya un vaisseau de guerre demander aux génois leur sortie ; & n'ayant rien pu obtenir, il alla lui-même avec une escadre se présenter devant Gênes, & menaça de bombarder cette ville. On négocia : les génois dirent que le convoi espagnol n'étoit entré dans le port de Gênes, que parce qu'il y avoit été jetté par le mauvais tems ; & le vice-amiral anglois demanda que la barque & les chebecs fussent obligés de sortir du port avec l'artillerie & les munitions pour continuer leur route, ou que l'artillerie & les munitions fussent séquestrées. Une convention, entre Mathews & deux députés de Gênes, déclara que les canons & la poudre apportés d'Espagne, & se trouvant dans le port ou dans la ville de Gênes, seroient tirés de la barque & des chebecs, mis à bord des vaisseaux neutres, & transportés à Bonifacio dans l'isle de Corse ; que le vice-amiral anglois donneroit un convoi pour la sûreté de ce transport ; que l'artillerie & la poudre seroient déposées dans le château de Bonifacio, pour y rester entre les mains de la république jusqu'à ce que la guerre fût terminée par une paix définitive, & que la barque & les chebecs auroient une liberté entière de sortir du port de Gênes, dans le temps que les officiers espagnols jugeroient à propos, & de se retirer où ils voudroient, sans qu'il fût permis aux vaisseaux anglois de les molester en aucune manière, ou de les suivre dans les vingt-quatre premières heures de leur sortie du port de Gênes. La république pouvoit répondre aux anglois : *nous n'avons rien fait pour les espagnols que nous ne soyons disposés à faire pour vous* ; mais les anglois se trouvant les plus forts, n'étoient pas disposés à se contenter de cette réponse, & le sénat de Gênes intimidé fit un tort considérable à l'Espagne dont il rendoit les munitions inutiles. Le roi catholique se proposoit bien d'en tirer tôt ou tard une vengeance éclatante ; mais peu de tems après & dans la suite de la même guerre, les génois réparèrent leur faute : après avoir mis leur ville à couvert du bombardement, ils se jettèrent dans les bras de la France & de l'Espagne, & servirent utilement ces deux couronnes contre les anglois & leurs alliés. Il n'est pas besoin de dire que l'artillerie & les munitions de guerre qui avoient été déposées à Bonifacio, furent rendues aux espagnols.

Si le pays neutre n'a donné aucun sujet de plainte aux puissances belligérantes, il est injuste, à parler en général, d'y soumettre au droit de la guerre des choses qui n'y sont pas sujettes par leur nature, ou qui appartiennent à un tiers, lequel n'a pris aucune part à la guerre. Aussi, en pareille occasion, les princes ont-ils soin d'imaginer des prétextes spécieux, & d'alléguer des dommages, des torts, ou des injures : mais une nécessité absolue peut rendre juste ce qui, sans elle, ne le seroit point. Dès que cette nécessité existe, il n'y a ni droits, ni devoirs, ni obligations capables de retenir un peuple qui se voit sur le point de périr. *Voyez* l'article GUERRE.

NEYSSE, principauté d'Allemagne. *Voyez* SILÉSIE PRUSSIENNE.

NIEDER-MUNSTER, abbaye princière d'Allemagne : elle est à Ratisbonne. Judith, fille du duc Arnoul de Bavière, épouse de Henri I aussi duc de Bavière, & grand mère de l'empereur Henri II fonda cette abbaye de femmes. L'époque de la construction du couvent est placée à l'année 900. Le titre de l'abbesse est : par la grace de Dieu, princesse du Saint-Empire romain, abbesse de la très-noble abbaye impériale & immédiate de *Nieder Munster* à Ratisbonne. Elle occupe à la diète sur le banc du Rhin la treizième place parmi les prélats, & la septième sur le banc Ecclésiastique aux assemblées circulaires de Bavière. Sa taxe matriculaire a été fixée en 1683 à 10 florins. Elle paye un contingent à la chambre impériale de 50 rixdales 67 & demi kr. L'abbaye reconnoît pour son avoué & protecteur le duc de Bavière. Les religieuses peuvent se marier ; leur manière de vivre n'est point sujette aux règles claustrales. *Voyez* l'article PALATINAT.

NIEVES. *Voyez* NEVIS.

NOBLE.

NOBLESSE.

NOBLESSE MILITAIRE. Le Dictionnaire de Jurisprudence a fait ces trois articles, & nous nous contenterons d'insérer ici quelques réflexions de M. d'Argenson, sur les majorats & sur la *noblesse*.

NOBLESSE, titre d'honneur qui distingue ceux qui en sont décorés, & les fait jouir de plusieurs privilèges.

Le Dictionnaire de Jurisprudence a fait un long article sur ce mot : nous nous bornerons aux observations suivantes.

On ne confond que trop tous les jours les intérêts de l'état avec ceux des particuliers. Il importoit beaucoup, par exemple, que la souveraineté ne se partageât plus dans la famille royale, comme sous la première & la seconde race ; mais pour la conservation de nos grands fiefs si vantés, que fait à l'état leur démembrement ou leur plénitude ? On ose cependant soutenir encore, dans notre droit, que la majesté de la couronne & la puissance de l'état en dépendent. On oublie que nous ne vivons plus sous le gouvernement féodal ; que ce ne sont plus les grands vassaux qui grossissent les armées : mais il y a plus, c'est qu'on doit se persuader que le démembrement des grands fiefs est un bien précieux à l'état. La subdivision de ces majorats en remet dans le commerce les différentes parties qui en sont sorties pour satisfaire la vanité d'une seule famille, & sans qu'il en revienne aucun avantage à la société. La division des fiefs & des domaines donne vingt différens administrateurs, qui font succéder l'abondance à la stérilité ; l'intérêt public est donc ici en opposition avec celui d'une seule famille : que le législateur choisisse après cela.

Je ne demande que de mettre à part le plus stupide préjugé, pour convenir que deux choses seroient principalement à souhaiter pour le bien de l'état ; l'une que tous les citoyens fussent égaux entr'eux, afin que chacun travaillât suivant ses talens, & non par le caprice des autres ; l'autre que chacun fût fils de ses œuvres & de ses mérites : toute justice y seroit mieux accomplie, & l'état seroit mieux servi.

Convenons que les nobles ressemblent beaucoup à ce que les frelons sont aux riches.

La *noblesse*, la fortune & les richesses qu'on reçoit par sa naissance, jettent l'homme dans une indolence nécessaire, dès ces premiers momens où l'émulation charme ordinairement le courage de la jeunesse. Sa grandeur assurée est le premier des dangereux mystères que pénètre un enfant, & alors toute éducation n'est plus que charlatannerie. Par-là lui sont retranchés tous les prix que l'état propose aux services. On jouit injustement de ce que d'autres ont mérité, & cette injustice exclud ceux qui mériteroient par eux-mêmes.

La pratique de cet abus se comprend par le fait & la violence ; mais comment en tolere-t-on le principe, quand la morale & la politique y sont aussi grossièrement violées ?

La raison devroit nous venger des passions, ou au moins voir plus clair que les sens : cependant les préventions générales prouvent le contraire. On est anciennement préoccupé qu'une supériorité injuste sur les autres citoyens, & les bonnes actions émanées de cette supériorité l'ont légitimée : tel est ce qu'on pense de la *noblesse*.

Mais, dira-t-on, si tous ces principes contre la *noblesse* sont vrais, quelle conséquence en tirera-t-on ? Faudroit-il abolir un ordre si fameux ? Cherchera-t-on une égalité absolue & platonicienne ? Non certainement. Je dis bien, à la vérité, qu'on doit chercher cette égalité, mais on n'y parviendra jamais.

Par ces efforts vers l'égalité, on multipliera moins le nombre des nobles, autant que l'on traversera l'excès des richesses. On abolira sur-tout l'indigne entrée dans le corps des nobles, qui se donne par finance. On ne fera passer les charges des pères aux enfans que quand toute autre récompense sera épuisée pour les pères.

Quand nous avons des guerres justes à soutenir, on ne disputera point à la *noblesse* d'extraction une valeur par état plus fixe & plus solide que chez les autres nations.

Si on examinoit bien rigoureusement les causes de la *noblesse*, peut-être n'y trouveroit-on que celle par où un chacun excelle dans un métier qui exclud les autres professions. Cette cause déplait ; elle suppose que tout homme qui eût changé une profession ignoble pour un exercice relevé, y eût réussi également, de quelque sang & de quelqu'ordre qu'il fût sorti. Il est vrai cependant que toute autre profession que celle des armes est interdite à notre *noblesse* ; que son talent est inspiré par les exemples de famille, fomenté par l'éducation, & forcé par une espèce de nécessité de ne pas dégénérer.

Que la *noblesse* françoise ne regrette point, dans l'exécution de ce système, une aristocratie qu'elle croit être favorable à notre nation ; il n'est question que d'extirper une satrapie roturière & odieuse, qui augmente chaque jour les maux, en pervertissant nos mœurs.

NOERDLINGEN, ville libre & impériale d'Allemagne, au cercle de Westphalie : elle est située au canton de Riefs, sur la rivière d'Eger, dans une contrée fertile, sur-tout en pâturages. La majeure partie de la bourgeoisie y suit la confession d'Augsbourg. Cette ville étoit autrefois soumise à l'évêché de Ratisbonne ; mais on trouve des preuves de son immédiateté, dès le commencement du treizième siècle ; & les empereurs Charles IV & Wenceslas promirent, en 1348 & 1387, de la lui conserver dans toute son intégrité. Elle occupe à la diète de l'Empire le septième rang parmi les villes impériales de Suabe, & le cinquième dans les assemblées du cercle. Sa taxe matriculaire, qui étoit autrefois de 260 florins, a été fixée à 150, lors de la réduction de 1683. Sa contribution pour l'entretien de la chambre impériale est de 219 rixdales 72 kr. L'empereur Charles IV lui accorda le droit de présidialité ; mais elle ne s'en est jamais servie. En 1634, les impériaux battoient les suédois dans ses environs. En 1647, elle essuya un siège de dix-sept semaines de la part des troupes de l'Empire, qui y produisirent un cruel incendie. En 1702, cinq cercles assemblés y conclurent une ligue fameuse, & on augmenta les fortifications de la ville, qui est regardée comme un boulevard du cercle de Franconie contre la Baviere.

Les princes & comtes d'Œttingen se sont arrogés depuis long-temps la supériorité territoriale sur les biens patrimoniaux de cette ville ; ce qui a donné lieu à plusieurs contestations, & même à des voies de fait.

Hhh 2

NONCE. *Voyez* l'article MINISTRES PUBLICS, *voyez* auſſi l'article NONCE du dictionnaire de Juriſprudence.

NORDHAUSEN, ville impériale d'Allemagne : elle eſt ſituée ſur la rivière de Zorge, entre le comté de Hohnſtein & la ſeigneurie de Klettenberg. Elle eſt d'une étendue aſſez conſidérable, & partagée en vieille & nouvelle ville : on y trouve ſept égliſes luthériennes, auxquelles ſont attachés dix prédicateurs. La principale reſſource des habitans eſt le commerce de grains, le harz ſupérieur, la fabrique de l'eau-de-vie & des ouvrages de toutes eſpèces de marbre & d'albâtre, qu'on tire de Stolberg & de Hohnſtein. Henri le Lion, duc de Saxe, brûla cette ville en 1180; elle fut encore plus ou moins incendiée en 1234, 1540, 1612, 1710 & 1712. Elle a été ville impériale dès ſon origine, & pourvue d'une charge de prévôt d'Empire, ainſi que de celle de préteur. Les anciens comtes de Hohnſtein étoient, dès la quinzième ſiècle, en poſſeſſion de la première, dont les fonctions s'étendent ſur toutes les matières criminelles. Lorſque cette famille s'éteignit, l'empereur Rodolphe II inveſtit, en 1600, de la prévôté, la maiſon électorale de Saxe, de laquelle elle paſſa en 1697 à celle de Brandebourg, qui la poſſéda héréditairement & en toute propriété. Quant à la charge de préteur, on croit que les landgraves de Thuringe en furent anciennement les propriétaires, & qu'il parvint enſuite aux ducs & aux électeurs de Saxe. Cette maiſon y renonça en 1697 au profit de celle de Brandebourg, qui en 1715 abandonna l'une & l'autre, ainſi que tous les droits en dépendans, à la ville de *Nordhauſen* & à ſes magiſtrats pour une ſomme de 50,000 rixdales. Ce traité fut confirmé en 1716 par le conſeil aulique de l'Empire, qui ordonna aux magiſtrats en 1746 de faire exercer la charge de préteur par un homme verſé dans le droit, & il leur permit de le tirer de leur corps. Les députés de cette ville occupent aux diètes le dixième rang ſur le banc du Rhin dans le collège des villes impériales, & le quatrième dans l'aſſemblée des cercles de la baſſe-Saxe. Sa taxe matriculaire eſt fixée à 80 florins, & ſon contingent pour l'entretien de la chambre à 94 rixdales 62 & demi kr. Les pruſſiens exigèrent de cette ville de fortes contributions en 1760.

NORWÈGE, royaume de l'Europe, aujourd'hui réuni au Danemarck. Ce royaume eſt appellé par les danois & les norwégiens, *Norge*, par les anciens *Norrike* ou *Norrige*. Il eſt borné vers le midi & le couchant, par la mer d'Allemagne; vers le ſeptentrion, par la grande mer du nord; à l'orient il touche à la Laponie ruſſe & à la Suède, dont il eſt ſéparé par une longue chaîne de montagnes, parmi leſquelles les plus hautes ſont appellées *Kolen*. En ſuivant le coude que la *Norwège* forme entre les deux mers, ſa longueur depuis Swünſund juſqu'au Cap-Nord, eſt à-peu-près de 350 milles de *Norwège*; mais en prenant la ligne droite depuis Lindenas, où la hauteur du pôle eſt de 71 & demi degrés, cette longueur eſt de 200 & demi milles. Sa largeur eſt très-inégale; car entre la Suède & les montagnes de Statt, près de Sundmoër, elle eſt de 50 milles, tandis que dans d'autres elle n'eſt que de 40, de 30, & dans quelques-unes même que de ſix milles. En général, la *Norwège*, ſelon Buſching, peut avoir environ 5250 milles quarrés géographiques; d'autres écrivains l'évaluent à 7000.

Précis de l'hiſtoire politique de NORWÈGE, *& détails ſur ſon adminiſtration.*

Anciennement la *Norwège* étoit diviſée en pluſieurs petits états que le roi Harald Haarfager, du ſang royal de Suède, réunit & érigea en royaume vers l'année 875. Tandis que le Danemarck ſe diſtinguoit par la conquête de l'Angleterre & par d'autres entrepriſes hardies, la *Norwège* peuploit les Orcades, les iſles de Feroé & l'Iſlande. Ses actifs habitans, preſſés par cette inquiétude qui avoit toujours agité les ſcandinaves leurs ancêtres, s'établirent même dès le neuvième ſiècle dans le Groënland, qu'on a de fortes raiſons d'attacher au continent de l'Amérique. On croit même entrevoir, à travers les ténèbres hiſtoriques répandues ſur les monumens du Nord, que ces hardis navigateurs pouſſèrent, dans le onzième ſiècle, leurs courſes juſqu'aux côtes de Labrador & de Terre-Neuve, & qu'ils y jettèrent quelques foibles peuplades. Il eſt donc vraiſemblable que les norwégiens peuvent diſputer à Chriſtophe Colomb la gloire d'avoir découvert le Nouveau-Monde. Mais ils y étoient ſans le ſavoir.

Les guerres qu'eſſuya la *Norwège* juſqu'à ce qu'elle fût réunie au Danemarck; les obſtacles que le gouvernement oppoſa à ſa navigation, l'oubli & l'inaction où tomba cette nation entreprenante, lui firent perdre avec ſes colonies du Groënland, les établiſſemens ou les relations qu'elle pouvoit avoir aux côtes de l'Amérique.

Les petits états de *Norwège* formoient un royaume depuis peu de temps, lorſque ce nouveau royaume fut uni au Danemarck, dont il devint tributaire ſous le comte Hako; mais il recouvra bientôt après ſa liberté. On tenta de la détruire de nouveau vers l'année 1000; Saint-Oluf la maintint : il fut chaſſé du trône en 1019, & Sueno, prince de Danemarck s'en empara; Magnus, fils de Saint-Oluf y remonta en 1034, & ſa poſtérité régna pendant pluſieurs ſiècles. En 1319 Magnus Smek, fils du malheureux duc Eric, devint roi de Suède & de *Norwège*; & ſon neveu Oluf III, roi de Danemarck, acquit le royaume de *Norwege* en 1380, après la mort de Hagen son père. La véritable ligne royale s'éteignit en Suède & en *Norwege* par la mort d'Oluf : comme il ne restoit personne de la ligne masculine en Danemarck, la reine Marguerite, fille de Waldemar III & mère de ce même Oluf, se trouva la plus proche héritière du trône, & y fut effectivement élevée par le choix des états. En 1388 Hagen-Jonsen, issu du sang royal, fut obligé de renoncer publiquement, en faveur de Marguerite, aux droits qu'il avoit à la couronne de *Norwege*, & elle engagea les états du royaume à reconnoître pour son successeur le duc Eric de Poméranie son neveu : elle réunit les trois royaumes du nord par la fameuse union de Calmar. La branche d'Oldenbourg étant montée sur le trône de Danemarck, les norwégiens sembloient vouloir se souftraire à sa domination, cependant ils se réunirent de nouveau aux danois. Ils secouèrent, à la vérité, le joug après la malheureuse guerre du roi Jean contre les dithmarsiens ; mais ayant été défaits en 1502 près d'Opslo, & la plus grande partie de la noblesse ayant péri dans les supplices, ils jurèrent de nouveau l'obéissance au roi de Danemarck & à ses successeurs. En 1537, Christian III assembla à Copenhague une diète, dans laquelle on dressa un recès dont le principal article porte : « que la *Norwege* sera désormais & pour toujours incorporée au royaume de Danemarck ; attendu que les états du royaume de *Norwege* se sont engagés, tant sous le règne de Christian I que sous le roi Frédéric, d'obéir au même roi que les sujets de Danemarck, & de reconnoître pour tel celui que les danois auront choisi ». Dès ce moment, la *Norwege* perdit son conseil d'état, fut regardée comme province du Danemarck, & administrée par des gouverneurs danois. L'inégalité qui subsistoit entre les deux royaumes, fut en quelque sorte levée par le roi Christian IV, qui accorda à la noblesse de *Norwege* les privilèges dont jouit la noblesse danoise. La souveraineté absolue ayant été introduite, les deux royaumes furent de nouveau regardés comme deux états unis sous le même souverain, & on rétablit le tribunal supérieur en *Norwege*. Les choses demeurèrent dans cet état jusqu'à l'établissement du conseil aulique suprême qui subsiste encore.

Christian III fit administrer la *Norwege* par des gouverneurs, & après eux par des vice-gouverneurs. Dans la suite, les fonctions de gouverneur furent confiées à un collège nommé *Sloislov* ou *Schlofrecht*, c'est-à-dire, droit du château. Frédéric IV le supprima & rétablit les gouverneurs. Aujourd'hui ce royaume est administré par un sous-gouverneur, qui est président du conseil suprême aulique de Christiania. Ce tribunal connoît par appel de toutes les sentences rendues aux sièges des évêchés ; & celui que l'on interjette de ses jugemens, est porté au conseil suprême de Copenhague. Chacun des quatre diocèses de *Norwege* a son bailli diocésain & ses gens de justice ; les uns & les autres sont sur le même pied que ceux de Danemarck. Après les gens de justice viennent les greffiers & les prévôts. Ceux-ci exercent les mêmes fonctions que les receveurs des bailliages en Danemarck ; ils perçoivent les deniers royaux des seigneurs & des paysans, & les livrent au greffier ou caissier du diocèse ; ils sont en même-tems fiscaux, provinciaux, & ils exercent les fonctions du ministère public, en matière de justice & dans les causes fiscales. Les chefs des neuf tribunaux provinciaux sont appellés *laugmunner*, *landrichter* ou *provincial oberrichter* (juge provincial). Il y a d'ailleurs des *forenschreiber* ou *amtschreiber*, appellés *unterrichter*, c'est-à-dire *sous-juges*, qui prononcent les sentences dans les bailliages : chaque sous-juge a huit assesseurs. Dans les quatre villes principales, savoir, Christiania, Christiansund, Bergen & Drontheim, on trouve des présidens royaux, & un prévôt dans les autres villes. Enfin il y a en *Norwege* un conseil des mines établi à la fonderie de Kongsberg ; un autre pour les mines de Nordenfields ; des receveurs des péages ; des contrôleurs royaux pour la ferme des péages & des vivres. Le droit moderne de *Norwege*, établi par le roi Christian IV, est tiré pour la plupart du livre des loix danoises ; ce qui en diffère a été tiré des anciennes loix du pays.

Division.

La *Norwege* se divise en méridionale & septentrionale. Les montagnes, nommées *Dofrefoell*, forment la séparation. Dans la partie méridionale, il y a deux grands gouvernemens, celui de Bergen & celui d'Aggerhus ; & dans la septentrionale deux autres, qui sont Drontheim & Nordland. Il faut remarquer ici que la Suède a enlevé deux provinces de la *Norwege*, qu'elle possède encore aujourd'hui. La première est Bahus-Lehn dans la *Norwege* méridionale, dont elle est en possession depuis l'an 1660 ; & la seconde, Jemtland dans la septentrionale, qui lui a été accordée par le traité de Bremsebroo, conclu en 1645.

Population.

D'après un calcul moyen de dix ans, il naît en *Norwege* annuellement 23,100 enfans : en comptant la proportion des naissances à la population totale, dans le rapport de 1 à 31, la *Norwege* auroit 720,000 habitans.

L'un dans l'autre, chaque mille contient donc 103 habitans ; mais dans la partie la plus cultivée du pays, & dans le voisinage des villes, il faut porter ce nombre à 153 ; il est réduit à 23 par mille dans les districts du nord. Bergen, la ville la plus considérable du royaume, à seize mille habitans. On ne trouve dans le nord aucune ville, excepté la forteresse de Vardhus, gardée par 40 hommes.

Il n'y a que dix-huit villes dans toute la Norwege: si l'on veut d'autres preuves que le nombre des habitans est petit, eu égard à l'étendue de ce royaume, nous dirons que depuis 1743 jusqu'en 1756, il y est né 439,335 personnes, & il en est mort 346,343: l'année 1766, les naissances ont été à 22,370, & les morts à 20,010; il résulteroit de ce nouveau calcul que la Norwege renferme environ 700,000 ames.

Culture, productions, commerce.

La partie du sud est assez bien cultivée, celle du nord l'est très-peu. La position de ce pays annonce qu'il ne sauroit être bien fertile. La partie sur-tout qui se trouve au-delà du cercle polaire sous la zone glaciale, c'est-à-dire, au-delà du soixante-sixième degré, est absolument stérile. Le froment y est presque inconnu, & il n'y croît pas même assez d'autres grains pour fournir à la subsistance des habitans. Tout le pays est entrecoupé de montagnes, & on fait souvent une vingtaine de milles sans rencontrer d'habitations.

Outre que la *Norwege* est située trop près du pôle, la plus grande partie de ce pays est inégale, pierreuse & couverte de montagnes, de rochers, & renferme d'ailleurs beaucoup de terreins marécageux, des contrées sauvages & quelques déserts. Si ceux qui demeurent le long des côtes, ne trouvoient pas des ressources dans la pêche, comme ceux qui sont dans l'intérieur du royaume, dans le bois de charpente & le charbon qu'ils fournissent pour l'exploitation des mines, dans le bétail & la chasse, la moitié d'entr'eux périroit de faim. Ils éprouvent encore d'autres inconvéniens, & leurs denrées se gâtent souvent par les froids subits & par la sécheresse qu'occasionne la grande chaleur qui se concentre entre les rochers; ou bien par la trop grande quantité d'eau qui tombe des rochers & des montagnes durant les étés pluvieux. Au reste, la *Norwege* n'est pas aussi bien cultivée qu'elle pourroit l'être, & elle offriroit plus de terres labourables & produiroit plus de grains, si le terrein qui appartient à une seule ferme, étoit divisé en plusieurs, & s'il étoit mieux préparé par la culture, sur-tout par le desséchement des marais & des bourbiers.

Entre les semailles & la récolte, il n'y a ordinairement qu'un espace de neuf semaines; cependant, vers l'intérieur du pays, les grains ne mûrissent qu'au bout de douze semaines, & souvent vers les côtes il leur en faut seize & même dix-huit.

On dit que l'importation du bled est de 700,000 rixdales par année, d'un million même si la récolte n'a pas été favorable.

Le pays fournit aux habitans contre les rigueurs du climat, beaucoup de bois; & dans plusieurs endroits, des tourbes, des laines de moutons, des peaux de bêtes sauvages, des plumes: ceux qui habitent les vallées, sont garantis des vents froids & rudes, par les hautes montagnes dont ils sont entourés.

Le produit de la pêche est évalué à 2,400,000 rixdales: il seroit quadruple, si les nations étrangères pouvoient être entièrement exclues de ce commerce. Cependant la *Norwege* a des denrées qui lui sont propres, & en telle abondance qu'outre la consomption du pays, elle en fournit aux deux tiers de l'Europe. Par exemple, ses forêts donnent une quantité immense de bois de charpente, de mats de navires, de planches, & en général de tous les bois qui sont nécessaires pour la construction des vaisseaux. La France, la Hollande, l'Angleterre, l'Espagne & même le Portugal, en tirent tous les ans des quantités considérables.

On dit que la *Norwege* vend ordinairement aux autres nations européennes, des mats, des poutres, des planches, des lattes & autres bois de construction & de bâtiment, pour plus d'un million d'écus, & qu'un seul mât coûte souvent cent & jusqu'à deux cens écus.

Il semble aussi que la *Norwege* soit la forge de l'Europe pour le fer & le cuivre qui en sortent. Elle exporte de la morue, de la merluche, du saumon, & toutes sortes de poissons secs & salés.

Elle exporte des matières grasses, sur-tout du beurre & du suif. Ainsi le commerce de la *Norwege* est très-considérable. La ville de Bergen qui est le meilleur port de mer, est sans cesse remplie de navires marchands, & il y a des chantiers où l'on bâtit des vaisseaux à très-bon marché, les matériaux étant à vil prix. Il ne faut pas oublier non plus les fourrures de toute espèce que cette contrée fournit en grande abondance.

La côte occidentale de la *Norwege* est entourée d'une multitude de petites isles & de rochers. Ces rochers forment plusieurs bons ports: en plusieurs endroits on voit des anneaux de fer placés dans le roc, & dont les navigateurs se servent pour fixer leurs vaisseaux, lorsqu'ils n'ont ni espace, ni fond pour jetter l'ancre.

Mais la navigation est très-dangereuse dans les districts ouverts, & elle coûte annuellement la vie à quantité de personnes que la fureur des vagues jette contre les côtes.

La mer forme beaucoup de golfes de diverses grandeurs, qui avancent de six, huit jusqu'à dix milles dans les terres.

Mines.

On commença sous Christian II, en 1516, à exploiter les mines. Christian III & Christian IV encouragèrent cette branche d'industrie. Quoique l'on ait trouvé de l'or très-fin, & qu'il y en ait dans la mine d'argent & de cuivre, cependant il y est en si petite quantité, qu'il ne dédommage pas des frais du départ. Le nombre des mines d'argent exploitées étoit autrefois plus grand qu'aujourd'hui : on n'en exploite plus qu'à Rongsberg & dans le comté de Jarlsberg. On trouve aussi de la mine de cuivre, qui contient quelque peu d'argent. Les principales mines de cuivre sont à Nordenfiels : elles sont à présent au nombre de six. Après le bois, le fer est une des plus utiles productions de la Norwege ; car l'exportation annuelle du fer en barre ou coulé est évaluée à 400,000 écus. On fait travailler actuellement quinze fonderies de fer. Le plomb du comté de Jarlsberg doit être plus dur & moins bon que celui de Ronsberg : on en fouille aussi dans la prévôté de Soloër.

Propriété des terres.

Les terres appellées *odelsguter*, c'est-à-dire, franc-alleu ou biens propres, reviennent à l'aîné de la famille; & en cas de vente, ses descendans ont le droit de retrait, pourvu que tous les dix ans ils déclarent en justice qu'ils n'ont pas encore exercé ce droit, faute de moyens. La noblesse du pays, qui étoit très-puissante autrefois, n'est plus si nombreuse ; les anciennes familles sont éteintes pour la plupart, & un assez grand nombre d'entr'elles ont embrassé l'état de laboureur, en conservant leurs titres avec soin. D'un autre côté, des familles nobles du Danemarck, d'Allemagne, de France & d'Ecosse se sont établies en Norwege, & les rois ont accordé la noblesse à plusieurs individus. Il n'y a en Norwege que deux comtés féodaux ; savoir, Lanwig & Jarlsberg, & 28 biens nobles.

Manufactures.

Les manufactures y sont en trop petit nombre, & les habitans se font un tort considérable en ne travaillant pas eux-mêmes leurs matières premières. On porte à trois millions d'écus le produit des marchandises & denrées qu'ils exportent. Mais le mauvais état de l'agriculture & le petit nombre de manufactures sont cause que la partie méridionale de la Norwege, pour se procurer les denrées nécessaires, est obligée de joindre encore aux marchandises que les vaisseaux danois viennent chercher, une somme de trois à quatre cents mille écus argent comptant, tandis que la partie septentrionale est obligée de donner aux étrangers la plus grande partie du produit de ses terres.

Religion.

Le luthéranisme est la religion dominante de *Norwege*, à l'exception de Finmarck où l'on trouve beaucoup de payens, mais à la conversion desquels on travaille avec succès.

Armée.

L'armée de *Norwege* est distincte de celle de Danemarck. D'après l'état de 1763, elle consiste en 29,038 hommes. Un colonel reçoit annuellement 800 rixdales, un capitaine 200, le simple soldat rien du tout. L'entretien de la cavalerie qui n'est habillée que tous les douze ans, coûte à-peu-près 30,000 rixdales, & celui de l'armée entière, 183,000 rixdales annuellement. Si l'on ajoute à cette armée 14,600 matelots qu'annonce l'état militaire, & 800 mineurs qu'on emploie en temps de guerre, on verra que la *Norwege* peut opposer près de 60,000 hommes à une invasion.

Une grande partie de l'armée n'étant point payée en argent, la défense du pays n'est nullement dispendieuse ; & les montagnes élevées, qui couvrent la *Norwege* du côté de la Suède, font des frontières autant de forteresses naturelles.

Revenus.

La couronne devroit percevoir sur la *Norwege* un revenu de 1,600,000 rixdales. Cette estimation est calculée sur le produit naturel de l'impôt sur les métairies, de la dixme du cuivre exploité, des mines de fer, du commerce des bois, des péages, des droits sur les consommations & des contributions ordinaires ; mais le revenu effectif est au-dessous de cette estimation, & ne passe pas 1,200,000 rixdales. *Voyez* l'article DANEMARCK.

NOTABLES (assemblée des), nom qu'on donne en France à des assemblées composées de citoyens des diverses parties du royaume, qui sont appellés par le prince dans des momens de détresse ; mais qui ne sont pas revêtus des pouvoirs de la nation, & dont les délibérations ne ressemblent ainsi en aucune manière à celles des états-généraux. Les détails, relatifs aux diverses assemblées des *notables* qu'on a vu dans la monarchie, ne peuvent trouver leur place ici ; ils formeroient une dissertation historique, & les dissertations historiques ne conviennent pas à notre plan. Il paroît que la première assemblée des *notables* eut lieu en 1558 sous Henri II. On ne connoît guère ensuite que celles de 1566, de 1596 & 1617, & enfin celle de 1626 sous le cardinal de Richelieu, qui assembla les *notables* pour mieux abaisser les grands.

Nous n'indiquerons pas les motifs publics ou secrets, qui déterminèrent à la convocation des autres assemblées de *notables* : l'administration embarrassée employa ce moyen sans avoir un plan bien vaste. Lorsqu'en 1787 le roi s'est décidé au même expédient, on avoit presque oublié jusqu'au nom des assemblées nationales ; les deux règnes les plus longs de la monarchie en avoient, pour ainsi dire, effacé la trace ; mais, graces aux progrès des lumières, on ne pouvoit plus dévoiler l'état des finances & demander des secours, sans offrir des dédommagemens à la nation, & jamais on ne proposa au peuple d'une monarchie un plan plus vaste & mieux calculé.

La postérité seule pourra juger ce plan de régénération soumis à l'assemblée des *notables* de 1787 : les haines sont aujourd'hui trop vives & les préjugés trop grands. Les dépenses de la dernière guerre, & une suite de désordres anciens, avoient causé dans les finances un vuide effrayant : la dépense excédoit la recette de 115 millions par année. Ce qui est bien extraordinaire, la partie de la France, qui devroit être la plus éclairée, n'a pas craint de dire & d'imprimer qu'une administration de quatre années avoit dissipé le capital de ces 115 millions d'intérêt ; & ce qui n'a pas excité moins de surprise, on a toujours oublié, ou plutôt on n'a jamais rappellé la guerre d'Amérique, qui a coûté à la France 12 ou 15 cents millions.

La vérité triomphera un jour ; les ténèbres se dissiperont, & les exagérations & les méprises seront réduites à leur juste valeur.

L'assemblée des *notables* de 1787 influera sur le sort de la monarchie. Elle a donné des administrations municipales à tous les cantons de la France ; elle a fait supprimer la corvée & établir la liberté du commerce des grains ; on lui devra, dit-on, bientôt la suppression des traites & de la gabelle ; & si les circonstances ne permettent pas l'exécution du reste du plan, il faut se souvenir que M. Turgot fût renvoyé en 1776, parce qu'il vouloit abolir les corvées, que les réclamations presque unanimes de 1787 ont enfin proscrites.

Nous nous contenterons d'indiquer ici les moyens qu'avoit imaginés M. de Calonne pour régénérer la nation, & tirer de cette régénération l'équilibre entre la recette & la dépense. Nous rapporterons ensuite son apologie sur ce qu'il a dévoilé l'état des finances dans une assemblée de la nation.

C'est M. de Calonne qui va parler : nous copierons cette *réponse* où ses ennemis eux-mêmes ont admiré le talens de la discussion & la noblesse & la grace du style.

Ce ministre présenta au roi, six mois avant l'assemblée des *notables*, le précis d'un plan d'administration.

« Je vais d'abord, lui disoit-il, présenter rapidement la division, c'est-à-dire, l'ordre que j'ai suivi dans ce travail immense ».

« Je reprendrai ensuite sommairement chaque partie, & j'en donnerai l'analyse ».

Ordre & division.

« Pour rendre un compte exact & former un
» plan complet, j'ai dû considérer
» Premièrement ——— ce qui est,
» Secondement ——— ce qui est à faire,
» Troisièmement ——— comment on peut le faire.
» Ainsi la première partie de mon travail présentera ——— la situation actuelle des finances,
» La seconde ——— le nouvel ordre à établir,
» La troisième ——— les moyens d'exécution ».

Situation actuelle.

« Quatre chapitres composent cette première partie ».

PREMIERE PARTIE.

« 1°. Je mettrai sous les yeux de votre majesté un compte abrégé de trois années de mon administration ; je retracerai l'état où j'ai trouvé les finances ; je dirai l'état où elles sont aujourd'hui ».

« 2°. Je présenterai le tableau de la recette & de la dépense, d'abord pour cette année, ensuite pour une année ordinaire ; je ferai voir l'insuffisance des états remis antérieurement à votre majesté, la difficulté très-réelle de les rendre exacts, mais sur-tout la difficulté plus grande encore de former une balance bien juste des revenus & dépenses d'une seule année, nul extraordinaire compris ; j'exposerai comment j'y suis parvenu, & quel en est le résultat ».

« 3°. Après avoir constaté, & avoué sans aucune dissimulation, le déficit actuel, quelque effrayant qu'il puisse être, j'en dévoilerai l'origine jusqu'à l'époque de l'avénement de votre majesté au trône ; j'en suivrai les accroissemens successifs jusqu'au moment présent ; j'en indiquerai les causes ; j'expliquerai par quels palliatifs on s'efforce depuis long-temps de le couvrir chaque année, & je ne craindrai pas de montrer à votre majesté le danger imminent qu'il y auroit à en continuer l'usage ».

« 4°. Je ferai reconnoître aisément qu'il est impossible d'imposer plus, ruineux d'emprunter toujours, non suffisant de se borner aux réformes économiques ;

économiques ; & que, dans l'état des choses, les routes ordinaires ne pouvant pas conduire au but, le seul remède efficace, le seul parti qu'il reste à prendre, le seul moyen de parvenir enfin à mettre de l'ordre dans les finances, doit consister à revivifier l'état entier par la refonte de tout ce qu'il y a de vicieux dans sa constitution : entreprise hardie, j'en conviens, mais qui ne l'est pas trop lorsqu'il est prouvé qu'elle est nécessaire ».

Nouvel ordre à établir.

« Cette seconde partie se divise en six chapitres ».

« Dans le premier, je ferai voir que la disparité, la discordance, l'incohérence des différentes parties du corps de la monarchie sont le principe des vices constitutionnels qui énervent ses forces & gênent toute son organisation ; qu'on ne peut en détruire aucun, sans les attaquer tous dans le principe qui les a produits & qui les perpétue ; que seul il influe sur tout ; qu'il nuit à tout ; qu'il s'oppose à tout bien ; qu'un royaume composé de pays d'états, de pays d'élections, de pays d'administrations provinciales, de pays d'administrations mixtes ; un royaume dont les provinces sont étrangères les unes aux autres ; où des barrières multipliées dans l'intérieur séparent & divisent les sujets du même souverain ; où certaines contrées sont affranchies totalement de charges dont les autres supportent tout le poids ; où la classe la plus riche est la moins contribuante ; où les privilèges rompent tout équilibre, & où il n'est possible d'avoir ni règle constante, ni vœu commun ; est nécessairement un royaume très-imparfait, très-rempli d'abus, & tel qu'il est impossible de le bien gouverner. Qu'en effet il en résulte que l'administration générale est excessivement compliquée, la contribution publique inégalement répartie, le commerce gêné par mille entraves, la circulation obstruée dans toutes ses branches, l'agriculture écrasée par des fardeaux accablans, les finances de l'état appauvries par l'excès des frais de recouvremens, & par l'altération des produits : enfin je prouverai que tant d'abus, si visibles à tous les yeux & si justement censurés, n'ont résisté jusqu'à présent à l'opinion publique qui les condamne & aux efforts des administrateurs qui ont tenté d'y remédier, que parce qu'on n'a pas entrepris d'en extirper le germe, & de faire tarir la source de tous les obstacles, par l'établissement d'un régime plus uniforme ».

« Dans le second chapitre, je commencerai l'application de cette vue générale, en examinant d'abord ce qu'elle doit opérer par rapport aux contributions publiques, & principalement à l'égard de l'imposition territoriale, qui est & qui doit être la base de toutes les autres. Je ferai

voir que l'égalité proportionnelle dans sa répartition, SANS QU'IL PUISSE Y ÊTRE DÉROGÉ PAR AUCUN PRIVILEGE, PAR AUCUNE EXCEPTION NI EXEMPTION QUELCONQUE, est la première de toutes les loix, le plus sûr de tous les moyens d'augmenter le revenu public sans surcharger les peuples, & le seul secret qu'il y ait à chercher en finance. Je ne dissimulerai pas les réclamations qui peuvent s'élever : mais je prouverai que, quelque force qu'on veuille leur supposer, elles ne peuvent prévaloir sur ce qu'exigent également le devoir d'une stricte justice & le bien général de l'état ».

« Dans le troisième chapitre, je continuerai l'examen des effets que le même principe peut avoir par rapport à la répartition de toutes espèces de charges publiques, pour en bannir l'arbitraire & en faire l'assiette par les intéressés eux-mêmes ; ce qui me conduira à considérer l'objet des administrations provinciales établies par votre majesté en quelques généralités. Je discuterai leurs rapports & leurs différences avec les états provinciaux, leur utilité & leurs inconvéniens. Je tirerai de la constitution même du royaume l'idée d'un ordre graduel de délibérations, suivant lequel l'émanation du vœu national, en ce qui concerne les différentes charges publiques & leur répartition, pourroit se faire d'une manière qui concilieroit l'intérêt des peuples avec le maintien inaltérable de l'autorité souveraine, qui rendroit les contributions moins lourdes, en faisant distribuer leur poids par ceux même qui les supportent ; qui, loin d'affoiblir l'obéissance, la fortifieroient en l'éclairant ; qui enfin exciteroit de plus en plus l'amour de la patrie, feroit naître cet esprit public qui, bien dirigé, peut devenir une grande ressource pour le gouvernement ; & formeroit un nouveau lien entre un monarque chéri & des sujets reconnoissans. On verra, par le développement de cette partie essentielle du plan général, qu'elle conduit à régler, suivant un meilleur ordre, les fonctions des coopérateurs de l'administration ; & qu'elle peut servir à faciliter les moyens de procurer successivement aux peuples plusieurs espèces de soulagement qui leur seroient d'autant plus précieux, qu'ils les auroient eux-mêmes choisis & sollicités ».

« Dans le quatrième chapitre, je suivrai les conséquences du même principe par rapport à l'agriculture, & j'en ferai dériver les opérations les plus capables de la faire prospérer, comme de l'affranchir des corvées & de toute charge arbitraire ; de lui procurer le sel à un prix modéré qui permette d'en donner aux bestiaux, de faire cesser les vexations des maîtrises & de parvenir à un partage équitable des communes ».

« Dans le cinquième, appliquant le même principe au commerce, je ferai voir qu'il entraîne & rend possible la suppression d'une infinité de

Écon. polit. & diplomatique. Tome III.

droits préjudiciables à ses progrès, l'abolition de tout impôt sur l'industrie, l'établissement d'un tarif uniforme, combiné avec les vues politiques & l'intérêt des manufactures nationales ; enfin tous les moyens d'animer l'activité des fabricans, de faciliter le transport des marchandises ; de vivifier la circulation au dedans, & de l'étendre au-dehors. Les objets que j'aurai à traiter dans ce chapitre, ameneront des observations sur le préjudice que la révocation de l'édit de Nantes a fait au commerce de la France ; & je hasarderai de tracer la marche qu'il me semble qu'on pourroit suivre pour tout réparer, sans rien compromettre ».

« Dans le sixième chapitre, après avoir fait voir l'état de dégradation & de dépérissement où les domaines de la couronne ont été successivement réduits, je proposerai le moyen d'en tirer un bien plus grand avantage, & de les faire servir à l'extinction de la dette publique, sans diminuer & même en améliorant les produits. Cet examen entraînera celui du régime des eaux & forêts ; & il suffira d'en rendre compte pour faire appercevoir la nécessité & l'avantage, tant pour l'intérêt de votre majesté que pour la tranquillité de ses sujets, d'établir une nouvelle forme d'administration dans cette partie ».

« Enfin, je rapporterai plus particuliérement aux finances de votre majesté le résultat des différentes vues qui doivent concourir au redressement des vices de la constitution. Je ferai voir jusqu'à quel point elles doivent les améliorer, en même-temps qu'alléger les charges du peuple ; & revenant à l'état actuel, je présenterai en trois articles importans » :

« 1°. Ce qu'on peut obtenir d'augmentation de recette par ce plan, pour porter les revenus de votre majesté au point où il est devenu indispensable de les élever ».

« 2°. Ce qu'il sera possible de retrancher sur la dépense, pour qu'elle n'excède plus la recette ».

« 3°. Ce qui doit fonder en France un crédit national, capable de procurer au besoin les plus fécondes ressources ».

« Les opérations que ces trois grands points de vue exigent, réunies avec celle de la caisse d'amortissement établie par votre majesté, & qui doit subsister invariablement, non-seulement assureront la libération des finances, mais même les mettront, dès le premier moment & sans aucun retard, dans le meilleur ordre ».

Moyens d'exécution.

« Cette troisième partie présentera, par détails & séparément, le développement des moyens à employer pour l'exécution de chacune des opérations dont j'aurai indiqué précédemment le principe & les avantages. Elle aura dix subdivisions ».

« Dans la première, je proposerai l'établissement d'une subvention générale, exclusive de tout privilège, & qui ayant pour base la perception d'une quotité proportionnelle de tous les produits, soit en nature pour ceux qui en sont susceptibles, soit en argent pour les autres, fera cesser, dès le premier moment, tous les vingtièmes, & conduira, par l'effet d'une juste répartition, à l'extinction de toutes contributions inégales & onéreuses au cultivateur. Cet objet me conduira à traiter celui du remboursement de la dette du clergé ; & les moyens d'y parvenir ».

« Dans la seconde, j'expliquerai la composition & l'ordre graduel des assemblées paroissiales, des assemblées de district & des assemblées provinciales, destinées à faire connoître le vœu national, & à le transmettre, par l'enchaînement de leurs rapports, depuis les communautés de campagne jusqu'au trône ».

« Je traiterai dans la troisième du commerce des grains & des moyens de le rendre absolument libre ».

« Dans la quatrième, des moyens d'abolir la corvée en nature, en la convertissant en une prestation pécuniaire, réglée de manière qu'elle ne puisse jamais être détournée de sa destination, ni se confondre avec les impôts ».

« Dans la cinquième, de la suppression des traites intérieures, du reculement des bureaux aux extrêmes frontières, de la formation d'un tarif uniforme, de l'abolition de plusieurs droits onéreux, & d'un nouveau plan pour alléger le fardeau de la gabelle ».

« Dans la sixième, de l'inféodation des domaines de la couronne, de l'emploi du prix en provenant, pour la libération des dettes de l'état, de la suppression des maîtrises des eaux & forêts, & de la nouvelle administration à y substituer ».

« Dans la septième, de toutes les réductions possibles & indispensables dans les dépenses annuelles des départemens ».

« Dans la huitième, de l'établissement, ou plutôt du redressement de la perception des droits de timbre, dont l'extension modérée qui ne tombera que sur les personnes en état de supporter ces droits, sera une charge peu sensible pour elles, en même-temps qu'elle sera nulle pour les gens les moins aisés ».

« Dans la neuvième, des opérations de direction intérieure qu'il faudra faire par rapport aux remboursemens à époques, pour en rendre l'acquittement annuel moins onéreux, sans néanmoins le retarder ni rien changer à l'ordre prescrit par les amortissemens ; & de celles qui conduiront à rapprocher peu à peu les anticipations, & à en diminuer la masse jusqu'à la mesure convenable ».

« Dans la dixième, du très-important établissement de la caisse d'escompte, & des moyens de le rendre plus national, plus utile au public, au commerce & à l'état, qu'il n'a été jusqu'à présent ».

« Enfin, je proposerai à votre majesté ce qui doit servir de corollaire à tout le plan, ce qui peut en applanir toutes les difficultés, ce qui en procureroit sur le champ l'exécution, & la consolideroit immuablement, ce que je supplie même votre majesté de regarder comme une condition vraiment essentielle de l'entreprise, & comme le sceau de son succès, UNE ASSEMBLÉE DES NOTABLES DE SON ROYAUME qu'elle présideroit elle-même, & où toutes ses vues de réformation, tous les changemens qui ameneroient le nouvel ordre qu'elle jugera à propos d'établir, toutes les loix destinées à constituer le régime amélioré de son empire seroient annoncées avec la plus importante solemnité, & discutées librement en présence de votre majesté, assistée de tous ses conseils réunis, des grands de son royaume, des chefs de ses cours souveraines, & des membres choisis de tous les ordres de l'état, pour être ensuite arrêtées définitivement dans cette auguste assemblée, & promulguées dans tout le royaume, sans qu'il puisse y avoir lieu à aucune réclamation ; assemblée qui feroit paroître les excellentes qualités de votre majesté dans tout leur jour, qui feroit briller sa justice encore plus que l'éclat de sa couronne, qui donneroit à la nation une nouvelle vie, au patriotisme le plus puissant ressort, à l'Europe entière le spectacle le plus intéressant, & qui feroit une époque à jamais mémorable dans la monarchie ».

M. de Calonne a fait tout ce qui dépendoit de lui pour l'exécution de ce plan si vaste & si profondément calculé. Les notables se sont assemblés à Versailles au mois de février 1787.

Le précis qu'on vient de lire, fait connoître l'esprit & les objets essentiels du plan développé plus particuliérement dans vingt quatre mémoires différens, présentés aux notables : seize de ces mémoires ont fourni la matière des trois premières divisions du travail de l'assemblée des notables, & ont été rendus publics par la voie de l'impression.

Ces mémoires, malgré quelques erreurs, serviront de fanal aux ministres qui voudront réformer l'administration, & en voici la liste.

Le 1er traite des administrations provinciales.
Le 2e de l'imposition territoriale.
Le 3e de la dette du clergé.
Le 4e de la taille & des moyens d'en alléger le fardeau.
Le 5e de la liberté du commerce des grains.
Le 6e de l'abolition de la corvée.
Le 7e de la réformation des droits de traite, de la suppression des barrières intérieures & de l'établissement d'un tarif uniforme.
Le 8e des droits relatifs aux marchandises coloniales.
Le 9e des privilèges relatifs au tabac.
Le 10e de la suppression du droit de marque des fers.
Le 11e De la suppression de plusieurs droits d'aide.
Le 12e de la supression du droit des huiles & savons.
Le 13e de la suppression des droits d'ancrage, & autres droits onéreux au commerce maritime & à la pêche nationale.
Le 14e de la gabelle & des moyens de l'adoucir.
Le 15e de l'inféodation des domaines.
Le 16e des forêts domaniales.
Le 17e traitoit du droit de timbre.
Le 18e des retranchemens économiques.
Le 19e de l'amortissement de la dette constituée, & des remboursemens à époque.
Le 20e de la caisse d'escompte & du crédit public.
Le 21e de l'agiotage.
Le 22e de la comptabilité.
Le 23e de la situation des finances.
Le 24e contenoit une double récapitulation des moyens qui devoient produire le niveau, ou des soulagemens que le peuple recevroit.

« La France, dit ailleurs M. de Calonne, n'a point à craindre de se montrer telle qu'elle est. En avouant ses abus, elle fait appercevoir ses ressources ; & ce qu'il y a de plus capable d'inquiéter ses rivaux, c'est qu'on ne fasse plus mystère de sa situation ; c'est qu'en dévoilant ce qui minoit sourdement ses forces, on ait pris le vrai chemin de les rétablir ; c'est qu'en instruisant la nation de ses maux invétérés, on l'ait mise dans le cas de s'occuper elle-même du remède & de se pénétrer de la nécessité de le rendre efficace ».

« Tel a été un des motifs de la convocation d'une assemblée de *notables*, & il a été fort bien senti chez l'étranger. Mais ce motif n'a pas été le seul ; j'en ai envisagé plusieurs autres également décisifs. J'ai toujours pensé que le remède devoit être présenté au même instant que la plaie seroit découverte ; j'ai cru pareillement essentiel que l'application s'en fît immédiatement & sans délai. Or, une délibération solemnelle de *notables*, pris dans tous les ordres du royaume, m'a paru non-seulement le meilleur, mais même le seul moyen de remplir ce double objet ; & je crois que ceux qui ont pu penser autrement, vont en être convaincus, s'ils veulent bien me suivre attentivement dans l'examen de ce qu'exigeoit chaque partie de mon plan ».

« 1°. J'avois à faire connoître le déficit existant, & je ne pouvois séparer cette connoissance de celle du déficit antérieur. Si je m'étois contenté d'annoncer l'un par la publication de mon compte, sans prouver l'autre par la discussion des comptes précédens, je n'aurois pas produit la conviction nécessaire. Il falloit que cette discussion fût authentique, pour détruire l'effet de ce qui l'avoit été; il falloit qu'elle se fît devant une assemblée nationale, pour qu'elle servît à détromper la nation ».

« 2°. Ce que je proposois pour combler le déficit, consistoit principalement dans la réformation des abus, abus qui intéressoient les premiers ordres de l'état. J'avois à combattre une foule d'exemptions sans fondement, de tolérances sans motifs, d'abonnemens sans proportion : ces diverses infractions à la loi immuable, que la contribution territoriale doit être répartie sur toutes les terres, nulle exceptée, & dans l'exacte proportion de leurs produits, étoient appuyées; les unes sur une fausse application des privilèges du clergé; d'autres sur des faveurs accordées, plutôt que dues, aux pays d'états; d'autres enfin sur les rangs, sur les dignités, sur le crédit. Je n'avois à leur opposer que la justice réclamée par l'intérêt général : or cette réclamation où pouvoit-elle se faire entendre ailleurs avec plus de force & de prépondérance ? Où le bien public devoit-il remporter plus sûrement la victoire sur tous les intérêts particuliers, que dans cette auguste assemblée présidée par l'honneur, & composée des princes du sang royal, de personnages choisis dans l'église, & dans la noblesse, de magistrats éclairés, de citoyens distingués de tous les états » ?

« 3°. Il s'agissoit en même tems, comme on le voit par le précis du plan, de corriger plusieurs vices constitutionnels; de faire cesser des discordances nuisibles à l'harmonie de l'état; de revoir quelques-uns des objets déja traités dans des assemblées nationales; de déterminer les changemens que les accroissemens du royaume & la succession des temps ont rendus nécessaires; de donner enfin à toute l'organisation de la monarchie, la consistance uniforme & régulière que le vœu des siècles antérieurs avoit vainement provoquée. Si la solemnité du mode doit être proportionnée à l'importance de l'objet, y eut-il jamais plus de raisons pour rassembler autour du trône *les représentans ou l'élite de l'empire* ? La grandeur même de l'entreprise ne sembloit-elle pas solliciter le retour à ces antiques institutions, si chères aux françois, & toujours employées dans les cas semblables ».

« 4°. Enfin, je ne pouvois espérer la promptitude d'exécution que je regardois comme une condition essentielle du succès de mon plan, qu'en faisant précéder l'émission des loix par un examen tel qu'il pût obvier aux longueurs des délibérations subséquentes; qu'il prévînt la diversité des opinions, qu'il rendît les débats inutiles, qu'il mît l'usage de la pleine puissance hors de tout soupçon de surprise. Or, rien ne conduisoit plus directement à ce but, que de faire concourir la volonté législative avec le vœu national, de préparer les actes du pouvoir souverain dans une assemblée où tous les ordres de l'état auroient des organes, & de mettre les chefs des cours dans le cas de reporter à leurs corps les fruits d'une discussion approfondie avec eux dans le plus majestueux des conseils, convoqué par la bienfaisance, éclairé par tous les genres de lumières, & dont les arrêtés, dictés par le patriotisme, seroient, comme le chef de la justice les a qualifiés, le *résultat solemnel de l'opinion publique* ».

« Ainsi tout annonçoit, tout motivoit la convocation d'une assemblée de notables, & rien n'en devoit faire appréhender les effets. Qu'un despote asiatique soit obligé de rendre ses desseins & sa personne invisibles pour les rendre plus redoutables; que ses commandemens, lancés du fond d'un serrail impénétrable, soient toujours formés dans le mystère & exécutés dans le silence; qu'il n'ait aucune communication avec un peuple esclave qui ne doit connoître que son autorité absolue; je le conçois; qui ne veut que se faire craindre, ne doit pas employer ce qui ne sert qu'à faire aimer. Mais le roi des françois peut-il perdre à se rapprocher d'eux ? Est-il jamais plus grand que quand il les rassemble autour de lui, pour les consulter sur le bien qu'il veut leur faire ? Ses loix, lorsqu'il daigne les concerter au milieu d'eux, en deviendroient-elles moins respectables ? Est-ce donc relâcher les nœuds de l'obéissance, que d'y ajouter ceux de la gratitude ? Et ce mouvement du souverain vers sa nation, qui fut trouvé si noble, si touchant, si propre à resserrer les liens qui les unissent, pourroit-il être aujourd'hui travesti en principe de désordre & de confusion ? Oh ! non : ce qui fortifie l'amour filial, ne sauroit affoiblir l'autorité paternelle ».

« Le résultat général du plan, dont le précis que j'ai produit fait connoître l'esprit, & indique toutes les parties essentielles, devoit être de mettre, dans l'espace d'un an, le niveau entre les revenus & les dépenses, sans aggraver les charges du peuple, & en leur procurant même plusieurs soulagemens. J'en avois remis au roi les calculs. Ils faisoient voir, d'un côté, que les opérations proposées produiroient par an cent quinze millions, ce qui suffisoit pour couvrir le déficit; d'un autre côté, que les soulagemens qui en résulteroient pour le peuple, seroient de trente millions, non compris l'effet de la suppression du troisième vingtième ».

« Pour que ni l'un ni l'autre de ces résultats ne puisse paroître incroyable, je vais présenter en un seul tableau, le résumé des calculs sur lesquels je les établissois ».

OPÉRATIONS

Qui devoient mettre la recette au niveau de la dépense.

« La conversion des vingtièmes en une subvention territoriale, répartie exactement & sans exception quelconque, devoit produire, déduction faite des remises qui auroient été accordées sur la taille & sur la capitation, une augmentation de revenu de...... 35,000,000

» L'extension du droit de timbre, telle que je la proposois, auroit rendu.............................. 20,000,000

» Les retranchemens économiques sur le département de la guerre & sur la maison de sa majesté, étoient comptés sur le pied de........... 20,000,000

» Les bonifications de plusieurs droits, par la diminution des frais de recouvremens............... 5,000,000

» L'inféodation des domaines & l'emploi du prix à l'amortissement des dettes les plus onéreuses; l'amélioration des revenus des forêts par le nouvel arrangement; la diminution des frais d'anticipations par l'établissement d'un crédit national, & l'ordre projetté pour la comptabilité; ensemble........ 10,000,000

» L'opération qui, sans retarder les remboursemens à époque, en faisoit porter l'acquittement sur vingt ans, au lieu de dix, réduisoit à environ moitié ce que cet objet coûte annuellement, ci............... 25,000,000

TOTAL........... 115,000,000

SOULAGEMENS

Que le peuple devoit recevoir par l'effet du plan proposé.

« Les réductions expliquées dans le mémoire imprimé sur la taille, & la remise d'un dixième sur son principal soulageoient le peuple d'environ.................. 10,000,000

» La remise des capitations au-dessous de 3 liv. en faveur des gens de la campagne & des journaliers, procuroit à huit millions d'hommes un soulagement évalué à......... 5,000,000

» La réformation des traites, la suppression de plusieurs droits d'aides & les adoucissemens en faveur des pays de grande gabelle, devoient produire ensemble, suivant la récapitulation annexée à la suite du mémoire imprimé sur les traites, un soulagement de vingt millions: mais relativement aux observations faites en ce qui concerne la vente du sel, on ne compte ici que... 15,000,000

TOTAL.......... 30,000,000

« Dans ce calcul, j'avois compté le produit de la subvention territoriale comme perçue en nature, par tout ce qui en étoit susceptible; l'aperçu que j'en avois fait en classant les terres suivant leurs diverses qualités, & les taxant graduellement depuis un seul vingtième sur les meilleures terres jusqu'à un quarantième sur les plus mauvaises, donnoit cinquante millions, réduits dans le tableau ci-dessus à trente-cinq, par la soustraction des remises de dix millions sur la taille & de cinq millions sur la capitation. Mais même en abandonnant cette forme de percevoir, dont peut-être on a plus considéré les difficultés que les avantages, & en se bornant à rendre la répartition des deux vingtièmes, tels qu'ils existent actuellement, aussi exacte qu'on a droit de la faire & qu'il est juste qu'elle le soit, par le retranchement de toute exception, de tout abonnement, & en y assujettissant également les terres du domaine, celles du clergé, & toutes les autres généralement quelconques, il est prouvé qu'on auroit encore trente-huit & même quarante millions de bonifications sur le produit de cet impôt. Il n'y auroit donc eu que dix millions de différence sur le total ; & comme cette différence pouvoit être compensée par une augmentation sur la somme des retranchemens économiques, portés seulement à vingt millions, le niveau se retrouvoit également ».

« Ainsi le déficit disparoissoit, & le peuple étoit soulagé. Il ne l'étoit pas seulement par les remises & suppressions dont je viens de donner le compte, il l'étoit encore par plusieurs autres effets du plan qui, pour n'être pas calculables en argent, n'auroient pas été moins réels ».

« Il l'étoit, en ce que l'assujettissement des ecclésiastiques & des grands propriétaires à l'impôt territorial, dans la proportion du produit de leurs terres, devoit nécessairement alléger le fardeau des autres contribuables, autant que les exemptions & les privilèges pécuniaires en aggravent le poids. Tout ce qui augmente le revenu public, sans surcharger le peuple, est évidemment à sa décharge ».

« Il l'étoit, en ce que les assemblées paroissiales & provinciales devoient aussi, en rectifiant la distribution des charges publiques, les rendre moins pénibles & devenir pour la nation une source d'adoucissemens successifs en divers genres, en même-temps que le principe d'une constitution permanente. »

« Il l'étoit, par la suppression des maîtrises des eaux & forêts, qui auroit épargné aux habitans des campagnes des frais énormes sur l'exploitation de leurs bois communaux, & sur-tout cette funeste multitude d'amendes, de poursuites judiciaires, & de contraintes qui les accablent ».

« Il l'étoit, par la liberté du commerce des grains qui, en facilitant la vente des denrées, augmenté la richesse du colon & celle de tout le royaume ».

« Il l'étoit, par la suppression de la corvée en nature ; les malheureux qui en souffroient le plus ne devant être taxés pour la prestation pécuniaire substituée à ce terrible fardeau, qu'à raison du sixième de leur taille ; ce qui ne fait pour la plupart que cinq à six sols par an, au lieu de dix à douze jours de travail sans salaires qu'on exigeoit d'eux ».

« Il l'étoit enfin, par la simplification de tous les tarifs, par l'abolition de toutes les gênes inquiétantes, par la suppression de tout ce qui pouvoit donner lieu aux vexations de l'arbitraire ».

« Ce sont ces soulagemens réunis à des moyens efficaces de faire cesser le déficit & à l'amélioration du régime de la monarchie, qui avoient déterminé sa majesté en faveur de mon plan, & qui lui en avoit fait prendre à cœur l'exécution. Les difficultés que son étendue pouvoit faire naître, n'avoient point échappé à son attention ; mais en même-temps elle avoit observé qu'aucune des vues que cette étendue embrassoit, n'avoit le caractère de l'innovation ; qu'aucune n'entraînoit la moindre décomposition dans la machine, qu'aucune n'étoit de nature à causer de violentes secousses ; que chacune d'elles au contraire tendoit au rétablissement de l'ordre dans toutes les parties & à l'affermissement de la constitution, par le redressement des défectuosités qui s'y étoient introduites ; enfin, que pour satisfaire à l'indispensable nécessité de remplir un vuide de cent quinze millions, il n'étoit pas possible d'employer un moyen plus doux, plus sage, plus conforme aux principes d'une bonne administration, que celui qui consistoit uniquement à faire percevoir avec plus d'exactitude & à répartir avec plus de justice l'imposition principale ; à supprimer toutes les exemptions illégitimes ; à faire sur les dépenses tous les retranchemens dont elle seroit susceptible ; à tirer un meilleur parti des domaines, & à donner à un droit déjà existant une extension qui, sans être trop onéreuse aux gens aisés sur lesquels seuls elle tomboit, donnoit moyen d'adoucir le sort de la portion la plus souffrante ».

NOUVELLE-ANGLETERRE. Voyez l'article MASSACHUSETT.

NOUVELLE-HAMPSHIRE. Voyez l'article HAMPSHIRE.

NOUVELLE-JERSEY. Voyez l'article JERSEY.

NOUVELLE-YORCK. Voyez YORCK.

NUMÉRAIRE. C'est la dénomination générale des espèces monnoyées qui circulent dans une nation. On a dit que l'or & l'argent sont la partie la plus solide & la plus substantielle de la richesse mobilière d'une nation, & qu'ainsi, la multiplication de ces métaux doit être le grand objet de l'économie politique.

D'autres écrivains conviennent que, si une nation étoit séparée du reste du monde, il seroit indifférent qu'elle eût chez elle peu ou beaucoup d'argent. Les marchandises de consommation qui circuleroient par le moyen de cet argent, s'échangeroient seulement contre un plus grand ou un plus petit nombre de pièces de monnoie : la richesse ou la pauvreté réelle du pays dépendroit entièrement (ils l'avouent) de l'abondance ou de la rareté de ces marchandises de consommation. Mais il en est bien autrement, disent-ils, des pays qui ont des rapports avec des nations étrangères, & qui sont obligées de faire la guerre au loin & d'y entretenir des flottes & des armées. Pour cela, il faut qu'un peuple envoie beaucoup d'argent au dehors, & il faut par conséquent qu'il en ait beaucoup. Toute nation qui peut se trouver dans ces circonstances, doit donc tâcher, en temps de paix, d'amasser de l'or & de l'argent pour l'occasion.

D'habiles auteurs, des hommes d'état d'un mérite distingué, ont adopté plus ou moins ces deux principes, & ils ont eux mêmes jetté de l'obscurité sur la question : nous allons tâcher de l'éclaircir & de la résoudre. D'après les notions populaires dont nous venons de parler, toutes les nations de l'Europe ont cherché assez mal-à-propos tous les moyens possibles d'accumuler l'or & l'argent chez elles. L'Espagne & le Portugal, propriétaires des principales mines qui fournissent l'Europe de ces métaux, n'ont pas manqué d'en défendre l'exportation, sous des peines rigoureuses, ou de la soumettre à un droit considérable. Il paroît que cette prohibition entroit jadis dans la politique de la plupart des autres nations européennes. On la voit même où l'on devoit le moins s'attendre à la trouver, dans quelques anciens actes du parlement d'Ecosse qui défendent sous de grandes peines, de transporter l'or ou l'argent hors du royaume. Telle étoit anciennement la politique de la France & de l'Angleterre.

Lorsque ces pays devinrent commerçans, les négocians trouvèrent cette prohibition bien gênante. Souvent il leur étoit plus avantageux de donner de l'or & de l'argent que toute autre chose, pour les marchandises étrangères qu'ils vouloient importer chez eux ou transporter ailleurs : & ils firent des remontrances contre cette prohibition, en la représentant comme nuisible au commerce.

Ils assurèrent 1°. que l'exportation de l'or & de l'argent destinés à l'achat des marchandises étrangères ne diminuoit pas toujours la quantité de ces métaux dans le royaume ; qu'au contraire elle pouvoit souvent l'augmenter, parce que si la consommation des marchandises étrangères n'en devenoit pas plus forte dans le pays, elles pouvoient être réexportées dans d'autres, où on les vendroit avec un gros bénéfice, & qu'elles pourroient rapporter ainsi dans le pays plus d'argent qu'il n'en étoit sorti d'abord pour les acheter. M. Mun compare cette opération du commerce étranger au temps de la sémence & de la récolte dans l'agriculture. « Si nous jugions, dit-il, un laboureur par ce qu'il nous le voyons faire lorsqu'il » jette & disperse beaucoup de bon bled dans le » sein de la terre, nous le prendrions pour un » fol ; mais nous en portons un jugement tout con- » traire, à la moisson qui est le but & le fruit de » ses travaux ».

Ils observèrent 2°. que cette prohibition n'étoit pas capable d'empêcher l'exportation de l'or & de l'argent, qui à raison de la petitesse de leur volume & de leur valeur, pouvoient facilement passer en fraude chez l'étranger ; que le seul moyen de la prévenir étoit de donner l'attention qu'il falloit à ce qu'ils appelloient la balance du commerce ; que quand le pays exportoit pour une plus grande valeur qu'il n'importoit, il lui étoit dû par les nations étrangères une balance qu'il falloit lui payer en or & en argent, ce qui augmentoit la quantité de ces métaux dans le royaume ; mais que quand il importoit pour une plus grande valeur qu'il n'exportoit, c'étoit lui alors qui devoit aux nations étrangères une balance qu'il leur payoit nécessairement de la même manière, ce qui diminuoit la quantité d'or & d'argent dans le royaume : que, dans ce cas, la défense d'exporter ces métaux ne pouvoit arrêter cette exportation ; mais qu'elle la rendoit plus dispendieuse, parce qu'elle la rendoit plus dangereuse ; que, par-là le change devenoit plus défavorable qu'il ne l'auroit été au pays qui devoit la balance ; que le négociant qui achetoit une lettre de change sur le pays étranger, étoit obligé de payer le banquier qui la vendoit, non-seulement pour le risque, la peine & les dépenses naturelles qu'exigeoit le transport de l'argent, mais pour le risque extraordinaire auquel exposoit la prohibition : que plus le change est contre un pays, plus la balance du commerce lui est aussi défavorable ; que si le change entre l'Angleterre & la Hollande, par exemple, étoit de cinq pour cent contre l'Angleterre, il faudroit cent cinq onces d'argent en Angleterre, pour acheter une lettre de change de cent onces en Hollande ; que, par conséquent, cent cinq onces d'argent en Angleterre ne vaudroient que cent onces d'argent en Hollande, & n'achèteroient qu'une quantité proportionnée de marchandises hollandoises ; tandis qu'au contraire cent onces d'argent en Hollande, en vaudroient cent cinq en Angleterre, & achèteroient une quantité proportionnée de marchandises angloises ; que les marchandises angloises se vendroient d'autant meilleur marché en Hollande, & les hollandoises d'autant plus cher en Angleterre, qu'en proportion de cette différence, il viendroit moins d'argent de Hollande en Angleterre, & qu'il en iroit davantage d'Angleterre en Hollande ; & qu'ainsi la balance du commerce seroit d'autant plus contre l'Angleterre, qu'il lui faudroit exporter en Hollande plus d'or & d'argent pour solder la balance.

Ces argumens étoient en partie exacts, & en partie sophistiques. Ils étoient exacts, en ce qu'ils assuroient que l'exportation de l'or & de l'argent, dans le commerce, pouvoit souvent être avantageuse ; ils étoient exacts, en ce qu'ils posoient pour principe, qu'aucune prohibition n'étoit capable d'empêcher leur exportation, toutes les fois que les particuliers trouvoient leur avantage à les exporter. Mais ils étoient sophistiques, en ce qu'ils supposoient que l'attention du gouvernement est plus nécessaire pour conserver ou augmenter la quantité de ces métaux, que pour conserver ou augmenter la quantité de toute autre marchandise utile, que la liberté du commerce ne manque jamais de procurer en assez grande proportion sans aucun soin du gouvernement. Ils sont peut-être encore sophistiques, en ce qu'ils annoncent que le haut prix du change augmente nécessairement ce qu'ils appellent la balance défavorable du commerce, ou qu'il occasionne l'exportation d'une plus grande quantité d'or & d'argent. Il est vrai que ce haut prix seroit extrêmement désavantageux aux négocians qui auroient de l'argent à payer dans des pays étrangers ; ils paieroient d'autant plus cher les lettres de change que leur donneroient leurs banquiers pour ces pays-là. Mais quoique le risque, provenant de la prohibition, puisse occasionner quelque dépense extraordinaire à ces banquiers, il ne s'ensuit pas qu'il fasse sortir plus d'argent du pays. Cette dépense seroit employée dans le pays même à en faire sortir l'argent en fraude ; mais il en sortiroit rarement un écu au-delà de la somme précise à payer. Ajoutez que le haut prix du change disposeroit naturellement les négocians à tâcher de faire ensorte que ce qu'ils exporteroient balançât le mieux possible ce qu'ils importeroient, puisqu'il seroit de leur intérêt de ne payer ce haut change que sur la plus petite somme possible : ainsi le haut prix du change tendroit peut-être non pas à augmenter, mais à diminuer ce qu'ils appellent la balance défavorable du commerce, conséquemment l'exportation de l'or & de l'argent. Le dernier argument que nous venons d'analyser, paroît très-juste au premier coup-d'œil ; & si l'on vouloit montrer qu'en traitant les questions d'économie politique d'une manière vague & générale, on se trompe infailliblement, on pourroit ajouter cette preuve à tant d'autres.

Tout foibles que sont ces argumens, ils n'ont pas laissé de persuader ceux auxquels on les adressoit. Ils étoient faits par des marchands, aux parlemens, aux conseils des princes, à la noblesse, & aux propriétaires des terres dans les provinces ; c'est-à-dire, par des gens qu'on supposoit bien instruits du commerce, & à des gens qui sentoient leur ignorance sur ces matières. Que le pays s'enrichit par le commerce étranger, l'expérience le démontroit à la noblesse & aux propriétaires des campagnes, aussi-bien qu'aux négocians ; mais comment ou de quelle manière s'opère cet accroissement de richesses, nul d'entr'eux n'auroit pu le dire. Les négocians savoient bien de quelle manière ils s'enrichissoient eux-mêmes. C'étoit leur affaire : mais de quelle manière s'enrichit un pays ; c'étoit une autre affaire étrangère pour eux. Jamais ils ne s'aviserent de prendre ce sujet en considération, que lorsqu'ils eurent à demander quelque changement dans les loix relatives au commerce étranger. Alors il fallut bien dire quelque chose des bons effets de ce commerce, & des obstacles que ces loix apportoient à ces effets. On disoit aux juges qui devoient prononcer, que le commerce étranger versoit de l'argent dans le pays, mais que les loix en question s'opposoient à ce qu'il en versât autant qu'il auroit fait sans elles ; ils se crurent bien instruits. Ces raisons produisirent l'effet desiré. La prohibition d'exporter l'or & l'argent fut restreinte, en France & en Angleterre, à la monnoie de ces pays respectifs. L'exportation des monnoies étrangères, & de l'or & de l'argent en lingots, fut déclarée libre. En Hollande & en quelques autres endroits, la liberté s'étendit jusqu'à la monnoie du pays. L'attention du gouvernement se porta ensuite à veiller sur la balance du commerce, qu'il croyoit être la seule cause capable d'occasionner de l'augmentation ou de la diminution dans la quantité de ces métaux. D'un soin superflu, elle se jetta dans un autre soin beaucoup plus compliqué, beaucoup plus embarrassant, & tout aussi inutile. Le titre du livre de Mun, *le trésor de l'Angleterre dans le commerce étranger*, devint une maxime fondamentale de l'économie politique, non-seulement en Angleterre, mais chez toutes les nations commerçantes. Le commerce intérieur, qui est le plus important de tous, qui avec un capital égal rapporte le plus de revenu, & donne le plus d'emploi aux gens du pays, ne fut plus regardé que comme subsidiaire relativement au commerce étranger. Il ne fait, disoit-on, ni entrer, ni sortir de l'argent. Il ne peut donc rendre le pays ni plus riche, ni plus pauvre, qu'autant que sa prospérité ou sa décadence peuvent influer sur l'état du commerce étranger.

Un pays qui n'a point de mines, est sans doute obligé de tirer son or & son argent des pays étrangers, comme celui qui n'a point de vignes est obligé d'en tirer ses vins. Il ne paroît cependant pas nécessaire que l'attention du gouvernement se tourne plutôt vers un de ces objets que vers l'autre. Si un Pays a de quoi acheter du vin, il n'en manquera pas ; & si un pays a de quoi acheter de l'or & de l'argent, ces métaux ne lui manqueront jamais. Il faut les acheter un certain prix, ni plus ni moins que toute autre marchandise ; & comme ils sont le prix de toutes les autres marchandises, de même toutes les autres marchandises en sont le prix. Dans les pays où l'on manque de vin, en Angleterre, par exemple, la nation est persuadée que la liberté du commerce lui fournira toujours, sans que le gouvernement s'en mêle en aucune façon, le vin qu'il lui faut. Les anglois peuvent compter de même qu'elle leur procurera tout l'or & l'argent qu'ils seront dans le cas d'acheter ou d'employer.

La quantité de chaque marchandise que l'industrie humaine peut acheter ou produire, se règle naturellement, dans chaque pays, sur la demande effective, ou sur la demande, qu'en font ceux qui sont disposés à payer tout l'intérêt, le salaire & les profits qui doivent être payés, pour que la marchandise soit préparée & mise en état de vente. Mais de toutes les marchandises, il n'y en a point qui se règle plus aisément & plus exactement sur cette demande effective, que l'or & l'argent, parce qu'à raison de la petitesse de leur

volume

volume & de leur valeur, il n'y en a point qui se transportent plus aisément d'un endroit à l'autre, des endroits où ils sont bon marché, dans ceux où ils sont chers; des endroits où il y en a trop, dans ceux où il n'y en a pas assez. S'il y avoit, par exemple, en Angleterre une demande effective pour une nouvelle quantité d'or, un paquebot pourroit y en apporter de Lisbonne ou de tout autre endroit cinquante tonneaux, dont on frapperoit plus de cinq millions de guinées; mais s'il y avoit une demande effective de grains pour la même valeur, en l'évaluant à cinq guinées le tonneau, il faudroit un million de tonneaux d'embarquement, ou mille vaisseaux de mille tonneaux chacun, & la marine d'Angleterre n'y suffiroit pas.

Lorsque la quantité d'or & d'argent importée dans un pays, excède la demande effective, toute la vigilance du gouvernement ne sauroit en arrêter l'exportation. Malgré les loix sanguinaires de l'Espagne & du Portugal, l'or & l'argent n'y sont pas restés. L'importation continuelle du Pérou & du Bresil excède la demande effective de ces deux royaumes, & y baisse le prix de ces métaux au-dessous du prix où ils sont dans les pays voisins. Si, au contraire, la quantité qu'il y en a dans un pays se trouve tellement au-dessous de la demande effective, que leur prix y devienne plus haut que dans les pays voisins, le gouvernement n'a pas besoin de se mêler de leur importation; s'il falloit l'empêcher, il ne le pourroit pas. Dès que les spartiates eurent de quoi en acheter, ces métaux rompirent toutes les barrières que les loix de Lycurgue avoient mises à leur entrée dans Lacédémone. Avant le bill de M. Pitt, les loix rigoureuses des douanes angloises n'étoient pas capables d'empêcher l'importation des thés des compagnies des Indes orientales de Hollande & de Gottembourg, parce qu'ils étoient un peu meilleur marché que ceux de la compagnie angloise. Cependant une livre de thé est cent fois plus volumineuse que seize schelings, qui sont communément le plus haut prix qu'on la paye, & le volume en est deux mille fois plus grand que celle de la même somme en or, différences qui marquent au juste celles qu'il y a dans la difficulté de les passer en fraude.

Si le prix de ces métaux n'éprouve pas les vicissitudes continuelles de la plupart des autres marchandises dont le volume ne permet pas de changer la situation, quand il arrive que le marché en est dégarni ou surchargé, la facilité du transport de l'or & de l'argent, des endroits où il y en a trop, dans ceux où il n'y en a pas assez, en est une cause partielle. Il est vrai que le prix de ces métaux n'est pas exempt de toute variation; mais les changemens auxquels il est sujet sont lents, graduels & uniformes. On suppose, par exemple, qu'ils sont constamment déchus de leur va-

Écon. polit. & diplomatique. Tom. III.

leur en Europe, pendant le cours de ce siècle & du précédent, à cause des importations continuelles qui s'en font des possessions espagnoles de l'Amérique. Mais cette diminution a été graduelle; & pour qu'il arrive dans le prix de l'or & de l'argent un changement soudain, qui fasse monter tout-d'un-coup sensiblement & notablement le prix monétaire de toutes les autres marchandises, il ne faut pas une moindre révolution dans le commerce, que celle qui fut occasionnée par la découverte de l'Amérique.

Au reste, si l'or & l'argent viennent à manquer dans un pays qui a de quoi en acheter, on a plus d'expédiens pour y suppléer, que pour suppléer au défaut de presque toutes les autres marchandises. Si les matières manquent aux manufactures, l'industrie s'arrête; si les vivres manquent, il faut que le peuple meure de faim. Mais si l'argent manque, les échanges peuvent prendre sa place avec beaucoup d'inconvéniens; il est vrai; mais ces inconvéniens seroient moindres, si on achetoit & vendoit sur crédit, & si les marchands compensoient une fois le mois, ou une fois l'an, leurs dettes & leurs créances respectives. Dans les pays susceptibles de papier-monnoie, un papier-monnoie bien réglé tiendroit la place de l'or & de l'argent sans inconvénient, & même avec un grand avantage. Ainsi, à tous égards, l'attention du gouvernement n'est jamais plus inutile qu'à veiller sur la conservation ou l'augmentation de la quantité du *numéraire*.

Il n'y a toutefois rien dont on se plaigne plus que de la disette d'argent. L'argent, comme le vin, doit être rare chez ceux qui n'ont ni valeur pour en acheter, ni crédit pour en emprunter. Ceux qui ont l'un ou l'autre, manqueront rarement de l'argent ou du vin dont ils auront besoin. Ces plaintes ne sont cependant pas toujours particulières aux dissipateurs qui vivent sans prévoyance. Elles sont quelquefois générales dans toute une ville de commerce & dans les campagnes qui l'avoisinent. Il faut les attribuer à ce que les hommes ne savent pas borner leur commerce. Des gens économes, dont les projets ont été disproportionnés à leurs capitaux, ne doivent pas être plus en état d'acheter de l'argent, ni avoir plus de crédit pour emprunter, que ceux dont la dépense a été disproportionnée à leur revenu. Leurs fonds se dissipent avant que leurs projets puissent être réalisés, & leur crédit s'évanouit avec leurs fonds. Ils courent par-tout pour emprunter de l'argent, & on leur dit toujours qu'on ne peut leur en prêter. Ces sortes de plaintes générales sur la disette d'argent ne prouvent pas même toujours qu'il circule moins de pièces d'or & d'argent dans le pays qu'à l'ordinaire: elles prouvent simplement qu'il y a des gens chez lesquels on n'en trouve point, parce qu'ils n'ont rien à donner en échange. Quand les profits du commerce viennent à être plus considérables qu'à l'ordinaire, les gros & les petits marchands embraffent trop. Ils n'envoient pas toujours au-dehors plus d'argent que de coutume; mais ils achètent à crédit, tant au dehors qu'au dedans, une quantité extraordinaire de marchandises qu'ils font passer au loin pour y être vendues, dans l'espérance que les retours arriveront avant qu'on leur demande ce qu'ils doivent. La demande des créanciers précède les retours, & ils font pris au dépourvu. Ils n'ont chez eux ni de quoi acheter de l'argent, ni de quoi répondre folidement pour celui qu'ils veulent emprunter. Ces plaintes ne fuppofent donc pas la difette d'argent, mais bien la difficulté que ces gens-là trouvent à emprunter, & celle que leurs créanciers trouvent à fe faire payer.

Il feroit ridicule aujourd'hui de prouver que la richeffe ne confifte pas dans les efpèces, où dans l'or & l'argent, mais dans ce que l'argent achète; & que le feul mérite de l'argent eft de faciliter les échanges. L'argent, fans doute, fait toujours une partie du capital d'une nation. Mais il n'en eft généralement qu'une petite partie, & toujours la moins profitable.

Ce n'eft point parce que la richeffe confifte plus dans l'argent que dans les marchandifes, que le marchand trouve qu'il eft plus aifé d'avoir des marchandifes avec de l'argent que de faire de l'argent avec des marchandifes; c'eft parce que l'argent eft l'inftrument du commerce, & on donne volontiers toute autre chofe en échange pour lui, quoiqu'on ne foit pas également difpofé à le donner pour d'autres chofes. D'ailleurs, la plupart des marchandifes font plus périffables que l'argent; & il y a fouvent beaucoup plus de perte à les garder. Ajoutez qu'en les gardant, le marchand eft moins en état de payer les lettres de change qu'on tire fur lui, que quand il en a le prix dans fes coffres. De plus, fon profit vient plus directement de la vente que de l'achat; & par toutes ces confidérations, il eft en général plus empreffé d'échanger fes marchandifes pour de l'argent, que fon argent pour des marchandifes. Mais quoiqu'un négociant dont les magafins font remplis, puiffe quelquefois être ruiné, faute de vendre fes marchandifes à temps, une nation n'eft pas fujette au même accident. Le capital d'un marchand confifte fouvent dans des marchandifes périffables, deftinées à faire de l'argent. Mais il n'y a qu'une très-petite partie du produit de la terre & du travail qu'on puiffe jamais deftiner, dans un pays, à fe procurer de l'or & de l'argent des pays voifins. La très-grande partie de ce produit circule, & fe confome dans le pays même, & la plus grande partie du furplus qui en fort, eft deftinée à lui procurer d'autres marchandifes étrangères. Ainfi, quand un pays ne pourroit avoir de l'or & de l'argent en échange des marchandifes qu'il deftineroit à en acheter,

la nation ne feroit point du tout ruinée. Elle pourroit fouffrir quelque perte & quelque incommodité, qui la forceroient de recourir à quelqu'un de ces expédiens qui fuppléent aux efpèces; mais le produit annuel de fes terres & de fon travail feroit le même ou à-peu-près le même qu'à l'ordinaire, parce qu'elle emploieroit le même ou à-peu-près le même capital de chofes de confommation à le maintenir; & quoique les marchandifes n'attirent pas toujours l'argent auffi vîte que celui-ci les attire, à la longue elles l'attirent plus néceffairement & plus infailliblement. Elles peuvent fervir à beaucoup d'autres ufages que celui d'acheter de l'argent; mais le feul ufage de l'argent eft d'acheter des marchandifes. L'argent court donc après les marchandifes, & celles-ci ne courent pas toujours après l'argent. L'homme qui achète n'a pas toujours intention de revendre, fouvent il veut ufer & confommer, au lieu que celui qui vend a toujours envie d'acheter. Le premier a fouvent fait tout ce qu'il comptoit faire, & le fecond n'en peut jamais avoir fait que la moitié. Si on foupire après l'argent, ce n'eft pas pour l'amour de lui, c'eft pour ce qu'on peut acheter.

Les marchandifes qui fe confomment, font, dit-on, bientôt détruites, au lieu que l'or & l'argent font d'une nature plus durable &, fans l'exportation qui s'en fait perpétuellement, ils pourroient être accumulés pendant des fiècles, & porter la richeffe d'un pays à un taux incroyable. Rien, ajoute-t-on, ne peut être plus défavantageux à un pays, que le commerce qui confifte dans l'échange de cette marchandife folide pour d'autres marchandifes périffables. Nous ne regardons pourtant pas comme défavantageux le commerce qui fe fait par l'échange des quincailleries d'Angleterre contre les vins de France, quoique la quincaillerie foit une marchandife fort durable, & que, fans l'exportation continuelle qui s'en fait, elle pourroit s'accumuler pendant des fiècles, & porter à un taux incroyable la batterie de cuifine & la poterie du pays. Mais chacun voit d'abord que le nombre de ces uftenfiles eft néceffairement borné, dans un pays, par le befoin qu'on en a; qu'il feroit abfurde d'en avoir plus qu'il n'en faut pour cuire les vivres qu'on confomme, & que, fi la quantité de vivres venoit à augmenter, le nombre de ces uftenfiles augmenteroit auffi; parce qu'une partie de ce furplus de vivres feroit employée à en acheter ou à faire fubfifter un plus grand nombre de quincailliers & de potiers. On devroit voir de même que la quantité d'or & d'argent eft bornée dans un pays par le befoin qu'il en a pour fon ufage; que cet ufage, à les confidérer comme monnoie, fe borne à faire circuler les marchandifes; & qu'à les confidérer comme vaiffelle, il fe borne à fournir des meubles; que la quantité de monnoie, dans chaque pays, eft réglée par la valeur des marchandises qu'elle doit faire circuler ; que si cette valeur augmente, il en sortira une partie qu'on enverra au-dehors pour acheter, où l'on pourra, la nouvelle quantité de monnoie nécessaire à la circulation ; que la quantité de vaisselle est réglée par le nombre & l'opulence des familles particulières, qui se plaisent à cette sorte de magnificence ; que si le nombre & l'opulence de ces familles augmente, une partie de ce surcroît d'opulence sera employée à acquérir une nouvelle quantité d'argenterie ; qu'il est aussi absurde de vouloir augmenter la richesse d'un pays en y faisant entrer ou rester une quantité inutile d'or & d'argent, qu'il seroit absurde de vouloir augmenter la bonne chère dans les familles particulières, en les obligeant d'avoir une quantité inutile d'ustensiles de cuisine. Comme la dépense pour acheter ces ustensiles superflus, au lieu d'augmenter la quantité ou la qualité des mets sur la table des familles, ne manqueroit pas de les diminuer, de même la dépense, pour acheter une quantité superflue d'or & d'argent, doit nécessairement diminuer dans tout le pays la richesse qui nourrit, habille & loge, qui fait subsister & travailler le peuple. L'or & l'argent, sous la forme de monnoie ou de vaisselle, sont purement des ustensiles comme la batterie de cuisine, & c'est ce qu'il ne faut jamais perdre de vue. La quantité en augmentera infailliblement, si on en a plus de besoin, s'il y a plus de marchandises de consommation à faire circuler, à soigner, à préparer par leur moyen ; mais si vous tentez, par des moyens extraordinaires, d'augmenter la quantité des espèces, il est impossible que vous n'en diminuiez pas l'usage & même la quantité, qui ne peut jamais excéder ce qu'il en faut pour l'usage. Si jamais elles s'accumuloient au-delà du besoin, leur transport est si facile, & ce qu'on peut en les gardant est si considérable, qu'aucune loi ne pourroit arrêter leur exportation.

Il n'est pas toujours nécessaire d'accumuler l'or & l'argent, pour mettre un pays en état de faire une guerre étrangère & d'entretenir des flottes & des armées au loin. On entretient les flottes & les armées, non avec de l'or & de l'argent, mais avec des choses de consommation. La nation à qui le produit annuel de son industrie domestique, le revenu annuel de ses terres & de son travail, fournit de quoi acheter ces choses de consommation dans des pays éloignés, peut y faire la guerre.

Il y a trois manières de fournir la solde & les vivres à une armée dans des pays étrangers. Une nation peut le faire, 1°. en y envoyant une partie de l'or & de l'argent qu'elle aura mis en réserve ; 2°. en envoyant au-dehors quelque partie du produit annuel de ses manufactures, & 3°. quelque partie de son produit brut annuel.

On peut distinguer en trois classes l'or & l'argent qu'on peut regarder proprement comme accumulés ou amassés dans un pays ; 1°. la monnoie circulante ; 2°. l'argenterie des familles particulières ; 3°. l'argent qui peut avoir été amassé par plusieurs années d'épargnes, & mis dans le trésor du prince.

Il n'arrivera guère qu'on épargne beaucoup sur la monnoie qui circule, parce qu'il est rare qu'elle soit bien surabondante. La valeur des marchandises achetées & vendues annuellement, exige une certaine quantité d'argent monnoyé, pour que leur union se fasse parmi les consommateurs. Le canal de la circulation attire à soi une somme suffisante pour se remplir, & il n'en admet pas davantage. En général cependant on en ôte quelque chose, dans le cas d'une guerre étrangère. Comme il y a un grand nombre de gens à entretenir au-dehors, il y en a moins à faire subsister au-dedans. Il circule donc moins de marchandises au-dedans, & il y faut moins d'argent pour cette circulation. Dans ces occasions, on multiplie ordinairement le papier-monnoie d'une espèce ou d'une autre, comme les billets de l'échiquier, les billets de l'amirauté, ou les billets de banque, en Angleterre ; & en suppléant à l'or & à l'argent circulans, on donne la facilité d'en exporter davantage hors du pays. Mais ce ne seroit qu'une pauvre ressource, pour une guerre étrangère d'une grande dépense & de plusieurs années de durée.

Une ressource encore plus misérable est celle de fondre la vaisselle des familles particulières. Les françois usèrent de cet expédient au commencement de l'avant dernière guerre, & à peine compensèrent-ils la perte de la main-d'œuvre.

Les trésors du prince ont fourni anciennement une ressource beaucoup plus grande & beaucoup plus durable. Aujourd'hui, si l'on excepte le roi de Prusse, il paroît que la politique des princes de l'Europe n'est pas de thésauriser.

L'exportation, soit de la monnoie circulante, soit de l'argenterie des particuliers, soit du trésor du prince, semble avoir peu contribué aux fonds employés aux guerres étrangères de notre siècle, les plus dispendieuses peut être dont parle l'histoire. La guerre de 1756 a coûté à la Grande-Bretagne plus de 90 millions sterling, si on y comprend les 75 millions de la nouvelle dette contractée, les deux nouveaux schelings pour livre sur la taxe des terres, & ce qui fut tiré chaque année du fonds d'amortissement. On fit plus des deux tiers de cette dépense dans des pays éloignés, en Allemagne, en Portugal, en Amérique, dans les ports de la Méditerranée, dans les Indes orientales & occidentales. Les rois d'Angleterre n'avoient point amassé de trésors. Nous n'avons pas entendu dire qu'on y eût fondu plus de vaisselle d'argent qu'à l'ordinaire. On a supposé que l'or & l'argent monnoyés du pays n'excédoient pas 18 millions sterling. On a cru cependant, depuis la dernière refonte de l'or, que cette estimation s'éloignoit assez de la vérité, non en plus, mais en moins. Supposons donc, selon le calcul exagéré de M. Horsely, que l'or & l'argent monnoyés, pris ensemble, se montoient à 30 millions sterling. Si les anglois avoient fait la guerre de 1756 avec leur monnoie, il faudroit, même en suivant ce calcul, que toute leur monnoie fût sortie du royaume, & y fût rentrée pour le moins deux fois dans l'espace de six à sept ans. Mais cette supposition fournit l'argument le plus décisif, pour démontrer combien il est inutile que le gouvernement veille à ce que la quantité d'argent ne diminue pas, puisque tout l'argent monnoyé seroit sorti & rentré deux fois, en si peu de temps, sans que personne s'en doutât. Durant cet intervalle cependant, le canal de la circulation n'a point paru plus vuide qu'à l'ordinaire. L'argent ne manquoit pas à ceux qui avoient des choses à donner en échange. Véritablement les profits du commerce étranger furent plus grands que de coutume durant toute cette guerre, & spécialement lorsqu'elle tendoit à sa fin. Ces profits extraordinaires occasionnèrent, comme il arrive toujours, un commerce outré. Le mal fut général dans tous les ports d'Angleterre, & ces folles entreprises de commerce ne manquèrent pas d'occasionner à leur tour les plaintes accoutumées sur la disette d'argent. Elle régnoit véritablement parmi bien de gens qui n'avoient ni moyens pour en acheter, ni crédit pour en emprunter; & par la raison que les débiteurs trouvoient de la difficulté à emprunter, les créanciers en trouvoient à être payés.

L'énorme dépense de cette guerre de 1756 a donc été défrayée principalement, non par l'exportation de l'or & de l'argent, mais par celle des marchandises angloises d'une espèce ou d'une autre. Lorsque le gouvernement se procuroit chez un négociant une traite dans le pays étranger, le négociant cherchoit à payer son correspondant étranger sur lequel il avoit donné une lettre de change à tirer, plutôt avec des marchandises, qu'en envoyant de l'or & de l'argent. Si on n'avoit pas besoin des marchandises de la Grande-Bretagne dans ce pays-là, il cherchoit à les envoyer dans quelqu'autre où il pût acheter une lettre de change sur celui-là. Le transport des marchandises, quand elles vont à ceux qui les demandent, est toujours suivi d'un bénéfice considérable, au lieu que celui de l'or & de l'argent n'est presque jamais utile. Lorsqu'on envoie ces métaux au dehors pour acheter des marchandises étrangères, le profit du marchand vient non de l'achat, mais de la vente des retours. Mais quand on les fait passer chez l'étranger pour payer une dette, il n'y a point de retour, & par conséquent de bénéfice pour le négociant. Ce négociant doit donc employer son esprit & son expérience, pour trouver le moyen de payer ce qu'il doit à l'étranger plutôt par le transport des marchandises, que par celui de l'or & de l'argent. Aussi l'auteur de l'état présent de la nation Angloise indique-t-il la grande quantité de marchandises angloises transportées, durant la guerre de 1756, sans aucun retour.

Outre la monnoie circulante, l'argenterie des particuliers & les trésors des princes, il y a dans tous les pays qui font un grand commerce, une assez grande quantité de lingots alternativement importés & exportés pour les besoins du commerce étranger. Ces lingots circulent parmi les nations commerçantes, de la même manière que la monnoie nationale circule dans chaque pays particulier, & par-là ils peuvent être considérés comme la monnoie de la grande république de commerce. La monnoie nationale reçoit son mouvement & sa direction des marchandises qui circulent dans l'étendue de chaque pays particulier; la monnoie de cette république reçoit les siens de celles qui circulent entre les différents peuples; toutes deux servent à faciliter les échanges, l'une parmi les individus de la même nation, l'autre parmi ceux des nations diverses. L'Angleterre a probablement employé une partie de cette monnoie de la grande république mercantile, à faire la guerre de 1756. Il est naturel de supposer qu'au milieu d'une guerre générale, cette monnoie en lingots prend un autre mouvement & une autre direction de celle qu'elle suit ordinairement dans une paix profonde; qu'elle doit circuler davantage autour du siège de la guerre, & que c'est là sur-tout, & dans les pays voisins, qu'on s'en sert pour la paye & les vivres des différentes armées. Mais quelque grande quantité de cette monnoie que la Grande-Bretagne puisse avoir annuellement employé de cette manière, il faut qu'elle l'ait achetée chaque année avec des marchandises angloises, ou avec quelqu'autre chose qu'elles avoient acheté, ce qui ramène encore au produit annuel de la terre & du travail du pays, comme étant en dernière analyse la ressource qui a procuré aux Anglois le moyen de pousser la guerre. En effet, il est naturel de penser qu'une si forte dépense annuelle doit avoir été défrayée par un grand produit annuel. La dépense de 1761, par exemple, fut de plus de 19,000,000, & il n'y a point d'accumulation qui eût été capable d'y suffire. Il n'y a pas même de produit annuel d'or & d'argent qui eût pu la supporter. Nous avons donné à l'article Espagne, des évaluations sur la quantité d'or & d'argent importés, tant en Espagne qu'en Portugal; l'importation entière de ces deux métaux qui se fait annuellement dans ces deux pays, auroit à peine payé quatre mois des dépenses des Anglois dans certaines années de la guerre de 1756. Il paroît que les marchandises les plus propres à être transportées au loin, pour y acquitter ou immédiatement la paye & les vivres d'une armée, ou médiatement par le moyen de la monnoie de la grande république commerçante, sont celles que fournissent les manufactures les plus belles & les plus perfectionnées, dont les ouvrages contiennent une grande valeur sous un petit volume, & peuvent être exportés fort loin, à peu de frais. Avec une grande surabondance annuelle de ces sortes de productions de l'industrie, qu'on envoye ordinairement chez l'étranger, un pays est en état de soutenir plusieurs années une guerre très-dispendieuse, sans exporter une grande quantité d'or & d'argent, ou sans en avoir même beaucoup à exporter. Il est vrai qu'une partie considérable du surplus annuel de ses manufactures, sera, dans ce cas, exportée, sans amener des retours; mais le tout ne sera pas exporté ainsi à part. Les manufacturiers auront pour lors doubles fournitures à faire chez l'étranger. On leur demandera de quoi y payer les lettres de change, pour le payement & la subsistance de l'armée, & de quoi acheter les retours de marchandises qui se consomment ordinairement dans le pays. Ainsi la plupart des manufactures peuvent souvent être très-florissantes au milieu de la guerre étrangère la plus destructive, & tomber, au contraire, au retour de la paix. Elles peuvent fleurir au milieu de la ruine de leur pays, & commencer à déchoir au retour de la prospérité. L'état de diverses branches des manufactures angloises pendant la guerre de 1756, & celui où elles se trouvèrent quelque tems après la paix, montre bien la justesse de cette assertion.

Une guerre étrangère, longue & coûteuse, ne peut se soutenir commodément par l'exportation du produit brut. Il faudroit trop de dépense pour en envoyer une quantité proportionnelle à la paye & aux vivres d'une armée. D'ailleurs, il y a peu de pays dont le produit brut excède ce qui suffit à la subsistance de ses sujets. En faire passer beaucoup chez l'étranger, ce seroit ôter au peuple une partie nécessaire de sa subsistance. Il n'en est pas de même du produit manufacturé qu'on exporte. La subsistance des ouvriers des fabriques reste au dedans, & on n'exporte au dehors que le surabondant de leur ouvrage. M. Hume remarque plusieurs fois l'impuissance, où étoient les anciens rois d'Angleterre, de continuer long-tems sans interruption une guerre étrangère. Les Anglois n'avoient alors, pour acquitter la paye & les vivres de leurs armées chez l'étranger, que le produit brut de leur sol, dont on ne pouvoir pas épargner une quantité considérable sur la consommation intérieure, ou que peu de manufactures grossières, dont le produit, ainsi que le produit brut, coûtoit trop à transporter. Cette impuissance ne venoit pas de ce qu'ils manquoient d'argent, mais de ce qu'ils n'avoient pas de manufactures plus belles & plus perfectionnées. Les achats & les ventes se faisoient alors en Angleterre, comme ils s'y font à présent, par le moyen de l'argent. Il y avoit entre la quantité d'argent en circulation, & le nombre & la valeur des achats & des ventes, la même proportion qu'à présent, ou plutôt il y en avoit une plus grande, parce qu'alors on ne connoissoit pas le papier qui fait aujourd'hui en Angleterre une si grande partie des fonctions de l'or & de l'argent. Chez les nations qui ne connoissent guère le commerce & les manufactures, il est rare, que le souverain puisse tirer de grands secours de ses sujets, dans les occasions extraordinaires; & les souverains de ces contrées s'appliquent souvent à amasser un trésor, qu'ils regardent comme la seule ressource dans les cas pressans. Indépendamment de cette nécessité, ils se trouvent dans une situation qui les dispose à l'épargne qu'il faut pour accumuler. Dans cet état simple, la dépense d'un souverain n'est pas dirigée par la vanité, qui se plaît à la riche parure d'une cour; elle est réglée par la bonté envers ses tenanciers, & l'hospitalité envers ceux de sa suite; mais la bonté & l'hospitalité mènent rarement à l'extravagance, & la vanité y mène presque toujours. Aussi voyons nous que chaque chef, parmi les Tartares, a un trésor. On dit que celui de Mazepa, chef des Cosaques dans l'Ukraine, le fameux allié de Charles XII, étoit très-considérable. Les rois de France, de la race Mérovingienne, avoient tous des trésors. Ils en faisoient le partage à leurs enfans, quand ils faisoient celui de leurs royaumes. Les princes saxons & les premiers princes, depuis la conquête, paroissent également avoir accumulés des trésors. Le premier exploit de chaque nouveau roi, étoit communément de s'emparer du trésor de son prédécesseur. C'étoit la précaution la plus essentielle, pour s'assurer la succession. Les souverains des pays plus civilisés & plus commerçans, n'ont pas les mêmes raisons pour amasser des trésors, parce qu'en général ils peuvent tirer de leurs sujets des secours extraordinaires dans les cas imprévus. D'ailleurs ils ne sont pas disposés de même à thésauriser. Ils suivent naturellement, & peut-être nécessairement le goût du siècle, & leur dépense est réglée par la même vanité extravagante qui dirige celle de tous les grands propriétaires dans leurs domaines. Le vain faste de leur cour prend de jour en jour de nouveaux accroissemens, & ce qu'il coûte les met hors d'état d'accumuler; il entame & dissipe des fonds destinés à des dépenses plus utiles. Tout le monde sait aujourd'hui, à quel point cette profusion est arrivée dans les royaumes les plus florissans. On peut appliquer à divers princes de l'Europe ce que Dercyllidas disoit de la cour de Perse. J'y ai vu, disoit-il, beaucoup d'éclat, peu de forces; beaucoup de valets & peu de soldats, beaucoup de fortunes, & une véritable pauvreté.

L'importation de l'or & de l'argent n'est pas le principal, encore moins le seul bénéfice qu'une nation tire de son commerce étranger. Quels que soient les pays entre lesquels s'établit le commerce, tous en retirent deux avantages distincts. Il en fait sortir cette partie surabondante du produit de leurs terres & de leur travail, qui ne leur est plus nécessaire, & y fait entrer d'autres choses dont ils ont besoin. Il donne une valeur à leurs superfluités, en les échangeant avec ce qui peut les satisfaire & augmenter leurs jouissances. Par son entremise, les limites étroites du marché intérieur ne s'opposent point à ce que la division du travail dans les branches particulières des arts & des manufactures soit portée à la plus grande perfection. En ouvrant un marché plus étendu pour les parties du produit de leur travail qui ne se consommeroient pas au dedans, il encourage à perfectionner les facultés productives de ce même travail, & à en augmenter le produit annuel autant qu'il est possible, d'où résulte l'accroissement du revenu réel & de la richesse de la société. Tels sont les grands & importans services que le commerce étranger rend à tous les pays qui le font entr'eux. Tous en retirent un grand bénéfice ; mais le plus grand est pour celui où réside le commerçant, parce qu'en général il songe plus à pourvoir aux besoins & à l'exportation des superfluités de son propre pays que de tout autre. Il appartient, sans doute, au commerce étranger d'importer l'or & l'argent dont on peut avoir besoin dans les pays qui n'ont pas de mines. Mais c'est la moindre de toutes ses fonctions. Un pays qui ne feroit le commerce étranger que pour cet objet, auroit à peine occasion de fréter un vaisseau dans un siècle.

Ce n'est point par l'importation de l'or & de l'argent, que la découverte de l'Amérique a enrichi l'Europe. L'abondance des mines de l'Amérique a diminué le prix de ces métaux. On peut acheter aujourd'hui un service de vaisselle, pour environ la troisième partie du bled ou du travail qu'il auroit coûté dans le quinzième siècle. Avec la même dépense annuelle de travail & de marchandises, l'Europe peut acheter annuellement environ trois fois autant d'argenterie qu'elle en auroit acheté dans ce tems là. Mais quand une marchandise ne se vend plus que le tiers de ce qu'elle a valu, non seulement ceux qui l'achetoient auparavant peuvent en acheter trois fois autant, mais elle se met à la portée d'un beaucoup plus grand nombre d'acheteurs. Il y en aura peut-être dix, peut-être vingt fois plus qu'il n'y en avoit. Sur ce pied là, l'Europe peut avoir aujourd'hui, non-seulement plus de trois fois, mais plus de vingt ou trente fois plus de vaisselle d'argent qu'elle n'en auroit eu, même dans son état actuel de progression, si l'Amérique n'eût point été découverte. Il est certain que par-là l'Europe a gagné une commodité réelle, mais très-mince. Le bon marché de ces métaux les rend d'un autre côté moins propres à servir en qualité de monnoie. Pour faire les mêmes achats, il faut se charger d'une plus grande quantité d'argent, & porter un écu dans sa poche, au lieu d'une pièce de douze sols. Il est mal aisé de dire quel est le plus futile de cet inconvénient ou de la commodité opposée. Ni l'un ni l'autre ne pouvoient faire un changement essentiel dans l'état de l'Europe. Mais la découverte de l'Amérique a fait une révolution des plus essentielles. En ouvrant à toutes les marchandises d'Europe un marché nouveau & inépuisable, elle a occasionné de nouvelles divisions de travail, & la perfection des arts, ce qui ne seroit point arrivé dans le cercle étroit de l'ancien commerce, faute d'un marché pour enlever la plus grande partie de leur produit. Les facultés productives du travail ayant beaucoup acquis, leur produit s'est multiplié dans tous les pays de l'Europe, & avec lui les habitans ont vu augmenter leur revenu réel & leur richesse. Les marchandises de l'Europe étoient presque toutes nouvelles pour l'Amérique, & la plupart de celles de l'Amérique l'étoient pour l'Europe. Il s'établit donc de nouveaux échanges auxquels on n'avoit jamais pensé, & qui devoient être aussi avantageux pour le nouveau continent qu'il l'a été pour l'ancien. Par l'injustice barbare des Européens, un événement, qui devoit être salutaire à tous, devint ruineux & destructif pour une grande partie du Nouveau-Monde.

La découverte d'un passage aux Indes-Orientales par le cap de Bonne-Espérance, faite à-peu-près dans le même tems, ouvrit peut-être au commerce un champ encore plus vaste, mais plus éloigné, que celui de l'Amérique. Il n'y avoit, dans le Nouveau-Monde, que deux nations supérieures, à tous égards, aux Sauvages, & elles furent détruites presqu'aussi-tôt que découvertes. Mais, quoique les empires de la Chine, de l'Indostan, du Japon, & plusieurs autres des Indes-Orientales, ne fussent pas plus riches en mines d'or & d'argent, ils l'étoient beaucoup plus dans tout le reste ; ils étoient mieux cultivés, & ils avoient fait plus de progrès dans les arts & les manufactures que le Mexique ou le Pérou, quand on en jugeroit même sur les rapports exagérés & peu dignes de foi que les écrivains espagnols ont fait de l'ancien état de ces empires. Or les nations riches & civilisées peuvent toujours faire entr'elles des échanges d'une plus grande valeur que ceux qu'elles font avec des Sauvages & des Barbares. Cependant, jusqu'à présent, l'Europe a tiré moins d'avantage de son commerce avec les Indes-Orientales, que de son commerce avec l'Amérique. Les Portugais s'emparèrent entièrement de celui des Indes-Orientales, & y firent le monopole pendant près d'un siècle. C'étoit par leur canal seul que les autres nations pouvoient y envoyer ou en tirer des marchandises. Lorsque les hollandois se mirent à empiéter sur les portugais, au commencement du dernier siècle, ils investirent une compagnie exclusive de tout le commerce de l'Inde. Les anglois, les françois, les suédois & les danois ont tous suivi cet exemple; de manière qu'aucune des grandes nations de l'Europe n'a joui jusqu'à présent de l'avantage d'un commerce libre avec les Indes orientales. On ne peut assigner d'autre raison de ce qu'il n'a pas été si profitable que celui de l'Amérique, où les sujets de presque toutes les nations de l'Europe peuvent commercer librement avec leurs colonies respectives. Les privilèges exclusifs de ces compagnies des Indes orientales, leurs grandes richesses, la haute faveur & la protection que leur ont valu ces richesses de la part de leurs gouvernemens respectifs, ont attiré l'envie. Cette passion a souvent représenté leur commerce comme absolument pernicieux, à raison des grosses sommes d'argent qu'il exporte chaque année des pays d'où il se fait. Les parties intéressées ont répondu qu'à la vérité leur commerce pouvoit tendre à l'appauvrissement de l'Europe en général, par cette continuelle exportation d'argent, mais non à celui de leur pays en particulier, parce que s'il en sort une quantité quelconque de métal, il en rentre beaucoup plus par l'exportation d'une partie des marchandises de l'Inde qui viennent en retour, & qui sont vendues à d'autre pays de l'Europe. L'objection & la réponse sont également fondées sur la notion populaire que nous examinons ici. Il est donc inutile de s'y arrêter davantage. L'exportation d'argent, qui se fait annuellement aux Indes, a probablement un peu renchéri la vaisselle d'argent en Europe, & probablement elle est cause qu'on peut acheter plus de travail & de marchandises avec la même quantité d'argent monnoyé. Le premier de ces deux effets est une perte fort légère, & le second un avantage futile, & tous deux de si peu de conséquence, qu'ils ne méritent point l'attention du public. Le commerce des Indes orientales, en ouvrant un marché aux productions de l'Europe, ou, ce qui revient à-peu-près au même, à l'or & à l'argent qu'on achète avec ces marchandises, doit tendre à augmenter les productions annuelles de l'Europe, & par conséquent son revenu réel & sa richesse. S'il les a si peu augmentés jusqu'à ce jour, c'est probablement à cause des entraves qu'on y a mises par-tout.

Le lecteur peut juger maintenant si cette notion populaire, que la richesse consiste dans l'or & l'argent ou dans le numéraire, est bien fondée. Dans le langage ordinaire, l'argent signifie souvent la richesse. Cet usage nous a rendu si familier le préjugé dont nous nous occupons ici, que ceux même qui sont convaincus de son absurdité, sont fort sujets à oublier leurs principes, & à l'introduire dans leurs raisonnemens comme une vérité certaine & incontestable. Quelques-uns des meilleurs auteurs anglois qui ont écrit sur le commerce, débutent par observer que la richesse d'un pays consiste non-seulement dans son or & son argent, mais dans ses terres, ses maisons & ses marchandises consommables de toute espèce; &, dans le cours de leurs raisonnemens, ils semblent oublier les terres, les maisons & les choses de consommation. En continuant de traiter leur sujet, ils supposent souvent que toute la richesse consiste dans l'or & l'argent, & que le grand objet de l'industrie nationale & du commerce est la multiplication de ces métaux.

Dès qu'on eut admis les deux principes, que la richesse consiste dans l'or & l'argent, & qu'on ne peut en introduire dans un pays dépourvu de mines que par la balance du commerce, ou en exportant pour plus de valeur qu'on n'importe, le grand objet de l'économie politique devint nécessairement de diminuer, autant qu'il étoit possible, l'importation des marchandises étrangères pour la consommation au-dedans, & d'augmenter, le plus qu'il étoit possible, l'exportation du produit de l'industrie domestique. Les deux grands moyens pour enrichir le pays, furent donc de mettre des entraves à l'importation & d'encourager l'exportation.

On mit des entraves à deux sortes d'importation.

1°. A l'importation des marchandises étrangères, telles que le pays pouvoit les produire. On gêna la liberté de cette importation, de quelqu'endroit qu'elle se fît, dès qu'elle avoit pour objet la consommation du pays même.

2°. A l'importation de presque toutes les espèces de marchandises venant des pays particuliers, avec lesquels on supposoit que la balance du commerce étoit défavorable.

Ces entraves ont été quelquefois de gros droits, & quelquefois des prohibitions absolues.

L'exportation fut encouragée quelquefois par des remises, quelquefois par des traités avantageux de commerce avec d'autres états, & quelquefois par l'établissement des colonies dans les pays lointains.

On accorda des remises en différentes occasions. Lorsque les manufactures du pays étoient soumises à quelque droit ou excise, on restituoit souvent le tout ou une partie sur leur exportation; ce qui se pratiqua de même par rapport aux marchandises étrangères, sujettes à un droit lorsqu'on les importoit, pour les réexporter.

On donna des gratifications, pour encourager des manufactures naissantes ou d'autres espèces d'industrie qu'on croyoit dignes d'une faveur particulière.

Un peuple, par les traités avantageux de commerce, se procura, dans quelques états étrangers, des privilèges particuliers à ses marchands & à ses marchandises, c'est-à-dire, des facilités que les autres nations n'y trouvoient pas.

En établissant des colonies, on procura non-seulement des privilèges aux marchandises & aux marchands du pays, mais on leur assura le monopole avec les colonies établies.

Ces deux manieres de gêner l'importation, & ces quatre encouragemens donnés à l'exportation, forment les six principaux moyens que propose le systême du commerce pour augmenter la quantité d'or & d'argent dans un pays, en faisant tourner la balance du commerce en sa faveur. Nous les examinons ailleurs.

Voyez les articles IMPORTATION, MONOPOLES, INDUSTRIE & TRAITÉS DE COMMERCE.

NUREMBERG, ville impériale avec son territoire.

Précis de l'histoire politique.

Les nurembergeois descendent des Norici. Ceux-ci, en quittant leur pays, s'établirent dans le vieux Nordgau, & bâtirent ce qu'on appelle le *castrum Noricum*. Lambert de Schaffnabourg est celui des écrivains, qui rend le témoignage le plus reculé de l'antiquité de cette ville, lorsqu'il dit dans un écrit de l'année 1672, *Clara & celebris valde his temporibus per Galliam erat memoria S. Sebaldi in Nuraberg*. Il est vraisemblable que cette ville n'a fait partie ni du duché de Franconie, ni de celui de Suabe, mais qu'elle a dépendu immédiatement des empereurs, & que l'empereur Lothaire a pu la donner en fief au duc Henri le Superbe, pere du duc Henri le Lion. Elle a obtenu postérieurement l'assurance des empereurs Charles IV & Wenceslas, qu'elle demeureroit attachée à l'Empire. Le rang qui lui est assigné, & la voix qu'elle a aux diètes dans le collège des villes, est le troisième sur le banc du cercle de Suabe, & le premier sur celui de Franconie. Sa taxe matriculaire étoit ci-devant de 1480 florins, ce qui faisoit à-peu-près la septième partie de la somme à laquelle étoit imposé tout le cercle de Franconie; mais cette taxe générale ayant été diminuée en 1678, celle de la ville de *Nuremberg* fut réduite d'un tiers, & elle n'a plus payé dès-lors que 986 flor. Cette taxe fut fixée en 1701 à 796 florins, mais elle fut augmentée en 1720 & portée à 828 florins, somme qu'elle paya jusqu'en 1738, époque où elle refusa de payer immédiatement au-delà du septième de la taxe, à laquelle seroit imposée tout le cercle. Sa contribution pour l'entretien de la chambre impériale est de 812 rixdales. Le territoire qui dépend de la ville, est considérable.

Administration.

Le sénat ou conseil de *Nuremberg* est composé de 34 conseillers nobles, & de huit autres tirés du corps de la bourgeoisie, tous gens de métier. Du nombre des premiers, vingt-six sont nommés *bourg-maîtres*, les huit autres sont appelés *anciens*.

Parmi les bourg-maîtres, il y en a treize qu'on nomme *les vieux*, & treize autres qu'on nomme *les jeunes*. Ils arrivent à la régence tour à tour, un vieux & un jeune à la fois, & leur régence ne dure que quatre semaines. Les treize vieux bourg-maîtres, offrent de plus sept premiers conseillers, qui composent le septemvirat, & dont les deux premiers sont nommés *duumviri*: ils siègent souvent seuls & décident les affaires les plus secrettes & les plus importantes: les six autres sont juges d'appel; ils sont revêtus du titre de conseiller impérial; le premier d'entr'eux est prévôt de l'Empire. Il fait sa demeure dans le fort de Reichsveste, & il est par cette raison nommé *châtelain*. Les autres bourg-maîtres, ainsi que les treize jeunes, occupent divers emplois, dont nous parlerons tout-à-l'heure: ceux qu'on appelle les *anciens*, sont députés à différens tribunaux. Il est dans l'année des temps fixés, auxquels les huit conseillers artisans tiennent leurs séances particulieres: ils sont tirés des corps de métiers, des orfèvres, brasseurs, tanneurs, tailleurs, bouchers, drapiers, boulangers & pelletiers, qui ensemble forment ce qu'on appelle le *petit-conseil*. Le grand-conseil doit être composé de deux cents personnes tirées des dernieres classes progressivement jusqu'aux premieres, & il forme l'élite de toute la bourgeoisie. Il paroît qu'on l'a dépouillé de ses privilèges, & que l'autorité de ce corps est à-peu-près nulle. Les tribunaux de la ville sont le conseil supérieur, auquel ressortissent les appels; le conseil de ville, & celui qui connoît des affaires matrimoniales. Le tribunal, pardevant lequel se portent les discussions qui surviennent entre les laboureurs ainsi que les affaires rurales; celui qui connoît des dettes de peu de valeur; celui des cinq qui décide des causes d'injures; la justice forestale de la forêt de Sebald; celle de la forêt de Saint-Laurent; celle, enfin où se décident les contestations entre ceux qui, dans la derniere de ces deux forêts, ont soin des mouches à miel. Les charges & emplois de la ville sont: 1°. la prévôté; 2°. la recette des revenus de la ville & de ses arrérages; 3°. le bureau d'administration des bailliages; 4°. celui de la guerre; 5°. l'administration supérieure des revenus des églises; 6°. la jurisdiction sur les bâtimens; 7°. le bureau de la douane; 8°. celui des prêts d'argent; 9°. celui des droits sur les grains & les vins; 10°. la brasserie de bierre, de froment; 11°. celui qui décide du prix des bleds; 12°. la jurisdiction pardevant laquelle sont portés les délits des artisans pour raison de leurs métiers; 13°. l'inspection sur les suifs; 14°. l'office de receveur des cens & rentes; 15°. celui d'échevins; 16°. le bureau qui connoît de la distribution des aumônes de la ville; 17°. celui qui connoît des aumônes des gens de la campagne; 18°. la jurisdiction forestale de la forêt de Sebald; 19°. celle de la forêt de Saint-Laurent;

Laurent ; 20°. le bureau de recette de l'hôpital du Saint-Esprit ; 21°. celui de la recette du couvent de Sainte-Claire & Pillureuth ; 22°. la recette de la fondation des douze frères de Mendel ; 23°. celle des douze frères de Landaver ; 24°. celle de l'hôpital de Sainte-Marthe pour les étrangers ; 25°. celle de l'arfenal ; 26°. le bureau des greniers publics ; 27°. celui de la Monnoie ; 28°. l'économat des orphelins & enfans-trouvés. Tous ces emplois & offices font occupés par des conseillers de ville, & par des avocats consultans, affesseurs & administrateurs. Ceux qui exercent les emplois des n°. 17, 22, 24 & 26, n'ont aucun objet d'administration dans l'intérieur de la ville ; leur jurisdiction s'étend au-dehors sur le territoire qui en dépend. Il n'y a point de consistoire particulier établi dans *Nuremberg* ; les magistrats en exercent les fonctions à l'aide de six prédicateurs, dont ils prennent les avis dans les affaires de quelque conséquence. La majeure partie des ecclésiastiques de la ville plaide en première instance dans une jurisdiction appelée *Ecolat*, & devant les administrateurs des églises : ceux au contraire des ecclésiastiques qui sont attachées à l'hôpital, ont pour premier juge l'administrateur de l'hôpital, c'est-à-dire, le prévôt de l'Empire, qui demeure dans le fort. Le plus grand nombre des cures du territoire de la ville est donné par les administrateurs. Le conseil de ville décide des affaires matrimoniales, & les jeunes ecclésiastiques reçoivent la bénédiction sacerdotale de la faculté de Théologie d'Altorf.

Le peu d'habitans qui professent la religion réformée, ont un prédicateur particulier : ils font le service divin dans une maison située dans un jardin hors de la ville. L'exercice de la religion catholique est toléré dans celle de l'ordre teutonique.

Remarques sur les patriciens du Nuremberg.

Christ. Louis Scheidt soutient, dans ses Instructions historiques & diplomatiques sur la haute & moyenne nobleffe d'Allemagne (pag. 183) d'après Ludwig, que l'époque du patriciat de *Nuremberg* remonte à l'année 1198, temps auquel l'empereur Henri IV aſſiſta à un tournois qui s'y tint, & ennoblit trente-huit familles bourgeoises. Cette aſſertion eſt combattue par un écrit imprimé à Schwabach en 1762, & ayant pour titre : *Réfutation fondamentale de l'opinion que le patriciat de* Nuremberg *prit son commencement en l'année* 1197 : ſuivant cet écrit, l'origine de la noblesse de ces patriciens remonte à une époque bien plus ancienne que celle qu'on prétend lui donner : mais, quoi qu'il en soit, le patriciat de *Nuremberg* l'emporte ſur celui de toutes les autres villes de l'Allemagne, par le ſoin exact qu'on a toujours eu d'en conſerver la dignité.

Le ſénat n'eſt compoſé régulièrement que de sujets qui deſcendent de ces familles, parce qu'elles ſeules peuvent être revêtues de la dignité ſénatoriale. Dans le cas où l'une d'entr'elles s'éteint, elle eſt remplacée par l'une des trois familles nobles, qui ſont les Oelhafen de Schœllenbach, Thill & Peſsler.

Remarques ſur le gouvernement de Nuremberg *& ſur les contributions aux dépenſes de l'Empire.*

L'adminiſtration de *Nuremberg* paroît être la plus défectueuſe de toutes celles des villes impériales. A proprement parler, un petit nombre de familles gouvernent cet état : leur morgue indiſpoſe le reſte des citoyens, qui ſont toujours mécontens, mais qui oſent rarement le dire à haute voix. La fermentation a été très-vive l'année dernière, & nous ignorons ſi elle eſt calmée.

Les contributions de cette ville au cercle de Franconie & ſes dépenſes publiques ont été calculées à l'époque où, par l'induſtrie de ſes habitans & par ſa poſition, *Nuremberg* étoit la première ville commerçante de l'Allemagne ; quoique la diminution du commerce ait diminué la recette, les dépenſes ſont reſtées les mêmes, & on a contracté des dettes onéreuſes. Pour en ſupporter le poids, la régence s'eſt aviſée, au mois de février 1781, d'établir une nouvelle capitation : cet impôt a trouvé beaucoup de contradictions ; à peine la vingtième partie des habitans a-t-elle adhéré à l'ordonnance. Les négocians & les députés de la ville ont fait des repréſentations au magiſtrat : celui-ci a offert d'abandonner l'impôt, moyennant une contribution volontaire ; mais cette queſtion incidentelle en a amené une beaucoup plus importante. La bourgeoiſie a réclamé ſes anciens privilèges, d'après leſquels nulle loi importante & nulle taxe ne peuvent recevoir de ſanction que du conſentement de la bourgeoiſie. Elle a demandé que la régence retirât ſon règlement fiſcal ſans condition, & qu'elle confirmât tous les droits & privilèges des citoyens.

L'ariſtocratie des patriciens de *Nuremberg* eſt très-oppreſſive. Dix-neuf familles regardent la ville & ſon territoire comme une propriété ; dans ces dix-neuf familles on élit trente-quatre ſénateurs qui gouvernent tout. L'influence des huit bourgeois tirés des métiers privilégiés, dont nous avons parlé plus haut, eſt très-petite. Aucun autre bourgeois ne peut eſpérer d'avoir part au gouvernement. Les patriciens font valoir un privilège de l'empereur Frédéric III, de 1476, ſelon lequel le magiſtrat ne doit compte qu'à l'empereur en perſonne. Tous les emplois un peu lucratifs ſont occupés par des familles patriciennes. Les bourgeois ne ſont comptés pour rien. Un voyageur aſſure qu'étant à *Nuremberg* il revint à l'auberge avec un négociant diſtingué, & que dans le ſalon il n'avoit jamais pu décider ce négociant à s'aſſeoir, parce qu'un enfant de douze à treize ans, fils d'un patricien se trouvoit présent : c'est un trait curieux, puisque Nuremberg passe pour une ville libre. Les jeunes patriciens regardent les plus respectables de leurs concitoyens avec une hauteur insupportable.

Il y a deux cents ans qu'on portoit les habitans de Nuremberg à soixante-dix mille ames; on en compte actuellement 30,000. Scaliger dit que, de son temps, la ville de Nuremberg avoit plus de revenus que l'électeur de Saxe. Cette ville contribua & contribue encore autant aux dépenses de l'Empire que le royaume de Bohême, & que les deux principautés réunies d'Anspach & de Bayreuth. En général, les villes libres furent imposées en 1521 plus que les autres états de l'Empire. Ces derniers ne furent taxés qu'en proportion de leurs domaines; les villes le furent en proportion de leurs revenus. Les revenus de Nuremberg sont évalués à six millions de florins; mais il est vraisemblable qu'ils ne passent pas deux millions. Comme les patriciens prétendent qu'ils ne doivent compte à personne qu'à l'empereur, on leur reproche de partager entr'eux le produit des impôts. Malgré ces revenus considérables, cette ville est chargée de beaucoup de dettes. On évalue l'avantage d'être né patricien à la somme de cent mille florins. Le magistrat de Nuremberg fait un grand secret de ses revenus. Les impôts de la ville sont exorbitans.

La ville a conservé jusqu'ici beaucoup de crédit, à cause de la régularité avec laquelle on paie les arrérages des dettes de l'état. Indépendamment des impôts, le citoyen est encore assujetti à une foule de dépenses dont il ne peut se dispenser, & qui sont très-onéreuses. Par exemple, l'enterrement d'un homme d'une fortune moyenne, coûte cinq à six cents florins; une noce, 8 à 1200 florins; un baptême, 100 florins. Il y a des gens préposés à ces cérémonies qu'il faut payer, même quand on ne s'en sert point. Les présens de la nouvelle année montent, pour une maison d'une fortune moyenne, de 75 à 100 florins. Il faut payer encore une taxe assez considérable, quand on fait un testament ou quelqu'autre disposition de ce genre. Si un particulier laisse 50,000 florins dont il a disposé en faveur de ses enfans, il y a, dit-on, près de 2000 florins de dépenses indispensables à faire, tels que 1000 florins pour l'enterrement & les habits de deuil, 250 florins pour la taxe du testament, 450 flor. pour l'inventaire, &c. &c. Il faut que l'esprit d'industrie & de commerce ait poussé des racines bien profondes dans cette ville, pour n'être pas entièrement détruit par une pareille administration. Nuremberg cependant fait encore des affaires très-étendues. L'industrie y fleurissoit déja, dès le treizième & le quatorzième siècle. On y trouve une industrie prodigieuse, & l'exactitude nurembergeoise est en réputation.

Nuremberg entretient huit compagnies d'infanterie, composées chacune de 100 hommes en temps de paix, & de 185 hommes en temps de guerre : deux compagnies de cuirassiers, de 85 hommes chacune, & deux autres compagnies de soldats vétérans, dont la totalité se monte à 226 hommes. La milice bourgeoise est rangée sous 25 drapeaux de 300 à 400 hommes chacun. La ville a en outre 200 canoniers, deux compagnies de cavalerie & deux compagnies de dragons, qui en temps de paix sont en garnison dans la forteresse de Lichtenau.

O

OBERMUNSTER, abbaye princière d'Allemagne, située dans la ville de Ratisbonne.

Cette abbaye de femmes a été fondée par Heimma, épouse de Louis le Germanique, en 887. Le titre de l'abbesse est : par la grâce de Dieu, princesse du Saint-Empire-Romain, abbesse de la très-noble abbaye impériale & immédiate d'Obermunster à Ratisbonne. Elle occupe à la diète de l'Empire la quatorzième place sur le banc du Rhin, parmi les prélats, & la huitième ou dernière aux assemblées circulaires de Bavière. Sa taxe matriculaire fut fixée en 1684 à 10 fl. Elle paye à la chambre impériale un contingent de 50 rixdales, 67 & demie kr. L'électeur de Bavière est avoué & protecteur de l'abbaye, laquelle d'ailleurs est du diocèse de Ratisbonne. Les religieuses ne sont pas soumises aux règles claustrales, & elles peuvent se marier. L'abbesse tenta vainement d'obtenir en 1707, 1710 & 1711 la supériorité territoriale sur les terres suivantes, situées en Bavière, qui sont de son domaine, savoir : les prévôtés de Sallach, de Mettenbach & d'Ottmaring, & les territoires nobles d'Ottmaring, Ober-Traubling, Pisendorf & Ober-Pærbing.

OCHLOCRATIE. Abus du gouvernement démocratique, qui a lieu lorsque le bas peuple se rend maître des affaires.

L'*ochlocratie* doit être regardée comme la dégradation d'un gouvernement démocratique : mais il arrive quelquefois, que ce nom ne suppose pas tant un véritable défaut ou une maladie réelle de l'état, que quelques passions ou mécontentemens particuliers qui font cause qu'on se prévient contre le gouvernement actuel. Des esprits orgueilleux qui ne sauroient souffrir l'égalité d'un état populaire, voyant que chacun a droit de suffrage dans les assemblées où l'on traite des affaires de la république, & que cependant la populace y est en plus grand nombre, appellent à tort cet état une *ochlocratie* ; c'est-à-dire, un gouvernement où la canaille domine ; & où les personnes d'un mérite distingué, tels qu'ils se croient eux-mêmes, n'ont aucun avantage sur les autres ; c'est oublier que telle est la constitution essentielle d'un gouvernement populaire, que tous les citoyens ont également leurs voix dans les affaires qui concernent le bien public. Mais, dit Cicéron, on auroit raison de traiter d'*ochlocratie*, une république où la populace feroit les ordonnances ; par exemple, celle des anciens Éphésiens, qui, en chassant le philosophe Hermodose, déclarèrent que personne chez eux ne devoit se distinguer des autres par son mérite. *Voyez* les articles GOUVERNEMENT & DÉMOCRATIE.

OCHSENHAUSEN, abbaye princière d'Allemagne, au cercle de Suabe.

L'abbaye d'Ochsenhausen, ordre de saint-Benoît, est située entre les villes impériales de Memmingen & de Biberach : elle fut fondée en 1100 à titre de prieuré, dépendant de l'abbaye de saint-Blaise dans la forêt noire. Mais en 1391 elle fut affranchie de sa dépendance & érigée en abbaye particulière. En 1397 l'empereur Wenceslas l'exempta de la juridiction des présidiaux, & ce privilège lui fut confirmé en 1434 par l'empereur Sigismond, & en 1452 par l'empereur Frédéric III. En 1548 Ferdinand I. lui accorda sa protection spéciale, & celle de l'Autriche, sous laquelle elle se trouve encore. L'empereur Joseph investit l'abbé en 1706 de la juridiction civile & criminelle sur tous les bourgs, villages & terres de son abbaye. Elle paye annuellement à la préfecture d'Altorf un droit de protection de 60 fl., & elle en paye 10 pour Umendorf. Le titre de l'abbé est : très-révérend prélat & seigneur du saint-Empire, abbé régnant de l'abbaye immédiate, libre & impériale d'Ochsenhausen, seigneur des baronies de Thanheimb, d'Umendorf, du haut & du bas Sulmintingen, d'Hornbach & de Fischbach. Il siége à la diète de l'Empire entre Weingarten & Yrsée, sur le banc des prélats de Suabe ; mais aux états du cercle, sa place est marquée entre Elchingen & Weingarten. Sa taxe matriculaire est de 100 florins ; & son contingent, pour l'entretien de la chambre impériale, de 139 rixdalers 69 kr. Les appels des jugemens rendus dans les bailliages de l'abbaye vont au conseil de régence, composé d'assesseurs & d'officiaux ecclésiastiques & séculiers. *Voyez* l'article SUABE.

ODENHEIM, prieuré impérial ou souverain d'Allemagne, au cercle du haut rhin. On l'appelle aussi, le chapitre noble de Bruchsal.

Ce prieuré n'étoit d'abord qu'un couvent de bénédictins ; Brunon, électeur de Trèves, & son frère Pappon, tous deux comtes de Laufen, le fondèrent à *Odenheim* ou *Wigolsberg* en 1122, & ils se réservèrent le droit de patronage pour eux & pour leurs descendans : la fondation obtint l'agrément des papes Pascal, Célestin III, Honorius & de l'empereur Henri IV. Mais à l'extinction de la maison de Laufen, l'abbé Berniger, de l'avis de son couvent, offrit le droit de protection à l'empereur Frédéric II & à ses successeurs. Louis de Bavière transmit le droit de protection à l'évêque Gerard de Spire, aux successeurs duquel, Charles IV l'hypothéqua en 1369 pour la somme de 1000 florins, sous le règne de Maximilien. En 1494, le pape Alexandre VI permit que ce couvent fut converti en chapitre séculier & immédiat de l'Empire, & que son abbé, pour lors Christophe d'Augeloch, en fût le premier prévôt. Mais comme la maison étoit exposée aux insultes des voleurs, l'évêque Philippe de Spire, afin de l'en garantir, consentit en 1507 qu'elle fût transférée d'*Odenheim* à Bruchsal, où il lui affecta l'église de Notre-Dame. Elle a cependant conservé le nom d'*Odenheim*, qu'elle porte encore aujourd'hui.

Son chapitre a le droit d'élire ou de postuler le prévôt; mais son choix tombe ordinairement sur l'évêque de Spire, dont elle relève en matières spirituelles. L'évêque de Spire a, en qualité de prévôt de Bruchsal, voix & séance aux assemblées du cercle du haut-Rhin, & aux diètes de l'Empire, où il a rang parmi les prélats du banc du Rhin, après l'abbé de Kaisersheim. Sa taxe matriculaire est d'un cavalier & de 7 fantassins, ou de 40 florins par mois, outre 80 rixdalers quatorze & demie kr., pour l'entretien de la chambre impériale.

D'après un ancien usage, le chapitre perçoit toutes les redevances des sujets, & veille à l'administration des finances, à l'exclusion du prévôt, qui n'en reçoit qu'une pension annuelle. Le prévôt, alors évêque de Spire, se plaignit en 1729 d'avoir payé de ses propres fonds les taxes dues par la prévôté à l'Empire, au cercle & à la chambre impériale, sans avoir jamais pu les recouvrer; & il déclara, qu'il ne vouloit plus désormais acquitter les charges publiques de cette prévôté.

Les terres immédiates de ce petit état consistent: 1°. dans les domaines abandonnés par les premiers fondateurs, & sur lesquels le prince évêque de Spire, en qualité de vidame, prélève une rente annuelle en vins & en bleds : le chapitre y ajoute la somme d'un florin, 10 bazes 5 deniers.

2°. Dans les domaines & droits seigneuriaux, acquis par le chapitre depuis la fondation, & pour lesquels il refuse de reconnoître la vidamie de l'évêque.

OELS, principauté d'Allemagne. *Voyez* l'article SILÉSIE PRUSSIENNE.

OETTINGEN, comté d'Allemagne. Des princes & comtes d'*Oettingen* & de leurs états en général.

Le comté d'*Oettingen* est borné au nord par la principauté d'Onolzbach & la ville impériale de Dinkelsbühl; à l'est par le duché ou le Palatinat de Neubourg, au sud par le même duché & les seigneuries d'Eglingen & de Heindenheim; & à l'ouest par la prévôté d'Ellwangen & la commanderie de Kapfenbourg. Sa plus grande étendue du nord au sud est de 6 milles, & de l'est à l'ouest elle est de 4. Au sud-ouest elle touche le Danube, qui reçoit près de Donawert la Wemitz, sa principale rivière.

*Précis de l'histoire politique des comtes d'*Oettingen.

Nous commencerons l'abrégé de l'histoire des comtes d'*Oettingen* par le comte Otton, qui vécut au douzième siècle, & dont le fils, nommé Frédéric propagea la famille; ses descendans acquirent au quatorzième siècle une partie de la basse-Alsace, & ajoutèrent à leur titre celui de landgrave d'Alsace, qu'ils ne portèrent pas long-tems: car en 1359 ils revendirent à l'évêché de Strasbourg les fiefs qu'ils en tenoient, & cédèrent les autres, dont l'Empire les avoit investis, à l'empereur Charles IV, aux seigneurs de Lichtenberg, leurs vassaux, à l'exception d'onze villages, pour lesquels les barons de Fleckenstein demeurèrent leurs feudataires. Frédéric IV possesseur de tout le comté, laissa trois fils, qui partagèrent l'héritage de manière que chacun en eut un tiers, ou quatre-douzièmes. Guillaume, l'aîné d'entr'eux, établit sa résidence à *Oettingen*; Ulric fixa la sienne à Flochberg & Jean demeura à Wallerstein. La postérité des deux derniers s'éteignit peu de tems après, & leur succession échut à la branche de Guillaume, qui fut continuée par son fils Wolgang & par son petit-fils Louis l'aîné. Louis le jeune, fils aîné de ce dernier, fonda la branche d'*Oettingen-Oettingen*, qui étoit luthérienne, & Frédéric, troisième fils de Louis, celle d'*Oettingen-Wallerstein*, qui est catholique. Les deux fils de Louis divisèrent après sa mort le comté en deux portions inégales. La première branche qui possédoit sept douzièmes du pays, fut élevée au rang de prince de l'Empire en 1674, & s'éteignit en 1731. La seconde, qui avoit les cinq douzièmes restans, fut continuée par le fils de Frédéric, appellé Guillaume l'aîné, dont les trois fils furent chefs d'autant de lignes particulières. Guillaume le jeune fonda celle de Spielberg; François-Albert, l'un de ses rejettons, élevé en 1734 au rang de prince de l'Empire avec sa postérité, introduisit le droit de primogéniture dans sa maison; son fils, Jean-Aloïse, eut par arrêt du conseil-aulique de l'Empire en 1739 & par l'accommodement qui le suivit, un tiers des états d'*Oettingen-Oettingen*. Wolfgang fonda la seconde ligne, qui porte le nom de Wallerstein. Son petit-fils fut auteur de la tige des comtes d'*Oettingen*-Wallerstein, d'aujourd'hui, dont un descendant, appellé Antoine-Charles, fut institué par Albert-Erneste, dernier prince d'*Oettingen*, héritier de ses états, qu'il céda à son fils Jean-Frédéric; Philippe-Charles, frère de celui-ci, lui succéda, pour cet héritage ainsi que pour le comté de Wallerstein. La troisième branche porte le nom de Baldern, son fondateur. Erneste l'aîné laissa deux fils, qui donnèrent lieu à deux nouvelles lignes: l'aînée continua de porter le nom de Baldern jusqu'en 1687, époque où elle s'éteignit; la cadette, qui avoit pris celui de Katzenstein, hérita de sa portion, à laquelle elle prétend joindre un tiers de la succession d'*Oettingen-Oettingen*.

Par le traité de succession, que la famille d'*Oettingen* fit en 1495 avec la ratification de l'empereur Maximilien, il fut permis à chaque comte de vendre l'usufruit & même la propriété de ses états, sous la réserve de la jurisdiction & des droits régaliens, qui demeureroient attachés à la maison d'*Oettingen*, qui les exerceroit par indivis, ainsi que les investitures, la justice provinciale, le droit de battre monnoie, l'exploitation des mines, la perception des péages & du revenu appellé *friedschatz*. Ce pacte de succession fut renouvellé en 1522 & confirmé en 1663 par l'empereur Léopold. Mais Albert-Ernest, de la ligne d'*Oettingen-Oettingen*, ayant été élevée en 1674 au rang de prince du saint-Empire, la branche de Wallerstein s'y opposa; il en résulta différentes contestations, qui furent terminées en 1696; il fut stipulé alors, que la direction des droits communs resteroit à l'aîné de la famille, & que les nouveaux princes ne nuiroient en rien à leurs agnats, les comtes de Wallerstein, qui promirent de leur côté de ne plus mettre obstacle aux suffrages des princes à la diète, & de laisser la préséance tant à leurs personnes qu'à leurs signatures dans les actes communs qu'ils passeroient ensemble. Enfin le traité de 1522 fut changé dans tous les points incompatibles avec la nouvelle dignité princière, nommément en ce qu'il excluoit de la tutelle des mineurs de cette maison tous princes ou seigneurs d'un rang supérieur à celui des comtes d'*Oettingen*. Cet accomodement fut confirmé la même année (1696) par l'empereur Léopold. Les barons de Fleckenstein sont depuis très-long-temps feudataires de la maison d'*Oettingen* pour onze villages situés en Alsace le long du Rhin, dans le voisinage du fort-Louis; ces villages sont: Roppenheim, Forstferden, Kauffenheim, Gisenheim, Reschawag, Seffenheim, Runzenheim, Dengelsheim, Stattmatt, Dalhunden & Augenheim.

Depuis l'extinction de la branche d'*Oettingen-Oettingen*, & la réunion de la majeure partie de son territoire à celui de Wallerstein, le prince régnant d'*Oettingen*-Spielberg, qui en possède un tiers, prend le titre de prince du saint-Empire & d'*Oettingen*, &c. Le comte régnant d'*Oettingen*-Wallerstein prend celui de comte régnant d'*Oettingen-Oettingen* & d'*Oettingen*-Wallerstein.

Taxe matriculaire.

La taxe matriculaire de tout le comté d'*Oettingen* est de 8 cavaliers & 45 fantassins, ou de 276 florins par mois. Quant à l'entretien de la chambre impériale, la matricule usuelle indique: *Oettingen* 62 rixdalers & 20 kr., *Oettingen*-Wallerstein 20 rixdalers 38 & demie kr., *Oettingen*-Katzenstein & Hœn-Baldern 9 rixdalers 65 kr. & *Oettingen*-Spielberg 15 rixdalers 50 kr.

La branche éteinte des princes d'*Oettingen-Oettingen* & celle d'*Oettingen*-Spielberg, qui fleurit aujourd'hui, n'ont pu obtenir voix & séance dans le conseil des princes assemblés en diète, & toute cette maison est encore censée faire partie du collège des comtes de Suabe. Aux diètes particulières du cercle, les princes d'*Oettingen* obtinrent en 1675 le droit de séance sur le banc des princes séculiers, après celui de Furstenberg-Heiligenberg; mais ce droit n'est plus exercé depuis quelque temps. Quant aux comtes d'*Oettingen*, leur rang est après la commanderie d'Aalschausen, sur le banc des comtes & barons. Ils n'ont tous ensemble qu'une seule voix.

Religion.

La religion romaine & le luthéranisme sont également professés dans ce pays.

Tribunaux.

Le prince d'*Oettingen* a dans sa résidence de même nom une cour de justice & une chambre des finances. Le comte régnant de Wallerstein a une chambre particulière de justice & des finances, tant pour ses états d'*Oettingen-Oettingen*, que pour ceux d'*Oettingen*-Wallerstein; le comte régnant d'*Oettingen*-Katzenstein-Baldern a pour les siens aussi & pour les trois branches de la maison d'*Oettingen* un conseil de régence, un tribunal commun de la sénéchaussée & de la régie des péages, qui dépendent du bureau d'administration des droits régaliens & de la chancellerie du majorat. L'ancienne justice impériale d'*Oettingen*, ou plutôt du canton du Rieff, est depuis très-long-temps administrée par les comtes d'*Oettingen*, qui veulent en étendre la jurisdiction sur tous les seigneurs établis dans ce district, & faire même passer tout le Rieff pour un comté, où ils s'arrogent, à titre de sénéchaux, la supériorité territoriale sur tous les princes & états établis dans cette enclave. Ils disputent à la ville de Noerdlingen la jurisdiction hors de l'enceinte de ses murs, ce qui a souvent occasionné des disputes, & quelquefois des voies de fait.

Le territoire de la maison d'*Oettingen* est composé des bailliages suivans:

I. Le grand bailliage d'*Oettingen* avec le bailliage de Schneidheim.
II. Le grand bailliage d'Aufkirch.
III. Le grand bailliage de Münchsroth.
IV. Le grand bailliage de Dürrwangen.

Les états des comtes d'*Oettingen*-Wallerstein sont en partie situés dans le district appellé Hertfeld ou Hartfeld, dont le sol est sablonneux &

ingrat. On les distingue en deux classes; l'une comprend:

I. Les bailliages subordonnés à la régence de Wallerstein, qui appartenoient à cette branche avant l'extinction de la maison d'*Oettingen-Oettingen*.

II. Les bailliages qui de la succession des princes d'*Oettingen-Oettingen* passèrent par accomodement avec la ligne d'*Oettingen*-Spielberg à la maison de Wallerstein. Ils sont sous une régence particulière.

La maison des comtes d'*Oettingen*-Baldern possède dans le comté d'*Oettingen*:
I. Le grand bailliage de Baldern.
II. Le bailliage de Ræting.
III. Le bailliage d'Aufhausen.
IV. Le bailliage de Katzenstein.

OFFENBOURG, ville impériale d'Allemagne, au cercle de Suabe.

La petite ville d'*Offenbourg* est située sur la Quinche, dans l'Ortenau. Elle professe la religion catholique. Libre dès son origine, elle fut, dit-on, engagée à la maison de Bade, qui en 1330 céda son hypothèque à l'évêché de Strasbourg, lequel en rétrocéda la moitié à l'électeur palatin. Peu avant le commencement du seizième siècle elle se dégagea de l'autorité de l'évêque, & fut délivrée de celle de l'électeur, lorsqu'en 1504 il fut mis au ban de l'Empire. En 1635 sa qualité d'état de l'Empire & du cercle fut renouvellée & confirmée. Elle est la vingt-septième à la diète, & la vingt-neuvième dans les assemblées du cercle sur le banc des villes impériales de Suabe. Sa taxe matriculaire, autrefois de 120 florins, fut réduite en 1683 à 34 florins & en 1728 à 33 florins. Elle paye par terme 22 rixdalers. 88 & demie kr. pour l'entretien de la chambre impériale. Elle est sous la protection de la maison d'Autriche, & le grand bailli archiducal dans l'Ortenau y réside.

OLDENBOURG & DELMENHORST, comtés princiers d'Allemagne, au cercle de Suabe: ils appartiennent au roi de Danemarck.

Ils sont bornés au couchant par la principauté d'Ost-Frise & l'évêché de Münster; au levant, par le Weser, qui les sépare du duché de Breme; au midi, par les bailliages de Harpstedt & de Wildeshausen, dépendant de l'électorat de Brunswik; & au nord, par la seigneurie de Jever & la Jade.

Sol.

La longueur de ces comtés est d'environ 10 lieues géographiques, sur 7 ou 8 de large; & le sol y est très-inégal. Le Geestland (pays de landes & de bruyères) est sablonneux & aride, très-humide & rempli de tourbes. Le Marschland (pays humide) est gras, fertile & très-propre à l'agriculture & à l'entretien du bétail: mais le grain qu'on y recueille ne suffit pas à la consommation des habitans, & ils sont obligés d'en tirer de l'étranger.

Commerce.

Ces comtés exportent, sur-tout, du beurre, des fromages, d'excellens chevaux, du bétail engraissé qu'on tire de la Marsch, du lin, du houblon, de la tourbe, de la toile & des meubles de bois que fournit la Geeste: ils importent du froment, du seigle, de l'orge, de la bierre, du vin, du sel & des marchandises de toutes espèces. Pour prévenir les inondations, on a formé divers étangs dans le pays. La proximité de la mer du Nord & du Veser leur est très-avantageuse.

Population.

Les deux comtés renferment vingt-huit bailliages & prévôtés, cinquante-une paroisses où l'on compte cinquante-deux églises, trois chapelles & environ 70,000 ames, deux villes, cinq bourgs, plus de 250 villages & hameaux, & 74 & demi terres nobles & franches; douze de ces terres sont fiefs; les autres allodiales & taxées ensemble à un nombre égal d'hommes armés, & elles ressortissent à la régence d'*Oldenbourg*.

Religion.

Presque tous les habitans des deux états professent la religion luthérienne. Elle fut introduite dans le comté d'*Oldenbourg* en 1525, & dans celui de Delmenhorst en 1543 seulement. On y trouve aussi quelques réformés, sur-tout dans la seigneurie de Varel où ils ont un ministre. On fait à *Oldenbourg* un service catholique & un service réformé, pour la commodité de la garnison.

Précis de l'histoire politique.

L'origine des anciens comtes d'*Oldenbourg*, incertaine pendant long-temps, est aujourd'hui plus connue. M. C. L. Scheid, soutient dans ses *origines Guelficæ*, tom. 4, pag. 346, qu'elle remonte à Wittikind le grand; & il prouve, d'abord, d'après des documens catholiques, que ce prince eut un fils, nommé *Wigbert*, père de Walberg, père de Regenbern, qui laissa Wittikind second, souche des comtes d'*Oldenbourg* & des rois actuels de Danemarck. L'ouvrage de Meginhart, intitulé *Historia de transl. sancti Alex. Wildeshusani*, & publié pour la première fois par ce même savant dans sa bibliothèque de Gœttingue, éclaircit les doutes qu'on avoit sur cette généalogie, en démontrant que Wigebert étoit fils du grand Wittikind, & que Walberg étoit son petit-fils. Il n'en est pas moins avéré que les anciens comtes de Ruftringen & d'Ammerland prirent dans la fuite le titre de *comtes d'Oldenbourg*, & qu'Egilmar ou Eilmar II, l'un d'eux, qui vivoit au commencement du douzième fiècle, eut entr'autres enfans le comte Chriftian I, lequel en 1155 bâtit *Oldenbourg*, dont il prit le nom, & le tranfmit à Maurice fon fils, fouche directe de tous les comtes fes fucceffeurs. Thierry le fortuné, l'un d'entr'eux, réunit en 1435 le comté de Delmenhorft à celui d'*Oldenbourg*, & obtint l'expectative du duché de Slefwig & du comté de Holftein du chef de Heilwig ou Hedwig fa feconde femme, en qualité de fœur & héritière d'Adolphe VIII qui en étoit le dernier prince. Chriftian, fon fils aîné, fut élu roi de Danemarck en 1449, & duc de Sleswig, comte de Holftein, peu de temps après. Gerard, fon fecond fils, qui continua la branche des comtes d'*Oldenbourg*, perdit Delmenhorft que l'évêque Henri de Munfter lui enleva; mais il acquit les terres de Varel & de Nevenbourg. Antoine I, fon petit-fils, recouvra le comté de Delmenhorft, qu'il tranfmit à Antoine II, l'un de fes fils : l'autre, nommé *Jean VI*, qui fut comte d'*Oldenbourg*, hérita en 1575 de la feigneurie de Jever, & acquit celle de Kniphaufen par adjudication de 1592. En 1565 Frédéric II, roi de Danemarck, & le duc de Holftein demandèrent à l'empereur Maximilien II l'expectative des comtés d'*Oldenbourg* & de Delmenhorft, au défaut d'héritiers d'Antoine Gonthier, fils de Jean VI. Ils l'obtinrent comme defcendans par les mâles de la maifon d'Oldenbourg. Cette conceffion donna lieu aux prétentions que le roi Chriftian V & le duc Chriftian Albert formèrent fur ces domaines en 1667 à la mort du comte Antoine Gonthier, qui ne laiffa qu'un fils naturel, nommé *Antoine*, né d'Elifabeth d'Ungnad, & qui, quoique légitimé & créé comte d'Aldenburg, ne put hériter que de la feigneurie de Kniphaufen, que fon père lui affigna pour appanage. Le fils de fa fœur Magdeleine, femme de Rodolphe, prince d'Anhalt-Zerbft, également inhabile à lui fuccéder, fut obligé de fe contenter de la feigneurie de Jever ; de façon que ces comtés d'*Oldenbourg* & de Delmenhorft, comme fiefs mafculins de l'Empire, échurent à la maifon de Holftein, & nommément aux defcendans de Chriftian I, qui effuya à ce fujet de grandes conteftations. En 1648, le roi Frédéric III convint avec le duc Frédéric de Holftein-Gottorp du partage qu'ils feroient de la fucceffion, & ils pafsèrent en 1649 à Rendsbourg, avec le comte Antoine Gonthier, une tranfaction que l'empereur Ferdinand III confirma quatre ans après. Ce comte confentit même en 1644 à les mettre en poffeffion réelle de fes fiefs, & à les en déclarer héritiers peu de temps avant fa mort. Mais le duc Joachim Ernefte de Plœn leur intenta un procès il réclamoit des droits à cette fucceffion, non-feulement égaux, mais fupérieurs aux leurs, puifqu'il étoit parent de Chriftian premier au quatrième degré, tandis qu'ils ne l'étoient qu'au cinquième. Le roi Chriftian V, prévoyant que fes prétentions ne feroient pas accueillies par les tribunaux de l'Empire, tranfigea en 1671, & donna au duc de Plœn un équivalent pour fa part aux comtés. Le duc Chriftian Albert de Holftein ayant défapprouvé l'accommodement & continué de plaider, celui de Plœn gagna fon procès, prit en 1675 poffeffion de l'héritage, & le céda fur-le-champ au roi, qui l'année fuivante reçut l'hommage de fes nouveaux fujets. Depuis cette époque, les rois de Danemarck ont été paifibles poffeffeurs des comtés d'*Oldenbourg* & de Delmenhorft. Ils ont paffé divers contrats de vente & d'échange avec les héritiers allodiaux, & le roi Frédéric IV engagea même en 1711 le comté de Delmenhorft avec quelques prévôtés à la maifon électorale de Brunfwick pour une fomme de 712,640 rixdales rembourfables dans vingt ans. Cet engagement fut dénoncé encore fous fon règne, & le roi Chriftian VI rentra en 1731 en poffeffion de tout ce qui en étoit l'objet.

Privilèges.

Ces comtés donnent au roi de Danemarck deux fuffrages aux diètes de l'Empire dans le collége des comtes & aux affemblées du cercle de Weftphalie, où il a rang après les comtes de Schavenbourg. Sa taxe pour *Oldenbourg* eft de 8 cavaliers & 30 fantaffins ou de 216 florins, & pour Delmenhorft de 2 cavaliers & 14 fantaffins ou de 80 florins. Sa contribution pour l'entretien de la chambre impériale eft de 113 écus 55 un quart kr. par terme.

Adminiftration.

Le gouvernement de ces comtés a beaucoup varié depuis leur réunion au Danemarck, Ils eurent d'abord un gouverneur pour le roi en la perfonne d'Antoine, comte d'*Oldenbourg* ; mais après fa mort on lui fubftitua un grand droffard, en même-temps préfident de la chancellerie d'*Oldenbourg* & droffard particulier du comté de Delmenhorft, avec un droffard en fecond pour *Oldenbourg*. Cette forme d'adminiftration a fubfifté jufqu'en 1752, que le roi Frédéric V fupprima les dignités de grand droffard & de droffard particulier, pour rétablir celle de gouverneur des deux comtés, qu'il conféra au comte de Lynar, chevalier de fes ordres & confeiller des conférences : mais en 1766 cet office fut remplacé par celui de grand droffard. Son titulaire eft chef de la régence & chancellerie d'*Oldenbourg*, compofée d'ailleurs d'un directeur, de plufieurs confeillers, fécrétaires, archiviftes, commis, &c. Elle ftatue provifionnellement fur tout ce qui peut intéresser les deux comtés, & représente la personne même du roi dans les cas généraux & urgens. Elle prononce de plus sur l'honneur, l'état & la vie de tous les justiciables, tant de son district particulier que des tribunaux inférieurs, dont aucun n'a droit de glaive, sinon les magistrats municipaux d'*Oldenbourg* & la seigneurie de Varel. Enfin les appels de toutes les justices subalternes des deux comtés, comme des magistrats de leurs capitales, des présidiaux d'*Oldenbourg*, Ovelgoenn, Nevembourg & Delmenhorst; des justices bailliyales de Schwey, du pays de Wœhrden & de la terre de Varel vont à cette régence, dont on ne peut appeller aux tribunaux de l'Empire, que lorsque l'objet passe 1000 flor. du Rhin. Les officiers subalternes sont chargés de la levée des deniers royaux, dont ils rendent compte, ainsi que du règlement & de la police des communautés, de la construction & réparation des digues, chaussées, &c. Ils prononcent quand il ne s'agit que de douze écus d'Empire; mais, dans les causes plus importantes ou non liquidées, ils laissent la connoissance de l'affaire aux présidiaux. Le consistoire établi pour les deux comtés, & duquel celui de Varel dépend, est composé de tous les membres & secrétaires de la régence, auxquels se réunissent comme assesseurs le surintendant général, l'administrateur des biens ecclésiastiques, le ministre principal d'*Oldenbourg*, & depuis peu le recteur du collège de la même ville. Les deux premiers doivent faire tous les trois ans la visite générale des églises, comme aussi vaquer à l'audition & appurement des comptes des fabriques & autres revenus ecclésiastiques.

Contributions.

La contribution ordinaire de ces comtés, dont le rôle sert de base à la répartition des impôts, monte annuellement à 60,000 écus d'empire; mais la totalité des revenus qu'en tire le roi, est beaucoup plus considérable; car ils ont monté dans ces derniers temps, dit Busching, à 227 mille écus d'empire, année commune, tandis que l'entretien de tous les officiers militaires & civils n'en a coûté que 52,000.

On créa pour ces comtés, en 1704, un régiment national d'infanterie, dont l'entretien fut réglé sur le cadastre de chaque prévôté. Il étoit d'abord de 12000 hommes, non compris les officiers, mais il a été réduit à la moitié en 1755. *Voyez* l'article DANEMARCK.

OLIGARCHIE; c'est ainsi qu'on nomme la puissance usurpée d'un petit nombre de citoyens qui se sont emparés du pouvoir, lequel, selon la constitution de l'état, devroit résider dans le peuple, ou dans un conseil ou sénat. Il est difficile qu'un peuple soit bien gouverné, lorsque son sort est entre les mains d'un petit nombre d'hommes dont les intérêts diffèrent, & dont la puissance est fondée sur l'usurpation. Chez les romains, le gouvernement a plusieurs fois dégénéré en *oligarchie*; il étoit tel sous les decemvirs, lorsqu'ils parvinrent à se rendre les seuls maîtres de la république. Cet odieux gouvernement se fit sentir d'une manière plus cruelle sous les triumvirs, qui, après avoir tyrannisé leurs concitoyens, abattu leur courage & éteint l'amour pour la liberté, préparèrent la voie au despotisme & à l'administration arbitraire des empereurs.

OLLBRUCK, seigneurie d'Allemagne au cercle du haut-Rhin.

Cette seigneurie est située dans la partie supérieure de l'archevêché de Cologne, entre les bailliages d'Andernach & de Kœnigsfeld. Elle appartient aux barons de Waldbott-Bassenheim, qui résident à *Ollbruck*-Bornheim, & sont de la religion catholique. Comme ils ne sont pas états de l'Empire, les autres membres du cercle du haut-Rhin leur disputent le droit de voix à leurs diètes. Mais la terre est taxée dans la matricule à un cavalier & un fantassin ou 16 florins par mois, outre 17 rixd. 45 kr. pour l'entretien de la chambre impériale.

OOST-FRISE. *Voyez* OST-FRISE.

OPINION: mot qui signifie une créance fondée sur un motif probable, ou un jugement de l'esprit douteux & incertain. Le dictionnaire de Logique contiendra vraisemblablement un article sur l'*opinion* en général: nous n'envisagerons ici l'*opinion* que dans ses rapports avec la politique.

Les résolutions politiques de chaque état sont précédées d'une espèce de calcul sur l'opposition ou le concours de ce qui l'environne, & il faut même que cela soit ainsi; car aucune force particulière ne se peut calculer & définir que par les degrés de proportion & de comparaison.

Un gouvernement modéré, & pourtant fort dans ses principes, se fait craindre; mais il inspire cette espèce de crainte qui n'exclut ni l'amitié, ni la confiance, qui même établit l'une & l'autre.

Une administration foible, même dans un gouvernement dont la constitution est forte par elle-même, met l'*opinion* contre lui.

Une administration entreprenante & ambitieuse se fait redouter proportionnellement au degré de pouvoir & de forces qu'elle développe: mais, comme il ne peut naître de là que des rapports forcés d'*opinion*, ils ne peuvent être ni solides, ni durables, ni heureux; & le genre de crainte qui en est la suite, devient un germe de division presque éternelle.

Un état appauvri & épuisé perd sa considération.

Un état riche avec des ressources bien ménagées, dicte des loix, s'il le veut, & n'en reçoit jamais : mais c'est pour lui qu'est faite cette maxime d'un des plus grands poëtes dramatiques :

Qui veut tout pouvoir, ne doit pas tout oser.

Maxime précieuse, dont l'observation feroit le bonheur des sociétés publiques.

Un état tranquille intérieurement par la balance maintenue entre ses divers corps publics, inspire la circonspection aux uns & la confiance aux autres.

L'état qui a l'*opinion* en sa faveur, est toujours, même avec de l'infériorité & forces réelles, le plus fort dans l'ordre des rapports politiques, non peut-être pour entreprendre, car il faut que le calcul des forces soit mathématique, mais pour ne pas craindre d'être attaqué.

Le poids de l'*opinion* & de la réputation des états est tel, que les choses qui la peuvent le moins du monde blesser ou compromettre, font partie des intérêts les plus essentiels, & suffisent pour autoriser les plus fortes résolutions. Il est entre les gouvernemens, des offenses ou des procédés qui ne leur ôtent pas un pouce de terrein, & pour la réparation desquelles on ne ménage ni les hommes ni l'argent. C'est une tache qui laisseroit des impressions de mépris, capables d'influer sur les intérêts même de la conservation, parce qu'on attaque avec hardiesse celui qu'on a pu offenser impunément. Rien n'a mieux établi la grandeur de Rome & ne l'a portée à un plus haut degré, que son attention à venger les insultes. Elle a entrepris autant de guerres pour de pareils sujets, que pour aucun autre motif ou intérêt essentiel. Combien la gloire du sénat & du peuple romain, & l'honneur des aigles romaines, n'ont-ils pas formé ou occupé de héros dont les noms vivent encore parmi nous ?

Il est, relativement aux avantages de l'*opinion*, une première maxime politique nécessaire dans chaque état ; c'est celle de pouvoir être utile à ses amis, & redoutable à ses ennemis naturels. De la nécessité d'une bonne administration intérieure, comme le seul moyen de préparer des ressources actives. Une bonne administration est la prospérité de tous les états.

Ainsi, qu'un état commerçant par sa situation rende son commerce florissant ; qu'un état militaire entretienne, par l'instruction & la discipline, l'esprit militaire des sujets ; qu'une puissance maritime tienne sa marine sur un pied respectable, chacune aura saisi le vrai moyen d'avoir en sa faveur la balance de l'*opinion*, ou du moins d'être admis à son partage ; car tous les pays du monde ont leurs avantages, & même des avantages forcés.

Qu'en suivant le même esprit, un prince ait des ministres dénués de tout autre intérêt que

Œcon. polit. & diplomatique, Tom. III.

l'intérêt national, qui ne comptent pour rien leur considération personnelle, qui soient uniquement occupés de la gloire du souverain, la balance penchera toujours en faveur de cet état, s'il a d'ailleurs des forces suffisantes ; les uns le craindront, les autres le respecteront & le rechercheront. Par l'effet de l'*opinion*, un pareil état devra être l'arbitre de tous les autres. Combien de fois les romains n'ont-ils pas été appellés à cette glorieuse fonction, qu'ils perdirent à mesure que, dans les vices de leur administration, on apperçut les principes de leur décadence.

Que le prince, par des faveurs & des distinctions répandues avec discernement, excite l'émulation ; qu'il récompense l'amour de la patrie ; qu'il paye les efforts qu'inspire ce sentiment si précieux & si noble, il formera de grands hommes, dont le nom seul & la réputation lui assureront la balance de l'*opinion*. On a vu des états attaqués, parce qu'on ne leur connoissoit pas des citoyens distingués pour leur défense. L'Allemagne auroit été plus timide, si elle n'avoit pas eu un Montecuculli à opposer à Turenne. Charles-Quint auroit été moins entreprenant, s'il n'avoit pas eu plus d'illustres capitaines que le siecle de François premier n'en avoit donné à la France. Quel succès auroit eu la politique de l'Europe contre la France, si Louis XIII n'eût pas conservé la balance de l'*opinion* par sa confiance en Richelieu, qu'au fond il n'aimoit point, mais dont il connoissoit ces talens qui ont préparé l'Europe aux grandes choses qui, sous le regne de Louis XIV, nous procurerent la supériorité totale de l'*opinion* !

Elle ne s'acquitta pas cette supériorité d'*opinion*, si les plans politiques de chaque état ne sont point analogues aux intérêts qui résultent de la religion, du caractere national, des différences de situation, de la constitution intérieure, de l'état des forces, des produits & des besoins ; ou de ceux de ces intérêts qui sont les plus essentiels ; car tous ne le sont pas dans tous les pays, & ils ne se trouvent pas tous à la fois l'objet des ressorts principaux, mais aucun ne doit être négligé ou sacrifié.

Tout ce qui s'éloigne de cette regle, ne produit jamais que des systêmes forcés, & mene à des fautes graves que souvent un siecle de travail ne répare pas, & dès lors on perd la balance de l'*opinion*.

Les ennemis naturels en profitent ; les amis naturels en deviennent plus circonspects & plus défians ; & au lieu de chercher si loin pourquoi on est sans amis & sans alliés, on peut, en revenant sur soi-même & sur ses propres fautes, en trouver chez soi la véritable cause. Il est nécessaire alors de se mettre à portée de remédier assez tôt aux égaremens politiques, pour ne les pas laisser venir au point d'être sans remede.

Les grands orages, en matière politique, ne se forment pas à propos de rien. Ils ont communément des causes graves, souvent préparées de loin, sur-tout dans les états constitués fortement, & dont l'ébranlement n'est & ne peut jamais être l'ouvrage d'un moment. Plusieurs siècles s'écoulèrent entre l'époque des principes de la chûte de la république romaine & sa décadence réelle. M. de Montesquieu a bien développé cette vérité dans ce qu'il a écrit sur les romains.

Ces causes sont presque toujours les événemens mal entendus, mal conçus, ou mal appliqués à l'intérêt particulier de chaque état : car il n'en est pas deux où le même événement doive faire la même sensation, & par conséquent où il puisse produire des effets pareils & des mouvemens égaux.

De là la nécessité pour l'homme public d'embrasser une multitude presque innombrable de rapports & de combinaisons, au milieu desquels il se méprendra, s'il n'a pas dans l'esprit des principes certains & invariables qui lui tiennent lieu du fil de Dédale dans le labyrinthe.

Il suffit de se tromper sur un seul de ces points de combinaison, pour porter à suite parmi tous les autres états à faux ; & la politique est peut-être la seule science dont on puisse dire que les erreurs particulières sont nécessairement des erreurs générales. En effet, un état n'entre point dans de fausses routes, sans y entraîner les autres, soit par ses conseils ou ses suggestions : les autres états trompés par les apparences, & prenant des systêmes momentanés pour des systêmes permanens, se portent d'eux-mêmes à des engagemens & à des mesures précipitées qui renversent l'équilibre, & qui souvent ôtent pour long-temps les moyens de se replacer sur son pivot.

Ainsi l'on forme des desirs qui sont chimériques, & des demandes qui ne peuvent être accordées ; on tente de suggérer des craintes ou des espérances de peu d'effet ; on se détermine enfin à des entreprises sans des forces proportionnées. Il faut se persuader que chaque pays a ses calculateurs & son arithmétique particulière. En avoit-on bien suivi de toutes parts les règles dans la fameuse ligue où Louis XII entraîna tant d'acteurs ? Il n'en falloit pas tant pour réussir, si le principe eût été bien calculé. Et, dans des temps plus rapprochés de nous, la médaille (1) ingénieuse, *quartâ deficiente rotâ*, ne pouvoit-elle pas être une leçon de politique applicable à ce qui fait la matière de cet article ?

Travailler dans l'intérieur de l'état pour assurer le triomphe de l'*opinion*, c'est donc saisir le véritable esprit des maximes politiques ; c'est se préparer les moyens d'assurer à un état toute la considération dont il peut être susceptible.

OPPELN, principauté d'Allemagne. *Voyez* l'article SILÉSIE PRUSSIENNE.

OR : effets de l'abondance ou de la disette de l'or. *Voyez* l'article NUMÉRAIRE.

ORCADES. *Voyez* l'article ECOSSE.

ORENOQUE, établissement espagnol en Amérique, sur les bords du fleuve *Orenoque*. Ce fut Colomb qui le premier découvrit, en 1498, l'*Orenoque*, dont les bords furent depuis appellés *Guyane espagnole*. Ce grand fleuve tire sa source des Cordelières, & ne se jette dans l'Océan, par quarante embouchures, qu'après avoir été grossi dans un cours immense par un nombre prodigieux de rivières plus ou moins considérables. Telle est son impétuosité, qu'il traverse les plus fortes marées, & conserve la douceur de ses eaux douze lieues après être sorti du vaste & profond canal qui l'enchaînoit. Cependant sa rapidité n'est pas toujours égale, par l'effet d'une singularité très-remarquable. L'*Orenoque*, commençant à croître en avril, monte continuellement pendant cinq mois, & reste le sixième dans son plus grand accroissement. En octobre, il commence à baisser graduellement jusqu'au mois de mars ; qu'il passe tout entier dans l'état fixe de sa plus grande diminution. Cette alternative de variations est régulière, invariable même.

La tyrannie exercée contre les femmes sur les rives de l'*Orenoque*, encore plus que dans le reste du nouveau-Monde, doit être une des principales causes de la dépopulation de ces contrées si favorisées de la nature. Les mères y ont contracté l'habitude de faire périr les filles dont elles accouchent, en leur coupant de si près le cordon ombilical, que ces enfans meurent d'une hémorragie. Le christianisme même n'a pas réussi à déraciner cet usage abominable. On a pour garant le jésuite Gumilla, qui, averti que l'une de ses néophites venoit de commettre un pareil assassinat, alla la trouver pour lui reprocher son crime dans les termes les plus énergiques. Cette femme écouta le missionnaire sans s'émouvoir. Quand il eut fini, elle lui demanda la permission de lui répondre, & elle lui répondit d'une manière touchante à laquelle il ne sut que repliquer.

Les espagnols qui ne pouvoient s'occuper de toutes les régions qu'ils découvroient, perdirent de vue l'*Orenoque*. Ce ne fut qu'en 1535 qu'ils entreprirent de le remonter. N'y ayant pas trouvé les mines qu'ils cherchoient, ils le méprisèrent. Cependant le peu d'européens qu'on y avoit jetté, se livrèrent à la culture du tabac avec tant d'ardeur, qu'ils en livroient tous les ans quelques cargaisons aux bâtimens étrangers qui se

---

(1) Médaille frappée en Hollande, à l'occasion de la quadruple alliance de 1718.

préfentoient pour l'acheter. Cette liaifon interlope fut profcrite par la métropole, & des corfaires entreprenans pillèrent deux fois cet établiffement fans force. Ces défaftres le firent oublier. On s'en reffouvint en 1753. Le chef d'efcadre Nicolas de Yturiaga y fut envoyé. Cet homme fage établit un gouvernement régulier dans la colonie qui s'étoit formée infenfiblement dans cette partie du nouveau-Monde.

En 1771, on voyoit fur les rives de l'*Orénoque* treize villages qui réuniffoient quatre mille deux cents dix-neuf efpagnols, métis, mulâtres ou nègres; quatre cents trente-une propriétés; douze mille huit cents cinquante-quatre bœufs, mulets ou chevaux.

A la même époque, les indiens qu'on avoit réuffi à détacher de la vie fauvage, étoient répartis dans quarante-neuf hameaux.

Les cinq qui avoient été fous la direction des jéfuites, comptoient quatorze cents vingt-fix habitans, trois cents quarante-quatre propriétés, douze mille trente têtes de bétail.

Les onze qui font fous la direction des cordeliers, comptoient dix-neuf cents trente-quatre habitans, trois cents cinq propriétés, neufs cents cinquante têtes de bétail.

Les onze qui font fous la direction des capucins aragonois, comptoient deux mille deux cens onze habitans, quatre cents foixante-dix propriétés, cinq cents fept têtes de bétail.

Les vingt-deux qui font fous la direction des capucins de Catalogne, comptoient fix mille huit cents trente habitans, quinze cents quatre-vingt-douze propriétés, quarante-fix mille têtes de bétail.

C'étoit en tout foixante-deux peuplades, feize mille fix cents vingt habitans, trois mille cent quarante-deux propriétés, foixante-douze mille trois cents quarante-une têtes de bétail.

Jufqu'à ces derniers temps, les hollandois de Curaçao trafiquoient feuls avec cet établiffement. Ils fourniffoient à fes befoins, & on les payoit avec du tabac, des cuirs & des troupeaux. C'étoit à Saint-Thomas, chef-lieu de la colonie, que fe concluoient tous les marchés. Les noirs & les européens faifoient les leurs eux-mêmes; mais c'étoient les miffionnaires feuls qui traitoient pour leurs néophytes. Le même ordre de chofes fubfifte encore, quoique depuis quelques années la concurrence des navires efpagnols ait commencé à écarter les navires interlopes.

Il eft doux d'efpérer que ces vaftes & fertiles contrées fortiront de l'obfcurité où elles font plongées, & que les femences qu'on y a jettées produiront, un peu plutôt, un peu plus tard, des fruits abondans. Entre la vie fauvage & l'état de fociété, c'eft un défert immenfe à traverfer; mais de l'enfance de la civilifation à la vigueur du commerce, il n'y a que des pas à faire. Le temps qui accroît les forces, abrège les diftances. Le fruit qu'on retireroit du travail de ces peuplades nouvelles, en leur procurant des commodités, donneroit des richeffes à l'Efpagne. *Voyez* les articles particuliers des établiffemens que les efpagnols ont formés dans le continent du nouveau-Monde & l'article ESPAGNE.

ORGUEIL NATIONAL: c'eft l'opinion avantageufe qu'une nation a d'elle-même. L'*orgueil national* appliqué à des chofes graves, & étranger aux petiteffes & à la fottife, feroit utile dans chaque état. Mais jufqu'à préfent on n'a point vu l'*orgueil national* fe contenir dans de juftes bornes.

G. Patin appelloit les anglois des *loups voraces*; Adiffon, plus poli, fe contente d'infinuer, qu'on pourroit trouver aux françois de la reffemblance avec les *finges*.

Un maître à danfer demandoit s'il étoit vrai que Harlay fût grand tréforier; on lui dit que oui: cela m'étonne, répondit-il; quel mérite la reine a-t'elle donc trouvé dans ce Harlay? Pour moi j'ai eu cet homme deux ans, & jamais je n'en ai pu rien faire.

Un orateur anglois difoit à la fin du dernier fiècle en public: oui, milords, avant peu, vous verrez Louis XIV aux pieds du parlement, lui demander la paix.

Le canadien croit faire un grand éloge du françois, en difant: c'eft un homme comme moi. L'arabe, perfuadé que fon calife eft infaillible, rit de la fimplicité du bon tartare, qui s'imagine que fon lama eft immortel. Sur les rives du Miffiffipi, au fond de la Louifiane, le fouverain fort dès le grand matin de fa cabane, & trace au foleil le chemin qu'il doit parcourir.

On amena devant un prince nègre de Guinée, quelques françois qui venoient d'aborder; affis fous un arbre, il avoit pour trône une groffe buche, pour gardes trois nègres, armés de piques de bois; ce ridicule monarque demanda: parle-t'on beaucoup de moi en France?

Les perfans regardent notre continent comme une petite ifle, où l'on manque du néceffaire. Pourquoi, difent-ils, les Européens viennent-ils acheter nos marchandifes? c'eft qu'ils ne trouvent rien chez eux: lorfque le Kan des tartares, qui ne poffède pas une maifon, qui vit de rapines, a achevé fon dîner, confiftant en laitage & en chair de cheval, il fait publier par un héraut, que tous les potentats, princes & grands de la terre peuvent fe mettre à table.

Un payfan efpagnol remet la charrue à des mains étrangères, il s'occupe à des exercices plus relevés, il joue de la guitare, ou fi fes mains daignent conduire le foc, fon chapeau eft couvert de plumes, il porte l'épée au côté, fe couvre de fon manteau & marche gravement. On fait qu'un gentilhomme caftillan fe croyoit plus noble que le roi Philippe V, parce que, difoit-il, le roi est françois, & j'ai l'honneur d'être castillan.

La pitoyable milice du quartier de Transtevère prétend descendre des anciens troyens ; les autres quartiers de Rome ne sont à ses yeux, qu'un vil assemblage de populace, qui cependant se croit égal aux anciens romains. Les anglois ne croiroient pas assez insulter un étranger, à qui ils donneroient le nom de *chien*, s'ils n'ajoutoient *chien de françois*... Rien de plus commun que d'entendre dire à Londres, tu es un *mendiant écossois*, tu es un *impudent barboteur d'Irlande*.

Les habitans des isles Mariannes, persuadés que leur langue est la seule de l'univers, regardent comme muets tous les autres peuples de la terre. Une petite nation de l'Amérique septentrionale tient pour une marque de distinction, d'avoir les cheveux très-longs, & croit que toutes celles qui les portent courts sont esclaves.

Les turcs à qui l'on reproche de mettre à la tête de leurs armées des directeurs de douanes, répondent, qu'un turc est bon à tout. C'étoit le sentiment du sultan Osman, lorsqu'il fit un de ses jardiniers vice-roi, pour l'avoir vu planter des choux fort adroitement. Quand on reprocha au général Apraxin de s'être laissé surprendre, il répondit froidement, que les russes ne se servent point d'espions. Les anglois avoient fait faire en Irlande & dans l'isle de Minorque des chemins unis, larges & droits. Les irlandois & les minorcains ne voulurent jamais passer par ces routes, quoique plus faciles & plus commodes que les anciennes. On connoît le trait par lequel les abyssins voulurent faire connoître leur bravoure au père Labat. Comme il faisoit son compliment au roi, 20 ou 30 bâtons lui tombèrent sur son dos ; il gagna la porte ; on lui fit mille politesses, en l'assurant qu'on traitoit de même tous les étrangers, pour leur donner une idée du courage de la nation.

Dans une presqu'isle de l'Inde, un chef de quelques bourgades, assis tranquillement sur sa natte, qu'il appelle son trône, dit froidement aux européens qui le visitent, *pourquoi ne viens-tu pas voir plus souvent le roi du ciel, & le roi du ciel, c'est lui. De l'orgueil national*, traduit de l'allemand de Zimmerman, I. vol. in 12 1769.

La vanité paroit être un aussi bon ressort pour un gouvernement que l'orgueil en est un dangereux. Il n'y a pour cela qu'à se représenter, d'un côté, les biens sans nombre qui résultent de la vanité ; de là le luxe, l'industrie, les arts, les modes, la politesse, le goût ; & d'un autre côté les maux infinis qui naissent de l'orgueil de certaines nations ; la paresse, la pauvreté, l'abandon de tout, la destruction des nations que le hasard a fait tomber entre leurs mains, & de la leur même. La paresse (1) est l'effet de l'orgueil ; le travail est une suite de la vanité : l'orgueil d'un espagnol le portera à ne pas travailler ; la vanité d'un françois le portera à savoir mieux travailler que les autres.

Toute nation paresseuse est grave ; car ceux qui ne travaillent pas se regardent comme souverains de ceux qui travaillent.

Examinez toutes les nations ; & vous verrez, que, dans la plupart, la gravité, l'orgueil & la paresse marchent du même pas.

Les peuples (2) d'Achim sont fiers & paresseux : ceux qui n'ont point d'esclaves en louent un, ne fût-ce que pour faire cent pas, & porter deux pintes de ris ; ils se croiroient déshonorés s'ils les portoient eux-mêmes.

Il y a plusieurs endroits de la terre où l'on se laisse croître les ongles, pour marquer qu'on ne travaille point.

Les femmes des indes (3) croient qu'il est honteux pour elles d'apprendre à lire, c'est l'affaire, disent-elles, des esclaves qui chantent des cantiques dans les pagodes. Dans une caste, elles ne filent point ; dans une autre, elles ne font que des paniers & des nattes, elles ne doivent pas même piler le ris ; dans d'autres, il ne faut pas qu'elles aillent quérir de l'eau. L'orgueil y a établi ses règles, & il les fait suivre. Il n'est pas nécessaire de dire que les qualités morales ont des effets différens, selon qu'elles sont unies à d'autres : ainsi l'orgueil, joint à une vaste ambition, à la grandeur des idées, &c. produisit chez les romains les effets que l'on sait.

ORIXA. *Voyez* BENGALE.

ORLÉANOIS, province de France : *voyez* dans le dictionnaire de Géographie l'époque de sa réunion à la couronne.

ORTENBOURG, petit comté d'Allemagne, au cercle de Bavière.

Ce petit comté, situé en basse-Bavière, est borné par la seigneurie de Neubourg & par les bailliages de Vilshoven & de Griesbach, qui relèvent de la généralité de Landshut.

Le seigneur & les sujets professent la religion luthérienne.

---

(1) Les peuples qui suivent le kan de Malacamber, ceux de Carnataca & de Coromandel, sont des peuples orgueilleux & paresseux ; ils consomment peu, parce qu'ils sont misérables : au lieu que les mogols & les peuples de l'Indostan s'occupent & jouissent des commodités de la vie comme les européens. *Recueil des voyages qui ont servi à l'établissement de la compagnie des Indes*, tom. I, pag. 54.

(2) *Voyez* Dampierre, tom. 3.

(3) Lettres édifiantes, douzième recueil, pag. 80.

La souche des comtes d'*Ortenbourg* (Ortenberg, Artenberg) dérive du comte Rapot, premier fils d'Engelberg III duc de Carinthie, né comte de Sponheim & d'*Ortenbourg* (en Carinthie). La maison électorale de Bavière a contesté long-temps auprès de la chambre impériale leur immédiateté dans l'Empire ; elle les vouloit soumettre à sa supériorité territoriale, qu'ils reconnoissent effectivement pour la seigneurie de Mattigkofen, dépendante de la généralité de Bourghausen. A l'égard du comté d'*Ortenbourg*, la chambre impériale leur adjugea en 1573 le droit de relever immédiatement de l'Empire ; & Maximilien, duc de Bavière fit à ce sujet une transaction avec les comtes Henri & George d'*Ortenbourg* l'an 1602. Ce comté exerce aujourd'hui tranquillement le droit de siéger parmi les états de l'Empire & du cercle ; & ses priviléges ne se trouvent limités que par l'investiture de ses fiefs, qui sont tous la mouvance de l'Empire. Albert duc de Bavière s'en fit accorder la survivance, par l'empereur Maximilien.

Le titre des comtes est : comtes du saint-Empire romain de la race aînée d'*Ortenbourg*, de Créange & de Putelangen. Ils siègent à la diéte sur le banc des comtes de la Wetteravie, & aux assemblées du cercle de Bavière, sur le banc séculier, entre Haag & Ehrenfels. Leur taxe matriculaire est de 2 cavaliers ou 24 florins, & leur contingent pour la chambre impériale de 16 rixdalers 23 kr. Les revenus annuels du comté sont d'environ 13,000 florins.

OSNABRUCK, évêché souverain d'Allemagne. L'évêché d'*Osnabrück* a pour limites, vers le nord, l'évêché de Munster ; vers le couchant, le même évêché & les comtés de Lingen & de Tecklenbourg ; vers le midi, une partie de l'évêché de Munster & le comté de Ravensberg ; vers le levant, le même comté, la principauté de Minden & le comté de Diepholz. Le bailliage de Rechenberg est isolé ; & cet évêché, non compris le bailliage, a 10 milles du midi au nord, & de 4 à 6 du levant au couchant.

Sol.

La moitié du territoire de cet évêché offre des landes, dont on tire plus de dix sortes de tourbes, & d'autres terres, dont on se sert pour l'engrais des districts labourables. Le meilleur district est aux environs de Quackenbrück ; on l'appelle l'Artland. Le pays produit assez de seigle pour fournir aux besoins des habitans & à la consommation de 500 chaudières d'eau-de-vie. On tire de la principauté de Minden & du comté de Schauenbourg une assez grande quantité de bled sarrazin, peu de froment, mais presque toute l'avoine & l'orge nécessaire aux habitans de l'évêché. L'entretien du bétail est médiocre. On amène beaucoup de bestiaux de l'Ost-Frise durant l'automne. L'évêque Erneste, Auguste II, établit des salines à Bissen ; mais elles appartiennent aujourd'hui à la maison électorale d'Hanovre.

Population.

On compte dans tout l'évêché quatre villes, trois bourgs, appellés *Weichbildes* ou *Wiegholde*, & en général environ 20,000 feux, lesquels sont inscrits dans les registres des impositions ; un feu comprend souvent deux familles. Les nobles & les exempts ne sont point compris dans ce dénombrement.

Etats.

Ce pays a des états qui sont composés du chapitre cathédral, lequel a une grande prépondérance, de la noblesse & des quatre villes.

L'évêque convoque les états, & ils se tiennent dans la ville d'*Osnabrück*. On compte 80 terres & châtelenies qui donnent entrée aux états ; mais il y a aussi des terres nobles qui ne sont point châtellenies, & qui par conséquent ne donnent point le droit de siéger aux états. Pour avoir voix & séance au collège de la noblesse, il faut non-seulement posséder une terre qui donne l'entrée aux états, mais prouver en outre seize quartiers. Le juge héréditaire du pays prétend être exempt de cette preuve ; mais il est en procès à cet égard avec le corps de la noblesse. Les meilleures terres nobles donnant entrée aux états rapportent annuellement de 8 à 9 mille écus d'Empire.

Les habitans de l'évêché d'*Osnabrück* sont assidus & laborieux. Il passe annuellement en Hollande près de 6000 hommes de la campagne ; on les appelle Hauerling ; ils vont y faucher, y labourer la terre, y préparer de la tourbe, & faire d'autres ouvrages : ils habitent les petites maisons attenantes aux demeures des paysans. Le moindre d'entre eux rapporte chez lui 20 florins ; mais il en est qui en rapportent jusqu'à 70 : de manière qu'on fait monter à 200,000 florins par an la somme qu'ils importent. Un auteur anonyme écrivoit en 1767 que ces gens nuisent à leur santé & à leur ménage, & même à tout le pays ; & que le prix de leurs travaux en Hollande, ne récompense pas ces avantages. Il y a dans l'évêché, comme dans la plupart des autres pays du cercle de Westphalie, beaucoup de serfs qui appartiennent au chapitre cathédral, à la noblesse, au clergé, à des bourgeois. L'évêque Erneste Auguste a publié une ordonnance particulière concernant les propriétés.

Religion.

Le pays est partie catholique & partie luthérien. Ni les évêques catholiques, ni les protestans n'ont le droit de réformer ; toutes choses de ce genre doivent demeurer dans l'état où elles se trouvoient au premier Janvier 1624. Les paroisses sont ou catholiques, ou protestantes, ou mi partie. Le petit nombre de réformés communie dans les états prussiens des environs. Les juifs ne sont point tolérés.

Fabriques.

L'occupation la plus étendue & la plus utile des habitans, consiste à filer & à faire une grosse toile, appellée *Lœwent*, que les hollandois, les anglois & les espagnols enlèvent pour la Guinée & l'Amérique, & dont le produit annuel excède un million de rixdalers. On trouve à *Osnabrück* des fabriques d'un certain drap, appellé *Wand*: on fabrique du gros drap à Bramsche. Le pays n'offre pas d'autres manufactures.

Précis de l'histoire politique, & remarques sur cet état.

Osnabrück est le premier & le plus ancien évêché de Westphalie; il fut fondé par Charlemagne. Les opinions varient sur l'année de sa fondation; car on nomme les années 772, 74, 75, 76, 77, 80, 81, 82, 88 & même 803. Le traité d'*Osnabrück* en 1648 déclare: que cet évêché doit être possédé alternativement par un catholique & par un protestant, & que le chapitre peut toujours choisir le premier, soit parmi ses membres, soit parmi des étrangers; mais que le dernier doit être élu parmi les princes de la maison de Brunswick-Lunebourg, & nommément parmi les descendants du duc George, & après leur entière extinction, parmi ceux du duc Auguste. Sous l'administration d'un évêque protestant, les censures ecclésiastiques, l'administration des sacremens, suivant les rites de l'église romaine, & toutes les choses qui appartiennent à l'ordinaire, sont réservées à l'archevêque de Cologne comme métropolitain; mais son pouvoir ne s'étend point sur les protestans. Tous les autres droits de la supériorité territoriale, au civil & au criminel, doivent, conformément à une capitulation perpétuelle dont la rédaction est ordonnée, passer sans restriction à l'évêque protestant; & l'évêque catholique ne doit se mêler en aucune manière des affaires relatives au service divin des protestans. La capitulation fut rédigée à Nuremberg en 1650. Le chapitre ayant élu en 1764 Frédéric, fils mineur de George III roi de la grande-Bretagne, il s'éleva deux questions: la première regardoit l'administration de l'évêché; le chapitre disoit qu'elle lui appartenoit de droit, & le roi la réclama comme père & tuteur naturel; il s'agissoit ensuite de savoir, qui donneroit le plein pouvoir à l'envoyé d'*Osnabrück* à la diète de l'Empire. La seconde question fut de savoir si, durant la minorité, le suffrage d'*Osnabrück* seroit considéré comme catholique ou comme protestant. On convint en 1766, que l'exercice de ce suffrage demeureroit suspendu, jusqu'à ce que ce point fût fixé. L'évêque est état de l'Empire, & siège à la diète entre les évêques de Munster & de Liége. Sa taxe matriculaire, pour l'entretien de l'armée de l'Empire, est de 6 cavaliers & de 36 fantassins, ou de 216 florins par mois, & pour l'entretien de la chambre impériale, de 81 écus d'Empire 14 & demi kr. par quartier. *Osnabrück* a le quatrième rang parmi les états de Westphalie. Le chapitre cathédral est composé de 25 chanoines, parmi lesquels trois sont protestans: le quatrième canonicat réclamé par les luthériens est encore en litige.

Administration, Tribunaux.

On trouve à *Osnabrück* 1°. le conseil privé, qui administre les revenus de l'évêque, & qui a l'inspection sur le pays. 2°. La chancellerie provinciale de justice, laquelle est composée de deux conseillers catholiques & de deux protestans, dont l'un fait en même-tems les fonctions de directeur, & d'un secrétaire de chacune des deux religions; on appelle des jugemens de cette chancellerie aux tribunaux suprêmes de l'Empire. 3°. L'officialité a dans les affaires civiles une jurisdiction concurrente avec la chancellerie de justice, & elle connoît des affaires ecclésiastiques catholiques concurremment avec les archidoyens, dont les jugemens sont portés, par appel, par devant l'official. Les affaires féodales & criminelles, ainsi que celles qui concernent les foires & la chasse n'appartiennent point à l'official. 4°. Le consistoire protestant, composé d'un président séculier, de deux conseillers ecclésiastiques, dont l'un est communément prédicateur en deçà & l'autre en delà d'*Osnabrück*, & d'un secrétaire. 5°. Le magistrat de la ville, dont nous parlerons plus bas.

L'évêché est divisé en bailliages, dont chacun a un juge noble, un receveur, lequel perçoit le revenu appartenant à la mense épiscopale, un juge ordinaire, un greffier & un fiscal.

Tous les officiers & employés doivent prêter serment de fidélité au seigneur territorial & au chapitre cathédral. Après la mort de l'évêque le chapitre se met en possession de tout, & remplit, conjointement avec le magistrat d'*Osnabrück*, toutes les places de receveurs. Presque tous les employés, excepté les juges, perdent leurs places, par la mort de l'évêque, jusqu'à ce que le chapitre juge à propos de les rétablir. Le nouvel évêque est encore le maître de faire des changemens à cet égard.

Revenus.

Les trois états accordent annuellement à l'évêque, de la caisse de l'évêché, un don gratuit, lequel a été depuis 1729 au moins de 60,000 écus d'Empire ; il n'a jamais excédé 145,000 écus. La recette dans laquelle on puise cette somme, dit Busching, est actuellement de 130,000 écus ; mais on l'augmente souvent, & le produit net, déduction faite du quart, va au-delà. On lève d'ailleurs annuellement deux jusqu'à trois taxes extraordinaires sur les cheminées ; chaque taxe produit 14 jusqu'à 15,000 écus. La mense épiscopale rapporte, année commune, environ 40,000 écus. Les revenus du chapitre sont de 90 à 100,000 écus. L'évêché n'entretient point de soldats.

OST-FRISE ou FRISE-ORIENTALE, pays de l'Europe, appartenant au roi de Prusse.

L'Ost-Frise, ainsi nommée relativement à la Frise occidentale, est bornée, vers le nord, en partie par l'océan septentrional & en partie par ce qu'on appelle le pays de Harlingen ; vers l'orient, par la seigneurie de Jever & le comté d'Oldenbourg ; vers le sud, par l'évêché du Munster ; vers le couchant, par la province de Groningue & l'océan septentrional. Cette principauté, prise dans sa plus grande étendue du sud au nord, a six à sept milles d'Ost-Frise, lesquels valent à peu près neuf milles & demie d'Allemagne, & du levant au couchant environ 9 milles d'Allemagne.

Précis de l'histoire politique.

Dans le moyen âge l'Ost-Frise étoit divisé en plusieurs petites seigneuries. Les administrateurs de ces seigneurs, appellés *hauptlinge*, (chefs, capitaines ;) les transmirent à leurs héritiers mâles & femelles. Les capitaines de Grethsyhl, surnommé Cyrksena ou Sirksena, se firent surtout remarquer ; c'est d'eux qu'est issu Edzard, qui en 1430 fut reconnu par la plus grande partie de l'Ost-Frise pour son seigneur territorial. Edsard eut pour successeur son frère Ulric I, qui fut élevé à la dignité de comte d'Empire avec toute sa postérité, par l'empereur Frédéric III en 1454. L'empereur Ferdinand III accorda en 1654 au comte Enno Louis ou Enno IV le titre de prince de l'Empire : ce titre fut accordé aussi à son frère & successeur, George Christian & à ses descendans. La ligne des princes d'Ost-Frise s'éteignit en 1744, à la mort de Charles Edzard, & le roi de Prusse, Frédéric II, se mit en possession de cette principauté, en vertu d'une expectative accordée à la maison de Brandebourg en 1694 par l'empereur Léopold. La maison de Brunswick-Lunebourg protesta contre cette prise de possession, & la dénonça au conseil aulique impérial ; elle se fonda sur un pacte de famille conclu entre elle & le prince Christian Everard en 1691. Les françois & leurs alliés dévastèrent ce pays en 1757 & 1758, & y levèrent de fortes contributions en 1761.

Le prince d'Ost-Frise fut admis au collège des princes en 1667 : il siège entre les princes d'Avesperg & Purstemberg, & aux assemblées du cercle de Westphalie, sa place est entre Nassau-Dillenbourg & Meurs. Au reste, l'Ost-Frise n'est encore qu'un simple comté, & n'a pas encore pu être érigée en comté princier, ni en principauté. Elle paye par chaque mois romain six hommes à cheval & trente fantassins ou 192 florins, & la contribution pour l'entretien de la chambre impériale est de 160 écus d'empire 86 & demi kr. par terme.

Sol.

Le terrein est par-tout bas & uni ; des digues le défendent contre les flots de la mer. Ces digues, y compris celles qui bordent l'Ems jusqu'à Leer, ont 16 milles d'Ost-Frise de longueur : on ne compte point les petites digues qui se trouvent dans la partie supérieure de l'Ems, & contre lesquelles la mer n'a que peu de forces. On trouve sur les côtes une terre extrêmement fertile ; mais elle a plus de prairies & de pâturages que de cantons labourés. L'entretien du bétail y est considérable ; on nourrit des bêtes à cornes, des chevaux & beaucoup de moutons, qui sont d'une grandeur particulière. Au printemps, une vache y fournit de vingt à vingt-quatre pots de lait par jour, & il arrive souvent qu'une des brebis porte quatre agneaux. On fait aussi du beurre & du fromage très-gras. Le centre de l'Ost-Frise est sablonneux & marécageux.

Etats.

Cette province a des états composés de la noblesse, des villes & des paysans. Ces états ont fait successivement avec la maison régnante, depuis le comte Edzard II, diverses transactions, lesquelles, jointes aux ordonnances impériales, servent de base & de loix pour l'administration du pays. L'Ost-Frise jouit encore de beaucoup de privilèges. Les états consentent aux impôts & les lèvent ; ils administrent les droits d'accises qui ont été fixés en 1750.

Religion.

Les réformés composent après les luthériens le plus grand nombre des habitans. Les catholiques ont l'exercice privé de leur religion à Embden, à Leer, à Goëdens & à Lutzbourg ; les mennonites à Embden, à Leer, à Norden & à Goëdens, & il y a des frères moraves dans la ville de Norden. On y trouve aussi des juifs.

Les habitans de l'Ost-Frise s'adonnent beaucoup au commerce & à la navigation. Ils exportent de grands chevaux (dont la plupart vont à

Rome & coûtent 300 écus la paire & au-delà), des bêtes à cornes, du beurre, des fromages, de l'orge d'hiver, de l'avoine, des fèves & de la toile fine, qu'on fabrique particuliérement à Leer & à Goëdens : on blanchit cette toile à Harlem, & on la vend ensuite comme toile d'Hollande. L'importation procure à ce pays toutes les choses qui lui manquent. Le roi de Prusse établit à Embden, en 1769, une compagnie pour la pêche des harengs à l'instar de celle de Hollande ; cette compagnie commença heureusement sa pêche l'année d'après avec six navires, & fournit des harengs qui ne le cédèrent point à ceux des hollandois.

Administration.

La régence provinciale siège à Aurich : elle est composée de deux sénats, & elle forme en même-temps avec le surintendant général & le prédicateur de la ville le consistoire ecclésiastique : on trouve, dans la même ville, la chambre de guerre & des domaines ; le collège provincial des administrateurs, lequel perçoit, administre les impôts & en rend compte ; on y trouve de plus un collège provincial de médecine.

L'*Ost-Frise* comprend aujourd'hui trois villes & neuf bailliages, qui étoient autrefois des seigneuries, mais qui, ainsi que les villes, appartiennent aujourd'hui au seigneur territorial, & six seigneuries nobles, dont les possesseurs sont ce qu'on appelle *landsasses*, c'est-à-dire, sujets du seigneur territorial. Les bailliages sont administrés par des juges, des officiers de justice & des receveurs : on les divise en prévôtés, & les prévôtés en paroisses. *Voyez* les articles BRANDEBOURG & PRUSSE.

OSTRACISME, espèce d'exil en usage autrefois chez les athéniens. L'*ostracisme* doit être examiné par les règles de la loi politique, & non par les règles de la loi civile ; & bien loin que cet usage puisse flétrir le gouvernement populaire, il est au contraire très-propre à en prouver la douceur ; & nous aurions senti cela, si l'exil parmi nous étant toujours une peine, nous avions pu séparer l'idée de l'*ostracisme* d'avec celle de la punition.

Aristote (1) nous dit qu'il est convenu de tout le monde que cette pratique a quelque chose d'humain & de populaire. Si dans les temps & les lieux où l'on exerçoit ce jugement, on ne le trouvoit point odieux, est-ce à nous qui voyons les choses de si loin, de penser autrement que les accusateurs, les juges & l'accusé même ?

Et si l'on fait attention que ce jugement du peuple combloit de gloire celui contre qui il étoit rendu ; que lorsqu'on en eut abusé à Athènes contre un homme sans mérite (2), on cessa dans le moment (3) de l'employer ; l'on verra bien qu'on en a pris une fausse idée, & que c'étoit une loi admirable que celle qui prévenoit les mauvais effets que pouvoit produire la gloire d'un citoyen, en le comblant d'une nouvelle gloire.

OTTOBEUREN, abbaye d'Allemagne, qui est sous la dépendance immédiate de l'Empire.

L'abbaye d'*Ottobeuren* ou *Ottenbeuren*, ordre de S. Benoît, jadis appellée *Uttenbeuren* ou *Ittabeuren*, est située à deux lieues de Memmingen. C'est le plus beau couvent que cet ordre possède en Suabe. On prétend qu'elle fut fondée en 764 par Sylach, comte d'Illergew, & par son épouse & ses fils. Charlemagne en confirma, dit-on, la fondation en 769 : mais la charte de sa fondation, aussi bien que celle de sa confirmation, insérée en 1766 dans une histoire de cette abbaye, n'étant point originales, sont peu authentiques. En 1350 le droit de protection sur cette abbaye, qui avoit été jusqu'alors dans des mains séculières, fut conservé par l'empereur Charles IV à l'évêque d'Augsbourg, dont les successeurs le conservèrent jusqu'à Rupert II. Les empereurs Rupert & Sigismond, en confirmant les anciens privilèges de cette abbaye, lui en accordèrent plusieurs nouveaux. En 1626, elle paya à l'évêché d'Augsbourg 100,000 florins, & elle fut affranchie de toute supériorité territoriale & du droit de collecte, auquel il prétendoit la soumettre : cette convention fut confirmée par l'empereur. Le titre de l'abbé est : prélat & abbé régnant de l'abbaye immédiate & impériale d'Ottobeuren, conseiller actuel & chapelain héréditaire de sa majesté impériale. On voit, par ce qu'on vient de dire, que ce couvent est sous la dépendance immédiate de l'Empire, qui l'avoit même autrefois invité à ses diètes ; mais on ne l'y invite plus depuis long-temps. Il contribue toutefois aux impositions du cercle de Suabe.

OTTOMAN EMPIRE. On donne ce nom aux pays que le grand-seigneur possède en Europe & en Asie : on les divise en Turquie européenne & Turquie asiatique.

La Turquie européenne fait partie de l'ancien royaume d'Orient conquis par les chrétiens. Ses bornes actuelles sont à l'orient la mer d'Azof, la mer Noire & l'Archipel : au midi, la Méditerranée : au couchant, la mer Adriatique & la Dalmatie ragusienne, vénitienne & hongroise. Elle touche au nord, à la Croatie hongroise,

---

(1) République, liv. III, chap. 13.
(2) Hyperbolus, *Voyez* Plutarque, vie d'Aristide.
(3) Il se trouva opposé à l'esprit du législateur.

à l'Esclavonie, la Hongrie, la Transilvanie, la Pologne & la Russie. En y comprenant la Crimée qui en a fait partie jusqu'au moment où l'impératrice de Russie s'en est emparé, ces pays forment une étendue d'environ 10,544 milles géographiques quarrés.

La Turquie d'Europe ne renferme que cinq gouvernemens généraux; le grand-seigneur en possède dix-huit autres en Asie & un en Afrique; mais celui-ci est bien précaire. Ses domaines d'Asie s'étendent jusqu'à la Perse, l'Arabie & l'Egypte: l'empire ottoman paroît donc avoir 800 lieues du levant au couchant, & 700 du nord au midi.

Nous donnerons, 1°, un précis de l'histoire politique de l'empire *ottoman*. 2°. Nous ferons la description des diverses provinces européennes de l'empire *ottoman* & des remarques sur ces provinces. Il est impossible de se procurer des détails exacts & précis sur les provinces que possède le grand-seigneur en Asie; un voyageur qui sait admirer la sagacité de son esprit & la justesse de ses observations, M. Volney nous a fourni des détails précieux sur la Syrie: nous les renvoyons à l'article SYRIE. On pourra juger d'après cet exemple quel est l'état & l'administration des autres provinces de cette partie des domaines de l'empire *ottoman*. 3°. Nous parlerons du sol, des productions, de la population, des grecs, de la noblesse, de la religion de la Turquie d'Europe, & de quelques usages ou loix qui ont rapport au commerce, à la population & à l'industrie. 4°. Nous traiterons de l'armée, de la marine, & des revenus de l'empire *ottoman*. 5°. Nous traiterons du gouvernement; & nous ferons des remarques sur l'administration, les tribunaux & les loix. 6°. Nous traiterons enfin des rapports politiques, & nous ferons quelques remarques sur les prétentions & les vues de la cour de Russie & de celle de Vienne.

SECTION PREMIERE.

Précis de l'histoire politique de l'empire ottoman.

Nous pourrions commencer ce précis au moment où les turcs ont conquis les domaines qui forment l'empire *ottoman*; mais nous croyons devoir remonter plus haut.

Constantin divisa l'empire en deux départemens: celui d'Orient & celui d'Occident.

L'Orient comprenoit la Hongrie, la Transilvanie, la Valachie, la Moldavie, la Thrace, la Macédoine, la Grèce, le Pont, l'Asie & l'Egypte.

L'Occident contenoit l'Allemagne, une partie de la Dalmatie & de l'Esclavonie, l'Italie, les Gaules, l'Angleterre, l'Espagne & l'Afrique.

Les trois fils de Constantin partagèrent cet empire; mais cette division ne dura pas, & Julien rassembla toutes les parties de l'empire, & fut le dernier de cette famille. L'un & l'autre département étoient encore entre les mains de Théodose-le-grand, qui les partagea entre ses deux fils Arcadius & Honorius. Le premier forma l'empire d'Orient, dont le siège étoit à Constantinople, & le second fut empereur d'Occident, & eut sa résidence à Rome. Nous parlerons de l'empire d'Occident à l'article ROME.

L'empire d'Orient commença donc sous Arcadius, qui régna après Théodose-le-grand, son père, mort l'an 395. Il a duré 1058 ans, sous soixante-seize empereurs, & il a fini, l'an 1453, avec le règne de Constantin Paléologue, qui périt, lors de la prise de Constantinople, par Mahomet II, &, depuis cette époque, cette ville, en cessant d'être la capitale de l'ancien empire grec, est devenue la capitale du nouvel empire des turcs.

La division de l'empire fut la principale cause de sa ruine. Les goths, les vandales, & d'autres peuples, venus du Nord, inondèrent l'empire d'Occident, où ils établirent diverses monarchies, & entamèrent l'empire d'Orient. Dès le règne d'Arcadius, les goths, aidés par Rufin, son premier ministre, s'avancèrent jusques dans le Péloponnèse, & l'Afrique fut envahie par divers tyrans. Sous Théodose II son fils, les vandales prirent Carthage, & commencèrent un nouveau royaume dans l'Afrique, qu'ils désolèrent, & où ils portèrent l'arianisme. Bélisaire, général de Justinien, détruisit ce royaume, conquit la Sicile, assiégea & prit Naples, se rendit maître de Rome, & battit, près de Ravennes, Witigès, Roi des goths, qu'il fit prisonnier, & mena à Constantinople. L'Italie, qui avoit autrefois été le principal pays de l'empire d'Occident, devint alors une province de l'empire d'Orient; mais les empereurs n'en jouirent pas fort paisiblement, à peine purent-ils conserver l'exarchat de Ravennes. Sous Héraclius, les sarrasins s'emparèrent de la terre-sainte, qu'ils ravagèrent. Les forces de ces barbares s'acrurent tellement, que, sous Constantin Pogonate, ils se trouvèrent en état d'attaquer la Sicile, & même d'aller mettre le siège devant Constantinople. Sous Philippe Bardanès, ils enlevèrent à ces empereurs les plus belles villes de la Cilicie, tandis que les bulgares mécontens pilloient la Thrace, & faisoient des prisonniers jusqu'aux portes de Constantinople. Durant un long intervalle il n'y eut sur le trône d'Orient que des scélérats qui se supplantoient les uns les autres, & qui, n'ayant ni probité, ni religion, ni aucune espèce de mérite, donnèrent lieu, par leur propre exemple, aux révoltes qui leur enlevoient le sceptre. Des hommes qui avoient tout à craindre de ceux même qui les environnoient, n'étoient guères en état de conserver les frontières de leur empire contre les ennemis du dehors. Sous Alexis

Comnène, les turcs pillèrent les îles de Chio, de Lesbos, de Rhodes & de Samos. Ce fut vers ce temps-là que les françois commencèrent les fameuses croisades contre les turcs & les sarrasins. L'an 1204, Alexis Mirtylle ayant été déchiré par le peuple, après un règne de deux mois & demi, Baudouin, comte de Flandre, l'un des seigneurs de l'armée françoise, se rendit maître de Constantinople & de l'empire, lequel passa aux françois, qui le possédèrent jusqu'en 1260. Lorsque Baudouin faisoit cette conquête, Alexis Comnène tenoit la Colchide, ou la province de Trébisonde, à titre de principauté, sous les empereurs de Constantinople. Voyant Constantinople entre les mains des François, il se déclara souverain, sans néanmoins prendre le titre d'*empereur*; ce fut Jean Comnène qui prit le premier cette qualité d'empereur de Trébisonde. Dans le même tems, un troisième empire se formoit dans la Thrace; Théodore Lascaris prétendoit avoir un double droit à l'Empire : il avoit épousé Anne Comnène, fille d'Alexis Comnène, empereur, & veuve d'Isaac Comnène, qui, en renonçant à l'empire, s'étoit contenté du titre de *sébastocrator*, qu'il avoit inventé. Il prit donc le titre d'*empereur*, & résida à Andrinople; tandis que les empereurs françois avoient leur siège à Constantinople. Mais Jean & Théodore ses arrières-petits-fils, lui ayant succédé en bas âge, eurent pour tuteur Michel Paléologue, qui chassa Baudouin de Constantinople l'an 1259, & fit mourir, l'année suivante, ses deux pupilles, & se déclarant lui-même empereur, réunit l'empire qu'ils avoient possédé à Andrinople, à celui de Constantinople, dont il s'étoit déja rendu maître. En 362, Amurat I, empereur des turcs, prit Andrinople, qui devint la capitale des ottomans, déja maîtres de l'Asie mineure, & surtout de la Bithynie. Il ne restoit à l'empire d'Orient que quelques provinces délabrées. L'an 1340, les Paléologues furent renversés du trône, par Jean Cantacusene, qui fût détrôné à son tour par Jean Paléologue. Ce fut sous l'empire de ce dernier que les turcs prirent Andrinople. Pour achever la destruction de ce malheureux état, Emmanuel Paléologue, après un règne de trente & un ans, laissa sept fils : Jean, qui lui succéda, & regna vingt-sept ans; Andronic, qui fut prince de Thessalonique : il la vendit aux vénitiens & mourut de la lèpre; Théodore, qui alla chez un de ses oncles despote de la Morée : Démétrius, qui regna à Sparte; Thomas, qui eut Corinthe; Manuel, lequel se retira auprès de Mahomet II, qui le retint toujours prisonnier; & enfin constantin, qui succéda à Jean, son frère. Ce fut sous Constantin, que Constantinople fut prise d'assaut le 28 mai 1453, & devint la capitale de l'empire turc, comme elle l'est encore à présent. Nous allons entrer dans quelques détails sur les turcs qui opérèrent **cette grande révolution.**

Les turcs, originaires de la Tartarie ou de la Scythie, n'ont eu ce nom que dans le moyen-âge, & ils ne le regardent eux-mêmes que comme un titre d'honneur qu'ils partagent avec les tartares & les Mongoles. Le mot *turc*, adjectif, signifie *éminent*; & le même mot, substantif, signifie un *chef*; ainsi, le chef d'une horde, ou la horde même, peut se nommer *turki*, *ki* chez les tartares désigne une troupe ou horde. Les scythes ou tartares à qui on a donné le nom propre de *turcs*, habitoient jadis entre la mer noire & la mer caspienne, & ils ne se font connoître que dans le septième siècle. Ils servirent, sous l'empereur d'orient, Héraclius à la conquête de la Perse : ensuite les califes arabes ou sarrasins en composèrent leur garde, & ils en employèrent un grand nombre dans leurs armées; les tartares s'emparèrent peu à peu de l'autorité, déposèrent & établirent à leur gré les califes, & même quelques gouverneurs de cette nation se rendirent indépendans, surtout dans le neuvième siècle. Les turcs ainsi liés aux sarrasins ou arabes se trouvèrent disposés à embrasser le mahométisme, ce qui les unit davantage; leurs conquêtes se firent en commun; & à la longue les turcs étant devenus les plus forts, les sarrasins disparurent, pour ainsi dire, & furent confondus avec eux. Quant à l'origine précise de l'Empire ottoman, la voici telle que l'histoire du prince Cantemir la rapporte. La horde oguzienne, conduite par Tschingis Chan, passa de la grande tartarie aux bords de la mer caspienne, en Perse & dans l'Asie mineure, & sy fit de grandes conquêtes. Le schach Soliman, prince de la ville de Nera au voisinage de la mer Caspienne & seigneur de Meruschahjan, espéra les mêmes succès; il se mit à la tête de 50000 hommes, l'an 1214, passa le Caucase, traversa l'Azerbejan ou la Médie, & pénétra jusqu'aux frontières de Syrie; il fût arrêté dans ses incursions par les tartares qui avoient suivi Tschingis Chan; mais il pénétra de nouveau en 1219 dans l'Asie mineure & jusqu'aux bords de l'Euphrate. Le bruit de ses exploits étant parvenu à la cour de Perse, on y donna à Solyman & à son peuple le nom de turc, qu'on donnoit communément aux peuples que Tschingis Chan avoit amenés de la Tartarie. Son petit-fils Osman s'empara de diverses provinces & places de l'Empire grec dans l'Asie mineure, & il prit en 1300, dans la ville de Carachisar, le nom d'empereur des osmans. Il établit sa résidence à Yenghischeri; & entr'autres conquêtes, il se rendit maître en 1326 de Prusa, ville de Bithynie, appellée aujourd'hui Bursa; son fils & son successeur Otchanes y fixa son séjour. Celui-ci qui eut pour femme Théodora, fille de l'empereur grec Cautacuzenes, ayant fait passer son fils Solyman & Amurat en Europe, le premier se rendit maître de la ville de Gallipolis, & l'autre de celle de Tyrilos. Amurat succéda à son père & conquit les villes d'Ancyre, d'Andrinople & de Philippopolis en 1360, créa les janissaires en 1362, s'empara de la Servie & fit une irruption dans la Macédoine & dans l'Albanie. Son fils Bajazet qui lui succéda, étendit ses conquêtes en Europe & en Asie, remporta une victoire sur les chrétiens à Nicopolis, & fut ensuite lui-même vaincu & fait prisonnier par Tamerlan. Ses fils se disputèrent l'Empire, Mahomet I en demeura le maître: son fils Amurat II, entr'autres expéditions, vainquit les hongrois près de Varna en 1444. Mahomet II, le plus célèbre des empereurs turcs, prit Constantinople en 1453, & réduisit tout l'Empire grec sous son obéissance. Les turcs disent qu'il le posséda par droit de succession, & ils en concluent que la soumission des grecs doit être plus entière. Leurs prétentions sont fondées, sans doute, sur le mariage d'Orchanes avec Theodora, fille de l'empereur Cantacuzenes. Quoi qu'il en soit, Mahomet II pendant son règne conquit douze royaumes & 200 villes. Bajazet II & Selim I reculèrent les bornes de leur empire en Europe, en Asie, & en Afrique. Soliman I se distingua par plus d'une victoire remportée sur les hongrois, & par un code de loix qu'il publia. Les empereurs suivans ne furent pas fort heureux dans leurs expéditions. Mahomet IV s'empara, il est vrai, de l'isle de Candie en 1669, & assiégea Vienne en 1683; mais la guerre qu'il fit en Hongrie lui fut contraire. Sous Soliman II, Achmet II & Mustapha, les hongrois & les vénitiens remportèrent plusieurs avantages sur les turcs, ce qui engagea Mustapha II en 1699 à conclure la paix de Carlowitz; Achmet III fit celle de Passarowitz en 1718; & Mahomet V, par la paix de Belgrade en 1739, a rendu à l'Empire une moitié de la Servie & une partie de la Valachie. Son frère Osman Ibrahim, qui lui succéda, eut pour successeur son fils Mustapha III.

C'est donc abusivement qu'on donne à l'empire des turcs le nom d'ottoman, au lieu de celui d'Osman, son premier fondateur.

SECTION IIe.

Description des diverses provinces européennes de l'Empire Ottoman, & remarques sur ces provinces.

Pays de l'Europe entièrement assujettis à l'Empire d'Osman, autrement dits Rumeli *ou* Rum, *c'est-à-dire, pays des Romains.*

Les géographes turcs donnent ce nom à l'Europe en général, & en particulier à la Grèce moderne, non compris la Morée.

—I°. *L'Illyrie Turque.*

Elle comprend: I. Une portion du royaume de Croatie, entre les rivières d'Unna & de Verbas.
II. Une portion de la Dalmatie, qui s'étend depuis la Bosnie jusqu'à l'Albanie.

III. Le royaume de Bosnie, dit *Rama*, ainsi nommé des rivières de Bosna & de Rama, à moins qu'on ne veuille que le premier nom lui vienne du peuple des Bossènes.

Ce royaume est séparé de l'Esclavonie, par la Save au nord, de la Servie par le Drino (riv.) au levant, de la Dalmatie par des montagnes au midi, & de la Croatie, par la rivière de Verbas au couchant: il a 28 milles de longueur, & de 15 à 28 de largeur; le sol y est favorable à l'agriculture & à l'entretien du bétail; il produit du vin, & les montagnes renferment des mines d'argent. Les habitans descendent des esclavons & ils en parlent la langue. Ils professent la religion grecque, mais le mahométisme y a beaucoup de sectateurs. Plusieurs croates mécontens se sont retirés dans ce pays, que les turcs conquirent en 1463 & 1489. Avant qu'il passât sous leur domination, il étoit commandé par un Ban, allié des Hongrois: aujourd'hui c'est un pacha qui y commande, & on le divise en trois sangiacats ou comtés.

IV. Le royaume de Servie, qui tire son nom des serviens qui l'habitent, & que les hongrois nomment *Serkesch-Orssag*, & les turcs *Laswilageli* ou *province de Lazare*: *Lass* ou *Lazare*, en étoit le maître lorsqu'ils le conquirent en 1365. La partie orientale, appellée *Rascie* de la rivière Rasca qui y coule, est l'ancienne Dardanie. Les habitans se divisent en serviens & rasciens, & ils parlent l'esclavon: ils sont attachés à l'église grecque, quoiqu'il y ait aussi beaucoup de mahométans parmi eux. On y fabrique des toiles & des étoffes de coton. Lorsque la Servie étoit encore alliée des hongrois, un despote la gouvernoit. A la paix de Passarowitz, conclue en 1718, l'empereur des romains obtint la plus grande partie de ce royaume, qu'il fut obligé de rendre aux turcs en 1739 par la paix de Belgrade. Autrefois la Servie propre, distinguée de la Rascie, comprenoit le bannat de Mazovie: on la divise maintenant en quatre sangiacats ou comtés.

II° *La Bulgarie.*

La Bulgarie est bornée au nord par le Danube; à l'orient par la mer Noire; au midi par le mont Hémus, qui la sépare de la Romanie; à l'occident par la Servie. Elle tire son nom des Bulgares, & elle formoit autrefois la partie inférieure de la Moësie. Elle a 72 milles de longueur sur vingt de largeur au milieu, & 40 près de la mer Noire.

Le pays est en général fort montueux; mais, dans les vallées & les plaines, le sol est extraordinairement fertile, & il produit en abondance du bled & du vin. Les montagnes ne sont pas non plus stériles, & elles fournissent sur tout de bons pâturages.

Les bulgares *bulgari*, *vulgari*, que les hongrois nomment *bulgarok*, sont célèbres dans l'histoire ancienne. Ils furent d'abord établis près du Volga, & on voit encore les restes de leur capitale Bulgar, non loin de la rivière de Kamma. Ils se transportèrent ensuite près du Tanaïs ; & sous le règne de l'empereur Zénon, ils se fixèrent près du Danube ; ils passèrent plusieurs fois ce fleuve & tombèrent dans la Thrace & la Moësie. Une troupe de bulgares se répandit au septième siècle en Italie, & se fixa dans le duché de Bénévent. On ne sait pas précisément l'époque où ils établirent leur demeure dans la basse Moësie : les uns disent que ce fut avant Constantin III, d'autres que ce fut sous le règne de ce prince. Quoi qu'il en soit, c'est d'eux que la basse-Moësie a reçu le nom de *Bulgarie*. Ils eurent sous leurs propres rois les plus vives & les plus sanglantes guerres avec les empereurs romains d'Orient: Enfin l'empereur Basile les soumit en 1017. Ils se révoltèrent, à la vérité, en 1032 ; mais on les dompta de nouveau, & depuis ils rendirent à l'empereur des services importans contre les latins & les turcs. A la suite de ces services, ils obtinrent la permission de se choisir un roi qui se reconnoîtroit sujet de l'Empire. En 1175, Etienne, roi de Hongrie, vainquit Sea, prince de Bulgarie, & les bulgares furent obligés de reconnoître Etienne pour leur souverain : mais bientôt après ils secouèrent le joug de la Hongrie avec le secours de l'empereur grec. L'empereur turc Amurat I les vainquit, & en 1396 Bajazeth s'empara de leur pays & en fit une province de l'Empire turc. Les bulgares s'adonnent aujourd'hui à l'agriculture, au soin du bétail & au commerce. L'idiome esclavon qu'ils parlent diffère peu de la langue servienne, & seulement par la prononciation. Ils sont en partie de la religion grecque, en partie de la mahométane. Leur église grecque a un patriarche (mais que les autres patriarches ne reconnoissent pas en cette qualité) & trois archevêques.

Le pays est gouverné par quatre sangiacs, & de-là vient qu'on le divise en quatre gouvernemens ou sangiacats.

III°. *La Romanie.*

Ce pays qui tire son nom des romains, ou de la nouvelle Rome (Constantinople) siège de l'Empire romain d'orient, est l'ancienne Thrace, & les historiens grecs & latins lui donnent souvent ce nom. Il a environ 45 milles de longueur & 30 de largeur ; il est borné au nord par le mont Hémus ; à l'orient par la mer Noire, l'Hellespont, la Propontide ou mer de Marmora ; au midi par l'Archipel ; à l'occident par la Macédoine & le fleuve Strymon.

Les districts situés entre les montagnes sont froids & stériles ; mais ceux qui se trouvent vers les mers, sont agréables & fertiles : ils produisent toutes sortes de vins, & on y trouve d'ailleurs toutes les choses nécessaires à la vie. Le riz sur-tout est très-abondant.

Le pays étoit jadis divisé en royaumes indépendans les uns des autres. Il étoit habité par les dolomiens, les demeletes, les bessiens ou bissenes, les odomantes, les ciconés, les édoniens, les brygiens, les thyniens, les pieréens, les odrysiens, les satriens, les orobyziens, les moediens, les sapéens & les célètes. La Chersonèse de Thrace avoit aussi ses rois particuliers. Les habitans actuels sont des grecs qui descendent des anciens thraces, des grecs proprement dits & des turcs. Les anciens grecs étoient sur-tout redevables aux thraces des beaux arts qui fleurissoient parmi eux ; mais aujourd'hui on ne cherchera point d'artistes en Romanie. Le pays est gouverné par trois sangiacs.

L'ancienne Grèce, nommée par les turcs Rumili. Les empereurs turcs ont gardé la division ancienne de la Grèce en cinq grands pays (sans les isles) ; ils ont donné à chacun un nom turc, & l'ont encore divisé en petits districts.

IV°. *L'Arnawd.*

Les turcs donnent ce nom à la Macédoine & à l'Albanie, gouvernées par un pacha. Lorsque l'empereur Amurat II eut pris l'Arnawd en 1447, il obligea presque tous les habitans à embrasser la religion mahométane. Mahomet II subjugua entiérement le pays en 1465. Les habitans sont des soldats très braves & très-courageux, & ils exercent la profession de boucher dans toute la Turquie.

La Macédoine a pour bornes au nord le Nessus ou Nestus ; à l'orient l'Archipel ; au midi la Thessalie & l'Epire ; à l'occident l'Albanie. La forme topographique de ce pays est très-irrégulière, mais sa situation est admirable. L'air y est serein, vif & salubre ; le sol est presque par-tout fertile ; les côtes abondent en bled, en vin, en huile, & en tout ce qui peut servir aux besoins & aux commodités de la vie ; mais on y trouve beaucoup de terreins incultes & inhabités. Ce pays a plusieurs mines qu'on exploitoit autrefois ; & où l'on trouvoit presque toutes les espèces de métaux, principalement de l'or.

Ses golfes favorisent extrêmement le commerce. Les plus remarquables sont le golfe de Contessa, le golfe de Monte-Santo, le golfe de Salonique.

L'Albanie comprend l'ancienne Illyrie grecque & l'Epire, qui fut ajoutée à la Macédoine par le roi Philippe. Le nom d'Epire signifie Terreferme.

Cette province renferme les sangiacats de Scutari, d'Awlon & de Delfino.

Remarque. Butrinto, Larta, Voinitza & Prevere appartiennent à la république de Venise.

V°. La Thessalie, ou Janna.

La Thessalie, que les turcs nomment aujourd'hui *Janna*, tire son nom d'un de ses anciens rois ; anciennement elle fut appellée *Aemonia* d'Aemon, père de Thessalus ; Pelasgia de Pélasgus, grand-père d'Aemon ; Pyrrhæa de Pyrrha, femme de Deucalion. Elle est située entre la Macédoine, l'Archipel, la Grèce propre ou Livadie & l'Albanie. Elle fut d'abord unie à la Macédoine, ensuite elle en fut séparée, & elle y a été réunie.

La nature l'avoit tellement enrichie de ses dons, & le Pénée (qu'on prétend être la Salampria d'aujourd'hui), dont les eaux sont les plus limpides, les plus calmes & les plus belles du monde, l'arrosoit d'une manière si agréable, qu'elle passoit pour le jardin des muses. Cette province est riante & fertile, & semble devoir être préférée à toutes les autres parties de la Grèce. Elle produit des oranges, des citrons, des limons, des grenades, des raisins extrêmement doux, d'excellentes figues, des melons admirables, des amandes, des olives, du coton, &c. Les châtaignes tirent leur nom de la ville de Castanea en Magnesie, & c'est de-là que les châtaigners ont été transplantés dans les pays froids de l'Europe. Anciennement les chevaux & les bœufs de Thessalie étoient célèbres : les thessaliens élevoient de si beaux chevaux & s'en servoient avec tant d'adresse, que probablement la fable des centaures, moitié hommes & moitié chevaux, n'a point d'autre origine.

Cette province ne forme qu'un sangiacat.

VI°. La Livadie.

On comprend aujourd'hui sous ce nom l'ancienne Grèce propre, à laquelle ont appartenu les petits royaumes d'Acarnanie, d'Aetolie, d'Ozolœa, de Locris, de Phocis, de Doris, d'Epiknémidie, de Bœotie (aujourd'hui Stramulippa), de Mégare & d'Attique. Ce pays se prolonge de la mer d'Ionie à l'Archipel. Il est fort montueux.

VII°. La Morée.

La Morée est une presqu'ile qui tient à la Terre-ferme ou à la Grèce proprement dite par une langue de terre, nommée l'*Isthme de Corinthe*, & célèbre par les jeux Isthmiques qu'on y donnoit en l'honneur de Neptune. Anciennement elle s'appelloit *Peloponnèse*, & dans des temps plus reculés *Aegialea* & *Apia* ; elle contenoit les petits royaumes de Sicyone, d'Argos, de Micène, de Corinthe, l'Achaïe propre, l'Arcadie & la Laconie. On dit qu'elle tire son nom de Morée du mûrier (*morus*), soit parce qu'elle a la forme d'une feuille de cet arbre, ou parce qu'il y croît une grande quantité de mûriers.

A la paix de Carlowitz, les turcs cédèrent la Morée aux vénitiens, mais ils la leur reprirent en 1715. On la divise en quatre districts, savoir :

1°. La Saccanie (*Romania minor*), qui comprend les anciens districts de Corinthe, de Sicyone & d'Argos.

2°. Braccio di Mania ou Tzakonia comprend l'ancienne Arcadie & la Laconie.

3°. Le Belvedere comprend l'ancienne Elide & la Messénie.

4°. Chiarenza, Clarenza, comprend l'Achaïe propre.

VIII°. Les isles de la Grèce.

Ces isles qui entourent la Grèce, peuvent être divisées en celles de l'Archipel, de la mer Méditerranée, des environs de Candie & de la mer dite anciennement d'*Ionie*.

Les isles de l'Archipel, autrefois mer Egée, sont les Cyclades & les Sporades. Ce sont de grandes & de petites isles, qui se trouvent comme semées au milieu de cette étendue de mer qui sépare l'Europe de l'Asie, & qui baigne au nord & au couchant la Romanie, la Macédoine & la Grèce, & au levant l'Anatolie ou Asie mineure. Toutes ces isles sont soumises à un seul beglerbey, à l'exception de celle de Candie qui a le sien propre, & dont le gouvernement s'étend aux isles voisines. Chacune d'ailleurs, en général, selon qu'elle est plus ou moins considérable, a son pacha, sangiac ou cadi particulier. Les anciens ont appellé Cyclades les isles qui forment comme un cercle autour de celle de Delos, & Sporades celles qui, plus éloignées, sont comme dispersées dans l'Archipel. Elles sont au nombre d'environ 37, & on en trouve la description dans la géographie de Busching.

Les isles de la Méditerranée sont situées aux environs de Candie, ou dans la mer qui baigne cette isle. Elles sont au nombre de dix. Voyez Busching.

Les isles de la mer dite anciennement d'Ionie. On n'en compte que deux. Voyez encore Busching.

Pays d'Europe sous la protection de l'Empire ottoman, dont ils sont tributaires.

On distingue d'abord les pays qui appartiennent à des princes chrétiens.

Ces pays sont la Valachie, la Moldavie, dont nous ferons deux articles séparés. *Voyez* MOLDAVIE & VALACHIE.

Outre la Moldavie & la Valachie, on compte parmi les tributaires de l'Empire *ottoman* une partie de la Tartarie : mais il ne faut plus compter aujourd'hui la Crimée & le Cuban qui ont passé sous la domination de la Russie : *voyez* l'article CRIMÉE. On compte aussi parmi les pays tributaires de l'Empire *ottoman*, en Asie, la Mingrelie ou la Géorgie ; (mais on sait que la czar de l'une des parties de la Géorgie s'est reconnu vassal de la Russie, & qu'il ne paye plus de tributs à la Porte), le pays d'Imirette, la principauté de Guriel, une partie de l'Arabie petrée & une autre partie de l'Arabie déserte ; en Afrique, les régences d'Alger, de Tunis & de Tripoly, où l'autorité du grand-seigneur est devenue presque nulle.

Nous avons parlé à l'article EGYPTE de l'autorité qu'il conserve dans ce pays : il y a lieu de croire que le capitan-pacha, qui s'y trouve aujourd'hui avec une armée & une escadre, ne pourra ramener ce royaume à l'obéissance. La Porte a perdu, dans le cours de ce siècle, son influence & son autorité en Egypte, dans les trois royaumes d'Alger, de Tunis & de Tripoly, en Crimée, dans une partie de la Géorgie ; & il paroît que l'Imirette, la principauté de Guriel, l'Arabie petrée & l'Arabie déserte se sont à-peu-près affranchies de la vassalité ; & ces pertes doivent indiquer au divan la grande catastrophe qui menace l'Empire.

Après cette remarque générale sur les pays tributaires de l'Empire *ottoman*, nous allons donner quelques détails sur les tartares, qui semblent être encore suzerains de la Porte.

Différens tartares & leurs districts.

Outre les tartares d'Obrutz établis dans la Bulgarie, & les tartares lipkes établis dans la haute Moldavie, on en trouve plusieurs autres depuis le bras septentrional du Danube, qui se jette dans la mer Noire jusqu'au Don ; sur un terrein de plus de cent milles qui borde les mers Noire & d'Azof. Les géographes donnent communément à ce pays le nom de *Tartarie d'Europe* : mais cette dénomination n'est point du tout juste, puisqu'il n'y a en Europe d'autres tartares que ceux-ci. Les tartares se sont emparés, dans la première moitié du siècle, de cette étendue considérable de pays qui fait partie de l'ancienne Scythie européenne : *voyez* l'article CRIMÉE. Une partie de ces tartares va d'un endroit à l'autre par hordes, c'est-à-dire, par troupes ou compagnies ; mais l'autre a des demeures fixes, des villes, des bourgs & des villages. Plusieurs dépendoient du khan de Crimée, qui lui-même étoit vassal du grand-seigneur. Mais depuis que Catherine II s'est emparée de la Crimée, & qu'il n'y a plus de khan, nous ignorons si ces tartares sont toujours sous une sorte de dépendance de la Porte. Au-dessous d'eux, sur la côte de la mer Noire, on trouve un peuple payen qui n'a point de nom particulier, & dont la langue a du rapport avec l'allemande. Les goths ont anciennement habité cette contrée : ce peuple en est peut-être un reste, & il est possible que le flambeau de l'Evangile se fût éteint chez lui.

Le pays des tartares qui ont paru jusqu'à présent tributaires de la Porte, est divisé en trois parties.

1°. La partie qui est entre le bras du Danube le plus septentrional & le Niester, près de la mer Noire, est la Bessarabie que les tartares nomment *Budschack* : elle a appartenu autrefois à la basse-Moldavie. Les habitans descendent des anciens budins, ou du moins ils ont hérité de leur nom. On les appelle tartares budschakes, bielgorodes & akermans, à cause des villes de Fuziak & de Bielgorod ou Akerman. Hérodote donne aux akermans le nom d'*ariakes*, qui vient d'*ak-sia*, eau blanche, à cause du Niester qui y coule, & dont l'eau est trouble & blanchâtre. Ils portent encore, ainsi qu'autrefois, le nom de *horde blanche*, & ils vont d'un endroit à l'autre en cotoyant le Niester. Ils se nourrissent ordinairement de la chair de leurs bœufs & de leurs chevaux, de fromage & de lait, sur-tout du lait de jument.

2°. La province d'Otschokow, ou le pays entre le Niester & le Nieper, n'étoit autrefois habité que sur les bords de ces deux fleuves & près de la mer ; le reste étoit désert, & de-là vient qu'on l'appelloit la *Plaine déserte*. Elle a de bons pâturages, mais point d'arbres ; & Charles XII, roi de Suède, la traversa avec beaucoup de peine, en 1709, après la malheureuse bataille de Pultawa, pour gagner la Turquie. Une grande partie de ce canton appartient aux cosaques Saporog, qui sont présentement sous la domination russe, & qui regardent comme leur ancienne frontière la Sinucha, qui se jette dans le Bog. La Russie y possède d'ailleurs la nouvelle-Servie ; près de l'Ingul & de l'Ingulez. (rivières).

3°. Le territoire du khan de Crimée, ou le pays qui est entre le Nieper & l'embouchure du Don.

La portion du pays qu'on appelle *Terre-ferme*, & qui s'étend le long de la mer Noire & de celle d'Azof, est habitée par une peuplade des petits tartares nogayes, dont l'autre partie séjourne en Asie. Ils vont d'un endroit à l'autre, mettent trente lieues de distance entre leurs hordes, & s'appliquent rarement à l'agriculture. Ils préférent, comme les tartares de Crimée, la chair de cheval à toute autre nourriture. Ils exercent une très-grande hospitalité, & ne demandent rien aux étrangers pour leur nourriture & le fourage de leurs chevaux ; mais si on leur fait un présent de tabac ou d'autres choses, ils le reçoivent avec reconnoissance. Ils professent le mahométisme ; ils étoient gouvernés par des beys ou murses tirés de leur nation, ou par ceux d'entr'eux que le khan de Crimée établissoit. Pour ce qui est des limites de ce pays, depuis le Nieper jusqu'au Tanaïs, il a été réglé, par la paix de Belgrade de 1739, qu'on tireroit une ligne depuis la petite rivière de Saliwy-Konskich-Wod, (qui se jette dans le Nieper au-dessous de la Samara, environ à moitié chemin entre Kudak & Saporozkaja Sietscha ou Setscha des Saporogs), jusqu'à la petite rivière de Berda qui se jette dans la mer d'Azof. Le district qui est en-dedans de ce pays, ou au midi vers la Crimée, étoit soumis au khan des tartares, & nous ignorons s'il se trouve aujourd'hui soumis à Catherine II. Le district beaucoup plus considérable, qui est vers le nord, appartenoit déjà, avant la cession de la Crimée, à l'empire de Russie. Les anciens patzinagues ont habité le premier district à l'embouchure du Nieper.

La presqu'île de Crimée (*Chersonesus Taurica*): nous en avons parlé à l'article CRIMÉE.

Nous aurions voulu décrire les provinces de l'Empire *ottoman* en Asie; mais les détails que nous nous sommes procurés, sont trop confus & trop inexacts.

SECTION IIIe.

Du sol, des productions, de la population, des grecs, de la noblesse, de la religion de la Turquie d'Europe, & de quelques usages ou loix qui ont rapport au commerce, à la population & à l'industrie de cette partie des domaines de l'Empire ottoman.

Climat, sol.

L'air de la Turquie en Europe est sain, mais on y prend si peu de précautions contre la peste, qu'elle y fait toutes les années des ravages: en général elle vient d'Egypte, & elle enlève quelquefois à Constantinople jusqu'à la cinquième partie des habitans. Toutes les provinces ont un sol plus ou moins fertile, & l'agriculture & l'entretien du bétail y sont d'un bon rapport: chaque année on en exporte une infinité de productions du crû du pays. Cependant depuis le règne de Mahomet III l'agriculture, accablée de trop d'impôts est tellement tombée, que la famine est à craindre si la récolte n'est pas favorable. Les turcs se livrent peu à ce genre d'industrie, & ce sont des chrétiens qui cultivent les terres. Les vins de Santorin & de Malvoisie passent pour les meilleurs de la Turquie d'Europe.

Population.

La population est peu considérable relativement à l'étendue & à la fertilité des terres. On ne doit pas même s'étonner qu'il y en ait un si grand nombre d'incultes, & que la population y diminue de jour en jour, si l'on songe à la peste, à la polygamie, aux guerres fréquentes, à la multiplicité des impôts & à l'oppression du peuple, & aussi à ces émigrations si communes depuis 1740, de grecs, d'arméniens & de valaques, qui se retirent en Russie, en Pologne, en Hongrie, sur le territoire de Venise & de Raguse, comme les turcs d'Asie se réfugient dans les états voisins, en Perse & chez les tartares. Des cantons autrefois remplis de villages sont aujourd'hui presque déserts: cette dépopulation se remarque sur-tout dans la Valachie & la Moldavie: les provinces situées aux environs de Constantinople, en particulier la Romanie, sont mieux cultivées & mieux peuplées. La Turquie d'Europe est habitée par des turcs, des grecs, des arméniens, des serviens, des bosniens, des bulgares, des valaques & des tartares. On y trouve de plus un grand nombre de juifs, sur-tout à Constantinople & à Salonique.

Les grecs anciens surpassent les turcs en nombre presque par-tout, & en particulier dans le plat pays. On compte dans la seule ville de Constantinople jusqu'à 300,000 grecs, & dans les îles il n'y a point d'autres habitans. Ils sont accoutumés à la domination des turcs, qui les traitent avec une extrême dureté. Pour se garantir de leur intelligence avec les ennemis, ou de quelque projet de révolte, on les désarme lorsque la Porte ottomane est en guerre avec une puissance chrétienne. On leur fait payer tous les ans, à la fête du Beiram, une capitation qui est actuellement de cinq piastres turques, ou d'un ducat & demi par tête: les enfans n'en sont affranchis que jusqu'au moment où ils ne peuvent plus passer leur tête dans une certaine mesure, dont les collecteurs de la capitation sont toujours munis: un mendiant est même obligé de la payer, sinon il est retenu en prison jusqu'à ce qu'il se trouve des gens charitables qui paient pour lui: cette capitation est plus forte pour les ecclésiastiques; un diacre, par exemple, est taxé à deux ducats, un archimandrite à quatre: les évêques, archevêques & patriarches paient de grosses sommes, fixées le plus souvent par l'avidité & le caprice du grand-visir & des bachas. Les impositions sur les marchands se règlent d'après le prix des marchandises qu'ils font venir du dehors. En général, les turcs recherchent toutes les occasions d'extorquer de l'argent aux grecs, & sur-tout aux gens d'église. Au moyen de cette contribution, les grecs jouissent de la protection de la Porte *ottomane*, & sont maintenus dans la tranquille possession de ce qui leur appartient. En général, un turc ose bien les outrager; mais il n'ose pas entrer dans leurs maisons contre leur gré, ou leur prendre la moindre chose : ils obtiennent justice de la part des cadis.

Après les grecs, les arméniens sont la nation la plus nombreuse, & à Constantinople sur-tout ils les égalent presque en nombre. En général, ils sont plus riches, plus habiles dans le commerce & plus économes.

Les chrétiens d'occident, qui vivent en Turquie sous la protection d'un envoyé, résident ou consul, & qu'on nomme *francs*, sont exemptés de la capitation ; tous ceux qui sont à leur service, fussent-ils sujets nés de l'empereur des turcs, jouissent de la même exemption ; l'art de leur extorquer de l'argent n'est pourtant pas ignoré des turcs : ils possèdent plusieurs immeubles ; mais la France a défendu à ses sujets d'en acquérir à l'avenir, afin d'éviter les plaintes à porter au divan, ou les griefs qui pourroient troubler la bonne harmonie & nuire au commerce. Chaque envoyé, résident ou consul d'une cour étrangere a son interprete turc, qui traite en son nom toutes les affaires avec le grand-visir, ou plutôt avec l'interprete du grand-seigneur.

La noblesse de Turquie comprend les principaux officiers de l'armée, juges & ministres de la religion. On dit que ceux qui se trouvent au service du sultan & dans les emplois, ou, comme on s'exprime en Turquie, qui mangent le pain de sa hautesse, sont seuls exposés sans autre forme de justice aux arrêts redoutables de la Porte, qui condamnent à perdre la tête ou à périr par le fatal cordon. Mais on sait que le bas-peuple est fort opprimé, & qu'un mot du visir ou du chef de la police fait jetter dans le Bosphore des troupes de malheureux qui souvent ne sont point coupables : si un maître a le plus léger prétexte, il peut impunément ôter la vie à ses domestiques, quoique de condition libre, & il le peut sans aucun sujet à l'égard de ses esclaves.

On donne au chef de la religion le nom de *mufti* ou interprete de la loi. Il jouit d'une grande considération : le sultan se lève pour le recevoir, & fait sept pas à sa rencontre ; il n'en fait que trois pour le grand-visir, & tandis que celui-ci s'incline profondément pour baiser le bas de la robe du grand-seigneur, le mufti seul a l'honneur de lui baiser l'épaule gauche. Il doit être consulté d'après la loi, dans tous les cas, & sur-tout dans ceux qui intéressent la paix ou la guerre : il est vrai que cette déférence n'est presque plus aujourd'hui qu'une formalité ; & s'il donne une explication de la loi, ou opine d'une maniere qui contrarie les vues du grand seigneur, on travaille à le déposer, ou exige quelques précautions, & on met en sa place un homme qu'on suppose être plus complaisant. Autrefois lorsqu'on pouvoit le convaincre de trahison ou de quelque grand crime, il étoit pilé dans un mortier : cette barbare punition est abolie depuis long-temps ; mais pour en conserver la mémoire, on garde le mortier dans une des cours des sept Tours à Constantinople.

On connoît peu les loix civiles & les loix religieuses de l'Empire *ottoman*, & en général on a tiré de fausses inductions de quelques-unes de ces loix. Il est clair que la crainte de la révolte est le seul frein qui arrête le grand-seigneur & le grand-visir, & qu'on ne dit rien lorsqu'on cite telle loi qui demande un fetfa de muphti pour telle affaire, & qui met ainsi des barrieres au gouvernement. Le sultan est toujours le maître de déposer, d'exiler, de faire tuer le muphti, les ulemahs ou les corps & les individus, auxquels les loix semblent accorder une sorte de droit de résistance.

Ainsi quand on ajoute : « il suffiroit que les trois principaux religieux d'entre les bekrashis, les mevelevis, les kadris & les seyatis se présentassent pour dire que Dieu ne veut pas que l'empereur regne davantage, & il seroit obligé d'abandonner le trône » on ne dit rien non plus : le fameux comte de Bonneval a imaginé un expédient contre ce privilège : le sultan demande un délai, & il élève les trois religieux à de grands emplois civils ; il les traite ensuite en laïcs, qu'il peut bannir ou condamner à mort ; au défaut de cet expédient, un gouvernement despotique en inventeroit mille autres ; & s'il ne craignoit pas une révolte, il se moqueroit de la loi & des priviléges.

Tout mahométan est tenu de faire au moins une fois en sa vie, en personne ou par procuration, le pélérinage de la Mecque. C'est ce que tout le monde répete : mais les pauvres n'en sont-ils pas exempts ? & comment pourroient-ils le faire ? Il faut attendre sur ce point, comme sur beaucoup d'autres, le *Tableau de l'Empire ottoman* que M. de Mouradgea vient d'annoncer. Quoi qu'il en soit, toutes les années une caravane de pélérins & de marchands, qu'escorte un corps de troupes, ce qui fait une troupe de vingt mille hommes & au-delà, se rend à la Mecque. Le beiglerbey de Damas en est le chef, & il hérite de tous ceux qui meurent en chemin : ce droit est d'un produit considérable.

La polygamie est restreinte dans l'Alcoran à quatre femmes & concubines ; le prophète & ses successeurs avoient seuls le privilège de passer ce nombre : mais la coutume a prévalu, & un homme, outre quatre femmes légitimes, peut avoir autant de concubines qu'il veut & qu'il peut entretenir. Parmi les gens du peuple, il en est peu sans doute qui soient en état de fournir à l'entretien de plus d'une femme. Le divorce y est permis ; mais le mari doit, selon sa fortune, contribuer à l'entretien journalier de sa femme, jusqu'à ce qu'elle soit remariée à un autre : il ne peut aussi la reprendre qu'elle n'ait eu un autre mari, & n'en ait été répudiée.

Le patriarche de Constantinople est chef de l'église

l'église grecque dans la Turquie européenne; il est élu par les archevêques & métropolitains des environs, & confirmé par le sultan ou son grand-visir. Ce dernier a une telle influence sur l'élection du patriarche, qu'elle ne se fait pas sans son aveu, & que même ce n'est, comme on le dit, qu'au plus offrant qu'il accorde cette dignité; celui qui en est revêtu, est toujours en risque de la perdre, s'il se trouve quelqu'un qui en offre une somme plus considérable. D'ailleurs il jouit d'une grande autorité, en qualité de premier de tous les patriarches grecs & de chef & de règle de l'église d'orient. Ses revenus, évalués jadis à 120 mille florins, sont aujourd'hui beaucoup plus considérables, quoiqu'on ait dit qu'il paye la moitié de cette somme en tributs, outre 6000 florins de présens à la fête du beiram. Il a pour suffragans 70 archevêques & métropolitains, & un plus grand nombre d'évêques.

Fabriques.

Les turcs ne manquent pas de manufactures, & ils font de très-beaux ouvrages. Ils savent en particulier préparer les cuirs, & ils sont habiles dans l'art de teindre la laine, les soies & les peaux: ils fabriquent des tapis, des étoffes de soie, d'or & d'argent, & autres choses d'une grande beauté. Leur commerce, au-dedans du pays & avec l'étranger, est fort considérable; mais il se fait surtout par les arméniens & les juifs. Les turcs ne commercent guère que d'une province à l'autre, en denrées & marchandises du crû du pays; s'ils font quelques affaires avec les chrétiens du dehors, ce n'est qu'avec leurs proches voisins, comme par exemple, à Vienne où il y a toujours des marchands turcs qui, après s'être défaits de leurs marchandises, en achètent d'autres qu'ils chargent sur le Danube pour Constantinople. Les hollandois, les anglois, les françois, les danois & les autres nations commerçantes abordent en foule dans les ports de la Turquie: aussi ont-elles toutes des envoyés & résidens à Constantinople, ou des consuls en d'autres lieux. La Turquie exporte des soies, des tapis, des étoffes, des toiles, des sophas ou coussins & matelats, des peaux de lièvre, de lapin, des poils de chèvre & de la laine, du poil de chameau & du coton filé, des dimities (sorte de futaine fine), des bourdettes, des toiles cirées, des peaux chagrinées, des maroquins bleus, rouges & jaunes, du café, du rhubarbe, de la térébenthine, du storax, différentes espèces de gommes, de l'opium, des noix de galle, du mastic, de l'émeril, de la terre sigillée, des écorces de grenades, des éponges, des dattes, des amandes, des vins, des huiles, des figues, des raisins secs, de la nacre de perles, du buis, de la cire, du safran, des bois de construction, des chevaux, &c. & la balance du commerce paroît lui être avantageuse. Aussi, pour favoriser ce commerce qui lui est avantageux, la Porte a-t-elle des traités avec les puissances chrétiennes; elle leur accorde toutes sortes de franchises. Le trafic d'esclaves des deux sexes est considérable en Turquie, outre celui des belles femmes circassiennes, géorgiennes & grecques que les juifs sur-tout achètent, & que leurs parens vendent d'autant plus volontiers, qu'ils espèrent qu'elles parviendront à une grande fortune.

Dans les états mahométans (1), on est non-seulement maître de la vie & des biens des femmes esclaves, mais encore de ce qu'on appelle leur vertu ou leur honneur. C'est un des malheurs de ces pays que la plus grande partie de la nation n'y soit faite que pour servir à la volupté de l'autre. Cette servitude est récompensée par la paresse dont on fait jouir de pareils esclaves: ce qui est encore pour l'état un nouveau malheur.

C'est cette paresse qui rend les serrails d'orient (2) des lieux de délices, pour ceux mêmes contre qui ils sont faits. Des gens qui ne craignent que le travail, peuvent trouver le bonheur dans ces lieux tranquilles. Mais on voit que par-là on choque même l'esprit de l'établissement de l'esclavage.

La raison veut que le pouvoir du maître ne s'étende point au-delà des choses qui sont de son service; s'il doit y avoir des esclaves, il faut que l'esclavage soit pour l'utilité, & non pour la volupté. Les loix de la pudicité sont de droit naturel, & doivent être senties par toutes les nations du monde.

Les monnoies d'or & celles d'argent un peu fortes des différens états ont cours en Turquie, & y sont même plus estimées que celles qu'on y fabrique; les juifs qui ont la direction de la monnoie, lui donnent une médiocre valeur intrinsèque. Au Caire & dans toutes les autres villes de commerce d'Egypte, presqu'aucune des monnoies turques n'a cours, au lieu que l'argent d'Allemagne, les ducats d'argent vénitiens & les écus d'Hollande au lion sont les plus estimés.

SECTION IVᵉ.

De l'armée, de la marine & des revenus de l'Empire ottoman.

L'armée de terre est partagée chez les turcs en Capiculy & en Serratculy pour l'infanterie.

---

(1) *Voyez* Chardin, voyage de Perse.
(2) *Voyez* Chardin, tom. 2, dans sa description du marché d'Izagour.
Econ. polit. & diplomatique. Tome III.

Les premiers ne s'éloignent pas de la porte & de tout endroit où le sultan fait sa résidence. Ils portent différens noms : nous ne parlerons que des janissaires qui furent institués par le sultan Amurat ; il composa ce corps d'enfans chrétiens prisonniers, qu'il forma aux exercices militaires. On dit que le nombre en est fixé à 40,000, & qu'ils sont distribués à Constantinople en 162 odas ou compagnies, qu'un autre porte à 196, savoir, 101 de jajabey, 61 de boluki & 34 de seymeny, tous ensemble au nombre de 54,222 hommes Ces soldats ont le rang sur tous les autres soldats ; ils ne sont plus comme autrefois turbulens, toujours prêts à se révolter & ne respirant que la guerre ; aussi sont-ils pour la plupart mariés.

Le corps des janissaires, dit le baron de Tott, composé dans son origine d'esclaves enlevés à la guerre par les turcs sur les chrétiens, a été long-temps recruté par les enfans de tribut ; mais les priviléges accordés à cette nouvelle milice, déterminèrent les turcs à y faire inscrire leurs enfans. L'abus du privilége & le nombre des prétendans s'accrurent l'un par l'autre ; on ne vit plus de sûreté que sous la protection de ce corps. Les grands s'y firent inscrire. Le grand-seigneur lui-même voulut lui appartenir, & personne ne s'apperçut que ménager son insolence, c'étoit travailler à l'accroître. La règle établie soutint long-temps ce corps contre ses propres désordres ; mais ils cessèrent enfin de se maintenir dans l'indépendance individuelle. Chaque janissaire devint propriétaire, & rentrés aujourd'hui dans l'ordre général par l'intérêt particulier, ce corps a cessé d'être redoutable à ses maîtres.

Leur solde est par jour de trois aspres, deux pains & une certaine quantité de mouton, de riz & de beurre, qu'on leur fournit tout cuit & préparé. D'autres évaluent leur solde à sept aspres : ils comptent sans doute la valeur des choses qu'on leur fournit en nature.

Les serratculy sont entretenus par les gouverneurs des provinces, & à leurs ordres ; ils sont destinés à renforcer les janissaires. La cavalerie, partie de l'armée la plus nombreuse, (car l'Empire abonde en chevaux) est composée de capiculy ou spahis, d'une autre espèce de cavaliers que les pachas entretiennent, & des serratculy employés à la garde des frontières : c'est la cavalerie du meilleur usage ; elle est formée de celle que les pays tributaires, savoir, les tartares & les princes de la Moldavie & de la Valachie, sont obligés de fournir.

La cavalerie turque, connue sous le nom de spahis, est composée de sayms, de tymariothes & de spahis proprement dits. Le corps des derniers est de 12000 hommes ; leur paie prise du trésor de l'empire va de 12 à 80 & même 100 aspres par jour. Leurs armes sont un sabre large, des pistolets, des carabines. Les sayms & les tymariothes sont armés de même ; un grand nombre cependant portent encore des lances, & d'autres, surtout ceux d'Asie, se servent de l'arc & de la fleche. Ils sont feudataires militaires de l'Empire, & possèdent des terres qui rapportent annuellement aux tymariothes de 6000 à 19,999 aspres, & aux sayms de 20,000 à 100,000 aspres ; mais pour cela ils sont obligés de se donner des chevaux & les armes & en outre de fournir, savoir : les sayms un cavalier tout armé pour chaque terre du produit de 5000 aspres, & les tymariothes un cavalier pour chaque terre de 3000 aspres de revenus. On peut évaluer le total de ce corps à 115, 254 hommes. (1). Il est vrai que ce nombre devient plus considérable lorsque ce corps se met en marche ; mais ce sont des volontaires, qui dans l'espérance d'obtenir un fief militaire, font la campagne à leurs frais. Quelque-uns de ces fiefs sont héréditaires, & on permet assez communément aux vieux vassaux militaires de céder leurs fiefs à leurs enfans ou à leurs parens. Il est d'usage dans la Romelie que ces fiefs soient partagés entre les fils. Les dschiebehdschy sont répartis en 60 odas, dont chacune doit être composée de 500 hommes ; mais ce corps n'étant presque jamais complet, on ne peut porter chaque oda qu'à 300 hommes. Les seghbahy ou thoprakly sont fournis par les bachas. Ils combattent à cheval & à pied, sont presque toujours du corps de réserve & gardent les bagages. On peut les porter au nombre de 4000 hommes. Les sordengietshy sont des volontaires, dont le nombre se monte souvent à 10000 hommes. Leur paie par jour est de 12 aspres (2).

On publia en 1783 l'état suivant de l'armée de l'Empire ottoman.

Infanterie : janissaires 113,400 ; thoptschiy 15,000 ; kumbardschiy 2000 ; mehterschiy 6000,

---

(1) Businello porte le total à 132,054 hommes ; mais on ne peut guère compter sur ceux de Diarbekir, de Damas, d'Idin, de Tripoli & d'Alep, qui forment environ un total de 16,800 hommes, parce qu'ils sont trop éloignés de la capitale ; & que d'ailleurs on sait combien peu les ordres du grand-seigneur sont respectés dans ce gouvernement.

(2) Businello ajoute encore à la cavalerie 6000 mikladschy ; mais comme ils ne sont que les valets des bachas, que chaque bacha en amène quelquefois avec lui jusqu'à 300, & qu'ils ne combattent jamais, ils ne méritent point de place parmi les troupes du grand-seigneur. On les prend souvent pour recruter l'armée. L'auteur de l'état présent des forces turques ajoute encore aux forces turques les Serhœdkuli, qui sont sur les frontières de l'Empire ottoman, & on dit enfin qu'en cas de besoin l'armée peut être augmentée de 10,000 bosniaques & arnautes.

boſtandſchiy 12000; ſerradſche 6000; milice du Caire 3000; leventi 32,000; marine 18,000: total 207,400. *Cavalerie*: ſpahis 10,000; ſayms & timat 132,054; dſchebehdſchiy 6000; volontaires 10,000; tartares 60,000: total 240,054. L'infanterie & la cavalerie réunies forment donc enſemble 447,454 hommes. Tous cependant ne peuvent entrer en campagne: il en faut 5000 pour le ſervice de mer, 20000 pour la garniſon de Conſtantinople, 100,000 pour les autres garniſons des fortereſſes & villes de l'Empire: ces trois nombres réunis forment un total de 170,000 hommes; reſte donc pour les armées de terre 277,454 hommes; ſi on en déduit les 6000 tartares, (la Crimée étant actuellement ſoumiſe à l'Empire Ruſſe,) & encore 20000 hommes malades, maraudeurs ou morts en route, l'armée entière eſt réduite à environ 170,000 hommes. Quand l'armée entre en campagne ſous les ordres du grand Viſir, il eſt ſuivi de la chancellerie militaire, du miniſtère, d'une partie de chaque corporation d'artiſans de la capitale, d'une foule de marchands, de juifs, &c., qui en tout peuvent aller à 50000 perſonnes. Les turcs ont une artillerie nombreuſe, ils excellent à fondre des canons. Le cuivre eſt, en partie, tiré des mines d'Aſie, & en partie acheté des anglois, des hollandois, des françois & des ſuédois. Quant à l'étain qu'on y emploie la plus grande partie vient d'Angleterre. Leurs canons ſont de différens calibres: ils portent des boulets de 80, 100, 120 livres, & même plus; mais la plupart ſont petits, de 6, 8, à 10 livres. Les turcs ont auſſi des obus & des mortiers. On dit que de ces derniers, 32 ſont aux Dardanelles, dans le château ſitué en Aſie, & 28 dans celui d'Europe. L'armée étant en marche, les canons ne reſtent pas ſur leurs affuts. On emploie des chariots très ſolides, dont l'un eſt chargé du canon même, & l'autre de l'affut: ce qui cauſe des embarras infinis & force les ottomans, en ſe retirant, à abandonner leur artillerie. M. de Tott nous a appris d'ailleurs juſqu'où va leur ignorance, & les inconcevables moyens qu'ils employent pour remuer une pièce d'artillerie. Ils n'en font guère d'uſage en attaquant: éloignés encore de deux à trois mille pas de l'ennemi, les turcs s'y précipitent le ſabre à la main, laiſſant leur artillerie en arrière, dont ils ne ſe ſervent que dans des cas d'attaque. Le nombre des canons, dans toute l'armée, eſt de 250 à 300. A la bataille de Belgrade, en 1717, les turcs perdirent 131 canons & 35 mortiers. Lorſque l'armée eſt campée, chaque ſoir, durant la prière, on entend crier les mots *Allah! Allah!* c'eſt-à-dire, *Dieu! Dieu!* Auſſitôt après ils font une ſalve générale de tous les canons, mortiers & obus, mis en batterie dans les tranchées & partout ailleurs. Après quoi règne un ſilence profond. C'eſt leur ſignal de retraite, qui ſe répète chaque ſoir. Cette décharge, auſſi inutile que diſpendieuſe, coute par jour trois quintaux de poudre. Dans les cas ordinaires, l'armée turque reſte, chaque année, environ 180 jours campée. Chaque campagne, qui n'eſt pas prolongée au-delà de ce terme, leur fait donc conſumer pour le ſeul ſignal de retraite, 54000 livres de poudre. Qu'on juge de la quantité prodigieuſe dont leurs magaſins doivent être pourvus! L'armée turque eſt toujours embarraſſée d'une quantité étonnante d'équipages: chaque officier ſupérieur peut avoir à ſa diſpoſition autant de chariots qu'il veut.

Les janiſſaires devant marcher, ſont répartis par eſcouades chacune compoſée de dix hommes: un valet, qui fait en même-tems les fonctions de cuiſinier, & un cheval de bât, deſtiné à porter les manteaux & les menus équipages, ſont à la ſuite de chaque eſcouade. On accorde encore un chameau à deux eſcouades, ſur lequel on charge deux tentes, deux grandes couvertures, deux marmites, des caffetières & quelques outres remplies d'eau fraîche. L'armée eſt pourvue de tentes; celles des officiers de rang ſont magnifiques, doublées en dedans d'étoffes riches & brodées à fleurs d'or. La tente du grand-ſeigneur, perdue après la bataille de Zenta, valoit 40,000 florins de l'Empire. Une de leurs armées de cent mille hommes, eſt ordinairement compoſée de 60,000 cavaliers & de 40,000 fantaſſins: ſuivant leur manière de s'équiper, les derniers ont 10,000 chevaux d'équipage, & les premiers 20,000, ſans compter ceux qui ſervent aux officiers. A la tête d'une armée ſi nombreuſe, ſe trouvent ordinairement 60 bachas, dont les principaux entretiennent plus de 300 chevaux. Pour donner une preuve de l'immenſité du train, qui embarraſſe les ottomans en campagne; en 1685, après la bataille de Vienne, on trouva dans leur camp 8000 chariots de munitions, 10,000 bœufs, 10,000 buffles, 5000 chameaux, 100,000 muids de fruits, &c. L'armée turque devant ſe former en corps au commencement d'une guerre, les bachas & les ſangiaks aſſemblent les troupes de leurs gouvernemens. La cavalerie & l'infanterie de chaque diſtrict marchent ſéparément, chacune ſous ſon propre drapeau, au lieu de l'aſſemblée, qui eſt Andrinople. Là, le grand viſir, en préſence du grand ſeigneur, paſſe l'armée en revue & en fait le dénombrement. A peine cette revue eſt achevée, qu'un grand nombre retourne à ſes foyers; dès-lors l'armée ſe trouve déjà conſidérablement diminuée. Lorſqu'on entre en campagne, les troupes ſont ſuivies d'une quantité exceſſive d'argent monnoyé. Il y a deux tréſors, celui de l'empire, & le tréſor particulier de ſa hauteſſe. Le premier de ces tréſors ſous la direction du Teſtedar, ou tréſorier-général, eſt quelquefois évalué à 30 millions d'écus, & doit défrayer toutes les charges quelconques, occaſionnées pour l'entretien des troupes.

L'ardeur des ſoldats pour combattre, eſt proportionnée au plus ou au moins d'eſpèces ſonnantes que le grand visir fait porter à l'armée : d'où il arrive, que faute d'argent, les caisses vuides, mais couvertes de riches tapis, suivent souvent les troupes, & sont de tems en tems exposées à la vue des soldats, comme si elles étoient remplies.

Machiavel qui a écrit les refléxions sur Tite-Live pour éclairer les peuples de l'Europe sur les vices de leurs constitutions & de leur discipline militaire, & les régénérer par les exemples des romains, ne loue rien de ce qui se passoit alors en Europe, si ce n'est Soliman & la valeur & la discipline des turcs. Mais les choses sont bien changées.

L'armée ottomane n'inspire plus aujourd'hui aux puissances voisines des états du grand seigneur la terreur qu'elle inspira jadis. Elle ignore la tactique & ne sait rien des dispositions qu'il faut prendre soit dans l'attaque soit dans la défense, pour que les divers corps puissent se soutenir efficacement. Si elle a le malheur d'être répoussée avec perte au premier choc, ce troupeau d'esclaves ou de guerriers se dissipe. On sait que dans l'été de 1774 les troupes ottomanes, surtout celles d'Asie, ont refusé de combattre les russes. 40,000 hommes conduits par le Reis-Effendi contre les généraux Kamenskoy & Suwarow, se sont débandés sans coup-férir, & ont abandonné le camp aux russes. Un des principaux vices que l'on observe à l'armée ottomane, c'est la trop grande quantité de bagages ; nous en avons parlé plus haut. Les spahis emmènent à l'armée un grand nombre de chevaux de bât, & c'est pour cette raison qu'ils n'aiment à entrer en campagne que lorsqu'ils pourront avoir des fourages verds.

Les troupes ottomanes entrent en campagne aux mois d'avril ou de mai, & la finissent dans le mois d'octobre. Ce sont sur-tout les troupes d'Asie qui refusent de tenir plus long-temps. C'est pour cette raison qu'en 1769 le grand-visir fut obligé d'abandonner Choczim ; dans l'hiver de 1773 à 1774 il avoit fait l'impossible pour retenir l'armée, mais un grand nombre le quitta. L'entretien de l'armée est un grand objet de sollicitude pour les chefs, puisque la moindre disette de vivres occasionne des soulevemens. Les janissaires exigent tous les jours du riz, de la viande, de l'huile & du beurre, &, ce qui est singulier, du pain frais aussi long-temps qu'ils sont sur le territoire du grand-seigneur. Pour cette raison on prend toutes les précautions possibles pour approvisionner l'armée. La Crimée lui fournissoit la plupart des vivres lorsqu'elle étoit en guerre avec la Russie ; mais cette grande ressource manque aujourd'hui à l'armée du grand-seigneur. Il est encore à remarquer, qu'on voit beaucoup de chiens à l'armée. Ces animaux sortent du camp, se répandent dans la campagne, & infestent les environs.

Le fameux comte de Bonneval entreprit de discipliner les troupes de l'Empire ottoman, de les mettre sur le pied autrichien & de changer la manière de faire la guerre : mais il y trouva des difficultés insurmontables, & à sa mort tout ce qu'il avoit fait fut aboli : son régiment, qu'il avoit choisi dans toute l'armée, & exercé aux manœuvres autrichiennes avec une peine incroyable, fut incorporé dans les autres corps qui ne pouvoient le souffrir. Dans les dernières années, des officiers françois & anglois ont entrepris la même réforme, mais avec aussi peu de succès. Comme l'agriculture a beaucoup diminué en Turquie, on estime que l'approvisionnement de grains doit être préparé plusieurs années d'avance, lorsque l'empereur projette une nouvelle guerre. Le comte de Bonneval, dans une instruction politique qu'il doit avoir laissée sur la meilleure manière de gouverner l'Empire, engage la Porte à ne pas songer à de nouvelles conquêtes ; il conseille, dit-on, de s'abstenir de toute guerre avec les puissances voisines, & il se borne à recommander la conservation des possessions actuelles, en s'appliquant à en tirer un meilleur parti.

C'est le sultan Mahomet II qui a jetté les premiers fondemens de la marine chez les turcs, & Selim l'a mise sur le meilleur pied. Selon le comte de Marsilli, elle est composée de bâtimens à voiles & à rames, & d'autres à voiles seulement. Une partie des vaisseaux de la première classe est construite & équipée pour le compte du trésor impérial, dans l'arsenal du fauxbourg de Galata à Constantinople : une autre partie est fournie par les beglerbeys, les beys, les saims & les timariotes qui commandent dans des provinces maritimes. Selon le même comte Marsilli, il faut 16,400 hommes d'équipages y compris 11 500 rameurs pour une flotte de 60 galères & de 6 galéasses. Le capitan pacha est l'amiral, & comme d'ailleurs les turcs n'entendent pas la marine & l'art des constructions navales, leurs forces ne sont pas considérables sur mer.

Selon un état envoyé dernièrement de Constantinople la marine ottomane est composée de 15 vaisseaux de ligne, 4 frégates, 3 barquettes longues, 3 corvettes, 7 galliotes & 17 avisos : il y en avoit 9 à Constantinople, 2 dans l'Archipel, 1 à Satalie, & 1 à Alexandrie. On construisoit à Constantinople 3 vaisseaux, dont deux de 74 canons, & 4 à Metelino & à Butru.

Les vaisseaux de ligne en état de service étoient tout au plus au nombre de dix. Il est vrai qu'en tems de guerre les régences d'Alger, de Tunis & de Tripoli, ainsi que le Caire, sont obligés de fournir au grand-seigneur plusieurs vaisseaux armés & équipés ; Alger doit en donner 4, Tunis 3 & Tripoli 3 ; depuis 40 jusqu'à 44 canons, & le Caire 24 de 50 canons, chacun de 600 hommes. Les frégates les galères & les galiotes ; ces dernières sont des bateaux, ne portent que quelques canons, & ne sont guère propres qu'à la course. On comptoit autrefois trois espèces de vaisseaux de guerre, savoir de 100 jusqu'à 160 canons, de 66, & de 36 à 48. L'équipage complet d'un vaisseau de 160 canons est de 1300 leventi ou soldats mariniers, & de 100 matelots grecs ; celui d'un vaisseau de 66 canons, de 850 hommes, & celui de 36 à 48 canons de 230. On ne construit plus de vaisseau de 160 canons à cause de la difficulté de la manœuvre, & on donne actuellement la préférence aux vaisseaux de 70 canons.

Revenus.

Les revenus publics forment deux trésors, selon le prince Cantemir. Le trésor de l'Empire est sous la garde du tesferdar - bacha, qui préside à 12 chancelleries où se portent tous les tributs, péages & autres revenus de l'Empire, & d'où se tire la paye de l'armée. Le grand-trésorier jouit du 20e d'une grande partie de ce qui entre dans le trésor, & sa place lui vaut par an plus de 800,000 liv., dont il cède le quart au kietchudabeg ou kiechaja, qui est le substitut du grand-visir & au dessus du grand-trésorier. L'argent de ce trésor, appellé l'argent public des musulmans, ne peut être, dit-on, diverti de l'empereur que dans un pressant besoin, beaucoup moins peut-il être employé pour ses intérêts particuliers. C'est le cas de répéter ici, que si le sultan ne craint point de révolte, les réglemens ne peuvent point arrêter sa volonté arbitraire. Il a son propre trésor, dont il peut disposer à son gré, & qui est sous la garde du Hasnadar-bachi, le premier officier du palais ou sérail du sultan, après le kislar - aga. Le prince Cantemir assure que de son tems il entroit tous les ans dans ces deux trésors vingt-sept mille bourses, ce qui fait treize millions & demi de rixdalers, & environ 60 millions de nos livres. Selon le comte Marsilli, il y a quatre caisses à Constantinople pour les revenus de l'état. La première est le trésor de l'Empire qui est confié au grand-trésorier, & dont les revenus annuels étoient, à l'époque où il a écrit, de 147,31 bourses. La seconde, destinée aux dépenses de la guerre ou du séjour du sultan à Andrinople, étoit annuellement de 2139 bourses & demi : la troisième est celle de l'empereur & pour ses menus plaisirs : les tributs que payent le Caire & la république de Raguse, de même que les princes de la Valachie & de la Moldavie, dont le grand - visir s'approprie une bonne partie, & les biens des ministres d'état morts ou déposés, forment cette caisse évaluée à 4963 bourses & demie de revenus fixe. La quatrième reçoit tout ce qui est consacré à l'entretien de la ville de la Mecque, savoir, 821 bourses. Enfin le prince Cantemir évalue à 8137 bourses & demi ce que les paschas, les beys, les zaims & les timariothes recevoient. Il faut observer que depuis Mahomet V. les revenus de l'Empire ont

considérablement augmenté sous ce règne. Le marquis de Ville-neuve, ambassadeur de France, donna des idées au grand-visir d'une administration des finances plus avantageuse ; on augmenta les anciens impôts, & péages, on en a établi de nouveaux, particulièrement sur l'entrée & la sortie des marchandises : on prit des mesures & on donna des ordres sévères pour empêcher la contrebande. Cette opération, en multipliant les revenus de l'Empire a contribué à le dépeupler ; parceque les impôts mal assis, levés & répartis arbitrairement arrêtent toujours la population. Les monarques turcs mettent généralement leur gloire à laisser après eux de grands trésors, & il y a lieu de croire qu'aucun souverain, le roi de Prusse excepté peut-être, n'est aussi riche qu'eux en argent comptant. Les grecs, & sur-tout ceux de Constantinople qu'on évalue à 300,000 milles ames, sont obligés de payer par tête, à un certain âge, une capitation qu'on appelle *chavatsch* de cinq piastres. Ceux qui ne la payent pas sont emprisonnés jusqu'à ce que le tribut soit acquitté. Les marchands payent les taxes en proportion de l'étendue de leur commerce. Les arméniens, qui sont plus nombreux encore que les grecs, acquittent aussi des contributions considérables. Les chrétiens qui sont sous la protection d'un ambassadeur ou d'un consul, sont exempts d'impositions. On évalue aujourd'hui à 20 millions de rixdalers les revenus de l'Empire ottoman, mais toutes ces évaluations nous paroissent bien imparfaites ; & lorsque nous les avons rapportées dans le cours de cet ouvrage, c'est moins parce que nous comptons sur leur exactitude, que pour donner une idée des objets sur lesquels on les a formés. Les droits de douane paroissent très-modérés en comparaison de ceux qu'on paye dans d'autres états. On ne paye communément que trois pour cent, d'après la déclaration du propriétaire ; mais nous ferons plus bas une remarque qui achevera d'éclaircir ce point. Le commerce est actif dans presque tous les ports ottomans ; il est permis d'y entrer avec presque toutes les marchandises quelconques & de les y débiter. Ceux qui trompent dans la déclaration des droits de douane, payent le double des droits.

SECTION V^e.

Du gouvernement, & remarques sur l'administration, les tribunaux, & les loix de l'Empire ottoman.

Le grand-seigneur est maître absolu de ses états : on a voulu dire le contraire & citer des loix, des réglemens & des usages qui mettent des bornes à son pouvoir. Que les loix, les réglemens & l'usage arrêtent en général son despotisme, nous en conviendrons ; mais quoiqu'en disent les voyageurs & les écrivains superficiels, il n'est jamais contenu que par la crainte d'une révolte, & dans tous les cas, il a mille expédiens pour arriver à ses fins, pour dépouiller, pour opprimer, pour dévouer à la mort selon son caprice.

On a cité souvent cette vieille femme qui refusa son jardin & son champ, & dont le sultan n'osa s'emparer. On n'a pas voulu voir qu'un acte de despotisme en cette occasion eût pu révolter le peuple ; que les vexations de ce genre ont entraîné souvent des révoltes ; & que la crainte & non la loi, arrêta le grand-seigneur. Il faut croire qu'il y mettoit peu d'intérêt ; car le chef de la police, qui fait enlever la nuit & étrangler ou jetter dans le Bosphore ceux qui déplaisent, ceux qui paroissent dangereux ou qui troublent la tranquillité publique, se seroit débarrassé de la vieille femme ; & l'héritier du champ auroit été plus traitable.

Nous ne ferons pas d'autres remarques sur la constitution de l'Empire ottoman : on n'est d'accord sur rien ; ni sur la valeur du mot despotisme ; ni sur l'administration de la Porte. On justifie tout, & les vexations & les spoliations sans forme de procès; & il faut laisser à chacun son avis.

Le grand-seigneur prend, selon le ridicule usage des peuples de l'Orient, des titres emphatiques ; en voici un échantillon : » Nous serviteur & seigneur des très-vénérables & benites villes, des respectables maisons & saints lieux, devant lesquels tout se prosterne, de la Mecque que Dieu a comblé d'honneur, de Médine resplendissante de gloire, & de la sainte Jérusalem, empereur des trois villes monarchiques désirables de Constantinople, Andrinople & Bursa, empereur de Babylone, de Damas, du paradis odoriférant & actuellement incomparable Egypte, de toute l'Arabie, d'Alep, d'Antioche, ... & autres lieux célèbres, sacrés & dignes d'être mentionnés : tant villes que fideles vassaux, empereur des empereurs, le très-gracieux & très-puissant sultan, &c. ». La cour de l'Empereur des turcs est appellée, selon une ancienne expression orientale, *la porte ou la sublime porte, la sublime porte du sultan, la porte de la justice, la porte de la majesté, la porte de la félicité*, expressions qu'emploient les sultans lorsqu'ils écrivent à d'autres puissances.

Le mot *sultan* n'est qu'un titre de naissance, réservé aux princes ottomans nés sur le trône & à ceux de la famille Ginguisienne. Ce mot qui se prononce *soultan* est sans doute aussi la véritable étymologie de *soudan*, & ce titre pouvoit être en Egypte substitué à celui de roi ; mais en Turquie, ni en Tartarie, il n'entraîne aucune idée d'autorité souveraine. Le titre de *kam* est particulièrement affecté au souverain des tartares, il équivaut à celui de *chach* qui signifie roi chez les perses, & sert de racine à *pade chach*, grand roi dont l'orgueil de la maison *ottomane* s'est emparé pour le disputer ou l'accorder à des puissances qui n'ont peut-être pas apperçu qu'il y auroit eu plus d'adresse & de dignité à méconnoître ce titre qu'à y prétendre.

Celui de sultan rend habile à succéder, & l'ordre de succession établi chez les turcs, appelle toujours le plus âgé de la famille : il doit, comme on l'a déjà dit, être né sur le trône.

Lorsqu'il s'agit de successeur au trône, les turcs ne cherchent guère dans le choix d'un successeur qu'à proclamer un homme de la famille d'Osman. Les empereurs, depuis le commencement de ce siècle, ont renoncé à la politique cruelle de leurs prédécesseurs qui, à leur avénement au trône, faisoient mourir tous leurs frères ; mais pour prévenir les révoltes ils les tiennent en prison : & ce trait ajouté à mille autres, annonce assez ce que doit être un pareil gouvernement. Ils leur permettent une ou deux concubines, il faut cependant que les medecins de la cour en aient constaté & confirmé par serment la stérilité : on dit qu'en effet aucune d'elles n'est accouchée. On ne couronne point le nouveau grand-seigneur ; mais on lui ceint le cimeterre d'Osman, fondateur de l'Empire.

Le divan est le conseil d'état & s'assemble deux fois la semaine, les dimanches & mardis, dans le palais de l'empereur. Le grand-visir y préside : il a à sa droite le kadilesker ou kassiu-læskier de Romélie ou d'Europe, & à la gauche celui d'Anatolie ou d'Asie. Le musti y assiste lorsqu'il y est appellé. Tous les autres visirs y ont aussi séance, & après eux vient le testerdar ou grand-trésorier, le reis-effendi, le chancelier de l'Empire, les autres officiers du calemji (chambre des) comptes, sont debout de côté, mais ceux de l'armée, tels que l'aga des janissaires, le spahilar-aga, le siludar-aga siègent à la sublime Porte dans l'intérieur du divan. Le sultan écoute dans un appartement voisin & il peut voir à travers une jalousie ce qui s'y passe. Les membres de ce conseil ont un habit particulier pour y assister ; ils mettent cet habit les jours d'audience lorsqu'ils sont envoyés auprès des divers puissances chrétiennes. Si le grand-seigneur convoque un conseil général, tous les grands de l'Empire, le clergé, les ulemas, les officiers militaires & autres, & même les soldats les plus vieux & les plus aguerris y assistent ; & comme l'assemblée se tient de bout elle porte le nom d'*ajak divani*.

Le premier visir ou grand-visir est la première personne de l'état après l'empereur. On appelle visir tous les pachas à trois queues. Il ne faut donc pas confondre cette dignité avec celle de grand-visir. Celui-ci est distingué par le sceau de l'Empire, le cachet du grand-seigneur. Il possède le premier instrument du despotisme. On le nomme par cette raison *visir-asem*, le grand-visir. On évalue ses revenus à 600 mille rixdalers ou 2,400,000 liv., non compris les présens & ce qu'il peut extorquer. Plus il est élevé & plus il est exposé : en effet pour appaiser les murmures du peuple, l'empereur sacrifie le grand-visir, auquel il impute toutes les fautes de l'administration, il le relègue ordinairement dans quelque isle; & quelquefois on l'étrangle. Le vicaire du grand-visir est le kaïmakan, que le sultan choisit parmi les visirs qu'on nomme à trois queues. Les prérogatives du kaïmakan sont presque les mêmes que celles du grand-visir dans le cas où le grand-seigneur est à 8 lieues de Constantinople ou d'Andrinople; & il n'a presque aucune autorité lorsque l'empereur y fait sa résidence. Si le grand-seigneur se met en campagne, on nomme un kaïmakan qui, en l'absence du grand-visir, prend connoissance de toutes les affaires, donne ses ordres & fait les changemens qu'il juge convenables, mais ne peut s'opposer aux ordres du grand-visir, ni déposer ou faire décapiter les anciens bachas. L'interprète impérial est aussi un des officiers de la couronne le plus en crédit, car au nom du grand-visir il est chargé de toutes les négociations avec les envoyés des puissances chrétiennes, qui par cette raison lui marquent beaucoup d'égards: c'est ordinairement un grec de naissance qui est revêtu de cet emploi.

Le tribunal suprême, appellé divan chané, s'assemble dans une salle du palais du grand-visir, qui en qualité de chef, est tenu de s'y trouver le vendredi, samedi, lundi & mercredi pour rendre la justice au peuple. Si d'importantes affaires l'en empêchoient, ce qui arrive rarement, il seroit remplacé par le chiaoux-baschi, ou maître des requêtes. Le vendredi le grand-visir a pour assesseurs les deux kadileskiers d'Asie & d'Europe, celui de Romélie à sa droite comme juge, & celui d'Anatolie à sa gauche comme simple assesseur écoutant. Le samedi c'est le galata Mollasi; juge du fauxbourg de Galata, ou celui de Péra, qui assiste avec le visir au divan: chaque lundi il a pour assesseur l'éjub mollasi, juge du fauxbourg de saint-Job à Constantinople, & l'iskinder mollasi; & enfin le mercredi l'istambol effendi, juge de la ville de Constantinople. Les requêtes des parties étant lues, les assesseurs disent leur avis: si le grand-visir approuve leur sentence, elle s'écrit sur l'arzuhal ou requête, & il la signe: autrement il prononce lui-même la sentence & en fait expédier copie aux parties. La décision des procès se fait sur le champ, dès qu'une fois le cadi, juge d'une province ou de quelque lieu particulier, est instruit; & il est aisé de voir que ce tribunal doit rendre de beaux arrêts.

Le gouvernement militaire & civil est partagé en deux départements, celui d'Europe, Rumili, & celui d'Asie.

Le grand-seigneur est en même tems le successeur au califat & le chef du gouvernement militaire; son despotisme, dit M. de Tott, est établi sur le coran, & l'interprétation du livre est exclusivement attribuée au corps des Ulémats; tout doit être soumis à la loi, tout doit obéir au souverain. Ces deux pouvoirs ont la même source; on apperçoit déjà le choc & les débats qui doivent naître entre deux puissances, dont le droit est égal, & dont les intérêts sont différens: on voit également que le pouvoir de se nuire les réunit souvent; & les contraint à des égards & des ménagemens réciproques.

En effet si les Ulémats peuvent faire parler la loi à leur fantaisie & animer le peuple contre le souverain, celui-ci peut d'un seul mot déposer le mufti, l'exiler & même le perdre aussi bien que tous ceux de son corps qui lui déplaisent. La loi & le despote doivent également se craindre & se respecter; mais le despote, s'il n'est pas un imbécille, emporte nécessairement la balance, il dispose de tous les trésors, de tous les emplois & de la vie de tous ses sujets, il a d'horribles moyens pour se faire obéir.

Examinons actuellement l'usage du pouvoir, soit de la part du grand-seigneur, soit de la part des juges.

Plus le pouvoir du grand-seigneur est étendu, moins il est facile de limiter celui des officiers qui le représentent. Les pachas sont dans toute l'étendue de l'Empire *ottoman* les gouverneurs & les fermiers de leurs pachaliks; ils y donnent à chaque district des gouverneurs & des fermiers particuliers; ceux-ci distribuent dans chaque canton d'autres sous-fermiers non moins despotes, de manière que dans cette cruelle hierarchie, le subalterne perçoit le double de ce dont il est comptable.

Si le droit du fermier peut s'exercer d'une manière si destructive sur le revenu annuel de chaque territoire, le gouverneur de la province, armé d'un pouvoir plus vaste & plus redouté, détruit encore avec bien plus d'audace & de facilité. Il est le maître de multiplier les vexations, les avanies & les déprédations de tout genre au gré de ses desirs avides. Le moindre prétexte suffit pour citer à son tribunal ceux qu'il lui plaît d'y citer, & l'homme riche au pied de l'homme insatiable, n'est jamais innocent.

Cependant le souverain, observateur tranquille en apparence, attend, pour punir le vexateur, que le produit des vexations soit suffisant, pour mériter une place dans son trésor particulier: mais si le grand-seigneur semble ne guetter que l'homme en place, envain un homme riche voudroit échapper au despotisme en se tenant dans l'obscurité; il sera bientôt revêtu d'un emploi qui donnera tôt ou tard au prince le droit de compter avec lui. Cet homme n'a donc rien de mieux à faire que de commencer par compter avec les autres, & de réduire le fruit de ses rapines en argent comptant, pour le cacher plus facilement. Les gens de loi sont les seuls qui puissent jouir tranquillement de leur fortune; car je ne parlerai point des sujets chrétiens ou juifs. Ceux-ci méprisés, insultés même par le portefaix musulman qui les sert, ne peuvent être considérés par le gouvernement, que parce que leur industrie accumule des richesses que les avanies journalières font refluer par le canal des gens en place, dans le gouffre où le souverain engloutit tout.

Il n'y a que quelques mercenaires turcs, quelques chrétiens ou quelques juifs qui fourniffent des exemples de punition publique, en réparation des meurtres qu'ils peuvent commettre. Dans ce cas, le coupable, conduit à la porte, y reçoit fa fentence : aucun appareil n'accompagne fon fupplice; & j'en ai rencontré, ajoute M. de Tott, qui traverfoient la foule qui fe trouve ordinairement dans les rues, en caufant avec celui qui devoit les exécuter. Les criminels avoient feulement les mains liées, & le bourreau les tenoit par la ceinture. Il me femble que rien au monde ne peint mieux que ce trait le defpotifme & fes effets. Tandis qu'on conduit ainfi le criminel, c'eft le moment de négocier avec les parens du mort & de travailler à l'accommodement dont je viens de parler. Des gens m'ont affuré, dit encore M. de Tott, qu'il y avoit eu des marchés de ce genre qui avoient manqué par la feule avarice du coupable. Ce fait paroît dénué de toute vraifemblance; mais s'il pouvoit être vrai, ce feroit fans doute parce que, fous le defpotifme, les richeffes font tout & la vie peu de chofe.

Pour que les voleurs de grands chemins foient punis, il faut qu'ils foient arrêtés en flagrant délit. Le légiflateur arabe devoit fans doute ce ménagement à une nation qui ne vivoit que de rapines. Auffi les états du grand-feigneur font-ils infeftés de ces brigands qu'on nomme *haidouts*; ils y commettent les plus grandes horreurs; & les efforts que le gouvernement fait rarement pour les réprimer, & qu'il fait toujours alors d'une manière mal-adroite, ne tendent jamais qu'à les difperfer & à les éloigner de la capitale. S'ils commettent quelques affaffinats dans un village, le cadi qui s'y tranfporte, en rançonne les habitans fans s'occuper de la recherche des coupables. C'eft auffi par cette raifon que le premier foin des habitans de la campagne eft toujours de chercher à fouftraire la connoiffance du crime aux juges, dont la préfence eft plus dangereufe que celle des voleurs. Ceux-ci font en Turquie, ce que font dans nos villes les ouvriers qui n'ont pas la maîtrife. On les punit quand on peut les furprendre au travail; ils quittent leur métier lorfqu'ils fe font enrichis, racontent leurs chefs-d'œuvres, acquièrent de la confidération, & parviennent à des emplois qui leur donnent le droit d'exercer leur induftrie.

Le dogme du Koran, qui enjoint de fe foumettre aux décrets de la providence, ne fembloit pas devoir être compris dans le code criminel; cependant un turc ayant tué un chrétien d'un violent coup de bâton fur le crâne, le juge, après s'être fait repréfenter l'inftrument du meurtrier & avoir bien & duement vérifié la qualité du bois dont étoit fait le bâton, prononça qu'elle étoit trop légère, pour que le chrétien fût mort du coup fans une volonté directe de la providence, à laquelle il n'appartenoit pas aux hommes de s'oppofer. On ne trouveroit pas aifément le chapitre du Koran d'où cette fentence a été tirée; mais il paroît indubitable que fi le chrétien eût commis l'affaffinat en queftion fur la perfonne d'un turc, le juge n'auroit jamais penfé qu'il fût l'exécuteur des ordres de Dieu.

Outre les procès qui fuivent les formes judiciaires d'informations, de vérifications de titres & d'appels aux tribunaux fupérieurs, toutes les querelles particulières & les accufations de premier mouvement font portées fur-le-champ au tribunal lorfqu'une partie le requiert, fans que l'autre puiffe fur-tout héfiter de s'y rendre, fi la querelle a eu lieu en préfence du peuple. Au feul mot de juftice, on voit toujours la multitude prendre fait & caufe contre celui qui s'y refufe; le nom de juftice eft facré chez toutes les nations, & il doit l'être fur-tout pour la populace dans un gouvernement defpotique; car, avec fon ignorance & fa vénération pour les dépofitaires de l'autorité, elle voit en eux le feul appui que lui ait laiffé le fort.

Chaque quartier a fon mekkmé (1), dans lequel un cadi efcorté de fon naïb (2), fiège à toute heure du jour, pour y écouter les plaintes & rendre la juftice d'autant plus prompte, que les frais ne manquent jamais de fuivre immédiatement la fentence. Cette inftitution feroit très-vicieufe dans un gouvernement bien ordonné; mais l'expérience en a fait fentir le befoin dans l'Empire *ottoman*, & nous croyons qu'on y verroit des émeutes & des maffacres fans cette précaution.

Dans les caufes compliquées, les parties ajoutent aux témoins la précaution de fe munir d'un fetfa du muphti; mais ces décifions n'étant données par le chef de la loi que fur l'expofé qu'on lui préfente, chaque partie en obtient facilement un qui lui eft favorable.

On n'a pas non plus terminé fon affaire par un jugement formel, qui donne gain de caufe. Il n'y a de certain que les frais qu'il faut payer. Si la partie adverfe fait naître un nouvel incident, il faut plaider encore & payer de nouveau les frais.

La loi civile chez les turcs donne le droit à chaque particulier de plaider lui-même fa caufe; mais que lui refte-t-il de cet avantage dans un pays où le jugement eft arbitraire? De-là vient

---

(1) Mekkmé, tribunal où fe rend la juftice.
(2) Naïb, premier clerc de juge.

que les juifs, les arméniens & les grecs ont conservé à leurs chefs une espèce de jurisdiction civile, à laquelle ils se soumettent quelquefois pour éviter que le fond du procès ne soit dévoré par le cadi qui le jugeroit; mais, exceptés les juifs qui sont plus soumis à leur kakam que les chrétiens à leur patriarche, il est assez commun que la partie lésée évoque l'autre aux tribunaux turcs, qui finissent alors par s'enrichir de leurs dépouilles respectives.

La loi concernant les esclaves, les soumet à celui qui les achète, invite à les bien traiter ou à les vendre quand on n'en est pas content, & les esclaves ne peuvent être reçus en témoignage ni pour, ni contre leurs maîtres.

On pourroit encore croire, sur la foi des européens, que la douane est plus douce chez les turcs que chez les autres nations. Les francs n'y paient que trois pour cent. Je veux bien, dit M. de Tott, ne pas mettre en ligne de compte les avanies qu'ils essuient d'ailleurs dans tous les genres; ce sont des étrangers: leur position n'entre point dans l'examen des mœurs & du gouvernement des indigènes. Ceux-ci sont assujettis à payer sept pour cent de douane, & dix sur beaucoup d'articles de consommation; par une clémence que l'on affecte aussi de vanter, on perçoit ce droit en nature: mais qu'en résulte-t-il? Que sur cent turbots qu'un pêcheur apporte, on lui prend les dix plus beaux, & qui valoient seuls ceux qu'on lui laisse.

Consultons présentement les livres de loi, & voyons comment on fait les interpréter dans les tribunaux. Tout doit être jugé sur la déposition des témoins. C'est la première loi du législateur des arabes. On ne peut donc se présenter en justice, sans que le demandeur & le défendeur en soient également pourvus: il n'y a donc point de procès sans faux témoins. L'art du juge consiste à deviner, par des interrogations captieuses, à laquelle des deux parties il doit adjuger le droit d'affirmer, & ce premier jugement décide le procès: si une partie nie, l'autre est admise à prouver, de sorte que, pour en justice par un homme que je n'ai jamais vu, pour lui payer une somme que je ne lui ai jamais due, je serai contraint de la lui payer sur la déposition de deux témoins turcs qui affirmeront ma dette. Quel est le moyen de défense qui me reste? Ce seroit de convenir que j'ai dû; mais d'assurer que j'ai payé. Si le cadi n'est pas gagné, il m'adjugera les témoins; j'en trouverai bientôt moi-même, & il ne m'en coûtera qu'une rétribution fort modique pour les gens qui auront pris la peine de se parjurer pour moi, & le droit de dix pour cent au juge qui m'a fait gagner ma cause.

Un ministre des affaires étrangères (M. d'Argenson) l'a dit: l'Empire turc est le comble de toutes les humeurs du despotisme & de la tyrannie.

Il faut aux objets un grand jour pour les connoître; qu'on se convainque, en considérant l'état de la Turquie, de tous les maux que peut causer le gouvernement monarchique sans l'admission d'aucune démocratie.

Dans les autres états despotiques, il y a toujours un certain nombre de suffrages propres à représenter les intérêts de la chose publique; si c'est la noblesse qui approche seule du trône, elle est en grand nombre, elle a ses intérêts, des terres en propriété, & elle se fait écouter: si la noblesse gouverne séparément, le peuple emprunte son organe; si la noblesse concourt avec le peuple, c'est une disposition démocratique. Mais en Turquie, la volonté seule du monarque fait les loix & conduit tout, ou plutôt ne conduit rien.

Dans cet Empire barbare, ce n'est ni la cruauté des supplices, ni la procédure militaire de la justice criminelle, où les chûtes subites des grands de la Porte, qui constituent la tyrannie de ce gouvernement; peut-être trouveroit-on de grands traits de justice dans ces pratiques effrayantes: ce sont bien d'autres effets de servitude, qui causent la décadence de cet Empire.

On n'y voit point de grandeurs innées; mais le mérite n'y gagne rien: les choix sont guidés par l'avarice, ou dictés par le caprice, & les officiers sont déposés par la même méthode.

Il n'y a pas plus de propriété dans les biens que dans les charges; les dépossessions des biens viennent de la cupidité & de l'envie, mais rarement de la justice.

Tout ce qui a quelque autorité sur le public, est officier du souverain, ou plutôt en est l'esclave.

Ces officiers ne savent d'où ils viennent ni où ils vont; ils sont tirés du nombre des enfans de tribu élevés dans le serrail, & leur race meurt avec eux, quoiqu'ils laissent beaucoup d'enfans; mais leurs biens retournent à l'épargne du prince: par-là chacun n'est en ce monde que pour soi, & ne peut songer qu'au présent; ce présent étant fort court, il le brusque par l'avarice & la débauche: de quel usage seroit le mérite?

Le moindre officier représente, dans ce qui lui est confié, toute la rigueur du despotisme du souverain.

Les défauts du gouvernement turc attaquent plus la police que les autres parties du gouvernement, & c'est le défaut de tous ceux qui ont exclu la démocratie. On me demandera sans doute, ajoute M. d'Argenson, ce que c'est que la police dont je parle si souvent.

La police comprend tout; c'est le véritable droit public qui règle les intérêts des citoyens respectivement avec la société; c'est l'ordre dont la religion inspire l'amour: de l'observation des loix résulte le bonheur des hommes, les mœurs tranquilles & la force de l'état.

Il faut convenir que les armées turques ont leur force par la valeur des janissaires ; qu'il se trouve quelques cadis qui aiment la justice ; qu'on la rend avec une précision qui l'emporte communément sur nos formalités dilatoires & déclinatoires, & que le souverain y a beaucoup d'argent & de riches épargnes ; mais il ne faut pas s'en tenir à quelques traits vagues ou pris en gros dans l'examen du gouvernement, il faut suivre quel a été le progrès des abus & prévoir où ils vont.

Je ne parle pas ici des vices de l'Empire même, qui rendent le grand-seigneur si sujet à être détrôné par une armée ; trouvant sa crainte dans ce qui fait l'appui des autres monarques ; je traite des défauts qui tombent sur les sujets gouvernés.

L'Empire turc devient à rien ; il ne faut pas s'arrêter aux succès imprévus de quelques campagnes, par l'imprudence ambitieuse de ses voisins. Cet Empire s'énerve plutôt véritablement qu'il ne se démembre ; il se conserve encore extérieurement ; les jalousies réciproques des princes chrétiens sont peut-être aujourd'hui son appui le plus solide.

Les turcs ne travaillent point ; ils ne se polissent point ; ils ne disciplinent point leurs armées, tandis que nous autres chrétiens avançons beaucoup dans les arts.

Les turcs ne peuplent point ; ils admettent chez eux des francs, qui bientôt trop nombreux leur feront la loi. Leurs villes presque ruinées n'auront bientôt pas pierre sur pierre ; l'état en est changé autant que les noms, ces noms autrefois si doux & qui rappellent encore l'idée de la politesse & du goût de l'ancienne Grèce.

Les différentes classes du peuple turc ne peuvent se connoître ni s'ameuter pour les intérêts communs, soit du commerce, soit de la police ou des mœurs. Quelles loix, quels réglemens, quel concert peuvent résulter de si grandes séparations de parties ? Ainsi tout y est arbitraire & n'a pour unique objet que l'intérêt d'un supérieur avide & barbare.

Presque tous les arts nouveaux y sont proscrits par la religion & par la loi : on ne veut recevoir des chrétiens que le produit de leurs arts, mais non l'art même ; & c'est justement la maxime contraire qu'admettent les états bien gouvernés : la raison même reste dans son enfance, dès qu'on se refuse la communication avec ceux qui travaillent à la perfectionner par la philosophie.

On croit faussement que c'est la poligamie qui dépeuple la Turquie ; les chrétiens riches & libertins ont ici une poligamie qui fait bien plus de tort à la propagation.

Cette autorisation irrégulière chez les turcs satisfait la fantaisie de quelques gens trop riches, qui se donnent autant de femmes qu'ils en peuvent entretenir ; mais le bas peuple en trouve toujours assez.

C'est véritablement la misère qui dépeuple le pays : dans celui-là, c'est la stupidité & l'indolence qui suspendent les fortunes, & qui retranchent les familles.

La propriété des pères sur leurs enfans engage ailleurs à l'amour du bien pour les avancer dans le monde, & l'amour du bien fait désirer d'avoir des héritiers ; il faut pour cela que les portes soient ouvertes à l'industrie, à l'émulation, & même à quelque ambition.

SECTION VIe.

Des rapports politiques de l'Empire ottoman, & remarques sur les prétentions & les vues de la cour de Pétersbourg & de Vienne.

On ne parle plus en Europe que de la conquête de la Turquie européenne par l'impératrice de Russie : le public, toujours crédule & toujours livré aux exagérations, ne voit pas les difficultés de cette entreprise. Nous ne présenterons ici qu'une petite difficulté, à laquelle on ne fait point d'attention. Quand la czarine viendroit à bout, en quelques campagnes, de repousser le grand-seigneur en Asie ; quand elle pourroit contenir la Moldavie & la Valachie habitée par des grecs, comment assujettiroit-elle des musulmans à une domination chrétienne ? & en ajoutant ainsi de nouvelles provinces à ses états déjà trop étendus, comment viendroit-elle à bout de les gouverner ? Il paroît que si elle a conçu ce projet, elle commence à en voir le danger ; & ce fameux voyage qu'elle a fait en Tauride, a fini sans aucune hostilité.

Ce n'est pas ici le lieu d'en dire davantage. Nous nous bornerons à d'autres détails plus instructifs.

La Russie après avoir obtenu de grands sacrifices de la Porte, lors du traité de Kaïnardgi ; après avoir assuré la liberté de sa navigation de la mer Noire à la Méditerranée, & le passage de ses navires devant les murs de Constantinople, a voulu profiter de ses succès ; & elle a formé chaque jour de nouvelles prétentions. Elle en a réalisé quelques-unes ; elle a été mise en possession, depuis cette époque, de la Crimée & du Cuban ; l'un des princes de la Géorgie est devenu son tributaire. *Voyez* les articles CRIMÉE & GÉORGIE. Mais cette multitude de sacrifices & de pertes a enfin excité le ressentiment de la Porte, qui a déclaré la guerre à la Russie au mois d'août de cette année 1787.

Pour mettre le lecteur en état de juger, nous allons exposer les causes qui ont donné lieu à cette déclaration. On y verra les prétentions formées d'abord par la Russie, & la réponse de la Porte : nous insérons ici le mémoire que donna l'envoyé de la czarine au mois de juillet 1786, celui du ministre du grand-seigneur, & enfin les points que demandoit la Porte au mois de juillet 1787.

Mémoire présenté par M. l'envoyé de Russie a la sublime Porte.

Sa majesté l'impératrice de toutes les Russies, ma souveraine, ayant été informée par les dépêches du soussigné, que la sublime Porte n'a point fait de choix, ni pris aucune résolution en conséquence du mémoire présenté par le soussigné, concernant l'affaire du pacha d'Ahiska ; sa majesté impériale ne pouvant regarder d'un œil d'indifférence un pareil silence & les délais de la sublime Porte sur sa juste demande, ni différer davantage l'obtention d'une satisfaction qui lui est due, elle a chargé le soussigné de notifier & de déclarer que si la sublime Porte n'effectue point le châtiment & la déposition du pacha susdit pour ses menées & la conduite qu'il est présumé avoir adopté en assistant les lesgies dans leurs ravages & empiétemens sur les frontières du kan de la Cartalinie, c'est-à-dire, de Tiflis, qui est sous sa dépendance, sa majesté impériale fait positivement qu'elle a le droit d'employer ses forces contre ledit pacha, perturbateur de la paix entre les deux cours, & elle emploiera sa force & attribuera l'obstination de la sublime Porte à son désir de discontinuer l'amitié & la bonne intelligence avec la cour de Russie.

GALATA, le 30 mai 1786.

(L. S.) (*Signé*) JACOB DE BULGAKOF.

Mémoire de la sublime Porte, remis au ministre de Russie, en réponse au mémoire ci-dessus.

Il est évident & connu de tout le monde que, dans les traités conclus entre la sublime Porte & la cour de Russie, il n'existe ni article, ni clause quelconque relative au kan & au territoire de Tiflis, & que le kan de Tiflis étoit originairement dépendant de la sublime Porte, de laquelle il recevoit l'investiture avec les marques publiques d'honneur. Le très-estimé ministre de Russie, notre ami, outre le mémoire ci-devant présenté, a, par ordre de sa cour, remis à sa conférence du lundi, 3ᵉ jour de Chaaban 1200, (le 30 mai 1786 de N. S.) un autre mémoire avec sa traduction, dans lequel il représente que le pacha de Gilder a donné assistance aux lesgies, afin de molester & empiéter sur le territoire du kan de Tiflis : que si la sublime Porte ne veut déposer & châtier ledit gouverneur, l'impératrice de Russie emploiera la force contre lui ; que cette souveraine attribuera la conduite de la sublime Porte à cet égard, à son désir de discontinuer l'amitié & la bonne intelligence avec la cour de Russie, & autres expressions peu convenables : démontrant par-là les intentions de cette cour de se prévaloir du moment de la déposition dudit visir, pacha à trois queues, pour développer & exécuter des vues ou desseins particuliers, contraires aux stipulations, ainsi qu'aux droits de voisins & d'amis sincères.

Il est clair que la cour de Russie a séduit ledit kan, lequel, comme il a été dit ci-dessus, étoit d'ancien temps dépendant de la sublime Porte ; qu'elle a introduit des troupes dans le territoire de Tiflis ; qu'elle a envoyé secrètement & publiquement des ambassadeurs & des écrits en vue d'attirer, dans sa dépendance, les peuples du Daghestan & d'Asarbeigian ; & qu'inquiétant ainsi les frontières ottomanes, elle n'a point respecté le premier article des capitulations, qui stipule qu'aucun acte d'animosité & qu'aucune injure ne seront commis à l'avenir, secrètement ou publiquement, de part ni d'autre. Il est également évident qu'une pareille conduite est absolument contraire aux traités & à l'amitié existante entre les deux cours, & que, dans une pareille situation des choses, les instances de la cour de Russie, afin que ledit gouverneur soit déposé & châtié, sans prouver aucune action par lui commise à son préjudice, excédent les bornes de la discrétion & de la justice.

Il est certain que la sublime Porte, strictement attachée à ses engagemens, procéderoit sans délai à châtier ledit gouverneur, s'il avoit commis des infractions aux traités ; mais elle ne peut seulement penser à le déposer sans cause, & sans que les torts à lui imputés par la cour de Russie, soient démontrés.

A tout événement, s'il arrive que la cour de Russie, abandonnant la discrétion & la justice, insulte les frontières ottomanes, ou commette des hostilités en rompant les conventions & les traités, la sublime Porte procédera à faire résistance, en se servant de ses forces & de ses moyens : dans lequel cas il sera notoire & évident à toute la terre, qu'elle n'a point donné motif quelconque de plainte pour ce qui regarde les conventions ou les traités, la paix ou l'amitié, mais que la cour de Russie seule a donné occasion à l'infraction de la paix.

Et enfin qu'il soit aussi connu à l'honorable ministre de Russie, notre ami, que ce mémoire lui a été donné amicalement & sans détour.

1200 Ramazan 9ᵐᵉ (3ᵐᵉ juillet 1786).

La Russie, peu satisfaite de cette réponse, a renouvellé, au mois de février 1787, les mêmes demandes, & y en a ajouté d'autres encore. Elle a demandé :

1°. Que la Porte reconnoisse comme dépendants & sujets de l'Empire russe les habitants de la Géorgie, dont le prince Héraclius est le chef.

2°. Que la Porte s'engage à faire cesser les hostilités des tartares Lesghis & Abazas.

3°. Que les différends qui se sont élevés touchant les mines de sel, entre le gouvernement d'Oczakow, près du Boristhene, & le gouvernement russe de Kinburn, situé à la pointe de la presqu'isle de la Crimée, soient applanis.

4°. Que le ministère ottoman ne s'oppose plus à l'établissement d'un consul russe à Warna, du côté de l'embouchure du Danube.

5°. Que la Porte s'explique sur les raisons des armemens considérables qu'elle fait, tant sur terre que sur mer.

6°. Que le ministère ottoman mette fin à l'oppression des provinces de Moldavie & de Valachie, à laquelle le changement continuel de leur prince donne lieu.

La Porte répondit le 15 février à ces demandes, article par article, comme il suit :

1°. Que les géorgiens ont été de tout temps considérés comme dépendans & tributaires de l'Empire ottoman, & qu'il n'a jamais été question de leur dépendance de la Russie ; ce qui a été confirmé & démontré par l'article 23 du traité de Kainadgi, sans qu'on ait fait alors, de la part de la Russie, la moindre mention de cette prétendue dépendance.

2°. Que le ministère ottoman avoit déja déclaré plus d'une fois l'indépendance des tartares Lesghis & Abazas, & que par conséquent le gouvernement n'avoit ni le pouvoir, ni le droit de se comporter au milieu de leurs mouvemens, différemment que comme neutre.

3°. Que les différends, survenus entre le gouvernement d'Oczakow & celui de Kinburn, n'étoient pas de nature à mériter une conférence ministérielle, & qu'ils pourroient facilement être applanis par un interprète russe & quelques ministres subalternes de la chancellerie turque.

4°. Que la Porte reconnoît en effet son obligation d'accorder l'établissement des consuls russes, par-tout où leur commerce l'exigera ; mais que relativement à l'opposition de Warna, indépendamment de ce que cette échelle ne peut être d'aucune utilité quelconque au commerce de la Russie, de quelque nature qu'il puisse être, le gouvernement s'étoit déja expliqué, il y a long-temps, sur les raisons qui occasionnent cette difficulté ; qu'on devoit l'attribuer plutôt à la situation du lieu & au naturel de ses habitans, qui refusent absolument l'admission d'un consul, qu'à une résistance opiniâtre à cette demande ; qu'on avoit déja communiqué à la cour de Russie toutes ces raisons, & que le ministère ottoman l'avoit sollicitée, de la manière la plus amicale, de se désister de cette demande, & de choisir sur ces mêmes côtes, mais dans un autre endroit, un lieu propre à l'établissement d'un consul.

5°. Qu'il étoit très-naturel que la Porte se mît dans le même état de défense que ses voisins ; que ces armemens ne devoient être jugés d'aucune conséquence, aussi long-temps que les mouvemens de ses voisins ne troubleroient pas son repos.

6°. Qu'à l'égard des vexations dans la Valachie & la Moldavie, la Porte avoit le plus grand intérêt qu'elles n'eussent pas lieu ; qu'au contraire le bon ordre y fût maintenu, & qu'en conséquence elle ne négligeroit pas d'avoir soin des habitans de ces provinces.

Les négociations en étoient à ce point, lorsqu'on vit la Porte excitée par l'Angleterre, qui avoit le projet d'occuper l'impératrice & l'empereur, tandis que le roi de Prusse rétablissoit le stathouder dans les Provinces-Unies, & qui vouloit former une ligue offensive & défensive entre la Grande-Bretagne, la Prusse & la Hollande, pour contrebalancer les liaisons de la France, de la cour de Vienne & de celle de Russie ; lorsque l'Angleterre, dis-je, a déterminé la Porte à déclarer la guerre à la czarine.

La cour de Russie raconte elle même dans son manifeste que :

« Le reïs Effendy ayant appellé le ministre russe, le 15 juillet dernier, à une conférence, opposa à nos justes prétentions les contre-prétentions les plus injustes. Les voici : on déclaroit, 1°. que nous devions renoncer à toutes les liaisons avec le czar de Cartalinie, notre sujet, & nous abstenir de nous mêler des affaires Iruliniennes ; 2°. que nous devions livrer Mauro-Cordato, hospodar de la Moldavie ; 3°. que nous devions rappeller de Yassi notre vice-consul Selunski, que l'on accusoit calomnieusement d'avoir favorisé l'évasion du susdit hospodar, & d'avoir facilité l'émigration des sujets turcs dans la Russie ; 4°. que nous devions rendre aux turcs 39 marais salans dans l'arrondissement de Kinburn, quoique des traités nous en eussent assuré la possession ; 5°. que nous devions admettre des consuls turcs dans toute la Russie, & nommément dans la Crimée ; 6°. que les bâtimens russes se soumettroient à la visite la plus rigoureuse, afin de constater s'il n'y avoit point à leur bord des matelots turcs, & si ces bâtimens n'exportoient point de café, d'huile ou riz, &c. objets sur lesquels le traité de commerce leur avoit assuré une liberté entière ; 7°. que les négocians turcs ne paieroient en Russie que trois pour cent de droits de douane. A toutes ces prétentions, ce ministre ajouta l'insolence de fixer d'abord le 15, & ensuite le 20 août, pour terme d'une réponse cathégorique, terme qui n'étoit nullement proposable, vu l'éloignement de notre capitale de Constantinople. Le ministère turc jugea à propos de déclarer publiquement qu'il regardoit comme nulles & non avenues toutes les conventions conclues postérieurement au traité de Kainardgi. Ce ministère, non-seulement ne donna point de réponse à notre ministre, mais il ne prêta aucune attention aux instructions de l'internonce de l'empereur & de l'ambassadeur de France, qui s'étoient employés à terminer les contestations. Enfin, pour combler la mesure des offenses, la Porte appella de nouveau notre ministre, & lui proposa les prétentions les plus absurdes; savoir, que nous devions restituer la Crimée, & annuller les traités solemnels qui subsistoient entre nous & elle, & par conséquent renoncer à tous les avantages qui en résultoient pour notre Empire; ajoutant qu'elle renonçoit, de son côté, à ces obligations; & lorsqu'elle ne put point déterminer notre ministre à consentir à ces demandes absurdes, elle le fit arrêter sur-le-champ, & conduire au château des Sept-Tours ».

Jusqu'au moment de cette déclaration de guerre, l'empereur a profité de la détresse de la Porte, & il a fait valoir & accueillir quelques demandes relatives au commerce & à la navigation de ses sujets: au mois de février 1784, la Porte expédia la patente que voici.

Au nom de l'Etre suprême.

« La raison pour laquelle la présente patente est expédiée, est que l'internonce impérial, notre ami, a demandé, de la part de sa cour, dans un mémoire, dont le contenu est fondé sur l'article 8 du traité de Belgrade, divers arrangemens en faveur des négocians & sujets allemands dans les états de la domination *ottomane*. La sublime Porte, ayant examiné le contenu de ce mémoire, a trouvé que ledit article sert de base aux propositions de la cour impériale de Vienne. Pour cet effet, & ladite cour ayant donné, dans ledit mémoire, l'assurance positive que les bâtimens de commerce de la sublime Porte, qui, dans tous les états de la cour impériale, dans la navigation & le commerce, tant dans les mers que dans les rivières de sa domination, jouiroient relativement au commerce, des priviléges des nations les plus favorisées & même des plus considérables, la sublime Porte étant toujours disposée & prête à remplir les obligations qu'elle a contractées par les traités; & voulant donner à la cour impériale, son ancienne amie & voisine, des preuves non équivoques de la sincérité de ses sentimens & de son amitié constante, s'est engagée à observer & faire exécuter religieusement les points & articles suivans, lesquels non-seulement serviront à l'avenir de règles invariables, relativement au traitement de la nation allemande, mais auront aussi la même validité que le traité de Belgrade. 1°. Le traité de commerce, fait en 1132 à Passarowiz, & servant de base à l'article huit du traité de Belgrade, sera, ainsi qu'il convient, observé & exécuté par-tout dans la domination de l'Empire *ottoman* en faveur des sujets & négocians allemands, la sublime Porte s'engageant à ce qu'il n'y soit jamais porté la moindre atteinte. Quant au commerce de mer & dans les rivières, il en sera usé conformément aux stipulations de l'article 6 du présent séned. 2°. A l'égard des droits de douane que les sujets & les négocians impériaux auront à payer, la sublime Porte déclare de nouveau qu'ils ne paieront que trois pour cent pour toutes les marchandises, à l'exception cependant des marchandises prohibées, soit à l'entrée, soit au lieu de destination, les marchandises étant d'importation ou d'exportation, & cela de manière que le commerce des négocians allemands, détaillé ci-dessous spécifiquement, sera exempt, tant à l'entrée qu'à la sortie, de toutes les impositions, quelques déterminations qu'elles puissent avoir, & nommément des taxes de Masderic, Cassabie, Beydand, Besmilhondanie, Rest, Padsch, Fsakkoali, &c. L'internonce impérial ayant observé en outre que, par le laps de temps, il s'étoit glissé plusieurs abus dans les arrangemens mercantiles dans plusieurs provinces *ottomanes*, & notamment dans la Moldavie & dans la Valachie, il est convenu & ordonné par le présent que tous les arrangemens arrêtés au sujet du commerce réciproque, seront confirmés & exécutés à l'avenir de la manière la plus stricte dans tous les états de l'Empire *ottoman*. 3°. Pour prévenir tous les inconvéniens, relativement au commerce sur mer & dans les rivières, la sublime Porte déclare & fait connoître à ses commandans, magistrats & autres officiers, qu'en vertu des traités il est permis aux sujets & négocians de l'empereur, munis de passe-ports, de naviguer librement dans les mers & rivières de la domination ottomane, d'y faire le commerce, tant sur terre que sur mer, de conduire leurs bâtimens où ils jugeront à propos, de décharger leurs marchandises & de charger celles qui ne sont point prohibées, en acquittant toutefois les droits prescrits. 4°. La sublime Porte reconnoît que la cour impériale & royale, en vertu des traités de Belgrade & de Passarowiz, attendu la bonne intelligence qui règne entre les deux cours, est en droit d'exiger d'elle, en faveur de ses sujets & négocians, les mêmes priviléges & avantages de commerce, dont jouissent actuellement, ou pourront jouir par la suite d'autres nations, nommément les françois, les anglois, les hollandois, les russes, & d'autres nations plus favorisées encore. 5°. Les sujets & négocians de l'empereur pourront, sans être tenus dorénavant à ce qui avoit été stipulé à cet égard dans le traité de Passarowitz, naviguer librement pour affaires de négoce sur mer & dans les rivières, en passant ou repassant de l'une dans les autres, & vice versâ avec des bâtimens, pavillons & matelots allemands, sans qu'on puisse en exiger plus que lesdits droits d'exportation ou d'importation, qu'ils n'acquitteront qu'une seule fois. 6°. Quant au commerce de transit sur les côtes & par les détroits & canaux dans la domination *ottomane*, & nommément par le canal de la mer Noire, les bâtimens des sujets & négocians impériaux venant sur mer ou dans les rivières des provinces allemandes, & sous pavillon impérial, & allant dans des ports étrangers, ou venant des ports étrangers & allant dans des provinces allemandes, pourront le faire sans aucun empêchement quelconque, & sans acquitter le moindre droit, & ils ne pourront pas non plus être forcés de débarquer leurs marchandises, bien entendu cependant qu'ils paieront pour les marchandises qu'ils débarqueront volontairement pour la vente, les droits ordinaires de douane, & qu'ils ne feront ce commerce que dans des bâtimens du port de ceux accordés aux sujets de la Russie. Il sera accordé & donné aux sujets & négocians de l'empereur, pendant leur séjour dans les provinces *ottomanes*, toute l'assistance dont ils pourroient avoir besoin, & ils seront traités comme il convient de traiter les sujets d'une cour qui vit avec la sublime Porte dans les liaisons de la plus étroite amitié. Au reste, comme les bâtimens naviguant sur des rivières, ne pourront guère être employés sur mer, il sera permis à ces bâtimens, lorsqu'ils seront arrivés dans des endroits près de la mer, de décharger leurs marchandises dans des bâtimens propres à la navigation de la mer Noire, sans qu'on en puisse demander aucun droit. 7°. Dans le cas où il surviendroit des difficultés par rapport à l'exécution de l'un ou de l'autre article du présent sened, & particulièrement par rapport aux marchandises prohibées par les traités de Passarowitz & de Belgrade, la sublime Porte sera toujours prête de les lever par un accord réciproque, fondé sur l'équité ; dans le cas où elles ne pourroient pas être arrangées de cette manière, la sublime Porte convient qu'elles seront accommodées amicalement, & sur le pied établi à cet égard dans le traité de commerce conclu l'année dernière avec la Russie, & cela d'une manière convenable au commerce allemand. Donné à Constantinople, le 2 du mois de rebynlahyr de l'an de l'hégyre 1198 (ce qui revient au 21 février 1784).

La maison d'Autriche a formé ensuite d'autres prétentions encore plus importantes : voici le précis de celles qu'elle a fait valoir dernièrement ; mais il paroît que la Porte ne les a pas encore accueillies, & nous ignorons où en est cette négociation.

1°. La cour impériale exige que la forteresse de Wihacz soit comprise dans la cession de la Croatie qui est en-deçà de l'Unna, parce que cette forteresse lui est absolument nécessaire pour arrêter les brigandages, & empêcher la désertion. 2°. Si la Porte consent à lui céder la partie de la Valachie turque, qui s'étend jusqu'à la rivière d'Aluta, la cour impériale consent, de son côté, à renoncer à l'extension des limites au-delà de la Save, & à ce que les frontières du côté de la Bosnie & de l'Herzowine, restent *in statu quo*. 3°. La Porte sera tenue, toutes les fois qu'elle déposera un prince de Valachie, d'en déduire les raisons à la cour impériale, & de lui nommer le sujet qu'elle destine à cette dignité. Le hospodar de Valachie sera aussi tenu de remettre à l'empereur tous les déserteurs de ses troupes. 4°. La forteresse d'Orsowa sera remise à la cour impériale.

Aujourd'hui que la guerre est déclarée, l'empereur se dispose à soutenir l'impératrice de Russie, selon la teneur de son traité avec la cour de Russie ; & il fournira, lors des négociations de la paix, des prétentions plus ou moins grandes, selon que les armes des russes & des autrichiens auront eu plus ou moins de succès.

Les rapports politiques de la Porte avec les autres puissances de l'Europe, n'intéressent pas aussi immédiatement sa sûreté : nous allons entrer dans quelques détails.

Le Portugal & l'Espagne n'ont presque aucune liaison avec la porte *ottomane*. Les anglois & les autres nations commerçantes font le métier de facteurs ou de voituriers de mer, entre ces peuples. Ils transportent, par exemple, les bleds d'Egypte, de l'Archipel & des côtes de Barbarie jusqu'en Portugal & en Espagne. Mais cette branche importante du commerce des anglois & des vénitiens pourroit bien leur manquer. On a parlé autrefois d'un arrangement entre les cours de Vienne & de Lisbonne, d'après lequel la maison d'Autriche auroit livré au Portugal tous les grains dont ce royaume peut avoir besoin : on disoit que ces grains devoient se tirer de Hongrie ; on devoit les transporter à Fioume ou Trieste, où ils pourroient être embarqués & envoyés dans un des ports portugais. On assuroit que le Portugal s'étoit engagé à prendre pour deux millions de cruzades de ces grains, qui lui reviendroient à meilleur compte de huit pour cent que ceux que les anglois y ont apportés jusqu'ici.

La France est de toutes les puissances de l'Europe celle que la Porte considère & estime le plus. Il y a eu presque de tout tems des liaisons assez étroites entre les cours de Versailles & de Constantinople : ce système s'est établi à l'époque où les turcs pouvoient faire de puissantes diversions, lorsque la maison d'Autriche ou la Russie vouloient montrer trop d'ambition. Alors les cours de Vienne & de Petersbourg, soutenues par l'Angleterre & la Hollande, tenoient, pour ainsi dire, en échec la France, l'Espagne, la Porte *ottomane*, la Suède, la Prusse & quelques princes d'Allemagne. Toutes ces forces mettoient la balance si fameuse de l'Europe dans une sorte d'équilibre; mais depuis que la France a un traité d'alliance avec l'Autriche & un traité de commerce avec la Russie, elle n'a plus d'autres intérêts à soutenir ses liaisons avec la Porte, que pour conserver son commerce du Levant & arrêter l'aggrandissement de la maison d'Autriche & de la Russie: elle entretient constamment un ambassadeur à Constantinople, qui y jouit d'une grande considération, & qui a beaucoup de crédit dans le serrail. On en a vu un exemple bien remarquable il y a peu de tems. Le grand-visir ayant été gagné par la Russie, & s'étant montré trop favorable à la cour de Petersbourg dans toutes les occasions, le ministre de France le fit déposer & reléguer à l'isle de Rhodes. Le commerce entre les provinces méridionales de la France & les états du grand-seigneur, situés sur la mer méditerranée, est important. La France entretient des consuls à Smyrne, au Caire, à Alexandrette & dans les principales villes du Levant.

L'Angleterre & la Hollande n'ont presque que des intérêts de commerce à régler avec la Porte. Comme le système politique de ces deux puissances n'est pas conforme aux vues de la cour de Constantinople, les ambassadeurs anglois & hollandois y négocient avec difficulté, & ils sont obligés de corrompre les principaux officiers du serrail, s'ils veulent réussir dans leurs affaires. D'ailleurs, le commerce entre ces nations étant plus à l'avantage des anglois & des hollandois que des turcs, les ministres *ottomans*, fiers de leur naturel, ne font pas fort complaisans pour ces nations. Mais ils craignent la puissance formidable des anglois par mer; & c'est par cette raison qu'ils les ménagent.

Le commerce de l'Angleterre à Constantinople & dans la Turquie entière, se fait par un certain nombre de marchands anglois, dépendants de la compagnie de Londres, pour le commerce de la Turquie, qui lui font passer une seule fois par an la qualité & la quantité des marchandises qu'elle juge pouvoir vendre ou échanger facilement. Cette précaution empêche la perte que la trop grande abondance pourroit faire éprouver dans les prix des marchandises, & maintient la grande vogue qu'ont toujours eue les marchandises apportées d'Angleterre. Les principaux articles de ce commerce sont, le plomb, l'étain, les montres, toutes sortes d'ouvrages d'horlogerie, la quincaillerie, les étoffes de laine de différentes qualités, les épiceries & la verrerie. Il consiste principalement en marchandises de grand prix, & dont la vente est assurée; raison pour laquelle toutes les maisons angloises établies en Turquie sont opulentes.

Les puissances maritimes ont des consuls dans la plupart des grandes villes de Turquie, qui y jouissent de tous les privilèges du droit des gens.

La république des Suisses n'a rien à démêler avec la Porte *ottomane*. L'Italie au contraire a beaucoup de liaisons avec elle. Le pape autrefois a trouvé le moyen de soulever tous les princes chrétiens pour la conquête de la Terre-Sainte. On n'a plus à craindre que la singulière manie des croisades séduise de nouveau l'esprit des princes dans un siècle aussi éclairé que le nôtre. Le pape, qui regarde les turcs comme les ennemis naturels de toute la chrétienté, & comme des infidèles, peut encore faire beaucoup de mal à l'empire *ottoman*, par le crédit qu'il a dans les cours des puissances catholiques, & par les ennemis qu'il peut susciter aux turcs; il permettoit autrefois aux princes chrétiens de lever le dixième sur tous les biens ecclésiastiques dès qu'ils avoient déclaré la guerre aux musulmans; mais les princes taxent aujourd'hui les biens ecclésiastiques sans l'aveu du pape. Le grand-duc de Toscane forme encore des prétentions sur la Palestine, & il réclame le titre de roi de Jérusalem, comme le roi de Sardaigne prend celui de roi de Chypre. Quoique ces titres ne soient au fond que des chimères, ils peuvent au besoin inquiéter les turcs. Quand tout est tranquille dans le monde, de pareilles choses ne signifient rien; mais lorsque tout est agité par l'esprit de la guerre, les plus petites étincelles causent des embrasemens. Une puissance qui excite plus l'attention de la Porte, c'est la république de Venise, qui a fait de si fréquentes guerres contre les turcs. La Porte a conquis beaucoup de domaines sur les vénitiens; & quoiqu'ils soient peu redoutables aujourd'hui, elle paroît toujours craindre leur ressentiment. Au reste, la république de Venise se tient maintenant sur la défensive, & ce système est plus que convenable; elle ne veut plus s'exposer à de nouvelles pertes, & elle cherche à maintenir son commerce avec le Levant, qui lui est avantageux. Le sénat de Venise témoigne beaucoup de ménagement & de complaisance pour la Porte. Il n'en est pas de même des chevaliers de Malthe, qui sont, par leur profession, dans un état de guerre continuelle avec les turcs. Mais comme le petit nombre de ces chevaliers & leur peu de forces ne leur permettent pas de tenter de grandes entreprises, & qu'ils se bornent à enlever quelques vaisseaux, ou à attaquer les pirates d'Afrique, la Porte ne s'en venge pas à présent: elle a songé plusieurs fois à les exterminer: mais elle connoît la situation formidable de l'isle de Malthe, ses fortifications toutes taillées dans le roc, l'activité constante des chevaliers, qui sont sans cesse sur leurs gardes; des secours qu'ils tireroient des puissances chrétiennes, chez lesquelles il y a partout quelques chevaliers; l'assistance que leur procureroit le pape, l'avantage qui résulte aux nations commerçantes d'avoir les chevaliers dans la mer méditerranée pour la purger des corsaires d'Alger, &c. Enfin la Porte n'a rien à craindre du roi des deux Siciles, dont les forces ne sont pas assez considérables pour tenter la moindre entreprise sur elle. Ce prince d'ailleurs a un traité de commerce avec la Turquie, qui est avantageux aux deux nations.

La maison d'Autriche qui est en possession de la Transylvanie & du royaume de Hongrie, devient par-là la puissance que les turcs ont le plus à craindre. Personne n'ignore quels terribles coups l'empereur Léopold a porté à l'Empire *ottoman* sous la conduite du prince Eugène; & que, sans d'autres diversions, Constantinople même auroit peut-être été en danger. Les politiques ont remarqué que les peuples deviennent toujours plus redoutables à mesure qu'ils avancent vers l'Occident. Les chinois craignent le mogol, le mogol craint les persans, les persans sont inquiétés par les turcs, & les turcs redoutent les forces autrichiennes. Cependant la derniere guerre que l'empereur Charles VI a soutenue contre eux, n'a pas été accompagnée d'un grand succès, & les turcs ont gagné beaucoup de terrein en Hongrie; mais il faut convenir que cette guerre, pendant trois campagnes, a aussi mal conduite par les allemands, qu'il soit possible de l'imaginer, & que cependant, la paix n'auroit pas été si fatale qu'elle le fut pour la maison d'Autriche si elle n'avoit pas été conclue par une espece de trahison. La Porte a sans doute un œil attentif sur la maison d'Autriche, qui, par ses propres forces, & par ses grandes alliances, peut tôt ou tard lui causer les plus grands maux. Au reste, nous avons déjà parlé au commencement de cette section des rapports politiques de la Porte avec la maison d'Autriche, & nous y avons indiqué à la suite des dernieres négociations de la Russie, celles de la maison d'Autriche qui nous paroissent avoir été dirigées de concert.

Tant que la Pologne gardera sa forme actuelle de gouvernement; qu'on y verra régner une espece d'anarchie; que son armée ne sera ni plus nombreuse, ni mieux aguerrie, la Porte n'a rien à craindre de son voisinage. La Pologne ne peut même que se tenir sur la défensive, sur-tout depuis la perte qu'elle a faite d'une grande partie de ses domaines. La seule forteresse de Kaminieck qu'elle a contre les turcs, n'est certainement pas capable de leur défendre l'entrée de la Pologne.

La Suede, quoique fort éloignée de la Turquie, a été regardée depuis long-tems comme une puissance amie de la Porte, & cela, à cause des diversions qu'elle peut faire, lorsque les Russes en viennent aux mains avec les turcs. On peut dire aussi que les turcs ont agi toujours fort généreusement avec les suédois. Personne n'ignore quels secours, surtout en argent, ils fournirent à Charles XII après la malheureuse journée de Pultawa. On a dit que la Porte a dispensé la Suede du remboursement, que les obligations ont été annullées, & que même l'infortuné colonel Sainclair se trouvoit chargé de tous ces documens, lorsqu'il fut assassiné dans une forêt de la Silésie.

Le roi de Prusse, Frédéric II, a trouvé le moyen de porter son nom & sa gloire jusqu'en Turquie. Pendant la guerre de 1745 le grand-visir écrivit de sa propre main une lettre au comte de Podewils ministre prussien, dans laquelle il exhortoit les puissances belligérantes à la paix; & la sublime Porte offroit sa médiation pour cet effet. Il paroît que la cour de Constantinople n'entendoit pas ses intérêts, puisque la maison d'Autriche avoit alors un désavantage manifeste, & que l'affoiblissement de cette maison semble répondre tout-à-fait au but constant de la Porte.

Le Dannemarck n'a aucune relation avec la Turquie.

La Perse n'est pas à la vérité aussi puissante que la Turquie, & la Porte est en possession de l'importante forteresse de Bagdad, d'où elle peut à tout moment incommoder les Persans. Mais nous avons vu ce que peut faire un homme de plus dans une nation, par l'exemple de Thamas-Koulikan, ou Schach-Nadir, qui, ayant usurpé le trône de Perse, a porté la terreur de ses armes jusqu'en Turquie. La guerre que ce conquérant a faite plusieurs années sur les frontieres de l'Empire *ottoman*, a pensé devenir funeste aux turcs, qui y ont perdu une multitude de soldats, & une assez grande étendue de pays. Une révolution ayant ôté le trône & la vie à Schah-Nadir, cette guerre a cessé d'elle-même, & dans l'état d'épuisement où se trouve la Perse, il n'est pas à craindre que les hostilités recommencent. Il importe à la cour de Constantinople d'entretenir les troubles & les désunions en Perse, de garder toujours sur pied une armée nombreuse & disciplinée; de suivre le système qu'elle a depuis quelque tems observé de garder la foi des traités, & de se contenter des vastes états qu'elle possede, sans attaquer ses voisins.

Nous avons parlé aussi dans les articles des divers états de l'Europe, de leurs liaisons, ou leurs rapports politiques avec les turcs, *Voyez* ces divers articles.

Le tableau de l'Empire *ottoman* qu'annonce M. de Mouradgea, achevera d'éclairer le public sur la foiblesse & l'inertie du gouvernement des turcs; il nous éclairera sur les dangers qui menacent la Porte, & sur le degré de résistance & de vigueur qu'elle peut y opposer.

OVER-ISSEL,

OVER-ISSEL, l'une des sept provinces unies: elle est bornée, au couchant, par le Suderfée, au nord, par la Frise & le pays de Drente: elle touche, vers le levant, au comté de Bentheim & à l'évêché de Münster, & vers le midi, au comté de Zurphen & à la Veluwe. Le nom qu'elle porte indique qu'elle est située au-delà de l'*Issel*, relativement à la province de Hollande, à celle d'Utrecht & à une partie de la Gueldre proprement dite, qu'on appelle Veluwe, qui les unes & les autres se trouvent au couchant de ce fleuve.

Sol, productions, division.

La majeure partie du sol y est marécageuse & ne produit que de la tourbe. On n'y manque point de pâturages, mais ils sont d'une qualité inférieure à ceux des autres provinces, & appartiennent généralement à la commune des bourgs & villages voisins. Il n'en est pas de même des prairies qui de côté & d'autre bordent les rivières: elles appartiennent à des particuliers. C'est la faute du sol si cette province n'est ni aussi bien cultivée, ni aussi peuplée que les autres. On y trouve 11 villes à la vérité, mais on n'y compte que 80 villages. On la divise en trois quartiers: celui de Salland, celui de Twente & celui de Vollenhofen.

1°. Le quartier de Salland, en latin *Isalandia*, dans lequel on comprend le grand bailliage d'Isselmunder, forme la partie méridionale de la province; il offre le meilleur air & le meilleur territoire.

2°. Le quartier du grand bailliage de Twente, comprend aussi le grand bailliage de Haarbergen. Le nom de Twente doit être rendu en latin, selon l'opinion de quelques uns, par le mot *Tubantia*, & dérive des *tubans*, qui anciennement habitoient cette contrée: d'autres au contraire croient que, par ce terme, on veut désigner la seconde partie de la province.

3°. Le quartier ou le grand bailliage de Vollenhoven comprend la partie septentrionale de la province qui s'étend le long de Suderfée.

Précis de l'histoire politique.

L'Over-Issel tomba au pouvoir des évêques d'Utrecht sur la fin du dixième siècle; c'est pour cela qu'anciennement il fut qualifié d'évêché supérieur. Les évêques le gouvernoient dans les affaires civiles & ecclésiastiques conjointement avec les états. Les choses demeurèrent en cet état jusqu'en 1528, que l'évêque Henri de Bavière s'en désista, ainsi que de l'évêché inférieur, au profit de l'empereur Charles V, auquel les habitans prêtèrent foi & hommage la même année, en sa qualité de duc de Brabant & comte de Hollande. C'est depuis cette époque, notamment depuis 1556, temps auquel l'évêché inférieur, c'est-à-dire la province d'Utrecht, fut uni à la Hollande, que le supérieur en resta séparé; il forma une province sous le titre de seigneurie, & n'eut plus qu'un seul & même gouverneur impérial avec le pays de Frise. Over-Issel entra dans la confédération d'Utrecht en 1580.

*Constitution particulière de la province d'*Over-Issel.

Cette province a presque autant de noblesse que la Gueldre sa voisine. Son gouvernement particulier n'est aussi guère moins aristocratique. Le peuple toutefois a une espèce de représentant visible & séparé du corps des nobles, mais le corps des nobles n'est pour cela ni moins puissant ni moins absolu. Les états revêtus de l'autorité souveraine ont deux membres intégrants. Le premier membre, le plus nombreux & le plus puissant, est le corps des nobles. Ce corps est présidé par le prince d'Orange, ou pour mieux dire par son représentant. Toutes les familles nobles de la province y sont admises; & ce qui ajoute à son pouvoir, non-seulement les chefs de famille sont membres de l'ordre équestre, mais leurs fils, leurs frères, &c. dès qu'ils ont atteint l'âge requis pour y voter en leur propre & privé nom. Il n'est pas rare de voir le père &, deux, trois ou quatre de ses fils siéger & voter aux états d'*Over-Issel*, chacun pour leur compte particulier. Un jeune gentilhomme d'*Over-Issel* qui vouloit siéger aux états, avant les derniers troubles, n'avoit qu'à faire le voyage de la Haye, se présenter au Stathouder, premier noble de la province, lui demander sa protection & en obtenir une lettre de recommandation: cette lettre opéroit toujours son effet, & le gentilhomme étoit admis infailliblement dans le premier corps de l'état *transilvain*; il y prenoit rang & séance comme patricien, & y donnoit son avis sur les affaires particulières de la province, & sur les affaires générales de l'union. On peut facilement croire que les jeunes nobles transilvains n'étoient pas les moins ardens à défendre contre les représentans du peuple, ce qu'ils appelloient *droits, prérogatives, privilèges*, &c. de la noblesse. L'abus si scandaleux & si fréquent du crédit du Stathouder a donné lieu aux troubles qui divisent aujourd'hui les Provinces-Unies; ces troubles existent depuis cinq ou six ans, & nous ignorons si durant cet intervalle le Stathouder s'est avisé de recommander les jeunes gentilshommes de l'*Over-Issel*. On a remarqué, que les nobles gueldrois & overisselois prennent rarement leurs degrés en droit dans les académies de la république, où leurs parens les envoient pour pouvoir s'instruire du droit & de la constitution de la république. Mais il y en a plusieurs qui étudient dans ces académies avec autant de fruit que de gloire, & l'on commence à s'appercevoir que ces jeunes gens, instruits & studieux, sont ceux qui ont le plus d'attachement pour la patrie. Moins entichés que les autres des droits vrais ou supposés de leur noblesse, ils reconnoissent aussi les droits du simple citoyen & ils les respectent. Le second membre des états est composé des villes ayant voix délibérative ; elles ne sont qu'au nombre de trois, & cependant elles sont censées représenter le peuple d'*Over-Issel*. Les magistratures de cette province ne sont pas remplies, comme en Gueldre, par les nobles. Les délibérations générales sont formées par quatre voix ; les nobles en corps n'en ont qu'une, & les trois villes ont chacune la leur. On croira que le corps des nobles est le plus mal partagé : on se trompera ; ce sont eux qui ont la prépondérance, & voici comment. Lorsque deux villes sont d'un avis, & que la troisième est de l'avis de l'ordre équestre, l'ordre équestre l'emporte ; si les trois villes sont de même avis & si l'ordre équestre est d'avis différent, il y a partage & égalité de voix, parce que dans ce cas la voix seule de l'ordre équestre a autant de valeur que les trois suffrages des villes réunies. Dans ce cas, le partage est vuidé par le stathouder, soit en sa qualité de stathouder, soit en sa qualité de premier noble de la province. Rarement le stathouder vuide le partage en faveur des villes, & presque toujours le corps des nobles triomphe. Lorsque les trois villes sont du même avis & qu'elles ont pour elles la voix d'un des nobles, elles prétendent que leur avis doit prévaloir sur l'avis du corps des nobles, dont un de leurs membres a passé du côté des villes ; les nobles prétendent au contraire, que la voix d'un ou de deux de leurs membres, réunie à la voix des trois villes, n'infirme pas le partage des voix, & qu'il faut que le tiers des membres de leur corps adopte le sentiment des trois villes, pour que ces trois villes prévalent. Cette contestation a eu lieu de nos jours, & les nobles d'*Over-Issel* ont déféré le jugement de cette querelle domestique aux états de Hollande & de West-Frise ; nous ignorons quelle a été la décision des états de Hollande. On peut remarquer qu'après la révolution faite en faveur de la liberté nationale, les nobles d'*Over-Issel* ne s'oublièrent pas dans le partage de l'autorité souveraine de la province. Cette esquisse montre combien la constitution de l'*Over-Issel* est imparfaite ; elle laisse indécis les points les plus essentiels ; elle s'est formée à la hâte & on ne l'a point corrigée ; & elle est calculée sur de mauvais principes : mais nous renvoyons ces remarques générales à l'article PROVINCES-UNIES.

Pour qu'un gentilhomme soit en droit d'assister aux assemblées générales, il est tenu de prouver, non-seulement qu'il est noble & qu'il professe la religion réformée ; mais aussi qu'il a 24 ans, & qu'il possède un bien fonds, que dans le pays on nomme *haveçaat* : il doit prouver encore qu'il possède en totalité des biens immeubles pour plus de 25 mille florins. Mais il paroît que cette règle n'est pas bien reconnue ou qu'on l'élude souvent. On ajoute qu'un gentilhomme employé dans les troupes, & jouissant de tous les avantages qu'on vient de détailler, peut être aggrégé à la régence, mais qu'il doit avoir au moins rang de capitaine, & se désister de son suffrage lorsqu'il s'agit d'affaires qui concernent l'état militaire. Les villes qui ont droit d'envoyer des députés aux assemblées générales, sont : Deventer, Kampen & Zwol. C'est aussi dans ces trois villes que se tiennent alternativement les états. Le drossard de Salland y préside, & celui de Twente en son absence : si l'un & l'autre ne sont point présens, cet honneur est déféré au drossard de Vollenhoven.

Les régences des villes d'*Over-Issel* sont composées de seize conseillers, qui tous sont bourgue-maîtres. Ces seize bourgue-maîtres forment le conseil de ville lorsqu'il s'agit des affaires générales de la province par rapport à la confédération. Deux de ces bourgue-maîtres règnent pendant six semaines seulement, ils sont remplacés par deux autres, & ainsi de suite d'après un tour fixé sur ce point. Les bourgue-maîtres sont élus, ou du moins nommés par le stathouder. Lorsqu'il s'agit des affaires domestiques de la ville & de son territoire, le conseil de ville est composé de seize bourgue-maîtres & de quarante tribuns du peuple. Les tribuns représentent les habitans de la ville & du district. Les bourgue-maîtres ne peuvent rien ordonner, rien statuer sans appeller les tribuns, sans les consulter ; ils ne peuvent rien déterminer contre leurs avis, si les tribuns ont la majorité des voix pour eux. Ces tribuns s'élisent eux-mêmes & le peuple, ici comme dans d'autres provinces, est privé du droit le plus précieux, celui d'élire ses représentans. C'est du corps des tribuns qu'on tire les bourgue-maîtres lorsqu'une de leurs charges vient à vaquer. Ces magistrats du second ordre, ne sont ni si puissans, ni si redoutables pour les petits sénats des trois villes d'*Over-Issel*, que le furent les tribuns du peuple romain pour le sénat de Rome ; ils ont cependant le droit de représentation dans les affaires qui regardent la généralité de la province, & par conséquent l'union entière. Lorsqu'ils croient avoir des propositions utiles à faire aux bourgue-maîtres pour le bien général, ils les présentent sous la forme d'une requête soumise & respectueuse ; les bourgue-maîtres sont les maîtres de la rejetter.

Le conseil d'état de cette province, qui est en même-tems celui des finances, est composé de six personnes, dont trois sont à la nomination de la noblesse, & trois à celle des villes. On y trouve encore une chambre des comptes & une chancellerie. Les trois villes capitales ne reconnoissent aucun supérieur relativement à l'administration de la justice ; elles diffèrent en cela des moindres villes, des bourgs & des villages, dont les jugemens sont sujets à l'appel. Le tribunal où ces appels sont portés, se nomme *Klaringe*; il est fixé à Deventer: ses membres sont en partie nobles, & en partie de condition bourgeoise, mais pris constamment dans les villes capitales. Le président y porte le nom de *dingwaerder*. Cette province envoie cinq députés à l'assemblée des états généraux, deux du corps de la noblesse & un membre de la régence de chacune des villes capitales.

Le clergé de cette même province est divisé en quatre classes.

En 1783 le Baron-Van-der-Cappellen a fait abolir la servitude féodale qui subsistoit encore dans la province d'*Over-Issel*: mais il reste beaucoup de réformes à entreprendre dans les loix, & nous souhaitons que l'*Over-Issel* & les six autres provinces actuelles perfectionnent, à la fin des troubles actuels, leur constitution & leur jurisprudence (1).

Voyez l'article PROVINCES-UNIES & les articles des six autres provinces de l'union.

---

(1) Malheureusement les troubles se sont terminés d'une manière absolument contraire à la liberté du peuple. *Voyez* à l'article PROVINCES-UNIES les détails & les suites de cette fatale révolution.

PADERBORN, évêché ou état souverain d'Allemagne au cercle de Westphalie : il confine vers le levant à la Hesse, & à l'abbaye de Corvey ; il est séparé par le Veser de la principauté de Calenberg ; vers le couchant, il touche au comté de Rietberg & de la Lippe, & au duché de Westphalie ; vers le sud, au même duché & au comté de Waldeck ; & vers le septentrion, au comté de la Lippe. Sa plus grande étendue du levant au couchant est d'environ onze milles, & du septentrion au midi d'à-peu-près neuf.

Sol.

La plus grande partie de son sol est très-fertile ; on y entretient sur-tout beaucoup de bétail.

Population actuelle.

Dans tout l'évêché on trouve vingt-trois villes & trois bourgs. Les états provinciaux sont composés des chanoines de la cathédrale, de la noblesse & des villes. Les trois abbés mitrés d'Abdinghof, Marienmünster & Haudelhausen, appartenoient autrefois avec celui de Holmershausen à la première classe, mais ils ont perdu depuis long-tems leur droit de séance & de suffrage.

Religion.

La religion dominante est la catholique ; mais on y trouve des terres nobles dont les habitans professent le luthéranisme, particulièrement vers les frontières des comtés de Waldeck & de la Lippe. Il y a en tout quatrevingt-quinze paroisses.

Précis de son histoire.

L'évêché de *Paderborn* fut fondé par Charlemagne vers la fin du huitième siècle, & l'église cathédrale fut consacrée par le pape Léon III en 799. Le premier évêque s'appelloit Hatumar, & son successeur Badurad. Tous les deux ont été canonisés.

Prérogatives & contributions.

L'évêque est prince de l'Empire & il siège à la diète entre les évêques de Hildesheim & de Freysingue. Sa taxe matriculaire est de 18 cavaliers & de 34 fantassins, ou de 352 florins par mois. Il paye pour l'entretien de la chambre impériale 162 rixdalers 29 kr. par chaque terme. Il est suffragant de l'archévêque de Mayence. Il est le premier parmi les états du cercle de Westphalie. Le chapitre cathédral est composé de 24 chanoines capitulaires & domiciliaires. Il contient d'ailleurs 24 bénéficiers & 4 chantres.

Offices.

Les offices héréditaires de l'évêché sont exercés par les familles suivantes ; celui de maréchal, par les Spiegel & Peckelsheim, celui de sénéchal ou maître d'hôtel, par les Stapel ; celui d'échanson, par les Spiegel de Desenberg ; celui de chambellan, par les Schilder ; celui de grand-maître, par un comte de Haxthausen, & celui de maître de cuisine, par les Westphalen.

Collège d'administration.

Les collèges supérieurs sont le vicariat général, le conseil privé, la chancellerie de régence, la chambre des finances, l'officialité & le conseil aulique. La justice de la ville, ainsi que le gogericht dépendent également de l'évêque. Les bailliages sont administrés par des baillifs appellés *drost*, & le bailliage de Dringinberg a cette prérogative, que son baillif est appellé baillif provincial.

Impôts.

La taille simple rapporte 5436 écus d'empire ; on la hausse & on la baisse : quelquefois on en exige jusqu'à douze.

Troupes.

En tems de paix on entretient neuf compagnies de troupes réglées, qui sont en garnison à *Paderborn*, sous les ordres communs de l'évêque & du chapitre.

Division.

L'évêché est divisé en deux parties, par de hautes montagnes qu'on appelle *Egge* : l'une de ces parties est nommée le *district de Vorvald*, & le second *Obervald*.

L'évêché & les comtes de la Lippe possèdent par indivis quelques bailliages. Ils sont administrés par une régence que nomment en commun les deux possesseurs ; elle tient ses séances au château de Schwalenberge. *Voyez* l'article WESTPHALIE.

PAIR DE FRANCE, *Voyez* le Dictionnaire de Jurisprudence.

PAIR D'ANGLETERRE, CHAMBRE DES PAIRS D'ANGLETERRE. *Voyez* l'article ANGLETERRE.

PAIX, c'est la tranquillité dont une société politique jouit, soit au dedans, par le bon ordre qui règne entre ses membres, soit au dehors, par la bonne intelligence dans laquelle elle vit avec les autres peuples.

Durant la paix chacun jouit tranquillement de ses droits; on les discute par la raison, s'ils sont contestés. Hobbes a osé dire que la guerre est l'état naturel de l'homme; mais l'état naturel de l'homme, étant celui auquel il est destiné & appellé par sa nature, il faut dire plutôt que la paix est son état naturel; car il est d'un être raisonnable de terminer ses différends par la voie de la raison; c'est le propre des bêtes de les vuider par la force: *nam cùm sint duo genera decertandi unum per disceptationem, alterum per vim; cùmque illud proprium sit hominis; hoc bellarum, confugiendum est ad posterius, si uti non licet superiore. Cicero de offic. lib. I. Cap. II.*

Ce que nous avons dit des effets de la guerre, *voyez* GUERRE, montre assez combien elle est funeste. Il est triste pour l'humanité, que la dépravation des hommes la rende si souvent inévitable.

L'obligation de cultiver la paix, est sacrée pour le souverain: il doit ce soin à son peuple, sur qui la guerre attire une foule de maux; & il le doit de la manière la plus étroite & la plus indispensable, puisque l'empire ne lui est confié que pour le salut & l'avantage de la nation.

Le souverain ne doit pas seulement s'abstenir de la troubler lui-même; il doit la procurer autant que cela dépend de lui; il doit engager les autres à ne pas la rompre sans nécessité, il doit leur inspirer l'amour de la justice, de l'équité, de la tranquillité publique: c'est l'un des plus salutaires offices qu'il puisse rendre aux nations & à l'univers entier. Quel beau rôle que celui de pacificateur! Si un grand prince en connoissoit bien les avantages; s'il se représentoit la gloire si pure & si éclatante dont ce précieux caractère peut le faire jouir, la reconnoissance, l'amour, la vénération, la confiance des peuples; s'il savoit combien il est doux de régner sur les cœurs, il voudroit être ainsi le bienfaiteur, l'ami & le pere du genre humain: il y trouveroit mille fois plus de charmes que dans les conquêtes les plus brillantes. Auguste fermant le temple de Janus, donnant la paix à l'univers, terminant les différends des rois & des peuples, paroît le plus grand des mortels: & si l'humanité, & non la politique lui eût inspiré ces œuvres, il seroit presqu'un Dieu sur la terre.

Mais ces perturbateurs de la paix publique, ces fléaux de la terre, qui dévorés d'ambition, ou excités par un caractère orgueilleux & féroce prennent les armes sans justice & sans raison, se jouent du repos des hommes & du sang de leurs sujets; ces héros, presque déifiés par la sotte admiration du vulgaire, sont les cruels ennemis du genre humain, & il devroient être traités comme tels. L'expérience apprend assez combien la guerre cause de maux, même aux peuples qui n'y sont point impliqués: elle trouble le commerce; elle détruit la subsistance des hommes; elle fait hausser le prix des choses les plus nécessaires; elle répand de justes allarmes, & oblige toutes les nations à se mettre sur leurs gardes, à se tenir armées. Quiconque rompt la paix sans sujet, nuit donc aux nations qui ne sont pas l'objet de ses armes, & il attaque essentiellement le bonheur & la sûreté de tous les peuples de la terre, par l'exemple pernicieux qu'il donne: il les autorise à se réunir pour le réprimer, pour le châtier & pour lui ôter une puissance dont il abuse. Quels maux ne fait-il pas à sa propre nation, dont il prodigue indignement le sang, pour assouvir ses passions déréglées, & qu'il expose sans nécessité au ressentiment d'une foule d'ennemis? Un ministre fameux du dernier siècle n'a mérité que l'indignation de sa nation qu'il entraînoit dans des guerres continuelles, sans justice ou sans nécessité. Si par ses talens, par son travail infatigable, il lui procura des succès brillans, il lui attira, au moins pour un tems, la haine de l'Europe entière. Durant la guerre on ne forme point d'établissemens utiles dans une nation, on ne réforme rien; & on se met par le désordre des finances dans l'impossibilité d'avoir une bonne administration. Un ministre célèbre a développé cette considération; & comme elle est tirée de l'intérêt personnel, elle produit toujours plus d'effets que les rémontrances tirées du droit naturel, ou du droit politique.

L'amour de la paix doit empêcher également & de commencer la guerre sans nécessité, & de la continuer lorsque cette nécessité ne subsiste plus.

Quand un souverain a été réduit à prendre les armes pour un sujet juste & important, il peut pousser les opérations de la guerre, jusqu'à ce qu'il en ait atteint le but légitime, qui est d'obtenir justice & sûreté.

Si la cause est douteuse, le juste but de la guerre ne peut être que d'amener l'ennemi à une transaction équitable; & par conséquent elle ne peut être continuée que jusques-là. Dès que l'ennemi offre ou accepte cette transaction, il faut poser les armes.

Mais si l'on a un ennemi perfide, il seroit imprudent de se fier à sa parole & à ses sermens. On peut très-justement, & la prudence le demande, profiter d'une guerre heureuse, & pousser ses avantages, jusqu'à ce qu'on ait dompté une puissance excessive & dangereuse, ou réduit cet ennemi à donner des sûretés pour l'avenir.

Enfin si l'ennemi s'obstine à rejetter des conditions équitables, il nous contraint lui-même à aller jusqu'à la victoire entière & définitive.

Lorsque l'un des partis est soumis, ou que tous les deux sont las de la guerre, on pense enfin à s'accommoder, & l'on convient des conditions. La paix vient mettre fin à la guerre.

Les effets généraux & nécessaires de la paix, sont de réconcilier les ennemis, & de faire cesser de part & d'autres toute hostilité : elle remet les deux nations dans leur état naturel. Les traités de paix, quoiqu'on les exécute avec peu de scrupule, jouent un grand rôle dans la politique & nous allons en parler.

Des traités de paix.

Quand les puissances qui étoient en guerre sont convenues de poser les armes, le contrat où elles stipulent les conditions de la *paix*, & règlent la manière dont elle doit être rétablie & maintenue, s'appelle le traité de *paix*.

La puissance qui a le droit de faire la guerre, de la résoudre, de la déclarer, & d'en diriger les opérations, a aussi celui de faire la *paix* & d'en conclure le traité. Ces deux pouvoirs sont liés, & le second dérive du premier. Mais il ne comprend pas celui d'accorder ou d'accepter, en vue de la paix, toutes sortes de conditions. Quoique l'état ait confié en général à la prudence de son chef le soin de résoudre la guerre & la *paix*, il peut avoir borné son autorité par les loix fondamentales. Pour le prouver, on a cité François premier, roi de France, qui avoit, disoit-on, la disposition absolue de la guerre & de la *paix* ; & l'assemblée de Cognac qui déclara qu'il ne pouvoit aliéner, par un traité, aucune partie du royaume. L'exemple est mal choisi, car on connoit la cause de la déclaration de l'assemblée de Cognac ; François premier excita lui-même ses sujets à revenir contre les engagemens. Mais il seroit facile de citer des exemples plus justes à l'appui de la maxime que nous venons d'établir.

La nation qui dispose de ses affaires domestiques, qui a conservé ses droits dans la forme de son gouvernement, peut confier à une personne, ou à une assemblée, le pouvoir de faire la *paix*, quoiqu'elle ne lui ait pas abandonné celui de déclarer la guerre. C'est ce qu'on a vu en Suède depuis la mort de Charles XII jusqu'à la révolution de 1772. Le roi ne pouvoit déclarer la guerre sans le consentement de la diète ; il pouvoit faire la *paix* de concert avec le sénat. Au reste, il est moins dangereux à un peuple d'abandonner à ses chefs ce dernier pouvoir que le premier : il a l'espérance bien fondée qu'on ne fera la *paix* que quand elle sera convenable aux intérêts de l'état.

Une puissance limitée a le pouvoir de faire la *paix*, comme elle ne peut accorder d'elle-même toutes sortes de conditions, ceux qui voudront traiter avec elle, doivent exiger que le traité de *paix* soit approuvé par la nation, ou par la puissance qui peut en accomplir les conditions. Ainsi avant la révolution de 1772, quand on traitoit de la paix avec la Suède, & qu'on demandoit une alliance défensive, une garantie, cette stipulation pour être solide, devoit être approuvée & acceptée par la diète, qui seule avoit le pouvoir de lui donner son plein effet. Les rois d'Angleterre ont le droit de conclure des traités de *paix* & d'alliance, mais ils ne peuvent aliéner, par ces traités, aucunes des possessions de la couronne, sans l'aveu du parlement ; ils ne peuvent non plus, sans l'aveu du même corps, lever des tributs dans le royaume : c'est pourquoi, quand ils signent un traité de subsides, ou de commerce, ils ont soin de le faire passer au parlement ; s'il n'y passoit pas, ils ne pourroient le remplir. Lors même que les droits du peuple ne sont pas avoués ou stipulés d'une manière aussi précise qu'en Angleterre, on ne doit pas négliger cette précaution ; & dans le cas que nous avons cité plus haut, l'empereur Charles-Quint voulant exiger de François premier son prisonnier, des conditions que ce roi sembloit ne pouvoir accorder sans l'aveu de sa nation, devoit le retenir jusqu'à ce que le traité de Madrid eût été approuvé par les états-généraux de France, & que la Bourgogne s'y fût soumise : il n'eût pas perdu le fruit de sa victoire par une négligence qui fait peu d'honneur à un prince si habile.

Dans une nécessité pressante, telle que l'imposent les échecs d'une guerre malheureuse, les aliénations que fait le prince pour sauver le reste de l'état, sont censées approuvées & ratifiées par le silence de la nation, lorsqu'elle n'a point conservé dans la forme du gouvernement, un moyen aisé & ordinaire de donner son avis exprès, & lorsqu'elle paroît avoir abandonné au prince une puissance absolue. Les états-généraux étoient tombés en France, par désuétude & par une sorte d'aveu tacite de la nation. Lors donc que ce royaume se trouvoit pressé, c'étoit au roi seul de juger des sacrifices qu'il pouvoit faire pour acheter la *paix*, & ses ennemis traitoient solidement avec lui. En vain les peuples auroient dit qu'ils n'avoient souffert que par crainte l'abolition des états-généraux : ils l'avoient soufferte enfin ; & ils avoient laissé passer entre les mains du roi tous les pouvoirs nécessaires pour contracter au nom de la nation, avec les nations étrangères ; car il faut qu'il se trouve dans l'état une puissance avec laquelle ces nations puissent traiter sûrement.

Nous observerons enfin que dans cette question : si le consentement de la nation est requis pour l'aliénation de quelque partie de l'état, nous entendons parler des parties qui sont encore sous la puissance de la nation, & non pas de celles qui sont tombées pendant la guerre au pouvoir de l'ennemi ; car celles-ci n'étant plus possédées par la nation, c'est au souverain seul, s'il a l'adminiſtration pleine & abſolue du gouvernement, le pouvoir de faire la guerre & la *paix*, de juger s'il convient d'abandonner ces parties de l'état, ou de continuer la guerre pour les recouvrer.

La néceſſité de faire la *paix* autoriſe le ſouverain à diſpoſer dans le traité, des choſes même qui appartiennent aux particuliers, & le domaine éminent lui en donne le droit. Il peut même, juſqu'à un certain point, diſpoſer de leur perſonne, en vertu de la puiſſance qu'il a ſur ſes ſujets. Mais l'état doit dédommager les citoyens, qui ſouffrent de ces diſpoſitions pour l'avantage commun.

Tout empêchement qui met le prince hors d'état d'adminiſtrer les affaires, lui ôte ſans doute le pouvoir de faire la *paix*: ainſi un roi en bas âge ou en démence, ne peut traiter de la *paix*: cela n'a pas beſoin de preuve. Mais on demande ſi un roi, priſonnier de guerre, peut faire la paix & conclure validement le traité? Quelques auteurs célebres diſtinguent ici entre le roi dont le royaume eſt patrimonial, & celui qui n'en a que l'uſufruit. Nous croyons avoir détruit cette idée fauſſe & dangereuſe de royaume patrimonial, *voyez* ETAT, & prouvé d'une maniere évidente qu'elle doit ſe réduire au ſeul pouvoir confié au ſouverain, de déſigner ſon ſucceſſeur, de donner un autre prince à l'état, & d'en démembrer quelque partie, s'il le juge convenable, le tout pour le bien de la nation, & en vue de ſon plus grand avantage. Un gouvernement légitime, quel qu'il puiſſe être, eſt établi pour le bien & le ſalut de l'état. Ce principe inconteſtable une fois poſé, la paix n'eſt plus l'affaire propre du roi, c'eſt celle de la nation. Or, il paroît qu'un prince captif ne peut adminiſtrer l'empire, vaquer aux affaires du gouvernement. Celui qui n'eſt pas libre, commandera-t-il à une nation?

Il ſembleroit que le ſouverain captif peut la négocier lui-même, & promettre ce qui dépend de lui perſonnellement; mais que le traité ne devient obligatoire pour la nation que quand il eſt ratifié par elle-même, ou par ceux qui ſont dépoſitaires de l'autorité publique pendant la captivité du prince, ou enfin par lui-même après ſa délivrance.

Si un injuſte conquérant, ou tout autre uſurpateur, a envahi le royaume; dès que les peuples ſe ſont ſoumis à lui, & par un hommage volontaire l'ont reconnu pour leur ſouverain, il eſt en poſſeſſion de l'empire. Les autres nations, qui n'ont aucun droit de ſe mêler des affaires domeſtiques de celle-ci, doivent s'en tenir à ſon jugement, & ſuivre la poſſeſſion. Elles peuvent donc traiter de la paix avec l'uſurpateur, & la conclure avec lui. Par-là elles ne bleſſent point le droit du ſouverain légitime: ce n'eſt point à elles à examiner ce droit & à le juger; elles le laiſſent pour ce qu'il eſt, & s'attachent uniquement à la poſſeſſion, dans les négociations qu'elles ont avec ce royaume, ſuivant leur propre droit & celui de l'état, dont la ſouveraineté eſt diſputée. Mais cette regle n'empêche pas qu'elles ne puiſſent épouſer la querelle du roi dépouillé, ſi elles la trouvent juſte, & lui donner des ſecours: alors elles ſe déclarent ennemies de la nation qui a reconnu ſon rival, comme elles ont la liberté, quand deux peuples différens ſont en guerre, d'aſſiſter celui qui leur paroît le mieux fondé.

La partie principale, le ſouverain au nom de qui la guerre s'eſt faite, ne peut avec juſtice ſigner la *paix*, ſans y comprendre ſes alliés: je parle de ceux qui lui ont donné des ſecours, ſans prendre part directement à la guerre. C'eſt une précaution néceſſaire pour les garantir du reſſentiment de l'ennemi.

Mais le traité de la partie principale n'oblige ſes alliés qu'autant qu'ils veulent l'accepter, à moins qu'ils ne lui aient donné le pouvoir de traiter pour eux. En les comprenant dans ſon traité, elle acquiert ſeulement contre ſon ennemi reconcilié le droit d'exiger qu'il n'attaque point ſes alliés, à raiſon des ſecours qu'ils ont fournis; qu'il ne les moleſte point, & qu'il vive en paix avec eux.

Les ſouverains qui ſe ſont aſſociés pour la guerre, tous ceux qui y ont eu une part directe, doivent faire leur traité de paix, chacun pour ſoi. C'eſt ainſi que cela s'eſt pratiqué à Nimegue, à Riſwick, à Utrecht; mais l'alliance les oblige à traiter de concert. En quel cas un aſſocié peut-il ſe détacher de l'alliance, & faire ſa *paix* particuliere? Nous avons examiné cette queſtion, en traitant des ſociétés de guerre & des alliances en général.

La médiation eſt un devoir ſacré pour ceux qui ont les moyens d'y réüſſir. Nous nous bornerons à cette ſeule réflexion, ſur une matiere que nous avons déja traitée. *Voyez* MÉDIATION, MÉDIATEUR.

Le traité de *paix* ne peut être qu'une tranſaction: ſi l'on devoit y obſerver les regles d'une juſtice exacte & rigoureuſe, enſorte que chacun reçût paiſiblement tout ce qui lui appartient, la *paix* deviendroit impoſſible: ce n'eſt pas tout encore: la juſtice rigoureuſe exigeroit de plus, que l'auteur d'une guerre injuſte fût ſoumis à une peine proportionnée aux injures, dont il doit une ſatisfaction, & capable de pourvoir à la ſûreté future de celui qu'il a attaqué. Comment déterminer la nature de cette peine, & en marquer préciſément le degré? Enfin celui-là même dont les armes ſont juſtes, peut avoir paſſé les bornes d'une juſte défenſe, porté à l'excès des hoſtilités dont le but étoit légitime; & ce ſont autant de torts, dont la juſtice rigoureuſe demanderoit la réparation. Il peut avoir fait des conquêtes & un butin, qui excedent la valeur de ce qu'il avoit à prétendre: qui en fera le calcul exact? la juſte estimation. Puis donc qu'il seroit affreux de perpétuer la guerre, de la pousser jusqu'à la ruine entière de l'un des partis, & que, dans la cause la plus juste, on doit penser enfin à rétablir la paix, & tendre sans cesse à cette fin salutaire, il ne reste d'autre moyen que de transiger sur toutes les prétentions, sur tous les griefs de part & d'autre, & d'anéantir les différends par une convention la plus équitable qu'il soit possible. On n'y prononce point sur la cause même de la guerre, ni sur les controverses que les divers actes d'hostilité pourroient exciter : aucune des parties n'y est condamnée comme injuste ; il n'en est guère qui voulût le souffrir : mais on y convient de ce que chacun doit avoir, pour renoncer à ses prétentions. Aussi voyons-nous que, dans ces traités, on s'engage réciproquement à une *paix* perpétuelle. La *paix* se rapporte à la guerre qu'elle termine ; & cette *paix* est réellement perpétuelle, si elle ne permet pas de réveiller jamais la même guerre, en reprenant les armes pour la cause qui l'avoit allumée. Ce mot de perpétuel, inféré dans les traités, les édits, les loix & les actes publics, est devenu presque ridicule, & l'on ne doit pas exercer ici une critique bien sévère.

L'amnistie est un oubli parfait du passé ; &, comme la *paix* doit anéantir tous les sujets de discorde, ce doit être le premier article du traité. On n'y manque pas aujourd'hui. Mais, quand le traité oublieroit l'amnistie, elle y est nécessairement comprise, par la nature même de la *paix*.

Chacune des puissances qui se font la guerre, se disant fondée en justice, & personne ne pouvant juger de cette prétention, l'état où les choses se trouvent au moment du traité, doit passer pour légitime ; &, si on veut le changer, il faut que le traité le dise expressément. Par conséquent toutes les choses dont le traité ne dit rien, doivent demeurer dans l'état où elles se trouvent lors de la signature : c'est aussi une suite de l'amnistie promise. Tous les dommages causés pendant la guerre sont pareillement oubliés, & l'on n'a aucune action pour ceux dont la réparation n'est pas stipulée dans le traité ; ils sont regardés comme non avenus.

Mais on ne peut étendre l'effet de la transaction ou de l'amnistie, à des choses qui n'ont aucun rapport à la guerre que termine le traité. Ainsi des répétitions fondées sur une dette, ou sur une injure antérieure à la guerre, mais qui n'a eu aucune part aux raisons qui l'ont fait entreprendre, demeurent en leur entier, & ne sont point abolies par le traité, à moins qu'il ne comprenne d'une manière expresse l'anéantissement de toute prétention quelconque. Il en est de même des dettes contractées pendant la guerre envers des sujets qui n'y ont aucun rapport, ou des injures faites aussi pendant sa durée, mais sans relation à l'état de la guerre.

Les dettes contractées envers les particuliers de deux nations ennemies, où les torts qu'ils peuvent avoir reçus d'ailleurs, sans rapport à la guerre, ne sont point abolis non plus par la transaction & par l'amnistie, qui se rapportent uniquement à leur objet ; savoir, à la guerre, à ses causes, & à ses effets. Ainsi deux sujets de puissances ennemies contractant en pays neutre, ou l'un y recevant un tort de l'autre, l'accomplissement du contrat, ou la réparation de l'injure & du dommage, pourra être demandée après la signature du traité de *paix*.

Enfin si le traité déclare que toutes choses seront rétablies dans l'état où elles étoient avant la guerre, cette clause ne s'entend que des immeubles, & elle ne peut regarder les choses mobilières ou le butin, dont la propriété passe d'abord à ceux qui s'en emparent, & qui sont censés abandonnés par l'ancien maître, à cause de la difficulté de les reconnoître, & du peu d'espérance de les recouvrer.

Les traités anciens, rappellés & confirmés dans le dernier, font partie de celui-ci ; comme s'ils y étoient renfermés & transcrits mot à mot ; & ainsi les nouveaux articles qui se rapportent aux anciennes conventions, l'interprétation doit se faire suivant les règles données ci-dessus.

Le traité de *paix* oblige les parties contractantes, du moment qu'il est conclu & qu'il a reçu toute sa forme, & elles doivent en procurer incessamment l'exécution. Il faut que toutes les hostilités cessent dès lors ; à moins que l'on n'ait marqué le jour où la *paix* doit commencer : mais ce traité n'oblige les sujets que lorsqu'il leur est notifié. Il en est ici comme de la trêve. S'il arrive que des gens de guerre commettent dans leurs fonctions, & en suivant les règles de leurs devoirs, des hostilités, avant que le traité de *paix* soit parvenu officiellement à leur connoissance, c'est un malheur dont ils ne peuvent être punis ; mais le souverain, déja obligé à la *paix*, doit faire restituer ce qui a été pris depuis qu'elle est conclue ; il n'a aucun droit de le retenir.

Comme il est difficile qu'il ne se trouve pas quelque ambiguité dans un traité, dressé même avec tout le soin ou toute la bonne foi possible, comme on a soin ordinairement de ménager des passages obscurs, dont on pourra profiter dans l'occasion ; comme il survient des difficultés dans l'application de ses clauses aux cas particuliers ; il faut souvent interpréter les articles. Bornons-nous à un petit nombre de règles qui conviennent plus particuliérement aux traités de paix. 1°. En cas de doute, l'interprétation se fait contre celui qui a donné la loi dans le traité ; car c'est lui, en quelque façon, qui l'a dicté : c'est sa faute, s'il ne s'est pas énoncé plus clairement ; & en étendant ou resserrant la signification des termes, dans le sens qui lui est le moins favorable, où on ne lui fait aucun tort, où on ne lui fait

fait que celui auquel il a bien voulu s'expofer. Par une interprétation contraire, on rifqueroit de tourner des termes vagues & ambigus en piéges pour le contractant le plus foible.

2°. Le nom des pays cédés par le traité doit s'entendre, felon l'ufage reçu alors parmi les perfonnes habiles ; car on ne préfume point que des ignorans ou des fots foient chargés d'une chofe auffi importante que l'eft un traité de paix ; & les difpofitions d'un contrat doivent fe déterminer fur ce que les contractans ont eu vraifemblablement dans l'efprit, puifque c'eft fur ce qu'ils ont dans l'efprit qu'ils contractent.

3°. Le traité de *paix* ne fe rapporte de lui-même qu'à la guerre à laquelle il met fin ; fes claufes vagues ne doivent entraîner que ce rapport : ainfi la ftipulation feule du rétabliffement des chofes dans leur état, ne fe rapporte point à des changemens qui n'ont pas été opérés par la guerre même. Cette claufe générale ne pourra donc obliger l'une des parties à remettre en liberté un peuple libre, qui fe fera donné volontairement à elle pendant la guerre ; & comme un peuple abandonné par fon fouverain, devient libre & maître de pourvoir à fa confervation ; fi ce peuple, dans le cours de la guerre, s'eft donné & foumis volontairement à l'ennemi de fon ancien fouverain, fans y être contraint par la force des armes, la promeffe générale de rendre les conquêtes ne s'étendra pas jufqu'à lui.

On ne peut fe dégager d'un traité de *paix*, en difant qu'il a été extorqué par la crainte, ou arraché par la force. Premièrement ; fi cette exception étoit admife, aucun traité de *paix* ne feroit folide : car il en eft peu contre lefquels on ne pût s'en fervir pour couvrir la mauvaife foi. Autorifer une pareille défaite, ce feroit attaquer la fûreté commune & le falut des nations : la maxime feroit exécrable, par les mêmes raifons qui rendent la foi des traités facrée dans l'univers ; d'ailleurs il feroit prefque toujours honteux & ridicule d'alléguer une pareille exception.

Rompre le traité de paix, c'eft en violer les engagemens, foit en faifant ce qu'il défend, foit en ne faifant pas ce qu'il prefcrit. Or, on peut manquer aux engagemens du traité de trois manières différentes, ou par une conduite contraire à la nature & à l'effence de tout traité de *paix* en général, ou par des procédés contraires à l'efprit du traité, ou enfin en violant expreffément un de fes articles exprès.

1°. On agit contre la nature & l'effence d'un traité de *paix* en général, contre la *paix* elle-même, quand on la trouble fans fujet, foit en prenant les armes & recommençant la guerre, quoiqu'on ne puiffe alléguer même un prétexte un peu plaufible, foit en offenfant de gaieté de cœur celui avec qui on a fait la *paix*, &, en le traitant, lui ou fes fujets, d'une manière incompatible avec l'état de *paix*, & qu'il ne peut fouffrir fans fe manquer à lui-même. C'eft encore agir contre la nature du traité de *paix* en général, que de reprendre les armes pour le fujet qui avoit allumé la guerre, ou par reffentiment d'une chofe qui s'eft paffée dans le cours des hoftilités.

Prendre les armes pour un fujet nouveau, ce n'eft pas rompre le traité de *paix* ; car, bien que l'on ait promis de vivre en *paix*, on n'a pas promis pour cela de fouffrir des torts ou des injuftices, plutôt que de s'en faire raifon par la voie des armes. La rupture vient de celui qui, par fon injuftice obftinée, rend ce moyen néceffaire.

Il eft important de bien diftinguer une guerre nouvelle & la rupture du traité de *paix*, parce que les droits acquis par ce traité fubfiftent, malgré la guerre nouvelle, au lieu qu'ils font éteints par la rupture du traité qui leur fervoit de fondement. Celui qui avoit accordé ces droits, en fufpend l'exercice pendant la guerre, autant qu'il eft en fon pouvoir, & peut même en dépouiller entièrement fon ennemi, par le droit de la guerre, comme il peut lui ôter fes autres biens.

La jufte défenfe de foi-même ne rompt point le traité de *paix* : c'eft un droit naturel, auquel on ne peut renoncer ; & en promettant de vivre en *paix*, on promet feulement de ne point attaquer fans fujet, de s'abftenir d'injure & de violence.

Mais on demande fi la violation d'un feul article du traité peut en opérer la rupture entière. Quelques auteurs diftinguent ici les articles qui font liés enfemble, *connexi*, & les articles divers, *diverfi*, & prononcent que fi le traité eft violé dans les articles divers, la *paix* fubfifte à l'égard des autres. Mais le fentiment de Grotius paroît fondé fur la nature & l'efprit des traités de *paix*. Il dit que « tous les articles d'un » feul & même traité font renfermés l'un dans » l'autre, en forme de condition, comme fi l'on » avoit dit, je ferai telle ou telle chofe, pourvu » que, de votre côté, vous faffiez ceci ou cela ». Et il ajoute avec raifon, que « quand on veut » empêcher que l'engagement ne demeure par là » fans effet, on ajoute cette claufe expreffe : » qu'encore qu'on vienne à enfreindre quelqu'un » des articles du traité, les autres ne laifferont » pas de fubfifter dans toute leur force ». On peut fans doute ftipuler de cette manière ; on peut encore convenir que la violation d'un article ne pourra opérer que la nullité de ceux qui y répondent, & qui en font l'équivalent. Mais fi cette claufe ne fe trouve pas expreffément dans le traité de *paix*, un feul article violé paroît donner atteinte au traité entier. *Voyez* l'article TRAITÉS.

Il n'eft pas moins inutile de vouloir diftinguer ici les articles de grande importance, & ceux qui font moins graves. A la rigueur de droit, la violation du moindre article difpenfe la partie léfée de l'obfervation des autres, puifque tous, comme nous venons de le voir, font liés en forme de conditions.

Les actions des fujets peuvent être imputées au fouverain & à la nation, & chaque peuple eft en droit d'en demander vengeance.

Si les coupables font des fujets défobéiffans, on ne peut rien demander à leur fouverain; mais quiconque vient à les faifir, même en lieu libre, en fait juftice lui-même. C'eft ainfi qu'on en ufe à l'égard des pirates; & pour éviter toute difficulté, on eft convenu de traiter de même tous particuliers qui fe permettent des actes d'hoftilité, fans pouvoir montrer une commiffion de leur fouverain.

Les actions de nos alliés peuvent encore moins nous être imputées. Les atteintes données au traité de *paix* par des alliés, même par ceux qui y ont été compris, ou qui y font entrés comme parties principales contractantes, ne peuvent donc en opérer la rupture que par rapport à eux-mêmes, & point du tout en ce qui touche leur allié qui, de fon côté, obferve fes engagemens.

Quand le traité de *paix* eft violé par l'un des contractans, l'autre eft le maître de déclarer le traité rompu, ou de le laiffer fubfifter; car il ne peut être lié par un contrat qui ftipule des engagemens réciproques envers celui qui ne refpecte pas ce même contrat; mais s'il aime mieux ne pas rompre, le traité demeure valide & obligatoire. Il feroit abfurde que celui qui l'a violé, le prétendît annullé par fa propre infidélité; moyen facile de fe débarraffer de fes engagemens, & qui réduiroit les traités à de vaines formules.

Nous avons traité, dans le cours de l'ouvrage, d'autres queftions relatives à cette matière. *Voyez* les articles ALLIANCES, ETATS, GUERRE, GOUVERNEMENT, TRAITÉS, &c.

PAIX PERPÉTUELLE de l'abbé de Saint-Pierre. *Voyez* l'article PROJETS CHIMÉRIQUES.

PALAIS, MAIRE, COMTE DU PALAIS. *Voyez* le dictionnaire de Jurifprudence.

PALATIN, ELECTEUR PALATIN. *Voyez* l'article ALLEMAGNE.

PALATINAT ou PALATINAT DU RHIN, contrée d'Allemagne, qui forme un des fept électorats.

Ce *Palatinat*, qu'on nomme auffi *bas-Palatinat* pour le diftinguer du haut, qui fait partie du cercle de Bavière, eft borné à l'eft par le comté de Katzenelnbogen, l'archevêché de Mayence, l'évêché de Worms, & une partie du territoire de l'ordre teutonique en Franconie; au fud par le duché de Wurtemberg & l'évêché de Spire; à l'oueft par l'Alface, le duché des Deux-Ponts, le comté de Sponheim, la principauté de Simmern & quelques diftricts de l'électorat de Mayence; au nord par une partie de ce même électorat & le comté de Katzenelnbogen. Sa plus grande étendue, prife en droite ligne de Bacharach jufqu'au Necker près de Neckarfulm, eft de 20 & quelques milles d'Allemagne.

Sol, productions.

Quoique montueux en plufieurs endroits, ce pays eft très-fertile. Il produit du tabac; on en trouve des plantations confidérables, nommément entre Heidelberg & Manheim: il offre d'excellens pâturages qui fervent à l'entretien de beaucoup de bétail, & il y a au voifinage du Rhin & du Necker des vignobles, où l'on recueille de bons vins, entr'autres ceux de Bacharach, de Nierftein, de Neuftadt près la Hardt, & ceux du diftrict de la Bergftraffe, &c. Cette Bergftraffe ou chemin des montagnes eft une route agréable, ménagée entre Heidelberg & Darmftadt à travers des prairies charmantes & des champs fertiles, parfemés d'amandiers & d'une multitude de noyers, qui, joints à ceux de la forêt d'Odenwald, font auffi utiles au pays par leurs fruits que par leur bois.

Rivières.

Les principales rivières qui arrofent le bas-*Palatinat*, font 1°. le Rhin, qui paffe fur fes frontières & dans le centre du pays, & d'où fe tire, près de Germersheim & de Selz, un très-bon or, auquel les florins d'or du Rhin doivent leur origine. Son arpaillage, qui forme un des droits de régales de l'électeur, eft affermée à des particuliers: 2°. le Necker, qui fe jette dans le Rhin au-deffous de Manheim: 3°. la Nahe, qui fe joint au même fleuve près de Bingen, &c.

Population.

Le *Palatinat* renferme 40 villes & plufieurs bourgs.

Un écrivain politique porte à 10 millions de florins les revenus de la Bavière, du haut-*Palatinat*, de Neubourg, de Sulzbach, du *Palatinat* du Rhin, de Juliers & de Berg; il évalue la population de ces pays à deux millions deux cents mille ames, & eftime leur étendue à 1051 milles quarrés.

Les ravages que les françois y commirent vers la fin du dernier fiècle, & les gênes que l'intolérance y a mifes fucceffivement à la liberté de confcience, fur-tout dans les comtés, évêchés & feigneuries enclavés dans l'électorat, ont porté plufieurs milliers de proteftans à le quitter pour aller s'établir en d'autres pays, même dans la Russie asiatique & aux Indes occidentales : ce qui, joint aux émigrations qui continuoient encore il y a peu de temps, a beaucoup diminué la population de cette belle contrée.

Commerce.

Le commerce y est peu florissant ; mais le pays offre quelques articles importans, tels que le produit des fabriques nouvelles de Frankenthal, le vin, les grains, le tabac & la garence.

Régime ecclésiastique.

L'état ecclésiastique du *Palatinat* a essuyé des révolutions frappantes & inouies dans toute autre contrée. Plusieurs événemens y ayant préparé la réformation, la conférence que Luther tint à Heidelberg, en 1518, dans une assemblée de l'ordre de S. Augustin, entraîna les peuples vers les nouvelles opinions, favorisées d'abord par les avis de l'électeur Louis. Frédéric II, son frère & successeur, hésita quelque temps d'embrasser la confession d'Augsbourg, de peur d'encourir le ressentiment de l'empereur ; mais d'après l'avis de Philippe Melanchton, qu'il consulta en 1545, il publia une ordonnance qui abolissoit la messe dans tous ses états, qui rétablissoit les deux espèces dans l'Eucharistie, & permettoit aux prêtres de se marier. Otton Henri, qui parvint à la régence en 1556, la confirma & acheva d'introduire le luthéranisme dans le pays. Mais des théologiens françois & suisses y étant arrivés sous Frédéric III, il s'éleva entre les protestans, sur l'article de la cène, une dispute vive, qui porta en 1560 l'électeur à se déclarer pour le parti des réformés, & à donner, dès 1563, la première édition du fameux catéchisme de Heidelberg, le premier prince de l'Empire qui eût introduit cette religion dans ses états. Louis VI, son fils & son successeur, fit autant d'efforts pour rétablir le luthéranisme, que lui-même en avoit fait en faveur de son parti. Il congédia en 1577 les ministres & maîtres d'école calvinistes ; il mit à leur place des luthériens, qui subsistèrent jusqu'à sa mort. Mais Jean Casimir, tuteur de son fils mineur Frédéric IV, renversa toutes ces opérations en 1584 ; il rétablit avec tant de zèle le calvinisme, que les luthériens ne conservèrent qu'un petit nombre d'églises. Ce nouveau culte prit de nouvelles forces sous Frédéric IV & Frédéric V jusqu'à la bataille de Weissenberg près Prague, dont la perte fut funeste à l'une & à l'autre communion protestante dans le *Palatinat* : les armées de la ligue & de Bavière faisant la loi, rétablirent le culte romain en plusieurs endroits, & persécutèrent vivement ceux qui n'en étoient pas. Enfin la paix de Westphalie ayant remis la religion sur le pied où elle étoit avant les troubles de Bohème, les réformés l'emportèrent sur les luthériens ; mais leur avantage ne subsista que sous les électeurs Charles-Louis & Charles. Car lorsque la ligue de Simmern se fut éteinte en 1685 par la mort de ce dernier, le traité de Halle en Suabe, conclu la même année pour assurer le culte réformé & luthérien, ne put empêcher que la religion romaine, qui s'introduisit insensiblement après la succession de la ligue catholique de Neubourg, ne fît perdre au protestantisme la supériorité dont il avoit joui. Les françois d'ailleurs, qui s'emparèrent du pays peu de temps après, s'efforcèrent, sous l'électeur Jean-Guillaume de l'anéantir dans plusieurs endroits, ou du moins d'y établir la mi partie ; & ils arrêtèrent, par la paix de Ryswick, que la religion catholique seroit maintenue aux lieux rendus par la France à l'électeur, dans le même état où elle s'étoit trouvée durant la guerre : ce qui nuisit beaucoup aux protestans, & fut le germe des oppressions qu'ils essuyèrent dans la suite. Le même Jean-Guillaume publia en 1705, à Dusseldorp, une déclaration ou réglement pour la police des différens cultes dans toutes les provinces palatines : il accorda aux trois religions autorisées dans le saint-Empire entière liberté de conscience, & aux réformés, ainsi qu'aux luthériens, plein exercice public & particulier avec les droits paroissiaux & la jurisdiction ecclésiastique ; il confirma de plus aux luthériens leur consistoire créé dès 1698, & le maintint dans son indépendance du conseil ecclésiastique réformé : il leur assura en outre la possession exclusive de toutes les églises qui leur avoient appartenu en 1624, ou qu'ils avoient bâties depuis, & de celles qu'ils bâtiroient à l'avenir avec l'administration des biens-fonds ecclésiastiques, presbytères, écoles, dixmes, rentes & revenus dont ils auroient joui en 1624 : il confirma aux réformés la possession des églises, presbytères & écoles, sur le même pied qu'ils en avoient joui en 1685 ; avec la clause toutefois que, dans les villes où ils posséderoient plusieurs églises & où les catholiques n'en auroient point, ils leur en céderoient une ; & que, dans les villes où il n'y en auroit qu'une, ils leur en abandonneroient le chœur, ainsi que deux sur sept des églises de campagne, & les deux septièmes des rentes, dont ils conserveroient les cinq autres septièmes : il ordonna du reste que les biens & revenus, provenant des ci-devant abbayes, prieurés, couvens, prélatures, &c. seroient régis par une administration ecclésiastique, composée de quatre conseillers, dont deux catholiques & deux réformés, & des officiers nécessaires. En vertu de ce réglement, le conseil ecclésiastique de la religion réformée devoit être protégé & maintenu dans ses fonctions, rang, privilèges, coutumes & émolumens, tels qu'ils avoient existé jusqu'en 1685. On prononça définitivement ur la célébration des fêtes catholiques, les mariages, & d'autres objets qui avoient jusqu'alors été la source de beaucoup de contestations. Quelque avantageuses que ces dispositions fussent aux catholiques, qui forment le plus petit nombre des habitans du bas-*Palatinat*, & quelques raisons qu'on eût de croire qu'ils s'y conformeroient, ils sont parvenus dès-lors à y faire en leur faveur des changemens considérables, & à augmenter par-là les griefs des protestans. Les Luthériens, estimés à 50,000 ames, ont dans tout le *Palatinat* 85 cures; mais la moitié de leurs ministres & maîtres d'école manque encore de pain. Le nombre des ecclésiastiques réformés est estimé à 500, & celui des catholiques à 400.

Nous nous sommes étendus sur cet objet, parce que les persécutions religieuses ont nui singulièrement à l'industrie & à la population du *Palatinat*, & que la Bavière & le *Palatinat* ont renouvellé de nos jours les scènes dangereuses, dont les autres souverains paroissent dégoûtés avec raison. L'intolérance s'est portée & se porte encore sur des objets peu dignes de l'attention du prince, & on nous permettra d'observer qu'il est temps d'adopter des maximes plus généreuses ou plus sages.

On persécutoit les francs-maçons & les illuminés avant que la Bavière fût réunie au *Palatinat*; & depuis cette réunion, on a vu des sociétés savantes tourmentées sur le même sujet: on a envoyé dernièrement à la régence électorale de Straubing une ordonnance, qui déclaroit: « que la société littéraire de cette ville, composée en grande partie de conseillers de régence & d'autres personnes en place, même d'ecclésiastiques, ne pouvoit être considérée que comme une loge déguisée, dans laquelle, sous prétexte de s'occuper d'objets de science, on s'amusoit à recueillir & à faire lecture de tous les écrits scandaleux qui paroissoient en si grand nombre contre la religion, d'où ils se propageoient dans le public, & y répandoient leur venin. Qu'en conséquence le gouvernement a résolu qu'il étoit de son devoir de détruire cette société suspecte, d'en défendre toute assemblée ultérieure, soit publique, soit privée. L'électeur exhortoit les ecclésiastiques membres de cette société à s'occuper de leur bréviaire; & les conseillers de régence de leurs fonctions, plutôt que de passer leur temps dans ces assemblées d'impiété & de scandale ».

Sans doute, il faut interdire toutes les assemblées contraires au bien de l'état; mais l'accusation étoit-elle bien prouvée ici? Et si une société de francs-maçons ou d'illuminés se livrent à quelques excès, n'est-il pas aisé de les contenir, sans les persécuter?

Précis de l'histoire politique.

L'origine des comtes palatins vient des palais, *palatia*, que les anciens rois de France & de Germanie avoient en différens endroits, & où ils établissoient des juges auliques, appellés *comites palatins*. Ceux du Rhin jouissoient d'une grande autorité, quoiqu'il soit très-difficile de désigner avec certitude les lieux où ils résidoient, & que l'épithète du Rhin ou près du Rhin ne se trouve pour la première fois que dans un document du comte Palatin Henri du Lac, daté de 1093. La dignité palatine, après avoir passé d'une famille à l'autre, fut enfin fixée dans celle des ducs de Bavière, par l'investiture donnée à Louis I, l'un d'entr'eux, par l'empereur Frédéric II dans une diète tenue à Ratisbonne en 1215, d'après le ban prononcé contre le comte palatin Henri. Louis ne put jamais s'en mettre en possession; mais son fils se l'assura par son mariage avec Agnès, fille du proscrit, & réunit le *Palatinat* du Rhin à la Bavière, qu'il transmit sans difficulté à son fils Louis, duquel descendent les comtes palatins & électeurs d'aujourd'hui par Rodolphe I, son fils aîné. En 1410, les fils de Rupert III partagèrent les terres palatines, ce qui donna lieu à quatre branches principales: l'électorale & celle de Simmern se sont soutenues le plus long-tems. La première s'éteignit en 1559, dans la personne d'Otton Henri, après la mort duquel l'électorat échut à Frédéric III de la branche de Simmern, dont la succession finit en 1685 avec l'électeur Charles. Sa dignité passa à Philippe-Guillaume de la branche de Neubourg (collatérale de celle de Simmern): son second fils Charles Philippe étant le dernier, transmit 1742 l'électorat à Charles-Philippe Théodore, comte palatin de Soulzbach, qui règne encore aujourd'hui.

Du temps de Henri I & Otton I, rois de Germanie, la dignité d'archi sénéchal de l'Empire fut conférée à Everard, comte palatin, & à ses successeurs. Si on la vit, sous Otton II, exercée par un duc de Bavière, ce ne fut alors que pour peu de temps; car elle retourna aux premiers dès l'an 1260, & leur fut confirmée par l'empereur Charles IV: mais, dans les tems postérieurs, Frédéric V ayant été mis au ban de l'Empire, Ferdinand III rendit cet office aux ducs de Bavière, qui l'ont possédé jusqu'à nos jours, quoiqu'en vertu du traité de Westphalie Charles-Louis, fils de Frédéric V, fût rentré en possession du bas-*Palatinat*. On créa pour ce pays la charge d'archi trésorier de l'Empire, lui réservant expressément le droit de rentrer dans celle de sénéchal, si les mâles de la branche Wilhelmine de Bavière venoient à s'éteindre. La mort du dernier électeur de Bavière a changé les choses sur ce point comme sur beaucoup d'autres. Il paroît que l'électeur palatin jouit des prérogatives, &, exceptée la portion accordée à la maison d'Autriche, des domaines dont jouissoit l'électeur de Bavière.

C'est au *Palatinat* & à l'archi-office, dont on vient de parler, qu'est attachée la dignité électorale. Le comte palatin étoit, par sa charge de grand-trésorier, le cinquième en rang parmi les électeurs séculiers, au lieu qu'il se trouvoit le second par l'office de grand-sénéchal, auquel étoit aussi attaché le vicariat de l'Empire sur le Rhin, en Suabe & en Franconie. Il paroît qu'à la mort du dernier électeur de Bavière, l'électeur palatin est rentré dans la charge de grand-sénéchal.

Le titre de ce prince, avant la mort du dernier électeur de Bavière, étoit : comte palatin du Rhin, archi-trésorier & électeur du Saint-Empire Romain, duc de Bavière, de Juliers, de Clèves & de Berg, prince de Meurs, marquis de Berg-op zoom, comte de Veldenz, de Sponheim, de la Marck & de Ravensberg, seigneur de Ravenstein.

Depuis la cession du haut-*Palatinat* à la Bavière, l'électeur Palatin n'a payé que la moitié d'une taxe électorale, c'est-à-dire trente hommes à cheval cent trente-huit fantassins, ou neuf cents quatorze florins par mois. Son contingent pour l'entretien de la chambre impériale, étoit de quatre cents quatre-vingt-quatorze écus, onze seizièmes kr. d'empire par quartier. Mais en recueillant les domaines, à la mort du dernier électeur de Bavière, il a dû se soumettre aux charges.

Ordres.

Les ordres de chevalerie du *Palatinat* sont : 1°. celui de saint-Hubert, créé en 1444 par le duc Gérard de Julien, en mémoire d'une bataille gagnée le jour de saint-Hubert contre le duc de Gueldres ; & renouvellé en 1708 par l'électeur Jean Guillaume. Il donne une croix tetragone attachée à un cordon rouge, & une plaque sur l'habit. L'électeur en est grand-maître. Tous ses chevaliers sont princes, excepté un nombre déterminé de treize comtes ou barons. 2°. L'ordre de sainte-Elisabeth, institué pour les dames en 1766 par l'électrice Elisabeth Auguste. 3°. L'ordre du Lion, fondé le premier jour de l'an 1768 par l'électeur Charles-Théodore en mémoire des 25 années révolues de son règne. Il donne un ruban blanc large de quatre doigts, ondé & liséré de bleu, mis en écharpe de la gauche à la droite, & au bout duquel pend une croix d'or émaillée d'azur à flamme d'or, ayant un lion d'or couronné & debout avec l'inscription MERENTI. Au revers est le chiffre du fondateur composé des lettres C. T. entrelassées, le chapeau électoral au-dessus, & la date de l'institution. L'électeur en est le grand-maître, & c'est du nombre de ces chevaliers qu'on tire ceux de saint-Hubert.

Administration, collège.

Les principaux dicasteres de cet electorat sont : le conseil d'état, la chancellerie privée, le conseil aulique, la chambre des finances & le conseil de l'administration ecclésiastique. Il n'y a point d'états dans le bas-*Palatinat*.

Chaque grand bailliage des terres palatines du haut & bas-Rhin paye une taille fixe, dont le total annuel est de 891,677 florins : l'ordonnance électorale de 1743 assigna douze pour cent de cette somme à la caisse militaire.

Troupes.

Les troupes du bas-*Palatinat* consistoient avant la mort du dernier électeur de Bavière en une garde à cheval de 100 hommes, un régiment de cavalerie du corps de 198 maîtres, cinq autres régimens de cavalerie également composés de 198 hommes, un escadron de 116 hommes pour le cercle du haut-Rhin ; une garde de 100 suisses ; six régimens d'infanterie, dont un de 1000 hommes, un de 1400 & les autres de 1568 hommes ; un bataillon provincial de 684 hommes, & enfin trois compagnies d'artillerie faisant ensemble 250 hommes : ces troupes formoient une armée de 11,110, sans les invalides au nombre de 600. Leur entretien annuel coûtoit 824,244 florins en argent, 240,210 rations de pain & 8100 rations de fourages.

Cet état militaire doit avoir éprouvé des changemens depuis que la Bavière est réunie au bas-*Palatinat*.

Les états de l'électeur palatin étoient divisés avant la mort du dernier électeur de Bavière en dix-neuf grands bailliages, dont dépendoient certain nombre de sous-bailliages & de prévôtés, outre les villes capitales de Manheim, de Heidelberg & de Frankenthal, dont chacune avoit son magistrat dépendant immédiatement de la régence électorale.

Remarques sur le haut *Palatinat*.

Ce qu'on appelle le haut-*Palatinat*, & qui fait partie du duché de Bavière, contient 13 villes & 28 bourgs.

Il est situé dans le district septentrional ou le Nordgau ; il fut possédé au douzième siècle par les ducs de Suabe. L'empereur Conrad IV, en sa qualité de duc de Suabe, le donna en hypothèque pour une somme de 128,000 florins à Otton, duc de Bavière, premier palatin du Rhin, issu de cette maison. Conradin, fils infortuné de l'empereur Conrad, le vendit à Louis le sévère, duc & palatin du haut-Rhin, & lui donna en outre plusieurs terres non-engagées. Louis IV en vertu d'une transaction faite avec les fils de Rodolphe, son frère, en 1327, leur abandonna cette province, qui prit pour la première fois le nom de haut-*Palatinat*, afin de le distinguer du *Palatinat* électoral ou du bas-*Palatinat*, & désigner mieux les terres de Bavière, qui feroient partie du *Palatinat* même. Les châteaux, villes & bailliages suivans du haut-*Palatinat*, savoir: Soulzbach, Rosenberg, Neidstein, Hertenstein, Hoenstein, Hipoltstein, Lichteneck, Turndorf-Dürrendorf, Fraukenberg, Auerbach, Hersbruck, Lauffen, Welden, Plech, Eschenbach, Pegnitz, Haufseck, Werdenstein, Kirschau, Neustadt, Steurenstein & Lichtenstein, ensemble les châteaux de Pleystein, de Reichenstein, de Reicheneck, de Haufeck, de Strahlenfels, de Spies & de Ruprechtstein, fiefs de Bohême, furent acquis en 1354 par l'empereur Charles IV, qui les paya trente-deux mille marcs d'argent au palatin Robert l'aîné, & à son cousin Robert le cadet. L'empereur incorpora toutes ces terres en 1355 au royaume de Bohême, ainsi que la petite ville de Bernau, que lui vendirent les moines de Waldfachen, & il en défendit l'aliénation sous quelque prétexte que ce fût. Ayant acheté en 1373 pour 200,000 ducats de Hongrie, de son gendre Otton, duc de Bavière, & fils de l'empereur Louis IV, la Marche de Brandebourg, transmise par sa médiation, après la mort de Jean IV, son dernier électeur, à la maison de Bavière, & ne pouvant acquitter que la moitié du prix d'achat, il engagea à ce duc en garantie du reste une partie des terres dont nous venons de parler, & il l'en investit sous la réserve du droit de retrait perpétuel. Robert II & III électeurs & palatins, firent une invasion en Bohême, sous le règne de l'empereur Wenceslas; ils ramenèrent à leur jurisdiction les terres du haut-*Palatinat*, qui lui étoient incorporées ci-devant, ainsi que Bernau & Rothenberg, & ils en firent le partage avec les ducs de Bavière, qui avoient favorisé leur entreprise. La portion palatine comprenant Tenesberg, Hœenfels, Soulzbach, Rosenberg, Hersbruck, Auerbach, Turndorf, Eschenbach, Hollenberg, Hertenstein, Rothenberg, Hirschau & Bernau, fut donnée au palatin Jean, second fils de Robert III, dont le fils, Otton le cadet, fit en 1465 avec Georges, roi de Bohême, une transaction en vertu de laquelle les terres enlevées à ce royaume furent confirmées en fiefs à lui & à ses successeurs féodaux. Etant mort en 1499 sans héritiers, son cousin Philippe, électeur palatin, s'empara de ces fiefs de Bohême, dont l'héritage fut transféré aux électeurs Louis & Frédéric II, ses fils & à son neveu Otton Henri. Lorsqu'en 1559 ils échurent avec l'électorat palatin à la branche de Simmern, l'électeur Frédéric III s'en mit en possession, & il en reçut la même année l'investiture pour lui & ses héritiers des mains de l'empereur Ferdinand I, de manière qu'ils parvinrent jusqu'à l'électeur palatin Frédéric V. Mais celui-ci s'étant fait couronner roi de Bohême, Ferdinand II envahit ses fiefs, qu'il déclara forfaits. Il vendit en 1628, comme relevant de l'empire, au nouvel électeur, Maximilien de Bavière, à la branche Guillelmine & à leurs successeurs féodaux, d'après le contenu de la lettre d'achat, la principauté du haut *Palatinat* en Bavière, dont la possession lui échut avec la jurisdiction territoriale, la préeminence & tous autres droits régaliens. Les fiefs de Bohême au contraire situés dans le haut-*Palatinat* ne furent donnés en fiefs par le même empereur au même électeur & à ses héritiers féodaux qu'en 1631. Le duché du haut-*Palatinat* consiste donc en fiefs d'Empire & en fiefs de Bohême. Il faut rapporter aux premiers ce qui a été stipulé par l'article 4 §. 9 du Traité de Westphalie, savoir: qu'après l'entière extinction de la ligne Guillelmine ou de la branche de Bavière, la ligne palatine sera non-seulement mise en possession du haut-*Palatinat*, mais aussi décorée de la dignité électorale, affectée jusqu'ici à la maison de Bavière; & qu'elle en recevra l'investiture simultanée. Il paroit qu'on a exécuté cet article à la mort du dernier électeur de Bavière. Lorsque l'électeur de Bavière fut mis au ban de l'Empire en 1706, l'empereur donna le haut-*Palatinat* en fief à l'électeur palatin, qui ne le garda que jusqu'à la paix de Bade. On n'appelle point de voix pour ce duché, ni dans le collège des princes, ni dans le cercle de Bavière. Il forme les districts de Soulzbach & de Vilseck, bailliage relevant de Bamberg, le duché méridional & septentrional.

Depuis que l'électeur palatin possède le haut-*Palatinat* & la Bavière, on a fait un grand changement dans le gouvernement du *Palatinat* supérieur. La régence de cette partie des états électoraux a été entièrement supprimée.

Les articles BAVIERE, BERG, JULIERS qui dépendent aujourd'hui de la maison électorale-palatine sont intimement liés à celui-ci; & nous avons parlé à l'article PAYS-BAS, du projet d'échange de la Bavière, qu'à formé la cour de Vienne contre les Pays-Bas.

PAPE, *Voyez* l'article ÉGLISE (état de l').
Le Dictionnaire de Jurisprudence a fait un long article sur le mot PAPE. *Voyez* aussi cet article.

PAPIER MONNOIE, papier qui tient lieu de l'or & de l'argent monnoyé.

La substitution du papier à l'or & à l'argent monnoyé, remplace un instrument de commerce fort dispendieux, par un autre qui coûte bien moins, & qui est quelquefois tout aussi bon. La circulation se fait par une nouvelle roue qu'on entretient à beaucoup moins de frais que l'ancienne. Mais, comme on ne voit pas tout de suite comment se fait cette opération, & comment elle tend à augmenter le revenu en gros, ou le revenu net de la société, il ne sera peut-être pas inutile de l'expliquer. Il y a différentes sortes de *papier-monnoie*, mais les billets des banques & des banquiers, en font l'espèce la plus connue & celle qui paroît la mieux adaptée à cet usage.

Lorsque les habitans d'un pays ont une assez grande confiance dans la fortune, la probité & la prudence d'un banquier particulier, pour croire qu'il est toujours en état de payer à la première réquisition ces sortes de billets quand on les lui présente, ces billets ont le cours de l'or & de l'argent monnoyé.

Un banquier particulier prête pour cent mille livres st. de billets. Comme ces billets servent aux mêmes usages que l'argent, ses débiteurs lui payent le même intérêt que s'il leur avoit prêté cette somme en argent ; cet intérêt est un bénéfice pour lui. Quoiqu'il lui revienne continuellement quelques-uns de ces billets à payer, il y en a une partie qui continue de circuler des mois & des années de suite ; & tandis qu'il a en général pour cent mille livres de billets dans la circulation, il ne lui faut souvent que vingt mille livres en argent pour acquitter tous ceux dont on lui demande le payement. Vingt mille livres font donc alors le service de cent mille. Ces billets opéreront les mêmes échanges, la même circulation, la même distribution de marchandises de consommation, qui se feroit avec cent mille livres d'argent monnoyé. Quatre-vingt mille livres d'or & d'argent sont donc épargnés, & si la même opération se fait en même-tems par plusieurs banques & banquiers, toute la circulation pourra se faire avec la cinquième partie de l'or & de l'argent qu'il auroit fallu sans ce moyen.

Supposons, par exemple, que tout l'argent en circulation dans un pays, soit d'un million sterling, & que cette somme suffise pour faire circuler le produit annuel de ses terres & de son travail. Supposons encore que quelque tems après, divers banques & banquiers délivrent des billets payables au porteur, jusqu'à la concurrence d'un million, & tiennent dans leurs caisses deux cents mille livres pour faire face au courant, il restera dans la circulation huit cents mille livres en or & en argent, & un million de billets de banque, ou dix huit cents mille livres, tant en papier qu'en argent. Mais le produit annuel des terres & du travail du pays, circuloit & se distribuoit aux consommateurs avec un seul million, avant ces opérations de banque ; comme elles ne peuvent augmenter tout de suite ce produit annuel, un million suffira également après pour le faire circuler. Le canal de la circulation, s'il m'est permis d'user de cette expression, sera le même qu'auparavant. Tout ce qu'on y versera, au-delà de cette somme, ne pourra y tenir & en sortira. L'on y a versé dix-huit cents mille livres, il en sortira donc huit cents mille qui sont l'excédant de ce qui peut être employé dans la circulation du pays ; mais quoique cette somme ne puisse être employée au-dedans, elle est trop importante pour la laisser oisive. On l'enverra donc au dehors pour y chercher un utile emploi qu'elle ne peut trouver dans l'intérieur du pays. Ce n'est pas le papier qu'on enverra, parce qu'on ne le recevroit point en payement loin des banques qui le délivrent, & loin d'un pays où le payement est exigible par la loi. Les huit cents mille livres qui sortiront, seront donc en or & en argent, & le canal de la circulation demeurera rempli d'un million en papier, au lieu d'un million en métal qui le remplissoit auparavant.

Cette somme ne passera pas pour rien chez les étrangers, les propriétaires l'échangeront pour des marchandises étrangères, afin de fournir à la consommation de quelqu'autre pays étranger, ou du leur.

Si avec cette somme ils achètent des marchandises dans un pays étranger pour fournir à la consommation d'un autre, ou s'ils la placent dans ce que nous appellons le commerce de transport, le profit qu'ils y feront sera une addition au revenu net de leur propre pays. Il sera comme un nouveau fonds créé pour faire un nouveau commerce ; les affaires domestiques se faisant pour lors en papier.

S'ils en achètent de quoi fournir à la consommation de leur propre pays, ils peuvent acheter, ou des marchandises propres à la consommation des gens qui ne font rien & qui ne produisent rien, des vins étrangers, par exemple, des soies étrangères, &c. ou des marchandises qui fassent un nouveau fonds de matières, d'outils & de vivres, pour faire subsister & employer un plus grand nombre de gens industrieux qui reproduisent, avec un bénéfice, la valeur de ce qu'ils consomment annuellement.

Le premier emploi, pour les gens qui ne produisent rien, favorise la prodigalité, augmente la dépense de la consommation sans augmenter la production, ou sans établir aucun fonds permanent pour supporter cette dépense, & il est, à tous égards, préjudiciable à la société.

Le second favorise l'industrie, &, quoiqu'il augmente la consommation de la société, il procure un fonds permanent pour la supporter, ceux qui consomment reproduisent, avec un bénéfice, toute la valeur de leur consommation annuelle ; le revenu en gros de la société, le produit annuel de ses terres & de son travail, s'accroît de toute la valeur que le travail de ces ouvriers ajoute aux matières sur lesquelles ils s'exercent, & son revenu net augmente de ce qui reste de cette valeur, après en avoir déduit ce qui est nécessaire pour l'entretien des outils & des instrumens de leurs métiers.

Il est non-seulement probable, mais presque certain, que la plus grande partie de l'or & de l'argent qui sort ainsi par des opérations de banque, & dont on achète des marchandises étrangères pour la consommation du dedans, sera placée en achats de la seconde espèce, ou pour les gens utiles.

On vient de voir que, lorsque le papier tient la place de l'or & de l'argent monnoyé, la quantité de matières, d'outils & de subsistances, peut être augmentée de toute la valeur de l'or & de l'argent qu'on avoit coutume de mettre à les acheter. L'opération reſſemble, en quelque ſorte, à celle de l'entrepreneur d'un grand ouvrage, qui, d'après une nouvelle perfection dans la méchanique, ſupprime ſes anciennes machines, & ajoute la différence entre leur prix & celui des nouvelles à ſon capital, au fonds où il puiſe pour donner les matières & le ſalaire à ſes ouvriers.

Il eſt peut-être impoſſible de déterminer quelle eſt la proportion de l'argent qui circule dans un pays, à toute la valeur du produit annuel qu'il fait circuler. Les auteurs l'ont porté à un cinquième, à un dixième, à un vingtième, & à un trentième de cette valeur. Mais quelque petite que ſoit la proportion que l'argent en circulation peut avoir avec toute la valeur du produit annuel, comme il n'y a jamais qu'une partie, & ſouvent qu'une petite partie de ce produit, deſtinée à faire aller l'induſtrie, la proportion de l'argent avec cette partie doit toujours être fort conſidérable. Lors donc que par la ſubſtitution du papier, l'or & l'argent néceſſaire pour la circulation, ſont réduits, je ſuppoſe, à la cinquième partie de ce qu'il en falloit auparavant, ſi on ajoute ſeulement la plus grande partie des quatre autres cinquièmes au fonds deſtiné pour l'induſtrie, la quantité de cette induſtrie, & par conſéquent le produit annuel des terres & du travail, doivent augmenter de beaucoup.

On a fait en Ecoſſe, depuis vingt-cinq à trente ans, une opération de cette nature, par l'érection de pluſieurs banques dans les grandes villes, & même dans quelques villages. Les effets ont été préciſément tels que je viens de les dépeindre. Les affaires du pays ſe font preſqu'entièrement par le moyen du papier de ces banques, qui ſert communément aux achats & aux payemens de toute eſpèce. L'argent ne paroît guère, ſi ce n'eſt dans le change d'un billet de banque de vingt ſchelings, & l'or paroît encore plus rarement. Mais quoique la conduite de ces banques n'ait pas été irréprochable, & qu'on ait été obligé de la régler par un acte du parlement, il eſt clair néanmoins que le pays a retiré un très-grand avantage de leur établiſſement. On dit que, depuis la première érection des banques à Glaſgow, le commerce de cette ville a doublé en quinze ans, & que le commerce d'Ecoſſe a plus que quadruplé depuis la première érection qui s'eſt faite à Edimbourg de deux banques publiques, dont l'une, appellée *banque d'Ecoſſe*, fut établie par acte du parlement en 1675, & l'autre, appellée *banque Royale*, le fut par une charte royale en 1727. Nous n'examinerons pas ſi le commerce d'Ecoſſe en général, ou celui de Glaſgow en particulier, ont réellement ſi fort augmenté dans un intervalle auſſi court. Si la choſe eſt vraie, cette ſeule cauſe, l'opération des banques, ne ſuffit pas pour rendre raiſon de l'effet, mais que le commerce & l'induſtrie ayent fait de grands progrès en Ecoſſe, & que les banques y ayent contribué, ce ſont des faits ſûrs.

La valeur de l'argent monnoyé qui circuloit en Ecoſſe avant l'union en 1707, & qui, fut porté immédiatement après à la banque d'Ecoſſe, pour la refonte, ſe montoit à 411,117 l. 10 ſ. 9 d. ſterl. On n'a pas eu l'état de la monnoie d'or qui fut auſſi porté à la banque. Mais il paroît par les anciens états de l'hôtel de la monnoie d'Ecoſſe, que la valeur de l'or excédoit un peu celle de l'argent. (1). Il y eut un aſſez grand nombre de perſonnes qui, par méfiance, ne portèrent point leur argent, & il y avoit d'ailleurs quelque monnoie angloiſe qui n'étoit pas dans le cas de l'ordonnance. Toute la valeur de l'or & de l'argent qui circuloit en Ecoſſe, ne peut donc être eſtimée au deſſous d'un million ſterling. Cette ſomme paroît avoir fait preſque toute la circulation du pays; car, quoique la circulation de la banque d'Ecoſſe, qui alors n'avoit point de rivale, fût conſidérable, elle ſemble n'avoir été qu'une petite partie de la circulation totale. On peut eſtimer que celle-ci ne ſe monte pas aujourd'hui en Ecoſſe à moins de deux millions, dont il n'y a probablement pas un demi-million en or & en argent. Mais, quoique l'or & l'argent qui circulent en Ecoſſe aient ſouffert une ſi grande diminution durant cet intervalle, il ne paroît pas qu'elle ait rien perdu de ſa richeſſe réelle & de ſa proſpérité; au contraire ſes manufactures, ſon commerce, le produit annuel de ſes terres & de ſon travail, ſont évidemment en meilleur état.

C'eſt ſur-tout en eſcomptant les lettres-de-change, ou en avançant la ſomme avant l'échéance, que les banques & les banquiers mettent leurs billets dans le public. Ils commencent toujours par déduire ſur la ſomme avancée l'intérêt légal pour le temps à courir juſqu'à l'échéance. Quand elle arrive, le paiement de la lettre rend à la banque ce qu'elle avoit avancé, avec un bénéfice clair de l'intérêt. Le banquier qui avance au marchand, auquel il eſcompte une lettre de change, non de l'or & de l'argent, mais ſes billets, a l'avantage de pouvoir eſcompter pour une plus grande ſomme.

Le commerce d'Ecoſſe, qui n'eſt pas fort grand à préſent, étoit bien moindre lors du premier établiſſement des deux banques, & ces compagnies, n'auroient pas eu beaucoup d'affaires, ſi elles s'étoient bornées à eſcompter des lettres de change. Elles inventèrent donc une autre méthode pour mettre leurs billets dans le public. Elles accordèrent ce qu'elles appelloient des comptes de caiſſe, c'eſt-à-dire, qu'elles donnèrent crédit juſqu'à la concurrence d'une certaine ſomme (deux ou trois mille liv. ſterl. par exemple), à tout homme qui préſentoit pour ſes cautions deux perſonnes d'une réputation non équivoque, & poſſédant

---

(1) Voyez la préface de Rudiman ſur les diplomes, &c. d'Ecoſſe, par Anderſon.

des fonds de terre. Il paroît que les banques & les banquiers accordent communément de ces sortes de crédits, dans toutes les parties du monde. Mais la facilité que donnent les banques écossoises pour le remboursement, leur est particulière, & c'est peut-être la principale cause du grand commerce qu'elles font & de l'avantage que le pays en a retiré.

Quiconque a un crédit de cette nature avec une de ces compagnies, peut rembourser peu à peu la somme qu'il emprunte. S'il emprunte, par exemple, mille livres sterlings, il rendra vingt ou trente livres à la fois, &, du jour où il rapportera cette petite somme, il n'en paiera plus l'intérêt. De là vient que tous les marchands, & presque tous les gens d'affaires, trouvent une grande commodité pour eux à tenir des comptes de caisse, & qu'ils s'intéressent à favoriser le commerce de ces compagnies, en recevant sans difficulté tous les billets qui viennent d'elles, & en engageant tous ceux qui ont affaire à eux à les recevoir également. Les banques, en général, avancent de l'argent par les billets qu'elles donnent. Ces billets, les marchands les donnent en paiement aux manufacturiers pour des marchandises; ceux-ci les donnent aux fermiers pour des matières & des vivres; les fermiers en payent la rente de leurs propriétaires; les propriétaires les donnent aux marchands pour les objets de commodité & de luxe qu'ils achètent, & les marchands les reportent aux banques pour balancer leurs comptes de caisse, ou pour rembourser ce qu'ils ont emprunté d'elles; & de cette manière, ce sont les billets de banque qui font toutes les fonctions de l'argent dans le pays.

D'après ces comptes de caisse, chaque marchand peut, sans imprudence, faire un plus grand commerce qu'il ne le feroit sans eux. Si deux marchands, l'un à Londres & l'autre à Edimbourg, emploient des fonds égaux dans la même branche de commerce, le marchand d'Edimbourg peut, sans imprudence, plus étendre son commerce, & employer plus de monde que le négociant de Londres. Il faut que ce dernier ait toujours pardevers lui une somme d'argent considérable, soit dans sa caisse, soit dans celle de son banquier qui ne lui en paye pas l'intérêt; car il doit répondre aux demandes qui lui viennent sans cesse pour le paiement des marchandises qu'il achète à crédit. Supposons que cette somme se monte ordinairement à 500 liv. sterlings, il aura des marchandises dans son magasin pour 500 liv. de moins que s'il n'avoit pas été obligé de garder cette somme à l'employer.

On dira peut-être que la facilité d'escompter les lettres de change, donne aux marchands anglois une commodité équivalente aux comptes de caisse des marchands écossois: mais il faut se souvenir que ces derniers ont également la ressource de l'escompte, & qu'ils ont, de plus que les premiers, leurs comptes de caisse.

Le *papier-monnoie* de toute espèce, qui peut circuler aisément dans un pays, ne peut jamais excéder la valeur de l'or & de l'argent dont il tient la place, ou qui circuleroit dans le pays (le commerce étant supposé le même), s'il n'y avoit point de *papier-monnoie*. Si des billets de vingt schelings, par exemple, font le moindre *papier-monnoie* qui ait cours en Ecosse, pour que le total de cette espèce de papier courant y circule avec facilité, il ne peut excéder la somme d'or & d'argent qui seroit nécessaire pour les échanges annuels de la valeur de vingt schelings & au-dessus, qui se font dans le pays. Si le papier qui circule excédoit une fois cette somme, comme l'excédant ne pourroit se répandre au dehors, ni être employé dans la circulation intérieure, il reviendroit tout de suite aux banques, pour être échangé contre de l'or & de l'argent. Plusieurs personnes s'appercevroient sur-le-champ, qu'ils auroient plus de ce papier qu'il n'en faudroit pour leurs opérations au-dedans, & qu'ils ne pourroient s'en servir au-dehors; que l'étranger n'en voudroit point tant qu'il seroit en nature, & qu'il leur seroit inutile, jusqu'à ce qu'il fût converti en or & en argent. Dès ce moment, l'on courroit aux banques pour cet échange, tant qu'il y auroit du papier superflu, & même quand il n'y en auroit plus, si les banques alarmoient le public par la difficulté & la lenteur du paiement.

Outre les dépenses communes à toute branche de commerce, telles que le loyer d'une maison, les gages des domestiques, des commis, &c. une banque en a de particulières: 1°. elle est obligée d'avoir toujours en caisse, pour faire honneur à ses billets, une grande somme d'argent qui ne rapporte point d'intérêt: 2°. de faire la dépense nécessaire pour remplir sa caisse, dès qu'elle est vuide.

Si une banque délivre plus de papier qu'on ne peut en employer dans la circulation du pays, comme le trop lui revient continuellement à payer, elle doit augmenter la quantité d'or & d'argent qu'elle garde en caisse, & il faut qu'elle l'augmente proportionnellement à l'excès de circulation de ses billets; & même au-delà de cette proportion, parce que la rapidité avec laquelle ils lui reviennent, est plus grande en proportion de l'excès de leur quantité.

Supposons que tout le papier d'une banque particulière que la circulation du pays peut facilement absorber & employer, se monte à quarante mille livres sterlings, & que, pour les paiemens à faire dans l'occasion, elle soit obligée d'avoir toujours en caisse dix mille livres en or & en argent; si cette banque veut faire circuler quarante-quatre mille livres, les quatre mille livres qui sont au-delà de ce que comporte la circulation, lui reviendront presqu'aussi-tôt qu'elle les aura donnés. Pour satisfaire aux demandes qui lui seront faites, cette banque doit avoir toujours dans ses coffres, non pas seulement onze mille, mais quatorze mille livres. Elle ne gagnera donc rien par l'intérêt des quatre mille liv. qui font de trop dans la circulation, & elle perdra tous les frais nécessaires, pour ramasser continuellement quatre mille livres, qui sortiront toujours de sa caisse aussi-tôt qu'ils y seront entrés.

Si chaque compagnie de banque avoit bien entendu ses intérêts, jamais la circulation n'eût été surchargée de *papier-monnoie*.

Pour avoir donné une trop grande quantité de papier, dont le trop revenoit continuellement pour être échangé contre de l'or & de l'argent, la banque d'Angleterre a été obligée, plusieurs années de suite, de faire frapper de la monnoie d'or depuis huit cents mille livres, jusqu'à un million sterling par an, ou tout au moins jusqu'à huit cents cinquante mille livres. D'après les frais & la dégradation où la monnoie d'or est tombée depuis quelque temps, la banque, pour faire ce monnoyage, a été souvent obligée d'acheter de l'or en lingots à quatre liv. sterlings l'once, qui, monnoyé, ne valoit plus que trois livres dix-sept sols dix deniers & demi; elle perdoit ainsi deux & demi pour cent sur le monnoyage d'une aussi grande somme. Quoique la banque ne payât point de seigneuriage, quoique la nouvelle monnoie fût frappée aux frais du gouvernement, cette libéralité n'a pu lui épargner des dépenses considérables & inutiles.

Les banques d'Ecosse, en conséquence d'une pareille profusion de papier, ont été réduites à avoir constamment des agens à Londres pour leur procurer de l'argent, ordinairement à un & demi & deux pour cent de perte. Cet argent leur étoit envoyé sur des chariots, & le port étoit garanti par les voituriers : cet article coûtoit encore trois quarts, ou quinze schelings par cent livres. Les agens n'étoient pas toujours capables de remplir les caisses, dès qu'elles étoient vuides. En ce cas, la ressource des banques étoit de tirer sur leurs correspondans à Londres, des lettres de change pour la somme dont elles avoient besoin. Lorsque ces correspondans tiroient ensuite sur elles pour le paiement de cette somme, y compris l'intérêt & la commission, dans la détresse où les avoit jettés leur circulation excessive, elles n'avoient quelquefois d'autre moyen de sortir d'embarras qu'en tirant de nouveau ou sur les mêmes, ou sur d'autres correspondans à Londres ; & la même somme, ou plutôt les lettres de change pour la même somme, faisoient souvent ainsi plus de deux ou trois voyages, & la banque débitrice payoit toujours l'intérêt & la commission sur toute la somme accumulée. Celles des banques même qui, en Ecosse, ne se sont jamais distinguées par une extrême imprudence, ont été quelquefois obligées d'employer cette ressource ruineuse.

La monnoie d'or que donnoient la banque d'Angleterre ou les banques d'Ecosse, en échange du papier qu'elles avoient mis de trop dans la circulation du pays, se trouvant aussi de trop dans cette même circulation, quelquefois on l'envoyoit chez l'étranger sous la forme de monnoie, quelquefois on l'y envoyoit en lingots après l'avoir fondue, & quelquefois on la vendoit aussi en lingots à la banque d'Angleterre à quatre livres l'once. On choisissoit les pièces les plus nouvelles, les plus pesantes & les meilleures, pour les fondre ou pour les envoyer chez l'étranger. Dans le pays, & tandis qu'elles ne changeoient pas de forme, les pièces qui pesoient davantage, ne valoient pas plus que celles qui pesoient moins. Mais chez l'étranger & dans le pays même, quand elles étoient fondues, elles avoient une plus grande valeur. La banque d'Angleterre vit avec étonnement que, malgré la quantité considérable de bonnes guinées qu'elle faisoit frapper tous les ans, elle éprouvoit la même disette chaque année, mais que la monnoie d'or se détérioroit sensiblement au lieu de s'améliorer. Elle étoit chaque année dans la nécessité de monnoyer à-peu-près la même quantité d'or ; & comme le prix de l'or en lingots montoit toujours, d'après la dégradation continuelle de la monnoie par le frai & par les rogneurs, la dépense de ce grand monnoyage annuel augmentoit tous les ans. Il faut observer que la banque d'Angleterre, en fournissant ses coffres d'argent monnoyé, est obligée indirectement d'en fournir tout le royaume, où elle le verse de toutes sortes de manières. Ainsi tout l'argent qui manquoit pour soutenir cette excessive circulation du papier anglois & écossois, tous les vuides que cette circulation occasionnoit dans l'argent nécessaire du royaume, il falloit que la banque d'Angleterre les remplît. Il n'est pas douteux que les banques d'Ecosse n'aient payé fort cher leur imprudence & leur inattention ; mais la banque d'Angleterre a payé cher pour sa propre imprudence, & pour celle de presque toutes les banques écossoises, qui a été poussée bien plus loin.

La hardiesse de quelques faiseurs de projets, qui n'ont pas su se borner dans leurs entreprises, a été la cause primitive de cette circulation excessive du *papier-monnoie*.

Ce qu'une banque peut avancer à propos à un marchand ou un entrepreneur, de quelque espèce qu'il soit, n'est ni le capital entier avec lequel il fait ses affaires, ni même une partie considérable de ce capital, mais seulement ce qu'il seroit obligé de garder sans l'employer, ou de garder en argent comptant pour payer, dans l'occasion, ceux dont il se trouve le débiteur. Si le *papier-monnoie*, avancé à ce marchand, n'excède jamais cette valeur, il ne peut excéder la valeur de l'or & de l'argent, qui circuleroient dans le pays s'il n'y avoit point de ce papier, & jamais il n'iroit au-delà de la quantité que la circulation du pays peut aisément abforber & employer.

Lorfqu'une banque efcompte à un marchand une lettre de change réelle, tirée par un créancier réel fur un débiteur réel qui la paye réellement à fon échéance, elle lui avance feulement une partie de la valeur qu'il eût été obligé, fans cela, de garder fans emploi & en efpèces pour fatisfaire à fes engagemens. Le paiement de la lettre à fon échéance rend à la banque ce qu'elle a avancé avec l'intérêt de plus. La caiffe de la banque, tant que fes opérations fe bornent là, reffemble à un étang, d'où il fort continuellement un filet d'eau qui eft remplacé par un autre égal qui ne ceffe d'y entrer, de manière que l'étang refte toujours également ou à-peu-près plein, fans qu'il en coûte ni foin ni attention. Il ne faut que peu de dépenfe, pour que la caiffe d'une telle banque foit toujours pleine.

Quoiqu'un négociant n'entreprenne rien au-deffus de fes forces, il peut fouvent avoir befoin d'une fomme en efpèces, lors même qu'il n'a point de lettres de change à efcompter. Si une banque, outre l'efcompte qu'elle lui fait, lui avance d'autres fommes en lui donnant les mêmes facilités pour le rembourfement que donnent les banques d'Ecoffe, elle le difpenfe de garder par-devers lui aucune partie de fon fonds fans emploi ; avec fon compte de caiffe, il a de quoi répondre à tout. Mais la banque doit obferver avec attention fi la fomme des rembourfemens partiels qu'elle reçoit de fes créanciers dans un court efpace de temps (par exemple, en quatre, cinq, fix ou huit mois) eft ou n'eft pas égale aux avances qu'elle eft dans l'ufage de leur faire. Si, dans le cours de ces petits intervalles, la fomme des rembourfemens de la part de certains créanciers égale ordinairement celle des avances, elle peut leur continuer fon crédit. Quoique la caiffe puiffe verfer beaucoup, elle doit recevoir au moins autant qu'elle verfe, de manière que, fans autre foin ni attention, elle foit toujours également ou prefque également pleine, & qu'il ne faille prefque pas de dépenfe extraordinaire pour la remplir. Si au contraire la fomme des rembourfemens faits par certains créanciers, fe trouve communément bien au-deffous des avances, la banque ne peut en fûreté leur continuer fon crédit. Ce qui fort de fa caiffe étant beaucoup plus confidérable que ce qui y entre, il faut tous les jours de grands efforts de dépenfe pour empêcher qu'elle ne s'épuife.

Les banques écoffoifes ont été fort long-tems attentives à exiger des rembourfemens fréquens & réguliers de tous leurs créanciers, & elles ne fe font pas fouciées de la commiffion des gens qui ne faifoient pas fouvent & régulièrement des opérations avec elles, quelque fortune & quelque crédit qu'ils euffent d'ailleurs. Outre qu'elles épargnoient ainfi prefque toute dépenfe extraordinaire pour remplir leurs caiffes, elles y trouvoient deux autres avantages fort importans.

Premièrement, par cette attention, elles étoient en état de juger affez bien de la fituation de leurs débiteurs, fans autres informations que leurs livres, la plupart des hommes étant réguliers ou irréguliers dans leurs paiemens, felon que leurs affaires vont bien ou mal. Un particulier qui prête fon argent à une demi-douzaine ou une douzaine de perfonnes, peut par lui-même ou par autrui obferver & rechercher conftamment & exactement quelles font les facultés & la conduite de chacun d'eux ; mais une banque qui peut-être prête à cinq cents perfonnes, & dont l'attention eft toujours appliquée à des objets d'une toute autre efpèce, ne peut être informée que par fes livres de la conduite & des moyens de la plupart de fes débiteurs. C'eft probablement cet avantage qu'avoient en vue les banques écoffoifes, en exigeant des leurs des rembourfemens fréquens & réguliers.

Secondement, par cette attention, elles évitoient de tomber dans l'inconvénient de mettre plus de papier dans le public que la circulation du pays n'en pouvoit abforber & employer. Quand elles voyoient que, dans un intervalle de temps médiocre, les rembourfemens d'un de leurs créditeurs égaloient les avances qu'elles lui avoient faites, elles pouvoient être affurées que le *papier-monnoie* qu'elles lui avoient donné n'avoit jamais excédé la quantité d'or & d'argent qu'il auroit été obligé, fans cela, de garder-pardevers lui, & par conféquent que le *papier-monnoie*, qui avoit circulé par fon moyen, n'avoit jamais excédé la quantité d'or & d'argent qui auroit circulé dans le pays, s'il n'y avoit pas eu de *papier-monnoie*.

Lorfque, par l'efcompte & les comptes de caiffe, les honnêtes négocians d'un pays font affranchis de la néceffité de garder une partie de leurs fonds en efpèces pour fatisfaire aux demandes qui leur furviennent, ils ne peuvent raifonnablement attendre de fecours ultérieurs des banques & des banquiers, qui ne peuvent aller plus loin fans nuire à leur intérêt. Il eft contre l'intérêt d'une banque, d'avancer à un marchand la plus grande partie du capital circulant avec lequel il commerce. Quoique ce capital lui revienne fans ceffe fous la forme d'argent, & qu'il forte continuellement de fes mains fous la même forme, cependant la fomme des retours eft trop éloignée de la fomme des dépenfes, & la fomme de ces rembourfemens ne peut égaler, dans de médiocres intervalles de tems, tels qu'ils conviennent à la banque, la fomme des avances qu'il en a reçues. La banque eft encore moins en état de lui avancer une partie de fon capital fixe ; par exemple, du capital qu'un entrepreneur de forge emploie à établir fa forge & fa fonderie, fes atteliers & les magasins, les bâtimens où il loge ses ouvriers, &c; de celui de la personne qui entreprend d'exploiter une mine, de défricher une terre, & de la mettre en valeur, &c : les rentrées du capital fixe sont presque toujours beaucoup plus lentes que celles du capital circulant; & avec quelque prudence & quelque jugement que ces sortes de dépenses soient faites, il est rare qu'elles aient lieu avant un certain nombre d'années, intervalle de beaucoup trop long pour convenir à une banque. Sans doute, les négocians & les autres entrepreneurs peuvent très-bien recourir à des emprunts d'argent pour l'exécution d'une grande partie de leurs projets : mais, pour la sûreté de leurs créanciers, il faut que leur propre capital suffise pour répondre de celui qu'on leur prête, ou que probablement le créancier ne perdroit rien, quand même le succès de l'entreprise ne seroit pas, à beaucoup près, si heureux qu'on se l'étoit promis. Mais, avec cette sûreté même, ce n'est point à une banque qu'il faut emprunter un argent qui ne peut être remboursé que plusieurs années après. Il faut l'emprunter sur une obligation ou une hypothèque à des particuliers qui veulent vivre de l'intérêt de leur argent, sans prendre la peine de l'employer, & qui, par cette raison, ne demandent pas mieux que de le prêter à des gens solvables, qui le garderont plusieurs années. Véritablement ce seroit un créancier fort commode pour les négocians & les entrepreneurs, qu'une banque qui prêteroit son argent sans frais de papier timbré, ni de contrat, & avec les facilités que les banques écossoises donnent pour le remboursement; mais ces négocians & entrepreneurs seroient les débiteurs les plus incommodes pour une telle banque.

Il y a environ trente-cinq ans que le *papier-monnoie*, sorti des banques écossoises, égaloit ou plutôt surpassoit de quelque chose, ce que la circulation du pays peut aisément absorber & employer. Il est donc vrai que, pendant cet intervalle, ces compagnies ont donné aux négocians & aux autres entrepreneurs d'Ecosse, tous les secours qu'elles pouvoient leur donner sans se nuire à elles-mêmes; & comme elles ont été même un peu plus loin, elles ont subi la perte, ou plutôt la diminution du bénéfice qu'elles ne manquent jamais d'essuyer pour peu qu'elles passent la mesure. Ces marchands & entrepreneurs, qui avoient tiré tant de secours des banques & des banquiers, ont voulu en tirer davantage. Ils imaginoient, ce semble, que les banques pouvoient étendre leurs crédits à toutes les sommes dont ils avoient besoin, sans être obligées de faire d'autre dépense que celle de quelques rames de papier. Ils se plaignoient des vues étroites & de l'esprit timide des directeurs qui, disoient-ils, n'entendent pas les crédits qu'ils font en proportion de l'étendue du commerce du pays; ce qui vouloit dire sans

doute, que ces banques ne se prêtoient point à leurs projets de commerce, qu'ils étendoient au-delà de ce qu'ils pouvoient faire avec leur propre capital, ou avec celui qu'ils avoient le crédit d'emprunter des particuliers par la voie ordinaire de l'obligation & de l'hypothèque. Les banques, selon eux, étoient obligées de suppléer à ce qu'ils ne trouvoient pas de cette manière : mais les banques n'étoient pas du même avis; & comme elles refusoient d'étendre leurs crédits, quelques-uns de ces négocians eurent recours à un expédient qui, pour un temps, les servit aussi bien, quoiqu'à plus grands frais, qu'auroit pu le faire la plus grande extension de crédit de la part des banques : cet expédient n'étoit autre chose que la ressource bien connue, de tirer réciproquement les uns sur les autres. Il y avoit long-tems qu'on la connoissoit en Angleterre, & on dit que la pratique en a été poussée fort loin durant la guerre de 1756, où les grands profits du commerce donnoient de violentes tentations de trop embrasser. D'Angleterre cette pratique a passé en Ecosse, où elle a été poussée encore beaucoup plus loin en proportion de l'étendue du commerce & du peu de capital du pays.

Cette pratique est si connue de tous les gens d'affaires, qu'il seroit inutile d'en donner ici l'explication.

Dans un pays où les profits ordinaires des capitaux, appliqués à la plupart des projets mercantiles, sont supposés aller de six à dix pour cent, ce devoit être une spéculation heureuse que celle dont le produit pouvoit rembourser les frais énormes que coûtoit l'argent ainsi emprunté pour la suivre, & rapporter encore un surplus en bénéfice pour l'auteur; mais il y eut plusieurs projets vastes & étendus, qui furent entrepris & suivis pendant plusieurs années, sans autres capitaux que l'argent qu'on se procuroit si chèrement. Les auteurs de ces projets, dans leurs beaux rêves, voyoient sans doute très distinctement ce grand bénéfice. Quoi qu'il en soit, il paroît qu'ils ont eu rarement le bonheur de le trouver à leur réveil, c'est à dire, lorsqu'ils sont arrivés à la fin de leurs projets, ou lorsqu'ils ont cessé d'être en état de les pousser plus loin.

A. d'Edimbourg ne manquoit pas d'escompter, régulièrement avec lui ou un banquier d'Edimbourg, les lettres de change qu'il tiroit sur B. de Londres, avant qu'elles fussent dues, & B. n'étoit pas moins exact à escompter avant l'échéance celle qu'il tiroit sur A., soit avec la banque d'Angleterre, soit avec d'autres banquiers de Londres. Tout ce qui étoit avancé à Edimbourg sur ces lettres en circulation, l'étoit en papier des banques écossoises; & ce qui étoit avancé à Londres, quand la banque d'Angleterre les escomptoit, l'étoit en papier de cette banque. Quoique les lettres sur lesquelles on avoit avancé ce papier fussent toutes remboursées à leur échéance, la valeur qui avoit été réellement avancée fur la première lettre, ne revenoit jamais aux banques qui l'avoient avancée, parce qu'avant l'échéance de chaque lettre on en tiroit toujours une autre, dont le montant étoit un peu plus haut que celui de la lettre qui alloit bientôt être payée, & que, pour le paiement de l'ancienne, il falloit nécessairement escompter la nouvelle. Ce paiement étoit donc fictif; & ce qui étoit sorti des caisses des banques, par le moyen de ces lettres circulantes, n'y rentroit jamais.

Le papier donné sur ces lettres se montoit souvent à tous les capitaux destinés à conduire un projet vaste & étendu d'agriculture, de commerce ou de manufacture, & il ne se bornoit point à la partie du capital que l'entrepreneur auroit été obligé de garder pardevers lui, sans emploi & en espèces, pour faire honneur à ses affaires, s'il n'y avoit point eu de *papier-monnoie*. La plus grande partie de ce papier excédoit par conséquent la valeur de l'or & de l'argent qui auroit circulé dans le pays, supposé qu'il n'y eût pas eu de *papier-monnoie*. Il excédoit donc ce que la circulation du pays pouvoit aisément absorber & employer, & ainsi il revenoit tout de suite aux banques, pour être échangé contre de l'or & de l'argent qu'elles prenoient où elles pouvoient. C'étoit un capital que les faiseurs de projets avoient adroitement imaginé de tirer de ces banques, à leur insu & sans leur aveu, & peut-être encore sans qu'elles se doutassent qu'elles eussent réellement avancé ce capital.

Lorsque deux personnes qui tirent continuellement l'une sur l'autre, escomptent leurs billets avec le même banquier, il découvre sur-le-champ leur manœuvre, & il voit clairement qu'ils commercent, non avec leur propre capital, mais avec le sien. Mais cette découverte n'est pas si facile quand ils escomptent leurs lettres, tantôt chez un banquier, tantôt chez un autre, & quand les deux mêmes personnes ne tirent pas toujours réciproquement, mais qu'elles parcourent, quand l'occasion s'en présente, un grand cercle de faiseurs de projets, qui croient qu'il y va de leur intérêt de s'aider dans cette manière de faire de l'argent, & d'augmenter ainsi, le plus qu'il se peut, la difficulté de distinguer entre une lettre de change réelle & une fictive, entre une lettre tirée par un créancier réel sur un débiteur réel, & une lettre pour laquelle il n'y auroit proprement de créancier réel que la banque qui l'escompteroit, ni de débiteur réel que le faiseur de projets qui se serviroit de l'argent. Les difficultés que la banque d'Angleterre, plusieurs banquiers de Londres & les plus sages banques d'Ecosse, commencèrent à faire pour l'escompte, n'alarmèrent pas seulement les faiseurs de projets, elles les mirent en fureur. Ils parloient de leurs affaires, comme si elles avoient été celles de tout le pays; & parce qu'ils se trouvoient fort gênés,

par la réserve prudente & nécessaire des banques, ils disoient que le malheur public venoit de l'ignorance, de la pusillanimité & de la mauvaise conduite des banques, qui secondoient mesquinement les entreprises patriotiques de ceux qui s'efforçoient d'embellir, d'améliorer & d'enrichir le pays. Selon eux, les banques devoient prêter autant, & pour aussi-long-temps qu'ils pouvoient le desirer. Mais les banques, en refusant de donner plus de crédit à ceux auxquels elles n'en avoient déjà que trop donné, prirent le seul parti qui leur restoit pour sauver leur propre crédit & celui du public.

Au milieu de ces clameurs & de cette détresse, il s'éleva une nouvelle banque, établie expressément pour remédier au mal dont on se plaignoit. Le dessein étoit généreux; mais l'exécution fut imprudente, & peut-être qu'on ne connoissoit pas bien la nature & les causes de la maladie. Cette banque accorda des comptes de caisses, & escompta les lettres de change avec plus de facilité qu'aucune autre. Il sembloit qu'elle ne fît aucune distinction entre les lettres réelles & les lettres de circulation; elle les escomptoit toutes également. Elle avoit pour principe, d'avancer sur une caution raisonnable tout le capital qu'on devoit employer dans les améliorations, dont les retours sont les plus lents & les plus éloignés, telles que les améliorations des terres. On disoit même que le but principal de son institution étoit de les encourager. Sa libéralité, par rapport aux comptes de caisse & aux escomptes des lettres de change, mit dans le public une quantité considérable de ses billets. Mais la plus grande partie de ces billets étant de trop dans la circulation, qui ne pouvoit les absorber & les employer, lui revenoit sur-le-champ pour être échangée contre des espèces. Ses coffres ne furent jamais assez remplis; le capital qu'on fit à cette banque, à deux différentes souscriptions, se montoit à 160,000 liv. sterlings. La plupart des propriétaires, en faisant leur premier paiement, ouvrirent un compte de caisse avec la banque; & les directeurs, se croyant obligés de les traiter aussi honnêtement que le public, leur permirent d'emprunter, sur ce compte de caisse, ce qu'ils fournirent de capital à tous les paiemens suivans: par ces sortes de paiemens, on ne faisoit donc que mettre dans une caisse ce qu'on venoit de prendre, le moment d'auparavant, dans une autre. Mais, quand les coffres de cette banque auroient été aussi pleins qu'on pouvoit le desirer, son excessive circulation les auroit vuidés bien plus vîte qu'on n'auroit pu les remplir par tout autre expédient que le moyen ruineux de tirer sur Londres, & de payer à l'échéance, avec l'intérêt & la commission, par une autre traite sur la même place. Mais comme ses coffres étoient mal fournis, on dit qu'il ne fallut que quelques mois pour la réduire à cette mauvaise ressource. Les biens des propriétaires de cette banque valoient plusieurs millions; & par leur souscription, à l'obligation primitive ou contrat de banque; ils les avoient réellement hypothéqués pour répondre à tous ses engagemens. Malgré sa trop grande facilité, elle se soutint plus de deux ans, par le grand crédit que lui donnoit un cautionnement de cette valeur. Lorsqu'elle fut obligée de s'arrêter, elle avoit en circulation environ deux cents mille livres de billets. Pour soutenir la circulation de ces billets, qui lui revenoient aussi-tôt qu'ils étoient dans le commerce, elle eut constamment recours à la pratique de tirer sur Londres des lettres de change, dont le nombre & la valeur alloient toujours en croissant; & qui à la fin se montoient à plus de six cents mille livres sterlings. Cette banque, en un peu plus de deux ans, avoit donc avancé à différentes personnes au-delà de huit cents mille livres à cinq pour cent. Peut-être pourroit-on regarder ces cinq pour cent, sur les deux cents mille livres qui circuloient en billets, comme un bénéfice clair, sans autre déduction que les frais d'administration. Mais sur les six cents mille liv., pour lesquelles elle tiroit continuellement sur Londres, elle payoit en intérêt & en commission au-delà de huit pour cent, & conséquemment elle perdoit plus de trois pour cent sur les trois quarts de toutes ses opérations.

Il paroît que ces opérations produisirent un effet tout opposé à celui qu'avoient en vue ceux qui eurent l'idée & la direction de la banque. Il paroît qu'ils se proposoient de seconder les entreprises patriotiques, ou supposées telles, qui se faisoient dans différentes parties du royaume, & en même-temps d'attirer toutes les affaires à eux, pour supplanter les autres banques d'Ecosse, particulièrement celles d'Edimbourg, dont la lenteur à escompter les lettres de change avoit déplu. Sans doute les spéculateurs tirèrent de cette banque un soulagement passager, qui les mit en état de pousser leurs entreprises deux ans de plus; mais ils ne firent par là que s'endetter davantage, & consommer leur propre ruine & celle de leurs créanciers. Ainsi, au lieu de guérir le mal qu'ils avoient attiré sur eux & sur leur pays, ils l'ont aggravé à la longue par l'usage d'un remède pernicieux. Il auroit mieux valu pour eux, pour leurs créanciers & pour l'Ecosse, que la plupart d'entr'eux eussent été obligés de s'arrêter deux ans plutôt. Le secours passager que cette banque leur a donné, est devenu pour les autres banques un bien réel et permanent. Tous ceux qui négocioient les lettres de change que ces autres banques escomptoient avec tant de peine, n'ont pas manqué de s'adresser à la nouvelle, où ils étoient reçus à bras ouverts. Elles ont pu sortir ainsi aisément de ce cercle fatal, d'où elles ne se seroient jamais dégagées autrement sans une perte considérable, & peut-être même sans tomber jusqu'à un certain point dans le discrédit.

Ces opérations ont donc augmenté à la longue le mal réel qu'elles prétendoient guérir, & ont servi efficacement les banques rivales qu'on vouloit supplanter.

Lorsque cette banque s'établit, quelques personnes pensèrent qu'avec quelque rapidité que se vuidât sa caisse, elle pourroit se remplir facilement par l'argent qu'on feroit sur les cautionnemens de ceux auxquels elle auroit avancé des billets. Je crois que l'expérience ne tarda pas à les convaincre que cette méthode de faire de l'argent étoit beaucoup trop lente pour répondre à leurs vues, & que la caisse, si mal remplie dans l'origine & si prompte à se vuider, ne pouvoit se remplir par d'autre voie que l'expédient ruineux de tirer sur Londres, & de payer à l'échéance par d'autres traites sur la même place avec l'intérêt & la commission accumulés. Mais quoique cette ressource lui procurât de l'argent aussi-tôt qu'elle en manquoit, au lieu d'y trouver du bénéfice, elle perdoit nécessairement sur chaque opération, de manière qu'à la longue il falloit qu'elle se ruinât, comme compagnie commerçante, quoique peut-être moins promptement, par la pratique dispendieuse de la traite réciproque: elle ne pouvoit pas mieux réussir par l'intérêt du papier, qui, excédant ce que la circulation du pays pouvoit absorber & employer, lui revenoit pour être échangé contre de l'or & de l'argent, aussi-tôt qu'elle l'avoit délivré, & pour le paiement duquel elle étoit continuellement obligée d'emprunter des espèces. Au contraire, toute la dépense des agens qui cherchoient des personnes en état de prêter, les frais de négociation avec ces personnes, celle des obligations avec elles, retomboient nécessairement à sa charge, & étoient une perte évidente sur la balance de ses comptes. On peut assimiler le projet de remplir ses coffres par cette voie, à l'idée d'un homme qui auroit un étang, d'où il se feroit sans cesse un écoulement d'eau qui ne seroit réparé par aucune source constante, & qui prétendroit le tenir toujours plein à l'aide d'une multitude de gens qui iroient prendre de l'eau dans un puits, à quelques milles de distance, & qui seroient toujours occupés à en apporter pour remplacer celle qui sortiroit de l'étang.

Mais quand cette opération eût été praticable & utile à la banque, envisagée comme compagnie commerçante, loin que le pays en pût tirer aucun avantage, il devoit y perdre considérablement. Elle ne pouvoit augmenter la quantité d'argent à prêter. Tout ce qui en résultoit, c'est que la banque devenoit un bureau général de prêt pour tout le pays, & que ceux qui étoient dans le cas d'emprunter, s'adresseroient à elle plutôt qu'à des particuliers. Mais il n'est pas probable qu'une banque qui prête peut-être à cinq cents personnes, dont la plupart sont peu connues des directeurs, soit plus judicieuse dans le choix de les débiteurs, que les particuliers qui prêtent à un petit nombre de gens, dans lesquels ils ont de bonnes raisons de mettre leur confiance. Les débiteurs d'une banque, telle que je viens de la crayonner, devoient être, pour la plupart, des faiseurs de projets chimériques, des gens qui tiroient les uns sur les autres des lettres de change de circulation, qui mettoient de l'argent à de folles entreprises, qui ne pouvoient jamais réussir avec tous les secours qu'on leur donnoit, & qui, quand elles auroient réussi, n'étoient pas capables de les indemniser de ce qu'elles leur avoient coûté réellement, ni de leur rapporter un capital assez considérable pour entretenir une quantité de travail égale à celle qu'ils y avoient employée. Il est naturel, au contraire, que les débiteurs sages employent l'argent qu'ils empruntent, à des entreprises modestes, proportionnées à leurs capitaux; qui n'aient rien de grand & de merveilleux, mais qui soient solides & profitables; qui rendent ce qu'on y a mis, & qui le rendent avec usure, de manière qu'elles produisent un bénéfice capable d'entretenir une beaucoup plus grande quantité de travail que celle qu'il a fallu pour les amener à bien. Ainsi cette opération, qui ne pouvoit augmenter le capital du pays, servoit uniquement à en faire passer une grande partie de la caisse de gens propres à le faire valoir par leur sagesse & leur économie, dans celle d'autres qui se perdoient par des entreprises imprudentes & ruineuses.

Le fameux M. Law pensoit que l'industrie de l'Ecosse languissoit, faute d'argent pour la mettre en œuvre. Il paroît avoir imaginé qu'en établissant une banque d'une espèce particulière, qui donneroit du papier jusqu'à la valeur de toutes les terres du pays, il remédieroit au besoin d'argent. Le parlement d'Ecosse ne voulut pas adopter son projet. Le duc d'Orléans, alors régent de France, l'adopta ensuite avec quelques changemens. L'idée qu'on pouvoit multiplier le *papier-monnoie* presque à l'infini, étoit la véritable base de ce qu'on appelle le système du Mississipi, projet de banque & d'agiotage le plus extravagant qu'on ait peut-être jamais conçu. Les diverses opérations de ce système ont été expliquées si complettement, si clairement & si nettement par M. du Verney, dans son examen des réflexions politiques sur le commerce & les finances de M. du Tot, que je n'en dirai rien ici. Les principes sur lesquels il étoit fondé, ont été exposés par M. Law, dans un discours sur l'argent & le commerce, qu'il publia en Ecosse lorsqu'il en fit la première proposition. Les idées magnifiques, mais visionnaires, qu'il étale dans cet ouvrage & dans quelques autres, font encore impression aujourd'hui sur plusieurs personnes, & ont peut-être contribué en partie à cet excès, dans les opérations de banque, dont on s'est plaint en Ecosse & ailleurs.

La banque d'Angleterre est la banque de circulation la plus considérable qu'il y ait en Europe. Elle fut établie par un acte du parlement & une charte du grand sceau, datée du 27 juillet 1694. Elle avança alors au gouvernement la somme d'un million deux cents mille livres sterlings, pour une annuité de cent mille livres, ou pour quatre-vingt-seize mille livres d'intérêt annuel, & quatre mille livres pour les frais d'administration. Le crédit du nouveau gouvernement, établi par la révolution, devoit être bien foible, puisqu'il étoit obligé d'emprunter à si gros intérêt.

En 1697, on permit à la banque d'augmenter son fonds d'un million mille cent soixante-onze livres sterl. pour soutenir, disoit-on, le crédit public. En 1696, les billets de l'échiquier s'escomptoient à quarante, cinquante & soixante pour cent de perte, & les billets de banque à vingt pour cent. Pendant la grande refonte de l'argent, à laquelle on procédoit alors, la banque avoit jugé à propos d'interrompre le paiement de ses billets; ce qui les fit nécessairement tomber dans le discrédit.

D'après l'acte de la septième année de la reine Anne, chap. VII, la banque avança & paya à l'échiquier la somme de quatre cents mille livres sterlings : à cette époque, elle avoit avancé la somme d'un million six cents mille livres sur la même annuité originaire de quatre-vingt-seize mille livres d'intérêt, & quatre mille livres de frais d'administration; d'où il suit qu'en 1708 le gouvernement avoit aussi bon crédit que les particuliers, puisqu'il pouvoit emprunter au taux de six pour cent, qui étoit l'intérêt ordinaire & légal de ce temps-là. En conséquence du même acte, la banque annulla pour un million sept cents soixante-quinze mille vingt-sept liv. sterl. de billets de l'échiquier, à six pour cent d'intérêt, & il lui fut permis en même-temps de prendre des souscriptions pour doubler son capital. Ainsi, en 1708, le capital de la banque se montoit à quatre millions quatre cents deux mille trois cents quarante-trois livres sterlings, & elle avoit avancé au gouvernement la somme de trois millions trois cents soixante-quinze mille vingt-sept livres.

Un appel de quinze pour cent en 1709 augmenta le fonds de six cents cinquante-six mille deux cents quatre livres un sol neuf deniers, & un second appel de dix pour cent en 1710 l'augmenta de cinq cents un mille quatre cents quarante-huit livres douze sols onze deniers. Le capital de la banque se trouva de cinq millions cinq cents cinquante-neuf mille neuf cents quatre-vingt-quinze livres.

En vertu de l'acte de la huitième année de l'acte de George I, ch. XXI, la banque acheta de la compagnie de la mer du sud, un fonds qui se montoit à quatre millions de livres; & en 1722, d'après des souscriptions qu'elle avoit prises pour se mettre en état de faire cette acquisition, son capital fut augmenté de trois millions quatre cents mille livres. A cette époque, la banque avoit donc avancé au public neuf millions trois cents soixante-quinze mille vingt-sept livres dix-sept sols, dix deniers & demi, & son capital ne se montoit qu'à huit millions neuf cents cinquante-neuf mille neuf cents quatre-vingt-quinze livres quatorze sols huit deniers. Ce fut alors que la somme qu'elle avoit avancée au public, & dont elle tiroit l'intérêt, commença à excéder son capital, c'est-à-dire, la somme pour laquelle elle payoit un dividende aux propriétaires ; ou, en d'autres termes, ce fut en cette occasion qu'elle eut pour la première fois un capital sans dividende, outre celui dont elle partageoit le produit. Elle a toujours continué depuis d'en avoir un. En 1746, la banque avoit avancé au public onze millions six cents quatre-vingt-six mille huit cents livres, & son capital en actions étoit monté, par divers appels & souscriptions, à dix millions sept cents quatre-vingt mille livres : depuis cette époque, l'état de ces deux sommes est resté le même. D'après l'acte de la quatrième année de George III, ch. XXV, la banque consentit à payer au gouvernement, pour le renouvellement de sa charte, cent dix mille liv. sans intérêt ni remboursement.

Le dividende de la banque a varié, suivant les variations du taux de l'intérêt qu'elle a reçu à différentes époques pour l'argent avancé au public, & aussi à raison de quelques circonstances particulières. Ce taux de l'intérêt a graduellement été réduit de huit à trois pour cent. Nous avons vu, les années dernières, le dividende de la banque à cinq & demi pour cent.

La stabilité de la banque d'Angleterre est égale à celle du gouvernement britannique. Il faut que toutes les avances faites au public soient perdues, avant que ses créanciers perdent rien. Une autre banque ne peut s'établir en Angleterre par acte du parlement, ni être composée de plus de six associés. Ce n'est pas seulement une banque ordinaire, mais c'est une grande machine d'état. Elle reçoit & paye la plus grande partie des annuités, dûe aux créanciers du public. Elle fait circuler les billets de l'échiquier, & avance au gouvernement le montant des taxes annuelles sur les terres & sur la drèche, taxes qui souvent ne sont payées que plusieurs années après. Dans ces diverses opérations, ses engagemens envers le public l'ont obligée quelquefois à surcharger la circulation de *papier-monnoie*, sans qu'il y ait de la faute des directeurs. Elle escompte aussi les lettres de change des négocians ; &, en diverses occasions, elle a soutenu le crédit des principales maisons, non-seulement d'Angleterre, mais de Hambourg & d'Hollande. On cite une semaine où elle avança pour cela environ un million six cents mille livres sterlings, la plus grande partie en lingots. Nous ne garantissons ni la grandeur de la somme, ni la brièveté du temps. D'autres fois cette grande compagnie s'est trouvée réduite à payer en pièces de six pences.

Les opérations judicieuses de la banque peuvent donner plus d'activité à l'industrie, non en augmentant le capital d'un pays, mais en mettant une plus grande partie de ce capital en action & en valeur. Cette partie de son capital, qu'un commerçant est obligé de garder en caisse pour répondre aux demandes qui surviennent, est un fonds mort qui ne produit rien pour lui, ni pour son pays. Les sages combinaisons d'une banque le mettent en état de convertir ce fonds mort en un fonds vivant & productif, en matières ; en instrumens de travail & en subsistance pour les ouvriers ; en un mot, en un fonds qui produit quelque chose pour lui-même & pour son pays ; la monnoie d'or & d'argent qui circule dans une contrée, & par le moyen de laquelle le produit de ses terres & de son travail circule, & se distribue aux consommateurs, n'est pas moins un fonds mort, que l'argent qu'un commerçant garde par devers lui. C'est une partie précieuse du capital du pays, qui ne produit rien pour le pays. La banque, en mettant du papier à la place d'une grande partie de cet or & cet argent, fait qu'une grande partie d'un fonds qui seroit mort, devient un fonds agissant & productif. On peut comparer justement l'or & l'argent qui circulent dans un pays, à un grand chemin qui sert à transporter & voiturer au marché tous les fourrages & tout le bled du pays, mais qui ne produit pas un seul brin, ni de l'un ni de l'autre. Une banque sage, en établissant (si on me permet cette métaphore) un chemin dans les airs, donne le moyen de convertir, pour ainsi dire, une bonne partie des grands chemins en pâturages & en terres à bled, & d'augmenter par-là le produit des terres & du travail. Il faut cependant convenir que, quoique le commerce & l'industrie puissent être augmentés, ils ne peuvent être aussi parfaitement assurés, lorsqu'ils sont ainsi portés sur les ailes du *papier-monnoie*, que quand ils voyagent sur le terrein solide de l'or & de l'argent. Outre les accidens auxquels ils sont exposés par la mal-adresse des conducteurs de ce papier, il y en a plusieurs autres dont la prudence & l'habileté de ces guides ne peuvent les garantir.

S'il arrive, par exemple, une guerre malheureuse où l'ennemi s'empare du capital, & par conséquent de ce trésor qui soutenoit le crédit du *papier-monnoie*, le désordre sera bien plus grand dans le pays dont toute la circulation se faisoit en papier, que dans celui qui en faisoit la plus grande partie en espèces. L'instrument ordinaire du commerce ayant perdu sa valeur, les échanges ne pourront plus s'y faire que par troc, ou sur crédit. Toutes les taxes ayant été payées en papier, le prince n'aura pas de quoi payer ses troupes, ni de quoi fournir fes magafins ; & l'état du pays fera beaucoup plus défefpéré que fi la circulation s'étoit faite en or & en argent. Un prince, jaloux de voir fes domaines toujours en état de défenfe, doit par conféquent fe tenir en garde, non-feulement contre la multiplication exceffive du *papier-monnoie*, qui ruine les banques d'où il fort, mais encore contre celle qui met ces banques dans le cas de faire aller la plus grande partie de la circulation par le moyen du papier.

On peut regarder la circulation de chaque pays comme divifée en deux différentes branches ; favoir, la circulation des marchands entr'eux, & la circulation entre les marchands & les confommateurs. Quoique les mêmes pieces de monnoie, foit en papier, foit en métal, puiffent être employées, tantôt dans l'une & tantôt dans l'autre, toutes deux marchant dans le même tems, pour que chacune d'elles ait lieu, il faut un certain fonds de monnoie, d'une efpece ou d'une autre. La valeur des marchandifes qui circulent entre les divers marchands, ne peut jamais excéder la valeur de celles qui circulent entre les marchands & les confommateurs ; tout ce qu'achetent les premiers étant finalement deftiné à être vendu aux feconds. La circulation qui fe fait en gros entre les négocians, exige en général une grande fomme pour chaque affaire qu'ils font enfemble. Il n'en faut, au contraire, que de petites pour celle qui eft établie entre les marchands & les confommateurs, parce qu'elle fe fait en détail. Souvent il ne faut qu'un fcheling ou même un demi-fol ; mais les petites fommes circulent beaucoup plus vîte que les grandes. Un fcheling change plus fouvent de maîtres qu'à une guinée, & un demi-fol plus fouvent qu'un fcheling. Ainfi, quoique les achats annuels de tous les confommateurs égalent, au moins en valeur, ceux de tous les marchands, ils peuvent fe faire avec une bien moindre quantité de monnoie, les mêmes pieces fervant, par une circulation plus rapide, à beaucoup plus d'achats d'une efpece que de l'autre.

Le *papier-monnoie* peut être réglé de maniere qu'il ne ferve guere qu'à la circulation entre les marchands, ou qu'il s'étende auffi à une grande partie de celle qui fe fait entr'eux & les confommateurs. Si, comme à Londres, il n'y a point de billets de banque au-deffous de dix liv. fterl. dans la circulation, le *papier-monnoie* fe concentre dans les mains des marchands. Un confommateur qui a dans les fiennes un billet de banque de dix livres, eft généralement obligé de le changer à la premiere boutique où il veut acheter pour cinq fchelings de marchandifes, de forte que le billet revient au marchand, avant que le confommateur ait dépenfé la quarantieme partie de l'argent. Si, comme en Ecoffe, il y a dans la circulation, des billets de banque pour de petites fommes, telles que vingt fchelings, le *papier-mon-*

Œcon. polit. & diplomatique. Tom. III.

noie s'étend à une grande partie de la circulation entre les marchands & les confommateurs. Avant l'acte du parlement, qui a fupprimé les billets de banque de quinze fchelings, cette circulation étoit encore plus chargée de *papier-monnoie*. On voyoit communément, dans l'Amérique feptentrionale, du papier de la valeur d'un feul fcheling ; & dans l'Yorkshire, il y en avoit de fix pences.

Lorfque l'ufage des billets de banque eft permis, & commun pour d'auffi petites fommes, plufieurs perfonnes du bas-peuple peuvent & ofent devenir banquiers. Celui qui ne pourroit faire accepter de perfonne fes propres billets pour cinq livres fterlings, ou même pour vingt fchelings, trouvera des gens qui les recevront, & qui fe feront fcrupule de les refufer, s'ils ne font que de fix fols. Mais les banqueroutes fréquentes, auxquelles font néceffairement expofés ces banquiers miférables peuvent occafionner beaucoup de dommage, & font quelquefois une véritable calamité pour le pauvre peuple qui a reçu leurs billets.

Il vaudroit peut-être mieux qu'il n'y eût aucune partie du royaume, où l'on délivrât des billets de banque de moins de cinq livres fterl. Le *papier-monnoie* fe concentreroit alors par-tout chez les marchands, comme il fait aujourd'hui à Londres, où l'on n'en reçoit pas au-deffous de la valeur de dix livres, quoiqu'avec cinq livres on n'ait peut-être, dans les autres parties du royaume, guere plus de la moitié des marchandifes qu'on fe procure à Londres avec dix livres, on y regarde autant à cinq livres qu'à dix livres à Londres, & il eft auffi rare d'y dépenfer cinq livres à la fois, qu'il eft commun d'en dépenfer dix à Londres, au milieu de la profufion qui regne dans cette capitale.

Il faut obferver qu'il y a toujours abondance d'or & d'argent dans les endroits où le *papier-monnoie* ne circule guere qu'entre les marchands, comme on le voit à Londres. Si, comme en Ecoffe ou comme avant la révolution de l'Amérique, il circule beaucoup entre les marchands & les confommateurs, il bannit prefqu'entiérement l'argent du pays, prefque toutes les affaires du commerce intérieur s'y font avec du papier. L'argent eft moins rare en Ecoffe depuis la fuppreffion des billets de banque de quinze fchelings, & il le feroit probablement encore moins, fi on y fupprimoit ceux de vingt fchelings. On dit que l'or & l'argent ont été plus communs en Amérique depuis la fuppreffion de quelques-uns des papiers des colonies angloifes, & qu'ils l'avoient été auffi davantage avant l'établiffement de ces papiers.

Quand le *papier-monnoie* fe concentreroit prefqu'entiérement parmi les marchands, les banques & les banquiers ne laifferoient pas de donner à l'induftrie & au commerce du pays à peu près les mêmes fecours qu'ils lui donnoient avant que

Ttt

presque toute la circulation se fit en papier. Les espèces qu'un marchand est obligé de garder pour satisfaire aux demandes qui lui surviennent, n'a d'autre destination que la circulation entre lui & les autres marchands dont il achete des marchandises ; il n'a pas besoin d'en garder pour la circulation entre lui & les consommateurs qu'il fournit, & qui lui apportent de l'argent, au lieu de lui en ôter. Ainsi, quand on ne permettroit le *papier-monnoie* que pour des sommes qui le concentreroient en très grande partie parmi les marchands, l'escompte des lettres de change réelles, & les emprunts sur les comptes de caisse, mettroient toujours les banques & les banquiers à même d'affranchir les marchands de la nécessité d'avoir chez eux une partie considérable de leurs fonds sans emploi. Ces marchands pourroient encore en tirer le secours que ces sortes d'établissemens peuvent raisonnablement prêter à des commerçans de toute espèce.

Empêcher les particuliers de recevoir en paiement les billets à vue d'un banquier, pour une somme grande ou petite ; lorsqu'ils veulent bien en prendre (ou empêcher un banquier de donner de ces sortes de billets à ceux qui consentent à les accepter) c'est une violation manifeste de cette liberté naturelle que le but des loix est de protéger & non d'enfreindre. Mais les loix des gouvernemens les plus libres, aussi-bien que des plus despotiques, doivent réprimer l'exercice de la liberté naturelle dans quelques individus, lorsque l'usage qu'ils en feroient peut mettre en danger la sûreté de la société entière. L'obligation d'élever des murs mitoyens pour prévenir la communication du feu, est une violation de la liberté naturelle, précisément du même genre que les réglemens qu'on propose ici pour le commerce des banques.

Un *papier-monnoie*, qui consiste en billets de banque donnés par des gens bien accrédités, payable à vue sans aucune condition, & en effet toujours payé dès qu'on le présente, est à tous égards d'une valeur égale à l'or & à l'argent, puisqu'en tout temps on peut le convertir en espèces. Tout ce qu'on achete ou qu'on vend pour ce papier, doit nécessairement être acheté ou vendu aussi bon marché que si on le payoit avec de l'or & de l'argent.

On a dit que l'augmentation du *papier-monnoie*, en augmentant la quantité & en diminuant par conséquent la valeur de la monnoie en circulation, faisoit nécessairement monter le prix des marchandises en argent. Mais comme la quantité d'or & d'argent qu'on ôte de la circulation, est toujours égale à la quantité de papier qu'on y ajoute, le *papier-monnoie* n'augmente pas nécessairement la quantité de la monnoie en circulation. Depuis le commencement du dernier siècle, les vivres n'ont jamais été à meilleur marché en Ecosse qu'en 1759, quoique, par la circulation des billets de banque de quinze schelings, il y eût alors dans le pays plus de *papier-monnoie* qu'aujourd'hui. La proportion entre le prix des vivres en Angleterre, & leur prix en Ecosse est actuellement la même qu'elle étoit avant la grande multiplication des banques écossoises. Le bled n'est souvent pas plus cher en Angleterre qu'en France, quoiqu'il y ait beaucoup de *papier-monnoie* en Angleterre & fort peu en France. En 1751 & 1752, lorsque M. Hume publia ses discours politiques, & aussi-tôt après la grande multiplication du *papier-monnoie* en Ecosse, le prix des vivres haussa sensiblement, ce qui venoit, selon toute apparence, des mauvaises années, & non de la multiplication du papier.

Sans doute il n'en seroit pas de même d'un *papier-monnoie*, consistant en billets, dont le paiement immédiat dépendroit à quelque égard ou de la bonne volonté de celui qui les délivreroit, ou d'une condition que le porteur ne seroit pas toujours en état de remplir, ou dont le paiement ne seroit exigible qu'au bout d'un certain nombre d'années, & qui cependant ne porteroit point intérêt. Un tel *papier-monnoie* tomberoit nécessairement au-dessous de la valeur de l'or & de l'argent, selon que la difficulté ou l'incertitude d'en obtenir le paiement immédiat seroit supposée plus ou moins grande, ou selon que le temps auquel il seroit exigible seroit plus ou moins éloigné.

Il y a quelques années que les diverses banques écossoises étoient dans l'usage d'insérer dans leurs billets ce qu'ils appelloient une clause optionnelle ; elles promettoient le paiement au porteur, ou aussi-tôt qu'il seroit présenté, ou, au choix des directeurs, six mois après la présentation, en payant l'intérêt légal pour ces six mois. Les directeurs de quelques-unes de ces banques se prévalurent de cette clause, & ils la réclamoient, si ceux qui leur demandoient de l'or & de l'argent, en échange d'un grand nombre de leurs billets, ne vouloient pas se contenter d'une partie de ce qu'ils demandoient. Les billets de ces banques formoient alors la plus grande partie de la monnoie d'Ecosse, que cette incertitude du paiement dégradoit nécessairement au-dessous de la valeur de l'or & de l'argent. Tant que dura cet abus (c'est-à-dire, principalement en 1762, 1763 & 1764), le change, qui étoit au pair entre Londres & Carlisle, se trouvoit quelquefois à 4 pour cent de perte pour Dunfreis entre cette ville & Londres, quoique Dunfreis ne fût qu'à trente milles de Carlisle. C'est que les lettres de change se payoient en or & en argent à Carlisle, au lieu qu'à Dunfreis elles se payoient en billets des banques écossoises, & que ces billets perdoient quatre pour cent, par l'incertitude de pouvoir les échanger contre de l'or & de l'argent. Le même acte de parlement, qui supprima les billets de banque de quinze schelings, supprima aussi cette claufe optionnelle, & remit ainfi le change entre l'Angleterre & l'Ecoffe à fon taux naturel, ou à ce qu'il pouvoit être naturellement par le cours du commerce & des remifes.

Dans le *papier-monnoie* d'Yorkshire, le paiement d'un billet de 6 pences dépendoit quelquefois de la condition que le porteur du billet changeroit une guinée, condition qu'il étoit fouvent fort difficile de remplir, & qui devoit néceffairement rabaiffer le cours du papier, au-deffous de l'or & de l'argent. Un acte du parlement déclara illégales toutes ces claufes, & fupprima, comme en Ecoffe, tous les billets au porteur au-deffous de la valeur de vingt fchelings.

Le *papier-monnoie* de l'Amérique feptentrionale ne confiftoit pas en billets payables au porteur & à vue, mais en un papier d'état, dont le paiement n'étoit exigible que plufieurs années après la date; & quoique les gouvernemens ne payaffent pas d'intérêt aux porteurs de ce papier, ils ne laiffoient pas de le déclarer & de le rendre par le fait une offre légale de paiement pour la fomme qu'il énonçoit. Mais en accordant toute la fureté imaginable du côté de la colonie, cent livres fterlings, par exemple, qui ne font payables qu'au bout de quinze ans, dans un pays où l'intérêt eft à fix pour cent, ne valent guères plus de foixante livres d'argent comptant. Ainfi, obliger un créancier à les recevoir comme parfait paiement d'une dette de cent livres, ce feroit une injuftice fi criante, qu'on en eût peut-être jamais vu pareille de la part du gouvernement de tout autre pays, qui auroit la prétention d'être libre. Le docteur Douglas en attribue l'idée à des débiteurs de mauvaife foi, dont l'intention étoit de fruftrer leurs créanciers. Mais cette opinion n'eft peut-être pas trop jufte; & il eft poffible que l'intérêt des colonies ait déterminé, dans le principe, les habitans à l'opération dont nous parlons ici. Voyez ce que nous avons dit fur cette matière à l'article ÉTATS-UNIS. En 1722, époque où le *papier-monnoie* s'introduifit en Penfylvanie, le gouvernement de cette province prétendit donner à ce papier une valeur égale à celle de l'or & de l'argent, en décernant des peines contre ceux qui mettroient une différence dans le prix de leurs marchandifes quand ils les vendroient pour du papier de la colonie, & quand ils les vendroient pour de l'or & de l'argent: ce règlement parut tyrannique, & il devoit avoir beaucoup moins d'effet que celui qu'on vouloit foutenir. Une loi pofitive peut faire qu'un fcheling foit une offre de paiement légal pour une guinée, parce qu'elle peut amener les cours de juftice à décharger le débiteur qui a fait cette offre. Mais il n'y a point de loi pofitive qui puiffe obliger un marchand, qui eft le maître de vendre ou de ne pas vendre, à recevoir un fcheling comme l'équivalent d'une guinée dans le prix de fes marchandifes. Malgré tous les règlemens de cette nature, il a paru, par le cours du change avec la grande-Bretagne, que cent livres fterlings étoient regardées quelquefois, dans certaines colonies, comme l'équivalent de cent trente livres, & dans d'autres comme celui de onze cents livres; ce qui venoit de la différence dans la quantité de papier répandu en différentes colonies, & de celle de la diftance & de la probabilité du terme où il devoit être finalement acquitté & retiré.

Par conféquent l'acte du parlement, dont on fe plaint fi mal-à-propos dans les colonies, & qui déclaroit nulle toute offre de paiement qui s'y feroit avec le papier qui s'y répandroit dorénavant, étoit jufte.

La Penfylvanie a toujours été plus modérée que les autres dans l'émiffion de fon *papier-monnoie*. Auffi dit-on que fon papier n'a jamais été au-deffous de la valeur de l'or & de l'argent. Avant l'introduction du *papier-monnoie*, la colonie avoit hauffé la dénomination de fa monnoie, en ordonnant, par une acte de l'affemblée, que 5 fchelings paffèroient dans la colonie pour fix fchelings & trois pences; & enfuite pour fix fchelings & huit pences. Ainfi une livre de cours dans la colonie, lors même que la monnoie étoit d'or & d'argent, fe trouvoit de plus de trente pour cent au-deffous de la valeur d'une livre fterling.

Un prince, qui ordonneroit qu'une certaine proportion de fes taxes fe payât en *papier-monnoie* d'une certaine efpèce, pourroit donner par-là quelque valeur à ce *papier-monnoie*, quand même le terme où il devroit être finalement acquitté & retiré dépendroit abfolument de fa volonté. Si la banque qui délivre ce papier, avoit foin d'en tenir la quantité toujours un peu au-deffous de ce qu'exigeroit le paiement des taxes, il pourroit être fi recherché qu'il emporteroit une prime, c'eft-à-dire qu'il fe vendroit fur la place pour quelque chofe de plus que l'or & l'argent de cours. Quelques perfonnes expliquent ainfi ce qu'on appelle l'agio de la banque d'Amfterdam, ou la fupériorité de l'argent de banque fur l'argent de cours, quoique cet argent de banque, à ce qu'elles prétendent, ne puiffe être retiré de la banque à la volonté du propriétaire. Il faut que la plus grande partie des lettres de change étrangères foit payée en argent de banque, c'eft-à-dire, par un tranfport dans les livres de la banque; & les directeurs de la banque, difent ces perfonnes, ont foin de tenir la quantité totale de l'argent de banque toujours au-deffous de ce que cet emploi peut exiger. C'eft par cette raifon, ajoutent-elles, que l'argent de banque porte une prime, ou qu'il fe vend à quatre ou cinq pour cent de plus que la même fomme nominale d'or & d'argent ayant cours dans le pays. J'ai cependant fujet de croire que cette explication de la banque d'Amfterdam eft chimérique.

Un papier de cours, qui tombe au-deſſous de la valeur de l'or & de l'argent monnoyés, ne fait pas tomber la valeur de l'or & de l'argent, & ſa chûte ne ſera pas cauſe que d'égales quantités de ces métaux ſoient échangées pour une moindre quantité de marchandiſes de toute autre eſpèce. La proportion entre l'or & l'argent & les autres marchandiſes, dépend, dans tous les cas, non de la nature & de la quantité du *papier-monnoie* qui peut avoir cours dans un pays particulier, mais de la richeſſe ou de la pauvreté des mines qui fourniſſent de ces métaux le grand marché du monde commerçant. Elle dépend de la proportion, entre la quantité de travail qui eſt néceſſaire pour mettre en état de vente une certaine quantité d'or & d'argent, & celle qui eſt néceſſaire pour y mettre une certaine quantité de toute autre eſpèce de marchandiſes.

Nous voudrions examiner à quelles eſpèces de gouvernement convient le *papier-monnoie*; car il ne convient pas à toutes: mais c'eſt une matière trop délicate.

Nous voudrions indiquer auſſi les eſpèces de *papier-monnoie* propres aux pays où le peuple a perdu ſa liberté, où la nation eſt ſans influence, où l'on eſt peu éclairé ſur les opérations du commerce, où l'adminiſtration n'agit qu'en ſecret & au haſard; mais c'eſt encore une matière trop délicate.

Nous voudrions indiquer de plus les précautions néceſſaires pour contenir le *papier-monnoie*, & prévenir les banqueroutes nationales; mais il faudroit dénoncer tel & tel pays qui abuſe de la confiance publique, il faudroit paſſer en revue les divers états depuis la Ruſſie & la Suède, juſqu'à l'état de l'égliſe & au royaume de Naples, & le lecteur ſent bien qu'un ouvrage de la nature de celui-ci ne comporte pas de pareilles remarques.

Voyez l'article MONNOIE; & pour ce qui regarde la banque d'Amſterdam, l'article HOLLANDE.

PARAGUAY, vaſte contrée de l'Amérique méridionale, qui appartient à l'Eſpagne: nous parlerons ici des trois provinces de Chaco, du *Paraguay* & de Buenos-Aires, qui forment la même colonie.

Le *Paraguay* eſt borné au nord par le Pérou & le Bréſil; au midi, par les terres Magellaniques; au levant, par le Bréſil; au couchant, par le Chili & le Pérou.

Il doit ſon nom à un grand fleuve que tous les géographes croyoient ſe former dans le lac de Xarayés. Les commiſſaires eſpagnols & portugais, chargés en 1751 de régler les limites des deux empires, furent bien étonnés de ſe rencontrer à la ſource de cette rivière, ſans avoir apperçu cet amas d'eaux, qu'on diſoit immenſe. Ils vérifièrent que ce qu'on avoit pris juſqu'alors pour un lac prodigieux, n'étoit qu'un terrain fort bas, couvert depuis le ſeizième juſqu'au dix-neuvième degré de latitude, dans la ſaiſon des pluies, par les inondations du fleuve. On ſçait depuis cette époque que le *Paraguay* prend ſa ſource dans le plateau, nommé *Campo de Paracis*, au treizième degré de latitude méridionale, & que vers le dix-huitième, il communique par quelques canaux très-étroits avec deux grands lacs du pays des Chiquites.

Précis de l'hiſtoire politique de cet établiſſement.

Avant l'arrivée des eſpagnols, cette région immenſe contenoit un grand nombre de nations, la plupart formées par un petit nombre de familles. La chaſſe, la pêche, les fruits ſauvages, le miel qui étoit commun dans les forêts, quelques racines qui croiſſoient ſans culture, fourniſſoient à la nourriture de ces peuples. Pour trouver une plus grande abondance de ces productions, ils erroient perpétuellement d'une contrée à l'autre. Comme les indiens n'avoient à porter que quelques vaſes de terre, & qu'ils trouvoient par-tout des branches d'arbres pour former des cabanes, ces migrations n'entraînoient que peu d'embarras. Quoiqu'ils vécuſſent tous dans une indépendance abſolue les uns des autres, la néceſſité de ſe défendre leur avoit appris à lier leurs intérêts. Quelques individus ſe réuniſſoient ſous la direction d'un conducteur de leur choix. Ces aſſociations, plus ou moins nombreuſes, ſelon la réputation & la qualité du chef, ſe diſſipoient avec la même facilité qu'elles s'étoient formées.

La découverte du fleuve *Paraguay* fut faite en 1515, par Diaz de Solis, grand pilote de Caſtille. Il fut maſſacré avec la plupart des ſiens par les ſauvages qui, pour éviter les fers qu'on leur préparoit, traitèrent quelques années après, de la même manière les portugais venus du Bréſil.

Les deux nations rivales, également effrayées par ces revers, perdirent le *Paraguay* de vue, & tournèrent leur avarice d'un autre côté. Le haſard y ramena les eſpagnols en 1526.

Sébaſtien Cabot, qui en 1496 avoit fait la découverte de Terre-Neuve pour l'Angleterre, la voyant trop occupée de ſes affaires domeſtiques pour ſonger à former des établiſſemens dans le Nouveau Monde, porta ſes talens en Caſtille, où ſa réputation le fit choiſir pour une expédition brillante.

La Victoire, ce vaiſſeau fameux pour avoir fait le premier le tour du monde, & le ſeul de l'eſcadre de Magellan qui fût revenu en Europe, avoit rapporté des Indes orientales beaucoup d'épiceries. L'avantage qu'on retira de leur vente, fit décider un nouvel armement, qui fut confié aux ſoins de Cabot. En ſuivant la route qui avoit été tenue dans le premier voyage, ce navigateur arriva à l'embouchure de la Plata. Soit qu'il mauquât des vivres pour pousser plus loin, soit, comme il est plus vraisemblable, que ses équipages commençassent à se mutiner, il s'y arrêta. Il remonta même le fleuve, lui donna le nom de *la Plata*, parce que, dans les dépouilles d'un petit nombre d'indiens mis inhumainement à mort, se trouvèrent quelques parures d'or & d'argent, & il bâtit une espèce de fort à Rio-Tercero, qui sort des montagnes du Tucuman. La résistance qu'opposoient les naturels du pays, lui fit juger que, pour s'établir solidement, il falloit d'autres moyens que ceux qu'il avoit ; & en 1530, il prit la route de l'Espagne pour les aller solliciter. La plupart de ses compagnons qu'il avoit laissés dans la colonie, furent massacrés ; & le peu qui avoit échappé à des flèches ennemies, ne tarda pas à le suivre.

Des forces plus considérables, conduites par Mendoza, parurent sur le fleuve en 1535, & jettèrent les fondemens de Buenos-Aires. Bientôt on s'y vit réduit à mourir de faim dans des palissades, où à se vouer à une mort certaine, si l'on hasardoit d'en sortir pour se procurer quelques subsistances. Le retour en Europe paroissoit la seule voie pour sortir d'une situation si désespérée ; mais les espagnols s'étoient persuadés que l'intérieur des terres regorgeoit de mines, & ce préjugé soutint leur constance. Ils abandonnèrent un lieu où ils ne pouvoient plus rester, & allèrent fonder en 1536 l'Assomption, à trois cents lieues de la mer, toujours sur les bords du fleuve. C'étoit s'éloigner visiblement des secours de la métropole ; mais, dans leurs idées, c'étoit s'approcher des richesses, & leur avidité étoit encore plus grande que leur prévoyance.

Cependant il falloit se résoudre à périr, ou réussir à diminuer l'extrême aversion des sauvages. Le mariage des espagnols avec les indiennes parut propre à opérer ce grand changement, & l'on s'y détermina. De l'union de deux peuples si étrangers l'un à l'autre, sortit la race des métis, qui avec le temps devint si commune dans l'Amérique méridionale. Ainsi le sort des espagnols, dans tous les pays du monde, est d'être un sang mêlé. Celui des maures coule encore dans leurs veines en Europe, & celui des sauvages dans l'autre hémisphère. Peut-être même ne perdent-ils pas à ce mélange, s'il est vrai que les hommes gagnent, comme les animaux, à croiser leurs races. Et plût au ciel qu'elles se fussent déja toutes fondues en une seule, qui ne conservât aucun de ces germes d'antipathie nationale qui éternisent les guerres & toutes les passions destructives ! Mais la discorde semble naître d'elle-même entre les frères. Comment espérer que le genre humain devienne jamais une famille dont les enfans, suçant à peu près le même lait, ne respirent plus la soif du sang ? Elle s'engendre, cette cruelle soif ; elle croît & se perpétue avec la soif de l'or.

C'est cette passion honteuse qui continuoit à rendre l'espagnol cruel, même après les liens qu'il avoit formés. Il sembloit punir les indiens de sa propre obstination à chercher des métaux où il n'y en avoit pas. Le naufrage de plusieurs navires qui périrent avec les troupes & les munitions dont ils étoient chargés, en voulant remonter trop haut dans le fleuve, ne put faire revenir d'une opiniâtreté funeste leur avarice si long-temps trompée. Il fallut des ordres réitérés de la métropole pour les déterminer à rétablir Buenos-Aires.

Cette entreprise si nécessaire étoit devenue facile. Les espagnols, multipliés dans le *Paraguay*, étoient assez forts pour contenir ou pour détruire les peuples qui pouvoient la traverser. Elle n'éprouva, comme on l'avoit prévu, que de légers obstacles. Jean Ortis de Zarate l'executa, en 1581, sur un sol abandonné depuis quarante ans. Quelques-unes des petites nations qui étoient dans le voisinage de la place, subirent le joug. Celles qui tenoient davantage à leur liberté, s'éloignèrent pour s'éloigner encore à mesure que les établissemens de leurs oppresseurs acquéroient de l'accroissement. La plupart finirent par se réfugier au Chaco.

Ce pays, qui a deux cents cinquante lieues de long & cent cinquante de large, passe pour un des meilleurs de l'Amérique, & on le croit peuplé de cent mille sauvages. Ils forment, comme dans les autres parties du Nouveau-Monde, un grand nombre de nations, dont quarante-six ou quarante-sept sont très-imparfaitement connues.

Plusieurs rivières traversent cette contrée. La Pilcomayo, plus considérable que toutes les autres, sort de la province de Charcas & se divise en deux branches, soixante-dix lieues avant de se perdre dans Rio de la Plata. Son cours paroissoit la voie plus convenable pour établir des liaisons suivies entre le *Paraguay* & le Pérou. Ce ne fut cependant qu'en 1702, qu'on tenta de la remonter. Les peuples qui en occupoient les rives, comprirent fort bien que tôt ou tard ils seroient asservis, si l'expédition étoit heureuse ; & ils prévinrent ce malheur en massacrant tous les espagnols qui en étoient chargés.

Dix-neuf ans après, les jésuites reprirent ce grand projet : mais, après avoir avancé trois cens cinquante lieues, ils furent forcés de rétrograder, parce que l'eau leur manqua pour continuer leur navigation. On les blâma d'avoir fait le voyage dans les mois de septembre, d'octobre & de novembre, qui sont dans ces régions le tems de la sécheresse ; & personne ne parut douter que cette entreprise n'eût eu une issue favorable dans les autres saisons de l'année.

Il faut que cette route de communication ait paru moins avantageuse, ou ait offert de plus grandes difficultés qu'on ne l'avoit cru d'abord, puisqu'on n'a fait depuis aucun nouvel effort pour l'ouvrir. Cependant le gouvernement n'a pas tout-à-fait perdu de vue le plan anciennement formé de dompter ces peuples. Après des fatigues incroyables & long-temps inutiles, quelques missionnaires sont enfin parvenus à fixer trois mille de ces vagabonds dans quatorze bourgades, dont sept sont placées sur les frontières du Tucuman, quatre du côté de Sainte-Croix de la Sierra, deux vers Taixa, & une seulement au voisinage de l'Assomption.

Etablissemens espagnols.

Malgré les incursions fréquentes des habitans du Chaco, & la rage de quelques autres peuplades moins nombreuses, l'Espagne est parvenue à former dans cette région trois grandes provinces.

Celle qu'on nomme *Tucuman* est unie, arrosée & saine. On y cultive avec le plus grand succès le coton & le bled que le pays peut consommer; & quelques expériences ont démontré que l'indigo & les autres productions particulieres au nouveau Monde y réussiroient aussi heureusement que dans aucun des établissemens qu'elles enrichissent depuis si long-temps. Ses forêts sont toutes remplies de miel. Il n'y a peut-être pas sur le globe de meilleurs pâturages. La plupart de ses bois sont d'une qualité supérieure. Il est en particulier un arbre désigné par le nom de *quebracho*, qu'on prétend approcher de la dureté, de la pesanteur, de la durée du meilleur marbre, & qui, à cause de la difficulté des transports, est vendu au Potosi jusqu'à dix mille livres. La partie des Andes qui est de ce département, est abondante en or & en cuivre: on y a déja ouvert quelques mines.

Mais combien il faudroit de bras pour demander à ce vaste territoire les richesses qu'il renferme! Cependant ceux qui lui accordent le plus de population, ne la font pas monter à plus de cent mille habitans, espagnols, indiens & nègres. Ils sont réunis dans sept bourgades, dont Saint-Yago del Estero est la principale, ou distribués sur des domaines épars, dont quelques-uns ont plus de douze lieues d'étendue, & comptent jusqu'à quarante mille bêtes à cornes, jusqu'à six mille chevaux, sans compter d'autres troupeaux moins remarquables.

La province, appelée spécialement *Paraguay*, est beaucoup trop humide, à cause des forêts, des lacs, des rivières qui la couvrent. Aussi, abstraction faite des fameuses missions du même nom, qui sont de son ressort, n'y compte-t-on que cinquante-six mille habitans. Quatre cents seulement sont à l'Assomption, sa capitale. Deux autres bourgades, qui portent aussi le nom de ville, en ont moins encore. Quatorze peuplades, conduites sur le même plan que celles des Guaranis, contiennent six mille indiens. Tout le reste vit dans les campagnes & y cultive du tabac, du coton, du sucre, qui sont envoyés avec l'herbe du *Paraguay* à Buenos-Aires, d'où l'on tire en échange quelques marchandises arrivées d'Europe.

Cette contrée fut toujours exposée aux incursions des portugais du côté de l'est, & à celles des sauvages au nord & à l'ouest. Il falloit trouver le moyen de repousser des ennemis le plus souvent implacables. On construisit des forts; des terres furent destinées pour leur entretien, & chaque citoyen s'obligea à les défendre huit jours chaque mois. Ces arrangemens faits anciennement subsistent encore. Cependant, s'il se trouve quelqu'un à qui ce service ne plaise pas, ou auquel ses occupations ne permettent pas de le faire, il peut s'en dispenser, en payant depuis soixante francs jusqu'à cent francs, selon sa fortune.

Ce qui constitue aujourd'hui la province de Buenos-Aires, faisoit originairement partie de celle du *Paraguay*. Ce ne fut qu'en 1621 qu'elle en fut détachée. La plus grande obscurité fut long-temps son partage. Un commerce interlope, qu'après la pacification d'Utrecht, ouvrit avec elle l'établissement portugais du Saint-Sacrement, & qui la mit à portée de former des liaisons suivies avec le Chili & le Pérou, lui communiqua quelque mouvement. Les malheurs arrivés à l'escadre de Pizarre, chargée en 1740 de défendre la mer du sud contre les forces britanniques, augmentèrent sa population & son activité. L'une & l'autre reçurent un nouvel accroissement des hommes entreprenans qui se fixèrent dans cette contrée, lorsque les cours de Madrid & de Lisbonne entreprirent de fixer les limites trop long-temps incertaines de leur territoire. Enfin la guerre, qu'en 1776 se firent les deux puissances avec des troupes envoyées d'Europe, acheva de donner une grande consistance à la colonie.

Maintenant les deux rives du fleuve, depuis l'Océan jusqu'à Buenos-Aires, & depuis Buenos-Aires jusqu'à Santa-Fé, sont ou couvertes de nombreux troupeaux, ou assez bien cultivées. Le bled, le maïs, les fruits, les légumes, tout ce qui compose les besoins ordinaires de la vie, excepté le vin & le bois, y croît dans une grande abondance.

Buenos-Aires, chef-lieu de la province, réunit plusieurs avantages. La situation en est saine & agréable. On y respire un air tempéré; elle est régulièrement bâtie. Ses rues sont larges & formées par des maisons extrêmement basses, mais toutes embellies par un jardin plus ou moins étendu. Les édifices publics & particuliers, qui étoient bâtis de terre il y a cinquante ans, ont acquis de la solidité, des commodités même, depuis qu'on sait cuire de la brique & faire de la chaux. Le nombre des habitans s'élève à trente mille. Une forteresse, gardée par une garnison de six à sept cents hommes, défend un côté de la ville, & les eaux du fleuve environnent le reste de son enceinte. Deux mille neuf cents quarante-trois miliciens espagnols, indiens, nègres & mulâtres libres sont toujours en état de se joindre aux troupes régulieres.

La place est à soixante lieues de la mer. Les vaisseaux y arrivent par un fleuve qui manque de profondeur, qui est semé d'isles, d'écueils, de rochers, & où les tempêtes font beaucoup plus communes, beaucoup plus terribles que sur l'Océan. Ils sont obligés de mouiller tous les soirs à l'endroit où ils se trouvent; & dans les jours les plus calmes, des pilotes les précèdent, la sonde à la main, pour leur indiquer la route qu'ils doivent suivre. Après avoir surmonté ces difficultés, il faut qu'ils s'arrêtent à trois lieues de la ville, qu'ils y débarquent leurs marchandises dans des bâtimens légers, qu'ils aillent se radouber & attendre leur cargaison à l'Incenada de Barragan, situé sept ou huit lieues plus bas.

C'est une espèce de village formé par quelques cabanes construites avec du jonc, couvertes de cuirs & dispersées sans ordre. On n'y trouve ni magasins, ni subsistances; & il n'est habité que par un petit nombre d'hommes indolens, dont on ne peut se promettre presqu'aucun service. L'embouchure d'une rivière, large de cinq à six mille toises, lui sert de port. Il n'y a que les navires qui ne tirent pas plus de douze pieds d'eau, qui puissent y entrer. Ceux qui ont besoin de plus de profondeur, sont réduits à se réfugier derrière une pointe voisine, où le mouillage est heureusement plus incommode que dangereux.

L'insuffisance de cet asyle fit bâtir en 1726, quarante lieues au-dessous de Buénos-Aires, la ville de Montevideo sur une baie qui a deux lieues de profondeur. Une citadelle bien entendue la défend du côté de terre, & des batteries judicieusement placées la protègent du côté du fleuve. Malheureusement on ne trouve que quatre ou cinq brasses d'eau, & l'on est réduit à s'échouer. Cette nécessité n'entraîne pas de grands inconvéniens pour les navires marchands: mais les vaisseaux de guerre dépérissent vite sur cette vase, & s'y arquent très-facilement. Des navigateurs expérimentés, auxquels la nature a donné l'esprit d'observation, ont remarqué qu'avec peu de travail & de dépense on auroit pu faire au voisinage un des plus beaux ports du monde, dans la rivière de Sainte-Lucie. Pour y réussir, il ne falloit que creuser le banc de sable qui en rend l'entrée difficile. Il faudra bien que la cour de Madrid s'arrête, un peu plutôt, un peu plus tard, à ce parti, puisque Maldonado, qui faisoit tout son espoir, est maintenant reconnu pour un des plus mauvais havres qu'il y ait au monde.

Productions & commerce du Paraguay.

La plus riche production qui sorte des trois provinces, c'est l'herbe du *Paraguay*. L'Assomption donna d'abord de la célébrité à une production qui faisoit les délices des sauvages. L'exportation qu'elle en fit, lui procura des richesses considérables. Cette prospérité ne fut qu'un éclair. La ville perdit bientôt, dans le long trajet qu'il falloit faire, la plupart des indiens de son territoire. Elle ne vit autour d'elle qu'un désert, & il lui fallut renoncer à cette unique source de son opulence.

A ce premier entrepôt succéda celui de Villa-Rica, qui s'étoit approché à trente-six lieues de la production. Il se réduisit peu à peu à rien, par la même raison qui avoit fait tomber celui dont il avoit pris la place.

Enfin, au commencement du siècle, fut bâti Cunuguati, à cent lieues de l'Assomption & au pied des montagnes de Maracayu. C'est aujourd'hui le grand marché de l'herbe du *Paraguay* : mais il lui est survenu un concurrent qu'on ne devoit pas craindre.

Les guaranis, qui ne cueilloient d'abord de cette herbe que ce qu'il en falloit pour leur consommation, en ramassèrent avec le temps pour en vendre. Cette occupation & la longueur du voyage les tenoient éloignés de leurs peuplades une grande partie de l'année. Pendant ce temps ils manquoient tous d'instruction. Plusieurs périssoient par le changement de climat ou par la fatigue. Il y en avoit même qui, rebutés par ce travail, s'enfuyoient dans des déserts, & reprenoient leur premier genre de vie. D'ailleurs les missions, privées de leurs défenseurs, restoient exposées aux irruptions de l'ennemi. C'étoit beaucoup trop de maux. Pour y remédier, les jésuites tirèrent du Maracayu même des graines qu'ils semèrent dans la partie de leur territoire, qui approchoit le plus de celui dont elles tiroient leur origine. Elles se développèrent très-rapidement, & ne dégénérèrent pas au moins d'une manière sensible.

Le produit de ces plantations, joint à celui que le hasard donne seul ailleurs, est fort considérable. Une partie reste dans les trois provinces. Le Chili & le Pérou en consomment annuellement vingt-cinq mille quintaux, qui leur coûtent près de deux millions de livres.

Cette herbe, dans laquelle les espagnols & les autres habitans de l'Amérique méridionale trouvent tant d'agrément, & à laquelle ils attribuent un si grand nombre de vertus, est d'un usage général dans cette partie du nouveau-Monde. On la jette, séchée & presque en poussière, dans une coupe avec du sucre, du jus de citron & des pastilles d'une odeur fort douce. L'eau bouillante, qui est versée par-dessus, doit être bue sur-le-champ, pour ne pas donner à la liqueur le tems de noircir.

L'herbe du *Paraguay* est indifférente à l'Europe qui n'en consomme point, & nous ne prenons pas plus d'intérêt au commerce que fait cette région de ses excellentes mules dans les autres contrées du Nouveau-Monde.

Cet animal utile est très-multiplié sur le territoire de Buenos-Aires. Les habitans du Tucuman y portent des bois de construction & de la cire, qu'ils échangent chaque année contre 60 mille mulets de deux ans, qui chacun ne coûtoit pas autrefois trois livres, mais qu'il faut payer huit ou dix aujourd'hui. On les tient quatorze mois dans les pâturages de Cordoue, huit dans ceux de Salta; & par des routes de six cents, de sept cents, de neuf cents lieues, ils sont conduits en troupeaux de quinze cents ou de deux mille dans le Pérou, où on les vend près d'Oruro, de Cusco, de Guanca-Velica, depuis soixante-dix jusqu'à cent livres, suivant le plus ou le moins d'éloignement.

Le Tucuman livre d'ailleurs au Potosi seize ou dix-huit mille bœufs & quatre ou cinq mille chevaux nés & élevés sur son propre territoire. Ce sol fourniroit vingt fois davantage des uns & des autres, s'il étoit possible de leur trouver quelque débouché.

Une connoissance qui sera peut-être moins indifférente pour nos négocians, c'est la route que prennent les cargaisons qu'ils envoient dans cette partie de l'autre hémisphère.

Il y a rarement quelque communication entre les bourgades semées de loin en loin sur cette région. Outre qu'on ne l'entretiendroit pas sans de grandes fatigues, sans de grands dangers, elle seroit de peu d'utilité à des hommes qui n'ont rien ou presque rien à s'offrir, rien ou presque rien à se demander. Buenos-Aires seule avoit un grand intérêt à trouver des débouchés pour les marchandises d'Europe qui lui arrivoient, tantôt ouvertement, tantôt en fraude, & elle parvint à ouvrir un commerce assez régulier avec le Chili & avec le Pérou. Originairement, les caravanes qui formoient ces liaisons, employoient le secours de la boussole pour se conduire dans les vastes déserts qu'il leur falloit traverser : mais avec le temps on est parvenu à se passer de cet instrument si nécessaire pour d'autres usages bien plus importans.

Des chariots partent maintenant de Buenos-Aires pour leur destination respective. Plusieurs se joignent pour être en état de résister aux nations sauvages, qui les attaquent souvent dans leur marche. Tous sont traînés par quatre bœufs, portent cinquante quintaux & font sept lieues par jour. Ceux qui prennent la route du Pérou, s'arrêtent à Juguy, après avoir parcouru quatre cents soixante-sept lieues; & ceux qui sont destinés pour le Chili, n'en ont que deux cents soixante-quatre à faire pour gagner Mendoza. Les premiers reçoivent quatre piastres ou 21 livres 8 sols par quintal, & les seconds un prix proportionné à l'espace qu'ils ont parcouru. Un troupeau de bêtes à poil & à cornes suit toujours ces voitures. Les chevaux sont montés par ceux des voyageurs que le chariot ennuie ou fatigue; les bœufs doivent servir pour la nourriture & pour le renouvellement des attelages.

L'an 1764 fut l'époque heureuse d'une autre institution utile. Le ministère avoit pris enfin le parti d'expédier tous les deux mois, de la Corogne, un paquebot pour Buenos-Aires. C'étoit un entrepôt, d'où il s'agissoit de faire arriver les lettres & les passagers dans toutes les possessions espagnoles de la mer du sud. Le trajet étoit de neuf cents quarante-six lieues jusqu'à Lima, de trois cents soixante-quatre jusqu'à San-Yago, & des déserts immenses occupoient une grande partie de ce vaste espace. Un homme actif & intelligent vint cependant à bout d'établir une poste régulière de la capitale du Paraguay aux capitales du Pérou & du Chili, au grand avantage des trois colonies, & par conséquent de la métropole.

Le *Paraguay* envoie à l'Espagne plusieurs objets plus ou moins importans : mais ils y ont été tous apportés des contrées limitrophes. De ses propres domaines, le pays ne fournit que des cuirs.

Lorsqu'en 1539 les espagnols abandonnèrent Buenos-Aires pour remonter le fleuve, ils laissèrent dans les campagnes voisines quelques bêtes à cornes qu'ils avoient amenées de leur patrie. Elles se multiplièrent tellement, que personne ne daigna se les approprier, lorsqu'on rétablit la ville. Dans la suite, il parut utile de les assommer pour en vendre la peau à l'Europe. La manière dont on s'y prend, est remarquable.

Plusieurs chasseurs se rendent à cheval dans les plaines, où ils savent qu'il y a le plus de bœufs sauvages. Ils poursuivent chacun le leur, & lui coupent le jarret avec un long bâton, armé d'un fer taillé en croissant & bien aiguisé. Cet animal abattu, son vainqueur en poursuit d'autres qu'il abat de même. Après quelques jours d'un exercice si violent, les chasseurs retournent sur leurs pas, retrouvent les taureaux qu'ils ont terrassés, les écorchent, en prennent la peau, quelquefois la langue ou le suif, & abandonnent le reste à des chiens sauvages, ou à des vautours.

Les cuirs étoient originairement à si bon marché, qu'ils ne coûtoient que deux livres, quoique les acheteurs rebutassent ceux qui avoient la plus légère imperfection, parce qu'ils devoient le même impôt que ceux qui étoient les mieux conditionnés. Avec le temps, le nombre en diminua tellement qu'il fallut donner 43 liv. 4 sols pour les grands, 37 liv. 16 sols pour les médiocres,

diocres, & 32 liv. 8 sols pour les petits. Le gouvernement, qui voyoit avec regret se réduire peu-à-peu à rien cette branche de commerce, défendit de tuer les jeunes taureaux. Quelques citoyens actifs réunirent un grand nombre de genisses dans des parcs immenses; & depuis ces innovations, les cuirs qui sont tous en poil & qui pèsent depuis vingt jusqu'à cinquante livres, ont baissé d'environ un tiers. Tous doivent au fisc onze livres.

Depuis 1748 jusqu'en 1753, l'Espagne reçut par an, de cette colonie 8,752,065 livres. L'or entra dans cette somme pour 1,514,705 livres, l'argent pour 3,780,000 liv. & les productions pour 3,447,360 liv. Le dernier article fut formé par trois cents quintaux de laine de vigogne, qui produisirent 207,360 livres, & par cent cinquante mille cuirs qui rendirent 3,240,000 livres. Tout étoit pour le commerce, rien n'appartenoit au gouvernement.

La métropole ne doit pas tarder à voir couler de cette région, dans son sein, des valeurs nouvelles; & parce que la colonie du Saint-Sacrement, par où s'écouloient les richesses, est sortie des mains des portugais, & parce que le *Paraguay* a reçu une existence plus considérable que celle dont il jouissoit.

Remarques sur l'administration du Paraguay *& l'autorité qu'y avoient acquise les jésuites.*

L'empire immense que la Castille avoit fondé dans l'Amérique méridionale fut long-tems subordonnée à un chef unique. Les parties éloignées du centre de l'autorité étoient alors nécessairement abandonnées aux caprices, à l'inexpérience, à la rapacité d'une foule de tyrans subalternes. Aucun espagnol, aucun indien n'avoit la folie de faire des milliers de lieues pour aller réclamer une justice qu'il étoit presque sûr de ne pas obtenir. La force de l'habitude, qui étouffe si souvent le cri de la raison, & qui gouverne encore plus absolument les états que les individus, empêchoit qu'on n'ouvrît les yeux sur le principe certain de tant de calamités. La confusion devint, à la fin, si générale, que ce qu'on appelle le nouveau royaume de Grenade fut détaché, en 1718, de cette gigantesque domination. Elle restoit encore beaucoup trop étendue; & le ministère l'a de nouveau restreinte, en 1776, en formant d'une partie du diocèse de Cusco, de tout celui de la Paz, de l'archevêché de la Plata, des provinces de Santa-Crux de la Sierra, de Cuyo, du Tucuman, du *Paraguay*, une autre vice-royauté, dont le siège est à Buenos-Aires. Le gouvernement ne tardera pas sans doute à régler le sort de ces singulières missions, que les louanges de ses panégyristes, que les satyres de ses détracteurs rendirent également célèbres. Un auteur très-connu, qui nous a fourni cet article,

Œcon. polit. & diplomatique, Tom. III.

parle des missions des jésuites au *Paraguay*: nous ne ferons qu'une remarque sur ses observations exposées avec tant d'intérêt: les usages monastiques peuvent-ils rendre heureuse une grande peuplade? L'asservissement continuel, quelque doux qu'il soit, peut-il convenir à des sauvages? & les petites punitions conviennent-elles à des hommes?

« On dévastoit l'Amérique depuis un siècle, dit-il, lorsque les jésuites y portèrent cette infatigable activité qui les avoit fait si singuliérement remarquer dès leur origine. Ces hommes entreprenans ne pouvoient pas rappeller du tombeau les trop nombreuses victimes qu'une aveugle férocité y avoit malheureusement plongées; ils ne pouvoient pas arracher aux entrailles de la terre les timides indiens que l'avarice des conquérans y faisoit tous les jours descendre. Leur sollicitude se tourna vers les sauvages, que leur vie errante avoit jusqu'alors soustraits au glaive, à la tyrannie. Le plan étoit de les tirer de leurs forêts & de les rassembler en corps de nation, mais loin des lieux habités par les oppresseurs du nouvel hémisphère. Un succès, plus ou moins grand, couronna ces vues dans la Californie, chez les Moxos, parmi les Chiquites, sur l'Amazone & dans quelques autres contrées. Cependant aucune de ces institutions ne jetta un aussi grand éclat que celle qui fut formée dans le *Paraguay*, parce qu'on lui donna pour base les maximes que suivoient les incas dans le gouvernement de leur empire & dans leurs conquêtes ».

« Les descendans de Manco-Capac se rendoient sur leurs frontières avec des armées qui savoient du moins obéir, combattre ensemble, se retrancher, & qui avec des armes offensives, meilleures que celles des sauvages, avoient des boucliers & des armes défensives que leurs ennemis n'avoient pas. Ils proposoient à la nation qu'ils vouloient ajouter à leur domaine, d'adopter leur religion, leurs loix & leurs mœurs. Ces invitations étoient ordinairement rejettées. De nouveaux députés, plus pressans que les premiers, étoient envoyés. Quelquefois on les massacroit, & on fondoit inopinément sur ceux qu'ils représentoient. Les troupes provoquées avoient assez généralement la supériorité: mais elles s'arrêtoient au moment de la victoire, & traitoient leurs prisonniers avec tant de douceur, qu'ils faisoient aimer de leurs compagnons un vainqueur humain. Il n'arriva guère qu'une armée péruvienne attaquât la première; & il arriva souvent qu'après avoir vû ses soldats massacrés, qu'après avoir éprouvé la perfidie des barbares, l'inca ne permettoit pas encore les hostilités ».

« Les jésuites, qui n'avoient point d'armées, se bornèrent à la persuasion. Ils s'enfonçoient dans les forêts pour chercher des sauvages, & ils les déterminèrent à renoncer à leurs habitudes, à leurs préjugés, pour embrasser une religion à

V v v

àquelle ces peuples ne comprenoient rien, & pour goûter les douceurs de la société, qu'ils ne connoissoient pas ».

« Les incas avoient encore un avantage sur les jésuites, c'est la nature de leur culte qui parloit aux sens. Il est plus aisé de faire adorer le soleil, qui semble sa révéler lui-même sa divinité aux mortels, que de leur persuader nos dogmes & nos mystères. Aussi les missionnaires eurent-ils la sagesse de civiliser, jusqu'à un certain point, les sauvages, avant de penser à les convertir. Ils n'essayèrent d'en faire des chrétiens, qu'après en avoir fait des hommes. A peine les eurent-ils assemblés, qu'ils les firent jouir de tous les biens qu'on leur avoit promis. Ils leur firent embrasser le christianisme, quand à force de les rendre heureux, ils les avoient rendu dociles ».

« La division des terres en trois parts pour les temples, pour le public & pour les particuliers ; le travail pour les orphelins, les vieillards & les soldats ; le prix accordé aux belles actions, l'inspection ou la censure des mœurs ; le ressort de la bienveillance ; les fêtes mêlées aux travaux ; les exercices militaires ; la subordination ; les précautions contre l'oisiveté ; le respect pour la religion & les vertus ; tout ce qu'on admiroit dans la religion des incas, se retrouva au *Paraguay*, ou y fut même perfectionné ».

« Les incas & les jésuites avoient également établi un ordre, qui prévenoit les crimes & dispensoit des punitions. Rien n'étoit si rare au *Paraguay* que les délits. Les mœurs y étoient belles & pures par des moyens encore plus doux qu'au Pérou. Les loix avoient été sévères dans cet empire ; elles ne le furent pas chez les guaranis. On n'y craignoit pas les châtimens ; on n'y craignoit que sa conscience ».

« A l'exemple des incas, les jésuites avoient établi le gouvernement théocratique, mais avec un avantage particulier à la religion chrétienne ; c'étoit la confession. Dans le *Paraguay*, elle conduisoit le coupable aux pieds du magistrat. C'est là que, loin de pallier ses crimes, le repentir les lui faisoit aggraver. Au lieu d'éluder sa peine, il venoit la demander à genoux. Plus elle étoit sévère & publique, plus elle rendoit le calme à sa conscience. Ainsi le châtiment, qui par-tout ailleurs effraie les coupables, faisoit ici leur consolation, en étouffant les remords par l'expiation. Les peuples du *Paraguay* n'avoient point de loix civiles, parce qu'ils ne connoissoient point de propriété ; ils n'avoient point de loix criminelles, parce que chacun s'accusoit & se punissoit volontairement : toutes leurs loix étoient des préceptes de religion. Le meilleur de tous les gouvernemens, s'il étoit possible qu'il se maintînt dans sa pureté, seroit peut-être la théocratie ; mais il faudroit que la religion n'inspirât soin les devoirs de la société, n'appellât crime que ce qui blesse les droits naturels de l'humanité, ne substituât pas, dans ses préceptes,

des prières aux travaux, de vaines cérémonies de culte à des œuvres de charité, des scrupules à des remords fondés. Il n'en étoit pas tout-à-fait ainsi au *Paraguay*. Les missionnaires espagnols y avoient beaucoup trop porté leurs idées, leurs usages monastiques. Cependant, peut-être ne fit-on jamais autant de bien aux hommes avec si peu de mal ».

« Il y eut plus d'arts & de commodités dans les républiques des jésuites qu'il n'y en avoit dans Cusco même, & il n'y eut pas plus de luxe. L'usage de la monnoie y étoit même ignoré. L'horloger, le tisserand, le serrurier, le tailleur déposoient leurs ouvrages dans des magasins publics. On leur donnoit tout ce qui leur étoit nécessaire : le laboureur avoit travaillé pour eux. Les religieux instituteurs veilloient sur les besoins de tous avec des magistrats élus par le peuple même ».

« Il n'y avoit point de distinction entre les états ; & c'est la seule société sur la terre, où les hommes aient joui de cette égalité qui est le second des biens : car la liberté est le premier ».

« Les incas & les jésuites ont fait également respecter la religion par la pompe & l'appareil imposant du culte public. Les temples du soleil étoient aussi bien construits, aussi-bien ornés que le permettoit l'imperfection des arts & des matériaux. Les églises du *Paraguay* sont réellement fort belles. Une musique qui alloit au cœur, des cantiques touchans, des peintures qui parloient aux yeux, la majesté des cérémonies, tout attiroit, tout retenoit les indiens dans ces lieux sacrés, où le plaisir se confondoit pour eux avec la piété ».

« Il semble que les hommes auroient dû se multiplier extrêmement sous un gouvernement où nul n'étoit ni oisif, ni excédé de travail ; où la nourriture étoit saine, abondante, égale pour tous les citoyens sainement vêtus, logés commodément ; où les vieillards, les veuves, les orphelins, les malades avoient des secours inconnus sur le reste de la terre ; où tout le monde se marioit par choix, sans intérêt, & où la multitude des enfans étoit une consolation, sans pouvoir être une charge ; où la débauche inséparable de l'oisiveté, qui corrompt l'opulence & la misère, ne hâtoit jamais le terme de la vie humaine ; où rien n'irritoit les passions factices & ne contrarioit les passions réglées par la raison & par la nature ; où l'on jouissoit des avantages du commerce, sans être exposé à la contagion des vices du luxe ; où des magasins abondans, des secours gratuits entre des nations confédérées par la fraternité d'une même religion, étoient une ressource assurée contre la disette qu'amenoient l'inconstance & l'intempérie des saisons ; où la vengeance publique ne fut jamais dans la triste nécessité de condamner un seul criminel à la mort, à l'ignominie, à des peines de quelque durée; où l'on ignoroit jusqu'au nom d'impôt & de procès, deux terribles fléaux qui travaillent par-tout l'espèce humaine. Un tel pays devoit être, ce semble, le plus peuplé de la terre. Cependant il ne l'étoit pas ».

« Cette domination, commencée en 1610, s'étend depuis le Parana, qui se jette dans le *Paraguay* sous le vingtième degré de latitude méridionale, jusqu'à l'Uruguay, qui se perd dans le même fleuve vers le trente-quatrième degré de latitude. Sur les bords de ces deux grandes rivières, qui descendent des montagnes voisines du Brésil dans les plaines qui séparent ces rivières, les jésuites avoient formé, dès l'an 1676, vingt-deux peuplades dont on ignore la population. En 1702 l'on y en comptoit vingt-neuf, composées de vingt-deux mille sept cens soixante & une familles, qui avoient quatre-vingt-neuf mille quatre cens quatre-vingt-onze têtes. Aucun monument d'une foi certaine ne porta jamais le nombre des bourgades au-dessus de trente-deux, ni celui de leurs habitans au-dessus de cent vingt-un mille cent soixante-huit ».

« On soupçonna long-temps les religieux instituteurs de diminuer la liste de leurs sujets, pour priver l'Espagne du tribut auquel ces peuples s'étoient librement soumis, & la cour de Madrid montra sur cela quelques inquiétudes. Des recherches exactes dissipèrent ce soupçon aussi injurieux que mal fondé. Etoit-il vraisemblable qu'une compagnie, dont la gloire fut toujours l'idole, sacrifiât à un intérêt obscur & bas un sentiment de grandeur proportionné à la majesté de l'édifice qu'elle élevoit avec tant de soins & de travaux ».

« Ceux qui connoissoient assez le génie de la société pour ne la pas calomnier si grossièrement, répandoient que les guaranis ne se multiplioient pas, parce qu'on les faisoit périr dans les travaux des mines. Cette accusation, intentée il y a plus d'un siècle, se perpétua par une suite de l'avarice, de l'envie, de la malignité qui l'avoient formée. Plus le ministère espagnol fit chercher cette source de richesses, plus il se convainquit que c'étoit une chimère. Si les jésuites avoient découvert de pareils trésors, ils se seroient bien gardés de faire ouvrir cette porte à tous les vices qui auroient bientôt désolé leur empire & ruiné leur puissance ».

« L'oppression d'un gouvernement monacal dut, selon d'autres, arrêter la population des guaranis. Mais l'oppression n'est que dans les travaux & dans les tributs forcés; dans les levées arbitraires, soit d'hommes, soit d'argent, pour composer des armées & des flottes destinées à périr; dans l'exécution violente des loix imposées sans le consentement des peuples & contre la réclamation des magistrats; dans la violation des privilèges publics & l'établissement des privilèges particuliers; dans l'incohérence des principes d'une autorité qui, se disant établie de Dieu par l'épée, veut tout prendre avec l'une & tout ordonner au nom de l'autre, s'armer du glaive dans le sanctuaire, & de la religion dans les tribunaux: voilà l'oppression. Jamais elle n'est dans une soumission volontaire des esprits, ni dans la pente & le vœu des cœurs, en qui la persuasion opère & précède l'inclination, qui ne font que ce qu'ils aiment à faire & n'aiment que ce qu'ils font. C'est-là ce doux empire de l'opinion, le seul peut être qu'il soit permis à des hommes d'exercer sur des hommes, parce qu'il rend heureux ceux qui s'y abandonnent. Tel fut sans doute celui des jésuites au *Paraguay*, puisque des nations entières venoient d'elles-même s'incorporer à leur gouvernement, & qu'on ne vit pas une seule de leurs peuplades secouer le joug. On n'oseroit dire que cinquante missionnaires eussent pu forcer à l'esclavage cent mille indiens qui pouvoient, ou massacrer leurs pasteurs, ou s'enfuir dans des déserts. Cet étrange paradoxe révolteroit également les esprits foibles & les esprits audacieux ».

« Quelques personnes soupçonnèrent que les Jésuites avoient répandu dans leurs peuplades cet amour du célibat, auquel les siècles de barbarie attachèrent parmi nous une sorte de vénération. Rien n'étoit plus éloigné de la vérité. Ces missionnaires n'inspirèrent jamais à leurs néophites une maxime à laquelle le climat apportoit des obstacles insurmontables, & qui auroit suffi pour décrier & faire détester les meilleures institutions ».

« Nos politiques crurent voir, dans le défaut de propriété, un obstacle insurmontable à la population des guaranis. On ne sauroit douter que la maxime qui nous fait regarder la propriété comme la source de la multiplication des hommes & des subsistances, ne soit une vérité incontestable. Mais tel est le sort des meilleures institutions, que nos erreurs parviennent presque à les détruire. Sous la loi de la propriété, quand elle est jointe à la cupidité, à l'ambition, au luxe, à une multitude de besoins factices, à mille autres désordres qui prennent naissance dans les vices de nos gouvernemens; les bornes de nos possessions, tantôt beaucoup trop resserrées, tantôt beaucoup trop étendues, arrêtent tout-à-la-fois la fécondité de nos terres & celle de notre espèce. Ces inconvéniens n'existoient point dans le *Paraguay*. Tous y avoient une subsistance assurée; tous y jouissoient par conséquent des grands avantages du droit de propriété, sans pourtant avoir proprement ce droit. Ce ne fut donc pas précisément parce qu'ils en étoient privés que la population ne fit pas chez eux de grands progrès ».

« Un écrivain mercenaire, ou aveuglé par sa haine, n'a pas craint de publier depuis peu, à la face de l'univers, que le terrein occupé par les guaranis ne pouvoit nourrir que le nombre d'hommes qui y exiſtoit; & que, plutôt que de les rapprocher des eſpagnols, leurs miſſionnaires avoient eux-mêmes arrêté la population. Ils perſuadoient, nous dit-on, à leurs néophites de laiſſer périr leurs enfans, qui ſeroient autant de prédeſtinés & de protecteurs ».

« Aux chimères qui viennent d'être combattues, tâchons de ſubſtituer des cauſes vraies ou vraiſemblables ».

« D'abord, les portugais de Saint-Paul détruiſirent en 1631 les douze ou treize peuplades formées dans la province de Guayra, limitrophe du Bréſil. Ces brigands, qui n'étoient qu'au nombre de deux cents ſoixante-quinze, ne purent, il eſt vrai, emmener que neuf cents des vingt-deux mille guaranis qui compoſoient cet établiſſement naiſſant: mais le glaive & la miſère en détruiſirent beaucoup. Pluſieurs reprirent la vie ſauvage. A peine en arriva-t-il douze mille ſur les bords du Parana & de l'Uruguay, où l'on avoit réſolu de les fixer ».

« La paſſion qu'avoient les dévaſtateurs de faire des eſclaves, ne fut pas étouffée par cette émigration. Ils pourſuivirent leur timide proie dans ſon nouvel aſyle, & devoient avec le tems tout diſperſer, tout mettre aux fers, ou tout égorger, à moins qu'on ne donnât aux indiens des armes pareilles à celles de leurs agreſſeurs ».

« C'étoit une propoſition délicate à faire. L'Eſpagne avoit pour maxime de ne pas introduire l'uſage des armes à feu parmi les anciens habitans de cet autre hémiſphère, dans la crainte qu'ils ne ſe ſerviſſent un jour de ces foudres pour recouvrer leurs premiers droits. Les jéſuites applaudiſſoient à cette défiance néceſſaire avec des nations dont la ſoumiſſion étoit forcée: mais ils la jugeoient inutile avec des peuples librement attachés aux rois catholiques par des liens ſi doux, qu'ils ne pouvoient être jamais tentés de les dénouer. Les raiſons ou les inſtances de ces miſſionnaires triomphèrent des oppoſitions & des préjugés. En 1639, on accorda des fuſils aux guaranis; & cette faveur les délivra pour toujours du plus grand des dangers qu'ils pouvoient courir ».

« D'autres cauſes plus obſcures de deſtruction remplacèrent celle-là. L'uſage s'établit d'envoyer annuellement à deux, à trois cents lieues de leurs frontières, une partie des bourgades cueillir l'herbe du *Paraguay*, pour laquelle on leur connoiſſoit une paſſion inſurmontable. Dans ces longues & pénibles courſes, pluſieurs périſſoient de faim & de fatigue. Quelquefois, durant leur abſence, des ſauvages errans dévaſtoient des plantations privées de la plupart de leurs défenſeurs. Ces vices étoient à peine corrigés qu'une nouvelle calamité affligea les miſſions ».

« Un malheureux haſard y porta la petite-vérole; les poiſons furent encore plus meurtriers dans cette contrée que dans le reſte du nouveau Monde. Cette contagion ne diminua point, & continua à entaſſer victime ſur victime ſans interruption. Les jéſuites ignorèrent-ils les ſalutaires effets de l'inoculation ſur les bords de l'Amazone, ou ſe refuſèrent-ils par principes à une pratique dont les avantages ſont ſi bien prouvés ? »

« Après tout, ce fut le climat qui arrêta ſurtout la population des guaranis. Le pays qu'ils occupoient, principalement ſur le Parana, étoit chaud, humide, ſans ceſſe couvert de brouillards épais & immobiles. Ces vapeurs y verſoient dans chaque ſaiſon des maladies contagieuſes. Les inclinations des habitans aggravoient ces fléaux. Héritiers de la voracité que leurs pères avoient apportée du fond des forêts, ils ſe nourriſſoient de fruits verds; ils mangeoient les viandes preſque crues, ſans que ni la raiſon, ni l'autorité, ni l'expérience puſſent déraciner ces habitudes invétérées. De cette manière, la maſſe du ſang, altérée par l'air & les alimens, ne pouvoit pas former des familles nombreuſes, ni des générations de quelque durée ».

« Pour aſſurer la félicité des guaranis, en quelque nombre qu'ils fuſſent ou qu'ils puſſent être, leurs inſtituteurs avoient originairement réglé avec la cour de Madrid, que ces peuples ne ſeroient jamais employés aux travaux des mines, ni aſſervis à aucune corvée. Bientôt cette première ſtipulation leur parut inſuffiſante au repos des nouvelles républiques. Ils firent décider que tous les eſpagnols en ſeroient exclus, ſous quelque dénomination qu'ils ſe préſentaſſent. On prévoyoit que, s'ils y étoient admis comme négocians ou même comme voyageurs, ils répandroient de troubles ces lieux paiſibles, & y porteroient le germe de toutes les corruptions. Ces meſures bleſſèrent d'autant plus profondément des conquérans avides & deſtructeurs, qu'elles avoient l'approbation des ſages. Leur reſſentiment éclata par des imputations qui avoient un fondement apparent & peut-être réel ».

« Les miſſionnaires faiſoient le commerce pour la nation. Ils envoyoient à Buenos-Aires de la cire, du tabac, des cuirs, des cotons en maſſe & filés, principalement l'herbe du *Paraguay*. On recevoit en échange, des vaſes & des ornemens pour les temples; du fer, des armes, des quincailleries, quelques marchandiſes d'Europe que la colonie ne fabriquoit pas; des métaux deſtinés au paiement du tribut que devoient les indiens mâles, depuis vingt juſqu'à cinquante ans. Autant qu'il eſt poſſible d'en juger à travers les épais nuages qui ont continuellement enveloppé ces objets, les beſoins de l'état n'abſorboient pas le produit entier de ſes ventes. Ce qui reſtoit étoit détourné au profit des jéſuites. Auſſi furent-ils traduits au tribunal des quatre parties du monde, comme une ſociété de marchands qui, ſous le voile de la religion, n'étoient occupés que d'un intérêt sordide ».

« Ce reproche ne pouvoit pas tomber sur les premiers fondateurs du *Paraguay*. Les déserts qu'ils parcouroient ne produisoient ni or, ni denrées. Ils n'y trouvèrent que des forêts, des serpens, des marais, quelquefois la mort ou des tourmens horribles, & toujours des fatigues excessives. Ce qu'il leur en coûtoit de soins, de travaux, de patience, pour faire passer les sauvages d'une vie errante à l'état social, ne peut se comprendre. Jamais ils ne songèrent à s'approprier le produit d'une terre qui cependant, sans eux, n'auroit été habitée que par des bêtes féroces. Vraisemblablement leurs successeurs eurent des vues moins nobles & moins pures. Vraisemblablement, ils cherchèrent un accroissement de fortune & de puissance, où ils ne devoient voir que la gloire du christianisme, que le bien de l'humanité. Ce fut, sans doute, un grand crime de voler les peuples en Amérique, pour acheter du crédit en Europe, & pour augmenter sur tout le globe une influence déjà trop dangereuse. Si quelque chose pouvoit diminuer l'horreur d'un si grand forfait, c'est que la félicité des indiens n'en fut pas altérée. Jamais ils ne parurent rien desirer au-delà des commodités dont on les faisoit jouir généralement ».

« Ceux qui n'accusèrent pas les jésuites d'avarice, censurèrent les établissemens du Paraguay comme l'ouvrage d'une superstition aveugle. Si nous avons une idée juste de la superstition, elle retarde les progrès de la population; elle consacre à des pratiques inutiles le temps destiné aux travaux de la société; elle dépouille l'homme laborieux, pour enrichir le solitaire oisif & dangereux; elle arme les citoyens les uns contre les autres, pour des sujets frivoles; elle donne au nom du ciel le signal de la révolte; elle soustrait ses ministres aux loix, aux devoirs de la société: en un mot, elle rend les peuples malheureux, & donne des armes au méchant contre le juste. Vit-on chez les guaranis aucune de ces calamités? S'ils dûrent leurs anciennes institutions à la superstition, ce sera la première fois qu'elle aura fait du bien aux hommes ».

« La politique, toujours inquiète, toujours soupçonneuse, paroissoit craindre que les républiques, fondées par les jésuites, ne se détachassent un peu plus tôt, un peu plus tard, de l'empire à l'ombre duquel elles s'étoient élevées. Leurs habitans étoient à ses yeux les soldats les plus exercés du nouvel hémisphère. Elle les voyoit obéissans par principe de religion avec l'énergie des mœurs nouvelles, & combattant avec le fanatisme qui conduisit tant de martyrs sur l'échafaud, qui brisa tant de couronnes par les mains des disciples d'Odin & de Mahomet. Mais c'étoit sur-tout leur gouvernement qui causoit ses alarmes ».

« Dans les institutions anciennes, l'autorité civile & l'autorité religieuse, qui partent de la même source, & qui doivent tendre au même but, étoient réunies dans les mêmes mains, ou l'une tellement subordonnée à l'autre, que le peuple n'osoit l'en séparer dans ses idées & dans ses craintes. Le christianisme introduisit en Europe un autre esprit, & forma, dès son origine, une rivalité secrette entre les deux pouvoirs, celui des armes & celui de l'opinion ».

« Les jésuites du *Paraguay*, qui connoissoient cette source de division, profitèrent du mal que leur société avoit fait souvent en Europe, pour établir un bien solide en Amérique. Ils réunirent les deux pouvoirs en un seul; ce qui leur donna la disposition absolue des pensées, des affections, des forces de leurs néophites ».

« Un pareil système rendoit-il redoutables ces législateurs ? Quelques personnes le pensoient dans le nouveau-Monde, & cette croyance étoit beaucoup plus répandue dans l'ancien : mais par-tout on manquoit des lumières nécessaires pour asseoir un jugement. La facilité, peut-être inattendue, avec laquelle les missionnaires ont évacué ce qu'on appelloit leur empire, a paru démontrer qu'ils étoient hors d'état de s'y soutenir. Ils y ont été même moins regrettés qu'on ne croyoit qu'ils le seroient. Ce n'est pas que les peuples eussent à se plaindre de la négligence ou de la dureté de leurs conducteurs. Une indifférence si extraordinaire venoit sans doute de l'ennui que ces américains, en apparence si heureux, devoient éprouver durant le cours d'une vie trop uniforme pour n'être pas languissante, & sous un régime qui, considéré dans son vrai point de vue, ressembloit plutôt à une communauté religieuse qu'à une institution politique ».

« Comment un peuple entier vivoit-il sans répugnance sous la contrainte d'une loi austère, qui n'assujettit pas un petit nombre d'hommes qui l'ont embrassée par enthousiasme & par les motifs les plus sublimes, sans leur inspirer de la mélancolie & sans aigrir leur humeur. Les guaranis étoient des espèces de moines, & il n'y a pas peut-être un moine qui n'ait quelquefois détesté son habit. Les devoirs étoient tyranniques. Aucune faute n'échappoit au châtiment. L'ordre commandoit au milieu des plaisirs. Le guaranis, inspecté jusques dans ses amusemens, ne pouvoit se livrer à aucune sorte d'excès. Le tumulte & la licence étoient bannis de ses tristes fêtes. Ses mœurs étoient trop austères. L'égalité à laquelle ils étoient réduits, & dont il leur étoit impossible de se tirer, éloignoit entr'eux toute sorte d'émulation. Un guaranis n'avoit aucun motif de surpasser un guaranis. Il avoit fait assez bien, si l'on ne pouvoit l'accuser, ni le punir d'avoir mal fait. La privation de toute propriété n'influoit-elle pas sur ses liaisons les plus douces ? Ce n'est pas assez pour le bonheur de l'homme d'avoir ce qu'il lui suffit ; il lui faut encore de quoi donner. Un guaranis ne pouvoit être le bienfaiteur, ni de sa femme, ni de ses enfans, ni de ses parens, ni de ses amis, ni de ses compatriotes, & aucun de ceux-ci ne pouvoit être le sien. Son cœur ne sentoit aucun besoin. S'il étoit sans vice, il étoit aussi sans vertu. Il n'aimoit point, il n'étoit point aimé. Un guaranis passionné auroit été le plus malheureux ; & l'homme sans passion n'existe, ni dans le fond d'un bois, ni dans la société, ni dans une cellule. Je ne connois que l'amour, qui s'irrite & s'accroît, par la gêne, qui pût y gagner. Mais croira-t-on qu'il ne restât rien aux guaranis du sentiment de leur liberté sauvage ? Mais négligez tout ce qui précède, & ne pesez que le peu de lignes que je vais ajouter. Le guaranis n'eut jamais que des idées très-confuses de ce qu'il devoit aux soins de ses législateurs, & il en avoit vivement, continuellement senti le despotisme. Il se persuada sans peine, au moment de leur expulsion, qu'il seroit affranchi, & qu'il n'en seroit pas moins heureux. Toute autorité est plus ou moins odieuse, & c'est la raison pour laquelle tous les maîtres, sans exception, ne font que des ingrats ».

Lorsqu'en 1768 les missions du *Paraguay* sortirent des mains des jésuites, elles étoient arrivées à un point de civilisation, le plus grand peut-être où l'on puisse conduire les nations nouvelles, & certainement fort supérieur à tout ce qui existoit dans le reste du nouvel hémisphère. On y observoit les loix. Il y régnoit une reuse exacte. Les mœurs y étoient pures. Une heureuse fraternité y unissoit les cœurs. Tous les arts de nécessité y étoient perfectionnés, & l'on en connoissoit quelques-uns d'agréables. L'abondance y étoit universelle, & rien ne manquoit dans les dépôts publics. Le nombre des bêtes à cornes s'y élevoit à sept cents soixante-neuf mille trois cents cinquante-trois ; celui des mulets ou des chevaux, à quatre-vingt-quatorze mille neuf cents quatre-vingt-trois ; celui des moutons, à deux cents vingt-un mille cinq cents trente-sept, sans compter quelques-autres animaux domestiques.

Les pouvoirs, concentrés jusqu'alors dans les mêmes mains, furent partagés. Un chef, auquel on donna trois lieutenans, fut chargé de gouverner la contrée. On confia ce qui étoit du ressort de la religion à des moines de S. Dominique, de S. François & de la Merci.

C'est le seul changement qui ait été fait jusqu'ici aux dispositions anciennes. La cour de Madrid a voulu examiner, sans doute, si l'ordre établi devoit être maintenu ou réformé. On cherche à lui persuader de retirer les guaranis d'une région peu salubre & trop peu fertile, pour en peupler les bords inhabités de Rio-Plata, depuis Buenos-Aires jusqu'à l'Assomption. Si ce plan est adopté, & que les peuples refusent de quitter

les tombeaux de leurs pères, ils seront réduits à se disperser : s'ils se prêtent aux vues de l'Espagne, ils cesseront de former une nation. Quoi qu'il arrive, le plus bel édifice qui ait été élevé dans le nouveau-Monde, sera renversé.

PARLEMENT. *Voyez* le dictionnaire de Jurisprudence.

PARLEMENT d'Angleterre. *Voyez* l'article ANGLETERRE.

PARME. Duché de *Parme* & Plaisance ou états de l'Infant de *Parme*.

Ces états, qui comprennent environ 90 mille géographiques quarrés, furent cédés avec tous les droits & districts qui en dépendent, lors de la paix d'Aix-la-Chapelle en 1748, à l'infant d'Espagne, Dom Philippe, par la maison d'Autriche & le Roi de Sardaigne ; & il fut réglé dans ce traité que ces états lui serviroient d'établissement, & passeroient à ses descendans mâles légitimes ; que si l'infant mouroit sans fils, ou que lui-même ou quelqu'un de ses descendans montât sur le trône d'Espagne, ces états retourneroient sous la domination de ceux qui, jusqu'alors en avoient été maîtres ; c'est-à-dire de la maison d'Autriche & du Roi de Sardaigne. Ce Roi, en 1743, avoit obtenu de la maison d'Autriche, la partie du duché de Plaisance, qui est située sur le bord occidental de la Nura, ainsi que nous l'avons remarqué à l'article MILANEZ.

Les duchés de *Parme* & de Plaisance n'ont jamais été séparés. Du côté du nord-ouest, ils touchent au Milanez ; vers le midi ils touchent à l'état de Gênes ; & vers l'orient, à ceux de Modene. Leur longueur de l'orient à l'occident est de 14 milles communs d'Allemagne ; & leur largeur du midi au nord de 11 milles.

Sol.

Le sol est d'une fertilité extraordinaire, surtout en oliviers, en grosses patates, en pommes de terre & en chataignes. Les pâturages & les bestiaux y sont excellens, principalement dans les environs de Plaisance ; parce que les prairies peuvent y être inondées à la faveur de quelques ruisseaux qui entraînent avec eux une terre grasse. Mais le bon fromage, connu sous le nom de Parmesan, ne se fait plus dans ce pays, mais à Lodi, dans le Milanez, & dans les environs de Turin, de Bologne & dans quelques autres cantons. Il y a à Salso des salines fort importantes.

Régime ecclésiastique.

Depuis 1764 le prince a fait des réformes importantes dans les affaires ecclésiastiques. Il a défendu sous des peines graves d'établir en fondations pieuses des legs qui passent la vingtième partie des possessions du testateur, ou qui excèdent la valeur de 300 écus de *Parme*. On a enjoint à ceux qui veulent faire des vœux pour l'état monastique, de renoncer à toute espece de droit de succession. Par une ordonnance du 13 Janvier 1765, tous les biens, qui des mains des laïcs avoient passé en celles des ecclésiastiques, ont soumis aux mêmes impositions qu'ils payoient lorsqu'ils étoient encore possédés par des laïcs. Dans la même année on établit un tribunal, chargé de juger les contestations qui pourroient s'élever à l'occasion de ces deux ordonnances : & on régla en même tems, que les impositions mises sur ces biens, qui des laïcs avoient passé aux ecclésiastiques, se payeroient depuis l'année 1561. En 1768, les jésuites furent chassés de deux duchés; en 1769, le tribunal de l'inquisition fut aboli; & le soin de veiller en chef à la conservation de la foi, confié aux évêques, auxquels on promit l'assistance du bras séculier dans les cas où elle seroit nécessaire.

Précis de l'histoire politique.

Les villes de *Parme* & de Plaisance ont été quelque tems soumises à l'Empire romain; mais à l'exemple des autres villes d'Italie, elles cherchèrent à se mettre en liberté; & se prêtant aux circonstances, elles embrasèrent le parti de l'empereur ou celui des papes. Plusieurs familles s'en disputerent la souveraineté; & enfin les ducs de Milan en restèrent maîtres. Au commencement du seizième siécle, elles furent pour un moment sous la domnation françoise. Mais les François ayant été en 1521 chassés de toute l'Italie, les papes réunirent ces deux villes à l'état ecclésiastique. Paul III, en 1545 investit son fils naturel Pierre-Aloïse Farnese des duchés de *Parme* & de Plaisance, à titre de fiefs de l'église; & par là l'ancienne maison de Farnese, originaire de la Toscane, fut élevée à la dignité de prince. Le duc Odoard engagea en 1622 le duché de Castro & le comté de Ronciglione au mont-de-piété de Rome. Ses successeurs ne dégagèrent point l'hypothèque; & le pape voulant que les fiefs fussent libérés de leurs dettes, il les paya, & en prit possession; & depuis cette époque il appartient au saint-siège. Le duc François maria la fille de son frère Odoard à Philippe V, roi d'Espagne; de-là viennent les prétentions de l'Espagne sur ces duchés. Il s'est élevé dans ce siécle diverses contestations au sujet de leur possession. La quadruple alliance régla, en 1717, qu'au défaut des ducs de Toscane & de *Parme*, ces pays seroient donnés à Dom Carlos, infant d'Espagne; & qu'à l'avenir ces mêmes duchés passeroient pour fiefs masculins de l'Empire. Il est vrai que non-seulement le pape, mais le duc de *Parme* voulurent que ces états se regardassent comme fiefs du saint Siège. Le duc prétendit que l'empereur ni l'empire ne pouvoient y exercer les droits du domaine direct, tant que la maison de Farnese auroit des descendans mâles; mais en 1723, la lettre d'investiture éventuelle qui fut expédiée par l'empereur en faveur de Dom Carlos; & après la mort d'Antoine, dernier duc de la maison de Farnese, arrivée en 1731, comme il n'y avoit point d'héritiers mâles, l'infant prit possession des duchés. Cependant les choses changèrent de face peu de tems après; car dans les préliminaires de 1735, il fut arrêté, que Dom Carlos monteroit sur le trône des deux Siciles; & que la souveraineté des duchés de *Parme* & de Plaisance passeroit à l'empereur. La maison d'Autriche en resta en possession jusqu'à l'année 1748 : à cette époque, comme nous l'avons dit ci-dessus, ils furent cédés à l'infant Dom Philippe par la paix d'Aix-la-Chapelle; & ce prince eut pour successeur en 1765 Ferdinand premier, son fils unique, aujourd'hui régnant. Le pape Clément XIII, dans un bref donné en 1768, appella ces pays *son duché*; mais on sait de quelle manière la maison de Bourbon répondit à ce bref.

Les parties principales de cet état sont :

1. Le duché de *Parme*.

2. Le duché de Plaisance.

3. Le Val di Taro, autrement l'état de Landi. Il est sur les confins de l'état de Gênes, dans l'Appennin.

4. L'état de Pallavicin, au bord du Pô.

Le duché de Guastalle appartient aussi à l'infant de *Parme*.

Les ducs de Guastalle tiroient leur origine de la maison de Mantoue. François II, marquis de Mantoue, donna la ville de Guastalle & son district à son fils cadet Ferdinand, dont le neveu Ferdinand II, fut le premier qui prit le nom de prince de Guastalle. Ferdinand III mourut en 1678, sans héritiers mâles; il laissa deux filles, dont l'aînée, Anne-Isabelle, épousa Charles IV, duc de Mantoue, & la plus jeune, Marie-Victoire, Vincent Gonzague, neveu de Ferdinand II. Celui-ci fit ses efforts pour succéder à Ferdinand III dans le duché de Guastalle; il en obtint l'investiture de l'empereur; il s'en mit en possession en 1692 : il mourut en 1703. Son fils aîné & successeur, Antoine-Ferdinand, obtint en 1708 pour héritage les principautés de Sabionetta & de Bozzolo. Son frère Joseph-Marie lui succéda, & mourut en 1746. A cette époque, Marie-Therese, reine de Hongrie & de Bohême, s'empara de ce duché, & le céda en 1748 à l'infant Dom Philippe. Le duché de Guastalle a environ trois mille communs d'Allemagne en longueur, sur un & demi en largeur.

On évalue les revenus annuels du prince à 5 ou 600 mille écus ; mais les dépenses de la cour, & les frais d'aministration vont beaucoup plus haut ; & malgré les secours de la France & de l'Espagne les finances sont en désordre.

L'ordonnance que voici publiée à la fin de 1784 suffira pour indiquer la détresse du trésor.

Ferdinand I, par la grace de Dieu, infant d'Espagne, duc de *Parme*, Plaisance & Guastalle, &c. &c.

» Après avoir réfléchi plusieurs fois sur la situation actuelle de nos finances royales, nous avons donné depuis quelque temps tous nos soins à l'établissement d'un nouveau système pour le règlement des Finances royales & politiques, dans la vue de rendre aux droits régaliens tombés en décadence, leur premiere vigueur, & de soulager pour un tems notre trésor des avances urgentes, qu'il a été obligé de faire. L'établissement d'une nouvelle ferme générale nous a paru quelquefois très-propre à remplir le double objet susdit ; mais notre cœur paternel ayant senti qu'il n'en pouvoit pas résulter beaucoup de conséquences heureuses pour la tranquillité des sujets, nous n'avons pu envisager un pareil projet qu'avec une sorte de répugnance. Néamoins sentant la nécessité urgente qui s'est manifestée de pourvoir promptement aux besoins de notre trésor royal, afin qu'il soit en état de satisfaire aux obligations qui sont dues à la foi publique & au soutien indispensable de la principauté, nous nous étions déterminés à vaincre la répugnance que nous avions d'adopter un système qui ne nous plaisoit pas. Mais, puisque d'après la réflexion particuliere que nous faisons, que l'attente des versemens de fonds que nous avions invité de faire à plusieurs reprises avec la formalité des cédules publiques accoutumée, avoit été frustrée pendant plusieurs mois, nous nous voyons rendu au premier état de pouvoir librement prendre toute autre mesure plus convenable, sur-tout à cause de l'incertitude évidente où nous sommes du meilleur succès d'autres cédules invitatoires. En conséquence, comme il s'est présenté à nous une société composée de sujets habitans, avec un projet de contrat social entre la chambre royale & les prêteurs, nous avons jugé un pareil expédient assez conforme à la première idée qui nous avoit été suggérée pour concilier le meilleur avantage de nos finances avec la tranquillité de nos sujets, & nous nous sommes déterminés par ces raisons, & pour d'autres que nous nous réservons, & aussi d'après l'exemple d'autres puissances, à approuver dans son entier, & à accepter par notre décret souverain du 23 novembre dernier, le contrat de société qui nous a été offert ; lequel, sous la dénomination de *ferme mixte*, durera pendant neuf années consécutives, & devra avoir son effet le premier jour de l'année 1785, l'acte que nous avons demandé au magistrat de la chambre des comptes, étant déja dressé. »

» En attendant, l'autorité ordinaire du même tribunal sera chargée de prendre toutes les mesures qui seront nécessaires par la suite pour faire connoître généralement les dispositions que nous avons énoncées, & tout ce qui regardera leur exécution, attendant de l'obéissance de nos très-amés sujets, qu'ils se conformeront en tous points aux objets que nous avons eus en vue dans l'institution de ce contrat social. » Donné dans notre palais de Colorno le 17 décembre 1784. Signé, FERDINAND. *Prosperomascara*.

PASSAU (L'évêché de) principauté d'Allemagne.

L'évêché ou la principauté de *Passau*, est situé sur le Danube, entre la Baviere, la Bohême & l'Autriche. Il porte le nom de *Passau*, sa capitale, dans laquelle il fut fondé en 737, lorsque Vivilon, archevêque de Laureaucum, (aujourd'hui Lorch ou Lorich, bourg d'Autriche, situé à l'embouchure de l'Ens, dans le Danube), & s'y retira après la destruction de cette ville, par les Huns. Otillon, duc de Baviere, lui donna l'église de saint Etienne. Les évêques de *Passau* ont pris souvent depuis le nom d'archevêque de Lorch & de *Passau* ; & les auteurs les désignent tantôt sous la première, & tantôt sous la seconde de ces dénominations. Ils étoient autrefois suffragans des archevêques de Salzbourg ; mais Joseph-Dominique, évêque & comte de Lamberg, obtint (1728) du pape Benoît XIII, l'exemption de son évêché ; elle lui fut confirmée par Clément XII, en 1723. Depuis cette époque l'évêque de *Passau* est immédiatement soumis au saint-siège.

Le titre de l'évêque est : Par la grace de Dieu, évêque & prince du saint Empire romain, à *Passau*.

Il occupe dans le collège des princes la troisième place sur le banc ecclésiastique, entre les évêques de Ratisbonne & de Trente ; il suit, aux assemblées du cercle de Baviere, où il est le dernier évêque, celui de Ratisbonne, & précede le prévôt de Berchtolsgaden. Sa taxe matriculaire est de 18 cavaliers & 78 fantassins, ou de 528 florins ; le contingent qu'il paie à la chambre impériale, est de 94 rixdales 62 & demie kreutzers.

Le chapitre est composé de 23 personnes ; savoir, de 15 capitulaires & de 8 domiciliaires. La neuvième place de domiciliaire demeure vacante, & ses revenus sont employés à l'entretien du pont construit sur le Danube. Le prince de Lamberg est

est maréchale héréditaire de l'évêché ; le comte d'Aham & de Neuhaus en est chambellan ; le comte Weiffenwolf, Echanfon ; & le baron de Benzenau, fénéchal, héréditaires.

Ertel dit que les revenus de l'évêque montent à 80,000 écus d'or.

Son diocèse comprend en Bavière, deux églises collégiales, treize abbayes & prévôtés, dix doyennés ruraux, & 328 églises ; il avoit beaucoup d'étendue en Autriche. L'empereur s'est opposé à cette jurifdiction ; & il paroît que l'affaire de l'évêché de Paffau, avec la cour impériale a été arrangée de la manière suivante : l'évêché renonce à perpétuité à la jurifdiction ecclésiastique dans la haute & baffe Autriche, & à celle dans le quartier de l'Inn, cédé à la maifon d'Autriche par le traité de Tefchen, & s'engage à payer annuellement 25,000 florins au nouvel évêché de Linz ; cette fomme fera acquittée partie en argent comptant, & partie en bénéfices cédés pour cet objet. La cour Impériale, de fon côté, restitue à l'évêché les districts, dîmes, maifons, &c. qu'elle avoit mis en féqueftre. La haute Autriche, d'après cet arrangement, & le quartier de l'Inn, feront attribués au diocèfe de Linz, deux quarts de la baffe Autriche à l'évêque de Saint-Poltin, & le refte à l'archevêque de Vienne.

PASSE-PORT. C'est une efpèce de privilège, qui donne aux perfonnes qui en font munies, le droit d'aller & de venir en sûreté, ou celui de transporter certaines chofes auffi en sûreté.

Des paffe-ports ou fauf-conduits que l'on donne en temps de guerre aux miniftres publics.

Ces paffe-ports font inutiles en temps de paix, parce que c'est une maxime reconnue du droit des gens, que chaque fouverain doit accorder un paffage libre & sûr par fes états à tout voyageur, non fufpect de quelque crime, surtout à des perfonnes employées au fervice d'un autre prince ; & particulièrement à des miniftres revêtus d'un caractère public. Mais pendant la guerre ce droit de sûreté ceffe ; & l'on voit par les déclarations de guerre elles-mêmes, qui fe font toutes à peu près fur le même modèle, ainfi que par la nature de la chofe ; qu'un pareil droit ne peut fubfifter entre deux nations belligérantes. Chaque fouverain eft autorifé à prévenir tout le mal qu'il pourroit recevoir de fon ennemi déclaré. Or, comme le miniftère public, envoyé de la part d'une puiffance ennemie, ne fauroit avoir d'autre deffein que de nuire à la partie adverfe ; il eft évident que celui-ci peut & doit même l'arrêter, s'il paffe par fon territoire, & fe faifir

Œcon. polit. & diplomatique. Tom. III.

de fes papiers. D'ailleurs, les princes, à qui les miniftres publics font envoyés, fe trouvent feuls obligés de les faire jouir de la protection du droit des gens, comme nous l'avons prouvé. Un envoyé n'eft pas accrédité dans toute l'Europe à-la-fois. Wicquefort rapporte : » que le Roi de Danemarc, en écrivant à Schoneich, qui avoit ordre de l'empereur de conduire Commendon, nonce du pape, par l'Allemagne ; & de-là jufqu'aux deux royaumes du nord, marque dans fa lettre, *que Schoneich, comme miniftre public, n'avoit plus befoin de paffe-port, ni de fauf-conduit, &c.* » Mais ce raifonnement du miniftre danois, étoit mauvais ; & il y a mille exemples du contraire entr'autres celui de M. le maréchal de Belle-Ifle, qui allant en qualité de miniftre de France à la cour de Pruffe, fut arrêté fur fa route à Elbingerode, par un bailli du roi d'Angleterre, électeur de Hanovre, & conduit à Windfor, fans que la cour de Verfailles ait jamais prétendu que le droit des gens fût violé. Mais en fe faififfant d'un miniftre ennemi & de fes papiers, il eft contre le droit des gens & contre l'humanité de faire la moindre violence à la perfonne même du miniftre qui, au bout du compte, eft un honnête-homme, un fidèle ferviteur, qui fert fon maître avec le zèle dont les princes veulent être fervis par leurs miniftres.

PATRIE. Ce mot vient du latin *pater*, qui indique un pere & des enfans ; & conféquemment exprime le fens que nous attachons à celui de *famille*, de *fociété*, d'*état libre*, dont nous fommes membres, & dont les loix affurent notre liberté & notre bonheur. Il n'eft point de patrie fous le joug du defpotifme. Un auteur moderne a publié fur ce mot une differtation, dans laquelle il a fixé avec efprit la fignification de ce terme, fa nature, & l'idée qu'on doit s'en faire.

Les grecs & les romains ne connoiffoient rien de fi aimable & de fi facré que la patrie ; ils difoient qu'on fe doit tout entier à elle ; qu'il n'eft pas plus permis de s'en venger que de fon pere ; qu'il ne faut avoir d'amis que les fiens ; que de tous les augures, le meilleur eft de combattre pour elle ; qu'il eft beau, qu'il eft doux de mourir pour la conferver : que le ciel ne s'ouvre qu'à ceux qui l'ont fervie. Ainfi parloient les magiftrats, les guerriers & le peuple. Quelle idée fe formoient-ils donc de la patrie ?

La patrie, difoient-ils, eft une terre que tous les habitans font intéreffés à conferver, que perfonne ne veut quitter, parce qu'on n'abandonne pas fon bonheur, & où les étrangers cherchent un afyle. C'eft une nourrice qui donne fon lait avec autant de plaifir qu'on le reçoit. C'eft une mère qui chérit tous fes enfans, qui ne les diftingue qu'autant qu'ils fe diftinguent eux-mêmes ; qui veut bien qu'il y ait de l'opulence & de la médiocrité, mais point de pauvres ; des grands

& des petits, mais personne d'opprimé; qui même, dans ce partage inégal, conserve une sorte d'égalité, en ouvrant à tous le chemin des premières places; qui ne souffre aucun mal dans sa famille que celui qu'elle ne peut empêcher, la maladie & la mort; qui croit n'avoir rien fait en donnant le jour à ses enfans, si elle n'y ajoute le bien-être. C'est une puissance aussi ancienne que la société, fondée sur la nature & l'ordre; une puissance supérieure à toutes les puissances; une puissance qui soumet à ses loix ceux qui commandent en son nom comme ceux qui obéissent. C'est une divinité qui n'accepte des offrandes que pour les répandre, qui demande plus d'attachement que de crainte, qui sourit en faisant du bien, & qui soupire en lançant la foudre.

Telle est la *patrie* : l'amour qu'on lui porte conduit à la bonté des mœurs, & la bonté des mœurs conduit à l'amour de la *patrie* : cet amour est l'amour des loix & du bonheur de l'état, amour singuliérement affecté aux démocraties : c'est une vertu politique, par laquelle on renonce à soi-même, en préférant l'intérêt public au sien propre : c'est un sentiment, & non une suite de ses connoissances ; le dernier homme de l'état peut avoir ce sentiment comme le chef de la république.

Le mot de *patrie* étoit un des premiers mots que les enfans bégayoient chez les grecs & chez les romains : c'étoit l'ame des conversations & le cri de guerre ; il embellissoit la poësie, il échauffoit les orateurs, il présidoit au sénat. il retentissoit au théatre & dans les assemblées du peuple, il étoit gravé sur les monumens. Cicéron trouvoit ce mot si tendre, qu'il le préféroit à tout autre, quand il parloit des intérêts de Rome.

Chez les grecs & les romains, des usages rappelloient sans cesse l'idée de la *patrie* avec le mot ; les couronnes, les triomphes, les statues, les tombeaux, les oraisons funèbres étoient autant de ressorts pour le patriotisme. On y trouvoit aussi des spectacles vraiment publics, où tous les ordres se délassoient en commun ; des tribunes où la patrie, par la bouche de ses orateurs, consultoit ses enfans sur les moyens de les rendre heureux & glorieux. Mais entrons dans le récit des faits qui prouveront tout ce que nous venons de dire.

Lorsque les grecs vainquirent les perses à Salamine, on entendoit d'un côté la voix d'un maître impérieux qui chassoit des esclaves au combat, & de l'autre le mot de *patrie* qui animoit des hommes libres. Aussi les grecs n'avoient-ils rien de plus cher que l'amour de la *patrie* ; travailler pour elle étoit leur gloire & leur bonheur. Licurgue, Solon, Miltiade, Thémistocle, Aristide préféroient leur *patrie* à toutes les choses du monde.

L'un, dans un conseil de guerre tenu par la république, voit la canne d'Euribiade levée sur lui ; il ne lui répond que ces trois mots : frappe, mais écoute. Aristide, après avoir le tems disposé des forces & des finances d'Athènes, ne laissa pas de quoi se faire enterrer.

Les femmes spartiates vouloient plaire, quoi qu'on en puisse croire ; mais elles comptoient arriver plus sûrement à leur but, en mêlant le zèle de la *patrie* avec les graces. Va, mon fils, disoit l'une, arme-toi pour défendre ta *patrie*, & ne reviens qu'avec ton bouclier ou sur ton bouclier, c'est-à-dire, vainqueur ou mort. Console-toi, disoit une autre mère à un de ses fils, console-toi de la jambe que tu as perdue, tu ne feras pas un pas qui ne te fasse souvenir que tu as défendu la *patrie*. Après la bataille de Leuctres, toutes les mères de ceux qui avoient péri en combattant se félicitoient, tandis que les autres pleuroient sur leurs fils qui revenoient vaincus ; elles se vantoient de mettre des hommes au monde, parce que, dans le berceau même, elles leur montroient la *patrie* comme leur première mère.

Rome, qui avoit reçu des grecs l'idée qu'on devoit se former de la *patrie*, la grava très-profondement dans le cœur de ses citoyens. Il y avoit même ceci de particulier chez les romains, qu'ils mêloient quelques sentimens religieux à l'amour qu'ils avoient pour la patrie. Cette ville fondée d'après les meilleurs auspices, ce Romulus leur roi & leur dieu, ce capitole éternel comme la ville, & la ville éternelle comme son fondateur, avoient fait sur les romains une impression extraordinaire.

Brutus, pour conserver sa *patrie*, fit couper la tête à ses fils, & cette action ne paroîtra dénaturée qu'aux ames foibles. Sans la mort des deux traitres, la *patrie* de Brutus expiroit au berceau. Valérius Publicola n'eut qu'à nommer le nom de *patrie* pour rendre le sénat plus populaire ; Menenius Agrippa, pour ramener le peuple du mont sacré dans le sein de la république ; Véturie, car les femmes à Rome étoient citoyennes ; Véturie, pour désarmer Coriolan son fils ; Manlius, Camille, Scipion, pour vaincre les ennemis du nom romain ; les deux Catons, pour conserver les loix & les anciennes mœurs ; Cicéron, pour effrayer Antoine & foudroyer Catilina.

On eût dit que ce mot *patrie* renfermoit une vertu secrette, non-seulement pour rendre vaillans les plus timides, selon l'expression de Lucien, mais encore pour enfanter des héros dans tous les genres, pour opérer toutes sortes de prodiges. Disons mieux, il y avoit dans ces ames grecques & romaines, des vertus qui les rendoient sensibles à la valeur du mot. Je ne parle pas de ces petites vertus qui nous attirent des louanges à peu de frais dans nos sociétés particulières ; j'entends ces qualités citoyennes, cette vigueur de l'ame qui nous fait faire & souffrir de grandes choses pour le bien public. Fabius est raillé, méprisé, insulté par son collègue & par son armée ; n'importe, il ne change rien dans son plan ; il temporise encore, & il vient à bout de vaincre Annibal. Régulus, pour conserver un avantage à Rome, dissuade l'échange des prisonniers, prisonnier lui-même, & il retourne à Carthage où les supplices l'attendent. Trois Décius signalent leur consulat, en se dévouant à une mort certaine. Tant que nous regarderons ces généreux citoyens comme d'illustres foux, & leurs actions comme des vertus de théatre, le mot *patrie* sera mal connu de nous.

Jamais peut-être on n'entendit ce beau mot avec plus de respect, plus d'amour, plus de fruit qu'au temps de Fabricius. Chacun sait ce qu'il dit à Pyrrhus : « gardez votre or & vos honneurs ; » nous autres romains, nous sommes tous riches, » parce que la *patrie*, pour nous élever aux gran- » des places, ne nous demande que du mérite ». Mais chacun ne sait pas que mille autres romains l'auroient dit. Ce ton patriotique étoit le ton général dans une ville, où tous les ordres étoient vertueux. Voilà pourquoi Rome parut une famille à Cynéas, l'ambassadeur de Pyrrhus, & qu'il vit dans le sénat une assemblée de rois.

Les choses changèrent avec les mœurs. Vers la fin de la république, on ne connut plus le mot *patrie* que pour le profaner. Catilina & ses furieux complices destinoient à la mort quiconque le prononçoit encore en romain. Crassus & César ne s'en servoient que pour voiler leur ambition ; & lorsque dans la suite ce même César, en passant le Rubicon, dit à ses soldats qu'il alloit venger les injures de la *patrie*, il abusoit étrangement ses troupes. Ce n'étoit pas en soupant comme Crassus, en bâtissant comme Lucullus, en se prostituant à la débauche comme Clodius, en pillant les provinces comme Verrès, en formant des projets de tyrannie comme César, en flattant César comme Antoine, qu'on apprenoit à aimer la *patrie*.

Je sais pourtant qu'au milieu de ce désordre, dans le gouvernement & dans les mœurs, on vit encore quelques romains soupirer pour le bien de leur patrie. Titus Labienus en est un exemple bien remarquable. Supérieur aux vues d'ambition les plus séduisantes, l'ami de César, le compagnon & souvent l'instrument de ses victoires, il abandonna, sans hésiter, une cause que la fortune protégeoit ; & s'immolant pour l'amour de sa *patrie*, il embrassa le parti de Pompée où il avoit tout à risquer, & où même, en cas de succès, il ne pouvoit trouver qu'une considération très-médiocre.

Mais enfin Rome oublia sous Tibère tout amour de la *patrie* ; & comment l'auroit-elle conservé ? On voyoit le brigandage uni avec l'autorité, le manège & l'intrigue disposer des charges, toutes les richesses entre les mains d'un petit nombre, un luxe excessif insulter à l'extrême pauvreté, le laboureur ne regarder son champ que comme un prétexte à la vexation ; chaque citoyen réduit à laisser le bien général, pour ne s'occuper que du sien. Tous les principes du gouvernement étoient corrompus ; toutes les loix plioient au gré du souverain. Plus de force dans le sénat, plus de sûreté pour les particuliers : les sénateurs qui auroient voulu défendre la liberté publique, auroient risqué la leur. Ce n'étoit qu'une tyrannie sourde, exercée à l'ombre des loix, & malheur à qui s'en appercevoit ! représenter ses craintes, c'étoit les redoubler. Tibère, endormi dans son isle de Caprée, laissoit faire à Séjan ; & Séjan, ministre digne d'un tel maître, fit tout ce qu'il falloit pour étouffer chez les romains tout amour de leur patrie.

Rien n'est plus à la gloire de Trajan que d'en avoir ressuscité les débris. Six tyrans également cruels, presque tous furieux, souvent imbécilles, l'avoient précédé sur le trône. Les règnes de Titus & de Nerva furent trop courts pour établir l'amour de la *patrie*. Trajan projetta d'en venir à bout : voyons comment il s'y prit.

Il débuta par dire à Saburanus, préfet du prétoire, en lui donnant la marque de cette dignité, c'étoit une épée : « prends ce fer pour l'employer » à me défendre si je gouverne bien ma *patrie*, » ou contre moi si je me conduis mal ». Il refusa les sommes que les nouveaux empereurs recevoient des villes ; il diminua considérablement les impôts ; il vendit une partie des maisons impériales au profit de l'état ; il fit des largesses à tous les pauvres citoyens ; il empêcha les riches de s'enrichir à l'excès ; & ceux qu'il mit en charge, les questeurs, les préteurs, les proconsuls ne virent qu'un seul moyen de s'y maintenir, celui de s'occuper du bonheur des peuples. Il ramena l'abondance, l'ordre & la justice dans les provinces & dans Rome, où son palais étoit aussi ouvert au public que les temples, sur-tout à ceux qui venoient représenter les intérêts de la *patrie*.

Quand on vit le maître du monde se soumettre aux loix, rendre au sénat sa splendeur & son autorité, ne rien faire que de concert avec lui, ne regarder la dignité impériale que comme une simple magistrature comptable envers la *patrie*, enfin le bien présent prendre une consistance pour l'avenir, alors on ne se contint plus. Les femmes se félicitoient d'avoir donné des enfans à la *patrie* ; les jeunes gens ne parloient que de l'illustrer ; les vieillards reprenoient des forces pour la servir ; tous s'écrioient, heureuse *patrie* ! glorieux empereur ! Tous, par acclamation, donnèrent au meilleur des princes un titre qui renfermoit tous les titres ; père de la *patrie*. Mais quand de nouveaux monstres prirent sa place, le gouvernement retomba dans ses excès ; les soldats vendirent la *patrie*, & assassinèrent les empereurs pour en avoir un nouveau prix.

Après ces détails, je n'ai pas besoin de prouver qu'il ne peut point y avoir de *patrie* dans les états qui sont asservis. Ainsi ceux qui vivent sous le despotisme oriental, où l'on ne connoît d'autres loix que la volonté du souverain, d'autres maximes que l'adoration de ses caprices, d'autres principes de gouvernement que la terreur, où aucune fortune, aucune tête n'est en sûreté ; ceux-là, dis-je, n'ont point de *patrie*, & n'en connoissent pas même le mot.

Un lord, aussi connu dans la littérature que dans les négociations, a écrit quelque part, peut-être avec trop d'amertume, qu'en Angleterre l'hospitalité s'est changée en luxe, le plaisir en débauche, les seigneurs en courtisans, les bourgeois en petits maîtres. S'il en étoit ainsi, bientôt, & quel dommage ! l'amour de la *patrie* n'y régneroit plus. Des citoyens corrompus sont toujours prêts à déchirer leur pays, ou à exciter des troubles ou des factions si contraires au bien public.

Les plus grands prodiges de vertu ont été produits par l'amour de la *patrie* : ce sentiment doux & vif, qui joint la force de l'amour propre à toute la beauté de la vertu, lui donne une énergie qui, sans la défigurer, en fait la plus héroïque de toutes les passions. C'est lui qui produisit tant d'actions immortelles, dont l'éclat éblouit nos foibles yeux, & tant de grands hommes dont les antiques vertus passent pour des fables depuis que l'amour de la *patrie* est tourné en dérision. Ne nous étonnons pas, les transports des cœurs tendres paroissent autant de chimères à qui ne les a point sentis ; & l'amour de la *patrie*, plus vif & plus délicieux cent fois que celui d'une maîtresse, ne se conçoit de même qu'en l'éprouvant : mais il est aisé de remarquer, dans tous les cœurs qu'il échauffe, dans toutes les actions qu'il inspire, cette ardeur bouillante & sublime dont ne brille pas la plus pure vertu quand elle en est séparée. Osons opposer Socrate même à Caton : l'un étoit plus philosophe, & l'autre plus citoyen. Athènes étoit déjà perdue, & Socrate n'avoit plus de *patrie* que le monde entier : Caton porte toujours la sienne au fond de son cœur ; il ne vivoit que pour elle & ne put lui survivre. La vertu de Socrate est celle du plus sage des hommes ; mais, entre César & Pompée, Caton semble un dieu parmi des mortels. L'un instruit quelques particuliers, combat les sophistes, & meurt pour la vérité : l'autre défend l'état, la liberté, les loix contre les conquérans du monde, & quitte enfin la terre quand il n'y voit plus de *patrie* à servir. Un digne élève de Socrate seroit le plus vertueux de ses contemporains : un digne émule de Caton en seroit le plus grand. La vertu du premier feroit son bonheur ; le second chercheroit son bonheur dans celui de tous. Nous serions instruits par l'un & conduits par l'autre, & cela seul décideroit de la préférence : car on n'a jamais fait un peuple de sages ; mais il n'est pas impossible de rendre un peuple heureux.

Voulons-nous que les peuples soient vertueux ? Commençons donc par leur faire aimer la *patrie* : mais comment l'aimeront-ils, si la *patrie* n'est rien de plus pour eux que pour des étrangers, & si elle ne leur accorde que ce qu'elle ne peut refuser à personne ? Ce seroit bien pis, s'ils n'y jouissoient pas même de la sûreté civile, & que leurs biens, leur vie & leur liberté fussent à la discrétion des hommes puissans, sans qu'il fût permis ou possible d'oser réclamer les loix. Alors soumis aux devoirs de l'état civil, sans jouir même des droits de l'état de nature, & sans pouvoir employer leurs forces pour se défendre, ils seroient par conséquent dans la pire condition où se puissent trouver des hommes libres, & le mot de *patrie* ne pourroit avoir pour eux qu'un sens odieux ou ridicule.

Si tout homme est obligé d'aimer sincérement sa *patrie*, & d'en procurer le bonheur autant qu'il dépend de lui, c'est un crime honteux & détestable de nuire à cette même *patrie*. Celui qui s'en rend coupable, viole ses engagemens les plus sacrés, & tombe dans une lâche ingratitude : il se deshonore par la plus noire perfidie, puisqu'il abuse de la confiance de ses concitoyens, & traite en ennemis ceux qui étoient fondés à n'attendre de lui que des secours & des services. On ne voit de traîtres à la *patrie* que parmi ces hommes uniquement sensibles à un grossier intérêt, qui ne cherchent qu'eux-mêmes immédiatement, & dont le cœur est incapable de tout sentiment d'affection pour les autres. Aussi sont-ils justement détestés de tout le monde comme les plus infames de tous les scélérats.

Au contraire, on comble d'honneurs & de louanges ces citoyens généreux qui, non contens de ne point manquer à la *patrie*, se portent en sa faveur à de nobles efforts, & sont capables de lui faire les plus grands sacrifices. Les noms de Brutus, de Curtius, des deux Décius vivront autant que celui de Rome. Les suisses n'oublieront jamais Arnold de Winkelried, ce héros dont l'action eût mérité d'être transmise à la postérité par un Tite-Live. Il se dévoua véritablement pour la *patrie* ; mais il se dévoua en capitaine, en soldat intrépide, & non pas en superstitieux. Ce gentilhomme du pays d'Underwald, voyant à la bataille de Sempach que ses compatriotes ne pouvoient enfoncer les autrichiens, parce que ceux-ci, armés de toutes pièces, ayant mis pied à terre & formant un bataillon serré, présentoient un front couvert de fer, hérissé de lances & de piques, forma le généreux dessein de se sacrifier pour sa *patrie*. « Mes amis, dit-il » aux suisses qui commençoient à se rebuter, je » vais aujourd'hui donner ma vie pour vous pro- » curer la victoire ; je vous recommande seule- » ment ma famille : suivez-moi, & agissez en » conséquence de ce que vous me verrez faire ». A ces mots, il les range en cette forme que les romains appelloient *cuneus* : il occupe la pointe du triangle ; il marche au centre des ennemis, & embrassant le plus de piques qu'il put en saisir, il se jette à terre, ouvrant ainsi à ceux qui le suivoient, un chemin pour pénétrer dans cet épais bataillon. Les autrichiens une fois entamés furent vaincus, la pesanteur de leurs armes leur devenant funeste, & les suisses remportèrent une victoire complette.

Mais souvent des causes malheureuses affoiblissent ou détruisent l'amour de la *patrie*. L'injustice, la dureté du gouvernement l'effacent trop aisément du cœur des sujets : l'amour de soi-même attachera-t-il un particulier aux affaires d'un pays, où tout se fait en vue d'un seul homme ? L'on voit, au contraire, toutes les nations libres passionnées pour la gloire & le bonheur de la *patrie*.

L'amour & l'affection d'un homme pour la *patrie* dont il est membre, est une suite nécessaire de l'amour éclairé & raisonnable qu'il se doit à soi-même, puisque son propre bonheur est lié à celui de sa *patrie*. Ce sentiment doit résulter aussi des engagemens qu'il a pris envers la société. Il a promis d'en procurer le salut & l'avantage, autant qu'il sera en son pouvoir : comment le servira-t-il avec zèle, avec fidélité, avec courage, s'il ne l'aime pas véritablement ?

PATRIMOINE, PATRIMONIAL, ETAT PATRIMONIAL. *Voyez* l'article ETAT.

PATURAGES. *Voyez* l'article GRAINS.

PAUVRES, sujets d'un état qui se trouvent dans la misère par leur faute, par celle du gouvernement, ou par des circonstances malheureuses.

Lorsqu'il y a trop de *pauvres* dans un état, ne faut-il pas en chercher la cause dans le vice des loix, ou dans les fautes de l'administration ?

A quel point l'inégalité des fortunes entraîne-t-elle nécessairement une multitude de *pauvres* ?

Quel est sur cette matière le régime convenable aux grands & aux petits états ? Et quels sont les moyens que peuvent employer les diverses espèces de gouvernement ?

Les dépôts & les atteliers de charité sont utiles : mais quel est le terme des effets de ces institutions ? & pour en tirer l'avantage dont ils sont susceptibles, de quelles réformes devroient-ils être précédées ?

Ces questions & beaucoup d'autres exigeroient des détails si étendus, que nous ne pouvons les traiter ici. Le lecteur trouvera dans l'article MENDICITÉ qu'on nous a promis, quelques vues générales. Nous parlerons seulement de la taxe des *pauvres* établie en Angleterre, & du régime qu'on y observe à l'égard de cette classe de la nation. Cette taxe des *pauvres* paroît admirable au premier coup d'œil ; l'énormité des contributions que paient les riches pour un objet si intéressant; l'abondance des secours qu'on y donne aux *pauvres*, séduit presque tout le monde ; mais les hommes éclairés commencent à entrevoir les funestes effets de ces réglemens, & nous allons rapporter des faits & des observations qui montreront combien il est difficile, dans les grandes sociétés, de contenir ce funeste fléau, ou d'en arrêter les suites.

Les obstacles que les loix des corporations mettent à la libre circulation du travail, sont, je pense, dit M. Smith, communs à toutes les parties de l'Europe. Ceux qu'y mettent les loix concernant les *pauvres*, sont, si je ne me trompe, particuliers à l'Angleterre. Ils consistent dans la difficulté que trouve un *pauvre* à obtenir la permission de s'établir, ou simplement celle d'exercer son industrie, dans une paroisse autre que la sienne. Il n'y a que le travail des artisans & des manufacturiers qui soit gêné par les loix des corporations. Celui des gens de peine est gêné par les loix qui regardent les *pauvres*. Il est bon d'entrer dans quelques détails sur la naissance, les progrès, & l'état actuel de ce désordre, le plus grand peut-être de tous ceux qui règnent dans la police d'Angleterre.

La destruction des monastères ayant privé les *pauvres* des charités qu'ils en recevoient, on fit d'abord quelques tentatives infructueuses pour leur soulagement ; le quarante-troisième acte parlementaire d'Elisabeth, chap. 2, statua que chaque paroisse seroit tenue de nourrir ses *pauvres*, & qu'on nommeroit tous les ans des inspecteurs qui, avec les marguilliers, leveroient sur la paroisse les sommes nécessaires à cet effet.

Ce statut ayant mis chaque paroisse dans la nécessité indispensable d'entretenir ses *pauvres*, il devint assez important de savoir quels étoient ceux que chaque paroisse regarderoit comme siens. La question, après quelque variation, fut enfin décidée par le treizième & le quatorzième acte de Charles II : on déclara que quarante jours de résidence non contestée sur une paroisse, suffiroient pour appartenir à cette paroisse ; mais que, sur la plainte faite par les marguilliers ou les inspecteurs des *pauvres*, deux juges de paix pourroient renvoyer dans cet intervalle un nouvel habitant sur la dernière paroisse où il étoit établi, à moins qu'il ne tînt une ferme de dix livres de redevance annuelle, ou qu'il ne pût donner pour la décharge de la paroisse où il arrivoit, la sûreté que les juges de paix trouveroient suffisante.

On dit qu'on abufa de ce statut pour commettre des fraudes ; que les officiers de paroisse subornèrent leurs *pauvres*, pour qu'ils allassent clandestinement sur une autre paroisse, & qu'ils s'y tinssent cachés six semaines ; séjour qui les y établissoit, à la décharge de celle à laquelle ils devoient appartenir. C'est pour cela que le premier acte parlementaire de Jacques II statua que les premiers quarante jours ne se compteroient désormais que du jour où le pauvre donneroit avis par écrit, aux marguilliers ou aux inspecteurs, de la paroisse où il venoit, tant du lieu de sa demeure que du nombre des personnes dont sa famille étoit composée.

Mais il semble que les officiers de paroisse n'étoient pas plus honnêtes à l'égard de leurs propres *pauvres*, qu'à l'égard de ceux des autres paroisses, & qu'ils se prêtoient à ces supercheries en recevant l'avis, sans faire ensuite les démarches convenables. En conséquence, comme chaque paroissien avoit intérêt à ce que sa paroisse ne fût pas chargée de ces intrus, il fut ordonné, par le troisième acte de Guillaume III, que les six semaines de résidence ne seroient plus comptées que du jour où l'avertissement seroit publié ; publication qui se feroit dans l'église, un dimanche, immédiatement après le service divin.

« Au bout du compte, dit le docteur Burn,
» il est rare qu'un *pauvre* gagne le droit d'appar-
» tenir à une nouvelle paroisse, depuis qu'il faut
» quarante jours de résidence, à dater de la pu-
» blication de l'avis qu'il a donné par écrit ; &
» le but de l'acte n'est pas tant qu'il s'y établisse,
» que d'empêcher qu'il ne le fasse clandestine-
» ment : car celui qui donne sa déclaration par
» écrit, donne seulement à la paroisse le moyen
» de le renvoyer. Mais s'il est dans une situation
» à faire qu'on puisse le renvoyer actuellement,
» sa déclaration forcera la paroisse, ou à l'y
» laisser en ne le troublant point pendant les qua-
» rante jours de résidence, ou à soutenir un pro-
» cès, si elle veut s'en débarrasser ».

Le statut ôtoit donc presqu'absolument à un *pauvre* la ressource de s'établir par une résidence de six semaines. Mais, afin qu'il ne parût pas interdire au bas-peuple toute émigration d'une paroisse à l'autre, le pauvre avoit quatre autres manières de gagner l'établissement, sans qu'il y eût d'avertissement donné ou publié. La première étoit d'être taxé à la paroisse, & de payer la taxe ; la seconde, d'y être élu officier de la paroisse, & d'en faire les fonctions un an ; la troisième, d'y servir en qualité d'apprentif ; & la quatrième, d'y entrer en condition pour un an, & de continuer ce temps-là le même service domestique.

Personne ne peut gagner l'établissement par les deux premières voies, que sous les yeux de toute la paroisse, qui est trop attentive aux suites pour adopter un nouveau venu condamné à vivre de son travail, & elle n'a garde de le taxer ou de le choisir pour un de ses officiers.

Les deux derniers moyens ne peuvent guères convenir à un homme marié. Les apprentifs le font rarement, & la loi dit expressément qu'aucun domestique marié ne gagnera l'établissement par un service d'un an. Quant aux domestiques non mariés, le principal effet du règlement qui les met à la charge de la paroisse où ils ont servi une année entière, a été d'abolir en grande partie l'ancien usage de les prendre pour un an ; usage qui s'étoit si bien établi en Angleterre, que, s'il n'y a point de terme convenu, la loi entend encore aujourd'hui que c'est pour un an ; mais les maîtres ne sont pas obligés de procurer à leurs domestiques un droit sur les secours de la paroisse en les prenant pour un an, & les domestiques ne se soucient pas toujours de se louer ainsi, parce que le dernier établissement d'un homme dans une paroisse annullant tous les établissemens antérieurs, ils peuvent perdre par-là celui qu'ils ont d'origine dans le lieu de leur naissance, au milieu de leurs parens & amis.

Il est clair qu'aucun ouvrier indépendant, artisan ou autre, ne voudra gagner l'établissement par l'apprentissage ou le service domestique. Lors donc qu'il portoit son industrie dans une nouvelle paroisse, il s'exposoit, avec la meilleure santé & les meilleures dispositions pour le travail, à être renvoyé par le caprice d'un marguillier ou d'un inspecteur, à moins qu'il n'eût à ferme une propriété de dix livres sterlings de rente, chose impossible à un homme qui vit uniquement du travail de ses mains ; ou à moins qu'il ne fût en état de donner pour la décharge de la paroisse une sûreté qui satisfît deux juges de paix. Cette sûreté est laissée entièrement à leur discrétion ; mais la moindre qu'ils puissent demander, est de trente liv. sterlings, puisqu'il a été réglé que l'acquisition d'un franc-fief qui vaudroit moins de trente livres, ne peut donner l'établissement, parce qu'il ne suffit pas pour la décharge de la paroisse. Or à peine trouvera-t-on parmi ceux qui vivent de leur travail, un homme en état de fournir une pareille sûreté, & souvent on en exige une plus considérable.

Pour rendre en quelque sorte au travail sa libre circulation presque totalement arrêtée par ces statuts, on a imaginé les certificats. Le huitième & le neuvième acte de Guillaume III déclarèrent que si quelqu'un, sortant d'une paroisse où il étoit légalement établi, en apportoit un certificat signé des marguilliers & des inspecteurs, & approuvé de deux juges de paix, toute autre paroisse seroit obligée de le recevoir ; qu'aucune ne pourroit le renvoyer sous le prétexte du danger qu'il ne tombât à sa charge, mais seulement dans le cas où il y tomberoit réellement ; & que, dans ce cas, la paroisse qui avoit accordé le certificat, seroit tenue de payer les frais, tant de son entretien que de son changement de domicile. Et pour donner pleine sûreté à la paroisse où une personne munie d'un certificat viendroit résider, le même statut ordonne qu'elle ne pourra y gagner l'établissement que par une ferme de dix livres sterlings par an, ou par une charge ou office de la paroisse, qu'elle aura exercée pour son propre compte l'espace d'un an. Par conséquent elle ne peut plus le gagner, ni par une déclaration de son changement de domicile, ni par le service domestique, ni par l'apprentissage, ni en payant la taxe de la paroisse. Le douzième acte de la reine Anne exclut aussi de l'établissement les domestiques & les apprentifs de ceux qui résident dans une paroisse en vertu d'un certificat.

Une observation fort judicieuse du docteur Burn montre à quel point cette disposition a rétabli la libre circulation du travail, presque anéantie par les statuts antérieurs. « Il est aisé de voir, dit-il, qu'il y a de bonnes raisons pour demander des certificats aux personnes qui viennent s'établir dans un endroit ; savoir, pour qu'elles ne puissent gagner l'établissement ni par l'apprentissage, ni par le service domestique, ni en donnant avis par écrit de leur changement de domicile, ni en payant les taxes de la paroisse ; pour qu'elles ne puissent établir ni leurs apprentifs, ni leurs domestiques ; pour que, si elles viennent à la charge de la paroisse, on sache certainement où les renvoyer, & que la paroisse soit remboursée des frais qu'elle aura faits pour leur renvoi & leur entretien ; & pour que s'ils tombent malades, & qu'ils soient hors d'état d'être transportés, la paroisse qui a délivré le certificat les entretienne ; toutes choses qui n'auroient pas lieu sans le certificat. Mais ces raisons doivent engager les paroisses à n'en point accorder dans les cas ordinaires : car il y a beaucoup à parier qu'à la place de ceux qui les quitteroient, elles en auroient d'autres également munis de certificats & en plus mauvais état ». Il résulte de cette observation que les certificats doivent toujours être demandés par la paroisse où un homme *pauvre* vient résider, & qu'ils doivent s'accorder rarement par celle qu'il se propose de quitter.

Quoiqu'un certificat n'emporte pas une attestation de bonne conduite, & qu'il porte simplement qu'un homme appartient réellement à telle paroisse, il dépend des officiers de la paroisse de le donner ou de le refuser. On proposa autrefois, dit le docteur Burn, de contraindre par une ordonnance les marguilliers & les inspecteurs à le signer ; mais la proposition fut rejettée comme une entreprise fort étrange.

La grande inégalité du prix du travail, qu'on trouve souvent en Angleterre dans des lieux qui ne sont pas fort éloignés l'un de l'autre, vient probablement des obstacles que les loix de domicile opposent à un homme pauvre qui voudroit transporter son industrie d'une paroisse à l'autre sans certificat. On fermera bien les yeux sur un homme non marié, qui sera bien portant & laborieux, & on souffrira qu'il réside sans certificat ; mais il est sûr que la plupart des paroisses ne manqueront pas de renvoyer un bon ouvrier qui aura une femme & des enfans, & le garçon même qu'elles toleroient, s'il vient à se marier. De là il résulte que la disette de bras dans une paroisse ne peut être toujours corrigée par la surabondance qui règne dans une autre, comme elle l'est en Ecosse, &, à ce que je pense, dans les autres pays du monde, où l'on n'a pas établi les mêmes entraves. On peut voir par-tout le salaire du travail hausser dans le voisinage des grandes villes, ou dans les endroits qui ont besoin d'une quantité de bras extraordinaire ; & on peut le voir baisser graduellement à proportion de la distance de ces lieux, jusqu'à ce qu'il trouve le niveau avec le taux ordinaire de la campagne : on n'apperçoit de différences brusques & étranges de salaire dans les lieux voisins qu'en Angleterre, où il est souvent plus difficile à un homme *pauvre* de passer les limites d'une paroisse, que de passer un bras de mer ou de franchir de hautes montagnes, limites naturelles qui font quelquefois la séparation des différents prix du travail dans les autres pays.

Faire sortir un homme qui n'a fait aucun mal d'une paroisse où il veut résider, c'est une violation manifeste de la justice & de la liberté naturelle. Cependant le bas peuple d'Angleterre qui est si jaloux de sa liberté, mais qui n'entend pas mieux que celui des autres pays en quoi elle consiste, souffre depuis plus de cent ans cette oppression sans s'occuper du remède. Des gens sensés s'en sont plaints quelquefois comme d'un grief public ; mais le peuple ne s'est jamais récrié là-dessus, ainsi qu'il s'est récrié contre les warrants généraux ; pratique abusive, sans contredit, mais qui n'étoit pas de nature à occasionner une oppression générale. Je ne craindrai pas de dire qu'à peine se trouve-t-il en Angleterre un seul homme *pauvre* âgé de quarante ans, qui, dans quelque partie de sa vie, n'ait ressenti la plus cruelle oppression d'après ces loix si mal imaginées.

La taxe des *pauvres* paroît entretenir la fainéantise ; l'abondance des secours ajoute à la paresse ; &, ce qui fait de la peine, la législation britannique se verra peut-être bientôt forcée de modérer ou d'anéantir ces secours de l'humanité.

Cette taxe des *pauvres* est pourtant bien intéressante : nous aurons peut-être occasion de remarquer que, dans la Virginie, elle offre un spectacle vraiment digne d'amour & de respect ;

on nous a dit que les contributions payées par les citoyens de la Virginie, pour la taxe des *pauvres*, ont égalé quelquefois la somme des contributions, fournie par eux pour l'entretien du gouvernement. *Voyez* les articles VIRGINIE & MENDICITÉ.

PAYS-BAS AUTRICHIENS : on appelle ainsi la partie des duchés de Brabant, de Limbourg & de Luxembourg, la portion des comtés de Flandre, de Hainaut, de Namur & du quartier supérieur de Gueldre, & quelques autres domaines que possède la maison d'Autriche sur la frontière occidentale de notre continent, entre la France & les Provinces-Unies. On y compte environ 1,880,000 habitans.

Nous ferons 1°. la description de ces diverses provinces : 2°. nous donnerons un précis de leur histoire politique & de leurs privilèges : 3°. nous traiterons en détail des prétentions formées par l'empereur sur l'ouverture de l'Escaut, de quelques autres prétentions à la charge des Provinces Unies, & de la manière dont s'est terminé le différend ; enfin du projet d'échange de la Bavière contre les *Pays-Bas* : 4°. nous traiterons aussi en détail des troubles que vient d'occasionner l'empereur dans les *Pays-Bas*, en voulant changer la forme d'administration & les tribunaux de ces provinces, & y établir des réformes.

SECTION PREMIERE.

Description des diverses provinces des Pays-Bas.

Nous avons parlé à l'article LIMBOURG de la partie autrichienne du duché de Limbourg ; à l'article GUELDRES, de la partie autrichienne du duché de Gueldres ; à l'article FLANDRE, de la partie autrichienne du comté de Flandre ; à l'article HAINAUT, de la partie autrichienne du comté de Hainaut ; à l'article NAMUR, du comté de Namur, & nous renvoyons le lecteur à ces articles.

Nous avons même fait un article CERCLE DE BOURGOGNE & DE BRABANT ; mais, depuis cette époque, il y a eu tant de troubles dans ces contrées, qu'il est bon d'entrer ici dans de nouveaux détails.

Détails sur le cercle de Bourgogne.

Le cercle de Bourgogne a l'origine suivante : Philippe le hardi, fils cadet de Jean, roi de France & premier duc de Bourgogne de la branche cadette, épousa en 1369 Marguerite, veuve de Philippe, dernier duc de Bourgogne de la branche aînée, & fit ainsi passer dans sa maison les comtés de Bourgogne, de Flandres, d'Artois, de Malines & d'Anvers. Son second fils, Antoine, acquit les duchés de Brabant & de Limbourg. Philippe le bon, petit-fils de Philippe le hardi, acheta Namur en 1428, hérita en 1430 des duchés de Brabant & de Limbourg de son parent Philippe, fils cadet d'Antoine ; en 1436 Jacqueline, héritière unique de Guillaume VI, & mariée à Jean IV, duc de Brabant, lui laissa les comtés de Hainaut, Hollande, Séeland & la Frise ; il acheta Luxembourg en 1443. Tous ces domaines passèrent à son fils Charles le hardi, qui acquit les duchés de Gueldre, en assistant en 1472 le duc Arnoud de Gueldre contre son fils Adolphe : mais la Gueldre ne demeura point dans l'héritage de Charles. Ce prince étant mort en 1477, sans descendance mâle, Louis XI, roi de France, réunit le duché de Bourgogne à la couronne de France. Marie, fille & héritière de Charles, épousa l'archiduc Maximilien, & ses riches possessions passèrent à la maison d'Autriche, laquelle continua de prendre le titre de duc de Bourgogne. Maximilien, devenu empereur, déclara à la diète de Cologne, en 1512, qu'il formoit un nouveau cercle de la Bourgogne & de ses autres états : cette disposition fut confirmée à la diète de Worms en 1521, & par la paix publique de Nuremberg en 1522. L'empereur Charles-Quint, son petit-fils, acheta les droits que George, duc de Saxe avoit sur la Frise, acquit en 1528 de Henri, évêque d'Utrecht & d'Over-Issel, la supériorité sur ces deux provinces, obtint en 1536 le duché de Gueldre & le comté de Zutphen, soumit celui de Groeningen en 1536, & fixa & consolida à la diète d'Augsbourg, en 1548, les limites du cercle de Bourgogne. Suivant les termes du traité, Charles-Quint incorpore à l'Empire d'Allemagne les duchés de Lorraine, de Brabant, de Limbourg, de Luxembourg, de Gueldre ; les comtés de Flandre, d'Artois, de Bourgogne, de Hainaut, de Hollande, de Séeland, de Namur, de Zutphen, le marquisat du Saint-Empire, les seigneuries de Frise, d'Utrecht, d'Over-Issel, de Groeningue, de Valkenbourg, de Thalheim, de Salins, de Malines & de Maëstricht avec toutes les principautés, tant ecclésiastiques que séculières, prévôtés, comtés, &c. qui en dépendent, les met sous la protection de l'empereur & de l'Empire & leur accorde tous les droits & privilèges dont jouissent les autres états & membres du Saint Empire, avec le droit de voix & séance aux diètes. Il fut en même-temps convenu que l'empereur paieroit, à raison de ce nouveau cercle, une double taxe électorale, & même qu'il la tripleroit s'il falloit faire la guerre aux turcs ; &, en cas que les états & pays fussent négligens à acquitter les taxes, on stipula qu'ils pourroient y être contraints par la chambre impériale. Du reste, tous leurs droits, privilèges & immunités furent conservés en entier, & ils ne reconnurent ni la jurisdiction, ni les constitutions, ni les recès de l'Empire. On maintint seulement la
mouvance

mouvance des provinces, qui avoient jusques-là dépendu de l'Empire. Par l'article 3 du traité de Munster, le cercle de Bourgogne est conservé dans sa qualité de membre de l'Empire.

L'envoyé de Bourgogne a droit de séance à la diete dans le collège des princes, sur le banc ecclésiastique, après Autriche. Le cercle de Bourgogne peut nommer deux assesseurs pour la chambre impériale; mais nous ignorons s'il en nomme aujourd'hui. Sa taxe pour l'entretien de la chambre est pour chaque terme de 405 rixdales 72 & demi kreutzers. Ce cercle est compris parmi les cercles catholiques.

Il a souffert des diminutions considérables. La France a successivement acquis le duché de Lorraine, une partie du duché de Luxembourg, une partie du comté de Flandre; les comtés d'Artois & de Bourgogne (ou Franche-Comté) & une partie des comtés de Hainaut & de Namur.

Les provinces de Gueldres, Hollande, Séelande ou Zélande, Utrecht, Frise, Overyssel & Groningue, se sont rendues indépendantes, & ont même, après leur union, conquis une partie des duchés de Brabant, de Limbourg & de Luxembourg, & une partie des comtés de Flandre, de Hainaut, de Namur & du quartier supérieur de Gueldres. Ces provinces qui, ainsi que tous les *Pays-Bas*, passèrent, après la mort de Charle-Quint, à la branche espagnole de la maison d'Autriche, tombèrent en partage à branche allemande, après la mort de Charles II, en vertu des traités de Bade en 1714, & de Vienne en 1725. Elles furent assurées à l'héritière de l'empereur Charles VI par la paix d'Aix-la-Chapelle.

Comme tout ce qui reste du cercle de Bourgogne appartient à la maison d'Autriche, elle seule a droit de présider ce cercle; elle en est directeur & prince convoquant, ou plutôt ce cercle n'est point gouverné comme les autres: il paroît que rigoureusement il ne forme plus un cercle de l'Empire; & tout ce qui y est situé, est regardé comme étant sous la suzeraineté des archiducs.

Le gouverneur-général des *Pays-Bas* Autrichiens fait sa résidence à Bruxelles, où sont aussi tous les collèges de justice, à l'exception du tribunal supérieur, qui siège à Malines.

Détails sur le Brabant.

La partie autrichienne du Brabant touche vers le septentrion & le levant, à la partie qui appartient aux sept Provinces-Unies; vers le levant à l'évêché de Liege; vers le midi au Hainaut & à Namur; & vers le couchant à la Flandre & à la Zéelande. Le duché tenoit autrefois le premier rang entre les dix-sept Provinces-Unies. Sa plus grande largeur est estimée de 20 milles, & sa longueur de 22. La partie méridionale, limitrophe vers le nord des quartiers de Louvain & de Bruxelles; vers le couchant de la forêt Soigne & du Hainaut; vers le sud du comté de Namur; & vers le levant de l'évêché de Liege, est appellée le Brabant Vallon ou la Romagne. Elle est fort montueuse.

L'air y est bon, mais le sol n'a pas la même fertilité par-tout. La partie septentrionale n'offre guères que des landes sablonneuses, qui produisent, après un labour très-pénible, du seigle, de l'avoine, du bled sarrasin & beaucoup de lin, &c. Mais on y voit de belles forêts. Dans les districts méridionaux le terrein est gras & fertile, & il offre toutes sortes de productions. La rivière Demer parcourt une partie du duché; reçoit les eaux de la Ghete, de la Dyle, de la Senne & de la Nethe; après cette réunion elle porte le nom de Rupel, & se perd enfin dans l'Escaut. On a pratiqué près de Bruxelles un canal depuis la Senne jusqu'au village de Willebroeck, près duquel il communique à la Rupel; celle-ci se jette un peu au-dessous dans l'escaut, de manière qu'on peut naviguer depuis Bruxelles jusqu'à la mer du nord. Ce canal fut commencé en 1550, & fut achevé en 1561; on dit qu'il a coûté 800,000 florins. On commença en 1753 à creuser un autre canal de Louvain à la Rupel; celui-ci divise en deux parties égales la digue entre Louvain & Malines; ce canal est achevé. On fit en 1710 une route pavée entre Louvain & Bruxelles, & une autre en 1726, entre Louvain, Thiene & Liege. L'ancien projet de faire une chaussée, qui de Bruxelles iroit par les territoires de Liege, de Limbourg, d'Aix-la-Chapelle, de Juliers & de Cologne, jusqu'au Rhin, pourroit bien s'exécuter un jour; ce qui faciliteroit beaucoup le transport des marchandises d'Angleterre, par Ostende, en Allemagne, & diminueroit la navigation sur la Meuse.

Les administrations municipales ou populaires, ont un grand avantage sur celles qui sont plus absolues. Les *Pays-Bas* doivent leur prospérité au régime qu'elles ont suivi jusqu'ici, & aux privilèges des divers états de ces provinces. Les états de Brabant, par exemple, se sont occupés d'établissemens utiles, jusqu'à l'époque des derniers troubles.

On a ordonné dernièrement la construction de quatre nouveaux pavés. Le plus considérable est celui qui ira de Louvain à la ville de Wavre, & de là à Sombref, & il sera continué, par les états de Namur, jusqu'à Charleroi, ce qui augmentera le débit du charbon de terre qu'on extrait aux environs de ce dernier endroit; charbon qui paroît aussi bon que la houille d'Angleterre. La nouvelle chaussée facilitera la vente des grains du Brabant-Wallon, quartier qui, faute de débouchés, voyoit ses terres fertiles sans valeur; & l'on espère que l'on se décidera dans peu à la construction d'un chemin ferré qui menera à Jodogne, ville qui n'a aucun débouché; & qui cependant en auroit été facilement pourvue, si la chauffée de Namur à Louvain avoit été bien dirigée.

Le commerce des grains qui se fait dans cette ancienne capitale du Brabant, augmentera beaucoup par la construction de ces différentes routes. Il est déjà très-considérable depuis l'établissement de son superbe canal, dont les vaisseaux se rendront en pleine mer par Gand, Bruges & Ostende. Le quai qui entoure le vaste bassin de ce canal, est bordé de grandes maisons, & de magasins très-vastes.

On dit qu'aujourd'hui des vaisseaux se rendent régulièrement tous les quinze jours de Louvain, en différentes villes de Hollande, & *vice versâ*, de même qu'à Ostende & à Bruges : ce qui a engagé les négocians liégeois, à faire venir leurs marchandises par la voie de Louvain. En conséquence, on a réglé depuis peu le tarif pour le transport des marchandises venant de la Hollande.

Quelques villes du Brabant refusoient de donner leur consentement pour la construction de ces nouvelles chauffées ; ce consentement est nécessaire, lorsqu'il s'agit de renouveller les charges : les ordres du clergé & de la noblesse, qui sont disposés à procurer des avantages aux villes médiocres, comme aux grandes villes & aux provinces, ont trouvé un expédient qui a déconcerté deux des principales villes. Ils ont décidé de lever l'argent nécessaire, & de l'hypothéquer sur le produit des chauffées déjà existantes, qui donne chaque année soixante mille florins, outre toutes les dépenses pour les entretiens : ce produit augmentera encore par le paiement des droits de barrières, que l'on percevra sur les nouvelles routes.

On compte dans le duché entier de Brabant 28 villes & 700 villages ; dans la partie Autrichienne 19 villes murées, & un grand nombre de bourgs, qui ont les priviléges des villes, & au-delà de 500 villages.

Les états de Brabant sont divisés en trois classes. La première comprend les abbés d'Affligem, de Saint-Bernard, de Vlierbeck, de Villers, de Grimberghe, de Heylissem, d'Everbode, de Tongerloo, de Diligem & de Sainte-Gertrude. La seconde, comprend l'abbé & le comte de Gemblours, qui a le titre de premier gentilhomme, & tous les ducs, princes, comtes & barons de la province. La troisième est composée des bourg-maîtres, & des pensionnaires des villes de Louvain, de Bruxelles & d'Anvers. Ces états dont nous indiquerons les assemblées plus bas, élisent quatre députés ; savoir, deux ecclésiastiques & deux nobles ; ils s'assemblent à Bruxelles.

Tous les habitans professent la religion catholique. Le pape Paul IV créa en 1559 l'archevêché de Malines, & y attacha la primatie de la Gaule Belgique. Dans ce diocèse se trouvent les décanats de Malines, de Louvain, Diest-sous-Leeuw ou Leeuw-Saint-Léonard, Tiene,

Bruxelles, Leeuw-Saint-Pierre, Aelst, Goessbergen, Ronsen & Ooldegem ; lesquels comprennent 14 églises collégiales & 203 couvens. Les suffragans de Malines sont : les évêchés d'Anvers, Gand, Bois-le-Duc, Bruges, Ypres & Ruremonde. Le nombre des ecclésiastiques y est considérable, & le clergé possède de gros biens.

On fabrique dans le Brabant de bons draps, des bas & autres marchandises en laine, d'excellens camelots, des tapis & des dentelles. Ces manufactures & le commerce en général, ne sont plus dans l'état florissant où ils étoient autrefois, mais il paroît que d'un autre côté la culture a fait des progrès.

Précis de l'histoire politique du duché de Brabant.

Le duché de Brabant dépendoit autrefois de la monarchie des Francs, & les ducs de Brabant en ont même occupé le trône. Dans la suite ce duché fit partie de la Basse-Lorraine, & devint un fief de l'Empire. Le dernier duc de Brabant, de la race de Charlemagne, fut Otton, après la mort duquel en 1005, le Brabant passa à Lambert I, comte de Louvain, qui avoit épousé la sœur & l'héritière d'Otton. Ses descendans n'ont pris, comme lui, pendant quelque tems, que le titre de comtes de Brabant. Le duc Jean I, devint aussi duc de Limbourg. Jeanne, fille & héritière du duc Jean III, transmit le Brabant à Antoine de Bourgogne, fils de Philippe-le-Hardi, duc de Bourgogne, & petit-fils de Marguerite, sa sœur. Antoine eut pour successeurs ses deux fils, Jean IV & Philippe I ; ce dernier étant mort sans enfant en 1430, le Brabant passa au duc de Bourgogne, Philippe II, surnommé le Bon. Son fils, Charles-le-Hardi, eut pour héritière Marie, sa fille unique, laquelle se maria à Maximilien, archiduc d'Autriche, après lequel le duché de Brabant passa à son petit-fils, l'empereur Charles V ; & après celui-ci il passa, ainsi que tous les Pays-Bas, à Philippe II, roi d'Espagne. Les Provinces-Unies s'emparèrent au dix-septième siècle de la partie septentrionale du duché de Brabant, & elle leur fut assurée par la paix de Westphalie. L'archiduc Charles, devenu ensuite empereur, sous le nom de Charles VI, se rendit maître en 1706, après la bataille de Ramilies de la partie du Brabant, que la maison d'Autriche possède encore aujourd'hui.

La Chancellerie du Brabant siége à Bruxelles, ainsi que le Conseil d'État, le Conseil privé, la Chambre des Domaines & des Finances, la Chambre des Comptes, & la Cour féodale du Brabant.

De la ville & du quartier d'Anvers.

La ville d'Anvers avec son district est appellée le marquisat du saint Empire. L'origine de ce marquisat est obscure. Ce titre fut pris par Godefief de Bouillon. Le marquisat passant au duc de Brabant, n'en fut pas moins regardé comme une des 17 Provinces-Unies. Il est aujourd'hui réuni au duché de Brabant.

De la seigneurie de Malines.

Durant le règne des rois Francs, la seigneurie de Malines étoit administrée par des comtes. Charles-le-Simple en fit don en 915 à l'église de Liège; laquelle dans la suite en accorda l'avocatie à titre de fief à la famille de Berthold, seigneur de Grimberg. Mais ayant vendu en 1333 ses droits sur la ville & les villages qui en dépendent, à Louis, comte de Flandre; celui-ci acquit l'avocatie, à titre d'achat de Rainald, comte de Gueldres, qui étoit marié à Sophie, de la famille de Berthold. En 1346, Louis abandonna pour une somme d'argent toute la seigneurie de Malines, à Jean III, duc de Brabant. Cette seigneurie passa en 1369, par mariage à Philippe-le-Hardi, duc de Bourgogne. Dans la suite elle fut comprise parmi les 17 Provinces-Unies; mais on la considère aujourd'hui comme une partie du Brabant, dans le centre duquel elle est située; cependant elle a ses privilèges particuliers.

On assure que les revenus publics des *Pays-Bas* Autrichiens ont été, en 1780, de 7,536,929 florins argent courant de Brabant, ce qui fait environ 5,652,696 florins d'Allemagne; & que tel fut le produit net du revenu, déduction faite des charges & frais. Mais comme depuis on a dû y comprendre le produit du bureau de Saint-Philippe, & celui de la poste de Brabant; comme d'ailleurs le bénéfice de la loterie s'est accru considérablement, on peut évaluer le revenu net des *Pays-Bas*, à huit millions & quelque chose de plus que cent mille florins, argent courant de Brabant.

Cette évaluation paroit plus forte qu'on ne l'avoit supposé dans les manifestes publiés par la Cour de Berlin.

SECTION IIe.

Remarques sur l'histoire politique, le Gouvernement, & les privilèges des Pays-Bas autrichiens.

On vient de voir que les dix-sept provinces des *Pays-Bas* passèrent à la maison d'Autriche, par le mariage de Marie, fille de Charles-le-Téméraire, duc de Bourgogne, avec Maximilien, archiduc d'Autriche. À la mort de cette princesse, il s'éleva dans ces Provinces des troubles qui furent enfin appaisés sous Charles-Quint. Le mécontentement toutefois n'a jamais été entièrement détruit. Les flamands étoient excessivement jaloux de leurs anciennes libertés & franchises; un soulèvement presque général éclata sous Philippe II, roi d'Espagne, qui perdit les sept Provinces-Unies, dont l'indépendance fut reconnue à la paix de Westphalie par toutes les puissances de l'Europe. Depuis cette époque les troubles intérieurs & extérieurs continuèrent presque toujours dans les autres Provinces, qui restèrent sous la domination autrichienne; il y eut souvent des contestations très-vives entr'elles & le souverain; mais on parvint chaque fois à les applanir, en laissant à ces Provinces la jouissance de leurs anciens privilèges.

Les Provinces belgiques ont chacune des états particuliers, dont les prérogatives sont de donner leur consentement aux impositions & aux subsides demandés par le souverain, & de veiller à l'administration de la justice, sans que cependant ils puissent s'arroger à ce sujet aucune autorité publique. Les états du Brabant sont composés de prélats, de nobles & de villes; les premiers au nombre de 13. Autrefois toutes les villes & même des bourgs envoyoient des députés aux assemblées; mais depuis long-tems cet usage n'a plus lieu, & les seules villes de Louvain, de Bruxelles & d'Anvers ont conservé ce droit. Le choix des députés dépend des magistrats de chaque ville. Les décrets des états de Brabant ne peuvent être faits que du consentement unanime des trois classes. Les assemblées ordinaires se tiennent aux mois de février ou mars, & aux mois de septembre ou d'octobre; les assemblées extraordinaires, chaque fois que le service du souverain ou le bien public paroissent l'exiger. Les états, en général, ne peuvent s'assembler dans aucun cas, sans la convocation préalable, faite par le souverain. Ceux de Brabant entretiennent constamment une députation à Bruxelles, qui est composée de deux prélats & d'autant de nobles, que l'on renouvelle tous les trois ans; du premier bourgmestre & du pensionnaire de Louvain, de Bruxelles & d'Anvers. Les états de Limbourg, du Hainault & de Namur ont à peu près la même composition que ceux de Brabant. Le clergé n'a aucune part au corps des états de Gueldre, & la noblesse est exclue de ceux de Flandre & de Tournay. À Malines, le magistrat forme le corps des états, & dans le district de Malines, les états sont composés des notables des paroisses & des villages.

Les principales libertés & prérogatives communes à toutes les Provinces belgiques, consistent en ce qu'aucune imposition ne peut être assise sans le consentement des états; chacun doit être jugé par son juge compétent, auquel appartient de tems immémorial l'administration de la justice; personne ne peut être traduit devant un tribunal hors du pays; les états prêtent au souverain le serment de fidélité, & le souverain s'engage par un serment à gouverner ces Provinces, comme il convient à un seigneur bon & juste, & à les maintenir dans leurs privilèges, usages & coutumes. — Indépendamment de ces prérogatives générales & communes à toutes les Provinces, chacune d'elles jouit encore de privilèges particuliers, qui lui ont été assurés par des pactes. Les plus importans de ces contrats sont la *joyeuse entrée*, pour le Brabant & le Limbourg, & la *bulle d'or de Brabant*. La bulle d'or exempte ces Provinces de toute jurisdiction quelconque de l'Empire d'Allemagne, & la joyeuse entrée détermine & confirme les privilèges accordés successivement par les souverains. Ce dernier pacte, tel qu'il fut juré en 1744 au nom de *Marie-Thérèse*, consiste en cinq articles, dont voici le contenu principal : le souverain promet de s'abstenir de tout pouvoir arbitraire, & de gouverner les sujets selon le droit & les jugemens des juges compétens, de ne commencer aucune guerre, relativement aux Provinces de Brabant & de Limbourg, sans le consentement des états; de ne faire aucune convention qui puisse être préjudiciable à leurs droits & intérêts; de donner aux brabançons la plupart des places dans les tribunaux : de ne faire battre des espèces d'argent ou de les décrier sans le consentement des états; de laisser à chaque membre, dans l'assemblée des états, la permission de dire son sentiment, sans risque d'encourir la disgrace du souverain; de conférer les abbayes, les prélatures & autres dignités ecclésiastiques à des ecclésiastiques; de ne point se soustraire à l'observation des droits, privilèges & usages, sous prétexte de ne les avoir pas confirmés nommément; enfin, de permettre à ses sujets la cessation de leurs services envers leur souverain, dans le cas où il cesseroit lui-même d'observer leurs privilèges entièrement ou en partie.

Depuis l'année 1749, la dignité de gouverneur-général de *Pays-Bas* est entre les mains d'un prince ou d'une princesse du sang. Son pouvoir est très-étendu; il a la direction de toutes les affaires civiles & ecclésiastiques, & peut assembler à son gré les divers départemens des Provinces, le conseil d'état, le conseil privé & celui des finances. L'inspection de la justice, de la police, des finances, des troupes, & en général de toutes les affaires civiles & militaires, lui est confiée. Les loix sont promulguées par lui; il dispose, au nom du souverain, des places & des pensions vacantes; il convoque les états : en un mot il représente la personne du souverain. La cour du gouverneur-général est brillante; il a deux compagnies de gardes-du-corps : le roi de France & les états-généraux entretiennent auprès de lui des ministres plénipotentiaires, & le roi d'Angleterre un résident. La personne du gouverneur-général peut être représentée de son vivant par le ministre plénipotentaire des *Pays-Bas autrichiens*; mais le pouvoir de ce représentant est plus limité que celui du gouverneur-général. Le secrétaire-d'état & de guerre est chargé de la correspondance ministérielle du gouverneur-général, avec le souverain & ses ministres.

Section IIIe.

Remarques touchant les prétentions formées dernièrement par l'empereur sur l'ouverture de l'Escaut, sur d'autres prétentions à la charge des Provinces-Unies, & sur la manière dont s'est terminé ce différend du projet d'échange de la Bavière contre les Pays-Bas.

Nous avons dit à l'article BAVIERE comment l'empereur parvenu au trône de ses domaines héréditaires, annulla le traité de la Barrière. Il ne tarda pas à former de nouvelles prétentions contre les Provinces-Unies (en 1783). Sa qualité d'héritier général de tous les droits, titres ou demandes qui avoient été, ou qui auroient pu être réclamés par la branche espagnole de la maison d'Autriche, & par sa ligne propre; sa qualité de représentant du peuple des différens pays qu'il possédoit sous les dénominations diverses de duc, de comte ou de seigneur, lui fournirent des sujets de querelle d'autant plus inépuisables, que le temps & la présomption n'offroient pas des raisons capables d'arrêter un prince si puissant : il demanda jusqu'à la liquidation & au paiement des comptes de fourage, qui avoient été fournis par quelques districts durant la guerre de la succession : il demanda des contributions qui avoient été levées sur d'autres domaines à cette époque. Il paroît même que les guerres du siècle dernier formèrent le sujet de quelques réclamations : mais, de toutes les prétentions qu'il forma alors, celle sur la ville & le canton de Maëstricht, que nous expliquerons tout-à-l'heure, parut la mieux fondée.

Les Provinces-Unies sortoient d'une guerre où elles n'avoient recueilli que des humiliations; des dissensions intestines leur ôtoient la moitié des forces qui leur restoient, & elles ne pouvoient résister seules à l'empereur; elles cherchèrent un appui à la cour de France, qui avoit acquis de la prépondérance dans les sept provinces pendant la guerre; & à la cour de Berlin, qui, par ses liaisons de famille & ses vues politiques, ne pouvoit pas permettre à l'empereur de se livrer ainsi à toutes ses vues ambitieuses.

Ce n'est pas ici le lieu de rendre compte de toutes les négociations qu'entraîna cette affaire. La cour de Vienne prit, dans toutes les discussions avec les Provinces-Unies, la hauteur & la fierté qui étoient peu analogues à l'esprit d'un siècle où l'on connoît toute l'instabilité d'une puissance, mais qui avoient caractérisé la maison d'Autriche, même à ces époques de détresse où cette fierté étoit de la grandeur.

Au milieu de la discussion, l'empereur forma

une prétention beaucoup plus grave que celle qui avoit tant alarmé les Provinces-Unies ; il demanda l'ouverture de l'Escaut ; &, sans attendre qu'on revînt sur les anciens traités, il y fit naviguer ses navires.

Les hostilités étoient déja commencées ; un détachement d'infanterie avec quatre pièces de campagne étoit entré sur le territoire de la république, & avoit pris possession du fort du vieux Lillo. Un détachement de dragons avoit pénétré à Hartog-Eyk près de Heerle ; il y démolit les barrières ; il abattit le pavillon hollandois qui flottoit sur la douane, & il chargea, au nom de sa majesté impériale, le receveur de ce département de n'obéir à aucun ordre des régens de Heerle, qui étoient ses maîtres légitimes, & de ne recevoir de qui que ce fût de l'argent, à titre de droit ou de péage, sinon qu'on l'enverroit pieds & poings liés à la première garnison autrichienne.

Au printemps de 1784, la guerre paroissoit inévitable : les *Pays-Bas* étoient remplis de troupes prêtes à marcher ; & l'empereur, loin d'abandonner quelques-unes de ses prétentions, demandoit, outre l'entière & libre navigation de l'Escaut d'Anvers à la mer, qu'on démolît les forts de Frédéric Henri, de Liefenhock, Kruifchans & Lillo, que les hollandois avoient élevé pour garder la navigation exclusive de l'Escaut, dont les traités les avoient mis en possession. Il demandoit, en troisième lieu, la navigation libre & un commerce non interrompu, aux Indes orientales & occidentales : c'étoit, dans le fait, demander la moitié de tous les bénéfices que les Provinces-Unies tiroient de leurs colonies du Nouveau-Monde, de leurs conquêtes & de leurs établissemens en Asie : c'étoit leur enlever le fruit de leurs entreprises périlleuses, des dangers qu'ils avoient courus, & des trésors qu'ils avoient répandus ; des guerres cruelles qu'ils avoient supportées ; & des traités & des négociations qui avoient eu lieu depuis deux siècles. L'empereur réclamoit encore la ville & le district de Maestricht, &c. &c.

Les hollandois répondirent que plusieurs demandes de l'empereur contrevenoient directement aux traités les plus solemnels ; que par celui de Munster, signé le 30 janvier 1648, Philippe IV, roi d'Espagne, duc de Bourgogne, de Brabant & comte de Flandres, avoit reconnu l'indépendance des Provinces-Unies ; que non-seulement il avoit confirmé toutes les possessions qu'elles avoient alors, & les villes & forts de Barrières qu'on venoit de leur assigner, mais qu'il avoit renoncé à jamais, pour lui & ses successeurs, à toutes celles qu'elles pourroient acquérir ensuite, sans infraction au traité ; que, par le même traité, il avoit irrévocablement confirmé les chartres & les droits des compagnies hollandoises des Indes orientales & occidentales ; qu'il avoit rendu lui & ses successeurs garants perpétuels de leur commerce dans ces deux parties du monde ; que le 6ᵉ article du même traité stipuloit, en particulier, que les sujets de Philippe IV continueroient leur navigation aux Indes orientales, ainsi qu'ils l'avoient faite jusqu'alors, & que, dans aucun cas, il ne leur seroit permis de l'étendre au-delà de ces bornes.

Que le 14ᵉ article du même traité de Munster déclaroit expressément que l'Escaut occidental ou inférieur (appelé le Hondt), le canal de Saas, le Swin & les autres embouchures seroient tenus fermés.

Que plusieurs traités subséquens avoient reconnu & confirmé le traité de Munster, & fortifié & étendu les droits des Provinces-Unies ; que par le traité de la Barrière, conclu en 1715 entre l'empereur, le roi de la Grande Bretagne & les Provinces-Unies, le premier céda aux hollandois certains territoires qui y sont désignés ; qu'il leur en céda la pleine & entière souveraineté, pour la sûreté & l'exercice de leurs droits sur le bas-Escaut, & pour faciliter leurs communications entre le Brabant & la Flandre hollandoise ; que la convention signée par ces trois puissances, en 1718, avoit répété & confirmé cette cession d'une manière formelle, & que, dans les mêmes vues, elle avoit ajouté quelque chose au territoire cédé trois ans auparavant aux hollandois.

Que, relativement aux droits de commerce, le même empereur Charles VI ayant, contre un article du traité de Munster, formé le projet d'établir à Ostende une compagnie des Indes orientales, ce prince se vit forcé cependant de l'abandonner, & de dissoudre la compagnie quelques années après ; que par le traité de Vienne, conclu en 1731 entre l'empereur & le roi d'Angleterre, & dont les Etats-Généraux devinrent parties, l'empereur fut obligé d'abolir à jamais ce commerce & la compagnie. Que, pour le commerce aux Indes occidentales, l'acte de concurrence déclare que « les hollandois se conformeront de bonne foi aux réglemens établis par » le traité de Munster, & tout ce qui s'y trouve » stipulé sur le commerce & la navigation des In- » des occidentales.

Les hollandois insistèrent fortement sur ce que leurs droits, & en particulier leur navigation exclusive de l'Escaut, avoient été confirmés & garantis par tous les traités, qui assurent l'existence politique de l'Europe ; que 140 ans s'étoient écoulés depuis le traité de Munster ; que, durant ce long intervalle, ils en avoient joui, sans difficulté, de la navigation exclusive de ce fleuve. Qu'à l'époque du traité de Munster, ce n'étoit pas même une nouvelle prétention ou l'exercice d'un nouveau droit, puisque l'Escaut avoit toujours été fermé depuis la prise d'Anvers, par le duc de Parme en 1585 ; que, quand même le traité de Munster ne contiendroit pas un article particulier là-dessus, cette omission dans une matière si importante, & le consentement à une mesure, établie depuis si long-temps & d'une manière si notoire, devoit être regardée comme une reconnoissance entière, & une confirmation du droit; qu'il ne faut pas examiner si ce droit exclusif si ancien avoit été compensé de quelque manière; que c'étoit une partie du prix que payoit l'Espagne pour le maintien de ces mêmes *Pays-Bas* que possede aujourd'hui l'empereur; que, sans cela, les Etats-Généraux n'auroient jamais abandonné les prétentions qu'ils pouvoient y former; qu'on sait qu'à cette époque & à une époque postérieure, la confédération des sept provinces étoit bien en état; qu'elle avoit alors, & qu'elle a eu depuis, des occasions favorables de faire valoir ces droits, si elle n'y avoit pas renoncé pour la navigation exclusive de l'Escaut.

Les hollandois ajoutèrent que l'affaire de l'Escaut étoit loin d'intéresser uniquement le commerce, ainsi qu'on le prétendoit; que la question de l'ouverture de ce fleuve étoit plus politique que commerçante; que, depuis les révolutions & les changemens survenus dans les routes du commerce, Anvers ne pouvoit devenir un objet de jalousie ou d'envie, mais qu'en abolissant la clôture de l'Escaut, on ouvriroit un grand chemin dans le centre de leurs domaines; que ce seroit ouvrir & exposer les sources qui donnent la vie aux sept provinces, & qu'on compromettroit pas seulement la sûreté immédiate, mais l'indépendance & l'existence de la république.

L'empereur répondoit, que les Provinces-Unies s'étoient permis un si grand nombre d'infractions au traité de Munster, dans tous les points qui assuroient les droits des *Pays-Bas*, où leur étoient avantageux de quelque manière, qu'ils avoient perdu le droit de réclamer les stipulations souscrites alors en leur faveur; que, d'après les principes de la raison & de l'équité, il se trouvoit complettement dispensé de faire aucune attention aux articles sur lesquels ils insistoient si vivement. Qu'au reste, selon leur coutume, pour les interpréter à leur avantage, ils forçoient le sens de l'article du traité de Munster, qui a rapport à l'Escaut; que cet article n'énonce pas la souveraineté & le droit exclusif; qu'en admettant tout ce qu'ils disoient, d'après cet article du traité, le joug honteux qu'on avoit imposé aux *Pays-Bas*, étoit trop contraire à la nature & trop humiliant pour le laisser subsister; qu'on n'a jamais pu le souffrir, qu'autant que l'absolue nécessité, suite de la malheureuse situation des affaires publiques, rendoit cette soumission indispensable.

Le cabinet de Vienne ajoutoit, que les hollandois avoient enfreint le traité de la Barrière & les autres traités postérieurs, ainsi qu'ils avoient enfreint celui de Munster; que si l'on vouloit négliger ou oublier toutes les occasions où ils avoient violé la foi publique & les traités; leur honteuse prévarication & l'injustice de leurs procédés à l'égard de Maëstricht, suffisoient seules pour annuller tous les devoirs & toutes les conditions envers un peuple qui n'avoit jamais exécuté ou respecté les articles d'un traité ou d'une convention qu'autant que cela convenoit à ses intérêts.

Au reste, de toutes les prétentions de l'empereur, celle qu'il formoit sur Maëstricht & son territoire, paroissoit la mieux fondée. En 1672, lorsque les Provinces-Unies étoient menacées de la destruction, par l'invasion de Louis XIV, le comte de Monterey, gouverneur des Pays-Bas, n'attendit pas le tardif résultat des délibérations de sa cour, qui étoit en paix avec celle de France; il sentit qu'un délai feroit perdre l'occasion d'agir avec succès, & il eut la sagacité politique & le courage de saisir les véritables intérêts de l'Espagne, & d'agir de lui-même, sans songer aux reproches qu'on pourroit lui faire. Il s'efforça d'arrêter la violence du torrent, gardant toutefois l'apparence de la neutralité, il donna aux hollandois des secours secrets, & il leur rendit d'importans services. Sa conduite ayant été approuvée par le cabinet de Madrid, il continua d'agir sur le même plan. Ses services devinrent si essentiels, qu'ils jettèrent les fondemens d'un traité secret entre la Hollande & l'Espagne. La république, en considération du passé & pour obtenir de nouveaux secours, s'engagea à céder à l'Espagne la ville de Maëstricht, avec une portion du territoire désignée dans la convention; mais cette cession étoit soumise à la condition spéciale, qu'on empêcheroit la France de garder aucune de ses conquêtes, ou de démembrer quelques-uns des domaines des Provinces-Unies.

Cette condition ayant été remplie par la tournure inattendue que prit la guerre, & qui obligea Louis XIV à abandonner ses conquêtes, lors du traité de paix conclu à Nimègue, Charles II, roi d'Espagne, réclama Maëstricht; les Etats-Généraux éludèrent la cession, en faisant valoir des hypothèques que le prince d'Orange avoit sur cette ville & son territoire. Le roi d'Espagne paya ces hypothèques, & cette confiance & cette générosité méritoient plus de bonne foi du côté des hollandois. Ils élevèrent alors de nouvelles difficultés; ils mirent tant d'intérêt à ne pas se défaisir de Maëstricht, que la cession fut toujours différée, & qu'elle fut un sujet de négociation jusqu'à la mort de ce prince.

La confusion générale, occasionnée par la mort & le testament de ce monarque, les longs troubles & les guerres qu'excita sa succession, parurent effacer toutes les traces de l'affaire de Maëstricht. Il n'en fut plus question dans aucun des traités ou des conventions postérieures; les choses restèrent en cet état jusqu'en 1738 : à cette époque, l'empereur Charles VI, se regardant comme l'héritier de tous les droits de l'Espagne sur les *Pays-Bas*, fit revivre la prétention sur Maëstricht, si long-temps oubliée. Des commissaires, nommés par les deux puissances, ouvrirent une négociation à Bruxelles, & ils paroissoient disposés à terminer cette affaire ; mais, comme elle avoit dû toujours être différée ou interrompue par des scènes d'un grand désordre & d'un grand malheur publics, la mort de Charles VI, les puissances nombreuses qui essayèrent d'envahir l'héritage de sa fille, la feue impératrice-reine, mirent bientôt fin aux négociations de Bruxelles, & jettèrent l'Europe dans l'état de confusion & de guerre, où elle s'étoit trouvée lorsqu'on se disputa la succession au trône d'Espagne. On oublia donc encore la prétention sur Maëstricht, & elle n'a été reprise depuis que par l'empereur actuel.

Au reste, Maëstricht, malgré sa valeur réelle & l'importance que lui donne sa position, n'étoit pas le point le plus grave de cette dispute des hollandois avec l'empereur. L'ouverture de l'Escaut étoit l'article essentiel, le grand objet des desirs de la cour de Vienne, & des craintes & de la consternation des Etats-Généraux. Tous les autres points s'arranger.

On s'intéressoit à cette affaire dans presque tous les pays de l'Europe, & jamais l'opinion publique n'a été aussi divisée qu'elle le fut sur cette question si simple & si bornée, qu'elle regardoit seulement la navigation d'une rivière.

Les raisons que faisoit valoir l'empereur, avoient quelque chose de spécieux & de raisonnable ; il étoit facile de les présenter d'une manière plausible, & de les revêtir de couleurs intéressantes : elles étoient singulièrement propres à séduire le commun des hommes, qui examinent légèrement les affaires, & sont dominés par le sentiment & la justice naturelle, plus que par les calculs & les principes de la politique.

L'exposition seule du fait, le tableau d'un peuple ancien & respectable, qui, célèbre de bonne heure dans le commerce, se trouve ruiné, parce qu'on l'a privé de son droit naturel à la navigation, & aux avantages d'un fleuve qui traverse ses domaines, sembloit décider la question, & réunir tout le monde contre une injustice si criante. En suivant le même esprit, on regardoit comme un exploit glorieux & digne d'un héros, le projet d'affranchir une nation d'un pareil esclavage, & de lui rendre ses droits naturels & son ancienne prospérité. Pour émouvoir les passions, on ne manqua pas de rappeller la grandeur, l'éclat & l'opulence qui eut autrefois Anvers, & on attribuoit sa décadence, avec beaucoup d'effet, mais avec peu de justice & de vérité, à cette odieuse clôture de l'Escaut, suite, disoit on, de la jalousie & de la cupidité des hollandois qui avoient voulu s'approprier le monopole de tout

le commerce, & élever Amsterdam sur les ruines d'Anvers. Afin d'exciter les passions, on représentoit avec encore moins de justice & de vérité, l'Escaut, comme le plus beau fleuve de l'Europe : on eût dit que sa beauté devoit être comptée pour quelque chose, dans des questions de droit ou de nécessité politique. Il est aisé de voir que l'avidité bien reconnue des hollandois, l'esprit de monopole, la dureté & les principes arbitraires qu'ils ont toujours montrés dans les affaires de commerce, produisoit contr'eux une impression très-désavantageuse.

Ils avoient cependant un grand nombre de raisons & de faits à opposer aux déclamations plausibles & artificieuses, ou même à l'opinion publique qui s'étoit établie si légèrement. On ne peut, dans l'état actuel des choses, recourir *aux droits naturels* pour annuller les conventions politiques entre les états, lesquelles sont le fondement & la sûreté de toutes les propriétés publiques & particulières. Quelle scène offriroit l'Europe, si toutes les puissances étoient obligées de recourir aux principes de l'équité & aux loix de la nature, & d'abandonner les domaines, dont ils se sont mis en possession, par la fraude ou la violence, la guerre ou les traités, au milieu des révolutions d'une longue suite de siècles ! On romproit les liens qui unissent les hommes ; on les replongeroit dans l'état de la nature sauvage ; le monde politique retomberoit dans le cahos, & on n'y verroit plus que le désordre & la confusion.

Les hollandois soutenoient que le passage d'un fleuve sur quelque portion du territoire d'un prince, ne formoit pas un droit naturel, lorsque son embouchure est en la possession d'un autre souverain ; & pour dissiper toutes les déclamations pathétiques des partisans du cabinet de Vienne, ils assurèrent que le cours entier des deux branches de l'Escaut étoit entièrement artificiel ; que c'étoit l'ouvrage des hollandois ; que ses bords étoient l'effet de plusieurs siècles d'un travail continuel, & qu'on ne les maintenoit qu'avec beaucoup de soins & de dépenses ; que, sans ces monumens de l'industrie hollandoise, ces digues étonnantes qui excitent l'admiration des hommes, les eaux croupissantes de l'Escaut formeroient des lacs & des marais immenses ; qu'elles ne seroient jamais arrivées à la mer, dans la quantité nécessaire à la navigation ; que les hollandois ayant ainsi formé & maintenu l'Escaut inférieur, ainsi qu'ils ont formé, & qu'ils maintiennent les provinces de Hollande & de Frise, il étoit également leur propriété ; que les Provinces-Unies n'ayant pu destiner ces immenses travaux qu'à leur usage, les avantages qui en résultent, doivent être, indépendamment de tous les traités, regardés, d'après les principes du droit naturel, de la loi & de la justice, comme leur propriété exclusive.

Et sur la décadence & la chûte d'Anvers, qu'on attribuoit uniquement à l'avarice & au despotisme des hollandois, & en particulier sur la clôture de l'Escaut, ils observerent que diverses causes bien connues avoient déterminé le commerce étranger à abandonner cette ville; que plusieurs de ces causes étoient antérieures à la clôture, & qu'aucune d'elles n'y avoit de rapport. La prospérité d'Anvers déclinoit, à pas précipités, un siècle avant le commencement des troubles & des guerres des *Pays-Bas*. Le commerce s'étoit porté dans d'autres canaux; Amsterdam qui étoit considérable, long-tems avant cette époque; ses avantages supérieurs & diverses causes de prospérité l'avoient rendu la premiere ville commerçante de l'Europe, au temps où on ferma l'Escaut. Anvers toutefois continua à être opulente; &, malgré les pertes qui résultèrent du mémorable siège qu'elle essuya, elle auroit maintenu son importance, si les choses qui ont amené la décadence de Bruges & de toutes les grandes villes des *Pays-Bas*, n'avoient pas amené sa ruine. Le despotisme, la cruauté & les persécutions des espagnols obligèrent les négocians & les manufacturiers à abandonner ces villes, & à porter ailleurs le commerce & les arts. On remarqua, comme un fait curieux sur cette matiere, que le roi d'Espagne, souverain d'Anvers, n'avoit pas été moins intéressé que la Hollande à la clôture de l'Escaut, parce que, comme le dit le célebre Jean de Witt, dans ses mémoires, la grandeur & l'opulence de cette ville n'étoient pas compatibles avec les vues du despotisme espagnol. Au reste, les hollandois ne dirent pas toutes les frayeurs que leur causa la demande de l'ouverture de l'Escaut; ils craignirent de montrer à un prince ambitieux le moyen d'opérer leur ruine avec plus de succès.

Les diverses branches de l'Escaut entrecoupent leurs domaines de telle maniere, & communiquent si bien avec leurs canaux & leurs rivieres, que leurs havres, leurs chantiers, leurs arsenaux, plusieurs de leurs principales villes & l'intérieur de leur pays se seroient trouvés exposés aux entreprises d'une puissance formidable, maîtresse du fleuve dont nous parlons.

Tout annonçoit la guerre au printems de l'année 1785: L'impératrice de Russie avoit déclaré qu'elle soutiendroit l'empereur; le cabinet de Versailles qui, après le partage de la Pologne, ne pouvoit plus souffrir les vues ambitieuses de la cour de Vienne, laquelle, au milieu des discussions de l'Escaut, s'occupoit de l'échange de la Baviere contre les *Pays-Bas*, alloit se décider en faveur des hollandois, & la guerre paroissoit inévitable; mais le comte de Vergennes négocia si heureusement que les articles préliminaires de la paix,

entre l'empereur & les Etats-Généraux, furent signés à Paris le 20 septembre 1785; & le 8 octobre de la même année, le traité définitif fut signé à Fontainebleau, sous la médiation & la garantie du roi de France.

Le traité de Munster servit de base à ce traité de 1785, qui en renouvella les articles dans tous les cas qui ne sont pas formellement exceptés par de nouvelles clauses. Voici ces clauses nouvelles: Les Etats-Généraux ont reconnu la souveraineté absolue & indépendante de l'empereur sur chaque partie de l'Escaut, depuis Anvers jusqu'aux limites du comté de Saftingen, conformément à une ligne tirée en 1664: ils ont renoncé au droit de lever aucune taxe ou impôt sur cette partie du fleuve, & ils se sont engagés à ne pas y interrompre la navigation des sujets de l'empereur: le reste de la riviere, au-delà de ces limites jusqu'à la mer, ainsi que les canaux du Sas, le Swin, & les autres embouchures, sont restés sous la souveraineté des Etats-Généraux, conformément au traité de Munster: il a été stipulé de plus, que les hollandois évacueroient & démoliroient les forts de Kruischans & de Frédéric-Henri, & qu'ils en céderoient les territoires à sa majesté impériale; que pour donner à l'empereur une nouvelle preuve de leur désir, d'établir la plus parfaite intelligence entre les deux pays, les Etats-Généraux évacueroient & soumettroient à sa discrétion les forts de Lillo & de Liefkenshock, avec les fortifications telles qu'elles se trouvoient; ils se sont réservés seulement le droit d'en retirer l'artillerie & les munitions; que l'empereur renonce à toutes les prétentions qu'il avoit formées ou qu'il peut former, en vertu du traité de 1673, sur Maestricht & ses dépendances, & que les Etats-Généraux paieroient à sa majesté impériale la somme de 9 millions & demi de florins, monnoie de Hollande; de plus un demi-million de florins, pour dédommager ses sujets des dommages causés par les inondations (1). Les autres articles contiennent diverses renonciations à des droits, ou à des prétentions des deux parties; des cessions mutuelles de villages & districts; des fixations de limites; des dispositions locales, ou des réglemens intérieurs. On y déclare qu'à l'avenir on n'élevera pas de forts & de batteries à la portée du canon, des limites de l'un ou l'autre côté, & qu'on démolira ceux qui se trouvent construits. Toutes les dettes ou réclamations pécuniaires entre les deux états sont annullées; & les parties contractantes renoncent, sans aucune réserve, à toutes les prétentions ultérieures qu'ils pourroient former l'une contre l'autre.

Si la tranquillité de l'Europe fut affermie sur les bords de l'Escaut, un autre projet de la cour de Vienne, mit en fermentation l'Allemagne en-

---

(1) Les hollandois avoient ouvert les digues en quelques endroits.

tiere.

lière. C'étoit encore pour cet héritage de la maison palatine de Bavière, déjà trois fois dans le dix-huitième siècle, attaqué, disputé ou envahi. Il ne s'agissoit ni d'une usurpation, ni d'une conquête; c'étoit une échange à l'amiable, proposé aux membres de la maison palatine, des états de Bavière, contre les provinces des *Pays-Bas* restées à la maison d'Autriche, à l'exception de Luxembourg & du comté de Namur. Depuis quelques mois, le secret de cet arrangement avoit transpiré dans le public; on parloit d'ouvertures faites au duc de Deux-Ponts, & de la résistance de cet héritier-présomptif de l'électeur Palatin, du consentement de ce dernier prince, & de l'appui que la cour de Russie prêtoit à ce projet. Ces rumeurs acquirent un nouveau degré de créance, par les allarmes des sujets bavarois, par leurs représentations au souverain, qui menaçoit de les abandonner, & par un voyage de l'électeur à Dusseldorp, dans cet instant critique; voyage qu'on s'obstinoit à regarder comme une évasion. Toutes ces incertitudes ne tardèrent pas à se dissiper; le roi de Prusse se chargea d'éclairer l'Europe. Ce monarque, averti par le duc de Deux-Ponts, s'allarma d'un événement, contre lequel sa politique & ses armées avoient déjà tenu l'Allemagne en garde. De nouveau il se présenta comme le défenseur de la liberté *germanique*, c'est-à-dire d'un équilibre de puissance dans l'Empire. Le grand âge de ce prince, & sa santé fréquemment ébranlée, étoient de foibles obstacles aux mesures difficiles qu'il alloit embrasser. On l'avoit vu parcourir lui-même ses états, visiter ses armées, passer en revue dans la Silésie quatre-vingt mille hommes dans un jour, & braver, à cheval, la fatigue, la pluie, & l'intempérie des saisons. Lorsque ses desseins furent mûris, il les communiqua aux diverses cours de l'Europe. Il annonça qu'uni aux électeurs de Saxe & de Hanovre, il s'opposeroit à une entreprise qu'il jugeoit contraire aux traités, au droit public de l'Empire, aux conventions les plus explicites, aux convenances les plus importantes. En même temps il invita les membres du corps *germanique*, à s'associer à une ligue, dont leur repos devoit être & le seul but & le seul fruit.

La cour de Vienne s'irrita d'une pareille confédération, dirigée contre le chef de l'Empire, & produite par une défiance dont cette cour ne put s'empêcher de marquer son ressentiment. Elle fit combattre avec vivacité les imputations & les argumens de la cour de Berlin: il seroit inutile de récapituler ces longues discussions. Elles provoquèrent une réplique détaillée, dans laquelle le roi de Prusse confirma à l'Europe sa fermeté, ses intentions, & ses motifs.

Il est un point cependant sur lequel les deux cours parurent s'accorder, du moins en apparence; c'est que les états bavarois ne peuvent changer de maître, sans le libre consentement du prince qui doit les gouverner un jour. Or, jusqu'ici le duc des Deux-Ponts ayant été inébranlable à rejetter toute proposition d'échange, & le but de la ligue qui s'y oppose & le dessein de la cour de Vienne de le réaliser, semble tomber absolument. Mais le roi de Prusse a été plus loin dans ses déclarations; il a soutenu que l'aveu même de l'héritier de la Bavière n'en rendroit pas l'aliénation plus valide. Dans tous les cas, ce monarque s'avance comme une barrière qu'il faudra forcer, avant de transporter à Bruxelles la couronne des ducs de Bavière.

Quelle que soit l'issue de ce différend, qui, malheureusement ne tardera pas à renaître & qui peut mettre en péril la tranquillité de l'Allemagne & de l'Europe; il est intéressant de connoître la valeur de l'objet de l'échange médité. Selon les calculs présentés par le ministre de Prusse, les états de Bavière ont 784 milles d'Allemagne quarrés, 1,390,000 habitans, & donnent au souverain un revenu de sept millions de florins. La partie des *Pays-Bas* autrichienne offerte en retour, contient 290 milles quarrés, 1,250,000 habitans, & produisent un revenu de deux à trois millions de florins. Mais quoique l'empereur voulût se réserver une partie des *Pays-Bas*, nous croyons que les calculs de la cour de Berlin sont un peu trop foibles.

Section IVe.

Des troubles que vient d'occasionner l'empereur dans les Pays-Bas, en voulant changer la forme d'administration, & les tribunaux de ces provinces, & y établir des réformes.

Les diverses provinces des *Pays-Bas* avoient accueilli avec chaleur les prétentions de l'empereur sur l'ouverture de l'Escaut; mais elles ne tardèrent pas à opposer une vive résistance aux changemens qu'il essaya de faire en 1786, dans l'administration intérieure de ces provinces. Il voulut les diviser en cercles, & y établir des intendans; & les habitans bien instruits des réclamations qu'excitoient les intendans en France, & très-zélés pour le maintien de leurs privilèges, n'ont pas voulu y consentir. La cour de Vienne se proposoit, malgré la diversité des privilèges, des préjugés & des habitudes de ses divers états, d'établir un régime uniforme dans les collèges d'administration & les tribunaux de justice; & les provinces des *Pays-Bas* ont paru disposées à défendre, les armes à la main, les anciens tribunaux: l'empereur, sur ces entrefaites, avoit supprimé beaucoup de couvents; & il avoit fait d'autres innovations dans le régime ecclésiastique; & cette opération qui blessoit les dévots, a réuni tous les ordres de citoyens: on les a vu s'armer contre le souverain, discuter chaque point de détail, au milieu d'un soulevement général, & arriver enfin à leur but, après une contestation dangereuse & terrible, dont nous allons donner le précis. Nous ne nous permettrons pas de juger le fond de la querelle ; nous observerons seulement que les *Pays-Bas* en réclamant leurs capitulations & leurs privilèges, n'ont pas voulu ou n'ont pas pu séparer les innovations, nuisibles à leur prospérité & à leur industrie, de celles qui étoient analogues au progrès des lumières, & qui se trouvoient favorables à la prospérité de ces mêmes provinces.

En 1786, le 14 octobre, l'empereur divisa les *Pays-Bas* en cercles, comme la Bohême & l'Autriche ; ils devoient être au nombre de 9, ayant chacun un capitaine ou intendant : voici la division de ces cercles ; 1°. le Brabant ; 2°. la province de Limbourg & le quartier de Ruremonde ; 3°. le marquisat d'Anvers & la seigneurie de Malines ; 4°. le Luxembourg ; 5°. la province de Namur ; 6°. Tournay, le Tournesis & la Flandre retrocédée ; 7°. les quartiers de Bruges & d'Ostende ; 8°. Gand & le reste de la Flandre ; 9°. le Hainaut.

Les conseillers-intendans de ces cercles devoient avoir rang de conseillers au conseil royal, & jouir de 4000 florins d'Allemagne d'appointemens. Ils devoient être rendus dans leurs departemens au premier novembre 1787.

Au mois de mars 1787 le gouvernement communiqua aux états, aux tribunaux supérieurs & aux magistrats municipaux, deux diplômes de S. M. I. ; le premier constitutif d'un nouveau conseil d'administration générale dans les *Pays-Bas* ; le second, d'un nouvel ordre de tribunaux judiciaires.

Le premier exposoit en détail, ce qui avoit rapport aux cercles & aux intendans ; & voici l'un & l'autre de ces réglemens.

D I P L O M E *de l'empereur, portant établissement d'une nouvelle forme pour le gouvernement général des Pays-Bas, du premier janvier 1787.*

Joseph, par la grace de Dieu, empereur des Romains, toujours auguste, roi d'Allemagne, de Jerusalem, de Hongrie, de Bohême, &c. &c. &c. Ayant résolu de donner au gouvernement général de nos provinces belgiques, une forme nouvelle pour la direction & l'expédition la plus prompte & la plus régulière des affaires de son ressort, nous statuons & ordonnons les points & articles suivans.

I. Nous supprimons les trois conseillers-collateraux & la secrétairerie d'état.

II. Au lieu de ces conseils & de la secrétairerie d'état, nous établissons un seul conseil, sous le nom de conseil du gouvernement-général des *Pays-Bas*, où seront traitées toutes les affaires politiques & économiques du pays, d'après les règles & instructions que nous avons prescrites.

III. Notre ministre plénipotentiaire aux *Pays-Bas*, sera par état le chef & le président de ce conseil & le garde de nos sceaux.

IV. Il y aura dans ce conseil un vice-président pour suppléer aux fonctions du chef, dans tous les cas où il ne pourra pas les remplir en personne, & autant de conseillers que nous jugerons à propos d'y commettre.

V. Ce conseil sera pourvu du nombre de secrétaires, de commis & d'officiaux, qui sera jugé nécessaire.

VI. Pour faciliter la direction des affaires du gouvernement-général, & lui procurer en tout temps des notions assurées sur tout ce qui peut intéresser l'ordre public, & le bien des peuples confiés à nos soins, nous avons résolu de diviser nos provinces des *Pays-Bas* en neuf cercles, & d'établir sous ses ordres, dans chacun de ces cercles, un intendant & plusieurs commissaires, sur le pied que le gouvernement sera connoître par une ordonnance à émaner de notre part, selon laquelle, ainsi que selon les instructions & les ordres qu'ils recevront du gouvernement, ces intendans & commissaires se régleront dans l'exercice de leurs charges.

VII. Considérant les frais énormes qu'entraîne, à la surcharge de nos peuples, la forme actuelle des administrations provinciales, nous avons résolu de les simplifier de la manière suivante.

VIII. Les collèges actuels des députés des états de toutes nos provinces Belgiques, viendront à cesser avec le dernier du mois d'octobre de cette année & resteront supprimés.

IX. Au lieu de ces collèges, les états de Brabant, de Flandres & du Hainaut choisiront parmi ceux de leurs membres qui seront préalablement reconnus capables par le gouvernement, un député pour chacune de ces provinces, qui sera agrégé au conseil du gouvernement, où il aura le titre, le rang, & les gages de conseiller, & où il rapportera immédiatement tous les objets des finances de sa province, & autres, que le président jugera à propos de lui confier.

X. Les administrations des autres provinces n'étant ni si étendues, ni si considérables, nous avons jugé que deux pareils députés pour toutes pouvoient suffire ; en conséquence les états des provinces de Limbourg & de Luxembourg auront à s'entendre sur le choix d'un de leurs membres, ou de quelqu'autre sujet agréable au gouvernement, & les états de Namur & de Tournesis auront pareillement à s'entendre sur le choix d'un député commun, pour diriger respectivement leurs affaires au conseil sur le pied requis à l'article précédent ; quant aux états de Gueldres & de Malines, ils auront à commettre le soin de leurs affaires aux députés du Brabant.

XI. Les états respectifs éliront de même cinq secrétaires qui seront également agrégés au conseil, avec les mêmes gages & émolumens dont jouissent les autres secrétaires de ce conseil.

XII. Ces cinq députés des états, & leurs secrétaires, serviront pendant un terme de trois ans, au bout duquel ils seront continués ou renouvellés pour même terme, au gré de leurs commettans respectifs, & dans tous les cas où le gouvernement trouvera bon de leur demander des avis, ou informations quelconques relatifs à l'intérêt général de la province, ainsi que pour signer les nouvelles lettres de rentes & autres actes que les états pourroient être dans le cas d'expédier : ces cinq députés représenteront les états dans leurs différens ordres.

XIII. En simplifiant & réunissant ainsi l'administration des Finances provinciales, nous sommes très-éloignés de vouloir toucher, ni innover en rien, aux droits, ni à l'hypothèque de ceux qui ont placé leur argent sur le crédit de nos états Belgiques ; nous entendons en conséquence que leurs caisses restent toujours séparées de celles de nos finances, & qu'il ne soit rien changé quant aux lieux stipulés pour le payement des rentes.

XIV. Tout ce que nous venons de prescrire par les articles précédens, relativement aux administrations des états, commencera à avoir lieu le premier novembre de l'année 1787.

XV. Ayant trouvé bon d'excepter de la surveillance & de l'activité du nouveau conseil du gouvernement, toutes les affaires qui ont trait à la justice & à son administration, nous avons résolu d'établir pour cet objet si essentiel, un département séparé, sous le nom de conseil souverain de justice des Pays-Bas, dans la forme que nous réglerons par un diplôme particulier.

XVI. Ce conseil chargé spécialement de tout ce qui concerne l'administration & la direction supérieure de la justice, sur le pied des instructions que nous lui ferons remettre, sera en même temps l'unique tribunal de révision pour toutes nos provinces Belgiques.

Si donnons en mandement à tous nos conseils, officiers & sujets qu'il appartiendra, d'observer & de faire observer ponctuellement le contenu des présentes. Car ainsi nous plaît-il. En témoignage de quoi nous avons signé les présentes, & nous y avons fait mettre notre grand sceau. Donné à Vienne le premier janvier l'an de grace mil sept cent quatre-vingt-sept, & de nos regnes, de l'Empire romain le vingt-troisième, de Hongrie, de Bohême le septième. Paraphé K. R. Vt. Signé JOSEPH. Contresigné, *par l'empereur & roi, A. G. De Laderer*, & muni du grand sceau de *sa majesté*.

DIPLOME *de l'empereur, portant établissement des nouveaux tribunaux de justice aux Pays-Bas, du premier janvier* 1787.

JOSEPH, par la grace de Dieu, empereur des romains, toujours auguste, roi d'Allemagne, de Jérusalem, de Hongrie, de Bohême, &c. &c. &c. Ayant résolu d'établir pour l'administration de la justice dans nos provinces Belgiques, le même ordre & la même gradation de tribunaux, qui subsistent dans les autres états & provinces de notre domination, nous avons ordonné & statué, ordonnons & statuons les points & articles suivans.

I. Il y aura pour toutes les parties plaidantes, de quelqu'état ou condition qu'elles soient, & pour toutes les causes, trois instances sans plus, savoir : la première instance, l'instance d'appel & l'instance de révision.

II. L'instance de révision n'aura cependant pas lieu, lorsque les sentences, rendues dans les deux premières instances, seront conformes.

III. Nous supprimons tous nos conseils actuels de justice aux *Pays-Bas*; & à leur place,

IV. Nous établissons en notre ville de Bruxelles un conseil souverain de justice, composé d'un président, qui, sous la dénomination de chef & président, sera à la tête de ce corps, & d'un nombre suffisant de conseillers.

V. Nous confions à notredit conseil souverain la suprême autorité sur le fait de la justice civile & criminelle, comme étant le centre unique du pouvoir judiciaire ; & il exercera cette autorité en conformité de ses attributions & de l'édit que nous ferons émaner sur la réformation de la justice.

Il jugera, au surplus, en troisième instance, & en dernier ressort, toutes les causes qui seront susceptibles de révision sur le pied statué par le deuxième article du présent diplôme.

VI. Nous établissons, pour la seconde instance, deux conseils d'appel, dont l'un aura sa résidence en notre ville de Bruxelles pour les provinces de Brabant, de Limbourg, de Gueldre, de Flandre, de Hainaut, de Namur, de Tournay & Tournesis, & de Malines; & l'autre en notre ville de Luxembourg pour la province de ce nom.

VII. Ces deux conseils d'appel seront composés chacun d'un président & d'un nombre suffisant de conseillers. Ceux-ci doivent avoir, outre les autres qualités requises la connoissance des langues qui sont en usage dans les provinces de leur ressort respectif.

VIII. Nous supprimons également toutes les justices seigneuriales au plat-pays; voulant que la justice soit rendue désormais en première instance par des tribunaux fixes & permanens, dont l'établissement, le nombre, la composition & les attributions seront déterminés par un réglement ultérieur, que nous ferons rédiger & publier sur cet objet.

IX. Nous supprimons enfin, à l'exception des seules justices militaires, tous autres tribunaux, corps & cours de justices, qui subsistent actuellement dans nosdites provinces des *Pays-Bas*, ainsi que les tribunaux ecclésiastiques & ceux de notre université de Louvain, voulant que tous nos sujets sans distinction soient appellés devant les tribunaux ordinaires qui seront établis en conséquence du présent du diplôme.

X. Tous les juges sans exception prêteront serment à leur admission sur l'observation exacte du nouveau réglement de la procédure civile & des instructions y relatives.

Si donnons en mandement à tous nos conseillers, officiers & sujets qu'il appartiendra, d'observer & faire observer ponctuellement le contenu des présentes. *Car ainsi nous plaît-il.* En témoignage de quoi nous avons signé les présentes, & nous y avons fait mettre notre grand scel. Donné à Vienne le premier janvier l'an de grace mil sept cent quatre-vingt-sept, & de nos règnes, de l'Empire romain le vingt-troisième, de Hongrie & de Bohême le septième. Etoit Paraphé K. R. Vt. Signé JOSEPH, contresigné par l'empereur & roi, A. G. De Laderer; & muni du grand scel de *sa majesté*.

Des innovations aussi importantes & aussi contraires aux capitulations, & aux priviléges des *Pays-Bas*, ne pouvoient manquer d'allarmer les esprits; & chacun doit convenir, qu'elles étoient bien précipitées.

Les états & les corps de presque toutes les provinces, présentèrent des requêtes & firent des réclamations contre ces réglemens, & beaucoup d'autres qui les précédèrent, & les accompagnèrent: nous allons transcrire la requête des états de Flandre, qui réunit la décence & la fermeté; elle donnera une idée de celles des autres provinces, qui s'accordent à peu-près sur le fond, & qui ne varient que dans la forme.

Requête des états de Flandre.

Sire, que V. M. daigne permettre aux députés des états de Flandre, spécialement autorisés à cette fin par leurs principaux, représentans les états de la même province, d'exposer leurs profondes doléances au pied de son trône, & d'y réclamer avec tout le respect possible, l'observation précise & exacte du traité solemnellement juré au jour de l'auguste cérémonie de son inauguration, comme comte de Flandre.

Notre devoir, sire, ne nous permet pas de dissimuler à V. M. l'abattement, la consternation & l'effroi, où plongent tous ses fidèles sujets de la province de Flandre, les atteintes multipliées portées à leurs constitutions, les dispositions nouvelles & allarmantes qui ont été supposées à la religion de V. M. Le mécontentement & le murmure percent de toutes parts. Déjà l'on redoute pour la perte de sa liberté, de son honneur, de ses biens, de tous les objets les plus importans, sur lesquels ces constitutions inviolables nous rassuroient de la manière la plus positive.

Daignez vous rappeller, sire, que ce sont ces mêmes constitutions que V. M. nous a garanties par une lettre signée de sa propre main, écrite le lendemain de la mort de feue l'impératrice-reine de glorieuse mémoire, son auguste mère. Ce sont ces mêmes constitutions que le 31 juillet 1781, S. A. R. le duc Albert de Saxe Teschen nous a jurées solemnellement au nom de V. M. sur les saints évangiles, devant toute la nation assemblée, & en présence de votre sérénissime sœur S. A. R. l'archiduchesse Marie-Christine. C'est après avoir reçu la prestation de ce serment, que le clergé, les grands-vassaux, les villes, pays, châtellenies & métiers de la province de Flandre, vous jurèrent de leur côté, foi, fidélité & hommage, comme à leur légitime comte & souverain.

Ce pacte précieux, réciproque, inviolable, a de tous temps fait le bonheur de la Flandre; dans tous les temps il a été le même, avant & sous les ducs de Bourgogne, à chaque avénement d'un nouveau souverain, & spécialement à celui de V. M. Il a constamment & scrupuleusement été renouvellé de part & d'autre avec tout l'appareil qui convient à une aussi importante & aussi majestueuse cérémonie. C'est sur cette base sacrée & inébranlable qu'étoit fondée la sûreté de nos libertés, de nos vies, de nos propriétés, de tous nos droits, de toutes nos prérogatives. Ce pacte cimenté par la religion du serment, est mis à l'abri de toute instabilité par le plus saint & le plus indissoluble des nœuds, par lesquels on puisse lier les conventions humaines, & depuis que les provinces Belgiques ont passées sous l'auguste & heureuse domination de la maison d'Autriche, il a été garanti même par les puissances étrangères.

Mais rien ne nous rassure plus sur l'immutabilité de cette constitution que la parole sacrée de V. M., que le serment solemnel qu'elle a prêté à cet égard.

Qu'il soit permis, sire, d'en retracer ici les expressions, elles sont claires & nullement équivoques:

Que V. M. maintiendra cette province dans tous ses privilèges, coutumes & usages, tant écclésiastiques que séculiers, & que S. M., comme comte de Flandre, ne souffrira point que rien soit altéré ou diminué, en l'un ou l'autre d'iceux.

Cependant, sire, les dispositions nouvelles émanées sous le nom de V. M. bouleversent, détruisent, anéantissent toute cette constitution que vous avez si solemnellement jurée. Elles portent la désolation & la perplexité dans le cœur des citoyens de tous les rangs. Mais nous sommes persuadés, sire, que votre religion aura été surprise, qu'on vous aura caché le véritable état des choses, qu'on aura négligé de vous représenter & les droits qui nous sont acquis, & les obligations que V. M. a contractées; nous avons la même conviction, sire, qu'il suffira d'instruire V. M. sur toutes les atteintes portées à ce pacte sacré & constitutionnel, pour obtenir de sa religion & de sa justice un redressement complet à tous les égards.

Le plus essentiel, le premier de nos droits, celui qui de tout temps a été gravé en caractères ineffaçables dans le cœur des flamands, qui nous est assuré par la nature, par une infinité de loix des souverains prédécesseurs de V. M., par le serment qu'ils ont tous prêté à leur inauguration, par celui que V. M. a prêté elle-même: » c'est qu'il ne peut être fait aucune force ni violence à aucun habitant du pays, que tant les ecclésiastiques que les séculiers en corps & en biens, doivent être traités par justice & sentence, devant leur juge naturel, sans pouvoir souffrir aucune atteinte dans leur droit de propriété. »

D'après ce principe fondé sur le droit naturel & sur les loix fondamentales de l'état, il n'est pas possible, sire (daignez permettre l'effusion de nos cœurs & de nos sentiments) qu'ayant juré de ne jamais exercer de pouvoir que conformément à ces loix, nous puissions nous persuader que votre équité ait pu se laisser induire à ne pas observer une aussi sainte promesse, si votre religion n'avoit été surprise. Cependant, sire, cette promesse étoit évidemment enfreinte par l'attribution d'un pouvoir arbitraire & illimité d'abord accordé aux intendans, & modéré depuis, à certains égards.

Sous le règne de V. M., dont l'œil vigilant est perpétuellement ouvert sur toutes les parties de l'administration, on pourroit peut-être n'éprouver que légèrement & en partie les funestes suites d'une telle attribution. Mais sous un prince moins actif ou distrait par d'autres occupations, quels malheurs n'auroit-on pas à redouter d'un semblable établissement? Quelle ressource, quel asyle resteroit-il au citoyen pour se mettre à l'abri des rapines, des persécutions, des violences, que pourroit exercer une foule de gens, préposés & subalternes, armés d'un pouvoir absolu, dont il est si facile, & dont on est si tenté d'abuser, surtout lorsqu'on s'en trouve inopinément revêtu?

La suppression des abbayes, chapitres & autres communautés religieuses, dont l'existence est également assurée par le pacte inaugural, porteroit aussi un coup mortel à cette constitution, & seroit une violation ouverte du droit de propriété si inviolablement respecté par toute la terre & chez toutes les nations, même celles qui gémissent sous le joug monstrueux du despotisme.

Sire, l'état ecclésiastique & religieux est approuvé dans les terres de votre domination aux *Pays-Bas*. Vous en avez juré solemnellement la conservation; d'où il suit qu'en l'embrassant, on acquiert un état légal qui ne doit pas être moins stable que celui de tout autre citoyen, & que par conséquent on ne peut en être dépouillé malgré soi, & lorsqu'on n'a pas commis de délit qui puisse mériter cette peine.

D'ailleurs, Sire, en tous temps les abbayes, chapitres & maisons religieuses ont procuré le bien-être de notre province; plusieurs des villes peuplées & opulentes, dont la surface est couverte, leur doivent leur existence; la ville de Gand entr'autres, l'une des plus considérables de l'Europe, doit la sienne à deux abbayes, dont l'une a depuis été convertie en chapitre.

L'érection des nouveaux tribunaux que V. M. a trouvé à propos d'établir, cause aussi de tous côtés les plus violentes réclamations.

Par cette institution, les vasseaux de V. M. & ses autres sujets de la Flandre, sans qu'eux ni les représentans de la nation aient été entendus ni consultés en aucune manière, se trouvent privés tout d'un coup, les uns de leurs jurisdictions qui faisoient une partie de leur patrimoine, les autres des emplois (1) qu'ils administroient avec l'intel-

---

(1) Sans s'arrêter au préjudice fait au président & gens du conseil en Flandre, ainsi qu'aux tribunaux des

ligence & l'intégrité requifes; & prefque tous avoient acquis cette poffeffion à titre onéreux.

Au furplus, quoiqu'il foit vrai que la Flandre, la plus confidérable cependant des provinces belgiques, ne jouiffoit pas de l'avantage d'avoir, ainfi que le Brabant & le Hainaut, un tribunal fouverain jugeant par arrêt; elle avoit cependant un confeil provincial, auquel reffortiffoient les autres cours fubalternes de la province, & qui étoit à cet égard un vrai tribunal d'appel, dont la confervation étoit d'autant plus précieufe, qu'il étoit fitué dans la ville capitale & au centre de la Flandre.

Tout eft encore innové à cet égard par les nouvelles difpofitions; la province n'a plus même chez elle un tribunal de cette cathégorie; le confeil d'appellation eft placé hors de la province, où les ufages & les coutumes de Flandre, que votre majefté a auffi juré de maintenir, font étrangers & peut être ignorés ou peu connus des juges. Des extrémités maritimes & occidentales de la province, après que les caufes les plus importantes auront été jugées en première inftance, quelquefois par un feul homme nommé juge royal ou préteur, l'on fera forcé de recourir à un tribunal d'appel, éloigné de trente lieues & davantage. Le confeil fouverain de Malines étoit, à la vérité, à une égale diftance, mais au-moins le confeil d'appel étoit au milieu de la province.

L'abolition arbitraire de la députation des états, repréfentans perpétuels de la nation, eft encore une des infractions les plus graves & les plus effrayantes à notre conftitution. On y fubftitue l'ombre d'un député aggrégé à un confeil établi hors de la province. Quelle confiance un pareil repréfentant peut-il jamais infpirer au peuple ou à fes commettans ? Si ce fyftême anticonftitutionnel pouvoit avoir lieu, notre exiftence politique feroit fappée par fes fondemens; il ne refteroit plus qu'un vain fimulacre de nos états, qui font la bafe & les gardiens nés de notre conftitution.

Ce n'eft pas, fire, que nous voulions maintenir les abus, s'il en exifte, dans quelque partie de l'adminiftration; mais nous ne pouvons, fans manquer au ferment que nous avons prêté à votre majefté, coopérer à aucune innovation, ni la voir naître fans réclamation, dès qu'elle bleffe cette conftitution que nous avons, ainfi que votre majefté, juré de foutenir inviolablement. Les états de Flandre, dont les membres font nés & élevés au fein de la province, connoiffent mieux que tous autres, fon fol, fes productions, fes richeffes, fes forces, fes befoins & fes reffources. Ils donneront toujours volontiers les mains aux améliorations que la fageffe de votre majefté & fon zèle pour le foulagement de fes peuples lui dicteront; mais dès qu'il s'agit de chofes qui intéreffent ou peuvent intéreffer la conftitution, il eft manifefte qu'il faut à cet égard le confentement des deux parties qui ont intervenu au pacte inaugural, & fe font liées réciproquement par la religion du ferment.

Nous concourrons toujours avec empreffement aux vues de votre majefté pour le bien public; & nous ne doutons nullement, fire, que les états n'acquiefcent aux changemens & améliorations que vous pourrez leur propofer, dès qu'ils feront compatibles avec le maintien de notre conftitution.

Nous fommes perfuadés que V. M. eft dans les mêmes fentimens, & que jamais elle n'eût pu fe réfoudre, avec connoiffance de caufe, à anéantir des droits auffi folemnellement jurés. Cette augufte & fainte cérémonie, par laquelle vous vous êtes lié envers votre peuple de Flandre, n'a pas été une formalité illufoire & de pure oftentation; elle a eu un objet déterminé, facré & inviolable.

Oui, fire, la religion de V. M. a été évidemment furprife. Nous vivons fous un fouverain jufte, éclairé, philofophe, ami des hommes, des loix & de la vérité. Il fuffira de la lui montrer pour qu'il la faififfe & qu'il revoque toutes les infractions qu'on a faites en fon nom aux conftitutions qu'il a jurées.

Qu'il nous foit permis encore de repréfenter à V. M. qu'en négligeant la voie fimple & auffi naturelle que légale du concours des états pour toutes les innovations qui peuvent toucher à la conftitution, les changemens qu'on veut effayer d'y faire, outre qu'ils ne peuvent acquérir aucune confiftance, font toujours précipités & peu analogues au bien du pays; ils produifent quantité d'injuftices & d'irrégularités particulières. Les plus fideles fujets entrent en défiance, ils craint l'efclavage & toutes les fuites du pouvoir arbitraire. Les loix font méconnues, la jurifprudence & les adminiftrations en défordre, le commerce dépérit, le crédit national s'anéantit fans retour, enfin tout fe bouleverfe, au détriment des citoyens, & fans aucun bien-être pour le prince.

Daignez jetter, fire, un regard favorable fur la trifte fituation des habitans d'une des plus fertiles & jadis des plus heureufes provinces de l'Europe, qui contribue plus qu'aucune autre province belgique dans les fubfides qui fe paient à votre majefté. Cette conftitution précieufe que l'on veut enfreindre, a fait pendant plufieurs fiècles fon luftre & fa profpérité. Sa population,

---

lieutenans-civils très-utilement inftitués à Gand & à Termonde par Charles-Quint, en 1540 & 1544, l'on compte en Flandre plus de 80,000 perfonnes léfées par l'introduction du nouveau réglement de la procédure civile, dont le défintéreffement, felon juftice & équité, doit paffer des millions de florins.

l'industrie de ses habitans, ses fabriques, son commerce, sa navigation, son agriculture, ses villes nombreuses & opulentes, la quantité de ses bourgs & villages où l'aisance & l'activité respirent par-tout, tout l'atteste; mais la perte de cette même constitution entraîneroit bientôt celle de tous ces avantages, & produiroit un dérangement général dans tous les états.

Votre majesté a daigné faire éprouver ses bontés paternelles à ceux de ses sujets qui, dans ses pays héréditaires, languissoient encore sous l'oppression d'une servitude honteuse. Elle les a réintégrés dans la dignité d'hommes dont ils sembloient déchus; c'est un garant pour nous qu'elle ne voudra pas replonger, dans un semblable état de dégradation & d'anéantissement, un peuple qui en est sorti depuis long-temps, qui toujours s'est signalé par son dévouement envers ses princes, & pendant la guerre & pendant la paix. Un peuple qui, en fait de commerce & d'agriculture, a été, pour ainsi dire, l'instituteur des autres pays de l'Europe, qui a égalé ou surpassé dans les lettres & dans les arts les nations qui y ont le plus excellé. Les chefs-d'œuvres de nos maîtres sont recherchés par toute l'Europe. Partout ils ont établi la réputation & la gloire des flamands.

Daignez, sire, rétablir parmi nous le repos & la tranquillité, malheureusement altérés par l'anxiété qui trouble tous les individus ecclésiastiques & séculiers, tous également jaloux de la conservation de leurs propriétés & de leurs droits; nous ne demandons, sire, que des choses justes, & qui nous sont dues & assurées par le serment prêté à votre inauguration.

A ces causes, nous venons avec les plus vives & les plus respectueuses instances nous prosterner au pied du trône, & vous supplier, sire, de nous maintenir dans la conservation de tous les avantages qui nous sont assurés par le serment inaugural de V. M.

De révoquer en conséquence les édits portant atteinte à notre constitution & à nos droits.

De rétablir en Flandre un conseil d'appellation, où les fideles sujets de cette province puissent obtenir droit & justice par des juges instruits dans leurs loix & coutumes.

D'assurer la conservation des abbayes, chapitres & communautés ecclésiastiques & religieuses, de pourvoir d'abbés réguliers les maisons sans chef, ainsi qu'il a toujours été fait, & de ne pas en établir de commendataires.

De ne plus supprimer de maisons religieuses, & de confier aux états l'administration de celles qui ont subi ce sort en Flandre.

De conserver aux magistrats des villes & châtellenies respectives, l'administration de la police & des deniers publics.

D'ordonner que tout commissaire départi sera soumis à la constitution du pays & à l'état, sans pouvoir empiéter en aucune manière sur les droits & privilèges appartenans aux magistrats.

De conserver a la jurisdiction ordinaire, comme de coutume, la tutelle des mineurs, & tout ce qui en dépend, par la seule raison que cette matière ne concerne point les tribunaux de justice, mais consiste notamment dans une surveillance confiée aux chefs-tuteurs des pupilles, selon les loix.

De conserver la députation des états & leurs assemblées dans la capitale de la province sur le pied actuel, en leur conservant aussi l'administration des deniers publics.

Nous supplions enfin, au cas que quelque innovation fût jugée nécessaire, de ne pas l'introduire sans le concours des états, qui, s'il en arrivoit autrement, ne pourroient s'abstenir, le pacte inaugural à la main, de réclamer & de protester contre toutes les infractions qui en résulteroient.

Nous sommes avec le plus profond respect, &c.

On voit que le différend, entre les provinces belgiques & leur souverain, portoit d'abord sur le pacte inaugural, qui assujettit l'empereur à ne rien innover dans les loix du pays, sans le consentement des états, & ensuite sur ces innovations même. Ce pacte est ce qu'on appelle en Brabant la *Joyeuse-Entrée*. Elle forme un recueil de 59 articles relatifs aux anciens privilèges, dont le souverain, à son inauguration, jure l'observation aux états de Brabant & de Limbourg seulement. Le texte original de cette charte est écrit en ancien flamand; elle comprend encore 15 additions faites sous Philippe le Bon & sous Charles V. Plusieurs de ces clauses sont peut-être vagues ou minutieuses, & le comte de Neny, dans ses *Mémoires historiques* sur les Pays-Bas, dit (nous ignorons si c'est avec fondement) qu'il y règne des obscurités, qui souvent ont donné lieu aux états de former des prétentions aussi déplacées que peu soutenables. L'article 58 confirme très-explicitement « aux prélats, nobles, villes & à tous sujets du pays de Brabant & d'Outre-Meuse, » tous les droits, franchises, privilèges, chartres, coutumes & usages ».

L'université de Louvain se joignit aux états, & elle députa trois de ses membres aux états de Brabant, avec des plaintes amères sur la réforme qui regardoit cet établissement.

On dit que dans le duché de Limbourg au contraire, à Ath en Hainaut, les nouveaux tribunaux de justice furent reçus avec allégresse.

Mais leur foible suffrage ne pouvoit balancer la résistance des autres provinces beaucoup plus considérables. Des volontaires & des corps francs étoient en armes, & quelques états, ceux de

Brabant, par exemple, refusèrent les subsides de l'armée.

Le gouvernement général des *Pays Bas*, le ministre plénipotentiaire de l'empereur dans ces provinces, M. le prince de Kaunitz, en l'absence de l'empereur qui étoit à Cherson, sentirent que la révolte faisoit chaque jour des progrès; qu'il falloit la calmer par des promesses, par des suspensions; mais les suspensions & les promesses ne tranquillisoient pas les divers états.

Enfin ce qui se passa dans les derniers jours de juin à Bruxelles, entraîna le rétablissement absolu de l'ancien régime. La circonspection du gouvernement, ses efforts pour tranquilliser les esprits, la suspension provisoire des nouvelles institutions, accompagnée de rescrits qu'on croyoit propres à détruire les préventions, n'avoit servi qu'à accroître la défiance & la fermentation. Elle se manifesta d'abord par une requête très-énergique des corporations de Bruxelles aux états de Brabant, dans laquelle les requérans réclamoient entr'autres M. de Hondt, négociant de Bruxelles, enlevé d'autorité & transféré à Vienne. Les corporations alloient même jusqu'à supplier les états d'exiger un ôtage du gouvernement, pour répondre de la sûreté de M. de Hondt, & les bourgeois déclarèrent qu'ils perdroient la vie, avant de laisser consommer leur servitude. Le même jour les états s'occupèrent de cette requête, & firent de nouvelles représentations pleines de véhémence à leurs altesses royales. En voici le contenu.

Madame et Monseigneur,

Nous avons supplié V. A. R. par tant de remontrances; nous vous avons conjuré, sérénissimes gouverneurs généraux, par tous les droits, par tous les motifs les plus sacrés, que V. A. R. daignassent faire cesser au plutôt jusqu'aux traces des infractions sur nos privilèges, en rejettant tout conseil qui ne meneroit pas à l'unique objet de rétablir l'ordre constitutionnel, juré si solemnellement au nom du souverain. Nous avons eu l'honneur de faire parvenir à V. A. R. nos doléances articulées; tous les points que nous avons présentés, sont clairement, évidemment déterminés par le pacte inaugural. Cependant toute la nation voit avec une douleur qu'elle retient à peine, que nos réclamations non-seulement n'ont pas produit le redressement juste & indispensable de ses griefs, mais que par des moyens détournés on tâche de reculer & d'éluder la satisfaction qu'elle a droit d'attendre sans délai. Elle est convaincue avec raison, qu'il est hors du pouvoir du prince de faire des dispositions contraires à des privilèges, fondés sur les plus saints engagemens.

Comment toute la nation n'entreroit-elle pas dans la plus grande défiance, en voyant sortir encore récemment la déclaration au nom de l'empereur & roi sous la date d'avant-hier, où l'on suppose que ce sont de prétendues assertions & insinuations sur certains points isolés, qui répandent l'inquiétude parmi les bons sujets, tandis qu'il est d'une parfaite notoriété que cette véhémente inquiétude tire sa source du système pris, & qu'on tâche de soutenir, de bouleverser tous les droits; que, jusqu'au nom de la justice, tout est enveloppé dans l'illusion, dont on s'obstine de présenter le prestige.

Que V. A. R. daignent attacher leurs regards sur la requête, que les corporations de Bruxelles, tant pour elles que comme constituées par d'autres membres des villes, viennent de nous faire parvenir. Nous ne pouvons que nous joindre entièrement à la demande comme à tout l'objet de cette requête.

Il est tems, sérénissimes gouverneurs-généraux, que V. A. R. entendent les cris d'un peuple outragé dans tous ses droits, outragé dans la manière, dont on continue d'équivoquer sur une satisfaction qui n'a rien que de légitime, qui soit fondé sur un pacte, dont la force est connue de l'univers entier. Que V. A. R. comme représentans de l'empereur, fassent enfin attention à la continuité & à l'énergie de toutes nos remontrances, sur-tout à cette vérité plus que certaine, que le monarque est dans l'heureuse impuissance de contrevenir légalement à ses engagemens. Que V. A. R. daignent déclarer, pour rétablir le calme & la paix, « que toutes les enfreintes de la » Joyeuse-Entrée seront redressées sans le moin-» dre délai ». Les prélats, nobles & députés des chefs-villes, représentant les trois états de ce pays & duché de Brabant.

Signé, DE COCK.

Par ordonnance de notre assemblée générale, tenue à Bruxelles le 26 mai 1787.

L'effervescence poussée au comble, dans le public, détermina les gouverneurs à répondre aux états, le 28, dans les termes suivans:

« Très-révérends, révérends Pères en Dieu, nobles, chers & bien amés. Ayant reçu & examiné les représentations que vous nous avez adressées le 15 de ce mois, nous les avons portées avec empressement à la souveraine connoissance de l'empereur, comme nous l'avons fait à l'égard de toutes celles qui les ont précédées & celles qui les ont suivies: en proposant à S. M. les voies & les moyens les plus conformes à la constitution & au vœu de la nation, bien certains que vous reposant sur nos soins & nos sentimens, comme sur ce que nous avons déclaré & vous déclarons encore par la présente, vous attendrez avec autant de confiance que de tranquilité la résolution que l'éloignement actuel de S. M. doit nécessairement retarder ».

« Et pour ne rien vous laisser à desirer en attendant, sur ce que vous devez vous promettre de notre sincérité comme de notre influence, nous vous répétons & confirmons ici, ce que nous avons déja déclaré par notre dépêche du 28 avril, relativement aux abbayes dont les chefs ont le droit de siéger dans votre assemblée, & que nous ne balançons pas de confirmer dès-à-présent la confiance où vous devez être que S. M. fera observer exactement sur cette partie de vos représentations, tout ce qui se trouve exprimé à cet égard, tant dans la Joyeuse-Entrée que dans le concordat de 1564 ».

« Nous nous promettons de recevoir dans peu une résolution favorable de l'empereur pour la nomination aux dignités d'abbés & d'abbesses des abbayes, qui sont actuellement vacantes ».

« S'il s'agissoit de changement à l'égard des chapitres, monastères, ou autres établissements pieux, on n'y procéderoit que d'une manière qui ne blesseroit rien dans la constitution ».

« Les vues de S. M. sur l'emploi des biens des maisons religieuses supprimées, ainsi que des confrairies, portant sur un emploi également conforme à la justice & au plus grand bien de la religion & de l'humanité, nous sommes convaincus d'avance que vous étant connues & développées, comme elles le seront dans tous leurs détails, il ne vous restera aucun doute sur l'important usage auquel l'empereur les destine, & S. M. recevra certainement avec autant de plaisir que de confiance, ce que vous pourriez avoir à proposer de plus utile relativement au but dont elle s'occupe, d'après les règles de la constitution & des loix : vous prévenant que nous avons résolu de suspendre, en attendant, toute vente ultérieure des biens des maisons supprimées ».

« L'établissement des nouveaux tribunaux de justice est déja révoqué, dans le fait, par le rétablissement actuel des anciens tribunaux ; & quant à ce qui regarde le nouveau règlement pour la procédure civile, nous avons résolu de le tenir en suspens, & de donner d'abord à cet effet les ordres nécessaires (1) ».

« Il ne sera fait de la part du gouvernement général, aucune interdiction dans l'administration de la justice, qui soit ou puisse être contraire à la Joyeuse-Entrée ».

« Le diplôme concernant la nouvelle organisation du gouvernement ayant été communiqué par ordre exprès de l'empereur, nous devons attendre, sur votre demande à cet égard, les intentions ultérieures de sa majesté, vous prévenant, au reste, qu'il n'opère & n'opérera en attendant que relativement aux seuls points qui ne sont point contraires à la Joyeuse-Entrée : que l'article des sceaux ne porte que sur ceux qui étoient ci-devant sous la garde du chef & président de l'ancien conseil-privé, & que les expéditions pour la province de Brabant seront toujours signées par nous, & contre-signées par un secrétaire, ayant patentes pour signer en Brabant ».

« Nous avons résolu de faire cesser l'établissement des intendances, ainsi que les fonctions des intendans & de leurs commissaires, ce qui fera l'objet d'une déclaration qui sera portée d'abord (2) ».

« Nous porterons avec plaisir à la souveraine connoissance de l'empereur, les instances que vous réiterez pour la continuation de la députation ».

« Vous ne devez pas douter que l'intention de S. M. ne soit d'observer, à l'égard de la chambre des comptes & du pays de Limbourg & d'Outre-Meuse, ce que la Joyeuse-Entrée établit à l'égard de l'une & de l'autre ».

« Nous avons résolu de pourvoir d'abord d'une manière qui donnera plein appaisement sur ce que vous nous avez représenté à l'égard des corps de métiers : nous avons déja agréé, à cet effet, un nouvel édit qui paroîtra incessamment ».

« Nous avons pourvu de même à l'objet de vos représentations & à celles des corps de cette ville, concernant l'administration du canal, à l'égard duquel nous avons résolu de rétablir les choses sur l'ancien pied, comme vous en serez informés par les dispositions dont nous avons déja ordonné l'expédition, & qui seront dépêchés incessamment ».

« Quant à ce qui touche le négociant de Hondt, nous nous en remettons à la dépêche de ce jour que vous avez déja reçue, & dont nous vous confirmons encore le contenu ».

« Après ces diverses explications, après ces dispositions également conformes à vos instances, & à la Joyeuse-Entrée, après cet exposé sincère de nos principes & de nos sentimens, nous croyons avoir lieu d'attendre de la confiance de la nation, qu'appaisée sur ses doutes & sur ses inquiétudes, elle dirigera sa conduite, d'après les mouvemens de sa confiance dans l'équité & la justice de l'empereur, comme dans son amour pour ses fidèles sujets ».

« A quoi nous ajouterons que si, indépendamment des objets touchés ci-dessus, il en étoit d'autres à l'égard desquels il existeroit une infraction à la Joyeuse-Entrée, nous y disposerons d'après les principes de notre présente dépêche. A tant, très-révérends, révérends pères en Dieu,

---

(1) En effet, il fut publié le même jour une déclaration de l'empereur & roi, portant surséance au règlement de la procédure civile.
(2) Cette déclaration fut aussi portée le même jour sous ce titre : « déclaration de l'empereur & roi, portant suppression des intendances. Du 28 mai 1787 ».

nobles, chers & bien-amés, Dieu vous ait en sa sainte garde. De Bruxelles, le 28 mai 1787. Paraphé, *Bel.* Vt. signé, *Marie* & *Albert.* Plus bas étoit par ordonnance de L. A. R. contresigné *de Reul.*

Le lendemain le mécontentement général éclata de toutes parts. On exigea de L L. A A. RR. qu'elles se décidassent à une révocation absolue & non provisoire des infractions à la Joyeuse-Entrée. L'archiduchesse & son époux se rendirent au conseil royal avec le ministre, comte de Belgiojoso, qui fut hué en sortant, & obligé d'accélérer le pas de ses chevaux. L'amman ou bourgmaître, M. de Berg, fut environné de la multitude, pressé dans sa marche, & n'arriva chez lui que deux heures après. Pendant que la populace ramassoit dix couronnes qu'il avoit jettées, il se réfugia dans son hôtel, dont on arracha la sonnette avec des menaces de faire pis, & des huées générales. LL. AA. RR. étoient présentes à cette scène. Lorsque la foule arriva vers la grand-garde, les soldats rentrèrent avec leurs armes, dans la crainte que le peuple n'en emparât. A cinq heures, les états, les conseillers, &c. &c. &c. s'assemblèrent à la cour, & retournèrent ensuite à l'hôtel-de-ville; les gouverneurs généraux ne voulurent pas aller plus loin qu'ils ne l'avoient fait. Un seul membre des états resta auprès d'eux, & leur donna une heure pour se décider. L'un des seigneurs les plus considérables des états dit en pleine assemblée, que si cette décision tardoit, on alloit arborer l'étendard de la république. Toute la grande place étoit investie par la multitude, la cocarde au chapeau, & le lion belgique sur l'estomach. 4 à 500 paysans, postés à l'une des portes de la ville, menaçoient d'incendier le château. Dans cette extrémité, le gouvernement ne vit pas d'autre parti que d'user des pleins pouvoirs de l'empereur, de donner la sanction souveraine à la conservation des anciennes formes, & de promettre le renvoi des personnes suspectes aux états. Le baron de Martini, commissaire impérial pour la réforme des tribunaux de justice, quitta Bruxelles pendant la nuit, ainsi que M. de Reuss & M. de Berg.

On avoit besoin alors de la ratification de l'empereur. Ce prince de retour à Vienne, avant de ratifier ce que la nécessité des circonstances avoit arraché à sa sœur & à son ministre, exigea pour l'honneur de sa couronne diverses conditions, & entr'autres, que des députés des provinces belgiques iroient lui faire des excuses; que les états ne refuseroient plus les subsides & feroient payer les impôts; qu'on restitueroit les biens & les effets des confrairies, dont on avoit disposé contre la teneur des édits impériaux.

Ces conditions excitèrent de nouveaux troubles & une nouvelle fermentation; les gens éclairés sentirent cependant qu'il falloit accorder quelque chose à la dignité du prince; ils vinrent à bout de persuader le peuple : les trois conditions furent remplies; & quelque temps après le retour des députés, le gouverneur-général expédia la déclaration suivante, au nom de l'empereur, & par laquelle les *Pays-Bas* autrichiens sont rétablis dans leurs anciens privilèges.

« La députation des états des provinces aux pieds du trône, pour porter le témoignage public de la fidélité & de l'attachement de la nation envers l'auguste personne de sa majesté, le concours des états dans la dernière concentration des troupes faisant une nouvelle preuve de la sincérité de ce témoignage, les déclarations enfin des états sur l'exécution des préalables prescrits par la royale dépêche du 16 août courant, acte qui a été approuvé, ayant satisfait à la dignité du trône; l'empereur a pu suivre les mouvemens de son cœur paternel. Sa majesté, informée d'abord par nos rapports de la manière satisfaisante dans laquelle les députés des états des différentes provinces s'expliquoient successivement, daigna, pour abréger le terme des inquiétudes de ses sujets, nous faire parvenir des ordres pour, dans le cas que les déclarations des états fussent d'abord présentées à l'égard de l'exécution des préalables, donner en son nom royal sa déclaration que sa dignité ne lui permettoit pas d'accorder auparavant ».

« Nous avons la satisfaction de nous trouver dans le moment où nous pouvons faire usage de ces ordres : en conséquence, nous déclarons par ces présentes au nom de l'empereur & roi, & ensuite de ses ordres ».

« 1°. Que les constitutions, loix fondamentales, privilèges & franchises, enfin la Joyeuse-Entrée, sont & seront maintenus & resteront intacts en conformité des actes de l'inauguration de sa majesté, tant pour le clergé que pour l'ordre civil ».

« 2°. Que les nouveaux tribunaux de justice, les intendances & les commissaires des mêmes intendances ne sont plus tenus en suspens, mais sont & continueront d'être supprimés; les bontés paternelles de sa majesté & sa justice, l'ayant engagé à se départir entièrement à l'égard de ces objets, ainsi qu'à l'égard de ce qui avoit été réglé par les deux diplomes en date du premier janvier dernier pour les administrations, pour les états des provinces, & pour la députation au comité intermédiaire desdits états ».

« 3°. Les tribunaux, les jurisdictions, tant supérieures que subalternes des villes & du platpays, enfin l'ordre & l'organisation de la justice, les états & leur députation, ainsi que les diverses administrations des villes & du plat pays, subsisteront à l'avenir sur l'ancien pied, si bien qu'il ne sera plus question de la nouvelle forme qu'il s'agissoit d'introduire dans ces différentes branches de l'administration publique, à l'égard desquelles les deux diplomes du premier janvier 1787 viennent entièrement à cesser: en conséquence, les charges de grands baillis & gouverneurs civils continueront à exister, & le maintien des états dans leur intégrité comprend également celui des abbayes dont les abbés sont membres desdits états; elles seront pourvues d'abbés selon la Joyeuse-Entrée & les constitutions ».

« A l'égard du redressement des objets contraires ou infractions à la Joyeuse-Entrée, il en sera traité avec les états, ainsi qu'ils l'ont demandé: on recevra en conséquence ce qu'ils proposeront à cet effet, & sa majesté y disposera d'après l'équité & la justice, & selon les loix fondamentales de la province. A tant, Messieurs, Dieu vous ait en sa sainte garde. De Bruxelles, le 21 septembre 1787. Paraphé Cr. Vt. Signé *Murray*, plus bas par ordonnance de son excellence, contresigné *de Reul*.

Au moment où nous écrivons (au commencement de 1788) ces malheureux troubles, terminés sur les points essentiels, continuent sur un autre bien moins important.

Après les grandes questions qui intéressent la constitution politique & la liberté civile des *Pays-Bas*; après la révocation des loix & des ordonnances qui changeoient le régime des tribunaux, & ôtoient aux provinces une partie de leurs privilèges, l'Europe voit avec douleur que l'empereur est arrêté dans une réforme qui paroît utile, l'établissement du seminaire général de Louvain: les esprits sont encore très-échauffés; il y a des émeutes. La contestation actuelle entre le gouvernement & le clergé belgique, roule sur deux points. Le premier, touchant le séminaire général établi à Louvain par l'empereur, auquel le clergé prétend ne pouvoir absolument concourir, comme étant en lui-même nuisible à la religion & destructif de l'autorité épiscopale; le second point est de savoir si l'université de Louvain est un corps *brabançon*, qui tient à la constitution nationale, ou un corps dans le Brabant, comme le dit la cour de Vienne. Nous formons des vœux pour que les soulèvemens ne recommencent pas sur cette bagatelle.

Voyez les articles AUTRICHE, BOHEME, HONGRIE, ILLYRIE, TRANSYLVANIE, GALLICIE, LODOMERIE, MILANEZ, & en général les articles particuliers de chacun des états de la maison d'Autriche.

PÉAGES. *Voyez* cet article dans le dictionnaire de Jurisprudence. Nous voudrions traiter ici des effets des *péages* qui gênent l'industrie & la circulation; mais des circonstances particulières ne nous le permettent pas.

PEINE. On définit la peine, un mal dont le souverain menace ceux de ses sujets qui seroient disposés à violer les loix, & qu'il leur inflige, lorsqu'ils les violent.

La morale politique doit être fondée sur les sentimens ineffaçables du cœur de l'homme.

Toute loi qui ne sera pas établie sur cette base, éprouvera de la résistance; & cette résistance, quoique petite, renversera enfin la loi, comme nous voyons en méchanique une petite force qui s'exerce à chaque instant, détruire dans un corps le mouvement qui paroît le plus fort. Consultons donc le cœur humain pour y trouver l'origine des peines, & les véritables fondemens du droit de punir.

Personne n'a fait gratuitement le sacrifice ou le don de sa liberté, dans la seule vue du bien public. Cette chimère n'existe que dans les romans. Chacun de nous voudroit, s'il étoit possible, que les conventions qui lient les autres ne le liassent pas lui-même. Chaque homme se fait le centre de toutes les combinaisons de l'univers.

Les loix furent les conditions sous lesquelles les hommes jusqu'alors indépendans & isolés se réunirent en société. Las d'un état de guerre continuelle, & d'une liberté, qui leur devenoit inutile, par l'incertitude de la maintenir, ils en sacrifièrent une partie pour jouir du reste avec plus de sûreté. La somme de toutes ces portions de liberté forma la souveraineté de la nation, qui fut mise en dépôt entre les mains du souverain, & confiée à son administration. Mais il ne suffisoit pas d'établir ce dépôt, il falloit le défendre des usurpations de chaque particulier, qui s'efforce de retirer de la masse commune, sa propre portion & celle des autres: il falloit des motifs sensibles & suffisans pour empêcher le despotisme de chaque particulier, de replonger la société dans son ancien cahos. Ces motifs furent des peines établies contre les infracteurs des loix. L'éloquence & les vérités les plus sublimes ne peuvent mettre un frein aux passions excitées par les impressions fortes des objets sensibles. On ne peut les combattre que par des impressions de même espèce, qui soient continuellement présentes à l'esprit, & qui contrebalancent les passions particulières ennemies du bien général. C'est donc la nécessité seule qui contraignit chaque homme à céder une portion de sa liberté, d'où il suit que chacun n'en a voulu mettre dans le dépôt commun que la plus petite portion possible, la seule partie dont le sacrifice étoit nécessaire pour engager ses associés à le maintenir dans la possession du reste. L'assemblage de toutes ces portions de liberté, les plus petites que chacun ait pu céder, est le fondement du droit de punir de la société. Tout exercice du pouvoir qui s'étend au-delà de cette base est abus, & non justice; est un fait & non un droit. Toute peine est injuste dès qu'elle n'est pas nécessaire à la conservation du dépôt de la liberté publique. Les peines seront d'autant plus justes, que le souverain conservera aux particuliers une liberté plus grande, & qu'en même tems la liberté publique demeurera plus inviolable & plus sacrée.

La première conséquence de ces principes est qu'il n'appartient qu'aux loix seules de décerner la peine des crimes; & que le droit de faire les loix pénales ne peut résider que dans le législateur qui représente la société unie par le contrat social. Il suit delà que le magistrat n'étant qu'une partie de la société, ne peut avec justice, infliger à un membre de la société une peine qui n'est pas décernée par la loi, & comme l'accroissement de sévérité dans une peine quelconque déjà décernée par la loi au-delà du terme fixé, est la peine fixée plus une autre peine; il résulte qu'aucun magistrat, même sous prétexte de bien public, ne peut accroître la peine prononcée contre le crime d'un citoyen.

La deuxième conséquence est que le souverain qui représente la société même, ne peut que faire la loi pénale générale, à laquelle tous les membres de la société sont soumis; mais qu'il ne lui appartient pas de juger si un particulier a encouru la peine portée par la loi. En effet, dans le cas d'un délit, il y a deux partis; le souverain qui assure que le contrat social est violé, & l'accusé lui-même qui nie la réalité de cette violation. Il est donc nécessaire qu'il y ait un juge entre eux deux qui décide la contestation; c'est-à-dire, un magistrat dont les jugemens soient sans appel, & consistent dans une simple affirmation ou négation de faits particuliers.

La troisième conséquence est, quand l'atrocité des peines ne seroit pas réprouvée par ces vertus bienfaisantes, qui sont l'ouvrage de la raison éclairée, & qui feront toujours préférer de commander plutôt à des hommes heureux & libres, qu'à un troupeau d'esclaves, quand elle ne seroit pas directement opposée au bien de la société, & à l'objet même auquel elle est dirigée, qui est d'empêcher les crimes; c'est assez qu'elle soit inutile pour devoir être regardée comme injuste, & comme contraire à la nature du contrat social.

Douceur des peines.

La fin de l'établissement des peines ne sauroit être de tourmenter un être sensible, ni de défaire, (qu'on nous permette cette expression) un crime déja commis. Comment un corps politique, qui, loin d'agir par passion, met un frein aux passions particulières, peut-il adopter cette cruauté inutile, instrument de la fureur & du fanatisme, ou de la foiblesse des tyrans? les cris d'un malheureux dans les tourmens peuvent-ils rappeller du passé qui ne revient plus le crime qu'il a commis.

Aussi convient-on que l'objet des peines est d'empêcher le coupable de nuire désormais à la société, & de détourner ses concitoyens de commettre des crimes semblables. Parmi les peines, on doit donc employer celles qui étant proportionnées aux crimes, feront l'impression la plus efficace & la plus durable sur les esprits des hommes, & en même tems la moins cruelle sur le corps du criminel.

Qui ne frissonne d'horreur, en voyant dans l'histoire, tant de tourmens barbares & inutiles, inventés & employés froidement par des hommes qui se donnoient le nom de *sages*? qui ne sent frémir au-dedans de lui la partie la plus sensible de lui-même au spectacle de ces milliers de malheureux, tantôt forcés par le désespoir de se rejetter dans l'état de nature, pour se dérober à des maux causés ou tolérés par ces loix qui ont toujours outragé le plus grand nombre, & favorisé le plus petit; tantôt accusés de crimes impossibles ou fabriqués par l'ignorance & la superstition; ou enfin coupables seulement d'avoir été fidèles à leurs propres principes? qui peut, dis-je, les voir délivrés avec appareil & avec lenteur, par des hommes doués des mêmes sens & des mêmes passions; & une multitude fanatique repaissant ses yeux de cet horrible spectacle!

L'atrocité même de la peine fait qu'on ose faire davantage pour s'y soustraire, & qu'on commet plusieurs crimes pour éviter la punition due à un seul. Les pays & les temps où les supplices les plus cruels ont été mis en usage, sont ceux où l'on a vu les crimes les plus atroces. Le même esprit de férocité qui conduisoit la main du législateur, guidoit celle de l'assassin & du parricide. Sur le trône, il dictoit des loix de sang à des ames féroces & asservies, qui obéissoient, tandis qu'il animoit le citoyen obscur à immoler ses tyrans, pour en créer de nouveaux.

A mesure que les supplices deviennent plus cruels, les ames se mettent, pour-ainsi-dire au niveau de la férocité des loix, s'endurcissent; & la force toujours vive des passions fait qu'au bout de cent ans, la roue n'effraye pas plus qu'auparavant la prison. Pour qu'une peine produise son effet, il suffit que le mal qu'elle cause surpasse le bien qui revient du crime, en faisant même entrer dans le calcul de l'excès du mal sur le bien, la certitude de la punition & la perte des avantages que le crime produiroit. Toute sévérité qui passe ces limites est inutile, & par conséquent tyrannique.

Les hommes règlent leur conduite d'après l'action répétée des maux qu'ils connoissent, & non d'après celle des maux qu'ils ignorent. Qu'on suppose deux nations, chez lesquelles, dans la progression des *peines* proportionnées à celle des crimes, la *peine* la plus grande soit dans l'une, l'esclavage perpétuel, & dans l'autre, la roue. Je dis que dans l'une & dans l'autre, ces deux *peines* inspireront une égale terreur ; & s'il y avoit une raison de transporter dans la première de ces nations le supplice rigoureux établi dans la seconde, la même raison conduiroit aussi à accroître dans celle-ci la cruauté du supplice, en passant de la roue à des tourmens plus lents & plus recherchés, & dernier raffinement de la science des tyrans.

Deux autres conséquences funestes suivent encore de la cruauté des *peines* contre la fin même de leur établissement, qui est de prévenir le crime. La première est qu'il n'est pas aussi facile d'établir la proportion qui est nécessaire entre le crime & la *peine*. L'autre conséquence est que l'impunité naît de la cruauté même du supplice.

Je finis par une réflexion. La grandeur des *peines* doit être relative à l'état actuel & aux circonstances données, où se trouve une nation. Il faut des impressions plus fortes & plus sensibles sur les esprits d'un peuple à peine sorti de la barbarie. Il faut un coup de tonnerre pour abattre un lion féroce, que le coup de fusil ne fait qu'irriter ; mais à mesure que les ames s'amollissent dans l'état de société, la sensibilité de chaque individu augmente, & son accroissement demande qu'on diminue la rigueur des *peines*, si l'on veut conserver les mêmes rapports entre l'objet & la sensation. *Ouvrage du marquis de Beccaria.*

De la peine de mort.

L'auteur célèbre qui nous a fournis les réflexions qu'on vient de lire, dit sur ce point : » Cette profusion inutile de supplices, qui n'a jamais rendu les hommes meilleurs, m'a poussé à examiner si la *peine* de mort est véritablement utile & juste dans un gouvernement bien organisé. Quel peut-être ce droit que les hommes se donnent, d'égorger leurs semblables ? ce n'est certainement pas celui sur lequel sont fondées la souveraineté & les loix. Les loix ne sont que la somme des portions de liberté de chaque particulier, les plus petites que chacun ait pu céder. Elles représentent la volonté générale, qui est l'assemblage de toutes les volontés particulières. Or, qui jamais a voulu donner aux autres hommes le droit de lui ôter la vie ? »

» La *peine* de mort n'est donc autorisée par aucun droit ? Elle ne peut être qu'une guerre de la nation contre un citoyen, dont on regarde la destruction comme utile & nécessaire à la conservation de la société. Si donc je démontre que, dans l'état ordinaire de la société, la mort d'un citoyen n'est ni utile, ni nécessaire, j'aurai gagné la cause de l'humanité. »

» Je dis dans l'état ordinaire ; car la mort d'un citoyen peut être nécessaire en un cas ; & c'est lorsque privé de sa liberté, il a encore des relations & une puissance qui peuvent troubler la tranquillité de la nation, quand son existence peut produire une révolution dans la forme du gouvernement établi. Ce cas ne peut avoir lieu que lorsqu'une nation perd ou recouvre sa liberté, ou dans les temps d'anarchie, lorsque les désordres même tiennent lieu de loix. Mais pendant le règne tranquille de la législation, & sous une forme de gouvernement approuvée par les vœux réunis de la nation ; dans un état défendu contre les ennemis du dehors, & soutenu au-dedans par la force & par l'opinion, plus efficace que la force même, où l'autorité est toute entière entre les mains du souverain ; où les richesses ne peuvent acheter que des plaisirs & non du pouvoir ; il ne peut y avoir aucune nécessité d'ôter la vie à un citoyen. »

» Ce n'est pas l'intensité de la *peine* qui fait le plus grand effet sur l'esprit humain, mais sa durée ; parce que notre sensibilité est plus facilement & plus durablement affectée par des impressions foibles, mais répétées, que par un mouvement violent, mais passager. »

» Ce retour fréquent du spectateur sur lui-même ; » *si je commettois un crime, je serois réduit toute ma vie à cette malheureuse condition,* » fait une bien plus forte impression que l'idée de la mort que les hommes voient toujours dans un lointain obscur. »

» La terreur que cause l'idée de la mort, a beau être forte, elle ne résiste pas à l'oubli si naturel à l'homme, même dans les choses les plus essentielles ; surtout lorsque cet oubli est appuyé par les passions. Règle générale. Les impressions violentes surprennent en frappant, mais leur effet ne dure pas : elles sont capables de produire ces révolutions, qui font tout-à-coup d'un homme vulgaire un lacédémonien, ou un romain ; mais dans un gouvernement tranquille & libre, elles doivent être plus fréquentes que fortes. »

» La *peine* de mort est encore un mal pour la société, par l'exemple d'atrocité qu'elle donne. Si les passions ou la nécessité de la guerre ont enseigné aux hommes à répandre le sang humain, au moins les loix, dont le but est d'inspirer la douceur & l'humanité, ne doivent pas multiplier les exemples de cette barbarie, exemples d'autant plus horribles, que la mort légale est donnée avec plus d'appareil & de formalité. »

» Si l'on m'oppose que presque tous les siècles & toutes les nations ont décerné la *peine* de mort contre certains crimes, je réponds que cet exemple n'a aucune force contre la vérité, à laquelle on ne peut opposer de prescription. L'histoire des hommes est une mer immense d'erreurs, où l'on voit surnager çà & là & à de grandes distances entre elles, un petit nombre de vérités mal connues. »

M. le marquis de Beccaria développe ces principes avec beaucoup de sagacité & de profondeur : entraîné par la pénétration de son esprit &

la sensibilité de son cœur, il intéresse, il séduit en faveur de son système ; & on est bien tenté de conclure avec lui, que les *peines* de mort sont inutiles : mais lorsqu'on examine ensuite la corruption humaine ; & qu'on analyse les leçons de l'expérience, on arrive à un résultat moins consolant, on proscrit, il est vrai, les *peines* de mort pour la plupart des délits où on la décerne ; mais on juge qu'il est des assassinats d'un genre si atroce, qu'ils méritent la mort ; qu'il est des scélérats si dépravés & si endurcis, qu'il y a du danger de leur laisser la vie. On s'apperçoit encore ici combien les maximes générales sont défectueuses dans la législation & l'économie politique ; & avec quel soin le philosophe qui établit des principes, devroit montrer les exceptions ou les règles particulières. Il paroît, que dans une petite république ou dans une petite nation, surveillée continuellement par l'œil du maître, & les regards de tous les sujets, il n'y auroit point d'inconvénient à abolir les *peines* capitales : on peut croire que le grand duc de Toscane, qui vient de les abolir, ne sera point obligé de les rétablir ; mais il n'en est pas de même dans les grandes nations corrompues par la vieillesse, ou par la faute des administrateurs. L'empereur les avoit abolies dans ses états ; & les représentations de tous les tribunaux, & ses remarques particulières l'ont déterminé à les rétablir contre une certaine classe de criminels.

Ah ! sans doute, si le despotisme, les mauvaises mœurs & les mauvaises administrations, n'avoient pas corrompu la morale & le caractère d'un peuple, la *peine* de mort ne seroit jamais nécessaire ; mais aujourd'hui que la plupart des nations ont un degré de corruption accumulée depuis des siècles ; dans des contrées despotiques, où les hommes sont plus disposés aux crimes ; il faut renoncer à des plans convenables, à des temps plus heureux : on a souvent cité, on a beaucoup admiré cette impératrice de Russie, qui, entraînée par la douceur de son ame, ne voulut pas permettre que les magistrats punissent de mort sous son règne : mais ceux qui ont étudié les effets de ce réglement d'Elisabeth, ont vu avec effroi les effets qui en résulteroient. Il passe pour constant, comme nous le dirons à l'article RUSSIE, que le lieutenant de police de Pétersbourg & des autres grandes villes, condamnoit les coupables à la *peine* du knout, & qu'ils les faisoient expirer sous les fouets.

La punition doit être prompte, analogue au crime & publique.

Plus la *peine* sera prompte & voisine du délit, plus elle sera juste & utile. Elle sera plus juste, parce qu'elle épargnera au criminel le tourment cruel & superflu de l'incertitude de son sort, qui croît en raison de la force de son imagination & du sentiment de sa foiblesse ; & parce que la perte de la liberté étant une *peine*, elle ne peut être infligée avant la condamnation qu'autant que la nécessité l'exige. La prison n'étant que le moyen de s'assurer de la personne d'un citoyen accusé, jusqu'à ce qu'il soit donné pour coupable, doit donc durer le moins, & être la plus douce qu'il est possible. La durée de la prison doit être déterminée par le temps nécessaire à l'instruction du procès, & par le droit des plus anciens prisonniers à être jugés les premiers. La rigueur de la prison ne peut être que celle qui est nécessaire pour empêcher la fuite de l'accusé, ou pour découvrir les preuves du délit. Le procès même doit être fini dans le moindre temps possible. Quel plus cruel contraste que l'indolence d'un juge & les angoisses d'un accusé ; les plaisirs & les commodités, dont jouit un magistrat insensible d'une part, & l'état horrible d'un prisonnier ! En général le poids de la peine & les effets fâcheux qui l'environnent, doivent être les plus efficaces qu'il est possible pour les autres, & les moins durs pour celui qui souffre ; parce que les hommes, en se réunissant, n'ont voulu s'assujettir qu'aux plus petits maux possibles, & qu'il n'y a point de société légitime là où ce principe n'est pas regardé comme incontestable.

Il est donc de la plus grande importance de rendre la *peine* voisine du crime, si l'on veut que dans l'esprit grossier du vulgaire, la peinture séduisante d'un crime avantageux réveille sur-le-champ l'idée de la *peine* qui le suit. Le retardement de la punition rendra l'union de ces deux idées moins étroite. Quelque impression que fasse la punition sur les esprits, elle en fait plus alors comme spectacle, que comme châtiment ; parce qu'elle ne se présente aux spectateurs que lorsque l'horreur du crime, qui contribue à fortifier le sentiment de la *peine*, est déjà affoiblie dans les esprits.

Un autre moyen servira efficacement à resserrer de plus en plus la liaison qu'il importe tant d'établir entre l'idée du crime & celle de la *peine* ; ce moyen est que la *peine* soit, autant qu'il se peut, analogue & relative à la nature du délit ; c'est-à-dire, qu'il faut que la *peine* conduise l'esprit à un but contraire à celui vers lequel il étoit porté par l'idée séduisante des avantages qu'il se promettoit : ce qui facilitera merveilleusement le contraste de la réunion de la *peine* avec l'impulsion au crime.

Chez plusieurs nations on punit les crimes moins considérables, ou par la prison, ou par l'esclavage dans un pays éloigné ; c'est-à-dire, dans ce dernier cas, qu'on envoie des criminels porter un exemple inutile à des sociétés qu'ils n'ont pas offensées ; & que dans l'un & dans l'autre, l'exemple est perdu pour la nation, contre laquelle le crime a été commis. Ces deux usages sont mauvais, parce que la *peine* des grands crimes fert peu pour en détourner les hommes qui ne fe déterminent ordinairement à les commettre, qu'emportés par la paffion du moment. Le plus grand nombre la regarde comme étrangere & comme impoffible à encourir. Il faut donc faire fervir à l'inftruction la punition publique des légers délits, qui, plus voifine d'eux, fera fur leur ame une impreffion falutaire, & les éloignera très-fortement des grands crimes, en les détournant de ceux qui le font moins.

La punition doit être certaine & inévitable.

Le meilleur frein du crime n'eft pas la févérité de la peine, mais la certitude d'être puni. De là, dans le magiftrat, la néceffité de la vigilance & de cette inexorable févérité qui, pour être une vertu utile, doit être accompagnée d'une légiflation humaine & douce. La certitude d'un châtiment modéré fera toujours une plus forte impreffion que la crainte d'une *peine* plus févere jointe à l'efpérance de l'éviter. Les maux, quelque légers qu'ils foient, lorfqu'ils font certains, effrayent les hommes, au lieu que l'efpérance qui leur tient fouvent lieu de tout, éloigne de l'efprit du fcélérat l'idée des maux les plus grands, pour peu qu'elle foit fortifiée par les exemples d'impunité, que l'avarice ou la foibleffe accordent fouvent.

Quelquefois on s'abftient de punir un léger délit lorfque l'offenfé le pardonne; acte de bienfaifance, mais contraire au bien public. Un particulier peut bien ne pas exiger la réparation du dommage qu'on lui a fait; mais le pardon qu'il accorde, ne peut détruire la néceffité de l'exemple. Le droit de punir n'appartient à aucun citoyen en particulier, mais à tous & au fouverain. L'offenfé peut renoncer à fa portion de ce droit, mais non pas ôter aux autres la leur.

Proportion entre les peines & les délits.

L'intérêt commun des hommes eft non-feulement qu'il fe commette peu de crimes, mais que chaque efpece de crime foit plus rare à proportion du mal qu'elle fait à la fociété. Les motifs que la légiflation établit pour en détourner les hommes, doivent donc être plus forts pour chaque efpece de délit, à proportion qu'il eft plus contraire au bien public, & en raifon des motifs qui peuvent porter à le commettre. Il doit donc y avoir une proportion entre le crime & les *peines*.

Le plaifir & la douleur font les principes de toute action dans les êtres fenfibles. Parmi les motifs qui déterminent les hommes dans l'ordre même de la religion, le fuprême légiflateur a placé les *peines* & les récompenfes. Si deux crimes nuifant également à la fociété, reçoivent une punition égale, les hommes ne trouvant pas un obftacle plus grand à commettre l'action la plus criminelle, s'y détermineront auffi facilement qu'à un crime moindre, & la diftribution inégale des *peines* produira cette étrange contradiction peu remarquée, quoique très-fréquente, que les loix auront à punir les crimes qu'elles auront fait naître.

Si on établit la même *peine* pour celui qui tue un cerf ou un faifan, que pour celui qui tue un homme, ou qui falfifie un écrit important, on ne fera bientôt plus aucune différence entre ces deux délits. C'eft ainfi qu'on détruit dans le cœur de l'homme les fentimens moraux; ouvrage de beaucoup de fiecles, cimenté par beaucoup de fang, établi fi lentement & fi difficilement, & qu'on n'a pas cru pouvoir élever fans le fecours des plus fublimes motifs, & l'appareil des plus graves formalités.

Il eft impoffible d'empêcher entiérement les défordres que peuvent caufer dans la fociété les paffions humaines. Ces défordres augmentent en raifon de la population, & du choc & du croifement continuel des intérêts particuliers. L'hiftoire nous les fait voir croiffant dans chaque état avec l'étendue de fa domination. On ne peut pas diriger géométriquement à l'utilité publique cette multitude infinie d'intérêts particuliers, combinés en mille manieres. A l'exactitude mathématique, on eft forcé de fubftituer, dans l'arithmétique politique, le calcul des probabilités & de fimples approximations. Cette force qui nous porte fans ceffe vers notre propre bien-être, femblable à la pefanteur, ne s'arrête que par les obftacles qu'on lui oppofe: les effets de cette pefanteur morale font toute la férie des actions humaines. Les *peines* font les obftacles politiques que la légiflation oppofe à la tendance des actions de chaque homme: elles fervent à amortir le choc réciproque des intérêts particuliers, & à empêcher les funeftes effets, fans détruire dans l'homme la caufe du mouvement qui eft la fenfibilité. Le légiflateur eft un architecte habile, qui fait vaincre la force deftructive de la pefanteur, & employer toutes celles qui peuvent fervir au maintien de fon édifice.

En fuppofant la néceffité & les avantages de la réunion des hommes en fociété, en fuppofant des conventions entr'eux réfultantes de l'oppofition des intérêts particuliers, on peut imaginer une progreffion des crimes, dont le plus grand fera celui qui tend à la diffolution & à la deftruction immédiate de la fociété; & le plus léger, la plus petite offenfe que puiffe recevoir un particulier: entre ces deux extrêmes, feront comprifes toutes les actions oppofées au bien public, qui font appellées *criminelles*, felon une progreffion infenfible du premier terme au dernier.

Si les calculs mathématiques étoient applicables aux combinaifons infinies & obfcures des actions humaines, on devroit chercher & déterminer une progression de *peines* correspondante à la progression des crimes, depuis la plus grave jusqu'à la plus légère. Si l'on pouvoit former & exprimer exactement ces deux progressions, elles seroient la mesure commune des degrés de liberté & de tyrannie, d'humanité ou de méchanceté de chaque nation. Mais il suffit à un législateur éclairé, en conservant l'ordre des termes de ces deux progressions, de marquer dans chacune, des divisions principales, & de ne point assigner aux crimes du premier ordre la derniere classe de *peines*.

Enfin il est essentiel que les *peines* aient de l'harmonie entr'elles, parce qu'il est essentiel qu'on évite plutôt un grand crime qu'un moindre ; ce qui attaque plus la société, que ce qui la choque moins ; &, sans indiquer trop les points sur lesquels les législateurs modernes se sont écartés de ces règles, nous nous contenterons de dire que c'est un grand mal de faire subir la même *peine* à celui qui vole sur un grand chemin, & à celui qui vole & assassine. Il est visible que, pour la sûreté publique, il faudroit mettre quelque différence dans la *peine*.

Violation de la pudeur dans la punition des crimes.

Il y a des règles de pudeur observées chez presque toutes les nations du monde : il seroit absurde de les violer dans la punition des crimes, qui doit toujours avoir pour objet le rétablissement de l'ordre.

Les orientaux qui ont exposé des femmes à des éléphans dressés pour un abominable genre de supplice, ont-ils voulu faire violer la loi par la loi ?

Un ancien usage des romains défendoit de faire mourir les filles qui n'étoient pas nubiles. Tibère trouva l'expédient de les faire violer par le bourreau, avant de les envoyer au supplice (1) : tyran subtil & cruel ! il détruisoit les mœurs pour conserver les coutumes.

Lorsque la magistrature japonoise a fait exposer dans les places publiques les femmes nues, & les a obligées de marcher à la manière des bêtes, elle a fait fremir la pudeur (2) : mais lorsqu'elle a voulu contraindre une mère ... lorsqu'elle a voulu contraindre un fils ... Je ne puis achever ; elle a fait fremir la nature même (3).

De certaines accusations, qui ont particulièrement besoin de modération & de prudence.

Maxime importante : il faut être très-circonspect dans la poursuite de la magie & de l'hérésie. L'accusation de ces deux crimes peut extrèmement choquer la liberté, & être la source d'une infinité de tyrannies, si le législateur ne sait la borner. Car, comme elle ne porte pas directement sur les actions d'un citoyen, mais plutôt sur l'idée que l'on s'est faite de son caractère, elle devient dangereuse à proportion de l'ignorance du peuple ; & pour lors un citoyen est toujours en danger, parce que la meilleure conduite du monde, la morale la plus pure, la pratique de tous les devoirs, ne sont pas des garants contre les soupçons de ces crimes.

Du crime contre nature.

« A Dieu ne plaise, dit Montesquieu, que je veuille diminuer l'horreur que l'on a pour un crime que la religion, la morale & & la politique condamnent tour à tour. Il faudroit le proscrire, quand il ne seroit que donner à un sexe les foiblesses de l'autre, & préparer à une vieillesse infame par une jeunesse honteuse. Ce que j'en dirai lui laissera toutes les flétrissures, & ne portera que contre la tyrannie qui peut abuser de l'horreur même que l'on en doit avoir ».

« Comme la nature de ce crime est d'être caché, il est souvent arrivé que des législateurs l'ont puni sur la déposition d'un enfant. C'étoit ouvrir une porte bien large à la calomnie ». « Justinien, dit Procope (4), publia une loi contre
» ce crime ; il fit rechercher ceux qui en étoient
» coupables, non-seulement depuis la loi, mais
» avant. La déposition d'un témoin, quelquefois
» d'un enfant, quelquefois d'un esclave, suffisoit
» sur-tout contre les riches, & contre ceux qui
» étoient de la faction des verds ».

« Il est singulier que parmi nous trois crimes, la magie, l'hérésie & le crime contre nature, dont on pourroit prouver du premier qu'il n'existe pas ; du second, qu'il est susceptible d'une infidité de distinctions, interprétations, limitations ; du troisième, qu'il est très-souvent obscur, aient été tous trois punis de la *peine* du feu ».

Que la liberté est favorisée par la nature des peines & leur proportion.

« C'est le triomphe de la liberté, ajoute Montesquieu, lorsque les loix criminelles tirent chaque peine de la nature particulière du crime. Tout l'arbitraire cesse ; la *peine* ne descend point du caprice du législateur ; mais de la nature de la

---

(1) Suetonius in Tiberio.
(2) Recueil des voyages qui ont servi à l'établissement de la compagnie des Indes, tom. 5, part. II.
(3) Ibid. pag. 496.
(4) Histoire secrette.

chose

chose ; & ce n'est point l'homme qui fait violence à l'homme ».

« Il y a quatre sortes de crimes. Ceux de la première espèce choquent la religion ; ceux de la seconde, les mœurs ; ceux de la troisième, la tranquillité ; ceux de la quatrième, la sûreté des citoyens. Les *peines* que l'on inflige, doivent dériver de la nature de chacune de ces espèces ».

« Je ne mets, dans la classe des crimes qui intéressent la religion, que ceux qui l'attaquent directement, comme sont tous les sacrilèges simples : car les crimes qui en troublent l'exercice, sont de la nature de ceux qui choquent la tranquillité des citoyens ou leur sûreté, & doivent être renvoyés à ces classes ».

« Pour que la *peine* des sacrilèges simples soit tirée de la nature (1) de la chose, elle doit consister dans la privation de tous les avantages que donne la religion ; l'expulsion hors des temples ; la privation de la société des fidèles, pour un temps ou pour toujours ; la fuite de leur présence, les exécrations, les détestations, les conjurations ».

« Dans les choses qui troublent la tranquillité ou la sûreté de l'état, les actions cachées sont du ressort de la justice humaine : mais dans celles qui blessent la divinité, là où il n'y a point d'action publique, il n'y a point de matière de crime : tout s'y passe entre l'homme & Dieu, qui fait la mesure & le temps de ses vengeances. Que si, confondant ces choses, le magistrat recherche aussi le sacrilège caché, il porte une inquisition sur un genre d'action où elle n'est point nécessaire : il détruit la liberté des citoyens, en armant contre eux le zèle des consciences timides, & celui des consciences hardies ».

« Le mal est venu de cette idée, qu'il faut venger la divinité : mais il faut honorer la divinité, & ne la venger jamais. En effet, si l'on se conduisoit par cette dernière idée, quelle seroit la fin des supplices ? Si les loix des hommes ont à venger un être infini, elles se régleront sur son infinité ; & non pas sur les foiblesses, sur les ignorances, sur les caprices de la nature humaine ».

« Un historien (2) de Provence rapporte un fait qui nous peint très-bien ce que peut produire, sur des esprits foibles, cette idée de venger la divinité. Un juif, accusé d'avoir blasphémé contre la sainte Vierge, fut condamné à être écorché. Des chevaliers masqués, le couteau à la main, montèrent sur l'échafaud & en chassèrent l'exécuteur, pour venger eux-mêmes l'honneur de la sainte Vierge ... Je ne veux point prévenir les réflexions du lecteur ».

« La seconde classe est des crimes qui sont contre les mœurs. Telles sont la violation de la continence publique ou particulière, c'est-à-dire, de la police sur la manière dont on doit jouir des plaisirs attachés à l'usage des sens & à l'union des corps. Les *peines* de ces crimes doivent encore être tirées de la nature de la chose : la privation des avantages que la société a attachés à la pureté des mœurs, les amendes, la honte, la contrainte de se cacher, l'infamie publique, l'expulsion hors de la ville & de la société ; enfin toutes les *peines* qui sont de la jurisdiction correctionnelle, suffisent pour réprimer la témérité des deux sexes. En effet, ces choses sont moins fondées sur la méchanceté, que sur l'oubli ou le mépris de soi-même ».

« Il n'est ici question que des crimes qui intéressent uniquement les mœurs, non de ceux qui choquent aussi la sûreté publique, tels que l'enlèvement & le viol, qui sont de la quatrième espèce ».

« Les crimes de la troisième classe sont ceux qui choquent la tranquillité des citoyens ; & les *peines* en doivent être tirées de la nature de la chose, & se rapporter à cette tranquillité, comme la privation, l'exil, les corrections & autres *peines* qui ramènent les esprits inquiets, & les font rentrer dans l'ordre établi ».

« Je restreins les crimes contre la tranquillité, aux choses qui contiennent une simple lésion de police : car celles qui, troublant la tranquillité, attaquent en même-temps la sûreté, doivent être mises dans la quatrième classe ».

« Les *peines* de ces derniers crimes sont presque par-tout ce qu'on appelle des *supplices*. C'est une espèce de talion, qui fait que la société refuse la sûreté à un citoyen qui en a privé, ou qui a voulu en priver un autre ».

Mais quoique cette *peine* soit tirée de la nature de la chose, les réflexions que nous avons insérées au commencement de cet article, prouvent du moins que, loin de multiplier les *peines* de mort, il faut les décerner avec une grande circonspection.

De la puissance des peines.

L'expérience a fait remarquer que, dans les pays où les *peines* sont douces, l'esprit du citoyen en est frappé, comme il l'est ailleurs par les grandes.

Quelque inconvénient se fait-il sentir dans un état, un gouvernement violent veut soudain le corriger ; & au lieu de songer à faire exécuter les anciennes loix, on établit une *peine* cruelle qui arrête le mal sur-le-champ. Mais on use le

---

(1) S. Louis fit des loix si outrées contre ceux qui juroient, que le pape se crut obligé de l'en avertir. Ce prince modéra son zèle & adoucit ses loix. *Voyez* ses ordonnances.
(2) Le père Bougerel.

Œcon. polit. & diplomatique. Tom. III.

Bbbb

ressort du gouvernement; l'imagination se fait à cette grande *peine*, comme elle s'étoit faite à la moindre, & comme on diminue la crainte pour celle-ci, l'on est bientôt forcé d'établir l'autre dans tous les cas. Les vols sur les grands chemins étoient communs dans quelques états : on voulut les arrêter : on inventa le supplice de la roüe, qui les suspendit pendant quelque temps. Depuis ce temps, on a volé comme auparavant sur les grands chemins.

De nos jours, la désertion fut très-fréquente : on établit la *peine* de mort contre les déserteurs, & cette *peine* n'a pas diminué la désertion. La raison en est bien naturelle : un soldat, accoutumé tous les jours à exposer sa vie, en méprise ou se flatte d'en mépriser le danger. Il est tous les jours accoutumé à craindre la honte; il falloit donc laisser une *peine* qui faisoit porter une flétrissure pendant la vie : on a prétendu augmenter la *peine*, & on l'a réellement diminuée.

Il ne faut point mener les hommes par les voies extrêmes : on doit être ménager des moyens que la nature nous donne pour les conduire. Qu'on examine la cause de tous les relâchemens, on verra qu'elle vient de l'impunité des crimes, & non pas de la modération des *peines*.

Suivons la nature, qui a donné aux hommes la honte comme leur fléau, & que la plus grande partie de la *peine* soit l'infamie de la souffrir.

Que s'il se trouve des pays où la honte ne soit pas une suite du supplice, cela vient de la tyrannie qui a infligé les mêmes *peines* aux scélérats & aux gens de bien.

Et si vous en voyez d'autres où les hommes ne sont retenus que par des supplices cruels, comptez encore que cela vient en grande partie de la violence du gouvernement, qui a employé ces supplices pour des fautes légères.

Souvent un législateur qui veut corriger un mal, ne songe qu'à cette correction; ses yeux sont ouverts sur cet objet, & fermés sur les inconvéniens. Lorsque le mal est une fois corrigé, on ne voit plus que la dureté du législateur : mais il reste un vice dans l'état que cette dureté a produit; les esprits sont corrompus; ils se sont accoutumés au despotisme.

Lysandre (1) ayant remporté la victoire sur les athéniens, on jugea les prisonniers : on accusa les athéniens d'avoir précipité tous les captifs de deux galères, & résolu en pleine assemblée de couper le poing aux prisonniers qu'ils feroient. Ils furent tous égorgés, excepté Adymante qui s'étoit opposé à ce décret. Lysandre reprocha à Philoclès, avant de le faire mourir, qu'il avoit dépravé les esprits, & fait des leçons de cruauté à toute la Grèce.

« Les argiens, dit Plutarque (2), ayant fait
» mourir quinze cents de leurs citoyens, les
» athéniens firent apporter les sacrifices d'expia-
» tion, afin qu'il plût aux dieux de détourner
» du cœur des athéniens une si cruelle pensée ».

Il y a deux genres de corruption; l'un, lorsque le peuple n'observe point les loix; l'autre, lorsqu'il est corrompu par les loix : mal incurable, parce qu'il est dans le remède même. *Voyez* l'article Loi, & en général tous les articles de Morale politique de ce dictionnaire.

PENSYLVANIE, l'un des Etats-Unis de l'Amérique : elle est située entre la Nouvelle-Yorck, le Nouveau-Jersey, la Delaware, le Maryland & les derrières de la Virginie : son étendue du côté de l'occident, ou sa profondeur est de 5 degrés de longitude.

L'article général Etats-Unis contient 1°. un précis de l'hist. polit. des Etats-Unis jusqu'à l'époque de la révolution : 2°. les causes & l'histoire de la révolution : 3°. l'acte d'indépendance : 4°. des remarques générales sur les constitutions des treize Etats-Unis, & des remarques particulières sur les provinces qui doivent changer leur constitution, ou les revêtir de formes plus légales & plus solemnelles : 5°. des remarques sur l'acte de confédération, & tout ce qui a rapport au congrès & aux nouveaux pouvoirs qu'il est à propos de lui confier : 6°. un état de la dette & des finances des nouvelles républiques : 7°. des remarques sur l'état où se trouvent aujourd'hui ces nouvelles républiques : 8°. des remarques sur les abus qu'elles doivent éviter dans la rédaction de leurs codes : 9°. des remarques sur l'association des cincinnati, & des dangers de cette institution : 10. sur la population : 11°. sur le commerce, la marine & l'armée : 12°. sur les nouveaux états, qui se formeront dans le territoire de l'Ouest, & des districts qui demandent déja à être admis à la confédération américaine, ou qui ne tarderont pas à y être admis : 13°. sur les traités qu'ont formés les américains avec quelques puissances de l'Europe, & enfin des observations politiques & des détails sur les sauvages qui se trouvent dans le voisinage ou dans l'enceinte des Etats-Unis.

Nous nous bornerons ici à donner 1°. le précis de l'histoire politique de la colonie & de l'état de *Pensylvanie* : 2°. nous rapporterons la constitution de cette république : 3°. nous ferons des remarques sur cette constitution : 4°. nous parlerons du commerce & de l'état de la *Pensylvanie* à l'époque de la révolution : 5°. enfin nous dirons quelques mots de son commerce & de son état actuel, & nous ferons des remarques

---

(1) Xenophon, hist. liv. II.
(2) Œuvres morales de ceux qui manient les affaires d'état.

fur la conduite de la *Penfylvanie* depuis le commencement de la révolution.

SECTION PREMIERE.

Précis de l'hiftoire politique de la colonie & de l'état de Penfylvanie.

Le luthéranifme qui devoit changer la face de l'Europe, ou par lui-même, ou par l'exemple qu'il donnoit, avoit occafionné dans les efprits une fermentation extraordinaire, lorfqu'on vit fortir de fon fein orageux une religion nouvelle, qui paroiffoit bien plus une révolte conduite par le fanatifme, qu'une fecte réglée qui fe gouverne par des principes. La plupart des novateurs fuivent un fyftême lié, des dogmes établis, & ne combattent d'abord que pour les défendre, lorfque la perfécution les irrite & les révolte jufqu'à leur mettre les armes à la main. Les anabaptiftes, comme s'ils n'avoient cherché dans la Bible qu'un cri de guerre, levèrent l'étendard de la rébellion, avant d'être convenus d'un corps de doctrine. Les principaux chefs de cette fecte avoient bien enfeigné qu'il étoit inutile & ridicule d'adminiftrer le baptême aux enfans, ainfi qu'on le penfoit, difoient-ils, dans la primitive églife : mais ils n'avoient pas encore une fois mis en pratique ce feul article de croyance, qui fervoit de prétexte à leur féparation. L'efprit de fédition fufpendoit chez eux les foins qu'ils devoient aux dogmes fchifmatiques, fur lefquels ils fondoient leur révolte. Secouer le joug tyrannique de l'églife & de l'état, c'étoit leur loi, c'étoit leur foi. S'enrôler dans les armées du feigneur, s'infcrire parmi les fidèles qui devoient employer le glaive de Gédéon, c'étoit leur devife, leur but, leur point de ralliement.

Ce ne fut qu'après avoir porté le fer & le feu dans une grande partie de l'Allemagne, que les anabaptiftes fongèrent à donner quelque fondement & quelque fuite à leur créance, à marquer leur confédération par un figne vifible qui l'unît & la cimentât. Liguées d'abord par infpiration pour former un corps d'armée, ils fe liguèrent en 1525 pour compofer un corps de religion.

Dans ce fymbole, mêlé d'intolérance & de douceur, l'églife anabaptifte étant la feule où l'on enfeigne la pure parole de Dieu, elle ne doit & ne peut communiquer avec une autre églife.

L'efprit du Seigneur fouffant où il lui plaît, le pouvoir de la prédication n'eft pas borné à un feul ordre de fidèles ; mais il s'étend à tous, & tous peuvent prophétifer.

Toute fecte où l'on n'a pas gardé la communauté des biens, qui faifoit l'ame & l'union des premiers chrétiens, eft une affemblée impure, une race dégénérée.

Les magiftrats font inutiles dans une fociété de véritables fidèles : un chrétien n'en a pas befoin ; un chrétien ne doit pas l'être.

Il n'eft pas permis à des chrétiens de prendre les armes pour fe défendre ; à plus forte raifon ne peuvent-ils pas s'enrôler au hafard pour la guerre.

Ainfi que les procès, les fermens en juftice font défendus à des difciples du Chrift, qui leur a dicté pour toute réponfe devant les juges, OUI, OUI ; NON, NON.

Le baptême des enfans eft une invention du diable & des papes. La validité du baptême dépend du confentement volontaire des adultes, qui peuvent feuls le recevoir avec la connoiffance de l'engagement qu'ils prennent.

Tel fut, dans fon origine, le fyftême religieux des anabaptiftes. Il paroît fondé fur la charité & la douceur ; il ne produifit que des brigandages & des crimes. La chimère de l'égalité eft la plus dangereufe de toutes dans une fociété policée. Prêcher ce fyftême au peuple, ce n'eft pas lui rappeler fes droits, c'eft l'inviter au meurtre & au pillage ; c'eft déchaîner des animaux domeftiques, & les changer en bêtes féroces. Il faut adoucir & éclairer, ou les maîtres qui les gouvernent, ou les loix qui les conduifent : mais il n'y a dans la nature qu'une égalité de droit, & jamais une égalité de fait. Les fauvages même ne font pas égaux, dès qu'ils font raffemblés en hordes. Ils ne le font que lorfqu'ils errent dans les bois ; & alors même celui qui fe laiffe prendre fa chaffe, n'eft pas l'égal de celui qui l'emporte. Voilà la première origine de toutes les fociétés.

Une doctrine qui avoit pour bafe la communauté des biens & l'égalité des conditions, ne pouvoit guère trouver des partifans que dans le peuple. Les payfans l'adoptèrent avec d'autant plus d'enthoufiafme & de fureur, que le joug dont elle les délivroit étoit plus infupportable. Condamnés la plupart à l'efclavage, ils prirent de tous côtés les armes pour accréditer une doctrine qui, de ferfs, les rendoit égaux aux feigneurs. La crainte de voir rompre un des premiers liens de la fociété, qui eft l'obéiffance au magiftrat, réunit contre eux toutes les autres fectes, qui ne pouvoient fubfifter fans fubordination. Ils fuccombèrent fous tant d'ennemis, après avoir fait une réfiftance plus opiniâtre qu'on ne devoit l'attendre. Leur communion, quoique répandue dans tout l'empire & dans une partie du nord, ne fut nulle part dominante, parce qu'elle avoit été par-tout combattue & difperfée. A peine étoit-elle tolérée dans les contrées où l'on permettoit la plus grande liberté de créance. Dans aucun état, elle ne put former une églife autorifée par la législation civile. Ce fut ce qui l'affoiblit, & de l'obfcurité la fit tomber dans le mépris. Son unique gloire fut d'avoir contribué peut-être à la naiffance des quakers.

Cette secte humaine & pacifique s'éleva en Angleterre parmi les troubles de la guerre sanglante, qui traîna un roi sur l'échafaud par la main de ses sujets. Elle eut pour fondateur George Fox, né dans une condition obscure. Son caractère, qui le portoit à la contemplation religieuse, le dégoûta d'une profession méchanique, & lui fit quitter son atelier. Pour se détacher entièrement des affections de la terre, il rompit toute liaison avec sa famille; & de peur de contracter de nouveaux liens, il ne voulut plus avoir de demeure fixe. Souvent il s'égaroit dans les bois, sans autre compagnie, sans autre amusement que sa bible. Avec le temps il parvint même à se passer de ce livre, quand il crut y avoir assez puisé l'inspiration des prophètes & des apôtres.

C'est alors qu'il chercha des prosélytes. Il ne lui fut pas difficile d'en trouver dans un temps & dans un pays où les délires de la religion enthousiasmoient toutes les têtes, trouboient tous les esprits. Bientôt il se vit suivi d'une foule de disciples qui, par la bizarrerie de leurs idées sur des objets incompréhensibles, ne pouvoient qu'étonner & fasciner les ames sensibles au merveilleux.

La simplicité de leur vêtement fut ce qui frappa d'abord tous les yeux. Sans galons, sans broderies ni dentelles, ni manchettes, ils bannirent tout ce qu'ils appelloient ornement ou superfluité. Point de plis dans leurs habits, pas même un bouton au chapeau, parce qu'il n'est pas toujours nécessaire. Ce mépris singulier pour les modes les avertissoit d'être plus vertueux que les autres hommes, dont ils se distinguoient par des dehors modestes.

Toutes les déférences extérieures, que l'orgueil & la tyrannie imposent à la foiblesse, devinrent odieuses aux quakers, qui ne vouloient avoir ni maîtres, ni serviteurs. Ils condamnoient les titres fastueux, comme orgueil dans ceux qui les usurpoient, comme bassesse dans ceux qui les déféroient. Ils ne reconnoissoient nulle part, ni excellence, ni éminence, mais ils se refusoient aux égards réciproques, qu'on appelle politesse. Le nom d'ami, disoient-ils, ne devoit se refuser à personne, entre des citoyens & des chrétiens. La révérence étoit une gêne ridicule & cérémonieuse. Se découvrir la tête en saluant, c'étoit manquer à soi pour honorer des autres. Le magistrat même ne pouvoit leur arracher aucun signe extérieur de considération. Revenus à l'ancienne majesté des langues, ils tutoyoient les hommes, même les rois; & ils justifioient cette licence par l'usage même de ceux qui s'en offensoient, & qui tutoyoient leurs saints & leur Dieu.

L'austérité de leur morale ennoblissoit la singularité de leurs manières. Porter les armes, leur paroissoit un crime: si c'étoit pour attaquer, on péchoit contre l'humanité; si c'étoit pour se défendre, on péchoit contre le christianisme. Leur évangile étoit la paix universelle. Donnoit-on un soufflet à un quaker, il présentoit l'autre joue: lui demandoit-on son habit, il offroit de plus sa veste. Jamais ces hommes justes n'exigeoient pour leur salaire que le prix légitime, dont ils ne vouloient point se relâcher. Jurer devant un tribunal, même la vérité, leur sembloit une prostitution du nom de l'Etre saint, pour de misérables débats entre des êtres foibles & mortels.

Le mépris qu'ils avoient pour la politesse dans la vie civile, se changeoit en aversion pour les cérémonies du culte dans le rite ecclésiastique. Ils osoient dire que les temples ne sont que des boutiques de charlatanerie; le repos du dimanche, qu'une oisiveté nuisible; la cène & le baptême, que des initiations ridicules. Aussi ne vouloient-ils point de clergé. Chaque fidèle recevoit immédiatement de l'Esprit-Saint une illumination, un caractère bien supérieur au sacerdoce. Quand ils étoient réunis, le premier qui se sentoit éclairé du ciel, se levoit & révéloit ses inspirations. Les femmes même étoient souvent douées de ce don de la parole, qu'elles appeloient *don de prophétie*. Quelquefois plusieurs de ces frères en Dieu parloient en même-temps; mais plus souvent régnoit un profond silence dans toute l'assemblée.

L'enthousiasme qui naissoit également & de ces méditations, & de ces discours, irrita dans ces sectaires la sensibilité du genre nerveux, au point de leur occasionner des convulsions. C'est pour cela qu'on les appella *quakers*, qui signifie en anglois *trembleurs*. C'étoit assez de ridiculiser leur manie, pour les en guérir à la longue: mais on la rendit contagieuse par la persécution. Tandis que toutes les autres sectes nouvelles étoient encouragées, on poursuivit, on tourmenta celle-ci par des peines de toute espèce. L'hôpital des foux, la prison, le fouet, le pilori furent décernés à ces dévots, dont le crime & la folie étoient de vouloir être raisonnables & vertueux à l'excès. Leur magnanimité dans les souffrances excita d'abord la pitié, puis l'admiration. Cromwel même, après avoir été l'un de leurs plus ardens persécuteurs, parce qu'ils se glissoient dans les camps pour dégoûter les soldats d'une profession sanguinaire & destructive: Cromwel leur donna des marques publiques de son estime. Il eut la politique de vouloir les attirer dans son parti, pour lui concilier plus de respect & de considération. Mais on éluda ou l'on rejeta ses invitations; & depuis il avoua que c'étoit l'unique religion dont il n'avoit pu rien obtenir avec des guinées.

« De tous ceux qui donnèrent de l'éclat à cette secte, continue M. l'abbé Raynal, le seul qui mérita d'occuper la postérité, fut Guillaume Penn. Il étoit fils d'un amiral de ce nom, assez heureux pour avoir obtenu la confiance du protecteur & des deux Stuart qui tinrent après lui, mais d'une main moins affurée, les rênes du gouvernement. Ce marin, plus fouple & plus infinuant qu'on ne l'eft dans fa profeffion, avoit fait des avances confidérables dans différentes expéditions dont il avoit été chargé. Le malheur des temps n'avoit guère permis qu'on le rembourfât durant fa vie. Après fa mort, l'état des affaires n'étant pas devenu meilleur, on fit à fon fils la propofition de lui donner, au lieu d'argent, un territoire immenfe dans le continent de l'Amérique. C'étoit un pays qui, quoiqu'entouré de colonies angloifes, & même anciennement découvert, avoit toujours été négligé. La paffion de l'humanité lui fit accepter avec joie cette forte de patrimoine, qu'on lui cédoit prefque en fouveraineté héréditaire. Il réfolut d'en faire l'afyle des malheureux, & le féjour de la vertu. Avec ce généreux deffein, il partit vers la fin de l'an 1681 pour fon domaine, qui fut appellé dès-lors *Penfilvanie*. Tous les quakers, que le clergé perfécutoit, parce qu'ils refufoient de payer la dîme & les autres taxes impofées par l'églife, demandoient à le fuivre : mais, par une prévoyance éclairée, il ne voulut en amener d'abord que deux mille. »

» Son arrivée au Nouveau-Monde fut fignalée par un acte d'équité, qui fit aimer fa perfonne & chérir fes principes. Peu fatisfait du droit que lui donnoit fur fon établiffement la ceffion du miniftère Britannique, il réfolut d'acheter des naturels du pays, le vafte territoire qu'il fe propofoit de peupler. On ne fait point le prix qu'y mirent les fauvages : mais quoiqu'on les accufe de ftupidité pour avoir vendu ce qu'ils ne devoient jamais aliéner, Penn n'en eut pas moins la gloire d'avoir donné en Amérique un exemple de juftice & de modération, que les Européens n'avoient pas même imaginé jufqu'alors. Il légitima fa poffeffion autant qu'il dépendoit de fes moyens. Enfin il ajouta, par l'ufage qu'il en fit, ce qui pouvoit manquer à la perfection du droit qu'il y acquéroit. Les américains prirent pour fa nouvelle colonie autant d'affection qu'ils avoient conçu d'éloignement pour toutes celles qu'on avoit fondées à leur voifinage, fans confulter leurs droits ni leur volonté. Dès-lors s'établit entre les deux peuples une confiance réciproque, dont rien n'altéra jamais la douceur, dont une bonne foi mutuelle refferra de plus en plus les heureux liens. »

» L'humanité de Penn ne pouvoit pas fe borner aux fauvages. Elle s'étendit fur tous ceux qui viendroient habiter fon empire. Comme le bonheur des hommes y devoit dépendre de la légiflation, il fonda la fienne fur les deux pivots de la fplendeur des états & de la félicité des citoyens : la propriété, la liberté. »

» Le vertueux légiflateur établit la tolérance pour fondement de la fociété. Il voulut que tout homme qui reconnoîtroit un Dieu, participât au droit de cité ; que tout homme qui l'adoreroit fous le nom de chrétien, participât à l'autorité. Mais, laiffant à chacun la liberté, d'invoquer cet être à fa manière, il n'admit point d'églife dominante en *Penfilvanie*, point de contribution forcée pour la conftruction d'un temple, point de préférence aux exercices religieux, qui ne fût volontaire ».

« Penn, attaché à fon nom, voulut que la propriété de l'établiffement qu'il avoit formé reftât à perpétuité à fa famille : mais il lui ôta une influence décifive dans les réfolutions publiques, & voulut qu'elle ne pût faire aucun acte d'autorité fans le concours des députés du peuple. Tous les citoyens qui avoient intérêt à la loi, comme à la chofe que la loi régit ; devoient être électeurs, pouvoient être élus. Pour éloigner le plus qu'il étoit poffible toute corruption, il falloit que les repréfentans duffent leur élévation à des fuffrages fecrètement accordés. Il fuffifoit de la pluralité des voix pour faire une loi : mais il fut ftatué que les deux tiers feroient néceffaires pour établir un impôt. C'étoit dès-lors un don des citoyens, plutôt qu'une taxe du gouvernement. Pouvoit-on accorder moins de douceurs à des hommes qui venoient chercher la paix au-delà des mers ? »

« C'eft ainfi que penfoit le vrai philofophe Penn. Il céda pour 450 liv. mille acres de terre à ceux qui pouvoient les acheter à ce prix. Tout habitant qui n'en avoit pas la faculté, obtint pour lui, pour fa femme, pour chacun de fes enfans au-deffus de feize ans, pour chacun de fes ferviteurs, cinquante acres à la charge d'une rente perpétuelle, d'un fol dix deniers & demi par acre. Cinquante acres furent encore affurés à tous les citoyens qui, devenus majeurs, confentiroient à un tribut annuel de deux livres cinq fols ».

» Pour fixer à jamais l'état de ces propriétes, on établit des tribunaux qui gardent les loix confervatrices des biens. De peur qu'il n'y eût des gens intéreffés à provoquer, à prolonger les procès, il fut févèrement défendu à tous ceux qui devoient y prêter leur miniftère, d'exiger, d'accepter même aucun falaire, pour leurs bons offices. De plus, chaque canton fut obligé de nommer trois arbitres ou pacificateurs, qui devoient tâcher de concilier les différends à l'amiable, avant qu'on pût les porter devant une cour de juftice ».

« L'attention à prévenir les procès naiffoit d'un penchant à prévenir les crimes. Les loix, dans la crainte d'avoir des vices à punir, voulurent en fermer la fource, l'indigence & l'oifiveté. On ftatua que tout enfant au-deffous de douze ans, quelle que fût fa condition, feroit obligé d'apprendre une profeffion. Ce réglement affuroit la fubfiftance au pauvre, & préparoit une reffource au riche contre les revers de la fortune. En même temps elle mettoit entre les hommes plus d'égalité, en les rappellant à leur commune destination, qui est le travail, soit des mains ou de l'esprit ».

« Jamais peut-être la vertu n'avoit inspiré de législation plus propre à amener le bonheur. Les opinions, les sentimens, les mœurs corrigèrent ce qu'elle pouvoit avoir de défectueux, & suppléèrent à ce qu'elle laissoit d'imparfait. Aussi la prospérité de la *Pensilvanie* fut-elle très-rapide. Cette république, sans guerres, sans conquêtes, sans efforts, sans aucune de ces révolutions qui frappent les yeux du vulgaire inquiet & passionné, devint un spectacle pour l'univers entier. Ses voisins, malgré leur barbarie, furent enchaînés par la douceur de ses mœurs; & les peuples éloignés, malgré leur corruption, rendirent hommage à ses vertus. Toutes les nations aimèrent à voir réaliser & renouveller les temps héroïques de l'antiquité, que les mœurs & les loix de l'Europe leur avoient fait prendre pour une fiction. »

Ce morceau contient un grand nombre d'erreurs, que l'auteur impoli des *recherches sur les Etats-Unis* a démontré: il reproche à Penn, & avec raison de la duplicité & de la perfidie, & il chargera vraisemblablement les idées qu'on a eu jusqu'ici de cet homme singulier.

La *Pensilvanie* propre étoit partagée en onze comtés; Philadelphie, Bucks, Chester, Lancastre, Yorck, Cumberland, Berks, Northampton, Bedfort, Northumberland, Westmoreland.

Dans la même contrée, les comtés de Newcastle, Kent & de Sussex formoient un autre gouvernement, mais conduit sur les mêmes principes.

Le ciel de la colonie étoit pur & serein. Le climat très-sain par lui-même, s'étoit encore amélioré par les défrichemens. Les eaux limpides & salubres y coulent toujours sur un fond de roc ou de sable. Les saisons y tempèrent l'année par une variété marquée. L'hiver, qui commence avec le mois de janvier, n'expire qu'à la fin de mars. Rarement accompagné de brouillards & de nuages, le froid y est constamment modéré; mais quelquefois assez vif pour glacer en une nuit les plus grandes rivières. Cette révolution aussi courte que subite est l'ouvrage du vent du nord-ouest, qui souffle des montagnes & des lacs du Canada. Le printemps s'annonce par de douces pluies, par une chaleur légère qui s'accroît par degrés jusqu'à la fin de juin. Les ardeurs de la canicule seroient violentes, sans le vent du sud-ouest qui les rafraîchit. Ce secours est assez constant.

Quoique le pays soit inégal, il n'est pas stérile. Le sol est tantôt un sable jaune & noir, tantôt du gravier, tantôt une cendre grisâtre sur un fond pierreux, & quelquefois aussi une terre grasse, sur-tout entre les ruisseaux qui, la coupant dans tous les sens, y versent encore plus de fécondité qui ne feroient des rivières navigables.

Quand les Européens abordèrent dans cette contrée, ils n'y virent d'abord que des bois de construction & des mines de fer à exploiter. En abattant, en défrichant, ils couvrirent peu à peu les terres qu'ils avoient remuées, de nombreux troupeaux, de fruits très-variés, de plantations de lin & de chanvre, de plusieurs sortes de légumes, de toute espèce de grains, mais singulièrement de froment & de maïs, qu'une heureuse expérience montra propre au climat. De tous côtés on poussa les défrichemens avec une vigueur & un succès qui étonnèrent toutes les nations.

D'où naquit cette surprenante prospérité? De la liberté, de la tolérance, qui ont attiré dans ce pays, des suédois, des hollandois, des françois industrieux, & sur tout de laborieux allemands. Elle est l'ouvrage des quakers, des anabatistes, des anglicans, des méthodistes, des presbytériens, des moraves, des luthériens & des catholiques.

Entre de si nombreuses sectes, on distingue celle des Dumplers. Son fondateur fut un allemand qui, dégoûté du tumulte du monde, se retira dans une solitude agréable, à cinquante milles de Philadelphie, pour se livrer à la contemplation. La curiosité attira dans sa retraite plusieurs de ses compatriotes. Le spectacle de ses mœurs simples, pieuses & tranquilles, les fixa près de lui. Tous ensemble ils formèrent une peuplade qu'ils appellèrent *Euphrate*, par allusion aux hébreux, qui psalmodioient sur les bords de ce fleuve.

Cette petite ville, formée en triangle, est entourée de pommiers & de mûriers, arbres utiles & agréables, plantés avec symmétrie. Au centre est un verger très-étendu. Entre ce verger & ces allées, sont des maisons de bois à trois étages, où chaque Dumpler isolé peut, sans être distrait, vaquer à ses méditations. Ces contemplatifs ne sont au plus que cinq cents. Leur territoire n'a pas plus de deux cents cinquante acres d'étendue. Une rivière, un étang, une montagne couverte d'arbres, marquent ses limites.

Les hommes & les femmes habitent des quartiers séparés. Ils ne se voient que dans les temples; ils ne s'assemblent ailleurs que pour les affaires publiques. Le travail, la prière & le sommeil partagent leur vie. Deux fois le jour & deux fois la nuit, le culte religieux les tire de leurs cellules. Comme les quakers & les méthodistes, ils ont tous le droit de prêcher, quand ils se croient inspirés. L'humilité, la tempérance, la chasteté, les autres vertus chrétiennes sont les sujets dont ils aiment le plus à parler dans leurs assemblées. Jamais ils ne violent le repos du sabbat, si cher à tous les hommes, oisifs ou laborieux. Ils admettent l'enfer & le paradis, mais ils rejettent l'éternité des peines. La doctrine du péché originel est pour eux un blasphême impie qu'ils abhorrent. Tout dogme cruel à l'homme leur paroît injurieux à la divinité. Comme ils n'attachent de mérite qu'aux œuvres volontaires, ils n'administrent jamais le baptême qu'aux adultes. Ils le croient cependant si nécessaire au salut, qu'ils s'imaginent que, dans l'autre monde, les ames des chrétiens sont occupées à convertir celles des hommes qui ne sont pas morts sous la loi de l'évangile.

Encore plus désintéressés que les quakers, ils ne se permettent jamais de procès. On peut les tromper, les maltraiter, sans craindre ni représailles, ni plaintes de leur part : tant ils sont, par religion, ce que les stoïciens étoient par philosophie, insensibles aux outrages.

Rien n'est plus simple que leur vêtement. En hiver, une longue robe blanche, où pend un capuchon pour tenir lieu de chapeau, couvre une chemise grossière, de larges culottes, & des souliers épais. En été, c'est le même habillement, si ce n'est que la toile remplace la laine. A la culotte près, les femmes sont vêtues comme les hommes.

On ne se nourrit là que de végétaux ; non que ce soit une loi, mais par une abstinence plus conforme à l'esprit du christianisme, ennemi du sang.

Chacun s'attache gaiement au genre d'occupation qui lui est assigné. Le produit de tous les travaux est mis en commun, pour subvenir aux besoins de tous. Cette communauté d'industrie a créé, non-seulement tous les manufactures, tous les arts nécessaires à la petite société, mais encore un superflu d'échanges proportionnés à sa population.

Quoique les deux sexes vivent séparément à Euphrate, les Dumplers ne renoncent pas au mariage. Ceux que la jeunesse & l'amour, si voisins de la dévotion, invitent à cette union, quittent la ville, & vont former un établissement à la campagne, aux dépens du trésor public, qu'ils grossissent de leurs travaux, tandis que leurs enfans sont élevés dans la métropole. Sans cette liberté sage & chrétienne, les Dumplers ne seroient que des moines qui deviendroient avec le temps féroces ou libertins.

Ce qu'il y a de plus édifiant & de plus singulier en même temps dans la conduite de toutes les sectes qui ont peuplé la *Pensilvanie*, c'est l'esprit de concorde qui règne entr'elles, malgré la différence de leurs opinions religieuses. Quoiqu'ils ne soient pas membres de la même église, ces sectaires s'aiment comme les enfans d'un seul & même père. Ils ont vécu toujours en frères, parce qu'ils avoient la liberté de penser en hommes. C'est à cette précieuse harmonie qu'on peut surtout attribuer les accroissemens rapides de la colonie.

Au commencement de 1714, cet établissement comptoit trois cents cinquante mille habitans suivant l'évaluation présentée au congrès général. On ne dissimulera pas que trente mille noirs faisoient partie de cette nombreuse population : on sait que la *Pensilvanie* a défendu depuis la révolution, toute importation de noirs, & qu'elle a pris des mesures efficaces pour l'émancipation future de tous les esclaves. Au reste, dans cette province l'esclavage n'avoit pas été un germe de corruption, comme il l'a toujours été, comme il sera toujours dans des sociétés moins bien ordonnées. Les mœurs sont encore pures, austères même, en *Pensilvanie*. Cet avantage tient-il au climat, aux loix, à la religion, à l'émulation des sectes, à des usages particuliers ? On le demande aux lecteurs.

A l'époque de la révolution l'abondance y étoit constante, & l'aisance universelle. L'économie particulière aux pensilvains n'empêchoit pas que les deux sexes ne fussent bien vêtus. La nourriture étoit encore supérieure à l'habillement. Les familles les moins aisées avoient du pain, de la viande, du cidre, de la bière, de l'eau-de-vie, du sucre. Un grand nombre pouvoit user habituellement des vins de France & d'Espagne, du punch, & même de liqueurs plus chères. L'abus de ces boissons étoit plus rare qu'ailleurs, mais il n'étoit pas sans exemple.

Le délicieux spectacle de cette abondance n'étoit jamais troublé par l'image affligeante de la mendicité. La *Pensilvanie* n'avoit pas un seul pauvre. Ceux que la naissance ou la fortune avoient laissés sans ressources, étoient convenablement entretenus par le trésor public. La bienfaisance alloit plus loin ; elle s'étendoit jusqu'à l'hospitalité la plus prévenante. Un voyageur pouvoit s'arêter par-tout, sans crainte de causer d'autre peine que le regret de son départ.

La tyrannie des impôts ne venoit pas flétrir, empoisonner la félicité de la colonie. En 1766, ils ne s'élevoient pas au-dessus de 280,140 liv. La plupart même, destinés à fermer les plaies de la guerre de 1756, devoient cesser en 1772. Si à cette époque les peuples n'ont pas reçu ce soulagement, c'est que les irruptions des sauvages ont occasionné des dépenses extraordinaires.

Les pensilvains, tranquilles possesseurs, libres usufruitiers d'une terre qui récompensoit toujours leurs travaux, ne craignoient pas de produire leur espèce. A peine trouvoit-on un célibataire dans la province. Le mariage en étoit plus doux & plus sacré. Sa liberté comme sa sainteté dépendoit du choix des contractans : ils prenoient le juge ou le prêtre, plutôt pour témoin que pour claſſe, ſecte ou dénomination d'hommes particulières, quelles qu'elles ſoient : en vertu de l'autorité dont nos conſtituans nous ont revêtus, nous ordonnons, déclarons & établiſſons la déclaration des droits & le plan de gouvernement ſuivans, pour être la conſtitution de cette république, & pour y demeurer en vigueur à jamais ſans altération, excepté dans les articles que l'expérience démontrera par la ſuite exiger des améliorations, & qui ſeront corrigés ou perfectionnés en vertu de la ſuſdite autorité du peuple, par un corps de délégués compoſé comme l'ordonne ce plan de gouvernement, pour obtenir & aſſurer d'une manière plus efficace, le grand objet & le véritable but de tous gouvernemens, tels que nous les avons expoſés ci-deſſus.

CHAPITRE PREMIER.

Déclaration des droits des habitans de l'état de Penſilvanie.

ARTICLE Ier.

Tous les hommes ſont nés également libres & indépendans, & ils ont des droits certains, naturels, eſſentiels & inaliénables, parmi leſquels on doit compter le droit de jouir de la vie & de la liberté, & de les défendre : celui d'acquérir une propriété, de la poſſéder & de la protéger, enfin celui de chercher & d'obtenir leur bonheur & la ſûreté.

II. Tous les hommes ont le droit naturel & inaliénable d'adorer le Dieu tout-puiſſant, de la manière qui leur eſt dictée par leur conſcience & leurs lumières. Aucun homme ne doit, ni ne peut être légitimement contraint à embraſſer une forme particulière du culte religieux, à établir ou entretenir un lieu particulier du culte, ni à ſoudoyer des miniſtres de religion contre ſon gré, ou ſans ſon propre & libre conſentement : aucun homme qui reconnoît l'exiſtence d'un Dieu, ne peut être juſtement privé d'aucun droit civil comme citoyen, ni attaqué en aucune manière, à raiſon de ſes ſentimens, en matière de religion, ou de la forme particulière de ſon culte : aucune puiſſance dans l'état ne peut ni ne doit être revêtue, ni s'arroger l'exercice d'une autorité qui puiſſe, dans aucun cas, lui permettre de troubler ou de gêner le droit de la conſcience dans le libre exercice du culte religieux.

III. Le peuple de cet état a ſeul le droit eſſentiel & excluſif de ſe gouverner & de régler ſon adminiſtration intérieure.

IV. Toute autorité réſidant originairement dans le peuple, & étant par conſéquent émanée de lui, il s'enſuit que tous les officiers du gouvernement revêtus de l'autorité, ſoit légiſlatrice, ſoit exécutrice, ſont ſes mandataires, ſes ſerviteurs, & lui ſont comptables dans tous les temps.

V. Le gouvernement eſt, ou doit être inſtitué pour l'avantage commun, pour la protection & la ſûreté du peuple, de la nation ou de la communauté ; & non pour le profit ou l'intérêt particulier d'un ſeul homme, d'une famille, ou d'un aſſemblage d'hommes qui ne ſont qu'une partie de cette communauté. La communauté a le droit inconteſtable, inaliénable & impreſcriptible de réformer, changer ou abolir le gouvernement, de la manière qu'elle juge la plus convenable, & la plus propre à procurer le bonheur public.

VI. Afin d'empêcher ceux qui ſont revêtus de l'autorité légiſlatrice ou exécutrice de devenir oppreſſeurs, le peuple a le droit, aux époques qu'il juge convenables, de faire rentrer les officiers dans l'état privé, & de pourvoir aux places vacantes par des élections certaines & régulières.

VII. Toutes les élections doivent être libres : & tous les hommes libres ayant un intérêt ſuffiſant, évident & commun, & étant attachés à la communauté par les mêmes liens ; tous doivent avoir un droit égal à élire les officiers, & à être élus pour les différens emplois.

VIII. Chaque membre de la ſociété a le droit d'être protégé par elle dans la jouiſſance de ſa vie, de ſa liberté & de ſa propriété : il eſt par conſéquent obligé de contribuer pour ſa part aux frais de cette protection, de donner, lorſqu'il eſt néceſſaire, ſon ſervice perſonnel ou un équivalent ; mais aucune partie de la propriété d'un homme ne peut lui être enlevée avec juſtice, ni appliquée aux uſages publics, ſans ſon propre conſentement, ou celui de ſes repréſentans légitimes : aucun homme qui ſe fait un ſcrupule de conſcience de porter les armes ne peut y être forcé juſtement, lorſqu'il paye un équivalent ; & enfin les hommes libres de cet état ne peuvent être obligés d'obéir à d'autres loix qu'à celles qu'ils ont conſenties pour le bien commun, par eux-mêmes ou par leurs repréſentans légitimes.

IX. Dans toutes les pourſuites pour crime, un homme a le droit d'être entendu par lui & par ſon conſeil ; de demander la cauſe & la nature de l'accuſation qui lui eſt intentée ; d'être confronté aux témoins ; d'adminiſtrer toutes les preuves qui peuvent lui être favorables ; de requérir une inſtruction prompte & publique par un juré impartial du pays, ſans l'avis unanime duquel il ne ſauroit être déclaré coupable. Il ne peut pas être forcé d'administrer des preuves contre lui-même, & aucun homme ne peut être privé justement de sa liberté que par un jugement de ses pairs, en vertu des loix du pays.

X. Tout homme a le droit d'être, pour sa personne, ses maisons, ses papiers & pour toutes ses possessions, à l'abri de toutes recherches, & de toutes saisies ; en conséquence, tout warrant est contraire à ce droit, si des sermens ou affirmations préliminaires n'en ont pas suffisamment établi le fondement, & si l'ordre ou la réquisition, portés par le warrant, à un officier ou messager d'état, de faire des recherches dans des lieux suspects, d'arrêter une ou plusieurs personnes, ou de saisir leur propriété, ne sont pas accompagnés d'une désignation & description spéciales, de la personne ou des objets à rechercher ou à saisir. Enfin il ne doit être décerné aucun warrant que dans les cas & avec les formalités prescrites.

XI. Dans les discussions relatives à la propriété & dans les procès entre deux ou plusieurs particuliers, les parties ont droit à l'instruction par juré, & cette forme de procéder doit être regardée comme sacrée.

XII. Le peuple a le droit & la liberté de parler, d'écrire & de publier ses sentimens ; en conséquence la liberté de la presse ne doit jamais être gênée.

XIII. Le peuple a droit de porter les armes pour sa défense & pour celle de l'état ; & comme, en tems de paix, des armées sur pied sont dangereuses pour la liberté, il ne doit point en être entretenu ; & le militaire doit toujours être tenu dans une exacte subordination à l'autorité civile, & toujours gouverné par elle.

XIV. Un recours fréquent aux principes fondamentaux de la constitution, & une adhésion constante à ceux de la justice, de la modération, de la tempérance, de l'industrie & de la frugalité, sont absolument nécessaires pour conserver les avantages de la liberté, & maintenir un gouvernement libre. Le peuple doit en conséquence avoir une attention particulière à tous ces différens points dans le choix de ses officiers & représentans ; & il a droit d'exiger de ses législateurs & de ses magistrats une observation exacte & constante de ces mêmes principes, dans la confection & l'exécution des loix nécessaires pour la bonne administration de l'état.

XV. Tous les hommes ont un droit naturel & essentiel à quitter l'état dans lequel ils vivent, pour s'établir dans un autre qui veut les recevoir, ou à former un état nouveau dans des pays vacans ou dans des pays qu'ils achètent, toutes les fois qu'ils croient pouvoir par là se procurer le bonheur.

XVI. Le peuple a droit de s'assembler, de consulter pour le bien commun, de donner des instructions à ses représentans, & de demander à la législature, par la voie d'adresses, de petitions ou de remontrances, le redressement des torts qu'il croit lui être faits.

CHAPITRE SECOND.

Forme de gouvernement.

ART. Ier.

La république ou état de *Pensylvanie* sera désormais gouvernée par une assemblée des représentans des hommes libres de l'état, & par un président & un conseil, de la manière & dans la forme suivante.

II. La suprême puissance législatrice sera confiée à une chambre composée des représentans des hommes libres de l'état ou république de *Pensylvanie*.

III. La suprême puissance exécutrice sera confiée à un président & à un conseil.

IV. Il sera établi des cours de justice dans la ville de Philadelphie, & dans chacun des comtés qui composent cet état.

V. Les hommes libres de l'état, & leurs enfans mâles seront armés & disciplinés pour sa défense, sous tels réglemens, restrictions & exceptions que l'assemblée générale aura établis avec force de loi, conservant toujours au peuple le droit de choisir les colonels & autres officiers de grade inférieur ayant commission, de la manière & par des élections aussi fréquentes que les susdites loix le prescriront.

VI. Tout homme libre, de l'âge de vingt-un ans accomplis, qui aura résidé dans l'état une année entière immédiatement avant le jour où se fera l'élection des représentans, & qui aura payé les taxes pendant ce tems, jouira du droit de suffrage : mais les enfans des francs-tenanciers auront ce droit à l'âge de vingt-un ans accomplis, quoiqu'ils n'aient point payé de taxes.

VII. La chambre des représentans des hommes libres de cette république sera composée des personnes les plus recommandables par leur sagesse & par leur vertu, qui seront choisies respectivement par les hommes libres de chaque ville & comté de l'état. Personne ne pourra être élu à moins d'avoir résidé dans la ville ou dans le comté ministre de leur engagement. Deux amans y trouvoient-ils quelque opposition dans leurs familles ? ils s'évadoient ensemble à cheval : le garçon montoit en croupe derrière sa maîtresse, & dans cette situation, ils alloient se présenter devant le magistrat. La fille déclaroit qu'elle avoit enlevé son amant, pour l'épouser. On ne pouvoit, ni se refuser à ce vœu si formel, ni la troubler ensuite dans la possession de ce qu'elle aimoit. A d'autres égards, l'autorité paternelle étoit excessive. Un chef de famille, dont les affaires se trouvoient dérangées, avoit le droit d'engager ses enfans à ses créanciers : punition bien capable, ce semble, d'attacher un père tendre au soin de sa fortune. L'homme fait acquittoit par un an de service une dette de 112 liv. 10 sols. L'enfant au-dessous de douze ans étoit obligé de servir jusqu'à vingt & un ans pour la même somme. C'est une image des anciennes mœurs patriarchales de l'orient.

Quoiqu'il y ait des bourgs & même quelques villes dans la colonie, on peut dire que la plupart des habitans vivoient isolés dans leurs familles. Chaque propriétaire avoit sa maison au centre d'une vaste plantation, bien environnée de haies vives. Aussi chaque paroisse de campagne se trouvoit-elle avoir douze ou quinze lieues de circonférence. A une si grande distance des églises, les cérémonies de religion ont peu d'influence. On ne présentoit les enfans au baptême que plusieurs mois, & quelquefois un ou deux ans après leur naissance. Sans dogmatiser, sans disputer sur le culte, dans un pays où chaque secte avoit le sien, on honoroit l'être suprême par des vertus plus que par des prières. L'innocence & l'inscience gardoient les mœurs plus sûrement que des préceptes & des controverses.

La *Pensylvanie* a pris part à la querelle des colonies américaines avec leur métropole ; en général les quakers & les autres habitans, trop pacifiques, ont développé moins d'énergie & de courage ; mais ils ont eu assez de fermeté pour ne pas abandonner la cause commune ; & le traité de paix, les a déclaré libres & indépendans comme les douze autres provinces.

SECTION IIe.

Constitution de la république de Pensylvanie, telle qu'elle a été établie par la convention générale, élue à cet effet, & assemblée à Philadelphie, dans ses séances, commencées le 15 juillet 1776, & continuées par des ajournemens successifs, jusqu'au 28 septembre suivant.

Les objets de l'institution & du maintien de tout gouvernement doivent être d'assurer l'existence du corps politique de l'état, de le protéger, & de donner aux individus qui le composent, la faculté de jouir de leurs droits naturels, & des autres biens que l'auteur de toute existence a répandus sur les hommes ; & toutes les fois que ces grands objets du gouvernement ne sont pas remplis, le peuple a le droit de le changer par un acte de la volonté commune, & de prendre les mesures qui lui paroissent nécessaires pour procurer sa sûreté & son bonheur.

Les habitans de cette république s'étant jusqu'à présent reconnus sujets du roi de la Grande-Bretagne, uniquement en considération de la protection qu'ils attendoient de lui ; & ledit roi ayant non-seulement retiré cette protection, mais ayant commencé & continuant encore, par un esprit de vengeance inexorable, à leur faire la guerre la plus cruelle & la plus injuste, dans laquelle il emploie non-seulement les troupes de la Grande-Bretagne, mais encore des étrangers mercenaires, des sauvages & des esclaves, pour parvenir au but qu'il s'est proposé & qu'il avoue, de les réduire à une entière & honteuse soumission à la domination despotique du parlement britannique ; ayant en outre exercé contre lesdits habitans plusieurs autres actes de tyrannie (qui ont été pleinement développés dans la déclaration du congrès général), ce qui a rompu & anéanti tous les liens de sujétion & de fidélité envers ledit roi & ses successeurs, & fait cesser dans ces colonies tous les pouvoirs & toutes les autorités émanés de lui.

Comme il est absolument nécessaire pour le bien être & la sûreté des habitans desdites colonies, qu'elles soient désormais des états libres & indépendans, & qu'il existe dans chacune de leurs parties une forme de gouvernement juste, permanente & convenable, dont l'autorité du peuple soit la source unique & l'unique fondement, conformément aux vues de l'honorable congrès américain.

Nous, les représentans des hommes libres de *Pensylvanie*, assemblés extraordinairement & expressément, à l'effet de tracer un gouvernement d'après les principes exposés ci-dessus ; reconnoissant la bonté du modérateur suprême de l'univers (lui qui seul sait à quel degré de bonheur, sur la terre, le genre humain peut parvenir, en perfectionnant l'art du gouvernement) reconnoissant la suprême bonté qu'il a de permettre que le peuple de cet état se fasse, de son propre & commun consentement, sans violence, & après en avoir mûrement délibéré, les loix qu'il jugera les plus justes & les meilleures pour gouverner sa future société : pleinement convaincus que c'est pour nous un devoir indispensable d'établir les principes fondamentaux de gouvernement les plus propres à procurer le bonheur général du peuple de cet état & de sa postérité, & à pourvoir aux améliorations futures, sans partialité & sans préjugé pour ou contre aucune

classe,

pour lesquels il seroit choisi, deux années entières immédiatement avant ladite élection ; & aucun membre de cette chambre, tant qu'il le sera, ne pourra posséder aucun autre emploi que dans la milice.

VIII. Personne ne pourra être élu membre de la chambre des représentans des hommes libres de cette république, plus de quatre années sur sept.

IX. Les membres de la chambre des représentans seront choisis annuellement au scrutin par les hommes libres de la république, le second mardi d'octobre, dans la suite, (hors la présente année), & s'assembleront le quatrième lundi du même mois ; ils s'intituleront, *l'assemblée générale des représentans des hommes libres de Pensylvanie*, & ils auront le droit de choisir leur orateur, le trésorier de l'état & leurs autres officiers : leurs séances seront indiquées & réglées par leurs propres ajournemens : ils prépareront les bills, & leur donneront force de loix : ils jugeront de la validité des élections & des qualités de leurs membres : ils pourront expulser un de leurs membres, mais jamais deux fois pour une même cause : ils pourront ordonner le serment ou l'affirmation d'après l'examen de témoins, faire droit sur les griefs qui leur seront présentés, intenter les accusations en crime d'état, accorder des chartes de corporations, constituer des villes, bourgs, cités & comtés, & ils auront tous les autres pouvoirs nécessaires au corps législatif d'un état libre ou république ; mais ils n'auront pas l'autorité de rien ajouter ni changer à aucune partie de la présente constitution, ni de l'abolir ou de l'enfreindre dans aucune de ses parties.

X. Les deux tiers du nombre entier des membres élus feront un *quorum* dans la chambre des représentans. Aussi-tôt qu'ils seront assemblés, & qu'ils auront choisi leur orateur, avant de s'occuper d'aucune affaire, chacun des membres fera & signera, outre le serment ou affirmation de fidélité & d'obéissance qui sera ordonné par un des articles suivans, un serment ou une affirmation conçus en ces termes :

« Je jure (ou affirme) que, comme membre de cette assemblée, je ne proposerai aucuns bill, vœu ou résolution, & que je ne donnerai mon consentement à aucuns qui me paroissent nuisibles au peuple ; que je ne ferai rien, ni ne consentirai à aucun acte, ni à aucune chose, quelle qu'elle soit, qui tende à affoiblir ou diminuer les droits & privilèges du peuple, tels qu'ils sont énoncés dans la constitution de cet état ; mais que je me conduirai en toutes choses, comme un honnête & fidèle représentant & gardien du peuple, en suivant ce que mon jugement & mes lumières m'indiqueront de meilleur ».

Et chaque membre, avant de prendre sa séance, fera & signera la déclaration suivante :

« Je crois en un seul Dieu, créateur & gouverneur de cet univers, qui récompense les bons & punit les méchans. Et je reconnois que les écritures de l'ancien & nouveau Testament ont été données par inspiration divine ».
Et jamais il ne sera exigé de profession de foi autre ni plus étendue d'aucun officier civil ou magistrat dans cet état.

XI. Les délégués, pour représenter cet état au congrès, seront élus au scrutin par la future assemblée générale à la première séance, & ainsi par la suite chaque année, tant que cette représentation sera nécessaire. Tout délégué pourra être déplacé, en quelque temps que ce soit, sans autre formalité que la nomination à sa place par l'assemblée générale. Personne ne pourra siéger en congrès plus de deux ans de suite, & ne pourra être réélu qu'après trois années d'interruption ; & aucune personne, pourvue d'un emploi à la nomination du congrès, ne pourra être dorénavant choisie pour y représenter cette république.

XII. S'il arrivoit qu'une ou plusieurs villes, qu'un ou plusieurs comtés négligeassent ou refusassent d'élire ou d'envoyer des représentans à l'assemblée générale, les deux tiers des membres des villes ou comtés qui auront élu & envoyé les leurs, auront tous les pouvoirs de l'assemblée générale, aussi pleinement & aussi amplement que si la totalité étoit présente, pourvu toutefois que lorsqu'ils s'assembleront, il se trouve des députés de la majorité des villes & comtés.

XIII. Les portes de la chambre dans laquelle les représentans des hommes libres de cet état tiendront l'assemblée générale, seront & demeureront ouvertes ; & l'entrée en sera libre à toutes personnes qui se comporteront décemment, à l'exception du seul cas où le bien de l'état exigera qu'elles soient fermées.

XIV. Le journal des séances de l'assemblée générale sera imprimé chaque semaine durant la session ; & lorsque deux membres seulement le demanderont, on imprimera le oui & les non sur chaque question, vœu ou résolution, excepté quand les voix auront été prises au scrutin ; & lors même qu'elles auront été prises de cette manière, chaque membre aura droit d'insérer dans le journal, s'il le juge à propos, les motifs de son avis.

XV. Afin que les loix puissent être plus mûrement examinées avant de recevoir leur dernier caractère, & afin de prévenir, autant qu'il est

Ccccij

possible, l'inconvénient des déterminations précipitées, tous les bills qui auront un objet public seront imprimés, pour être soumis à l'examen du peuple, avant la dernière lecture que doit en faire l'assemblée générale, pour les discuter & les corriger en dernière instance ; &, excepté dans les occasions où la célérité sera indispensablement nécessaire, ils ne seront passés en loi que dans la session suivante de l'assemblée générale ; & afin de satisfaire le public aussi parfaitement qu'il est possible, les raisons & les motifs qui auront déterminé à porter la loi, seront complettement & clairement développés dans le préambule.

XVI. Le style des loix de cette république sera : « qu'il soit statué ; & il est ici statué par » les représentans des hommes libres de la répu » blique de *Pensylvanie*, siégeans en assemblée » générale, & par leur autorité ». Et l'assemblée générale apposera son sceau à chaque bill lorsqu'elle le passera en loi. Ce sceau sera gardé par l'assemblée : il sera appelé *le sceau des loix de Pensylvanie, & ne servira à aucun autre usage*.

XVII. La ville de Philadelphie & chaque comté de cette république respectivement, choisiront le premier mardi de novembre de la présente année, & le second mardi d'octobre, chacune des deux années suivantes mil sept cent soixante & dix-sept & mil sept cent soixante & dix-huit, six personnes pour les représenter dans l'assemblée générale. Mais comme la représentation, en proportion du nombre des habitans payant taxe, est le seul principe qui puisse dans tous les tems assurer la liberté, & faire que la loi du pays soit l'expression véritable de la voix de la majorité du peuple, l'assemblée générale fera prendre des listes complettes des habitans payant taxe dans la ville & dans chaque comté de cette république, & ordonnera qu'elles lui soient envoyées au plus tard à l'époque de la dernière séance de l'assemblée élue dans l'année mil sept cent soixante & dix-huit, qui fixera le nombre des représentans pour la ville & pour chaque comté, en proportion de celui des habitans payant taxes, portés dans chacune de ces listes. La représentation ainsi fixée subsistera sur le même pied pendant les sept années suivantes, au bout desquelles il sera fait un nouveau recensement des habitans payant taxes, & il sera établi par l'assemblée générale une nouvelle proportion de représentation en conséquence : il en sera usé de même à l'avenir tous les sept ans. Les appointemens des représentans dans l'assemblée générale, & toutes les autres charges de l'état seront payées par le trésor d'état.

XVIII. Afin que les hommes libres de cette république puissent jouir aussi également qu'il est possible du bénéfice de l'élection, jusqu'à ce que la représentation, telle qu'elle est ordonnée dans l'article précédent, puisse commencer, chaque comté pourra se diviser à son gré en autant de districts qu'il le voudra, tenir les élections dans ces districts, & y élire les représentans dans le comté, & les autres officiers électifs, ainsi qu'il sera réglé dans la suite par l'assemblée de cet état. Et aucun habitant de cet état n'aura voix plus d'une fois chaque année à l'élection pour les représentans dans l'assemblée générale.

XIX. Le suprême conseil, chargé dans cet état de la puissance exécutrice, sera composé pour le présent de douze personnes choisies de la manière suivante. Les hommes libres de la ville de Philadelphie & des comtés de Philadelphie, de Chester & de Bucks, dans le même tems & au même lieu où se fera l'élection des représentans pour l'assemblée générale, choisiront au scrutin respectivement une personne pour la ville, & une pour chacun des comtés susdits, & ces personnes ainsi élues devront servir dans le conseil trois ans, & pas davantage. Les hommes libres des comtés de Lancastre, d'Yorck, de Cumberland & de Berks éliront de la même manière une personne pour chacun de leurs comtés respectifs ; & celles-ci serviront comme conseillers deux ans, & pas davantage. Et les comtés de Northampton, de Bedford, de Northumberland & de Westmoreland éliront aussi de la même manière une personne pour chacun de leurs comtés ; mais ces dernières ne serviront au conseil qu'un an, & pas davantage.

A l'expiration du temps pour lequel chaque conseiller aura été élu, les hommes libres de la ville de Philadelphie & de chacun des comtés de cet état, choisiront respectivement une personne pour être membre du conseil pendant l'espace de trois années, & non au-delà ; & il en sera usé de même par la suite tous les trois ans.

Au moyen d'élections ainsi combinées, & de cette rotation continuelle, il y aura plus d'hommes accoutumés à traiter les affaires publiques ; il se trouvera dans le conseil, chacune des années suivantes, un certain nombre de personnes instruites de ce qui s'y sera fait l'année d'auparavant ; & par-là les affaires seront conduites d'une manière plus suivie & plus uniforme : cette forme aura le plus grand avantage encore de prévenir efficacement tout danger d'établir dans l'état une aristocratie qui ne sauroit être que nuisible.

Toutes les places vacantes dans le conseil, par mort, résignation ou autrement, seront remplies à la première élection pour les représentans dans l'assemblée générale, à moins que le président & le conseil ne jugent à propos d'indiquer pour cet objet une élection particulière plus prochaine. Aucun membre de l'assemblée générale, ni aucun délégué au congrès ne pourront être élus membres du conseil.

Le président & le vice-président seront choisis annuellement au scrutin par l'assemblée générale & le conseil réunis; mais ils seront toujours choisis parmi les membres du conseil. Toute personne qui aura servi pendant trois années successives comme conseiller, ne pourra être revêtue du même office qu'après une interruption de quatre ans. Tout membre du conseil, en vertu de son office, sera juge de paix (1) pour toute la république.

Dans le cas où il seroit érigé dans cet état un ou plusieurs nouveaux comtés, ce comté ou ces comtés ajoutés éliront un conseiller, & seront annexés aux comtés les plus voisins, pour prendre leur tour avec eux.

Le conseil s'assemblera chaque année dans le même tems & au même lieu que l'assemblée générale.

Le trésorier de l'état, les commissaires de l'office du prêt public, les contrôleurs des ports, les collecteurs des douanes & de l'accise, le juge de l'amirauté, les procureurs-généraux, les shérifs & les protonotaires ne peuvent être élus pour siéger, ni dans l'assemblée générale, ni dans le conseil, ni dans le congrès continental.

XX. Le président, & en son absence le vice-président avec le conseil dont cinq membres formeront un *quorum*, auront le pouvoir de nommer & de bréveter les juges, les contrôleurs des ports, le juge de l'amirauté, le procureur général & tous les autres officiers civils & militaires, à l'exception de ceux dont la nomination aura été réservée à l'assemblée générale ou au peuple, par la présente forme de gouvernement & par les loix qui seront faites dans la suite. Ils pourront commettre à l'exercice de tout office, quel qu'il soit, qui vaquera par mort, résignation, interdiction ou destitution, jusqu'à ce qu'il puisse y être pourvu dans le tems & de la manière ordonnés par la loi, ou par la présente constitution.

Ils correspondront avec les autres états, feront toutes les affaires avec les officiers du gouvernement, civils & militaires, & prépareront celles qu'il leur paroîtra nécessaire de présenter à l'assemblée générale. Ils siégeront comme juges pour entendre & juger les accusations de crimes d'état, & se feront assister dans ces occasions par les juges de la cour suprême, mais seulement pour avoir leur avis. Ils auront le droit d'accorder grace & de remettre les amendes dans tous les cas, de quelque nature qu'ils soient, excepté pour les crimes d'état; &, dans le cas de trahison & de meurtre, ils auront droit d'accorder, non pas la grace, mais un répit jusqu'à la fin de la prochaine session de l'assemblée générale. Quant aux crimes d'état, le corps législatif aura seul & exclusivement le droit de remettre ou de mitiger la peine.

Les président & conseil veilleront aussi à ce que les loix soient fidelement exécutées; ils seront chargés de l'exécution des mesures qui auront été prises par l'assemblée générale, & ils pourront tirer sur le trésor pour les sommes dont cette assemblée aura fait la destination. Ils pourront aussi mettre embargo sur toutes denrées ou marchandises, & en défendre l'exportation pour un tems qui n'excède pas trente jours; mais cela seulement dans les tems de vacances de l'assemblée générale. Ils pourront accorder des permissions dans le cas où la loi aura jugé à propos d'astreindre l'usage de certaines choses à cette formalité; & ils auront le pouvoir de convoquer, lorsqu'ils le jugeront nécessaire, l'assemblée générale pour un terme plus prochain que celui auquel elle se seroit ajournée. Le président sera commandant en chef des troupes de l'état; mais il ne pourra commander en personne que lorsqu'il y sera autorisé par le conseil, & seulement aussi long-temps que le conseil l'approuvera.

Le président & conseil auront un secrétaire & tiendront un journal en règle de tout ce qui se fera en conseil, dans lequel journal chaque membre pourra insérer son avis contraire à l'avis qui l'aura emporté, avec ses raisons à l'appui.

XXI. Toutes les commissions seront données, *au nom & de l'autorité des hommes libres de la république de Pensylvanie*; elles seront scellées avec le sceau de l'état, signées par le président ou le vice-président, & certifiées par le secrétaire. Ce sceau sera gardé par le conseil.

XXII. Tout officier de l'état, soit de justice, soit d'administration, pourra être poursuivi par l'assemblée générale, pour malversation, soit pendant qu'il sera revêtu de son office, soit après qu'il l'aura quitté par démission, destitution ou à l'expiration de son terme. Toutes ces causes seront portées devant les président ou vice-président & conseil, qui les entendront & les jugeront.

XXIII. Les juges de la cour suprême de justice auront des appointemens fixes; leurs commissions seront pour sept ans seulement : au bout de ce terme, ils pourront cependant être institués de nouveau; mais ils seront amovibles dans tous les temps pour mauvaise conduite, par l'as-

---

(1) Les membres du conseil d'état de Pensylvanie ont par leur office l'autorité de juges de paix dans tout l'état; mais celle des juges de paix proprement dits, est circonscrite dans les limites de leur comté.

semblée générale. Ils ne pourront être élus membres du congrès continental, du conseil chargé de la puissance exécutrice, ni de l'assemblée générale. Ils ne pourront posséder aucun autre office civil & militaire, & il leur est expressément défendu de prendre ou recevoir aucuns honoraires ou droits d'aucune espèce.

XXIV. La cour suprême & les différentes cours de plaids-communs de cette république, auront, outre les pouvoirs qui leur sont ordinairement attribués, les pouvoirs de cours de chancellerie pour tout ce qui aura rapport à la conservation des témoignages, à l'acquisition des preuves dans des lieux situés hors de l'état, & au soin des personnes & des biens de ceux que la loi déclare incapables de se gouverner eux-mêmes ; & elles auront tous les autres pouvoirs que les futures assemblées générales jugeront à propos de leur donner, & qui ne seront point incompatibles avec la présente constitution.

XXV. Les instructions se feront comme il a toujours été pratiqué jusques à présent, par jurés ; & il est recommandé au corps législatif de cet état de pourvoir par des loix contre toute corruption ou partialité dans la confection de la liste, dans le choix ou dans la nomination des jurés.

XXVI. Les cours de sessions, de plaids-communs, & les cours des orphelins seront tenus tous les trois mois dans chaque ville & comté ; & le corps législatif aura le pouvoir d'établir toutes & telles autres cours qu'il jugera à propos pour le bien des habitans de l'état. Toutes les cours seront ouvertes, & la justice sera administrée impartialement, sans corruption, & sans autre délai que ceux indispensablement nécessaires. Tous les officiers recevront les salaires proportionnés à leurs services, mais modiques ; & si quelque officier prenoit directement ou indirectement d'autres ou plus grands droits que ceux qui lui sont fixés par la loi, il deviendroit incapable de posséder à jamais aucun office dans cet état.

XXVII. Toutes les poursuites seront commencées, *au nom & de l'autorité des hommes libres de la république de Pensylvanie* ; & toutes les plaintes seront terminées par ces mots : *contre la paix & la dignité des hommes libres de la république de Pensylvanie*. L'intitulé de toutes les procédures dans cet état, sera *la république de Pensylvanie*.

XXVIII. Toutes les fois qu'il n'y aura pas une forte présomption de fraude, un débiteur ne sera pas retenu en prison, lorsqu'il aura fait de bonne foi cession à ses créanciers de tous ses biens fonds & mobiliers, de la manière qui sera dans la suite réglée par les loix. Tous prisonniers seront élargis en donnant des cautions suffisantes, excepté pour les crimes capitaux, quand il y aura des preuves évidentes ou de très fortes présomptions.

XXIX. On n'exigera point de cautionnemens excessifs dans les cas où la caution sera admise, & toutes les amendes seront modiques.

XXX. Il sera élu des juges de paix par les francs-tenanciers de chaque ville & comté respectivement ; c'est-à-dire, il sera choisi deux ou plusieurs personnes pour chaque quartier, banlieue ou district, de la manière que la loi l'ordonnera dans la suite ; & les noms de ces personnes seront présentés, en conseil, au président qui donnera des commissions à une ou plusieurs, pour le quartier, la banlieue ou le district qui les aura présentées. Ces commissions seront pour sept ans, & les pourvus seront amovibles pour mauvaise conduite par l'assemblée générale. Mais si quelque ville ou comté, quartier, banlieue ou district dans cette république, vouloit dans la suite changer quelque chose à la manière établie dans cet article, de nommer ses juges de paix, l'assemblée générale pourra faire des loix pour la régler, d'après le desir & la demande d'une majorité des francs-tenanciers de la ville, comté, quartier, banlieue ou district. Aucun juge de paix ne pourra devenir membre de l'assemblée générale, à moins de se démettre de cet office ; & il ne lui sera permis de prendre aucuns droits, salaires ou honoraires quelconques, que ceux qui seront fixés par le futur corps législatif.

XXXI. Les shériffs & les coroners seront élus annuellement dans chaque ville & comté par les hommes libres ; savoir, deux personnes pour chacun de ces offices, à l'une desquelles le président en conseil donnera la commission de l'office pour lequel elle aura été présentée. Aucune personne ne pourra être continuée plus de trois années consécutives dans l'office de shériff, & ne pourra être réélue qu'après une interruption de quatre ans. L'élection des shériffs & coroners se fera dans le temps & au lieu fixés pour l'élection des représentans. Et les commissaires ; assesseurs & autres officiers choisis par le peuple, seront aussi élus de la manière & dans les lieux usités jusques à présent, à moins que le futur corps législatif de cet état ne juge à propos d'y apporter des changemens & d'en ordonner autrement.

XXXII. Toutes les élections, soit par le peuple, soit par l'assemblée générale, se feront au scrutin, & seront libres & volontaires. Tout électeur qui recevroit quelques présent ou récompense pour son suffrage, soit en argent, soit en comestibles, en liqueurs ou de quelqu'autre manière que ce soit, perdra son droit de voter pour cette fois, & subira telle autre peine que les loix futures ordonneront. Et toute personne qui, pour être élue, promettroit ou donneroit quelque récompense directement ou indirectement, sera, par cela même, rendue incapable d'être employée l'année suivante.

XXXIII. Tous honoraires, permissions à prix d'argent, amendes & confiscations qui, jusqu'à présent étoient accordés ou payés au gouverneur ou à ses députés, pour les frais du gouvernement, seront dorénavant payés au trésor public, à moins que le futur corps législatif ne les abolisse, ou n'y fasse quelque changement.

XXXIV. Il sera établi dans chaque ville & comté un office pour la vérification des testamens & pour accorder des lettres d'administration, & un autre pour le dépôt des actes. Les officiers seront nommés par l'assemblée générale, amovibles à sa volonté, & recevront leurs commissions du président en conseil.

XXXV. La presse sera libre pour toutes les personnes qui voudront examiner les actes du corps législatif, ou telle autre branche de gouvernement que ce soit.

XXXVI. Comme, pour conserver son indépendance, tout homme libre (s'il n'a pas un bien suffisant) doit avoir quelque profession ou quelque métier, faire quelque commerce, ou tenir quelque ferme qui puissent le faire subsister honnêtement; il ne peut y avoir ni nécessité, ni utilité d'établir des emplois lucratifs, dont les effets ordinaires sont dans ceux qui les possèdent ou qui y aspirent, une dépendance & une servitude indignes d'hommes libres, & dans le peuple, des querelles, des factions, la corruption & le désordre. Mais si un homme est appelé au service du public, au préjudice de ses propres affaires, il a droit à un dédommagement raisonnable. Toutes les fois que, par l'augmentation de ses émolumens ou par quelqu'autre cause, un emploi deviendra assez lucratif pour émouvoir le désir & attirer la demande de plusieurs personnes, le corps législatif aura soin d'en diminuer les profits.

XXXVII. Le futur corps législatif de cet état réglera les substitutions, de manière à en empêcher la perpétuité.

XXXVIII. Les loix pénales suivies jusqu'à présent, seront réformées le plutôt possible, par le futur corps législatif de cet état; les punitions seront dans quelques cas rendues moins sanguinaires, & en général plus proportionnées aux crimes.

XXXIX. Pour détourner plus efficacement de commettre des crimes par la vue des châtimens continus, de longue durée, & soumis à tous les yeux, & pour rendre moins nécessaires les châtimens sanguinaires, il sera établi des maisons de force, où tous coupables convaincus des crimes non capitaux seront punis par des travaux rudes; ils seront employés à travailler aux ouvrages publics, ou pour réparer le tort qu'ils auront fait à des particuliers. Toutes personnes auront à de certaines heures convenables la permission d'y entrer pour voir les prisonniers au travail.

XL. Tout officier, soit de justice, soit d'administration, soit de guerre, exerçant quelque portion d'autorité sous cette république, fera le serment ou affirmation de fidélité dont la teneur suit, & aussi le serment général des officiers, avant d'entrer en fonction.

Serment ou affirmation de fidélité.

» Je N. jure (ou affirme) que je serai sin-
» cérement attaché & fidèle à la république de
» Pensylvanie : & que je ne ferai directement, ni indi-
» rectement, je ne ferai aucun acte, ni aucune
» chose préjudiciables ou nuisibles à la constitu-
» tion ni au gouvernement, tels qu'ils ont été
» établis par la convention ».

Serment ou affirmation des officiers.

» Je N. jure (ou affirme) que je remplirai
» fidèlement l'office de... pour le temps de...
» que je ferai droit impartialement, & que je
» rendrai justice exacte à tout le monde, aussi
» bien que mon jugement & mes lumières me
» le suggéreront, suivant la loi ».

XLI. Il ne sera imposé sur le peuple de cet état, & il ne sera payé par lui aucunes taxes, douane ou contribution quelconques, qu'en vertu d'une loi à cet effet. Et avant qu'il soit fait de loi pour ordonner quelque levée, il faut qu'il apparoisse clairement au corps législatif, que l'objet pour lequel on imposera la taxe, sera plus utile à l'état que ne le seroit l'argent de la taxe à chaque particulier, si elle n'étoit pas levée. Cette règle toujours bien observée, jamais les taxes ne deviendront un fardeau.

XLII. Tout étranger, de bonnes mœurs, qui viendra s'établir dans cet état, aussi-tôt qu'il aura fait le serment ou l'affirmation de fidélité à l'état, pourra acheter ou acquérir par toutes autres voies justes, posséder & transmettre tous biens en terre au autres biens immeubles ; & après une année de résidence, il en sera réputé véritable & libre citoyen, & participera à tous les droits des sujets naturels & natifs de cet état : excepté qu'il ne pourra être élu représentant qu'après une résidence de deux ans.

XLIII. Les habitans de cet état auront la liberté de chasser à toutes espèces d'animaux, dans les saisons convenables, sur les terres qu'ils posséderont, & sur toutes autres terres qui ne seront point encloses ; il leur sera permis aussi de pêcher dans toutes les rivières navigables, ou autres eaux qui ne seront pas la propriété particulière de quelqu'un.

XLIV. Il sera établi par le corps législatif une ou plusieurs écoles dans chaque comté, pour que les jeunes gens puissent y être convenablement & commodément instruits ; il sera fixé aux maîtres sur les fonds publics, des salaires qui les mettent en état de donner l'éducation à bas prix ; & toutes les connoissances utiles seront dûement encouragées & perfectionnées dans une ou plusieurs universités.

XLV. Il sera fait des loix pour l'encouragement de la vertu, & pour prévenir les vices & la dépravation des mœurs : ces loix seront constamment maintenues en vigueur, & on prendra toutes les précautions nécessaires pour qu'elles soient ponctuellement exécutées. Toutes les sociétés religieuses, ou corps qui se sont jusqu'à présent formés & réunis pour l'avancement de la religion & des connoissances, ou pour d'autres objets pieux & charitables, seront encouragés & conservés dans la jouissance des privilèges, immunités & biens dont ils jouissoient, ou dont ils avoient droit de jouir sous les loix & l'ancienne constitution de cet état.

XLVI. Il est déclaré par le présent article, que la *déclaration des droits* ci-dessus fait partie de la constitution de cette république, & ne doit jamais être violée sous aucun prétexte que ce soit.

XLVII. Afin que la liberté de cette république puisse être à jamais inviolablement conservée, le second mardi d'octobre de l'année mil sept cent quatre-vingt-trois, & le second mardi d'octobre dans chaque septième année après celle-là, il sera choisi par les hommes libres dans chaque ville & comté de cet état respectivement, deux personnes pour chaque ville & comté. Ces différens membres formeront un corps, appellé le *conseil des censeurs*, qui s'assemblera le second lundi du mois de novembre qui suivra leur élection. La majorité des membres de ce conseil formera, dans tous les cas, un nombre suffisant pour décider, excepté s'il étoit question de convoquer une convention ; pour ce cas seulement, il faudra que les deux tiers de la totalité des membres élus y consentent. Le devoir de ce conseil sera d'examiner si la constitution a été conservée dans toutes ses parties sans la moindre atteinte, & si les corps chargés de la puissance législatrice & exécutrice ont rempli leurs fonctions comme gardiens du peuple, ou s'ils se sont arrogés & s'ils ont exercé d'autres ou plus grands droits que ceux qui leur sont donnés par la constitution. Ils devront aussi examiner si les taxes publiques ont été imposées & levées justement dans toutes les parties de la république, quel a été l'emploi des fonds publics, & si les loix ont été bien & dûement exécutées.

Pour remplir ce but, ils auront le pouvoir de faire comparoître toutes les personnes, & de se faire représenter tous les papiers & registres qui seront nécessaires ; ils auront l'autorité de faire des censures publiques, d'ordonner la poursuite des crimes d'état, & de recommander au corps législatif l'abrogation des loix qui leur paroîtront avoir été faites dans des principes opposés à la constitution. Ils auront ces pouvoirs pendant une année entière, à compter du jour de leur élection, mais pas au-delà.

Le conseil des censeurs aura aussi le pouvoir de convoquer une convention qui devra s'assembler dans les deux années qui suivront la session dudit conseil, s'il leur a paru qu'il y ait une nécessité absolue de corriger quelque article défectueux de la constitution, d'en expliquer quelqu'un qui ne seroit pas clairement exprimé, ou d'en ajouter qui fussent nécessaires à la conservation des droits & du bonheur du peuple. Mais les articles qu'on proposera de corriger, & les corrections proposées, ainsi que les articles à ajouter ou ceux à abroger, seront authentiquement publiés au moins six mois avant le jour fixé pour l'élection de la convention, afin que le peuple ait le loisir de les examiner, & de donner sur ces objets des instructions à ses délégués.

A Philadelphie, le 28 septembre 1776.

Il a été ordonné par la convention, que la présente constitution seroit signée par le docteur Benjamin Franklin qu'elle s'étoit choisi pour président, par le sieur Jean Morris, secrétaire, & par tous les membres actuels de la convention, présens à cette dernière séance, à la fin de laquelle elle s'est dissoute.

Section IIIe.

Remarques sur la constitution de la Pensylvanie.

Le rédacteur de la constitution de la *Pensylvanie* est un des hommes les plus éclairés de l'Amérique;

mérique ; il avoit de la célébrité en Europe ; & il jouissoit, dans les colonies américaines, d'une grande réputation, lorsqu'elles ont secoué le joug de l'Angleterre. Formé à l'école de la nature & de la philosophie, son esprit juste & profond a saisi les vrais principes de toutes les sciences, & il n'est pas besoin de dire qu'il a rappellé, dans la constitution de la *Pensylvanie*, les vrais principes du droit naturel, du droit civil & du droit politique ; & que s'il a conçu une forme d'administration trop orageuse pour une nation élevée sous un autre gouvernement & dans un pays dont les citoyens ne renonceront jamais au commerce, il a imaginé du moins tout ce qui pouvoit lui donner de la consistance & de la solidité.

La *déclaration des droits* est d'une énergie admirable. Si elle est inférieure à la déclaration des droits du Nouvel-Hampshire, qui est plus détaillée encore, & plus énergique, il faut se souvenir des époques où l'un & l'autre ont paru. Celle du Nouvel-Hampshire ayant été formée long-temps après les autres, & moins à la hâte, on devoit y retrouver tout ce qu'indiquoient les premières constitutions & de nouveaux articles, dont l'expérience montroit la nécessité. Nous avons assez parlé de la manière dont les constitutions des républiques américaines assurent la liberté civile, la liberté politique, la tolérance, la liberté de la presse, la subordination de tous les officiers au corps du peuple, & de la puissance militaire à la puissance civile, le jugement par les pairs, dont elles proscrivent les warrans généraux, & tout ce qui est contraire à la liberté : & celle de *Pensylvanie* énonce les droits sacrés du peuple & de la nation avec une justesse & des précautions particulières.

Nous allons nous permettre des remarques particulières, & comparer quelques articles de la constitution de la *Pensylvanie*, avec des articles des autres constitutions.

1°. Pour jouir de la protection & de la faveur des loix, la *déclaration des droits* ne demande aux citoyens que la croyance en Dieu, & l'article 10 de la *forme du gouvernement* exige que les représentans à l'assemblée générale reconnoissent l'existence d'un Dieu rémunérateur & vengeur ; & l'inspiration de l'ancien & du nouveau Testament. La tolérance est ainsi beaucoup plus limitée que dans la Virginie, où l'on a passé un acte qui établit la liberté de religion d'une manière plus étendue : (*voyez* cet acte à l'article *Etats-Unis*), & nous laissons au lecteur le soin de juger laquelle de ces deux combinaisons est la meilleure.

L'article 8 de la *forme du gouvernement* contient une disposition qu'ont oubliée plusieurs états, & elle est fort sage.

L'article 17 établit à jamais la représentation en proportion du nombre des contribuables, & il paroît que ceux des autres états qui ont oublié cette disposition, devroient l'adopter ; car la liberté, fondée sur la représentation, est toujours un peu idéale, comme nous l'avons remarqué plusieurs fois, & il faut du moins établir la représentation sur des principes exacts.

Nous avons cité avec éloge la rotation ordonnée par l'article 19 pour le remplacement des membres du conseil (*voyez* l'article MARYLAND) : mais il seroit peut-être à propos de combiner cette rotation d'une autre manière. Cet article 19 favorise quelques comtés : on a sans doute eu des raisons ; mais, nous le répéterons, elles ne devoient peut-être pas déterminer à un article invariable dans la constitution, puisque les circonstances où se trouvent ces divers comtés changeront nécessairement : on a sans doute compté sur la révision des censeurs ; mais n'eût-il pas été convenable d'en prévenir ? & nous dirons tout-à-l'heure que les hommes d'Amérique les plus éclairés font peu de cas de cette institution des censeurs. Nous l'avons observé également ; il est d'ailleurs assez singulier qu'après avoir adopté les principes les plus démocratiques, la *Pensylvanie* consacre cette inégalité, & qu'elle en fasse une règle générale.

L'article 19 exclut avec raison de l'assemblée générale, du conseil & du congrès tous ceux qui, par leurs charges ou emplois, peuvent avoir une influence ou des intérêts contraires au bien de l'état : on a profité ainsi des réclamations que les patriotes anglois forment sur ce point : d'autres provinces de la confédération ont exclu quelques officiers de l'état de l'assemblée générale ou du conseil ; mais il n'en est aucune qui soit allée si loin.

L'article 20 établit le conseil, juge des crimes d'état, & il ordonne par-là de réunir, dans cette occasion, la puissance exécutrice & la puissance judiciaire. La chambre des pairs en Angleterre exerce également la puissance de juger dans le même cas. Mais, puisqu'elle ne concourt que pour un tiers à la législation, sa puissance législative n'est pas entière ; &, à proprement parler, lorsqu'elle juge les crimes d'état, on ne peut dire qu'elle réunit deux pouvoirs : ainsi cet exemple ne prouve rien : d'ailleurs il faut voir, dans Blackstone, quelles circonstances particulières déterminent ici l'exception au principe général. Mais la puissance exécutrice du conseil de *Pensylvanie* est si entière, que le pouvoir de faire grace, accordé au gouverneur dans quelques-unes des républiques américaines, lui est réservé.

L'article 22 déclare que « tout officier de l'état
» de justice ou d'administration pourra être pour-
» suivi par l'assemblée générale pour malversa-
» tion, soit pendant qu'il sera revêtu de son
» office, soit après qu'il l'aura quitté, & de
» suite que toutes ces causes seront portées de-
» vant les présidens ou vice-présidens, & les

» conseils qui les entendront & les jugeront ».
Il est clair que les conseillers seront alors juges & parties, si l'accusé est membre du conseil, ou s'il a agi par les ordres du conseil; & cette disposition paroît très-défectueuse. C'est une suite du principe général qui établit la puissance exécutrice, juge des crimes d'état; & c'est une nouvelle preuve des dangers de ce principe.

L'article 32 défend de donner ou de recevoir des présens ou des récompenses lors des élections : mais on sait qu'il est presque impossible dans les républiques d'arrêter ce mal, & c'est un point qu'il importe d'autant plus à la *Pensylvanie* de régler par des loix sévères, que sa constitution est plus démocratique.

La déclaration des droits, déclare que la liberté de la presse ne doit jamais être gênée, & l'article 35 de la constitution dit expressément « que la presse sera libre pour toutes les
» personnes qui voudront examiner les actes du
» corps législatif, ou telle autre branche de gou-
» vernement que ce soit ». Il paroît qu'aucune autre république américaine n'a permis aussi clairement d'écrire contre l'administration ou les loix : il paroît de plus, que ce principe généreux & loyal aura besoin d'une loi interprétative sur la forme des écrits contre les loix ou l'administration. Il est difficile de calculer les avantages ou les inconvéniens de cette loi générale : il faudroit savoir quel est ou sera l'effet précis des libelles dans la république de *Pensylvanie*; jusqu'où des sophismes, de mauvaises raisons ou des calomnies peuvent égarer les citoyens; & ce n'est pas en Europe qu'on peut faire ces sortes de calculs. Si la constitution de la *Pensylvanie* n'est pas la plus parfaite, elle annonce en quelques points, des vues de législation très-profondes & très-justes, que les autres paroissent avoir oubliées, ou dont les circonstances n'ont pas permis de faire usage : c'est, par exemple, une très-grande vue que celle de l'article 36, qui ordonne « au corps législatif de diminuer les pro-
» fits d'un emploi, dès qu'il deviendra assez lu-
» cratif pour émouvoir le desir, ou attirer la
» demande de plusieurs personnes ». Mais c'est une si belle vue, qu'elle est peut-être au-dessus de la foiblesse humaine.

L'article 43 établit la liberté de la chasse & de la pêche dans les saisons convenables, « sur
» toutes les terres qui ne sont point encloses,
» ou dans toutes les rivières navigables, qui ne
» seront pas la propriété particulière de quel-
» qu'un »; & c'est un principe dont personne ne contestera la sagesse, au moins pour l'Amérique.

Nous avons parlé à l'article ETATS-UNIS du *conseil des censeurs*, établi par l'article 47 de la constitution de *Pensylvanie* ; nous avons dit que les citoyens d'Amérique les plus éclairés font peu de cas de cette institution, à laquelle les anciennes républiques mirent tant de prix. On croit que les censeurs troubleront l'état & l'administration; que s'ils furent utiles chez des peuples de l'antiquité, les circonstances ne sont plus les mêmes, & que la liberté de la presse est la seule censure qu'il soit convenable d'établir aujourd'hui dans les républiques; mais, nous le répéterons ici, comme on ne peut assurer de trop de manières le maintien de la constitution & l'exécution des loix, il est à desirer que les Etats-Unis examinent bien cette censure, lorsqu'ils rédigeront leurs codes. Est-elle compatible avec leur position? En l'adoucissant & en la combinant d'une autre manière, n'auroit-elle pas quelques avantages? n'en auroit-elle pas du moins aujourd'hui que les mœurs des citoyens ne sont pas encore formées? & ne pourroit-on pas l'essayer pour un tems, avant de l'établir d'une manière formelle?

La constitution de la *Pensylvanie* est la plus démocratique de toutes celles des provinces de l'union américaine; elle n'a établi qu'une chambre de législation, elle n'a point de gouverneur, & le président du conseil en fait les fonctions : en redoutant l'aristocratie, elle cherche toutefois à introduire une portion du régime aristocratique : (voyez l'article dix-neuf). L'article cinq a voulu suppléer à la seconde chambre de législation, & il ordonne l'impression des bills qui auront un objet public : il ordonne de ne les passer en loi que dans la session suivante, à moins que la célérité ne soit indispensablement nécessaire; mais cette disposition suffit-elle & n'est-elle pas trop vague? Nous avons montré à l'article ETATS-UNIS combien une seconde chambre de législation est avantageuse; nous avons dit que les bills se discutent mieux; qu'il y a moins de danger de voir triompher l'erreur ou la passion. Nous le répétons ici, nous formons des vœux bien sincères, pour qu'une constitution très-populaire se maintienne dans une province si peuplée & si étendue; mais nous n'osons l'espérer. Si les mœurs des quakers & des autres habitans de cette république ont la simplicité & l'honnêteté qui conviennent à une démocratie presque absolue, elles n'ont pas l'énergie & la vigueur nécessaires à une forme de gouvernement si orageuse. En effet, on a vu des mouvemens factieux dans l'assemblée de *Pensylvanie* : ces mouvemens continuent, & il y a lieu de craindre qu'ils ne subsistent toujours, si l'on ne change pas la constitution.

La constitution de *Pensylvanie* est celle sur laquelle M. l'abbé de Mably a fait le plus de remarques critiques. Nous avons indiqué à l'article ETATS-UNIS les méprises & les erreurs de cet auteur sur les loix de l'union américaine; ce qu'il dit du gouvernement & des loix fondamentales de la *Pensylvanie*, nous paroît plus exact; ses préventions l'ont trompé ici sur quelques points:

mais nous allons rapporter plusieurs de ses observations qui nous semblent justes.

« Je demande pourquoi le législateur ordonne que l'élection des représentans se fera au scrutin. Cette forme d'élection qu'on croit nécessaire, me fait conjecturer, ajoute-t-il, que la *Pensylvanie* est bien loin d'avoir l'esprit qui doit animer une démocratie. Je pense que d'une part, il y a déja des hommes assez puissans, dans leurs villes & leurs comtés, pour qu'on doive les ménager ; & que de l'autre, on auroit de la peine à y trouver des électeurs qui osassent dire ouvertement leur avis. Dans toutes les républiques bien gouvernées, je vois qu'on a voulu que les citoyens eussent le courage de prononcer à haute voix leur sentiment : c'est les accoutumer à n'en avoir que d'honnêtes. Les plus sages politiques de l'antiquité ont blâmé l'usage du scrutin, & on peut se rappeller ce que Cicéron en dit dans un temps où la république romaine étoit partagée par des partis qu'il étoit si dangereux d'offenser. Quand la vérité est obligée de se montrer en secret & sous un masque, le mensonge est bientôt prêt à se montrer effrontément. Si le scrutin annonce la décadence d'un état libre, on ne doit pas l'employer à sa naissance. S'il est nécessaire, concluez-en qu'il faut resserrer les droits de la démocratie ».

« Tous les États-Unis d'Amérique ont exigé une certaine fortune, soit dans les représentans, soit dans leurs électeurs : la *Pensylvanie* seule admet indifféremment à ses prérogatives tous les habitans qui, pendant un an, auront payé les charges de l'état. Il semble que, par cet arrangement, le législateur fasse plus d'attention au mérite qu'à la fortune ; & rien au premier aspect ne paroît plus juste ; mais n'y a-t-il pas des circonstances où le plus grand bien n'étant qu'une chimère, on doit se contenter par sagesse d'un établissement moins parfait ? Si une république est assez heureuse pour ne connoître encore ni les richesses ni la pauvreté, on peut, on doit même établir la loi de la *Pensylvanie*, parce qu'elle ne choquera point les mœurs publiques, & sera favorable à la démocratie. Mais si la fortune a déja mis entre les citoyens des différences qui ne permettent plus que les conditions soient confondues ; au lieu d'aspirer à une pure démocratie, ne faudroit-il pas alors ne lui accorder que les priviléges & les droits nécessaires pour rendre l'aristocratie plus circonspecte, & l'empêcher de se livrer à l'ambition qui lui est naturelle ? Peut-être le parti le plus sage, dans ces circonstances, seroit il d'imiter la politique de Solon, qui, pour ne pas révolter les riches, exigea qu'on jouît d'un certain revenu, pour avoir droit de parvenir aux magistratures ».

« Il demande ailleurs si les américains croyent que les mœurs & les préjugés qu'ils ont contractés sous la domination angloise, leur permettent d'aspirer à une pure démocratie, gouvernement excellent avec de bonnes mœurs, mais détestable avec les nôtres ». Il croit que l'Amérique est poussée à l'aristocratie par une force supérieure qui détruira les loix qui voudroient s'y opposer.

Le peuple, dit la loi de Pensylvanie, a droit de s'assembler, de consulter pour le bien commun, de donner des instructions à ses représentans, & de demander à la législature, par la voie d'adresses, de pétitions ou de remontrances, le redressement des torts qu'il croit lui être faits.

« J'avoue, dit encore M. l'abbé de Mably, que j'ai peine à comprendre la pensée de cette loi. Que le peuple ait droit de consulter sur ses intérêts, & de donner des instructions à ses représentans quand il est assemblé pour les nommer, rien n'est plus juste ni plus raisonnable, rien alors n'est séditieux. Mais je demande si le peuple a droit de s'assembler toutes les fois qu'il lui en prendra fantaisie, sans être astreint à aucune régle, à aucune police, & sans être sous les yeux d'un magistrat ? Si c'est-là l'esprit de la loi, il faut convenir qu'à force d'être populaire, elle est véritablement anarchique. Les loix ne peuvent rendre trop respectable la puissance législative ; & je vois ici qu'on l'expose aux caprices d'une assemblée tumultueuse que ramassera un brouillon, un mécontent qui aura assez d'éloquence pour entraîner les esprits. Ces adresses, ces pétitions, ces remontrances peuvent être utiles, & même nécessaires en Angleterre, où les parlemens sont septennaires & trahissent quelquefois les intérêts de la nation, tandis que le roi & ses ministres ont une autorité trop prépondérante, dont il est à propos de se défier ; & qu'il est sage d'intimider. Mais en *Pensylvanie*, elles ne sont bonnes à rien, parce que l'assemblée législatrice s'y renouvelle tous les ans, de même que les magistrats chargés de la puissance exécutrice. Si je ne me trompe, les loix en Angleterre doivent tenir le peuple attentif à ses intérêts, parce que sa liberté a de puissans ennemis ; mais au contraire elles doivent apprendre au peuple de *Pensylvanie* à avoir un peu de patience, & sur-tout à ne jamais agir que sous la direction d'un magistrat, parce que l'anarchie ne lui peut être d'aucune utilité ».

Mais nous ne sommes pas de son avis, lorsqu'il dit que la constitution de *Pensylvanie*, au lieu de rendre la puissance législative aussi respectable, aussi grande, aussi complette qu'elle doit l'être, lui refuse la faculté de rien ajouter, ni de rien changer à sa première constitution. « Voilà, observe-t-il, une étrange loi. Les législateurs, assemblés à Philadelphie pour jetter les fondemens d'une république naissante, pouvoient ils ignorer que rien ne peut borner la puissance législative ? Cette assemblée se croyoit-elle infaillible ? De nouvelles circonstances, de nouvelles affaires, de nouvelles mœurs, de nouveaux besoins n'exigeront-ils pas de nouvelles loix, ou qu'on apporte quelque modification aux anciennes? Quelle puissance supérieure, ou même égale à l'assemblée législative, les premiers législateurs ont-ils imaginée pour contraindre celle-ci à observer ponctuellement ce qu'ils ont ordonné? On ne doit jamais porter une loi qui peut être violée impunément. Il me semble que c'est un axiome reconnu sur toute la terre, que la puissance législative ne doit être bornée par rien, si on ne veut pas la détruire ou rendre son action inutile. A quoi servira donc cette clause dont je me plains? A diminuer le respect profond, dont tout citoyen doit être pénétré pour le corps législatif, à faire naître des contestations & des querelles sur la nature des nouveaux réglemens, & autoriser les jurisconsultes, qui sont tous naturellement sophistes, à interpréter les loix à leur volonté, & à prouver que les nouvelles sont nulles & sans force, parce qu'elles ne sont pas conformes aux anciennes ».

Il ajoute avec plus de logique : « dans une république où les pères offriroient à leurs enfans l'exemple des mœurs simples de la démocratie, je ne serois point fâché que tout jeune homme de vingt-un ans, né dans l'état, & qui auroit presque toujours vécu dans sa famille, eût droit de suffrage dans l'élection des représentans de sa ville ou de sa comté. C'est à cet âge qu'on aime le bien avec plus de courage, & il ne faut pas beaucoup de lumière pour savoir quels sont les citoyens d'un canton qui jouissent de la meilleure réputation. Mais c'est être, je crois, trop libéral que d'accorder ce privilège à tout aventurier qui sera venu pendant un an payer les taxes de l'état. Il doit nécessairement résulter de cette disposition, qu'une foule de jeunes gens qui ne jouissent pas dans les autres Etats-Unis du droit de citoyens, se réfugieront dans la *Pensylvanie* : ils n'y porteront point les mœurs simples que demande la démocratie. Les aventuriers se vendront aux différens partis qui partageront les villes & les comtés, & l'on ne peut rien en espérer de bon ».

« La loi veut que les enfans des francs-tenanciers, âgés de vingt-un ans, aient voix dans l'élection des représentans, quoiqu'ils n'aient point payé de taxes. J'y consens ; mais je demande comment cette distinction aristocratique peut, si je puis parler ainsi, s'amalgamer avec les principes tout démocratiques des pensylvaniens. La vanité qui est dans le cœur de tous les hommes, est de toutes les passions la plus agissante & la plus subtile. Je gagerois que ces francs-tenanciers regarderont leur privilège comme une sorte de dignité qui les sépare & doit les séparer des citoyens qui ne possèdent pas des terres. Après les avoir dédaignés, ils ne voudront pas se confondre avec eux. Voilà deux ordres de famille. De ce que les unes jouiront d'une prérogative particulière, elles concluront qu'elles doivent former un ordre à part. Je vois se former une noblesse héréditaire que les loix américaines proscrivent. Je vois des combats continuels entre l'aristocratie que les passions établiront, & la démocratie que les loix protégeront ; & pour que la république en sortît avec avantage, ou du moins sans se perdre, il faudroit que les citoyens eussent les vertus des beaux tems de Rome, c'est-à-dire, crussent qu'il y a quelque chose de plus précieux que l'argent ».

« J'oserois blâmer, & cela sans crainte de me tromper, que la formation du conseil exécutif ne soit pas l'ouvrage de l'assemblée générale. Pourquoi confier à des électeurs de vingt-un ans, à une multitude toujours ignorante & portée naturellement à aimer les magistrats indulgens, le soin de choisir des hommes destinés à veiller à l'observation des loix, & manier les intérêts les plus importans & les affaires les plus délicates de la république ? Qui peut être censé plus capable de ce choix que les représentans si intéressés à ce que leurs loix soient conservées & observées avec la plus grande fidélité ? Je croirois d'ailleurs que c'est le moyen le plus favorable pour établir entre la puissance législative & la puissance exécutrice, naturellement jalouses l'une de l'autre dans tout gouvernement libre & presque toujours ennemies dans la démocratie, cet accord & cette harmonie qui sont le bien de l'état. Il me semble que, sans blesser leurs principes, les législateurs de *Pensylvanie* pouvoient accorder à l'assemblée générale la faculté de choisir les membres du conseil exécutif parmi les représentans qui la composent. Il en seroit résulté plusieurs avantages. Le comté dont le représentant auroit été élu, seroit flatté de cet honneur ; car les hommes ne négligent rien de ce qui peut intéresser leur amour-propre. — Il se seroit formé une sorte d'émulation entre les comtés ; ils auroient été attentifs à n'envoyer à l'assemblée générale que des citoyens dignes de concourir pour les places du conseil. Le corps, dépositaire des loix, auroit été composé des hommes les plus estimables ; & par cet intérêt commun de gloire & d'émulation, le caractère trop inconsidéré, & trop intrigant de la démocratie auroit du moins été tempéré ».

« Ce n'est pas tout, je pourrois observer qu'il est très-difficile que ce nombre de douze conseillers suffise à toutes les affaires de l'administration ».

Tout ce morceau manque de justesse, & on reconnoît ici l'homme pénétré des maximes des anciennes républiques, & des vieux principes en législation. Sans doute, rien ne peut borner la puissance législative d'un peuple qui agit par lui-même; mais les puissances législatives des républiques américaines n'exercent qu'un droit délégué: le corps du peuple est le maître de fixer les bornes du pouvoir des assemblées générales annuelles, & il a eu raison de leur ôter le droit de changer la constitution. Ce droit lui appartient; son exercice étant fort délicat lorsqu'il veut l'exercer, il nomme avec plus de soin & d'attention une autre assemblée qu'il revêt de son pouvoir, sous le nom de *convention & de congrès*; & en conclure que la puissance législative, inhérente au corps du peuple, est bornée, c'est un sophisme bien grossier. Sans doute à Athènes, chaque assemblée générale pouvoit réformer ou changer la constitution, parce que les citoyens se réunissoient & délibéroient eux-mêmes; mais quel est en ce point le rapport d'Athènes avec les républiques d'Amérique? & n'est-il pas clair que les citoyens d'Amérique peuvent fixer les bornes de l'autorité de leurs représentans?

L'auteur des *Recherches sur les Etats-Unis* que nous avons déjà cité, a fait voir en détail toutes les méprises & toutes les erreurs de l'ouvrage de M. l'abbé de Mably: Mais nous avertirons le lecteur de se défier de cet écrivain. Sa critique est grossière; il relève d'un air triomphant de petites erreurs sur des pays éloignés: il devroit cependant avoir de l'indulgence; car ce qu'il dit de la France & de l'Angleterre, n'est pas plus exact; & après avoir reproché aux autres le ton dogmatique & tranchant, il le prend lui-même d'une manière assez comique. Nous ajouterons que le président du conseil remplace dans la Pensylvanie le gouverneur établi par les autres provinces, & que les vues démocratiques qui ont animé les auteurs de la constitution de Pensylvanie, se montrent de toutes parts. L'article 20 déclare que « le président sera commandant en » chef des troupes de l'état; mais qu'il ne pourra » commander en personne que lorsqu'il y sera » autorisé par le conseil, & seulement aussi long- » temps que le conseil l'approuvera ». Mais que fera-t-on dans un instant de crise ou de danger, si le conseil ne veut pas que le président commande les troupes, & qu'il est intéressé à ce qu'il ne les commande pas? La constitution ne semble point avoir prévu ce cas, & il étoit naturel d'y songer après la disposition de l'article 20.

» On a blâmé, dit M. le marquis de Châtellux, M. Franklin d'avoir donné à sa patrie un gouvernement trop démocratique; mais on n'a pas fait réflexion qu'il falloit, avant tout, la faire renoncer au gouvernement monarchique, & qu'il étoit nécessaire d'employer une sorte de séduction pour conduire à l'indépendance un peuple timide & avare, qui étoit d'ailleurs tellement partagé dans ses opinions, qu'à peine le parti de la liberté s'est-il trouvé le plus fort. Dans ces circonstances, il a fait comme Solon; il n'a pas donné à la *Pensylvanie* les meilleures loix possibles; mais les meilleures dont elle étoit susceptible. Le temps amenera la perfection: quand on plaide pour recouvrer son bien, on cherche d'abord à se remettre en possession, & ensuite on cherche à s'arranger ».

Il paroît que cette raison ne suffit pas. Il paroît aujourd'hui reconnu, même dans les républiques du nouveau-Monde, que la constitution de la *Pensylvanie* est trop démocratique. En effet, ainsi que nous l'avons observé à l'article *Etats-Unis*, il y a dans la *Pensylvanie* deux partis à-peu-près de force égale. L'un veut changer la constitution, & l'autre s'oppose à ce changement; ils sont d'accord tous les deux sur les principes fondamentaux; & ils diffèrent seulement sur quelques détails de la forme d'administration. Nous ne connoissons pas les raisons qu'allèguent l'un & l'autre de ces deux partis; & nous ne nous permettrons rien de plus sur cette matière.

SECTION IVe.

Du commerce & de l'état de la Pensylvanie, à l'époque de la révolution: observations sur son commerce & son état actuel.

» La *Pensylvanie*, à l'époque de la révolution, fabriquoit avec le lin & le chanvre qu'elle recueilloit de son sol, avec les cotons qu'elle attiroit de l'Amérique méridionale, une grande quantité de toiles communes; avec les laines de ses brebis, elle manufacturoit beaucoup de draps grossiers. Ce que les diverses branches de son industrie ne lui donnoient pas, elle se le procuroit avec les produits de son territoire. Ses navigateurs portoient aux isles angloises, françoises, hollandoises & danoises, du biscuit, des farines, du beurre, du fromage, des suifs, des légumes, des fruits, des viandes salées, du cidre, de la bière, toutes sortes de bois de construction. Ils recevoient en échange, du coton, du sucre, du café, de l'eau-de-vie, de l'argent. Les Açores, les Canaries, l'Espagne, le Portugal offroient un débouché avantageux aux grains & aux bois de la *Pensylvanie*, qu'ils achetoient avec des vins & des piastres. La métropole recevoit du fer, du chanvre, des cuirs, des pelleteries, de la graine de lin, des mâtures, & fournissoit du fil, des draps fins, du thé, des toiles d'Irlande ou des Indes, de la quincaillerie, d'autres objets d'agrément ou de nécessité». Le Voyageur américain ajoute que les exportations de la province de *Pensylvanie* furent en 1771, de 631, 534 liv. sterl, en 1773, de 720, 135 liv., & en 1774, de 784, 254 liv.; mais il ne donne pas l'état des importations. Malgré l'état du voyageur américain que nous venons de rapporter, il paroît que dans les années, d'après lequel on l'a calculé, ainsi que dans toutes les autres, jusqu'à l'époque de la déclaration d'indépendance, c'est-à-dire, jusqu'en 1775, le bilan de commerce avoit été au désavantage de la province; & il ne faut ni l'en blâmer, ni l'en plaindre. De quelque manière qu'on s'y prenne, c'est une nécessité que les nouveaux états contractent des engagemens; & celui qui nous occupe doit rester endetté tout le temps que le progrès de ses défrichemens exigera des avances plus considérables que leur produit. D'autres colonies, qui jouissent de quelques branches de commerce presqu'exclusives, telles que le riz, le tabac, l'indigo, pourront acquérir assez rapidement des richesses. La *Pensylvanie*, qui fonde sa fortune sur la culture & sur la multiplication des troupeaux, ne doit arriver que lentement à la prospérité: mais cette prospérité aura des fondemens plus sûrs & plus durables.

« La manière irrégulière dont s'y formoient les plantations avoit retardé les progrès de la colonie. La famille Penn, propriétaire de toutes les terres, en accordoit indifféremment par-tout & autant qu'on en demandoit, pourvu qu'on lui payât 112 liv. 10 sols par chaque centaine d'acres, & qu'on s'engageât à une redevance annuelle de 22 sols 6 den. Ainsi la province manquoit de cet ensemble qui est nécessaire en toutes choses, & ses habitans épars étoient la victime du moindre ennemi qui ne craignoit pas de les attaquer ».

« Les habitations étoient défrichées de différentes manières dans la colonie. Souvent un chasseur alloit se fixer au milieu ou tout auprès d'un bois. Ses plus proches voisins l'aidoient à couper des arbres, & à les entasser les uns sur les autres; c'étoit une maison. Aux environs, il cultivoit sans secours un jardin & un champ suffisans pour sa subsistance & pour celle de sa famille ».

« Quelques années après les premiers travaux, arrivoient de la métropole des hommes plus actifs que riches. Ils dédommageoient le chasseur de ses peines; ils achetoient des terres du propriétaire de la province; ils bâtissoient des demeures plus commodes, & étendoient les défrichemens ».

« Enfin, des allemands que le goût ou la persécution avoient poussés dans le Nouveau-Monde, mettoient la dernière main à ces établissemens encore imparfaits. Les premiers & les seconds planteurs alloient porter ailleurs leur industrie, avec des moyens de culture plus considérables qu'ils n'en avoient d'abord ».

« Philadelphie, ou *la ville des Frères*, étoit & se trouve encore le centre du commerce. Cette ville célèbre est située à cent vingt milles de la mer, sept milles au dessus du confluent de la Delaware & du Schuylkill. Penn qui la destinoit à devenir la métropole d'un grand empire, vouloit qu'elle occupât un mille de large sur deux milles de long, entre les deux rivières. Sa population n'a pu encore remplir un si grand espace. Jusqu'ici l'on n'a bâti que sur les bords de la Dalaware, mais sans renoncer aux idées du législateur, mais sans s'écarter du plan qu'il avoit tracé. Ces précautions sont sages. Philadelphie doit devenir la cité la plus considérable de l'Amérique, parce qu'il est impossible que cette province ne fasse pas très-grands progrès, & que ses productions ne pourront jamais gagner les mers que par le port de sa capitale ».

« Les rues de Philadelphie, toutes tirées au cordeau, ont depuis cinquante jusqu'à cent pieds de largeur. Des deux côtés règnent des trottoirs défendus par des poteaux placés de distance en distance ».

« Les maisons, dont chacune a son jardin & son verger, sont construites de brique, & ont communément trois étages. Plus décorées aujourd'hui qu'autrefois, elles doivent leur principal ornement à des marbres de différentes couleurs, qui se trouvent à un mille de la ville. On en fait des tables, des cheminées ou d'autres meubles, qui sont devenus l'objet d'un commerce assez considérable avec la plus grande partie de l'Amérique ».

Le voyageur américain a donné l'état suivant des marchandises exportées de la Grande-Bretagne pour Philadelphie, seul port de mer de la *Pensylvanie*.

Vers l'année 1766 ou 1768.

Fer, acier, cuivre, étain, plomb & ferblanc travaillés, mercerie & coutellerie de Birmingham & Sheffield; cordages, toile à voile, bonneterie, chapeaux, molleton de Colchester; quincaillerie, étoffes, flanelles, ouvrages de Manchester; gants, toile d'Angleterre & étrangère; soierie, galons d'or & d'argent, bijouterie, couleurs, agrès, sellerie, menuiserie, poterie, meules à aiguiser, filets pour la pêche, semences, viande fumée, fromage, bière forte, pipes, tabac, vins, liqueurs & drogues médicinales. Tous ces articles, au prix moyen de trois années, coûtent 611,000 liv. sterling.

Marchandises exportées de Philadelphie pour la Grande-Bretagne & autres marchés,

350,000 barils de farine & biscuits à 20 schel.	350,000
100,000 quarters de froment à 20 s.	100,000
Fèves, pois, avoine, bled d'inde & autres grains	12,000
Bœuf, porc fumé, jambons & gibier	45,000
20,000 l. cire à 1 sch.	1,000
Peaux de bêtes fauves & autres	50,000
Gros bétail & chevaux	20,000
Semence de lin 15,000 mesures à 40 s.	30,000
Planches, mâts, poutres, solives & bois de charpente	35,000

25 navires conſtruits pour vente à 700 liv.	17,500
Cuivre, métal & fer en barre	35,500
Le tout au prix moyen de trois ans	705,500

« Philaldelphie eſt acceſſible à tous les beſoins de l'humanité, à toutes les reſſources de l'induſ‑trie. Ses quais, dont le principal a deux cents pieds de large, offrent une ſuite de magaſins commodes & de formes ingénieuſement prati‑quées pour la conſtruction. Les navires de cinq cents tonneaux y abordent ſans difficulté, hors les temps de glace. On y charge les marchan‑diſes qui ſont arrivées par la Delaware, par le Schuylkill, par des chemins plus beaux que ceux de la plupart des contrées de l'Europe. La po‑lice a déjà fait plus de progrès dans cette par‑tie du Nouveau-Monde, que chez les vieux peu‑ples de l'ancien ».

Pluſieurs des remarques que nous venons de faire ſur la Penſylvanie ſont applicables au mo‑ment actuel. Ceux des lecteurs qui voudront ſe former une idée de l'état de cette province, depuis la révolution, doivent lire le *Cultivateur américain*. Ils ſeront étonnés de l'induſtrie, de la véritable richeſſe, & du bonheur de ſes habi‑tans. Si elle parvient à réformer les vices de ſa conſtitution; ſi les ſemences d'anarchie qu'on y trouve peuvent diſparoître; ſi les mœurs douces & patriarchales de ſes citoyens, ſi les reſpec‑tables principes, auxquels elle doit ſes progrès, peuvent triompher des déſordres, & de l'indif‑férence qu'a dû amener la révolution, ſa proſ‑périté & ſon abondance ne tarderont pas à nous étonner, & on la verra briller au milieu de toutes les républiques du Nouveau-Monde, qui offrent à l'Europe & à l'Ancien-Monde, un ſi beau ſpec‑tacle.

Nous avons dit à l'article *Etats-Unis* qu'au‑cune des nouvelles républiques américaines n'a pu s'occuper encore du dénombrement exact de ſes citoyens; & nous avons expliqué comment ſe firent les évaluations préſentées au congrès en 1775 & 1783; à cette dernière époque, on y comptoit environ 350 mille habitans blancs ou noirs; mais ſi avant la révolution, cette pro‑vince recevoit tous les ans dans ſon ſein quatre ou cinq mille nouveaux colons, ainſi que l'obſerve le *Cultivateur américain*, il eſt aiſé de voir que le nombre de ces nouveaux colons, doit être plus conſidérable aujourd'hui, que la Penſylva‑nie forme une république indépendante.

SECTION V^e.

Remarques ſur la conduite de la Penſylvanie, de‑puis le commencement de la révolution.

» Un voyageur l'a obſervé : la famille de Penn eut d'abord la vaine idée d'établir une eſpèce d'*utopie*, de gouvernement parfait, & enſuite de tirer le plus grand parti de ſon immenſe pro‑priété, en attirant des étrangers de tous côtés. Il en eſt réſulté que le peuple de la Penſylvanie n'a aucune identité; qu'il eſt mêlé & confus, & plus attaché à la liberté individuelle qu'à la li‑berté publique, plus enclin à l'anarchie qu'à la démocratie ».

« Il ne faut donc pas s'étonner ſi la ſageſſe des conſeils n'a pas toujours répondu aux avantages que la nature prodiguoit. L'état de Penſylvanie n'eſt pas à beaucoup près le mieux gouverné de ceux qui forment la confédération. Expoſé plus qu'aucun autre aux convulſions du crédit & aux manœuvres de l'agiotage, l'inſtabilité des richeſ‑ſes publiques s'eſt fait ſentir dans la légiſlation même. On a voulu fixer la valeur du papier; mais les denrées ont augmenté de prix, à meſure que l'argent perdoit du ſien : alors on a réſolu de fixer auſſi le prix de ces denrées, & on a été près d'amener la famine. Une plus récente mépriſe de la part du gouvernement, c'eſt la loi qui défen‑doit l'exportation des grains. L'objet qu'on avoit en vue étoit, d'un côté, d'approviſionner l'ar‑mée à meilleur marché; & de l'autre, d'empê‑cher la contrebande entre la Penſylvanie & la ville de New-Yorck : il en a réſulté la ruine des fermiers & celle de l'état, on ne pouvoit plus recouvrer les impoſitions ». Cette loi a été ré‑voquée.

Nous avons parlé à l'article ETATS-UNIS, des troubles qui en 1783 déterminèrent le congrès à quitter Philadelphie, & des torts de la puiſſance exécutrice en cette occaſion : nous n'ajouterons rien de plus.

Durant la guerre & depuis la paix, la Penſyl‑vanie eſt une des provinces qui a montré le plus de zèle pour payer les taxes publiques & amener les nouveaux réglemens, dont l'expérience a fait ſentir la néceſſité. *Voyez* auſſi l'article ETATS-UNIS.

L'aſſemblée générale de Penſylvanie paſſa en 1783 un acte, qui ordonne de lever un im‑pôt de cinq pour cent ſur toutes les marchan‑diſes importées dans cet état, & une taxe ſur la propriété réelle & perſonnelle pour l'acquit des dettes des Etats-Unis; & ſi leur perception éprouve encore des obſtacles, c'eſt moins la faute de l'ad‑miniſtration que des circonſtances.

La Penſylvanie a eu avec le Connecticut des diſputes ſur des terreins que réclamoient les deux états; mais une cour, nommée par le congrès, les a adjugés à la Penſylvanie, & on ne peut la blâmer ſur ce point.

En attendant qu'on ait fixé d'une manière in‑variable la règle d'après laquelle on établira le contingent des diverſes provinces, la Penſylvanie paye 136 piaſtres, d'après la proportion qu'on ſuit pour une contribution de 1000 piaſtres; &

elle paroît toujours disposée aux sacrifices qu'exigent les dettes & les besoins de l'union & de son état particulier.

Elle s'occupe des établissemens qui peuvent lui être utiles ; & , soutenue par la générosité & le zele de ses citoyens, elle ne craint pas les dépenses. Elle vient de faire tracer un canal qui doit unir les eaux de la Susquehannah , & les conduire dans la riviere Schuilkill ; lorsqu'il sera terminé, Philadelphie partagera avec Baltimore les riches productions qui descendront , dans peu d'années, de toutes les branches de la Susquehannah , de la Juniata &c.

Nous l'avons déja remarqué avec inquiétude , la *Pensylvanie*, la Caroline méridionale , la Nouvelle-Yorck & Rhode-Island ont créé du papier-monnoie depuis la révolution ; il se trouve déjà au-dessous du pair dans quelques provinces , & c'est dans la Caroline méridionale & dans la *Pensylvanie* qu'il se soutient le mieux. Nous avons expliqué très en détail les avantages du papier-monnoie, lorsque le gouvernement, le crédit & la position d'un état permettent cette ressource : *voyez* l'article PAPIER-MONNOIE ; mais le gouvernement, le crédit & la position de la *Pensylvanie* permettoient-ils d'employer cet expédient ?

Nous avons dit à l'article ETATS-UNIS quel a été pendant la guerre le sort du papier-monnoie, du congrès & des diverses provinces de l'union : cette leçon n'a donc pas été assez frappante ! & la *Pensylvanie* est retournée à ses anciennes habitudes.

Les gouvernemens des colonies trouvoient, avant la révolution, qu'il étoit de leur intérêt de fournir au peuple une quantité de papier qui fût pleinement suffisante, & en général plus que suffisante pour faire les affaires domestiques. Quelques-uns de ces gouvernemens, celui de *Pensylvanie* en particulier, tiroient un revenu du papier de cours qu'ils prêtoient aux sujets à tant pour cent d'intérêt ; & l'assemblée de cette même province a jugé sans doute que si les circonstances ne permettoient plus de tirer un intérêt de ce même papier , il seroit encore utile, malgré les inconvéniens qu'il sembloit offrir.

Mais examinons les suites & les inconvéniens de ce papier-monnoie. Les européens instruits l'ont blâmé d'une voix presque unanime, & il a excité les plaintes & la censure des citoyens d'Amérique les plus éclairés. M. Payne, auteur célebre du *Common sense* a écrit sur cette matiere ; & avant de rapporter ses observations , où l'on verra avec quelle simplicité profonde & quelle justesse admirable on discute en Amérique les questions relatives à l'administration des états, nous avertirons que ses argumens ne désignent pas d'une maniere assez particuliere le papier-monnoie d'Amérique ; qu'il écrit avec le zele d'un républicain qui connoît mieux son pays que les autres états ; qu'il semble envelopper dans la proscription générale les billets de banque reçus comme monnoie dans quelques états de l'Europe , où la banque qui les délivre , offre des gages sûrs ou du moins qui doivent l'être , tandis que le papier-monnoie créé par les américains, est d'une toute autre nature ; il paroît que c'est un papier à la charge de l'état, dont le remboursement n'est point fixé, dont l'hypotheque est plus qu'incertaine , & dont les intrigans & les fripons peuvent abuser contre les honnêtes gens.

« Je me rappelle, dit M. Payne, une espece de sentence d'un fermier allemand, qui renferme en très-peu de mots tout ce qu'on peut dire sur le papier-monnoie : *l'argent est de l'argent , & le papier du papier*. Toutes les inventions de l'homme ne peuvent rien changer à cela ; il faut à l'alchimiste abandonne son laboratoire & renonce pour jamais à la recherche de la pierre philosophale , s'il est possible de métamorphoser le papier en or & en argent , ou de l'appliquer aux mêmes usages dans tous les cas ».

« Le papier, considéré comme matiere propre à faire de l'argent , n'a aucune des qualités requises pour cet objet ; il est trop abondant , & d'une acquisition trop facile , puisqu'on peut se le procurer par-tout , & presque pour rien ».

« Le seul usage convenable qu'on puisse faire du papier pour tenir lieu d'argent , est d'y écrire des billets & des obligations de paiement en especes. Un papier ainsi écrit & signé , vaut la somme pour laquelle il est donné , si celui qui le donne est en état de le payer , parce que, dans ce cas, la loi l'y obligera ; mais si celui qui l'a souscrit est insolvable , son papier ne vaut pas mieux que lui : en conséquence, la valeur d'un tel effet n'existe point dans la matiere , puisqu'il n'est que du papier & une promesse , mais dans la personne obligée de le racheter avec de l'or ou de l'argent ».

« Le papier, circulant de cette maniere & pour cet objet , arrive sans cesse à la place & à la personne où & de laquelle l'argent doit être tiré ; & revenant enfin à sa source , il ouvre la caisse de son maître , & paie le porteur ».

« Mais lorsqu'un état entreprend de faire une émission de papier comme argent , il renverse de fond en comble l'édifice de la sûreté publique , & la propriété n'est plus qu'un vain nom , puisque le propriétaire n'en conserve plus aucun gage certain. Il y a une grande différence entre des papiers donnés & pris de particulier à particulier comme promesse de paiement , & des papiers mis en circulation par un état comme argent ; cette derniere opération ressemble beaucoup à ces fantômes qu'enfantent la superstition & la crédulité ; de loin c'est quelque chose , & de près ce n'est rien ».

« Quant au bel axiome qu'un peuple vertueux n'a besoin ni d'or ni d'argent , c'est le propos d'un hypocrite ou d'un romancier ; l'expérience n'en s'en a que trop démontré la fausseté. Quelque penchant que puissent avoir les belles ames à voir les choses sous ce point de vue, il n'en est pas moins certain que les fripons ont toujours tenu ce langage ».

« On a prétendu justifier l'émission du papier-monnoie, en disant qu'elle étoit nécessitée par la rareté de l'or & de l'argent ; mais cette disette, bien loin d'autoriser une telle mesure, devoit au contraire la proscrire ».

« L'or & l'argent n'étant pas des productions de l'Amérique septentrionale, sont par cette raison même des articles d'importation, & l'établissement d'une manufacture de papier-monnoie ou argent ne peut servir : s'il sert à quelque chose, c'est à repousser l'importation des espèces, ou à les faire ressortir de l'état aussi promptement qu'elles y seront entrées. On voit par-là que cette méthode ne tend qu'à nous dépouiller progressivement de tout l'or & l'argent monnoyé qui est entre nos mains, & par conséquent à empirer de plus en plus le mal au lieu de le guérir ».

« Quant au droit que peut s'arroger quelque état de donner au papier-monnoie, ou de toute autre dénomination quelconque, une obligation légale, ou, en d'autres termes, une force coactive de paiement, c'est une entreprise des plus audacieuses du pouvoir arbitraire. Un tel droit ne peut exister dans un gouvernement républicain. Une autorité de cette nature détruit toute liberté de propriété, de sûreté; tout comité qui se chargera de faire un rapport tendant à cette fin ; tout député qui en fera ou secondera la motion, mérite qu'on lui fasse son procès, & doit tôt ou tard s'y attendre ».

« De toutes les différentes sortes de monnoies de bas aloi, le papier-monnoie est, sans contredit, la dernière & la plus vile. Parmi toutes celles qui peuvent remplacer l'or & l'argent, il n'en est point qui ait une moindre valeur intrinsèque. Celle d'un clou ou d'un morceau de fer quelconque lui est infiniment supérieure, & ces objets seroient infiniment plus susceptibles que le papier de la force coactive qu'on prétend donner à ce dernier ».

« Si quelque chose avoit ou pouvoit avoir une valeur égale à l'or & à l'argent, on n'auroit pas besoin de loi coactive pour lui donner cours, & par conséquent toutes ces loix coactives sont tyranniques & injustes, puisqu'elles n'ont pour but que la fraude & l'oppression ».

« Les avocats de ces loix sont pour la plupart des débiteurs insolvables ou de mauvaise foi, qui veulent en profiter pour se débarrasser de leurs obligations, & voler impunément leurs créanciers. Mais comme aucune loi ne peut autoriser une action illégitime, le meilleur parti à prendre dans le cas où ces loix aussi extravagantes auroient la sanction de quelques assemblées, seroit d'instruire le procès de ceux qui en auroient fait ou appuyé

Œcon. polit. & diplomatique. Tom. III.

la proposition, & de les punir de mort, en mettant le débiteur & le créancier dans la même situation où ils étoient respectivement avant l'enrégistrement d'une loi contraire à tous les principes de l'équité naturelle & civile. Il n'est personne qui ne doive frémir à l'idée seule d'un tel excès d'audace & d'injustice. Tant qu'un projet de cette nature ne sera pas proscrit pour jamais des Etats-Unis sur la réprobation la plus générale, la plus authentique & la plus éclatante, c'est en vain qu'on parlera de rétablir le crédit national, ou qu'on se répandra en lamentations sur l'impossibilité d'emprunter de l'argent à un intérêt légal ».

« Quant au papier-monnoie, sous quelque point de vue qu'on puisse l'envisager, ce n'est tout au plus qu'une vaine chimère ; mais, en supposant qu'on le considère comme propriété, n'est il pas déraisonnable de supposer que le souffle d'une assemblée, dont l'autorité expire avec l'année, puisse donner au papier la valeur & la consistance de l'or ? Elle ne peut même garantir que l'assemblée prochaine ne le reçoive pour les taxes ; mais l'exemple (car l'autorité est nulle dans toutes ces opérations) ; l'exemple, dis-je, d'une création de papier-monnoie ordonnée par une assemblée, peut engager une autre assemblée à en faire autant ; & cette imitation successive portera les choses au point de ruiner sans retour la confiance & le crédit, à l'époque même où le décri général de ce papier fera sentir, mais trop tard, le danger de ce funeste expédient ».

La question n'est pas analysée dans le morceau que nous venons de transcrire : pour la réduire d'une manière plus exacte, nous demanderons si les républiques qui ont créé du papier-monnoie, n'ont pas donné un gage trop incertain de sa valeur ? si, dans l'état actuel des choses, la dépréciation n'est pas inévitable ? s'il n'entraînera pas des pertes pour une multitude de citoyens qui auront plus de simplicité & de bonne foi que d'adresse ? s'il n'enrichira pas des intrigans & des calculateurs peu délicats ? si c'est un bon moyen de rétablir le crédit des provinces ? si la liquidation ou la déroute de ce papier-monnoie ne laissera pas une tache ? s'il convient de faire un arrangement peu équitable, pour des avantages de circulation momentanés ? si les échanges ne remplacent pas les achats & les ventes lorsqu'on manque de monnoie ? Si la circulation du papier-monnoie offre donc de si grands avantages ? & quels sont réellement ces avantages ? s'il ne faut pas toujours se soumettre à la nécessité, renoncer aux avantages que les circonstances ne nous permettent pas d'obtenir, & attendre des momens plus heureux ?

Nous avons parlé, en divers endroits de cet ouvrage, de la réponse officielle qu'a faite le lord Carmarthen aux remontrances de M. Adams, touchant les postes que retient l'Angleterre sur le territoire cédé aux Etats-Unis par le dernier traité de paix, & nous avons examiné ses mauvaises raisons. Il a exposé plusieurs griefs contre les diverses provinces de l'union américaine. Il reproche à la *Pensylvanie* la loi passée aussi-tôt après la paix, pour restreindre le recouvrement des anciennes dettes angloises : mais nous avons expliqué à l'article ETATS-UNIS comment la nécessité a fait une loi de cette restriction, & comment elle peut être avantageuse aux créanciers anglois, loin de leur être défavorable, ainsi qu'on est tenté de le croire au premier coup-d'œil. Nous avons fait voir également l'injustice & la hauteur des prétentions de l'Angleterre sur l'exécution du dernier traité de paix.

Voyez les articles particuliers des douze autres provinces de l'union américaine, & l'article général ETATS-UNIS.

PÉROU, contrée de l'Amérique, qui appartient à l'Espagne.

Précis de l'histoire politique de ce pays & de l'établissement de la colonie.

La première expédition au *Pérou*, commencée avec un vaisseau, cent douze hommes & quatre chevaux, vers le milieu de novembre 1524, ne fut pas heureuse. A peine Pizarre put-il aborder ; & dans le peu d'endroits où il lui fut possible de prendre terre, il ne voyoit que des plaines inondées, que des forêts impénétrables, que quelques sauvages peu disposés à traiter avec lui. Almagro, qui lui menoit un renfort de soixante-dix hommes, n'eut pas un spectacle plus consolant, & il perdit même un œil dans un combat très-vif qu'il lui fallut soutenir contre les indiens. Plus de la moitié de ces intrépides espagnols avoient péri par la faim, par le fer ou par le climat, lorsque los Rios qui avoit succédé à Pedrarias, envoya ordre à ceux qui avoient échappé à tant de fléaux, de rentrer sans délai dans la colonie. Tous obéirent, tous à l'exception de treize qui, fidèles à leur chef, voulurent courir jusqu'à la fin sa fortune. Ils la trouvèrent d'abord plus contraire qu'elle ne l'avoit encore été, puisqu'ils se virent réduits à passer six mois entiers dans l'isle de la Gorgonne, le lieu le plus malsain, le plus stérile & le plus affreux qui fût peut-être sur le globe : mais enfin le sort s'adoucit. Avec un très-petit navire que la pitié seule avoit déterminé à leur envoyer pour les tirer de ce séjour de désolation, ils continuèrent leur navigation & abordèrent à Tumbez, bourgade assez considérable de l'empire qu'ils se proposoient d'envahir un jour. De cette rade où tout portoit l'empreinte de la civilisation, Pizarre reprit la route de Panama, où il arriva dans les derniers jours de 1527 avec de la poudre d'or, avec des vases de ce précieux métal, avec des vigognes, avec trois péruviens destinés à servir plutôt ou plus tard d'interprètes.

Loin d'être découragés par les revers qu'avoient éprouvés Pizarre, Almagro & Luques qui avoient réuni leurs petites fortunes pour la conquête de ce vaste pays, les trois associés furent enflammés d'une passion plus forte d'acquérir des trésors qui leur étoient mieux connus : mais il falloit des soldats, il falloit des subsistances, & on leur refusoit l'un & l'autre secours dans la colonie. Le ministère, dont Pizarre lui-même étoit venu réclamer l'appui en Europe, se montra plus facile. Il autorisa sans réserve la levée des hommes, l'achat des approvisionnemens, & il ajouta à cette liberté indéfinie toutes les faveurs qui ne coûtoient rien au fisc.

Cependant, en réunissant tous leurs moyens, les associés ne purent équiper que trois petits navires ; ils ne purent rassembler que cent quarante-quatre fantassins & trente-six cavaliers. C'étoit bien peu pour les grandes vues qu'il falloit remplir : mais, dans le nouveau Monde, les espagnols attendoient tout de leurs armes ou de leur courage, & Pizarre ne balança pas à s'embarquer dans le mois de février de l'an 1541. La connoissance qu'il avoit acquise de ces mers, lui fit éviter les calamités qui avoient traversé sa première expédition, & il n'éprouva d'autre malheur que celui d'être forcé par les vents contraires de débarquer à cent lieues du port où il s'étoit proposé d'aborder.

Il fallut s'y rendre par terre. On suivit la côte qui étoit très-difficile, en forçant ses habitans à donner leurs vivres, en les dépouillant de l'or qu'ils avoient, en se livrant à cet esprit de rapine & de cruauté qui formoit les mœurs de ces temps barbares. L'isle de Puna qui défendoit la rade, fut forcée, & la troupe entra victorieuse à Tumbez, où des maladies de tous les genres l'arrêtèrent trois mois entiers. L'arrivée de deux renforts qui lui venoient de Nicaragua, la consolèrent un peu du chagrin que lui causoit ce séjour forcé. Ils n'étoient, à la vérité, que de trente hommes chacun : mais ils étoient conduits par Sébastien Benalcazar & par Fernand Soto, qui tous deux jouissoient d'une réputation brillante. Les espagnols ne furent pas inquiétés dans leur première conquête, & il en faut dire la raison.

Remarques sur le gouvernement des incas.

L'empire du *Pérou* qui, comme la plupart des autres dominations, n'avoit dans l'origine que peu d'étendue, s'étoit successivement agrandi. Il avoit, en particulier reçu un accroissement considérable du onzième empereur Huyana-Capac, qui s'étoit emparé par la force du vaste pays de Quito, & qui, pour légitimer autant qu'il étoit possible son usurpation, avoit épousé l'unique héritière du roi détrôné. De cette union, que les loix & les préjugés réprouvoient également, étoit sorti Atabaliba qui, après la mort de son père, prétendit à l'héritage de sa mère. Cette succession lui fut contestée par son frère aîné Huascar, qui étoit d'un autre lit, & dont la naissance n'avoit point de tache. De si grands intérêts mirent les armes à la main des deux concurrens. L'un avoit pour lui la faveur des peuples & l'usage immémorial de l'indivisibilité de l'empire : mais l'autre s'étoit assuré d'avance des meilleures troupes. Celui qui avoit pour lui les armées, fut vainqueur, jeta son rival dans les fers, & plus puissant qu'il ne l'avoit espéré, se trouva le maître de toutes les provinces.

Ces troubles qui, pour la première fois, venoient d'agiter le *Pérou*, n'étoient pas entiérement calmés lorsque les espagnols s'y montrèrent. Dans la confusion où étoit encore tout l'état, on ne songea pas à troubler leur marche, & ils arrivèrent sans obstacle à Caxamalca. Atabaliba, que des circonstances particulières avoient conduit au voisinage de cette maison impériale, leur envoya sur-le-champ des fruits, des grains, des émeraudes, plusieurs vases d'argent ou d'or. Cependant il ne dissimula pas à leur interprète qu'il desiroit de les voir sortir de son territoire, & il annonça qu'il iroit concerter le lendemain avec leur chef les mesures de cette retraite.

Se préparer au combat sans laisser appercevoir le moindre appareil de guerre, fut la seule disposition que fit Pizarre pour recevoir le prince. Il mit sa cavalerie dans les jardins du palais, où elle ne pouvoit être apperçue ; l'infanterie étoit dans la cour, & son artillerie fut tournée vers la porte où l'empereur devoit entrer.

Atabaliba vint avec confiance au rendez-vous. Douze à quinze mille hommes l'accompagnoient. Il étoit porté sur un trône d'or, & ce métal brilloit dans les armes de ses troupes. Il se tourna vers les principaux officiers, & il leur dit : *ces étrangers sont les envoyés des dieux, gardez-vous de les offenser*.

Mais à l'instant même sa troupe fut attaquée par les espagnols. Qu'on juge de l'impression que durent faire sur les péruviens la vue des chevaux qui les écrasoient, le bruit & l'effet du canon & de la mousqueterie qui les terrassoient comme la foudre. Ces malheureux prirent la fuite avec tant de précipitation, qu'ils tomboient les uns sur les autres. On en fit un carnage affreux. Pizarre lui-même s'avança vers l'empereur, fit tuer par son infanterie tout ce qui entouroit le trône, fit le monarque prisonnier, & poursuivit le reste de la journée ce qui avoit échappé au glaive de ses soldats. Une foule de princes, les ministres, la fleur de la noblesse, tout ce qui composoit la cour d'Atabaliba, fut égorgé. On ne fit point grace à la foule de femmes, de vieillards, d'enfans, qui étoient venus des environs pour voir leur maître.

Quoiqu'étroitement gardé, l'empereur ne tarda pas à démêler la passion extrême de ses ennemis pour l'or. Cette découverte le détermina à leur en offrir pour sa rançon autant que sa prison, longue de vingt-deux pieds & large de seize, en pourroit contenir jusqu'à la plus grande hauteur où le bras d'un homme pourroit atteindre. Sa proposition fut acceptée. Mais tandis que ceux de ses ministres qui avoient le plus sa confiance, étoient occupés à rassembler ce qu'il falloit pour remplir ses engagemens, il apprit que Huascar avoit promis trois fois plus à quelques espagnols qui avoient eu occasion de l'entretenir, s'ils consentoient à le rétablir sur le trône de ses pères. Ce commencement de négociation l'effraya ; &, dans ses craintes, il se décida à faire étrangler un rival qui lui paroissoit dangereux.

Pour dissiper les soupçons que cette action devoit donner à ses geoliers, Atabaliba pressa avec une vivacité nouvelle le recouvrement des métaux stipulés pour sa liberté. Il en arrivoit de tous les côtés, autant que l'éloignement des lieux, que la confusion des choses pouvoient le permettre. Dans peu, rien n'y auroit manqué : mais ces amas d'or, sans cesse exposés aux regards avides des conquérans, irritoient tellement leur cupidité, qu'il fut impossible d'en différer plus long-tems la distribution. On délivra aux agens du fisc le quint que le gouvernement s'étoit réservé. Cent mille piastres ou 540,000 liv. furent mises à part pour le corps de troupes qu'Almagro venoit de mener, & qui étoit encore sur les côtes. Chaque cavalier de Pizarre reçut 43,200 livres, chaque fantassin 21,600 liv. & le général, les officiers eurent une somme proportionnée à leurs grades dans la milice.

Ces fortunes, les plus extraordinaires dont l'histoire ait conservé le souvenir, n'adoucirent pas la barbarie des espagnols. Atabaliba avoit donné son or, on s'étoit servi de son nom pour subjuguer l'esprit des peuples : il étoit tems qu'il finît son rôle. Un dominicain, Vincent Valverde, disoit que c'étoit un prince endurci, qu'il falloit traiter comme Pharaon. L'interprète Philipillo, qui avoit un commerce criminel avec une de ses femmes, auroit pu être troublé dans ses plaisirs. Almagro craignoit que, tant qu'on le laisseroit vivre, l'armée de son associé ne voulût s'approprier tout le butin comme partie de sa rançon. Pizarre avoit été méprisé par lui, parce que, moins instruit que le dernier des soldats, il ne savoit pas lire. Ces causes, peut-être encore plus que des raisons politiques, firent décider la mort de l'empereur. On n'osa lui faire son procès dans les formes, & cette comédie atroce eut les suites horribles qu'elle devoit avoir.

Les meurtriers parcoururent le *Pérou* avec cette soif de sang & de rapine, qui dirigeoit toutes leurs actions. Vraisemblablement ils se seroient trouvés, sans tirer l'épée, les maîtres de ce vaste empire, s'ils avoient montré de la modération, de l'humanité. Une nation naturellement douce, depuis long-temps accoutumée à la plus aveugle soumission, constamment fidelle aux maîtres qu'il avoit plu au ciel de lui envoyer, étonnée du terrible spectacle qui venoit de frapper ses yeux : cette nation auroit subi le joug sans trop murmurer. L'exploitation de ses maisons & de ses temples ; les outrages faits à ses femmes & à ses filles ; des cruautés de tous les genres qui se succédoient sans interruption : tant d'infortunes disposèrent les peuples à la vengeance, & il se présenta des chefs pour conduire ce ressentiment.

Des armées nombreuses remportèrent d'abord quelques avantages sur un petit nombre de tyrans perdus dans des régions immenses : mais ces foibles succès même ne furent pas durables. Plusieurs de ces aventuriers, enrichis par la rançon d'Atabaliba, avoient quitté leurs drapeaux pour aller jouir plus paisiblement ailleurs d'un bien si acquis si rapidement. Leur fortune échauffa les esprits dans l'ancien, dans le Nouveau-Monde, & de tous côtés on accourut au pays de l'or. Il arriva de-là que les espagnols se multiplièrent en moins de temps au *Pérou* que dans les autres colonies. Bientôt ils s'y trouvèrent au nombre de cinq ou six mille, & alors cessa toute résistance. Ceux des indiens qui étoient les plus attachés à leur liberté, à leur gouvernement, à leur religion, se refugièrent au loin dans des montagnes inaccessibles. La plupart se soumirent aux loix du vainqueur.

Une révolution si étrange a été un sujet d'étonnement pour toutes les nations. Le *Pérou* est un pays très difficile, où il faut continuellement gravir des montagnes, marcher sans cesse dans des gorges & des défilés. On y est réduit à passer, à repasser perpétuellement des torrens ou des rivières dont les bords sont toujours escarpés. Quatre ou cinq mille hommes, avec un peu de courage & d'intelligence, y feroient périr les armées les plus aguerries. Comment donc arriva-t-il qu'un grand peuple n'osa pas même disputer un terrein, dont la nature devoit lui être si connue, à une poignée de guerriers que l'Océan venoit de vomir sur ses rivages ?

C'est par la même raison que le voleur intrépide, le pistolet à la main, dépouille impunément une troupe d'hommes, ou qui reposent tranquillement dans leurs foyers, ou qui, renfermés dans une voiture publique, continuent leur voyage sans méfiance. Quoiqu'il soit seul & qu'il n'ait qu'un ou deux coups à tirer, il en impose à tous, parce que personne ne veut se sacrifier pour les autres.

Cet empire qui, selon les historiens espagnols, fleurissoit depuis quatre siècles, avoit été fondé par Manco-Capac & par sa femme MaMa-Ocello, qui furent appellés incas ou seigneurs du *Pérou*.

On a soupçonné que ces personnages pouvoient être les descendans de quelques navigateurs d'Europe ou des Canaries, jettés par la tempête sur les côtes du Brésil.

Les législateurs se dirent enfans du soleil, envoyés par leur père pour rendre les hommes bons & heureux. Ils pensèrent sans doute que ce préjugé enflammeroit l'ame des peuples qu'ils vouloient civiliser, éleveroit leur courage & leur inspireroit plus d'amour pour leur patrie, plus de soumission aux loix.

C'étoit à des êtres nuds, errans, sans culture, sans industrie, sans aucune de ces idées morales, qui sont les premiers liens de l'union sociale, que ces discours étoient adressés. Quelques-uns de ces barbares, que beaucoup d'autres imitèrent depuis, s'assemblèrent autour des législateurs dans le pays montueux de Cusco.

Manco apprit à ses nouveaux sujets à féconder la terre, à semer des grains & des légumes, à se vêtir, à se loger. Ocello montra aux indiennes à filer, à tisser le coton & la laine, elle leur enseigna tous les exercices convenables à leur sexe, tous les arts de l'économie domestique.

L'astre du feu qui dissipe les ténèbres qui couvrent la terre, qui tire le rideau de la nuit & étale subitement aux regards de l'homme étonné la scène la plus vaste, la plus auguste & la plus riante ; que la gaieté des animaux, le ramage des oiseaux, le cantique de l'être qui pense, saluent à son lever ; qui s'avance majestueusement au-dessus de leurs têtes ; qui embrasse un espace immense dans sa marche à travers les espaces du ciel ; dont le coucher replonge l'univers dans le silence & la tristesse ; qui caractérise les saisons & les climats ; qui forme & dissipe les orages ; qui allume la foudre & qui l'éteint ; qui verse sur les campagnes les pluies qui les fécondent, sur les forêts les pluies qui les nourrissent ; qui anime tout par sa chaleur, embellit tout par sa présence, & dont l'absence jette par-tout la langueur & la mort : le soleil fut le dieu des péruviens. On lui bâtit des temples, & on abolit les sacrifices humains. Les descendans des législateurs furent les seuls prêtres de la nation.

Les loix prononcèrent la peine de mort contre l'homicide, le vol & l'adultère. Cette sévérité ne s'étendit guère à d'autres crimes.

La polygamie étoit défendue. Il n'étoit permis qu'à l'empereur d'avoir des concubines, parce qu'on ne pouvoit trop multiplier la race du soleil. Il les choisissoit parmi les vierges consacrées au temple de Cusco, qui étoient toutes de son sang.

Une institution très-sage ordonnoit qu'un jeune homme qui commettroit une faute, seroit légèrement puni, mais que son père en seroit responfable. C'est ainsi que la bonne éducation veilloit à la perpétuité des bonnes mœurs.

Il n'y avoit point d'indulgence pour l'oisiveté, regardée avec raison comme la source de tous les désordres. Ceux que l'âge ou les incommodités avoient mis hors d'état de travailler, étoient nourris par le public, mais avec l'obligation de préserver du dégât des oiseaux les terres ensemencées. Tous les citoyens étoient obligés de faire eux-mêmes leurs habits, d'élever leurs maisons, de fabriquer leurs instrumens d'agriculture. Chaque famille savoit seule pourvoir à ses besoins.

Il étoit ordonné aux péruviens de s'aimer, & tout les y portoit. Ces travaux communs, toujours égayés par des chants agréables; l'objet même de ces travaux, qui étoit d'aider quiconque avoit besoin de secours; ces vêtemens faits par les filles vouées au culte du soleil, & distribués par les officiers de l'empereur aux pauvres, aux vieillards, aux orphelins; l'union qui devoit régner dans les décuries, où tout le monde s'inspiroit mutuellement le respect des loix, l'amour de la vertu, parce que les châtimens pour les fautes d'un seul tomboient sur toute la décurie; cette habitude de se regarder comme membres d'une seule famille, qui étoit l'empire: tous ces usages entretenoient parmi les péruviens, la concorde, la bienveillance, le patriotisme, un certain esprit de communauté, & substituoient, autant qu'il est possible, à l'intérêt personnel, à l'esprit de propriété, aux ressorts communs des autres législations, les vertus les plus sublimes & les plus aimables.

Elles étoient honorées, ces vertus, comme les services rendus à la patrie. Ceux qui s'étoient distingués par une conduite exemplaire, ou par des actions d'éclat utiles au bien public, portoient pour marque de décoration, des habits travaillés par la famille des Incas. Il est fort vraisemblable que ces statues que les espagnols prétendoient avoir trouvées dans les temples du soleil, & qu'ils prirent pour des idoles, étoient les statues des hommes qui, par la grandeur de leurs talens, ou par une vie remplie de belles actions, avoient mérité l'hommage ou l'amour de leurs concitoyens.

Ces grands hommes étoient encore les sujets ordinaires des poëmes composés par la famille des Incas, pour l'instruction des peuples.

Il y avoit un autre genre de poëme utile aux mœurs. On représentoit à Cusco, & peut-être ailleurs, des tragédies & des comédies. Les premières donnoient aux prêtres, aux guerriers, aux juges, aux hommes d'état, des leçons de leurs devoirs, & des modèles de vertus publiques. Les comédies servoient d'instruction aux conditions inférieures, & leur enseignoient les vertus privées, & jusqu'à l'économie domestique.

L'état entier étoit distribué en décuries, avec un officier chargé de veiller sur dix familles qui lui étoient confiées. Un officier supérieur avoit la même inspection sur cinquante familles; d'autres enfin sur cent, sur cinq cens, sur mille. Les décurions & les autres inspecteurs, en remontant jusqu'au millenaire, devoient rendre compte à celui-ci des bonnes & des mauvaises actions, solliciter le châtiment & la récompense, avertir si l'on manquoit de vivres, d'habits, de grains pour l'année. Le millenaire rendoit compte au ministre de l'Inca.

Rarement avoit-il à porter des plaintes contre la partie de la nation confiée à sa vigilance. Lorsque ce malheur arrivoit, les coupables alloient eux-mêmes révéler leurs fautes les plus secrètes, & demander à les expier. Ces peuples disoient aux espagnols, qu'il n'étoit jamais arrivé qu'un homme de la famille des Incas eût mérité d'être puni.

Les terres du royaume, susceptibles de culture, étoient partagées en trois parts, celle du soleil, celle de l'Inca, & celle des peuples. Les premières se cultivoient en commun ainsi que les terres des orphelins, des veuves, des vieillards, des infirmes, & des soldats qui étoient à l'armée. Celles-ci se cultivoient immédiatement après celles du soleil, & avant celles de l'empereur. Des fêtes annonçoient ce travail: on le commençoit & on le continuoit au son des instrumens, & en chantant des cantiques.

L'empereur ne levoit aucun tribut, & n'exigeoit de ses sujets que la culture de ses terres, dont le produit, déposé par-tout dans les magasins publics, suffisoit à toutes les dépenses de l'empire.

Les terres consacrées au soleil fournissoient à l'entretien des prêtres & des temples, à tout ce qui concernoit le culte religieux. Elles étoient en partie labourées par des princes de la famille royale, revêtus de leurs plus riches habits.

A l'égard des terres qui étoient entre les mains des particuliers, elles n'étoient ni un héritage, ni même une propriété à vie. Leur partage varioit continuellement, & se régloit avec une équité rigoureuse sur le nombre de têtes qui composoient chaque famille. Les richesses se bornoient toujours au produit des champs, dont l'état avoit confié l'usufruit passager.

Les Incas ne connoissant pas l'usage des impôts, & n'ayant, pour subvenir aux besoins du gouvernement, que des denrées en nature, durent chercher à les multiplier. Ils étoient secondés, dans l'exécution de ce projet, par leurs ministres, par les administrateurs inférieurs, par les soldats même qui ne recevoient, pour subsister, pour soutenir leur rang, que des fruits de la terre. De là tant de soins pour les augmenter. Cette attention pouvoit avoir pour but principal de porter l'abondance dans les champs du souverain:

mais son patrimoine étoit si mêlé avec celui des sujets, qu'il n'étoit pas possible de fertiliser l'un sans fertiliser l'autre. Les peuples, encouragés par ces commodités qui laissoient peu de choses à faire à leur industrie, se livrèrent à des travaux que la nature de leur sol, de leur climat & de leurs consommations rendoit très-légers. Mais, malgré tous ces avantages, malgré la vigilance toujours active du magistrat, malgré la certitude de ne pas voir leurs moissons ravagées par un voisin inquiet, les péruviens ne s'élevèrent jamais au-dessus du plus étroit nécessaire. On peut assurer qu'ils auroient acquis les moyens de varier & d'étendre leurs jouissances, si des propriétés foncières, commerçables, héréditaires avoient aiguisé leur génie.

Les péruviens, à la source de l'or & de l'argent, ne connoissoient pas l'usage de la monnoie. Ils n'avoient pas proprement de commerce; & les arts de détail, qui tiennent aux premiers besoins de la vie sociale, étoient fort imparfaits chez eux. Toutes leurs sciences étoient dans la mémoire, & toute leur industrie dans l'exemple. Ils apprenoient leur religion & leur histoire par des cantiques, leurs devoirs & leurs professions par le travail & l'imitation.

Leur législation étoit sans doute imparfaite & très-bornée, puisqu'elle supposoit le prince toujours juste & infaillible, & les magistrats intègres comme le prince; puisque non-seulement le monarque, mais un décurion, un centenaire, un millenaire, tous ses préposés pouvoient changer à leur gré la destination des peines & des récompenses. Chez ce peuple, privé de l'avantage inappréciable de l'écriture, les loix les plus sages n'ayant aucun principe de stabilité, devoient s'altérer insensiblement, sans qu'il restât aucun moyen pour les ramener à leur caractère primitif.

Les contre-poids de ces dangers se trouvoient dans l'ignorance absolue des monnoies d'or & d'argent: ignorance qui rendoit impossible, dans un despote péruvien, la funeste manie de thésauriser. Ils se trouvoient dans la constitution de l'empire, qui avoit déterminé la quotité du revenu du souverain, en déterminant la portion des terres qui lui appartenoient. Ils se trouvoient dans des besoins peu étendus, toujours faciles à satisfaire, & qui rendoient le peuple heureux & attaché à son gouvernement. Ils se trouvoient dans la force des opinions religieuses, qui faisoient de l'observation des loix un principe de conscience. Le despotisme des Incas étoit ainsi fondé sur une confiance mutuelle entre le souverain & les peuples; confiance qui étoit le fruit des bienfaits du prince, de la protection constante qu'il accordoit à tous ses sujets, & de l'intérêt sensible qu'ils avoient à lui être soumis.

Un pyrrhonisme, quelquefois outré, qui a succédé à une crédulité aveugle, a voulu jetter des nuages sur ce qu'on vient de lire des loix, des mœurs, du bonheur de l'ancien *Pérou*.

Si l'imagination exaltée des espagnols a trop embelli le tableau, les recherches & l'austère sagesse de M. Robertson nous ont prouvé, que les choses étoient à-peu-près ainsi.

Nous ne justifierons pas avec la même assurance les relations que les conquérans du *Pérou* publièrent sur la grandeur & la magnificence des monumens de tous les genres qu'ils avoient trouvés. Le desir de donner plus d'éclat à la gloire de leurs triomphes, les aveugla peut-être. Peut-être, sans être persuadés eux-mêmes, voulurent-ils en imposer à leur nation, aux nations étrangères. Les premiers témoignages, qui même se contrarioient, ont été infirmés par ceux qui les ont suivis; & enfin totalement détruits, lorsque des hommes éclairés ont porté leurs pas dans cette partie si célèbre du nouvel hémisphère.

Il faut réléguer au rang des fables ces majestueux palais destinés à loger les Incas dans le lieu de leur résidence & dans leurs voyages, ces places de guerre qui couvroient l'empire, ces aqueducs, ces réservoirs comparables à ce que l'antiquité nous a laissé en ce genre de plus magnifique.

Il faut réléguer au rang des fables, ces superbes voies qui rendoient les communications si faciles, & ces ponts si vantés; & les merveilles attribuées à ces *quipos*, qui remplaçoient chez les péruviens l'art d'écrire qui leur étoit inconnu.

Les espagnols ne méritent pas davantage d'être crus, quand ils nous parlent de ces bains dont les cuves & les tuyaux étoient d'argent ou d'or; de ces jardins remplis d'arbres, dont les fleurs étoient d'argent & les fruits d'or, & où l'œil trompé prenoit l'art pour la nature; de ces champs de maïs, dont les tiges étoient d'argent & les épis d'or; de ces bas-reliefs, où l'on auroit été tenté de cueillir les herbes & les plantes; de ces habillemens couverts de grains d'or plus fins que la semence de perle, & dont les plus habiles orfèvres de l'Europe n'auroient pas égalé le travail.

En réduisant les choses à la vérité, nous trouverons que les péruviens étoient parvenus à fondre l'or & l'argent & à les mettre en œuvre. Avec ces métaux ils faisoient des ornemens, la plupart très-minces, pour les bras, pour le cou, pour le nez, pour les oreilles; & des statues creuses, sans soudure, qui, sculptées ou fondues, n'avoient pas plus d'épaisseur. Rarement ces riches matières étoient-elles converties en vases. Leurs vases ordinaires étoient d'une argille très-fine, facilement travaillée, de la grandeur & de la forme convenable aux usages pour lesquels ils étoient destinés. Les poids n'étoient pas inconnus, & l'on découvre de temps en temps des balances, dont les bassins sont d'argent & ont la figure d'un cône renversé. Deux espèces de pierre, l'une molle & l'autre dure, l'une entiérement opaque & l'autre un peu transparente, l'une noire & l'autre couleur de plomb, servoient de miroir : on étoit parvenu à leur donner un poli suffisant pour réfléchir les objets. La laine, le coton, les écorces d'arbres recevoient des mains de ce peuple un tissu plus ou moins serré, plus ou moins grossier, dont on s'habilloit, dont on faisoit même quelques meubles. Ces étoffes, ces toiles étoient teintes en noir, en bleu & en rouge, par le moyen du rocou, de différentes herbes & d'une fève sauvage qui croît dans les montagnes. On donnoit aux émeraudes toutes les figures. Ce qu'on en tire assez souvent des tombeaux, la plupart fort élevés, où les citoyens distingués se faisoient enterrer avec ce qu'ils possédoient de plus rare, prouve que ces pierres précieuses avoient une perfection qu'on ne leur a pas retrouvée ailleurs. Des heureux hasards offrent quelquefois des ouvrages de cuivre rouge, des ouvrages de cuivre jaune, & d'autres ouvrages qui participent de ces deux couleurs, d'où l'on a conclu que les péruviens connoissoient le mélange des métaux. Une chose plus importante, c'est que ce cuivre n'est jamais rouillé, qu'il ne s'y attache jamais de vert-de-gris; ce qui paroît prouver que ces indiens faisoient entrer dans sa préparation quelques matières qui les préservoient de ces inconvéniens funestes. Il faut regretter que l'art utile de le tremper ainsi ait été perdu, ou par le découragement des naturels du pays, ou par le mépris que les conquérans avoient pour tout ce qui n'avoit point de rapport avec leur passion pour les richesses.

Suite de l'histoire politique & de la fondation de la colonie du Pérou.

Quoi qu'il en soit des arts qu'offre le *Pérou*, les espagnols ne se virent pas plutôt les maîtres de ce vaste empire, qu'ils s'en disputèrent les dépouilles avec tout l'acharnement qu'annonçoient leurs premiers exploits. Les semences de cette division avoient été jettées par Pizarre lui-même qui, dans son voyage en Europe pour préparer une seconde expédition dans les mers du Sud, s'étoit fait donner par le ministère une grande supériorité sur Almagro. Le sacrifice de ce qu'il devoit à une faveur momentanée, l'avoit un peu réconcilié avec son associé justement offensé de cette perfidie : mais le partage de la rançon d'Atabaliba aigrit de nouveau ces deux brigands altiers & avides. Une dispute qui s'éleva sur les limites de leurs gouvernemens respectifs, mit le comble à leur haine, & cette extrême aversion eut les suites les plus déplorables.

Aprés quelques négociations de mauvaise foi, d'un côté au moins, & par conséquent inutiles, on eut recours au glaive pour savoir lequel des deux concurrens régiroit le *Pérou* entier. Le 6 avril 1538, dans les plaines de Salines, non loin de Cusco, le sort se décida contre Almagro qui fut pris & décapité.

Ceux de ses partisans qui avoient échappé au carnage, se seroient volontiers réconciliés avec le parti vainqueur. Soit que Pizarre n'osât pas se fier aux soldats de son rival, soit qu'il ne pût surmonter une haine trop vive, il eut toujours pour eux un éloignement marqué. On ne les excluoit pas seulement des graces que l'acquisition d'un grand empire faisoit prodiguer; on les dépouilloit encore des récompenses anciennement accordées à leurs services; on les persécutoit, on les humilioit.

Ces traitemens en conduisirent un grand nombre à Lima. Là, dans la maison du fils de leur général, ils concertent dans le silence la perte de leur oppresseur. Dix-neuf des plus intrépides en sortent, l'épée à la main, le 26 juin 1541, au milieu du jour, temps de repos dans les pays chauds. Ils pénètrent, sans résistance, dans le palais de Pizarre ; & le conquérant de tant de vastes états est paisiblement massacré au milieu d'une ville qu'il a fondée, & dont tous les habitans sont ses créatures, ses serviteurs, ses parens, ses amis ou ses soldats.

Ceux qu'on croit les plus disposés à venger son sang, périssent après lui. La fureur s'étend. Tout ce qui ose se montrer dans les rues & dans les places, est regardé comme ennemi, & tombe sous le glaive. Bientôt les maisons & les temples sont comblés de carnage, & ne présentent que des cadavres défigurés.

Les jours qui suivent ces jours de destruction ? éclairent des forfaits d'un autre genre. L'ame du jeune Almagro, qu'on a revêtu de l'autorité, paroît faite pour la tyrannie. Tout ce qui a servi à l'ennemi de sa maison, est inhumainement proscrit. On dépose des anciens magistrats. Les troupes reçoivent de nouveaux chefs. Les trésors du prince & la fortune de ceux qui ont péri ou qui sont absens, deviennent la proie de l'usurpateur. Ses complices, liés à son sort par les crimes dont ils se sont souillés, sont forcés d'appuyer des entreprises dont ils ont horreur. Ceux d'entr'eux qui laissent percer leur chagrin, sont immolés en secret, ou périssent sur un échafaud. Dans la confusion où une révolution si peu attendue a plongé le *Pérou*, plusieurs provinces reçoivent des loix du monstre qui s'est fait proclamer gouverneur de la capitale ; & il va, dans l'intérieur de l'empire, achever de réduire ce qui résiste ou balance.

Une foule de brigands se joignent à lui dans sa marche. Son armée ne respire que la vengeance ou le pillage. Tout plie devant elle. La guerre étoit finie, si les talens militaires du général eussent égalé l'ardeur des troupes. Malheureusement pour Almagro, il avoit perdu son guide, Jean d'Herrada. Son inexpérience le fait tomber dans les pièges qui lui sont tendus par Pedro Alvarès, qui s'est mis à la tête du parti opposé. Il perd, à débrouiller des ruses, le tems qu'il auroit dû employer à combattre. Dans ces circonstances, un événement que personne n'avoit pu prévoir, vient changer la face des affaires.

Le licencié Vaca de Castro, envoyé d'Europe pour juger les meurtriers du vieux Almagro, arrive au *Pérou*. Comme il devoit être chargé du gouvernement, au cas que Pizarre ne fût plus, tous ceux qui n'étoient pas vendus au tyran, s'empressèrent de le reconnoître. L'incertitude & la jalousie, qui les avoient tenus trop long-temps épars, ne furent plus un obstacle à leur réunion. Castro, aussi décidé que s'il eût vieilli sous le casque, ne fit pas languir leur impatience ; il les mena à l'ennemi. Les deux armées combattirent à Chupas, le 16 septembre 1542, avec une opiniâtreté inexprimable. La victoire, après avoir long-temps balancé, se décida, sur la fin du jour, pour le parti du trône. Les plus coupables des rebelles, qui craignoient de languir dans de honteux supplices, provoquoient les vainqueurs à les massacrer, & crioient en désespérés : *c'est moi qui ai tué Pizarre*. Leur chef, fait prisonnier, périt sur un échafaud.

Ces scènes déplorables venoient de finir, lorsque Blasco Nunnez-Vela arriva en 1544 au *Pérou*, avec le nom & les pouvoirs de vice-roi. La cour avoit cru devoir revêtir son représentant d'un titre imposant & d'une autorité très-étendue, pour que les décrets dont il étoit chargé trouvassent moins d'opposition. Ces ordonnances, imaginées pour diminuer l'oppression sous laquelle succomboient les indiens, & plus particuliérement pour rendre utiles à la couronne d'immenses conquêtes, étoient-elles judicieusement conçues ? On en jugera.

Elles portoient que quelques péruviens seroient libres dans le moment, & les autres à la mort de leurs oppresseurs ; qu'à l'avenir on ne pourroit pas les forcer à s'enterrer dans des mines, ni exiger d'eux aucun travail sans les payer ; que leurs corvées & leurs tributs seroient réglés ; que les espagnols qui parcourroient les provinces à pied, n'auroient pas plus de trois de ces malheureux pour porter leur bagage, ni de cinq s'ils étoient à cheval : que les caciques seroient déchargés de l'obligation de fournir la nourriture au voyageur & à son cortège.

Par les mêmes réglemens, étoient annexés au domaine de l'état tous les départemens ou commanderies des gouverneurs, des officiers de justice, des agens du fisc, des évêques, des monastères, des hôpitaux, de tous ceux qui s'étoient trouvés mêlés dans les troubles publics. Le peu de terres qui pouvoient appartenir à d'autres maîtres, devoient subir la même loi, après que les possesseurs actuels auroient terminé une carrière plus ou moins longue, sans que leurs héritiers, leurs femmes, leurs enfans en pussent réclamer la moindre partie.

Avant d'ordonner une si grande révolution, n'auroit il pas fallu adoucir des mœurs féroces, plier au joug des hommes qui avoient toujours vécu dans l'indépendance, ramener à des principes d'équité l'injustice même, lier à l'intérêt général ceux qui n'avoient connu que des intérêts privés, rendre citoyens des aventuriers qui avoient comme oublié le pays de leur origine, établir des propriétés où l'on n'avoit connu que la loi du plus fort, faire sortir l'ordre du désordre même, &, par un tableau frappant des maux que l'anarchie venoit de causer, rendre cher & respectable un gouvernement régulièrement ordonné ? Comment, sans aucun de ces préliminaires, la cour de Madrid put-elle espérer de parvenir brusquement au but qu'elle se proposoit ?

Nunnez, voulant faire exécuter les ordres qu'il avoit reçus dans l'ancien hémisphère, fut aussi-tôt dégradé, mis aux fers & relégué dans une isle déserte, d'où il ne devoit sortir que pour être transféré dans la métropole.

Gonzale Pizarre revenoit alors d'une expédition difficile, qui l'avoit conduit jusqu'à la rivière des Amazones, & l'avoit occupé assez long-temps pour l'empêcher de jouer un rôle dans les révolutions qui s'étoient succédées si rapidement. L'anarchie qu'il trouva établie, lui fit naître la pensée de se saisir de l'autorité. Son nom & ses forces ne permirent pas de la lui refuser : mais son usurpation fut scellée de tant d'atrocités, qu'on regretta Nunnez. Il fut tiré de son exil, & ne tarda pas à se voir assez de forces pour tenir la campagne. Les troubles civils recommencèrent. La fureur fut extrême dans les deux partis. Personne ne demandoit ni ne faisoit quartier. Les indiens furent forcés de prendre part à cette guerre comme aux précédentes ; les uns sous les étendards du vice-roi, les autres sous ceux de Gonzale. Ils traînoient l'artillerie, ils applanissoient les chemins, ils portoient le bagage. Après des succès long-temps variés, la fortune couronna la rébellion sous les murs de Quito, dans le mois de janvier de l'an 1545. Nunnez & la plupart des siens furent massacrés dans cette journée. Gonzale reprit le chemin de Lima.

Avec du jugement & l'apparence de la modération, il lui eût été possible de se rendre indépendant. Les principaux de son parti le désiroient. Le grand nombre auroit vu cet événement d'un œil indifférent, & les autres auroient été forcés d'y consentir. Une cruauté aveugle, une avidité insatiable, un orgueil sans borne, changèrent ces dispositions. Ceux même dont les intérêts étoient le plus liés avec ceux du tyran, soupiroient après un libérateur.

Il arriva d'Europe. Ce fut Pedro de la Gasca, prêtre avancé en âge, mais prudent, désintéressé, fintéreffé, ferme, & fur-tout très-délié. Il n'amenoit point de troupes, mais on lui avoit confié des pouvoirs illimités. Le premier ufage qu'il fe permit d'en faire, ce fut de publier un pardon univerfel, fans diftinction de perfonnes ou de crime, & de révoquer les loix févères qui avoient rendu l'adminiftration précédente odieufe. Cette démarche feule lui donna la flotte & les provinces des montagnes. Si Gonzale, à qui l'amniftie avoit été offerte en particulier avec tous les témoignages d'une diftinction marquée, eût confenti à l'accepter, comme les plus éclairés de fes partifans le lui confeilloient, le troubles fe trouvoient finis. L'habitude du commandement ne lui permit pas de defcendre à une condition privée; & il eut recours aux armes, dans l'efpérance de perpétuer fon rôle. Sans perdre un moment, il prit la route de Cufco, où la Gafca raffembloit fes forces. Le 9 d'avril 1548, le combat s'engagea à quatre lieues de cette place, dans les plaines de Saefahuana. Un des lieutenans du général rebelle le voyant abandonné, dès la première charge, par fes meilleurs foldats, lui confeilla, mais en vain, de fe précipiter dans les bataillons ennemis, & d'y périr en romain. Ce foible chef de parti aima mieux fe rendre & porter fa tête fur un échafaud. On pendit autour de lui neuf ou dix de fes officiers. Une peine plus infamante fut prononcée contre Carvajal, un des hommes les plus étonnans dont l'hiftoire ait confervé le fouvenir.

Telle fut la dernière fcène d'une tragédie dont tous les actes avoient été fanglans. Les guerres civiles furent cruelles dans tous les pays & dans tous les fiècles : mais au *Pérou*, elles devoient avoir un caractère particulier de ferocité. Ceux qui les fufcitoient, ceux qui s'y engageoient, étoient la plupart des aventuriers fans éducation & fans naiffance. L'avarice qui les avoit pouffés dans le Nouveau-Monde, fe joignit aux autres paffions qui rendent les diffenfions domeftiques fi durables & fi violentes. Tous, tous fans exception, ne voyoient dans le chef qu'ils avoient choifi qu'un compagnon de fortune, dont l'influence devoit fe borner à diriger leurs traits. Aucun n'acceptoit de folde. Comme le pillage & la confifcation devoient être le fruit de la victoire, il n'y avoit jamais de quartier dans l'action. Après le combat, tout homme riche étoit expofé aux accufations; & il ne périffoit guère moins de citoyens par les mains du bourreau, que de foldats dans les batailles. La plus baffe crapule, le luxe le plus extravagant avoient bientôt épuifé cet or acquis par tant de forfaits, & l'on fe livroit de nouveau à tous les excès de la licence militaire qui n'a point de frein.

Heureufement pour cette opulente partie de l'autre hémifphère, les plus féditieux des conquérans & de ceux qui fuivoient leurs traces, avoient miférablement péri dans les divers évé-nemens qui l'avoient tant de fois bouleverfée. Il n'avoit guère furvécu aux troubles que ceux qui avoient conftamment préféré des occupations paifibles au fracas & aux dangers des grandes révolutions. Ce qui pouvoit encore refter de commotion dans quelques efprits, s'appaifa peu à peu, comme l'agitation des vagues après une longue & furieufe tempête. Alors & alors feulement les rois catholiques purent fe dire avec vérité les rois des efpagnols fixés au *Pérou*. Mais il reftoit un Inca.

Cet héritier légitime de tant de vaftes états vivoit au milieu des montagnes dans l'indépendance. Des princeffes de fon fang, afferviés aux conquérans, abuferent de fon inexpérience & de fa jeuneffe pour l'engager à fe rendre à Lima. Les ufurpateurs de fes droits inconteftables pouffèrent l'infolence jufqu'à lui donner des lettres de grace, & ne lui affignèrent qu'un bien modique domaine pour fa fubfiftance. Il alla cacher fa honte & fes regrets dans la vallée d'Yucay, où une mort encore trop tardive termina trois ans après fa malheureufe carrière. Une fille unique, qui lui furvécut, époufa Loyola, & de ce mariage font forties les maifons d'Oropefa & d'Alcannizas. Ainfi fut confommée la conquête du *Pérou*, vers l'an 1560.

Détails fur les divers établiffemens que les efpagnols ont formé au Pérou.

Lorfque les caftillans s'étoient montrés pour la première fois dans cet empire, il avoit plus de quinze cents milles de côtes fur la mer du fud, & dans fa profondeur il n'étoit borné que par les plus hautes des Cordelières. En moins d'un demi-fiècle, ces hommes turbulens pouffèrent à l'eft leurs conquêtes depuis Panama, jufqu'à la rivière de la Plata, & à l'oueft depuis le Chagre jufqu'à l'Orénoque. Quoique les nouvelles acquifitions fuffent la plupart féparées du *Pérou* par des déferts affreux ou par des peuples qui défendoient opiniâtrement leur liberté, elles y furent toutes incorporées & en reçurent les loi jufques dans les derniers temps. Nous allons parcourir celles qui ont confervé ou acquis quelque importance. Nous avons déja parlé du Darien, qui eft une de ces nouvelles acquifitions. *Voyez* l'article DARIEN.

Province de Carthagene.

La province de Carthagène eft bornée à l'oueft par la rivière de Darien, & à l'eft par celle de la Madeleine. Elle a cinquante-trois lieues de côte, & quatre-vingt cinq dans l'intérieur des terres. Les montagnes arides & très-élevées qui occupent la plus grande partie de ce vafte efpace, font féparées par des vallées larges, arrofées & fertiles. L'humidité & la chaleur exceffives du climat empêchent, à la vérité, que les grains, les huiles, les vins, que les fruits de l'Europe n'y puissent prospérer : mais le riz, le manioc, le maïs, le cacao, le sucre, toutes les productions particulières à l'Amérique y sont fort communes. On n'y cultive cependant pour l'exportation que le coton, & encore a-t-il la laine si longue, est-il si difficile à travailler, qu'il n'est acheté qu'au plus vil prix dans nos marchés, qu'il est rebuté par la plupart des manufactures.

Bastidas fut le premier européen qui, en 1502, se montra sur ces plages inconnues. La Cosa, Guerra, Ojeda, Vespuce, Oviedo y abordèrent après lui ; mais les peuples que ces brigands se proposoient d'asservir, leur opposèrent une telle résistance, qu'il leur fallut renoncer à tout projet d'établissement. Pedro de Heridia parut enfin, en 1527, avec des forces suffisantes pour donner la loi. Il bâtit & peupla Carthagène.

Des corsaires françois pillèrent la nouvelle ville en 1544. Elle fut brûlée quarante & un ans après par le célèbre Drake. Pointis, un des amiraux de Louis XIV, la prit en 1697, mais en déshonorant, par une cruelle rapacité, des armes que son maître vouloit illustrer. Les anglois se virent réduits, en 1741, à la honte d'en lever le siège, quoiqu'ils l'eussent formé avec vingt-cinq vaisseaux de ligne, six brûlots, deux galiotes à bombes, & assez de troupes de débarquement pour conquérir une grande partie de l'Amérique. La mésintelligence de Vernon & de Wenthwort, les cabales qui divisoient le camp & la flotte, un défaut d'expérience dans la plupart des chefs & de soumission dans les subalternes, toutes ces causes se réunirent pour priver la nation de la gloire & des avantages qu'elle s'étoit promis d'un des plus brillans armemens qui fussent jamais sortis des rades britanniques.

Après tant de révolutions, Carthagène subsiste avec éclat dans une presqu'isle de sable qui ne tient au continent que par deux langues de terre, dont la plus large n'a pas plus de trente-cinq toises. Ses fortifications sont régulières. La nature a placé à peu de distance une colline de hauteur médiocre, sur laquelle on a construit la citadelle de Saint-Lazare. Une garnison plus ou moins nombreuse, selon les circonstances, défend tant d'ouvrages. La ville est une des mieux bâties, des mieux percées, des mieux disposées du Nouveau-Monde : elle peut contenir vingt-cinq mille ames. Les espagnols forment la sixième partie de cette population. Les indiens, les nègres, les races formées de mélanges variés à l'infini, composent le reste.

Cette bigarrure est plus commune à Carthagène que dans la plupart des autres colonies. On y voit arriver continuellement une foule de vagabonds, sans biens, sans emploi, sans recommandation. Dans un pays où n'étant connus de personne, aucun citoyen n'ose prendre confiance en leurs services ; leur destinée est de vivre misérablement d'aumônes conventuelles, & de coucher au coin d'une place, ou sous le portique de quelqu'église. Si le chagrin d'un si triste état leur cause une maladie grave, ils sont communément secourus par des négresses libres, dont ils reconnoissent les soins & les bienfaits en les épousant. Ceux qui n'ont pas le bonheur d'être dans une situation assez désespérée pour intéresser la pitié des femmes, sont réduits à se réfugier dans les campagnes, & à s'y livrer à des travaux fatigans, qu'un certain orgueil national & d'anciennes habitudes leur rendent également insupportables. L'indolence est poussée si loin dans cette région, que les hommes & les femmes riches ne quittent leurs hamacs que rarement & pour peu de tems.

Le climat doit être un des grands principes de cette inaction. Les chaleurs sont excessives & presque continuelles à Carthagène. Les torrens d'eau qui tombent sans interruption depuis le mois de mai jusqu'à celui de novembre, ont cette singularité qu'ils ne rafraîchissent jamais l'air, quelquefois un peu tempéré par les vents du nord-est, dans la saison seche. La nuit n'est pas moins étouffée que le jour. Une transpiration habituelle donne aux habitans la couleur pâle & livide des malades. Lors même qu'ils se portent bien, leurs mouvemens se ressentent de la mollesse de l'air qui relâche sensiblement leurs fibres. On s'en apperçoit jusques dans leurs paroles toujours traînantes & prononcées à voix basse. Ceux qui arrivent d'Europe, conservent leur santé & leur embonpoint trois ou quatre mois : mais ils perdent ensuite l'un & l'autre.

Ce dépérissement est l'avant-coureur d'un mal plus fâcheux encore, mais dont la nature est peu connue. On conjecture qu'il vient à quelques personnes pour n'avoir pas digéré ; à d'autres, parce qu'elles se sont refroidies. Il se déclare par des vomissemens accompagnés d'un délire si violent, qu'il faut lier le malade pour l'empêcher de se déchirer. Souvent il expire au milieu de ces transports, qui durent rarement plus de trois ou quatre jours.

Malgré les vices multipliés d'un climat incommode & dangereux, malgré beaucoup d'autres inconvéniens, l'Espagne a toujours montré une grande prédilection pour Carthagène, à cause de son port, un des meilleurs que l'on connoisse. Il a deux lieues d'étendue, un fond excellent & profond. On n'y éprouve pas plus d'agitation que sur la rivière la plus tranquille. Deux canaux y conduisent. Celui qu'on nomme *Boca-Grande*, large de sept à huit cents toises, avoit autrefois si peu de profondeur, que le plus léger canot y passoit difficilement. L'Océan l'a successivement creusé au point qu'on y trouve jusqu'à douze pieds d'eau en quelques endroits. Si la révolution des temps amenoit de plus grands changemens, la place seroit exposée. Aussi la cour de Madrid s'occupe-t-elle sérieusement des moyens de prévenir un si grand malheur.

Du temps que ces contrées étoient approvisionnées par la voie si connue des galions, les vaisseaux partis d'Espagne tous ensemble, passoient à Carthagène avant d'aller à Porto-Bello, & y repassoient avant de reprendre la route de l'Europe. Au premier voyage, ils y déposoient les marchandises nécessaires pour l'approvisionnement des provinces de l'intérieur, & ils en recevoient le prix au second. Lorsque les navires isolés furent substitués à ces armemens, la ville eut la même destination. Ce fut toujours le port de communication de l'ancien hémisphère avec une grande partie du nouveau. Depuis 1748 jusqu'en 1753, cet entrepôt ne vit arriver d'Espagne que 27 navires qui, en échange des marchandises qu'ils avoient portées, reçurent chaque année en or 9,357,806 livres, en argent 4,729,458 livres, en productions 851,765 liv.; en tout 14,939,069 livres.

Dans ces retours où il n'y eut rien pour le gouvernement, & où tout fut pour le commerce, le territoire de Carthagène n'entra que pour 93,241 livres.

Nous avons parlé de la province de Sainte-Marthe à l'article MARTHE (Sainte): *voyez* cet article.

Nous parlerons de la province de Venezuela à l'article VENEZUELA.

Nous avons parlé de la province de Cumana à l'article CUMANA; de la province d'Oreno que à l'article ORENOQUE, & du nouveau royaume de Grenade à l'article GRENADE (Nouvelle).

Remarques sur le climat, la population, les productions, le Commerce & le Gouvernement actuel du Pérou.

Le climat offre des singularités très-remarquables dans le haut Pérou. On y éprouve le même jour, quelquefois à la même heure, & toujours dans un espace très-borné, la température des zones les plus opposées. Ceux qui s'y rendent des vallées, sont percés en arrivant, d'un froid rigoureux, dont ni le feu, ni l'action, ni les vêtemens ne peuvent les garantir; mais dont l'impression cesse d'être désagréable, après un séjour d'un mois ou de trois semaines. Les symptômes du mal de mer tourmentent les voyageurs qui y paroissent pour la première fois, avec plus ou moins de violence, selon qu'ils en auroient eu à souffrir sur l'océan. Cependant, quelle qu'en soit la raison, l'on n'est pas exposé à cet accident partout; & aucun des astronomes qui mesurèrent la figure de la terre sur les montagnes de Quito n'en fut attaqué.

Dans les vallées, on est autant ou plus étonné. Quoique très-près de l'équateur, ce pays jouit d'une délicieuse température. Les quatre saisons de l'année y sont sensibles, sans qu'aucune puisse passer pour incommode. Celle de l'hiver est la plus marquée.

Quelle que soit la raison d'un hiver si constant sous la zone torride, il est certain qu'il ne pleut jamais ou qu'il ne pleut que tous les deux ou trois ans dans le *Pérou*.

Il faudroit pourtant des pluies, & des pluies journalières, pour communiquer quelque fertilité aux côtés qui s'étendent depuis Tombés jusqu'à Lima, c'est-à-dire, dans un espace de deux cents soixante-quatre lieues. Les sables en sont si généralement arides, qu'on n'y voit pas même une herbe, excepté dans les parties qu'il est possible d'arroser; & cette facilité n'est pas ordinaire. Il n'y a pas une seule source dans le *Pérou*; les rivières n'y sont pas communes; & celles qu'on y voit n'ont la plupart de l'eau que six ou sept mois de l'année. Ce sont des torrens qui sortent des lacs, plus ou moins grands, formés dans les cordelières, qui ne parcourent qu'un court espace & qui tarissent durant l'été. Du temps des Incas, ces précieuses eaux étoient recueillies avec soin, & par le secours de divers canaux, répandues sur une assez grande superficie qu'elles fertilisoient. Les espagnols ont profité de ces travaux. Leurs bourgades & leurs villes ont remplacé les cabanes des indiens qui, peut-être par cette raison, sont en moindre nombre dans le bas *Pérou* que sur les montagnes.

Malgré les désordres de son organisation physique, la région qui nous occupe avoit vu se former dans son sein un empire florissant. On ne sauroit guère révoquer en doute sa population, quand on voit que ce peuple heureux avoit couvert de ses colonies toutes les provinces qu'il avoit conquises; quand on fait attention au nombre étonnant d'hommes employés au gouvernement, & tirant de l'état leur subsistance. Tant de leviers & de bras occupés à mouvoir la machine politique, ne supposent-ils pas une population considérable, pour nourrir des productions de la terre une classe nombreuse de ses habitans qui ne la cultivoient pas?

Par quelle fatalité le *Pérou* se trouve-t-il donc aujourd'hui si désert? En remontant à l'origine des choses, on trouve que les conquérans des côtes de la mer du Sud, brigands sans naissance, sans éducation & sans principes, commirent d'abord plus d'atrocités que ceux du Mexique. La métropole tarda plus long-temps à donner un frein à leur férocité, nourrie continuellement par les guerres civiles, longues & cruelles, qui suivirent la conquête. Il s'établit depuis un système d'oppression plus pesant & plus suivi que dans les autres contrées du Nouveau-Monde moins éloignées de l'Europe.

Un découragement universel étoit la suite nécessaire de cette conduite. Aussi les naturels du pays se dégoûtèrent-ils de l'état social & des fatigués qu'il entraîne. Ils persévèrent dans ces dispositions fâcheuses, & ne se donneroient même aucun soin pour faire naître des subsistances, s'ils n'y étoient contraints par le gouvernement. Leur conduite se ressent de cette violence. Les habitans d'une communauté, hommes, femmes, enfans, se réunissent tous pour labourer, pour ensemencer un champ. Ces travaux interrompus à chaque moment par des danses & par des festins, se font au son de divers instrumens. La même négligence, les mêmes plaisirs acompagnent la récolte du maïs & des autres grains. Ces peuples ne montrent pas plus d'ardeur pour se procurer des vêtemens. Inutilement on a tenté d'inspirer un meilleur esprit, un esprit plus convenable au bien de l'empire. L'autorité a été impuissante contre des usages qu'une mauvaise administration réitere & qu'elle entretenoit.

Le vuide qui s'étoit fait dans la population du *Pérou*, & l'inertie de ce qui y étoit resté d'hommes, déterminèrent les conquérans à l'introduction d'une race étrangère : mais ce supplément fut plus nuisible à l'Afrique, qu'utile au pays des incas. L'avarice ne retira pas de ces nouveaux esclaves tous les avantages qu'elle s'en étoit promis. Le gouvernement fit un monopole de ce vil commerce. Il fallut recevoir les noirs d'une main rivale ou ennemie, les faire arriver à leur destination par des climats mal-sains & des mers immenses, soutenir la dépense de plusieurs entrepôts fort chers. Cependant cette espèce d'hommes se multiplia beaucoup plus au *Pérou* qu'au Mexique. Les espagnols s'y trouvent aussi en bien plus grand nombre : & voici pourquoi.

Au temps des premières conquêtes, lorsque les émigrations étoient les plus fréquentes, le pays des incas avoit une plus grande réputation de richesse que la Nouvelle-Espagne ; & il en sortit en effet plus de trésors pendant un demi-siécle. La passion de les partager devoit y attirer réellement un plus grand nombre de Castillans. Quoiqu'ils y fussent tous ou presque tous passés avec l'espoir de venir jouir un jour dans leur patrie de la fortune qu'ils auroient faite, ils se fixèrent la plupart dans la colonie. La douceur du climat & la bonté des denrées les y attachoient. Ils comptoient d'ailleurs sur une grande indépendance dans une région si éloignée de la métropole.

Il faut voir à quel degré de prospérité s'est élevé le *Pérou*, par les travaux réunis de tant de races différentes.

La côte immense qui s'étend depuis Panama jusqu'à Tombès, & qui en 1718 fut détachée du *Pérou* pour être incorporée au nouveau royaume, est une des plus misérables régions du globe. Des marais vastes & nombreux en occupent une grande partie. Ce qu'ils ne couvrent pas est inondé durant plus de six mois chaque année par des pluies qui tombent en torrens. Du sein de ces eaux croupissantes & mal-saines s'élevent des forêts aussi anciennes que le monde, & tellement embarrassées de lianes, que l'homme le plus fort ou le plus intrépide ne sauroit y pénétrer. Des brouillards épais & fréquens jettent un voile obscur sur ces hideuses campagnes. Aucune des productions de l'ancien hémisphère ne sauroit croître dans ce sol ingrat, & celles même du nouveau n'y prospèrent guère. Aussi n'y voit-on qu'un très-petit nombre de sauvages la plupart errans, & si peu d'espagnols, qu'on pourroit presque dire qu'il n'y en a point. La côte est heureusement terminée par le golfe de Guayaquil, où la nature est moins dégradée.

Ce fleuve vit s'élever en 1533, la seconde ville que les espagnols bâtirent dans le *Pérou*. Les indiens ne laissèrent pas subsister long-temps ce monument érigé contre leur liberté : mais il fut rétabli quatre ans après par Orellana. Ce ne fut plus dans la baie de Charopte, qui avoit été d'abord choisie, qu'on le plaça. La croupe d'une montagne éloignée de la rivière de cinq à six cents toises, fut préférée. Les besoins de commerce déterminèrent dans la suite les négocians à former leurs habitations sur la rive même. L'espace qui séparoit de leur première demeure a été occupé successivement ; & aujourd'hui les deux quartiers sont entièrement réunis.

Guayaquil étoit naguere un lieu absolument ouvert. Il est maintenant sous la protection de trois forts, gardés seulement par ses habitans.

C'est une particularité aujourd'hui connue, que sur la côte de Guayaquil, aussi bien que sur celle de Guatimala, se trouvent les limaçons qui donnent cette pourpre si célébrée par les anciens, & que les modernes ont cru perdus.

Guayaquil fournit aux provinces voisines, des bœufs, des mulets, du sel, du poisson. Il fournit une grande abondance de cacao au Mexique & à l'Europe. C'est le chantier universel de la mer du Sud, & il pourroit le devenir en partie de la métropole. On ne connoît point de contrée sur la terre, qui soit plus riche en mâtures & en bois de construction. Le chanvre & le goudron qui lui manquent, lui viennent de Chili & de Guatimala.

Cette ville est l'entrepôt nécessaire de tout le commerce que le bas *Pérou*, Panama & le Mexique veulent faire avec le pays de Quito. Toutes les marchandises que ces contrées échangent, passent par les mains de ses négocians. Les plus gros des navires s'arrêtent à l'isle du Puna, à six ou sept lieues de la place. Les autres peuvent remonter trente-cinq lieues dans le fleuve jusqu'à Caracol.

Malgré tant de moyens de s'élever, Guayaquil, dont la population est de vingt mille ames, n'a que de l'aifance. Les fortunes y ont été fucceffivement renverfées par neuf incendies, & par des corfaires qui ont deux fois faccagé la ville. Celles qui ont été faites depuis ces funeftes époques n'y font pas reftées. Un climat où les chaleurs font intolérables toute l'année, où les pluies font continuelles pendant fix mois, où des infectes dégoûtans & dangereux ne laiffent pas un inftant de tranquillité, où paroiffent réunies les maladies des températures les plus oppofées, où l'on vit dans la crainte continuelle de perdre la vue : un tel climat n'eft guere propre à fixer fes habitans. Auffi n'y voit-on que ceux qui n'ont pas acquis affez de bien pour aller couler ailleurs des jours heureux dans l'oifiveté & dans la molleffe.

En quittant le territoire de Guayaquil, on entre dans les vallées du *Pérou*. Elles occupent quatre cents lieues d'une côte femée d'un grand nombre de mauvaifes rades, parmi lefquelles un heureux hafard a placé un ou deux affez bons ports. Dans tout ce vafte efpace, il n'y a pas la trace d'un feul chemin ; & il faut le parcourir fur des mules pendant la nuit, parce que la réverbération du foleil en rend les fables impraticables durant le jour. A des diftances de trente ou quarante lieues, on trouve les petites villes de Piura, de Peyta, de Senta, de Pifco, de Nafca, d'Ica, de Moquequa, d'Arica, & dans l'intervalle un petit nombre de hameaux ou de bourgades. Il n'y a dans toute cette étendue que trois villes de ce nom : Truxillo qui a neuf mille habitans, Arequipa qui en a quarante mille, & Lima qui en a cinquante-quatre. Ces divers établiffemens ont été formés par-tout où il y avoit quelque veine de terre végétale, & par-tout où les eaux pouvoient fertilifer un limon naturellement aride.

Le pays offre les fruits propres à ce climat & la plupart de ceux de l'Europe. La culture du maïs, du piment & du coton, qui s'y trouvoit établie, ne fut pas abandonnée ; & on y porta celle du froment, de l'orge, du manioc, des pommes de terre, du fucre, de l'olivier & de la vigne. La chevre y a beaucoup réuffi ; mais la brebis a dégénéré, & fa toifon eft extrêmement groffiere. Dans toutes les vallées il n'y a qu'une mine, & c'eft celle de Hutantajaha.

Dans le haut *Pérou*, à cent vingt lieues de la mer, eft Cufco, bâtie par le premier des incas, dans un terrein fort inégal & fur le penchant de plufieurs collines. Ce ne fut d'abord qu'une foible bourgade, qui avec le temps devint une cité confidérable, qu'on divifa en autant de quartiers qu'il y avoit de nations incorporées à l'Empire. Chaque peuple avoit la liberté de fuivre fes anciens ufages : mais tous devoient adorer l'aftre brillant qui féconde le globe.

Au nord de cette capitale étoit une efpèce de citadelle, élevée avec beaucoup de foin, de travail & de dépenfe. Les efpagnols parlerent long-temps de ce monument de l'induftrie Peruvienne avec une admiration qui fubjugua l'Europe entière. Des gens éclairés ont vu ces ruines, & le merveilleux a difparu. On s'eft enfin convaincu que cette fortification n'avoit guère d'autre fupériorité fur les autres ouvrages du même genre érigés dans le pays, que d'avoir été conftruite avec des pierres plus confidérables.

Cufco compte fous fes nouveaux maîtres vingt-fix mille habitans.

Au milieu des montagnes fe voient encore quelques autres villes : Chupuifaca ou la Plata, qui a treize mille ames ; Potofi, vingt-cinq mille ; Oropefa, dix-fept mille ; la Paz, vingt mille ; Guancavelica, huit mille ; Huamanga, dix huit mille cinq cents.

Mais, qu'on le remarque bien, aucune de ces villes ne fut élevée dans les contrées qui offroient un terroir fertile, des moiffons abondantes, des pâturages excellens, un climat doux & fain, toutes les commodités de la vie. Ces lieux, fi bien cultivés jufqu'alors par des peuples nombreux & floriffans, n'attirèrent pas un feul regard. Bientôt ils ne préfentèrent que le tableau déplorable d'un défert affreux, & cette confufion plus trifte & plus hideufe que ne devoit l'être l'afpect fauvage de la terre avant l'origine des fociétés.

Cette foif infatiable de l'or, qui n'avoit égard, ni aux fubfiftances, ni à la fûreté, ni à la politique, décida feule de tous les établiffemens. Quelques-uns fe font foutenus ; plufieurs font tombés, & il s'en eft formé d'autres. Tous ont fuivi la découverte, la progreffion, la décadence des mines auxquelles ils étoient fubordonnés.

On s'égara moins dans les moyens de fe procurer des vivres. Les naturels du pays n'avoient guère vécu jufqu'alors que de maïs, de fruits & de légumes, où il n'entroit d'autre affaifonnement que du fel & du piment. Leurs liqueurs compofées de différentes racines, étoient plus variées. La chica étoit la plus commune.

Les conquérans ne s'accommoderent, ni de la nourriture, ni des boiffons du peuple vaincu. Ils naturaliferent librement & avec fuccès tous les grains, tous les fruits, tous les quadrupèdes de l'ancien hémifphère dans le nouveau. La métropole, qui s'étoit propofée de fournir à fa colonie, des huiles, des eaux-de-vie, voulut d'abord interdire la culture de la vigne & de l'olivier : mais on ne tarda pas à comprendre qu'il feroit impoffible de faire paffer régulièrement au *Pérou* des objets fujets à tant d'accidens & d'un fi gros volume ; & il fut permis de les y multiplier autant que le climat & les befoins le comporteroient.

Après avoir pourvu à une fubfiftance meilleure & plus variée, les efpagnols voulurent avoir un habillement plus commode & plus agréable que celui des péruviens. C'étoit pourtant le peuple de l'Amérique le mieux vêtu. Il devoit cette supériorité à l'avantage qu'il avoit d'avoir des animaux domestiques qui lui servoient à cet usage, le lama & le paco.

Les toisons du lama & du paco étoient utilement employées au *Pérou*, avant que l'Empire eût subi un joug étranger. Cusco en fabriquoit, pour l'usage de la cour, des tapisseries ornées de fleurs, d'oiseaux, d'arbres assez bien imités. Elles servoient ailleurs à faire des mantes qui couvroient une chemise de coton.

La fierté & les habitudes des conquérans, qui leur rendoient généralement incommodes ou méprisables tous les usages établis dans les contrées qui servoient de théâtre à leur avarice ou à leur fureur, ne leur permirent pas d'adopter l'habillement des péruviens. Ils demandèrent à l'Europe tout ce qu'elle possédoit de plus fini, de plus magnifique en toiles & en étoffes. Avec le temps, les trésors qu'on avoit d'abord pillés s'épuisèrent; & il ne fut plus possible d'en obtenir de nouveaux qu'en faisant de grandes avances, & en se livrant à des travaux d'une utilité douteuse. Alors les profusions diminuèrent. Les anciennes fabriques de coton, que l'oppression avoit réduites à presque rien, reprirent quelque vigueur. Il s'en éleva d'un autre genre, & leur nombre a augmenté successivement.

Avec la laine de vigogne, on fabrique, dans plusieurs provinces, des bas, des mouchoirs, des écharpes. Cette laine, mêlée avec la laine extrêmement dégénérée des moutons venus d'Europe, sert à faire des tapis & des draps passables. Cette dernière seule est convertie en serges & en d'autres étoffes grossières.

Les manufactures de luxe sont établies à Arequipa, à Cusco & à Lima. De ces trois grandes villes partent tous les bijoux & tous les diamans, toute la vaisselle des particuliers & toute l'argenterie des églises. Ces ouvrages sont grossièrement travaillés & mêlés de beaucoup de cuivre. On ne retrouve guère plus de goût & de perfection dans les galons, dans les broderies, dans les dentelles qui sortent des mêmes ateliers.

D'autres mains s'exercent à dorer les cuirs, à faire avec du bois & de l'ivoire des morceaux de marqueterie & de sculpture, à tracer quelques figures sur des marbres trouvés depuis peu à Cuenca, ou sur des toiles de lin venues de l'ancien hémisphère. Ces productions d'un art imparfait servent à la décoration des maisons, des palais, des temples. Le dessin n'en est pas absolument mauvais; mais les couleurs manquent de vérité & ne sont pas durables. Cette industrie appartient presqu'exclusivement aux indiens fixés à Cusco, & moins opprimés, moins abrutis sur ce théâtre de leur première gloire que dans tout le reste.

Mines du Pérou.

On trouve dans le pays des incas, des mines de cuivre, d'étain, de soufre, de bitume, qui sont généralement négligées. L'extrême besoin a procuré quelque attention à celles de sel. On y taille ce fossile en pierres proportionnées à la force des lamas & des pacos destinés à les distribuer dans toutes les provinces de l'Empire éloignées de l'océan. Ce sel est de couleur violette & a des veines comme le jaspe. Il n'est vendu, ni au poids, ni à la mesure, mais en pierres, dont le volume est à-peu-près égal.

Une nouvelle matière a été découverte depuis peu dans ces régions : c'est la platine, ainsi appellée du mot espagnol *plata*, dont on a fait le diminutif *platina* ou petit argent.

Aujourd'hui que ceux qui gouvernent les nations ont des moyens faciles pour s'éclairer en consultant les académies, on ne peut douter que le gouvernement espagnol ne s'empresse de tirer parti de la platine, dont il paroît jusqu'ici qu'il est le seul possesseur, & dont il peut faire un usage utile pour sa nation & pour la société toute entière.

Hors une seule, la nature n'a point formé de mines d'or & d'argent dans ce qu'on appelle les vallées du *Pérou*. Les grosses masses de ces précieux métaux qui s'y rencontrent quelquefois, y ont été transportées par des embrasemens souterreins, des volcans, des tremblemens de terre; par des révolutions que l'Amérique a essuyées, essuie encore tous les jours. Ces masses détachées s'offrent aussi de temps en temps ailleurs. Vers l'an 1730, on trouva, non loin de la ville de la Paz, un morceau d'or qui pesoit quatre-vingt-dix marcs. C'étoit un composé de six différentes espèces de ce précieux métal, depuis dix-huit jusqu'à vingt-trois karats & demi. On ne voit que peu de mines, & de bas aloi, dans les monticules voisins de la mer. C'est seulement dans les lieux très-froids & très-élevés qu'elles sont riches & multipliées.

Sans avoir des monnoies, les péruviens connoissoient l'emploi de l'or & de l'argent qu'ils réduisoient en bijoux, ou même en vases. Les torrens & les rivières leur fournissoient le premier de ces métaux : mais pour se procurer le second, il falloit plus de travail & plus d'industrie. Le plus souvent on ouvroit la terre, mais jamais si profondément que les travailleurs ne pussent jetter eux-mêmes le minerai sur les bords de la fosse qu'ils avoient creusée, ou du moins l'y faire arriver, en le transmettant de main en main. Quelquefois aussi l'on perçoit le flanc des montagnes, & l'on suivoit, dans un espace toujours très peu étendu, les différentes veines que la fortune pouvoit offrir. C'étoit par le moyen du feu qu'étoient fondus les deux métaux, qu'ils étoient dégagés des matières étrangères qui s'y trouvoient mêlées. Des fourneaux, où un courant d'air rémplissoit la fonction du soufflet, entièrement inconnu dans ces régions, servoient à cette opération difficile.

Porco, peu éloignée du lieu où un des lieutenans de Pizarre fonda, en 1539, la ville de la Plata, Porco étoit, de toutes les mines que les incas faisoient travailler la plus abondante & la plus connue. Ce fut aussi la première que les espagnols exploitèrent après la conquête. Une infinité d'autres ne tardèrent pas à suivre.

Toutes, sans exception, toutes se trouvèrent d'une exploitation très-dispendieuse. La nature les a placées dans des contrées privées d'eau, de bois, de vivres, de tous les soutiens de la vie, qu'il faut faire arriver avec de grandes difficultés à travers des déserts immenses. Ces difficultés ont été surmontées, le sont encore, avec plus ou moins de succès.

Plusieurs mines qui eurent de la réputation ont été abandonnées successivement. Leur produit, quoiqu'égal à celui des premiers temps, ne suffisoit plus pour soutenir les dépenses qu'il falloit faire pour l'obtenir. Cette révolution est réservée à beaucoup d'autres.

On a été forcé de renoncer à des mines qui avoient donné de fausses espérances. De ce nombre a été celle d'Ucantaya, découverte en 1703, soixante lieues au sud-est de Cusco. Ce n'étoit qu'une croûte d'argent presque massif, qui rendit d'abord beaucoup, mais qui fut bientôt épuisée.

Des mines très-riches ont été négligées, parce que les eaux s'en étoient emparées. La disposition du terrein qui, du sommet des cordelières, va toujours en pente jusqu'à la mer Sud, va rendre ces événemens plus communs au *Pérou* qu'ailleurs. Le mal s'est trouvé quelquefois sans remède; d'autres fois on l'a réparé; le plus souvent il s'est perpétué, faute de moyens d'activité ou d'intelligence.

On s'attacha d'abord de préférence aux mines d'or. Les gens sages ne tardèrent pas à se décider pour celles d'argent, généralement plus suivies, plus égales, & par conséquent moins trompeuses. Plusieurs des premières sont cependant encore exploitées. Des succès assez suivis font regarder celles de Lutixaca, d'Araca, de Suches, de Curacaua, de Fipoani, de Cachacamba, comme les plus riches.

Entre celles d'argent qui, de nos jours, ont le plus de réputation, il faut placer celle de Huantajaha, exploitée depuis quarante à cinquante ans, à deux lieues de la mer, près de la rade d'Iqueyque. En creusant cinq ou six pieds dans la plaine, on trouve souvent des masses détachées qu'on ne prendroit d'abord que pour un mélange confus de gravier & de sable, & qui à l'épreuve rendent en argent les deux tiers de leur pesanteur. Quelquefois il y en a de si condérables, qu'en 1749 on en envoya deux à la cour d'Espagne, l'une de cent soixante-quinze livres, & l'autre de trois cents soixante-quinze. Dans les montagnes, le métal est en filon & de deux espèces. Celle que dans la contrée on nomme *barria*, se coupe comme le roc, & prend la route de Lima, où elle est travaillée. Elle donne le plus souvent une, deux, trois, quatre & jusqu'à cinq parties d'argent pour une de pierre. L'autre est purifiée par le moyen du feu dans le pays même. Si cinq de ces quintaux ne produisent pas un marc d'argent, elle est jettée dans les décombres. Ce mépris vient de l'excessive cherté des vivres, de l'obligation de tirer l'eau potable de quatorze lieues, de la nécessité d'aller moudre le minerai à une distance très-considérable.

A trente lieues nord-est d'Arequipa, est Cayloma. Ses mines furent découvertes très-anciennement; on ne cessa jamais de les exploiter, & leur abondance est toujours la même.

Celles du Potosi furent trouvées en 1545. Un Indien, nommé Hualpa, qui poursuivoit des chevreuils, saisit, dit-on, pour escalader des rocs escarpés, un arbrisseau dont les racines se détachèrent & laissèrent appercevoir un lingot d'argent. Ce péruvien s'en servit pour ses usages, & ne manqua pas de retourner à son trésor toutes les fois que ses besoins ou ses desirs l'en sollicitoient. Le changement arrivé dans sa fortune fut remarqué par son concitoyen Guanca, auquel il avoua son secret. Les deux amis ne furent pas jouir de leur bonheur. Il se brouillèrent; & l'indiscret confident découvrit tout à son maître Villaroel, espagnol établi dans le voisinage.

Cette connoissance échauffa rapidement les esprits. Plusieurs mines furent aussi-tôt ouvertes dans une montagne qui a la forme d'un cône, une lieue de circonférence, cinq à six cents toises d'élévation, & la couleur d'un rouge obscur. Avec le temps, une montagne moins considérable & qui sort de la première, fut également & aussi heureusement fouillée. Les trésors qu'on tiroit de l'une & de l'autre furent l'origine d'une des plus grandes & des plus opulentes cités du Nouveau-Monde.

Dans aucune contrée du globe, la nature n'offrit jamais à l'avidité humaine d'aussi riches mines que celles du Potosi. Indépendamment de ce qui ne fut pas enregistré & qui s'écoula en fraude, le quint du gouvernement, depuis 1545 jusqu'en 1564, monta à 36,450,000 liv. chaque année. Mais cette prodigieuse abondance de métaux ne tarda pas à diminuer. Depuis 1564 jusqu'en 1585, le quint annuel ne fut que de 15,187,489 liv. 4 s. Depuis 1585 jusqu'en 1624, de 12,149,994 liv. 12 s. Depuis 1624 jusqu'en 1633, de 6,074,997 liv. 6 s. Depuis cette dernière époque, le produit de ces mines a si sensiblement diminué, qu'en 1763 le quint du roi ne paſſa pas 1,364,682 liv. 12 ſ.

Dans les premiers temps, chaque quintal de minerai donnoit cinquante livres d'argent. Cinquante quintaux de minerai ne produiſent plus que deux livres d'argent. C'eſt un, au lieu de douze cents cinquante.

Pour peu que cette dégradation augmente, on fera forcé de renoncer à cette ſource de richeſſes. Il eſt même vraiſemblable que cet événement feroit déjà arrivé, ſi au Potoſi la mine n'étoit ſi tendre, ſi les eaux n'étoient ſi favorablement diſpoſées pour la moudre, que les dépenſes y ſont infiniment moindres que par-tout ailleurs.

Mais pendant que les mines du Potoſi voyoient s'éclipſer graduellement leur éclat, s'élevoient non loin d'elles à une grande réputation celles d'Oruro. Leur proſpérité augmentoit même, lorſque les eaux s'emparèrent des plus abondantes. Il paroît qu'on n'a pas encore réuſſi à les ſaigner, & tant de tréſors reſtent toujours ſubmergés. Les mines de Popo, les plus importantes de celles qui ont échappé à ce grand déſaſtre, ne ſont éloignées que de douze lieues de la ville de San-Philippe de Auſtria de Gruro, bâtie dans ce canton autrefois ſi célèbre.

Nul accident ne troubla jamais les travaux d'aucun des mineurs établis à l'oueſt de la Plata, dans le diſtrict de Carangas. Cependant ceux que le haſard avoit attirés à Cuſco furent conſtamment les plus heureux, parce que cette montagne leur offrit toujours un minerai incorporé ou comme fondu dans la pierre, & par conſéquent plus riche que tous les autres.

Dans le diocèſe de la Paz, & aſſez près de la petite ville de Puno, Joſeph Salcedo découvrit, vers l'an 1660, la mine de Layca-Cota. Elle étoit ſi abondante qu'on coupoit ſouvent l'argent au ciſeau. La proſpérité, qui rabaiſſe les petites ames, avoit tellement élevé celle du propriétaire de tant de richeſſes, qu'il permettoit à tous les eſpagnols qui venoient chercher fortune dans cette partie du Nouveau-Monde, de travailler quelques jours à leur profit, ſans peſer & ſans meſurer le don qu'il leur faiſoit. Cette générofité attira autour de lui une multitude d'aventuriers. Leur avidité leur mit les armes à la main. Ils ſe chargèrent; & leur bienfaiteur qui n'avoit rien négligé pour prévenir ou pour étouffer leurs diviſions ſanglantes, fut pendu comme en étant l'auteur. De pareils traits ſeroient capables d'affoiblir dans les ames le penchant à la bienfaiſance, & mon cœur a répugné à rapporter celui-ci.

Pendant que Salcedo étoit en priſon, l'eau gagna ſa mine. La ſuperſtition fit imaginer que c'étoit en punition de l'attentat commis contre lui. On reſpecta long-temps cette idée de la vengeance céleſte. Mais enfin, en 1740, Diego de Baena & quelques autres hommes entreprenans s'aſſocièrent, pour détourner les ſources qui avoient noyé tant de tréſors. L'ouvrage étoit aſſez avancé en 1754, pour qu'on en retirât déjà quelque utilité. Nous ignorons ce qui eſt arrivé depuis cette époque.

Toutes les mines du Pérou étoient originairement exploitées par le moyen du feu. Dans la plupart, on lui ſubſtitua en 1751 le mercure. La Hongrie, l'Eſclavonie, la Bohême, la Carinthie, le Frioul & la Normandie fourniſſent à l'Europe le mercure qu'on emploie aujourd'hui pour ſéparer les métaux. Ce qu'il en faut à l'Eſpagne pour le Mexique, ſort de ſa mine d'Almaden, déjà célèbre du temps des romains: mais le Pérou a trouvé dans ſon ſein même, à Guanca-Velica, de quoi pourvoir à tous ſes beſoins.

Cette mine étoit, dit-on, connue des anciens péruviens, qui s'en ſervoient uniquement pour peindre leur viſage. On l'oublia dans le chaos où la conquête plongea cette région infortunée. Elle fut retrouvée en 1556, ſelon quelques hiſtoriens, & en 1564 ſelon d'autres: mais Pedro-Fernandez Velaſco fut le premier qui, en 1571, imagina de la faire ſervir à l'exploitation des autres mines. Le gouvernement s'en réſerva la propriété. Dans la crainte même que les droits qu'il mettoit ſur le mercure ne fuſſent fraudés, il défendit d'ouvrir, ſous quelque prétexte que ce fût, d'autres mines du même genre.

La mine de Guanca-Velica a éprouvé pluſieurs révolutions. Sa circonférence étoit, il y a peu d'années, de cent quatre-vingt vares, ſon diamètre de ſoixante, & ſa profondeur de cinq cens treize. Elle a quatre ouvertures, toutes au ſommet de la montagne, un petit nombre d'arcboutans deſtinés à ſoutenir les terres, & trois ſoupiraux qui donnent de l'air ou ſervent à l'écoulement des eaux. Elle eſt exploitée par quelques aſſociés, la plupart ſans fortune, auxquels le ſouverain fait les avances dont ils ont beſoin, & qui lui livrent le mercure à un prix convenu. Les hommes employés à ces travaux, éprouvoient autrefois aſſez généralement des mouvemens convulſifs. Cette calamité eſt maintenant beaucoup moins commune, ſoit parce que le mercure que le minérai contenoit a diminué de plus de moitié, ſoit qu'on ait imaginé quelques précautions qui avoient été d'abord négligées. Ceux qui ont ſoin des fourneaux, ſont preſque les ſeuls expoſés aujourd'hui à ce malheur, & encore leur guériſon eſt-elle aſſez facile. Il n'y a qu'à les faire paſſer dans un climat chaud, qu'à les occuper à la culture des terres. Le mercure qui infectoit leurs membres, ſort par la tranſpiration.

La ſtérilité de Guanca-Velica & des terres limitrophes eſt remarquable. Aucun arbre fruitier n'a pu y être naturaliſé. De toutes les eſpèces de bled qu'on a ſemées, l'orge ſeul a germé,

germé, & encore n'est-il jamais parvenu à former du grain. Il n'y a que la pomme de terre qui ait prospéré.

L'air n'est pas plus salubre que le sol n'est fertile. Les enfans nouvellement nés périssent par le tétanos encore plus souvent que dans le reste du Nouveau-Monde. Ceux qui ont échappé à ce danger, sont attaqués à trois ou quatre mois d'une toux violente, & meurent la plupart dans des convulsions, à moins qu'on n'ait l'attention de les transporter sous un ciel plus doux. Cette précaution nécessaire pour les indiens, pour les métis, l'est beaucoup plus pour les espagnols qui sont moins robustes. La rigueur extrême du climat, les vapeurs sulfureuses qui couvrent l'horison, le tempérament généralement vicié des pères & des mères, doivent être les causes principales d'une si grande calamité.

Ce n'est pas à Guanca-Velica que le mercure est livré au public. Le gouvernement l'envoie dans les provinces où sont les mines. Les dépôts sont au nombre de douze. En 1763, Guanca-Velica en consomma lui-même cent quarante-deux quintaux; Tauja, deux cents quarante-sept; Pasco, sept cents vingt-neuf; Truxillo, cent trente-un; Cusco, treize; la Plata, trois cens soixante-neuf; la Paz, trente; Caylloma, trois cens soixante-quatorze; Carangas, cent cinquante; Oruro, douze cens soixante-quatre; Potosi, dix-sept cens quatre-vingt-douze: en tout, cinq mille deux cens quarante-un quintaux.

Quoique la qualité du minerai décide de la plus grande ou de la moindre consommation du mercure, on pense généralement dans l'autre hémisphère, où la métallurgie est très-imparfaite, que dans l'ensemble la consommation du mercure est égale à la quantité d'argent qu'on tire des mines. Dans cette supposition, les douze dépôts qui, depuis 1759 jusqu'en 1763, livrèrent, année commune, cinq mille trois cents quatre quintaux dix-huit livres de mercure, devoient recevoir cinq mille trois cens quatre quintaux dix-huit livres d'argent. Cependant il ne leur en fut porté que deux mille deux cens cinquante-quatre quintaux dix-huit livres, qui furent détournés pour frauder les droits.

Lima a toujours vu couler dans son sein la plus grande partie de ces richesses, qu'elles aient ou n'aient pas échappé à la vigilance du fisc. Cette capitale, bâtie en 1535 par François Pizarre, & devenue depuis si célèbre, est située à deux lieues de la mer, dans une plaine délicieuse.

Des cannes à sucre, des oliviers sans nombre, quelques vignes, des prairies artificielles, des pâturages pleins de sel qui donne aux viandes un goût exquis, de menus grains destinés à la nourriture des volailles qui sont parfaites, des arbres fruitiers de toutes les espèces, quelques autres cultures couvrent ces environs. L'orge & le froment y prospérèrent long-temps : mais un tremblement de terre y -t, il y a plus d'un siècle, une si grande révolution, que les semences pourrissoient sans germer. Ce ne fut qu'après quarante ans de stérilité que le sol redevint tout ce qu'il avoit été. Lima, ainsi que les autres villes des vallées, doit principalement ses subsistances aux sueurs des noirs. Ce n'est guère que dans l'intérieur du pays que les champs sont exploités par les indiens.

Avant l'arrivée des espagnols, toutes les constructions se faisoient au *Pérou* sans aucuns fondemens. Les murs des maisons particulières & des édifices publics étoient également jettés sur la superficie de la terre, avec quelques matériaux qu'ils fussent élevés. L'expérience avoit appris à ces peuples que, dans la région qu'ils habitoient, c'étoit l'unique manière de se loger solidement. Leurs conquérans, qui méprisoient souverainement ce qui s'écartoit de leurs usages, & qui portoient par-tout les pratiques de l'Europe, sans examiner si elles convenoient aux contrées qu'ils envahissoient, leurs conquérans se dirigèrent en particulier à Lima de la manière de bâtir qu'ils trouvoient généralement établie. Aussi, lorsque les naturels du pays virent ouvrir les profondes tranchées & employer le ciment, dirent-ils que leurs tyrans creusoient des tombeaux pour s'enterrer; & c'étoit peut-être une consolation au malheur du vaincu, de prévoir que la terre elle-même les vengeroit un jour de ses dévastateurs.

La prédiction s'est accomplie. La capitale du *Pérou*, renversée en détail par onze tremblemens de terre, fut enfin détruite par le douzième. Le 28 octobre 1746, à dix heures & demie du soir, tous ou presque tous les édifices, grands & petits, s'écroulèrent en trois minutes. Sous ces décombres, furent écrasées treize cents personnes. Un nombre infiniment plus considérable furent mutilées, & la plupart périrent dans des tourmens horribles.

Callao, qui sert de port à Lima, fut également bouleversée, & ce fut le moindre de ses malheurs. La mer, qui avoit reculé avec horreur au moment de cette terrible catastrophe, revint bientôt assaillir de ses vagues impétueuses l'espace qu'elle avoit abandonné. Le peu de maisons & de fortifications qui avoient échappé, devinrent sa proie. De quatre mille habitans que comptoit cette rade célèbre, il n'y en eut que deux cens de sauvés. Elle avoit alors vingt-trois navires. Dix-neuf furent engloutis, & les autres jettés bien avant dans les terres par l'Océan irrité.

Le ravage s'étendit sur toute la côte. Le peu qu'il y avoit de bâtimens dans ses mauvais ports, furent fracassés. Les villes des vallées souffrirent généralement quelques dommages; plusieurs même furent totalement bouleversées. Dans les montagnes, quatre ou cinq volcans vomirent des colonnes d'eau si prodigieuses, que le pays en fut inondé.

Les esprits, tombés depuis long-tems comme en léthargie, furent réveillés par cette funeste catastrophe ; & ce fut Lima qui donna l'exemple de ce changement. Il falloit déblayer d'immenses décombres entassés les uns sur les autres : il falloit retirer les richesses immenses enterrées sous ces ruines. Il falloit aller chercher à Guayaquil, & plus loin encore, tout ce qui étoit nécessaire pour d'innombrables constructions. Il falloit, avec des matériaux rassemblés de tant de contrées, élever une cité supérieure à celle qui avoit été détruite. Ces prodiges, qu'on ne devoit pas attendre d'un peuple oisif & efféminé, s'exécutèrent très-rapidement. Le besoin donna de l'activité, de l'émulation, de l'industrie. Lima, quoique peut-être moins riche, est actuellement plus agréable que lorsqu'en 1682, ses murs offrirent à l'entrée du vice-roi, le duc de Palata, des rues pavées d'argent. Il est aussi plus solidement bâti.

Les citoyens les plus distingués trouvent dans les majorats ou substitutions perpétuelles que leur ont transmis les premiers conquérans leurs ancêtres, de quoi fournir au luxe & aux profusions, si connus des habitans de Lima : mais les biens-fonds n'ont pas suffi à un grand nombre de familles, même très-anciennes. La plupart ont cherché des ressources dans le commerce, & les loix les ont confirmés dans une manière de penser si utile & si raisonnable. Leurs fonds, joints aux remises qu'on fait sans cesse de l'intérieur de l'empire, ont rendu Lima le centre de toutes les affaires que les provinces du *Pérou* font entr'elles ; des affaires qu'elles font avec le Mexique & le Chili ; des affaires plus importantes qu'elles font avec la métropole.

Le détroit de Magellan paroissoit la seule voie ouverte pour cette dernière liaison. La longueur du trajet, la frayeur qu'inspiroient des mers orageuses & peu connues ; la crainte d'exciter l'ambition des autres nations ; l'impossibilité de trouver un asyle dans des événemens malheureux ; d'autres considérations peut-être tournèrent toutes les vues vers Panama.

Cette ville, qui avoit été la porte par où l'on étoit entré au *Pérou*, s'étoit élevée à une grande prospérité, lorsqu'en 1670 elle fut pillée & brûlée par des pirates. On l'a rebâtie dans un lieu plus avantageux, à quatre ou cinq milles de sa première place, & à trois lieues du port de Périco, formé par un grand nombre d'isles & assez vaste pour contenir les plus nombreuses flottes. Elles donnent des loix aux provinces de Panama, de Veraguas & de Darien, régions sans habitans, sans culture, sans richesses & qu'on décora du grand nom de royaume de Terre-ferme, à une époque où l'on espéroit beaucoup de leurs mines.

De son propre fonds, Panama n'a jamais offert au commerce que des perles.

La pêche s'en fait dans quarante-trois isles de son golfe. Cette branche de commerce contribua cependant beaucoup moins à donner de la célébrité à Panama, que l'avantage dont elle jouissoit d'être l'entrepôt de toutes les productions du pays des Incas, destinées pour notre hémisphère. Ces richesses, arrivées par une flottille, étoient voiturées, les unes à dos de mulet, & les autres par le Chagre à Porto-Belo, situé sur la côte septentrionale de l'Isthme qui sépare les deux mers.

Quoique la position de cette ville eût été reconnue & approuvée par Colomb en 1502, elle ne fut bâtie qu'en 1584, des débris de Nombre-de-Dios. Elle est disposée en forme de croissant, sur le penchant d'une montagne qui entoure le port. Ce port célèbre, autrefois très bien défendu par des fortifications que l'amiral Vernon détruisit en 1740, paroît offrir une entrée large de six cents toises : mais elle est tellement rétrécie par des rochers à fleur d'eau, qu'elle se trouve réduite à un canal étroit. Les vaisseaux n'y arrivent qu'à la toue, parce qu'ils trouvent toujours des vents contraires, ou un grand calme. Ils y jouissent d'une sûreté entière.

L'intempérie de Porto-Belo est si connue, qu'on l'a surnommé *le tombeau des espagnols*. Ce fut plus d'une fois une nécessité d'y abandonner des navires dont les équipages avoient tous péri. Les habitans eux-mêmes n'y vivent pas long-tems, & ont généralement un tempérament vicié. Il est comme honteux d'y demeurer. On n'y voit que quelques nègres, quelques mulâtres, un petit nombre de blancs qui y sont fixés pour les emplois du gouvernement. La garnison même, quoique composée seulement de cent cinquante hommes, n'y reste jamais plus de trois mois de suite. Jusqu'au commencement du siècle, aucune femme n'avoit osé y accoucher : elle auroit cru vouer ses enfans, se vouer elle-même à une mort certaine. Les plantes transplantées dans cette région funeste, où la chaleur, l'humidité, les vapeurs sont excessives & continuelles, n'ont jamais prospéré. Il est établi que les animaux domestiques de l'Europe, qui se sont prodigieusement multipliés dans toutes les parties du Nouveau-Monde, perdent leur fécondité en arrivant à Porto-Belo, & à en juger par le peu qu'il y en a, malgré l'abondance des pâturages, on seroit porté à croire que cette opinion n'est pas mal fondée.

Les désordres du climat n'empêchèrent pas que Porto-Belo ne devînt d'abord le théâtre du plus grand commerce qui ait jamais existé. Tandis que les richesses du Nouveau-Monde y arrivoient pour être échangées contre l'industrie de l'ancien, les vaisseaux partis d'Espagne & connus sous le nom de *galions*, s'y rendoient de leur côté, chargés de tous les objets de nécessité, d'agrément ou de luxe qui pouvoient tenter les possesseurs des mines.

Les députés des deux commerces régloient, à bord de l'amiral, le prix des marchandises sous les yeux du commandant de l'escadre & du président de Panama. L'estimation ne portoit pas sur la valeur intrinsèque de chaque chose, mais sur sa rareté ou son abondance. L'habileté des agens consistoit à si bien faire leurs combinaisons, que les cargaisons apportées d'Espagne absorboient tous les trésors venus du *Pérou*. On regardoit la foire comme mauvaise, lorsqu'il se trouvoit des marchandises qui étoient négligées faute d'argent, ou de l'argent sans emploi faute de marchandises. Dans ce cas seulement, il étoit permis aux négocians européens d'aller achever leurs ventes dans la mer du sud, & aux négocians péruviens de faire des remises à la métropole pour leurs achats.

Dès que les prix étoient réglés, les échanges commençoient. Ils n'étoient ni longs, ni difficiles. La franchise la plus noble en étoit la base. Tout se passoit avec tant de bonne foi, qu'on n'ouvroit pas les caisses des piastres, qu'on ne vérifioit pas le contenu des ballots. Jamais cette confiance réciproque ne fut trompée. Il se trouva plus d'une fois des sacs d'or mêlés parmi des sacs d'argent, des articles qui n'étoient pas portés sur les factures. Les méprises étoient réparées avant le départ des vaisseaux, ou à leur retour. Seulement il arriva, en 1654, un événement qui auroit pu altérer cette confiance. On trouva en Europe que toutes les piastres reçues à la dernière foire, avoient un cinquième d'alliage. La perte fut soufferte par les marchands espagnols : mais comme les monnoyeurs de Lima furent reconnus pour auteurs de cette malversation, la réputation des marchands péruviens ne souffrit aucune atteinte.

La foire, dont la mauvaise qualité de l'air avoit fait fixer la durée à quarante jours, se tint d'abord assez régulièrement. On voit, par des actes de 1595, que les galions d'Espagne devoient être expédiés d'Espagne tous les ans, au plus tard tous les dix-huit mois; & les douze flottes parties depuis le 4 août 1628, jusqu'au 3 juin 1645, prouvent qu'on ne s'écartoit pas de cette règle. Elles revenoient, après un voyage de onze, de dix, quelquefois même de huit mois, chargées d'immenses richesses, en or, en argent & en marchandises.

Cette prospérité continua sans interruption, jusqu'au milieu du dix-septième siècle. Avec la perte de la Jamaïque, commença une contrebande considérable, qui jusqu'alors avoit été peu de chose. Le sac de Panama en 1670, par le pirate anglois Jean Morgan, eut des suites encore plus fâcheuses. Le *Pérou* qui envoyoit ses fonds d'avance dans cette ville, ne les y fit plus passer qu'après l'arrivée des galions à Carthagène. Ce changement occasionna des retards, des incertitudes. Les foires diminuèrent, & le commerce interlope augmenta.

L'élévation d'un prince François sur le trône de Charles-Quint alluma une guerre générale; &, dès les premières hostilités, les galions furent brûlés dans le port de Vigo, où l'impossibilité de gagner Cadix les avoit forcés de se réfugier. La communication de l'Espagne avec Porto Belo fut alors tout-à-fait interrompue, & la mer du sud eut plus que jamais des liaisons directes & suivies avec l'étranger.

La pacification d'Utrecht ne finit pas le désordre. Le malheur des circonstances voulut que la cour de Madrid ne pût pas se dispenser de donner exclusivement à une compagnie angloise le privilège de pourvoir le *Pérou* d'esclaves. Elle se vit même forcée d'accorder à ce corps avide le droit d'envoyer à chaque foire un vaisseau chargé des différentes marchandises que le pays pouvoit consommer. Ce bâtiment, qui n'auroit dû être que de cinq cents tonneaux, en portoit toujours plus de mille. On ne lui donnoit ni eau, ni vivres. Quatre ou cinq navires qui le suivoient, fournissoient à ses besoins, & substituoient des effets nouveaux aux effets déja vendus. Les galions, écrasés par cette concurrence, l'étoient encore par les versemens frauduleux dans tous les ports où l'on conduisoit les nègres. Enfin il fut impossible, après l'expédition de 1737, de soutenir plus long-tems ce commerce; & l'on vit finir ces fameuses foires si enviées des nations, quoiqu'elles dussent être regardées comme le trésor commun de tous les peuples.

Depuis cette époque, Panama & Porto-Belo sont infiniment déchus. Ces deux villes ne servent plus qu'à quelques branches peu importantes d'un commerce languissant. Les affaires plus considérables ont pris une autre direction.

En 1616, des navigateurs hollandois ayant doublé le cap de Horn, ce fut dans la suite le chemin que suivirent les ennemis de l'Espagne qui vouloient passer dans la mer du sud. Il fut encore plus fréquenté par les vaisseaux françois durant la guerre qui bouleversa l'Europe au commencement du siècle. L'impossibilité où se trouvoit Philippe V d'approvisionner lui-même ses colonies, enhardit les sujets de son aïeul à aller au *Pérou*. Le besoin où l'on y étoit de toutes choses fit recevoir ces alliés avec joie, & ils gagnèrent dans les premiers tems jusqu'à huit cents pour cent. Les négocians de Saint-Malo, qui s'étoient emparés de ce commerce n'acquirent pas des richesses pour eux seuls. En 1709, ils les livrèrent à leur patrie, accablée par l'inclémence des saisons, par des défaites réitérées, par une administration ignorante, arbitraire & fiscale. Une navigation qui permettoit de si nobles sacrifices, excita bientôt une émulation trop universelle. La concurrence devint si considérable, que les marchandises tombèrent dans un tel avilissement, qu'il fut impossible de les vendre, & que plusieurs armateurs les brûlèrent, pour n'être pas réduits à les remporter. L'équilibre ne tarda pas à se rétablir; & ces étrangers faisoient des bénéfices assez considérables, lorsque la cour de Madrid prit, en 1718, des mesures efficaces pour les éloigner de ces parages qu'on trouvoit qu'ils fréquentoient depuis trop long temps.

Cependant ce ne fut qu'en 1740 que les espagnols commencèrent à doubler eux-mêmes le cap de Horn. Ils employèrent des bâtimens & des pilotes malouins dans leurs premiers voyages : mais une assez courte expérience les mit en état de se passer de secours étrangers ; & ces mers orageuses furent bientôt plus familières à leurs navigateurs qu'elles ne l'avoient jamais été à leurs maîtres dans cette carrière.

Jusqu'alors la haute opinion qu'on avoit toujours eue, & long-temps avec raison, des richesses du *Pérou*, s'étoit maintenue. La cour d'Espagne accusoit le commerce interlope d'en avoir détourné la plus grande partie ; elle se flattoit que le nouveau système les rameneroit dans ses ports en aussi grande abondance qu'aux époques les plus reculées. Une évidence, à laquelle il fut impossible de se refuser, réduisit les plus incrédules à voir que les mines de cette partie du Nouveau-Monde n'étoient plus ce qu'elles avoient été, & que ce qu'elles avoient laissé de vuide, n'avoit pas été rempli par d'autres objets.

Depuis 1748 jusqu'en 1753, Lima ne reçut d'Espagne pour tout le *Pérou* que dix navires qui remportèrent chaque année 30,764,617 liv. Cette somme étoit formée par 4,594,192 liv. en or ; par 20,673,657 liv. en argent ; par 5,496,768 livres en productions diverses.

Ces productions furent trente & un mille quintaux de cacao, qui furent vendus en Europe 3,240,000 livres. Six cents quintaux de quinquina, qui furent vendus 207,360 liv. Quatre cents soixante-dix quintaux de laine de vigogne, qui furent vendus 324,000 liv. Dix mille huit cents cinquante quintaux de cuivre, qui furent vendus 810,108 liv. Dix mille six cents quintaux d'étain, qui furent vendus 915,300 liv.

Dans l'or & l'argent 1,620,000 liv. appartenoient au gouvernement, 19,422,571 livres au commerce, 4,225,178 liv. au clergé ou aux officiers civils & militaires.

Dans les marchandises il y avoit 1,381,569 liv. pour la couronne, & 4,115,199 livres pour les négocians.

Le temps a un peu changé l'état des choses : mais l'amélioration n'est pas considérable.

Nous avons dit à l'article ESPAGNE la quantité de métaux que l'Espagne reçoit de ses possessions d'Amérique. *Voyez* cet article. *Voyez* aussi les articles MEXIQUE, CHILI, PARAGUAY, &c.

PERSE, contrée de l'Asie, que nous envisagerons ici, dans ses rapports avec le commerce de l'Europe.

Cette vaste région, si célèbre dans l'antiquité, paroît avoir été libre dans sa plus ancienne forme de gouvernement. Sur les ruines d'une république corrompue, s'éleva la monarchie. Les *Perses* furent long-temps heureux sous cette forme d'administration ; les mœurs étoient simples comme les loix. A la fin, l'esprit de conquête s'empara des souverains. Alors les trésors de l'Assyrie, les dépouilles de plusieurs nations commerçantes, les tributs d'un grand nombre de provinces, firent entrer des richesses immenses dans l'Empire, & ces richesses ne tardèrent pas à tout changer. Le désordre fut poussé si loin, que le soin des amusemens publics parut attirer l'attention principale du gouvernement.

Un peuple qui ne vivoit que pour le plaisir, ne pouvoit tarder à être asservi. Il le fut successivement par les Macédoniens, par les Parthes, par les Arabes, par les Tartares, & vers la fin du quinzième siècle par les Sophis, qui prétendoient descendre d'Aly, auteur de la fameuse réforme qui divisa le mahométisme en deux branches.

Nul prince de cette nouvelle race ne se rendit aussi célèbre que Schah-Abbas, surnommé le Grand. Il conquit le Kandahar, plusieurs places importantes sur la mer Noire, une partie de l'Arabie, & chassa les turcs de la Géorgie, de l'Arménie, de la Mésopotamie, de tous les pays qu'ils avoient conquis au-delà de l'Euphrate.

Ces victoires produisirent des changemens remarquables dans l'intérieur de l'empire. Les grands avoient profité des troubles civils pour se rendre indépendans : on les abaissa ; & les postes importans furent tous confiés à des étrangers, qui ne vouloient ni ne pouvoient former des factions. La milice étoit en possession de disposer du trône suivant son caprice : on la contint par des troupes étrangères, qui avoient une religion & des habitudes différentes. L'anarchie avoit rendu les peuples enclins à la sédition : on plaça, dans les villes & dans les campagnes, des colonies choisies entre les nations les plus opposées aux anciens habitans par les mœurs & le caractère. Il sortit de ces arrangemens le despotisme le plus absolu peut-être qu'ait jamais éprouvé aucune contrée.

Ce qui est étonnant, c'est que le grand Abbas ait su allier à ce gouvernement, oppresseur de sa nature, quelques vues d'utilité publique. Il appela tous les arts à lui, & les établit à la cour & dans les provinces. Tous ceux qui apportoient dans ses états un talent, quel qu'il fût, étoient sûrs d'être accueillis, d'être aidés, d'être récompensés. Il disoit souvent que les étranger étoient le plus bel ornement d'un empire, & donnoient plus d'éclat au prince que les magnificences du luxe le plus recherché.

Pendant que la *Perse* sortoit de ses ruines par les différentes branches d'industrie qui s'établissoient de toutes parts, une colonie d'arméniens, transférée à Ispahan, portoit au centre de l'empire l'esprit de commerce. Bientôt ces négocians, & ceux des naturels du pays qui savoient les imiter, furent répandus dans l'orient, en Hollande, en Angleterre, dans la Méditerranée & dans la Baltique, par-tout où les affaires étoient vives & considérables. Le sophi s'associoit lui-même à leurs entreprises, & leur avançoit des sommes considérables, qu'ils faisoient valoir dans les marchés les plus renommés de l'univers. Ils étoient obligés de lui remettre ses fonds aux termes convenus ; & s'ils les avoient accrus par leur industrie, il leur accordoit quelque récompense.

Les portugais, qui s'apperçurent qu'une partie du commerce des Indes avec l'Asie & avec l'Europe alloit prendre sa direction par la *Perse*, y mirent des entraves. Ils ne souffroient pas que le persan achetât des marchandises ailleurs que dans leurs magasins. Ils en fixoient le prix ; &, s'ils lui permettoient d'en tirer quelquefois du lieu de la fabrication, c'étoit toujours sur leurs vaisseaux, & en exigeant un fret & des droits énormes. Cette tyrannie révolta le grand Abbas qui, instruit du ressentiment des anglois, leur proposa de réunir leur forces de mer à ses forces de terre, pour assiéger Ormuz. Cette place fut attaquée par les armes combinées des deux nations, & prise en 1623, après deux ans de combats. Les conquérans s'en partagèrent le butin qui fut immense, & la ruinèrent ensuite de fond en comble.

A trois ou quatre lieues de là, s'offroit sur le continent le port de Gombroon, qu'on a depuis appellé *Bender-Abassi*. La nature ne paroissoit pas l'avoir destiné à être habité. Il est situé au pied de montagnes excessivement élevées. On y respire un air embrasé. Des vapeurs mortelles s'élèvent continuellement des entrailles de la terre. Les campagnes sont noires & arides, comme si le feu les avoit brûlées. Malgré ces inconvéniens, l'avantage qu'avoit Bender-Abassi d'être placé à l'entrée du golfe, le fit choisir par le monarque persan, pour servir d'entrepôt au grand commerce qu'il se proposoit de faire aux Indes. Les anglois furent associés à ce projet. On leur accorda une exemption perpétuelle de tous les droits, & la moitié du produit des douanes, à condition qu'ils entretiendroient au moins deux vaisseaux de guerre dans le golfe. Cette précaution parut indispensable pour rendre vain le ressentiment des portugais, dont la haine étoit encore redoutable.

Dès ce moment, Bender-Abassi qui n'avoit été jusqu'alors qu'un vil hameau de pêcheurs, devint une ville florissante. Les anglois y portoient les épiceries, le poivre, le sucre des marchés de l'orient ; le fer, le plomb & les draps des ports de l'Europe. Le bénéfice qu'ils faisoient sur ces marchandises, étoit grossi par un fret excessivement cher que leur payoient les arméniens, qui restoient encore en possession de la plus riche branche du commerce des Indes.

Ces négocians avoient entrepris depuis long-tems le trafic des toiles. Ils n'avoient été supplantés, ni par les portugais qui n'étoient occupés que de pillage, ni par les hollandois, dont les épiceries avoient fixé toute l'attention. On pouvoit craindre d'ailleurs de ne pouvoir soutenir la concurrence d'un peuple également riche, industrieux, actif, économe. Les arméniens faisoient alors ce qu'ils ont toujours fait depuis. Ils passoient aux Indes ; ils y achetoient du coton ; ils le distribuoient aux fileuses ; ils faisoient fabriquer des toiles sous leurs yeux ; ils les portoient à Bender Abassi, d'où elles passoient à Ispahan. De là elles se distribuoient dans les différentes provinces de l'empire, dans les états du grand-seigneur, & jusqu'en Europe où l'on contracta l'habitude de les appeller *Perses*, quoiqu'il ne s'en soit jamais fabriqué qu'à la côte de Coromandel. Telle est l'influence des noms sur les opinions, que l'erreur populaire qui attribue à la *Perse* les toiles des Indes, passera peut-être, avec le cours des siècles, pour une vérité incontestable dans l'esprit des savans à venir. Les difficultés insurmontables que ces sortes d'erreurs ont jettées dans l'histoire de Pline & des autres anciens, doivent nous rendre infiniment précieux les travaux des savans de nos jours, qui recueillent les procédés de la nature & des arts, pour les transmettre à la postérité.

En échange des marchandises qu'on portoit à la *Perse*, elle donnoit les productions de son territoire, ou le fruit de son industrie.

La soie, qui étoit la première des marchandises. On en recueilloit, on en exportoit alors une grande quantité.

La laine de Caramanie, qui ressemble beaucoup à celle de Vigogne. Elle étoit employée avec succès dans les manufactures de chapeaux & dans quelques étoffes. Les chèvres qui la donnent, ont cela de particulier, que leur toison tombe d'elle-même au mois de mai.

Les turquoises, qui étoient plus ou moins parfaites, suivant celle des trois mines dont on les tiroit. Elles entroient autrefois dans la parure de nos femmes.

Les brocards d'or, d'un prix supérieur à tout ce qu'ont produit les plus célèbres manufactures. Il y en avoit de simples, & d'autres à deux faces sans envers. On en faisoit des rideaux de portières & des carreaux magnifiques.

Les tapis qu'on a depuis si bien imités en Europe, & qui ont été long-tems un des plus riches meubles de nos appartemens.

Le marroquin qui avoit, ainsi que les autres cuirs, un degré de perfection qu'on ne savoit pas lui donner ailleurs.

Le chagrin, le poil de chèvre, l'eau-rose, les racines pour la médecine, les gommes pour la teinture, les dattes, les chevaux, les armes, plusieurs autres choses, dont les unes se vendoient aux Indes, & les autres étoient portées en Europe.

Quoique les hollandois fussent parvenus à s'approprier tout le commerce de l'Inde orientale, ils ne virent pas sans jalousie ce qui se passoit en *Perse*. Il leur parut que les privilèges dont leur rival jouissoit dans la rade de Bender-Abassi, pouvoient être compensés par l'avantage qu'ils avoient de posséder une plus grande quantité d'épiceries, & ils entrèrent avec lui en concurrence.

Les troubles qui désolent la *Perse* depuis quelques années, ont nui beaucoup au commerce des européens avec ce pays. Il paroît que la tranquillité n'est pas sur le point de se rétablir. Les dernières nouvelles reçues de la *Perse*, annoncent que Mehmet Kan se préparant à aller attaquer à Chiras où il s'étoit retiré, Jaffar-Kan, frère du régent mort, ce dernier est sorti de cette ville, a marché au-devant de lui, l'a combattu & l'a vaincu dans deux batailles consécutives. Mehmet s'est sauvé à Tehram où il réside actuellement, & Jaffar est entré en vainqueur dans Ispahan; il y a trouvé Baguer-Kan qui, après la mort du régent, en avoit pris le titre, & qui s'étoit retranché dans une forte citadelle, laquelle commande les fauxbourgs de cette capitale; il a fallu l'assiéger en règle; la citadelle a été prise, & Baguer-Kan décapité. Tout paroissoit alors tranquille, & un grand nombre de caravanes rassurées s'étoient mises en route pour leurs destinations. Jaffar-Kan avoit envoyé son parent Ismaël-Kan, âgé de 23 ans, avec un corps de 3000 cavaliers, pour réduire la ville d'Hamadan qui tenoit encore le parti de Mehmet; mais ce jeune homme, au lieu de remplir sa mission, a arrêté & dépouillé toutes les caravanes, & après ce brigandage, il s'est réuni au commandant d'Hamadan contre Jaffar-Kan son parent. On évalue à plus de quarante millions de France les déprédations commises par Ismaël: il a distribué à ses soldats les marchandises qu'il a enlevées, & s'est fait beaucoup de partisans. Malgré les neiges & la rigueur de la saison, Jaffar-Kan s'étoit mis en marche à la tête de 40,000 hommes, pour aller punir ce rebelle.

PÉTALISME, ainsi appelé d'un mot grec qui signifie *feuille*.

Le *pétalisme* fut quelque temps en usage à Syracuse, ville de Sicile, habitée par les grecs: c'étoit une loi qui autorisoit les citoyens à se bannir les uns les autres, en se donnant une feuille d'olivier, sur laquelle étoit écrit le nom de celui qu'on bannissoit. L'amour excessif de la liberté avoit introduit une politique si étrange. Valere Maxime l'appelle une folie publique. Diodore de Sicile nous apprend que le *pétalisme* éloigna de Syracuse presque toutes les personnes recommandables par leur naissance, leurs richesses ou leur mérite personnel; que plusieurs s'exilèrent volontairement, dans la crainte qu'on ne leur présentât la feuille d'olivier. Il faut convenir pourtant que cette coutume, malgré sa bizarrerie & son injustice, préservoit les syracusains de l'orgueil d'une extraction illustre, du faste insolent de l'opulence, & des entreprises des grands talens.

Trop souvent les vertus, les services & les belles actions ont été des degrés pour arriver à la tyrannie, comme les grands biens & l'éclat de la naissance. L'amour de la liberté, délicat & ombrageux à l'excès, peut s'allarmer des uns comme des autres: alors la vertu, si elle n'est pas modeste, le mérite, s'il affecte de la supériorité, les services, si l'on paroît disposé à s'en prévaloir, sont regardés comme une sorte de crimes d'état: une république sage ne proscrit point la vertu, mais elle blâme la hauteur qu'un mérite supérieur inspire: elle ne punit point les services, mais elle craint que de grandes obligations ne deviennent des chaînes, & que celui qui sert si bien la patrie, ne se croie lui-même, ou ne paroisse aux autres digne de lui commander. Elle ne fait point un crime d'un grand nom; mais elle hait les distinctions qu'il exige. Tel étoit l'esprit du *pétalisme*. Il pouvoit être utile, s'il eût été bien dirigé; il devoit maintenir l'égalité & le bon ordre chez un peuple juste & honnête: il jetta le désordre & la confusion parmi les syracusains envieux & soupçonneux: il fomentoit les soupçons injustes, servoit les haines particulières, bannissoit de la ville les plus honnêtes gens, & éloignoit des emplois publics ceux qui étoient les plus capables de les remplir. L'excès des maux qu'il produisoit, le fit abolir.

PETERSHAUSEN, abbaye princière d'Allemagne au cercle de Suabe.

L'abbaye de *Petershausen*, ordre de S. Benoît, fondée l'an 980, se trouve dans le diocèse de Constance & vis-à-vis de cette ville. Son abbé prend le titre de très-révérend prélat du Saint-Empire, seigneur des abbayes immédiates de S. Grégoire à *Petershausen*, & de S. Cyrille & S. George à Stein sur le Rhin, prieur de Klingenzell, seigneur du Moutier de Notre-Dame de la P*r* e à Meugen, seigneur de Stauffen, Hilzingen & Rietheim, &c. Sa place à la diète de l'Empire est entre les abbés d'Yrsée & d'Ursée perg, dans le collège des prélats de Suabe & dans les assemblées du cercle entre l'abbé de Marchtal & le prieur de Wettenhausen. Cette abbaye est sous la protection de la maison d'Autriche. Sa matricule est aujourd'hui de 20 florins, & elle paye 40 rixdales 54 kr. pour l'entretien de la chambre impériale. La majeure partie des biens qu'elle possédoit autrefois, en est aujourd'hui détachée, nommément le fauxbourg ou village de *Petershausen*, dont la ville de Constance en 1581 acheta la jurisdiction pour trois mille florins. Les fortifications de cette ville, auxquelles on travailla en 1641, ont de même absorbé plusieurs biens-fonds de l'abbaye. Klingenzell est situé dans le Thourgau, & reconnoît la souveraineté du corps helvétique. *Voyez* les articles ALLEMAGNE & SUABE (cercle de).

PEUPLE. Ce mot est difficile à définir, parce qu'on s'en forme des idées variables selon les divers lieux, les divers tems & la nature des gouvernemens. Chez les grecs & les romains où le gouvernement étoit démocratique, le *peuple* donnoit sa voix dans les élections des premiers magistrats, des généraux, & les décrets des proscriptions ou des triomphes; dans les réglemens des impôts, dans les décisions de la paix ou de la guerre; en un mot, dans toutes les affaires qui concernoient les grands intérêts de la patrie : &, d'après tout ce que nous avons dit aux articles DÉMOCRATIE, GOUVERNEMENT, &c. il n'est pas besoin de donner la signification de ce mot, dans les pays où les citoyens ont conservé une grande partie de leur liberté : il faut donc examiner ce qu'est & ce que doit être le *peuple* dans les monarchies, ou dans les gouvernemens où il reste peu de liberté, & à quelle époque il convient d'instituer un *peuple*.

Autrefois on ne comptoit en France que deux classes de sujets; les grands ou les nobles, ou le peuple, c'est-à-dire, les laboureurs, les ouvriers, les artisans, les négocians, les financiers, les gens de lettres & les gens de loix. Mais un homme du talent le plus distingué pense que ce corps de la nation se borne actuellement aux ouvriers & aux laboureurs. Rapportons ses propres réflexions sur cette matière, d'autant mieux qu'elles sont pleines d'images & de tableaux qui servent à prouver son système.

Qui croiroit qu'on a osé avancer de nos jours cette maxime d'une politique infame, que de tels hommes ne doivent point être à leur aise, si l'on veut qu'ils soient industrieux & obéissans? Si ces prétendus politiques, ces beaux génies pleins d'humanité, voyageoient un peu, ils verroient que l'industrie n'est nulle part si active que dans les pays où le peuple est à son aise, & que nulle part chaque genre d'ouvrage ne reçoit plus de perfection. Ce n'est pas que des hommes engourdis sous le poids d'une misère habituelle ne pussent s'éloigner quelque temps du travail, si toutes les impositions cessoient sur-le-champ; mais outre la différence sensible entre le changement du *peuple* & l'excès de cette supposition, ce ne seroit point à l'aisance qu'il faudroit attribuer ce moment de paresse, ce seroit à la surcharge qui l'auroit précédée. Encore ces mêmes hommes, revenus de l'emportement d'une joie inespérée, sentiroient-ils bientôt la nécessité de travailler pour subsister, & le désir naturel d'une meilleure subsistance les rendroit fort actifs. Au contraire, on n'a jamais vu & on ne verra jamais des hommes employer toute leur force & toute leur industrie, s'ils sont accoutumés à voir les taxes engloutir le produit de nouveaux efforts qu'ils pourroient faire, & ils se borneroient au soutien d'une vie toujours abandonnée sans aucune espèce de regret.

A l'égard de l'obéissance, c'est une injustice de calomnier ainsi une multitude infinie d'innocens; car les souverains n'ont point de sujets plus fideles, &, si j'ose le dire, de meilleurs amis. Il y a plus d'amour public dans cet ordre peut-être que dans tous les autres; non point parce qu'il est pauvre, mais parce qu'il sait très-bien, malgré son ignorance, que l'autorité & la protection du prince sont l'unique gage de sa sûreté & de son bien-être; enfin, parce que avec le respect naturel des petits pour les grands, avec cet attachement particulier à notre nation pour la personne de ses souverains, ils n'ont point d'autres biens à espérer. L'histoire n'offre pas un seul trait qui prouve que l'aisance du *peuple* par le travail, a nui à son obéissance.

Mille nations ont brillé sur la terre, qui n'auroient jamais pu souffrir de bonnes loix; & celles même qui l'auroient pû, n'ont eu dans toute leur durée qu'un temps fort court pour cela. Les *peuples*, ainsi que les hommes, se trouvent, selon la nature des gouvernemens, indociles dans leur jeunesse, ou incorrigibles dans leur vieillesse; quand une fois les coutumes sont établies & les préjugés enracinés, leur réforme est souvent dangereuse & vaine; le peuple ne peut pas même souffrir qu'on touche à ses maux pour les détruire; semblables à ces malades stupides & sans courage, qui frémissent à l'aspect du médecin.

Il est pour les nations comme pour les hommes, un temps de maturité qu'il faut attendre avant de les soumettre à des loix; mais la maturité d'un *peuple* n'est pas toujours facile à connoître; & si on la prévient, l'ouvrage est manqué. Tel *peuple* est disciplinable en naissant, tel autre ne l'est pas au bout de dix siècles. Les russes ne seront jamais vraiment policés, parce qu'ils l'ont été trop tôt. Pierre avoit le génie imitatif ; il n'avoit pas le vrai génie, celui qui crée & fait tout de rien. Quelques-unes des choses qu'il fit étoient bien, la plupart étoient déplacées. Il a vu que son *peuple* étoit barbare, il n'a point vu qu'il n'étoit pas mûr pour la police ; il l'a voulu civiliser quand il ne falloit que l'aguerrir. Il a d'abord voulu faire des allemands, des anglois, quand il falloit commencer par faire des russes ; il a empêché ses sujets de jamais devenir ce qu'ils pourroient être, en leur persuadant qu'ils étoient ce qu'ils ne sont pas. C'est ainsi qu'un précepteur françois forme son élève pour briller un moment dans son enfance, & puis n'être jamais rien.

Il y a dans tout corps politique un *maximum* de force qu'il ne sauroit passer, & duquel souvent il s'éloigne à force de s'agrandir. Plus le lien social s'étend, plus il se relâche, & en général un petit état est proportionnellement plus fort qu'un grand.

Mille raisons démontrent cette maxime. Premiérement l'administration devient plus pénible dans les grandes distances, comme un poids devient plus lourd au bout d'un plus grand levier. Elle devient aussi plus onéreuse à mesure que les degrés se multiplient ; car chaque ville a d'abord la sienne que le *peuple* paye, chaque district la sienne encore payée par le *peuple*, ensuite chaque province, puis les grands gouvernemens, les satrapies, les vice-royautés qu'il faut toujours payer plus cher à mesure qu'on monte, & toujours aux dépens du malheureux *peuple* ; enfin vient l'administration suprème qui écrase tout. Tant de surcharges épuisent continuellement les sujets ; loin d'être mieux gouvernés par tous ces différens ordres, ils le sont moins bien que s'il n'y en avoit qu'un seul au-dessus d'eux. Cependant à peine reste-t-il des ressources pour les cas extraordinaires ; & quand il y faut recourir, l'état est toujours à la veille de sa ruine.

Ce n'est pas tout ; non-seulement le gouvernement a moins de vigueur & de célérité pour faire observer les loix, empêcher les vexations, corriger les abus, prévenir les entreprises séditieuses qui peuvent se faire dans des lieux éloignés ; mais le *peuple* a moins d'affection pour ses chefs qu'il ne voit jamais, pour la patrie qui est à ses yeux comme le monde, & pour ses concitoyens dont la plupart lui sont étrangers. Les mêmes loix ne peuvent convenir à tant de provinces différentes, qui vivent sous des climats opposés, & qui ne peuvent souffrir la même forme de gouvernement. Des loix différentes n'engendrent que troubles & confusion parmi des *peuples* qui, vivant sous les mêmes chefs & dans une communication continuelle, passent ou se marient les uns chez les autres, &, soumis à d'autres coutumes, ne savent jamais si leur patrimoine est bien à eux. Les talens sont enfouis,

les vertus ignorées, les vices impunis dans cette multitude d'hommes inconnus les uns aux autres, que le siège de l'administration suprème rassemble dans un même lieu. Les chefs, accablés d'affaires, ne voient rien par eux-mêmes, des commis gouvernent l'état. Enfin les mesures qu'il faut prendre pour maintenir l'autorité générale, à laquelle tant d'officiers éloignés veulent se soustraire ou en imposer, absorbent tous les soins publics ; il n'en reste plus pour le bonheur du *peuple* ; à peine en reste-t-il pour sa défense au besoin, & c'est ainsi qu'un corps trop grand pour sa constitution, s'affaisse & périt écrasé sous son propre poids.

D'un autre côté, l'état doit se donner une certaine base pour avoir de la solidité, pour résister aux secousses qu'il ne manquera pas d'éprouver, & aux efforts qu'il sera contraint de faire pour se soutenir : car tous les *peuples* ont une espèce de force centrifuge, par laquelle ils agissent continuellement les uns contre les autres, & tendent à s'agrandir aux dépens de leurs voisins comme les tourbillons de Descartes. Ainsi les foibles risquent d'être bientôt engloutis, & nul ne peut guère se conserver qu'en se mettant avec tous dans une espèce d'équilibre, qui rende la compression par-tout à peu-près égale.

On peut mesurer un corps politique de deux manières ; savoir, par l'étendue du territoire & par le nombre du *peuple*, & il y a entre l'une & l'autre de ces mesures un rapport convenable pour donner à l'état sa véritable grandeur : ce sont les hommes qui font l'état, & c'est le terrein qui nourrit les hommes : ce rapport est donc que la terre suffise à l'entretien de ses habitans, & qu'il y ait autant d'habitans que la terre en peut nourrir. C'est dans cette proportion que se trouve le *maximum* de force d'un nombre donné de *peuple* ; car s'il y a du terrein de trop, la garde en est onéreuse, la culture insuffisante, le produit superflu ; c'est la cause prochaine des guerres défensives ; s'il n'y en a pas assez, l'état se trouve pour le supplément à la discrétion de ses voisins ; c'est la cause prochaine des guerres offensives. Tout le peuple qui n'a, par sa position, que l'alternative entre le commerce ou la guerre, est foible en lui-même ; il dépend de ses voisins ; il dépend des événemens ; il n'a jamais qu'une existence incertaine & courte. Il subjugue & change de situation, ou il est subjugué & n'est rien. Il ne peut se conserver libre qu'à force de petitesse ou de grandeur.

On ne peut donner en calcul un rapport fixe entre l'étendue de terre & le nombre d'hommes qui se suffisent l'un à l'autre, tant à cause des différences qui se trouvent dans les qualités du terrein, dans ses degrés de fertilité, dans la nature de ses productions, dans l'influence des climats, que de celles qu'on remarque dans les tempéramens des hommes qui les habitent, dont

les

les uns confomment peu dans un pays fertile, les autres beaucoup fur un fol ingrat. Il faut encore avoir égard à la plus grande ou moindre fécondité des femmes, à ce que le pays peut avoir de plus ou moins favorable à la population, à la quantité dont le législateur peut concourir par ses établissemens; de sorte qu'il ne doit pas fonder son jugement sur ce qu'il voit, mais sur ce qu'il prévoit, ni s'arrêter autant à l'état actuel de la population qu'à celui où elle doit naturellement parvenir. Enfin il y a mille occasions où les accidens particuliers du lieu exigent ou permettent qu'on embrasse plus de terrein qu'il ne paroît nécessaire. Ainsi l'on s'étendra beaucoup dans un pays de montagnes, où les productions naturelles, savoir, les bois, les pâturages, demandent moins de travail, où l'expérience apprend que les femmes sont plus fécondes que dans les plaines, & où un grand sol incliné ne donne qu'une petite base horisontale, la seule qu'il faut compter pour la végétation. Au contraire, on peut se resserrer au bord de la mer, même dans des rochers & des sables presque stériles, parce que la pêche y peut suppléer en grande partie aux productions de la terre; que les hommes doivent être plus rassemblés pour repousser les pirates, & qu'on a d'ailleurs plus de facilité pour délivrer le pays par les colonies, des habitans dont il est surchargé.

A ces conditions, pour instituer un *peuple*, il en faut ajouter une qui ne peut suppléer à nulle autre, mais sans laquelle elles sont toutes inutiles; c'est qu'on jouisse de l'abondance de la paix: car le temps où s'ordonne un état, est comme celui où se forme un bataillon, à l'instant où le corps est le moins capable de résistance & le plus facile à détruire. On résisteroit mieux dans un désordre absolu que dans un moment de fermentation, où chacun s'occupe de son rang & non du péril. Qu'une guerre, une famine, une sédition survienne en ce tems de crise, l'état est infailliblement renversé.

Ce n'est pas qu'il n'y ait beaucoup de gouvernemens établis durant ces orages; mais, alors ce sont des gouvernemens mêmes qui détruisent l'état. Les usurpateurs amènent ou choisissent toujours ces temps de troubles pour faire passer à la faveur de l'effroi public, des loix destructives que le *peuple* n'adopteroit jamais de sang-froid. Le choix du moment de l'institution est un des caractères les plus sûrs, par lesquels on peut distinguer l'œuvre du législateur d'avec celle du tyran.

Quel *peuple* est donc propre à la législation? Celui qui, se trouvant déja lié par quelque union d'origine, d'intérêt ou de convention, n'a point encore porté le vrai joug des loix; celui qui n'a ni coutumes, ni superstitions bien enracinées; celui qui ne craint pas d'être accablé par une invasion subite, qui, sans entrer dans les querelles de ses voisins, peut résister seul à chacun d'eux, ou s'aider de l'un pour repousser l'autre; celui dont chaque membre peut être connu de tous, & où l'on n'est point forcé de charger un homme d'un plus grand fardeau qu'un homme ne peut porter; celui qui peut se passer des autres *peuples*, & dont tout autre *peuple* peut se passer; celui qui n'est ni riche ni pauvre, & peut se suffire à lui-même; enfin celui qui réunit la consistance d'un ancien *peuple* avec la docilité d'un *peuple* nouveau. Ce qui rend pénible l'ouvrage de la législation, est moins ce qu'il faut établir que ce qu'il faut détruire; & ce qui rend le succès si rare, c'est l'impossibilité de trouver la simplicité de la nature jointe aux besoins de la société. Toutes ces conditions, il est vrai, se trouvent difficilement rassemblées. Aussi voit-on peu d'états bien constitués.

PFULLENDORF, ville impériale d'Allemagne: elle est située dans le Hegau, entre les comtés de Heiligenberg & de Sigmaringen. Quelques auteurs prétendent que l'ancienne ville de Bragodurum, dont parle Ptolomée, étoit située dans son emplacement. Cette ville professe la religion catholique. On dit qu'elle avoit anciennement des comtes particuliers, dont le dernier nommé Rodolphe, mort en 1180, sans autre postérité qu'une fille unique, se laissa persuader de remettre son comté à l'empereur Frédéric I. Les empereurs Charles IV & Wenceslas lui ont assuré son immédiateté. Elle a la vingt-sixième voix à la diète & la vingt-quatrième dans les assemblées du cercle parmi les villes impériales. Sa taxte matriculaire étoit autrefois de 104 flor.; mais elle fut réduite en 1683 à 43, & portée en 1728 à 46. Sa contribution pour l'entretien de la chambre impériale est de 33 rixdales 69 & demi kr. Elle paye encore une redevance annuelle de 5 liv. pfennings à la préfecture d'Altorf.

PHÉNICIE. Ancien état de Tyr & des Phéniciens, nous n'en dirons que quelques mots.

Les phéniciens n'étoient qu'une nation très-bornée dans son territoire & dans sa puissance; & c'est la première dans l'histoire des nations. Il n'en est aucune qui ne parle de ce peuple. Il fut connu par-tout; il vit encore par sa renommée; c'est qu'il étoit navigateur.

La nature qui l'avoit jetté sur une côte aride, entre la Méditerranée & la chaîne du Liban, sembloit l'avoir séparé, en quelque sorte, de la terre, pour lui apprendre à régner sur les eaux. La pêche lui enseigna l'art de la navigation. Le murex, fruit de la pêche, lui donna la pourpre. Le sable de ses rivages lui fit trouver le secret du verre.

Il faut avouer qu'il étoit heureusement situé pour faire le commerce de l'Univers. Placés au près des limites qui féparent & joignent, pour ainsi-dire, l'Afrique, l'Asie & l'Europe, les Phéniciens pouvoient, sinon lier entr'eux les habitans de la terre, du moins être les médiateurs de leurs échanges, & communiquer à chaque nation les jouissances de tous les climats. Mais l'antiquité, que nous avons souvent surpassée, quoiqu'elle nous ait beaucoup appris, n'avoit pas d'assez grands moyens pour un commerce universel. La *Phénicie* borna sa marine à des galères, son commerce au cabotage, & sa navigation à la méditerranée. Modele des peuples maritimes, on sait moins ce qu'il a fait que ce qu'il a pu faire : on conjecture sa population par ses colonies. On veut qu'il ait couvert de ses essaims les bords de la Méditerranée, & sur-tout les côtes d'Afrique.

Tyr, ou Sidon, reine de la mer, enfanta Carthage. L'opulence de Tyr lui avoit forgé des fers & donné des tyrans.

PHILIPPINES, isles de la mer de l'Inde où l'Espagne a des établissemens. Les *Philippines* & les Marianes forment à l'Espagne un état de 14 ou 15 cent mille sujets, & nous croyons devoir en parler avec beaucoup d'étendue.

Précis de la découverte, de la conquête & des établissemens qu'on y a formés.

Magellan fut le premier européen qui reconnut les *Philippines*. Mécontent du Portugal sa patrie, il étoit passé au service de Charles-Quint ; & par le détroit qui depuis porta son nom, il arriva en 1521 aux Manilles, d'où, après sa mort, ses lieutenans se rendirent aux Moluques, découvertes dix ou onze ans auparavant par les Portugais. Ce voyage auroit eu vraisemblablement des suites remarquables, si elles n'avoient été arrêtées par la combinaison dont on va rendre compte.

Tandis qu'au quinzième siècle les portugais s'ouvrirent la route des Indes orientales & se rendoient les maîtres des épiceries & des manufactures qui avoient toujours fait les délices des nations policées, les espagnols s'assuroient, par la découverte de l'Amérique, plus de trésors que l'imagination des hommes n'en avoit jusqu'alors désiré. Quoique les deux nations suivissent leurs vues d'agrandissement dans des régions bien séparées, il parut possible que l'on se rencontrât. Leur antipathie auroit rendu cet événement dangereux. Pour le prévenir, le pape fixa en 1493, les prétentions respectives, par une suite de ce pouvoir universel que les pontifes de Rome s'étoient arrogé depuis plusieurs siècles, & que l'ignorance de deux peuples prolongeoit encore pour associer le ciel à leur avarice. Il donna à l'Espagne tout le pays qu'on découvriroit à l'ouest du méridien, pris à cent lieues des Açores, & au Portugal tout ce qu'il pourroit conquérir à l'est de ce méridien. L'année suivante, les puissances intéressées convinrent d'elles-mêmes, à Tordésillas, de placer la ligne de démarcation à trois cents soixante-dix lieues des isles du cap Verd. C'étoit aux yeux les plus clairs-voyans, une précaution superflue. A cette époque, personne ne connoissoit assez la théorie de la terre pour prévoir que les navigateurs d'une couronne, poussant leurs découvertes du côté de l'ouest, & les navigateurs de l'autre du côté de l'est, arriveroient tôt ou tard au même terme. L'expédition de Magellan démontra cette vérité.

La cour de Lisbonne ne dissimula pas les inquiétudes que lui causoit cet évènement. On la voyoit déterminée à tout hasarder plutôt qu'à souffrir qu'un rival, déjà trop favorisé par la fortune, vint lui disputer l'empire des mers d'Asie. Toutefois, avant de se commettre avec le seul peuple dont les forces maritimes fussent alors redoutables, elle crut devoir tenter les voies de la conciliation. Ce moyen réussit plus facilement qu'il n'étoit naturel de l'espérer.

Charles-Quint, que des entreprises trop vastes & trop multipliées réduisoient à des besoins fréquens, abandonna irrévocablement, en 1529, pour 350,000 ducats ou pour 2,598,750 livres, toutes les prétentions qu'il pouvoit avoir sur les pays reconnus en son nom dans l'Océan Indien ; il étendit même la ligne de la démarcation portugaise jusqu'aux isles des larrons. C'est du moins ce que disent les historiens portugais ; car les écrivains castillans veulent que leur monarque se soit réservé la faculté de reprendre la discussion de ses droits, & de les faire valoir si la décision lui étoit favorable ; mais seulement après avoir remboursé l'argent qu'il touchoit.

Le traité de Sarragosse eut le sort ordinaire aux conventions politiques.

Philippe II reprit, en 1560, le projet de soumettre les manilles. L'Espagne étoit trop affoiblie par ses conquêtes d'Amérique, pour imaginer de fonder à l'extrémité des Indes orientales un nouvel empire par la violence. Les voies douces de la persuasion entrèrent, pour la première fois, dans son plan d'agrandissement. Elle chargea quelques missionnaires de lui acquérir des sujets, & ils ne trompèrent pas entièrement son attente.

Les hommes, autrefois idolâtres ou mahométans, que la religion chrétienne soumit à l'Espagne, sur les côtes, n'étoient pas tout-à-fait sauvages, comme ceux de l'intérieur des terres. Ils avoient des chefs, des loix, des maisons, quelques arts imparfaits. Plusieurs connoissoient un peu de culture. La propriété des champs qu'ils avoient semés leur fut assurée ; & le bonheur dont ils jouissoient, fit désirer des possessions à d'autres. Les moines, chargés d'en faire la distribution, réservèrent pour eux les portions les plus étendues, les mieux situées, les plus fertiles de ce sol immense ; & le gouvernement leur en fit une cession formelle.

On se promettoit beaucoup de ces arrangemens, tout imparfaits qu'ils étoient. Plusieurs causes se sont réunies pour en empêcher le succès.

D'abord, la plupart des missionnaires élevés dans l'ignorance & l'oisiveté des cloîtres, n'ont pas, comme il le falloit, excité au travail les indiens qu'ils avoient sous leur direction. On peut même dire qu'ils les en ont détournés, pour les occuper sans cesse de cérémonies, d'assemblées, de solemnités religieuses. Un système aussi contraire à la saine politique, a laissé dans le néant les terres distribuées aux peuples assujettis. Celles mêmes de leurs conducteurs ont été peu & mal cultivées, peut-être parce que le gouvernement fait distribuer tous les ans à ces religieux 525,000 livres.

La conduite des espagnols à toujours encouragé cette inaction funeste. Le penchant à l'oisiveté, que ces hommes avoient apporté de leur patrie, fut encore fortifié par la permission que leur accorda la cour d'envoyer tous les ans en Amérique un vaisseau chargé des productions des manufactures de l'Asie. Les trésors que rapportoit cet immense bâtiment, leur fit envisager comme honteuses & intolérables, même les occupations les plus honnêtes & les moins pénibles. Jamais leur mollesse ne connut d'autres ressources pour vivre dans les délices. Aussi, dès que les malheurs de la guerre suspendoient pour un an ou deux l'expédition du galion, ces conquérans tomboient-ils la plupart dans une misère affreuse. Ils devenoient mendians, voleurs, ou assassins. Et les tribunaux étoient impuissans contre tant de crimes.

Les chinois s'offroient naturellement pour donner aux arts & à la culture l'activité que l'indolence des indiens & la fierté des espagnols leur refusoient. Les navigateurs de cette nation célèbre alloient, de temps immémorial, chercher aux Manilles les productions naturelles à ces isles. Ils continuèrent à les fréquenter après qu'elles eurent subi un joug étranger. Leur nombre s'accrut encore, lorsque les richesses du Mexique & du Pérou, qui y circuloient, donnèrent lieu à des spéculations plus vastes. Sur leurs navires arrivèrent bientôt un grand nombre d'ouvriers, un plus grand de cultivateurs, trop multipliés dans cet empire florissant. Ces hommes laborieux, économes & intelligens vouloient défricher les campagnes, établir des manufactures, créer tous les genres d'industrie, pourvu qu'on leur donnât la propriété de quelques parties d'un immense terrein qui n'avoit point de maître, pourvu que les tributs qu'on exigeroit d'eux fussent modérés. C'étoit un moyen infaillible d'établir à l'extrémité de l'Asie, sans perte d'hommes, sans sacrifice d'argent, une colonie florissante. Le malheur des *Philippines* a voulu qu'on n'ait pas assez senti cette vérité ; & cependant le peu de bien qui s'est fait dans ces isles a été principalement l'ouvrage des chinois.

L'Espagne a soumis à sa domination, dans cet Archipel, quelques parties de neuf grandes isles. Celle de Luçon, qui est la plus considérable, a cent vingt lieues de long, sur trente & quarante de large. Les espagnols y abordent par une grande baie circulaire, formée par deux caps, à deux lieues de distance l'un de l'autre. Dans ce court espace se trouve la petite isle de Marivelles. Elle laisse deux passages. Celui de l'est est le plus étroit & le plus sûr.

Au sud-est de la baie est Cavite. Ce port, défendu par un petit fort & une garnison de trois cents hommes, a la forme d'un fer-à-cheval. Douze vaisseaux y sont en sûreté sur un fond de vase. C'est là qu'on construit les bâtimens nécessaires pour le service de la colonie.

Dans la même baie, à trois lieues de Cavite & près de l'embouchure d'un fleuve navigable, s'élève la fameuse ville de Manille. L'Espagne, qui l'enleva aux indiens en 1571, la jugea propre à devenir le centre de l'état qu'on vouloit fonder, & y fixa le gouvernement & le commerce. Gomez Perez de Las Marignas l'entoura de murs en 1590, & y bâtit la citadelle de Saint-Jacques. Elle s'est depuis agrandie & embellie. La rivière qui la traverse, descend d'un lac qui a vingt lieues de tour. Il est formé par quarante ruisseaux, sur chacun desquels est établie une peuplade d'indiens cultivateurs. C'est de là que la capitale de l'empire reçoit ses subsistances. Son malheur est d'être située entre deux volcans qui se communiquent, & dont les foyers, toujours en action, semblent préparer sa ruine.

Dans tout l'Archipel on ne compte, suivant le dénombrement de 1752, qu'un million trois cents cinquante mille indiens, qui aient subi le joug espagnol. La plupart sont chrétiens, & tous, depuis seize jusqu'à cinquante ans, paient une capitation de deux livres quatorze sols. On les a partagés en vingt-deux provinces, dont la seule isle de Luçon en contient douze, quoiqu'elle ne soit pas entièrement assujettie.

La Colonie a pour chef un gouverneur, dont l'autorité subordonnée au vice-roi du Mexique, doit durer huit ans. Il a le commandement des armées. Il préside à tous les tribunaux. Il dispose de tous les emplois civils & militaires. Il peut distribuer des terres, les ériger même en fiefs. Cette puissance qui n'est un peu balancée que par l'influence du clergé, s'est trouvée si dangereuse, que pour en arrêter l'excès, on a imaginé plusieurs expédiens. Le plus utile a été celui qui regle qu'on poursuivra la mémoire d'un gouverneur mort dans l'exercice de sa place, & que celui qui y furvivra, ne partira qu'après que fon adminiſtration aura été recherchée. Tout particulier peut porter ſes plaintes. S'il a éprouvé quelque injuſtice, il doit être dédommagé aux dépens du prévaricateur, qui de plus eſt condamné à une amende envers le ſouverain qu'il a rendu odieux. Dans les premiers temps de cette ſage inſtitution, la ſévérité fut pouſſée ſi loin, que lorſque les accuſations étoient graves, le coupable étoit mis en priſon. Pluſieurs y moururent de frayeur, & d'autres n'en ſortirent que pour ſubir des peines rigoureuſes. Peu à peu cet appareil formidable s'eſt réduit à rien. Le chef de la Colonie donne à ſon ſucceſſeur de quoi payer ſa place ; mais il avoit reçu la même ſomme de ſon prédéceſſeur.

Cette colluſion paroît avoir des ſuites bien funeſtes. On a exigé arbitrairement des impôts. Le revenu public s'eſt perdu dans les mains deſtinées à le recueillir. Un droit d'entrée de ſept pour cent ſur toutes les marchandiſes, a fait dégénérer le commerce en contrebande. Le cultivateur s'eſt vu forcé de dépoſer ſes récoltes dans les magaſins du gouvernement. On a pouſſé l'induſtrie juſqu'à fixer la quantité de grains que ſes champs devoient produire, juſqu'à l'obliger de les fournir au fiſc, pour en être payé dans le temps & de la manière qu'il conviendroit à des maîtres oppreſſeurs. Ces efforts que quelques adminiſtrateurs honnêtes ont faits dans l'eſpace de deux ſiécles pour arrêter le cours de tant d'abus ont été inutiles, parce que ces abus étoient trop invétérés pour céder à une autorité ſubordonnée & paſſagère. Il n'auroit pas moins fallu que le pouvoir ſuprême de la cour de Madrid, pour oppoſer une digue ſuffiſante au torrent de la cupidité univerſelle : mais ce moyen unique n'a jamais été employé. Auſſi les *Philippines* n'ont-elles fait nul progrès. A peine ſauroit-on leur nom, ſans les liaiſons qu'elles entretiennent avec le Mexique.

Ces liaiſons auſſi anciennes que l'établiſſement des eſpagnols en Aſie, ſe réduiſent à faire paſſer en Amérique, par la mer du Sud, les productions, les marchandiſes des Indes. Mais par l'établiſſement de la nouvelle compagnie des *Philippines*, ces iſles communiqueront directement avec le port de Cadix. Nul des objets qui forment juſqu'ici ces riches cargaiſons, n'eſt le produit du ſol ou de l'induſtrie de ces iſles. Elles tirent la canelle de Batavia. Les chinois leur portent des ſoieries, & les anglois ou les françois les toiles blanches, les toiles peintes de Bengale & du Coromandel. De quelque port qu'euſſent été expédiés ces objets, il falloit qu'ils arrivaſſent avant le départ du galion. Plus tard, ils ne ſeroient pas vendus ou ne l'auroient été qu'à perte à des négocians réduits à les oublier dans leurs magaſins. Les paiemens ſe faiſoient principalement avec de la cochenille & des piaſtres venues du Nouveau-Monde. Il y entroit auſſi quelques denrées du pays, & des cauris qui n'ont point de cours en Afrique, mais qui ſont d'un uſage univerſel ſur les bords du Gange.

On a obſervé qu'un établiſſement qui n'a pas une baſe plus ſolide, peut être aiſément renverſé. Que les *Philippines* échapperont un peu plus tôt, un peu plus tard, à ſes poſſeſſeurs. Il faut rappeller à l'Eſpagne les réflexions par leſquelles on a donné de la force à ces conjectures ; & eſſayer ainſi de prévenir la révolution.

Des navigateurs éclairés nous ont appris que les poſſeſſions eſpagnoles qui, dans ces contrées éloignées, avoient toujours été languiſſantes, le ſont devenues ſenſiblement davantage depuis 1768, que les Jéſuites en ont été bannis. Outre que l'immenſe domaine de ces miſſionnaires eſt tout-à-fait déchu de la fertilité où ils l'avoient porté, les terres des indiens qu'ils gouvernoient, les ſeules qui fuſſent paſſablement cultivées & où l'on trouvât quelques arts utiles, ſont retombées dans le néant d'où on les avoit tirées. Il eſt même arrivé que ces inſulaires, les moins pareſſeux de la Colonie, ont eu à ſouffrir de la haine bien ou mal fondée qui pourſuivoit leurs guides.

Une plus grande calamité fondit ſur cet Archipel l'année ſuivante. Tous les chinois, ſans exception, en furent chaſſés ; & cette proſcription forma une plaie qui vraiſemblablement ne guérira jamais. Ces hommes, dont la paſſion dominante eſt l'avarice, arrivoient tous les ans aux *Philippines* avec vingt-cinq ou trente petits bâtimens, & y encourageoient quelques travaux par le prix qu'eux ſeuls y pouvoient mettre. Ce n'étoit pas tout : un aſſez grand nombre de leurs compatriotes, fixés dans ces iſles, y donnoient habituellement l'exemple d'une vie toujours occupée. Pluſieurs même parcouroient les peuplades indiennes, &, par des avances bien ménagées, leur inſpiroient le deſir & leur donnoient la faculté de rendre leur ſituation meilleure. Il eſt fâcheux que ces moyens de proſpérité aient été anéantis par l'impoſſibilité où ſe trouvoient peut-être les eſpagnols de contenir un peuple ſi enclin aux ſoulévemens.

Antérieurement à ces événemens deſtructeurs, les peuples montroient un éloignement marqué pour l'abus du pouvoir. L'oppreſſion les avoit ſouvent fait ſortir des bornes de l'obéiſſance ; &, ſans l'intervention de leurs paſteurs, les efforts impuiſſans d'une milice dégénérée ne les auroient pas remis dans les fers. Depuis que l'expulſion des miſſionnaires, qui avoient le plus d'empire ſur les eſprits, a privé le gouvernement eſpagnol de ſa plus grande force, les indiens moins contenus doivent avoir la volonté de recouvrer leur indépendance, & peut-être aſſez d'énergie pour rentrer dans leurs premiers droits.

A ces dangers, qu'on peut appeler *domeſtiques*, ſe joignent des périls étrangers plus à craindre encore. Des barbares, ſortis des iſles Malaiſes, fondent habituellement sur les côtes des *Philippines*, y portent la destruction, & en arrachent des milliers de chrétiens qu'ils réduisent en servitude. Cette piraterie est rarement punie, parce que les espagnols partagés en quatre factions, connues sous le nom de *castillans*, de *galiciens*, de *montagnards* & de *biscayens*, uniquement occupés de la haine qui les tourmente, voient d'un œil indifférent tout ce qui est étranger à leurs divisions. Un si mauvais esprit a toujours de plus en plus enhardi les malais. Déja ils ont chassé l'ennemi commun de plusieurs isles. Tous les jours ils le resserrent davantage, & bientôt ils se verront maitres de sa possession, s'ils ne sont pas prévenus par quelque nation européenne plus puissante ou plus active que celle qu'ils combattent.

En 1762, les anglois s'emparèrent des *Philippines* avec une facilité qu'ils n'avoient pas espérée. Si les traités leur arrachèrent leur proie, ce fut sans étouffer peut-être l'ambition de la ressaisir lorsque l'occasion s'en présenteroit. D'autres peuples peuvent également aspirer à cette conquête, pour en faire le centre de leur empire dans les mers & sur le continent des Indes.

Si les espagnols étoient chassés des *Philippines*, seroit-ce un grand mal ? A peine les *Philippines* eurent-elles ouvert leur communication avec l'Amérique, qu'on parla de les abandonner, comme nuisibles aux intérêts de la métropole. Philippe II & ses successeurs ont constamment rejetté cette proposition, qui a été renouvellée à plusieurs reprises. La ville de Séville en 1731, & celle de Cadix en 1733, ont eu des idées plus raisonnables. Toutes deux ont imaginé ce qu'il est bien étonnant qu'on n'eût pas vu plutôt, qu'il seroit utile à l'Espagne de prendre part directement au commerce de l'Asie, & que les possessions qu'elle a dans cette partie du monde, seroient le centre des opérations qu'elle y voudroit faire. Inutilement leur a-t-on opposé que l'Inde fournissant des étoffes de soie, des toiles de coton supérieures à celles de l'Europe pour le fini, pour les couleurs, sur-tout pour le bas prix, les manufactures nationales n'en pourroient soutenir la concurrence, & seroient infailliblement ruinées. Cette objection, qui peut être de quelque poids chez certains peuples, leur a paru tout-à-fait frivole dans la position où étoit leur patrie.

En effet, les espagnols s'habillent, se meublent d'étoffes, de toiles étrangères. Ces besoins continuels augmentent nécessairement l'industrie, les richesses, la population, les forces de leurs voisins. Ceux-ci abusent de ces avantages, pour tenir dans la dépendance la nation qui les leur procure. Ne se conduiroit-elle pas avec plus de sagesse & de dignité, si elle adoptoit les manufactures des Indes ? Outre l'économie & l'agrément qu'elle y trouveroit, elle parviendroit à diminuer une prépondérance dont elle sera tôt ou tard la victime.

Les inconvéniens presqu'inséparables des nouvelles entreprises sont levés d'avance. Les isles que l'Espagne possède, sont situées entre le Japon, la Chine, la Cochinchine, Siam, Bornéo, Célebes, les Moluques, & à portée d'entrer en liaison avec ces différens états. Leur éloignement du Malabar, du Coromandel & du Bengale ne les empêcheroit pas de protéger efficacement les comptoirs qu'on croiroit avantageux de former sur ces côtes industrieuses. Elles seroient d'ailleurs garanties par de vastes mers des ravages qui désolent si souvent le continent, & facilement préservées de la tentation délicate de prendre part à ses divisions.

Cette distance n'empêcheroit pas que la subsistance de l'Archipel ne fût assurée. Il n'y a pas dans l'Asie de contrée plus abondante en fruits, en sagou, en cocotiers, en plantes nourrissantes de toutes les espèces.

Le riz que, dans la plus grande partie des Indes, il faut, à force de bras, arroser deux fois par jour jusqu'à ce que le grain en soit bien formé, est d'une culture plus facile aux *Philippines*. Semé sur le bord des rivières ou dans des plaines qu'on couvre d'eau lorsqu'on le veut, il donne par an deux récoltes abondantes, sans qu'on soit obligé de s'en occuper, jusqu'à ce que le moment de le cueillir soit arrivé.

Tous les grains de l'Europe réussissent dans ces isles. Elles en fourniroient aux navigateurs, quelque multipliés qu'ils fussent, si la négligence du gouvernement n'avoit condamné la plupart des terres à une honteuse stérilité.

Le nombre des troupeaux est un sujet d'étonnement pour tous les voyageurs. Chaque communauté religieuse a des prairies de vingt-cinq à trente lieues, couvertes de quarante, de cinquante mille bœufs. Quoiqu'ils ne soient pas gardés, ils franchissent rarement les rivières & les montagnes qui servent de limites à ces possessions. Ceux qui s'égarent, sont facilement reconnus à la marque des différens ordres, imprimée avec un fer chaud, & l'on ne manque jamais de les restituer à leurs légitimes maîtres. Depuis l'invasion des anglois & les ravages qui en furent la suite, les bêtes à cornes sont moins communes ; mais elles sont toujours très-multipliées.

Avant 1744 les *Philippines* ne voyoient croître dans leur sein fécond aucun de nos légumes. A cette époque, Mahé de Villebague y en porta des graines. Toutes ces plantes utiles avoient prospéré, lorsqu'après huit mois le cultivateur, que les intérêts de son commerce appelloient ailleurs, légua son jardin à un autre françois fixé dans ces isles. Les espagnols, qui n'avoient pu voir sans jalousie qu'un étranger leur montrât la route où ils auroient dû entrer depuis deux siècles, s'élevèrent avec tant de violence contre l'héritier de ſes ſoins, que, pour rétablir le calme, le miniſtère public ſe crut obligé de faire arracher ces racines ſalutaires. Heureuſement les chinois, occupés ſans relâche de ce qui peut contribuer à leur fortune, les avoient conſervées à l'écart. Peu à peu on s'eſt familiariſé avec une innovation ſi avantageuſe, & c'eſt aujourd'hui une des meilleures reſſources de la colonie.

Indépendamment de ce qui ſert à la nourriture des naturels du pays & des conquérans, ces iſles offrent un grand nombre d'objets propres au commerce d'Inde en Inde : le tabac, le riz, le rottin, la cire, les huiles, les cauris, l'ébene, le poiſſon ſeché, les réſines, les bois de ſapan; mais plus particuliérement ces nids d'oiſeau, ces nerfs de cerf deſſéchés, ces biches de mer que tous les peuples de l'Aſie, ſur-tout les chinois, recherchent ſi avidement.

Juſqu'ici l'on n'a cultivé le ſucre que pour la conſommation de la colonie. La crainte de le voir un peu renchérir, en a fait défendre l'exportation ſous des peines graves. Cet aveuglement ne ſauroit durer. Bientôt il ſera permis de fournir à la plus grande partie de l'Aſie une production à laquelle le ſol des *Philippines* eſt très-favorable. On y joindra peut-être le fer.

Il eſt abondant & d'une qualité ſupérieure dans tout l'Archipel. Cependant on n'en avoit jamais ouvert aucune mine, lorſque, vers l'an 1768, Simon de Auda s'aviſa heureuſement d'établir des forges. Le ſuccès en eût été plus aſſuré, ſi ce gouverneur eût commencé moins d'ouvrages à la fois ; s'il eût laiſſé mûrir un peu plus ſes projets; s'il eût employé, pour faire réuſſir ſes entrepriſes, des moyens plus conformes à l'humanité & à la juſtice.

L'excellent cuivre, répandu dans pluſieurs des *Philippines*, ne mérite pas moins l'attention du gouvernement. Ce métal ſert, dans les Indes, aux vaſes du culte public, à des uſtenſiles d'un uſage journalier, à des monnoies qu'il faut renouveller ſans ceſſe, parce que le peuple ne montre pas moins d'empreſſement à les enterrer qu'en ont les hommes riches pour enfouir des tréſors plus précieux. Les hollandois tirent du Japon de quoi fournir à tous ſes beſoins. Ils perdront néceſſairement cette branche de leur commerce, ſi l'eſpagnol, ſorti de ſa léthargie, oſe entreprendre de lutter contr'eux.

Les *Philippines* ont, ſur les autres colonies européennes, l'avantage de poſſéder de l'or. Les indiens en trouvent quelques parties dans le ſable, ou dans la vaſe des rivières qui le charient. Ce qu'ils en amaſſent peut monter à cinq ou ſix cens mille livres par an. Ils le livrent en ſecret aux navigateurs étrangers qui, de leur côté, leur fourniſſent quelques marchandiſes. Autrefois on l'envoyoit en Amérique, puiſque Cawendiſh en trouva pour 658,800 livres ſur le galion qui voguoit vers le Mexique. Si l'Eſpagne, abjurant ſes anciennes maximes, encourageoit ce genre de travail, en laiſſant à ceux qui s'y conſacreroient, l'uſage entièrement libre des richeſſes qu'il leur procureroit, ne ſe ménageroit-elle pas un moyen de plus pour commercer avec utilité dans les mer des Indes ?

Elle ne ſeroit pas réduite à deſirer que les navigateurs étrangers vinſſent chercher ſes productions. Comme les *Philippines* fourniſſent en abondance les matériaux d'une marine bien ordonnée, ſes ſujets pourroient fréquenter tous les marchés, & ajouter le bénéfice du fret à ſes autres avantages.

Cette activité prépareroit les liaiſons de la colonie avec ſa métropole. Dans le cahos où ſont plongées les *Philippines*, il n'eſt pas aiſé de voir ce qu'elles pourroient fournir un jour à l'Eſpagne. Actuellement elles lui offrent de l'alun, des peaux de buffle, de la caſſe, des bois de teinture, du ſalpêtre, de l'écaille de tortue, de la nacre de perle que le chinois a achetée juſqu'ici pour la revendre, dans Canton, aux européens le triple de ce qu'elle lui coûtoit ; du cacao qui, quoique venu du Mexique, n'a pas dégénéré; de l'indigo que la nature brute produit libéralement. Un homme éclairé voulut eſſayer, en 1750, de donner à cette riche plante tout ce qu'elle pouvoit recevoir de perfection par la culture. On s'éleva généralement & avec fureur contre cette nouveauté. Il fallut que le marquis d'Obando, alors gouverneur, prît ce citoyen ſous ſa ſauvegarde & lui aſſignât un terrein fermé, où il pût continuer avec ſûreté ſes opérations. Les expériences furent toutes très-heureuſes ; & depuis cette époque, l'on s'occupe, mais avec trop peu de vivacité, d'une teinture ſi précieuſe.

L'Eſpagne auroit pu, depuis deux ſiècles, naturaliſer ſur ſon territoire, ſi voiſin des Moluques, les épiceries. Peut-être elle auroit partagé avec les hollandois cette ſource de richeſſes. N'eſt-il pas temps de ſe réſoudre à une expérience dont le plus grand inconvénient eſt d'être inutile.

Cette couronne pourroit être excitée par l'excellente qualité du coton qu'on cultive dans les *Philippines*, à y élever, avec le ſecours des habitans du continent, de belles & nombreuſes manufactures. En attendant le ſuccès toujours lent des nouvelles entrepriſes, même les mieux combinées, l'eſpagnol acheteroit dans les marchés étrangers les ſoieries, les toiles, les autres productions de l'Aſie convenables pour ſa patrie, & il les obtiendroit à meilleur marché que ſes concurrens. La colonie, dont les revenus montent à 2,728,000 livres, a coûté juſqu'ici annuellement à l'Eſpagne 52,500 liv.

Il eſt difficile de prévoir l'effet en bien ou en mal que produira ſur les *Philippines* la nouvelle compagnie qui porte leur nom, & nous nous contenterons d'avertir le lecteur qu'il trouvera, à l'article ESPAGNE, des détails sur ce nouveau régime.

L'établissement formé aux isles Marianes ayant un rapport direct avec celui des *Philippines*, nous croyons devoir en parler ici.

Iles Marianes & de l'établissement que les espagnols y ont formé.

Lorsque la cour de Madrid, devenue ambitieuse par ses succès au Mexique & au Pérou, eut conçu le projet de former un grand établissement en Asie, elle s'occupa sérieusement des moyens de le faire réussir. Ce projet devoit rencontrer de grandes difficultés. Les richesses de l'Amérique attiroient si puissamment les espagnols qui consentoient à s'expatrier, qu'il ne paroissoit pas possible d'engager, même les plus misérables, à s'aller fixer aux *Philippines*, à moins qu'on ne consentît à leur faire partager ces trésors. On se détermina à ce sacrifice. La colonie naissante fut autorisée à envoyer tous les ans, dans le Nouveau-Monde, des marchandises de l'Inde, pour y être échangées contre les métaux.

Cette liberté illimitée eut des suites si considérables, qu'elle excita la jalousie de la métropole. On parvint à calmer un peu les esprits, en bornant un commerce qu'on croyoit & qui étoit en effet immense. Ce qu'il devoit être permis d'en faire dans la suite, fut partagé en douze mille actions égales. Chaque chef de famille en avoit une, & les gens en place un nombre proportionné à leur élévation. Les communautés religieuses furent comprises dans l'arrangement, suivant l'étendue de leur crédit ou l'opinion qu'on avoit de leur utilité.

Les vaisseaux qui partoient d'abord de l'isle de Cebu & ensuite de celle de Luçon, prirent dans les premiers temps la route du Pérou. La longueur de cette navigation étoit excessive. On découvrit des vents alisés qui ouvroient au Mexique un chemin plus court, & cette branche de commerce se porta sur ses côtes où il s'est fixé.

Avant la nouvelle compagnie des *Philippines*, dont nous avons parlé à l'article ESPAGNE, on expédioit tous les ans du port de Manille un vaisseau d'environ deux mille tonneaux. D'après des loix qui avoient souvent varié, ce bâtiment ne devoit porter que quatre mille balles de marchandises, & on le chargeoit au moins du double. Les frais de construction, d'armement, de navigation, toujours infiniment plus considérables qu'ils ne devoient l'être, étoient supportés par le gouvernement, qui ne recevoit pour tout dédommagement que 75,000 piastres ou 405,000 livres par navire.

Le départ étoit fixé au mois de juillet. Après s'être débarrassé d'une foule d'isles & de rochers, toujours incommodes, quelquefois dangereux, le galion faisoit route au nord jusqu'au trentième degré de latitude. Là commencent à régner des vents alisés qui le menoient à sa destination. On pense assez généralement que, s'il s'étoit avancé plus loin, il auroit trouvé des vents plus forts & plus reguliers qui eussent précipité sa marche: mais il étoit défendu, sous les peines les plus graves, à ceux qui le commandoient, de s'écarter de la ligne qu'on leur avoit tracée.

Telle est sans doute la raison qui, pendant deux siècles, a empêché les espagnols de faire la moindre découverte sur un océan qui auroit offert tant d'objets d'instruction & d'utilité à des nations plus éclairées ou moins circonspectes. Le voyage duroit six mois, parce que le vaisseau étoit surchargé d'équipages & de marchandises, & que ceux qui le montoient, navigateurs timides, faisoient toujours très-peu de voile pendant la nuit, & souvent, quoique sans nécessité, n'en faisoient point du tout.

Le port d'Acapulco où le vaisseau abordoit, a deux embouchures, dont une petite isle forme la séparation. On y entre de jour par un vent de mer, & l'on en sort de nuit par un vent de terre. Un mauvais fort, cinquante soldats, quarante-deux pièces de canon, & trente-deux hommes du corps d'artillerie le défendent. Il est également étendu, sûr & commode. Le bassin qui forme cette belle rade, est entouré de hautes montagnes si arides, qu'elles manquent même d'eau. Son air embrasé, lourd & mal-sain, est habituellement respiré par une foible & malheureuse population, grossie à l'arrivée du galion par les négocians de toutes les provinces du Mexique, qui viennent échanger leur argent & leur cochenille contre les épiceries, les mousselines, les porcelaines, les toiles peintes, les soieries, les aromates, & les ouvrages d'orfèvrerie de l'Asie.

A ce marché étoit audacieusement consommée dans le Nouveau-Monde, la fraude audacieusement commencée dans l'ancien. Les statuts avoient borné la vente à 2,700,000 liv., & elle passoit 10,800,000 livres. Tout l'argent provenant de ces échanges devoit dix pour cent au gouvernement, & les fausses déclarations le privoient des trois quarts du revenu que devoient lui former ses douanes.

Après un séjour d'environ trois mois, le galion reprenoit la route des *Philippines* avec quelques compagnies d'infanterie destinées à recruter la garnison de Manille. Il fut intercepté trois fois par les anglois dans sa traversée. Ce fut Cawendish qui s'en empara en 1587, Rogers en 1709, & Anson en 1742. La moindre partie des richesses dont il est chargé, s'arrêtoit dans la colonie. Le reste étoit distribué aux nations qui avoient contribué à former sa cargaison. Voyez à l'article ESPAGNE les changemens que le nouveau régime doit introduire sur cette matière.

L'espace immense que les galions avoient à

parcourir, fit desirer un port où ils pussent se radouber & se rafraîchir. On le trouva sur la route d'Acapulco aux *Philippines*, dans un Archipel connu sous le nom d'*isles Marianes*.

Ces isles forment une chaîne qui s'étend depuis le treizième degré jusqu'au vingt-deuxième. Plusieurs ne sont que des rochers : mais on en compte neuf qui ont de l'étendue. C'est là que la nature riche & belle offre une verdure éternelle, des fleurs d'un parfum exquis, des eaux de crystal tombant en cascade, des arbres chargés de fleurs & de fruits en même-tems, des situations pittoresques que l'art n'imitera jamais.

Dans cet Archipel, situé sous la zone Torride, l'air est pur, le ciel serein, & le climat assez tempéré.

On y voyoit autrefois des peuples nombreux. Rien n'indique d'où ils étoient sortis. Sans doute qu'ils avoient été jettés par quelque tempête sur ces côtes; mais depuis si long-tems, ils avoient oublié leur origine, & ils se croyoient les seuls habitans du monde.

Quelques habitudes, la plupart semblables à celles des autres sauvages de la mer du sud, leur tenoient lieu de culte, de loix, de gouvernement. Ils couloient leurs jours dans une indoléance perpétuelle; & c'étoit aux bananes, aux noix de coco, sur-tout au rima ou à l'arbre-à-pain, qu'ils devoient ce malheur ou cet avantage.

L'usage du feu étoit totalement ignoré aux Marianes. Aucun de ces volcans terribles, dont les vestiges destructeurs sont ineffaçablement gravés sur la surface du globe; aucun de ces phénomènes célestes qui allument souvent des flammes dévorantes & inattendues dans tous les climats; aucun de ces hasards heureux qui, par frottement ou par collision, font sortir de brillantes étincelles de tant de corps : rien n'avoit donné aux paisibles habitans des Marianes la moindre idée d'un élément si familier aux autres nations. Pour le leur faire connoître, il falloit que le ressentiment des premiers espagnols, arrivés sur ces côtes sauvages, brûlât quelques centaines de cabanes.

Cet usage du feu n'étoit guère propre à leur en donner une idée favorable, à leur faire desirer de le reproduire. Aussi le prirent-ils pour un animal qui s'attachoit au bois & qui s'en nourrissoit. Ceux que l'ignorance d'un objet si nouveau avoit portés à en approcher, s'étant brûlés, leurs cris inspirèrent de la terreur aux autres, qui n'osèrent plus le regarder que de très-loin. Ils appréhendèrent la morsure de cette bête féroce, qu'ils croyoient capable de les blesser par la seule violence de sa respiration. Cependant ils revinrent par degrés de la consternation dont ils avoient été frappés; leur erreur se dissipa peu à peu, & on les vit s'accoutumer enfin à un bien précieux, dont tous les autres peuples connus étoient dans une possession immémoriale.

Une seconde chose remarquable dans les Marianes, c'étoit un *pross* ou *canot*, dont la forme singulière a toujours fixé l'attention des navigateurs les plus éclairés.

Ces peuples occupoient des isles séparées par des intervalles considérables. Quoique sans moyens & sans desir d'échanges, ils vouloient communiquer entr'eux. Ils y réussirent avec le secours d'un bâtiment d'une sûreté entière, quoique très-petit; propre à toutes les évolutions navales, malgré la simplicité de sa construction; si facile à manier, que trois hommes suffisoient pour toutes les manœuvres; recevant le vent de tout côté, mérite absolument nécessaire dans ces parages; ayant l'avantage unique d'aller & de venir, sans jamais virer de bord & en changeant seulement la voile; d'une telle marche qu'il faisoit douze ou quinze milles en moins d'une heure, & qu'il alloit quelquefois plus vîte que le vent. De l'aveu de tous les connoisseurs, ce pross, appellé *volant* à cause de sa légéreté, est le plus parfait bateau qui ait jamais été imaginé; & l'invention n'en sauroit être disputée aux habitans des Mariannes, puisqu'on n'en a trouvé le modèle dans aucune mer du monde.

Les isles Mariannes furent découvertes, en 1521, par Magellan. Ce célèbre navigateur les nomma isles des Larrons, parce que leurs sauvages habitans, qui n'avoient pas la moindre notion du droit de propriété, inconnu dans l'état de nature, enlevèrent sur ses vaisseaux quelques bagatelles qui tentèrent leur curiosité. On négligea long-temps de s'établir dans cet Archipel, où il n'y avoit aucune de ces riches mines qui enflammoient alors les espagnols. Ce fut en 1668 seulement que les vaisseaux qui y relâchoient de temps en temps, en allant du Mexique aux Indes orientales, y déposèrent quelques missionnaires. Dix ans après, la cour de Madrid jugea que les voies de la persuasion ne lui donnoient pas assez de sujets, & elle appuya par des soldats les prédications de ses apôtres.

Des sauvages isolés que guidoit un farouche instinct, auxquels l'arc & la fleche étoient même inconnus, qui n'avoient pour toute défense que de gros bâtons : ces sauvages ne pouvoient pas résister aux armes & aux troupes de l'Europe. Cependant la plupart d'entr'eux se firent massacrer plutôt que de se soumettre. Un grand nombre furent la victime des maladies honteuses que leurs inhumains vainqueurs leur avoient portées. Ceux qui avoient échappé à tous ces désastres, prirent le parti désespéré de faire avorter leurs femmes, pour ne pas laisser après eux des enfans esclaves. La population diminua dans tout l'Archipel, au point qu'il fallut, il y a vingt-cinq ou trente ans, en réunir les foibles restes dans la seule isle de Guam.

Elle

Elle a quarante lieues de circonférence. Son port, situé dans la partie occidentale & défendu par une batterie de huit canons, est formé d'un côté par une langue de terre qui s'avance deux lieues dans la mer, & de l'autre par un récif de même étendue, qui l'embrasse presque circulairement. Quatre vaisseaux peuvent y mouiller à l'abri de tous les vents, excepté de celui d'ouest qui ne souffle jamais violemment dans ces parages.

A quatre lieues de la rade, sur les bords de la mer, dans une situation heureuse, s'élève l'agréable bourgade d'Agana. C'est dans ce chef-lieu de la colonie & dans vingt-un petits hameaux distribués autour de l'isle, que sont répartis quinze cents habitans, restes infortunés d'un peuple autrefois nombreux.

L'intérieur de Guam sert d'asyle & de pâture aux chèvres, aux porcs, aux bœufs, aux volailles, qu'au temps de la conquête y portèrent les espagnols, & qui depuis sont devenus sauvages. Ces animaux, qu'il faut tuer à coups de fusil ou prendre au piège, formoient la principale nourriture des indiens & de leurs oppresseurs, lorsque tout-à-coup les choses ont changé de face.

Un homme actif, humain, éclairé a compris enfin que la population ne se rétabliroit pas, qu'elle s'affoibliroit même encore, à moins qu'il ne réussît à rendre son isle agricole. Cette idée élevée l'a fait cultivateur lui-même. A son exemple, les naturels du pays ont défriché les terres dont il leur avoit assuré la propriété. Leurs champs se sont couverts de riz, de cacao, de maïs, de sucre, d'indigo, de coton, de fruits, de légumes, dont depuis un siècle ou deux, on leur laissoit ignorer l'usage. Le succès a augmenté leur docilité. Ces enfans d'une nature brute, dans qui la tyrannie & la superstition avoient achevé de dégrader l'homme, ont exercé dans des ateliers quelques arts de nécessité première, & fréquenté, sans une répugnance trop marquée, les écoles ouvertes pour leur instruction. Leurs jouissances se sont multipliées avec leurs occupations, & ils ont été enfin heureux dans un des meilleurs pays du monde : tant il est vrai qu'il n'y a rien dont on ne vienne à bout avec de la douceur & par la bienfaisance, puisque ces vertus peuvent éteindre le ressentiment dans l'ame même du sauvage.

Cette révolution inespérée a été l'ouvrage de M. Tobias qui, en 1772, gouvernoit encore les Mariannes. Puisse ce vertueux & respectable espagnol obtenir un jour ce qui combleroit sa félicité, la consolation de voir diminuer la passion de ses enfans chéris pour le vin de cocotier, & de voir augmenter leur goût pour le travail !

Si, dès l'origine, les espagnols avoient eu les vues raisonnables du sage Tobias, les Mariannes auroient été civilisées & cultivées. Ce double avantage auroit procuré à cet archipel une sûreté qu'il ne sauroit se promettre d'une garnison de cent cinquante hommes concentrés dans Guam.

Tranquilles pour leurs possessions, les conquérans se seroient livrés à l'amour des découvertes qui étoient alors le génie dominant de la nation. Secondés par le talent de leurs nouveaux sujets, par la navigation, leur activité auroit porté les arts utiles & l'esprit de société dans les nombreuses isles qui couvrent l'Océan pacifique & plus loin encore. L'univers eût été, pour ainsi dire, agrandi par de si glorieux travaux. Sans doute que toutes les nations commerçantes auroient tiré, avec le temps, quelqu'utilité des relations formées avec ces régions jusqu'alors inconnues, puisqu'il est impossible qu'un peuple s'enrichisse sans que les autres participent à ses prospérités : mais la cour de Madrid auroit toujours joui plutôt & plus constamment des productions de ses nouveaux établissemens. Si nous ne nous trompons, cet ordre de choses valoit mieux pour l'Espagne qu'une combinaison qui a réduit jusqu'ici les Mariannes à fournir des rafraîchissemens aux galions qui retournent du Mexique aux Philippines, comme la Californie à ceux qui vont des Philippines au Mexique.

PHYSIOCRATIE, ou constitution naturelle du gouvernement le plus avantageux au genre humain.

M. Dupont a publié en 1757 sous ce titre, un recueil de plusieurs petits traités politiques.

Physiocratie, signifie gouvernement de la nature, comme monarchie veut dire gouvernement d'un seul homme ; oligarchie le gouvernement d'un petit nombre ; démocratie le gouvernement de tout le peuple. La doctrine, dont les principes sont renfermés dans ce recueil, consiste à soutenir que c'est la nature, & non pas les hommes qui font le droit, l'ordre & les loix ; que le devoir & l'intérêt des hommes, est de connoître & de suivre le gouvernement naturel, unique, invariable, simple & le plus avantageux qu'il soit possible à nôtre espèce.

PIÉMONT, état de l'Europe, situé en Italie au pied des Alpes, qui appartient au roi de Sardaigne. Nous avons placé à l'article SAVOYE le précis de l'histoire politique de la maison qui regne aujourd'hui sur la Savoye, la Sardaigne & le Piémont : nous avons fait d'ailleurs un article Sardaigne, qui est assez étendu, & nous nous bornerons ici ; 1°. a des remarques générales sur les possessions du roi de Sardaigne & sur leur population ; nous parlerons 2°. de l'agriculture & du commerce du Piémont ; 3°. de l'administration économique, de l'autorité du roi, &c ; 4°. des finances du roi de Sardaigne, de la monnoie de ses états, de ses troupes & de sa marine ; 5°. de l'administration politique, des loix & de l'administration de la justice.

SECTION PREMIERE.

Remarques générales sur les possessions du roi de Sardaigne & leur population.

Les états du roi de Sardaigne comprennent le duché de Savoie, de *Piémont* & de Montferrat, quelques portions de celui de Milan, la principauté d'Oneille, le marquisat de Saluces, les Langhes, & le royaume de Sardaigne, qui est une isle : ce prince a des prétentions sur une partie du plaisantin.

Voyez aux articles SAVOIE & SARDAIGNE ce qui regarde ces deux pays.

La principauté d'Oneille est un fief impérial, enclavé dans les états de la république de Gênes.

Le duché de Montferrat est borné à l'occident & au nord par le *Piémont*, à l'orient par le Milanez, & au midi par la république de Gênes. Quoique ce pays soit montueux, il est fertile ; il produit sur-tout des bleds, des vins excellens, parmi lesquels son vin blanc tient le premier rang. Il contient environ 200 villes, bourgs & châteaux. L'histoire parle, dès 980, d'un marquis de Montferrat, nommé *Guillaume*, lequel étoit fils d'Alaran, fils du duc de Saxe, & d'Altesie son épouse, fille de l'empereur Otton II. Cet empereur lui donna le marquisat de Montferrat. Le marquis Jean étant mort en 1305 sans héritiers mâles, le Montferrat passa à sa sœur Jolanthe, femme d'Andronic, empereur grec, fils de Théodore Commene Paléologue. En 1330, Jean II Paléologue maria sa sœur Jolanthe à Aimon, comte de Savoie, & lui donna son marquisat, au cas que sa race s'éteignît par les mâles. Les Paléologues y régnèrent jusqu'en 1532, que mourut Jean-George, dernier duc de cette maison. Par une sentence de l'empereur Charles-Quint, la succession du Montferrat fut accordée en 1536 à Frédéric Gonzague, duc de Mantoue, d'après les titres de sa femme Marguerite, qui étoit de la maison des Paléologues, quoique la prétention des ducs de Savoie fût fondée sur un droit plus ancien. Maximilien II l'érigea en duché en 1573. En 1627, la lignée mâle du duc Frédéric s'éteignit, & alors la maison de Savoie en réclama la succession ; mais les sollicitations de la France auprès de l'empereur procurèrent les duchés de Mantoue & de Montferrat à Charles I, duc de Nevers & de Rhetel. En 1631 le duc de Savoie, au lieu du paiement annuel de 15,000 écus, qui lui étoit dû par le duc de Mantoue, reçut 75 bourgs ou villages, qui lui furent assignés dans le Montferrat ; & en 1703 l'empereur céda aussi au duc de Savoie la partie de ce duché, dont les ducs de Mantoue avoient reçu l'investiture, à la condition de la posséder comme un fief de l'Empire, de même que l'avoient possédé jusqu'alors les ducs de Mantoue, & en 1708 il lui en donna l'investiture. On y remarque :

1°. Cette partie du Montferrat, qui passa à la maison de Savoie en vertu de l'accord de Cherasque, conclu en 1631.

2°. La partie du Montferrat, qui passa à la maison de Savoie en vertu du traité signé à Turin en 1703.

La partie du duché de Milan qui appartient au roi de Sardaigne, contient les provinces suivantes, démembrées pour toujours du duché de Milan, & cédées à la maison de Savoie, à la réserve toutefois du domaine direct du Saint-Empire romain, comme nous l'avons dit à l'article MILANEZ.

Par le traité passé à Turin en 1703, la maison de Savoie obtint les provinces d'Alexandrie & de Valence, comprises entre le Pô & le Tanaro, avec toutes leurs appartenances.

En vertu des préliminaires signés à Vienne en 1735, & leur exécution consommée en 1736, la maison de Savoie obtint, en qualité de fief de l'Empire, le Novarois.

Lorsque Don Carlos succéda en Espagne à Ferdinand VI, le roi de Sardaigne, conformément à l'article 7 du traité d'Aix-la-Chapelle, pouvoit rentrer dans la partie du Plaisantin qui lui avoit été abandonnée par le traité de Worms, & qu'il avoit cédé à Don Philippe. La convention signée à Paris le 10 juin 1763 par les ministres de France, d'Espagne & de Sardaigne, termina cette affaire. Le roi de Sardaigne conserve sur le Plaisantin son droit d'expectative qui lui est expressément garanti ; & en attendant que cette réversion arrive, il reçoit de sa majesté très-chrétienne une somme équivalente au revenu annuel que lui rapporteroit la ville & la partie du Plaisantin, qui se trouve jusqu'à la Kara, à charge par lui de rendre cette même somme, si cette réversion a lieu. La France remit en 1763 neuf millions à sa majesté sarde sur cet objet.

Le marquisat de Saluces avoit autrefois ses marquis particuliers, qui étoient alliés aux maisons les plus illustres de l'Europe. Le marquis Jean-Louis, retenu en France par la trahison de sa mère, céda ses droits au roi François premier. Après sa mort, la France se mit en possession de ce marquisat. Mais Charles-Emmanuel, qui en avoit le domaine direct, s'en empara par force en 1588, & Henri IV le lui reprit ; enfin la paix se fit en 1601, & la France céda le marquisat de Saluces à la maison de Savoie.

Les Langhes sont des fiefs de l'Empire, auxquels des montagnes voisines donnent le nom. En vertu des préliminaires signés en 1736 entre l'empereur & le roi de France, & d'après le consentement que l'empereur & l'empire donnèrent la même année, ces domaines furent cédés comme arrière-fiefs au roi de Sardaigne, qui en eut la souveraineté immédiate, à condition qu'il reconnoîtroit les tenir en fief de l'empereur & de l'Empire. Les vassaux & sujets de ce canton reçurent en conséquence un ordre émané de l'empereur, qui lui permettoit de ne plus prendre l'investiture de leurs fiefs immédiatement de l'empereur & de l'empire, mais de les recevoir du roi de Sardaigne, comme d'arrière-fiefs de l'empire, & de lui prêter hommage & obéissance comme à leur souverain. Il paroit que les domaines du roi de Sardaigne s'agrandiront à chaque guerre où il s'est mêlé, lui ont procuré un pareil avantage : la cour de Turin voit qu'elle ne peut s'agrandir de vive force, mais que sa position, son économie, ses ressources & ses moyens lui permettront de s'agrandir par adresse, & il semble que l'objet de sa politique est d'épier les momens favorables qui pourront lui donner de nouvelles possessions.

Les domaines réunis du roi de Sardaigne comprennent environ 1,224 milles géographiques quarrés.

« Il y a des personnes, dit M. de Lalande, » qui comptent près de trois millions d'habitans » dans les états du roi de Sardaigne ; d'autres » n'en supposent que la moitié, & M. Schloezer » en compte deux millions ». On ne sait sur quelle autorité ce calcul est établi. En 1772, on fit un dénombrement des sujets de S. M. S. en terre ferme, d'après les registres des diocèses, des abbayes & des vicariats : ce tableau, dressé avec la plus grande exactitude, présenta 2,695,727 habitans, les ecclésiastiques réguliers, la cour & le militaire non compris. Busching donne un million de têtes à la Sardaigne, Il paroit que ce nombre est un peu exagéré : mais on ne se trompera sûrement pas en évaluant à trois millions & six cens mille individus la population générale des états réunis du roi de Sardaigne.

SECTION IIe.

De l'agriculture & du commerce du Piémont.

Le *Piémont*, partie de l'ancienne Lombardie, est borné au nord par la Savoie & le Valais, au couchant par la France, au midi par la Méditerranée & la république de Gênes, & au levant par le duché de Montferrat & le Milanez. Du midi au nord, il comprend l'espace de 30 milles géographiques ; mais il est du couchant au levant d'une bien moindre étendue.

Quoiqu'une partie du *Piémont* soit couverte de montagnes, c'est en général un pays très-fertile. Ses plaines produisent de beaux bleds, dont une grande partie se transporte dans les pays voisins. Dans le canton du Montferrat & dans le Milanez, on cultive beaucoup une espèce de gros bled de Turquie, appellé *meliga*, dont le peuple fait du pain, & que les bourgeois mêlent avec de la farine de seigle. Les pâturages sont excellens, & le nourrissage des bestiaux y est si utile, qu'on assure qu'ils produisent par an un revenu de trois millions de livres. Les gentilshommes piémontois entretiennent dans leurs campagnes un grand nombre de vers à soie, qu'ils chargent les paysans de nourrir à certaines conditions. Ils leur fournissent la semence avec les feuilles de mûrier, & leur laissent pour leur peine la moitié de la soie.

Les derniers princes de la maison de Savoie, au lieu d'attirer les nobles à la cour, les ont excités à vivre dans leurs châteaux ; il en est résulté beaucoup de bien pour l'agriculture ; la restriction qu'ils ont mise aux droits seigneuriaux trop à charge aux gens de la campagne, la restriction des fidéicommis au quatrième degré, & l'établissement des conseils des communes ont contribué à la prospérité & au bonheur public.

La soie est le principal objet de commerce du *Piémont* ; la récolte est d'environ cent mille quintaux annuellement.

Un journal de commerce disoit, en 1785, que le commerce de la soierie procure au roi de Sardaigne un revenu annuel de 18 millions de livres de *Piémont*.

Quoique l'exportation des soies soit un objet d'à-peu-près 18 millions, la balance générale du commerce est au désavantage du *Piémont*, excepté dans les temps où les récoltes sont d'une abondance extrême.

On compte en *Piémont* quinze ou vingt manufactures de soie, mais bien inférieures à celles de France ; 7 à 8 de draps & ratines, &c. Le *Piémont* vend aussi beaucoup de bœufs, vaches, porcs & moutons : on exporte année commune plus de 90,000 bœufs, beaucoup de chanvres, fils & cordages, & une médiocre quantité de vins, de châtaigners, de fromages & d'huiles. L'exportation des bleds est rigoureusement défendue. On la permet quelquefois lorsqu'on a eu plusieurs années de suite une excellente récolte.

Le commerce du *Piémont* seroit, au reste, bien plus considérable, si les droits n'étoient pas si forts, & si l'on n'étoit pas obligé de se servir de mulets pour tous les transports.

SECTION IIIe.

De l'administration économique & de l'autorité du roi.

Victor-Amédée II fut le plus grand prince qu'ait eu la maison de Savoie. Il parvint à se faire reconnoître roi ; il agrandit ses domaines. Le systêne économique qu'il a établi en *Piémont*, est d'une simplicité admirable, & il a peut-être plus contribué à l'accroissement de la puissance de la maison de Savoie, que ses acquisitions & celles de ses prédécesseurs. L'ordre qu'il a établi au trésor royal, est d'une simplicité qui devroit être suivie dans tous les états : il prévient tellement les fraudes ; il remet si bien sous les yeux les revenus & les dépenses, qu'on n'a point d'abus à craindre. Il a formé sa nation ; il a changé totalement le caractère des piémontois, & converti en qualités estimables plusieurs de leurs dispositions vicieuses.

C'est une chose admirable que l'ingénieuse économie établie en système & en usage par Victor-Amédée II : ces détails de parcimonie s'ennoblissent, lorsqu'il s'agit d'un prince qui administre les contributions d'un peuple. Il faut étudier le système établi par ce prince, pour voir tout ce qu'on peut faire dans un état avec un modique revenu.

Administration du Piémont.

La sûreté, la simplicité & l'harmonie de l'administration du *Piémont* ont paru dignes aux étrangers de leur examen & de leur éloge. Le ministère d'une grande nation a envoyé un observateur à Turin pour y acquérir des connoissances sur la manière dont on a cadastré les terres, & approfondir le système économique qu'on suit dans les états du roi de Sardaigne.

La vénalité des charges est abolie en *Piémont* depuis le règne de Victor-Amédée II, & les loix de l'état ou les opérations des souverains ont tellement affoibli l'inégalité des richesses, que le *Piémont* est peut-être le pays de l'Europe où il est le moins nécessaire d'être riche.

En 180 ans, depuis le règne d'Emmanuel-Philibert jusqu'à la fin de celui de Victor-Amédée II, les princes de la maison de Savoie ont plus que doublé leur puissance, triplé leurs revenus, établi les principes d'administration les plus utiles & les plus sages, introduit les arts dans un pays où ils étoient, pour ainsi dire, inconnus & recouvré l'amour de leurs sujets : c'est un bel exemple à citer aux administrateurs.

Quoique la famille royale de Savoie ait depuis long-temps le titre d'altesse royale, à cause de ses prétentions sur le royaume de Chypre, elle n'a eu jusqu'en 1713 que le caractère de duc de Savoie. Victor-Amédée étant devenu maître de la Sicile, en vertu de son traité de paix avec la France, il prit le titre de roi, & se fit couronner roi de Sicile à Palerme. Il en demeura tranquille possesseur jusqu'en 1718 ; alors il céda le royaume de Sicile à l'empereur Charles VI, qui lui donna en échange celui de Sardaigne, & le reconnut roi de cette isle. Il en prit possession en 1720. Voici le titre du roi de Sardaigne : N. N. par la grace de Dieu, roi de Sardaigne,

de Chypre & de Jérusalem, duc de Savoie, de Montferrat, de Chablais, d'Aoste & de Génévois, prince de *Piémont* & d'Oneille, marquis d'Italie, de Saluces, de Suse, d'Ivrée, de Ceva, de Maro, d'Oristan & de Sezane, comte de Maurienne, de Genève, de Nice, d'Astie, d'Alexandrie, de Tende, de Goceau, & baron de Vaud & de Faucigny, seigneur de Verceil, de Pignerol, de Tarentaise, de Lomellino & Duval di Seria, prince & vicaire perpétuel du Saint-Empire romain.

L'autorité du roi est illimitée, & celle du pape est très bornée dans ses états. Aucune bulle ne peut s'y publier sans l'*exequatur* du roi, & l'inquisition de Turin ne peut inquiéter personne sans l'aveu du prince. Le roi nomme à tous les bénéfices ecclésiastiques, & a droit de les charger de pensions jusqu'au tiers de leurs revenus.

Les couvens ont conservé le domaine des biens qu'ils ont possédé avant l'année 1600, sans payer aucune imposition, parce que ce sont des fondations provenant des biens royaux ; mais pour le reste de leurs biens, meubles ou immeubles, ils sont soumis aux mêmes impôts que tous les autres sujets. Tous les contrats civils fussent-ils faits par des ecclésiastiques, sont du ressort des tribunaux civils ; & les procès dans lesquels les ecclésiastiques se trouvent impliqués, doivent se porter devant les magistrats civils ordinaires. Ces établissemens relatifs au clergé sont l'ouvrage du marquis d'Orméa.

L'ordre de l'Annonciade fut fondé en 1362 par Amédée VI. Ceux qui en sont décorés portent une chaîne d'or, qui fait le tour du cou & tombe sur la poitrine. Sur la chaîne sont gravées les quatre lettres F. E. R. T. ancienne devise de la maison de Savoie, qui signifie : *Fortitudo ejus Rhodum tenuit.* C'est dans l'histoire d'Amédée IV qu'il faut chercher l'origine de cette devise.

L'ordre de Saint-Maurice & de Saint-Lazare a été fondé par Amédée VIII. Cet ordre a quelque ressemblance avec celui de Malthe ; il est, comme lui des commanderies, & il est obligé d'entretenir trois galères contre les turcs. Les chevaliers peuvent se marier, mais ils ne peuvent épouser des veuves, & il ne leur est pas permis de convoler en secondes noces ; il paroît qu'avec de l'argent on obtient dispense de ces deux loix. La marque de cet ordre est une croix verte d'émail bordée de blanc, attachée à un ruban verd qui tombe sur la poitrine, & qu'on place à la boutonnière de la veste.

SECTION IVᵉ.

Des finances du roi de Sardaigne, de la monnoie de ses états, de ses troupes & de sa marine.

Les revenus du roi de Sardaigne étoient évalués de 24 à 25 millions, il y a dix ans, & répartis comme en France, sur les fonds, sur les personnes & sur les consommations. La taille réelle, la capitation & le *gioatico* (espèce de tribut qui se paye par tous ceux qui ont des bœufs ou des vaches) monte à plus de dix millions. La *graffina* (c'est un droit qui se lève sur les auberges, les boucheries, les cuirs & les chandelles) le papier timbré, les droits d'insinuation, la loterie qu'on appelle *le jeu de seminaire*, le produit du tabac, des cartes & des taros, enfin tous les droits compris sous le nom de gabelles générales & ceux de pontonage & de papeteries, appellés *gabelettes*, le don gratuit du duché d'Aoft, les émolumens des greffes, brevets ou patentes, la poudre à tirer que le roi fournit au public, les marbres de Valdieri, l'impôt sur les juifs & autres articles moins importans, concourent à former les revenus de ce prince.

On évalue à un million les revenus actuels de la Sardaigne, & à plus de 600,000 liv. les dépenses de l'intérieur de l'isle.

On n'évalue qu'à 40,000 liv. la dépense des menus plaisirs du roi, à la même somme celle de la reine, & à 30,000 liv. celle de M. le prince & de madame la princesse de *Piémont*.

Il n'y a point de souverain qui soit servi moins chèrement que le roi de Sardaigne, & qui dépense moins. Les secrétaires d'état n'ont que 8000 liv. d'appointemens fixes, & leur place ne leur rapporte pas plus de 13 à 14,000 liv. Cependant la dépense excédoit les revenus il y a dix ans, & on a sans doute mis de nouveaux impôts pour maintenir l'équilibre.

Le roi dépensoit d'abord 2,200,000 liv. pour les intérêts des dettes de la couronne, qui montoient il y a peu d'années à plus de 60 millions. Les intérêts de la dette sont à trois & demi pour cent : elles furent réduites à ce taux en 1763 ; mais on offrit le remboursement du capital.

Les frais d'administration, les troupes, la marine, les divers établissemens & les dépenses nécessaires absorboient le revenu & même le surpassoient, ainsi que nous venons de le dire.

Les impositions sont modérées en *Piémont*, & on doit en trouver le détail dans le dictionnaire des Finances.

Pour prévenir les gains excessifs des partisans, il y a une loi qu'on appelle *del sesto* (du sixième), suivant laquelle tout fermier du domaine ou des revenus de la couronne, quoique adjudicataire à l'enchère, peut être dépossédé dans le cours même de son bail, s'il se présente quelqu'un qui offre un sixième de plus.

Lorsque le roi est obligé de faire un emprunt, il aliène à la ville de Turin tel ou tel revenu, & elle se charge de trouver telles ou telles sommes, & d'en payer les intérêts qui sont réglés à 3 & demi, à 4 & quelquefois à 5 pour cent, & à l'acquittement desquels le gouvernement veille avec la plus rigoureuse exactitude. Le souverain surcharge en même-temps quelques impôts, dont l'augmentation, en compensant la perte que l'emprunt occasionne, rapporte au moins ce que peuvent consommer les intérêts annuels. C'est ainsi que les différens tributs auxquels le peuple est assujetti, suffisent ordinairement aux dépenses de la guerre, & à toutes celles qu'exige le bien public.

Les contribuables supportent ce poids sans murmurer : cette résignation provient sur-tout de ce que les privilèges & les exemptions y sont très-bornés, & ne sont que le prix des services rendus à l'état.

Si le lecteur veut juger dans quelles proportions les diverses provinces contribuent au paiement des impôts, nous dirons que pour la répartition d'une imposition extraordinaire, établie depuis quelques années,

livres de Piémont.

Le *Piémont* paye	1,526,236
La Savoie	335,600
Le Montferrat	134,113
Le comté de Nice	25,618
La principauté d'Oneille	3,333
Les provinces d'Alexandrie & de Lomelline	234,053
Les provinces de Novara & de Tortona	164,818
Le Novarois, le Vigevanasc, le Pavesan au delà du Pô & les provinces de Sicco, Mario & de Bobbio	136,202
TOTAL	2,559,973

Il y a en *Piémont* pour 5 ou 6 millions de papier-monnoie, qui n'a jamais éprouvé de faveur ni de discrédit, & dont la valeur est égale à celle de l'or & de l'argent : ce qui annonce la confiance publique & la sagesse de l'administration.

Le numéraire du *Piémont* n'excède pas 45 ou 50 millions, y compris même 12 à 15 millions, en billets de crédit & en monnoie du billon.

Des écrivains politiques ont calculé que pour le bien de l'agriculture & du commerce, on doit trouver environ 30 liv. d'argent monnoyé par tête d'habitant : la population du *Piémont* montant à près de 3 millions, il devroit avoir 90 millions de numéraire.

Le roi de Sardaigne entretient 9 régimens d'infanterie nationale & 5 étrangers, qui forment environ 18 mille hommes, 4 régimens de dragons & 4 régimens de cavalerie ; ces huit régimens forment un peu plus de trois mille hommes : les troupes lui coûtent environ 10 millions, c'est à-dire, presque la moitié de son revenu.

Il y a 12 régimens de troupes provinciales & une légion d'environ 1800 hommes, qu'on appelle la *légion des campemens*. Un corps de canoniers d'environ 1300 hommes : on projettoit, il y a dix ans, de lever d'autres corps qui, au complet, devoient former environ 30 mille hommes.

Il est inutile de parler de la marine qui, il y a peu d'années, consistoit en une fregate, deux corvettes & une galliotte.

SECTION V^e.

De l'administration politique des loix, & de l'administration de justice dans le Piémont.

Toutes les affaires politiques sont du ressort de quatre ministres d'état & du secrétariat des affaires étrangères, de celui des affaires intérieures & de celui de la guerre. Les principaux tribunaux sont le conseil royal souverain de Sardaigne, qui a son siège à Turin, & est composé d'un président, de deux régens, d'un conseiller, d'un procureur fiscal & d'un greffier ; l'audience royale de Cagliari, partagée entre les causes civiles & les causes criminelles : elle est composée d'un régent & de différens juges subalternes ; la chancellerie royale apostolique, à laquelle appartiennent tous les procès qui s'élèvent au sujet de la jurisdiction ecclésiastique en conflit avec la jurisdiction royale ; l'intendance royale ; le gouvernement royal de Sassari ; la grande chancellerie, composée du premier conseil d'état & référendaire & d'un greffier ; le conseil royal de Savoie à Chambery, composé de deux classes, dont chacune a son président, ses conseillers & autres officiers ; le conseil royal de Turin, composé aussi de deux classes, une pour le civil, l'autre pour le criminel, dont chacune a un président & plusieurs conseillers ; la chambre royale des finances ; le conseil royal de Nice ; l'office du vicariat, aussi nommé le *tribunal de la police de Turin*, & l'intendance générale, de laquelle dépendent les intendances particulières de Savoie, de *Piémont*, de Montferrat & du Milanez.

L'état de Terre-ferme de ce prince est sur-tout considérable, en ce qu'il peut ouvrir & fermer l'entrée de l'Italie aux françois. Les Alpes servent de rempart aux ducs de Savoie contre la France. Ces montagnes n'avoient jamais été inaccessibles aux françois, sur-tout depuis que, sous le règne de Louis le Grand, ils eurent démoli les places de Savoie, & principalement Montmélian ; mais le fort de la Brunette, qui est comme la citadelle de Suze, & qui fut construit après le traité d'Utrecht, est redoutable. Le roi de Sardaigne a fait fortifier tous les passages, depuis ce même traité, sur les frontières du Dauphiné & de Provence. Nice & Villefranche qui est défendue par un très-beau fort, nommé *Montalban*, assurent à ce prince la communication avec la Sardaigne, & le mettent à portée de recevoir des secours par mer ; il y a plusieurs bonnes places vers la Lombardie, & l'administration s'occupe beaucoup de ce moyen de puissance.

Les principaux états de ce prince sont en Italie, & par conséquent dans un pays d'obédience. Ils avoient toujours été dans une grande dépendance de la cour de Rome ; mais le roi Victor y fit six changemens, qu'il crut propres à diminuer cette dépendance : 1°. il ôta les écoles aux jésuites & à tous les religieux : 2°. il défendit à ses sujets de faire aucune donation ni aux églises, ni aux monastères : 3°. il soumit les fonds du clergé aux mêmes impôts que ceux des autres citoyens, avec les modifications que nous avons rapportées plus haut : 4°. il statua que les églises ne serviroient plus d'asyle aux scélérats ; mais on verra tout-à-l'heure qu'on élude cette loi : 5°. il ordonna qu'un juge séculier assisteroit aux séances de l'inquisition, & que toute sentence de ce tribunal, non revêtue du suffrage de ce juge séculier, seroit nulle : 6°. il se mit en possession de quelques terres que le pape possédoit dans ses états.

C'est une maxime à la cour de Turin, 1°. que la Savoie, le *Piémont* & tous les états que cette maison possède en-deçà de la mer, sont héréditaires pour les mâles seulement, quoique cet état n'ait été formé que par des mariages : en effet la loi fondamentale de la monarchie françoise, connue sous le nom de *loi salique* ou de *succession françoise*, a été adoptée & observée en Savoie & en Piémont depuis que la maison qui y règne est sur le trône : 2°. tout ce qui est uni à la couronne, ou par traités, ou par conquêtes, ou par quelqu'autre voie que ce soit, en est inséparable, & celui qui ne succède pas à la couronne, est exclus de succéder en particulier aux accroissemens qu'elle a reçus : 3°. le domaine de la couronne est inaliénable, même à titre onéreux. La maison de Savoie a emprunté de celle de France ces trois maximes.

La province de Savoie est régie par le droit romain ; mais elle a un droit coutumier non écrit pour les contrats de mariage, l'augment de dot, les joyaux, le douaire ; & cette coutume laisse la liberté des stipulations dans un pays où l'on ne connoît pas, comme en France, la communauté des biens entre le mari & la femme.

Le *Piémont* & les autres pays au-delà des Alpes, soumis à la domination de la maison de Savoie, sont régis par le droit romain, à l'exception du Val d'Aost & de la partie du Milanez que cette maison possède. Plusieurs villes & cantons ont des statuts qui leur servent de droit municipal pour les mariages, pour les successions & pour les retraits; & ces statuts font loi, pourvu que le souverain les ait confirmés. Le Val d'Aoste est régi par une coutume écrite & autorisée du souverain. C'est une sorte de pays d'états où les nobles, divisés en pairs & non pairs, s'assemblent comme dans une espèce de diète, & où l'évêque d'Aost préside en qualité de pair-né.

Le code du roi Victor a ôté tout crédit aux docteurs en droit; & l'avocat qui plaide ou qui fait un mémoire, ne peut se fonder que sur quatre autorités.

I. Sur le code Victorien.

II. Sur les coutumes & sur les statuts approuvés.

III. Sur les décisions des magistrats de *Piémont* & de Savoie.

IV. Sur le texte pur du droit civil, sans que la glose puisse servir d'autorité.

Dans les affaires ecclésiastiques, on observe le concordat fait en 1728, entre le pape Benoît XIII & le roi Victor. Ce concordat & le code émané du roi Victor, pendant le pontificat du même Benoît XIII, furent exposés à quelque contradiction sous le pontificat de Clément XII, qui lui succéda. Ce pape venoit d'être élu lorsqu'il établit une congrégation, pour examiner quelques dispositions de ce concordat & de ce code, qui concernent les églises, les biens & les personnes ecclésiastiques, dont le nouveau pontife prétendit que les immunités étoient blessées. La cour de Rome menaça d'excommunier les officiers du roi de Sardaigne; ce prince n'en fut pas ému, & le roi son fils ne l'a pas été non plus. La bonne intelligence entre les deux cours, qui avoit été troublée pendant dix ans, fut rétablie sous le pontificat de Benoît XIV.

La Sardaigne a ses statuts particuliers, & elle est, au surplus, régie comme le sont tous les états de la monarchie d'Espagne, dont cette isle a été démembrée.

Au droit romain qu'on suit uniquement, on a joint successivement plusieurs ordonnances particulières; telle est l'ordonnance de 1723, celle de 1729. La collection des loix & constitutions du *Piémont* a été publiée en 1770.

Il paroît que cette partie de l'administration des états du roi de Sardaigne est bien défectueuse; car on compte en *Piémont* environ 900 meurtres par année: les loix contre les assassins sont très-douces; jamais un assassin n'est condamné à mort avant l'âge de vingt ans, à moins que l'assassinat ne soit accompagné de circonstances atroces; & la peine de mort se commue en celles des galères, des travaux forcés, toutes les fois qu'on

peut regarder l'assassinat comme la suite d'une rixe ou d'un premier mouvement, souvent même à une amende envers la famille de l'homme qui a été tué ou envers le roi, pour le dédommager sans doute du sujet qu'il a perdu. Trop souvent aussi on évite les recherches & les poursuites des coupables.

Le vol domestique est plus promptement & plus rigoureusement puni que l'homicide; & c'est encore un vice de la législation & un vice que, par une singularité bien affligeante, on retrouve à Malthe & dans plusieurs états de l'Italie.

L'asyle que les églises prêtent encore en *Piémont* à certains crimes, n'est pas moins nuisible à la sûreté des citoyens & à la police de l'état. Le roi Charles a obtenu de la cour de Rome la restriction de ces immunités, aux crimes de désertion, de banqueroutes non frauduleuses, & aux duels qui ne sont pas fréquens.

Il n'y a point de maréchaussées en *Piémont*; les communautés sont responsables des vols qui se font dans leur canton, & le gouvernement veille à ce qu'elles fassent faire des rondes chaque jour pour la tranquillité des chemins. *Voyez* les articles SAVOIE & SARDAIGNE.

Nous avons parlé à l'article ITALIE des intérêts généraux des diverses provinces d'Italie: *voyez* cet article. L'article MILANEZ a quelques rapports avec celui-ci, & voyez aussi cet article.

PIERRE (St.) isle d'Amérique. *Voyez* TERRE-NEUVE.

PLATON (république de). C'est le nom qu'on donne à l'un des dialogues de cet auteur, qui passe pour le premier des romans politiques. Nous allons faire quelques réflexions sur la véritable idée qu'on doit se former de la prétendue république de *Platon*.

Honoré dans sa patrie, estimé des magistrats, chéri de la nation, *Platon* eût pu couler dans le sein du repos, des jours tranquilles; mais les cris des syracusains pénétrèrent jusqu'à son cœur; & s'arrachant à ses amis, il alla, pour servir l'humanité, porter le trouble & les remords dans l'ame du farouche Denis, & parler, à la cour même du plus impitoyable des tyrans, le langage de la vérité. Ses représentations, son zèle, son courage, ses avis furent inutiles; Denis ne changea point: mais il n'osa étendre ses proscriptions sur la tête du philosophe, dont la présence & les discours ranimèrent le courage abattu des habitans de la ville de Syracuse, qui, dans la suite, après la destruction de la tyrannie, le prièrent de leur tracer le plan du gouvernement qu'il jugeroit le plus propre à rendre un peuple heureux. La réponse de *Platon* aux syracusains est presque généralement ignorée; cependant les conseils qu'il leur donna dans cette occasion, méritent d'autant plus d'être connus, qu'ils renferment le plan d'une monarchie parfaite ; plan d'après lequel on diroit que M. de Montesquieu a développé la nature & les principes du gouvernement monarchique. Denys fut à peine tombé sous les coups de ses assassins, que les syracusains se divisèrent en deux factions, également puissantes, également nombreuses : l'une demandoit hautement le rétablissement de la tyrannie, & l'autre ne vouloit recevoir que le gouvernement populaire : tous jettèrent les yeux sur le sage *Platon*, & remirent à sa décision le sort de leur patrie. Un état, leur dit-il, ne sauroit être heureux, ni sous le pouvoir arbitraire, ni dans la confusion d'une trop grande indépendance. L'état le plus heureux est celui où le peuple est soumis à des monarques qui sont eux-mêmes assujettis aux loix. Je vous conseille donc, ô syracusains, de reconnoître pour vos rois, & le fils de Dion votre libérateur, & celui du jeune Denis votre dernier souverain, & celui de l'ancien Denis son prédécesseur. Mais afin qu'ils ne puissent abuser de leur autorité, choisissez parmi vous un conseil composé de vieillards sages & éclairés, entre les mains desquels vous remettrez la puissance législative & le soin de l'administration de l'état ; ensorte néanmoins que les rois exercent tous les droits d'une souveraineté pleine, entière & illimitée, sur les choses saintes & le culte des dieux. Qu'ensuite le peuple assemblé crée un conseil de trente-cinq magistrats ; & que ceux-ci, dépositaires & conservateurs des loix publiées par les vieillards, tiennent perpétuellement une balance exacte entre les privilèges de la nation & l'autorité des princes : qu'ils décident aussi de la paix & de la guerre ; mais toujours en présence & de l'avis des conseils des vieillards & du peuple assemblé. Quant aux affaires criminelles, c'est encore à l'ordre conservateur des loix en qui réside essentiellement la puissance coactive, qu'il appartient de les juger, & non aux rois qui ne peuvent pas même assister à de tels jugemens, parce que, pères du peuple, protecteurs des citoyens & premiers prêtres de l'état, les condamnations à la mort & à l'exil, ou seulement à la prison, aviliroient la sainteté de leur caractère.

Quelques auteurs pensent que cette forme de gouvernement est due au génie de *Platon*, & ils assurent qu'avant lui personne n'avoit imaginé un plan de monarchie aussi heureux : mais on croit plus communément qu'il ne fit que donner aux syracusains l'idée des gouvernemens qu'il avoit trouvés établis dans l'Egypte & dans l'Inde.

La plupart de ses lecteurs, même les hommes instruits, ont pris pour des questions politiques, pour des assertions ou des projets formés & combinés par cet auteur, ses métaphores & ses allégories ; ensorte qu'on a méconnu jusqu'au sujet principal de ses dialogues. Ce fut ainsi que le philosophe le plus éclairé de son siècle, l'homme le plus savant, en un mot le vertueux. Plotin crut qu'il lui seroit possible de fonder un gouvernement semblable dans toutes ses parties à la république de *Platon*. Il ignoroit que cet excellent ouvrage n'est qu'une comparaison perpétuelle entre les qualités qui concourent à rendre l'homme juste, avec la parfaite harmonie des différents ressorts qui contribuent à former le meilleur des gouvernemens possibles. Mais Plotin, échauffé par l'éloquence de *Platon*, n'apperçut point le but de ce dialogue ; & y voyant toujours une forme de gouvernement, il crut que l'exécution, pour peu qu'elle fût bien conduite, en seroit fort aisée. Ce projet chimérique fut adopté par l'empereur Gallien qui, beaucoup moins éclairé que Plotin, & par cela même plus prompt à se laisser séduire, désigna au philosophe une ville d'Italie, persuadé qu'un homme qui avoit si bien saisi les idées de *Platon*, n'auroit aucune peine à établir cette nouvelle forme d'administration. Mais la suprême puissance de Gallien, secondée par le zèle & la prudence de Plotin, ne put parvenir à remplir les grandes vues qu'on avoit cru appercevoir dans cette prétendue république. Ce n'étoient que leurs propres idées, leurs chimères, leurs erreurs que Plotin & Gallien cherchoient à réaliser, & ils n'appercevoient pas que des difficultés invincibles en rendoient l'exécution impraticable. Car, à supposer même que *Platon* se fût proposé une nouvelle forme de gouvernement, l'empereur Gallien pensoit-il qu'en donnant une ville à Plotin, celui-ci y trouvât ou qu'il pût y former des hommes d'une autre espèce que ceux qui existoient ? Et Plotin ne savoit-il pas que, de son temps comme aujourd'hui, l'espèce humaine étoit infiniment dégénérée, & très-différente de la société que *Platon* rassemble dans les murs de sa république ? Pensoit-il à l'impossibilité physique où il seroit de trouver sur la terre un nombre assez considérable d'êtres aussi parfaits que ceux qu'il eût fallu pour peupler un tel état, même en supposant qu'on lui donneroit peu d'étendue ? Eh quel législateur oseroit se flatter de rassembler la plus petite société possible, dont chacun des membres seroit toujours vertueux, sans défaut, sans foiblesse ? Si le grand *Platon* avoit eu sérieusement cette idée, on ne le placeroit pas au nombre des sages de la Grèce ; & tout ce qu'on pourroit dire de plus favorable pour lui, ce seroit qu'il est bien différent d'imaginer & d'écrire des maximes sublimes, ou de croire & d'assurer qu'il est fort aisé de les suivre. *Platon* étoit très-éloigné de penser aussi follement, & de former des projets aussi peu raisonnables.

L'exemple de Plotin & l'inutilité des tentatives de Gallien ne semblent avoir détrompé personne, & l'on continue à ne voir dans ce dialogue qu'un plan de gouvernement. Les publicistes, les politiques & plusieurs philosophes même n'y trouvent que

que des principes sur l'administration publique, des projets de réforme, des leçons sur les devoirs de l'homme à l'égard de la société, des préceptes sur les obligations des sujets envers l'état, du prince envers le peuple, des magistrats envers les citoyens.

On diroit que *Platon* a prévu cette erreur; car il a soin, presque à chaque page, d'indiquer, sous le nom de Socrate, le véritable objet de ses raisonnemens. Il explique & développe si souvent le sens de son allégorie, qu'il est difficile de comprendre par quelle bizarrerie on s'est obstiné à ne voir dans cet écrit que le plan & l'idée d'un gouvernement parfait : c'est bien méconnoître & l'esprit de Socrate & le génie de Platon! Quand on seroit tenté de prendre cette suite de réflexions morales & philosophiques sur la justice pour un discours politique, cette erreur ne devroit pas durer long-temps, sur-tout après la sage réflexion de Socrate, qui dit dans le cinquième livre : « Quelles ont été nos vues,
» quand nous avons cherché à découvrir l'essence
» de la justice, & quel devroit être l'homme
» véritablement juste ? Je demande la même chose
» au sujet de l'injustice & de l'homme injuste ;
» quelles ont été nos vues ? Nous ne nous sommes
» proposés que de trouver deux modèles
» accomplis ; l'un de vertu, l'autre de vice. Ensuite
» nous avons considéré tour-à-tour l'un &
» l'autre de ces modèles, afin d'être plus en
» état de juger du bonheur ou du malheur de
» leur condition, & de conclure, d'après nos
» propres réflexions & notre jugement, que nous
» serons plus ou moins heureux, plus ou moins
» malheureux, suivant le degré de ressemblance
» que nous aurons, ou avec l'un, ou avec l'autre
» : car, au fond, je n'ai jamais pensé, &
» mon dessein n'a pas été de prouver que ni
» l'un ni l'autre de ces deux modèles existât sur
» la terre ».

PLÉBISCITE : voyez le dictionnaire de Jurisprudence : nous en parlerons aussi à l'article ROME.

PLÉNIPOTENTIAIRE, celui qui a un plein pouvoir d'agir.

On le dit particuliérement des ministres publics que les souverains envoient pour entamer une négociation sur la paix, sur un mariage, ou sur d'autres affaires importantes.

Le titre de *plénipotentiaire* donné sans celui d'ambassadeur, même à un grand seigneur, ne constitue qu'un ministre du second ordre. Une naissance illustre & une dignité personnelle relèvent le caractère du ministre. Mais c'est au caractère seul, & non à la naissance, aux dignités & aux qualités personnelles, que les honneurs sont dus. Le plein pouvoir honore, parce qu'il marque la confiance du maître : mais il ne désigne qu'un procureur dont la procuration est ample, & ne regarde que l'effet des traités. La qualité représentative & les honneurs éclatans ne sont attachés qu'au titre d'ambassadeur ; & nul ne l'est si, dans ses lettres de créance ou dans ses pouvoirs, il n'a nommément le titre d'ambassadeur. Le plénipotentiaire ne doit pas prétendre aux honneurs réservés aux ambassadeurs, parce que le droit de représentation est attaché éminemment au seul titre d'ambassadeur. *Voyez* les articles AMBASSADEURS & MINISTRES PUBLICS.

PLESSE, baronie d'Allemagne. *Voyez* l'article SILÉSIE PRUSSIENNE.

POLITIQUE : la *politique* en général est cette science qui fournit des règles à ceux qui gouvernent les états, pour atteindre les différens buts qu'ils doivent se proposer, ou c'est la science de gouvernement, l'art de régner. Il paroît qu'aujourd'hui la valeur de ce mot est moins étendue ; qu'on donne le nom d'économie politique ou de science de l'administration aux règles sur le régime intérieur d'un état, & qu'il seroit convenable de restreindre celui de politique à la science qui traite des combinaisons extérieures propres à un état. Nous avons traité en détail des diverses parties de l'économie politique & de tous les points de l'administration, & nous traiterons ici l'article POLITIQUE d'après l'acception générale.

Nous avons déja parlé de la *politique* à l'article AFFAIRES ETRANGERES : nous allons ajouter ici des remarques générales.

Chaque état, chaque nation, chaque corps politique a pour but sa conservation ou sa durée, & la félicité de tous ceux qui en sont membres. La constitution la plus parfaite est sans doute celle qui peut prolonger sa durée, procurer à ses citoyens tous les biens dont ils sont susceptibles, & éloigner d'eux la plus grande somme des maux qui les menacent.

Pour y parvenir, l'état doit se proposer cinq objets fondamentaux : 1°. il faut perfectionner la nation qu'on doit gouverner : 2°. il faut introduire un bon ordre dans l'état, y entretenir la société, & y faire observer les loix : 3°. il faut établir dans un état une bonne & exacte police : 4°. il faut rendre l'état florissant & riche, non de cette richesse factice qui éblouit les peuples, mais de cette véritable richesse qui leur donne de l'abondance & de la satisfaction : 5°. il faut rendre l'état formidable en lui-même & respectable à ses voisins. De ces cinq objets découlent toutes les règles de détail que la *politique* enseigne, & dont la réunion forme la science du gouvernement.

Un corps ou peuple de barbares, quelque nombreux qu'il puisse être, ne fut jamais heureux, jamais formidable long-temps ; il arrive avec la rapidité d'un torrent, & il disparoît de même

Toutes les nations sauvages qui n'ont ni mœurs ni police, ont été subjuguées sans exception par les nations policées.

Des principes fondamentaux de la politique.

Il n'est pas aussi difficile qu'on le croit de remonter aux principes fondamentaux de la *politique*, & la route qui y conduit n'est embarrassée ou épineuse qu'à cause des préjugés & des erreurs que les vices & des vues intéressées se sont trop constamment occupés à y rassembler. Cette science exige, à la vérité, des connoissances & des méditations dégagées de toute prévention, sans lesquelles, bien loin d'être utile aux états, la *politique* n'est qu'une charlatanerie, également pernicieuse à ceux qui s'en servent & à ceux qu'on se propose, ou qu'on est chargé de conduire. Pour les connoître ces principes, il suffit de consulter la raison, de ne consulter qu'elle, & de s'élever par son secours jusqu'à la connoissance des vues générales de la nature sur nous; il suffit aussi de savoir distinguer les vrais besoins, de ceux que les hommes se sont fait eux-mêmes, & qui causent tous leurs malheurs, en leur procurant par intervalles des plaisirs momentanés, dont ils finissent presque toujours par être les victimes.

Avant que de rétablir les ressorts d'un gouvernement énervé, il faut avoir le courage & le talent d'aller jusqu'à la cause des vices même qui obstruent le corps de l'état, ou qui en aigrissent ou irritent les humeurs. Sans cette opération essentielle, tous les remèdes qu'on imaginera ne seront que des palliatifs : or c'est alors de la charlatanerie ou de l'ignorance, & non pas de la *politique*; car il s'en faut bien que l'art de tromper les hommes soit celui de les rendre heureux. A la tête de l'administration, le chef ou le ministre ne saura s'occuper que du moment présent, & ce moment lui échappera sans cesse; sa *politique* incertaine & toujours agitée par des circonstances imprévues, verra ses espérances trompées & ses projets s'évanouir : ce qui paroissoit hier fixer le calme dans l'état, y excite aujourd'hui des orages, & ces variations ne peuvent être rapportées qu'à l'ignorance ou à l'oubli de ces principes lumineux, fixes & immuables que la nature nous a donnés pour chercher & affermir notre bonheur. Il n'est qu'un bonheur sur la terre, & la nature l'offre également à tous les hommes. Tout consiste à connoître & à savoir mettre en usage les moyens à la faveur desquels on y peut parvenir : car, pour peu qu'on s'en écarte, on s'égare, & plus on croit s'approcher de la félicité, plus on s'éloigne; ensuite que, de sentier en sentier, on s'en trouve insensiblement à la distance la plus prodigieuse. Ce qu'il y a de plus fâcheux alors, est que les efforts que l'on fait pour se remettre sur la route qu'on a imprudemment abandonnée, n'aboutissent presque toujours qu'à s'en écarter encore davantage. Telle est l'erreur de la plupart des peuples, qu'ils cherchent paisiblement le bonheur où il n'est pas : ils nomment politique l'inquiétude qui les agite dans leur course incertaine & trompeuse.

Si la raison n'étoit qu'un préjugé, la vertu ne seroit plus qu'un mot inutile & vuide de sens : la terre ne seroit plus qu'un séjour affreux & un vaste théatre où les passions sans frein exerceroient impunément leur tyrannique empire. Les tigres, dans un tel séjour, seroient moins dangereux pour l'homme que l'homme même. Qui ne voit en effet, & malheureusement aussi qui ne sent par expérience que c'est le vice qui éloigne les uns des autres les citoyens, qu'il n'appartient qu'à la vertu de rapprocher & de tenir unis? que c'est le vice qui divise les peuples par les haines, les craintes & les soupçons? Qui ne voit que c'est lui qui excite sans cesse les passions qu'accompagnent les guerres, les meurtres, les trahisons, les violences, les injustices, les perfidies & les lâchetés; tandis que la raison, seule en état de calmer leur effervescence, appelle autour d'elle la paix, la bonne foi & le bonheur, suivis de toutes les vertus.

De ce que les passions sont dangereuses & nuisibles, il ne faut pourtant point en conclure qu'il seroit avantageux ou nécessaire de les anéantir : car, à supposer même la possibilité d'une telle entreprise, il y auroit de l'imprudence autant que de l'injustice à la tenter : ce seroit vouloir détacher notre ame à tous les biens de nos sens; ce seroit vouloir aller plus loin que l'auteur de la nature, dont elles sont l'ouvrage, & qui nous ordonne de les tempérer, de les régler, de les diriger par les conseils de la raison, attendu que ce n'est que par là seulement qu'elles peuvent perdre leur venin & contribuer à notre bonheur. Mais il s'en faut bien que les hommes, & surtout que les chefs des états forment le projet d'enchaîner & de diriger les passions, puisque c'est au contraire sur elles & d'après elles qu'ils fondent l'édifice des loix, & qu'ils règlent le plan de leur administration, c'est-à-dire, qu'ils prennent la route la plus directement opposée à celle qu'ils devroient tenir. Quels maux ont résulté, & quels désastres résultent chaque jour de cette erreur universellement reconnue, & qu'au lieu d'extirper, il semble qu'on s'attache à perpétuer. La *politique* attendra-t-elle de nouvelles révolutions dans les états, & de nouvelles disgraces, de nouvelles décadences, pour se convaincre enfin que le bonheur des grandes sociétés veut un autre fondement que des passions injustes, aveugles, légères, inconstantes & capricieuses? Quel spectacle la terre présenteroit, si tous les habitans, semblables à Socrate, réunissoient en eux toutes les vertus! S'il est vrai que dans ce nouvel âge d'or, où les passions seroient réprimées & dirigées par la raison, la félicité habiteroit parmi les hommes, n'est-il pas certain que la *politique* doit nous faire aimer la vertu, & que c'est-là le seul objet que doivent se proposer les légiflateurs, les loix & les magistrats.

Dans quel temps la terre fut-elle arrosée du sang & des larmes de ses habitans? Ne fût-ce point lorsque nos pères, plus semblables à des bêtes farouches qu'à des hommes, vivoient sous l'empire des passions? Dans quel temps commencèrent-ils à être moins malheureux? Ne fut-ce pas quand des loix & des magistrats, se servant tour-à-tour des châtimens & des récompenses, commencèrent à réprimer quelques passions, & à mettre en honneur quelques vertus? Ainsi, dans tous les siècles & dans tous les climats, les peuples ont été plus ou moins heureux, suivant que la *politique* plus ou moins habile a rendu les mœurs plus ou moins honnêtes. Les suites de l'histoire présentent d'âge en âge, des villes, des états, des empires déchirés par des divisions intestines; mais pour peu que l'on remonte aux causes de ces dissensions, on voit constamment que quelque passion, enhardie par l'espérance du succès ou de l'impunité, a rompu le frein trop foible qui la retenoit : en un mot, on compte toujours les calamités d'une nation par le nombre de ses vices. Pourquoi un peuple qui s'est rendu célèbre pendant une longue suite de siècles, vient-il à décliner? Pourquoi, de disgrace en disgrace, tombe-t-il dans le mépris? Il y auroit de la folie à imputer les révolutions qu'il éprouve à une fortune aveugle, qui n'existe que dans l'imagination de ceux qui en parlent: ce n'est point au hasard, mais au changement qui s'est fait dans les mœurs de ce peuple, qu'il faut rapporter sa ruine. Eh! comment eût-il évité sa chûte? La soif de l'or qui dévoroit les citoyens, avoit étouffé en eux l'amour de la patrie: leur luxe refusoit tout aux devoirs de l'humanité. Les plaisirs, l'oisiveté, la mollesse, mille autres vices avoient avili les ames. Par quel moyen eût-il été possible de délivrer ce peuple de ces implacables tyrans? Il eût fallu lui rendre sa première tempérance, sa candeur, sa justice; & dès-lors on lui eût en même-temps rendu, avec son ancienne union, les forces qui conservoient sa liberté.

De l'objet principal de la politique.

La raison est l'organe par lequel l'auteur de la nature nous fait connoître ses volontés: c'est donc la raison seule qui peut nous conduire au bonheur: Il n'est point de bonheur sans l'honnêteté des mœurs, puisque la raison nous enseigne que l'auteur de la nature condamne & proscrit les mauvaises mœurs; de ces réflexions, ou plutôt de ces principes, il résulte que la *politique* doit être le ministre & le coopérateur de la providence parmi les hommes, parce qu'il n'appartient qu'à la morale, ou à la science des mœurs d'inspirer aux hommes une saine politique. Qu'y a-t-il donc de plus souverainement méprisable que cet art illusoire qui, empruntant le nom de *politique*, & n'ayant de règle que les préjugés vulgaires & les passions de la multitude, n'emploie que la ruse, l'injustice & la force; & qui, se flattant de réussir par des voies contraires à l'ordre éternel des choses, voit s'évanouir entre ses mains le bonheur qu'elle croyoit posséder.

Comme le laboureur, pour recueillir d'abondantes moissons, doit étudier la culture qu'exige le sol, observer les saisons destinées à la production de chaque fruit, & ne jamais en changer l'ordre; de même la *politique*, après avoir pénétré les secrets de la nature sur la destination de la société & les causes de son bonheur, doit suivre constamment les vues de la nature, & ne point s'écarter des causes du bonheur de la société, encore moins s'y opposer. La *politique* est donc saine & utile, lorsqu'elle fait sa principale étude de la morale, qui enseigne à distinguer les vertus véritables de celles qui n'en ont que le nom, & que les préjugés, l'ignorance & la mode ont imaginées. Le principal objet de la *politique* est, en donnant une attention particulière aux vertus les plus nécessaires à la société, de prendre les mesures les plus efficaces pour empêcher que les passions ne sortent victorieuses du combat qu'elles ont à soutenir perpétuellement contre la raison, & de les tenir courbées sous son joug.

Par la dégradation successive de la morale dans Athènes, & l'affoiblissement tout aussi marqué de sa puissance, on se convainc aisément qu'il n'y a point de petite vertu aux yeux de la *politique*, & qu'elle ne peut, sans péril, en négliger aucune. Le même exemple prouve que les loix les plus essentielles au bonheur & à la sûreté des états, sont celles qui regardent le détail des mœurs. C'étoit dans cette vue que Platon blâmant la monarchie absolue, l'aristocratie & le gouvernement populaire, comme laissant une carrière trop libre aux passions, vouloit d'abord que, par un mêlange habile de ces trois gouvernemens, la puissance publique fût partagée en différentes parties, propres à s'imposer, se balancer & se tempérer réciproquement. Mais comme il ne pensoit pas qu'un état, quelle que fût sa nature, pût se soutenir sans le secours des mœurs domestiques, il vouloit que l'on y employât la plus grande vigilance à se rendre maître des passions, que l'on y soumît la vertu à une règle austère & invariable. Et en effet, quelque admirable que fût le gouvernement de Sparte, tel que Lycurgue l'avoit fondé, il n'évita les cabales, les factions, les troubles, les désordres, qu'autant que les chefs de l'état furent attentifs à maintenir dans toute leur vigueur les loix que Lycurgue avoit faites pour les mœurs. Aussi, lorsque Lysander rapportant à Lacédèmone les tributs & les dépouilles des vaincus, y eut développé le germe de la cupidité, l'avarice s'introduisit avec les richesses dans les maisons des spartiates : ils rougirent bientôt de la simplicité de leurs pères, & cette honte fut la source d'une foule de vices; les vertus perdirent leur crédit à mesure que les richesses acquirent de l'autorité : les citoyens ne tardèrent point à se persuader qu'elles pourroient tenir lieu de mérite, & cette folle opinion les engagea à considérer les riches; la pauvreté fut méprisée, & les spartiates, pour ne point être pauvres, ne s'occupèrent plus que des moyens de s'e richir, afin d'être considérés, & ils donnèrent à ce soin toute l'attention qu'ils devoient aux intérêts de la patrie. Dès lors les passions enhardies relâchèrent les ressorts du gouvernement, qui ne put plus les réprimer, par cela seul qu'il avoit eu l'imprudence de les laisser naître. Tourmentés par la crainte qu'on ne les dépouillât de leurs richesses, les citoyens opulens se révoltèrent contre le partage de l'autorité, & voulurent avoir toute la puissance pour être en état de défendre leur fortune. Tantôt rampant & tantôt insolent, le peuple n'eut plus que des éphores dignes de lui. Il n'y eut plus de mœurs à Sparte; & la même corruption qui y avoit éteint la morale, y détruisit la politique.

Ce qui, lorsqu'on ne réfléchit point, paroît contredire les principes que l'on vient d'exposer, & semble prouver qu'il n'y a point autant d'union qu'on l'a supposé entre la *politique* & la morale, est qu'on a vu des empires élever leur fortune sur l'injustice, & fleurir par des moyens que la morale réprouve. Car enfin il est très-vrai que les perses, quoique sans mœurs, dominèrent sur l'Asie entière; il est également vrai que Philippe de Macédoine, à qui tout réussissoit, n'étoit cependant pas plus juste ni plus vertueux que les grecs qui tomboient en décadence : il est constant aussi qu'une foule de tyrans & d'usurpateurs, scélérats, corrompus à l'excès, ont joui, sans remords & sans trouble, des fruits de leurs crimes & de leurs usurpations, &c.

Ces objections qu'on ne cesse de faire, ne prouvent autre chose, si ce n'est que ceux qui les font, confondent le bonheur avec les dignités, l'éclat, les richesses, le pouvoir, qui ne procurent, au lieu de bonheur, qu'un plaisir passager, accompagné de plusieurs agitations, de troubles & d'inquiétudes. Ce n'est qu'une apparente prospérité que celle du méchant, qui gémit en secret sous le poids du vice auquel il ne peut renoncer. L'homme heureux étoit Socrate qui, buvant la ciguë, s'entretenoit aussi paisiblement avec ses amis, que s'il eût été sous le portique. Il goûtoit toutes les douceurs de la paix, parce qu'il se rendoit un témoignage intérieur de son intégrité. Il en est de même de la prospérité apparente des états; elle n'est que passagère, lorsqu'elle n'est fondée que sur l'injustice, le vice & le mépris de la morale. De grandes provinces & de grandes richesses ne contribuent en aucune manière au bonheur domestique des citoyens, ni à la sûreté de l'état. Pour avoir conquis l'Asie entière, les perses en étoient-ils plus libres? Et les trésors accumulés du souverain rendoient-ils ses sujets plus contens, plus heureux, plus tranquilles? L'opulence du prince & la leur empêchèrent-elles Agésilas de porter la terreur jusqu'aux portes de Babylone?

Il est vrai qu'un gouvernement où les vertus sont négligées, où le vice est honoré; où la *politique* est aussi mauvaise que les mœurs sont corrompues, peut cependant se soutenir & fleurir pendant quelque temps : mais alors c'est l'être protecteur de la vertu qui ne fait que se servir des vices d'un peuple pour en détruire un autre plus vicieux encore ; celui-ci est il puni ? Le même être ne manque point de briser l'instrument de sa vengeance. Les récits de l'histoire offrent mille preuves de cette vérité : une telle révolution n'est rien moins qu'un miracle ; c'est une suite naturelle de l'ordre que Dieu a établi dans le gouvernement du monde. A supposer pour un instant que la *politique* pût ne point avoir pour base la vertu, & qu'elle fût indépendante de la morale, voyons les grands effets qu'elle pourroit produire. Il faut convenir que la trahison, la fourberie, la ruse peuvent surprendre un état qui ne s'est pas précautionné contre leurs pièges, & même obtenir quelque succès : mais c'est ce succès même qui, inspirant une défiance & une haine générale, embarrassent ces vices mêmes dans les embuches qu'ils dressoient, & finissent par accabler l'état qui avoit employé de semblables moyens. Tôt ou tard la mauvaise foi est elle-même intimidée par la crainte qu'elle a fait naître, & quelque soin qu'elle prenne de bien combiner ses projets, jamais elle ne peut prévoir tous les dangers dont elle est menacée ; chaque accident imprévu ou chimérique l'oblige à former un nouveau plan de conduite : ensorte que, marchant sans règle fixe, elle ne peut que réussir quelquefois par hasard, & nécessairement échouer dans la suite. Si au lieu de la ruse & de la trahison, un tel peuple met la force & la violence en usage contre ses voisins, comment s'empêchera-t-il d'être agité lui-même par la crainte qu'il inspire? Il ne peut augmenter le nombre de ses ennemis, qu'en même temps il ne devienne suspect à ses alliés ; il pense se rendre puissant, & il multiplie ses dangers en même-temps qu'il diminue ses forces. Peut-être il parviendra à surmonter les difficultés qui l'entourent ; peut-être il obtiendra un succès éclatant : mais le moment de son triomphe est celui de sa perte. Sésostris, peu content de régner sur l'Egypte, médite la conquête de l'Asie, & rien ne résiste d'abord à

tés égyptiens sobres, laborieux, tempérans, qu'il a armés pour servir son injuste ambition : à peine ils sont vainqueurs, qu'ils prennent les mœurs des vaincus : amollis par les voluptés & les richesses, ils rapportent dans leur patrie les dépouilles de l'orient : ils croient être parvenus au comble de la gloire & de la prospérité : ils ne s'apperçoivent pas que la vertu ébranlée dans tous les cœurs est prête à les abandonner ; & au milieu des chants d'allégresse & de triomphe, le châtiment de l'Egypte commence. Déja les ressorts du gouvernement sont relâchés, & les anciens établissemens sont détruits par les passions. Les successeurs de Sésostris, enivrés de leur opulence, éblouis du faste qui les environne, abusent du suprême pouvoir, & deviennent des tyrans voluptueux d'autant plus terribles, qu'affoiblis par la ruine des loix, ils ne se croient plus en sûreté contre des sujets que la mollesse, le faste, la pauvreté & les richesses ont rendus à la fois lâches & insolens. Agitée par des émeutes & des révoltes renaissantes, l'Egypte est destinée à devenir la proie du premier vainqueur qui voudra s'en emparer. Leçon frappante & terrible pour le *politique* qui voudroit connoître ses devoirs, & s'assurer que la vertu est l'unique source & l'inébranlable fondement du bonheur des particuliers & de la félicité publique.

De la méthode que la politique doit employer pour rendre un peuple vertueux.

De même qu'il n'y a point de vice qui ne tende à corrompre le peuple, & par conséquent à altérer la félicité publique, de même aussi n'y a-t-il point de vertu qui ne soit utile à la société : mais quoique toute vertu mérite d'être cultivée ; il s'en faut qu'elles demandent toutes les mêmes soins de la part du législateur & des magistrats : car s'il en est qui influent directement sur le bonheur des citoyens & sur la sûreté publique, il en est quelques-unes aussi qui n'ont avec ces deux objets si importans qu'un rapport médiat plus ou moins éloigné. Les premières en dignité, en excellence, & qui doivent être cultivées avec la plus grande assiduité, sont la justice, la prudence & le courage, desquelles découlent l'ordre, la paix, la sûreté, tous les biens, en un mot, que peuvent désirer les hommes. D'accord avec la morale, la *politique* doit s'occuper sans doute à nous rendre facile la pratique de ces trois vertus ; mais pour y réussir, elle doit commencer par écarter de notre cœur les vices qui nous empêchent d'être justes, prudens & courageux. Or il ne suffit point, pour extirper ces vices, de régler les droits de chaque citoyen, & de donner des bornes fixes à la justice : il faut en même-temps contenir les passions, qui bientôt dérangeroient ces bornes ; car, sans cela, les loix les plus justes & les plus sages réglemens ne pourroient empêcher l'injustice, secondée par la ruse & la chicane & enhardie par l'impunité, de devenir bientôt l'esprit général des citoyens. Ainsi donc le devoir le plus important d'un législateur est non de publier des loix justes, mais de commencer par préparer les hommes à aimer la justice ; & à s'attacher aux vertus essentielles qui servent, pour ainsi dire, de base & d'appui à toutes les autres. Ces vertus, que l'on peut appeller mères ou auxiliaires, & qu'on doit regarder comme les premières dans l'ordre de la politique, sont la tempérance, l'amour du travail, l'amour de la gloire & le respect pour les dieux.

A supposer que, préparant le cœur à tous les vices, la volupté n'y étouffât cependant point les principes de la justice & de la prudence, n'est-ce point assez qu'elle énerve le corps, pour qu'un état ne puisse plus attendre des citoyens les fatigues, les soins, les veilles, la patience, d'où dépend, en tant de circonstances, le salut du gouvernement. Lycurgue avoit une profonde connoissance des vices & des vertus des hommes ; lui qui, sans s'égarer dans des détails inutiles, ne proscrivit un vice qu'après en avoir coupé la racine, & n'ordonna la pratique d'une vertu qu'après avoir ordonné celle qui devoit en être le principe ou l'appui. Ce fut ainsi que pour empêcher que les droits du mariage ne devinssent une source de corruption & de mollesse, en abandonnant deux jeunes époux aux voluptés, il ne leur permit point de se livrer inconsidérément à leurs transports : il craignit avec raison que, trop tôt rassasiés de plaisirs légitimes, ils ne finissent par en chercher de défendus. Il devina que la source des plus grands désordres dans un état, est d'y négliger les mœurs des femmes, & que les hommes contracteroient les vices des femmes, si l'on ne donnoit à celles-ci les vertus des hommes ; il leur inspira un généreux mépris pour les besoins auxquels la nature ne les a point assujetties ; il les endurcit au travail, à la peine, à la fatigue ; en un mot, il en fit des hommes. Lycurgue en même-temps établit des repas publics, dont le brouet noir faisoit les uniques délices. Sans ces institutions, dictées par la tempérance, vainement le législateur de Sparte eût proscrit l'usage de l'argent & les arts inutiles ; jamais l'exercice des vertus les plus difficiles, & dans le degré le plus héroïque, ne fût devenu familier aux spartiates. Mais la tempérance inspire le mépris des richesses, & ce mépris est toujours accompagné de l'amour de l'ordre & de la justice.

Des ménagemens dont la politique doit user dans la réformation des mœurs corrompues.

Lorsqu'un état est corrompu, lorsque ses resforts font ufés, lorfque les vices, la licence, fecondés par une mauvaife *politique*, ont achevé de pervertir les mœurs, & jetté le défordre & la confufion dans toutes les parties de l'adminiftration, a-t-il encore des reffources capables de le faire fortir d'une auffi déplorable fituation ? Il lui en refte fans doute ; mais il faut la plus haute fageffe, la plus rare prudence, pour les mettre en ufage & les faire goûter. Il n'appartient qu'à bien peu d'hommes de prendre alors les rênes de l'état. Et en effet fi, d'un côté, la plus légère indulgence achève de tout perdre ; de l'autre, une févérité trop inflexible aliène & révolte les citoyens qui, trop accoutumés à ne reconnoître pour loix que leurs paffions, fe fouleveront inévitablement contre quiconque entreprendra de gêner leurs plaifirs, ou de contrarier leurs vicieux penchans. Ce feroit donc la plus inexcufable imprudence que de tenter une fubverfion totale, & de vouloir ramener tout d'un coup les citoyens, du fein de la dépravation, à l'amour de l'ordre, à la tempérance, à la juftice & au patriotifme. Ce n'eft que peu à peu qu'un tel changement doit s'opérer. Il faut, fans contredit, faire de nouvelles loix, ou bien rétablir les anciennes, à fuppofer qu'elles foient bonnes ; mais fucceffivement, & à mefure que l'expérience en démontrant l'utilité, le peuple s'y attache. Ainfi, lorfque l'homme d'état voit que le décret qu'il propofe au peuple eft propre, ou à lui faire aimer quelque vertu, ou à le détacher de quelque vice, il doit favorifer cette loi de toutes fes forces, & avec d'autant plus de zèle qu'il eft fûr de fervir, par ce moyen, très-utilement fa patrie.

Afin de difcerner quelles fortes de loix font les meilleures dans ces circonftances critiques, il faut fe fouvenir que celles qui font les plus propres à tempérer les paffions, & régler les mœurs publiques, font auffi les plus néceffaires, & doivent être les plus facrées : les négliger, c'eft expofer l'état ; fouffrir qu'on les altère, c'eft protéger & favorifer la dépravation des mœurs. Dans une république bien réglée, & où la vertu eft refpectée, on doit être plus effrayé de voir les femmes prendre de nouvelles parures & affecter de nouvelles graces, qu'on ne devroit l'être de quelque commotion dans la place publique, ou de l'ambition d'un magiftrat qui voudroit s'élever au-deffus de fes collègues : car, tant que les loix des mœurs fubfiftent, toutes les autres font en fûreté ; mais c'eft leur décadence qui entraîne inévitablement la ruine de l'état.

Il eft vrai qu'en général tout vice eft par lui-même très-dangereux, comme il n'eft point de vertu qui ne foit très-utile. Et c'eft à démêler l'utilité de celle-ci & le danger des autres qu'il importe d'attacher tous fes foins ; & fur-tout dans la réformation que l'on veut faire des uns, & l'encouragement qu'on fe propofe de donner aux autres, on ne fauroit trop fe garder de la précipitation d'un zèle aveugle. Il eft des vertus fi fécondes, qu'elles fe fortifient les unes par les autres, en fe prêtant un fecours mutuel ; & ce font celles-là que la *politique* éclairée ne fauroit rendre trop floriffantes dans une république où elles font cultivées encore. Il eft auffi des vices malheureufement fi féconds, qu'ils fervent, pour ainfi dire, de foyer toujours actif, toujours ardent à la corruption. Ce font précifément ces vices qu'il faut commencer par profcrire dans une fociété corrompue. Le plus pernicieux de tous eft celui qu'on peut mieux indiquer que nommer, & qui, compofé d'avarice & de prodigalité, ne fe laffe jamais ni d'acquérir, ni de diffiper ; que rien ne fatisfait, & qui, pour affouvir fa dévorante ardeur, ne fe refufe à aucune injuftice. Né du luxe & de l'infatiable avidité, on le voit fans ceffe occupé à ravir & à prodiguer. Il n'eft pas impoffible de l'étouffer lorfqu'il à peine fe montrer, il ne fait qu'effayer fes forces : c'eft alors qu'il importe de le pourfuivre avec la plus grande févérité ; mais fur-tout de ne rien tolérer qui paroiffe légitimer fes premières tentatives ; car il n'y a ni raifon, ni équité à profcrire le luxe dans le public & à le tolérer dans les familles : c'eft une contradiction manifefte d'inviter, par des loix fomptuaires, les citoyens à la modeftie des mœurs, & de contrarier cette modeftie par la pompe des fêtes publiques. Dans le cas trop ordinaire où ce vice, après avoir corrompu tous les citoyens, règne avec autant d'effronterie que d'empire, il feroit auffi dangereux qu'inutile de l'attaquer de front ; ce feroit l'irriter vainement, & ne faire qu'accroître fa puiffance. Il faut ceffer alors : ce vice en engendre mille autres ; c'eft fur eux que l'on doit frapper. Le luxe opère la molleffe, la prodigalité : c'eft la prodigalité, la molleffe qu'il faut noter d'une flétriffure accablante ; il produit auffi l'avarice : il faut réprimer l'avarice, &, en contenant l'induftrie dans de juftes bornes, faire difparoître l'inégalité monftrueufe dans la fortune des citoyens.

Il y a des temps où il eft du plus grand intérêt d'encourager, non pas la vertu la plus importante par elle-même, mais celle dont le peuple paroît le plus éloigné. Il étoit, par exemple, à Athènes une loi qui appliquoit aux repréfentations de comédie, les fonds qui avoient été autrefois deftinés aux frais de la guerre ; &, quoique cette nouvelle loi fût très-injufte, il étoit défendu néanmoins, fous peine de mort, d'en demander la révocation.

Les fuites d'un auffi mauvais réglement furent affreufes, & telles cependant qu'on eût dû les prévoir : les décorations de théâtre, les hiftrions, les joueurs de flûte, les femmes défœuvrées, les courtifannes, un tas de gens fans mœurs étoient feuls honorés, confidérés, récompenfés : il ne restoit plus nulle trace de vertu, de décence, de retenue. Dans de semblables circonstances, c'eût été fort mal prendre son temps que de demander à l'assemblée du peuple, ou l'abrogation de la loi dont on vient de parler, ou de proposer de ramener les citoyens à la simplicité des premiers habitans de la république; entre ces tems d'intégrité & ceux de cette corruption générale, la distance étoit trop immense. Tout ce qu'on eût pu faire, eût été d'essayer, avec les plus grands ménagemens & à différentes reprises, le peu de dispositions qu'un petit nombre de citoyens pouvoient avoir encore à la tempérance, à l'amour de la patrie, à la justice, à la prudence; & si cet essai eût réussi, d'en tenter un second, & de tâcher enfin de réveiller dans les cœurs quelque étincelle de patriotisme: car c'est de toutes les vertus la seule qui peut encore, par le secours de la vanité, se montrer au milieu d'une excessive corruption. Si nul de ces moyens ne réussit, il n'y a plus qu'une ressource; c'est de se servir des passions mêmes, pour affoiblir peu à peu & ruiner leur empire. Platon sentoit aussi toute l'efficacité de ce moyen, lui qui, dans ce qu'on appelle sa république, ne dédaigna point de regarder les plaisirs de l'amour comme un ressort dont la *politique* doit se servir pour animer le courage, & le porter aux actions héroïques. Mais ce n'est point là, il s'en faut bien, ce qu'il y a de plus estimable dans la législation de Platon: cette communauté des femmes est au contraire une tache ineffaçable que l'honnêteté reprochera toujours au disciple de Socrate. C'est connoître bien peu les effets de la volupté, qui amollit le cœur & énerve le corps, que de vouloir en faire le principe de la prudence & de la magnanimité. Il est vrai que l'espérance des voluptés peut quelquefois produire de grandes choses: on n'ignore pas que ce fut pour avoir des palais somptueux, des liqueurs délicieuses & des femmes parfumées que les scythes autrefois conquirent l'Assyrie; mais on sait aussi que, du moment que ces passions commencèrent à jouir du fruit de leurs victoires, les scythes courageux devinrent aussi mols, aussi lâches que les peuples qu'ils avoient vaincus, & que ces passions ne leur donnèrent aucune des vertus qui font le citoyen. Il en arriva de même à Cyrus qui, en soumettant l'Asie, fut soumis par les vices des peuples qu'il avoit subjugués, & ne fut, contre son attente, que le corrupteur des perses.

Ce n'est donc point le goût effréné des sens que l'on doit favoriser: ce sont les passions de l'âme, dont la *politique* peut se servir, parce que naissant avec nous, ne mourant qu'avec nous & ne se lassant point, on peut en quelque sorte leur donner la teinture de la vertu. L'envie, la jalousie, l'ambition, l'orgueil, la vanité sont, sans contredit, des passions hideuses, & qui, abandonnées à elles-mêmes, se portent aux excès les plus odieux. Toutefois ces mêmes passions, adroitement employées par la *politique*, peuvent se changer en émulation, amour de la gloire, prudence, fermeté, héroïsme.

Mais le plus grand malheur est lorsque la corruption est tellement enracinée, que les citoyens égarés la regardent comme un bien, & lui supposent plus de force qu'à la vertu, & des effets qu'ils ne croyoient pas même l'intégrité capable d'opérer; quand ils se sont familiarisés avec la honte, & que tranquillement couverts d'ignominie, la gloire ne leur paroît plus qu'une vaine chimère. Alors il n'y a plus d'espérance, & le danger est d'autant plus effrayant, que si la république n'est plus agitée par ces commotions violentes, ce calme apparent n'est rien moins que de la tranquillité: c'est une vraie léthargie, un engourdissement apoplectique, qui prouve que les citoyens n'ont pas même de ces vices qui annoncent une sorte de force & d'élévation dans l'âme. Ils ne sont animés que par un vil intérêt; règle unique de leurs actions, âme de leurs pensées. Alors on voit les magistrats se tendre mutuellement des pièges; l'ambitieux recourir aux moyens les plus lâches, décrier par des calomnies, de sourdes délations, les concurrens contre lesquels il n'ose lutter ouvertement, & n'opposer à ses rivaux, qu'il sent bien ne pouvoir égaler en mérite que la trahison, la perfidie, les plus détestables noirceurs. Quand la licence & la corruption sont parvenues à ce comble, quelle main assez puissante retiendroit la république sur le penchant du précipice qui est ouvert sous ses pas? Ce seroit se flatter d'une espérance vaine que d'attendre une heureuse révolution: quand même un tyran s'éleveroit parmi les citoyens, & voudroit, en les foulant aux pieds, qu'il n'y eût d'or, d'argent, de luxe & de voluptés que pour lui, les âmes de ces républicains, mollement effarouchés par la perte même de leurs plaisirs, ne reprendroient point assez de vigueur pour sortir de leur léthargie. Les fastes de l'histoire n'offrent qu'un seul exemple d'un état parvenu au dernier degré de la dépravation, & rendu tout-à-coup à la vertu. Ce fut Lacédèmone plongée dans le luxe, profondément engourdie dans la mollesse, enivrée de voluptés, avilie par la débauche, & ramenée à la tempérance, à l'intégrité des mœurs par l'heureuse violence que lui fit Lycurgue, qui, n'étant point choisi par les spartiates pour leur donner des loix, comme Solon par les athéniens, médita son projet de réforme avec trente citoyens seulement qui lui promirent de le seconder: vingt-huit lui restèrent fidèles; il leur ordonna de se rendre armés sur la place publique; il y publia ses loix, & intimida ceux qui profiteroient des désordres publics.

Des observations qui ont été faites jusqu'à présent, voici les conséquences que l'on en doit tirer, & ces conséquences sont autant de principes qui démontrent combien est étroite l'union de la politique avec la morale: il faut en conclure 1°. que sans les mœurs, les loix sont inutiles, & qu'on n'y obéira point; 2°. que ce sont les mœurs domestiques qui font les mœurs publiques; 3°. que la vertu seule peut rendre un état constamment heureux & florissant: 4°. que l'ambition, l'injustice, l'intrigue, l'artifice, les richesses, la force, la violence peuvent procurer quelque succès; mais que ce succès est passager, & n'a que des suites funestes: 5°. que la *politique* n'est une science sûre & facile, qu'autant qu'elle est fondée sur ces principes: 6°. que celle qui s'occupe au-dedans à combattre tantôt un vice, tantôt un autre, à tromper le citoyen, ou à le gouverner par la crainte, ne sauroit, quelque activité qu'on lui donne, suffire aux besoins de la société: 7°. que quand les citoyens d'une république sont parvenus à aimer leurs devoirs, il faut tâcher de les leur faire aimer davantage; ne point se reposer, parce que les passions qu'on a à combattre ne se reposent jamais: 8°. que comme on n'est jamais assez vertueux, attendu qu'on n'est jamais trop heureux, qui s'arrête dans le chemin de la vertu, a déja reculé sans s'en appercevoir: que toute maladie d'état s'annonçant par quelque symptôme, il ne faut pas attendre qu'elle soit formée pour y apporter du remède, pouvant y en avoir qui seront incurables en naissant: 10°. que les plus grands ennemis des hommes étant leurs passions, il faut en connoître la marche sourde & tortueuse, afin de ne pas être surpris dans ses aspirations; comme un général qui négligeroit de s'instruire des mouvemens de son ennemi: 11°. que l'homme d'état qui dirige une république, ne doit compter sur ses alliés qu'autant qu'elle lui fait du bien, & qu'ils peuvent se confier à sa justice & à son courage: 12°. enfin que c'est aimer sa patrie & la servir utilement, qu'aimer tous les hommes & leur faire du bien.

POLOGNE, contrée de l'Europe: avant le dernier partage, cet état, en y comprenant les provinces incorporées, étoit borné au nord & à l'est par l'empire de Russie & la Prusse; au sud, par la Turquie, la Transylvanie, la Hongrie; à l'ouest, par l'Allemagne: il touchoit vers le nord & l'ouest à la mer Baltique: on évaluoit sa surface à environ 13,400 milles quarrés géométriques: nous indiquerons plus bas d'une manière précise les portions qu'en ont détachées, la Russie, la Prusse & la maison d'Autriche.

Nous avons fait un article particulier sur le grand duché de Lithuanie, & nous nous bornerons ici 1°. à des recherches sur l'origine & les révolutions du gouvernement de la *Pologne*; 2°. nous ferons des remarques sur la dernière guerre civile, sur le partage de la *Pologne*, & sur les changemens faits à la constitution de ce pays: 3°. nous parlerons des portions échues à chacune des trois puissances: 4°. nous traiterons du gouvernement actuel de la *Pologne*, & nous ferons des remarques sur ce gouvernement: 5°. nous parlerons des finances, du commerce & de l'état de l'armée: 6°. du triste état de la *Pologne*, des diverses classes d'habitans, de la servitude & de ses fâcheux effets, de la population, &c.

SECTION PREMIERE.

Recherches sur l'origine & les révolutions du gouvernement de la Pologne. *Des causes de l'affoiblissement du pouvoir de ses rois, & de l'établissement d'une monarchie entièrement élective.*

L'histoire de la *Pologne* ne commence à acquérir quelque clarté & quelque certitude que sous la seconde race de ses rois: car ce qu'on raconte de la première ou de la race de Lesko, & même de la seconde ou de celle de Piast, n'est guère qu'un tissu de fables. Les polonois étoient encore payens, barbares, & sans aucune connoissance des lettres. Ce ne fut que vers la fin du dixieme siècle, sous Micislas II, qu'ils commencèrent à être connus des nations voisines, dont les historiens entrent dès-lors dans quelques détails sur ce qui les concerne.

On a disputé sur la forme du gouvernement adopté en *Pologne* sous cette seconde race de ses rois. Les uns ont cru qu'ils étoient électifs, & d'autres pensent au contraire qu'ils étoient héréditaires, & que leur pouvoir étoit presque absolu. On peut concilier ces deux opinions, si l'on observe que la couronne pouvoit être jugée héréditaire, parce qu'elle se perpétuoit dans la même famille. Elle paroissoit élective, parce qu'à la mort du monarque, son successeur étoit reconnu & proclamé dans l'assemblée des états de la nation. A l'égard du degré d'autorité dont il jouissoit, il varioit beaucoup sans doute, & dépendoit des circonstances, & sur-tout du bonheur & de la capacité du prince.

Vers la fin de cette seconde race, Casimir le grand vint à bout de réduire dans de justes bornes l'autorité turbulente & oppressive des grands de son royaume, & il accorda divers privilèges à la noblesse du second ordre. Mais Louis de Hongrie, son neveu & son successeur, étoit étranger, & il ne put obtenir la couronne qu'en souscrivant à une diminution de pouvoir, qui détruisit bientôt l'ouvrage de Casimir. Ce prince ne laissa point de fils. Les polonois ne voulant point l'empereur Sigismond son gendre pour roi, appellèrent au trône Ladislas Jagellon, duc de Lithuanie, qui, en acceptant ce bienfait, ne pouvoit refuser de souscrire, comme son prédécesseur, aux conditions qu'on y attachoit, &

en particulier à celle de ne point imposer de taxes à la nation sans son consentement. Ses successeurs cédèrent la plupart des droits de la prérogative royale, pour obtenir des subsides de la noblesse. Enfin, sous l'un de ces princes de la maison de Jagellon, les grands qui aspiroient depuis long-temps au droit de choisir un roi à leur gré, obligèrent Sigismond-Auguste en 1550 à souscrire la loi qui donnoit à la nation le droit illimité d'élection à chaque vacance du trône; & ce prince n'ayant point d'héritier mâle, cette loi qui eût pu être éludée par un proche parent, eut son entière exécution.

C'est ainsi que la couronne de *Pologne* devint élective sans aucune réserve, & que cette nouvelle forme de gouvernement fut établie sur les bases les plus solides. En effet, on dressa vers la même époque, dans une diète générale, une espèce de charte ou de capitulation, contenant tous les droits que la nation se réservoit, & que les candidats au trône devoient reconnoître avant leur élection. Cette charte, connue en *Pologne* sous le nom de *pacta conventa*, renfermoit toutes les concessions faites par Louis & ses successeurs; avec les additions suivantes: 1°. que la couronne seroit élective, & que le roi ne se donneroit jamais un successeur pendant sa vie: 2°. que les diètes générales seroient assemblées tous les deux ans; 3°. que tout noble sujet du royaume auroit droit de suffrage dans la diète d'élection: 4°. que si le roi portoit quelque atteinte aux loix & aux privilèges de la nation, les sujets seroient déliés de leur serment de fidélité. Ces *pacta conventa* ont été étendus encore dans certaines occasions, & tous les rois élus dès-lors les ont confirmés à leur couronnement.

Il étoit naturel qu'en recevant le don d'une couronne, sur laquelle ils n'avoient aucun droit, ces princes ne se montrassent pas difficiles, & ne s'exposassent point à se voir préférer des concurrens qui l'auroient été moins qu'eux. Après l'avoir reçue, il étoit encore fort simple qu'ils aimassent mieux en perdre quelque fleuron que de la perdre toute entière. C'étoit un effet de la loi, qui donnoit à la nation le droit de les ôter. Aussi voyons-nous sous les rois élus, l'aristocratie faire de nouveaux & de rapides progrès. Henri de Valois, le premier qui le fut selon les nouvelles constitutions, prodigua l'or & les promesses pour s'assurer la pluralité des suffrages. Cette méthode fut nécessairement adoptée par ses successeurs, & elle rendit le droit électif encore plus cher aux polonois. Sous Etienne Batori, on soumit le roi à l'inspection de seize sénateurs choisis par la diète, sans l'aveu desquels il ne pouvoit prendre aucune résolution importante. On lui ôta en 1578 le droit de juger en dernier ressort les causes de la noblesse, à moins que le fait qui y donnoit lieu ne se fût passé à une très-petite distance du lieu où il résidoit. On établit

Œcon. polit. & diplomatique. Tom. III.

des cours souveraines de justice, dont les membres sont élus par les nobles de chaque palatinat ou province. Sous le règne turbulent de Jean Casimir, on introduisit le *liberum veto*, ou le droit dont jouit chaque député, de s'opposer par sa seule négative à toute résolution qui se prend dans une diète contre son gré, & de rompre & dissoudre même la diète par ce seul acte, privilège refusé au souverain, & qui suffisoit pour rompre tout équilibre de pouvoir, & plonger l'état dans l'anarchie.

Il restoit cependant au roi de *Pologne* une prérogative précieuse, qui pouvoit lui conserver beaucoup d'influence dans les conseils de la nation: c'étoit lui qui étoit la source des honneurs & des graces; il conféroit seul les starosties & les principales dignités de la république; mais on a encore privé le roi régnant de cette prérogative, par l'établissement du conseil permanent.

On voit, par cette esquisse des révolutions du gouvernement de *Pologne*, que depuis la fin du quatorzième siècle jusqu'à notre tems, les grands & la noblesse n'ont pas cessé de travailler avec succès à élever leur autorité sur les ruines de celle du roi; qu'en laissant subsister ce nom & une image du gouvernement monarchique, ils ont établi dans le fait l'aristocratie la plus absolue; ensorte que cette liberté dont quelques polonois se glorifient, n'est que le pouvoir du petit nombre & l'oppression du plus grand, un partage inégal qui place les grands au-dessus des loix, & refuse au reste de la nation tout moyen d'en être protégée. On pourroit croire que si les polonois sont libres, c'est sur-tout lors de l'élection de leur roi, celui de tous leurs privilèges dont ils se glorifient le plus. Cependant un de leurs meilleurs politiques, Sarniski, s'adressant à eux, leur disoit fort bien: *parcourez vos annales, & vous y trouverez à peine un seul exemple d'une élection libre.* Un autre historien polonois très-estimé, le célèbre Staniflas Lubiensky, évêque de Plotsko, soutient avec raison que les polonois si fiers de leur liberté prétendue, sont en effet de vrais esclaves, & que c'est-là l'effet de leur passion inconsidérée pour la liberté. Leur histoire prouve, sans réplique, qu'ils étoient plus libres chez eux, plus indépendans, plus respectés au-dehors, lorsque leur souverain jouissoit d'une plus grande autorité; lorsque les nobles assistoient aux diètes sans avoir le droit de les dissoudre; lorsqu'ils étoient soumis, eux & leurs serfs, à la jurisdiction du roi. On voyoit, sous les rois Jagellons, des villes florissantes qui sont aujourd'hui dans l'état le plus misérable. Leurs citoyens ont perdu le droit de se faire représenter dans les diètes. La misère des paysans s'est accrue avec le pouvoir des nobles. Le roi n'a plus été en état de les protéger. Une confusion générale s'est introduite dans l'administration des affaires publiques; les mesures les plus nécessaires, les plus pressantes ont été

LIII

négligées. Personne n'a pris soin de la chose publique, & l'état a été plongé dans une véritable anarchie.

Enfin la *Pologne*, autrefois redoutable à ses voisins, a perdu depuis cette époque plusieurs de ses provinces, & derniérement elle a essuyé une perte immense par le fameux partage. Un royaume qui comptoit douze millions d'habitans, n'eût jamais été exposé, sous un bon gouvernement, à un si grand revers, & il est moins que jamais à l'abri d'en éprouver de nouveaux. Sa situation est telle qu'il sera encore obligé de subir la loi la plus dure, toutes les fois que ses voisins voudront se réunir pour la lui dicter.

Le roi Stanislas Letzinski & l'abbé Konarski sont les écrivains polonois qui ont exposé avec le plus de force, tous les abus du gouvernement. Mais que peuvent les représentations de quelques sages, contre la fureur des factions, les préjugés & l'intérêt d'une noblesse tumultueuse, les cabales & les intrigues des puissances voisines? La *Pologne*, sans armée, sans argent, sans forteresses, avec son mauvais gouvernement, source de tous ses autres maux, ne se relevera jamais. Ses infortunes, loin de cesser, s'accroîtront vraisemblablement, à moins que, par quelque cause imprévue, elle ne devienne une monarchie héréditaire, ou une république bien ordonnée; ou, ce qui est bien plus probable, qu'elle ne soit conquise par ses puissans voisins.

SECTION IIe.

Remarque sur la dernière guerre civile, sur le partage de la Pologne & les changemens faits à la constitution de Pologne.

« A la mort d'Auguste II, dit M. Coxe, Stanislas Auguste, fils du comte Poniatowski, l'ami & le compagnon de Charles XII, secondé par l'impératrice de Russie, par le roi de Prusse, par une partie de nobles, & recommandé par ses qualités personnelles, fut élevé au trône de *Pologne*. Cinq mille Russes campoient à peu de distance de la plaine de Vola, où s'assemble la diète d'élection, d'où ils maintenoient l'ordre, & réprimoient la violence du parti opposé. Depuis un siècle on avoit vu plus d'un exemple semblable; & cette manière de procéder, quelque déplaisir qu'elle causât à une noblesse factieuse & violente, étoit justifiée par la nécessité de prévenir l'effusion de sang qui avoit souvent inondé ces tumultueuses assemblées ».

« Stanislas étoit alors âgé de 32 ans. C'étoit l'année 1764. Ses vertus & son habileté étoient sans doute bien propres à rétablir & à sauver la *Pologne* si la constitution même de ce royaume ne les eût enchaînées, si je puis ainsi parler. On se promettoit déja les plus grands avantages de son gouvernement, quand les factions d'un peuple turbulent, animées par les intrigues des puissances voisines, firent évanouir ces espérances. Elles prirent de l'ombrage des mesures que ce prince avoit adoptées pour rétablir l'ordre dans son royaume, & l'affranchir de la dépendance où il étoit des étrangers. Une partie des polonois eux-mêmes s'y opposa aussi; & pour surcroît de maux, des querelles de religion se joignant aux dissentions politiques, allumèrent les feux d'une des plus cruelles guerres civiles qui aient jamais désolé la *Pologne*. L'ordre de ceux qu'on appelle dans ce royaume *dissidens*, ayant été le prétexte ou le sujet de ces malheureux différends, il n'est pas inutile d'expliquer ici leur origine, leurs droits & leurs prétentions ».

« La doctrine des protestans pénétra en *Pologne* sous Sigismond I, qui persécuta ceux qui l'embrassèrent. Leur nombre ne laissant pas de s'accroître, son fils Sigismond Auguste leur accorda la liberté entière du culte, & même les admit, ainsi que les grecs & les autres sectes, qui étoient alors tolérées en *Pologne*, au droit de suffrage dans les diètes, & à tous les honneurs & privilèges réservés pour les seuls Catholiques. La nation approuva cette tolérance; elle consentit à ce que la différence d'opinion en matière de religion n'en produisît aucune dans les droits civils & politiques; & dans les pacta conventa, prescrits aux successeurs de Sigismond, on inséra cet article dont le roi juroit l'observation comme des autres. *Je maintiendrai la paix entre les dissidens*, car ce nom désignoit tous les sujets indifféremment, considérés comme étant partagés en différentes sectes. Henri de Valois tenta inutilement d'éviter de souscrire cet article. On le menaça de lui ôter la couronne, & il se soumit ».

« Mais les catholiques ayant repris sous ses successeurs plus de crédit & d'ascendant, reprirent aussi le projet de faire dominer exclusivement leur église. Ils commencèrent par interdire & chasser même de la *Pologne* la secte des ariens qui y étoit nombreuse, & les protestans & les grecs se joignirent sur cet objet aux catholiques. Les catholiques, devenus plus puissans, attaquèrent leurs droits & leurs privilèges l'un après l'autre, & parvinrent enfin en 1733 à les faire exclure des diètes ».

« Ces persécutions diminuèrent le nombre des dissidens, & par cela même leurs remontrances furent méprisées. Les catholiques encouragés par le succès, allèrent jusqu'à faire déclarer coupables de haute trahison, les dissidens qui tenteroient d'obtenir le rétablissement des anciennes loix de tolérance par l'intercession des puissances étrangères, quoique plusieurs de ces puissances eussent été garantes du traité d'Oliva, qui avoit assuré aux dissidens les privilèges dont on les dépouilloit ».

« Tel étoit l'état des affaires en *Pologne* lors de

l'avénement du roi régnant. Ami de la tolérance, il étoit obligé cependant de céder aux volontés de la diète, & d'exécuter ses décrets contre les diffidens. Alors ceux-ci s'adressèrent aux cours de Londres, de Pétersbourg, de Berlin, de Copenhague, garantes du traité d'Oliva. Ils en obtinrent des réponses favorables. Il paroît qu'on excita les diffidens à réclamer ces secours ; car à l'époque (en 1764) où ils firent leurs dernières réclamations, les protestans avoient deux cents temples en *Pologne* ; ils exerçoient par-tout librement leur culte dans leurs maisons ; ils jouissoient d'une sûreté parfaite dans leurs propriétés ; ils possédoient des starosties, des régimens, un grand nombre de compagnies & de grades militaires. S'ils étoient opprimés, ce n'étoit donc point par des violences ni par la privation des droits civils ; mais simplement par l'exclusion des charges & des dignités.

Leurs confédérations à Sluck & à Thorn ne comptèrent que 573 signatures ; c'étoit à peine un quinze millième de la nation. Une pareille disparité exclut toute idée d'une guerre civile ; & s'il existe dans l'histoire un fait authentique, c'est que, livrés à leur propre mouvement, ces diffidens qui appelèrent contre leur patrie des armes étrangères, n'eussent jamais imaginé d'obtenir par la violence, & malgré la république, d'être associés à sa législation.

La Russie qui les encouragea, après avoir appelé leurs chefs, le starofte & le général Grabowski, pour recevoir leurs plaintes, n'étoit point garante du traité d'Oliva, comme l'a dit M. Coxe à qui nous devons les détails, elle n'y avoit même pas accédé, elle n'y étoit pas intervenu. Il est encore plus que douteux que ce traité autorisât le moins du monde les prétentions des diffidens.]

Il ne faut pas juger les actes de ce genre par les maximes ou par les théories exposées dans des livres ; il est sur-tout équitable de les comparer à ce qui se fait ailleurs. M. Coxe, en se rappelant l'exemple de tous les états catholiques ou protestans, auroit dû voir, avec sa pénétration ordinaire, les inconvéniens politiques d'une tolérance plus étendue, dans une république déchirée, en proie à une influence étrangère. Ouvrir l'entrée à quatre religions différentes du conseil législatif d'une diète anarchique, où la voix d'un seul peut arrêter l'activité de tous, étoit une opération qui exigeoit du temps, de la prudence, & que la présence d'une armée protectrice des diffidens, devoit faire regarder comme bien redoutable à l'indépendance de la république.

Quoiqu'il en soit les cours étrangères firent demander à la diète le rétablissement de tous les privilèges des diffidens ; mais ils trouvèrent dans la diète de 1766 des dispositions bien différentes. Les catholiques déclarèrent que les diffidens n'avoient aucun droit de réclamer des privilèges anéantis par plusieurs diètes. Ils proposèrent de passer des loix sévères contre tous ceux qui les favoriseroient. Il s'éleva de violentes altercations à la lecture des mémoires des cours de Prusse & de Russie. On craignit des scènes violentes. Le roi se retira. Les séances suivantes ne furent pas moins orageuses ; enfin, les plus modérés étant les plus foibles, la diète confirma en entier les loix qui fermoient aux diffidens l'entrée de ces assemblées. On se contenta, par égard pour les puissances, de leur accorder un plus libre exercice de leur culte ; mais ces concessions ne parurent point suffisantes à l'impératrice de Russie. Elle s'en plaignit à la diète, & les diffidens ainsi encouragés & séduits d'ailleurs, formèrent des confédérations dans diverses provinces. Plusieurs catholiques mécontens se joignirent à eux. Un corps considérable de Russes les joignit, & occupa la ville de Thorn, où s'étoit formée la première confédération ; & les cours de Londres, de Copenhague, de Stockholm & de Berlin, firent connoître publiquement l'approbation qu'elles donnoient à ces mesures.

Les disputes embrasèrent bientôt de nouveaux objets. On mit en avant des griefs politiques. Des nobles catholiques formèrent des confédérations, & affectèrent de paroître amis des Diffidens. Le prince Radzivill qui s'étoit signalé par son opposition à l'élection du roi, fut élu maréchal de toutes les confédérations catholiques qui se réunirent pour former une puissante association sous le nom de *mécontens* ; & peu de temps après, cette ligue s'unit de nouveau avec celle des diffidens, dans le palais du prince de Radzivill, à Varsovie. Cependant le roi convoquoit une diète extraordinaire, dans le dessein de prévenir une guerre civile, & d'appaiser l'impératrice de Russie dont les troupes étoient déja à la porte de Varsovie. Cette diète fut très orageuse. L'évêque de Cracovie & ses partisans ayant déplu à la cour de Pétersbourg, elle fit arrêter ce prélat de nuit avec l'évêque de Kiof, & un petit nombre d'autres personnes. On les envoya en Russie sans autre examen, & ils y furent long-temps détenus (1). La diète fut intimidée ; & enfin, après bien des débats, elle se sépara en nommant un comité qu'elle chargea de régler les affaires des diffidens, de concert avec les ministres des cours. Dès-lors la présence des troupes Russes donna un autre tour aux délibérations de ce comité, & de la diète à laquelle il fit son rapport. Les diffidens y obtinrent tout ce qu'ils demandoient.

Personne ne s'opposa au rétablissement des loix

---

(1) L'évêque & ses associés furent arrêtés le 15 octobre 1766, & relâchés seulement au commencement de 1773.

qui leur étoient les plus favorables, ni aux autres réglemens que la Ruſſie voulut faire paſſer dans cette diète, & qui étoient viſiblement deſtinés à perpétuer l'état de foibleſſe & d'anarchie de la Pologne, & à lui ôter tout moyen de réſiſter aux projets ambitieux de ſes voiſins.

Les Polonois mécontens avoient certainement bien des ſujets de l'être. Les loix paſſées à la dernière diète, reſſembloient plutôt aux décrets d'un vice-roi abſolu établi par la Ruſſie, qu'aux réſolutions d'un peuple libre. Le traitement qu'avoient eſſuyé l'évêque de Cracovie & ſes partiſans, ne laiſſoit plus de liberté dans les délibérations; & les cours de Peterſbourg & de Berlin annonçoient aux Polonois, en entrant dans toutes leurs affaires, qu'elles ne vouloient plus leur laiſſer qu'une ombre de liberté. Les mécontens trouvoient dans tous ces malheurs autant de prétextes pour s'élever & ſe liguer contre le roi. A peine la diète eut-elle été diſſoute, que les catholiques renouvellèrent leurs plaintes au ſujet des privilèges accordés aux diſſidens, & formèrent des confédérations vers les frontières de la Turquie. Il paroît que par une de ces ſupercheries ordinaires aux hommes qui veulent mener les peuples, ils parlèrent beaucoup des dangers que couroit la *foi catholique*, mais qu'ils étoient animés par d'autres motifs, & peut être ſéduits, ſans le ſavoir, par les cours étrangères. Ils s'emparèrent de la forterèſſe de Bar en Podolie, & de la ville de Cracovie. Les troupes que le roi envoya pour s'oppoſer à leurs progrès, furent défaites ou ſéduites, & une partie ſe joignit aux confédérés. Devenus plus redoutables de jour en jour, les Ruſſes ſeuls pouvoient les contenir. Auſſi le ſénat fit-il prier l'ambaſſadeur de Ruſſie de ne pas renvoyer ces troupes; & cette demande fut aiſément accordée. Ainſi la guerre fut allumée dans preſque toutes les parties de la Pologne qui devinrent un théâtre de carnage & de dévaſtations. Dans les divers combats qui ſe donnèrent, la bonne diſcipline des Ruſſes leur aſſura le plus ſouvent la ſupériorité. Les confédérés ſoutinrent cependant leurs efforts pendant près de cinq ans, de 1768 à 1773. Ils furent d'abord encouragés ſecrètement par la maiſon d'Autriche, enſuite ſecourus par les turcs, & les françois leur fournirent de l'argent & des officiers.

Le projet de partager & démembrer la *Pologne* fut formé dans un ſi profond ſecret, qu'à peine en eut-on quelque ſoupçon lorſqu'on le mettoit déja en exécution. La ſûreté de la *Pologne* étoit due principalement à ſa ſituation. Placée entre trois grandes Puiſſances jalouſes les unes des autres, il ſembloit que leur union fût impoſſible, & il ne l'étoit pas moins, à ce qu'on croyoit, que ſi cette union avoit lieu, les autres princes puſſent voir tranquillement qu'en s'aggrandiſſant aux dépens de ce royaume, ſes voiſins rompiſſent auſſi eſſentiellement l'équilibre de l'Europe.

D'un autre côté, on avoit garanti à la *Pologne*, par des traités multipliés, toutes ſes poſſeſſions, & ces mêmes puiſſances qui les démembrèrent enſuite, avoient renoncé ſolemnellement, à l'occaſion de l'élection du roi régnant, à toute prétention ſur quelque partie que ce pût être de ce royaume. Mais les traités n'ont guère de force qu'autant qu'on n'a point d'intérêt à les enfreindre, & une nation qui fonde ſa ſûreté ſur un pareil appui ne tarde pas à reconnoître combien elle eſt précaire, ſi celui de la force, de l'union, du courage n'y eſt joint. La *Pologne* avoit dans ſon ſein des forces ſuffiſantes pour ſe défendre contre l'ambition de ſes voiſins; & cette garantie eût mieux valu pour elle, ſi elle eût ſu en uſer, que les traités, la jalouſie ſubſiſtante entre ſes voiſins, & l'attachement des autres puiſſances au ſyſtême de l'équilibre. C'eſt une choſe bien remarquable dans cette circonſtance, que l'affoibliſſement de cette nation rélativement aux puiſſances qui la dépouilloient. La Pruſſe étoit encore au ſiècle dernier un fief relevant de la couronne de *Pologne*. Les polonois avoient été maîtres de Moſcow, & s'étoient fait redouter des ruſſes. Il n'y avoit pas un ſiècle que l'archiduc d'Autriche avoit dû la délivrance de ſa capitale, & peut-être ſon exiſtence, comme ſouverain, au roi de *Pologne* Jean Sobieski. C'étoit après avoir ainſi donné la loi à ſes voiſins, que la *Pologne* la recevoit d'eux à ſon tour. Mais que ne peut opérer pour la ruine ou la grandeur d'un peuple un bon ou un mauvais gouvernement! Tandis que tous ceux des autres nations ſe perfectionnoient, celui de *Pologne* ſe dégradoit de jour en jour, & n'offroit plus qu'une proie facile à d'ambitieux conquérans.

On aſſure que le partage de la *Pologne* fut d'abord projeté par le roi de Pruſſe. La Pruſſe-polonoiſe étoit depuis long-temps l'objet de ſon ambition. Sans parler de ſa fertilité, de ſon commerce, de ſa population, elle étoit extrêmement à ſa bienſéance à cauſe de ſa ſituation. Cette province ſéparoit ſes provinces d'Allemagne, de la Pruſſe orientale qui lui appartient, & coupoit ainſi la communication entre ces deux parties de ſes états. Il avoit éprouvé dans la dernière guerre tous les inconvéniens de cette poſition. En acquérant la Pruſſe polonoiſe, il pouvoit faire marcher des troupes de Berlin à Kœnigsberg ſur ſes terres; ſes états arrondis formoient un corps capable de plus de réſiſtance. La circonſtance favoriſoit ſes déſirs & ſon projet. Il travailla à l'exécuter avec toute la circonſpection d'un habile politique. Indifférent en apparence aux troubles de *Pologne* dans leurs commencemens, quoiqu'il eût ſecondé l'élection du roi, il ne lui donna aucun ſecours contre les confédérés. Enſuite, quand la *Pologne* entière fut en proie aux troubles civils, & déſolée par la peſte en 1769, il prit le prétexte de ce dernier fléau pour faire marcher des troupes fur les frontières, & pour occuper toute la Pruffe-polonoife.

Mais ce n'en étoit pas affez pour s'affurer de cette province. Il falloit le confentement de la Ruffie & de l'Autriche. De-là naquit l'idée d'un partage entre ces trois puiffances. On eft perfuadé qu'il la communiqua à l'empereur, ou dans fon entrevue avec ce prince à Neiff en Siléfie en 1769, ou dans celle de l'année fuivante à Neuftadt en Autriche. Cette ouverture fut très-bien reçue. Jofeph qui avoit jufqu'alors encouragé fecrètement les confédérés, & même entamé une négociation avec la Porte contre la Ruffie, changea fubitement de mefures, & fit marcher de nouvelles troupes vers les frontières de la *Pologne*. La pefte qui affligeoit ces contrées lui fournit, comme au roi de Pruffe, un prétexte fpécieux pour occuper les provinces de la république voifines de fes états. Il étendit fes lignes fucceffivement; & en 1772, il avoit déja pris poffeffion de tout ce qui lui échut enfuite par le traité de partage. Ses vues reftèrent fi fecrètes, ou du moins les confédérés prirent tellement le change, qu'ils ne doutoient pas que cette armée Autrichienne ne vînt à leur fecours, perfuadés de l'impoffibilité d'un concert entre les cours de Vienne & de Berlin.

Il ne manquoit plus que l'acceffion de l'impératrice de Ruffie. On ajoute que cette habile princeffe ne pouvoit voir fans jaloufie des puiffances étrangères prendre pied en *Pologne*. Elle fentoit que l'afcendant tout puiffant dont elle jouiffoit dans ce royaume, valoit mieux que l'acquifition de quelqu'une de fes provinces. Auffi le roi de Pruffe attendit-il qu'elle fût engagée dans une guerre avec les turcs pour entamer une négociation fur le partage projeté. Alors il lui envoya fon frère le prince Henri qui lui fit entendre que la cour de Vienne étant fur le point de fe lier avec la Porte, & le danger qui en réfulteroit pour elle étant évident, elle devoit fe prévenir & regagner l'amitié de la cour de Vienne, en confentant au partage; à cette condition, ajoutoit-il, cette cour renonceroit à toute alliance avec les turcs, & laifferoit la Ruffie maîtreffe de pourfuivre la guerre contr'eux.

Il paroît que Cathérine défirant de pourfuivre fes conquêtes de ce côté-là, craignant que l'empereur ne fecourût les turcs, comprenant enfin que dans fa fituation actuelle, elle ne pourroit empêcher l'empereur & le roi de Pruffe de partager la *Pologne*, s'ils y étoient réfolus, fe détermina à la partager avec eux, & prit pour fa part une partie confidérable de ce royaume. Le traité entre ces puiffances fut donc figné à Pétersbourg, en février 1772.

Leurs troupes occupant déja la plus grande partie de la *Pologne*, les confédérés preffés de toutes parts furent bientôt difperfés & foumis.

L'Europe attendoit avec inquiétude quelle feroit l'iffue de tant de négociations, & furtout de ce concert imprévu entre les trois puiffances. Mais le fecret fut fi bien gardé fur le partage, que le traité avoit été ratifié fans qu'on fût autrement que par de vagues conjectures quel en étoit l'objet. La première fois qu'on en donna une connoiffance authentique au public, ce fut en feptembre 1772. Alors l'ambaffadeur de l'empereur fut chargé de la notification du traité auprès du roi & du fénat de *Pologne*. Les cours de Ruffie & de Pruffe leur remirent de même des mémoires contenant l'expofé de leurs prétentions. Il feroit trop faftidieux de rendre compte ici de ces prétentions, des raifons fur lefquelles les cours les fondoient, & de celles que les polonois alléguèrent pour leur défenfe. Leur appel à la garantie que d'autres cours leur avoient donnée de toutes leurs poffeffions, des repréfentations de ces cours en leur faveur, des remontrances & des plaintes fans aucun effet, tout cela eft connu, & peut même fe deviner au befoin. Il fuffit de dire que malgré leurs cris & leurs follicitations, les polonois furent obligés de fe foumettre au démembrement de leur pays, & de reconnoître que cette cruelle néceffité étoit l'effet de leurs factions, de leurs diffentions, de l'anarchie en un mot dans laquelle ils étoient plongés.

On exigea d'eux qu'une diète ratifât la ceffion des provinces dont on les dépouilloit. Après quelques délais, le roi fit expédier l'ordre pour la convocation de cette diète. Il étoit conçu en ces termes «. Puifqu'il ne nous refte plus aucune ef-
» pérance d'être fecourus, & que de plus longs
» délais ne ferviroient qu'à attirer les plus gran-
» des calamités fur ce qui refte de la république,
» là diète eft convoquée pour le 19 Avril 1773,
» conformément à la volonté des trois cours. Ce-
» pendant, pour éviter tout reproche, le roi,
» de l'avis du fénat, en appelle encore aux puif-
» fances garantes du traité d'Oliva ».

La diète fe forma au temps fixé, & malgré la déplorable fituation de leurs affaires, malgré les menaces & les préfens, les députés eurent affez de courage pour faire encore une longue réfiftance. Pendant quelque temps la pluralité des députés s'oppofa au démembrement, & le roi perfifta avec fermeté dans cet avis. Les ambaffadeurs voyant cette oppofition joignirent à leurs demandes les plus terribles menaces. On annonça au roi qu'il feroit arrêté & dépofé. Ils firent entendre par leurs émiffaires que Varfovie feroit livrée au pillage, & cette menace fit une grande impreffion fur les habitans de cette capitale. On gagna le maréchal de la diète, qui ne marchoit qu'efcorté par une garde ruffe. Par toutes ces manœuvres on extorqua enfin à la diète une forte de confentement. Dans le fénat il n'y eut qu'une pluralité de fix voix pour approuver le démembrement; & dans l'affemblée des nonces ou députés des provinces : ce ne fut que d'une seule voix que cet avis passa (1). En même temps on rendit un décret qui limitoit les séances de la diete à un petit nombre de jours, & l'on nomma des commissaires munis de plein-pouvoirs pour convenir avec les ambassadeurs de toutes les conditions du traité de partage. La diete finit au mois de mai, & déja au mois de septembre suivant on signa de part & d'autre le traité tel que les cours l'avoient dicté. Quelques nobles, dans diverses provinces, désespérés de se voir réduits à la condition de sujets, après avoir été si long-temps maîtres & souverains, répandirent encore des manifestes, & des remontrances. Mais les cours firent à peine quelque attention à ces dernieres convulsions d'une nation qui expiroit.

La Russie acquit par ce traité la plus grande portion en étendue, l'Autriche la plus peuplée, la Prusse la plus commerçante. La population de ces trois portions réunies, se monte à près de cinq millions d'ames. Celle de Russie en contient un million & demi ; celle de l'Autriche deux millions & demi ; celle de la Prusse huit cent soixante mille. La perte de la Prusse polonoise a été surtout sensible aux polonois. Ils ont perdu avec cette province la navigation de la Vistule, dont le roi de Prusse est aujourd'hui le maître. Ainsi le commerce de la *Pologne* est devenu absolument précaire, & ce prince ayant assujetti à de grands droits les marchandises qui passent par Dantzig ; il a diminué considérablement le commerce de cette ville, & l'a transporté en grande partie dans ses villes de Memel & de Kœnigsberg.

Mais ce n'est pas là tout le mal que les trois puissances ont fait à la *Pologne*. Elles lui ont porté un coup plus funeste encore en y établissant une forme de gouvernement qui ne peut qu'y perpétuer l'anarchie & la confusion, & hâter le moment de son entière décadence. Sous prétexte de corriger les défauts de sa constitution politique, on les a rendus plus grands & plus incurables, de peur qu'elle ne pût un jour reprendre quelque vigueur, & tenter de sortir du misérable état auquel elle est réduite.

Ces commissaires qui ratifierent le traité de partage, reçurent aussi de la diete des pouvoirs pour travailler avec les ministres des trois cours aux changemens que pourroit demander la constitution politique du royaume. Munis de ces pleins-pouvoirs, ils continuerent leurs conférences, depuis le mois de mai 1773 jusqu'en mars 1775, & on différa la tenue d'une diete jusqu'à ce que les commissaires fussent d'accord sur toutes les nouveautés proposées par les ambassadeurs des cours. Malgré la malheureuse position où étoient les polonois, & la force prépondérante des cours,

le roi & la pluralité des députés refuserent d'abord leur consentement à ces innovations ; & lorsque la diete fut appelée à en délibérer, on déclama avec une grande violence contre cette prétendue réforme. Lorsqu'ensuite les trois ambassadeurs se présenterent à l'assemblée pour y faire leurs propositions, un morne silence succéda à ces déclamations ; mais à la lecture du projet que fit le secrétaire de l'ambassade russe, un murmure général s'éleva dans l'assemblée, & le mécontentement croissant à mesure que ce projet se développoit, la lecture en fut souvent interrompue par des cris, & le secrétaire obtint avec peine la permission de la finir. Alors les députés soutinrent à grands cris qu'il ne devoit être question que du traité de partage & d'alliance ; que la proposition d'un changement de gouvernement n'étoit pas de saison ; qu'une affaire de cette importance devoit être examinée avec soin, & qu'en la précipitant, comme on vouloit le faire, on oublioit combien la nation y étoit intéressée. Un des députés s'exprima sur ce sujet avec une hardiesse qui étonna l'assemblée, & il en obtint les applaudissemens les moins équivoques. Les ambassadeurs en conclurent que le moment n'étoit pas favorable pour eux : ils leverent la séance, & renvoyerent l'affaire à un temps plus convenable. Mais le patriotisme & le courage de la plupart des députés se soutenoient toujours. Il fallut plus d'un aux ambassadeurs pour obtenir une pluralité à force de présens, de promesses & de menaces. Tous ces moyens réunis produisirent enfin leur effet. Les changemens proposés furent agréés, la commission devenue inutile fut congédiée en avril 1775, & la diete générale confirma tous les articles de la nouvelle forme de gouvernement.

Le mémoire remis par les trois ambassadeurs aux commissaires polonois le 13 septembre 1773, peut mieux que tout ce qu'on pourroit dire, donner une idée générale des changemens faits à la constitution. C'est ce qui m'engage à l'insérer ici.

« Les cours sont si fort intéressées à la pacification de la *Pologne*, que pendant qu'on s'occupe à mettre les traités en état d'être signés » & ratifiés, leurs ministres ne croient pas devoir perdre un instant de cet intervalle précieux pour rétablir l'ordre & la tranquillité » dans ce royaume. Nous allons donc communiquer à la commission une partie de ces loix » fondamentales, à l'acceptation desquelles nos » cours ne permettront pas qu'on apporte aucun » obstacle ni retardement.

» 1°. La couronne de *Pologne* sera élective à » perpétuité, & tout ordre de succession restera » prohibé. Toute personne qui tenteroit d'en-

---

(1) Cinquante-quatre contre cinquante-cinq.

» freindre cette loi fera déclarée ennemie de la
» patrie & pourſuivie en conſéquence.

» 2°. Les étrangers qui aſpirent au trône oc-
» caſionnant le plus ſouvent des diviſions & des
» troubles, en feront déſormais exclus, & il ſera
» paſſé en loi qu'à l'avenir il n'y aura qu'un po-
» lonois de race, né gentilhomme, & poſſédant
» des terres dans le royaume qui puiſſe être élu
» roi de *Pologne* & grand-duc de Lithuanie. Le
» fils ou petit-fils d'un roi ne pourra être élu
» immédiatement après la mort de ſon père ou
» de ſon aïeul, & il ne pourra l'être qu'après
» l'intervalle de deux règnes.

» 3°. Le gouvernement de *Pologne* ſera & de-
» meurera à perpétuité un gouvernement libre,
» indépendant & de forme républicaine.

» 4°. Les vrais principes de ce gouvernement
» conſiſtant dans une exacte obſervation des loix
» & dans l'équilibre des trois ordres, ſavoir,
» le roi, le ſénat & la nobleſſe; il ſera établi
» un conſeil permanent, auquel le pouvoir exé-
» cutif ſera attribué. On admettra dans ce con-
» ſeil des perſonnes de l'ordre de la nobleſſe
» qui avoient été excluses juſqu'ici de l'adminiſ-
» tration des affaires dans l'intervalle des diè-
» tes, &c ».

On voit que par le premier article de cette nouvelle loi la maiſon de Saxe & tous les princes étrangers qui par leur puiſſance propre auroient pu acquérir une certaine autorité en *Pologne*, ſont déclarés incapables d'en occuper le trône. Par le ſecond on en exclut le fils & le petit-fils d'un roi, excepté après l'intervalle de deux règnes, toute perſpective d'une ſouveraineté héréditaire devient chimérique, & le royaume reſte à jamais expoſé à tous les malheurs attachés à la plus déteſtable forme de gouvernement qui exiſte, celle de la monarchie élective. Par le troiſième article, le *liberum veto*, & tous les privilèges exceſſifs de l'ordre de la nobleſſe lui ſont aſſurés dans leur plus grande étendue; & par le dernier article, les prérogatives de la couronne déja trop reſtreintes le ſont encore davantage.

On prononça enfin ſur les prétentions des diſſidens dans la dernière aſſemblée de la commiſſion, avec le concours des miniſtres des trois puiſſances. Le parti catholique s'oppoſa avec tant de violence au rétabliſſement de leurs anciens privilèges qu'ils reſtèrent exclus des diètes, du ſénat & du conſeil permanent. Pour les dédommager, on leur accorda le libre exercice de leur religion. Ils peuvent avoir des égliſes, (mais non des cloches). des écoles, des ſéminaires: ils ont ſéance dans les cours de juſtice inférieures, & trois diſſidens ſont admis comme aſſeſſeurs dans les tribunaux auxquels on porte, par voie d'appel, les cauſes qui intéreſſent la religion. Les diſſidens ſe ſont prévalus déja de cette tolérance; en divers endroits du royaume. Les luthériens, en particulier, ont bâti un temple à Varſovie en 1777.

SECTION IIIe.

Des portions de la Pologne échues à la Ruſſie, à la maiſon d'Autriche & à la Pruſſe.

On a vu, dans la ſection précédente, que le roi de Pruſſe obtint la Pruſſe polonoiſe, contenant environ 860,000 habitans; que c'eſt des trois portions la moins étendue & la moins peuplée, mais que c'eſt la plus commerçante. Nous y avons indiqué les avantages que la cour de Berlin retirera de cette acquiſition: nous y avons dit auſſi que la portion échue à la Ruſſie contient un million & demi d'habitans, & qu'on évalue à deux millions & demi les domaines qu'a obtenus la maiſon d'Autriche. Nous allons ajouter ici d'autres détails.

Le pays que la maiſon d'Autriche s'eſt approprié, tel que l'impératrice Marie-Thereſe le déſigna dans le manifeſte où elle le réclamoit, renfermoit tout ce qui eſt ſur la rive droite de la Viſtule, depuis la Siléſie, au-deſſus de Sandomir, juſqu'à l'embouchure de la San; & de-là par Franepole, Zamoiſc & Rubieſſow juſqu'au Bog. De ce fleuve on ſuit les frontières de la Ruſſie rouge à Zabras, entre la Volhynie & la Podolie; & de Zabras en droite ligne au Dnieper, qui reçoit en cet endroit le ruiſſeau nommé *Podhortz*, & enfin les limites qui ſéparent la Podolie de la Moldavie.

Ces limites étoient tracées ſur une carte de *Pologne* de Zannoni, où la rivière de Podhortz borne au levant la portion démembrée de la *Pologne* en faveur de l'Autriche: mais quand les commiſſaires vinrent ſur les lieux, & voulurent poſer des limites dans l'endroit où le Podhortz ſe joint au Dnieper, ils ne trouvèrent point de Podhortz, ni aucun habitant qui connût le nom de cette rivière. Ils allèrent donc plus loin, & ſe ſervant du Sbryzt à la place de la rivière qui leur manquoit, ils lui en donnèrent le nom & la firent ſervir de limites. Toutes les provinces cédées ont auſſi changé de nom, & elles ont été incorporées aux états d'Autriche, ſous ceux de royaumes de Gallicie & de Lodomerie, dont il eſt fait mention dans quelques anciennes chartes, comme d'états ſitués en *Pologne*; & relevant de la couronne de Hongrie, à laquelle on prétendit qu'ils avoient dû retourner. La meilleure preuve alléguée pour ſoutenir cette prétention, étoit la ſupériorité des forces autrichiennes, auxquelles les polonois n'avoient rien à oppoſer.

On peut juger de l'importance de l'acquiſition que fit la cour de Vienne par le nombre des habitans qu'elle contenoit. Par le dénombrement fait en 1776, il montoit à 2,580,796.

La partie montueuſe de ces provinces produit

de beaux pâturages; les plaines font en général fablonneufes, mais on y recueille du bled, & les forêts y abondent. On y fait un grand commerce de bétail, de cuirs, de cire, de miel. On y trouve des mines de cuivre, de plomb, de fer, & celles de fel en particulier y font d'un grand rapport.

On dit que la Gallicie & la Lodomerie exportent du fel gemme ou minéral environ pour un million de florins par an; elles exportent auffi des grains, des bœufs, des moutons, de la laine, du miel, de la cire, du bois, du lin, du chanvre, du cuir & des peaux tannées.

Les fameufes mines de fel de Wielitska se trouvent dans la partie de la *Pologne*, qui appartient aujourd'hui à la maifon d'Autriche.

Il y a plus de 600 ans qu'on les exploite, puifqu'il en eft déja fait mention dans les annales de Pologne en 1237, comme d'une découverte qui n'étoit pas récente. Il n'eft pas aifé d'en deviner l'époque; les produits en ont été long-tems affectés aux revenus particuliers du roi. Avant le partage de la *Pologne*, cet objet formoit une partie confidérable du revenu du roi, puifqu'on l'eftimoit d'environ 3,500,000 florins de *Pologne*, ou 97,222 livres fterlings. Mais à l'époque où M. Coxe l'a vifitée, ce revenu avoit beaucoup diminué; les commiffaires autrichiens ayant imprudemment hauffé le prix du fel, perfuadés que les polonois feroient également obligés de l'acheter d'eux, le roi de Pruffe profita habilement de cette circonftance pour faire venir une grande quantité de fel, particuliérement d'Efpagne, par les ports de Dantzick, de Memel & de Kœnigsberg, d'où il le fit tranfporter fur des barques, en remontant la Viftule jufques dans l'intérieur de la *Pologne*. Par ce moyen, il fournit de fel une grande partie de ce royaume à un prix inférieur à celui du fel d'Autriche; auffi en 1778 le fel de Wielitska ne fe vendoit qu'aux habitans des diftricts qui touchent aux frontières de la Pologne autrichienne.

Par une ordonnance du 27 novembre 1786, l'empereur a déclaré de droit régalien toutes les falines de la Gallicie & Lodomerie, & il s'en eft réfervé excluíivement la propriété ainfi que l'exploitation. Les falines des particuliers feront réunies à l'adminiftration de la chambre impériale. Un feigneur foncier, qui ne révélera pas les fources de fel qui peuvent exifter dans fes domaines, paiera 100 ducats d'amende. On condamnera à la chaîne & aux travaux publics, pour une ou fix femaines, felon la gravité du cas, les particuliers ou chefs de communautés qui cacheroient ces fources au feigneur térrien. Cette ordonnance feroit fufceptible de remarques; mais nous ne nous permettrons pas d'en faire.

Voici l'adminiftration que l'empereur a établie dans les provinces de Gallicie & de Lodomerie.

Ces provinces font réparties en dix-huit cercles, dont chacun a un tribunal particulier. Le confeil du gouvernement eft le dicaftre fuprême pour toutes les affaires d'adminiftration. Le chef du confeil a le titre de commiffaire, & il eft ordinairement confeiller privé de l'empereur: on trouve après lui un confeiller de la cour, & enfuite les confeillers du gouvernement. Le tribunal fuprême de juftice a deux préfidens avec le titre de confeillers-privés actuels; les autres confeillers ont le titre de confeillers actuels de cour. Le confeil d'appellation eft compofé d'un préfident, d'un vice préfident & de confeillers. Les falines de Wielitska & de Bochnii font fous la direction d'un confeiller actuel de cour. — Les domaines, les gabelles, le tabac & les douanes font adminiftrés par des chambres & des bureaux particuliers. — Le commandement général des troupes eft confié à un lieutenant-général. — Les grandes dignités de ces provinces font au nombre de dix; favoir, un grand-maître, un grand-maréchal, un grand-chambellan, un grand maître-d'hôtel, un grand-veneur, un grand-écuyer, un grand-fauconnier, un grand-échanfon, un grand-argentier & un écuyer-tranchant.

Depuis que la maifon d'Autriche eft en poffeffion de la Gallicie, on évalue à 32,000 les allemands qui font allés s'y établir.

L'empereur a aboli la fervitude dans la partie de la *Pologne* qu'il a obtenue, lors du démembrement.

Les provinces de la *Pologne*, cédées à la Ruffie par le dernier traité de partage, font la Livonie polonoife, la partie du palatinat de Polotsk qui eft au levant de la rivière de Duna; les palatinats de Witepsk, Micislaw, & de petites portions au nord-eft & au fud-eft du palatinat de Minsk. Tout ce pays, excepté la Livonie polonoife, eft fitué dans la Ruffie Blanche, & forme au moins le tiers du duché de Lithuanie.

Les limites qui féparent cette nouvelle province ruffe du refte de la *Pologne*, font la Duna depuis fon embouchure jufqu'au-deffus de Witepsk; de-là une ligne droite qui va au fud jufqu'à la fource du Drug près de Tolitzin; enfuite le Drug jufqu'à fa jonction avec le Dnieper, & enfin le Dnieper jufqu'à l'endroit où il reçoit le Sotz.

Ce vafte territoire eft à préfent divifé en deux gouvernemens, celui de Polotsk & celui de Mohilef. Sa population eft d'environ 1,600,000 ames; il produit abondamment du grain, du chanvre, du lin & des pâturages; fes forêts fourniffent une quantité confidérable de mâts, de planches, de bois de chêne pour la conftruction des vaiffeaux, de la poix, du goudron, &c. dont on envoie la plus grande partie à Riga par la Duna.

Les places de magiftratures continuent à être occupées par des nationaux, & les loix de la *Pologne* font toujours en vigueur dans cette province. La nobleffe, le clergé & les femmes ne paient
aucune

aucune contribution; les commerçans paient par an cinq pour cent d'impôts; les bourgeois & les autres sujets acquittent la capitation d'une rouble. Les jésuites ont à Mohilof un séminaire composé de cent cinquante individus : on porte à trois mille tous les membres de cette société. Le projet d'établir un noviciat a été infructueux jusqu'à présent.

SECTION IVᵉ.

Du gouvernement actuel de la Pologne & remarques sur ce gouvernement.

On donne à la *Pologne* le nom de *république*. Nous n'examinerons pas si cette dénomination est juste : nous dirons seulement que l'autorité royale y est limitée; que le roi est plutôt le chef ou le premier magistrat d'une république que le souverain d'une puissante monarchie.

L'autorité législative de cette singulière république réside dans les trois ordres du royaume, le roi, le sénat, la noblesse formant une diète générale. Le pouvoir exécutif, autrefois confié au roi & au sénat, est, dans la nouvelle forme de gouvernement, attribué exclusivement au conseil permanent.

Ce conseil établi par la diète de 1775, comme on l'a vu dans la section précédente, porte le titre de *suprême conseil permanent*. Il subsiste sans interruption que celle qu'un interrègne ou l'absence du roi peut exiger. Le roi en est toujours membre nécessaire; mais les membres choisis dans les autres ordres doivent être élus tous les deux ans dans les diètes ordinaires, à la pluralité des voix. Tous les sénateurs & ministres sont toujours censés être les rangs pour être présentés. Les simples gentilshommes vont se présenter eux-mêmes au maréchal de la diète. On donne à chaque membre de la diète une liste imprimée de tous les candidats, sur laquelle il fait son élection en soulignant les noms de ceux qu'il veut élire. Il faut qu'il y en ait toujours un tiers qui soit pris entre les membres du dernier conseil permanent : savoir, six du sénat & six de la noblesse; le conseil est composé des personnes suivantes.

1°. Le roi, chef & président.

2°. Trois évêques, dont le primat est le premier par le droit inhérent à cette dignité. Il en jouit pendant deux ans; les deux autres années il n'a pas droit de séance.

3°. Neuf sénateurs laïcs.

4°. Quatre ministres de la république; savoir, un de chaque département.

5°. Le maréchal de la diète.

6°. Dix-huit membres de l'ordre de la noblesse, le maréchal compris.

Le roi, comme le chef de la nation, représente la majesté de la république; il convoque, selon l'usage, par des lettres circulaires & au temps fixé par les loix, les diètes ordinaires. Il doit prendre l'avis du conseil permanent sur les matières qui seront portées dans ces assemblées, comme auparavant il prenoit l'avis du sénat qui ne s'assemble plus. Le roi doit convoquer de la même manière les diètes extraordinaires quand il le juge à propos, ou quand le conseil permanent le demande à la pluralité des voix.

Tous les décrets de la diète continuent à être rendus & publiés au nom du roi. Il signe toutes les dépêches expédiées par ordre du conseil permanent, & il ne peut s'y refuser si le conseil le demande à la pluralité des voix. Il donne audience aux ambassadeurs & ministres étrangers & confère avec eux; mais il ne peut rien conclure sans l'approbation du conseil.

Le roi disposoit autrefois seul & à son gré des dignités d'évêques, de palatins, castellans & ministres. Aujourd'hui le conseil permanent lui présente trois candidats, entre lesquels il choisit. Le roi dispose des autres offices ecclésiastiques & civils, à la réserve de ceux de membres de la commission de guerre, de celle du trésor, de ceux du département du maréchal & de l'assessoire du royaume. Tous ces offices sont conférés par le roi sur une présentation de trois candidats, élus par le conseil permanent.

A l'égard des offices & grades militaires, le roi pourvoit aux places vacantes de capitaines dans les compagnies polonoises, & qui sont sur le pied des polonois. Dans les autres promotions, on suit l'ordre de l'ancienneté. On admet cependant, avec certaines précautions, la recommandation du roi & celle du grand général.

Le roi a été dépouillé du beau privilège de disposer des domaines de la couronne & des staroîties. On stipula en même-temps que ceux qui les possédoient, en jouiroient toute leur vie, & qu'à leur mort ils ne seroient plus donnés, mais que le revenu en seroit appliqué à des objets d'utilité publique.

On a assigné au roi un revenu particulier, suffisant pour l'entretien de deux mille hommes qui dépendent uniquement de lui. Cette somme est indépendante des nouveaux revenus attribués au roi, en compensation de ce qu'il a perdu par le démembrement d'une partie de son royaume.

Le primat a séance deux ans de suite dans le conseil permanent, & il y rentre après deux ans d'exclusion. Pendant qu'il y a séance il doit y assister au moins six mois. Il continue à jouir de toutes les prérogatives que les loix lui ont données pendant l'interrègne.

Le primat, durant les deux années de ses fonctions, signe tous les actes du conseil permanent; &, dans l'absence du roi ou pendant un interrègne, il a deux suffrages pour décider en cas d'égalité. Pendant l'absence du primat, le premier sénateur remplit sa place.

Du maréchal de la noblesse.

L'ordre de la noblesse doit avoir toujours son maréchal dans le conseil permanent; il est élu tous les deux ans dans les diètes ordinaires, & ne peut être réélu en qualité de membre du conseil permanent qu'après un intervalle de quatre ans : son office lui donne le droit de faire des remontrances contre l'inexécution des loix; il peut porter au conseil les matieres dont il a connoissance; il doit veiller au maintien des prérogatives des trois ordres; il signe les actes du conseil après le roi & le primat; s'il abuse de son pouvoir, le conseil peut le citer devant le tribunal de la diete, conformément aux formes prescrites par la loi.

Le conseil permanent est divisé en cinq départemens.

1°. Celui des affaires étrangeres.

2°. Celui de la police.

3°. Celui de la guerre.

4°. Celui de la justice.

5°. Celui des finances.

Le département des affaires étrangeres n'est composé que de quatre membres; il y en a huit dans chacun des autres. Ils sont élus dans le conseil-permanent composé de tous ses membres, à l'unanimité ou à la pluralité des suffrages.

Le conseil s'assemble en entier aussi souvent que la nécessité le demande, & en présence du roi, s'il plaît à sa majesté d'y venir présider. Le roi, ou en son absence le primat, & en l'absence du primat le premier sénateur fait les propositions qu'il juge convenables. Chaque membre du conseil a aussi le droit de proposer suivant son rang. Le roi qui jouit de deux suffrages, peut les donner par écrit s'il est absent. Ils sont admis comme s'il étoit présent; en cas d'égalité de suffrages, celui qui préside le conseil a la voix décisive.

Lorsque la diete est assemblée, le conseil permanent occupe une place particuliere dans la salle du sénat; là il est obligé de répondre à toutes les plaintes qui peuvent être portées contre lui, & il y reçoit un témoignage public, ou que la diete n'a point reçu de plaintes de sa conduite, ou qu'ayant reçu des plaintes elles ont été trouvées mal fondées, ou qu'enfin on a fait justice sur ces plaintes après les avoir examinées. Aucun membre du conseil n'a le droit de s'opposer à la signature des actes approuvés par la pluralité des suffrages; & si le roi, le plus ancien sénateur, ou le maréchal refusoient de signer, la signature des autres membres, s'ils forment la pluralité, suffit pour rendre l'acte valide.

Le conseil permanent n'a aucune part, ni à la législation, ni à l'administration de la justice. Ses fonctions se bornent à l'exécution des loix; il dispose de certaines sommes réservées pour des cas imprévus; il reçoit tous les projets qui lui sont adressés, & juge s'ils sont conformes aux loix & avantageux à l'état : c'est lui qui forme des projets pour la réforme des loix, & qui les présente ensuite à la diete; il donne aux ambassadeurs & ministres, qui sont envoyés dans les cours étrangeres, les instructions nécessaires, excepté dans les cas que la diete s'est réservés; il distribue les charges de la maniere qui a été indiquée ci-dessus, au moyen de la nomination de trois candidats pour chaque charge, dont la collation n'est pas réservée au roi ou à la noblesse dans chaque palatinat. Il doit éviter soigneusement de porter aucune atteinte aux droits de la diete générale, & de s'immiscer dans les affaires dont elle s'est réservée la décision. Dans les cas où le conseil auroit excédé ses pouvoirs, les membres qui seront jugés coupables par la diete, encourront la peine de haute trahison conformément aux anciennes loix. La diete générale de *Pologne* conserve (comme on l'a déja observé) l'autorité souveraine. Elle déclare la guerre, fait la paix, ordonne les levées de troupes, conclut des alliances, ordonne des impôts, fait les loix, & exerce, en un mot, tous les droits de la souveraineté.

Des dietes.

L'époque de la plus ancienne diete est incertaine, ainsi que sa forme primitive; ce n'a été que sous Cazimir III qu'elle a reçu son régime actuel.

Les rois convoquoient autrefois la diete dans le lieu qui leur plaisoit, & Louis la convoqua même une fois en Hongrie; mais en 1569, lorsque la Lithuanie fut réunie à la Pologne, on choisit Varsovie pour le lieu de l'assemblée. Ensuite, en 1673, il fut réglé que de trois dietes successives, il s'en tiendroit deux à Varsovie & une à Grodno en Lithuanie. Cette regle a été généralement suivie jusqu'au regne actuel, sous lequel les dietes ont toujours été assemblées à Varsovie.

Il y a des dietes ordinaires & extraordinaires : les premieres se tiennent tous les deux ans; les autres quand le besoin le demande. Le roi convoque la diete avec l'approbation du conseil permanent par le moyen des lettres qu'il adresse aux palatins des diverses provinces. Ces lettres sont expédiées six semaines au moins avant le tems fixé pour l'assemblée; elles contiennent une courte indication des matieres qui doivent y être traitées. La diete est composée du roi, du sénat &

de la noblesse représentée par ses nonces ou députés.

1°. Le roi. Il est président & comme chef de la diète. Il signe tous les actes & décrets qu'elle a passés ; ils sont tous publiés en son nom & au nom de la république, mais il n'a le droit de s'opposer à rien de ce qu'elle résout ; il n'a même aucun droit de suffrage, & il peut seulement opiner sur les questions qui lui sont proposées. Quand le roi se dispose à parler, il se leve de son siege, fait quelques pas & appelle à lui les ministres d'état. Alors les grands officiers de la couronne, qui occupent les dernieres places du sénat, s'avancent auprès de la personne du roi ; les quatre grands maréchaux frappent en même-temps la terre avec leurs bâtons d'office, & le premier en rang annonce que le roi va parler.

2°. Le second ordre de la diète est le sénat qui est composé d'ecclésiastiques & de laïcs ; les premiers sont les évêques, & l'archevêque de Gnesne qui est primat du royaume, chef du sénat & vice roi dans les interregnes. Les sénateurs laïcs sont les palatins, les castellans & les grands officiers d'état ; les palatins sont les gouverneurs des provinces : leur office est à vie ; en temps de guerre ils commandent les troupes de leurs palatinats ; en temps de paix ils en convoquent les assemblées & président dans les cours de justice. Les castellans, grands ou petits, n'ont d'office qu'en temps de guerre ; alors ils sont les lieutenans des palatins, sous les ordres desquels ils commandent les troupes des grands palatinats. Les grands officiers de la république, qui ont séance dans le sénat, sont au nombre de dix : savoir, les deux grands maréchaux de *Pologne* & de Lithuanie, les deux grands chanceliers, les deux vice-chanceliers, les deux grands trésoriers & les deux vice-amiraux.

3°. Le troisieme ordre est formé par les nonces ou représentans de la noblesse. Ces nonces sont choisis dans les diétines de chaque palatinat, dans lesquelles tout gentilhomme âgé de dix-huit ans a le droit de suffrage & peut être élu. Il faut pour cela seulement qu'il soit d'extraction noble, qu'il n'exerce ni profession, ni commerce, qu'il possede des terres, ou soit d'une famille qui en a possédé. Busching évalue à 250,360 le nombre des gentilshommes qui se trouvoient en *Pologne* & en Lithuanie avant le partage.

Les sénateurs & les nonces ont chacun leur salle particuliere. Ces derniers choisissent leur maréchal ou président avant que de procéder à aucune affaire. Cette élection faite, les deux chambres se réunissent, les nonces baisent la main du roi, & les membres de la diète prennent leur place. Le roi est sur un trône élevé à un des bouts de la salle ; à l'extrémité opposée les dix officiers d'état sont assis dans des fauteuils à bras ; les évêques, les palatins & les castellans sont rangés sur trois lignes des deux côtés du trône, & assis dans des fauteuils : derriere eux sont placés les nonces sur des bancs couverts de drap rouge.

Les sénateurs ont le privilege de se couvrir ; les nonces restent découverts.

Tous les membres étant placés, on fait la lecture des *pacta conventa*, on examine s'ils n'ont souffert aucune atteinte, on élit aussi les membres du conseil permanent ; & ces opérations préliminaires étant finies, les deux chambres rentrent dans leurs salles respectives, & toutes les affaires y sont discutées séparément. Celles qui sont relatives aux finances se décident à la pluralité des voix ; mais, dans les autres matieres de haute importance, aucune résolution n'est valide qu'autant que la diète l'a approuvée unanimement, chaque nonce a le pouvoir de suspendre toutes les opérations de la diète, par l'exercice du droit de *liberum veto*. La diète ne doit siéger que six semaines ; c'est pourquoi le premier jour de la sixieme semaine, le sénat & les nonces s'assemblent de nouveau dans la salle du sénat. Si les loix proposées ont été approuvées unanimement par les nonces, (chose qui arrive rarement dans une diète libre), elles ont force de loi ; si cette unanimité leur manque, elles sont rejettées. A la fin de la sixieme semaine, les loix approuvées sont signées par le maréchal & par les nonces, & dès ce moment la diète est finie.

Les dietes ordinaires sont sujettes aux mêmes regles : mais elles ne doivent durer que deux semaines. C'est une chose bien remarquable & particuliere au gouvernement polonois, que ce droit du *liberum veto* donné à chaque nonce dans la diète. Non-seulement, comme les tribuns de l'ancienne Rome, ils peuvent rejetter toute loi qu'on leur propose, mais ils ont encore le pouvoir de dissoudre l'assemblée.

Il semble presque incroyable qu'un pareil privilege ait pu être accordé aux membres d'une assemblée nombreuse, qui traite des intérêts les plus essentiels d'un état ; il n'est peut-être pas indifférent d'indiquer, en peu de mots, les causes & les effets de ce phénomene politique.

Ce fut en 1652, sous le règne de Jean Casimir, qu'un nonce de Lithuanie, nommé *Sicinski*, prononça le premier *que toute délibération soit arrêtée*. Après avoir prononcé ces mots, il sortit de l'assemblée & alla faire sa protestation entre les mains du chancelier. Elle portoit qu'il regarderoit comme autant d'atteintes aux loix tous les actes que la diète pourroit faire, si elle continuoit à siéger. Une protestation de ce genre, inconnue jusqu'alors, frappa l'assemblée comme d'un coup de foudre ; on débattit avec une grande chaleur la question, si l'on devoit continuer ou dissoudre la diète. Enfin le parti mécontent ayant appuyé la protestation, la pluralité des voix l'approuva, & l'assemblée se sépara dans la plus grande confusion.

Cet événement changea entiérement la constitution de la *Pologne*; & ce royaume fut dèslors plus que jamais en proie aux désordres & aux factions; mais, malgré la grandeur des abus, cette innovation favorisée par des intérêts particuliers, n'en fut pas moins confirmée. Les grands officiers de la couronne, à qui leurs offices étoient assurés pour leur vie, & qui jouissoient d'une grande autorité dans l'intervalle des diètes, virent avec plaisir la durée de ces assemblées abrégée, & leur autorité affoiblie par le *liberum veto*. Une partie de la noblesse pensoit de même par une autre raison : un gentilhomme accusé d'un crime capital ne pouvant être jugé, suivant les loix de la *Pologne*, que par la diète générale, c'étoit acquérir en quelque sorte le droit d'impunité que de faire dépendre l'existence de ce tribunal, du caprice d'un seul de ses membres. D'autres redoutoient, dans la diète, le pouvoir qu'elle a de lever de nouveaux subsides; mais ce qui contribua plus que tout le reste à perpétuer cette loi funeste, ce fut l'influence des puissances voisines, intéressées à entretenir en *Pologne* le désordre & l'anarchie. Il leur suffisoit, depuis ce nouvel établissement, d'avoir acheté le suffrage d'un seul nonce, pour s'assurer que la diète ne pourroit prendre aucune résolution contraire à leurs intérêts.

Dès lors aussi la décadence de la *Pologne* a été toujours plus sensible; les affaires publiques y ont été négligées, les mesures les plus nécessaires sans cesse contrariées, & on remarque que, dans l'espace de cent & douze ans, quarante-huit diètes ont été rendues inutiles par l'exercice du *veto*. Il y en eut sept de dissoutes sous le règne de Jean Casimir, quatre sous Michel Wisnowiecki, sept sous Jean Sobieski, & trente sous les deux Augustes. Dans ces intervalles, la justice & les loix sont restées sans force; &, si l'on excepte le règne de Sobieski, la guerre même a été conduite sans vigueur & sans succès. Convaincus de ces abus par une fatale expérience, les polonois auroient enfin aboli sans doute le *liberum veto*; mais les puissances co-partageantes, dirigées par d'autres motifs, ont consacré cette loi, & elle est encore aujourd'hui en pleine force. Il est essentiel d'observer que ni le roi ni les sénateurs ne peuvent exercer ce droit, & qu'il appartient exclusivement aux nonces ou députés de la noblesse. Pour prévenir les maux d'une anarchie totale, les polonois ont enfin imaginé de chercher un remède au *liberum veto* dans une nouvelle espèce de diète qui, conservant la forme ordinaire des diètes, en diffère cependant en ce point essentiel, que les affaires s'y traitent à la pluralité des voix. Alors elle s'assemble sous l'autorité d'une confédération que les loix permettent lorsqu'il s'agit de défendre la personne du roi, dans le cas d'une invasion de l'ennemi, ou pendant un interrègne.

Mais ces diètes n'exercent pas le pouvoir législatif, & elles ne peuvent ni faire ni abroger les loix.

De la diète d'élection.

Le lieu fixé par les loix pour l'élection du roi est la plaine de Vola, à environ trois milles de Varsovie. Au milieu de cette plaine il y a deux enceintes réservées l'une au sénat, l'autre aux nonces. La première qui est de forme ovale est environnée d'un fossé & d'une espèce de rempart; c'est au milieu de cette enceinte qu'on élève dans les temps d'élection un bâtiment de bois appelé Szopa, ouvert de tous les côtés; près de là est l'autre enceinte destinée aux nonces, où il n'y a aucun bâtiment : les nonces s'assemblent en plein air, ensuite les deux ordres se réunissent dans l'enceinte des nonces, en observant le même ordre que dans les diètes ordinaires : le siège du primat est placé dans le milieu, c'est lui qui exerce tous les droits de la royauté pendant l'interrègne; il notifie aux états la mort du roi, & assemble les diètines & la diète de convocation qui précède celle de l'élection, & se tient toujours à Varsovie : cette diète de convocation exerce à son gré le pouvoir législatif, & détermine en particulier les articles des *pacta conventa* qui seront prescrits au nouveau roi : elle fixe aussi le temps de la diète de l'élection; l'intervalle entre la mort du dernier roi & la nomination de son successeur n'est point déterminé; la durée en dépend des intrigues des candidats, ou du bon plaisir des puissances étrangères qui donnent la loi à la *Pologne*. C'est toujours un temps de troubles & de désordres; le royaume est divisé en une multitude de partis & de factions, l'exercice de la justice est suspendu, & les nobles y jouissent d'une pleine impunité. Au jour fixé la diète de l'élection s'assemble, & aussi long-temps qu'elle dure, Varsovie & ses environs sont un théâtre de troubles, de violences & de scènes sanglantes : les principaux seigneurs ont de grands corps de troupes à leurs ordres, & ne paroissent à la diète qu'accompagnés d'une suite nombreuse de vassaux & de domestiques; le gentilhomme qui en a le moyen, tâche de les imiter en paroissant aussi escorté de ses serviteurs & de ses esclaves. Lorsque la diète de l'élection est assemblée, les deux ordres séparément s'occupent des divers réglements que la circonstance exige; ils en confèrent ensuite ensemble; les *pacta conventa* sont lus & approuvés, le jour de l'élection est fixé, & l'on donne audience aux ministres étrangers. Toutes ces affaires l'occupent plusieurs jours de suite, & elles ne seroient peut-être jamais terminées sans la crainte des puissances étrangères qui ont toujours des troupes cantonnées dans le voisinage de la plaine de l'élection. Au jour fixé pour l'élection, le sénat & les nonces se réunissent de nouveau, & la noblesse formant différens corps, selon l'ordre des provinces, se tient à l'entour avec ses bannières déployées devant elle, & les principaux officiers de chaque district à cheval.

Le primat ayant prononcé les noms des candidats, se met à genoux & chante une hymne; ensuite il fait le tour de la plaine, s'adressant à chacun des corps de la noblesse, suivant l'ordre des palatinats, & ayant ainsi recueilli les suffrages, il ne lui reste plus qu'à proclamer le candidat élu. Chaque noble ne donne pas son suffrage séparément; cela exigeroit un temps infini; mais la noblesse de chaque palatinat fait connoître son choix au primat lorsqu'il fait sa tournée. La cérémonie étant ainsi terminée, l'assemblée se sépare le jour même.

Le jour suivant, le sénat & les nonces retournent à la plaine; le candidat élu est proclamé de nouveau, & on lui envoie un député pour l'informer de son élection, car aucun candidat ne peut être présent. La proclamation faite, la noblesse se retire & la diète est dissoute, après en avoir ordonné une autre pour la cérémonie du couronnement.

Toutes les élections sont contestées; mais depuis quelque temps la crainte d'une armée étrangère les rend unanimes pour le moment; s'il y a une opposition, le parti qui n'approuve pas l'élection se retire; s'il est foible il s'en tient à des protestations; s'il a une certaine force, on ne tarde pas à voir éclater une guerre civile. Sans la crainte des troupes étrangères chaque élection seroit suivie encore, comme autrefois, de désordres & de scènes sanglantes. Ainsi les polonois tirent quelques avantages d'un mal qui est dans le fait un sujet d'opprobre pour la nation & de scandale pour les étrangers. Nous parlerons des confédérations dans la section suivante.

Les diètes tenues depuis le traité de partage, & les changemens qu'on a faits à la constitution ont été paisibles: les séances de celle de 1784, furent remarquables par l'esprit de conciliation qui les accompagna: divers projets utiles y furent proposés avec un zèle désintéressé, discutés avec décence, approuvés sans nulle opposition. La confiance au roi a été si marquée, qu'à l'unanimité on lui accorda pour 10 ans, du trésor de la république, une somme annuelle de 700,000 florins.

Cette diète accorda une indemnisation au prince Radziwil, Palatin de Wilna, de 300,000 flor. annuels pendant 10 ans, pour l'amortissement de ses prétentions sur la république. Ce prince avoit été à-peu-près ruiné par les derniers troubles. — Le trésorier de Lithuanie fut absous de sa gestion. — Le projet de ratification de l'accord fait entre la cour de Pétersbourg & le duc de Courlande, agréé. — La vente des places militaires, permise en faveur des officiers qui auront servi 14 ans, mais seulement à la valeur de 4 années d'appointement.

Le nouveau conseil permanent fut autorisé à entamer des négociations de commerce avec la cour de Berlin.

On y régla beaucoup d'autres objets, dont nous ne parlerons pas ici.

La diète de 1786, n'a pas été moins tranquille. On y régla divers objets qui sont la suite de la guerre civile & du démembrement. Pour donner aux lecteurs une idée des points que discute aujourd'hui la diète, voici les propositions sur lesquelles le roi demande la délibération des états.

I. Lorsque l'empereur a aboli en Galicie un grand nombre de communautés ecclésiastiques, dont les revenus avoient leur fondation en *Pologne*, le versement des revenus susdits de *Pologne* en Galicie a dû cesser d'autant plus naturellement, que le même souverain a ordonné que les revenus originairement fondés en Galicie pour les ecclésiastiques existans en *Pologne*, ne doivent plus être versés en *Pologne*. Or, comme certaines conventions ont été passées à cet égard avec la cour impériale & royale, la nature de la chose exige que les conventions reçoivent leur immutabilité par l'autorité des états de la république.

II. Comme, selon la convention du mois de novembre dernier, la démarcation qui a eu lieu entre les possessions de certains habitans de *Pologne* & de *Silésie*, doit être ratifiée par les états respectifs à la diète présente, la convenance du projet de ratification qui sera présenté aux états à cet effet, est évidente. Or, comme les circonstances qui seront exposées plus amplement aux états, ont exigé que messeigneurs Mycielski, Zakrzewski, Krzycki, Rogalinski, & Bronikowski, fissent pour le succès de cette convention les sacrifices volontaires & vraiment patriotiques d'une partie considérable de leurs propriétés; la justice même parle & intercède pour eux auprès des états de la république, pour qu'il soit pourvu à leur dédommagement, & que le projet qui sera présenté à cette fin aux états de la république soit agréé.

III. Puisque les nouveaux réglemens monétaires, publiés dans les différens états de l'Europe, ont changé considérablement la proportion réciproque entre l'or & l'argent, ce dont les suites affectent sensiblement aussi notre pays; le roi regarde comme nécessaire, que la diète présente ordonne que, sans changer aucunement la forme, le poids, ni la valeur interne de notre monnoie d'argent polonoise, courante depuis vingt ans, il soit seulement statué, qu'au lieu que le ducat équivaloit jusqu'ici à 16 francs & trois-quarts, il équivaudra désormais à 18 francs, à l'effet de quoi il sera remis au maréchal de la diète copie du projet avec une addition concernant la monnoie de cuivre & le directeur de la monnoie.

IV. Comme le projet pour la levée des recrues que le département de guerre a dressé aux Palatinats, & districts respectifs, est déja connu du public, le roi en recommande la considération & l'accomplissement aux états assemblés.

V. La formation des magasins à blé par la commission du trésor de la couronne ayant donné des preuves de l'attention efficace du gouvernement à ce qui fait le bien public, le roi se persuade que cette mesure de prévoyance non-seulement sera agréé pour cette fois, mais que le maintien à perpétuité de tels magasins sera reconnu par les états pour chose nécessaire.

VI. Le roi conseille & recommande aux états d'imiter l'exemple déja donné par la province de Lithuanie, qui a permis à gens de tout état, nationaux & étrangers, d'acquérir chez elle des fonds de terre nobles, sans que cette acquisition soit attachée à celle de l'anoblissement ou indigénat, & des prérogatives y attachées; cette mesure pouvant servir le plus efficacement à introduire & fixer dans notre pays des capitaux étrangers, & améliorer chez nous la population & la culture des terres.

VII. Les soins louables de la commission du trésor de la couronne ayant déja effectué la navigation vraiment utile de la rivière Pilica, le roi espère que cet exemple encouragera les états à autoriser cette même commission de la couronne aux dépenses qu'exigera le nettoyement des rivières obra & grande *Pologne*, & à ce qu'elle puisse écarter tous les obstacles qui s'opposent à la navigation desdites rivières, d'autant plus que nous éprouvons avec joie, dans ce même genre de travaux publics au canal qui joint la Muchawice à la Pina, effectués par la commission du trésor de Lithuanie, combien l'assiduité & la persévérance d'un patriotisme véritable peut opérer, même avec des moyens tres-bornés.

VIII. Le roi tenant à devoir de représenter constamment aux états ce qu'il connoît être le bien général, recommande particulièrement encore à la diète présente l'augmentation de la pension des maréchaux du tribunal, & la recherche des moyens de diminuer les dépenses des députés, tant dans les états de la couronne qu'en Lithuanie, de même qu'un meilleur arrangement pour les heures des séances judiciaires.

IX. Le roi ne rappelle pas moins aux états, que le temps approche journellement, auquel les starostes de jurisdiction n'auront plus aucun revenu en *Pologne* & en Lithuanie, & qu'il devient d'autant plus pressant de pourvoir de bonne heure au maintien des gardes de Grods, des Grods mêmes, de leurs archives, des prisons publiques, des prisonniers & de leurs gardes, avec cette addition que, lorsque les exécutions judiciaires seront confiées aux gardes des Grods, les troupes de la république, tant en *Pologne* qu'en Lithuanie, puissent être employées d'autant mieux à leur véritable destination.

X. Enfin, comme l'exemple de tant de nations démontre l'utilité des banques, des lombards, des caisses d'assurance & autres établissemens semblables, le roi desire de nommer, de l'aveu des états, quelques personnes, dont l'obligation devra être de recevoir & de discuter tout projet tendant à cette fin, & d'en former un de tous ceux-là, le plus adapté à la situation & aux avantages de notre pays, & qui puisse, à la diète future ordinaire, mériter approbation & exécution.

SECTION V°.

Des finances de la Pologne — De son commerce — de l'état de l'armée, &c.

La *Pologne* a perdu près de la moitié de ses revenus par le dernier démembrement de ses provinces & en particulier ceux des starosties qui se trouvent dans les provinces démembrées, ceux des droits levés sur les marchandises qui descendoient par la Vistule jusqu'à Dantzic, & le revenu des mines de sel qui sont restées affectées à la *Pologne*-Autrichienne. Les seules salines de Vielitska formoient presque le quart des revenus du gouvernement. Pour suppléer à ce vuide il a fallu augmenter & multiplier les impôts; & la diète de 1775 en abolissant quelques anciennes taxes en a établi d'autres ou augmenté celles qui ont été conservées, de manière que le revenu de l'état est resté aussi considérable qu'il l'étoit avant le démembrement. Les principales taxes sont celles des juifs; ils paient aujourd'hui trois florins polonois par tête, soit mâles, soit femelles, enfans ou adultes; le quart des revenus des starosties ou des grands fiefs de la couronne; un droit sur la bière, l'hydromel, les liqueurs distillées de grains; les monopoles du tabac; différens droits sur l'importation & l'exportation de plusieurs marchandises; un impôt sur les cheminées. Il n'étoit d'abord établi qu'en Lithuanie; en 1775 on l'a rendu général & très-considérable. C'est le plus productif de tous, mais c'est aussi celui qui est le plus à charge au peuple & aux paysans.

On estime que le produit de tous ces impôts se monte à 11,628,461 florins polonois, ou 323,012 livres sterlings.

Il fallut aussi dédommager le roi dont les revenus étoient considérablement diminués par une suite du démembrement ; on lui assigna sur le trésor public un revenu de 2,666,666 florins polonois, ou 74,074 liv. sterlings, ce qui ajouté aux domaines royaux qu'il n'a pas perdus, & à quelques starosties qui lui ont été accordées, lui font un revenu aussi considérable que celui dont il jouissoit avant le démembrement, & qu'on peut évaluer à 7,000,000 de florins polonois, ou 194,505 liv. sterlings.

Il ne paie sur ce revenu que ses propres domestiques & les dépenses de sa maison ; les autres dépenses générales & les appointemens des grands officiers d'état, sont pris sur les revenus publics. Ceux-ci en y comprenant les domaines royaux & les starosties accordées au roi, se montent à 15,961,795 florins polonois, ou 443,938 liv. sterl. D'où en déduisant les 7,000,000 accordés au roi, il ne reste pour l'entretien de l'armée & toutes les autres dépenses générales que 8,961,795 florins, ou 248,938 liv. sterl. somme si peu considérable qu'elle semble n'avoir aucune proportion avec l'objet auquel elle est assignée. Cependant elle balance à-peu-près la dépense courante. Les troupes réglées sont très-peu nombreuses ; les grands officiers ne reçoivent presque rien du trésor public, & les fiefs de la couronne les dédommagent amplement.

Chaque Palatinat paie ses propres officiers de sa caisse particulière, & les différens juges & officiers civils s'enrichissent aussi au moyen des extorsions qu'ils exercent ordinairement.

Du commerce de la Pologne.

La *Pologne* à plusieurs rivières navigables, au moyen desquelles elle peut aisément transporter ses productions dans les ports de la mer Baltique. La nature a réuni dans peu de contrées autant de facilités pour l'établissement des canaux de communication. Sans compter un grand nombre de moyennes rivières, déja navigables, ou qui pourroient le devenir, ce pays est arrosé par sept à huit fleuves, qui correspondent à la Baltique ou à la mer Noire. La Warta, la Vistule, le Bug servent à la Grande-*Pologne* : le Nœmen & la Duïna, font communiquer le grand-duché de Lithuanie avec la Baltique ; enfin le Niester, l'Hypanis, appelé *Bog*, le Boristhene & le Pripetz qui s'y jettent, rapprochent une partie de cette même Lithuanie, ainsi que la petite-*Pologne*, de la Bessarabie & du pont-Euxin.

Pour joindre cette dernière mer à la Baltique, la république avoit projetté un canal entre la rivière de Pina, qui se jete dans le Pripetz, & celle de Mouchawetz qui tombe dans le Bug ; cette dernière se réunit à la Vistule, & le Pripetz au Boristhene, après un cours de 60 lieues.

En 1767, on s'occupa de cette jonction, mais sur un autre plan. Le feu comte Oginski, grand-général de Lithuanie fut chargé de l'entreprise : il établissoit le canal entre le Pripetz & le Sczara, qui se jete dans le Nœmen : c'étoit ouvrir sur une étendue immense, une communication non interrompue entre la Baltique & la mer Noire. La funeste révolution de *Pologne* & les malheurs du comte Oginski, retardèrent les travaux. On assure aujourd'hui, que non-seulement ils sont achevés, mais qu'un bâtiment venu de Cherson à Pinsk, par le Boristhene, est entré dans le canal Oginski, & a continué sa route par eau, jusqu'à Konisberg, lieu de sa destination.

Les difficultés de cette navigation paroissent néanmoins en balancer les avantages : Les cataractes du Boristhene & les pirateries des Haydamaques voisins du fleuve sont les principales : mais le desséchement d'un grand nombre de marais qu'on a fait écouler dans le nouveau canal, l'auront cependant rendu très-utile à l'agriculture des provinces qu'il arrose. La *Pologne* produit en abondance toute sorte de grains, du chanvre, du lin, du bétail, des bois de construction, de la poix, du goudron, du miel, de la cire, du suif, de la potasse & des cuirs. Elle reçoit des étrangers des vins, des draps, toutes sortes d'étoffes de laine, de soie & de coton ; des métaux, des verreries, des fourrures, &c. Son commerce pourroit sans doute être très-considérable si les nobles n'étoient pas dégradés lorsqu'ils se mêlent de quelque espèce de trafic que ce soit ; si les bourgeois des grandes villes n'étoient trop pauvres pour établir des manufactures ; si la crainte des extorsions de la noblesse ne leur faisoit préférer d'abandonner aux juifs tout commerce de détail ; si les paysans n'étoient pas esclaves & attachés à la terre de leur seigneur.

De-là il résulte que les polonois achètent beaucoup plus de l'étranger qu'ils ne lui vendent ; & cette différence est estimée de plus de 20,000,000 de florins polonois.

La *Pologne* a été appelée autrefois le grenier du nord, & c'est plutôt son ancienne fertilité qui lui a mérité cet éloge que celle qu'on y observe aujourd'hui ; l'esclavage des paysans & la distribution trop inégale des terres s'opposant à leur bonne culture, on n'en exporte pas à beaucoup près autant de grains que la nature du sol & l'étendue du royaume pourroient le permettre. Et en effet, s'il étoit bien cultivé, il seroit en état de fournir la motié des grains que l'Europe peut consommer. Plusieurs palatinats, & particulièrement la Podolie & la Kiovie, sont si favorables à cette production que, quoique plusieurs parties de ces provinces restent incultes, on y recueille plus de grains que les habitans n'en peuvent consommer. Une partie est employée à distiller des liqueurs spiritueuses ; mais si l'on peut réussir, comme on s'en flatte, à ouvrir une communication entre fes provinces & les ports de la mer Noire, il eſt vraiſemblable que ces provinces trouveront un nouveau débouché très-avantageux pour leurs grains.

Etabliſſemens militaires.

Le roi entretient à ſes frais un corps de deux mille hommes, qui ne dépend que de lui ſeul: cette troupe eſt compoſée principalement de hulans ou cavalerie légère, de laquelle on tire l'eſcorte qui accompagne ſa majeſté.

Les hulans ſont la plupart tartares & mahométans, & l'on peut compter ſur leur fidélité; leur corps eſt compoſé de gentilshommes & de vaſſaux qui marchent tous enſemble, mais ſont armés différemment: les gentilshommes ont ſeuls le droit de ſe ſervir de lances qui ont près de dix pieds de longueur; les autres ſont armés de carabines. Leur habillement conſiſte dans un long bonnet fourré, une veſte verte & rouge, des pantalons de même couleur, qui couvrent les bottes juſqu'à la cheville du pied, & une jupe de drap blanc qui deſcend juſqu'aux genoux. Ils ont la tête raſée ſelon l'uſage des polonois; leurs lances, à l'extrémité deſquelles eſt attaché un morceau de drap noir & rouge, taillé en queue d'hirondelle, ſont plus courtes & plus foibles que celles des croates autrichiens; mais ils s'en ſervent de la même manière & avec non moins de dextérité. Leurs chevaux ſont pleins de feu & paſſent pour très-vigoureux; auſſi le feu roi de Pruſſe tiroit-il les chevaux de ſa cavalerie légère de ce pays: cette race cependant a été preſque ruinée par les dernières guerres civiles, & la nobleſſe ſe pourvoit aujourd'hui principalement de chevaux tartares.

Les armées de *Pologne* & de Lithuanie ſont indépendantes l'une de l'autre & commandées ſéparément par leurs grands généraux reſpectifs; en temps de guerre, c'eſt le roi en perſonne qui commande les armées de la république; autrefois les grands généraux n'en rendoient compte qu'à la diète.

Mais cette énorme autorité fut limitée en 1768 par l'établiſſement de la commiſſion de guerre, dont ils ſont les préſidens perpétuels, & elle l'a été bien plus encore par la formation d'un département militaire dans le conſeil permanent. En 1778 l'armée de *Pologne* étoit compoſée d'environ douze mille hommes; celle de Lithuanie ſe montoit à environ ſept mille; enſorte que les forces du royaume étoient d'un peu plus de dix-huit mille hommes. Une armée auſſi peu conſidérable ne peut ſuffire pour défendre le pays en cas d'invaſion; auſſi ce ſoin eſt-il laiſſé à la nobleſſe que le roi peut faire aſſembler avec le conſentement de la diète. Les palatinats ſont diviſés en diſtricts, ſur chacun deſquels il y a des officiers prépoſés; & toute perſonne qui poſſède une terre libre & noble, eſt obligée à un ſervice militaire, ou ſeule, ou à la tête d'un certain nombre d'hommes armés ſuivant l'étendue & la nature de ſes poſſeſſions. Ces troupes étant ainſi aſſemblées ne ſont obligées de ſervir que pendant un temps fixé, & on ne peut les obliger à paſſer les frontières du royaume.

La manière de lever & d'entretenir cette armée eſt exactement la même qui s'obſervoit ſous le régime féodal. A préſent, quoiqu'elle ſoit peu propre à repouſſer une invaſion étrangère, une pareille armée eſt un inſtrument bien dangereux dans les mains d'une faction domeſtique; car la promptitude avec laquelle on peut la mettre ſur pied, facilite la formation de ces confédérations ſi fatales à la *Pologne*, qui éclatent dès que l'élection du prince eſt conteſtée, ou que les nobles ſont diviſés entr'eux.

Il y a deux ſortes de confédérations; les premières ſont celles qui ſont formées avec le conſentement du roi, du ſénat & de la nobleſſe, aſſemblés dans une diète; par leur moyen, la nation entière ſe réunit pour le bien de la patrie. Les ſecondes ſont des confédérations de divers palatinats qui ſe liguent pour obtenir le redreſſement de quelque grief, ou pour s'oppoſer aux accroiſſemens du pouvoir royal: elles peuvent être particulières ou générales; elles ſont ordinairement les avant-coureurs d'une guerre civile: la confédération générale dont l'objet eſt toujours de s'oppoſer au roi, eſt appellée *rokoz*, & elle eſt formée par la réunion des confédérations particulières.

Chaque gentilhomme pouvant entretenir autant de troupes que bon lui ſemble, on comprend aiſément combien un droit auſſi dangereux fournit d'occaſions de querelles entre les principaux nobles & entre leurs vaſſaux eux-mêmes. Dans une ſemblable anarchie, il eſt ſans doute bien étonnant que chaque palatinat & le royaume entier ne ſoient pas plongés dans des troubles continuels & ſanglans. C'eſt une choſe qui fait honneur au caractère des polonois qu'avec tant d'occaſions & de moyens de ſe livrer au goût de la licence, il règne parmi eux une tranquillité qu'on n'auroit pas cru poſſible dans une ſemblable ſituation.

Rouſſeau fait ſur les confédérations quelques remarques où il y a des détails vrais à travers bien des erreurs: « on ne voit, dit-il, que le mal qu'elles font; il faudroit voir auſſi celui qu'elles empêchent. Sans contredit, la confédération eſt un état violent dans la république; mais il eſt des maux extrêmes qui rendent les remèdes violens néceſſaires, & dont il faut tâcher de guérir à tout prix. La confédération eſt en Pologne ce qu'étoit la dictature chez les romains. L'une & l'autre font taire les loix dans un péril preſſant; mais avec cette grande différence que la dictature, directement contraire à la légiſlation romaine & à l'eſprit du gouvernement,

ment, a fini par le détruire, & que les confédérations au contraire n'étant qu'un moyen de raffermir & rétablir la constitution ébranlée par de grands efforts, peuvent tendre & renforcer le ressort relâché de l'état sans pouvoir jamais le briser. Cette forme fédérative qui, peut-être dans son origine, eut une cause fortuite, me paroît être un chef d'œuvre de politique. Par-tout où la liberté règne, elle est incessamment attaquée & très-souvent en péril. Tout état libre, où les grandes crises n'ont pas été prévues, est à chaque orage en danger de périr. Il n'y a que les polonois qui, de ces crises même, aient su tirer un nouveau moyen de maintenir la constitution. Sans les confédérations, il y a long-temps que la république de *Pologne* ne seroit plus ; & j'ai grande peur qu'elle ne dure pas long tems après elles, si l'on prend le parti de les abolir. Jettez les yeux sur ce qui vient de se passer. Sans les confédérations, l'état étoit subjugué ; la liberté étoit pour jamais anéantie. Voulez-vous ôter à la république la ressource qui vient de la sauver » ?

« Et qu'on ne pense pas que quand le *liberum veto* sera aboli & la pluralité rétablie, les confédérations deviendront inutiles, comme si tout leur avantage consistoit dans cette pluralité. Ce n'est pas la même chose. La puissance exécutive attachée aux confédérations leur donnera toujours dans les besoins extrêmes une vigueur, une activité, une célérité que ne peut avoir la diète, forcée à marcher à pas plus lents avec plus de formalités, & qui ne peut faire un seul mouvement irrégulier sans renverser la constitution ».

« Non, les confédérations sont le bouclier, l'asyle, le sanctuaire de cette constitution. Tant qu'elles subsisteront, il me paroît impossible qu'elle se détruise. Il faut les laisser, mais il faut les régler. Si tous les abus étoient ôtés, les confédérations deviendroient presque inutiles. La réforme du gouvernement polonois doit opérer cet effet. Il n'y aura plus que les entreprises violentes qui mettent dans la nécessité d'y recourir ; mais ces entreprises sont dans l'ordre des choses qu'il faut prévoir. Au lieu donc d'abolir les confédérations, déterminez les cas où elles peuvent légitimement avoir lieu, & puis réglez-en bien la forme & l'effet, pour leur donner une sanction légale au tant qu'il est possible, sans gêner leur formation ni leur activité. Il y a même de ces cas où par le seul fait la *Pologne* doit être à l'instant confédérée ; comme par exemple, au moment où, sous quelque prétexte que ce soit, & hors le cas d'une guerre ouverte, des troupes étrangères mettent le pied dans l'état ; parce qu'enfin, quel que soit le sujet de cette entrée & le gouvernement même y eût-il consenti, confédération chez soi n'est pas hostilité chez les autres ; lorsque, par quelque obstacle que ce puisse être, la diète est empêchée de s'assembler au temps marqué par la loi ; lorsqu'à l'instigation de qui que ce soit, on fait trouver des gens de guerre au temps & au lieu de son assemblée, ou que sa forme est altérée, ou que son activité est suspendue, ou que sa liberté est gênée en quelque façon que ce soit. Dans tous ces cas, la confédération générale doit exister par le seul fait ; les assemblées & signatures particulières n'en sont que des branches, & tous les maréchaux en doivent être subordonnés à celui qui aura été nommé le premier ».

Les troupes russes ont séjourné si long-temps en *Pologne*, qu'elles peuvent presque être regardées comme une partie de l'armée nationale. Le royaume est sous leur protection, ou, en d'autres termes, sous la main de la Russie qui la gouverne comme une de ses provinces. Le roi n'en est, dans le fond, que le vice-roi, & c'est l'ambassadeur de l'impératrice qui décide de toutes les affaires selon les instructions qu'il reçoit de sa souveraine. Elle tient en *Pologne* environ dix mille hommes, & dans chaque garnison il y a un certain nombre de russes joint aux troupes nationales. On en compte un millier autour de Varsovie, & à chaque porte de la ville on voit une sentinelle russe & une polonoise. En un mot, les troupes russes contiennent les grands & la noblesse dans la soumission ; elles répriment leur licence & préviennent les troubles toujours prêts à renaître. Mais quand la *Pologne* sera laissée à elle-même, si pourtant cela arrive jamais, on les verra éclater avec la même fureur ; les partis subsistent toujours, quoique réduits au silence ; leur inimitié plus envenimée que jamais agitera ce malheureux royaume qui a été si long-temps en proie à leurs excès. Quel malheur ne doit pas attendre un pays dont la tranquillité dépend de la présence d'une armée étrangère !

SECTION VIe.

Triste état de la Pologne. — *Des divers ordres d'habitans, la noblesse, le clergé, les bourgeois, les paysans.* — *De la servitude & de ses dangereux effets.* — *De la population de la* Pologne.

Les polonois eux-mêmes n'essaient plus de nier ou de pallier leur triste état. « Un jour, dit » M. Coxe, que, témoin d'un abus de liberté, » j'en marquois ma surprise à un homme versé » dans l'étude des loix de son pays, je reçus » cette réponse : si vous connoissiez la confusion » & l'anarchie dans laquelle nous vivons, vous » ne seriez surpris de rien. Il règne bien des abus » dans les états les mieux réglés, combien ne » doit-il pas y en avoir chez nous qui vivons sous » le plus détestable de tous les gouvernemens ». Un autre polonois, déplorant l'effroyable situation de son pays, me disoit : « le nom de Po-

» logne subsiste encore, mais nous ne sommes
» plus une nation. La corruption & la vénalité
» ont gagné toutes les classes. Plusieurs des pre-
» miers seigneurs ne rougissent point de recevoir
» des pensions des cours étrangères. L'un fait
» une profession publique d'être autrichien, le
» second d'être prussien, un troisième françois,
» un quatrième russe ».

Tel est ce peuple qui donnoit autrefois la loi à tout le nord : sans aucune influence au-dehors, pauvre & opprimé au-dedans, il ne lui reste de sa grandeur passée qu'un triste droit à la compassion de ses voisins.

La nation a peu de manufactures & presque aucun commerce ; un roi sans autorité ; des nobles dont rien ne peut réprimer le pouvoir & les excès ; des paysans qui gémissent sous le joug du despotisme féodal, beaucoup pire que la tyrannie d'un monarque absolu : on n'a vu nulle part un partage si inégal des fortunes. De quelque côté qu'on jette les yeux, des richesses immenses ou une extrème pauvreté, la magnificence & la misère sont à côté l'une de l'autre ; en un mot, cette liberté si vantée par quelques polonois est réservée uniquement aux nobles, & la généralité du peuple n'y a aucune part. Les détails suivans confirmeront la vérité de cette remarque. On peut diviser les habitans de la *Pologne* en quatre classes, les nobles, les ecclésiastiques, les bourgeois & les paysans. Par les loix de *Pologne*, un noble est une personne qui possède une terre libre, ou qui peut prouver qu'il descend de parens qui en ont possédé une ; qu'il n'est attaché à aucune profession, à aucun commerce, ni à aucune demeure particulière. Tous ces nobles, selon la lettre de la loi, sont égaux par la naissance, ensorte que tous les honneurs & les titres qu'ils peuvent acquérir, n'ajoutent rien à leur dignité réelle, & ne donnent en particulier aucun droit de préséance. Par le moyen de leurs représentans aux diètes, ils ont une part à l'autorité législative ; & dans quelques occasions, comme aux élections des rois, ils s'assemblent en personnes, chaque gentilhomme ayant la capacité d'être élu nonce ou sénateur & même de se présenter lui-même comme candidat pour le trône. Aucun gentilhomme ne peut être arrêté sans avoir été auparavant jugé & convaincu, excepté dans le cas de haute trahison, de meurtre ou de vol sur les grands chemins ; & même alors il faut qu'il soit pris sur le fait : enfin il ne peut être puni capitalement que par un ordre de la diète.

On peut voir, par ce qu'on vient de lire, que la noblesse polonoise doit être extrèmement nombreuse (1), puisque l'on comprend dans cet ordre toute personne issue de parens ou d'ancêtres qui, à quelque époque que ce soit, ont possédé des terres nobles ; il suit aussi de-là qu'une partie en doit être réduite à la plus grande indigence ; & puisque, selon les loix de *Pologne*, le commerce & les métiers sont interdits aux nobles sous peine d'être dégradés, la plupart d'entr'eux n'ont d'autre ressource que de s'attacher au service de quelque riche seigneur, qui, comme les barons de l'ancien régime féodal, sont toujours accompagnés d'un grand nombre de vassaux. La multitude de ces gentilshommes indigens est une des sources des malheurs de la *Pologne* ; aussi le roi qui est plein de considération pour la constitution angloise, souhaitoit-il qu'on insérât dans le nouveau code une loi semblable à celle qui règle en Angleterre les élections des comtés, & qui défendît à toute personne qui ne posséderoit pas un certain revenu en terres, de voter dans l'élection des nonces. Mais cette proposition a été si mal reçue, qu'il n'est pas probable que jamais une pareille loi soit admise.

2°. *Le clergé*. Les premiers rois chrétiens de la *Pologne* accordèrent au clergé des biens & des immunités considérables ; les plus riches seigneurs suivirent cet exemple, & les richesses de cet ordre s'accrurent si rapidement, qu'enfin la diète, & en particulier celle de 1669, craignant que la plus grande partie du royaume ne passât dans ses mains, défendit toute nouvelle aliénation en faveur du clergé, & sous le règne actuel on a confisqué plusieurs terres qui lui avoient été données au mépris de cette loi.

Dès le temps où la religion chrétienne a été reçue en *Pologne*, les évêques sont entrés dans le sénat comme conseillers ; ils étoient précédemment nommés par le roi & confirmés par le pape ; mais depuis l'établissement du conseil permanent, le roi est obligé de choisir sur trois candidats que lui présente le conseil. Il est fait sénateur en même-temps qu'évêque, & jouit aussi-tôt des droits attachés à cette première dignité. L'archevêque de Gnesne est primat, premier sénateur & vice-roi pendant l'interrègne.

Les ecclésiastiques sont tous hommes libres ; ils ont même des cours de justice où l'on juge certaines affaires selon le droit canon. Le nonce du pape en a aussi une, qui est la cour suprème ecclésiastique du royaume, devant laquelle on porte l'appel des cours du primat & des évêques. Dans le cas de divorces, de dispenses pour des mariages & d'autres affaires de ce genre, on s'adresse à la cour de Rome qui tire, par ce moyen, des sommes considérables de la *Pologne*. Lorsque cette cour adresse une bulle au clergé polonois, il la fait publier & exécuter, sans

---

(1) Nous avons dit plus haut à combien on évaluoit le nombre des nobles avant le partage de la Pologne.

qu'il soit besoin de la confirmation du pouvoir civil.

3°. La troisième classe de la nation est composée des bourgeois ou des habitans des villes, dont les privilèges étoient autrefois beaucoup plus étendus qu'aujourd'hui. L'histoire de *Pologne* nous apprend que, dès le milieu du treizième siècle, Boleslas le chaste, roi de *Pologne*, accorda à Cracovie & à plusieurs autres villes les droits municipaux qui comprenoient une jurisdiction, & la permission aux bourgeois de former un corps & de jouir de certaines immunités. Cet établissement fut très-favorable à la *Pologne* ; plusieurs villes devinrent si florissantes qu'elles envoyoient des députés aux diètes nationales, & y participoient aux résolutions les plus importantes. Un noble pouvoit devenir bourgeois sans se dégrader, & on voyoit des bourgeois devenir officiers de la couronne ; mais depuis que la couronne devint absolument élective, les bourgeois virent diminuer leurs privilèges à chaque élection ; ils ne purent plus envoyer des députés à la diète, & perdirent ainsi toute influence sur la législation. Une noblesse toute guerrière affecta de mépriser un ordre d'habitans qui, par la nature de ses possessions, n'étoit pas tenu à porter les armes, mais seulement à en fournir à ceux qui alloient à la guerre ; ils ont enfin été réduits aux privilèges suivans qui leur assurent une espèce de liberté.

Ils élisent leur bourgue maître & leurs conseillers ; ils font des réglemens pour leur police intérieure ; ils ont leurs tribunaux pour les affaires criminelles qui s'y décident sans appel. Quand un bourgeois attaque un noble en justice, l'affaire se porte aux tribunaux des nobles qui prononcent souverainement ; si c'est le bourgeois qui est poursuivi par le noble, le premier doit être cité devant le magistrat de la ville à laquelle il appartient, & il n'y a d'autre appel de cette sentence que devant le roi. Cette exemption de la juridiction de la noblesse, quoiqu'elle n'ait lieu que dans les causes criminelles, a valu à la bourgeoisie un degré d'indépendance bien précieux, puisque sans cela il y auroit long-temps sans doute qu'elle seroit réduite à la servitude comme l'ordre des paysans.

4°. Tel est en effet l'état des paysans en *Pologne*, comme sous tous les gouvernemens où le régime féodal est resté dans sa force. La valeur d'une terre s'estime moins sur son étendue que sur le nombre des paysans qu'elle contient & qui y sont attachés, & peuvent être vendus comme du bétail à un autre maître.

Il y a cependant en *Pologne* des paysans allemands d'origine, qui jouissent de quelques privilèges refusés aux paysans polonois. Leur condition est meilleure, leurs villages sont mieux bâtis, leurs champs mieux cultivés, leurs troupeaux plus nombreux ; &, comparés aux autres, ils sont propres & bien vêtus.

La servitude des paysans polonois est d'ancienne date & a toujours été très-rigoureuse. Jusqu'au temps de Casimir le grand, un seigneur pouvoit tuer son paysan avec une entière impunité, & il se portoit pour héritier de celui qui mouroit sans enfans. En 1347, Casimir établit que celui qui tueroit un paysan paieroit une amende, & qu'à la mort de celui qui mourroit sans enfans ses biens passeroient à son plus proche parent. Il donna au paysan le droit de porter les armes, & voulut qu'à ce titre il fût regardé comme un homme libre. Mais les sages mesures de ce bon & grand prince ne purent soustraire long-temps le malheureux vassal à la tyrannie de son seigneur : ses loix furent éludées ou abrogées. La maxime reçue de tout temps en *Pologne* qu'*un esclave ne peut intenter un procès à son seigneur*, empêche l'effet de la loi qui assure au plus proche parent l'héritage du paysan décédé sans enfans. L'amende pour le meurtre d'un paysan ne peut être exigée que quand un noble est convaincu de ce crime, chose extrêmement difficile. Au contraire les loix qui tendent à assurer & à aggraver la servitude des paysans, ont été expressément & souvent confirmées. Il y en a entr'autres qui ordonnent des peines très-sévères contre ceux qui abandonnent sans congé leur domicile. On les prononce contre eux, sans appel, dans des tribunaux établis à cet effet, où ils sont jugés sommairement. Tel est en effet le malheureux état de cette classe d'hommes qu'ils ne peuvent être retenus que par la terreur des peines dans les lieux de leur naissance.

Il y a des paysans appartenans à la couronne, & d'autres qui appartiennent à des particuliers. Les premiers, établis dans les fiefs de la couronne ou dans les domaines royaux, peuvent appeller des jugemens des starotes aux cours royales de justice ; &, malgré la partialité qui règne dans ces tribunaux au préjudice du foible & du pauvre, la seule possibilité de cet appel contient l'injustice & soutient le paysan jusqu'à un certain point.

Ceux qui appartiennent à des particuliers, sont absolument à la discrétion de leurs maîtres ; ils n'ont aucune sûreté réelle pour leur propriété ou même pour leur vie. Il est vrai qu'en 1768 on passa un décret qui ordonne la peine de mort contre le meurtrier d'un paysan ; mais cette sûreté n'est qu'apparente, & se réduit en effet à bien peu de chose ; car, selon les loix, il faut pour condamner le meurtrier, qu'il soit pris sur le fait, & que le meurtre soit prouvé par le témoignage de deux gentilshommes & de quatre paysans. Si l'on ne trouve pas ce nombre complet de témoins, l'accusé en est quitte pour une amende.

Les polonois ne sont pas en général disposés

à améliorer la condition des paysans, qu'ils regardent à peine comme des créatures nées pour réclamer les droits de l'humanité. Quelques nobles cependant, d'un caractère plus humain, & d'un esprit plus éclairé ont fait voir qu'ils avoient adopté d'autres principes.

Ils ont essayé de donner la liberté à leurs serfs, & l'événement a prouvé que ce parti étoit aussi judicieux qu'il étoit humain, & que leur propre intérêt s'y trouvoit autant que l'avantage de leurs paysans. Dans les cantons où cet arrangement a eu lieu, la population a considérablement augmenté, & le revenu des terres s'est accru du triple.

Le premier noble qui a fait à ces paysans ce beau don de la liberté, est Zamoyski, ci-devant grand chancelier, qui en 1760 affranchit six villages dans le palatinat de Mazovie.

Il paroît, par les registres des paroisses, que le nombre des naissances, pendant les dix années qui ont précédé immédiatement l'affranchissement de ces villages, étoit de 434. Dans les dix années qui ont suivi cette époque, c'est-à-dire, de 1760 à 1770, il y a eu 620 naissances, & de 1770 à 1777, 585. Voilà donc trois périodes aisées à comparer. Durant la première il y avoit par an . . . . 43 naissances.

Dans la seconde il y en a eu 62.

Dans la troisième . . . . 77.

Si une augmentation aussi rapide avoit lieu dans tout le royaume, quelle ne seroit pas en peu d'années sa population & sa prospérité ?

Le revenu de ces six villages s'est accru dans une proportion plus considérable encore. Pendant que les paysans de Zamoyski étoient esclaves, il étoit obligé, selon la coutume de *Pologne*, de leur bâtir des huttes & des granges à ses frais, de leur fournir de grains pour semer, de chevaux, de charrues, de tous les outils nécessaires à la culture. Depuis qu'ils jouissent de la liberté, l'aisance où ils se trouvent leur permet de se pourvoir de tout cela à leurs propres frais; au lieu de corvées, ils lui payent avec plaisir une rente annuelle, & par là le revenu de sa terre a presque triplé.

Ainsi les faits les plus positifs détruisent absolument ce raisonnement souvent employé par les nobles polonois, que leurs serfs sont trop déréglés & trop indociles pour ne pas abuser de la liberté qu'on leur donneroit. Zamoyski, encouragé par les accroissemens de la prospérité de ses six villages, a affranchi de même les paysans de ses autres terres.

Son exemple a été suivi par Chreptowitz, vice-chancelier de Lithuanie, & l'abbé Bryfotoski avec un égal succès. Le prince Stanislas, neveu du roi, a soutenu avec chaleur le projet de l'affranchissement. Il a affranchi quatre villages près de Varsovie. Il pousse même la bonté jusqu'à diriger les affaires de ceux qu'il a rendus libres.

Malheureusement ce beau présent de la liberté ne leur est encore assuré que pendant la vie de celui qui le leur a fait; son successeur peut les faire rentrer dans leur ancienne servitude. On s'occupe, à la vérité, du projet d'assurer la liberté à ceux qui l'ont une fois obtenue; mais ce projet est d'une nature si délicate, qu'il ne pourra être proposé qu'avec beaucoup de précaution, & consolidé que par le temps. Mais il est prouvé que l'affranchissement des serfs est utile aux seigneurs polonois, & qu'il le seroit presque par-tout; & c'est une grande vérité qu'il est bon d'établir de toutes les manières.

Le nombre des juifs est considérable en *Pologne*. Ils y sont entrés du temps de Casimir-le-grand, & y jouissent des privilèges qui ne leur ont été accordés nulle part, excepté en Angleterre & en Hollande. De-là vient qu'ils s'y sont prodigieusement multipliés.

Lengnich, qui a écrit plusieurs ouvrages estimés sur la *Pologne*, dit « que les juifs font un mono-
» pole de toutes les branches du commerce de
» ce royaume ; qu'ils tiennent les auberges & les
» cabarets ; qu'ils sont les maîtres-d'hôtel des
» grands seigneurs, & qu'enfin ils y ont acquis
» un tel crédit, qu'on n'y vend & qu'on n'y
» achète rien que par le moyen d'un juif ». Sobieski leur accorda une si grande confiance, que la noblesse en témoigna le plus grand mécontentement. A sa mort, on fit revivre une ancienne loi qui fut insérée dans les *pacta conventa* qu'on fit signer à Auguste, par laquelle on interdisoit à ce prince d'affermer à un juif ou à toute personne de basse naissance les revenus de la couronne.

Ils peuvent s'établir à demeure dans certaines villes, comme à Casimir, Posnanie, &c. Dans d'autres, seulement pendant les foires ou les diétines ; mais ces restrictions sont mal observées. Il est difficile de savoir leur nombre avec exactitude. Ils paient, à la vérité, une capitation en *Pologne* ; mais par cela même ils cachent leur nombre, & sur tout celui de leurs enfans, avec tout le soin possible. Voici une estimation qui peut approcher de la vérité. Sur 2,580,796 habitans que contenoit la *Pologne* autrichienne lors du démembrement, on compta 144,200 juifs. C'est environ un dix-huitième. Le dix-huitième des habitans actuels de la *Pologne* seroit 500,000. Si l'on ajoute à ce nombre tous ceux qui ont passé en *Pologne* des provinces démembrées par la Russie, on ne pourra guère se tromper en estimant leur nombre total à 600,000.

Avant le démembrement, la *Pologne* contenoit environ 14,000,000 d'habitans. M. Coxe, d'après ce qu'il a pu recueillir dans diverses conversations avec des polonois instruits, évalue sa population actuelle à 9 millions.

En étudiant l'histoire & la constitution politique de ce royaume, on voit que les loix féodales autrefois universellement reçues en Europe, où il en subsiste encore çà & là plus ou moins de vestiges, ont été successivement abolies chez la plupart des autres nations pour faire place à une administration plus juste & plus régulière, tandis qu'en *Pologne* les circonstances se sont opposées à l'abrogation de ces mêmes loix; elles ont maintenu ce mélange de liberté & d'oppression, d'ordre & d'anarchie, qui forme le caractère le plus marqué du gouvernement féodal. La constitution actuelle de la *Pologne* présente encore les traits les plus frappans de cet ancien régime; une monarchie élective avec un pouvoir très-restreint, les grands officiers d'état possédant leurs charges à vie & indépendans du roi, des fiefs relevant de la couronne, des seigneurs tout puissans; une noblesse libre, & le seul ordre libre du royaume, possédant sans nulle dépendance ses terres, ses fiefs, sa jurisdiction territoriale, tenue seulement à un service militaire; un commerce avili & languissant, des bourgeois opprimés, des paysans esclaves. Tel est l'état de la *Pologne*, & telles sont les causes de sa décadence. De-là vient qu'elle n'a pu adopter les loix qui lui auroient assuré un état stable & tranquille, un bon gouvernement, un commerce florissant, une nombreuse population.

Voyez l'article LITHUANIE & les articles PRUSSE, RUSSIE & AUTRICHE.

POLYGAMIE : mariage d'un seul homme avec plusieurs femmes. Nous ne parlerons ici de la *Polygamie*, que dans ses rapports politiques.

Les femmes sont nubiles (1) dans les climats chauds, à huit, neuf & dix ans : ainsi l'enfance & le mariage y vont presque toujours ensemble. Elles sont vieilles à vingt : la raison ne se trouve donc jamais chez elles avec la beauté. Quand la beauté demande l'empire, la raison le fait refuser; quand la raison pourroit l'obtenir, la beauté n'est plus. Les femmes doivent être dans la dépendance : car la raison ne peut leur procurer dans leur vieillesse un empire que la beauté ne leur avoit pas donné dans la jeunesse même. Il est donc très-simple qu'un homme, lorsque la religion ne s'y oppose pas, quitte sa femme pour en prendre une autre, & que la *Polygamie* s'introduise.

Dans les pays tempérés, où les agrémens des femmes se conservent mieux, où elles sont plus tard nubiles, & où elles ont des enfans dans un âge plus avancé, la vieillesse de leur mari suit en quelque façon la leur : & comme elles y ont plus de raison & de connoissances quand elles se marient, ne fût-ce que parce qu'elles ont plus long-temps vécu, il a dû naturellement s'introduire une espece d'égalité dans les deux sexes, & par conséquent la loi d'une seule femme.

Dans les pays froids, l'usage presque nécessaire des boissons fortes établit l'intempérance chez les hommes. Les femmes, qui ont à cet égard une retenue naturelle, parce qu'elles ont toujours à se défendre, ont donc encore l'avantage de la raison sur eux.

La nature qui a distingué les hommes par la force & par la raison, n'a mis à leur pouvoir de terme que celui de cette force & de cette raison. Elle a donné aux femmes les agrémens, & a voulu que leur ascendant finît avec ces agrémens : mais, dans les pays chauds, ils ne se trouvent que dans les commencemens, & jamais dans le cours de leur vie.

Ainsi la loi qui ne permet qu'une femme, se rapporte plus au physique du climat de l'Europe, qu'au physique du climat de l'Asie. C'est une des raisons qui a fait que le mahométisme a trouvé tant de facilité à s'établir en Asie, & tant de difficulté à s'étendre en Europe; que le christianisme s'est maintenu en Europe, & a été détruit en Asie; & qu'enfin les mahométans font tant de progrès à la Chine, & les chrétiens si peu. Les raisons humaines sont toujours subordonnées à cette cause suprème, qui fait tout ce qu'elle veut, & se sert de tout ce qu'elle veut.

Quelques raisons particulières à Valentinien (2), lui firent permettre la polygamie dans l'empire. Cette loi, violente pour nos climats, fut ôtée (3), par Théodore, Arcadius & Honorius.

Quoique, dans les pays où la polygamie est une fois établie, le grand nombre des femmes dépende beaucoup des richesses du mari; cependant on ne peut pas dire, que ce soient les richesses qui fassent établir dans un état la *Polygamie* : la pauvreté peut faire le même effet, ainsi qu'on le voit chez les sauvages.

La *Polygamie* est moins un luxe, que l'occasion d'un grand luxe chez des nations puissantes. Dans les climats chauds, ou a moins de besoins (3) : il en coûte moins pour entretenir une

---

(1) Mahomet épousa Cadisja à cinq ans, coucha avec elle à huit. Dans les pays chauds d'Arabie & des Indes, les filles y sont nubiles à huit ans, & accouchent l'année d'après. *Prideaux, vie de Mahomet*. On voit des femmes dans le royaume d'Alger enfanter à neuf, dix & onze ans *Laugier de Tassy, histoire du royaume d'Alger, pag. 6.*
(2) Voyez Jornandès, *de regno & tempor. succes.* & les historiens ecclésiastiques.
(3) Voyez la loi VII, au code *de judæis & cælicolis*; & la novelle 18, chap. 5.
(4) A Ceylan un homme y vivoit jadis pour dix sous par mois : on n'y mangeoit que du riz & du poisson. *Recueil des voyages qui ont servi à l'établissement de la compagnie des Indes, tom. 2, part. première.*

femme & des enfans. On y peut donc avoir un plus grand nombre de femmes.

A regarder la *Polygamie* en général, indépendamment des circonstances qui ont pu la faire tolérer dans quelques pays, elle n'est point utile au genre humain, ni à aucun des deux sexes, soit à celui qui abuse, soit à celui dont on abuse. Elle n'est pas non plus utile aux enfans; & un de ses grands inconvéniens, est que le père & la mère ne peuvent avoir la même affection pour leurs enfans; un père ne peut pas aimer vingt enfans, comme une mère en aime deux. C'est bien pis, quand une femme a plusieurs maris; car, pour lors, l'amour paternel ne tient plus qu'à cette opinion, qu'un père peut croire, s'il veut, ou que les autres peuvent croire, que de certains enfans lui appartiennent.

On dit que le roi de Maroc a dans son sérail des femmes blanches, des femmes noires, des femmes jaunes. Le malheureux! à peine a-t-il besoin d'une couleur.

La possession de beaucoup de femmes ne prévient pas toujours les desirs (1) pour celle d'un autre; il en est de la luxure comme de l'avarice, elle augmente sa soif par l'acquisition des trésors.

Du temps de Justinien, plusieurs philosophes gênés par le christianisme, se retirèrent en Perse auprès de Cosroès. Ce qui les frappa le plus, dit *Agathias* (2), ce fut que la *Polygamie* étoit permise à des gens qui ne s'abstenoient pas même de l'adultère.

La pluralité des femmes, qui le diroit! mène à cet amour que la nature désavoue: c'est qu'une dissolution en entraîne toujours une autre. A la révolution qui arriva à Constantinople, lorsqu'on déposa le sultan Achmet, les relations disent que le peuple ayant pillé la maison du Chiaya, on n'y avoit pas trouvé une seule femme. Laugier de Tassy dit, qu'à Alger (3) on est parvenu à ce point qu'on n'en a pas dans la plupart des serrails.

POMÉRANIE, (duché de) en Allemagne. La *Pomeranie* est bornée vers le levant par la Pomérelie, qui est une partie du duché de Prusse; vers le midi par la Pologne, la nouvelle-Marche & la Marche Uckérane; vers le couchant, par le duché de Mecklenbourg; & vers le nord, par la mer Baltique. Sa longueur, prise le long des côtes de la mer, est de 60, & sa largeur de 8 jusqu'à 13 milles géographiques. Son étendue étoit bien plus considérable autrefois; elle alloit vers le levant jusqu'à la Vistule; ensorte que de ce côté-là elle comprenoit la Pomérelie, & entroit en-

core bien avant dans la grande Pologne: une partie de la nouvelle Marche & de la Marche Uckérane en dépendoit vers le midi, & elle renfermoit vers le couchant le pays de Stargard, & une partie de celui de Mecklenbourg.

Précis de l'histoire politique; prérogatives de ce duché, & remarques sur l'administration.

Les suèves & les vandales occupoient autrefois cette contrée, & sous le nom de *suèves* & de *vandales* nous comprenons les goths, les rugiens, les lemoviens & encore d'autres peuples. Les premiers s'éteignirent vers le milieu du sixième siècle, & furent remplacés par les slaves ou venedes, qui reçus dans le pays, s'y maintinrent, & s'y étendirent successivement; mais ce qui est digne de remarque, les noms des peuples, qui demeurèrent entre l'Oder & la Vistule, celui du pays même, ont été inconnus jusqu'au onzième siècle. Adam de Bremen est le premier qui, dans son histoire ecclésiastique, ait nommé poméraniens les slaves, qui occupèrent cette partie de la province; Helmold l'imita; mais ni l'un ni l'autre n'appella ce pays *Poméranie*; ce nom se trouve pour la première fois, dans la bulle de confirmation que donna le pape Innocent, au sujet de l'érection de l'évêché de *Poméranie*, & dont la date remonte à 1140. Il paroît qu'il vient de la langue slavone, & qu'il est composé de *Pomarski*, qui signifie situé sur le bord de la mer. Entre l'Oder & la Warnow, on trouvoit les vilses, qu'on appelle aussi welatabres & lutices. Ces peuples se divisèrent en rhéteriens, ainsi nommés de Rhétère, leur ville capitale, en tollensiens de la rivière de Tollense, en circipéniens de celle de Peene, & en kissiniens, nom qu'ils avoient pris de la ville de Kissin. Les rugiens habitèrent l'isle de Rugen, dans la mer Baltique.

Le prince Suantibor I, fut la souche des ducs de *Poméranie*. Il mourut en 1107, & ses quatre fils partagèrent ses domaines: Wartislas & Ratibor, I. eurent la *Poméranie* antérieure; c'est-à-dire, le district situé entre la Warnow près de Rostock & la Persante, ainsi que celui qui forme aujourd'hui la nouvelle Marche; Bogislas & Suantipolk eurent la *Poméranie* ultérieure, qui comprenoit le district qui se trouve entre la Persante, la Brache & la Vistule, ainsi qu'une partie des cantons polonois dépendans de Posen & de Kalisch, & qui s'étendent jusqu'à la Netze & la Warte: ils transmirent ces héritages à leur postérité, à l'exception néanmoins de ce que les polonois conquirent par la suite sur les deux der-

---

(1) C'est ce qui fait que l'on cache avec tant de soin les femmes en orient.
(2) De la vie & des actions de Justinien, page 403.
(3) Histoire d'Alger.

niers de ces quatre princes, & de ce que les marggraves de Brandebourg enlevèrent aux deux premiers par la force des armes. Les limites furent un sujet presque continuel de dispute entre les deux maisons : la Châtellenie de Belgard fut la partie cependant qui occasionna le plus de contestations : les princes de la *Poméranie* antérieure ne cessèrent point de la réclamer ; les autres au contraire soutinrent constamment que la Persante formoit la borne naturelle de leurs possessions d'un bout à l'autre. La branche de la *Poméranie* ultérieure s'éteignit en 1295, par la mort du duc Mestovin II, époque à laquelle elle avoit déja perdu toute la partie qu'on nomme la *Pomérelie*. Ce dernier duc avoit institué le royaume de Pologne pour hériter de ses états, afin de plaire à ses sujets, qui le désiroient ; mais la branche de la *Poméranie* antérieure en prit la plus grande portion.

Casimir & Bogislas, frères & ducs de la même *Poméranie* antérieure, offrirent ce duché à l'empereur & à l'Empire d'Allemagne, & ils demandèrent de les tenir en nature de fief ; ils furent nommés l'un & l'autre princes de l'Empire en 1181, par l'empereur Frédéric I & par la suite, des temps toute la *Poméranie* devint fief de l'Empire. Le duc Barnim I se rendit maître de la *Poméranie* ultérieure, à l'exception de la seule ville de Stolpe. Bogislas IV & Otton I, ses deux fils, partagèrent entre eux états ; le premier fut la souche de la branche de Wolgast, & le second de celle de Stettin, qui s'éteignit en 1464, par la mort d'Otton III. Les domaines de cette branche échurent à la première : l'électeur de Brandebourg forma des prétentions sur ces domaines, d'après un pacte de famille conclu avec le duc Barnim le grand ; il fut obligé d'y renoncer, mais il obtint l'investiture éventuelle de la branche de Wolgast, pour le cas où elle viendroit à s'éteindre. Cette même branche hérita sous le règne de Wartislas IV, de l'isle de Rugen, qui jusqu'alors étoit gouvernée par ses princes particuliers ; elle hérita aussi d'une partie de la Poméranie ultérieure, savoir du duché de Vandalie, & en prenant possession de l'isle de Rugen, elle eut en même-temps l'office de grand veneur de l'Empire. Barnim IV & Bogislas V, partagèrent entr'eux les états de Wartislas leur père ; Wolgast échut au premier, & la Vandalie au second, dont les petits fils terminèrent la lignée ; celle du premier ne s'éteignit qu'en 1637, par la mort du duc Bogislas XIV, qui fut le dernier de tous les ducs de *Poméranie*. Cette province devoit dès-lors appartenir en entier à l'électeur de Brandebourg, en vertu de l'expectative dont on vient de parler ; mais le traité de paix de Westphalie, prononça d'une autre manière sur la *Poméranie* antérieure & la principauté de Rugen. Les villes de Stettin, de Garz, de Dam, de Golnau, qui dépendoient de la *Poméranie* ultérieure, & l'isle de Wollin furent cédées à la couronne de Suède, ainsi que l'Oder & le Lac nommé Frische-Haff avec ses trois embouchures. L'électeur de Brandebourg fut obligé de se contenter du surplus de la *Poméranie* ultérieure, à laquelle on ajouta l'évêché de Cammin, que l'on convertit en une principauté séculière ; on accorda de plus à la couronne de Suède l'expectative sur la partie de la *Poméranie*, que l'électeur de Brandebourg venoit d'obtenir, si tous les mâles de cette maison venoient à s'éteindre.

Les suédois ne manquèrent pas de faire valoir le sacrifice qu'ils faisoient à l'électeur de Brandebourg, & l'électeur, celui qu'il faisoit aux suédois. Celui-là demanda un dédommagement, & ceux-ci voulurent être indemnisés. Le dédommagement fut pris sur le clergé romain. Les suédois eurent les évêchés de Breme & de Vehrden, & l'électeur eut ceux de Halberstadt, de Minden, de Cammin & l'expectative sur l'archevêché de Magdebourg. Ces acquisitions valoient sans doute mieux que tout ce que l'électeur perdoit en *Poméranie* : cependant il ne laissa pas d'en paroître mécontent ; & dans la suite il porta la guerre en *Poméranie*, & obtint à la paix de Nimègue, en 1679, tout ce que la Suède possédoit en de-là de l'Oder, excepté Dam. Il fit tout son possible pour avoir aussi Stettin ; mais il n'y put réussir. Son petit fils, Frédéric Guillaume II, roi de Prusse, prit mieux ses mesures & s'empara de Stettin, qui est resté dans sa maison par le traité de Stockholm, en 1720, où il est dit, que la reine de Suède cède au roi de Prusse, à sa maison & à ses successeurs, sans exception & à perpétuité, tant pour elle que pour ses héritiers & successeurs, la ville de Stettin, le district entre l'Oder & la Péne, avec les isles de Wollin & d'Usedom, de la même manière que le tout a été cédé par l'empereur à la Suède, par l'article X. du traité de Westphalie. Quant au droit de séance & de suffrage pour le duché de *Poméranie*, tant à la diète de l'empire qu'à celle du cercle, avec les autres droits cédés à la couronne de Suède, les choses sont restées dans l'état réglé par la paix de Westphalie. Aujourd'hui la Péne fait les limites entre la *Poméranie* suédoise & la *Poméranie* brandébourgeoise. La première est resserrée vers la mer ; l'autre s'étend du nord au midi, en deçà & en delà de l'Oder & comprend le pays appelé *Cassubie*, qui n'est pas de grande importance. La couronne de Suède n'a pu parvenir qu'en 1754, à obtenir l'investiture impériale pour la *Poméranie*.

Le roi de Suède & celui de Prusse, ont chacun une voix aux diètes de l'empire & aux assemblées circulaires de la haute Saxe ; l'un en qualité de duc de la *Poméranie* antérieure, & l'autre comme duc de la *Poméranie* ultérieure. Le premier s'est chargé de payer 125 rixdales, 72 & deux tiers de kr. pour l'entretien de la chambre, & l'autre 270 rixdales, 49 & demie kr.

L'une & l'autre de ces deux princes font en droit, selon le traité de paix de Westphalie, de prendre le titre & les armes de toute la *Poméranie* en général, mais non point de la principauté de Rugen; ce droit est réservé au seul roi de Suède; celui-ci est qualifié dans les diètes de duc de *Poméranie* & de prince de Rugen, mais il ne prend ni le titre ni les armes de la *Poméranie*. Le roi de Prusse prend la qualité de duc de Stettin, de *Poméranie*, des cassubes & des venedes, ainsi que nous l'avons dit ailleurs. Les anciens ducs de *Poméranie* furent grands veneurs du saint empire romain, en vertu de la principauté de Rugen, située du côté du détroit; d'autres princes furent revêtus de la même dignité de grand veneur, mais dans des districts limités de l'Empire.

Le roi de Suède établit un gouverneur général dans la partie qui lui appartient dans la *Poméranie* antérieure; & c'est à Stralsund qu'est fixée sa résidence; c'est aussi le siège d'une régence royale & d'un autre tribunal, devant lequel sont portées les affaires qui intéressent l'état militaire. Il se trouve à Greifswalde une cour royale de justice & un consistoire provincial; & le tribunal suprême, auquel sont portés tous les appels des jugemens qui se rendent dans la *Poméranie* suédoise, siége à Wismar.

La régence royale prussienne de la *Poméranie* antérieure & de l'ultérieure, est établie à vieux Stettin, où se trouvent aussi le trésor de la guerre & du domaine; la cour de justice de la *Poméranie* antérieure, le conseil criminel de l'échevinage de *Poméranie*, qui y est joint, & enfin le consistoire, dont l'inspection n'est confiée qu'au président de la régence. La *Poméranie* ultérieure relève d'une autre cour royale de justice & d'un autre consistoire, établis à Coeslin, mais le premier de ces tribunaux n'est regardé que comme un collège subordonné à la régence de Stettin, dans les affaires qui intéressent soit le public, soit la province entière.

Division de la Poméranie.

La division en *Poméranie* antérieure & ultérieure, n'a point toujours été la même. On appelloit dans le douzième siècle *Poméranie* antérieure, le pays qui se trouve entre la Warnow dans le duché actuel de Mecklenbourg & la Persante; & on nommoit *Poméranie* ultérieure celui qu'environnent la Persante, la Brache & la Vistule. La *Poméranie* antérieure ne s'étendoit point de la Reckenitz à l'Oder, au 17e. siècle; car lorsqu'il s'agit de céder cette province à la couronne de Suède, d'après le traité de paix de Westphalie, on envisagea les villes de Stettin & de Garz, situées au couchant de l'Oder, comme faisant partie de la *Poméranie* ultérieure. On nomme aujourd'hui *Poméranie* antérieure, le pays situé entre la Reckenitz & l'Oder, & *Poméranie* ultérieure, celui qui se trouve entre l'Oder & la Pomérelie, ensorte que l'Oder doit être regardée comme la limite de ces deux provinces. Les cartes géographiques sont encore défectueuses sur ces points, puisqu'elles comprennent dans la *Poméranie* antérieure, la partie du duché de Stettin, qui est située entre l'Oder & l'Ihna. Le duché de *Poméranie* renferme donc, à proprement parler, le pays situé entre l'Ihna & la Lebe, lequel est aussi divisé en antérieur & ultérieur; celui situé entre l'Ihna & la Wippen, qui contient le duché de Cassubie, & ne forme plus une province particulière, a pris cette même dénomination: enfin elle s'est étendue aussi sur la principauté de Cammin, dont les limites sont incertaines, & de laquelle on estime que le pays qui se trouve entre la Wipper & la Lebe, & par conséquent le duché de Vandalie, font partie.

Sol, productions.

Le sol est sablonneux dans quelques cantons; mais il est gras & de bonne qualité, dans la majeure partie de ce duché; & les habitans exportent une quantité considérable de bleds de toute espèce.

Navigation, commerce & manufacture.

La navigation & le commerce de cette province tirent des avantages infinis de la mer Baltique; mais il est très-dangereux d'en suivre les bords du côté de la *Poméranie*, sur-tout vers l'embouchure de l'Oder; elle offre deux ports, celui de Swine & celui de Colberg, où il faut entrer avec précaution; un grand nombre de bâteaux font naufrage chaque année sur les côtes de la *Poméranie*. Le droit de varech, établi autrefois sur cette côte, fut aboli par Bogislas X; il fut pareillement aboli dans la *Poméranie* prussienne en 1743, ensorte que tous les effets naufragés sont rendus à leurs propriétaires qui payent une certaine somme pour les frais. La mer Baltique rejette de côté & d'autre de l'ambre jaune de son sein sur le rivage de la *Poméranie* ultérieure, mais en moindre quantité cependant qu'elle ne le fait en Prusse.

Plusieurs villes & notamment celles de Stettin, de Stargard, de Colberg, de Coslin, contiennent des manufactures & des fabriques de plusieurs espèces. Il y a sur les terres de Massow, près de Rummelsbourg une manufacture de futaine, & on fait une quantité considérable de toile dans le district de Rügenwalde, où le lin croît en abondance. Les villes situées le long des fleuves navigables & vers le rivage de la mer Baltique, entretiennent trétiennent un commerce très-étendu, mais principalement celles de Stettin & de Stralsunde; on peut juger de celui de la première de ces deux villes par l'énumération des marchandises, qui y ont été fabriquées en 1756, & dont l'exportation se fit la même année en Hollande, en Angleterre, en France, en Espagne, en Danemarck, dans la Norwege, la Suède, la Russie, la Prusse, les villes de Dantzick, de Mecklenbourg, Lubeck & Hambourg: savoir, 10,089 livres d'amidon, (cet amidon n'avoit point été fabriqué dans le pays) 72,200 livres d'antimoine, 1171 quintaux d'arsénic, 106 quintaux de fer blanc, 106 pièces d'étamines, 251 pièces de flanelle, 107 tonnes de calamine, 6,649 caisses de verres, pour la valeur de 17,608 rixdales de verres d'Hollande, plusieurs espèces de bois, savoir, 33,186 toises de bois de chauffage, pour la valeur de 130,960 rixdales de bois de construction, 1401 schocks, mesure du pays, de bois de gayac, 2598 schocks de bois dit klappholz, 30 mâts, 5,179 planches, pour la valeur de 8,916 rixdales de bois propre à la construction des bateaux, pour celle de 22,526 rixdales de mercerie, 24 caisses de marchandises de lin, 436,960 briques, 639 quintaux de laiton, 147 tonnes de potasse, 408 quintaux de garance, 233 tonnes de savon, 1830 quintaux de faux, 5,812 quintaux de tabac, 3,448 pièces de draps, 775 quintaux de laine de Pologne; l'exportation de ces articles occupa 1671 bâtimens, & 97 autres sortirent de ce port chargés de lest.

Population & remarques générales.

Tout le duché de *Poméranie* contient 68 villes, divisées en immédiates & en médiates; les premières dépendent du siège de justice supérieur de la province; elles élisent elles-mêmes leurs magistrats, & ceux des trois villes qui ont le droit de préséance aux états, où ils ont coutume d'être convoqués. Les villes médiates sont du ressort des bailliages royaux, ou des seigneuriaux; elles prêtent serment de fidélité à leurs seigneurs & patrons; elle se pourvoient en seconde instance au siège de justice du bailliage ou du château. Les préposés de ces villes sont à la nomination des seigneurs, & doivent être confirmés par la régence provinciale. Les deniers que les villes immédiates sont tenues de payer à leur souverain pour le droit de jurisdiction, sont nommés *Ohrbor* ou *Orbeede*; plusieurs villes médiates n'en étoient pas affranchies autrefois: elles étoient obligées d'acquitter le même droit aux seigneurs qui habitoient les châteaux, témoin la ville de Rummelsbourg qui le paya à la famille de Massow, sous le nom de l'écu du gentilhomme.

Le nombre des morts s'est monté, dans les derniers temps, à 12,000 personnes par an lorsqu'il n'y a point eu d'épidémie; d'où l'on peut conclure que toute la *Poméranie* contient environ 460,000 ames. Cette province est sur-tout peuplée d'allemands & de venèdes d'origine. Il paroît, par un diplôme du duc Bogislas I, que des moines allemands du couvent de Colbatz amenèrent, dès le douzième siècle, des laboureurs de leur nation dans cette province; & par d'autres titres de 1240, que des nobles s'y établirent. A peu près à cette époque, les couvens y attirèrent un grand nombre d'allemands; les ducs firent construire des villes & des villages qu'ils leur abandonnèrent pour s'y établir; ils y ajoutèrent même de grands privilèges qui excitèrent la jalousie. La majeure partie de ces émigrans venoit des pays de Brunswick; ils n'y furent d'abord que tolérés, mais ils détruisirent peu à peu les anciens habitans, en leur refusant le droit de bourgeoisie dans leurs nouvelles villes & tout accès dans leurs corps de métiers, & en s'établissant de force dans celles des venèdes; ce qui contribua pas peu à l'entière oppression des venèdes, fut le violent tribut auquel ils furent imposés; &, à peine l'idiome allemand eut-il été adopté par la cour, que celui des venèdes tomba en désuétude. On trouve encore des cassubiens mêlés avec les allemands dans le cercle de Stolpe & dans les seigneuries de Lavenbourg & de Butow; leur langage a à-peu-près avec le bon langage polonois le rapport qu'à le mauvais allemand avec le bon: voilà pourquoi les cassubiens comprennent aisément les sermons qu'on leur fait dans l'idiome épuré de la Pologne. Le roi de Prusse a augmenté la population de la *Poméranie* prussienne, comme il a augmenté celle de ses autres états (voyez l'article PRUSSE); car depuis 1746, on y a élevé 59 nouveaux villages & nouvelles censées. Frédéric II y a placé 876 familles étrangères, & il en a transplanté 280 anciennes dans d'autres villages qu'il a fait aggrandir.

Noblesse.

La noblesse est nombreuse en *Poméranie*, & elle y est en grande considération depuis un temps assez considérable. Les sujets des seigneurs sont leurs serfs, tenus à des corvées personnelles & à des corvées de chariots; & en cas d'évasion, ils doivent leur être rendus, s'ils peuvent être découverts; si on ne les resaisit point, le seigneur dispose en faveur d'un autre de la cour ou de la métairie du fugitif; & il lui fournit les chevaux, les vaches, les porcs, les moutons & les bleds dont il peut avoir besoin pour son établissement & pour sa subsistance; s'il en est ensuite mécontent, il peut le chasser avec sa femme & ses enfans. Les laboureurs établis à Rugen, à Barth & le long du Tollensée, ceux qui sont domiciliés auprès de Pyritz & de Rugenwald, & la plupart de ceux qui dépendent des villes sont mieux traités; ils font tenus à des corvées moins onéreufes, & leurs métairies font héréditaires; ils peuvent même acquérir celles des autres avec le confentement des feigneurs; le vendeur paye alors le dixième du prix de la vente, & l'acquéreur paye une autre redevance en argent.

Etats.

Cette province a confervé fes états, & Frédéric II lui-même n'a pas ofé les abolir. Ils font compofés des prélats, de la nobleffe & des villes. Les prélats de la *Poméranie* pruffienne font le grand chapitre de Camin, l'abbaye de Sainte-Marie de Colberg & les deux abbayes établies à Stettin. La famille de Somnitz poffede la charge de chambellan héréditaire du duché de *Poméranie* & de la principauté de Camin.

Religion.

La majeure partie des habitans profeffent la religion luthérienne depuis 1534 & 1535. On trouve néanmoins çà & là des calviniftes & des catholiques. Les communautés luthériennes font foumifes à l'infpection des prévôtés, qui elles mêmes dépendent des furintendances générales.

Revenus.

On dit que la *Poméranie* pruffienne rapporte annuellement près de 800,000 rixdales. Ces revenus proviennent: 1°. des bailliages domaniaux: 2°. des droits qui fe perçoivent fur les terres labourables; toutes celles des gens de qualité & des villes furent converties en cantons de trente arpens, appellés en allemand *hufen*: ces cantons font divifés en trois claffes, felon la qualité des terres; que l'année foit bonne ou mauvaife, chacun de ces *hufen* ne paye qu'une rixdale par mois: 3°. de l'accife établie dans les villes: 4°. des droits impofés fur les pignons: 5°. des poftes: 6°. de l'uftenfile que paient les villes: 7°. du droit de protection que les juifs font tenus d'acquitter: 8°. des péages fur les fleuves & rivières, lequel droit eft d'un produit confidérable à Swinemunde: 9°. les forêts: 10°. des droits féodaux à payer par les nobles; on paye dix-huit rixdales pour la contribution d'un cheval: 11°. de la vente du fel de halle, dont chaque ménage eft obligé de prendre annuellement une quantité déterminée: 12°. du papier timbré: 13°. des fourages ou de l'impôt établi fur le pays plat pour l'entretien de la cavalerie (les cours nobles en font exemptes). Ce qu'un laboureur eft obligé de payer par an pour cet objet, fe monte à environ 2 rixdales 16 gros. Les biens nobles qui n'ont pas ceffé de l'être depuis leur origine, ne paient point de contributions.

On ajoute que les revenus du roi de Suède dans la *Poméranie* antérieure, en 1753, fe montèrent à 124,000 rixdales. Les biens domaniaux étoient chargés de 514,079 rixdales de dettes, dont les intérêts furent payés à cinq pour cent. Les canons des biens engagés furent de 53,952 rixdales, & ceux des autres biens non engagés de 42,754 rixdales. Les états de Suède fupplièrent le roi, en 1766, de faire vendre au plus offrant & dernier enchériffeur les biens domaniaux, lorfque le temps de la ferme & celui des engagemens feroient écoulés.

A cette époque, les revenus de la *Poméranie* fuédoife ne fuffifoient pas pour faire face aux dépenfes qu'exigeoit l'entretien de l'état; il falloit y fuppléer annuellement par des fonds tirés de la Suède, ou par des emprunts & des engagemens des domaines. On regardoit avec raifon ce pays comme onéreux à la couronne de Suède; mais la fage adminiftration du prince de Heffenftein qui en eft gouverneur, a prouvé qu'il ne l'eft pas. Ce prince, guidé par de bons principes, a trouvé le moyen, non-feulement de pourvoir aux dépenfes de l'état par les revenus de la province, mais de faire encore tous les ans des épargnes confidérables, qui font employées aux améliorations du pays & à divers bons établiffemens.

Année commune, le revenu depuis 1771 a été de 230,000 rixdalers. Depuis 1777, la recette a conftamment excédé la dépenfe. Le total de l'épargne depuis cette époque jufqu'en 1782, monte à la fomme de 150,109 rixdalers.

La population de cette province fuédoife s'eft accrue confidérablement. En 1766, on y comptoit 88,957 ames, & en 1782, 101,584. Ainfi, dans l'efpace de feize ans, la population eft augmentée de 12,627 perfonnes. Nous avons évalué la population de la *Poméranie* entière à 460,000 ames, & l'on voit que le diftrict de la Pruffe eft au moins trois fois plus peuplé que celui de la Suède. En 1782, les trois dixièmes du total de la population de la *Poméranie* fuédoife demeuroient dans les villes, & fept dixièmes à la campagne. Le rapport des naiffances à la population totale étoit, dans la même année, comme un à trente, fept huitièmes; les enfans illégitimes aux enfans légitimes, comme un à quatorze trois tiers, & les morts aux vivans, comme un à trente-trois, trois cinquièmes. — L'exportation de la *Poméranie* fuédoife fut évaluée, dans l'année 1782, à 739,693 rixdalers, & l'importation à 569,638 rixdalers; ce qui produifit dans le commerce un bénéfice de 179,055 rixdalers.

APPENDICE A LA POMÉRANIE.

Des feigneuries de Lavenbourg & de Buttow.

Ces feigneuries appartenoient autrefois à la couronne de Pologne. Le roi Cafimir les abandonna en 1455 à Eric, duc de *Poméranie*, fans aucune prestation de devoirs féodaux ; depuis 1460, les ducs de *Poméranie* les possédèrent comme francs-fiefs de la couronne de Pologne. Cette dernière tenta ensuite de les obliger à des prestations féodales : on convint en 1526 que les ducs de *Poméranie* conserveroient ces seigneuries sur le pied d'un fief héréditaire, sans payer aucun droit, avec la réserve cependant qu'à chaque règne ils seroient tenus d'obtenir en Pologne de nouvelles investitures qu'on leur donneroit gratuitement. Bogislas XIV étant mort, la couronne de Pologne se les appropria comme des fiefs vacans ; elle obligea même les sujets à lui prêter serment de fidélité ; mais par le traité de Welau, signé en 1657 & confirmé à Bromberg ou Ridgost, ces deux seigneuries furent cédées à la maison électorale de Brandebourg, avec la clause expresse que cette maison les posséderoit sur le pied d'un franc-fief, & tel que les avoient possédées les ducs de *Poméranie* ; qu'elle en seroit investie, sans qu'elle prêtât serment de fidélité. Si nous parlons ici de ces deux seigneuries, par la raison qu'elles sont possédées par la maison électorale de Brandebourg, il ne s'ensuit pas qu'elles fassent partie du duché de *Poméranie*. Elles ont au contraire leurs cours de justice particulières, qui toutes deux sont établies à Lavenbourg ; l'une, nommée *grande cour de justice*, forme la première instance, dont les appels se portent au tribunal supérieur, & de là à Berlin. Ces deux seigneuries ne dépendent pas non plus des consistoires de *Poméranie* ; mais elles sont soumises aux seules décisions du synode, qui de temps à autre tient ses assemblées à Lavenbourg. Elles ne paient point les mêmes impôts que la *Poméranie*, & elles jouissent de quelques privilèges qui leur sont particuliers. On y trouve encore des cassubiens, & c'est pour cela qu'on prêche dans les églises, tant en allemand qu'en langue polonoise. Elles sont composées de deux bailliages.

1°. La seigneurie ou le bailliage de Lavenbourg, dont l'étendue en longueur est de 8 milles & de 6 en largeur.

2°. La seigneurie ou le bailliage de Buttow environ de six milles quarrés.

Voyez les articles PRUSSE & SUEDE.

PONDICHERY, établissement des françois sur la côte de Coromandel.

Nous avons parlé à l'article INDOSTAN des conquêtes des françois sous M. Dupleix & M. de Bussy, dans la péninsule de l'Inde : nous nous bornerons ici, 1°. à un précis de la décadence & de la chûte de notre ancienne compagnie des Indes, & à quelques remarques sur la nouvelle ; 2°. à des détails particuliers sur les établissemens ou les comptoirs que les françois ont dans l'Inde ; mais comme nous avons parlé à l'article Chandernagor ; de cet établissement qui a été rendu aux françois par le traité de paix de 1783 : nous y renverrons le lecteur.

SECTION PREMIERE.

Précis de la décadence & de la chûte de notre ancienne compagnie des Indes, & quelques remarques sur la nouvelle.

Les disgraces qu'éprouvèrent les françois en Asie durant la guerre de 1755, avoient été prévues par tous les observateurs qui réfléchissoient. Leurs mœurs avoient sur-tout dégénéré dans le climat voluptueux des Indes. Les guerres que Dupleix avoit faites dans l'intérieur des terres, avoient commencé un assez grand nombre de fortunes. Les dons que Salabetzingue prodigua à ceux qui le conduisirent triomphant dans sa capitale & l'affermirent sur le trône, les multiplièrent & les augmentèrent. Les officiers qui n'avoient pas partagé le péril, la gloire, les avantages de ces expéditions brillantes, cherchèrent à se consoler de leur malheur, en réduisant à la moitié le nombre des cipayes qu'ils devoient avoir, & dont ils pouvoient facilement détourner la solde, parce qu'on leur en laissoit la manutention. Les commis à qui ces ressources étoient interdites, débitant les marchandises envoyées d'Europe, ne rendoient à la compagnie que la moindre partie du bénéfice qu'elle auroit dû avoir en entier, & lui revendoient fort cher celles de l'Inde qu'elle auroit dû recevoir de la première main. Ceux qui étoient chargés de l'administration de quelque possession, l'affermoient eux-mêmes sous des noms indiens, ou la donnoient à vil prix, parce qu'ils avoient reçu d'avance une gratification considérable ; souvent même ils retenoient tout le revenu de ces possessions, en supposant des violences & des ravages qui avoient rendu impossible le recouvrement. Toutes les entreprises, de quelque nature qu'elles fussent, s'accordoient clandestinement : elles étoient la proie des employés qui avoient su se rendre redoutables, ou de ceux qui jouissoient de plus de faveur & de fortune. L'abus solemnel aux Indes de faire & de recevoir des présens à chaque traité, avoit multiplié les engagemens sans nécessité. Les navigateurs qui abordoient dans ces climats, éblouis des fortunes qu'ils voyoient quadrupler d'un voyage à l'autre, ne voulurent plus regarder les vaisseaux dont on leur confioit le commandement, que comme une voie de trafic & de richesse qui leur étoit ouverte. La corruption fut portée à son comble par les gens de qualité avilis & ruinés, qui, sur ce qu'ils voyoient, sur ce qu'ils entendoient dire, voulurent passer en Asie, dans l'espérance d'y rétablir leurs affaires, ou d'y continuer avec impunité leurs déréglemens. La conduite personnelle des directeurs les mettoit dans la nécessité de fermer les yeux sur tous ces désordres. On leur reprochoit de ne voir dans leur place que le crédit, l'argent, le pouvoir qu'elle leur donnoit. On leur reprochoit de livrer les postes les plus importans à des parens sans mœurs, sans application, sans capacité. On leur reprochoit de multiplier sans cesse & sans mesure le nombre des facteurs, pour se ménager des protecteurs à la ville & à la cour. Enfin on leur reprochoit de fournir eux mêmes ce qu'on auroit obtenu ailleurs à un prix plus modique & de meilleure qualité. Soit que le gouvernement ignorât ces excès, soit qu'il n'eût pas le courage de les réprimer, il fut, par son aveuglement ou par sa foiblesse, complice en quelque sorte de la ruine des affaires de la nation dans l'Inde. On pourroit même, sans injustice, l'accuser d'en avoir été la cause principale, par les instrumens foibles ou infidèles qu'il employa pour diriger, pour défendre une colonie importante, qui n'avoit pas moins à craindre de sa corruption que des flottes & des armées angloises.

Le poids des malheurs qui accabloient la compagnie dans l'orient, étoit augmenté par la situation non moins fâcheuse où elle se trouvoit en Europe. Il fallut tracer ce double tableau aux actionnaires. Cette vérité amena le désespoir ou enfanta cent systêmes, la plupart absurdes. On passoit rapidement de l'un à l'autre, sans qu'aucun pût fixer des esprits pleins d'incertitude & de défiance. Des momens précieux se passoient en reproches & en invectives. L'aigreur nuisoit aux délibérations. Personne ne pouvoit prévoir où tant de convulsions aboutiroient. Les orages se calment enfin, les cœurs s'ouvrent à l'espérance. La compagnie, que les ennemis de tout privilège exclusif desiroient de voir abolie, & dont tant d'intérêts particuliers avoient juré la ruine est maintenue, &, ce qui étoit indispensable, on la réforme.

Parmi les causes qui avoient précipité la compagnie dans l'abyme où elle se trouvoit, il y en avoit une regardée depuis long-temps comme la source de toutes les autres : c'étoit la dépendance ou plutôt la servitude où le gouvernement tenoit ce grand corps depuis près d'un demi-siècle.

Dès 1723, la cour avoit elle même choisi les directeurs. En 1730, un commissaire du roi fut introduit dans l'administration de la compagnie. Dès-lors, plus de liberté dans les délibérations, plus de relation entre les administrateurs & les propriétaires, aucun rapport immédiat entre les administrateurs & le gouvernement. Tout se dirigea par l'influence & suivant les vues de l'homme de la cour. Le mystère, ce voile dangereux d'une administration arbitraire, couvrit toutes les opérations, & ce ne fut qu'en 1744 qu'on assembla les actionnaires. Ils furent autorisés à nommer des syndics, & à faire tous les ans une assemblée générale : mais ils n'en furent pas mieux instruits

de leurs affaires, ni plus maîtres de les diriger. Le prince continua à nommer les directeurs; & au lieu d'un commissaire qu'il avoit eu jusqu'alors dans la compagnie, il voulut en avoir deux.

Dès ce moment, il y eut deux partis. Chacun des commissaires forma des projets différens, adopta des protégés, chercha à faire prévaloir ses vues. De là les divisions, les intrigues, les délations, les haines dont le foyer étoit à Paris, mais qui s'étendirent jusqu'aux Indes, & qui y éclatèrent d'une manière si funeste pour la nation.

Le ministère, frappé de tant d'abus & fatigué de ces guerres interminables, y chercha un remède. Il crut l'avoir trouvé en nommant un troisième commissaire : Cet expédient ne fit qu'augmenter le mal. Le despotisme avoit régné lorsqu'il n'y en avoit qu'un, la division lorsqu'il y en eut deux : mais, dès l'instant qu'il y en eut trois, tout tomba dans l'anarchie. On revint à n'en avoir que deux, qu'on tâcha de concilier le mieux qu'on put; & il n'y en avoit même qu'un en 1764, lorsque les actionnaires demandèrent qu'on rappellât la compagnie à son essence, en lui rendant sa liberté.

Ils osèrent dire au gouvernement que c'étoit à lui s'imputer les malheurs & les fautes de la compagnie, puisque les actionnaires n'avoient pris aucune part à la conduite de leurs affaires : qu'elles ne pouvoient être dirigées vers le but le plus utile pour eux & pour l'état, qu'autant qu'elles le seroient librement, & qu'on établiroit des relations immédiates entre les propriétaires & les administrateurs, entre les administrateurs & le ministère; que toutes les fois qu'il y auroit un intermédiaire, les ordres donnés d'une part, & les représentations faites de l'autre, recevroient nécessairement, en passant par ses mains, l'impression de ses vues particulières & de sa volonté personnelle; ensorte qu'il seroit toujours le véritable & l'unique administrateur de la compagnie : qu'un administrateur de cette nature, toujours sans intérêt, souvent sans lumières, sacrifieroit perpétuellement à l'éclat passager de son administration & à la faveur des gens en place, le bien & l'avantage réel du commerce : qu'on devoit tout attendre au contraire d'une administration libre, choisie par les propriétaires, éclairée par eux, agissant avec eux, & loin de laquelle on écarteroit constamment toute idée de gêne & de contrainte.

Ces raisons furent senties par le gouvernement. Il assura à la compagnie sa liberté par un édit solemnel, & l'on fit quelques réglemens pour donner une nouvelle forme à son administration.

Le but de ces institutions étoit que la compagnie ne fût plus conduite par des hommes qui souvent n'étoient pas dignes d'en être les facteurs : que le gouvernement ne s'en mêlât que pour la protéger : qu'elle fût également préservée & de la servitude sous laquelle elle avoit constamment gémi, & de l'esprit de mystère qui avoit perpétué la corruption : qu'il y eût des relations continuelles entre les administrateurs & les actionnaires : que Paris, privé de l'avantage dont jouissent les capitales des autres nations commerçantes, celui d'être un port de mer, pût s'instruire du commerce dans les assemblées libres & paisibles : que le citoyen s'y formât enfin des idées justes de ce lien puissant de toutes les nations, & qu'il apprît, en s'éclairant sur les sources de la prospérité publique, à respecter les négocians dont les opérations y contribuent, ainsi qu'à mépriser les professions qui la détruisent.

Les événemens qui suivirent ces sages institutions, eurent quelqu'éclat. On remarqua de tous côtés une grande activité. Durant les cinq années que dura la nouvelle administration, les ventes s'élevèrent annuellement à près de 18,000,000 l. Elles n'avoient pas été si considérables dans le tems qu'on avoit regardés comme les plus brillans, puisque depuis 1726 jusques & compris 1756, elles n'étoient montées qu'à 437,376,284 liv. : ce qui faisoit, année commune, paix & guerre, 14,108,912 liv.

Cependant cette apparente prospérité couvroit des abymes. Lorsqu'on en soupçonna l'existence, & qu'on voulut les approfondir, il se trouva que la compagnie, à la reprise de son commerce, étoit plus endettée qu'on ne l'avoit cru. C'est un événement ordinaire à tous les corps marchands qui ont des affaires compliquées, étendues, éloignées. Presque jamais ils n'ont une idée juste de leur situation. On attribuera, si l'on veut, ce vice, à l'infidélité, à la négligence, à l'incapacité de ses agens : toujours sera-t-il vrai qu'il existe presque généralement. Le malheur des guerres augmente encore la confusion. Celle que les françois venoient de soutenir dans l'Inde, avoit été longue & malheureuse. Les dépenses & les déprédations n'en étoient qu'imparfaitement connues, & la compagnie recommença ses opérations en comptant sur un plus grand capital qu'elle ne l'avoit.

Cette erreur, ruineuse en elle-même, fut suivie d'autres erreurs funestes, où l'on tomba peut-être pour n'avoir pas assez réfléchi sur les révolutions arrivées depuis peu dans l'Inde. On espéra que les ventes de la compagnie s'éleveroient à 25,000,000 livres, & elles restèrent au-dessous de 18,000,000 liv. On espéra que les marchandises d'Europe seroient vendues cinquante pour cent de plus qu'elles n'avoient coûté, & à peine rendirent-elles leur prix originaire. On espéra un bénéfice de cent pour cent sur les productions qu'on rapportoit dans nos climats, & il ne fut pas de soixante & douze.

Tous ces mécomptes avoient leur source dans la ruine de la confédération françoise dans l'Inde, & dans le pouvoir exorbitant de la nation conquérante, qui venoit d'asservir ces régions éloignées : dans la nécessité où l'on étoit réduit de recevoir souvent à crédit de mauvaises marchandises des négocians anglois, qui cherchoient à faire passer en Europe les fortunes immenses qu'ils avoient faites en Asie : dans l'impossibilité de se procurer les fonds nécessaires au commerce, sans en donner un intérêt exorbitant : dans l'obligation d'approvisionner les isles de France & de Bourbon, avances dont la compagnie fut tard & mal payée par le gouvernement, ainsi que de la gratification qu'on lui avoit accordée pour ses exportations & ses importations.

Enfin, dans le plan des administrateurs, les dépenses nécessaires pour l'exploitation du commerce & celles de souveraineté, ne devoient pas excéder, chaque année, 4,000,000 liv., & elles en coûtèrent plus de huit. Les dernières même pouvoient aller plus loin dans la suite, étant susceptibles par leur nature de s'étendre & de s'accroître suivant les vues politiques du monarque, unique juge de leur importance & de leur nécessité.

Il étoit impossible que, dans cet état des choses, la compagnie ne dérangeât de plus en plus ses affaires. Sa ruine & celle de ses créanciers alloient être consommées, lorsque le gouvernement, averti par des emprunts qui se renouvelloient sans cesse, voulut être instruit de sa situation. Il ne l'eut pas plutôt connue, qu'il jugea devoir suspendre le privilège exclusif du commerce des Indes. Il faut voir quel étoit alors l'état de la compagnie.

Avant 1764, il existoit cinquante mille deux cents soixante-huit actions. A cette époque, le ministère qui, en 1746, 1747 & 1748, avoit abandonné aux actionnaires le produit des actions & des billets d'emprunt qui lui appartenoient, leur sacrifia les billets & les actions même, les uns & les autres au nombre de onze mille huit cents trente-cinq, pour les indemniser des dépenses qu'ils avoient faites durant la dernière guerre. Ces actions ayant été annullées, il n'en resta que trente-huit mille quatre cents trente-deux.

Les besoins de la compagnie firent décider dans la suite un appel de 400 livres par action. Plus de trente-quatre mille actions remplirent cette obligation. Les quatre mille qui s'en étoient dispensées ayant été réduites, aux termes de l'édit qui avoit autorisé l'appel, aux cinq huitièmes de la valeur de celles qui y avoient satisfait, le nombre total se trouva réduit, par l'effet de cette operation, à trente six mille neuf cents vingt actions entières & six huitièmes.

Le dividende des actions de la compagnie de France a varié, comme celui des autres compagnies, suivant les circonstances. Il fut de 100 l. en 1722. Depuis 1723 jusqu'en 1745, de 150 l. Depuis 1746 jusqu'en 1749, de 70 liv. Depuis 1750 jusqu'en 1758, de 80 liv. Depuis 1759 jusqu'en 1763, de 40 liv. Il ne fut que de 20 liv. en 1764. Ces détails démontrent que le dividende & la valeur de l'action qui s'y proportionnoit toujours, étoient nécessairement assujettis au hasard du commerce & au flux & reflux de l'opinion publique. De là ces écarts prodigieux, qui tantôt élevoient, tantôt abaissoient le prix de l'action, qui de deux cents pistoles la réduisoient à cent dans la même année, qui la reportoient ensuite à 1800 liv. pour la faire retomber à 700 l. quelque temps après. Cependant, au milieu de ces révolutions, les capitaux de la compagnie étoient presque toujours les mêmes. Mais c'est un calcul que le public ne fait jamais. La circonstance du moment le détermine, &, dans sa confiance comme dans ses craintes, il va toujours au-delà du but.

Les actionnaires, perpétuellement exposés à voir leur fortune diminuer de moitié en un jour, ne voulurent plus courir les hasards d'une pareille situation. En faisant de nouveaux fonds pour la reprise du commerce, ils demandèrent à mettre à couvert tout ce qui restoit de leur bien; de manière que dans tous les temps l'action eût un capital fixe & une rente assurée. Le gouvernement consacra cet arrangement par son édit du mois d'août 1764. L'article XIII porte expressément que, pour assurer aux actionnaires un sort fixe, stable & indépendant de tout événement futur du commerce, il sera détaché de la portion du contrat qui se trouvoit libre alors, le fonds nécessaire pour former à chaque action un capital de 1600 liv. & un intérêt de 80 liv., *sans que cet intérêt & ce capital soient tenus de répondre, en aucun cas & pour quelque cause que ce soit, des engagemens que la compagnie pourroit contracter postérieurement à cet édit.*

La compagnie devoit donc pour trente-six mille neuf cents vingt actions & six huitièmes, sur le pied de 80 liv. par action, un intérêt de 2,953,660 liv. Elle payoit pour les différens contrats, 2,727,506 livres; ce qui faisoit en tout 5,681,166 livres de rentes perpétuelles. Les rentes viagères montoient à 3,074,899 livres. Ainsi la totalité des rentes viagères & perpétuelles formoit une somme de 8,756,065 livres. On va voir maintenant quels étoient les moyens de la compagnie, pour faire face à des engagemens si considérables.

Ce grand corps, beaucoup trop mêlé dans les opérations de Law, avoit prêté au fisc 90,000,000 de livres. A la chûte du système, on lui abandonna pour son paiement la vente exclusive du tabac, qui rendoit alors 3,000,000 livres par an; mais il ne lui restoit aucun fonds pour son commerce. Aussi son inaction dura-t-elle jusqu'en 1726, que le gouvernement vint à son secours. La célérité de ses progrès étonna toutes les nations. L'essor qu'il prenoit, sembloit devoir l'élever au-dessus des compagnies les plus florissantes. Cette opinion, qui étoit générale, enhardissoit les actionnaires à se plaindre de ce qu'on ne doubloit pas, qu'on ne triploit pas les répartitions. Ils croyoient, & le public croyoit avec eux, que le trésor du prince s'enrichissoit de leurs dépouilles. Le profond mystère sous lequel on ensevelissoit le secret des opérations, donnoit beaucoup de force à ces conjectures.

Le commencement des hostilités entre la France & l'Angleterre, en 1744, rompit le charme. Le ministère, trop gêné dans ses affaires pour faire des sacrifices à la compagnie, l'abandonna à elle-même. On fut alors bien surpris de voir tout prêt à s'écrouler, ce colosse qui n'avoit point éprouvé de secousses, & dont tous les malheurs se réduisoient à la perte de deux vaisseaux d'une valeur médiocre. C'en étoit fait de son sort, si en 1747 le gouvernement ne se fût reconnu débiteur envers la compagnie de 180,000,000 de livres, dont il s'obligeoit de lui payer à perpétuité l'intérêt au denier vingt. Cet engagement qui devoit lui tenir lieu de la vente exclusive du tabac, est un point si important dans son histoire, qu'on ne le trouveroit pas assez éclairci, si nous ne reprenions les choses de plus haut.

L'usage du tabac, introduit en Europe après la découverte de l'Amérique, ne fit pas en France des progrès rapides. La consommation en étoit si bornée, que le premier bail, qui commença le premier décembre 1674 & finit le premier octobre 1680, ne rendit au gouvernement que 500,000 liv. les deux premières années, & 600,000 livres les quatre dernières, quoiqu'on eût joint à ce privilège le droit de marque sur l'étain. Cette ferme fut confondue dans les fermes générales jusqu'en 1691, qu'elle y resta encore unie; mais elle y fut comprise pour 1,500,000 livres par an. En 1697, elle redevint une ferme particulière, aux mêmes conditions, jusqu'en 1709, où elle reçut une augmentation de 100,000 livres jusqu'en 1715. Elle ne fut alors renouvellée que pour trois années, dont les deux premières devoient rendre 2,000,000 de livres, & la dernière 200,000 livres de plus. A cette époque, elle fut élevée à 4,020,000 livres par an; mais cet arrangement ne dura que du premier octobre 1718, au premier juin 1720. Le tabac devint marchand dans toute l'étendue du royaume, & resta sur ce pied jusqu'au premier septembre 1721. Les particuliers en firent dans ce court intervalle de si grandes provisions, que lorsqu'on voulut rétablir cette ferme, on ne put la porter qu'à un prix modique. Ce bail, qui étoit le onzième, devoit durer neuf ans, à commencer du premier novembre 1721, au premier octobre 1730. Les fermiers donnoient pour les treize premiers mois, 1,800,000 livres; 1,800,000 livres, pour la seconde année; 2,560,000 livres pour la troisième année; &

3,000,000 de livres pour chacune des six dernières. Cet arrangement n'eut pas lieu, parce que la compagnie des Indes, à qui le gouvernement devoit 90,000,000 de livres portées au tréfor royal en 1717, demanda la ferme du tabac, qui lui avoit été alors aliénée à perpétuité, & dont des événemens particuliers l'avoient empêchée de jouir. Sa requête fut trouvée juste, & on lui adjugea ce qu'elle sollicitoit avec la plus grande vivacité.

Elle régit par elle-même cette ferme depuis le premier octobre 1723 jusqu'au dernier septembre 1730. Le produit durant cet espace fut de 50,083,967 liv. 11 s. 9 den. ce qui faisoit par an 7,154,852 liv. 10 s. 3 den. sur quoi il falloit déduire chaque année, pour les frais d'exploitation, 3,042,963 livres 19 sols 6 deniers.

Ces frais énormes firent juger qu'une affaire qui devenoit tous les jours plus considérable, seroit mieux dans les mains des fermiers-généraux, qui la conduiroient avec moins de dépense, par le moyen des commis qu'ils avoient pour d'autres usages. La compagnie leur en fit un bail pour huit années. Ils s'engagerent à lui payer 7,500,000 livres pour chacune des quatre premières années, & 8,000,000 de liv. pour chacune des quatre dernières. Ce bail fut continué sur le même pied jusqu'au mois de juin 1747, & le roi promit de tenir compte à la compagnie de l'augmentation de produit, lorsqu'elle seroit connue & constatée.

A cette époque, le roi réunit la ferme du tabac à ses autres droits, en créant & aliénant au profit de la compagnie 9,000,000 de liv. de rente perpétuelle, au principal de 180,000,000 de liv. On crut lui devoir ce grand dédommagement pour l'ancienne dette de 90,000,000 de livres, pour l'excédant du produit de la ferme du tabac depuis 1738 jusqu'en 1747, & pour l'indemniser des dépenses faites pour la traite des nègres, des pertes souffertes pendant la guerre, de la rétrocession du privilège exclusif du commerce de saint-Domingue, de la non-jouissance du droit de tonneau, dont le paiement avoient été suspendu depuis 1731. Ce traitement a paru cependant insuffisant à quelques actionnaires qui sont parvenus à découvrir que depuis 1758, il s'est vendu annuellement dans le royaume onze millions sept cents mille livres de tabac à un écu la livre, quoiqu'il n'eût coûté d'achat que 27 livres le cent pesant.

La nation pensa bien différemment. Elle accusa les administrateurs, qui déterminerent le gouvernement à se reconnoître débiteur d'une somme si considérable, d'avoir immolé la fortune publique aux intérêts d'une société particulière. Un écrivain qui examineroit de nos jours si ce reproche étoit ou n'étoit pas fondé, passeroit pour un homme oisif. Cette discussion est devenue très-inutile depuis que les vraies lumières se sont répandues. Il suffira de remarquer que c'est avec les 9,000,000 de liv. de rente mal à-propos sacrifiées par l'état, que la compagnie faisoit face aux 8,756,065 livres, dont elle étoit chargée; de maniere qu'il lui restoit encore environ 244,000 livres de revenu libre.

Il est vrai qu'elle devoit, en dettes chirographaires, 74,505,000 livres; mais elle avoit dans son commerce, dans sa caisse ou dans ses recouvremens à faire, 70,733,000 livres. On conviendra qu'indépendamment de la différence dans les valeurs, il y en avoit dans les sûretés. En effet, le gouvernement devoit s'attendre à remplir tous les engagemens de la compagnie. Cependant il a sauvé 10,000,000 de liv. dont les titres de créance ou les créanciers ont malheureusement péri dans les révolutions si multipliées de l'Asie. Les pertes qu'on a faites sur ce qui étoit dû à la compagnie en Europe, en Amérique & dans les Indes, n'ont pas été beaucoup plus considérables; & si les isles de France & de Bourbon étoient jamais en état de payer les 7,106,000 livres qu'elles doivent, la lésion sur ce point n'auroit pas été fort considérable.

L'unique fortune de la compagnie consistoit donc en effets mobiliers ou immobiliers, pour environ 20,000,000 de liv. & dans l'espérance de l'extinction des rentes viagères, qui avec le temps devoit lui donner 3,000,000 de liv. de revenu, dont la valeur actuelle pouvoit être assimilée à un capital libre de 30,000,000 de livres.

Indépendamment de ces propriétés, la compagnie jouissoit de quelques droits qui lui étoient extrêmement utiles. On lui avoit accordé le commerce exclusif du café. Le bien général exigea que celui qui venoit des isles de l'Amérique sortît de son privilège en 1736: mais il lui fut accordé en dédommagement une somme annuelle de 50,000 livres, qui lui fut toujours payée. Le privilège même du café de Moka fut détruit en 1767, le gouvernement ayant permis l'introduction de celui qui étoit tiré du Levant. La compagnie n'obtint à ce sujet aucune indemnité.

Elle avoit éprouvé l'année précédente une privation plus sensible. On lui avoit accordé en 1720 le droit de porter seule des esclaves dans les colonies d'Amérique. Le vice de ce système ne tarda pas à se faire sentir; & il fut décidé que tous les négocians du royaume pourroient prendre part à ce trafic, à condition qu'ils ajouteroient une pistole par tête aux 13 livres qu'avoit accordées le trésor royal. En supposant que les isles françoises recevoient quinze mille noirs par an, il en résultoit un revenu de 345,000 livres pour la compagnie. Cet encouragement, qui lui avoit donné pour un commerce qu'elle ne faisoit pas, fut supprimé en 1767, mais remplacé par un équivalent moins déraisonnable.

La compagnie, au temps de sa formation, avoit

obtenu une gratification de 50 livres pour chaque tonneau de marchandises qu'elle importeroit. Le ministère, en lui ôtant ce qu'elle tiroit des nègres, porta la gratification de chaque tonneau d'exportation à 75 liv. & à 80 liv. celle de chaque tonneau d'importation. Qu'on les évalue annuellement à six mille tonneaux, & l'on trouvera pour la compagnie un produit de plus de 1,000,000 de liv. en y comprenant les 50,000 livres qu'elle recevoit pour les cafés.

En conservant ses revenus, la compagnie avoit vu diminuer ses dépenses. L'édit de 1764 avoit fait passer la propriété des isles de France & de Bourbon dans les mains du gouvernement, qui s'étoit imposé l'obligation de les fortifier & de les défendre. Par cet arrangement, la compagnie s'étoit trouvée affranchie d'une dépense annuelle de 2,000,000 de livres, sans que le commerce exclusif dont elle jouissoit dans ces deux colonies eût reçu la moindre atteinte.

Avec tant de moyens apparens de prospérité, la compagnie s'endettoit tous les jours. Elle n'auroit pu se soutenir que par le secours du gouvernement.... Mais depuis quelque temps le conseil de Louis XV paroissoit envisager avec indifférence l'existence de ce grand corps. Il parut enfin un arrêt du conseil, en date du 13 août 1769, par lequel le roi suspendoit le privilège exclusif de la compagnie des Indes, & accordoit à tous ses sujets la liberté de naviguer & de commercer au-delà du cap de Bonne Espérance. Cependant, en donnant cette liberté inattendue, le gouvernement crut devoir y apposer quelques conditions. L'arrêt qui ouvrit cette nouvelle carrière aux armateurs particuliers, les assujettit à se munir de passeports qui devoient leur être délivrés gratuitement par les administrateurs de la compagnie des Indes; il les obliga à faire leur retour dans le port de l'Orient, exclusivement à tout autre; il établit un droit d'indult sur toutes les marchandises provenant des Indes; droit qui par un second arrêt du conseil, rendu le 6 septembre suivant, fut fixé à cinq pour cent sur toutes les marchandises des Indes & de la Chine, & à trois pour cent sur toutes celles du crû des isles de France & de Bourbon.

L'arrêt du 13 août, en se bornant à suspendre le privilège de la compagnie, sembloit conserver aux actionnaires la faculté d'en reprendre l'exercice : mais ils n'en prévirent pas la possibilité, & ils se déterminerent sagement à une liquidation qui pût assurer le sort de leurs créanciers, & les débris de leur fortune.

Ils offrirent au roi de lui céder tous les vaisseaux de la compagnie, au nombre de trente, tous les magasins & les édifices qui lui appartenoient au port de l'Orient & aux Indes, la propriété de ses comptoirs & des aldées qui en dépendoient, tous ses effets de marine & de guerre, enfin deux mille quatre cents cinquante esclaves qu'elle avoit aux isles. Ces objets furent évalués 30,000,000 de livres par les actionnaires, qui demanderent en même temps le paiement de 16,500,000 livres qui leur étoient dues par le gouvernement.

Le roi, en agréant la cession proposée, crut devoir en diminuer le prix : non pas que les choses qui en faisoient l'objet n'eussent une valeur considérable encore dans les mains de la compagnie; mais parce qu'en passant dans celles du gouvernement, elles devenoient pour lui une charge nouvelle. Ainsi, au lieu de 46,500,000 livres demandées par les actionnaires, le prince, pour s'acquitter en totalité avec eux, créa à leur profit, par son édit du mois de janvier 1770, 1,200,000 livres de rentes perpétuelles, au principal de 30,000,000 de livres.

Ce nouveau contrat servit d'hypothèque à un emprunt de 12,000,000 de livres en rentes viagères à dix pour cent, & par voie de loterie, que la compagnie fit dans le mois de février suivant. L'objet de cet emprunt étoit de faire face aux engagemens pris pour former les dernières expéditions : mais il ne suffisoit pas encore; & dans l'impossibilité de se procurer des fonds par la voie du crédit, les actionnaires remirent au roi, dans leur assemblée du 7 avril 1770, toutes leurs propriétés, à l'exception du capital hypothéqué aux actions.

Les principaux objets compris dans cette nouvelle cession, consistoient dans l'extinction de 4,200,000 livres de rentes viagères; dans la partie du contrat de 9,000,000, qui excédoit le capital des actions; dans l'hôtel de Paris; dans les marchandises des Indes attendues en 1770 & 1771, présumées devoir s'élever à 26,000,000 de livres; enfin, dans les créances à exercer sur des débiteurs solvables ou insolvables, aux Indes, aux Isles de France & de Bourbon, à Saint-Domingue. Les actionnaires s'engageoient en même temps à fournir au roi une somme de 15,768,000 livres, par la voie d'un appel qui fut fixé à 400 livres par action. Le ministère, en acceptant ces divers arrangemens, s'engagea de son côté à payer toutes les rentes perpétuelles & viagères constituées par la compagnie; tous les autres engagemens qui montoient à environ 45,000,000 de livres; toutes les pensions & demi-soldes qu'elle avoit accordées, & qui formoient un objet annuel de 80,000 livres; enfin, à supporter tous les frais & tous les risques d'une liquidation qui nécessairement devoit durer plusieurs années.

Le roi en même temps porta à 2,500 livres produisant 125 livres de rente, le capital de l'action, qui par l'édit du mois d'août 1764 avoit été fixé à 1600 livres de principal, produisant une rente de 80 livres. La nouvelle rente de 125 livres fut assujettie à la retenue du dixième; & il fut décidé que le produit de ce dixième

seroit

seroit employé annuellement au remboursement des actions par la voie du sort, sur le pied de leur capital de 2,500 livres de manière que la rente des actions remboursées accroîtroit le fonds d'amortissement jusqu'au parfait remboursement de la totalité des actions.

Ces conditions respectives se trouvent consignées dans un arrêt du conseil, du 8 avril 1770, portant homologation de la délibération prise la veille dans l'assemblée générale des actionnaires, & revêtu de lettres-patentes en date du 22 du même mois. Au moyen de ces arrangemens, l'appel a été fourni, le tirage pour le remboursement des actions, au nombre de deux cents vingt, a été fait chaque année, & les dettes chirographaires de la compagnie ont été fidèlement acquittées à leur échéance.

Après ces opérations, la compagnie se trouve sans possession, sans mouvement, sans objet, elle ne peut pourtant pas être regardée comme absolument détruite puisque les actionnaires s'étoient réservé en commun le capital hypothéqué de leurs actions, & qu'ils avoient une caisse particulière & des députés pour veiller à leurs intérêts. D'un autre côté, son privilège a été suspendu ; mais il n'a été que suspendu, & il n'étoit point compris au nombre des objets cédés au roi par la compagnie. La loi qui l'a établie subsistoit encore ; les vaisseaux qui partoient pour les mers des Indes ne pouvoient s'expédier qu'à la faveur d'une permission délivrée au nom de la compagnie. Ainsi la liberté accordée n'étoit qu'une liberté précaire ; & si les actionnaires eussent demandé à reprendre leur commerce, en offrant des fonds suffisans pour en assurer l'exploitation, ils en auroient eu incontestablement le droit, sans qu'il fût besoin d'une loi nouvelle. Mais à l'exception de ce droit apparent qui, dans le fait, est comme non existant, par l'impuissance où sont les actionnaires de l'exercer, tous leurs autres droits, toutes leurs propriétés, tous leurs comptoirs avoient passé dans les mains du gouvernement.

La navigation de l'Inde a été suivie depuis la suspension, quoique la politique n'eût pas préparé d'avance l'action du commerce libre qui devoit remplacer le privilège exclusif. Dans les bons principes, avant d'essayer du nouveau régime, il auroit fallu substituer insensiblement & par degrés aux négocians particuliers à la compagnie. Il auroit fallu les mettre à portée d'acquérir des connoissances positives sur les différentes branches d'un commerce jusqu'alors inconnu pour eux. Il auroit fallu leur laisser le tems de former des liaisons dans les comptoirs. Il auroit fallu les favoriser, &, pour ainsi dire, conduire dans les premières expéditions.

Ce défaut de prévoyance doit être une des principales causes qui ont retardé les progrès du

Œcon. polit. & diplomatique. Tom. III.

commerce libre, & qui peut-être l'ont empêché d'être lucratif lorsqu'il est devenu plus étendu.

Dans cet ordre des choses, on a proposé à l'administration le plan d'une compagnie, dont les fonds sont très-peu considérables : ce plan a été agréé : un arrêt du conseil a établi une nouvelle compagnie qui a obtenu le commerce exclusif de l'Inde, & le roi s'est chargé des dépenses & des frais de l'administration dans l'Inde : un mémoire célèbre a très-bien discuté le plan, les moyens & les privilèges de la nouvelle compagnie, & nous y renvoyons les lecteurs. On ne connoît jusqu'ici de cette compagnie que les manœuvres d'un coupable agiotage, pour exagérer la valeur de ses actions, & nous n'ajouterons rien de plus.

SECTION SECONDE.

Détails particuliers sur les établissemens ou les comptoirs que les françois ont dans l'Inde.

Les françois furent appellés en 1722 sur la côte de Malabar, dans la province de Cartenate. On avoit en vue de s'en servir contre les anglois : mais un accommodement ayant rendu leur secours inutile, ils se virent forcés d'abandonner un poste qui leur donnoit quelques espérances. Le ressentiment & l'ambition les ramenèrent en plus grand nombre en 1725, & ils s'établirent, l'épée à la main, sur l'embouchure de la rivière de Mahé. Cet acte de violence n'empêcha pas qu'ils n'obtinssent du seul prince qui régissoit ce canton, le commerce exclusif du poivre. Une faveur si utile donna naissance à une colonie composée de six mille indiens. Ils cultivoient six mille cent cinquante cocotiers, trois mille neuf cents soixante-sept arequiers, & sept mille sept cents soixante-deux poivriers. Tel étoit cet établissement, lorsque les anglois s'en rendirent les maîtres en 1760.

L'esprit de destruction qu'ils avoient porté dans leurs autres conquêtes, les suivit à Mahé. Leur projet étoit de démolir les maisons, & de disperser les habitans. Le souverain du pays réussit à les faire changer de résolution. Tout fut sauvé, excepté les fortifications. En rentrant dans leur comptoir, les françois trouvèrent les choses telles à-peu-près qu'ils les avoient laissées.

Mahé est dominé par des hauteurs, sur lesquelles on avoit élevé cinq forts qui n'existent plus. C'étoit beaucoup trop d'ouvrages : mais il est indispensable de prendre quelques précautions. On ne doit pas rester perpétuellement exposé à l'inquiétude des naïrs, qui ont été autrefois tentés de piller, de détruire la colonie, & qui pourroient bien encore avoir la même intention, pour se jetter dans les bras des anglois de Tallichery, qui ne sont éloignés que de trois milles.

Indépendamment des postes que la sûreté de

Pppp

l'intérieur exige, il est nécessaire de fortifier l'entrée de la rivière. Depuis que les marattes ont acquis des ports, des corsaires auxquels ils ont donné asyle, infestent la mer Malabare par leurs pirateries. Ces brigands tentent même des descentes par-tout où ils comptent faire du butin. Mahé ne seroit pas à l'abri de leurs entreprises, s'il y avoit de l'argent ou des marchandises sans défense, qui pussent exciter leur cupidité.

Les françois se dédommageroient aisément des dépenses qui auroient été faites, s'ils conduisoient leur commerce avec activité & intelligence. Leur comptoir est le mieux placé de tous pour l'achat du poivre. Le pays leur en fourniroit deux millions cinq cents mille livres pesant. Ce que l'Europe ne consommeroit pas, ils le porteroient à la Chine, dans la mer Rouge & dans le Bengale. La livre de poivre ne leur reviendroit qu'à 12 s., & ils nous la vendroient 25 ou 30 s.

Ce bénéfice, considérable par lui-même, seroit grossi par celui qu'on pourroit faire sur les marchandises d'Europe que l'on porteroit à Mahé. Les spéculateurs auxquels ce comptoir est le mieux connu, jugent qu'il sera aisé d'y débiter annuellement quatre cents milliers de fer, deux cents milliers de plomb, vingt-cinq milliers de cuivre, deux mille fusils, vingt mille livres de poudre, cinquante ancres ou grappins, cinquante balles de drap, cinquante mille aunes de toile à voile, une assez grande quantité de vif-argent, & environ deux cents barriques de vin ou d'eau-de-vie pour les françois établis dans la colonie, ou pour les anglois qui sont au voisinage. Ces objets réunis produiroient au moins 384,000 liv., dont 153,600 liv. seroient gain, en supposant un bénéfice de quarante pour cent. Un autre avantage de cette circulation, c'est qu'elle entretiendroit toujours, dans ce comptoir, des fonds qui le mettroient en état de se procurer les productions du pays dans les saisons de l'année où elles sont à meilleur marché.

Le plus grand obstacle que le commerce peut trouver, c'est la douane établie dans la colonie. Cet impôt gênant appartient au souverain du pays, & a toujours été un principe de dissension. Les anglois de Tallichery, qui éprouvoient le même dégoût, ont réussi à se procurer de la tranquillité. On pourroit, comme eux, se rédimer de cette contrainte par une rente fixe & équivalente. Mais, pour y déterminer le prince, il faudroit commencer par lui payer les 46,353 roupies, ou 111,247 livres 4 sols qu'il a prêtées, & ne lui plus refuser le tribut auquel on s'est engagé pour vivre paisiblement sur ses possessions.

Au nord de l'immense côte de Coromandel, la France occupe Yanon, dans la province de Ragimundry. Ce comptoir sans territoire, situé à neuf milles de l'embouchure de la rivière d'Ingerom, fut autrefois florissant. De fausses vues le firent négliger vers l'an 1748. Cependant on y pourroit acheter pour 4 à 500,000 livres de marchandises, parce que la fabrication des bonnes & belles toiles est considérable dans le voisinage. Quelques expériences heureuses prouvent qu'on peut y trouver un débouché avantageux pour les draps de l'Europe. Le commerce y seroit plus lucratif, si l'on n'étoit obligé d'en partager le bénéfice avec les anglois, qui ont un petit établissement à deux milles seulement de celui des françois.

Cette concurrence est bien plus funeste encore à Mazulipatnam. La France, réduite, dans cette ville qui reçut autrefois ses loix, à la loge qu'elle y occupoit avant 1749, ne peut pas soutenir l'égalité contre la Grande-Bretagne, à laquelle il faut payer des droits d'entrée & de sortie, & qui obtient d'ailleurs dans le commerce toute la faveur qu'entraîne la souveraineté. Aussi toutes les spéculations des françois se bornent-elles à l'achat de quelques mouchoirs fins, de quelques autres toiles, pour la valeur de 150,000 livres. Il faut se former une autre idée de Karical.

Cette ville située dans le royaume de Tanjaour, sur une des branches du Colram, qui peut recevoir des bâtimens de cent cinquante tonneaux, fut cédée en 1738 à la compagnie, par un roi détrôné qui cherchoit de l'appui par-tout. Ses affaires s'étant rétablies avant que ses engagemens eussent été remplis, il rétracta le don qu'il avoit fait. Un nabab attaqua la place avec son armée, & la remit en 1739 aux françois, dont il étoit ami. Dans ces circonstances, le prince ingrat & perfide fut étranglé par les intrigues de ses oncles; & son successeur, qui avoit hérité de ses ennemis comme de son trône, voulut se concilier une nation puissante en la confirmant dans sa possession. Les anglois s'étant rendus maîtres de la place en 1760, en firent sauter les fortifications. Elle fut depuis restituée aux françois, qui y rentrèrent en 1765.

Dans l'état actuel, Karical est un lieu ouvert, qui peut avoir quinze mille habitans, la plupart occupés à fabriquer des mouchoirs communs, & des toiles propres à l'usage des naturels du pays. Son territoire, considérablement augmenté par les concessions qu'avoit faites en 1749 le roi de Tanjaour, est redevenu ce qu'il étoit dans les premiers tems, de deux lieues de long sur une dans sa plus grande largeur. De quinze aldées qui le couvrent, la seule digne d'attention se nomme Tiranoulé-Rayenpatnam : elle n'a pas moins de vingt-cinq mille ames. On y fabrique, on y peint des perses médiocrement fines, mais convenables pour Batavia & les Philippines. Les choulians, mahométans, ont de petits bâtimens, avec lesquels ils font le commerce de Ceylan & le cabotage.

La France peut tirer tous les ans de cette possession deux cents balles de toiles ou de mouchoirs propres pour l'Europe, & beaucoup de riz pour l'approvisionnement de ses autres colonies.

Toutes les marchandises achetées à Karical, à Yanaon, à Mazulipatnam, sont portées à *Pondichery*, chef-lieu de tous les établissemens françois dans l'Inde.

Cette ville, dont les commencemens furent si foibles, acquit avec le temps, de la grandeur, de la puissance, & un nom fameux. Ses rues, la plupart fort larges & toutes tirées au cordeau, étoient bordées de deux rangs d'arbres qui donnoient de la fraicheur même au milieu du jour. Une mosquée, deux pagodes, deux églises, & le gouvernement regardé comme le plus magnifique édifice de l'orient, étoient des monumens publics, dignes d'attention. On avoit construit en 1740 une petite citadelle, qui étoit devenue inutile depuis qu'il avoit été permis de bâtir des maisons tout autour. Pour remplacer ce moyen de défense, trois côtés de la place avoient été fortifiés par un rempart, un fossé, des bastions, & un glacis imparfait dans quelques endroits. La rade étoit défendue par des batteries judicieusement placées.

La ville, dans une circonférence d'une grande lieue, contenoit soixante-dix mille habitans. Quatre mille étoient européens, métis ou topasses. Il y avoit au plus dix mille mahométans. Le reste étoit des indiens, dont quinze mille étoient chrétiens; & les autres de dix-sept ou dix-huit castes différentes. Trois aldées, dépendantes de la place, pouvoient avoir dix mille ames.

Tel étoit l'état de la colonie, lorsque les anglois s'en rendirent les maîtres dans les premiers jours de 1761, la détruisirent de fond en comble, & en chafsèrent tous les habitans. D'autres examineront peut-être si le droit barbare de la guerre pouvoit justifier toutes ces horreurs. La France prit en 1763 la résolution de rétablir *Pondichery* que le traité de paix venoit de lui rendre, & d'en faire de nouveau le centre de son commerce.

La ville privée de port, comme toutes celles qui ont été bâties sur la côte de Coromandel, a sur les autres l'avantage d'une rade beaucoup plus commode. Les vaisseaux peuvent mouiller près du rivage, sous la protection du canon des fortifications. Son territoire, qui a trois lieues de long sur une de large, n'est qu'un sable stérile sur le bord de la mer : mais, dans sa plus grande partie, il est propre à la culture du riz, des légumes, & d'une racine nommée *chayaver*, qui sert aux couleurs. Deux foibles rivières qui traversent le pays, inutiles à la navigation, ont des eaux excellentes pour les teintures, pour le bleu singulièrement. A trois milles de la place s'élève, cent toises au-dessus de la mer, un côteau qui sert de guide aux navigateurs à sept ou huit lieues de distance, avantage inestimable sur une côte généralement trop basse. A l'extrémité de cette hauteur, est un vaste étang creusé depuis plusieurs siècles, & qui, après avoir rafraichi & fertilisé un grand territoire, vient arroser les environs de *Pondichery*. Enfin la colonie est favorablement située pour recevoir les vivres & les marchandises du Carnate, du Mayssour & du Tanjaour.

Tels sont les puissans motifs qui déterminèrent la France à la réédification de *Pondichery*. Aussi-tôt que ses agens parurent, le 11 avril 1765, on vit accourir les infortunés indiens que la guerre, la dévastation & la politique avoient dispersés. Au commencement de 1770, il s'en trouvoit vingt-sept mille qui avoient relevé les ruines de leurs anciennes habitations. Le préjugé où ils sont élevés, qu'on ne peut être heureux qu'en mourant dans le lieu où l'on a reçu le jour, ce préjugé si doux à conserver, si utile à nourrir, ne permet pas de douter qu'ils ne revinssent tous, aussi-tôt que la ville seroit fermée.

Le projet en fut conçu quelques années après la reprise de possession. On n'avoit alors d'autre idée sur la construction dans un terrein sablonneux, & où les fondations doivent être nécessairement dans l'eau, que l'établissement sur puits, ouvrage très-dispendieux &, pour ainsi dire, interminable. M. Bourcet préféra un établissement sur bermes, avec un revêtement sans épaisseur, taluant de deux cinquièmes, & appuyant sur un rempart de terres mouillées, battues & comprimées. Ces bermes avoient été mises en usage dans la construction de l'ancienne enceinte de la place; mais les murs qui les soutenoient, étoient fondés assez bas pour empêcher les affaissemens qu'auroit produits l'écoulement des sables qui auroient pu s'échapper de dessous les fondations; avantage dont la nouvelle méthode étoit bien éloignée. C'est dans ce mauvais système que furent élevées mille toises de revêtement.

On ne fut pas plutôt instruit en Europe du vice de ces travaux, que le ministère fit partir M. Desclaisons, distingué dans le corps du génie par sa probité & par ses talens. Cet habile homme n'adopta ni l'établissement sur puits, ni l'établissement sur bermes avec des revêtemens inclinés aux deux cinquièmes de talus sur la hauteur. Il commença à travailler en février 1770, & fit en sept mois un développement de six cents trente-six toises, avec dix pieds réduits de nette maçonnerie au-dessus de la fondation, portée au point le plus bas où l'on eût pu épuiser les eaux. Sa maçonnerie étoit solide, & son revêtement construit suivant la pratique des plus grands maîtres.

M. Desclaisons, rappellé par une intrigue, fut remplacé par le même ingénieur dont le travail avoit été si justement blâmé. Celui-ci reprit sa méthode, quoique ce qu'il avoit fait fût déja lésardé, & il exécuta un nouveau développement de huit cents toises, qui essuya le même dépérissement.

La raison qui se fait quelquefois entendre, fit encore recourir à M. Desclaisons en 1775. On desira qu'il se chargeât d'achever l'enveloppe de *Pondichery*, mais en conservant les fortifications qui étoient sur pied. Cet arrangement s'éloignoit trop des bons principes, pour qu'il s'y prêtât. Le sacrifice de tout ce qui avoit été entrepris contre les règles de l'art, lui parut indispensable. Il démontra que le travail sur bermes étoit insoutenable, & pour la défense & pour la durée ; que les revêtemens inclinés ne pouvoient manquer de se briser, ou horizontalement, ou verticalement ; qu'un mur au-devant des bermes devoit les faire périr, & pouvoit entraîner l'affaissement & la ruine des revêtemens eux-mêmes. Son opinion étoit qu'il convenoit de fermer *Pondichery*, suivant les méthodes usitées en Europe, & qu'une enceinte à bastionnement simple, avec quelques dehors, étoit suffisante. Cette dépense devoit s'élever à 5,000,000 de liv. Sans contredire ces raisonnemens, on ne s'y rendit pas, & la place resta sans défense, ou dans un état de foiblesse qui augmente tous les jours. Ces fortifications n'étoient pas achevées, lorsque les anglois s'emparèrent de *Pondichery* une seconde fois ; mais cette ville a été rendue à la France par le traité de paix de 1783 : nous ignorons quel est l'état de *Pondichery* depuis cette époque.

Dans la situation actuelle, les comptoirs françois dans l'Inde ne rendent pas au-delà de 20,000 l. & coûtent plus de 2,900,000 de liv. chaque année. C'est beaucoup, & c'est moins encore qu'il ne faut sacrifier à la conservation des isles de France & de Bourbon, qui ne sont pas arrivées au degré de prospérité qu'on s'en étoit promis.

Voyez les articles BOURBON, FRANCE ISLE, INDOSTAN, COROMANDEL, MALABAR, CHANDERNAGOR & MADRASS.

PONT, ancien royaume de *Pont*. Sa position est assez connue. Dès les premiers temps, les grecs envoyèrent des colonies sur la Propontide & le Pont-Euxin : elles conservèrent, sous les perses, leurs loix & leur liberté. Alexandre, qui n'étoit parti que contre les barbares, ne les attaqua pas (1). Il ne paroît pas même que les rois de *Pont*, qui en occupèrent plusieurs, leur eussent ôté leur gouvernement politique. (2).

La puissance (3) de ces rois augmenta, si-tôt qu'ils les eurent soumises. Mithridate se trouva bientôt en état d'acheter par-tout des troupes ; de réparer (4) continuellement ses pertes ; d'avoir des ouvriers, des vaisseaux, des machines de guerre, de se procurer des alliés ; de corrompre ceux des romains, & les romains mêmes ; de soudoyer (5) les barbares de l'Asie & de l'Europe ; de faire la guerre long-temps, & par conséquent de discipliner ses troupes : il put les armer & les instruire dans l'art militaire (6) des romains, & former des corps considérables de leurs transfugés ; enfin il put faire de grandes pertes & souffrir de grands échecs, sans périr ; & il n'auroit point péri, si, dans les prospérités, le roi voluptueux & barbare n'avoit pas détruit ce que, dans la mauvaise fortune, avoit fait le grand prince.

POPULATION : nous entendons ici par ce mot le rapport des hommes au terrein qu'ils occupent.

Nous envisagerons ici la *population* comme une question d'arithmétique politique, & dans ses rapports avec l'économie politique, après avoir parlé de la *population* des anciens comparée avec celle des modernes.

Parallèle de la population chez les anciens & chez les modernes.

M. Hume a conjecturé que les nations anciennes n'avoient pas été plus peuplées que les modernes. Nulle recherche n'a été épargnée de sa part pour mettre le lecteur en état de décider. Il avoit eu connoissance de la dissertation de M. Wallace, qui établit une opinion directement opposée à la sienne. Il invita l'auteur à la rendre publique. M. Wallace l'a imprimée avec une réponse à M. Hume : on trouve, dans cette réponse, de l'érudition & de la dialectique, mais de la prévention, des sophismes & de la dureté.

Des progrès de la population chez les nations modernes.

La *population* a-t-elle augmenté ou diminué de-

---

(1) Il confirma la liberté de la ville d'Ancise, colonie athénienne, qui avoit joui de l'état populaire, même sous les rois de Perse. Lucullus, qui prit Synope & Ancise, leur rendit la liberté, & rappella les habitans qui s'étoient enfuis sur leurs vaisseaux.
(2) Voyez ce qu'écrit Appien sur les phanagoréens, les ancisiens, les synopiens, dans son livre de la guerre contre Mithridate.
(3) Voyez Appien sur les trésors immenses que Mithridate employa dans ses guerres, ceux qu'il avoit cachés, ceux qu'il perdit si souvent par la trahison des siens, ceux qu'on trouva après sa mort.
(4) Il perdit une fois 170,000 hommes, & de nouvelles armées reparurent d'abord.
(5) Voyez Appien, de la guerre contre Mithridate.
(6) Idem.

puis quelques siècles ? Est-elle parmi nous surtout dans un état d'accroissement ou de dépérissement ? Cette question, qui depuis long-tems auroit dû être décidée par des dénombremens, n'a guère été jugée que par l'humeur & la flatterie. En effet, selon qu'on a voulu louer ou blâmer le gouvernement, abroger d'anciennes loix ou vanter de nouvelles ordonnances, on a dit : la diminution sensible dans la *population* ; l'augmentation marquée dans la *population* prouvent, &c. Et comme la satyre & l'éloge ne sont guère plus exacts l'un que l'autre, il y a eu de l'exagération des deux côtés.

L'Europe renferme du moins quelques nations auxquelles personne ne refuse une *population* nombreuse ; parce que les faits se trouvant conformes aux principes les plus avoués, on n'a eu aucun intérêt à les nier. Telles sont la Suisse & la Hollande. Il est sûr que, depuis les deux révolutions qui ont établi leur indépendance & leur liberté, leur *population* & leur prospérité se sont accrues. L'Allemagne où les femmes sont si fécondes, doit profiter de plus en plus de cet avantage particulier, parce que les guerres y deviennent plus rares, & que l'intérêt des souverains a été jusqu'ici conforme à celui des paysans, qui commencent à sortir de l'oppression dans laquelle leurs seigneurs les tenoient. Le Danemarck, affranchi de la tyrannie des grands, paroît être plus heureux, quoiqu'il ait choisi un gouvernement absolu ; il a vu fleurir dans le sein de la paix son commerce & sa navigation ; il est plus riche, plus tranquille ; il est donc plus peuplé. Il n'en est pas de même de la Suède, qui ne s'est pas encore relevée des pertes qu'elle a essuyées sous Charles XII. Les troubles de son administration sont une autre cause de dépopulation. Cette succession de démocratie dans les diètes, d'aristocratie dans le gouvernement intermédiaire du sénat, de monarchie dans la médiation royale, a plutôt altéré que compensé les efforts : on a vu jusqu'à la révolution de 1772 cette nation noble & courageuse ne s'assembler que pour faire des loix absurdes sur le change & sur le commerce ; comme si les héros du nord & les libérateurs de l'Allemagne, transformés en agioteurs & en banquiers, avoient pris pour modèles les Law au lieu des Gustave.

On a exagéré la *population* de la Russie ; mais quoique les travaux de Pierre le grand ne se laissent plus appercevoir qu'à Petersbourg & à Cronstadt, il y a lieu de croire que ce vaste empire est plus peuplé qu'il ne l'étoit sous ses premiers ducs. La Pologne, malgré ses désastres, malgré les humiliations & les pertes qu'elle vient d'essuyer, est dans le même cas que la Russie, plus riche, plus peuplée qu'elle ne l'étoit sous les jagellons.

Le beau climat de l'Italie, la fécondité de son sol & la variété de ses productions sont de si puissans attraits pour les hommes, qu'elle ne paroîtra jamais aussi peuplée qu'elle devroit l'être. Cependant c'est encore de toutes les contrées de l'Europe celle où la *population* est la plus nombreuse. Le Milanez contient 1200 habitans par lieue quarrée. La plus grande partie de la Lombardie, les côtes de la mer Adriatique, la campagne ou les environs de Naples, ne le cèdent pas au Milanez ; &, si nous continuons à parcourir le midi, nous trouverons que l'Espagne même, malgré l'expulsion des maures, la destruction des juifs, l'intolérance, la superstition, la multiplication des moines & du clergé, contient encore dix millions d'habitans, quoiqu'il ait plu à la plupart des écrivains politiques de ne lui en donner que sept.

On sait qu'à la paix de Riswyck, la *population* de la France se trouva sensiblement diminuée : cependant les calculs de M. de Vauban la faisoient monter à 19 millions, quoique la Lorraine ne fût pas encore annexée à la monarchie. Ceux des intendans, ordonnés par M. le duc de Bourgogne, n'étoient pas tout-à-fait si favorables. La guerre de la succession fut funeste que celles qui l'avoient précédée. Depuis cette époque, la longue paix qui a suivi le traité d'Utrecht, les progrès du commerce & la tranquillité intérieure, avoient dû augmenter le nombre des habitans ; mais le cri de dépopulation étoit devenu à la mode. On assura gratuitement, & sans alléguer aucune preuve, que la France n'avoit pas même seize millions d'habitans. Cette exagération tenoit à un système très-exagéré lui-même. Enfin il est arrivé, selon notre usage, que des particuliers, animés par le zèle du bien public, ont commencé des recherches plus sérieuses. Des magistrats respectables ont profité des diverses administrations, dont ils avoient été chargés pour constater au moins quelques élémens propres à servir de base à des calculs ultérieurs. Tel est le travail de M. de la Michodière, rédigé & publié par M. de Messence, l'un des ouvrages les mieux conçus & les plus simples qu'on ait fait dans ce genre.

M. l'abbé Expilly a profité de ces documens, & s'en est procuré d'autres. On a rassemblé des dénombremens exacts ; on a recueilli des apperçus ; on a comparé les époques, &c. Il résulte de ce travail que la *population* de la France est augmentée, depuis cinquante ans, d'environ un douzième.

Le gouvernement, déterminé par l'impulsion générale, a porté son attention sur cet objet intéressant ; & profitant des élémens déja reconnus, on a calculé la population du royaume, d'après les naissances, les morts & les mariages. Voici le résultat des dénombremens ordonnés dans les années 1770, 1771 & 1772, dont on a fait une année commune. Les naissances multipliées par 25 un quart ont donné 23, 205, 122 habitans. Les mariages multipliés par 124, 22, 487, 235 ;

les morts multipliés par un terme moyen des trois élémens différens, 23,811,259.

On trouve aussi en Angleterre des gens qui assurent que la *population* de ce royaume a beaucoup diminué depuis la reine Elisabeth. D'autres établissent par des raisons beaucoup plus plausibles, à la vérité, qu'elle est fort augmentée. En 1682, sir William Petty y comptoit 7,400,000 habitans. En 1692, Davenant n'en comptoit que 7,000,000. Wallace & Templeman en supposent 8,000,000 : d'autres, tels que le docteur Price & M. Smith, ne lui en donnent que de de 5 à 6,000,000. Malheureusement les anglois n'ont d'autres élémens pour leurs calculs que le nombre des maisons. On le faisoit monter à 1,300,000 à peu près à la fin du dernier siècle. Quelques auteurs prétendent qu'il est diminué de près d'un quart ; mais comme on ne peut consulter que les registres de ceux qui lèvent la taxe sur les fenêtres, il est difficile de former un résultat, parce qu'ils négligent d'inférer toutes les maisons ou cabanes des pauvres gens qui ne paient pas la taxe. D'ailleurs, quand on connoîtroit le nombre des maisons, il faudroit encore arbitrer celui des personnes qui habitent chaque maison. Nous nous bornerons donc à dire que la nation angloise ayant toujours prospéré depuis un siècle, le commerce s'étant multiplié, la culture ayant augmenté, ainsi que le prix des terres & celui des salaires, il y a lieu de croire que la *population* a augmenté dans la même proportion ; & que lorsqu'on fera des dénombremens exacts, les frondeurs qui crient à la dépopulation, se trouveront aussi loin de leur compte qu'en France & en beaucoup d'autres pays.

La population est-elle un indice certain de la force d'un état ?

Il est généralement vrai que la *population* est la preuve de la prospérité & de la force d'une nation, parce qu'il est généralement vrai que l'agriculture, le commerce & la bonne législation multiplient le nombre des hommes. Mais la *population* est soumise à des causes physiques, qui peuvent prévaloir sur les causes morales. Il existe des pays plus favorables à la propagation de l'espèce, & la proportion du nombre des hommes à la félicité dont ils jouissent, n'est point exacte. Sans citer la Chine, dont on parle avec tant d'exagération, est-on bien heureux sur les côtes de l'Afrique, dans l'Empire ottoman & dans l'Inde, où l'on trouve une *population* si nombreuse ? Et, pour ne pas aller chercher des preuves si loin, citons de petits états d'Allemagne sans commerce & sans industrie, gouvernés assez tyranniquement, & toujours opprimés par la présence d'un souverain, qui le plus souvent ne devant son domaine qu'à une dignité ecclésiastique, se hâte de dévorer une propriété précaire qu'il ne peut faire passer à ses descendans. Eh bien ! dans ces petits états, les peuples se multiplient ; les mariages ne sont pas heureux, mais ils sont communs : les ménages ne sont pas riches, mais ils sont féconds, & l'espèce humaine se soutient toujours.

Conjectures sur la population des diverses parties du monde.

Il est difficile de donner des calculs exacts sur la *population* des diverses parties du monde, mais on sera bien aise de trouver ici les opinions les plus vraisemblables & les plus accréditées sur cette *population*. M. le baron de Bielfeld dans ses *Institutions politiques* (1760 page 508), estime que l'Asie contient 500 millions d'habitans, les trois autres parties du monde chacune 150, ce qui fait pour toute la surface de la terre 950 millions d'habitans. Il en compte 8 millions dans la Grande-Bretagne, 20 en France, 10 dans le Portugal & l'Espagne, 8 en Italie, 30 dans l'Allemagne, la Suisse & les Pays-Bas, 6 dans le Danemarck, la Suède & la Norwege, 18 en Russie & 50 dans la Turquie d'Europe ; le total fait 150. D'autres auteurs donnent à l'Italie 20 millions ; mais suivant des personnes très instruites que j'ai consultées à ce sujet, il y en a de 13 à 14 millions. On en donne à la France 22, à la Russie 17, à la Suède 2 & demi, au Danemarck 2 & demi, à l'Espagne 6 & un tiers, au Portugal 2 & un cinq, à la Hollande 1600 mille, à la Chine seule 60 millions : sur la *population* de l'Allemagne on peut voir le livre de M. Sussmilch, imprimé à Berlin & intitulé *Gottliche Ordnang*, &c., c'est-à-dire, l'ordre de la vie dans les changemens du genre humain.

On connoît par les registres publics le nombre des naissances, année commune ; on pourroit en conclure le nombre des habitans, si l'on connoissoit bien le rapport entre ces deux nombres. M. Halley pensoit qu'il falloit multiplier les naissances par 42, M. Kerseboom par 35, M. Messence par 28 dans les grandes villes, & par 24 dans les provinces, M. Simpson par 26. Ce nombre varie, sans doute, d'un pays à l'autre & même dans un seul pays ; c'est ce qu'il importeroit de savoir, pour juger de ce qui est favorable ou contraire à la *population*. On auroit donc besoin de dénombremens tête par tête de tous les habitans d'une paroisse ; mais les inquiétudes du peuple sur la moindre opération du gouvernement, rend ces dénombremens suspects, & dès-lors impossibles ; les curés sont peut-être les seuls qui puissent exécuter avec exactitude de pareilles opérations ; mais ils partagent eux-mêmes les inquiétudes de leurs paroissiens, ne connoissant pas l'utilité réelle de ces calculs pour le bien de l'humanité.

On peut voir sur la *population* & la mortalité, Kerseboom, *essai de calcul politique*, en hollandois, à la Haye, 1748. Les recherches de M.

Meſſence ſur la *Population* de quelques villes de France, Paris 1766. Le dictionnaire de M. l'abbé Expilly, pour ce qui concerne la France. M. Halley dans les transactions philoſophiques ; les *Miſcellanea curioſa* ; l'ouvrage intitulé : *Eſſai to eſtimate the chances of the duration of lives*. Le ſecond volume du recueil de différens traités de phyſique par M. Deſlandes, Paris 1740 ; l'analyſe des jeux de haſard par M. de Montmont, édition de 1714 ; l'arithmétique politique du chevalier Petty ; le volume de la collection académique, où ſont les mémoires de Stockholm ; l'ouvrage du major Gruunt ; l'eſſai ſur les probabilités de la vie humaine par M. Deparcieux ; M. Simpſon dans ſon traité anglois ſur les annuités ; M. Maitland dans les *tranſactions philoſophiques de 1738*, & l'*hiſtoire naturelle* de M. de Buffon, où il y a une table de la durée de la vie humaine, ou l'eſpérance de vivre qui reſte à chaque âge.

Des moyens d'entretenir & d'augmenter la population dans un état.

Tous les adminiſtrateurs cherchent à augmenter & à conſerver le nombre de ceux qui la compoſent. La vraie force de l'état conſiſte dans la multitude des habitans, & la politique indique les moyens de parvenir à ce but. Le premier & le plus naturel, eſt l'encouragement des mariages. Mahomet, à l'imitation de quelques légiſlateurs anciens, fut abſurde, en introduiſant la polygamie, dans le deſſein d'accroître la *population* de ſes états. Mille raiſons devoient le convaincre de l'erreur de cette opinion. Il ne réfléchiſſoit pas que l'expérience de tous les ſiècles confirme qu'il naît, année commune, dans tous les pays du monde, un nombre preſque égal d'enfans mâles & femelles, & que prétendoit-il avec ſa polygamie ? En donnant trois, quatre, dix femmes à un homme, il ne prévoyoit pas qu'il laiſſoit trois, quatre, dix hommes ſans femmes ? L'expérience a fait connoître que les habitans ne ſe multiplient nulle part davantage que dans les pays où la religion chrétienne a introduit le mariage d'un homme & d'une ſeule femme.

Que le mariage ſoit réputé ſacrement, comme dans la religion catholique, ou contrat civil, autoriſé de Dieu & confirmé par l'égliſe, comme chez les proteſtans, peu importe à la politique ; mais elle demande que ce lien ſoit indiſſoluble pour des cauſes frivoles. On craint que le divorce ne devienne un mal pour le corps politique de l'état, qu'il nuiſe à la *population* dans aucun pays de l'Europe. Les conſiſtoires ou les tribunaux de juſtice, refuſent la ſéparation de deux époux qui n'ont qu'un caprice paſſager, quelque altercation ou leur légereté à alléguer pour motif d'une démarche auſſi ſérieuſe & auſſi importante.

Mais, lorſqu'il ſe trouve dans ces époux une incompatibilité parfaite & conſtante d'humeurs, d'inclinations & de mœurs ; une antipathie, une averſion décidée, une infidélité prouvée, une impuiſſance viſible dans un des conjoints à concourir au premier but de l'hymen, il y a pluſieurs pays où l'on ne croit pas que le lien du mariage doive être plus fort que celui de la nature. Voyez l'article Divorce.

On ne parlera pas de la licence effrénée pour la débauche & la luxure, que quelques légiſlateurs ont regardée comme un moyen propre à la *population*. Ce déſordre ſcandaleux ſeroit funeſte à la ſociété ; il mettroit la plus grande confuſion dans les ſucceſſions & dans la propriété des biens & des noms, il abîmeroit le peuple par des maladies honteuſes, il peupleroit l'état de mauvais ſujets, ſans éducation, ſans mœurs & ſans ſanté. Et s'il importe à l'état d'avoir un grand nombre de ſujets, il lui importe encore plus, de n'avoir pas une multitude déſordonnée à contenir ou à punir.

La maxime d'attirer les émigrans ſert encore à peupler l'état. La terre a toujours quelques ſouverains imprudens, qui, pour cauſe de religion, ou par les vices de leur gouvernement, déterminent les ſujets à quitter leurs états. L'habile politique profite de cette faute, & tâche d'enrichir ſon pays aux dépens des adminiſtrateurs, qui ſe conduiſent de cette manière. Quand ces gens-là ne ſeroient pas riches, n'importe, pourvu que ce ne ſoit pas des vagabonds ſans aveu & ſans induſtrie. Mais lorſqu'on reçoit ces nouvelles familles, il faut avoir ſoin de fournir d'abord les moyens d'exercer leur induſtrie, & de ne pas les expoſer à devenir fainéants & criminels par néceſſité.

Le même principe politique, qui engage à attirer des émigrans dans l'état, défend de ſe débarraſſer par des colonies, d'une partie de ſa *population*, à moins que le reſte des habitans ne ſuffiſe aux beſoins de la métropole. L'Eſpagne a commis à cet égard des fautes inſignes, dont elle ſe reſſentira long-temps. Elle commença par expulſer les maures dont les deſcendans ſeroient devenus eſpagnols après trois générations, ſi ſon gouvernement avoit eu l'art de s'occuper de ce ſoin. Cette perte de pluſieurs millions de ſujets fut le premier échec que reçut ſa *Population*. La découverte de l'Amérique lui porta un ſecond coup. L'avidité de l'or & de l'argent fit ſortir des ports d'Eſpagne, une multitude innombrable de citoyens qui formoient pour la métropole de bien plus grands tréſors que les métaux qu'ils alloient chercher ſi loin. D'autres cauſes ont contribué à la dépopulation de l'Eſpagne, mais nous avons parlé à l'article Espagne, de ces anciennes erreurs du cabinet de Madrid, & nous n'ajouterons rien de plus : ſi vous examinez l'imprudence, le faux zèle pour la religion, la tolérance du gouvernement d'Espagne pour un nombre excessif de monastères & de couvens de l'un & de l'autre sexe, sa complaisance pour les décrets de l'inquisition, la mauvaise administration de la justice civile & criminelle, la forme vicieuse des procédurés, les iniquités & les violences que commettent les magistrats, vous ne serez plus étonnés de voir ce beau pays dénué d'habitans, foible au sein des richesses, & posséder les Indes pour d'autres nations.

Les moyens contraires augmenteroient le nombre des citoyens & les conserveroient. Mais comme les plus claires vérités trouvent des contradicteurs, il y a des politiques qui soutiennent qu'un état peut être trop peuplé, que la terre manqueroit de grains, si tous les pays fourmilloient d'habitans ; que les hommes n'auroient plus les moyens de se procurer leur subsistance, ou de s'élever par leur industrie, si les guerres, les pestes & les autres fléaux n'enlevoient au genre humain le surplus qui lui devient à charge ; qu'on ne voit que trop en Suisse qu'un pays peut avoir trop d'habitans. Tous ces raisonnemens appuyés sur des faits inexacts, ne méritent pas de réponse.

PORTO-RICO, isle d'Amérique, l'une des Antilles. Nous indiquerons sa position plus bas.

Précis de l'histoire de la conquête & de l'établissement de cette isle.

Quoique *Porto Rico* eût été découvert & reconnue en 1493 par Colomb, elle n'attira l'attention des espagnols qu'en 1509, & ce fut l'appât de l'or qui les y fit passer de Saint-Domingue, sous les ordres de Ponce de Léon. Cette nouvelle conquête devoit leur coûter.

De tous les lieux où se trouve l'arbre funeste, du mancenillier, *Porto-Rico* est celui où il se plait le plus, où il est le plus multiplié. Pourquoi les premiers conquérans de l'Amérique n'ont-ils pas tous fait naufrage à cette isle ? Mais le malheur des deux mondes a voulu qu'ils l'aient trop tard connu, & qu'ils n'y aient pas trouvé la mort due à leur avarice.

Le mancenillier semble n'avoir été funeste qu'aux américains. Les habitans de l'isle qui le produit s'en servoient pour repousser le caraibe accoutumée à faire des incursions sur leurs côtes. Ils pouvoient employer les mêmes armes contre les européens. L'espagnol, qui ignoroit que le sel appliqué sur la blessure au moment du coup, en est le remède infaillible, auroit succombé peut-être aux premières atteintes de ce poison. Mais il n'éprouva pas la moindre résistance de la part de ces sauvages insulaires. Instruits de ce qui s'étoit passé dans la conquête des isles voisines, ils regardoient ces étrangers comme des êtres supérieurs à l'humanité. Ils se jettèrent d'eux-mêmes dans les fers. Cependant ils ne tardèrent pas à souhaiter de briser le joug insupportable qu'on leur avoit imposé. Seulement, avant de le tenter, ils voulurent savoir si leurs tyrans étoient ou n'étoient pas immortels. La commission en fut donnée à un cacique nommé Broyoan.

Un hasard favorable à ses desseins ayant conduit chez lui Salzedo, jeune espagnol qui voyageoit, il le reçut avec de grandes marques de considération, & lui donna à son départ quelques Indiens pour le soulager dans sa marche, & pour lui servir de guides. Un de ses sauvages le mit sur ses épaules pour traverser une rivière, le jeta dans l'eau, & l'y retint avec le secours de ses compagnons, jusqu'à ce qu'il ne remuât plus. On tira ensuite le corps sur le rivage. Dans le doute s'il étoit mort ou s'il vivoit encore, on lui demanda mille fois pardon du malheur qui étoit arrivé. Cette comédie dura trois jours. Enfin la puanteur du cadavre ayant convaincu les Indiens que les espagnols pouvoient mourir, on tomba de tous côtés sur les oppresseurs. Cent furent massacrés.

Ponce de Léon rassemble aussi-tôt tous les castillans qui ont échappé à la conspiration. Sans perdre de temps, il fond sur les sauvages déconcertés par cette brusque attaque. Leur terreur augmente à mesure que leurs ennemis se multiplient. Ce peuple a la simplicité de croire que les nouveaux Espagnols qui arrivent de Saint-Domingue, sont ceux-là même qui ont été tués & qui ressuscitent pour combattre. Dans cette folle persuasion, découragé de continuer la guerre contre des hommes qui renaissent de leurs cendres, il se remet sous le joug. On le condamne aux mines, où il périt en peu de temps dans les travaux de l'esclavage.

Porto-Rico a trente-six lieues de long, dix-huit de largeur & cent de circonférence. Nous pouvons assurer que c'est une des meilleures isles, & peut-être, dans la proportion de son étendue, la meilleure isle du Nouveau-Monde. L'air y est sain & assez tempéré. Un grand nombre de petites rivières l'arrosent de leurs eaux pures. Ses montagnes sont couvertes de bois utiles ou précieux, & ses vallées d'une fertilité qu'on retrouve rarement ailleurs. Toutes les productions propres à l'Amérique prospèrent sur ce sol profond : elle joint un port sûr, des rades commodes, des côtes faciles à tant d'avantages.

Sur cette terre, privée de ses sauvages habitans par des violences que trois siècles n'ont pas fait oublier, se forma successivement une population de quarante-quatre mille huit cents quatre-vingt-treize hommes, ou blancs, ou de races mêlées. La plupart étoient nus. Leurs maisons étoient des cabanes. La nature seule ou presque seule fournissoit à leur subsistance. C'étoit avec du tabac, avec des bestiaux, avec ce que le gouvernement envoyoit d'argent pour l'entretien d'un

état

état civil, religieux & militaire, que la colonie payoit les toiles & quelques autres objets de peu de valeur, que les isles voisines & étrangères lui fournissoient clandestinement. Elle ne voyoit annuellement arriver de sa métropole qu'un petit bâtiment dont la cargaison ne passoit pas dix mille écus, & qui reprenoit la route de l'Europe chargé de cuirs.

Telle étoit *Porto-Rico*, lorsqu'en 1765, la cour de Madrid porta son attention sur Saint-Jean, port excellent même pour les flottes royales, & auquel on ne desireroit que plus d'étendue. On entoura de fortifications la ville qui le domine. Les ouvrages furent sur-tout multipliés vers une langue étroite & marécageuse, le seul endroit par où la place puisse être attaquée du côté de terre. Deux bataillons & une compagnie de canonniers passèrent la mer pour les aller défendre.

A cette époque, une possession qui n'avoit annuellement reçu du fisc que 378,000 livres lui en coûta 2,634,433 qui arrivèrent régulièrement du Mexique. Ce numéraire excita à quelques travaux. Dans le même temps, l'isle, qui avoit été jusqu'alors dans les liens du monopole, put recevoir tous les navigateurs espagnols. Les deux moyens réunis donnèrent un commencement de vie à un établissement dont le néant étonnoit toutes les nations. Sa dîme, qui avant 1765 ne rendoit que 81,000 livres, s'est élevée à 230,418 livres.

Etat de cette isle, son commerce.

Au premier janvier 1778, *Porto-Rico* comptoit quatre-vingt mille six cents soixante habitans, dont six mille cinq cents trente seulement étoient esclaves. Il comptoit soixante-dix-sept mille trois cents quatre-vingt-quatre bêtes à cornes, vingt-trois mille cent quatre-vingt quinze chevaux, quinze cents quinze mulets, quarante-neuf mille cinquante-huit têtes de menu bétail.

On y récoltoit deux mille sept cents trente sept quintaux de sucre, onze cents quatorze quintaux de coton, onze mille cent soixante-trois quintaux de café, dix neuf mille cinq cents cinquante-six quintaux de riz, quinze mille six cents seize quintaux de maïs, sept mille quatre cents cinquante-huit quintaux de tabac, neuf mille huit cents soixante quintaux de melasse.

Dans les pâturages, dont on comptoit deux cents trente-quatre; la reproduction annuelle étoit de onze mille trois cents soixante quatre bœufs, de quatre mille trois cents quatre chevaux, de neuf cents cinquante-deux mulets, de trente-un mille deux cents cinquante-quatre têtes de menu bétail.

Remarques sur cette colonie.

Tout cela est bien peu de chose: mais on espère beaucoup d'un arrangement depuis peu fait. Aucun citoyen de *Porto-Rico* n'étoit véritablement le maître du sol qu'il occupoit. Les commandans, qui s'étoient succédés, n'en avoient jamais accordé que l'usufruit. Ce désordre inconcevable a cessé enfin. Une loi du 14 janvier 1778, assure aux possesseurs la propriété de ce qui se trouvera dans leurs mains, sous la condition d'une redevance annuelle de seize sols six deniers & demi pour chaque portion de terre de vingt-cinq mille sept cents huit toises qu'on mettra en culture, & de dix sols un denier & demi pour celle qui restera en pâture. Ce léger tribut doit servir à l'habillement des milices, composées de dix-neuf cents hommes d'infanterie & de deux cents cinquante chevaux. Sous les mêmes clauses, le reste de l'isle sera distribué à ceux qui ont peu ou même n'ont rien. Ces derniers, désignés par le nom d'agrégés, sont au nombre de sept mille huit cents trente-cinq.

Ce plan n'opérera pas la révolution que le conseil d'Espagne en attend, quoique, contre la disposition formelle des loix, tout colon qui voudra établir des sucreries soit autorisé à appeller les étrangers qui pourront le former à cette culture. Il faudroit autoriser ces colons à vendre librement aux françois, aux hollandois, aux anglois, aux danois, les bestiaux qui ne leur ont été livrés jusqu'ici qu'en fraude.

Un écrivain, qui le premier nous a éclairés sur ces matières, desire que l'Espagne déclare *Porto-Rico* une isle neutre, & que cette neutralité soit reconnue par toutes les puissances qui ont des possessions en Amérique: que les terreins qui ne sont pas encore en valeur y soient accordés aux hommes entreprenans de toutes les nations, qui auront des fonds suffisans pour y établir des cultures: que pendant cinquante ans, ou plus, les personnes, les terres, les productions soient exemptes de toute imposition: que les rades soient indifféremment ouvertes à tous les navigateurs, sans douanes, sans gênes, sans formalités: qu'il n'y ait que les troupes nécessaires pour la police, & que ces troupes soient étrangères: qu'on trace un code de loix très-simples, convenables à un état agricole ou commerçant: que ce soient les citoyens eux-mêmes qui soient magistrats ou qui les choisissent: que la propriété, cette première & grande base de toute société politique, soit établie sur des fondemens inébranlables; & il prédit qu'avant un demi-siècle, *Porto-Rico* sera très-certainement une des plus florissantes colonies du Nouveau-Monde; qu'alors elle pourra redevenir, sans inconvénient, une possession vraiment nationale; que ses abondantes productions, qui n'auront coûté ni soins, ni dépenses, ni inquiétude, ni guerre à l'Espagne, grossiront la masse de ses richesses nationales & le revenu public. Nous laissons aux lecteurs le soin de prononcer sur la justesse de ces vues qui ne seront pas remplies.

PORTUGAL: c'est le royaume le plus occidental de l'Europe; il est borné au couchant & au midi par l'océan Atlantique, au levant & au septentrion par l'Espagne, & son étendue est d'environ 1845 milles quarrés.

Nous donnerons 1°. un précis de l'histoire politique du *Portugal*: 2°. nous parlerons des productions, de la culture, de la population, & du régime ecclésiastique de ce pays: 3°. de ses manufactures & de son commerce: 4°. nous ferons des remarques sur les établissemens que les portugais ont conservé en Asie, en Afrique & en Amérique: 5°. nous ferons d'autres remarques sur l'autorité du roi, les différens ordres de chevalerie, les collèges d'administration, & les tribunaux, sur l'armée & sur la marine: 6°. nous entrerons dans des détails sur l'administration économique & l'état actuel du *Portugal*: 7°. enfin, nous traiterons de ses intérêts politiques.

SECTION PREMIERE.

Précis de l'histoire politique du Portugal.

Le *Portugal* ou l'ancienne Lusitanie passa de la domination des phéniciens & des carthaginois sous celle des romains, & l'empereur Auguste la réduisit en province romaine. Au commencement du cinquieme siècle, les alains s'en rendirent maîtres; les suèves vers l'an 440, & les visigoths vers l'an 582. Dans le huitieme siècle, les maures ou sarrasins y firent une invasion, & ils en furent chassés par les chrétiens. Henri, de la maison des ducs de Bourgogne, servit si utilement Alphonse VI, roi de Castille, contre les maures, que celui-ci lui donna sa fille Therese en mariage, & le déclara en 1093, comte de *Portugal*: il prit possession de ce pays l'an 1110, en vertu du testament de son beau-père. Son fils & son successeur, Alphonse Henriquès, remporta en 1139 une victoire signalée sur les maures à Ourique, prit le titre de roi, institua en 1147 l'ordre d'Avis; & après que le pape Alexandre III l'eut reconnu pour roi en 1179, il convoqua une diete à Lamego l'an 1181, où la succession au trône fut confirmée dans sa famille. Alphonse III réunit l'Algarve à la couronne de *Portugal*, & l'ordre de Christ fut établi sous le roi Denis. A la mort de Ferdinand, arrivée en 1383, la ligne masculine de cette maison s'éteignit: Jean I, fils naturel du père du précédent roi, fut élu en 1385, & sous son règne les portugais formerent des établissemens en Afrique & découvrirent les Açores. Son petit-fils Jean II recueillit les juifs dans ses états, & s'occupa à perfectionner la navigation & à faire de nouvelles découvertes. Ces découvertes amenerent un premier traité avec le roi d'Espagne, Ferdinand le catholique, en 1492, & un second en 1494, par lesquels le monarque portugais cédoit à Ferdinand toutes les terres situées à l'ouest du Cap-Verd & des Açores, à la distance de 370 milles; il se réserva tous les pays qu'on découvriroit vers l'orient. Ce fut sous le roi Emmanuel que la gloire & la fortune des portugais parvinrent à leur plus haut période; Vasco de Gama découvrit en 1498 la route des Indes orientales: Americ Vespuse prit possession du Bresil en 1501: la première forteresse portugaise fut construite en 1504 dans le royaume de Cochin, & la guerre contre les maures poussée avec vigueur en Afrique. Sous le règne de Jean III la forteresse de Diu en Asie fut bâtie. A la mort du cardinal Henri, il ne resta aucun héritier mâle de cette maison, & la couronne passa aux rois d'Espagne, sous lesquels les portugais perdirent la plupart de leurs conquêtes. Les persans s'emparèrent de l'isle d'Ormus en 1622: les hollandois acquirent la supériorité dans les Indes orientales, conquirent les isles Moluques, en 1636 une moitié du Bresil, & se rendirent maîtres en 1637 de Saint George del Mina en Afrique: le commerce du Japon en 1639, & leur principal établissement à Malacca fut perdu pour les portugais. Les portugais secouèrent le joug espagnol en 1640, & élurent pour roi Jean, duc de Bragance: il prit le nom de Jean IV, chassa les hollandois du Bresil en 1654, mais il perdit l'isle de Ceylan en 1656. Alphonse VI fut privé de la couronne que lui enleva son frère; Pierre II conclut en 1668 avec l'Espagne une paix qui reconnut le *Portugal* pour un royaume indépendant, & le rétablit dans son ancienne étendue, si l'on excepte la ville de Ceuta en Afrique, qui demeura aux espagnols.

SECTION IIe.

Des productions, de la culture, de la population, & du régime ecclésiastique du Portugal.

Le nom de *Portugal*, qui dérive, selon quelques-uns, de *portus gallus* ou *gallorum* (port françois), lui a été donné, parce que les françois se porterent en foule aux environs du Douro, près de la ville de Porto, afin de secourir les chrétiens de Lusitanie contre les maures: mais il est plus vraisemblable, selon d'autres, que ce nom vient d'un bourg au bord du Douro, appellé par les anciens *Cale*, & par les modernes *Gaya*. On dit que, vis-à-vis de ce bourg, on en construisit un autre avec un port, & qu'on le nomma *Portucale* (port de cale): que ce lieu étant devenu la ville considérable de Porto, a donné son nom à tout le pays: il a quitté son ancien nom de Lusitanie sous le règne de Ferdinand-le-Grand, roi de Castille & de Léon, lequel donna la Lusitanie & la Galice à son troisième fils Garcia. La plus ancienne charte, qui désigne tout le royaume sous le nom de *Portugal*, est de 1609, & elle se conserve dans le cloître d'Arouca.

Le *Portugal* est beaucoup plus tempéré que l'Espagne ; mais le climat n'est pas le même dans les diverses provinces. Celles du nord sont plus froides : c'est l'effet des pluies plus abondantes en hiver, & celles du midi sont plus chaudes ; cependant l'été y est très-supportable, parce que les vents de l'ouest rafraîchissent l'air.

Le sol est fertile ; mais plus de la moitié du pays demeurant en friche, on est obligé de tirer du dehors le bled nécessaire à la consommation, & c'est l'Angleterre sur-tout qui le fournit. La province d'Estremadure est réputée la meilleure : celle d'Alentejo produit le plus d'huile ; les oliviers réussissent par-tout, ainsi que le vin & les raisins. Une ordonnance de 1765 enjoignit, sous peine de confiscation des terres, d'arracher les vignes des environs du Tage, du Moudega, de la Vecga & de les ensemencer : elle n'excepta que les vignobles près de Lisbonne, Ocyras, Carcavellos, Lavadrio, Torres, Vedras, Alenquer, Anadia & Mogofores. Nous ferons dans la section sixième des remarques sur cette ordonnance.

L'intendant général de police de la cour & du royaume a publié dernièrement l'ordonnance que voici ; elle est assez singulière, & elle fera connoître, à quelques égards, la position du *Portugal* : « Savoir faisons qu'ayant remarqué que depuis plusieurs années, la disette d'hommes se fait sentir dans les campagnes de ce royaume, laquelle provient de ce qu'un grand nombre de ceux qui s'occupoient du labourage ont abandonné leurs provinces pour venir dans la capitale, où les uns, attirés par la facilité qu'on y trouve à vivre des aumônes journalières des couvens religieux qui sont en grand nombre, se livrent à l'état de mendiant ; les autres s'emparent des ouvrages qui doivent être réservés au sexe féminin ; ceux-ci se destinant au service, faute de place, s'abandonnent à commettre des vols par la nécessité de se soutenir, & ceux-là enfin vivent aux dépens de femmes malheureuses ; il est de notre devoir d'extirper l'oisiveté, pour empêcher les vices auxquelles elle donne lieu, & de rendre utiles à l'état tous les membres ou sujets qui lui sont à charge, en faisant exécuter avec rigueur les loix qui ont été promulguées à cette fin. Ordonnons en conséquence à tous les mendians des deux sexes de se retirer dans leur pays natal, dans le terme péremptoire de vingt jours, à compter de la date de ce placard, sous peine à ceux qui seront rencontrés dans cette ville à l'expiration de ce délai, d'encourir les châtimens prononcés par les loix susdites. Ordonnons à ceux qui seront nés dans cette capitale, ou à ceux qui se trouveront dans les circonstances indiquées par les ordonnances, de se présenter devant nous avec un certificat du curé de leur paroisse, où l'on stipulera l'endroit où ils ont été baptisés, & s'ils ont rempli leur devoir pascal l'année précédente, afin de leur prescrire ce à quoi ils devront s'employer. Déclarons en outre, en conséquence des dispositions mentionnées ci-dessus, qu'à compter de la date des présentes, il ne sera plus permis désormais à aucun homme, de quelque âge qu'il soit, de vendre des beignets, du sirop, des fruits, du jardinage (à moins que les vendeurs de ce dernier article ne soient aux gages des jardiniers), ni du fromage, du lait, du poisson de rivière & de mer, des pommades, de la poudre, des oublis, des allumettes, des épingles, des habits & des meubles vieux ou usés ; tous ces objets étant de nature à convenir à la foiblesse du sexe féminin. Les hommes s'emploieront uniquement aux travaux des champs, à ceux des arts & manufactures, à la construction des édifices & des maisons, au service du roi dans les armées de terre & de mer, sous les peines énoncées dans les loix, &c. » Le *Portugal* produit beaucoup de miel, de citrons, d'oranges douces & amères, de figues, d'amandes, de châtaignes, quelques dattes & d'autres bons fruits, des poissons de mer & de rivière, de diverses sortes : on y recueille une quantité considérable de sel marin, & on y élève des vers à soie.

Les montagnes offrent des minéraux en abondance, de l'argent, du cuivre, de l'étain, du plomb & du fer. Mais comme les portugais tirent des métaux de leurs possessions dans les autres parties du monde, & particulièrement de l'or du Brésil, ils n'exploitent point de mines dans le *Portugal*, dont les montagnes renferment aussi des pierres précieuses, telles que des turquoises, des hyacinthes, &c.

Le *Portugal* a d'excellens pâturages, sur-tout aux environs de la montagne d'Estrella & près d'Ourique. L'éducation du bétail y est avantageuse ; mais, en général, le pays n'est pas favorable à l'engrais des bestiaux ; on en tire la plus grande partie de l'Espagne. La qualité de la laine n'y est guère inférieure à celle de ce dernier royaume, d'où l'on tire secrètement la plupart des chevaux : ceux du *Portugal* ne sont pas d'une haute taille, mais ils sont légers à la course : tout ce qui a rapport à la culture est fort négligé, ainsi que nous le dirons tout-à-l'heure.

Le *Portugal* renferme dix-neuf cités ou grandes villes, quinze cents vingt-sept bourgs. Quant au nombre des habitans on peut l'estimer, d'après la notice qu'en a fournie à Luiz Caetano do Lima en 1732, le marquis d'Abrantes, censeur & directeur de l'académie royale d'histoire du *Portugal*, qui la croyoit fort exacte.

	Paroisses.	Feux.	Ames.
On comptoit à cette époque dans la province d'entre Douro & Minho	963.	92,547.	430,372.
De Traz-os-Montes	551.	44,508.	135,808.
De Beira	1091.	153,691.	550,856.
D'Estremadura	316.	80,959.	296,860.
D'Alentejo	355.	69,223.	265,223.
D'Algarve	67.	18,873.	63,688.
TOTAL	3343.	459,801.	1,742,807.

Il paroît que ce dénombrement n'est pas complet, sur-tout par rapport aux feux & aux personnes, & que le clergé, les moines & les religieuses n'y sont pas compris. En évaluant le nombre des gens d'église à 300,000, le total des habitans du *Portugal* devroit être d'environ deux millions, & il y a lieu de croire que la population n'a pas augmenté depuis ce temps. Les navigations fréquentes, les diverses colonies & la multitude des couvents ont diminué le nombre des habitans.

La noblesse est très-nombreuse, & en grande partie du sang royal par les fils naturels de la maison des rois de *Portugal*. Autrefois elle étoit plus considérable qu'aujourd'hui, quoique, selon l'ancienne coutume de fournir à l'entretien de la noblesse sur le trésor royal, il subsiste encore un fonds sur lequel le prince assigne des pensions aux nobles pour soutenir leur rang.

On distingue la haute noblesse & la noblesse inférieure. La haute, qui est titrée, est composée des ducs, marquis, comtes, vicomtes & barons, qui sont tous grands du pays, & divisés comme ceux d'Espagne en trois classes. Les fils des ducs sont aussi qualifiés de grands, & les filles ont le rang de marquises. Le prieur de Crato s'assied & se couvre comme les comtes. Les gentilshommes de naissance sont plus considérés que ceux d'entre les roturiers qui obtiennent le titre de cavallero fidalgo, sans être ennoblis.

La religion catholique romaine est la seule tolérée en *Portugal* : on connoît la sévérité de l'inquisition qui fut établie par le roi Jean III, & qui s'exerce dans tous les pays de la domination portugaise, à l'exception du Brésil. Elle a quatre grands tribunaux ; savoir, à Lisbonne, à Coimbre, à Evora & à Goa dans les Indes orientales ; ils sont tous indépendans, mais à quelques égards subordonnés au conseil suprême de l'inquisition à Lisbonne. Le roi Jean V a restreint le pouvoir de l'inquisition, en soumettant ses arrêts à la revision du parlement, & en permettant aux accusés de prendre un avocat pour leur défense. Elle ne doit plus connoître que des blasphêmes, de la pédérastie, de la polygamie, des hérésies, de la magie, des actes de superstition païenne, & de ce qui concerne la conversion des juifs. Le roi Joseph I a publié en 1751 une ordonnance encore plus salutaire. Depuis cette époque, personne ne peut être détenu plus de quatre jours dans les prisons de l'inquisition ; si ce n'est de l'aveu du grand conseil royal, & après la déclaration du crime : il est aussi interdit au saint-office, sous quelque prétexte que ce soit, de condamner personne à mort pour cause d'hérésie & de judaïsme, à moins que le procès criminel n'ait été instruit devant le grand conseil royal ; que les preuves les plus authentiques n'aient été produites, & la sentence de mort signée de la main du roi. Les derniers auto-da-fé se sont bornés en effet à des peines afflictives, & il n'y a eu personne de condamné au feu.

On évalue à 900 le nombre des couvens : mais les legs & fondations pieuses ont été restreints par plusieurs ordonnances, & sur-tout par celle de 1766.

Les évêchés sont à la nomination du roi qui tire un quart des revenus, employé pour l'ordinaire en pensions. Le pape confirme les évêques, & il faisoit, même dans ces derniers temps, publier ses bulles par-tout le royaume sans la participation du roi ; il exerçoit par ses légats une jurisdiction sur le clergé, à qui il impose aussi des taxes, & il nommoit à plusieurs petites prébendes : mais le cabinet de Lisbonne paroît s'occuper du soin de diminuer l'autorité du saint-siège.

SECTION IIIe.

Des manufactures & du commerce du Portugal.

Le pays produit d'excellentes matières premières ; mais la plus grande partie se vend à l'étranger, dont on rachète bien cher les mêmes articles manufacturés. Ce que les portugais font en toile, en ouvrages de paille, en fruits confits, sur-tout en écorces d'oranges, en grosses étoffes de laine & de soie, est bien peu de chose relativement aux besoins de la nation. Il est de l'intérêt des étrangers, & particulièrement des anglois, qu'il s'établisse peu de manufactures en *Portugal* : voyez de plus grands détails sur cette matière dans la section sixième.

Les portugais n'envoient point de vaisseaux dans les ports de l'Europe ni au levant, mais ils vont aux côtes d'Afrique, & sur-tout à la côte de Guinée. Ils y embarquent des nègres qu'ils conduisent au Brésil, & ils prennent un peu d'or & d'ivoire; ils passent aussi aux Indes orientales où ils ont des colonies à Goa, Diu & Macao : mais ce commerce, autrefois très-important, est bien tombé, & c'est le Brésil qui est leur vrai trésor : le commerce y est interdit aux étrangers; les portugais y font la contrebande avec les espagnols; ils y échangent de l'or contre l'argent, ce qui prive les deux rois du quint qui leur revient sur cet objet. Nous avons donné ailleurs une évaluation sur la quantité d'or qui se transporte du Brésil à Lisbonne. La flotte qui fait ce trajet chaque année, y emploie sept ou huit mois, & elle est escortée par quelques vaisseaux de guerre qui vont à sa rencontre; les vaisseaux marchands qui reviennent des Indes orientales & des côtes d'Afrique se joignent à cette flotte.

SECTION IVe.

Remarques sur les établissemens que les portugais ont conservé en Asie, en Afrique & en Amérique.

Avant de dire quels établissemens les portugais ont conservés en Asie, nous allons faire quelques remarques générales.

Lorsque les Portugais eurent établi en Asie, une puissance qui éclaira & étonna l'Europe, ils ne tardèrent pas à se faire détester, & ils virent se former une confédération pour les chasser de l'Orient. Toutes les grandes puissances de l'Inde entrèrent dans cette ligue, & pendant trois ou quatre ans firent, en secret, des préparatifs. La cour de Lisbonne en fut informée. Le roi Sébastien fit partir pour l'Inde Ataïde, & tous les portugais qui s'étoient distingués dans les guerres de l'Europe.

A leur arrivée, l'opinion générale étoit qu'il falloit abandonner les possessions éloignées, & rassembler ses forces dans le Malabar & aux environs de Goa. Quoique Ataïde pensât qu'on avoit fait trop d'établissemens, il ne consentit pas à les sacrifier. *Compagnons*, dit-il, *je veux tout conserver; & tant que je vivrai, les ennemis ne gagneront pas un pouce de terrein*. Aussi-tôt il expédia des secours pour toutes les places menacées, & fit les dispositions nécessaires à la défense de Goa.

Le Zamorin attaqua Mangalor, Cochin, Cananor. Le roi de Cambaie attaqua Chaul, Daman, Bançaim. Le roi d'Achem fit le siège de Malaca. Le roi de Ternate fit la guerre dans les Moluques. Agalachem, tributaire du Mogol, fit arrêter tous les portugais qui négocioient à Surate. La reine de Garcopa tenta de les chasser d'Onor.

Ataïde, au milieu des soins & des embarras du siège de Goa, envoya cinq vaisseaux à Surate : ils firent relâcher les portugais détenus par Agalachem. Treize bâtimens partirent pour Malaca : le roi d'Achem & ses alliés levèrent le siège de cette place. Ataïde voulut même faire appareiller les navires qui portoient tous les ans à Lisbonne quelques tributs ou des marchandises. On lui représenta, qu'au lieu de se priver du secours des hommes qui monteroient cette flotte, il falloit les garder pour la défense de l'Inde. *Nous y suffirons*, dit Ataïde; *l'état est dans le besoin, & il ne faut pas tromper son espérance*. Cette réponse étonna, & la flotte partit. Dans le temps que la capitale se voyoit le plus vivement pressée par Idalcan, Ataïde envoya des troupes au secours de Cochin, & des vaisseaux à Ceylan. L'archevêque, dont l'autorité étoit sans bornes, voulut s'y opposer. *Monsieur*, lui dit Ataïde, *vous n'entendez rien à nos affaires, bornez-vous à les recommander à Dieu*. Les portugais, arrivés d'Europe, firent au siège de Goa des prodiges de valeur. Ataïde eut souvent de la peine à les empêcher de prodiguer inutilement leur vie. Plusieurs, malgré ses défenses, sortoient en secret la nuit, pour aller attaquer les assiégeans dans leurs lignes.

Le vice-roi ne comptoit pas si absolument sur la force de ses armes, qu'il ne crût devoir employer la politique. Il fut instruit qu'Idalcan étoit gouverné par une de ses maîtresses, qu'il avoit amenée à son camp. Cette femme se laissa corrompre, & lui vendit les secrets de son amant. Idalcan s'apperçut de la trahison, mais il ne put découvrir le traître. Enfin, après dix mois de combats & de travaux, ce prince, qui voyoit ses tentes ruinées, ses troupes diminuées, ses éléphans tués, sa cavalerie hors d'état de servir, vaincu par le génie d'Ataïde, leva le siège, & se retira la honte & le désespoir dans le cœur.

Ataïde vola sur-le-champ au secours de Chaul, assiégée par Nizamaluc, roi de Cambaie, qui avoit plus de cent mille hommes. La défense de Chaul avoit été aussi intrépide que celle de Goa. Elle fut suivie d'une grande victoire, qu'Ataïde, à la tête d'une poignée de portugais, remporta sur une armée nombreuse & aguerrie par un long siège.

Telle fut la fin désastreuse d'une conspiration ourdie avec beaucoup de concert, d'art & de secret contre les portugais.

Les portugais redevenoient dans tout l'Orient ce qu'ils étoient auprès d'Ataïde. Un seul vaisseau, commandé par Lopés-Carasco, se battit pendant trois jours contre la flotte entière du roi d'Achem. Au milieu du combat, on vint dire dire au fils de Lopés que son père avoit été tué : *C'est*, dit-il, *un brave homme de moins ; il faut vaincre, ou mériter de mourir comme lui*. Il prit le commandement du vaisseau, & traversant en vainqueur la flotte ennemie, se rendit devant Malaca.

On retrouvoit alors dans les portugais ces autres vertus qui suivent le courage, tant est puissant sur les nations, même les plus corrompues, l'ascendant d'un grand homme.

Ataïde mit la réforme dans la régie des deniers publics, & réprima l'abus le plus nuisible aux états, l'abus le plus difficile à réprimer. Mais ce bon ordre, cet héroïsme renaissant, ce beau moment n'eut de durée que celle de son administration.

Un gouvernement est toujours une machine très-compliquée, qui a son commencement, ses progrès & son moment de perfection, lorsqu'il est bien conçu ; son commencement, ses progrès & son moment d'extrême corruption, lorsqu'il est vicieux à son origine. Dans l'un & l'autre cas, il embrasse un si grand nombre d'objets, tant au-dedans qu'au-dehors, que sa dissolution amenée, soit par l'imbécillité du chef, soit par l'impatience des sujets, ne peut avoir que les suites les plus effrayantes. Si l'impatience des sujets vient à briser un joug sous lequel ils sont las de gémir, une nation s'avance plus ou moins rapidement à l'anarchie, à travers des flots de sang. Si elle arrive insensiblement à ce terme fatal, par l'indolence ou la foiblesse du souverain, incapable de tenir les rênes de l'empire, le sang est épargné, mais la nation tombe dans un état de mort. Les nations adjacentes s'emparent sans effort d'une contrée sans défense. Alors les peuples passent sous un état pire qu'au sortir de la barbarie. Les loix du conquérant luttent contre les loix du peuple conquis ; les usages de l'un, contre les usages de l'autre ; ses mœurs, contre ses mœurs ; sa religion, contre sa religion ; sa langue se confond avec un idiôme étranger. C'est un chaos dont il est difficile de présager la fin ; un chaos qui ne se débrouille qu'après le laps de plusieurs siècles, & dont il reste des traces que les événemens les plus heureux n'effacent jamais entièrement.

Telle est l'image du *Portugal* à la mort du roi Sebastien, jusqu'à ce que ce royaume passât peu-à-peu sous la domination de Philippe II. Alors les portugais de l'Inde ne crurent plus avoir une patrie. Quelques-uns se rendirent indépendans, d'autres se firent corsaires, & ne respectèrent aucun pavillon. Plusieurs se mirent au service des princes du pays, & ceux-là devinrent presque tous ministres ou généraux : tant leur nation avoit encore d'avantages sur celles de l'Inde. Chaque portugais ne travailloit plus qu'à sa fortune ; ils agissoient sans zèle & sans concert pour l'intérêt commun. Leurs conquêtes dans l'Inde étoient partagées en trois gouvernemens qui ne se prétoient aucun secours, & dont les projets & les intérêts devinrent différens. Les soldats & les officiers étoient sans discipline, sans subordination, sans amour de la gloire. Les vaisseaux de guerre ne sortoient plus des ports, ou n'en sortoient que mal armés. Les mœurs se dépravèrent plus que jamais. Aucun chef ne pouvoit réprimer les vices, & la plupart de ces chefs étoient des hommes corrompus. Les portugais perdirent enfin leur grandeur, lorsqu'une nation libre, éclairée & tolérante, se montra dans l'Inde & leur en disputa l'empire.

On peut dire que dans le temps des découvertes que fit le *Portugal*, les principes politiques sur le commerce, sur la puissance réelle des états, sur les avantages des conquêtes, sur la manière d'établir & de conserver des colonies, & sur l'utilité qu'en peut tirer la métropole, n'étoient point encore connus.

Le projet de trouver un chemin autour de l'Afrique, pour se rendre aux Indes & en rapporter des marchandises, étoit sage. Les bénéfices que faisoient les vénitiens par des voies plus détournées, avoient excité une juste émulation dans les portugais ; mais une si louable ambition devoit avoir des bornes.

Cette petite nation, se trouvant tout-à-coup maîtresse du commerce le plus riche & le plus étendu de la terre, ne fut bientôt composée que de marchands, de facteurs & de matelots, que détruisoient de longues navigations. Elle perdit aussi le fondement de toute puissance réelle, l'agriculture, l'industrie nationale & la population. Il n'y eut pas de proportion entre son commerce & les moyens de le continuer.

Elle fit plus mal encore : elle voulut être conquérante, & embrassa une étendue de terrein qu'aucune nation de l'Europe ne pourroit conserver sans s'affoiblir.

Ce petit pays, médiocrement peuplé, s'épuisoit sans cesse en soldats, en matelots, en colons. Son intolérance religieuse ne lui permit pas d'admettre au rang de ses citoyens les peuples de l'Orient & de l'Afrique ; & il lui falloit partout, & à tout moment, combattre ses nouveaux sujets.

Comme le gouvernement changea bientôt ses projets de commerce en projets de conquêtes, la nation qui n'avoit jamais eu l'esprit de commerce, prit celui de brigandage.

L'horlogerie, les armes à feu, les fins draps, & quelques autres marchandises qu'on a depuis portées aux Indes, n'étant pas à ce degré de perfection où elles sont parvenues, les portugais n'y pouvoient porter que de l'argent. Bientôt ils s'en lassèrent, & ils ravirent de force aux Indiens ce qu'ils avoyent commencé par acheter de ces peuples.

C'est alors qu'on vit en *Portugal*, à côté de la

plus excessive richesse, la plus excessive pauvreté. Il n'y eut de riches, que ceux qui avoient possédé quelqu'emploi dans les Indes ; & le laboureur, qui ne trouvoit pas des bras pour l'aider dans son travail, les artisans qui manquoient d'ouvriers, abandonnant bientôt leurs métiers, furent réduits à la plus extrême misere.

Toutes ces calamités avoient été prévues. Lorsque la cour de Lisbonne s'étoit occupée de la découverte des Indes, elle s'étoit flattée qu'il n'y auroit qu'à se montrer dans ce doux climat, pour y dominer ; que le commerce de ces contrées seroit une source inépuisable de richesses pour la nation, comme il l'avoit été pour les peuples qui jusqu'alors en avoient été les maîtres ; que les trésors qu'on y puiseroit éleveroient l'état, malgré les étroites limites de son territoire, à la force, à la splendeur des puissances les plus redoutables. Ces séduisantes espérances ne subjuguèrent pas tous les esprits. Les plus éclairés, les plus modérés des ministres oserent dire que, pour courir après des métaux, après des objets brillans, on négligeroit les biens réels, l'exploitation des terres, des manufactures ; que les guerres, les naufrages, les épidémies, les accidens de tous les genres, énerveroient pour jamais le royaume entier ; que le gouvernement, entraîné loin de son centre par une ambition démesurée, attireroit, par violence ou par séduction, les citoyens aux extrémités de l'Asie ; que le succès même de l'entreprise susciteroit à la couronne des ennemis puissans, qu'il lui seroit impossible de repousser. Inutilement on entreprit, quelque temps après, de détromper des hommes sages, en leur montrant les indiens soumis, les maures réprimés, les turcs humiliés, l'or & l'argent répandus abondamment dans le *Portugal*. Leurs principes & leur expérience les soutinrent contre l'éclat imposant des prospérités. Ils ne demanderent que peu d'années encore pour voir la corruption, la dévastation, la confusion de toutes choses, poussées au dernier période. Le temps, ce juge suprême de la politique, ne tarda pas à justifier leurs prédictions.

De toutes les conquêtes que les portugais avoient faites dans les mers d'Asie, il ne leur reste que Macao, une partie de l'isle de Timor, Daman, Diu & Goa. Les liaisons que ces misérables établissemens entretenoient entre eux, celles qu'ils avoient avec le reste de l'Inde & avec le *Portugal*, étoient très-languissantes. Elles se sont encore resserrées depuis qu'on a établi à Goa une compagnie exclusive pour la Chine & pour le Mozambique.

Actuellement Macao envoie à Timor, à Siam, à la Cochinchine, quelques foibles bâtimens de peu de valeur. Il en envoie cinq ou six à Goa, chargés de marchandises rebutées à Canton, & qui la plupart appartiennent à des négocians chinois. Ces derniers navires se chargent en retour du bois de sandal, du safran d'Inde, du gingembre, du poivre, des toiles, de tous les objets que Goa a pu traiter sur la côte de Malabar, ou à Surate, avec son vaisseau de soixante canons, avec ses deux frégates & avec ses six chaloupes armées en guerre.

Il résulte de cette inaction, que la colonie ne peut fournir annuellement pour l'Europe que trois ou quatre cargaisons, dont la valeur ne passe pas 3,175,000 livres ; même depuis 1752, que ce commerce a cessé d'être sous le joug du monopole, si l'on en excepte le sucre, le tabac en poudre, le poivre, le salpêtre, les perles, les bois de sandal & d'aigle, que la couronne continue à acheter & à vendre exclusivement. Les bâtimens qui les portoient, relâchoient autrefois au Brésil ou en Afrique ; & y vendoient une partie de leurs marchandises ; mais depuis quelque temps ils sont obligés de faire directement leur retour dans la métropole.

Tel est l'état de dégradation où sont tombés dans l'Inde les hardis navigateurs qui la découvrirent, les intrépides guerriers qui la subjuguèrent. Le théâtre de leur gloire, de leur opulence, est devenu celui de leur ruine & de leur opprobre.

Les possessions des Portugais en Afrique sont : 1°. la province de Bamba, qui fait partie du royaume de Congo ; elle fournit du bois de teinture & de construction, & beaucoup de dents d'éléphans : 2°. le royaume d'Angola, qui fait aussi partie de Congo ; Saint-Paul de Loanda, dans la Basse-Guinée, est la capitale de ce royaume, dont les productions sont du millet, des fèves, citrons, oranges, dattes, &c. : 3°. la province de Benguela, située à peu de distance de ce royaume ; à 12 milles au-delà est un autre établissement portugais, où l'on s'occupe sur-tout de l'éducation du bétail ; on y fait aussi les provisions de sel nécessaires à la consommation des peuples soumis à la couronne de *Portugal*. Le principal avantage de ces établissemens consiste dans la traite des nègres que les portugais peuvent se procurer en grand nombre & à meilleur marché que les autres nations de l'Europe : 4°. la ville de Sofala ; le royaume de ce nom est remarquable pour ses mines d'or ; on assure qu'elles rapportent aux portugais une somme considérable. Les habitans de Mosambique, de Quilloa, de Mombaze & de Melinde apportent à Sofala des toiles teintes, & ils les échangent pour de l'or, du fer, de la cire, de l'ivoire & de l'ambre gris ; ces toiles passent ensuite au Monomotapa, & y sont vendues pour de l'or : 5°. Mosambique, Isle située vis-à-vis de Madagascar, est le centre des possessions portugaises dans cette partie du monde ; le commerce principal de cette Isle consiste en dents d'éléphans & en poussière d'or. — Les autres possessions des portugais sont les isles Terceres, Saint-Miguel, Sancta-Maria, Saint-George,

Gratiofa, Pico, Flores, & Corvo. Tercères est la plus confidérable de ces isles; le bled, les fruits, les bêtes à corne & à laine y sont en abondance; on y cultive aussi de l'indigo. Angra est la capitale de cette isle & en même temps la résidence du gouverneur-général & d'un évêque. L'inquisition y a établi un tribunal. *Voyez* les articles, AFRIQUE, GUINÉE, &c.

Les portugais ont quelques petits établissemens sur les côtes des barbaresques; ils possèdent en Amérique le Brésil, une partie de la Guyane & du Paraguay; nous avons parlé du Brésil à l'article BRESIL. *Voyez* aussi les articles GUYANE & PARAGUAY.

SECTION V^e.

Remarques sur l'autorité du roi, les différens ordres de chevalerie, les collèges d'administration & les tribunaux: de l'armée & de la marine.

Le gouvernement de *Portugal* est monarchique & absolu; mais pour ce qui concerne les nouvelles impositions & l'ordre de la succession au trône, il faut le consentement des états, composés du clergé, de la haute noblesse & du tiers-état. Le clergé est représenté par les archevêques & les évêques. La haute noblesse est composée des ducs, marquis, comtes, vicomtes & barons. Le tiers-état, qui comprend la bourgeoisie, la noblesse inférieure & les maîtrises des ordres de chevalerie, est représenté par les députés des villes & des bourgs. Ces états ne s'assemblent que lorsque le roi convoque les états (Cortes); il ne les a pas convoqués depuis 1697. Quoique ce royaume soit héréditaire, les enfans des frères du roi ne peuvent succéder sans l'aveu des états: les princesses sont habiles à succéder; mais elles perdent leur droit, si elles se marient hors du pays. Le droit de représentation sur la succession au trône a été confirmé par le manifeste des états en 1641; mais il ne s'étend qu'aux frères & à leurs enfans, au défaut desquels la succession passe au plus proche parent. La constitution de Lamego sur la succession au trône est une loi fondamentale du royaume, à laquelle le manifeste des états de 1641 sert de supplément.

Le dictionnaire des finances parle des impositions, des revenus & des dépenses du *Portugal*.

L'héritier présomptif de la couronne porte le titre de *prince du Brésil* depuis le règne de Jean IV, & les autres princes, fils & frères du roi se nomment *infans*. Le roi Jean V déclara son petit-fils & fils du prince du Brésil, prince de Beira. Le roi de *Portugal* se qualifie de roi de *Portugal* & des Algarves en-deçà & au-delà de la mer; en Afrique, seigneur de Guinée, des conquêtes de la navigation & du commerce en Éthiopie, Arabie, Perses & Indes, &c. Par une bulle de 1749, le pape Benoît XIV donna au roi la dénomination de très fidèle, laquelle fut aussi-tôt insérée dans toutes les ordonnances royales & reconnue des puissances étrangères.

Le principal ordre de chevalerie en *Portugal* est l'ordre de Christ que le roi Denis (Diniz) institua peu après l'abolition de celui des templiers: le pape Jean XII le confirma en 1319. Le roi Emmanuel ajouta de nouveaux statuts qui servent aujourd'hui de règle, & que le pape Jules II confirma en 1505. Les chevaliers portent sur la poitrine une croix chargée d'une autre croix d'argent: le chef-lieu de l'ordre est à Saint-Thomas, & cet ordre a quatre cents cinquante quatre commanderies.

Les historiens ne sont pas d'accord sur l'origine de l'ordre de Saint Jacques: on prétend qu'il se forma en 1030, & que le pape Alexandre III le confirma en 1175. Le grand-maître de l'ordre de Castille en fut d'abord le chef; mais sous le règne de Denis, il se fit une séparation que le pape Nicolas IV autorisa, mais qui ne devint bien complette qu'en 1290, lorsque les chevaliers portugais élurent un grand-maître de leur ordre, ce que celui de Castille s'efforça de faire annuller ensuite par les papes. C'est le grand-prieur de Palmella qui occupe le second rang après le grand-maître; il exerce une jurisdiction épiscopale, de laquelle ressortit le couvent de cette ville. L'ordre possède 47 bourgs & villages & 150 commanderies: il a hors de Lisbonne le célèbre monastère de Santos-Onovo.

L'ordre d'Avis, dont on fait remonter l'institution à 1147 sous le règne d'Alphonse Henriquez, & la première confirmation à l'an 1162, fut confirmé pour la seconde fois en 1201. De Coïmbre il a été transféré à Evora & ensuite à Avis, ville qu'Alphonse II donna en 1211 à l'ordre. A l'époque où son siège étoit encore à Evora, il se réunit à l'ordre de Calatrava; mais cette union ne dura que jusqu'au règne de Jean I. Le grand-prieur d'Avis, qui a la jurisdiction temporelle & spirituelle sur l'ordre & qui exerce spirituelle dans son couvent, est le second en rang après le grand-maître. Cet ordre possède 49 commanderies.

Ces trois ordres sont religieux; mais les chevaliers peuvent se marier. Un bref du pape Jules III, de 1551, déclara les rois de *Portugal* grands-maîtres perpétuels de ces ordres.

Le conseil d'état est la première cour souveraine: les plus importantes affaires du royaume s'y traitent; toutes les charges & offices civils & ecclésiastiques qui ressortissent d'un autre tribunal, en relèvent ou immédiatement, ou par appel. La présentation sur-tout des archevêques, des évêques, des vice-rois, des capitaines-généraux, des gouverneurs des provinces & autres dépendances de la couronne; toutes les délibé-

rations

rations pour la paix ou la guerre, les ambassades, les alliances, &c. sont du ressort de ce conseil d'état. Il paroît qu'il fut établi par la reine Catherine pendant la minorité du roi Sébastien : le nombre des ministres d'état ecclésiastiques ou séculiers qui le composent, varie. Le secrétaire d'état en est proprement le secrétaire, & est assisté par l'official mayor & quelques autres officiers.

La secrétairerie d'état, dite aussi *secretaria das merces e expediente*, fut rétablie dans son ancienne forme, le 29 novembre 1643, par le roi Jean IV, qui la distingua en deux départemens, celui des graces (*merces*) & celui des expéditions. On y délibere sur la nomination à tous les emplois civils, à l'exception des places de ministres & de secrétaires, qui sont nommés par le conseil d'état : les officiers militaires, depuis le capitaine jusqu'au lieutenant-colonel inclusivement, ressortissent aussi de ce département, de même que les dispenses, la collation des commanderies des ordres de chevalerie, les revenus & dépenses de l'état, la nomination aux offices de judicature, les sentences du grand-maréchal, &c. toutes les graces que le roi accorde en titres de chevalerie, pensions, legs pieux, biens en déshérence ou confisqués, commanderies, *alcaidarias mores* & seigneuries : elle expédie les passe-ports pour les vaisseaux étrangers & les négocians portugais.

Le secrétaire de signatures présente au roi les patentes, les provisions, arrêts, brevets que les tribunaux adressent à sa majesté pour les signer, à l'exception des pieces que le secrétaire d'état & celui des graces expédient.

Ces trois secrétariats se trouvent quelquefois réunis en une seule personne.

Le conseil de guerre, dont l'institution est du 11 décembre 1640, sous le roi Jean IV, & qui reçut ses statuts en 29 articles trois ans après, s'occupe de tout ce qui a rapport à la guerre : il prend connoissance des emplois militaires, depuis le capitaine jusqu'aux commandans des provinces & capitaines généraux des troupes, & les ordres leur sont expédiés par la secrétairerie de guerre. Le juge-asseseur, le promoteur fiscal du conseil de guerre, les administrateurs & auditeurs généraux de toutes les provinces sont aussi de son ressort : il a l'inspection sur les forteresses, les arsenaux, le logement des gens de guerre, les hôpitaux, l'artillerie, &c. il y a des cas où il confere avec le conseil d'état.

Le conseil du palais, le premier des tribunaux du royaume, duquel ressortissent les autres, pourvoit à toutes les places de judicature, décide des différends de jurisdiction entre les corps de justice civile & ecclésiastique, examine les brefs des légats du saint-siège, dresse des statuts, ordonnances, confirmations, privileges, concessions, & s'occupe de plusieurs autres objets. Il

Œcon. polit. & diplomatique. Tom. III.

est composé d'un président, d'un nombre indéterminé de conseillers, de cinq secrétaires de la chambre dont chacun a son département, d'un trésorier, d'un distributeur & d'autres officiers subalternes. De ce tribunal dépend la chancellerie de la cour & du royaume, qui a son chancelier, un veador, quelques secrétaires, un trésorier, un huissier & d'autres officiers.

La chambre des appels qui siège à Lisbonne, est la cour suprême de justice pour le civil & le criminel. Sa jurisdiction ordinaire s'étend sur les provinces d'Estremadure, Alentejo & Algarve, ainsi que sur le district de Castello branco dans la province de Beira. On y compte jusqu'à 42 officiers plus ou moins ; savoir, un chancelier, 10 desembargadores de agravos e appellacoens, 2 corrégidors pour le criminel, deux autres pour le civil, 2 juges dos feitos da coroa e fazenda, 2 ouvidores des appels en matiere criminelle, un procurador dos feitos da coroa, un autre da fazenda, un juge de chancellerie, un promoteur de justice & 18 conseillers surnuméraires.

La chambre (*casa do civil e relaçao*) do porto est la seconde cour de justice ou second tribunal des appels du royaume, & elle siège à Porto. Elle a sous sa jurisdiction les provinces d'entre Douro e Minho, Traz-os-montes & Beira, à l'exception du district de Castelbranco, qui ressortit de celle de Lisbonne. Par une ordonnance de 1696, Pierre II attribua à cette cour toutes les causes qui n'excédent pas la somme de 150,000 reis en immeubles & de 300,000 en meubles : au-dessus de cette somme, on peut appeller à la chambre de Lisbonne. Celle de Porto est composée de 23 membres, qui sont un chancelier, 8 desembargadores de aggravos, 2 corrégidors en matiere criminelle, un en matiere civile, un juge pour les affaires de la couronne & de la chambre des comptes, 3 ouvidores de crime, dont l'un est aussi juge de chancellerie, un promoteur de justice, cinq conseillers surnuméraires & un procureur du roi.

Le conseil des finances a été établi sur le pied où il se trouve actuellement, par le roi Jean IV. Il a trois départemens, auxquels préside un vedor da fazenda : le premier s'occupe des finances du royaume, le second de l'Afrique, des comptes & pensions ; le troisième des Indes, des magasins & des armadilles. Outre ces trois présidens, le conseil est composé de ministros, de letras, des embargadores & autres conseillers de cape & d'épée, dont le nombre n'est pas fixe : il a en outre un procureur des finances, quatre secretaires ordinaires, quelques autres secretaires & officiers subalternes. A ce conseil sont subordonnés la chambre des comptes, la douane, le tribunal des Indes & des mines, le tribunal des arsénaux ou amirauté, la cour & l'hôtel des monnoies, &c.

Enfin la junte du commerce a été réunie en 1720 au conseil des finances.

Quant aux tribunaux inférieurs, les six provinces du royaume sont partagées en jurisdictions, appellées *comarcas*, & en jurisdictions subalternes sous le nom de *concelhos*, *contos*, *julgaldos* & *houras*. Toutes les jurisdictions sont des corrégidories ou des vigueries : les premieres relevent du roi, & les autres de personnes ecclésiastiques ou séculieres qu'on appelle *donataires*. Le juge établi par la cour, dans un district, est un corrégidor, & celui des donataires un viguier.

L'armée de terre étoit en 1760 de 24 régimens d'infanterie, dont trois de 1208, 20 de 608, & le corps d'artillerie de 383 hommes, en tout .... 16,767 hommes.
Elle avoit six régimens de cuirassiers, deux de 403, & quatre de 253 hommes..... 1,818
Quatre régimens de dragons, dont trois de 303, & un de 403 hommes................ 1,312

TOTAL......... 19,897 hommes.

La marine consistoit alors en quinze vaisseaux de guerre; savoir, deux de 70 canons, deux de 60; six de 50, deux de 40, un de 30, & un autre de 24. Ils étoient montés par 2416 soldats de marine & 300 d'artillerie. Il paroît que la marine est aujourd'hui composée d'environ vingt vaisseaux de ligne.

SECTION VIe.

De l'administration économique & de l'état actuel du Portugal.

Les premières conquêtes des portugais en Afrique & en Asie n'étouffèrent pas les racines de leur industrie. Quoique Lisbonne fût devenu le magasin général des marchandises des Indes, ses manufactures de soie & de laine se soutinrent : elles suffisoient à la consommation de la métropole & du Brésil. L'activité nationale s'étendoit à tout, & couvroit en quelque maniere un vide de population, qui augmentoit tous les jours. Parmi la foule de calamités que le gouvernement espagnol versa sur le royaume, on n'eut pas à déplorer la cessation du travail intérieur. Le nombre de métiers n'avoit guère diminué, lorsque le *Portugal* recouvra sa liberté.

L'heureuse révolution qui plaça le duc de Bragance sur le trône, fut l'époque de cette décadence. L'enthousiasme saisit les peuples. Une partie passa les mers pour aller défendre les possessions éloignées, contre un ennemi qu'on croyoit plus redoutable qu'il ne l'étoit. Le reste s'arma pour couvrir les frontières. L'intérêt général fit taire les intérêts particuliers, & tout citoyen s'occupa uniquement de la patrie. Il devoit arriver naturellement que, lorsque le premier feu seroit passé, chacun reprendroit ses occupations. Malheureusement la guerre qui suivit ce grand événement, fut accompagnée de tant de ravages dans un pays ouvert de tous côtés, qu'on aima mieux ne pas travailler, que de s'exposer à voir continuellement le fruit de ses travaux anéanti. Le ministère favorisa cette inaction par des mesures, dont on ne peut le blâmer trop sévérement.

Sa position le mettoit dans la nécessité de former des alliances. La politique seule lui assuroit celle de tous les ennemis de l'Espagne. Les avantages qu'ils devoient retirer de la diversion du *Portugal*, ne pouvoient manquer de les attacher à ses intérêts. Si la nouvelle cour avoit eu des vues aussi étendues que son entreprise le faisoit présumer, elle auroit senti qu'il étoit inutile de faire des sacrifices pour acquérir des amis. Une précipitation funeste ruina ses affaires. Elle livra son commerce à des puissances presque aussi intéressées qu'elle-même à sa conservation. Cet aveuglement leur fit croire qu'elles pouvoient tout hasarder, & leur avidité osa franchir encore les privileges qu'on leur avoit si mal-à-propos prodigués. L'industrie portugaise fut entièrement écrasée par cette concurrence. Une faute du ministere de France la releva un peu.

Cette couronne possédoit depuis assez long-temps quelques isles en Amérique. Les entraves dont on les avoit enveloppées, avoient étouffé jusqu'alors leur fertilité. Une liberté bien dirigée y auroit infailliblement & rapidement animé les cultures. On préféra d'assurer au monopole qui les tenoit asservies, l'approvisionnement exclusif du royaume, & les sucres, les tabacs du Brésil y furent sévérement interdits en 1664. La cour de Lisbonne, aigrie comme elle devoit l'être par cette prohibition, défendit, de son côté, l'entrée des manufactures françoises, les seules qui eussent, à cette époque, de la faveur dans le *Portugal*. Gênes s'empara aussi-tôt de la fourniture des soieries, qu'elle a depuis toujours conservée ; l'Angleterre s'appropria celle des étoffes de laine, mais avec un succès moins soutenu. Les portugais, dirigés par des ouvriers appellés de toutes parts, commencèrent en 1681 à mettre eux-mêmes en œuvre les toisons de leurs troupeaux. Les progrès de cette industrie furent assez rapides, pour qu'en 1624 on pût proscrire plusieurs espèces de draps étrangers, & bientôt après ceux de toute espece.

La Grande-Bretagne vit avec chagrin ces arrangemens. Elle s'occupa long-temps & vivement du projet de se rouvrir la communication qui lui avoit été fermée. Ses soins lui promettoient quelquefois une issue favorable ; mais l'instant d'après il falloit renoncer à des espérances qu'on auroit dû croire les mieux fondées. On ne pouvoit prévoir où tant de mouvemens aboutiroient lorsqu'il se fit, dans le système politique de l'Europe, un changement qui bouleversa toutes les idées.

Un petit-fils de Louis XIV fut appellé au trône d'Espagne. Toutes les nations furent effrayées de l'agrandissement d'une maison qu'on trouvoit déjà trop ambitieuse & trop redoutable. Le *Portugal* en particulier, qui n'avoit vu jusqu'alors dans la France qu'un appui solide, n'y voulut plus voir qu'un ennemi qui desireroit nécessairement, qui procureroit peut-être son oppression. Cette inquiétude le précipita dans les bras de l'Angleterre qui, accoutumée à tourner tous les événemens à l'avantage de son commerce, ne pouvoit manquer de saisir avec chaleur une occasion si favorable à ses intérêts. Son ambassadeur Methuen, négociateur profond & délié, signa, le 27 décembre 1703, un traité par lequel la cour de Lisbonne s'engageoit à permettre l'entrée de toutes les étoffes de laine de la Grande-Bretagne, sur le même pied qu'avant leur prohibition ; à condition que les vins de *Portugal* paieroient un tiers de moins que ceux de France aux douanes d'Angleterre. Nous rapporterons ce traité à l'article TRAITÉ DE COMMERCE.

Les avantages de cette stipulation, bien réels pour l'une des deux parties contractantes, n'étoient qu'apparens pour l'autre. L'Angleterre, qui obtenoit un privilège exclusif pour ses manufactures, puisqu'on laissoit subsister l'interdiction pour celles des autres nations, n'accordoit rien de son côté, ayant déjà établi pour son intérêt particulier, ce qu'elle montroit à son allié sous l'aspect d'une faveur tout-à-fait signalée. Depuis que la France ne tiroit plus de draps de la Grande-Bretagne, on s'étoit apperçu que la cherté de ses vins nuisoit trop à la balance, & l'on avoit cherché à en diminuer la consommation, par l'augmentation des droits. Cette rigueur a été poussée plus loin par les mêmes motifs, sans qu'on ait cessé de la faire envisager à la cour de Lisbonne comme une preuve de l'attachement qu'on avoit pour elle.

Les manufactures portugaises ne purent soutenir la concurrence angloise : elles disparurent. La Grande-Bretagne habilla son nouvel allié ; &, comme ce qu'elle achetoit de vin, d'huile, de sel, de fruits, n'étoit presque rien en comparaison de ce qu'elle vendoit, il fallut lui livrer l'or du Brésil. La balance pencha de plus en plus de son côté, & il n'étoit guère possible que cela fût autrement.

Tous ceux qui se sont élevés à la théorie du commerce, ou qui en ont suivi les révolutions, savent qu'un peuple actif, riche, intelligent, qui est parvenu à s'approprier une branche principale, ne tarde pas à s'emparer des autres branches moins considérables. Il a de si grands avantages sur ses concurrens, qu'il les dégoûte, & se rend le maître des contrées qui servent de théâtre à son industrie. C'est ainsi que la Grande-Bretagne parvint à envahir tous les produits du *Portugal* & de ses colonies.

Elle lui fournissoit son vêtement, sa nourriture, sa quincaillerie, les matériaux de ses édifices, tous les objets de son luxe ; elle lui renvoyoit ses propres matières manufacturées. Un million d'anglois, artisans ou cultivateurs, étoient occupés de ces travaux utiles.

Elle lui vendoit des vaisseaux, des munitions navales, des munitions de guerre pour ses établissemens du Nouveau-Monde, & faisoit toute sa navigation dans l'ancien.

Elle avoit mis dans ses mains tout le commerce d'argent du *Portugal*. On en empruntoit à trois ou trois & demi pour cent à Londres, & on le négocioit à Lisbonne, où il en valoit dix. Au bout de dix ans, le capital étoit payé par les intérêts, & il se trouvoit encore dû.

Elle lui enlevoit tout le commerce intérieur. Des maisons angloises, établies à Lisbonne, recevoient les marchandises de leur patrie, & les distribuoient à des marchands répandus dans les provinces, qui les vendoient le plus souvent pour le compte de leurs commettans. Un modique salaire étoit le fruit de cette industrie, avilissante pour une nation qui travailloit chez elle-même au profit d'une autre.

Elle lui ravissoit jusqu'à la commission. Les flottes destinées pour le Brésil appartenoient en entier aux anglois. Les richesses qu'elles rapportoient, devoient leur revenir. Ils ne souffroient pas seulement que ces produits passassent par les mains des portugais, dont ils n'empruntoient & n'achetoient que le nom, parce qu'ils ne pouvoient s'en passer. Ces étrangers disparoissoient aussi-tôt qu'ils étoient parvenus au degré de fortune qu'ils s'étoient proposé, & tenoient l'état, aux dépens duquel ils s'enrichissoient, dans un épuisement continuel. Il est prouvé, par les registres des flottes, que, dans l'espace de soixante ans, c'est-à-dire, depuis la découverte des mines jusqu'en 1756, il étoit sorti du Brésil, en or, deux milliards quatre cents millions de livres. Cependant tout le numéraire du *Portugal* se réduisoit, à cette dernière époque, à quinze ou vingt millions, & cet état en devoit cent ou davantage.

Mais ce que Lisbonne perdoit, Londres le gagnoit. L'Angleterre n'étoit appellée, par ses avantages naturels, qu'à être une puissance du second ordre. Quoique les changemens arrivés successivement dans sa religion, dans son gouvernement, dans son industrie, eussent amélioré sa situation, augmenté ses forces, développé son génie, il ne lui étoit pas possible de parvenir à un premier rôle. Elle avoit éprouvé que ces moyens qui, dans les gouvernemens anciens, pouvoient élever un peuple à tout, lorsque, sans liaisons avec ses voisins, il sortoit pour ainsi dire, seul de son néant, n'étoient pas suffisans dans les temps modernes, où la communication des peuples, rendant les avantages de chacun communs à tous, laissoit au nombre & à la force leur supériorité naturelle. Mais l'Angleterre avoit appris que la grandeur d'un état dépendoit de ses richesses, & que sa puissance politique se mesuroit sur la quantité de ses millions. Cette vérité, qui avoit dû sans doute affliger son ambition, lui devint favorable aussi-tôt qu'elle eut déterminé le *Portugal* à recevoir d'elle ses premiers besoins, & qu'elle l'eut lié, par des traités, à la nécessité de les recevoir toujours. Dès-lors ce royaume se trouva dans la dépendance de ses faux amis, pour la nourriture & le vêtement. C'étoit, selon l'expression d'un politique, comme deux ancres que les bretons avoient jettées dans cet empire. Ils allèrent plus loin, ils lui firent perdre toute considération, tout poids, tout mouvement dans la combinaison des affaires générales, en lui persuadant de n'avoir ni forces, ni alliances. Reposez-vous sur nous de votre sûreté, lui disoient les anglois : nous négocierons, nous combattrons pour vous. C'est ainsi que, sans avoir prodigué ni sang, ni travaux, sans avoir éprouvé aucun des maux qu'entraînent les conquêtes ; ils se rendirent bien plus les maîtres du *Portugal*, que celui-ci ne l'étoit des mines du Brésil.

Tout se tient dans la nature & dans la politique. Il est difficile, impossible peut-être, qu'une nation perde son agriculture, son industrie, sans voir tomber chez elle les arts libéraux, les lettres, les sciences, tous les bons principes de police & d'administration. Le *Portugal* est une triste preuve de cette vérité. Aussi-tôt que la Grande-Bretagne l'eut condamné à l'inaction, sa décadence fut rapide. La lumière, qui brilloit dans l'Europe entière, n'arriva pas jusqu'à ses portes. On vit même cette nation rétrograder, & s'attirer le dédain des peuples, dont elle avoit excité l'émulation & provoqué la jalousie. L'avantage qu'eut cet état d'avoir des loix supportables, tandis que les autres états gémissoient dans une confusion horrible, cet avantage inestimable ne lui a servi de rien ; il a perdu le fil de son génie dans l'oubli des principes de la raison, de la morale, de la politique. Le cabinet de Lisbonne paroît le sentir ; car il n'a pas craint, depuis quelques années, de mécontenter l'Angleterre, & de s'affranchir de quelques-unes des entraves qu'elle lui avoit imposées.

La nation angloise a crié à l'injustice & à l'ingratitude ; le *Portugal* sachant bien qu'il n'étoit ni injuste ni ingrat, a laissé former ces ridicules plaintes. Le cabinet de Saint-James, après avoir menacé, est devenu plus modéré ; il a sollicité un nouveau traité, sur-tout après avoir diminué, par le traité de commerce avec la France, les droits que payoient les vins de cette dernière nation : il a proposé au cabinet de Lisbonne de diminuer les droits sur les vins de *Portugal*, dans la proportion établie par le traité de 1703. Son nouveau traité de commerce avec le *Portugal* est signé ; mais nous n'en connoissons pas assez les détails pour indiquer ses effets. Il y a lieu de croire que l'Angleterre a renoncé à quelques-uns des avantages qu'elle avoit usurpés ; mais jusqu'à quel point y a-t-elle renoncé ? quelles sont les stipulations adroites dont elle saura tirer avantage ? C'est ce que nous ignorons. Le marquis de Pombal, dont l'administration violente a excité des reproches si vifs & si justes, s'étoit efforcé du moins de secouer le joug de l'Angleterre, de rétablir les manufactures & l'industrie des portugais ; il a commencé le grand ouvrage de la réforme qui leur est devenue si nécessaire : mais on nous permettra de le dire, cet ouvrage est peu avancé, & nous ferons ici quelques réflexions qui pourront être utiles au *Portugal*.

Si ce royaume s'est remis à bien des égards sous le joug de l'Angleterre, par le nouveau traité, il lui faudra du temps pour réparer cette nouvelle faute.

Dans sa situation actuelle, il ne sauroit se passer des marchandises étrangères. Il est donc de son intérêt d'établir la plus grande concurrence de vendeurs possible, afin de diminuer la valeur de ce qu'il est obligé d'acheter. Comme il n'a pas moins d'intérêt à se défaire du superflu de son sol & de celui de ses colonies, il doit, par la même raison, attirer dans ses ports, le plus qu'il pourra d'acheteurs, pour augmenter la masse & le prix de ses exportations.

Le traité de 1703 n'obligeoit le *Portugal* qu'à recevoir les étoffes de laine d'Angleterre, aux conditions stipulées avant l'interdiction. Ainsi, même en suivant l'esprit de ce traité, il pourroit faire jouir du même avantage les autres nations, sans s'exposer au reproche d'avoir manqué à aucun engagement. Une liberté donnée à un peuple ne fut jamais un privilège exclusif & perpétuel, qui pût ôter au prince de qui elle émanoit, le droit de la communiquer à d'autres peuples. Il reste toujours nécessairement le juge de ce qui convient à son état.

On peut juger de l'effet que produiroit une conduite si sage, par les événemens arrivés indépendamment de cette résolution. Il est prouvé, par les registres des douanes angloises, que la Grande-Bretagne, qui naguère faisoit presque tout le commerce du *Portugal*, n'y a envoyé, dans l'espace de cinq ans, ou depuis 1762 jusqu'en 1766 inclusivement, que pour 95,613,547 livres 10 sols de marchandises ; qu'elle a reçu pour 37,761,075 liv. en denrées, & que la solde en argent n'a été que de 57,692,475 livres.

Ce qui trompe l'Europe entière sur l'étendue du commerce anglois, c'est que l'or du Brésil prend la route de la Tamise. Cet écoulement paroît une suite naturelle & nécessaire des affaires de cette nation. On ignore que les métaux ne peuvent sortir librement du *Portugal*; qu'il n'est pas possible de les en extraire que par des vaisseaux de guerre qui ne sont pas visités; que la Grande-Bretagne en a jusqu'ici expédié deux toutes les semaines, aussi régulièrement que la mer le permettoit.

Après avoir diminué les désavantages de son commerce purement passif, la cour de Lisbonne doit travailler à lui donner de l'activité. Ses administrateurs, subjugués par le goût dominant du siècle, ont déja établi quelques manufactures de soie, de laine & d'acier. Nous pensons qu'il auroit fallu commencer par renouveller les cultures anéanties, par ranimer les cultures languissantes.

Le climat du *Portugal* est favorable à la production des soies; elles y furent autrefois très-abondantes. C'étoient des juifs baptisés qui les cultivoient & les travailloient. L'inquisition, plus sévère & plus puissante sous la maison de Bragance qu'elle ne l'avoit été au temps de la domination espagnole, les persécuta. La plûpart des fabriquans se réfugièrent dans le royaume de Valence; & ceux qui vendoient leur industrie, portèrent leurs capitaux en Angleterre & en Hollande, dont ils augmentèrent l'activité. Cette dispersion ruina successivement la culture de la soie, de sorte qu'il n'en reste point de trace. On peut la reprendre.

Il faut y joindre celle des oliviers : elle existe. Elle fournit constamment aux besoins de l'état. Il n'y a pas même d'année où l'on n'exporte quelques huiles : ce n'est pas assez. Il est facile au *Portugal* d'entrer d'une manière plus marquée en concurrence avec les nations qui tirent le plus d'avantage de cette production, réservée aux provinces méridionales de l'Europe.

Les laines sont également susceptibles d'augmentation. Quoiqu'elles soient inférieures à celles d'Espagne; les françois, les hollandois, les anglois même ne laissent pas d'en emporter annuellement douze à treize mille quintaux; & ils en acheteroient une plus grande quantité encore, s'il s'en trouvoit dans les marchés. Tous ceux qui ont parcouru le *Portugal* avec cet esprit d'observation qui fait juger sainement des choses, pensent que la quantité en pourroit être doublée, sans faire aucun tort aux autres branches d'industrie, peut-être même en les encourageant.

Celle du sel paroît avoir été poussée avec plus de vivacité. Le nord en tire annuellement cent cinquante mille muids, qui peuvent coûter un million 500,000 livres. Il est corrosif, il diminue le poids & le goût des alimens; mais il a l'avantage de conserver plus long-temps le poisson & la viande que celui de la France. Cette propriété le fera plus rechercher à mesure que la navigation sera plus étendue.

Ses vins avoient trouvé plus de débouchés que leur goût & leur qualité ne permettoient de l'espérer. Des circonstances particulières les avoient rendus la boisson la plus ordinaire du nord de l'Europe & de l'Amérique. Il étoit impossible de prévoir que ce feroit la cour de Lisbonne elle-même qui en arrêteroit le cours. L'ordre d'arracher les vignes en *Portugal* ne peut avoir été dicté que par des intérêts particuliers. Le prétexte dont on s'est servi pour justifier une loi si extraordinaire, est-il plausible ? Le terrein que couvroient les seps, peut-il jamais être utilement employé en grains ?

Le *Portugal* a-t-il employé de bons moyens pour ranimer la culture du bled? Elle est si languissante que le royaume achete les trois quarts des grains qu'il consomme. Peut-être ne devra-t-il jamais à un sol trop peu arrosé sa subsistance entière : mais il lui convient de diminuer, le plus qu'il lui sera possible, le besoin qu'il a de secours étrangers. Sa population est suffisante pour pousser vivement ces travaux.

La cour de Lisbonne tomberoit dans une erreur bien dangereuse, si elle pensoit que le temps seul amenera cette grande révolution. Il lui convient de la préparer par une réforme entière dans les impôts, qui paroissent n'avoir jamais été bien réglés depuis la fondation de la monarchie, & dont la confusion semble augmenter d'une année à l'autre. Lorsqu'on aura levé les obstacles, il faudra prodiguer les encouragemens. Un des préjugés les plus funestes au bonheur des hommes, à la prospérité des empires, est celui qui veut qu'il ne faille que des bras pour la culture. L'expérience de tous les âges prouve qu'on ne peut beaucoup demander à la terre, qu'après lui avoir beaucoup donné. Il n'y a dans le *Portugal* que très-peu de cultivateurs en état de faire les avances nécessaires. Le gouvernement ne peut-il pas venir à leur secours ? Un revenu d'environ 47 millions bien administré ne facilitera-t-il pas ces libéralités, souvent plus économiques que l'avarice la plus sordide.

Un premier changement en assurera d'autres. Les arts nécessaires à la culture naîtront infailliblement, & s'éleveront avec elle. De proche en proche, l'industrie étendra, poussera toutes ses branches, & le *Portugal* figurera avec gloire. La nation débarrassée de ses entraves, rendue à son activité naturelle, prendra un essor digne de ses premiers exploits.

Le *Portugal* se rappellera qu'il dut son opulence, sa gloire & sa force, à sa marine, & il s'occupera des moyens de la rétablir. Il ne la verra plus réduite à dix-sept vaisseaux de ligne, à vingt-cinq bâtimens de guerre d'un ordre inférieur, à une centaine de navires marchands, tous mal construits & mal équipés. Sa population, réduite à environ deux millions d'ames, renaîtra pour couvrir ses ports & ses rades de flottes agissantes. Cette création sera difficile, sans doute, pour une puissance dont le pavillon n'est connu sur aucune mer d'Europe, & qui, depuis un siècle, a abandonné sa navigation à qui a voulu s'en saisir; mais un gouvernement devenu sage surmontera tous les obstacles. Une fois parvenu à faire toute la navigation qui lui est propre, il retiendra dans l'état, des sommes considérables que le fret en fait sortir continuellement.

Ce changement influera sur le sort des isles soumises à la couronne. Madère, dont les exportations annuelles s'élèvent à 4,658,800 livres, verra augmenter ses travaux, ses prospérités & ses richesses. L'amélioration des Açores sera plus grande encore. On sait que cet archipel composé de neuf isles, dont Tercere est la principale, n'a que cent quarante-deux mille habitans, & ne vend actuellement à sa métropole, au Brésil & à l'Amérique septentrionale, de ses vins, de ses toiles, de ses grains & de ses bestiaux, que pour 2,440,000 liv. Les isles même du Cap-Verd, malgré les fréquentes sécheresses qu'elles éprouvent, pourront multiplier leurs mulets & plus particulièrement l'orseille, cette espèce d'herbe couleur de mousse, que le nord de l'Europe emploie si utilement dans ses teintures. Le gouvernement ne se bornera pas à encourager, dans ses possessions, les cultures qui y sont connues. Ses soins y en introduiront de nouvelles, que la fertilité du sol, que la température & la variété du climat ne cessent d'appeler.

Ce nouvel esprit se fera sentir principalement dans le Brésil, cette grande colonie qui ne fut jamais ce qu'elle devoit être.

Avant 1525, elle ne reçut que quelques proscrits, sans mœurs ou sans fortune.

Les grands qui, à cette époque, y obtinrent des provinces, en firent un théâtre de carnage & de destruction. Ce fut une lutte de soixante ans entre les portugais qui vouloient tout asservir, & les indiens qui se refusoient aux chaînes qu'on leur présentoit, ou qui les brisoient après les avoir portées.

Les travaux même du peu de brésiliens que la vigilance de l'administration parvenoit à retenir sous le joug, étoient peu de chose. Ceux des européens n'étoient rien, parce qu'ils se seroient cru dégradés par les occupations de l'esclavage. On ne pouvoit attendre quelque succès que des noirs : mais ils ne commencèrent à se multiplier que vers 1570.

Dix ans après, le *Portugal* fut asservi ; & l'on croira sans peine que le gouvernement espagnol, qui laissoit tomber dans le chaos ses anciennes possessions de l'autre hémisphère, ne travailla pas à donner une meilleure direction aux colonies d'une nation qui, quoique soumise, lui étoit suspecte.

Les longues & sanglantes guerres que le Brésil eut à soutenir contre les hollandois, retardèrent de toutes les manières son amélioration.

Il vit encore ses progrès arrêtés par la révolution qui délivra le *Portugal* de l'Espagne, mais en tenant pendant dix-huit ans les deux peuples sous les armes.

Pendant ces démêlés, les nations de l'Europe qui avoient formé des établissemens en Amérique, commencèrent à y cultiver des productions qui jusqu'alors avoient été propres au Brésil. La concurrence en fit baisser le prix, & la colonie découragée n'en exporta plus que la moitié de ce qu'elle vendoit auparavant.

Un si grand malheur avertissoit le ministère de la nécessité de décharger ces denrées des taxes qui les accabloient à leur arrivée dans la métropole. La découverte des mines fit négliger des objets qui parurent dès-lors moins intéressans qu'ils ne l'étoient.

L'or & les diamans, ces trésors de convention, nuisirent eux-mêmes aux cultures qu'ils auroient pu encourager. L'espoir de faire une fortune en ramassant ces richesses fugitives & précaires, détermina un grand nombre de propriétaires à abandonner leurs plantations.

Cette illusion funeste commençoit à se dissiper, lorsque les monopoles arrêtèrent le penchant qu'on montroit généralement pour rentrer dans une carrière plus sûre & même plus lucrative que celle qui avoit d'abord enflammé tant d'imaginations.

Enfin les derniers démêlés avec l'Espagne furent une nouvelle source de désolation pour la colonie. On arracha violemment les citoyens à leurs travaux. On en exigea, sans intérêt, des prêts dont ils ne sont pas encore remboursés.

Maintenant que ces obstacles à tout bien sont la plupart levés, il ne faut plus repousser les richesses qu'offre inutilement le Brésil depuis trois siècles. Le climat est sain dans cette partie du Nouveau-Monde. Les ports y sont multipliés. Ses côtes, d'un accès facile, sont généralement fertiles. L'intérieur du pays, encore plus productif & coupé par un grand nombre de fleuves navigables, peut être cultivé pour les besoins ou les délices de l'Europe. Les productions particulières à l'Amérique y prospèrent toutes, malgré les dégâts des fourmis, sans qu'il faille craindre de les voir détruites par ces terribles ouragans, par ces sécheresses dévorantes qui désolent si souvent les meilleures isles de cet hémisphère. L'homme est encouragé au travail par l'abondance & le bon marché des subsistances, des bestiaux, des esclaves. Rien n'y manque pour en faire un des plus beaux établissemens du globe.

Il le deviendra, lorsqu'on l'aura déchargé de cette multitude d'impôts, de cette foule de traitans qui l'humilient & qui l'oppriment ; lorsque d'innombrables monopoles n'enchaîneront plus son activité ; lorsque le prix des marchandises qu'on lui porte, ne sera pas doublé par les taxes dont on les accable ; lorsque ses productions ne paieront plus de droits, ou n'en paieront pas de plus considérables que celles de ses concurrens ; lorsque sa communication avec les autres possessions nationales aura été débarrassée des entraves qui la gênent ; lorsqu'on lui aura ouvert les Indes orientales, & permis de tirer de son propre sein l'argent qu'exigeroit cette liaison nouvelle.

La colonie a des bras suffisans pour multiplier, pour étendre ses travaux. Au temps où nous écrivons, elle compte cent soixante-seize mille vingt-huit blancs, trois cents quarante-sept mille huit cents cinquante-huit esclaves, deux cents soixante dix-huit mille trois cents quarante-neuf indiens : ce qui lui forme une population de huit cents deux mille deux cents trente-cinq personnes. On fait monter à deux cents mille le nombre des sauvages encore errans dans le Brésil. Peut-être ne seroit-il pas impossible de leur faire reconnoître l'autorité de la cour de Lisbonne : mais ce seroit sans beaucoup d'utilité, à moins que des administrateurs plus éclairés que ceux qui les ont précédés, n'imaginassent des méthodes qui ont échappé à trois siècles de méditation.

Un moyen plus sûr d'augmenter la masse des productions seroit de recevoir au Brésil tous les étrangers qui voudroient en entreprendre la culture. Une infinité d'américains, anglois, françois, hollandois, dont les plantations sont épuisées, beaucoup d'européens qui ont la manie devenue si commune de faire promptement fortune, y porteroient leur activité, leur industrie & leurs capitaux. Ces hommes entreprenans introduiroient un meilleur esprit dans la colonie, & redonneroient à la race dégénérée des portugais créoles un ressort qu'ils ont perdu depuis très long-temps.

Cet ordre de choses s'établiroit sans blesser aucun intérêt. Les deux tiers des bords des grandes rivières sont en friche. Ces terres vierges appartiennent à la couronne, dont le système a toujours été d'accorder gratuitement une lieue de sol, sous la condition formelle de le mettre en valeur dans le temps prescrit. En distribuant ces domaines à ses nouveaux sujets, elle ne dépouilleroit pas les anciens, & elle augmenteroit ses cultures, ainsi que le nombre de ses défenseurs.

L'opinion établie à la cour de Lisbonne, que l'état ne sauroit ni exister, ni devenir florissant que par les anglois, a retardé jusqu'ici les progrès du *Portugal*. On oublie que la monarchie portugaise se forma sans le secours des autres nations ; que, durant tout le temps de ses démêlés avec les maures, elle n'eut aucun appui étranger ; qu'elle s'étoit agrandie pendant trois siècles d'elle-même, lorsqu'elle établit sa domination sur l'Afrique & dans les deux Indes, avec ses propres forces. Toutes ces grandes choses furent opérées par les seuls portugais. Il falloit donc que ce peuple découvrît un grand trésor, eût la propriété des mines les plus abondantes, pour qu'on imaginât qu'il ne pouvoit se soutenir par lui-même : semblable à ces nouveaux parvenus, que l'embarras des richesses jette dans la pusillanimité.

Nul état ne doit se laisser protéger. S'il est sage, il doit avoir des forces relativement à sa situation, & il n'a jamais plus d'ennemis que de moyens. A moins que son ambition ne soit démesurée, il a des alliés qui, pour leur propre sûreté, soutiennent ses intérêts avec autant de chaleur que de bonne foi. C'est une vérité générale, applicable sur-tout aux états qui possèdent les mines. Tous les peuples ont intérêt à leur plaire, & se réuniront, quand il le faudra, pour leur conservation. Que le *Portugal* tienne la balance égale entre toutes les nations de l'Europe, & elles formeront autour de lui une barrière impénétrable. L'Angleterre elle-même, quoique privée des préférences dont elle a trop long-temps joui, soutiendra toujours un état dont l'indépendance est essentielle à l'équilibre de toutes les autres puissances. Leur concert seroit sur-tout unanime & bientôt formé, si l'Espagne, se livrant à la manie des conquêtes, formoit contre lui quelques entreprises. Jamais la politique soupçonneuse, inquiète & prévoyante de notre siècle, ne souffriroit que tous les trésors du Nouveau-Monde fussent dans la même main, ni qu'une seule maison venant à dominer en Amérique, menaçât la liberté de l'Europe.

Cette sécurité ne devroit pas pourtant engager la cour de Lisbonne à pousser la négligence aussi loin qu'elle le faisoit, lorsqu'elle se reposoit de sa défense sur les armes britanniques, ou que son indolence s'endormoit sur celles de ses voisins. Comme elle n'avoit ni forces de terre, ni forces de mer, elle étoit comptée pour rien dans le système politique ; ce qui est le dernier des opprobres pour un empire. Veut-elle regagner de la considération ? il faudra qu'elle se mette en état de ne pas craindre la guerre ; qu'elle la fasse même, si ses droits ou sa sûreté l'exigent. Ce n'est pas toujours un avantage pour une nation de demeurer en paix lorsque tous les peuples sont en armes. Dans le monde politique, comme dans le monde physique, un grand événement a des effets très-étendus. L'élévation ou la ruine d'une puissance intéressent toutes les autres. Celles même qui sont les plus éloignées des champs de carnage, sont souvent les victimes de leur modération ou de leur foiblesse.

Comparaison du gouvernement d'Espagne & de celui du Portugal.

Le *Portugal* démembré de l'Espagne en a à-peu près les mœurs en quelques points. L'art ajoute encore à la nature ; le gouvernement & la cour de Lisbonne se modèlent sur ceux de Madrid.

Le *Portugal* a aussi son Pérou : l'usage qu'il fait de l'or n'est pas de faire des conquêtes en Europe ; mais on ne voit pas qu'il l'ait encore appliqué à se fortifier, ni à se rendre heureux : satisfaire le luxe ou quelque caprice, voilà les défauts de la royauté : ces défauts deviendroient des vices chez un conquérant.

En comparant les abus du gouvernement portugais avec ceux de l'espagnol, on y trouvera un principe qui n'est pas indifférent en politique ; c'est que plus un état est petit, mieux il se gouverne par proportion avec un plus grand de la même espèce : que de conséquences à tirer de cette preuve ! Il est donc utile de diviser les soins, & les districts, & chaque sphère d'intérêts ; plus leur objet est ménagé, plus les ressorts en sont vifs & soutenus ; mais de savoir jusqu'où doit se porter cette réduction des objets, ce seroit peut-être une des premières & des plus essentielles parties de la science pratique du gouvernement.

On trouvera donc en *Portugal* le bon & le mauvais, étant de même espèce qu'en Espagne ; le bon est meilleur, & le mauvais est moindre.

Les colonies portugaises sont mieux gouvernées que celles d'Espagne ; elles rendent davantage à proportion, ou fraude moins, les monopoleurs y sont plus rares & mieux punis ; mais tout cela est encore mieux gouverné dans les colonies hollandoises qui dépendent d'une république.

Le dedans du *Portugal* est moins misérable & mieux administré qu'en Espagne, les provinces plus peuplées.

Les portugais n'ont point eu toutes les sources de dépérissement : nous en avons parlé à l'article ESPAGNE ; mais ils y ont participé.

SECTION VIIe.

Des intérêts politiques du Portugal.

Le royaume de *Portugal* ayant été rétabli dans ses anciennes limites par le traité de 1668 ; & la maison de Bragance ne pouvant avoir de prétention à la charge d'aucun souverain, il n'est guère possible que cette cour puisse former des projets d'agrandissement en Europe ; car ni l'état, de la nation, ni celui de l'armée & des flottes portugaises, ne peuvent donner des moyens de conquêtes. Mais si cette puissance n'est pas fort redoutable aux autres, il paroît, que sa situation locale l'empêche de rien craindre de leur part : d'ailleurs, les puissances qui pourroient y envoyer des troupes capables de faire des descentes sur les côtes, sont toutes intéressées à la conservation du *Portugal* par des intérêts de commerce.

Mais, comme cet état a eu autrefois les possessions les plus considérables dans les autres parties du monde, & qu'il en a encore de fort importantes, il doit veiller à la garde de ses provinces éloignées ; & s'il n'a plus lieu d'espérer une occasion favorable pour se rétablir dans celles qu'il a perdues, protéger & encourager son commerce & sa navigation par tous les moyens possibles. Cet objet occupera toutes ses forces, car il manque presque de tout ce qui sert à la guerre, & il est obligé de tirer ses munitions des autres peuples.

Il n'a de voisins que l'Espagne, qu'il redoute, tant à cause de ses anciennes prétentions qu'à cause de la supériorité de ses forces. Mais diverses raisons peuvent rassurer la cour de Lisbonne. 1°. Les prétentions de l'Espagne semblent avoir été éteintes dès le douzième siècle, lorsque le pape Alexandre III, érigea le *Portugal* en royaume particulier par une bulle qu'il donna à cet effet, le 10. juin de 1179. 2°. Ce royaume a été déclaré indépendant par le traité de Saint-Ildefonse, en 1668 ; & ce traité fut confirmé dans toutes ses clauses, & étendu non-seulement par la paix d'Utrecht, mais par divers traités particuliers que les deux couronnes ont fait entre elles. 3°. Il y a entre les deux couronnes une alliance cimentée par plusieurs mariages. 4°. L'Espagne a peu de moyens de faire subsister une nombreuse armée ; & les portugais sont en état d'opposer des forces égales. L'indolence des espagnols & la nature de leurs provinces limitrophes les empêcheroient d'établir de gros magasins, ou de faire suivre les provisions par charroi ; & chacun connoît les avantages d'un pays, qui défend son territoire, sur-tout si ses habitans ont de l'antipathie & de la haine, pour ceux qui prennent part à l'invasion. 5°. Les puissances maritimes & sur-tout l'Angleterre iroient au secours du *Portugal*, si ce royaume étoit menacé de quelque invasion. Ils y enverroient promptement des escadres chargées de troupes, & pourvues de toutes les munitions de guerre : ces secours ont fait échouer plus d'une fois les entreprises des espagnols.

La France ne pensera vraisemblablement point à attaquer le *Portugal* dans ses possessions en Europe, elle en est séparée par l'Espagne, & le succès d'un armement naval seroit douteux : elle n'a point de prétentions sur ce royaume qui n'est point à sa bienséance. La france ne peut guère songer à envahir les possessions du *Portugal* en Amérique. 1°. Parce que leurs possessions ne sont pas limitrophes. 2°. Parce que les portugais y sont établis de longue-main, ce qui est important pour les pays éloignés. 3°. parce qu'ils y ont des ports dont on ne pourroit se rendre maître qu'en y envoyant des escadres considérables. 4°. Parce que l'Angleterre accourroit au secours du *Portugal*. 5°. Parce qu'il est de l'intérêt de la France que

que ce royaume se maintienne avec ses possessions contre l'Espagne, & même contre la Hollande, qui autrefois pensoit à s'agrandir & à faire des conquêtes en Amérique aux dépens du *Portugal*. Le *Portugal* cherche donc à se faire un allié utile de la France, qui profite à son tour d'une partie de son commerce, duquel les conditions de ce commerce ont été réglées par le traité d'Utrecht entre la France & le *Portugal*, conclu en 1713.

De toutes les puissances de l'Europe, l'Angleterre est celle dont le *Portugal*, a le plus ménagé l'amitié; d'abord à raison des grands intérêts de commerce, & ensuite à cause des secours prompts & efficaces que le *Portugal* peut toujours espérer de la Grande-Bretagne. Il paroît par les listes annuelles des vaisseaux marchands qui arrivent dans les différens ports du *Portugal*, que ce royaume fait plus de commerce avec l'Angleterre seule, qu'avec tout le reste de l'Europe ensemble; & il y a telle & telle branche de commerce qu'il ne peut faire qu'avec les Anglois; (l'exportation des vins de Porto, par exemple), il n'y a point de nation qui aime ces vins forts autant que les Anglois, ni qui en fasse une aussi grande consommation. Les manufactures angloises, sur-tout celles de laine, semblent être les plus convenables au *Portugal* & à ses possessions d'Amérique; aussi l'Angleterre & le *Portugal* conclurent-ils à Londres, dès 1642, c'est-à-dire, peu de temps après la grande révolution arrivée en 1640, un traité d'amitié & de commerce, qui est fort favorable. Ce traité fut confirmé en 1713, par celui d'Utrecht; & par des conventions particulières faites entre les cours de Londres & de Lisbonne, à différentes époques. Enfin l'intérêt mutuel a resserré les liens entre les deux nations; & toutes les fois que le *Portugal* a été menacé, les flottes angloises ont volé à son secours. On en a vu de fréquens exemples, & entre autres en 1728. Le *Portugal* ayant été menacé par l'Espagne, l'amiral Norris parut soudainement dans le Tage avec une escadre formidable, & sa seule présence fit avorter tous les desseins de la cour de Madrid. Ces secours ont été bien payés par le *Portugal*; mais à ces petites convenances nous avons opposé dans la section sixième, des raisons en faveur d'un nouveau système, & nous avons expliqué combien il est nécessaire aux portugais de s'affranchir du joug de l'Angleterre.

Le commerce & la navigation dans les Indes, ont produit long-temps une rivalité extrême entre les portugais & les hollandois, ces derniers s'étant emparés du Bresil & des Indes orientales, tandis que le *Portugal* étoit sous la domination des espagnols, cette rivalité étoit comme dégénéré en une guerre ouverte. Après avoir recouvré son indépendance, il rechercha l'amitié des provinces-unies, qui, malgré les traités, continuèrent

à lui faire une guerre sourde. La cour de Lisbonne songea sérieusement à sa défense, & réussit, en 1658, à chasser les hollandois des établissemens qu'ils avoient formés au Bresil (voyez l'article BRESIL). Cette guerre fut terminée par un traité de paix & d'alliance entre le *Portugal* & les provinces-unies, conclu à la Haye le 6 août 1661. Les contractans demeurèrent en possession des villes, châteaux, places, &c. qu'ils avoient saisis, soit aux Indes orientales, soit ailleurs: chacun d'eux renonça aux prétentions qu'il pouvoit former. Les provinces-unies renoncèrent à toutes leurs prétentions sur le Bresil, à condition qu'il leur seroit permis d'y faire toute espèce de commerce, à l'exception de celui du bois de Bresil; elles se réservèrent la même permission dans tous les ports, rades, havres & autres places que les portugais avoient sur les côtes d'Afrique. On déclara que, si le roi de *Portugal* violoit quelqu'une des conditions de cette paix, les provinces-unies rentreroient dans tous les droits, auxquels elles renonçoient; & que ceux de sa majesté portugaise reviveroient également dans le cas où les états-généraux viendroient à enfreindre quelque article du traité. La teneur & les conditions de ce traité ayant été confirmées par celui d'Utrecht, & par plusieurs conventions particulières, mettent le *Portugal* en sûreté contre les attaques des hollandois; la position actuelle de la république, & la forme de son gouvernement, ne peuvent lui inspirer des projets de conquêtes; sa maxime est de se contenter de ce qu'elle possède & de ne se servir de ses escadres que pour protéger son commerce; elle a éprouvé au Bresil ce que peuvent les forces du *Portugal*, lorsqu'il veut faire des efforts; & enfin l'Angleterre ou un autre pays ne laisseroient jamais ce royaume sans secours; ces puissances sont jalouses des progrès que la Hollande a faits dans les Indes. D'un autre côté, les *portugais* ne sont pas en état d'attaquer les établissemens de la Hollande, qui a en Europe & en Asie des armées, & une marine infiniment supérieures à la leur.

D'après ce qu'on a dit plus haut, le lecteur voit assez qu'excepté l'Espagne, le *Portugal* ne sauroit guère avoir de relations qu'avec les nations commerçantes, & qu'ainsi la république helvétique, la plupart des états d'Italie, des princes d'Allemagne, la Pologne & la Russie, entrent pour peu de chose dans son système politique. Car le roi de *Portugal* n'entretient point de troupes suisses; ses sujets ne font point de commerce direct avec l'Italie, ni avec l'Allemagne, si ce n'est avec les villes Anséatiques; les portugais & les polonois ne doivent jamais se rencontrer: au reste, la Russie & le *Portugal* viennent de signer un traité de commerce: elles n'avoient pas eu jusqu'ici de liaisons directes. Les liaisons de parenté, qui subsistent entre la maifon de *Portugal* & celle d'Autriche, des fecours en argent que cette derniere à demandés & obtenus, des projets politiques fort éloignés, &c. ont accafionné l'envoi d'un miniftre de Vienne à Lisbonne, & de Lisbonne à Vienne; mais ces exemples font rares. La Pruffe entretient un conful à Lisbonne; & comme cet état cherche à devenir commerçant, qu'il n'a pas renoncé au commerce des Indes, qu'il a un port admirable à Embden fur la mer du nord, plufieurs bons ports dans la Baltique, d'où l'on peut tranfporter en *Portugal*, des mâts, planches, futailles & autres bois, des toiles de Siléfie & d'autres ouvrages de fes manufactures qui y font fort recherchés, les intérêts de commerce formeront peut-être des liaifons politiques entre les cours de Berlin & de Lisbonne.

Il ne paroît pas que le Danemarck & la Suède puiffent former des projets contre le *Portugal*; car ces deux royaumes ne font pas en état d'envoyer des efcadres & des tranfports de troupes affez confidérables, pour enlever aux portugais la moindre de leurs poffeffions en Europe, ni les inquiéter dans les Indes : ces nations du nord font au contraire intéreffées à entretenir une bonne intelligence avec le cabinet de Lisbonne, & à mettre leur commerce réciproque fur un bon pied ; car le *Portugal* a befoin de bois, chanvre, lin, poix, goudron, métaux, & de beaucoup d'autres denrées que produit le nord ; tandis qu'il fournit en échange fon or & fon argent, fes vins, fes fruits, fes fels &c. qui font la matiere d'un commerce mutuellement avantageux. Le *Portugal* doit d'autant plus cultiver l'amitié des nations du nord, qu'il peut au befoin, trouver chez elles des munitions de guerre & de bouche, & même des vaiffeaux tout prêts.

Le *Portugal* n'a d'autres relations avec la porte Ottomane, que celles qui naiffent de fon commerce fur la mer Rouge, & de la protection que le grand feigneur accorde aux habitans de la côte de Barbarie. Il eft en guerre perpétuelle avec les pirates d'Alger, de Tunis, de Tripoli & de Sallé, *voyez* l'article BRESIL.

PRAGMATIQUE - SANCTION, c'eft le nom qu'on donne quelquefois à la loi fondamentale ou capitale d'un état. On a donné particulierement ce nom en France à l'ordonnance de Louis IX, de 1268, & à celle de Charles VII, de 1438, fur la collation des bénéfices, en vertu defquelles le roi, de fa propre autorité, nomme à tous les emplois eccléfiaftiques, fans que le pape puiffe faire autre chofe que confirmer la nomination.

On appelle auffi dans l'empire, *Pragmatique-Sanction* la bulle d'or dreffée fous l'empereur Charles IV, la convention de Paffau en 1552, la paix d'Augsbourg en 1555, le traité de Weftpha-

lie fous l'empereur Ferdinand III, & les capitulations de chaque empereur romain.

Mais la *Pragmatique-Sanction* qui a fait le plus de bruit dans le monde politique, eft l'arrangement pris au commencement de ce fiecle au fujet de la fucceffion des états de la maifon d'Autriche. Elle fut publiée en 1713, par l'empereur Charles VI. Les états de l'empire & plufieurs potentats la garantirent. Elle déclara que, fi les mâles venoient à manquer dans la poftérité de fa majefté impériale, les femmes qui en defcendroient, feroient fubftituées à leur place pour fuccéder à tous les pays & droits appartenans à la maifon d'Autriche, felon la loi de primogéniture. Elle eft intitulée — *Sanction-Pragmatique, & loi perpétuelle à l'égard de la regle & ordre de fucceffion, & union indivifible de tous les royaumes, provinces & états héréditaires de fa majefté impériale & catholique, à Vienne le 6 décembre 1724.*

PRÉGADI. *Voyez* l'article VENISE.

PREGELL, un des hochgerichts de la Maifon-Dieu, (Grifons) : il eft montueux & ftérile; Henri II, reçut les habitans en 1024 fous la protection de l'empire; & il paroît qu'ils font toujours reftés libres. Ils font de la religion réformée. Ce hochgericht fe partage en deux jurifdictions, *fopra porta & infra porta*. Les droits de chacune font reglés par des traités.

Cafaetfch eft un grand dépôt de marchandifes pour l'Italie; & a fouffert beaucoup par une chûte de montagnes, arrivée en 1673.

Voyez l'article GRISONS.

PRÉSIDES, (état des) en Italie. Ce petit état, qui ne comprend que des cantons voifins de la mer, faifoit autrefois partie du Siennois. Philippe II, roi d'Efpagne, en cédant le Siennois à Côme I, fe réferva la poffeffion des *Préfides*, qui demeurerent unis à la couronne d'Efpagne jufqu'en 1707 ; à cette époque les impériaux en occuperent la plus grande partie en même temps que le royaume de Naples. Dans les préliminaires, fignés en 1735, confirmés & mis en exécution l'année fuivante, cet état fut accordé à don Carlos, roi de Naples & de Sicile; & fon fils Ferdinand IV, les poffede encore. *Voyez* les articles NAPLES & SICILE.

PRÊT A INTÉRÊT. *Voyez* l'article USURE.

PRÊTRES INVALIDES ; c'eft le nom que nous donnons ici aux établiffemens formés en faveur des *prêtres* qui fe trouvent fur la fin de leur carriere : *il eft bien jufte*, difoit Louis XIV au cardinal de Noailles, *que mes foldats ayant une retraite, ceux de Jefus-Chrift n'en manquent pas*. Le cardinal lui demandoit des lettres-patentes, pour un établiffement formé en faveur des *prêtres* âgés ou infirmes, qui auront travaillé dans le faint-miniftere. Elles furent expediées en 1700.

On ne peut révoquer en doute la nécessité de pourvoir aux besoins des *prêtres*, qui ont vieilli & sont devenus infirmes dans l'exercice du ministère de l'Évangile. Et il résulteroit d'une spéculation bien approfondie & bien exécutée sur cet objet, un avantage distingué pour la consolation & l'émulation de ceux qui entrent dans cette carrière. Elle ne seroit pas simplement utile aux *prêtres* qui ont travaillé sans récompense, & qu'un long exercice de leur état n'a pas mis à même d'être nommés à des bénéfices. Mais elle offriroit encore un heureux dédommagement pour les curés que leurs infirmités & leur grand âge rendent incapables de remplir leurs fonctions, qui ne peuvent quitter leurs bénéfices sans s'exposer à la plus déplorable misère, & se voient ainsi dans la nécessité d'écraser de leur néant les paroisses qu'ils ont vivifiées dans les beaux jours de leur vie, ou de fatiguer par des pensions qu'ils retiennent, les revenus déjà trop modiques de leurs successeurs & des pauvres.

Il paroît que dans les premiers siècles de l'église, on avoit pourvu aux nécessités des vieux ministres de la religion, jugés incapables de satisfaire à des fonctions qui demandent de l'activité, de la précision & souvent des forces extraordinaires; on regardoit comme pouvant encore être utiles à l'église par leurs lumières & par leur expérience. Ces *prêtres* vénérables se rendoient auprès de leur évêque dont ils devenoient le conseil. On ne craint pas de dire que cette espèce de sénat en imposoit plus, inspiroit plus de confiance, attiroit plus de respect à l'évêque qu'il dirigeoit, que ne font les conseils actuels des évêques, composés en général de jeunes gens & d'hommes qui n'ont aucune connoissance des fonctions dont ils doivent juger les ministres. Nous ne craindrons pas d'ajouter que cette assemblée de vieillards, consumés de travaux, étoit mieux conçue que ne le sont nos chapitres de cathédrales qui l'ont remplacée. Pourquoi n'espérerions-nous pas qu'à tant d'abus succédera enfin l'ancien état de la discipline ecclésiastique ! Alors les *prêtres* quittoient le *presbiterium* général pour se rendre dans les campagnes, & rentroient dans leur ancienne demeure lorsqu'ils ne pouvoient plus vaquer aux travaux actifs de l'Évangile.

Les évêques de France s'occupent, depuis un siècle, de l'idée de préparer des retraites à leurs coopérateurs. Il y a une multitude d'établissemens modernes de ce genre, dont à la vérité très-peu ont réussi.

Il est difficile de jetter les yeux sur l'état actuel du clergé, sans être attendri de tous les genres de misère qui le pressent, sans être étonné qu'il y ait des personnes qui veuillent se consacrer à cet état, sans être plus surpris encore qu'elles aient conservé quelque considération au milieu de la nation. Leur misère a peut-être autant contribué que le développement général & raisonné des lumières, à produire cet intérêt qui s'élève de toute part en faveur de ceux qui portent le poids du jour, cette opinion bienfaisante qui tend à repousser de tous les ordres de lévites les richesses excessives & l'oisiveté.

L'accroissement du commerce, des arts & de la civilisation, lequel a créé une multitude de places, ouvert un grand nombre de débouchés; les troubles de l'église qui pendant long-tems ne laissoient entrevoir que des interdits ou des décrets; l'affoiblissement de tous les principes, & particulièrement de ceux de la religion, produit par des causes qu'il est inutile, qu'il seroit trop douloureux de révéler ici, l'espèce de servitude, la persécution & osons le dire, le mépris scandaleux auquel un certain nombre de supérieurs ecclésiastiques par la conjuration la plus indécente & la plus inepte ont condamné le travail, les moeurs & la piété; voilà les raisons qui ont insensiblement tari les sources qui autrefois donnoient des ministres ouvriers au clergé, qui ne s'occupe que de ses plaisirs & de ses ridicules honneurs. Nous voyons se retirer presqu'entièrement de cette classe les hommes nés dans les états honnêtes & aisés de la société, qui n'avoient point à demander à l'église ses richesses & ses distinctions, mais y portoient les fruits d'une éducation soignée, un désintéressement estimable, des lumières & du courage.

Dès-lors, presque toutes les places essentielles du clergé du second ordre ont été envahies par des hommes nés dans l'obscurité & dans la misère : ce sont des enfans d'artisans dans les villes, de domestiques, ou des plus pauvres habitans des campagnes. Aussi depuis près d'un siècle les évêques ont senti la nécessité de préparer une éducation gratuite (1) dans leurs séminaires, à cette nouvelle génération ecclésiastique. Il résulte que presque tous ceux qui travaillent véritablement à la vigne du seigneur, sont sans patrimoine comme sans famille, qui puissent promettre des secours suffisans à leur vieillesse, à leurs infirmités.

Les places qu'ils vont occuper au sortir des séminaires, leur donneront-elles les moyens d'établir des économies qui les rassurent contre l'indigence de leurs dernières années. Mais il n'y a pas d'exemple d'un état aussi ingrat dans les moyens & dans les ressources. Quel est l'évêque, le chanoine, le moine dont le domestique n'ait un sort plus avantageux que celui qui remplit,

---

(1) Nous comptons examiner en détail, dans un autre article, cette éducation. Nous la considérerons dans ce qu'elle est, & dans ses rapports avec la religion, le bien public, & l'état pastoral tel qu'il doit être.

dans les campagnes & même dans les villes, les augustes fonctions du sacerdoce.

C'est cependant dans cet état qu'un *prêtre* est d'abord obligé de souffrir pendant un grand nombre d'années. Mal logé, mal vêtu, mal nourri, il lutte contre les maux qui l'assiègent, & il s'effraie de ceux qui peuvent venir l'attaquer. Comment résistera-t-il aux maladies, aux infirmités? Il n'y a d'égal à cette affligeante situation que l'excès des travaux qu'il est obligé de faire, les mortifications qui accompagnent la perception de ses modiques revenus, qui, pour la plupart, sont arbitraires, & consistent en quêtes & en casuel, dépendent ou de sa facilité à donner les sacremens ou du caprice du payeur; & le mépris dont le couvrent ordinairement, ceux auxquels il est chargé d'annoncer l'Evangile, ou même celui que lui prodigue le secrétaire de son évêque. Ajoutez à ce tableau l'incertitude même de rester dans son état, de continuer à en faire les fonctions & l'impossibilité d'en prendre un autre.

Si son évêque daigne enfin jetter un regard sur lui & l'appeller à une cure, ou elle est suffisamment dotée, ou elle est à simple portion congrue. Je ne me hasarderai pas à renouveller ici les plaintes si anciennes & si bien fondées sur la nature des congrues. Il n'est point de mon objet de prouver le tort énorme que la misère des curés fait au ministère, à l'église, aux paroisses & aux pauvres qui les composent dans la plus grande partie. Il n'est pas non plus de mon objet de prouver combien les revenus consacrés à l'exercice du ministère, sont éloignés de leur destination; que les dîmes, originairement le patrimoine des *prêtres* travaillans dans les paroisses, des pauvres de ces mêmes paroisses, sont aujourd'hui pour la plupart hors des mains de leurs propriétaires imprescriptibles; que les curés ne sont devenus ainsi, au détriment du peuple & du peuple chrétien, que des hommes aux gages des bénéficiers sans fonction, ou dont les fonctions n'ont pas, à beaucoup près, la même importance; qu'il seroit juste, plus facile qu'on ne pense, infiniment utile, qu'il va peut-être arriver le temps de rétablir les choses dans leur état primitif, avec les modifications qui ont été rendues indispensables. Ces idées sont travaillées depuis plus d'un siècle par les têtes les mieux organisées. La révolution est faite dans les esprits. On sent généralement que dans un état austère, humble, saint & exemplaire, ses trop grandes richesses, & l'oisiveté sont dangereuses & ridicules; que tous les fonds doivent être consacrés au travail, au travail le plus indispensable, & qu'il est fâcheux que malgré les biens immenses du clergé, le pauvre ne puisse recevoir certains sacremens qu'il ne les paye.

Nous devons aux évêques de ces derniers temps la justice de dire; que ces principes leur deviennent très-familiers; que la misère profonde de leurs coopérateurs commence à les attendrir &

à les faire réfléchir; que plusieurs cherchent à les consoler. Le clergé même, après une délibération lente, mûre & prorogée pendant plusieurs de ses assemblées, s'est déterminé à faire une espèce de sacrifice. Mais il y a lieu d'espérer qu'éclairé de toutes parts par les lumières impérieuses de nos ennemis, par les représentations humbles, & cependant quelquefois publiques & dès-lors victorieuses que font les congruistes, par l'intérêt commun de déraciner toute cause de trouble, de soutenir l'état ecclésiastique sur le penchant de sa ruine, on prendra enfin le parti de rappeller les revenus de l'église à leur destination, de féconder les paroisses en leur rendant une plus grande partie de ceux qui leur appartiennent si légitimement. Nous pressentons tout ce qu'opérera la délicatesse du haut clergé dans une affaire où il est question de faire des sacrifices pécuniaires.

Il est donc bien évident que les curés à portion congrue ne sont point dans le cas de faire aucune réserve pour le temps des infirmités & de la vieillesse.

Mais pourquoi seroit-il question de réserves faites par un curé? Quelque pauvre ou quelque riche que soit son bénéfice, il doit le consacrer à sa paroisse. Le système des réserves de ce genre est foudroyé par tous les réglemens de discipline ecclésiastique. La moindre flexibilité sur cet article ouvriroit la porte aux abus les plus nuisibles, & donneroit une espèce de sanction au penchant qu'on reproche à quelques ecclésiastiques d'aimer à amasser. Rendons hommage à la dignité des loix que l'église nous impose, à l'honneur des fonctions qui nous sont confiées. Pouvons-nous penser légitimement à faire des réserves au milieu des pauvres qui sont recommandés à notre charité. O mon frère! vous êtes appellé par une famille nombreuse qui vous appelle son père. Les auteurs de cette génération sont attaqués d'une maladie qui fait craindre pour leurs jours. Les enfans leur demandent du pain, qu'ils ne peuvent plus leur donner par leurs sueurs. Il n'y a dans cette malheureuse habitation ni lit, ni linge, ni remèdes, ni bouillon, ni pain. O mon frère! cet affreux spectacle est souvent sous vos yeux, & vous pourriez lui résister, faire des réserves pour vos vieux jours! ah! si le torrent des misères qui coulent sous vos yeux, vous permet de faire des réserves, c'est pour le temps où il se débordera, où tous les fléaux viendront accabler votre malheureux peuple. Pour vous, tenez à honneur que la religion & la société vous aient choisi pour être sa victime. Vous vous enrichissez véritablement, en vous appauvrissant & en prodiguant votre vie & tout ce que vous avez de plus précieux pour le soulagement des malheureux.

Il est donc encore évident qu'à l'époque où les infirmités & l'âge viennent accabler un ecclésiastique ministériel, il est dépourvu de tout moyen d'exister & de fournir à la multitude de ses besoins qui augmentent. A la vérité, les curés sont moins malheureux, parce que leur bénéfice est une ressource. Où ils le conservent, ou ils le résignent avec pension; car peut-on demander que n'ayant aucun revenu, & personne ne venant à leur secours, ils se démettent purement & simplement?

S'ils conservent leur cure, & ils y sont souvent obligés, parce qu'elle est trop modique pour qu'ils puissent, en la quittant, la grever d'une pension. Quel inconvénient pour le peuple qui leur est confié! L'anarchie la plus confuse s'établit & ravage tout sous le débile empire d'un pasteur invalide. Alors cessent toute instruction, toute vigilance sur les ouailles. Le ministère de la pénitence est absolument déserté. Tous les devoirs pastoraux qui demandent de l'activité & des forces, sont négligés; & le bien que cet homme de Dieu avoit fait pendant le cours d'un long ministère, se détruit rapidement dans les dernières années de sa vie. Souvent même la cure n'est pas assez forte pour l'entretien d'un vicaire qui lui seroit nécessaire; &, quel qu'il soit, il n'a jamais l'autorité suffisante pour s'opposer au progrès des vices & des abus qui veulent s'établir pendant la vieillesse du pasteur.

La résignation avec pension paroît, quand elle est possible, le seul moyen de remédier à ce torrent de maux qui va affliger une paroisse; mais ce moyen a deux inconvéniens: il ne prépare plus une subsistance honnête au vieillard qui résigne, & il grève le successeur auquel il est si important de ne pas ôter la facilité de faire bien. Il suffit en effet d'avoir une connoissance légère de l'état ecclésiastique, pour juger combien ces pensions écrasent les successeurs, & par-là retombent de tout leur poids sur les paroisses.

Le bien public, la justice due aux travaux des ministres âgés ou infirmes de la religion, réclament donc des secours certains & suffisans pour le temps auquel ils ne peuvent plus remplir leurs fonctions. Il est certain aussi que cette perspective les soutiendra dans leurs fatigues, leur fera moins redouter les sacrifices si souvent nécessaires de leurs intérêts, & les rendra moins distraits par l'incertitude de l'avenir & la crainte de la misère.

Mais est-ce des asyles, c'est-à-dire, des maisons de retraite, qui doivent présenter ces secours à l'infirmité, à la vieillesse des *prêtres*?

Telle a d'abord été l'idée des évêques qui se sont attendris sur le sort de leurs coopérateurs. Il a été établi de ces maisons de retraite dans plusieurs diocèses; mais aucune n'a réussi, malgré les avantages qu'on s'étoit efforcé d'y rassembler. Nous n'en connoissons même aucune qui subsiste aujourd'hui en France, si ce n'est celle de saint François-de-Sales auprès de Paris. Eh encore! combien ce dernier établissement est-il frappant par sa mesquinerie, par l'insuffisance de ses moyens, par la disproportion du nombre des places avec le grand nombre des *prêtres* nécessaires à ce diocèse, par les réglemens qui gouvernent la maison! Nous n'entreprendrons pas d'en tracer ici le tableau; il révolteroit nos lecteurs.

Quoi qu'il en soit, il nous semble que des hommes accoutumés à la liberté, vivant depuis un grand nombre d'années dans leur ménage, n'ayant à prendre l'heure de personne pour leur lever, leur coucher, leurs repas, & tous les exercices de la vie, ne se plient pas aisément sur leurs vieux jours à l'empire d'une règle qui enferme, dans son cercle journalier, toutes les heures. Jusqu'alors ils n'avoient eu de supérieur que leur évêque, auquel la foi, la discipline de l'église leur apprennent, à obéir, dont le gouvernement est généralement paternel, dont les ordres tombent plutôt sur les devoirs de religion que sur les personnes, &, qui, par l'importance & l'esprit de sa place, est plutôt un appui, un protecteur qu'un maître. Dans ces maisons de retraite, ils ont à leur tête un supérieur pris souvent dans une classe inférieure à la leur, & qui n'ayant, par ses lumières & ses services, aucune importance à leurs yeux, leur rend nécessairement le joug plus insupportable. Quelque douce que soit la règle & la vie commune, on ne s'y façonne pas dans un âge avancé. D'où partent les réclamations contre l'édit qui recule l'époque des vœux religieux, si ce n'est qu'on ne peut trop tôt se former à une règle sous laquelle on mourra? Quelle idée se faire d'une communauté où la sympathie des caractères, des humeurs n'est pas la première condition de l'entrée de ses membres, mais où les seuls titres, pour y être reçu, sont l'âge, les infirmités & la pauvreté. Cette communauté n'est, dans la réalité, qu'un hôpital. C'est encore une observation bien constatée que les personnes qui ont vécu toute leur vie dans une communauté, commencent à y être malheureuses & très-malheureuses, lorsqu'elles deviennent infirmes & vieilles. Quel est l'homme qui n'a pas été attendri & révolté à la vue du mépris, du délaissement qu'elles éprouvent dans les cloîtres? La vieillesse est-elle donc le temps de les y faire entrer? ou voudroit-on assimiler le sort des ministres invalides de Jesus-Christ à celui de la classe la plus misérable de la société, trop heureuse d'aller trouver un asyle dans un tombeau, c'est-à-dire, dans un hôpital? D'ailleurs, si on veut consacrer aux anciens *prêtres* tout le revenu qu'on peut leur destiner, l'érection, l'entretien des bâtimens, les frais inséparables des communautés ne sont-ils pas autant de larcins (s'il est permis de parler ainsi) qu'on leur fait? Ce n'est donc pas dans de semblables maisons que le sacerdoce infirme doit languir. Les *prêtres* qui voudront finir leur carrière dans une maison de retraite, en trouveront assez. Il n'est pas nécessaire d'en établir de nouvelles : celles dans lesquelles ils entreront, seront au moins de leur choix, & ils pourront en sortir quand ils voudront.

C'est au milieu de leurs familles, c'est auprès des lieux où une longue résidence, des services non interrompus leur ont fait des amis ; c'est encore dans les grandes villes où des ressources de tout genre se présentent à la vieillesse qui les réclame presque toutes ; c'est-là que les *prêtres*, dès l'entrée de leur carrière, se proposent d'aller un jour terminer leur vie.

Qu'il me soit permis de me servir ici des lumières d'un prélat aussi distingué par sa bonté franche que par ses grands talens, & qui a réuni toutes les qualités de son cœur & de son esprit dans les actes du synode, tenu à Toulouse au mois de novembre 1782, ouvrage qu'on seroit tenté de prendre pour l'un des plus beaux monumens de l'antiquité ecclésiastique. Je vais prendre le diocèse de Paris pour objet auquel peuvent se rapporter nos résultats. Cette manière de procéder par application à un sujet déterminé m'a paru la plus simple.

Le gouvernement de l'église de Paris peut venir efficacement au secours des vieux ecclésiastiques du diocèse, soit en leur accordant des pensions, soit en leur destinant des prébendes dans des chapitres.

Le seul clergé régulier & séculier de la ville de Paris, sans y comprendre celui des paroisses qui n'a point de revenus fixes, & ne vit que des sacremens qu'il administre & des messes qu'il dit, jouit de près de vingt millions de rente. Joignez-y les biens du clergé répandu dans les campagnes & dans les petites villes du diocèse. Pourquoi n'associeroit-on pas sur cette énorme masse une imposition au profit des vieux ecclésiastiques, comme on impose un droit pour les séminaires qui n'en ont pas besoin ?

Depuis plusieurs années, nous avons vu tomber un grand nombre de maisons religieuses, qui sont abandonnées ou vont l'être. Pourquoi n'affecteroit-on pas les biens de ces maisons aux *prêtres* invalides ? pourquoi ne pratiqueroit-on pas la voie des unions, comme elle a été employée pour l'évêché, pour un grand nombre de séminaires, & d'autres établissemens moins importans que celui que nous proposons ?

Ces fonds serviroient à faire des pensions. Le tableau des *prêtres* dont on a besoin dans le diocèse, étant arrêté, on peut compter qu'il n'y auroit que le seizième de ce nombre, susceptible de les recevoir ; car on pourroit fixer, comme à Toulouse, le temps de vingt-cinq ans de service pour les curés, & celui de trente cinq pour les vicaires & autres *prêtres* travaillans dans le ministère. Ce terme du travail conduit au moins à l'âge de soixante ans, époque où commence ordinairement la vieillesse. Ajoutez au nombre des *prêtres* qui seront parvenus à cet âge, celui des *prêtres* infirmes, & les *prêtres* qui auront besoin des pensions, formeront au plus le seizième de ceux qui travaillent dans le diocèse.

Il paroîtroit sage de déterminer qu'à moins d'infirmités extraordinaires, ces pensions ne pourront excéder douze cents livres ; & qu'elles seroient même moindres, si ceux qui seront dans le cas de les obtenir possédoient un bénéfice, s'ils s'étoient réservé une pension, ou s'ils jouissoient de quelqu'autre revenu ; les pensions devant être proportionnées aux besoins, & n'étant pas juste que ceux qui peuvent s'en passer, absorbent des ressources, au défaut desquelles d'autres pourroient manquer du nécessaire.

Ces pensions émérites seroient arrêtées dans un bureau présidé par M. l'archevêque, & composé de quatre curés de Paris & d'un curé de chacun des doyennés du diocèse.

Le second moyen de subvenir aux besoins des anciens ecclésiastiques seroit de leur affecter des prébendes. Il seroit le plus utile, le plus simple & le plus honorable pour tout le clergé de ce diocèse, & contribueroit à alléger le poids des pensions.

On compte d'abord dans Paris neuf chapitres, sans y comprendre celui de la cathédrale. Quel inconvénient y auroit-il à destiner le quart de ces prébendes aux anciens ecclésiastiques du diocèse ? Cette réserve seroit-elle plus onéreuse & moins juste que l'expectative des grades, du droit de septennaire & des indults ? Le roi, l'archevêque ou le chapitre de la métropole, confèrent ces bénéfices. C'est sûrement deviner le secret de leurs cœurs que de leur présenter le moyen de faire un très-grand bien devenu indispensable. Quelles heureuses espérances ne doit on pas faire concevoir ici le zèle avec lequel différens collateurs du diocèse de Toulouse se sont empressés de sacrifier au bien général le droit de collation ?

On parle, depuis plusieurs années, du projet de réunir en un seul corps les différens chapitres annexés aux paroisses de Paris. Outre l'économie, & par conséquent l'augmentation de revenus que cette réunion produiroit, il y auroit des raisons très-fortes pour accélérer cette distraction des chapitres d'avec les paroisses qui, en général, ne peuvent qu'en être troublées. L'intérêt des paroisses est si pressant sur cet objet, qu'elles ne sont pas disposées à réclamer les revenus de ces chapitres, qui cependant n'ont été établis que pour leur service, & qui, par la pente naturelle des établissemens vers leur détérioration, ont fini par s'isoler, & ont réduit tout leur devoir à la récitation de l'office qui ne s'accorde pas même avec les heures commodes au peuple ; mais si un projet aussi-bien conçu s'exécute, ne pourroit-on pas profiter de ce nouvel arrangement en faveur de la vieillesse des ministres du Seigneur ?

Et croit-on qu'un grand chapitre, composé d'anciens curés & d'anciens vicaires, ne contribueroit pas à l'ornement de cette ville, à donner de nouvelles facilités pour le ministère de la pénitence auquel les chapitres actuels sont si étrangers ?

Le diocèse de Paris contient, hors de la capitale, sept collégiales répandues dans chacun des sept doyennés du diocèse; ils sont encore à la nomination du roi, & sur-tout de l'archevêque. Quels avantages ils offriroient aux anciens ecclésiastiques, si, en totalité ou en partie, ils leur servoient de retraite !

La manière la plus simple & la plus propre à servir de point d'appui au clergé ouvrier, seroit de lui affecter ces bénéfices de la même manière qu'ils sont accessibles à l'expectative des grades, c'est-à-dire, que le plus ancien curé auroit le droit de requérir, & de l'emporter sur tous ses concurrens; ou, si l'on aime mieux, & cette disposition sembleroit conserver davantage les droits des collateurs sur les intentions bienfaisantes desquels on a tant de raisons de se reposer, ils s'obligeroient à choisir parmi les curés qui auroient au moins douze ans de service dans le diocèse, ou parmi les autres ecclésiastiques qui exerceroient le saint ministère depuis au moins vingt ans.

Il est inutile d'observer ici qu'on devroit singulièrement adoucir, en faveur de ces vieux *prêtres*, l'exercice si monotone, & même, quoi qu'on en dise, si gênant de la vie canoniale; que, par exemple, il ne faudroit les assujettir qu'à un office par jour, dont même ils pourroient facilement se dispenser; qu'il suffiroit peut-être de les obliger à l'office public des dimanches & fêtes; qu'il seroit convenable de leur permettre des vacances assez longues, &c.

Ainsi se rétabliroit d'une manière solide, dans le clergé du diocèse, l'attachement aux fonctions pénibles du ministère : ainsi se dissiperoient les craintes pénibles & humiliantes, qui enveloppent les ecclésiastiques dès leur entrée dans cette carrière : ainsi on épargneroit à la religion la douleur de voir ses anciens ministres, affoiblis par l'âge & la douleur, sans asyle & sans ressource. Ainsi, les diocésains commenceroient à reprendre leur pente vers l'état ecclésiastique qu'ils paroissent abandonner, & qui rebute tant de citoyens honnêtes par l'affreuse perspective de manquer un jour, je ne dis pas de récompense, mais de pain : ainsi on diminueroit peut-être cette révoltante & dangereuse émigration des *prêtres* de tous les diocèses dans celui de Paris, concours favorisé par les deux derniers archevêques, qui ont amené à leur suite une multitude d'ecclésiastiques d'outre Loire qui effraient, par leur empressement à tout envahir, les paisibles habitans des bords de la Seine.

(*Cet article est de M.* DES BOIS DE ROCHEFORT, *docteur de la maison & société de Sorbonne, vicaire général de la Rochelle, curé de S. André-des-Arcs, &c.*)

PRETTIGEU, une des contrées de la république des grisons : elle comprend les hocgerichts Kloster, Castels & Schiers. C'est une vallée de huit lieues de longueur sur quatre de largeur ; elle est très-peuplée : on croit que c'étoit le siège des rucantii. Les habitans sont de la religion réformée, & très-jaloux de leur liberté. Le terrein est fertile, sur-tout en pâturages. Cette seigneurie a changé souvent de maître. La maison d'Autriche a renoncé à tous ses droits en 1469 : Ferdinand III a confirmé cette cession. *Voyez* l'article GRISONS.

PRIMOGÉNITURE (droit de). *Voyez* l'article DÉCADENCE DES ÉTATS.

PRISONNIER DE GUERRE. *Voyez* le dictionnaire de l'Art militaire.

PRIVILEGE EXCLUSIF. On appelle ainsi le droit que le prince accorde à une compagnie ou à un particulier, de faire un certain commerce, ou de fabriquer & de débiter une certaine sorte de marchandises à l'exclusion de tout autre. Un sage gouvernement doit-il accorder des *privilèges exclusifs* ?

Cette intéressante question demande beaucoup de détails. On se trouve obligé d'examiner avec attention quel est l'ordre le plus évidemment avantageux à la chose publique, & on sent combien il est nécessaire d'établir les principes de cette étude qui doit occuper les hommes éclairés & bienfaisans, chargés de la glorieuse & pénible fonction de travailler au plus grand bonheur possible de leurs semblables ?

On peut réduire à un très-petit nombre les principes qu'on doit regarder comme immuables entre les hommes réunis, par le desir & l'espérance d'augmenter leur bonheur & leur sûreté. Peut-être se convaincroit-on, par l'observation & la méditation, que les maximes les plus avantageuses aux sociétés se réduisent au trois principes suivans, ou qu'ils en découlent : 1°. les droits de la propriété doivent être inviolables, excepté le cas unique où l'intérêt de tous exige le sacrifice des intérêts particuliers : 2°. les *privilèges exclusifs*, sur-tout en fait de culture & de commerce, ne peuvent presque jamais appartenir à aucun particulier, à aucun corps, parce qu'ils attaquent les droits constitutifs de la société &

de la propriété : 3°. les richesses nationales dépendant du commerce intérieur & extérieur de ce qui est dans l'état, l'intérêt général demande que le commerce acquière toute l'étendue dont il est susceptible, par des facilités accordées à la circulation & à l'exportation : mais nous avons traité cette question avec beaucoup d'étendue aux articles INDUSTRIE & MONOPOLES. *Voyez* ces articles.

PRIX ou VALEUR. La question d'économie politique qu'on peut traiter sous ces mots est intéressante; & nous allons l'analyser en ce détail.

Du prix réel & nominal des marchandises, ou de leur prix en travail & en argent.

Chaque homme est riche ou pauvre selon qu'il est plus ou moins en état de se procurer les nécessités, les commodités & les amusemens de la vie. Mais, il ne peut s'en procurer que fort peu par son propre travail dans une société dont les membres se livrent à des occupations différentes, & il faut qu'il en tire la plus grande partie du travail d'autrui. Par conséquent il sera riche ou pauvre selon la quantité du travail d'autrui dont il pourra disposer ou qu'il aura le moyen d'acheter. Le travail est donc la mesure de la valeur relative & échangeable de toutes les marchandises.

Le prix réel de chaque chose, ce qu'elle coûte réellement à celui qui veut l'avoir, est la peine & l'embarras de l'acquérir. Ce qu'une chose vaut pour vous qui l'avez acquise, & qui avez besoin de l'échanger contre quelqu'autre chose, est la peine, & l'embarras qu'elle vous épargne, & qu'elle peut coûter à d'autres. Ce qu'on achete avec de l'argent ou des marchandises, n'est pas moins acheté par le travail, que ce qu'on acquiert par la peine & la fatigue de son propre corps. Il est vrai que cet argent & ces marchandises nous épargnent cette peine : ils contiennent la valeur d'une certaine quantité de travail que nous échangeons pour ce qu'on suppose en contenir, en même-temps, la valeur d'une égale quantité. Le travail a été le premier prix qu'on a payé par-tout ; c'est à lui, & non pas à l'or & à l'argent que le monde est redevable de toutes ses richesses.

Mais quoique le travail soit la véritable mesure de la valeur échangeable de toutes les marchandises, ce n'est point par le travail qu'on estime communément ce qu'elles valent. Il est difficile de s'assurer de la proportion entre deux quantités de travail. Le temps qu'on met à deux sortes d'ouvrages, ne suffit pas toujours pour déterminer cette proportion. Il faut calculer les différens degrés de peine & de talent. Il peut y avoir plus de travail dans l'ouvrage d'une heure, qui est difficile, que dans un ouvrage de deux heures qui est aisé; ou en une heure d'application dans un métier qui a coûté dix ans d'apprentissage, qu'en un mois d'industrie donné à une occupation triviale dont tout le monde est capable. Mais il est mal aisé de trouver une mesure exacte de la peine & du talent. Aussi ne les apprécie-t-on point à la rigueur quand on échange les productions des divers travaux. On se règle alors, non sur une mesure exacte, mais sur les offres & les propositions du marché faites d'après cette sorte d'égalité imparfaite, qui, sans avoir de précision, ne laisse pas de suffire pour les affaires de la vie commune.

Les marchandises d'ailleurs sont plus souvent échangées entr'elles, & par-là même, plus souvent comparées les-unes avec les autres, qu'avec le travail. Il est donc plus naturel d'estimer leur valeur respective ou échangeable par la quantité d'autres marchandises, que par celle du travail qu'elles peuvent servir à acheter.

Lorsque les échanges n'ont plus lieu, & que l'argent est devenu le moyen ou l'instrument commun du commerce, chaque marchandise particulière est plus souvent échangée pour de l'argent que pour toute autre marchandise. Le boucher porte rarement son bœuf ou son mouton au boulanger ou au brasseur, pour avoir du pain ou de la bierre ; il les porte au marché où il les échange contre de l'argent, & ensuite il échange cet argent, contre du pain & de la bière. La quantité d'argent qu'il rapporte du marché règle ainsi la quantité de pain & de bière qu'il peut acheter ensuite.

Mais la valeur de l'or & de l'argent varie comme celle de toute autre marchandise. Ils sont quelquefois plus chers, quelquefois à meilleur marché, & il y a tel temps où il est plus aisé, & tel autre temps où il est plus difficile d'en acheter. La quantité de travail qu'une quantité donnée de ces métaux peut acheter ou mettre à notre disposition, & la quantité d'autres marchandises que nous pouvons nous procurer en échange, dépendent toujours de la fécondité ou de la stérilité des mines, qui se trouvent connues vers le temps où se font ces échanges. La découverte des mines abondantes de l'Amérique a réduit l'or & l'argent en Europe environ au tiers de ce qu'ils valoient auparavant. Moins il falloit de travail pour qu'ils vinssent de la mine au marché, moins ils en pouvoient commander ou acheter quand ils y étoient arrivés; & cette révolution dans leur valeur, quoique peut-être la plus grande, n'est point du tout la seule dont parle l'histoire. Mais comme une mesure de quantité telle que le pied naturel, la poignée, qui varient continuellement, ne peut jamais être une mesure exacte de la quantité des autres choses ; de même une marchandise dont la valeur n'est jamais fixe, ne peut être une mesure exacte de la valeur des autres marchandises. Il n'en est pas ainsi des quantités

quantités du travail qui, en tout temps & en tout lieu, eſt néceſſairement d'une valeur égale pour celui qui travaille. Il faut qu'il ſacrifie toujours la même portion de ſes aiſes, de ſa liberté & de ſon bonheur. Le prix qu'il paie eſt toujours le même, quelle que ſoit la quantité de marchandiſes qu'il reçoit en échange. Il peut en recevoir tantôt plus, tantôt moins; mais c'eſt leur valeur qui change; & non le travail qui les achete. En tout temps & en tout lieu ce qu'il eſt difficile de ſe procurer, ou ce qui coûte beaucoup de peine à acquérir, eſt cher, & ce qu'on peut avoir aiſément ou ce dont l'acquiſition ne coûte guere de peine, eſt à bon marché. Le travail ſeul ne variant jamais dans ſa valeur, eſt donc l'unique, la derniere & la véritable meſure par laquelle on peut eſtimer & comparer en tout temps & en tout lieu la valeur de toutes les marchandiſes. Il eſt leur prix réel, l'argent n'eſt que leur prix nominal.

Mais quoique des quantités égales de travail ſoient toujours d'une valeur égale pour l'ouvrier, la perſonne qui l'emploie n'en juge pas toujours de même. Comme elle l'achete quelquefois avec plus, quelquefois avec moins de marchandiſes, elle imagine que la valeur du travail eſt auſſi véritable que celle de toutes les autres choſes. Elle le trouve cher dans un cas, & bon marché dans d'autres. Cependant ce ſont les marchandiſes qui ſont tantôt cheres & tantôt à bon marché.

Dans ce ſens populaire on peut donc dire que le travail a un prix réel & un prix nominal, ainſi que les marchandiſes. Son prix réel conſiſtera dans la quantité de choſes néceſſaires & commodes qu'on donne en retour; le prix nominal ſera en argent. Celui qui travaille eſt riche ou pauvre, bien ou mal récompenſé, à proportion du prix réel & non du prix nominal de ſon travail.

La diſtinction entre le prix réel & le prix nominal n'eſt pas une matiere de pure ſpéculation : elle peut être quelquefois d'un grand uſage dans la pratique. Le même prix réel eſt toujours de la même valeur; mais, à cauſe de la variation dans la valeur de l'or & de l'argent, la valeur du même prix nominal n'eſt pas toujours la même. Ainſi quand on vend une terre avec la réſerve d'une rente perpétuelle, ſi veut que cette rente ſoit toujours de la même valeur, il eſt important pour la famille en faveur de laquelle on l'établit, qu'elle ne conſiſte pas dans une ſomme d'argent particuliere. Sa valeur en ce cas ſeroit ſujette à des variations de deux eſpeces ; 1°. à celles qui naiſſent de ce que les quantités d'or & d'argent contenues dans la monnoie d'une même dénomination ne ſont pas toujours égales; 2°. à celles qui viennent de ce que des quantités égales d'or & d'argent n'ont pas en tout temps la même valeur.

Les princes & les états ſouverains ont ſouvent imaginé qu'il étoit de leur intérêt de diminuer la quantité de métal pur contenue dans leurs monnoies; mais il ne leur eſt guere venu dans l'eſprit qu'ils euſſent un intérêt à l'augmenter. Auſſi je penſe que chez toutes les nations elle a toujours été en diminuant. Ces ſortes de variations tendent donc preſque toujours à diminuer les rentes en argent.

La découverte de l'Amérique a fait baiſſer en Europe la valeur de l'or & de l'argent. La valeur des rentes doit plutôt diminuer qu'augmenter, quand même elles ſeroient payables, non en argent monnoyé de telle quantité & de telle dénomination (en tant de livres ſterl. par exemple), mais en tant d'onces d'argent pur ou à tel titre.

Les rentes ſtipulées en bled ont beaucoup mieux conſervé leur valeur que celles ſtipulées en argent, lors même que la monnoie n'a point été altérée. Un acte parlementaire de la dix-huitieme année du regne d'Eliſabeth, a ſtatué que les fermiers des colleges paieroient le tiers de leur redevance en bled, en nature, & au prix courant du marché le plus proche. Selon le docteur Blackſtone, l'argent provenant de cette rente en bled & qui n'étoit originairement que le tiers de la redevance en total, ſe monte aujourd'hui à-peu-près au double de celui que rapportent les deux autres tiers. Ainſi les anciennes rentes des colleges en argent ſont preſque réduites à la quatrieme partie de leur valeur, ou ne valent guere mieux que la quatrieme partie du bled qu'elles valoient anciennement. Mais depuis le regne de Philippe & de Marie la dénomination de la monnoie n'a ſouffert en Angleterre que peu au point d'altération, & le même nombre de livres, de ſchelings & de deniers, a contenu à-peu-près la même quantité d'argent pur. La dégradation dans la valeur de ces rentes pécuniaires vient donc de la dégradation dans la valeur de l'argent.

La perte eſt encore plus grande, quand, à la dégradation dans la valeur de l'argent, il ſe joint une diminution dans la quantité qu'en contient la monnoie dont la dénomination ne change pas. En Ecoſſe où ces ſortes d'altérations ont été plus conſidérables qu'en Angleterre; en France où elles ont encore été plus grandes qu'en Ecoſſe, d'anciennes rentes qui, dans leur origine avoient une valeur conſidérable, ont été ainſi réduites preſqu'à rien.

Des quantités égales de bled, denrée qui fait la ſubſiſtance de l'ouvrier, approchent plus, au bout d'un long terme, des quantités égales de travail, que n'en peuvent approcher des quantités égales d'or & d'argent, peut-être même de toute autre marchandiſe. Ainſi des quantités égales de bled, dans un long eſpace de temps, approcheront plus de la même valeur réelle, ou, ce qui revient au même, celui qui en ſera le poſſeſſeur, ſera plus près de pouvoir acheter ou mettre à sa disposition la même quantité du travail d'autrui. Au reste le bled n'y atteindra pas lui-même exactement. La subsistance de l'ouvrier, ou le prix réel du travail, n'est pas la même dans tous les cas. Elle est plus abondante dans une société qui fait des progrès, que dans une autre qui n'avance ni ne recule, & plus dans celle-ci que dans une qui décline. Cependant toute autre denrée ou marchandise achetera, en quelque temps particulier que ce soit, une plus grande ou une plus petite quantité de travail en proportion de la quantité de subsistance que ce travail pourra procurer dans le même temps.

Il faut observer que si la valeur réelle d'une rente en bled varie beaucoup moins d'un siècle à l'autre, que celle d'une rente en argent, elle varie beaucoup plus d'une année à l'autre. Le prix du travail en argent, ne change pas d'une année à l'autre, comme le prix du bled en argent, & il paroît suivre par-tout, non le prix passager & accidentel, mais le prix moyen ou ordinaire de cette denrée nécessaire à la vie. Le prix moyen ou ordinaire du bled, est réglé à à son tour par la valeur de l'argent, par la quantité de travail qu'il faut employer, & conséquemment du bled qu'il faut consommer pour que telle quantité déterminée de ce métal vienne de la mine au marché. Mais quoique la valeur de l'argent varie quelquefois beaucoup d'un siècle à l'autre, elle ne varie guère d'une année à l'autre, & souvent elle reste la même, ou à-peu-près la même, l'espace d'un demi-siècle ou d'un siècle de suite. Le prix moyen ou ordinaire du bled en argent peut donc être le même ou à-peu-près durant cette longue période, & le prix du travail en argent aussi, si la société reste à d'autres égards dans le même état ou à-peu-près. Cependant le prix passager & accidentel du bled peut souvent être une même le double de ce qu'il étoit l'année d'auparavant. Il peut aller, par exemple, de vingt-cinq à cinquante schelings la mesure de huit boisseaux; mais, quand il est à ce dernier prix, non-seulement la valeur nominale d'une rente en bled, mais sa valeur réelle est double de ce qu'elle étoit à vingt cinq schelings, & avec la même quantité de bled on achetera, ou l'on aura à sa disposition le double de travail qu'on pourroit acheter avec la plupart des autres marchandises, le prix du travail en argent & celui de la plupart des autres choses demeurant le même pendant toutes ces variations.

Il paroît donc que le travail est la seule mesure universelle, & exacte, la seule règle par laquelle nous pouvons comparer en tout temps & en tout lieu les valeurs des différentes marchandises. On convient que nous ne pouvons estimer leur valeur réelle d'un siècle à l'autre par les quantités d'argent données pour elles. Nous ne pouvons pas non plus l'estimer d'une année à l'autre par les quantités de bled ; mais nous pouvons le faire avec la plus grande exactitude, & de siècle en siècle, & d'année en année, par les quantités du travail. D'un siècle à l'autre le bled est une meilleure mesure que l'argent, parce qu'à cette distance, il approche plus près du point où l'on peut disposer de la même quantité de travail. D'une année à l'autre, c'est tout le contraire, parce qu'il en approche moins.

Quoique la distinction du prix réel & nominal puisse être utile dans l'établissement d'une rente perpétuelle ou dans celui des redevances stipulées par un long bail, elle n'est d'aucun usage pour vendre ou acheter dans le cours ordinaire de la vie.

Dans un temps & un lieu donnés le prix réel & le prix nominal de toutes les marchandises sont en proportion l'un avec l'autre. Par exemple, selon que vous aurez plus ou moins d'argent d'une marchandise au marché de Londres, vous pourrez y acheter ou avoir à votre disposition plus ou moins du travail d'autrui. Ainsi au même temps & au même endroit donnés, l'argent est la mesure exacte de la valeur échangeable de toutes les marchandises ; mais il ne l'est pas autrement.

Quoiqu'à des endroits éloignés de l'un de l'autre il n'y ait pas de proportion régulière entre le prix réel des marchandises & leur prix en argent, le marchand qui transporte ses marchandises d'un endroit à l'autre, n'a rien à considérer que les prix en argent, ou la différence entre la quantité d'argent qu'elles lui coûtent & celle qu'il les vendra. Il peut se faire qu'avec une demi-once d'argent, on se procure à Canton le double du travail & le double des besoins & des commodités de la vie qu'on se procureroit à Londres avec une once. Une marchandise qui se vendroit une demi-once d'argent à Canton, pourroit y être ainsi réellement plus chère & d'une importance plus réelle pour le possesseur que celle qui se vendroit une once d'argent à Londres ne le seroit pour celui qui la posséderoit. Si cependant un marchand de Londres peut acheter à Canton pour une demi-once d'argent une marchandise qu'il revende ensuite une once d'argent à Londres, il gagne à ce marché cent pour cent, tout comme si une once d'argent avoit précisément la même valeur à Londres qu'à Canton. Il lui est égal qu'une demi-once d'argent lui eût procuré plus du travail d'autrui, & une plus grande quantité des besoins & commodités de la vie à Canton, qu'une once à Londres ; avec une once il aura toujours à Londres le double de ce qu'il aura avec une demi-once, & voilà ce qu'il lui faut.

C'est donc le prix nominal des marchandises, ou leur prix en argent, qui décide en dernier ressort de la prudence ou de l'imprudence de tous les achats & de toutes les ventes, & qui par-là règle toutes les affaires de la vie commune, où il est question de la valeur ; & il ne faut pas s'étonnet si on y a fait beaucoup plus d'attention qu'au prix réel.

Il peut être utile de comparer les différentes valeurs réelles d'une marchandise particulière dans des temps & des lieux différens, ou de voir les divers degrés de puissance qu'elles ont donné en diverses occasions à leurs possesseurs sur le travail d'autrui. Les quantités d'argent données communément pour la marchandise, sont moins à considérer en ce cas que les quantités de travail qui pouvoient être achetées avec ces quantités d'argent. Mais à peine peut-on connoître avec quelqu'exactitude les prix courans du travail à des temps & à des lieux éloignés. Quoiqu'on n'ai pas tenu regître de ceux du bled en beaucoup d'endroits, ils ne laissent pas d'être généralement mieux connus, parce que les historiens & d'autres écrivains en ont fait mention plus souvent. En général il faut donc nous en contenter, non qu'ils soient toujours exactement dans la même proportion que les prix du travail, mais parce que communément on n'a pas de meilleure approximation.

Dans les progrès de l'industrie les nations commerçantes ont trouvé qu'il étoit de leur intérêt de faire de la monnoie de différens métaux. Elles ont fait frapper des pièces de monnoie d'or pour de gros paiemens, d'autres d'argent pour les achats de médiocre valeur, & d'autres de cuivre ou de quelqu'autre métal commun pour ceux d'une valeur inférieure. Cependant elles ont regardé un de ces métaux comme étant plus particuliérement la mesure de valeur; & il paroît qu'elles ont généralement donné cette préférence au métal qui leur a servi d'abord d'instrument de commerce. Elles ont continué par habitude l'usage qu'elles en avoient fait par nécessité.

On dit que les romains n'avoient encore que de la monnoie de cuivre cinq ans avant la dernière guerre punique, temps auquel ils firent frapper de la monnoie d'argent. Aussi le cuivre paroît-il avoir toujours conservé dans cette république la qualité de mesure de valeur. On y faisoit tous les comptes, & on y calculoit la valeur de tous les biens en *as* & en *sesterces*. L'*as* y fut toujours la dénomination d'une monnoie de cuivre : le mot *sesterce* signifie deux as & demi. Ainsi, quoique le sesterce fût toujours une monnoie d'argent, sa valeur étoit estimée en cuivre. On disoit à Rome de celui qui devoit de grosses sommes, qu'il avoit beaucoup de cuivre à autrui.

Il semble que les nations du Nord, qui se sont établies sur les ruines de l'empire romain aient eu, dès les commencemens de leur établissement, de la monnoie d'argent, & qu'elles ne connurent ni celle de l'or, ni celle de cuivre que plusieurs siècles après. Il y eut des monnoies d'argent en Angleterre du temps des saxons ; mais il n'y en eut guère en or jusqu'au temps d'Edouard III, & point en cuivre jusqu'à celui de Jacques I. C'est par cette raison qu'en Angleterre, &, à ce que je crois, chez toutes les nations modernes de l'Europe, les comptes sont tenus, & la valeur des marchandises & des biens énoncée en argent. En Angleterre, quand on veut exprimer à quoi se monte la fortune de quelqu'un, on ne parle guère du nombre de guinées, mais du nombre de livres qu'on en donneroit.

Dans tous les pays, on n'a pu faire originairement des offres réelles que dans les espèces du seul métal qui étoit considéré comme mesure de valeur. On a frappé des monnoies d'or en Angleterre, long-temps avant que l'or y fût regardé comme paiement légal. La proportion entre les valeurs des monnoies d'or & d'argent n'étoit fixée par aucune loi ou proclamation publique : on laissoit au marché à l'établir. Si un débiteur offroit de payer en or, le créancier pouvoit ou rejetter le paiement, ou l'accepter à telle évaluation de l'or dont ils convenoient entr'eux. Aujourd'hui le cuivre n'est point une offre légale de paiement, si ce n'est dans le change entre petites pièces d'argent. Dans cet état de choses, la distinction entre le métal, mesure de valeur, & celui qui ne l'étoit pas, étoit quelque chose de plus qu'une distinction nominale.

Par la suite, le peuple s'étant familiarisé avec l'usage des différens métaux monnoyés, & connoissant mieux leurs valeurs respectives, on a jugé, dans la plupart des pays, qu'il falloit constater cette proportion, & déclarer, par une loi, qu'une guinée, par exemple, de tel titre & de tel poids vaudroit vingt-un schelings, & seroit un paiement légal pour une dette de pareille somme. Dans cet état de choses & tant que subsiste une proportion réglée de cette nature, la distinction entre le métal, mesure de valeur, & celui qui ne l'est pas, n'est guère qu'une distinction nominale.

Mais, dès qu'il arrive quelque changement dans cette proportion réglée, cette distinction redevient, ou semble au moins redevenir quelque chose de plus qu'une distinction nominale. Si, par exemple, la valeur fixée ou réglée d'une guinée venoit à être réduite à vingt schelings, ou à monter à vingt-deux, tous les comptes & presque toutes les obligations pour dette étant articulées en argent, la plus grande partie des paiemens pourroit se faire, comme auparavant, avec la même quantité d'argent, mais non avec la même quantité d'or. Il faudroit plus d'or dans un cas, & moins dans l'autre ; l'argent paroîtroit plus invariable que l'or dans sa valeur ; il sembleroit que la valeur du premier de ces métaux mesureroit la valeur du second, & non le second la valeur du premier. La valeur de l'or paroîtroit dépendante de la quantité d'argent qu'on auroit en échange, & celle de l'argent indépendante de la quantité d'or qu'on donneroit pour elle. Cette différence ne viendroit pourtant que de la coutume de tenir les comptes, & d'exprimer le montant des grandes & des petites sommes plutôt en argent qu'en or. Si la coutume de tenir les comptes & d'exprimer les billets & autres obligations en monnoie d'or, devenoit générale, on regarderoit l'or & non l'argent comme étant la mesure particulière de valeur.

Tant qu'il y a quelque proportion réglée entre les valeurs respectives des monnoies de différens métaux, c'est la valeur du métal le plus précieux qui règle celle de toute la monnoie. Douze pences ou deniers de cuivre contiennent une demi-livre ou huit onces de cuivre, qui n'est pas de la meilleure qualité, & qui, avant d'être frappé, vaut rarement sept pences en argent. Mais comme, par le réglement des monnoies d'Angleterre, douze de ces pences valent un schéling, on les prend au marché pour l'équivalent d'un schéling, & en tout temps on peut avoir un schéling à leur place. Avant même qu'on fît la dernière réforme de la monnoie d'or de la Grande-Bretagne, l'or, au moins celui qui circuloit à Londres & dans les environs, étoit en général moins dégradé par le frai que la plus grande partie de l'argent. Cependant vingt-un schelings, usés & effacés, étoient considérés comme l'équivalent d'une guinée qui étoit usée & peut-être effacée de son côté, mais qui en général ne l'étoit pas autant. Peut-être est-il impossible de porter la monnoie courante d'aucune nation plus près du poids qu'elle doit avoir, qu'on ne l'a fait à l'égard de la monnoie d'or d'Angleterre, par les derniers réglemens; & l'ordre de ne recevoir l'or qu'au poids dans toutes les caisses publiques, lui conservera vraisemblablement cette intégrité tant qu'on y tiendra la main. Depuis cette réforme, la dégradation & le frai dans la monnoie d'argent sont restés les mêmes qu'auparavant, ce qui n'empêche pas que vingt-un schelings de cet argent dégradé ne soient encore considérés dans le commerce comme valant une guinée de cette excellente monnoie d'or.

Il est clair que la réforme de la monnoie d'or a haussé la valeur de la monnoie d'argent qu'on donne en échange.

A la monnoie d'Angleterre, on fait avec une livre d'or quarante-quatre guinées & demie; ce qui, à vingt-un schelings la guinée, est égal à quarante six livres quatorze schelings & six den. Une once de cette monnoie d'or vaut donc trois livres dix-sept schelings dix deniers & demi en argent. Il n'y a point de droit ou de seigneuriage en Angleterre sur la fabrication des monnoies; & celui qui porte à la monnoie une livre ou une once d'or au titre, en lingots, y reçoit une livre ou une once d'or monnoyé sans aucune déduction. C'est pourquoi l'on dit que le prix de l'or à la monnoie d'Angleterre est de trois livres dix-sept schelings & dix deniers & demi l'once.

Avant la réforme de la monnoie d'or, le *prix* du marché pour l'or au titre, en lingots, avoit excédé, pendant plusieurs années, trois livres dix-neuf schelings, & fort souvent quatre livres l'once; & il est probable que, dans l'état de dégradation & de frai où étoit la monnoie d'or, cette somme contenoit rarement plus d'une once d'or au titre. Depuis cette réforme, le *prix* du marché de l'or au titre, en lingots, excède rarement trois livres dix-sept schelings sept deniers l'once. Auparavant le *prix* du marché se trouvoit toujours plus ou moins supérieur à celui qu'on donnoit à la monnoie; depuis il a été constamment au-dessous. La dernière réforme de la monnoie d'or n'a donc pas seulement haussé la valeur de cette monnoie, elle a augmenté celle de la monnoie d'argent proportionnellement à l'or en lingots, & vraisemblablement aussi en proportion de toutes les autres marchandises, quoique le *prix* de la plupart des autres marchandises se trouvant déterminé par tant de causes, le haussement de la valeur des monnoies d'or ou d'argent proportionnellement à elles, ne puisse être aussi clair & aussi sensible.

A la monnoie d'Angleterre, avec une livre d'argent au titre, en lingots, on frappe soixante-deux schelings contenant de même une livre d'argent au titre. En conséquence, on dit que le *prix* de l'argent à la monnoie d'Angleterre est de cinq schelings deux deniers l'once, ou qu'on y donne cette quantité d'argent monnoyé pour une once d'argent au titre en lingots. Avant la réforme de la monnoie d'or, l'once d'argent au titre, en lingots, valoit au *prix* du marché cinq schelings, cinq, six, sept, & quelquefois huit deniers; mais, à ce qu'il paroît, le plus communément sept. Depuis cette réforme, ce *prix* du marché est tombé à cinq schelings, trois, quatre & cinq deniers l'once, & il n'a jamais excédé cette dernière somme : ainsi, quoique le *prix* du marché de l'argent en lingots ait baissé considérablement depuis la réforme de la monnoie d'or, il a moins baissé que celui qu'on en donnoit à la monnoie.

Comme le cuivre est estimé bien au-dessus de sa valeur réelle dans les différens taux des monnoies angloises, l'argent est estimé un peu au-dessous de la sienne. En Europe, avant la dernière opération des monnoies de France sur les louis, opération qui a déterminé quelques autres états à changer la proportion de l'or à l'argent, avec une once d'or pur, monnoie de France ou de Hollande, on avoit environ quatorze onces d'argent pur. En Angleterre, on en a quinze. C'est plus qu'elle n'en vaut, suivant l'estimation commune de l'Europe. Mais, comme le *prix* du cuivre en barres ne hausse point en Angleterre par le haut *prix* du cuivre monnoyé, de même le *prix* de l'argent en lingots n'y baisse point par le bas *prix* de l'argent monnoyé. L'argent en lingots y conferve fa proportion réelle avec l'or, par la même raifon que le cuivre en barres conferve la fienne avec l'argent.

Lors de la réforme de la monnoie d'argent fous Guillaume III, le *prix* de l'argent en lingots continua d'être encore quelque temps un peu au-deffus de celui qu'on en donnoit à la monnoie. M. Locke attribuoit ce haut prix à la permiffion d'exporter l'argent en lingots, & à la défenfe d'exporter l'argent monnoyé. Cette permiffion d'exporter, difoit-il, fait qu'on demande plus d'argent en lingots que monnoyé; mais le nombre des gens qui ont befoin de monnoie d'argent pour les ventes & les achats qui fe font dans l'intérieur du royaume, eft certainement beaucoup plus confidérable que le nombre de ceux qui ont befoin d'argent en lingots, foit pour l'exportation, foit pour tout autre ufage. La même permiffion & la même défenfe fubfiftent à préfent par rapport à l'or en lingots & à l'or monnoyé, & cependant le *prix* de l'or en lingots eft devenu inférieur à celui qu'on en donne à la monnoie.

Si la monnoie d'argent d'Angleterre pouvoit être ramenée auffi près de fon véritable poids que celle d'or, il eft probable que, felon la proportion actuelle, on auroit avec une guinée plus d'argent monnoyé qu'en lingots. La monnoie d'argent contenant tout le poids qu'elle doit avoir, il y auroit un profit à la fondre, afin de la vendre d'abord en lingots pour de la monnoie d'or, & à changer enfuite cette monnoie d'or contre de la monnoie d'argent, qu'on refondroit encore. Un changement, dans la proportion actuelle, femble être le feul moyen de parer à cet inconvénient; & ce qui s'eft paffé en France & en d'autres pays, le prouve affez.

Il vaudroit peut-être mieux pour l'Angleterre que la monnoie d'argent fût eftimée autant au-deffus de fa véritable valeur, qu'elle l'eft au-deffous; mais il faudroit ordonner en même-temps que tout paiement légal en argent n'excédât pas une guinée, comme le paiement légal en cuivre ne doit pas excéder un fcheling. D'après ce réglement, aucun créancier ne pourroit être trompé en conféquence de la haute évaluation de l'argent monnoyé, comme aucun ne peut l'être à préfent en conféquence de la haute évaluation du cuivre. Les banquiers feuls en fouffriroient. Quand tout le monde fond chez eux pour retirer fon argent, ils s'efforcent quelquefois de gagner du temps en payant en pièces de fix deniers ou pences; & un tel réglement leur ôteroit cette miférable reffource dont ils fe fervent pour éluder le paiement immédiat. Ils feroient obligés d'avoir, en tout temps, de plus gros fonds dans leurs caiffes qu'ils n'en ont à préfent; &, quoique ce fût fans doute un grand inconvénient pour eux, ce feroit en même-temps une grande fûreté pour leurs créanciers.

Trois livres dix-fept fchelings dix deniers & demi (*prix* de l'or à la monnoie) ne contiennent certainement pas plus d'une once d'or au titre, même dans la monnoie d'or actuelle, toute excellente qu'elle eft, & on peut croire là-deffus qu'avec pareille fomme on n'auroit pas plus d'une once d'or au titre en lingots. Mais l'or monnoyé eft plus commode que l'or en lingots; &, quoique la fabrication des monnoies foit libre d'impôts en Angleterre, cependant l'or qu'on porte en lingots à la monnoie, peut rarement revenir monnoyé à fon propriétaire avant qu'il fe paffe plufieurs femaines; &, dans l'embarras où on eft aujourd'hui à la monnoie, il faut même un délai de plufieurs mois. Or, ce délai équivaut à un petit droit ou impôt, & donne à l'or monnoyé un peu plus de valeur qu'à l'autre. Si, dans les monnoies angloifes, l'argent étoit eftimé au prorata de la valeur qu'il doit avoir en proportion avec l'or, le prix de l'argent en lingots tomberoit au-deffous du prix qu'on en donne à la monnoie, fans qu'il fût befoin d'aucune réforme dans les pièces d'argent, leur valeur, dans l'état même de dégradation où elles font, étant réglée par la valeur de l'excellente monnoie d'or qu'on peut avoir en échange.

Un petit feigneuriage ou droit fur la fabrication des monnoies d'or & d'argent augmenteroit probablement encore la fupériorité de ces deux métaux monnoyés fur une pareille quantité de l'un & de l'autre en lingots. Dans ce cas, la fabrication accroîtroit la valeur du métal frappé en en proportion de l'étendue de ce petit droit, par la même raifon que la façon donne un accroiffement de valeur à la vaiffelle d'argent en proportion du prix de cette façon. La fupériorité de la monnoie fur les lingots empêcheroit de la fondre, & en décourageroit l'exportation. Si, dans quelque néceffité publique, il falloit exporter de la monnoie, la plus grande partie de ce qui fortiroit, rentreroit de foi-même. On ne pourroit la vendre chez l'étranger que pour fon poids en lingots; & il y auroit par conféquent un profit à la rapporter dans le pays.

Les variations accidentelles de l'or & de l'argent en lingots, dans le prix du marché, viennent des caufes qui produifent celles du *prix* de toutes les autres marchandifes. Dans les pays qui n'ont point de mines, il faut une importation continuelle pour réparer la perte qui s'en fait par divers accidens fur terre & fur mer, par ce qui s'en confume en dorure, en vaiffelle en galons & en broderie, & par le frai, de la monnoie & de la vaiffelle qui s'ufent. On peut croire que les importateurs tâchent, comme tous les autres négocians, de régler leurs importations, dans l'occafion, fur le befoin qu'ils jugent qu'on en peut avoir dans le moment. Malgré toute leur attention, ils en importent quelquefois plus, quelquefois moins, en lingots, qu'on n'en demande. Dans le premier cas, plutôt que de se mettre dans le risque & dans l'embarras d'une nouvelle exportation, ils aiment mieux en vendre une partie moins cher que le prix moyen ou ordinaire. Dans le second, ils gagnent quelquefois au-delà de ce *prix*. Mais quand, avec toutes ces variations accidentelles, le *prix* du marché de l'or ou de l'argent en lingots reste plusieurs années de suite, plus ou moins au-dessus ou plus ou moins au-dessous du *prix* qu'on en donne à la monnoie, nous pouvons être sûrs que cette constante supériorité ou infériorité du *prix* est l'effet de quelque chose dans l'état de la monnoie, qui la met au-dessus ou au-dessous de la valeur de la quantité précise de métal qu'elle doit contenir. La durée & la constance de l'effet suppose une durée & une constance proportionnée dans la cause.

L'argent d'un pays, dans un temps & dans un lieu donnés, est une mesure de valeur plus ou moins exacte, selon que la monnoie qui a cours dans ce pays, est plus ou moins exactement conforme à son titre, & selon qu'elle contient, plus ou moins exactement, la quantité précise d'or ou d'argent purs qu'elle doit contenir. Par exemple, si en Angleterre quarante-quatre guinées & demie contenoient exactement le poids d'une livre d'or au titre, ou bien onze onces d'or pur & une once d'alliage, la monnoie d'or d'Angleterre seroit, en un temps & en un lieu particuliers quelconques, une mesure de la valeur des marchandises aussi exacte que le comporteroit la nature des choses. Mais si, par les frottemens & le frai, quarante-quatre guinées & demie contiennent généralement moins d'une livre pesant d'or au titre, la diminution étant plus grande en certaines pièces que dans d'autres, la mesure de valeur devient sujette à la même espèce d'incertitude à laquelle sont exposés les autres poids & mesures. Comme il n'arrive guère que ceux-ci soient parfaitement conformes à leur étalon, le marchand règle autant qu'il peut le *prix* de ses marchandises, non sur ce que doivent être ces poids & mesures, mais sur ce que l'estimation moyenne & l'expérience lui montrent qu'ils sont. En conséquence d'un pareil désordre dans la monnoie, le *prix* des marchandises vient de même à se régler, non sur la quantité d'or ou d'argent pur que doit contenir la monnoie, mais sur ce qu'on juge d'après une estimation moyenne, & d'après l'expérience qu'elle en contient actuellement. *Voyez* les articles Numéraire, Monnoie, &c.

PROJETS CHIMÉRIQUES : nous voulons désigner ici des plans d'administration ou de politique, impraticables par la perversité des hommes, ou par les mauvais calculs de ceux qui les ont formés. Nous n'indiquerons pas tous ceux qu'on a publiés ; mais le *projet* de paix perpétuelle de l'abbé de Saint-Pierre, & d'autres *projets* du même auteur, qu'on a appellés *les rêveries d'un homme de bien*, nous ont paru devoir mériter quelques détails. Nous donnons, dans cet ouvrage, l'analyse des meilleurs romans politiques qu'on a imprimés ; &, pour ne rien oublier de ce qui peut instruire les hommes d'état & les citoyens, il nous a semblé convenable de faire aussi un article *projets chimériques*.

L'abbé de Saint-Pierre a publié :

1°. *Discours sur la polisynodie, où l'on démontre que la polisynodie, ou pluralité des conseils, est la forme du ministère la plus avantageuse pour un roi & son royaume.*

L'auteur composa cet ouvrage sous la régence de Philippe, duc d'Orléans. Il essaya de prouver que le grand nombre de conseils, qui furent établis dans le commencement de cette régence, sur un plan attribué au duc de Bourgogne, père de Louis XV, devoit être infiniment utile à la nation. L'événement ne favorisa pas son système. On fut obligé de supprimer ces conseils bientôt après leur établissement. Des réflexions hardies, répandues dans ce livre sur le règne de Louis XV, ou plutôt des cabales méprisables, déterminèrent l'Académie françoise à exclure de ses assemblées l'abbé de Saint-Pierre : elle voulut même nommer à sa place ; mais le duc d'Orléans ne le jugea pas à propos, & on n'y nomma qu'à la mort de l'abbé de Saint-Pierre, qui avoit cessé de paroître aux assemblées de cette compagnie, sans cesser de prendre la qualité d'académicien.

II. *Projet de taille tarifée, pour faire cesser les maux que causent en France les disproportions ruineuses dans les répartitions de la taille arbitraire.*

Personne n'ignore que la répartition & la perception de la taille sont abandonnées, dans les bourgs & villages, à l'impéritie des collecteurs souvent passionnés, & que les abus, dans la répartition & la perception de cet impôt, ont fait imaginer les assemblées provinciales. Touché de ces abus, l'abbé de Saint-Pierre chercha les remèdes qui pouvoient en arrêter le cours. Une taille, imposée d'après les tarifs des biens de différente nature, lui parut très-propre à établir cette exacte proportion qu'exige la justice. Il vouloit pour cela que chaque particulier donnât une déclaration fidèle de ses revenus, & du gain qu'il peut faire par son commerce & par son industrie. Ce projet n'a pas été suivi, quoiqu'on en ait fait quelques épreuves dans les généralités d'Amiens & de Limoges.

III. *La méthode du scrutin.*

L'auteur pense que les écrivains font un mauvais choix, quand ils se livrent à des sujets de pure spéculation, au-lieu de s'appliquer à des études utiles; il veut que les grands génies se tournent vers la science du gouvernement, & que tous les citoyens cherchent à être utiles à l'état. Tout cela est raisonnable; mais ce qui ne le paroît guère, c'est l'établissement, dans ce royaume d'une académie & de bureaux, d'où seroient tirés au scrutin les ministres, les généraux & les magistrats. Nous nous contenterons d'observer que jamais on ne persuadera à un roi de France de remettre une grande partie de sa puissance à une académie ou à un bureau. La plupart des *projets* de l'auteur dépendent de cette méthode du scrutin, qu'il suppose devoir être établie, & cette seule circonstance les rend inutiles, indépendamment de beaucoup d'autres défauts.

IV. *Projet pour rendre la paix perpétuelle en Europe*.

Ce *projet* est si important qu'on ne sauroit trop l'approfondir.

Emeri de la Croix est le premier écrivain qui ait imaginé le *projet* d'une paix perpétuelle entre tous les princes du monde: *projet* peu raisonnable, s'il est bien sérieux.

Le landgrave de Hesse-Rhinfels, prince savant & guerrier, composa, après la paix de Westphalie, un livre allemand qui avoit pour titre: *le Catholique discret*, où, parmi des controverses théologiques, on trouve un *projet* analogue à celui que l'abbé de Saint-Pierre a attribué à Henri IV. Il proposoit d'établir à Lucerne le tribunal de la société des souverains. L'abbé de Saint-Pierre ne connoissoit pas cet ouvrage du prince allemand lorsqu'il composa le sien; mais Leibnitz le lui fit connoître dans la suite.

Cent passages des économies royales rappellent ce prétendu *projet* de Henri IV, qui étoit une république à quinze états; & c'est uniquement d'après ce livre que Péréfixe, le continuateur de Thou, Bassompierre & d'autres historiens, ont supposé que ce grand prince avoit réellement conçu un pareil *projet*; ce qui réduit leur témoignage au témoignage unique des économies royales. L'abbé de Saint-Pierre a adopté le *projet* dans toute son étendue, &, si on peut le dire, dans toute sa chimère. Il y a mis les modifications que l'état de l'Europe lui parurent demander; il se fit des objections, & il prétendit les réfuter. Ce *projet*, s'il étoit exécuté, seroit sans doute le chef-d'œuvre de la politique, & il offriroit la révolution la plus glorieuse & la plus utile au genre humain. Développons le système de l'abbé de Saint-Pierre.

Henri IV, eut à combattre toutes les forces de la ligue, celles d'Espagne, & celles de Rome. Après s'être trouvé dans toutes les positions où un souverain peut voir de près le malheur des hommes, où un prince peut essuyer les outrages de la fortune, il demeura tranquille possesseur de la couronne à laquelle sa naissance lui donnoit un droit incontestable, dont la religion mal entendue l'éloignoit, & qu'il fût obligé de conquérir l'épée à la main, comme s'il l'avoit usurpée. A peine avoit il fait la paix avec l'Espagne, qu'il employa les premiers momens de sa tranquillité à réparer les maux que la guerre avoit faits à son royaume. Bien différent de ces princes dont la politique cruelle est barbare se nourrit des larmes du genre humain, il conçut, selon l'abbé S. Pierre, le noble projet de fixer d'une manière invariable les prétentions de tous les souverains de l'Europe, d'établir entre eux une garantie perpétuelle qui mît le plus foible à couvert des entreprises des plus puissans, & de rendre la paix générale & éternelle, entre toutes les nations chrétiennes par l'établissement d'un tribunal qui seroit composé de députés de toutes les puissances de l'Europe; qui jugeroit leurs différens, & qui écarteroit le ravage des guerres, sans rien changer au gouvernement de chaque pays. Il offroit aux princes chrétiens de mettre tout en usage pour que cette république chrétienne fît sur les turcs des conquêtes qui seroient partagées entre les autres souverains, sans qu'il en réclamât aucune part. Il proposoit une confédération générale de toutes les puissances de l'Europe qui auroient formé quinze dominations, & l'établissement d'un conseil général composé de soixante députés; savoir quatre de chaque domination, à Metz, à Nancy, à Cologne, ou dans quelqu'autre ville au milieu de l'Europe, & l'établissement de trois autres conseils en trois différens endroits, chacun de vingt députés qui auroient été subordonnés au conseil général, lequel eut été le sénat de la république chrétienne. Henri IV, s'il faut en croire l'abbé de Saint-Pierre, communiqua son plan à la plupart des souverains de l'Europe. Le pape, les vénitiens, le duc de Savoie, le duc de Bavière, les électeurs Palatins, de Brandebourg, de Cologne & de Mayence, avoient (dit-il) approuvé le dessein du roi de France, & y consentoient, lorsqu'une main meurtrière enleva Henri IV à ses sujets & à tous les princes de l'Europe, dont il vouloit être le bienfaiteur. L'abbé de Saint-Pierre dit que les conseils des amphyctions, ou le gouvernement du corps germanique, ou l'union des provinces de Hollande, ou la confédération des cantons Suisses, put inspirer cette idée à Henri IV. Selon cet auteur, le conseil suprême de la Grèce maintint toujours les états grecs dans l'indépendance au-dehors, & dans l'union au-dedans; le corps germanique composé d'un si grand nombre de souverainetés, n'a pas reçu la moindre atteinte de puis sa fondation. Les sept provinces unies subsistent dans l'harmonie la plus parfaite, & depuis leur union, jamais cette harmonie n'a été troublée par aucune guerre civile; on diroit que ce n'est que le gouvernement d'une seule famille: les treize cantons Suisses ont conservé leur liberté depuis leur établissement; & quoique leur union ne soit pas à beaucoup près si grande que celle des Hollandois, la Suisse a vu la révolution de tous les autres états, sans avoir essuyé aucun changement. Il n'est pas besoin de montrer combien ces remarques sont dénuées de justesse, & ce qui se passe dans les Provinces-Unies au moment où nous écrivons, achève de montrer la bonhomie de l'abbé de Saint-Pierre. Quoiqu'il en soit, il ajoute que Henri IV a pu croire que ce que les allemands, les hollandois, les suisses ont fait, tous les souverains de l'Europe le pouvoient faire, en prenant pour modele ce qu'il peut y avoir de bon dans l'union de l'Allemagne, de la Hollande & de la Suisse, & en évitant tout ce qui pourroit être contraire à l'objet d'un établissement si salutaire; que l'exemple de l'union belgique & celui de l'union helvétique qui subsistent sans chefs perpétuels, prouvent qu'une société de souverains peut se passer de chef, & que l'exemple de l'union germanique qui subsiste sous un chef depuis tant de siecles, fait voir que des souverains héréditaires, très-puissans, peuvent trouver de l'avantage à former une société permanente avec des princes beaucoup plus puissans, héréditaires ou successifs, & avec des républiques & des états de religion différente.

Sans examiner si ces divers exemples sont bien choisis, si les faits que l'auteur pose sont bien exacts, & si les gouvernemens composés dont il parle sont plus propres que les gouvernemens simples à rendre les peuples heureux au-dedans, & à les mettre en sûreté contre les entreprises du dehors, ce qui doit être l'objet de tout sage législateur; il est clair qu'un établissement utile & praticable en petit ne l'est pas toujours en grand.

Les économies royales ont donné lieu à tout ce qu'on a écrit sur ce prétendu *projet* de Henri IV; & il ne paroît pas qu'on puisse compter ici sur les économies royales. Les compilateurs de ces mémoires déclarent d'abord qu'ils n'ont pu rien apprendre de certain, de M. de Rosny que lorsqu'ils l'avoient questionné sur cet article; il s'étoit toujours contenté de répondre que « c'étoient lettres closes & non patentes, mais qu'ils avoient cru en reconnoître quelque partie en général, seulement par l'assemblage de quelques papiers jettés comme inutiles, non signés, déchirés à demi, & où il se trouvoit peu de suite & de liaison. Oubliant ensuite qu'ils ont fait cet aveu, ils disent, quelques pages après, que Rosny, alors ambassadeur en Angleterre, jugea l'époque de sa troisieme audience propre à développer au roi d'Angleterre le grand dessein de Henri IV, & ils rapportent une lettre fort longue que Rosny écrivit le lendemain à Henri IV, où il en fait un détail circonstancié. Puisque les secrétaires de Rosny, avoient cette lettre en main, comment ont-ils avancé qu'ils ne savoient rien de positif sur les *projets* de la république chrétienne; qu'ils n'avoient pu tirer aucun ecclaircissement certain ni des papiers, ni des discours de leur maître? Si Rosny ne leur a pas communiqué sa lettre, où l'ont-ils prise? Et pourquoi ne marquent-ils pas où ils ont vu l'original de la lettre dont ils donnent la copie?

Ils ajoutent que tous ceux dont le roi se servoit pour traiter cette importante affaire auprès des puissances étrangeres, rendoient compte de leur négociation au prince immédiatement, & non à ses ministres, afin que le secret fût mieux gardé; mais parmi tant de négociateurs qui avoient traité la même affaire dans les diverses cours de l'Europe, comment ne s'en est-il pas trouvé un seul qui ait laissé à la postérité des traces de la plus importante négociation qu'on ait jamais entamé? Comment les princes étrangers ou leurs ministres, ont-ils gardé un si profond silence? Pourquoi le nom des négociateurs est-il enseveli dans l'oubli aussi bien que leurs négociations, & comment ce mystere dont on a instruit toute l'Europe, n'a-t-il été révélé que par les compilateurs des mémoires de Sully?

Henri IV, lorsqu'il fut assassiné, venoit de conclure un traité avec le duc de Savoie, il avoit promis les secours dont ce prince avoit besoin pour la conquête du Milanès. Il venoit aussi de traiter avec l'assemblée de Hall, & de promettre aux héritiers du duc de Juliers, un secours de troupes qui les mettroit en possession de ses états. Ces deux engagemens de faire la guerre en Italie & en Allemagne, & les conditions de ces deux traités, directement contraires aux articles du prétendu *projet* de paix perpétuelle, montrent assez que ce *projet* n'a jamais eu de réalité que dans l'imagination des compilateurs des économies royales, ou que si Henri IV, l'a eu, il n'y jamais songé sérieusement. Voici les articles de paix perpétuelle que l'abbé de Saint-Pierre a proposés dans ces derniers temps à tous les potentats de l'Europe.

I. Confédération entre tous les princes chrétiens pour le maintien de la paix, des formes de gouvernement établies, & du commerce tant en Europe qu'en Amérique sur le pied qui seroit réglé.

II. L'établissement d'un sénat dans une ville libre de l'Europe, d'un conseil dans les Indes, & de plusieurs chambres de commerce dans différentes villes de l'Europe, qui seroient composées des députés des souverains.

III.

III. L'union n.e se mêleroit point du gouvernement intérieur des états. Elle conserveroit à tous les gouvernemens leur forme, & donneroit secours aux princes & aux régences contre les séditieux qui en troubleroient la tranquillité.

IV. Chaque souverain se contenteroit des états qu'il possède ou qu'il devroit posséder, selon la règle qui seroit établie par le traité d'union.

V. Un souverain ne pourroit posséder deux souverainetés.

VI. Le sénat régleroit les différens des princes, & les forces de l'union seroient employées contre les réfractaires.

VII. Les députés du sénat seroient nommés par chacune des puissances ci-après, qui seroient les seules revêtues du droit de suffrage. I. La France. II. L'Espagne. III. L'Angleterre. IV. La Hollande. V. La Sardaigne, le Piémont & la Savoie. VI. Le Portugal. VII. Bavière & associés. VIII. Vénise. IX. Gênes & associés. X. Florence. XI. Suisses & associés. XII. Lorraine & associés. XIII. Suède. XIV. Danemarck. XV. Pologne, Courlande & Dantzick. XVI. Le Pape. XVII. La Moscovie. XVIII. L'Autriche & dépendances. XIX. Prusse. XX. Saxe. XXI. Palatin & associés. XXII. Hanovre & associés. XXIII. Electeurs ecclésiastiques & associés.

L'auteur ajoute beaucoup d'autres articles, & il pense qu'il suffiroit d'inviter d'abord les plus puissans souverains de l'Europe à signer cette police générale & permanente, pour la rendre indissoluble & inattaquable, sauf à faire entrer dans la suite les autres souverains dans la ligue générale.

Il n'est pas besoin de réfuter longuement ce projet.

Sans doute le traité de paix perpétuelle seroit avantageux à toute l'Europe, mais peut-on en espérer la conclusion? Les princes sont hommes, & les hommes ont des passions. Parmi ce grand nombre de princes, les vues particulières de quelques-uns leur donneront toujours un mouvement contraire à celui de l'intérêt général, & le défaut d'uniformité dans l'intention rendra nécessairement l'exécution de ce *projet* impraticable.

Viendroit-on à bout de concilier tant d'intérêts qui partagent les souverains! Plusieurs états d'Italie relèvent de l'empire d'Allemagne. Comment imaginer que le corps germanique veuille qu'on les en détache, pour en faire des membres de l'union chrétienne? Il est peu de princes en Europe qui n'aient des prétentions les uns contre les autres. De ces prétentions naissent différens intérêts; & de cette diversité d'intérêts, différentes vues. Que de sujets de querelle dans toutes les régions de l'Europe!

Œcon. & polit. diplomatique. Tome III.

Les grandes puissances ne se porteront pas à accepter un *projet* dont l'exécution les dégraderoit. Le tribunal dont on propose l'érection seroit supérieur aux plus grands potentats. Or, quel est le souverain qui voudroit s'y soumettre, & perdre la prérogative de ne dépendre que de Dieu seul, pour n'être dans l'union que ce qu'est un prince d'Allemagne dans le corps germanique.

Pour s'assurer de l'intégrité du tribunal, il faut commencer par supposer que tous les membres de ce tribunal seront des hommes d'une vertu incorruptible, que des motifs humains n'ébranleront jamais des hommes tout à la fois infiniment vertueux & infiniment éclairés.

En supposant l'intégrité du tribunal, un prince qui n'auroit pas assez de modération pour se rendre justice lui-même, voudroit-il se soumettre au jugement de quelques particuliers? Seroit-il bien difficile à un monarque puissant de détacher de l'union une ou plusieurs autres puissances que des vues contraires attireroient dans les intérêts du prince condamné? Le tribunal des Amphyctions empêcha-t-il les troubles de la Grèce? Les pays confédérés sont plus exposés que les autres aux guerres intestines, quoi qu'en dise l'abbé de S. Pierre.

Si un prince refuse de signer l'union, ou se détache de l'union après l'avoir signée, on n'opposera que les forces d'une ligue chancelante & foible de sa nature à un ennemi qui exercera un pouvoir indépendant & réuni.

Quand même plusieurs puissances auroient signé le traité de paix perpétuelle, celles qui auroient refusé d'y souscrire, n'auroient-elles pas lieu d'espérer qu'il seroit bientôt rompu? Telle est la nature des ligues ordinaires, qu'on peut compter qu'elles ne seront pas durables. Que pourroit-on espérer d'une confédération de toute l'Europe?

Le seul intérêt de la cour de Rome, la seule différence des religions ne devoient-ils pas éclairer l'abbé de Saint-Pierre sur les combinaisons chimériques de ce *projet*! Il se flattoit donc que le pape & les princes protestans pourroient s'accorder.

L'abbé de Saint-Pierre alla à Utrecht, à Radstadt, à Bade, à Cambrai, à Soissons, dans tous les lieux où il y eut des négociations de paix, solliciter les plénipotentiaires qui y étoient assemblés. Il répandit son livre par-tout; il parla aux ministres. Persuada-t-il une seule cour? La guerre est un mal sans remède, & il est des circonstances où on ne peut non plus l'éviter que les autres maux qui affligent le genre humain. L'idée du marchand hollandois qui, ayant mis pour enseigne *à la paix perpétuelle*, fit peindre un cimetière dans le tableau, n'est malheureusement que trop juste.

Enfin nous répéterons que les *projets* de l'abbé

V v v v

de Saint-Pierre sont les chimères d'un bon citoyen, les rêves d'un homme de bien, & nous lui appliquerons la réflexion que Cicéron fit contre les avis de Caton : *Non sumus in republicâ Platonis, sed in fæce Romuli.*

PROTECTION : nous n'entendons ici par ce mot qu'une espece de sauve-garde accordée par un état puissant à un état foible. L'usage des *protections* a été fréquent ; mais l'expérience a montré leur danger. Rome acquit une autorité infinie à l'ombre de ces *protections* : les principaux d'entre les sénateurs prirent même des villes sous leur *protection*. L'antiquité ne fournit nulle part de pareils exemples ; &, s'il est permis d'assurer l'avenir sur les conjectures que peut fournir le présent, la postérité n'en verra jamais de semblables. C'est par ce moyen que Rome se rendit maîtresse de la plus grande partie de la Grece. L'éclat de ces républiques disparut, à mesure que des puissances supérieures les environnerent de plus près. Pressées par les rois de Macédoine, de Pont & d'Egypte, elles regarderent les romains comme les protecteurs de la liberté ; elles leur livrerent leurs citadelles comme à des amis pour les défendre. La Grece introduisit chez elle son plus dangereux ennemi.

Cette *protection* n'est pas rare aujourd'hui. Hambourg, ville souveraine, est sous la *protection* des ducs de Holstein. Aix-la-Chapelle, Ratisbonne, Lubeck, & les autres villes que l'on nomme *impériales*, sont sous la *protection* de l'empereur qui est leur protecteur ; mais, d'un autre côté, elles contribuent aux charges publiques de l'Empire germanique. Elles y ont un crédit si médiocre, leurs voix sont si peu écoutées dans les dietes, qu'elles ne doivent être considérées que comme des villes protégées par l'Empire, en fournissant le prix de la *protection*. La *protection*, accordée jusqu'ici par la Pologne à la ville de Dantzick, a été bien inutile dans les derniers démêlés de cette ville avec le roi de Prusse. Les rois de Pologne ont été cependant dans l'usage de la lui faire payer assez cherement.

La *protection* peut être regardée ou comme privée, ou comme publique. La *protection* privée n'a ni loix ni réglemens ; elle est clandestine, elle n'ose s'avouer. Que pourroit-on en dire de particulier ? On peut assurer en général que, de tous les maux qui affligent une république, il n'en est point de plus considérable ; elle fait céder le mérite à la faveur ; elle pose une barriere entre la vertu & les dignités. C'est par elle que le vice est en honneur, & que le crime s'assure l'impunité : c'est la boëte de Pandore. Les hommes peuvent faire des réglemens pour la défendre ; mais comment peuvent-ils les faire exécuter ? Il n'y a que les personnes accréditées qui puissent être ses instrumens.

Lorsqu'une nation n'est pas capable de se garantir elle-même d'insulte & d'oppression, elle peut se ménager la *protection* d'un état plus puissant. Si elle l'obtient en s'engageant à certaines choses, même à payer un tribut en reconnoissance de la sûreté qu'on lui procure, à fournir des troupes à son protecteur, & à faire cause commune avec lui dans toutes ses guerres, mais en se réservant le droit de se gouverner à son gré : c'est un simple traité de *protection*, qui ne déroge point à la souveraineté, & qui ne s'éloigne des traités d'alliance ordinaires que par la différence qu'il met dans la dignité des parties contractantes.

Quand une nation s'est mise sous la *protection* d'une autre plus puissante, ou même s'est assujettie à elle, dans la vue d'en être protégée ; si celle-ci ne la protege pas dans l'occasion, il est manifeste que, manquant à ses engagemens, elle perd tous les droits que la convention lui avoit acquis, & que l'autre, dégagée de l'obligation qu'elle avoit contractée, rentre dans les siens, & recouvre son indépendance ou sa liberté. Il faut remarquer que cela a lieu même dans le cas où le protecteur ne manque point à ses engagemens par mauvaise foi, mais par impuissance : car la nation plus foible ne s'étant soumise que pour être protégée, si l'autre ne se trouve point en état de remplir cette condition essentielle, le pacte est anéanti, & la plus foible peut, si elle juge à propos, recourir à une *protection* plus efficace. C'est ainsi que les ducs d'Autriche, qui avoient acquis un droit de *protection*, & en quelque sorte de souveraineté, sur la ville de Lucerne, ne voulant ou ne pouvant pas la protéger, cette ville s'allia avec les trois premiers cantons ; & les ducs ayant porté leurs plaintes à l'empereur, les lucernois répondirent : « qu'ils » avoient usé du droit naturel & commun à tous » les hommes, qui permet à chacun de cher-» cher sa propre sûreté, quand il est abandonné » de ceux qui sont obligés de le secourir ».

Voyez l'article SOUVERAIN.

PROVEDITEURS. *Voyez* l'article VENISE.

PROVENCE. *Voyez*, dans le Dictionnaire géographique, l'époque de sa réunion à la couronne.

PROVINCES-UNIES : c'est le nom qu'on donne à la confédération des sept républiques que forme la nation hollandoise.

Nous avons fait des articles particuliers sur chacune des sept républiques : on y trouve un précis de l'histoire politique de ces diverses provinces ; des détails & des remarques sur la forme de leur gouvernement, sur leurs productions, leur commerce, leur population, leur régime intérieur, & sur beaucoup d'autres objets.

Celui-ci contiendra des vues & des observations

plus générales. Nous donnerons 1°. un précis de l'hiftoire politique des *Provinces-Unies* : 2°. nous ferons la defcription de ces fept provinces : nous parlerons de leur population, de leur culture & de leur pêche : 3°. nous indiquerons les pays qui appartiennent aux fept *Provinces - Unies* en général, & nous ajouterons quelques mots fur le *traité de Bavière* : 4°. nous traiterons des manufactures & du commerce des *Provinces - Unies* : nous ferons des réflexions politiques fur le commerce, fur la richeffe des *Provinces-Unies* & les effets de cette richeffe : 5°. nous parlerons de fes revenus, de fes impôts, de fes troupes & de fa marine : 6°. du régime eccléfiaftique & de la tolérance, envifagée dans fes effets politiques par rapport aux *Provinces-Unies* : 7°. nous traiterons de la conftitution fédérale des *Provinces-Unies*, de l'union d'Utrecht : nous entrerons dans des détails fur les Etats-Généraux, fur l'adminiftration de ces républiques confédérées, & fur les officiers de la confédération : 8°. nous traiterons du ftathoudérat, des troubles qui viennent d'arriver, & de la révolution qui vient de s'opérer dans les *Provinces-Unies* par les troupes du roi de Pruffe : 9°. nous parlerons des poffeffions hollandoifes dans l'Inde, en Afrique & en Amérique, de la compagnie hollandoife, & nous terminerons cette fection par des remarques fur l'état actuel des *Provinces-Unies* : 10. la dernière fection indiquera les rapports politiques des *Provinces-Unies* avec les autres états de l'Europe, & nous rapporterons le dernier traité de ces républiques avec la France.

SECTION PREMIERE.

Précis de l'hiftoire politique des Provinces-Unies.

Les dix-fept provinces, appellées les Pays-Bas, faifoient autrefois partie de l'empire d'Allemagne. Elles étoient gouvernées par des ducs, des comtes & des feigneurs. Philippe-le-Hardi, premier duc de Bourgogne de la branche cadette, fe trouva maître du comté de Flandre, de celui d'Artois, des villes de Malines & d'Anvers, par fon mariage avec Marguerite veuve de Philippe, dernier duc de Bourgogne de la branche aînée. Charles-Quint, qui devint enfuite empereur d'Allemagne, hérita de ces domaines après la mort du duc Charles-le-Hardi, fon bifayeul, & il réunit les autres provinces ; enforte que dans le feizième fiècle, tous les Pays-Bas fe trouvèrent fous la domination de la maifon d'Autriche. Charles-Quint mit tout en ufage pour y exercer un empire abfolu ; & cette prétention, jointe à l'amour de la liberté & au defir de maintenir une religion qu'on opprimoit, infpira aux habitans des Pays-Bas le defir de fecouer le joug de de la maifon d'Autriche. Leur mécontentement augmenta, lorfque Charles V céda la régence de ces provinces à Philippe fon fils, qui ne voulut pas fouffrir d'autre religion que la catholique romaine. Tout le monde connoît la perfécution fanglante de Philippe II ; il appefantit le joug par des impôts exorbitans. Cette oppreffion, déjà très-cruelle, ne connut plus de bornes fous l'adminiftration de Ferdinand de Tolede, duc d'Albe, à qui Philippe avoit donné le commandement des Pays-Bas : les dix-fept provinces fe révoltèrent ; elles furent foutenues par Guillaume, prince d'Orange, gouverneur pour le roi des comtés de Hollande, de Zéelande & d'Utrecht, ainfi que par le comte Louis de Naffau, fon frère. Les états de Hollande ne tardèrent pas à conférer au prémier le gouvernement de leur province, & ils furent imités par plufieurs autres villes. Guillaume eut foin de réunir entre-elles les diverfes provinces, elles fignèrent en effet, en 1576, un acte qui porte le nom de pacification de Gand. Il ne négligea rien pour en affurer l'exécution ; mais il ne put empêcher fon abolition qui eut lieu peu de temps après. Il chercha dès-lors les moyens d'établir une confédération ftable, & fes efforts eurent du fuccès ; les provinces conclurent, en 1579, cette fameufe union d'Utrecht, qui lia les *Provinces-Unies* & qui fait aujourd'hui la bafe de leur confédération. Le prince ne vécut pas affez pour jouir de fes fuccès. L'on étoit à-peu-près convenu de le revêtir de la fouveraineté de ces provinces, lorfqu'en 1584 il fut affaffiné. Sa mort affligea les *Provinces-Unies* mais elle ne les découragea point ; elles défendirent leur liberté à main armée contre l'Efpagne. Elifabeth, qui occupoit le trône d'Angleterre, les prit fous fa protection. Le fort de la guerre fe déclaroit en leur faveur, & leur commerce faifoit des progrès fi rapides, qu'elles établirent en 1602 cette compagnie des Indes orientales, qui depuis a étonné l'univers. La guerre avoit épuifé les forces & les reffources de l'Efpagne : cette puiffance fe vit réduite à demander une fufpenfion d'armes, & à reconnoître dans le premier article du traité, les *Provinces-Unies* des Pays-Bas pour libres & indépendantes. Les nouvelles républiques portèrent leur puiffance durant cet armiftice à un tel point d'élévation, qu'elles ne l'ont point furpaffé depuis. A peine les douze années étoient elles révolues que la guerre recommença avec fureur. Frédéric Henri, prince d'Orange, revêtu alors de la dignité de ftathoudérat, montra de la valeur & de la prudence au milieu des hoftilités. Elles fe terminèrent enfin en 1648, époque du traité de Munfter. Philippe IV, roi d'Efpagne renonça à tous fes droits fur les *Provinces-Unies*, il les déclara libres & indépendantes : il promit de faire reconnoître cette indépendance par les états de l'empire ; il tint mal fa parole, ou il rencontra des obftacles, car l'indépendance des *Provinces - Unies* ne fut reconnue que par l'empereur feul ; au refte l'em-

V vvv 2

pire ne tarda pas à traiter avec ces *Provinces-Unies*, comme avec des états indépendans. Le repos que venoient d'acquérir les nouvelles républiques, ne fut point d'une longue durée ; la guerre entre elles & l'Angleterre commença en 1652, & finit en 1654 ; elle recommença en 1665, & fut terminée par le traité de Breda en 1667 ; par le premier de ces traités les états de Hollande furent contraints de promettre que les princes d'Orange seroient à l'avenir entièrement exclus du Stathoudérat de leur province. Ce fut en exécution de ce traité, qu'ils supprimèrent le stathoudérat par un édit perpétuel. Les sept provinces formèrent une alliance avec l'Angleterre & la Suède, afin de s'opposer à Louis XIV, qui vouloit se rendre maître des Pays-Bas espagnols. Les efforts de ce prince échouèrent ; il fut obligé de signer un traité de paix désavantageux, à Aix-la-Chapelle. La vengeance que Louis XIV en tira fut éclatante ; non-seulement il détacha l'Angleterre de ses premiers alliés, il contracta même une alliance avec la nation britannique, & il entra à main armée dans les *Provinces-Unies*. Le danger étoit imminent ; ses troupes s'emparoient presque chaque jour de quelques villes. Dans cette perplexité la république eut recours à Guillaume III, prince d'Orange, elle le nomma capitaine & amiral général. Les circonstances étoient trop critiques, pour que les états de Hollande pussent garder la neutralité ; le peuple les obligea de révoquer l'édit perpétuel & à conférer, à l'exemple des autres provinces, le stathoudérat au prince d'Orange. Le besoin qu'on eut d'un chef, détermina même la république, à rendre cette dignité héréditaire dans sa maison. La paix fut conclue à Nimègue avec la France en 1678 ; mais elle fut de courte durée. Guillaume III, aspirant au trône d'Angleterre, fut soutenu par une escadre de *Provinces-Unies*, & cette démarche les engagea dans une nouvelle guerre avec la France, qui ne se termina que par le traité de Ryswic en 1697. La mésintelligence que produisit bientôt après la succession au trône d'Espagne, les entraîna dans une autre guerre non moins sanglante ; elles y dépensèrent des sommes immenses, sans aucune indemnité ; seulement elles obtinrent en 1715 une certaine quantité de places ; les unes en toute propriété, les autres à titre de places de garnison. Elles firent ensuite une nouvelle guerre après la mort de l'empereur Charles VI ; elles fournirent à la reine de Hongrie & de Bohême des troupes auxiliaires contre la France, qui porta ses armes dans la Flandre Hollandoise. A cette époque le stathoudérat fut rétabli & elles nommèrent unanimement le prince d'Orange stathouder héréditaire, capitaine général des troupes & amiral des flottes.

Nous parlerons du stathoudérat, de la conduite de tous les stathouders & des troubles dans la section huitième.

SECTION IIe.

Description des sept Provinces-Unies, de leur population, de leur culture, & de leur pêche.

Il paroit que le nom de Pays-Bas, *Niederland*, équivaut à celui de Basse-Allemagne, qu'on l'a employé par abréviation & qu'il signifie Pays-Bas de l'Allemagne. Les Pays-Bas, qui composent dix-sept provinces, & qui comprennent les Pays-Bas Autrichiens, & les sept *Provinces-Unies*, sont situés entre l'Allemagne, la France & la mer du Nord. Leur plus grande longueur, prise du sud-ouest au nord-est, est de 90 lieues, & leur largeur méridionale la plus étendue de 60 ; elle n'est que de 20 à 30 vers le nord. Il s'agit ici de lieues communes de Hollande ; elles sont de 1500 perches, la perche a douze pieds ; on trouve ainsi 18,000 pieds dans une lieue dont 19 & deux tiers forment un degré. La surface de ces dix-sept provinces offre 1300 milles quarrés géographiques.

Les *Provinces-Unies* forment la partie septentrionale des Pays-Bas en général. Si l'on y ajoute les terres & seigneuries conquises, connues sous le nom de *Generaliteets-Lande*, elles touchent vers le midi à la Flandre autrichienne & au Brabant ; elles sont bornées au levant par le quartier supérieur du duché de Gueldre, par le duché de Clèves, par l'évêché de Munster, par le comté de Bentheim & par la Frise orientale ; vers le nord & le couchant, elles aboutissent enfin à la mer septentrionale, appellée aussi *mer d'Allemagne*. Leur surface est d'environ 625 milles quarrés géographiques.

Quoique le sol y soit très marécageux, les habitans savent en tirer parti. Ces marais, immenses, qui couvrent une partie des pays de Groningue, d'Over-Issel & de Drente, sont d'ailleurs utiles, en ce qu'ils défendent la république des incursions qu'on pourroit y faire du côté de l'Allemagne : c'est pour cela qu'on a défendu de les labourer & de les dessécher ; mais on s'est permis plusieurs infractions à ce règlement.

La majeure partie de ces provinces offre une plaine, dont plusieurs districts sont moins élevés que les eaux de la mer. Une situation aussi périlleuse, & le danger toujours imminent de voir les terres inondées ou englouties, ont donné lieu à de belles digues qui contiennent les flots de l'Océan, & ce pays est ainsi un miracle de l'industrie humaine. Les flots surmontent souvent les digues : cet accident n'inspire plus d'effroi ; le hollandois accourt, & il fait rentrer la mer dans les barrières que son courage lui a fixé. S'il est menacé d'une invasion, il perce les digues, il met le pays sous les eaux, & il arrête les plus terribles conquérans. Si les sept provinces avoient été d'accord dans les derniers troubles, elles auroient employé ce moyen, & le roi de Prusse & le stathouder n'y auroient pas opéré si aisément une révolution.

Les divers cantons des *Provinces-Unies*, ceux sur-tout qui sont pleins de marais, sont entre-coupés de fossés sans nombre, à travers lesquels les eaux souterraines se rendent dans des canaux par le secours des moulins à vent, & de-là dans les rivières par le moyen des écluses. Ces diverses constructions sont très-variées & très-agréables à la vue. La récolte des grains y est ordinairement si modique, que leur importation fait une branche de commerce : on y en amène une quantité si considérable, qu'on trouve le moyen de brasser de la bière & de faire de l'eau-de-vie, qui l'une & l'autre se vendent à l'étranger. Mais si le sol est peu propre à la culture, les habitans sont dédommagés par les beaux pâturages dont le pays est semé. Ils nourrissent de nombreux troupeaux qui donnent du lait, du beurre & du fromage en grande abondance, qu'outre la consommation des sujets, cette branche d'exportation rapporte de très-fortes sommes. Quelque nombreux que soient les troupeaux de moutons, ils pourroient être davantage : on croit que les sept provinces pourroient en nourrir un million. L'attention publique devroit se porter sur cet accroissement; car la laine est mise au rang des meilleures & des plus fines de toute l'Europe. Plusieurs districts produisent du tabac; la garance qu'on récolte en Zéelande, a beaucoup de réputation.

Les provinces de Zéelande, de Hollande, de Frise & de Groningue touchent la mer du nord. Les trois autres, c'est-à-dire, celles d'Utrecht, de Gueldre & d'Over-Issel ne communiquent à cette mer que par le moyen du bras de l'Océan, appellé en hollandois *Zuyder-zée*.

Les fleuves les plus remarquables de ces provinces sont le Rhin, la Meuse & l'Escaut.

La pêche des rivières, celle des fleuves & de la mer limitrophe est considérable, mais elle n'excède pas la consommation du pays. Celle de la mer du nord est plus importante. On la divise en grande & petite pêche : on appelle petite pêche celle qui se fait sur les côtes, & principalement dans le voisinage de Doggersand ou Doggersbank, situé entre le Jutland & l'Angleterre. On y prend du cabéliau, de la merluche, de la sole, de la limande, de la plie, &c. Le cabéliau frais se vend sous le nom de *morue* dans les villes des Pays-Bas les plus voisines; le cabéliau salé va chez l'étranger. La grande pêche est celle du hareng. On l'a appellée ainsi à cause de son produit; quoique les bénéfices ne soient plus aussi considérables qu'autrefois, elle procure de l'aisance à plus de vingt mille familles. Elle se fait dans la mer du nord sur les côtes d'Angleterre & d'Ecosse; mais le parlement britannique vient de s'occuper de cet objet important qu'il avoit trop négligé, & ses derniers arrangemens nuiront beaucoup aux hollandois; le temps le plus favorable est depuis le 24 juin jusqu'au 25 novembre. Il y a eu des années où il sortoit des différens ports des *Provinces-Unies* quinze cents bâtimens pour cette pêche : ce nombre est aujourd'hui réduit à environ deux cents, année commune; il n'y en eut même que cent cinquante en 1764, & ce nombre diminuera d'une année à l'autre, d'après les arrangemens de l'Angleterre dont nous venons de parler.

On n'est point d'accord sur ses bénéfices : on croit qu'ils sont d'au moins deux millions de florins de Hollande, déduction faite de tous les frais.

Les sept provinces envoient deux cents cinquante vaisseaux à la pêche des baleines, qui se fait dans les mers de Groënland, du Spitzberg, de la Norwege, de la Nouvelle Zemble, &c.

Les *Provinces-Unies* offrent à-peu-près toutes les cultures dont elles sont susceptibles, & elles sont très-peuplées. Si l'on y comprend la contrée de Drenthe, le nombre des villes est de cent treize, celui des bourgs & villages de quatorze cents, & celui des habitans de deux millions. Il n'y a point de canton de l'Europe qui soit aussi peuplé. Les pays conquis contiennent vingt-cinq villes. Celle de ces provinces qui a le plus d'avantages sur les autres, soit pour la population, soit pour la qualité du sol, est, sans contredit, la Hollande. *Voyez* les articles particuliers des sept provinces.

Section IIIᵉ.

Des pays qui appartiennent aux sept Provinces-Unies *en général, & du traité de Barrière.*

Avant de parler des pays des Etats-Généraux, ou de ce qu'on appelle proprement *generalitaetslande*, il faut dire quelques mots de la contrée de Drenthe qui n'en fait pas partie.

La contrée de Drenthe touche à la province de Groningue vers le nord, à cette même province & à l'évêché de Munster vers le levant, au comté de Bentheim & à la province d'Over-Issel du côté du midi, & à la Frise vers le couchant.

Son terrein est plus élevé que n'est celui des provinces de Frise & de Groningue : le sol d'Over-Issel est celui de tous avec lequel il a le plus d'analogie. Les parties les plus hautes offrent un grand nombre de forêts; celles qui avoisinent les rivières, donnent des pâturages d'assez bonne qualité. Quelques cantons seulement produisent des grains, & principalement du seigle.

On ne trouve aucune ville dans le pays de Drenthe : on n'y compte que deux bourgs, une forteresse, quelques forts & trente-sept villages. Ce petit pays a ses états particuliers, composés de nobles & de propriétaires de biens fonds, *eigen-erben*. Un gentilhomme, pour y être admis, doit posséder un bien de campagne, *havezaat*, auquel est attaché le droit de séance & de suffrage. Le nombre de ces domaines n'est que de dix-huit : ainsi il n'y a que dix-huit nobles qui puissent assister aux assemblées. La seconde classe fournit trente-six membres, qui chaque année sont élus par les bourgades ayant droit de suffrage. Les assemblées ordinaires des états sont appellées diètes, *landtage*; elles se tiennent annuellement à Assen au mois de mars. La présidence est réservée au grand baillif de la contrée, qui est à la nomination du stathouder héréditaire.

Drenthe fut jadis un comté dépendant de l'empire d'Allemagne. Otton I, Henri II & Conrad II, tous trois empereurs, donnèrent aux évêques d'Utrecht le droit de chasse dans ce comté. Henri III, leur successeur, accorda le 24 mai 1046 à l'évêque Bernold des lettres de donation du comté même, pour en jouir lui & ses successeurs à perpétuité, après la mort du duc Gocelin qui en avoit l'usufruit. Les évêques exercèrent dès-lors leur domination sur la contrée de Drenthe, & l'étendirent particulièrement sur Groningue, qui en faisoit partie. Charles, duc de Gueldre, s'en empara en 1522, & fut contraint de l'abandonner en 1536 au profit de l'empereur Charles-Quint. Philippe II, son fils & son successeur à la couronne d'Espagne, ne put la retenir sous sa domination ; elle secoua le joug, & s'érigea en état libre & indépendant. C'est sans doute à cause de son peu d'étendue qu'elle n'a pu être admise à la confédération des sept provinces, ni même obtenir voix & séance dans l'assemblée des Etats-Généraux : mais elle est sous la protection des *Provinces-Unies*, & elle ne paie qu'un florin lorsque ces mêmes provinces en paient cent. C'est mal-à-propos que des géographes ont envisagé cette contrée comme faisant partie de la province d'Over-Issel.

Outre l'assemblée des états, il y a dans le pays de Drenthe un conseil exécutif, composé du grand baillif ou drossard provincial, & de quatre députés des états, pris en nombre égal dans chacune des deux classes. Ce corps, qui a d'ailleurs un conseiller noble, un roturier & deux autres employés d'un moindre grade, s'assemble huit fois par année pour exécuter les résolutions prises par les états. La cour souveraine de justice y porte le nom d'*Esthul*: elle est composée d'un assesseur & de vingt-quatre conseillers, appellés *etten*, qui sont présidés par le même grand baillif.

On y compte trois classes ecclésiastiques, celle d'Emmen, celle de Meppel & celle de Rolde. Elles sont composées de quarante prédicateurs ; chacune en députe un certain nombre avec quelques anciens, au synode qui se tient annuellement à Assen dans le mois de novembre. Ce synode n'a rien de commun avec ceux des sept provinces.

Pays des Etats-Généraux, appellés Generalitœts-Lande.

On désigne sous le terme de *pays des Etats-Généraux* la partie des Pays-Bas que les sept provinces ont conquise avec leurs troupes & leurs forces réunies, & dont plusieurs traités leur assurent la possession. On a imaginé cette dénomination, parce qu'elles appartiennent en commun aux Provinces-Unies ou aux Etats-Généraux, *Generalitœt*. La noblesse & les villes de ces pays, celle du Brabant sur tout, ont fait autrefois des efforts pour devenir membres de l'union, & avoir en cette qualité droit de suffrage dans l'assemblée des Etats-Généraux : elles se sont bornées ensuite à demander au moins les prérogatives dont jouit la contrée de Drenthe ; mais l'une & l'autre de ces pétitions ont été rejettées, parce que leur pays a été subjugué par la voie des armes. Au reste, la noblesse & les villes ont les droits & les immunités qu'elles avoient sous leurs anciens maîtres. Le stathouder héréditaire est aussi gouverneur général de ces pays. Il n'y en a point d'autres dans ces contrées particulières ; les Etats-Généraux refusent d'en nommer sans doute par principe d'économie ; & s'il s'en trouve dans les forteresses, ou villes fortifiées, leur pouvoir se réduit au service militaire. Les Etats-Généraux & le conseil d'état députent annuellement quelques membres de leur corps pour terminer, dans ces pays conquis, les affaires les plus importantes ou en faire le rapport. Les affaires contentieuses sont du ressort de diverses cours de justice : 1°. de celle de Brabant, dont la jurisdiction s'étend sur le pays situé par-delà la Meuse, & dont le siège est à la Haye ; 2°. du conseil de la Flandre, qui s'assemble à Middelbourg : 3°. de la cour du quartier supérieur de Gueldre, qui tient ses séances à Venlo. La religion dominante dans ces pays conquis est la réformée ; mais comme les catholiques y sont en grand nombre, & surpassent même celui des premiers, il leur est permis d'exercer librement leur culte : seulement on leur a défendu les processions & les autres cérémonies solemnelles.

Les pays conquis dont il s'agit ici, sont :

1°. Une partie du Brabant, qui comprend le quartier de Bois-le-Duc, & une portion de celui d'Anvers. Elle touche vers le nord aux provinces de Gueldre & de Hollande ; au duché de Clèves & au quartier supérieur de Gueldre vers le levant ; à l'évêché de Liège & au Brabant autrichien vers le midi, & à la Flandre hollandoise & à la province de Zéelande vers le couchant. Le conseil du Brabant fut établi en 1586, & confirmé par les Etats-Généraux en 1591. Il est composé d'un président, de huit conseillers, &

de quelques autres officiers d'un caractère inférieur. Son pouvoir est illimité dans les affaires qui concernent les veuves, les orphelins, &c. Il accorde des lettres-patentes, d'octroi & de rémission. C'est à lui que les sujets rendent foi & hommage en matières féodales, sur lesquelles il prononce souverainement. Il a le pouvoir aussi d'émanciper, de légitimer, de naturaliser & de révoquer des fidéicommis, &c.

Les Etats-Généraux possèdent dans le duché de Brabant :

1°. Tout le quartier de Bois-le-Duc, les quartiers d'Osterwik, de Kempenland, de Poëlland, & celui de Maasland.

La contrée ou la baronie de Kuik avec la ville de Grave, située sur la Meuse : elle produit en abondance des grains de toute espèce, le froment seul excepté. Le voisinage du fleuve offre de très-beaux pâturages ; mais on y trouve des cantons tourbeux & des landes. Presque tous les habitans de cette baronie professent la religion catholique romaine : elle jouissoit anciennement du titre de comté. Le premier seigneur qui le prit, fut Guillaume de Kuik mort en 1034. Herman II la possédoit lorsque l'empereur Lothaire le priva & toute sa postérité du titre de comte, & lui substitua celui de baron ; mais ses successeurs continuèrent à le prendre durant un grand nombre d'années. Ce district étoit jadis un fief immédiat de l'Empire ; Jean III, l'un de ses possesseurs, fut obligé de le recevoir en fief du duc de Brabant dans le quatorzième siècle. Sa lignée s'éteignit à la mort de Jean V, arrivée en 1394. Cette baronie échut sans doute à Jeanne sa sœur, puisque celle-ci la transmit par testament à Guillaume, duc de Juliers & de Gueldre son neveu, qui eut Renaud son frère pour successeur. Après la mort de celui-ci, elle passa à Arnaud d'Egmond, à titre d'hérédité, qui la vendit en 1472 à Charles-le-Téméraire, duc de Bourgogne ; lequel la fit passer dans la maison d'Autriche, par le mariage que Marie sa fille contracta avec Maximilien. Philippe II, roi d'Espagne en investit en 1559 Guillaume, prince d'Orange : transmise postérieurement à Guillaume III, roi de la Grande-Bretagne, elle parvint à la maison du stathouder héréditaire, qui la possède encore. Que la souveraineté appartienne aux Etats-Généraux, ou que le conseil de Brabant représente la suzéraineté, le stathouder y jouit d'avantages très-considérables, & en tire annuellement un revenu de près de 80,000 florins.

La portion du Brabant que possèdent les *Provinces-Unies*, comprend aussi la seigneurie de Ravenstein, qui est arrosée par la Meuse. Elle eut jadis des seigneurs particuliers de la maison de Falkenbourg : le dernier, nommé *Renaud*, la prit en fief de Wenceslas, duc de Brabant. Renaud mourut sans postérité ; mais son testament de 1396 institua héritiers de cette terre Simon & Jean de Salms, ses neveux l'un & l'autre, & fils de Philippine sa sœur. Jean, devenu l'année suivante prisonnier d'Adolphe, comte de Clèves, sacrifia sa seigneurie pour recouvrer la liberté. Adolphe la donna à un de ses frères cadets, dont la lignée s'éteignit en 1709 : elle échut de nouveau à Jean-Guillaume, duc de Clèves & de Juliers : celui-ci ne laissa point d'enfans. Sa succession donna lieu à une guerre, durant laquelle les Etats-Généraux se mirent en possession de la ville & du château de Ravenstein. Cette seigneurie échut en 1624 au duc Palatin-Neubourg, en vertu d'une convention faite avec l'électeur de Brandebourg, qui en 1671 céda toutes ses prétentions à Philippe-Guillaume, comte palatin, pour une somme de 50,000 rixdalers ; il se réserva toutefois son droit de succession, en cas que la branche palatine de Neubourg vînt à s'éteindre, comme aussi la faculté d'en porter le titre & les armes. L'extinction de cette branche eut lieu par la suite ; mais la seigneurie de Ravenstein tomba en partage à la maison électorale palatine, qui règne aujourd'hui. Quoiqu'on soutienne qu'elle est un fief de l'Empire, elle relève des Etats-Généraux qui se sont réservés le droit de pouvoir établir garnison dans la ville en temps de guerre. C'est à quoi se réduit tout leur pouvoir sur cette seigneurie, où ils ne perçoivent pas le moindre revenu. Celui que touche annuellement l'électeur palatin est estimé de 40 à 50,000 rixdalers.

Le comté de Megen, auquel les cartes donnent la qualification de royaume de Megen, est situé sur la Meuse entre le district de Maasland & la seigneurie de Ravenstein ; il ne fait point partie des terres appartenantes aux Etats-Généraux. Il a un seigneur particulier, qui en est investi par la cour féodale du Brabant, établie à Bruxelles. Il appartenoit autrefois à la maison de Brimen, & c'est une des possessions de la maison princière de Croy.

Une partie du quartier d'Anvers.

On y trouve la baronie de Breda, dont le sol est entremêlé de bonnes terres labourables, de pâturages, de bruyères & de marais. La principale rivière qui la parcourt, est la Merk ou Mark ; elle y arrive de la mairie de Bois-le-Duc & du duché de Hoogstraaten. Elle y reçoit différentes rivières ; puis ayant pris le nom de *Dintel*, elle va se perdre dans le Volkerak, à peu de distance du village de Dinteloort. Cette baronie faisoit partie anciennement du comté de Stryen : elle en fut séparée vers l'année 1100, époque où le duc de Brabant s'étoit emparé de force de la majeure partie. Elle n'a pas aujourd'hui l'étendue qu'elle avoit alors : le margraviat de Bergen-op-zoom, l'ancien comté & duché actuel de Hoogstraaten, & les villes de Gertruidenberg & de Zevenbergen en furent des dépendances. Voici les diverses révolutions qu'elle a subies depuis quelques siècles. Godefroi de Berg la possédoit en 1212, comme fief du Brabant. Jean I, duc de Brabant, en donna l'investiture à Raso de Gavre, qui en 1326 la vendit à Jean III, propriétaire alors du même duché. Ce dernier la céda en 1351 à Jeanne de Polannen, qui la transmit, à titre de succession, à Jeanne sa petite fille : celle-ci la porta en mariage à Enguerand de Nassau, en 1404, dans la maison duquel elle est restée depuis ce temps : c'est aussi par héritage qu'elle est parvenue au stathouder actuel, qui la possède. Mais il n'en a pas aujourd'hui la souveraineté : elle appartient aux Etats-Généraux, qui, ainsi que dans les autres pays conquis, y lèvent des subsides & des impositions. Ces mêmes états sont aussi seigneurs suzérains de cette baronie, & la qualité de stathouder n'exempte pas le prince de la prestation de foi & hommage au conseil du Brabant établi à la Haye : il rend foi & hommage à l'instar de tous les autres possesseurs de fiefs dans la partie qui leur appartient dans ce duché. On compte vingt-cinq paroisses réformées dans cette baronie, qui, avec leurs prédicateurs & ceux du district, dit *Prinsenland*, composent une classe du synode de la Hollande méridionale.

La seigneurie de Willemstadt, ne comprend que la petite ville de Willemstadt. La seigneurie de Prinsenland, ou Princeland, est située au midi de celle de Willemstadt. La rivière de Dintel l'arrose d'un côté; & celle de Vliet de l'autre; elle appartient au stadhouder héréditaire des *Provinces Unies*, auquel elle est échue par succession du roi Guillaume III. Elle est composée de divers cantons desséchés, Polder, dont les principaux sont : Alt Prinsenland, Wilhelm-Polder, Marien-Polder, Koningsoord & Dinter-Polder. On n'y trouve que les villages de Dinteloord, situé dans le dernier de ces cantons.

L'embouchure de la rivière de Dintel offre une île appellée Ruigen-Plant, qui est soumise à la jurisdiction de cette seigneurie.

La seigneurie de Steenbergen est du côté méridional de la rivière de Vliet; elle appartient au stadhouder à titre d'héritier de Guillaume III, roi de la Grande Bretagne. Lorsqu'elle faisoit partie de l'ancien comté de Stryen, elle étoit régie en commun par les seigneurs de Berg-opzoom & de Breda ; mais à l'époque du partage que firent ces seigneurs, elle échut, ainsi que les cantons desséchés, appellés Kruisland, Cromwel & Westland, au baron de Breda, avec la réserve toutefois que fit le Marggrave de Berg-opzoom, du droit d'investiture sur les trois cantons dont on vient de parler.

Le marquisat de Berg-op-zoom est séparé de la province de Zéelande par le bras oriental de l'Escaut, & par la rivière d'Eendragt. Jean I, duc de Brabant, le détacha de la baronie de Breda en 1287 : il donna celle-ci à Roso de Lie de Kerke, & la contrée de Berg-op-zoom à Girard de Wesemale, qui l'un & l'autre avoient épousé une de ses filles. Par l'extinction de la maison de Wesemale & par une autre cause, cette contrée passa ensuite, à titre de succession, à la maison de Bautersem. Jeanne de Bautersem ayant épousé en 1418 Jean de Brabant ou de Glimes, la porta en dot. Parvenue à Antoine de Glimes, un de leurs descendans, l'empereur Charles V, l'érigea en marquisat, en considération des secours pécuniaires qu'il en avoit reçus. Il ne resta plus, en 1567 aucun héritier mâle de cette maison. Mancia, sœur du dernier mort, avoit épousé en 1558 Jean, baron de Mérode, lorsque le marquisat de Berg-op zoom lui tomba en partage ; ils n'eurent qu'une fille, nommée Marguerite, qui épousa en 1577 Jean de Witten. L'ainée de leurs filles, Mancia, épousa Hermann comte de S'heerenberg. Ils n'eurent également qu'une fille Elisabeth, de S'heerenberg, qui épousa Frédéric, prince de Hohenzollern, auquel elle porta ce marquisat en dot. Henriette Françoise, leur unique héritière, le porta en mariage à Frédéric Maurice de Tour, comte d'Auvergne, qui en 1707 le laissa à François Egon son fils ; celui-ci le fit passer à sa fille Marie Henriette, qui en 1722 épousa Jean-Christijan, comte Palatin de Soulzbach ; elle fut transmise à Charles-Théodore Electeur Palatin, qui en est le possesseur actuel. D'après une convention faite à l'égard de cette terre, si la branche de Soulzbach s'éteignoit un jour, faute d'héritier mâle, la maison d'Auvergne rentreroit dans la jouissance de ce marquisat ; car on lui en a accordé l'expectative ; mais quels que puissent être ses maîtres, les Etats-Généraux y exercent tous les droits de souveraineté, & le pourvu de ce fief est tenu à la prestation de foi & hommage au conseil du Brabant. Les revenus qu'on y a perçus depuis 1701 jusqu'en 1714, se sont montés annuellement à 74,304 florins, & depuis cette dernière époque jusqu'en 1724 à 97,354 florins. Il n'est possible de les porter plus haut, si l'on s'occupoit mieux de l'administration de ce marquisat.

Entre la seigneurie de Santvliet & la contrée de Ryen, qui l'une & l'autre sont comprises dans le quartier d'Anvers, on trouve un district d'une lieue de longueur sur une de largeur, de la même étendue, qui appartient aux états généraux, & dans lequel sont construits les forts de Lillo, de Kruisschand & de Frédéric Henri : Mais la dernière convention avec l'empereur a changé les choses sur ce point.

La ville de Maestricht & le comté de Vroenhove, sont incorporés l'un & l'autre dans la partie du Brabant qui appartient aux Etats-Généraux ; les affaires contentieuses ne sont plus portées à la cour du Brabant établie à la Haye,

Une

Une partie du duché de Limbourg, ou le pays par-delà la Meuse.

Les Etats-Généraux obtinrent par le traité de Westphalie de 1648, une partie du duché de Limbourg, que relativement au pays du Brabant, situé en deçà de la Meuse, on appelle le pays par-delà le fleuve (*het land Van-over Maas*). Il s'étoit glissé des erreurs dans la fixation des limites, elles furent rectifiées par une convention faite à la Haye en 1661. Les paroisses de la religion réformée, qui se trouvent dans ce district ne sont pas si nombreuses, à beaucoup près, que les catholiques. Les unes & les autres se servent des mêmes églises pour leur culte. Ce pays est composé.

I°. *D'un district du comté de Valkenbourg.*

Ce comté est une seigneurie, qui anciennement eut des seigneurs particuliers. Jean de Falkenbourg étant mort en 1352, sans laisser d'enfans, cette terre échut à Philippintie, sa sœur, qui la vendit à Renaud, seigneur de Schoonvoorst. Charles IV empereur d'Allemagne, lui en donna l'investiture en 1354, & l'érigea en comté en 1357. Valerien de Falkenbourg, seigneur de Borne, y forma des prétentions d'autant mieux fondées, qu'elles déterminèrent ce même empereur en 1362, à lui adjuger la terre, mais à la charge de payer à Philippintie une certaine somme d'argent, il négligea de remplir cette condition, & Philippintie céda le comté à Wenceslas & à Jeanne, duc & duchesse de Brabant, dont les successeurs sont demeurés en possession : ils l'ajoutèrent depuis au duché de Limbourg.

Ce qui en appartient aux Etats-Généraux est administré par un prévôt & un drossart.

II°. *D'un district du comté de Dalem.*

Les comtes de Hochstade le possédèrent pendant long-temps, ils le tenoient en fief des ducs de Brabant & de Juliers. Le comte Thierri le vendit en 1243 à Henri II, duc de Brabant. La partie qui appartient aux Etats-Généraux est composée de la petite ville de Dalem ou Daalhem, & de six jurisdictions.

III°. *D'une partie de la contrée de Hertogenrade.*

Cette contrée formoit anciennement une seigneurie particulière, que Henri duc de Limbourg, réunit à son duché. Les Etats-Généraux possèdent quelques villages.

Une partie du quartier supérieur de la Gueldre.

Les Etats-Généraux possèdent une partie du quartier supérieur de Gueldre, en vertu du traité des barrières de 1715. Ce qu'ils obtinrent, com-

prend toute supériorité territoriale ; mais il fut stipulé que les catholiques romains y conserveroient toujours le libre exercice de religion, tel qu'ils en avoient joui jusqu'alors. *Voyez* l'article GUELDRE.

Une partie de la Flandre.

Ce qu'y possèdent les Etats-Généraux, forme le district septentrional de cette province : il est situé entre la mer du Nord, la rivière der-Hoyd, l'Escaut & la Flandre Autrichienne. Les espagnols l'abandonnèrent aux Etats-Généraux après le traité de paix, conclu à Munster en 1648, & par celui des barrières de 1715. Ce domaine leur fut confirmé par l'empereur, le conseil de Flandre, établi à Middelbourg en Zéelande, connoît par appellation, ou en première instance, de toutes les affaires qui naissent dans cette partie. Il décide aussi celles qui intéressent la souveraineté & les droits domaniaux. Cette partie de la Flandre comprend :

1°. La contrée franche de Sluis, en françois l'Ecluse, en hollandois, *het vrye van Sluis*, qui faisoit anciennement partie du district de Bruges. Son tribunal est établi dans la ville de l'Ecluse, & est composé d'un grand bailli, d'un bourgmestre & de huit échevins. Il faut observer que les trois villes de Sluis, de Aardenborg, & de Oostborg, ne dépendent point des cours supérieures de justice, dont on a parlé plus haut ; chacune d'elle a sa jurisdiction particulière.

La portion de la Flandre que possèdent les Etats-Généraux, comprend aussi le grand bailliage de Stulft qui en contient quatre petits.

On distingue les anciennes & les nouvelles barrières : nous en avons parlé à l'article BARRIÈRES : nous ajouterons ici :

Que par le traité de barrière, signé en 1715, entre l'empereur & les Etats-Généraux, ce monarque consentit que les hollandois entretinssent seuls une garnison dans les villes de Namur, Tournay, Meenen, Ypres, Furnes, Varneton, ainsi que dans le fort de la Kenoque ; mais que cette garnison ne seroit composée que de troupes hollandoises, ou d'autres qui ne lui seroient point suspectes, & avec les souverains desquelles il ne seroit point en guerre. Il fut convenu de plus que la garnison de Dendremonde & Ruremonde seroit impériale & Hollandoise, mais que l'empereur auroit seul le droit d'en nommer les gouverneurs, qui cependant, ainsi que les soldats, prêteroient serment de fidélité aux Etats-Généraux. Cette convention souffrit ensuite une restriction ; un traité particulier déclara que la garnison de Ruremonde seroit entiérement impériale. Il fut stipulé aussi en 1715, que l'empereur & les Etats-Généraux entretiendroient, chacun à ses frais, un corps de 30 à 35 mille hommes pour la sûreté des Pays-Bas Autrichiens, &

que la répartition de cette dépense seroit à raison de trois cinquièmes pour le premier, & de deux cinquièmes pour les seconds : que si l'empereur diminuoit son contingent, les Etats-Généraux diminueroient le leur dans la même proportion : qu'à la veille d'une guerre ce corps seroit porté à 40 mille hommes, & que si les hostilités avoient déjà éclatées, il seroit renforcé selon le besoin : que la formation ou division des garnisons ordinaires dans les places, seroit à la disposition des Etats-Généraux, mais qu'on ne pourroit les augmenter que du consentement des deux parties contractantes : que les gouverneurs, les commandans & états-majors, seroient à leur choix, mais que ces postes ne seroient point confiés à des personnes désagréables à l'empereur, ou dont il auroit lieu de suspecter la fidélité ; qu'au surplus ces officiers étant logés, & percevant les émolumens des ouvrages de fortifications, ils ne pourroient point tomber à sa charge non plus qu'à celle des Etats-Généraux : que ces officiers majeurs, soit pour la garde des places, soit relativement aux services militaires, seroient subordonnés aux Etats-Généraux en prêtant serment à l'empereur, qu'ils conserveroient & défendroient ces places pour le compte de la maison d'Autriche : que les troupes des Etats Généraux y auroient pleine & entière liberté de religion, & que cette puissance pourroit les faire changer de garnison quand elle le jugeroit à propos ; qu'il lui seroit permis, même en temps de guerre, d'augmenter les fortifications, mais que pour y construire de nouveaux ouvrages il faudroit en avertir le gouverneur-général des Pays-Bas Autrichiens, & obtenir son aveu. Il fut convenu de plus qu'outre les revenus perçus par les Etats-Généraux, dans la partie du quartier supérieur de Gueldre, à eux cédée, l'empereur leur paieroit annuellement 500,000 rixd. ou 1,250,000 florins de Hollande pour l'entretien des garnisons, celui des places, & pour leur approvisionnement en munitions de guerre & de bouche : pour l'exécution de cet article, on établit un comptoir de barrière dans la ville d'Ypres, &c.

Nous avons dit, à l'article BARRIÈRES, que l'empereur ne voulant plus avoir de garnisons hollandoises dans les villes de ses domaines, ni payer à la Hollande, ce qu'il avoit promis, les hollandois en ont effectivement retiré leurs troupes, & que cette affaire qui, à une autre époque, auroit peut être attiré une guerre, n'a point eu de suites fâcheuses.

SECTION IVe.

Des manufactures & du commerce des Provinces-Unies : *réflexions politiques sur ce commerce, sur la richesse des* Provinces-Unies *& les effets de cette richesse.*

C'est au commerce, aux manufactures & aux fabriques que les *Provinces-Unies* doivent principalement leur grande population & la multitude de leurs villes. Le nombre de briqueteries qu'entretiennent la Hollande méridionale & la province d'Utrecht, est immense ; elles fournissent des pierres cuites à la consommation du pays, & à l'étranger : il en est ainsi également des pipes & de la poterie, parmi lesquelles celles de Gouda tiennent le premier rang. La faïence ou fausse porcelaine de Delft est de la meilleure qualité ; souvent elle égale en beauté celle qui nous vient de la Chine.

Au reste, cette fabrique de porcelaine de Delft est bien tombée aujourd'hui.

La garence de Zéelande & de quelques autres cantons des *Provinces-Unies* est un des articles de commerce les plus avantageux, &, excepté le peu qu'on a cultivé dernièrement en Angleterre, la Hollande en fournit tous les pays étrangers au prix qu'elle veut y mettre : les fermiers & les propriétaires savent tirer parti de cette source de richesses. On tire de la Hollande du borax & une quantité considérable d'empois bleu & blanc. Les fils cruds ou blanchis qui y arrivent de l'Allemagne, y reçoivent une nouvelle préparation, & on les convertit en toiles de toutes espèces : on les retord, & on en fait des dentelles qui ne le cèdent à celles d'aucun autre pays. L'Europe entière ne fournit point de toiles de table aussi fines que celles de la province de Frise. Les damassées, qui nous viennent de la Hollande, sont recherchées par-tout. Les habitans des *Provinces-Unies* ont, au suprême degré, le talent de fabriquer les toiles & de les blanchir ; les toiles de Clèves & de Juliers qu'on blanchit à Harlem, & que l'on vend pour des toiles de Hollande, forment une branche importante, & elle l'étoit encore d'avantage avant que les fabriques de toiles d'Irlande & d'Ecosse eussent la perfection qu'elles ont maintenant.

Les habitans des *Provinces-Unies* n'excellent pas moins dans la fabrique des papiers. Toutes les provinces sont pleines de moulins à scie. On y prépare des bois qui viennent de la Norwège & de la mer Baltique. Lorsqu'ils sont en état d'être employés dans la construction des maisons ou des navires, on les conduit en Espagne, en Portugal & en d'autres pays étrangers, & c'est un grand objet de commerce. Les raffineries de sucre sont aussi très-nombreuses.

Ce pays n'a jamais été célèbre par ses manufactures ; les *Provinces-Unies* ne fabriquent pas un tiers des marchandises nécessaires à leur consommation. Les draps fins de Leyde & d'Utrecht ont eu de la renommée ; mais, dans ces derniers temps, le prix de la main-d'œuvre a fort augmenté, & ces draps sont devenus plus chers en proportion de leur largeur, que les draps d'Angleterre superfins. La plus grande partie de ceux qui s'y fabriquent encore, sont exportés chez l'étranger, tandis que le peuple & les troupes sont habillés de draps de Yorkshire, d'Aix-la-Chapelle & de Verviers.

Ainsi, les manufactures de coton, de laine & de soie déclinent sensiblement, & il faut attribuer cette décadence à la suppression de quelques privilèges & à la multiplicité des impôts qui haussent le prix de la main-d'œuvre. Les pays étrangers ont offert & offrent tous les jours plus d'avantages aux manufacturiers, & on ne doit pas s'étonner que ces arts désertent les *Provinces-Unies*. Les législateurs & les administrateurs de ces provinces le voient sans douleur. Ils ont imaginé les loix & déterminé les usages les plus favorables au commerce de leur pays : leur plan est d'une profondeur & d'une sagesse admirable ; mais ils semblent avoir calculé qu'il leur convient mieux de faire le commerce des marchandises qui sortent des fabriques de tous les pays, que d'avoir des fabriques propres : s'ils ont conservé celles des toiles, c'est qu'ils ont des eaux & des prairies en abondance, & que leur position offre sur ce point des avantages qu'ils n'ont pas voulu perdre. Au reste, il y a encore quelques manufactures de laine, de coton & de soie à Harlem, à Leyde, à Amsterdam, à Utrecht, dans la mairie de Bois-le-Duc, & le pays situé au-delà de la Meuse.

Mais quoique les *Provinces-Unies* soient très-peuplées, le haut prix des denrées & de toutes les choses nécessaires à la vie y empêchera toujours le progrès des manufactures ; dans une étendue de terrein aussi petite, où ne compte deux millions d'ames, le pays ne produit pas des subsistances pour le quart de la population, & par conséquent il faut tirer le reste, quelquefois à grands frais, des autres états : d'ailleurs, il y a des droits considérables sur toutes les denrées ; le consommateur paye de cinquante à soixante pour cent par-delà le prix d'achat du grain qui s'importe en Hollande, & le bœuf & le mouton paient environ trois sols & demi tournois de droits d'accise : tout le reste est taxé en proportion. Les pommes de terre étant la seule denrée à bon marché, les magistrats d'Amsterdam résolurent, il y a quelques années, de mettre un droit considérable sur celles qu'on importeroit à Amsterdam pour y être consommées ; mais on leur représenta que les pommes de terre sont la nourriture des pauvres ; qu'il y a à Amsterdam trente mille personnes, qui ne peuvent pas gagner plus de trois sols par jour ; qu'un pareil impôt feroit mourir de faim ces malheureux, & les magistrats renoncèrent à leur projet.

Les anciens réglemens & les anciens usages des différentes corporations des sept provinces, & les entraves qu'on a mises aux artisans & aux manufacturiers empêchent les ouvriers étrangers qui ont du talent, de venir s'y établir : tout retarde le progrès des arts & des fabriques ; &,

quoique le commerce de la Hollande soit si étendu, elle est beaucoup moins avancée sur ces deux articles que les autres états.

On tire des *Provinces-Unies* de très-bons cuirs, & on y trouve des blanchisseries de cire, qui ont de la réputation.

Tout le monde connoît l'importance du commerce des *Provinces-Unies*, qui sont devenues les facteurs & les commissionnaires du monde entier ; le voisinage de la mer du nord, la proximité du Zuyderzée, les fleuves & les canaux navigables, la liberté civile & de conscience, l'industrie ; les richesses, l'économie & le crédit de la nation chez l'étranger ; la grande population, la pêche, la multitude innombrable de navires marchands, la banque & la compagnie des Indes, tout excite les citoyens au commerce. Si elles sont parvenues à maintenir leur liberté, & à soutenir les guerres les plus dispendieuses, elles ne le doivent qu'à leur commerce & à leur navigation. Leur commerce a été de tout temps le thermomètre de leur puissance. Il paroît décliner journellement. On attribue cette décadence à celui de l'industrie, & à ce que les hollandois sont aujourd'hui moins économes. Les manufactures qu'ont établies les peuples voisins, leur navigation qui a fait des progrès, nuisent d'ailleurs aux républiques hollandoises. Pour rendre à ce commerce toute son activité, on avoit conçu le dessein d'établir un port libre, & de diminuer les énormes péages que diverses puissances font percevoir sur les fleuves, notamment sur la Meuse. Aucun de ces expédiens n'a été mis à exécution ; &, quand on se seroit servi de ces moyens, jamais les *Provinces-Unies* n'auroient rendu à leur commerce l'activité qu'il avoit autrefois. Il diminuera bien davantage après les arrangemens de la dernière révolution.

Nous reviendrons, dans la section neuvième, sur cette diminution du commerce des *Provinces-Unies*.

Dans son état actuel, il excite encore l'admiration de tous les hommes éclairés, & on ne l'a vu nulle part produire autant de merveilles. Nous allons dire par quelles adroites combinaisons les premiers législateurs ont ouvert la source de ces richesses, & avec quelle constance on a suivi ou perfectionné ces premières vues.

Les persécutions du cabinet de Madrid & de l'inquisition obligèrent un grand nombre de négocians protestans de Bruges, de Gand, d'Anvers & de plusieurs autres villes des Pays-Bas, de se réfugier dans les marais de la Hollande & de la Zéelande ; contraints de travailler à leur subsistance, ils y formèrent les premiers établissemens de commerce, & ils commencèrent à diminuer celui des grandes villes du Brabant & de la Flandre.

Le duc d'Albe employoit tous les moyens pour opprimer les juifs, qui étoient alors les négocians les plus confidérables de la célèbre ville d'Anvers ; mais fa tyrannie fe trouvant laffée par leur patience, il leur ordonna de quitter, dans vingt-quatre heures, cette ville où étoient prefque tous leurs effets & leurs biens ; Amfterdam & Rotterdam, qui ne faifoient alors que commencer à fe peupler, les reçurent avec joie ; & comme ces deux places les mettoient à l'abri de la perfécution, & que la nature en défendoit l'approche aux forces de leurs ennemis, ils y établirent leurs demeures ; & à l'aide des lettres-de change, inconnues jufqu'alors, ils emportèrent leurs biens, & firent manquer le projet du gouverneur qui vouloit les dépouiller de leur richeffe. Leur exemple fut bientôt fuivi par tous ceux que perfécutoit cet exécrable gouverneur ; Amfterdam & Rotterdam devinrent bientôt floriffantes, & établirent un grand commerce fur les ruines de celui d'Anvers, & des autres villes du Brabant & de la Flandre.

Les malheureux que chaffoit la tyrannie, formèrent entr'eux un gouvernement républicain, & ils étendirent & fortifièrent leurs villes, en même-temps qu'ils étendoient leur commerce : tous les négocians, opprimés dans les dix-fept provinces, ne tardèrent pas à voir que leur propriété feroit en fûreté à Amfterdam & à Rotterdam, & que ces villes étoient commodes pour le commerce du nord & du midi, & en remontant le Rhin & la Meufe, pour le commerce de l'intérieur de l'Allemagne : ils s'y retirèrent, &, animés de l'amour de la liberté, ils réfolurent de braver tous les dangers pour fe défendre ; & ils apprirent bientôt à l'univers que l'induftrie & l'économie font les voies les plus fûres de parvenir à la richeffe & à la puiffance.

Toute l'Europe avoit les yeux fur ces miférables pêcheurs & les malheureux fugitifs que chaffoit la tyrannie du duc d'Albe ; les nations étonnées les virent bientôt commercer avec les différentes parties du monde, étendre & embellir leurs villes, couvrir prefque tout l'Océan de leurs vaiffeaux & de leurs barques, & acquérir par-là une heureufe aifance.

Dès que ces braves républicains furent tranquilles, leur premier objet, après avoir établi de nouvelles loix en faveur de leurs libertés, fut d'étendre leur commerce dans les pays éloignés, d'encourager l'induftrie autant qu'il feroit poffible, & fur tout le genre d'induftrie qui leur convenoit. Les Etats confidérant que ces provinces ne produifoient pas des denrées de confommation en affez grande quantité pour la fubfiftance des habitans, que la liberté & l'équité de leur nouvelle forme de gouvernement y amenoient fans ceffe de France, d'Allemagne & d'Angleterre, mais qu'il falloit en tirer une grande partie de l'étranger ; prirent fur-le-champ des mefures favorables à cette importation, en exigeant de très-petits droits à l'entrée & à la fortie des marchandifes : voulant même placer tous les citoyens dans l'impoffibilité de vivre en Hollande, à moins qu'ils ne fuffent riches, ou qu'ils ne fe diftinguaffent par leur induftrie & leurs travaux, ils chargèrent les denrées de première néceffité de droits confidérables ; &, en même-temps, comme des fommes prodigieufes entroient fans ceffe dans la république par le commerce, ils diminuèrent de beaucoup l'intérêt de l'argent ; de forte que la néceffité obligea les gens d'une petite fortune à la frugalité & au travail. Quoique les hollandois fiffent alors la plus grande partie du commerce de l'Europe, & que par conféquent ils puffent mettre le prix qu'ils vouloient à beaucoup d'articles, ils craignirent de donner l'alarme aux autres Etats ; ils fe contentèrent quelquefois de fi petits profits, que les étrangers s'étonnèrent comment les habitans des *Provinces-Unies* pouvoient vendre à fi bon marché. Leur politique étoit très-fage. En effet, on vit bientôt que, pour parvenir au commerce univerfel, ils avoient befoin des marchandifes d'un pays pour acheter celles d'un autre, & qu'ils devoient vendre fouvent avec peu de bénéfice d'un côté, lorfqu'ils avoient l'efpérance de gagner davantage de l'autre.

M. de Montefquieu a expliqué ce fait avec fa fagacité ordinaire ; mais il n'a pas vu qu'il entroit dans le plan des légiflateurs. « Il arrive quelquefois, dit il, qu'une nation qui fait le commerce d'économie, ayant befoin d'une marchandife d'un pays, qui lui ferve de fonds pour fe procurer les marchandifes d'un autre, fe contente de gagner très-peu, & quelquefois rien, fur les unes, dans l'efpérance ou la certitude de gagner beaucoup fur les autres. Ainfi, lorfque la Hollande faifoit prefque feule le commerce du midi au nord de l'Europe, les vins de France qu'elle portoit au nord, ne lui fervoient en quelque manière que de fonds pour faire fon commerce dans le nord ».

« On fait que fouvent, en Hollande, de certains genres de marchandife, venue de loin, ne s'y vendent pas plus chers qu'ils n'ont coûté fur les lieux mêmes. Voici la raifon qu'on en donne : un capitaine qui a befoin de lefter fon vaiffeau, prendra du marbre ; s'il a befoin du bois pour l'arrimage, il en achetera ; & pourvu qu'il n'y perde rien, il croira avoir beaucoup fait. C'eft ainfi que la Hollande a auffi fes carrières & fes forêts ».

« Non-feulement un commerce qui ne donne rien peut être utile, un commerce même défavantageux peut l'être. J'ai ouï dire en Hollande que la pêche de la baleine, en général, ne rend presque jamais ce qu'elle coûte (1) : mais ceux qui ont été employés à la construction du vaisseau, ceux qui en ont fourni les agrès, les apparaux, les vivres, sont aussi ceux qui prennent le principal intérêt à cette pêche. Perdissent-ils sur la pêche, ils ont gagné sur les fournitures. Ce commerce est une espèce de loterie, & chacun est séduit par l'espérance d'un billet noir. Tout le monde aime à jouer; & les gens les plus sages jouent volontiers, lorsqu'ils ne voient point les apparences du jeu, ses égaremens, ses violences, ses dissipations, la perte du temps & même de toute la vie ».

Pour continuer nos observations, la Hollande mit sur-tout en usage cette politique de se contenter de petits bénéfices, quand elle faisoit tout le commerce de la Baltique; elle échangeoit alors, avec très-peu de bénéfice, les productions & les manufactures d'Angleterre, & les vins & les fruits de France & d'Espagne, contre les productions du nord. Les négocians entendoient si bien les intérêts de leur commerce & l'art de s'en approprier les avantages, que, pour mieux entretenir l'éloignement des peuples pour ce trafic, & leur faire croire que ces profits étoient peu considérables, ils se déterminèrent à vendre à aussi bon marché que dans les pays de fabrique plusieurs sortes de marchandises qui venoient des pays éloignés. Le capitaine, qui prenoit un chargement de chanvre & de lin à Pétersbourg, avoit besoin d'une certaine quantité de matière pesante pour mettre son vaisseau en estive; &, s'il n'achetoit pas pour cela du fer, il devoit prendre des pierres ou du gravier; si, à son retour, il donnoit son fer pour le prix d'achat & pour le prix du fret, il gagnoit le montant du fret : on peut faire la même observation, s'il prenoit un chargement de fer, & qu'il eût besoin de bois pour remplir son bâtiment : c'est ainsi que les négocians faisoient leurs grands bénéfices sur la partie principale de la cargaison, & qu'ils montrèrent quelquefois du désintéressement, en vendant certains articles à très-bas prix.

On imagina ensuite la banque d'Amsterdam, dont nous avons parlé en détail à l'article HOLLANDE, & personne ne peut calculer l'influence qu'a eu cet établissement sur le commerce des *Provinces-Unies*.

Nous ajouterons ici que la banque a étendu, d'une manière particulière, le commerce d'Amsterdam. Les négocians ne peuvent s'éloigner des lieux où est déposé leur trésor, & où ils ont un si grand crédit. Ils ne vont guère habiter un endroit où ce crédit n'est pas aussi reconnu, & où ils ne pourroient l'exercer qu'avec beaucoup de peine.

Le commerce est peu délicat, ainsi que tout le monde le sait, & il paroît que les législateurs & les administrateurs des *Provinces-Unies* ont attenté volontairement aux loix naturelles & à l'équité, pour accroître la richesse de leur pays & celle de ses citoyens. Nous le dirons bientôt, & on le verra sur-tout dans la section neuvième, lorsque nous ferons l'analyse de ses réglemens & de ses loix, sur les isles qui fournissent les épiceries. Nous nous contenterons d'observer ici que la plus grande partie des loix civiles & la politique intérieure des *Provinces-Unies*, relativement au commerce, sont très-imparfaites; que peut-être elles se sont méprises sur les avantages qu'elles espéroient de ces mauvaises loix; que peut-être, loin de servir au commerce, elles lui ont été nuisibles : nous ne citerons que les réglemens sur les banqueroutes, qui ne garantissent pas assez le négociant de bonne foi, de la fraude & de l'injustice des banqueroutiers : on lui a ôté les moyens de recouvrer sa propriété. Ce qui est encore plus étonnant, lorsque les cours de judicature trouvent leurs loix incomplètes, ils ont recours aux décisions des loix romaines en pareil cas, sans voir que ces loix furent faites pour un gouvernement qui est précisément le contraire de celui des *Provinces-Unies*. La justice s'y administre pourtant sans partialité & d'une manière équitable, vu l'extrême imperfection des loix.

Plusieurs négocians profitent de l'indulgence des loix pour commettre toutes sortes de friponneries; dans le commerce, on est souvent obligé de confier à la bonne foi de grandes sommes, de placer & déplacer son argent. Si le débiteur ne peut être contraint par corps de remplir ses engagemens, il est tenté de tromper ses créanciers. C'est être injuste envers eux que leur faire attendre les décisions lentes d'une cour de justice, pour qu'ils puissent recouvrer leur propriété lorsque l'emprisonnement du débiteur produiroit le même effet, & quand peut-être le créancier, privé de cette ressource, est obligé de manquer lui-même.

Mais, parce que les loix des *Provinces-Unies* sont ainsi favorables aux débiteurs, les villes de commerce sont devenues l'asyle d'un grand nombre de négocians, à moitié ruinés, des autres états de l'Europe; en acquérant les privilèges de la bourgeoisie, ils ont gagné du temps pour rétablir leurs affaires, & des travaux plus heureux leur ont mérité de nouveau la confiance du public.

La liberté de conscience sur les matières religieuses, accordée à tous les étrangers qui viennent s'établir dans les *Provinces-Unies*, y attire un grand nombre de commerçans; dès qu'un

---

(1) Soit qu'on ait perfectionné cette pêche, soit qu'on ait trompé M. de Montesquieu, il paroît que l'armement des navires qu'on y emploie, est toujours utile aujourd'hui.

étranger est devenu bourgeois de l'une de leurs grandes villes, sa personne & ses biens ne peuvent être saisis avant qu'il soit condamné d'après le cours ordinaire de la loi, & il a, comme les plus anciens bourgeois, le droit de participer au gouvernement. Voilà pourquoi un tiers de la province de Hollande est étranger, ou descend de familles étrangères; plusieurs de ces étrangers y exercent les premières places de confiance: c'est la propriété qui donne ici du pouvoir; & quand un marchand, d'un caractère honnête, s'est enrichi par le commerce, il ne tarde pas à parvenir aux charges publiques.

Le commerce exclusif des épiceries que fait la Hollande, est une autre source de richesses: je vais exposer, avec quelques détails, les progrès qu'elle a faits sur cet objet dans l'Inde & en Europe.

Dès que les hollandois eurent chassé les portugais de leurs établissemens, & que, par une suite de victoires, ils eurent forcé les naturels du pays à faire avec les *Provinces-Unies* des traités de commerce qui écartoient toutes les autres nations, & à permettre la construction de différens forts dans les lieux qui commandent les places de commerce, ils cherchèrent à s'approprier le monopole de toutes les épiceries, & pensèrent à se mettre en état de résister aux attaques de toutes les puissances du monde. Ils ont envoyé dans l'Inde, chaque année, un si grand nombre d'hommes; la multitude des citoyens qui ont péri dans ces climats, faute d'avoir pris la manière d'y vivre, les ont si peu découragés que la compagnie des Indes a fondé dans ces régions un nouvel empire gouverné, à la vérité, par des officiers que nomme la compagnie, mais qui paroît, aux yeux des petites nations du voisinage, avec toute la dignité & l'indépendance d'un état souverain, qui fait la paix & la guerre avec les rois, qui peut armer vingt ou trente vaisseaux de guerre, & mettre vingt mille hommes en campagne. Les princes du pays sont par-tout soumis à la compagnie.

Une longue expérience de ce commerce instruisant les hollandois, d'une manière assez exacte, de la quantité de chaque espèce d'épiceries nécessaires à la consommation des différens pays de l'Europe, la compagnie donne des ordres pour qu'on n'en exporte jamais plus qu'il n'en faut; elle brûle ensuite ce qui reste des ventes; elle entretient ainsi le prix des épiceries au point qu'elle veut, & aucune autre puissance ne peut entrer en concurrence avec celle-ci dans cette branche de commerce, non plus que dans le commerce du Japon, pour lequel cette compagnie a un traité exclusif avec l'empereur.

Outre le bénéfice immédiat des épiceries & du hareng, qui se vendent en Angleterre, en France, en Espagne, en Italie, en Portugal & en Allemagne, la Hollande a acquis par là une grande influence dans le commerce des parties septentrionales de l'Europe, telles que la Russie, la Suède, le Danemarck, la Pologne, le territoire de Dantzick, la Poméranie & toute la côte de la mer Baltique, où les épiceries en particulier sont très-recherchées & s'échangent contre ce qu'il y a de plus précieux dans le pays, tels que du grain, du chanvre, du lin, du fer, de la poix, du goudron, des mâtures, des bois de construction, &c. Voyez la section neuvième.

Comme les hollandois n'ont pas d'établissemens considérables dans les Isles d'Amérique, ils permettent sagement l'entrée des ports de leurs colonies à tous les peuples; elles deviennent ainsi des dépôts de contrebande, d'où l'on fait passer toutes sortes de marchandises dans les établissemens anglois, françois ou espagnols, & d'où l'on tire pour l'Europe, du café, du sucre, de l'indigo, du cacao, du coton, &c. qu'on vend ensuite comme si ces productions venoient des isles appartenantes aux hollandois. Elles entrent avec celles de Surinam, à Amsterdam & à Rotterdam: on en fait ensuite l'envoie de là en *Westphalie*, & dans toutes les parties occidentales de l'Allemagne.

Le commerce, en Turquie & au Levant, semble d'abord désavantageux aux hollandois; mais comme ils y portent une quantité considérable de draps fins de Leyde, & qu'ils en tirent des matières crues qu'ils vendent ensuite aux différentes manufactures de l'Europe, sans les consommer chez eux, ils y gagnent réellement.

Ils ont toujours fait un commerce étendu avec l'Angleterre; &, comme la balance n'a pas cessé d'être contre eux, on juge, au premier coup-d'œil, qu'ils perdent considérablement. En 1700, les importations d'Angleterre en Hollande furent d'un million neuf cents soixante-cinq mille neuf cents cinquante-une livres sterl., & les exportations seulement de cinq cents vingt-sept mille soixante-douze liv. sterl. Ainsi, l'avantage en faveur de la Grande-Bretagne étoit déjà immense alors. En 1722, les importations montèrent à deux millions cent trente mille trois cents quatre-vingt-seize liv. sterl., tandis que les exportations furent seulement de cinq cents soixante-un mille six cents douze liv. sterl.

En 1765, les importations furent de deux millions vingt-six mille sept cents soixante douze liv. sterl., & les exportations de quatre cents vingt mille deux cents soixante-treize livres sterl. La Hollande paie ainsi une balance immense; mais c'est avec l'argent des autres pays, où elle va vendre les productions & les marchandises de la Grande-Bretagne, & cette espèce de courtage lui est très-lucratif.

Nous venons d'indiquer la prospérité des *Provinces-Unies*; & si le lecteur veut étudier quelques principes du gouvernement de Hollande, nous en trouverons des traces, sans sortir de chez nous, dans la portion des Pays-Bas que nous avons acquise, & qui forme une de nos frontières. Ces peuples s'y gouvernent encore par des magistrats municipaux : les flamands doivent être nés avec un esprit de justesse & d'économie plus propre à l'administration que les autres peuples.

Ce qu'on y a laissé subsister de leur méthode pour lever les impositions, est utile à l'agriculture & au commerce : c'est ce même esprit d'économie & cette liberté dans l'action du gouvernement intérieur, qui avoient rendu les derniers ducs de Bourgogne si riches en argent comptant, & plus puissans que nos rois.

Dans ces mêmes provinces, on voit les villes les unes sur les autres, les bourgades florissantes, les campagnes bien cultivées ; tout est abondant, tout est soigné : les loix sont observées ; les nobles n'y sont pas faits pour dominer, ni l'esprit flamand pour s'élever au-dessus des détails ordinaires de la vie.

SECTION V^e.

Des revenus, des impôts, des troupes & de la marine des Provinces-Unies.

Les revenus ordinaires de la confédération proviennent des contributions que fournissent chaque année les sept provinces, d'après la demande du conseil d'état & le calcul des dépenses, tel qu'il est donné par les Etats-Généraux ; il faut y ajouter les impôts qu'on lève dans les villes conquises & les pays du Brabant, de la Flandre & sur le Rhin.

Les différentes accises, les douanes & la taxe des terres sont les principales sources de ce revenu ; les accises sont plus considérables & plus étendues que dans aucun autre pays de l'Europe. A peine y a-t-il en Hollande une seule chose nécessaire à la vie, qui n'y soit soumise. Les droits de douane, d'après une vue politique favorable au commerce, ne sont pas forts, & cette partie du revenu public est appliquée sur-tout à l'amirauté ; la taxe des terres est modérée aussi, à cause des grandes dépenses qu'entraînent les digues, les moulins à vent & le desséchement des campagnes. On trouvera dans le *dictionnaire des Finances*, article HOLLANDE, de grands détails sur les divers impôts établis dans les *Provinces-Unies*.

Ce revenu paye toutes les forces de terre & de mer, les officiers publics de l'état, les ambassadeurs & les ministres dans les pays étrangers, l'intérêt des dettes publiques des Etats Généraux, qui, à la fin de la guerre de 1748, étoient très-considérables ; elles se trouvoient diminuées en 1778, au moment où les *Provinces-Unies* sont entrées en guerre contre l'Angleterre, & nous ignorons quelle est leur quotité actuelle : outre la dette de la confédération, chaque province a une dette publique, dont l'intérêt se prend sur le revenu de la province. Celle de Hollande, lors du traité de paix d'Aix-la-Chapelle, étoit de plus de cent quarante millions de florins, dont elle payoit un intérêt de trois pour cent. Cette dette se trouvoit beaucoup diminuée à l'époque de 1718, & l'intérêt de ce qui en restoit n'étoit plus que de deux & demi : cet intérêt se paie avec une extrême exactitude ; lorsque l'état rembourse une partie du principal, les créanciers en sont fâchés, parce qu'ils ne savent où placer leurs capitaux d'une manière aussi commode & aussi sûre : nous avons développé ces observations aux articles particuliers des diverses provinces.

Les magistrats des divers cantons perçoivent les droits d'accise, & les impôts établis sur les terres & sur les immeubles ; ils en font passer la somme aux receveurs. Le produit de cette partie de l'administration étant aisément connu, les collecteurs n'ont pas beaucoup de peine.

La perception, la recette & le déboursement de l'argent de l'état ne donnent point de bénéfices aux collecteurs : ils ont des appointemens fixes, & ils n'osent pas les augmenter par des exactions secrètes. Un billet au porteur ou à ordre sur le trésor public, a autant de valeur qu'un billet de banque ou un billet de change.

Dans les occasions urgentes ou en temps de guerre, ou lorsque l'état est menacé, les Etats-Généraux ordonnent la levée de quelques contributions, quelquefois le centième des biens de tous les habitans, d'une capitation ou d'autres subsides, suivant la résolution des provinces, & suivant que la conjoncture est plus ou moins pressante.

Autrefois, quand les Etats-Généraux exigeoient un droit de tous ceux qui voyageoient en Hollande dans les barques, en voiture, en chariot, ou à cheval, chacun se récrioit contre cet impôt désagréable & tyrannique ; mais cet impôt est devenu perpétuel, & il fait partie du revenu de la province. En général, les taxes sont si multipliées & si fortes, qu'il est presque impossible d'augmenter de cette manière le revenu public, sans avoir à redouter un soulèvement ; & les revenus extraordinaires ne peuvent plus provenir, dans l'état actuel des choses, que de contributions des principaux habitans : cette ressource est d'autant plus facile, qu'il n'y a point de pays d'une égale étendue, où il y ait une masse aussi prodigieuse de richesses, & où la plupart des citoyens soit plus en état de faire de ces sortes de largesses.

On comptoit il y a quelques années, que les hollandois avoient environ trente millions sterling dans les fonds d'Angleterre ; leurs capitaux dans les fonds publics de la France, n'étoient évalués qu'à vingt-huit millions sterling. Mais ils ont placé des sommes assez considérables dans les emprunts qu'a fait la France depuis 1777. Ils avoient environ quinze millions sterling dans ceux de l'empereur & chez les princes d'Allemagne, en Danemarck, en Suède & en Russie ; & si nous y ajoutons au moins quarante millions sterling que l'état devoit aux citoyens, on verra que la propriété des habitans des *Provinces-Unies*, montoit à cette époque à plus de cent treize millions sterling, sans parler des fonds de leur commerce, de l'argent qui étoit en circulation, de la banque, de l'or & de l'argent monnoyé, &c. richesse étonnante pour un pays où la population n'a jamais excédé deux millions d'habitans.

Les *Provinces-Unies* sont obligées d'entretenir des forces militaires considérables ; mais ces forces ne sont pas aussi redoutables qu'elles devroient l'être. Chaque province entretient autant de régimens qu'elle peut en payer. Les régimens suisses sont les seuls qui soient à la solde des Etats-Généraux. Il est rare que l'état militaire de la république excède 40,000 hommes en temps de paix ; ses forces sont ordinairement moindres. Elles n'étoient que de 29,315 hommes après le traité de Westphalie de 1648 ; de 40,000 après celui de 1713 & de 32,064 après celui de 1717. Elles diminuèrent successivement après le traité d'Aix-la-Chapelle de 1748 ; l'on renvoya d'abord les troupes mercenaires ; les régimens nouveaux, ainsi que les soldats faits prisonniers dans les villes conquises, furent réformés ensuite ; seulement quelques-uns de ces derniers furent incorporés dans les régimens qu'on jugea à propos de conserver. Les compagnies nationales écossoises, ainsi que les régimens suisses, souffrirent même une diminution notable en 1752 ; on réforma encore trois compagnies de chaque régiment d'infanterie & de cavalerie ; on incorpora deux régimens en un seul, en sorte qu'un régiment de cavalerie ne fut plus composé que de deux escadrons de trois compagnies chacun, & ceux d'infanterie de deux bataillons de sept compagnies : chacun après cette réforme, l'état militaire n'étoit en 1759 que de 35,497 hommes, on y trouvoit sept régimens de cavalerie & trois régimens de dragons, formant ensemble, les premiers 2274, & les seconds 1008 hommes, 38 régimens d'infanterie, qui ne contenoient que 33,150 hommes. Le reste étoit composé des artilleurs, des mineurs & des ingénieurs. Il y avoit de nombre deux régimens écossois de 1000 hommes chacun, & six régimens suisses, qui faisoient un fonds de 7120 hommes. Cet état militaire varia par la suite : en 1770, on compta dans les *Provinces-Unies* 16 escadrons de cavalerie, 3 régimens de dragons, 80 bataillons d'infanterie, dont 11 de troupes suisses, 6 d'allemands du pays de Gotha & de celui de Waldeck, 2 bataillons de wallons, 4 d'écossois, 57 de troupes nationales, 15 compagnies d'artillerie divisées en 3 bataillons & 4 compagnies de mineurs.

Voici l'état de troupes des Provinces-Unies, en 1784.

Cavalerie 27 escadrons de 84 hommes chacun	2268
Dragons 12 escadrons de 84 hommes chacun	1008
Infanterie gardes hollandoises 2 bataillons de 658 hommes chacun	1316
Gardes à la répartition de la province de Frise, une compagnie	202
Gardes à la répartition de la province de Groningue, une compagnie	75
Soixante bataillons d'autres troupes, qu'on appelle *nationales* ; mais qui ne le sont point, 363 hommes par bataillon	19780
Wallons, 3 bataillons	1089
Ecossois, 6 bataillons	2178
Gardes suisses, 2 bataillons	800
Suisses ordinaires, 10 bataillons de 600 chacun	6000
Artillerie, 3 bataillons de 600 hommes chacun	1800
Mineurs, 4 compagnies de 52 hommes	208
Ainsi les forces militaires de la république étoient en résultat, cavalerie & dragons	3276
Infanterie	31440
Artillerie & mineurs	2008
TOTAL	36724

Le stadhouder demandoit qu'on les portât à 50 ou 60 mille hommes.

En général, l'armée des *Provinces-Unies* est composée de mercenaires ; elles prennent à leur soldes des troupes de plusieurs petits princes d'Allemagne, des écossois, des suisses, des wallons, & des déserteurs de presque tous les états de l'Europe : excepté les officiers, il y a sous les drapeaux très-peu de natifs des sept provinces. Ces troupes sont payées différemment, suivant les traités passés avec les princes qui les ont fournies.

Les républiques de Venise & des *Provinces-Unies*, qui ont une petite étendue de terrein, sont environnées de voisins puissans & guerriers ; leurs sujets, en petit nombre, sont plus disposés au commerce qu'à la guerre, & au service de mer qu'à celui de terre. Dès que ces deux états eurent fait un commerce étendu, & acquis des richesses immenses, ils cherchèrent à contrebalancer avec des troupes mercenaires, les armées de leurs voisins, composées de sujets du pays ; à défendre leurs frontières avec des citadelles &

des

des places fortes, & à traîner ainsi la guerre en longueur, quand ils n'osoient pas risquer une bataille; ils firent dépendre leur destinée de la puissance de l'argent plutôt que de la force des armes.

Ce n'est pas la population ou le caractère plus ou moins guerrier des hollandois qui font la force des *Provinces-Unies*, mais leurs vaisseaux de guerre, & les troupes mercenaires qu'ils entretiennent, même en temps de paix; mais la multitude de leurs forteresses, & les revenus de l'état, qui au besoin sont capables de payer encore de plus grandes dépenses.

La qualité de capitaine général, dont est revêtu le stathouder, lui donne le commandement suprême de toute l'armée; mais dans la conduite des affaires militaires, & en temps de guerre surtout, ce commandement est délégué au feld-maréchal-général de la république. Les forteresses des *Provinces-Unies*, situées avantageusement pour la plupart, sont bien entretenues. Il en est plusieurs dont les environs peuvent être inondés en très-peu de temps, & dont l'approche peut être rendue par-là fort difficile.

Busching dit que les dépenses des *Provinces-Unies* se montoient:

florins.

En 1755 à 9,844,437
En 1756 à 9,765,004
En 1765 à 11,240,059
En 1766 à 11,316,123

Il n'y a dans les forteresses des sept provinces que de simples commandans; ce sont les bourguemestres régens de ces villes qui exercent les fonctions de gouverneurs. Il n'en est point de même dans les pays conquis; les forteresses ont des commandans & des gouverneurs que nomme le stathouder.

La puissance maritime des *Provinces-Unies* étoit formidable autrefois; elle mettoit aisément 100 vaisseaux de guerre en mer dans des temps d'hostilités; mais elle n'en entretient aujourd'hui, en temps de paix, que trente ou quarante, dont une partie est en commission: ses escadres consistoient en 1762, en 5 vaisseaux de haut bord, portant 60 canons, en 10 de 50, ou 5 frégates de 40, 5 de 36 & 50 de 20. Elles portoient 7900 hommes & coûtoient 284, 400 florins chaque mois.

Voici un tableau exact de l'état de la marine des *Provinces-Unies* en 1781 : il fut donné par le stathouder lui-même, dans son mémoire justificatif, présenté aux États-Généraux le 7 octobre 1782.

Œcon. polit. & diplomatique Tom. III.

ETAT *des forces navales de la république en décembre 1781.*

4 vaisseaux de 70 canons, dont trois en commission.	....	3
9 de 60	....	5
15 de 50	....	12
7 de 40	....	6
15 de 36	....	13
17 de 24	....	12
2 de 12	....	0

69 vaisseaux.   2822 canons.   45 vaiss. en com.

On assure qu'avec le secours des provinces particulières, les collèges de l'amirauté sont en état d'équiper, en très-peu de temps, 40 à 50 vaisseaux de guerre. Ceux qui sont en commission, servent principalement à convoyer les vaisseaux marchands sur la Méditerranée & à les défendre des corsaires, ou à protéger ceux qui arrivent des Indes orientales.

Les collèges de l'amirauté, dont les dépenses sont regardées comme une charge pour l'état, veillent à la sûreté de la navigation sur la mer & sur les fleuves, & à celle des ports; ces collèges sont au nombre de cinq, qui tiennent entr'eux le rang que voici; 1°. celui de Rotterdam, chargé de l'inspection de la-Meuse; 2°. celui d'Amsterdam; 3°. celui de Zéelande, établi à Middelbourg; 4°. celui de la West-Frise, ou de la Hollande septentrionale, qui réside alternativement à Hoorn & à Enckhuysen; 5°. celui de la Frise, qui siège à Harlingue. Chaque collège veille sur la partie de la flotte qui lui est confiée. Les frais de leur entretien se prennent principalement sur les impôts, auxquels sont sujets les bâtimens sur mer & la plupart des marchandises importées, impôt dont les collèges font eux-mêmes la perception. Comme leur produit ne suffit pas, lorsqu'en temps de guerre il faut augmenter les forces navales & armer un plus grand nombre de vaisseaux, quelques provinces sont tenues de fournir de grosses contributions sur cet objet; on augmente les droits dont nous venons de parler, & on les perçoit sur les bâtimens marchands qui arrivent, & sur ceux qui sortent. Le stathouder est revêtu de la dignité d'amiral en chef de toutes les flottes de la république; il a, en cette qualité, la préséance dans tous les collèges de l'amirauté. Les ordres qu'il y donne de temps à d'autre, doivent être exécutés. Dès qu'il se trouve une escadre en mer, l'amiral en chef, son lieutenant, ou celui qui la commande, la divise en trois parties; la première fait l'avant-garde, la seconde forme le corps d'armée, & la troisième veille sur les derrières.

On dit que la dépense des amirautés pour la flotte & la construction des vaisseaux, est d'environ cinq cents cinquante mille livres sterlings. On suppose qu'un million de florins, équivaut à quatre-vingt dix mille livres sterling.

Jadis les hollandois soudoyoient en temps de guerre soixante mille soldats de terre, avec une escadre de plus de cent vaisseaux de guerre, ainsi que nous l'avons déjà dit.

Les *Provinces-Unies*, malgré la diminution de leur service, sont en état de faire avec succès la guerre sur mer contre chacune des puissances de l'Europe, excepté l'Angleterre & la France. Mais leur armée de terre & les forteresses qui défendent leurs frontières, ne les défendroient pas contre quarante mille hommes bien disciplinés, & bien commandés; ils seroient obligés d'appeller des alliés à leur secours : leurs troupes ont un air guerrier à la parade, à l'exercice, &c. mais lors de la dernière guerre contre la France, on s'apperçut que les exercices & les revues ne suffirent pas pour inspirer de la bravoure à des mercenaires.

Si les *Provinces-Unies* sont destinées à porter le joug d'un maître, l'usurpateur ne possédera pas la grandeur & la puissance dont jouit maintenant l'état; ces provinces redeviendront en peu de temps un pays pauvre & sans crédit parmi les puissances de l'Europe; le commerce y quittera son asyle; la contrée tombera peu à peu dans le dépérissement, & enfin les satellites soudoyés par le despote ravageront tout.

Jamais une puissance étrangère n'attentera à la liberté de la Hollande sans une sédition générale dans toutes les villes, & sans un boulversement dans tous les ordres de l'état, qui mettroit en danger les propriétés des particuliers & ébranleroit le crédit du gouvernement; alors les riches négocians se réfugieront chez les nations voisines, auxquelles ils porteront leurs richesses; les banques s'anéantiront; le commerce tombera tellement dans la langueur, que probablement les peuples ne seront plus en état d'entretenir leurs digues; la mer & les fleuves se précipiteront sur le terrein de ce pays, & changeront les principales cités en bourgades de pêcheurs, ainsi qu'elles l'étoient autrefois.

SECTION VI°.

Du régime ecclésiastique & de la tolérance, envisagée dans ses effets politiques par rapport aux Provinces-Unies.

Les habitans des *Provinces-Unies* adoptèrent d'abord les dogmes ou la communion luthérienne & la confession d'Augsbourg. Mais en 1562, ils y substituèrent une croyance, qui s'accordoit avec celle qu'on avoit adoptée à Génève. Les états conclurent, en 1579, un traité d'union à Utrecht: on y déclara purement & simplement, que cette croyance seroit maintenue à l'avenir. La province de Hollande alla plus loin; elle demanda en 1583, que la religion réformée fût la seule dominante dans les *Provinces-Unies*, & qu'aucune autre ne pût avoir un culte public. Cette dernière proposition n'eut point l'approbation générale; mais les synodes tenus à Dordrecht en 1618 & 1619, déclarèrent que la religion adoptée seroit enseignée publiquement dans les églises, ainsi & de même qu'elle est rapportée dans le catéchisme de Heidelberg, & dans la profession de foi des églises des Pays-Bas, convenus à Embden en 1571; & ils condamnèrent toute autre doctrine, & notamment les maximes & les dogmes, que les remontrans s'étoient efforcées jusqu'alors d'établir. Cette décision fut confirmée en 1651, par les états particuliers des provinces; mais il faut que cette décision ait été révoquée, ou qu'on la dédaigne beaucoup, car, depuis cette époque, toutes les communions, même celle des Juifs, y sont tolérées; ceux qui les suivent, sont sûrs de n'être jamais troublés dans leurs cultes, aussi long-temps qu'ils ne contreviendront point au bien public, ou qu'ils n'enseigneront rien qui puisse induire les sujets naturels à se soulever contre leurs supérieurs. Il en résulte cependant que les loix des *Provinces-Unies* sur la tolérance, ne sont ni claires ni précises, & quelles sont défectueuses, ainsi que l'acte d'union & la constitution de chaque province : au reste les Etats-Généraux & les divers gouvernemens ne se sont jamais écartés du principe de la tolérance. Les places éminentes, dont les fonctions intéressent le gouvernement de la république, ne peuvent être remplies que par des citoyens qui professent la religion réformée; il en est de même des emplois distingués. Il y a trois sortes d'assemblées ecclésiastiques, le consistoire, la classe & le synode.

Les catholiques romains ont environ trois cens cinquante églises dans les *Provinces-Unies*; elles sont desservies par environ quatre cens prêtres. Nous n'y comprenons pas les églises dans les pays conquis, dont le nombre est considérable.

Les Luthériens jouissent du libre exercice de leur religion dans les villes; il leur est même permis d'y avoir des édifices qui ressemblent à des églises. Ils en ont quelques-unes à la campagne, malgré l'ordonnance rendue à cet égard en 1655. Ainsi que les catholiques ils sont incapables de posséder aucune charge publique; ils forment quarante une communautés dans les *Provinces Unies* & dans les états du Brabant.

Ainsi le Calvinisme est la religion dominante de ce pays; presque tout le peuple est de cette secte; le gouvernement ne paye que les ministres ou les pasteurs qui la professent. Ces ministres n'ont ni propriétés en terres, ni dîmes, & ils ne peuvent mettre aucune contribution sur le peuple : l'état leur donne une somme qui varie de six à sept cens jusqu'à deux mille florins par an. Dans quelques provinces, s'ils se marient, & s'ils ont des enfans, on leur accorde cent florins de plus par enfant; mais c'est de l'état que dépend tout leur revenu. Dans toutes les grandes villes le service divin se fait en hollandois, en anglois, en françois & en allemand.

Lors de l'institution de ce gouvernement, la religion catholique fut exclue de la protection des loix; on imagina que cette croyance, par sa soumission au pape, faisoit de mauvais sujets : ceux qui la professoient sembloient desirer alors le rétablissement de l'autorité espagnole; mais les états ont une si grande envie de laisser aux hommes toute la liberté possible sur cette matiere, que les officiers, encore plus indulgens que la loi, souffrent que la religion catholique soit exercée publiquement dans leurs districts : ceux qui la professent n'ont jamais troublé la tranquillité publique, ni témoigné de l'inclination à changer la constitution. Le grand soin des états a toujours été de réprimer les inquisitions sur la foi ou les principes religieux d'un homme qui vit paisiblement sous la garde des loix, & de ne pas souffrir qu'on tyrannise la conscience d'un citoyen, quand ses idées ou ses actions sont indifférentes au repos public : ils se souviennent qu'ils ne se sont formés en république, que pour avoir plus de liberté sur cette matiere, & malgré l'obscurité ou l'inexactitude de leurs loix, ils croient qu'il est injuste & déraisonnable de suivre un autre plan.

Dans les autres pays de l'Europe, la différence de religion a produit les vexations & les persécutions les plus odieuses, pendant les deux siecles derniers. Depuis la réunion des sept provinces, l'esprit de persécution semble ralenti, & même détruit en Hollande. Ailleurs des hommes factieux & dévorés d'ambition, ont couvert leur projet du voile de la religion; mais ici personne n'ayant lieu de se plaindre de ce qu'on attente à sa liberté sur cette matiere, les habitans sont devenus indifférens à toutes les sectes; ils vivent ensemble en citoyens du monde : la diversité de leurs opinions religieuses n'influe pas sur leur attachement; ils sont réunis par les liens de l'humanité & de la paix. Les loix de l'état protegent tous les individus, sans s'embarasser de ce qu'ils croient, & on encourage également les arts & l'industrie, ainsi que la liberté de discussion sur tous les objets.

Le clergé calviniste est, en général, partisan très-zélé de la maison du prince d'Orange; & même, dans les intervalles où l'autorité du stathouder fut suspendue, il prit toutes les précautions possibles pour témoigner son dévouement aux princes de cette maison, sans offenser les droits & prérogatives des états; il s'est toujours déclaré l'ennemi des anti-stathoudériens, même dès l'origine de la république; il croit que leurs principes tendent à favoriser l'oppression & la religion catholique.

SECTION VIIe.

De la constitution fédérale des Provinces-Unies, de l'union d'Utrecht; détails sur les États-Généraux, sur l'administration de ces républiques confédérées & sur les officiers de la confédération.

Afin d'analyser plus clairement ce qui regarde la constitution fédérale des *Provinces-Unies*, nous rapporterons d'abord l'acte de l'union d'Utrecht, & nous indiquerons ensuite les règlemens & les usages relatifs à la puissance législative, ceux qui ont rapport à la puissance exécutrice & à la puissance judiciaire.

Acte de l'union d'Utrecht ou acte fondamental, sur la confédération des sept Provinces-Unies.

L'acte de l'union d'Utrecht contient un préambule & vingt-six articles. Les confédérés déclarent leur intention de fortifier par ce traité l'union générale, de prévenir les divisions & de se mieux défendre contre l'ennemi commun. Quant aux articles qui doivent servir à cimenter la confédération, en voici le précis.

L'article premier comprend la forme & les conditions de l'union. On y dit que les sept provinces s'unissent sur ce traité à perpétuité, de la même maniere que si elles ne formoient qu'une seule province, sans préjudice cependant des privilèges, des immunités, des usages & des droits de chaque province & des villes qui la composent; lesquels privilèges les confédérés s'obligent à maintenir aux dépens de leurs biens & de leurs vies. On y déclare en outre que les différens qui pourroient survenir entre les provinces, villes ou membres de l'union, sur les susdits droits, &c. privilèges, seront décidés ou par les juges ordinaires, ou par des arbitres, ou par un arrangement à l'amiable, sans que les autres provinces ou villes puissent s'en mêler autrement que par voie d'accommodement.

L'article II engage « les confédérés à se secourir mutuellement contre tout acte de violence que le roi d'Espagne ou ses adhérens, pourroient faire, soit au sujet de la pacification de Gand, soit à celui de la réception de l'archiduc Matthias, soit pour introduire & rétablir la religion catholique, ou pour se venger, en un mot, de ce qui se seroit fait par les confédérés, ou par quelqu'un d'entre eux depuis l'année 1558. »

L'article III oblige les confédérés à se secou-

Yyyy 2

tir pareillement contre toute attaque de princes ou états étrangers, & laisse à la généralité ou au corps de l'union à déterminer les secours que chacune fournira dans une telle occasion.

Les articles IV & V, jusqu'au VIIIe. inclusivement, regardent les moyens de contribuer à la défense commune des confédérés, la construction & l'entretien des forteresses, la manière de fournir par des taxes & des impôts aux frais qu'exigent le maintien de l'union, l'érection des milices, &c.

Il est stipulé par le neuvième article, qui, avec le suivant, renferme les principes essentiels de l'union, qu'on ne conclura ni paix ni trève; qu'on n'entreprendra pas de guerre, qu'on n'établira ni impôts ni contributions, qui intéressent le corps général de la confédération que du consentement unanime des provinces : dans toutes les affaires qui concernent d'ailleurs l'union, on s'en tiendra à ce qui sera résolu à la pluralité des voix des provinces; réglement qui s'observera jusqu'à ce qu'il soit autrement ordonné par la totalité des confédérés. Il est encore arrêté, par le neuvième article, que les différends qui pourront survenir entre les provinces, sur la paix, la guerre, la trève ou les impôts, seront décidés provisoirement par les stathouders actuels des provinces, & que ceux-ci, lorsque leurs avis seront partagés, prendront des assesseurs impartiaux pour venir à une décision, à laquelle les parties seront obligées de se conformer.

Il est expressément déclaré, dans le dixième article, qu'aucune province ou ville ne pourra conclure de confédération ou d'alliance avec aucun seigneur ou pays voisin, sans le consentement des confédérés.

L'article XI regarde l'admission des états étrangers dans la confédération, moyennant le consentement unanime des provinces.

Le douzième renferme les réglemens qu'il faut suivre par rapport à la monnoie.

Le treizième, qui concerne les affaires de la religion, porte « que la Hollande & la Zéelande » se conduiront, à cet égard, comme elles trou- » veront à propos; que les autres provinces se- » ront tenues de se conformer à la paix de » religion projettée par l'archiduc Matthias & » son conseil, de l'avis des Etats-Généraux, ou » qu'elles se conduiront de la manière qu'elles » jugeront le plus propre à maintenir la tranquil- » lité & le bien-être de chaque province ou ville, » & à mettre en sûreté les droits, tant des ec- » clésiastiques que des laïcs, sans qu'ils puissent » être empêchés par aucune autre province ; » bien entendu toujours que chacune conservera » la liberté de conscience, & qu'on ne recher- » chera ni ne poursuivra personne pour cause de » religion, conformément à ce qui a été déjà » statué par la pacification de Gand ».

Comme cet article fit naître des difficultés, & fit croire à plusieurs qu'on ne vouloit admettre dans la confédération que ceux qui souscriroient à la paix de religion, ou qui accorderoient une tolérance aux deux religions, la catholique & la réformée, on y ajouta, par voie d'interprétation, « qu'on n'avoit point intention d'exclure de la confédération les provinces qui ne voudroient admettre que la religion catholique, & dans lesquelles les réformés n'avoient pas le nombre qui, par la paix de religion, autorisoit l'exercice de leur culte ; mais qu'au contraire on étoit prêt à les y recevoir, pourvu qu'elles se conformassent aux articles de l'union, & qu'elles montrassent des sentimens patriotiques, l'intention des confédérés n'étant pas qu'une province se mêlât de la conduite des autres dans l'affaire de religion ». Cet article subit un changement considérable dans l'assemblée des Etats-Généraux, convoquée à Middelbourg en 1583, lorsque la religion réformée fut reçue dans toutes les *Provinces-Unies*. Il y est arrêté « que cette religion seroit maintenue, & que l'exercice d'aucun autre culte ne seroit permis dans ces provinces ; bien entendu cependant que les villes ou pays, qui accéderoient à l'avenir au traité de l'union, conserveroient la liberté de se conduire, sur l'article de la religion, comme ils le jugeroient à propos ».

Les articles XIV & XV contiennent des réglemens relatifs aux biens des ecclésiastiques & des religieux, & à l'entretien de ceux qui auroient quitté leurs couvens pour cause de religion.

Le seizième article roule sur un objet de la dernière importance; savoir, les différends qui pourront s'élever entre les provinces. Il porte « que lorsque ces différends regarderont quel- » ques provinces en particulier, ils seront déci- » dés par les autres provinces ou par leurs dé- » putés; que si toutes les provinces sont inté- » ressées dans ces différends, on s'en rapportera » aux stathouders, ainsi qu'il est dit dans le » neuvième article, dont la décision sera pronon- » cée dans le terme d'un mois, & au jugement » desquels les parties seront obligées de se sou- » mettre, sans avoir recours à aucune autre voie » de droit ».

Le dix-septième article engage les confédérés à éviter avec soin de s'attirer la guerre de la part des puissances étrangères.

Le dix-huitième défend à toute province ou ville d'établir des impôts au préjudice d'un autre, sans le consentement de la généralité, ou de charger les voisins plus que ses propres sujets.

Les articles XIX & XX ont rapport aux formalités qui doivent être observées dans la convocation & dans les délibérations de l'assemblée des confédérés.

Par l'article XXI, il est arrêté que « l'interpré- » tation de ce qui pourra paroître ambigu ou » obscur dans ce traité, sera laissée aux confé-

» dérés ; & , au cas qu'ils ne s'accordent pas
» là-deſſus, on aura recours aux ſtathouders, de
» la manière expliquée ci-deſſus ».

L'article XXII déclare « qu'on ne pourra aug-
» menter ni changer aucun des articles de l'union,
» ou y en ajouter de nouveaux, ſans convoquer
» pour cet effet une aſſemblée générale de tous
» les confédérés, & ſans que le changement
» propoſé ſoit confirmé par leur conſentement
» unanime ».

Par l'article XXIII, les provinces s'engagent
à maintenir les ſuſdits articles, déclarant comme
nul & non avenu tout ce qui pourroit être fait
au contraire, y ſoumettant leurs biens, leurs
tribunaux, leurs magiſtrats & leurs habitans,
renonçant à toute voie de droit pour ſe ſouſtraire
à leur obſervation.

Les articles XXIV, V & VI roulent ſur des
formalités. Il y eſt queſtion, entr'autres, de
l'obligation impoſée aux ſtathouders, tant préſens que futurs, aux magiſtrats & aux officiers
civils des provinces particulières, des villes, &c.
de prêter ſerment ſur les articles de l'union.

Remarques générales ſur l'acte de l'union d'Utrecht.

Comment a-t-on pu déclarer dans le premier
article « que les différends qui pourront ſurvenir
» entre les provinces, villes ou membres de l'u-
» nion, ſur leurs droits, privilèges, &c. ſeront
» décidés ou PAR LES JUGES ORDINAIRES, ou
» PAR DES ARBITRES, ou par un arrangement
» à l'amiable, ſans que les autres provinces ou
» villes puiſſent s'en mêler d'une autre manière
» que par l'accommodement » ? Les derniers
troubles montrent aſſez les funeſtes effets de cette
négligence ſur un point fondamental. Enſuite cet
article premier eſt en contradiction avec l'article
ſeize : cet article XVI eſt curieux ; il attribue
au ſtathouder le droit de *prononcer ſur les différends qui regarderont quelques provinces en particulier* : il eſt clair qu'on revêtoit le ſtathouder d'une
ſorte de dictature paſſagère ; mais nous le demanderons toujours : comment a-t-on pu ne pas corriger depuis cette époque un acte fondamental
de l'union des ſept républiques, qui ſe croient
indépendantes & libres, & qui regardent le ſtathouder comme leur premier magiſtrat ?

L'article II ſe borne à *engager les confédérés à
ſe ſecourir mutuellement*, & eſt-ce ainſi qu'on
donne de l'énergie à l'union fédérale ?

Les articles qui règlent la défenſe de l'état,
ne déterminent pas à qui ſeront ſubordonnées les
troupes dans les temps de paix ou de diſcorde,
& comment a-t-on pu oublier ce point ſi eſſentiel ?

La déciſion proviſionnelle que l'article IX accorde aux ſtathouders des province, a été imaginée à une époque où la nation avoit une entière
confiance dans les princes de la maiſon d'Orange,
& comment a-t-on pu accorder à tous les ſtathouders une autorité qui étoit le prix des qualités perſonnelles ? & quoiqu'on ait modifié ou
anéanti cette diſpoſition par des loix poſtérieures,
comment n'a-t-on pas vu que ce point ſeul montroit la néceſſité de la réforme du pacte fédéral ?

L'article XXI renvoie encore aux ſtathouders
*l'interprétation de ce qui pourra paroître obſcur ou
ambigu dans le traité de l'union*, & il étoit clair
qu'ils l'interpréteroient toujours d'une manière
favorable à leurs intérêts. Sans doute, il ne faut
pas aller chercher dans l'union d'Utrecht, l'é-
tendue & les bornes du pouvoir des ſtathouders
actuels : on ne doit plus conſulter que les loix
poſtérieures, & en particulier la loi qu'on fit
lors du rétabliſſement du ſtathoudérat en 1748 :
(*voyez* la ſection ſuivante) : mais enfin tant d'articles contradictoires ou vagues, tant de diſpoſitions tombées en déſuétude, & tant d'omiſſions
eſſentielles montrent aſſez qu'il faudroit aujour-
d'hui refaire en entier l'acte de l'union fédérale :
entr'autres omiſſions, eſt-il croyable que les pouvoirs des Etats-Généraux aient été déterminés &
fixés d'une manière auſſi vague & auſſi imparfaite ? qu'on n'ait pas prévu les cas les plus ſimples, & qu'on ne ſe ſoit pas occupé des premières choſes qui doivent frapper, lorſqu'on
médite le plan d'une confédération ?

L'article XXIII achève de montrer de plus en
plus la néceſſité d'abolir les vieux articles de l'u-
nion d'Utrecht, & d'y en ſubſtituer des nouveaux ; il déclare *nul & non avenu tout ce qui
pourroit être fait au contraire* : l'abolition du ſtathoudérat étoit donc nulle, d'après le pacte fédéral.

Enfin, ce qu'il faut remarquer, l'union d'U-
trecht ne donne plus une idée exacte de la confédération des *Provinces-Unies*, & on ne la
connoîtroit preſque en aucune manière, ſi on
vouloit la juger d'après cet acte ; & qu'eſt-ce que
l'acte fondamental d'une république fédérative,
qui n'indique plus le régime de la confédération ?

Nous ferons plus bas beaucoup d'autres remarques ſur l'acte de l'union d'Utrecht.

« Le remède aux choſes vagues & imparfaite-
» ment définies qu'on pourroit trouver dans ce
» traité, dit un écrivain, qui n'a pas fait atten-
» tion aux nouvelles loix ſur le ſtathoudérat, eſt le
» recours aux provinces, & à leur défaut aux
» ſtathouders, comme arbitres de tout différend
» qui ne pourra pas ſe terminer à l'amiable, ou
» par les voies ordinaires. Ce recours au ſtathou-
» dérat n'eſt pas ſeulement marqué expreſſément
» dans l'acte d'union, mais on y revient même juſ-
» qu'à trois fois dans les IX, XVI & XXI articl. de
» cet acte. C'eſt, ſi nous ne nous trompons pas,
» déclarer formellement que le traité de l'union
» ne ſauroit s'exécuter, ni même ſubſiſter dans
» ſa vigueur ſans le ſtathoudérat, & les préro-

» gatives qui y font attachées : car enfin, s'il
» n'y a d'autre manière de décider les différends
» en dernier reffort, & d'empêcher que l'union
» ne foit ébranlée par chaque conteftation qui
» pourroit s'élever parmi les provinces, la con-
» clufion paroît toute fimple, que, fans le fta-
» thoudérat, la pierre angulaire manque à l'édifice
» politique. On doit donc attendre du gouver-
» nement ftathoudérien cette forme d'affociation
» dans les *Provinces-Unies*, qui leur donne au-
» dehors la vigueur d'une monarchie, fans leur
» faire perdre au dedans la liberté d'une républi-
» que ». Si cela étoit ainfi, le ftathouder ne feroit plus un magiftrat revêtu uniquement de trois
charges, d'amiral général, de capitaine général
& de ftathouder, ce feroit une efpèce de fouverain ; & les loix poftérieures, & les réglemens
depuis 1748, & les actes paffés lors de l'inauguration du ftathouder actuel prouvent affez que
ce n'eft pas une efpèce de fouverain. On a fait
des efforts inutiles, en 1584, 1651, 1716 &
1717, pour corriger les imperfections du traité,
& il paroît qu'à ces époques les intrigues du ftathouder furent la principale caufe du peu de fuccès de ces négociations.

*Des réglemens & des ufages relatifs à la puiffance
légiflative, à la puiffance exécutrice & à la puiffance judiciaire.*

Chacune des fept provinces de Hollande, de
Frife, de Zélande, d'Utrecht, de Groningue,
d'Over-Iffel & de Gueldre a confervé des états
lefquels repréfentent tout le corps de la nation qui
leur eft fubordonnée, & font revêtus par là du
pouvoir fuprême : nous avons expliqué la com-
pofition de ces états dans des articles particuliers.
On leur donne le titre de *nobles & puiffans feigneurs*, & ceux de la province de Hollande font
appellés *nobles & très-puiffans*. A les confidérer
dans leur ordre naturel, voici leur rang d'ancienneté : Gueldre, Hollande, Zélande, Utrecht,
Frife, Over-Iffel, & la ville de Groningue avec
fes dépendances. La province de Drenthe ne
forme point de république particulière, ainfi
que nous l'avons dit plus haut ; elle eft fous la
protection de celle de Groningue. Mais chacune
de ces provinces ont confervé leur indépendance, & dont la fouveraineté eft bien diftincte,
fe font confédérées ; & pour repréfenter la confédération, on a créé le corps des Etats-Généraux, qui eft compofé des plénipotentiaires des
diverfes provinces.

*De la puiffance légiflative & exécutrice, attribuée
aux Etats-Généraux par les confédérés.*

Ces plénipotentiaires ont le droit de décider
les affaires journalières importantes, celles même
qui ne fouffrent aucun retard. En toute autre matière, ils font obligés de fe faire autorifer expreffément par les républiques, dont ils font les
délégués ; & , s'ils paffent leurs pouvoirs, ils
font foumis aux peines que leurs états refpectifs
jugent à propos de décerner.

Ils ne peuvent faire ni la paix ni la guerre,
ni lever aucunes troupes, ni établir aucun impôt, ni faire aucune alliance fans l'aveu de leurs
commettans & fans le confentement unanime des
plénipotentiaires de toutes les provinces ; ils
peuvent, à la vérité, promulguer des réglemens
provifoires pour l'avantage de la république ; mais
ces réglemens n'acquièrent de force, & ne font confidérés comme des loix qu'autant qu'ils font
agréées, foit dans toutes, foit à la pluralité des
provinces. Il n'eft point au pouvoir des Etats-
Généraux de fupprimer ou de contrevenir à une
loi ou ordonnance publiée, d'un commun accord,
par les plénipotentiaires. C'eft au nom des Etats-
Généraux, collectivement pris, que fe font la
guerre & les traités de paix ; c'eft eux auffi qui
envoient les ambaffadeurs, & qui donnent audience à ceux des puiffances étrangères. Le général d'armée & les autres employés en temps
de guerre, font tenus de leur prêter le ferment
de fidélité. S'agit-il d'entrer en campagne, il fe
trouve toujours dans l'armée quelques membres
de leur corps ou du confeil d'état, dont nous
parlerons tout-à-l'heure, comme députés. Leur
pouvoir paroît fi étendu qu'ils peuvent, au befoin, créer un maréchal. Ce font eux qui délivrent les lettres de franchife, les fauve-gardes ;
qui impofent des droits fur les marchandifes qui
arrivent ou qui partent de l'armée, & qui enfin,
lorfqu'ils le jugent à propos, accordent le pardon aux déferteurs. On verra plus bas l'efpèce
d'autorité qu'ils ont fur les monnoies ; mais,
ainfi que nous l'avons obfervé, l'acte de l'union
eft fi imparfait qu'il ne défigne pas, d'une manière précife, l'efpèce d'autorité dont on a revêtu les Etats-Généraux fur chacun de ces articles, & qu'il n'indique point les cas où il eft
abfolument néceffaire d'obtenir l'aveu des états
de chaque province. Le pouvoir des Etats Généraux eft fort étendu dans les pays conquis dans
ces derniers temps ou anciennement : mais la mefure de ce pouvoir n'eft pas non plus déterminée, & les confédérés ont accordé aux Etats-
Généraux l'exercice de leur fouveraineté commune
fur les pays conquis, qu'on appelle ordinairement
pays de la généralité : cette conceffion n'eft pourtant pas abfolue au point que les Etats-Généraux
puiffent gouverner ces pays à leur gré. Ils paroiffent, à cet égard, toujours refponfables de
leur conduite aux fouverains confédérés, quoique, dans les cas ordinaires, ils puiffent agir
fans confulter leurs hauts commettans. Ce n'eft
que dans un fens très-général qu'on dit que les
Etats-Généraux font fouverains des pays de la
généralité. Ce qui s'eft paffé, il y a peu d'années,

le prouve bien. Lors de la méfintelligence entre le gouvernement général des Pays-Bas autrichiens & les *Provinces Unies*, la province de Hollande voulut, en fon particulier, être informée de l'état des frontières de Brabant & de Flandre, & elle nomma des commiffaires pour examiner cette affaire en fon nom. Le conseil d'état lui difputa le droit d'en connoître, & il eut la témérité de défendre aux ingénieurs en chef de la république de donner aux commiffaires de la Hollande les éclairciffemens qui pourroient leur être demandés ; il les menaça de fa haute indignation, s'ils n'obéiffoient pas. La province de Hollande & de Weft-Frife, peu intimidée de l'entreprife hardie du conseil d'état, ordonna de la manière la plus férieufe, aux ingénieurs d'obéir en tout à la commiffion nommée pour l'examen de l'état des frontières. Le conseil d'état ayant à fa tête le ftathouder, capitaine & amiral-général héréditaire, s'adreffa aux Etats-Généraux pour demander juftice contre la province de Hollande ; il prétendoit que cette province empiétoit fur les droits du conseil d'état ; mais leur démarche fut infructueufe : il a fallu retirer la plainte, & les Etats-Généraux femblent avoir adopté fur cet objet l'opinion de la province de Hollande. La commiffion, nommée par elle, a eu fon plein effet : ces chofes fe font paffées au commencement des troubles, il eft vrai ; l'influence de la province de Hollande a pu déterminer les Etats-Généraux ; mais il eft clair que le point dont nous parlons ici, n'eft pas bien avéré.

Les Etats-Généraux établiffent des magiftrats dans les villes, des commandans dans les foreteffes, & conférent même les emplois les plus importans, &c. La qualité qu'on leur donne, eft celle de *très-puiffans feigneurs, noffeigneurs les Etats-Généraux des Provinces Unies*. Leurs armes font champ de gueule au lion d'or, qui tient un glaive & un faifceau de fept dards ; l'écu eft furmonté d'une couronne oblongue, & au bas de l'écu eft la devife : *Concordiâ res parva crefcunt*.

Le conseil d'état dépend, à quelques égards, des Etats Généraux. Il eft compofé de douze députés des états des diverses provinces. La plupart de ces députés n'y fiègent que trois années ; les états refpectifs font toujours les maîtres de les rappeller : les députés de la Hollande y ont eu de la prépondérance jufqu'à la dernière révolution, parce qu'ils y ont trois voix, tandis que les autres n'y en ont qu'une ou deux. Ces députés préfident tour à tour de femaine en femaine ; leurs affemblées fe tiennent chaque jour au château de la Haye. Ils s'occupent principalement des affaires militaires & des revenus de la république. Ce conseil pourvoit, conjointement avec les députés des Etats-Généraux, à tout ce qui peut intéreffer la fûreté publique, foit en temps de paix, foit en temps de guerre. Ceux des revenus, dont il a l'infpection, confiftent dans les fommes que les fept provinces & la contrée de Drenthe font obligées de fournir annuellement à la caiffe militaire, & celles que les pays conquis paient à la caiffe générale, où font auffi verfées les contributions levées en temps de guerre, les confifcations, &c. Il y a des occafions où tout le conseil d'état eft obligé de comparoître devant les Etats-Généraux ; mais lorfque ceux-ci defirent de conférer avec lui fur une affaire particulière, le conseil d'état députe deux ou trois membres de fon corps vers le collège des plénipotentiaires. On qualifie le conseil d'état de *nobles & puiffans feigneurs*.

Outre les douze membres du conseil d'état, on y trouve un greffier & un tréforier. Ces deux miniftres n'ont qu'une voix confultative, & non délibérative. Les réfolutions s'y prennent par tête, & non par province. Ce conseil eft préfidé par le ftathouder. Les députés de ce conseil doivent prêter ferment aux Etats-Généraux, & reçoivent leurs inftructions des Etats-Généraux. Des écrivains hollandois difent que, quoiqu'il foit entièrement fubordonné aux Etats-Généraux, il eft refponfable envers chaque province particulière de la confédération, & ils citent le fixième article de fes inftructions (1) : mais la citation ne le prouve pas, & c'eft un nouvel objet qu'il feroit temps de régler d'une manière plus précife.

La chambre des comptes a été établie afin de foulager le conseil d'état, qui avoit trop d'occupations pour fe mêler de tous les objets des finances en détail. Elle eft compofée de quatorze membres, deux députés de chaque province. Le receveur général eft obligé de rendre fes comptes à cette chambre, qui figne toutes les ordonnances données par le conseil d'état & le receveur général.

Il y a de plus une chambre des finances & une chambre de monnoie. Les membres de ces deux chambres font nommés & choifis par les Etats-Généraux. Quoique chaque province fe foit réfervée le droit fouverain de faire battre monnoie, elles font convenues entr'elles que cette monnoie feroit du même aloi dans toutes les provinces ; &, d'après cet arrangement, elles ont inftitué une chambre de monnoie commune à la confédération.

Toutes les affaires de la marine nationale fe traitent dans cinq amirautés différentes, qu'on

---

(1) Le conseil d'état ne peut rien entreprendre contre les privilèges, les libertés & les loix des provinces particulières, ni même des villes, art. 6 des inftruct. grand livre des placards, tom. 4, pag. 125.

nomme *amirautés*, dont nous avons déjà parlé (1). Les Etats-Généraux avoient, en 1589, établi un collège supérieur d'amirauté, dont les autres ressortissoient, & auquel ils étoient subordonnés : mais ce collège supérieur fut aboli, & on créa les cinq qui existent actuellement : on leur a assigné des départemens fixes & indépendans les uns des autres : on dit que ces collèges sont comptables aux Etats-Généraux, & qu'ils n'en sont pas moins responsables aux provinces de l'union, qui ont droit d'y nommer les conseillers : que la province de Hollande, par une résolution du 22 février 1667 (2), obligea les conseillers des amirautés, établies dans son territoire, de suivre & d'exécuter les ordres qu'ils recevroient de sa part. Ainsi, les provinces réclament une souveraineté parfaite & indépendante; &, quoiqu'il y ait de la contradiction à subordonner un collège aux Etats-Généraux & à chaque province en particulier, on a laissé subsister ce vice, ainsi que tant d'autres.

Les Etats-Généraux, suivant leur institution primitive, n'étoient convoqués que dans les occasions extraordinaires par le conseil d'état : ils s'assembloient rarement alors, & on y comptoit plus de huit cents personnes, ce qui rendoit les délibérations longues & confuses ; & si les affaires étoient pressées, la résolution ne passoit jamais à temps.

Quand ils n'étoient pas assemblés, le conseil d'état les représentoit, exécutoit leurs résolutions, & jugeoit des occasions où il falloit les convoquer : cette forme d'administration subsista jusqu'à la fin du gouvernement du comte de Leicester, au temps de la reine Elisabeth ; les provinces demandèrent alors aux Etats - Généraux d'entretenir constamment à la Haye des députés qui formeroient, sans interruption, l'assemblée des Etats-Généraux, & jouiroient de la portion d'autorité que les *Provinces - Unies* leur délégueroient : on adopta ce projet, & on établit tout de suite le conseil ordinaire, appellé les *Etats-Généraux* : il est toujours séant à la Haye ; il exerce une sorte de souveraineté dans les cas que nous avons indiqué plus haut. Dans le fait, il n'est que le représentant des Etats-Généraux, dont les assemblées sont souvent interrompues.

Il est indifférent de savoir si l'assemblée des Etats-Généraux peut être appellée *assemblée nationale* ; car, dans les derniers troubles qui ont désolé la Hollande, on a disputé sur tout. Elle est fixée à la Haye depuis environ cent quatre-vingts ans : en 1599, cette assemblée se tint à Gornichem. Les états de Hollande lui concédèrent un territoire, & lui accordèrent le pas & le rang sur l'assemblée de leurs propres états, sans entendre pour cela se départir en rien de l'honneur & des droits de la souveraineté qui n'appartient, dans leur province, qu'à eux seuls par exclusion à tout autre.

Le nombre des députés aux Etats - Généraux n'est pas fixe ; chaque province peut y en envoyer autant qu'elle voudra, à la charge de les payer. Ceux de la province de Hollande reçoivent quatre florins par jour, & ceux des autres, six florins : mais, quel que soit le nombre des députés d'une province, ils ne forment qu'une seule voix. Il n'est point rare de voir aux Etats - Généraux quarante à cinquante députés ; mais ils n'observent point les rangs que les états ont entr'eux. Les séances sont continuelles, chacun y préside à son tour durant une semaine. Le stathouder peut s'y présenter toutes les fois qu'il veut y faire des propositions relatives au bien commun ; mais il n'y a pas droit de séance, ni de place assignée. Lorsqu'il fait ces propositions, on lui demande son avis ; &, quand il l'a donné, il doit se retirer. Guillaume III, devenu roi d'Angleterre & conservant le stathoudérat de quelques provinces, s'y étoit fait préparer un fauteuil distingué, dans lequel il s'asseyoit lorsqu'il venoit à l'assemblée ; mais après sa mort, cette innovation, contraire à l'honneur des souverains confédérés, fut abolie, & le fauteuil fut enlevé. Le siège du stathouder actuel est une chaise ordinaire.

Quelques écrivains hollandois demandent pourquoi le stathouder a entrée aux Etats-Généraux. N'étant pas stathouder de la confédération, mais seulement de chaque confédéré en particulier, il suffiroit qu'il eût entrée, comme il l'a effectivement aux états respectifs dont il est stathouder, sur le même pied, par exemple, que les stathouders de Frise, de Gueldre, &c. l'avoient dans les états de ces provinces. Les Etats-Généraux prennent toujours son avis, & il le donne de bouche ou par écrit ; ces égards donnent au stathouder un air de participation directe à la souveraineté, qui induit en erreur les étrangers, & qui fait répéter à des hommes peu instruits que le stathouder est le chef éminent, le premier membre intégrant de la souveraineté. Il paroît que cette prérogative du stathoudérat vient de la confédération, de l'amour & de la confiance que Guillaume I s'étoit acquis dans la république. Les confédérés ne voyoient & n'agissoient que par lui : Guillaume I étoit consulté en tout, régloit & dirigeoit tout ; il n'est pas surprenant qu'il eût entrée aux assemblées générales ou particulières. Maurice, son fils & son successeur au stathoudérat, envisagea les égards bien mérités qu'on avoit eus pour son père, comme des droits réels attachés au stathoudérat ; Maurice avoit assez de crédit pour faire passer son opinion en

---

(1) Voyez la section cinquième.
(2) Adm. Plak. I. Deel. pag. 49.

loi ; il en donna plus d'un exemple mémorable. Les successeurs de Maurice trouvèrent le plan tracé ; ils eurent soin de le suivre, & c'est ainsi que les démocraties perdent une partie de leur liberté.

L'ordre équestre de chaque province, où la noblesse forme un corps, y députe toujours un de ses membres, & les villes députent les autres. Les députés de six provinces ne sont pas à vie ; les uns sont députés trois ans, tels sont ceux de Hollande ; les autres le sont pour six ans, &c. Les députés seuls de Zélande y sont à vie ; mais tous, sous la réserve de pouvoir être rappellés par leurs hauts commettans, dans le cas de malversation & d'infidélité à leurs instructions générales, & à celles qu'on leur envoie de temps en temps.

Dans les affaires ordinaires, la majorité des voix forme la résolution & la rend légale ; dans les grandes affaires, l'acte d'union exige l'unanimité des voix ; mais cette unanimité étant moralement impossible, on s'écarte presque toujours de cet article fondamental de l'acte de confédération, & les résolutions se prennent à la pluralité des suffrages : les députés des provinces, qui sont d'un avis différent, peuvent protester & faire enrégistrer leur protestation ; tout cela n'est que de forme & de style, & cette satisfaction qu'elles se donnent ne les empêche jamais de se conformer à la résolution de la majorité. Il en résulte, à la vérité, des querelles vives, des reproches amers, &c. mais le lien sacré de la confédération demeure en son entier. C'est un abus qu'il seroit temps de réformer : les provinces de l'union belgique devroient, à l'exemple des Etats-Unis, désigner d'une manière précise, dans quels cas les résolutions auront besoin de l'unanimité ou de la pluralité des voix, & exécuter ensuite à la lettre cet article de la constitution fédérale.

Le grand-pensionnaire de la province de Hollande & de West-Frise siége aux Etats-Généraux, & il est toujours l'un des députés de cette province. Ce ministre, qui est en même-temps garde des sceaux de l'état, y fait, au nom de la province de Hollande, toutes les propositions relatives à l'intérêt de la confédération : il a beaucoup d'influence dans le régime général de la république. Son poste, le plus honorable de tous après celui du stathouder, est aussi le plus critique & le plus pénible ; cette grande dignité est conférée par les états de Hollande & de West-Frise pour cinq ans ; mais il arrive presque toujours qu'elle est de nouveau accordée au même sujet lorsqu'il en est digne.

Le grand-pensionnaire de Hollande, sur lequel nous avons donné des détails neufs & exacts à l'article HOLLANDE, n'étant, à proprement parler, que le premier ministre de la Hollande (quoique, dans la réalité, il le soit de toute la république), ce seroit le greffier des Etats-Généraux qu'on pourroit regarder comme le premier ministre de la confédération : le mot de *greffier* équivaut à celui de *secrétaire*, & celui qui porte ce nom est, dans la rigueur du terme, le seul secrétaire d'état de la république. C'est la première & la plus lucrative de toutes les charges de l'union : les trois autres charges principales sont celles de trésorier général, de secrétaire du conseil d'état, & de receveur général des sept *Provinces-Unies*. Le greffier assiste régulièrement à l'assemblée des Etats-Généraux, dont il tient ou fait tenir les regîtres. Il met par écrit les résolutions qu'on y prend, &, en qualité de ministre permanent de l'assemblée, il en devient, pour ainsi dire, l'ame & le directeur à plusieurs égards. Il règle la correspondance ordinaire avec les ministres de la république hors du pays, & il reçoit les visites de ceux des puissances étrangères dans les affaires courantes, en concurrence avec le grand-pensionnaire, dont il est, pour me servir de ce mot, l'associé dans le gouvernement. L'on n'exagère point, je crois, quand on porte les revenus de sa place à 70 mille florins, ou environ 150 mille liv. de France par an. Outre ses appointemens ordinaires & les émolumens de ses expéditions, il est payé pour toutes les écritures qui se font par environ cinquante commis qui se trouvent dans ses bureaux.

Le président des Etats-Généraux qui se trouve en exercice, se place dans un grand fauteuil au milieu d'une longue table ; le greffier ou le secrétaire d'état siège au bas de la table ; &, quand on donne audience à un ministre étranger, il s'assied vis-à-vis le président au milieu de la table.

Le président propose toutes les matières qu'on doit discuter ; il ordonne au secrétaire de lire les pièces qui doivent entrer en délibération ; il rassemble les voix des provinces, & il publie la résolution. On suit ce plan dans toutes les affaires ordinaires : lorsqu'il est question de la paix ou de la guerre, des alliances avec les pays étrangers, de quelques impôts extraordinaires, des monnoies, des priviléges d'une des provinces ou d'un de leurs représentans, de l'union, &c. toutes les provinces devroient être d'un accord unanime, ainsi que nous l'avons dit : mais on enfreint souvent cet article, & nous en donnerons de nouvelles preuves tout-à-l'heure : on consulte d'abord les états de chaque province, & l'on voit que les négociations avec les *Provinces-Unies* doivent être d'une lenteur extrême.

Le conseil d'état exécute les résolutions des Etats-Généraux, & prépare les sujets importans qui doivent y être discutés ; il leur propose les moyens les plus avantageux de lever des troupes & des impôts, ainsi que le contingent qu'on doit assigner à chaque province. Il a d'autres fonctions que nous avons déjà indiquées.

Au mois d'octobre ou de novembre de chaque

année, le conseil fait l'estimation des dépenses qui lui paroissent nécessaires pour le service de l'année suivante ; il la présente aux Etats-Généraux, qui imposent ensuite les provinces d'après la proportion suivante, établie en 1612.

	flor.	f.	d.
Celle de Gueldre paie	5	12	3
Hollande	58	6	4¼
Zélande	9	3	8
Utrecht	5	16	7½
Frise	11	13	2¼
Over-Issel	3	11	5
Stad & Lande	5	16	7½
	100	—	—
Drenthe	1	— en sus	
TOTAL	101	—	—

La province de Frise a demandé derniérement une diminution dans son contingent. Les Etats-Généraux lui avoient adressé une lettre, dans le mois de juin, pour l'inviter à revenir sur la résolution de diminuer elle-même ce contingent ; ils lui représentèrent les conséquences qui pourroient en résulter ; ils l'avertirent que cette démarche pourroit dissoudre les liens de l'union.

Utrecht & Groningue se trouvent aussi trop chargées, & demandent également une diminution ; la première prétend ne pouvoir fournir que 4 florins 16 sols 6 deniers & demi par cent.

Il paroît que l'accroissement des troubles & des affaires plus importantes ont fait négliger celle-ci, & que les choses sont encore sur le même pied.

La demande des impôts se fait aux Etats-Généraux, au nom du stathouder & du conseil d'état : c'est une formalité telle qu'on l'employoit au temps de leurs anciens souverains, & qu'observent encore le gouverneur & le conseil d'état des Pays-Bas autrichiens : mais si le parti démocratique étoit sorti triomphant des troubles sanguinaires qui viennent de bouleverser les *Provinces-Unies*, on auroit fait des réformes sur ce point, ainsi que sur tant d'autres.

Les Etats-Généraux ont un agent, qui est ordinairement chargé de porter aux ambassadeurs étrangers & aux envoyés, ou autres ministres des puissances étrangères près des Etats-Généraux, les réponses faites par cette assemblée aux mémoires, notes, &c. que ces ministres présentent. En général, les ministres étrangers s'adressent directement, ou au président de semaine, ou au greffier, ou au pensionnaire de Hollande, dans tous les cas qui ne demandent pas de l'éclat & de la publicité ; les ambassadeurs ne demandent guère audience aux Etats-Généraux ; ils se bornent à conférer avec les ministres de cette assemblée. Les ambassadeurs, envoyés, chargés d'affaires, agens, consuls, &c. de la république, dans les cours étrangères, sont choisis & nommés par les Etats-Généraux : c'est des Etats Généraux qu'ils reçoivent leurs instructions ; c'est aux Etats-Généraux qu'ils adressent leurs dépêches ; c'est aux Etats-Généraux qu'ils prêtent serment, &c. Les officiers généraux de l'armée de terre & de mer prêtent aussi leur serment aux Etats-Généraux, & sont nommés par eux, comme nous l'avons déja dit : les membres des diverses commissions, établies pour connoître de certaines affaires imprévues, prêtent leur serment aux Etats-Généraux. En un mot, dans toutes les affaires quelconques qui sont d'un intérêt commun aux sept provinces confédérées, les ministres, commissaires ou employés pour discuter, régler & juger de ces affaires, reçoivent leur nomination, leurs instructions & leurs ordres des Etats-Généraux, & sont responsables envers eux de leur conduite relativement aux emplois dont ils sont revêtus. Ces actes ne caractérisent pas une souveraineté parfaite. Les Etats-Généraux ne sont qu'un congrès composé de plusieurs plénipotentiaires envoyés par sept souverains alliés. Ces plénipotentiaires représentent leurs maîtres en leur nom, & ménagent les intérêts communs de la septuple alliance dans toutes les affaires qui ont un rapport immédiat avec cette alliance.

La constitution fédérale des *Provinces-Unies* est fondée sur le fameux acte de l'union d'Utrecht que nous avons rapporté plus haut : il fut arrêté en janvier 1579, entre les provinces de Gueldre, Hollande, Zélande, Utrecht, Groningue & les Omelandes. Les villes & les griètines de la province de Frise n'accédèrent à la confédération que le 13 mars & le 1er juin, & la province d'Over-Issel n'y accéda que le 11 juin de la même année. Mais, nous le répétons, cet acte seul feroit connoître la constitution d'une manière bien imparfaite. Il fut à peine rédigé & accepté par les sept provinces, qu'il fallut s'en écarter dans les articles les plus fondamentaux. On sentit la même nécessité par la suite, & on s'en écarte journellement. Une des dispositions les plus essentielles est sans doute celle qui défend de décider de la guerre, de la paix, des alliances & des impôts généraux autrement qu'à l'unanimité des voix des 7 provinces (1). On a presque toujours enfreint cette disposition. Qu'on ouvre l'histoire moderne de l'union belgique, & l'on s'en convaincra par

---

(1) Art. III & IX de l'acte d'union.

plus d'un exemple. Les confédérés ont toujours interprété cet article felon leur intérêt, ou peut-être felon leur goût particulier ; la majorité des provinces a toujours entraîné la minorité. Les réclamations les plus vives, les protestations les plus folemnelles n'ont servi qu'à montrer de plus en plus le peu de force de l'acte d'Utrecht. Il n'est donc pas étonnant que des ministres de la république, des stathouders, des officiers même aient osé rendre nulles & fans effet, des décisions prises dans les Etats-Généraux à l'unanimité des voix des provinces respectives. Les mauvais exemples font contagieux, surtout quand ils font donnés par ceux mêmes qui font établis pour faire respecter la constitution de l'état.

L'acte d'Utrecht ne paroît pas avoir été pris pour la règle unique & perpétuelle de la constitution d'un peuple libre. En l'examinant avec attention, on voit qu'il fut rédigé à la hâte par des hommes qui connoissoient mal les principes des ligues fédératives ; qu'il ne fut adopté que par nécessité, & seulement jufqu'à l'époque où les confédérés, fortis de détresse, & reconnus indépendans par les puissances de l'Europe, puffent travailler à loisir un acte d'union mieux calculé. Il fut l'ouvrage des circonstances & d'un moment de crise, & il en porte tous les caractères. Les rédacteurs femblent n'avoir pensé qu'à liguer les sept provinces contre le tyran qui cherchoit à appesantir le joug humiliant du despotisme. Ces respectables magistrats, plus occupés de la souveraineté de chaque province confédérée que de toute autre chose, oublièrent de déterminer les bornes du pouvoir, dont on revêtoit le corps représentant de la confédération ; ils oublièrent trop la liberté des peuples. Ils imaginèrent fans doute que, dans des temps moins orageux, on suppléeroit aux imperfections de l'acte d'union, & à ce qu'ils avoient omis pour la sûreté des citoyens. On insulteroit aux vertus & au patriotisme de ces bons régens, si on leur supposoit le dessein de délivrer la nation du joug d'un despote, pour la faire passer sous le joug d'une aristocratie, ou sous celui des stathouders. Ils voulurent donc jetter les bases d'un gouvernement populaire, sauf à les retravailler & à les consolider, lorsque les confédérés feroient en état d'y mettre tous leurs soins, & d'y donner toute leur attention. Nous observerons avec douleur que les seules provinces de Frise & de Groningue ont fait cette révision, & qu'elles seules ont pensé sérieusement à établir leur constitution particulière sur le pied de l'égalité entre le peuple & ses représentans, c'est-à-dire, entre les états provinciaux, organe du souverain, & le corps du peuple, mais que les sept *Provinces-Unies* ont montré une négligence inexcusable, en ne corrigeant pas les défauts de l'acte de l'union fédérative. Sans doute, il faut toucher avec précaution aux constitutions des ligues comme à celles des états particuliers ; mais lorsque la loi fondamentale de la ligue est si imparfaite & si vicieuse, on doit à tout prix la réformer. Qu'on ne s'en soit pas occupé immédiatement après la paix qui rendit le repos & l'indépendance aux *Provinces-Unies*, on le conçoit. Mais que, malgré les tentatives infructueuses dont nous avons parlé, on ne soit pas revenu sur cet objet jusqu'à ce qu'on ait eu du succès, on sera toujours surpris que deux siècles d'expérience n'aient pas fait sentir cette nécessité, & que le stathouder, les Etats-Généraux, les états particuliers & les régens se soient permis des infractions journalières à l'acte d'union. Les époques où l'on a aboli & recréé le stathoudérat, furent des momens de crise ; les résolutions se prirent à la hâte & comme par un tour d'adresse : mais lorsque ces momens de crise furent passés, comment ne s'apperçut-on pas qu'entre ces grands changemens, il y en avoit d'autres plus grands encore à faire ? Les troubles opiniâtres & sanglans, dont nous parlerons tout-à-l'heure, font une suite de cette négligence : on espéroit qu'une guerre civile ouvriroit enfin les yeux des hollandois sur ce point ; mais elle n'a produit jusqu'ici que leur asservissement ; & quoique la dernière révolution ne doive pas, selon toute apparence, être stable, on ne pourroit en détruire les funestes effets que par une nouvelle guerre civile : ce moyen est effrayant, & les hollandois font aujourd'hui si dégénérés qu'il est peu sûr.

Ainsi, l'acte d'union d'Utrecht, qui semble devoir offrir d'une manière précise & nette la constitution générale de la confédération, les bornes du pouvoir des Etats-Généraux & des conseils chargés de la puissance exécutive ou judiciaire sur les objets relatifs aux intérêts communs des confédérés, ne désigne que d'une manière très-imparfaite la forme de l'administration générale des grandes affaires de l'union, & il n'est pas la mesure de la liberté civile des peuples confédérés ; il n'établit nettement que l'indépendance respective des sept provinces.

Cependant il est d'autant plus nécessaire d'établir un acte d'union, clair, net, précis & détaillé, que les sept constitutions particulières des provinces diffèrent dans des points assez capitaux, ainsi qu'on peut le voir dans leurs articles respectifs ; car cette diversité embarrassera toujours la constitution générale, & mettra des entraves à son activité. La confédération auroit plus de force & de vigueur, si les sept provinces avoient adopté un gouvernement uniforme ou du moins à peu près semblable : mais on fait assez que les unes font plus populaires, & les autres plus aristocratiques ; que le régime des aristocratiques n'est pas le même ; que l'influence du stathouder varie dans toutes ; que des droits héréditaires y varient également ; qu'il en résulte une multitude de chocs, d'intérêts & de passions, dont il est nécessaire de contenir l'effet dangerreux, & que l'acte de confédération bien calculé & l'exécution précise de cet acte peuvent seuls le contenir.

Les américains, en déclarant leur indépendance de l'Angleterre, ont d'abord imité les hollandois; ils rédigèrent à la hâte une constitution fédérative pour leur servir de règle pendant la guerre. Cette constitution n'étoit, à proprement parler, qu'une instruction détaillée, donnée au congrès en attendant qu'on pût travailler, avec plus de tranquillité & de loisir, à une constitution fédérale. Mais ces américains n'ont pas même attendu la fin de la guerre: c'est en 1778 qu'ils ont rédigé leur constitution fédérative d'une manière solemnelle; & les sept *Provinces-Unies*, qui vieillissent déjà, n'ont encore qu'ébauché leur pacte fédéral, ou, pour parler plus exactement, elles n'en ont pas encore, puisqu'à chaque instant, pour ainsi dire, elles se voient contraintes de s'écarter de l'acte d'union d'Utrecht.

Nous avons rapporté à l'article ETATS-UNIS l'acte de confédération de ces nouvelles républiques; nous y avons indiqué diverses réformes dont il paroît susceptible: nous donnerons à l'article VIRGINIE le nouvel acte de confédération que propose aux divers états la convention de Philadelphie: nous avons montré combien il est supérieur à celui du corps helvétique: qu'on rapproche de cet acte de confédération l'union d'Utrecht & les dispositions nouvelles qu'on a ajoutées depuis à cet acte, & on verra quelle est la grossière imperfection de la ligue des *Provinces-Unies*. Celle-ci manque d'énergie & de force; elle expose les hollandois à des dangers & à des troubles continuels; elle entraîne des lenteurs d'un danger extrême, puisque, dans les affaires importantes, les députés aux Etats-Généraux sont obligés de consulter les états leurs commettans, & que ces états sont obligés eux-mêmes de consulter souvent chacune des villes qui forment des espèces de républiques particulières; elle produit, durant la guerre & durant la paix, des retards & des trahisons funestes à la gloire & à la fortune des sept provinces: le droit conservé par chaque province de décider, dans ses assemblées particulières, tous les points qui ont rapport à l'intérêt général, & qui ont besoin d'une marche rapide, n'est presque jamais sans inconvéniens. Que les *Provinces-Unies* étudient bien l'acte de confédération des républiques du Nouveau-Monde; qu'elles étudient celui que propose aujourd'hui la convention de Philadelphie, pour remédier aux abus & aux inconvéniens laissés dans l'acte de 1778, & qu'elles ne rougissent pas de s'instruire à cette école; qu'elles daignent examiner les changemens & les réformes que nous avons indiqués sur l'acte fédératif des américains: le bon sens & la raison de l'Amérique doivent frapper tous les états de l'Europe; les vieilles nations de l'ancien Monde sont corrompues, &, malgré toutes leurs lumières, elles paroissent abâtardies & aveuglées.

Plusieurs écrivains hollandois ont défini les Etats-Généraux « une assemblée composée d'envoyés plénipotentiaires, choisis dans chacune des sept *Provinces-Unies* par les états respectifs de ces provinces, souveraines chacune en particulier, & indépendantes les unes des autres, pour traiter des intérêts généraux de la confédération, & travailler à sa prospérité & à sa gloire ». L'un d'entr'eux dit, d'après cette définition: « les Etats-Généraux ne sont nullement souverains de la confédération, c'est-à-dire, souverain des peuples confédérés, ou, pour mieux s'exprimer en d'autres termes, il est évident que la souveraineté ne réside nullement & dans aucun sens dans l'assemblée des Etats-Généraux. Cependant tous les étrangers l'ont cru, & la plupart le croient encore. Quelques auteurs nationaux l'ont cru aussi, & ont l'imprudence de l'écrire: Grotius semble avoir donné une espèce d'autorité à cette erreur, parce que sans doute on n'a pas assez approfondi le sens de la définition qu'il donne de l'assemblée des Etats-Généraux; & il faut avouer que sa définition n'est pas exacte à la rigueur (1); car il fait entendre que les députés à cette assemblée ont reçu un pouvoir illimité; ce qui est absolument faux, puisqu'ils sont toujours, & dans tous les cas possibles, obligés à suivre les instructions de leurs hauts commettans respectifs; qu'ils sont comptables dans tous les temps à ces mêmes commettans, de leur conduite ministérielle, & qu'enfin ils sont sujets à être rappellés avant l'expiration du terme de leur commission, à être punis suivant l'exigence du cas, lorsqu'ils s'écartent de leurs instructions & qu'ils votent contre le vœu des états souverains provinciaux, dont ils sont les députés aux Etats-Généraux. D'un autre côté, il est évident que Grotius, par sa définition même, ne leur donne un pouvoir illimité que dans les affaires de la plus grande conséquence, que lorsque la décision ne peut pas souffrir de retard sans porter un préjudice notable à la chose publique; car alors *nécessité n'a point de loi*. Quoi qu'il en soit de la définition de Grotius, il est certain qu'on ne peut en conclure que les Etats-Généraux sont revêtus de la souveraineté, puisqu'il dit expressément que, *dans les affaires plus graves, & dont la*

---

(1) Sed quia res majores antiquitùs nisi gentium singularum consensu non expediebantur, mole negotiorum & periculo cunctationis repertum est, legatos mittere cum liberis mandatis qui supremæ curæ imminerent, & ubi quid dignum, se quisque patriæ ordines consulerent. *Annal. lib.* V, *p.* 550.

décision peut être retardée sans danger, les députés aux Etats-Généraux doivent tous consulter les états souverains de leurs provinces respectives ».

« Pour prouver directement que la souveraineté de notre république ne réside ni en entier, ni même en partie dans les Etats-Généraux, il n'y a qu'à faire ce raisonnement ».

« Toute assemblée, dont les membres ne peuvent voter que suivant leurs instructions, & qu'après avoir consulté leurs hauts commettans dans les affaires de la plus grande conséquence, n'est certainement pas une assemblée souveraine de sa nature ».

Ces remarques & ces raisonnemens manquent de justesse, & ils supposent de mauvais principes sur la théorie des ligues fédératives : si les Etats-Généraux exerçoient une autorité souveraine, la souveraineté particulière des états respectifs dans leurs provinces, demeureroit intacte. Ces écrivains dont nous parlons, semblent croire que, dans les ligues fédératives, les états ne doivent pas revêtir le corps de l'union d'une autorité souveraine, & alors quelle sera l'énergie & la force de la ligue ? comment préviendra-t-on les troubles & les divisions ? On peut mettre à l'exercice de ce pouvoir du corps représentatif de l'union les restrictions convenables ; on peut établir les préliminaires qu'on voudra ; mais lorsqu'il aura prononcé, il paroît indispensable que son décret devienne souverain. Il est indifférent d'examiner si les décrets des Etats-Généraux sont souverains en quelque cas : c'est une question de métaphysique, ou plutôt c'est une question de mots ; le point important est de savoir si la confédération des *Provinces-Unies* est bien calculée, & établie sur les bons principes.

Le code national, qui renferme la constitution des diverses provinces, n'est pas moins imparfait que l'acte d'union d'Utrecht. Pour bien connoître ces constitutions, il faut suivre les faits qui se présentent tous les jours dans les différents états, les approfondir, en étudier la discussion & en voir l'issue. Les loix & les réglemens ne sont jamais assez précis ni assez développés pour donner une solution claire & satisfaisante de toutes les grandes difficultés qui se présentent à chaque pas. Ces difficultés se sont multipliées lorsque la querelle, entre la Grande-Bretagne & ses colonies d'Amérique, est devenue sérieuse, & surtout depuis que la plus orgueilleuse des puissances de l'Europe a voulu forcer les hollandois à faire cause commune avec elle contre des sujets qu'elle opprimoit depuis long-temps ; ces difficultés se sont encore accrues à un point allarmant, depuis que deux partis ont divisé la république, & l'ont tenue dans l'inaction la plus honteuse & la plus funeste ; mais ces difficultés ont donné lieu à des recherches & à des réclamations très-énergiques ; elles ont ranimé le courage des bataves qui étoit endormi ; il en est malheureusement résulté une guerre civile : cette guerre civile répandra la lumière sur l'imperfection des loix fondamentales des *Provinces-Unies* ; elle devoit fixer les points les plus essentiels, de manière à n'admettre plus de doute raisonnable à l'avenir. L'acte de confédération & les constitutions particulières des diverses provinces devoient être éclaircis, débrouillés, épurés & fixés irrévocablement ; elle devoit marquer avec précision les droits généraux de la souveraineté de la confédération, ceux de la souveraineté des sept provinces particulières, ceux des villes respectives & de leurs citoyens, car ils en ont, & même de très-importans, ceux du stathouder héréditaire des sept provinces, & ceux du capitaine & amiral général de l'union : mais la révolution, opérée par les soldats prussiens, a replongé le tout dans le chaos, ou plutôt il n'en est résulté que l'accroissement de l'autorité du stathouder.

On s'attendoit à voir fixer les bornes du régime aristocratique & celles du régime démocratique : les aristocrates ont étendu leur influence & leur pouvoir depuis quarante ans ; ils ont pris sur la démocratie un ascendant marqué, & qu'ils n'auroient jamais dû avoir. Les trois grandes charges de la république, rendues héréditaires en 1748, ont beaucoup contribué à ces abus : le stathoudérat s'est permis des usurpations sans nombre. Les trois grandes charges ont donné une influence trop grande à Guillaume IV qui en a joui le premier, & à Guillaume V qui en jouit actuellement. Les autres ministres de la république, les régens des villes des sept provinces, les nobles sur-tout, les officiers de terre & de mer se sont vus comme forcés, ou du moins presqu'autorisés à devenir courtisans ; il n'est pas nécessaire de dire pourquoi. Le besoin & l'habitude de faire leur cour assidument, a énervé leur vertu ; ils ont vu un maître, un puissant protecteur du moins dans la personne de celui qui, en qualité de ministre, d'officier & de citoyen, n'est véritablement que leur égal : il est résulté de cette corruption de mœurs, & de l'inévitable ambition des hommes en place, que le stathoudérat s'est mêlé de tout, a influé sur tout ; qu'on a oublié les anciennes loix, ou si on a daigné quelquefois les interpréter, on l'a fait d'une manière ridicule ; que la dernière guerre a été honteuse pour la Hollande ; que des trahisons sinon prouvées, du moins très-vraisemblables, ont montré que la gloire & la liberté des provinces déclinoient très-sensiblement, & l'Europe calcule avec douleur les suites de la dernière révolution sur ces divers objets.

Le stathoudérat influe tellement sur le régime fédéral de l'union & sur le régime particulier des diverses provinces ; il a eu une part si directe aux troubles & à la guerre civile que nous venons de voir parmi les hollandois ; il jouera désormais un plus grand rôle encore, & tout se passera dans les *Provinces-Unies* à peu près selon la volonté des ftathouders, à moins qu'une révolution en fens contraire ne rende au peuple une partie des droits dont on vient de le dépouiller: il eft donc à propos d'entrer dans des détails fur cette matière.

SECTION VIIIe.

Du ftathoudérat, des derniers troubles des Provinces-Unies, & de la révolution opérée par les foldats prufſiens.

Les *Provinces-Unies* avoient à peine fecoué le joug de l'Eſpagne, qu'elles fentirent le befoin d'un chef qui les maintînt dans la liberté qu'elles venoient d'obtenir. Elles jettèrent les yeux fur Guillaume I, comte de Naſſau & prince d'Orange, gouverneur alors pour le roi des comtés de Hollande, de Zélande & d'Utrecht. Ce prince répondit à leur confiance. Cinq provinces le chargèrent d'abord de leur gouvernement ; elles le créèrent même leur amiral & capitaine général : fon pouvoir fur les comtés de Hollande & de Zélande fut fort étendu.

Avant d'entrer dans les détails & la conduite des différens ftathouders, qu'il y a eu en Hollande depuis Guillaume I, & des ufurpations fucceſſives qui ont amené la dernière révolution, nous ferons quelques obſervations préliminaires.

1°. L'autorité & les droits de ftathoudérat, font décrits avec l'imperfection de toutes les loix fondamentales des *Provinces-Unies* : dans les patentes qu'accordèrent au prince Guillaume V, le 8 mars 1766, les états de Hollande & de Weſt-Friſe, & qu'accordèrent auſſi bientôt les autres provinces « Ils le créèrent, l'établirent & nommèrent » ftathouder & gouverneur héréditaire, comme » auſſi capitaine-général & amiral également hé-» réditaire, pour étendre les limites, les droits » & les privilèges de la république ; protéger & » défendre tous & chacun endroit les habi-» tans qui s'y trouvent, maintenir l'exercice de » la religion réformée, en empêcher tous trou-» bles, oppreſſion & dommage, qu'on pourroit » y apporter, & en foutenir les droits & immu-» nités ; comme auſſi de donner tout fecours, » qui pourroit lui être demandé en affaires juftes » & conformes aux loix du pays. Ils lui concé-» dèrent de plus le droit de pouvoir accorder » des lettres de graces & de pardon, mais du » conſentement feulement du préſident & de la » cour fupérieure de la province, & en les pré-» venant, à charge toutefois que ces lettres foient » enregiſtrées en bonne & due forme, & qu'elles » ne pourront être accordées pour aſſaſſinats » & autres grands crimes commis de deſſein pré-» médité. Qu'en affaires militaires & de police » on auroit droit de changer les bourguemeſ-» tres, les échevins & les ftatuts, en fe confor-» mant toujours aux privilèges & aux droits lo-» caux, en fuivant les inftructions que les Etats-» Généraux pourroient lui donner, & encore en » prévenant des conſeils, que ceux-ci auroient » commis ; qu'il veilleroit enfin exactement fur » les fortereſſes tant de terre ferme, que fur » celles qui fe trouvent conſtruites dans les ifles ; » & l'autorifa à faire foit en matière privée, foit » en affaires d'états, tout ce que fa dignité fem-» bleroit exiger, à quoi il s'oblige en prêtant fer-» ment ». Le prince créé ftathouder étoit alors âgé de 18 ans ; il fut déclaré majeur, & commença tout de fuite l'exercice des fonctions qui venoient de lui être confiées.

Les *Provinces-Unies* furent alors bien indiſcrètes, & les derniers troubles les ont punis cruellement de leur indifcrétion. Pourquoi donner au ftathouder le droit de faire grace ; pourquoi le revêtir d'une fi grande autorité ; pourquoi réferver d'une manière fi vague, les droits & les privilèges locaux des peuples & des provinces ? ignoroient-elles la marche de l'ambition, ne favoient-elles pas que le cœur de l'homme defire toujours d'augmenter fon crédit & fon pouvoir, & felon les circonſtances qu'il met tout en uſage, pour arriver à fon but ; qu'un magiſtrat environné d'un faſte & d'un appareil qui approche de celui des fouverains, iſſu d'une famille qui a rendu de grands fervices aux *Provinces-Unies*, qui eſt fouverain de pluſieurs diſtricts du pays, doit inſpirer de l'effroi dans des provinces qui veulent maintenir leur liberté ?

2°. Dès les premiers temps du ftathoudérat, on eſſaya de fubordonner le ftathouder aux loix, aux uſages & à la puiſſance fouveraine de l'état : mais prit on fur cela de bonnes précautions ?

3°. Les Etats-Généraux fe font réſervé expreſ-fément le pouvoir de faire la paix ou la guerre, de contracter des alliances avec les pays étrangers, de lever des impôts, & de battre monnoie. Mais fi le ftathouder par fon influence peut arrêter les opérations de la guerre, ou les négociations de paix ou d'alliance, que fignifie cette réſerve ?

4°. Le ftathouder a le commandement de toutes les forces de terre & de mer : il eſt capitaine-général & grand-amiral. Avant les dernières troubles, il diſpoſoit de tous les emplois militaires, des gouvernemens des villes, &c. il choiſiſſoit les magiſtrats fur la préſentation des fénats des différentes villes : on lui donnoit communément la liſte de trois fujets, & il en éliſoit un. Les provinces lui ont reproché au milieu des troubles d'avoir étendu des privilèges qui ne lui appartiennent pas ; & cette grande diſcuſſion ne s'éclaircira plus guères par les actes & les loix : les provinces avoient trop accordé, le ftathouder avoit trop uſurpé, les provinces vouloient réduire des conceſſions indiſcrètes, arrêter les ufurpations, en prévenir de nouvelles, & elles en avoient le droit ; mais il ne s'agit plus de droits depuis la dernière révolution.

Le stathouder avoit jadis beaucoup d'influence aux Etats-Généraux, qui ne se convoquoient que dans les occasions extraordinaires, comme on l'a déjà dit ; & même depuis que les états sont permanens, ils n'ont jamais pris une resolution importante sans son approbation.

5°. Il est très-difficile de connoître les usages & les loix politiques des *Provinces-Unies* : ce qui regarde les privilèges & les bornes du pouvoir du stathoudérat est sur-tout fort obscur : il faut espérer qu'après les derniers troubles, & la malheureuse révolution, qui en a été la suite, un hollandois bien instruit dissipera les ténèbres : nous dirons en attendant qu'il faut chercher les privilèges & les bornes du pouvoir des stathouders dans sept actes différens, qu'ensuite le stathouder a des droits & des prérogatives plus ou moins étendus dans chacune des provinces particulières ; quoiqu'en général ses devoirs en qualité de stathouder, soient, au fond, les mêmes relativement à chaque province : ainsi il peut arriver que la province de Gueldre, par exemple, n'ait aucun reproche à lui faire sur son administration stathoudériene, lors que la province d'Utrecht, ou une autre, lui en fait de très-graves sur cet objet. Il peut arriver, que le stathouder ait suivi ses instructions particulières relativement à la Gueldre, & que par rapport à cette province, il n'ait pas étendu ses droits & ses privilèges au-delà des bornes que la constitution de Gueldre lui a prescrites, ou même que, dans le cas d'un excès de sa part, la Gueldre veuille bien fermer les yeux & ne pas se plaindre ; tandis qu'ayant dépassé ses droits stathoudériens, par rapport à Utrecht, cette province jalouse de sa souveraineté, ne veut, ni fermer les yeux sur l'atteinte portée à sa constitution, ni étouffer ses justes plaintes : si donc le stathouder satisfait à ses engagemens vis-à-vis d'une province, & s'il y manque vis-à-vis d'une autre, quel sera le juge compétent ? Les Etats-Généraux, peut-être, cela devroit être ; mais l'acte fédératif, ne leur attribue pas ce pouvoir ; les Etats-Généraux ne sont pas les souverains des provinces particulières ni de leur stathouder : par l'acte d'union d'Utrecht, chaque province s'est réservé la souveraineté pleine & entière dans son territoire, & par conséquent sur tous les sujets & ministres de la province. Les états de la province pourroient être les seuls juges compétens du stathouder ; ils peuvent l'appeller en jugement ; ils peuvent décider si tel ou tel droit, telle ou telle prérogative sont attachés à sa charge de stathouder, lorsque un membre intégrant de la souveraineté particulière de la province se plaint d'une infraction, ou d'une entreprise inconstitutionnelle faite par le stathouder ; au reste, si le stathouder étoit, en sa qualité de stathouder, chef éminent des provinces confédérées ; le corps représentatif de l'union seroit son juge naturel ; mais il paroît que dans ces derniers temps, les hommes qui lui sont dévoués, ne vouloient pas convenir de ces deux propositions.

6°. La stabilité & la tranquillité de la république générale des *Provinces-Unies*, se trouvent toujours compromises par l'imperfection des loix fondamentales, & sur-tout par le stathoudérat, dont on a fixé les droits avec tant de négligence : elles dépendent de l'accord des différens ordres, de la modération, & de la droiture du stathouder, & du choix des officiers qui exercent les charges de confiance aux Etats-Généraux, dans les provinces & dans les villes. Le phlegme & la réserve naturelle du peuple est nécessaire au maintien de ce gouvernement ; car ne lui permettant pas d'avoir la moindre part à l'administration, pas même au choix des députés, la multiplicité des impôts que supportent toutes les provinces, & qui sont trois fois aussi considérables que dans les gouvernemens les plus arbitraires de l'Europe, le despotisme des sénats de chaque ville & des états de chaque province, seroient insupportables à des hommes moins tranquilles que les hollandois. Mais aussi le stathouder, les nobles, les états & les régens peuvent, selon les diverses occasions, séduire & gagner facilement le peuple.

Ceux qui sont en place ont occasion de développer leurs talens dans les débats des sénats & des assemblées provinciales, & ils augmentent ou diminuent leur influence sur l'esprit de la nation. Les sénats pour ne pas exciter la jalousie & le mécontentement, choisissent ordinairement des magistrats & des députés qui sont au gré du peuple. Mais souvent aussi on dédaigne de consulter ses goûts.

Rien ne paroit plus désagréable aux hollandois, que ce que l'on appelle un homme turbulent ; ils ne supportent pas mieux celui qui, ayant beaucoup d'esprit, aspire à savoir quelque chose de plus que ses concitoyens : quiconque veut obtenir des emplois dans cet état, doit se conduire avec beaucoup de calme & d'adresse, & ne montrer ses talens que peu-à-peu ; & cette disposition donne lieu à de lourdes intrigues, toujours dangereuses dans les républiques.

7°. Les hollandois ne voulurent supporter ni impôts, ni opérations arbitraires, ni même la vue des troupes étrangères, sous le gouvernement espagnol : depuis la révolution, ils sont devenus plus traitables, parce qu'ils se sont cru libres, & que sous cette apparence de liberté, ils sont devenus riches ; des loix violentes ont réprimé leur caractère ; on leur a mis des taxes plus considérables peut-être que dans aucun autre gouvernement ; on les a épouvantés par des exécutions publiques; & pour les contenir, on les a entourés de troupes étrangères; mais si le tréfor public n'est employé que pour la grandeur & la sureté de l'état, si les magistrats eux-mêmes se soumettent, comme par le passé aux charges les plus dures; si les particuliers ne s'enrichissent pas aux dépens des revenus publics, ou si les contributions des citoyens ne servent pas d'aliment à l'extravagance & au luxe; si personne ne peut se soustraire aux loix, & si pour parvenir à l'autorité & aux places, il faut du moins avoir l'apparence de l'honnêteté & des lumières, le peuple ne se plaindra pas de tout ce qu'il est obligé de payer & de souffrir : en effet ce n'est pas le poids des impôts & des charges publiques, qui a occasionné les derniers troubles; ils ont été occasionnés par la prétention du stathouder & celles des nobles.

8°. Ces nobles ou ces aristocrates, dont nous dévoilerons tout à l'heure les manœuvres, & qui dans la dernière guerre civile, sont devenus à la fin les plus grands ennemis des défenseurs de la liberté, descendent des anciennes familles annoblies par leurs premiers souverains; il y en a très peu dans les provinces de Hollande & de Zélande; ils ont presque tous péri dans les guerres contre l'Espagne; mais dans les autres leur nombre n'est que trop considérable relativement à l'étendue du pays. Ici, comme en Allemagne, tous les enfans prennent le titre de leurs pères, sur-tout parmi les comtes & les barons : quoique le commerce ait fait la fortune des *Provinces-Unies*; quoique aucun gouvernement n'ait mis autant de moyens en usage pour l'encourager, ces comtes ou barons se croiroient déshonorés, s'ils s'adonnoient au commerce; s'ils se livroient à une profession libérale, ou s'ils épousoient une femme qui n'est pas de leur rang, lors même que, se trouvant dans la plus grande pauvreté, ce mariage rétabliroit leur fortune; ils parviennent communément aux charges civiles ou militaires de leur province ou de la confédération. Ils mettent plus de prix à leur noblesse, qu'on n'en met ordinairement dans les pays où elle est plus commune, & ils conservent encore la fierté & la morgue des espagnols, leurs anciens maîtres : ces aristocrates ont cherché jusqu'ici à diminuer la liberté du peuple : ils ont favorisé les vues du stathouder, lorsqu'ils les ont crues favorables à celles de leur grandeur, & ils reconnoîtront peut-être qu'il eût été plus sage de se réunir au peuple, & que la dernière révolution ne leur a pas été moins funeste qu'au corps de la nation.

De la conduite des stathouders depuis Guillaume I, & de leurs usurpations qui ont amené la dernière révolution.

(Les détails qu'on va lire, sont tirés d'un très-bon écrit intitulé : *Précis historique de la révolution qui vient de s'opérer en Hollande.*)

L'histoire de la république hollandoise atteste que le peuple y a toujours été le jouet & l'esclave ou des stathouders ou des aristocrates, & plus souvent encore du despotisme stathoudérien combiné avec l'aristocratie la plus effrénée dans un sens & la plus rampante dans l'autre. Guillaume I, gouverna la république en souverain; les états furent obligés de lui donner une autorité presque illimitée; il avoit besoin de n'être pas trop gêné dans l'exercice de ses charges, sur-tout dans celle de généralissime de l'armée de la république, dont il payoit à ses frais une partie des troupes qu'il avoit levées en Allemagne. Guillaume I, mérita la confiance des états & celle de la nation jusqu'au moment où il manifesta ses vues d'ambition; on reconnut alors que ce prince n'avoit arraché le sceptre des *Provinces-Unies* à Philippe II, que pour le porter lui-même, & ce projet secret étoit au moment de s'exécuter, lorsque Guillaume I, fut assassiné à Delft. Le peuple qui avoit combattu pour la liberté, sous la conduite de ce prince, n'en goûta pas les douceurs. Cette liberté étoit encore très-précaire, & la nation ne pouvoit se consoler des maux qu'elle enduroit que par l'espoir d'un avenir plus heureux. Guillaume I, en mourant, laissa la nation luttant contre le tyran Philippe, & très-incertaine encore de pouvoir se soustraire à sa domination, quoiqu'elle se fût déclarée libre & indépendante. On ne peut dire cependant que Guillaume fut réellement l'oppresseur du peuple, mais s'il eût vécu encore quelques mois, il seroit mort souverain des *Provinces-Unies*; & on a bien tort de le regarder comme le martyr de la liberté. Le peuple, toujours outré dans son amour comme dans sa haine, avoit donné à ce prince le surnom de *père*, & c'est encore ainsi que le distinguent les aveugles partisans de la maison d'Orange, en le nommant *Vader Willem*, (père Guillaume).

A Guillaume I, succéda Maurice son fils, âgé de 18 ans. Les états lui déférèrent presque toute l'autorité que son père s'étoit arrogée. Il répondit d'abord aux grandes espérances qu'on avoit conçues de lui. Initié dans la politique, par le fameux Barneveldt, son ami, & pour ainsi dire, son protecteur dans l'état, Maurice rendit des services éclatans à la nation. Il battit & déconcerta les généraux espagnols, & donna la première consistance à la liberté nationale que Guillaume avoit laissée très-chancelante. Maurice ne fut pas moins ambitieux que son père; comme lui, il aspira à la souveraineté. Dès que Barneveldt eut démêlé ses desseins, il mit tout en œuvre pour les lui faire abandonner; & ne pouvant y réussir, ce grand homme les croisa, & les fit échouer. Maurice s'en vengea cruellement : Barneveldt neveld perdit la tête sur un échaffaud. Ce respectable vieillard fut le premier martyr de la liberté républicaine, immolé à l'ambition des stathouders. Maurice ne profita pas de son crime; la mort le surprit lui-même peu de temps après. Ce prince ambitieux, vindicatif & hypocrite, ne laissa point d'enfans légitimes, n'ayant point été marié.

Frédéric Henri, son frère puîné, fils de Louise de Coligni, lui succéda dans toutes ses charges & dignités. C'est le seul des stathouders qui ait véritablement aimé sa patrie, & qui n'ait pas cherché à l'asservir. On ne peut lui reprocher aucun acte de despotisme; il eut la gloire de terminer la guerre avec l'Espagne, & de voir enfin la république reconnue pour état libre & indépendant, par la maison d'Autriche elle-même. Frédéric Henri n'étoit pas sans défaut, mais ses défauts étoient compensés par des vertus civiles, & par un amour désintéressé pour la patrie. Heureuse la république, si les successeurs de ce prince eussent été aussi bien intentionnés! Quelques-uns l'accusent d'avoir aspiré à la souveraineté de certaines provinces restées fidèles à l'Espagne, & d'avoir fait un accord secret avec la France pour partager avec cette puissance les Pays-Bas autrichiens. Si ce fait est réel, il laisse une tache à la mémoire de ce prince, car l'exécution auroit entraîné infailliblement la ruine de la république. S'il ne l'eût pas asservie lui-même, quelqu'un de ses successeurs s'en seroit rendu facilement le maître : mais ce reproche n'est pas assez prouvé pour le croire bien fondé.

Guillaume II, son fils, lui succéda & fut élevé à toutes les dignités de son père. Ce prince ressembloit plus à Maurice son oncle, qu'à Frédéric-Henri. Il étoit plein d'ambition; quoique fort jeune, il vouloit commander par lui-même, & n'écoutoit guères ses maîtres. Il entreprit le siège d'Amsterdam, qu'il voulut surprendre pour y changer quelques régens les plus opposés à son despotisme. Il manqua son coup, parce qu'il fut découvert à temps; mais il fit capituler cette ville, il y entra, & quoique sans suite militaire, il déposa en personne, à la maison de ville, plusieurs dignes magistrats, avec la même autorité que s'il eût été souverain. Il revint à la Haye, & les états eurent la lâcheté de le complimenter sur son retour, quoiqu'il vînt de faire un acte qui avilissoit leur souveraineté. Il mourut bientôt après en Gueldre, de la petite vérole, à l'âge de vingt cinq ans. Par sa mort prématurée, la république échappa au danger imminent d'être asservie, car ce prince en avoit formé le projet, & il avoit toutes les qualités propres à exécuter son plan. On ne se trompe probablement pas en attribuant à celui-ci un accord avec la France pour conquérir & partager les provinces que la maison d'Autriche avoit conservées dans les Pays-Bas.

Œcon. polit. & diplomatique. Tom. III.

Il faut remarquer que ces quatre stathouders exercèrent les trois grandes charges de l'état, sans aucune instruction fixe, relative à l'exercice de ces hautes & dangereuses dignités. Les états en avoient dressé une pour Maurice, mais ce prince ne voulut pas l'accepter; il reçut seulement un conseil avec lequel il devoit s'entendre pour les opérations militaires & autres, relatives à ses charges. Il lui fut facile de corrompre les membres de ce conseil; il les maîtrisa constamment, & ne suivit jamais que son propre avis; il agit, plus d'une fois, directement contre les ordres des états.

Guillaume II, ne laissa qu'un fils posthume; c'est le fameux Guillaume III, qui monta ensuite sur le trône d'Angleterre, après en avoir fait descendre son beau-père.

Les états, impatiens de gouverner seuls, fatigués des maîtres qu'ils s'étoient donnés, en se donnant des stathouders, saisirent l'occasion d'abolir cette dignité, ou du moins d'en priver à jamais les princes de la maison d'Orange. Guillaume III, étoit au berceau; le stathoudérat n'avoit pas été rendu héréditaire, non plus que les deux autres grandes charges de l'état; on résolut d'en priver pour toujours le prince enfant: cinq provinces, savoir : la Gueldre, la Hollande, la Zélande, Utrecht & Over-Issel, se déterminèrent à ne plus avoir de stathouder-Prince. Quant aux provinces de Frise & de Groningue, elles avoient le leur particulier, les descendans de Jean de Nassau, frère de Guillaume I, y remplissoient cette dignité. La Hollande alla même plus loin que les quatre autres; les états de cette province publièrent l'acte d'exclusion contre Guillaume III, en 1654, & l'édit perpétuel en 1667.

Cependant Guillaume III, avoit un parti assez considérable dans l'état, & l'aristocratie, qui se faisoit sentir avec toute sa rigueur & sa morgue, avoit de grands ennemis. Le parti du prince cabala si bien, & le prince lui-même intrigua avec tant d'habileté, que la révolte de la populace en sa faveur éclata de toutes parts en Hollande & en Zélande. Libelles, écrits séditieux, sermons fanatiques, menées secrètes, trahisons, corruption, tous ces moyens honteux furent mis en œuvre en faveur de Guillaume III, & mieux encore, la guerre que la France & l'Angleterre déclarèrent à la république, en 1672, tout réussit au gré du prince; le stathoudérat fut rétabli, & le fameux édit perpétuel aboli. Guillaume III, entra dans la possession des trois grandes charges; les états furent contraints de lui céder le gouvernement suprême, ne conservant que l'ombre de l'autorité. Ils eurent même la foiblesse de ne donner à ce prince que des commissions vagues pour l'exercice de ses importantes fonctions, sans penser même à lui donner des instructions limitées. A cette faute, ils

A a a a a

en ajoutèrent une seconde plus capitale encore quelques années après, en rendant héréditaires ces trois dignités en faveur de la postérité de ce prince; mais il mourut sans enfans: il est plus que probable que la république seroit devenue une province Angloise, si Guillaume III, eût laissé un fils qui lui eût succédé au trône de la Grande-Bretagne. Il y a plus : si Guillaume III, n'eut pas perdu tout espoir de postérité quelques années avant sa mort, il n'eût pas sans doute laissé à son successeur le soin d'asservir la république, & d'en faire une possession directe de l'Angleterre ; il auroit commis lui-même ce crime contre sa patrie. Ce qui porte à le croire, c'est qu'il ne cessa jamais de préférer les intérêts de ses sujets anglois, à ceux des hollandois, ses concitoyens ; il sacrifia toujours la république à l'Angleterre. Si ce prince avoit aimé véritablement sa patrie, il auroit fait annuller le fameux acte de navigation, si préjudiciable au commerce de la Hollande, que Cromwel avoit fait passer par force, & qu'il avoit extorqué dans un temps de détresse. Cet instrument du despotisme anglois sur la république a subsisté jusqu'à la dernière paix, & n'a été aboli indirectement que par l'alliance faite avec la France. La république est à la veille de lui voir reprendre toute sa force contre-elle-même, si la nouvelle alliance projettée avec l'Angleterre se conclut, comme on en est généralement persuadé.

Le célèbre pensionnaire de Witt, qui, d'accord avec Cromwel, avoit fait rendre l'édit perpétuel par la province de Hollande, contre Guillaume III & sa postérité, paya cher son patriotisme. Il fut massacré à la Haye avec son frère, Ruard de Putten, par la canaille du parti Orange. Le prince, sans paroître agir dans cet horrible assassinat, n'est pas exempt du soupçon bien fondé d'avoir fait préparer cette conjuration ; la pension qu'il fit au principal auteur, instigateur & fauteur de ce crime public, autorise à penser que Guillaume III, fut son premier complice.

Nous observerons en passant, que de Witt, fit, malgré ses talens, une faute impardonnable à un grand homme d'état : mais de Witt étoit vraiment aristocrate ; s'il eût fait rendre l'Edit perpétuel au nom du peuple, s'il eût travaillé à établir une constitution vraiment républicaine où le peuple eût été compté pour quelque chose, si, en un mot, il eût fait accorder aux bourgeoisies une influence raisonnable dans les administrations municipales, jamais l'édit perpétuel n'eût été révoqué, & la maison d'Orange eût été à jamais exclue des trois grandes charges de l'état. Directement intéressées au maintien de la constitution, les bourgeoisies se seroient montrées contre la canaille, & n'auroient du moins pas souffert que Guillaume III, en entrant dans l'exercice des trois grandes charges, leur arrachât leurs libertés, leurs privilèges & leur constitution ; mais

n'ayant rien à perdre dans le changement, espérant au contraire de gagner sous un nouveau gouvernement, les citoyens virent au moins, avec indifférence, l'aristocratie mortifiée, & les magistrats obligés de ramper sous le stathouder. Guillaume III, employa la ruse & l'adresse, étant hors d'état de se faire reconnoître par la force ; il ne pouvoit pas compter alors, comme Guillaume V, sur l'appui d'une puissance étrangère : après sa mort, l'aristocratie rentrant dans toute son autorité, les chefs de la république commirent la même faute, & c'est à cette faute capitale que Guillaume IV dut son élévation.

Quarante-cinq ans après la mort de ce stathouder roi, Guillaume IV, son cousin & son héritier principal, stathouder de Frise & de Groningue, fut appellé (on sait par quels moyens) pour occuper les trois grandes charges de l'état. Les partisans de ce prince, tant en Hollande que dans les autres provinces, profitèrent du prétexte des malheureux succès de la guerre contre la France. L'attaque des places frontières par les françois servit merveilleusement l'ambition de Guillaume IV ; les malheurs que cette attaque présageoit donnèrent plus de force aux clameurs de la cabale, payée pour faire réussir la révolution. On exagéra la nécessité d'avoir un chef pour l'opposer aux progrès des françois. Guillaume IV étoit bon politique, mais il n'avoit donné aucune preuve de son habileté dans le métier de la guerre ; il n'avoit jamais eu occasion de la faire. Les françois prirent Berg-op-zoom, Guillaume IV, ne sortit pas de la Haye, où il étoit arrivé le 12 mai 1747 pour y prendre possession de ses charges. La paix se fit l'année suivante, sans que le nouveau capitaine-général eût paru à la tête de l'armée de l'état. Cependant cette même année toutes les grandes charges, dont il avoit été revêtu l'année précédente, furent déclarées héréditaires en faveur de sa postérité, en y admettant même les filles au défaut des enfans mâles.

Cette révolution est encore marquée au même coin que celle qui avoit élevé Guillaume III, aux dignités de la république. La maison d'Orange se servit des mêmes moyens, employa les mêmes agens, fit agir les mêmes ressorts. Partout la populace se souleva, par-tout elle fit la loi aux régens, par-tout enfin elle commit des excès. Cette populace sur-tout en Hollande & en Zélande, conduisit Guillaume IV, au faîte des honneurs, en lui frayant le chemin par la révolte & la sédition. L'aristocratie orgueilleuse & tyrannique des magistrats dans la plus grande partie des villes de la république, faisoit désirer ardemment, même aux bons citoyens, que Guillaume IV vînt détrôner cette foule de petits tyrans qui vexoient le peuple & s'engraissoient de sa substance, mais dans l'espoir que le prince n'en abuseroit pas lui-même. Jamais le défordre n'avoit été tel; les impôts avoient été mis en ferme, & les fermiers qui avoient pour croupiers des bourgmestres, levoient les impôts avec tant de rigueur que les frais de perception qu'ils faisoient supporter aux malheureux, en retard dans leurs paiemens, surpassoient de beaucoup l'impôt même. Le monopole des magistrats étoit énorme & cruel. La populace commença par piller les maisons de ces fermiers; ils furent abolis, & la perception des impôts fut rendue à des commis de l'état.

Pendant cet interrègne, comme dans l'intervalle de celui de Guillaume II à Guillaume III, le peuple fut esclave de l'aristocratie; quelques braves citoyens en gémissoient; quelques fidèles régens auroient voulu qu'on eût travaillé à une constitution dans laquelle le peuple auroit eu quelqu'influence; mais le grand nombre de régens aristocrates étouffa constamment la voix de ceux qui penchoient pour ce parti raisonnable. Les partisans de Guillaume IV profitoient en secret de cette corruption aristocratique, & préparoient de loin leurs moyens. Lorsqu'ils crurent le moment favorable arrivé, ils mirent tout-à-coup en jeu leurs ressorts. Quelques bourgeois de Terveere en Zélande, montant la garde ordinaire la nuit du 24 au 25 avril 1747, formèrent le hardi projet de demander, dès que le jour seroit venu, le rétablissement du stathoudérat; la majorité de la régence de cette ville, d'intelligence sans doute avec ces bourgeois, ne se fit pas faire violence; & s'étant assemblée à l'heure ordinaire, le matin du 25 avril, elle accorda, sur le champ & sans difficulté, la demande insensée de cette poignée de bourgeois. Dans peu d'heures, cette nouvelle fut portée dans les principales villes de Zélande, ainsi que dans les villages; & trois jours après, le soulèvement fut si général dans cette province, que les états se virent forcés d'appeler enfin Guillaume IV, & de le proclamer stathouder de Zélande: La ville de Ziriczée, qui avoit fait des difficultés pour retarder cette élection précipitée, en fut punie par la populace; de la manière la plus cruelle; elle fut saccagée: c'est cette même ville qui vient encore d'être réduite en un monceau de ruines, pour avoir embrassé la cause du patriotisme. L'incendie se communiqua rapidement dans les provinces de Hollande, d'Utrecht & d'Over-Issel; partout il fallut se soumettre, & imiter l'exemple de la Zélande, pour éviter une ruine universelle. Les Etats-Généraux ne tardèrent pas à déclarer Guillaume IV, capitaine & amiral général de la république; les différentes commissions de ces charges furent dressées dans les termes les plus indéfinis; il y est dit que Guillaume IV, exercera ces charges sur le même pied que les princes ses prédécesseurs. On ne pensa pas plus à lui donner des instructions, qu'on n'y avoit pensé pour les autres, & cependant l'abus que ses prédécesseurs avoient fait de l'autorité qui leur étoit confiée, auroit dû ouvrir les yeux de la nation. Guillaume IV en porta l'abus bien plus loin encore que les autres; quoiqu'il ait eu la politique de ne faire jamais aucun excès éclatant d'autorité, il eût été dangereux pour les régens qui en gémissoient, plus pour eux-mêmes encore que pour le peuple, de chercher à mettre un frein à l'ambition de ce prince; ils en auroient bientôt été punis par la perte de leurs emplois.

Outre les honneurs excessifs qu'on rendit à Guillaume IV, à son arrivée à la Haye, & partout où il se montra après son exaltation, on lui prodigua les titres, les récompenses & les bienfaits: on n'auroit pu faire davantage, s'il eût été souverain, & il l'étoit de fait. Cependant, quel bien ce prince fit-il à l'état? ou plutôt quel mal ne lui fit-il pas? Ses créatures avides d'honneurs & d'argent, régnèrent avec lui, & foulèrent impunément les malheureux citoyens qui étoient sous leur administration. Les régens les moins portés en sa faveur, furent déposés par lui-même dans toutes les villes.

Guillaume IV mourut en 1751; il laissa l'état dans une situation déplorable. La marine & les places frontières restèrent dans le plus grand délabrement, & telles que ce prince les avoit trouvé à son avénement; de nouveaux abus augmentèrent le nombre de ceux qui existoient déjà: comme si Guillaume n'avoit pas eu assez de moyens de corruption, en nommant à tous les emplois, à toutes les charges civiles & militaires de l'état, sous prétexte que la nomination à ces emplois, étoit une prérogative inhérente à ses dignités, sans qu'il pût en produire d'autre titre que l'abus même de ses prédécesseurs: comme si, dis-je, ce prince n'eût pas eu assez de moyens de se faire des créatures, & de se les attacher, on accumula sur sa tête de nouveaux titres & de nouvelles dignités; on lui accorda d'abord la trente troisième partie de tous les dividendes de la compagnie des grandes Indes, & peu après il fut nommé gouverneur & directeur-général de cette compagnie. En cette qualité, il eut le droit de nomination à toutes les places de directeur ordinaire de ladite compagnie, & des offices lucratifs attachés à cette immense direction. La compagnie des Indes occidentales lui accorda quatre pour cent de tous les dividendes, & le choisit, comme celle des Indes orientales, pour son gouverneur & directeur général. Il transmit à son successeur ces nouvelles dignités, ses émolumens, & toutes ses autres charges & titres héréditaires.

Guillaume IV laissa un fils & une fille en minorité; la princesse d'Angleterre son épouse, fut déclarée gouvernante jusqu'à la majorité de Guillaume V. Le duc Louis de Brunswick, appellé par Guillaume IV du fond de l'Allemagne pour

Aaaaa 2

être gouverneur de son fils, fut revêtu du commandement général des troupes. L'histoire de la minorité & de l'éducation de Guillaume V forme un tableau particulier de calamité pour la nation, que je n'entreprendrai même pas d'ébaucher. Je me contenterai de dire que la princesse angloise, plus attachée à son ancienne patrie qu'à la république, gouverna avec une hauteur & une dureté qui auroient mieux convenu à une impératrice asiatique, qu'à une sujette d'une république libre. Quant au duc de Brunswick, il suffit de dire qu'il négligea absolument l'éducation de son pupille, ou que le peu de soin qu'il se donna pour l'élever, tendit à lui inspirer les sentimens qu'il a manifestés envers la république depuis 1781. Ce prince ne les a pas manifestés plutôt, & avant la guerre américaine, Guillaume V étoit l'idole de la nation; on l'aimoit, on le respectoit.

L'institution héréditaire des trois grandes charges de l'état, porta le coup mortel à la souveraineté & à l'indépendance de la république; elle coupa toutes les sources de sa prospérité & de sa gloire; enfin, elle ensevelit dans le plus profond abîme la liberté civile des hollandois. La gouvernante, par son dévouement à l'Angleterre, ruina le commerce de la république pendant la guerre de 1756, pour se venger de ce que les états des trois provinces maritimes, & sur-tout ceux de Frise, avoient refusé le secours de six mille hommes que les anglois sollicitoient contre la France. Il est vrai qu'un mémoire présenté par l'ambassadeur de cette dernière puissance, intimida tellement les Etats-Généraux, que quoique la majorité des quatre provinces territoriales penchât pour la gouvernante & pour les anglois, les Etats-Généraux n'osèrent passer outre.

L'obstination de la princesse à ne pas vouloir accorder de protection armée au commerce de la république, coûta vingt millions de florins à ce commerce. Les anglois le ruinèrent sans aucun empêchement, & firent des prises très-riches sur les hollandois, sans être en guerre avec eux.

Guillaume V, élevé dans les principes de sa mère, s'est comporté comme elle dans la dernière guerre, avant la déclaration que l'Angleterre en fit à la république. Il est à remarquer qu'outre ses motifs d'attachement pour l'Angleterre, le stathouder actuel a voulu se venger contre sa propre patrie, du refus fait par les Etats-Généraux, de rendre à l'Angleterre la brigade écossoise qui étoit à la solde de la république. L'Angleterre vouloit employer ces troupes contre les américains qui travailloient à secouer le joug de la Grande-Bretagne. Le chevalier Yorck, envoyé-extraordinaire du roi d'Angleterre à la Haye, avoit demandé, sous la gouvernante, les six mille hommes, & sous le stathouder actuel, les régimens écossois; le duc de Brunswick, ennemi de la France, & le plus puissant patron des anglois en hollande, avoit également appuyé de tout son crédit les deux demandes du chevalier Yorck; il n'est donc pas surprenant que ces deux personnages eussent mis Guillaume V dans leurs intérêts, eux qui le gouvernoient comme ils vouloient.

Le duc de Brunswick avoit préparé de loin la révolution qu'il méditoit contre la liberté civile. Devenu représentant du capitaine général pendant la tutelle & la minorité de Guillaume V, il remplit l'armée de l'état d'une multitude d'étrangers, & sur-tout d'allemands; il fit des passe-droits aux officiers nationaux: quelques injustes qu'ils fussent, on eut la lâcheté de les souffrir. Il introduisit dans le service des maximes nouvelles & dangereuses, des usages inouis, & des abus crians; il étendit de beaucoup l'autorité du haut conseil de guerre que Guillaume IV avoit établi à la Haye: en un mot, il mit l'armée de l'état dans l'impossibilité de servir avec fruit pour les vrais intérêts de la patrie. Le duc, pendant la minorité, & pendant la majorité jusqu'à son expulsion de la république, régna en souverain, parce que, étant le seul distributeur des graces, il récompensoit, aux dépens de l'état, ceux qui le servoient; & qu'étant aussi l'arbitre suprême des officiers de l'armée, il punissoit avec la dernière rigueur ceux qui avoient le malheur de lui déplaire. L'autorité usurpée de ce Mentor du prince, s'étendit même dans le civil; & après la majorité, il trouva le moyen de composer les régences des villes de lâches adulateurs qui n'eurent jamais d'autre volonté que celle du stathouder dans les affaires de l'administration générale, & que la leur propre dans les affaires municipales.

Finissons par un exposé succinct des derniers abus d'autorité de Guillaume V, depuis la guerre avec l'Angleterre jusqu'au moment même où j'écris. Ces abus sont enracinés sur ceux que je vous ai détaillés sur les stathoudérats précédens. Ils en découlent comme une source féconde, & qui s'est grossie pendant deux cents années.

Les anglois, pour accélérer la détermination des Etats-Généraux à leur céder les régimens écossois, commencèrent par s'emparer, sous divers prétextes de plus de cinq cents navires marchands hollandois, qui naviguoient sur la foi des traités: ils firent plus, ils insultèrent le pavillon de la république, jusqu'à forcer, du moins en apparence, le fameux contre-amiral Bylard de le baisser devant leur flotte & d'amener à Portsmouth cinq vaisseaux de la république, qui servoient d'escorte à un grand convoi hollandois sorti du Texel pour différentes destinations. Le chevalier Yorck étoit encore à la Haye, lorsque les anglois commirent cet attentat envers la république ; attentat qui leur a toujours été familier, même envers les autres nations. Ils avoient, quelque temps auparavant, attaqué à différentes fois trois vaisseaux de la république, dont deux ne leur avoient échappé que par la bravoure des capitaines qui les montoient, & le troisième avoit été contraint d'aller mouiller aux Dunes. Ces vaisseaux furent relâchés ; mais les quatorze navires du convoi dont ils s'étoient emparé, furent déclarés de bonne prise par l'amirauté d'Angleterre. Ce coup hardi n'ayant pas réussi au gré des anglois, ils se déterminèrent quelque temps après à déclarer la guerre à la république, au moment où elle alloit entrer dans la neutralité, proposée par la Russie. Il est vrai que les Etats-Généraux auroient pu, avant cette époque, entrer dans cette neutralité, mais l'influence stathoudérienne, par le moyen de la cabale angloise, conduite par le duc de Brunswick, & par le chevalier Yorck, avoit empêché la république de prendre ce sage parti, le seul qui lui convint alors, vu sa position, & le délabrement tant de sa marine que de ses finances. Il n'y avoit cependant plus moyen de reculer, & il falloit se préparer tout de bon à la guerre contre un voisin puissant & un injuste aggresseur ; après bien des difficultés, des lenteurs affectées & des obstacles préparés par le parti anglomane, on parvint à armer une escadre ; elle sortit du Texel sous les ordres du contre-amiral Zoutman ; elle rencontra l'escadre angloise sous les ordres de sir Parker ; elle le battit, ou du moins elle ne fut pas battue, puisqu'elle conserva le champ de bataille, & que l'escadre angloise, fort maltraitée, fut obligée de se retirer dans ses ports. Les hollandois firent en cette occasion preuve de leur valeur : cette victoire du 5 août fit voir à toute l'Europe que les marins bataves conservoient encore ce courage réfléchi qui a illustré les Ruiter, les Tromp, & tant d'autres capitaines de la marine hollandoise. Il n'étoit donc question que de donner l'essor à la bravoure des hollandois, & de leur fournir des vaisseaux en état de combattre les anglois ; c'est ce qu'on ne fit pas, & M. l'amiral général, de concert avec les membres des amirautés, voués à ses desirs, trouva le moyen de ne faire armer qu'avec lenteur, de laisser le champ libre aux anglois ; en un mot, de ne plus faire trouver ces escadres angloises & hollandoises. Le stathouder, qui ne s'attendoit pas à la rencontre du Dogersbanck, ne put s'empêcher de montrer une surprise mêlée de chagrin, à l'officier qui lui en rapporta la nouvelle ; il lui échappa même de dire : *au moins, monsieur, les anglois ne sont pas battus ?*

La mauvaise intention de l'amiral-général & de sa cabale, se manifesta toute entière dans la non-expédition de Brest. Les états de Hollande & ceux de Frise sur-tout, voulurent absolument approfondir cette affaire, & parvinrent après bien des délais à faire nommer une commission par les Etats-Généraux, pour préparer l'enquête criminelle à faire contre les délinquans. La commission n'agit que mollement, & ne finit son travail qu'après des lenteurs & des obstacles qui se multiplioient de jour en jour.

Alors la nation qui déjà commençoit à s'appercevoir qu'elle étoit le jouet des caprices du stathouder & de sa cabale, voulut voir clair dans ses intérêts ; des écrivains périodiques & autres lui rappellèrent ses droits, les débrouillèrent & les lui firent enfin aimer. Bientôt les bourgeoisies, véritablement éclairées sur les droits de la souveraineté de la république, s'apprêtèrent à la venger, & à la faire respecter par le premier ministre de l'état, qui paroissoit effectivement n'en tenir aucun compte ; les régens eux-mêmes alarmés à leur tour de l'exercice abusif que le stathouder faisoit de l'autorité qui lui avoit été confiée, sur-tout en Hollande, semblèrent devenir plus populaires ; ils engagèrent les citoyens à soutenir l'autorité des magistratures, & par conséquent celle des états ; ces régens cependant, du moins pour la plupart, ne songeoient qu'à leur propre intérêt, en cherchant à restreindre l'autorité stathoudérienne ; la nation ne s'en apperçut pas d'abord, & les premières associations patriotiques déclarèrent que leur unique motif étoit de défendre les bons régens contre les entreprises du stathouder. Le peuple n'observoit pas encore tout ce qu'il avoit à redouter de l'aristocratie elle-même ; mais cet aveuglement ne dura pas long-temps. Ce furent donc les régens qui mirent véritablement les armes à la main des patriotes, pour s'en faire un rempart contre le despotisme stathoudérien. Le parti Orange méprisa d'abord ces petits corps armés ; il ne crut jamais les voir se multiplier & se perfectionner au point où ils le furent ; mais lorsqu'il vit de toutes parts l'élite des citoyens s'exercer au maniment des armes, & les corps francs prendre une consistance imposante, ce parti comprit qu'il étoit temps de mettre en œuvre tous ses moyens pour abattre cet enthousiasme de liberté. Des écrivains furent gagés pour répandre dans le public des horreurs contre le patriotisme. Des prédicans se mirent de la partie, & affectant de dire dans la chaire de vérité, que la religion étoit en danger, ils échauffèrent le zèle des fanatiques. La canaille soudoyée, excitée sous-main par des libelles distribués gratis & écrits pour elle, se montra bientôt disposée à la sédition ; il ne s'agissoit plus que de la mettre en action ; & les occasions se présentèrent bientôt.

Le patriotisme réveillé par les séditions de la canaille, comprit que le stathouder n'en resteroit pas-là : effectivement quelques émeutes s'élevèrent de loin en loin, mais on parvint à les étouffer. Quelques régimens donnèrent eux-mêmes des signes de sédition, entr'autres celui des gardes-dragons, en garnison à Leyde. Il leva le masque, au point que la régence de cette ville fut obligée de demander qu'on retirât de ses murs cette troupe séditieuse. On rappella les dragons à la Haye, & la plupart d'entr'eux, arborant la cocarde Orange au sortir de Leyde, marchoient en répétant ce cri de tumulte, *Oranje boven*, signe ordinaire de la révolte. Cette troupe porta à la Haye l'esprit d'insubordination parmi le reste de la garnison déjà mal disposée, & bientôt on découvrit le peu de fond qu'il falloit faire sur les troupes qui étoient à la solde de la province, & sur celles mêmes qui servoient de garde aux états souverains.

Arrêtons-nous un moment sur cet abus, glissé depuis long-temps dans la discipline des troupes de la république, & remontons à sa source; elle ne sera pas difficile à trouver.

Les états, en revêtant le prince de la charge de capitaine général, lui accordèrent la nomination de tous les officiers de l'armée, jusqu'au grade de général-major exclusivement. Ce grade répond à celui de maréchal-de-camp en France, & l'on monte par rang d'ancienneté de ce grade aux autres supérieurs, chacun dans son régiment respectif, jusqu'au grade de lieutenant-général. Les Etats-généraux nomment à celui-ci sur la présentation ou recommandation du prince. Les officiers prêtent serment au capitaine général, & les officiers-généraux aux états confédérés. Les régimens reçoivent les patentes, c'est-à-dire, les ordres généraux du prince, qui, à la vérité, les expédie sur l'ordre qu'il en reçoit lui-même des états respectifs sur le territoire desquels le régiment se trouve cantonné. Au reste, le mot d'ordre ici est de trop, car ni les Etats-Généraux, ni ceux des provinces, ne donnent d'ordre à M. le capitaine-général, ils prient seulement son altesse de donner tels ou tels ordres; & cet abus ne sert pas peu à induire l'armée en erreur sur l'obéissance qu'elle doit aux états. On ne parle jamais aux soldats & bas officiers qu'au nom du prince; les sentences des conseils de guerre se rendent au nom du capitaine-général; il-les casse, les modifie, en commue les peines à son gré. Les armes étoient sur tous les drapeaux, sur les hausse-cols; en un mot, les écharpes des officiers étoient & sont encore à la couleur du prince; il reçoit les honneurs militaires à l'instar des souverains du reste de l'Europe, & même avant qu'il eût quitté la Haye, en 1785, aucun des membres de l'assemblée souveraine, pas même le président, ne recevoient le salut, quoique la grande garde soit placée en face de l'escalier & devant les fenêtres de la salle d'assemblée; tous les honneurs étoient réservés à la famille stathoudérienne; est-il surprenant d'après cela que les troupes ne regardent que le seul prince comme leur chef, leur maître, leur souverain? Le soldat sur-tout peut-il en imaginer un autre? Ajoutons que ce prince, a une compagnie de gardes-du-corps, & une de cent fusiles que les états paient.

Les régimens allemands au service de la république, commandés par de petits princes souverains de l'Allemagne, ne doivent-ils pas penser, que ne rendant les honneurs militaires dans toute la république qu'au seul prince d'Orange, ce prince en est le vrai souverain, comme leurs princes, comtes ou barons le sont de leurs petits états? Il est même probable que dans les derniers troubles une grande quantité de bas-officiers ont désobéi au véritable souverain, sans croire commettre le moindre mal, persuadés qu'ils ne devoient obéir qu'aux ordres émanés du stathouder. Quant au serment prêté au prince, & aux brevets signés par lui, il n'est peut-être pas d'abus plus funeste & plus dangereux. L'expérience ne l'a que trop prouvé récemment. La plupart des officiers n'ont recusé les ordres des états de Hollande que parce qu'ils se trouvoient liés par un serment tant aux Etats-Généraux qu'au prince, & qu'ils ne vouloient en conséquence obéir qu'aux patentes du prince. Un tel abus est-il indifférent en lui-même? Au moyen de cet abus, le prince d'Orange ne peut-il pas, quand bon lui semblera, tourner les forces de l'état contre l'état même, & l'asservir avec sa propre armée? Ajoutez à cela que le stathouder s'arrogeant le droit de donner à la Haye le mot de l'ordre sans participation du souverain, qui cependant y est toujours représenté par le collège des conseillers-députés, il peut en employer à son gré la nombreuse garnison, & s'en servir même pour arrêter & détenir les membres des états, ainsi que Guillaume II l'a fait, puisque cette garnison ne reconnoît que ses seuls ordres. Je ne fais qu'indiquer ce point capital, pour faire voir que les patriotes, en exigeant la réforme de cet abus, ne demandoient rien que de juste & d'indispensable; l'usage contraire étant évidemment incompatible avec la dignité & la sûreté du souverain & des vrais représentans de la nation.

La classe commune des citoyens de la république pouvoit être induite aussi facilement en erreur sur la nature de l'autorité stathoudérienne. Tous les placards, émanés de la chancellerie du prince, commencent par ces mots: *Nous Guillaume, &c. Ordonnons, &c.* Ce début est celui d'un souverain. Ses armes sont peintes partout, sur les voitures publiques, chariots de postes, avec cette légende, *sauvegarde*; on prie pour lui & pour sa famille dans les exercices publics de religion, comme on prie pour le souverain; il y a même une formule expresse dans le rituel de l'église réformée, à ce sujet. Le jour anniversaire de sa naissance est signalé dans toute la république par des réjouissances bruyantes de la populace & même de tous les ordres des habitans. Dans les dernières années sur-tout, cette époque n'étoit attendue qu'avec frayeur par les citoyens paisibles, étant ordinairement celle de quelque tumulte séditieux.

Le prince, quoiqu'il y ait en Hollande un grand-maître des eaux & forêts, est le seul qui donne & vend la permission de chasser dans le temps non prohibé : les amendes contre les délinquans sont à son profit, & l'instruction contre eux faite en son nom. Enfin, le croiroit-on ? Le président des États-Généraux étoit ci-devant, & est probablement revenu aujourd'hui, dans l'usage de se rendre tous les matins chez le prince, avant d'entrer à l'assemblée, pour lui rendre compte des affaires qui devoient être portées à la délibération des confédérés. Le grand pensionnaire de Hollande suivoit la même étiquette avant d'aller présider l'assemblée des états de la province ; & ce qu'il y a de plus ignominieux pour les représentans de la souveraineté, c'est qu'ils devoient se faire annoncer, & attendre dans l'anti-chambre, avec les officiers de la maison du prince, que son altesse eût le temps de leur donner audience. Ne sont-ce pas là autant de marques ostensibles & peu équivoques, pour le peuple ignorant, d'une souveraineté parfaite ? N'est-ce pas là un abus de la plus grande conséquence, puisque cet abus est évidemment la source, peut-être unique, de toutes les révoltes de la populace contre le souverain ? A quelles autres marques en effet reconnoît-on le maître dans les monarchies ?

Le commandement de la Haye, que les états de Hollande ont ôté au stathouder dans le cours des troubles, ainsi que nous le dirons tout-à-l'heure, n'a jamais été attaché irrévocablement à la charge de capitaine général. Le stathouder d'ailleurs eût-il eu un droit réel à ce commandement ; il devoit le perdre par le fait même, puisqu'il avoit si mal rempli un de ses plus sacrés devoirs, celui de maintenir l'ordre & la tranquillité publique dans la résidence du souverain.

Cependant c'est cette privation du commandement de la Haye qui servit de prétexte au stathouder pour quitter entièrement cette résidence, après s'y être fait voir en habit de particulier comme pour inviter le petit peuple à compatir à son sort. Le dépit l'en chassa : ayant fait d'inutiles efforts pour se justifier auprès des états de Hollande, il partit pour Breda ; de là il se rendit en Zélande où il a toujours eu de grands partisans ; il passa en Frise toujours accompagné de sa famille ; il regagna l'ascendant chez la plupart des membres des états de Leuvarde, qui, pendant la guerre angloise, avoient si fort tonné contre lui. Enfin il se rendit en Gueldre, où les barons lui ont toujours été dévoués ; & c'est de là qu'il a tramé la révolution.

Mais, avant d'indiquer la suite des troubles & les causes & les effets de la révolution, il est à propos d'indiquer ici quel étoit le but & le plan des patriotes hollandois qui se sont armés pour la défense de leur liberté civile.

Quels étoient le but & le plan des patriotes qui se sont armés dans les derniers troubles pour la défense de leur liberté.

(L'auteur du précis historique, cité tout-à-l'heure nous a encore fourni les détails de ce paragraphe).

Les patriotes n'ont jamais eu l'idée de renverser la constitution ; ils ont voulu seulement la fixer une fois pour toute sur une base solide ; ils ont voulu constamment la purger de tous les abus qui l'ont défigurée à bien des égards, & qui l'ont rendue semblable à une constitution purement monarchique, pour ne pas dire despotique. Mais, pour ne pas tomber dans un inconvénient encore plus dangereux, ils ont voulu limiter l'aristocratie des régens, & donner de justes bornes à la puissance représentative de la souveraineté. On a accusé publiquement les patriotes de vouloir introduire le gouvernement purement démocratique : cette accusation n'est qu'une calomnie inventée & répandue avec affectation pour décrier le patriotisme des défenseurs de la liberté, pour les vouer à l'indignation de l'Europe, & sur-tout pour leur ôter un protecteur puissant. Voici l'exposé succinct de leur système, de leur plan & du but qu'ils se sont constamment proposé, & pour lequel ils s'étoient armés.

Les sept provinces belgiques, qui secouèrent le joug de l'Espagne, formèrent entr'elles une union fédérative, & substituèrent, ou du moins voulurent certainement substituer le gouvernement populaire au gouvernement monarchique, dont elles avoient éprouvé toute la rigueur. Elles s'érigèrent en république, & elles convinrent de ne plus former à l'avenir qu'un état fédératif ; elles se réunirent enfin pour se soutenir, s'aider & se défendre mutuellement contre quiconque chercheroit à les subjuguer en total ou en partie. Les vingt-six articles de l'union d'Utrecht furent dressés à cette unique & seule fin. Cet acte fondamental de l'union, très-insuffisant & très-imparfait, conserve néanmoins à chacune des sept *Provinces-Unies* son indépendance & sa souveraineté particulières. Les sept provinces, s'unissant, entendirent ne se rien céder de leur souveraineté territoriale, & se réservèrent le plein droit de se gouverner, chacune en particulier, selon leurs loix, usages & coutumes, & autres principes de gouvernement populaire qu'il leur plairoit d'adopter. Cette réserve d'indépendance & de souveraineté est formellement stipulée dans les articles de l'union.

Les prérogatives & les privilèges des stathouders sont énoncés généralement dans trois différens articles de l'acte d'Utrecht ; & ces prérogatives & privilèges se bornent à indiquer que les stathouders des provinces respectives, dans le cas de mésintelligence entr'elles, en seront les modérateurs, les arbitres & les juges de paix. Guillaume I ne parut pas content du pouvoir & de l'autorité que les confédérés lui accordoient; le stathouder de Frise, son cousin, en avoit autant que lui; aussi ce prince n'accéda-t-il que tard, & de mauvaise grace, à l'acte de confédération; mais, comme il cherchoit à se faire déclarer souverain des sept provinces, il dissimula son dépit: s'il n'avoit été assassiné, il auroit mis la couronne sur sa tête, & l'auroit transmise à sa postérité. Si l'on jugeoit donc le stathouder actuel sur la constitution primitive, & à la lettre des articles qui regardent le stathoudérat, il seroit facile de démontrer que toute l'autorité que ses prédécesseurs & lui se sont attribuée, est une autorité usurpée. Le stathouder ne peut donc pas dire de bonne foi que les patriotes ont voulu renverser la constitution par rapport à lui; il est encore moins fondé à dire que les patriotes ont cherché à renverser la constitution par rapport à la généralité de la confédération, puisqu'il est absolument faux que les patriotes aient jamais rien fait qui tendît à dissoudre l'union fédérative des provinces. Or, la constitution proprement dite, c'est-à-dire, l'acte d'union d'Utrecht, ne regarde uniquement & directement que la confédération des sept provinces: cet acte d'union ne contient que les obligations mutuelles des provinces, & les conditions auxquelles elles s'unissent, ainsi que les principes généraux sur lesquels elles fondent la base du gouvernement fédératif qu'elles adoptent pour diriger les affaires de la république au dehors & au dedans; assurer son indépendance, sa gloire & sa prospérité. Que vouloient donc les patriotes? Ils vouloient qu'après que le régime de chacune des sept provinces auroit été fixé, arrêté & adopté, les Etats-Généraux eussent corrigé l'acte primordial de leur confédération fédérative, & l'eussent purgé de tous les articles incohérens qu'il renferme, & qui n'étoient bons que pour le temps où ils furent dressés. Les patriotes savent très-bien que cette salutaire réforme de l'acte d'union d'Utrecht ne peut avoir lieu qu'après la fixation & la reconnoissance solemnelle des droits du peuple dans les administrations municipales; c'est-à-dire, qu'avant de réformer, & non de renverser la constitution fédérative, les patriotes vouloient qu'on fixât la constitution particulière de chaque province; qu'on donnât à chacune d'elles un gouvernement calqué sur les principes généraux de leur ancienne constitution sous les comtes, enfin, qu'on commençât par régler l'administration municipale des villes & du plat-pays, parce que cette importante opération devoit servir de base aux deux autres, & en assurer le succès.

Les provinces particulières de l'union n'ont pas une constitution fixe, & l'administration municipale des villes n'a pas de principes déterminés, ainsi que nous l'avons dit plus haut. Tous les étrangers & les deux tiers des habitans des *Provinces-Unies* ignoroient plus ou moins cette vérité, & la grande partie des régens qui ne l'ignoroient pas, se gardoit bien de la révéler. Ils trouvoient trop leur compte à laisser le peuple dans l'ignorance, pour chercher à le détromper. Les écrivains du parti patriotique ont eu le courage de faire luire le flambeau de la vérité aux yeux de cette nation asservie par le despotisme combiné avec l'aristocratie la plus arbitraire; le peuple instruit a osé mesurer la profondeur de l'abîme, dans lequel il étoit enseveli depuis la grande révolution qui sépara les sept provinces des dix autres qui restèrent soumises à la maison d'Autriche. Ce peuple a vu qu'il étoit plus esclave sous le gouvernement républicain, qu'il ne l'avoit jamais été sous ses anciens souverains; il a vu qu'on l'opprimoit impunément, qu'on le pressuroit, qu'on le mettoit à contribution pour augmenter les revenus des princes stathouders, pour faire des présens magnifiques à tous les individus de cette famille, pour payer & entretenir toute sa maison; enfin pour enrichir des familles patriciennes qui vendoient, pour des emplois lucratifs, les plus chers intérêts de la république aux vues du stathouder; il a vu que, loin d'être libre, il n'étoit que le vil esclave de ses régens, & que ceux-ci, à leur tour, n'étoient que les instrumens du despotisme stathoudérien. La vertu nationale s'est enfin éveillée après un assoupissement de deux siècles; le cri de la patrie trahie & vendue aux anglois, par le ministère du stathouder & de la cabale, s'est fait entendre au fond du cœur des braves citoyens, & le recouvrement de la liberté a fait le plus cher objet de leurs vœux.

Il est incroyable, sans doute, que les provinces de l'union soient restées sans constitution provinciale depuis la grande révolution jusqu'à ce jour, & que les administrations municipales n'aient jamais été fixées sur des règles sûres & propres à opérer le bien général & assurer la liberté des citoyens! Cela est incroyable, mais cela n'en est pas moins vrai. Quelques provinces, comme celles d'Utrecht, de Gueldre & d'Over-Issel, reçurent un règlement provincial des mains de Guillaume I, après l'évacuation des françois qui avoient conquis ces provinces sous Louis XIV; mais ces réglemens, que Guillaume IV remit en vigueur d'abord après sa promotion aux trois grandes charges de l'état, respirent le despotisme le plus honteux sur un peuple libre. Ce stathouder-roi voulut punir ces provinces, abandonnées à leur propre défense par les autres confédérés, d'avoir subi la loi du monarque conquérant. C'est là du moins le prétexte grossier, dont les Etats-Généraux, à l'instigation du stathouder, se servirent

virent pour exclure les députés de ces trois provinces de l'assemblée générale de la confédération. Ce prince, qui gouverna arbitrairement la république, vouloit formellement exclure ces trois provinces de l'union; &, sous prétexte de les asservir à la confédération, il vouloit s'en rendre le maître absolu; il avoit formé le dessein de s'en faire une souveraineté particulière. Ces réglemens de Guillaume III ne peuvent pas être pris pour des réglemens constitutionnels de ces provinces, puisque le peuple ni ses représentans n'eurent aucune part directe ou indirecte à leur formation, & puisque ces réglemens, également oppressifs pour les régens & pour les citoyens, ne furent adoptés des uns & des autres que par force & violence.

Aussi, immédiatement après la mort de Guillaume III, ces provinces à réglement revinrent-elles à leur ancienne forme d'administration provinciale. Les villes qui avoient été contraintes de recevoir, de la main du même prince, des réglemens municipaux, les abandonnèrent aussi-tôt que le despote stathouder ne fut plus. Il s'écoula quarante-cinq ans entre leur abolition & leur rétablissement par Guillaume IV: c'est précisément l'interrègne de Guillaume III à Guillaume IV. Ce dernier extorqua, des états de Gueldre, le rétablissement du réglement provincial; il menaça de ne pas accepter le stathoudérat de leur province, s'ils refusoient de se soumettre de nouveau à ce réglement; & c'étoit menacer les membres des états, contraires aux volontés de ce prince, d'être égorgés par la canaille de son parti.

Il est si vrai que les sept provinces n'ont jamais eu de constitution républicaine, fixe & déterminée; il est si vrai encore que la constitution fédérative des sept *Provinces-Unies* est insuffisante aujourd'hui, & l'a été presque du moment où elle fut formée, que les bons régens, les régens vraiment citoyens, les régens en un mot véritablement amis de leur patrie, ont senti dans tous les temps la nécessité de réformer la constitution générale, & de donner en même-temps aux provinces une constitution particulière.

» Selon un mémoire manuscrit, composé en
» 1740, par un homme très-instruit, & dont
» j'ai un extrait sous les yeux (*j'emprunte ici les*
» *expressions de l'auteur de l'ésquisse d'un grand ta-*
» *bleau, discours préliminaire*, page 17). Le re-
» mède que ces dignes régens desiroient de-
» voir employer pour sauver l'état, consi-
» stoit dans la réforme de ce que la constitution
» générale & les constitutions particulières peu-
» vent avoir de défectueux, & dans l'abolition
» des abus qui s'y sont introduits. Les villes
» pouvoient d'abord commencer chez elles cette
» opération; chaque province auroit ensuite fait
» la même chose, & une assemblée générale des
» députés de toutes les provinces auroit réglé
» ce qui concerneroit l'union. Si l'on venoit à faire

Œcon. polit. & diplomatique. Tome III.

» une telle réforme, continue le même mémoi-
» re, l'on verroit la nation rétablie dans ses
» droits & libertés; les nominations des régens
» faites universellement par le peuple, & les
» charges, emplois & commissions justement ré-
» parties & dignement administrées ».

Voilà précisément ce que les patriotes, d'accord avec les bons régens, vouloient exécuter aujourd'hui, voilà ce qu'avoit exécuté heureusement la bourgeoisie d'Utrecht & celle de *Wyck*. Voilà ce à quoi on avoit commencé de travailler dans quelques villes de la Hollande. Voilà ce qu'avoit déja fini celle de Harlem, en adoptant solemnellement un réglement municipal; & voilà quel étoit le but des états de Hollande en nommant une commission chargée de travailler à un réglement provincial dans lequel la nécessité de l'influence du peuple fût reconnue, adoptée, reglée & fixée irrévocablement. La ville de Harlem en avoit fait faire la proposition par ses députés aux états de Hollande. Cette proposition passa à la majorité, & les membres de cette commission étoient déja nommés pour travailler à cet important ouvrage. Ce sont autant de faits publics & connus aujourd'hui de toute l'Europe. La province d'Overyssel avoit aussi entamé cette réforme salutaire; déja le réglement pour les emplois provinciaux & les commissions provinciales avoit passé aux états, déja on travailloit au plan d'un réglement provincial, & déja les villes avoient dressé leurs réglemens municipaux; mais les aristocrates de cette province, après avoir retranché les abus du stathoudérat, traînerent en longueur le réglement réformatoire des villes, parce qu'ils vouloient être presque indépendans du peuple, & qu'en secouant le joug stathoudérien, ils vouloient aggraver celui des bourgeoisies dont ils n'étoient que les représentans.

Pour juger des patriotes armés & non armés, il faut examiner les requêtes qu'ils ont présentées en divers temps aux états respectifs de leurs provinces, & les adresses qu'ils ont faites à leurs régences. Tous ces documens déposent en leur faveur; & attestent la pureté de leurs intentions. Ils n'ont jamais insisté que sur le redressement des abus énormes, & sur une influence modérée du peuple dans les administrations municipales. Ils ont voulu avoir de véritables représentans, nommés par eux, & qui ne pussent s'écarter par basse adulation pour le prince, ou par intérêt particulier & personnel, de la volonté connue & raisonnable du peuple. Ils ont voulu que les magistratures ne fussent pas héréditaires dans les familles; ils ont voulu que les régences des villes ne fussent plus composées uniquement des créatures du prince; ils ont voulu que les charges & emplois lucratifs ne fussent plus remplis que par des citoyens de mérite & recommandables à l'état, soit par leurs vertus, soit par des services rendus à la patrie. Ils ont

Bbbbb

voulu que les régences rendissent compte, lorsqu'on le demanderoit, de l'emploi des finances; ils ont voulu que les deniers publics, le fruit de leurs travaux & de leur industrie, & souvent le retranchement des plus pressans besoins du citoyen de la moyenne classe, fussent employés aux besoins de l'état, à l'entretien de la Marine qui en fait la principale force, à celui des digues & fortifications; ils ont voulu que, par une juste perception des impôts, le trésor de l'état fût toujours rempli & pût faire face à une guerre, si quelque puissante étrangere la déclaroit à la république; ils ont voulu que les états des provinces & les colléges de la souveraineté fussent absolument indépendans du stathouder, qui n'est que le premier ministre de la république, & que les assemblées des membres de la puissance exécutrice pussent prendre librement les résolutions propres à assurer la dignité de la confédération, sa prospérité, sa force, sa gloire & sa considération chez l'étranger. Voilà en substance ce que les patriotes en général ont constamment voulu, & voilà aussi ce que les patriotes armés ont constamment demandé. C'étoit, je le sais, diminuer l'influence du stathouder & donner un frein aux aristocrates qui prétendoient gouverner seuls & à leur fantaisie; mais ce n'étoit pas détruire le stathoudérat, ni introduire la pure démocratie; c'étoit uniquement jeter la base d'un gouvernement républicain calculé sur de meilleurs principes. Les aristocrates gueldrois le sentirent; & pour se dérober tout d'un coup aux sollicitations pressantes des patriotes de leur province, ils prirent une résolution qui a de quoi étonner le sujet même soumis au gouvernement le plus despotique: ces états de Gueldre défendirent, sous peine de poursuite criminelle, qu'on leur présentât aucune adresse ni requête quelconque sur des abus à réformer, ou sur des vexations essuyées par les concitoyens de la part des tyrans leurs régens. Les villes d'Elbourg & de Hattem furent punies de la maniere la plus cruelle, pour avoir voulu user du droit de leur liberté civile, comme nous le dirons plus bas. Tout le monde sait l'histoire du saccagement de ces deux villes infortunées. Les états de Gueldre & le prince stathouder, s'aiderent mutuellement en cela pour assouvir leur ressentiment particulier. Les aristocrates des autres provinces goûterent peu-à-peu ce système d'oppression, & les soi-disant états d'Utrecht, assemblés à Amersfort, l'embrasserent sans réserve. Les Aristocrates des autres provinces ne défendirent pas à la vérité qu'on leur présentât des requêtes, mais ils finirent par les recevoir sans les lire, ou du moins sans y répondre. Et c'est-là une des grandes causes de la malheureuse issue de la révolution actuelle. Le stathouder & sa cabale ont profité de cette inertie des aristocrates; ils ont préparé leurs mesures de loin; ils ont lié leur partie avec la Prusse & avec l'Angleterre, & sont venus à bout d'envahir la république & de faire ainsi la loi, tant aux aristocrates qu'aux patriotes. Je ne suis aucunement surpris que l'aristocratie ait été assez orgueilleuse & assez imprudente pour défendre aux bourgeoisies la présentation des requêtes, ou pour n'y avoir eu nul égard dans les derniers six mois de la révolution; mais je suis surpris que cette aristocratie ait trouvé des avocats & des instigateurs sur cet article capital.

Les abus d'autorité dans la république par rapport au peuple, avoient été de tout temps de deux sortes: abus d'autorité de la part des stathouders, abus d'autorité de la part des régens; c'est-à-dire, que le peuple des sept provinces auquel on disoit continuellement qu'il étoit libre, en ne le comptant véritablement pour rien, étoit vexé alternativement par les stathouders & par les régens. Ce fut cette vexation des régens qui amena la révolution de 1747 & 1748, en faveur de Guillaume IV. Les citoyens, opprimés par leurs magistratures, virent avec plaisir la canaille des campagnes & des villes forcer les états des provinces à rétablir le stathoudérat dans les cinq provinces qui se gouvernoient sans stathouder depuis la mort de Guillaume III. Les bourgeoisies crurent être délivrées, par le stathouder, de l'oppression des Régens, mais elles furent trompées dans leur attente. La majeure partie des régens se raccommoda avec Guillaume IV; ils ramperent à ses pieds, &, à l'abri de son autorité, ils reprirent bientôt celle qu'ils avoient sur le peuple. Il est vrai qu'ils eurent la lâcheté de recevoir cette autorité des mains du stathouder, & qu'ils ne devinrent par-là que les mandataires, ou plutôt les esclaves du premier ministre de l'état.

C'étoit pour ne pas retomber dans cette grande faute & dans cet état malheureux, que les patriotes se sont armés dès l'année 1783. C'étoit pour être à même de contenir la populace soudoyée par la maison d'Orange, & de soutenir les bons régens dans les réformes à faire, que se sont formés ces nombreux corps armés dans toute la république. Leur prêter d'autres vues & d'autres desseins, c'est les calomnier. Les autres associations patriotiques non armées n'ont pas eu d'autre but, & chacune en particulier n'a jamais eu d'autres vues que de fixer d'une maniere stable & permanente les droits du peuple, & de les faire enfin reconnoître convenablement par le stathouder, par les états provinciaux, & par les magistratures municipales. Or, pour y parvenir, voici à quoi se réduisoient les prétentions de ces patriotes si injustement calomniés;

1°. A avoir dans chacune des villes & villages un collége de constitués, choisis par les citoyens, ayant droit d'élection & responsables de leur gestion au corps des constituans, qui auroit pu les déposer en cas d'infraction formelle aux instructions qu'ils auroient reçues :

2°. A ce que ces collèges de constitués eussent, au nom des bourgeoisies, une influence réelle dans la nomination & l'élection des conseillers de ville qui forment les représentans, proprement dits, du peuple dans les états provinciaux. Cette influence devoit être réglée par une convention ou règlement dressé d'accord avec les régens en place, proposé ensuite aux bourgeoisies, examiné par elles, & enfin arrêté & juré, tant par les citoyens que par les magistrats, en excluant, comme de raison, de l'honneur de la représentation populaire, ceux des régens qui n'auroient pas voulu s'y soumettre. C'est ce qui avoit été heureusement exécuté à Harlem, peu de semaines avant la révolution: aussi le stathouder, pour punir les magistrats & le peuple de cette ville patriotique vient-il d'y former une nouvelle régence. Tous les anciens magistrats ont été déposés, & on leur a substitué trente-quatre citoyens qui n'ont, la plupart, ni l'âge, ni les qualités requises; mais ils forment un corps titré d'esclaves, & c'est tout ce qu'on cherche dans ce qu'on appelle *le rétablissement de la vraie constitution*.

3°. A faire reviser chaque année les comptes publics par les collèges des constitués, afin de connoître l'emploi des deniers de la nation.

4°. A rendre habile tout honnête & paisible citoyen, quel que fût son culte religieux, pourvu qu'il fût chrétien, à posséder & exercer toutes sortes d'emplois, excepté ceux affectés à la magistrature, & par conséquent empêcher que les emplois secondaires, tous jusqu'ici à la nomination des bourgue-maîtres, ne fussent donnés à leurs cochers, laquais ou cuisiniers, de préférence aux honnêtes citoyens nationaux; car on doit remarquer que la plupart des domestiques des maisons des magistrats sont des étrangers, & que la perspective de ces emplois leur sert le plus souvent de gages. Les abus sur cet article sont innombrables, & de la plus grande conséquence pour la moyenne bourgeoisie. Il n'y a peut-être pas d'état en Europe où il y ait plus d'emplois, proportion gardée, & plus lucratifs que dans la province de Hollande.

5°. Les patriotes vouloient qu'après la réforme des abus dans le gouvernement municipal, on procédât à celle des abus dans l'administration provinciale : de la première découloit nécessairement la seconde; & une fois que les régences auroient été remplies, d'après l'influence raisonnable du peuple dans le choix de ses magistrats, la seconde réforme n'eût pas été difficile. Cette dernière auroit entraîné celle des abus non moins grands, glissés dans le gouvernement général de la confédération; les états de chaque province l'auroient opérée, non sous l'intervention directe du peuple, mais en son nom; & chaque pouvoir respectif une fois reconnu, limité & arrêté, le bon ordre permanent en eût été la conséquence naturelle.

Par ce moyen, les trois grandes charges héréditaires, réunies sur la tête du prince, auroient également été réglées d'une manière légale & fixe; les privilèges & prérogatives y attachés auroient été fixés invariablement, & le stathouder héréditaire, lié par la constitution, auroit été dans l'heureuse nécessité de servir la république en bon & fidèle ministre; il auroit été dans l'impuissance d'en trahir les intérêts. D'un autre côté, l'aristocratie auroit été assujettie à des règles immuables, & n'auroit jamais pu se permettre impunément des écarts graves contre la constitution. En un mot, les villes auroient eu une constitution municipale, les états provinciaux en auroient eu une provinciale, & la confédération en auroit eu une fédérative; elles auroient été toutes trois stables, déterminées & permanentes; tout auroit été dant l'ordre : chaque citoyen, depuis le ministre d'état jusqu'à l'habitant du dernier rang, auroit été à même de consulter le code, où ses loix, ses privilèges & ses devoirs auroient été écrits.

Voilà en substance ce que les patriotes vouloient : voilà quel étoit leur unique but. Leur plan n'a pas réussi; mais, je ne crains pas de le dire, jamais la famille d'Orange ne pourra faire maintenant aucun bien dans l'état; une irréconciliable inimitié de part & d'autre vient de tirer la ligne de démarcation entre les cœurs vraiment hollandois & les tyrans qui viennent de les opprimer. Ayant perdu irrévocablement & pour toujours l'amour & la confiance de la nation, les princes de cette maison & le corps entier du peuple seront dans une méfiance réciproque & continuelle; les princes chercheront à subjuguer la nation, & la nation épiera continuellement le moment de secouer absolument le joug honteux qu'on veut de lui imposer. Une catastrophe funeste est inévitable. La nation hollandoise finira par être subjuguée totalement par la maison stathoudérienne, ou cette maison sera extirpée elle-même par la nation. Tout tend à une révolution qui mettra fin à l'esclavage de la république, ou qui lui donnera des fers dont elle ne pourra plus se dégager.

Les abus du stathoudérat, dont les patriotes demandoient le redressement, étoient assez crians & assez intolérables pour autoriser un peuple libre à s'armer, afin d'abattre une autorité monstrueuse qui tendoit si directement au détriment de la liberté civile & à l'asservissement de la république. Les abus de l'aristocratie effrénée n'étoient guère moins dangereux pour les citoyens: ce n'étoit donc pas assez de circonscrire l'autorité stathoudérienne dans de justes bornes, il falloit encore circonscrire & régler celle des aristocrates, tyrans de leurs concitoyens. Les patriotes y travaillèrent de leur mieux, dès qu'ils s'apperçurent que le grand nombre des régens qui les avoient excités & encouragés à s'armer contre le stathouder, n'avoient pris le masque du patriotisme le plus épuré, que pour abattre l'autorité stathoudérienne, & s'en saisir. Dès que les aristocrates pensèrent avoir dompté le stathouder, ils laissèrent tomber le masque: on les connut alors tels qu'ils étoient: on les apprécia à leur juste valeur, & les patriotes s'apprêtèrent à réprimer leur audace, & à leur disputer le terrein pied à pied; ils demandèrent à jouir de leurs droits & privilèges: attachés au petit nombre de régens dont les intentions étoient pures, & à ceux qui n'avoient pas jugé à propos de se démasquer encore, les patriotes purgèrent dans la province de Hollande la plupart des régences de tous les membres stathoudériens, ou aristocrates, connus pour tels. La bourgeoisie d'Utrecht avoit donné l'exemple à celle de Hollande. Cependant, quelque précaution que l'on prît, il resta toujours beaucoup de mauvaises plantes parmi le bon grain. Ce sont ces régens, soi-disant patriotes, qui ont fait le plus de tort à la cause patriotique: ce sont eux qui ont réellement plongé la république dans l'esclavage honteux où elle est dans ce moment. Ce sont eux qui ont empêché de tout leur pouvoir le triomphe des patriotes, en le retardant par des résolutions tout-à-fait opposées au bien de l'état, en se servant de prétextes & de détours pour éluder les justes demandes des patriotes, en remettant à des tems indéfinis des résolutions vigoureuses qui auroient dû être prises sur le champ, & en croisant même sous main des démarches qui étoient décisives pour le triomphe de la liberté civile. Enfin ce sont les aristocrates, déclarés & cachés, qui sont devenus le plus les plus grands ennemis des défenseurs de la liberté.

Le stathouder des *Provinces-Unies* est souverain dans plusieurs parties de l'Allemagne, & il a en cette qualité plusieurs voix à la diète de l'Empire. Nous avons parlé à l'article NASSAU de ces diverses possessions qui achèvent de le rendre un grand personnage, & qui lui donnent de nouvelles facilités pour asservir les *Provinces-Unies*. *Voyez* l'article NASSAU.

Des derniers troubles des Provinces-Unies & de la révolution opérée par les soldats du roi de Prusse.

Nous traitons avec beaucoup d'étendue ce qui a rapport à la dernière révolution des *Provinces-Unies*: c'est une si grande leçon pour les peuples libres! & il ne s'agit pas moins que de la décadence & de l'anéantissement d'une nation qui faisoit l'admiration de l'univers.

Nous n'essayerons pas de tracer en détail l'historique des *Provinces-Unies*. Les résolutions des états des diverses provinces ont été si multipliées & si contradictoires; elles ont embrassé tant d'objets différens: les opérations des Etats-Généraux & celles du stathouder ont été de même si variées & si nombreuses, qu'il faut laisser ce soin à un hollandois qui aura suivi les progrès de la guerre civile, & qui, malgré ses connoissances locales, aura encore beaucoup de peine à débrouiller ce cahos. Nous n'indiquerons ici que les points principaux.

Le cabinet de Saint-James ayant réclamé dans la dernière guerre le secours des *Provinces-Unies*, dont il étoit allié, la province de Hollande entraîna les Etats-Généraux qui se refusèrent à cette prétention mal fondée. L'Angleterre déclara la guerre aux hollandois. Le cabinet de Versailles fit avec les hollandois un traité d'alliance, qui leur a été bien utile, puisqu'il a sauvé leurs établissemens du cap de Bonne Espérance & de Ceylan, & que leur commerce & leur marine n'ont pas essuyé en Europe les pertes qu'ils auroient essuyées sans cette alliance. Tout le monde sait avec quelle foiblesse les *Provinces-Unies* ont fait la guerre aux anglois; chacun l'attribuoit à la mauvaise volonté du stathouder que des liens de parenté & d'autres motifs attachoient à la Grande-Bretagne.

La province de Hollande, plus riche que les autres, sentit davantage cette humiliation, & montra plus de ressentiment.

Le prince d'Orange s'étoit rendu odieux aux états de Hollande & aux provinces qui forment le parti patriotique, par le refus qu'il fit de donner ordre à la flotte hollandoise d'aller joindre celle de France à Brest. Le comte de Bylan fut privé de son rang & de son commandement militaire, pour n'avoir point formé cette jonction selon les ordres des Etats-Généraux. Le duc de Brunswick fut ensuite forcé de donner la démission de tous ses emplois au service de la république, pour avoir empêché l'amiral Bylan d'effectuer cette jonction. La déposition de l'amiral & le renvoi du prince irritèrent le stathouder: la mésintelligence ne fit que s'accroître, & la guerre civile commença.

La plupart des provinces étoient révoltées de la manière dont on avoit fait la guerre; les aristocrates & le peuple se plaignoient d'ailleurs des usurpations du stathouder, & ils alléguoient contre lui mille griefs. Ces griefs n'étoient que trop fondés. On peut en juger.

Le serment que le stathouder prête à son avénement à cette place, est conçu en ces termes:

« Je jure & promets aux états confédérés des

Pays-Bas, nommément à la haute & moyenne noblesse, & aux magistrats des villes de Hollande & de West-Frise qui représentent les états de ces provinces, de leur garder obéissance & fidélité; comme aussi de tenir la main à ce que les officiers de l'armée, qui sont sous mes ordres, obéissent aux loix & aux ordonnances établies par les états confédérés, & particuliérement par ceux de Hollande ».

Les soldats prêtent un serment à-peu-près semblable aux états, & ne doivent obéir au stathouder que dans ce qui a rapport à la guerre; le stathouder, d'un autre côté, n'a point le pouvoir de lever ni de licencier les troupes: ce privilège appartient exclusivement aux États-Généraux, qui consultent le capitaine-général, mais ne sont pas obligés de suivre son avis; il n'a non plus pouvoir concernant la solde, les récompenses, &c. Les états se réservent aussi le droit de nommer les gouverneurs des villes frontières; le stathouder choisit les autres officiers d'après une double nomination des seigneurs-états; mais, pendant le cours d'une campagne, il nomme aux postes qui viennent à vaquer. Il ne peut entrer en campagne, asseoir un camp, assiéger une ville, faire une incursion sur le pays ennemi; en un mot, rien entreprendre d'important sans le consentement & les ordres exprès des États-Généraux. Quand il a quelques desseins que la publicité rendroit impraticables, en ce cas, il dit seulement aux états qu'il est occupé d'un projet pour le bien du pays; mais il est obligé de démontrer quelques-uns des avantages qui en peuvent résulter, & de fixer en gros la dépense qu'il pourra exiger, demandant en même-temps à l'assemblée des états, qu'il soit nommé deux ou trois de ses membres avec lesquels il puisse s'ouvrir sur les particularités de son entreprise; ces députés nommés, il leur fait part de ses intentions; ils en instruisent les états sans entrer dans aucun détail; quand les états ont donné leur consentement, le général se prépare à partir, & leur laisse le soin de pourvoir à tout ce qu'exige l'entreprise. Lorsqu'il prend congé, on lui assigne trois ou quatre députés pour représenter les états, & être son conseil à l'armée ».

Le stathouder n'ayant point commandé la marine dans la dernière guerre, il n'avoit pas même de prétexte pour la défense des droits qu'il usurpoit.

L'acte de l'union d'Utrecht mal interprété; des usurpations qui sembloient confirmées par l'usage; la négligence inconcevable avec laquelle tous les actes relatifs au stathouder se trouvoient rédigés; les privilèges qu'il réclamoit en qualité de souverain d'une multitude de cantons des *Provinces-Unies*, & en vertu de beaucoup d'autres titres équivoques; l'influence du stathoudérat qui depuis 1747 s'exerçoit avec succès; la populace des villes & des provinces mécontente des aristocrates, & toujours disposée à favoriser les vues d'un seul maître; l'espoir des charges & de l'avancement qu'espéroient les nobles & les bourgeois; la méprise de quelques aristocrates qui se croyoient intéressés personnellement à faire cause commune avec le stathouder contre le peuple; l'appareil de souveraineté qui l'environne; les services de la maison d'Orange; le mariage de Guillaume V avec une princesse de Prusse, qui en imposoit à tout le monde; une foule d'autres causes secrètes donnèrent des partisans aux stathouders, & la division ne tarda pas à s'introduire parmi les provinces qui sembloient disposées d'abord à soutenir la province de Hollande.

Celle-ci croyant entraîner la pluralité des six autres, ou persuadée que, par sa puissance & sa richesse, elle dicteroit elle seule la loi aux états confédérés dans une cause si juste, ne ménagea rien: elle ôta au stathouder le commandement de la garnison de la Haye: (nous avons dit plus haut que le commandement de la Haye n'avoit jamais été attaché irrévocablement à la charge de capitaine général): elle le suspendit bientôt de ses charges. Le prince, qui ne pouvoit décemment rester à la Haye, quitta la province de Hollande, & il mit en usage tous les moyens qui dépendoient de lui pour sortir triomphant d'une querelle aussi vive. L'affaire des deux villes de la Gueldre, Hattem & Elbourg, qui fermèrent leurs portes & s'armèrent courageusement contre les usurpations des nobles de cette province, commença les hostilités. Nous avons expliqué à l'article GUELDRE comment les villes & le plat pays ne jouent aucun rôle dans les états de cette province, & comment les nobles, dévoués au stathouder, dominent à l'assemblée souveraine de cette république.

Le 31 août 1786 les états de la Gueldre, c'est-à-dire les nobles de cette province, résolurent de charger immédiatement S. A. S., comme capitaine général, d'y envoyer un nombre suffisant de troupes, sous le commandement d'un officier expérimenté, avec injonction d'y rester jusqu'à nouvel ordre; que si les habitans faisoient résistance, il fût enjoint au susdit officier commandant d'établir garnison dans les deux villes, malgré tous les obstacles, & d'user de violence & de force pour le maintien de l'autorité souveraine.

On apprit bientôt l'évacuation des deux villes d'Elbourg & de Hattem, qui furent abandonnées par les garnisons bourgeoises qui s'y étoient jetées, & par la plupart des habitans. La première de ces villes, qui n'a que quelques fortifications, n'étoit capable de résister qu'à l'artillerie d'un petit calibre; elle ne pouvoit soutenir, même durant peu de temps, la grosse artillerie. Hattem étoit absolument hors d'état de se défendre avec le moindre espoir de succès, & les régens eurent raison d'engager les milices bourgeoises & les habitans à ne pas se sacrifier inutilement.

Les troupes ſtathoudériennes entrèrent dans la ville d'Elburg, où il n'étoit pas reſté une ſeule perſonne. Il n'en fut malheureuſement pas de même de l'attaque de la ville de Hattem; elle fut canonnée; les habitans armés & les bourgeois des villes des autres provinces, qui s'y étoient jettés pour la défendre, firent de la réſiſtance & canonnèrent à leur tour les aſſaillans. Les troupes du capitaine général perdirent beaucoup de monde; mais les bourgeois l'évacuèrent, lorſqu'ils virent qu'ils ne pouvoient plus tenir. On ſait que dans les guerres civiles on ne termine plus les maſſacres, dès qu'une fois on a répandu du ſang.

La province de Hollande envoya aux officiers commandans des gardes, infanterie & cavalerie de la Gueldre une lettre de la teneur ſuivante.

« Conformément à notre réſolution d'aujourd'hui (6 du préſent), nous vous diſpenſons, de même que les autres officiers de vos régimens, par celle-ci, de la partie du ſerment provincial qui a rapport à l'obéiſſance aux ordres du capitaine général : nous vous chargeons d'en donner connoiſſance aux officiers abſens pour avoir à vous y conformer tous ».

Toutes les autres troupes à la répartition de la province, reçurent les mêmes ordres.

Les états de Hollande, journellement aſſemblés, ne ceſſoient de prendre des meſures efficaces pour mettre leur autorité à l'abri de toute atteinte, & pour garantir la province de toute invaſion ſubite : pour n'avoir rien à craindre de la milice de l'état, peu diſpoſée en général à ſeconder les vues du ſouverain, relativement au maintien du repos & de la tranquillité publique, ils rendirent une nouvelle ordonnance qui ne regardoit que les troupes de leur province. Peu portées à ſe ſoumettre aux placards rendus contre les ſéditions, ces troupes les éludèrent & même les tranſgreſſèrent ſans reſpect pour le ſouverain; il fallut mettre directement un frein aux violations multipliées qu'elles s'étoient permiſes, & chercher à les contenir dans le devoir & l'ordre, par des moyens capables de les intimider.

Voici cette ordonnance.

« Les états de Hollande & de Weſt-Friſe, &c. Salut, ayant appris avec la plus grande indignation que, ſans égard à nos ordonnances rigoureuſes du 16 juin 1784, 23 février 1785 & 23 février 1786, pluſieurs militaires ſe ſont permis de temps à autres, en marchant dans cette province, des excès puniſſables, en portant des marques de ſédition, défendues ſi ſtrictement, & des ſignes de parti, en criant même *Hoezée Orange par-deſſus tout*, & autres cris de révolte de cette nature; qu'ainſi ils ſe moquoient de notre autorité ſouveraine en troublant le repos public, & en engageant même d'autres habitans à le troubler, ſoit par leur exemple, ſoit par d'autres moyens ».

« A CES CAUSES, nous avons trouvé bon, en renouvellant & ampliant les placards précédens, d'avertir très ſerieuſement la milice au ſervice de l'état, de s'abſtenir de tous les excès ci-deſſus, ſoit ſous prétexte de réjouiſſance, ou quelqu'autre que ce puiſſe être, capables de troubler la tranquillité publique, & particuliérement de porter des cocardes couleur d'orange, des nœuds, rubans, papiers & fleurs de la ſuſdite couleur, & tous autres ornemens; défendons pareillement auxdites troupes toutes ſortes d'acclamations ſéditieuſes, & bien particuliérement encore de crier *Hoezée Orange par-deſſus tout* & autres cris de joie ſemblables; de plus, leur défendons d'exciter dans leurs garniſons, ou ailleurs, aucuns mouvemens qui puiſſent donner occaſion à des tumultes & à des combuſtions : le tout ſous peine, non-ſeulement de notre haute indignation pour les contrevenans, mais en outre d'être pourſuivis comme des perturbateurs du repos public & comme déſobéiſſans à nos ordres ſouverains, cela ſans aucune connivence ni égard, & punis comme tels ſelon l'exigence du cas, même de la peine de mort. Chargeons notre procureur-général, de même que notre avocat-fiſcal & autres nos officiers civils de notre province, de faire exécuter ponctuellement la préſente ordonnance, ſous peine d'être privés de leurs offices, en cas de connivence ou de contravention de leur part. Ordonnons aux commandans reſpectifs des régimens qui ſe trouvent dans notre province, ou qui ſont à la répartition de notre province, de veiller ſcrupuleuſement ſur les troupes confiées à leurs ordres, ſous peine d'être caſſés ſur le champ, en cas de négligence de leur part : recommandant la même choſe aux commandans des autres régimens ſe trouvant ſur notre territoire, mais non à notre ſolde, les rendant reſponſables des excès des troupes à leurs ordres, s'ils ne veillent pas ſur elles avec le plus grand ſoin, &c ».

La province de Hollande ayant congédié les gardes-dragons dont elle ſe défioit, la Gueldre les prit auſſi-tôt à ſa ſolde. Les états de Hollande ayant donné à toutes les troupes à ſa répartition l'ordre de ſe tenir prêtes à marcher, les ſuiſſes tinrent un conſeil de guerre, & il paroît que le réſultat fut qu'ayant prêté ſerment à la généralité & au ſtathouder, ils n'obtempéreroient point aux ordres particuliers de cette province. Sur ces entrefaites, la ville d'Utrecht étoit aſſiégée, & la province de Hollande vouloit défendre Utrecht avec ſes troupes, & leur avoit donné ordre de marcher; de ſon côté, la Gueldre avoit défendu à celles qui ſe trouvoient ſur ſon territoire, d'obéir à d'autres ordres qu'aux siens. Mais avant d'expliquer pourquoi les troupes refusoient d'obéir, & de débrouiller le cahos du régime militaire & de la répartition des troupes, il est bon de développer ce qui a rapport à la ville d'Utrecht.

La ville d'Utrecht, ainsi que nous l'avons déjà dit, avoit trouvé convenable d'abolir le réglement de 1674, & de se remettre en possession de la nomination de ses régens & magistrats que choisissoit le stadhouder. Cette opération fut exécutée contre le gré de l'ordre de la noblesse & de celui du clergé, qui forment deux voix aux états de la province, sur trois, dont ils sont composés, les villes formant la troisième voix. La plupart des membres de ces deux ordres se retirèrent à Amersfoort, occupée par des troupes; & cette petite ville, ainsi que celle de Rhenen, également occupée par un régiment, se joignirent aux deux premiers ordres, & formèrent avec eux les seuls états qu'on ait vu dans la province, jusqu'à la révolution. Au mois de septembre 1786, lorsque les troupes de Gueldre occupèrent les deux petites villes de Hattem & Elbourg, la province de Hollande établit sur ses frontières, du côté de celle d'Utrecht, un cordon de troupes destiné à sa propre défense, & à prévenir tout acte de violence contre la ville d'Utrecht. Les divisions entre cette ville & les états résidens à Amersfoort augmentoient de plus en plus, & la voie de la négociation fut inutilement tentée. Pour mettre les états dans la nécessité d'un rapprochement, la ville avoit imaginé de fermer sa caisse, & de ne plus contribuer aux charges provinciales. Or, comme cette ville paie, elle seule, environ quatre-vingt pour cent dans la totalité des charges, il devoit en résulter un *déficit* embarrassant dans la caisse de la province. C'est dans cette espèce d'état de guerre que se trouvoient les choses lorsque, le 9 mai 1787, à deux heures après-midi, on fut instruit qu'un bataillon du régiment d'Efferen, à la solde des états de la province, s'avançoit d'Amersfoort pour s'emparer des postes de Jutphaas & de Vreeswick. Ces deux postes sont dans le territoire appartenant à la ville; & on auroit pu de-là gêner considérablement le commerce & les communications. Le conseil s'étant assemblé sur-le-champ, il fut résolu qu'on enverroit un détachement de trois cens hommes de la bourgeoisie, armés sous le commandement du sieur d'Averhout, l'un des régens, pour déloger l'ennemi. Ce détachement partit & rencontra, au village de Jutphaas, le bataillon composé de huit compagnies, qui se retira avec précipitation jusqu'à un petit bois où il se plaça en embuscade. La bourgeoisie, marchant en avant, fut avertie, par quelques chasseurs qu'elle avoit en avant, qu'elle n'étoit plus qu'à trente pas de l'ennemi. Presque au même instant, le bataillon d'Efferen fit deux décharges qui emportèrent quatre hommes à la bourgeoisie.

Elle tint ferme, & fit feu à son tour: il en coûta la vie à quelques soldats. Il y avoit quelques pièces de campagne de part & d'autre. Le sieur d'Averhout s'étant, au bout de quelque tems, mis en état de se servir de sa petite artillerie, en fit un usage si heureux, qu'après un engagement de moins d'une demi-heure, tout le bataillon d'Efferen prit la fuite, les soldats jettant leurs fusils pour se sauver plus vîte. Les bourgeois en ont ramassé 280, avec quatre drapeaux, des caisses, &c. qu'ils ont envoyés à Utrecht. Le sieur d'Averhout fit passer la nuit à ses troupes au village de Jutphaas; &, le lendemain, il alla s'emparer du poste de Vreeswich.

Cette nouvelle étant arrivée à la Haye, l'assemblée des états de la province prit une résolution par laquelle leurs nobles & grandes-puissances, regardant l'union comme rompue par cet acte d'hostilité, ordonnèrent au Général Van-Ryssel, commandant des troupes du cordon, de faire marcher sur le territoire d'Utrecht le nombre de troupes nécessaires pour défendre la ville contre toute invasion ultérieure.

« Les états de Gueldre ordonnèrent au colonel &
» officier commandant du régiment des gardes dra-
» gons, & ensuite à tous les autres régimens qui se
» trouveront à la répartition de la Hollande, & qui
» étoient en garnison dans le territoire des états de
» Gueldre, de persister dans leur serment prêté à
» cette province. Ils ordonnèrent en même-temps
» auxdites troupes, par la même résolution, de ne
» point respecter d'autres ordres pour marcher
» ou autrement, que sur des patentes de S. A.
» comme capitaine-général, & attachés des Sgrs.
» Députés ordinaires, en ajoutant que s'il arrivoit
» quelque chose auxdites troupes par rapport au
» retenu de leur solde, ou quelque chose de cette
» manière, les états de Gueldre y pourvoiront en
» forme de prêt ».

« Les états de Hollande reçurent aussi bientôt
» un ample missive des états d'Utrecht, dans
» laquelle ces derniers disoient n'avoir aucun
» dessein d'employer dans leur province aucun
» moyens de violence, particulièrement contre
» la ville d'Utrecht; & que la demande de trou-
» pes faite à Mgr. le stathouder, n'avoit pour
» motif que de se mettre en défense, puisque
» les états de Hollande avoient fait marcher les
» régimens à leur répartition, vers les frontières
» voisines de la province d'Utrecht, ainsi que
» pour garantir les régens, que les bourgeois
» d'Utrecht avoient démis de leurs postes; qu'au
» reste, ils étoient prêts à accepter la médiation
» offerte par la Hollande; mais qu'ils desiroient,
» que préalablement les états de cette province
» expliquassent leurs vrais sentimens sur les dif-
» férends qui partagent celle d'Utrecht, attendu
» qu'ils permettoient que des citoyens armés de

» Hollande se rendissent sur le territoire d'U-
» trecht ».

« Au milieu de cet état de crise, voici le nom-
» bre de troupes qui étoient à la solde de cha-
» que province ».

» La Gueldre. La moitié du régiment de Tuil-
» van Serooskerken, cavalerie, Orange-Gueldre
» & van Welderen, infanterie.

» La Hollande. Les gardes-du-corps, les gar-
» des à cheval, les carabiniers, Stavenisse, Pons,
» Hesse-Philipstal, la moitié de van Stoken, la
» la moitié de van der Hoop, les garde dragons,
» les dragons de Hesse-Cassel, les dragons de
» Byland, en cavalerie ; & en infanterie les ré-
» gimens des gardes hollandoises, d'Orange-
» Nassau (premier & second regiment), d'En-
» vie, d'Oonderwater, de Hardenhroek, de
» Waldeck (premier & second régiment de Hous-
» toun, de Stuart, de Dundas, de Bylandt, de
» Grenier, (Wallons) ; de Pallardy, de van
» Pabst, de Leefdaal, de van Salm, (de la Ma
» rine) & de Saxe-Gotha.

« La Zélande. De van Dooff, de van Brakel,
» infanterie ; de Douglas, (de la marine) & de,
» Dumoulin (mineurs).

» La Frise. D'Orange-Frise, cavalerie ; & des
» gardes-Frise, une compagnie, d'Orange-Frise,
» de Baden-Dourlach, de Schepper, de van Plet-
» temberg, & de Hesse-Darmstadt, infanterie.

« Utrecht. L'autre moitié de Tuil. van Seroos-
» kerken, cavalerie, & en infanterie, le régi-
» ment du prince héréditaire Guillaume Frédéric,
» & ceux de Monster & de van Efferen.

« Over-Yssel. L'autre moitié de van der Hoop,
» cavalerie ; & le régiment de Baden-Dourlach,
» infanterie.

« Groningue. La moitié de van Stoken, cava-
» lerie ; les gardes-Groningue une (une compa-
» gnie Orange Stad-en-Land-en-Drenthe pre-
» mier bataillon, Lewe & Sommerlate, (infan-
» terie.

» Le pays de Drente, paye le second ba-
» taillon d'Orange-Stad-en-Land-en-Drenthe.

« Il y avoit en outre six régimens suisses, dont
» la province de Hollande paye la plus grande
» partie ; elle a payé ensuite la légion du rhin-
» grave de Salm, qui étoit composée de trois
» compagnies de cavalerie légère, de huit com-
» pagnies de hassards, d'une compagnie de chas-
» seurs, & de deux compagnies d'infanterie.

» Ces divers régimens n'étoient pas can-
» tonnés dans la province qui les payoit ; &
» cet arrangement qui n'avoit rien de fâcheux
» dans les temps de paix, étoit très-dangereux
» au milieu d'une guerre civile, par l'incertitude
» où se trouvoient les troupes, de savoir à qui
» elles devoient obéir, & par leurs dispositions
» à suivre les ordres publics, ou les insinuations
» secrètes du stathouder.

« Les Etats-Généraux délibérèrent sur ce point
» délicat. Les états de Hollande avoient donné
» des ordres aux régimens à leur solde particu-
» lière, alors en garnison dans diverses pla-
» ces de la généralité, d'en sortir & de re-
» venir dans leur province. Les gouverneurs de
» Bois-le-Duc & de Bergen-op-zoom, de même
» que le commandant de Mastricht, en l'absence
» de M. le prince de Hesse-Cassel, qui en étoit
» gouverneur, refusèrent de laisser partir les ré-
» gimens hollandois qui se trouvoient dans ces
» trois villes. Ces officiers-généraux, donnè-
» rent pour raison, que ces régimens ayant prêté ser-
» ment aux Etats-Généraux, ne pouvoient sortir
» que par un nouvel ordre de L. H. P., & que
» les ordres des états de Hollande étoient nuls
» à leur égard. Les états de Hollande se plaigni-
» rent aux Etats-Généraux de ces gouverneurs,
» & ils dirent que si L. H. P. persistoient à ne pas
» ordonner la sortie de leurs régimens desdites
» places, ils défendroient à leurs députés de pa-
» roître à l'assemblée des Etats-Généraux, &
» qu'ils se regarderoient comme séparés de la
» confédération. Les quatre provinces de Guel-
» dre, de Frise, de Zélande & d'Utrecht, qui
» formoient la majorité, opinoient que les Etats-
» Généraux ne devoient pas déférer à la demande
» des états de Hollande ; mais voyant que ceux-
» ci, présens en corps à l'assemblée de L. H. P.
» se levoient pour sortir & pour effectuer leur
» ménace, les débats recommencèrent ; & enfin,
» par une espèce de conciliation, il fut arrêté
» que L. H. P. donneroient les ordres les plus
» précis, aux trois gouverneurs & commandans
» des villes de la généralité, de laisser sortir les
» régimens hollandois, qui seroient rappellés par
» les états de Hollande. Il fut encore résolu d'é-
» crire au capitaine-général, d'envoyer les let-
» tres nécessaires aux régimens. Les états de Hol-
» lande protestèrent fortement contre cette der-
» nière résolution ; & comme ils étoient décidés
» à ôter ce droit de patentes au capitaine-géné-
» ral, & que même ils l'en avoient privé par leurs
» dernières résolutions, ils ne purent laisser cette
» résolution sans la contredire. L. H. P. don-
» nèrent ordre sur-le-champ au capitaine-général
» de se conformer à leur résolution. Ainsi les ré-
» gimens hollandois rentrèrent bientôt sous le
» commandement direct des états de cette pro-
» vince.

» Les états de Gueldre cependant prirent une
» résolution particulière, par rapport aux régi-
» mens hollandois, qui étoient encore dans leur
» province, tels que celui des gardes-dragons
» & ils leur défendirent d'en sortir, sans les pa-
» tentes du capitaine-général ; ils leur enjoigni-
» rent de n'obéir qu'à eux seuls. Pour les en-
» courager à respecter leurs ordres, ils leur pro-
» mirent de les payer de leurs deniers particu-
» liers, au cas que les états de Hollande leur
» retirassent la solde, ou les punissent autrement ;
» mais

» mais feulement en forme de prêt. Cette réfo-
» lution étoit d'autant plus fingulière, que la
» Gueldre eft celle de toutes les provinces la
» plus inexacte dans fes payemens à la générali-
» té, qu'elle fe plaint toujours qu'elle eft trop
» chargée, &c.

Il faut obferver qu'à cette époque, & juf-qu'au moment de la révolution, les Etats-Généraux donnoient prefque toujours des décrets favorables aux ftathouders. Les députés de Gueldre, de Zélande, de Frife & d'Utrecht, y formoient quatre voix que les trois fuffrages contraires de Hollande, de Groningue & d'Over-Iffel, ne pouvoient balancer. La ville d'Utrecht, ne voulant pas reconnoître les états d'Amersfoort, imagina de créer des états dans fon enceinte, & d'envoyer des députés de ces états qui, réunis à ceux de Hollande, de Groningue & d'Over-Iffel, devoient entraîner la balance.

Mais on fit aux Etats-Généraux une propofition, appuyée par la Gueldre & fur-tout par la Zélande, d'exclure de l'affemblée de leurs hautes-puiffances les députés des états affemblés à Utrecht, & d'après cette propofition les états de Hollande, interdirent le territoire de leur province aux députés d'Amersfoort, dans le cas où l'on perfifteroit dans les mefures violentes projettées contre ceux d'Utrecht. Le parti patriotique efpéroit que fi les provinces oppofées à la députation d'Utrecht, ne fe relâchoient point du parti extrême qu'elles avoient adopté contre elle, elles obligeroient la Hollande à perféverer dans fes mefures contre celle d'Amersfoort; qu'il réfulteroit de cette combinaifon que la province d'Utrecht n'auroit plus aucun député aux Etats-Généraux, qui fe trouveroient compofés de fix provinces feulement; & que ces fix provinces étant communément partagées d'opinion, dans la proportion exacte de trois contre trois, il deviendroit impoffible à leurs hautespuiffances de prendre une réfolution fur les objets qui avoient rapport aux divifions.

L'affemblée des Etats Généraux peu de temps après donna pouvoir & ordre au fifcal de leurs hautes puiffances de pourfuivre criminellement tous les officiers des troupes hollandoifes qui avoient été envoyés au cordon établi fur les frontières, pour la défenfe tant de la province que de la ville d'Utrecht, & qui avoient confervé l'obéiffance aux états de Hollande. Dès le lendemain, les états de Hollande, jugeant que les Etats Généraux s'arrogeoient une autorité qui ne leur appartenoit en aucune manière, & qui bleffoit effentiellement la fouveraineté territoriale, prirent à leur tour une réfolution, par laquelle ils defendoient au fifcal des Etats-Généraux d'exécuter, fur leur territoire, les ordres des Etats-Généraux, fous peine de punition afflictive & corporelle. Ils donnèrent en même temps ordre

Œcon. & polit. diplomatique. Tome III.

aux officiers, commandans les régimens à leur folde, de faire arrêter tout employé qui fe préfenteroit pour exécuter cette réfolution des Etats-Généraux.

Les Etats-Généraux votoient, réfolvoient, & terminoient toutes leurs affaires, fans s'embarraffer le moins du monde des voix de la Hollande, d'Overiffel, & de Groningue, comme fi ces provinces n'euffent pas exifté, ou comme fi les états d'Utrecht, dont l'affemblée d'Amersfoort n'étoit encore qu'un foible diminutif, euffent formé une prépondérance fuffifante pour mettre de côté ces trois états.

Les Etats-Généraux parurent déclarer une guerre ouverte à la province de Hollande, par les réfolutions que le parti qui y dominoit avoit le crédit d'y faire prendre à la majorité des voix. Cette province fut fur-tout vivement affectée de la réfolution, par laquelle leurs hautes-puiffances approuvèrent les officiers qui refufoient d'obéir aux ordres de leur fouverain direct, les prirent fous leur protection, & leur adjugèrent un paiement fur la caiffe de la généralité. Comme la caiffe de la généralité, dont on faifoit fi libéralement les honneurs, étoit fur-tout alimentée par la province de Hollande, au moins pour la moitié, il étoit tout fimple de croire qu'elle ne permettroit point l'emploi de fes propres deniers; & qu'ainfi ce paiement promis aux officiers réfractaires à fes ordres, étoit bien précaire. Mais dans les guerres civiles, il ne s'agit que de féduire la nation & l'étranger, ou de montrer fon reffentiment; & on ne s'embarraffe pas de l'efficacité des moyens.

Ce qui achevoit d'embrouiller les affaires, & donnoit plus d'affurance au parti ftathoudérien, c'eft que les états de Hollande n'étoient pas fatisfaits de la conduite de ceux d'Over-Iffel & de Groningue; on s'attendoit même que leurs députés feroient défavoués par leurs commettans: mais la province de Hollande demeuroit inébranlable, & ne changeoit abfolument rien à fa marche, dont le fyftême, auffi fimple que noble, tendoit à maintenir les privilèges des citoyens, & à ne pas permettre qu'ils fuffent envahis par les entreprifes ouvertes ou fecretes du defpotifme, foit ariftocratique, foit ftadhoudérien.

Ce n'eft pas tout : Fatiguée du peu de zèle des autres états, elle a fongé plus d'une fois, pendant la durée des troubles, à fe détacher de la confédération.

Ses états nommèrent aux principaux emplois vacans dans le militaire par la défection des officiers qui avoient refufé de fe conformer aux defirs de l'affemblée fouveraine. Sur ces entrefaites, il fut réfolu par le confeil d'état d'intenter une action criminelle au général Ryffel, commandant le cordon des troupes de la Hollande. Comme ce général pouvoit exhiber les ordres de fon fouverain direct, & qu'il n'avoit pas commis d'autre crime que d'y obtempérer, il étoit clair que c'étoient les états de Hollande qu'il falloit attaquer au criminel.

Quoi qu'on en ait dit dans les feuilles étrangères soudoyées par les ennemis du patriotisme, & dans les papiers publics de quelques provinces, les états de Hollande n'ont jamais eu aucune intention hostile en formant le cordon de leurs frontières ; si on examine impartialement les époques des diverses démarches qu'on leur reproche, on les trouvera toujours motivées par une nécessité indispensable de pourvoir à la sûreté publique, ou au maintien des privilèges de la nation : ils n'ont voulu que lutter contre un débordement de projets et d'entreprises attentatoires à la liberté civile. C'est la funeste expédition de Hattem & d'Elbourg qui avoit déterminé la suspension du capitaine-général, & la formation du cordon de troupes, comme c'étoit la rumeur arrivée à la Haye qui avoit déterminé l'interdiction du commandement de la garnison, & comme c'est enfin l'affaire du Vaart qui déterminoit l'entrée des troupes hollandoises sur le territoire d'Utrecht. Il suffit de rapprocher tous les événemens pour faire voir qu'il n'en est aucun, fâcheux pour la cour de Nimegue, qui n'eut été provoqué, & qui ne tirât sa nécessité de l'ordre même des choses. La France, qui voyoit avec douleur la guerre civile des *Provinces-Unies*, essaya d'interposer sa médiation ; elle y envoya M. de Rayneval, qui entra en négociation avec le ministre de Prusse & le Stadhouder ; mais cette négociation fut infructueuse, & on dit que le Stadhouder ne pouvoit accepter les bases de la négociation entamée par les médiateurs de Prusse & de France, parce qu'il ne pouvoit se prêter à son propre abaissement : mais cette raison n'étoit qu'un sophisme, & un sophisme bien déplorable dans ses effets. Ce n'étoit pas s'abaisser que de rendre généreusement à un peuple libre de stériles privilèges, si souvent contestés, & dont aucune loi formelle ne lui assuroit la possession. Ce n'étoit pas s'abaisser que de faire à l'amour de la paix des sacrifices exigés par la raison & le bon sens. Ce n'étoit pas s'abaisser que de consentir à être le premier citoyen d'une république, dont il réunissoit sur sa tête les plus illustres emplois. Enfin, quand ces misérables droits, auxquels on tient tant, seroient mille fois mieux fondés qu'ils ne le sont, ce n'étoit pas s'abaisser que d'y renoncer, lorsqu'ils paroissoient si évidemment incompatibles avec la liberté, l'indépendance, le repos & les vœux de la majeure partie de la nation ; car il ne faut pas s'y méprendre, malgré la pluralité des voix aux États-Généraux & aux états particuliers de quatre des provinces, il est clair que la majeure partie de la nation favorisoit les vues de la province de Hollande.

Lorsque le parti stadhoudérien vit quelques provinces disposées à demander la médiation de la France, il profita de l'imperfection & de l'obscurité des constitutions, des loix & des réglemens, pour écarter ce moyen de conciliation. Les états de Zélande déclarèrent qu'avant de l'employer, on devoit faire usage des expédiens constitutionnels qu'indiquoit l'article XVI de l'acte d'*union*.

Il ne faut qu'un peu de bon sens & une attention médiocre pour s'appercevoir de l'artifice grossier de la résolution des états de Zélande. L'article XVI de l'union d'Utrecht semble vouloir déterminer les moyens à employer pour concilier les différens qui s'éleveront dans le sein de la république fédérative ; il distingue deux cas ; le premier, celui où les différens concerneroient quelques provinces particulières ; & il dit, « qu'ils seront terminés ou décidés par les autres provinces ou par leurs députés. » Le second cas est celui où la scission seroit établie entre toutes les provinces en général, & alors l'acte veut « que les stadhouders de ces provinces en soient les médiateurs ou les juges. » Dans le tems où l'union fut formée, chaque province avoit son stadhouder particulier, élu par les états à vie, & il n'étoit pas héréditaire ; mais depuis que, pour le malheur irréparable de cette république, la charge de stadhouder, si utile dans son origine, a été absolument dénaturée, qu'au lieu d'un dignitaire éligible à vie, le premier officier de l'état en est devenu, par le fait, le maître héréditaire, & sur tout après que tous les stadhouderats particuliers ont été réunis sur une seule tête, cette dernière partie de l'article XVI de l'union est devenue impraticable, puisqu'on y a supposé une pluralité de personnes désintéressées dans la querelle & impartiales, ou du moins en état de se contrebalancer l'une l'autre. Cependant, le dernier cas de l'article XVI existoit, & non le premier, vu que la scission n'étoit pas dans une seule province particulière, ou entre deux provinces individuelles, mais entre toutes les provinces en général, tandis que d'un côté la Gueldre, la Zélande & la Frise avec la partie des états d'Utrecht, qui s'assembloient à Amersfoort, s'étoient liguées, quoique dans des vues & par des motifs différens, pour la cause stadhoudérienne, & que, d'autre part, les provinces de Hollande, d'Over-Issel, de Groningue, & les états siégeant à Utrecht défendoient le système républicain. Dans l'impossibilité donc de réclamer la dernière partie de l'article en question, & de rendre ainsi le stadhouder juge & partie dans sa propre cause, les états de Zélande, sacrifiant la bonne foi & la vérité au desir de traîner les affaires en longueur & d'écarter la France, dissimulèrent cette dernière disposition de l'acte d'union que nous venons de citer ; & n'alléguant que la première partie de l'article XVI, ils l'appliquèrent à la conjoncture où se trouvoit la république, quoiqu'absolument hors de propos & contre la raison la plus évidente. En effet, quelle étoit la province qui n'avoit point point pris de parti, soit pour la défense de l'ancienne & véritable constitution, soit pour établir sur ses débris l'oligarchie stathoudérienne ? Il étoit question du cas, dont parle la résolution zélandoise, lorsque l'année d'auparavant les villes de Harderwyk, d'Elbourg & de Hattem firent scission avec la pluralité des états de Gueldre ; le moyen de terminer ce différend par l'intervention des autres confédérés fut réclamé, conformément à l'article XVI de l'union, par les provinces de Hollande, d'Over-Issel & de Groningue : mais le prince stathouder & les états de Gueldre se refusèrent à ce moyen de conciliation, prescrit par la constitution même, & la voie des armes fut la seule qui leur plût.

Tout le monde a vu avec horreur les détails du pillage de Middelbourg, & ce n'est rien en comparaison de ce qui se passa dans la Zélande sous la protection trop ouverte d'un certain nombre de régens. Ces scènes, dont le parti stathoudérien en Gueldre, avoit donné l'exemple aux zélandois, se renouvellèrent dans la ville de Harderwik. Les soldats du régiment de Marine du rhingrave de Salm, (régiment déserté du cordon hollandois), furent employés par les artisans secrets de ces désordres pour répandre parmi les bons citoyens la terreur & la consternation. Par les mêmes artifices, ils firent révolter ceux du premier bataillon du second régiment du prince de Waldeck, infanterie, en garnison au Willemstadt. Cette place étant du pays de la généralité, hors des limites de la Hollande, & les états de cette province, à la solde desquels étoient les deux régimens de Waldeck, ayant déféré à la demande du prince, qui en étoit propriétaire, & dont ils portoient le nom, de ne point employer ce bataillon dans le cordon, il n'existoit pas l'ombre d'un prétexte pour se révolter contre leur légitime souverain. En effet, les officiers s'étoient conduits en hommes d'honneur, fidèles à leur serment & à leur devoir : mais les émissaires du parti stathoudérien ayant persuadé aux bas-officiers & soldats que leur commandant & les autres officiers les avoient vendus à prix d'argent aux états de Hollande, ils se soulevèrent. Le colonel de Muelich, secondé par tous les officiers du corps, fit en vain tous les efforts qu'on pouvoit attendre d'un brave chef, qui sait allier la fermeté à la prudence. Les séditieux portèrent l'audace jusqu'à forcer leurs officiers, les armes sur la gorge, à leur livrer les drapeaux, les effets & la caisse militaire du régiment. L'enseigne de Klenck, l'un de ceux qui défendirent, l'épée à la main, les drapeaux confiés à leur garde, reçut un coup de feu à la main & deux blessures à la jambe, & l'enseigne de Romer eut un coup de sabre au gras de la jambe.

Une partie des soldats n'avoit pas pris part au crime de leurs camarades ; mais ceux-ci, voyant qu'ils se tenoient tranquilles, les contraignirent à suivre la troupe, qui sortit de la place, tambour battant, drapeaux déployés, au nombre de 350 hommes, sous la conduite d'un sergent, dirigeant sa marche sur la mairie de Bois-le-Duc : ils arrivèrent à Heesel, entre cette ville & Grave, la cocarde - orange au chapeau, & tous bien pourvus d'argent. A Nimègue, où le second bataillon étoit en garnison, on étoit instruit de l'acquisition que les forces stathoudériennes alloient faire du premier bataillon sans officiers. En conséquence, on vit arriver à Heesel quelques officiers du second bataillon ; ils prirent le commandement de ces déserteurs & les conduisirent en Gueldre, d'où ils furent mis en garnison à Wageningue.

La province de Hollande & la ville d'Amsterdam sur-tout montrèrent plus d'ardeur dans cette querelle domestique que les autres provinces & les autres villes : ses états ont chancelé un moment, il est vrai ; mais le parti patriotique, il faut en convenir, ne pouvoit guère compter que sur elles seules : elles n'oublièrent rien de ce qui devoit irriter le parti stathoudérien. Le 3 février 1787, la ville d'Amsterdam demanda qu'on établît une commission, composée de quelques membres du gouvernement de la province, pour rechercher duement les bornes du pouvoir exécutif, tant du stathouder que du capitaine & amiral-général ; pour concerter relativement aux fonctions de ces charges, ainsi que des devoirs & prérogatives qui y sont attachés, tels plans & telles instructions qu'on jugeroit les plus convenables à la dignité de la souveraineté, à la conservation des prérogatives & de la liberté du pays & des citoyens, & pour le bien général de l'état, & pour en proposer le résultat à leurs commettans. Bientôt après elle déposa, presque à main armée, neuf de ses bourgue-maîtres trop favorables à la cause du prince d'Orange, & elle les remplaça par des citoyens plus favorables à la cause publique : la ville de Rotterdam ne tarda pas à imiter cet exemple que la guerre civile peut seule justifier. A cette époque, on tâchoit de persuader aux étrangers que l'animosité à l'égard du stathouder se concentroit dans un petit nombre de chefs contre le vœu général & reconnu de la nation même. Après ces démarches hardies des deux villes les plus peuplées & les plus riches de la province de Hollande, on dut reconnoître l'aversion invincible que la majorité des citoyens, qui font proprement le corps de la nation, avoit conçue contre le parti stathoudérien, puisque c'étoit la crainte de voir revivre ce système qui avoit déterminé les deux bourgeoisies à ces coups d'éclat. Le seul moyen de regagner l'amour & la confiance de la nation, indignée de s'être vue sacrifiée à l'Angleterre, eût été de faire quelques sacrifices à la patrie, sacrifices indispensables dans les circonstances & justes dans leurs principes, puisqu'il est hors de doute que le stathoudérat, tel qu'il a été rétabli au milieu des troubles de 1747, renferme, dans la trop grande étendue de ses pouvoirs & de son influence, le germe de sa propre destruction, ou la perte de la constitution républicaine.

Les états d'Over-Issel résolurent d'abolir le réglement illégal & inconstitutionnel de 1675, & d'en former un nouveau. Pour travailler à ce dernier ouvrage, de concert avec le stathouder, ils avoient établi une commission qui devoit se concerter avec les commissaires du stathouder. Les conférences furent ouvertes le 11 avril 1787, mais rompues cinq jours après, parce que les instructions des commissaires stathoudériens leur enjoignoient de prendre pour base ce même réglement inconstitutionnel, dont S. A. croyoit ne pouvoir pas se départir, & dans lequel elle ne vouloit admettre que certains adoucissemens. Cependant l'illégalité & l'absurdité de ce réglement dans un gouvernement républicain avoient été plus d'une fois démontrées jusqu'à l'évidence, notamment dans l'avis que portèrent le 14 mars précédent à l'assemblée des Etats d'Over-Issel, contre la protestation de la pluralité de la noblesse, sept membres de l'ordre équestre. Il expose si bien les raisons & les motifs du parti patriotique, que nous croyons devoir l'inférer ici.

« Ils respectent avec le feu baron van de Capellen du Pol la constitution stathoudérienne comme créée par le peuple, & ils la regardent comme étant infiniment plus propre à la situation de la république, que ne l'étoit la précédente constitution sans stathouder, dans les dernières années qui précédèrent l'introduction du stathoudérat mais ils avouent avec la même franchise, (& c'est l'unique point ici en contestation), que ce n'est pas la constitution stathoudérienne, renfermée dans les bornes où elle étoit circonscrite depuis l'établissement de la république, & jusqu'au réglement de 1675, (bornes dans lesquelles elle auroit dû rester) que ce n'est pas, disent-ils, cette constitution qui est dangereuse pour le pays : ils se plaignent que ces bornes aient été outrepassées, & ils regrettent que, par le réglement qu'on fait avoir été imposé aux régens, de force, & d'une manière tout-à-fait illégale en 1675, cette constitution ait été altérée au point que les vices qu'on y a introduits, doivent effectuer un jour la perte de la liberté de l'état & la ruine de la nation. Ils admettent pour certain que la meilleure partie de la nation, en rétablissant le stathoudérat, n'a eu d'autre but que de donner plus d'activité & d'unanimité aux résolutions & à l'exécution des objets qui concernent les intérêts généraux de la confédération, par l'influence juste & par les conseils salutaires de celui à qui les charges les plus éminentes & les commissions principales avoient été confiées dans toutes les provinces de la confédération, avec le commandement des forces de terre & de mer de toute la république, & à qui l'on avoit accordé le droit d'entrer & de siéger dans le plus grand nombre des assemblées d'état, particuliérement de la province la plus puissante ; que ces mêmes citoyens ont desiré de réunir par ce moyen les intérêts particuliers des confédérés, de prévenir toutes les odieuses divisions & les abus dans la direction générale des affaires publiques ; de frayer les voies à des propositions d'amélioration générale, qu'une personne, revêtue de tant de dignités éminentes, pourroit seconder de toute son influence, tandis que les intérêts ou les idées personnelles de quelques assemblées ou régens pourroient se trouver dans une trop grande opposition ; de faire conserver à tous & chacun ses droits & privilèges ; en un mot, de faire servir le stathoudérat au bien-être commun du pays. Voilà les bornes, dans lesquelles lesdits membres de l'ordre équestre, ainsi que la partie la plus considérable & la plus éclairée de la nation, desireroient encore aujourd'hui de voir ramener le stathoudérat, dont, dans ce cas, l'exercice convenable pourroit être en tout temps utile à la patrie : mais ils ne sauroient s'imaginer que ç'ait été alors ou que ce puisse être jamais le vœu bien réfléchi & calme de la nation de se donner, sous le nom de *stathouder*, un maître plus absolu, revêtu d'une autorité plus illimitée, que ne l'a jamais été aucun des seigneurs séculiers ou ecclésiastiques, auquel les *Provinces-Unies* ont obéi ; qu'ils aient voulu, par le choix d'un pareil maître, ôter à leurs régens, & par une conséquence naturelle aussi à eux mêmes, la faculté morale de juger & de voter, relativement aux intérêts publics, uniquement d'après leurs propres lumières & le témoignage de leur conscience : que la précipitation avec laquelle le stathoudérat a été rétabli en 1747 par-tout dans la république, notamment aussi en la province d'Over-Issel ; — la consternation & la terreur qu'une invasion hostile avoit répandue dans tous les esprits ; — le desir, qui animoit plusieurs des régens à cette époque, de voir s'opérer un nouvel ordre des choses ; — que ces circonstances, prises ensemble, ont été uniquement les causes externes & reconnues qui ont porté avec la dernière inconsidération, & contre la véritable intention de l'ordre équestre & des villes d'Over-Issel, d'une extrémité à l'autre ; ce dont entre plusieurs autres preuves une des plus manifestes, c'est que l'ordre équestre & les villes ayant créé le prince Guillaume IV leur stathouder, &c. sans qu'on leur accordât, comme il auroit convenu, le temps nécessaire pour une délibération mûre & calme, & pour ainsi dire à la hâte, & lui ayant conféré cette dignité sur telles inſtructions qu'on jugeroit les plus utiles & les plus avantageuſes pour la république & la province, ils ont néanmoins été privés de la faculté de former des inſtructions ſi hautement néceſſaires par le refus que fit ce prince de ſe ſoumettre à des inſtructions : refus qui, la choſe n'étant plus en entier, força ces régens, malgré eux & contre leurs intentions, à introduire de nouveau l'odieux réglement de 1675, & les réduiſit à la néceſſité de devoir adopter un moyen que l'expérience de pluſieurs années a prouvé aujourd'hui être à pluſieurs égards, beaucoup pire que le mal qu'on vouloit prévenir ; ſavoir, l'établiſſement du ſtathoudérat, d'après le réglement de 1675, qui met les régens dans la dépendance la plus abſolue du ſtathouder, puiſqu'ils ſont contraints à abandonner entre ſes mains, non-ſeulement le pouvoir que, dans le fait, il exerce arbitrairement de nommer les régens des villes & de les démettre à ſon bon plaiſir, mais auſſi la diſpoſition directe & immédiate des principales charges & de toutes les commiſſions qui ſont à remplir dans la province, ſans la moindre précaution contre les abus qui peuvent naître d'un pouvoir auſſi illimité. Cependant, à ce que jugent les ſouſſignés, & avec eux la pluralité des membres des états, ainſi que la partie la plus notable des citoyens, un abandon pareil déroge, ſinon directement, du moins dans ſes effets bien réellement à l'autorité ſouveraine de l'état, puiſqu'elle rend non-ſeulement les ſeigneurs ſtathouders maîtres abſolus de la moitié du gouvernement de la province, (ſavoir, de la régence des villes qui conſtituent avec l'ordre équeſtre les états d'Over-Iſſ l) , mais auſſi que le pouvoir, qui leur avoit été laiſſé de conférer les principales charges & toutes les commiſſions d'état à qui il leur plairoit & d'en exclure d'autres à leur bon plaiſir, devoit avoir pour ſuite néceſſaire que tous les régens de la province fuſſent dans la dépendance la plus abſolue & la plus complette de la volonté & des déſirs de celui, de la main duquel ils devoient exclusivement & ſans ceſſe demander & attendre tous les avantages de la régence ; pouvoir qui n'avoit jamais été déféré aux anciens ſeigneurs ſouverains , quels qu'ils aient été, & qui en effet mettoit entre les mains des ſeigneurs ſtathouders l'autorité ſuprême, ſur tout ſi l'on conſidère en même temps qu'on leur avoit laiſſé la diſpoſition preſqu'abſolue des troupes à la répartition, tant de la province d'Over-Iſſel que des autres ».

« Les réflexions que nous venons d'expoſer, ajoutoient-ils, doivent faire convenir tout homme impartial, que c'eſt plus un jeu de mots que quelque choſe de réel, lorſque l'on fait la diſtinction, « que les ſeigneurs ſtathouders exercent tous ces droits, non de leur propre chef, mais au nom de l'ordre équeſtre & des villes. » Et, puiſqu'il ne s'agit ici que d'une vaine illuſion de mots, les ſouſſignés ont nommé à juſte titre, dans leur propoſition, le ſerment prêté ſur le réglement, un ſerment contradictoire, puiſqu'il implique certainement une contradiction notoire de jurer, « qu'on ne déférera jamais la ſouveraineté des états à qui que ce ſoit, ni en tout ni en partie » ; & puis, dans le même inſtant, & (pour ainſi dire) d'une ſeule haleine, d'affirmer au contraire d'une manière non moins ſolemnelle, « qu'on obſervera & exécutera le réglement de régence », c'eſt-à-dire, un réglement, par lequel on ne déféroit pas, il eſt vrai, aux ſeigneurs ſtadhouders la ſouveraineté entière, mais certainement une partie très notable d'icelle, & des droits régaliens majeurs d'une nature ſi eſſentielle, que déférés héréditairement ils les rendoient, par leur exercice même, maîtres & poſſeſſeurs de toutes les autres parties principales de la ſouveraineté, particulièrement de celles qui ont rapport à l'état de la confédération ; de ſorte que les membres du gouvernement de la province repréſentoient bien , de nom & en apparence la ſouveraineté, mais que dans le fait ils n'étoient que de ſimples inſtrumens pour exécuter la volonté & le bon plaiſir des ſtadhouders ſucceſſifs : &, cette contradiction une fois prouvée, il s'enſuit que les membres de l'état ne peuvent ni ne doivent plus ſe croire tenus par un ſerment, qu'ils ont prêté de bonne foi, mais au préjudice évident du pays, & au dam du bien-être national ; au contraire, ils ſont obligés de s'en délier mutuellement, ou plutôt de s'en regarder comme déchargés ipſo facto, afin de pouvoir s'occuper ſans trouble des corrections à faire néceſſairement dans ledit réglement ».

« Les membres de l'ordre équeſtre qui ont proteſté contre les réſolutions des états, attribuent, il eſt vrai, tout le danger qu'il y a dans l'exercice de ces droits régaliens par M. le ſtadhouder héréditaire, uniquement à la puſillanimité & aux vues d'intérêt particulier de ceux qui ſont revêtus d'une charge, & non au pouvoir même de celui qui la leur a conférée ; & certainement les ſouſſignés ſont bien loin de vouloir laver de pareils régens & autres perſonnes en place du reproche de foibleſſe qu'ils méritent : mais il ne faut que peu connoître le cœur humain pour ſe faire une idée des effets & de l'influence, qu'aſſure un pouvoir ſi illimité de conférer toutes les charges & toutes les commiſſions dans tous les tems, à un ſi grand nombre de régens déjà favoriſés, ou qui demandent encore ou attendent des graces. Ainſi, de quelque côté que vienne la faute, il eſt toujours certain que cette influence doit néceſſairement produire l'effet le plus dangereux pour le bien-être du pays, la ſouveraineté de la province & l'indépendance des régens, qui partagent, avec le stadhouder, toutes les passions & les foiblesses attachées à l'humanité ».

« Les mêmes membres, de l'ordre-équestre, en appellent pour appuyer leur sentiment à l'expérience depuis 1747, jusqu'à nos jours : mais quels que soient les argumens qu'ils croient pouvoir en tirer en faveur du stadhoudérat en général, jamais il n'en résultera que cette utilité pour notre province, se fonde sur le réglement sus-mentionné, & qu'elle n'auroit pas été encore plus grande en s'appuyant sur un réglement plus modéré & plus convenable à une république libre. Depuis 1747 jusqu'à la dernière guerre angloise, il n'avoit encore existé que peu de cas, dans lesquels tout ce que ce réglement a de pernicieux pût se manifester. Une longue paix, un commerce assez florissant, laissoient régens & bourgeois dans une parfaite sécurité à l'égard des progrès, par lesquels notre forme républicaine dégénéroit en un gouvernement absolument & tout-à-fait dépendant du stadhouder. Cependant les négocians n'avoient pas effacé de leur souvenir les pertes immenses que leur avoit fait essuyer le défaut de protection pendant la guerre maritime, qui dans l'intervalle avoit éclaté entre nos voisins. Ces pertes étoient trop présentes à leur mémoire pour ne pas penser, pendant que nous étions attaqués nous-mêmes, à des moyens qui pussent diminuer la trop grande influence du stadhouder sur les régens, auxquels ils devoient attribuer en grande partie, sinon uniquement tout ce qu'ils avoient souffert, & rendre ceux-ci indépendans, au point qu'ils pussent, sans autre intérêt qu'uniquement celui du bien-être de l'état & de la nation, prendre les mesures les plus vigoureuses contre un ennemi, qui nous avoit opprimés de la manière la plus injuste ; & que, si des conseils pervers détournoient le stadhouder de la poursuite sérieuse de la guerre, ils pussent voir, par leurs propres yeux, énoncer leur propre sentiment, & non parler un langage qui leur étoit dicté par autrui. L'influence sans bornes, que de pareils réglemens donnoient au stadhouder, tant en Over-Issel que dans les provinces voisines, qui le rendoit presque maître absolu des régens, qui y dirigeoit toutes les résolutions d'état à son gré, qui les faisoit publier à son bon plaisir, — cette influence a ouvert les yeux à tous les citoyens ; & dès ce moment une revision de plusieurs évenemens anciens, mais sur-tout celle d'un enchaînement de faits récens, a constaté l'expérience de l'utilité du réglement, (à laquelle néanmoins, messieurs de l'ordre équestre en appellent) & l'a établie si fort en faveur de la pluralité des états, qu'il seroit plus possible de dire qu'il fait nuit en plein midi, que de soutenir encore à présent qu'une si grande influence des seigneurs stadhouders sur le gouvernement du pays, sur-tout dans des tems de trouble intérieur & d'une guerre étrangère, n'est pas évidemment pernicieuse pour la patrie, & qu'elle n'ôte pas tout-à-fait à la nation la confiance, qui, si jamais, certainement dans des tems de perplexité publique, lui est si indispensablement nécessaire à l'égard de ses représentans, puisqu'elle doit soupçonner bientôt (& plût-au-Ciel que ce n'eussent jamais été que de simples soupçons !) que ceux, à qui elle a confié ses intérêts les plus chers, suivent plutôt l'impulsion toute puissante, qui les entraîne vers les intérêts du dispensateur exclusif de toutes les graces ou de ceux qui en dispensent sous son nom, qu'un mouvement libre & désintéressé, pour voter en conscience comme l'exigent les vrais intérêts de l'état ».

Cette protestation d'une partie de l'ordre équestre de la province d'Over-Issel se trouvoit à la suite d'une résolution des états de cette province, où, par un motif qu'on ne peut concevoir, ils s'étoient rapprochés du système stathoudérien. Nous observerons ici qu'une des causes qui a facilité & précipité la dernière révolution, c'est l'instabilité des vues & des résolutions des provinces de Groningue & d'Over-Issel. D'une année à l'autre, on les voyoit adhérer fortement aux vues de la province de Hollande, & s'en écarter. Les députés d'Over-Issel à l'assemblée des Etats-Généraux varioient aussi dans leurs opinions. Cette variation étoit une suite des intrigues secrettes, des entreprises & des violences du parti stathoudérien. Le conseil d'état qui, durant l'été de 1787, avoit entrepris d'effectuer une médiation, informa bientôt les états de Hollande « que ceux de Gueldre & d'Amersfoort avoient refusé d'entrer dans des conférences, à moins que la Hollande ne retirât ses forces, qui couvroient la ville d'Utrecht, ainsi que les ordres donnés à cet égard au général van-Ryssel ; mais qu'il avoit répondu auxdits états, pour les détourner d'une pareille détermination : c'est pourquoi il prioit la Hollande de ne pas couper encore les voies à des conférences amiables ». Les états d'Over-Issel & de Groningue envoyèrent des députés aux états de Gueldre & d'Amersfoort, pour les engager à se désister de leurs mesures violentes : mais en vain, & les premiers déclarèrent au député d'Over-Issel que sa mission leur étoit désagréable. Les états d'Over-Issel résolurent : « 1°. de mander pour le 12 juin leurs députés à l'assemblé des Etats-Généraux, pour qu'ils eussent à rendre compte de la conduite qu'ils avoient osé tenir, en concourant avec les députés de Gueldre, d'Utrecht, &c. aux résolutions contre la Hollande, au mépris des volontés connues & des intentions les plus expresses de leurs commettans : 2°. de faire également rendre compte au ſtathouder, en ſa qualité de capitaine-général d'Over-Iſſel, du procédé qu'il s'étoit permis, en faiſant marcher, contre le vœu qu'ils lui avoient ſi expreſſément fait connoître, le régiment de *van der Hoop*, cavalerie, qui étoit à leur ſolde & à celle de la Hollande, pour l'employer dans la province d'Utrecht : 3°. de faire également rendre compte au général van der Hoop de la déſobéiſſance qu'il avoit commiſe envers eux, en conduiſant leurs troupes à l'attaque d'une ville de la république, contre la défenſe la plus poſitive qu'ils lui en avoient faite ». Il eſt clair qu'à cette époque le parti patriotique dominoit aux états, & qu'au moment où une partie de l'ordre équeſtre fit la proteſtation inſérée plus haut, les partiſans du ſtathouder firent pencher la balance.

A-peu-près à la même époque, on répandit dans toute la Hollande, & probablement dans le reſte de la république, une eſpèce de manifeſte du ſtathouder, qui étoit à tous égards une déclaration de guerre contre les états de la province de Hollande & contre tous les citoyens, qui pouvoient reſter fidèles à cette aſſemblée ſouveraine. Ceux qui faiſoient parler le ſtathouder dans cette pièce, oſoient dire que les états de Hollande ſe laiſſoient gouverner par une cabale, & c'étoit contre cette cabale qu'il invitoit tous & chacun à l'aider & à l'aſſiſter. Il commençoit par ces mots : « Nous, Guillaume V, par la grace de Dieu, prince d'Orange, &c. Il diſoit que L. N. & grandes puiſſances avoient pris à ſon égard des réſolutions précipitées & illégales; qu'il s'aſſure que ces réſolutions, relatives au commandement de la garniſon de la Haye & à ſa ſuſpenſion en qualité de capitaine-général de la province de Hollande, ſeront retirées ſur le champ & préalablement à tout ; que L. N. & G. P. le juſtifieront & le laveront entièrement des calomnies infâmes & des menſonges, dont on a flétri ſa réputation dans leur aſſemblée ; qu'elles le rétabliront dans la jouiſſance & l'exercice de toutes ſes prééminences légitimes & de ſes droits ; & qu'ainſi elles le mettront à même, ſans bleſſer la dignité due à ſa haute naiſſance & à ſes illuſtres relations, de retourner au plutôt dans leur province, &c ».

On envoya dans le même temps à Amſterdam une requète à ſigner, qui avoit les mêmes vues, & qui probablement ſortoit de la même main que le manifeſte ; & il en réſulta parmi la populace & les matelots du Kattenbourg une émeute qui coûta la vie à pluſieurs perſonnes, & qui conduiſit à la potence quelques-uns des chefs. Il eſt ſûr aujourd'hui que la première origine de ces excès a été la ſignature d'une requête qu'on avoit dépoſée en divers lieux pour la faire ſouſcrire, même par la plus vile populace, en faveur de la cauſe ſtathoudérienne ; & que les violences qu'on ſe permit dans l'un de ces endroits pour contraindre les paſſans à ſigner, furent, pour ainſi dire, le ſignal du ravage. On jetta dans le canal un des citoyens qui refuſèrent de ſouſcrire ; & ce vacarme ayant attroupé beaucoup de monde autour de la maiſon, ceux qui étoient dedans firent une ſortie à coups de couteaux & de ſabres ſur leurs antagoniſtes : le pillage s'enſuivit, & la fureur populaire ayant une fois franchi les bornes, ne connut plus de frein. Diverſes circonſtances font croire que les meſures avoient été priſes d'avance pour opérer une révolution en faveur du ſtathouder au moyen d'un tumulte général, dans lequel quelques-uns de ſes partiſans ſeroient enveloppés. Du moins, dans le quartier du Kattenbourg, la canaille n'a pas agi ſans chefs plus relevés, & on en nomme pluſieurs qui, dit-on, conduiſirent les mutins. En effet, ceux-ci ont eu des reſſources inconnues ; & peu après que le pont de leur quartier eut été forcé, on vit arriver une chaloupe avec de la poudre au ſervice de leur artillerie : mais la bravoure de la milice bourgeoiſe l'avoit déja rendue maîtreſſe de ce poſte important. Les ſéditieux du Kattenbourg eurent une douzaine de tués, & on en ſaiſit quarante des plus coupables.

Les députés de Gueldre à l'aſſemblée des Etats-Généraux, & ceux des états d'Utrecht ſiégeant à Amersfoort, de concert avec les députés de Zélande & de Friſe, firent prendre bientôt dans l'aſſemblée de leurs hautes puiſſances, au mépris des proteſtations les plus expreſſes des provinces de Hollande, d'Over-Iſſel & de Groningue, & contre l'avis du conſeil d'état, une réſolution qui achevoit de détruire tout moyen d'accommodement : ils caſſèrent les nominations que les états de Hollande avoient faites pour les officiers de leurs propres troupes ; ils défendirent aux régimens de la répartition hollandoiſe toute ſoumiſſion aux ordres de leurs nobles & grandes puiſſances ; ils leur enjoignirent de s'y oppoſer par force, & aux officiers démis de reprendre leur commandement. Ainſi, en réclamant la conſtitution de la république, ils la violoient ouvertement ; ils s'érigeoient en ſouverains ſur le territoire de la Hollande, & ils ordonnoient la rebellion à des militaires envers l'autorité ſouveraine, à qui ils étoient particuliérement liés par leur ſerment & par leur ſolde. Les états de Hollande réſolurent le jour même d'enjoindre à leurs troupes de ne reſpecter aucuns ordres, ni des Etats-Généraux, ni du conſeil d'état. De plus, il fut mis en délibération de faire ſortir du territoire hollandois, & par conſéquent de la Haye, tous les députés aux aſſemblées de la généralité, qui s'étoient déclarés ennemis de la province. Au reſte, ce n'étoit plus une guerre de débats, de réſolutions, de remontrances & d'invectives aux Etats-Généraux, dans les états des diverſes provinces & à la cour du ſtathouder : ce prince étoit campé à Zeiſt avec une armée ; la ville d'Utrecht étoit assiégée; une multitude de corps francs (1) gardoient les frontières & l'intérieur de la Hollande: cette dernière province où l'administration ordinaire se trouvoit suspendue, avoit créé une commission, chargée avec des pouvoirs fort étendus, de veiller à la défense de la province & à la cause publique. Sur ces entrefaites, la princesse d'Orange ayant entrepris de se rendre à la Haye, la commission, qu'on appelloit *la commission de Woërden*, craignit avec raison qu'au point où en étoient les affaires, la présence de cette princesse n'excitât une révolte à la Haye, qu'on avoit beaucoup de peine à contenir; elle l'arrêta dans sa marche, & lui défendit de se rendre à la Haye: on la traita d'ailleurs avec les égards dus à son sexe & à son rang. La princesse d'Orange fut obligée de retourner à Nimègue: mais ce malheureux incident précipita les résolutions de la cour de Berlin; car on ne doute pas qu'au défaut de ce prétexte, elle n'en eût imaginé d'autres pour envoyer des troupes en Hollande, & y opérer une révolution à main armée. Le grand Frédéric avoit vu naître les troubles; il en avoit suivi les progrès; il avoit écrit plusieurs lettres aux *Provinces-Unies*; il avoit laissé entrevoir des menaces: mais soit que la cause ne lui parût pas bonne, soit qu'à son âge il aimât le repos, soit qu'il craignît de rallumer la guerre en Europe, soit que les circonstances ne lui fussent pas favorables, il ne s'étoit point mêlé directement de la guerre. Son successeur, moins circonspect ou plus heureux par les circonstances, se plaignit de l'insulte faite à sa sœur. Il en demanda une réparation éclatante.

Nous ferons ici une remarque de l'auteur du *Précis historique de la révolution qui vient de s'opérer en Hollande*.

« Le prince Stadhouder avoit trois moyens pour abattre le patriotisme & enchaîner les patriotes: celui de la sédition qui avoit toujours réussi à ses prédécesseurs pour gouverner l'état despotiquement; il commença par l'employer, mais ce moyen ne réussit pas au gré de ses desirs, & les patriotes armés ont toujours dissipé les séditieux, quoique la plupart des magistratures, vouées au prince, n'aient jamais puni que foiblement ceux qui étoient pris en pleine révolte. Le prince essaya le moyen de la corruption dans les états provinciaux, pour en obtenir des résolutions qui le remissent dans l'exercice de son autorité usurpée; il réussit en Gueldre, cela n'étoit pas difficile; il réussit en Frise, on ne devoit pas s'y attendre; il réussit en Zélande, malgré la fermeté de la ville de Ziriczée, & la bonne volonté de celles de Vlessingue & de Terveere. Le pensionnaire Vanderspiegel, sa créature, trouva le moyen de faire passer aux états de sa province, tout ce qu'il crut être le plus avantageux à son illustre patron; il réussit enfin à Utrecht. La chûte des états de cette province est encore plus surprenante que celle de ceux de Frise, car les états d'Utrecht furent au commencement les plus ardens pour la cause patriotique, & ils invitèrent le peuple de leur petite province à exposer ses griefs contre le réglement de 1674; c'est celui donné par Guillaume III. La province d'Over-Issel tint toujours ferme contre le stadhouder; celle de Groningue ne lui fut pas plus favorable; mais la province de Hollande, après avoir chancelé, tomba un instant du côté du prince; les patriotes armés de cette province la relevèrent en faveur de la bonne cause, & gagnèrent une majorité suffisante aux états, pour y faire la loi à l'ordre équestre & aux députés des petites villes, qui, contre le vœu formel & bien connu des citoyens, votoient constamment contre la souveraineté de l'état, & contre la liberté du peuple ».

« Quoique le prince eût pour lui, aux Etats-Généraux, la majorité d'une voix tout au plus, il ne gagnoit rien: il falloit dompter la province de Hollande avec laquelle il avoit affaire particulièrement, & sans laquelle il ne pouvoit rien de décisif en faveur de son ambition. Il fallut donc en venir au troisième moyen qui lui restoit, celui de la violence & de la force ouverte. Ce parti fut résolu à Nimègue, après la mort du grand Frédéric, de concert-avec les états de Gueldre & les cabinets d'Angleterre & de Prusse. Cependant avant d'en venir à cette extrémité, on résolut de tenter encore un soulèvement général de la populace; voici l'étrange moyen dont on se servit pour y réussir ».

« Madame la princesse d'Orange se chargea ouvertement du premier rôle pour faire agir cette populace au gré des desirs du parti ».

« Après avoir fait échouer la négociation d'un accommodement proposé par la cour de France à celle de Berlin, & entamée à la Haye, madame la princesse annonça qu'elle se chargeoit seule d'un accommodement & d'une réconciliation entre son mari le stadhouder, & les états de Hollande ».

---

(1) Les corps francs armés se multiplièrent & s'accrurent insensiblement; ils se sont préparés pendant plus de quatre ans à soutenir leurs droits, les armes à la main: quelques-uns s'exercèrent paisiblement dans des prairies qu'ils louoient hors de leurs villes respectives. Insensiblement ces corps armés ont obtenu la sanction de leurs magistratures respectives; ils en ont reçu des marques éclatantes & publiques de satisfaction. Toute l'Europe sait que les états des provinces patriotiques, & sur-tout que les états de Hollande les ont pris sous leur protection immédiate; que les conseils des sénateurs les ont encouragés, protégés, récompensés même.

« Voici

« Voici donc comment on raisonna à Nimègue avant de tenter ce coup, l'un des plus habiles & des plus adroits en politique, dans un moment où il n'y avoit plus de tems à perdre pour porter une atteinte mortelle à la liberté nationale : Madame la princesse, dut-on dire, arrivera à la Haye sans obstacle, ou sera arrêtée sur le cordon & forcée de retrograder. Dans le premier cas, elle opérera seule la révolution, au moyen de la canaille qui se soulevera en même tems dans toute la province, & dont il ne sera pas possible d'arrêter la fureur, puisque les troupes sont mal-intentionnées pour les états, & que celles qui paroissent fidèles sont occupées avec les corps francs armés, à Utrecht ou au cordon de la Hollande. Dans le second cas, nous crierons à la violence, à l'insulte, à l'attentat, & nous invoquerons l'assistance du roi de Prusse, qui, sur notre exposé, croira son honneur intéressé à venger l'affront fait à sa sœur. Il n'y a que ce seul moyen de finir, & de lever le camp de Zeitz, où nos troupes se morfondent, & où elles jouent depuis long-tems un triste rôle ». L'événement a prouvé qu'on avoit très-bien raisonné à Nimègue, puisqu'en trompant le cabinet de Berlin, ou au moins sa majesté prussienne, par un faux exposé, le parti stathoudérien, qui étoit aux derniers abois, est parvenu à ses fins, en ruinant le pays par les troupes prussiennes, & en rétablissant le despotisme sur le trône.

Le roi de Prusse rassembla, en effet, une petite armée dans les duchés de Juliers & de Clèves. Les états de Hollande, ayant approuvé la conduite de la commission de Woërden, se bornèrent à assurer nettement qu'ils n'avoient point voulu manquer aux égards dûs au rang & au sexe de la princesse d'Orange. Ils prévinrent les habitans de la nécessité prochaine d'une inondation partielle, au moment où des troupes étrangères menaceroient la province d'une invasion; & promirent une indemnité à ceux des sujets dont les terres seroient submergées. Gorcum & Neerden étant supposées les deux clefs de la province, au midi & au nord, on songea à les fortifier. Le commandement de la première de ces places fut donné au baron de Capelle de Marsch, ci-devant commandant des gardes-du-corps du prince d'Orange, & celui de la seconde au général Van-Ryssel. Sur la demande faite à la commission de Woërden d'indiquer un commandant en chef, capable de se servir des forces qui pourroient rester à la province, ce choix tomba sur le rhingrave de Salm.

Enfin, les prussiens entrèrent en Hollande, au nombre d'environ vingt-cinq mille hommes.

Tout changea de face, & la force dicta des loix. La petite garnison qui défendoit Utrecht abandonna la place; les corps francs & les troupes qui gardoient les frontières de la province de Hollande, se replièrent & entrèrent à Amsterdam, dont on fortifia les lignes.

Une partie des états de Hollande se retira à Amsterdam, ainsi que la commission de Woërden. Elle y tint ses assemblées, & concerta avec les partisans qui lui restoient, les corps francs & le conseil d'Amsterdam, les moyens de se défendre. Sur ces entrefaites, l'autre division des états qui étoit restée à la Haye, abrogeoit toutes les résolutions prises contre le stadhouder & la province d'Utrecht. Elle levoit la suspension des charges prononcées contre le stadhouder; le commandement de la Haye lui étoit rendu; la princesse étoit invitée à revenir, la commission de Woërden anéantie, & on ordonnoit à la nation de prendre les cocardes Orange. A la prière de cette partie des États, le duc de Brunswick consentit à ce que ses troupes n'entrassent point à la Haye, & les Etats-Généraux ordonnèrent de recevoir les prussiens dans toutes les villes de Hollande. Du moment où une partie des états de Hollande se refugia à Amsterdam, tandis que le reste demeuroit à la Haye, tout fut perdu.

Amsterdam paroissoit disposée à soutenir un siège : on avoit percé les digues autour des lignes : l'armée prussienne, après de légers combats devant quelques villes qui refusoient d'ouvrir les portes, malgré les ordres des Etats-Généraux & ceux de la partie de Hollande qui demeuroit à la Haye, arriva près des lignes d'Amsterdam, où elle perdit beaucoup plus de monde qu'on ne l'a dit dans les gazettes (1). Cette ville ne pouvant résister seule, & sans les forces de ses alliés, à un ennemi si puissant, craignant pour ses richesses, & nullement disposée à des actes de désespoir que l'histoire nous a montré si souvent en pareille occasion, se mit à négocier avec le prince régnant de Brunswick, qui commandoit l'armée prussienne. Les autres villes & la partie des états de la province, qui siégeoit encore à la Haye, sollicitoient la régence d'ouvrir les portes : les bourgue-maîtres & le conseil d'Amsterdam déclarèrent à la bourgeoisie que, pour prévenir la ruine inévitable de cette ville, ils étoient forcés d'acquiescer aux demandes des autres membres de la province, & même à la démission des nouveaux régens.

Les députés d'Amsterdam conférèrent avec les commissaires des états de la Haye, qui alors prenoient déjà toutes les résolutions dictées par

___

(1) Il paroît que plus de 1500 des soldats prussiens y furent tués.

Œcon. polit. & diplomatique. Tom. III.

le ſtathouder : ils demandèrent, au nom des bourgeois armés, les articles ſuivans.

ARTICLE PREMIER.

Que le peuple eût une influence convenable dans l'adminiſtration.

II.

Que la milice bourgeoiſe conſervât ſes armes, comme elle les a toujours eues.

III.

Que la régence actuelle & tous les employés conſervaſſent leurs poſtes reſpectifs.

IV.

Que la ville reſtât exempte de toute garniſon & de tous quartiers.

V.

Que l'on n'exigeât point la publication du placard concernant le port des cocardes oranges, &c. dans la ville d'Amſterdam; qu'afin de prévenir les excès qui en réſulteroient certainement, on ne fût pas obligé d'en porter.

VI.

Que toutes perſonnes du département civil ou militaire, qui s'étoient retirées en cette ville, ou dans les autres places qui ſervent à couvrir Amſterdam, ou qui avoient été priſes en la protection de la ville, ne fuſſent point inquiétées ou moleſtées dans leurs perſonnes ni leurs biens, dans lequel nombre on devoit comprendre tous les membres.

Voici la réponſe des commiſſaires à ces articles.

RÉPONSE A L'ARTICLE I.

Qu'attendu qu'une commiſſion d'état s'occupe du premier article, il faut en attendre le rapport.

AU II.

Que toutes les milices bourgeoiſes autoriſées par les loix pourroient conſerver leurs armes, au cas qu'on le trouvât municipalement utiles.

AU III.

Qu'on ne pouvoit l'accorder comme étant contraire à la réſolution de leurs nobles & grandes puiſſances qui, le 22 ſeptembre, ont déſapprouvé ces diſpoſitions comme illégales & violentes, & qui ont enjoint de rétablir à cet égard tout dans ſon premier état.

AU IV.

Qu'on pourroit l'accorder, conformément à la ſatisfaction (convention par laquelle la ville d'Amſterdam s'eſt jointe à la république contre les eſpagnols), accordée à Amſterdam en 1578.

AU V.

Qu'on pourroit être facile à cet égard, pourvu que perſonne ne fût moleſté, parce qu'il auroit porté la couleur orangée.

AU VI.

Relativement à cet article, les commiſſaires de leurs nobles & grandes puiſſances ne ſauroient rien dire, attendu que cela appartient à la ſatisfaction que ſa majeſté pruſſienne exigeroit pour ſon alteſſe royale.

Les pruſſiens entrèrent enfin dans Amſterdam, au mois de ſeptembre 1787, & alors il ne fut plus queſtion des uſurpations du ſtathouder, des moyens de réduire à leurs juſtes bornes les pouvoirs de cet officier, de réformer les vices de l'adminiſtration, de rendre aux états, aux régens, aux villes & au peuple les droits qu'ils avoient perdu chaque jour. Les trois ou quatre mois qui ont ſuivi, ont été marqués par des opérations favorables au ſtathoudérat, & par l'abolition de tout ce qui avoit été fait durant les troubles en faveur de la cauſe publique.

Les états de Hollande, auſſi ſoumis alors qu'ils avoient été impétueux & ardens, publièrent le 22 du même mois des proclamations. Dans la première, ils annoncèrent à la nation la révolution qui venoit de s'effectuer, & leur déſir de prévenir toutes démarches qui lui ſeroient contraires. Leur ton étoit bien différent de celui des réſolutions précédentes.

« C'eſt à ces cauſes, diſoient-ils, que nous voulons exhorter ſérieuſement par les préſentes tous & chacun, de quelque état, rang & condition qu'ils puiſſent être en cette province, particulièrement ceux qui pourroient encore s'y trouver revêtus de la qualité de commiſſaires, pour la direction ou la défenſe de quelque ville ou place, ou qui pourroient ſe l'arroger, à titre de quelques ſociétés d'exercice qui y auroient exiſté, & de toutes leſquelles nous avons ordonné la diſſolution par notre réſolution du 20 de ce mois, en leur retirant notre protection, ou à quelque autre titre que ce ſoit, & qui, en vertu de cette prétendue qualité ou influence, tâcheroient d'empêcher les régences de quelques villes de se joindre aux résolutions que nous avons prises actuellement pour sauver la patrie, ou les forceroient à s'opposer à l'entrée des troupes prussiennes, comme si elles étoient ennemies, ou qui tâcheroient, soit en perçant des digues ou en employant d'autres moyens de défense, non seulement de ruiner d'une manière irréparable les bons habitans du pays dans leurs possessions, mais aussi de provoquer inévitablement par là à des hostilités ces troupes ; quoique venues à toute autre fin dans cette province, & certainement point dans des vues hostiles, & d'exposer ainsi ces habitans, dans leurs personnes & leurs familles, à la fureur de quelques milliers de gens de guerre, aigris par une résistance infructueuse, & par conséquent aux suites les plus terribles ; & nous avertissons sérieusement lesdites personnes de se désister de leurs machinations si pernicieuses pour le pays, attendu que nous déclarons que tous & chacun, quels qu'ils soient, qui coopéreroient de conseil ou de fait, ou aideroient à porter ultérieurement quelque atteinte à la constitution légale & anciennement établie, ou qui voudroient traverser le rétablissement de ladite tranquillité, union & harmonie dans cette province, nous les tiendrons pour ennemis de la vraie prospérité du pays & pour perturbateurs du repos public, contre lesquels nous voulons qu'il soit procédé comme tels de la manière la plus rigoureuse, & qu'ils soient punis comme tels, suivant l'exigence des cas ».

La seconde proclamation étoit de la teneur suivante.

« Les états de Hollande & de West-Frise, à tous ceux qui ces présentes verront ou entendront lire, salut : savoir faisons, que pour de bonnes raisons, & très-mouvantes, nous avons jugé à propos d'ordonner à tous les commandans des villes & places respectives en cette province, à l'apparition des troupes prussiennes & en cas d'attaque, de ne point faire de résistance, & de ne respecter aucuns ordres de la commission de défense que nous avons démise, ou de qui que ce soit, à peine de cassation. Et, afin que chacun puisse en avoir connoissance, nous ordonnons & nous enjoignons que la présente soit publiée dans les villes respectives de la province, ainsi que dans les endroits où il y a des troupes, & affichée par-tout où il convient & ce faire est d'usage ».

Fait à la Haye sous le petit-sceau du pays, le 22 septembre 1787.

Le prince stathouder assista le 25 à l'assemblée des Etats-Généraux, où il fut complimenté. Leurs altesses le furent également par la plupart des ministres étrangers, par les divers collèges d'état, les députés des villes, &c.

Les états de Hollande rétablirent tous les officiers qui avoient été démis précédemment, & cassèrent à jamais ceux qui avoient désobéi à leurs ordres dans le temps.

Une commission des états de Hollande s'étoit rendue auprès de la princesse d'Orange, pour s'informer de la satisfaction qu'elle exigeoit sur les empêchemens mis à son voyage à la Haye ; & son altesse royale ayant requis l'éloignement de MM. Camerling, conseiller de Harlem ; Blok, échevin de Leyde ; de Witt, échevin d'Amsterdam; Van-Toulon, conseiller de Gouda ; Van-Foreest, conseiller d'Alckmaar ; Costerus, secrétaire de la commission de Woërden ; de Lange, conseiller de Gouda ; de Gyselaar, pensionnaire de Dordrecht ; Van Zeeberg & Van de Kasteele, pensionnaires de Harlem ; Van Berkel & Wischer, pensionnaires d'Amsterdam ; de Kempenaer, conseiller d'Alckmaar ; en outre, de MM. Van Leyden, Abbema, Hovy le jeune & Bicker, conseillers d'Amsterdam, & membres de la commission de défense de cette ville.

Les états de Hollande résolurent le 11 octobre de démettre pour toujours, de toutes charges du gouvernement, les personnes désignées par la princesse d'Orange. On en donna avis aux régences de Dordrecht, Harlem, Leyde, Amsterdam, Gouda & Alcmaër, où siégeoient ces magistrats destitués, de même qu'à la régence de Voerden, à l'égard de M. Costerus qui avoit fait les fonctions de secrétaire de la commission de défense, & dont le stathouder demandoit aussi la démission.

On proposa d'abord & on résolut ensuite, 1°. d'autoriser le stathouder à licencier tous les corps levés à la solde particulière de la province de Hollande, & à la délivrer de ce fardeau : 2°. de prendre au plutôt à la solde & au service de la république, pour un terme limité, quelques régimens de troupes du landgrave de Hesse-Cassel, ou d'autres princes d'Allemagne. Bientôt après, tout le monde se conforma unanimement & sans aucunes réserves, aux résolutions des états de Hollande, qui avoient pour objet l'entier rétablissement du prince stathouder, dans ses charges & dignités, la liberté de prendre la couleur orange, la cassation des sociétés armées, & la destitution des régens que les bourgeoisies avoient mis en place dans le courant de l'année, en divers lieux. Les bourg-mestres Beels & Dedel ; & les autres régens d'Amsterdam, déposés quelques mois auparavant, furent rétablis & siégèrent au conseil.

Au milieu de toutes ces résolutions des états de Hollande, confirmées par les Etats-Généraux lorsqu'elles avoient besoin de l'être, on en voit une relative au rhingrave de Salm qui avoit évacué Utrecht à l'approche des troupes prussiennes, laquelle n'est pas trop d'accord avec ce qui avoit précédé, & avec ce qui suit ; les états de

Hollande arrêtèrent, sur la proposition des députés de Dordrecht, de casser le rhingrave de Salm de toutes ses charges militaires, & de le faire poursuivre criminellement pour crime de désertion. Les Etats-Généraux confirmèrent cette résolution, & défendirent de recevoir le rhingrave dans aucune de leurs colonies, & arrêtèrent d'écrire à leurs ministres à Hambourg & en Danemarck, de demander la saisie de cet officier, en cas qu'il voulût s'embarquer pour l'une des possessions de l'état dans l'Inde ou en Amérique.

La satisfaction donnée au stathouder & sa réintégration furent complettes ; car le 28 septembre les états de Hollande prirent la résolution suivante :

« Les requêtes, remontrances, déclaratoires & mémoires présentés & remis à cette assemblée pendant le cours des dernières années, & par lesquels l'on taxe, d'une manière si indécente & si injurieuse, l'honneur, la conduite & les intentions de S. A. S. doivent leur origine à l'esprit de parti qui a eu lieu dans cette province, aux écrits calomnieux qui ont paru en si grand nombre, & avec une licence effrénée, sans que la justice ait eu suffisamment le pouvoir de les réprimer, & qui ont donné lieu à une tyrannie excessive de la part des corps francs, des bourgeoisies particulières & des sociétés des villes & du plat pays, aux excitations de toute espèce & à des entreprises inouies & arbitraires, qui ont contraint les régens de presque toutes les villes, de concourir à ces résolutions ; en outre toutes les accusations & les imputations flétrissantes, alléguées dans lesdites requêtes, remontrances, déclaratoires & mémoires, paroissent destituées de fondement, & ne doivent leur existence qu'à l'irritation malheureuse de personnes très-mal intentionnées, mal instruites ou abusées. Il faut aussi attribuer la foi ou l'approbation plus ou moins nomologuée qu'y ont ajouté quelques membres de l'assemblée, malgré le sentiment & la protestation de quelques autres, aux suites des temps de faction ; mais leurs nobles & grandes puissances, entièrement persuadées de la pureté des intentions de S. A. S. & ayant une confiance entière à ses intentions patriotiques & à son zèle bien intentionné pour les vrais intérêts de cette province, ne peuvent & ne doivent considérer l'acceptation desdites requêtes & adresses, & les résolutions qui ont eu lieu à cet égard, que comme les effets de contrainte à bras armé qu'exerçoient lesdites sociétés & bourgeoisies nouvelles, & qui a obligé les régens des villes à les approuver ».

« Il a été trouvé bon & arrêté que toutes ces résolutions seront abrogées, rendues nulles & mises hors d'effet, comme cela se fait par la présente, de manière qu'on ne puisse jamais induire contre le sentiment de L. N. & G. P. quelque doute touchant la pureté des intentions de S. A. S. & de sa fidélité éprouvées envers le pays ; & afin que cela paroisse en effet, en faisant la lecture même desdites résolutions, comme aussi des notules inscrites dans les registres, il sera noté à côté de chaque résolution ou disposition, & à la suite de ce qui est noté en marge : *qu'elles sont abrogées, annullées & mises entièrement hors d'effet, & de conséquence, en vertu de cette résolution de leurs nobles & grandes puissances, prise aujourd'hui* ».

« Le tout cependant sauf toutes les poursuites que la justice du souverain exige, contre les auteurs de ces menaces violentes, injustes & criminelles, & les excès commis. Et enfin qu'on priera M. le conseiller pensionnaire, comme cela se fait par la présente, de communiquer en personne cette résolution de L. N. & G. P. à S. A. S. & de lui déclarer en leur nom, que L. N. & G. P. verront avec plaisir S. A. S. assister de temps en temps, dans ces jours fâcheux, aux délibérations de L. N. & G. P. pour le prompt avancement du repos, pour la sûreté de la constitution & le rétablissement de la confiance générale ».

Et, de peur que les puissances étrangères ne voulussent intervenir au milieu de cette révolution, le 21 du même mois les états de Hollande avoient pris une autre résolution, dont voici la teneur.

« Sur la proposition de messieurs les députés de la ville de Dordrecht, ayant été pris en considération qu'attendu que, dans les présentes circonstances & la conjoncture heureuse des affaires, les causes & les motifs sur lesquels étoit fondée la résolution de L. N. & Gr. P. du 10 septembre, contenant les instances les plus pressantes près de la cour de France, pour secourir, par des forces militaires suffisantes, cette province contre l'approche des troupes prussiennes, sont venus à cesser ; & considéré la nécessité la plus extrême & la plus urgente, ainsi que les égards dus à cette cour, il a été trouvé bon & arrêté qu'encore aujourd'hui Mrs les ambassadeurs de cet état en France seront requis, en leur envoyant par exprès, extrait de la présente résolution, d'informer S. M. le roi de France, que les différends entre cette province & M. le stathouder-héréditaire ont été heureusement terminés, & que son altesse royale va aussi s'arranger avec la cour de Prusse ; qu'ainsi, comme il n'y a plus ici d'ennemis, la résolution du 10 septembre a cessé d'avoir effet : que leurs nobles & grandes puissances se sont cru dans l'obligation d'en donner le plus promptement possible avis à sa majesté très chrétienne, ne doutant point qu'elle ne veuille bien prendre, à ce rétablissement de la tranquillité dans un pays, la part qu'elle a toujours montrée à y étouffer la discorde & à en avancer la prospérité, pour lequel effet la bonne affection de sa majesté sera toujours hautement agréable à leurs nobles & grandes puissances. Et sera de plus donné connoissance de cette résolution au chargé d'affaires de la cour de France, en lui remettant extrait de la présente résolution, ainsi que par extrait aux bourg-mestres des villes d'Amsterdam & de Pu-merend, en leur communiquant que l'assemblée s'étant déjà augmentée au nombre de seize membres présens, leurs nobles & grandes puissances prient itérativement lesdites régences d'envoyer ici leurs députés le plutôt possible ».

Les états de Hollande accordèrent une amnistie générale à tous ceux qui précédemment avoient été punis, emprisonnés, bannis ou accusés, pour avoir contrevenu aux placards de L. N. P., par un zèle outré pour la maison d'Orange; les rétablissant dans leur honneur & dans tous leurs droits, & notamment au fameux Morrand.

Si les états de Hollande se soumettoient aux volontés du stathouder & des prussiens, on pense bien que ceux d'Over-Issel & de Groningue, qui, durant les troubles, avoient fait cause commune avec la Hollande, obéissoient également à la force; & que les états de Zélande, de Frise, de Gueldre & d'Amersfoort, qui avoient été favorables au parti stathoudérien, triomphoient & montroient peu de modération envers le parti vaincu. Il seroit trop long de détailler ici ces diverses résolutions; nous n'en citerons qu'une des états de Frise, qui, après avoir rappellé l'insurrection armée qui avoit eu lieu à la fin d'août dans la province, déclarèrent déchus de leurs commissions, charges & bénéfices, & exceptèrent de l'amnistie générale dix membres de leur assemblée, formant alors la minorité, pour avoir été les principaux auteurs des mouvemens séditieux, avoir foulé aux pieds la constitution, les loix fondamentales, & s'être soulevés contre la souveraineté de la province, pour avoir ensuite pris la fuite & abandonné leurs postes. Ils furent déclarés inhabiles à toute charge, emploi ou commission : on eut la bonté de leur permettre *de se présenter en justice dans trois mois*, POUR PROUVER LEUR INNOCENCE.

Malgré l'amnistie générale accordée, sauf les exceptions indiquées plus haut, les états de Hollande résolurent, touchant l'acte d'union passé le 8 août 1786 entre un nombre de régens de la république.

ARTICLE PREMIER.

« Que la recherche sera faite des premiers conducteurs & instituteurs dudit acte ; & , s'il faut intenter quelques procédures, elles seront faites devant le juge ordinaire & compétent de la personne qui y est concernée ».

I I.

« Que tous les membres de l'ordre équestre & magistrats des villes, & leurs ministres actuels, ou qui seront établis dans la suite, seront tenus dès maintenant, quand ils seront installés comme membres de l'ordre équestre, magistrats & ministres, & d'autres n'étant point magistrats & ministres, & comparoissant cependant à l'assemblée, de promettre par serment à leur première comparition à l'assemblée de L. N. & G. P., conformément à une partie du contenu de l'article XIV de l'instruction des conseillers-comités, & au IIIe article de l'instruction du conseiller-pensionnaire, qu'ils aideront à conserver & à maintenir en toutes ses parties la souveraineté des états & leur constitution actuelle, & aussi, en particulier la résolution de L. N. & G. P. du 16 novembre 1787, concernant la charge de stathouder capitaine & amiral-général héréditaire ».

I I I.

« Comme aussi, que les régens actuels déclarent n'avoir eu aucune part directe ou indirecte à l'acte d'union passé à Amsterdam le 8 août 1786, entre plusieurs régens, se disant amis de la patrie, & signé ensuite par plusieurs autres; ou de s'en désister, en tant qu'ils pourroient y avoir eu une part directe ou indirecte, & de se tenir dégagés de toute obligation contractée en vertu dudit acte ».

D'après cette belle résolution, on pourra inquiéter, persécuter & proscrire, quand on le voudra, tous ceux dont le parti stathoudérien sera mécontent. Ce prétendu acte d'amnistie des états de Hollande, qu'il faut appeler *acte de proscription*, exclut du pardon tous les régens, membres ou ministres de régence, ou hauts collèges du pays, tant de police que de justice, qui, 1°. en séduisant des habitans par argent, promesses ou menaces, ont tâché d'opérer la ruine de la constitution & de la forme du gouvernement.

« 2°. Ceux qui, par des correspondances illicites avec des étrangers, ont conspiré & intrigué, afin d'introduire des troupes étrangères dans le pays, ou qui ont abusé du nom & de l'autorité du souverain en traitant avec des puissances étrangères ».

3°. « Ceux qui, en inventant ou divulguant de faux bruits de desseins hostiles contre cette province, ont alarmé le pays, & l'ont mis dans un état de défense tout-à-fait inutile, & pour lequel on a dépensé les deniers du pays d'une manière impardonnable ».

« 4°. Ceux qui ont dressé l'acte de confédération que l'on a commencé à signer à Amsterdam, au mois d'août 1786, ou qui ont contribué à faire des propositions aux prétendues assemblées du peuple pour renverser la constitution, & spécialement les auteurs de la proposition faite à une telle assemblée, le 17 juillet 1787 ».

« En outre L. N. & G. P. excluent provisionnellement de cette amnistie & grace, toutes personnes, soit régens, membres ou ministres des collèges de régence & de justice, soit les particuliers qui ont été les moteurs & auteurs de la déposition des régens légitimes, ou de ceux qui étoient en droit de prétendre à la nomination de régens dans quelques villes & lieux ; en outre ceux qui ont donné l'ordre d'assembler de petites armées bourgeoises, & les ont fait marcher, ainsi que ceux qui en ont dirigé les opérations, en ont eu le commandement, ou y ont fait la fonction de prétendus secrétaires ; ceux qui ont criminellement saisi, arrêté ou menacé les régens illégitimement démis, ainsi que quelques-uns de leurs concitoyens ; ceux qui ont donné l'ordre de prendre des munitions dans les arsenaux du pays, de s'emparer des portes des villes, sans connoissance préalable & le consentement de la régence, ou d'interrompre de quelque autre manière criminelle les délibérations des régens légitimes ; ceux enfin qui ont donné l'ordre d'ouvrir les écluses & de percer les digues pour inonder le pays, après que la résolution de L. N. & G. P. de ne point faire de résistance aux troupes de S. M. prussienne, étoit venue à leur connoissance ».

« Tous les ministres de l'Evangile & ecclésiastiques d'autres religions, qui, renonçant aux devoirs de leur état, ont porté les armes & été membres de sociétés armées, ou qui ont assisté aux dépositions criminelles des régens légitimes ; les propriétaires & rédacteurs des papiers publics, Historische courant, Vaderlandsche courant, les deux intitulés Nederlandsche courant, & Zuid hollandesche courant, le politcke Kruyer & le Spectator met den Bril, & enfin tous ceux qui se sont rendus coupables de meurtres & d'actes de violence contre leurs concitoyens, ou d'autres excès énormes ».

« Malgré toutes ces exceptions, quiconque pourroit douter s'il est compris dans l'amnistie, aura la liberté de s'adresser, dans l'espace de trois mois après la publication de ladite amnistie, à L. N. & G. P., en les priant d'être compris dans le pardon général, à quoi L. N. & G. P. jugeront comme elles le trouveront à propos ».

En conséquence de l'amnistie des états de Hollande & de West-Frise, les archers d'Amsterdam ont eu soin d'ôter de la potence, en présence d'un messager du magistrat, le corps de Jean Rannink, qui, après avoir été tué au Kattenburg le 30 mai 1787, fut condamné, par sentence de Mrs les échevins, à être attaché par un pied à la potence. Le corps fut restitué aux parens, qui le firent enterrer dans l'église, appelée l'*Ooster Kerk*. Tous les habitans des quartiers de Kattenburg, d'Oottenburg & de Wittemburg ont été priés à cet enterrement extraordinaire par des billets imprimés, contenant un récit abrégé de ce qui étoit arrivé au mort, & de ce qui donnoit lieu au rétablissement de sa mémoire & à son enterrement.

La révolution opérée en Hollande doit en entraîner une autre dans les alliances politiques des *Provinces-Unies* : l'Angleterre n'avoit armé, au milieu des troubles, que pour soutenir la Prusse & le parti stathoudérien, & elle ne se détermina aux préparatifs de guerre qu'après avoir concerté une alliance avec le cabinet de Berlin & les Etats-Généraux. L'alliance des *Provinces-Unies* lui avoit été enlevée, durant la dernière guerre, par le cabinet de Versailles : elle a profité des embarras de la France pour regagner cet allié, & on peut juger par les suffrages universels, même ceux du parti de l'opposition qu'a obtenu le ministre, du prix que la Grande-Bretagne met à cette révolution politique. Le nouveau système, établi dans les *Provinces-Unies*, y sera donc maintenu par les forces de la Grande-Bretagne & de la Prusse, & le parti patriotique auroit besoin d'un grand degré de vigueur ou de nombreux secours du dehors, pour renverser la barrière formidable qui assure aujourd'hui la puissance du stathouder. Cependant, au moment où nous écrivons, cette triple alliance n'est pas consommée, & on discute sans doute des points de détail qui seront bientôt terminés. Au reste, ce n'est pas la faute des Etats-Généraux ; car ils ont déjà reconnu :

« Que leurs hautes puissances doivent témoigner leur reconnoissance & leur gratitude sincère de ce que les armes de sa majesté prussienne ont donné lieu à l'heureuse révolution des affaires, par laquelle les liens d'union entre les provinces & leurs membres, ont été renoués, la constitution véritable & sacrée du pays raffermie sur des fondemens inébranlables, & S. A. R. le seigneur stathouder-héréditaire réintégré dans l'exercice de ses dignités ».

« Que L. H. P. ne pourront avoir de plus grande satisfaction, que de pouvoir contracter avec sa majesté prussienne une alliance plus précise & plus étroite ».

« Que comme L. H. P. ont aussi des raisons de marquer leur gratitude à sa majesté le roi de la Grande-Bretagne, des services rendus dans ces derniers temps à la république, & de la bienveillance qu'elle lui a montrée, on lui témoignera également le defir de faire avec fa majefté une alliance plus précife & plus étroite, &c. &c ».

Ce n'eft pas à nous à raconter les déprédations commifes par les troupes au milieu de la révolution : le lecteur les imaginera aifément ; nous devons obferver cependant que les pruffiens ont obfervé une difcipline auffi exacte qu'ils pouvoient l'obferver en pareille occafion : mais nous dirons un mot de l'affreux pillage exécuté à Bois-le-Duc, par quelques troupes des Etats-Généraux. Des commiffaires extraordinaires de leurs hautes puiffances vinrent punir cet odieux attentat. Ils y firent défarmer quatre compagnies de Tuyl, cavalerie, le régiment du lieutenant-général Hardenbrock, un bataillon du général-major Houftown, & deux compagnies d'artillerie. Le régiment de Munfter, en arrivant à Maëftricht, y fut traité de la même manière. Toute l'ancienne garnifon de cette place étoit fous les armes. A mefure que les foldats de celle de Bois-le-Duc entroient, on les défarmoit & on les conduifoit aux caferses. Quatre-vingt-treize hommes du premier bataillon furent mis dans la prifon publique ; le fecond bataillon fut renfermé au Wyk. On a vifité tous les foldats, compagnie par compagnie, & on a trouvé fur eux beaucoup de riches effets.

Leurs hautes-puiffances ordonnèrent les recherches les plus févères fur les caufes de cette fédition, & la punition févère des coupables ; &, au moment où nous écrivons, plufieurs ont été exécutés.

Son alteffe royale, époufe du ftathouder, avoit demandé, après la prife d'Amfterdam, que M. le duc de Brunfwick laiffât quatre mille pruffiens dans la province de Hollande, pour y maintenir la tranquillité durant l'hiver ; il fut décidé en effet qu'on y laifferoit ces quatre mille hommes, & ils furent cantonnés de manière qu'aucun ne reftoit dans une des dix-huit villes votantes aux états : mais on va faire relever ces quatre mille hommes par des troupes de Brunfwick que la Hollande prend à fa folde. Les Etats-Généraux, les états particuliers, les loix de profcription, & les tribunaux aidés des troupes y fuffifent pour confolider la révolution.

Enfin, pour donner à la révolution opérée en faveur du ftathouder toute la ftabilité poffible, les états de toutes les provinces ont confenti à convertir les dignités du ftathouder, capitaine-général & amiral-général, particulières à chacune d'elles, en une loi fondamentale de toutes prifes collectivement, & à s'en garantir réciproquement le maintien ; les Etats-Généraux ont pris une réfolution à cet effet, au mois de juillet de l'année 1788, en vertu de laquelle L. H. P. ont formé un acte de garantie en faveur du ftathouder.

Voici cet acte de garantie mutuelle.

« Les feigneurs états des provinces de Gueldre, Hollande & Weft-Frife, Zélande, Utrecht, Frife, Over Iffel & Groningue, avec ceux du pays de Drenthe, ayant réfléchi fur les caufes des divifions domeftiques, par lefquelles la république en général, & chaque province en particulier, a été récemment agitée, & ayant trouvé qu'elles font réfultées en grande partie des idées erroneufes & extrêmement dangereufes que quelques perfonnes fe font formées réellement ou en apparence, & qu'elles ont infpirées à d'autres citoyens peu éclairés, au fujet de la conftitution & de la forme de gouvernement de ce pays, fpécialement touchant l'importance & la néceffité des dignités éminentes & héréditaires de ftathouder, capitaine-général & amiral-général ; ayant confidéré de plus que, lors de l'heureux rétabliffement du ftathoudérat & de fa confirmation héréditaire en 1747 & 1748, les confédérés ont regardé comme un grand avantage pour l'état, qu'ils voyoient réunies fur la tête d'un feul & même prince ces hautes dignités, relativement à toutes les provinces & aux pays de la généralité, & qu'ils s'en font promis une nouvelle force & folidité du lien de l'union ; que par conféquent lefdites dignités, ayant reçu dès-lors une relation plus étroite & plus immédiate pour toute la confédération, devoient être regardées non-feulement comme une partie effentielle de la conftitution & de la forme de gouvernement de chaque province, mais de l'état en entier, & tellement liées à l'union même, qu'il eft impoffible que l'une fleuriffe & conferve fon bien-être fans l'autre ; & qu'ainfi, de même que les confédérés font obligés à s'entr'aider réciproquement au prix de leurs biens & de leur fang pour la confervation du lien de l'union, il doit auffi s'enfuivre néceffairement l'obligation de fe raffurer réciproquement fur les premiers & principaux moyens, par lefquels l'union doit fe maintenir, & de veiller à forces réunies contre toute atteinte qui y feroit portée, d'autant plus que l'expérience a appris, dans les derniers troubles, comment des principes les moins confidérables, qui d'abord paroiffoient avoir pour but de légers changemens, il eft réfulté néanmoins une confufion générale, qui a conduit la confédération fur le point d'une deftruction totale ».

« A CES CAUSES, Mrs les députés des provinces fufdites, au nom & par ordre des feigneurs états, leurs commettans, déclarent folemnellement par la préfente, que les feigneurs états fufdits tiennent & regardent les dignités héréditaires de ftathouder, capitaine-général & amiral-général, avec tous les droits & prééminences qui y sont attachés, telles & sur le pied qu'elles ont été déférées dans leurs provinces respectives, & prises en possession, dans l'année 1766, par le présent seigneur stathouder-héréditaire, pour une partie essentielle de leur constitution & forme de gouvernement, & qu'ils se les garantissent réciproquement par forme de confédération comme une loi fondamentale de l'état, promettant de ne point souffrir que, dans une des provinces de la confédération, l'on s'écarte jamais de cette loi salutaire & indispensable pour le repos & la sûreté de l'état ».

La résolution des Etats-Généraux, en vertu de laquelle cet acte a été passé, portoit : « qu'il en seroit dressé deux expéditions en forme, dont l'une seroit remise à son altesse, l'autre au conseil d'état de la république, pour être gardée parmi les autres pièces authentiques qui concernent l'union, & que de plus il seroit frappé une médaille pour conserver, ainsi qu'il s'est pratiqué plusieurs fois en des cas semblables, la mémoire de cet événement, vu qu'un pareil acte solemnel est du plus grand intérêt pour la république, & doit servir au raffermissement de l'union ».

Nous n'examinerons pas en détail quelles seront les suites de cette révolution extraordinaire. Nous nous permettrons seulement quelques questions, dont le temps donnera la réponse.

1°. L'acte de l'union d'Utrecht est imparfait & vicieux dans presque tous ses points, ainsi que nous l'avons démontré, & ainsi que tout le monde en convient ; il étoit absolument nécessaire de corriger ce pacte fédéral : on ne le corrigera point, & quelles en seront les suites.

2°. Les constitutions, le régime politique & l'administration des diverses provinces offrent des imperfections & des défauts sans nombre. Il en résulte des abus crians, & une division assez ordinaire entre les divers états : ces abus ne doivent-ils pas augmenter après ce qui vient de se passer, & dans quelle proportion !

3°. Les bornes de l'autorité du stathouder n'ont jamais été fixées d'une manière précise ; ses partisans les plus zélés doivent avouer qu'il l'avoit étendue malgré les réglemens : les diverses résolutions qu'on a prises relativement à ce pouvoir, sur la fin des troubles, sont aussi vagues, & ne donneront-elles pas lieu aux mêmes abus & à des abus encore plus grands ?

4°. Si on veut assurer au stathouder tous les pouvoirs dont il jouissoit par usurpation, ou en vertu des loix, ne convient-il pas d'établir sur ce point un réglement très-détaillé : si on néglige ce soin, quelles en seront les suites, & quel sera le moyen d'empêcher de nouveaux troubles ?

5°. Dans la position où se trouvent les *Provinces-Unies*, n'est-il pas d'une importance majeure de régler & de fixer d'une manière précise le pouvoir des Etats-Généraux ? L'administration militaire & le régime qu'on a suivi jusqu'à présent sur le cantonnement, la répartition & la solde des troupes, n'est-il pas inconcevable ? Si l'Europe entière ne l'avoit point vu, imagineroit-on qu'au milieu de ces troubles on n'a pu savoir à qui les troupes devoient obéir ? & ce point essentiel ne pouvant être déterminé qu'après qu'on aura réglé d'une manière invariable l'autorité des Etats-Généraux, celle du stathouder, & celle des états particuliers de chaque province, quels seront les effets de cet ordre des choses, ou plutôt de ce désordre, si on ne le change point ?

6°. Quel est, relativement à la population & au commerce, le nombre d'hommes qu'ont perdu les *Provinces-Unies* par la dernière révolution ?

7°. Quel effet produira la dernière révolution sur la prospérité nationale ?

8°. Quel sera dans cinquante ans le sort de ces provinces ?

9°. La révolution qui vient de s'y opérer, n'en prépare-t-elle pas une autre plus grave encore ? & après cette autre révolution qui se prépare, quel rôle joueront les *Provinces-Unies* dans le monde politique ?

10°. Y auroit-il aujourd'hui quelques moyens de prévenir l'asservissement des *Provinces-Unies* ?

Section IXe.

Des provinces hollandoises dans l'Inde, en Afrique & en Amérique, de la compagnie hollandoise des Indes orientales, & remarques sur l'état actuel des Provinces-Unies.

Nous avons parlé à l'article CAP, de la colonie du cap de Bonne-Espérance ; à l'article GUYANE & SURINAM, de l'établissement de la Guyane hollandoise ; à l'article EUSTACHE (S.) &c. des établissemens que les hollandois ont formés dans les isles d'Amérique ; à l'article CEYLAN, JAVA, MOLUQUES, SUMATRA, &c. des établissemens qu'ils ont formés en Asie ; nous allons faire ici des observations plus générales.

Jusqu'à la découverte des côtes occidentales de l'Afrique, d'une route aux Indes par le cap de Bonne-Espérance, & sur-tout jusqu'à la découverte de l'Amérique, les peuples de l'Europe ne se connoissoient, ne se visitoient guère que par quelques incursions barbares, dont le pillage étoit le but, & la dévastation tout le fruit. A l'exception d'un petit nombre de tyrans armés, qui trouvoient dans l'oppression des foibles les moyens de soutenir un luxe extraordinairement cher, tous les habitans des différens états étoient réduits à se contenter de ce que leur fournissoient un territoire mal cultivé, une industrie arrêtée aux barrières de chaque province. Les grands événemens qui fixent, à la fin du quinzième siècle, une des plus brillantes époques de l'histoire du monde, n'opérèrent pas dans les mœurs une révolution aussi rapide qu'on est prompt à l'imaginer. Quelques villes anséatiques, quelques républiques d'Italie alloient, il est vrai, chercher à Cadix & à Lisbonne, devenus de grands entrepôts, ce que les deux Indes envoyoient de rare & de précieux : mais la consommation en étoit tout-à-fait bornée, par l'impuissance où étoient les nations de payer. Elles languissoient, la plupart, dans une léthargie entière; la plupart ignoroient les avantages & les ressources de leur territoire.

Il falloit, pour mettre fin à cet engourdissement, un peuple qui, sorti du néant, répandît la vie & la lumière dans tous les esprits, l'abondance dans tous les marchés; qui pût offrir toutes les productions à plus bas prix, échanger le superflu de chaque nation avec ce qu'elle n'avoit pas ; qui donnât une grande activité à la circulation des denrées, des marchandises, de l'argent; qui, en facilitant, en étendant la consommation, encourageât la population, tous les genres d'industrie. L'Europe dut aux hollandois tous ces avantages.

Lorsque les généreux habitans des *Provinces-Unies* levèrent la tête au-dessus de la mer & de la tyrannie, ils virent qu'ils ne pouvoient asseoir les fondemens de leur liberté sur un sol qui ne leur offroit pas même les soutiens de la vie. Ils sentirent que le commerce qui, pour la plupart des nations, n'est qu'un intérêt accessoire, qu'un moyen d'accroître la masse & le revenu des productions territoriales, étoit la seule base de leur existence. Sans terre & sans productions, ils se résolurent de faire valoir celles des autres peuples, assurés que de la prospérité universelle sortiroit leur prospérité particulière. L'événement justifia leur politique.

Le premier pas établit, entre les peuples de l'Europe, l'échange des productions du Nord avec celles du Midi. Bientôt toutes les mers se couvrirent des vaisseaux de la Hollande. C'étoit dans ses ports que tous les effets commerçables venoient se réunir; c'étoit de ses ports qu'ils étoient expédiés pour leurs destinations respectives. On régloit la valeur de tout, & c'étoit avec une modération qui écartoit toute concurrence. L'ambition de donner plus de stabilité, plus

d'étendue à ses entreprises, rendit avec le temps la république conquérante. Sa domination s'étendit sur une partie du continent des Indes, & sur toutes les isles importantes de l'Océan qui l'environne. Elle tenoit asservies, par ses forteresses ou par ses escadres, les côtes d'Afrique où elle avoit porté le coup-d'œil attentif & prévoyant de son utile ambition. Les seules contrées de l'Amérique, où la culture eût jetté les germes des vraies richesses, reconnoissoient ses loix. L'immensité de ses combinaisons embrassoit l'univers, dont elle étoit l'ame par le travail & l'industrie. Elle étoit parvenue à la monarchie universelle du commerce.

Tel étoit l'état des *Provinces-Unies*, lorsque les portugais, se relevant de la langueur & de l'inaction où la tyrannie espagnole les avoit plongés, réussirent à leur arracher en 1661 la partie du Brésil qu'elles avoient conquise sur eux. Après ce premier ébranlement de leur puissance, les hollandois auroient été chassés du Nouveau-Monde, s'il ne leur fût resté quelques petites isles, en particulier celle de Curaçao, qu'en 1634 ils avoient enlevée aux castillans qui la possédoient depuis 1527. *Voyez* l'article CURAÇAO.

De la compagnie hollandoise des Indes orientales.

Elle dut ses premiers succès au bonheur qu'eurent ses navires de s'emparer, dans moins d'un demi-siècle, de plus de trois cens vaisseaux portugais. Ces bâtimens, dont les uns étoient destinés pour l'Europe, & les autres pour différentes échelles de l'Inde, étoient chargés des dépouilles de l'Asie. Ces richesses, que les équipages avoient la fidélité de ne point entamer, formoient à la compagnie des retours immenses, ou servoient à lui en procurer. De cette manière, les ventes étoient fort considérables, quoique les envois fussent très-médiocres.

L'affoiblissement de la marine portugaise enhardit à attaquer les établissemens de cette nation, & en facilita extrêmement la conquête. On trouva des forteresses solidement bâties, munies d'une artillerie nombreuse, approvisionnées de tout ce que le gouvernement & les riches particuliers d'une nation conquérante avoient dû naturellement y rassembler. Pour juger sainement de cet avantage, il ne faut que faire attention à ce qu'il en a coûté aux autres peuples pour obtenir la permission de fixer où leur intérêt les appelloit ; pour bâtir des maisons, des magasins, des forts, pour acquérir l'arrondissement nécessaire à leur conservation ou à leur commerce.

Lorsque la compagnie se vit en possession de tant d'établissemens si riches & si solides, elle ne se livra pas à une ambition trop vaste. C'est son commerce qu'elle voulut étendre, & non ses conquêtes. On n'eut guère à lui reprocher d'injustices, que celles qui sembloient nécessaires à

Œcon. polit. & diplomatique. Tom. III.

sa puissance. Le sang des peuples de l'orient ne couloit plus, comme au temps où l'envie de se distinguer par des exploits guerriers & par la manie des conversions, montroit par-tout les portugais aux Indes sous un appareil menaçant.

Les hollandois sembloient être venus plutôt pour venger, pour délivrer les naturels du pays, que pour les subjuguer. Ils n'eurent de guerres contr'eux, que pour en obtenir des établissemens sur les côtes, & pour les forcer à des traités de commerce. À la vérité, ce n'étoit pas pour l'avantage de ces peuples, qui même y perdoient une grande partie de leur liberté : mais d'ailleurs, les nouveaux dominateurs, un peu moins barbares que les conquérans qu'ils avoient chassés, laissoient les indiens se gouverner eux-mêmes, & ne les contraignoient pas à changer leurs loix, leurs mœurs & leur religion.

Par la manière de placer & de distribuer leurs forces, ils surent contenir les peuples que leur conduite leur avoit d'abord conciliés. À l'exception de Cochin & de Malaca, ils n'eurent sur le continent que des comptoirs, & de petits forts. C'est dans les isles de Java & de Ceylan qu'ils établirent leurs troupes & leurs magasins ; c'est de là que leurs vaisseaux soutenoient leur autorité, & protégeoient leur commerce dans le reste des Indes.

Il y étoit très-considérable, depuis que la ruine de la puissance portugaise avoit fait tomber dans leurs mains les épiceries. Quoique la consommation s'en fît principalement en Europe, leurs heureux possesseurs ne laissoient pas d'en placer, mais à un prix inférieur, une assez grande quantité aux Indes. Ils y débitoient annuellement dix mille livres pesant de macis, cent mille livres de muscade, cent cinquante mille livres de girofle, deux cents mille livres de cannelle, trois ou quatre millions de poivre. C'étoit assez généralement le débouché des productions imparfaites qui n'auroient pas été vendues dans nos contrées.

Le soin d'exporter & de répandre les épiceries, aida les hollandois à s'approprier beaucoup d'autres branches de commerce. Avec le temps, ils parvinrent à s'emparer du cabotage de l'Asie, comme ils étoient en possession de celui de l'Europe. Ils occupoient à cette navigation un grand nombre de vaisseaux & de matelots qui, sans rien coûter à la compagnie, faisoient sa sûreté.

Des avantages si décisifs écartèrent long-temps les nations qui auroient voulu partager le commerce de l'Inde, où les firent échouer. L'Europe reçut les productions de ce riche pays, des mains des hollandois. Ils n'éprouvèrent même jamais, dans leur patrie, les gênes qui depuis se sont introduites par-tout ailleurs. Le gouvernement, instruit que la pratique des autres états ne devoit, ni ne pouvoit lui servir de règle, permit constamment à la compagnie de vendre librement & sans limitation ses marchandises à la métropole.

Lorsque ce corps fut établi, les *Provinces-Unies* n'avoient ni manufactures, ni matières premières pour en élever. Ce n'étoit donc pas alors un inconvénient, c'étoit plutôt une grande sagesse de permettre aux citoyens de les engager même à s'habiller des toiles & des étoffes des Indes. Les différens genres d'industrie que la révocation de l'édit de Nantes fit passer à la république, pouvoient lui donner l'idée de ne plus tirer de si loin son vêtement : mais la passion qu'avoit alors l'Europe pour les modes de France, présentant aux travaux des réfugiés des débouchés avantageux, on n'eut pas seulement la pensée de rien changer à l'ancien usage. Depuis que la cherté de la main-d'œuvre, qui est une suite nécessaire de l'abondance de l'argent, a fait tomber les manufactures, & réduit la nation à un commerce d'économie, les étoffes de l'Asie ont été plus favorisées que jamais. On a senti qu'il y avoit moins d'inconvénient à enrichir les indiens que les anglois ou les françois, dont la prospérité ne sauroit manquer d'accélérer la ruine d'un état qui ne soutient son opulence que par l'aveuglement, les guerres, ou l'indolence des autres puissances.

Cet ordre des choses avoit porté la fortune de la compagnie à une hauteur dont elle est enfin descendue. Quelques détails rendront cette vérité sensible.

Les premiers fonds de cette association commerçante ne furent que de 14,211,648 liv. Il en fut fourni 8,084,813 par Amsterdam ; 2,934,5401. 8 s. par la Zélande ; 1,180,905 par Enchuysen ; 1,034,000 par Delft ; 587,109 liv. 12 s. par Horn, & enfin 390,280 par Rotterdam.

Ce capital qui n'a jamais été augmenté, & qui, depuis l'origine jusqu'au premier janvier 1778, a rendu, année commune, vingt-un & un dix-septième pour cent, fut divisé par sommes de 6,600 liv. qu'on nomma actions. Leur nombre fut de 2,153. On les vendit comptant, on les vendit à crédit comme toutes les marchandises. Les formalités se réduisoient à substituer le nom de l'acheteur à celui du vendeur, sur les livres de la compagnie, seul titre qu'eussent les propriétaires. L'avidité & l'esprit de calcul imaginèrent une autre manière de prendre part à ce trafic. Des hommes qui n'avoient point d'actions à vendre, des hommes qui n'en vouloient pas acheter, s'engageoient réciproquement, les uns à en livrer, les autres à en recevoir un nombre déterminé, à un prix convenu & à un temps fixe. Leur valeur, à cette époque, fixoit le sort des joueurs. Celui qui avoit perdu soldoit avec de l'argent, & la négociation se trouvoit finie, c'est-à-dire, qu'on faisoit alors ce que la funeste manie de l'agiotage vient de renouveller parmi nous.

Le desir de gagner, la crainte de perdre dans ces spéculations peu délicates causoient dans les esprits la fermentation la plus vive. On inventoit de bonnes ou de mauvaises nouvelles ; on accréditoit ou l'on combattoit celles qui se répandoient ; on cherchoit à surprendre le secret des cours & à corrompre leurs ministres. La tranquillité publique fut si souvent troublée par ces intérêts opposés, que le gouvernement crut devoir prendre des mesures pour arrêter l'excès de cet agiotage. On déclara que toute vente d'actions à terme seroit nulle, à moins qu'il ne fût prouvé par les registres que le vendeur, dans le temps du marché, en avoit la propriété. Les gens d'honneur ne se crurent pas dispensés, par cette loi, de l'obligation de tenir leurs engagemens : mais elle devoit rendre & rendit en effet ces opérations plus rares. Le lecteur observera que les mêmes choses se sont passées en France, avec cette différence toutefois au désavantage de la bourse de Paris, qu'on y a profité davantage des arrêts du conseil pour ne pas tenir les engagemens, & qu'aucun hollandois n'imagina alors d'accaparer toutes les actions de la compagnie, pour forcer les joueurs à les payer au prix que le monopole voudroit y mettre.

Dans des temps heureux, les actions s'élevèrent à un prix presque incroyable ; elles acquirent jusqu'à huit fois leur valeur originaire. On les a vues déchoir successivement, & un mémoire que les directeurs de la compagnie des Indes ont présenté aux Etats-Généraux, en 1780, pour en obtenir un secours de 14,000,000 florins, porte à 10,300,000 florins les pertes qu'elle a faites dans la dernière guerre. Le lecteur doit sentir que leur valeur intrinsèque se trouve bien diminuée.

Le capital de la compagnie, ses dettes payées, ne passoit pas 62,480,000 liv. à la fin de 1751. Dans cette somme même, il n'y avoit en argent, en bon papier & en marchandises, dans les magasins ou sur les mers d'Europe & des Indes, que 38,060,000 liv. Le reste consistoit en créances équivoques ou désespérées, en armes, en vivres, en artillerie, en munitions de guerre, en bestiaux, en esclaves, en quelques autres effets qui n'entroient point dans le commerce.

A la même époque, les bénéfices annuels s'élevoient à 27,940,000 liv. Mais, pour les obtenir, il falloit dépenser 20,460,000 liv. C'étoit donc 7,480,000 liv. qu'il restoit pour le dividende, & pour faire face aux guerres, aux incendies, aux naufrages, à tant d'autres malheurs que la prudence humaine ne peut ni prévoir, ni empêcher.

Cette situation allarmoit si vivement Mossel, le plus habile des chefs qui aient gouverné les Indes hollandoises, qu'il regardoit la compagnie comme un corps épuisé qui ne se soutenoit que par des cordiaux. C'étoit, suivant son expression, un vaisseau qui couloit bas, & dont la submersion étoit retardée par la pompe.

Quelques démarches que nous ayons faites, il ne nous a pas été possible d'obtenir un bilan postérieur à celui dont nous venons de nous occuper. Mais que doivent donc penser les intéressés de l'opiniâtreté avec laquelle on les laisse dans l'ignorance de leur situation ? Ou que leurs affaires sont dans le plus grand désordre, ou que les personnages auxquels ils en ont confié l'administration, sont de malhonnêtes gens, dont le projet constant est d'ordonner, de disposer de tout à leur gré, de piller sans s'exposer à aucune sorte de réclamation ; ou que, s'ils s'exposent au soupçon de malversation, c'est pour se garantir du reproche d'impéritie. Quand on réfléchit un peu profondément sur cette conduite ténébreuse, on ne sait qui il faut blâmer davantage, ou des propriétaires indolens qui peuvent demander d'autorité un compte à des gens qui ne sont, après tout, que leurs commettans ; & qui ne se trouveront jamais enveloppés dans leur ruine ; ou de la tyrannie de ces représentans, à qui leurs concitoyens ont confié leur fortune, & qui en usent comme de la leur ; ou de la connivence des chefs de l'état, qui n'osent, ou ne peuvent, ou ne veulent pas interposer leur autorité dans une circonstance aussi importante. Quoi qu'il en soit, le mystère dont la compagnie fait une obligation, sous serment, à ses agens, n'empêche pas de voir que sa situation devient de jour en jour plus fâcheuse. Elle-même a été forcée de mettre les nations dans la confidence de sa détresse, en diminuant de plus en plus ses répartitions. Il reste à démêler les vraies causes d'une vérité si affligeante.

La première de toutes fut cette multitude de petites guerres qui se succédèrent sans interruption. A peine les habitans des Moluques étoient revenus de l'étonnement que leur avoient causé les victoires des hollandois sur un peuple qu'on regardoit comme invincible, qu'ils parurent impatiens du joug. La compagnie, qui craignit les suites de ce mécontentement, attaqua le roi de Ternate, pour le forcer à consentir qu'on extirpât le girofle par-tout, excepté à Amboine. Les insulaires de Banda furent tous exterminés, parce qu'ils refusoient d'être esclaves. Macassar, qui voulut appuyer leurs intérêts, occupa long-tems des forces considérables. La perte de Formose entraîna la ruine des comptoirs du Tonkin & de Siam. On fut obligé d'avoir recours aux armes, pour soutenir le commerce exclusif de Sumatra. Malaca fut assiégé, son territoire ravagé, sa navigation interceptée par des pirates. Négapatnam fut attaqué deux fois. Cochin eut à soutenir les efforts des rois de Calicut & de Travancor. Les troubles ont été presque continuels à Ceylan, aussi fréquens & plus vifs encore à Java, où l'on n'aura jamais de paix solide qu'en mettant un prix raisonnable aux denrées qu'on exige. Toutes ces guerres ont été ruineuses, & plus ruineuses encore qu'elles ne devoient l'être, parce que ceux qui les conduisoient, les faisoient servir à leur fortune particulière.

Ces dissensions éclatantes ont été suivies, en beaucoup d'endroits, de vexations odieuses. On en a éprouvé au Japon, à la Chine, à Camboge, à Aracan, dans le Gange, à Achem, sur la côte de Coromandel, à Surate, en Perse, à Bassora, à Moka, dans d'autres lieux encore.

Les bénéfices que faisoit la compagnie dans des lieux où son commerce n'étoit pas troublé, couvrirent long-temps les pertes que la mauvaise administration ou l'anarchie lui occasionnoient ailleurs. Les autres nations européennes lui firent perdre ce dédommagement. Leur concurrence la réduisit à acheter plus cher, & à vendre à meilleur marché. Peut-être ses avantages naturels l'auroient-ils mise en état de soutenir ce revers, si ses rivaux n'avoient pris le parti de livrer aux négocians particuliers le commerce d'Inde en Inde. Il faut entendre par ce mot, les opérations nécessaires pour porter les marchandises d'une contrée de l'Asie à une autre contrée de l'Asie; de la Chine, du Bengale, de Surate, par exemple, aux Philippines, en Perse & en Arabie. C'est par le moyen de cette circulation, & par des échanges multipliés, que les hollandois obtenoient pour rien, ou pour presque rien, les riches cargaisons qu'ils apportoient dans nos climats. L'activité, l'économie, l'intelligence des marchands libres, chassèrent la compagnie de toutes les échelles où la faveur étoit égale.

Cette révolution, qui lui montroit si bien la route qu'elle devoit suivre, ne l'éclaira pas même sur une pratique ruineuse en commerce. Elle avoit pris l'habitude de porter toutes les marchandises de l'Inde & d'Europe à Batavia, d'où on les versoit dans les différens comptoirs où la vente en étoit avantageuse. Cet usage occasionnoit des frais & une perte de temps, dont l'énormité des bénéfices avoit dérobé les inconvéniens. Lorsque les autres nations se livrèrent à une navigation directe, il devenoit indispensable d'abandonner un système, mauvais en lui-même, insoutenable par les circonstances. L'empire de la coutume prévalut encore; & la crainte que ses employés n'abusassent d'un changement, empêcha, dit-on, la compagnie, d'adopter une méthode dont tout lui démontroit la nécessité.

Ce motif ne fut vraisemblablement qu'un prétexte. L'infidélité des commis étoit plus que tolérée. Les premiers avoient eu la plupart une conduite exacte. Ils étoient dirigés par des amiraux qui parcouroient tous les comptoirs, qui avoient un pouvoir absolu dans l'Inde, & qui, à la fin de chaque voyage, rendoient compte en Europe de leur administration. Dès que le gouvernement eut été fédératif, les agens, moins surveillés, se relâchèrent. Ils se livrèrent à cette mollesse, dont on contracte si aisément l'habitude dans les pays chauds. On se vit réduit à en multiplier le nombre, & personne ne se fit un point capital d'arrêter un désordre qui donnoit aux gens puissans la facilité de placer toutes leurs créatures. Elles passoient en Asie avec le projet de faire une fortune considérable & rapide. Le commerce étoit interdit. Les appointemens étoient insuffisans pour vivre. Tous les moyens honnêtes de s'enrichir étoient ôtés. On eut recours aux malversations. La compagnie fut trompée dans toutes ses affaires, par des facteurs qui n'avoient point d'intérêt à sa prospérité. L'excès du désordre fit imaginer d'allouer pour tout ce qui se vendroit, pour tout ce qui s'acheteroit, une gratification de cinq pour cent, qui devoit être partagée entre tous les employés, suivant leurs grades. Ils furent obligés, à cette condition, de jurer que leur compte étoit fidèle. Cet arrangement ne subsista que cinq ans, parce qu'on s'apperçut que la corruption ne diminuoit pas. On supprima la gratification & le serment. Depuis cette époque, les administrateurs mirent à leur industrie le prix que leur dictoit la cupidité.

La contagion, qui avoit d'abord infecté les comptoirs subalternes, gagna peu à peu les principaux établissemens, & avec le temps, Batavia même. On y avoit vu d'abord une si grande simplicité, que les membres du gouvernement, vêtus, dans le cours ordinaire de la vie, comme de simples matelots, ne prenoient des habits décens que dans le lieu même de leurs assemblées. Cette modestie étoit accompagnée d'une probité si marquée, qu'avant 1650 il ne s'étoit pas fait une seule fortune remarquable : mais ce prodige inouï de vertu ne pouvoit durer. On a vu des républiques guerrières vaincre & conquérir pour la patrie, & porter dans le trésor public les dépouilles de la nation. On ne verra jamais les citoyens d'une république commerçante amasser pour un corps particulier de l'état, des richesses dont il ne leur revient ni gloire, ni profit. L'austérité des principes républicains dut céder à l'exemple des peuples asiatiques. Le relâchement fut plus sensible dans le chef-lieu de la colonie, où les matières de luxe arrivant de toutes parts, le ton de magnificence sur lequel on crut devoir monter l'administration, donna du goût pour les choses d'éclat. Ce goût corrompit les mœurs, & la corruption des mœurs rendit égaux tous les moyens d'accumuler des richesses. Le mépris même des bienséances fut poussé si loin, qu'un gouverneur général, se voyant convaincu d'avoir poussé le pillage des finances au-delà de tous les excès, ne craignit point de justifier sa conduite, en montrant un plein-pouvoir signé de la compagnie.

Comment eût-on remédié à la conduite des administrateurs, dont on n'avoit pas prévu le dérangement dans les commencemens de la république, où les mœurs étoient pures & frugales?

Dans ces établissemens hollandois, les loix avoient été faites pour des hommes vertueux : il faut d'autres loix pour d'autres mœurs.

Le défordre auroit pu être arrêté dans fon origine, s'il n'avoit dû faire les mêmes progrès en Europe qu'en Afie. Mais comme un fleuve débordé roule plus de limon qu'il ne groffit fes eaux, les vices qu'entraînent les richeffes, croiffent encore plus que les richeffes mêmes. Les places de directeurs, confiées d'abord à des négocians habiles, tombèrent, à la longue, dans des maifons puiffantes, & s'y perpetuèrent avec les magiftratures qui les y avoient fait entrer. Ces familles, occupées de vues politiques ou de foins d'adminiftration, ne virent dans les poftes qu'elles arrachoient à la compagnie, que des émolumens confidérables, & la facilité de placer leurs parens; quelques-unes même, l'abus qu'elles pouvoient faire de leur crédit. Les détails, les difcuffions, les opérations les plus importantes de commerce furent abandonnées à un fecrétaire qui, fous le nom plus imposant d'avocat, devint le centre de toutes les affaires. Des adminiftrateurs qui ne s'affembloient que deux fois l'année, le printemps & l'automne, à l'arrivée & au départ des flottes, perdirent l'habitude & le fil du travail qui demande une attention continue. Ils furent obligés d'accorder une confiance entière à un homme chargé par état de faire toutes les dépêches qui arrivoient de l'Inde, & de dreffer le modèle des réponfes qu'on devoit y rapporter. Ce guide, quelquefois peu éclairé, fouvent corrompu, toujours dangereux, jetta ceux qu'il conduifoit, dans des précipices, ou les y laiffa tomber.

L'efprit du commerce eft un efprit d'intérêt, & l'intérêt produit toujours la divifion. Chaque chambre voulut avoir fes chantiers, fes arfenaux, fes magafins pour les vaiffeaux qu'elle étoit chargée d'expédier. Les places furent multipliées, & les infidélités encouragées par une conduite fi vicieufe.

Il n'y eut point de département qui ne fe fît une loi de fournir, comme il en avoit le droit, des marchandifes en proportion de fes armemens. Ces marchandifes n'étoient pas également propres pour leur deftination, & on les vendit peu, ou on les vendit mal.

Lorfque les circonftances exigèrent des fecours extraordinaires, cette vanité puérile, qui craint de montrer la foibleffe en montrant des befoins, empêcha de faire des emprunts en Hollande, où l'on n'auroit payé qu'un intérêt de trois pour cent. On en ordonna à Batavia, où l'argent coûtoit fix, plus fouvent encore dans le Bengale, à la côte de Coromandel où il coûtoit neuf, & quelquefois beaucoup davantage. Les abus fe multiplioient de toutes parts.

Les Etats-Généraux, chargés d'examiner tous les quatre ans la fituation de la compagnie, de s'affurer qu'elle fe tient dans les bornes de fon octroi, qu'elle rend juftice aux intéreffés, qu'elle fait fon commerce d'une manière qui n'eft pas préjudiciable à la république ; les Etats-Généraux auroient pu & dû arrêter le défordre. Ils ne remplirent leur devoir en aucune occafion, ni dans aucun temps. Jamais on ne préfenta à cette affemblée qu'un état de fituation fi confus, que les hommes les plus verfés dans les matières de comptabilité, n'en auroient pas débrouillé le chaos après les plus longues veilles ; & cependant il fut toujours approuvé d'une voix unanime, fans le plus court délai, fans la plus légère difcuffion.

Nous nous laffons de parcourir les défordres qui ont corrompu le régime d'une affociation autrefois fi floriffante. Les couleurs du tableau font trop fombres. Voyons quels remèdes il conviendroit d'appliquer à des maux fi graves & fi multipliés.

On commencera par fe bien convaincre que le gouvernement de la compagnie eft trop compliqué, en Europe même. Une direction partagée entre tant de chambres, entre tant de directeurs, entraîne néceffairement des inconvéniens fans nombre. Il n'eft pas poffible que le même efprit préfide par-tout, que les opérations ne fe reffentent des vues oppofées de ceux qui les conduifent dans des lieux divers, fans concert & fans dépendance. L'unité fi néceffaire dans les arts, eft également précieufe dans les affaires. Inutilement on objecteroit qu'il eft important pour tous les états démocratiques, que les richeffes y foient divifées, qu'il y règne entre la fortune des citoyens la plus grande égalité poffible. Cette maxime, vraie en elle même, ne fauroit être appliquée à une république fans territoire, qui n'exifte que par le commerce. Il faudroit donc foumettre à une infpection unique tous les achats, toutes les ventes ; il faudroit les réunir dans un même port. L'economie feroit le moindre des avantages que la compagnie trouveroit dans ce changement.

De ce centre, où toutes les lumières feront réunies, on ira chercher, on ira combattre les défordres jufques dans le fond de l'Afie. La conduite que tiennent les hollandois avec les princes indiens, auxquels la force a arraché un commerce exclufif, fera un des premiers abus qui fe préfenteront. Depuis trop long-temps on les a traité avec une hauteur infultante ; on veut pénétrer à découvert les myftères de leur gouvernement ; on cherche à les engager dans des querelles avec des voifins ; on entretient la divifion parmi leurs fujets ; on leur montre une défiance pleine d'animofité ; on les force à des facrifices qu'ils n'ont pas promis ; on les prive des avantages que leur affurent leurs capitulations : tout cela produit fréquentes divifions qui dégénèrent quelquefois en hoftilités. Pour établir une harmonie qui devient tous les jours plus néceffaire & plus difficile, il faut employer des agens qui joignent à l'esprit de modération la connoissance des intérêts, des usages, de la langue, de la religion, des mœurs de ces nations. Il se peut que la compagnie n'ait pas actuellement de tels instrumens : mais il lui convient de les former. Peut-être même en trouveroit-elle parmi les chefs des comptoirs que tout l'invite à abandonner.

Les négocians de toutes les nations, auxquels la nature a donné l'esprit d'observation, conviennent unanimement que les hollandois ont trop multiplié leurs établissemens dans l'Inde, & qu'en se bornant à un moindre nombre, ils auroient beaucoup diminué leur dépense, sans rien retrancher de l'étendue de leurs affaires. Il n'est pas possible que la compagnie ait ignoré ce qui est si généralement connu. On peut penser qu'elle n'a été déterminée à conserver des comptoirs qui lui étoient à charge, que pour n'être pas soupçonnée de l'impuissance de les soutenir. Cette foible considération ne l'arrêtera plus. Toute son attention doit être de bien distinguer ce qui lui convient de proscrire, de ce qui lui est avantageux de maintenir. Elle a sous ses yeux une suite de faits & d'expériences qui l'empêcheront de se méprendre sur un arrangement de cette importance.

Dans les comptoirs subalternes, que les intérêts de son commerce la détermineront à conserver, elle détruira les fortifications inutiles ; elle supprimera les conseils que le faste, plutôt que la nécessité, lui a fait établir ; elle proportionnera le nombre de ses employés à l'étendue de ses affaires. Que la compagnie se rappelle ces temps heureux, où deux ou trois facteurs choisis avec intelligence, lui expédioient des cargaisons infiniment plus-considérables que celles qui lui sont arrivées depuis ; où elle obtenoit sur les marchandises des bénéfices énormes, qui avec le temps se sont perdus dans les mains de ses nombreux agens ; alors elle ne balancera pas à revenir à ses anciennes maximes, & à préférer une simplicité qui l'enrichissoit, à un vain éclat qui la ruine.

La réforme s'établira plus difficilement dans les colonies importantes. Les agens de la compagnie y forment un corps plus nombreux, plus accrédité, plus riche dans les proportions, & par conséquent moins disposé à rentrer dans l'ordre. Il faudra pourtant les y ramener, parce que les abus qu'ils ont introduits ou laissé établir, causeroient nécessairement avec le temps la ruine totale des intérêts qu'ils conduisent. On auroit peine à voir ailleurs des malversations égales à celles qui règnent dans les atteliers, les magasins, les chantiers, les arsenaux de Batavia, & des autres grands établissemens.

Ces arrangemens en ameneroient de plus considérables. La compagnie établit, dès son origine, des règles fixes & précises, dont il n'étoit jamais permis de s'écarter, pour quelque raison ni dans quelque occasion que ce pût être. Ses employés étoient de purs automates, dont elle avoit monté d'avance les moindres mouvemens. Cette direction absolue & universelle lui parut nécessaire pour corriger ce qu'il y avoit de vicieux dans le choix de ses agens, la plupart tirés d'un état obscur, & communément privés de cette éducation soignée qui étend les idées. Elle-même ne se permettoit pas le moindre changement, & elle attribuoit à cette invariable uniformité le succès de ses entreprises. Des malheurs assez fréquens qu'entraîna ce système, ne le lui firent pas abandonner, & elle fut toujours opiniâtrement fidèle à son premier plan. Il est nécessaire qu'elle adopte d'autres maximes, & qu'après avoir choisi ses facteurs avec plus de précaution, elle abandonne des intérêts éloignés, & qui changent tous les jours, à leur activité & à leurs lumières.

Ses vues s'étendront plus loin. Lasse de lutter avec désavantage contre les négocians libres des autres nations, elle se déterminera à livrer aux particuliers le commerce d'Inde en Inde. Cette heureuse innovation rendra ses colonies plus riches & plus fortes. On les verra bientôt remplies d'hommes entreprenans, qui en verseront les abondantes & précieuses productions dans tous les marchés. Elle même tirera plus de profit des droits perçus dans ses comptoirs, qu'elle n'en pouvoit attendre des opérations compliquées & languissantes qui s'y faisoient si rarement.

A cette époque tomberont ces trop ruineux armemens qu'on ne cesse de reprocher à la compagnie. Un peu après le commencement du siècle, elle adopta dans ses chantiers une construction vicieuse, qui lui fit perdre beaucoup de navires & de très-riches cargaisons. Ces expériences funestes la ramenèrent aux méthodes généralement reçues : mais, par des considérations blâmables, elle continua d'employer dans sa navigation un tiers de bâtimens de plus qu'il ne le falloit. Cette corruption, qui n'auroit dû trouver d'excuse dans aucun temps, est devenue sur-tout intolérable depuis que les matériaux qui servent aux opérations navales, sont montés à de très-hauts prix depuis qu'il a fallu donner aux navigateurs une solde plus considérable.

Ces réformes ameneront l'extension du commerce. Relativement aux mœurs & aux circonstances, il fut autrefois très-considérable : mais il s'arrêta, malgré le grand accroissement que prenoit en Europe la consommation, malgré les nouveaux débouchés qu'offroient l'Afrique & le Nouveau-Monde. On le vit même rétrograder, puisque son produit n'augmenta pas, quoique les marchandises eussent presque doublé de valeur. Actuellement les ventes ne s'élèvent pas au-dessus de quarante à quarante-cinq millions, sommes qu'elles donnoient il y a soixante ans, & même il y a plus long-temps.

On y trouve des toiles, du thé, de la foie, des porcelaines, du borax, de l'étain, du camphre, de la toutenague, du falpêtre, du coton, de l'indigo, du poivre, du café, du fucre, des bois de teinture, quelques autres objets plus ou moins confidérables, achetés dans les différens marchés de l'Afie, ou produits par le territoire de la compagnie. Ces productions, ces marchandifes font aufli la plupart fournies par celles des nations européennes qui ont formé des liaifons aux Indes. Il n'y a guère que la cannelle, le girofle, la mufcade, le macis, dont la confommation s'élève annuellement à douze millions, qui appartiennent exclufivement aux ventes hollandoifes.

Après les améliorations que nous nous fommes permis de propofer, l'ordre fe trouveroit rétabli pour quelque temps. Nous difons pour quelque temps, parce que toute colonie fuppofant l'autorité dans une contrée, & l'obéiffance dans une autre contrée éloignée, eft un établiffement vicieux dans fon principe. C'eft une machine dont les refforts fe relâchent, fe brifent fans ceffe, & qu'il faut réparer continuellement.

Quand même il feroit poffible que la compagnie trouvât un remède efficace & durable aux maux qui la fatiguent depuis fi long-temps, elle n'en feroit pas moins menacée de perdre le commerce exclufif des épiceries.

On a foupçonné long-temps que ces riches productions croiffoient dans des régions inconnues. Il fe répandoit obfcurément que les malais, qui feuls avoient des relations avec ces contrées, avoient porté du girofle & de la mufcade dans plufieurs marchés. Ce bruit vague n'a jamais été confirmé par des faits certains, & il a fini par tomber dans l'oubli, comme toutes les erreurs vulgaires.

En 1774, le navigateur anglois Forreft partit de Balambangan, dans la vue d'éclaircir enfin fi les épiceries croiffoient dans la Nouvelle-Guinée, comme le bruit en étoit répandu depuis fort long-temps. A peu de diftance de cette contrée fauvage, il trouva, dans l'ifle de Manafwary, un mufcadier, dont le fruit ne différoit que par une forme oblongue, de celui qui a tant de célébrité. Cet homme entreprenant arracha cent pieds de cet arbre utile, & les planta en 1776 à Bunwoot, ifle faine, fertile, couverte des plus beaux arbres, inhabitée, de dix-huit milles de circonférence feulement, & que la Grande-Bretagne tient de la libéralité du roi de Mindanao. C'eft-là qu'eft certainement cultivé le mufcadier, & vraifemblablement aufli le giroflier, puifqu'il eft prouvé que Forreft a abordé à plufieurs des Moluques. Ce voyage n'a pas été ordonné fans intention par le miniftère anglois, ainfi que nous l'avons dit ailleurs.

Ce n'eft pas tout, les françois ont réuffi en 1771 & en 1772 à tirer des Moluques des muf-cadiers & des girofliers qu'ils ont tranfplantés fur leur territoire. Ces plants ont commencé à donner quelques fruits; ils peuvent en procurer un jour beaucoup & de bonne qualité.

Indépendamment de cette guerre d'induftrie, les hollandois en devoient craindre une moins lente & plus deftructive. La manière dont ils compofent leurs forces de mer & de terre, eft bien vicieufe.

La compagnie a un fonds d'environ cent navires de fix cents à mille tonneaux. Tous les ans elle en expédie d'Europe vingt-huit ou trente, & en reçoit quelques-uns de moins. Ceux qui font hors d'état de faire leur retour, naviguent dans l'Inde, dont les mers paifibles, fi l'on excepte celle du Japon, n'exigent pas des bâtimens folides. Lorfqu'on jouit d'une tranquillité bien affurée, les vaiffeaux partent féparément. Mais pour revenir, ils forment toujours au Cap deux flottes qui arrivent par les Orcades, où deux vaiffeaux de la république les efcortent jufqu'en Hollande. On imagina dans des temps de guerre cette route détournée, pour éviter les croifières ennemies : on a continué à s'en fervir en temps de paix, pour empêcher la contrebande. Il ne paroiffoit pas aifé d'engager des équipages qui fortoient d'un climat brûlant, à braver les frimats du nord. Deux mois de gratification furmontèrent cette difficulté. L'ufage a prévalu de la donner, lors même que les vents contraires ou les tempêtes pouffent les flottes dans la Manche. Une fois feulement les directeurs de la chambre d'Amfterdam tentèrent de la fupprimer. Ils furent fur le point d'être brûlés par la populace qui, comme toute la nation, défapprouve le defpotifme de ce corps puiffant, & gémit de fon privilège. La marine de la compagnie eft commandée par des officiers qui ont tous commencé par être matelots ou mouffes. Ils font pilotes, ils font manouvriers : mais ils n'ont pas la première idée des évolutions navales. D'ailleurs, les vices de leur éducation ne leur permettent ni de concevoir l'amour de la gloire, ni de l'infpirer à l'efpèce d'hommes qui leur eft foumife.

La formation des troupes de terre eft encore plus mauvaife. A la vérité, des foldats déferteurs de toutes les nations de l'Europe devroient avoir de l'intrépidité : mais ils font fi mal nourris, fi mal habillés, fi fatigués par le fervice, qu'ils n'ont aucune volonté. Leurs officiers, la plupart tirés d'une profeffion vile, où ils ont gagné de quoi acheter des grades, ne font pas faits pour leur communiquer l'efprit militaire. Le mépris qu'un peuple, qui n'eft que marchand, a pour des hommes voués par état à une pauvreté forcée, joint à l'éloignement qu'il a pour la guerre, achève de les avilir, de les décourager. A toutes ces caufes de relâchement, de foibleffe &

d'indiscipliné, on peut en ajouter une qui est commune aux deux services de terre & de mer.

Il n'existe peut-être pas, dans les gouvernemens les moins libres, une manière de se procurer des matelots & des soldats, moins honnête & plus vicieuse que celle qui depuis long-temps est mise en usage par la compagnie. Ses agens, auxquels le peuple a donné le nom de *vendeurs d'ames*, toujours en activité sur le territoire, ou même hors des limites de la république, cherchent par-tout des hommes crédules, qu'ils puissent déterminer à s'embarquer pour les Indes, sous l'espérance d'une fortune rapide & considérable. Ceux qui se laissent leurrer par cet appât, sont enrôlés, & reçoivent deux mois de paie, qu'on livre toujours à leur séducteur. Ils forment un engagement de 300 livres au profit de l'embaucheur, chargé par cet arrangement de leur fournir quelques vêtemens qu'on peut estimer le dixième de cette valeur. La dette est constatée par un billet de la compagnie, qui n'est payé que dans le cas où les débiteurs vivent assez long-temps pour que leur solde y puisse suffire.

Une société qui se soutient, malgré ce mépris pour la profession militaire & avec de si mauvais soldats, doit faire juger des progrès qu'a fait l'art de la négociation dans ces derniers siècles. Il a fallu suppléer sans cesse à la force par des traités, de la patience, de la modestie & de l'adresse : mais on ne sauroit trop avertir des républicains que ce n'est là qu'un état précaire, & que les moyens les mieux combinés en politique ne résistent pas toujours au torrent de la violence & des circonstances. La sûreté de la compagnie exigeroit des troupes composées de citoyens : mais cet ordre de choses n'est point praticable. La dépopulation de la Hollande en seroit une suite nécessaire. Le gouvernement s'y opposeroit, & diroit à ce corps déjà trop favorisé :

« La défense & la conservation de notre pays nous est tout autrement à cœur que le bon ordre de vos affaires. A quoi nous serviroit l'or dont vos flottes reviendroient chargées, si nos provinces devenoient désertes ? Si nous renonçons jamais au service des étrangers, ce sera dans nos armées, & non sur vos vaisseaux, que nous les remplacerons. N'expatrions, n'exposons à la mort que le moins de nos concitoyens qu'il sera possible. Les chefs de nos comptoirs sont assez opulens pour se garantir, par tous les moyens connus, des funestes influences d'un climat empesté. Et que nous importe que des allemands, auxquels d'autres allemands succéderont, périssent ou ne périssent pas, s'il s'en trouve toujours assez que la misère chassera de leur patrie, & qui se laisseront bercer d'une fortune qu'ils ne feront point ? Leur paie cesse au moment où ils expirent ; nos coffres continuent à se remplir, & nos provinces ne se vuident point. La compagnie n'a de sûreté que celle de la république ; & où sera celle de la république, si, par une dépopulation constante, nous réduisons notre contrée à la misérable condition de nos colonies ? »

La compagnie ne sera donc jamais servie que par des troupes étrangères, & jamais elle ne parviendra à leur inspirer cet esprit public, cet enthousiasme pour la gloire qu'elle n'a pas elle-même. Un corps est toujours, à cet égard, comme un gouvernement qui ne doit jamais conduire ses troupes que par les principes sur lesquels porte sa constitution. L'amour du gain, l'économie, sont la base de l'administration de la compagnie. Voilà les motifs qui doivent attacher le soldat à son service. Il faut qu'employé dans les expéditions de commerce, il soit assuré d'une rétribution proportionnée aux moyens qu'il emploiera pour les faire réussir, & que la solde lui soit payée en actions. Alors les intérêts personnels, loin d'affoiblir le ressort général, lui donneront de nouvelles forces.

Que si ces réflexions ne déterminent pas la compagnie à porter la réforme dans cette partie importante de son administration, qu'elle se réveille du moins à la vue des dangers qui la menacent. Si elle étoit attaquée dans l'Inde, elle se verroit enlever ses établissemens en beaucoup moins de temps qu'elle n'en mit pour les conquérir sur les portugais. Ses meilleures places sont sans défense, & la marine seroit hors d'état de les protéger. Elle sait que, sans le secours de la France, elle auroit perdu dans la dernière guerre le cap de Bonne-Espérance & son établissement de Ceylan. On ne voit pas un vaisseau de ligne dans ses ports, & il ne seroit pas possible d'armer en guerre les bâtimens marchands. Les plus forts de ceux qui retournent en Europe, n'ont pas cent hommes ; &, en réunissant ce qui est dispersé sur tous ceux qui naviguent dans les Indes, on ne trouveroit pas de quoi former un seul équipage. Tout homme, accoutumé à calculer des probabilités, ne craindra pas d'avancer que la puissance hollandoise pourroit être détruite en Asie, avant que le gouvernement eût eu le temps de venir au secours de la compagnie. Ce colosse, d'une apparence gigantesque, a pour base unique les Moluques. Six vaisseaux de guerre & quinze cents hommes de débarquement seroient plus que suffisans pour en faire la conquête. Cette révolution peut être l'ouvrage des françois & des anglois.

Le climat de Batavia est si meurtrier, qu'une partie considérable des soldats qu'on y porte de nos contrées, périssent dans l'année. Un grand nombre de ceux qui échappent à la mort, languissent dans les hôpitaux. A peine en reste-t-il le quart qui puisse faire régulièrement le service de la place. Les hollandois se flattent qu'en ajoutant aux causes ordinaires de destruction le secours d'une inondation générale, qui est toujours aisée, ils creuseroient un tombeau aux assaillans, ou les forceroient à se rembarquer. Les aveugles! qui ne voient pas que tous ces moyens de ruine ont besoin du secours du temps, & que la prise de la place ne seroit qu'un coup de main pour une nation aguerrie & entreprenante.

Si la république ne regarde pas comme imaginaires les dangers que l'amour du bien général des nations nous fait pressentir pour son commerce & ses possessions des Indes, elle ne doit rien oublier pour les prévenir. C'est un des soins les plus importans qui puissent l'occuper. Quels avantages l'état n'a-t-il pas tirés depuis deux siècles, de ces régions lointaines ? Quels avantages n'en tire-t-il pas encore ?

D'abord l'association marchande, qui régit les divers établissemens qu'elle-même y a formés sans aucun secours du gouvernement, a successivement acheté le renouvellement de son privilège. Elle obtint, en 1602, son premier octroi pour 55,000 l. Vingt ans après, il fut gratuitement renouvellé. Depuis 1643 jusqu'en 1646, on ne fit que le prolonger de six en six mois, pour des raisons qui ne sont point connues. A cette époque, un don de 3,300,000 liv. le fit accorder de nouveau pour vingt-cinq ans. Ce terme n'étoit pas encore expiré, lorsqu'en 1665 le monopole fut autorisé jusqu'en 1700, à condition qu'il entretiendroit à l'état vingt bâtimens de guerre tout le temps que dureroient les hostilités commencées entre la république & l'Angleterre. 6,600,000 liv. méritèrent au corps privilégié la continuation de ses opérations jusqu'en 1740. Les deux années suivantes, son sort fut précaire. Puis il acquit de la consistance pour douze ans, en payant trois pour cent de ses répartitions, & ensuite pour vingt ans moyennant une somme de 2,640,000 liv. en argent ou en salpêtre. En 1774, ses prérogatives furent bornées à deux ans, & bientôt étendues à vingt, sous la condition qu'il sacrifieroit trois pour cent de son dividende.

Dans des temps de crise, la compagnie a donné des secours au trésor public, déja épuisé ou prêt à l'être. On l'a, il est vrai, remboursée un peu plutôt un peu plus tard de ses avances : mais une conduite si noble soulageoit & encourageoit les citoyens.

Les besoins des flottes & des armées exigeoient beaucoup de salpêtre. La compagnie s'est obligée à le fournir à un prix modique, & a de cette manière soulagé le fisc.

Les manufactures de Harlem & de Leyde voyoient diminuer tous les jours leur activité. La compagnie a retardé leur décadence, & prévenu peut-être leur ruine entière, en s'engageant à exporter pour 440,000 liv. des étoffes sorties de ces atteliers. Elle s'est aussi soumise à des pourvoir de soies à des conditions qui lui sont certainement onéreuses.

Le revenu perpétuel de trente-trois actions & un tiers a été accordé au stathouder. Il est à désirer que ce sacrifice, fait par la compagnie au premier magistrat de l'état, tourne au profit de la république, & les derniers troubles montrent assez que les aveugles hollandois ont trop augmenté l'influence & la fortune du stathouder.

Les marchandises qui étoient envoyées aux Indes, celles qui en arrivoient, étoient autrefois soumises à des droits assez considérables. C'étoient des formalités très-embarrassantes. On vit, il y a trente ans, que ces impôts rendoient régulièrement 850,000 livres, & depuis cette époque la compagnie paie cette somme au fisc chaque année.

Indépendamment des charges que doit porter le corps en général, les intéressés ont encore à remplir des obligations particulières. Depuis plus d'un siècle, ils payoient annuellement à l'état six pour cent de la valeur primitive de chaque action. En 1777, ce droit a été réduit à quatre & demi pour cent, & il ne pourra être augmenté de nouveau que lorsque le dividende sera remonté au-dessus de douze & demi pour cent. Les intéressés devoient encore pour chaque action un impôt, nommé *ampt-geld*, & qui de 39 liv. 12 sols est tombé à 4 liv. 8 sols.

Qu'on ajoute à toutes ces taxations le profit que donnent à l'état, des ventes de quarante-cinq millions, obtenues avec quatre ou cinq millions de numéraire, & dont la quatrième partie ne se consomme pas sur le territoire de la république. Qu'on y ajoute les gros bénéfices que la revente de ces marchandises procure à ses négocians, & les vastes spéculations dont elle est la source. Qu'on y ajoute la multiplicité, l'étendue des fortunes particulières, faites anciennement ou de nos jours dans l'Inde. Qu'on y ajoute l'expérience que cette navigation donne à sa marine. Alors on aura une idée juste des ressources que le gouvernement a trouvées dans ses possessions d'Asie. Le privilège exclusif qui les exploite, devroit même procurer de plus grands avantages aux *Provinces-Unies*, & le motif en est sensible.

Aucune nation, quel que fût son régime, n'a jamais douté que tous les biens qui existent dans un état, ne dussent contribuer aux dépenses du gouvernement. La raison de ce grand principe est à la portée de tous les esprits. Les fortunes particulières tiennent essentiellement à la fortune publique. L'une ne sauroit être ébranlée, sans que les autres en souffrent. Ainsi, quand les sujets d'un empire se servent de leur bourse ou de leur personne, ce sont leurs propres intérêts qu'ils défendent. La prospérité de la patrie est la prospérité de chaque citoyen. Cette maxime, vraie dans toutes les législations, est sur-tout sensible dans les associations libres.

Cependant il est des corps dont la cause, soit par sa nature, soit par son étendue, soit par sa complication, est plus essentiellement liée à la cause commune. Telle est en Hollande la compagnie des Indes. Son commerce a essentiellement les mêmes ennemis que la république; sa sûreté ne peut avoir d'autre fondement que celle de l'état.

Les dettes publiques ont, de l'aveu de tous les hommes éclairés, sensiblement affoibli les *Provinces-Unies*, & altéré la félicité générale par l'augmentation progressive des impôts, dont elles ont été la source. Jamais on ne ramenera la république à sa splendeur primitive, sans la décharger de l'énorme fardeau sous lequel elle succombe; & ce secours, elle doit l'attendre principalement d'une compagnie qu'elle a toujours encouragée, toujours protégée, toujours favorisée. Pour mettre ce corps puissant en état de faire des sacrifices & de grands sacrifices à la patrie, il ne sera pas nécessaire de diminuer les bénéfices des intéressés : il suffira de le rappeller à une économie, à une simplicité, à une administration qui furent les principes de ses premières prospérités.

Une réforme si nécessaire ne se seroit peut-être pas faite attendre, si la dernière révolution n'avoit pas eu lieu. Cette confiance étoit due à un gouvernement qui chercha toujours à retenir dans son sein une multitude de citoyens, & à n'en employer qu'un petit nombre dans ses établissemens éloignés. C'étoit aux dépens de l'Europe entière, que la Hollande augmentoit sans cesse le nombre de ses sujets. La liberté de conscience dont on y jouissoit, & la douceur des loix y attiroient tous les hommes qu'opprimoient en cent endroits l'intolérance & la dureté du gouvernement.

Elle procuroit des moyens de subsistance à quiconque vouloit s'établir & travailler chez elle. On voyoit les habitans des pays que dévastoit la guerre, aller chercher en Hollande un asyle & du travail.

L'agriculture n'y pouvoit pas être un objet considérable, quoique la terre y fût très-bien cultivée; mais la pêche du hareng lui tenoit lieu d'agriculture. C'étoit un nouveau moyen de subsistance, une école de matelots. Nés sur les eaux, ils labouroient la mer; ils en tiroient leur nourriture; ils s'aguerrissoient aux tempêtes. A force de risques, ils apprenoient à vaincre les dangers.

Le commerce de transport, qu'elle faisoit continuellement d'une nation de l'Europe à l'autre, étoit encore un genre de navigation qui ne consommoit pas les hommes, & les faisoit subsister par le travail.

Enfin la navigation, qui dépeuple une partie de l'Europe, peuploit la Hollande; elle étoit comme une production du pays. Ses vaisseaux étoient ses fonds de terre, qu'elle faisoit valoir aux dépens de l'étranger.

Peu de ses habitans connoissoient les commodités qu'on ne pouvoit se procurer qu'à haut prix; tous, ou presque tous, ignoroient le luxe. Un esprit d'ordre, de frugalité, d'avarice même, régnoit dans toute la nation & étoit entretenu avec soin par le gouvernement.

Les colonies étoient régies par le même esprit.

Le dessein de conserver sa population, présidoit à son économie militaire. Elle entretenoit en Europe un grand nombre de troupes étrangères; elle en entretenoit dans ses colonies.

Les matelots, en Hollande, étoient bien payés; & des matelots étrangers servoient continuellement, ou sur ses vaisseaux marchands, ou sur ses vaisseaux de guerre.

Pour le commerce, il faut la tranquillité au-dedans, la paix au dehors. Aucune nation, excepté les suisses, ne chercha plus que la Hollande à se maintenir en bonne intelligence avec ses voisins, &, plus que les suisses, elle chercha à maintenir ses voisins en paix.

La république s'étoit proposée de maintenir l'union entre les citoyens, par de très-belles loix qui indiquassent à chaque corps ses devoirs, par une administration prompte & désintéressée de la justice, par des réglemens admirables pour les négocians. Elle sentit la nécessité de la bonne foi : elle en montra dans ses traités, & elle chercha à la faire régner entre les particuliers.

Enfin, exceptées les imperfections de l'acte fédératif, des constitutions des diverses provinces, des réglemens qui ont rapport à l'étendue de l'autorité du stathouder dont nous avons assez parlé dans la section précédente, nous ne voyons en Europe aucune nation qui eût mieux combiné ce que sa situation, ses forces, sa population lui permettoient d'entreprendre, & qui eût mieux connu ou suivi les moyens d'augmenter sa population & ses forces. Nous n'en voyons aucune, dont l'objet étant le commerce & la liberté civile, qui s'appellent, s'attirent & se soutiennent, se soit mieux conduite pour conserver l'un & l'autre : malheureusement ils n'ont pas pris le même soin de leur liberté politique.

Mais combien ces mœurs sont déjà déchues & dégénérées de la simplicité du gouvernement républicain ! Les intérêts personnels, qui s'épurent par leur réunion, se sont isolés entièrement, & la corruption est devenue générale. On y parle de la patrie, de la chère patrie dans tous les actes; mais y aime-t-on réellement la patrie ?

Quels sentimens de patriotisme ne devroit-on pas cependant attendre d'un peuple qui peut se dire à lui-même : Cette terre que j'habite, c'est moi qui l'ai rendue féconde, c'est moi qui l'ai embellie, c'est moi qui l'ai créée. Cette mer menaçante, qui couvroit nos campagnes, se brise contre les digues puissantes que j'ai opposées à sa fureur. J'ai purifié cet air que des eaux croupissantes remplissoient de vapeurs mortelles. C'est par moi que des villes superbes pressent la vase & le limon où flottoit l'Océan. Les ports que j'ai construits, les canaux que j'ai creusés, reçoivent toutes les productions de l'univers que je disperse à mon gré. Les héritages des autres peuples ne font que des possessions que l'homme dispute à l'homme ; celui que je laisserai à mes enfans, je l'ai arraché aux élémens conjurés contre ma demeure, & j'en suis resté le maître. C'est ici que j'ai établi un nouvel ordre physique, un nouvel ordre moral. J'ai tout fait où il n'y avoit rien. L'air, la terre, le gouvernement, la liberté, tout est ici mon ouvrage. Je jouis de la gloire du passé ; & lorsque je porte mes regards sur l'avenir, je vois avec satisfaction que mes cendres reposeront tranquillement dans les mêmes lieux où mes pères voyoient se former des tempêtes.

Que de motifs pour idolâtrer sa patrie ! Cependant le patriotisme & l'esprit public diminuent en Hollande. Et le lecteur aura-t-il besoin de preuves, après ce qu'il a lu dans la section précédente sur la dernière révolution ?

Souvenez-vous, hollandois, que le feu sacré de la liberté ne peut être entretenu que par des mains pures. Vous n'êtes pas dans ces temps d'anarchie, où tous les souverains de l'Europe, également contrariés par la noblesse de leurs états, ne pouvoient mettre dans leurs opérations, ni secret, ni union, ni célérité, où l'équilibre des puissances ne pouvoit être que l'effet de leur foiblesse mutuelle. Aujourd'hui l'autorité, devenue plus indépendante, assure aux monarchies des avantages dont un état libre ne jouira jamais. Que peuvent opposer des républicains à cette supériorité redoutable ? Des vertus ; & en avez-vous ? N'enhardissez-vous pas les calomniateurs de la liberté ? & que voulez-vous qu'on réponde à ces hommes qui, par préjugé d'éducation ou par mauvaise foi, disent tous les jours : le voilà ce gouvernement que vous exaltiez si fort dans vos écrits ; voilà les suites heureuses de ce système de liberté qui vous est si cher. Aux vices que vous reprochez au despotisme, ils ont ajouté un vice qui les surpasse tous, l'impuissance de réprimer le mal. Que répondre à cette satyre amère de la démocratie ? Mais outré des dangers de l'invasion étrangère, que n'avez-vous pas à craindre de l'usurpation du stathouder ?

Comme nous avons parlé, dans la section précédente, de la situation où se trouvent les *Provinces-Unies*, relativement à la constitution & à la liberté intérieure : nous n'ajouterons rien de plus ; nous dirons seulement quelques mots de leur position relativement au commerce.

Les *Provinces-Unies* n'ont pas donné, à leurs possessions de l'autre hémisphère, l'attention qu'elles méritoient & quoique les brèches, que recevoit coup sur coup leur fortune, fussent bien propres à leur ouvrir les yeux. Si le tourbillon de la prospérité ne les eût aveuglé, elles auroient apperçu dans la perte du Brésil les premières sources de leur décadence. Dépouillées de cette vaste possession, qui dans leurs mains pouvoit devenir la première colonie de l'univers, qui devoit couvrir le vice ou la petitesse de son territoire d'Europe, elles se virent réduites à n'être que ce qu'elles étoient avant cette conquête, les facteurs des nations. Alors se forma dans la masse, de leurs richesses réelles, un vuide que rien n'a rempli depuis.

Les suites de l'acte de navigation, que fit l'Angleterre, ne furent pas moins funestes à la Hollande. Dès lors, cette isle cessant d'être tributaire du commerce de la république confédérée, devint sa rivale, & bientôt acquit sur elle une supériorité décidée en Afrique, en Asie, en Amérique.

Si les autres nations avoient adopté la politique angloise, la Hollande touchoit au terme de sa ruine. Heureusement pour elle, les rois ne connurent pas ou ne voulurent pas assez la prospérité de leurs peuples. Cependant, à mesure que les lumières ont pénétré dans les esprits, chaque gouvernement a tenté d'entreprendre le commerce qui lui étoit propre. Tous les pas qu'on a faits dans cette carrière, ont resserré l'essor de la Hollande. La marche actuelle fait présumer que chaque peuple aura tôt ou tard une navigation relative à la nature de son territoire, à l'étendue de son industrie. A cette époque, où tout semble entraîner le destin des nations, le hollandois, qui a dû sa fortune autant à l'indolence & à l'ignorance de ses voisins qu'à son économie, à son expérience, se trouvera réduit à sa pauvreté naturelle.

Il n'appartient pas sans doute à la prévoyance humaine d'empêcher cette révolution : mais il ne falloit pas la précipiter, comme l'a fait la république, en cherchant à jouer un rôle principal dans les troubles qui ont si souvent agité l'Europe. La politique intéressée de notre siècle lui auroit pardonné les guerres qu'elle a entreprises ou soutenues pour l'utilité de son commerce. Mais comment approuver celles où son ambition démesurée & des inquiétudes mal fondées ont pu l'engager ? Il a fallu qu'elle recourût à des emprunts excessifs. Si l'on réunit les dettes séparément contractées par la généralité, par les provinces, par les villes, dettes également publiques ; on trouvera qu'elles s'élevoient, avant la dernière guerre avec l'Angleterre, à deux milliards, dont l'intérêt, quoique réduit à deux & demi pour cent, a prodigieusement augmenté la masse des impôts.

D'autres examineront, peut-être, si ces taxes ont été judicieusement placées, si elles sont perçues avec l'économie convenable. Il suffit ici d'observer que leur effet a été de renchérir si fort les denrées de premier besoin, & par conséquent la main-d'œuvre, que l'industrie nationale en a souffert la plus rude atteinte. Les manufactures de laine, de soie, d'or & d'ar-

Fffff 2

gênr, une foule d'autres ont fuccombé, après avoir lutté long-tems contre la progreffion de l'impôt & de la cherté. Quand l'équinoxe du printems amène à la fois les hautes marées & la fonte des neiges, un pays eft inondé par le débordement des fleuves. Dès que la multitude des impôts fait hauffer le prix des vivres, l'ouvrier qui paie davantage fes confommations, fans gagner plus de falaire, déferte les fabriques & les atteliérs. La Hollande n'a fauvé du naufrage que celles de fes manufactures qui n'ont pas été expofées à la concurrence des autres nations.

L'agriculture de la république, s'il eft permis d'appeller de ce nom la pêche du hareng, n'a guère moins fouffert. Cette pêche, qu'on nomma long-tems la mine d'or de l'état, à caufe de la quantité d'hommes qu'elle faifoit vivre, que même elle enrichiffoit, a non-feulement diminué de la moitié ; mais fes bénéfices, de même que ceux de la pêche de la baleine, fe font réduits peu à peu à rien ; & la concurrence des anglois va lui porter le dernier coup : nous en avons déjà parlé dans la fection feconde. L'impoffibilité où eft la Hollande de faire un ufage plus utile de fes nombreux capitaux, a feule fauvé les reftes de cette fource primitive de la profpérité publique.

L'énormité des droits, qui a détruit les manufactures de la république, & réduit à fi peu de chofe le bénéfice de fes pêcheries, a beaucoup refferré fa navigation. Les hollandois tirent toujours de la première main les matériaux de leur conftruction. Ils parcourent rarement les mers fur leur left. Ils vivent avec une extrême fobriété. La légéreté de la manœuvre de leurs navires leur permet d'avoir des équipages peu nombreux ; & ces équipages, toujours excellens, fe forment à bon marché par l'abondance des matelots qui couvrent un pays où tout eft mer ou rivage. Malgré tant d'avantages foutenus du bas prix de l'argent, ils fe font vu forcés de partager le fret de l'Europe avec les fuédois, avec les danois, fur-tout avec les hambourgeois, chez qui tous les leviers de la marine ne font pas grevés des mêmes charges.

Les commiffions ont diminué dans les *Provinces-Unies*, en même tems que le fret qui les amène. Lorfque la Hollande fut devenue un grand entrepôt, les marchandifes y furent envoyées de toutes parts, comme au marché où la vente étoit la plus prompte, la plus fûre, la plus avantageufe. Les négocians étrangers les y faifoient paffer fouvent pour leur compte, d'autant plus volontiers qu'ils y trouvoient un crédit peu cher, jufqu'à la concurrence des deux tiers, des trois quarts de la valeur de leurs effets. Cette pratique affuroit aux hollandois le double avantage de faire valoir leurs fonds fans rifque, & d'obtenir une commiffion. Les bénéfices du commerce étoient alors fi confidérables qu'ils pouvoient foutenir ces frais. Les gains font tellement bornés, depuis que la lumière a multiplié les concurrens, que le vendeur doit tout faire paffer au confommateur, fans l'intervention d'aucun agent intermédiaire. Que fi, dans quelques occafions, il convient d'y recourir, on préferera, toutes chofes d'ailleurs égales, les ports où les marchandifes ne payent aucun droit d'entrée & de fortie.

La république a vu fortir auffi de fes mains le commerce d'affurance qu'elle avoit fait autrefois, pour ainfi dire, exclufivement. C'eft dans fes ports que toutes les contrées de l'Europe faifoient affurer leurs cargaifons, au grand avantage des affureurs, qui, en divifant, en multipliant leurs rifques, manquoient rarement de s'enrichir. A mefure que l'efprit d'analyfe s'eft introduit dans toutes les idées, foit de philofophie, foit d'économie, on a fenti par-tout l'utilité de ces fpéculations. L'ufage en eft devenu familier & général ; & ce que les autres peuples ont gagné, la Hollande l'a perdu néceffairement.

De ces obfervations, il réfulte que toutes les branches du commerce de la république ont fouffert d'énormes diminutions. Peut-être même auroient-elles été la plupart anéanties, fi la maffe de fon numéraire & fon extrême économie ne l'euffent mis en état de fe contenter d'un bénéfice de trois pour cent, auquel nous penfons qu'on doit évaluer le produit de fes affaires. Un fi grand vuide a été rempli par le placement d'argent que les hollandois ont fait en Angleterre, en France, en Autriche, en Saxe, en Danemarck, en Ruffie même, & qui peut monter à feize ou dix-fept cents millions de livres.

L'état profcrivit autrefois cette branche de commerce, devenue depuis la plus importante de toutes. Si la loi eût obfervée, les fonds qu'on a prêtés à l'étranger feroient reftés fans emploi dans le pays ; parce que le commerce y trouve en fi grande quantité les capitaux qui peuvent y être employés, que pour peu qu'on y ajoutât, loin de donner du bénéfice, il deviendroit ruineux par l'excès de la concurrence. La furabondance de l'argent auroit élevé dès lors les *Provinces-Unies* à ce période où l'excès des richeffes eft fuivi de la pauvreté. Des milliers de capitaliftes n'auroient pas eu de quoi vivre au milieu de leurs tréfors.

La pratique contraire a fait la plus grande reffource de la république. Son numéraire, prêté aux nations voifines, lui a procuré tous les ans une balance avantageufe, par le revenu qu'il lui a formé. La créance exifte toujours entière, & produit toujours les mêmes intérêts.

On n'aura pas la préfomption de calculer combien de tems les hollandois jouiront d'une situation si douce. L'évidence autorise seulement à dire que les gouvernemens qui, pour le malheur des peuples, ont adopté le détestable système des emprunts, doivent tôt ou tard l'abjurer; & que l'abus qu'ils en ont fait, les forcera vraisemblablement à être infidèles. Alors la grande ressource de la république sera dans sa culture.

Cette culture, quoique susceptible d'augmentation dans les pays de Breda, de Bois-le-Duc, de Zutphen & dans la Gueldre, ne sauroit jamais devenir fort considérable. Le territoire des *Provinces-Unies* est si borné, qu'un sultan avoit presque raison de dire, en voyant avec quel acharnement les hollandois & les espagnols se le disputoient, que s'il étoit à lui, il le feroit jetter dans la mer par ses pionniers. Le sol n'en est bon que pour les poissons, qui le couvroient avant les hollandois. On a dit, avec autant d'énergie que de vérité, que les quatre élémens n'y étoient qu'ébauchés.

L'existence de la république en Europe est précaire par sa position locale, au milieu d'un élément capricieux & violent qui l'environne, qui la menace sans cesse, & contre lequel elle est obligée d'entretenir des forces aussi dispendieuses qu'une nombreuse armée; par des voisins redoutables, les uns sur les mers, les autres sur le continent; par l'ingratitude d'un sol qui ne lui fournit rien de ce qu'exige le besoin absolu de tous les jours. Sans richesse qui lui soit propre, ses magasins, aujourd'hui pleins de marchandises étrangères, demain seront vuides ou resteront surchargés, lorsqu'il plaira aux nations, ou de cesser de leur en fournir, ou de cesser de leur en demander. Exposés à toutes sortes de disettes, ses habitans seront forcés de s'expatrier ou de mourir de faim sur leurs coffres-forts, si l'on ne peut les secourir, ou si on leur refuse des secours. S'il arrive que les peuples s'éclairent sur leurs intérêts, & se résolvent à porter eux-mêmes leurs productions aux différentes contrées de la terre, & à en rapporter sur leurs vaisseaux celles qu'ils en recevront en échange, que deviendront des voituriers inutiles? Privée des matières premières, dont les possesseurs sont les maîtres de prohiber l'exportation ou de les porter à un prix exorbitant, que deviendront ses manufactures? Soit que la destinée d'une puissance dépende de la sagesse des autres puissances, ou qu'elle dépende de leur folie, elle est presque également à plaindre. Sans la découverte du Nouveau-Monde, la Hollande ne seroit rien; l'Angleterre seroit peu de chose; l'Espagne & le Portugal seroient puissans; la France seroit ce qu'elle est & ce qu'elle restera, malgré sa détresse. Une longue suite de calamités peut la plonger dans le malheur: mais ce malheur ne sera que momentané, la nature travaillant perpétuellement à réparer ses désastres. Et voilà l'énorme différence entre la condition d'un peuple indigent, & la condition d'un peuple riche par son territoire. Ce dernier peut se passer de toutes les nations, qui ne peuvent guère se passer de lui. Il faut que sa population s'accroisse sans cesse, si une mauvaise administration n'en ralentit pas les progrès. Plusieurs années successives d'une disette générale ne le jetteront que dans un mal aisé passager, si la prudence du souverain y pourvoit. Il n'a presque aucun besoin d'alliés. La politique combinée de toutes les autres puissances lui laisseroit ses denrées, qu'il n'éprouveroit que l'inconvénient du superflu & la diminution de son luxe; effet qui tourneroit au profit de sa force qu'il énerve, & de ses mœurs qu'il a corrompues. La véritable richesse, il l'a; il n'a pas besoin de l'aller chercher au loin. Que peut pour ou contre son bonheur la surabondance, ou la rareté du métal qui la représente? Rien.

SECTION X^e.

Rapports politiques des Provinces-Unies avec les autres états de l'Europe; & dernier traité de ces républiques avec la France.

Intérêts politiques de la république des Provinces-Unies.

Les hollandois, si actifs, n'ont pu établir de grandes relations de commerce avec le Portugal: nous avons dit à l'article PORTUGAL comment l'Angleterre s'étoit appropriée le commerce de ce royaume. Les *Provinces-Unies* ont jusqu'ici tiré peu de vins & d'autres denrées du Portugal; & cependant le commerce qui se fait entre les deux nations, ou l'espérance de l'augmenter dans des circonstances plus heureuses, ont déterminé les Etats-Généraux à entretenir un ministre à la cour de Lisbonne, & divers consuls dans les ports de mer, qui protègent, en même tems, les négocians hollandois, établis en grand nombre dans toutes les villes marchandes du Portugal. La politique des *Provinces-Unies* à l'égard du Portugal a changé: elles firent, jadis, diverses tentatives, avec peu de succès, sur le Brésil & les autres possessions portugaises en Amérique. Elles furent plus heureuses en Asie; & elles enlevèrent aux portugais la plus grande partie des établissemens des Indes orientales. Elles chercheront bientôt à nuire, autant qu'elles le pourront, aux portugais en Asie, mais à les laisser tranquilles en Amérique Les tems sont changés: les *Provinces-Unies* n'ont plus l'énergie & la vigueur qu'elles avoient autrefois; elles ne doivent plus songer à conquérir: leurs efforts sur ce point seroient vraisemblablement inutiles; elles exciteroient la jalousie de l'Angleterre, & peut-être de quelques autres nations; elles doivent se borner au maintien des restes de leur commerce, vivre en paix, s'occuper fur-tout de leur régime intérieur, & réformer les imperfections & les abus de la conftitution politique de l'union & de celle des diverfes provinces.

L'Efpagne a de grandes liaifons avec les *Provinces-Unies*, & elles paroiffent tourner à l'avantage réciproque des deux nations. La Hollande n'a plus à craindre que l'Efpagne veuille réclamer fes anciens droits fur les Pays-Bas; & s'il s'agiffoit de lui contefter fa liberté & les prérogatives qui en découlent, ce ne feroit pas au cabinet de Madrid à former ces prétentions. Les Pays-Bas étoient tombés en partage à un prince de la maifon d'Autriche, l'empereur Maximilien I, qui époufa Marie, fille unique de Charles-le-Hardi, & l'héritière de Bourgogne, dont les defcendans furent auffi rois d'Efpagne. Le trône d'Efpagne étant aujourd'hui occupé par un prince de la maifon de Bourbon, & les dix provinces des Pays-Bas, étant demeurées à la maifon d'Autriche; il eft clair que la cour d'Efpagne n'a plus rien à demander. Mais l'indépendance que les fept provinces ont acquife les armes à la main, & la reconnoiffance que toutes les puiffances de l'Europe en ont faite, les mettent à l'abri de toute crainte à cet égard. Les *Provinces-Unies* tirent de l'Efpagne une immenfe quantité de laines, de vins & d'autres productions de l'Efpagne; & les efpagnols en échange achètent des hollandois des draps, des étoffes, des toiles, des épiceries, &c. Ils achètent ces articles pour l'intérieur du royaume & pour l'Amérique. Il y a une multitude de négocians hollandois établis dans toutes les villes d'Efpagne, & la nation hollandoife a toujours un très-grand intérêt dans les galions. Lorfque l'Angleterre eft en guerre avec l'Efpagne, les *Provinces-Unies* tâchent toujours d'entretenir la neutralité, & par ce moyen, elles s'emparent du commerce le plus vafte & le plus confidérable de l'Europe. La Hollande entretient un ambaffadeur à la cour de Madrid, pour y veiller à fes intérêts, & des confuls dans les ports de mer pour protéger le commerce.

La France a été tour-à-tour alliée intime, & ennemie déclarée de la Hollande. Il paroît que les plus beaux tems de la république ont été ceux où elle eut une alliance étroite avec la France. En effet, cette couronne, à bien confidérer les chofes, ne trouveroit pas fon compte à réduire les fept provinces, quand même elle en auroit les moyens. Tout ce qu'elle pourroit obtenir & même efperer de plus favorable, feroit de les affujettir à une efpèce de dépendance, & d'empêcher qu'elles ne prêtaffent des fecours aux ennemis de la maifon de Bourbon. Les *Provinces Unies* doivent être alliées de l'Angleterre ou de la France, mais la rivalité de commerce qui fubfiftera toujours entre l'Angleterre & la Hollande, paroît s'oppofer à la première alliance; fi des circonftances politiques & fi le reffentiment plutôt que fa raifon ont déterminé l'alliance que les *Provinces-Unies* ont contracté avec la France en 1785, elle eft avantageufe, malgré les doutes qui reftent à plufieurs perfonnes. (Nous rapporterons le traité à la fin de cette fection) Ainfi les rapports des *Provinces-Unies*, qui tâchoient de ne pas s'attirer une puiffance auffi formidable fur les bras pour des querelles qui ne la touchent qu'indirectement, ou pour des vues éloignées, ne font plus les mêmes. Elles devoient fe fouvenir de la protection & des fecours que la France leur a donné pendant la dernière guerre, &, fans bleffer la juftice, favorifer l'allié qu'elles venoient d'acquérir, aux depens de celui qu'elles venoient de perdre. Les intérêts de commerce qui fubfiftent entre ces deux puiffances, les privilèges relatifs à la navigation dont la nation hollandoife jouit en France étoient de nouveaux motifs pour fuivre ce plan : nous ajouterons que l'alliance entre les maifons d'Autriche & de Bourbon, ôte aux *Provinces-Unies* un des plus grands moyens qu'elles euffent à oppofer à la France; & qu'ainfi tout fe réuniffoit en faveur du traité qu'elles venoient de conclure; & cependant malgré ces bonnes raifons, la France a perdu cette alliance, & l'Angleterre s'eft liée par des traités aux *Provinces-Unies* & à la Pruffe. Nous rapporterons ces traités à l'article TRAITÉS.

Il y a une contrariété d'intérêts entre l'Angleterre & la Hollande, fondés fur le commerce. Les miniftres anglois fe font efforcés vainement de foutenir à la Haye le contraire dans leurs difcours publics; on ne perfuadera jamais que deux peuples fitués fur la même mer, qui font le même commerce, qui l'un & l'autre tâchent d'étendre leur navigation, & qui ne fauroient avoir des vues d'aggrandiffement raifonnables fur ce point, puiffent être étrangers à la jaloufie & à la rivalité.

La Martinière, dans fa continuation de l'hiftoire de Puffendorff, compare l'Angleterre & la Hollande à deux négocians, qui font le même commerce, mais qui ont leur boutique trop près l'un de l'autre. L'hiftoire vérifie cette remarque; l'Angleterre abufant de fa profpérité & de fes forces a voulu dicter impérieufement des loix; elle a voulu exercer le defpotifme fur les mers; elle avoit laffé la patience des hollandois. Les progrès du commerce de la France, des vues d'aggrandiffement qu'on lui a fuppofé fi longtems, ont réuni l'Angleterre & la Hollande, depuis le commencement de ce fiècle, afin de s'oppofer d'autant mieux à ce qu'il croyoient un danger commun : on a enfin ouvert les yeux, & les gens raifonnables ne fuppofent plus au cabinet de Verfailles les vues d'ufurpation ou d'aggrandiffement qu'on lui a tant reproché. Les hollandois avoient senti, jusqu'au moment de la derniere révolution, que l'Angleterre avoit cruellement abusé de cette alliance; que la puissance ambitieuse n'étoit pas la France, mais l'Angleterre, & qu'on gagne peu de chose à s'unir avec un rival plus fort que soi; qu'ils avoient trop dissimulé, trop temporisé; qu'ils avoient donné des armes à la nation britannique, qui les maltraitoit presque comme des ennemis; qu'il résultoit de cette alliance, un placement de trop de capitaux aux hollandois dans les fonds d'Angleterre; qu'ils négligeoient leur marine militaire; que le traité déterminoit la nation & les citoyens à se mettre de plus en plus dans la dépendance de l'Angleterre, & à accroître son audace; que si les hollandois avoient eu cinquante millions de moins dans les fonds d'Angleterre, & cinquante vaisseaux de ligne de plus dans leurs ports, on ne les eût pas traités avec tant de hauteur. Ces raisons subsistent toujours; mais la force de la raison est nulle dans les révolutions politiques: & ce qu'il faut bien remarquer, c'est pour anéantir ou du moins réduire à peu de chose la puissance des *Provinces-Unies*, que l'Angleterre vient de signer son alliance avec les Etats-Généraux & la Prusse. En effet, lorsque le stathouder dominera tout dans les états de l'union belgique, que deviendront le commerce & la puissance des états: il faut l'avouer, la politique du cabinet de Saint-James, dans ce moment-ci, est odieuse, puisqu'elle travaille à l'asservissement des *Provinces-Unies*; mais le plan est calculé avec profondeur. Les *Provinces-Unies* devroient se souvenir cependant que leur situation locale, très-différente de celle de l'Angleterre, leur défend d'entrer aussi avant que cette puissance, dans les mesures que l'on veut opposer à la France, d'après des calculs si peu justes; qu'il est important d'entretenir leurs forces navales, afin de s'opposer à l'Angleterre, qui ne respecte que la force, & qui voudroit s'approprier la partie la plus lucrative du commerce de la Hollande; que la détresse de la France passera, & qu'alors les *Provinces-Unies* pourront regretter leur conduite actuelle sur ce point.

L'Italie n'a presque d'autres relations avec la Hollande, que celles qui naissent du commerce; car les liaisons politiques sont indirectes, & ne regardent les républiques confédérées, qu'autant que l'Italie entre dans le systême général de l'Europe, & que son intérêt exige de voir telle & telle province entre les mains d'un prince qui puisse favoriser ses vues. Mais la voie de la négociation est celle qu'elle emploie ordinairement en pareil cas; & nous n'avons presque jamais vu ses troupes agir au-delà des Alpes. Les escadres hollandoises se sont quelquefois jointes à celles des anglois dans la Méditerranée; mais la Hollande n'y a jamais fait de grands efforts. Au reste, il y a des comptoirs hollandois établis dans toutes les villes maritimes de l'Italie: ils sont protégés par des consuls, ou des ministres du second ordre. Le roi de Sardaigne, le roi des deux Siciles, & le grand duc de Toscane entretiennent toujours des envoyés à la Haye. Les liaisons de la Hollande avec les Treize-Cantons ont sur-tout rapport aux troupes suisses, qui sont au service des sept provinces. L'on peut dire que ce corps d'infanterie est un de ceux sur lequel les hollandois peuvent compter davantage; & c'est aussi pour cette raison qu'ils doivent employer tous les moyens propres à l'entretenir & à le recruter, & avoir des égards pour le corps helvétique. Les liaisons de commerce entre la Hollande & la Suisse sont peu considérables, & la situation de ces états fait qu'ils ne sauroient avoir des vues de conquête les uns sur les autres.

L'Allemagne occupe beaucoup la politique des *Provinces-Unies*. Elles entretiennent un ministre à la diete de Ratisbonne, & des envoyés dans presque toutes les cours des princes de l'Empire. Le voisinage, le commerce, les intérêts politiques, la frayeur naturelle à une puissance qui ne subsiste que par le commerce, qui n'a pas d'autres forces, qui est toujours à la merci des flots, qui offre un spectacle si attrayant pour l'avidité des princes, & d'autres objets, forment des liaisons étroites entre le corps germanique & les *Provinces-Unies*. De concert avec l'Angleterre, la république s'est jusqu'ici attachée à la conservation de la maison d'Autriche; la vigilance & l'activité d'un prince jeune & amoureux de la gloire dérangent aujourd'hui ses vues à cet égard: mais elle est demeurée fidele au principe de maintenir, autant qu'elle le pourroit, le systême de l'Empire, & la forme qui lui a été donnée par la paix de Westphalie. Nous avons parlé fort en détail (à l'article PAYS-BAS.) des discussions des Etats-Généraux & de l'empereur au sujet de l'Escaut: nous avons dit par quels sacrifices les *Provinces-Unies* ont acheté la paix; mais comment malgré les prétentions de l'empereur qui paroissoient inflexibles, l'Escaut est resté fermé.

La Pologne n'a presque aucune relation directe avec la Hollande. Les productions & marchandises de ces deux pays se tirent par la voie de l'Allemagne, ou par la Prusse, ou par Dantzick. Lorsque le trône a été vacant, la Hollande a tâché souvent, par la voie de la négociation, d'y faire placer un candidat selon ses vues; mais depuis que la Russie, l'Autriche & la Prusse dominent en Pologne, les *Provinces-Unies* hasarderont peu de négociations, relativement à ce royaume.

Le Dannemarc a de grands rapports de commerce avec la Hollande : fans parler du péage du Sund, qui rend le Dannemarc à certains égards maître de la navigation dans la Baltique, les hollandois en tirent une quantité confidérable de mâts de vaiffeaux, de planches, de futailles, de goudron, & d'autres productions de la Norwege. Les pays, en revanche, qui font fous la domination du roi de Dannemarc, achetent beaucoup d'ouvrages des manufactures hollandoifes, beaucoup d'épiceries, &c. Ce commerce réciproque s'eft fort accru depuis l'année 1726, époque où le roi de Dannemarc défendit dans fes états l'entrée de toutes les marchandifes venant de Hambourg. Les négocians danois, depuis cette époque, fe font accoutumés à fe pourvoir de tout en Hollande. Deux objets cependant donnent de la jaloufie aux *Provinces-Unies*, & pourront peut-être dans la fuite caufer de la méfintelligence entre elles & le Dannemarc. Le premier eft la pêche de la morue fur les côtes d'Iflande, que les hollandois réclament, & que les danois leur conteftent. En 1740, les gardes-côtes prirent cinq bâtimens de pêcheurs hollandois, & les menerent à Copenhague. Les miniftres de la république fe plaignirent, on publia de part & d'autre plufieurs mémoires. Les deux puiffances commencerent même à armer des vaiffeaux pour foutenir leur caufe; & tout fembloit fe difpofer à une rupture, lorfque, par la médiation de la Suede, cette affaire s'arrangea: mais la dicuffion peut recommencer. Le fecond objet eft l'établiffement de la compagnie danoife des Indes orientales. Il eft fûr qu'elle nuit au commerce des Indes de la république, non fur la vente des épiceries dont les hollandois font feuls en poffeffion, mais fur les porcelaines, le thé, les toiles de coton, les indiennes, les étoffes de la Chine, &c. dont le Dannemarc approvifionne maintenant une partie du nord & des provinces feptentrionales de l'Allemagne. Il eft naturel que les hollandois foient jaloux des progrès de ce commerce, mais de quel droit voudroient-ils l'empêcher ? Des politiques prétendent que les républiques confédérées doivent ménager le Dannemarc, par rapport aux troupes auxiliaires qu'elles peuvent obtenir de cette puiffance; que le roi de Dannemarc eft en état de fournir, moyennant de bons fubfides, plus de douze mille hommes: mais il eft peu de circonftances où la foibleffe de ce royaume lui permette de vendre fes foldats.

La Suede a prefque avec la Hollande les mêmes rapports que le Dannemarc. Maîtreffe de l'autre rive du Sund, elle en peut difputer le paffage. Outre les bois, elle fournit à la Hollande, le chanvre, le cuivre, le fer & plufieurs autres productions de la Norwege fuédoife. Ces articles font néceffaires à la navigation des *Provinces-Unies*. Les loix fomptuaires qui ont été rigoureufes en Suede, empêchoient ce royaume de tirer beaucoup de marchandifes de la Hollande; mais le cabinet de Stocholm ne paroît plus avoir aujourd'hui les mêmes principes fur le luxe. La compagnie des Indes de Gottenbourg, fait le même commerce, a le même débit, elle eft fondée d'après les mêmes vues que celle de Copenhague; & on peut lui appliquer ce que nous difions tout-à-l heure. Les liaifons de la Suede avec la France devroient refferrer les liaifons entre la Suede & les *Provinces-Unies*, fi le traité d'alliance de celles-ci, avec le cabinet de Verfailles continuoit. L'alliance avec la Suede peut d'ailleurs être d'un grand poids pour l'équilibre du nord, & par cette confidération, les Etats-Généraux doivent cultiver fon amitié, & y entretenir un miniftre qui veille à leurs intérêts.

La Ruffie a formé depuis un demi-fiècle de fi grandes liaifons avec les autres puiffances de l'Europe, & fa puiffance s'eft tellement accrue dans le nord; que toute l'Europe la ménage aujourd'hui, & recherche les moyens de vivre en bonne intelligence avec elle. Les intérêts de commerce incitent la Hollande en particulier à fuivre cette maxime. Car la cour de Ruffie, où le luxe regne avec excès, fans qu'il y ait de bonnes manufactures, retire tous les ans des hollandois une prodigieufe quantité de toutes fortes de marchaudifes, & ceux-ci tirent en revanche beaucoup de productions de la Mofcovie. Le chanvre, le cuir, font, par exemple, des articles importans. Les hollandois y chargent auffi des viandes falées; le bœuf de Mofcovie étant plus abondant & à beaucoup meilleur marché que celui d'Irlande & des autres contrées. Nous avons parlé ailleurs de l'influence que la Ruffie a dans les affaires générales de l'Europe.

La Porte peut favorifer les vues de la Hollande, ou les contrarier de plufieurs manieres, fur-tout lorfque cette derniere eft en méfintelligence avec la maifon d'Autriche. La Hollande fait un commerce confidérable à Smyrne, à Conftantinople, à Scandrone ou Alexandrette, & dans toutes les échelles du levant. On y trouve des comptoirs hollandois. Tant de motifs engagent la république à entretenir un ambaffadeur à la Porte, qui y veille aux intérêts de la Hollande & à ceux des particuliers.

Les pirates de la côte de Barbárie ont caufé autrefois de grands dommages au commerce des hollandois, en s'emparant des vaiffeaux marchands de cette nation, & fur-tout de ceux qui faifoient voile fur la Méditerranée; mais aujourd'hui les *Provinces-Unies* font en paix avec Alger, Maroc, Salé & Tunis; &, quelque négligée que foit la marine des hollandois, ils ont toujours affez de moyens pour faire refpecter leur pavillon, & châtier les pirates.

Traité

Traité d'alliance entre sa majesté le roi de France & les Etats-Généraux des Provinces-Unies des Pays-Bas, signé à Fontainebleau le 10 novembre 1785.

Au nom de la très-sainte et indivisible Trinité, Père, Fils, et Saint-Esprit, ainsi soit-il.

Soit notoire à ceux qu'il appartiendra, ou peut appartenir en manière quelconque.

Les marques d'amitié & d'affection que sa majesté le roi très-chrétien n'a cessé de donner aux *Provinces-Unies* des Pays-Bas, & les services qu'elle leur a rendus dans des circonstances importantes, ont consolidé la confiance de leurs hautes puissances dans les principes de justice & de magnanimité de sadite majesté très-chrétienne, & elles leur ont inspiré le désir de s'attacher à elle par des liens propres à assurer d'une manière solide & permanente.

Sa majesté très-chrétienne s'est portée d'autant plus volontiers à accueillir le vœu de leurs hautes puissances qu'elle prend un intérêt véritable à la prospérité des *Provinces-Unies*, & que l'union qu'il s'agit de contracter avec elles, étant purement défensive, ne tendra au préjudice d'aucune autre puissance, & n'aura d'autre objet que de rendre plus stable la paix entre ses états & ceux de leurs hautes puissances, & de contribuer en même-tems au maintien de la tranquillité générale.

Article premier.

Il y aura une amitié & une union sincères & constantes entre sa majesté très-chrétienne, ses héritiers & successeurs & les *Provinces-Unies* des Pays-Bas. —— Les hautes parties contractantes apporteront en conséquence la plus grande attention à maintenir entr'elles & leurs états & sujets respectifs, une amitié & bonne correspondance réciproques, sans permettre que de part ni d'autre l'on commette aucune sorte d'hostilité, pour quelque cause, ou sous quelque prétexte que ce puisse être, en évitant tout ce qui pourroit à l'avenir altérer l'union & la bonne intelligence heureusement établies entr'elles, & en donnant au contraire tous leurs soins à procurer en toute occasion leur utilité, honneur & avantages mutuels.

II.

Le roi très-chrétien & les seigneurs Etats-Généraux se promettent de contribuer autant qu'il sera en leur pouvoir à leur sûreté respective, de se maintenir & conserver mutuellement en la tranquillité, paix & neutralité, ainsi que la possession actuelle de tous leurs états, domaines, franchises & libertés, & de se préserver l'un l'autre de toute aggression hostile, dans quelque partie du monde que ce puisse être. Et pour d'autant mieux fixer l'étendue de la garantie dont se charge le roi très-chrétien, il est expressément convenu qu'elle comprendra nommément les traités de Munster de 1648, & d'Aix-la-Chapelle de 1748, sauf les dérogations que les deux traités ont éprouvées, ou pourront éprouver à l'avenir.

III.

En conséquence de l'engagement contracté par l'article précédent, les deux hautes parties contractantes travailleront toujours de concert pour le maintien de la paix, & dans le cas où l'une d'elles seroit menacée d'une attaque, l'autre employera d'abord ses bons offices pour prévenir les hostilités, & ramener les choses dans les voies de la conciliation.

IV.

Mais si les bons offices ci-dessus énoncés n'ont pas l'effet desiré, dans ce cas sa majesté très-chrétienne & leurs hautes puissances s'obligent dès-à-présent à se secourir mutuellement tant par terre que par mer. Pour quel effet le roi très-chrétien fournira à la république dix mille hommes d'infanterie, deux mille hommes de cavalerie, douze vaisseaux de ligne & six frégates; & leurs hautes puissances dans le cas d'une guerre maritime, ou dans tous les cas où sa majesté très-chrétienne éprouveroit des hostilités par mer, fourniront six vaisseaux de ligne & trois frégates; & dans le cas d'une attaque du territoire françois, les Etats-Généraux fourniront leur contingent de troupes en argent, lequel sera évalué par un article ou convention séparé, à moins qu'ils ne préfèrent de le fournir en nature. L'évaluation se fera sur le pied suivant, savoir cinq mille hommes d'infanterie & mille de cavalerie.

V.

La puissance qui fournira les secours, soit en vaisseaux & frégates, soit en troupes, les paiera & entretiendra par-tout où son alliée les fera agir, & la puissance requérante sera obligée, soit que lesdits vaisseaux, frégates & troupes restent peu ou long-tems dans ses ports, de les faire pourvoir de tout ce dont ils auront besoin, au même prix que s'ils lui appartenoient en propriété; il a été convenu que dans aucun cas lesdites troupes ou vaisseaux ne pourront être à la charge de la partie requérante, & qu'ils demeureront néanmoins à sa disposition pendant toute la durée de la guerre dans laquelle elle se trouvera engagée. Le secours dont il s'agit sera, quant à la police, sous les ordres du chef qui le commandera, & il ne pourra être employé séparément ni autrement, que de concert avec ledit chef; quant aux opérations, il sera entiérement soumis aux ordres du commandant en chef de la puissance requérante.

VI.

Le roi très-chrétien & les seigneurs Etats-Généraux s'obligent à tenir complets & bien armés les vaisseaux, frégates & troupes qu'ils fourniront réciproquement; de sorte qu'aussi-tôt que la puissance requise aura fourni les secours stipulés par l'article IV, elle fera armer dans ses ports un nombre de vaisseaux de ligne & de frégates, égal à celui énoncé dans le même article, pour remplacer sur-le-champ ceux qui pourroient être perdus par les événemens de la guerre ou de la mer.

VII.

Dans le cas où les secours stipulés ci-dessus ne seroient pas suffisans pour la défense de la puissance requérante, & pour lui procurer une paix convenable, la puissance requise les augmentera successivement selon les besoins de son alliée. Elle l'assistera même de TOUTES SES FORCES si les circonstances le requièrent; mais il est convenu expressément que dans tous les cas le contingent des seigneurs Etats-Généraux en troupes de terre, n'excédera pas l'évaluation de vingt mille hommes d'infanterie, & de quatre mille de cavalerie, & la réserve faite dans l'article IV, en faveur des seigneurs Etats-Généraux, à l'égard des troupes de terre, aura son application.

VIII.

Lorsqu'il se déclarera une guerre maritime à laquelle les deux hautes parties contractantes ne prendront aucune part, elles se garantiront mutuellement la liberté des mers, conformément au principe qui veut que *pavillon ami sauve marchandise ennemie*: sauf toutefois les exceptions énoncées dans les articles XIX & XX du traité de commerce, signé à Utrecht le 11 avril 1713, entre la France & les *Provinces-Unies*, lesquels articles auront la même force & valeur que s'ils étoient insérés mot à mot dans le présent traité.

IX.

Si (ce qu'à Dieu ne plaise) l'une des deux hautes parties contractantes se trouve engagée dans une guerre à laquelle l'autre se trouvera dans le cas de prendre une part directe, elles concerteront entr'elles les opérations qu'il conviendra de faire pour nuire à l'ennemi commun, & pour l'obliger à la paix; & elles ne pourront désarmer, faire ou recevoir des propositions de paix ou de trêve, que d'un commun accord; & dans le cas où il s'ouvriroit une négociation, elle ne pourra être commencée & suivie par l'une des deux hautes parties contractantes, sans la participation de l'autre, & elles se donneront successivement communication de tout ce qui se passera en ladite négociation.

X.

Les deux hautes parties contractantes dans la vue de remplir efficacement les engagemens qui font l'objet du présent traité s'obligent d'entretenir en tout tems leurs forces en bon état, & elles auront la faculté de se demander réciproquement tous les éclaircissemens qu'elles pourront désirer à cet égard; elles se confieront également l'état de défense où se trouveront leurs établissemens militaires, & concerteront entr'elles les moyens d'y pourvoir.

XI.

Les deux hautes parties contractantes se communiqueront de bonne foi les engagemens qui peuvent exister entr'elles & d'autres puissances de l'Europe, lesquelles doivent demeurer dans toute leur intégrité, & elles se promettent de ne contracter à l'avenir aucune alliance & aucun engagement, de quelque nature qu'ils puissent être, qui seroient contraires directement ou indirectement au présent traité.

XII.

L'objet du présent traité étant non-seulement la sûreté & la tranquillité des deux hautes parties contractantes, mais aussi le maintien de la paix générale, sa majesté très-chrétienne, & leurs hautes puissances se sont reservé la liberté d'appeller de concert telles puissances qu'elles jugeront à propos à participer & à accéder au présent traité.

XIII.

Pour d'autant mieux cimenter la bonne correspondance & l'union entre les nations françoises & hollandoises, il est convenu, en attendant que les deux hautes parties contractantes fassent entr'elles un traité de commerce, que les sujets de la république seront traités en France relativement au commerce & à la navigation, comme la nation la plus favorisée; il en sera usé de même dans les *Provinces-Unies* à l'égard des sujets de sa majesté très-chrétienne.

XIV.

Les ratifications solemnelles du présent traité, expédiées en bonne & due forme, seront échangées en la ville de Versailles, entre les hautes parties contractantes dans l'espace de six semaines, ou plutôt, si faire se peut, à compter du jour de la signature du présent traité.

Ce traité contient les articles séparés que voici:

ARTICLE PREMIER.

Dans le cas où la puissance requérante voudra employer hors de l'Europe le secours qui devra lui être fourni, elle sera obligée d'en prévenir aussi-tôt qu'il sera possible, & au plus tard dans trois mois la partie requise, afin que celle-ci puisse prendre ses mesures en conséquence.

II.

En conséquence de l'article IV du traité d'alliance signé ce jour, les hautes parties sont convenues que mille hommes d'infanterie seront évalués à dix mille florins courant de Hollande par mois, & mille hommes de cavalerie à trente mille florins même valeur également par mois.

III.

En vertu de l'alliance contractée cejourd'hui, sa majesté très-chrétienne que les seigneurs États-Généraux, procureront & avanceront fidellement le bien & la prospérité l'un de l'autre par tout support, aide, conseils, assistance réelle en toute occasion & en tout tems, & ne consentiront à aucuns traités & négociations qui pourroient apporter du dommage à l'un ou à l'autre, mais les rompront & détourneront, & en donneront-avis réciproquement avec soin & sincérité, aussi-tôt qu'ils en auront connoissance.

IV.

Il est est expressément convenu que la garantie stipulée par l'article II du traité signé cejourd'hui, comprendra l'arrangement qui est fait : sous la médiation du roi très-chrétien, entre l'empereur & les *Provinces-Unies*.

V.

Les présens articles séparés auront la même force & vigueur, que s'ils étoient insérés dans le corps du susdit traité d'alliance signé cejourd'hui.

Voyez les articles BATAVIA, JAVA, CEYLAN, CAP DE BONNE-ESPÉRANCE, MOLUQUES, GUYANE, SURINAM, EUSTACHE (St.), SUMATRA, &c.

FIN du Tome troisième.

www.ingramcontent.com/pod-product-compliance
Lightning Source LLC
Chambersburg PA
CBHW061941220326
41599CB00014BA/1774